AUF 16 REISEROUTEN DURCH PERU UND BOLIVIEN

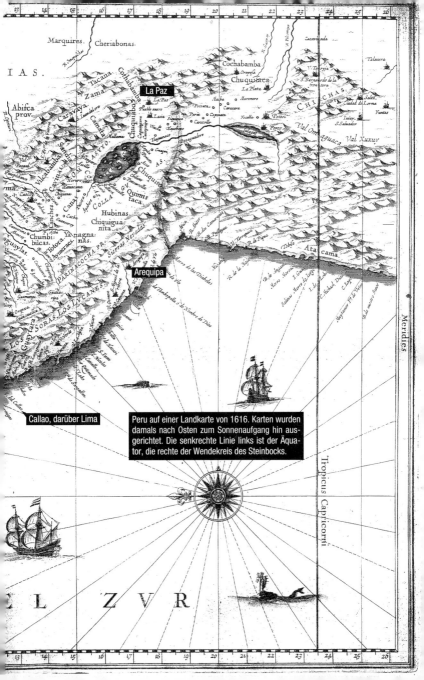

Peru auf einer Landkarte von 1616. Karten wurden damals nach Osten zum Sonnenaufgang hin ausgerichtet. Die senkrechte Linie links ist der Äquator, die rechte der Wendekreis des Steinbocks.

E-Mail-Adresse des Verlags:
verlag@rkh-reisefuehrer.de

www.reise-know-how.de

- Ergänzungen nach Redaktionsschluss
- kostenlose Zusatzinfos und Downloads
- das komplette Verlagsprogramm
- aktuelle Erscheinungstermine
- Newsletter abonnieren

Direkt einkaufen im Verlagsshop mit Sonderangeboten

Sandra Wolf
Helmut Hermann

PERU
BOLIVIEN

Handbuch für individuelles
Reisen und Entdecken

IMPRESSUM

Sandra Wolf
Helmut Hermann

Peru/Bolivien

erschienen im Verlag
REISE KNOW-HOW

© Helmut Hermann
Untere Mühle
D - 71706 Markgröningen
verlag@rkh-reisefuehrer.de

1997 • 2000 • 2003 • 2004 • 2006 • 2009 • 2012
8. aktualisierte und neu bearbeitete Auflage 2014

ISBN 978-3-89662-591-5

Alle Rechte vorbehalten
Printed in Germany

Websites von REISE KNOW-HOW:
www.reise-know-how.de
www.rkh-reisefuehrer.de

Gestaltung u. Herstellung
Umschlag: Carsten C. Blind
Inhalt und Karten: H. Hermann
Druck: MediaPrint Paderborn
Fotos: Bildnachweis s. Anhang

Wir freuen uns über Kritik, Kommentare und Verbesserungsvorschläge,
bitte per Mail an: verlag@rkh-reisefuehrer.de

Dieses Buch ist erhältlich in jeder Buchhandlung Deutschlands,
der Schweiz, Österreichs, Belgiens und in den Niederlanden.
Bitte informieren Sie Ihren Buchhändler über folgende Bezugsadressen:
D: PROLIT GmbH, Postfach 9, 35461 Fernwald (Annerod)
sowie alle Barsortimente
CH: AVA Verlagsauslieferung AG, Postfach 27, 8910 Affoltern
A: Mohr Morawa Buchvertrieb GmbH, Sulzengasse 2, 1230 Wien
NL u. B: Willems Adventure, www.willemsadventure.nl

Wer im Buchhandel trotzdem kein Glück hat, bekommt unsere Bücher auch über
unseren Büchershop im Internet, www.reise-know-how.de

Alle Informationen und Daten in diesem Buch sind mit größter Sorgfalt
gesammelt und vom Lektorat des Verlags gewissenhaft bearbeitet und
überprüft worden. Da inhaltliche und sachliche Fehler nicht ausgeschlossen
werden können, erklärt der Verlag, dass alle Angaben im Sinne der Produkt-
haftung ohne Garantie erfolgen und dass Verlag wie Autoren keinerlei
Verantwortung und Haftung für inhaltliche und sachliche Fehler übernehmen.
Die Nennung von Unternehmen und ihren Produkten und ihre Reihenfolge
sind als Beispiele ohne Wertung gegenüber anderen anzusehen.

BIENVENIDOS A PERU Y BOLIVIA!

Dieses Buch ist für Reisende konzipiert, die **Peru und Bolivien intensiv erleben und entdecken** möchten – ob mit **öffentlichen Verkehrsmitteln**, im Rahmen einer **Gruppenreise** oder auch individuell und ungebunden mit einem **Mietwagen**. Beide Länder umfassen die faszinierendsten Anden- und Urwaldregionen Südamerikas.

Für eine erfolgreiche Reisedurchführung ist es ratsam, sich zuvor mit den speziellen Verhältnissen und mit der nicht immer problemlosen Reiseinfrastruktur beider Länder näher zu befassen. Dieses Buch ist dazu eine bewährte praktische Hilfe zur Vorbereitung und unterwegs ein verlässlicher Ratgeber.

Zum Aufbau: Das Buch ist in **vier Teile** gegliedert. Im **Teil I** – den **„Reisevorbereitungen"** – ist zusammengestellt, was man an praktischen Informationen vor einer Peru-/Bolivienreise wissen muss und welche Aspekte bedenkenswert sind.

Teil II – **„Unterwegs in Peru und Bolivien"** – behandelt die Verkehrs- und Transportmittel in den Ländern, Unterkünfte, Essen und Trinken, Knigge, Diebstahlgefahren und vieles andere mehr. Das „Praktische Reise-ABC" listet reisepraktische Stichworte auf. **Teil III** – **„Land und Leute"** erläutert Wirtschaft, Landesnatur, Tier- und Pflanzenwelt, die Menschen und ihr Umfeld, Kunst und Kultur, Geschichte und das Reich der Inka.

Der umfangreiche **Teil IV, der Reiseteil**, beginnt mit der „Klassischen Rundreise Peru" Lima – Arequipa – Puno – Cusco – Lima.

Ein Netz von **16 Basis-Routen** führt Sie durch so ziemlich alle Landesteile beider Länder. Für den schnellen Zugriff auf eine Route schlagen Sie am besten die Buchseite 1 mit der Peru-/Bolivienkarte und den seitlichen 16 Griffmarken auf.

Wenn Sie jetzt die Seite umschlagen, haben Sie eine **alphabetische Schnellübersicht** der wichtigsten touristischen Städte und Ziele Perus und Boliviens mit Kartenseiten vor Augen. Verweise **auf die zum Text passenden Karten** finden sie auf den Buchseiten **oben auf der Kopfzeile**, innen im Bund links oder rechts (nach dem Inhaltsverzeichnis befinden sich drei weitere Peru-Karten).

Im Anhang steht eine Checkliste zur Reiseausrüstung, ein Literaturverzeichnis, Sprachhilfen für Spanisch und Quechua, eine ausführliche Speisenliste, ein mehrere hundert Wörter umfassendes Glossar und die Register für Peru und Bolivien. Eingestreute **Exkurse** informieren über regional wissenswerte Themen, Gegenwartsprobleme und Besonderheiten der Kultur, Geschichte und Natur.

Dieser Reiseführer wurde sorgfältig recherchiert, die positive Resonanz zur letzten Auflage war großartig. Allen an dieser Stelle nochmals ein herzliches Dankeschön – das Reisehandbuch als interaktives Medium, so soll es sein.

■ Wenn Angaben nicht mehr stimmen sollten – in beiden Ländern verändern sich die Gegebenheiten sehr schnell –, Sie etwas Neues entdeckten oder Ärger aufkam, so senden Sie bitte eine eMail an **verlag@rkh-reisefuehrer.de**. Für ausführliche Infos gibt es auf Wunsch ein kostenloses RKH-Buch Ihrer Wahl.

Wir wünschen eine schöne Reise und viele neue Erlebnisse und Entdeckungen in Peru und Bolivien!

Inhalts- und Kartenverzeichnis

Perus wichtigste Städte / Orte / Nationalparks / archäologische Stätten v. A–Z mit Kartenseiten (Fehlendes s. Register)

Stadt/Ort/Stätte/N.P.	Seite	Stadtplan/Karte	Karte-Umgebung	Regionalkarte
Abancay	431	431		429
Aguas Calientes	362	363		360
Amantani, Isla	276		286	270
Andahuaylas	432	433		429
Arequipa	203	204	231	26
Ayacucho	434	436	429	445
Ballestas, Islas	179		177	171
Cajamarca	597	598		24
Camino Inca	394	395		360
Caraz	576	577	557	552
Chachapoyas	582	583		24
Chan Chan	512	513	511	24
Chavín de Huántar	572		552	25
Chiclayo	526	527		24
Chimbote	502			24
Chinchero	340			341
Colca, Cañón del	229		231	26
Cotahuasi, Cañón de	243		231	26
Cusco	292	300/01	293	341
Huancavelica	447			445
Huancayo	448	450		445
Huánuco	463			462
Huaraz	556	557		552
Ica	182	182		171
Iquitos	615	617	631	615
Juliaca	255			286
Kuélap	588		587	24
La Merced	489			462
Lima	115	120, 131, 132	116	458
Llanganuco-Trek	565	567		552
Machu Picchu	**371**	374		360
Manu, Parque Nac.	421	418		77
Moyobamba	594			24
Nazca	187	188	194	171
Ollanta/Ollantaytambo	346	347	351	341
Oroya, La	456		459	462
Pajatén, Gran	524			24
Paracas	176		177	171
Pisaq	354	355		341
Pisco	173	174		171
Piura	537	538		24
Pozuzo	492			462
Pucallpa	470	471	479	462

Stadt/Ort/Stätte/N.P.	Seite	Stadtplan/Karte	Karte-Umgebung	Regionalkarte
Puerto Maldonado	409	410		413
Puno	257	258	286	270
Quillabamba	386			360
Saqsaywamán	335	336		341
Sillustani	278		258	270
Sipán	521			24
Tacna	251	251		26
Taquile, Isla	273		258	270
Tarapoto	609	610		24
Tingo María	467			462
Titicacasee	271	270		26
Trujillo	504	507	511	24
Túcume	534			24
Tumbes	548			24
Urubamba	343	343		341

Boliviens wichtigste Städte / Orte / Nationalparks / archäologische Stätten v. A–Z mit Kartenseiten (Fehlendes s. Register)

	Seite	Stadtplan/Karte	Karte-Umgebung	Regionalkarte
Amboró, Parque Nac.	809		810	Klappe hint.
Camino Choro	721			708
Camino del Oro	710			708
Camino Takesi	720			708
Caranavi	727			Klappe hint.
Chacaltaya	707			Klappe hint.
Che-Guevara-Tour	814			Klappe hint.
Cobija	857			Klappe hint.
Chiquitanía	823	824		Klappe hint.
Cochabamba	779	781		Klappe hint.
Concepción	828		824	Klappe hint.
Copacabana	638	639		637
Coroico	723	724		708
Isla del Sol	643	644		637
La Paz	677	678/79		708
Madidi, Parque Nac.	852			Klappe hint.
Oruro	730	732	742	Klappe hint.
Potosí	751	755		Klappe hint.
Riberalta	853			Klappe hint.
Rurrenabaque	844	846		Klappe hint.
Sajama	729			Klappe hint.
Salar de Uyuni	740		742	Klappe hint.
Samaipata	815	816	810	Klappe hint.
Santa Cruz	797	798	813	Klappe hint.
Sorata	709	708		Klappe hint.
Sucre	767	769		Klappe hint.
Tarabuco	778			Klappe hint.

Stadt/Ort/Stätte/N.P.	Seite	Stadtplan/Karte	Karte-Umgebung	Regionalkarte
Tarija	762	763		Klappe hint.
Tiwanaku	712	714		Klappe hint.
Trinidad	837	838		Klappe hint.
Tupiza	749	750		Klappe hint.
Uyuni	736	736	742	Klappe hint.
Villazón	765		742	Klappe hint.
Yungas	722			Klappe hint.

TEIL I: REISEVORBEREITUNGEN

Peru und Bolivien „individuell" oder „pauschal"? 27
Reisezeit, Reisedauer und Routenwahl 28
Informationsstellen 30
Webseiten von Peru 32
Diplomatische Vertretungen von Peru und Bolivien 33
Einreise / Reisedokumente 34
Versicherungen 35
Finanzen – Rund ums Geld 36
Preisangaben und Preise 38
Medizinische Vorsorge 39
Gesundheitstipps für unterwegs 41
Höhenkrankheit 42
Ausrüstung 43
Flüge nach Lima / Fahrzeugverschiffung 44
Praktisches Reise-ABC 46
Autofahren / Baden / Bergrettung / Drogen / Einkaufen / Feiertage 46
Geschäftszeiten / Gleitschirmfliegen / Internet-Cafés / Kartenmaterial 47
Kulturinstitut / Maßeinheiten / Motorrad / Naturschutz / Notrufe 47
Polizei / Post / Rauchen / Reisezeiten / Schuhputzer 48
Sprachen / Strom / Telefonieren / Toiletten / Tourist-Info 49
Zeitdifferenz / Zeitungen / Zoll 49

TEIL II: UNTERWEGS IN PERU UND BOLIVIEN

Verkehrs- und Transportmittel – von Ort zu Ort 51
Wichtige Hauptstraßen in Peru 51
Verkehrsmittel: Busse, Colectivos & Co 52
Mietwagen und Autofahren in Peru 55
Eisenbahn / Innerperuanische Flüge 57
Andere Verkehrs- und Reisemittel 58
Unterkünfte: Hotels, Hostales & Co 59
Essen und Trinken 61
• *Exkurs: Cuyes – Meerschweinchen für die Bratpfanne* 62
Kleiner Knigge für Peru und Bolivien 65
Diebstahl- und andere Gefahren 65

TEIL III: LAND UND LEUTE

Basisdaten Peru 68
Wirtschaftsdaten 69
Landesnatur: La Costa 69
La Sierra 70
Schaubild: Aus der Wüste zum ewigen Eis 71
La Selva / Klima 72
Tier- und Pflanzenwelt 73
Pflanzenwelt 75
Nationalparks / Natur- und Umweltschutzorganisationen 76
• *Exkurs: Coca und Kokain* 78
Kulturen-Nation Peru: Indígena / Criollo / Mestizen 80
   Cholos / Die andine Bevölkerung 81
   Ethnien des Amazonasgebiets 82
   Afroperuaner / chinesische und japanische Einwanderer 83
   • *Exkurs: Peruaner mit deutschen Wurzeln* 83
   Sprachen Perus / Zwischenmenschliches und Kommunikation 85
   Ausdrücke und Peruanismos 86
   Kirche und Religion / Riten und Mythen 87
Kunst und Kultur: Kunsthandwerk / Sakralkunst, Malerei 89
• *Exkurs: Weben in den Anden* 90
Literatur 91
Feiern und Festtage 92
Musik und Tanz 93
   Typische Musikinstrumente der Anden 94
Geschichte: Chronik Präinkazeit bis zur Inkazeit 96
   Kulturen: Chavín / Paracas / Vicús / Tiwanaku / Nazca / Mochica u.a. 97
   Chronik ab der Kolonialzeit bis heute 101
Die Inka 106
   Die Inka-Dynastie 108
   Der autoritäre Staat der Inka 110
   Die Zehn-Klassen-Gesellschaft der Inka 111
   Vom Ayllu zur Comunidad de Indígena 112

TEIL IV: REISETEIL

Lima
   Überblick / Lage / Limas Geschichte 115
   Sehenswürdigkeiten / Altstadtrundgang Lima 119
   Weitere Sehenswürdigkeiten Limas 128
   Stadtviertel: Miraflores, Barranco 129
   Chorrillos / San Isidro / Museen 132
   Weitere Museen 136
   Hotels / Unterkünfte 137
   Essen und Trinken 141
   Unterhaltung 144
   Adressen & Service Lima 147
   • *Exkurs: Pueblos Jóvenes* 154

Verkehrsmittel / Mietwagen 155
Verkehrsverbindungen / Busgesellschaften 157
Fahrziele nach … mit Gesellschaft 159
Eisenbahn 161
Flughafen / Airlines / Flüge 162
Umgebungsziele von Lima, Tour 1: Lima – Pachacamac – Cañete 164
Tour 2: Lima – Puruchuco – Cajamarquilla – Chosica 166
Tour 3: Callao / Isla Palomino 167
Tour 4: Organisierte Tagesausflüge 167

Die „Klassische Rundreise" durch Peru:
Von Lima nach Cusco über Nazca, Arequipa und Puno und von
Cusco zurück nach Lima über Abancay, Ayacucho und Huancayo

Überblick / Zeitplanung 168
Wahl des Verkehrsmittels / Tagesplanung für den 1. Streckenabschnitt 169

PERUS SÜDEN
Küste und südliches Bergland

ROUTE 1: LIMA – NAZCA – AREQUIPA (915 km)

Start von Lima nach Arequipa 170
Pachacamac / San Bartolo / Sta. Maria / Pucusana 172
Pisco 173
Tour 1: Halbinsel Paracas 176
Tour 2: Islas Ballestas 179
Tour 3: Tambo Colorado 180
Pisco – Ica 181
Ica 182
Ausflug zur Huacachina-Oase 185
Ica – Nazca / Bilderteppich von Palpa 187
Nazca 187
Tour 1: Zu den Geoglyphen von Nazca 192
Die Geoglyphen von Nazca 193
Tour 2: Cementerio Arqueológico de Chauchilla 198
Tour 3: Telar-Linien, Paredones, Acueductos de Cantayoc, Cahuachi 198
Tour 4: Pampa Galeras 199
Nazca – Camaná 200
Camaná 201

ROUTE 2: AREQUIPA – PUNO

Arequipa 203
Stadtrundgang 205
Kloster Santa Catalina 207
Adressen & Service Arequipa 213

Tour 1: Campiña Tour 226
Tour 2: Cañón del Colca 229
        Chivay – Cabanaconde 236
        • *Exkurs: Der Kondor, König der Anden* 237
        Cabanaconde 238
        Trekking-Touren in den Colca Canyon 239
Tour 3: Valle de los Volcanes und Petroglyphen von Toro Muerto 242
Tour 4: Cañón de Cotahuasi 243
        Cotahuasi 244
Tour 5: Laguna Salinas 245
Tour 6: Besteigung des Volcán Misti und Nevado Chachani 246

Südküste-Nebenroute: Arequipa – Moquegua – Ilo – Tacna – Chile

Mollendo 247
Moquegua 249
Ilo 250
Tacna / Arica (Chile) 251

Von Arequipa nach Puno 255
Juliaca 255
Puno
    Highlights / Zeitbedarf 257
    Diablada 261
    Adressen & Service Puno 262
    Tour 1: Zu den schwimmenden Inseln der Uro-Nachfahren 268
    • *Exkurs: Der Titicacasee* 271
    • *Exkurs: Titicacasee-Sagen* 273
    Tour 2: Isla Taquile 273
    Tour 3: Isla Amantani 276
    Tour 4: Zu den Grabtürmen von Sillustani 278
    Tour 5: Zu den Chullpas von Cutimbo 281
    Tour 6: Zum phallischen Tempel nach Chucuito 281
    Tour 7: Chullpas von Molloco und Aramu Muru 282
    • *Exkurs: Kartoffeln und Chuño* 283
    Tour 8: Reserva Natural Privada Isla Suasi 284
    Tour 9: Isla de Anapia 284

ROUTE 3: PUNO – CUSCO (390 km)

Inkastraßen 285
Pucara / Ayaviri / Abra La Raya / Aguas Calientes / Sicuani 287
Ruinen von Raqchi / Tinta 288
• *Exkurs: Von Túpac Amaru II. bis zur MRTA* 289
Combapata / Queswacocha / Checacupe / Urcos 290
• *Exkurs: Inkabrücken* 291
Cusco und das Urubamba-Tal 292
    Touren um Cusco 294
    Cuscos Geschichte 295
    Cuscos Sehenswürdigkeiten (Übersicht) 297

- *Exkurs: Runa Simi – Inkasprache Quechua* 298
Stadtrundgang Cusco 299
- *Exkurs: Escuela Cusqueña* 310
- *Exkurs: Die Chronisten* 311
- *Exkurs: Quipus und Tocapus* 312
Unterkünfte in Cusco 313
Essen & Trinken 317
Adressen & Service Cusco 322
Verkehrsverbindungen 330
Eisenbahn 332
    Züge und Wagenklassen nach Machu Picchu 332
    Zielorte und -bahnhöfe 333
    Zug von Cusco nach Puno und zurück 334
Flugverbindungen 334

Tour 1: Cusco – Saqsaywamán – Q'enqo – Pukapukara – Tambomachay 335
    Saqsaywamán 335
    Inti Raymi 337
    Pukapukara / Tambomachay / Cusilluyhayoc 339

Valle Sagrado de los Incas 340
Tour 2: Cusco – Chinchero – Urubamba – Ollanta – Urubamba – Pisaq 340
    Chinchero 340
    Maras und Moray 342
    Urubamba 343
    Ollanta mit Tempelburg Ollantaytambo 346
    Ausflug ins Valle de Pataqancha: Pumamarca / Willoq 351
    Ollanta – Pisaq 352
    Pisaq 354

Tour 3: Cusco – Aguas Calientes – Machu Picchu 358
    Machu Picchu: Vorüberlegungen und Wissenswertes 358
    Züge und Zeitdauer 359
    • *Mit dem Zug ins Urubamba-Tal* 362
    Aguas Calientes 362
    Adressen & Service Machu Picchu 367
    Die Wiederentdeckung von Machu Picchu 368
    Die Inkastadt Machu Picchu 371
    Rundgang Machu Picchu 373
    Berg Wayna Picchu 381
    Montaña Machu Picchu 383
    Intipunku 383
    Santa Teresa 383

Tour 4: Cusco – Ollanta – Chaullay – Quillabamba (– Atalaya – Pucallpa) 384
    Santa Maria / Chaullay / Vilcabamba 384
    Quillabamba 386
    Quillabamba – Echarate – Timpía 387

Tour 5: Cusco – Pikillacta – Andahuaylillas 388
    San Sebastián – Tipón – Oropesa – Pikillacta – Andahuaylillas 388

Trekkings im Urubamba-Tal 389
   Trek 1: Der klassische Inka Trail (Camino Inca) 389
     Der Inka Trail in vier Tagesetappen 394
     Der Inka Trail ab **Km 104** / Salkantay Trail nach Machu Picchu 401
   Trek 2: Salkantay Trail nach Machu Picchu 401
   Trek 3: Choquequirao Trail und Corihuayrachina 402
   Trek 4: Um den Ausangate 405
     Extra: Kondore beobachten im Canyon Apurímac 405
• *Exkurs: Kleinkamele der Anden* (Lama, Guanako, Alpaka, Vicuña) 406

Urwald-Touren in der südlichen Selva
Provinz Madre de Dios 408
Tour 1: Cusco – Quincemil – Pto Maldonado 408
   Puerto Maldonado 409
   Urwaldlodges 412
   Urwaldtouren / Schiffswrack Fitzcarraldo 415
   Lago Sandoval / Salzlecken, Collpas de los Guacamayos 416
Tour 2: Zum Manu-Nationalpark: Cusco – Paucartambo – Tres Cruces 418
   Flussfahrt auf dem Río Madre de Dios von Shintuya n. Boca Manu 421
   Manu-Nationalpark – das „Verlorene Paradies" 421
   Adressen & Service Manu-N.P. 424
   Flussfahrt Río Madre de Dios von Shintuya nach Pto Maldonado 426

PERUS MITTE
Zentrales Bergland /
Teil 2 der „Klassischen Rundreise Peru"

ROUTE 4: VON CUSCO NACH LIMA ÜBER ABANCAY, AYACUCHO UND HUANCAYO (1150 km)

Cusco – Abancay – Ayacucho 427
Limatambo / Jónoc 428
Curahuasi / Piedra de Saywite / Cachora 430
Abancay 431
Andahuaylas 432
Ayacucho 434
• *Exkurs:* Ostern in Ayacucho 435
• *Exkurs: Sendero Luminoso* 439
   Umgebungsziele von Ayacucho: Wari / Quinua / Vilcashuamán 443
Ayacucho – Huancayo 444
Huanta 446
Huancavelica 447
Huancayo 448
   Planung der Weiterfahrt von Huancayo 452
   Umgebungsziele: Wari-Willka, Torre Torre, Cochas Chicas, Hualhuas 454

ROUTE 5: HUANCAYO – LIMA

Concepción 455
Jauja 456
La Oroya 456
La Oroya – Chosica 457
Casapalca / Chicla / San Mateo 458
Chosica 459
Chaclacayo 460

Zentrales Bergland mit Selva

ROUTE 6: VON LIMA NACH PUCALLPA (800 km) ÜBER LA OROYA, HUÁNUCO UND TINGO MARÍA

Cerro de Pasco 461
Huánuco 463
   Tour 1: Ruinen von Kotosh 464
   Tour 2: Zu den Ruinen von Huánuco Viejo 464
   Tantamayo / La Unión 465
   Huánuco Viejo / Huánuco – Tingo María.. 466
Tingo María 467
Tingo María – Boquerón del Padre Abad – Pucallpa 469
Pucallpa 470
   Sehenswertes 472
   • *Exkurs: Escuela de Pintura Amazónica USKO-AYAR* 473
   Adressen & Service Pucallpa 473
   Urwaldausflüge von Pucallpa / Laguna Yarinacocha 478
   • *Exkurs: Schamanen und die „Liane der Geister"* 480
   Dörfer der Shipibo 480
   Tour 1: Yarinacocha, Tacshitea, Calleria und zu den Campas 484
   Tour 2: Pucallpa – Atalaya – Sepahua (– Camisea – Quillabamba) 485
   Atalaya.. 485
   Sepahua / Pucallpa – Iquitos 486

NEBENROUTE 6A: VON LA OROYA NACH POZUZO ÜBER TARMA UND OXAPAMPA

Tarma 487
San Ramón 489
La Merced 489
Oxapampa 490
Pozuzo 492
Carretera Marginal del Selva / Villa Rica 493
Pto Bermúdez 494

PERUS NORDEN

Tourenplanung / Panamericana Norte / Reisezeit und Reisemöglichkeiten 495

ROUTE 7: VON LIMA NACH TUMBES ÜBER TRUJILLO UND CHICLAYO (1300 km)

Ancón 496
Chancay / Churín / Lomas de Lachay / Las Salinas / Huacho 497
Huaura / Supe 498
Caral / Barranca 499
Chimú-Ruinen von Paramonga 500
Casma 500
    Tour 1: Ruinen von Sechín 501
    Tour 2: Balneario Tortugas 502
Chimbote 502
Trujillo 504
    Tour 1a: Huaca del Dragón – Huaca La Esmeralda 511
            Chan Chan 512
    Tour 1b: Huanchaco 516
    Tour 2: Complejo Arqueológico Huaca el Brujo 518
    Tour 3: Pyramiden der Mochica: Huaca del Sol und Huaca de la Luna 519
    • *Exkurs: Die Mochica* 521
Nebenstrecke von Trujillo nach Cajamarca 522
Huamachuco 522
Marca Huamachuco 522
Parque Nacional Río Abiseo mit Chachapoya-Ruinen (Gran Pajatén) 523
Trujillo – Chiclayo – Piura – Tumbes 525
Chiclayo 526
    Tour 1: Grabstätten von **Sipán** 531
    • *Exkurs: Die Naymlap-Dynastie* 533
    Tour 2: Batán Grande / Sicán 533
    Tour 3: Tal der Pyramiden von Túcume 534
Lambayeque 536
Lambayeque – Piura 537
Piura 537
    Tour 1: Piura – Catacaos – (Sechura) 541
    Tour 2: Piura – Paita (– Sullana) 542
    Tour 3: Piura – Canchaque – Huancabamba 543
Talara 544
Talara – Máncora 545
Máncora 545
Máncora – Tumbes 508
Tumbes 548
Tumbes – Grenze Ecuador 550

Nördliches Bergland

Nebenroute 7a: Von Pativilca nach Huaraz und weiter über Caraz nach Chimbote

Berg- und Gletscherprovinz Ancash 551

Huaraz, Callejón de Huaylas und Nationalpark Huascarán

Pativilca – Huaraz 554
Cajatambo 555
Huaraz 556
   Adressen & Service Huaraz 556
   Tour 1: Huaraz – Willcawaín – Monterrey 564
   Tour 2a: Lagunas Llanganuco 565
   Tour 2b: Llanganuco – Santa Cruz Trek 565
   Tour 3: Lama-Trek von Olleros nach Chavín 570
   Tour 4: Laguna 69 570
   Tour 5: Chavín / Chavín de Huantar 571
   Tour 6: Pastoruri Gletscher und Puya Raimondii 574
   Tour 7: Cordillera Huayhuash 574
Caraz 576
Caraz – Chimbote 579

Route 8: Von Chiclayo nach Chachapoyas über Jaén und weiter nach Leimebamba

Jaén 580
Chachapoyas 582
   Levanto / Karajía / Sholón 586
Catarata Yumbilla / Tingo 588
Kuélap 588
• *Exkurs: Die „Wolkenkrieger"* (Chachapoya) 589
Revash 591
Leimebamba 592
Laguna de los Cóndores 593
Molinette / Congona /Moyobamba 594

Route 9: Von Chachapoyas nach Cajamarca über Leimebamba, Balsas und Celendin (355 km)

Celendín 596
Cajamarca 597
• *Exkurs: Die Ermordung Atahualpas in Cajamarca* 600
   Tour 1: Ventanillas de Otuzco, Vent. de Combayo u. Los Baños del Inca 604
   Tour 2: Cumbemayo 605
   Tour 3: Kuntur Wasi 606
Weiterfahrt von Cajamarca nach Pacasmayo an der Panamericana 606

Nordselva

Überblick / Reisemöglichkeiten 607
Pucallpa und Iquitos, Vor- und Nachteile 608

ROUTE 10: VON TINGO MARÍA NACH IQUITOS ÜBER TARAPOTO UND YURIMAGUAS

Tarapoto 608
Yurimaguas 614
Iquitos 615
   Kurzausflüge: Lagunas Quistococha, Moronacocha, Mapacocha u.a. 619
   • *Exkurs: Werner Herzogs „Molly Aida"* 621
   Adressen & Service Iquitos 621
   Urwaldausflüge von Iquitos 627
   • *Exkurs: Jaguar, der Götterbote* 629
   Nationalreservat Pacaya Samiria 629
   Veranstalter und Urwaldlodges 630
   Flusskreuzfahrten 633
Dreiländereck Peru / Kolumbien / Brasilien 634
Ein-/Ausreise Iquitos (Peru) / Coca (Ecuador) 634

Von Peru nach Bolivien
ROUTE 11: PUNO – TITICACASEE – LA PAZ

Reisevarianten von Puno nach La Paz 636
Strecke 1: Puno – Yunguyo – Copacabana – La Paz 636
Yunguyo 638
Copacabana 638
   Adressen & Service Copacabana 640
   Isla del Sol (Sonneninsel) 643
   Isla de la Luna (Mondinsel) / Sicuani 647
Copacabana – Tiquina – Huarina – (Sorata) 648
Huatajata 648
Huarina 649
Strecke **2:** (Puno) – Desaguatero – Tiwanaku-Ruinen – La Paz 650
Strecke **3:** Puno – La Paz: Mit Booten über den Titicacasee 651
Strecke **4:** Am See-Ostufer: Puno – Ninantaya/Pto Acosta – Sorata – La Paz ... 632

BOLIVIEN

Bolivien – Das Reisewichtigste 654
Reisen im Land 655
Weitere nützliche Reiseinfos zu Bolivien A – Z 658
Bolivien – Land und Leute 665
• *Exkurs: Bolivianer mit deutschen Wurzeln* 668
Landesnatur 668
Politik 671
Wirtschaft 673
Chronik ab der Kolonialzeit 674
La Paz 677
   Stadtrundgang La Paz 680
   Museen 683

- *Exkurs: Die Gefängnisstadt San Pedro* 685
Adressen & Service La Paz 686
- *Exkurs: Fiesta Gran Poder* 696
Tour 1: Valle de la Luna (Mondtal) 707
Tour 2: Chacaltaya und Zongotal 707
Tour 3: Sorata 709
Camino del Oro 710
Tour 4: Copacabana/Titicacasee 712
Tour 5: **Ruinas Tiwanaku** 712
Tour 6: Parque Nacional Comanche / Tour 7: Termas de Urmiri 718
Tour 8: Palca-Schlucht / Tour 9: Apolobamba 719
Bergsteigen in der Cordillera Real 719
Trekking in der Cordillera Real: Camino Takesi 720
Camino Choro 721
Yungas 722
Yungas-Tour 1: La Paz – Coroico 722
                Coroico 723
                Caranavi 727
Yungas-Tour 2: Coroico – Chulumani – (Irupana) 728
                Chulumani 728

Große Bolivien-Rundreise: La Paz – Oruro – Uyuni – Potosí – Cochabamba – Santa Cruz – (Trinidad) – La Paz

Vorbemerkungen zur „Großen Rundreise" 728

ROUTE 12: LA PAZ – ORURO – UYUNI – POTOSÍ – VILLAZÓN

Parque Nacional Sajama / nach Chile 729
Oruro 730
   Adressen & Service Oruro 733
Oruro – Challapata – Potosí 735
Challapata – Uyuni 735
Uyuni 736
   Tour 1: Salar de Uyuni 740
   Tour 2: Salar de Uyuni und Lagunen 743
   Lagunenroute: Uyuni – Chiguana – Laguna Colorada – Chile 746
   Tour 3: San Cristóbal / Uyuni – Tupiza – Villazón 748
Tupiza 749
Tupiza – Villazón / Uyuni – Potosí 751
Potosí 751
   Stadtrundgang Potosí 752
   Adressen & Service Potosí 756
   Tour 1: Zum Cerro Rico und den Minen 760
   Tour 2: Laguna Tarapaya 762
Potosí – Tarija 762
Tarija 762
Villazón 765
Tarija – Villa Montes – Yacuiba 766
Villa Montes / Yacuiba 766

ROUTE 13: POTOSÍ – COCHABAMBA

Potosí – Sucre 767
Sucre 767
   Sehenswertes 768
   Adressen & Service Sucre 772
   Weiterfahrtsmöglichkeiten von Sucre 777
   Tarabuco 778
Cochabamba 779
   Adressen & Service Cochabamba 783
   Tour 1: Inca Racay und Incallajta 789
   Tour 2: Parque Nacional Tunari / Tour 3: Chapare 791
   Tour 4: Tarata / Tour 5: Parque Nacional Torotoro 792
Cochabamba – La Paz 793

Ostbolivianisches Tiefland
ROUTE 14: COCHABAMBA – SANTA CRUZ – (PTO SUÁREZ)

Cochabamba – Villa Tunari 793
Villa Tunari 794
Puerto Villarroel 795
Route 14a: Cochabamba – Epizana – Santa Cruz 796
Route 14b: Sucre – Camiri – Santa Cruz 796
Santa Cruz 797
   Adressen & Service Santa Cruz 801
   Tour 1: Balneario del Río Piraí / Tour 2: Lomas de Arena 808
   Tour 3: Parque Nacional y ABMI Amboró 809
      Buena Vista 809
   Tour 4: Che-Guevara-Tour 814
      Refugio los Volcanes 814
Samaipata 815
Vallegrande 821
      • *Exkurs: Ernesto (Che) Guevara* 822
      La Higuera 823
   Tour 5: P.N. y Área Natural de Manejo Integrado Kaa-Iya del Gran Chaco ... 823
   Tour 6: Missions- oder Chiquitanía-Tour (Jesuiten-Reduktionen) 823
      San Javier 826
      • *Exkurs: Barockmusik in der Chiquitanía* 827
      Concepción 828
      P.N. Ríos Blanco y Negro 829
      San Ignacio de Velasco 830
      P.N. Noel Kempff Mercado (Parque Huanchaca) 831
      San José de Chiquitos 832
      • *Exkurs: Mennoniten* 834
Puerto Suárez und Quijarro 835

Tropisches Tiefland des Beni
Beni und Pando 836

ROUTE 15: SANTA CRUZ – TRINIDAD (550 KM) – LA PAZ (1100 KM)

Trinidad 837
Trinidad – San Ignacio de Moxos – San Borja 842
San Ignacio de Moxos 842
San Borja 844
Rurrenabaque 844
Parque Nacional Madidi 852

ROUTE 16: RURRENABAQUE – RIBERALTA – (GUAYARAMERÍN) – COBIJA

Riberalta 853
Guayaramerín 855
• *Exkurs: Die Kautschuk-Bahn* 855
Cobija 857
Brasiléia 858

ANHANG

Abkürzungen 845
Autoren 846
Fotonachweis 847
Literaturverzeichnis Peru u. Bolivien 847
Ausrüstungsliste 858
Sprachhilfe Spanisch 859
Sprachhilfe Quechua 865

Essen und Trinken 866
Speisen und Getränke 867
Glossar 871
Glossar Kunstgeschichte 877
Sachwort- u. Personenregister 878
Peru-Register 881
Bolivien-Register 885

Stadtpläne und Karten touristischer Orte in Peru

Abancay 204
Andahuaylas 433
Aguas Calientes 363
Arequipa 204
Arequipa – Umgebung 227
Arequipa – Region (Colca Canyon) 231
Ayacucho 436
Cajamarca 598
Caraz 577
Chachapoyas / Kuélap 587
Chan Chan 513
Chiclayo 527
Cusco – Übersicht 293
Cusco – Centro 300/01
Cusco – Region (Urubamba-Tal) 360/61
Huancayo 450
Huaraz 557
Huaraz und Santa-Tal 552
Ica 182

Inka Trail 395
Iquitos 617
Iquitos – Umgebung 631
Iquitos – Region 615
Lima – Centro 120
Lima – Übersicht 116
Lima – Miraflores / Barranco 131/132
Llanganuco-Trek 567
Machu Picchu 374
Manu-Nationalpark 418
Nazca 188
Nazca – Geoglyphen 194
Ollanta u. Ollantaytambo 347
Ollanta – Umgebung 341
Paracas-Halbinsel 177
Pisaq 355
Pisco 174
Piura 538
Pucallpa 471

Pucallpa – Umgebung 479
Puerto Maldonado 410
Puerto Maldonado – Umgebung 413
Puno 258
Saqsaywamán 336
Tacna 251

Tarapoto 610
Titicacasee 270 u. 637
Trujillo 507
Trujillo – Umgebung 511
Urubamba 343

Weitere Karten von Peru

Choquequirao Trail 403
Inkareich 107
Kulturen und Kulturstätten 98
Nationalparks, Departamentos 77
Perukarte Norden 24
Perukarte Mitte 25
Perukarte Süden 26
Pizarros Eroberungszug 102
Straße Lima – Cusco Höhenprofil 428
Strecke Cusco – Ayacucho 429

Strecke Puno – Cusco 286
Strecke Lima – La Oroya 458/759
Strecke Lima – Nazca 171
Strecke Ayacucho – La Oroya 445
Strecke La Oroya – Pucallpa 462
Thermische Höhenstufen 71
Tourist.-Ziele: Flüge, Züge, Schiffe 53
Urubamba-Tal 360/61
Valle Sagrado 341

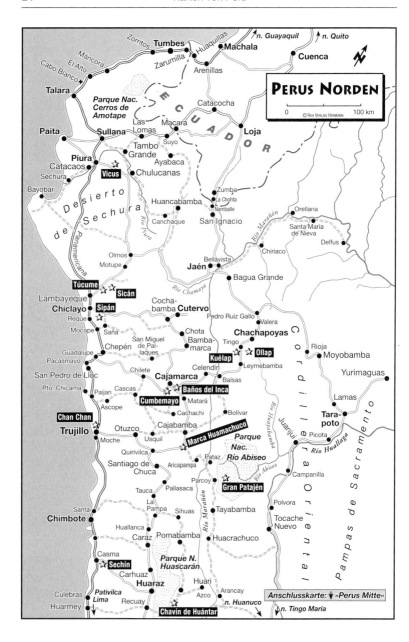

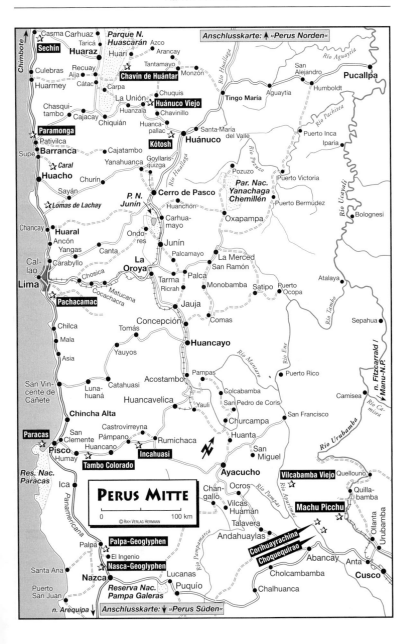

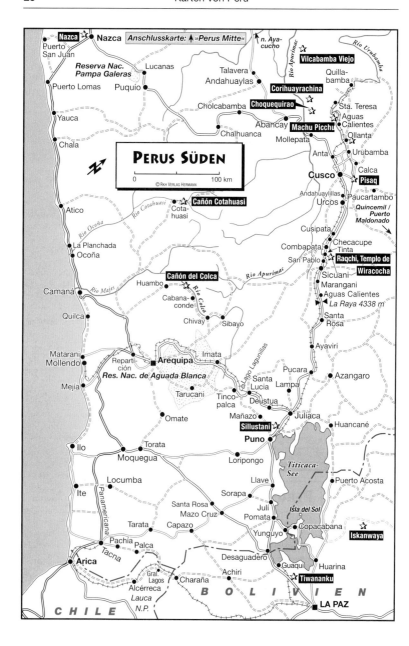

TEIL I: REISEVORBEREITUNGEN

Peru und Bolivien „individuell" oder „pauschal"?

Die Überlegung, selbstorganisiert oder mit einer Gruppe durch Peru/Bolivien zu reisen, orientiert sich in erster Linie an den persönlichen Interessen und Vorstellungen, aber auch an der zur Verfügung stehenden Zeit, den Finanzen, Reisezielen und der persönlichen Reiseerfahrung.

Organisierte Gruppenreise
Bei einer organisierten Gruppenreise werden meist bei einer zwei- bis dreiwöchigen Rundreise die wichtigsten Sehenswürdigkeiten angefahren. Die Unterkünfte sind reserviert, die Reiseleitung ist fast immer deutschsprachig und der Einzelne braucht sich um fast nichts selbst zu kümmern. Für diejenigen, die noch keine lateinamerikanischen Reiseerfahrungen gesammelt haben, die spanische Sprache nicht beherrschen und auch bereit sind, eine entsprechende all-inclusive-Summe hinzulegen sicherlich eine gute Möglichkeit, diese Länder kennenzulernen. Doch individuelle Reisewünsche können dabei fast nie berücksichtigt werden und der Kontakt zur einheimischen Bevölkerung kommt meist nur vorprogrammiert an bestimmten Punkten zustande. Tourangebote über Peru- und Bolivienreisen mit renommierten Veranstaltern finden Sie auf der Homepage der ARGE Lateinamerika, www.lateinamerika.org. Veranstalter-Anzeigen auch auf den letzten Seiten des Buchs.

Nichtorganisierte Individualreise
Da die üblichen Reiserouten für Gruppen- und Pauschalreisende durch Peru und Bolivien begrenzt sind und sich fast immer – in Variationen – gleichen, können abseits gelegene interessante Ziele nur auf eigene Faust erreicht werden. Beide Länder sind ein wahres „El Dorado" für Individualreisende und Entdeckernaturen. Selbstorganisiertes Reisen mit Bussen und Colectivos erfordert gute Spanischkenntnisse, da Englisch abseits touristischer Routen in Peru und Bolivien nur ganz selten verstanden wird. Highlights wie der Inka Trail *(Camino Inca)* sind aber nur noch als geführte Tour über einen Anbieter möglich und müssen **sehr früh** gebucht werden!

Individualreise mit organisierten Ausflügen
Aber auch dem selbstorganisierten Reisen sind Grenzen gesetzt, vor allem dann, wenn es z.B. in den Amazonasurwald gehen soll. Die meisten Urwaldcamps sind individuell nur schwer oder alleine gar nicht erreichbar, und wenn, dann ist das mit hohen Kosten verbunden und manchmal auch nur mit besonderer Erlaubnis (z.B. Manu-Nationalpark). Schließlich ist es preislich egal, ob nur eine Person oder zehn in einem motorisierten Boot sitzen, das ganze Boot ist zu bezahlen. Deshalb gibt es sowohl in Peru als auch in Bolivien vor Ort spezielle Agenturen (z.B. in Arequipa, Cusco, Iquitos, Trujillo, Santa Cruz, Rurrenabaque, Trinidad), die organisierte Touren in kleinen Gruppen relativ preiswert anbieten. Auch Individualreisende sollten deshalb diese Möglichkeiten nützen. Der Vorteil ist eine erhöhte Sicherheit und kein Zeitverlust. In den jeweiligen Regionen wird unter „Adressen & Service" auf solche „vor Ort"-Touranbieter bzw. Veranstalter mit ihren besonderen Angeboten hingewiesen.

Organisierte Individualreise	Reiseagenturen können nach Ankunft in Peru (Lima) oder Bolivien (La Paz und Santa Cruz) für Reisende auf eigene Faust ein ganz individuelles Reiseprogramm zusammenstellen. Das hat den Vorteil, dass man einerseits individuell durch das Land reist, andererseits am jeweiligen Zielort, z.B. auf dem Flughafen, von einem (Partner-)Agenten des Reisebüros abgeholt wird, der einen dann zur Unterkunft bringt. Dabei wird z.B. nur der Rahmenverlauf der Reise organisiert, so dass genügend Tage zur freien Gestaltung übrigbleiben. Machu Picchu könnte z.B. mit dem Zug in Eigenregie „gemacht" werden, die anschließende Exkursion von Cusco zum Manu-Park organisiert wieder das Reisebüro.
Reisen mit Kindern	Die Bewohner beider Andenländer sind äußerst kinderfreundlich. Unter bestimmten gesundheitlichen (alle Standardimpfungen) und hygienischen Voraussetzungen können auch Kleinstkinder mit nach Peru und Bolivien genommen werden, insbesondere dann, wenn das andine Hochland nicht besucht wird. Kleine Kinder vertragen die enormen Klima- und Höhenunterschiede wesentlich schlechter als Erwachsene. Durch die noch nicht vollständig entwickelten Nasennebenhöhlen sind für sie die Druckveränderungen schwieriger zu bewältigen (Kaugummis und Trinken helfen). Zudem reagiert deren Magen viel empfindlicher auf unregelmäßiges oder unsauberes Essen. Als Grundsatz gilt: Milchpulver für Babies nur mit abgekochtem oder Mineralwasser anrühren, keine offene Milch, Obst mit einem Löffel Clorax in 5 l Wasser für zwei Minuten desinfizieren, reichlich trinken, um eine Austrocknung durch Hitze oder eventuellem Durchfall zu verhindern. Je älter die Kinder sind, desto eher können diese – bei entsprechend langsamer Höhenadaption – auch ins andine Hochland reisen. Mit Kleinkindern sollten Urwaldgebiete, die von Malaria betroffen sind, gemieden werden. Schutz gegen die lästigen Mücken bieten Moskitonetze, zur Malaria-Vorbeugung gibt es Resochin-Saft. Unbedingt darauf achten, dass Kinder auf nassen oder feuchten Erdböden oder im Schlamm (Hakenwürmer) nicht barfuß gehen. Nötig sind Sonnencremes mit hohem Schutzfaktor, Baumwoll-T-Shirts, eine Kopfbedeckung und ggf. Sonnenbrille. Vor der Reise sollten Sie sich auf jeden Fall vom Kinder- oder Tropenarzt beraten lassen.
Behinderte Reisende	Behindertengerechtes Reisen in Peru und Bolivien ist noch wenig möglich, die meisten öffentlichen Transportmittel, Hotels und Restaurants sind darauf noch nicht vorbereitet, wenngleich die ersten sportlichen Rollstuhlfahrer mit Begleithilfe inzwischen Machu Picchu gesehen haben. Touranbieter, wie z.B. *Apumayo Expeditions* (s.S. 327), haben sich darauf spezialisiert. In Peru wird für jedes Hotel mit mehr als 25 Zimmern Vorschrift, eines behindertengerecht einzurichten.
Pkw-Selbstfahrer / Reisemobile	Individuell mit einem Pkw, Allrad-Kfz oder Reisemobil durch Bolivien und Peru zu reisen ist möglich. In beiden Länder gibt es Automobilclubs. Anschriften finden Sie unter bei den Städten unter „Adressen & Service". Beste Quelle praktischer Reisetipps sind die Homepages von Langzeit-Lateinamerikafahrern, z.B. www.panamericaninfo.com mit vielen weiterführenden Links zu Peru und Bolivien.

Reisezeit, Reisedauer und Routenwahl

Reisezeiten	Für ganz Peru und auch Bolivien gibt es keine gleich günstige Reisezeit. Wenn es in den Anden schön ist, liegt Lima unter einer Nebeldecke, und wenn es an der Küste schön ist, regnet es in den Anden und im Urwald. Für das **Andenhochland,** das ja von den meisten Touristen bevorzugt bereist wird, ist die ideale Zeit **April/Mai bis September/Oktober.** Juni,

Juli und August sind klimatisch zwar die besten Reisemonate, doch dann ist sowohl in Peru als auch in Bolivien Reisehochsaison. Fernbusse und Unterkünfte sind dann oft schnell ausgebucht und teurer, insbesondere in den ersten Wochen im August, wenn zum Touristenandrang auch noch die Landesschulferien kommen. So muss jeder für sich abwägen, was ihm wichtiger ist: schönes Wetter und viele Touristen in der Hochsaison oder Reisen ohne Massen in weniger gutem Wetter.

Wir empfehlen die Zeit zwischen Januar und März sowie Oktober und November. Letztere zwei Monate sind nach unseren Erfahrungen besonders empfehlenswert, vorausgesetzt, eine kleinere Regenperiode schreckt nicht allzu sehr ab.

Reisedauer und Routenwahl Für eine kombinierte Peru-/Bolivienreise sollte man sich mindestens 3 bis 4, besser 4 bis 6 Wochen Zeit nehmen, um die wichtigsten Sehenswürdigkeiten erleben zu können. In rund vier Wochen ist die **„Klassische Rundreise"** (s.S. 168) die wohl lohnendste Strecke: **Lima → Nazca → Arequipa → Puno →** (Copacabana → La Paz → Tiwanaku) **Cusco → Ayacucho → Lima** gut zu bewältigen, wobei zur Zeitersparnis Zwischenabschnitte auch geflogen werden können (die Zeit für einen Urwaldabstecher von Cusco nach Puerto Maldonado per Flug ist dabei mit 3 Tagen relativ knapp bemessen). Auch die Teilstrecken Cusco – La Paz oder Arequipa – Lima können geflogen werden. Für Cusco und Umgebung sollten mindestens 2–3 Tage, für den Inka Trail nochmals 4 Tage eingeplant werden.

Nördliches Peru: Wer mehr als 6 Wochen Zeit hat, sollte auf alle Fälle Nordperu und einen Urwaldabstecher nach Pucallpa oder Iquitos einplanen. Peru-Zweitbesucher werden wahrscheinlich diese beiden Regionen bevorzugt bereisen. Die Rundreise Lima – Trujillo – Cajamarca – Huaraz – Lima ist in 2 Wochen zu machen. Von Huaraz bietet sich zusätzlich die Möglichkeit an, über La Unión nach Huánuco und von Huánuco über La Oroya nach Lima zurückzufahren. Wer noch eine Woche dranhängt, könnte auch von Huánuco über Tingo María einen Abstecher nach Pucallpa einplanen. Von dort kann man mit Cargoschiffen in etwa 4 Tagen nach Iquitos schippern. Außerdem könnte von Tingo María über Tocache und Tarapoto auf abenteuerlicher Piste nach Yurimaguas gefahren werden. Von Yurimaguas gehen ebenfalls Boote nach Iquitos. Ein besonderes archäologisches Erlebnis ist der Besuch der *Chachapoya-Region*.

Städteflüge Interessant ist es, von vornherein Pucallpa oder Iquitos in seine Reiseroute miteinzubeziehen. Die peruanischen Fluggesellschaften bieten dazu Flüge von Lima an. Da es keine Straße nach Iquitos gibt, kann dorthin nur geflogen werden. Reizvoll ist auch der Flugabstecher von Cusco nach Pto Maldonado.

durch Peru und Bolivien Für etwa drei bis vier Wochen in Peru und Bolivien haben wir folgenden kombinierten Reisevorschlag:

Flug von Europa nach Santa Cruz (Bolivien) → Flug n. Sucre → Bus nach Potosí → Bus nach Uyuni → Bus nach La Paz → Bus über Puno nach Juliaca → Bus Cusco → Flug Arequipa → Bus oder Flug n. Lima.

Santa Cruz in Bolivien entwickelte sich zu einem neuen Luftfahrtdrehkreuz. Vorteil gegenüber einem Anflug nach La Paz: geringere Höhe (420 m), leichtere Höhenanpassung.

Informationsstellen

Hinweis Es gibt derzeit keine speziellen Touristen-Informationsstellen von Peru und Bolivien in Europa. Die Tourismusabteilungen der peruanischen und bolivianischen Botschaften verweisen auf entsprechende Webseiten **www.peru.travel, www.promperu.gob.pe** u. **www.infoperu.com.pe.**

Die offizielle Tourismus-Webseite Perus ist www.peru.travel
PromPerú ist die touristische Promotion-Kommission Perus.

Adressen **Botschaft von Peru,** Mohrenstr. 42, 10117 Berlin, Tel. 030-2064103, Fax 030-20641051, sc-berlin@embaperu.de, www.embaperu.de; Info-Material über Peru. – **Österreichisches Lateinamerika-Institut,** Schlickgasse 1, A-1090 Wien, Tel. 310-7465, Fax 310-7468-21, office@lai.at, www.lai.at, u.a. Fachbibliothek. – **Informationsstelle Peru e.V.,** Pf. 1014, 79017 Freiburg, Tel. 0761-7070840, Fax 0761-709866, www.infostelle-peru.de. – **Studienkreis für Tourismus und Entwicklung,** Kapellenweg 3, 82541 Ammerland, Tel. 08177-1783, Fax 1349, www.studienkreis.org („Sympathie-Magazine" über Peru/Bolivien). – **Munzinger Archiv,** Albersfelderstr. 34, 88213 Ravensburg, Tel. 0751-769310, www.munzinger.de; aktuelle Länderinfo über Peru und Bolivien. – **Perubüro Freiburg,** www.partnerschaft-freiburg-peru.de. – **Arbeitsgemeinschaft (Arge) Lateinamerika,** Förderverein des Tourismus nach Lateinamerika e.V., An der Ruhbank 26, 61138 Niederdorfelden, Tel. 06101-987712, www.lateinamerika.org. – **Projekt Tropischer Regenwald e.V.,** Redaktion GEO, Am Baumwall 11, 20444 Hamburg, Tel. 040-37032268, Fax 37035648, www.geo.de.

Arbeiten in Peru und Bolivien Dies kommt in erster Linie für Mediziner und Lehrer sowie Studenten in Betracht, die sich an folgende Adressen wenden können:
Deutscher Akademischer Auslandsdienst (DAAD), Kennedy-Allee 50, 53175 Bonn, Tel. 0228-8821, www.daad.de. Mediziner können es direkt bei einem Krankenhaus in Peru probieren, z.B. in Yarinacocha, Tarapoto, Coina oder Pucallpa, Famulanten bei **BVMD,** Kennedy-Allee 91–103, 53175 Bonn, www.bvmd.de oder in Peru bei Dr. William Flores, Hospital del Niño, Av. Brasil 600, Lima 5. Wer sich über den Entwicklungsdienst informieren will: **Deutscher Entwicklungsdienst (DED),** Tulpenfeld 7, 53113 Bonn, Tel. 0228-24340, www.ded.de. **Carl Duisberg Gesellschaft** (CDG), Weyerstr. 79-83, 50676 Köln, Tel. 0221-20980, www.cdg.de; Weiterbildungsaufenthalte für Studenten in Lateinamerika. **Deutsche Gesellschaft für internationale Zusammenarbeit** (GIZ), GmbH, www.giz.de.

Praktikantenplätze vermitteln die Alexander-von-Humboldt-Stiftung (www.avh.de), die deutschen Kammern für Außenhandel (www.ahk.de) sowie die Deutsche Forschungsgemeinschaft (www.dfg.de). In Lima wurde 1993 das Zentrum **Vida Nueva,** eine Fördereinrichtung für behinderte Kinder gegründet, das ebenfalls Praktikanten aus unterschiedlichen Fachrichtungen sucht. Infos: www.vida-nueva.de.
Ein **Sozialpraktikum für Freiwillige** werden vom Jugendherbergswerk in Bolivien, z.B. in Sucre oder El Villar, in den Bereichen Krankenhaus, Schule, Jugendarbeit, Umweltschutz/Aufforstung angeboten. Dauer 6 Wochen (mind.) bis 6 Monate. Infos: www.hostellingbolivia.org.

Info-Stellen in Peru **PromPerú** (Comisión de Promoción del Perú): Calle Uno Oeste 50, Ed. Mincetur, Urb. Córpac, San Isidro, Lima 27, Tel. 616-700, www.promperu.gob.pe. – **Infoperu:** Jr. Belén 1066, Büro 102, Lima, Tel. 431-0117, www.infoperu.com.pe, info@infoperu.com.pe und infoperu@qnet.com.pe, Mo–Fr 9–18 Uhr u. Sa 9–14 Uhr (nach dt.-spr. Laura Gómez fragen). – **Touring y Automóvil Club del Perú TAP,** Av. Trinidad Morán 698, Lima-Lince, Tel. 614-9999, www.touringperu.com.pe. – **CANATUR,** Cámara Nacional de Turismo, Av. Paseo de la República 6348, Miraflores, Tel. 205-7500, www.canaturperu.org. –

Instituto de los Andes, www.institutodelosandes.com. – **Corporación Turística Amazónica,** Bolognesi 125, Lima-Miraflores, Tel. 242-5550, www.puertopalmeras.com.pe. – **Asociación Peruana de Turismo de Aventura y Ecoturismo (APTAE),** Calle Alcala 125, Lima-Miraflores, Tel. 273-1079, www.aptae.org. – **Centro Europeo de Información y Promoción para América Latina „CEIPAL" ONG,** Av. Mariscal La Mar 144–146, Lima-Miraflores, Tel. 447-1444. – **Central de Información y Promoción Turística (CIPT),** Av. Larco 770, Lima-Miraflores, Tel. 446-3959. – **Centro de Formación Turismo (CENFOTUR),** Pedro Martinto 320, Barranco, Tel. 319-8029, www.cenfotur.edu.pe. – **Cámara de Comercio e Industria Peruano-Alemana,** Camino Real 348, Tel. 441-8616, http://peru.ahk.de.

Infos-Boliv.	ab S. 654
Red de Turismo Sostenible (RedTurs)	Dieses gemeinnützige Anden-Netzwerk verbindet Kommunen, andine Gemeinschaften, Andenwirtschaft und Universitäten in Bolivien, Peru und Ecuador und setzt sich für einen sozial gerechten Tourismus ein, der die natürlichen Ressourcen der Andenländer schützt und deren kulturelle Identität bewahrt. Die Organisation wurde von gemeinnützigen peruanischen Entwicklungsorganisationen und der Internationalen Arbeitsgemeinschaft ILO in Lima gegründet. RedTurs besitzt eine Datenbank für nachhaltige Tourismusprojekte, unterstützt die touristischen Projekte der indigenen Gemeinschaften und ist Ansprechpartner für verantwortungsbewusste Touristen. Daneben wird ein ethischer Kodex mit nachprüfbaren Zertifizierungskriterien für umwelt- und sozialverträgliche Projekte gefördert. Schwerpunktmäßig werden die Lokalregierungen und Dorfgemeinschaften des „Heiligen Tales der Inka" bei Cusco, der Weißen Kordillere bei Huaraz und die im Amazonasbecken um Iquitos unterstützt. Infos auf www.redturs.org oder Turismovision (s.u.).
Turismovision / KATE / Tourism Watch	Lateinamerika in den Blick zu nehmen, Tourismus zu diskutieren und gemeinsam zu gestalten, das ist das Ziel von *Turismovision* und *KATE,* der „Kontaktstelle für Umwelt und Entwicklung" in Stuttgart, www.kate-stuttgart.org. KATE informiert Reisende über die wichtigsten Aspekte für sozial und ökologisch korrektes Reisen. *Tourism Watch* ist ein Informationsdienst für Dritte-Welt-Tourismus. Berichte und Hintergründe über Ferntourismus auf der Homepage www.tourism-watch.de.

■ *Altiplano-Landschaft*

Webseiten von Peru

Die wichtigsten Reiseziele Perus, inklusive Abenteuertouren und Flugbuchungen: **www.peru.com** • Nachrichten, Kommentare, Analysen Peru und Amazonasgebiet: www.infoamazonas.de • Mit über 8000 Seiten eines der umfangreichsten peruanischen Portale, reichhaltige Informationen (Festkalender, Touren, Links zu Reiseveranstaltern): **www.enjoyperu.com** • Standardinfos über Sehenswürdigkeiten, touristische Routen, Angebote und Serviceseiten von i-Peru (auch auf Deutsch): **www.peru.info** • Sehr gute Infos über Peru, Buchungsmöglichkeiten, u.a. auch Bergführer, bietet ein Trekking-Spezialist und Reiseveranstalter mit Sitz in Huaraz: **www.peruvianandes.com** • Statistikamt Peru: **www.inei.gob.pe.** • Nachrichten und Analysen aus Lateinamerika: **www.amerika21.de** und **www.quetzal-leipzig.de** • Reisen: **www.travelupdate.com.pe** • Werbe- und Entwicklungskommission für den Tourismus in Peru (PromPerú): **www.peruonline.net** • Kulturelle Angebote des peruanischen Ministerio de Cultura findet man auf **http://inc.perucultural.org.pe** • Allgemeine Infos über Peru: **www.andeantravelweb.com** • Touristenziele in Peru mit ausgewählten Hotels: **www.andeantravelweb.com/peru/hotels** • Guia virtual/Adressbuch mit staatlichen und dt.-peruanischen kulturellen Institutionen und Adrssen: **www.peruano-aleman.com** oder **www.deutsch-peruanisch.com** • Alle wichtigen Verkehrsverbindungen, innerperuanische Flugtarife, Einreisebestimmungen, Mietwagenagenturen: **www.traficoperu.com** • Infos zum Straßennetz in Peru und Bolivien, Straßenzustände, Entfernungen und Mietwagentypempfehlungen von Cochera Andina: **www.mietwagen-lateinamerika.com** • Zugverbindungen von PeruRail: **www.perurail.com** • Informationsstelle Peru e.V.: **www.infostelle-peru.de** • Portal für Reisen nach Peru in besonderer Qualität mit innovativen und kreativen Ideen: **www.thomas-wilken.de** • Schöne Fotos des peruanischen Fotografen *Heinz Plenge* (Regenwald, Tierbilder, Jaguare u.a.): **www.plenge.com** • Alle Telefonnummern mit Anschriften von Krankenhäusern, Unterkünften, Diskotheken & Pubs bis zu Mietwagen- und Reiseagenturen: **www.paginasamarillas.com.pe** • Neueste Nachrichten aus Peru: **www.elcomercioperu.com.pe** und **www.rpp.com.pe** • Hostels weltweit mit Peru: **www.hostelworld.com** • auf Englisch: **www.peruthisweek.com** • Foto-Impressionen aus vielen Reiseblogs: **www.elmundodelobita.blogspot.com.**

Weitere interessante Websites Gemeinnütziges Anden-Netzwerk von RedTurs (Bolivien, Peru, Ecuador): **www.redturs.org** • Aktuelle Länderinfos über Peru und Bolivien liefert das Archiv **www.munzinger.de** • Österreichisches Lateinamerika-Institut: **www.lai.at** • Grundlageninfos für Auslandstätige und Auswanderer nach Bolivien und Peru: **www.bundesverwaltungsamt.de** • Alles über die Beziehungen Perus bzw. Boliviens mit Deutschland, Wirtschaftsdaten, aktuelle Sicherheitslage in Peru und Bolivien: **www.auswaertiges-amt.de** • Umfangreiche Länderdaten des US-CIA über Wirtschaft, Staats- und Schulsystem, u.a.: **www.cia.gov/library/publications/the-world-factbook/geos/pe.html** • Informationen zu Konsulaten und Visa: **www.konsulate.de** • Deutsche im Ausland: **www.deutscheweltweit.de** • Panamericana-Forum: **http://forum.postbus.de/forum.php** • Autoverschiffung, u.a. mit Angaben zur Kostenermittlung für die Fahrzeugverschiffung: **www.sea-bridge.de.**

Web-Wetter Aktuelles Wetter und die Temperaturen von Peru und Bolivien: **www.wetteronline.de** • Peruanische Wetterauskunft des Servicio Nacional de Meteorología e Hidrología SENAMHI: **www.senamhi.gob.pe** • Satellitenfotos über Naturkatastrophen: **http://earthobservatory.nasa.gov.**

Web-GPS für die GPS-Andentour: **http://viajerosmapas.com/index.html**

Diplomat. Vertretungen von Peru u. Bolivien in D, A u. CH

Peru und Bolivien in D   **Peruanische Botschaft,** Mohrenstr. 42, 10117 Berlin, Tel. 030-2291455, Fax 030-2292857, sc-berlin@embaperu.de, www.embaperu.de. Mo–Fr 9–13 Uhr.
Peruanische Generalkonsulate in: 63065 **Offenbach,** Kaiserst. 74, Tel. 069-1330926, www.conperfrankfurt.de; Mo–Fr 9–13 u. 14–16 Uhr. – 22301 **Hamburg,** Blumenstr. 28, Tel. 040-476745, Mo–Fr 9–16 Uhr. – 80336 **München,** Herzog-Heinrich-Str. 23, Tel. 089-13928880, Mo–Fr 9–13 u. 14–16.30 Uhr.
Peruanische Honorarkonsulate in: 28195 **Bremen,** Martinistr. 58, Tel. 0421-1760240, 1715829, Mo–Fr 9–16 Uhr. – 40215 **Düsseldorf,** Oststr. 84, Tel. 0211-1708980, Mo, Mi, Do u. Fr 11–14, Di 11.30–16.30 Uhr. – 30625 **Hannover,** Rudolf-Pichelmayer-Str. 4, Tel. 0511-27092761, Mo–Fr 9–16 Uhr.
Bolivianische Botschaft, Wichmannstr. 6, 10787 Berlin, Tel. 030-2639150, Fax 030-26391515, www.bolivia.de; Mo–Do 9–17 Uhr, Fr 9–14 Uhr.
Bolivianische Konsulate in: 20148 **Hamburg,** Heimhuder Str. 33a, Tel. 040-3589753, Di u. Do 10–13 Uhr. – 28197 **Bremen,** Ludwig-Erhard-Str. 7, Tel. 0421-5223248, Mo–Fr 10–15.30 Uhr. – **Frankfurt** bzw. 61470 Schlossborn, Butznickelstr. 9–11, Tel. 0700-26548436. – 80333 **München,** Maximiliansplatz 18, Tel. 089-220695, konsulat.bolivien@t-online.de; Di u. Do 10–14 Uhr.

Peru und Bolivien in A   **Peruanische Botschaft,** Gottfried-Keller-Gasse 2, 1030 **Wien,** Tel. 01-713437712, Fax 01-7127704, www.embaperuaustria.at; Mo–Fr 9–17 Uhr; Konsularabteilung 9.30–12.30 u. 14.30–16.30 Uhr. Honorarkonsulate in Innsbruck und Salzburg. – **Bolivianische Botschaft,** Waaggasse 10/8, 1040 **Wien,** Tel. 01-5874675, Fax 5866880, embolaustria@of-viena.at. – **Bolivianische Honorarkonsulate in:** 1190 **Wien,** Aslangasse 91–93, Tel. 01-32856666, Fax 01-328656626, bolivian-viena@viktorbauer.com; Mo–Fr 9–12 Uhr. – 5020 **Salzburg,** Dr. Viehauser Str. 8a, Tel. 066-2822582. – 4203 **Altenberg (Linz),** Niederbairing Str. 36, Tel. 07230-8777.

Peru u. Bolivien in CH   **Peruanische Botschaft,** Thunstr. 36, 3005 **Bern,** Tel. 031-3518555, Fax 3518570, embajadaperu@bluewin.ch, www.embaperu.ch; Mo–Fr 9–12 u. 14–17 Uhr), Konsularabteilung Tel. 031-3518567. Generalkonsulate in Genf (Tel. 022-7074917) und Zürich (Tel. 044-2118211). – **Bolivianische Botschaft** (s. bei D). – **Bolivianisches Konsulat** 4052 **Basel,** Seevogelplatz 2, Tel. 061-3124445, Fax 3125031 (Mo–Sa 8–12 Uhr). – **Bolivianisches Honorargeneralkonsulat** 1003 **Lausanne,** Place de la Gare, Tel. 021-3111613, Fax 3202996.

Diplom. Vertretungen von D, A und CH in Peru

Deutsche Botschaft (Embajada de la República de Alemania): **Lima-Miraflores,** Av. Arequipa 4210, Tel. 212-5016, www.lima.diplo.de, Mo–Fr 8.30–11.30 Uhr). – **Deutsche Honorarkonsulate** (Consulado Honorario de Alemania): **Arequipa,** Universidad Católica de San Pablo, Tel. 054-605600, Anschluss 204 (Honorarkonsul Bradley Silva), Fax 054-281517. – **Chiclayo,** José Francisco Cabrera Cdra. 1, Tel./Fax 074-237442 (Honorarkonsul Armin Bülow). - **Cusco,** San Agustín 307, Tel. 084-242970 (Honorarkonsulin María-Sophía Jürgen de Hermoza), Fax 084-235459. – **Iquitos,** c/o Pascana Amazon Service, Calle Pevas 133-B, Tel. 065-234018 (Honorarkonsul Max Druschke), Fax 065-242056. – **Piura,** La Ribera Mz B Lote 6, Urb. La Ribera, Tel. 073-300243 (Honorarkonsul Prof. Dr. Percy García Cavero), Fax 073-284510.
Österreichische Botschaft: Lima-San Isidro, Av. Central 643, Ed. Las Naciones, Tel. 442-0503 u. 442-1807, Fax 442-8851, über www.bmaa.gv.at. **Honorarkonsulat: Cusco,** Urb. Magisterio K-1, 2da. Etapa, Tel. 084-227339. – **Schweizer Botschaft:** Lima-San Isidro, Av. Salaverry 3240, Tel. 264-0305, vertretung@lim.rep.admin.ch, www.embajadasuiza.org.pe.
Diplo-Vertretungen von D, A und CH in Bolivien s.S. 658

Einreise / Reisedokumente

In beiden Ländern muss der Reisepass noch 6 Monate über das Einreisedatum hinaus gültig sein. Auch ein Ausreiseticket ist nachzuweisen, auch wenn dies meist nicht kontrolliert wird. Für **Peru** benötigen Deutsche, Schweizer und EU-Bürger bei einem Aufenthalt bis zu **90** Tagen kein Visum, und wer länger bleiben möchte, kann am Einreise-Flughafen nach den möglichen (und nicht verlängerbaren) **183** Tage fragen. (Boliven gewährt gleichfalls bis zu 90 Tage, Details dazu s.S. 654.)

Touristenkarte Die Aufenthaltsdauer wird in den Pass und in die **Touristenkarte** (*Tarjeta Andina de Migración,* **TAM**) gestempelt. Die TAM-Karte und Zolldeklaration kann auf der Homepage des Ministeriums für Außenhandel und Tourismus, www.mincetur.gob.pe/Turismo/guia_facilitacion/guia/index.html vorab als pdf heruntergeladen werden. Das Doppel der TAM wird bei der Ausreise wieder eingezogen – also nicht verlieren, sie nach der Einreise sicherheitshalber kopieren und getrennt verwahren.

Bei **Verlust** der TAM kann im Web ein Ersatzformular heruntergeladen werden, auf www.mincetur.gob.pe/Turismo/guia_facilitacion/guia/ausreise.html. Damit geht man zur *Banco de la Nación,* um die (geringe) Gebühr zu bezahlen. Man kann dazu auch die **Oficina de Migraciónes** aufsuchen (im Buch „Migración" genannt, außerdem zuständig für eine Verlängerung der Aufenthaltsdauer). Büros gibt es in Lima, Arequipa, Ilo, Chiclayo, Chimbote, Cusco, Huancayo, Iquitos, Piura, Pucallpa, Puerto Maldonado, Puno, Tacna, Trujillo, Tumbes und an Grenzübergängen (Adressen auf www.migraciones.gob.pe). Bei Verlust des Passes und der TAM in Lima zur *Superintendencia Nacional de Migraciones* gehen, Av. España 730, Breña, Tel. 200-1081 u. 200-1084. Zuvor einen Ersatzpass bei der Botschaft beschaffen).

Zolldeklaration Des Weiteren ist bei der Einreise eine **Zoll- bzw. eine Gepäckdeklaration** auszufüllen *(Declaración Jurada de Equipajes,* www.aduananet.gob.pe) sowie die *Declaración de Ministerio de Agricultura del Servicio Nacional de Salud Agraria,* SENASA, www.senasa.gob.pe.

Zur Zollkontrolle muss man in Lima den Knopf einer Zufallsampel drücken, „rot" bedeutet Überprüfung, „grün" freien Durchgang.

Zollfrei dürfen eingeführt werden 3 l Spirituosen, 20 Packungen Zigaretten, persönliche Gegenstände, übliche technische Geräten wie Fotokamera, Laptop, iPad, Sport- und Bergsteigerartikel und Geschenke im Wert von max. 500 US$. Absolut kein Rauschgift oder Drogen mitführen! Es werden bei Rucksacktouristen Kontrollen durchgeführt. Dies gilt besonders auch bei Grenzübertritten mit dem eigenen Auto! **Cocablätter** sind in Peru **legal.**

Formulare download Die Seite **www.mincetur.gob.pe** listet alle Bestimmungen für Einreise und Gütereinfuhr auf (auch auf dt.), herunterladbar sind Einreise-, Visa- und Zollformulare. Auf der Seite der *Superintendencia Nacional de Migraciones,* **www.migraciones.gob.pe,** können gleichfalls Einreisebestimmungen nachgelesen werden, z.B. auch die Voraussetzungen für eine Aufenthaltsgenehmigung in Peru. Ein Video zeigt auf dem Flughafen Lima den Ablauf der Dinge bei Einreise, Weg durch Immigration und Zoll.

Ausreise Sollte die **Aufenthaltszeit** bei der Ausreise **überschritten** sein, ist für jeden Tag Überziehung ein US-Dollar zu bezahlen (bzw. den Wert).

Die **Ausfuhr archäologischer Funde** und von Kunstgegenständen ist verboten. Auch für täuschend gute Replikate ist eine Genehmigung nötig, die Rechnung des Verkaufshändlers genügt nicht, s.a. S. 47, Kulturinstitut.

Pass mit sich führen	**Der Reisepass ist in Peru und Bolivien ständig mitzuführen,** es gibt immer wieder Kontrollen. Tipp: Von den ersten Seiten des Passes beglaubigte Fotokopien und einige Passbilder mitnehmen. Bei Verlust erleichtert dies die Wiederbeschaffung. Oder gleich den ganzen Pass samt Umschlag (ohne leere Seiten) kopieren, der Reihe nach wieder zusammenheften und diese Passkopie amtlich beglaubigen lassen. In Peru als auch in Bolivien wird dieses Duplikat bei Kontrollen durchweg akzeptiert. Generell: Alle Dokumente – Pass, Kreditkarten, Flugticket, Führerschein und eventuelle Reiseschecks – fotokopieren und getrennt mitführen. Außerdem einscannen und im eigenen Mailordner hinterlegen zum Herunterladen in einem Notfall.
Internationaler Impfpass	Der internationale **gelbe Impfpass** mit Gelbfieberimpfung wird benötigt bei der Einreise von einem südamerikanischen Land in dem Gelbfieber auftritt, z.B. von Brasilien. Tipp: Unbedingt vorher Zweitausfertigung des Impfausweises vom Gesundheitsamt ausstellen lassen, da Impfausweise bei Verlust oder Diebstahl nirgendwo ersetzt werden können (auch nicht durch das Gesundheitsamt, da dort keine Unterlagen geführt werden!).
Führerschein	Für die Anmietung eines Wagens genügt der **nationale Führerschein,** nur wer länger als 30 Tage mit einem Mietwagen unterwegs ist benötigt den internationalen (um für den nationalen kein Verlustrisiko einzugehen ist es gleichwohl besser, den internationalen mitzunehmen). Für die Anmietung gilt ein Mindestalter je Gesellschaft zwischen Regel 21 und 25 Jahre. Jene, die mit ihrem deutschen Wagen nach Peru und Bolivien einfahren, benötigen den internationalen Zulassungsschein, aber *kein* Carnet de Passage (Details beim Automobilclub erfragen). Die nationale Automobilclub-Mitgliedskarte ist von Vorteil bei Inanspruchnahme des peruanischen Automobilclubs.
Studentenausweis	Der internationale **Studentenausweis** ISIC (www.aboutistc.org) wird anerkannt, aber nicht überall. Bei Eintritten und Veranstaltungen kann es darauf Ermäßigungen ergeben.
Sonstige Dokumente	Wer möchte, könnte noch den **Jugendherbergsausweis** mitnehmen. Doch das Jugendherbergs-Netz ist in den Andenländern dünn und Hostals sind sehr preiswert. Die Mitgliedschaft und der Ausweis kann noch an Ort und Stelle erworben werden. Weitere Infos auf www.hihostels.com.

Versicherungen

Für eine Peru- oder Bolivienreise ist eine spezielle Auslandskrankenversicherung anzuraten. Auf dem Versicherungsmarkt existieren viele unterschiedliche Angebote, je nach Reisedauer und Alter. Einen Überblick bietet z.B. www.auslandsversicherung.de. Gesetzliche Krankenkassen-Mitgliedschaft gilt für Peru und Bolivien nicht, doch bieten einige Privatkassen Auslandsergänzungs- oder Zusatzversicherungen für eine ein- bis zweimonatige Reise an (bei seiner Privatversicherung erkundigen).

Reisekrankenversicherung	Eine Reisekrankenversicherung soll die Kosten für die ärztliche Behandlung einschließlich Operation, Medikamente, Röntgendiagnostik, Krankenhausaufenthalt und **Krankenrücktransport** nach Deutschland decken. Außerdem ist auf die Gültigkeit während der gesamten Reisedauer zu achten. Die Kosten für eine ärztliche Behandlung müssen zunächst selbst bezahlt werden, für die Kostenerstattung zu Hause sind dem Versicherer detaillierte Rechnungs- und Kostenbelege vorzulegen (Originalbelege mit Name des Patienten, Diagnose, Behandlungsdaten und Einzelleistungen, zusammen mit dem Versicherungsschein, Flugticket oder der Reisebestätigung). Anträge bei (Volks-)Banken, Reisebüros, Vers.-Agenturen. Auf das Kleingedruckte des Versicherungsscheins achten (Selbstbeteiligung, Einschränkungsklauseln usw.)

Reisegepäckversicherung	Eine solche Versicherung ist nicht ratsam, da die Bedingungen sehr einschränkend sind. Versichert sind gewöhnlich persönliche Reisesachen die am Körper getragen werden, Hand- und aufgegebenes Fluggepäck. Film-, Video- und Fotoapparate oft nur bis zu 50% der Versicherungssumme (abzüglich dem Zeitwert). Damit die Versicherung im Schadensfall auch wirklich zahlt, sind ein paar Punkte genau einzuhalten. Wird z.B. eine Kamera gestohlen, verlangt die Versicherung den Kaufbeleg, die Gehäusenummer (Modell), das Polizeiprotokoll des Diebstahls sowie umgehende Schadensnachricht. Zudem ist der Diebstahlsbogen der Versicherung auszufüllen.
Sonstige Versicherungen	Oft werden Kombi-Versicherungspakete angeboten, die eine Kranken-, Gepäck- und Reisehaftplichtversicherung umfassen. Auch diese sind wenig sinnvoll. Für Flug- und Pauschalreisende ist ggf. eine Reiserücktrittsversicherung anzuraten, manchmal ist diese bei Buchung einer Pauschalreise obligatorisch.

Finanzen – Rund ums Geld

Mitnehmen: Eine oder zwei **Kreditkarten** (VISA, MasterCard) und Dollar- und Euronoten in kleinen Werten. Landes- und Fremdwährungen dürfen in unbeschränkter Höhe ein- und ausgeführt werden. Der spätere Rücktausch der Landeswährung in Euro ist mit Verlust verbunden.

EC-Karten müssen zum Geldabheben das MAESTRO-Logo tragen (blaurote Doppelkreise), Karten mit dem **„V-Pay"-Logo funktionieren außerhalb Europas nicht!** Zudem kann für Peru und Bolivien evtl. eine Freischaltung nötig werden, bitte erkundigen Sie sich bei Ihrer Hausbank.

Der gute alte **Reisescheck**, ausgestellt z.B. von American Express, hat im Zeitalter der Geldautomaten seine Bedeutung verloren. Die Gebühren beim Einlösen sind hoch und nicht jede Bank wechselt sie ein.

Der **US-Dollar** ist nach wie vor die Referenz- und Reisewährung in Peru und Bolivien. Dollars sind nützlich auf Flughäfen, für Grenzübertritten, Trinkgelder und Notfälle. Es nehmen ihn sogar oft Taxifahrer und Hotels an. Darauf **achten,** dass alle Geldscheine nicht **beschrieben, bestempelt, zerfleddert** oder **eingerissen sind,** sonst Annahmeverweigerung.

Währung	Die Währung ist der peruanische **Nuevo Sol** („Neue Sonne"), abgekürzt als „**S/.**" oder international als **PEN** (Kurse s.S. 68). Die aktuellen Wechselkurse sind auf Internetseiten einsehbar, z.B. auf **www.xe.com** • www.oanda.com • www.gocurrency.com u.a. Im Umlauf sind Banknoten in Werten zu 10, 20, 50, 100, 200 Soles, Münzen zu 1, 2 und 5 Soles und Münzen zu 5, 10, 20 und 50 **Centavos.** Immer genügend Geld in der Landeswährung mitführen.
Kreditkarten	heißen *Tarjetas de crédito,* bezahlen mit Karte *pago con tarjeta*. Es ist durchaus die Regel, dass bei Bezahlung mit einer Kreditkarte Aufschläge von mehreren Prozent hinzukommen. Bezug von Bargeld in der Landeswährung aus Geldautomaten (hier im Buch als „GA" abgekürzt, engl. ATM) bzw. aus *Bancomaticos* ist unterwegs vielfach möglich, doch bevorzugen Sie wegen der Sicherheit Bankgebäude. Verbreitet sind in Peru und Bolivien Karten der Institute **MasterCard** („MC"), **VISA** und American Express. Wie erwähnt ist es ratsam, zwei Karten verschiedener Organisationen mitzunehmen, falls Sie eine verlieren oder die andere nicht mehr funktioniert. In entlegenen Orten haben Geldautomaten des Öfteren keine Scheine mehr, mit Störungen ist immer zu rechnen.

Vergessen Sie nicht Ihre PINS sowie die kartenspezifischen Telefonnummern, um ggf. Ihre Karte bei Diebstahl/Verlust sofort sperren lassen zu können (Details s.u.). Auf **www.kartensicherheit.de** kann man einen **SOS-Info-Pass** runterladen, außerdem gibt es dort Tipps zur Prävention, zu Schadensfällen und zur richtigen Kartensperrung.

Vorsichtsmaßnahmen: Die Karte nicht fortnehmen lassen und auf jeden Fall das Durchschlagpapier (sofern noch verwendet) aus dem Rechnungsbeleg selbst heraustrennen und vernichten. Geübte Betrüger könnten sonst über das Durchschlagpapier an ihre Daten und die Unterschrift gelangen!

Am kostengünstigsten „tanken" Sie Bargeld mit der Karte Ihrer Hausbank (BankCard/GiroCard, Postbank Card oder SparCard*) mit dem Maestro-Logo (Gebühren variabel, ab 4,90 € oder 1% des Umsatzes).

*) Die *Postbank SparCard* 3000 plus *direkt* gestattet jährlich weltweit bis zu zehn kostenlose Auslandsabhebungen. Karte funktioniert an allen GA mit dem VISA PLUS-Logo. Höchstbetrag bankabhängig. Eine gute Bank für die SparCard ist die **PCB** (Peru Bank of Credit), ihre Geldautomaten geben bis zu 700 NS aus.

In Peru

Geldautomaten

Ein Geldautomat heißt **Caja automática, Bancomatico** oder **Caja permanente** (engl. ATM, automatic teller machine, hier im Buch „**GA**"). Am Automat sind die Logos der Karten angebracht, die er akzeptiert, Menüführung meist auch auf Deutsch. In Peru können außer Soles auch US-Dollar gezogen werden (große Noten aber gleich in der Bank „kleinmachen"). Bargeldabhebungen an Automaten sind meist auf (umgerechnet) **300 € oder 200 € beschränkt,** vielfach auch nur 125 €. Vor Wochenenden und Feiertagen beizeiten „nachtanken"!

Geldwechseln in Banken

Unter den Banken ist die *Banco del Crédito* für die landesweit besten Wechselkurse bekannt, außerdem tauscht sie die Landeswährung auch in Euro oder Dollar (gegen eine Kommissionsgebühr). Auch Eintausch von US-Dollar-Reiseschecks. Vor den Banken bilden sich schon lange vor der Öffnungszeit Warteschlangen. Meist stellen sich hier die Peruaner an, die kein Girokonto haben und ihren Lohn vom Arbeitgeber direkt über die Bank ausgezahlt bekommen. Empfehlung: weder zum 15., noch am Ende des Monats (Zahltage) und auch nicht zur Mittagszeit anstellen.

Casas de Cambio /

Die in manchen Orten oft zahlreichen *Casas de Cambio* – **Wechselstuben** – tauschen problemlos Euro und Dollar, ihr Kurs ist besser als bei Banken (von denen nicht immer alle Euro-Scheine wechseln).

Geldwechsler

In Peru kann auch ganz legal auf der Straße durch autorisierte *cambistas* gewechselt werden. Diese offiziellen Straßenwechsler sind an einem neongrünen Überwurfschurz mit Dollar- und Euro-Symbol sowie einem Ausweis zu erkennen.

Karte verloren / gestohlen

Verlorene oder gestohlene Kredit- bzw. Bankkarten müssen sofort gesperrt werden, das Prozedere ist z.B. auf www.mastercard.com oder bei www.visa.de nachzulesen. Die dt. Telefonnummer des zentralen Sperr-Annahmedienstes für nahezu jede/lche Karten rund um die Uhr und aus dem Ausland ist **0049-1805-021021** (minimal gebührenpflichtig, Abwicklung per Sprachcomputer; Sie benötigen Ihre Kontonummer und die Bankleitzahl!). Für die Postbank SparCard rufen Sie 0049-69-47867556 (Abwicklung gleichfalls per Sprachcomputer; Sie benötigen Kontonummer und Telefongeheimzahl oder einfach „Karte sperren" sagen). Eine andere dt. zentrale Sperr-Nr. für nahezu alle Karten ist **0049-116116.**

Nachfolgende Kreditkartengesellschaften haben Agenturen in Lima:
Eurocard/MasterCard: Av. Benavides 176, Lima-Miraflores, Tel. 445-2290. Mo–Fr 9–17 Uhr, Sa 9–12 Uhr (nur zur Diebstahlsanzeige). Oder: Scotiabank, Cusco 245, Tel. 428-3400 und Av. Benavides 176 (Diagonal), Lima-Miraflores, Tel. 445-2290. Notfallrufnummer (001) 800-307 7309 und (001) 800-819 1040 oder (01) 311 6000 (Peru) bzw. 08000172 (Bolivien). Nach D: +69-79331919.

VISA: Av. José Pardo 831, 10. Stock, Tel. 213-2300, Service-Nummer 372-5808. Notfallrufnummer (001) 800 428 1858 (Peru) bzw. für beide Länder 001-410 581 9994 (Collect Call möglich). Nach D: +69-79332525.

American Express: Av. Paseo de la República 3245, 6. Stock, www.americanexpress.com, Mo–Fr 9–18 Uhr, Sa 9–13 Uhr.

Preisangaben und Preise

Die Preisangaben im Buch sind zumeist in der Landeswährung angegeben, manchmal auch in Euro oder US-Dollar, da in beiden Ländern im mittleren und gehobenen Tourismussegment neben der Landeswährung auch in US-Dollar oder Euro kalkuliert wird. Besonders die in Peru und Bolivien lebenden deutschsprachigen Touranbieter und Hotel-/Hostalbesitzer geben meist auch Euro-Preise auf ihren Homepages an. Gut zu wissen: Wer in US-Dollar zahlt, fährt beim Kauf von Zug- und Flugtickets, manchmal auch bei den gehobenen Unterkünften in den größeren Städten, besser als Bezahlung in Landeswährung – also vorher nachrechnen!

Wieviel Geld wird für Peru und Bolivien benötigt? Das Minimum für preisbewusst Reisende dürfte für Verpflegung und Unterkunft bei etwa 20 Euro pro Tag und Person liegen. Mit täglich 20–30 € kommt man für Transport, Verpflegung und Übernachtung aus. Weitere Kosten verursachen besondere Ausflüge sowie die oft hohen Eintrittsgelder in den touristischen Hochburgen. Neben der Landeswährung kann die Bezahlung in teuren Hotels, Einrichtungen oder Touren auch bar in US-Dollar erfolgen.

Die im Buch angegebenen Preise dienen als Orientierung, wegen Kursschwankungen und inflationsbedingt kann es zu Preisabweichungen kommen. Grundsätzlich gilt: Verlangte Preise sind fast immer verhandelbar vom Hotelpreis (nicht bei Luxushotels) übers Taxi bis fast alles, was man so kauft.

Steuern und Trinkgeld In Peru sind normalerweise 18% Steuern (IGV) in den meisten Rechnungen bereits enthalten, doch die besseren Hotels und Restaurants geben ihre Preise meist ohne Steuer an. Bei der Frage nach einem Preis (z.B. Hotelübernachtung, Flugticket) deshalb immer nachfragen, ob die Steuern berücksichtigt sind. Neben dieser Steuer ist in besseren Restaurants zusätzlich ein 10%iger Bedienungsaufschlag üblich. Auch hier ist vorherige Abklärung sinnvoll. Oft wird zu den 10% auch noch ein Trinkgeld erwartet. In günstigen Restaurants und Hotels werden oft weder 18% Steuer noch 10% Service erhoben. Bitte runden Sie in preiswerten Restaurants die Rechnung für die Bedienung großzügig auf. Gepäckträger erhalten meist 0,25–0,50 € pro Gepäckstück.

Medizinische Vorsorge

Eine längere Reise in die Andenländer bedarf einiger medizinischer Vorsorge und Vorkehrungen. Auf jeden Fall sollte zuvor der Hausarzt aufgesucht und ein Ganzkörper-Check auf etwaige versteckte Krankheiten durchgeführt werden, insbesondere sind Mandeln, Blinddarm und Unterleib zu untersuchen. Auch der Zahnarzt sollte nichts finden. Über aktuell erforderliche Impfungen können Hausarzt, Gesundheitsamt und tropenmedizinischen Institute Auskunft geben (Impfplan; damit muss einige Monate vor der Reise begonnen werden). Wenn während oder nach der Reise obskuren Krankheitssymptome, wie Ausschläge o.ä. auftreten, an das nächste tropenmedizinische Institut wenden.

Medizinischer Rat
Auf den Seiten des Auswärtigen Amtes, **www.auswaertiges-amt.de** (bei „Reise und Sicherheit") finden Sie Informationen bei Reisen ins Ausland bzw. speziell für Peru und Bolivien: Impfempfehlungen, Hinweise zur Malariasituation und zu örtlichen Gesundheitsrisiken, aktuelle Gesundheitsmeldungen und Adressen von Botschaften und medizinischen Einrichtungen sowie reisemedizinisch ausgebildete Ärzte und Gelbfieberimpfstellen in Deutschland. Außerdem alles in Form einer **Reise-App.**

Aktuelle und umfangreiche Reise- und Gesundheitsinformationen bieten z.B. auch die Seiten **www.crm.de** und **www.fit-for-travel.de**. Ausführlich über das Malariarisiko informiert die „Deutsche Gesellschaft für Tropenmedizin", **www.dtg.mwn.de** und Reisemedizinische Beratung das Schweizer Institute **www.safetravel.ch**. Adressen deutschsprachiger Ärzte in Peru und Bolivien finden Sie hier im Buch unter „Adressen & Service" bei den Städten.

Staatliche gesundheitliche Empfehlungen in Peru: **www.mincetur.gob.pe**. Peruanisches Gesundheitsministerium: **www.minsa.gob.per**.

Gelbfieber
Wer in Peru oder Bolivien einen Amazonas-Urwaldabstecher plant oder von einem südamerikanischen Infektionsgebiet, z.B. aus brasilianischen Urwaldgebieten nach Peru oder Bolivien einreist, muss gegen Gelbfieber geimpft sein (sonst Gefahr der Zwangsimpfung möglich. Risikogebiete: Departamentos Amazonas, Loreto, San Martín, Ucayali, Junín, Madre de Dios. Für Kontrollen muss zum Nachweis unbedingt der **Original-Impfausweis** mitgeführt werden, eine Kopie ist nicht ausreichend! Der Impfschutz beginnt 10 Tage nach der Impfung und hält 10 Jahre an. Die kostenpflichtige Impfung darf in D nur von autorisierten Stellen durchgeführt werden und muss in den gelben Internationalen Impfpass eingetragen werden.

Malaria
Ist nach wie vor eine der gefährlichsten Tropenkrankheiten und wird nur durch den Stich der infizierten, weiblichen Anophelesmücken in die Blutbahn übertragen (Erreger sind tierische Kleinstlebewesen der Gattung Plasmodium). Die Moskitos stechen besonders in der Dämmerung und in der Nacht. Malariaschutz (Prophylaxe) basiert zum einen auf der Vorbeugung, d.h. Schutz vor Mückenstichen, und zum anderen in der vorbeugenden Einnahme von Malariamedikamenten (Chemo-Prophylaxe).

Schutz vor Stichen bietet beim Schlafen in nicht vollklimatisierten Hotelzimmern das altbewährte Moskitonetz, Hautschutzmittel *(repelente),* Räucherspiralen (coils) und hautbedeckende, helle Kleidung (lange Hemdärmel, lange Hosen, Socken, geschlossene Schuhe). Die Anophelesmücke ist in Peru ab ca. 1500 m Höhe (Bolivien ca. 2500 m) kaum mehr anzutreffen. Risiken in **Peru** im Departamento Ucayali und abgelegene Gebiete des Departamento Lambayeque. In **Bolivien** in den Tieflandprovinzen, wie Beni, Pando und Tarija.

Es gibt kein ideales und immer wirksames und universelles Malariamedikament. In malariagefährdeten Regionen verlieren bisher bewährte Mittel wegen beginnender Resistenz der Mücken an Wirksamkeit. Die Weltgesundheitsorganisation WHO gibt jährlich aufgrund neuester Erkenntnisse überarbeitete Empfehlungen zur Prophylaxe und Behandlung heraus. Eine Medikation sollte spätestens eine Woche vor der Einreise in ein fragliches Infektionsgebiet beginnen und ist nach dem Verlassen mindestens 6 Wochen fortzusetzen. Wichtig zu wissen: Auch eine gewissenhaft durchgeführte Chemo-Medikation kann den Ausbruch der Malaria nicht 100%ig verhindern! Die Inkubationszeit beträgt meist 10 bis 35 Tage, die Symptome sind vieldeutig und äußern sich als Schüttelfrost, unregelmäßiges Fieber, Glieder- und Kopfschmerzen. Malaria kann bei versagendem Schutz also auch noch vier Wochen nach der Heimkehr ausbrechen.

Tetanus Gegen Wundstarrkrampf sollte jeder geimpft sein, auch wenn man nicht in fremde Länder reist. Ausreichender Impfschutz nach 2 von 3 Spritzen innerhalb eines Jahres, danach muss nur noch alle 10 Jahre aufgefrischt werden, zusätzlich im Verletzungsfalle. Auf Rezept kostenfrei.

Hepatitis Die infektiöse Gelbsucht ist in Peru und Bolivien weit verbreitet und wird durch unsaubere Nahrung und Wasser übertragen. Zum Schutz wird mit HAVRIX zweimal geimpft, Abstand zwischen 1. und 2. Impfung mindestens 6 Monate. Wirkungsdauer 10 Jahre. Hepatitis B wird meist nur auf dem Blutwege (Transfusionen, Spritzen) und intime Körperkontakte übetragen. Es sind drei Impfungen erforderlich. Eine Impfung gegen Hepatitis B schützt auch gegen Hepatitis D. Gegen die sehr gefährliche Hepatitis C und seltenere Hepatitis E gibt es derzeit keine Impfmöglichkeiten.

Typhus Gegen diese bakterielle Darminfektion schützt entweder eine dreimalige Schluckimpfung (Typhoral) im Abstand von 2 Tagen, die etwa ein Jahr schützt (Wirkungsgrad ca. 85%), oder die Impfung mit Typherix mit dreijährigem Schutz. Die Impfung ist für jene empfehlenswert, die beim Reisen ständig mit niedrigem Hygienestandard in Berührung kommen. Zu anderen Impfungen sind Mindestabstände einzuhalten.

Chagas Infektionskrankheit durch Trypanosoma-Cruzi-Erreger, die durch den Biss blutsaugender Raubwanzen *(vinchucas)* übertragen werden, die akut oder chronisch verläuft und unbehandelt nach Jahren zum Tod führen kann. Raubwanzen hausen meist in verwahrlosten Hütten und Schlafstellen.

Dengue Tropenkrankheit, die durch Mücken übertragen wird. Eine Impfung oder Medikamente gibt es nicht. Die Krankheit verläuft nicht tödlich, ist aber sehr unangenehm. Die Symptome sind ähnlich wie Malaria. Keinesfalls sollte Aspirin oder Ibuprofen, sondern Paracetamol eingenommen werden.

Leishmaniasis In allen Andenländern mit angrenzenden Tropengebieten an den Andenosthängen, also auch in Peru und Bolivien, tritt immer wieder die Haut-Leishmaniasis auf. Sie wird durch den Stich einer infizierten Schmetterlingsmücke bzw. Sandfliege meist in der Dämmerung übertragen. Es gibt keine Impfung. Am besten schützt man sich mit Antimückenmitteln, hautbedeckender Kleidung und kleinmaschigen Moskitonetzen.

Cholera Einzelfälle dieser infektiösen Darmerkrankung mit starken Durchfällen kommen in Peru immer wieder vor, Touristen sind jedoch so gut wie nie betroffen. Eine Impfung ist möglich, wird aber nicht angeraten (nur 40%iger Schutz).

Tollwut (span. *rabia*) Streunende Hunde sind in Peru und Bolivien diesbezügliche Risikofaktoren. Wer gebissen oder verletzt wird, auch von Wildtieren, sollte unbedingt einen Arzt oder ein Krankenhaus aufsuchen! Tollwut-Impfungen sind möglich, auch vor Ort, nachdem man von einem Tier verletzt wurde. Kostenpflichtig.

Aids heißt in lateinamerikanischen Ländern **SIDA,** Kondome sind *preservativos*. Eventuelle (Impf-)Anwendung nichtsteriler Spritzen kann gleichfalls eine Gefahrenquelle sein.

Hauterkrankungen Ursachen können Bisse von Insekten, Flöhen oder Läusen sowie Pilzsporen sein. Sie können zu Infektionen führen, die in tropischen Regionen nur schlecht abheilen. Pilzsporen bilden weiße Flecken auf sonnengebräunter Haut, bekämpft werden sie mit hochprozentigem Alkohol. An der Küste und im Hochland besteht, auch bei bedecktem Himmel, ständige **Sonnenbrandgefahr!** Sonnencreme mit sehr hohem Schutzfaktor verwenden.

Reiseapotheke Medikamente sind in Peru und Bolivien preiswert und rezeptfrei in Apotheken erhältlich. Trotzdem darf eine kleine Reiseapotheke nicht fehlen. Der Hausarzt kann bei der Zusammenstellung helfen (s.a. Anhang) und evtl. kostenlose Ärztemuster abgeben. Spezielle Medikamente, wie z.B. gegen die Höhenkrankheit, erst in Peru oder Bolivien kaufen.

Gesundheitstipps für unterwegs

Hygiene und Essen

Magen- und Darmstörungen, Kopfschmerzen und Kreislaufprobleme sind bei Reisen durch Peru und Bolivien, bedingt durch die allgemeine Umstellung, die Höhenlage, das ungewohnte Essen und verschmutztes Wasser durchaus „normal". Sinnvolle, aber keine übertriebene Vorsicht ist angebracht. Beim Essen einige Grundsätze beachten:
- dort einkehren, wo besonders viele Einheimische essen
- Wasser nur vorbehandelt trinken (Entkeimungstabletten, Filter), auch das Wasser beim Mundspülen nach dem Zähneputzen
- keine Salate, rohes Gemüse oder unschälbare Obstsorten essen
- kein Speiseeis und kein Softeis, Eiswürfel in Getränken vermeiden
- keine offenen Fruchtsäfte trinken
- keine rohe/halbrohe Schalen- oder Krustentiere bzw. Meeresfrüchte essen
- kein (halb)rohes Fleisch oder (halb)rohen Fisch, keine Mayonnaise

Trotzdem vitaminreich ernähren und viele Orangen, Mandarinen, Bananen, Ananas und Papayas (diese sind besonders gut gegen Magenprobleme) zu sich nehmen. Den durch das Schwitzen bedingten Salzverlust durch stärkeres Salzen ausgleichen. Sorgfältige Körperhygiene, wie häufiges Händewaschen vor dem Essen und Wäschewechsel (Hautpilze!).

Durchfall / Magenschmerzen

Früher oder später werden viele Reisende mit diesem Problem zu kämpfen haben. Angeraten wird eine Typhus-Schluckimpfung, die das Immunsystem vorab stärkt. Sollte das Problem auftreten, hilft vor Ort das Durchfallmittel *Nifurat,* das es in jeder Apotheke zu kaufen gibt, am wirkungsvollsten in flüssiger Form. *Loperamid* (Hauptbestandteil von *Immodium*) gibt es in verschiedenster Tablettenform kostengünstig in den Apotheken zu kaufen. Heftige Dauerdurchfälle, verbunden mit kolikartigen Bauchschmerzen, deuten auf eine Lebensmittelvergiftung hin. Hier versagen oft die mitgeführten Mittel und auch Antibiotika. Einheimische in Peru kennen einen speziellen, übelriechenden Tee, der Abhilfe schaffen kann. Bei Magenschmerzen (nach dem Essen) hilft *Plidan* oder das altbewährte *Alka-Seltzer* (mit Zitronengeschmack, zum Auflösen in sauberem Wasser).

Postas Medicas u. Hospitales Regionales

Fast in jedem peruanischen Dorf gibt es für Notfälle eine *Posta Medica,* wo von zum Teil sehr gut ausgebildeten Krankenschwestern und Sanitätern erste Hilfe und Betreuung geleistet wird. Konsultationen kosten je nach Aufwand nur wenig oder gar nichts. Bei Unfällen oder schwerwiegenden Krankheiten sollte jedoch das nächste Regionalhospital aufgesucht werden.

Die Behandlung in den privaten peruanischen Kliniken ist teuer, allerdings auch komfortabler (wobei die Betreuung nicht unbedingt besser ist).

Auch in Bolivien gibt es Sanitätsstationen auf dem Land, die aber i.d.R. nicht ausreichend besetzt und nur sehr notdürftig ausgestattet sind. Daher sollte man im Notfall so schnell wie möglich in eine größere Stadt fahren und dort eine private Klinik aufsuchen.

Giftbisse

Nicht alle Bisse von Tieren, Fischen und Insekten führen zu Vergiftungen. Hier ein paar Regeln, mit denen Sie Bissen oder Stichen vorbeugen können:
- Vorsicht vor dunklen Winkeln und Nischen
- hohe Schuhe und lange Hosen tragen
- Schuhe, Strümpfe und Kleidung morgens grundsätzlich ausschütteln
- Hängematten vor der Benutzung ausschütteln
- sich durchs Gelände aufstampfend bewegen, Wanderstock haben
- mit der Hand nicht in ein Gebüsch langen (z.B. beim Holzsammeln) und bei Wanderungen im Urwald nicht an Baumstämmen abstützen
- nicht durch trübes, stehendes Gewässer waten

Laute Länder

Peru und Bolivien sind sehr lebhafte und laute Länder, auch nachts! Lärmempfindliche Menschen können da Ein- oder Durchschlafprobleme bekommen. Viele Stadthotels liegen an verkehrsreichen Straßen und haben außer Einfachverglasung auch noch Luftschlitze, durch die der nächtliche, nie endenwollende Autolärm oder Nachbars Kofferradio-Gedudel dringt. Außerdem sind Fahrten mit Fern- oder Überlandbussen gewöhnungsbedürftig, denn Dauerbeschallung durch laute Musik und Videos nicht jedermanns Sache. Auf dem Land bringt einen jaulendes, nächtliches Hundegebell oder frühmorgens das Wettkrähen der Hähne um den Schlaf. Wenn der Reisekumpan dazu auch noch schnarcht, helfen nur noch gute **Ohrstöpsel** (doch Vorsicht, ständige Anwendung kann zu Ohren-Entzündungen führen).

Höhenkrankheit (Soroche)

Wer mit dem Zug von Lima nach Huancayo fährt oder von einer Küstenstadt oder dem Amazonastiefland (z.B. von Iquitos) aus mit dem Flugzeug in die Höhe nach Cusco oder La Paz fliegt, dem kann die dünnere Luft (der niedrige Luftdruck) und der damit verbundene geringere Sauerstoffgehalt schwer zusetzen. Pro 1000 Höhenmeter sinkt der Luftdruck um etwa zehn Prozent, und dies hat zur Folge, dass das Blut in der Lunge weniger Sauerstoff aufnehmen kann (in Höhen über 3000 m wird das Blut nur noch zu 70% mit Sauerstoff gesättigt). Der Flüssigkeitsverlust des Körpers, hervorgerufen durch die trockene Höhenluft und die vermehrte Abatmung, hat außerdem eine Blutverdickung zur Folge, die die Durchblutung der Organe und des Gehirns stört. Die **Warnzeichen** der Höhenkrankheit **Soroche** können bereits ab 2000 m auftreten, ab 3000 m sind sie häufig: Kopfschmerzen, Schlappheit, Müdigkeit, Atemnot, Kreislaufbeschwerden, schnellerer Pulsschlag, Schlafstörungen. In sehr hohen Höhen kann Bewusstlosigkeit oder eine Lungenstörung auftreten, die mit Husten und starker Atemnot einhergeht. Mögliche schwerwiegende Folgen: Embolie, Thrombose, Herzinfarkt. Nach genügend langer zeitlicher Höhenanpassung verschwinden die Symptome im allgemeinen wieder. Auch eine allgemeine körperliche Fitness und eine robuste Gesundheit schützen nicht immer vor der Höhenkrankheit!

Bevor nachfolgend ein paar Tipps und Medikamente für die Höhenkrankheit genannt werden, noch ein wichtiger Hinweis: Diese Medikamente können die Anfangssymptome verdecken und damit zu weiterem Höhenanstieg mit nachfolgend größeren Risiken verleiten!

So wird u.a. empfohlen, zur Vorbeugung vor der Reise in Höhenlagen gegen Übelkeit und Erbrechen das rezeptpflichtige *Paspertin* einzunehmen (5–10 Tropfen), gegen Kreislaufbeschwerden *Effortil* (15–20 Tropfen) und eventuell *Mircorenperlen* gegen Schwindel. In Peru sind diese Medikamente rezeptfrei in Apotheken – *Farmacias, Boticas* – erhältlich. In Peru und Bolivien gibt es rezeptfreie *Soroji Pills,* eine Mischung von Aspirin/Coca im Verhältnis 1:1, oder *Corazol*. Gewöhnliche Aspirintabletten können gleichfalls die Symptome der Höhenkrankheit lindern.

Essen Sie vor, während und einige Stunden nach der Anreise in andine Höhenlagen nichts oder nur ganz wenig und nur leicht Verdauliches. Wichtig ist, ständig viel zu trinken, auch wenn man kein Durstgefühl hat. Alkohol absolut meiden, auch nicht rauchen! Dafür kreislaufanregenden Coca-Tee **(Mate de Coca)** trinken, den es überall in Restaurants und Cafés gibt (3–5 Minuten ziehen lassen, dabei Tasse abdecken). Ausruhen statt herumhetzen. Sollten die Beschwerden nach einigen Tagen nicht vergehen oder schlimmer werden, dann hilft das Einatmen von Sauerstoff oder der Abstieg/Abreise nach unten. Auch die stündliche Einnahme von *Coramina Glucosa* (Lutschtabletten, in jeder Apotheke Perus erhältlich) soll helfen, evtl. *Stutgeron* bei Durchblutungsstörungen, bei niedrigem Blutdruck evtl. zusätzlich *Norphen*. Tipps zum richtigen Gehen beim Bergwandern s.S. 391.

Wichtig ist, bei Anzeichen drohender Höhenkrankheit nicht höher zu steigen, dies gilt besonders fürs Höhen-Trekking über 4000 m und Bergsteiger. Sonst kann ein Lungenödem drohen. Dann hilft nur noch der sofortige Abtransport in die Tiefe, Beatmung mit Sauerstoff und ärztliche Hilfe, wobei heute die Gabe von *Lasix* abgelehnt und stattdessen *Diamox retard* – 500 mg – empfohlen wird. Bei neueren Studien und Versuchen mit Bergsteigern mit einem Lungenödem-Risiko machten Mediziner der Uni Lausanne gute Erfahrungen mit *Salmeterol,* einem zur Gruppe der Beta-Adrenergika zählenden Asthmamittel. Erkundigen Sie sich ggf. nach dem neuesten Stand der Forschung.

Ausrüstung

So wenig wie möglich, nur so viel wie nötig ... Unterwegs ist man für jedes Kilo weniger dankbar. Möglichst Sachen mitnehmen, die unterwegs kaputtgehen dürfen oder die zum Verschenken sind (schon um Platz für Einkäufe zu schaffen). Spezialausrüstung und Equipment zum Bergwandern, wie Zelt, Hochgebirgsschlafsack, Kocher etc. kann vor Ort gemietet werden oder es wird vom Veranstalter gestellt. Wichtig ist ein Kombi-Taschenmesser („Schweizer Offiziermesser", gehört beim Flug ins aufgegebene Gepäck), eine leistungsstarke kleine LED-Taschenlampe und einen Mini-Wecker, weil Busse oft sehr früh abfahren.

Warme Mützen oder Hüte als Sonnenschutz können auf den (Anden)-Märkten vor Ort gekauft werden, auch Handschuhe aus Alpaka-Mischwolle. Moskitonetz und Hängematte sind in der Amazonasregion am billigsten. Eine Hängematte wird erst dann gekauft, wenn dies für eine Bootsfahrt auf einem Urwaldfluss erforderlich sein sollte. Vorsicht mit Tuben und Plastikflaschen im Gepäck! In größerer Höhe bekommen sie wegen des geringeren Luftdrucks einen „Bauch", können dadurch auslaufen oder gar platzen, also in Plastiktüten stecken. Überhaupt ist es eine gute Idee, die einzelnen Gepäckgegenstände in verschließbare Plastiktaschen zu stecken. Ausrüstungsliste ist im Anhang.

Kleidung — Vorteilhaft ist eine funktionale, strapazierfähige, leichte und schnelltrocknende Kleidung mit viel Bewegungsfreiheit aus Mischgewebe. Kleidung aus solchem Material eignet sich hervorragend sowohl in den Anden als auch in den tropischen Regionen beider Länder. Verschmutztes wird unterwegs selbst gewaschen oder in eine *lavandería* gebracht. Auch bieten viele Hotels den Service.

Kleidung und Diebstahlschutz — Wichtig ist, dass Geld und Dokumente niemals im Reisegepäck verstaut werden. Geld, Kreditkarten, Reisepass, Flugtickets und Impfausweis am Körper mitführen! Das scheint nicht einfach, doch es geht: Das Bargeld kommt in einen Geldgürtel (der ist zwar inzwischen allen Dieben so ziemlich bekannt, lässt sich aber nach wie vor am schwierigsten stehlen – im Gegensatz zu Brust- und Bauchbeuteln, die ruckzuck gekappt werden). Bewährt haben sich innen angenähte Hosen- und Beintaschen mit Reißverschluss. In ihnen finden die Dokumente optimalen Schutz vor unerwünschtem Zugriff (wem das Einnähen einer doppelten Hosentasche zu umständlich erscheint, kann auch eine fertige Hoseninnentasche kaufen, die mittels zweier Schlaufen am Gürtel befestigt und in die Hose eingeschlagen wird). Wenn unterwegs etwas benötigt wird, verschwindet man kurz auf das stille Örtchen oder um die Ecke. Die Dokumenten-Kopien werden gleichfalls in diesen Kleidersafe gesteckt (die Originale könnten auch noch in Plastik wasserdicht verpackt werden).

Rucksack, Kofferrucksack In einem mittelgroßen Rucksack oder Kofferrucksack lässt sich alles bequem tragen, die Hände sind frei. Bewährt haben sich solche ohne Tragegestell, sie lassen sich besser in den Gepäckablagen verstauen. Außentaschen behindern nur die Unterbringung in Gepäckablagen und verleiten Unbefugte zum Aufmachen. Da Rucksäcke in den Bussen sehr staubig und schmutzig werden, sollten sie zum Schutz mit Plastiksäcken *(costal plastico)* überzogen werden, die es auf den Märkten zu kaufen gibt.

Fotokamera Empfehlenswert ist eine digitale Spiegelreflex- oder Sucherkamera mit Zoom-Objektiv. Reserve-Akku und Ladegerät nicht vergessen. In touristischen Zentren kann man Speicherkarten kaufen und es besteht die Möglichkeit, oft in Internetcafés, Fotos vom Kamera-Chip auf eine CD brennen zu lassen. Überhaupt empfiehlt sich regelmäßiges Sichern auf ein separates Speichermedium.

Indigenen Frauen im Hochland sind Kameras gegenüber misstrauisch. Sie glauben, dass jedes Foto ein Stück der Seele raubt. Deswegen sollte man immer fragen, bevor man Menschen fotografiert und ein „Nein" akzeptieren. Manchmal wird für die Erlaubnis, sich fotografieren zu lassen, Geld verlangt, zumal viele Leute glauben, dass man ihre Bilder gewinnbringend verkaufen werde.

Flüge nach Lima/Peru

Derzeit gibt es keine Non-Stop-Flüge von Frankfurt oder von einem anderen deutschen Flughafen nach Lima, Umsteigeflughäfen ab Deutschland sind Madrid, Paris und Amsterdam. Europa – **Bolivien** s.S. 656.

Diverse Optionen Möglichkeit eins ist der tägliche Flug mit der spanischen **Air Europa** von Frankfurt über Amsterdam nach Madrid und von dort Nonstop nach Lima. Zeiten und Preise auf www.aireuropa.com (je nach Saison ab 1050 €).

Möglichkeit zwei ist der tägliche Flug mit **IBERIA** von Frankfurt via Umsteigeverbindung Madrid und weiter nach Lima. Preise und Sonderangebote auf www.iberia.com.

Option drei ist der tägliche Flug mit der niederländischen **KLM** (in Verbund mit Air France) von Frankfurt via Amsterdam/Paris nach Lima. Das Ticket kostet hier, je nach Saison, ab 1250 €. Zeiten und Preise auf www.klm.com und www.airfrance.de.

Auch die **LATAM** (Kooperation zwischen der chilenischen LAN und der brasilianischen TAM) bedient Lima via Madrid und São Paulo (Umstieg). Es gibt Jahrestarife ab 1300 €, ein Stopover ist frei. Flugpläne auf www.tam.com.br und www.lan.com. LATAM ist Mitglied der Luftfahrtallianz Oneworld, und wer von Peru weiter durch Südamerika fliegen will oder zuvor z.B. noch Brasilien besuchen möchte (und von dort nach Bolivien möchte) findet hier die meisten Flüge und Angebote.

Flüge nach Lima/Peru

Des Weiteren gibt es preisgünstige Verbindungen über die USA, die aber wegen der rigiden und langwierigen US-Einreisekontrollen und langen Weiterflug-Wartezeiten nicht zu empfehlen sind!

Alle internationalen Airlines die in Lima landen oder von dort wegfliegen listet die Homepage des Lima-Airports, www.lap.com.pe (s.S. 162).

Flugzeiten — Die Gesamtreisezeit nach Lima liegt je nach Airline zwischen etwa 18 und 24 oder mehr Stunden ab Frankfurt bis Lima. Beim Buchen die **Ankunftszeit in Lima beachten** und ggf. ein Hotel reservieren!

Buchen — Bei einem der zahlreichen Internet-Flugportalen, bei den Fluglinien direkt, günstig bei Studentenreisebüros wie www.statravel.de oder auch bei Südamerika-Reisebüros bzw. Veranstaltern, wie beispielsweise bei *Cono Sur*, www.conosur.de (Ansprechpartner Patty Rodriguez), beim Club *Südamerika International* (CSI), www.suedamerika-csi.de oder auch über die Reiseveranstalter der ARGE Lateinamerika, www.lateinamerika.org. In der Schweiz bietet günstige Flüge und Beratung www.globetrotter.ch.

Preisaufschläge — Zu beachten ist, dass in Hochsaison-Zeiten (Ostern, Weihnachten, Ferienzeiten) die Flugpreise teil kräftig ansteigen, wobei jede Airline „Hochsaison" unterschiedlich definiert.

Internation. Airpässe — Interessant ist der LATAM-Airpass von LATAM, der sowohl auf internationalen Strecken innerhalb Südamerikas sowie auf den Inlandsrouten der LAN und TAM, u.a. in Peru, Bolivien und Brasilien, einsetzbar ist (Gültigkeit 12 Monate). Der Preis richtet sich nach der Anzahl der Flugcoupons. Es sind mindestens drei Coupons zu kaufen, keine Limitierung nach oben. Der LATAM-Airpass ist nur gültig in Verbindung mit einem Transatlantikflug einer beliebigen Airline. Dabei kann Lima sogar mit Caracas oder São Paulo kombiniert werden. Routenzusammenstellung und Preisangabe können bei den Fluganbietern nachgefragt werden. In Kombination mit der Lufthansa ist der LATAM-Airpass allerdings etwas teurer.

Nützliche Webseiten — Flughafeninformationen weltweit: www.airwise.com • Flugplandaten mit Stopover-Möglichkeiten: www.flugplan.de • Busse vom/zum Flughafen weltweit: www.toandfrom.org/airport

Fahrzeugverschiffung nach Südamerika

Wer mit eigenem Wagen/Reisemobil durch Südamerika und Peru/Bolivien fahren möchte: Pazifik-Zielhäfen sind Guayaquil (Ecuador), Callao (Lima) oder Antofagasta (Chile). Beste Quelle für aktuelle Verschiffungsmöglichkeiten von Europa mit Reisetipps sind die Homepages von Langzeit-Lateinamerikafahrern, z.B. www.panamericaninfo.com mit vielen weiterführenden Links zu Peru und Bolivien. Verschiffungskosten sind abhängig, ob von Mittelmeer- oder Nordseehäfen abgelegt wird. Zielhäfen an der Atlantikküste Südamerikas, wie Recife, Rio de Janeiro, Montevideo, Buenos Aires oder Caracas sind günstiger. (Hinweis: Meist ist dann eine Gelbfieber-Impfung erforderlich!

Reedereien u. Adressen — *Frachtschiff-Touristik* Peter Zylmann, www.zylmann.de. Hamburg – Panamakanal – Guayaquil – Callao (Lima) – Arica – Valparaiso mit Container- oder Frachtschiffen (auch Fahrzeugmitnahme möglich). – *Hamburg-Südamerikanische Dampfschifffahrts-Gesellschaft*, www.hamburg-sued.com. Frachtschiffreisen mit Polish Ocean Lines ab Hamburg – Panamakanal – Guayaquil – Callao/Lima – Arica – Antofagasta – Valparaíso (Fahrzeugmitnahme möglich). – *Navis Schifffahrts- und Speditionsgesellschaft*, www.navis-ag.com. Nur Pkw-Verschiffung, z.B. von Hamburg-Süd. – *Spedition Schenker International Deutschland,* in jeder größeren Stadt Deutschlands (www.schenker.de), auch Pkw-Verschiffung. – *Spedition Carl Hartmann*, www.carlhartmann.com. Nur Pkw-Verschiffung. – Eine Website, u.a. mit Angaben zur Kostenermittlung für die Fahrzeugverschiffung, ist www.sea-bridge.de.

Praktisches Reise-ABC

Autofahren s.S. 55, „Mietwagen und Autofahren in Peru"

Baden Vorsicht beim Baden in den Flüssen im Amazonas-Gebiet oder in stehenden Gewässern, auch wenn Einheimische dort schwimmen. Niemals unbekleidet.

Bergrettung In Peru und Bolivien gibt es keine Bergrettung wie in Europa, zumal Hubschrauberflüge in über 4000 m Höhe nicht einfach sind. In Huaraz und Cusco gibt es ein Büro der Bergpolizei (USAM), die eine hervorragende Ausrüstung besitzt. Luftrettung, Krankentransporte per Flugzeug und Hubschrauber führt die Fa. UNISTAR Network durch, Tel. 511-719-5777 (Tel. 24-h: 9903-00074), www.unistar.com.pe.

Diebstahl u. a. Gefahren ausführlich ab s.S. 65

Drogen Wer in Peru mit Drogen, z.B. Kokain, erwischt wird, wandert je nach Schwere des Umstandes mindestens 15 Jahre ins Gefängnis! Freilassung auf Kaution ist ausgeschlossen, auch ist Abschiebung nicht vorgesehen. Die Botschaft vermittelt Rechtsbeistand, kann aber außer moralischer Unterstützung recht wenig erreichen. Auch „leichte" Drogen wie Marihuana werden stark geahndet!

Einkaufen und Souvenirs Andenländer sind ein wahres Paradies für Andenkensammler, die Märkte quellen z.B. über mit schönen Wollsachen. Aus herrlich-weicher Alpakawolle (weniger Lamawolle) werden Pullover, Ponchos, Jacken, Mützen, Schals, Handschuhe, Tischdecken, Tücher und Decken hergestellt. Neben Textilien ist fantasiereich gestalteter Gold- und Silberschmuck ein beliebtes Mitbringsel. Originell sind die vielerorts erhältlichen und kunstvoll schnitzverzierten Kalebassen, eine Kürbisart.

Bei allen Einkäufen sollte das Handeln um den Preis nicht vergessen werden, auf den Märkten wird das erwartet. Bieten Sie etwa die Hälfte bis zwei Drittel des geforderten Preises, bis Sie sich mit dem Händler einig sind. Kaufen Sie möglichst nicht in Läden mit Fixpreisen, dies bringt die Einheimischen um ihren Verdienst. Wer zuviel eingekauft hat, kann seine Dinge im Paket von Lima oder Cusco aus über das Zollamt (Aduana postal) por Schiffsfracht nach Hause schicken.

Feier- und Festtage (s.a. S. 92)
1. Januar – Año Nuevo (Neujahr)
2. Februar – Virgen de la Candelaria (Mariä Lichtmess)
Februar/März – Carnaval (Karneval)
März/April – Semana Santa (Karwoche, Ostern)
1. Mai – Día del Trabajo (Tag der Arbeit)
Mai/Juni – Corpus Christi (Fronleichnam)
14. Juni – Día de los Campesinos (Bauerntag), nur der halbe Tag
29. Juni – Fiesta de San Pedro y San Pablo (Peter und Paul)
28./29. Juli – Día de la Independencia (Unabhängigkeitstag)
15. August – Virgen de la Asunción (Maria Himmelfahrt)
30. August – Santa Rosa de Lima (Fest zu Ehren der Heiligen Rosa von Lima)
8. Oktober – Día de la Dignidad Nacional (Tag der nationalen Würde/Schlacht von Angamos)
1. auf 2. November, Todos los Santos (Allerheiligen)
8. Dezember – Mariä Empfängnis
25. Dezember – Navidad (Weihnachten)
31. Dezember – Noche de San Silvestre (Silvester)

Hinweis: Fällt ein Feiertag auf einen Donnerstag, kann es sein, dass man ihn – regional unterschiedlich, nicht gesetzlich – auf einen Freitag verschiebt, damit ein langes Wochenende entsteht; fällt er auf einen Dienstag, zieht man ihn für den gleichen Effekt auf Montag vor.

Fotografieren	s.S. 44
Geld	s.S. 36, „Finanzen – Rund ums Geld"
Geschäftszeiten	Verwaltungszeiten: meist Mo–Fr 9–13 Uhr (teils auch bis 16 Uhr); Geschäfte Mo–Sa 10–20 (selten Mittagspause), einige auch So; Banken Mo–Fr 9–18 Uhr (manachmal auch Sa); Post Mo–Sa 8–20 Uhr; Apotheken 9–19 Uhr (zeitweise bis 22 Uhr)
Gesundheit	s.S. 39ff
Gleitschirmfliegen	Für diesen Flugsport gibt es die *Asociación Peruano de Vuelo Libre* (*APUL*, www.apvl.org). Man sollte gute Erfahrung mitbringen oder einen Kurs belegen. Gleitschirm-Flugangebote z.B. auf www.enjoyperu.com, Infos über alle Fluggebiete, Kurse und mehr auf www.perufly.com.
Internet-Cafés	Fast überall gibt es in Städten und Orten Internet-Cafés mit Skype, Hostels und Hotels bieten Gästecomputer oder WiFi. Verbindungsgeschwindigkeiten können in entfernten Regionen langsam sein.
Kartenmaterial	Von www.reise-know-how.de ist eine Peru-Karte im Maßstab 1:1.500.000 erhältlich (auch in digitaler Version), www.omnimap.com verfügt über diverse Perukarten, auch Trekkingkarten sowie Stadtpläne. Weitere: Borch, Peru (1:1.750.000) • Nelles Peru/Ecuador (1:2,5 Mio.) • National Geographic Peru (1:1.650.000) • Kunth/Travelmag Peru (1:1.750.000).
Kulturinstitut	Das Nationale Kulturinstitut (ehemals INC, *Instituto Nacional de Cultura del Perú*), soll die archäologischen, historischen und kulturellen Güter Perus schützen. Die heimliche Ausfuhr von Kunstgegenständen ist strafbar. Vergewissern Sie sich beim Kauf prähispanischer Replikate und kolonialer Kunst, dass sie von einem Büro des Ministerio de Cultura zertifiziert wurden (das Zertifikat kann auch noch auf dem Flughafen in Lima erworben werden). Das Ministerio de Cultura ist außerdem für die Permits für den Inka Trail, für Führer- und Touranbieter-Lizenzen in den Nationalparks und die verschiedenen nationalen Museen zuständig. Weitere Infos: Museo de la Nácion, Av. Javier Prado Este 2465, San Borja in Lima, Tel. 476-9933, www.cultura.gob.pe.
Maßeinheiten	In Peru und auch Bolivien gilt das metrische System. In Peru wird Kraftstoff in Gallonen (ca. 3,8 l) verkauft, in Bolivien in Litern. Eine *libra* entspricht etwa 450 g und wird in beiden Ländern verwendet.
Mietwagen	s.S. 55
Motorrad-Touren	Diverse Motorrad- und Endurotouren sowie Touren mit 4x4 Geländewagen bietet seit langem der Schweizer Veranstalter *Perumoto* unter Bruno von Arx an. Alles Nähere auf seiner informativen Homepage www.perumoto.com.
Naturschutz	Alle wilden Tiere und Pflanzen sind in Peru gesetzlich geschützt. Ohne Erlaubnis des *Instituto Nacional de Recursos Naturales* (**INRENA**), staatliche Naturschutzbehörde, www.paramo.org) dürfen keine wilden Tiere und Pflanzen beschafft oder gekauft werden. Für den legalen Export wird ein Zertifikat der INRENA benötigt. Autorisierte Führer und Reiseagenturen sind über das peruanische Naturschutzgesetz geschult.
Notrufe / Notfall für Touristen	Polizeilicher allgemeiner **Notruf: 105** • Feuerwehr 116 **Nationale Touristen-Information und Notfall i-Peru:** Die zentrale 24-h-Tel.-Nr. ist **01-574-8000** • In Lima: (511) 574-8000 • Mail: iperu@promperu.gob.pe In **Cusco:** (084) 23-7364 / (084) 21-1104, iperucusco@promperu.gob.pe **Beschwerdebüro** für Touristen: **INDECOPI** (Instituto de Defensa de la Libre Competencia y de la Protección de la Propiedad Intelectual), Tel. (01) 224-7800, Reklamationen 224-7777, www.indecopi.gob.pe. Von INDECOPI werden kreditkartengroße rote Servicekarten mit den Hotline-Nummern in Lima,

Cusco, Trujillo und Arequipa ausgegeben. Die Hotline ist immer besetzt und der Operator spricht auch Englisch. INDECOPI hilft, wenn Reiseagenturen, Tourvermittler, Airlines oder Hotels ihren Vertragsverpflichtungen nicht nachkommen, Sondergebühren abgezockt werden oder wenn Behörden, Zoll, Polizei oder Ausländerpolizei sich nicht korrekt verhalten. Auch gibt INDECOPI Ratschläge und Hinweise bei gestohlenen Reisedokumenten.

Red de Protección al Turista – RPT ist gleichfalls eine staatliche Einrichtung zum Schutz von Touristen, Einzelheiten auf www.mincetur.gob.pe (Ministerium für Außenhandel und Tourismus; s.a. S. 34, „Touristenkarte").

Polizei / Touristenpolizei POLTUR
In Peru (und Bolivien) gibt es in größeren Städten bzw. in touristisch vielbesuchten Orten eine Touristenpolizei, **Policía de Turismo,** Kürzel **POLTUR.** Peru möchte sichere Touristenzentren haben. Die hilfsbereiten Männer und Frauen sprechen Englisch und bieten für Reisende Hilfe bei Problemen aller Art. Bei einem Diebstahl stellen sie den nötigen Polizeibericht aus. Man erkennt sie an etwas anderen Uniformen und dem Zusatz „Turismo".

Wo es keine Touristenpolizei gibt, ist die örtliche Polizei zuständig. Generell muss ein Polizist uniformiert sein, einen Dienstausweis und seinen Namen auf einer Plakette an der Brust tragen. Der Pass eines Touristen (oder z.B. Fahrzeugpapiere) dürfen nicht einbehalten werden, Geldforderungen – sprich Bestechungsgeld oder „collaboración", z.B. zur Begleichung einer Verkehrsübertretung – sind ihnen verboten. Adressen der Posten in Städten s. jeweils bei „Adressen & Service"

Post
Perus Post – *El Correo del Perú* – wurde privatisiert und heißt **Serpost,** www.serpost.com.pe.

Luftpost-**Porto** nach Europa: Postkarte 6 Soles, Brief bis 20 g 9,50 Soles, bis 50 g 12,50 Soles. Einschreiben – „certificado" – kostet Zuschlag. Laufzeit etwa zwei Wochen. EMS *(Express Mail Service)* bis 250 g 108 Soles. Alle Tarife und die Postleitzahlen von Perus Städten auf der Serpost-Homepage. Es gibt keine Straßen-Einwurfbriefkästen, man muss zur Post gehen, Öffnungszeiten differieren. Wichtiges per **Kurier** verschickten, z.B. **DHL,** www.dhl.com.

Empfangene **Pakete** müssen durch den Zoll, abgehende Pakete erst in der Post verschließen, da der Inhalte geprüft wird.

Briefe kann man sich **postlagernd** an das Hauptpostamt einer Stadt, der *Central de Correos,* mit dem Vermerk „Poste restante" / *Lista de correos* schicken lassen (auch unter seinem Vornamen nachschauen lassen). Rücksendung nichtabgeholter Sendungen nach ca. 3 Monaten.

Rauchen
Offiziell besteht in Peru in geschlossenen Räumen, öffentlichen Büros, Restaurants u.a. Rauchverbot. In Restaurants werden ab und zu Raucherecken ausgewiesen.

Reisezeiten (s.S. 28)
Hauptreisezeit und trockene Monate **Peru: Mai – Oktober.** Regenzeit November/Dezember bis März/April, abhängig von den verschiedenen Höhenlagen Costa/Sierra/Selva. Mehr übers peruanische Klima s.S. 72.

Hauptreisezeit **Bolivien: April – Oktober.** Regenzeit November/Dezember bis März/April; kälteste Zeit von Mai bis Juni. Aus diesen Zeiten resultiert auch die Hoch- und Nebensaison. Details Bolivien s.S. 654.

Reisen in beide Andenländer in der Regenzeit kann durchaus Vorteile haben: frische, grüne Landschaften, keine begrenzte Wasserversorgung in den Hotels, besserer Service, keine Probleme bei der Zimmersuche, herabgesetzte Preise, freundlichere Führer, Personal usw. Aber die Berge sind wolkenverhangen und nicht immer zu sehen, Bergwandern und Bergsteigen können dann anstrengend und unangenehm werden!

Schuhputzer
In beiden Ländern gibt es überall Schuhputzer, die die Treter preiswert wieder auf Glanz bringen. Der Preis dafür ist *vorher* auszuhandeln!

Sprachen	s.S. 85
Strom	Die Spannung beträgt in **Peru 220 Volt** Wechselstrom mit 60 Hz, in Arequipa 220 V mit 50 Hz, in Iquitos 100 V mit 50 Hz.
Telefonieren	Internationale Vorwahlen: nach Peru 0051 • von Peru nach Deutschland: 0049 • Österreich 0043 • Schweiz 0041. Die anschließende „0" vor der Stadtvorwahl entfällt sowohl bei einem Anruf nach Peru als auch von Peru nach Deutschland.

Telefonieren ist in Peru nicht teuer, die öffentlichen Kartentelefone betreibt überwiegend die Gesellschaft *Movistar* (www.movistar.com.pe). *Tarjetas telefónicas* gibt es von etlichen Gesellschaften in verschiedenen Werten, wobei es welche mit Magnetstreifen und andere mit integriertem Chip gibt (komfortabler). Sie sind in Läden, Tankstellen etc. erhältlich. Supergünstig ist mit der Movistar 10-Soles-Karte ein Gespräch nach Deutschland von einem Festnetzanschluss (!) aus, man kann eine Stunde lang plappern. Noch günstiger sind Internet-Telefonate (Skype) von Internet-Cafés oder einem Telefon-Büro aus.

Für Ferngespräche innerhalb Perus ist die dreistellige Vorwahl wählen, z.B. für Cusco 084 (Lima 01), sie stehen jeweils bei „Adressen & Service". Bei Ortsgesprächen und innerhalb eines Vorwahlbereichs fällt die Vorwahl weg. Rufnummern sind sechs- bis achtstellig, 800-Nummern sind meist kostenlose Service-Nummern, z.B. für (größere) Hotels. Mobilfunknummern beginnen mit einer „9".

Mobiltelefone („Handys") heißen *teléfono celular,* im Buch als „Cel." abgekürzt. Es besteht US-Funkstandard, ein modernes GSM-Handy, wie z.B. ein iPhone, funktioniert. Ein peruanisches Handy oder eine SIM-Karte als Ausländer zu kaufen ist nicht mehr möglich.

Mobiltelefonnummern beginnen mit einer „9", das Funknetz ist gut ausgebaut, auch in ländlichen Gebieten hat man Empfang, nur eingeschränkt in extremen Berg- und kaum bewohnten Urwaldgebieten.

Da inzwischen in Peru und Bolivien Handys teils kostengünstiger sind als Festnetz-Telefone und gewechselt wird, können sich Telefon-Nummern hier im Buch geändert haben. Wir danken für Korrekturen.

Toiletten	Ein „anrüchiges" Kapitel – wichtigster Tipp: ständig Toilettenpapier mitführen, *papel higiénico* kann überall gekauft werden. In der Toilette steht ein Abfalleimer für benutztes Papier, spülen Sie es nicht weg, weil die Abflussröhren im Durchmesser meist so eng sind, dass es zu einer Verstopfung kommen kann. Überland- bzw. Luxusbusse haben ein Bord-WC, aber die aber meist nur fürs „kleine Geschäft" gedacht.
Tourist-Info	In allen etwas größeren Städten Perus gibt es touristische Informationsstellen. Sie finden die Anschriften unter „Adressen & Service" in der jeweiligen Stadt.
Webseiten	s.S. 32
Zeitdifferenz	Zu Peru: MEZ –6 Stunden (Sommerzeit –7 Stunden). Zu **Bolivien:** MEZ –5 Stunden (Sommerzeit –6 Stunden).
Zeitungen „Peru Spiegel"	Über 48 Tageszeitungen mit stark regionaler Verbreitung. Die bedeutendsten sind: *El Comercio* (gegründet 1839, konservativ), *Ojo* (1968), *La República* (1981, liberal), *Expreso* (1961, linksliberal) und die kritische *El Diario*. Etliche auch als online-Ausgaben. Familie Dopf bringt online den „Peru-Spiegel" *(Espejo del Perú)* heraus, www.peru-spiegel.de und www.deutsch-peruanisch.com.
Zoll	Zollfrei dürfen nach Peru eingeführt werden: 3 l Spirituosen, 20 Packungen Zigaretten, persönliche Gegenstände, übliche technische Geräten wie Fotokamera, Laptop, iPad, Sport- und Bergsteigerartikel und Geschenke im Wert von max. 500 US$. Absolut kein Rauschgift oder Drogen mitführen! Es werden bei

Rucksacktouristen Kontrollen durchgeführt. Dies gilt besonders auch bei Grenzübertritten mit dem eigenen Auto! **Cocablätter** sind in Peru **legal**.

Reisefreimengen bei der Rückkehr **nach Deutschland** aus einem Nicht-EU-Land: 200 Zigaretten oder 50 Zigarren, 2 l alkoholische Getränke unter 22% Alkohol und 1 l Spirituosen über 22% Alkohol sowie Mitbringsel im Wert von 300 €. Die Einfuhr von **Mate de Coca-Tee** oder **Coca-Bonbons** ist **verboten,** gleichfalls tierische oder pflanzliche Produkte, die unter das internationale Artenschutzabkommen fallen, z.B. Souvenirs aus Tierteilen. Auch ist die Ein- bzw. die vorherige Ausfuhr von archäologischen Funden und Kunstgegenständen verboten. Weitere Zolldetails auf www.zoll.de.

■ *Lama-Karawane in den Anden*

Bitte schreiben oder mailen Sie uns (verlag@rkh-reisefuehrer.de) Ihre Reise- und Hotelerfahrungen oder wenn sich in Peru und Bolivien Dinge verändert haben und Sie Neues wissen. Danke.

TEIL II:
UNTERWEGS IN PERU

Verkehrs- und Transportmittel – von Ort zu Ort

Wichtige Hauptstraßen in Peru

Das peruanische Straßennetz umfasst ca. 70.000 km, nur knapp 25.000 km sind jedoch asphaltiert. Das Land durchziehen drei Hauptstraßenstränge von Nord nach Süd, die aber vor allem im Urwaldgebiet noch im Aufbau sind. Diese drei *Longitudinales* sind durch Quertrassen oder *Transversales* miteinander verbunden. Longitudinales und Transversales sind in Peru die wichtigsten Straßenverbindungen und tragen offizielle Nummern (ungerade Nummern für Longitudinales, gerade für Transversales). Einige wenige asphaltierte Straßen sind mautpflichtig *(peaje)*.

Die drei Longitudinales sind ...

– die vollasphaltierte, ca. 2700 km lange **Panamericana** (Ruta Nacional 1) von der chilenischen zur ecuadorianischen Grenze, wobei die Panamericana zwischen Cañete und Huacho autobahnartig ausgebaut und mautpflichtig ist. Auch zwischen Palpa und Llipta wurde die Panamericana Sur ausgebaut und die Strecke führt nun um die beiden Orte herum.
– die teilweise asphaltierte **Carretera de Sierra** (Ruta Nacional 3) von Desaguadero über Puno, Cusco, Ayacucho, Huánuco, Huaraz und Cajamarca nach Vado Grande.
– die **Carretera Marginal de la Selva** (Ruta Nacional 5) von Pto Maldonado über Camisea, Pto Prado, Satipo, La Merced, Puerto Bermúdez, Tingo María, Tarapoto nach Moyobamba, Bagua Grande und San Ignacio (wobei das Teilstück zwischen Pto Maldonado über Camisea nach Pto Prado erst noch durch den Urwald gebaut werden muss und dabei den Nationalpark Manu in der Mitte zerschneiden würde).

Die wichtigsten Transversales sind ...
(von 20 vorhandenen):

– die asphaltierte **Carretera Central** *(Ruta Nacional 20)* von Lima über La Oroya nach Chanchamayo
– die asphaltierte *Ruta Nacional 24* von Pisco über Tambo Colorado und Huaytará nach Ayacucho
– die asphaltierte *Ruta Nacional 26* von Nazca über Puquio und Abancay nach Cusco
– die asphaltierte *Ruta Nacional 30* Mollendo – Arequipa – Juliaca
– asphaltierte *Ruta Nacional 16* von Huacho über Huánuco nach Pucallpa
– die gut asphaltierte *Ruta Nacional 14* von Pativilca nach Huaraz
– die nicht asphaltierte *Ruta Nacional 12* von Chimbote über Yuramarca und Sihuas nach Quiches (geplant ist, die Piste bis Tocache weiterzuführen)
– die nicht asphaltierte *Ruta Nacional 10* von Trujillo nach Bambamarca (geplant ist, die Piste bis Juanjui weiterzuführen)
– die teilweise asphaltierte *Ruta Nacional 8* von Jequetepeque über Cajamarca und Chachapoyas nach Mendoza, die bis Moyobamba in Planung ist. Von Moyobamba führt sie über die Ruta Longitudinales 5 nach Tarapoto und von dort wieder als Ruta Nacional 8 weiter nach Yurimaguas.
– die asphaltierte **Carretera Transandino** von Chiclayo über Bagua Grande nach Moyobamba, die alle drei Longitudinales vereint.
– die teilweise asphaltierte Strecke von Paita über Piura (Ruta Nacional 2) und weiter nach Huancabamba.

Die wichtige Strecke von **Cusco über Puno und Desaguadero nach La Paz ist** durchgehend asphaltiert und mautpflichtig. Auf der neuen **Straße**

von Arequipa nach Juliaca/Puno ist die Busfahrt ein wahres Vergnügen, sie führt außerdem durch ein Naturschutzgebiet mit vielen Tieren.

Die wichtigsten asphaltierten Straßenverbindungen **von Puno nach La Paz** führen entweder über *Copacabana* (von dort Ausflug zur Sonnen- und Mondinsel) oder über *Desaguadero* (Ausflug nach Tiwanaku).

Asphaltiert sind ... die gesamte Panamericana mit den Transversales nach Rioja, Cajamarca, Huaraz, Caraz, Sayan, Canta, von Pisco nach Ayacucho, von Nazca via Abancay nach Cusco, Aplao, von Repartición via Arequipa nach Juliaca, von El Alto via Aplao nach Chuquibamba (Straße wird bis Cotahuasi asphaltiert), von Ilo über Moquegua und Mazo Cruz nach Desaguadero (Titicacasee), die Strecke von La Oroya über Huánuco und Tingo María nach Pucallpa, von La Oroya über Jauja nach Huancayo und von Abancay bis Cusco, von Chamaya via Jaén nach San Ignacio sowie von Pedro Ruíz Gallo nach Chachapoyas, die Rundstrecke Cusco – Pisaq – Ollanta – Chinchero – Cusco sowie die Strecke Cusco – Urcos – Sicuani – Juliaca – Puno – bolivianische Grenze – La Paz und Puno – Humajalso. Einige Strecken sind mautpflichtig.

Straßenkontrollen Auf peruanischen Straßen gibt es ab und zu *trancas,* Kontroll- und Polizeiposten, z.B. zwischen Arequipa und Puno, wo Busfahrer und Guides ihre Passagierlisten vorzeigen müssen. Passkontrollen gibt es gelegentlich in Bussen auf Strecken, wo geschmuggelt wird, also aus Bolivien über Puno nach Arequipa oder Cusco und in Südperu von Tacna Richtung Arequipa. Auf manchen Strecken gibt es auch Obstkontrollen, z.B. von Ayacucho raus in Richtung Küste, weil dort viel angebaut wird und kein Obst aus anderen Departamentos eingeführt werden darf – Gefahr der Fruchtfliege (auch von Tacna nach Arica/Chile).

Entfernungsangaben Die Kilometerangaben im Buch entsprechen den offiziellen peruanischen Entfernungsangaben. Unklar dabei ist, wo der Nullpunkt der jeweiligen Messung liegt. Insbesondere Radler berichteten wiederholt von mehr oder minder großen Km-Abweichungen zwischen Hochlandstädten.

Verkehrsmittel: Busse, Colectivos & Co

Omnibus Busse sind Perus meistbenutze Transportmittel sowohl im Nah- als auch im Fernverkehr. Die Fahrzeug-Variationen reichen vom vollklimatisierten Luxus- und Schlafbus bis hin zum ausrangierten Kleinbus, der über die staubigen Feldwege des Hochlands in entlegene Dörfer rumpelt. Busfahrpeise sind generell preiswert, selbst Luxusbusse, gemessen an den langen Strecken. Zwischen größeren Städten gibt es mehrmals täglich Verbindungen, auf langen Strecken fahren auch Nachtbusse. In den großen Busterminals ist manchmal eine kleine Terminalgebühr zu zahlen.

Busarten: Überlandbusse können komfortable Dreiachser mit Klimaanlage, Video und Bordtoilette sein (nur fürs „kleine Geschäft") oder einfache Zweiachser ohne Toiletten. Ein **Bus Cama** („Bett-Bus") besitzt komfortable Liegesitze, ein Bus **Semi-Cama** gleichfalls bequeme, rückstellbare Sitzlehnen. Diese Busse verkehren nur auf den wichtigsten Hauptstrecken.

Den Stadt- und Vorortverkehr bedienen Busse geringerer Größe, „Microbusse" bzw. **„Micros"** genannt. Sie fahren auf festen Routen mit ihren Haltestellen.

Verkehrsmittel: Busse, Colectivos & Co

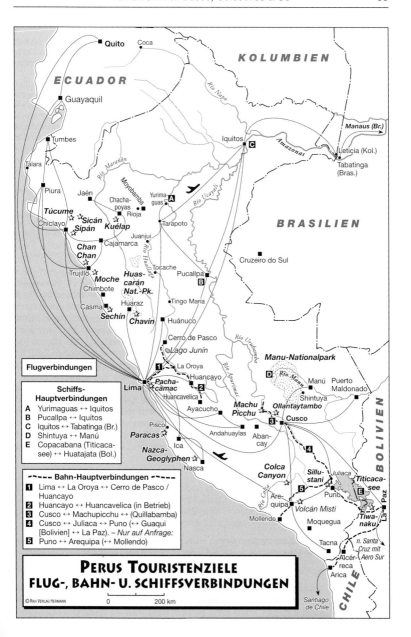

■ Busfahr-Tipps

– Möglichst einen Tagbus nehmen, die Landschaft ist oft grandios und der Fahrer sieht Straßenschäden besser (besonders bei Bergstraßen ein Sicherheitsgewinn). Wer jedoch Zeit sparen möchte, der fährt mit dem umfangreichen Angebot an Nachtbussen besser!
– Die teuersten Busse sind meist langsamer als die anderen, die billigsten unsicher (Material, Wartung, riskante Fahrweise) und unbequem. Am besten gleich nach der Ankunft in einem Ort noch im Busterminal die Weiterfahrtsmöglichkeiten und Abfahrtszeiten checken, das *boleto* mit Sitzplatzreservierung so früh wie möglich kaufen. Falls es keine Tickets für die gewünschte Teilstrecke mehr gibt, nach einem für die Gesamtstrecke fragen – sind oft noch verfügbar und nur rund 25% teurer.
– Sitz in vorderer Hälfte wählen (aber nicht hinter dem Fahrer oder am Einstieg, da zieht es nachts beim Zusteigen weiterer Fahrgäste!). Letzte Sitzplatzreihen meiden, die Bordtoilette ist hinten (Gerüche, dauernde Störungen).
– Rechtzeitig vor der Abfahrt am Bus sein (bei überbuchtem Bus hat derjenige Sitzplatzanspruch, der zuerst sitzt), das Gepäck möglichst immer als Handgepäck in den Bus nehmen und es möglichst nie aus den Augen lassen.
– Ein Tuch gegen kalte Zugluft und etwas zum Trinken mitnehmen. Busse halten zwar zum Mittag- und Abendessen, bei einer Panne auf freier Strecke kann man aber nichts kaufen.
– Gepäck kostet keine Extragebühr, auch wenn es manchmal verlangt wird.

Colectivos Kleinbusse, die unterwegs Fahrgäste einsammeln bzw. die man durch Heranwinken stoppen kann, werden **„Colectivos"** genannt. Sie verkehrenauf Busrouten und ihren eigenen im innerstädtischen und im Stadtumlandverkehr, allerdings sitzt man in ihnen meist zusammengepfercht wie in der berühmten Sardinendose. Als Fahrzeuge werden meist japanische und koreanische Minibusse oder Vans eingesetzt, dann und wann sieht man auch bejahrte VW-Busse herumknattern. Die Namen der Colectivo-Gesellschaften sind oft *comité* mit einer zusätzlichen Zahl, andere haben überhaupt keine Bezeichnung und zeigen nur vorne an der Windschutzscheibe das Fahrziel an. Der *cobrador* (Schaffner) ist dauernd auf der Jagd nach Fahrgästen und ruft ständig das Fahrziel aus dem geöffneten Fenster oder der halboffenen Türe. Der Fahrpreis ist fest, abhängig von der Fahrstrecke. Zum Zahlen wird man mit den Worten *pasaje, pasaje, pasaje* aufgefordert, zum Aussteigen ruft man *baja* („bacha").

Auf manchen Strecken gibt es auch **Colectivo-Taxis,** eine ebenfalls noch preiswerte, aber schnellere Alternative. Ein Colectivo-Taxi fährt erst los, wenn alle Sitzplätze belegt sind.

Combis sind die Konkurrenz der Colectivos, 16- oder 20-sitzige japanische Busse („Coasters"), die gleichfalls nach dem Prinzip der Colectivos Fahrgäste transportieren. Die Fahrtziele sind vorn und an den Seiten angeschlagen oder aufgemalt. Manchmal wählen die Fahrer auch selbst ihre Route, abrupte Brems- und haarsträubende Fahrmanöver sind Combi-Alltag.

Camioneta (Pickup) Auf Nebenstrecken fahren manchmal **Camionetas,** offene Lieferwagen bzw. Pickups. Man sitzt auf einer Bank auf der Landefläche oder steht.

Mixto eine langsame Kombination aus Bus und Lkw in abgelegenen Regionen.

Taxi Taxifahren ist in Peru günstig. Es gibt keine Taxameter, so dass vor jeder Fahrt der **Preis verhandelt** werden muss (zur Orientierung zuvor Einheimische fragen, sonst kann es sein, dass man als Ausländer übervorteilt wird). Nach Einbruch der Dämmerung oder nachts wird ein Zuschlag erhoben, manchmal auch für das Gepäck. Kleingeld bereithalten, denn Taxifahrer können oder wollen auf größere Scheine selten herausgeben. Wer aus dem Taxi aussteigen möchte, sagt *„acá me quedo"* oder *„aquí no más"*. Ausgestiegen wird erst, nachdem der Fahrpreis bezahlt ist.

Motocarro (Motorradtaxi) Als „Feinverteiler" gibt es in Peru außerdem dreirädrige Motorradtaxis – in ihrer Bauweise ähnlich den Tuk-Tuks in Asien bzw. von dort stammend – die nur wenige Soles kosten. Normalerweise passen auf die hintere Sitzbank 3 Personen, doch besser sind 2 Fahrgäste. Sollte ein Motocarro eine Panne haben, ist der Fahrpreis nicht zu zahlen und es kann in ein anderes umgestiegen werden. Der Fahrpreis ist vor Fahrtantritt auszuhandeln und wird erst am Fahrziel fällig.

Mietwagen und Autofahren in Peru

Einen Wagen mieten können Personen ab 25 Jahre, die bereits seit zwei Jahren die Fahrerlaubnis besitzen. Eine Kreditkarte ist unumgänglich. In allen größeren Städten Perus haben bekannte internationale Mietwagenfirmen, wie Budget (www.budgetperu.com), Hertz (www.inkasrac.com), Dollar (www.dollar-rentacar.com.pe), National (www.nationalcar.com.pe), Avis (www.avisperu.com) u.a. Büros.

Wichtig ist, dass der internationale Autovermieter ein Reise- oder Vertriebsbüro in Deutschland hat, damit man als Kunde deutschen Garantie- und Versicherungsschutz genießt. Sonst kann es passieren, dass die zuständige Partnerfirma, z.B. in Lima, einem eine „alte Kiste" übergibt und sich dann für Reklamationen nicht verantwortlich sieht. Teils vermieten auch dt. Reiseveranstalter nach Peru und Bolivien Wagen.

Allgemeine Regel: je früher gebucht wird, desto günstiger der Preis. Noch preiswerter kann es ab Lima werden, wer es in Eigenregie direkt bei peruanischen Anbietern probiert. Je nach Fahrzeugtyp sind 40–150 US$ pro Tag plus Versicherung und Steuer und durchschnittlich 1 US$ je gefahrenen Kilometer zu bezahlen. Einen Kleinwagen gibt es ab 40 US$ pro Tag mit freien 200–300 Kilometern (bei einigen Anbietern auch mit unbegrenzten Kilometern), Versicherung und Steuern. Geländewagen kosten mindestens 120 US$/Tag. Bei längeren Mieten immer nach dem Wochentarif (mit unbegrenzter Kilometerzahl) oder Monatstarif (ebenfalls mit unbegrenzter Kilometerzahl) fragen. Die meisten Autovermieter Limas haben Zweigstellen am Flughafen. Wagenempfehlung für die im Buch beschriebene „Klassische Rundreise" s.S. 156, dort auch Firmen und Adressen.

Lokale Mietwagenfirmen und Agenturen findet man in den Städten bei „Adressen & Service".

In Deutschland betreibt *Cochera Andina* ein Online-Portal, das in Zusammenarbeit mit AVIS Infos zum Straßennetz, Straßenzuständen, Entfernungen, Fahrzeiten und Empfehlungen zum geeigneten Wagentyp anbietet. Näheres auf www.mietwagen-lateinamerika.com. Mietwagen für Bolivien s.S. 657.

Mietwagen-Tipps Für Fahrten übers Altiplano-Hochland und runter in den Regenwald von Peru und Bolivien ist unbedingt ein Allradwagen (4WD) mit hoher Bodenfreiheit und dicken Reifenprofilen zu wählen, da es aufgrund der vielen Steine sonst zu Reifenschäden kommt. Unerlässlich sind Höhenmesser, gutes Kartenmaterial und/oder ein Navi-Gerät. Generell ist es ratsam, eine Vollkaskoversicherung abzuschließen. Auf alles kommt dann meist noch Steuer (IGV), also immer vorher fragen, ob der Preis inkl. peruanischer Steuern ist oder nicht.

Mietvertrag/Papiere: Neben dem Mietvertrag (in Spanisch) gibt es auch einen Versicherungsvertrag und für Fahrten über die Grenze (Peru, Bolivien, ggf. Chile) eine Bestätigung, dass mit dem Fahrzeug auch ins Nachbarland gefahren werden darf. Diese Bescheinigung der Mietwagenagentur ist das wichtigste Dokument beim Grenzübertritt und bei Polizeikontrollen. Bei jedem Grenzübertritt wird dieses Papier mit einem Stempel der Grenzbehörden versehen und es werden die vorhergehenden Stempel kontrolliert. Unbedingt die Verträge auch dahingehend überprüfen, ob die Versicherung (Diebstahl und Vollkasko) bei geplantem Grenzübertritt auch im Nachbarland gültig ist, da z.B. die Diebstahlversicherung nur im Anmietungsland Gültigkeit hat.

Fahrzeugcheck: Bei einem geländegängigen Mietfahrzeug darauf achten, dass die Reifen am Fahrzeug noch gut sind; ein zweites Ersatzrad ist dringend zu empfehlen; 2 x 40 Liter Ersatzkanister mit Kraftstoff mitführen (Spritverbrauch auf Hochlandpisten mindestens 20 l/100 km!). Bordwerkzeug ergänzen, z.B. 2 Liter Öl, Luftpumpe, Bretter für den Wagenheber u.a. mehr.

Straßenkarten: In Peru gibt es gute Straßenkarten beim *Instituto Geográfico Nacional* (s.S. 151) und beim Automobilclub. Ein GPS-Navigationsgerät ist eine sinnvolle Ergänzung, aber nicht unbedingt erforderlich. Sie erleichtern die Orientierung, denn es gibt wenige Hinweisschilder. Die Geräte gibt es vor Ort aber nur selten zu kaufen. Überdies könnten Sie von Google-Maps vorab Kartenausschnitte jener Orte ausdrucken die Sie besuchen wollen.

Tipps zur Nutzung von GPS-Karten und GPS-Geräten in Südamerika finden Sie auf unserer Homepage www.rkh-reisefuehrer.de.

Sicherheit: Nach Möglichkeit sollten Mietwagen über Nacht nur in Garagen oder auf bewachten Parkplätzen abgestellt werden. Lenkradschloss immer einrasten lassen und zusätzlich sichern, z.B. Verteilerstecker abziehen. Immer alle Türen verschließen. Es sollte nicht in der Nacht gefahren werden. Unterwegs nicht anhalten, wenn Unbekannte Zeichen geben.

Autofahren in Peru

„Autofahren in Peru ist nicht ganz ungefährlich. Die Peruaner fahren äußerst progressiv und man kann sich des Eindrucks nicht erwehren, dass sie vor allem auf kurvenreichen Straßen ihr Fahrzeug nicht unter Kontrolle haben und mit der Verkehrssituation an sich überfordert sind. Überhöhte Geschwindigkeit führt oft dazu, dass die Peruaner einem auf der falschen Fahrbahnseite entgegenkommen. Der Peruaner ist außerdem davon überzeugt, den Aufprall zweier sich aufeinander zubewegender Fahrzeuge durch reines Hupen verhindern zu können – das Ergebnis lässt sich in Form umgekippter Busse und Lkw entlang der Straßen bewundern. Gehupt wird ständig, rechtzeitig gebremst wird selten – vor allem Busse und Lkw tun sich schwer, mit ihren völlig profillosen Reifen zum Stehen zu kommen. Darüber hinaus hält sich unter den peruanischen Autofahrern hartnäckig das Märchen, dass das Fahren mit Licht der Batterie schadet – deshalb wird auch nachts ohne Licht gefahren … "

(Eintrag auf der Webseite www.pinguino-tour.de)

Verkehrsregeln: Höchstgeschwindigkeiten auf den Landstraßen beachten. Alkohol am Steuer ist verboten. Auch wenn die Verkehrsregeln ähnlich wie bei uns sind, so ist der Fahrstil und die Auslegung der Regeln oft anders. Fast immer hat der stärkere Vorfahrt, und erlaubt ist alles, was nicht ausdrücklich verboten ist. Vor unübersichtlichen Stellen und Kurven wird gehupt und auch Kreuzungen, um die eigene Vorfahrt anzukündigen. Auf Bergstraßen hat der Aufwärtsfahrende Vorfahrt, der Gegenverkehr muss warten. Kracht es doch einmal, hat immer der Ausländer Schuld. Deshalb gleich die Polizei und die Versicherungsgesellschaft verständigen. Es kann passieren, dass man – je nach Schwere des Falles – bis zum Beweis seiner Unschuld hinter Gitter wandert. In diesem Fall unbedingt die Botschaft einschalten.

Das peruanische Tankstellennetz ist dicht, doch immer rechtzeitig volltanken. Spritpreise schwanken landesweit erheblich und sind an der Küste am günstigsten, besonders in Lima. An der Panamericana haben 24-h-Tankstellen mit vollem Service (Truckstopps) Sanitärräume, Duschen und Restaurants.

Reisemobile: Eine gute Quelle mit Routen-, Reise- und Stellplatztipps zu vielen Latinoländern ist die Seite von Gudrun & Tobias, www.pinguino-tour.de. Die meisten Infos für Reisende mit einem Reisemobil in Süd und auch Mittelamerika bietet www.panamericaninfo.com.

> Gute und aktuelle Reiseinfos für Peru mit einem Kfz oder Reisemobil bietet die Seite **www.abenteuertour.de** von Klaus & Petra Vierkotten. Alle ihre Reiseerfahrungen und Tipps, wie z.B. Grenzübergänge/Fahrzeugeinfuhr, Landesfakten, Übernachtungs- und Campingplätze, günstige Anfahrt nach Machu Picchu, Sicherheit, Versorgung etc. Einsehbar auf unserer Homepage www.rkh-reisefuehrer.de.

Eisenbahn

Das Schienennetz Perus ist mit knapp 1700 km Länge nicht groß. Es gibt insgesamt nur drei Hauptstrecken im Lande. Die touristisch interessanten Strecken übernahm die private Gesellschaft **PeruRail**. Eine Folge davon ist, dass peruanische Lokalzüge, sofern diese auf diesen Strecken überhaupt noch fahren, von Touristen nicht mehr benutzt werden können.

■ **Lima – Galera** (4781 m) **– La Oroya – Huancayo,** nach der neuen Tibet-Bahn die zweithöchste Eisenbahnstrecke der Welt, mit einem Abzweig von La Oroya nach Cerro de Pasco sowie von **Huancayo nach Huancavelica** (Schmalspurbahn, Streckenlänge 129 km). Betreiber ist die *Ferrocarril Central*.

■ **Cusco** (3500 m) **– Machu Picchu** – Quillabamba (Streckenlänge 185 km), die von allen Peru-Reisenden am meisten befahrene Strecke bis Machu Picchu, das mit dem Auto nicht erreicht werden kann. Der Streckenabschnitt von Cusco nach Aguas Calientes (Machu Picchu Pueblo) wird von PeruRail betrieben. Infos im Kapitel Machu Picchu).

■ **Cusco – La Raya** (4338 m) **– Juliaca (– Puno) – Cruzero Alto** (4528 m) **– Arequipa – Matarani – Mollendo** (Streckenlänge 915 km). Eine landschaftlich sehr reizvolle Strecke, die Abschnitte Matarani – Arequipa – Juliaca und Puno – Juliaca – Cusco werden von PeruRail betrieben. Zwischen Arequipa und Juliaca verkehren von PeruRail derzeit nur Charterzüge (für Pauschaltouristen bzw. Gruppenreisende ab 40 Pers.), und zwischen Puno und Cusco Touristenzüge der Luxusklasse.

Daneben gibt es noch einige Neben- und Stichstrecken, wie z.B. die Strecke von Tacna nach Arica und die Erzbahn von Ilo nach Toquepala.

Innerperuanische Flüge

In Peru (und auch in Bolivien) ist das Flugzeug ein alltägliches Verkehrsmittel. Vom Flughafen Lima (s.S. 162, www.lap.com.pe) starten und landen täglich zahllose internationale und nationale Flüge. Innerperuanische Verbindungen gehen fast ausnahmslos über das Drehkreuz Lima, der einzige weitere Flughafen mit internationalem Anschluss ist Cusco (Flüge von/nach La Paz in Bolivien). Fliegerische Hauptsaison in Peru ist von Ende Mai bis Anfang September.

Die Airline mit den meisten inländischen Destinationen ist die **LAN** (www.lan.com), danach kommen **Star Perú** (www.starperu.pe), **Peruvian Airlines** (www.peruvianairlines.pe) und **LCPerú** (www.lcperu.pe). Es gibt noch etliche kleinere Gesellschaften, s.S. 163. Wenn es von Orten und Städten Perus Flüge gibt, werden diese bei „Adressen & Service" aufgeführt.

Andere Verkehrs- und Reisemittel

Mit Boot und Schiff

Perus Wasserwege zu entdecken ist etwas für Urwald- und Wildwasserfans. Örtliche Reisebüros bieten, vor allem in Cusco und in Huaraz, organisierte Schlauchbootfahrten (Rafting) an. Der Profi will aber vielleicht lieber den Río Urubamba oder den Río Santa auf eigene Faust mit dem Kanu bezwingen. Im Urwald gibt es schließlich kaum Straßen, so dass jene, die tiefer in die Selva eindringen wollen, sowieso auf ein Boot angewiesen sind. Doch ohne solides Können, Erfahrung und optimale Ausrüstung sollte niemand ein solches Unternehmen wagen. Ab und zu versuchen Abenteurer, den Río Urubamba/Ucayali von Kiteni (unterhalb von Quillabamba) bis Pucallpa zu bewältigen.

Am populärsten sind die **Schiffsreisen** von Pucallpa nach Iquitos und von Iquitos nach Leticia (auch Luxusschiffe). Außerdem fahren Boote von Yurimaguas nach Iquitos.

Trekking und Bergsteigen

Die bekannteste Wanderstrecke Perus – und auch die frequentierteste – ist der **Inka Trail** nach Machu Picchu. Daneben gibt es in der Cordillera Blanca und Cordillera Vilcabamba gleichfalls wunderschöne Trekkingrouten, auch die mehrtägige Umrundung des Ausangate (s.S. 404) oder die Wanderwege um La Paz/Bolivien sind Alternativen.

Dass die Anden ein wahres Paradies für Bergsteiger sind, ist längst bekannt. Durch die Hochlage der Täler ergeben sich eine ganze Reihe leichter Vier- und Fünftausender, die man in einer Tagestour bewältigen kann. So gibt es in der Condoriri-Gruppe nahe La Paz mit dem *Pico Austria* (5328 m) einen Berg, der mit genügend Kondition, Trittsicherheit und Schwindelfreiheit relativ leicht bestiegen werden kann. Ein Mindestmaß an bergsteigerischer Erfahrung gehört aber immer dazu.

Wer überwiegend Trekking- und Bergtouren unternehmen will, sich dies aber alleine nicht zutraut oder lieber das Gruppenerlebnis sucht, wende sich z.B. in Bolivien an: Thomas Wilken Tours, Calle 4 de Obrajes 580/608, La Paz, Tel. 00591-72528720, www.suedamerikatours.de. In Deutschland: Hauser Exkursionen, München, Tel. 089-2350060, www.hauser-exkursionen.de. In der Schweiz: Alpin Travel, Seestr. 60, 8880 Walenstadt, Tel. 081-7202121, www.alpintravel.ch.

Trampen

ist grundsätzlich **nicht** empfehlenswert. Der relativ geringe Verkehr und die billigen Buspreise lohnen es einfach nicht, stundenlang an der Straße zu stehen. Zudem erwarten Lkw-Fahrer ein Fahr- oder Benzingeld, das manchmal nicht viel unter dem Buspreis liegt. Für Frauen sowieso absolut kein Thema.

Mit Pferd

Wer nicht nur wandern, sondern Peru intensiv zu Fuß kennenlernen will, dem wird der schwere Rucksack bald zur Last. Was liegt da näher, als diese Last einem Packpferd aufzuladen. In den Bergregionen kostet ein Pferd ein paar hundert Euro, die man beim Verkauf meist wiederbekommt. Ein Kauf ist aber nicht unbedingt notwendig, denn auf frequentierten Strecken wird ein Pferd (oder Packesel) nebst Führer auch vermietet. So ein Tier ist genügsam, braucht kaum Pflege und marschiert mühelos über Andenpässe. Zur Ausrüstung für einige Tage gehören Zelt, Schlafsack und Lebensmittel. Dörfer liegen selten länger als eine Tagesetappe auseinander. Der unvergleichliche Reiz dieser Fortbewegungsart liegt darin, dass so Peru wirklich abseits der Touristenpfade erlebt wird. Ein Tipp für Einsteiger ist, den Tagesausflug zu den Ruinen um Cusco (Tambomachay, Pukapukara, Q'enqo usw.) zu Pferd zu machen.

Mit Fahrrad u. Mountainbike
Nicht nur auf der Panamericana, auch in extremen Andenhöhen sind ab und zu Mountainbiker und harte Tourenradler zu sehen. Dafür gibt es von Reise Know-How das **Lateinamerika BikeBuch** von Thomas Schröder/Raphaela Wiegers. Dort sind alle wichtigen Strecken Perus und Boliviens (und ganz Lateinamerikas) beschrieben, alle Panamericana-Etappen natürlich, aber auch, z.B. als eine besonders lohnende Tour, das *Valle Sagrado* von Cusco aus, die *Lagunenroute* über den Salar de Uyuni in Bolivien und als absoluter „Überkick" der Downhill auf der alten „Todesstraße" von La Paz hinab in die Yungas. Mit genauen Km-Angaben, Verpflegungs- und Übernachtungsmöglichkeiten, u.v.a.m. Die Infos werden zudem ständig auf der Homepage des Autors aktualisiert (www.bikeamerica.de /„LABB-Update"). Auch das RKH-Buch „Abenteuer Anden – Eine Radreise durch das Inka-Reich" von Jochim Held ist gut.

Ein ideales Revier für trainierte Mountainbiker ist die *Cordillera Blanca* mit dem Ausgangspunkt Huaraz. In vielen touristischen Zentren, wie z.B. Cusco, gibt es MTB-Vermieter. Eine tolle Downhill-Strecke führt von Cusco aus über Tres Cruces die Andenhänge hinab in den Regenwald 3000 Meter Höhenunterschied, Rückfahrt nach Cusco dann mit dem Bus. Wer sich über organisierte MTB-Touren informieren will, prüft die Angebote der Peru/Bolivien-Reiseveranstalter, z.B. von Aventoura, www.aventoura.de. Übernachten in sog. *Casas de Ciclistas* listet www.grenzenlos.ath.cx.

Unterkünfte: Hotels, Hostales & Co

In beiden Andenländern ist das Angebot an Unterkünften aller Kategorien sehr groß. Preiswertes, wie z.B. Hostels, Hostales und Privatunterkünfte, gibt es weitaus mehr als Mittelklassehotel. Luxushotels findet man in allen Touristenzentren. Neben den hier im Buch aufgeführten kann man auch auf Internet-Seiten fündig werden, günstige findet man z.B. auf www.hostelworld.com und www.hihostels.com (Hinweis: Hinter der Bezeichnung „Hostel" verbirgt sich nicht immer automatisch eine Preiswert-Herberge, auch qualitativ höherwertige Unterkünfte bzw. Hotels führen manchmal das Wort „Hostel" im Namen).

zwei „Tarife"
Hotelzimmerpreise sind fast durchweg Verhandlungssache, auch wenn Preislisten ausliegen oder Preistafeln aushängen. In Peru gilt es nach zwei (staatlichen) Kategorien zu unterscheiden: *Tarifa pública* **(TP)** und *Tarifa confidencial* **(TC)**. *Tarifa pública* ist der höhere Preis, den sollen Touristen zahlen, die *Tarifa confidencial* ist der günstigere Hauspreis. Nach ihr sollte man fragen, doch besteht seitens des Hotels keine Pflicht zur Nennung. Meist liegen Rabatte oder selbstverhandelte Preise zwischen TP und TC. Unter der günstigeren *Tarifa confidencial* geht es mit Verhandlungsgeschick meist nur in der Nebensaison.

Bei **Hotels** sollte man sich von der Anzahl der manchmal selbstverliehenen Sterne nicht täuschen lassen, und auch nicht von schönen Fotos auf der Hotel-Homepage.

Im Buch haben wir eine **Einteilung in drei Kategorien** vorgenommen, Preisangaben sind jeweils in der Hochsaison für ein Doppelzimmer mit

Bad. Bei den Betten im Zimmer kann man manchmal wählen zwischen einem breiten Ehebett – *con una cama matrimonial* – oder mit zwei Einzelbetten – *con dos camas, por favor.*

Zu **Stoßzeiten,** um landesweite Feiertage wie in der *semana santa* (Osterwoche), an langen Wochenenden oder bei großen Festen wie beim Inti Raymi in Cusco oder um den 28./29. Juli (Unabhängigkeitstage) erhöhen sich die Preise erheblich, weil da halb Peru unterwegs ist.

ECO und **BUDGET**	– **económico:** einfache Unterkünfte für Sparsame, meist *Hostales, Residenciales, Alojamientos, Hospedajes* und *Albergues.* Hostels/Hostales verfügen manchmal auch über Doppelzimmer mit Privatbad. BUDGET-Unterkünfte sind am einfachsten, man schläft überwiegend in Mehrbettzimmern (MBZi) bzw. *dormitorios* mit Gemeinschaftsbad (*baño compartido* bzw. *baño común*). Übernachtungspreis (Ü) pro Person (p.P.).
FAM	– **familiar:** Familien- und Mittelklasseunterkünfte, Touristenhotels. Preisspanne für ein Doppelzimmer im Bereich zwischen 20–60 Euro. Tagesaktuelle Zimmerpreise listen die Homepages der Unterkünfte, sofern eine existiert. Auch Bed&Breakfast (B&B)-Unterkünfte sind in Peru anzutreffen.
LUX	– **lujo:** teure, komfortable Unterkünfte der Ober- bis hin zur Luxusklasse („teuer" heißt aber nicht unbedingt auch „komfortabel" …).
Abkürzungen	**B&B** = Bed&Breakfast • **AC** = aire acondicionado (Klimaanlage, Air Conditioning) • **bc** = *baño compartido* (oder *común,* Gemeinschaftsbad/-toilette) • **bp** = *baño privado* (Bad/Toilette dem Zimmer angeschlossen) • **CP** = Campingplatz, oft auch mit Stellplätzen für Reisemobile • **Ws** = Wäscheservice • **Ww** = Warmwasser • **Kw** = Kaltwasser • **Rest.** = Restaurant • **Ü** = Übernachtungspreis für eine Person, **Ü/F** = mit Frühstück • **DZ** = Doppelzimmer, **DZ/F** = mit Frühstück • **EZ** = Einzelzimmer (*habitación simple),* **EZ/F** = mit Frühstück • **TriZ** = Dreibettzimmer • **MBZi** = Mehrbettzimmer • **PLV** = Preis-/Leistungsverhältnis • **Pp** = mit (Privat)-Parkplatz
Tipps zur Zimmerwahl	– Zimmer vorher anschauen; Licht, Wasserhähne, Toilette und Dusche ausprobieren. Zimmer die an einer Straßenseite liegen sind meist laut, ruhiger sind auch die in oberen Etagen. – Bett und Bettwäsche auf Sauberkeit prüfen – Türschloss und Schlüssel testen – Einstiegsgefahr durchs Fenster? – den Preis vorher vereinbaren und bei längerem Aufenthalt nach Rabatt fragen. – klären, bis wann das Zimmer am Abreisetag geräumt sein muss *(hora de salida).* – bei Billigherberge informieren, ob das Wasser ganztägig fließt und ob die Duschen ständig heißes Wasser haben.
Zelten/ Camping	Vom Zelten und Schlafen im Freien ist, abgesehen bei Bergwanderungen, abzuraten. In Peru gibt es bis auf wenige Ausnahmen kaum kommerzielle Campingplätze. Die meisten liegen in den Nationalparks. Zelte können außerhalb von Privat- und Kulturland aufgeschlagen werden. Zelten und Campen ist in archäologischen Zonen, z.B. auf dem Inka Trail, strikt verboten.

Essen und Trinken

Hinweis: Eine Auflistung peruanischer Speisenbegriffe finden Sie im Anhang.

Perus Küche ist gesegnet mit einer beispiellosen Ressourcenvielfalt und viele Gerichte basieren auf traditionellen Rezepten aus der Inka- oder Vorinkazeit. Das Essen nimmt im Alltagsleben eine wichtige Rolle ein und wegen ihrer identitätsstiftenden Rolle wurde die peruanische Küche zum Kulturerbe des Landes erklärt. Peruanische Köche gelten als Weltmeister beim Experimentieren und kreieren mit die spannendsten Menüs ganz Lateinamerikas.

Unterwegs ist es überhaupt kein Problem, sich überall und zu jeder Zeit verpflegen zu können. In zahllosen einfachen Restaurants kann man für wenig Geld satt werden (die Portionen fallen meist groß aus) und nahezu in ganz Peru versorgen Garküchen am Straßenrand oder Essmärkte auf den Plazas die Bevölkerung. Wer es eilig hat, sollte das Tagesmenü bestellen, *menú del día,* zu dem meist Vorspeise, Hauptgericht und ein Getränk gehört.

Traditionelle **Nationalspeisen** sind *choclos,* süße Maiskolben, gegrillt oder gekocht, in Bussen und Zügen oft auch von fliegenden Köchinnen verkauft, *camote,* eine Süßkartoffelart, *yuca* (Maniok) und *cebiche (ceviche),* rohe Fischstücke mit Limettensaft mariniert und mit Peperoni-Paste gewürzt (unbedingt nur frisch zubereitet essen). International erfolgreichster „Exportschlager" Perus ist seit Jahrhunderten natürlich die Kartoffel, die im Hochland in allergrößter Sortenvielfalt angebaut und variantenreich zubereitet wird (s.S. 283).

Das Aufeinandertreffen der Esskulturen Südamerikas und Europas und die Küche der chinesischen und japanischen Einwanderer brachte eine einzigartige kulinarische Symbiose und Vielfalt hervor. Jede Landesregionen zeichnet sich durch unterschiedliche Esstraditionen und Kochstile aus. In der *cocina criolla* z.B. *escabeche de pollo,* mariniertes Hühnchen mit Gemüse und pikanter Würzung, *papa a la huancaína,* gekochte Kartoffeln mit Eiern und cremiger Käsesoße, *lomo saltado,* gebratenes Rindfleisch mit Tomaten, Zwiebeln und Kartoffelstücken, *tamales,* eine in Bananenblätter eingerollte Maisspeise, oder *anticuchos,* gewürzte Rinderherz-Stückchen am Spießchen vom Grill.

■ *Chicha-Trinkerin*

Hervorragendes peruanisch-chinesisches Essen mit unterschiedlichsten Fleisch- und Gemüsesorten und Soßen aller Art kommen in Perus berühmten **Chifas** auf den Tisch. Diese spezielle Küche gibt es nur in Peru – also „vamos al chifa". Namen für Gewürze, wie *kion* für Ingwer oder *sillao* für Sojasoße, stammen aus dem Chinesischen.

Tendenziell ist die peruanische Küche fleischlastiger als die deutsche, zu einem herzhaften Hauptgericht gehört immer ein Stück Fleisch oder Fisch. Es werden auch viele Innereien gegessen, wozu auch die traditionelle Blutwurst gehört (für Vegetarier ist es deshalb nicht immer leicht, was anderes zu bekommen, aber z.B. in Chifas, und Peru bietet ja das ganze Jahr hindurch unzählige exotische Früchte- und Obstsorten). Beilage zu allen Hauptgerichten ist so gut wie immer Reis.

In den meisten peruanischen Gerichten sind *ají,* Peperoni- bzw. Chili-Schoten variierender Stärke und Menge enthalten, manchmal auch in chinesischem Essen. Es gibt diverse Sorten, die je nach Gericht verwendet werden. Ají soll dabei einen bestimmten Geschmack hervorrufen, es geht weniger um die Schärfe. In Peru gibt so gut wie keine von Haus aus superscharfe Gerichte wie z.B. in asiatischen Ländern. Ají wird auch meist separat seviert.

Wichtigstes **Grundnahrungsmittel in der Andenregion** ist neben Kartoffeln (s.S. 283) der Mais in vielen Zubereitungsarten, wobei schon die Inka wussten, wie man daraus Popcorn macht: sie legten die Körner auf glutheiße Steine. Ein berühmtes andines Gericht ist *pachamanca,* mittels heißer Steine in einem Erdloch langsam gegartes Fleisch mit Mais, Kartoffeln und *ají*. Auch die Suppen aus Wurzelgemüse und Kräutern sind ein Genuss. Zu besonderen Anlässen mit Gästen wird gerne *cuy* gegessen, Meerschweinchenfleisch (s. Kasten). Meerschweinchen werden in Peru ausschließlich zum Verzehr gezüchtet, so wie bei uns die Hühner. Kein Peruaner würde sie als Haustier halten oder für die Kinder. Geschmacklich ähnelt es Kaninchen- oder Hähnchenfleisch. Restaurants in Andenstädten bieten Alpaka-Steaks an, wie auch die typische *trucha,* frische Forelle aus eiskalten Gebirgsbächen, oder *queso,* hausgemachten Hochlandkäse aus Kuh- oder Ziegenmilch.

Cuyes – Meerschweinchen für die Bratpfanne

Peru ist das Stammland des Wild- und Wiesenmeerschweinchens *(Cavia cutleri),* das in ganz Lateinamerika verbreitet ist. *Cuyes* (quechua *quwi)* kommen in Andenregionen bis zu einer Höhe von 4200 Meter vor. Ihr Fell ist je nach Rasse unterschiedlich farbig, weiß oder beige über Brauntöne bis schwarz, und sie leben in Rudeln bis zu 20 Tieren. Die Nager sind äußerst scheu und fallen bei Gefahr meist in eine Schreckstarre. Sie sind größer als ihre europäischen Artgenossen, die im 16. Jh. von Südamerika nach Europa gebracht wurden. Cuyes werden in Peru seit etwa 5000 Jahren gezüchtet. Die Inka hielten sie in besonderen Gehegen, sie lieferten Fleisch mit hohem Nährwert und dienten auch als Opfertiere. In Andendörfern halten sich auch heute noch viele bäuerliche Familien im hinteren Teil ihrer Küche Meerschweinchen als lebenden Frischfleischvorrat und Wärmelieferanten. Für die Landbevölkerung ist Cuy die Hauptquelle tierischen Proteins. Es gibt auch spezielle Zuchtfarmen, manche Arten sind doppelt so schwer und wesentlich größer als normale Meerschweinchen.

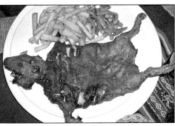

In Peru landen jährlich über 50 Millionen der Kleintiere als Braten in der Pfanne *(cuy chactado)*. Es gibt Restaurants, die sich ganz darauf spezialisiert haben. In Cusco, Puno und Arequipa steht Cuy regelmäßig auf der Speisekarte, wobei in ländlichen Regionen Cuybraten oftmals einen Tag vorbestellt werden muss. Dabei kommt pro Person ein ganzes Tier – mit oder ohne Kopf – auf den Tisch des Hauses. Der Geschmack des Fleisches ist eher neutral, etwa an Kaninchen erinnernd. Im Andenhochland findet im Ort Huacho alljährlich ein Meerschweinchen-Festival statt. Dabei werden die Meerschweinchen bunt eingekleidet und z.B. als Minenarbeiter präsentiert. – HH

Cañahua (oder Cañihua, quechua *kañiwa*) und die mit ihre verwandte **Quinoa** *(kinwa)* sind mit Amarant *(kiwicha)* uralte Nutzpflanzen im Andenraum. Diese Grundnahrungsmittel gerieten fast in Vergessenheit, doch sie werden inzwischen wieder vielerorts angebaut. Aus den proteinreichen und glutenfreien Quinoa-Samenkörner kann zu Brotmehl verarbeiten, Quinoa-Blätter werden als Gemüse oder Salat verzehrt. Cañahua besitzt noch mehr Kohlenhydrate als Quinoa. Es diente einst den *chasqui*, den Stafetten- und Meldeläufern der Inka, als energiereicher Unterwegs-Proviant.

Schwarzbrot wie in Deutschland bekommt man nur in bestimmten Bäckereien in Lima oder Cusco.

An der **Küste** tummeln sich in den kalten Gewässern des Humboldtstroms ungezählte Fisch- und Krustentierarten, Grundlagen für fangfrische Gerichte aus dem Meer, wovon Cebiche (s.o.) das bekanteste ist. *Chicharrón de pescado* ist Fisch frittiert, *arroz con mariscos* Reis mit Meeresfrüchten, *picante de camarones* Krabben in scharfer Tomatensauce und *chupe de camerones* eine sämige Suppe aus Krabben, Kartoffeln, und Gemüse.

Auf der östlichen Seite der Anden ist die Küche des **Regenwaldes** so exotisch wie das Amazonasgebiet selbst und perfekt für Entdeckernaturen. Die Einheimischen essen den weitverbreiteten, riesigen Fisch *paiche*, Flussschildkröten und *tacacho* („Urwaldknödel") aus *plátanos* (Kochbananen) und Speck oder auch aus Maniok und Bohnen. Die Natur des Tieflands liefert außerdem eine überbordende Fülle bei uns kaum bekannter Früchte, wie *camu camu, cocona, chirimoya oder* die äußerst Vitamin-C-reiche *acerola* – um nur einige zu nennen.

Auch die **Pizza- und Burgerwelle** hat schon längst Peru erreicht. Wer darauf nicht verzichten möchte, sollte zumindest bei der Schnellimbiss-Kette *Bembos* einkehren. Die Burger sind wesentlich größer als die bei der US-Konkurrenz und bieten viele peruanischen Geschmacksrichtungen.

In allen größeren Städten findet man auch **Spitzengastronomie,** kulinarischer Schmelztiegel ist Lima. Das hat dann auch seinen Preis, und in sehr guten Restaurants kommt zur Rechnung dann noch meist 19% Mehrwertsteuer und 10% Service dazu. In der einfachen Gastronomie sind diese Kosten im Preis mit drin bzw. sie entfallen.

Getränke und Alkoholisches

Ein besonderes und typisches Andengetränk ist **Chicha,** *chicha de jora,* das peruweit erhältliche säuerliche Maisbier, das viel bei Fiestas getrunken wird. Die Frauen kauen den Mais und spucken ihn dann in ein Gefäß, wo er durch die Amylase des Speichels zur Gärung kommt. Heute wird Chicha oft immer noch so oder ähnlich hergestellt, aber es gibt auch industriell hergestellte Chicha. In Dörfern signalisieren Fahnen oder Wimpel an Häusern, dass hier frische und hausgemachte Chicha erhältlich ist. Ruhig mal probieren.

Nicht zu verwechseln ist Chicha mit *chicha morada,* einer süßen Limonade aus violettem Mais, Ananassaft und Orangenstücken. Darüber hinaus wird im Hochland fast überall die schmackhafte, alkoholfreie *chicha de quinoa* mit einer Prise Zimt angeboten. Übrigens ist es eine alte Tradition im Andenhochland, den ersten Chicha-Schluck auf den Boden zu gießen, aus Dankbarkeit für die Großzügigkeit der Inka-Erdmutter *Pachamama,* von der alles stammt.

Eine wie bei uns übliche **Kaffeekultur** ist in Peru lediglich in Lima zu finden. Bohnenkaffee ist selten, aber Milchkaffee – *café con leche* – ist wie der Espresso im Kommen. Auf dem Land gibt es meist nur *café concentrado,* ein Kaffee-Konzentrat, das mit heißem Wasser aufgegossen wird. Ansonsten wird meist Pulverkaffee (Nescafé) angeboten, in Bussen und Zügen fertig gemischt mit viel Zucker.

Der bekannteste **Tee** der Anden ist *mate de coca,* unbedingt bei einem Aufenthalt in der Höhe trinken! *Muña,* Andenminztee, wird frisch mit heißem Wasser übergossen serviert.

Bei den **Limonaden** fehlen natürlich Fanta, Sprite & Co nicht. Noch vor Coca Cola ist das meistverkaufte Getränk in Peru jedoch **Inca Kola,** ein knallgelbes, süßes und im Geschmack an aufgelöste Gummibärchen oder flüssigen Kaugummi erinnerndes Gebräu. Unbedingt kalt trinken. Es wurde 1935 durch den britischen Immigranten Lindley erfunden und heute von Coca-Cola produziert. Der Hauptbestandteil des Kultgetränks entstammt dem Zitronenstrauch *hierba luisa.* Gehaltvoller sind die frisch gepressten, hervorragenden **Fruchtsäfte** *(jugo de ...).*

Peruanisches **Bier** ist gut. Die gängigsten Marken sind *Cristal* (Lima), *Pilsen* (Callao), *San Juan* (Pucallpa) sowie *Arequipeña* (Arequipa) und *Cusqueña* aus Cusco (auf der Flasche des Cusqueña ist der 12eckige Stein aus der Palastmauer des Inca Roca abgebildet). Das Bier kommt in Flaschen zu 355 ml, 620 ml und 1100 ml (sog. *Margarito;* vorher immer das Verfallsdatum kontrollieren). Peruanische **Rot- und Weißweine** sollte man ruhig einmal kosten.

Beliebtester Cocktail ist das peruanische Nationalgetränk **Pisco Sour** (s.S. 174), ein Traubenschnaps, gemixt aus Limettensaft und Zuckersirup, frischem Eiweiß und einigen Tropfen Angostura. Serviert wird er mit einem Stäubchen Zimt, ein doppelter heißt „Catedral". Er ist teuflischsüffig und den hohen Alkoholgehalt spürt man nicht beim Trinken. Lecker ist auch Pisco mit Kokosmilch oder anderen Fruchtsäften. Bei den **Likören** sind die fruchtigen, kräftigen Kirsch- und Anisliköre sowie der Aguaje beliebt, gleichfalls eine Spezialität Perus.

Im **Regenwald** wird aus der Rinde der Lianenart *uña de gato* („Katzenkralle", *Uncaria tomentosa),* die sich mit ihren Dornenblättern bis zu 40 m an Bäumen hochkrallt, wird in Peru ein Heiltee bzw. ein Likör gleichen Namens gewonnen (Exkurs s.S. 480). Ein traditioneller Kräuterlikör der Ureinwohner aus Tarapoto ist *CPM* eine Mixtur aus Uña de Gato, Chuchuhuasi, Ucshaquiro, Achuniullo, Bolaquiero, Miel de Abeja, sieben weiteren Kräutern und Zuckerrohrschnaps**.**

Der große und wunderschön rosablühende **Lapachobaum** war der „göttliche Baum" der Inka. Seine innere Rinde liefert gleichfalls einen Tee gegen allerlei Beschwerden und Leiden. Erst 1970 entdeckten Mediziner die Heilkräfte des Lapacho (u.a. fiebersenkend).

Deserts: Das Angebot an Nachspeisen *(postre)* und Süßspeisen ist hervorragend, vor allem bietet die Küstenregion Perus ein reichliches Angebot. *Arroz con leche* ist Milchreis, *mazamorra morada* eine Art Wackelpeter aus violettem Mais, *leche asada* gebackene Milch mit Eiern und Zucker, *manjar blanco* eine süße Karamell creme aus Milch. Die peruanischen Nachspeisen, Kuchen und Säfte sind generell sehr süß!

Kleiner Knigge für Peru und Bolivien

Peru und Bolivien sind arme Länder, der Großteil der Menschen lebt unter einfachsten Bedingungen. Und wie in vielen anderen Ländern der Dritten Welt ist auch die internationale Reisebranche von wichtiger Bedeutung für die dortige Volkswirtschaft. Unbestritten ist aber auch, dass die Massenreiselust unserer Zeit ähnlich tief in die Kulturen und Strukturen fremder Völker eingegriffen hat wie einst Eroberung und Kolonisierung. Verantwortungsvolles Reisen ist heutzutage eine schwierige Aufgabe. Wer sich zu Haus sorgfältig auf seine Reise vorbereitet, sich über Land, Leute und Geschichte informiert und wenigstens die wichtigsten Worte und Sätze in der Landessprache lernt, ist auf dem richtigen Weg. Freundlichkeit, Höflichkeit, Geduld und ein Lächeln kosten nichts, sie sind der Schlüssel zum Erfolg jeder Reise.

– Kleiden Sie sich nicht zu auffällig, stellen Sie Besitztümer nicht zur Schau, keine teuren Uhren
– Fotografieren Sie Menschen nicht ungefragt aus nächster Nähe
– Bezeichnen Sie Einheimische nicht als „Indios"
– Erzeugen Sie nicht durch zuviel Trinkgeld und Geldgeschenke eine Erwartungshaltung.
– Wer Peruaner oder Bolivianer in ein Restaurant einlädt, der sollte auch bezahlen. Getrennte Rechnungen wie bei uns sind unüblich.
– Geben Sie einem bettelnden Kind nichts. Es geht dadurch vielleicht nicht zur Schule und lernt dann keinen Beruf, weil es mit der Bettelei mehr verdient. Körperlich Behinderte sollte man aber gerne unterstützen.
– Kaufen Sie als Souvenirs keine echten Antiquitäten oder Grabfunde (was sowieso nicht erlaubt ist), sondern Kunstgewerbliches oder Gebrauchsgegenstände. Denken Sie an das Artenschutzabkommen, kaufen Sie keine Dinge aus Tierteilen (Krokohäuten, gefleckte Felle, Federn), keine Schmetterlinge oder aus deren Flügeln hergestellte Kunstgegenstände und schon gar keine Schlangenhaut.
– Werfen Sie Ihren Abfall nicht achtlos auf den Boden, auch wenn es die Einheimischen tun.
– Ihre Gastgeber erwarten primär kein Geld, sondern Aufgeschlossenheit gegenüber ihren Problemen und Informationen über die Welt, in der Sie leben Kritisieren Sie das Land und seine Menschen nicht.
– Stellen Sie sich auf eine andere Mentalität ein. Stress, Hektik und Eile sind unsere Erfindungen.
– Ärgern Sie sich nicht, wenn mal etwas nicht so klappt wie vorgestellt. Freuen Sie sich, einer Zeit anzu gehören, in der es möglich ist, so weit reisen zu können.

Diebstahl- und andere Gefahren

Vorsicht Diebstahlgefahr!

Trotz der teils extremen Armut ist Perus Kriminalitätsrate relativ niedrig – allerdings ist Peru auch kein sonderlich sicheres Land. Besonders in Lima sind, wie in allen Großstädten Südamerikas und der Welt, Diebstahl und Raubüberfälle recht häufig. Touristen sind aber die meiste Zeit im Land unterwegs. Generell sollte man sich darüber im Klaren sein: In den Augen armer Peruaner sind alle Touristen, Rucksackreisende nicht ausgenommen, sehr reich. Sie kommen aus fernen Erdteilen und verdienen an einem Tag vielleicht mehr als ein Indígena in einem ganzen Monat. Jemand schrieb:

Diebstahl- und andere Gefahren

„Peru ist problemlos zu bereisen, fast überall freundliche und hilfsbereite Leute, nicht im Ansatz gab es für uns eine brenzlige Situation ... Wir haben längere Wanderungen in allen möglichen Gegenden unternommen, ohne dass uns irgendjemand auch nur böse angeschaut hätte ... "

Nachfolgend ein paar Verhaltensvorschläge, wie man Diebstahl- und andere Risiken verringern kann (Hinweis: die hier wiedergegebenen Vorkommnisse wurden aus Zuschriften ausgewählt um Sie zu sensibilisieren, unterliegen keinem Urteil).

Tipps zum Selbstschutz

- Größte Gefahr droht immer bei **Menschenansammlungen.** Die trickreichen Mitarbeiter der Firma „Guck & Klau" haben ihr Betätigungsfeld vor allem auf Märkten, bei Fiestas, in und um Busterminals und Bahnhöfen oder wenn die Aufmerksamkeit des Gringo beim Einkaufen oder Fotografieren abgelenkt ist. Besonders gefährlich sind die großen Touristenzentren Lima, Cusco und der Markt von Huancayo. Alleinreisende sind eher gefährdet.
- Nicht auf **Rempler** und inszenierte Zwischenfälle hereinfallen, Körperkontakt sofort und instinktiv ausweichen. Von seiner Vorsicht nicht ablenken lassen, z.B. sollte die Frage nach der Uhrzeit oder gar dem Pass ein Alarmsignal auslösen!
- Im Falle eines **Überfalls** sich nicht wehren, das Verlangte tun. Grundsätzlich immer Bargeld mit sich tragen, aber nur wenig. Nachts an Geldautomaten kein Geld abheben.
- **Taxi-Ausraubtricks:** Touristen, besonders Rucksackreisende, die ein Taxi genommen haben, wurden schon durch einen unterwegs zugestiegenen neuen Fahrgast ausgeraubt. Oder durch einen falschen Polizisten, der das Taxi anhält, nach Drogen kontrolliert und seltsamerweise auch findet. In einer weiteren ganz schlimmen Variante kam es schon vor, dass ein Tourist gekidnappt wurde und man ihn zwang, mit seiner Karte täglich an Automaten Geld abzuheben. Also keine gewöhnlichen Straßentaxis benutzen.
- **Gepäck** niemals aus den Augen lassen. Falls das Gepäck unbedingt auf den Dachgepäckträger eines Busses muss, bei jedem Stopp darauf achten, dass es nicht mitabgeladen wird (jedesmal aussteigen).
- **Kein freundliches Angebot** annehmen, mit Ihrem Apparat ein Foto mit Ihnen zu machen. Kamera und Handtasche nicht an der Stuhllehne abhängen. Pass, Bargeld, Kreditkarte und Flugschein am Körper aufbewahren. Wertsachen nicht an den Strand mitnehmen, diese gehören gegen Quittung in den Safe (*caja de seguridad*) des Hotels.
- In Großstädten und an Stränden können aktive **Kinderbanden** ihr Unwesen treiben.
- Sein **Auto** nach Möglichkeit nur auf bewachten Parkplätzen abstellen; beim Fahren von innen verriegeln. Nichts sichtbar im Wagen liegen lassen.
- **Nachts** unsichere und unbeleuchtete Gegenden meiden.
- **Zimmer** vor dem Verlassen aufräumen, damit jede Veränderung nach Rückkehr erkannt werden kann. Gepäck im Zimmer immer verschlossen halten.

Tricks der Diebe

- Es liegt ein Geldschein auf dem Boden. Der Tourist bückt sich, wird dabei angerempelt und hat danach zwar den Geldschein, aber den eigenen Geldbeutel oder Fotoapparat nicht mehr.
- Zwei Frauen mit Kindern nähern sich einem Tourist. Eine Frau stürzt, und während der Tourist ihr aufhilft, greift ein Kind in die Kleidungstasche.
- Der Tourist wird aus „Versehen" mit Senf oder ähnlichem beschmiert. Umstehende helfen rührend mit, den Fleck wegzuwischen. Danach fehlt der Geldbeutel oder die Reisetasche.
- Berüchtigt ist die Rasierklingen-Methode: Mit ihr wird im Gedränge die Handtasche, der Rucksack oder eine Kleidungstasche (von hinten) aufgeschnitten und geleert.

Bei Verlust Anzeige erstatten. Hoffnung, dass man sein Eigentum wiederbekommt, besteht aber kaum. Das polizeiliche Protokoll wird für eine evtl. Versicherung benötigt, für Passersatz ist die Botschaft zuständig. Gut, dass Sie zuvor Kopien von den ersten Passseiten machten. Ein regulärer neuer Pass dauert.

Peruanischer Nackthund – Perro sin pelo del Perú

„Ohhh, was ist das denn?!" staunen Besucher oftmals am Eingang einer Huaca oder eines Museums. Sie wundern sich über den ein oder anderen Peruanischen Nackthund, der meist in der Sonne genüsslich döst. Die peruanische Regierung und das Nationale Kulturinstitut haben zur Erhaltung der seltenen Rasse gefordert, dass jede staatlich geführte touristische Einrichtung mindestens einen dieser hervorragenden Wachhunde hält. Man erhob den viringo, auch perro primitivo genannt, zum nationalen Kulturerbe.

Dabei handelt es sich um einen Hund des Urtyps, sein Alter wird auf mehr als 2000 Jahre geschätzt. Darstellungen finden sich bereits auf Keramiken aus der Vorinkazeit, wie etwa der Vicús und Chancay. Seine Haarlosigkeit verdankt er einer spontanen Mutation, die ihm regelrecht Vorteile verschaffte, denn Ungeziefer hat er so gut wie keine. Ein paar Haare auf dem Kopf, an den Gliedmaßen und der Rute können jedoch vorkommen, manchmal werden auch haarige Welpen geworfen. Seine Haut ist entweder einfarbig – von schwarz über grau bis braun und rot – oder mit rosafarbenen Flecken versehen.

Die Größe variiert zwischen 25 und 65 cm, die größten werden bis zu 35 kg schwer. Allen gemeinsam sind die klassischen Charaktereigenschaften eines Urtyp-Hundes: intelligent, wachsam und sehr selbstsicher. Sie binden sich eng an ihren Besitzer und verteidigen „ihr" Haus vehement. Sie lieben es im Freien zu rennen und ständig in Bewegung zu sein, wobei sie Fremden gegenüber eher zurückhaltend sind. – SW

TEIL III:
LAND UND LEUTE

Basisdaten Peru

Größe Die *República del Perú* ist mit ihrem 1.285.000 qkm großen Staatsgebiet das zweitgrößte Land Südamerikas oder knapp viermal so groß wie Deutschland. Peru grenzt im Norden an Ecuador und Kolumbien, im Osten an Brasilien, im Südosten an Bolivien und im Süden an Chile. Länge der Landgrenzen 7000 km, Pazifik-Küstenlinie 3000 km.

Klima Im östlichen Amazonasgebiet: feuchttropisch. Hochland: tropisches Hochgebirgsklima. Küste: heiß im Sommer (Dezember–März), kühl und trocken von Mai bis November. Ausführlicher s.S. 72.

Landesgliederung Peru gliedert sich administrativ in 24 *Departamentos* (s. vordere Klappenkarte), Selbstverwaltungsbezirke, die in 194 Provinzen *(Provincias)* mit 1828 Distrikten *(Distritos),* unterteilt sind. Die Organe eines Departamento mit einem *Prefecto* an der Spitze werden direkt gewählt. Das flächenmäßig größte ist *Loreto* im Nordosten des Landes (369.000 qkm, ca. 8 Mio. Ew.) mit der Hauptstadt Iquitos am Amazonas.

Einwohnerzahlen Die Einwohnerzahl beträgt 30 Millionen (ca. 43 Ew./qkm, Deutschland: 225). Größter Ballungsraum ist **Lima**, mit der Hafenstadt Callao rund 10 Mio. Einwohner groß, Trujillo (862.000), Arequipa (860.000), Chiclayo (634.600), Iquitos (400.000) und Huancayo (350.000). Die Andenmetropole Cusco hat 350.000 Einwohner (mindestens).

Staatsform Peru ist eine konstitutionelle Republik mit präsidentiellem Regierungssystem. Gegenwärtiger Staatspräsident ist *Ollanta Humala Tasso,* Amtsantritt am 28.07.2011, Amtszeit 5 Jahre. Eine Wiederwahl ist nicht möglich. Nationalfeiertage 28. und 29. Juli, Unabhängigkeit von Spanien 1821.

Bevölkerung (s.a. S. 80) 47% Indígena (Quechua, Aymara u.a.), 37% Mestizen (Abkömmlinge von Indigenen und Weißen), 13% europäischer Herkunft, 3% asiatischer und afrikanischer Herkunft.

40% der peruanischen Bevölkerung ist jünger als 18 Jahre. Rund ein Drittel der über Fünfzehnjährigen sind Analphabeten, trotz allgemeiner Schulpflicht gehen rund 25% aller Kinder nicht zur Schule.

Sprachen u. Religion (s.a. S. 85): Am verbreitetsten ist Spanisch, das von ca. 90% als Muttersprache gesprochen wird, gefolgt von der Inkasprache Quechua (ca. 40%) und Aymara. 81,3% sind Römisch-katholisch, 12,5% sind evangelisch oder gehören verschiedenen evangelikalen Sekten an (s.a. S. 87).

Währung Peruanischer *Nuevo Sol* (PEN) zu 100 *Centavos,* z.Zt. d. Drucklegung:
1 Euro = 3,8 Soles • 10 Soles = 2,6 Euro
1 US-Dollar = 2,8 Soles • 10 Soles = 3,5 US-Dollar

Quelle für die o.g. Angaben: www.auswaertiges-amt.de

Wirtschaftsdaten

BIP
(Quellen: gtai.de u. factfish.com)

Bruttosozialprodukte von Peru pro Kopf in den Jahren 2012: 6.525 US$, 2013: 6.797 US$, 2014: 7.019 US$. Zum Vergleich Deutschland 2013: 32.300 US$.
Staatsverschuldung vom BIP: 2013 18% (Deutschland 2013: 82%).

Inflation
Inflationsraten: 2012 3,7%, 2013 2,8%, 2014 2,5%

Löhne
Durchschnittlicher Bruttolohn Monat/Soles: 2010: 553, 2011: 627, 2012: 719, 2013: 750. Die offizielle Arbeitslosigkeit liegt seit Jahren um die 4%, dürfte aber weitaus höher sein. Viele Arbeitskräfte finden auf dem informellen Sektor (Straßenhandel, Schmuggel, Dienstleistungen) ein karges Auskommen.

Landwirtschaft
Im Küstenland und in den Flussoasen werden Baumwolle, Zuckerrohr und Mais angebaut, im Hochland hauptsächlich Getreide und Kartoffeln, am Anden-Ostabhang Kaffee, Tee und Coca. Die Viehzucht liefert für den Export Wolle, Häute und Felle. In der Landwirtschaft sind zwar 35% der Arbeitskräfte beschäftigt, erwirtschaftet werden jedoch nur etwa 5% des Bruttoinlandproduktes (BIP). Zuletzt waren nur noch 9% aller Exporte landwirtschaftliche Produkte, vor allem Kaffee, Früchte, Paprika, Spargel, Zucker und Baumwolle.

Industrie Fischerei Bergbau
Die Bedeutung der **Industrie** steigt kontinuierlich, 13% aller Arbeitskräfte erwirtschaften etwa 22% des BIP. Schwerpunkt ist die Textil-, Nahrungsmittel-, Metall- und Chemieindustrie. Die Produktion von Fisch-, Obst- und Gemüsekonserven wächst stetig.

Fischereiprodukte (Fischmehl und -öle) sind nach wie vor ein wichtiger Exportzweig und machen einen Anteil von etwa 20% der Ausfuhren Perus aus. Der **Bergbau** ist mit über 55% nach wie vor der bedeutendste Exportsektor Perus. Abgebaut werden vor allem Eisen, Silber, Gold, Kupfer, Zink und Blei, zusammen mit dem Erdöl und Erdgas tragen sie mit 10,5% zum BIP bei.

Handelspartner
Wichtige **Lieferländer**: China (16,9%), USA (13,2%), Brasilien (6,3%). Deutschland liegt an 10. Stelle mit 3,3%. Deutsche Ausfuhrgüter: Maschinen (37%), Kfz und Teile (17,4%), Chemische Erzeugnisse (14%).
Wichtige **Hauptabnehmerländer**: USA (19,35%), China (19,0%), Schweiz (11,1%). Deutschland liegt mit Spanien 7. Stelle mit 4%. Deutsche Einfuhrgüter: Rohstoffe (48,7%), Nahrungsmittel (39,5%), NE-Metalle (6,9%), Textilien/Bekleidung (2,1%).

Landesnatur

Peru gliedert sich grob in drei naturräumliche Großeinheiten: in das Tiefland entlang der Pazifikküste *(la costa),* das Andenhochland *(la sierra)* und in das östliche Amazonastiefland *(la selva).*

La Costa
Der schmale Streifen zwischen Pazifik und Anden steht ganz unter dem Einfluss des kalten Humboldtstroms, der von Süden nach Norden entlang der peruanischen Küste fließt. Die Costa ist weitgehend ein Küstenwüste mit zahlreichen Oasen an Flüssen, die von den Anden herabfließen. Sie erstreckt sich auf ungefähr 3080 km Länge von der chilenischen bis zur ecuadorianischen Grenze mit einer Breite im Norden

von etwa 150 km, im Süden aber nur 30 km. Durchschnittliche Höhe 500 m, in der Wüstentafel von Arequipa werden auch 2300 m ü.d.M. erreicht.

Die Costa nimmt etwa 10% der Gesamtfläche Perus ein und ist der Lebensraum für mehr als die Hälfte der peruanischen Bevölkerung, also für mehr als 15 Millionen Menschen (allein im Großraum Lima leben mehr als 10 Millionen). Bereits lange vor dem Inka-Imperium siedelten hier Vorläuferkulturen, wie z.B. die Nazca. Durchgehende Straßenschlagader ist die *Panamericana*.

Der Begriff „costa" beschreibt treffend die Küstenlage, jedoch nicht den Naturraum. Es dominieren fast ausschließlich sandige Wüstenlandschaften, im Südwinter von April bis November eingehüllt vom Bodennebel **garúa**, der die Sonne blockiert. Lima und andere Städte an der Küste liegen dann Grau in Grau da. Ursache für *la garúa* ist der Humboldtstrom, der die warme Luft abkühlt und sie daran hindert aufzusteigen und zu Wolken zu kondensieren, so dass Regenfälle ausbleiben.

Zu großen Klimaschwankungen kommt es in Abständen von 2 bis 7 Jahren, wenn im Südsommer das **„El Niño"**-Phänomen eintritt. Dann sammelt sich warmes Oberflächenwasser vor den Pazifikküsten Südamerikas und führt im Land zu Überschwemmungen und heftigen Regenfällen mit verheerenden Folgen.

Eine Besonderheit der Costa sind die **Lomas**, niedrige Küstenberge, auf denen Kakteen, Hartlaubsträucher und Wüstenpflanzen wie z.B. Tillandsien wachsen – der Nebel versorgt diese Pflanzen mit ausreichender Feuchtigkeit. Hinter den Lomas erstreckt sich eine extrem trockene **Binnenwüste** mit Salpeterlagern. Durch große Bewässerungsprojekte, vor allem im Norden, wurden beträchtliche Teile der Wüstenlandschaft landwirtschaftlich nutzbar gemacht.

Wegen des Humboldtstroms ist der peruanische Pazifik sehr reich an Fischen und Meeresgetier. Entlang der Küste verläuft im Pazifik eine Spalte in der Erdkruste, da hier Kontinentalplatten aufeinandertreffen. Ihre Bewegungen verursachen an der Küste und auch in den Anden immer wieder schwache und auch sehr starke Erdbeben.

La Sierra   Östlich der schmalen Küstenregion beginnt Perus *sierra*, das **Bergland der Anden**, das nicht nur Peru komplett durchläuft, sondern auch ganz Südamerika von Feuerland bis Venezuela. Die Anden, die „Cordillera de los Andes", sind das längste Kettengebirge der Welt. Es unterteilt sich in Nordperu in die **Cordillera Occidental** (Westkordillere), die **Cordillera Central** (Zentralkordillere) und in die **Cordillera Oriental** (Ostkordillere). Das Flusstal des Río Huallaga trennt die Ost- von den Zentralkordilleren und der Taleinschnitt des Río Marañón die Zentral- von den Westkordilleren. Dort in den Westkordilleren liegt Perus berühmte *Cordillera Blanca* („Weiße Kordillere") mit dem höchsten Berg des Landes, *Huascarán* (6768 m). Westlich davon ragt die *Cordillera Negra* („Schwarze Kordillere") empor und zwischen beiden fließt im grandiosen, 150 km langen Hochtal *Callejón de Huaylas* („Gasse von Huaylas") der Fluss Santa. Die schneebedeckten Gipfel, die grünen Täler sowie eine Vielzahl kleiner und großer Seen schaffen wunderschöne Landschaftsbilder. Die Sierra und ihre Subregionen nehmen etwa 30% der Gesamtfläche Perus ein.

Tierra nevada, *Tierra helada* (mit Untergliederung *Puna* und *Páramo*), *Tierra fría*, *Tierra templada* und *Tierra caliente* sind Bezeichnungen und

Landesnatur

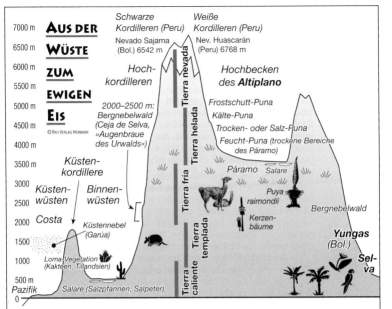

Die **thermische Höhenstufengliederung** und die damit verbundenen Staffelung ihrer Vegetationszonen in den südamerikanischen Andenländern geht auf den deutschen Naturforscher *Alexander von Humboldt* zurück. Er übernahm 1817 als wissenschaftliche Begriffe die alten »**tierra**« (»Land«)-Bezeichnungen der Spanier, die diese schon früher zur Unterscheidung der Höhenstufen und des Klimas verwendet hatten.

Die Höhenangaben in Metern der vertikalen Bereiche der Tierras sind jedoch nicht absolut, sie variieren vielmehr je nach Exposition, Land und geographischer Breitenlage.

Höhen, ca.	Bezeichnung		Charakteristika	Vegetation	Anbau
ab 5000 m	**Tierra nevada** (»Schneeland«)		Ewiges Eis		
bis 5000 m	**Tierra helada** (»eisiges Land«)	**Puna** - Stufen (s.o) (trocken)	Frost- und Schneestufen, extreme Temperaturschwankungen zwischen Tag u. Nacht »Höhensteppe« Höhengrasfluren	Flechten, Hartpolsterpflanzen Gräser *(ichu)*, Schopfpflanzen *(Puya raimondii)*	Ackerbau nicht mehr möglich Hochweiden Weidewirtschaft
3500 m		**Páramo** (feucht)			
bis 3500 m 2000 m	**Tierra fría** (»kaltes Land«)		Kalte Höhenstufen	Nebelwald	Mais, Weizen, Gerste, Kartoffl.
bis 2000 m 800 m	**Tierra templada** (»gemäßigtes L.«)		Gemäßigt temperierte Höhenstufe	Bergwald	Bananen, Kaffee, Zuckerrohr
bis 1000 m Meereshöhe	**Tierra caliente** (»heißes Land«)		Ständig heiße Tieflandregion	Tiefland-Regenwald; Loma-Vgt.	Kakao, Tabak

Höhendefinitionen der thermischen Höhenstufengliederung (s. Schaubild „Aus der Wüste zum ewigen Eis"). Im **Páramo** (span. Ödland) fallen besonders die hohen Schopf- und Wollkerzenpflanzen auf, wie z.B. die Riesenbromelie *Puya raimondii*. Die **Puna** untergliedert sich (von unten nach oben) in die *Feuchtpuna*, in die *Trocken- oder Salzpuna* (hier liegen die Salztonebenen oder *Salare*), in die Kältepuna und als höchstgelegene Stufe in die *Frostschutt-Puna*.

Das Hochlandbecken der Puna zwischen West- und Ostkordilleren wird in Bolivien **Altiplano** genannt, Höhenlage etwa 3500 m. Östlich des Titicacasees, des höchsten schiffbaren Sees der Welt, erstreckt sich die **Cordillera Real**. Im bolivianischen Altiplano liegen der Poopóosee und ausgedehnte Salzseen, wie z.b. der gewaltige *Salar de Uyuni* im südlichen Bolivien. In der feuchten bolivianischen Andenostseite beginnt um 3000 m der **Nebelwald,** der in die tropischen Niederungen überleitet.

La Selva

Weiter nach Osten folgt Perus große und dichte Regenwaldregion *selva* mit dem riesigen und weitgehend unerschlossenen **Amazonasbecken.** Die Übergangsstufe von den Anden in das Tiefland wird **Ceja de Selva,** „Augenbraue des Urwalds" genannt, in Bolivien **Yungas**. Es ist eine teils tropisch-üppig bewachsene Region mit tiefeingeschnittenen Tälern in Höhenlagen zwischen 500 und 2000 m. Die kataraktreichen Durchbruchsschluchten der großen Andenflüsse ins Tiefland heißen *pongos*.

Im Amazonasbecken existieren kaum Straßen. Verkehrswege bilden vor allem die in den Ostkordilleren entspringenden Flüsse, wie der 1900 km lange *Río Ucayali,* der sich mit konstanten Flussschlingen durch die Waldgebiete mäandert und der sich, kurz vor Iquitos, mit dem *Río Marañón* zum Amazonasfluss vereint. Der Anteil des Amazonastieflands an der Fläche Perus beträgt 60%, ist aber mit 2 Ew./qkm extrem dünn besiedelt. Die einzigen größeren und auch für den Tourismus wesentlichen Städte in dieser Region sind Puerto Maldonado und die Großstadt *Iquitos* am Amazonas. Letztere ist nur mit dem Flugzeug oder per Boot/Schiff erreichbar.

Der tropische Regenwald liegt auf bis zu 1200 m Höhe und geht dann in den tropischen Bergwald über. Zwischen 2000 und 2500 m erstreckt er sich als Nebelwald. Die Baumgrenze liegt in den Anden zwischen 3500 und 3800 m.

Das südöstliche Tiefland Boliviens gehört zur Savannenlandschaft des Gran Chaco, einem riesigen, fast unbewohnten Gebiet. Waldbrände sind, speziell in Bolivien, ein Problem, besonders am Ende der Trockenzeit. Die Brände verursachen riesige Rauchwolken, die ganze Regionen verdunkeln, in Bolivien ziehen sie die Andenhänge hinauf bis nach La Paz – manchmal muss deshalb der Flughafen El Alto gesperrt werden.

Klimata

Eine so wechselhafte Topografie wie in beiden Andenländern hat starke Klimaunterschiede zur Folge. Peru liegt in der Tropenzone dicht unterhalb des Äquators. Die Jahreszeiten prägen weniger Temperaturunterschiede, sondern Regen- und Trockenzeiten.

Die **Küste** liegt von Ende April bis November unter einer tiefen Nebeldecke mit Nieselregen, der erwähnten *la garúa*. Der Sommer (Südsommer) von Dezember bis April ist sehr sonnenreich mit Temperaturen zwischen 22 und 32 °C bei relativ hoher Luftfeuchtigkeit (kein Regen, beste Reisezeit für Küstenziele). Die Regenzeit im **Andenhochland** fällt in die Monate November/Dezember bis März/April, ist aber die **angenehmste Reisezeit,** da nachts die Temperaturen nicht unter Null fallen. Die trockensten Monate im Andenhochland sind Juni bis Oktober mit Tagestemperaturen von 18 bis 25 °C. In den Monaten Juni und Juli sind die täglichen Temperaturunterschiede am stärksten und das Thermometer fällt nachts oft unter Null. Das Klima im **Amazonastiefland** prägen hohe, feuchtheiße Temperaturen zwischen 20 und 32 °C das ganze Jahr hindurch. Regenzeit ist im Amazonastiefland von November bis April, doch nachmittägliche Regengüsse kann es das ganze Jahr über geben.

Mehr noch als von den Breitengraden wird das **Klima von der Höhenlage** bestimmt, so dass man, mit Ausnahme der Küstengebiete, von folgenden thermischen Begriffen spricht (s. Schaubild „Aus der Wüste zum ewigen Eis"):

Tierra caliente: „heißes Land", Vegetationsgürtel des tropischen Regenwaldes, bis auf 1000 m Höhe, Durchschnittstemperaturen um 25 °C.

Tierra templada: „gemäßigtes oder warmes Land", Vegetationsgürtel der Bergurwälder, zwischen 800 und 2500 m, Durchschnittstemperaturen 15 bis 20 °C.

Tierra fría: „kaltes Land", zwischen 2000 und 3500 m, mit durchaus noch warmen Tagen, aber sehr kalten Nächten und Durchschnittstemperaturen um 12–18 °C. Bevölkerungsreichste Stufe des tropischen Gebirges. Hier liegen die Vegetationsgürtel der Nebelwälder, des Páramo und der Puna.

Tierra helada: „eisiges Land", ab etwa 3500 m und bis ca. 5000 m, mit Durchschnittstemperaturen um und unter 0 °C. Bis auf wenige Ausnahmen (*chuño*, Kartoffeln) ist keine Landwirtschaft mehr möglich.

Tierra nevada: „Schneeland" und Eiszone über 5000 m, hier gibt es keine Siedlungen mehr.

Tier- und Pflanzenwelt

Tierwelt

Lama oder **Alpaka** – das ist jedes Mal die Frage, wenn dem Besucher dieses charakteristische Tier der Anden vor die Kamera läuft. Beiden – und ihren verwandten Wildkamelen **Guanako** und **Vicuña** haben wir einen Exkurs gewidmet, s.S. 406.

Wo Lamas leben, tummeln sich auch **Vizcachas** (Hasenmäuse, *Lagidium peruanum*), die zur Familie der Chinchillas gehören. Die kleinen grauen und possierlichen Tierchen sehen ähnlich unseren Murmeltieren aus und werden bis zu 60 cm groß. Ihre samtweichen Felle sind begehrt.

Die hochgelegenen Salzseen (Salare) in den Anden bilden das Biotop für drei **Flamingoarten:** neben dem graubeinigen chilenischen Flamingo und dem rotbeinigen Jamesflamingo wird hier auch der gelbfüßige Andenflamingo angetroffen. Dazwischen tummeln sich Rüsselbläßhühner, **Andengänse** schnattern durch die kristallklare Luft und locken **Andenfüchse** an. In diesen hohen Regionen leben auch **Tarukas** (Andenhirsche), die in entlegenen Gebieten von vereinzelten **Pumas** (Berglöwen) bedroht werden. Außerdem gibt es mancherorts, im Andenhochland und Urwald, auch zahlreiche **Fledermäuse. Kondore** sieht man nur selten aus nächster Nähe, sie haben sich tief in die Berge zurückgezogen. Diese mächtigen Vögel zählen mit bis zu drei Metern Flügelspannweite zu den größten überhaupt (Exkurs s.S. 237).

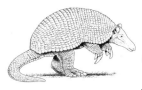

Von den mit Panzern aus Hornplatten geschützten **Gürteltieren** gibt es in Südamerika weit über ein Dutzend Arten. Das größte ist das rund ein Meter lange (Schwanzlänge ca. 50 cm) Riesengürteltier, *Priodontes gigantes.*

Im Bergnebelwald schwirren bunte **Kolibris,** in den hohen Andenregionen auch Riesenkolibris. Ab und zu schleicht ein **Brillenbär** oder **Bergtapir** durchs Unterholz und dazwischen die **Wollhaarbeutelratte,** eine Art Opossum. Im Nebelwald kann auch der **Tunqui** bzw. Anden-Klippenvogel (das Wappentier Perus) oder **Roter Felsenhahn** *(Rupicola peruviana)* beobachtet werden. Felsenhähne sind Schmuckvögel mit helmartigem Scheitelkamm, die in felsreichen Bergwäldern auf dem Boden leben. Überhaupt ist Peru stolz auf seine über 1800 Vogelarten, man führte sogar eine „Ruta aviturística" in Nordperu ein.

Im Urwald sind die bekanntesten fliegenden Spezies **Papageien, Aras, Tukane** und **Stärlinge,** deren Nester keulenförmig an den Bäumen hängen. Und zwischendrin tummeln sich über 3000 farbenprächtige **Schmetterlingsarten,** schleichen die letzten **Jaguare** und **Ozelote** auf Beute durch die „Grüne Hölle". Ab und zu hört man das dumpfe „uum" des seltenen **Hokkohuhnes** *(Cracidae),* das in über 50 Arten in Süd- und Mittelamerika vorkommt. Als Waldbewohner lebt es auf Bäumen, ernährt sich von Blättern und Früchten und wird etwa so groß wie eine Truthenne. Es ist am kurzen Schnabel mit eierartigem Aufsatz zu erkennen.

An der **Küste** trifft man riesige Kolonien von Seevögeln, darunter **Meerespelikane,** den **Guano-Kormoran** und **Peruanische Tölpel,** die den Guano-Mist produzieren, den allerbesten Dünger.

Bemerkenswert ist der **Fischreichtum** an der Küste (und auch in Urwaldflüssen). Im kalten, aber nährstoffreichen Wasser des Pazifik-Humboldtstroms leben gewaltige Schwärme von Sardinen – Rohstoff der peruanischen Fisch- und Fischmehlindustrie. Mittlerweile ist durch übermäßigen Fang das biologische Gleichgewicht gestört, was zur Abnahme aller Fische und auch Seevögel führte. Auf den vorgelagerten Inseln teilen sich **Pinguine, Seelöwen** und ab und zu auch **See-Elefanten** die begehrten Trockenplätze an der Sonne.

Die bedeutendste von über 1500 Süßwasserfischarten ist die *Arapaima gigas,* in Peru **Paiche** genannt. Der fischfressende Knochenzüngler mit seinen mosaikartigen Schuppen kann etwa drei Meter lang und 300 Pfund schwer werden und gilt als größter Süßwasserfisch der Welt. Ausgewachsene Exemplare kommen etwa alle 12 Minuten zum Atemholen an die Wasseroberfläche und können somit gut beobachtet werden. Sie stehen unter Naturschutz und werden für den menschlichen Verzehr gezüchtet.

Berüchtigt sind die **Pirañas,** die zur Familie der Salmler *(Characinidae)* gehören; sie differieren in der Größe von 10 bis 60 cm. Es gibt unzählige Arten davon, doch nur wenige sind angriffslustig.

Andere Flussbewohner sind die **Mohren-** und **Brillenkaimane,** die zur Familie der *Alligatoridae* gehören und den Krokodilen zum Verwechseln ähnlich sehen. Unter Verletzung des Artenschutzabkommens werden beide Arten allmählich ausgerottet. Auch **Riesenotter, Flussdelfine** und

Manatee (Flusskühe) sind inzwischen selten geworden. In und an den Flüssen Westamazoniens jagt die **Anakonda** *(Eunectes murinus)* kleinere Säugetiere und gehört mit 8–9 m zu der größten Art nichtgiftiger Riesenschlangen. **Leguane, Faultiere, Giftschlangen, Wasserschweine** (Capybara), **Pekaris** (Nabelschweine) und **Schildkröten** sind weitere bekannte Spezies. Und wer **Affen** liebt, der findet im peruanischen Dschungel von den putzigen **Kapuzineräffchen** bis hin zum **Roten Brüllaffen** verschiedene Vertreter.

■ *Wilde Tiere und Pflanzen sind in Peru gesetzlich geschützt! Ohne Erlaubnis der INRENA (Staatliche Naturschutzbehörde Perus) dürfen keine wilden Tiere und Pflanzen beschafft oder gekauft werden. Für den legalen Export wird ein Zertifikat der INRENA benötigt. Autorisierte Tourenführer und Reiseagenturen sind über das peruanische Naturschutzgesetz geschult.*

Pflanzenwelt

In der fast vegetationslosen Küstenebene Perus wächst kaum etwas. Das **Schilfrohr** dient als Baumaterial für die Elendshütten um Lima. Durch künstliche Bewässerung entstanden große Oasen, wo neben Reis und Mais auch **Zuckerrohr** und **Baumwolle** gedeihen sowie Obst, Gemüse und exotische **Früchte** wie Mango, Papaya, Pepino dulce/Pepinillo, Chirimoya, Grenadilla (Passionsfrucht, orange Schale, lilafarbenes Fruchtfleisch) und Avocado, in Peru *palta* genannt.

■ *Quinoa*

Angebaut werden in andinen Höhen Getreide, **Mais** (über 35 Sorten), unzählige Arten **Kartoffeln** sowie wieder die alten und genügsamen Pseudo-Getreidearten **Amarant, Cañahua,** und die sehr eiweißreiche **Quinoa.**

Aus der Rinde des peruanisch-bolivianischen **Chinchona-Baumes** gewann man *Chinin,* früher das einzige Mittel gegen Malaria (Chinarinde, hat nichts mit China zu tun, sondern kommt von einem indigenen Wort für Rinde, *quina).* In den Hochtälern der Anden ist der aus Australien eingeführte **Eukalyptusbaum** dominierend, unsere Laub- und Nadelbäume sind weitgehend unbekannt. Ursprünglich bildeten die langsam wachsenden **Queñua-Bäume** mit die höchstgelegenen Waldbestände der Erde, heute werden sie vorrangig zur Wiederaufforstung eingesetzt. Ansonsten wächst in der Puna noch hartes, spitzes Büschelgras, **Ichu,** und eine harte Moosart, **Yareta.** In einigen Gegenden ist die vom Aussterben bedrohte und über 10 m hohe Riesenbromelie **Puya raimondii,** eine Ananaspflanze, zu sehen (Foto s.S. 574). Sie wächst bis in Höhenlagen von 4200 m. Auffallend ist ihr bis zu sechs Meter hoher Blütenstiel. Nur die **Culcitium rufescens,** das „Edelweiß der Anden" mit seinen Wollblättern, wächst bis zur Schneegrenze in 5000 m Höhe. In Höhen von 3500–4500 m gedeiht auch das Knollengewächs **Maca,** deren vitalisierende Wirkung schon die frühen Inka zu nutzen wussten. Pulverisiert wird es als vitaminreiches und aphrodisisches „Ginseng der Anden" hauptsächlich nach Japan exportiert.

■ *Puya raimondii*

In mittleren Höhen können wunderschöne **Säulen-** und **Gliederkakteen, Bromelien** und **Orchideen** bewundert werden. Hier wächst die peruanische **Nationalblume Cantuta** *(Cantua buxifolia),* deren rotweiße, gelbe oder fuchsiafarbenen Blüten wie Kelche am Stengel hängen.

An den Ostabhängen der Anden zum tropischen Regenwald hin gedeihen nahezu alle tropischen Früchte sowie Tee, Kaffee, Reis und der Co-

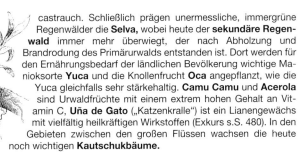

castrauch. Schließlich prägen unermessliche, immergrüne Regenwälder die **Selva,** wobei heute der **sekundäre Regenwald** immer mehr überwiegt, der nach Abholzung und Brandrodung des Primärurwalds entstanden ist. Dort werden für den Ernährungsbedarf der ländlichen Bevölkerung wichtige Manioksorte **Yuca** und die Knollenfrucht **Oca** angepflanzt, wie die Yuca gleichfalls sehr stärkehaltig. **Camu Camu** und **Acerola** sind Urwaldfrüchte mit einem extrem hohen Gehalt an Vitamin C, **Uña de Gato** („Katzenkralle") ist ein Lianengewächs mit vielfältig heilkräftigen Wirkstoffen (Exkurs s.S. 480). In den Gebieten zwischen den großen Flüssen wachsen die heute noch wichtigen **Kautschukbäume.**

Nationalparks

Peru besitzt relativ viele Nationalparks *(Parques Nacionales),* Naturschutzgebiete *(Reservas Nacionales)* sowie archäologische Schutzzonen *(Santuarios Nacionales Históricos).* Etliche Nationalparks, besonders die im Amazonas-Tiefland, können nur unter erschwerten Bedingungen besucht werden. Lagen s. Karte „Parques Nacionales".

Die bekanntesten und wichtigsten für Touristen sind: **Machu Picchu Santuario Histórico** mit dem Camino Inca, der das Gebiet der Cordillera Blanca umfassende **Parque Nacional Huascarán** bei Huaraz mit dem Llanganuco-Trek sowie der wohl berühmteste von allen, der im südlichen Tiefland gelegene **Parque Nacional Manu** mit seiner außergewöhnlichen Artenvielfalt, ca. eine Million ha groß.

Weitere Parks und Reservas: *Bahuaja-Sonene* (bei Puerto Maldonado, Größe 1,1 Mio. ha), *Yanachaga-Chemillén, Cerros de Amotape, Río Abiseo, Cuervo,* das Naturschutzgebiet um den Titicacasee, u.v.a.

Für den Schutz der Flora und Fauna engagieren sich Naturschutz-Organisationen und Öko-Reiseveranstalter. Einige Adressen:

APECO, Asociación Peruana para la Conservación de la Naturaleza, Parque José de Acosta 187, Magdalena del Mar, Lima, Tel. 01-264-5804, www.apeco.org.pe.

CONEM, Consejo Nacional del Medio Ambiente, nationaler Umweltrat, Av. San Borja Norte 226, Lima, www.minam.gob.pe, Tel. 01-225-5370.

Inka Terra Asociación (ITA), eine Nonprofit-Organisation bzw. NGO zum Schutz der Ökologie der Anden und des Amazonas (Madre de Dios Fluss) sowie des submarinen Pazifiks; http://inkaterraasociacion.wix.com/inkaterraasociacion

Perú Verde, Natur- und Umweltschutzorganisation, ökotouristische Angebote, eigene Lodges. Calle Ricardo Palma J 1, Urb. Santa Monica, Cusco, www.peruverde.org, Tel. 084-226392. Tochtergesellschaften von Perú Verde mit Full-service-Angeboten von Trekking bis Regenwald-Destinationen sind *InkaNatura Travel* (www.inkanatura.com) und *Peru Travel Guide* (www.perutravelguide.info). Büros in Lima, Cusco, Puerto Maldonado und Chiclayo. InkaNatura Travel, Lima, Manuel Bañon 461, San Isidro, Tel. 01-440-2022.

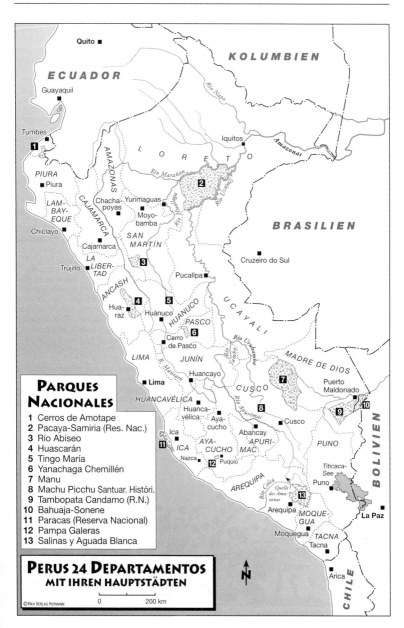

Coca und Kokain

Der Kampf gegen den weltweiten Drogenhandel mit Kokain dauert unvermindert an, doch ohne eine Zulieferung aus den Cocaländern Peru und Bolivien gäbe es z.b. kein kolumbianisches „Medellín-Kartell". Die USA schickten deshalb schon Militärberater und Fachleute der Antidrogenbehörde DEA zur Unterstützung Perus und Boliviens zur Bekämpfung der Kokain-Mafia. Perus Armee bombardiert die kleinen Rollfelder und Dschungellabore zur Herstellung der Cocapaste – sofern sie sie überhaupt findet.

Coca-Anbau hat in Bolivien und Peru eine uralte Tradition. Der Cocastrauch (Erythroxylum coca) wächst in subandinen Gebieten zwischen 600 und 1800 Meter Höhe als immergrüner, etwa 5 Meter hoher Strauch mit gelblich oder grünlichweißen Blüten und den kleinen, Kokain enthaltenden Blättern. Da die Pflanze anspruchslos ist, gedeiht sie auch auf kargem Lehmboden. Drei bis vier Ernten, also das Abzupfen und Sammeln der Blätter, sind keine Seltenheit. Die frischen Cocablätter werden durch ständiges Wenden, Lüften und Lockern sofort in der Sonne getrocknet. Auf etwa 300.000 ha – Anteil in Peru etwa 60.000 ha – werden so an die 300.000 Tonnen Cocablätter pro Jahr gewonnen.

Der Genuss der Cocablätter ist bei den Bewohnern der Andenländern noch weit verbreitet. Im Inkareich galt der Cocastrauch als göttliches Geschenk (in Aymara bedeutet *kkoka* „Baum"), er war eine heilige Pflanze. Cocablätter wurden bei religiösen Ritualen, als Weihrauch durch die Priester, Glücksbringer, Grabbeigaben und bei medizinischen Behandlungen verwendet. Der Cocagenuss war bei den Inka jedoch anfänglich nur der Führungskaste erlaubt, erst später wurde es jedem gestattet. 1569 beschloss ein kirchliches Konzil, Coca als unnützes und verderbliches Teufelswerk zu ächten, auch die Spanier wollten sowohl Anbau und Genuss verbieten, doch beides scheiterte.

Cocablätter werden bei den Hochland-Indígena alleine oder bei geselligem Beisammensein konsumiert, es hat die soziale Funktion eines Integrationsmittels. Die Blätter werden auch von den *yatiris* (Wahrsager) verwendet und dienen bei religiösen Zeremonien als Opfer für *pachamama* (Mutter Erde).

Um die Wirkstoffe der Cocablätter freizusetzen, kaut der *coquero* (man schätzt ihre Zahl alleine in Peru auf etwa 3 Mio.) mit 10 bis 15 entrippten Cocablättern eine alkalische Substanz mit, meist ist es mit Kalk vermischte Pflanzenasche (*lejía*). Speichel wandelt das in den Blättern enthaltene Kokain in das Alkaloid Ecgonin um. Eine *coqueda* (Kauperiode) dauert etwa zwei Stunden, ist aber auch ein altes Zeitmaß: Wegstrecken oder Arbeiten werden traditionell in *coquedas* angegeben.

Cocakauen wirkt schmerzstillend und stimulierend, mildert das Kälteempfinden und macht Hunger und Durst vergessen (für die Spanier ein ideales Mittel, um die Indígena, z.B. in den Silberminen von Potosí, bis zum körperlichen Zusammenbruch ausbeuten zu können).

Genuss von Cocablättern, Abb. auf einer Mochica-Vase (mit Kalk aus Kalebassen)

In andinen Höhenlagen erleichtert es die Atmung, Reisende trinken die Blätter als Teeaufguss (Mate de Coca), um die Symptome der Höhenkrankheit Soroche zu lindern.

Von den jährlich 300.000 Tonnen geernteten Cocablättern werden etwa 45.000 Tonnen auf traditionelle Weise konsumiert, 100 Tonnen kauft die Pharmaindustrie und 1000 Tonnen die Cola-Getränkeunternehmen. Die Pharmaindustrie verarbeitet Cocablätter zu Medikamenten, und seit 1984 auch zu Zahnpasta (Codent, Bolivien) und einigen kosmetischen Produkten.

Für die Herstellung von einem 1 kg Kokainbase werden ca. 600 kg Cocablätter benötigt. In tausenden versteckter kleiner Dschungellabore am Río Huallaga, in den Yungas und im Chapare in Bolivien werden die Cocablätter mit Schwefelsäure, Natriumkarbonat, Kerosin und Kalk in Wasser zerstampft, verrührt, eingeweicht und gefiltert, um Cocapaste (Kokainsulfat) zu gewinnen. Unter Zugabe von Aceton, Ammoniak und Äther wird die Cocapaste dann zu Kokainbase raffiniert und durch Salzsäure in Kokainhydrochlorid umgewandelt. Kleine Flugzeuge, die von unscheinbaren Dschungelpisten starten, fliegen den Stoff meist nach Kolumbien aus, wo es dann zu reinem Kokainpulver weiterverarbeitet und in die USA und nach Europa geschmuggelt wird.

Der Anbau des Cocastrauchs ist in Ecuador offiziell verboten, in Bolivien erlaubt in Peru seit 1978 legal. In Bolivien heißen die staatlichen Sammel- und Ankaufstellen ADEPOCA, in Peru ENACO. Keines der dort angelieferten Cocablätter wandert in die verbotene Kokainproduktion, sondern auf den legalen Markt.

Durch ländliche Hilfsprogramme sollen die Bauern ermuntert werden, statt Cocasträuchern z.B. verstärkt Palmherzen, Bananen oder Kaffee anzubauen. Doch solange dem *campesino* der (illegale) Verkauf eines Sackes Cocablätter ein Mehrfaches des Erlöses anderer Produkte bringt, wird sich nur wenig ändern. Es ist überhaupt fraglich, ob die Regierungen die Bekämpfung der Drogen-Mafia wirklich ernsthaft wollen, denn allein für Peru wird geschätzt, dass dort durch das Kokaingeschäft jährlich über 3 Mrd. Euro umgesetzt werden. Seit 2000 werden die Hilfs- und Ersatzprogramme als gescheitert betrachtet, besonders durch den Preisverfall der Agrarprodukte auf dem Weltmarkt bei gleichzeitigem Preisanstieg für einen 10-kg-Sack Coca um das Fünffache sowie durch das Fehlen eines ganzheitlichen Konzeptes. – HH

Verkauf von Cocablättern in Bolivien

Kulturen-Nation Peru

Bereits lange vor der Blütezeit der Inka im 16. Jahrhundert hatten sich in Peru Vorläuferkulturen etabliert, z.b. *Chavin* in der Region Ancash bei Huaraz, *Paracas* und *Nazca* an der Küste bei Ica oder die der *Mochica* und *Chimu* bei Lambayeque (s. Karte „Altperuanische Kulturen" S. 98). Darauf aufbauend schufen die Inka, und erst kurz vor der Ankunft der spanischen Eroberer 1532, das größte Staatsimperium Südamerikas und eine der höchstentwickelten Zivilisationen der damaligen Welt.

Mit der Eroberung des Landes durch die Spanier begann die Kolonialzeit und die europäische Einwanderung. Im 19. und 20. Jahrhundert erfolgten weitere Einwanderungswellen aus Europa und in geringem Maß auch aus China und Japan.

Ethnizität   Das Bild Perus prägen vor allem zwei Kulturethnien: die andine-indigene (s.u.) und die westlich-europäische. Begrifflichkeiten für die Ursprungsbevölkerung mit überwiegend ausgrenzendem Charakter wurzeln in der Kolonialzeit, wie z.B. „Indio" oder „Indianer". Im Laufe der Zeit verlor sich die negative Belegung und wurde sogar zu einem Teil der Identität ihrer Träger, wie z.B. beim Wort „Indio", denn viele Leute, die dieser andinen Kultur angehören, bezeichnen sich heute selbst als Indios.

Als Tourist sollte man, um Missverständnisse zu vermeiden, mit Wörtern wie „Indio" und „Mestize" vorsichtig umgehen und auch keinesfalls die (Schimpf-)worte der Peruaner verwenden, mit denen sie manchmal ihre Landsleute nach deren Herkunftsregion abqualifizieren, wie z.B. *„serrano"* für jemanden andiner Herkunft. Minderheiten stellen in Peru die indigenen Völker des Amazonasgebietes dar, außerdem Landesbewohner chinesischer, japanischer und schwarzafrikanischer Abstammung.

Indígena   Peru ist neben Bolivien eines der zwei Länder Südamerikas mit dem größten Anteil indigener Kulturen, also der Urbevölkerung, die bereits vor der europäischen Eroberung und Kolonisation in ihren angestammten Gebieten lebte. Obwohl mit der Zeit marginalisiert, sozial ausgegrenzt, der Verarmung zugefallen oder teils in den dominierenden Gesellschaften aufgegangen, verstehen sich heute viele Indígena als eigenständige Kulturen mit sprachlichen, religiösen und gesellschaftlichen Besonderheiten und daraus resultierenden politischen Forderungen nach eigenen ethnischen Rechten *(indigenismo)*. Der Indígena-Anteil in Peru beträgt etwa 47%, größte Gruppe sind die **Quechua** vor den **Aymara**.

Criollo   Der Begriff „criollo", Kreole, bezeichnet in Lateinamerika Nachkommen von bereits im Lande geborenen Nachfahren von Spaniern und anderen nichthispanischen Einwanderern. Daraus erwuchs im Laufe der Zeit und verstärkt ab dem Beginn des 19. Jahrhunderts eine Art Mittelschicht heran, deren Einfluss immer mehr zunahm. In den Städten stellten die Criollos größte Bevölkerungsgruppe und mit Beginn der südamerikanischen Unabhängigkeitskriege führten sie die Befreiungskämpfe an.

Mestizen   *Mestizos* sind Abkömmlinge europäisch-indigener Eltern, da auf den Schiffen der spanischen und portugiesischen Eroberer so gut wie keine Frauen mitfuhren. Als *Mestizaje* wird der Prozess bezeichnet, in dem die Mestizen in die (Unter-)Schichten der kolonialen und postkolonialen Gesellschaft eingegliedert wurden. **Zambos** sind Nachfahren von Indigenen und Schwarzen, **Mulatos** von Weißen und Schwarzen. Dunkelhäutige Peruaner siedeln überwiegend an der Pazifikküste.

Cholos Der Begriff „cholo" wird gewöhnlich für eine indigen aussehende Person gebraucht, meist im abwertenden Sinn, „los cholos" wird auch manchmal als Synonym für alle Peruaner gebraucht. Über die Wortherkunft herrscht Uneinigkeit: Das Aymara-Wort *chhulu* bedeutet Mestize, während in Spanien *chulus* Menschen aus der Unterschicht Madrids bezeichnete. „Cholita" ist, insbesondere in Boliven, eine freundliche Alltagsbezeichnung für Quechua- oder Aymarafrauen mit ihren voluminösen, bunten Röcken und Bowlerhut.

Soziales Gefälle Das soziale Gefälle ist in Peru im Vergleich zu Deutschland sehr viel stärker. Den größten Einfluss auf die politische und wirtschaftliche Situation im Land hat die peruanische Oberschicht. Zu ihr zählen die Nachkommen alter Aristokratenfamilien, Großgrundbesitzer, Unternehmer, erfolgreiche Geschäftsleute, die höchsten Militärs und viele Politiker. Nur die obere Mittelschicht Perus erfreut sich eines ähnlichen Lebensstandards wie die deutsche Mittelschicht. Dazu zählen Anwälte, Ärzte, Geschäftsleute und herausragende Akademiker. Die Mehrheit der peruanischen Mittelschicht jedoch muss heute um ihr Überleben kämpfen, wie z.B. die Lehrer der staatlichen Schulen, die nur niedrig bezahlt werden.

Zur peruanischen Unterschicht – *„sector populares"* genannt – gehört der Großteil der Bevölkerung. Die meisten sind Gelegenheits-, Bau- oder Landarbeiter, Campesinos oder Straßenverkäufer. Von Armut sind vor allem die Indigenen Perus betroffen. Die Andenregionen Ayacucho und Andahuaylas gehören zu den ärmsten Perus mit einer hohen Kindersterblichkeitsrate und einer hohen Analphabetismusquote.

Die andine Bevölkerung Die große Mehrheit der Peruaner gehört ethnisch der andinen Bevölkerung an, die aus einer Vielzahl von Teilkulturen unterschiedlicher Gemeinschaften besteht und die die Geschichte ihrer Heimatländer Peru, Ecuador und Bolivien verbindet. An erster Stelle stehen die **Quechua**, ihre Verbreitung reicht von Südkolumbien bis Nordchile. Die zweitgrößte Gruppe, die **Aymara,** leben in der Region Puno am Titicacasee und in Bolivien. Beide Kulturen differenzieren sich nochmals sehr und ihr Lebensraum reicht von isolierten Bergdörfern bis zu den Elendsquartieren – *barriadas* – der Landflüchtigen im Einzugsbereich urbaner Zentren.

Die andinen Kulturen wurzeln in den Zeiten der vorspanischen Epoche. Kulminationspunkt war das hochentwickelte Staats- und Gesellschaftssystem der **Inka** mit überragenden Kenntnissen in Baukunst, Landwirtschaft, Astronomie und auf anderen Wissensgebieten. Charakteristisch für die andine Kultur ist das religiöse und mystische Denken, das viele Elemente des christlichen Glaubens übernommen hat. Ein Merkmal dieser Religiosität ist das Bewusstsein darüber, dass Menschen nicht die uneingeschränkten Beherrscher der Welt sind. Nur mit Ehrfurcht vor der Natur und vor *Pachamama,* Mutter Erde, könne die Menschheit überleben. Damit verbunden ist die Suche nach der Harmonie mit der Natur.

Ein großer Unterschied zum individualistischen westlichen Menschenbild ist die Solidarität und das gemeinschaftliche Leben in der *comunidad*. Viele Lebensbereiche sind durch das Gemeinschaftsverständnis geprägt: Arbeit, Feiern, Riten. Viele Campesinos leben noch heute in einfachsten Adobe-Hütten wie fast vor 500 Jahren zur Inkazeit und ein Stück Land besitzen sie erst, wenn sie auf dem Friedhof liegen. Aber wenn es Anlässe zum Feiern gibt, egal ob eine Hochzeit oder eine religiöse *fiesta,* wird der harte Alltag vergessen. Es wird musiziert, getanzt und oft eine große Menge Alkohol konsumiert. In ihrem persönlichen Verhalten können Hochlandbewohner jedoch oft distanziert und zurückhaltend sein. Auch wenn die andine Kultur jahrhundertelang unter Unterdrückung und Zerstörung gelitten hat, ist sie nicht stehengeblieben, sondern hat nie aufgehört sich weiter zu entwickeln.

Ethnien des Amazonasgebiets

Im Amazonasgebiet, in den Departamentos Loreto, Ucayali, San Martín und Amazonas, leben mehr als 350.000 Angehörige verschiedener indigener Völker in 65 Gruppen in etwa 1300 Dorfgemeinschaften. Mit den Ethnien der Anden sind sie die Urbevölkerung Perus. Die *Shipibo* entlang des Río Ucayali, die *Ashaninka* im östlichen Peru und westlichen Brasilien und die *Machiguenga* östlich von Machu Picchu sind etwas bekanntere Gruppen. Es gibt aber noch zahlreiche andere und kleinere Gemeinschaften, vielfach in freiwilliger Isolation, wie die *Piro, Huambisa* u.a. (s. www.survivalinternational.de).

Aufgrund von todbringenden Infektionskrankheiten, denen das Immunsystem bei Kontakten mit den vordringenden Eroberern nicht gewachsen war, durch Versklavung, Vertreibung und Inbesitznahme ihrer Lebensräume erfolgte eine demografische Dezimierung. Um ihre Kultur weiterhin bewahren zu können, verlangen diese Urperuaner von Lima Minderheitsrechte und politische Zugeständnisse. Die AIDESEP, *Asociación Interétnica de Desarrollo de la Selva Peruana,* www.aidesep.org.pe, ist ein Zusammenschluss aus sechs regionalen indigenen Organisationen der indigenen Völker Amazoniens, die wiederum 57 Föderationen und Unterorganisationen vertreten.

■ *Blasrohrvorführung (Yagua bei Iquitos)*

Afroperuaner	Afroperuaner sind gleichfalls ein Bestandteil der polyethnischen Bevölkerung Perus. Bei der Eroberung Südamerikas suchten und fanden die Konquistadoren Gold und Silber, für deren Abbau in Minen die einheimische Bevölkerung zwangsrekrutiert, diese aber wegen höllischer Arbeitsbedingungen schnell dezimiert wurde. Die spanische Krone hatte den Handel mit afrikanischen Sklaven erlaubt, indem sie mit portugiesischen Sklavenhändlern Verträge abschloss, die den Transport von Afrikanern in die spanischen Kolonien übernahmen. Schwarze wurden auf den Feldern und Plantagen eingesetzt, in Lima auch als Hauspersonal. Frühere Volkszählungen belegen, dass zwischen dem 16. und 17. Jahrhundert die *mandingas* die Mehrheit der Bevölkerung Limas ausmachten. Erst zu Beginn der politischen Unabhängigkeitsphase ab 1810 hoben die meisten lateinamerikanischen Staaten den Sklavenhandel auf. Afroperuanische Musik, Tänze und andere Traditionen sind heute feste Bestandteile im peruanischen Kulturleben. Afroperuaner trifft man vor allem an der Küste um Lima, Ica und Piura an. Ihre Zahl nimmt ständig ab.
Chinesische Einwanderer	Nach der Aufhebung der Sklaverei in Peru 1854 wurden chinesische Auswanderer für die Landarbeit angeworben, viele stammten aus der damaligen portugiesischen Kolonie Macao und der Stadt Canton (beide in Nähe Hongkongs). Das chinesische Viertel in Lima ist fester Bestandteil des dortigen Stadtlebens und in vielen Küstenstädten gibt es chinesische Kolonien, die ihre eigenen traditionellen Feste feiern. In der Gastronomie Peru sind die beliebten chinesischen *chifas* nicht mehr wegzudenken, es gibt sie in den hintersten Ecken des Landes. Die meisten Nachkommen der chinesischen Einwanderer sind heute gänzlich in die peruanische Gesellschaft integriert, familiäre Beziehungen ins Herkunftsland werden trotzdem weiter gepflegt.
Japanische Einwanderer	Peru ist nach Brasilien das südamerikanische Land mit den meisten japanischen Einwanderern. Die erste Welle erfolgte im Jahr 1899 und reichte bis 1923. Bekanntester Vertreter ist der japanstämmige ehemalige peruanische Präsident Alberto Fujimori, der Peru von 1990–2000 autoritär regierte. Die Zahl Japanstämmiger in Peru wird auf etwa 50.000 geschätzt.

Peruaner mit deutschen Wurzeln

In ganz Lateinamerika leben Nachkommen deutscher Auswanderer, so auch in Peru. Allerdings war das Andenland für Deutsche nie ein bevorzugtes Auswanderungsziel, eher Argentinien, Chile oder Südbrasilien. Erste Abenteurer und Kolonisten erreichten Peru bereits im 16. Jahrhundert. Im 19. Jahrhundert kam es aus wirtschaftlichen Gründen zu einer kleinen Einwanderungswelle. Eine Gruppe erreichte zusammen mit Schweizern und Tirolern das heutige **Pozuzo** (s.S. 492) nördlich von La Oroya. Darüber hinaus forschten nachfolgend viele deutsche Wissenschaftler mit Begeisterung in Peru. Deutsche Schulen haben in ganz Peru einen sehr guten Ruf und die Goethe-Institute in Lima und Arequipa werden wegen ihrer Angebote überaus geschätzt. Bekannter als die deutsche Kultur ist in Peru allerdings die französische und die US-amerikanische.

Schätzungen zufolge kamen seit 1750 bis heute etwa 12.000 deutsche Auswanderer nach Peru. Unter den ersten im 16. Jh. war **Bartel Blumen,** seine vielen Nachfahren leben heute unter den Namen *Bartolomé Flores* in Peru und Bolivien. Es folgten ab 1612 deutsche Jesuitenmissionare, dann Handwerker und Bergleute. Der Forscher **Taddäus Haenke** gelangte auf seiner botanischen Forschungsreise 1790 bis an den Huallaga, 1793/94 durchstreifte er die peruanischen Anden und legte erste Karten vom Vulkan Misti an, 1809 stellte er der peruanischen Regierung seine Entdeckung über die Salpeterverwendung zur Verfügung. Sein bedeutendstes Werk ist die berühmte *Geografía del Perú.*

Baron **Fuerchtegott Leberecht von Nordenflycht** führte 1791 die deutsche Bergbaumission an und gründete das erste mineralogische Labor in Lima, Vorläufer der *Escuela de Mineralogía,* der Bergbauschule Perus.

Der berühmteste deutsche Südamerika-Forscher, **Alexander von Humboldt (s. Abb.),** kam 1802 von Ecuador nach Trujillo und Lima. Er ist Namensgeber des *Humboldtstroms* vor der peruanischen Küste.

Zwischen 1819 und 1836 kartografierte Oberst **Baron von Althaus** die Oberfläche Perus und schuf damit das erste umfassende Kartenmaterial Perus. Der Forscher **Eduard Poeppig** erkundete von 1829 bis 1831 das Huallaga-Gebiet und fuhr mit einem Floß den Amazonas hinab.

Der Augsburger Maler **Johann Moritz Rugendas** (1802–1858) lebte von 1842 bis 1844 in Lima und gab der peruanischen Landschaftsmalerei erste Impulse. **Hans Gildemeister** wanderte 1848 von Bremen nach Peru aus und gründete die Firma (Juan) Gildemeister und eine Anzahl weiterer Unternehmen (Erdöl, Fischmehl, Nahrungsmittel, Bergbau, Eisenbahn, Baumwolle). 1887 kam die Hacienda *Casa Grande* hinzu, die größte Zuckerrohrplantage Perus.

Begünstigt durch das neue Einwanderungsgesetz von 1849 wanderten zwischen 1850 und 1853 mehr als 1000 deutsche Immigranten nach Peru ein, darunter viele Bergleute, Bauern, Schmiede, Müller und Zimmermänner. Sehr viele jedoch starben bald an tropischen Krankheiten. 1852 wurde **Damian Freiherr von Schuetz-Holzhausen** beauftragt, die deutsche Einwanderung nach Peru zu forcieren. Dazu wurde mit der peruanischen Regierung 1853 der **erste Siedlungsvertrag** abgeschlossen, eine deutsche Kolonie sollte im Amazonasgebiet am Marañón gegründet werden. Das Projekt schlug jedoch fehl. 1855 wurde ein zweiter Siedlungsvertrag unterzeichnet, mit dem Plan, eine deutsche Kolonie in **Pozuzo** zu gründen. Ungefähr 300 Auswanderwillige aus Tirol, von der Mosel und vom Rhein machten sich 1856 auf den Weg. Davon erreichten 170 Siedler im Jahr 1859 Pozuzo. Der dritte Siedlungsvertrag von 1867 brachte 1868 nochmals etwa 200 deutsche Auswanderer nach Pozuzo und Oxapampa.

Der Sprachforscher, Archäologe und Arzt **Ernst Middendorf** durchstreifte von 1855 bis 1880 Peru und war zeitweise Leibarzt von zwei peruanischen Präsidenten. Sein Werk *Peru* galt als bedeutende Informationsquelle über das Land. Der Ingenieur **Friedrich Blume** baute 1872 die Bahnstrecken von Lima nach Chancay und von Mollendo nach Arequipa.

Ein leidenschaftlicher Sammler war der Schiffsingenieur **Heinrich Brüning,** der ab 1875 fünfzig Jahre lang Stein-, Metall- und Webarbeiten sowie Keramiken peruanischer Kulturen zusammentrug und sie in Lambayeque im *Museo Brüning* präsentiert. Der peruanische Staat erwarb 1921 das Museum und brachte einige der 5000 Exponate nach Lima. Weithin berühmt ist auch der Archäologe **Max Uhle,** der von 1896 bis 1942 in Peru lebte. Er grub bei Lima die Reste von *Pachacamac* aus und setzte damit Impulse für die weitere archäologische Erforschung des Landes. Uhle gilt als „Vater der peruanischen Archäologie", 1905–1911 war er Direktor des *Museo Nacional de Historia* in Lima,

1936 wurde er mit dem Sonnenorden geehrt, einem der höchsten peruanischen Orden. Weitere Persönlichkeiten sind **Karl Einfeld** (1907 Mitbegründer der Philharmonischen Gesellschaft in Lima), **Friedrich Gerdes** (1909 erster Dirigent des Symphonieorchesters in Lima, Direktor der Academía de Música) sowie die Dirigenten **Theo Buchwald** und **Hans Guenther Mommer** (1958–1963). Der Lehrer **Arno Freiwald** gründete 1959 den stimmgewaltigen Limeñer Madrigalchor. Die **Geoglyphen** (Wüstenbilder) **von Nazca** wurden ab 1932 zum Lebenswerk der Mathematikerin und Geographin **Dr. Maria Reiche** (1903–1998). Dafür wurde sie 1981 mit dem Sonnenorden geehrt.

Weitere Angaben und Informationen auf der Seite www.deutsch-peruanisch.com und www.peru-spiegel.de). – FS.

Sprachen Perus

Die Landes- und Amtssprache Perus und auch Boliviens ist Spanisch (in Südamerika „Castellano" genannt). Ungefähr 90% der peruanischen Bevölkerung spricht Spanisch, für einen großen Teil ist sie jedoch nur die Zweitsprache, weil es in Peru noch zahlreiche indigene Sprachen gibt. Mehrsprachigkeit spiegelt die peruanische Kulturvielfalt wider. Für gut 40% der Peruaner ist **Quechua** die Muttersprache (in verschiedenen Dialekten), für über eine halbe Million **Aymara**. Quechua, die Sprache der Inka, ist eine sehr gefühlvolle und bilderreiche Sprache. Die Idiome des Amazonasgebiets haben nur lokale oder regionale Bedeutung. Insgesamt existieren in Peru 15 Sprachfamilien und 38 verschiedene Dialekte indigener Sprachen.

Die Mehrheit der indigenen Bevölkerung ist zweisprachig, aber mindestens 2 Mio. Menschen sprechen kein Spanisch, die meisten darunter sind Frauen. Der Staat und die Eliten des Landes berücksichtigen indigene Sprachen nicht oder nur selten. Die Nachrichten, auch der staatliche Sender, werden nur auf Spanisch ausgestrahlt, Gesetze werden nicht in andere Sprachen übersetzt. In der Staatsanwaltschaft und den Gerichtshöfen gibt es keine offiziellen Übersetzer, so dass sich viele Indígena nicht verständlich machen können oder die Richter nicht verstehen. Auch Kinder haben in den Schulen Probleme, wenn sie nur ihre indigene Sprachen können.

Um nicht völlig beziehungslos zu Land und Leuten herumzureisen, sollte jeder Reisende unbedingt einige Worte Spanisch sprechen (s. Anhang, „Sprachhilfe Spanisch" und „Quechua"). Peruaner haben sehr viel Verständnis und Geduld mit dem unter Umständen fehlerhaften oder langsameren Spanisch von Ausländern (das i.d.R. nicht korrigiert wird).

Zwischenmenschliches und Kommunikation

Die Peruaner sind sehr kommunikativ. In der Regel wird versucht, durch angemessene Sprache und Höflichkeit eine Atmosphäre der Sympathie und des Vertrauens entstehen zu lassen. In Peru ist es ein Ideal, dass Menschen ein gutzerzogenes Verhalten zeigen. Der Umgang ist oftmals sehr herzlich. Mit positiven Gefühlsäußerungen und Lob wird sehr freizügig umgegangen, kritisiert wird dagegen nie direkt, sondern nur in Form von Ironie und Witz.

Über Gesundheits- oder seelische Zustände wird sehr offen gesprochen, durch Gestik und Mimik werden die Gefühle unterstrichen. Es ist in Peru nicht nur gegenüber Freunden wichtig, an persönlichen Dingen, z.B.

der Situation von Familienmitgliedern, Anteil zu nehmen. Für manchen Touristen gewöhnungsbedürftig ist die Eigenheit, sich über eigene und körperliche Merkmale anderer zu unterhalten. Oft werden Spitznamen nach körperlichen Merkmalen vergeben, wie z.B. „Gordita" (die Dicke) oder „Pelado" (Glatzkopf). Es ist in Peru generell üblich, Spitznamen zu vergeben.

Die Anreden des „Sie" und „Du" werden in Peru unterschiedlich gehandhabt. An der Küste duzt man sich schnell, in den Anden und der Urwaldregion weniger. Generell gilt, dass „Sie" nicht weniger herzlich ist als das „Du". In den Provinzen werden Ausländer oft bewusst mit „Sie" angesprochen, um eine gewisse Distanz zu bewahren. Es empfiehlt sich, diese zu respektieren und ebenfalls zu siezen, wenngleich es nicht unbedingt eine Respektlosigkeit ist jemanden von Anfang an zu Duzen. Das „Du" kann aber auch abwertend verwendet werden, so duzen oftmals reichere Peruaner bewusst ärmere, meist Indigene – selbst wenn sie von diesen gesiezt werden.

Beim Begrüßen wird unter Frauen sowie zwischen Männern und Frauen ein Kuss auf die Wange gegeben. Meist berührt man sich dabei nur sehr leicht und küsst vielmehr in die Luft. Unter Männern gibt man sich generell die Hand. Kennt man sich besser, kann es auch sein, dass Männer sich umarmen („el abrazo").

Das Zeitgefühl der Peruaner ist anders als das eines Mitteleuropäers. In der Latino-Welt besteht kein Anspruch darauf, die Zeit zu beherrschen und ständig zu verplanen, vielmehr leben Peruaner im „hier und jetzt". Pünktlich ist man in Peru, wenn man 15 Minuten nach der vereinbarten Uhrzeit eintrifft. Bei privaten Einladungen wird es oft als unschicklich betrachtet, wenn jemand wirklich pünktlich ankommt.

Ausdrücke und „Peruanismos"

Am häufigsten hört der Tourist, gleich ob aus den USA oder Europa, das Wort **Gringo,** das ihm von den Indígena nachgerufen wird. Kann das Wort, je nach seiner Betonung, eine positive oder negative Bedeutung haben, so ist *gringuita* als liebevolle Bezeichnung für ein hübsches Mädchen (zu einem hellhäutigen Landsmann sagen Peruaner oft gleichfalls „Gringo"). Rucksackreisende sind in ganz Lateinamerika *mochileros* (mochila = Rucksack). Wer in schmuddeliger Kleidung und ungepflegt daherkommt, gilt als Hippie, was sich bei der Polizei und an Grenzen ausgesprochen schlecht macht.

Häufig werden Verkleinerungsformen benutzt. In der Regel sind sie ein Zeichen von Sympathie und Liebe, nur selten ein Ausdruck von Geringschätzung oder Missachtung. In befreundeten Familien ist es durchaus üblich, sehr liebevolle Anreden zu benutzen, so z.B. „hijita" – Töchterchen, „corazoncito" – Herzchen. Auch die Anrede mit „mi amor" – meine Liebe, oder „mi vida" – mein Leben, hört man oft. Einige Beispiele von „Peruanismen" (in Klammern das herkömmliche Spanisch):

arbeiten: chambear (trabajar)
Bestechungsgeld: coima (soborno)
carajo: Ausruf der Verärgerung, „Mist"
cool, gut – chevere
dumm sein: ser corcho (ser tonto)
essen: papear (comer)

einen Ort verlassen: quitarse (irse de un lugar)
fleißig/aktiv sein: ser pilas (ser activo)
Haus: jato (casa)
kaputt: malogrado (roto)
neugierig sein: ser sapo (ser curioso)
saufen, Alkohol trinken: chupar (tomar alcohol)
sehr: recontra (muy)
schlafen: jatear (dormir)
schlau/raffiniert: ser mosca (ser listo, astuto)
Schwein: chancho (cerdo)

Kirche und Religion

In Peru ist Religiosität im Alltag gegenwärtig und wird gelebt. Die Gottesdienste werden sehr gut besucht und die katholische Kirche ist ein Machtfaktor. Trotzdem nimmt die Säkularisierung bzw. Verweltlichung der peruanischen Gesellschaft zu. 1980 wurde die Trennung von Kirche und Staat in die Verfassung aufgenommen und der schulische Religionsunterricht abgeschafft. Völlige Glaubensfreiheit besteht seit 1973.

Über 80% der Bevölkerung sind katholisch, 10–15% evangelisch (US-evangelikale Kirchen bzw. Sekten sind auch in Peru, wie überall in Lateinamerika, stark auf dem Vormarsch und werben Rom die Gläubigen ab). Obwohl die christlichen Missionare seit der Zeit der Eroberung versuchten, die ältere kosmoreligiöse Welt der Indígena auszulöschen, konnten sich traditionelle Glaubensvorstellungen bis heute erhalten. Prähispanische Zeremonien und Bräuche wurden vom Katholizismus überlagert mit der Folge, dass ein christlich-animistischer Mischglaube entstand, in dem oft kultische Bräuche, Geisterglaubigkeit oder auch Magie eine Rolle spielen. Dieser Synkretismus hat viele Facetten: Die katholischen Heiligen haben meist eine Doppelbedeutung, und während kirchlicher Feste und Feiern werden gleichzeitig alte Rituale und Opfer zelebriert, zu Ehren von Mutter Erde, **Pachamama,** die allen Kreaturen das Leben schenkt und sie nährt.

Riten und Mythen

Prähispanische Religionen

Die frühen Völker Südamerikas standen bewusst im Einklang mit der Natur und traten ihr mit großer Ehrfurcht gegenüber. Für die Inka war die Erde das natürliche Zentrum, um das sich das ganze Leben der Menschen *(kay pacha)* abspielte, begrenzt von der Oberwelt *(hanan pacha)* und von der Unterwelt *(uku pacha).* Cusco war dabei der „Nabel der Welt", von dem die vier Himmelsrichtungen ausgingen. Die Naturkräfte wurden mittels Gottheiten verehrt, über allen stand der Ur- oder Schöpfergott *Wiracocha*. Auch die verstorbenen Vorfahren erfuhren religiöse Verehrung, wie auch *huacas*, „Heilige Orte" *(apu, mallku, achachila, mamita, t'alla).* Das Leben endete nicht mit dem Tod, lediglich die Seele trennte sich vom Körper. Beide leben nach dem Tod weiter, was sich in den aufwendigen Totenkulten der Kulturen Perus widerspiegelt. Dabei strebte die Seele zum Ursprung des Lebens oder in die Unterwelt.

Riten

In der andinen Kultur werden viele verschiedene Riten zelebriert. Es gibt Riten vor dem Bau eines Hauses, zu Beginn einer Gemeinschaftsarbeit, bei der Wahl einer Organisationsvertretung, bei der Geburt eines Kindes etc. Religiöse Zeremonien begleiteten die Abschnitte des bäuerlichen Jahres, das im andinen Jahreszyklus im September beginnt (im August ruht Mutter Erde). Ein sehr wichtiges (Ernte-)Ritual ist **Pago a la tierra**. Dabei werden Pachamama Opfergaben dargebracht wie z.B. Cocablätter, und ihr für ihre Fürsorge gedankt, verbunden mit der Bitte, auch im kommenden Jahr für das Wohlergehen von Haus, Hof und der Familie zu sorgen. Das Ritual wird auch bei Stadtbewohnern zelebriert. Es bringt die Abhängigkeit der Menschen von der Mutter Erde zum Ausdruck und das Bewusstsein darüber, dass es nur gutes Leben gibt, wenn man die Erde und die Natur respektiert. Sehr alt ist auch der Brauch, traditionell die ersten Tropfen eines Getränks (in manchen Gegenden Perus auch die letzten), auf den Boden bzw. die Erde fallen zu lassen, an *Pachamama* als Dank für Speis' und Trank.

Zu den Riten gehören auch **Gemeindefeste.** Jedes peruanische Dorf und jede Stadt hat ein großes Fest im Jahr, meist zu Ehren von Christus, Maria, eines Heiligen oder des Schutzpatrons der Stadt bzw. des Dorfes. Diese Feste können bis zu eine Woche dauern und sind zentral für das Gemeindeleben, sie dienen der Pflege des Gemeinschaftslebens. Dabei wird die *Plaza de Armas* (zentraler Hauptplatz) dekoriert, volkstümliche Bräuche *(costumbres)* ausgeübt, Gottesdienste, Prozessionen und Tänze abgehalten, viel gegessen und musiziert.

Das mythische Denken

Zum System der andinen Religion gehört sowohl der christliche Glaube als auch das mythische Denken. Das äußert sich in Heilungszeremonien, Mythen, Riten, Benutzung von Heilkräutern, Cocablätter legen etc.

Wenn Salz oder Öl auf den Boden fällt, glauben viele Peruaner, dass dies ein Zeichen für zukünftiges Unglück ist. In dieselbe Richtung geht das Tragen von Amuletten und Glücksbringern. In den Städten besuchen viele Bewohner aus allen Schichten regelmäßig eine Wahrsagerin. Diese ist gegenüber dem Ratsuchenden keine übermächtige Person. Es geht eher um eine Reflexion zwischen der Wahrsagerin und dem Ratsuchenden als Hilfestellung in Entscheidungen der Gegenwart oder Zukunft.

Curanderos, Watacs und Yerbateros

Traditionelle Heiler, Schamanen, *empiricos* und *yerbateros* bewegen sich je nach Wissen, Können und Absicht im weiten Feld zwischen ärztlicher Kunst, spirituell-magischen Ritualen, Magie und medizinisch wirksamen Heilpraktiken.

Curanderos (Heiler) sind hauptsächlich indigener Abstammung, sie bewahren das überlieferte jahrtausendealte medizinische Wissen ihrer Region *(medicina indígena)*. Dabei wird zwischen Hochland- *(mesayoq alto)* und Tieflandheilern *(mesayoq pampa)* unterschieden. Zur Therapie von Krankheiten und Linderung von Schmerzen verwenden sie als Naturarznei pflanzliche, mineralische und auch tierische Substanzen. *Empiricos* sind Heilpraktiker, die jedoch nur oberflächlich medizinische Anwendungen kennen. *Yerbateros* sind Heilkräuterspezialisten, die pflanzliche Wirkstoffe und Kräuterextrakte der „grünen Apotheke" einsetzen.

Meister der Magie sind *Watacs* (Weissager) und *Laycas* oder *Brujos* (Zauberer, Hexer; das Lesen z.B. in Cocablättern oder in aufgeschlitzten Meerschweinchen ist dabei rituelle Begleiterscheinung). Schließlich gibt es noch die (große) Gruppe der Scharlatane, die nichts anderes als Hokuspokus inszenieren.

Kunst und Kultur

Kunsthandwerk / Artesanías

Peru besitzt eine unglaubliche Vielfalt an Kunsthandwerk *(artesanías, arte popular)*. Muster und Design, Farben und Techniken wurzeln in jahrhundertelangen Traditionen. Durch die Bewegung des *Indigenismo* wurden seit Beginn des 20. Jahrhunderts viele prähispanische Kunstfertigkeiten neu belebt, später kam die Nachfrage durch Touristen hinzu. Die traditionelle handwerkliche Herstellung bekommt zunehmend durch industrielle Produkte Konkurrenz, Plunder und Kitsch in allen Variationen sind auf dem Vormarsch. Kunsthandwerk-Herstellung und Verkauf auf Märkten ist oft Lebensgrundlage ganzer Familien. Wählen können Sie aus einem riesigen Angebot an Textilien, Lederwaren, wunderschönen Gold- und Silberarbeiten, Holzschnitzereien, Keramiken, Dosen, Vasen etc. etc. Eine Besonderheit sind *retablos* aus der Gegend um Ayacucho, verzierte Kästchen mit vielen kleinen Figuren. Berühmt ist auch die peruanische Webkunst, gefertigt werden Ponchos, Decken, Alpakapullover, Wandbehänge, Mützen u.v.a. mehr. Finger weg aber von angeblich antiken Ausgrabungsstücken und von Souvenirs aus Fellteilen oder Federn bedrohter Tierarten. Eine kleine Übersicht spezieller Herstellungsörtlichkeiten:

Conopas (Tonfiguren): landesweit. **Decken** aus Lama- oder Alpakawolle: auf allen touristischen Hochlandmärkten, wie z.B. in Pisaq, Chinchero, Cusco, Puno. **Keramikarbeiten** der Shipibo: Region Yarinacocha/Pucallpa. **Kopfbedeckungen** (Bowler, Zylinderhüte usw.): überall im Hochland, je nach Region in sehr unterschiedlichen Farben und Formen. **Diablada-Kopfmasken** aus Gips und Ton: Regionen Puno, Oruro, Potosí (Bol.). **Kalebassen-Schnitzereien** mit bäuerlichen Bildgeschichten: Region Cochas/Huancayo. **Musikinstrumente,** wie Quenas, Okarinas, Wankaras und Zampoñas: landesweit, am preiswertesten und handgefertigt im Hochland. **Naturketten** aus Hülsenfrüchten und Kernen (meist nicht für Kinder geeignet, da einige verwendete Hülsenfrüchte giftig sind): in der Selva-Region. **Retablos/Cajas de San Marcos** (tragbare Bildaltäre mit Bauernmalerei), Lederwaren: Regionen Ayacucho und Cusco. **Tumi** (Ritualmesser der Chimú): Regionen Huancayo, Catacaos, Piura; industriell hergestellt, z.B. als Flaschenöffner, landesweit. **Tupus** (Ziernadeln) als Schmuckstück mit Rosenstrauß oder Pfau (Original aus Silber mit Sonnenscheibe): Region Cusco. **Web- und Strickarbeiten** wie Ponchos, Handschuhe, Mützen, Schals, Gürtel, Umhänge, Socken Wandbehängen mit alten traditionellen Webmustern aus Lama-, Alpaka- oder Schafwolle: Regionen Cusco, Juliaca, Puno, Inseln Taquile/Amantani (Titicacasee), San Pedro de Cajas, Ayacucho und in weiteren Hochlandregionen. Industrielle Großfertigung in Arequipa.

Sakralkunst, Malerei

Die Spanier zerstörten oder schleiften viele Inkabauten, um Steine zum Bau ihrer Kirchen, Klöster und Paläste zu haben. Als Arbeitskräfte waren sie auf die Indígena angewiesen, aus denen in der Folge immer wieder bedeutende Steinmetzkünstler, Maler und Schnitzer hervorgingen.

Der Kirchenbau folgte nach außen hin dem spanischen Renaissance- und Barockstil, im Detail fanden oft Symbole indigener Herkunft Verwendung, wie Vögel, Blumen, Raubkatzen, Affen oder Pflanzen. Dieser *estilo mestizo* ist in der Ausschmückung vieler Kirchen in Cusco, Puno, Arequipa und La Paz zu sehen.

Weben in den Anden

Das Textilhandwerk und das Weben gehen in Peru Tausende von Jahren zurück (älteste textile Funde um 2500 v.Chr. in Nordperu; Grabtücher in Paracas, mantos, *und Nazca). Neben Baumwolle wurde nach der Domestizierung von Lamas und Alpakas auch deren Wolle mit ihrer natürlichen Färbung verwendet. – HH*

Etwa um 1000 v.Chr. kommen Webgeräte zur Anwendung, die Herstellung des Garns erfolgt mit der Hilfe von Handspindeln (Foto s.S. 319). Bekannt sind drei Arten von Webgeräten: Der vertikale Webstuhl, der horizontale sowie der **Rückenbandwebstuhl,** *noch heute ein gebräuchliches Webgerät in Peru. Er besteht aus zwei parallelen Holzstäben, der sogenannte „Kettbaum" wird an einem Baum oder Pfahl im Boden befestigt, der „Brustbaum" mit einem Gurt um den Rücken der Weberin geschlungen. Durch Vor- oder Zurücklehnen kann sie die Fäden spannen oder lockern.*

Den Rückenwebstuhl benutzten sowohl die Völker der Küste (s. Abb. oben, auf einer Mochica-Keramik), als auch die Inka-Frauen (rechte Abbildung, nach Huamán Poma de Ayala).

Weitere Stilrichtungen waren der spanische **Mudéjar-Stil** mit maurischen Elementen und der überladene churrigureske (Barock-)Stil. Bei den Altären dominierte der **platereske Stil** (filigraner Ornamentsstil mit Blumen-, Ranken- und Heraldikelementen).

Die **Malerei** stand zunächst unter dem Einfluss des italienischen Manierismus, dann unter der niederländischen Malkunst. Im 18. Jahrhundert bildete sich in Cusco mit der *Escuela Cusqueña* ein eigener Malstil heraus (s.S. 310). Cusco war das Zentrum der religiösen Malerei in ganz Südamerika.

Literatur

Der erste bedeutende **Chronist** war der Mestize **Garcilaso de la Vega** (1539–1616), der in Cusco als Sohn eines spanischen Heerführers und einer Inkaprinzessin geboren wurde. 1559 ging er nach Spanien und schrieb in Córdoba sein Hauptwerk „Comentarios Reales", das wichtigste Quellwerk der Inkageschichte. Ein anderer wichtiger Geschichtsschreiber war der Spanier **Pedro de Cieza de León.** Der Schriftsteller **Olmedo** erregte 1825 Aufsehen mit seiner Ode über Bolívars Sieg bei Junín. Zum Ende des 19. Jahrhunderts war **Ricardo Palma** mit seinen *Tradiciones Peruanas* ein außergewöhnlicher Schriftsteller und Sprachkünstler, der das Leben der Kolonialepoche in Peru ungewöhnlich detailliert dokumentierte.

Danach folgte in Peru und auch in Bolivien eine Zuwendung zu den eigenen Grund- und Kulturwerten, zum *Indigenismo.* Dieser verkörpert die Bewegung der einheimischen Bevölkerung, der die europäischen Einflüsse zurückdrängen und eliminieren wollte. Erste Anstrengungen unternahm der Schriftsteller **Manuel González Prada** (1848–1918), der die Einheimischen des Hochlandes als das eigentliche Peru betrachtete. Peru, das ehemalige Zentrum der Macht- und Kulturentfaltung der Inka, wurde dann durch das lyrische Werk *Alma América* des revolutionären Poeten **José Santos Chocano** (1875–1934) zum Mittelpunkt des sog. literarischen Amerikanismus.

Im beginnenden 20. Jh. entdeckten die peruanischen Literaten den Roman, um ihre eigentlichen Anliegen zu artikulieren. Dafür stehen die Werke von **Luís Valcárcel** (1891–1987) und von **José Carlos Mariátegui** (1894–1930), Journalist, Philosoph, Politiker und Schriftsteller marxistischer Ideengehalte. 1941 erschien der bekannte sozialkritische Roman *El Mundo es ancho y ajeno* von **Ciro Alegría,** der den Einbruch eines *criollo* in ein Haus in einer indigenen Siedlung beschreibt. **García Calederon** veröffentlichte 1955 in München den bekannten Roman *Traum in der Sierra.* **Alberto Wagner de Reya** wagte sich 1957 mit *Die drei Marien* auf mystisch-religiöses Terrain. Die deutsche Übersetzung des Buchs *Die tiefen Flüsse* (Los ríos profundos) des peruanisch-indigenen Ethnologen **José María Arguedas** (1911–1969) erregte 1965 Aufsehen, ein temperamentvoller, sozialer Protest der Indígena an die Nachfahren der spanischen Eroberer. Sowohl Arguedas als auch Mariátegui sind bis heute von großer Bedeutung und beeinflussen nach wie vor die Diskussionen über die peruanische Identität und Kultur.

Perus bedeutendster zeitgenössischer Schriftsteller ist **Mario Vargas Llosa,** geb. 1936. Er wurde mit vielen Preisen ausgezeichnet und erhielt 2010 den Nobelpreis für Literatur. Weit über 20 Werke, wichtige sind „Tod in den Anden", „Die Stadt und die Hunde", „La Guerre del fin del mundo", „Der Hauptmann und sein Frauenbataillon", „Tante Julia und der Kunstschreiber", „Der Traum des Kelten" u.a. Ein Hauptwerk des ebenfalls sehr bekannten **Manuel Scorza** (1928–1983) ist „Trommelwirbel für Rancas".

Feier- und Festtage (im Jahresablauf s.S. 46)

Familienfeste haben eine hohe Bedeutung in der peruanischen Gesellschaft. Hochzeiten, Geburtstage und Taufen werden aufwendig und im großen Kreis feierlich zelebriert. Daneben „steigen" in ganz Peru unzählige Stadt- und Dorffeste, meist zu Ehren des lokalen Schutzpatrons, und weitere *fiestas* an weltlichen und kirchlichen Feiertagen. Musik und Tanz sind dabei – neben reichlichem Essen und Trinken – die „Hauptzutaten".

Die wichtigsten Feste im Hochland Perus, die sich am andinen Jahreszyklus orientieren, sind **Paucarhuaray** (Blumenfest) am 20. März, **Inti Raymi** (Sonnwendfest am 21. Juni), das viertägige **Coya Raymi** (Mondfest) am 22. September und **Qhapaj Raymi,** ein großes Fest der Sonnwende am 21. Dezember. Zu Allerheiligen am 1. November, am **Día de Todos los Santos,** ziehen die Menschen auf die dafür geschmückten Friedhöfe und gedenken ihrer Verstorbenen, indem sie ihnen Essen und Geschenke mitbringen. Die meisten Feste werden im Gebiet rund um den Titicacasee gefeiert, **Puno** gilt als Folklorehauptstadt Perus, die zweiwöchige *Fiesta de la Candelaria* (Mariä Lichtmess) mit der *Diablada* ab Anfang Februar locken alljährlich Tausende an.

Berühmt für besonders erlebenswerte und große Feste sind **Ayacucho** (in der Karwoche prunkvolle Prozessionen), **Cajamarca** (Perus Karnevalshochburg mit der traditionellen Unsha-Zeremonie), **Cusco** (Inti Raymi am 23./24. Juni, Tänze, Umzüge, Folklore-Veranstaltungen), **Lima** (Prozession zu Ehren von *Santa Rosa de Lima* am 30. August und *Señor de los Milagros* im Oktober. Militärparade am Nationalfeiertag am 28. und 29. Juli), **Pozuzo** (Oktoberfest).

Eine ausführliche Auflistung **aktueller Festdaten** mit Ortsdressen das ganze Jahr hindurch bietet die Seite www.turismoperu.info bei „Calendario de Fiestas".

■ *Fest in Ayacucho*

Musik und Tanz

Das international erfolgreichste künstlerische Kulturgut Lateinamerikas, Musik und Tänze, manifestiert sich auch in Peru. Vermischt mit Elementen Europas und auch Afrikas trat die folkloristische Musik des Landes in den letzten Jahrzehnten ihren Siegeszug um die Welt an. Wer hat sie nicht im Ohr, die melancholische Flöten- und Charango-Musik der Anden auf Basis des Fünfton-Systems und der Moll-Tonleiter.

Tipp: peruanische Musik und Tänze auf youtube.com hören und ansehen

Im Inkareich herrschten drei Musikformen vor: **Huanca,** die kultische Musik (Triumph-, Hirten- und Bauernlieder), **Yaraví,** das kleine, leise Lied und **Huayno** (oder Wayno). Der Yaraví wird heutzutage noch gesungen und stammt aus der Inkazeit, wo er besonders zu Vermählungen und rituellen Anlässen angestimmt wurde. Diese gesungene Lyrik drückt neben Melancholie auch Schmerz und Trauer aus. **El Cóndor pasa,** die Ballade vom Aufstand des *José Gabriel Condorcanqui* (Túpac Amaru II.) 1780 gegen die Spanier, ist ein Yaraví. Er wird nicht getanzt.

> Einer der repräsentativsten Tänze des peruanischen und bolivianischen Hochlandes ist der weithin bekannte **Huayno.** Er kombiniert prähispanische Elemente der Quechua und Aymara mit Einflüssen der latino-europäischen Welt. Ein absolutes Festtanz zu allen Anlässen, auch bei traditionellen Opfer- und Ritualfesten. Huaynos werden mit Flöten, Panflöten, Trommeln, Charango und Gitarre gespielt, wobei unzählig regionale Varianten entstanden sind mit weiteren Musikinstrumenten. Die musikalische Struktur geht von einer pentatonischen Skala und einem binären 2/4-Rhythmus aus. Auf dieser Basis entstanden zahllose Huayno-Versionen bis hin zu Rockmusik.

Aus der Inkazeit stammen auch die landwirtschaftlichen Zeremonialtänze **Ayarachi** und der **Huaylli.** Ab und zu kann auch noch eine **Cachiva,** ein traditioneller andiner Liebesgesang, gehört werden. **Tarjos** sind Gebetsgesänge der *curanderos.*

Der lebhafteste Andentanz ist der **Huaylarsh,** der meist während der Saatzeit paarweise getanzt wird. Auffallend ist das Fußstampfen der Tänzer. Ein weiterer typischer Tanz des Altiplanos ist der **Bailecito,** der unter dem rhythmischen Klatschen der Umstehenden paarweise getanzt wird. Der monotone **Santiago** dagegen ist eine rituelle fünfstufige Lyrik der Anden zum Dank an Gott, der über das Vieh wachen und den Schäfern Glück bringen soll. Die Sänger werden von einem Kuhhorn und der *tinya* (Trommel, s.u.) begleitet.

Traditionelle Andenmusik *(música folklórica andina)* wird heute von Musikgruppen aus dem Hochland, den **Tropas de Zampoña** (oder *Sikuris*) in speziellen Musikkneipen, den **Peñas,** vorgetragen. Verwendet werden *bombos* oder *wankaras* (große Trommeln), wobei die Schwierigkeit des Zusammenspiels darin besteht, dass jeder Panflötenspieler nur einen Teil der Gesamtmelodie spielen kann. Erst aus dem Zusammenspiel aller ergibt sich das musikalische Motiv (übrigens stammt die musikalische Tonfolge des *Lambada* von einer alten bolivianischen Volksweise aus dem Hochland ab). **Conjuntos** sind städtische Musikgruppen oder Orchester, bei deren Darbietungen zusätzlich Charango, Quena und Gitarre zum Einsatz kommen. **Bandas** sind Blechbläsergruppen.

Der temperamentvolle **Nationaltanz Perus** im 6/8-Takt ist die **Marinera** oder **Cueca Chilena**, der wie der *vals* (Walzer) zur *música criolla* zählt. Bei der Marinera kommt neben der Gitarre, je nach Region, vor allem die Harfe zum Einsatz. Sie ist ein Paartanz mit ganz speziellen Tanzschritten ohne Körperkontakt. Dabei wird meist mit der Hand ein Taschentuch geschwungen. Der **Vals** als Paartanz stammt vom Wiener Walzer ab, ist sinnlicher und mit stärkerem Körperkontakt. Dabei werden die Tänzer von Gitarren und einem *cajón* (s.u.) begleitet. Der **Festejo** repräsentiert die moderne afroperuanische Musik. Der Sänger wird meist von einem Background-Chor und traditionellen Trommelinstrumenten wie *cajón, cajita* und *quijada* begleitet, aber auch von Bongos, Tubas und Elektrogitarre. Gern wird auch nach den heißen Rhythmen von **Cumbia, Salsa, Chicha** und **Merengue** getanzt.

Typische Musikinstrumente der Anden

Quena/Kena das am meisten verbreitete andine Instrument ist die **Kerbflöte,** hergestellt aus einem geraden Stück *chuqui*-Rohr (ursprünglich auch aus Tier- oder Menschenknochen) mit meist sechs Klanglöchern. Das Mundstück ist mit einer abgeschrägten Kerbe versehen.

Tarka Längsflöte mit sehr hartem Klang.

Pinkillo Kernspaltflöte

Zampoña Panflöte, auf Quechua *antara* oder *julajula* genannt (Aymara: *siku*), bei den bolivianischen Kallawaya *phukuna* und bei den Chipaya *maizu,* ursprünglich aus Ton, Keramik oder Stein. Es gibt einreihige Panflöten bzw. Julajulas mit sieben unten geschlossenen Schilfrohren in verschiedenen Längen und Panflöten aus zwei parallel laufenden Reihen *(antaras)* mit insgesamt zwölf oder vierzehn Schilfrohren in verschiedenen Längen. Bei den Antara ist eine Reihe der Schilfrohre unten ebenfalls geschlossen. Die Reihen sind in *ira* (männlich) und *arka* (weiblich) aufgeteilt, die unterschiedliche komplementäre Töne erzeugen. Deshalb wird eine Melodie von zwei Musikern gespielt: Während der erste die Töne auf der Ira anbläst, führt der zweite die Melodie auf der Arka fort. Unterschiedliche Rohrdurchmesser und -längen erzeugen verschiedene Tonhöhen und Klangbilder. Die Auswahl reicht von der hochschrillen kleinen *ch'ili* bis zur über einen Meter langen Bass-Panflöte *toyo* oder *machu*, die einen erfahrenen Spieler erfordert.

Bajones sind riesige, bis zu zwei Meter hohe Panflöten.

Okarina Gefäßflöte mit einem Schnabel zum Anblasen.

Pututu Blasinstrument aus einem Kuhhorn.

Charango	Neben der Panflöte das bekannteste Instrument der Andenländer. Ein mandolinenartiges Saiteninstrument und erst seit der Kolonialzeit in Gebrauch. Als Schallkörper wurde meist die Schale eines Gürteltieres verwendet **(s. Abb.)**, heute eher aus Holz.
Gitarra andina	durch die Spanier eingeführte Gitarre, die eine eigene Entwicklung durchlief. Berühmt wurde der Musikstil der Ayacucho-Gitarre durch den Solisten Raul García Zárate. Begleitinstrument der Tänze Marinera, Vals und Festejo.
Arpa	weit verbreitete, sehr einfache, kleine, aber klangvolle Hochlandharfe (erst seit der Kolonialzeit in Gebrauch) der autochthonen Bevölkerung mit einem großräumigen Resonanzkörper, über dem sich an einem Stiel die Saiten zum Anstimmen von Ganz- und Halbtonschritten (ohne Erhöhung oder Vertiefung) des Dur- und Mollsystems befinden.
Bombo	Basstrommel für den Rhythmus, meist als einfellige *huancar*.
Tinya	traditionelle und weit verbreitete kleine, zweimembranige Andentrommel aus Tierleder, die mit einem Trommelstock, dem *pallilo,* geschlagen wird.
Wankara	große Andentrommel, mit Lama- oder Schaffell überzogen.
Baumtrommel	ein etwa drei Meter langes Urwaldinstrument aus dem Amazonasgebiet, mit dem mittels der Trommelsprache Nachrichten kilometerweit übermittelt werden können. Verwendung bereits bei den Inka.
Cajón	an der Küste Perus verbreitetes afroperuanisches Trommelinstrument aus einer Holzkiste, die auf der Vorderseite mit einem Klangloch versehen ist und auf der sitzend ein Trommler mit beiden Händen den Rhythmus schlägt.
Chil-Chil	Rasseln, die zusammen mit Gitarre, Mandoline und Harfe ein reizvolles Klangbild ergeben.
Schneckenhorn	aus *Strombus*-Schnecken, wird zu Regenzeremonien im Hochland verwendet. Bei den Inka Signalhorn, das kilometerweit zu hören war.
Quijada	afroperuanisches Schlaginstrument, das aus dem Unterkiefer eines Pferds, Maultiers oder Esels besteht. Schlagtöne entstehen durch die klappernden Zähne.
Chirusuya	Oboe, die mit eigenständiger Technik gespielt wird.

Geschichte

■ *Die einschneidendste Zäsur in Perus Geschichte war die Ankunft der Europäer. Im Bild oben wird der spanische Eroberer Pizarro (Bildmitte) von einer großen Schar Einheimischer empfangen, als er an der peruanischen Nordküste bei Tumbes 1526 zum ersten Mal an Land geht (Stich von Theodore de Bry). Links: Pizarro mit Miteroberer* **Diego de Almagro** *(li.), wie die beiden Konquistadoren vom Zeichner → Huamán Pomo de Ayala gesehen wurden (ca. 1615).*

Chronik Präinkazeit bis zur Inkazeit

Perus Frühgeschichte bestimmen nach der Initialperiode zahlreiche regionale und überregionale Kulturen, auch **Horizonte** (Zeiträume) genannt. Sie untergliedern sich in Kulturen des **Frühen Horizonts** (900–200 v.Chr.), der frühen Zwischenperiode (200 v.Chr.–600 n.Chr.), des **Mittleren Horizonts** (600–1000 n.Chr.), der späten Zwischenperiode (1000–1450 n.Chr.) und des **Späten oder Inka-Horizonts** (1450–1534).

Bemerkung: Die genannten Zeitspannen sind ungefähre Angaben, die Quell- und Fachliteratur gibt vielfach konträre Daten an. Für die an der präinkaischen Zeit Interessierte sei auf die Geschichts- und Archäologiebücher von *Disselhoff, Kauffmann-Doig, Stierlin, Stingl, Helfritz* und neuere hingewiesen.

Ca. 40.000	bis max. 10.000 v.Chr: Einwanderung in drei Wellen aus Asien über die damals trockene Beringstraße als auch über den Pazifik auf den amerikanischen Doppelkontinent.
um 21.000	Erste Siedlung in **Pikimachay** im Becken von Ayacucho
um 10.000	Höhlenmalereien von Lauricocha (Quellgebiet Río Marañón) und Toquepala (bei Tacna)

um 6000	Beginn des **Ackerbaus** mit Bohnen, Baumwolle und Kürbissen
um 3500	bis 1500 v.Chr.: **Valdívia**-Kultur auf dem Gebiet des heutigen Ecuador
ab 3500	Beginn der Kultivierung von **Mais** (Ursprung Amazonasgebiet), Erdnüssen, Kartoffel und Quinoa auf peruanischem Gebiet
um 3000	bis 2500 v.Chr.: **Domestizierung** von **Lamas** und **Alpakas** auf dem Altiplano
von 2100	bis 1800 v.Chr.: **Huaca Prieta,** Wohnplatz im Chicama-Tal
Kotosh	(1850 v.Chr.–1200 v.Chr.). Besiedlung des Hochtales von **Kotosh** (bei Huánuco) durch Stämme aus dem Urwald, „Tempel der gekreuzten Hände", Entwicklung einer Maiskultur, Keramikgefäße mit Bügelhenkel.
Sechín	(1800 v.Chr.–500 v.Chr.): Ruinenkomplex von **Sechín** (Casma); **Sechín Alto** mit gewaltigem Kultzentrum. Terrassen und Zeremonialplätze dehnten sich auf über 1,5 qkm aus.
Machalilla-Periode	(1500 v.Chr.–1200 v.Chr.) auf dem Gebiet des heutigen Ecuadors. Die Valdívia-Zeit endet mit der Ankunft einer neuen Menschengruppe. Auftauchen von Bügelgefäßen, die sich später über das ganze Andengebiet verbreiteten und sich wahrscheinlich von den Keramiken der Tutishcainyo des oberen Amazonasgebietes ableiten lassen.
Chorrera-Kultur	(1200 v.Chr.–500 v.Chr.) auf dem Gebiet des heutigen Ecuadors, Verbreitung eines neuen Keramikstiles
Chavín ■ *Abb. rechts: Chavín-Relief*	(1000 v.Chr.–200 v.Chr.). Das Zentrum der ersten Hochkultur von Peru liegt in der Nähe des Dorfes *Chavín de Huántar* östlich von Huaraz am Abhang der Cordillera Blanca. Der über 3000 m hoch gelegene Ruinenkomplex in Form einer verschachtelten Tempelburg gilt als das älteste Steinbauwerk Perus. Chavín war kein Reich im primären Sinn, sondern die Kultur bzw. die Religion eines Volkes, dessen Einflussbereich sich entlang der Küste bis nach Nordperu erstreckte. Im Mittelpunkt der kultischen Verehrung standen Mischwesen, u.a. eine vergöttlichte Raubvogelgottheit mit Raubtierattributen (wie z.B. auf der **Raimondi-Stele**). Charakteristisch für den Chavín-Reliefstil (Basreliefs) sind anthropomorphe und zoomorphe Darstellungen mit kurvigen und linearen Elementen, bei den Keramiken sind Steigbügel-Ausgüsse kennzeichnend.
Paracas	(700 v.Chr.–200 n.Chr.). Die **Paracas-Kultur** wurde nach der Halbinsel südwestlich von Pisco benannt. An der Südspitze dieser heute völlig vegetationslosen Halbinsel fanden erst Fischer und dann Forscher Begräbnisstätten mit Hunderten von Gräbern, wobei bis heute noch nicht geklärt ist, ob dort Menschen lebten oder die Toten von weither dorthin gebracht wurden. Ebenso rätselhaft sind die Methoden der Mumifizierung, die Motive der Schädeldeformierungen und die vielen **Trepanationen.** Darunter versteht man das Anbohren oder Öffnen des Schädels. Es ist unbekannt, ob dies damals aus medizinischen oder kultischen Gründen durchgeführt wurde, vielleicht, um einen bösen Geist aus dem Kopf hinauszulassen.

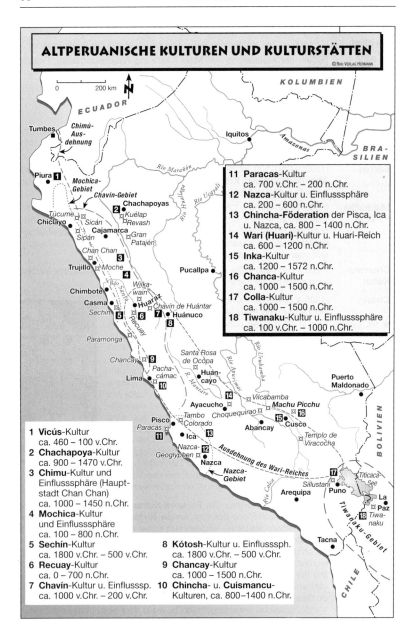

Neben wertvollen Grabbeigaben (Schmuck, Keramik) fand man sehr fein gewebte Totentücher, sogenannte **Mantos** (Abb. links ein Webmuster). Kulturelle Beziehungen zwischen den Küsten- und Hochlandbewohnern konnten nachgewiesen werden, so bestand ein reger Verkehr zwischen Tiwanaku und der Küste.

Vicús (460 v.Chr.–100 v.Chr.). Wahrscheinlich Vorläufer der Mochica in Nordperu und vermutlich Bindeglied zwischen Chavín und Mochica-Kultur. Einige Archäologen halten auch eine Verbindung mit der Chorrera-Kultur aus Ecuador nicht für ausgeschlossen.

Tiwanaku (100 v.Chr.–1000 n.Chr.). Die **Tiwanaku-Kultur,** benannt nach der Ruinenstätte südlich des Titicacasees auf dem Altiplano, lässt sich in eine frühe Periode von 100 v.Chr. bis 100 n.Chr. und eine klassische von etwa 500 bis 1000 n.Chr. einteilen. Eng damit in Zusammenhang steht die etwas später anzusetzende **Wari-Kultur** (600 n.Chr. bis 1200 n.Chr.) in der Nähe von Ayacucho, so dass sich um diese Zeit ganz Peru, Bolivien und der Norden Chiles unter einem Kultureinfluss befand. Vieles daran ist rätselhaft. Es ist z.B. ungeklärt, ob es auch ein politisches Tiwanaku-Reich gegeben hat. Aufzeichnungen aus jener Zeit gibt es nicht. Auf jeden Fall sind die monolithischen Figuren und das Sonnentor stumme Zeugen einer großartigen Baukunst.

■ *Figur des Tiwanaku-Sonnentors*

Nazca (200–600 n.Chr.). Die Nazca-Kultur in Perus südlicher Küstenwüste wird oft als Fortsetzung der Paracas-Kultur interpretiert. Sie hinterließ ein außerordentlich interessantes Zeugnis: die **Nazca-Geoglyphen** (Bodenritzungen), stilisierte Abbilder von Tieren und Pflanzen (s.S. 195). Ihre Größen reichen von 100 m bis zu 8 km, richtig zu erkennen sind sie nur aus der Luft. Nach Kosok und Reiche handelt es sich um die Niederschrift früher kosmischer Betrachtungen, um das größte Astronomiebuch der Welt mit einem Sterne-Sonne-Mond-Kalender. Typisch für die farbenfreudige **Nazca-Keramik** sind Tonkrüge mit doppeltem Ausguss („Bügelhenkelausguss", **s. Abb.**) und komplexen zoomorphen Darstellungen.

Mochica **Moche** ist ein Ort und Fluss gleich südlich von Trujillo, um ihn liegen die wichtigsten Fundorte der danach benannten **Moche-Kultur** (100–800 n.Chr.). Die Blütezeit der Mochica fällt in die Zeit der Nazca-Kultur und erreichte ihren Höhepunkt um 500 n.Chr. Zu dieser Zeit erstreckte sich das Siedlungsgebiet der Mochica vom Río Lambayeque bis südlich von Casma. Sie errichteten monumentale Lehmziegelbauten (Sonnen- und Mondpyramide, die größten Pyramiden Südamerikas aus Millionen von ungebrannten Adobe-Ziegeln, etwa 7 km südöstlich von Trujillo) und beherrschten Metallverarbeitungstechniken.

Unübertroffen ist ihre Töpferkunst, bei der sie die ganze Vielfalt des täglichen Lebens modellierten. Tongefäße wurden mit vollplastischen Skulpturen, wie Tempelhäuschen, Gebrauchsgegenständen, Würdenträgern, Tieren usw. geschmückt, bis hin zu detailgenauen sexuellen Darstellungen – einmalig für ganz Altamerika. Und es gab fast kein Motiv, das nicht für wert gehalten wurde, in detailreichen Szenen auf die rotbraun- und cremefarbigen Schalen und Vasen gemalt zu werden. Besonders typisch sind die oben an die Gefäßkörper angebrachten Ausgüsse in Steigbügelform, auch **Gabelhalsflaschen** genannt (**Abb. s. Vorseite unt.**), die dann in Form von **Porträtkopfgefäßen** von Individuen höchste künstlerische Vollendung erfuhren (**Abb. r., 24 cm hoch**).

Vom südlich von Moche gelegenen *Río Virú* leitet sich möglicherweise der Name Perú ab.

Recuay (0–700 n.Chr.) Eine Hochland-Kultur, deren namengebender Ort südlich von Huaraz am Río Santa im Hochtal *Callejón de Huaylas* liegt. Obwohl in Nachbarschaft des Mochica-Kulturkreises, inspirieren sich beide Kulturen in ihren keramischen Bilderbüchern kaum, vergleichbar ist nur die plastische Gestaltung. Dargestellt wurden im Stil der Chavín-Tradition und in fantasievoller Ausführung Raubkatzen, Raubvögel, doppelköpfige Schlangen und geometrische Figuren in den Farben Weiß, Rot und Schwarz. Eine Besonderheit sind die Recuay-Skulpturen an gewaltigen, aus dem Fels herausgeschlagenen Monolithen, die als Kultobjekte dienten.

Sicán (800–1100 n.Chr.). Die Sicán-Kultur ist wahrscheinlich die Folgekultur der Mochica. Die Tempelbauten in **Batán Grande** wurden in ähnlicher Bauweise errichtet. Die Sicán-Kultur übte einen starken Einfluss auf den Chimú-Stil aus, der zahlreiche typische Elemente übernahm (z.B. kugelförmige Tongefäße). Auf höchster Stufe stand die **Goldschmiedekunst.** In Batán Grande wurde in der *Huaca Loro* das **Grab des Sicán** (bei Chiclayo) freigelegt, das über eine Tonne goldene Grabbeigaben enthielt.

Chimú
■ *Chimú-Zeremonialmaske aus Goldblech, 32 cm hoch*

(1000–1450 n.Chr.). Nach dem expansiven Tiwanaku-Einfluss entstand im Norden Perus im Gebiet der ehemaligen Mochica- und Sicán-Kulturen die Chimú-Kultur. Im Gegensatz zu Vorherigen weiß man darüber genaueres: Der Stammvater und erste König Naymlap soll mit einem Floß aus Ecuador gekommen sein, das Chimú-Reich gegründet und die Hauptstadt **Chan Chan** bei Trujillo gebaut haben. Diese wurde bald eine der größten Städte der Welt (über 100.000 Einwohner). Das Chimú-Reich reichte von Südecuador bis nördlich von Lima, war aber wahrscheinlich nur eine Verbindung relativ selbständiger Stadtstaaten. In der Kunst wurden Motive und Formen der Mochica-Kultur wiederbelebt, zudem waren die Chimú **Meister** der **Goldbearbeitung (Tumi-Messer, Abb. r.).** Um 1450 wurde der letzte König Minchanzaman von den Inka gefangen genommen, nach Cusco gebracht und das Chimú-Reich ins Reich der Inka integriert.

Chachapoya (1000–1400 n.Chr.). Die Chachapoya mit ihrer Hochburg **Kuélap**, einem raffinierten Verteidigungsbollwerk, waren erbitterte Gegner der Inka. In einem großen Feldzug besiegten die Inka sie letztendlich aber doch (s.S. 589).

Chincha und Cuismancu (800–1400 n.Chr.). Kleinere Königreiche **Chincha** und **Cuismancu** mit der bedeutenden Kultstätte Pachacamac, heute 30 km südlich von Lima am rechten Ufer des Río Lurín gelegen.

| Inka | (1200–1572). Herrscher-Dynastie im mittleren Andenraum, die vor dem Einfall der Spanier ein gewaltiges Reich mit der **Hauptstadt Cusco** gründete, das die heutigen Länder Ecuador, Peru, Bolivien sowie Teile von Argentinien und Chile umfasste. Der Gründer der Inka-Dynastie war **Manco Capac.** Das Reich zerfiel nach dem Tod von Huayna Capac in das Südreich unter Huáscar und das Nordreich unter Atahualpa. Mehr zur Inka-Geschichte s.u., „Die Inka". |

■ **Abb:** *Alpaka aus getriebenem Silberblech im Inka-Stil*

Chronik ab der Kolonialzeit

April 1532	Die ersten Spanier unter **Francisco Pizarro (s. Abb.)** gehen in Nordperu (bei Tumbes) an Land.
15.11.1532	Gefangennahme des Inca Atahualpa durch die Spanier in Cajamarca. Atahualpa will sich mit einem Zimmer voll Gold und Silber freikaufen.
28.08.1533	Ermordung Atahualpas durch die Spanier, der zuvor wegen „Brudermordes, Konspiration, Vielweiberei, Hochverrat und Götzendienst" zum Tode verurteilt wurde. Vorher hatte er sich noch auf Juan de Atahualpa taufen lassen müssen, damit er nicht lebendig verbrannt wurde.
15.11.1533	Pizarro erreicht Cusco. Vorerst kein nennenswerter Widerstand durch die Inka. Er setzt pro forma erst den jungen Prinzen Toparca, nach dessen Ermordung den jüngeren Bruder Huáscars, Prinz Manco, als Inca ein.
18.01.1535	Gründung der neuen Hauptstadt *Ciudad de los Reyes* (Lima) durch Pizarro.
1536	Inka-Aufstand unter Manco Inca. Belagerung von Cusco und Eroberung der Festung Saqsaywamán.
1538	Zwistigkeiten zwischen Pizarro und Miteroberer **Diego de Almagro (s. Abb. re.)** enden mit Almagros Hinrichtung.
26.06.1541	Ermordung Pizarros in seinem Palast in Lima. Die folgenden Jahrzehnte (und Jahrhunderte) sind gekennzeichnet durch vielerlei Probleme im Land. Niedergang der indigenen Bevölkerung, deren Zahl durch Frondienste und Infektionskrankheiten von einstigen 10–15 Millionen auf nur 800.000 abnimmt.
1542	Gründung des Vizekönigreichs Peru mit der Hauptstadt Lima, das ganz Spanisch-Südamerika, mit Ausnahme Venezuelas, umfasst.
1570	Einführung der Inquisition
1571	■ **Abb. r.:** *Túpac Amaru, Sohn des Manco Inca (links am Bildrand), wird wegen eines angeblichen Aufstandes in Cusco hingerichtet.*
1661	Indígena-Aufstand bei La Paz, im damals „Alto Perú" genannten Bolivien.
1780/1781	Aufstand unter dem Mestizen **José Gabriel Condorcanqui,** der vom Volk bald darauf Túpac Amaru II. genannt wird. Neun Monate wird La Paz belagert, Cusco erobert. Niederschlagung des Aufstandes und Hinrichtung von Túpac Amaru II. in Cusco. Túpac Amaru II. unterlag, aber der Freiheitsgedanke geht nicht mehr unter, die letzten Jahrzehnte der spanischen Kolonialherrschaft brechen an.

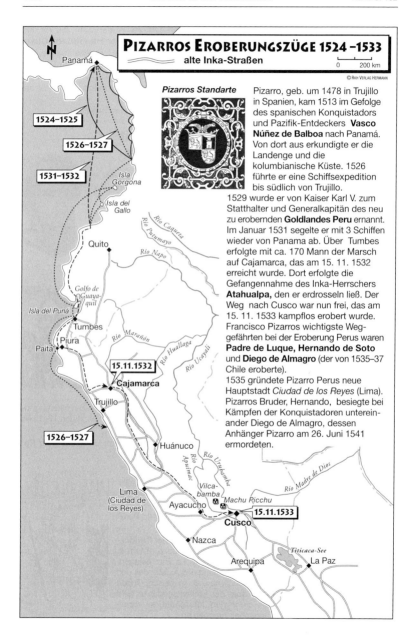

1809	Erste Unabhängigkeitsbewegungen in Südamerika unter der Führung des Argentiniers José de San Martín und der Venezolaner Simón Bolívar und Antonio José de Sucre.
1817–1825	zahlreiche siegreiche Schlachten gegen die Spanier, deren Widerstand in Peru besonders stark war, die aber letztlich zu wenig Unterstützung vom Mutterland erhielten.
28.07.1821	Unabhängigkeitserklärung Perus, gesichert aber erst durch die Siege von Simón Bolívar und Antonio José de Sucre von Junín (06.08.1824) und Ayacucho (09.12.1824); von Spanien endgültig anerkannt erst 1879.
1825	Unabhängigkeitserklärung von Alto Perú, das sich nun nach Simón Bolívar **Bolivien** nennt.
1836–1839	Gewaltsame politische Union mit Bolivien durch den bolivianischen Diktator Andrés de Santa Cruz, der eine Erneuerung des Inkareichs anstrebte.
1879–1884	**Salpeterkrieg** zwischen Chile, Peru und Bolivien. Bolivien muss das an der Küste liegende und salpeterreiche Atacama-Gebiet um Antofagasta an Chile abtreten und verliert dadurch seinen Meereszugang. Peru verliert die Provinzen Arica, Tacna und Tarapacá, erhält aber Tacna 1929 wieder zurück.
1941/42	Peru annektiert nach einem Grenzkonflikt mit Ecuador riesige Amazonasgebiete.
ab 1945	Schwierige innere Demokratie-Konsolidierung und Befreiung aus wirtschaftlicher Abhängigkeit von den USA
1962	Haya de la Torre (APRA) gewinnt die Präsidentenwahlen, Machtübernahme durch eine Militärjunta.
1968	Militärputsch von General Juan Velasco Alvarado. Enteignung der Großgrundbesitzer.
1975	Quechua als Amtssprache zugelassen, 1979 zurückgenommen.
1977	Generalstreik gegen wirtschaftliche IWF-Maßnahmen, auch 1978 und 1979.
1981	Wahl Javier Pérez de Cuéllar als UN-Generalsekretär (bis 1991). Grenzkrieg mit Ecuador, im März Erlass der Antiterrorgesetze.
1982–1983	Wachsende Aktivitäten der Guerillabewegung „Sendero Luminoso". Ausnahmezustand in der Provinz Ayacucho.

Sendero Luminoso

Die terroristische maoistische Guerillaorganisation Sendero Luminoso („Leuchtender Pfad") entstand Ende der 1960er Jahre in der armen Andenregion Ayacucho. Mit einzelnen Aktionen und Anschlägen ging die Gruppe anfangs der 1980er Jahre in den Untergrund mit der Folge eines über zehn Jahre langen, bürgerkriegsähnlichen Ausnahmezustands in Peru. Um ihre ideologischen Ziele zu erreichen zählte für die fanatischen Anhänger das Auslöschen eines menschlichen Lebens nicht viel. Bis zur Verhaftung des lange gesuchten Führers **Abimael Guzmán** 1992 kostete dieser interne Krieg über 5000 Campesinos, 2600 Sendero-Luminoso-Anhänger, zahllose Polizisten, Militärangehörige und unbeteiligte Zivilisten das Leben – vermutlich starben über **30.000** Personen. Die Auswirkungen sind in den schwerstbetroffenen Regionen Ayacucho, Huancavelica und Apurímac noch bis heute spürbar. **Die Jahre 1980–2000 waren in Peru Jahre des Terrors und der Angst.** Mehr über den Sendero Luminoso auf S. 439.

1983/84	Mehrere Regierungsumbildungen, Luís Percovich Ministerpräsident, Nov. 1984 Verhängung des Ausnahmezustandes über das ganze Land.

	Chronik ab der Kolonialzeit
1985	Alan García von der APRA wird zum Präsidenten gewählt. Er verordnet eiserne Sparsamkeit, nimmt den Kampf gegen die Kokain-Mafia auf, muss sich mit sozialen Spannungen und Terrorismusproblemen auseinandersetzen.
1987–1989	Wirtschaftlicher Niedergang, wachsende Probleme mit Terrorismus, viele Regierungsumbildungen, Generalstreiks. Die neue rechtskonservative Partei „Frente Democrático" (Fredemo) unter dem 53-Jährigen Schriftsteller Mario Vargas Llosa gewinnt Zulauf. Bei den Kommunalwahlen im November 1989 siegt die „Demokratische Front" über die APRA.
1990	Im April siegt zwar Llosa bei der Wahl, doch die notwendig gewordene Stichwahl gewinnt im Juni der Kandidat der Sammlungsbewegung *Cambio 90* („Wende 90"), der 51-Jährige **Alberto Fujimori**. Der japanstämmige Agrarwissenschaftler kündigt ein hartes Sparprogramm und Liberalisierung der Wirtschaft an. Seine Radikalkur führt das Land anfänglich in eine Krise.
1992	**Abimael Guzmán,** Guerilla-Führer des **Sendero Luminoso,** wird verhaftet. Durch den *autogolpe* („Selbstputsch") von Fujimori wird im April die Verfassung außer Kraft gesetzt. Die neue legt fest, dass die 120 Parlamentsabgeordneten des Congreso und der Staatspräsident (Wiederwahl einmal möglich) alle 5 Jahre in direkter Wahl durch das Volk gewählt werden. Fujimori hebelt dann 1998 die Verfassung durch das „Interpretationsgesetz" aus, das seine Wiederwahl von 1995 als Erstwahl unter der neuen Verfassung betrachtet.
1993	Wiedereinführung der Todesstrafe.
1995	Wiederwahl von Fujimori. Grenzkonflikt mit Ecuador um ein etwa 80 qkm großes Urwaldgebiet, in dem Erdöl vermutet wird.
1996	Der Andenpakt wird in Andengemeinschaft umbenannt. 17.12. Beginn des **Geiseldramas** in der japanischen Botschaft in Lima durch die MRTA (ca. 500 Geiseln, darunter der deutsche Botschafter H. Wöckel, der peruanische Außenminister und der Bruder des Präsidenten).
1997	22. April: Erschießung der Geiselnehmer, Befreiung der Geiseln. In Lima Unruhen wegen Einschränkungen der Pressefreiheit. Proteste gegen Fujimori wegen vermuteter nichtperuanischer Geburt, die sich drei Jahre später bestätigt.
1997/1998	Das Klimaphänomen El Niño entlang der südamerikanischen Westküste löst heftige Regenfälle in der Küstenwüste Perus aus, die zu Überschwemmungen mit größten Schäden führen. Zwischen April 1997 und Juni 1998 21.700 Todesopfer, Schäden von knapp 34 Milliarden Dollar.
1998	26.10. Unterzeichnung des Friedensvertrages mit Ecuador, der die seit 1995 schwelenden Grenzstreitigkeiten zwischen beiden Ländern beendet.
1999	28.04. Generalstreik durch Initiative des Bürgermeisters Alberto Andrade von Lima mit dem Ziel, Fujimoris neoliberales Wirtschaftssystem zu kippen. 14.10.: Neue Kämpfe zwischen Sendero Luminoso und der peruanischen Armee.
2000	Aufhebung des im Nov. 1984 verhängten Ausnahmezustandes. **Fujimori** tritt für die Allianz 2000 zum 3. Mal als Präsidentschaftskandidat an. Dies löst Proteste und Demonstrationen aus. 07.02.: Gefängnismeuterei von inhaftierten Guerilleros des Sendero Luminoso. Präsidentenwahl am 9. April: Fujimori 49,87%, **Toledo** (Gruppierung *Perú Posible,* „Peru ist möglich") 40,24%. Die Stichwahl am 28. Mai gewinnt Fujimori. Nach Enthüllung einer Korruptionsaffäre um seinen Berater und Geheimdienstchef Montesinos setzt sich Fujimori im November nach Japan ab und erklärt seinen Rücktritt.
2001	Präsidentwahl am 8. April: Toledo 36,35% (Mitte-Links), Ex-Präsident García 26,6% (Sozialdemokrat), Flores 23,54% (Christsoziale). Stichwahl zwischen Toledo und García. **Alejandro Toledo** wird am 28.07. der 76. und erste Präsident, der von den Hochlandbewohnern abstammt. Im Juni Erdbeben im Süden Perus, in Arequipa und anderswo werden Zehntausende Bauwerke

	beschädigt, über 100 Tote. Der inhaftierte Sendero-Luminoso-Führer Guzmán erklärt den subversiven „Volkskrieg" gegen den Staat für beendet.
2002	George Bush besucht im März als erster US-Präsident Peru, Vereinbarung über einen gemeinsamen Anti-Drogen-Kampf. Anfang Juli erste große Kabinettsumbildung, neuer Ministerpräsident wird Luís Solari.
2003	Nach einer Streikwelle wird Beatriz Merino erste Ministerpräsidentin Perus.
2004	Toledo gelingt es nicht, die Lebensverhältnisse der unterprivilegierten Bevölkerungsschichten zu verbessern. Unruhen, Streiks und Protestaktionen im ganzen Land.
2005	Im August wird Pablo Kuczynski neuer Ministerpräsident. Der frühere peruanische Präsident Fujimori wird im November in Chile auf Bitten Perus festgenommen. Obwohl das Volk mit der Politik von Toledo weiter unzufrieden ist, wächst die Wirtschaft unter seiner Herrschaft um 20% in den letzten Jahren.
2006	Toledo kann bei der **Präsidentschaftswahl** im Mai kein weiteres Mal antreten. Zur Wahl stellen sich der linksnationalistische *Ollanta Humala,* Alan García (desaströse 1. Präsidentschaft 1985–90) und die konservative *Lourdes Flores*. **Alan García** gewinnt im Juni die Stichwahl gegen Ollanta Humala, er hat aber mit seiner Linkspartei APRA keine eigene Mehrheit im Parlament.
2007	Chile liefert im September Perus ehemaligen Präsidenten Fujimori aus. Nach mehreren langen Verfahren bestätigt 2010 der Oberste Gerichtshof Perus das Urteil von 25 Jahren Haft wegen Einsatzes von Todesschwadronen. Im Oktober Volkszählung, die auch die im Land lebenden Ausländer und Reisenden erfasst. August: Ein Erdbeben verwüstet Ica, Pisco u.a. Orte an der Küste.
2008	Peru fordert im März über 46.000 archäologische Fundstücke, die Hiram Bingham aus dem Land gebracht hatte, von der US-Universität Yale zurück. Im März wählt Peru seine sieben „Neuen Wunder" und entschieden sich für die *Baños del Inca,* den *Colca Canyon,* den Steinwald *Los Frailones,* die Festung *Kuélap,* den *Bosque de Piedras Huayllay,* das Tal *Alto Mayo* und die archälogische Stätte *Gran Pajatén.* Mai: der erste Umweltminister Perus wird vereidigt.
2009	Februar: Freihandelsabkommen Peru – USA tritt in Kraft. In Nordperu (Bagua Grande) im Juni schwere Auseinandersetzungen zwischen Ureinwohnern, Mestizen und der Polizei mit 30 Toten auf beiden Seiten. Peruanische Verfassung nun auch auf Quechua.
2010	Distrikt-, Provinz- und Regionalwahlen. Die US-Universität Yale willigt ein, nach jahrelangem Streit bis spätestens 2012 alle Machu Picchu-Fundstücke zurückzuführen. Die peruanische Verfassung liegt nun auch auf Aymara vor.
2011	Präsidentschaftswahlen. In der 2. Wahlrunde im Juni gewinnt **Ollanta Humala** von der Gana Perú mit 3% Vorsprung gegen seine Kontrahentin Keiko Fujimori und ist somit für kommende fünf Jahre peruanischer Staatspräsident. Straßenblockaden bei Cajamarca als Protestaktion gegen das Bergbauunternehmen Yanacocha wegen Umweltrisiken bei der geplanten Goldmine Conga.
2012	Lang andauernde Lehrer-, Ärzte- und Bergarbeiteraufstände. In Urwaldgebieten mit Drogenaktivitäten Unruhen und Tote.
2013	Das Rohstoffland Peru, seit Jahren der Wachstums-Champion Südamerikas, bekommt die Auswirkung der globalen Krise zu spüren und verzeichnet bei Kupfer, Gold und Textilien Export- und Preisrückgänge. Dennoch wird eine starke Verringerung der Armut erreicht, mit die stärkste in Lateinamerika. Im März tritt das Freihandelsabkommen zwischen der EU und Peru in Kraft.
2014	Februar: Präsident Humala ernennt zum fünften Mal in den drei Jahren seiner Amtszeit einen neuen Kabinettschef.

Die Inka

Mysteriöse Herkunft

Der Titel „Inka" stand einst nur dem Herrschergeschlecht zu und wurde erst später auf das ganze Volk übertragen. Woher die Inka kamen ist unbekannt, es gibt aber einige Sagen. Eine Version erzählt, dass aus einer Höhle bei Cusco vier Brüder und vier Schwestern erschienen. Drei der Brüder wurden zu Stein verwandelt. Der übriggebliebene, **Manco Capac,** erwählte die mutigste seiner Schwestern, **Mama Ocllo,** zur Frau und gründete die spätere Hauptstadt **Cusco.** Nach Garcilaso de la Vega, dem bedeutendsten Inka-Chronisten, schickte einst der Sonnengott Inti seine beiden Kinder Manco Capac und Mama Ocllo auf die Erde. Von der Sonneninsel (Isla del Sol) im Titicacasee traten sie ihren Weg an und gründeten Cusco. Von der dortigen Bevölkerung wurde das Geschwisterpaar hoch verehrt. Sie machte Manco Capac zu ihrem Fürsten, er war der erste Inka.

■ *Urmutter Mama Ocllo (Abb. n. Huamán Pomola d. Ä.)*

Historisch war die Staatsreligion der Inka ursprünglich die Religion der Quechua, an deren Spitze die alt-andine **Schöpfergottheit Wiracocha** stand. Sie wurde später von dem **Inka-Sonnengott Inti** verdrängt, seine Hauptfrau verkörperte die **Mondgöttin Quilla.**

Der Überlieferung nach hatte das Inkareich bis zum Einfall der Spanier (1532) 13 Herrscher. Die ersten acht waren halb geschichtliche, halb mythische Gestalten, die letzten fünf sind geschichtlich belegt. Allerdings wird vermutet, dass einige Inkaherrscher in den Überlieferungen nicht aufgeführt wurden, da sie wahrscheinlich unbedeutend waren.

■ *rechts: Der 10. Inca Túpac Yupanqui und die Königin in ihrer Reisesänfte*

■ *Titicacasee, Keimzelle des Inka-Reichs. Blick von der Isla del Sol aufs Festland*

■ *Manco Capac (1.)*

■ *Pachacuti Yupanqui (9.)*

■ *Huáscar (12.), Atahualpas Halbbruder, bei seiner Gefangennahme*

Die Inca-Dynastie (Regentschaften)
1. **Manco Capac** (um 12. Jh.)
2. Sinchi Roca (Anfang 12. Jh.)
3. Lloque Yupanqui (Mitte 12. Jh.)
4. Mayta Capac (Ende 12. bis Anfang 13. Jh.)
5. Capac Yupanqui (Ende des 13. Jh.)
6. Inca Roca (Anf. 14. Jh.; 1. Herrscher mit dem Inca-Titel)
7. Yahuar Huacac (Mitte 14. Jh.)
8. Inca Wiracocha (Ende 14. Jh., mit dem Namen des Schöpfergottes)
9. **Pachacuti** (Pachacútec) **Yupanqui** (1438–1471)
10. Túpac (Topa) Yupanqui (1471–1493), Sohn des 9. Inka
11. Huayna Capac (1493–1527)

Nach der Reichsteilung:
12. Huáscar (1527–1532), ermordet von seinem Halbbruder
13. Atahualpa (1527–1533)

Nach dem Einfall der Spanier:
14. Inca Toparca (1533)
15. Manco Inca (1533–1544)
16. Inca Sayri Túpac (1544–1561)

Vilcabamba-Reich:
17. Titu Kusi Yupanqui (1560–1571)
18. Túpac Amaru (1571–1572)

Der erste geschichtliche Inkaherrscher, **Pachacuti** (oder Pachacútec, „Veränderer der Welt") **Yupanqui** verbesserte durch kluge Organisation die wirtschaftlichen Verhältnisse des Reiches, das nun bereits vom Titicacasee bis Ecuador reichte. Unter ihm wurde der Sonnenkult Staatsreligion und Quechua die Staatssprache. Sein Sohn **Túpac** (oder Topa) **Yupanqui** hatte bereits für seinen Vater Kriege geführt, den letzten Herrscher des Chimú-Reiches besiegt und so das Reich erheblich vergrößert, auch nach Süden hin (s. vorherige Karte). Es wird berichtet, dass er eine hochseetaugliche Floßexpedition ausrüsten ließ, aber über deren Umfang und Resultate ist nichts bekannt (nicht ganz auszuschließen ist, dass günstige Meeresströmungen die Flöße tief hinein in den Pazifik trieben, eventuell gar bis zu den Galapagos- und Osterinseln (Rapa Nui).

Ausdehnung des Reiches
Huayna Capac war schon in jungen Jahren ein erfolgreicher Feldherr. Zu seiner Zeit hatte das Inkareich die größte Ausdehnung und erstreckte sich von der Mitte des heutigen Chile (Río Maule) bis nach Kolumbien. Das riesige Reich hieß **Tahuantinsuyu** und war in vier Landesteile eingeteilt: **Chinchaysuyu, Antisuyu, Contisuyu** und **Collasuyu**. Cusco war der Mittelpunkt, der „Nabel der Welt". Um unsicheren Gebieten näher zu sein, verlegte Huayna Capac seine Residenz nach Tomebamba, dem heutigen Cuenca in Ecuador.

In den letzten Jahren seines Leben erreichte ihn noch die Meldung von der Ankunft bärtiger weißer Männer, so wie es einst die Schöpfergottheit Wiracocha vorausgesagt hatte. 1527, nach dem Sonnwendfest Inti Raymi, erlag er einer Krankheit.

Er hatte vor seinem Tode entschieden, das Reich unter seinen Söhnen **Huáscar** in Cusco und **Atahualpa** in Tomebamba aufzuteilen. Dies führte zu schweren Auseinandersetzungen zwischen den Brüdern, im Hintergrund stand eher ein Streit zwischen der Priesterschaft in Cusco und Generälen in Ecuador.

Der Untergang

Es kam zum Bruderkrieg, den der kriegserfahrene Atahualpa gewann. 1532 wurde Huáscar gefangen genommen und hingerichtet. Dabei übersah Atahualpa die Gefahr durch die Ankunft der Spanier, die im April 1532 in Nordperu (bei Tumbes) unter **Francisco Pizarro** an Land gegangen waren. Am 15. November 1532 wurden sie in Cajamarca von Atahualpa freundlich empfangen. Doch die Spanier nahmen den Herrscher gefangen. Dies gelang dem kleinen Haufen auch durch die Wirkung ihrer Feuerwaffen und Pferde, die die Inka nicht kannten. Atahualpa wollte sich mit einem Zimmer voll Gold freikaufen, das die Spanier als Lösegeld verlangten. Er wurde von aber trotzdem zum Tode verurteilt und am 29. August 1533 erdrosselt. Vorher hatte er sich noch auf Juan de Atahualpa taufen lassen müssen, damit sein Leichnam nicht verbrannt wurde.

Das nun führerlose Volk der Inka leistete keinen nennenswerten Widerstand und Pizarro konnte am 15. November 1533 in Cusco einziehen. Helfritz schreibt: „Das war das Ende des größten Imperiums in der Neuen Welt, das in kurzer Zeit dank einer außerordentlich durchdachten Organisation die gegensätzlichsten Landstriche und die verschiedenartigsten Volksstämme zu vereinen imstande gewesen war."

Techniker und Künstler

In der **Baukunst** wurde von den Inka Beispielloses geleistet. Die fugenlose und erdbebensichere Aneinanderpassung riesiger Steine, von denen wir nicht einmal genau wissen, wie sie transportiert wurden (das Rad kam nicht zum Einsatz), ist auch noch nach heutigen Gesichtspunkten eine technische Meisterleistung. Neben den Gebäuden in Cusco war Machu Picchu baulicher Glanz- und Höhepunkt.

Die Leistungen der **Straßen- und Brückenbauer** waren ebenfalls außerordentlich. Die 60 m lange Hängebrücke über den Río Apurímac (Foto s.S. 430) war einmalig. Das gigantische Straßensystem übertraf das der Römer an Ausdehnung bei Weitem, es wird auf rund 20.000 km Länge geschätzt. Die Küstenstraße war 4000 km lange und 8 m breit, die Haupt-Andenstraße 5200 km lang und 6 m breit und es gab viele Querverbindungen und Nebenwege. Stafettenläufer, **Chasqui** genannt **(s. Abb.)**, waren ständig unterwegs. Wichtige Botschaften konnten so bis zu 250 km an einem Tag weitergeleitet werden.

Die **Kunst** der Inka war schlicht und nüchtern, ohne die Verspieltheit anderer Kulturen. Künstlerische Arbeiten dienten der Verherrlichung des Staates und des Herrschers. Teils übernahmen die Inka dabei ganze Stilrichtungen, wie z.B. den Chimú-Stil. Dabei wurde aber nicht einfach kopiert, jedem Werk prägten sie ihren eigenen stilistischen Stempel auf.

■ **Abb:** *Inka-Artefakt Lama aus Gold, Höhe 5 cm*

In der **Keramik** stellten sie Zeremonial-, Luxus- und Gebrauchskeramiken in vielerlei wohlproportionierten Formen mit geometrischem Dekor her. Paradebeispiele für Zeremonialgefäße im klassischen Inkastil sind die großbauchigen Inka-Amphoren mit schmalem Hals, seitlichen Griffen und konischem Boden, genannt *aríbalo*. Gefäße und Becher, *keros*, wurden aus sehr hartem Holz hergestellt und mit Wachsfarben bemalt oder mit ausgeschnittenen Motiven dekorativ verziert.

Die Produkte der Webkunst aus feiner Vicuña- und Alpakawolle zeichneten sich durch schöne Farben und Ornamente aus (Weben-Exkurs s.S. 90).

In der Metallverarbeitung wurden Werkzeuge und Waffen aus Kupfer und Bronze hergestellt (*tumbaga* war eine spezielle Gold-Kupfer-Legierung). Charakteristisch sind Lama- und Menschenfiguren aus Gold und Silber, auch Kultgegenstände waren vorwiegend aus Gold und oft mit kostbaren Steinen besetzt. Die Goldschmiedkunst der Inka geht aber gleichfalls größtenteils auf die Chimú zurück, die ihr hohes Können nach Cusco mitgebracht hatten. In den Tempeln und Palästen gab es große Goldschätze.

■ *Oben*: aríbalo-Amphore für den Transport von Wasser. *Rechts*: Histor. Abb. eines inkaischen Wasserträgers. *Unten*: Inka-Tonfigur (Höhe 19,5 cm) mit aribalo und kero

Kommunikationsmittel waren die **Knotenschrift Quipu**, die aber nur Ziffern ausdrückte, und **Tocapu, eine Wortzeichenschrift** aus rechteckig/quadratischen Zeichen. Sie findet sich auf Gewebebresten und Keros und ist erst teilweise entziffert (s.S. 312).

Der autoritäre Staat der Inka

Das Staatsgebilde der Inka war nach heutigen Gesichtspunkten ein totalitäres Gemeinwesen auf theokratischer Basis, streng kollektivistisch durchorganisiert, ohne größere persönliche Freiheiten. Der Adel und die oberen Staatsbeamten hatten viele Privilegien, waren von Feldarbeit und Militärdienst befreit, durften mehrere Frauen haben und kostbare Kleider und Schmuck tragen. Angehörige des Hochadels wurden vom einfachen Volk aus religiösen Gründen verehrt. Neben dem Schöpfergott Wiracocha und dem Sonnengott Inti wurde vor allem die Erdgöttin Pachamama gepriesen. Eine große Rolle spielte der „Huaca-Kult" (huaca = heilig/sakral), der sich mit dem Ahnenkult verband. Als *huaca* wurden nicht nur die Verstorbenen (und ihre Gräber) angesehen, sondern auch Naturphänomene, wie Quellen, Höhlen, besonders geformte Steine usw. Religiöse Zeremonien begleiteten die Abschnitte des Agrarjahres.

Der Ayllu

Der Staat der Inka, Tahuantinsuyu, war streng hierarchisch gegliedert und wurde durch eine kleine, hochprivilegierte Schicht beherrscht. Sie vereinte in sich die gesamte Macht und alle Rechte. Oberster souveräner Repräsentant und Führer dieser Herrscherklasse war der *Sapa Inca*, der „Sohn der goldenen Sonne" (nur die Familienmitglieder des Sapa Inca durften sich als „Inca" bezeichnen). In der Staatshierarchie folgte der

■ *Inka-Ohrpflock*

(meist mit dem Inca verwandte) Hochadel, erkennbar an **Ohrpflöcken** (span. *orejones*) und die Priesterklasse mit dem Willaq Umu (Hoher Priester).

Im krassen Gegensatz lebten die Angehörigen des gemeinen Volkes, die ständig an ihr **Ayllu** gebunden waren. Der Ayllu war eine Schollen- oder Bauerngemeinschaft, deren kollektives System für das gesamte Andengebiet maßgebend war und noch bis heute Grundlage der kollektiven Landwirtschaft ist. Ursprünglich waren die Mitglieder des Ayllu allesamt miteinander verwandte Familien.

Der Ayllu-Gemeinschaft gehörte der Ackerboden, die Ayllu-Bauern bearbeiteten gemeinsam die Felder und teilten den Ertrag unter sich auf. Die Ayllu waren auch die Anfänge zu Dorfgemeinschaften. Die Familien wurden durch den *Puric,* den Patriarchen der Familie, geführt. Die Aufsicht über die Purice des Ayllu hatte der *Curaca,* eine Art Vorstand des Ayllu. Der Curaca war das administrative Bindeglied zum *Apu*. Der Apu wiederum war der jeweilige Präfekt eines der vier Reichsteile. Die vier Apu bildeten den inkaischen Rat, der dem Inca bei der Staatsführung zur Seite stand. Der Ayllu war auch Kern der inkaischen Wirtschaftsordnung. Wesentliche Merkmale waren der Gemeinbesitz von Land und die gemeinsame Bewirtschaftung bestimmter Flächenanteile für den Inca, für die Priester und für die Einzelfamilien des Ayllu. Das war nur durch eine straffe Organisation in allen Lebensbereichen möglich.

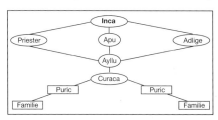

Die Zehn-Klassen-Gesellschaft der Inka

Das reibungslose Funktionieren der inneren Organisation des inkaischen Riesenreiches wurde nach Erkenntnissen bedeutender Inka-Forscher durch die „Zehn Klassen des Lebens" erreicht. Sie stellten die zwei Ebenen des Lebens dar (s.u.). Zwischen Frauen und Männer wurde zwar unterschieden, aber nur was den Lebensinhalt der jeweiligen Klasse betraf.

Männer
1. Klasse: Neugeborene
2. Klasse: Säuglinge und Kleinkinder bis 3 Jahre
3. Klasse: Spielende Kinder, Knaben bis 9 Jahre
4. Klasse: Vogelfänger, 12–15 Jahre
5. Klasse: Lamahirten, 12–18 Jahre
6. Klasse: Saia Paiac (Wehrdienst, Chasqui), 18–22 Jahre
7. Klasse: Puric (wichtigste Klasse), 25–50 Jahre; Bürgerklasse, nur sie mussten neben ihrer Arbeit Abgaben entrichten. Adelige waren von der Abgabenpflicht befreit
8. Klasse: Amauta (Unterweiser, Gelehrter), 50–80 Jahre; sie waren für die öffentliche Erziehung der Jugend zuständig
9. Klasse: Schläfer, über 80 Jahre
10. Klasse: Kranke und Körperbehinderte (Sozialklasse); sie mussten leichte Arbeiten, wie Weben und Schnitzen, übernehmen

Frauen Sie waren genauso in zehn Klassen eingeteilt, mit dem Unterschied, dass sie ab der 3. Klasse (5–9 Jahre) zu Hausarbeiten und in der 4. Klasse zu

Landarbeiten herangezogen wurden. In der 6. Klasse (18–30 Jahre) hatten sie das Recht zu heiraten. Schaffte dies die Frau bis zum Erreichen der 7. Klasse (30–50 Jahre) nicht, wurde sie Dienstmädchen, Kammerzofe oder Geliebte eines inkaischen Staatsfunktionärs.

System der sozialen Gerechtigkeit

Die Lebenshaltung war somit auf **zwei Ebenen** verteilt: *Arbeiten für den Inca* und *Arbeiten für das Volk* bestimmte das Leben des Einzelnen. Ständige Beschäftigung war gewolltes staatspolitisches Interesse. Eine Art Sozialversorgung der Kranken, Witwen und Behinderten wurde durch die 10. Klasse ermöglicht. Dies geschah z.B. durch die Bereitstellung von Grundnahrungsmitteln und Kleidern für den Betroffenen. Dazu wurden im ganzen Reich Speicher, Kornkammern und Magazine angelegt.

Das Leben des *hatun runa,* des Volkes, war fast uniform. Alle Menschen trugen die gleiche Kleidung, die gleichen Schuhe und besaßen den gleichen Hausrat. Die Frage des Eigentums kam nicht auf, denn neben dem Wohnhaus und zehn eigenen Lamas gab es praktisch kein Privateigentum. Fälschlicherweise wurde der Inka-Staat als sozialistisches Staatswesen apostrophiert. Ein Widerspruch, weil nur den obersten Repräsentanten alle Privilegien zustanden.

Vom Ayllu zur Comunidad de Indígena

Familiensolidarität

Die steilen Andenhänge sind normalerweise für die Landwirtschaft nicht geeignet. So wurden die Hänge terrassiert und mit ausgeklügelten Bewässerungssystemen versehen. Nur über das Bindeglied der Solidarität, den gemeinsamen Anstrengungen der einzelnen Familien, können die Terrassen intakt gehalten und die Erzeugnisse zum Markt transportiert werden. Der Zusammenhalt geht nach wie vor von der Familie aus, der kleinsten menschlichen Gemeinschaft. Sie ist noch heute der Eckpfeiler im Leben der Indígena und tragende Säule der indigenen Gemeinschaft, der **Comunidad.**

Alle anfallenden Arbeiten und Aufgaben in den Familien werden seit Generationen durch gegenseitige Hilfe der Familienmitglieder erledigt. Kinder hüten Schafe und Kühe, die Frau unterstützt den Mann im Haus und auf dem Feld bei seiner Arbeit. Der Sohn hilft dem Vater bei der Maisernte und der Instandhaltung der Bewässerungskanäle. Alles geschieht gemeinschaftlich und in Wechselbeziehung. Nur so können die Familien in der rauhen Bergwelt der Anden bestehen. Die Familie ist Schutz, Hilfe, Tradition und Wertegemeinschaft. So konnten sich die kulturellen Werte und das traditionelle Leben im Andenhochland bis heute bewahren. Bei der traditionellen Bodenbewirtschaftung wird z.B. immer noch mit der *tacla* und dem Hakenpflug gearbeitet. Auch der Hausbau wird grundsätzlich in Gemeinschaftsarbeit durchgeführt. Jedem, dem geholfen wird, muss der Gemeinschaft bei etwas helfen. So entsteht ein Netz sozialer Verpflichtungen. Diese Kooperationshilfe geht noch auf die Zeit vor den Inka zurück.

Die Comunidad

Obwohl sich die *Comunidad de Indígena* von der Ayllu unterscheidet, wurden in ihr viele Wesenszüge der inkazeitlichen Ayllu bewahrt. Aus neueren Untersuchungen geht hervor, dass die *Comunidad de Indígena* auf eine Zwangskollektivierung der Ayllu unter dem peruanischen Vizekö-

Die Fronarbeiten oder Mit'a wurden bei den Inka alljährlich festlich eröffnet

nig Toledo zurückzuführen ist. Damit sollte die Andenbevölkerung besser kontrolliert und zur Arbeit herangezogen werden können. So konnte die tributpflichtige *Encomienda* durchgesetzt werden. Die traditionelle **Mit'a** (Arbeitsverpflichtung für öffentliche Belange) des inkaischen Gesellschaftssystems als Grundlage der Encomienda wurde zu einem reinen Ausbeutungsinstrument in Form der Zwangsarbeit der Indígena.

Über die Unabhängigkeit von 1821, der sogenannten Modernisierung im 19. Jahrhundert bis zu der Militärregierung 1968 behielten die aus den Ayllu hervorgegangenen Comunidades ihre relative Autonomie in Selbstverwaltung und Selbstversorgung. Während der Militärherrschaft wurden durch die Militärregierung die *Cooperativas* (Kooperativen) ins Leben gerufen, die nun neben den traditionellen Comunidades existieren. Obwohl eine zunehmende Tendenz zur Privatisierung der Besitz- und Nutzungsrechte des Landes festzustellen ist, sind nach wie vor die Aufgliederungen des Landes in *tierra comunal* (Gemeineigentum), *tierra semicomunal* (beschränkt gemeinsames Land) und in *callpas* (individuelle Feldparzellen) wesentliche Elemente der Comunidad de Indígena. Dabei wird eine agrarsoziale Schichtung in *originarios* (mit vollem Nutzungsrecht), *semiagregados* (mit halbem Nutzungsrecht), *agregados* (mit einem Viertel Nutzungsrecht) und *acogidos* (Nutzungsrecht ohne Landbesitz der abhängigen *hutahuahuas)* vorgenommen (Hutahuahuas sind meist Land- und Hilfsarbeiter).

In der Comunidad sind nahezu alle Menschen gleichgestellt, sonst wäre der Gegenseitigkeit die Basis entzogen. Individualismus würde diese Gemeinschaft zerstören.

Ayni und Minca

Bei der gemeinsamen Bewirtschaftung und Nutzung der Felder haben sich vielfältige Formen und Arbeitsgemeinschaften entwickelt. Einer pflügt z.B. das Land, der andere steuert das Saatgut bei und gemeinsam wird das Feld bestellt. Bei der Ernte wird zwischen *waki* (alternierender Ernte) und *al partir* (geteilter Ernte) unterschieden. Bei der geteilten Ernte bleiben entweder 1–2 Furchen am Rande des Feldes stehen, die den *tarpocas* (Erntehelfern) zukommen, oder der Arbeitseinsatz wird durch den **Ayni** getragen. Dieses Quechua-Wort steht für „Wechselwirkung" oder „Austausch", also eine Art verpflichtende Nachbarschaftshilfe, die neben der Feldarbeit auch z.B. bei der Herstellung von Adobeziegeln oder beim Hausbau zum Tragen kommt. Dieses Prinzip des Austauschs und der reziproken Hilfe ist sehr komplex. Sie muss auch nicht sofort erfolgen, sondern kann auch anderer Art sein. Dabei gilt: Nur Verbundenes kann sich untereinander austauschen. Die Verbundenheit – *yanantin* – umfasst dabei das gesamte geistig-materielle Universum: die Verbindung der Menschen untereinander bis hin zur Verbindung zwischen uns Menschen und der Erde und den Sternen. Deshalb sind die vorinkaischen und inkaischen Tempelanlagen so erbaut worden, dass sie nach Gestirnen und Sternenkonstellationen ausgerichtet sind.

Die gegenseitige Hilfe kann auch mit der *minca* abgegolten werden. Dabei wird die Arbeit des Erntehelfers mit Naturalien oder Sachgütern, heutzutage auch durch Geldmittel ausgeglichen.

Faena Die dritte Form der Arbeitsgemeinschaft ist die Faena (Tagwerk), an der sich alle Mitglieder der Comunidad beteiligen müssen. Dabei handelt es sich meist um öffentliche Projekte oder Missstände, von der durch die Regierung keine Hilfe zu erwarten ist, wie z.B. beim Bau eigener Straßen und Wege, Bewässerungsanlagen oder Gemeinschaftsgebäuden. Dabei sind alle Mitglieder gleichberechtigt und gleichverpflichtet. Beim Bau eines Bewässerungsgrabens geht z.B. ein Schrittmacher voraus und steckt eine Teilstrecke ab. Jeder bearbeitet somit die gleiche Länge an diesem Gemeinschaftsprojekt. Wer fertig ist, wartet, bis alle fertig sind. Erst dann wird das nächste Teilstück bearbeitet.

Im Alltag bedeutet das, dass ein Indígena, der seine Waren auf dem Markt anbietet, es im Namen seiner Comunidad macht. Er ist durch Geburt Mitglied in der Comunidad, bewegt sich in ihrem Schutze. So erklärt sich auch das ständige Überleben eines indigenen Gefüges im Staate, das allen Entfremdungs- und Integrationsversuchen trotzen konnte.

■ *Historische Abbildung von **Lima** im 19. Jahrhundert mit der Plaza Mayor und Kathedrale*

TEIL IV: REISETEIL

Lima

Überblick / Lage

Lima ist sowohl die Haupt- als auch größte Stadt der Republik Peru und des gleichnamigen Departamento. Sie liegt 12 Grad südlich des Äquators am *Río Rímac,* 154 m über dem Meeresspiegel und bedeckt eine Fläche von über 70 qkm in einer Oase der Küstenwüste. Das Zentrum liegt etwa 10 km vom Pazifik entfernt. Geschätzte Einwohnerzahl: 10 Millionen, mit Vororten und Limas Hafenstadt *Callao.* Der Stadtmoloch wächst ständig und wuchert die ausgetrockneten Sandhügel der Küstenwüste hinauf. Täglich kommen viele Indígena in Bussen in Lima an, auf der Flucht vor Armut und Arbeitslosigkeit in ihren entlegenen andinen Dörfern sehen sie in Lima ihre einzige Überlebens- und Zukunftschance. Sie tauchen oft in den zahllosen Elendsvierteln an der Stadtperipherie unter, *barriadas* genannt (oder beschönigend *Pueblos jóvenes,* „Junge Dörfer").

Lima ist das wichtigste Industrie- und Handelszentrum des Landes, Sitz mehrerer Universitäten und des Erzbischofs. Mit der *Carretera Panamericana,* die die Stadt von Nord nach Süd durchschneidet und der *Carretera Central,* die sie über das Andengebirge hinweg mit dem Urwald verbindet, ist Lima auch wichtigster Verkehrsknotenpunkt Perus. Von April bis November liegt die Stadt unter einem dichten, depressiven Nebel, dem *garúa,* der mit Nieselregen einhergeht. Das ganze Jahr über fällt das Quecksilber nicht unter 10 °C, doch nur von Dezember bis April – also in den Sommermonaten – scheint die warme Sonne mit Durchschnittswerten um 25 °C vom blauen Himmel. Dann zieht es die *limeños* in die *balnearios,* die Badeorte am Pazifischen Ozean.

Lima ist wohl die einzige Großstadt Perus, die bei vielen Besuchern aus dem Ausland dann später in negativer Erinnerung bleibt: chaotischer Verkehr, laut, neblig, schmutzig, aggresiv. Von ihrem einstigen Glanz blieb nicht mehr viel übrig. Und dennoch kann man inmitten des Straßen- und Häusermeers wunderschöne Viertel finden, die wie kleine Oasen sind, wie z.B. Barranco, das Bohemien-Viertel am Pazifik, oder San Isidro.

Limas Geschichte

Ciudad de los Reyes

Am 6. Januar **1535** zog Perus Eroberer **Francisco Pizarro** mit seinem Schwert an der Stelle der heutigen Plaza Mayor Planquadrate in den Sand. Nur wenige Tage später, am 18. Januar, wurde die *Ciudad de los Reyes,* „Stadt der Könige", die neue Hauptstadt Perus, gegründet. Die Wahl war wohl überlegt: Am Ufer des Rímac hatte sich in unmittelbarer Nähe des Meeres eine fruchtbare Küstenoase mit einem angenehmen Klima entwickelt. Hier befand sich ursprünglich eine kleine präkolumbische Siedlung, deren Bedeutung nur durch das berühmte Orakel ihres Tempels bestand. Pizarro wusste jedoch nicht, dass die Küstenoase in einem Erdbebengebiet lag. Er plante zielstrebig die neue schachbrettarti-

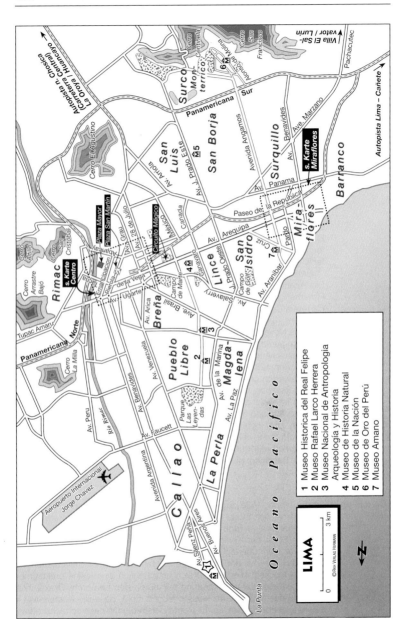

ge Stadt und ließ prunkvolle Gärten, Herrenhäuser nach andalusischem Vorbild, den Palast der Vizekönige, die Kathedrale sowie eine Wasserversorgung mit Steinröhren bauen. 1544 wurde die Ciudad de los Reyes Sitz des Vizekönigtums und der spanischen Vizekönige Perus. Zeitweise wurde von Lima aus ganz Südamerika regiert. Mit der Universität von San Marcos wurde 1551 schließlich die erste Universität Südamerikas eröffnet.

Inkagold und Ausbeutung

In den folgenden Jahrzehnten entwickelte sich die fortan von den Spaniern nur noch *Lima* (abgeleitet aus dem Wort *Rímac*) genannte Stadt zur reichsten ganz Südamerikas. Das lockte neben Handels- und Edelleuten auch Piraten an. Einer dieser Freibeuter war Francis Drake, der 1579 Limas Hafenort Callao überfiel. Als Folge dessen wurde 1670 eine 11 km lange Schutzmauer aus Adobe (Lehmziegel) erbaut.

Im 17. Jahrhundert zählte Lima 26.000 Einwohner und strebte zum Zenit seiner Macht. Reichtum und Luxus speisten sich durch die Ausbeutung der alteingesessenen Bevölkerung und durch die unermesslichen Schätze der Inka, deren eingeschmolzenes Gold aus dem Hochland nach Lima geschleppt wurde. Das restliche Land verarmte dagegen und litt Not.

In seiner Geschichte wurde Lima immer wieder von Erdbeben heimgesucht. Die schwersten zerstörten **1687** und **1746** die Oasenstadt nahezu völlig. Doch jedesmal wurde sie prächtiger aufgebaut und neben dem Ruf als bedeutendstes kolonialspanisches Bau- und Kunstzentrum Südamerikas wurde es auch zum geistigen Mittelpunkt des Kontinentes.

Industrialisierung und Landflucht

Der letzte spanische Vizekönig musste 1821 Lima verlassen, nachdem General *José de San Martín* die Unabhängigkeit Perus in Lima proklamiert hatte. Danach setzten Modernisierung und Industrialisierung ein. 1851 wurde eine der ersten Eisenbahnlinien Südamerikas zwischen Callao und Lima gebaut. Lima wuchs weiter, bewahrte aber sein barockes Flair und war Anfang und Mitte des 19. Jahrhunderts noch von ausgedehnten Plantagen umgeben.

1940 wurde die Stadt erneut von einem Erdbeben schwer beschädigt. Doch das Geld für einen gleichermaßen prunkvollen Aufbau war nicht mehr vorhanden. Ende der 1950er Jahre setzte dann die große Landflucht der indigenen Bevölkerung ein, verschwanden die Plantagen und Haciendas, wurde Lima mit voller Wucht mit den Miseren seines ausgebeuteten Hinterlandes getroffen. Die Migranten eroberten die Stadt, und keine Maßnahme der Stadtbehörde konnte sie aufhalten. Sie gründeten Armenviertel, um sich ein Zuhause schaffen zu können, während die Reichen in neuerbaute luxuriöse Viertel zogen, um dem Stadtchaos zu entgehen. Ab 1930 gab es keine systematische Stadtplanung mehr. 1876 hatte Lima 100.000 Einwohner, 2004 waren es bereits 8 Millionen.

„Kulturerbe der Menschheit"

1970 erschütterte ein weiteres Erdbeben die Fundamente der stark angeschlagenen Stadt. Bürgermeister Andrade hatte es sich zur Aufgabe gemacht, die schier ausweglose Stadtsituation, vor allem im Zentrum, zu verbessern. Erst mit finanzieller Unterstützung der UNESCO, die 1991 das Altstadtzentrum von Lima zum „Patrimonio Cultural de la Humanidad" (Kulturerbe der Menschheit) erklärte, konnte Limas Erneuerung in Angriff genommen werden. Die *Plaza de Armas* („Platz der Waffen", da hier das Waffenarsenal der spanischen Truppen lagerte) wurde herausgeputzt, die umliegenden historischen Bauten neu gestrichen, die Plazas San Martín und Bolívar attraktiv gestaltet und die Plaza de Armas in **Plaza Mayor** (Hauptplatz) umbenannt. Gleichzeitig wurden der Schwerlastverkehr verbannt und Fußgängerzonen geschaffen. Doch die allgegenwärtigen *ambulantes,* die fliegenden Straßenhändler, ließen sich nicht so einfach aus der Innenstadt vertreiben. Etwa 1,5 Millionen soll es geben. Sie haben sich zum Verband der Straßenverkäufer (FEDEVAL) zusammengeschlossen, um der Stadtverwaltung Genehmigungen für ihre Verkaufsplätze abzutrotzen. Für viele ist Limas Schattenwirtschaft, genannt *economía popular,* nach wie vor die einzige Überlebenschance.

Orientierung Um sich in Lima – wie auch in den meisten Städten Perus – zurechtzufinden, hier ein paar Tipps: Von der Plaza Mayor verlaufen die Straßen schachbrettartig in alle vier Himmelsrichtungen. Um den Hauptplatz gruppieren sich *Casonas coloniales* (koloniale Stadtpaläste), *Palacio de Gobierno* (Regierungspalast), *Municipalidad* (Rathaus) und religiöse Bauwerke wie Kirche, Kathedrale oder Kloster. Die Casonas wurden in Lima überwiegend im *Mudéjar-Stil* mit Portalen, mächtigen hölzernen **Erkern** und beschaulichen **Patios** (Innenhöfen) erbaut. Hausnummern erhöhen sich nach jeder Kreuzung oder nach jedem Häuserblock **(cuadra)** um eine Hunderterstelle (Haus Nr. 341 liegt also nach der 2. Straßenkreuzung im 3. Block). Ein Häuserblock wird auch Manzana genannt. Mehrere Blocks bilden ein Viertel oder ein *Barrio*, mehrere Barrios einen Distrikt. Eine *Avenida* ist eine breite Straße oder eine Allee, Straßen heißen *Calles* **(Ca.)***,* Gassen ***Jirones (Jr.)*** und Verbindungsgässchen ***Pasajes (Psj.).***

Alle Straßen in der Altstadt von Lima haben zwei Bezeichnungen, die sich auch auf den kunstvollen (Emaille-)Straßenschildern wiederfinden. In der linken oberen Ecke steht der neue Straßenname, der auch hier im Buch verwendet wird. Oben rechts ist der jeweilige Block angegeben. In der Mitte befindet sich der alte Straßenname. Beispiel: *Calle del Mercadores* für den Jirón de la Unión. Außerdem ist auf dem Straßenschild ein kurzer Text über die historischen Hintergründe des Straßennamens angebracht.

In Lima erleichtern drei Plätze, die in einer Linie liegen, die Orientierung. Im Zentrum liegt die **Plaza Mayor,** von deren Südwestecke, gegenüber vom Präsidentenpalast, **die Fußgänger- und Einkaufszone Jirón de la Unión** zur **Plaza San Martín** führt. Von hier zweigt rechtwinklig die wichtigste Straße, die **Avenida Nicolás de Piérola** (volkstümlich auch *La Colmena* genannt), ab. Nach Südosten führt sie zum *Parque Universitario,* nach Nordwesten über die **Plaza 2 de Mayo** und Av. *Benavides* (Av. Colonial) zur *Av. Elmer Faucett*, die weiter zum internationalen Flughafen in Callao führt.

Von der Plaza San Martín aus führt die Verlängerung des Jirón de la Unión, Jirón Belén, über den **Paseo de la República,** vorbei am Betonklotz des Hotel Sheraton und des gegenüberliegenden *Palacio de la Justicia,* zur **Plaza Grau.** Hier grenzen einige Parkanlagen an, in denen sich auch das *Museo de Arte* und *das Museo de Arte Italiano* befinden. Der Paseo de la República (darunter befindet sich die *Estación Central* der Metropolitano-Busse) setzt sich auf der anderen Seite der Plaza Grau als Stadtautobahn bis in den Vorort *Barranco* fort. Die *Av. 9 de Diciembre* verbindet nach Westen die Plaza Grau mit der *Plaza Bolognesi,* wobei die erste größere Querstraße nach Südosten die berühmte, mit Palmen gesäumte *Avenida Arequipa* ist, die sich über das vornehme Stadtviertel *San Isidro*, vorbei an herrlichen Villen, über acht Kilometer bis nach *Miraflores* zieht. Von der Plaza Bolognesi führt die *Avenida Brasil* immer südwestwärts durch die Stadtviertel *Breña, Pueblo Libre* (mit den Museen *Larco Herera* und *Museo Nacional de Arqueología, Antropología y Historia*) und *Magdalena* bis zum Meer.

Sicherheitshinweis Trotz erhöhter Präsenz der Touristenpolizei besonders im Altstadtzentrum vorsichtig sein! Die besseren Viertel Limas sind **San Isidro, Miraflores** und **Barranco.**

Flughafen Der Flughafen liegt in **Callao,** gut 12 km nordwestlich des Stadtzentrums und 16 km von Miraflores entfernt fast am Pazifischen Ozean. Mehr über ihn s.S. 162.

Sehenswürdigkeiten

Trotz seiner eher schlechten Reputation als tristem, grauen Stadtmoloch ist Lima nicht nur Ausgangspunkt für Perureisen. Ein Kurzaufenthalt lohnt sich besonders für Kultur- und Gastronomie-Interessierte. Für zwei bis drei Tage Aufenthalt sei folgendes empfohlen:

1. Tag: Altstadtrundgang (Plaza Mayor, Torre Tagle, koloniale Kirchen, Stadtmarkt). Oder Teile von Lima mit dem **Mirabús**, s.S. 130.

2. Tag: Archäologisches Museum, Museo Larco Herrera und/oder **Museo de la Nación** (Nationalmuseum)

3. Für den dritten und zusätzliche Tage bietet Lima weitere Museen zum Besuch an. Sehenswert sind vor allem **Museo „Oro del Perú" und „Armas del Mundo"** (Gold- und Waffenmuseum), das **Museo de Arte de Lima** (Kunstmuseum), das **Museo de la Inquisición y del Congreso** (Inquisitionsmuseum) oder das **Museo Amano".**

Stadtrundgänge durch Miraflores, San Isidro oder Barranco laden zum Shoppen und Flanieren sowie Probieren peruanischer Köstlichkeiten ein. Und wer noch mehr Zeit mitbringt, dem sei ein Tagesausflug nach **Pachacamac** (Präinkaruinen), **Callao** oder in die **Sierra von Lima** (Bergland) empfohlen.

Altstadtrundgang Lima

Dieser Rundgang dauert sechs bis acht Stunden, je nach Verweildauer in den Kirchen und Bauten (Hinweis: viele Kirchen sind von 12 bis 16 Uhr geschlossen). Die Tour vermittelt einen guten Eindruck vom kolonialen und heutigen Lima. Umfangreiche Restaurierungsarbeiten an Straßen, Gehsteigen und Parkanlagen lassen das Zentrum fast wieder im alten Glanz erscheinen.

Die Tour kann an jedem beliebigen Platz, wie z.B. auf der *Plaza Grau,* der *Plaza San Martín* oder vom *Paseo de la República* aus begonnen werden. Als Startpunkt eignet sich jedoch am besten die **Plaza Mayor.** Von der Plaza fährt laufend ein Touristenbus auf den nahe liegenden Berg **San Cristóbal,** Fp 5 Soles, Aufenthalt etwa 20 Minuten (lohnt sich aber nur, wenn kein Küstennebel die Sicht einschränkt, kleines *Museo de Sitio*).

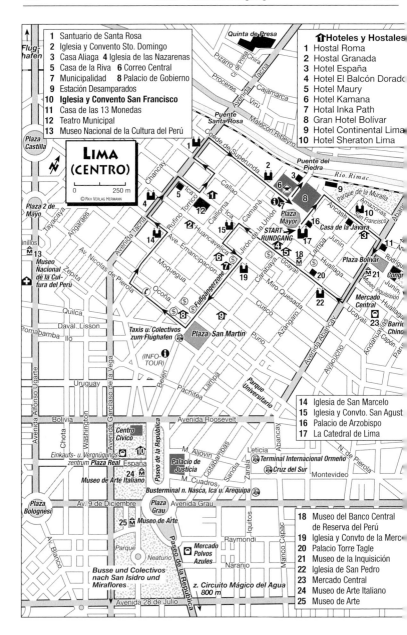

Plaza Mayor Der schönste Platz der Stadt ist ein Treffpunkt. Hier finden auch Paraden, Umzüge und Prozessionen statt, wobei die Gebäude in historischem Stil eine prächtige Kulisse dazu bilden. Sehenswert sind insbesondere der *Palacio de Gobierno* (Regierungspalast), die *Municipalidad* (Rathaus) und die *Catedral* (Kathedrale) von Lima. Sie stehen für die Einheit kirchlicher und königlicher Macht zur Zeit der spanischen Herrschaft in Peru. Der reich verzierte Bronzebrunnen in der Mitte der Plaza stammt aus dem Jahre 1650 und ist der Nullpunkt aller Entfernungen in Peru.

Hinweis: Am Nationalfeiertag 28. Juli findet eine Militärparade auf der Plaza statt, so dass der Besuch der umliegenden Sehenswürdigkeiten wegen der hermetischen Abriegelung oft nicht möglich ist.

La Catedral de Lima An der Südostseite erhebt sich mit der *Catedral de Lima* die kirchliche Repräsentanz.

Der ursprüngliche Bau reicht bis zum Jahr 1555 zurück. Ihr jetziges Aussehen hat sie durch die Rekonstruktion des Jesuiten Juan Rher nach dem Erdbeben von 1746 erhalten. Der Innenbau ist eine reine Holzkonstruktion und so geschickt verkleidet und bemalt, dass dies nicht gleich auffällt. Das Chorgestühl, um 1623 vom Spanier Pedro Noguera geschaffen, ist sehenswert. In der ersten Seitenkapelle rechts kann auch die (angebliche) *Mumie von Francisco Pizarro* (1541) gegen ein kleines Entgelt besichtigt werden. Die Eintrittskarte gilt auch für das **Museo de Arte Religioso,** dessen Eingang links vom Hauptaltar ist (Mo–Fr 9–17 Uhr, Sa 10–13 Uhr, Tel. 427-9647, Eintritt 10 Soles). Vor der Kathedrale schließt sich links die eher unauffällige *Iglesia del Sagrario* an, eine nur abends offene Kirche. Die meisten wenden sich gleich dem

Palacio de Arzobispo zu, eine fast originalgetreue Rekonstruktion aus dem Jahr 1924, der sich links davon erhebt. Mit seinen für das kolonialzeitliche Lima so typischen und mächtigen **Miradores** (Erkern) ist der Palast des Erzbischofs ein beliebtes Fotomotiv (Mo–Sa 9–17 Uhr, Tel. 427-6463, www.palacioarzobispaldelima.com; das Kombiticket für Kathedrale und Erzbischofspalast kostet 30 Soles).

Hunderte prunkvoller *Miradores* schmücken in Lima die Fassaden kolonialer Stadtpaläste. „Mirador" (Aussichtspunkt) deshalb, weil aus den einst holzvergitterten Fenstern das Leben auf der Straße beobachtet werden konnte, ohne selbst gesehen zu werden. Die mächtigen Holzkonstruktionen sind teils zwei Stockwerke hoch, wodurch oben zusätzlich ein Balkon entsteht. Reiches Schnitzwerk an einem Mirador erhöhte das Prestige des Hauseigentümers.

Palacio de Gobierno Die Nordseite der Plaza Mayor wird vom Regierungspalast eingenommen. Er wurde von 1938 bis 1939 an der Stelle des ehemaligen Palastes von Pizarro in neoklassizistischem Stil errichtet. Der Regierungspalast ist Amtssitz und Wohnsitz des amtierenden Präsidenten (www.presidencia.gob.pe). Besichtigung: über die *Oficina de Turismo* (Jr. de La Unión s/

n, Plaza Pizarro, Tel. 311-3908) oder mittels einer Fax-Anmeldung (Nr. 426-7020) an den *Sr. General Jefe de la Casa Militar del Presidente de la República* unter Angabe der Personaldaten und der Passnummer. Die Besuchserlaubnis wird innerhalb von 48 Stunden erteilt, die Führungen finden Mo–Fr von 10–12.30 Uhr statt, Eintritt frei. Sehenswert ist der *Goldene Saal* und einige bedeutende Gemälde. Die Wachablösung der prächtig gekleideten Garde mit ihren messingglänzenden Helmen ist jeden Mittag um 11.45 Uhr ein interessantes Schauspiel. An der Nordwestseite des Platzes befindet sich das Rathaus.

Municipalidad (mit Info-Stelle)

Das Gebäude der Stadtverwaltung wurde 1943/44 erbaut. Auffallend sind die ebenfalls schönen und reich verzierten Holzerker. Nach wie vor spricht hier der *alcalde,* der (Ober-)Bürgermeister (oder die *alcadesa,* die (Ober-)Bürgermeisterin) von Lima an wichtigen Anlässen zu den *limeños.*

Am Anfang der linken Arkadenpassage *Santa Rosa de Municipalidad* wurde die Gemäldegalerie *Pancho Fierro* eingerichtet, die Mo–Fr von 9–20 Uhr und am Wochenende von 13–20 Uhr kostenlos besucht werden kann (Tel. 315-7543).

Neben dem Rathaus an der Westseite reihen sich harmonisch Gebäude mit eleganten Geschäften unter Arkaden an. Namen wie *Portal de Escribanos* (Schreiber, Notar) und *Portal de Botoneros* (Knopfmacher) weisen auf deren frühere Bedeutung hin. Zwischen dem Portal de Escribanos und der Municipalidad erhebt sich ein andiner Basaltstein zur Erinnerung an *Taulichusco,* des letzten indigenen Anführers („A Taulichusco, el viejo, el último de sus gobernantes nativos"). Außerdem ist im Pasaje Los Escribanos 145 die **Oficina de Turismo Municipalidad de Lima,** das Fremdenverkehrsamt der Stadt Lima, untergebracht (Mo–So 9–17 Uhr, Tel. 315-1542. Ausführliche Infos zu vielen Sehenswürdigkeiten in Lima auf www.munlima.gob.pe).

Vor dem Rathausgebäude warten romantische **Pferdekutschen** auf Gäste. Die Umrundung der Plaza Mayor kostet 4 Soles pro Person, ein etwa 25-minütiger Ausflug im Altstadtgebiet kostet bei 4 teilnehmenden Personen 40 Soles. Von Mo–Fr von 10–14 und 16–21 Uhr sowie am Wochenende von 10–21 Uhr steht der Kutschfahrt-Service zur Verfügung. Für individuelle Absprachen direkt bei Herrn Díaz Lescano unter 569-6248 nachfragen!

Wer lieber fährt, kann auch die zwei Wagen des roten *tren turístico,* des (motorisierten) „Touristenzüge" besteigen. Tickets ebenfalls erhältlich vorm Rathaus. Di–So 14–19 Uhr, Fp 5 Soles.

Hinter dem Regierungspalast, im *Jirón Ancash,* befindet sich der Bahnhof.

Bahnstation Desamparados

Von dieser *estación* fährt zweimal im Monat der Zug die äußerst steile Andenstrecke nach Huancayo ab (Details s.S. 452). Tickets gibt es in der ehemaligen „Bahngarage" neben dem Bahnhofshaupteingang.

Im Bahnhofsgebäude befindet sich heute die **Casa de la Literatura Peruana** mit einer ständigen Ausstellung zur Entwicklung der peruanischen Literatur und wechselnden Ausstellungen zu zeitgenössischen Autoren. Di–So von 10–20 Uhr.

Für Literaturbegeisterte sicherlich ein Erlebnis sind die Lesungen berühmter peruanischer Autoren im *Sala del Autor* oder Buchpräsentationen im Auditorium. Im Anschluss kann in der Bibliothek *Mario Vargas*

Llosa gelesen oder in der Cafetería mit Blick auf den *Parque de la Muralla* ein Café getrunken werden.

Gegenüber, an der Ecke Carabaya/Ancash, döst das altehrwürdige **Restaurant Cordano.** Diese Kneipe, „con el ambiente mas antigua de Lima – mit dem ältesten Ambiente Limas", besteht seit 1905 und ist zur Mittagszeit immer gut besucht. Selbst der ehemalige Präsident Alan García soll dort ab und an sein *butifarra,* belegtes Brötchen mit frisch geschnittenem Schinken, Zwiebeln und scharfer Soße, gegessen haben.

Vom Restaurant geht es nach rechts durch den Jr. Ancash, vorbei am *Parque de la Muralla* (Mo–Fr 8-20 Uhr und Sa/So 8–21 Uhr) mit kleinem Museum und Resten der alten Stadtmauer von 1687 zur reizvollen *Plazuela de San Francisco.* Dort erhebt sich die

Nicht versäumen:

Iglesia y Convento San Francisco

Die Kirche und das Kloster wurden 1546 gegründet, 1646 durch ein Erdbeben zerstört und 1657 bis 1687 im Barockstil neu erbaut. Beide zählen zu den schönsten und größten Kolonialbauten von Lima (die Kirche wurde durch die UNESCO zum Kulturerbe der Menschheit erklärt). Berühmt ist das Kloster für seine Katakomben und unzähligen historischen Dokumente, darunter auch Aufzeichnungen aus der Zeit der Eroberung Perus.

Eintritt 7 Soles, Mo–So 9.30–17.30 Uhr, www.museocatacumbas.com. Inbegriffen ist eine 40-minütige Führung (span. und engl.) durch die Katakomben sowie durchs Kloster und ins kleine *Museo de Arte Virreynal* mit Gemälden des Spaniers Zurbarán (1598–1664).

Die barocke Klosterkirche wurde von Constantino de Vasconcelos gebaut und widerstand durch ihre genialen, bambusverstärkten Gewölbe bis jetzt jedem Erdbeben. Beeindruckend ist auch das Chorgestühl aus Zedernholz. Die geometrischen Muster an den Säulen des Klostergebäudes sind, ebenso wie die Holzkuppel, im spanischen *Mudéjar-Stil* ausgeführt. Unter dem Kloster wurden erst 1951 unterirdische Gänge wiederentdeckt, die in über 300 Jahre alte Katakomben führen. Bis 1808 wurden in ihnen über 70.000 Tote bestattet, wovon inzwischen 25.000 Skelette gefunden wurden. Heute können die Besucher an den akkurat aufgestapelten Totenschädeln und Knochen vorbeipilgern.

Der idyllische Innenhof ist vom Kreuzgang durch schmiedeeiserne Gitter getrennt. Importierte Kacheln aus Sevilla im Kreuzgang zeigen verschiedene Märtyrer, die großen Gemälde über den Kacheln das Leben des *Franziskus von Assisi.*

Auf der anderen Straßenseite befindet sich, in Höhe der Calle Ancash 390, die schöne **Casa de la Jarava** (auch „Casa Esquivel" oder „Casa Pilatos" genannt), die einen Teil des Verfassungsgerichtes beherbergt. Es ist eines der ältesten Gebäude in Lima. Leider ist die Besichtigung nicht mehr möglich.

Geht man auf der Calle Ancash weiter bis zur nächsten Kreuzung, stößt man auf die *Avenida Abancay.* Gegenüber liegt die

Casa de las Trece Monedas	Das „**Haus der Dreizehn Münzen**", Ancash 536, wurde um 1750 erbaut und besitzt eine für das damalige Lima typische Fassade. Holztor und Fenstergitter sind noch original erhalten. Die Abancay südlich weiter, liegt links die **Plaza Bolívar** mit dem Denkmal *Simón Bolívars*. Dahinter ist das Kongressgebäude, der **Congreso**.
Museo de la Inquisición y del Congreso	Falls Sie Lust auf einen blutrünstigen und grauenvollen Ort verspüren, können Sie südlich der Plaza Bolívar, an der Ecke Abancay/Junín 548 das **Inquisitionsmuseum** besichtigen (Mo–So von 9–17 Uhr, Tel. 311-7801, Eintritt frei, www.congreso.gob.pe/museo.htm). Von 1570–1820 verurteilte hier das Inquisitionsgericht mit grausamen Methoden angebliche Ketzer und Ungläubige. Im Gerichtssaal ist eine gut erhaltene Mahagoni-Holzdecke zu sehen. In den hinteren Kammern gibt es Original-Folterinstrumente und mit Puppen nachgestellte Folterszenen. Auch die Universitätsbibliothek ist hier untergebracht.
Mercado Central	Der Zentralmarkt liegt an der Ayacucho zwischen Huallaga und Ucayali, doch die Händler haben auch alle umliegenden Straßenzüge beschlagnahmt. Hier sollten Sie nur mit offenen Augen und erhöhter Vorsicht vor den allgegenwärtigen Taschendieben das bunte Durcheinander verfolgen. Es gibt nahezu alles zu kaufen, was das Herz begehrt. Östlich hinter dem Mercado Central, schließt sich der **Barrio Chino** an, das Chinesenviertel. Von der Abancay in die Ucayali einbiegend befindet sich vor dem nächsten Straßenblock links die
Iglesia de San Pedro	Der 1638 von den Jesuiten vollendete barocke Kirchenbau widerstand allen Erdbeben und ist damit eine der besser erhaltenen Kolonialkirchen. So sind die drei Haupt- und zwei prunkvollen Seitenaltäre im reichen maurischen Stil sehr gut erhalten. Die Glocke von 1590, genannt *La Abuelita* („Großmütterchen") läutete 1821 die Unabhängigkeitserklärung ein (Mo–So 6.45–13 u. 17–20 Uhr, beste Zeit für eine Besichtigung ist zwischen 9.30 und 11.45 Uhr). Daneben steht eine Bußkapelle und die kleine Kapelle *Capilla de la Virgen de la O*. Einen halben Block weiter befindet sich in der Ucayali 363 (rechte Seite) der aus dem 18. Jh. stammende
Palacio Torre Tagle	Dieses Adelshaus wurde zwischen 1690 und 1735 für den Marqués de Torre Tagle erbaut, der Schatzmeister der spanischen Pazifikflotte war. **Der schönste koloniale Profanbau Limas** ist heute Sitz einer Abteilung des Außenministeriums. Derzeit können einige Räume nur nach Anfrage an Herrn Nestor Benavides (nbenavides@rree.gob.pe, Tel. 206-2654) besichtigt werden. Blickfang sind die beiden prachtvollen Holzerker mit dem dazwischenliegenden majestätischen Portal. Der Innenhof beeindruckt im andalusischen Mudéjar-Stil. Das **Centro Cultural Inca Garcilaso** befindet sich in der ehemaligen Casa Aspíllaga (Ucayali 391). Wechselnde Kunstausstellungen können von Di–Sa 10–19.30 und Sonntag 10–18 Uhr kostenlos besucht werden. Veranstaltungen auf www.ccincagarcilaso.gob.pe.
Museo Banco Central de Reserva del Perú	Das Museum der Nationalbank liegt Ecke Jr. Lampa/Jr. Ucayali, Tel. 613-2000. Di, Do und Fr von 10–16.30 Uhr, Mi 10–19 Uhr, Sa/So 10–13 Uhr, Eintritt frei. Es bietet neben einer Pinakothek mit berühmten peruanischen Gemälden des 19. bis 21. Jahrhunderts auch Ausstellungsstücke

mit historischem Hintergrund (Keramiken, Textilien und Silberarbeiten). Hervorzuheben ist jedoch die Sammlung Hugo Cohen mit Goldstücken der Kulturen Nazca, Lambayeque und Mochica.

Weiter dem Jr. Ucayali folgen, der nach Überquerung der Fußgängerzone *Jirón de la Unión* zum *Jirón Ica* wird. Nach Überquerung der Camaná steht auf der linken Seite die

Iglesia y Convento San Agustín Bemerkenswert ist die churriguereske Fassade und die Sakristei mit einer Decke im Mudéjar-Stil und der barocken Holzschnitzerei „Der Tod" von *Baltasar Gavilán*. 1895 wurde die Kirche während der Revolution fast vollständig zerstört. Di–Sa 8–12 u. 16.30–19 Uhr, So 11–19 Uhr (Messen um 9, 11 und 19 Uhr).

Nun den Jirón Camaná nach Südwesten runtergehen und nach links in den *Jirón Huancavelica* einbiegen. Nach einem Block wird wieder die Hauptgeschäftsstraße Jirón de la Unión erreicht.

Jirón de la Unión Jirón de la Unión ist die erste Fußgängerzone Limas mit Schmuckgeschäften, Musik- und Buchhandlungen, vielen Händlern, Straßenmusikern, trickreichen Taschendieben und jeder Menge Schnellrestaurants, die *papas fritas* (frittierte Kartoffeln), *pollos* (Hähnchen) und *churros* (Spritzgebäck) anbieten – also immer sehr belebt und es gibt Vieles zu sehen. Das Gebäude mit der Hausnummer 554 gehört der Katholischen Universität, wurde stilgerecht nach den Vorlagen vor 200 Jahren restauriert und beherbergt im Wechsel von etwa einem halben Jahr unterschiedliche Themenausstellungen (Mo–Sa von 11–20 Uhr, Eintritt frei). Gleich an der gegenüberliegenden Ecke steht, erkennbar an der rötlichen Fassade, die

Iglesia y Convento de la Merced Bevor Pizarro Lima gründete, fand hier bereits 1534 eine Messe statt. Das Kirchenbauwerk wurde immer wieder abgerissen oder durch Erdbeben stark beschädigt, so dass sich das Aussehen des Baus im Laufe der Zeit mehrmals veränderte. Am Hauptaltar steht die *Virgen de la Merced*, die Lima 1615 vor einem Überfall beschützt haben soll und heute als Patronin der Armee verehrt wird. Im rechten Seitenschiff ist das Kreuz von Pater Urraca zu sehen. Auffallend ist auch das Steinportal in platereskem Stil (von „platero" – Silberschmied, fein ziselierte Steinmetzarbeiten mit Blumen-, Ranken- und Heraldikelementen). Täglich 8–12 und 16–20 Uhr. Fast immer Messezeit.

Die Unión führt jetzt geradewegs auf die

Plaza San Martín Limas Hauptplatz, benannt nach dem südamerikanischen Revolutionsführer und General **José de San Martín** (1778–1850), der am 28. Juli 1821 in Lima Perus Unabhängigkeit ausrief, wurde vollständig neu gestaltet und ist der Verkehrsmittelpunkt der Stadt. Er wird von sehenswerten kolonialen Bauwerken und schönen Arkadengängen gesäumt, die einst in einem tropischen Rot schimmerten. Deshalb wurde der Platz auch oft der „Rote Platz" Limas genannt. Nach der Neugestaltung haben die angrenzenden Bauten eine beige Farbe angenommen. Dennoch lädt der Platz zum Verweilen ein, besitzt Charme inmitten der allgegenwärtigen Verkehrsbrandung Limas. Unter den Arkaden haben sich Schuhputzer aufgebaut, bieten fliegende Händler oft zweifelhafte Waren an, lauern Schlepper auf Touristen-Opfer. Gleich rechts, an der Ecke zur Ocoña, stehen sich meist Geldwechsler die Füße platt. Daneben befindet sich das altehrwürdige **Luxushotel Gran Bolívar.** Sehen Sie sich seine schöne Jugendstil-Eingangshalle an, auch Nicht-Hotelgäste dürfen sie bestaunen. Bestellen Sie sich dann an der Bar als Erfrischung unbedingt *La Catedral del Pisco Sour,* ein im Cocktailglas servierter doppelter Pisco Sour.

Das Reiterdenkmal San Martíns in der Mitte des Platzes stammt aus dem Jahr 1921. Für viele Leute indigener Abstammung ist die Plaza ein Treffpunkt, man sieht sie in kleinen Gruppen, Kinder spielen um das Reiterdenkmal. Wegen Taschendieben vorsichtig sein und den Platz nachts besser meiden.

Abstecher zum Paseo de la República

Ein Abstecher führt von der Plaza San Martín zum Paseo de la República. Dazu am Hotel Bolívar vorbei die Avenida Nicolás de Piérola überqueren und in den Jirón Belén gehen (Verlängerung des Jirón de la Unión). Auf der gegenüberliegenden Straßenseite hat die 10. Kompanie der Feuerwehr einen kleinen Stützpunkt, mit etwas Glück können hier Feuerwehrwagen-Oldtimer im Hof bestaunt werden. In der Belén 1066 ist das Fremdenverkehrsbüro von Infoperu.

Wer weiter den Jr. Unión folgt, erreicht über deren Verlängerung den **Paseo de la República** mit Justizpalast, Sheraton-Hotel und neuem Einkaufs- und Vergnügungscenter *Plaza Real,* an das sich per Brücke der *Parque de Museos* anschließt.

Zurück zum Rundgang: Von der Plaza San Martín nach rechts in die

Avenida Nicolás de Piérola

einbiegen (im Volksmund *La Colmena* genannt). Hier befanden sich ursprünglich fast alle Büros der großen internationalen Airlines, viele gute, teure Restaurants, Souvenir- und Juwelierläden. Leider ist diese einstige Geschäftsstraße als Folge des Terrorismus in den 1980iger Jahren völlig heruntergekommen. Die Flugbüros wurden fast alle nach Miraflores und San Isidro verlegt, die meisten Läden haben dichtgemacht. Nachmittags und abends bietet ein Heer von Straßenhändlern Waren feil.

Der Piérola folgend, kann das Hochhausgebäude des ehemaligen Hotels Crillon nicht verfehlt werden. Noch vor dem Gebäude nach Norden (rechts) wenden, auf dem *Jirón Rufino Torrico* bis zur Av. Emancipación gehen. Dort nach links abbiegen, zur

Iglesia San Marcelo

Die Kirche wurde 1551 gebaut, jedoch öfter von Erdbeben zerstört und zuletzt 1933 restauriert. Dennoch hat sie etwas von der alten kolonialen Atmosphäre erhalten. 7–12 u. 15–18 Uhr.

An der nächsten Kreuzung rechts in die breite, verkehrsreiche *Avenida Tacna* einbiegen. An der Ecke mit dem Jirón Huancavelica steht die

Iglesia de las Nazarenas

Hier wird der *Señor de los Milagros,* der „Herr der Wunder", als Patron von Lima verehrt. Die Kirche wurde in den 50er Jahren renoviert. Wie durch ein Wunder widerstand ein Gemälde des gekreuzigten Christus, das von einem freigelassenen Sklaven im 17. Jahrhundert auf eine Lehmmauer gemalt wurde, allen zerstörerischen Erdbeben. Die Kirche ist nur sporadisch geöffnet. Die alljährlichen großen Prozessionen am 18., 19. und 28. Oktober beginnen hier. Dabei wird eine Kopie des wundertätigen Christusbildes durch die Straßen Limas getragen, der tausende, in violette Gewänder gehüllte Männer und Frauen folgen.

Es geht nun die Avenida Tacna weiter Richtung Río Rímac bis zur Kreuzung mit Jirón Ica. Rechts, im Jirón Ica 426, steht die

Casa de la Riva	Das kolonialspanische Bauwerk aus dem 18. Jh. kann nur nach Voranmeldung besichtigt werden und ist im Besitz der Gesellschaft von *Entre Nous*. In der Ica erreicht man an der nächsten Straßenkreuzung das
Teatro Municipal	Das denkmalgeschützte städtische Theater brannte Anfang August 1998 innerhalb von zwei Stunden aus. 1999 wurde es wieder aufgebaut. Hervorragende Aufführungen von Opern und Sinfonien. Nach umfangreichen Renovierungsarbeiten 2010 neu eröffnet. Dem Jirón Rufino Torrico einen Block folgen, dann nach links in den Jirón Callao abbiegen. An der nächsten Kreuzung stoßen Sie wieder auf die Av. Tacna. Nach rechts gehen, auf der linken Seite erscheint das
Santuario de Santa Rosa	Hier wurde neben dem Geburtshaus der Mystikerin *Rosa von Lima* (1586–1617) eine kleine Kirche gebaut (nur selten geöffnet). Im Garten befindet sich ein kleines Schlösschen aus (Adobe-) Lehmziegeln, das die Heilige Rosa selbst errichtete und ein Brunnen, in den sie den Schlüssel zu ihrem schweren Büßergewand warf – Pilger und Schüler tun es ihr heute gleich und werfen Zettel mit ihren Wünschen hinein. Am 30. August wird das Fest zu Ehren der Heiligen Rosa mit einer großen Prozession gefeiert. Der Jirón Conde de Superunda führt Richtung Plaza Mayor. Nach kurzer Wegstrecke steht rechts, in der Conde de Superunda 298, die
Casa de Oquendo oder Casa de Osambela	Ein altes Kolonialhaus mit einem schönen Innenhof, einigen Kolonialmöbeln und wechselnden Kunstausstellungen. Vom Aussichtsturm beobachtete *Don Martín de Osambela* mit dem Fernglas die in Callao ankommenden Schiffe. Hier ist heute die Historische Akademie und das Kulturzentrum *Inca Garcilaso de la Vega* untergebracht. Die Kunstausstellung ist Mo–Fr von 9–12.45 u. 14–17 Uhr geöffnet, Eintritt frei. Der Conde de Superunda folgend erreichen Sie kurz darauf den Komplex
Iglesia y Convento Santo Domingo	Er wurde 1540 begonnen, beherbergte 1551–1671 die Universität San Marcos, im 18. Jh. wurde das Innere erneuert. Auffallend sind die neun Altäre in der Kirche, und bemerkenswert ist auch das aus Zedernholz geschnitzte Chorgestühl. Am rechten Seitenaltar stehen die Heiligenstatuen von *San Martín de Porres* und *Beato Juan Masias* sowie eine Alabasterstatue von *Santa Rosa*, die Papst Clemens IX. 1669 stiftete. Die sterblichen Überreste der drei Heiligen sind in einer Gruft des Klosters beigesetzt. Sehenswert ist auch der sehr hübsche Innenhof und die mit sevillanischen Fliesen ausgelegten Kreuzgänge sowie die barocken Schnitzereien im Kapitelsaal (Sitzungssaal). Öffnungszeiten Kloster: nur sonn- und feiertags 9–12.30 Uhr. Kirche von 7–13 u. 15–21 Uhr, Eintritt. Gleich dahinter liegt ein quirliger Markt, auf dem indigenes Kunsthandwerk verkauft wird. Eine Passage führt vorbei zur
Correo Central	Das Hauptpostamt in der Camaná 157 ist Mo–Sa von 8–20 Uhr und am Sonntag von 9–13.30 Uhr geöffnet. In der Passage können Schreibwaren aller Art, wunderschöne Postkarten und Verpackungen gekauft werden. Außerdem befinden sich hier Büros der EMS (Express Mail Service) und der Telefónica del Perú mit Fax-Service. In einer Seitenpassage gibt es ein kleines Briefmarkenmuseum, das *Museo Postal y Filatélico del Perú* (Di–Fr 9–17 Uhr, Eintritt frei). Briefmarkenfreunde treffen sich hier am

Morgen des letzten Sonntag des Monats. Die Straßenzüge hinter dem Postamt zählen bereits zum dubiosen Schwarzmarkt von Lima. Die Post-Passage endet im Jirón de la Unión. Linker Hand, Richtung Río Rímac, befindet sich im Jirón de la Unión 224 die

Casa Aliaga Das sehr sehenswerte und vollständig erhaltene Kolonialhaus aus dem Jahre 1535 gehört immer noch den Aliagas. Der Urahn, *Don Jerónimo de Aliaga,* war einer der dreizehn Kommandeure Pizarros, die das Vorrecht hatten, ihre Häuser um die Plaza Mayor zu bauen. Das Haus steht auf dem alten Heiligtum des Häuptlings *Taulichusco*. Es kann nur nach telefonischer Voranmeldung besichtigt werden, Tel. 424-9066 für ausführliche Informationen und reservas@casadealiaga.com zur Terminvereinbarung. Eintritt 30 Soles.

Río Rímac Ein paar Schritte weiter in nordöstlicher Richtung stehen Sie nun am Río Rímac vor der ältesten Brücke Limas, vor dem **Puente de Piedra,** erbaut in der Zeit des Vizekönigs *Marqués de Montesclaro* (1607–1615).

Jenseits des meist ausgetrockneten Flusses liegt im Stadtteil **Rímac** (Sicherheitshinweis: trotz der Sehenswürdigkeiten raten wir momentan von einem Besuch des Viertels ab!) an der *Plaza de Acho* die Stierkampfarena (Saison von Januar bis März und im Oktober) und in der Calle Presas die *Quinta de Presa* (heute Escuela de Restauración), angeblich der Palast der Schauspielerin *La Perrichoili* (Michaela Villegas), die im 18. Jh. die Geliebte des spanischen Vizekönigs war. Hier in Rímac und im angrenzenden Stadtteil San Lázaro, das während der Kolonialzeit *Malambo* genannt wurde, wohnten die *Bozales* und *Mandingas*, Sklaven aus Afrika.

Weitere Sehenswürdigkeiten in Lima

Circuito Mágico del Agua Dieser **Springbrunnenpark** liegt im *Parque de la Reserva* südlich des historischen Zentrums, Anfahrt über die Arequipa. Es handelt sich hierbei um ein eindrucksvolles Schauspiel bunt angestrahlter Wasserfontänen und Lasershows, choreographiert im Rhythmus von Musikklassikern und Evergreens. Zu sehen auf www.circuitomagicodelagua.com.pe und www.mirabusperu.com. Weltweit die größte Anlage ihrer Art. Variierende Öffnungs- und Vorführungszeiten (Homepage konsultieren!), geringer Eintritt.

Kolonialhaus **Casa Riva-Agüero,** Jr. Camaná 459. Hier befindet sich das Instituto Riva-Agüero der Kath. Universität, Tel. 626-6600, www.pucp.edu.pe/ira. Besuch des Hauses mit dem *Museo de Arte & Tradiciones Populares* (Mo-Fr 10–13 Uhr u. 14–17 Uhr, Eintritt 15 Soles) und/oder Besuch des *Museo de Arte* im Untergeschoss (Mo–Fr von 10–19 Uhr, Eintritt 2 Soles).

Paseo de la República Eine platzartige, überbreite Straße, die am Ende des Jirón de la Unión beginnt, mit mehreren modernen Bronzedenkmälern und dem Hotel Sheraton mit angeschlossener Einkaufspassage. Auf der östlichen Seite der *Palacio de Justicia*. Südlich des Paseo befindet sich die

Plaza Grau Ein verkehrsreicher Platz mit dem Denkmal von *Miguel Grau*, dem peruanischen Admiral im peruanisch-chilenischen *Salpeterkrieg* 1879–1884.

Über die Av. 9 de Diciembre mit dem Kolumbusdenkmal geht man zur

Plaza Bolognesi mit dem Denkmal von *Francisco Bolognesi,* Oberst und Nationalheld im Salpeterkrieg, gefallen 1880 bei Arica.

Parkanlagen Westlich und südlich der Plaza Grau: Parque de la Exposición (in dem 1868 die Internationale Ausstellung stattfand), *Museo de Arte, Museo de Arte Italiano* und Japanischer Garten.

Parque Universitario Der Universitätspark an der Av. Nicolás de Piérola südöstlich der Plaza San Martín mit der ehemaligen San Marcos Universität ist ein wichtiger Verkehrsknotenpunkt, der das touristische vom untouristischen Lima trennt. Von hier fahren viele Busse in die südlichen Vororte ab. In der Mitte des Parkes steht eine Turmuhr, die 1921 von den Deutschen des Landes zum 100. Geburtstag der Unabhängigkeit Perus gestiftet wurde (eine Gedenktafel an der Uhr erinnert daran).

Convento de los Descalzos Das Kloster der Barfußmönche liegt am Ende der *Alameida de los Descalzos,* dem ältesten Promenadenpark Limas aus dem 18. Jahrhundert im Stadtteil San Lázaro nördlich vom Río Rimac. Das Kloster am Fuß des Berges *San Cristóbal* wurde im 16. Jh. errichtet. Wertvolle Gemälde von Medoro und Diego Quispe Tito im Cusco- und Quito-Stil machen die weitläufige Klosteranlage für Interessierte zu einem lohnenswerten Ausflug. Täglich außer Di von 10–13 u. 14–18 Uhr, Sa/So 9–17 Uhr, Tel. 481-0441, Eintritt.

Parque de las Leyendas (Park der Legenden) – zwischen Lima und Callao im Stadtviertel San Miguel an der Av. La Marina (s/n). Zoologischer Park, in dem die drei verschiedenen Hauptlandschaftsformen Perus (Costa, Sierra und Selva) nachgebildet wurden. Mo–So von 9–18 Uhr, Eintritt 10 Soles, www.leyendas.gob.pe. Archäologische Ausgrabungen auf dem Gelände.

Barrio Chino Das Chinesenviertel Limas in der Verlängerung der beiden Straßen Huallaga und Ucayali südöstlich der Av. Abancay gilt als die größte chinesische Gemeinde Südamerikas und ist ein ausgezeichneter Tipp, um bei einer der unzähligen Chifas einzukehren. Schöne chinesische Architektur in der Calle Capón.

Zentralfriedhof Cementerio Matías Maestro Limas alter Zentralfriedhof **Cementerio Matías Maestro** liegt im Stadtteil *Colinas de Vila* im Südwesten der Stadt. Mit seinen neogotischen und neoklassizistischen Mausoleen und Statuen in einem wunderlichen Stil-Durcheinander ist er eine nicht alltägliche Sehenswürdigkeit. Nach der Eröffnung 1808 gehörte es später zum „guten Ton", hier eine Grabstätte zu besitzen. Hier fanden u.a. 34 peruanische Präsidenten, nationale Helden und zahllose lokale Honoratioren ihre letzte Ruhestätte im Heldendom.

Stadtviertel

Miraflores Miraflores ist ein belebtes, modernes Stadtviertel, das zwischen dem Ende der Av. Arequipa und der Playa Costa Verde liegt und mit zahlreichen besseren Läden, Airline-Büros, Hotels und Restaurants (darunter das legendäre *Rosa Naútica* oder das Restaurant *Astrid & Gastón* des peruanischen Meisterchefs Gastón Arcurio) aufwartet. Miraflores ist mit dem Zentrum über die autobahnartig ausgebaute Av. Paseo de la República verbunden. Ab der Av. Tacna/Wilson im Zentrum fahren unzählige Busse, Combis, Micros und Sammeltaxis, meist über die Av. Arequipa, nach Miraflores und umgekehrt. Moderne Gelenkbusse der Linie *Metropolitano* verbinden das Zentrum mit Miraflores (und Barranco). Erkenntlich sind die Busse an ihrer Aufschrift *Metropolitano* mit einem stilisiertem „M". Strecken- und Fahrpläne auf www.metropolitano.com.pe.

Markanter Verkehrsknotenpunkt ist der Kreisel *Ovalo,* in den die Av. Arequipa mündet und von dem aus die *Av. Larco* zum Parque Salazar am Meer führt. Am Ende der Av. Larco ist das belebte Einkaufs- und Restaurantzentrum **Larcomar,** www.larcomar.com, das direkt in die Steilküste gebaut wurde. Es gibt Restaurants jeder Preisklasse, oft mit einem schönen Blick auf das Meer.

Vom Ovalo aus verläuft nach Südwesten die belebte *Av. Mariscal Benavides* (auch *Diagonal* genannt), vorbei am *Parque Central* und *Parque Kennedy* (am Abend mit Kunsthandwerksmarkt) zum Strand der Costa Verde. Von den Anhöhen der Strandklippen und dem *Parque del Amor* (Liebespark) mit seiner überdimensionalen Statue eines sich küssenden Liebespaares des Künstlers Víctor Delfín bietet sich ein Blick entlang der Küste bis weit über den Vorort Chorrillos hinaus.

Huaca Pucllana (oder Huaca Juliana): eine sehenswerte pyramidenartige Ausgrabung der Lima-Kultur im *Parque Tahuantinsuyu,* General Borgoño 800 (Höhe Querstr. 45/46 der Av. Arequipa), Tel. 445-4042. Mit *Museo de Sitio Huaca Pucllana,* einem hervorragendem Restaurant und Botanischem Garten. Mi–Mo 9–17 Uhr, Eintritt 12 Soles mit Führung (auch auf Englisch).

Stadtbesichtigung mit Mirabús	Der „Oben-ohne"-Doppeldeckerbus **Mirabús** ist eine bequeme Art, Miraflores und andere Stadtteile Limas kennenzulernen. Abfahrt jeweils im Kennedy Park, Tel. 476-4213, www.mirabusperu.com. *Tour Miraflores* kostet 10 Soles, mehrere Abfahrtzeiten von Mo–Fr; *Tour Lima* mit Besichtigung San Francisco (Katakomben) kostet 60 Soles, tgl. 9.30 u. 14.30 Uhr. Außerdem „Lima bei Nacht", Callao, Pachacamac und „Cementerio Matías Maestro" (Zentralfriedhof, s.o.). Alternative Angebote mit **Turisbus,** www.turibusperu.com und **Perú Sightseeing** (mit Audioguides, Anfragen an reservas@perusightseeing.com).
Barranco	Barranco ist für peruanische Verhältnisse ein wunderschöner und beliebter Vorort an der *Playa Barranco,* in dem sich viele Künstler (das Haus von Víctor Delfín kann nach Voranmeldung besichtigt werden) angesiedelt haben. Tagsüber liegen die eng verschachtelten Gassen fast malerischen Villen nahezu verträumt da, während sie in der Nacht zu Leben erwachen. Dann füllen sich die Kneipen, Diskotheken und Plätze.

Kunstliebhaber finden in den Galerien ständig wechselnde Ausstellungen moderner Kunst. Wunderschön ist das kleine *Manos Peruanas* in der Calle Berlin 1084, reich bestückt mit edlen Stücken peruanischer Volkskunst. Sehenswert ist das **Museo de Arte Colonial Pedro de Osma,** Av. Pedro de Osma 421, Tel. 467-0141. Di–So 10–18 Uhr, Eintritt 10 Soles. Schöne Exponate aus der Kolonialzeit, Führungen auf Spanisch ab 10.30 Uhr alle anderthalb Stunden. In einem Extrasaal gibt es wechselnde Ausstellungen moderner Kunst. Nach langem Warten wurde nun auch endlich das **MAC – Museo de Arte Contemporaneo** mit angeschlossenem Park und Cafetería in der Cuadra 15 der Av. Grau eröffnet. Eintritt 8 Soles. Der Modefotograf Mario Testino lädt im **MATE – Asociacón Mario**

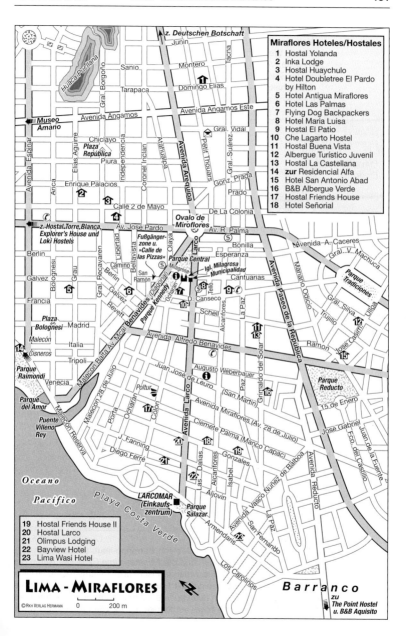

Testino, Av. Pedro de Osma 409, Di–Fr 11–20 u. Sa 11–18 Uhr, ein.

Von der *Plaza Barranco* führt die *Bajada,* ein steiler Weg, zum Meer hinunter. Westlich der Plaza liegt der *Puente de los Suspiros,* die Seufzerbrücke. Vom *Mirador* (Aussichtspunkt) bietet sich der beste Blick entlang der Steilküste auf die Costa Verde.

Sicherheitshinweis: Nach Sonnenuntergang die Bajada meiden und auf keinen Fall mehr zum Strand gehen (gilt für ganz Lima)!

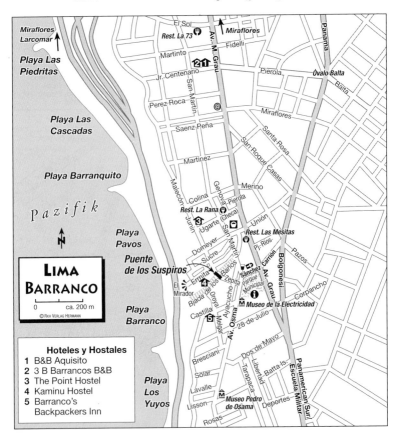

Chorrillos Am südlichen Ende des Strandes von Barranco liegt, kurz vor den Klippen, ein kleiner Fischerhafen und der *Regatas Lima Club.* Der Hafen bietet einen geschäftigen Fischmarkt. Fisch und Meeresfrüchte können fangfrisch gekauft und in einer der Garküchen gegen Aufpreis zubereitet werden. Daneben werden auch andere schmackhafte Gerichte frisch angeboten (Preise vorher immer verhandeln!). Wer viel Zeit hat, kann den

San Isidro Fischmarkt zu Fuß ab Miraflores anlaufen, ansonsten in kurzer Taxifahrt.
Zwischen Altstadtzentrum und Miraflores liegt an der Costa Verde Limas Gartenstadt San Isidro. Das Herz des gediegenen Wohnviertel westlich der Av. Arequipa ist der Park *El Olivar.* Ein paar Blocks dahinter befindet sich Limas Golf Club. Gute Hotels und Restaurants bereichern das Angebot dieses angenehmen Stadtviertels.

Huaca Huallamarca: restaurierter Maranga-Tempel aus der Vorinkazeit, Nicolás de Rivera 201 und Salamanca/Av. del Rosario. Di–So 9–17 Uhr, Eintritt.

Museen

Keine andere Stadt in Südamerika bietet eine solche Vielfalt an Museen wie Lima. Die nachfolgend vier ersten sind geradezu „Pflicht", die nächsten sehr empfehlenswert und/oder für Liebhaber.

Hinweis: Normalerweise wird auf den Internationalen Studentenausweis 50% Ermäßigung auf den Eintrittspreis eingeräumt, aber es besteht natürlich kein Anspruch. Da sich die Anfahrt zu den Vorortmuseen mit dem Bus oder Micro oft recht mühsam gestaltet, ist für mehrere Personen zusammen ein Taxi wesentlich praktischer.

Museo Nacional de Arqueología, Antropología e Historia del Perú

(im Stadtteil Pueblo Libre). Einst zwei nebeneinander liegende Museen, sind diese nun zu einer Einheit verschmolzen. Auch Teile des *Museo Peruano de Ciencias de Salud* wurden in den Komplex integriert. Der Museumskomplex liegt im Stadtteil *Pueblo Libre,* Plaza Bolívar s/n, Tel. 463-5070, Di–Sa von 8.45–16 Uhr, So bis 15.30 Uhr, Eintritt 10 Soles, Führung span./engl. 15 Soles. Erklärungstafeln auch auf Englisch. Restaurant, Cafetería und Souvenirladen.

Anfahrt aus dem Stadtzentrum von der Av. Piérola, Nähe Parque Universitario, mit dem Bus 21, 23, 24 oder 42. Schneller geht es mit Micro 2 ab Av. Tacna, noch schneller mit einem Taxi. Von Miraflores mit dem Bus 10 E die Av. Brasil bis zur Av. San Felipe (Cuadra 21) nehmen, nach links in die Av. Vivanco biegen und bis zur Cuadra 8 laufen (alternativ noch einmal einen Kleinbus nehmen).

Der **archäologische Teil des Museums** befindet sich in der Casona de la Quinta de los Libertadores. Historisch Interessierte sollten sich diese **sehr empfehlenswerte Abteilung** eventuell zweimal anschauen, am Anfang und Ende eines Peru-Aufenthaltes. Es vermittelt einen intensiven Über- und Einblick in die Kulturen der Vorinkazeit von Chavín bis Chimú und auch der Inkazeit. Angeschlossen ist ein kleines Goldmuseum.

Gleich zu Beginn stehen die **Raimondi-Stele** (Replikat) und der **Tello-Obelisk** der Chavín-Kultur. Sehenswert sind die außergewöhnlich schönen Keramiken und Textilarbeiten der Pucara, Nazca und Inka sowie die Kunstschmiedearbeiten der Chavín und Mochica, Stoffe der Paracas-Kultur, trepanierte (aufgemeißelte) Schädel, die Fotos der Nazca-Linien und die interaktiven Modelle von Ollantaytambo und Machu Picchu.

Der **historische Museumsteil** ist dem Archäologischen Museum angeschlossen und befindet sich im Nachbargebäude. Dieses wurde 1818 vom Vizekönig *Pezuela* erbaut, war die ehemalige Residenz von Bolívar und San Martín und beherbergt koloniale Gemälde, Schriftstücke und Möbel.

Museo Arqueológico Larco Herrera (im Stadtteil Pueblo Libre)	Av. Bolívar 1515, Pueblo Libre, in der Nähe des Archäologischen Museums, Tel. 461-1312, www.museolarco.org; Mo–So 9–22 Uhr, 30 Soles (Studenten 50%), Führung inklusive (span./engl.). 　Das moderne Privatmuseum des Archäologen Larco Herrera wurde inzwischen erheblich vergrößert (nun mit noch schönerer Parkanlage), enthält über 50.000 Ausstellungsstücke, vorwiegend wertvolle Keramiken der Mochica- und Cupisnique-Kultur sowie der Nazca- und Wari-Kultur, daneben auch Mumien mit Grabbeigaben. Das Museum ist ein Muss für Keramik-Liebhaber und bietet dem Peru-Interessierten einen Einstieg in die faszinierende Geschichte des Landes! Es ist auch das erste Perus, das die Beschriftungen und Erklärungen der Exponate in sechs Sprachen bietet. 　Das Museum ist in einem Kolonialhaus aus dem Jahre 1770 untergebracht, besteht seit 1926 und befindet sich auf den Überresten eines heiligen Hügels, einer *huaca*. Die neue **Sala de Oro** (Goldkammer) zeigt einzigartige Kunstschmiedearbeiten, wie den goldenen Brustpanzer eines Chimú-Häuptlings, daneben weitere Gold-, Silber- und Kupferarbeiten. Bekannt ist das beeindruckene Museum vor allem für seine Sammlung erotischer Keramiken der Mochica-Kultur. 　Zum Abschluss des Rundganges auch einmal einen Blick ins Archiv werfen: in den Regalreihen lagern unzählige Ausgrabungsgegenstände. 　Das *Café del Museo* lockt mit einem einladenen Ambiente inmitten des mit Geranien gesäumten Gartens, die Karte bietet kulinarische Köstlichkeiten Perus.
Museo de la Nación (im Stadtteil San Borja)	Dieses Museum befindet sich in der Avenida Javier Prado Este 2465, San Borja, museodelanacion@mcultura.gob.pe, Tel. 618-9393, Di-So 9–17 Uhr, Eintritt frei. (Wer sich bei der Auswahl der Museen jedoch entscheiden muss, sollte das Archäologische Nationalmuseum wegen der besseren Präsentation der Objekte vorziehen.) 　In einem protzigen Betonbau, in dem früher die Banco de la Nación untergebracht war, befindet sich seit 1989 eines der emblematischsten Museen des Landes und das *Ministerio de la Cultura* (ehemals INC). Das Museum verfügt auf mehreren Etagen über permanente und temporäre Ausstellungsräume. Zu den Daueraustellungen zählt die Sammlung historischer Objekte des Museums, darunter Keramiken und Schmuck. Angeschlossen ist eine kleine Pinakothek, die Werke unterschiedlicher Künstler verschiedener Epochen des Landes zeigt. Den Abschluss bietet ein Einblick in die Kunst- und Handfertigkeit peruanischer *artesanos*. Im 6. Stock des Hauses zeigt die Fotoausstellung *Yuyunapaq* einen Abriss der Ereignisse zwischen 1980 und 2000. In diesen Jahren des Terrors und der Angst verschwanden und starben Tausende von Menschen!
Museo „Oro del Perú" und Museo „Armas del Mundo" (Stadtteil Surco)	Limas Goldmuseum befindet sich leider weit außerhalb, in der Avenida Alonso de la Molina 1100 im Stadtteil Surco/Unterviertel Monterrico, Tel. 345-1292, www.museoroperu.com.pe. Täglich 10.30–18 Uhr, Eintritt 33 Soles (fürs Gold,- Textil- und Waffenmuseum). Audio-Führer auf Deutsch oder Englisch 10 Soles. Fotografieren und Filmen nicht erlaubt! Wer wenig Zeit hat, sollte sich nur auf das Goldmuseum konzentrieren und nicht zu lange im Kleider- und Waffenmuseum verbringen. Es sind trotzdem mindestens zwei Stunden einzuplanen! 　Zu erreichen mit dem Bus 2 von der Piérola (z.B. Höhe Plaza San Martín)

oder auch über die Av. Arequipa bis zur Av. Angamos, dann umsteigen in Micro 72 nach Monterrico. Etwas kompliziert alles, besser per Taxi, 12–15 Soles ab Miraflores, etwas mehr von der Plaza.

Neben dem Goldmuseum von Bogotá ist das Museo Oro del Perú das reichste in Südamerika. Die Privatsammlung von Miguel Mujica Gallo ist nun in den Besitz einer Stiftung übergangen. Im Kellergeschoss sind unvorstellbare Goldschätze der Chimú- und Inka-Kultur, Smaragde, Perlen und andere Edelsteine, Zeremonial- und Kultgegenstände, goldene Haarnadeln, Kämme, Ketten und Trinkgefäße sowie feine Silber- und Goldblättchen zu sehen. Ein Teil der Objekte befindet sich ständig auf Wanderausstellungen rund um die Welt. Doch es bleibt noch genügend zum Sehen und Staunen, um eine Vorstellung von der Gold-Kultur Alt-Perus zu erhalten.

Im Erd- und Obergeschoss präsentiert das Museum eine der weltweit besten Kleider- und Waffensammlungen. Selbst für den Laien ist es fantastisch, welchen Einfallsreichtum einst die Waffenschmiede hatten. Hier ist die chronologische Abfolge oft nicht zu erkennen und fehlende Beschriftungen erschweren die epochale sowie regionale Zuordnung.

Museo Amano Calle Retiro 160, Miraflores, Tel. 441-2909, www.fundacionmuseoamano.org.pe. Mo–Fr 15–17 Uhr und nur nach telefonischer Voranmeldung. Eintritt frei, Spende wird erwartet. Ein kleines Privatmuseum von Yoshitaro Amano mit ausgewählten schönen Textilien und Keramiken der Chancay-Kultur, aber auch Chimú und Nazca. Die Führung dauert etwa eine Stunde, Fotografieren ist nicht erlaubt, die Besucherzahl auf 10 Personen begrenzt.

Museo Enrico Poli Lord Cochrane 466 (Privathaus, von außen nicht als Museum erkenntlich), Miraflores, Tel. 422-2437. Private Sammlung des Italieners Enrico Poli mit herausragenden Kunstschätzen, u.a. der Großteil der Goldfunde des 5. Grabes von Sipán. Führung nach telefonischer Anmeldung, Mo–So von 9–16 Uhr, Eintritt 50 Soles bei einer Gruppengröße ab 10 Personen, ca. 2 h, nur Spanisch, evtl. Übersetzer mitbringen und auf einige intellektuelle Überraschungen Polis vorbereitet sein.

Museo de Arte de Lima MALI Das Kunstmuseum Limas befindet sich im Paseo Colón 125, Nähe Plaza Grau, Tel. 423-4723, www.mali.pe. Di–So 10–20 Uhr, Sa bis 17 Uhr, Eintritt 12 Soles (Studenten 50% Rabatt).
Anfahrt: jede Menge Busse ab Plaza San Martín, oder zu Fuß gehen. Von San Isidro oder Miraflores mit Micros über die Av. Arequipa. Es ist das einzige Museum Perus, das kunstgeschichtliche Gegenstände der Vorinka- und Inkazeit, der Kolonialzeit und der Gegenwart zeigt. Des Weiteren einzigartige Werke der Maler-Schule von Cusco aus dem 17. und 18. Jahrhundert.

Museo de Arte Italiano Das Museum der Italienischen Kunst liegt am Paseo de la República 250 gegenüber vom Kunstmuseum, Tel. 423-9932. Di–Fr von 10–17 Uhr, Eintritt. Der Bau im neoklassizistischem Stil wurde von den in Peru ansässigen Italienern zum 100. Unabhängigkeitstag für die Freunde der italienischen Oper gestiftet.

Museo de la Inquisición y del Congreso Das Inquisitionsmuseum liegt an der Plaza Bolívar Ecke Av. Abancay/Junín 548. Beschrieben wird es im Stadtrundgang, s.S. 124.

Museo Numismático del Perú	Jirón 781 (einen Block östlich des Congreso). Das Münz- und Banknotenmuseum der peruanischen Zentralbank zeigt in einem historischen Gebäude aus dem Jahre 1605 anhand von Originalmünzen und Banknoten die Geschichte des Bankwesens in Peru. Mo–Fr 10–16.30 Uhr, Eintritt frei. Nebenan befindet sich die **Casa Nacional de la Moneda,** wo die peruanischen Münzen fabriziert werden. Sehr schöner Innenhof mit gusseisernem Brunnen. Zutritt nicht möglich.
Museo Nacional de la Cultura del Perú	Museum der Peruanischen Kultur, Av. Alfonso Ugarte 650 (Nähe Plaza 2 de Mayo, auf der Lima-Centro-Karte ganz links), Di–Fr 10–17 Uhr, Sa 10–14 Uhr, Eintritt, www.museodelacultura.perucultural.org.pe, Tel. 423-5892. Eher klein, mit Fokus auf der Selva; am Wichtigsten ist noch die ethnographische Abteilung mit indigenen Trachten und Kalebassen.
Museo de Historia Natural	Naturhistorisches Museum, Av. Arenales 1256, Tel. 471-0117, Mo–Fr 9–17.15 Uhr, Sa 9–16.30 Uhr, So 10–13.30 Uhr, Eintritt 7 Soles. Anfahrt mit Micro 13 ab Av. Tacna. Dieses Museum gehört zur Universität San Marcos und zeigt vor allem die Flora und Fauna Perus, die vom Italiener Raimondi zusammengetragen wurden; http://museohn.unmsm.edu.pe/

Weitere Museen

Für speziell Interessierte	Unser **TIPP: Museo Andrés del Castillo**. Privatsammlung peruanischer Mineralien, Dauerausstellung zur Kultur der Chancay und Textilien in der Casa Belén, einem restaurierten Republikaner-Haus aus dem 19. Jahrhundert. Jr. de la Unión 1030, Mi–Mo von 9–18 Uhr, Eintritt 10 Soles, Tel. 433-2831, www.madc.com.pe.

    Museo Histórico del Real Felipe, Militärhistorisches Museum im Fort Real Felipe im Hafen von Callao. Plaza Idenpendencia s/n, Di–So von 9.30–14 Uhr, Tel. 429-0532. Eintritt 6 Soles, inklusive zweistündiger Führung auf Spanisch. – **Museo Taurino de Acho.** Stierkampfmuseum neben der Arena im Stadtteil Rímac, Puente Piedra. Mo–Fr von 9–16 Uhr, Eintritt 7 Soles, Tel. 482-3360. – **Museo de Arte Colonial Pedro de Osma,** Av. Pedro de Osma 421. Barrancos schönes Kolonialmuseum, s.S. 130. – **Museo Postal y Filatélico.** Briefmarkenmuseum im Hauptpostamt, Jr. Conde de Superunda 170, Di–Fr von 9–17 Uhr, Eintritt frei, Tel. 426-7264. Letzter Sonntag im Monat ist Tauschtag. – **Museo Etnográfico,** Jr. Callao 562, Mo–Fr 9–17 Uhr, Eintritt, Tel. 331-0771, www.selvasperu.org. – **Casa Museo Ricardo Palma.** Daueraustellung im Originalhaus des peruanischen Schriftstellers, Gral. Suárez 189, Mo–Fr von 9–13 u. 14.30–17 Uhr, Tel. 445-5836. Eintritt 6 Soles mit Führung auf span./engl./franz. – **Museo Naval „Casa Grau".** Dokumente und Möbel im ehemaligen Wohnhaus des Admirals Miguel Grau, Jr. Huancavelica 172, Di–Sa von 9–17 Uhr, Eintritt, Tel. 428-5012, www.marina.mil.pe.

    Leckermäuler gehen ins **Choco Museo „La Casa del Chocolate",** Berlín 375, Miraflores, www.chocomuseo.com, Di–Fr 12–20.30 Uhr, Sa/So 10–20.30 Uhr. Hier werden Kakao-Sorten erläutert, die Schokoladenherstellung gezeigt und man kann bei Kursen auch selbst Schokolade und Pralinen herstellen. Mit Café und Shop. Zweigstelle in Cusco. **TIPP!**

    Zum Kennenlernen der verschiedenen Einflüsse auf die peruanische Küche gibt es nun das Museum **Casa de la Gastronomia Peruana,** Jr. Conde de Superunda 170, Cercado de Lima, Di–So 9–17 Uhr, Eintritt.

Hotels / Unterkünfte

Das Zentrum von Lima ist in den letzten Jahren ziemlich heruntergekommen und bei Nacht nicht unbedingt sicher. Besonders die Gegend um die Plaza San Martín ist etwas zwielichtig. Gute und teure Unterkünfte gibt es in **San Isidro** und **Miraflores**, angenehmen Stadtvierteln in Meeresnähe. Der Durchschnittspreis liegt dort bei 60 US$ für ein DZ, wobei Dreibettzimmer nur unwesentlich teurer als DZ sind. Trotzdem gibt es in Lima Unterkünfte schon ab 10 US$ aufwärts, vorausgesetzt, es wird auf jeglichen Komfort verzichtet und man ist nicht gerade empfindlich. Zur Standardausstattung zählt fast in jedem Hostal/Hotel WiFi und/oder (gratis)-Internet sowie die Möglichkeit, sein Gepäck unterzustellen (**GpD**, Gepäckdepot).

Wer etliche Tage in einem Hotel oder Hostal bleiben möchte, sollte immer nach Preisnachlass fragen. Einige bieten auch Wochen- oder Spezialtarife an, zu ersehen auf der Webseite des Hotels, wie auch die aktuellen Preise. Weitere Tipps zu Hotels und Zimmer s.S. 59.

Telefon-Vorwahl für Lima von außerhalb ist 01, von Deutschland/Europa 0051-1-plus Teilnehmernummer.

Kategorien — Die Kategorisierung der Unterkünfte folgt hier einem einfachen Schema. Eingeteilt wird in **drei Preisklassen**, nämlich **ECO** *(económico)*, **FAM** *(familiar)* und **LUX** *(Luxus,* span. *lujo)*. Die Preise gelten immer für ein Doppelzimmer (DZ) bzw. für zwei Personen in einem Zimmer. Ansonsten ist „p.P." (pro Person), „EZ" (Einzelzimmer) oder „Ü" angegeben (Übernachtungspreis für eine Person), zutreffend meist bei Hostels/Hostales oder z.B. für einen Hängemattenplatz. Bei dem Zusatz „DZ/F" ist das Frühstück im Preis eingeschlossen.

ECO – preiswert und einfach, kaum Komfort. Bis etwa umgerechnet 20 Euro für ein DZ (mit Unterkategorie BUDGET, Preis unter 10 US$/DZ)

FAM – sind gute Familien-, Mittelklasse- und Touristenhotels mit einer Preisspanne von **20–60** Euro für ein DZ, meist mit Frühstück

LUX – ab etwa 60 Euro aufwärts für ein DZ, immer mit Frühstück

Bed& Breakfast — Ausführliche Angebote auf der Webseite www.bedandbreakfast.com/lima-peru.html. Ein Stadtplan mit Verortung der B&B-Häuser kann ausgedruckt werden.

Abkürzungen bei den Zimmern
AC = *aire acondicionado* (Klimaanlage, Air Conditioning)
bc = *baño compartido* (oder *común*), Gemeinschaftsbad/-toilette
bp = *baño privado* (Zimmer mit eigenem Bad/Toilette)
Ws = Wäscheservice • **Ww** = Warmwasser • **Kw** = Kaltwasser • **Rest.** = Restaurant • **Ü** = Übernachtungspreis für eine Person, **Ü/F** = mit Frühstück • **DZ** = Doppelzimmer, **DZ/F** = mit Frühstück • **EZ** = Einzelzimmer *(habitación simple)*, **EZ/F** = mit Frühstück • **TriZ** = Dreibettzimmer • **MBZi** = Mehrbettzimmer • **PLV** = Preis-/Leistungsverhältnis • **Pp** = mit Parkplatz

Unterkünfte im Zentrum (s. Karte „Lima-Centro")

ECO — **Hostal España** (BUDGET), Azángaro 105/Ecke Ancash, Tel. 427-9196, www.hotelespanaperu.com. Beliebter Traveller-Treff, mehrstöckiger, historischer Kolonialbau mit Atmosphäre, vielen Pflanzen, Gemälden, griechischen Statuen, Dachgarten. Sehr einfache Zimmer (Nr. 9 bis 12 sind sehr laut!), das

Café ist gut. Ws, Internet, GpD. Ü Dormitorio 16 Soles, DZ/bc 45 Soles, DZ/bp 55–60 Soles. – **Hostal Roma,** Jr. Ica 326, www.hostalroma.8m.com. Nettes, ruhiges Hostal in zentraler Lage, einfache Zimmer, angeschlossene Cafetería. DZ/F bc 20 US$, DZ/F bp 25 US$.

FAM **Hotel El Balcón Dorado,** Jr. Ucayali 199/Carabaya, Tel. 427-6028, www.balcondoarado.8m.com. Familiäres Hotel, freundliche Atmosphäre. DZ/F 40 US$. – **Hotel Inka Path,** Jr. de la Unión 654, Tel. 426-9302, www.inkapath.com. Sehr sauberes, freundliches und zentral gelegenes Hotel, einige Zimmer mit Balkon zur Einkaufspassage. DZ/F 41 US$. **TIPP!** – **Hostal Granada,** Huancavelica 323, Tel. 428-7338. Hostal der FAP (Peruanische Luftwaffe), sehr einfache Zimmer/bp. DZ 60 Soles. – **Kamana Hotel,** Jr. Camaná 547, Tel. 426-7204, www.hotelkamana.com. Gehobene Mittelklasse mit sehr guten Zimmern. DZ/F 60 US$. – **La Posada del Parque,** Parque Hernán Velarde 60 (Nähe Petit Thouars, Cuadra 1), www.incacountry.com, Tel. 433-2412. Sehr schönes, familiäres Ambiente mit gemütlichen Zimmern. Frühstück etwas schmal, dafür ist das Haus ein Museum mit Möbeln, Huacos und Keramiken – verblüffend und ein **TIPP**. DZ/F 45 US$.

LUX **Hotel Continental,** Jr. Puno 196 (unweit Plaza San Martín), Tel. 427-5890, www.hotelcontinentallima.com. Luxuszimmer im oberen Stock, Ws, Rest. DZ/F ab 74 US$. – **Hotel Maury,** Jr. Ucayali 201, Tel. 428-8188. Eines der ältesten Hotels in Lima, in dessen Bar der legendäre Pisco Sour perfektioniert wurde, Renovierung notwendig. DZ/F 69 US$. – **Gran Hotel Bolívar,** Plaza San Martín, Tel. 619-7171, www.granhotelbolivar.com.pe. Altehrwürdiges koloniales Hotel von 1924 mit Eleganz, Stil und Ambiente, immer ein Erlebnis wert, und wenn es nur die Bar oder das Terrassen-Restaurant ist. 272 Zi., Bar, Restaurant, Patio, Sauna, Cambio. DZ/F 75 US$. – **Hotel Sheraton Lima,** Paseo de la República 170, Tel. 315-5000, www.sheraton.com/lima. Luxushotel in guter Ausgangslage für Besichtigungen der Altstadt, direkt an der Estación Central des Metropolitano und dem Einkaufszentrum Real Plaza, Bar, Restaurant, Pool, Casino. Es befindet sich außerdem nur 25 Minuten vom Internationalen Flughafen Jorge Chávez entfernt. 431 kürzlich renovierte Zimmer. Freitagabend Folkloreshow im Restaurant „Las Palmeras". DZ/F 159 US$. **TIPP!**

Unterkünfte in Barranco, Miraflores u. San Isidro

ECO Barranco **The Point Hostel,** Malecón Junín 300, zentral und strandnah, Tel. 247-7997, www.thepointhostels.com. Gutes Kettenhostel (weitere in Cusco, Arequipa u. Mancora), Kolonialhaus mit Garten, Zimmer mit bc/bp, Gästeküche, WiFi, Bar. Ü/F ab 26 Soles. – **Barranco's Backpackers Inn,** Mariscal Castilla 260 (zentral und strandnah), Tel. 247-3709, über www.barrancobackpackersinn.com. Engländer Chris empfängt seine Gäste in einem großen Haus. Hübsch, sauber, freundlich, Rundum-Service (Abholung vom Flugplatz u.a.), Doppel- und MBZi mit bc/bp, WiFi/Internet gratis. Ü/F ab 10 US$ (für einen Dollar mehr gib es Zimmer mit Meerblick). – **Kaminu Hostel,** Bajada de los Baños 342 (gleich beim Puente de los Suspiros), Tel. 252-8680, www.kaminu.com. An ruhiger Fußgängerzone, nettes Ambiente, freundlich, sehr große Dachterrasse zum Relaxen, Gästeküche, Abholservice Airport, Touren u.a.m. 2 Mehrbett- und 1 DZ, ab 8 US$ p.P.

ECO Miraflores **Che Lagarto Hostel,** Pasaje Schell 121, Tel. 447-0588, über www.chelagarto.com (private südamerikanische Hostel-Kette). Modern, komfortabel, sauber, freundlich. Schlafsäle mit Lockers, Internet gratis, Gem.-Küche, GpD. Ü/F 7–24 US$ p.P., je ob EZ, DZ oder Dorm. **TIPP!** – **Hostal Friends House,** Av. Manco Capac 368 (von außen als Hostal nicht erkennbar) Tel. 446-6248, friendshouse_peru@yahoo.com.mx. Nancy bietet bc, Kochstelle, WiFi, Radvermietung. Ü/F ab 20 Soles (2. Haus in der José Gonzales 427 Ü/F ab 27 Soles). – **Hostal Larco**, Av. Larco 1247 (300 m zum Pazifik und zum Einkaufszentrum Larcomar), Tel. 447-5374. Sehr einfache kleine Zimmer/bp, Ws, Bar. DZ 60 Soles. – **Albergue Turístico Juvenil**, Av. Casimiro Ulloa 328 (über die Av. de la República), Tel. 446-5488, www.limahostell.com.pe/indexs.htm. Jugendherberge, sauber, Patio, Pool, Waschmaschine. Dormitorio/bc 15 US$, komfortabel im DZ/bp 42 US$. – **Loki Hostel,** Av. José Galvez 576, Tel. 651-2966, www.lokihostel.com. Partyhostel mit Stil, bp, WiFi, Gästeküche, Ticket- und Shuttle-Service für Konzerte. Ü/F 27 Soles. – **Explorer's House,** Av. Alfredo Leon 158, Tel. 241-5002. Preiswertes Hostal, bc/bp, Gästeküche. Peruanerin Eva kümmert sich hingebungsvoll um ihre Gäste! Ü/F Dormi 7 US$, DZ/F ab 8 US$. – **B&B Albergue Verde,** Grimaldo del Solar 459, Tel. 445-3816, www.albergueverde.com. Nettes, freundliches, einfaches Hostal in ruhiger Lage, bp/bc, einige Zi. ohne Fenster, Gästeküche, Bar. Ü/F ab 10 US$. – **Flying Dog Backpackers,** Diez Canseco 117, Tel. 445-6745, www.flyingdogperu.com. Zimmer bc/bp, WiFi, Gästeküche, viele Veranstaltungen, insgesamt 3 Einrichtungen von den Ovalo de Miraflores. Ü/F ab 30 Soles (auch Long-Stay-Hostel, Preisen erfragen). – **Dragonfly,** Av. 28 de Julio 190, www.dragonflyhostels.com, Tel. 654-3226. Terrasse mit großem Grill, Internet/WiFi. Ü Dorm ab 11 US$. – **Backpacker Inkawasi,** Av.de la Aviacion 210, Tel. 241-8218. Angenehmes, freundliches Hostal. Mehrbettzimmer ab 30 Soles. – **Pirwa Hostels,** Jr. Gonzáles Prada 179, www.pirwahostelsperu.com, Tel. 444-1226. Haben weitere Unterkünfte in Nazca und Cusco.

ECO San Isidro

Albergue Juvenil Malka, Los Lirios 165, San Isidro, Tel. 442-0162, alberguemalka@hotmail.com. Einfache Schlafsäle, bc/bp, Travellertreff. Preiswert, Internationaler Studentenausweis (ISIC) ist notwendig. – **Pension Lali,** Las Oropendolas 243 (einen Block vom Innenministerium entfernt), Urb. El Palomar, San Isidro, Tel. 654-0485, www.tikuna-tours.com. Familiengeführte Pension, sehr sicher, zentral, ruhig, bc, Ws, WiFi, Internet, sichere Abholungen vom Flughafen, auf Wunsch Verpflegung. Es werden Kochkurse, City-Touren und Tagesausflüge ins untouristische Lima organisiert. Reserv. sinnvoll. DZ/F bc 65 Soles.

FAM Barranco

B&B Aquisito, Av. Centenario 114 (gleich neben dem *3 B Barranco's Bed&Breakfast,* s.u. bei „FAM Plus Barranco"), www.aquisito.com.pe, Tel. 247-0712. Kleines Hostal, 8 geräumige, ansprechende Zi./bp, hilfsbereite Inhaberin, engl. und etwas dt.-spr., Internet gratis, Ws. DZ/F 95 Soles, EZ/F 50 Soles.

ECO/FAM Miraflores

Inka Lodge, Elias Aguirre 278, Tel. 242-6989, http://.inkalodge.com. Kinderfreundliches, sauberes Hostal, Zimmer/bp und Dormitorio, AC, Patio, Ws, Internet, Gästeküche, BBQ, Travel-Infos. Gute Wahl. DZ/F 40 US$. – **Hostal Yolanda,** Domingo Elias 230, pensionyolanda@hotmail.com; unscheinbares Haus, Familienpension, von außen nicht erkennbar. DZ/bp 120 Soles. – **Residencial Alfa,** Av. de la Aviación 565 (zwei Gehminuten vom Malecón, kein Namensschild), Tel. 241-1449, www.residencialalfa.com. Sehr nettes, ruhiges Residencial mit Meerblick und schönen Zimmern (s. Internet-Fotos), WiFi, Abhol-Service vom Flugplatz u.a. mehr. Frühstück à la carte. DZ 40 US$.

FAM: *Die Auswahl an Hostales und Hotels in dieser Kategorie ist sehr groß, Preise um 40 US$ für ein DZ mit Privatbad, selten weniger.*

FAM Miraflores

Hostal El Patio, Diez Canseco 341-A, Tel. 444-2107, www.hostalelpatio.net. Nette Zimmer um kolonialen Innenhof, zentrale Lage, Gemeinschaftsküche. DZ/F ab 156 Soles je nach Zimmertyp (bei längerem Aufenthalt Nachlass). – **Hotel Residencial Huaychulo,** Av. 2 de Mayo 494, Tel. 241-3130, http://hotelhuaychulo.com/quienes.htm. Älteres, sauberes Haus unter dt. Leitung, Zimmer mit Bad (auch Nichtraucher-Zi.), freundlich, GpD, sicher, Bar, Comedor. DZ/F 75 US$. – **Hotel Señorial,** José González 567, Tel. 444-5755, www.senorial.com. In ruhiger Nebenstraße, Familienbetrieb, Bar. Für Reise Know-How-Reisende Sondertarif bei direkter Buchung über den Administrator Gustavo Cuya Dominguez DZ/F 72 US$. – **Hostal Buena Vista,** Grimaldo del Solar 202, www.hostalbuenavista.com, Tel. 447-3178. „Wohlfühl-Hostal", sehr saubere, geschmackvolle Zimmer/bp, kostenloses Internet, sehr grüner Patio; haben Schwesterhotel in Cusco. DZ/F 60 US$. **TIPP!** – **Hotel Maria Luisa,** Pasaje Tello 241, Tel. 241-7888, www.marialuisa-hotel.com. Kleine, saubere Zimmer, reichhaltiges Frühstück, modern, aber etwas kühl, DZ/F 100 Soles. – **Hostal Torre Blanca,** Av. José Pardo 1453, 2do. Ovalo, Tel. 447-0142, www.torreblancaperu.com. Gutes Mittelklassehotel, 30 saubere Zimmer/TV, Restaurant, Bar, Innengarten, Begrüßungsdrink, Waschmaschine, freundlich und hilfsbereit. DZ/F 195 Soles, Sondertarif für Gruppen. – **Casa Lima Kolping,** Thomas Ramsey 1005 (in einem anderen Stadtviertel, Magdalena del Mar), Tel. 460-1466, über www.hoteleskolping.net. 65 saubere Zimmer, MBZi bc/bp, Ws, Gästeküche, GpD, Internet. DZ/F 120 Soles. – **Hotel Las Palmas,** Bellavista 320, Tel. 444-6033, www.hotellaspalmas.com. Aufmerksam und freundlich, Restaurant, Bar, Ws. DZ/F ab 186 Soles. – **Casa Bella Boutique Hotel,** Av. de la Aviación 565, Tel. 241-1446, www.casabellaperu.net. Unweit des Malecón und der Steilküste, familiäres Ambiente. Zweigstelle in San Isidro. DZ/F ab 65 US$. – **Hotel El Ducado,** Juan Fanning 337, Tel. 447-1919, www.ducado.pe. Unweit der Strandpromenade mit dem Larcomar gelegen. DZ/F 240 Soles (Rabatt bei online-Buchung).

FAM Plus: *Es handelt sich hierbei um Hotels/Hostales der guten Mittelklasse, jedoch im Preisniveau um 100 US$ für ein DZ.*

Barranco   3 B **Barranco's Bed&Breakfast,** Jr. Centenario 130 (ca. 900 m nördlich des Zentrums Barrancos, eine westliche Nebenstraße der Av. Grau), Tel. 247-6915, www.3bhostal.com. Neues, modernes Haus mit Verbindungen zur Kunstszene in Lima. Elizabeth berät auch auf Deutsch, WiFi. DZ/F 88 US$. **TIPP!**

FAM Plus   **Hostal La Castellana,** Grimaldo del Solar 222, Tel. 444-3530 und 444-4662,
Miraflores   www.castellanahotel.com. Kolonialhaus mit Patio (Zimmer im historischen Teil buchen) und schönem Garten, ruhige Lage, Restaurant, Ws. DZ 80 US$. – **Hotel San Antonio Abad,** Av. Ramón Ribeyro, Tel. 447-6766, www.hotelsanantonioabad.com. Saubere Zimmer, hilfsbereites Personal. DZ/F inkl. Airport-Transfer 70 US$. – **Hotel Antigua Miraflores,** Av. Grau 350, Tel. 241-6116, www.peru-hotels-inns.com. Schönes Hotel im kolonialspanischen Stil, Zi. mit Ambiente, Restaurant, Bar, Jacuzzi, Internet. DZ/F ab 104 US$ (Standard), DZ/F 119 US$ (Colonial). – **Bayview Hotel,** Las Dalias 276, Tel. 445-7321, www.bayviewhotel.com.pe. Ruhige Lage in Meeresnähe, einfache, aber ordentliche Zimmer. DZ/F 75 US$. – **Lima Wasi Hotel,** Av. Armendariz 375, Tel. 243-0721, www.limawasihotel.com.pe. Neues, modernes Haus mit geräumigen Zimmern, Nähe Larcomar, Restaurant, Bar, Internet. DZ/F 100 US$.

Luxushotels *gibt es in Miraflores, San Isidro als auch im Centro (s.o.). Preise beginnen bei 100 US$ und reichen bis über 300 US$.*

Doubletree El Pardo by Hilton, Independencia 141, *Miraflores,* Tel. 617-1024, www.doubletree.com. „Sweet dreams"-Betten sorgen für entspannende Nächte … DZ/F ab 179 US$ (günstiger ist eine Buchung direkt vor Ort). – **Miraflores Park Hotel,** Av. Malecon de la Reserva 1035, *Miraflores,* Tel. 610-4000, www.miraflorespark.com.pe. Direkt an der Steilküste mit Meerblick. –

Hotel El Olivar, Pancho Fierro 194, *San Isidro,* Tel. 221-2120, www.sonesta.com/lima/. 5-Sterne-Hotel mit sehr persönlichem Service. DZ ab 190 US$.
– **Country Club Lima Hotel,** Los Eucaliptos 590, *San Isidro,* Tel. 611-9000, www.hotelcountry.com. Grandioses Luxushotel mit historischem Ambiente; eine der besten Adressen in Lima mit angeschlossenem 18-Loch-Golfplatz. DZ/F ab 229 US$.

Apartments Komplett möbiliert und mit jedem Komfort, ist dies für Familien mit Kindern eine gute Alternative, um in Lima zu übernachten.

In Miraflores werden möblierte Wohnungen ab 80 US$ pro Tag (Orientierungspreis) vermietet, www.departarenta.com. Weitere Apartment-Tipps auf www.apartments.pe, www.holiday-velvet.com/peru, www.only-apartments.com/apartments-lima.html oder www.gulivers.com/vacation_rentals/peru/lima sowie am Wochenende in der Lokalzeitung *El Comercio.*

Essen und Trinken

Lima gilt als gastronomische Hauptstadt Südamerikas. Die Speisekarten der Restaurants vereinen die einheimische mit der spanisch-kreolischen Küche. Fischgerichte und Meeresfrüchte, *mariscos,* sind nicht wegzudenken. Zudem ist auch die chinesische Küche vertreten, Folge der ins Land geholten chinesischen Arbeiter, deren Restaurants und Imbisse *chifas* heißen. Es gibt davon unzählige. Bei ihnen kann gut und preiswert gegessen werden. Unsere Favoriten der traditionellen peruanischen Küche sind:

Vorspeise **Cebiche:** in Stückchen geschnittenes Fischfilet, das mit dem Saft der *Lima-Limette* (klein, hellgrün und besonders sauer), Zwiebeln und *aji* (peruanische Chili-Schoten) mariniert und im Anschluss mit *choclo* (Riesenmaiskörner) und *camote* (Süßkartoffel) serviert wird. **Causa rellena** ist eine Köstlichkeit aus dem Pürree gelber Kartoffeln (die Masse wird mit Aji und Zitrone gewürzt), die zu einem runden Törtchen geformt und je nach Geschmack mit Thunfisch, Hühnerfleisch oder Gemüse gefüllt wird.

Hauptspeise **Lomo Saltado:** in Streifen geschnittenes Rinderfilet, das kurz in der Pfanne mit Zwiebeln und Tomaten geschwenkt, mit Pisco abgelöscht und danach mit Reis und *Papas fritas* (frittierten Kartoffelstücken) angerichtet wird. **Aji de Gallina:** peruanisches Frikassee, bestehend aus in Stücken geschnittenem Hühnerfleisch, das gekocht und mit Milch, Käse, Nüssen und Aji gegart wird. Wie fast jede peruanische Hauptspeise auch diese mit Reis.

Restaurants Schon für 8–10 Soles wird in einfachen Restaurants ein recht ordentliches Mittagsmenü serviert, wie im Touristenrestaurant **Machu Picchu,** Jr. Ancash 312 (Centro). Ein Tipp ist auf jeden Fall der **Cordano,** Ecke Carabaya/Ancash (beim Bahnhof), der Kneipe mit dem ältesten Ambiente Limas, 1905 eröffnet. Es ist zur Mittagszeit immer voll, aber auf einen freien Platz warten lohnt: Mittagstisch um 15 Soles, Fischgerichte ab 25 Soles. Unbedingt den Schinken probieren! Gut isst man bei den französischen Nonnen im **L'eau Vive,** Ucayali 370 (Centro), Tel. 427-5712, um 15 Soles (Mo–Sa 12.30–15 und 19.30–21.30 Uhr, mit allabendlichem „Ave María" um 22 Uhr).

Um einen Einblick in die Vielfalt der peruanischen Küche zu erhalten, empfehlen wir das Mittagsbüffet der **Restaurant-Kette Rustica,** beispielsweise auf der Plaza in BARRANCO neben der Biblioteca Municipal (ab 30 Soles). Mit besonders schönem Ambiente liegt direkt am Meer das *Rustica Costa Verde.* Internationales Büffet (6 Länder, 100 Gerichte) für 49,90 Soles. Unbedingt ab 12.30 Uhr im Restaurant sein, stets voll!

Traditionelle Küche in historischer Umgebung gibt es im **El Bolivariano,** Calle Rosa Toledo 289, Pueblo Libre. Günstige Menüs mit Pisco Sour.

Menü-Restaurants finden sich in großer Auswahl in der ersten und zweiten

Cuadra der *Calle Berlin* in MIRAFLORES. Am Abend verwandeln sich die Restaurants in Kneipen, wo Cocktails, Bier und *Piqueos* (heiße und kalte Snacks) in lockerer Atmosphäre und bei lautstarker Musik genossen werden können. Ruhiger und qualitativ sehr gut ist dort das **Restaurant Sakana,** Cuadra 5 – **TIPP!**

Novo-andine Küche bietet das **Huaca Pucllana** (MIRAFLORES), Calle Borgoño Cuadra 8; einladendes Ambiente, ausgezeichnete Küche, obere Preisklasse.

Meisterkoch Gastón Arcurio ist mit seiner Restaurant-Kette **Tanta** gleich mehrfach in Lima vertreten, in MIRAFLORES an der Kreuzung Av. 28 de Julio mit Av. Reducto (gegenüber das leckere Café San Antonio!) und im Zentrum auf dem Boulevard gegenüber der Zentralpost.

Uriges Ambiente und große, preiswerte Portionen gibt es im **Las Mesitas,** Av. Grau 341, BARRANCO. Am Sonntag mit Klavierbegleitung! Und **Mi Causa,** La Mar 814 in MIRAFLORES bietet *die* Spezialität, die dem Restaurant seinen Namen gab; riesige Auswahl an „gefüllten, kalten Kartoffelkuchen"; teuer, aber gut!

Preiswerte argentinische Fleischgerichte, saftige Steaks und hausgemachte Pasta gibt es im Restaurant **Fratello,** Av. Grau Cuadra 1, MIRAFLORES. Ebenfalls sehr gute Nudelgerichte bietet die Karte des Restaurants **La 73,** Av. El Sol Oeste 175, BARRANCO.

Das Aushängeschild Barrancos für Rindfleischgerichte ist **El Rincon Gaucho,** Av. Grau 1540, unbedingt das Baby Beef probieren! Teuer, aber lecker! Ausgezeichnete Weinkarte. Im Larcomar empfehlen wir für Liebhaber argentinischer Fleischgerichte das Restaurant **La Vaca Loca.**

Pizza & Burger

Wer Lust auf **Pizza** hat, der sollte sich in MIRAFLORES auf dem Boulevard San Ramón (Fußgängerzone zwischen Bellavista und Diagonal), der nur **Calle de las Pizzas** genannt wird, umsehen. Allabendlich füllt sie sich, und insbesondere in der ersten Hälfte der Gasse ist jedes Lokal ab 22 Uhr voll – obwohl die Qualität nicht gut und die Preise überteuert sind! Die noch annehmbarste Pizzeria dort ist *Gloriette,* San Ramón 225.

In der Calle Comandante Espinar haben sich unzählige Pizza-Ketten angesammelt, darunter *Pizza Hut* und *Domino's Pizza.* Tipp: **Papa John's,** die haben laut Slogan die besten Zutaten und die besten Pizzen.

Wer gar nicht auf **Fast food** verzichten möchte, der sollte zumindest bei der peruanischen Schnellimbiss-Kette **Bembos** einkehren. Die Burger sind wesentlich größer als bei McDonald's oder Burger King (ebenfalls anzutreffen) und bieten eine Bandbreite an peruanischen Geschmacksrichtungen. Unbedingt den Burger mit der Käsesoße *huancaína* probieren!

Chinesisches

Viele **Chifas** bieten fast überall in Lima äußerst preiswerte Gerichte an. Eine der bekanntesten ist seit über 25 Jahren **Chifa Internacional,** Av. Panamericana 5915, MIRAFLORES, Mo–Do 12.30–15.30 u. 19–23.30 Uhr. Ebenfalls in MIRAFLORES befindet sich in der Av. 2 de Mayo/Ecke Comandante Espinar das Restaurant **Xin Xing Chinese Cuisine,** wo selbst Lokalprominenz anzutreffen ist. Neben der Mittagskarte (wie bei fast allen Chifas mit der Vorspeisenwahl zwischen Suppe Wan Tan und frittiertem Wan Tan) gibt es eine umfang- und abwechslungsreiche Menükarte. Wer jedoch authentisches essen möchte, der muss im Chinesenviertel in der Altstadt einkehren. Das Restaurant **Oriental Wa Lok,** Jr. Paruro 878, Barrio Chino de Lima, bietet Mo–Sa von 9–23 und So von 9–10 Uhr chinesische Köstlichkeiten. Außenstelle in der Av. Angamos/ Ecke Arica, MIRAFLORES. Der König unter den Chifa ist aber wohl **Royal** in der Av. Prescott 231, SAN ISIDRO. Ein äußerst umfangreiches asiatisches Büfett bietet **Mandarin,** Av. Javier Prado Este 1860, San Borja. Es liegt in unmittelbarer Nähe zum Museo Nacional und ist sowohl mit dem Taxi als auch öffentlichen Verkehrsmitteln prima zu erreichen. Preis p.P. 55 Soles zuzügl. Getränke.

Hähnchen	Broiler-Grillstationen *(Pollo a la Brasa/a la Leña)* offerieren zu günstigen Preisen jede gewünschte Menge, vor allem in den Vierteln San Borja und MIRAFLORES. Überall in der Stadt gibt es die preiswerten und guten Hähnchengrillstationen von **Roxy's** oder **Norky's**. Der beste Grill Limas ist **Pardos Chicken,** Av. Benavides 730 (MIRAFLORES), Tel. 242-3324, tgl. von 12–24 Uhr.
Vegetarisches	Die vegetarische Restaurantkette **Govinda** verfügt über Lokale in der Calle Shell, Cuadra 6, MIRAFLORES und im Jr. Callao 480 im Zentrum. Nicht zu vergessen das gute Bio-Restaurant **AlmaZen,** Jose Galvez 298, MIRAFLORES, einer der Mitbegründerinnen der *Bioferia*.
Churros y Chocolate	Churros y Chocolate können bei Manolo, Av. Larco 608 (gegenüber der Banco de Crédito) täglich von 7 bis 1 Uhr nachts probiert werden. Neben Süßem gibt es hier auch leckere Sandwichs!
Cafés	Ein sehr gutes Café in MIRAFLORES ist das **Café Café,** Mártir Olaya 250 (Nähe Parque Kennedy), Tel. 447-6564, ab 8.30; Zweigstellen im Larcomar, in der Nicolás de Rivera 106 (San Isidro) und Monterrey 258 (Surco). – Das **Café Havanna** befindet sich im Larcomar, MIRAFLORES, mit Blick über die Steilküste, Mo-Mi ab 7.30 Uhr bis sehr spät; besonders guter Kaffee, der mit hauseigener Schokolade serviert wird. – Alternativer ist das **Café Máquina** in der Calle Alcanfores 323, MIRAFLORES, 10–24 Uhr; Spezialität für ungemütliche Schmuddelabende: heiße Schokolade mit Pisco oder Hot Wine. – Kaffee aus verschiedenen Teilen der Welt und nach italienischem Rezept zubereitet gibt es in der **Espresso Bar Arábica,** Recavarren 269, MIRAFLORES. – Unser **TIPP** ist das **Sofá Café** im Larcomar oder in Barranco, Av. San Martin 480. Neben Kaffee und Kuchenspezialitäten auch sehr gute Salate und Sandwiches sowie Pancakes (auch im Larcomar). Und für heiße Sommerabende noch ein ganz persönlicher Tipp: das beste **Eis** gibt es im **Esbari** im Jr. de la Unión 574 (Zentrum), unbedingt auch die Geschmacksrichtungen Pisco Sour und Maracuyá probieren! – Die schmackhaftesten Sandwiches und frisch gepresste Säfte bekommt man bei **La Lucha**, in Miraflores gleich dreimal vertreten: am Ovalo Gutiérrez, im Parque Kennedy und in der Pasaje Champagnant.
Pisco Sour	Das Nationalgetränk *Pisco Sour* wurde angeblich an der Bar des legendären *Hotel Bolívar* erfunden, auch heute noch trinkt er sich hier, in historischem Ambiente, besonders angenehm. Auch der Pisco Sour im *Brujas de Cachiche/Bar Huaringas* (Varianten mit Frucht, Ovalo Bolognesi 460) verwöhnt den Gaumen.
Cebicherías, Fisch und Meeresfrüchte	**Cebichería Luz Mar,** Jr. San José 355, Pueblo Libre (Taxi nehmen!). – In BARRANCO liegt das originell eingerichtete **Canta Rana,** Genova 101; exzellente Meeresfrüchte und delikate Cebiche für relativ wenig Geld. – Klein, aber fein ist das Restaurant **El Muelle,** hinter dem Supermarkt „Metro" in einer Seitenstraße. – **Puro Perú,** Av. República de Panamá 258, BARRANCO, www.puroperu.com.pe, tägl. 12.30–17 Uhr: Mittagsbüffet rund um peruanische Spezialitäten, so viel man will, Mo–Do 70 Soles, Fr–So 80 Soles, inkl. einem Getränk. – Mariscos, Fisch, Cebiche und auch Fleischgerichte bietet das freundliche **De Cesar,** Jr. Ancash 300, Centro; ansprechende Präsentation und große Portionen, nur à la carte. Ausgezeichneten, preiswerten Fisch und Meeresfrüchte gibt es bei der Restaurantkette **Punta Azul.** Die Portionen sind groß und köstlich, unbedingt vor 13 Uhr kommen, da sich sonst Schlangen vor den Restaurants bilden. Hier kann man es versuchen: Av. Benavides 2711 und San Martín 525/Alcanforces in MIRAFLORES, Prado/Petit Thouars in SAN ISIDRO, Av. Joaquim Madrid 253 in San Borja und Av. Primavera 2235 in Surco. **Punta Sal,** Fisch- und Meeresgerichte, Av. Conquistadores 948 in SAN ISIDRO, 11–17.30 Uhr und Malecon Cisneros Cuadra 3, MIRAFLORES, 11–17.30 Uhr. – **La Mar,** Av. La Mar 770, MIRAFLORES, „in"-Restaurant mit leckeren Fischge-

richten, empfehlenswert. Ebenfalls in der Av. La Mar (391) ist das **La Red,** auf Wartezeiten einstellen! – Auch abends geöffnet ist **Alfresco,** Malecón 790 (Richtung Parque del Amor) in MIRAFLORES und Santa Luisa 295 in SAN ISIDRO. Eine weiterer Fisch- und Meeresfrüchte-Empfehlung: die preiswertesten und wohl besten Fischgerichte und Mariscos Perus werden in den Fischerkneipen im alten Hafen aufgetragen!

Gute Fisch- und Meeresfrüchterestaurants liegen in der Av. Rosa Toro, San Luis (unweit des Museo de la Nación). In den Cuadras 5, 5 und 7 gibt es eine große Auswahl an Lokalen, darunter *El Rincón Piurano de la Rosa Toro* (Av. Rosa Toro 774). Große Portionen, faires Preis-Leistungsverhältnis.

Japanisch In den letzten Jahren hat sich die japanische Küche in Lima etabliert, neben den traditionellen Sushi-Restaurants finden sich nun auch Restaurants mit Spezialisierung auf peruanisch-japanischen Fusions-Küche. **Tipp: Edo,** Berlin 601, MIRAFLORES, Tel. 243-2448 (ebenfalls in San Isidro, San Borja, Magdalena del Mar, La Molina und Surco; Infos auf www.edosushibar.com).

Außerge- Hier noch ein paar Restaurants mit ausgezeichnetem Ruf in oberer Preisklas-
wöhnliche se: **Rosa Naútica,** Espigon 4 (Costa Verde, MIRAFLORES), Tel. 447-0057, 12-24
Restaurants Uhr: Meerblick, fantasievolles Mittagsbüffet, ausgezeichnete Mariscos. – **Costa Verde,** Playa Barranquito, Tel. 477-2172, 12–24 Uhr; tgl. großes Büffet, Happy Hour von 17–19.30 Uhr, ebenfalls spezialisiert auf Meeresfrüchte und Fisch. – **Brujas de Cachiche,** Av. Bolognesi 460, Tel. 4447-1883; tgl. leckeres Mittagsbüffet, am Abend mit seiner Bar Huaringas führend im Angebot an Pisco-Sour-Varianten. – Teuer, aber spitze ist **Astrid & Gaston,** Cantuarias 175, Tel. 242-5387, www.astridygaston.com. Hier kocht einer der besten Köche Limas (eigene Kochbücher) auf höchstem Niveau! *Achtung: ab 2014 in neuem Lokal in San Isidro.*

Hinweis: Meist sind 18% IGV (Steuer) eingeschlossen, doch in besseren Restaurants kann es passieren, dass dies als Aufschlag (plus 10% Service) noch hinzugerechnet wird! Vorab informieren.

Besonderer TIPP: MISTURA, gastronomische Messe jedes Jahr im September, wo sich Produzenten und Köche präsentieren. Es handelt sich um die größte Gastro-Veranstaltung in Lateinamerika! Hier können, ohne durch Peru reisen zu müssen, Spezialitäten aus allen Landesteilen probiert werden. Eintritt Vorkasse 15 Soles, Tageskasse 20 Soles. Informationen auf www.mistura.pe.

Unterhaltung

Bars, Nacht- Aktuelle Veranstaltungsinformationen im handlichen und monatlich er-
clubs und scheinenden Info-Heftchen **Oveja Negra,** www.ovejanegra.com.pe, er-
Diskotheken hältlich in den meisten Unterkünften.

Die Top-Hotels verfügen oft über Bars und Nachtclubs. In MIRAFLORES sind gleich mehrere Discos im *Larcomar* zu finden, darunter *Aura* oder *Gotica.* Im *Bartini,* Larcomar, kehrt hingegen ein, wer sehen und gesehen werden will.

Salsa und Disco gibt es im kleinen Tanzclub des *Rosa Naútica*, Eintritt 40 Soles, über dem gleichnamigen Restaurant, und in der Pub-Disco des *El Grill de la Costa Verde,* hinter dem Restaurant gleichen Namens (Fr/Sa von 22–5 Uhr morgens, nur für Mitglieder). Nur **Salsa** wird im *Kimbara International*, Paseo de la República 1401, Balconcillo, La Victoria (Vía Express/Puente México), Tel. 265-5831, von Do–Sa ab 21 Uhr (am Wochenende auch Livemusik) geboten, Eintritt um 25 Soles. Nur mit sicherem Taxi hin und nicht allein hinfahren!

Disco und Pub bieten *Platinum Night Club,* Av. Paseo de la República 4947, MIRAFLORES, und *Breeze,* Av. Aviación 2808, San Borja. Im Stadtviertel Los Olivos liegen im Jr. Manuel Ascencio Segura mit der *Honey Bar* (No. 115), dem *Tonga* (No. 245) und der *Karamba Latin-Disco* (No. 285) gleich drei Disco-Pubs in unmittelbarer Nähe. In der Av. La Marina 2875, San Miguel, lockt das *Xenon* zusätzlich mit Videos und Karaoke. Karaoke mit Happy Hour (18–22 Uhr) bietet auch der Pub *Bakarak Club,* Av. Primavera 1374, Monterrico, Di–Sa 18–6 Uhr morgens. In der Diskothek *Vocé,* Av. Petit Thouars 2161, gibt es am Wochenende Live-Musik namhafter Lokalprominenz, Do–Sa ab 22 Uhr, Eintritt um 20 Soles. Das *Bertolotto,* Av. Malecón Bertolotto 470, Tel. 460-7260 in San Miguel ist ein regelrechter Tanz- und Unterhaltungspalast mit gleich fünf Tanzflächen, Restaurant, Bar und wechselnden Shows. Ein großes Unterhaltungszentrum mit Restaurants, Discos, Pubs, Bowling und mehr ist der *Marina Park,* Av. la Marina.

Der Treff mit Livemusik, besonders **Jazz,** ist *Jazz Zone,* La Paz 656, Pasaje El Suche in MIRAFLORES. Zu einem Zentrum des Nachtlebens hat sich der Stadtteil **BARRANCO** entwickelt, mit vielen netten Bars (ab Donnerstagabend mit Live-Musik), Kneipen und Restaurants. Dreh- und Angelpunkt ist die *Plaza Barranco* mit dem Jr. Sánchez Carrión. *Las Terrazas de Barranco* mit Trattoria und *Bar DejaVu* laden zum Umtrunk ein. **TIPP:** In einem restaurierten Kolonialhaus befindet sich das *Ayahuasca,* Prol. San Martin 130, mit exotischen Cocktails und gemütlichen Sofas (Do u. Fr nach Büroschluss 17–20 Uhr). Mit Lokalbands, die in der Kellerbar spielen, kann das *Mochileros* aufwarten, Pedro de Osma 135. Jazzfreunde gehen montags ins *La Noche,* Av. Bolognesi 307, mit namhaften Interpreten (freier Eintritt).

Im Sommer sind die Discos am Strand sehr beliebt, z.B. *Asia* bei km 100 an der Panamericana, hier kostet dann der Eintritt schon einmal 100 Soles (ohne Freigetränk).

Auch in der Fußgängerzone **Calle de las Pizzas** in MIRAFLORES wird einiges geboten. Zahlreiche Musikkneipen und Video-Pubs haben sich über den Pizza-Restaurants angesiedelt.

Folklore
(Peña)

Ein Tipp ist *Sachún Peña,* Av. del Ejército 657 (am Nordrand von MIRAFLORES), Tel. 441-0123, www.sachunperu.com, Gedeck 30 Soles, Di–Do 20.30–2 Uhr, Fr/Sa bis 4 Uhr früh. In BARRANCO ist sowohl *La Estación de Barranco,* Pedro de Osma 112, Tel. 247-0344, www.laestaciondebarranco.com als auch *De Rompe y Raja,* Calle Manuel Segura 127, Tel. 247-3271, www.derompeyraja.pe, zu empfehlen: Di–Sa 21.30/22.30–1 Uhr, auch Live-Musik von Glenn Miller über Rock bis Mambo, ständig wechselnde Musikgruppen, Eintritt um 40 Soles. *La Dama Juana,* Av. República de Panamá, www.ladamajuana.com.pe, ist ein Restaurant mit Büffet und Tanzshow, das bei Einheimischen und Ausländern beliebt ist.

Sehr populär (und laut) ist *Asociación las Brisas del Lago Titicaca,* Walkusky 168, Lima, Tel. 332-1901, www.brisasdeltiticaca.com, ab 20 Uhr, am Wochenende auch Shows zur Mittagszeit. Nach der Folkloreshow geht es am Abend mit einer Disco weiter (bis 4 Uhr morgens). Eine sehr gute **Folklore-Show** mit Tänzen aus ganz Peru bietet auch das Restaurant *Junius* des Hotels *Doubletree El Pardo by Hilton* (s. Miraflores-Karte S. 131, Independencia 141 Miraflores, Tel. 617-1024). Umfangreiches Büffet inklusive!

Ansonsten in BARRANCO: *Songoro Cosongo,* Ayacucho 281, tgl. ab 12 Uhr, Familien-Restaurant, Gesangs- und Tanzabende.

Theater und Kino
(Teatro y Cine)

Die aktuellen Programme erfahren sie am besten aus den Tageszeitungen. Neben dem bedeutenden Stadttheater *Teatro Municipal* (Ica 300, Tel. 428-2303) finden noch in den Theatern *Segura* (Jirón Huancavelica 261, Tel. 427-7437), *Cabaña* (sehr progressiv, Parque de la Exposición), *Marsano* (Av. Petit Thouars, MIRAFLORES, Tel. 445-7347) und im *Sala Alzedo* Aufführungen statt.

Ausländische Filme werden in den Kinos in der Originalsprache mit spanischen Untertiteln gezeigt; ein interessantes Vergnügen, bei dem man auch noch etwas Spanisch lernen kann. Es gibt drei große Kino-Ketten, die mit ihren

Kinos in allen Vierteln vertreten sind. *Cinerama* (Lokal direkt am Parque Kennedy), *Cine Planet* (Lokal am Ovalo Gutierrez und im Zentrum Real Plaza) und *UVK-Multicines* (Lokal im Larcomar, Tipp: die CineBar ist der einzige Kinosaal in Peru mit eigener Bedienung!) Die Anfangszeiten sind etwa 15, 19 und 22 Uhr, die Eintrittspreise liegen um 10 Soles (in der Provinz wesentlich niedriger), in besseren Vierteln knapp das Doppelte. Auch Filme in 3D!

Galerien und Kulturzentren
(Galerías y Centros Culturales)

Galería Lucia de la Puente, Saenz Peña 206, BARRANCO. *Sala Luis Miró Quesada Garland,* Municipalidad Miraflores. *Centro Cultural a la Universidad Católica,* Av. Camino Real 1075, SAN ISIDRO, Tel. 442-1627, Mo–So 10–22 Uhr, ebenfalls Filmvorführungen und Restaurant-Cafeteria. ICPNA, Jr. Cusco 446, Galería Juan Pardo Heeren rechts vom Eingang auf zwei Ebenen, Di–So 11–20 Uhr. Centro Cultural de Bellas Artes in der Escuela Nacional de Bellas Artes, Jr. Huallaga 426, Mo–Sa 10–13 u. 14–18 Uhr. *Centro Cultural de España,* Jr. Natalio Sánchez 181, Plaza Washington, Lima. *Centro Cultural Ricardo Palma,* Av. Larco 770, Miraflores. Ansonsten diverse kleine Galerien in den Stadtteilen SAN ISIDRO, BARRANCO und MIRAFLORES. Außerdem bietet in der Jr. Domeyer 366 in BARRANCO der Künstler **Victor Delfín** (seine berühmteste Statue in Lima ist „Der Kuss" im Parque del Amor, Miraflores) in der *Casa Taller Delfín* Einblick in seine Arbeitsräume und Privatsammlung. – Kunst und Einkaufen verbinden ist in den folgenden Galerien möglich: *Centro Colich,* Jr. Colina 110 und *Dédalo Arte & Diseño,* Av. Sáenz Peña 295, beide in BARRANCO.

Sport und Show

Für **Fußballinteressierte** kann es ein Vergnügen sein, im Stadion von *Alianza Lima* (im Idealfall gegen den „Erzfeind" *Universitario Lima*) ein Punktespiel oder im größeren Nationalstadion ein Länderspiel anzuschauen. Die Begeisterung der Zuschauer ist riesig. Bei Länderspielen kommt während der TV-Übertragung fast das gesamte öffentliche Leben zum Erliegen, dafür ist hinterher, bei einem peruanischen Erfolg, der Teufel los.

Stierkampfsaison ist im Oktober, manchmal bis Anfang November, einige Kämpfe finden auch von Januar bis März statt. Die Arena liegt im Stadtteil Rímac an der Plaza de Acho.

Hahnenkämpfe: alle Kampfarenen in Lima und Umgebung auf www.perugallos.com

Pferderennen: mehrmals pro Woche im *Hipódromo Monterrico*

Golf: *Country Club Lima,* Los Eucalyptos 590, Tel. 211-9000. 18-Loch-Golfplatz.

Baden im Meer kann von Dezember bis März an den Stränden von Miraflores, Barranco und hinter Chorrillos (Ruderclubs) in den hohen Wellen großen Spaß machen, allerdings ist das Wasser oft bedenklich verschmutzt! Alle Strandabschnitte an der Costa Verde weisen Hinweisschilder über die Wasserqualität auf. Einige Strandabschnitte sind bereits derart verschmutzt, dass das Baden verboten wurde. Das liegt daran, dass zum Teil der Müll am Strand zur Landgewinnung abgeladen wird. Deshalb fahren viele Einheimische zu den Badeorten nördlich und südlich von Lima, wie z.B. Pucusana (70 km), Punta Hermosa (40 km), Santa María (60 km) oder Ancón (46 km). Die sicheren Strände (z.B. Chucuito, Malecón, Conchitas, Barranquito, Aguas Dulces, San Bartolo, Pucusana) liegen alle im Süden von Lima. Die einheimische Jugend liebt das Wellenreiten. Surfschulen gibt es sowohl in Miraflores als auch Barranco. **Vorsicht** an den Stränden mit Wertsachen, denn es sind sehr viele Diebe unterwegs!

Für ganz Mutige: **Paragliding** in der Nähe des Parque del Amor. Ein Tandem-Flug, etwa 10 Minuten Dauer, kostet zwischen 40 und 50 US$. Auch Kurse bei *aeroxtreme,* Trípoli 345, Apt. 503, Miraflores, Tel. 242-5125.

Feste

Januar: Feierlichkeiten anlässlich der Stadtgründung Limas
März (2. Hälfte): Weinfest in Surco

Juni: Am 29. Patronatsfest zu Ehren von Peter und Paul mit Umzügen im gesamten Stadtgebiet
Juli: Am 28. Unabhängigkeitsfeiern mit Parade auf der Plaza Mayor
August (1. Sonntag): Patronatsfest und Umzug zu Ehren der *Virgen María de la Asunción* (Virgen Shoquita) mit andinen Musikkapellen aus Huarochirí und andinen Tänzen, Höhepunkt in der Iglesia San José de Barrios Altos und auf der Plaza Italia. – Ende August: Festival der afrikanischen Sklavennachfahren in Cañete mit *Zumacueca*-Tänzen. – 20. August: Feierlichkeiten in Callao anlässlich der Autonomität seit 1836. – 30. August: Prozession zu Ehren von *Santa Rosa de Lima,* bei der das Ebenbild der Heiligen Rosa auf einer Lade durch das Stadtzentrum der Stadt getragen wird.
Oktober: Oktoberfest, Eintritt ca. 35 Soles inkl. 2 Maß Bier. – 18./19. und 28. Oktober: Gewaltige Prozession zu Ehren des *Señor de los Milagros* im sog. *Mes Morado* (Violetter Monat), bei der nach der Morgenmesse in der Iglesia de las Nazarenas eine 1,5 t schwere Lade mit dem Abbild von Christus von 32 Männern über 12 Stunden durch das Stadtzentrum und zur Kirche zurück getragen wird. Es folgen hunderttausende in violette Gewänder gehüllte Frauen und Männer in einem speziellen Prozessionsschritt (zwei Schritte vorwärts, einen zurück). Die violetten Gewänder werden bereits ab 1. Oktober getragen und es finden Stierkämpfe statt. Fastenzeit.

Adressen & Service Lima

Tourist-Info **Oficina de Información Turística de la Municipalidad de Lima:** Fremdenverkehrsamt der Stadt Lima, Pasaje Los Esrcibanos 145 (im Municipalidad-Gebäude), Mo–Fr 9–18 Uhr, Sa 10–17 Uhr, Tel. 315-1542, **www.munlima.gob.pe** („Turismo"). Gibt auch Auskunft über Führungen durch das Kongressgebäude.

i-Peru (información y asistencia al turista). Touristische Informationen, Beratung und Hilfe für Reisende (auch für Beanstandungen) mit einem Netz von Büros in allen größeren Städten Perus. Kostenloser Service, alle Infos auf **www.peru.info** (auch auf Deutsch). Die zentrale 24-h-Tel.-Nr. ist **01-574-8000.**

Es gibt drei i-Peru-Büros in Lima: im Einkaufszentrum *Larcomar* (www.larcomar.com), täglich 11–13 Uhr und 14–20 Uhr, Tel. 445-9400, iperularcomar@promperu.gob.pe. *San Isidro,* Av. Jorge Basadre 610, Mo–Fr 8.30–18 Uhr, Tel. 421-1627, iperulima@promperu.gob.pe. Internat. Flughafen, Tel. 574-8000, tägl. 24 h.

PromPerú (Comisión de Promoción del Perú), Abteilung Tourismus: Calle Uno Oeste 50, Edificio Mincetur, Urb. Córpac, San Isidro; Tel. 616-7300 www.promperu.gob.pe.

Ministerio de Cultura, www.mcultura.gob.pe

CANATUR (Nationale Tourismuskammer), www.canaturperu.org.

INDECOPI (Verbraucherschutzzentrale von PromPerú), Zentrale: Calle de la Prosa 138, San Borja,Tel. 224-7800, www.indecopi.gob.pe; Beschwerden über Airlines, Behörden, Hotels, Reisebüros, Restaurants und Zoll.

Infoperu, Jr. de la Unión 1066 (südlich der Plaza San Martín, Büro 102, Mo-Fr 9–18, Sa 9–14 Uhr (nach Laura Gómez fragen), Tel. 431-0117, info@infoperu.com.pe und infoperu@qnet.com.pe

Caseta de Información Turística de la Municipalidad de Miraflores (Info-Kiosk von Miraflores), in der Nähe der Municipalidad (Rathaus). Mo–So 9–17 Uhr. Verkauf der Tickets für den Sightseeing-Bus und Tagesausflüge in die Umgebung von Lima.

Adressen & Service Lima

Central de Información y Promoción Turística de la Municipalidad de Miraflores (CIPT): Av. Larco 770, Tel. 617-7272, Anschluss 7259. Mo–Fr 8.30-17 Uhr. Neben diesem Modul unterhält die Municipalidad in ganz Miraflores insgesamt acht weitere Info-Häuschen. Im Gebäude der CIPT befindet sich ebenfalls das Centro Cultural Ricardo Palma, Tel. 617-7272, Anschluss 7268 mit ständig wechselnden Ausstellungen im Erdgeschoss links.

Asociación Peruana de Turismo de Aventura y Ecoturismo (APTAE): Calle Alcala 152, Miraflores, Tel. 273-1079.

Centro Europeo de Información y Promoción para América Latina (CEIPAL): ONG, Av. Mariscal La Mar 144-146, Miraflores, Tel. 447-1444.

Centro de Formación Turismo (CENFOTUR): Pedro Martinto 320, Barranco, Tel. 319-8029, www.cenfotur.edu.pe. Ausbildungszentrum für touristische Berufszweige.

Asociación Peruana de Albergues Turísticos Juveniles (APATJ): Casimiro Ulloa 328, Lima-Miraflores, Tel. 446-8991, Zentrale der Jugendherbergen in Peru.

Peru-Spiegel: Av. Rinconada del Lago 1145, La Molina, Tel. 479-1977, www.peru-spiegel.de. Deutsch-peruanische Webseite der Familie Dopf mit guten Reportagen zu touristischen Highlights.

Boletín de Lima, empfehlenswerte wissenschaftliche Zeitschrift in deutscher und spanischer Sprache über Peru.

Die **Asociación Peruana de Agencias de Viajes y Turismo (APAVIT),** Antonio Roca 121, Lima-Santa Beatriz, Tel. 332-1720, www.apavitperu.org, gibt einen Tourist-Guide in Spanisch und Englisch heraus. Gleichzeitig versteht sich APAVIT als ein **Gütesiegel:** überall, wo das Lama-Symbol von APAVIT steht, wird Sicherheit und Qualität für die Reisenden in Peru garantiert.

POLTUR / Notrufe

Policía de Turismo y Ecología, Moore 265, Magdalena del Mar, Tel. 460-1060, Mo–Fr 8–12 Uhr. In **Miraflores:** Colón 246 (s. Stadtplan), Tel. 460-0844. Die Touristenpolizei bietet für den Reisenden Hilfe bei Sprach- und Verständigungsproblemen, Aufenthaltserlaubnis, Diebstahl usw. Serenazgo-Sicherheitsdienst Barranco Tel. 251-5151, Miraflores Tel. 313-3773, San Isidro Tel. 319-0450.

Polizeinotruf: 105. Feuer- und Unfallnotruf: 116. Rotes Kreuz: 265-8783. Touristenpolizei: 460-0921.

Überfallkommando: Tel. 432-2236. Kidnapping: Tel. 463-9916. Autodiebstahl: Tel. 328-0353. Stromausfall: Tel. 431-9611.

Migración / Ausländerbehörde

Dirección General de Migraciones y Naturalización, Av. España 734, Breña, Tel. 330-4020, 330-4111, 330-4174 und 330-4114, Mo–Fr von 8–13 Uhr für **Aufenthaltserlaubnis,** Visa und **Einreisestempel** für von der deutschen Botschaft neu ausgestellte Reisepässe **nach** Verlust oder **Diebstahl.**

Post / Serpost

Hauptpostamt (Oficina de Correos/Correo Central, www.serpost.com.pe), Jr. Conde de Superunda 170, Pasaje Piura (in der Nähe der Plaza Mayor), Tel. 427-0370, Mo–Sa von 8–20.30 Uhr und So 9–15.30 Uhr. In der Postpassage befindet sich auch ein Servicestelle der Telefónica del Perú (Fax) und eine EMS (Express Mail Service)-Annahme.

Kleinere Postämter gibt es fast in jedem Stadtviertel von Lima. Im Zentrum: Av. Piérola 524, Tel. 611-5004, Mo–Sa von 8–20.30 Uhr. In San Isidro: Av. Las Palmeras 205, Tel. 422-0981, Mo–Fr 8–19.45 Uhr. In Miraflores: Petit Thouars 5201/Ecke Vidal, Tel. 445-0697, Mo–Sa von 8–21 Uhr und So 9–14 Uhr sowie in der Av. Larco, Cuadra 8. Das Postamt auf dem internationalen Flughafen hat 24 Stunden auf.

Luftpost-**Porto** nach Europa: Postkarte 6 Soles, Brief bis 20 g 9,50 Soles, bis 50 g 12,50 Soles. Einschreiben – „certificado" – kostet Zuschlag. Laufzeit etwa zwei Wochen. EMS *(Express Mail Service)* bis 250 g 108 Soles.

Neben dem postlagernden (lista de correos) Empfang von Post aus Europa im Hauptpostamt können Kunden von American Express bei Viajes y Negocios, Pardo y Aliaga 698, Tel. 221-7742, info@amexpress.com.pe, Mo–Fr 9–18 Uhr, Sa 9–13 Uhr ihre Post gegen ein geringes Entgelt entgegen nehmen. Sendungen mit einem Gewicht von über einem Kilogramm müssen beim Zollpostamt, Av. Tomás Valle (beim Flughafen, Mo–Fr 9–14 Uhr) abgeholt werden. Der Paketversand nach Europa ist sehr teuer! Kuriere: **DHL**, alle Filialen und Öffnungszeiten auf www.dhl.com/wrd/sarea/pe.html.

Telefon / Mobiltelefon
Für Peru zuständig ist die Telefongesellschaft *Telefónica del Perú/Movistar*. Daneben bieten auch andere Telefongesellschaften ihre Dienste an.

Die wichtigsten öffentlichen Telefonzentralen der *Telefónica del Perú/Movistar* befinden sich in der Postpassage, im Jr. Carabaya 933 (Nähe Plaza San Martín, Mo–So von 8–22 Uhr) und in der Tarata 290 (Miraflores, hinter dem Banco del Crédito), Mo–Sa 8.30–22 Uhr und So 8.30–13 Uhr. **Ein Gespräch von drei Minuten Dauer nach Europa kostet etwa 10 Soles, wesentlich billiger sind die Internet-Telefone in den Internet-Cafés** (siehe Internet-Cafés). Weitere Handy-Infos: s.S. 49.

Internet-Cafés / Telefonate nach Europa
Sowohl in Miraflores als auch San Isidro und dem Zentrum von Lima gibt es an den Hauptverkehrsadern Internet-Cafés in großer Auswahl. Die Preise variieren, es sollte jedoch nie mehr als 2 Soles pro Stunde bezahlt werden. Tipp: einige Internet-Cafés sind sogenannte *Locutorios,* die mit Fernsprech-Kabinen ausgestattet sind. Ein Gespräch ins deutsche Festnetz kostet pro Minute zwischen 0,50 und 2 Soles. Daran denken, nach der Vorwahl für Deutschland 0049 die 0 der Ortsvowahl wegzulassen.

Banken, Geldwechsler und Kreditkarten
In Lima sind nicht unbedingt nur die Banken zum Bargeldwechseln zu empfehlen, denn es darf ganz legal auf der Straße durch autorisierte **Geldwechsler,** *cambistas* (sie tragen neongrüne Umhängeschürzen mit Dollar- und Euro-Zeichen, schwenken einen Taschenrechner und haben einen sichtbar angebrachten Ausweis) oder in den zahlreichen **Casas de Cambio** (Wechselstuben) gewechselt werden. Devisen-Bargeld notiert in Wechselstuben besser als in Banken.

Achten Sie unbedingt darauf, dass die Scheine unversehrt sind; selbst kleine Risse können dazu führen, dass sie in Geschäften nicht akzeptiert werden (sowohl Soles als auch Dollar)!

Viele autorisierte Geldwechsler stehen an den wichtigsten Verkehrsstraßen Limas, so an der Plaza San Martín/Ecke Ocoña, in der Av. Larco in Miraflores oder auf der Benavides (gegenüber vom Parque Central/Kennedy) sowie vor den Banken.

Im Zentrum gibt es viele **Wechselstuben** in der Nähe der Plaza San Martín, z.B. im Jr. Ocoña und im Jr. Camaná, Empfehlenswert ist **LAC Dollar,** Jr. Camaná 779, Tel. 427-3906 und in Miraflores Av. La Paz 211 Tel. 242-4085, Mo–Sa 9–19 Uhr, So 9–14 Uhr. Auch gut für Bargeld und Reiseschecks (AE, Thomas Cook, VISA; gegen Kommission).

Wechselstuben in **Miraflores** finden sich viele in den Straßen Av. Larco, Benavides und Tarata.

Unter den **Banken** ist die *Banco de Crédito del Perú* (erkennbar am orangeblauen Logo mit den Buchstaben **BCP**) für ihre **guten Wechselkurse** bekannt. Ebenfalls gut sind **Interbank** und **Scotiabank**. Bei der **Banco de la Nación** müssen lange **Wartezeiten** eingeplant werden!

Auf dem Flughafen gibt es von den Banken und der Casa de Cambio einen 24-Stunden-Service, allerdings mit den landesweit schlechtesten Wechselkursen.

American Express: Av. Paseo de la República 3245, 6. Stock, www.americanexpress.com, Mo–Fr 9–18 Uhr, Sa 9–13 Uhr. Ersetzt verlorene oder gestohlene AE-Reiseschecks (Vorlage eines Polizeiprotokolls obligatorisch!).

USA-Notfallrufnummer (001) 525 326 2660, für Reiseschecks Tel. (001) 800 860 2908.
MaestroCard/GiroCard und MasterCard: Scotiabank, Cusco 245, Tel. 428-3400 und Av. Benavides 176 (Diagonal), Miraflores, Tel. 445-2290.
VISA: Av. José Pardo 831, 10. Stock, Tel. 213-2300 oder Servicio Global de Atención al Clinete, Tel. 372-5808, rund um die Uhr, www.visanet.com.pe.

Ärzte / Klinikadressen
Die meisten der größeren Hotels haben einen abrufbereiten Vertrauensarzt. Bei einer Erkrankung durch eine Tropenkrankheit die Clínica Libertadores, Av. Los Libertadores 479 in San Isidro konsultieren. Bei den folgenden Einrichtungen kann 24 Stunden in der Notaufnahme angefragt werden.

Klinik-Adressen: Clínica Stella Maris, Av. Paseo de los Andes 925, Pueblo Libre, Tel. 463-6666. British American Hospital, Alfredeo Salazar 350, San Isidro, Tel. 222-4571. Clínica Good Hope, Malecon Balta 956, Miraflores, Tel. 610-7300. Clínica Ricardo Palma, Av. Javier Prado Este 1066, San Isidro, Tel. 224-2224.

Deutschsprachige Ärzte
Dr. J. V. Denegri Kossack und Dr. Barbara Schülke de Denegri, San Martín 524, Miraflores, Tel. 444-1944 (Chirurgie, Innere- und Allgemeinmedizin), Mo–Fr 16–18 Uhr. – Dr. Miguel Ramirez Zaborosch, Clínica Santa Isabel, Av. Guardia Civil 135, San Borja, Tel. 475-7777 (Frauenarzt). – Dr. Bernhard Wittich, Calle Mariscal Sucre 350, Tel. 422-2230, Termin nach Vereinbarung (Gynäkologe). – Dr. Sophia Behrens, Calle Conde de la Vega 330, Chacarilla, Surco, Tel. 372-6042, Mo–Fr 9–13 u. 15–20 Uhr, Sa 9–14 Uhr (Zahnärztin). – Dr. Andrea Hofer, Calle Chinchón 830/201, San Isidro, Tel. 440-1573, www.austriamedcenter.com.pe (Allgemeinmedizin/Alternative Heilverfahren). – Dr. Cecilia Contreras Calisto, Clínica Ricardo Palma, Av. Prado Este 1038, San Isidro, Tel. 224-1603, Mo, Mi, Fr 9–13 Uhr; Privatpraxis Av. Prolongación Primavera 821–823, Chacarilla/San Borja, Tel. 372-8583 (Augenärztin). – Dr. Herbert Dietrich, Marginal de la Selva 498, Urb. Higuereta, Surco, Tel. 448-0544, Di–Do 9–13 Uhr (Kardiologe). – **Clínica San Borja,** Av. Guardia Civil 337, San Borja, Tel. 475-4000, 24-h-Service, Blutbank, neueste Ausrüstung, Intensivstation, Apotheke, Dr. Ricardo Losno spricht Deutsch.

Weitere Anschriften von dt.-spr. Ärzten können über die deutsche, österreichische oder Schweizer Botschaft erfragt werden.

Impfzentren
Internationales Impfzentrum, Cápac Yupanqui 1400, Jesús María, Tel. 471-9920, Mo–Fr 8–13 Uhr u. 14–16 Uhr oder Av. del Ejército 1756, San Isidro, Tel. 264-6889, Mo–Fr 8–15 Uhr, Sa 8–14 Uhr. – Sanidad Aéra Internacional, Flughafen Jorge Chávez, Tel. 517-3500, tgl. 24-h-Service. – **Tipp:** Suiza Lab, Av. Angamos Oeste 300, Miraflores, Tel. 612-6666, Mo–Fr 7–19, Sa 7–18 u. So 8–14 Uhr, einziges Labor mit ISO 9001-2008.

Apotheken
Die Bandbreite an Apotheken-Ketten ist schier unendlich. Neben *Mifarma, Boticas Fasa, Boticas y Salud* und *Inkafarma* gibt es daneben viele kleinere Ketten, die mit Läden in ganz Lima und zu Öffnungszeiten bis spät in die Nacht jede Art Medikament rezeptfrei verkaufen. **Achtung!** Die Angestellten in peruanischen Apotheken verfügen meist über kein medizinisches Fachwissen und beraten schlecht. Außerdem werden Antibiotika als Patentmittel sofort verkauft; Nebenwirkungen- und Wechselwirkungen kennt das Personal oft nicht.

Botschaften (Embajadas)
Deutschland: Av. Arequipa 4210, Miraflores, Tel. (0051 - Peru-Vorwahl von D)-(1)-212-5016, www.lima.diplo.de. Mo–Fr 8.30–11.30 Uhr. Bereitschaftsdienst/Notfälle Tel. 927-8338. – *Belgien:* Av. Angamos Oeste 380, Miraflores, Tel. 241-7566, Mo–Fr 9–12 Uhr. – *Niederlande:* Av. Larco 1301, 13. Stock, Miraflores, Tel. 213-9800, Mo–Fr 9–12 Uhr. – *Österreich:* Av. Central 643, San Isidro, Tel. 442-1807, Mo–Fr 9–12 Uhr. – *Schweiz:* Av. Salaverry 3240, San Isidro, Tel. 264-0305, Mo–Fr 8.30–11 Uhr. – *Argentinien:* Av. Arequipa 121, Lima, Tel. 330-0526, Mo–Fr 9–12 Uhr. – *Bolivien:* Calle Fernando Guachalla 300/Ecke 6

de Agosto, Sopocachi, Tel. 2242-1250, www. embaperubolivia.com, Mo–Fr 9.30–13.30 u. 15.30–18.30. – *Brasilien:* Av. José Pardo 850, Miraflores, Tel. 512-0830, 9.30–13 Uhr und 14.30–17 Uhr. – *Chile:* Av. Javier Prado Oeste 790, San Isidro, Tel. 221-2080, Mo–Fr 9–13 Uhr. – *Ecuador:* Av. Las Palmeras 356, San Isidro, Tel. 212-4171, Mo–Fr 9–13 Uhr. – *Kolumbien:* Av. Jorge Basadre 1580, San Isidro, Tel. 441-0530, Mo–Fr 9–13 Uhr. – *Paraguay:* Alcanfores 1286, Miraflores, Tel. 444-1310, Mo–Fr 9–13 Uhr.

Dt.-Peruan. IHK Deutsch-Peruan. Industrie- u. Handelskammer, Camino Real 348, Büro 1502, San Isidro, Tel. 441-8616, http://peru.ahk.de.

Goethe-Institut Jr. Nazca 722, Tel. 433-3180, info@lima.goethe.org, www.goethe.de/ins/pe/lima/deindex.htm; hat deutsche Zeitungen und Zeitschriften, wie Spiegel/Stern ausliegen, die bei Kaffee und Kuchen gelesen werden können.

Deutsche Schule *Colegio Alexander von Humboldt,* Av. Benavides 3081, Miraflores, Tel. 617-9090, www.colegio-humboldt.edu.pe. **Schweizer Schule:** *Colegio Pestalozzi,* Ricardo Palma 1450 (Postanschrift Casilla 1027), Miraflores, Tel. 617-8600, www.pestalozzi.edu.pe.

Club Germania Tutumo 151, Urb. Chama, Surco, Tel. 271-8264. Deutsch-Peruanischer Hilfsverein, Vereinsbüro im Club Germania, Mi 18–20 Uhr, Fr 10–12 Uhr.

Sprachschule *El Sol Escuela de Español,* Grimaldo del Solar 469, Miraflores, Tel. 242-7763, www.elsol.idiomasperu.com. Einzige offizielle Sprachschule in Lima. – Spanisch lernen in Peru kann auch alternativ bei Einheimischen erfolgen. Unterkunft, Verpflegung, Einzelunterricht und Ausflüge inbegriffen, Kontakt bei Anna und Hans auf www.spanischperu.oyla22.de.

Automobilclub *Touring y Automóvil Club del Perú,* Av. Morán 698, Lince, Tel. 644-9999, www.touringperu.com.pe. Infos für Autofahrer, relativ gutes Kartenmaterial.

Motorrad Motorrad- und Endurotouren bietet der Schweizer Veranstalter *Perumoto* an, www.perumoto.com, Bruno von Arx, Cel. 971-503-351.

Landkarten Beim *Instituto Geográfico Nacional* in der Av. Aramburú 1198 in Surquillo, Tel. 475-3030, www.ign.gob.pe/, Mo–Fr 8–18 Uhr, können die weitaus besten Karten (auch Detailkarten, Satellitenkarten und topografische Karten) von Peru gekauft werden. – *Servicio Aerofotográfico Nacional,* Las Palmas Airforce Base, Barranco, Tel. 477-3682, Mo–Fr 8–14 Uhr, Kartenmaterial, Luftaufnahmen, Fliegerkarten. – Straßenkarten gibt es beim *Touring y Automovil Club Peru,* Av. César Vallejo 699, Lince, Tel. 440-3270, Mo–Fr 9–17 Uhr.

Zeitungen (periódicos) Die bekanntesten Zeitungen sind *El Comercio* (gegründet 1839), *Ojo* (gegründet 1968), *Expreso* (gegründet 1961), *El Diario* und *La República,* die im ganzen Land zu kaufen sind. Die englischsprachige Zeitschrift *The Lima Times* erscheint monatlich (ca. 15 Soles). Straßenhändler in der Nähe des Ovalo in Miraflores bieten u.a.Tageszeitungen aus Deutschland an (wie FAZ oder SZ). Die etwa drei Tage alten Zeitungen kosten 8–12 Soles.

South American Explorers Club (SAE) Calle Piura 135,Tel. 445-3306, Mo–Fr 9.30–17 Uhr, Mi 9.30–20 Uhr und Sa 9.30–13 Uhr, www.saexplorers.org. Gibt monatlich seine englische Clubzeitschrift *South American Explorer* heraus, in der recht interessante Artikel nicht nur über Peru stehen. Gegründet 1977 als Nonprofit-Organisation.

Spedition/ Umzüge Kühne & Nagel, Calle Las Begonias 441, San Isidro, www.kn-portal.com. Internationale See- und Luftfracht, auch Privatumzüge. Zweigstelle am Flughafen.

Kamera-Reparatur auch Digitalkameras, erledigt der Spezialist „Carlos", Mercado Polvos Azules (Achtung! Hier gibt es alles, was an Elektrogeräten, DVDs oder Textilien gerade international auf dem Markt ist; jedoch meist als Imitat/Fälschung), Block 50, Calle 8 Tienda 39, Eingang im Jr. A. Raimondi No. 190, La Victoria benutzen, der Laden ist da (fast) gleich um die Ecke. In Miraflores repariert *Camera Repair Renato Service* in Av. 28 de Julio 442/Ecke Larco.

Wäscherei	Es gibt viele Wäschereien, sowohl in Miraflores und San Isidro als auch im Zentrum, meist 6-h-Service, etwa 4 Soles/kg. Doppelt so viel, wenn die Wäsche noch getrocknet und gefaltet wird. Eine moderne Wäscherei-Kette ist *Saori,* u.a. in Grimaldo del Solar 165 und Av. José Pardo 345.
Einkäufe und Märkte	Sicherlich ist Lima das teuerste Pflaster, um Andenken zu erstehen oder typische Produkte und Waren Perus einzukaufen. Diese sind in der jeweiligen Region Perus, dort, wo sie hergestellt werden, billiger. Das gilt insbesondere für Alpaka- und Lama-Pullover. Doch wer unterwegs nichts herumschleppen will, der kann in den bedeutendsten Kunsthandwerksmärkten in der **Av. Petit Thouars** in **Miraflores,** der Av. La Marina in **Pueblo Libre** oder im **Zentrum** von Lima in den Straßen Jr. Conde de Superunda oder Jr. Carabaya alles nachträglich erstehen.

Seien Sie skeptisch bei einem äußerst günstigen Angebot von angeblich reinen Alpaka-Pullovern. Oft entpuppt sich dies nur als ein minderwertiges Schaf-Lama-Kunststoff-Gemisch! Echte Lamawolle riecht etwas, wenn sie nass wird, echte Alpakawolle hat immer einen Eigengeruch.

Ein paar gute Adressen: *La Casa de la Alpaca,* La Paz 665, Miraflores und die Geschäfte *Kuna* und *Sol Alpaca* in der Av. Larco und im Larcomar. Der **Verkauf** und Handel mit Textilien aus **Vicuñawolle** ist in ganz Peru **streng verboten** und wird beschlagnahmt! Ausgenommen sind die Vicuña-Händler der Grupo Inca (alpaca111@grupoinca.com), zu denen die Geschäfte von Alpaca 111 gehören. Offiziell genehmigten Verkauf von Vicuña-Produkten gibt es im *Alpaca 111,* Av. Larco 671 in Miraflores, Mo–Sa 10.30–22 Uhr. Eine Alpaka-Fabrik gibt es in Monrepós-Huachipa, etwa 20 km außerhalb von Lima an der Carretera Central. Hier verkauft die Schweizerin Ninette Staufer Ponchos und Alpakapullis für den weltweiten Export.

Feine Schmuck- und **Silberarbeiten** (925) bietet *Ilaria,* 2 de Mayo 308, San Isidro oder im Larcomar und auf dem Flughafen an. Exklusives in Gold gibt es in allen Filialen von H. Stern (meist zu finden in 5-Sterne-Hotels, an Flughäfen oder im Museo Larco und Goldmuseum).

Bücher sind in Peru sehr teuer, günstige neue und gebrauchte spanische und englische Literatur gibt es im *Bookstore* in der Cuadra 6 der Av. Larco, Miraflores. Auch im Vorhof des Museo de la Nación wird ab und an ein Büchermarkt veranstaltet, erkundigen Sie sich am Besten direkt beim Museum. Neben DVDs gibt es in Lima auch ein riesiges Angebot an „Piraten-Büchern" bzw. Raubkopien auf dem Markt in der Jr. Quilca, Zentrum. Eine gut sortierte Buchhandlung ist *El Virrey* am Ovalo Bolognesi in Miraflores.

Supermärkte und **Shoppingcenter:** In Miraflores, Av. Benavides, ist der Supermarkt *Vivanda* rund um die Uhr geöffnet. Empfehlenswert mit 24-Stunden-Service ist der Supermarkt *Metro* in der Av. Shell, Miraflores. Die größten Shoppingcenter sind *Plaza Miguel* in der Av. La Marina und *Jockey Plaza,* wo neben unzähligen Geschäften auch Kinos und Restaurants auf Besucher warten. Für peruanische Familien ist es ein Hochgenuss, sich am Sonntag durch die Massen zu schieben und die Angebote zu bestaunen.

Frische **Naturprodukte:** *Bioferia,* Parque Reducto, Av. Benavides Cuadra 9; jeden Samstag stellen Biobauern ihre Produkte zum Verkauf aus, Vollkornbrot oder Bio-Eier sind hier neben Honig, Laktose-Produkten und allerlei Obst und Gemüse direkt vom Produzenten erhältlich.

Ein besonderes Erlebnis ist der Besuch eines **Marktes** der **Einheimischen:** An der Via Expresa, wo sich die Stadtviertel Miraflores und Surquillo treffen (Ecke Ricardo Palma), gibt es den großen Markt von *Surquillo,* der momentan zu einem ganz neuen Komplex umgebaut wird. Unter der Schirmherrschaft von Gastón Arcurio (Starkoch) wird auf drei Ebenen ein Einkaufs-, Koch- und Lern-Zentrum errichtet – **TIPP!** Achtung: Insbesondere auf den Märkten größte Vorsicht vor trickreichen Taschendieben!

Camping- und Wanderausrüstung: *Camping Center,* Av. Benavides 1620, Miraflores, www.campingperu.com. *Tatoo* im Centro Comercial Jockey Plaza, Laden 127 und im Larcomar, Laden 123. *The North Face,* Av. Camino Real 1274, San Isidro.

Öffnungszeiten: Läden und Geschäfte haben in der Regel zwischen 10 und 20 Uhr geöffnet, kleinere Tante-Emma-Läden, *tiendas,* auch länger, wobei einige zwischen 13 und 16 Uhr für ein bis zwei Stunden schließen. Die Läden der gehobenen Klasse liegen in Miraflores und San Isidro und sind entsprechend teuer. Soweit Preise nicht fixiert sind, sollte generell gehandelt werden.

Reisebüros und Touranbieter

Hinweis: Service und Qualität der in diesem Reisehandbuch unter den Abschnitten „Adressen & Service" angegebenen Dienstleistungsunternehmen (Tour-Veranstalter, Reisebüros, hotelvermittelte Ausflüge etc.) können nachlassen bzw. sich verschlechtern. Bitte schreiben Sie uns, wenn Sie berechtigte Mängel oder sonstige Unregelmäßigkeiten feststellen.

Es gibt Hunderte von Reiseagenturen in Lima mit einem unübersehbaren Angebot an Touren und Dienstleistungen, wobei die Zahl der „Schlepper" und *informales* sehr hoch ist. Hier eine Auswahl an empfehlenswerten Veranstaltern in alphabetischer Folge, die für Direktkunden Angebote erstellen:

Bike Tours, Bolívar 150, Miraflores, Tel. 445-3172, www.biketoursoflima.com. Spezialanbieter für Fahrradtouren in Lima oder nur Fahrradvermietung inklusive Helm, Sicherheitsschloss und Kartenmaterial (Mo–Sa 9.30–18 und So 9.30–13 Uhr).

Condor Travel, Armando Blondet 249, San Isidro, Tel. 615-3000, www.condortravel.com. Hotelbuchungen von D, A und CH aus möglich, meist preiswerter als in Lima.

COTOURS, Calle Domingo Casanova 145 (Av. Arequipa 25), Lince, Tel. 717-5140, www.cotours.com, 24-h-Service. Büro in Berlin, Tel. 030-88676875. Über D können somit direkt Flüge in Peru gebucht werden.

Cultour-Minka (Fair Trade), Calle Barcelona 115, Lince, Tel. 442-7740, www.minkafairtrade.com. Alternativer Touranbieter und Vermittler von preiswerten Unterkünften bei Familien auf dem Lande, sehr authentisch.

Domiruth Travel Service, Av. Petit Thouars 4305, www.domiruth.com, Tel. 610-6000. Das Team um Martin Harbaum erstellt klassische und ausgefallene Rundreisen für Indivualreisende und Gruppen. Tipp: Peru 4x4 Adventures, 4WD-Reisen mit Stil! Ausführliche Information direkt bei Martin oder auf www.peru4x4adventures.com.

Explorandes, Aristides Aljovin 484, Miraflores, www.explorandes.com, Tel. 715-2323. Spezialist für Trekking-Touren.

Inca Maya Tours, Cel. 979-776-636, www.inca-maya-tours.com. Bei Katja Bastek gibt es persönliche Betreuung, individuell ausgearbeitete Reisen und dabei unvergessliche Erlebnisse; deutschsprachig. **TIPP!**

Inkaland Tours, Calle Los Libertadores 445, San Isidro, Tel. 222-2291, www.inkalandtours.com. Gruppenreisen, Privattouren, Stadtführungen, Trekking-Touren; dt.-spr., mittleres Preissegment.

Kantu Tours, Jr. San Agustín 187, Surquillo, Tel. 241-9313, www.kantutours.com.pe. Sehr guter und außerdem preisgünstiger Touranbieter, auch für Backpacker, schneller Service. Spezialisiert für den Norden Perus.

Lima Mentor, Tel. 275-2986, www.limamentor.com. Cynthia Caceres bietet Touren durch Lima, abseits der klassischen Touristenpfade. Ihr Anliegen: Geschichte, Menschen, Kunst und Kultur verbinden. **TIPP!**

Lima Tours, Jr. de la Unión 1040, Lima, Tel. 619-6900, www.limatours.com.pe. Sehr gute Stadtrundfahrten. Vorrecht, bestimmte Sehenswürdigkeiten besichtigen zu können (Anmeldung: inbound@limatours.com.pe), die Individualtouristen vorenthalten bleiben; gut organisiert, verhältnismäßig teuer, einer der größten Anbieter in Lima.

Lima Walks, www.limawalks.blogspot.com, Cel. 991-610-916. Der gebürtige Niederländer Ronald Elward (Herausgeber einer Architektur-Zeitschrift in den Niederlanden) bietet Spaziergänge an mit Fokus auf architektonische Besonderheiten in den Stadtteilen Miraflores und Barranco sowie im Zentrum von Lima, in Barrios Altos, Rimac und in anderen Stadtteilen.

Prusia Tours, Av. José Pardo 764, Miraflores, Tel. 445-6670, www.prusiatours.com. Tula Schmidt Schuler ist dt.-spr. Touranbieterin mit großem Knowhow. Individual-, Gruppen-, Hochzeits- und Frauenreisen zu jedem beliebigen Gebiet. Kontaktbüro in D: Atambo Tours/Karen Stephan, Westendstr. 71, 60325 Frankfurt, Tel. 069-74220986, www.atambo-tours.de. Schweiz: info@prusia-tours.ch.

Tikuna Tours (dt.-spr.) organisiert Trekkings (Inka Trail, Lares u.a.), Privattouren, Dschungelaufenthalte u. deutschsprachige Begleitungen. Weiterhin besteht für Selbstfahrer die Möglichkeit, seine individuelle Perureise komplett durchorganisieren zu lassen! Fragen rund ums Reisen werden auf Deutsch beantwortet. Kontakt: info@tikunatours.com.

Pueblos Jóvenes

Die Mehrheit der Einwohner Limas lebt in Armenvierteln in Stadtrandbezirken. Sie umschließen die Stadt und ziehen sich die Wüstenhügel hinauf. Ein tristes, düsteres Bild von Blech- und Schilfhütten und angefangenen Steinbauten, die im heißen Wüstensand flimmern. Immer wieder kommt es zu neuen Landbesetzungen, ein Wüstenberg wird von mehreren Familien besetzt. Die Landnahmen sind allesamt illegal, werden aber meist von der Stadtverwaltung toleriert. Es gibt in den *Barriadas* selten fließendes Wasser, nur unzureichend Strom, keine richtigen Straßen, oft müssen Tankwagen das lebenswichtige Nass herbeischaffen. Andererseits hat die Bevölkerung in manchen Armenvierteln, wie etwa *Villa El Salvador* im Südosten Limas, eine sehr gute Selbstverwaltung organisiert. Die zugewanderten Hochlandbewohner können in den miserablen Wohnverhältnissen der *Pueblos Jóvenes* („Junge Dörfer") nur durch solidarische Hilfe, *comedores* (Volksküchen), gemeinsame Bauaktivitäten und nicht zuletzt durch die Rückbesinnung auf das alte Kulturerbe überleben. In den Armenvierteln Limas wiederholt sich das Gemeinschaftsleben in den Anden, es sind dort viele Selbsthilfe-Organisationen entstanden. Fast alle Migranten meinen, dass sie in Lima eine Chance haben. Aber nur wer bereit ist, sich für wenige Soles zu verdingen. Viele betätigen sich als Altmaterialsammler, sind fliegende Händler, Hilfskräfte im Baugewerbe, Lastenträger und Karrenschieber auf den Märkten Limas. Andere haben sich als Kleinunternehmer und Straßenhändler organisiert und sich zu kollektiven Hilfsgruppen und informellen Werkstätten zusammengeschlossen. Ihre hier geborenen Kinder, die *andinos,* haben bereits die zweite Etappe auf dem langen Weg zu einem besseren Leben eingeleitet. – HH

Touristenführer *Asociación de Guías Oficiales de Turismo* (AGOTUR), Av. 28 de Julio 392, Miraflores, Tel. 420-1723, http://.agotur.com. Offizielle Touristenführer (dt.-, engl.-, franz.-, italienischsprachig) vermittelt auch der *Servicio de Guías Oficiales de Turismo,* „The Guide Champion Team", Tel. 348-2050.

Empfehlenswerte dt.-spr. und lizenzierte Touristenführer mit langjähriger Erfahrung: *Christine Berg,* Tel. 449-6980, christine@valtron.net; Stadtführungen Lima. – *Gerda Leixner,* Tel. 441-9214, gerdaleixner@yahoo.com: als Seniorführerin die Koryphäe der Historie Limas, insbesondere für ältere Reisende die Grande Dame für exzellente Stadt- und Museumsführung. – *Debora Jacobs,* Calle República El Salvador 179, App. 101, Surquilllo, Tel. 241-5431, deborajacobs0808@hotmail.com. Transferleistungen mit eigenem Wagen bis 6 Personen, Begleitung auf Märkten und Kurzreisen. Ihr Mann Rolf Roeting, rolfroeting@@hotmail.com, besitzt eine Camioneta für 6 Personen und unternimmt auf Anfrage mit seinem Wagen Reiseführungen durch ganz Peru. – Der dt.-spr. *Ernesto Rieder,* Cel. 999-094-224, mit einem fast unerschöpflichen Wissen, bietet hervorragende Stadtführungen inkl. Abholung vom Flughafen und organisiert auch Touren in die Umgebung von Lima und durch Peru. – Ebenfalls dt.-spr. ist *Franz Alarcón,* Cel. 997-918-429, der mit seinem Wissen um Geschichte und Archäologie glänzt.

Touren Pueblos Jóvenes
Der Agraringenieur *Alois Kennerknecht,* Tel. 449-1619, ecoalke@terra.com.pe, bietet alternative Stadtrundfahrten durch die **Pueblos Jóvenes.** Route, Anlaufpunkte und Dauer können frei gewählt werden. Kosten 30 Soles/Stunde p.P., jede weitere Stunde 10 Soles, max. 3 Personen pro Tour. Normalerweise dauert eine Rundfahrt mit einem Taxi 3 Stunden. Dabei können Aufforstungsanlagen, soziale Projekte, Kunsthandwerkstätten oder Schulen besucht werden.

Verkehrsmittel

Taxis, Micros, Colectivos, Combis
Für **Taxis** betragen die Fahrpreise für eine Kurzfahrt 5–6 Soles (z.B. im Stadtzentrum oder innerhalb eines Stadtviertels), für eine Fahrt in die Vororte (z.B. vom Zentrum nach Miraflores) 8–10 Soles. Nach Einbruch der Dämmerung wird ein Zuschlag von etwa 30%, nach 24 Uhr einer von 50% erhoben. Die Taxifahrer bevorzugen kurze und schnelle Strecken. Es gibt keine Taxameter, so dass vor jeder Fahrt **der Preis verhandelt** wird. Wenn er Ihnen überzogen scheint, es dem Fahrer entweder zu weit ist oder er das Fahrziel nicht kennt, dann einfach ein anderes Taxi nehmen. Mustern Sie unauffällig den Fahrer, immer wieder fahren einige betrunken oder stehen unter Drogeneinfluss.

Empfehlenswerte Taxi-Unternehmen in Lima sind: *Taxi Seguro* (Tel. 275-2020; 24-h-Service) und *TaxiGreen* (Tel. 484-4001, 24-h-Service) sowie *Taxi Satelital* (Tel. 355-5555).

Taxi vom Flughafen
Eine Fahrt mit einem **speziellen Flughafentaxi** vom Flughafen ins Zentrum kostet offiziell 30 Soles oder 45 Soles nach Miraflores und Barranco. Für eine Fahrt **mit einem normalen Taxi** vom Flughafen ins Zentrum sind etwa 25 Soles zu zahlen, 35 Soles nach Miraflores oder Barranco. Tipp: Günstigere Taxis gibt es außerhalb des Flughafenbezirkes – aber bitte nur bei Tagankünften nutzen und nur wer Spanisch sprechen kann! Wer gut handelt, kann für 20 Soles ins Zentrum (Plaza Mayor), für 25 Soles nach Miraflores und für 30 Soles nach San Borja oder Barranco kommen.

Eine Fahrt vom oder zum Flughafen dauert, je nach Tageszeit, mindestens eine halbe Stunde, in der Rush Hour bis zu einer Stunde. Mit dem Colectivo dauert es grundsätzlich mindestens 45 Minuten, dafür zahlt man nur maximal 3 Soles.

Busse
Busse sind allgegenwärtig und sehr billig, doch dafür oft ziemlich klapprig und meist überfüllt. Auf den Hauptverkehrsstrecken und insbesondere die Strecke Zentrum-Miraflores auf der Av. Arequipa werden nach und nach neue Busse eingesetzt. Zwischen dem **Zentrum** und den Stadtvierteln *San Isidro, Miraflores, Barranco* und *Chorillos* verkehren die **Buslinien 73** (große, grüne Busse) und **Linie T** (große, weinrote Busse).

Buslinie Metropolitano und Metro de Lima Linea 1

Seit 2010 gibt es auf der Nord-Südverbindung durch die Stadt die **Buslinie Metropolitano** mit gasbetriebenen, modernen Bussen. Es handelt sich dabei um die Direktverbindung Comas/Los Olivos – Chorillos zu einem sehr günstigen Fahrpreis, der solange gilt, bis man aussteigt. Für Eilige gibt es auch Expreso-Busse. Nur nutzbar mit einer speziellen Karte, die für 5 Soles gekauft werden muss, aufladbar an jeder Haltestelle. Strecken und Fahrpläne auf www.metropolitano.com.pe.

Der **neue** Hauptbahnhof im Altstadtzentrum befindet sich **unter** dem Platz zwischen Justizpalast und dem Hotel Sheraton. Mit seinen Geschäften, Cafés und Passagen erinnert er an moderne, europäische U-Bahnhöfe.

Seit 2012 verbindet die **Metro de Lima Linea 1** (auch **Tren Urbano**) als Hochbahn die südlichen Stadtteile Villa El Salvador und San Juan de Miraflores mit dem Zentrum. Eine Anbindung mit dem Metropolitano ist geplant, bis dato noch nicht umgesetzt. Ausführliche Informationen auf www.lineauno.pe.

Colectivos

Colectivos verkehren wie Busse auf festen Strecken. Im Einsatz sind oft VW-Busse oder japanische Mini-Busse. Der *cobrador* (Schaffner) ist dauernd auf der Jagd nach Fahrgästen und ruft ständig das Fahrziel aus dem geöffneten Fenster oder der halb offenen Fahrzeugtüre. Zum Aussteigen einfach *baja* („bacha") rufen. Der Preis ist fest, abhängig von der Fahrstrecke. Zum Zahlen wird man mit den Worten *pasaje, pasaje, pasaje* aufgefordert.

Auf manchen Strecken gibt es auch **Colectivo-Taxis,** eine ebenfalls noch preiswerte, aber schnellere Alternative. Ein Colectivo-Taxi fährt erst los, wenn alle Sitzplätze belegt sind.

Um Übergriffe bei diesen Colectivo-Taxis zu vermeiden, die schon vorgekommen sind, sollten Sie lieber ein paar Soles mehr investieren. Damit befinden Sie sich dafür auf der sicheren Seite.

Combis

sind die Konkurrenz der Colectivos. Es sind 16- oder 20-sitzige japanische Busse („Coasters"), die gleichfalls nach dem Prinzip der Colectivos Fahrgäste transportieren. Die Fahrtziele sind vorn und an den Seiten angeschlagen oder aufgemalt. Obwohl die Strecken vorgeschrieben sind und eine Genehmigung erforderlich ist, wählen sich die Fahrer ihre Routen manchmal selbst, abrupte Brems- und haarsträubende Fahrmanöver sind Combi-Alltag. Die von der Stadtverwaltung eingeführten Bushaltestellen werden mittlerweile mit Hilfe von authorisiertem Personal verpflichtend genutzt und wenn ein öffentliches Verkehrsmittel „wild" hält, gibt es einen Strafzettel.

Über 30.000 Combis machen Limas Straßen unsicher. Unterstützt bei ihrer Jagd nach Fahrgästen werden die Combi-Fahrer vom *Informante de frecuencia,* dem Zeitmesser. Er informiert den Fahrer über den Zeitabstand zum vorausfahrenden Combi der gleichen Route und erhält pro Zeitinfo ein kleines Entgelt. Sind es mehr als 5 Minuten, muss der Combi-Fahrer Gas geben, damit er nicht vom nachfolgenden Combi überholt wird; sind es weniger als 5 Minuten, muss er langsamer fahren, damit wieder genügend Fahrgäste am Straßenrand vorhanden sind.

Mietwagen (Alquiler de Autos)

Einen Wagen mieten können Personen ab 25 Jahre, die bereits seit zwei Jahren die Fahrerlaubnis besitzen und eine Kreditkarte vorweisen können. Es sind meist japanische und koreanische Wagen.

Beim Anmieten in Lima ist für die **Rundstrecke** Lima – Nazca – Arequipa (– Colca Canyon) – Puno – Cusco – Ayacucho – Huancayo – Lima unbedingt ein **Geländewagen** oder Pickup einem Pkw vorzuziehen (aufgrund der zahlreichen Schlaglöcher zwischen Cusco und Huancayo und der Schotterpiste zum Colca Canyon). Die Rundstrecke Lima – Huaraz – Cañón del Pato – Trujillo – Chiclayo – Lima kann problemlos mit einem Pkw bewältigt werden.

Fahrzeuge können in Deutschland auch direkt über die internationalen Büros von AVIS (www.avis.de) und Hertz (www.hertz.de) angemietet oder mit deren Hilfe vermittelt werden. Regel: je früher gebucht, desto besser der Preis.

Preiswerter kann es werden, wer es in Eigenregie direkt bei den peruanischen Anbietern probiert. Je nach Fahrzeugtyp sind 40–150 US$ pro Tag plus Versicherung und Steuer und durchschnittlich 1 US$ je gefahrenen Kilometer zu bezahlen. Einen Kleinwagen gibt es ab 40 US$ pro Tag mit freien 200–300 Kilometern (bei einigen Anbietern auch mit unbegrenzten Kilometern), Versicherung und Steuern. Geländewagen kosten mindestens 120 US$/Tag. Bei längeren Mieten immer nach dem Wochentarif (mit unbegrenzter Kilometerzahl) oder Monatstarif (ebenfalls mit unbegrenzter Kilometerzahl) fragen. Die meisten Autovermieter haben Zweigstellen am Flughafen.

Einige Firmen und Adressen: *Avis*, Av. 28 de Julio, Ecke Av. Larco, Miraflores, Tel. 444-0450, Av. Javier Prado Este 5233, La Molina, Tel. 434-1111, www.avis.com.pe, Flughafen (24-h-Service), Tel. 517-3214. – *Budget*, sowohl in Av. Larco 998, Miraflores, Tel. 444-4546 als auch in Barranco, Bolognesi 808, Tel. 204-4400, www.budgetperu.com; 24-h-Service, engl.-spr. – *Dollar*, Av. Cantuarias 341, Miraflores, Tel. 444-3050, www.dollar-rentacar.com.pe; Flughafen (24-h-Service) Tel. 517-2572.– *Hertz/Inca's*, Jr. Cantuarias 160, Tel. 445-5716, www.inkasrac.com, Mo–Fr 8–19 Uhr, Sa 8–17 Uhr, auf dem Flughafen Mo–Fr 24-h-Service; Zweigstellen in Cusco und Arequipa. – *National/Localiza*, Zentrale Av. Costanera 1380, San Migeul, Tel. 578-7878, www.nationalcar.com.pe, 24-h-Service, am Flughafen. – *Peru Rent-a-car*, Calle La Pinta 167, San Isidro, Tel. 421-5262, www.perurentacar.com; auch Luxuswagen, Fahrer sowie Monats- und Jahrestarife.

Verkehrsverbindungen

Überlandbusse

Die Überlandbusse fahren von Lima in drei Hauptrichtungen ab: nach **Norden** auf der *Panamericana Norte* in alle Städte bis zur ecuadorianischen Grenze, nach **Süden** auf der *Panamericana Sur* nach Arequipa und in alle Orte bis zur chilenischen Grenze sowie auf der **Carretera Central in die Anden** mit Abzweig in die **Selva nach Pucallpa.**

In Lima gab es bis vor kurzem keine Busterminals *(terrapuerto)*. In Los Olivos, einem Stadtteil im Norden von Lima, hat nun jedoch der erste Terrapuerto der Hauptstadt eröffnet, das *Gran Terminal Terrestre Plaza Norte*. Von hier fahren Billigbusse in Zielgebiete im Norden. Aus Sicherheitsgründen auf diesem Terminal besonders aufpassen, besser direkt bei den namhaften Busgesellschaften und ihren jeweiligen Abfahrtshallen einsteigen!

Bus-Infos und Fahrpreise

Aktuelle Informationen und Abfahrtszeiten finden sich in den Tageszeitungen und in den Gelben Seiten unter **Transporte Terrestre.**

Abfahrtsstellen gibt es sowohl von den *Terrapuertos* (Busterminals) der Busgesellschaften oder zentral (bei den günstigeren Anbietern) vom *Gran Terminal Terrestre Plaza Norte* in der Cuadra 69 der Av. Túpac Amaru mit mehr als 100 Busgesellschaften mit (fast) allen Zielen in Peru.

Die Buspreise sind relativ niedrig, so kostet es beispielsweise mit der empfehlenswerten Linie *Cruz del Sur* nach Trujillo im Norden 68 Soles (ca. 500 km), nach *Ica* im „kleinen Süden" ca. 55 Soles (ca. 290 km) und nach *Cusco* 140 Soles (ca. 1100 km) – andere Gesellschaften fahren noch günstiger, zeitweise bis zu 50%! Im Fahrpreis der guten Gesellschaften ist auf Langstrecken mindestens eine warme Mahlzeit inbegriffen. Da viele Routen auch nachts bedient werden, kann mit Nachtfahrten wertvolle Reisezeit „gespart" werden. Aufgrund der relativ hohen Unfallrate bei Billiganbietern ist es ratsam, ein wenig mehr zu investieren, dafür aber sicher ans Ziel anzukommen. Die folgende Auflistung erhebt keinen Anspruch auf Vollständigkeit.

Die größten Busunternehmen Perus sind

Cruz del Sur, Av. Javier Prado Este 1109, La Victoria, Tel. 311-5050, www.cruzdelsur.com.pe. Die wahrscheinlich beste Busgesellschaft Perus akzeptiert VISA und auf Fernstrecken kann übers Internet eingebucht werden. Verbindungen innerhalb Perus in fast alle Regionen (Strecken und Fahrpläne im Internet, z.B. nach Arequipa, Ayacucho, Chiclayo, Chimbote, Cusco, Huancayo, Huaraz, Ica, Nazca, Paracas, Piura, Puno, Tacna, Trujillo und Tumbes. Es werden drei Klassen von Bussen eingesetzt, die modernsten mit vier Achsen sind die „Cruzero-Busse" mit VIP-Liegesitzen bis 190 cm Körperlänge. Fernziel: Buenos Aires/Argentinien u. Guayaquil/Ecuador.

Oltursa Av. Stock, Miraflores, Aramburú 1160, San Isidro, Tel. 708-5000 und Coronel Inclán 131, 2. www.oltursa.com.pe. Diese Busgesellschaft zählt zu den Besten in Peru. Hauptstrecken Lima – Paracas – Ica – Nazca – Camaná – Arequipa und Lima – Chimbote – Trujillo – Chiclayo – Piura – Sullana – Los Órganos – Máncora – Tumbes. Fernziel: São Paulo/Brasilien.

Movil Tours, Av. Paseo de la República 749, Tel. 716-8000, www.moviltours.com.pe. Gute Gesellschaft, pünktlich, sehr guter Service. Reiseziele im Norden Perus.

Ormeño, Terminal Internacional, Av. Javier Prado Este 1059, Tel. 472-4569, www.grupo-ormeno.com.pe und Terminal Nacional in der Av. Carlos Zavala 177, Tel. 427-5679. Mit eine der größten Busgesellschaften Südamerikas, auch Komfortbusse mit regelmäßigen Verbindungen. Destinationen z.B. Arequipa, Ayacucho, Cajamarca, Chiclayo, Chimbote, Cusco, Huancayo, Huaraz, Máncora, Moquegua, Nazca, Paita, Pisco, Piura, Puno, Sullana, Tarapoto, Trujillo, Tumbes. Der Service hat jedoch in den letzten Jahren nachgelassen.

Ormeño setzt teilweise auch Bus-Subunternehmen ein, die nicht unbedingt den Qualitätsstandard von Ormeño erreichen. Informationen zu diesen Subunternehmen, ihren Strecken und Fahrpreisen unter Tel. 472-1710.

Fernziele: Mendoza u. Buenos Aires/Argentinien; La Paz/Bolivien; São Paulo/Brasilien; Santiago/Chile; Guayaquil u. Quito/Ecuador; Cali, Bogotá u. Cúcuta/Kolumbien sowie Caracas/Venezuela.

Expreso Molina Union, Jr. Ayacucho 1141, Tel. 428-4852; verkehrt hauptsächlich im Süden.

CIVA, für Busse in den Norden, www.civa.com.pe, Av. 28 de Julio 1145, Tel. 418-1111, Delivery in Lima unter 0800-1-5555. Terrapuerto: Paseo de la República 575, Eine der besseren Busgesellschaften, mit Online-Fahrplan inklusive visueller Sitzplatz-Buchung. Nach: Chiclayo, Tumbes, Piura, Cajamarca, Chachapoyas, Huaraz und auch in den Süden/Hochland und nach Cusco (Direktbus).

Internationale Fernverbindungen von Lima unterhalten die Busgesellschaften *Bus TAS CHOAPA International* (nach Santiago de Chile), Av. Brasil 425, Tel. 431-1400, *Rutas de América* (u.a. nach Caracas, Guyaquil, Quito, Bogotá und La Paz), *CIVA* oder *Terrapuerto FIORI*, Av. Alfredo Mendiola 1501, Tel. 423-4516, www.rutasenbus.com. Daneben fährt *El Rápido*, Rivera Navarrete 2650, Lince, Tel. 441-6651 nach Buenos Aires.

Weitere Busgesellschaften
(PromPeru hält eine aktuelle und große Liste bereit, per Mail anfragen)
Expreso Antezana Hermanos, Av. 28 de Julio 1714, Cercado de Lima, Tel. 424-4012. Nach Abancay, Ayacucho, Cusco.
Atahualpa, Jr. Sandia 266, Tel. 427-7324. Nach Chimbote, Cajamarca.
BAHIA Continental, Av. 28 de Julio 1562, Tel. 423-3623. Nach Tingo María.
Transportes Chiclayo, Gran Terminal Terrestre, Av. Túpac Amaru, Cuadra 69, Tel. 533-0609, www.transporteschiclayo.com. Nordziele: Trujillo, Chiclayo, Mancora, Tumbes.
Expreso Cial, Paseo de la Republica 646, La Victoria, www.expresocial.com, Tel. 265-8121. Nach Arequipa, Cajamarca, Chiclayo, Chulucanas, Cusco, Huaraz, Paita, Tacna, Talara, Trujillo und Tumbes.
Transportes Cromotex, Av. Paseo de la República 659, La Victoria. Tel. 424-7575. Nach Arequipa, Cusco, Puno.
Etucsa, Tel. 428-3651. Nach: Trujillo, Chiclayo, Huancayo.
Expreso Satipo, Av. Luna Pizarro 448, Tel. 432-9272. Nach La Merced und Satipo.

Transportes Chanchamayo, Av. Manco Capac 1052, La Victoria, Tel. 470-1189. Nach La Oroya, Tarma, Oxapampa und Pozuzo.
Expreso Wari, Luna Pizarro 343, Tel. 330-3543, www.expresowari.com.pe. Nach Abancay, Andahuaylas, Ayacucho, Cusco, Ferreñafe und Puquio.
Flores, Av. Paseo de República 627, La Victoria, Tel. 424-3278; Gesellschaft, die in alle größeren Städte fährt.
León de Huánuco, Av. 28 de Julio 1520, Tel. 424-3893. Nach Huánuco, Tingo María, Pucallpa und La Merced.
Línea, Av. Paseo de la República 941, La Victoria, www.transporteslinea.com.pe, Tel. 424-0836. Nach: Cajamarca, Chepén, Chiclayo, Chimbote, Huaraz, Jaén, Pacasmayo, Piura und Trujillo.
Expreso Lobato, Av. 28 de Julio 2101, Tel. 324-4118. Nach La Merced, Satipo.
Roggero, Av. Tomás Marsano 961, Surquillo, Tel. 475-4085 und Av. Paseo de la República 646, La Victoria, Tel. 424-7955. Busse in den Norden.
Soyuz, Av. Mexico 333, Tel. 205-2370, www.soyuz.com.pe. Nach Cañete, Chincha, Pisco und Ica (in sehr häufiger Frequenz). Zusammen mit *Perú Bus*.
Tepsa, Av. Javier Prado Este 1091, La Victoria, www.tepsa.com.pe, Tel. 202-3535. Regelmäßige Verbindungen innerhalb Perus, sowohl in den Norden als auch in den Süden.
Transmar Express, Nicolas Arriola 197, Tel. 265-0109, www.transmar.com.pe. Nach Huancayo, Huánuco, Pucallpa und Tarapoto.
Transportes Junín, Av. Nicolás Arriola 240 (mit Av. Javier Prado), La Victoria, Tel. 326-6136. Zentrales Bergland.
Trujillo Express, Cotabambas 347, Tel. 428-4277, und auf dem Gran Terminal Terrestre, Av. Túpac Amaru, Cuadra 69. Direktbus nach Trujillo.
Turismo Ejecutivo Ejetur, Av. 28 de Julio 1573, La Victoria, Tel. 332-8257. Nordstrecken.

Fahrziel nach … mit Gesellschaft …

Abancay	Cruz del Sur, Civa, Cial, Tepsa, Flores; Fz (über Nazca) 16–18 h
Arequipa	Cruz del Sur, Oltursa, Ormeño, Tepsa, Civa, Cial, Flores, Cromotex; Fz 14–16 h
Ayacucho	Cruz del Sur, Transportes Huamanga, Ormeño, Civa, Expreso Antezana Hermanos; Fz über Pisco 8 h, über Huancayo 15 h
Bogotá (Kol.)	Rutas de America, Ormeño
Buenos Aires (Arg.)	Cruz del Sur; Fz über Jujuy 65 h, Di, Do, Sa abends; Fz über Mendoza 75 h, So morgens, Fp 514 Soles, El Rápido; Ormeño
Cajamarca	Cruz del Sur, Movil Tours, Línea, Civa, Tepsa, Cial, Atahualpa; Fz ab 13 h
Caracas (Venezuela)	Rutas de América; Ormeño
Caraz	Movil Tours, Ormeño, Expreso Ancash
Celendín	Atahualpa
Chachapoyas	Movil Tours, Civa
Chiclayo	Cruz del Sur, Movil Tours, Oltursa, Transportes Chiclayo, Civa, Cial, Roggero, Tepsa; Fz 10 h
Chimbote	Cruz del Sur, Movil Tours, Oltursa, Civa, Cial, Ormeño, Flores, Turismo Ejecutivo Ejetur, Línea, Roggero, Tepsa; Fz 6 h
Chincha	Soyuz/Perú Bus, Ormeño, Oropesa; Fz 2,5 h
Chupaca	Expreso Costa Centro
Concepción	Expreso Costa Centro, Apocalipsis

Cusco	Cruz del Sur. Die Strecke über Huancayo und Ayacucho nach Cusco ist mit dem Bus nicht unter vier Tagen zu schaffen (in der Regenzeit ist die Strecke Ayacucho – Cusco teilweise unpassierbar, die Ausbauarbeiten gehen aber stetig voran). Der Direktbus von *Cruz del Sur* fährt via Nazca auf einer durchgehend asphaltierten Strecke nach Cusco; Fz 22 h. Cruz del Sur fährt ebenfalls via Arequipa, Moquegua, Tacna und Puno nach Cusco; das dauert entsprechend länger. Außerdem fahren u.a. Ormeño, Civa, Cial, Tepsa, Flores, Expreso Antezana Hermanos und Cromotex.
Guayaquil (Ecudor)	Cruz del Sur, Cruzero. Mo, Mi, Fr und So ab 14 Uhr, Amkunft 16.35 Uhr, Zustieg in Trujillo (23.30 Uhr) und Mancora (7.45 Uhr) möglich. Rückfahrt ab Guayaquil ebenfalls 14 Uhr. Ormeño.
Huancavelica	Expreso Antezana Hermanos
Huánuco	León de Huánuco; Fz mindestens 7 h
Huaraz	Cruz del Sur, Movil Tours, Línea, Expreso Ancash, Civa; Fz 7–8 h
Huancayo	Cruz del Sur (13.30 u. 23 Uhr), Suyoz/Perú Bus, Etucsa; Fz 6,5 h
Ica	Cruz del Sur, Suyoz/Perú Bus (hohe Frequenz), Ormeño; Fz 4–5 h
Jaén	Transportes Junín
Jauja	Transportes Junín
La Merced	León de Huánuco, Expreso Satipo, Expreso Lobato, Expreso Chanchamayo, Transportes Junín; Fz 8 h
La Paz (Bol.)	Rutas de America; Ormeño
Moyobamba	Movil Tours, Olano, Oltursa, Civa, Cial, Turismo Executivo Ejetur
Nazca	Cruz del Sur, Oltursa, Ormeño, Cial; Fz 7–8 h
Oxapampa	Transmar, Expreso Chanchamayo
Paracas	Cruz del Sur, Ormeños; Fz 3–4 h
Pisco	Cruz del Sur, Ormeño; Fz 3 h
Piura	Cruz del Sur, Civa, Cial, Ormeño, Flores, Línea, Las Dunas, Olano, Oltursa, Roggero, Tepsa; Fz 16 h
Pozuzo	Expreso Chanchamayo
Pucallpa	León de Huánuco, Trans Rey, Transmar; Fz 18–22 h; alternativ bis Tingo María fahren und dort in ein Colectivo umsteigen
Puno	Cruz del Sur, Oltursa, Ormeño, Civa
Quito (Ecu.)	Rutas de America; Ormeño
Rioja	Movil Tours, Civa, Cial, Turismo Ejecutivo Ejetur
Santiago de Chile (Chile)	Tas Choapa; Ormeño
Satipo	Expreso Satipo, Expreso Lobato, Transmar, Transportes Junín
Tacna	Cruz del Sur, Ormeño, Tepsa, Flores, Cial, Civa; Fz 16–18 h
Tarapoto	Movil Tours, Civa, Cial, Turismo Ejecutivo Ejetur
Tarma	Etucsa, Expreso Chanchamayo, Transportes Junín
Tingo María	Trans Rey, León de Huánuco, Turismo Ejecutivo Ejetur, Transmar; Fz 10 h
Trujillo	Cruz del Sur, Ormeño, Trujillo Express, Movil Tours, Etucsa, Oltursa, Línea, Civa, Tepsa; Fz 7-8 h
Tumbes	Cruz del Sur, Oltursa, Ormeño, Línea, Civa, Cial, Flores, Olano, Tepsa, Transportes Chiclayo, Roggero; Fz 20-22 h

Eisenbahn

Zugfahrt nach Huancayo

Der Bahnhof *Desamparados,* Ancash 201, Tel. 427-4387 und 427-6620 (App. 183), ist nur wenige Schritte von der Plaza Mayor entfernt. Die spektakuläre **Zugverbindung** von Lima über Galera (4781 m) **nach La Oroya** (3726 m) und **Huancayo** (3271 m) war in den letzten Jahrzehnten immer wieder starken Erdrutschen und Überschwemmungen ausgesetzt und dadurch oft monatelang außer Betrieb. 2006 wurde der regelmäßige Verkehr nach Huancayo wieder aufgenommen.

Die Züge verkehren **ganzjährig,** außer im Dezember. Die Abfahrt in Lima ist fahrplanmäßig zweimal monatlich (im zweiwöchigen Rhythmus), im Januar, Februar und März nur einmal monatlich. Abfahrten sind in der Regel am Freitag, manchmal, an langen Wochenenden oder Feiertagen, auch am Samstag oder Donnerstag. Abfahrt um 7 Uhr, Ankunft in Huancayo um 18 Uhr. Die Rückfahrt von Huancayo ist jeweils am Sonntag um 7 Uhr (Tagzug) oder um 18 Uhr (Nachtzug), Ankunft in Lima um 18 Uhr (Tagzug) bzw. 7 Uhr morgens (Nachtzug). Im Mai und Juni gibt es meist drei Abfahrten. Es gibt zwei Wagentypen mit unterschiedlichen Preisklassen. Die **Coches Clásicos** sind Wagen mit je 68 feststehenden Sitzplätzen aus Großbritannien (1950) oder Rumänien (1982). Die Fenster lassen sich öffnen. Die **Coches Turísticos** mit je 48 Pullmansitzen wurden 2006 in Callao gefertigt, haben Panoramafenster, AC, Heizung und Zugang zur *Coche Bar* (Essen und Getränke) mit Aussichtsplattform.

Fahrpreise Rückfahrkarte Tag-/Nachtzug mit *Clásico* 195 Soles, mit *Turistico* 350 Soles. Fp einfache Fahrt mit *Clásico* 120 Soles, mit *Turístico* 235 Soles. Kinder jeweils nach Alter ermäßigt. Aktueller Fahrplan mit Fahrpreisen und Abfahrten auf **www.ferrocarrilcentral.com.pe** (über Feiertage wie Ostern etc. den besonderen Fahrplan beachten).

Weitere Infos auf www.ferroviasperu.com.pe und www.ferrolatino.ch.

Fahrkarten

Fahrkarten gibt es entweder im Eisenbahnbüro der **Ferrocarril Central Andino** (FCCA), Av. José G. Barrenechea 566 (5. Stock), San Isidro, Tel. 226-6363, App. 222/235, reservas@fcca.com.pe, ferroviasperu@fcca.com.pe oder online auf www.ferrocarrilcentral.com.pe sowie über jedes Reisebüro (wesentlich teurer!). Die FCCA akzeptiert VISA, auch online. Teletickets gibt es auch bei den Supermarktketten Wong und Metro oder Tel. 610-8888.

TIPP: Per Platzkarte ab Lima einen Sitz in Fahrtrichtung auf der *linken* Waggonseite reservieren, da dort die besseren Plätze für Aussichten und Fotos sind. Außerdem mindestens eine halbe Stunde vor Abfahrt am Zug sein!

Der deutsche Veranstalter *Inti Tours* organisiert von D aus diese Zugreise, ist Mitglied im „Freunde Lateinamerikanischer Bahnen", der sich für den Erhalt der Bahnstrecke einsetzt und Komplettpakete verkauft, Tel. 07334/959741, www.intitours.de.

Unabhängig davon, ob der Zug die ganze Strecke fahren kann, gibt es **von Juni bis Dezember** (Saisonzeit) jeden Sonntag um 8.30 Uhr die Möglichkeit, mit dem Personenzug 62 km bis nach San Bartolomé zu fahren. Rückfahrt um 16 Uhr, Fz 3 h, Rückfahrkarte 13 Soles.

PeruRail, Malecón de la Reserva 610, Stand 11, Larcomar, Lima-Miraflores, larcomar@perurail.com, www.perurail.com u. am Flughafen Jorge Chávez, nationale Abflüge, zwischen den Gates 13 u. 14. Fahrkarten für die Strecken Puno – Cusco – Puno und Cusco – Aguas Calientes – Cusco.

Flughafen, Airlines, Flüge

Flughafen Der sehr moderne **Aeropuerto Jorge Chávez** (J. Chávez überflog als erster die Alpen) liegt in Callao, Av. Elmer Faucett, fast am Pazifischen Ozean. Von ihm führt weder eine Stadtautobahn noch eine durchgehende Schnellstraße ins Zentrum. Öffentliche Verkehrsmittel sind mit Reisegepäck nicht zu empfehlen. Beim Verlassen des Flughafengebäudes werden Sie von **Taxifahrern** angesprochen, die ihre Dienste anbieten. Steigen Sie nur in ein *Taxi Seguro* ein. Diese „sicheren Taxis" kosten zwar mehr, aber Sie können so sicher sein, unversehrt am Zielort anzukommen. Weitere Taxi-Transportvarianten und Fahrpreise in die Stadt s.S. 155. Bei einer Taxifahrt zum Flughafen sollten Sie Ihr Taxi bereits am Vortag bestellen, da es dann und wann zu Engpässen kommt und dann die Zeit knapp wird.
Flughafen-Homepage: www.lap.com.pe/lap_portal/index.asp

Recht preiswert ist der **Airport-Shuttle** *Satelite* des Veranstalters *Urbanito*, Tel. 425-1202, www.urbanito.com.pe, der vom Flughafen zum gewünschten Hotel und auf Wunsch auch vom Hotel zum Flughafen fährt, Fp Auto 45 Soles, Fp Minivan 90 Soles. Auch *Akatori* bietet seine Dienste an, www.akatori.com. Luxus für relativ wenig Geld bietet hingegen der Anbieter *Lima Limo* mit seinem Limousinen-Service auf www.limalimo.pe. Die Strecke Flughafen-Miraflores kostet 22 US$. Auch Tagestouren in die nähere Umgebung von Lima.

Aus den Geldautomaten können Sie mit Ihrer Kredit- oder Maestrokarte Ihre ersten Soles rauslassen. Es gibt auch eine Wechselstube *(Casa de Cambio)* und Banken, die Bargeld wechseln (24 h). Bei zwei Agenturen können zahllose Hotels und Hostales in Lima gebucht bzw. reserviert werden. Die Tourist-Information **i-Peru** ist gleichfalls vertreten, Tel. 574-8000 (24 h). Info- und Auskunftsstände helfen bei Problemen weiter.

i-Peru Nach der Ankunft kann man von der Tourist-Information **i-Peru** umfangreiches Info-Material auf Englisch, Deutsch und Spanisch erhalten. Büros von i-Peru gibt es auch in Miraflores im *Larcomar,* Malecón de la Reserva (www.larcomar.com) und in San Isidro, Jorge Basadre 610, Tel. 421-1627. Wer nachträglich noch eine Impfung benötigt, kann dies auf dem Flughafen täglich rund um die Uhr nachholen.

Gepäckaufbewahrung (Equipaje) Depot im Erdgeschoss, Ausgang nationale Flüge. Abrechnung pro Gepäckstück: 21 Soles/Tag oder 3 Soles/Stunde. Auch Fahrräder werden angenommen. Kosten eines Schließfaches: 33 Soles/Tag, 7 Soles/Stunde.

Außerdem vorhanden Post- und Telekommunikationsservice, *Serpost,* Internet, Restaurants, Cafés, Shops und eine Apotheke Wer spät in der Nacht auf dem Flughafen die Zeit bis zum Anschlussflug am nächsten Morgen überbrücken muss, ist in der *AEROBAR* gut aufgehoben (24 h).

Flughafensteuer Perus nationale und internationale Flughafensteuer „TUUA" ist beim Kauf eines Tickets bereits im Preis enthalten und muss nicht noch zusätzlich bezahlt werden (Gebühr internationale Flüge 30 US$, nationale ca. 10 US$).

Nationale Fluglinien **Geschäftszeiten:** Mo–Fr meist von 9–17 Uhr (selten länger), Sa 9–12 Uhr.
Aero Andino, Jr. Bolívar 252, Pucallpa, Tel. 61-590084, www.aeroandino.com.pe. – **Aero Cóndor,** Juan de Arona 781, San Isidro, Tel. 614-6014, www.aerocondor.com.pe. – **Aeroica,** Diez Canseco 480, Miraflores, Tel. 445-30859, www.aeroica.net. – **Aerodiana,** Calle Ramón Ribeyro 525, Miraflores, Tel. 444-3075, www.aerodiana.com.pe. – **Aero Paracas,** Tel. 265-8073 (Panamericana Sur km 447, Nazca), www.aeroparacas.com. – **ATSA,** Flughafen Jorge Chávez, Tel. 575-0885, www.atsaperu.com. Gesellschaft mit Anto-

nov AN-26B-100, die Lima mit Cajamarca (Zwischenlandung in Trujillo zum Auftanken) täglich verbindet. Außerdem Flüge nach Atalaya, Sepahua, Pucallpa und Pto Esperanza sowie Charterflüge. – **LAN**, Av. Pardo 513, Miraflores, Tel. 218-8300, 0801-11234, www.lan.com. Lan ist die teuerste Fluggesellschaft in Peru, sie bietet aber auch den besten Service. – **LCPerú,** Av. Pablo Carriquiry 857, San Isidro, Tel. 204-1313, www.lcperu.pe. – **StarPerú,** Av. José Pardo 485, Tel. 446-6173, www.starperu.com.pe. – **Peruvian Airlines,** Av. José Pardo, Cuadra 4 neben StarPerú, Miraflores, Tel. 716-6000, www.peruvianairlines.pe. – **TACA Airlines,** Av. José Pardo 811, Miraflores, Tel. 511-8222, www.taca.com.

Internationale Linien Die meisten Fluggesellschaften haben ihre Büros in Miraflores und San Isidro.
Aerolineas Argentinas, Calle Francisco Bolognesi 291, Miraflores, Tel. 241-8280. – **Aeropostal** (Venezuela), Mártir Olaya 129, Miraflores/Mezan. Callao, Tel. 241-8407, aeropostal@terra.com.pe. – **Alitalia,** Av. Mariscal Jose de la Mar 333, Miraflores, Tel. 221-5093. – **Avianca** (Kolumbien), Av. José Pardo 140, Miraflores, Call Center 0800-51936, Tel. 444-0747/445-0506, www.avianca.com. – **British Airways,** Av. Camino Real 390, Büro 902, Tel. 411-7801 (in Koop. mit Iberia). – **Iberia** (Spanien), Camino Real 390, Büro 902 San Isidro, Tel. 411-7800. – **KLM** (Niederlande), Av. Alvarez Calderón 185, Büro 601, San Isidro, Tel. 213-0200. – **Lufthansa,** Av. Jorge Basadre 1330, San Isidro, Tel. 212-5113, www.lufthansa-peru.com. – **VARIG** (Brasilien), Av. Centrall 189, San Isidro, Tel. 221-2262.

Flüge von/nach Lima mit Fluggesellschaften

Von Lima aus werden nachfolgende peruanische Orte und Städte angeflogen (Auswahl). Aktuelle Flugpreise im Internet recherchieren und auf Sonderangebote achten. Bei Direktkäufen vor Ort ist das Ticket meist sofort in bar (keine Kreditkarte) zu bezahlen. Fluganfragen und Buchungen aus Deutschland über den Tour Operator für Peru und Bolivien **Latin Reps,** www.latinreps.com (dt.-spr.) oder **Interagencias,** www.interagencias.com.pe. Einige Flüge finden oft nur während der Trockenzeit und/oder nur statt, wenn genügend Passagiere zusammenkommen.

LAN Arequipa, Cajamarca, Chiclayo, Cusco, Iquitos, Juliaca (Puno), Piura, Pucallpa, Puerto Maldonado, Tacna, Tarapoto, Trujillo, Tumbes

StarPerú Ayacucho, Cajamarca, Cusco, Chiclayo, Iquitos, Pucallpa, Puerto Maldonado, Tarapoto, Trujillo

LCPerú Andahuaylas, Ayacucho, Cajamarca, Cusco, Huánuco, Huaraz, Huánuco, Jauja, Pisco, Tingo María

Peruvian Airlines Arequipa, Cusco, Iquitos, Tacna

Cielos Andinos Huánuco, Tingo María, Pucallpa

Taca Perú Arequipa, Chiclayo, Cusco, Juliaca, Piura, Tarapoto, Trujillo
Überflüge der **Linien von Nazca** s. „Nazca"

Umgebungsziele von Lima

Tour 1: Lima – **Pachacamac** (Antigua Panamericana Sur km 31,5, Lurín) – **Cañete** (Panamericana Sur)

Den Ausflug zu den gut 32 km entfernten Ruinen von Pachacamac empfehlen wir am Anfang einer Perureise als „Schnuppertour", denn mit dem Besuch nach den Höhepunkten Cusco und Machu Picchu wäre eine Enttäuschung vorprogrammiert.

Die Ruinen von Pachacamac müssen aber nicht unbedingt als Solo-Tagesausflug geplant werden. Es bietet sich vielmehr an, den Ausflug dorthin in eine Tagesetappe in und um Lima zu integrieren. Zum Beispiel am Vormittag das Archäologische Museum besuchen, mittags mit einem Taxi oder dem Microbus über Miraflores auf der Panamericana Sur nach Pachacamac fahren und nachmittags das Goldmuseum ansteuern. So entsteht eine abwechslungsreiche Rundtour, die in einem Tag zu bewältigen ist.

Die komplette Hin- und Rückfahrt mit dem Taxi kostet, inklusive vereinbarter Wartezeiten, etwa 80 Soles und ist für drei oder vier Reisende, die sich zusammentun, durchaus preiswert. Für die gleiche Tour mit einem lokalen Reisebüro muss mit mindestens 60 Soles (Mirabus) pro Person gerechnet werden. Individualisten nehmen den billigen Microbus 120 M ab Santa Catalina oder ein Colectivo vom Universitätspark Richtung Lurín. Die Fahrt dauert ungefähr eine Stunde. Dem Colectivo-Fahrer ist unbedingt anzusagen, dass Sie nur bis zu den Ruinen von Pachacamac (und nicht in die Stadt) wollen, damit er Sie an den Ruinen absetzen kann. Die Ruinen sind Di–So von 9–17 Uhr geöffnet (außer am 1. Mai), der Eintritt kostet 8 Soles. Weitere Infos auf www.pachacamac.net.

Valle Lurín   **Pachacamac** liegt im Lurín-Tal, etwa 30 km südlich von Lima. Das Lurín-Tal gilt als *Valle Verde* oder grünes Tal von Lima und ist landschaftlich das schönste Flusstal in der Nähe der Hauptstadt. Neben archäologischen und touristischen Sehenswürdigkeiten bietet das über 100 km lange Tal vor allem Natur pur. Erdbeerplantagen wechseln mit Mais- und Weinfeldern, die meisten der hier ansässigen Familien leben von der Landwirtschaft. Wäre Pizarro nicht stur gewesen, hätte er hier am Río Lurín die neue Hauptstadt des eroberten Inkareiches bauen müssen. Heute korrigieren die Einwohner Limas, was Pizarro nicht erkannte: Sie siedeln zusehends ins Lurín-Tal und Umweltschützer warnen bereits vor dem „Ausverkauf". Das jährliche *Erdbeer-Festival* oder die *Fiesta Caballo de Paso* mit den berühmten Paso-Pferden locken immer mehr an, die touristische Vermarktung ist eingeleitet.

Orakel von Pachacamac   Pachacamac war seit dem 9. Jh. eine Art Wallfahrtsort für alle Völker der Küste und des Hochlandes. Der Ort im Lurín-Tal hatte etwa die gleiche Bedeutung wie Delphi für die Griechen. Das Orakel des Weltschöpfers Pachacamac wurde um jeglichen Rat gefragt. Pilger reisten Hunderte von Kilometern an und brachten kostbare Weihgaben aus ihren Regionen mit. Eine große Stadt entstand um das Heiligtum, von dem aber heute nichts mehr erhalten ist. Die Inka eroberten im 15. Jahrhundert Pachacamac und übernahmen die Tempelanlagen. Daneben errichteten sie das weit größeres Sonnenheiligtum in Form einer terrassenartig ansteigenden, künstlichen Pyramide. 1533 töteten die goldgierigen Spanier unter *Hernando Pizarro,* einem Bruder von *Francisco Pizarro,* die Tempelpriester und raubten die mit Gold und Silber ausgestatteten Tempel aus. Die Archäologen *Julio Tello* und *Max Uhle,* beide mit einem Denkmal in Pachacamac geehrt, fanden verschiedene Bauschichten und viele Gräber und konnten einen Zusammenhang mit der wesentlich älteren Tiwanaku-Kultur herstellen. Die verschiedenen Keramikformen beruhen auf zeitlichen, nicht auf lokalen Unterschieden, wie früher oft vermutet wurde.

■ *Pachacamac, Tempel*

Pachacamac-Rundgang

Gleich rechts vom Eingang liegt ein kleines **Museum,** dessen wertvollstes Stück die 1938 ausgegrabene, fein gearbeitete Holzsäule des Pachacamac ist. Die Vertiefungen der Figur waren einst mit Gold oder Silber ausgelegt. Außerdem werden noch Keramiken und Stoffe gezeigt. Rechts, nicht weit vom Museum, steht ein semisubterraner, rekonstruierter Gebäudekomplex, die **Casa de las Mamaconas,** deren Bedeutung umstritten ist. Lebten hier die ausgewählten Sonnenjungfrauen und stellten sich dem Inkaherrscher zur Schau oder diente der Komplex der Verehrung des Mondes?

Links führt eine Straße auf einen kleineren Hügel, auf dem der **Pachacamac-Tempel** stand. Einige Terrassen mit Resten einer Bemalung sind gut erhalten. Direkt vor dem Betrachter imponiert aber ein mächtiger künstlicher Hügel, auf dem Ende des 15. Jahrhunderts der **Sonnentempel** des Inka errichtet wurde. Gemauerte Terrassen und Lehmwände sind noch recht gut erhalten. Von oben bietet sich ein beeindruckender Gesamtblick auf die Ruinenstadt und auf zwei kleine Stier- bzw. Hahnenkampf-Arenen sowie auf das Meer mit zwei vorgelagerten Inselchen.

Da der gesamte Ruinenkomplex sehr weitläufig ist, dauert auch ein rascher Rundgang mindestens eine Stunde. Wer mit einem Taxi kam, kann den Fahrer bitten, durch den Ruinenkomplex zu fahren. Die Rückfahrt nach Lima erfolgt am zweckmäßigsten über die autobahnartig ausgebaute Panamericana Sur. Busse nach Lima können auf der Straße vor den Ruinen angehalten werden.

Cañete

Wer mehr Zeit zur Verfügung hat, der kann noch etwas weiter die Panamericana Sur nach Süden auf einem weiteren Tagesausflug reisen. Vorbei an den Badeplätzen von *Punta Hermosa, Punta Negra, San Bartolo, Santa María, Pucusana* und *Las Palmas* kommt man nach *Cañete* (s. auch S. 172).

Tour 2: Ruinen von Puruchuco – Cajamarquilla – Chosica (Carretera Central)

Dieser Ausflug ist für archäologisch Interessierte empfehlenswert. Außerdem bietet sich ein guter Eindruck in ein typisches Küstental. Um die Ruinen anzufahren, empfiehlt sich in Lima ein Colectivo nach Chosica zu nehmen (an der Ecke Montevideo/Ormeño oder Arequipa/Javier Prado). Abfahrten zwischen 6 und 21 Uhr, immer dann, wenn der Colectivo voll besetzt ist, Fahrpreis etwa 8 Soles. Ebenfalls Abfahrten von Bussen in der Nähe des Parque Universitario bzw. der Av. Ayacucho nach Chosica. Vorschlag: Für eine schnellere und bequemere Ruinen-Direktfahrt wieder mit mehreren zusammen ein Taxi mieten. Die Lauferei und Sucherei von der Hauptstraße entfällt, das Taxi wartet auf einen. Den Fahrpreis (75–100 Soles) vorher fest vereinbaren. Daneben gibt es noch die Möglichkeit, die Tour voll organisiert mit einem Reisebüro zu unternehmen.

Puruchuco — Etwa 7 km vom Zentrum Limas zweigt von der Umgehungsautobahn die Carretera Central mit dem Kilometerstein 0 ab. Die Carretera Central folgt dem Verlauf des Río Rímac durch die Küstenebene nach Chosica und windet sich dann die Anden nach La Oroya hinauf. Auf der Carretera Central wird nach 5 km Puruchuco erreicht. Hinter dem Dorf liegt der rekonstruierte Palast eines *Curaca* (Dorfvorsteher) aus der Präinkazeit, eine Lehmziegelburg mit vielen Gängen und Gemächern sowie ein kleines Museum mit lokalen Kunstgegenständen wie Keramik, Stoffen und Musikinstrumenten. Di–So von 9–17 Uhr, Eintritt. – Zurück auf der Hauptstraße zweigt etwa bei km 9,5 links ein Weg nach *Huachipa* ab.

Cajamarquilla — Gleich danach geht es rechts zur *Hacienda Nievería* und zu der in einem Kilometer dahinterliegenden Ruinenstadt **Cajamarquilla**. Von ihrer Geschichte ist nur bekannt, dass sie ein städtisches Zentrum des kleinen Königreiches *Cuismancu* war. Es wird angenommen, dass die rechteckigen Adobe-Lehmbauten von der Wari-Kultur stammen. Die Ruinen der Lehmziegelstadt bestehen aus drei Gebäudegruppen mit Terrassen und Pyramiden ähnlichen Bauten, die von labyrinthartigen Straßen durchzogen sind. Im 19. Jahrhundert hatte eine Räuberbande unter *Rossi Arci* hier ihren Schlupfwinkel. Di–So von 9–17 Uhr, Eintritt.

Chosica — Wer von den staubigen Pisten genug hat, kann von hier nach Lima zurückkehren. Sollte noch Zeit übrig sein, empfiehlt es sich, weiter das Rímac-Tal hinaufzufahren. Bei km 13 gibt es eine Abzweigung nach rechts zur kleinen Ruinenstadt *San Juan de Pariache,* bei km 16 nach *Haicán Tambo.* An der Abzweigung zum Restaurant *Granja Azul* (tägl. 12.30–17 Uhr, gute Hähnchen!), einem ehemaligen Kloster und an zahlreichen Clubs (Hotel *El Pueblo*/LUX) vorbei, kommt nach etwa 35 km der Höhenluftkurort **Chosica** in Sicht. Der Ferienort, auch „Villa del Sol" genannt, liegt bereits 850 Meter hoch und nach wie vor treffen sich hier die Hauptstädter, um von Mai bis Oktober dem Küstennebel *garúa* zu entfliehen. Daneben gibt es dort die Deutsch-Peruanische Schule *Beata Imelda.*

Hinter Chosica beginnt das malerische *Eulalia-Tal*, das sich bis auf eine Höhe von über 1000 Metern zieht und den Limeños als Obstanbaugebiet dient.

Tour 3: Callao / Islas Palomino (Panamericana Norte)

Callao, die größte und wichtigste Hafenstadt Perus (600.000 Einwohner) ist heute, obwohl 13 km vom Zentrum Limas entfernt, mit Lima praktisch zu einer Stadt zusammengewachsen. Außer dem typischen Gesicht einer Hafenstadt mit unzähligen Hafenkneipen bietet es keinerlei Reize oder Sehenswürdigkeiten. Besuchenswert ist allenfalls das aus dem Jahr 1774 stammende *Fort Real Felipe,* in dem heute das Militärhistorische Museum untergebracht ist (*Museo Histórico del Real Felipe,* Plaza Idenpendencia s/n, Di–So von 9.30–14 Uhr, Tel. 429-0532. Eintritt 6 Soles, inklusive zweistündiger Führung auf Spanisch). Gleich um die Ecke befindet sich das Museum der peruanischen Marine (Mo geschlossen).

Nach Callao fahren unzählige Busse, Colectivos und Taxis. Ansprechende Restaurants und Bars gibt es in der *Pasaje Ríos* und der *Calle Constitución.* Südwestlich von Callao liegt das Seebad La Punta mit Kadettenschule, Yachtclub und Bademöglichkeiten.

Islas Palomino

Wer später keine Gelegenheit hat die Islas Ballestas bei Paracas zu besuchen, kann von Callao aus einen Bootsausflug zu den *Islas Palomino* und anderen vorgelagerten Inseln (u.a. San Lorenzo, Frontón) unternehmen, wo es ebenfalls zahlreiche Seevögel und Seelöwen gibt.

Bootsausflüge werden von *Ecocruceros,* Av. Arequipa 4960, Miraflores, Tel. 226-8530 und unter informes@ecocruceros.com angeboten. Ausführliche Informationen zur Route auf www.islaspalomino.com. Start täglich um 10 Uhr und 14 Uhr ab der Plaza Grau in Callao. Die Tour mit der kleinen Yacht dauert etwa 4 Stunden und kostet 45 US$ p.P. (inklusive kalten und heißen nichtalkoholischen Getränken und Snacks). Abenteuerlustigen wird ein Neoprenanzug zur Verfügung gestellt und nach einem Sprung in den maximal 18 Grad warmen Pazifik befindet man sich inmitten der Seelöwenmeute! Auch Cochamama Tours, Calle Porta 170, Oficina 205, Tel. 628-1469 bietet auf www.lobosdelcallao.com einen Ausflug zu den Inseln an, 100 Soles, allerdings ohne Baden im Meer.

Tour 4: Organisierte Tagesausflüge

Die *Municipalidad de Miraflores* (Infostelle im Parque Kennedy) bietet sowohl in den Sommer- als auch Wintermonaten Tagesausflüge am Wochenende an. Wer der spanischen Sprache mächtig ist, dem sei die Teilnahme an einem dieser Exkursionen empfohlen. Es kann sich sowohl um einen Ausflug nach **Caral** (eine der ältesten Zivilisationen Südamerikas) oder **Paracas** (Naturparadies mit Seevögeln, Seelöwen und Pinguinen) handeln als auch zum **Rafting nach Lunahuaná** oder zum Sonnetanken (besonders in den Wintermonaten) in die Sierra von Lima. Preise zwischen 80 und 160 Soles. Weitere Anbieter für Tagestouren sind *Super Tours*, www.supertoursperu.com (Eintag- und 3-Tages-Angebote national) und *Reservaciones Perú*, www.reservacionesperu.net. Beide Anstalter verkaufen ihre Touren über die Counter von Teleticket in den Supermärkten Wong und Metro.

Die „Klassische Rundreise" durch Peru:
Von Lima nach Cusco über Nazca, Arequipa und Puno und von Cusco zurück nach Lima über Abancay, Ayacucho und Huancayo

Überblick Der erste Streckenabschnitt der „Klassischen Rundreise", nämlich der von Lima nach Cusco, zählt zu den beliebtesten Perus. Man lernt die schönsten und bedeutendsten Sehenswürdigkeiten des Landes kennen: Nazca mit seinen geheimnisvollen Bodenritzungen, Arequipa mit seinen Vulkanen und einem vielfältigen kulinarischen Angebot, den Titicacasee bei Puno und natürlich Cusco, die alte Hauptstadt des Inkareiches sowie Machu Picchu. Die Straßen sind bis Cusco durchgängig asphaltiert, und um die abwechslungsreichen Landschaften zu erleben, sollten keine Nachtbusse genommen werden. Nazca, Arequipa und Puno bieten sich als Zwischenstopps an, für eine langsame Höhenakklimatisierung ist insbesondere Arequipa (2353 m) geeignet.

Der zweite Teil der Rundreise von Cusco zurück nach Lima ist weniger frequentiert, landschaftlich und kulturell aber umso beeindruckender. Hierbei erlebt der Reisende die unterschiedlichen Trachten des Hochlandes sowie bauliche und gastronomische Eigenheiten der andinen Bevölkerung. Die Straße Cusco – Abancay ist durchgehend asphaltiert, Abancay – Ayacucho teilweise. Wir empfehlen Übernachtungen in Abancay und Andahuaylas, da bereits der Gesamtabschnitt Cusco – Ayacucho für Selbstfahrer mindestens 20 Stunden dauert. Ayacucho verdient, aufgrund archäologischer Stätten und historischer Schauplätze in seiner Umgebung, zwei Übernachtungen. Ein Höhepunkt ist – optional – die Zugfahrt von Huancayo nach Lima, eine der höchsten Eisenbahnstrecken der Welt.

Zeitplanung Für die gesamte Rundtour sollte man mindestens vier bis fünf Wochen einplanen. Wer nicht so viel Zeit hat, nimmt für den einen oder anderen Abschnitt das Flugzeug. Ihren Zeitplan richten Sie am besten nach den Flugplänen. Beachten Sie aber bitte, dass Lima Drehkreuz aller Inlandsflüge ist, d.h. man fliegt immer über Lima. Direktverbindungen gibt es lediglich zwischen Arequipa und Cusco sowie zwischen Puno und Cusco. Für die Strecke von **Lima nach Puno sollte eine Woche** eingeplant werden, für Arequipa und den Colca Canyon mindestens drei bis vier Tage. Puno und den Titicacasee erlebt man idealerweise an zwei bis drei Tagen, eher mehr. Die Strecke Puno über Juliaca nach Cusco ist sowohl mit dem Zug als auch mit dem Bus an einem Tag zu bewältigen. Für Cusco und Umgebung mit Urubamba-Tal bis Machu Picchu benötigt man mindestens eine Woche (dabei ist

der viertägige Inka Trail nach Machu Picchu nicht eingerechnet). Für den Abstecher von Cusco zum Nationalpark Manu sollte wieder eine Woche einkalkuliert werden, der Abstecher von Cusco nach Pto Maldonado fällt mit (mindestens) drei Tagen noch relativ kurz aus.

Rundreise 2. Teil: Cusco – Lima Der erste Abschnitt von Cusco nach Huancayo ist nur mit dem Auto oder Bus zu bewältigen. Dabei beachten, dass die meisten Busgesellschaften entweder sehr früh morgens oder sehr spät abends starten. Von Huancayo nach Lima hat der Reisende dann wieder verschiedene Möglichkeiten: wir empfehlen die Zugfahrt (bitte auch hier den sehr eingeschränkten Fahrplan beachten). Alternativ gibt es zahlreiche Busverbindungen und regelmäßige Flüge. Planen Sie für die Etappe von Cusco über Abancay und Andahuaylas bis Ayacucho mindestens zwei reine Fahrtage ein. Ayacucho verdient mindesten zwei Übernachtungen, ebenso Huancayo.

Wer das Flugzeug als alleiniges Verkehrsmittel wählt, kann die gesamte Rundreise auch in zwei Wochen bewältigen.

Wahl des Verkehrsmittels Früher bereisten Besucher die gesamte Strecke fast nur mit Bussen (es gibt sehr bequeme Tag- und Nachtbusse), heutzutage verlocken günstige Flüge zu Flugabstechern, z.B. von Cusco in den Urwald nach Puerto Maldonado.

Außerdem verkehren hier die wichtigsten Eisenbahnlinien Perus, die zugleich zu den höchsten der Welt zählen: Die **1. Strecke** führt **von Puno über Juliaca** und **La Raya** (4338 m) **nach Cusco,** die **2. Strecke** von **Huancayo** über **La Oroya und Galera** (4781 m) **nach Lima** (Huancayo verbindet außerdem eine Schmalspurtrasse mit Huancavelica), und die **3. Strecke** verläuft von **Juliaca** über **Cruzero Alto** (4528 m) und **Arequipa** nach Mollendo (diese Strecke wird aber touristisch kaum noch befahren). Auf einer **4. Strecke** fährt zudem zwischen **Cusco** und **Quillabamba** schon seit 1929 eine Schmalspurbahn **über Aguas Calientes/Machu Picchu.**

Von Cusco bzw. Ollantaytambo nach Machu Picchu nehmen fast alle Touristen den Zug. Die anderen Streckenabschnitte können alternativ auch mit dem Bus zurückgelegt werden. Die Zugverbindung Puno – Cusco bringt Abwechslung in Ihre Reise und hat den Vorteil, dass man sich während der stundenlangen Fahrerei auch mal bewegen kann. Andererseits ist es mit dem Bus einfacher, Strecken individuell zu unterbrechen und man ist zeitlich flexibler, da die Fahrpläne einiger Züge sehr eingeschränkt sind.

Tagesplanung für den 1. Streckenabschnitt Lima – Cusco

Mit dem Flugzeug. Zeitbedarf ca. 2 Wochen.

1. Tag – Lima, Ankunft, Museumsbesuch (z.B. das Museum für Archäologie, Anthropologie und Geschichte oder das Museo Larco)
2. Tag – Flug nach Arequipa, Stadtbesichtigung (Kloster Sta. Catalina), Höhenakklimatisierung
3. Tag – Tagesausflug von Arequipa zum Colca Canyon (Abfahrt 4 Uhr oder früher! Besser einen Extratag einplanen und den 2-Tages-Ausflug buchen!)
4. Tag – Flug Arequipa – Cusco, Höhenakklimatisierung
5. Tag – Stadtbesichtigung Cusco
6. Tag – Rundwanderung nach Saqsaywamán, Q'enqo, Pukapukara, Tambomachay

7. Tag – Zugfahrt durchs Urubamba-Tal nach Aguas Calientes/Machu Picchu
8. Tag – Besichtigung Machu Picchu und Rückfahrt mit dem Zug nach Cusco
9. Tag – Flug Cusco – Pto Maldonado, Bootsfahrt zu einer Urwaldlodge
10. Tag – Urwaldexkursion und Übernachtung in einer Urwaldlodge
11. Tag – Flug von Pto Maldonado über Cusco nach Juliaca; Busfahrt von Juliaca nach Puno, Nachmittagsausflug nach Sillustani (sehr knapp, besser auf zwei Tage aufteilen)
12. Tag – Bootsausflug auf dem Titicacasee zu den Uro und zur Insel Taquile
13. Tag – Busfahrt von Puno nach Juliaca, Flug Juliaca (– Arequipa) – Lima
14. Tag – Lima (ggf. noch Tagesausflug mit lokaler Fluggesellschaft nach Nazca)

Mit Flugzeug, Bus, Zug u. Colectivos

Mit diesen Verkehrsmitteln dauert die Rundreise, je nach Jahreszeit, Wetterverhältnissen und Ausflugsabsichten, zwischen vier und sechs (oder mehr) Wochen. Zur **Zeitersparnis** bieten sich folgende Alternativen an:

1. Möglichkeit: Flug Lima – Arequipa und Juliaca (– Arequipa) – Lima; dadurch wird die Rundreise abgekürzt. Zwischen Puno und Cusco sollte mit dem Bus gefahren werden.

2. Möglichkeit: Busfahrt Lima – Nazca – Arequipa – Cusco (mit der Gesellschaft Cruz del Sur, Lima – Nazca in 7 Stunden, Lima – Arquipa in 15 Stunden und Lima – Cusco in 22 Stunden). Dann Zugfahrt Cusco – Puno am Titicacasee. Anschließend Rückfahrt mit Bus oder Colectivo von Puno nach Juliaca. Flug Juliaca (– Arequipa) – Lima.

3. Möglichkeit: Busfahrt Lima – Arequipa – Puno – Cusco. Bei Zeitmangel kann die Strecke Arequipa – Juliaca auch geflogen werden, um erst ab Juliaca den Bus nach Cusco zu nehmen.

PERUS SÜDEN
Küste und südliches Bergland

Teil 1 „Klassische Rundreise": Von Lima nach Cusco über Nazca, Arequipa und Puno

ROUTE 1: LIMA – NAZCA – AREQUIPA (915 km)

Start von Lima nach Arequipa

Von Lima nach Arequipa gibt es als einzige Alternative das Flugzeug. Da die Straße bis auf wenige Ausnahmen in gutem asphaltierten Zustand ist und dieser Abschnitt zur legendären „Traumstraße Panamericana" gehört, empfehlen wir die Straße. Für die Fahrt von Lima nach Arequipa sollten mit Besichtigungnen 3–5 Tage eingeplant werden.

Um das Einzugsgebiet der peruanischen Hauptstadt zu verlassen, benötigt man sowohl mit dem Bus als auch mit dem Auto auf der *Panamericana Sur* mindestens eine Stunde, wenn nicht sogar mehr. Je weiter man die Stadtviertel San Isidro und Miraflores hinter sich gelassen hat, umso mehr Armensiedlungen bevölkern die Hügel linker Hand. Es folgt der Industriepark von Lurin und damit die erste Mautstelle (3 Soles für Selbstfahrer).

Karte S. 171 — Lima – Nazca – Arequipa — **171**

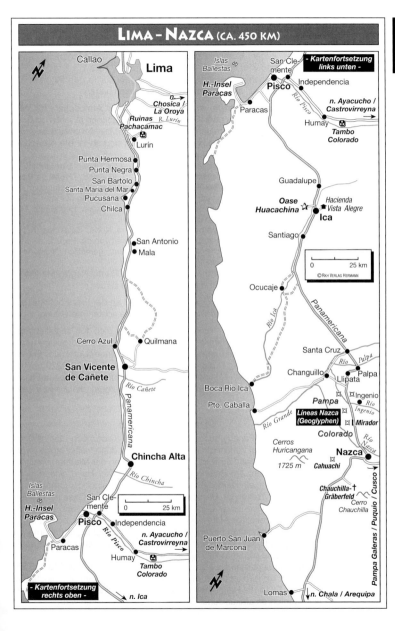

Pachacamac

Knapp 30 km nach der Hauptstadt werden die Ruinen von **Pachacamac** passiert. Der große Fischreichtum vor Pachacamac lädt zum Schnorcheltauchen ein, wobei sich Seelöwen einem neugierig nähern können. Wegen des kalten Humboldtstroms sind Tauchanzüge empfehlenswert. (Pachacamac wird im Lima-Kapitel beschrieben, Tour 1, s.S. 164).

Es folgen zahlreiche einfache Badeorte, die nur in den Monaten Dezember bis März, also im Lima-Sommer, Saison haben.

San Bartolo

Das Seebad **San Bartolo** ist eine kleine Oase mit Atmosphäre für müde Reisende, die sich ein paar Tage Entspannung gönnen möchten, z.B. vor dem Heimflug – doch im peruanischen Winter (Mai–November) ist so gut wie alles geschlossen. Selbst die Restaurants sind ab 19 Uhr nahezu alle geschlossen, bis auf eine Chifa an der Plaza.

Fast immer geöffnet ist das **Hostal La Marina** (ECO), Av. San Martín 351, Tel. 430-7601. Zimmer mit Meerblick, bp. Ü/F 25–30 Soles. – **Hotel La Posada del Mirador** (FAM), Playa Norte 105, www.posadadelmirador.com, Tel. 430-7822. Pittoreske Lage auf einem Felsen, italien. Leitung, Zimmer u. Bungalows, bp, AC, Ws, kleiner Pool, Touranbieter, Mietwagen, Restaurant. DZ/F 50 US$, Bungalow DZ/F 100 US$ (je nach Saison).

Gute Restaurants: Albamar, Malecon Ribeira Norte, Baja Vidal Ramos Lara 398; direkt an der Strandpromenade (nicht weit von der Posada del Mirador), sehr gute Fischgerichte (Besitzer fischt selbst), gemütlich, Musik, nette Leute. – **Rocio,** zu Fuß max. 15 Min von der Plaza.

Von San Bartolo fahren ständig Busse über Punta Negra (Mautstelle, Tankstelle, Restaurants und Hotels) nach Lima zurück.

Santa Maria del Mar

Hier gibt es das gleichnamige Luxushotel und an der Plaza befindet sich das gute und günstige *Restaurante Rocio,* eine echte Empfehlung.

Pucusana

Ein Ausflug zum Fischerdorf **Pucusana** lohnt sich für Vogelliebhaber auch noch von Lima. Hier kann eine Bootsfahrt zu einer vorgelagerten Insel mit Pelikanen unternommen werden. Als Unterkunft kann das *El Mirador Belvedere* (ECO), Prolg. Grau Mz. 54 Lt. 01, Tel. 430-9228 von der sehr netten *Elizabeth Noemi Meza Zuniga* in traumhafter Lage auf einem Berg empfohlen werden. Interessant ist außerdem die Felsformation *Boca del Diablo.*

Pucusana – Pisco

Auf der neuen Panamericana Sur sind es bis Pisco noch über 200 km. Die Strecke folgt zunächst der Küstenlinie, um dann weiter landeinwärts zu verlaufen. Selbstfahrer müssen beim km 66 an der Mautstation Chilca 11 Soles zahlen. Am Beginn einer Oase liegt linker Hand, wie in einem Märchen, dann ein kleines Schloss. Es war früher einer der Landsitze der spanischen Vizekönige. Der Hauptort dieser Baumwoll-Oase heißt **Cañete** bzw. *San Vicente de Cañete.* Das Städtchen wurde 1556 auf Anordnung des Vizekönigs *Marqués de Cañete* gegründet, aber bereits im 12. Jahrhundert siedelten hier indigene Volksgruppen. Die alte Panamericana Sur verlief direkt durch den Ort, dank dem Bau einer Umgehungsstraße mit Brücke wird nun viel Zeit eingespart.

Dann erreicht man als nächstgrößeren Ort **Chincha Alta** (148.000 Einwohner). Hier wird jede Menge Wein und Pisco an vielen Straßenständen verkauft. Es ist die Heimat der afroperuanischen Musik, die durch die vielen Nachfahren afrikanischer Sklaven am Leben erhalten wird.

Unterkunft bieten zahlreiche Hotels, wie z.B. *Embassy, Majestic, El Sausal San Francisco, Sotelo* und das *Carnaval* beim km 199 an der Panamericana. Das zentral gelegene *Hostal Los Ángeles* (ECO), Av. Los Ángeles 369, Tel. 26-1715, kann empfohlen werden. Das beste Hotel ist das herrliche, historische Kolonialhotel *Casa Hacienda San José* im Stadtteil El Carmen (LUX), knapp 10 km abseits der Panamericana (km 203), Tel. (034) 22-1458, www.casahaciendasanjose.com. Koloniales Ambiente, Restaurant mit kreolischem Büfett (So 13 Uhr, um 50 Soles p.P.), Pool, Tennisplatz, jeden Sonntag „Fiesta Negra", Heißluftballon- u. Reitausflüge. DZ (Mo–Do) 210 US$, Fr–So 250 US$. Wer auf der Durchreise ist und sich stärken möchte, der sollte im Restaurant *Gourmet El Batan* einkehren (Panam Sur 791, km 197,5); u.a. gutes Frühstück mit Brot, kräftigem Rührei, riesigem Tamal und Chicharrones.

Transport: nach Lima fahren ständig Busse.

Von Chincha Alta nach Pisco verläuft die Panamericana nur zweispurig, ein rasches Vorwärtskommen auf der stark frequentierten Strecke ist hier wegen vieler Lkw nur mühsam möglich.

Pisco

Bis auf die heißen Sommermonate (Jan.–März) ist Pisco eine durchaus ruhige Stadt (55.000 Einwohner) mit einem bedeutenden Hafen. Der Name ist zugleich Synonym für den Traubenschnaps *Pisco,* Hauptbestandteil des peruanischen Nationalgetränks *Pisco Sour.* Ob er wohl General San Martín ebenso schmeckte, der am 8. September 1820 in der Paracas-Bucht landete und hier einige Zeit sein Hauptquartier hatte?

Heute ist Pisco eine aufstrebende Hafenstadt mit einem alten kolonialen Viertel, und die Balnearios des südlich gelegenen Paracas ein Wochenendziel der *Limeños.* An der Plaza de Armas steht ein kitschig verschnörkeltes Gebäude, fast ein kleines Schlösschen, in dem die Stadtverwaltung untergebracht ist. Mitten auf dem Platz thront das Reiterstandbild von San Martín. Einen Straßenzug weiter südlich erstreckt sich die *Plaza Belén,* an der einst eine Kirche stand. Sie wurde durch das katastrophale Erdbeben im August 2007 zum Einsturz gebracht, genauso wie die beiden anderen Kirchen des Ortes. Damals wurde fast jedes dritte Haus zerstört. Noch lange werden viele Bewohner in Zelten und provisorischen Unterkünften leben müssen. Dennoch gibt es für Touristen genügend Unterkünfte und Restaurants. In der Av. Bolognesi 159 wurde 2008 mit dem Tambo Colorado ein neu erbautes Hostal eröffnet, Ü 21 Soles p.P.

Am Meer erstreckt sich ein langer Pier. Piscos Strände sind jedoch nicht unbedingt einladend. Strandgut und Müll schrecken vom Baden ab. Dies trifft jedoch nicht auf die Halbinsel Paracas zu, auf die man von Pisco aus gelangt (Zeitbedarf ca. ein Tag). Touren können mit Schnellbooten zu den **Islas Ballestas** (halber Tag) sowie zur alten Inkasiedlung **Tambo Colorado** unternommen werden.

Exportschlager Pisco

Bereits im 16. Jh. erkannten die Spanier, dass die Flussoasen der Küstenwüste Perus ideale Voraussetzungen für Weinanbau boten. Sie ließen *Quebranta*-Reben von den Kanarischen Inseln anpflanzen und schafften damit die Grundlage dafür, dass Peru innerhalb von 100 Jahren zu einem wichtigen Weinanbaugebiet ihrer südamerikanischen Kolonien wurde. Aus dem Wein wurde **Pisco** gebrannt, der sich aufgrund seiner Qualität alsbald zu einem Exportschlager in die Alte Welt entwickelte.

1629 musste Spanien ein Embargo über peruanische Weinprodukte verhängen, um den Weinanbau im Mutterland zu schützen.

Noch heute wird in Pisco und in den umliegenden Flussoasen die Branntweinproduktion nach traditionellen Methoden realisiert. Alte Pressen, Steingefäße *(botijas)* zur Mostfermentierung, hartes Brennholz und Destillationsgefäße *(falcas)* kommen zum Einsatz. Es gibt verschiedene Qualitäten, doch nur der *Pisco Puro (Puro de Ica)* aus der Quebranta-Rebe gilt als echt. Weitere sind *Pisco Aromático, Pisco Verde (Mosto Verde), Pisco Aromatizado* (mit Mango, Zimt und Chirimoya) und *Pisco Acholado.*

Peru hat aber dennoch die weltweite Pisco-Vermarktung an den Konkurrenten Chile verloren. Das Nachbarland produziert mit 50 Mio. Litern etwa das Dreißigfache, zum Leid der peruanischen Kleinproduzenten. Diese kämpfen nun, unter dem Motto „*Peruano desde siempre*" („schon immer Peruanisch") für die Authentizität des peruanischen Piscos und wollen den Markennamen weltweit urheberrechtlich schützen lassen.

Pisco Sour: 3 Teile Pisco (43% Vol.), 1 Teil frisch gepresster Limettensaft, 2 Teelöffel löslicher Zucker (Zuckersirup), 1 Eiweiß, Angostura und 10 gestoßene Eiswürfel. Im Mixer 2 Minuten durchrühren und in Gläser füllen, nach Wunsch mit Zimt bestreuen.

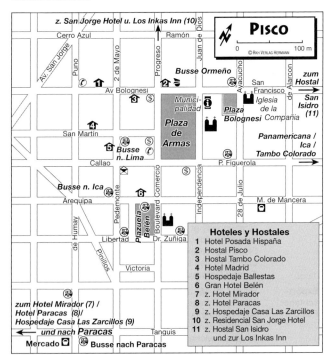

Adressen & Service Pisco und Paracas

Tourist-Info Derzeit geschlossen. Doch die Pisqueños sind hilfsbereite und nette Leute. **Vorwahl (056)**

Unterkunft ECO **Hospedaje Ballestas** (BUDGET), Pedemonte 108, Tel. 53-6178, alojaballestas91@hotmail.com. Freundlicher, hilfsbereiter Familienbetrieb, einfache, saubere Zimmer (laute zur Straße hin meiden), bc/bp, Ws, empfehlenswert, DZ 40 Soles. Organisieren ebenfalls Touren zu den Ballestas-Inseln und zur Reserva Paracas sowie Überflüge und City-Touren Ica; der Veranstalter ist in der Calle Comercio 166, Stand 07B, esq. Bulevar, Tel. 53-4836. Nach Lorena fragen. – **Hospedaje Casa Los Zarcillos,** Av. Paracas 106, Urb. El Golf (in der Nähe des Bootsanlegers), Tel. 66-6432; bp. – **Hostal San Isidro,** San Clemente 103, nördlich der Plaza, Tel. 53-6471, www.sanisidrohostal.com. Sauberes Hostal, Sekretärin Fabiola Sperandio spricht dt., bc/bp, Patio, Gästeküche, Ws und Pool. DZ ab 30 Soles. **TIPP!** – **Gran Hostal Belén,** Arequipa/Plaza Belén. Nette Zi. bc/bp, freundlich. DZ 40 Soles. – **Hostal La Portada,** Av. Alipio Ponce 250, Tel. 53-2098. Sauber, bp, freundlich, empfehlenswert. DZ/F 45 Soles. – **Residencial San Jorge Hotel,** Barrio Nuevo 133 (zwei Block nordwestl. der Plaza), www.hotelsanjorgeresidencial.com, Tel. 53-2885. Schöner Baukomplex, bestehend aus drei zusammengekoppelten Unterkünften mit gleichem Namen, saubere Zimmer, bp, ruhiger gemütlicher Garten, etwas laut, gut besucht. DZ 60 Soles. – **Hostal Pisco,** Bolognesi (Plaza de Armas neben der Polizeistation), Tel. 53-2018. Schöne Zi., Gepäckaufbewahrung, Touranbieter (z.B. Islas Ballestas 50 Soles). DZ 50 Soles.

FAM **Hotel Posada Hispana,** Calle Bolognesi 222, Tel. 53-6363, www.posadahispana.com. Kleines und freundliches Hotel von Joan Bericat Serra, 18 gemütliche Zimmer/bp, gutes Restaurant (Espresso!), GpD, sicher, preisgünstige und empfehlenswerte Touren zu Islas Ballestas/Candelabro 35 Soles, gesicherter Pp. DZ/F 80 Soles. **TIPP!** – **Hostal Tambo Colorado,** Av. Bolognesi 159, Tel. 53-1379, www.hostaltambocolorado.com. Zentrumsnah, gute Lage, bp, sehr guter Service, Ws, gutes PLV. DZ/F 70 Soles. – **Hostal Los Inkas Inn,** Barrio Nuevo 14 (zwei Straßenblocks nordöstl. der Plaza), Tel. 53-6634, www.losinkasinn.com. Sauberes Hostal, gemütliche Zimmer, bp, Pool, Parkplatz, Ws, Restaurant, Internet, exzellenter Service eines sehr netten und hilfsbereiten Ehepaares. DZ 70 Soles.

Essen & Trinken In und um Pisco stehen immer wieder Schildkröten als Spezialität auf Speisekarten. Fang und Handel von Meeresschildkröten ist jedoch verboten! Die preiswertesten Gerichte gibt es an den Garküchen auf dem Mercado. Das günstigste Essen kommt aus dem Meer, **Mariscos und Fische.** In der Fußgängerzone gibt es viele gute Restaurants und Cafés.

Empfehlenswerte Fischrestaurants: *El Dorado,* Progreso (2. Block), *El As de Oros,* Av. San Martín 472 und *Catedral,* Perez Figuerola (2. Block). Am Boulevard Comercio gibt es in unmittelbarer Nähe gleich zwei gute: *Catamaran* (No. 166) und *Don Manuel* (179). Gut ist auch *Reyes,* Calle San Juan de Dios 247. – **Chifas:** *Ken Chay* (ausgezeichnet), Doctor Zuñigan 131. **Bocadillos und Helados** (Eis): *D'Alicia,* Av. San Martín 287.

Disco *El As de Oros,* Av. San Martín 472. Disco, nur Fr/Sa

Post *Serpost,* Callao (halben Block von der Plaza de Armas), Tel. 53-2272, und am Strand von Pisco.

Internet-Café Boulevard Comercío, San Francisco (Nähe der Plaza) und in der San Martín.

Geld *Banco del Crédito,* Plaza de Armas. – *Banco de la Nación,* Av. San Martín (Plaza de Armas).

| | Halbinsel Paracas |

Touranbieter

Die meisten befinden sich in der Calle San Francisco, und jeder wirbt mit dem „besten Angebot" zu den Islas Ballestas. Umso mehr ist ein Preis-/Leistungs-Check angebracht. Preisorientierung 50 Soles, Abfahrten am Morgen, Dauer der Tour um 2 Stunden.

GR e Hijos, San Francisco 213, Tel. 53-3619, gr_hijos_tour@hotmail.com. Ricardo hat ein großes Boot mit Sonnen-/Regenschutz, WC an Bord; Touren zu den Islas Ballestas, nach Tambo Colorado und Nazca, engagierte Führer, gutes PLV. – *Paracas Overland,* San Francisco 111, www.paracasoverland.com.pe; Tagesausflüge nach Paracas. – *Peru in your Hands,* Calle Castrovirreina 313, Ica, Tel. (056) 22-3532, perutravelpisco@hotmail.com. Ausflüge zu den Islas Ballestas. Organisiert auch Touren nach Ica, Nazca, Arequipa, Puno und Cusco. *José Portugal* ist behilflich.

Bus

Nach Arequipa (830 km): mehrmals tägl. Busse, Fz 12–15 h, um 50 Soles. – **Ayacucho** (325 km): tägl. Lkw und Busse via San Clemente (dort umsteigen), z.B. mit *Ormeño,* San Francisco, Tel. 53-2764. Ab San Clemente tägl. Busse nach Ayacucho. Straße ist asphaltiert, Fz 5–6 h, 40 Soles. – **Huancavelica** (275 km): tägl. mit *Oropesa,* Conde de la Monclova 637, Tel. 53-2750, Fz 15 h, um 35 Soles. – **Ica** (75 km): tägl. mehrere Busse und Colectivos im Stundentakt (7–20 Uhr), Fz 1–1,5 h, knapp 10 Soles. – **Lima** (240 km): Die meisten Busse nach Lima fahren an der Panamericana ab (Busse fahren dort in den Stoßzeiten im 10-Minuten-Takt), z.B. PerúBus/Soyuz (www.soyuz.com.pe und www.perubus.com.pe), Zubringer vom Zentrum mit Colectivos. Daneben Direktbusse von Pisco nach Lima von *Ormeño* (nur teure Royal Class) und *Transportes San Martín,* Calle San Martín 166, sowie Colectivos, Fz 3–4 h, Dp ab 12 Soles. – **Nazca** (210 km): tägl. Busse über Ica, Direktbus von *Ormeño,* Fz 3 h, 10 Soles. – **Paracas/Eingang Nationalpark** (20 km): tägl. Kleinbusse, Colectivos (halbstündlich Comité 3 und Comité 9M, Fz ca. 0,5 h) und Taxis (10-15 Soles). – **San Andrés:** tägl. unzählige Colectivos. – **Tambo Colorado** (50 km): tägl. Busse Richtung Ayacucho, Fz 2 h, 4 Soles. Taxi-Fahrpreis 100-120 Soles (mit Rückfahrt).

Flug

Der Flughafen von Pisco dient als Ausweichflughafen für Lima und für Überflüge der Nazca-Linien. Das Flughafengebäude ist modern, hat eine kleine Snackbar, aber (noch) keine Cafetería. Büro *LCPerú,* Calle Ica, 6ta cuadra s/n, San Andres, Tel. 957-883-050.

Tour 1: Halbinsel Paracas

Warnung!

Die Halbinsel Paracas war in der Vergangenheit immer wieder Ziel von Überfällen auf Touristen. Dabei wurden sie am Strand bedroht, Geld und Fotoapparate geraubt oder gar Unterkünfte überfallen! Der Hafen von Paracas wird mittlerweile gut überwacht und auch die Strände gelten wieder als sicher. Trotzdem wachsam sein! Keine Wertsachen mitführen!

Von Pisco fahren ständig Busse, Colectivos und Taxis nach **Paracas.** Wer ein Taxi anheuern möchte (die überall nur darauf warten), muss ab 20 Soles löhnen. Reiseagenturen bieten sowohl Halb- als auch Ganztagesausflüge in Kombination mit den Islas Ballestas ab 50 Soles p.P. an, inkl. Eintritt ins Naturschutzgebiet. Im Hafen von Paracas gibt es das gleiche Angebot, ab 35 Soles. Bei wenig Zeit ist der Bootsausflug zu den **Islas Ballestas** vorzuziehen. Die Islas Ballestas und die Paracas-Halbinsel bilden seit 1975 das maritim-terrane Naturschutzgebiet **Reserva Nacional Paracas** (Eintritt 5 Soles). Von Pisco führt die Straße über das Fischerdorf San Andrés (Luftwaffenstützpunkt) und an einer Fischmehlfabrik vorbei 20 km nach Paracas. Kurz vor dem Ort liegen Hotels mit Bootsanleger (El Chaco) zu den Islas Ballestas an der Bahía Paracas.

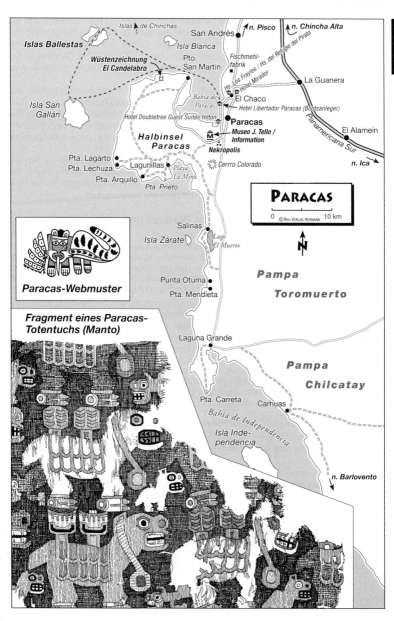

3 km hinter Paracas befindet sich, am Beginn der Halbinsel, das sehenswerte **Archäologische Museum Julio C. Tello** mit Funden und Modellen der Paracas-Kultur; 9–17 Uhr, Eintritt (zum Recherchezeitpunkt noch geschlossen, voraussichtliche Neueröffnung 2014). Geöffnet ist das kostenlose Informationszentrum zum Nationalreservat, einer kleinen Ausstellung zu Flora und Fauna.

Hinter dem Museum teilt sich die Straße: Nach rechts führt der Abzweig an den Grabkammern und der Nekropolis (Totenstadt, es gibt nicht viel zu sehen) der Paracas-Kultur vorbei nach Norden bis zum Hafen Puerto San Martín (10 km, kein Zutritt möglich), nach links führt die Piste nach **Lagunillas** (6 km), einem Ort mit Restaurants, Lagerschuppen und über 100 Fischerbooten.

Von da führt ein Weg südlich ans Meer. Zum Baden sind die Strände *Playa Lagunillas* und *Playa La Mina* nicht unbedingt ein Highlight, das Wasser ist eiskalt, aber im peruanischen Sommer tummeln sich hier Hunderte von Badegästen. **Web-Infos:** www.paracas.com

Unterkunft in Paracas und Umgebung

ECO   **Hostal Los Frayles** (ECO), Av. Paracas Mz. D, Lote 5, nördlich von Paracas im Ortsteil El Chaco, Tel. 54-5141. Ruhige Lage, Meerblick. DZ/bp 50 Soles. Frühstück gleich daneben. Tourvermittlung durch den Hostalbesitzer Yuri zu den Islas Ballestas und in das Naturschutzgebiet. – Gleich nebenan: **Hostal Refugio del Pirata,** Tel. 54-5054, www.refugiodelpirata.com. Saubere Zimmer mit Bad/Ww, Dachterrasse mit einer Bar, Ws, gratis Internet. DZ/F 50 Soles.

FAM   **Hotel El Mirador** (FAM), Carretera Paracas km 20, Tel. 54-5086, 12 km südlich von Pisco, www.elmiradorhotel.com. Zimmer mit bp, Bootsausflüge zu den Islas Ballestas. DZ/F 190 Soles.

LUX   **Hotel Libertador Paracas** (Kette Libertador, LUX), Ribera del Mar; 15 km südlich von Pisco direkt am Meer, Reservierung Tel. 58-1333 oder www.libertador.com.pe. 121 Zimmer, Bar, Gartenanlage mit Palmen, Pool, Tennisplatz, Bootssteg (Motorboote zu den Islas Ballestas. – Ebenfalls in die Luxuskategorie gehört das **Doubletree Guest Suites by Hilton Paracas,** Lote 30–34, Urb. Santo Domingo, Reservierungszentrale in Lima Tel. 617-1000. Neuere Anlage zum Entspannen, direkter Zugang zu einer Bucht, Strandschirme und Strandbar. **TIPP!** – Konkurrenz macht den beiden ersteren das Hotel **La Hacienda Bahia Paracas**, das über die größte Pool-Anlage verfügt. www.hoteleslahacienda.com.

Essen   an der Strandpromenade gibt es gute Fischrestaurants, z.B. das *Bahia*.

Paracas-Kultur

Im Jahre 1927 entdeckte der peruanische Archäologe *Julio C. Tello* auf der Halbinsel Paracas ein riesiges Gräberfeld mit in feinsten Tüchern eingewickelten Mumien, bei denen auch Gegenstände des täglichen Lebens wie Werkzeuge und Waffen, Schmuck und sogar Lebensmittel lagen. Sie wurden einer eigenständigen Kultur, der **Paracas-Kultur** (1000 v.Chr. bis 200 n.Chr.) zugesprochen. Monatelang hatte Tello auf der Halbinsel gegraben und barg dabei einige der sehenswertesten alten Textilarbeiten Südamerikas! Die Ausdehnung des Paracas-Reiches liegt auf dem Gebiet zwischen dem Río Grande im Süden (auf Höhe Nazca) und dem Río Cañete im Norden (etwa halbwegs der Strecke Paracas – Lima).

Tello stellte bei seinen Ausgrabungen auf der Paracas-Halbinsel zwei

unterschiedliche Bestattungsmethoden fest: Da sind zunächst die in einen Fels gehauenen, riesigen Massengrabkammern, die unzählige Tote gleichzeitig aufnehmen konnten und die über einen 5–8 m tiefen Schacht zugänglich waren. Diese Bestattungsart wird als *Paracas-Cavernas* klassifiziert und auf das 1. Jahrhundert *vor* Chr. datiert. Bei all diesen Toten wurde am Schädel eine Öffnung (Trepanation) festgestellt, die mit einem Goldplättchen wieder verschlossen wurde.

Unweit dieser Massengräber wurde eine regelrechte **Totenstadt** entdeckt, in der die Toten in entsprechend großen Körben in Gräbern beigesetzt wurden. Hier wird – als 2. Bestattungsmethode – von der *Paracas-Nekropolis* gesprochen, sie wird auf das 1. Jahrhundert *nach* Chr. datiert. Es waren meist ranghohe Personen, die auf diese Weise bestattet wurden, und unabhängig der Methode wurden die Toten immer in Hockstellung und mit Totentüchern umwickelt. Durch die äußerst starke Trockenheit an der Küste vermoderten die Leichen nicht, sie mumifizierten. Die mehrere Quadratmeter großen (bis 20 x 4 m), sehr wertvollen Paracas-Totentücher **(mantos)** bestechen durch ihre Farbenvielfalt und feinen Muster, die auf hohe Wirk- und Webfertigkeiten schließen lassen.

■ *Verpackte Leichname, eingewickelt in gewebte viele Stoffbahnen und in Hockstellung für die Ewigkeit bestattet ...*

■ *r.: Webmotiv eines Paracas-Tuches, menschengestaltiges mythisches Wesen*

Tour 2: Islas Ballestas

Halbtagesausflüge zu den Islas Ballestas werden in Pisco zahlreich angeboten. Die Preise liegen je nach Leistungen, Bootsqualität und Jahreszeit bei 35 Soles p.P. Eine Tour sollte mindestens 1,5 h dauern und die Seelöwen-Kolonie immer eingeschlossen sein. Morgendliche Touren – Startzeiten um ca. 8 und 10 Uhr – sind die besten, nachmittags finden meist keine statt.

Mit einem Minibus werden die Mitreisenden eingesammelt und zum Hafen nach Paracas gefahren. Hier muss eine kleine Hafengebühr entrichtet werden. Von dort geht es mit einem Motorboot zu einer etwa zweistündigen Rundtour hinaus zu den Islas. Anschließend Rückfahrt nach Pisco (Ankunft bei einer Morgentour noch vor 12 Uhr; man könnte also noch nachmittags weiterfahren).

Die Tour zu den Islas Ballestas kann mit Paracas inkl. Museum als „Große Tour" kombiniert werden und kostet 50 Soles p.P. (ohne Anfahrt). Das Taxi zum Hafen kostet nochmals 8 Soles.

Veranstalter: *Ballestas Expeditiones,* San Francisco 219, Tel. 53-2373. Bootsausflüge zu den Inseln, Abfahrten um 7 und 9.30 Uhr, Dauer ca. 3 h inkl. Transport von Pisco. – *Paracas Tours,* San Francisco 257, Tel. 53-3630 (Nähe Ormeño-Busstation). Tägl. Ausflüge um 7.30 u. 9.30 Uhr, Dauer ca. 1,5 h, Kosten ca. 35 Soles, zuverlässig. – *Pelican Travel & Services*, Calle Tamarix 417, La Angostura, Ica, Tel. 25-8008, www.pelicanperu.com. Ausflug vom Privatsteg des Hotel Paracas aus. Abfahrt um 8 Uhr, Dauer 2 Stunden. **TIPP!**

El Candela-bro

Die Fahrt über das Meer führt zunächst an Puerto San Martín vorbei. Dann kommt links in Hanglage der riesige, als **El Candelabro** bezeichnete Dreizack im Wüstensand in Sicht. Das in den Wüstensand eingekerbte Bild ist 180 m hoch und über 70 m breit. Er ist vom Wasser aus perspektivisch leicht verzerrt, uralt und rätselhaft. Stilistische Ähnlichkeiten mit den Bodenritzungen von Nazca sind aber unverkennbar. Möglicherweise stellt das Zeichen einen Kandelaberkaktus dar, der einstigen Bewohnern der Region wegen halluzinogener Wirkstoffe als heilig galt. Obwohl auf dem Sandhügel ständig Pazifikwinden ausgesetzt, lässt er sich nicht vom Sand zuwehen noch verwischen. Seit ewigen Zeiten dient er Seefahrern und Fischern als Orientierungspunkt.

■ *Dreizack im Wüstensand – „El Candelabro"*

Islas Ballestas

Dann nähert man sich den Islas Ballestas: Eine wild zerklüftete Inselgruppe mit Klippen und ungewöhnlich geformten Felsen. Zehntausende von Seevögeln, wie Pelikane, Guanay (Guano-Scharbe), Blaufußtölpel (selten), Guanotölpel, Biguascharben und Buntscharben nisten an den steil abfallenden Hängen oder schießen im Sturzflug auf Nahrungsjagd in die grünblauen Fluten des Pazifiks, der hier enorme Sardellenbestände hat. Am possierlichsten sind die Seelöwen, die in einer Bucht meist schrecklich auf die fotobewehrten Eindringlinge schimpfen. Humboldt-Pinguine fühlen sich in der eiskalten Randströmung des Humboldt-Stromes genauso wohl wie die wuchtigen, über 2,50 m langen braunschwarzen Seelöwen, die das Meerwasser nach Fischen und Muscheln durchpflügen. Oft kann man jagende Delfine beobachten. Da die Inseln nicht betreten werden dürfen, kann die Tierwelt nur vom Boot aus erlebt werden.

Guano

Noch immer wird von den Küsteninseln Perus der wertvollste natürliche Dünger der Welt, der **Guano,** von Männern mit geruchsunempfindlichen Nasen eingesammelt. Er enthält äußerst viel Kalziumphosphat und Stickstoff. Für den Export spielt Guano, im Zeitalter weltweiter Chemiedüngung, für Peru jedoch keine Rolle mehr. Fischguano besteht aus Seefischen und Fischabfällen.

Tour 3: Tambo Colorado

Der Ausflug zur alten Inkasiedlung **Tambo Colorado** ist nicht nur für archäologisch Interessierte sehenswert und von Pisco aus leicht machbar (50 km). Auf der Straße die an Tambo Colorado vorbeiführt fahren täglich Busse via San Clemente nach Ayacucho (Linie *Molina;* Fz mindestens 2 h, Fp 4 Soles). Am Nachmittag kommen von Ayacucho einige Busse

■ Tambo Colorado

nach San Clemente bzw. nach Lima durch. Ein Taxi ab Pisco und zurück kostet 80–100 Soles. Eintritt 8 Soles.

Anfahrt: Von Pisco nach Tambo Colorado muss zuerst auf die Panamericana zurückgefahren werden, dort nach Norden wenden. Nach 4 km kommt nach rechts die Abzweigung Richtung Castrovirreyna. Die Piste führt 42 km über Independencia (15 km) und Humay am Río Pisco entlang zu den Ruinen von Tambo Colorado, die sich zwischen dem Fluss, der Straße und einem Cerro erstrecken. Die Anlage ist das beste Beispiel inkaischer Architektur an der Küste. Neben dem Parkplatz wird der Eintritt kassiert. Falls keine Besucher anwesend sind, schließt der Hausmeister den Eingang auf. Funde der Stätte, wie Quipus und Totenschädel, können bei Interesse in einem Museumsraum besichtigt werden. Geht man an dem Haus des Hausmeisters vorbei, führt ein Fußweg an einem Berghang entlang zu einem alten Inkafriedhof. Durch einen Bergrutsch wurden viele Gräber freigelegt. Überall trifft man auf mit Stoffen umhüllte Skelette, Totenköpfe mit erhaltenen Haarresten, Tonscherben mit Verzierungen und auf unzählige Knochen. Selbst für den Laien ist bei einigen Gräbern die ursprüngliche Bauweise gut erkennbar. Bitte nichts berühren oder gar mitnehmen.

Die Gelehrten sind sich über Tambo Colorado nicht recht einig. Der Gebäudekomplex ist aus rotem Adobe erbaut. Trapeznischen und -türen deuten auf die Inkazeit unter Pachacuti hin, das Heiligtum rechts von der Straße auf die Vorinkazeit. Das Ganze könnte eine Stadtanlage mit Rast- *(tambo)* und Lagerhäusern sowie einem Sonnentempel gewesen sein. Andere sprechen von einer Festung. Im Archäologischen Museum von Lima kann das Modell von Tambo Colorado besichtigt werden.

Pámpano – Huancavelica

Von Tambo Colorado führt die Straße weiter in die Anden. Über *Pámpano* und *Castrovirreyna* (4000 m, Tankstelle, einfache Unterkünfte, z.B. Hostal Municipal, bp, Parkplatz, DZ/F 20 Soles) gibt es eine Piste zu den Lagunen *Orcococha* und *Choclococha,* die die Stadt Ica mit Wasser versorgen. Nach 190 km teilt sich in *Santa Inés* (4530 m) die schlechte Straße. Ein Abzweig führt nach links über den *Abra Chonta* (4853 m) noch weitere 80 km nach **Huancavelica** (275 km von Santa Inés), der andere nach rechts über den *Abra Apacheta* (4750 m) noch 180 km weiter nach **Ayacucho** (325 km von Santa Inés).

Pisco – Ica

Von Pisco nach Paracas sind es lediglich 15 km. Weitere 58 km hinter dem Abzweig nach Paracas wird Ica erreicht. Zuvor wird jedoch ein Streckenabschnitt durchquert, in dem sich jeder, der einmal in der Sahara war, an sie erinnert fühlt: prächtige Sanddünen mit gestochen scharfen Kanten, vom Wind zerzauste und vom Sand fest ummauerte Bäume, hier und da einzelne Palmen, manchmal auch einige Dattelpalmen.

Ica

Die Hauptstadt des Departamento Ica liegt auf 406 m Höhe, von hier sind es 140 km nach Nazca und 300 km nach Lima.

Ica bzw. seine Umgebung ist Perus Hauptanbaugebiet für grünen Spargel – große Mengen gehen in den Export, auch nach Deutschland –, Dattelpalmen und vor allem Wein. Viele der 234.000 Einwohner arbeiten in der Weinproduktion. Die Reben (Muskateller) wurden einst von den Spaniern eingeführt, in dem trockenen Klima gedeihen prächtige Tropfen. Verkostungen sind möglich in verschiedenen *bodegas* (Weinkellereien), z.B. bei *Bodega El Carmen, Bodega Tacama* (die älteste Icas), *Bodega Vista Alegre* oder *Bodega Alvarez,* wo auch ein hervorragender Pisco produziert wird. Perus Nationalschnaps wird eisgekühlt als *Pisco Sour* getrunken (s.o. beim Ort Pisco). Alljährlich findet in Ica in der ersten Märzhälfte ein großes Weinfest mit Tanz- und Gesangsdarbietungen statt.

Hoteles y Hostales
1. Hotel La Brisas
2. Hostal Sol y Luna
3. Hostal Jacaranda
4. Hotel Siesta I / II
5. Hostal Silmar
6. Hostal El Boulevard
7. Hostal La Viña
8. Hostal Sol de Ica
9. Hostal Sol de Oro

Die **Plaza de Armas** wird von der kolonialen *Iglesia de la Merced* überragt. In einem Park döst die 1558 erbaute Wallfahrtskirche *Iglesia del Señor de Luren* in der Glut der Wüstensonne. Bei ihr findet in der Osterwoche und im Oktober die *Fiesta del Señor de Luren* mit eindrucksvollen nächtlichen Prozessionen statt. **Museo Regional de Ica,** Prolongación Ayabaca (8. Straßenblock, Urb. San Isidro, Tel. 23-4383; geöffnet Mo–Fr 8–19 Uhr, Sa/So 9–18 Uhr, Eintritt 10 Soles). Es präsentiert Webstoffe mit Tiermotiven und Fabelwesen, Keramiken, Beuteköpfe, Mumien und Schädel (deformiert, trepaniert) der Paracas- und Nazca-Kultur. Sehenswert ist die bedeutende Sammlung an Knotenschnüren *(Quipus)* aus der Inka-Epoche. Eine interessante Führung auf Spanisch oder Englisch gestaltet *Gloria Centeno Huamán,* Cel. 956-650-870 oder glorianasca@hotmail.com, ab 5 Soles p.P. **TIPP.**

Dünenausflug

Die Dünen um Ica sind, im Gegensatz zu Huacachina, noch sauber und es lohnt, von Ica aus einen Buggy-Ausflug durch die Dünen zu unternehmen.

Museo de Gliptolitos

Das Steinmuseum, die **glithische Bibliothek** ist in der Bolívar 170 an der Plaza de Armas (Mo–Sa 17–20 Uhr bzw. nur nach Vereinbarung, Tel. 21-3026, Eintritt 20 Soles). Museumsgründer ist der verstorbene Dr. Javier Cabrera Darquea, zwei Frauen hielten den Museumsbetrieb bis zum letzten Erdbeben aufrecht, bei dem es einstürzte – Zukunft ungewiss. Seite: http://museodepiedrasgrabadasdeica.com.pe/Biografia_Doc_Cabrera_011.html

In vier kleinen Räumen befanden sich 11.800 gravierte Steine in allen Größen, auf denen fantastische Darstellungen verewigt sind, z.B. Menschen, die Organtransplantationen und andere Operationen durchführen, Dinosaurierarten in ihrem biologischen Zyklus, die Körper von Tieren und Menschen, die auf Dinosauriern reiten oder Weltkarten, auf denen die Kontinente in ihrer heutigen Form noch nicht zusammenhängen. Die ersten Steine wurden 1961 aus einer Höhle in der Ocucaje-Wüste ausgeschwemmt, die durch eine Laufänderung des Río Ica zutage trat.

Am Max-Uhle-Hügel entdeckte der Forscher *Arturo Calvo* weitere hundert gravierte Steine, die er im Labor des Bergbauinstitutes der Nationaluniversität in Lima untersuchen ließ. Die Analyse der Oxidationsschicht ergab ein Alter von mehr als 12.000 Jahren. Das Ergebnis wurde durch Professor Dr. Josef Frechen vom Bonner Institut für Mineralogie und Petrographie1969 bestätigt. Außer Dr. Cabrera besitzen auch die Brüder *Carlos* und *Pablo Soldi* aus Ocucaje solche gravierten Steine, weitere befinden sich im Regionalmuseum von Ica und im Museum der peruanischen Luftwaffe Lima (60 Stück).

Zusätzliche Funde gelangen den Archäologen Pezzi Assertia und Augusto Calvo, die in einem Grab der Paracas-Kultur einen gravierten Stein fanden, der einen Dinosaurier zeigt. Auch den Inka waren die Gravuren bekannt, die sie als heilige Steine *(manco)* der Götter bezeichneten. Um seine Fundstellen zu sichern, forderte Dr. Cabrera einst bei der peruanischen Regierung die Hilfe der Armee an. Inzwischen werden die gravierten Steine von Campesions aus der Region mehr schlecht als recht kopiert und an Touristen verkauft. Wer mehr über die Gravursteine von Ica wissen möchte greife zum Buch „*Die Steine von Ica, ein Protokoll einer anderen Menschheit"*, von Cornelia Petratu und Bernhard Roidinger, ISBN 3-88498-061-0.

Adressen & Service Ica

Warnung	In und um Ica Gefahr von Trickdiebstählen!
Tourist-Info	Av. Grau 148–150. Mo–Fr 8–13 Uhr. Sehr gute Infos. **Vorwahl (056)**
Poltur	*Policía de Turismo,* Av. Arenales s/n, Urb. San Joaquín, Tel. 22-4553
Unterkunft	Die meisten einfachen Hotels liegen im Viereck der Straßen Grau, Callao, Independencia und Amazonas.
BUDGET	**Hostal Sol de Oro,** La Mar 371, Tel. 23-3735. Sauber, Zimmer/bp, freundlich, gut. – **Hostal Jacaranda,** Salaverry, nahe des Busterminals, nur Kw. – **Hotel Las Brisas,** Castrovirreyna 246, Tel. 23-2727; bp, nicht immer Ww. – **Hostal Oasis,** San Francisco (schräg gegenüber der Plaza Bolognesi). Sehr einfach, doch saubere Zi., bc, freundlich. DZ 20 Soles, empfehlenswert. – **Hotel Siesta,** Independencia 196/Castrovirreyna, Tel. 23-4633; Zimmer/bp. – **Hostal La Viña,** San Martín/Libertad; bp/bc, sehr laut, preiswert. Ü/bp 25 Soles.
ECO	**Hostal El Boulevard,** Amazonas 131; preiswert, DZ 40 Soles. – **Hotel Belle Sand,** Av. Casuarinas B 1-3 (etwas außerhalb), Tel. 25-6039. Kleines Hostal in ruhiger Straße in angenehmem Wohnviertel, Patio, Pool. DZ/F 80 Soles. **TIPP!** – **Hostal Sol y Luna,** Salaverry 292, Tel. 22-7241; bp, Restaurant. DZ 40 Soles.
FAM	**Hostal Silmar,** Castrovirreyna 110, Tel. 23-5089; bp, Restaurant. – **Hotel Sol de Ica,** Lima 265, Tel. 23-6165, www.hotelsoldeica.com. Mehrstöckiger Hotelkasten, innen am Pool ruhig, saubere Zi., Restaurant, Tagesausflug Islas Ballestas und Paracas, DZ/F 150 Soles. – **Hostal Medanos,** Carretera Panamericana bei km 300, Tel. 23-1666; bp, preiswert, Pool. – **Hostal El Carmelo,** Panamericana bei km 301, Tel. 23-2191, elcarmelo@hotmail.com; im Kolonialstil, bp, Pool. – **El Huarango Hotel,** Calle El Medano Y-5, La Angostura, Tel. 25-6257, www.hotelhuarango.com. Wohlfühlanlage mit viel Grün und Pool, klimatisierte Zimmer und Hacienda-Ambiente. DZ/F ab 100 Soles. – **Hotel Boutique Villa Jazmin,** Calle Los Girasoles in La Angostura (nördl. außerhalb, nahe Oase Huacachina), Mza. C1 Lote 07, Tel. 25-8179, www.villajazmin.net. Sehr ruhige, neue Anlage, liebevoll vom Belgier Mozes Martens und seiner peruanischen Frau geführt. Pool, Restaurant, auf Wunsch Ausflüge. Einfach zum Entspannen, mit riesiger Düne hinter dem Haus. **TIPP!**
LUX	**Hotel Las Dunas,** Av. La Angostura 400, Panamericana bei km 300, Tel. 25-6224, www.lasdunashotel.com. Eine Art Club-Hotel, Gartenanlage, Pool, Tennis, Golf, Sauna, Restaurant etc.
Essen & Trinken	Typische regionale Gerichte sind *carapulcra* (Schweinefleisch, Huhn, Erdnüsse, *ají* und *chuño,* gefriergetrocknete Kartoffeln), *chupe de pallares verdes* (Milchsuppe mit Bohnen, Fisch, Garnelen und Reis), *morusa, picante de pallares* sowie *manjar blanco.*

Der Markt mit Garküchen befindet sich zwischen den Straßen Amazonas, Moquegua und Tumbes. *El Otro Peñoncito,* Bolívar 255: Gute lokale Gerichte, schöne Einrichtung, nicht ganz preiswert. Das Restaurant im *Hostal Sol y Luna,* Salaverry 292, bietet täglich drei verschiedene Mittagsgerichte ab 10 Soles und ist nahezu immer voll, empfehlenswert. Fischgerichte und *mariscos* in der *Cebichería Sabor y Sazón,* Lote D 1 (Las Mercedes) und im *El Velero Azul,* Bolívar 300. An der Plaza ist das *Oriental.* In den Straßen Lima und Grau etliche Chifas, z.B. *Chifa Lung Whan,* Tacna 186, oder *Chifa Hong Fay.*

Daneben lohnt sich zur **Weinprobe** der Besuch einer **Bodega** (Weinkellerei), die alle außerhalb liegen. *Bodega Alvarez, Bodega Vista Alegre* (3 km; größte Bodega Perus, gegr. 1857, Mo–Fr 8–12 u. 15–17 Uhr). *Bodega El Carmen* (auf der Panamericana Richtung Lima, linke Seite). *Bodega Tacama* (ca. 12 km außerhalb, die älteste Kellerei). Auf dem Weg nach Tacama befindet sich das **Restaurante Turístico El Catador,** Pan. Sur km 294,5, wo nach einer Führung durch den *Fundo Tres Esquinas/Tony Labis* die Spezialitäten der Region probiert werden können. Unser TIPP: *chicharrón de chancho con ensalada de pallares* (frittierte Schweinefleischstücke mit Lima-Bohnensalat). Das Weindorf **Ocucaje** liegt im größten Weinanbaugebiet Perus in einer Taloase beim km 336 der Panamericana, ist aber derzeit für Besucher geschlossen.

Erste Hilfe	*Hospital Regional de Ica, Av. Manzanilla 652, Tel. 23-4271. Clínica Madre de Pilar, Cutervo, Tel. 23-1215.*
Post	*Serpost, La Libertad 119*
Geld	*Banco del Crédito, Scotiabank, etc., Plaza de Armas*
Autoclub	*Automóvil Club del Perú, Av. José Matias Manzanilla 523, Tel. 23-5061*
Mietwagen	*Servitur, Lambayeque 221*
Bus	**Nach Arequipa** (760 km): tägl. Busse, u.a. *CIVA, Antezana* und *Palomino,* Fz 15 h, zwischen 40 und 70 Soles. – **Lima** (300 km): tägl. mehrere Busse und Colectivos (u.a. *Ormeño,* Lambayeque 180, z.T. Busse mit Oberdeck); *Oropesa,* Salaverry 396, Tel. 23-1714, oder *PerúBus* und *Soyuz,* Av. Matias Manzanilla 164; Fz 4 h, 20 Soles. – **Nazca** (140 km): tägl. Busse (u.a. *Ormeño, Soyuz*) und Colectivos; Fz 2 h, 8 Soles. – **Pisco** (75 km): tägl. Busse ab 5.30 Uhr, z.B. von *SAKY,* Lambayeque 217 (neben dem Terminal von Cruz del Sur), alle 15 Min., Fp 3 Soles, sowie Colectivos, Fz 1 h, 4 Soles. **Colectivo-Taxis** fahren ab der Plaza de Armas nach Lima für etwa 50 Soles, nach Pisco ab der Amazonas für 5 Soles und nach Nazca ab der Cajamarca für 15–20 Soles.
Flug	siehe s.S. 192, „Zu den Geoglyphen von Nazca"

Ausflug zur Huacachina-Oase

Nur 6 km nordwestlich von Ica entfernt liegt, inmitten hoher Sanddünen, die Oase *Huacachina* mit einer kleinen Lagune. Hier wachsen Dattelpalmen und Huarangos (Johannisbrotbäume).

Wissenswertes

Schon während der Inkazeit war die Laguna ein heiliger Ort, wie aus dem Quechua-Namen *huacachina* zu deuten ist. *Huaca* bedeutet „heiliger Ort" und *china* „Frau". Nach einer Legende verwandelten die Inkagötter die Tränen einer Frau, die ihren verstorbenen Geliebten beweinte, zu dieser Lagune. Tatsächlich aber steht die Lagune mit einem unterirdischen Fluss in Verbindung, der von den Anden herunterfließt und dabei Mineralien wie Eisen, Jod und Schwefel transportiert, die das Wasser der Lagune grün bis rötlich färben. Es werden ihm medizinische Heilwirkungen zugeschrieben.

■ *Die Oase Huacachina*

Die Lagune, von 1920 bis 1950 ein exklusiver Badeort, hat in den letzten Jahrzehnten die Hälfte ihres Volumens verloren, was wahrscheinlich mit dem Absinken des Grundwasserspiegels durch einen erhöhten Wasserverbrauch der Einwohner von Ica zusammenhängt. Inzwischen wird mit zwei Pipelines für Wassernachschub gesorgt, so dass der Wasserspiegel einigermaßen konstant bleibt. Noch ist die Oase ein Ort zum Entspannen (baden möglich), doch hat sie erheblich an Attraktivität verloren und zuletzt wurde von Badenden über Hautausschläge berichtet. Außerdem ist die Müllablagerung, auch weiter draußen in den Dünen, unübersehbar. Wenn kein Wunder geschieht, wird eines Tages nur noch ihr Bildnis auf der Rückseite des 50-Soles-Geldscheines an sie erinnern. Alternative: einen Dünenausflug mit dem Buggy von Ica aus unternehmen.

Anfahrt Mit dem Taxi von Ica, Fz 15 Min., Fp 5 Soles, oder per Moto (Motorroller), Fp 3 Soles. Saisonal auch mit einem Micro von der Huánuco/Bolívar (Nähe Plaza de Armas), Abfahrten alle 30 Min., Fz 20 Min, Fp 3 Soles.

Unterkunft **ECO: Hospedaje del Barco,** direkt an der Lagune (rechts), bp, freundlich, Internet, DZ/F um 40 Soles. – **Casa de Arena,** am Ortseingang, Tel. 21-5439. Backpackertreff, sehr einfache, kleine dunkle DZ/TriZ/MBZi, bc/bp, nur zeitweise Ww, Ws, Restaurant, Bar, großer Pool, Bodega-Touren, Sandboardvermietung, Buggy-Touren (ca. 3 h quer durch die Dünen inkl. Sandboarding für ca. 35 Soles, nichts für Nervenschwache!) sowie fast täglich Grillpartys bis in die frühen Morgenstunden, perfekt für Partylustige! Ü ab 15 Soles, DZ 40 Soles, Frühstück ca. 5 Soles an der Poolbar. Neben der Hospedaje Suiza wurde vom Inhaber ein zweites Hostal eröffnet, dort ist es etwas ruhiger. – **Hostal Salvatierra,** in einer Seitenstraße zur Lagune. Einfaches Hostal, Familienbetrieb, etwas dunkle Zimmer/bp, Pool, Internet. DZ/F 60 Soles. – Das superschöne **Bananas,** Av. Perotti s/n, Tel. 056-237129, ist eine Backpacker-Unterkunft mit paradiesischem Garten und **Restaurant,** welches frische Säfte, Fruchtsalate, Sandwiches u.a. zu reellen Preisen bietet. Entweder am Pool entspannen, einen der Buggys für die Wüste mieten oder Sandboarden. Auch Touren zu den Islas Ballestas. Ü 30 Soles, mit Tour 50 Soles. **TIPP!**
FAM: Hospedaje Suiza, letztes Haus auf der rechten Seite der Laguna, direkt an den Dünen, mit schönem Garten, Rattan-Betten, sehr ruhig, sauber, großer Pool, gesicherter Pp. DZ/F 265 Soles. – **Hostal El Huacachinero,** Av. Parotti s/n, Tel. 21-7453, www.elhuacachinero.com. Geschmackvolles, freundliches und sauberes Hostal mit Atmosphäre direkt an den Sanddünen. Dormitorios mit 10 bzw. 12 Betten sowie helle Zimmer/bp, Fenster zum Garten mit Pool, Bar. DZ/bp/F 156 Soles, Ü Dorm 30 Soles. **TIPP!**
LUX: Mossone Hotel, Tel. 21-3630, www.dematourshoteles.com. Das altehrwürdige Gebäude direkt an der Oase benötigt dringend eine Renovierung. Zimmer groß, aber dunkel, Innenhof ungepflegt, Restaurant, Bar. DZ/F 98 US$.

Essen & Trinken Die meisten Unterkünfte bieten außer Frühstück auch Mittag- und Abendessen an, sehr lecker speist man im Restaurant des *Huacachinero.* In der Oase gibt es einige Restaurants. Das **El Mayo** an der Einfahrt zur Lagune (links) bietet leckeres *Pollo saltado* für etwa 10 Soles und Pisco Sour, gut und preiswert. Günstige und sehr gute Mittagmenüs ab 8 Soles serviert das **La Siena,** direkt an der Lagune. Leckere Fischgerichte ab 15 Soles. Ein sehr gutes vegetarisches Restaurant ist das **Casa de Bamboo** in der Av. Perotti, Falafel, Humus und Thai-Curry sind nur einige Gerichte.

Unterhaltung Auf den Sanddünen vor der Oase ist **Sandboarding** möglich, Board ist im Restaurant El Mayo zu mieten, auch Unterrichtsstunden. Wem das nicht reicht, kann eine **Buggytour** durch die Dünen machen, Dauer 90 Min., 40–45 Soles, oder ab 16 Uhr bis Sonnenuntergang zum Pauschaltarif pro Buggy von 140 Soles inkl. Sandboarding für zwei Personen. Fahrer warten beim Mayo (zum Beispiel *Miguel Angel* von Dessert Warrior, Cel. 955-809-814 oder 989-936-354, sicherer Fahrer ohne halsbrecherische Aktionen!), billigster Anbieter 30 Soles. Darauf achten, dass die Gruppe nicht zu groß ist.

Ica – Nazca

Nach Verlassen des Ortes schwenkt die Panamericana in die fruchtbare Oase des Río Ica ein. Hier gibt es Weinanbau, erstrecken sich Baumwoll- und Apfelplantagen, soweit das Auge reicht. Besonders die Weinproduktion hat hier ihren Hauptsitz und der Name des nächsten Ortes, Ocucaje, wird Rotweinkundigen und Piscoliebhabern vertraut klingen.

Ocucaje Pisco und Wein aus der Produktion Ocucaje sind nicht nur vor Ort ein Genuss, sondern auch ein praktisches Reisesouvenir. Wer die Flaschen nicht schon am Anfang der Reise erwerben möchte, kann sie auch kurz vor der Heimreise in Lima in Supermärkten kaufen. Leider wurde das Hotel der Hacienda durch das Erdbeben im August 2007 völlig zerstört und bis zum Ende der Recherche für dieses Buch nicht wieder eröffnet.

Die schnurgerade Straße führt weiter durch die Wüste, bis zum kleinen Örtchen Palpa.

Der Bilderteppich von Palpa

Es war eine Sensation, als beim Städtchen Palpa bis zu 40 Meter große Bodenritzungen entdeckt wurden. Bislang waren Archäologen davon ausgegangen, dass die Geoglyphen von Nazca absolut einzigartig seien. Doch diese Bodenbilder sind sogar noch älter. Experten vermuten, dass sie aus der Paracas-Kultur stammen und zwischen 800 und 200 v.Chr. erschaffen wurden. Vögel, Affen und Katzen wurden dargestellt. Dominierend ist eine Figur, die als Hauptgottheit der Paracas-Kultur bekannt ist. Offenbar haben die Menschen jener Zeit Bildnisse ihrer Götter in Berghänge geritzt, um sie vom Tal aus im Blick zu haben. Die Berge mit den Erdzeichnungen könnten als Rituallandschaften gedient haben um von den Göttern Regen und Fruchtbarkeit zu erflehen.

Aussichtsturm und kleines Museum, geringer Eintritt. Überflug in Verbindung mit den Nazca-Linien ist möglich.

Nun wird die Wüste noch karger, heißer und unwirtlicher. „Mondlandschaft" ist ein Begriff, der vielen Reisenden einfallen mag. Und genau hier, bei km 419,5, steht der stählerne Aussichtsturm von Dr. Maria Reiche, von dem aus einige Linien und Figuren im Wüstenboden zu erkennen sind. 26 km vor Nazca lädt linker Hand die *Casa Museo de Sitio Maria Reiche* zu einem kurzen Stopp ein. Eintritt.

Nazca

Überblick Nazca (23.000 Ew.) liegt in einem fruchtbaren Tal mit sehr angenehmem Klima auf 620 m Höhe, 443 km südlich von Lima. Der Ort selbst besitzt, außer einem kleinen Museum, keine Sehenswürdigkeiten. Dennoch ist Nazca Ausgangsort zu einem der frühgeschichtlich interessantesten Punkte der Welt, zu den **Nazca-Geoglyphen** (s.u., „Tour 1"), die inzwischen von der UNESCO als „Erbe der Menschheit" bestimmt wurden.

In der Nähe von Nazca gibt es mit über 1000 m Höhe die höchsten Sanddünen Amerikas und mehrere kilometerlange, zum Teil sehr hohe unterirdische Stollen mit Wasserkanälen, in die man über 5 bis 20 m tiefe Einstiege (z.B. bei Cantayoc) hinuntersteigen kann. Das Wasser fließt von den Anden herab und wird u.a. zur Bewässerung von Baumwollplantagen benutzt.

In **Chauchilla,** 25 km auf der Panamericana südlich von Nazca Richtung Arequipa, liegt in der Küstenwüste ein ausgedehnter **Friedhof** (Cementerio Arqueológico de Chauchilla) mit unzähligen Mumiengräbern der Nazca-Kultur – es sollen Tausende sein. Überall sind Knochenreste und Schädel zu finden, Archäologen und Grabräuber haben hier ein riesiges Betätigungsfeld (s.u., Tour 2).

Nazca und Umgebung kann an einem Tag besichtigt werden, eine Übernachtung kann man sich i.d.R. sparen. Dazu den Tagbus von Lima oder Arequipa nach Nazca nehmen und mit einem Abend- oder Nachtbus Nazca wieder verlassen. Nachteil: Zwischen Nazca und Arequipa verpasst man bei einer Nachtfahrt eine schöne Küstenstraße, die Klippen, Dünen und Felsen in einer interessanten Landschaft verbindet.

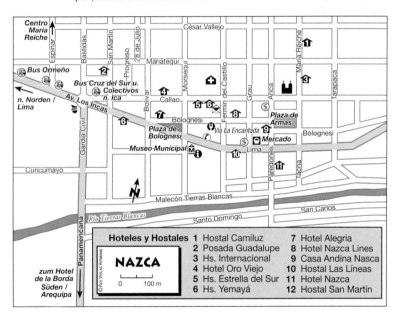

Adressen & Service Nazca

Tourist-Info *Turismo Tour Perú,* Lima 477, Tel. 52-3573. **Vorwahl (056)**

Poltur *Policía de Turismo,* Delegación Policía Nazca/Los Incas s/n 1. Cuadra, Tel. 52-2105 u. 52-2442. Notruf Tel. 105.

Unterkunft ECO **Friends House,** Juan Matto 712 (zwei Blocks von der Plaza), Tel. 52-4191, www.friendshousenazca.com. Saubere Zi. bc/bp, Ws, GpD, Internet, ideal für Backpacker, sehr relaxed, Tourenvermittlung. Ü/bp 16 Soles. – **Hostal San Martín** (BUDGET), Arica 116. Rustikale Zi. – **Hotel Nazca** (BUDGET) Lima 438, Tel. 52-2085. Zi. im Innenhof, bc, viele Rucksackreisende, Ws, GpD, laut. DZ 25 Soles. – **Hostal Las Líneas,** Arica 299, Tel. 52-2488. Einfach, mit Rest. – **Hostal Estrella del Sur,** Callao 568-A, Tel. 52-2764. Diverse Zimmer/bp, GpD,

	Internet, Transferservice gratis. DZ/F 42 Soles (kleinere Zi. sind preiswerter). – **Hostal Yemayá,** Callao 578, Tel. 52-3146. Zentrale Lage, sehr nett, DZ/F 72 Soles. – **Hostal Camiluz,** Av. Maria Reiche 204, Tel. 52-3871, www.hostalcamiluznasca.com. Kleines individuelles Hostal unweit der Plaza de Armas mit Familienanschluss, Garten mit Vogelvolieren, Internet. DZ ab 25 US$.
FAM	**Hotel Alegría,** Lima 166, Tel. 52-2702, www.hotelalegria.net. Ansprechende Zimmer mit bp, Patio, Garten, Pool, Cafetería, Ws, GpD (auch f. Durchreisende), Transferservice z./v. Busterminal, Ausflugsprogramm (auch Touristenpaket inkl. Flug über die Nazca-Linien, ab 150 Soles), Tickets (Bus/Flug), Internet, Parken im Hof, Globetrotter-Treff. DZ/F 60 US$. – **Hotel Oro Viejo,** Callao 483, Tel. 52-2284, www.hoteloroviejo.net. Sehr schöne Anlage, freundliches Personal, hübscher Garten. 27 Zi., Restaurant und Bar, Cafeterá, Frühstücksbüfett, Park-Garage, WiFi, Ws, tourist. Infos und Flugtickets über die Nazca-Geoglyphen, Pool u.a. Annehmlichkeiten. DZ/F 154 Soles. **TIPP!** – **Albergue Villa Verde Lodge,** Pasaje Angela, Tel. 52-3373. Landherberge mit Gartenanlage, Pool, Bar, Cafetería, ruhig, gut. – **La Maison Suisse,** an der Carretera Panamericana gegenüber vom Flughafen, Tel. 52-2434. Schöne Bungalow-Anlage, Zimmer/bp, Rest., Pool, Parkplatz, Camping möglich. DZ 60 US$.
LUX	**Hotel Majoro,** km 452 Panamericana Sur km 453, Vista Alegre, Tel. 52-2481, www.hotelmajoro.com. Schönes Hotel, ehemalige Hacienda mit Park und Pool. DZ ab 100 US$. – **Casa Andina Nasca,** Bolognesi 367, Tel. 52-3563, www.casa-andina.com. Nähe Plaza de Armas. 60 gemütliche Zimmer/bp, AC, schöner Patio, Pool, Internet, Rest., Geldautomat, GpD, Parkplatz. DZ/F 90 US$. – **Hotel Nazca Lines,** Plaza Bolognesi, Tel. 52-2293. Komfortable Zimmer, bp, Patio, Restaurant, Pool, Parkplatz. DZ ab 100 US$. – **Hotel Hacienda Cantayo Spa & Resort,** 3 km außerhalb an der Straße nach Puquio und Cusco. Wunderschöne ländliche 5-Sterne-Anlage mit „allem". DZ/F 150 US$.
Essen & Trinken	Ein preiswertes Restaurant in Nazca findet sich bald in jeder Straße. Die Calle Bolognesi zwischen Plaza de Armas und Plaza Bolognesi hat sich zur „Essmeile" entwickelt, darunter viele nette Touristen-Restaurants, eben auch mit Touristenpreisen. In der Bolognesi Nr. 465: *Don Hono* mit günstigen und schmackhaften Gerichten, ebenfalls in der Bolognesi diverse Chifas. – Ebenfalls in der Calle Bolognesi 282 befindet sich das schicke und sehr gute Restaurant *Via la Encantada.* – Der Gringotreff schlechthin ist *La Taberna,* Lima 321, gutes Essen, aber nicht gerade billig. – Regionale Gerichte, Mariscos, Fisch sowie Pisco Sour: *La Kañada,* Lima 160 (etwas teuer), oder *La Fontana,* Av. Los Incas 111. – *Restaurante Dieguito,* Fermín del Castillo 375, leckere Gerichte um 10 Soles. – *Restaurante Centro Social,* Calle Arica (Nähe Plaza), im Hinterhof, tischt gutes, günstiges Essen auf. – Hochprozentiges und Portionen für große Esser im *El Portón,* Lima 315 (fast jeden Abend **Peña**). – **Vegetarisch:** *El Inca,* Lima 563. – **Frühstück:** Vor 8.30 Uhr findet man so gut wie nirgends eine Frühstücksstelle. Preiswert: *Los Ángeles,* Bolognesi 266, auch gutes Abendessen, immer frisch. **Hähnchenfreunde** finden um die Bushaltestellen diverse Vertreter einheimischer Broiler-Ketten. Das wohl beste Grillhaus ist *Rico Pollo,* Calle Lima 190.
Post	*Serpost,* Fermín del Castillo 379, Tel. 52-2016. Briefmarken auch in einigen Touristenläden in der Bolognesi, sichtbar am Postkasten (weiß mit rot und blau am Eingang).
Internet-Cafés	Viele Internet-Cafés liegen in den Straßen Arica und Bolognesi, ansonsten in der Calle Paredones probieren.
Geld	*Banco del Crédito,* Lima/Grau, der Geldautomat (Maestro) speit Soles und US-Dollar. Straßenhändler bieten keine besseren Kurse. Andere Geldautomaten akzeptieren nur VISA, keine MasterCard. Umtausch von Euro und Dollar ist

	schwierig, da fast keine Wechselstuben (am Besten in Lima oder Arequipa "auftanken").
Museum	*Museo Arqueológico Antonini*, Av. Cultura 600, Eintritt 15 Soles.
Touristen-führer	*Juan Tohalino Vera* von Nazca Trails (s.u.), Bolognesi 550 (Plaza de Armas), Tel. 52-2858, nascatrails@terra.com.pe. Juan spricht Deutsch und Englisch und ist ein hervorragender Führer, der Ausflüge und Touren zu normalen Preisen anbietet. Er besitzt ein fundiertes Wissen über die Bestattungsriten der Nazca-Kultur (Mumien) sowie über die Abbaumethoden und Gewinnung von Gold durch die Mineros. Für Durchreisende bietet er im Hof Nachtquartiere an. – Gute Landeskenntnisse hat auch *Liliana Huamani Llamosa*, Bolognesi 266, (im Los Ángeles), Tel. 52-3253, lilianaachinos@hotmail.com, spricht gut Englisch und Französisch. – *Saul Caquiamarca*, autorisierter und exzellenter Führer von Aero Cóndor, Panamericana Sur, km 447, Tel. 52-2424.
Nazca-Geoglyphen	Man sollte unbedingt drüberfliegen, jene, die nur auf den Aussichtsturm gestiegen sind, haben es später bereut. Flugangebote und Zusatzausflüge gibt es überall in Nazca, die Konkurrenz ist groß, Preise vergleichen! **Sicherheitstipp:** Von allzu billigen „Sonderangeboten" absehen! Fluglinien s.u. beim Kapitel „Tour 1: Zu den Geoglyphen von Nazca"

Verkehrsverbindungen

Bus	Die meisten Busse fahren vom Terminal Nazca ab. Busunternehmen Cruz del Sur: Av. Guardia Civil 290 A, Tel. 52-3713, www.cruzdelsur.com.pe (online-Buchungen möglich).
Nach Abancay (460 km): Fz 8 h, 60 Soles. – **Arequipa** (566 km): tägl. Busse, u.a. mit *Sudamericano, CIVA* (bequemer Bus), Fz 8–9 h, ab 45 Soles. Empfehlenswerte Nachtbusse: Royal Class von *Ormeño*, sehr bequem, mit Liegemöglichkeit, Video, sicher, ab 85 Soles, u.U. direkt vor dem Hotel Alegría und *Cruz del Sur* mit vierachsigem Komfortbus. Ansonsten *CIAL* für ca. 45 Soles. – **Camaná** (390 km): tägl. Busse, Fz 6 h, um 25 Soles. – **Cusco** (660 km): auf durchgehend asphaltierter Straße, mehrmals tägl. mit *Empresa ECS, Molina* (via Abancay), Nachtbus mit *Imperial* und *CIVA,* wö auch mit *Cóndor de Aymaras* (via Abancay) und *Wari Tours,* Fz um 14 h, je nach Wetterverhältnissen länger, Fp 80-100 Soles, je nach Bus und Gesellschaft. *Cruz del Sur* fährt am Abend mit unterschiedlichen Buskategorien. – **Ica** (140 km): tägl. Busse, z.B. *Soyuz* und Colectivos, tagsüber im 30-Minuten-Takt, Fz 2 h, Fp 8 Soles. Auf Wunsch hält der Bus am Aussichtsturm (Mirador).
Lima (450 km): tägl. schnelle Busse von *Cruz del Sur,* Los Incas/San Martín, www.cruzdelsur.com.pe. Fz 7 h, 75 Soles. Außerdem *Señor de Luren* sowie teurer mit *Ormeño,* alle im 3-h-Takt. Ansonsten fahren *CIVA* (Nachtbus), *TEPSA, Cóndor de Aymaras, Sudamericana, Panamericana* sowie Colectivos, Fz 7–8 h, 20–40 Soles (je nach Bustyp). Schneller geht es mit einem Colectivo nach Ica, Fp 10 Soles (4 Pers.), dem Fahrer sagen, dass man mit *PerúBus* oder *Soyuz* nach Lima möchte, dann fährt er direkt auf den Busterminal in Ica. *PerúBus* und *Soyuz* haben sich zusammengeschlossen, ihre Busse fahren im Stunden-, manchmal auch Minutentakt, von Ica nach Lima, Fz 4 h, Fp 16 Soles.
Puquio (160 km): täglicher Bus von *Cóndor de Aymaras,* Fz 5 h, 12 Soles. – **Pisco** (210 km): tägl. Busse, Fz 3 h, ab 45 Soles. Preiswerter ist, mit einem Bus zuerst nach Ica zu fahren, Fz 2 h, Fp 8 Soles, und dort einen Bus nach Pisco zu nehmen, Fz 1 h, Fp 4 Soles. Von der Haltestelle auf der Panamericana bei Pisco geht es mit einem Colectivo zur Plaza de Armas in Pisco, Fp 1 Sol. – **Tacna** (800 km): tägl. mehrere Busse, u.a. Nachtbusse von *Cruz del Sur,* Fz 12–14 h, ab 50 Soles.

Nazca-Kultur

Die Nazca-Kultur (etwa ab 200 v.Chr. bis ca. 800 n.Chr. hatte ihre Blütezeit im 6. und 7. Jahrhundert. Ihre Zentren waren die Täler von Ica und Nazca, wobei die Nazca-Tempelhauptstadt im Gebiet der Hacienda Cahuachi im Río Grande-Tal lag, etwa 5 km südwestlich der Panamericana Sur (km 450). Sie wurde von italienischen Archäologen unter Prof. Orefici ausgegraben, u.a. auch die 22 Meter hohe Pyramide *Gran Templo*. Tempel und Häuser waren aus dem steinharten *Algarrobo-Holz* und aus Adobe-Lehm erbaut. Johannisbrotbäume wurden ebenso entdeckt wie viele säulenartige Pfähle, die in Abständen von 2 m in den Wüstenboden gerammt worden waren.

■ *Webmuster mit Fischen eines Nazca-Baumwollgewebes*

Wegen des trockenen Klimas und der Wasserknappheit wurden, wahrscheinlich von den Nazca, zur Bewässerung der Felder genial konstruierte und zum Teil unterirdische wasserführende Stollen geschaffen, die von den Anden Hunderte von Kilometern herabführten. Diese Stollen waren teilweise mannshoch. Flugaufnahmen zeigen, dass der durch die Pampa (steinige, sandige Ebene) von Nazca führende Río Ingenio die dortigen Bodenlinien und Tier-Darstellungen nie überflutet hat und es dennoch in und um Nazca genügend Wasser zum Leben gab.

Typisch für die Nazca-Kultur ist auch, dass die Toten in birnenförmigen Löchern, zusammen mit bemalten Gefäßen bestattet wurden, wo sie dann im Wüstenboden mumifizierten. Nazca-Keramiken und Nazca-Textilien zeichnen sich durch Farbenreichtum und Feinheit aus.

Der **Nazca-Keramikstil** adaptierte den Paracas-Stil und übernahm viele Motive. Sowohl auf Keramiken als auch auf **Stoffen** finden sich als Motive die Figuren der Nazca-Geoglyphen („Erdzeichen") wieder. (Einige Keramik- und Webarbeiten können in den kleinen städtischen Museen in Nazca und Ica sowie im Archäologischen Museum in Lima besichtigt werden). Die Nazca waren auch Meister der Schädeltrepanation (operative Schädelöffnungen). Daneben zogen sie den Köpfen besiegter Feinde die Kopfhaut ab und fertigten daraus Schrumpfköpfe, ähnlich der Verfahrensweise der „Schrumpfkopfindianer" in der Selva.

Die Nazca werden natürlich auch als die Schöpfer der **Geoglyphen** im Wüstenboden der Pampa von Nazca betrachtet. Datierungen mit der Radiocarbon-Methode der Linien und Figuren ergaben eine Entstehungszeit zwischen 200 bis 600 n.Chr. Eine 20 Meter hohe Menschenfigur wurde aber eindeutig als 500 Jahre älter datiert, und vor den Nazca war in diesem Küstenabschnitt die Paracas-Kultur heimisch. Bei den Darstellungen der Nazca-Kultur zeigen sich deutlich stilistische Ähnlichkeiten zu Darstellungen der Paracas-Kultur, so z.B. zu der Kandelaber-Figur, die 200 km nordwestlich

■ *Nazca-Geoglyphe „Hund"*

an einem Hang der Paracas-Halbinsel zu finden ist. Eine 90 m große Gestalt in typischem Nazca/Paracas-Stil wurde außerdem in Cerro Unitas (Nordchile) gefunden. Auch das dortige Bewässerungssystem ist ähnlich dessen in Nazca. Die gleiche Cerro-Unitas-Figur, nur etwas kleiner, findet man wiederum in der Nazca-Pampa. 1984 wurden südlich von Nazca durch den Piloten Eduardo Gomez de la Torre in der Pampa von José weitere aufsehenerregende Linien und Figuren entdeckt, die in einem noch größeren Gebiet verteilt sein sollen als die bekannten von Nazca.

Tour 1: Zu den Geoglyphen von Nazca

Die Bodenmarkierungen in der Pampa von Nazca können am besten aus der Luft erkannt werden, ein Flug ist also bestimmt lohnend (Flugunwillige können den Aussichtsturm im Geoglyphengebiet besteigen).

Tipps Etliche etablierte Airlines bieten mit kleinen Maschinen Rundflüge an. Sicherheitshinweis: Aufgrund der hohen Unfallrate einen der unten genannten Anbieter nutzen!

Man sollte seinen Flug unbedingt in einem Reisebüro oder direkt bei der Airline buchen und nicht bei einem der Straßenschlepper. Denn immer wieder kommt es vor, dass diese sich mit irgendeiner Identitätskarte, die sie als „Touristenführer" ausweist, Geldbeträge erschleichen.

Morgens von 9 bis 10 Uhr ist die Lichtstrahlung für die Sicht auf die Bodenmarkierungen am besten, **von 15–17 Uhr** gleichfalls gut.

Flugempfindliche sollten wegen der vielen starken Kurvenflüge vorher nichts essen, eine Tablette nehmen und vorsichtshalber Taschentücher griffig halten (Spucktüten gibt es meist im Flugzeug).

Fluggesellschaften *Aero Diana,* www.aerodiana.com.pe, Reservierungszentrale in Lima Tel. 444-3075, Abflughafen ist Pisco. – *Aero Cóndor,* www.aerocondor.com.pe und über jedes Hotel; spezialisiert auf Gruppenreisende. – *Aeroica,* auf dem Flughafen oder über jedes Hotel (sie fliegen auch von Ica aus). – *Alas Peruanas,* www.alasperuanas.com, auf dem Flughafen oder im Hotel Alegría, Lima 168; ab Nazca oder Ica. – *Aero Paracas,* Aeropuerto, km 446, www.aeroparacas.com. Überflug Nazca-Linien und Palpa. – *AirMajoro,* Inhaber ist Hoteleigentümer der Hacienda Majoro.

Preise Zwischen 100 und 120 US$ (Verhandlungssache! Bei Pauschalangeboten ist der Transport Hotel-Flughafen-Hotel meist inbegriffen), plus p.P. 25 Soles Flughafensteuer (Nazca). Flugdauer 30–35 Minuten (Agenturen versprechen teilweise längere Zeiten wie bspw. 45 Min., wovon die Piloten nichts wissen und keine entsprechenden Flugzeiten reserviert haben). In die kleinen Propellermaschinen passen 3–5 Passagiere, AeroDiana fliegt mit größeren Maschinen (10–12 Passagiere) von Pisco über die Linien. Während der Hochsaison im Juni/Juli/August überbieten sich die Reisenden am Morgen auf dem Flughafen, damit sie einen Flug ergattern, Flugdauer dann meist nur 20 Minuten, Wartezeit bis zu fünf Stunden! Besser am späten Nachmittag probieren.

Hinweis: Wer nicht in einer Gruppe (4 Personen) fliegt, soll sich nicht abspeisen lassen. Besser sich zu vier Personen zusammenschließen, damit man zeitgerecht fliegen kann. Dem Piloten erklären, was man möchte, damit der Flug nicht zu kurz gerät. Mit einer Cessna, die keine Streben vor dem Fenster hat, kann man gute Fotos machen. Den Piloten anweisen, entsprechend langsam zu fliegen und dass er ggf. nochmals über das Fotoobjekt fliegt. Weniger ist mehr! Oft wissen dies die Piloten jedoch und fliegen im Neigeflug für die Passagiere auf der rechten und im Anschluss auf der linken Seite (vice versa) zum Fotografieren!

Daneben gibt es weitere Flugmöglichkeiten: Tagestouren/-flüge, z.B. von Lima aus mit Aero Cóndor, kosten um 300 US$, von Ica mit Aeroica 150 US$.

Zum Aussichtsturm Eine gebuchte Tour zum **Aussichtsturm** und Museo Reiche kostet ca. 30 Soles, zum Nazcafriedhof um 35 Soles.

In Eigenregie Mit dem Taxi zum 23 km entfernten ca. 11 Meter hohen Aussichtsturm *Torre metálica* bei km 420 fahren (Fp 60–70 Soles), kleine Besteigungsgebühr.

Mit einem Wagen darf bei den Linien keinesfalls kreuz und quer durch die Wüste gekurvt und schon gar nicht den Linien nachgefahren werden! Es wurde schon genügend zerstört, wie man vom Turm aus sehen kann.

Die Geoglyphen von Nazca

Die Linien, Flächen und Tierdarstellungen in der *Pampa Colorada* und in der *Pampa de Jumana* zwischen Nazca und dem 50 km weiter nördlich gelegenen Palpa haben nicht erst seit Dänikens fantasievollen Deutungsversuchen unter Archäologen, Mathematikern und Historikern zu vielen Diskussionen geführt. Däniken (übrigens seit 1979 Ehrenbürger der Stadt Nazca) trug dazu bei, dass das Bilderbuch im Wüstensand international bekannt wurde. Zweifelsfrei sind etliche Linien so ausgerichtet, dass sie mit den Sonnenwenden oder mit dem Lauf der Gestirne in Verbindung gebracht werden können. Die Tierfiguren können z.B. Sternbilder symbolisieren, eine eindeutige Erklärung haben die Figuren jedoch bis heute nicht erfahren.

Die Linien in der Pampa von Nazca wurden erstmals 1550 vom span. Chronisten *Pedro Cieza de León* erwähnt und 1901 durch den dt. Archäologen Max Uhle bekannt. 1925 erfolgten Luftkundigungen durch die peruanische Pionier-Fluggesellschaft Faucett. Die Linien wurden zunächst als Wegmarkierungen, Inkastraßen oder frühere Bewässerungskanäle gedeutet (die Figuren waren wegen der Verwitterung zuerst nicht sichtbar).

Dr. Paul Kosok von der Long-Island-Universität in New York, der sich auf den Verlauf unterirdischer Wasserleitungen und -kanäle der Inka spezialisiert hatte, wurde daraufhin neugierig und überflog 1939 das Gebiet mehrfach. Nach Untersuchungen auf dem Wüstenboden erkannte er schnell, dass es sich bei den merkwürdigen, kilometerlangen Linien und geometrischen Figuren (Dreiecke, Rechtecke, Trapeze) keinesfalls um Straßen oder Bewässerungskanäle handelte. Die Tier- und Menschenfiguren sind so enorm, dass sie wegen ihrer Größe vom Boden aus als solche überhaupt nicht erkennbar sind.

■ *Blick aus dem Flugzeug auf die Geoglyphen (hier auf den „Baum"). An der oberen Bildkante die Panamericana mit dem Schatten des Aussichtsturms re. oben.*

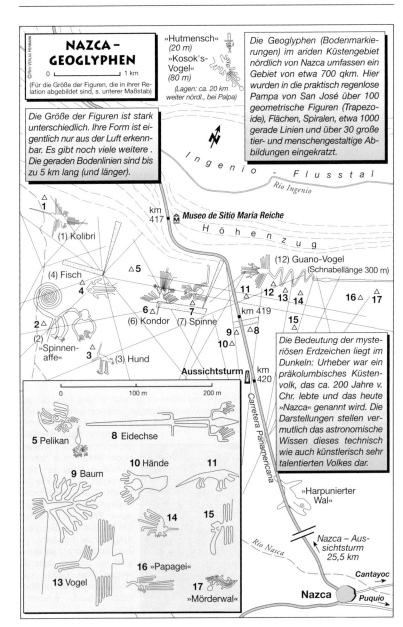

Nazca

Maria Reiche

Die deutsche Mathematikerin und Geographin **Dr. Maria Reiche,** geboren 1903 in Dresden, kam 1932 nach Peru. Als Übersetzerin begegnete sie 1946 Dr. Kosok und war sofort von seinen aufgezeichneten Nazca-Bodenmarkierungen fasziniert. Kosok kehrte nach New York zurück und beauftragte Reiche mit weiteren Forschungen über die Nazca-Linien, die dann zu ihrem Lebenswerk wurden. In der Nähe der Bodenritzungen schlug sie in der Hacienda San Pablo ihr Quartier auf und begann systematisch, die Figuren und Linien präzise zu vermessen und mathematisch zu katalogisieren. 1950 veröffentlichte sie, zusammen mit Dr. Paul Kosok, das erste Werk über die Nazca-Linien: *Ancient Drawings on the Desert of Perú.*

Maria Reiche wurde in den folgenden Jahren von der peruanischen Regierung und der Luftwaffe unterstützt. Sie flog mit dem ersten peruanischen Hubschrauber über die Pampa und ließ sich dabei außerhalb der Maschine mit einer Luftbildkamera festbinden. Mit Messband, Sextant, Leiter und Kehrbesen war sie oft tagelang in der Wüste unterwegs. Mit dem Besen legte sie, oft schon vor der Morgendämmerung, nach und nach die meisten Tierfiguren frei. Es schien manchmal, als ob diese kein Ende nehmen wollten. Immer wieder entdeckte sie neue Furchen.

■ *Kondor-Geoglyphe*

Im Laufe der Jahre war sie überzeugt, dass die Nazca-Pampa astronomisches Geheimwissen birgt. Sie fand mindestens drei Linien, die kalendertechnisch nutzbar waren, zur Bestimmung wiederkehrender Tage, von Sonnenständen und Mondaufgängen. Sie fand ferner heraus, dass für alle Nazca-Figuren, Kurven und Linien die kurze Elle (33 cm) als Maßeinheit anwendbar ist. Selbst die Radien der Kurven entsprechen der Maßeinheit einer kurzen Elle.

1976 ließ Maria Reiche auf eigene Kosten einen 11 m hohen Aussichtssturm an der Panamericana errichten. Von ihm aus sind drei Figuren zu sehen (Hände, Baum, Eidechse; durch Autofahrspuren leider in Mitleidenschaft gezogen). 1979 setzte sie durch, dass das Gebiet der Nazca-Geoglyphen als Archäologische Zone anerkannt wurde.

Frau Reiche wohnte zuletzt im Hotel Nazca Lines, ihre nachlassende Gesundheit (u.a. teilweise Erblindung) hielt sie dort mehr oder weniger fest. Lange Zeit wurde sie noch von ihrer Schwester Renate gepflegt und unterstützt, die für sie auch Vorträge hielt, bevor diese verstarb. Maria Reiche starb am 8. Juni 1998 in Lima und wurde neben ihrer Schwester Renate auf ihrem Sitio nördlich von Nazca beigesetzt.

Für Peru wurde Maria Reiche zu einer hochverehrten und bedeutenden Forscherin, 1981 war sie mit dem höchsten Orden des Landes, dem Sonnenorden, geehrt worden. Sowohl eine Straße als auch eine Schule in Nazca tragen ihren Namen.

Casa Museo Sitio de Maria Reiche

Das Museum liegt 26 km nördlich von Nazca. Es wurde 1994 eröffnet und ist eine mit Betonwänden und Stacheldraht umzogene Bambushütte. Geöffnet Mo–Fr 9–14 Uhr, Eintritt 5 Soles. Es macht mit seinen Forschungsergebnissen, Karten und Konstruktionen derzeit einen eher ungeordneten Eindruck. **Informationen** im Internet über Maria Reiche und Nazca: www.maria-reiche.de.

Nazca

Ein geheimnisvolles Astronomiebuch

Von Dr. Paul Kosok wurden die Nazca-Geoglyphen als „größtes Astronomiebuch der Welt" bezeichnet. Sie erstrecken sich auf einer Fläche von etwa 700 qkm im westlichen Vorland der Anden, in der wüstenartigen Pampa zwischen Nazca und Palpa.

Es handelt sich dabei um daumentiefe, oft nur 20 cm breite Furchen in der oxydierten, eisenhaltigen dunklen Bodenoberfläche. Durch das Wegräumen der oberen Steine kam die darunterliegende hellere, sandgelbe Schicht zum Vorschein. Manche größere Furchen erreichen aber auch Fußtiefe. Die Schöpfer der Bodenmarkierungen erzeugten mit dieser simplen „Maltechnik" fantasievolle Abbildungen von Affen, Spinnen, Walfischen, Vögeln, Eidechsen und Lamas – über 30 Stück. Dazu benutzte man auch teilweise die Hänge der umliegenden Berge. Bei den geometrischen Flächen wurde der Gesteins- und Bodenschutt einfach am Rande der Flächen aufgetürmt. Diese Figuren sind zwischen 25 und fast 200 m lang. Die Kapuziner-**Spinne** misst z.B. 46 m, der **Wal** 63 m (er taucht auf den Keramiken der Nazca gleichfalls auf) und der **Kolibri** 85 m. Der Schnabel eines Vogelfragmentes misst eine Länge von 300 m, steht aber in keinem Verhältnis zum Vogelkörper. Der ca. 70 m große **Affe** ist derartig in ein mathematisches Liniensystem eingebettet, dass ohne Kenntnisse eines geometrischen Winkelmesssystems diese Konstruktion nicht möglich gewesen wäre. Sein Schwanz ist verkehrt herum eingerollt, seine Hände weisen 9 Finger auf. Die pflanzlichen Figuren stellen u.a. Yucawurzeln, Kaktusblüten und den Huarango-Baum dar.

■ *Der „harpunierte Wal"*

■ *Der „Affe"*

Als die Panamericana gebaut wurde, waren die Straßenbauer von der Präzision der schnurgeraden Linien so angetan, dass sie kurzerhand einen Teil einer Nazca-Linie als Fahrlinie nutzten und damit den Schwanz der 188 m langen Eidechse durchschnitten.

Neben den Figuren findet sich eine Fülle (manchmal parallel verlaufender) Linien, Trapeze (bis 800 m lang!), Dreiecke und Spiralen. Linien, die aus dem Nichts auftauchen, erreichen – ohne Rücksicht auf die Beschaffenheit der Landschaft – eine schnurgerade Länge von mehreren Kilometern, bevor sie wieder im Nichts verschwinden. Andere verbinden sich zu geometrischen Flächen, wobei einige der trapezförmigen Ähnlichkeiten mit einer Flugrampe haben. Andere Linien verlaufen wiederum sternförmig von einem zentralen Punkt in nahezu alle Himmelsrichtungen.

Der Bestand der Bodenmarkierungen wurde über die Jahrhunderte durch das äußerst trockene Klima an der Küste Perus garantiert. Doch heute ist dieses astronomische Bilderbuch in Gefahr. Viele Linien und Figuren sind bereits durch Auto- und Fußspuren beschädigt. Die auch in Peru zunehmende Luftverschmutzung durch Industrien tut ein Übriges, das Klima ändert sich. Die einst völlig trockene Pampa, in der es früher höchstens 20 Minuten im Jahr regnete (Trockenheitspol der Erde!), bekommt heute wesentlich öfter Niederschläge, die die Figuren gefährden.

Anfertigung der Bodenmarkierungen

Zur Konstruktion der Bodenmarkierungen (auch als „Scharrbilder" bezeichnet, doch M. Reiche sagte: „Nur Vögel scharren ...") mutmaßte sie: Es wurden Planzeichnungen auf dem Wüstenboden entworfen und dann durch maßstäbliches Vergrößern in Längeneinheiten von kurzen Ellen (33 cm) auf das Original übertragen. Die Geraden wurden durch Visieren über eine oder mehrere Stangen in größerer Entfernung in den Boden gekratzt. Kreise zeichnete man durch das Herumführen von Seilen um Pflöcke. Eine exakt regelmäßige Doppelspirale entstand durch das Aufwickeln zweier etwa 45,5 und 39,5 m langer Seile auf drei im Dreieck angeordneten Pfosten. Maria Reiche entdeckte unzählige Ankerstellen.

Warmluftballone? Es wurde auch versucht zu beweisen, dass die Konstrukteure schon damals die Sicht von oben auf ihre Werke am Boden hatten. Der durch den Hobby-Archäologen *Jim Woodman* nachgebaute Warmluftballon Cóndor (nach Vorlagen des brasilianischen Jesuitenpaters Bartolomeu Lourenco de Gusmão von 1709) erreichte 1975 eine Steighöhe von 130 m über der Pampa von Nazca. Doch der Beweis der Benutzung von Warmluftballonen durch die alten Baumeister konnte damit nicht geführt werden.

Wozu diente alles? Kosok sah zufällig, dass am 21.12. die Sonne fast genau in Fortsetzung einer Linie unterging. Maria Reiche konnte durch astronomische Rückrechnung der Sonnenbahn das Alter einiger Linien zwischen 350 und 900 n. Chr. bestimmen. Das Alter eines in der Nähe gefundenen Holzpfostens wurde mit der Radiocarbon-Methode auf das Jahr 525 ± 80 n. Chr. datiert, was für die Richtigkeit ihrer Altersannahme spricht. Daneben gibt es Mond- und Sternenlinien. Es wird vermutet, dass die Linien u.a. zur Zeitbestimmung von Aussaat, also dem Beginn der Andenregen und der damit verbundenen Wasserzufuhr aus den Bergen hinunter in die Küstenebene zu tun hatten (noch heute beherrscht das Denken der Nazca-Campesinos die Frage nach dem notwendigen Eintreffen des überaus wichtigen Wassers!). Vielleicht dienten die Linien aber auch zur Festlegung wichtiger Festtage, vergleichbar mit den Intiwatana der Inka (dass Richtungsanordnung und Länge der Linien als Kalender dienten, ist nach Frau Reiche heute bewiesen). Die Tierfiguren, die mit Systematik in das Liniennetz eingefügt wurden, bestehen teilweise gleichfalls aus astronomischen Linien, so zeigt z.B. der Schnabel eines Vogels auf die aufgehende Sonne am 21. Dezember. Daneben konnten die Figuren aber auch der Ausdruck totemistischer Vorstellungen sein, evtl. Darstellungen von Sternbildern.

Eine andere Theorie besagt, dass die Geoglyphen **rituelle Prozessionspfade** waren, deren Linien zu bestimmten Anlässen von *sicuri*-Tänzern und einer langen Menschenkette abgeschritten wurde.

Inzwischen wurde herausgefunden, dass einige der Linien den Verlauf unterirdischer Wasserkanäle anzeigen, sie dienten wahrscheinlich als Markierungen für Wasserstellen.

Neue Geoglyphen und Siedlungen der Nazca- und Paracas-Kultur Durch Satellitenbilder, Geomatik (Luftbildphotogrammetrie durch Kleinhelikopter der Eidgenössischen Technischen Hochschule ETH in Zürich) und GPS-Einsatz wurden im Landstrich der Pampa Colorado um Nazca und Palpa Hunderte neuer Geoglyphen entdeckt. Darunter befindet sich ein 65 Meter langes gehörntes Tier und ein weiterer Kolibri, ähnlich dem bereits bekannten. Allein in der Gegend von Palpa wurden 1500 Geoglyphen photogrammetrisch aufgenommen und davon über 650 exakt dokumentiert. Auch wurden neue Petroglyphen (Figuren auf Fels) entdeckt. Das Gesamtwerk in der Wüste mit Darstellungen aus Flora und Fauna sowie Menschen, Spiralen und geometrischen Figuren erstreckt sich auf über 500 Quadratkilometer.

Nach Meinung der Archäologen könnten die neu entdeckten Bodenritzungen Teil eines Kalenders sein. Der Forscher *Johny Isla Cuadrado* untersucht derzeit diese Figuren und möchte deren Bedeutung herausfinden. Die Bodenritzungen von Palpa werden der Paracas-Kultur zugeordnet und wären damit älter als die von Nazca.

Auch ein Archäologen-Team um *Markus Reindel* vom Deutschen Archäologischen Institut Bonn (DAI) ist angetreten, um die Nazca-Kultur tiefer zu erforschen und die Erdbilder zu deuten. Zusammen mit Johny Isla Cuadrado vom Instituto Andino de Estudios Arqueológicos Lima koordiniert er den Projektverbund „Nazca-Palpa". Die Männer präparieren Siedlungsreste in Molinos und La Muña, legen Mauern, Terrassen und Lehmziegelbauten in der Wüste frei, die denen von Chan Chan bei Trujillo ähneln. Die Siedlungen waren terrassenförmig angelegt.

Tour 2: Cementerio Arqueológico de Chauchilla

Auf der Panamericana von Nazca nach Arequipa Richtung Süden biegt bei km 464, etwa 18 km hinter Nazca, nach links (Wegweiser: *Cementerio Chauchilla*) eine Wüstenpiste ab, die zu dem knapp 7 km von der Panamericana entfernten Friedhof bei *Chauchilla* führt, einem Gräberfeld aus der Präinkazeit, auf dem die typischen Langschädel gefunden wurden. Knochen, Schädel und Textilfetzen, die überall herumlagen, wurden von Archäologen in 12 freigelegte und überdachte Grabkammern gesetzt und Wege angelegt. Auf einer Anhöhe dahinter befindet sich eine Sonnenuhr.

Eintritt 8 Soles, zu begleichen bei der Bretterhütte, nicht immer besetzt. Kleines Museum und Toilettenhäuschen vorhanden. Anfahrt mit dem Taxi von Nazca, Fp 20 Soles, Fz 40 Min., Besichtigungszeit mindestens 30 Minuten. **Sicherheitshinweis:** nicht alleine mit dem Taxifahrer zum Friedhof fahren!

Tour 3: Telar-Linien, Paredones, Acueductos de Cantayoc und Cahuachi

Telar-Linien In unmittelbarer Nähe der Bodenmarkierungen von Nazca befinden sich die *Telar-Linien,* die von einer Anhöhe aus betrachtet werden können. Es ist eine Art Webvorrichtung und eine Spirale dargestellt, die angeblich eine Garnrolle symbolisieren soll.

Paredones Eine archäologische Stätte aus der Inkazeit, 2 km östlich von Nazca. Die Anlage stellte einst das administrative Zentrum der Region dar. Heute stark zerfallen, die Lehmruinen haben trapezförmige Fenster. Eintritt.

Cantayoc Wer länger in Nazca verweilt, kann auch einen Ausflug nach *Cantayoc* unternehmen, das 4 km östlich von Nazca liegt und über die Straße 26A nach Cusco erreicht werden kann. Dort gibt es unterirdische Wasserkanäle, sog. *puquios,* in die man über wendelförmige Einstiege hinabklettern kann (5 bis 20 m tief). Die Kanäle leiten Wasser von den Anden zur Bewirtschaftung der Felder in der Küstenebene herab und sind für die Bauern lebensnotwendig. Sie sind gut erhalten und werden auch ständig ausgebessert. Dieses System ist genial ausgedacht, es besitzt alle 10 oder 20 Meter ein *ojo* („Auge", Entlüftungsschacht), damit die Luft im Kanalsystem zirkulieren kann. Einige Kanalpassagen sind bis 1,5 km lang und führen sogar unter Flussläufen hindurch. Eine Tour (inkl. Telar-Linien und Paredones) kann in jedem Reisebüro für 30 Soles p.P. (inkl. Eintritt) gebucht oder selbst organisiert mit einem Taxi unternommen werden. Tipp: Bei der Übernachtung in der *Hacienda Cantayoc* ganz einfach in 10 Minuten zu Fuß erreichbar!

Cahuachi Am Nachmittag lässt sich dann noch der Besuch des ehemaligen administrativen und religiösen Zentrums der Nazca-Kultur einrichten. Die Stätte liegt etwa 30 km westlich von Nazca und ist über eine unbefestigte Straße in ca. 45 Minuten zu erreichen. Es handelt sich um einen riesigen Komplex aus Adobe-Pyramiden, die zu unterschiedlichen Epochen errichtet wurden. Die gesamte Anlage wurde, laut Meinung von Archäologen, im 5. und 6. Jahrhundert nach Christus verlassen. Heute ist es eine der aufregendsten Ausgrabungs- und Restaurationsstätten Perus, bei denen den Historikern über die Schultern geschaut werden kann. Die Anlage ist für Besucher nicht zugänglich, ein Beobachtungspfad wurde jedoch angelegt, von dem aus alles sehr gut einsehbar ist und Fotos geschossen werden können. Kein Eintritt, kein Getränkeverkauf. Unbedingt Wasser mitnehmen!

Tour 4: Pampa Galeras

Die 3800 m hoch gelegene *Reserva Nacional Pampa Galeras* liegt 83 km von Nazca entfernt an der Straße nach Puquio. Hier gründete Deutschland bereits 1965 eine Forschungsstation für **Vicuñas,** um sie vor dem Aussterben zu retten (Vicuñas waren für die Inka einst heilige Tiere und stehen auch heute noch unter Schutz). 1980 wurde die Station von der peruanischen Regierung und peruanischen Wissenschaftlern übernommen (auch finanziell). Heute leben im Nationalpark von Pampa Galeras wieder über 30.000 Vicuñas. Jedes Jahr im Juni wird das traditionelle Vicuña-Einfangen und Scheren nach inkaischen Bräuchen durchgeführt. Ein einmaliges Erlebnis für alle Abenteuerlustigen! Die Forschungsstation, wo auch einfache Unterkünfte zur Verfügung stehen, bietet eine kleine Ausstellung mit Fotos und Modellen einheimischer Tiere. Im Garten tummeln sich zwischen Vicuñas und einigen Guanakos auch Vizcachas.

Anfahrt: Den Park erreicht man am besten auf eigene Faust. Dazu frühmorgens mit einem Bus oder Pickup von Nazca Richtung Puquio/Cusco mitfahren. Fz ca. 4 h, Fp 20 Soles. Wer mit einer kleinen Gruppe (3–4 Personen) zur Pampa Galeras hinauffahren möchte, kann auch ein Taxi anheuern. Fz 3 h, Fahrpreis 200–250 Soles (fürs ganze Taxi, inkl. Rückfahrt). Bei km 89 steht die Forschungsstation. Hier kann für ein paar Soles übernachtet werden. In der Kantine der Forschungsstation gibt es Essen.

Nazca – Cusco (610 km)

Kilometerangaben: Nazca – Puquio: 155 km. Puquio – Chalhuanca: 137 km. Chalhuanca – Abancay: 120 km. Abancay – Cusco: 198 km

Von Nazca führt die asphaltierte Straße 26A nach Cusco. Es verkehren u.a. Busse der Linie *Empresa Cóndor de Aymaras,* Fz um 14 h, 80–100 Soles. Während der Regenzeit oftmals Erdrutsche.

Die durchweg recht gut asphaltierte Straße zweigt 3 km südlich von Nazca nach Osten ab, führt über die **Pampa Galeras** (3800 m) mit dem

Vicuña-Nationalpark über den *Abra Condorcenca* (4330 m) 155 km bis nach **Puquio** (3210 m). Hier gibt es einfache Hostales in der Nähe der Plazas de Armas sowie das *Hostal Sarita* direkt an der Hauptstraße des Ortes (DZ 25 Soles) sowie eine Tankstelle.

Von Puquio bis Chalhuanca (137 km) verläuft die Straße anfänglich nur bergauf, vorbei an der *Laguna Yaurihuri,* durch *Pampamarca* (Restaurant, Unterkunft), über den *Abra Huashuaccasa* (4300 m), wieder abwärts über *Cotaruse* (Hospedaje Municipalidad) und dann nach **Chalhuanca** (2900 m). Übernachten im *Hostal Zegarra* oder schöner etwa 20 km hinter Chalhuanca (bei km 361) im *Tampumayu Hotel & Restaurante*, www.hoteltampumayu.com, Tel. (056) 52-3490, Cel. 956-789-810. Gutes Restaurant, frische Forelle, DZ/F ca. 60 US$.

Bis Abancay sind es dann noch 120 km durch das schluchtartige Tal des *Río Pachachaca*. Kurz vor Abancay (2380 m) stößt man auf die *Carretera de Sierra* nach Cusco.

Nazca – Camaná

Nazca – Chala

Das historisch wichtigste Gebiet der verbleibenden Strecke, die Wüstenzeichnungen von Nazca, ziehen sich bis zum km 443. Danach biegt die Panamericana wieder Richtung Meer ab und verläuft entlang der Küste. Es folgt der wichtige Pazifikhafen von *Puerto San Juan*, von hier werden die Eisenerze von Marcona verschifft. Die Straßenhinweisschilder nach Puerto Lomas und Acari werden passiert und schließlich breiten sich an der Abzweigung nach Yauca ausgedehnte Olivenhaine aus. Hier reifen die angeblich besten schwarzen Oliven Perus heran und als Selbstfahrer ist es ein Muss, kurz anzuhalten und sie zu probieren. Direkt an der Straße verkaufen die Plantagenbesitzer ihre Produkte, darunter Groß- und Kleinpackungen der schmackhaften Oliven sowie Öl. Und preislich ist alles sehr erschwinglich!

Beim Verlassen des Tales steigt die Straße an und der Pazifik rauscht schäumend unter einem an die Brandung. Bis zum Ort *Tanaka* gibt es nichts anderes als Sanddünen in Sahara-Dimensionen, und manchmal kommt es sogar zu einem kleinen Sandsturm. Selbstfahrer müssen sich dann durch versandete Streckenabschnitte einspurig hindurchquälen. Bald ändert sich die Wüstenlandschaft erneut und nun bilden Sonnenschein und Schuttberge wieder vertraute Anblicke. Durch die feuchten Nebelschwaden wächst bei den *Lomas de Atiquipa* nur wenig Vegetation mit Sträuchern und vereinzelten Bäumen. In manchen Monaten wird das gesamte Gebiet von einem lila und gelben Blütenteppich überzogen. Etwa 10 km vor Chala, auf einem Hügel, geht rechter Hand ein sandiger Pfad hinab zum Meer. Hier liegt die historische Stätte und Hotelanlage *Puerto Inca,* die sowohl zum kurzzeitigen Verweilen (das Restaurant serviert frischen Fisch) als auch zum Übernachten einlädt.

Chala

Der Fischerort, zur Inka- und Kolonialzeit wichtiger Hafen für Cusco, verlockt zwar kaum zu einem Bad im Meer, ist aber gut für einen Zwischenstopp. Auf der Hauptstraße gibt es viele günstige Straßenrestaurants und einige saubere Hostales, 10 Soles p.P. Für den Besuch der Ruinenanlagen sollte man einen ganzen Tag einplanen. An den archäologischen Forschungen war u.a. der Deutsche Hermann Trimborn († 1986) beteiligt. Freier Eintritt.

Unterkunft: *Chala* und *Otero*, alle BUDGET und sehr einfach; mit das beste unter in dieser Kategorie ist *El París* an der Hauptstraße, DZ 40 Soles. Teurer ist sicherlich das *Hotel de Turistas Chala,* Tel. (054) 55-11, http://hoteldeturistaschala.com. – *Hotel Puerto Inka* (FAM), ca. 10 km von Chala entfernt (km 610 Panamericana Sur), direkt am Strand neben den Ruinen des alten Inkahafens (unscheinbare Einfahrt), Tel. (054) 69-2596, www.puertoinka.com.pe. Angenehmes Hotel mit sehr guter Küche (Fisch) und Pool, das Richtige, um auf der Rückreise nach Lima noch einmal auszuruhen. DZ/TriZ um 150 Soles mit Meerblick (Bungalow), DZ/VP 100 Soles p.P. Für Familien mit Kindern ist es besonders geeignet, da es, ungewöhnlich für Peru, einen schönen Kinderspielplatz gibt. Camping mit Duschen, Toiletten und Benutzung der Hoteleinrichtungen.

Hinter Chala türmen sich die Wellen des Pazifiks meterhoch und brechen mit Getöse auf den Sandstrand. Wellenreiter könnten hier ausgiebig ihrem Sport frönen. Ab und an sind Pelikane und oft Raubvögel zu sehen. Große Sanddünen sind erneut die ständigen Begleiter, nur in der Oase *Atico* und dem kleinen Fischerort *La Planchada* trifft man auf Menschen. Die nächste Oase, die bei km 778 erreicht wird, heißt *Ocoña.* Ein in jeder Beziehung windiger Ort, mit einer Brücke über den gleichnamigen Fluss. Sein Wasser fließt von der wohl tiefsten Schlucht der Welt herunter, vom *Cañón de Cotahuasi* (s. Tour 4 von Arequipa). In Ocoña am Meer endete auch die alte Inkastraße von Cusco über den Cotahuasi Canyon. Auf ihr wurden vom Meer Fische und Meeresfrüchte ins Hochland transportiert.

Nun geht es zu einem kleinen Pass landeinwärts (280 m). In einer langgestreckten Kehre zieht sich die Panamericana langsam hinab zum Meer und bietet wieder prächtige Ausblicke auf den Pazifik. Entlang des Meeres eröffnet sich nun ein 200 Meter breiter grüner Streifen. Der letzte Ort am Meer, *Camana,* wird erreicht.

Camaná

Das etwas verschlafene Fischerstädtchen mit einer bedeutenden Landwirtschaft nahe der Mündung des *Río Camaná* (das ist der Unterlauf des Río Majes) liegt 170 km von Arequipa entfernt und wurde 1539 gegründet. In den peruanischen Sommermonaten ist es ein Bade- und Erholungsort für die Großstädter aus Arequipa, außerhalb der Saison (April bis November) sehr ruhig. Im Zentrum gibt es eine Fußgängerzone und moderne Hotels. Die Strände (5 km entfernt) sollen zu den schönsten und saubersten Perus gehören. Interessant ist auch die *Laguna de Pucchun,* gebildet durch die Mündung des Río Camaná.

In der *Pampa de Huacapuy* überraschen ausgedehnte Reisfelder. Das Anbaugebiet gilt als eines der ertragsreichsten weltweit. Daneben werden noch großflächig Kartoffeln, Mais und Bohnen angebaut. Sehenswert sind die bei Camaná liegenden archäologischen Stätten von *Huacapay, Pacaysitors, Sonay, Pillistay* und *Cerro de Llamas.*

Stadtführungen, Tageswanderungen, Campiña-Tour (ländliche Ausflüge) und Touren zu den archäologischen Stätten werden über Hotelrezeptionen oder durch den Stadtarchäologen *Alfonso* (nur in Spanisch) im Buchladen neben der Kirche an der Plaza de Armas angeboten.

Unterkunft ECO: **Hotel July,** La Punta/Camaná. Strandhotel, bp, Kw. Auf der Dachterrasse kann man mit Blick aufs Meer frühstücken. DZ/bp 36 Soles. – **Hotel Sulumar,** Calle Comercio s/n, La Punta, Tel. 57-2285. Nur eine Minute vom Strand entfernt, schöne, saubere Zimmer; nur Januar bis März geöffnet.

FAM: Residencial Selva, Prolongación 2 de Mayo 225 (Granada), Tel. 57-2063. Gartenanlage, Zimmer/bp, Kw, freundlich, Patio, Transferservice! – **Hotel de Turistas Camaná,** Av. Lima 138, Tel. 57-1113, www.hoteldeturistas.net. Saubere Zimmer/bp, Restaurant. – **Hotel San Diego,** Av. Alfonso Ugarte/28 de Julio, Tel. 57-2854. Direkt an der Plaza, deswegen etwas laut am Abend. DZ 100 Soles. – Besser ist das **Hostal Monte Carlo,** Boulevard 121, Tel. 51-8601, www.hostalmontecarlocamana.com. In der Fußgängerzone gelegen, gerade renoviert, ruhig. DZ/F 60 Soles.

Essen & Trinken	Es gibt zahlreiche Restaurants an der Hauptstraße. Preisgünstigstes Essen auf dem Essmarkt. Hier ist das Angebot sehr groß und die Meeresfrüchte und Fischgerichte frisch und billig. *San-San,* 28 de Julio 134. Günstiges Restaurant mit typischen Fisch- und Fleischgerichten, auch vegetarisch. Mittagsmenü um 10 Soles. – *Chifa Hongkong,* Plaza de Armas, preiswert, sehr gut und beliebt. – **Unser TIPP**: *Camotitos*, Plaza de Armas mit hervorragenden, günstigen Meeresfrüchten und Fisch sowie *pollo a la brasa*.
Bus	Nach **Arequipa:** tägl. mehrere Busse mit *Flores.*
Umgebungsziel Quilca	Das kleine Küstenstädtchen **Quilca** liegt 35 km südlich von Camaná und ist der älteste Hafen Perus. Bis 1910 gab es hier eine kleine deutsche Handelskolonie. Heute zieht am Hafen der Duft von frisch gebratenem Fisch aus den kleinen Restaurants, und die schönen Strände um Quilca werden von den Einheimischen immer gerne besucht. Von Quilca aus könnten die **Islas de Hornillas** (s.S. 248) besucht werden. Touren über das Hotel San Diego (s.o.), Preis ca. 100 Soles pro Person.

Camana – Arequipa

Beim km 845 wird die Pazifikküste verlassen und es geht landeinwärts bergauf. Links türmen sich hohe Sanddünen und vereinzelte Fischerhütten geleiten den Abschied vom Meer. Ein steiler Aufstieg in zahllosen Kurven und durch ein fast vegetationsloses Tal treibt den Reisenden schnell in ein Hochtal. Es fehlen nun noch 150 km bis Arequipa. Die Hochebene des Tales des Río Sihuas muss durchquert werden. Schnurgerade durchschneidet die Straße diese unwirtliche Gegend. Nach dem Verlassen der Hochebene öffnet sich das fruchtbare Tal des Río Vitor. Der bereits auf 1750 m Höhe gelegene Straßenkreuzungspunkt Repartición führt nach Arequipa und rechts weiter nach Süden Richtung Tacna. Die nun folgenden 37 km führen zu einem 2350 m hohen Pass, mit ersten Ausblicken auf die Berge Misti und Chachani. Die Maut-Zahlstelle in Uchumayo liegt auf 1950 m Höhe, der letzte „tiefe" Punkt auf dieser Route, bevor es aufwärts nach Arequipa geht.

ROUTE 2: AREQUIPA – PUNO

Arequipa

Die Hauptstadt des gleichnamigen Departamento liegt auf 2353 m Höhe, ist mit knapp 1,3 Mio. Einwohnern die zweitgrößte Stadt Perus und das Kultur- und Wirtschaftszentrum des Südens. Beherrscht wird Arequipa vom ebenmäßigen, 5821 m hohen Vulkan *Misti* und dem langgestreckten, immer schneebedeckten und 6075 m hohen *Nevado Chachani* sowie dem kleineren *Nevado Pichu Pichu* (5664 m) südöstlich vom Misti. Durch die Nähe aktiver Vulkane werden in Arequipa täglich bis zu 12 Erdbeben unterschiedlichster Stärke registriert. Das historische Stadtzentrum wurde 2000 in das UNESCO-Weltkulturerbe aufgenommen.

Arequipa liegt nur 75 km Luftlinie von der Küste entfernt, das Klima ist ganzjährig mild. Mit mehr als 300 Sonnentagen und einem nahezu ganzjährig blauen Himmel wird Arequipa als „Stadt des ewigen Frühlings" apostrophiert. Die jährliche Durchschnittstemperatur schwankt zwischen 10 und 25 °C, die maximale Tagestemperatur steigt selten über 27 °C. Nachts kann es von Mai bis August dagegen empfindlich kalt werden.

„Ari Quepay"

Seit wann genau das Tal von Arequipa am Río Chili besiedelt wurde, ist nicht bekannt. Älteste Funde datieren 6000–8000 v.Chr. Spuren der frühen Siedler finden sich in Form von Höhlenzeichnungen.

Die erste bedeutende Kultur in der Region waren die *Wari* (oder Huari), bevor Tiwanaku die Herrschaft übernahm. Das Tal von Arequipa war dann ein Völkergemisch verschiedenster Kulturen wie Yanaguara, Pukina, Collagua und anderen. Von den Pukina stammen die landwirtschaftlichen Andenterrassen in *Carmen Alto, Paucarpata, Sabandía* und *Yumina* sowie die **Petroglyphen** (Felszeichnungen) von *Mollebaya* und *Socabaya*. Dann eroberte die Julí-Kultur das gesamte Chili-Tal, und um 1350 n.Chr. reichte der Einfluss der Inka unter Sinchi Roca bereits bis Arequipa. Eine Legende besagt, dass der Inka-General Mayta Capac der Stadt ihren Namen gegeben hat. Er soll beim Erreichen des Tals „ari quepay" gesagt haben, dies bedeutet auf Quechua so viel wie „hier bleiben wir".

Diego de Almagro

Der spanische Konquistador erreichte im Februar 1537 mit seinem Haufen goldgieriger Gefolgsleute als erster den Ort am Río Chili. Die Fruchtbarkeit und das gesunde Klima der Gegend veranlasste die Spanier, unter der Führung des Hauptmanns Don Carcí Manuel de Carbajal, am 15. 8. 1540 auf der Basis der Inkasiedlung die „Villa de Nuestra Señora de la Asunción del Valle Hermoso de Arequipa" zu gründen (an der heutigen Plaza San Lázaro). Von der „Stadt unserer Frau der Himmelfahrt vom schönen Tal von Arequipa" blieb nur das letzte Quechua-Wort übrig. In kolonialer Schachbrettform geplant und aus Sillar, einem hellen Vulkanstein erbaut, entwickelte sich Arequipa über vier Jahrhunderte zu einer Stadt voller architektonischer und historischer Schätze. Die meisten Revolutionen Perus gingen von Arequipa aus, und die Stadt stellte so manchen Staatspräsidenten.

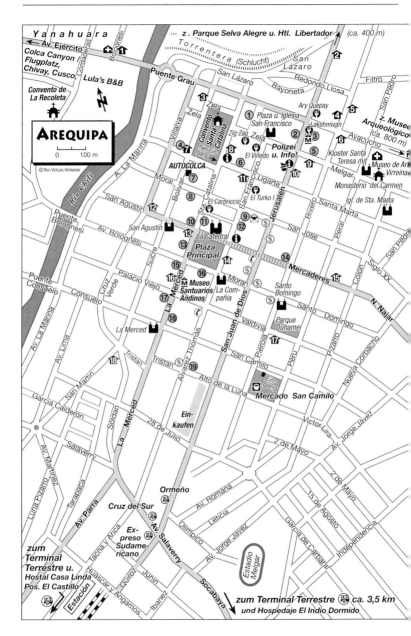

🏠 Hoteles y Hostales

1 Hotel Posada del Puente
2 Ht. La Casa de mi Abuela
3 Servicios Turísticos
  La Hosteria
4 B&B Home Sweet Home
5 La Casa de Sillar
6 Residencial Rivero
7 Hs. Las Torres de Ugarte
8 Hotel La Posada del Monasterio
9 La Casa de Melgar
10 Hostal Lluvia de Oro
11 Hostal Regis
12 Hostal Tumi del Oro
13 Hostal A'grada
14 Hotel Sonesta Posada
   del Inca Arequipa
15 Hotel Conquistador
16 Los Andes B&B
17 Hosped. El Indio Dormido II
18 Hostal Casa de Avila

außerhalb der Karte:
Südlich: Casa Linda
       Posada El Castillo
       Hospedaje El Indio Dormido
       (beim Terminal Terrestre)
Nördlich: Hotel Libertador
Westlich: Lulas B&B

① Andere Nummern

1 Museo Histórico Municipal
  u. Casa de la Cultura
2 Campamento Base
3 Museo Regional
  Histórico Etnológia
4 Casa de La Moneda
5 Casa de los Mendiburros
6 Instituto Cultural
  Peruano Alemán
7 AUTOCOLCA (Permit-
  Behörde f. Colca-Canyon)
8 Casa del Moral
9 Arzobispado
10 Casa Yriberry u. Complejo
   Cultural Chaves de la Rosa
11 Lima-Tours
12 Casa Ugarteche
   (Casa Trista del Pozo)
13 Airline-Büros (ganze Plaza-Seite)
14 Teatro
15 Casa-Colonial
16 Municipalidad
17 Casa Goyoneche
18 Jockey-Club
19 Biblioteca Municipal

„Ciudad Blanca"

Der Ruhm der „Weißen Stadt" als eine der schönsten Städte Perus besteht immer noch, selbst dichter Verkehr, Betonbauwut und unkontrolliertes Wachstum konnten dem Stadtjuwel keinen Schaden zufügen. Der Durchgangsverkehr wurde aus dem historischen Zentrum verbannt, Fußgängerzonen sind entstanden. „Weiße Stadt" leitet sich nicht nur vom hellen Sillargestein ab, aus dem viele Gebäude bestehen, sondern auch von der ursprünglich fast rein weißen Einwohnerschaft. Das „farbige" Personal musste in den Außenbezirken der Stadt wohnen. Sillar stammt von den vulkanischen Lockermassen des Chachani und eignet sich bestens, um zu feinen Ornamenten gemeißelt zu werden. Lange galten die mächtigen Sillarmauern Arequipas als erdbebenfest, doch die vielen mehr oder minder starken Erdbeben, die hier die Stadt und die Region immer wieder erschüttern, brachten mit der Zeit zahlreiche Gemäuer zum Bröckeln.

Sehenswürdigkeiten, Besichtigungszeiten

Ein Aufenthalt von ein bis zwei Tagen sind das Minimum für Arequipa. Wer auch die reizvolle Umgebung kennenlernen möchte, sollte je nach geplanten Ausflügen 4 bis 7 Tage einplanen: *Stadtrundgang* und *Kloster Santa Catalina* – je ein halber Tag • *Campiña-Tour* – halber Tag • *Lagunas Salinas* – ein Tag • *Cañon del Colca* – ein bis drei Tage • *Cañon de Cotahuasi* und *Valle de los Volcanes* – je drei bis fünf Tage.

Bustour Arequipa

Wer den nachfolgenden Stadtrundgang nicht machen möchte, kann eine Stadttour mit einem dachlosen Doppeldecker-Bus mit *Bustour Arequipa* oder *Tours Class Arequipa* unternehmen, s.S. 214.

Stadtrundgang Arequipa

Plaza

Der Stadtrundgang beginnt am besten an der *Plaza Principal de la Virgen de la Asunción,* die an drei Seiten sehr hübsch von zweistöckigen Arkadengängen umsäumt wird. Die Mitte bildet eine gepflegte Anlage mit alten Palmen und dem *Tuturutu,* einem Springbrunnen.

La Catedral (Kathedrale)

Einzigartig für Peru ist, dass die mächtige Kathedrale aus Sillargestein die gesamte Breite der Nordseite der Plaza einnimmt. Die zwei Türme stehen auffallend weit auseinander, und beeindruckend sind auch die 70 Fassadensäulen sowie die drei mächtigen Portale.

Die heutige Form im klassizistischen Stil entstand nach einem Brand 1844, der den ursprünglichen Kolonialbau von 1629 zerstörte. Im Inneren ist die Kanzel sehenswert, sie wurde in Frankreich hergestellt und nach Arequipa verschifft. Die Orgel, die größte Südamerikas, stammt aus Belgien und der Hauptaltar ist aus italienischem Carrara-Marmor. Freier Eintritt 7–10 Uhr, ganztägig im Rahmen eines Museumsbesuch mit Führer (10 Soles). Kein Zutritt während der Messe.

Das **Museo de la Catedral de Arequipa** ist montags bis samstags von 10–17 Uhr geöffnet, www.museocatedralarequipa.org.pe. Auf der gegenüberliegenden Seite der Plaza liegt die Municipalidad. – An der Ecke zur Alvarez Thomás erhebt sich die

Iglesia La Compañía de Jesús

Die Jesuitenkirche ist eine der ältesten Kirchen Arequipas, ein Glanzstück der Arequipa-Architektur und barockes Symbol der mestizischen Kunstform. Erbaut wurde sie von 1595 bis 1698. Die reich verzierte Vorderfront im plateresken Stil zeigt, warum über 100 Jahre gebraucht wurden, auch hinsichtlich der Standfestigkeit, denn alle Erdbeben wurden bisher schadlos überstanden. Im Inneren sind Haupt- und Nebenaltäre im vergoldeten Barockstil ausgeführt. Bemerkenswert ist eine Gemäldekollektion im cusqueñer und europäischen Malstil. Kirchen-Öffnungszeiten 9–13 Uhr u. 15–18 Uhr, Eintritt frei.

1950 wurde nach einer Restaurierung die ehemalige **Sakristei** zugänglich gemacht. Sie heißt jetzt *St. Ignatius-Kapelle*. Gegen ein kleines Entgelt ist sie zu besichtigen, wunderschöne Fresken schmücken die Kuppel. Gleich neben der Compañía befindet sich der Eingang zum *Claustro Jesuita*, dem zur Kirche gehörenden ehemaligen Jesuitenkloster, dessen renovierter Kreuzgang mit barocken Verzierungen aus Sillar sehenswert ist. Heute gibt es hier einige Boutiquen und Restaurants.

Auf der Calle Santo Domingo weiter steht an der übernächsten Ecke die

Iglesia Santo Domingo

Erbaut wurde sie 1697 durch den Dominikanerorden, der einer der ersten der Stadt war. 1958 und 1960 wurde sie durch Erdbeben schwer in Mitleidenschaft gezogen. Der reich verzierte Haupt- und Nebeneingang des dreischiffigen Baus sowie der gemeißelte Chor sind typische Beispiele des gemischten spanisch-indigenen Baustils. Tägl. 7–10 u. 17–19 Uhr.

Der Rundgang führt nun auf der Calle Piérola einen Block nach Norden, dann nach links in die *Calle Mercaderes*. An der Ecke liegt das **Teatro** und daneben die Interbank, moderne Beispiele des Sillar-Baustils. Die gesamte Mercaderes ist eine autofreie Einkaufszone, in der sich Geschäfte, Cafés und Banken angesiedelt haben. An der Plaza geht es nach rechts in die San Francisco. Haus-Nr. 108 ist das Kolonialhaus

Casa Tristan del Pozo

auch *Casa Ugarteche* oder *Casa Ricketts* genannt. Dieses Kolonialhaus von 1738 beherbergte das alte San-Jerónimo-Seminar und war zuvor lange Zeit der Sitz des Erzbischofs. Die kunstvolle Fassade ist ein einzigartiges architektonisches Juwel, und auch der Innenhof ist sehenswert. Heute ist das Haus im Besitz der Banco Continental, die eine Galerie unterhält, in der häufig Gemäldeausstellungen stattfinden. Mo–Fr 9.30–13 Uhr u. 16.30–18.30 Uhr, Sa 9.30–12.30 Uhr; Eintritt frei. In der Fußgängergasse gegenüber der Casa Ugarteche gibt es einige Souvenirläden.

Die Calle San Francisco führt nach Norden über die Moral (in der nach rechts das Hauptpostamt liegt) zur Plaza San Francisco, die mit Jacaranda-Bäumen umgeben ist. Dort steht die

Iglesia y Monasterio San Francisco

Die Kirche und das Kloster San Francisco wurden aus Sillargestein im Mudéjar-Stil erbaut. Zusammen mit der an das linke Kreuzschiff angebauten Kirche des Dritten Ordens bildet der Gesamtkomplex ein vollkommenes lateinisches Kreuz.

Das Innere dieser Bauwerke wirkt weniger imponierend. Die Kirche wurde durch Erdbeben stark in Mitleidenschaft gezogen, doch eine Führung durch den Konvent lohnt sich für Kircheninteressierte. Neben Gemälden gibt es auch Messbücher aus dem 16. Jahrhundert zu sehen.

Gegenüber des Komplexes liegt mit der *Casa del Fierro* ein langgestrecktes Gebäude, das 1803 als Schule eingeweiht wurde und die erste öffentliche Badeeinrichtung für Damen in Arequipa beherbergte. Heute sind darin das **Kunstgewerbezentrum** und das **Museo Histórico Municipal** (Stadtmuseum, Mo–Fr 8.30–17 Uhr) untergebracht.

Museo Regional Histórico Etnológico

Ein Abstecher vom Stadtrundgang könnte, bei genügend Zeit, von der Plaza San Francisco über die Calle Zela zum **Museo Regional Histórico Etnológico** in der Jerusalén 402 gemacht werden.

Im Ethnologischen Museum von Arequipa (Mo–Sa 9–17 Uhr, So/Feiertag 9–15 Uhr, Eintritt), werden die Kulturen der acht Provinzen Arequipas von den Anfängen über die Präinka- und Kolonialzeit bis zur Gegenwart präsentiert. Gezeigt werden u.a. Keramiken, Webarbeiten, riesige Teppiche aus Alpakawolle, Musikinstrumente und die Nachbildung eines Inka-Zimmers. Für diesen interessanten historischen Streifzug durch die Kulturen sollte unbedingt ein Führer (Englisch oder Spanisch) genommen werden, da die Vitrinen kaum beschriftet sind. Hierzu kann *Victor Vela* empfohlen werden, der einen spannenden Gang durch das Museum gestaltet. Eine freiwillige Spende wird erwartet, Fotografieren kostet gleichfalls eine kleine Gebühr.

Nun wieder zurück über die Zela bis zur Calle Santa Catalina. Dort fallen sogleich die hohen und mächtigen Mauern des Klosters Santa Catalina auf, der Höhepunkt eines Arequipa-Rundgangs.

Kloster Santa Catalina

Es ist in heutiger Zeit vielleicht etwas schwer zu verstehen, was Frauen vor ein paar Hundert Jahren in Arequipa am klösterlichen Leben so beeindruckte. Auf jeden Fall reichten die drei damaligen Klöster der Stadt nicht aus, um dem Andrang gerecht zu werden, so dass der Rat der Stadt am 3. Januar 1559 beschloss, ein neues, diesmal sehr großes Kloster zu bauen. 1579 wurde mit dem Bau begonnen, wobei dazu ein kleiner Teil Arequipas einfach ummauert wurde. Doch was hinter den hohen Tuffmauern geschah, wie die 150 Nonnen und 400 Dienstmädchen lebten, blieb der Öffentlichkeit mehr oder weniger über 300 Jahre verborgen.

1953 wurden zwar Teile des Klosters durch ein Erdbeben zerstört, aber erst 1970 öffneten sich die Klostertore das erste Mal für die Öffentlichkeit. Die Nonnen selbst hatten dies veranlasst, nachdem im Kloster nur noch 17 von ihnen lebten.

	Arequipa	

Opfer für das „Himmelreich"

María de Guzmán, eine reiche Witwe, kaufte den Grund für das Kloster. Es gehörte danach dem Dominikanerorden (schwarz-weiße Nonnenkleidung) und wurde der Heiligen Catalina geweiht.

Die Gesamtfläche des Klosters beträgt 20.426 qm. Es ist wie eine kleine Stadt angelegt, jede Gasse hat einen Namen. Gärten, Werkstätten, Wasserversorgung usw. ermöglichten ein autarkes Leben. Alle vier Jahre konnten acht Novizinnen aufgenommen werden, die als „Mitgift" eine erhebliche Summe in Form von Goldmünzen zu bezahlen hatten. (Zusätzlich brachten die Novizinnen auch Kleidung, Stickereien, Porzellan, Silberbesteck u.a. wertvolle Dinge mit; wer verarmte, verkaufte seine Wertgegenstände auf dem Klostermarktplatz.) Von jeder verstorbenen Nonne wurde ein Gemälde gefertigt.

Der Nachwuchs kam meist aus Familien reicher Spanier, für die es ein Selbstverständnis war, für „Gott und das Himmelreich" die zweite Tochter an das Kloster abzutreten. Für die Lebenskosten im Kloster mussten die Familien weiter voll aufkommen. Die erheblichen Geldmittel ermöglichten die Anstellung von Dienstpersonal, auch von Männern, die für das Kloster arbeiteten und sich um das Ackerland außerhalb des Klosters kümmerten. Für sie gab es dafür einen speziellen Eingang.

Das Kloster wurde 1871 unter der Leitung von Josefa Cadena reformiert und liberalisiert. Ab da war die Aufnahme kostenlos. Nachdem Santa Catalina im Jahr 1970 nach einer Renovierung der Allgemeinheit zugänglich gemacht wurde, präsentierte sich in Arequipa eine Stadt in der Stadt, in der die Zeit stehengeblieben zu sein schien.

Die Schönheit der maurischen Architektur erinnert den Besucher an Córdoba oder Granada, der Kontrast des weißen Tuffsteins mit leuchtendem Orangerot und Blau ist äußerst reizvoll (ursprünglich waren alle Klostermauern weiß, heute sind die Sektoren verschiedenfarbig getüncht). Etliche Räume sind an Geschäftsleute vermietet, nur noch ein kleiner Teil der Anlage dient den wenigen Nonnen als Wohnstätte.

Öffnungszeiten, Führungen

Tägl. 9–17 Uhr. Hochsaison: 8–17 Uhr, Di u. Do 8–20 Uhr (abends sehr stimmungsvoll, da alles wunderschön mit Kerzen und Laternen beleuchtet ist, auch weniger Leute). Einlass bis eine Stunde vor Schließung. Eintritt 35 Soles (keine Ermäßigung für Studenten). Als auf Deutsch erklärende und sehr kompetente Führerinnen empfehlen wir: *Viviana* (vetejota@yahoo.es), *Ute Appel de Concha* (ute_guia@hotmail.com) oder *Verónica Pino Rodríguez* (falls sie da sein sollten). Eine Führung kostet um 5 Soles p.P. (bei einer Gruppe von vier Personen), Einzelführungen entsprechend teurer (Orientierungshilfe 20 Soles/Stunde).

Weitere Informationen zum Kloster auf www.santacatalina.org.pe.

Kloster-Rundgang

Der Rundgang ist mit Pfeilen markiert. In Räumen und an wichtigen Stellen sind Erklärungen in Spanisch, Englisch, Deutsch, Französisch und Italienisch angebracht. Auf der Eintrittskarte ist hinten ein Plan des Klosters aufgedruckt, daran kann man sich mit der nachfolgenden Rundgangsbeschreibung orientieren. Start ist am Eingang. Hier liegen die

Besucherzellen

Durch sechs hölzerne Sprechgitter konnten die Nonnen mit ihren Familienangehörigen sprechen. Diese Gitter sind so konstruiert, dass der Angehörige die Nonne nicht sehen konnte, die Nonne jedoch ihn. Berühren konnten sie sich gleichfalls nicht. Für die Übergabe von Geschenken und Briefen wurde ein Drehregal in die Mauer eingelassen, in dem die Dinge von außen eingelegt und nach Innen gedreht werden konnten. Eine Nonne hörte die Besuchsgespräche ständig mit und kontrollierte Briefe und Geschenke.

Nach den Besucherzellen liegt links ein Arbeitszimmer mit einem „Nonnentresor". Jede Nonne besaß so einen Tresor, er war die einzige Möglichkeit, persönliche Dinge aufzubewahren. Dann folgt das

Noviciado mit dem ersten Kreuzgang und 300 Jahre alten Wandgemälden. Der
(Claustro Kreuzgang mit acht Wohnräumen war für acht Novizinnen konzipiert, die
Novicias) hier eine Probezeit zwischen einem und vier Jahren absolvieren mussten. Frühestens mit 12 Jahren konnte eine Novizin ins Kloster aufgenommen werden. Sie mussten im Noviciado alleine für sich leben und durften keinen anderen Klosterteil betreten, auch keinen Besuch empfangen. Deshalb war dieser Teil des Klosters vom Hauptkloster etwas abgeteilt.

Die Einrichtung der Wohnräume war spartanisch: lediglich ein Holzbett mit Fell (aber ohne Matratze), Tisch, Stuhl und ein Altar. Das Fenster musste immer offen stehen, damit kontrolliert werden konnte, was die Novizin tat. Wollte sie Abwechslung, konnte sie sich nur im Kreuzgang und in der Kapelle aufhalten. Zwei Nonnen, die als Ausbilderinnen fungierten, überbrachten den Novizinnen alles, was sie zum Leben brauchten, also nicht mehr als Wasser, Nahrung und Kleidung. Nach der Probezeit konnte die Novizin einen notariellen Vertrag als Nonne abschließen. Erst dann musste Mitgift ans Kloster bezahlt werden.

Danach führt der Rundgang in den

Orangen- des Hauptklosters, einem in Blau gehaltenem Innenhof (die Farben der
Kreuzgang Mauern im Kloster haben keine tiefere Bedeutung, von Zeit zu Zeit wird
(Claustro de frisch gestrichen). Der Orangen-Kreuzgang wurde 1738 erbaut und nach
los Naranjos) den hier wachsenden drei Orangenbäumen benannt, die als Symbol des Lebens gelten. Der linke symbolisiert die Erleuchtung, der mittlere die Reinigung und der rechte die Vereinigung. Hier liegt links auch der

Profundis- mit 13 Portraits von Nonnen zwischen 1691 und 1884 (jeweils nach dem
Saal Tode gemalt). In ihm wurde die 24-stündige Totenwache für eine verstorbene Nonne abgehalten. Außerdem befanden sich im Orangen-Kreuzgang einige Wohnräume, in denen gebetet, studiert, gegessen und geschlafen wurde. Bei ihrem Tagwerk wurden die Nonnen von bis zu vier Dienstmädchen unterstützt. Es waren Indígena, Mestizinnen oder Afrikanerinnen, die für die Nonnen in der Stadt einkaufen gingen, da diese das Kloster nicht verlassen durften.

Vom Orangen-Kreuzgang zweigt die

Calle ab. Links befindet sich das Privathaus von *Dolores Llamosas*. Rechts ne-
Malaga ben dem Haus von Dolores ist die Zelle der Nonne Maria Gonzales. Zu sehen ist ihr Holzbett, ein Rollstuhl, die Küche mit Backofen und ein Meerschweinchenkäfig. In den 2. Stock führt eine Treppe. Hier waren die Dienstmädchenzimmer, wobei die Mädchen auf dem Boden schlafen mussten. Auf der rechten Seite der Calle Malaga befand sich die Krankenstation (Enfermería, erbaut 1647–1650). Heute ist dort der *Sala Zurbarán*, ein kleines Museum untergebracht (mit zwei Gemälden von *Diego Quispe Tito*). Hinten in der Mitte der Sala hängt ein Gemälde mit dem

Erzengel San Miguel (Michael). Unabhängig der Position des Betrachters scheinen die Augen des Erzengels den Betrachter immer anzusehen. In Schauvitrinen sind Porzellangegenstände und Vasen ausgestellt, weiter silberne Monstranzen und Kleider, die zu Weihnachten oder an Festtagen getragen wurden. Es werden auch Petersilienseife und Rosencremes (gegen Hautprobleme) verkauft, die die im Kloster verbliebenen Nonnen herstellen. Weitergehend in Pfeilrichtung geht es in die reizvolle

Calle Córdoba mit der alten Küche (rechts), dem Privathaus einer reichen Nonne und dem Klausurgebäude (Nuevo Monasterio Clausura), (links) mit neuer Klosterschule von 1970. Links hinter den Mauern liegt der noch heute aktive Klosterteil.

Nun führt der Rundgang in die

Calle Toledo mit der Zitadelle. Die Calle Toledo war ursprünglich einmal exakt geradelaufend, nun ist sie leicht gebogen – Auswirkungen vergangener Erdbeben! In den 42 rötlich-braunen Häuschen lebten gleichfalls Nonnen. Nach rechts zweigt, in halber Höhe der Calle Toledo, die **Calle Sevilla** ab. Hier führte der Abwasserkanal durchs Kloster, in den die Nachttöpfe gekippt wurden. In Höhe des weißen Kreuzes in der Toledo lag bis 1930 der klostereigene **Friedhof**.

Am Ende der Calle Toledo, rechts hinten, lag der **Waschplatz** (Lavandería) mit 20 halben *tinajas* (Tongefäßen), die über einen steinernen Kanal mit Wasser versorgt wurden. Die Dienstmädchen mussten hier bis 1854 die Wäsche waschen. Hinter dem Waschplatz befand sich das Bad der Dienstmädchen.

Durch die romantische Calle Burgos geht der Rundgang weiter.

Calle Burgos In der ersten Wohnung rechts ist noch eine alte Waschmaschine mit Waschfilter zu sehen. Der Filter war notwendig, da das Wasser aus der Kanalisation stammte. Auf der linke Seite der Calle Burgos blüht der kleine Klostergarten (Huerta).

Vorne an der nächsten Ecke treffen die Calle Burgos, Calle Sevilla und Calle Granada zusammen. An dieser Kreuzung befindet sich, bei der ersten Tür links, das Haus von *María Josefa Cadena*. Im Anschluss an ihr Haus ist heute eine Cafetería untergebracht, früher befand sich dort der Klosterladen. Dahinter war eine Art Klostervorhof. Die Einwohner Arequipas konnten diesen Hof zum Einkaufen betreten. Über Drehtüren wurde z.B. Brot aus dem Kloster verkauft. Wie immer konnten die Nonnen niemanden sehen, noch berühren.

Der Rundgang führt nun wieder zur Kreuzung zurück, nach links in die **Calle Granada** einbiegen. Links liegt die **Hauptküche**, deren Wände sich durch die Feuerstellen allmählich schwärzten. Sie wurde erst im 17. Jh. erbaut und bis 1871 genutzt. Eindrucksvoll geben Bäckerei, Backofen, Küche, Vorratsraum und ein Brunnen Aufschluss über die alte Zeit.

Dann lädt die hübsche

Plaza Socodobér mit einem kunstvollen Brunnen zum Verweilen ein. Hier hielten einst die Nonnen Markt, hier verkaufte auch eine verarmte Nonne ihre letzten Habseligkeiten an andere Nonnen. An dem Platz befindet sich das Privathaus von *Rosa Cárdenas* und das klösterliche Badehaus.

Gleich hinter der Plaza ist rechts der Eingang zum **Haus der Seligen Ana Los Ángeles Monteagudo**. Sie wurde 1606 geboren und kam als dreijähriges Kind ins Kloster. Mit 48 Jahren wurde sie Oberin und leitete die Klosterschule. 1686 starb sie im Alter von 80 Jahren, wobei sie die letzten 10 Jahre ihres Lebens blind und lahm war. 1985 wurde Ana von Papst Johannes Paul II. seliggesprochen, da sie einen unheilbar Kranken geheilt hatte.

Schließlich wird der

Refektorium (Refectorio)	Speisesaal der Nonnen und der ockerfarbige **Rosenkreuzgang** erreicht. Es ist der älteste Kreuzgang des Klosters (erbaut 1715), und es sind Gemälde über das Leben von Jesus und Maria zu sehen. Links an der Wand stehen kleine Beichtzellen. Oben von der Treppe hat man einen Blick auf die Klosterdächer. Im Kreuzgang hinten links führt der Rundgang kurz durch den **Coro Bajo** der Klosterkirche.
Klosterkirche und Museum	Auffallend ist ein Sperrgitter, das Nonnen (vorne) und Kirchenbesucher (hinten) strikt trennte. Außerdem konnten durch einen zugezogenen Vorhang die Kirchenbesucher nichts sehen. Der Vorhang war bis 1985 noch geschlossen.

Nach dem kurzen Gang durch den Chor mit seinem formvollendeten Holzgestühl bildet das **Klostermuseum,** in früheren Zeiten ein Schlafsaal, den Abschluss des Klosterrundgangs. Im Museum sind Gemälde der Cuscqueñer Malschule zu sehen.

Fortsetzung des Stadtrundgangs

Vom Kloster Santa Catalina führt die Calle Santa Catalina Richtung Plaza zurück. An der Kreuzung der Moral mit der Bolívar (Calle Moral 318) befindet sich die

Casa del Moral	Dieses sehenswerte Kolonialhaus (Mo–Sa 9–17 Uhr, Do nur bis 13 Uhr, Eintritt) erhielt seinen Namen von einem alten Maulbeerbaum im Innenhof. Die Fassade mit dem Wappen eines schlangenspeienden Pumas, das an die Tiwanaku-Kultur erinnert, ist ein typisches Beispiel des indigenen Einflusses auf den spanischen Barock. Rund um den hübschen Innenhof gilt es die feine Sillarsteinmetzarbeit mit künstlerisch gestalteten Türen und Fenstern zu bewundern. Heute ist hier eine Zweigstelle der Banco Industrial untergebracht. – Etwas weiter südlich erhebt sich an der Bolívar/San Agustín die
Iglesia San Agustín	Die Kirche wurde 1576 mit einem kunstvollen Portal und einer sehenswerten Sakristei gebaut. Die Steinmetzarbeiten an der Fassade waren der Beginn des Mestizen-Barocks in Arequipa, der sog. „Escuela Arequipeña". Die Kirche wurde 1886 durch ein Erdbeben vollständig zerstört, der Wiederaufbau ist immer noch nicht abgeschlossen. Am gleichnamigen Kloster vorbei, in dem sich jetzt die Juristische Fakultät der Universität befindet, geht es durch die Calle San Agustín, die an der nordwestlichen Ecke der Plaza endet. Hier steht links der
Complejo Cultural Chaves de la Rosa	In dem Haus mit typischem Portal und ausgedehnten Innenhöfen ist ein Teil der Universität untergebracht. Sehenswert sind die Kunstgalerien mit moderner peruanischer Kunst (9–21 Uhr, Eintritt frei). – Vorbei an den Arkaden der Plaza mit Büros von Airlines und einigen Terrassen-Restaurants geht es nun die Calle La Merced südlich zum

	Arequipa	

Museo Santuarios Andinos	Das sehenswerte *Museo Santuarios Andinos* der Universidad Católica Santa María befindet sich in der Calle La Merced 110, www.ucsm.edu.pe/santuary, Tel. 20-0345, in der Nähe der Plaza. Hier wird u.a. die sehr gut erhaltene, bekannte **Mumie Juanita** ausgestellt (von Zeit zu Zeit wird das „Mädchen aus dem Eis" zu Untersuchungen auf Reisen geschickt und stellvertretend die Schwestermumie **Sarita** ausgestellt!). Aber es werden auch andere Mumien gezeigt. Mo–Sa 9–18 Uhr, So/Feiertage 9–15 Uhr, Eintritt ins Museo 20 Soles, Führung (auch auf Deutsch) ist obligatorisch. Juanita wurde am 8. September 1995 vom Anthropologen Dr. Johann Reinhardt auf dem 6310 m hohen Vulkan Ampato, etwa 70 km nordwestlich von Arequipa, gefunden. Wahrscheinlich wurde das 12- bis 14jährige Mädchen vor etwa 500 Jahren von Inka-Priestern *Apu Ampato,* dem Berggott des Ampato, geopfert. Untersuchungen ergaben, dass das Mädchen nach einer Fastenzeit während des Capacocha-Rituals mit Chicha-Bier eingeschläfert und mit einem Schlag auf den Kopf getötet wurde. Im Museum wird ein zwanzigminütiger Film auf Englisch über die Entdeckung und die Forschungsergebnisse gezeigt.
Casa Goyeneche	Nach der Straßenkreuzung mit der Viejo steht rechts das Kolonialhaus Casa Goyeneche. Hier hat die Banco Central de Reserva del Perú ihren Sitz. An der nächsten Straßenkreuzung, der Consuelo, steht die **Iglesia La Merced**. Die Kirche ist von 7–8 Uhr und von 18–19 Uhr geöffnet und beherbergt einige interessante Gemälde der Escuela Cusqueña. Der Consuelo östlich folgend, kommt an der Ecke mit der Piérola der *Mercado San Camilo* in Sicht.
Mercado San Camilo	Der traditionelle Stadtmarkt von Arequipa in der alten Markthalle ist eine Augenweide (Vorsicht vor Trickdiebstahl, Banden haben sich auf Touristen spezialisiert!). Gleich am Haupteingang links gibt es eine Superauswahl an Hüten. Dahinter schließt sich die Haushaltswarenabteilung an. Hinten links werden Fleischstücke, Geflügel aller Art und Kartoffeln verkauft, und mittendrin, in drangvoller Enge, unzählige Obststände, mit hoch aufgetürmten Früchten. Hinten rechts wird Fisch ausgenommen, gewogen und verpackt. Im 2. Stock gibt es Gartengeräte und Textilien. Vom Haupteingang geradeaus kommt man zu den Essensständen, die die preiswertesten Gerichte Arequipas anbieten. Probieren lohnt sich, garantiert frisch! Außerdem gibt es Kekse und Pralinen aus pulverisierten Fröschen.

Weitere Sehenswürdigkeiten Arequipas

Iglesia, Claustros y Museo de la Recoleta	Sehr sehenswert sind Kirche, Kloster und Museum *La Recoleta* (Recoleta 17, auf der anderen Seite des Río Chili; Mo–Sa 9–12 und 15–17 Uhr, Eintritt, ein zu empfehlender Führer 10 Soles, ca. 2 h). Die Anlage wurde 1648 von den Franziskanern erbaut. Der Kirchturm bot einst einen einmaligen Blick über die Stadt, Zugang aufgrund Baufälligkeit jedoch nicht mehr möglich. Der prachtvolle Bougainvillea-Baum in einem der drei Klosterhöfe ist ein Foto wert. Das Museum zeigt Exponate der Präinkakulturen, religiöse Kunst und die Fauna Amazoniens. Die Franziskaner haben im Lauf der Jahrhunderte überdies eine großartige Bibliothek mit über 20.000 Büchern aufgebaut, das älteste Schriftdokument datiert auf das Jahr 1494. Spektakulär sind die alten Karten von Peru aus dem 19. Jahrhundert und Bücher, die aus

den Anfängen der Kolonialisierung stammen. Neben der Bibliothek präsentiert das Klostermuseum noch ethnische Fundstücke und ausgestopfte Tiere aus den Missionsstationen des Amazonasgebietes.

in Yanahuara: Museo Pre-Inca Chiribaya
Miguel Grau 402 in Yanahuara (nordwestl. des Zentrums). Ein sehr schönes und hervorragend konzipiertes Museum mit neun Abteilungen. Die Kultur Chiribaya (800–1350 n.Chr.) entstand in der Region der Stadt Ilo. Sie zeichnete sich besonders durch Textilien und feine Metallarbeiten aus. Zu sehen sind Schmuckobjekte, Keramiken, Ton- und Holzwaren, fein gewebte Textilien sowie ein Cacique in vollem Ornat.
  www.museochiribaya.org, Mo–Sa 9–19 Uhr, So 9–15 Uhr, Eintritt. Halbstündige Führungen auf Englisch, Deutsch, Franz., Portg. u. Italienisch.

Museo de Arte Virreinal de Santa Teresa
Sehr schönes Museum im Komplex des Monestario del Carmen, Calle Melgar 3030, Tel. 28-1188, www.museocarmelitas.com, Mo–Sa 8.30–19 Uhr, So 9–13 Uhr, Eintritt frei. Parkplatz direkt vor dem Museum, Führer in diversen Sprachen, Gepäckdepot. Sehenswert sind neben dem Museum vor allem *El Claustro* und *Sala de Exposiciones Temporales.* **TIPP!**

Mundo Alpaca
In der ehemaligen Firmenzentrale eines Alpakawollherstellers, Alameda San Lázaro 101, in der auch lebende Alpakas und Lamas zu sehen sind, wird der gesamte Verarbeitungsprozess von der Schur bis zur fertigen Textilie erklärt und gezeigt. Im Textilmaschinenmuseum werden ständig preisgekrönte, künstlerisch sehr hochwertige peruanische Gemälde gezeigt. Mo–So 8.30–19 Uhr, Eintritt frei. Infos: www.mundoalpaca.com.pe.

Adressen & Service Arequipa

Tourist-Info
i-Peru, Casona Santa Catalina, Santa Catalina 210, Tel./Fax 22-1227, iperuarequipa@promperu.gob.pe, www.peru.info, 9–19 Uhr. Kostenloser Stadtplan, auch auf Deutsch, Abfahrtspläne der Busse, Listen über zugelassene Führer und Bergführer der ADEGOPA (Vereinigung der Führer Arequipas), Internet, kleine Souvenirgeschäfte.
  Weitere Info-Stellen: auf dem Flughafen, Tel. 44-4564, geöffnet bei Ab- und Anflügen, iperuarequipaapto@promperu.gob.pe, sowie im Kloster Santa Catalina, 9–19 Uhr.
  Websites: www.arequipa-tourism.com
  Vorwahl (054)

POLTUR
Policía de Turismo, Jerusalén 315, Tel. 20-1258. 24-Stunden-Service, sehr hilfsbereit (z.B. Luís Pinto, den man im Notfall auch privat kontaktieren kann, Tel. 42-5989, erkennbar an der Plakette „Turismo y Ecología". Die Registrierung für Trekking- und Bergtouren sind sowohl bei der Touristenpolizei in Arequipa als auch in Chivay (Plaza de Armas) oder über Jörg Krösel (s.u.) möglich.
  Servicio de Protección al Turista (SPT), Moral 360, Cercado Interior, Local Rectorado UNSA, Tel. 054-212054, sptaqp@indecopi.gob.pe, gebührenfreie-Service-Nr. 0800-42-579, tour@indecopi.gob.pe, rund um die Uhr.
  Migración, Urb. Quinta Tristán s/n Av. Bustamante y Rivero, Tel. 42-1759.
  Warnhinweis: In den letzten Jahren nahmen die Überfälle auf Touristen, die nach Einbruch der Dämmerung ein Taxi (Ort unerheblich) genommen haben, zu. Entsprechende Vorfälle liegen uns schriftlich vor. Nach dem Besteigen des Taxis werden die Touristen entführt, mit einer Pistole bedroht und ausgeraubt. Die Touristenpolizei ist über derartige Fälle informiert, da es sich nicht um Einzelfälle handelt.

AUTOCOL-CA	**Autoridad Autónoma del Colca,** Bolívar 206, Tel. 20-3010, autocolca@terraplus.com, Mo–Sa 9–16 Uhr. **Verkauf der Eintrittskarte für den Colca-Nationalpark (BTC, Boleto Turístico).** Derzeit 70 Soles (keine Studentenermäßigung).
Bustour durch Arequipa	Portal de San Agustín 111, Tel. 20-3434, www.bustour.com.pe/aleman. Abfahrten Mo–Sa am Office in der Calle Jerusalen 531 um 9.30 Uhr u. 14 Uhr, Fz 2 h, Fp 45 Soles. Große Rundfahrt inkl. Campiña-Route (s. Tour 1), Abfahrten Mo–So 9.15 und 14 Uhr, Fz 4 h, Fp 35 Soles. – Der Anbieter **Tours Class Arequipa,** Calle Jerusalen 531, Tel. 22-0551, www.toursclassarequipa.com.pe, hat ähnliche Abfahrtszeiten wie Bustour; neu im Programm: *Tour Gastronomico,* Abfahrt tgl. 11 Uhr, 45 Soles.

Unterkunft

Das Hotelangebot in Arequipa ist ausgesprochen gut (über 150 Hotels), wobei man vor allem in der ECO- und BUDGET-Kategorie die Qual der Wahl hat. In den ersten drei Augustwochen kann es dennoch zu Engpässen kommen (Hochsaison). Auf dem Flughafen gibt es eine Informationsstelle der Hoteleinigung Arequipas *(Reservas y Traslados Hotel Afiliados)* mit Hotelnachweisen, bei der man gleich buchen kann (meist aber nur bessere Hotels). Eingeschlossen ist dabei kostenloser Taxi- bzw. Shuttle-Transfer.

ECO	**Hospedaje del Rosario,** Pasaje del Solar 124 (etwa drei Blocks westlich der Plaza de Arma, über die Calle San Agustín), Tel. 22-2517, Cel. 957-586-268, lcsc124@hotmail.com. Kleines, familiengeführtes Hostel, sehr ruhig, ab 10 Soles. **Instituto de Apoyo y Desarrollo Social BLANSAL,** Projecto „Casa Verde", 7 de Junio 141, La Tomilla, Cayma, Tel. 45-8985, www.casa-verde-e-v.de. Kinderheim von Volker Noak mit zwei Zimmern für interessierte Besucher. Ü 20 Soles p.P. **Hostal Sol de Oro Backpackers,** Calle Cruz Verde 307, Tel. 21-2557, www.hostalsoldeoroperu.com. Empfehlenswerte Backpackerunterkunft mit Sonnenterrasse. Ü/F ab 9 US$ im Dorm. **Arequipay Backpackers** (BUDGET), Pasaje O'Higgins 224, Vallecito, Tel. 23-4560, www.arequipaybackpackers.com. Sehr preiswerte Unterkunft für Rucksackler, Gästeküche, Internet, beim Frühstück nicht zu viel erwarten. Ü im Dorm ab 8,50 US$, DZ ab 12,50 US$. Empfehlenswert. **La Posada del Kuraka** in der Puente Grau 110. Nettes Hostal mit sehr hilfsbereitem Besitzer. Empfehlung eines RKH-Reisenden. **Home Sweet Home** (B&B), Calle Rivero 509, Tel. 40-5982, www.homesweethome-peru.com. Bed&Breakfast, Ws, Internet, freundliches Personal und sehr gutes Frühstück. Ü/F Dorm 15 Soles. – Schräg gegenüber: **Hospedaje El Indio Dormido,** Av. Andrés Avelino Cáceres B-9, einen Block vom Terminal Terrestre, Tel. 42-7401, the_sleeping_indian@yahoo.com. Einfache, große Zi. bc/bp, Ws, Speisesaal, gut für Reisende, die spät auf dem Busterminal ankommen oder früh abfahren möchten. Auch Tageszimmer und Duschmöglichkeiten für Durchreisende. Ü/F bp 15 Soles. Falls ausgebucht: **Hospedaje El Indio Dormido II** probieren. Dean Valdivia 218 (gegenüber Parque Duhamel), Tel. 42-3811, kostenloser Transfer zum Terminal. **Hotel Olimpia,** Av. Olimpia 102, Tel. 20-0894. DZ ab 40 Soles. Empfohlen von RKH-Reisenden. **Residencial Rivero** (BUDGET), Calle Rivero 420, Tel. 22-9266, hostal_rivero@yahoo.com. Freundlicher Familienbetrieb, 32 kleine, einfache und saubere Zimmer bp/bc, Ws, GpD, Dachterrasse mit Kochgelegenheit, Tourangebote. DZ/bp 50 Soles. **Hostal Tumi del Oro,** San Agustín 311-A, Tel. 28-1319. Nette Pension, sehr familiär, freundlich, Zi. z.T. antik möbliert, bp, Ws, Dachterrasse mit Ausblick,

sicheres, kostenloses GpD. EZ/bp 40 Soles, DZ/bp 50 Soles, preiswertes Frühstück. **TIPP!**
Hostal Regis, Ugarte 202, Tel. 22-6111. Ruhiges, sicheres und zentral gelegenes Kolonialhaus mit schönem Patio, saubere Zi. mit Holzmöbelierung, bc/bp und schnellem Ws (5 Soles/kg). Dachterrasse mit herrlichem Blick, sehr freundliches Personal, gutes Frühstück, gutes PLV. EZ/bc 20 Soles, DZ/bc/F 35 Soles, DZ/bp/F 60 Soles. Tourangebote in den Colca mit Übernachtung im *Hostal La Casa de Lucila* für ca. 85 Soles.
Hostal Mansión Dorada, 28 de Julio 505 (Vallecito), Tel. 22-2336, mansiondorada@hotmail.com. Älteres Haus mit Villencharakter in ruhiger Gegend, bp, Ws, sauber.

ECO/FAM **Diplomat Plaza Hotel,** Nähe Bahnhof. Ideal für jene Leute, die aus dem Colca Canyon zurückkommen und dann am nächsten Tag weiterreisen möchten. U.a. 3 Backpackerzimmer, bp, gutes PLV. DZ/F um 40 Soles, Suite mit Whirlpool ab 90 Soles. Herrlicher Ausblick vom Hoteldach, Freizeitsaal im 3. OG mit Tischtennis, Billard usw.
Lula's B&B, Casilla 11, Tel. 27-2517, www.bbaqpe.com. Komfortables B&B in einer großen, modern eingerichteten Privatwohnung (alle Zi. mit Privatbad, Dusche u. WC) der sehr hilfsbereiten peruanischen, dt.-spr. Sprachlehrerin Juana Lourdes Díaz Oviedo de Seelhofer (mit einem Schweizer verheiratet). Unweit des Stadtzentrums, ruhig, saubere Zi., sehr schöne Aussicht. EZ/F 13–17 US$, DZ/F 19–23 US$, inkl. Transfer vom Busterminal oder Flughafen. HP/VP/vegetatisch möglich. **TIPP!** Angeschlossen ist die Sprachschule Ari Quipay EDEAQ, www.edeaq.com, günstige Spanish Crash-Kurse.
Los Andes Bed&Breakfast, La Merced 123, www.losandesarequipa.com, Tel. 33-0015. Superzentral, nur 3 Minuten von der Plaza entfernt, sauber, sehr hilfsbereites Personal, große Zimmer, Reisebüro, Gästeküche, Leseraum, WiFi. DZ/bp mit leckerem Frühstücksbüffet um 70 Soles. **TIPP!**
Hostal Lluvia de Oro, Jerusalen 308, Tel. 21-4252. Nettes Hostal in ruhiger Lage, bc/bp, Ws, Restaurant, schöner Blick auf Misti und Chachani, freundlich, hilfsbereit, gut besucht. EZ/F 40 Soles, DZ/F 60–80 Soles, je nach Zimmer.
Hostal La Casa de Sillar, Rivero 504, Tel. 28-4249, www.lacasadesillar.com. Kleine, hübsche Gartenanlage mit Pool, Dachterrasse mit herrlicher Aussicht, nettes Personal, saubere Einzel- u. MBZi, bc/bp, kostenloses Internet. DZ/F 30 US$.
Hostal Las Torres de Ugarte, Ugarte 401, Tel. 28-3532, www.hotelista.com. In Zentrumsnähe mit schönem Garten und Dachterrasse, saubere Zimmer, bp, angenehme und freundliche Atmosphäre, Internet gratis, hilfsbereit, gutes Frühstück, frische Säfte. DZ/F 46 US$.
Hotel Villa del Carmen, Av. Mariscal Benavides 215, Parque de Selva Alegre, Tel. 22-7035, www.hotelvilladelcarmen.com. Sehr gemütliche Zimmer mit Federbetten für die kühleren Nächte, liebevolles Frühstücksbüffet und sehr ruhige Lage gegenüber eines großen Parkes, etwa 15 Fußminuten vom Stadtzentrum entfernt. Preise s. Homepage.

FAM **Posada El Castillo,** Pasaje Campos 105, Vallecito, Tel. 20-1828, www.posadaelcastillo.com. Kleines, familiäres Hotel eines Holländers in einem historischen Haus, schöner Garten, kleiner Pool. 10 geschmackvoll eingerichtete Zimmer/bp, AC, sehr gepflegt und sauber, Internet, GpD, Pp, prima für Familien, Restaurant. DZ ab 150 Soles.
Casa Linda, Urb. San Isidro B-5 in Vallecito (20 Gehminuten zur Innenstadt), am Ende der Ave. Luna Pizarro), Tel. 22-9936, www.casalindahoteles.com. Kostenloser Transfer zum Busterminal oder Flughafen, Anfahrt mit dem Taxi von der Plaza 4 Soles. Kleines, gemütliches und feines Haus in sicherer und ruhiger Lage, 6 helle, saubere Zi. mit Balkon, moderne bp, Ws, Restaurant,

Bar, Cafetería, Esszimmer, netter Patio, Internet gratis, Parkplatz in der Nachbarschaft. Sehr bemüht, gutes Frühstück, engl.-spr. DZ/F 52 US$.
Hotel La Casa de mi Abuela, Jerusalén 606, www.lacasademiabuela.com, Tel. 24-2701. Familiäres, freundliches Hotel in schöner großer Gartenanlage, von Mauern umgeben, Zutritt über verschlossenes schmiedeeisernes Tor (Klingel), Reservierung wegen starker Nachfrage empfehlenswert. Ausweichquartiere hinterm Hof im Neubau mit besseren, großen Zimmern und guter Ausstattung mit Badewanne, bc/bp. Ws, Kochstelle, hervorragendes Frühstück im Garten, Pool, Hängematten, Pub, Peña, hauseigenes Reisebüro *Giardino Tours*. DZ ab 54 US$.
Casa de Avila Tourist Hotel, Av. San Martín 116, www.casadeavila.com, Tel. 21-3177. Familienbetriebene, ruhige Anlage mit großem Innengarten zum Relaxen, 17 schöne, diverse Zimmer, Abhol-Service Flughafen, Pp, Ws, WiFi, Cafetería, touristische Infos (2-Tages-Ausflug Colca Canyon, u.a.). Angeschlossen ist eine Spanisch-Schule, www.spanishschoolarequipa.com. DZ/F 60 US$.
La Casa de Melgar, Melgar 108, Tel. 22-2459, www.lacasademelgar.com. Schönes Kolonialhaus mit Patio und kleinem Garten, relativ große und individuell eingerichtete Zimmer, alle mit Bad. Cafetería. DZ/F 65 US$.

FAM/LUX **Hostal A'grada,** Plaza de Armas, Portal de San Agustín 113-A, Tel. 21-9859, agrada@ec-red.com. Zentrale Lage mit großem Balkonrestaurant und Blick auf die Plaza. Zimmer bp. Guter Service, für ältere Reisende empfehlenswert.
Hotel La Plazuela, Plaza Juan Manuel Polar 105 (Vallecito), Tel. 22-2624, laplazuela@terra.com.pe. Hübsch, ruhig, schöne Zi., Ws. DZ/F ab 200 Soles.
Servicios Turísticos La Hostería, Bolívar 405, Tel. 28-9269, la_hostaria@lared.net.pe. Restauriertes Kolonialhaus mit blumenreichem Innenhof, gepflegtes Ambiente, Zimmer/bp, Terrasse, hilfsbereites Personal. DZ/F ab 200 Soles.
Hotel La Posada del Monasterio, Santa Catalina 300, Tel. 20-6565, www.predacom.net/hotel/. In einem rekonstruierten kolonialen Gebäude aus dem 17. Jahrhundert mit Originalmöbeln und Aussicht auf das Kloster Catalina. Sehr ansprechende Zimmer/bp, Restaurant, Ws, Parkplatz. Eigentlich ein Hotel für Geschäftsreisende, aber für Minigruppen (Dreibettzimmer) ist es sehr zu empfehlen. DZ/F ab 200 Soles.

LUX **Hotel Libertador,** Plaza Bolívar (Selva Alegre), Tel. 21-5110, www.libertador.com.pe. Altehrwürdiger Hotelbau in hübscher, palmengesäumter Parkanlage, z.T. große Zi., Restaurant, Bar, Grill, schöner Pool, Sauna, Ws, Tennis, DZ/F ab 110 US$.
Hotel Sonesta Posadas del Inca Arequipa, Portal de Flores 116, an der Plaza, Tel. 21-5530, www.sonesta.com/arequipa. Komfortabel, einige Zimmer mit Plaza-Aussicht (teurer), Restaurant, Parrillada, Bar, Disco, Dachterrassen-Pool. DZ ab 110 US$ (nach Rabatt fragen).
Casa Andina Private Collection, Calle Ugarte 403, Tel. 20-2070, www.casaandina.com. In unmittelbarer Nähe zum Kloster Santa Catalina in einem historischen Gebäude mit verschiedenen Patios. DZ/F ab 135 US$.
Hotel Posada del Puente, Av. Puente Grau 101/Bolognesi (Río Chili), Tel. 25-3132, www.posadadelpuente.com. Kleines Hotel, 15 gefällige Zimmer/bp, gutes Restaurant, Bar, schöner Garten, sicher, freundlich. DZ ab 179 US$, dennoch große Nachfrage.

Essen & Trinken

Arequipas Gastronomie ist ein kleines kulinarisches El Dorado. Von gefüllten Empanadas über Cuy (Meerschweinchen), Grillhähnchen und *mariscos* (Meeresfrüchte) bis hin zu Luxusgerichten in eleganten Restaurants gibt es für jeden Geldbeutel und Geschmack das richtige. Überwiegend touristische Restaurants liegen um die Plaza, weitere in den angrenzenden Straßen (San

Juan de Dios, Jerusalén, La Merced). Ein einfaches Menü gibt es bereits ab 6–8 Soles, ein Touristenmenü ab 10 Soles. An der Plaza befindet sich auch ein Supermarkt.

Gesundheitshinweis: auf Märkten und Garküchen Hepatitis-Gefahr, da es fast keine Kontrollen der Gesundheitsbehörden gibt.

Zum **Frühstück** mit einem starken Kaffee ist das **Café Manolo,** Mercaderes 113 oder das bessere **Lucciano 115** (gleich daneben) eine gute Wahl. – Im **Café Valenzuela,** General Moran 114, wird peruanischer Kaffee aus dem Urubamba-Tal in vielen Zubereitungsvariationen von 10–13 Uhr und 16–21 Uhr ausgeschenkt. Sehr klein, aber mit **50 verschiedenen Kaffee- und Schokoladenspezialitäten,** ein TIPP! – Ein gutes, preiswertes Frühstück bietet die **Pastelería Salón de Té,** Mercaderes 325, an. – Das **Colibrí,** San Francisco 225, ist gleichfalls preiswert, gut und immer voll mit Einheimischen. – Lecker und preiswert ist die **Konditorei Astoria Santo Domingo,** Sto. Domingo 132 mit angeschlossenem, günstigen Fast-food-Restaurant. – Die **Bagueteria La Canasta,** Jerusalén 115, befindet sich in einem schönen Patio; zweimal am Tag gibt es hier frische Baguettes, dazu frische Wurst und Käse an der Theke, So geschlossen, günstige Mittagskombos. **TIPP!** – Ein ganz neues Café ist das **Café Connection,** Calle Bolívar 107, Interior 1 in der Casa Bolívar. Sehr schöner Innenhof, Eingang etwas versteckt. Zusammenarbeit mit einem Fair-Trade Projekt, Einnahmen kommen der *Christian Urban Development Association* zugute (www.cudaperu.org). – Auf leckere Empanadas spezialisiert ist **La Salteñita Boliviana,** Moral 212-A. – Mehrere Pastelerías mit frischen Croissants, Empanadas u.a. findet man an der Puente Bolognesi.

Direkt an der Plaza de Armas, Portal San Agustín 115 (Nordwestseite), bietet **La Serenata** internationale Küche mit herrlichem Blick über die Plaza auf die Kathedrale. Anschließend noch kurz den Blick vom Dachcafé **La Terraza** genießen.

Ausgezeichnete **Parrillada** (Grillplatte) gibt es im **El Gaucho,** ebenfalls direkt an der Plaza, jedoch teuer.

Das **Zig Zag,** Zela 210, Cercado, www.zigzagrestaurant.com, tgl. 12–24 Uhr, ist ein von Carola und Michael Hedinger liebevoll geführtes, feines **Erlebnisrestaurant** in einem typischen Kolonialhaus gegenüber der Plaza San Francisco. Spezialitäten: steingegrillte Alpaka- und Rindersteaks, ungewöhnliche Fischarten wie Paiche aus dem Amazonas oder Río-Majes-Flusskrebse sowie Fondues (Käse, Chinesisch). Auch Vegetarisches und umfangreiche Weinkarte. Gericht mit Vor- und Hauptspeise 25–60 Soles, dreigängiges Mittagsmenü mit Getränk ab 38 Soles. – In der **Alianza Francesa,** dem französischen Kulturinstitut, Santa Catalina 208, ist das **Crepisimo** ein Muss für Crêpeliebhaber. Es werden über 100 verschiedene, wohlschmeckende Crêpes für 10–20 Soles im Erdgeschoss oder im gemütlichen Patio serviert (Crêpes mit Quinoa probieren). Außerdem Frühstück, Salate und Pisco Sour, tägl. 8–24 Uhr. – **El Carpriccio,** Sta. Catalina 120 (s. Stadtplan, mit WiFi). Große Auswahl an besonderen Salaten und außergewöhnlichen, leckeren Sandwich-Kombinationen (auch warme) sowie Pasta, Pizzen, Vegetarisches, gute Desserts und Kuchen.

El Jayarí und **El Viñedo,** San Francisco 319-A, sind zwei **der besten Restaurants der Stadt** mit schöner Dachterrasse. Zahlreiche gute lokale Gerichte und Grillplatten, Cuy sowie Cocktails und Kaffeespezialitäten, an der Bar der beste Mixer Arequipas. Abends Livemusik, bei Reisenden beliebt. – Um fangfrische *camarones* (Flussgarnelen aus der Oase von Ocoña) zu essen, muss ins **El Camaroncito,** San Francisco 303-A, gegangen werden.

Grillhähnchen: **A Todo Carbón,** Rivero 112, und **Pollería Astoria,** Palacio Viejo 100. Die wohl schmackhaftesten Broiler gibt es für viele Arequipeños im **El Pollo Real,** Pierola 111. - **Ary Quepay,** Jerusalén 502, bietet typische regionale Küche und Spezialitäten, wie z.B. *Rocoto relleno, Cauche de queso, Cuy* *chactado* oder *Chupe de camarones,* doch sehr touristisch; guter Pisco Sour, Folkloremusik (z.T. auch Quechua) von 19.30–23.30 Uhr. – Die **Bodega San Agustín**, Portal San Agustín 127–129, ist ein gemütliches altes Kellergewölbe von Natali Flor de María Hurtado Delgado. Frühstück (leider nur Fertigtoast), Snacks und Abendessen. – Die **Trattoria del Monasterio,** Santa Catalina/Zela ist ein kleines, feines Restaurant mit sehr guter ital.-peruanischer Küche.

Einige gute **Restaurantes Tradicionales** mit ausgezeichneter, typischer Küche Arequipas liegen etwas vom Zentrum entfernt, sind aber mit dem Taxi gut zu erreichen. Meist schließen sie aber schon nach Einbruch der Dämmerung bzw. gegen 20 Uhr! Eines der preiswerteren ist **El Sombrero Arequipeño**, Av. Salaverry 408 (Socabaya), Tel. 43-6111, mit großem Garten und Kinderspielplatz. **TIPP!** Ein weiteres ist **La Tradición Arequipeña,** Av. Dolores 111 (Paucarpata), Tel. 42-6467; Mo–Sa von 12–20 Uhr. Zu empfehlen sind köstliche *Cuyes chactados* (Meerschweinchen), *Corvina al ajo* (ein Fischgericht), *Rocoto relleno* (gefüllte Paprikaschoten), *Chancho al horno* (Schweinefleischgericht) oder *Chuleta de res* (Rindskotelett). – Das auch touristische **Sol de Mayo**, Jerusalén 207, Stadtteil Yanahuara, ist empfehlenswert; preiswertes Gartenrestaurant, typische und qualitativ gute Gerichte, viele Einheimische, ab und zu Folklore, der hauseigene Kondor ist die Attraktion, geöffnet 11–18 Uhr. – Mit der **Picantería Costumbres,** Av. Ejercito/Cayma, liegt die direkte Konkurrenz nicht weit entfernt, dieses Gartenrestaurant mit traditionellem Essen lockt nicht nur Einheimische. – Schließlich hat auch noch das **La Cantarilla**, Tahuaycani 106, Stadtteil Sachaca, preiswerte traditionelle Gerichte auf der Karte. Anfahrt mit Taxi. – **Mirador de Chilana,** Av. Arequipa C-4, Cayma; Blick auf Misti, landestypische Gerichte, empfehlenswert. – Unser neuester **TIPP** ist das **La Nueva Palomino,** Psje. Leoncio Prado 122, Yanahuara mit riesigen Portionen in untouristischer Atmosphäre. – Einheimische, leckere Küche im sonnigen Garten lässt sich auch im **El Montonero,** Alameda Pardo 123, genießen. Angeschlossen ist das argentinische Grillrestaurant **Che Carlitos**.

Teuerstes und als einziges Restaurant Arequipas mit 4 Sternen ausgezeichnet ist der Tenedor *El Sambambaia,* Luna Pizarro 304, Vallecito (4-Sterne-Restaurants werden in Peru als *Tenedores* bezeichnet). Internationale Gerichte. Auch Gastón Acurio, peruanischer Meisterkoch, ist nun in der Stadt am Misti vertreten: sein Restaurant **Chicha**, Santa Catalina 205–105, bietet einheimische Küche, raffiniert neu in Szene gesetzt. – Moderne Küche mit traditionellen Gerichten gibt es bei **Arthur,** Pasaje Violin 102 in San Lazaro. Der junge Chef hat seine Fähigkeiten im Ausland verfeinert und kam nun zurück in seine Heimatstadt um lokale Gerichte mit Molekularküche zu verbinden. Herausgekommen ist ein Spitzenrestaurant! Arthur gibt Kochkurse, Anmeldungen auf www.arthurestaurant.com.pe. **TIPP!**

Tipp für Pizza-Freunde: *Las Leñas,* Jerusalén 407, Pizza & Pasta.

Döner-Freunde gehen zum dt.-spr. Türken **Turko I,** San Francisco 231 A. Kleiner Döner-Kebab aus Hühnerfleisch. Besser ist sein Restaurant **Turko II** in der gleichen Straße in einem alten, restaurierten Sillargewölbe, doch auch etwas teurer. **Turko III** wurde als Stehcafé auf dem Flughafen eröffnet. Aufgepasst: den Döner sicherheitshalber ohne Salat bestellen.

Vegetarisch: Lakshmi, Melgar 104. – Vegetarische Küche auch im **El Carpriccio**, Sta. Catalina 120. – **Mandala,** Jerusalén 207. – **Lakshmivan,** Jerusalén 400 (s. Stadtplan) sowie **Chicha de Jora,** Puente Bolognesi 141.

Deutsches Essen und preiswerten Pisco gibt es auch im **Split,** Zela 202, auf zwei Stockwerken. Gerichte ab 5 Soles, auch Schnitzel mit Spätzle. Renato freut sich auf dt.-spr. Gäste. – Deutsche Gerichte, auch Tapas und Paellas, bietet **Dos Tierras,** Leon Velarde, Urb. Los Claveles A1, Yanahuara. Gemütliches Restaurant mit Bar im 2. Stock, Jens Kneschk und Sven Liebisch begrüßen von 10 Uhr morgens bis 2 Uhr nachts gerne Landsleute; Musik kommt vom Plattenteller.

Unterhaltung

Die Vergnügungszone Arequipas liegt in der Calle **San Francisco.** Hier befinden sich viele Discos, Restaurants und Kneipen. Auch in der **Av. Dolores** wird viel geboten, doch in letzter Zeit hat sich hier die Drogenszene breit gemacht.

Peñas und Musik
Las Queñas (ex-El Quinque), Santa Catalina 302; Live-Musik (Folklore/Peña), Mo–Sa ab 20 Uhr, Eintritt/Gedeck 10–15 Soles. – *El Moro,* Plaza Principal de Yanahuara (Yanahuara); typische Folkloremusik, Do–Sa bis 24 Uhr. – *Brocheta,* San Francisco; Fr/Sa Live-Musik mit der Arequipa Blues Band. – *La Italiana,* San Francisco 303-B; Fr/Sa meist Live-Musik, während der Hochsaison Folklore (der einzige Ort, an dem noch die traditionelle Folklore Arequipas aufgeführt wird). – *Le Café Art Montreal,* Ugarte 210, Sa ab und zu Live-Musik.

Discos und Kneipen
Die beste Disco ist derzeit *Dady'o* an der Plaza, fast nur Einheimische, Livemusik, Bar, Karaoke, Eintritt frei. – *El Kibosch,* Zela; Live-Musik ab 22 Uhr. – *Disco Pub Weekend,* Sta. Catalina 116, u.a. Live-Show, am Wochenende immer voll! – *Disco Pub Gallo Rojo,* Av. Jorge Chávez/Salaverry, Di–So von 19–4 Uhr. – *Disco Pub El Sótano,* Piérola/Sto. Domingo, Di–Do nur Pub, Fr–Sa Disco ab 19 Uhr. – *L'nuit,* Mercaderes 220, Café mit Konzerten, Mo–Sa ab 18 Uhr. – *Don Quijote,* Moral 219; Bar mit überwiegend jungen Gästen, studentisches Flair. – *Déjà Vu,* San Francisco 319-B, **Backpackertreff.** Am frühen Abend laufen Videofilme auf Großleinwand, ab 22 Uhr verwandelt sich der Laden in einen Pub, gute Cocktails und Disco.

Erste Hilfe
Krankenhaus: *Honorio Delgado,* Tel. 23-1818 oder 23-8465. *Clínica Arequipa,* Av. Bolognesi, Tel. 25-3408. **Zahnarzt:** Clínica Dental San Lazaro, Dr. Hugo Carlos Doy Quiroz, Juan de la Torre 201, Tel. 22-5904. Sehr professionell.

Dt.-sprachiger Arzt
Dr. Ydo Bedregal Calderón, Trujillo 205, Alto San Martín, Tel. 45-3512, Cel. 959-386-211. Er und seine Ehefrau sprechen Deutsch. Konsultation 80 Soles, empfehlenswert!

Dt. Schule
Colegio Peruano-Alemán Max Uhle, Av. Fernandini s/n, Sachaca, Casilla 743, Tel. 23-2921, www.maxuhle.edu.pe, Di/Fr 11–13 Uhr. Hier ist seit 2012 auch das **Deutsche Honorarkonsulat** untergebracht, Tel. 21-8669, Di u. Do 14.30–17 Uhr.

Sprachschule
EDEAQ, unweit der Plaza, Tel. 22-6784, Cel. 959-342-660, www.edeaq.com. Offiziell anerkannte Sprachschule, peruanisch-schweizerische Leitung, Einzelunterricht 135 €, Kleingruppen günstiger, inkl. Familienaufenthalt. – *Centro de Intercambio Cultural Arequipa CEICA,* Urb. Universitario G-9, Tel. 22-1165, www.ceicaperu.com. Effektive und unterhaltsame Sprachkurse, Einzelunterricht, sehr flexibel, nette Gastfamilien, preiswert. – Sprachlehrerin Erika Loo Sales, erikaloo_pe@yahoo.com, gibt Privatunterricht, 10 Soles/h. – Empfehlung von RKH-Reisenden: *Rocio Language Classes,* www.spanish-arequipa.com. Angeschlossener Reiseveranstalter Oporto Tours für Ausflüge.

Dt.-Peruan. Kulturinstitut
Instituto Cultural Peruano-Alemán, Ugarte 207, Tel. 21-8567, geleitet von Ursula Noboa. Sehr preiswerter und guter **Sprachunterricht,** Doppelstunde 30 Soles.

Post
Serpost, Moral 118, Tel. 42-2896. Mo–Sa 8–18 Uhr, So 8–14 Uhr.

Internet-Café
Internet-Cafés gibt es in der Fußgängerzone und den umliegenden Seitenstraßen.

Telefon
Palacio Viejo/Alvarez Thomás 201 und San Juan 111.

Geld
Banco del Crédito, San Juan de Dios/Morán 101, Mo–Fr 9.15–13.15 und 16.30–18.30 Uhr, Sa 9.30–12.30 Uhr und 16.30–18.30 Uhr. – *Banco de la Nación,* Nicolás Piérola 110. – *Interbank,* Mercaderes 217. – Zahlreiche Casas de Cambio (bei den Banken) sowie Straßenhändler, direkt vor den Banken.

Landkarten	*San Francisco*, San Francisco 102, Tel. 23-2721, san_francisco@terra.com.pe. IGN-Karten 1:100.000 der Umgebung.
Campingartikel	*Ecotours*, Jerusalén 402-A, Tel. 20-2562, ecotour@terra.com.pe, Vermietung und Verkauf.
Einkaufen	*Patio del Ekeko*, Mercaderes 141, Cercado, www.patiodelekeko.com; ein Einkaufs- und Kulturzentrum, Kunsthandwerk (Alpaka 111, Kuna, Ilaria), Café, Bar, Internet, Museo de Arte Textil (Eintritt), Kino; tgl. 10–21 Uhr. – Supermarkt direkt an der Plaza (Psje. Municipalidad 130), unter den Arkaden gegenüber der Kathedrale.
Wäscherei	Viele gute und schnelle Wäschereien befinden sich in der Jerusalén, z.B. *Lavandería Alemana*, Jerusalen 400. – *Lavandería Tokio*, Alvarez Thomás 202-A
Autoclub	*Automóvil Club del Perú*, Av. Goyeneche 313, Tel. 28-9868
Airport-Shuttle	*King Tours*, Counter auf dem Flughafen, Tel. 24-3357, 28-3037 und 60-4860, 24-h-Service, Reservierung obligatorisch, Fp um 6 Soles, Fz 30–45 Min.
Taxi-Service	Etabliert mit gutem Ruf: *Latino*, Tel. 20-3669. *Taxitel*, Tel. 45-2020. *Inca Car*, Tel. 42-2121. *Turismo Arequipa*, Tel. 45-8888. Unbedingt bei Bestellung nach der Nummer des Wagens und dem Namen des Fahrers fragen und bei Ankunft des Taxis vergleichen. **Straßentaxis nach Einbruch der Dämmerung wegen Überfallgefahr meiden!**
Mietwagen	*AKAL*, Málga Grenet 518, Tel. 25-8798, www.perutoinca.com.pe. – *AVIS Rent-a-Car*, Ugarte 216, Cercado, oder auf dem Flughafen, Tel. 22-4327, www.avisperusur.com. – *Localiza*, Bolívar 500, Tel. 24-2436. – *Misti Mina*, Av. Cayma 405, Tel. 27-3414, mistimina@terra.com.pe. – *National Car Rental*, San Francisco 102-C und Bolívar 25, Tel. 21-4953. Einen 4WD Toyota Hilux gibt es beispielsweise schon ab 80 US$/Tag.
Thermalbäder	In der Nähe Arequipas gibt es einige Thermalquellen, was bei den umgebenden Vulkanbergen ja nicht überrascht. Thermalbad in **Jesús:** an der Straße Arequipa–Puno, etwa 10 km vor Arequipa, tägl. 5–12.30 Uhr; Bus ab Ecke San José/Colón; mineralisch-medizinisches Wasser zur Nierentherapie, Wasserkuren und Hautkrankheiten. Thermalbad in **Yura:** an den Westhängen des Nevado Chachani, nach 30 km bei der Eisenbahnstation Yura. Stündliche Busse von Arequipa. Das Bad befindet sich hinter dem Ort und besteht aus verschieden temperierten Steh- und Planschbecken mit mineral-medizinischem Wasser gegen Rheuma, Haut- und Darmkrankheiten; Di–Sa 6–12 Uhr, Eintritt. Gleich daneben, zum Übernachten, das *Hotel de Turistas de Yura*. Thermalbad von **Socosani:** 10 km hinter Yura. Thermalquellen für Wasserkuren.
Feste	Das wichtigste Fest Arequipas ist, neben der Fiesta Virgen de la Candelaria um den 2. Februar, Ostern und der Prozession zum Schrein von Chapi am 1. Mai, die **Arequipa-Woche** vom **15.–22. August** zur Erinnerung an die Stadtgründung. Prozessionen und Umzüge, Stierkampf, Feuerwerk, Serenadenkonzerte, Nationaltänze und mit dem berühmten Silbermarkt auf der Plaza San Francisco. Die ganze Stadt steht Kopf, Engpässe bei den Unterkünften.

Reisebüros/Touranbieter

Die meisten Reisebüros befinden sich in der Calle Santa Catalina, einige in der Calle Jerusalén. Fast alle bieten Ausflüge zum **Colca Canyon** an. **Wichtig ist, vor jeder Tour die Lizenz des Führers einzusehen,** die nämlich Ausbildung und Erfahrung bedeutet (mehr Details s. „Colca-Tagesausflüge").
Tipp: *Falls ein evtl. sehr, sehr früher Aufstieg aus dem Colca Canyon nach Cabanaconde vorgesehen ist, Taschenlampe mit neuen Batterien mitnehmen!*
Nachfolgende Touranbieter mit unterschiedlichen Schwerpunkten sind alphabetisch geordnet:

Campamento Base oder **Colca Trek,** Jerusalén 401-B, Tel. 22-4578, colcatrek@hotmail.com. Direktanbieter *Vlado Soto* macht Touren von 2 bis 5 Tagen (mit u. ohne Ausrüstung) und verfügt über gute Karten vom Colca, Cotahuasi, Misti, Chachani, Ampato und Corpuna. An- und Verkauf von Ausrüstung, Vermietung von Rafting-Equipment und Mountainbikes. Dreitages-Touren in den **Colca** macht Vlado nur alle paar Wochen mit max. 6 Pers., inkl. Transport mit Privatauto, Packesel, VP/Ü im Hotel Kuntur Wassi in Cabanaconde kosten 140 €, gutes PLV. Empfehlenswert, besonders für den Colca!
Comfort Tours, Santa Catalina 109, Tel. 20-1045 und 31-3426, www.comforttoursperu.com. Anbieter mit Buchungscomputer für Rückbestätigungen von Flugreservierungen. Bietet individuelle Bergtouren mit dem legendären Bergführer Ivan Jiménez.
Giardino Tours, Jerusalén 604-A, Tel. 24-1206, www.giardinotours.com. Haus-Reisebüro des Hotels *La Casa de mi Abuela* (s.o.). Lourdes Pérez Wicht kann durch ihren Wagenpark und Führer so ziemlich alles arrangieren, was Touren in und um Arequipa betrifft, z.B. Mehrtagestouren zum Colca Canyon ab 40 US$ p.P., u.a. nach Coporaque (s.S. 235) oder Kondorbeobachtungen, Trekkingtouren im Colca und Cotahuasi Canyon. Angebote teilweise preiswerter als Mitbewerber, doch vorher prüfen! Auch Flug- und Bustickets werden besorgt und Hotels günstig gebucht. **TIPP!**
Vor dem Reisebüro wartet auf der anderen Straßenseite oft der Taxifahrer Pablo auf Aufträge. Wer mit ihm eine Tour machen möchte, z.B. zur Laguna Salinas, sollte hartnäckig handeln.
Inca Route, Malecon Socabaya 306 IV, Centenario, Tel. 20-0920, www.incaroute.com. Agentur der Peruanerin María Bellatin, die Pakete in und um Arequipa anbietet. Verlängerungen auch nach Cusco, Puno, Puerto Maldonado, Reserva Tambopata, Iquitos und Lima. Individuelle Reiseabläufe.
Llama Andean Adventures EIRL, Dr. Kelly Concha, Pumacahua 303, Cerro Colorado, Tel. 25-5981, Cel. 959-997-971, www.llama-online.de. Trekking rund um Arequipa sowie im Colca und Cotahuasi Canyon, Canyoning und Bergsteigen. Über die Websites www.llama-online.de können Reisende Inlandsflüge, Zugtickets von PeruRail und Standardtouren online buchen, bezahlt wird über die Banco del Crédito, Tickets werden dann ins Hotel geliefert.
– **Land Adventures,** Santa Catalina 118-B, Tel. 20-4872, www.landadventures.net. Zuverlässiger und fairer Touranbieter, Dreitagestouren in den Colca, gute Organisation, kompetente Führer (Carlitos kann gutes Englisch), empfehlenswert.
Pablo Tour, Jerusalen 400-A, Tel. 20-3737, www.pablotour.com. Guter Touranbieter für den Colca, außerdem Rafting und Mountainbike-Touren. TIPP!
Peru Schweiz Explorer, Calle Jerusalen 314, Tel. 28-4656. Im Preisvergleich für Angebote in den Colca Canyon etwas teurer als andere, aber sehr gut Englisch sprechende Guides, leckeres Essen auf den Touren und gute Unterkünfte.
Quechua Tours, Ugarte 109, Tel. 28-2965, quechuaexplorer@yahoo.com. Ivan bietet Bergtouren auf den Misti, Chachani, Pichu Pichu, Ampato u.a. an.
Red Travel, Calle Mercaderes 329, Int. 52, Tel. 20-0009, www.red-travel.net. Online-Anbieter mit Sitz in Arequipa, langjährige Erfahrung in der Organisation von Touren im Raum Arequipa und Puno, der über die neue Internet-Plattform ganz Peru zu unschlagbaren Preisen anbietet.
Santa Catalina Tours, Santa Catalina 219, Tel. 28-4292, santacatalina@rh.com.pe. Mehrtageswanderungen (im Colca), Trekking, Bergsteigen, Touren zum Cotahuasi und nach Andagua, Rafting, kompetentes Führer-Team, gute Fahrzeuge. Fährt nahezu täglich in den Colca Canyon, Zweitagestour 120 Soles, gutes Hotel. Preiswerte Transfers, zuverlässig, sicher, gutes PLV.
Transcontinental Arequipa, Puente Bolognesi 132, Tel. 21-3843. Der be-

rühmte Kondorschützer *Maurizio Romano* arrangiert u.a. dreitägige Touren zur *Reserva Nacional de Salinas y Aguada Blanca* (Habitat mit über 110 Vogel- und 250 Pflanzenarten), durch den Colca Canyon geht es teilweise mit dem Pferd. Bei der Tour können die Techniken des Terrassenbaus, der Wasserwirtschaft der Anden und die Beziehungen der Dorfgemeinschaften zu den *Apus* kennengelernt werden. Für Colca-Touren die feinste und teuerste Adresse, aber mit den besten englischsprachigen Führern.
Vitatours, Jerusalén 302, Tel. 20-0879, www.vitatours.com.pe. Kleiner Touranbieter mit eigenem, kleinen und empfehlenswertem Hotel *La Casa de Lucila* in Chivay und mit tadellosen Fahrzeugen. Die engl.-spr. Führerinnen Blanca, Hildana, Flor und Pilar sind sehr kompetent und hilfsbereit, gutes PLV. **TIPP!**
Zárate Adventures Tours, Calle Santa Catalina 204, Tel. 20-2461, www.zarateadventures.com. Teuer, aber absolut professionell, empfohlen durch RKH-Reisende für Bergbesteigungen. Inhaber Carlos ist offizieller Bergführer.

Deutschsprachige Führer
Es gibt in Arequipa mindestens 8 lizenzierte deutschsprachige Führer – davon ein Bergführer –, die alle für seriöse Touranbieter bzw. Agenturen arbeiten, wie z.B. *Jörg Krösel*, joergkroesel@hotmail.com, www.kroesel.com, www.llamaonline.de oder über 28-0348 in Pinchollo, Plaza de Armas. Jörg Krösel kann auch zuverlässige Infos über Trekkingtouren geben.

Trekkingtouren
Aus Sicherheitsgründen müssen alle Trekkingtouren (auch ohne Führer) bei der Touristenpolizei (s. dort) offiziell registriert werden (Liste der Teilnehmer, Route, Dauer), ausgenommen sind Touren rund um Arequipa. Offizielle Trekking-Führer erkennt man an einem entsprechenden Emblem an der Jacke. Alle verfügen über eine Zulassung durch das Tourismusministerium. Andenberge, deren Besteigung nur mit High-Tech möglich ist und die über 5000 Meter hoch sind, fallen nicht mehr unter Trekkingtouren. Je nach Sprachkenntnissen kostet ein Trekking-Führer 80–180 Soles/Tag, Träger 60–100 Soles/Tag, Koch 40 Soles/Tag, Esel- und Lamaführer 40 Soles/Tag und ein Tier 20 Soles/Tag. Trekking-Führer sind verpflichtet, ein Rettungspferd oder Maultier mitzuführen. Die Führer sind in nachfolgender Organisation zusammengeschlossen:
Asociacion de Guias de Trekking, Av. Lima 508, Vallecito.
Trekking-Führer (zugelassene): *Edwin Junco Cabrera,* Pablo Tour (s. dort), Jerusalén 400-A, Tel. 20-3737, www.pablotour.com, span./franz./engl., Quechua. **TIPP!** – *Ivan Jimenéz,* Comfort Tours u.a., Tel. 69-3135, span./franz./ engl., der wohl beste seines Faches. – *Jörg Krösel,* s.o., www.llama-online.de, dt./engl./polnisch, empfehlenswert! – *Jorge Guzmán Marinos,* Santa Catalina Tours, span./engl. – *Vlado Soto,* Colca Trek Adventure Travel, Jerusalen 401-B, Tel. 20-6217, span./franz./engl./dänisch.

Raftingtouren
der Stufen I–V durch den **Colca Canyon** ab Chivay (Zona A von Sibayo nach Ipo 80 Soles p.P., Zone B Ipo nach Tuti 120 Soles p.P oder von Condoroma nach Cibayo ab 350 US$ p.P., ab 4 P./Boot). Rafting auf dem **Río Chilli** Stufen III–V, auf dem **Río Majes** Stufen III–IV.
Colca Adventures, Plaza de Armas, Chivay, Tel. 53-1081, manuelzunigach@hotmail.com. Der Raftingführer *Manuel Zunigach* bietet Schlauchbootfahrten auf dem Colca an, sehr preiswert, da Direktanbieter. – *Cusipata Viajes y Turismo,* Jerusalen 408. Anmeldung 9–12 Uhr bei Carlos, Tel. 69-2139, gvellutino@terra.com.pe; einer der erfahrendsten Raftingveranstalter. – *Majes River Lodge,* Central Ongoro, Tel. 28-0205, majesriver@mixmail.com. Rafting auf dem Río Majes.
– **Expediciones y Aventuras,** Rivero 504, Arequipa, Tel. 28-4249, www.expedicionesyaventuras.com. Umfassendes Angebot an Ein- und Mehrtagesprogrammen.

Bergtouren-Anbieter
Bergtouren um Arequipa, z.B. auf den **Misti,** waren in der Vergangenheit aus Sicherheitsgründen nur mit zugelassenen Bergführern (UIAA) oder einem Ber-

führeranwärter und einer Registrierung bei der Touristenpolizei möglich, wurden aber aufgrund der entspannten Sicherheitslage inzwischen ausgesetzt. Die gut ausgerüstete Bergwacht der Polizei kontrolliert manchmal die Basislager. **Wichtig ist, ausreichend akklimatisiert zu sein!** Gute Anbieter fragen vorher danach. Die Bergsaison dauert von **März bis November.**

Fast alle Bergführer haben ihre eigene Ausrüstung. Je nach Sprachkenntnissen kostet ein Bergführer 200-400 Soles/Tag, Bergführeranwärter 120-160 Soles/Tag, Träger 60-100 Soles/Tag, Koch 40-80 Soles/Tag.

Preisorientierung für zweitägige Bergtouren bei zwei Personen: Misti 200 Soles p.P.; Chachani 280 Soles p.P.; Ampato 600 Soles p.P.; Coropuna 480 Soles p.P. (Anfahrt mit öffentlichen Verkehrsmitteln, Tourdauer 3–4 Tage).

Zugelassene **Bergführer:** *Carlos Zárate Sandobal* (Senior; s.o. *Zárate Adventures Tours*). Carlos ist der Pionier der Bergführer in Peru und mit weit über 80 Jahren nach wie vor topfit, eine Legende. – *Arcadio Mamani*, Tel. 67-3380, Span./Quechua. – *Ivan Bedregal*, Tel. 25-5541, span., guter Bergsteiger. – *Carlos & Johann Zárate*, s.o. *Zárate Adventures Tours*; span./engl./franz.

Bergführeranwärter (sie dürfen kleine Gruppen bei Bergbesteigungen und -wanderungen führen): *Hulbert Aquiluz, José Arias, Eloy Cardenas, Ivan Jiménez* (s.o. bei „Trekking-Führer"), *Ignacio Mamani* und *Cristian Tartaje*.

Casa de Guías, Pasaje Desaguadero 126, Tel. 20-4182.

Bergtouren-Anbieter *Campamento Base* (oder Colca Trek), Jerusalén 401-B, Tel. 22-4578, colcatrek@hotmail.com. Vlado Soto bietet Touren (Bergwandern/Bergsteigen) von 2 bis 5 Tagen Dauer an (mit und ohne Ausrüstung) und verfügt über gute Karten vom Colca, Cotahuasi, Misti, Chachani, Ampato und Corpuna. An- und Verkauf von Ausrüstung, Vermietung von Rafting-Equipment und Mountainbikes. Besteigung des Chachani 800 Soles/2 Tage/2 Pers. – *Carlos Zárate Adventure*, s.o. bei *Zárate Adventures Tours*. Sehr gute Ausrüstung, jährlich neue Zelte, für schwierige Bergbesteigungen wie Solimana oder Ampato. Bergführung auf den Misti ca. 550 Soles/2 Tage/2 Pers.

Bikingtouren Mountainbike-Touren, insbesondere Downhills, werden als Halbtages- oder Tagestouren angeboten, Preisorientierung 100–120 Soles.

Volcanyon Travel, Villalba 428, Tel. 22-3221, hoztrekl@ucsm.edu.pe, organisiert fünftägige Mountainbike-Touren von Arequipa zum Colca Canyon mit Stopps in typischen Andendörfern und bei archäologischen Sehenswürdigkeiten. – *Naturaleza Activa,* Santa Catalina 211, naturactiva@yahoo.com, verfügt über 10 Mountainbikes. Preis je nach Gruppengröße und Bike-Guide (nicht nur um den richtigen Weg zu finden, sondern auch aus Sicherheitsgründen).

Ausritte in die nähere Umgebung bietet *Rancho Aventura* in Sabandía (s.S. 228).

Paragliding *Carlos,* Tel. 69-2139, 9–12 Uhr. Paragliding und Tandemflüge (Colca u. Misti).

Verkehrsverbindungen

Eine Fahrt mit dem **Taxi** in der Innenstadt oder vom Busterminal ins Zentrum kostet 3 Soles, obwohl gerne mindestens das Doppelte verlangt wird – dann einfach ein anderes Taxi nehmen. Taxi in die Vororte max. 5 Soles, zum Flughafen um 8 Soles (unbedingt vorher aushandeln!). Busse und Colectivos sind preiswerter, Colectivos zum Busterminal fahren von der 28 de Julio.

Strecken mit dem Bus Auf der Straße sind es über 1000 Kilometer nach Lima. Obwohl die Strecke in gut 16 Stunden durchgefahren werden kann, ist es sinnvoll, entweder in Nazca, Ica oder Pisco eine Unterbrechung einzulegen. Von Arequipa nach Juliaca und Puno ist die Busfahrt am Tage die interessantere Alternative, Selbstfahrer benötigen auf der neuen Straße nach Puno nur noch 5 bis 6 Stunden. Colectivos fahren tagsüber nach Juliaca, während die meisten Busgesellschaften erst am Nachmittag losfahren.

Arequipa

Terminal Terrestre

In Arequipa gibt es gegenüber vom zentralen **Terminal Terrestre** einen **weiteren Busterminal**, von dem die meisten **Überlandbusse** abfahren. Alle Busgesellschaften haben Geschäftsstellen im Terminal Terrestre.

Avenida Avelino Cáceres, Parque Industrial (ca. 3 km südl. vom Stadtzentrum), mit Restaurants, Tourist-Information u.a. mehr. Terminal-Benutzungsgebühr 3 Soles. Anfahrt mit Taxi, Fp 3 Soles, Colectivo oder Minibus „Cayma". Anschlag für Taxi-Festfahrpreise ins Zentrum beachten. Billiger sind Colectivos ins Zentrum. Dazu am Ausgangstor des TT nach rechts zum Kreisel gehen, dort über die Straße. Auf der anderen Straßenseite stehen Colectivos mit der Aufschrift „Plaza de Armas".

Wer die Abfahrtszeiten der Busse benötigt, braucht nicht zum Busterminal zu fahren, in der Tourist-Info gibt es detaillierte Abfahrtspläne der Busse zu allen wichtigen Orten. Wer sein Busticket über ein Reisebüro im Zentrum besorgt, zahlt jedoch bis zu 50% mehr. Nach :

Alca: tägl. mit *Reyna* via Cotahuasi.

Andagua/Valle de los Volcanes (325 km): *Empresa Trebol*, tägl., Fz 12–14 h, 40 Soles. Bitte nachfragen, ändert sich öfter.

Aplao: tägl. 5–17 Uhr im Stundentakt mit *Transportes del Carpio*, via Corire.

Cabanaconde (225 km): *Reyna* und *Andalucia*, tägl. mehrmals, *Transportes Transandino*, tägl.; alle via Chivay (12 Soles), Achoma, Maca und Pinchollo; Fz 7 h, 15 Soles. *Jacantay*, tägl. morgens über Huambo. Da sich die Abfahrtszeiten über das Jahr öfter ändern, bitte auf dem Busterminal fragen. Reyna hält nicht auf dem Marktplatz in Pinchollo, sondern am Ortsrand.

Camaná (180 km): tägl. mehrere Busse, z.B. *Flores;* s.a. unter Lima.

Chala (400 km): s. Lima.

Chiguata: tägl. Busse ab 9 Uhr, Colectivos von der Av. Mariscal Castilla, Fz 1 h, Fp 2 Soles.

Chivay (Colca Canyon, 155 km): *Reyna* (oft Pannen) und *Andalucia* tägl. mehrfach. *Milagros*, tägl. *Transportes Transandino*, tägl. *El Chasqui*, tägl. *Transportes Colca.* Fz 4 h, 12 Soles.

Copacabana: s. Puno.

Corire (160 km): *Transportes del Carpio*, Abfahrten mehrmals täglich (Frühbus um 8 Uhr, Spätbus 18 Uhr), teilweise im Stundentakt. Fz 3 h, 10 Soles.

Cotahuasi (380 km): *Empresa Mendoza*, tägl. um 14 Uhr, Ankunft am nächsten Tag zwischen 2 und 3 Uhr. *Empresa Virgen del Carmen*, tägl., sowie *Transportes Reyna* und *Andalucia*, tägl. Ankunft am nächsten Tag, Fz 12–14 h, 40 Soles. Zusteigemöglichkeit in Aplao (Busticketverkauf im Restaurant Cruz del Mayo).

Cusco (620 km): *Transportes Jacantay, Cruz del Sur* (mehrfach tägl.), *Romeliza* (tägl. Nachtbus, 10 h), *San Cristóbal* (2x wö); Fz 9–11 h, Fp 35-50 Soles. Es gibt einen Bus, der Sa nach Espinar fährt, mit Anschluss nach Cusco. In der Trockenzeit um 17 Uhr Direktbus von *Reyna* via Chivay nach Cusco, Fz 8 h, und damit eine erhebliche Zeitersparnis für Reisende, die nicht über Juliaca oder Puno reisen möchten.

Ica (705 km): s. Lima; *Cruz del Sur*, Fz 9 h, Fp 55 Soles; *CIVA*, 70 Soles.

Ilo: tägl. mehrere Busse von *Flores* und *Ormeño*.

Juliaca (280 km): s. Puno; Fz 5 h, 25 Soles. Colectivos ab Av. Salaverry, 40 Soles.

La Paz: Direktbus über Puno (dort längerer Stopp) von *Ormeño*.

Lima (1000 km): *Cruz del Sur*, Av. Salaverry 121, Tel. 21-8885 und 21-3905. Tägl. mehrere Busse diverser Kategorien (Imperial 75 Soles, Cruzero 85 Soles, Cruzero Suite 125 Soles). *Flores*, Tel. 23-4021, *Expreso Sudamericano*, Tel. 21-2774 und *TEPSA*, Fz 15–18 h, 30 Soles (Tag-/Nachtbus). *Ormeño*, San Juan de Dios 657, Tel. 21-9126. Luxusbus Imperial (Fz 12 h) mit Liegesitzen im Obergeschoss, 60 Soles, Schlafsitze unten, 75 Soles (inkl. Mahlzeiten). Die

Busse fahren meist über Camaná, Chala, Nazca und Ica. Alle Busse nach Lima halten in Ica und Nazca. Colectivos sind auf der Strecke nach Lima teurer und unbequemer!
Madrigal: *Cristo del Rey,* tägl.
Mollendo (120 km): zum Strandbad von Arequipa mit *Expreso Aragon, Transportes del Carpio* und *Santa Ursula,* Abfahrten von 4 bis 19.30 Uhr im Halbstundentakt, Fz 2,5 h, 9 Soles. Rückfahrten im Halbstundentakt von 4 bis 23 Uhr, Fp 8–10 Soles.
Nazca (565 km): s. Lima; u.a. mit *Pluma, Cruz del Sur* (empfehlenswert) und *CIVA.* Abfahrten zwischen 6.30 und 21 Uhr, Nachtbus von *Ormeño* und *Cruz del Sur* um 21 Uhr, Fz mind. 9–10 h, Fp 30–45 Soles (Nachtbus 50 Soles).
Orcopama: tägl. mit *Reyna.*
Pisco: s. Lima; bis nach Ica (s. dort) fahren und dort nach Pisco umsteigen.
Puno (290 km): tägl. mehrere Busse, u.a. *Ormeño,* tägl. mehrfach; *Cruz del Sur,* tägl. mehrfach (Tagbusse). Über Puno nach Copacabana in einem Tag: mit *Julsa* um 7 Uhr, dann erreicht man in Puno noch rechtzeitig den Anschlussbus. *Transportes Jacantay,* tägl. *Sur Oriente,* tägl. Beste Gesellschaften: *IMEXSO,* imexso@terra.com.pe, und *Destino* (inkl. Verpflegung und Bordstewardess). Fahrzeit auf der neuen Asphaltstraße via Yura, Patahuasi und Imata mit dem Express- *(Rapido)* oder Direktbus *(Directo),* 6 h, Fp 20–35 Soles, je nach Linie und Bustyp. Sehr schöne Fahrt durch reizvolle Landschaft, Sitzplatz links wählen! *4M,* www.4m-express.com, bietet die Strecke inklusive Abholung am Hotel in Arequipa, Fotostopps, Snack und englischsprachigem Guide!
Tacna (320 km): *TEPSA, Ormeño, Flores, Angelitos Negros,* Fz mindestens 6 h, 20–40 Soles, je nach Saison. In Tacna gibt es Busanschluss nach Arica (Chile).
Tintaya: tägl. mit *Reyna*
Toro Muerto: s. Corire und Aplao
Valle de los Volcanes: *Transportes Mendoza* (s.a. unter Andagua).
Valle de Majes: tägl. Busse von *Transportes del Carpio,* von 5–17 Uhr teilweise im Stundentakt.
Nach Arica (Chile): Direktbus, 100 Soles
Nach La Paz (Bolivien): s. Puno (umsteigen in Puno)

Eisenbahn Die alte Estación Ferrocarril del Sur del Perú ist nun Sitz von PeruRail, Av. Tacna y Arica 200, südlich vom Zentrum, Tel. 20-5640, Mo–So 7–17 Uhr. Anfahrt mit dem Taxi vom Zentrum 5 Soles.
Auf der Strecke von Arequipa via Juliaca nach Puno und von Puno via Juliaca verkehren keine Lokalzüge mehr. Zwischen Puno (s. dort) via Juliaca und Cusco fahren regelmäßig Touristen-Züge von PeruRail. Ansonsten verkehren Züge von Arequipa nach Puno nur auf Anfrage für größere Charter- oder Touristengruppen. Alle Züge Nichtraucher, für Nichtakklimatisierte gibt es Sauerstoff, Waggons unbeheizt.
Fahrpläne: Übersichten der aktuellen Fahrpläne auf **www.perurail.com.**
Fahrkarten für die Touristenzüge können unter **reservas@perurail.com** reserviert werden und müssen im Voraus (spätestens am Tage vor der Abfahrt, in der HS von Mai bis August besser 2–3 Tage im Voraus) gekauft werden, Sitzplatzreservierung obligatorisch.
Nach Cusco: Abfahrten nur ab Puno (s. dort). **Puno** (über Juliaca): nur für Chartertouren oder Gruppenreisende ab 40 Pers. Abfahrten auf Anfrage. Schöne Bummelfahrt rauf auf den Altiplano, unterwegs Lamas und Alpakas.

Flug Der Flughafen Rodríguez Ballon (AQP) befindet sich 7 km vom Zentrum entfernt. Das Hinweis-Schild im Flughafengebäude „Take only blue taxis" können Sie getrost vergessen! Taxis vom Flughafen ins Zentrum kosten offiziell 50 Soles, die aber niemand bezahlt. Bald nach der Ankunft fallen die Preise bis auf

10 Soles pro Person. Doch es geht auch kostenlos: auf dem Flughafen gibt es eine Info-Stelle der Hotelvereinigung Arequipas. Wer ein Hotel bucht, bekommt als Zugabe einen kostenlosen Transfer, meist mit einem Taxi. Colectivos in die Stadt, z.B. von *King Tours,* kosten ab 7 Soles p.P. Taxis außerhalb des Flughafengeländes nehmen 10 Soles bis ins Zentrum, Taxis zum Flughafen 12–15 Soles. **Es gibt keinen öffentlichen Direktbus** zum Flughafen! Fz 30–45 Min., je nach Verkehr.

Auf dem Flughafen gibt es Restaurants, Bar, Telefon-Service, Salchichería Alemana, Souvenirläden, Gepäckaufbewahrung, Infostand, eine Zweigstelle der Bancosur und ein Büro von **PeruRail.**

Von Arequipa aus gibt es immer wieder Flug-Sonderangebote, fragen lohnt.

LAN, Santa Catalina 118-C bzw. Portal San Agustín 109, Tel. 20-1100, www.lan.com. – *StarPerú,* Sta. Catalina 105 A, Tel. 22-1896, www.starperu.com. – *Taca,* Av. Cayma 636, www.taca.com. – *Peruvian Airlines,* Calle La Merced 202-B, Tel. 20-2697, www.peruvianairlines.pe. – *Servicios Aéreos AQP,* Santa Catalina 210, Tel. 28-1800, www.saaqp.com.pe. Auf Anfrage **Buschflieger zum Colca Canyon und über das „Tal der Vulkane" – atemberaubend!** Maschinen müssen meist aus Lima organisiert werden, deshalb entsprechender Vorlauf nötig.

Nach Cusco: mit LAN (mehrmals tägl.); Taca, www.taca.com (tägl.). – **Juliaca:** LAN (tägl.), Taca (tägl.). – **Lima:** LAN (mehrmals tägl.), Taca (mehrmals tägl.) und Peruvian Airlines (tägl.). – **Tacna:** Peruvian Airlines (tägl.).

Ausflüge von Arequipa

Tour 1: Campiña-Route durch reizvolle Vororte: Yanahuara – Paucarpata – Sabandía – Tingo – Sachaca

Auf diesem Ausflug durch die Vororte Arequipas sieht man, wie die Stadt in den letzten Jahren z.T. planlos gewachsen ist. Die immer noch reizvollen Vororte der Campiña-Route werden immer mehr von Elendszonen umzingelt, die weiter in die Landschaft hinauswuchern, z.T. durch illegale Landnahme ähnlich wie in Lima.

Länge / Dauer

Fahrstrecke 45 km, Tourdauer ca. 3 Stunden.

Vorbemerkung: Wer länger in Arequipa ist, könnte die Tour rund um Arequipa auch in Eigenregie machen. Zu allen nachfolgenden Orten fahren Busse, die Tourist-Information in Arequipa erklärt gerne, welche Buslinie bzw. welche Nummer wann wohin fährt. So kann der jeweilige Ort auch direkt angefahren werden, wobei meist aber auch wieder nach Arequipa zurückgefahren werden muss, um einen weiteren Ort zu besuchen. Wem das zu umständlich ist, mietet ein Taxi. Die Taxifahrer kennen die Sehenswürdigkeiten und können gute Tipps für ein Restaurant oder eine Pause geben. Pablo Roman Castillo steht mit seinem Taxi vor dem Hostel La Casa de mi Abuela und verlangt, je nach Verhandlungsgeschick, ab 40 Soles für die Tour.

Eine Alternative sind organisierte Bustouren (s.o.), die an der Plaza de Armas angeboten werden. Fahrkarten gibt es dort beim gelben oder grünen Bus, in der Tourist-Information oder überall dort, wo Flyer ausliegen. Abfahrten tägl. mehrfach, Rundfahrt 4 h, Fp 35 Soles. Recht kurze

Stopps. Auch die meisten Reisebüros bieten die Campiña-Tour inkl. Führer und allen Eintritten an.

Die Campiña Tour beginnt in Yanahuara. Die angegebenen Kilometer sind die Entfernungen vom Stadtzentrum Arequipas.

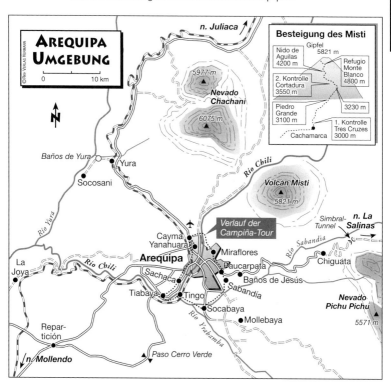

Yanahuara Nördlich dem Puente Grau, der Brücke über den Río Chili, geht Arequipa in den Vorort *Yanahuara* über. Er ist auch in einer halben Stunde zu Fuß oder mit dem grünen Microbus oder einem Taxi in ein paar Minuten von der Plaza aus erreichbar. Gleich nach der Brücke Puente Grau geht es rechts etwas aufwärts durch malerische Gässchen zur Plaza Principal von Yanahuara. Hier befindet sich der *Mirador de Yanahuara* mit einer Aussichtsterrasse und in Stein gemeißelten poetischen Phrasen. An der Plaza von Yanahuara steht die aus dem 18. Jh. stammende Kirche mit churrigueresker Fassade aus Sillargestein.

Cayma Das kleine Dorf, umgeben von grünen Feldern, beginnt gleich hinter Ya-
(3 km) nahuara und wird wegen seiner erhöhten Lage auch „Balkon Arequipas" genannt. Auf der Plaza San Miguel befindet sich eine Kolonialkirche (1719–1730) im Mestizo-Stil. Die Doppelsäulen des Portals beeindrucken

durch vollendete Steinmetzkunst. Auf einer Seite der Kirche befindet sich die *Casa Cultural,* in der der historische Essraum Simón Bolívars zu sehen ist. Von hier könnte noch ein kleiner Abstecher bergaufwärts nach *Carmen Alto* am Fuße des Nevado Chachani unternommen werden. Ansonsten geht es gleich weiter nach

Chilina Das romantische Landdorf liegt am Río Chili und ist für viele das schönste um Arequipa. Es ist von grünen Feldern umgeben, die sich terrassierte Berghänge hochziehen. Von hier führt die Campiña-Route nach

Paucarpata (7 km) Sehenswert ist die Plaza in Paucarpata mit der Kolonialkirche aus Sillar. Im Inneren sind Gemälde der Escuela Cusqueña zu sehen. In Paucarpata finden alljährlich im April Kämpfe zwischen wilden Stieren statt und es gibt viele *Restaurantes Campestres* (Landgaststätten), in denen Spanferkel, gegrillte Meerschweinchen und *Platos Fuertes* (gemischte Platten) angeboten werden. Um Paucarpata sind die meisten der terrassierten Felder und Hänge aus der Inkazeit noch intakt und werden für die Landwirtschaft genutzt. Nicht weit von Paucarpata liegt

Sabandía (10 km) Das Dorf ist ebenfalls für seine aus der Inkazeit noch voll erhaltenen terrassierten Felder und Hänge bekannt und sie werden nach wie vor zur Agrarwirtschaft genutzt. Kanäle sorgen für eine gleichmäßige Bewässerung. In dem milden Klima gedeihen Kartoffeln, Mais und vor allem Zwiebeln. In der Nähe liegen die größten Zwiebelplantagen Perus und eine Versuchsanstalt für Zwiebelanbau. In Sabandía kann die berühmte Steinmühle oder *Molino de Sabandía* besichtigt werden. Sie wurde 1622 erbaut und ist nach einer Restaurierung wieder voll funktionstüchtig. Am Eingang zur Mühle hängt eine Glocke für Besucher, nach dem Läuten wird die Tür geöffnet. Links wurde ein Wasserkanal an eine Schleuse herangeführt. Wahlweise fließt das Wasser über einen kleinen Wasserfall nach links weg oder schießt über einen Wasserkanal zur weiter unten liegenden Mühle und treibt dort ein Wasserrad an, das wiederum einen steinernen Mühlstein bewegt. Hinter der Mühle ist ein Gartenpark mit Alpakas. Geöffnet 9–19 Uhr, Eintritt.

Für eine Rast bestens geeignet ist *El Harawi,* Camino al Molino de Sabandía 106–108, um die traditionelle Küche der Region zu probieren. Der *Rancho Aventura* mit großer Reitanlage, direkt bei der Mühle, bietet einbis dreistündige Ausritte in die Umgebung an, sonntags Gerichte.

Die Rundfahrt führt nun von Sabandía an einigen Landgaststätten vorbei. Inmitten grüner Felder und Wiesen liegt der Landsitz

Mansión del Fundador (10 km) Dies ist das Anwesen mit dem ehemaligen Landhaus (1540) von *Don Garcia Manuel de Carbajal,* dem Stadtgründer von Arequipa. Es ist eines der schönsten Landhäuser der Gegend, und für Interessierte bietet die *Mansión del Fundador* einen sehr guten Einblick in die koloniale Epoche (im Hof/Garten stehen Gartengeräte und Kutschen). Zwischen 1585 und 1767 bauten die Jesuiten hier in der Nähe eine Kirche. 1821 ließ der Erzbischof *Don José Sebástian de Goyeneche* die Kirche renovieren. Erst 1987 wurde der gesamte Besitz der Öffentlichkeit zugänglich gemacht. Eintritt. www.lamansiondelfundador.com.

Die Mansión del Fundador gehört bereits zu Socabaya, das für seine Wasserfälle bekannt ist. Auf der *Via Paisajista* führt die Campiña-Route vorbei an Zwiebelfeldern nach

Tingo (5 km)	Dieser ländliche Erholungsort wird, besonders sonntags, von den Arequipeños förmlich überrannt, und um den kleinen See, in den Swimmingpools und den Restaurants gibt es keine freien Plätze mehr. In Tingo ist die Deutsche Schule Colegio Max Uhle. Nur 4 km weiter südlich liegt
Tiabaya (9 km)	Von Eukalyptusbäumen und Feigenkakteen umgeben ist auch dieser Ort, aufgrund seiner unzähligen typischen Picanterías, ein beliebtes Wochenendziel der Arequipeños. Hier wird alljährlich am 6. Januar der Dreikönigstag mit einem großen Fest gefeiert. Vom Ort gibt es einen Aufstieg zum 2700 m hohen Pass *Cerro Verde*, benannt wegen eines vorhandenen Kupfererzvorkommens. Von Tiabaya geht es nun nach
Sachaca	Inmitten des Landdorfes mit seinen engen Gassen schlummert der *Palacio de Goyeneche*. Das Örtchen wird vom Mirador, einem Aussichtsturm aus einem Betongerüst, überragt. Wer den geringen Eintritt bezahlt, darf die Aussicht auf die umliegende *Campiña Arequipeña* genießen. Wer direkt aus Arequipa nur zum Mirador in Sachaca möchte, kann mit dem Micro Sachaca direkt ab der Bolívar hinfahren.

Von Sachaca führt die Campiña-Route wieder nach Arequipa zurück.

Tour 2: Cañón del Colca

Einer der tiefsten der Welt	Der Besuch des Colca Canyons als eine der attraktivsten Natursehenswürdigkeiten Perus ist ganz bestimmt ein Touren-Höhepunkt von Arequipa aus. Der Canyon liegt ca. 150 km nördlich von Arequipa und gehört zur autonomen Verwaltung (AUTOCOLCA) der Provinz Caylloma. Die Schlucht ist noch gewaltiger als der Grand Canyon in den USA (s. Skizze). Die größere Tiefe ergibt sich aber nur durch die Messung vom Señal Ajirhua (5226 m), s. Karte (der Colorado Canyon ist bis zu 1800 m tief).

Chivay liegt am Río Colca im Colca-Tal. Erst in Pinchollo beginnt der Colca Canyon und gräbt sich bis zum Mirador Cruz del Cóndor rund 1200 m in die Erde (s. Karte). Die Hänge des Canyons sind mit über 6000 ha Terrassenanlagen *(andenes)* überzogen. Der Fluss im Canyon ist der *Río Colca,* er mündet in *Luchea* in den *Río Majes,* der wiederum ab *Corire* zum Río Camaná wird.

Der Colca Canyon bietet auch eine der noch wenigen guten Möglichkeiten, **Anden-Kondore** und die berühmten Riesenkolibris (die größten der Welt, z.B. bei Yanque) in ihrer natürlichen Umgebung zu sehen. Daneben ist die Schlucht Heimat von weiteren 170 Vogel- und 20 Kakteenarten. Als weitere Touristenattraktion ist auf dem Río Colca ab Chivay und auf dem Río Majes **Rafting** möglich (Wildwasserfahrten). Buchungen über *Santa Catalina Tours, Pablo Tour* oder *Cusipata Viajes* in Arequipa (s. „Reisebüros").

Eintrittspreis	Der Eintritt in den Nationalpark kostet **70 Soles** (keine Studentenermäßigung), gültig 5 Tage. Bei einer **Pauschaltour** ist der Eintritt meist **nicht inklusive,** nachfragen! Ansonsten kann der Boleto auch in Arequipa bei AUTOCOLCA, Bolívar 206, gekauft werden. Der Besitz wird mittlerweile

streng kontrolliert, vor allem am Kontrollposten 500 m vor Chivay, im Busterminal von Chivay und am Kontrollposten einige Kilometer vor dem Cruz del Cóndor.

Chivay / Cruz del Cóndor

Chivay ist ein kleiner Verkehrsknotenpunkt und neben Cabanaconde das wichtigste Städtchen am Canyon. Hier spannt sich eine Brücke über den Río Colca. Von Chivay führt eine Straße am Südrand des Colca Canyons entlang, über Achoma (bis dorthin Asphalt), Maca, Pinchollo und **Cruz del Cóndor** (dem Aussichtspunkt für Kondore) nach Cabanaconde, von dort führt die Piste landeinwärts über Huambo zurück nach Arequipa.

Überquert man in Chivay die Brücke, führt nach Westen, entlang der Canyon-Nordkante, eine Piste über Coporaque, Ichopampa und Lari nach Madrigal. Von dort ist eine viertägige Trekking-Tour über Tapay und die Oase Sangalle bis nach Cabanaconde möglich. Östlich der Chivay-Brücke verläuft eine Piste über Tuti nach Sibayo, von dort fahren Colectivos über Pulpera nach Arequipa.

Zur Geschichte des Colca Canyons

Die Colca-Region ist eines der wichtigsten Agrar- und Landwirtschaftsgebiete Perus. Schon zu Zeiten der Inka wuchsen auf den terrassierten Hängen neben Mais, Kartoffeln und Bohnen auch sämtliche damalige Obst- und Gemüsesorten, die mit Lamakarawanen bis nach Cusco transportiert wurden. Die ältesten Spuren menschlicher Besiedlung stammen nicht von den Inka, sondern von der Collagua-Kultur (um Chr. Geburt). Als die Spanier um 1630 hier Silber- und Goldminen entdeckten, erkannten sie auch den Wert der Region als ein fruchtbares landwirtschaftliches Zentrum und brachten sie unter ihre Kontrolle. Zu dieser Zeit lebten hier etwa 60.000 Menschen.

Die Spanier gründeten 14 Dörfer im üblichen Schachbrett-Grundriss, die Bevölkerung musste die Silber- und Goldvorkommen abbauen und hatte sich intensiv um die Landwirtschaft zu kümmern. Nach und nach wurde sie durch eingeschleppte Krankheiten dezimiert, und bis zur Gründung Perus 1821 waren es nur noch ca. 15.000 Menschen. Danach geriet der Colca lange Zeit in Vergessenheit.

Erst *Robert Shippee* und *George Johnson* machten Ende der 20er Jahre des 20. Jahrhunderts mit ihrem Werk *Desconocido Valle de los Incas* („Unbekanntes Tal der Inka") auf den Colca Canyon wieder aufmerksam. 1931 wurde eine Expedition unter Leitung von Robert Shippee durchgeführt, eine Flugpiste in Lari angelegt, die medizinische Versorgung aufgebaut und der Canyon als die „Tiefste Schlucht der Welt" deklariert. Es dauerte bis 1975, bis eine Schotterpiste am südlichen Rand des Colca entstand und die Infrastruktur etwas ausgebaut wurde. 1978 erforschte der Spanier Dr. Arias als erster die Schlucht und befuhr den Río Colca zum ersten Mal. Die Bootsfahrt dauerte 17 Tage.

Organisierte Tagesausflüge

Zwar sind Tagesausflüge von Arequipa zur Colca-Schlucht möglich, doch seriöse Agenturen (s. „Reisebüros") verzichten wegen Überanstrengung des Fahrers und der Reisenden (extreme Höhenunterschiede!) auf solche Tagestouren. Dennoch offerieren einige Reisebüros diesen Tagestrip, vorausgesetzt, es kommen mindestens fünf bis sechs Personen zusammen. In der Nebensaison (Jan. bis April) ist es unerheblich, in welchem Reisebüro gebucht wird, da die Reisebüros sich untereinander anrufen, um gemeinsam eine Gruppe zusammenzustellen. Deshalb kosten sie überall gleich. Der Fahrer holt Sie, meist gegen 4 Uhr, am Hotel oder Hostal ab. Zum Frühstück ist man in Chivay, danach geht es über die Schotterpiste zum Cruz del Cóndor. Hinterher Rückfahrt über Chivay mit

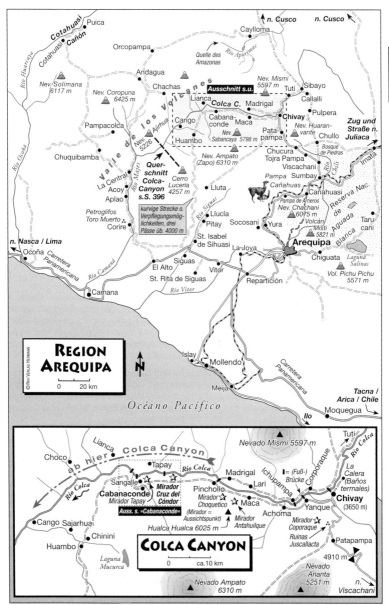

kurzem Stopp am Chivay-Thermalbad *La Calera* (optional, 15 Soles Eintritt). Ankunft in Arequipa gegen 19 Uhr. Falls das Wetter zu schlecht ist, werden keine Tagesfahrten durchgeführt. Ein Allein-Arrangement ist gleichfalls möglich, aber teuer.

Hinweis: Bei den billigsten Anbietern wird mit dem öffentlichen Bus zum Colca gefahren (kein Anhalten möglich), die mitfahrenden Führer sind unmotiviert und es muss für alles extra bezahlt werden.

Zwei- und Mehrtagesausflüge

Zwei- und Mehrtagesausflüge werden das ganze Jahr über durchgeführt, die Touranbieter (s. „Reisebüros") sind zeitlich und preislich flexibler. Gruppenangebote ab 40 US$ p.P. für eine Zweitagestour inkl. Ü/F (wobei eine Gruppe Gleichgesinnter mit einem Mietwagen günstiger fährt). Klären Sie zuvor ab, wie groß die Gruppe ist, wieviel Zeit am Mirador Cruz del Cóndor verbracht wird und ob unterwegs auf Wunsch angehalten wird. Wichtig ist, tagsüber nicht zu viel Zeit in Chivay zu verbummeln. Abfahrten in Arequipa so um 8.30 Uhr.

Am ersten Tag geht es bis Chivay, Ankunft dort gegen 14 Uhr zum Mittagessen (im Preis meist nicht eingeschlossen). Nachmittags Besuch der Thermalquellen (optional). Übernachtung in Chivay, am nächsten Tag wird frühmorgens zum Mirador Cruz del Cóndor gefahren. Von dort geht es dann, meist wieder über Chivay und weitere Dörfer, nach Arequipa zurück. Dort Ankunft gegen 18 Uhr. Wer in den Canyon runter und dort wandern will, sollte eine Dreitagestour buchen.

Eine **Individualtour** kostet, wenn nur eine Person fährt, ca. 200 US$. Billiger ist es, in der Straße Sta. Catalina, zwischen San Agustín und Ugarte, einen der dort wartenden Fahrer mit Van anzuheuern. Dabei ist es wichtig, dass dieser einen Guía mitnimmt, der notwendig ist, um die Kontrollen ohne Probleme zu passieren. Kosten für die zweitägige Van-Miete um 100 US$ plus 20 US$ für den Führer. Noch billiger wird es mit einem Mietwagen, z.B. mit einem Hilux Pickup von AVIS, vorausgesetzt, dass mindestens zwei Personen fahren.

In Eigenregie

Auch mit dem Bus sind Colca-Tal und Canyon erreichbar, dazu sind mindestens zwei bis drei Tage einzuplanen. Unten Buslinien und Abfahrtszeiten (da sie sich übers Jahr öfter ändern, bitte aktuell auf dem Busterminal fragen). **Hinweis:** Einige Touranbieter für den Colca fahren ebenfalls mit dem öffentlichen Bus an.

Die Strecke zwischen Arequipa und Chivay bzw. Cabanaconde wird von den Firmen *Andalucia* und *Reyna* fast zeitgleich bedient. Reyna ist etwas schneller und komfortabler, hält aber überall. Die Busse sind meist sehr voll.

Nach **Chivay** (155 km): tägl. mehrfach; Fz 4 h, Fp 12–15 Soles. Frühbus von Chivay nach Cabanaconde um 5 Uhr, Fz 2,5 h, Fp 3–5 Soles. Die Busfahrer halten nach Aufforderung am Mirador Cruz del Cóndor. Vorteil: man ist vor den meisten Gruppentouristen da. **Cabanaconde** (235 km): *Andalucia, Reyna* und *Milagros* tägl. mehrfach, über Chivay, Achoma, Maca und Pinchollo; Fz 7 h, 15 Soles. Weitere Busunternehmen, die über Chivay nach Cabanaconde fahren, sind *Transportes Colca* und *Transportes Cristo de Rey*. Preise u. Abfahrtszeiten variieren nur unwesentlich. *Sur Expreso* fährt tägl. um 5 Uhr und *Jacantay* um 6.30 Uhr über Huambo nach Cabanaconde und zurück. Dadurch eröffnet sich die Möglichkeit einer Rundfahrt von Arequipa über Chivay, Cabanaconde und Huambo bzw. vice versa. **Madrigal:** *Cristo de Rey*, tägl. um 12 Uhr.

Rückfahrten von Cabanaconde via Chivay nach Arequipa u.a. mit *Andalucia* und *Reyna,* mehrfach tägl., Fz 6,5 h, 15 Soles; nur Chivay ab 6 Uhr, Fz 2,5 h.

Selbstfahrer Die Strecke von Arequipa nach Chivay ist komplett asphaltiert und wird weiter ausgebaut. Derzeit beträgt die Fahrzeit mit einem Allradwagen von Arequipa nach Chivay 3 h (alles asphaltiert) und von Chivay nach Cabanaconde 1,5 h (nur teilweise asphaltiert).

Arequipa – Chivay

Es gibt von Arequipa zwei Routenmöglichkeiten nach Chivay, die kürzere Standardroute *(Ruta corta),* und die seltener angebotene und längere über Callalli und Tuti *(Ruta larga).* Nur wenige Veranstalter wählen auf der Hinfahrt die längere Piste und auf der Rückfahrt die kürzere, um damit Abwechslung in die Rundfahrt zu bringen.

Die *Ruta corta* ist bis Chivay asphaltiert. Sie führt zunächst am Zementwerk vorbei und folgt den Gleisen der Eisenbahnlinie Arequipa – Juliaca. Über Yura (Thermalbäder) geht es dann hoch in die *Pampa Cañahuas* (3800 m). Hier weiden unzählige Alpakas, Vicuñas und Lamas, es können hier also drei der vier Kleinkamelarten Südamerikas gesehen werden. Hinter *Cañahuasi* wird die Bahnlinie überquert und in *Patahuasi* ist ein obligatorischer Stopp beim Kontrollposten nötig (Busse nach Cusco und über die neue Straße nach Puno, Fz 4 h), bevor die Fahrt nach *Viscachani* fortgesetzt werden kann. In Viscachani zweigt nach Norden die *Ruta larga* über Chullo, Callalli und Tuti (im oberen Colca-Tal) nach Chivay ab. Die Ruta corta führt von Viscachani weiter nach Chucura. Über den **4910 m** hohen **Patapampa-Pass** oder **Mirador de los Volcanes** (Stopp obligatorisch, herrliche Aussicht auf die umliegenden Vulkanberge und auf den schneebedeckten Ampato), geht es dann über unzählige, oftmals halsbrecherische Serpentinen nach Chivay hinunter (3650 m), das bereits im Colca-Tal liegt.

Kurz vor Chivay muss für 70 Soles p.P. ein *Boleto Turístico del Colca* erworben werden, das berechtigt, sich 10 Tage im Colca-Gebiet aufzuhalten. Es gibt Richtung Cruz del Cóndor einen Kontrollpunkt.

Chivay

Chivay ist die Hauptstadt der Region Caylloma. Sie hat sich in den letzten Jahren durch den Neubau von Unterkünften enorm verändert. Hier wird immer ein Tour-Stopp eingelegt, z.B. zum Frühstücken oder Mittagessen. Außerdem übernachten die meisten Tour-Operator in Chivay (die Firma Giardino Tours oft im eigenen Hotel in Coporaque). Es gibt zwei Tankstellen, mehrere Autowerkstätten und einen Geldautomaten an der Plaza. Zum *Mirador Cruz del Cóndor* sind es noch 44 km, zunächst noch ca. 10 km Asphalt, anschließend Schotterpiste. Seit 2012 sind weitere Asphaltierungsarbeiten im Gange, vornehmlich zwischen Yanque und Achoma.

3 km nordöstl. von Chivay liegt das **Thermalbad La Calera,** zu erreichen durch einen Fußmarsch (knappe Stunde) oder mit einem Colectivo. Neben dem überdachten Thermalpool gibt es drei weitere Becken in unterschiedlichen Wärmegraden, Umkleidekabinen, Schließfächer (Schlüssel beim Kontrolleur), Mietservice für Handtücher und Badekleidung, Getränke und Warmwasserduschen. Die hygienischen Verhältnisse sind für Peru akzeptabel. Keine festen Öffnungszeiten, meist 5 bis 19.30 Uhr, Eintritt 15 Soles inkl. Eintritt in das angeschlossene **Ethnologische Mu-**

seum (Texte in Englisch). Tipp: Während der Karnevalszeit können in Chivay sehr alte Trachten gesehen werden.

Empfehlenswert sind die Wanderungen von Chivay nach Coporaque, Gehzeit 4–5 Stunden, von dort nach Yanque. Unweit von Yanque gibt es völlig untouristische Quellen, Gehzeit 15 Min. Von Yanque fahren Taxis zurück nach Chivay, Fp 6 Soles.

Policía de Turismo Plaza Prinicpal, tägl. 7–20 Uhr; Registrierung für Trekking- und Bergtouren obligatorisch (Name, Nationalität, Anschrift, Pass-Nr., Teilnehmer, Route, Zeitdauer, erwartete Rückkehr). Eine Kopie verbleibt bei der Polizeistation, eine Kopie wird mit Datum und Uhrzeit abgestempelt mitgeführt.

Unterkunft **Vorwahl (054)**. – An der Plaza gibt es z.B. mit dem **Hotel Plaza,** dem **Hostal La Casa de Anita** und dem **Hostal Municipal** genügsame Unterkünfte mit einfachen, sauberen Zi. mit bc/bp; oft nur zeitweise Ww.

ECO: Hostal El Ricardito, Av. Salverry, Tel. 53-1051. Freundlicher, hilfsbereiter Familienbetrieb, saubere Zi. DZ/F 20 Soles, empfehlenswert. – **Posada de Chivay**, Av. Salaverry 325, Tel. 53-1032. Saubere Zimmer/bp, sicher, Restaurant (gleich nebenan, jeden Abend Folkloremusik). – **Hostal Rumi Wasi,** Sucre 714, Tel. 53-1146. Ruhige Lage, schöner Innenhof, bp, Weckservice für den Frühbus, auf Nachfrage auch Mahlzeiten. DZ/F 42 Soles. – **Hospedaje Anansaya,** 7 de Junio 413, Tel. 48-9185. Absolut ruhige Privatunterkunft von *Daina* & *Manuel Mendoza*, saubere, gemütliche Zimmer/bp, Patio, nett und hilfsbereit, auf Wunsch wird gekocht. Ü/F 30 Soles. Manuel ist ein guter Wanderführer und Daina eine sehr gute Köchin. **TIPP!**

FAM: Estancia Pozo del Cielo, Richtung Coporaque (auf der anderen Flussseite, direkt über Andenterrassen), Tel. 53-1144, www.pozodelcielo.com.pe. Rustikales Hotel in Naturbauweise am Hang (kann während der Regenzeit mit dem Fahrzeug nicht erreicht werden), 10 komfortable Zimmer/bp, Restaurant (andine Küche), Bar, freundlich. DZ/F 88 US$. – **Hostal Colca Wasi Kolping,** Siglo XX s/n, Tel. 53-1076, über www.gruppo-casas-kolping.net. Schöne Lage im Grünen,12 Zi., auch MBZi, bp, Ws, Rest., Pp, gutes PLV. DZ/F 150 Soles. Für Behinderte, Ältere und Reisende mit Kindern besonders geeignet. – **Hostal La Casa de Lucila,** Calle Grau 131, Tel. 53-1109, vitatour@terra.com.pe. Schönes, gepflegtes, ruhiges und freundlich-familiäres Hostal, bp, Garten, gutes PLV. DZ US$ 50. **TIPP!** – **Casa Andina Classic Colca,** Huayna Capac s/n, Tel. 53-9739, www.casa-andina.com. Große, rustikale Anlage (wird von Reisebussen angefahren) mit Zimmern und Cabañas (Zi. u. Bad sind dort sehr klein). Heizung, bp, Ws, GpD, Internet, schönes Rest. (Folkloremusik), med. Betreuung, 2 Pkw-Pp, nun auch mit kleiner Planetariumsshow. DZ/F ab 90 US$.

LUX: Las Casitas del Colca, 8 km außerhalb von Chivay (Fz 5 Min.), Tel. 95-9672480. Rustikales Hotel, ein langgestreckter, eingeschossiger Adobe-Bau, schöner Garten, Wiedereröffnung als 5-Sterne Lodge-Hotel der GHL-Hotels-Kette mit verschiedenen Bungalows, komfortable Zimmer/bp, Solar-Ww, Restaurant, Fahrrad- und Pferdevermietung. Ü/F.

Unterkünfte im Nachbardorf Yanque Yanque liegt 15 km von Chivay, Fahrzeit etwa 20 Minuten. Das Haus von **Natalio & Ilde Oxa** kennt jeder im Dorf (ECO), eine hübsche kleine Familienpension, sehr authentisch bei freundlichen Colqueños. **TIPP!**

Privatpension Hilde Checa, Nähe der Plaza de Armas, etwas versteckt. Wunderschöne Unterkunft für max. 8 Personen in kleinem, liebevoll gestalteten, strohgedeckten Häuschen und mit einem kleinen Garten mit Sitzgelegenheiten, reichhaltige Mahlzeiten. **TIPP!**

Killa Wasi Lodge, Calle Caravely 408, Tel. 69-1072, www.killawasilodge.com. Gemütliches, kleines Hotel, sehr ruhig mit ausgezeichnetem Restaurant. DZ/F 85 US$, Wanderung inbegriffen.

Hotel Colca Lodge (LUX), gegenüber von Yanque auf der anderen Flussseite (auf dem Weg hinunter zum Thermalbad Richtung Fußbrücke über den Colca bereits sichtbar). Anfahrt mit dem Wagen über Yanque, dort über die Colca-Brücke und dann wieder den Berg hoch. Tel. 21-2813, www.colca-lodge.com. Aus Adobe erbauter rustikaler Lodge-Komplex, 20 Zi. (EZ/DZ/MBZi), bp, Heizung, Restaurant, Bar, Terrasse, Ws, 3 Thermalpools, kostenlose Reit- u. Bootsausflüge, auch zu den naheliegenden Ruinen. DZ/F ab 100 US$. Der Lodge ist ein Landhaus (3 Zimmer/bp, Küche) angeschlossen.

Auch **in anderen Dörfern des Colca Canyons** kann bei Familien übernachtet werden. Detaillierte Infos bei **Sumac Yanque Ayllu** auf www.communitybasedtourism-yanque.com.

Ein empfohlener **Guide** in Yanque ist *Edwin Oxa Huayhua* mit seinem Anbieter *Collawa Cabana Adventure*, collawa_adventure@hotmail.com. Sehr gutes Englisch sowie Wissen zu Flora, Fauna und Geschichte des Canyons.

In der Calle Lima 114 in Yanque befindet sich das kleine Museum **Casa Museo Uyu Uyu**, dessen Besitzer Gerardo Huaracha gegen ein kleines Trinkgeld durch die Räumlichkeiten führt. An der Plaza de Armas hat ein neues **Restaurant** namens *Cocafé Café Bar* geöffnet, das selbstgemachtes Chirimoya-Eis, guten Kaffee und einheimische Alpaka-Gerichte anbietet. Direkt nebenan liegt das **Museo de Yanque**, das Ausstellungsstücke aus präinkaischer bis kolonialer Zeit zeigt (Mo–Fr 9–18 Uhr).

Essen & Trinken in Chivay	Die preiswerten Kneipen an der Plaza und in den Nebenstraßen in Chivay servieren meist Einheitsessen. Am besten und billigsten isst man bei den Garküchen im überdachten *Mercado* an der Av. Salaverry. Wir empfehlen vor allem das *Cabanas*, Plaza de Armas 607 mit leckeren Alpaka-Gerichten in breiter Auswahl und großen Portionen oder das *Yaravi*, gleich daneben, Plaza de Armas 604. Hier kümmert sich die Hausherrin selbst um die Gäste; außerdem gute Weinkarte. Angeschlossenes Hostal.
Rafting	*Colca Adventures*, Plaza de Armas, Chivay, Tel. 53-1081, manuelzunigach@hotmail.com. Der Rafting-Führer *Manuel Zunigach* offeriert Schlauchbootfahrten auf dem Colca, sehr preiswert, da Direktanbieter. – *Rafting Colca*, Bolognesi/Pte. Inca, Tel. 21-0231; Rafting auf dem Colca. **Colca Zip-Lining:** Es gibt es zwei Zip-Lines über den Colca-Fluss. Ausrüstung und Erläuterungen im Infohäuschen vor dem Eingang zu den Thermalquellen von La Calera. www.colcaziplining.com. Preis pro Person 35 Soles.
Feste	15. Mai: *Fiesta de San Isidro Labrador* in Coporaque – 25. Juli: *Fiesta Santiago Apóstol* in Coporaque. – 15. August: *Fiesta de Virgen de la Asunción* in Chivay. – 8. Dez.: *Fiesta Purísima Concepción* in Chivay, sehenswert, mit kostümierten Tänzern und Musikkapellen.
Bus	Von Chivay **nach Arequipa** tägl. mehrfach mit *Reyna*, Plaza Prinicipal s/n, Tel. 52-1143. Etwa zeitgleich fährt *Andalucia*. Außerdem halten die meisten Busse aus Cabanaconde (s. dort) nach Arequipa in Chivay. Nachtbus nach Arequipa um 23 Uhr. Fz 4 h, Fp 12-15 Soles. – Frühbus von Chivay **nach Cabanaconde** um 4.30 Uhr, weitere Busse im Laufe des Tages, Fz 2,5 h, Fp 3-5 Soles. Die Nachmittagsbusse sind extrem voll, selbst ein Stehplatz ist schwer zu bekommen! Die Busfahrer halten nach Aufforderung am Mirador Cruz del Cóndor (Vorteil: man ist vor den meisten Gruppentouristen da). – Bus **nach Cusco** s. bei Cabanaconde. – Nach **Puno** mit 4M Express (www.4m-express.com), täglich 13.30 Uhr, Ankunft in Puno um 18.30 Uhr.
Flug	Die Flugpiste für Charter- und Buschflieger liegt 2,5 km vom Zentrum entfernt.

Coporaque

Wer mehr Zeit mitgebracht hat, könnte von Chivay einen Abstecher in das völlig untouristische Coporaque mit seinen Adobe-Häuschen machen. Hier empfehlen wir die nette *Casa de Mamayacchi* (FAM, DZ/F 70 US$) von Lourdes Pérez Wicht (Tel. 24-1206, www.lacasademamayacchi.com). Vom Restaurant tolle Aussicht. Wer die Tour mit Giardino Tours bucht, übernachtet meist hier statt in Chivay und freut sich über große Zimmmer und leckeres Essen.

Chivay – Cabanaconde (57 km)

Nach dem Frühstück bzw. am nächsten Morgen geht es nach Cabanaconde weiter. Frühmorgens kann man vielleicht Hirten sehen, die Esel mit ihren bunten Schleifen im Ohr zur Weide treiben oder die Lasten transportieren. Nach 15 km wird über **Yanque** (beste Möglichkeit, Riesenkolibris zu beobachten) das kleine **Achoma** passiert. Schon eine ganze Weile grüßt das Wolkennest des Hualca Hualca (6025 m). Der äußerst unruhige Vulkan zerstörte nach einem Ausbruch 1991 und einem damit verbundenen Erdbeben nahezu vollständig das Andendörfchen **Maca.**

Maca Lange Zeit lebte die Bevölkerung in Zelten, bevor die Menschen versuchten, ihr Dorf wieder bewohnbar zu machen. Auch die schöne Kirche wurde durch das Erdbeben stark beschädigt. Heute stehen in Maca wieder Häuser, neben einigen provisorischen Unterkünften gibt es ein Hotel, die Touristen machen wieder einen Halt. Die Spuren des Erdbebens sind jedoch immer noch sichtbar.

Nach einem langen Tunnel folgt als erster Höhepunkt, ein herrlicher Ausblick über die schon in Vorzeiten terrassierten Hänge. Mittendrin ein mysteriöser See, der aus noch nicht geklärten Gründen jedes Jahr seine Farbtönung wechselt. Zwischen Maca und dem Mirador Cruz del Cóndor kleben wie überdimensionale Hornissennester Gräber der Collagua im Fels. Vor **Pinchollo** gibt es dann eine Überraschung: eine von 16 existierenden topografischen Terrassenreliefkarten, die von den Inka in Stein gemeißelt wurden. Deutlich gibt die Darstellung die Terrassenneigung für die Wasserverteilung auf der gegenüberliegenden Flussseite wieder.

Pinchollo Die 800 Einwohner des untouristischen Colca-Dorfes auf 3600 m Höhe gehören zu den **Cabana-Kunti.** Die Kirche ist von 1628. Interessant ist ein Besuch der *Secundaria*, einer Schule, in der Kinder autodidaktisch lernen müssen und den Lehrstoff via Satellit aus Lima erhalten. Besucher sind hier wie auch auf dem Fußballplatz am Sonntagmorgen willkommen. Im Dorf gibt es Läden mit ausreichendem Angebot an Lebensmitteln und Wasser, so dass nichts aus Arequipa mitgebracht werden muss.

Von Pinchollo können schöne Wandertouren durch die Cordillera Chili via Sangalle nach Cabanaconde oder auf den Vulkan Hualca Hualca (im März Höhenskifahren möglich) unternommen werden. Außerdem wurden Wanderrouten zum Nevado Ampato eröffnet. Highlight ist die Route von Pinchollo über Madrigal nach Tapay. Das wichtigste **Fest** in Pinchollo ist am 20. Januar die *Fiesta San Sebastián.*

Tourist-Info: *ATAM Pinchollo,* Consejo Menor Pinchollo, Plaza de Armas s/n, Tel. 28-0348. Anmietung von Führern, Packtieren usw., gute Infos. Spenden von Bergsteiger-Ausrüstung willkommen

Unterkunft: *El Geyser,* in der Nähe des Consejo (Plaza de Armas), Schild folgen, Tel. 28-0348; einfachste Zimmer mit Lehmboden, bc, Kw, schöner Hof, Ü/F um 20 Soles. – *Hostal Gran Pinchollo,* Plaza de Armas s/n. Gemeinschaftszimmer im Jugendherbergstil, bc/bp, Ü/F Herberge um 15 Soles, DZ/F 80 Soles. – Campingplatz *Tambo,* Richtung Cruz del Cóndor, bc, Kw, Cafetería, Ü ab 6 Soles.

Weiterfahrt	Hinter Pinchollo kommt ein kleiner Tunnel, dann folgen ein paar Serpentinen, und danach wird der Höhepunkt eines jeden Canyon-Besuches erreicht, der **Cruz del Cóndor**.
Cruz del Cóndor	Der Aussichtspunkt Cruz del Cóndor war früher ein heiliger Ort der Bewohner Pinchollos, zu Ehren der Mutter Erde wurde hier geopfert. Um die Zeremonien zu beenden, stellte die Kirche an dieser Stelle ein Kreuz auf, die Pinchollos suchten sich einen neuen Opferort.

Es ist wichtig, dass der Mirador möglichst am Morgen und bei gutem Wetter erreicht wird, um die riesigen Kondore sehen zu können. Man blickt in ca. 1200 m Tiefe, ganz unten ist als dünner Strich der Río Colca zu erkennen. Die Kondore erheben sich etwa gegen 8.30 Uhr in die wärmenden Sonnenstrahlen, entschwinden in den Colca Canyon oder steigen, je nach Thermik, auf. Es sind fast immer Leute da, ganz Begeisterte schon mit dem ersten Licht, da Kondor-Pärchen zeitweilig ihren Schlafplatz in den Felsen in unmittelbarer Nähe des Aussichtspunktes haben. Sie kehren nachmittags ab etwa 16 Uhr von ihrer Nahrungssuche wieder zurück.

Es gibt natürlich keine „Garantie", dass die Kondore „flugplanmäßig" starten und landen oder überhaupt anwesend sind. Während der Regenzeit von November bis April kann es vorkommen, dass wegen der fehlenden Aufwindthermik im Canyon und dem Brutgeschäft keine zu sehen sind. Bei Nebel fliegen sie ebenfalls nicht, oder erst dann, wenn der Nebel aufreißt, das kann dann auch erst nach 10 Uhr sein. Auch aufsteigender Rauch von Feuerstellen im Tal verunsichert die Kondore.

Der Kondor, König der Anden

Der Kondor *(Vultur gryphus)* gehört zur Unterordnung der Neuweltgeier *(cathartae)* und zu den vom Aussterben bedrohten Tierarten. Mit einer Flügelspannweite von bis zu 3,20 m ist der Kondor der größte Raubvogel der Erde. Die mächtigen Vögel werden bis zu 70 Jahre alt und ernähren sich hauptsächlich von Aas, sie sind aber auch in der Lage, ein Schaf zu schlagen. Mit dem Krummschnabel kann das Fleisch des Beutetieres regelrecht zerrissen werden, bei Menschen können die Schnabelhiebe sehr hässliche Wunden verursachen.

Kondore bleiben ihren Partnern treu, der männliche trägt an Stirn und Scheitel einen hohen Kamm und wiegt ca. 11 kg, der weibliche 8–10 kg. Außerdem wird die Weibchen an ihren roten Augen erkenntlich. Das Federkleid ist schwarz mit weißer Halskrause, die Armschwingen glänzen silberweiß, Hals und Kopf sind nackt. Die Zucht ist mühsam, denn die Vögel werden erst mit zwölf Jahren geschlechtsreif, und die Weibchen legen nur alle drei Jahre ein Ei.

In Peru lässt der Kondor sich durch bereits geringe thermische Aufwinde in Höhen von bis zu 5000 m tragen. Die weiten Täler der Anden mit wechselnden Luftströmungen sind ideale Lebensräume für die Vögel. Aufgrund ihrer beachtlichen Flügelspannweite haben Kondore auch einen großen Wenderadius. Bereits während der Epoche der Chavín-Kultur wurde der Kondor als heiliges Tier verehrt. Bei den Inka galt er als Symbol des Lichts und der heiligen Sonne, als Bote zur außermenschlichen Sphäre, zur „Oberen Welt". Wobei es auch für möglich gehalten wurde, dass sich die übernatürlichen Götter in Tiere, also auch in Kondore, verwandeln konnten. – HH

Cabanaconde

Vom Cruz del Cóndor bis nach Cabanaconde sind es 13 hervorragend asphaltierte Straßenkilometer, die durchaus auch gut zu Fuß zu bewältigen sind, Gehzeit 2–3 h. Nach 45 Minuten bietet der *Mirador Tapay* (3827 m) nochmals einen schönen Blick in den Canyon, und ab und zu kann man Kondore sehen. Auf der gegenüberliegenden Seite sieht man, von rechts nach links, die Dörfer Tapay, Cosnihua und Malata.

Das typische Andendörfchen auf 3300 m Höhe liegt gleichfalls am Rande des Canyons und ist meist der Endpunkt einer Canyon-Tour. Von Cabanaconde führt eine gut befahrbare Piste über Huambo zurück nach Arequipa (landschaftlich reizvoll). Eine Alternative für den, der nicht über Chivay zurückfahren möchte, allerdings doppelt so weit. Tour-Veranstalter fahren in der Regel über Chivay nach Arequipa zurück.

Auch von Cabanaconde bietet sich ein faszinierender Blick in den Canyon, und am Aussichtspunkt, etwa 10 Minuten von der Plaza entfernt, können mit etwas Glück gleichfalls Kondore beobachtet werden.

Obwohl Cabanconde sich immer mehr auf Touristen einstellt, leben die Menschen noch stark verwurzelt in ihren alten Traditionen. Es ist respektvoll und höflich, sie vor dem Fotografieren um Erlaubnis zu fragen.

Bitte beachten: Der einzige Geldautomat der Stadt fällt des Öfteren aus, also genug Bargeld aus Arequipa mitnehmen!

Tourist-Info Am Marktplatz, Tel. 28-0212, tägl. von der Morgen- bis zur Abenddämmerung. **Websites:** www.cabanacondeperu.com; gute Seite mit Unterkünften (auch in den Orten der Region), Restaurants, Wanderungen (Karte) u.a.
Vorwahl (054)

Unterkunft Die Stromversorgung ist in Cabanaconde nun ganztägig sichergestellt. Es gibt Familienpensionen und eine handvoll einfacher Kneipen.

BUDGET/ECO **Hostal Valle del Fuego** (Rancho del Sol), Grau/Bolívar (Nähe der Plaza), Tel. 83-0032 oder via Pablo Tour in Arequipa, Jerusalen 400-A, Tel. 20-3737, www.pablotour.com. Einfachster Backpackertreff, rustikal, kalte Zi. bc/bp, Ww im Hof, Restaurant mit Kamin. Pablo, der Besitzer, ist hilfsbereit und ein guter Informant. – **Hospedaje Villa Pastor,** Plaza Mayor, Tel. 44-5347, hospedaje_villa_pastor@hotmail.com. Kleine, spartanische Zimmer, aber sehr sauber, bc, preiswertes Restaurant mit schöner Aussicht, das Betreiberpaar ist sehr hilfsbereit. 10 Soles p.P. – **Hostal Cruz del Cóndor,** 22 de Agosto 103; Restaurant. – **Hostal Don Pierro,** 22 de Agosto, mit gutem Restaurant. – **Hostal Virgen del Carmen,** Arequipa s/n. Einfache Zi., bc, Ww. Ü/F 20 Soles. – **Pachamama Home,** San Pedro 209 (zwei Blocks von der Plaza), Tel. 25-3879, www.pachamamahome.com. Backpacker-Hostal, gemütliches Restaurant und nette Bar, ein- und mehrtägige geführte (Mirko) Trekking-Touren und MTB-Downhills, Camping-Equipment, Miet-MTB u.a. mehr. Doppel- und MB-Zi, bp/bc ab 25 Soles p.P. inkl. ordentlichem Frühstück. **TIPP!**

ECO/FAM **Hotel Kuntur Wassi,** Cruz Blanca s/n, www.arequipacolca.com. Geschmack- und liebevoll eingerichtetes Hotel, geleitet von Gerhard Pointner, gutes Restaurant. DZ/F 61 US$. **TIPP!** – **La Posada del Conde,** San Pedro/Bolognesi, Reservierung über (058) 83-0033. Bestes Hotel und Restaurant im Ort, bp, Ww (24 h), Ws. Führervermittlung für den Colca. Daneben gibt es eine weitere Unterkunft unter gleicher Leitung: DZ/bp/Ww und Frühstück 60 Soles; gutes PLV, auf Wunsch Abendessen, ebenfalls empfohlen.

Essen & Trinken Rund um die Plaza de Armas gibt es eine handvoll Restaurants, die Tagesgerichte ab 5 Soles anbieten. Eine reichhaltige Speisekarte hat das rustikale *Valle del Fuego* (s.o.), abends mit Kaminfeuer. Das beste Restaurant ist *La Posada*

del Conde, San Pedro/Bolognesi, Menü ab 15 Soles. Leckere Pizzen und Alpaka-Gerichte bei *Pachamama Home,* San Pedro 209 (s.o.) mit gemütlichem Kerzenschein-Ambiente.
Ebenfalls sehr gut ist *La Cupula,* ein Platz zum Wohlfühlen.

Verkehrsverbindungen

Nach Arequipa über Chivay mit *Andalucia* und *Reyna* mehrfach täglich, Fz 6 h, Fp 15 Soles; **nach Chivay** ab 6 Uhr, Fz 2,5 h, Fp 3-5 Soles; **nach Cusco** mit *Reyna* über eine Schotterpiste um 14 Uhr (meist nur während der Trockenzeit). Fahrkarte direkt nach Cusco kaufen und dem Busfahrer mitteilen, dass man an dem Polizeiposten zwischen Chivay und Arequipa in den Bus nach Cusco umsteigen will. Vorteil: große Zeitersparnis, Rückfahrt nach Arequipa und ggf. Umweg via Juliaca entfällt, Ankunft in Cusco am nächsten Tag um 6.30 Uhr.
Nach Huambo Mo/Mi/Fr um 5 Uhr (Bus fährt nach Pedrigal bzw. Arequipa weiter, in Repartición könnte in einen Bus nach Moquegua umgestiegen werden), Fz Cabanaconde – Repartición ca. 9 h, Fp 15–20 Soles. Der Bus **aus Pedrigal über Huambo** am Di/Do/Sa kommt in Cabanaconde um 16 Uhr an.

Trekking-Touren in den Colca Canyon

Flussoase Sangalle

Von Cabanaconde führt ein breiter, guter Pfad, teilweise über Terrassen, in den Canyon hinunter. Ein Führer (AUTOCOLCA-lizenziert, bei der Tourist-Information am Marktplatz, 15–25 US$/Tag) ist nicht unbedingt notwendig. Da es viele Nebenpfade gibt, die manchmal auf den Feldern arbeitenden Frauen, Männer oder Kinder nach dem Weg fragen.

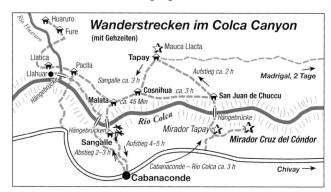

Von der Plaza de Armas zuerst Richtung Schule gehen, dann den weißen Pfeilen folgen. Es gibt mehrere Wege, jedoch kaum zu verfehlen, wenn man sich rechts an der größeren Erhebung orientiert (nicht an der Erhebung mit der kleinen Ruine! Steilhang!). Der Pfad windet sich ziemlich steil und steinig in der heißen Sonne in die Schlucht, unbedingt Sonnenschutzmittel und eine Kopfbedeckung tragen.

Nach ca. 2,5 Stunden steht man unten im Canyon, der mit der paradiesischen Oase **Sangalle** samt Palmen überrascht. Alles ist grün und es wächst Obst auf den Bäumen. Mit einem Zelt kann hier auf einem der Campingplätze (Zeltvermietung/Zeltplatz 8–10 Soles) oder in den wirklich sehr bescheidenen Lodges übernachtet werden (Ü/F 10, DZ/F 20 Soles, kein Strom). Alle verfügen über Betonpools, haben Campmöglichkeiten und bieten auf Wunsch ein Tagessessen (Spaghetti, Reis, 8 Soles). Die vordere, direkt am Weg, ist die *Thomas Lodge;* Thomas ist erfahrener *arriero* (Maultiertreiber), kennt sich in der Gegend bestens aus und kann Esel für den Rücktransport der Rucksäcke nach Cabanaconde stellen. Die mittlere ist die *Oasis Lodge,* Tel. 83-0032 (Hostal Valle de Fuego via Funk).

Allgemein Vorsicht, dann und wann Skorpione.

Hier Bitten von Vlado, einem verantwortungsvollen Touranbieter: Obwohl überall Mülleimer stehen, besteht keine Müllabfuhr! Der Müll aus den Tonnen wird einfach in den Fluss geworfen. Bitte nehmt deshalb den eigenen Müll aus der Oase wieder mit, trotz Mülleimer!

Viele Anbieter lassen Lagerfeuer zu. Das Holz stammt aus der Oase, das die dort lebenden Menschen als Brennholz zum Kochen benötigen. Da niemand neue Bäume pflanzt, wächst nichts nach. Vor einigen Jahren war die Oase deshalb noch wesentlich grüner. Das Hinweisschild von Vlado wurde demontiert: Bitte deshalb von Lagerfeuern Abstand nehmen, auch wenn es noch so schön ist. Wer den Kindern hier helfen möchte, kann Kleider bei Vlado abgeben, Schuhe werden besonders benötigt. Stabile Säcke zum Transport von Kartoffeln und Zwiebeln sind auch gern gesehen.

Der gut beschilderte Aufstieg zurück nach Cabanaconde ist sehr anstrengend und sollte mit mindestens 4–5 Stunden veranschlagt werden. Wasservorrat mitführen, das in den Lodges verkauft wird. Am besten bis **spätestens** 6 Uhr starten, sonst wird es in der brütenden Hitze unerträglich!

Cruz del Cóndor – Tapay – Cabanaconde

Etwas anspruchsvoller ist die beliebte dreitägige **Trekking-Tour vom Mirador Cruz del Cóndor** über **Tapay** (auf der anderen Canyon-Seite) und **Sangalle** nach **Cabanaconde,** die in Arequipa organisiert gebucht werden kann (s. „Touranbieter", 200–250 Soles, günstigere Angebote von „Piraten-Guides").

Die Tour beginnt in **Chivay**. Mit dem Frühbus um 6 Uhr wird zum Cruz del Cóndor gefahren. Von dort geht es zu Fuß zum Mirador Tapay (ca. 45 Min). Wer möchte, kann 500 m nach dem Wasserbecken der GTZ rechts dem markierten Weg folgen, doch sehr schlechter Zustand und nicht ungefährlich. Nach 2 km knickt dieser Weg nach links einen Hang hinunter bis zum Rand des Canyons. Von dort immer abwärts (Vorsicht, nach ca. 1 km Geröllfeld, einzeln durchlaufen, Steinschlaggefahr). Nach einem ca. zweistündigen Abstieg wird die Hängebrücke über den Río Colca erreicht. Leichter ist es, bei der *Pampas San Miguel,* ein Stück weiter Richtung Cabanconde, in den Canyon einzusteigen, Busse aus Chivay halten. Von dort gibt es einen guten Weg runter zur Colca-Brücke.

Nun folgt ein halbstündiger Aufstieg, vorbei an Kakteen, Agaven, Bromelien und Tillandsien, bis zum Dorf **San Juan de Chuccho**. Direkt am Weg liegt die sehr einfache Unterkunft *Hostal Posada del Roy;* nett, hilfsbereit, Ü um 10 Soles, Mahlzeiten, Getränke, gute Infos; auch Zeltplatz. Die beste Adresse ist in der Dorfmitte beim Fußballplatz das *Hostal Gloria* (Ü um 10 Soles, Mahlzeiten, Camping). Dort gibt es auch sauberes Wasser aus einer Quelle. Keine Läden zum Einkaufen. Von San Juan de Chuccho ist der Weg nach Tapay gut markiert.

In **Tapay** ist die Kirche sehenswert und die Ruinenstätte **Mauca Llacta**. Sie liegt oberhalb von Tapay im Canyon, Gehzeit ca. 1 h auf dem Weg rechts der Kirche (gegen ein kleines Trinkgeld übernehmen Kinder gerne die Führung). Mauca Llacta besteht aus 80 Wohnhäusern, einem Palast, Grabanlagen und Höhlen, alles teilweise überwuchert. In Tapay gibt es Wasser aus Wasserleitungen, einige Lädchen u. einfache Unterkünfte, wie z.B. das empfehlenswerte *Maruja Hostel* bei der Dorfkirche mit sauberen Bungalows. Das Betreiberpaar bietet auch Essen an. Besser nicht im Ort campen, wie z.B. auf dem Fußballplatz am Ortseingang oder außerhalb. Vom Fußballplatz geht es auf dem Weg weiter nach **Cosnihua**. Übernachtungsmöglichkeiten direkt am Weg (Calle Principal) im *Hostal Mauricio* (je ein DZ, TriZ, MBZi, max. 10 Betten, Ü ca. 10 Soles,

Frühstück mit Pfannkuchen ab 8 Soles), Tel. 54-1595. Wer sein Gepäck später nicht 1300 m den Berg hoch nach Cabanaconde tragen möchte, kann im Hostal einen Esel bestellen, der in der Oase Sangalle dann bereitsteht.

Von Cosnihua sind es noch 45 Min. Gehzeit bis zum Dorf **Malata.** Von dort ist der Weg zur Oase Sangalle deutlich markiert. Der Río Colca wird auf einer Hängebrücke überquert, dann sind es noch ca. 15 Min. bergauf bis zur Oase Sangalle mit Unterkünften (s.o.). Der anstrengende Aufstieg nach Cabanaconde dauert ab 3 h und ist gut beschildert, Wasservorrat mitführen. Alternativ kann die Tour auch von Cabanaconde unternommen werden.

Llahuar Einige Anbieter nehmen den Weg über Llahuar (2020 m), meist dann, wenn eine der Brücken über den Fluss nicht benutzbar ist. Diese Strecke kann auch auf eigene Faust ab Cabanaconde unternommen werden. Die Wege sind gut und sicher, auf die Kreidebeschreibungen an den Steinen „Llahuar" achten. In Cabanaconde geben die Busgesellschaften kleine Werbeflyer ab, auf denen die Strecke nach Llahuar eingezeichnet ist.

Für die Strecke von Cabanconde nach Llahuar ist auf der linken, der canyonabwärts liegendenen Hängebrücke der Colca-Fluss zu überqueren. Nach Überquerung der Hängebrücke verläuft der Weg weiter canyonabwärts. Er führt unterhalb des Ortes Paclla vorbei, bevor es auf einer kleinen Hängebrücke über den Río Huarruro nach Llahuar geht. Die Strecke ist schön, aber sehr anstrengend, Gz 6 h, davon 4 h Aufstieg. Llahuar ist kein Dorf, sondern besteht eigentlich nur aus der nachfolgenden Lodge.

Zum Übernachten in Llahuar empfiehlt sich deshalb die **Llahuar Lodge,** Tel. 959-886-825, www.cabanacondeperu.com/us/llahuar.html, direkt am Fluss, mit netten, einfachen Rund-Bungalows, bc/bp, betrieben von Yola & Claudio, einem netten, hilfsbereiten Ehepaar. Es gibt Thermalquellen (Becken) und fangfrische Forellen. Ü mit Verpflegung 20 Soles, Campingmöglichkeit. **TIPP!** – Alternativ gibt es die einfachere Unterkunft **Balcón del Colca,** www.cabanacondeperu.com/us/balcon.html, Tel. 958-256-748. Kleine Oase mit Blumenpracht, Eselvermietung, Wäscheservice etc. Ü ab 10 Soles.

Wer bei einer Tour in den Colca die Strecke über Llahuar bevorzugt, sollte dies dem Anbieter oder Führer zuvor mitteilen. Die Strecke über Llahuar wird z.B. von Inka Wasi in Arequipa für knapp 150 Soles inkl. Transport, VP und Führer angeboten.

Von Llahuar können andere Orte im Colca Canyon erreicht werden, z.B. Llatica, oder über die Orte Paclla (ca. 2,5 h Aufstieg) und Malata (ab Paclla Gz weitere 3 h) die Oase **Sangalle** (ab Malata Gz ca. 1,5 h). Nicht in jedem Ort, z.B. in Paclla, gibt es Herbergen und wenn, dann ohne Elektrizität (Taschenlampe!). Zwischen Llahuar und Malata sind oft keine Menschen unterwegs, der Weg jedoch leicht zu finden. Auf kleine vereinzelte weiße Pfeile auf den Steinen rechts vom Pfad achten.

Cabanaconde – Madrigal Die anspruchsvolle **Trekking-Tour von Cabanaconde über Tapay nach Madrigal** dauert drei Tage und kann in Arequipa, z.B. bei *Giardino Tours,* als organisierte Tour gebucht werden. Von Cabanaconde geht es zuerst zur Oase Sangalle. Eine Hängebrücke führt über den Colca-Fluss und auf der anderen Seite windet sich der Pfad nach Tapay. Von dort verläuft ein Maultierpfad nach Madrigal (Gehzeit 2 Tage).

Tour 3: Valle de los Volcanes

„Das Tal der Vulkane" wird von einer Kette aus 86 Vulkanbergen, davon 30 mit Vulkankratern, gebildet und ist ungefähr 65 km lang. Es liegt am Fuße des Nevado Coropuna (6425 m) bei *Andagua* in der Provinz *Castilla*, etwa 325 km nordwestlich von Arequipa.

Zu erreichen ist das „Tal der Vulkane" über die Panamericana von Arequipa in Richtung Lima. Nach 115 km biegt bei El Alto eine breite, gute Straße nach rechts Richtung Cotahuasi ab. Nach zwei weiteren Fahrstunden führt eine Brücke über den *Río Majes,* und 162 km nach Arequipa kommt **Corire** in Sicht. Ein paar km hinter Corire fährt man an der archäologischen Stätte der **Petroglyphen von Toro Muerto** vorbei (sie sind von der Straße aus nicht sichtbar), bevor später **Aplao** erreicht wird. Zwischen Corire und Aplao wurden in **Querulpa** Fußabdrücke von Dinosauriern, versteinerte Muscheln und weitere Petroglyphen gefunden. Von Aplao sind es noch knapp 10 km bis zum *Centro Turístico Valle de Majes.* Von da führt die Piste am *Ajirhua* (5266 m) und *Luceria* (4257 m) vorbei. Dort liegt auch mit 3207 m der tiefste Punkt des Colca Canyons. Die Piste folgt nun dem Tal des Río Majes über *Tipán, Viraco* und *Machaguay* bis zum „Tal der Vulkane" in der Nähe von Andagua.

Tourangebote — In Arequipa werden Dreitages-Touren ins Valle de los Volcanes angeboten. Am ersten Tag werden die *Petroglyphen von Toro Muerto* und die *Ruinen von Collagua* besucht, übernachtet wird im Centro Turístico Valle de Majes. Am nächsten Tag geht es ins „Tal der Vulkane" und es werden die *Ruinen von Antaymarca* angefahren. Streckenlänge von Arequipa nach Andagua 325 km, mit dem Bus Fz 14 h (s. Adressen & Service, bei „Busse"), mit dem Wagen 12 h.

Tipp für Selbstfahrer — Für etwa 120 US$ inkl. 250 km/Tag kann in Arequipa ein 4x4 Nissan-Pickup gemietet werden (Mo–Fr). Damit kann die Rundtour Arequipa – Chivay/Colca Canyon (mit Abstecher zum Cruz del Cóndor) – Caylloma – Orcopampa – Andagua – Valle de los Volcanes – Aplao – Arequipa in 4–5 Tagen bewältigt werden. Zwischen Caylloma und Andagua nur ruppige Piste, aber wunderschön. In Andagua gibt es keine Tankstelle!

Corire — Anfahrt mit dem Bus von Arequipa via Panamericana Sur über Alto Sihuas (Tankstelle). Von dort sind es noch 62 km bis Corire (Tankstelle, Restaurants), das bereits im Tal des Río Majes liegt. **Übernachtung** im *Hostal Willy,* Tel. 47-2180 u. 47-2046, bc/bp. DZ 30 Soles. MTB-Touren, Trekking und Rafting auf dem Río Majes. Ein typisches Menü sind Flussgarnelen *(camerones)* und Wein aus der Region (Restaurant-Tipp: *Laguna Azul*). Verkehrsverbindungen nach Arequipa tägl. von 8–18 Uhr mit *Transportes del Carpio,* Fz 3 h, Fp 12 Soles (s.u.).

Petroglyphen von Toro Muerto (165 km) — Der archäologische Komplex der Petroglyphen von **Toro Muerto** liegt ein paar Kilometer hinter Corire und wird meist auf der Fahrt von Arequipa ins „Tal der Vulkane" besucht. Auf einem Gebiet von knapp 4 km Länge und 250 bis 400 m Breite am Hang des Majes-Canyon wurden in einer Steinwüste schätzungsweise 6000 Petroglyphen (Ritzzeichnungen) auf bis zu zwei Meter hohen vulkanischen Blöcken entdeckt. Die ältesten werden der Wari-Kultur zugesprochen, sie wären dann zwischen 600–1200 n.Chr. entstanden. Andere sollen von den Chuquibamba um 1200 n.Chr. stammen. Neben abstrakten *(simbólicos)* und geometrischen Figuren *(geométricos)* und Tänzern mit Masken wurden auch Abbildungen von Tieren *(zoomorfos),* Pflanzen *(fitomorfos)* und Menschen *(antropo-*

morfos) in das Vulkangestein geritzt. Nach Disselhoff (1971) sind u.a. Tänze dargestellt, beispielhaft wird von ihm ein Wesen mit Hirschgeweih, Pferdeschwanz und Bart dokumentiert. Auffallend sind die großen Jaguar- und/oder Puma-Abbildungen. Andritzky (1988) verweist auf den im Andenraum existierenden Hirsch- und Jaguarkult. Max Peter Baumann (1994) mutmaßt, dass es sich durch die abgebildeten Tänzer mit Geweih u.U. um Hilfsgeister für die Krankenbehandlung durch Schamanentänzer handeln könnte und sieht in den Petroglyphen Hinweise auf kultische Tanztraditionen. Insgesamt gilt Toro Muerto als die umfangreichste Petroglyphengruppe Perus. Das gesamte Areal wurde deshalb zum **Kulturerbe der Menschheit** erklärt und ist sehr sehenswert.

Für Hinfahrten nur bis nach Toro Muerto einen Bus von *Transportes del Carpio* nach Corire nehmen, tägl. ab 8 Uhr (zeitweise im Stundentakt), Rückfahrten von Corire nachmittags (um 15 und 16 Uhr), letzter Bus 17 Uhr, Fz 3 h, Fp 12 Soles.

Von Corire dann entweder mit dem Taxi bis ins Petroglyphen-Tal (Fp ca. 20 Soles., inkl. Wartezeit) oder Fußmarsch, Gehzeit etwa 1 h. Zugang über die Hacienda Warango oder Torete bzw. ab Bellavista zur Siedlung Candelaria. Am Ortsende steht das neue Kassenhäuschen. Von dort den Berghang hinauf bis zum ehemaligen alten Kassenhäuschen. Ein Pfad führt von dort weiter den Berg hinauf, und nach etwa 30 Minuten werden die Petroglyphen erreicht. Einen markierten Weg durch die Petroglyphen gibt es nicht, einfach rumlaufen. Leider haben bereits die Graffiti-Sprayer zugeschlagen. Sonnencreme, Kopfbedeckung und Trinkwasser nicht vergessen. Eintritt!

Querullpa Etwa 10 Autominuten nördlich von Toro Muerto gibt es bei Querulpa an einem malerischen Berghang beeindruckende Dinosaurierspuren zu sehen. Deutlich können etwa 50 cm lange Fußabdrücke mit drei- und vierzehigen Krallen im versteinerten Uferschlamm ausgemacht werden. Ein steiler Pfad führt von einem Gehöft dorthin. Von oben herrscht ein fantastischer Ausblick auf das Tal des Rio Majes. Eintritt!

Valle de Majes Von Corire sind es knapp 20 km durch das Tal des Río Majes bis **Aplao** (Tankstelle, Restaurant). Hier gibt es Zusteigemöglichkeiten (ca. 20.30 Uhr) in den Bus von Reyna nach Cotahuasi. Boletoverkauf im Restaurant *Cruz de Mayo*. Von Aplao sind es noch knapp 10 km bis zum *Centro Turístico Valle de Majes,* La Central de Ongoro, Tel. 21-0256. Gute Übernachtungsmöglichkeit direkt am Río Majes in der *Majes River Lodge,* MTB-Touren, Trekking und Rafting auf dem Río Majes (100 Soles/35 Minuten bei vier Personen, in relativ ruhigem, gefahrlosem Gewässer). Von hier folgt nun die Piste dem Tal des Río Majes, führt über *Tipán, Viraco* und *Machaguay* bis zum „Tal der Vulkane" in der Nähe von Andagua.

Tour 4: Cañón de Cotahuasi

Der Cotahuasi Canyon ist mit 3370 m der tiefste Canyon der Welt und damit über 160 m tiefer als der Colca Canyon. Der gesamte Canyon wurde 1988 zur touristischen Zone erklärt. Sehr beeindruckend sind die in der Nähe befindlichen Wasserfälle: Der *Sipia-Wasserfall* stürzt 150 m und der *Uskune-Wasserfall* 90 m in eine Schlucht. Auch am Cotahuasi Canyon südwestlich von Cotahuasi kann der Flug der Kondore beobachtet werden. Das Río Cotahuasi-Tal hat unzählige Thermalquellen, aus denen ca. 40 bis 100 °C heißes Wasser austritt. In der Region kann auch Drachenfliegen, Mountain-Biking, Kajakfahren und Trekking betrieben werden. Früher führte entlang des Cañón de Cotahuasi eine Inkastraße von der Küste bis nach Cusco, auf der Fisch bis in die Hauptstadt transportiert wurde und die heute noch als Fußpfad verwendet wird.

Anfahrt Von Arequipa nach Cotahuasi (380 km) fahren tägl. drei Busgesellschaften. Die besten sind *Empresa Reyna* u. *Transporte Alex*, Abfahrten in Arequipa tägl. um 16 Uhr, Ankunft am nächsten Tag um 3.30 Uhr, Fz 10–12 h, Fp 35 Soles. Die Busreise ist unkomfortabel, die Piste nur zu einem Drittel asphaltiert, der Rest Schotterpiste. Die Piste überquert mehrere Pässe bis zu 5000 m, gute Akklimatisierung erforderlich! Die Nachtfahrt ist äußerst kalt, Schlafsack nötig!

In Cotahuasi Anschluss nach Tomepampa, Luicho oder Acla mit dort wartenden Kombis um 4 Uhr, Ankunft in Alca um 6 Uhr. – Rückfahrten in Alca mit *Transporte Alex* um 12 Uhr, von Cotahuasi um 14.30 Uhr, Ankunft Arequipa ca. 3.30 Uhr. Außerdem fährt tägl. *Reyna*, sowohl von Acla als auch von Cotahuasi (Calle Arequipa 201, Tel. 58-1017) nach Arequipa.

Touren nach Cotahuasi werden in Arequipa ab 100 US$ aufwärts angeboten, z.B. 3 Tage/2 Nächte oder 4 T/3 N. Trekkingtouren mit Jörg Krösel (www.llama-online.de oder www.kroesel.com) kosten inkl. Anfahrt, Ausrüstung, Führer, Tragtiere und Verpflegung 120 € p.P., buchbar z.B. auch bei *Giardino Tours* in Arequipa.

Cotahuasi

ist ein kleines, wirklich verträumtes Andendörfchen mit etwa 4000 Einwohnern (2600 m). Die Gassen sind eng, die Häuser sauber getüncht und niemand braucht hier Angst zu haben, von einem Auto überfahren zu werden. Beliebt ist ein Ausflug von Cotahuasi zum **Wasserfall von Sipia**, Gehzeit zu Fuß oder mit dem Pferd ca. 3,5 Stunden (einfach). Der Canyon mit seinen unterschiedlichen Felsformationen und zahlreichen Wasserfällen **ist sehenswerter als der Colca**. Führer (15 Soles) und Pferde (20 Soles) vermittelt Feani Luz Vela (s.u.). Bei den angebotenen Trekkingtouren werden Höhen bis zu 4500 Meter erreicht, Landschaft superschön, Gegend völlig untouristisch, wildes Zelten üblich, aber Höhenanpassung unabdingbar!

Unterkunft: *Alojamiento Chávez* (BUDGET), Cabildo 125, Tel. 21-0222. Ü 9 Soles. – *Hotel Cotahuasi*, Arequipa 515, Tel. 58-1029, glasaspil@hotmail.com. Freundliches Hotel unter Leitung von Gladys Aspilcueta in exzellenter Lage und mit schönem Ambiente in dieser abgelegenen Region; bp, Ww. EZ 25 Soles, DZ 45 Soles, TriZ 65 Soles, MBZi 85 Soles. **TIPP!** – *Feani Luz Vela*, Independencia 117. Sehr einfache Zi., bc. DZ 18 Soles. – *Hotel Valle Hermosa*, Calle Tacna 106–108, Tel. 58-1057, www.hotelvallehermoso.com. Toller Blick auf Cotahuasi vom schönen Garten aus. DZ/F ab 100 Soles. – *Hospedaje Hatun Huasi*, Calle Centenario 309, Tel. 58-1054, hatunhuasi@gmail.com. Koloniales Gebäude mit Patio, Parkplatz fürs Auto im Hof. DZ ab 50 Soles.

Essen & Trinken: *Restaurante El Pionero*, Centenario, einfachste Tagesgerichte, empfehlenswert sind frische Forellen *(trucha)*. – **Führer:** *Miguel Concha Chirinos*, Av. Unión 108, Tel. 58-0162.

Pampamarca Ein schöner Ausflug führt in 3 h von Cotahuasi zu den **Ruinen von Pampamarca** in die Pampamarca-Schlucht. Wer nicht zu Fuß gehen möchte, kann um 7 und 16 Uhr mit einem Minibus von Cotahuasi nach Pampamarca fahren. Sehenswert sind die 30 Grad warmen Quellen von **Josla**, Gz 1,5 h, Weg ist markiert.

In Pampamarca sehr einfache Unterkünfte in der Calle Qato, *Hospedaje*

Borda und *Huito* sowie in der Calle Cupe *Hospedaje Usunki, Pampamarka* und *Amauta*, meist nur 2 Betten. Ü ca. 5 Soles. Im Notfall kann auch mit einem Schlafsack im Krankenhaus übernachtet werden. Frühstück/Essen mit den Familien zuvor im Ort abklären. Rückfahrt nach Cotahuasi 2x täglich.

Alca, Luicho & Hynacotas
Bei **Alca** (30 km) liegen die **Thermalquellen von Luicho,** empfehlenswert. Gleich gegenüber ist das *Hostal Wasi Punku,* freundlich und familiär, VP 40 Soles. **TIPP!** Ansonsten ins moderne *Hostal Alcala* (ECO) in Alca, Plaza de Armas s/n (gepflegte Zi. bc/bp, Küchenbenutzung). DZ/bc 50 Soles, DZ/bp 80 Soles, Frühstück/Essen muss selbst zubereitet werden (Vorrat mitbringen).

Von den Thermalquellen in Luicho kann zu Fuß **Hynacotas** erreicht werden, Gehzeit 3 h. Einfachste kostenlose Unterkunft der Consejo (Stadtverwaltung), Übernachtung bitte beim Bürgermeister anmelden.

Mauca Llacta
Die Attraktion von Puica ist *Mauca Llacta,* eine sehenswerte, große Inka-Siedlung, zu Fuß 30 Min. vom Ort entfernt. Anfahrt von Alca nach Puica täglich um 7 Uhr morgens mit einem Kombi. Einfachste Unterkunft der Consejo (Stadtverwaltung), bitte dort vorstellig werden.

Tour 5: Laguna Salinas

Die Laguna Salinas liegt in über 4000 m Höhe, etwa 104 km von Arequipa an der Straße Richtung Puno. Am besten ist es, mit Gleichgesinnten ein Taxi für die Fahrt anzuheuern oder ein Mietwagen zu nehmen. Das Taxi sollte etwa 160–200 Soles kosten (Verhandlungssache), doch das ist immer noch preiswerter als ein Mietwagen. Fahrzeit zur Laguna 3–4 h. Unbedingt darauf achten, dass das Taxi technisch o.k. ist (Bremsen, Bereifung!). Die Tour lohnt sich als Tagesausflug, vorausgesetzt, es wird sehr früh am Morgen losgefahren. Auch Reisebüros haben den Ausflug in ihrem Angebot.

Wer mit öffentlichen Verkehrsmitteln zur Laguna Salinas möchte, kann mit einem Colectivo von der Av. Mariscal Castilla nach Chiguata fahren, Fz 1 h, Fp 2 Soles. Von dort entweder zu Fuß, Gz 5 h, Trampen (nicht viel Verkehr) oder weiter mit einem Taxi, das hier wesentlich preiswerter als in Arequipa ist. Wer dagegen den täglichen Bus nimmt, hat allerdings nur 20 Minuten für die Laguna, bevor der Rückbus nach Arequipa wieder durchkommt.

Von Arequipa geht es in den Vorort Jesús (10 km). Hier liegt in einer Serpentinenkurve eines der Thermalbäder (s.o., Arequipa, „Thermalbäder"). Dann führt die Straße kurvenreich höher, links sieht man auf die trostlosen, halbfertigen „Gerümpel"-Bauten der Ärmsten Arequipas. Je weiter man aus der Stadt rauskommt, desto schlimmer wird es.

Nach einigen Kilometern geht es über eine neue Stahlbrücke und bald darauf wird der Kontrollposten der Polizei erreicht. Hier endet die Asphaltstraße und eine wilde Erd- und Geröllpiste beginnt. Der letzte Ort vor der Passfahrt ist Chiguata (dort evtl. frühstücken). Bis zur Abzweigung zur Laguna Salinas sind es von Chiguata 38 km. Mit kaum mehr als 20 km/h geht es voran, man wird weiter kräftig durchgeschüttelt. Langsam schraubt man sich so den Nevado Pichu Pichu höher (5571 m), die Aussichten (vorausgesetzt es setzt kein Nebel ein) werden immer fantastischer. Vereinzelt kommen schwerbeladene Lkw die Serpentinen heruntergerumpelt. Manchmal steht auch ein verlassener Lkw auf der Piste. Die Fahrspur wird eng, ab und zu ist sie nur noch so breit wie der Wagen, und die Luft wird kälter und dünner. In 4200 m Höhe geht es durch einen Tunnel, bevor die Hochebene in 4000 m Höhe durchfahren wird. An der einzigen Abzweigung nach rechts sind es noch 29 km bis Salinas, ein kleines Dorf an der südlichen Seeseite. Die Lagune ist Heimat mehrerer Flamingo-Arten, deren Überleben in dieser Höhe kaum zu glauben ist (Brutzeit: Juni/Juli).

Tour 6: Besteigung des Volcán Misti und des Nevado Chachani

Beide Berge sind für Geübte und gut Höhenakklimatisierte relativ leicht zu besteigen. Der Nevado Chachani (6075 m) dürfte einer der einfachsten Sechstausender der Welt sein. Man benötigt nur für das letzte Stück Steigeisen. Skistöcke sind im steilen Geröll auch für den Misti (5821 m) angebracht.

Der Transport per Jeep hin und zurück kostet ab 130 US$, ein Mietzelt für zwei Tage 20 Soles. Alles in allem nicht billig und nur für Gruppen zu empfehlen. Ohne eine Übernachtung ist die Besteigung beider Berge nicht möglich. Für beide sind mindestens 2 Tage, für Ungeübte eher 3 Tage einzuplanen. Organisation, Equipment und Führungen übernimmt auch: *Naturaleza Activa,* Santa Catalina 211, naturactiva@yahoo.com.

Volcán Misti (5821 m) Die Besteigung des wunderschönen Vulkanbergs (s. Karte „Arequipa Umgebung") ist am einfachsten mit einem Führer, der einen direkten, arequipanahen Weg geht. In der Regel sind zwei Tage erforderlich, von einer eintägigen Tour wird aufgrund der extremen Höhenunterschiede und der damit verbundenen körperlichen Belastung abgeraten. Eine dreitägige Tour empfiehlt sich für Leute, die noch nicht genügend akklimatisiert sind. Trekking-Equipment, Sonnenschutz und Handschuhe sind ausreichend.

Mit einem Jeep, Colectivo oder dem Bus bis *Cachamarca* (3000 m, kein Hotel, Bus um 16 Uhr ab Sepulveda/Puente Arnao in Miraflores) fahren. Hier ist eine Kontrolle (Registrierung). Von dort sind es etwa 12 h zu Fuß zum *Refugio Monte Blanco,* eine halbkaputte Felshöhle in 4800 m Höhe. Am nächsten Morgen sind es noch 6 h bis zum Gipfel.

Wilhelm Huber, Bergführer der österreichischen Bundesgendarmerie schlägt wahlweise eine relativ leichte Route vor, die jeder mit guter Kondition in zwei Tagen durchführen kann und auch in Arequipa angeboten wird:

■ *Vulkan Misti mit Vicuña*

„Im Morgengrauen geht es am 1. Tag mit einem Jeep bis nach *Aguada Blanca* auf eine Höhe von 3500 m, Fz 1 h. Hier hört die Straße auf. Von hier gegen 9 Uhr mit Führer, Trägern und Koch zu Fuß weiter, ca. 2 h durch trockene, niedere Buschlandschaft hinauf auf 4085 m Höhe. Nach kurzer Rast noch ca. 3 h über Lavasand und Geröll auf 4650 m. Hier befindet sich ein ebener Zeltplatz, auf dem das Basislager aufgeschlagen wird. Weitere Möglichkeiten zum Zelten bis zur Schneegrenze auf etwa 5500 m. Nachts fällt die Temperatur auf Minusgrade ab. Am nächsten Tag ist der Gipfel mit dem Gipfelkreuz aus Eisenbahnschienen über den Gratrücken und durch Schnee in ca. 4 h relativ leicht erreichbar. Der Aufstieg ist nicht schwierig und leicht zu finden. Durch die Schneeart – meist Büßerschnee – sind Steigeisen nicht unbedingt erforderlich. Im Inneren des Kraters liegt reiner Sand und kein Schnee. Der Abstieg zum Lager dauert dann nur ca. 2 h. Bis 15 Uhr kann man wieder am Ausgangspunkt an der Straße sein, wo der Jeep bereitsteht."

	Mollendo	**247**

Nevado Chachani (6075 m)

Ein Jeep oder 4WD kann innerhalb von 3 h auf 5150 m hinauffahren, Abfahrt gegen 9 Uhr, dann 1 h Gehzeit bis zum Basislager auf einer kleinen Hochebene *(Campamento de Azufrera)* in 5200 m Höhe, Temperatur um den Gefrierpunkt, Zeltaufbau. Von dort sind es noch 6–7 h bis zum Gipfel, teils steiler Aufstieg über Geröll, Sand und Schnee; Steigeisen erforderlich. Beim ersten Quergang sollten die Führer das Seil (fragen!) verwenden. Wer bereits mehrere Tage in Puno oder einige Mal über 4000 m war, hat am selben Tage noch die Chance den Gipfel zu erreichen, ansonsten werden die auftretenden Symptome der Höhenkrankheit zum Alptraum. Dann ist auf jeden Fall zu einer Zweitagestour mit Übernachtung im Basislager zu raten. Diamox lindert angeblich die Kopfschmerzen, wie Berggeher berichteten. Am nächsten Morgen sind es noch 7 h bis zum Gipfel. Damit ist der Chachani einer der leichtesten 6000er der Welt, ohne technische Schwierigkeiten.

Südküste-Nebenroute: Arequipa – Mollendo – Moquegua – Ilo – Tacna – Arica/Chile

Arequipa – Mollendo (210 km)

Hinter Arequipa führt die Panamericana zunächst hinab bis zur Zahlstelle in *Uchumayo* (1950 m), dann wieder aufwärts zu einem 2350 m hohen Pass mit schönen Rückblicken auf die Berge Misti und Chachani. Danach geht es hinunter zu dem 37 km entfernten Kreuzungspunkt *Repartición* (1750 m). Zum Pazifikhafen *Mollendo* und zur chilenischen Grenze muss hier links abgebogen werden. Der neue Hafen *Islay* ist der wichtigste Hafen Südperus und dient, neben dem südwestlicher gelegenen Hafen Ilo, dem Binnenstaat Bolivien als Freihandelszone. Von Islay führt die Küstenstraße 12 Kilometer weiter zur alten Hafenstadt Mollendo.

Mollendo

Mollendo ist mit seinen 25.000 Einwohnern das Seebad Arequipas (Busse benötigen knapp 2 Stunden). Die Verlängerung der Ugarte führt zur Strandstraße mit Restaurants und Swimmingpools. Von Dezember bis März herrscht reger Betrieb, besonders an den Wochenenden, ebenso wie im 16 Kilometer weiter südlich gelegenen **Mejía,** auch ein Badeort (s.u.). Außerhalb der Saison wirkt Mollendo beschaulich, beinahe verschlafen.

Im Jahr 1544 bunkerte hier Francisco Pizarro mit zwei Schiffen Wasser und Nahrungsmittel. Ab 1624 wurden von Mollendo und dem benachbarten Hafenort Matarani Waren mit Lama- und Eselskarawanen ins Andenhochland transportiert. 1868 verhalf der Bau der Eisenbahn Arequipa zu weiterem Aufschwung. Im früheren alten Hafen, heute ein Park, sind noch einige Waggons aus dieser Pionierzeit zu besichtigen. Mollendo ist auch Ausgangspunkt für Bootsfahrten zu den Felseninseln *Islas Loberas* (Seehund-Inseln), *Islas Guaneras* und *Islay*.

Plaza Bolognesi / Plaza Grau

Beide Plätze liegen nur einen Straßenblock auseinander und sind Treffpunkte für Jung und Alt. Am Bolognesiplatz gibt es außerdem die besten Fischrestaurants der Stadt. Der Mercado liegt zwischen der Luna und der Melgar.

Weiteres

Das Seebad **Baños del Cura** ist nur drei Minuten vom Markt entfernt und wurde nach einem Priester benannt, der hier jeden Morgen ein Bad nahm und durch eine Welle, die ihn auf die Klippen warf, den Tod fand. Das im Kolonialstil erbaute **Castillo de Forga** liegt unübersehbar auf einem Felsen am Strand, und das **Aqua Náutico,** ein Erlebnisbad am Pazifik, besitzt eine lange Wasserrutschbahn (nur von Dezember bis Mai geöffnet).

Adressen & Service Mollendo

Tourist-Info *Departamento de Turismo,* Arica 301. **Vorwahl (054)**

Unterkunft ECO: **Hotel Cabaña,** Comercio 240, Tel. 53-3833; saubere Zi. bc/bp, nicht immer Ww. – **Hostal Oriental,** Comercio 416, Tel. 53-2712; einfache Zi., belebte Straße, bp, VISA. – **Hostal Las Américas,** Av. Arequipa 387, Tel. 53-2109. gepflegte Zi., gutes PLV. DZ 55 Soles, Frühstück ab 8 Soles. – **Casona,** Arequipa 188. Nettes Hostal, doch in einer Straße mit vielen Discos, Zi. zur Straße hin meiden. DZ/F 35 Soles. – **El Hostalito,** Blondell 169; Ü/F 50 Soles.
FAM: Hotel Plaza, Av. Arequipa 209, Familie Pastor kümmert sich liebevoll um seine Gäste, Tochter spricht Englisch. Zentral, Strandnähe und mit Restaurant. – **La Villa Hotel,** Av. Mariscal Castilla 366, Tel. 53-5051, www.lavillahotelmollendo.com. Garten, Pool und WiFi. DZ/F 129 Soles.

Essen & Trinken Sowohl zum Frühstück als auch zum Mittagessen ist das *Mario Antonio* an der Plaza de Armas eine gute Option.

Post *Serpost,* Arequipa 530

Verkehrsverbindungen **Nach Arequipa** (130 km): tägl. mehrere Busse und Colectivos, Fz 3 h, um 6 Soles. – **Mejía** (16 km): Micros ab Arequipa/Tacna, Fz 20 Min. – **Moquegua** (155 km): tägl. mehrere Busse und Colectivos, Fz 2 h, um 4 Soles. – **Tacna** (315 km): Fz 3–3,5 h. Von Mollendo kann über Mejía ebenfalls die Panamericana erreicht werden (50 km, Straße schlecht). Außerdem führt entlang der gesamten Pazifikküste eine Piste über Ilo bis nach Arica (Chile).

Umgebungsziele Mollendo

Mejía Das 1984 gegründete und sehenswerte Vogel- und Naturreservat **Lagunas de Mejía** liegt nur 20 Minuten von Mollendo entfernt und verläuft parallel zum Meer. Es breitet sich von der Mündung des Tambo-Flusses 7,5 km nach Norden aus, umfasst 690 ha, und gilt als eine der bestgeschützten Wasserzonen mit zahlreichen Wasservögeln an der Küste. Ein Habitat mit bis zu 200 Vogelarten, u.a. mit Flamingos, Adlern, Sumpfhühnern, Entenarten. Außerdem zahlreiche Zugvögel.
Anfahrt von Mollendo mit Taxi, Fz 20 Min., Fp 20 Soles. Es gibt Taxifahrer, die sich im Naturreservat etwas auskennen und eine kleine Führung machen können, Fahrpreis dann inkl. zweistündiger Führung 15 Soles. Selbstfahrer nehmen von Mollendo die südliche Küstenstraße nach Mejía. 3 km vor den Strandhotels in Mejía steht links ein Haus mitten in der „Pampa", an dem der Eintritt von 5 Soles zu zahlen ist. Eine Liste der Vogelarten wird zur Verfügung gestellt. Das Reservat ist weder durch Wege oder Pfade erschlossen noch ausgeschildert. Am Eintrittshaus gibt es zwar einen halbwegs befestigten Weg, der steht aber meist unter Wasser. Die nächste Möglichkeit in das Reservat einzudringen, besteht nach knapp 500 Metern, doch auch hier muss u.U. durch Wasser gewatet werden. Wer es bis zum Strand schafft, kann unzählige Seevögel beobachten. Von Einzel-Exkursionen wird abgeraten!

Islas de Hornillas Ausgangspunkt ist der Hafen in Matarani, der von Mollendo mit dem Taxi schnell erreichbar ist. Im Hafen kann ein Fischerboot für eine Hafenrundfahrt angemietet werden, Fz 1 h, Fp 60–80 Soles/Boot. Interessanter ist aber eine Bootstour zu den *Islas de Hornillas,* Fp 320–400 Soles/Boot. Wohin das Auge auch sieht – in Hülle und Fülle Kormorane, Humboldt-Pinguine, Inkamöven, Pelikane ... sie lassen sich selbst durch das Boot nicht stören (hier ist es noch schöner als auf den Islas Ballestas bei Paracas). Nach einem Picknick mit Bademöglichkeit im kalten Humboldtstrom geht es dann wieder nach Matarani bzw. Mollendo zurück, oder, gegen 200 Soles Aufpreis, zum historischen Hafen *Quilca.* Von Quilca (keine Unterkunftsmöglichkeit) fahren um 16 Uhr Kombis nach Camaná. Von dort stündlich Busse nach Arequipa.

Arequipa – Moquegua

Die direkte Strecke von Arequipa nach Moquegua (210 km) durchquert hinter dem oben erwähnten Kreuzungspunkt *Repartición* die Wüste von *La Joya* und anschließend das fruchtbare Tal des *Río Tambo*. Über oft schnurgerade Wüstenstücke geht es durch die *Pampa de Salinas* und *Clemensi* nach Moquegua.

Moquegua

Die sehr saubere Stadt liegt von der Straßengabelung 5 km talaufwärts am *Río Osmore* auf 1440 m Höhe. Es ist die Hauptstadt des Departamento *Moquegua* mit 134.000 Einwohnern. Aufgrund der Kupfervorkommen bei *Cuajone* (größte Kupfermine Perus) und *Toquepala* gewann der Ort an wirtschaftlicher Bedeutung. Im oasenartigen Tal werden Avocados, Trauben und andere Früchte angebaut. Sehenswert sind die Kirche *Santo Domingo* mit einem Barockaltar und den sterblichen Überresten der heiligen *Fortunata* sowie einige Kolonialhäuser. Das privat geführte *Museo Contisuyo* bietet einen umfassenden Einblick in die Lebensweise der Kulturen, die die Region prägten. Dazu zählen neben den Wari und Tiwanaku auch die Chiribaya. Die trockene Berglandschaft lädt zu Wanderungen ein. Empfehlenswert ist der Aufstieg zum *Cerro Baul*, einem Tafelberg mit Resten einer Ciudadela und heute noch Pilgerort für *pagos a la tierra,* Rituale und Zeremonien an die Erdmutter. Ein Modell des Berges ist im Museum zu sehen. Oberhalb der Stadt lädt der *Mirador,* Aussichtspunkt mit Christus-Statue und Park, zum Verweilen ein und unweit davon befinden sich die Geogplyphen von Chen Chen (Tiwanaku-Kultur), Scharrfiguren in Kamelidenform an den Berghängen. Eine neuerbaute Güterbahn und eine Straße verbinden Moquegua mit dem knapp 100 km entfernten Hafen von Ilo.

Adressen & Service Moquegua

Tourist-Info Callao 121. **Vorwahl (053)**

Unterkunft **ECO: Hostal Carrera** (BUDGET), Lima 320, Tel. 76-2113; saubere Zi. bc/bp, freundlich. – **Hostal Adrianella,** Miguel Grau 239, Tel. 76-3469; saubere Zimmer/bp, Ww. – **Hostal Los Ángeles,** Torata 100-A, Tel. 76-2629; familiär, freundlich, Ww.
ECO/FAM: Hostal Quinta de los Limoneros, Lima 441, mit Garten, Tel. 46-1649, hotelloslimoneros@yahoo.com.pe; Zi. bc/bp, nicht immer Ww. Die gesamte Anlage soll demnächst verkauft werden. DZ 55 Soles. – **Hotel Alameda,** Calle Junin 322, Tel. 46-3971.
FAM/LUX: Hotel Colonial de Moquegua, Calle Estadio Norte 120, Tel. 46-1569, www.hotelcolonialmoqueguaperu.com. Zi. mit Balkon, bp, Blick auf das Umland. DZ ab 52 US$. – **Hotel El Mirador de Moquegua,** 1 km außerhalb der Stadt auf der Straße zum Flughafen, Alto de Villa s/n, Tel. 46-1765, reservas@dematourshoteles.com. Saubere Zimmer/bp, Restaurant, Pool, Disco! Die Bungalows erreichen preislich die LUX-Kategorie!

Essen & Trinken Ein gutes und preiswertes Restaurant ist das *Moraly,* Lima/Libertad, das große Portionen serviert. Ebenfalls an dieser Ecke ist die Cebicheria und Bar *El Limon Picante.* Viele einfache Kneipen und Imbisse rund um den Mercado (Libertad/Balta bzw. Libertad/Grau). An der Plaza befinden sich die Pizzaria *Vissios* sowie das Gourmet-Restaurant *Margarita.* Unser Tipp für gutes und

	günstiges Mittagsmenü ist *El Nuevo Arrecife,* Calle Lima 636.
Post	*Serpost,* Plaza de Armas. Das Gebäude der Post ist das „Haus der Zehn Fenster", eines der beeindruckendsten Kolonialhäuser an der Plaza.
Museum	*Museo Contisuyo,* Calle Tacna 294, www.museocontisuyo.com; Mo–So 8–13 u. 14.30–17.30 Uhr, Eintritt.
Reiseveranstalter	*Ledelca Tours,* Jr. Ayacucho 625, direkt gegenüber der Kathedrale, Tel. 46-2342, www.ledelcatours.com. Neben Stadtrundfahrten bietet der kompetente Veranstalter auch Touren zum Tafelberg Cerro Baul und den Geoglyphen von Chen Chen sowie Degustationstouren zu den *Bodegas,* Wein- und Pisco-Destillerien der Region an. Wer etwas mehr Zeit mitbringt, kann das Hochland von Moquegua mit seinen andinen Terrassen und Thermalquellen erkunden.
Bus	**Nach Arequipa** (210 km): mehrere Busse tägl., Fz 3,5–4 h, 20 Soles. – **Ilo** (95 km): tägl. Busse und Colectivos, Fz 1,5 h, um 4 Soles. – **Lima** (1190 km): tägl. Busse (mit Stopps in Camaná, Nazca und Ica), Fz 20–24 h, ab 60 Soles. – **Puno** (265 km): tägl. mehrere Busse, Fz 10 h, ab 35 Soles. – **Tacna** (160 km): tägl. mehrere Busse und Colectivos, Fz 2–3 h, Bus ab 10 Soles, Colectivo ab 15 Soles.
Moquegua – Tacna	Die Panamericana führt 155 meist schnurgerade Kilometer an den Abzweigungen nach *Ilo* und *Toquepala* vorbei, überquert nach *Camiara* den *Río Locumba* und in Höhe *Sama Grande* den Río *Sama.*

Ilo

Ilo (61.000 Ew.) besteht aus den drei Stadtteilen Ilo Viejo (Altstadt), Ilo Nuevo (Neustadt) und Ilo. Sehenswert ist der *Templo San Geronimo* an der Plaza de Armas aus dem Jahre 1871, mit religiösen Gemälden aus dem 18. Jahrhundert. Im Glockenturm hängt eine Uhr aus deutscher Produktion. Die *Glorieta* ist beliebte Flaniermeile.

Vom Hafen wird Kupfer verschifft, auch landwirtschaftliche Produkte wie Zuckerrohr, Oliven (Anbau im Valle de Ilo), Avocados, Kartoffeln, Weizen, Mais und Baumwolle. Bolivien wurde 2011 von Peru ein 5 km langer Küstenabschnitt mit Hafeneinrichtungen bei Ilo zugesprochen, über den nun die Ein- und Ausfuhren des Binnenlandes Bolivien abgewickelt werden.

Während der Sommermonate sind die Strände bei Ilo sehr belegt. Die wichtigsten sind im Süden *Puerto Inglés* (Windsurfen, Tauchen) und *Boca del Río,* die Strandmeile mit ausgeprägtem Nachtleben, sowie im Norden die *Playa Waikiki* mit wunderschönen Sandstränden. Das Pazifikwasser ist aber durch den Humboldtstrom recht frisch und die Strände bieten keinen Schutz gegen die brennende Sonne (keine Bäume oder Palmen)! 5 km außerhalb von Ilo liegt das Seebad **Pozo de Lizas** am tiefblauen Pazifik mit ausgedehnten, gleichfalls schattenlosen Sandstränden und gut besuchten Strandrestaurants, wie z.B. dem *El Nautilus*.

In **Punta de Coles,** 10 km von Ilo entfernt, liegt eines der bedeutendsten maritimen Naturschutzgebiete Perus. Neben Seevögel können hier insbesondere Tausende Seehunde beobachtet werden. Laut Information der Parkwächter wird derzeit zum Besuch des Naturschutzgebietes eine Sondergenehmigung benötigt, die angeblich nur in Lima ausgestellt werden kann.

Unterkunft	Vorwahl (053)
	ECO: *Hostal San Martín* **(BUDGET), Matará 325; bc/bp, Ww.**
	FAM: *Gran Hotel,* Av. Boca del Río, Tel. 48-2411; bp, Restaurant.

Touren	*Tropical Travel*, Jr. Moquegua 608, Tel. 48-3865
Bus	Vom neuen Terminal Terrestre fahren alle Busse für Fernstrecken ab, er liegt außerhalb auf einem Plateau inmitten der Wüste. **Nach Arequipa:** tägl. mehrere Busse, u.a. *Flores* und *Ormeño*. – **Tacna:** mehrmals tägl. mit *Flores*.

Tacna

Die mit viel Sonnenschein gesegnete Stadt Tacna (562 m) hat knapp 290.000 Einwohner, ist Hauptstadt des gleichnamigen Departamento und Freihandelszone (Einfuhren). Sie hat für Peru strategische Bedeutung, denn die Grenze zu Chile ist nur knapp 50 km entfernt. Für Reisende ist Tacna der letzte Etappenort vor Chile.

Einen kurzen Besuch wert ist die palmengesäumte Plaza de Armas mit einem Bronzebrunnen und mit Bronzestandbildern der Helden Admiral Grau und Oberst Bolognesi. Mit dem Bau der Kathedrale, entworfen von *Gustave Eiffel,* wurde 1872 begonnen aber erst 1954 wurde sie fertiggestellt. Außerdem ist der historische, etwa 150 Jahre alte und original erhaltene Bahnhof von Tacna sehenswert. Im dortigen Museum (s.u., „Museen") gibt es jede Menge Zug- und Autoveteranen. Man fühlt sich in eine andere Zeit zurückversetzt.

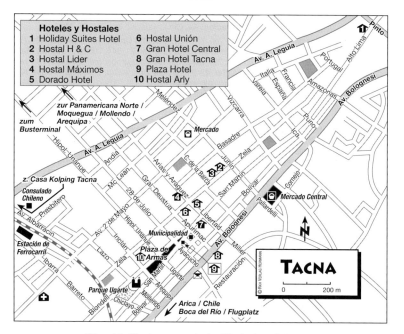

Wer sich für den peruanisch-chilenischen *Salpeterkrieg* (1879–1884) interessiert, kann ins *Museo Alto de la Alianza* reinschauen. 1880 fand 8 km nördlich von Tacna auf dem *Campo de la Alianza* eine Schlacht zwischen den beiden Ländern statt. Nachdem Peru verlor, wurden von Chile die peruanischen Städte Arica und Tacna beansprucht und dies im Vertrag von Ancón besiegelt. Tacna fiel 1929 nach einer Volksabstimmung wieder an Peru zurück, Arica verblieb jedoch in chilenischem Besitz. Chilenischer Einfluss auf Tacna ist spürbar, viele Einwohner Tacnas fahren regelmäßig nach Arica. Ebenfalls zu besichtigen ist das Geburtshaus von Jorge Basadre Grohmann (1903–1980), der Publikationen zur Unabhängigkeit Perus schrieb. Die *Casa Zela* erläutert in Dokumenten die Errungenschaften von Francisco Antonio de Zela de Arizaya (1786–1821) während der Revolution von Tacna.

Adressen & Service Tacna

Tourist-Info i-Peru, Av. San Martín 491, Tel. 42-5514, iperutacna@promperu.gob.pe, www.peru.info, Mo–Sa 9–19 Uhr, So 9–14 Uhr, sowie auf dem Flughafen und im Terminal Terrestre, Mo–Sa 8.30–15 Uhr. – *Dirección Regional de Industria y Turismo,* Blondell 50, Tel. 72-2784 und 74-6944. – *Ministerio de Cultura,* Av. San Martín 450, Tel. 71-1171.
Websites: www.turismotacna.com
Vorwahl (052)

POLTUR *Policía de Turismo,* Callao 121, Tel. 71-4141. **Warnhinweis:** auch in Tacna sind die *Jalagringos* auf Jagd nach Touristen, um diesen überteuerte Leistungen anzudrehen! – **Migración:** Av. Circunvalación s/n, Tel. 74-3231.

Unterkunft **Hostal Arly,** Inclán 171, Tel. 42-3701. – **Hostal Unión,** Zela 569, Tel. 42-4708.
ECO Saubere Zi., bc. – **Hostal Lider,** Zela 724, Tel. 21-544, DZ/bp. – **Hostal Maximos,** Arias Araguez 281, Tel. 24-2605, www.maximoshoteltacna.com. – **Plaza Hotel,** San Martín 421, Tel. 42-2101; gute Zimmer/bp, Cafetería. – **Casa Kolping Tacna,** Av. Rufino Albarracin 1002, Tel. 31-4141, www.hoteleskolping.net. Gästehaus mit 26 Zimmern/bp, auch MBZi, Mahlzeiten auf Wunsch. DZ/F ab 21 US$.

ECO/FAM **Gran Hotel Central,** San Martín 561, Tel. 41-2281; freundlich, sicher, bp, Reservierung empfohlen, gut für Backpacker, großer Parkplatz im Innenhof; die lauten Zimmer zur Straße hin über dem Spielcasino meiden. – **Copacabana Hotel,** Arias Araguez 370, Tel. 42-1721, www.copahotel.com. Gute Zimmer/bp, Restaurant, Ws. – **Hotel Avenida,** Av. Bolognesi 699 (beim Mercado Central), Tel. 42-4582, avenida_h@yahoo.com. DZ/F 80 Soles. Unbedingt reservieren, von Chilenen bevorzugt für Einkaufsausflüge benutzt.

FAM **Holiday Suites Hotel,** Alto Lima 1472, Tel. 24-1139, www.hotelholidaysuites.com. Große Zimmer, bp, Ws, Pool, Internet, Disco, Parkplatz. DZ/F ab 120 Soles, inkl. Airport-Transfer. – **El Mesón Hotel,** Hipólito Unanue 157 (der Nähe der Plaza de Armas), Tel. 41-4070, www.mesonhotel.com. DZ/F ab 140 Soles. – **Dorado Hotel,** Arias Araguez 145-153-157, Tel. 41-5741, www.doradohotel.com. DZ/F ab 145 Soles. Das beste Hotel seiner Kategorie, neue, geräumige Zimmer, alle Annehmlichkeiten eines Sterne-Hotels. **TIPP!**

LUX **Gran Hotel Tacna,** Av. Bolognesi 300, www.granhoteltacna.com, Tel. 42-4193. Bestes Hotel der Stadt, saubere Zimmer/bp, Gartenanlage, Restaurant, Bar, 2 Pools, Casino, Disco! DZ ab 230 Soles.

Essen & In und um Tacna wird noch auf alte Art und Weise mit Lehmtöpfen auf einem
Trinken Holzfeuer gekocht, wodurch ein besserer und intensiverer Geschmack erreicht wird. Die typische Tacna-Küche bietet: *Choclo con queso* (gekochter Mais mit Käse), *Chicharrones de chancho* (gebratene Schweinefleischstücke), *Cuy chactado* (Meerschweinchen in viel Öl gebraten), *Tamales* (Maisspeise) und *Picante a la Taceña* (Gericht aus Fleischstückchen, Innereien, Kartoffeln, Ají,

Oregano und Öl). Unbedingt die regionale Delikatesse *Damascos macerados* probieren (marinierte Pisco-Aprikosen).

Leckeres Frühstück an den Imbissständen sowie billiges Essen an den Garküchen auf dem Mercado 2 de Mayo, Av. 2 de Mayo (Cuadra 7). Die Auswahl an Restaurants und Kneipen in der Calle San Martín ist groß, z.B. *Chez Maggy* (No. 223), Pizzaria; *Club Unión*, etwas teurer; *Mar & Tierra* (No. 1199), Grillspezialitäten, sowie die Chifas *Shanghai I* und *II* (nur à la carte).

Die typischen Gerichte Tacnas werden im *El Cacique Picantería,* Rosa Ara 1903, sowie im *Los Granados,* Pasaje San Sosé 119, aufgetragen. Ansonsten: *Sur Perú,* Ayacucho 80 (nicht direkt in der Ayacucho, sondern um die Ecke), gut und preiswert, viele Einheimische, empfehlenswert. In der Ayacucho auch viele Menü-Restaurants, deren Preise zwischen 6 und 8 Soles variieren.

Der *Rancho San Antonio,* Coronel Bustíos 298, ist ein nettes Gartenrestaurant mit lokaler und internationaler Küche. – Eine sehr gute *Parrillada* ist *das El Gaucho,* Alto de Lima 1434. – Gute *Meeresfrüchte und Fischgerichte* gibt es im *El Cebillano,* Calle Francisco Cornejo 911, einen halben Block vom Mercado Central entfernt. – Etwas außerhalb, in *Pocollya,* gibt es viele preiswerte Landgaststätten.

Gleich zweimal gibt es das *Café Zeit/Tempora* mit großer Auswahl an Kaffeespezialitäten, auch Kuchen nach deutscher Art und dt. Bier, Pasaje Vigil 51. – Tägl. Happy Hour mit Tee und Torten: *Café da Vinci,* Av. San Martin.

Unterhaltung Die Av. San Martín ist Tacnas Vergnügungsstraße. Hier gibt es mit *Money Money* (No. 549), *Damasco* (597), *La Cabaña* (736) und *Royal Palace* (773) gleich vier Casinos, mit dem *Korekenke* (841) eine Disco sowie viele Restaurants (s.o.). – *Rancho San Antonio,* Bustios 298, Livemusik Fr/Sa ab 21.30 Uhr. – *El Remanso,* Alto de Lima 2069, Pub & Restaurant, Livemusik Sa ab 21.30 Uhr – *Red & Black,* Av. Leguía 1407, Disco. – *D Cajón,* Calle Cusco s/n, Disco.

Erste Hilfe *Hospital San Ramón,* Inclán 489, Tel. 42-2592

Post *Serpost,* Av. Bolognesi 361/Billinghurst

Telefon *Telefónica del Perú,* San Martín 453 und Zela 727

Geld Die Wechsler auf dem Busterminal bieten für Soles gegen chilenische Peso bessere Kurse als die in Chile. Die Kurse mit denen der *Banco del Crédito,* San Martín 574, oder mit denen der *Banco de la Nación*, San Martín und Deustua vergleichen.

Einkaufen Zollfreie Waren gibt es für den Eigenbedarf im Centro Comercial 28 de Julio (Bekleidung) sowie in der Straße Mendoza (Alkohol, Elektronikwaren, Spielzeug etc.). Unbedingt Quittung verlangen und aufbewahren; wird bei der Ausreise aus Tacna kontrolliert! – Obst und Gemüse im Mercado Central in der Bolognesi. Ebenfalls in der Bolognesi sehr viele Optiker und Schmuckläden. Neues Einkaufszentrum *Solari Plaza,* Bolognesi 677 (hier gibt es bei *Frapperin Frap* für 9 Soles einen leckeren Frappuccino mit gemahlenen Kaffeestückchen!).

Reisebüros / Touranbieter *Tacna Travel Service,* Av. San Martin 746, Tel. 42-3625, www.tacnatravel.com. – *Pegasus Travel,* Av. Bolognesi 1006, Tel. 24-6060, www.pegasusviajes.com. Unser **TIPP:** *Samatours,* Av. San Martin 824, 2. Stock, Tel. 42-6325, www.samatoursperu.com. Sehr hilfreich, große Auswahl an Touren und Anbieter der **Bustour,** www.bustour.com.pe, einer bequemen Möglichkeit, Tacna und Umgebung kennenzulernen. Bsp. Stadtrundfahrt und Campiña-Tour (Besichtigung der Petroglyphen von Miculla und Besuch der Thermalquellen von Pachia sowie Verkostung in einer Bodega in Sobraya) ab 40 Soles pro Person.

Autoclub Automóvil Club del Perú, Av. 2 de Mayo 75, Tel. 42-3121.

Museen *Museo Ferroviario,* Hipolito Unanue 129, im Bahnhof, Mo–Fr 8–13 Uhr, Eintritt 5 Soles. Gut erhaltene Dampfloks, Bibliothek und Geschichte. – *Casa de Zela,*

Zela 542, Mo–So 9–12.30 u. 15–18.30 Uhr, Eintritt frei. – *Casa Museo Basadre,* Calle Bondell (Plaza de Armas), Mo–So 10–13 u. 15–17 Uhr, Eintritt frei. Neben Museum auch Pinakothek von Tacna. – *Museo de Instituto Nacional de la Cultura,* Casa de la Cultura, Apurímac 202. Fokus auf Revolution von Tacna und Unabhängigkeitskrieg, Mo–Fr 8–12 Uhr, Eintritt frei.

Kunsthandwerk *Bazar Artensanal Chavín,* Av. Bolognesi 789. – *Artesanías Tacna,* Av. Bolognesi 689. – *El Tumi de Oro,* Paillardelli 67.

Bus Der *Terminal Terrestre Manuel A. Odría* ist in Cercado, Prolongación Av. Hipólito Unanue s/n, am nördl. Stadtrand Tacnas. Hinweg mit Colectivos (max. 5 Pers. inkl. Durchlotsen durch die Kontrollposten) 10 Soles, Taxis 2,5 Soles, Terminalgebühr 1 Sol. Wer nach Chile weiterreisen möchte, muss zum gegenüberliegenden Internationalen Terminal wechseln. Die wichtigsten internationalen Busunternehmen sind *CIVA* (Cabinas 8/9), Tel. 74-1543, *Flores Hnos.* (Cabinas 10–12), Tel. 72-6691, *Cruz del Sur* (Cabinas 16/17), Tel. 72-6692 und *Ormeño (*Cabinas 21–22), Tel. 72-3292.

Busse von Tacna nach Arica passieren nach 15 km einen Zollkontrollpunkt, wo die Gepäckstücke etwa eine Stunde untersucht werden. Der Transport von Obst ist nicht erlaubt und wird beschlagnahmt. Danach folgt ein Polizeikontrollpunkt und evtl. noch ein weiterer. Wer aus Arequipa anreist, wird bereits in Moquegua kontrolliert. Die Kontrolle auf dem Weg von Tacna nach Moquegua, Ilo und Arequipa sowie weiter nach Lima erfolgt 20 Minuten nach Verlassen der Stadt. Hier geht es weniger um Obst, sondern vielmehr um *Contrabando,* Schmuggelware. ACHTUNG: Es kann durchaus vorkommen, dass sich in einem Bus von Tacna Richtung Norden Personen an Sie wenden und bitten, eine Jacke anzuziehen oder eine Tasche zu halten. Das ist zollfrei in Tacna gekaufte Ware zum illegalen Weiterverkauf in Arequipa oder Lima. Geben Sie am besten vor kein Spanisch zu sprechen und seien Sie konsequent beim verneinenden Kopfschütteln!

Nach Arequipa (420 km): täglich viele Busse im Stundentakt, Fz 6 h, ab 20 Soles. – **Arica** (55 km): täglich mehrere Busse (*Chasquitur, Pullman Bus, Perú Express*) und Colectivos, Fz 1–2 h (abhängig von der Wartezeit an der Grenze), Fp 12-15 Soles. – **Cusco:** Direktbus via Moquegua mit *Civa* und *Cruz del Sur,* Fp ab 80 Soles. – **La Paz:** Busse von *San Martín,* Av. Circunvalación Norte 1048, Tel. 84-0499 und *Turismo Linturs,* Av. Circunvalación Norte, Tel. 84-1574. Fz 15–16 h, ab 80 Soles. Direktverbindung zum Titicacasee über Tarata, die in Llave bzw. in Julí auf die Straße Puno – Desaguadero – La Paz trifft. Eine in der Trockenzeit öfter befahrene Piste. Eine schnellere Alternative ist, mit einem Sammeltaxi nach Arica (55 km) zu fahren und dort den Bus nach La Paz zu nehmen, Fz 9,5 h, Fp 50 Soles. – **Lima** (1273 km): tägl. mehrere Busse (z.B. *Ormeño*), Fz 23–26 h, ab 100 Soles. – **Moquegua** (155 km): tägl. mehrere Busse und Colectivos, Fz 2 h, um 10 Soles. – **Puno:** tägl. Busse, Fz 12 h.

Zug Eine 62 km lange Eisenbahnlinie verbindet **Tacna mit Arica.** Ein Highlight sind die alten Lokomotiven im Bahnhof in Tacna, darunter auch ein Schienenbus aus Holz – Eisenbahnfeeling pur! Da sich die Abfahrtszeiten immer wieder ändern, hier eine grobe Orientierung: Abfahrten Mo–Sa 4 und 16 Uhr im Autovagón (Einheitsklasse); Fz 90 Min., Fp um 10 Soles. Reservierung sinnvoll, da der Zug voll mit Schmugglern ist. Schnelle Grenzabfertigung. – Rückfahrt von Arica am gleichen Tag um 6 und 18 Uhr. Wer den 10-Uhr-Zug nimmt, kann mittags mit dem Bus von *Cruz del Sur* am selben Tag gleich weiter nach Arequipa fahren. Zum Recherchezeitpunkt war die Strecke wegen Minengefahr geschlossen!

Flug Taxi zum/vom Flughafen (TCQ) oder Busterminal 8–10 Soles. *LAN,* Apurímac, Tel. 24-3252, www.lan.com. *StarPerú,* Apurímac 265, Tel. 24-8000, www.starperu.com. Peruvian Airlines, www.peruvianairlines.pe.

Nach Arequipa: LAN und Peruvian Airlines (tägl.). – **La Paz:** Direktflüge nach Bolivien gibt es nicht, nur über Lima. Ab Arica tägl. Flüge nach La Paz. – **Lima:** LAN, StarPeru und Peruvian Airlines, tägl. – **Santiago de Chile:** Direktflüge nach Chile gibt es nicht, nur über Lima! Ab Arica tägl. Flüge nach Santiago de Chile.

Grenzübergang Peru // Chile
Die Grenzstation *Hito Concordia* ist 35 km von Tacna entfernt, die Kontrollstelle vor der Grenze ist von 9–22 Uhr geöffnet. Pass- und Gepäckprüfung, Gepäck wird durchleuchtet. Nach Chile dürfen grundsätzlich kein Obst und Gemüse (wegen Fruchtfliegen) sowie offene Nahrungsmittel eingeführt werden (nach der Einreise nach Chile wird dies auf der Panamericana an Kontrollstellen bis runter nach Antofagasta nachgeprüft)! Arica liegt 20 km hinter der Grenze. **Hinweis:** Zum Grenzübertritt unbedingt ein *Colectivo* nehmen, da die Busabfertigung an der Grenze Stunden dauern kann, weil die peruanische Drogenpolizei meist alles Gepäck genauestens inspiziert!

Arica (Chile)
Von Tacna führt die Straße nach Arica (56 km) in Chile, Ausgangspunkt für einen Besuch des Lauca-Nationalparkes oder Zwischenstation auf der Weiterreise nach Mittelchile oder Westbolivien/La Paz. Die gute Infrastruktur der Stadt bietet zahlreiche preiswerte und zentral gelegene Hotels und Restaurants. Am Busterminal ist das freundliche *Sunny Days Hostal*, Aravena 161, Chinchorro, sunnydaysarica@hotmail.com von Ross und Beatrice Moorhouse zu empfehlen. Zimmer mit bp, Gästeküche, Bücherei, kosenloses Internet. Ausgezeichnet ist das All-you-can-eat-Frühstück, außerdem Empfehlungen zu Touren und Ausflügen. **TIPP!**

In Arica ist nur während der Sommermonate Dezember bis Februar etwas los. Dann ist auch das Olympiabad von 10 bis 18.30 Uhr geöffnet. Beste Zeit zum evtl. kostenlosen Eintritt 12 bis 13 Uhr. Sehenswert ist im Februar auch der Karneval. Ansonsten bleiben nur die baumlosen Pazifik-Wüstenstrände.

Von Arequipa nach Puno

Mit dem Bus nach Puno
Von Arequipa führt die 350 Kilometer lange und landschaftlich reizvolle Strecke zunächst nach **Juliaca** und von dort nach Puno (als Alternative bietet sich auch der Flug Arequipa – Juliaca an und weiter auf dem Landweg nach Puno, denn Puno hat keinen Flughafen).

Beim Verlassen von Arequipa blickt man noch lange auf den *Nevado Chachani* und den *Volcán Misti*. Über das Thermalbad *Yura* und den Ort *Socosani* schraubt sich die Straße hinauf in die Hochebene und den kleinen Ort *Pampa de Arrieros*. Immer entlang der Bahnlinie wird die *Reserva Nacional Salinas y Aguada Blanca* erreicht, wo Vicuñas friedlich grasen. Die typische Punalandschaft endet in *Imata*, und durch eine Hochwüste fahrend, wird nun an Höhe gewonnen. Nach 190 Kilometern wird auf 4477 Meter der höchste Punkt, *Crucero Alto*, passiert. Nach dem Pass geht es abwärts zur *Laguna Lagunillas* und dem gleichnamigen Bergwerksort (4360 m) sowie zur *Laguna Saracocha* (4200 m). Nach der *Laguna Saracocha* fallen Straße und Bahngleis, bereits 70 km vor Juliaca, weiter ab. Bevor Juliaca erreicht wird, fährt man im Tal des *Río Cabanillas* durch die Orte *Santa Lucía* und *Deustua*.

Juliaca

Juliaca ist die Hauptstadt der Provinz *San Román*. Dieser sehr wichtige Verkehrsknotenpunkt (3825 m) für Straße, Flug und Schiene hat über 230.000 Einwohner und ist als Handels- und auch als Schmugglerstadt bekannt. Die Übernachtungsmöglichkeiten sind in Juliaca günstiger als in

Puno. Juliaca weist keine Sehenswürdigkeiten auf, ist eine der gesichtslosesten und chaotischsten Städte Perus. Juliaca ist jedoch ein sehr günstiger Einkaufsplatz für Alpaka-, Lama- und Schafwolltextilien sowie Kunsthandwerk. Artesanías und Wolltextilien werden meist hier oder in der Umgebung für die Touristenmärkte in Cusco, Arequipa oder Lima produziert. Der große **Markt** findet in Juliaca sonntags bis 11 Uhr statt.

Adressen & Service Juliaca

Tourist-Info	*Información Turística,* Junín 638, Tel. 32-1839, Tel. 32-1499
Unterkunft	Vorwahl (051) **ECO: Hostal Sakura** (BUDGET), Unión 133, Tel. 32-1194; bc/bp, nicht immer Ww. – **La Casa de Don Emilio,** Jirón Sandía 556, direkt beim Mercado Central Santa Bárbara, Tel. 32-4732. Großes, sauberes Haus von Señora Ada Barahona de Isla (engl.-spr., etwas Deutsch) mit familiärer Atmosphäre, bc, Ww. Auf Wunsch kann mit der Familie gegessen oder die Küche benutzt werden. Ü/F ab 15 Soles, empfehlenswert. – **Hotel Yasur,** Nuñez 414, Tel. 32-1501; saubere Zimmer, freundlich, bc/bp, nicht immer Ww. **FAM: Hotel Royal Inn,** San Ramón 158, Tel. 32-1501, www.royalinnnhoteles.com. Saubere Zimmer/bp, Ws, Heizung, Restaurant, eigenes Reisebüro (guter Wechselkurs). DZ/bp/F um 130 Soles. **TIPP!** **LUX: Hotel Suites Don Carlos Juliaca,** Manuel Prado 335, Tel. 32-1571, www.hotelesdoncarlos.com. Zur Kette gehört auch das **Hotel Don Carlos Juliaca,** 9 de Diciembre 114, Plaza Bolognesi, Tel. 32-3600.
Essen & Trinken	Die beste Wahl ist das Restaurant des *Hotel Royal Inn.* Der Treff der Einheimischen ist das *Trujillo* in der San Martín, in dem einfache, lokale Küche serviert wird. Preiswert ist das *Monterrey* an der Plaza Bolognesi. Daneben gibt es viele einfache Lokale, Grillhähnchenkneipen und Essbuden.
Post	Sandia/Ladislao Butrón s/n, Tel. 32-1391
Geld	*Banco del Crédito,* Av. Mariano Nuñez 136. *Interbank,* San Román 148
Taxi	Vom Flughafen ins Zentrum ca. 25 Soles
Bus (s.a. bei Puno, S. 265)	Zentraler Busterminal ist der *Terminal Terrestre.* Die meisten Busgesellschaften fahren nur nachts. Außer den hier aufgeführten Busverbindungen auch weitere nach Ilo, Moquegua und Tacna. Colectivos fahren hinter dem Tor der Plaza Mayor ab. **Nach Arequipa** (240 km): *San Cristóbal,* Tel. 32-1181 und *Cruz del Sur,* Tel. 35-2451; Fz 5 h, 40 Soles. **Cusco** (347 km): *Cruz del Sur,* Tel. 35-2451; Abfahrten tägl., Fz 5–6 h, 40 Sls. **Huancané** (50 km): täglich, Fz 4 h, 10 Soles. **Lima** (1310 km): *San Cristóbal,* Tel. 32-1181 und *Cruz del Sur,* Tel. 35-2451; Fz ca. 25 h, 100 Soles. **Puno** (45 km): jede Menge Colectivos und Busse fahren vor dem Bahnhof ab; Fz ungefähr 1 h, ab 2 Soles. Weitere Colectivos fahren vom/zum Flughafen, Fz ca. 1 h, 7,50 Soles.
Eisenbahn	Von Puno (**nicht** Juliaca!) fährt nur noch der **Touristenzug Andean Explorer** von PeruRail (www.perurail.com) über *La Raya* (4338 m) nach Cusco. Weitere Infos über Fahrpreise usw. s. bei Puno.
Flüge	Vom Flughafen (JUL) fahren Direkt-Colectivos nach Puno, 15 Soles mit *Rossy Tours.* Die modernen Sprinter warten direkt am Ausgang des Flughafengebäudes und bringen den Reisenden direkt ins Hotel in Puno. Ein Taxi wird 80 Soles. Nach Arequipa: *LAN* (tägl.), *TACA* (tägl.). Cusco: *LAN* (tägl.). Lima: *LAN* (tägl.), *TACA* (tägl.) und *StarPerú* (tägl.).

Juliaca – Puno

Das chaotische Juliaca schließlich hinter sich lassend, führt die Straße schnurgerade durch eine fruchtbare Ebene, wo Landwirtschaft und Viehzucht betrieben werden. Die Straße steigt wieder an, windet sich in Kurven bis auf einen kleinen Pass und der Blick öffnet sich auf Puno und den Titicacasee.

Von Juliaca nach Puno sind es 45 km. Nach 22 km wird die Abzweigung nach Sillustani erreicht, und schon lange ist auf der linken Seite der tiefblaue Titicacasee zu bewundern. Entlang des Ufers verläuft auf einem schnurgeraden Damm das Bahngleis von Juliaca – Puno. Unmittelbar vor Puno steigt die Straße noch einmal kurvenreich an und bietet am höchsten Punkt (in Höhe der Tankstelle links) einen faszinierend-schönen Blick auf die Stadt und den mächtig großen **Titicacasee.**

Puno

Die Hauptstadt des gleichnamigen Departamento liegt auf 3830 m Höhe, hat etwa 125.000 Einwohner und wurde wahrscheinlich 1668 durch die Spanier gegründet. Das beeindruckendste an der Stadt ist die schöne Lage am Titicacasee. Puno liegt auf der Collao-Hochebene, die die geheimnisvollen Überreste uralter Kulturen birgt. Die gesamte Hochebene ist eine einzige archäologische Schatzkammer, darunter die **Chullpas** (Grabtürme) **von Sillustani** und **Cutimbo**. Während der Inkazeit hieß dieses Gebiet *Collasuyu* und die dort lebenden, einst aufsässigen Colla, die sich dann mit den Inka arrangierten, sprechen noch heute Aymara.

■ *Der Hafen von Puno*

Highlights / Zeitbedarf

1. Schwimmende Schilfinseln der Uro (Islas Flotantes) – halber Tag
2. Die Inseln Taquile und/oder Amantani – jeweils mindestens einen Tag
3. Grabtürme von Sillustani im Complejo Arqueológico de Sillustani – halber Tag
4. Das Dorf Chucuito mit dem Fruchtbarkeitstempel *Inca Uyo* – mindestens ein halber Tag
5. *Fiesta de la Candelaria* mit **Diablada** (2.–15. Februar) – mind. 2 Tage
6. Grabtürme von Cutimbo oder Molloco sowie Aramu Muru – jeweils mindestens ein halber Tag

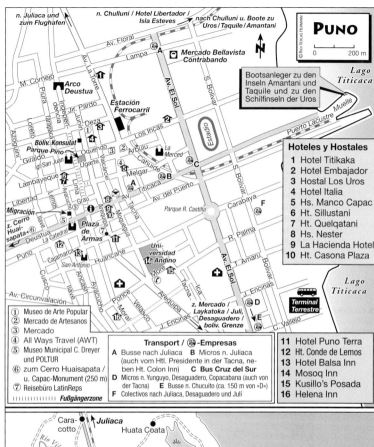
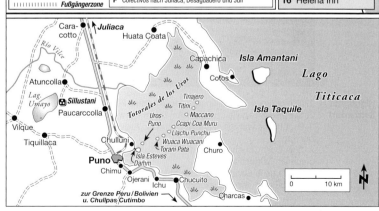

Klima / Höhenanpassung	Wegen der Lage der Stadt über 3800 m kann dies bei höhenungewohnten Personen zu Problemen führen. Höhenkopfschmerz kann zeitnah eingenommenes Ibuprofen oder Aspirin lindern. Beste Medizin ist aber vorherige Höhenanpassung. Einer trockenen Nase kann in der Höhe durch Meerwasserspray oder Nasencreme vorgebeugt werden, ansonsten ist Nasenbluten wahrscheinlich. Für seine nächtliche Kälte mit Temperaturen unter dem Nullpunkt ist Puno verrufen, die jährliche Durchschnittstemperatur liegt bei nur 8 °C. Die Regenzeit dauert von Dezember bis April, die regenärmsten Monate sind Mai und Oktober.

Sehenswertes

Sehenswert sind, wie schon erwähnt, der Titicacasee mit den schwimmenden Schilfinseln der Uro-Nachfahren, die Inseln *Taquile, Amantani* (eine der beiden Inseln ist ausreichend) sowie *Suasi* (letztere liegt etwas weiter weg, am anderen Seeufer). Puno ist auch Ausgangspunkt für Reisen um den Titicacasee und nach Bolivien (Tiwanaku, La Paz) und außerdem die „Folklore-Hauptstadt" Perus, berühmt für farbenprächtige Volks- und Tanzfeste sowie für die ausgelassene *Diablada*.

Puno innerorts hat kaum Sehenswürdigkeiten, nur etwa die *Plaza de Armas,* die *Kathedrale* von 1754 sowie die *Iglesia San Juan Bautista* (zu besichtigen nur von 17–18 Uhr, während der Messen) mit einigen Kunstschätzen, Schnitzereien und Skulpturen. Zwischen Plaza de Armas und *Parque Pino* wurde eine (abends beleuchtete) Fußgängerzone angelegt, *Jirón Lima.* Dort und in der Jr. Tacna gibt es Läden, Banken, Cafés, Restaurants, Reiseagenturen und Büros von Busgesellschaften. In der Conde de Lemos 576 gefällt die *Casa del Corregidor* mit einem sehenswerten Patio, lohnenswert für einen Zwischenstopp.

Museo Dreyer	Außerdem können im Jr. Conde de Lemos 289/Deustua, im kleinen *Museo Carlos Dreyer* (Mo–Sa 9–21 Uhr, Eintritt 15 Soles), Webarbeiten, Stoffe, Keramiken und Töpferarbeiten aus der Präinka-, Inka- und Kolonialzeit bestaunt werden. **TIPP!**

Carlos Dreyer war ein dt. Maler und Sammler, der mehr als 30 Jahre am Titicacasee lebte. Er selbst wurde von den Künstlern des Altiplano beeinflusst und das Museum beherbergt heute eine kleine Pinakothek. Nur er schaffte es aber zu seiner Zeit, ausschließlich von der Kunst zu leben. Aus seinem Lebenswerk ist nur ein Meisterstück erhalten. Im zweiten Stock beeindruckt vor allem die Rekonstruktion einer Chullpa und ihr Inhalt, nämlich echte Mumien.

Museo Coca	Für Interessierte ist ein Blick in das Cocamuseum im Jr. Deza empfehlenswert (9–13 u. 15–20 Uhr). Hier werden in einem Raum auch echte Kostüme und Masken der Diablada zum Anprobieren gezeigt und auf Videos können die Umzüge und Tänze angesehen werden.
Mercado de Artesano	Kunsthandwerker haben sich auf dem Markt, Av. Costanera/Av. del Puerto zusammengefunden. Er ist zwar nicht so farbenfroh wie der in Cusco, dafür authentischer und mit viel Altiplano-Flair. Mützen, Socken, Ponchos und Pullover aus (manchmal rauher) Alpakawolle sind billig, aber nicht allerbeste Qualität. Aber immerhin preiswerter als in Cusco.
Mercado Bellavista	Dieser Markt an der Av. El Sol südlich der Lampa bis runter zur Av. del Puerto bietet neben allen Dingen des täglichen Bedarfs Obst und Gemüse sowie Mobiliar an. Wer hier durchbummelt, sollte sich die Friseure bei ihrer täglichen Arbeit nicht entgehen lassen.

Ein **weiterer Markt** findet jeden **Samstag** entlang der Calle Los Incas und in den Nebenstraßen statt.

Museo Flotante Yavari

Seit 1998 gibt es in Puno mit dem Motorschiff *Yavari* das einzige schwimmende Museum Perus, das die Geschichte der Binnenschiffahrt auf dem Titicacasee anschaulich dokumentiert.

Die Yavari wurde 1862 in England gebaut, in Arica in Einzelteile zerlegt, mit der Eisenbahn nach Tacna gefahren und von dort mit einer Maultier- und Lamakarawane zum Titicacasee transportiert. Dort schraubte man sie wieder zusammen. Sie tuckerte über den Titicacasee und sorgte so für die Verbindung zwischen Puno und Guaqui. Später wurde sie für den Warentransport der einzelnen schwimmenden „Schilfgemeinden" im See eingesetzt. Nun liegt es als Museumsschiff am Bootsanleger des Hotels *Sonesta Posadas del Inca Lago Titicaca* (s.u.) vor Anker. Besichtigung tägl. 8.30–17 Uhr, Tel. 36-9329, kein Eintritt, aber eine Spende von mindestens 20 Soles wird erwartet. Man kann auf der Yavari auch übernachten (B&B), vier kleine Kabinen haben 7 Stockbetten. Weitere Infos auf www.yavari.org.

Huaisapata

Der „Hausberg" von Puno ist der *Huaisapata.* Dort steht das Denkmal von *Manco Capac* im kalten Andenwind. Westlich von Puno liegt der *Kreuzweg-Gipfel* (4013 m) mit einem Altar, der zu Fuß in einer Stunde erreicht werden kann. Am besten vormittags besteigen, Sicherheitspersonal ist dann vorhanden! Dazu die Independencia stadtauswärts nehmen, durch den Arco Deustua, danach links steil aufwärts. Am Ende der Häuser beginnt in einer Rechts-Links-Schleife der Wallfahrtsweg. Vom Gipfel genießt man einen weiten Blick über die Stadt und den See. Ein weiterer Aussichtspunkt ist der **Mirador Puma Uta,** von Juliaca/Sillustani kommend oberhalb der Stadt in einem Wohngebiet. Hier wurde neben einer riesigen Puma-Statue ein Naherholungsgebiet mit Restaurant und Kinderspielplätzen errichtet, leider in sehr verlassenem Zustand.

Chiris

10 km außerhalb Punos leben im Dorf Icho die *Chiris,* die angeblich von den Inka aus Ecuador hierher umgesiedelt wurden. In Kleidung und Tradition unterscheiden sie sich von den anderen Bewohnern der Region.

Folklorefeste

Die größten sind die farbenprächtige **Fiesta de la Virgen de la Candelaria** (Mariä Lichtmess), alljährlich vom 2.–15. Februar, mit der **Diablada** mit Straßenumzügen ab dem 8. Tag, und **La Salida de Manco Capac y Mama Occlo (Puno-Woche)** vom 1.–7. November zur Erinnerung an die sagenumwobene Ankunft von *Manco Capac* und *Mama Oclло*, Ur-Inka-Vorfahren aus den Wassern des Titicacasees. Dieses Fest wird von der Federación Folklórico de Puno organisiert, das Programm und die jährlich wechselnde Festzugroute werden meist erst im Oktober bekanntgegeben. Nicht minder sehens- und erlebenswert sind die *Osterprozession*, die *Fiesta de San Pedro* in Zepita am 29. Juni und die *Fiesta de Nuestra Señora de la Merced* am 24. September.

Von den etwa 1500 Tänzen Perus haben mindestens 400 in und um Puno und in der Region um den Titicacasee ihren Ursprung. Meist sind es ländliche Bauerntänze wie *Waca Waca, Wifalas, Sikuris, Kullawada, Kajelo, Llamerada, Choquelas* oder die städtischen Tänze *Pandilla, Rey Moreno, Marinera Puneña, Diablada* sowie *Caporales*. Mit am bedeutungsvollsten ist die **Diablada** (Teufelsmasken-Tanz), die im Zusammenhang mit dem Fest der *Virgen de la Candelaria* steht (Mariä Lichtmess, 2. Februar). Sie geht auf eine Legende der Minenarbeiter zurück, die durch einen Erdrutsch verschüttet wurden und die in ihrer Todesangst eine Armee von Teufeln sahen, die sie in die Hölle beförderten. Allein und verlassen gelobten sie der Jungfrau Maria, bis sie befreit wurden. Aus Dankbarkeit wurde sie dann ihre Schutzpatronin.

Diablada

Die **Fiesta de la Virgen de la Candelaria mit Diablada** ist das wichtigste Festereignis in Puno und um den Titicacasee. Der Hauptumzug *(desfile)* führt von der Independencia abwärts durch den Arco Deustua zum Parque Pino und endet mit dem Finale im Stadion von Puno. Der Höhepunkt ist gekommen, wenn der Umzug der verschiedenen Vereinigungen der Teufelsmaskentänzer durch die Gassen Punos tobt. In einem Wettbewerb streiten Dutzende von Gruppen, ähnlich den Escuelas de Samba beim Karneval in Río de Janeiro, um den Sieg. Jede Gruppe ist gleich aufgebaut: Zuerst kommt der Fahnenträger, dem meist eine Kindertanzgruppe folgt. Dahinter stimmen Tänzerinnen in Kostümen die Zuschauer auf die Hauptgruppe mit den Teufelsmaskentänzern ein.

Die alten Masken sind kiloschwer und die Tänzer tragen zum Schutz des Gesichts einen gepolsterten Kopfschutz. Auch ihre prunkvollen Gewänder sind sehr wichtig. Hinter den Teufelsmaskentänzern heizt die *Banda del Diablo* (Teufelsband) mit Blechbläsern und Pauken im typischen Diablada-Rhythmus den Tänzern ein. Den Schluss einer Banda bildet ein Trupp Männer mit riesigen Tubas, die alles überdröhnen. Eine der schönsten Gruppen ist die *Asociación Folklórico Espectacular Diablada Bellavista,* aber auch die rein indigenen Tanzgruppen, die viel Tradition ausstrahlen, begeistern. Der Umzug beginnt morgens um 8 Uhr und wird im Fernsehen übertragen. Es wird Mitternacht, bis die letzte Gruppe vor den Preisrichtern auf der Plaza vorbeidefiliert ist.

Während der Diabladazeit ist die Innenstadt an den wichtigsten Diablada-Tagen gesperrt, manche Gassen sind vollständig von Gruppen blockiert. Tag und Nacht wird ausgelassen getanzt. Der Biernachschub wird direkt vom Lkw herunter getätigt, mit Handwagen ziehen die Bierverkäufer durch die Gassen oder begleiten die Musik- und Tanzgruppen. Fremde werden spontan zum Mittrinken eingeladen, doch es ist nicht gerade jedermanns Sache, kaltes Bier in nächtlicher Kälte zu trinken und dem Spender zuzuprosten (eine Einladung auszuschlagen gilt jedoch als Beleidigung). Beste Aussicht auf das Treiben vom Balkon des Restaurants *El Plaza* an der Plaza de Armas.

Feste um den Titicacasee

Bei der Tourist-Information erkundigen, ob und wo ein Fest ansteht. Damit sind aber dann auch meist ausgedehnte Ausflüge fast rund um den Titicacasee verbunden, z.T. auf sehr schlechten Straßen. Doch auch ohne Feste bietet die Gegend um den See viele lohnende Ziele.

Februar/März: überall Karnevalsfeste, besonders erlebenswert in Puno. **2.–15. Februar:** Puno, Fiesta de la Virgen de la Candelaria mit *Diablada* (ab dem 8. Tag). **1.–3. Mai:** Huancané, Fest des Heiligen Kreuzes und Markt der „Alasitas". **29. Juni:** Zepita – Peter-und-Paul-Fest mit Prozession. **25. Juli:** Pomata, Lampa und Huancané – das Fest des hl. Jakob. **5.–8. August:** Copacabana (Bolivien): Fest der Virgen de Copacabana. **15.8:** Azángaro: Fest des hl. Bernhard. **22.8:** Rosaspata: Fest der Oktave von Maria Himmelfahrt. Daneben gibt es noch zahlreiche Feste in den Monaten **September** und **Oktober**, z.B. am **8. September** in Ayaviri, am **14.** in Moho, am **15.** in Acora, am **24.** in Vilque und am **29.** in Llave. **Oktober:** am 1. Sonntag des Monats Feste in Chucuito, Acora und Tiquillacta. **10.10.** in Yunguyo. **30.10.** in Desaguadero. **1.–7. November:** Puno-Woche mit Gedenkfeiern und Aufführungen der Inka-Sage Manco Capac und Mama Ocllo, große Boots-Prozession mit Folklore-Tänzen. **8.11.** in Julí und Paucarccolla.

Adressen & Service Puno

Tourist-Info i-Peru, Lima/Deustua, Tel. 36-5088, iperupuno@promperu.gob.pe, Mo–Sa 9-18, So 9–14 Uhr Uhr; Zimmervermittlung.
Vorwahl (051)

Touristenbehörden *Ministerio de Industria y Turismo,* Ayacucho 682, Tel. 35-1261. – **Touristenpolizei:** *Policía de Turismo,* Deustua 538, Plaza de Armas, Tel. 35-4763 und 35-7100; 24-h-Service. – **Einreisebehörde:** *Migración,* Ayacucho 240, Tel. 35-7103, Mo–Fr 8–14 Uhr.

Warnhinweis! *In Puno gibt es nicht wenige Jalagringos, Jugendliche, die in den Straßen vor dem Busterminal Fahrkarten verkaufen, unseriöse Inseltouren anbieten oder Hotelzimmer vermitteln. Sich auf einen Jalagringo einzulassen stellt immer ein Risiko dar, denn niemand garantiert die Gültigkeit und Echtheit ihrer Angebote.*

Unterkunft Während der Diablada und in der Puno-Woche verdoppeln sich die Übernachtungspreise und es kann sehr schwierig werden, überhaupt noch ein Zimmer in Puno zu finden, insbesondere in den preiswerten Klassen. Reservierung dann unbedingt notwendig. Entscheidendes Hotel-Kriterium ist in Puno heißes Wasser, das es in den billigen Unterkünften oft nur zeitweise (z.B. von 20–22 Uhr) oder am Morgen, manchmal aber auch gar nicht gibt. Es ist sinnvoll, sich die Zimmer vorher zeigen zu lassen, die Wasserarmaturen auf ihre Funktionstüchtigkeit zu prüfen und nach den Warmwasserzeiten zu fragen. Abends fällt ab und zu in ganzen Straßenzügen der Strom aus.

ECO **Hostal Nesther,** Deustua 269, Tel. 35-1631. Einfache Zi., nicht immer Ww, bc/bp. – **Hostal Los Uros,** Teodoro Valcárcel 135, Tel. 35-2141. Freundlich, sicher, ruhig, bc/bp, GpD gegen geringe Gebühr, Ws, für Gruppen zuverlässig geeignet, gute Infos, gutes PLV. DZ/bc 33 Soles. – **Hostal Kantuta,** Lambayeque 516 (etwas außerhalb des Zentrums), Tel. 36-7852. DZ/TriZ, bp, GpD, hilfsbereit. DZ/F 40 Soles. – **Hostal Titikaka,** Av. La Torre 346, Tel. 35-1210. Freundliches, sauberes Hostal, bp, Ws, Parkplatz, gutes PLV. DZ/F 40 Soles. – **Kusillo's Posada,** More 162, Tel. 36-4579, kusillos@latinmail.com. Kleines, familiäres Hostal, nett und hilfsbereit. DZ 60 Soles, empfehlenswert. – **Hostal Manco Capac,** Tacna 277, Tel. 35-2985, www.mancocapacinn.com. Schöne Zimmer/bp, GpD. DZ ab 90 Soles.

FAM **Hotel Italia,** Valcárcel 122, Tel. 35-2521. Saubere Zi. bc/bp, freundlich. – **Hotel El Embajador,** Incas 289, Tel. 35-2070. Einfach, Rest., bc/bp, preiswert. – **Hotel Sillustani,** Jr. Tarapacá 305, Tel. 35-1881, www.sillustani.com. Saubere Zi., Zentralheizung, bc/bp, sicherer Pp, gutes PLV. DZ/F 125 Soles. – **María Angola Inn,** Bolognesi 190, Tel. 36-4596, www.mariaangolainn.com. Freundliches Hostal mit viel Holz, Zi. mit Heizung, bp. DZ/F 45 US$, bei Reservierung inkl. Taxi oder Flughafentransfer. **TIPP!** – **Helena Inn,** Ayacucho 609, Tel. 35-2108, www.hoteleshelena.com. Freundliches Hostel, Zi. mit Heizkörper (die besten Zimmer mit Sicht auf den Titicacasee sind 400, 403, 300 u. 303, Zi.301 hat keinen Blick auf den Titicacasee, sicher, Ws, GpD, reichhaltiges Frühstück. DZ/F ab 50 US$. – **Hotel Balsa Inn,** Cajamarca 555, Tel. 35-3144, www.hotel-balsainn.com. EZ/DZ/TriZ, bp, Ws, Café-Bar, Internet. DZ/F 60 US$. – **Hotel Camino Real,** Jr. Deza 328, Tel. 36-7296, www.caminoreal-turistico.com. In der Nähe der Fußgängerzone gelegen, sauber. DZ/F US$ 46. – **Puno Terra Hotel,** Jr. Cajamarca 247, Tel. 36-3324, www.punoterrahotel.com. Nur 2 Blocks östl. der Plaza de Armas, Frühstücksbüffet, Heizkörper im Zimmer, alle Services. DZ/F ab 48 US$ (online-Tarif; momentan wird renoviert, da kann es auch lauter werden). – **Conde de Lemos,** Jr. Puno 681, Tel. 36-9898, www.condelemosinn.com. DZ/F ab 60 US$. Großzügige Zimmer mit Heizkörper und idealer Lage direkt oberhalb der Kathedrale. – **Mosoq Inn,** Jr. Moquegua 673, Tel. 36-7518, www.mosoqinn.com. Etwa 5 Min. Gehzeit von der

Plaza de Armas entfernt, bequeme und beheizte Zimmer, TV, Ww. DZ/F 55 US$. TIPP. – **Totorani Inn,** Av. La Torre 463, Tel. 36-4535, www.totorani.com. Sehr freundlicher Besitzer, Sr. Alberto, Abholservice. DZ 40 US$.
B&B-Übernachtung auf dem Titicacasee auf dem Schiff *Yavari* s.o.

FAM/LUX **Hotel Qelqatani,** Tarapacá 355, Tel. 36-6172, www.qelqatani.com. Schönes, rustikales Hotel, sehr saubere Zimmer, bp, Cafetería, Bar, Rest. Ws. DZ/F 80 US$. – **La Hacienda Hotel Puno,** Deustua 297, Tel. 35-6109, www.hhp.com.pe. Modernes Hotel mit allen Annehmlichkeiten, schön ist der Frühstücksraum im obersten Stock mit Blick auf den Tititcacasee. DZ 90 US$. – **Hotel Casona Plaza,** Arequipa 655, Tel. 36-5614. www.casonaplazahotel.com, Eines der besten Hotels in Puno, bp, Rest., Bar, Ws, Internet, Post- u. medizinischer Service, GpD, Pp, alle Transporte. DZ/F 90 US$. – **Punuypampa Inn,** Calle Lima 787, Tel. 35-2881, www.punuypampa.com. Nur einen Block von der Plaza de Armas entfernt. Große und bequeme Betten mit Federdecken, Heizung, TV. **TIPP!**

LUX **Hotel Sonesta Posadas del Inca Lago Titicaca,** Centenario 610, Sector Huaje, Tel. 36-3672, www.sonesta.com. Traumhafte Lage am See, ca. 1 km außerhalb an der Bahnstrecke Puno – Cusco, der Zug hält direkt am Eingang des Hotels, auf Reisegruppen spezialisiert. Große, beheizte Zi. mit Seeblick, Garten, Terrasse, guter Service, beste Küche, sehr aufmerksam, für Behinderte besonders geeignet. Am Anleger liegt die *Yavari* (s.o.) vor Anker, Schiffsbar 17–23 Uhr. – **Hotel Libertador Puno,** 5 km außerhalb auf der Isla Esteves mit Dammzufahrt, Tel. 36-7780, www.libertador.com.pe. Modern, schöne Zimmer/bp, Seeblick, Restaurant, Bar, Disco, Zentralheizung, dt. Leitung.

Essen & Trinken Viele Restaurants und Kneipen befinden sich im Jirón Lima, der **Fußgängerzone,** und in den angrenzenden Seitenstraßen, z.B. in der Libertad. Die kleinen Restaurants mit preiswerten Mittagsmenüs, in denen die Einheimischen essen, liegen alle etwas von der Fußgängerzone entfernt. Auf dem Markt sollte man zum Frühstück „Chocolate caliente" probieren, dazu werden frittierte Fladenbrote gereicht, 1 Sol!

Ein guter Tipp für **traditionelle Gerichte** ist das **Quinta Bolívar,** Av. Simón Bolívar 401 (tägl. 10–18 Uhr), z.B. *Cuy chactado* oder *Picante Bolívar,* jeweils für 18 Soles. Picante Bolívar ist ein typisches Tellergericht, riesige Portion: gefüllter Paprika mit Reis, Chuño, Zwiebeln, Hackfleisch, Kartoffeln, Kutteln und ein Stück Meerschweinchenfleisch. – Menüs, einfach, gut und günstig serviert **Los Uros** in der Tacna 279, viele Backpacker, und in der gleichen Straße **Las Chullpas** (erfragen), überwiegend Einheimische.

Das **E.C.C.O,** Pasaje Grau 137, bietet Tagesmenüs, dazu Musik; Menü um 15 Soles. – Das Restaurant **Mojsa,** Plaza de Armas neben der Apotheke, 2. Stock mit Blick auf die Plaza und Kathedrale, ist sehr sauber und freundlich und bietet neben vielen innovativen lokalen Gerichten auch schmackhafte Pizzen. Gerichte auf www.mojsarestaurant.com. Rechtzeitig kommen, da stets voll. **TIPP!**

Das **Tradiciones del Lago,** Lima 418, ist bekannt für internationale und andine Gerichte. Gleichfalls internationale und peruanische Küche (Forellen) gibt es im **International** in der Moquegua/Ecke Libertad (Tellergericht ca. 25 Soles, Mittagsmenü Mo–Fr 11 Soles, Sa/So 13 Soles). Und bei **Giorgio,** Jr. Lima 430, werden Hungrige ebenfalls satt.

Hähnchenfreunde sollten eine familiäre *Pollería* besuchen. Ein halbes Hähnchen mit Pommes kostet ab 10 Soles. Auch die **Pollería Sale Caliente,** Tacna 381, verkauft Broiler. – **Pizzerien: Jhutmay Brickoven,** Libertad 334, Holzofenpizzen, nettes Ambiente. – Eine weitere Adresse ist **Ukuku's,** Grau 132, 1. Stock, sowie das oben erwähnte Mojsa.

Preiswerte **chinesische** Nudelgerichte mit Gemüse und Rindfleisch sowie Pizzen serviert **Nan Hua,** Arequipa 378. Die normale Portion Pizza ist sehr groß, Rest kann eingepackt werden. – Gute **vegetarische Küche** im **Vida Natural,** Lambayeque 141, Menü ab 5 Soles, Touristenmenü um 12 Soles. – Ein gutes Touristen-Restaurant mit Bar und Café ist **La Hostería,** Lima 501, gemütlich und warm. Auf der Karte wird Alpaka in Wermutsoße mit Äpfeln geführt, von Juni bis August allabendlich Peña.

Kaffee und Kuchen zum Beispiel im **Café Mercedes,** Av. Arequipa 144, zum Eisschlecken in die **Heladería Il Gelato,** Lima/Libertad.

Ab 8 Uhr morgens können im **Sweet Café,** Jr. Lima 427, gefüllte Pancakes (kalt) gegessen werden. Dazu verschiedene Kaffeesorten. **TIPP!** – Kaffee und Snacks gibt es auch im **Pacha,** Jr. Lima 370, leckere Cocktails (Choco Martini) am Abend in der **Pacha Bar Molecular.**

Peñas und Unterhaltung	In vielen Kneipen und Lokalen spielen abends Amateurmusiker Andenmusik, nach einiger Zeit gehen sie mit dem Hut ein kleines Honorar einsammeln. Die *Peña La Hostería* (gleichzeitig Restaurant, Bar, Café) in der Lima 501 ist eine gemütlich Kneipe. – Nur am Wochenende spielen in der *Peña Trabuco,* Libertad 172, gute Folkloremusikanten auf. – *Peña La Candelaria,* Deustua 564, typische Landmusik. – Das *Balcones de Puno,* Libertad 354, ist ein (nicht gerade sauberes) Restaurant mit Show. – Sehr originell ist die Café-Bar *La Casa del Corregidor,* Deustua 576, in einem typischen Kolonialbau aus dem 17. Jh., zudem auch eine Bibliothek mit Internetzugang und Ausstellungsräume über andine Kunst und Kultur gehören. **TIPP!** – *Tokoros Disco Bar,* Melgar 134. Disco. *Las Burbujas,* Ancash 237, Tel. 35-2442, Disco.
Post	*Serpost,* Moquegua 267. Mo–Sa 8–18 Uhr, So 8–13 Uhr
Internet-Cafés	Viele im Zentrum in der Calle Lima, der Arequipa und in der Nähe von Hotels und Plazas.
Geld	Im Zentrum gibt es viele Geldautomaten, in der Calle Lima befinden sich die Banken und diverse *Casas de Cambios*. *Banco del Crédito,* Lima 510/Grau. – *Interbank,* Lima 442. – *Scotiabank,* Lima/Deustua.
Konsulat Boliv.	Calle Arequipa 120, Tel. 35-1251, Mo–Fr 9–13 Uhr.
Touranbieter	**Hinweis:** Von Unterkünften angebotene Touren sind meist etwas billiger, was u.a. daher rührt, dass etliche dafür keine gewerbliche Genehmigung besitzen. **Latin Reps,** Arequipa 736 A, Tel. 36-4887 (deutschsprachig), www.latinrepsperu.com, latinrepsperu@latinrepsperu.com oder operaciones@latinrepsperu.com. Die Österreicherin *Sonja Auinger de Pino* bietet Individual- und Pauschaltouren an, bei Bedarf auch mit begleitendem Übersetzer und sie ist *das* Reisebüro für das Hochland von Peru und Bolivien! Auch für Rollstuhlreisende. Zuverlässig, kompetent, moderate Preise, gutes PLV **– unser TIPP!** Neu im Angebot: Tour zu den **Chullpas de Cutimbo,** Preis pro Person ca. 34 US$ mit Führung auf Englisch. Sonja ist ebenfalls Repräsentantin des Transportunternehmens 4M, welches Puno mit Chivay verbindet. Tickets direkt bei ihr erhältlich. **Peruvian Confort Travel Agency,** Jr. Lima 378, www.peruvianconfort.com, Tel. 35-4271. Chefin Yolanda regelt alles schnell und freundlich, sehr empfehlenswert. **All Ways Travel** (AWT), Tacna 281, Tel. 35-555 und in der Deustua 576 (beim Museo Dreyer), Tel. 35-3979, www.titicacaperu.com, Victor Pauka. Die Büros (7–20 Uhr) sind eine gute Anlaufstelle für Infos über Puno und vorübergehend ein sicheres Gepäckdepot. Ausflüge (Taquile), Bus- und Zugtickets für die Weiterreise, speziell über Copacabana nach La Paz. Empfehlenswert sind: **Sillustani-Tour** tägl. um 14 Uhr mit Führer, Rückfahrt um 18 Uhr, 25 Soles/p.P. **Tagesausflug nach Taquile** 40 Soles; Zweitagesausflug zur **Isla Amantani** 50 Soles. Das neueste Tourangebot, **Tesoro de Wiñaymarca,** führt auf die vom Tourismus noch unberührte Insel **Anapia** und **Yuspiqui** im Titicacasee, auf der es auch wilde Vicuñas gibt. Attraktion ist, mit Insulanern im Dorf zu wohnen

und an Festen und traditioneller Lebensweise teilzunehmen. Sehr schönes Erlebnis! AWT hilft auch mit Colectivo-Fahrten zum Flughafen nach Juliaca.
Arcobaleno, Tarapacá 391, Tel. 36-4068, www.titicacalake.com.
Fahrscheine für Tragflügelboote auf dem Titicacasee mit Mittagessen im archäologischen Restaurant Uma Kollu auf der Sonneninsel und ein Zwischenstopp auf der Mondinsel. Außerdem werden die „Schwimmenden Inseln" der **Uro-Iruitos** auf dem bolivanischen Teil des Titicacasees angeboten.
Misterios del Titicaca, Jr. Teodoro Valcárcel 135-119, Tel. 36-7016, www.travelagencypuno.com. Zuverlässige Agentur mit deutschsprachigen Guides, klassische Ausflüge sowie mystische Exkursionen.

Autoclub Automóvil Club del Perú, Titicaca 531, Tel. 35-2432

Mietwagen *El Inti,* Av. La Torre 137, Tel. 35-1594. Kleinwagen ab etwa 150 Soles, 4WD 200 Soles.

Artesanías *Promotora de Economía Solidaria (Pro-Ecosol),* Deustua 792, Int. 1, Wollsachen der andinen Bevölkerung zu fairen Preisen. – *Artesanías Puno EPS,* Alfonso Ugarte 150. – *Mercado Artesanal San José,* Cahuide, Preise verhandelbar.

Wäscherei *Lavandería Americana,* Moquegua 175. – *Don Marcelo,* Ayacucho 651; Wäsche 5 Soles/kg. – *Mama Alice,* Jr. Callao 357, 3 Soles/kg; Abgabe vor 10 Uhr, Rückgabe am gleichen Tag!

Supermarkt *Plaza Vea,* Jr. Los Incas s/n, Est. Ferroviaria. Hier gibt es auch ein Kino.

Verkehrsverbindungen

Taxi Taxifahren ist in Puno recht preiswert. Innerhalb der Stadt beträgt der Grundtarif 3-4 Soles. Im Taxi dürfen in Puno offiziell nicht mehr als 3 Personen mitgenommen werden. Mototaxi 2,50 Soles, Fahrradtaxi ab 1 Sol.

Taxifahrten nach außerhalb sind relativ teuer, doch Verhandeln kann zu einem guten Preis führen, vor allem dann, wenn nur ein Ziel in der näheren Umgebung, z.B. Sillustani, angefahren werden soll. Preisbeispiele ab/bis Puno nach: Sillustani 60 Soles (verhandeln!); Chucuito 50 Soles; Juli 150 Soles; Paucarccola 50 Soles; Juliaca 80 Soles; Desaguadero 250 Soles.

Selbstfahrer Auf der asphaltierten Strecke zwischen Puno und Cusco gibt es mehrere Mautstellen, die jeweils 3,90 Soles oder 7,90 Soles kassieren.

Bus (s.a. Juliaca, S. 256) **Straßenzustände:** Die Straße von Puno nach Juliaca ist durchgehend asphaltiert und mit dem Bus bequem zu bewältigen. Die kürzeste Strecke nach Arequipa ist eine wilde Piste. Die neue Straße führt ab Juliaca entlang der Bahnlinie nach Arequipa. Auch die Straße Juliaca – Cusco ist durchgehend asphaltiert, die schnelleren Busse laufen der Eisenbahn den Rang ab.

Die Straße von Puno nach La Paz entlang der *westlichen* Seeseite ist auf peruanischem Gebiet bis Yunguyo asphaltiert, gleichfalls das Stück zwischen Copacabana und San Pablo de Tiquina und die Fortsetzung nach La Paz sowie die Strecke Pomata (Peru) – Desaguadero (Grenze) – La Paz.

Alle Busse der großen Gesellschaften fahren vom **Terminal Terrestre** ab, Av. Simón Bolívar (12. Cuadra, Benutzungsgebühr). Bustickets gibt es auch in Reisebüros mit Beratung. Gute Linen sind *CIVA,* Melgar 389, Tel. 35-6882 (Terminal Terrestre C-35), *Cruz del Sur,* Av. El Sol 658, Tel. 35-2451 (Terminal Terrestre C-10), *Julsa Ángeles Tours,* Melgar 233 (Terminal Terrestre C-33), *IMEXSO,* Melgar 354, Tel. 36-3909 (Terminal Terrestre C-1), imexso@terra.com.pe. u. *Ormeño,* Av. Titicaca 318, Tel. 35-2321 (Terminal Terrestre C-1).

TOUR PERÚ Expreso International, Terminal Terrestre, Schalter 1, Tel. 36-5517. Hilfsbereite Agentur für Bus- und Colectivo-Boletos, z.B. nach La Paz (Fp 25 Soles, doch **umsteigen an der Grenze!**), Copacabana (Fp 12 Soles), Cusco, Tacna, Lima oder Arequipa. Der Bus von Copacabana nach La Paz hält in La Paz dann direkt vor dem Hotel Sagárnaga!

Nach Arequipa (290 km): tägl. Busse mit *IMEXSO, CIVA, Cruz del Sur, Julsa Ángeles Tours* und *Flores* (Abfahrten ab 6 Uhr im Stundentakt, letzte Abfahrt 20 Uhr). Fz 5,5 h, Fp ab 15 Soles je nach Linie und Bustyp. Sehr schöne Fahrt durch reizvolle Landschaft, Sitzplatz rechts wählen. Nachtbusse nicht empfehlenswert! *Hinweis für Selbstfahrer:* Die Direktpiste via Paty, Salinas, Ichocolla sowie der Pass des Nevado Picchu Picchu nach Chiguata ist ab Sta. Lucía sehr holprig mit vielen Schlaglöcher; keine Tankstelle auf der Strecke, aber Benzinverkauf durch Privathaushalte aus Fässern (auf Hinweisschilder achten), stark erhöhter Durchschnittsverbrauch, Reservekanister sinnvoll!

Chivay: *Transporte Turistico 4M Express*, Abfahrt in Puno um 6 Uhr, Ankunft in Chivay gegen 13 Uhr. Tickets bei *Latinreps*/Sonja Auinger erhältlich. *Turismo Sillustani*, Abfahrt 6.30 Uhr in Puno, Rückfahrt ab Chivay 14 Uhr.

Chucuito: tägl. Busse und Micros, Abfahrten tagsüber alle 30 Min. vom Mercado Laikakota.

Copacabana: tägl. mehrere Busse ab Terminal Terrestre via Copacabana nach La Paz (s.u.). Colectivos ab der Av. El Ejército (am Markt), Av. El Sol oder Tacna. Abfahrten meist früh am Morgen, damit die bolivianische Grenze vor der Mittagspause erreicht wird. Fz 3,5–4 h, Fp 20 Soles, z.B. mit *Panamericano, Colectur, Transporte Internacional Titicaca Bolivia* oder *Expreso Internacional Tour Peru* (Fahrpläne auf www.tourperu.com). **Rückfahrten** von Copacabana nach Puno täglich (meist am frühen Nachmittag), Rückfahrkarte von *Panamericano* 30 Soles.

Cusco (390 km): *IMEXSO* und *Expreso Internacional Tour Peru* (8 Uhr und 9.30, Terminal Terrestre C1, Büro in der Jr. Tacna 285, Tel. 20-6088, Fahrpläne auf www.tourperu.com). Fz ca. 6 h, 20–40 Soles je nach Bustyp und Gesellschaft. – **Touristenbusse** von *Bus Mer* (Jr. Tacna 336, Tel. 367223, Abfahrt am eigenen Terminal), oder *Inka Express*, Tacna 346, Tel. 36-5654; Stopps in Pucara, Raqchi, Andahuaylillas usw., inkl. span./engl.-spr. Reiseleiter, Eintritt und Mittagessen. Abfahrten tägl. am Busterminal um 7.30 Uhr, Ankunft in Cusco 17.30 Uhr – **die preiswerte Alternative (ca. 37 US$) zur Zugfahrt nach Cusco!** Vorbuchung/Reservierung bei Latin Reps (s.o.) oder bei Buchung durch einen dt.-spr. Anbieter in Lima (s. dort)

Auch *Cruz del Sur* bietet einen touristischen Busservice, jedoch teurer als Inka Express! Neu auf der touristischen Strecke mit Stopps ist der Veranstalter *Wonder Peru*, www.wonderperuexpedition.com.

Desaguadero: täglich unzählige Busse, Fz 2,5–3 h, Fp 6 Soles. Die schnellste Strecke nach La Paz! Der Busterminal in Desaguadero liegt 300 m vor der Migración.

Julí: tägl. Colectivos, Fp 3 Soles.

Juliaca (45 km): es fahren jede Menge Colectivos und Busse von verschiedenen Ecken der Stadt, z.B. von der Tacna, vor dem Hotel Presidente; Fz ca. 1 h, Fp ab 2 Soles. Für Transfers zum Flughafen empfehlen wir *Rossy Tours*, die von jedem Hotel mit modernem Sprinter abholen und in weniger als einer Stunde am Flughafen ankommen. Pro Person 15 Soles.

La Paz: u.a. *Collectur, Panamericano* und *Expreso Internaciona Tour Peru* (Fahrpläne auf www.tourperu.com, Terminal Terrestre C1, Büro Jr. Tacna 285, Tel. 20-6088); um 7.30 Uhr nach La Paz, 1 h Aufenthalt in Copacabana (Mittagessen, Toilette, Geldwechsel für das spätere Fährticket, Umsteigen). Der Bus hält in La Paz in der Illampu, direkt vor dem Hotel Sagárnaga, Fz 8 h, 25 Soles. Außerdem fahren unzählige Colectivos, Fz 8 h, über Copacabana (dort Fahrzeugwechsel oder bereits an der Grenze), z.B. *Colectur*, Fp 20 Soles. Spezialticket von *Carrocarias Faconet*, gültig 2 Tage, mit max. siebentägiger Fahrtunterbrechung in Copacabana, Fp 40 Soles. Schneller und bequemer geht es mit Bussen zum Grenzort Desaguadero, dort umsteigen nach La Paz (ggf. Fahrtunterbrechung bei Tiwanaku). Grenzübertritt unproblematisch, Busse nach La Paz warten bereits auf der anderen Seite (ca. 5 Blocks nach der Migración), Fz bis Desaguadero 2,5–3 h, Fp 6 Soles, umsteigen in ein anderes Fahrzeug nach La Paz, Fz 2 h. Preiswerter auf dieser Strecke sind Colectivos. Außerdem fahren spezielle Colectiovs über Desaguadero direkt nach La Paz sowie Ormeño, Fz 6 h, Fp 30 Soles.

Lima (1350 km): *CIVA,* ca. 45 US$; *Cruz del Sur*; ca. 85 US$, Abfahrt 15 Uhr, Ankunft ca. 12 Uhr.

Tacna: *Expreso Sagitario,Terra Bus Lines* und *Transportes Turismo San Martín*; Fz mind. 16 h, Fp 35 Soles.

Eisenbahn Da nun die Straße zwischen Cusco und Juliaca vollständig asphaltiert ist, **fahren viele Peruaner mit dem Bus,** Fz nur noch 5–6 Stunden. Deshalb wurde der Verkehr mit den Lokalzügen eingestellt und die Kombination Zug und Bus ist auf dieser Strecke nicht mehr möglich. So fährt von Puno nur noch der **Touristenzug Andean Explorer** von PeruRail über *Juliaca* und *La Raya* (4338 m) nach Cusco. Wegen der Aussicht empfiehlt es sich, in Fahrtrichtung rechts zu sitzen. PeruRail setzt neue Züge mit modernen Waggons ein, mit Panoramafenstern, nostalgischen Restaurant- und Barwagen und hinterer Aussichtsplattform. Das Mittagsmenü (3 Gänge) ist im Preis eingeschlossen.

Der Bahnhof ist Mo–Fr 7–17 Uhr, Sa/So 7–12 Uhr geöffnet, die Fahrkartenausgabe arbeitet sehr langsam. Für alle Züge gilt: Fahrkarten mindestens einen Tag vorher besorgen, in der Hochsaison von Mai bis August besser 2–3 Tage oder gar eine Woche vorher. Für Reservierung und Kauf benötigt man die Passnummer. Den Pass beim Einsteigen griffbereit halten, es wird kontrolliert. Das Gepäck muss vor dem Einsteigen abgegeben werden. Warm anziehen, es kann auch tagsüber kalt werden!

Auskunft und Buchung der Zugtickets in Puno bei **Latin Reps,** Arequipa 736 A, Tel. 36-4887 oder bei *PeruRail,* Av. La Torre 224, Tel. 35-1042, reservas@perurail.com, www.perurail.com, Mo–Fr 7–17 Uhr, Sa/So 7–12 Uhr.

Nach Cusco: Abfahrten Mo/Mi/Sa um 8 Uhr; Ankunft in Cusco 18 Uhr. In der Hochsaison von April bis Oktober auch freitags. Fahrpreis: 220 US$, inkl. Mittagessen.

Schiffsverbindungen **Eisenbahnfähre:** Der Fährbetrieb der peruanischen Eisenbahngesellschaft über den Titicacasee von Puno nach Guaqui in Bolivien (mit Zuganschluss nach La Paz) ist derzeit eingestellt, der Fährdampfer und das Cargoschiff *Manco Capac* rosten im Hafen von Puno vor sich hin.

Katamaran-Boot: Es besteht eine Fährverbindung mit einem Katamaran-Boot von Copacabana nach Chua (Bolivien). Dazu fährt täglich ein Bus nach Copacabana. Von Chua ist Busanschluss nach La Paz gewährleistet, Ankunft in La Paz gegen 19 Uhr. Im Gesamtfahrpreis für die Strecke Puno – Copacabana – Chua – La Paz ist ein Abstecher auf die Sonneninsel und ein Mittagessen enthalten. Auskunft und Fahrscheine bei *Latin Reps,* Arequipa 736 A, Tel. 36-4887 (s.o., www.latinreps.com), bei *All Ways Travel* (s.o.) oder bei *León Tours,* Ayacucho 148, Tel. 35-2771/35-1840, www.turismobolivia.com. Hier können die Katamarane von *Transturin* gebucht werden.

Tragflügelboot: Daneben existieret eine Verbindung auf dem Titicacasee zwischen Copacabana und Huatajata mit einem Tragflügelboot (Hydrofoil). Im Gesamtfahrpreis ist die Busanfahrt von Puno nach Copacabana, ein Schiffs-Stopp auf der Sonneninsel sowie die Weiterfahrt mit dem Bus nach La Paz eingeschlossen. Der Zubringerbus verlässt Puno um 7 Uhr. Der Shuttle-Bus ab Huatajata erreicht La Paz gegen 19.30 Uhr. Auskunft und Fahrscheine bei *Latin Reps,* Arequipa 736 A, Tel. 36-4887 (s.o., www.latinreps.com).

Auch *Arcobaleno,* Tarapacá 391 in Puno, Tel. 36-4068, www.titicacalake.com, bietet ein ähnliches Programm an. Im Preis sind hier die Besichtigung der Kathedrale von Copacabana, Mittagessen im archäologischen Restaurant

Uma Kollu auf der Sonneninsel, Zwischenstopp auf der Mondinsel und das Ökodorf „Wurzeln der Anden" bei Huatajata eingeschlossen.
Segeln auf dem Titicacasee bietet *Inkasailing*. Tagestour mit Abholung vom Hotel in Puno, Transport zum Hafen von Charcas. Preis pro Person 250 US$. Oder Dauer 2 Stunden in der Bucht von Puno, ebenfalls mit Abholung vom Hotel in Puno, Preis 75 US$ pro Person. Buchung über *Latin Reps.*

Flüge (bei Juliaca, s.S. 256)

Ausflüge von Puno
Tour 1: Zu den schwimmenden Inseln der Uro-Nachfahren

Die Uro

Das Volk der echten Uro (auch Uru geschrieben) ist heute ausgestorben, wenngleich ihre Nachfahren versuchen, die Uro-Kultur zu erhalten. Von den Uro wird erzählt, dass sie sich *Kot-suns*, „Seemenschen", nannten. Sie galten als das wildeste Volk im Inkareich und hatten eine sehr dunkle Hautfarbe. Die Inka konnten die Uro nie unterwerfen, da sie sich bei Auseinandersetzungen immer auf ihre Schilfinseln im Titicacasee zurückziehen konnten. Im 19. Jh. lebten noch etwa 4000 Familien auf den Schilfinseln, der letzte reinblütige Uro starb wahrscheinlich um 1958.

Heutige Situation der Uro-Nachfahren

Die heutigen Insel-Bewohner sind als Mestizen Nachfahren der Aymara und Quechua und leben fast durchweg vom Tourismus. Die schwimmenden Schilfinseln der Uro-Nachfahren befinden sich in der großen Bucht zwischen Puno und der Halbinsel Capachica. In dieser Laguna breitet sich ein großer Totora-Schilfgürtel *(totoral)* aus, in dem die Inseln liegen.

Uro-Chulluni-Gemeinschaft

Als 1986 der Titicacasee über seine Ufer trat, waren auch die schwimmenden Inseln vom Hochwasser betroffen. Einige der Familien der Inseln Torani Pata und Wuacani mussten auf das Festland nach **Chulluni** übersiedeln. Nun fahren sie jeden Morgen auf ihre Inseln rüber. In den folgenden Jahren wurden neue Inseln fertiggestellt, die viel näher an Puno liegen. Auf *Paraíso, Uro Chiquitos, Tribuna, Collana, Tronai* und *Blasero* leben 146 Familien. Es gibt auf ihnen eine Schule, ein Gemeindehaus, einen Telefondienst und Fernsehen, die über Solarzellen betrieben werden, Verkaufsstände mit Getränken und Kunsthandwerk für Touristen sowie einen kleinen „Aussichtsturm".

In Chulluni auf dem Festland haben sich fast die Hälfte aller Familien niedergelassen und die **Uro-Chulluni-Gemeinschaft** gegründet, die aus etwa 2000 Menschen besteht. Die andere Hälfte wohnt im Wechsel auf den schwimmenden Inseln und auf dem Festland. Die meisten Boote am Anleger von Puno gehören den Familiengemeinschaften.

Bisweilen gehen Schilfinseln unter, weil sie nicht mehr repariert oder ausgebessert werden. Das Interesse der Nachfahren der Uro an ihren schwimmenden Inseln und alten Traditionen ist inzwischen auch stark im Schwinden begriffen. Aber es gibt nach wie vor noch Familien, die ihre schwimmende Insel intakt halten und Binsenboote bauen.

Alles Schilf

Das **Totora-Schilf** *(Scirpus totora)* war und ist das Lebenselement der Uro. Aus ihm bauen sie ihre Inseln, Schilfhütten und ihre postkartenbekannten **Totora-Boote** *(balsas)*. Neben dem Fisch- und Vogelfang dienten den Uro früher auch die Totora-Schilfstengel als Nahrungsquelle (die Kinder essen gerne die süß schmeckenden *ch'ullu*-Rispen des Totora, wobei sich deren Geschmack monatlich verändert). So entwickelten die Uro eine autarke Lebensweise, brauchten keinen Ackerbau an Land zu treiben. Auch zu Zeiten der früheren Inkaherrschaft war dies so.

Die Totora-Inseln werden aus verschnürten Schilfrohrbündeln gebaut. Sie müssen ungefähr alle sechs Monate ausgewechselt werden, da sie sich mit der Zeit mit Wasser vollsaugen, schwerer werden und zu sinken drohen. Ständig müssen beschädigte oder verfaulte Teile ersetzt oder ausgebessert werden. Beim Bau einer Totora-Insel – wenn z.B. ein Paar heiratet – helfen alle männlichen Familienmitglieder mit, die Herstellung wird im seichten Wasser am Rande der Schilfzone vorgenommen. Von ausgewachsenem Totora werden die Wurzeln *(kili)* verwendet und zu Blöcken von bis zu acht Quadratmetern zusammengebunden. Auf diese Kili-Blöcke wird anschließend schichtenweise Totora gestapelt, bis die schwimmende Plattform einen Tiefgang von ca. 80 cm erreicht hat. Auf die etwas erhöhte Inselmitte wird zum Schluss eine bedachte Schilfhütte gesetzt. Hier lebt nun die junge Familie – doch heute ziehen von den jungen Leuten immer mehr lieber in die Stadt nach Puno.

Wer einmal über eine Totora-Insel geht, muss aufpassen: Leicht rutscht der Fuß in kleine Löcher im Schilf oder durch verfaulte Stellen ins Wasser darunter.

Totora-Boote

Das Haupttransportmittel der Uro-Chulluni-Gemeinschaft sind ihre leichten Boote *(balsas)*. Früher gab es nur Totora-Boote, heute werden diese durch Holz-, Kunststoff- und Motorboote verdrängt. Zum Bau eines Totora-Bootes wird Schilf zunächst zu Rollen zusammengepresst, die in der Mitte dicker sind. Anschließend werden diese dann zu bootsförmigen Paketen mit spitzem Bug und Heck verschnürt. Es gibt mehrere Typen davon: Zur Jagd auf Enten, Reiher und Flamingos wird das kleine, wendige *jiska* verwendet, zum Fischfang dient das mittelgroße Boot *nansan,* das drei Personen aufnehmen kann. Der größte Bootstyp ist das *chatcha,* das bis zu fünfzehn Personen oder dementsprechende Lasten transportieren kann. Um ein Nansan zu bauen, wird ein Monat benötigt. Nach etwa einem Jahr ist das Boot angerottet und wird unbrauchbar.

Die Uro-Chulluni-Gemeinschaft geht nach wie vor mit ihren Booten auf Jagd und Fischfang. Vögel werden mit der *choc'ca ligüi* (Steinschleuder) erlegt, Fische (Trucha, Carachi, Suche, Boga, Pejerrey, Ispi u.a.) werden mit Netzen gefangen. Zur Zubereitung werden sie in Öl frittiert, gekocht oder in der Kälte gefriergetrocknet.

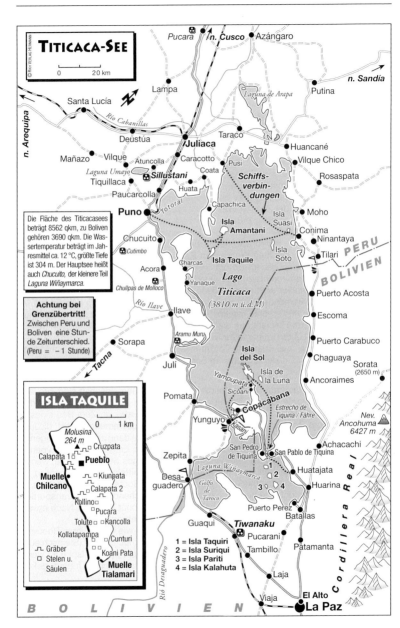

Der Titicacasee

Der geheimnisumwobene Titicacasee ist mit einer Fläche von 8562 qkm (fast 13 Mal größer als der Bodensee) und 3810 m über dem Meer der höchstgelegene schiffbare See der Erde. Er liegt inmitten des Altiplano zwischen Peru und Bolivien (gut 30% des Seefläche gehören zu Bolivien) und hat weder mit dem Atlantik noch mit dem Pazifik eine Verbindung. „Titicaca" setzt sich aus zwei Aymara-Wörtern zusammen: *titi* heißt Puma und *caca* Fels, also „Pumafelsen". So hieß die Sonneninsel bei den Aymara.

Der See ist 195 km lang, 65 km breit und maximal 304 m tief. Dutzende kleine Flüsse, Bäche und die Niederschläge der Regenzeit versorgen ihn, in der Trockenzeit verdunstet sehr viel Wasser. Einziger Ablauf ist der Río Desaguadero, der im Poopó-Salzsee bei Oruro versiegt. Die Engstelle *Estrecho de Tiquina* teilt das „Andenmeer" in den größeren *Chucuito*-See (mit 25 Inseln) und den sechsmal kleineren *Wiñaymarca*-See (11 Inseln). Seine Uferbereiche sind, bis auf Puno und Copacabana, ringsum sehr dünn besiedelt – kein Wunder, bei diesem extremen Temperaturunterschied zwischen Tag und Nacht.

Trotz seines sehr kühlen Wassers (durchschnittliche Jahrestemperatur 10–12 °C) ist der Titicacasee ein Tropensee, da die große Fläche als Wärmespeicher für den *Collao,* die Altiplano-Hochebene um den See, wirkt. So gedeihen um ihn Mais, Gerste, Kartoffeln, Erbsen und *Quinoa,* wie vor 500 Jahren (Quinoa ist ein in den Hochanden kultiviertes Gänsefußgewächs, dessen gelbliche Samen wie Reis gekocht oder zu einem sehr stärkereichen Mehl verarbeitet werden). Die Region des Titicacasees wird auch als Ursprung des Kartoffelanbaues betrachtet.

Der See ist außerdem für seinen Fischreichtum bekannt, obwohl die Artenzahl durch die wirtschaftliche Nutzung des Bestandes abgenommen hat. So kommen *suche* (ein welsartiger Fisch), *carachi, ispi, mauri* und *boga* vor, seit 1937 auch ausgesetzte *truchas,* Regenbogen- und Lachsforellen. Ihr Bestand nahm drastisch ab, die heimische Fischart *orestia* starb sogar 1960 aus, als der *pejerrey,* ein argentinischer Süßwasserraubfisch, ausgesetzt wurde.

Der Titicacasee ist Heimat und Habitat unzähliger Enten (Puna-Ente, Schopfente, Rotente, Flugente), Ibise, Reiher und Kormorane. Um den See leben Meerschweinchen, Chinchilla-Arten, Pumas und die südamerikanischen Kleinkamelarten Lama, Alpaka, Vicuña und Guanako. – HH

Zu den Uro-Inseln

Obwohl es die echten Uro nicht mehr gibt, möchte nahezu jeder Reisende die schwimmenden Inseln mit ihren Nachfahren besuchen.

Ab 7 Uhr in der Früh fahren Boote, Wassertaxis, Wassercolectivos und motorisierte Kutter zu den Islas der Uro-Chulluni-Gemeinschaft, die sich am Rande des Schilfgürtels *(totoral)* des Titicacasees entlangziehen (s. Karte). Abfahrten sind vom Kai am Ende der Av. del Puerto. Am besten (und preisgünstigsten) ist es, morgens rechtzeitig zum Hafen zu gehen und sich ein Boot zu suchen. Wer mit dem See-Colectivo zu den schwimmenden Inseln möchte, zahlt 10 Soles pro Person, doch wird versucht, das Doppelte abzuluchsen. Dazu kommt der Eintritt auf die Inseln, 5 Soles p.P.

Daneben gibt es **Touristen-Boote,** deren Bootsführer morgens am Hafen nach Reiselustigen Ausschau halten. Obwohl sie die Abfahrt zwischen 8 und 9 Uhr versprechen, wird es meist 9.30 Uhr, bis endlich abgelegt wird. Sie fahren nämlich immer erst dann ab, wenn sich mindestens zehn zahlende Fahrgäste (Einheimische und Inselbewohner zahlen meist nichts) eingefunden haben. Wer will, kann auch ein Boot ganz alleine für sich oder für eine kleine Gruppe mieten. Es sollte dann nicht mehr als 50 Soles kosten. Reiseagenturen bieten gleichfalls Touren zu den Uro an, jedoch für ein paar Soles teurer, und sie fahren in der Regel mit den gleichen Booten wie die Individualreisenden. Eine Insel-Rundfahrt dauert ungefähr zwei Stunden. Die Hauptinseln werden jedoch, weil es z.B. der Wasserstand nicht zulässt oder sie untergegangen sind, immer weniger angefahren. Stattdessen bringt man die Reisenden zu den drei extra eingerichteten **Touristeninseln,** die genau auf der Strecke zur Insel Taquile liegen. Die größte von ihnen heißt Sta. María, die zwei anderen dümpeln nicht weit davon entfernt im Wasser. Bei Ankunft der Boote beginnt die große Verkaufsshow der Insulaner, für ein paar Soles kann man sich in einem Totora-Boot um die Inseln schippern lassen.

Empfehlenswert ist es, den Ausflug auf die schwimmenden Inseln mit dem Besuch der Insel Taquile oder Amantani zu verbinden. Die meisten Reisebüros bieten übrigens nur noch die Kombination mit Taquile an.

Unser Tipp **Direkt zum Hafen** zur *Asociación de Empresas Unificadas de Amantani Acuaticos* gehen, Tel. 36-9714, und dort ein 15-Tagesticket für eine Rundreise Puno – Uros-Inseln – Amantani – Taquile – Puno kaufen, die Betretungsgebühr pro Insel kostet zusätzlich je 5 Soles. Die Insulaner organisieren die Übernachtung und informieren jeweils am Morgen über die Abfahrt des nächsten Bootes.

Die Übernachtung und Verpflegung wird direkt bei den Insulanern bezahlt, z.B. Amantani Ü/VP 30–40 Soles, Taquile Ü um 30 Soles, Essen im Restaurant ca. 20 Soles oder nach Absprache bei der Herbergsfamilie. Im Sinne eines nachhaltigen Tourismus kommen die Einnahmen hierbei direkt den Inselbewohnern zugute. Eilige schaffen die Rundtour auch an zwei Tagen. Fahrplan: Puno ab 8.30 Uhr, Uro-Inseln an 9 Uhr/ab 10 Uhr, Amantani an 13 Uhr, Übernachtung. Amantani ab 8 Uhr, Taquile an 9 Uhr, Taquile ab 12 Uhr, Puno an 15 Uhr.

Fahrt über den See Die Seefahrt ist erlebenswert. Auf der Insel Esteves kommt der pompöse Hotelbau des Libertador in Sicht. Dann bahnt sich das Boot seinen Weg durch einen breiten Schilfkanal und erreicht die Inseln der Uro-Nachfahren. Diese sind natürlich schon längst über die Ankömmlinge informiert, der Wachposten auf dem „Aussichtsturm" hat „Alarm" geschlagen. Frauen sitzen schon im Halbkreis vor ihren Handarbeiten. Die tägliche Schlacht um Soles und Fotogebühren beginnt. Gut ist dran, wer Kaugummis, Luftballons oder Obst mitgenommen hat. Mag dies alles auch nicht jedermanns Geschmack sein, der nähere Anblick und der Eindruck der schwimmenden Inseln und ihrer Schilfbauten ist immer noch sehenswert. Die Sicht vom Turm bietet einen Überblick.

Auch auf dem bolivianischen Teil des Titicacas gibt es ein „schwimmendes" Dorf der **Uro-Iruitos.** Das Tragflügelboot von der Sonneninsel nach Huatajata von Crillon-Tours macht hier einen kurzen Stopp. Infos: *Arcobaleno,* Tarapacá 391, Puno, Tel. 36-4068, www.titicacalake.com.

Titicacasee-Sagen

Einer Sage nach stieg einst der Gott **Con Tiki Wiracocha** aus dem Titicacasee und erschuf die Sonne und in Tiwanaku die Welt und den Menschen. **Tiwanaku** (ca. 100 v.Chr.–1200 n.Chr.) ist eine der geheimnisvollsten Kulturen am Titicacasee (s. im Bolivien-Teil).

Die Ruinen der Hauptstadt von Tiwanaku (zu der auch die Sonnen- und Mondinsel gehörten) liegen heutzutage gut 20 Kilometer vom See entfernt (in Bolivien), doch da die ursprüngliche Fläche des Sees früher größer war, ist es durchaus denkbar, dass Tiwanaku einmal sehr nahe am Titicaca-Seeufer lag.

Nach der **Sage der Inka** setzte die Schöpfergottheit **Wiracocha** seine Kinder **Manco Capac** und **Mama Ocllo** auf einer Insel im Titicacasee aus, vermachte ihnen einen Stab aus Gold und sagte: „Geht, wohin ihr wollt, und wenn ihr Halt macht, um zu essen und zu schlafen, so stoßt diesen Stab in die Erde. Wenn er darin steckenbleibt, lasst euch nieder und regiert die Völker mit Gerechtigkeit, Vernunft, Duldsamkeit, Liebe und Milde." So machten sich die beiden Kinder auf und kamen in die Gegend des heutigen Cusco, wo der Stab in der Erde steckenblieb und sie das Inka-Imperium gründeten. Eine weitere Sage erzählt, dass nach der Eroberung des Inkareichs durch die Spanier die Tempelwächter der Sonneninsel den sagenhaften, nie gefundenen **Goldschatz der Sonneninsel** im Titicacasee versenkt haben sollen. Seit dem Einfall der Spanier wurde immer wieder nach diesem legendären Schatz gesucht. Die letzte große Tauch-Suchaktion unternahm 1968 der verstorbene Cousteau, der zwar eine Tiefe von 230 Meter erreichte und fantastische Unterwasseraufnahmen mitbrachte, aber außer Fischen und Andenfröschen nichts vom Schatz fand. 2008 entdeckten Archäologen in Peru eine goldene Kette am See.

Als im 13. Jahrhundert die Inka das Gebiet um den Titicacasee annektierten, ohne aber die Bräuche und Sprache der Aymara auszulöschen, erhoben sie die Insel Titicaca zu einem heiligen Ort, zur Sonneninsel (Wiracocha, der ursprüngliche Inka-Schöpfergott wurde bei den Inka später durch die als Gott gedachte Sonne Inti abgelöst). In dieser Zeit durfte die Sonneninsel nur durch die Adelskaste betreten werden, wurden in einem höhlenartigen Labyrinth, das völlig mit Goldplatten ausgelegt war, höchste Riten durch den Inca vollzogen und der Sonnengottheit Inti gehuldigt. Als sie zum Himmel aufstieg, hinterließ der Legende nach einen Fußabdruck. – KN

Tour 2: Isla Taquile

Einst galt die 35 km von Puno entfernte Insel Taquile (Karte s.S. 270) als Geheimtipp unter Peru-Reisenden, heute ist Taquile sehr bekannt und ein fast so beliebtes Ziel wie Cusco.

Die Insel liegt gleich nach der Durchfahrt der See-Enge in der Verlängerung der Capachica-Halbinsel. Sie ist etwas über 5 km lang, über einen Kilometer breit und erreicht mit dem Inselberg *Molusina* eine Höhe von 264 m über der Seeoberfläche. Südlich von ihr ist die winzige Insel *Tilali* vorgelagert. Taquile selbst ist für seine Terrassenanlagen berühmt, auf denen heute noch Landwirtschaft betrieben wird. Taquile, auf der etwa 1400 Bewohner leben, ist in die sechs *suyos* (Sektoren) *Lakano, Estancia, Chuño Pampa, Kollina, Huayllano* und *Kollapampa* aufgeteilt.

Geschichte Die Insel wurde um 1500 v.Chr. zuerst durch die Pakara besiedelt. Diese wurden dann durch die Colla und jene später durch die Inka abgelöst. Es gibt zahlreiche alte Grabstätten auf Taquile, wie z.B. in *Calapata 1, Molusina, Cruzpata, Lampayuni* und *Calapata 2*. Sie weisen interessanterweise nicht die üblichen Zugänge nach Osten auf, sondern nach Nordosten, was für die viel ältere Pucara-Kultur spricht. Außerdem waren die Eingänge der Grabstätten der ursprünglichen Bewohner Taquiles nie nach Süden gerichtet, denn aus dieser Richtung kam der kalte Wind.

Über das Jahr werden auf Taquile zahlreiche Riten zelebriert. In *Koanipata* finden diese im Februar statt, in *Molusina* im April, in *Cruzpata* im Mai, in *Torrispata* und Kiunapata im Juni, in *Tolute* im Juli und in *Ayawasi* im November. Alte Mystik und Religion ist überall auf der Insel lebendig. Die kulturellen und geistigen Beschützer dieser Kulte sind die *Apus* (Berggötter). Der *Apu Machu Wasi* z.B. lebt angeblich in einer Höhle inmitten von Taquile.

Doch auf Taquile gibt es ebenso zahlreiche **Feste,** wie z.B. der *Día de la Candelaria* im Februar, die *Semana Santa* an Ostern, die *Fiesta La Santa Cruz* im Mai, die Zeremonie zu Pfingsten in Kiunapata, die große *Fiesta Santiago Apóstol* ab 25. Juli sowie einige weitere Feste zwischen August und Dezember, die einen Inselbesuch lohnen (z.B. auch zur Regenzeit die Regenrituale, die für die Landwirtschaft auf Taquile wichtig sind). Die Bauern Taquiles verkaufen ihre Produkte, wie z.B. Kartoffeln oder Oca (andine Knollenfrucht) auf dem Markt in Puno.

Doch wohl am bekanntesten ist Taquile für seine **strickenden Männer,** deren Arbeiten sehr schön sind.

■ *Strickender Taquile-Jüngling*

Daneben weben sie mit horizontalen Webstühlen, die Frauen arbeiten an kleineren, die transportabel sind und oft mitgenommen werden. Grundfarbe der Textilien ist weiß, eingearbeitete Muster meist rot. Traditionelles Kleidungsstück ist die *tayca waca* oder *chillihua*. Zum Färben der Wolle werden Pflanzenfarbstoffe verwendet: aus *chilca* wird z.B. hellgrüne Farbe gewonnen, aus *rumi sunca* graue, aus *sonela* gelbe, aus *eucalipto* grüne und aus pulverisierten Schildläusen *(cochinilla)* rote.

Bester Tag um Taquile zu besuchen ist **Sonntag,** wenn der Alcalde mit den Dorfältesten im Gänsemarsch aus der Kirche kommt und die Sonntagsrede hält. An den Farben der Mützen kann man erkennen, wer von den Bewohnern Taquiles ledig oder verheiratet ist, wer zu den Dorfältesten gehört und in welche Altersgruppe ein Kind einzuordnen ist. Männer mit weißen Spitzen an der Zipfelmütze sind nicht verheiratet.

Anreise nach Taquile

Taquile hat drei Bootsanleger. Die meisten Boote legen am Hauptanleger *Muelle Chilcano* an, wo der Treppenaufstieg zum Haupt- und Eingangstor des Pueblos und zur Plaza Principal beginnt. Der zweite Anleger, die *Muelle Tialamori*, befindet sich ganz im Süden der Insel in der Nähe des Strandes von *Kollata Aco*. Von hier sind es 3 km zu Fuß über das Zeremonialzentrum *Koani Pata* zur Plaza Principal. Der dritte Anleger auf der Ostseite Taquiles bietet den kürzesten Weg zur Plaza Principal.

Die Insel kann zwar mit Hin- und Rückfahrt an einem Tag besucht werden, entspannter und angenehmer ist aber eine Zwei- oder Mehrtagestour. Wie schon erwähnt, empfiehlt es sich, auf der Hinfahrt zuvor noch einen Stopp bei den Uro-Inseln einzulegen.

Die Boote vom Bootsanleger in Puno fahren morgens ab 7 bzw. 7.30 Uhr (für individuelle Tagesfahrtausflügler), zwischen 8 und 9 Uhr legen die Touristenboote/Touristencolectivos ab, je nach Aufkommen. Meist verzögert sich die Abfahrt, da man die Boote vollkriegen will. Es ist sinnvoll, sich einen Tag zuvor im Hafen nach den Überfahrtsmöglichkeiten zu erkundigen oder nach evtl. Mitreisenden Ausschau zu halten. Es dürfte aber bei den etlichen Booten jeden Tag keine Probleme geben. Ein Direktarrangement im Hafen ist kostengünstiger als eine Reisebüro-Buchung in Puno.

Fahrtdauer: Die 35-km-Fahrt dauert, je nach Wellengang und Maschinenstärke des Bootes, 3,5–4 h. Je nach Absprache (ggf. Trinkgeld für den Kapitän) wird ein Stopp bei den drei Uro-Touristen-Inseln eingelegt.

Rückfahrten Taquile – Puno: Touristenboot gegen 14 Uhr *(Pauschalreisende können also nur 2 kurze, stressige Stunden auf der Insel bleiben!),* Colectivo um 15 Uhr.

Fahrpreise (hin- und zurück): Mit Wassercolectivos um 25 Soles. Mit einem Privatboot oder über eine Reiseagentur (bzw. über Hotelrezeption vermittelt) 40–60 Soles p.P.

Der „Bogen der Freundschaft"

Wer auf Taquile übernachten möchte, sollte unbedingt einen Schlafsack (!), warme Kleidung und eine Taschenlampe (!) mitnehmen und restliches Gepäck im Hotel in Puno deponieren. Kälteempfindliche sollten auch bei einem Tagesausflug den Schlafsack mitnehmen, da die Rückfahrt am späten Nachmittag sehr kalt werden kann oder u.U. sogar ausfällt! Essen und Trinken gibt es auf Taquile genügend, aber frisches Obst ist dort immer willkommen.

Nach der Ankunft in dem winzigen Hafen von Taquile muss eine Gebühr von 8 Soles entrichtet werden, danach geht es über 536 steile Stufen eine halbe Stunde keuchend zum „Bogen der Freundschaft", dem Eingangstor, und zur Plaza Principal hinauf. Die Taquileños sind das Treppensteigen in 4000 m Höhe gewohnt, sie legen ein beachtliches Tempo vor. Besucher können in einfachen Lehmhütten auf einem Matratzenbett bei den Einheimischen preiswert übernachten. Die Gastfamilie freut sich immer über frisches Obst, Konserven, Zucker, Nudeln, Reis, Gebäck, Kerzen, Streichhölzer und andere nützliche Geschenke, die Kinder natürlich über Luftballons, Malstifte und Spielsachen.

Traditionelle Lebensformen

Die Sitten auf Taquile sind streng und die Tradition ungebrochen. Die Einnahmen aus den Überfahrten durch die Touristen fließen in die Gemeindekasse. Da bis in die 1960er Jahre die Bewohner Taquiles als Leibeigene arbeiteten und erst durch Landkauf ihre Selbständigkeit und Unabhängigkeit erreichten, ist der Landkauf auf der Insel verboten. Wie zu den Zeiten des Inkareichs vereint der Ältestenrat die gesamte Macht der Insel. Er öffnete zwar Anfang 1980 die Insel für den Tourismus, verhinderte bis dato aber den Bau jeglicher kommerzieller Unterkunft fremder Investoren.

Missionare konnten den Geisterglauben auf Taquile nicht unterbinden und ein Gesetz der Freundschaft ist es, sich beim Vornamen anzusprechen. Die Frauen in ihren roten Jacken, schwarzen Röcken und mit ihren Kopfumhängen spinnen, so scheint es, pausenlos, während die Männer mit ihren langen Zipfelmützen daraus ihre schöne Textilien stricken.

Alljährlich vom 25. Juli bis 5. August findet das größte Fest, die *Fiesta Santiago Apóstol,* statt. Dann tanzen die Taquileños täglich mit großer Ausdauer in farbenprächtigen Kostümen zum eintönigen Rhythmus der Trommeln und Flöten.

Der Tourismus auf Taquile hat natürlich auch andere Seiten. Die Bewohner der Insel sind inzwischen in zwei Klassen zerfallen. Ein Teil hat sich schnell eine Lehmhütte mit zwei Betten gebaut und verkauft auf den Ständen an der Plaza ihre Handarbeiten. Der andere Teil wohnt zu weit vom Haupttort entfernt, um am Geld der Touristen partizipieren zu können. Noch kommt man auf der Insel ohne Wasserleitungen und ohne Polizeistation aus, aber Solarzellen sorgen für Strom für Lampen, Radio und Fernseher.

Essen und Trinken Im Dorf gibt es inzwischen mehr als 25 Restaurants. Auf dem Weg vom Torbogen zur Plaza Principal liegen die Restaurants *Pachamama* (links am Weg), *Los Amigos* (in einem Innenhof) und *Cusi Taquile* (rechts am Weg). Das *El Inca Taquile* und das *Comunal* liegen an der Plaza Principal. Es gibt nicht immer eine Speisekarte, die gültig ist, aber wer Forelle wählt, liegt immer richtig. Fleischgerichte gibt es dagegen kaum oder nur sporadisch auf der ganzen Insel. Die Preise werden von der Comunidad festgelegt und sind angemessen, schließlich muss vieles vom Festland herübergeholt werden. Für das Mittagessen muss mit etwa 20 Soles pro Person gerechnet werden.

Ruinen aus alter Zeit Auf den Hügeln oberhalb des Ortes stehen einige Ruinen aus der Vorinkazeit. Kunstvoll angelegte Terrassenanlagen zeugen vom Können der Vorfahren. Sehr lohnend und landschaftlich abwechslungsreich ist ein Spaziergang zu den beiden äußeren Zipfeln der Insel. Nach Norden reicht der Blick bis zu einem kleinen Hafen auf der Insel Amantani und nach Süden zum weißroten Leuchtturm.

Tour 3: Isla Amantani

Als Alternative zum Ausflug nach Taquile oder als Kombination bietet sich eine Seefahrt zur **Isla Amantani** an. Sie liegt östlich der Halbinsel Capachica bzw. nördlich von Taquile und ist etwa 4 x 8 km groß. Der *Llacasiti* ist mit 320 m (4130 m ü.d.M.) die höchste Inselerhebung. Von ihm ergibt sich ein weiter Ausblick. Zweithöchste Erhebung ist der *Cerro Coanes* mit 305 m. Von Puno aus sind es über den See 40 km.

Die karge Insel mit ihren terrassierten Feldern war schon vor der Inkazeit bewohnt. Als die Spanier kamen und sie plünderten, war sie eine Zeitlang verwaist. Heute leben hier ca. 4500 Menschen in acht Dörfern. Ihre ursprüngliche Sprache war *Pukina,* das mit der Zeit durch Quechua verdrängt wurde. Anfang des 20. Jh. gab es neben Landwirtschaft auch Viehzucht. Dürren zwangen die Viehhalter, ihr Land nach und nach zu verkaufen, so dass bis 1950 die Bauern wieder das gesamte Inselland in ihrer Hand hatten und ihre alten Traditionen erneut aufleben konnten.

Die *Comunidad de Indígena* hat hier ihre Wurzeln in dem inkazeitlichen *Ayllu,* auch die *Mit'a* (Arbeitsverpflichtung für öffentliche Belange) wird hin und wieder noch praktiziert. Der Alltag war ursprünglich stark vom Tauschhandel geprägt (z.B. Steine für den Hausbau gegen Lebensmittel), doch Geld spielt natürlich eine immer wichtige Rolle.

Amantani konnte sich seine Ursprünglichkeit noch ziemlich bewahren, man kann nur in Privat-Unterkünften übernachten, die täglichen Besucher werden im Wechsel auf die Familien im jeweiligen Dorf verteilt (30–40 Soles p.P., eigenes Zi.) und versorgt (Tee, Gemüsesuppe, Eier und Reis, salzarm). Die Gastfamilien sind inzwischen sehr fordernd geworden und freuen sich mehr über ein sattes Trinkgeld als über Obst u.ä. Dinge. Besucher sollten bei entsprechenden Geldforderungen trotzdem zurückhaltend sein.

Vorhanden ist ein einfaches Restaurant, Strom nur, wenn der Dieselgenerator funktioniert. Einige Häuser haben mittlerweile Solarzellen auf dem Dach, damit nach Einbruch der Dunkelheit noch etwas Licht herrscht. Zapfstellen für Trinkwasser und orangefarbige Toilettenhäuschen gibt es fast vor jedem Haus. Ein freundliches Hostal im Familienbetrieb mit sauberen Zimmern ist das *Kantuta*. Infos und Reservierung: www.latinrepsperu.com.

Eine geführte Rundwanderung wird für 10 Soles inkl. Museumseintritt angeboten. Ab und zu ist der traditionelle alte Webstuhl noch zu sehen. Wandteppiche, Jacken, Alpakamützen u.a. können in einem Kollektivladen gekauft werden. Die Bewohner leben hauptsächlich vom Fischfang (die Fischer sind gute Navigatoren, sie kennen die verschiedenen Winde auf dem Titicacasee bestens), vom Anbau von Kartoffeln, Oca, Cebada (Gerste), Habas (Saubohnen) und von Schafzucht.

Es wachsen unzählige Heilpflanzen, wie z.B. *chiriro* und *alcoquisca* zur Fieberbehandlung oder *savila* gegen Magenprobleme. Zum Haare- und Kleiderwaschen wird *roque* verwendet. Die Textilienherstellung ähnelt der Taquiles, wobei es aber sichtbare Unterschiede gibt. Farben gewinnt man aus Pflanzen. Außerdem werden auf der Insel Pflastersteine hergestellt, die in Puno zum Straßenbau verwendet werden.

Ruinen Auf Amantani gibt es überall Ruinen zu entdecken, z.B. *Incatiana,* im Westen der Insel, mit dem **Sitz des Inca.** Dieses Monument aus einem einzigen, nach vorne offenen, trogartigen Steinblock ist 1,65 x 1,80 m groß mit einem 28 cm breiten Rand. Mit diesem Steinmonument wurde der Lauf der Sonne verfolgt, um die Zeiten der landwirtschaftlichen Arbeiten festzulegen. Auf dem Berg Llacasiti gibt es den Bereich von Llacasiti Pata (auch Pachamama genannt), in dem eine nahezu kreisrunde, durch einen Zugang unterbrochene Steinmauer mit 13 m Durchmesser zu finden ist. Es gibt einen Zugang im Osten, der eine Linie mit der Sonne im Januar bildet. Der Innenraum ist vertieft und hat einen Brunnenschacht in der Mitte. Wahrscheinlich wurden hier Zeremonien aus der Zeit der Pucara abgehalten.

Etwas weiter nördlich, fast in der Inselmitte, steht im Bereich *Coanas Aylli Cancha* eine 28 m lange Mauer mit zwei Zugängen. In der Nähe liegen weitere Ruinen. Amantani ist eine Insel mit alten Zeremonialzentren, die noch viele Geheimnisse bergen.

Feste Nahezu in jedem Monat wird auf der Insel ein größeres oder kleineres Fest gefeiert. Es scheint, als wolle dabei Amantani Taquile übertrumpfen. Das größte Fest, *Pago a la Tierra,* eine Art Erntedankfest, wird Mitte Januar nach uraltem Brauch auf dem höchsten Berg zu Ehren von Pachamama (Mutter Erde) mit Opfergaben gefeiert. Nach dem Ritual werden Cocablätter ausgetauscht.

Anreise nach Amantani Für den Bootsverkehr besitzt Amantani vier **Landungsstege:** *Cancollo* (für den Inselsektor Occosuyo), *Capillano* (fürs Hauptdorf), *Orcosuyo* und *Tocosi* (Inselsektor Sancayuni).

Die Boote vom Bootsanleger in Puno legen morgens zwischen 7 Uhr (Privatboote) und 9 Uhr (Touristencolectivos) ab. Fahrtstrecke 40 km, Fahrtdauer je nach Bootstyp 3,5 bis 4 h, Stopp bei den drei Uro-Touristeninseln ist möglich oder eingeschlossen, je nach Absprache. Direkt am Hafen zur Kapitänsvereinigung von Amantani gehen (Asociación de Transportes Acuáticos Turísticos), Puerto Lacustre, Tel. 36-9714, www.titicacaamantani.com.

Fahrtkosten: Hin- und Rückfahrt 30 Soles, inklusive der Überfahrt von

Amantani nach Taquile am nächsten Tag. Am gleichen Tag fährt meist kein Boot mehr nach Puno zurück, erst am nächsten gegen 14.30 Uhr. Übernachten kostet auf Amantani 30–40 Soles inkl. 3 Mahlzeiten. Es empfiehlt sich ein Zwei- bis Dreitagesausflug. Reiseagenturen in Puno bieten ebenfalls den Ausflug nach Amantani an, meist als Zweitagestour, eingeschlossen sind die Uro-Inseln und Taquile. Die Preise dafür liegen bei ca. 50 US$ mit Privatboot (alleine) oder 20 US$ mit dem Colectivo-Boot (zusammen mit anderen Reisenden), alle Mahlzeiten sind ebenfalls eingeschlossen. Unbedingt für die Gastfamilie Geschenke mitnehmen. Nach der Übernachtung auf Amantani wird am nächsten Tag für 4 Stunden Taquile besucht.

Tour 4: Zu den Grabtürmen von Sillustani

Geschichte Das archäologische Gebiet von **Sillustani** liegt auf einer Halbinsel am **Umayo-See,** 32 km von Puno entfernt. Das Aymara-Wort *chullpa* bedeutet „Begräbnisturm". Sillustani mit seinen Chullpas hat eine besondere Ausstrahlung, insbesondere dann, wenn am Nachmittag die Sonne im Gegenlicht auf den glitzernden See und auf die Insel *Umayo* fällt und die Weite des Altiplano am Horizont mit den schneebedeckten Bergen verschmilzt.

Sillustani war eines der bedeutendsten Zentren der Colla-Kultur. Historisch wurde die Region sowie jene nordöstlich des Titicacasees um 1500 v.Chr. zuerst von den *Pucara* bewohnt, die 400 v.Chr. von der Tiwanaku-Kultur beeinflusst wurden. 1200 n.Chr. etablierten sich dann die **Colla** unter *Kolla Kapac* aus der Dynastie Sapana. Sie sprachen Aymara und bauten die ersten Chullpas auf Sillustani. Für die Colla war Sillustani heilig. Hier begruben sie ihre wichtigsten Persönlichkeiten. 1445 nutzten die Inka den Streit zwischen die Colla und Lupaca aus Chucuito und eroberten die gesamte Region. Sie übernahmen den Begräbniskult der Colla, verehrten deren *Mallku* (Schutzgeist) und vervollkommneten mit ihren Steinmetzfertigkeiten die Begräbnistürme. So sind heute neben 9 Chullpas der Colla weitere 26 der Inka zu sehen, wobei drei Chullpas nicht die typische Rundform hatten, sondern viereckig waren. Die Steine für die Türme wurden von vier Steinbrüchen (am Berghang zum Umayo-See) geholt. Da die Steine der Türme stark eisenhaltg sind, schlagen hier öfter Blitze ein, deshalb auch die Blitzableiter.

Anreise Sillustani Täglicher Bus um 14.30, Fz 1 h, Fp um 10 Soles. Der Bus fährt aber bereits nach einer Stunde nach Puno zurück! Als Alternative mit mehr Zeit zur Besichtigung sollte man Colectivos nehmen, Fp ebenfalls um 10 Soles p. P. (mit Umsteigen an der Kreuzung nach Sillustani), wobei sich aber wiederum eine Rückfahrt mit dem Colectivo nur schwierig arrangieren lässt. Am besten ist, ein Taxi zu nehmen. Es kostet ca. 60 Soles, man kann sich den Preis mit anderen teilen. Meist verlangt der Fahrer gleich einen Vorschuss. Fz ca. 30 Minuten. Angebote von Reisebüros mit einem Touristenbus ab 20 Soles p.P., Eintrittsgebühr eingeschlossen. Abfahrten meist zwischen 14 und 15 Uhr. Die Tour dauert drei bis vier Stunden, Aufenthalt in Sillustani ungefähr 1,5 bis 2 Stunden. **Öffnungszeit** 7–18 Uhr, **Eintritt** 10 Soles inkl. Museumsbesuch.

Zunächst fährt man auf der Straße nach Juliaca 12 km, bis zu einer ausgeschilderten Abzweigung. Hier wird nach links abgebogen (ab hier fahren auch ständig Colectivos nach Sillustani zum Wäschewaschen im Umayo-See), es geht vorbei an alten landwirtschaftlichen Feldern *(waru waru)* der Pucara und der alten Pucara-Zeremonialsiedlung *Hatunkolla*. Kurz vor Sillustani liegt *Patas* mit einer weiteren Ansammlung von Chullpas. Nach 20 km kommt die Halbinsel Sillustani am Umayo-See mit den Chullpas in Sicht. Erster Eindruck ist, dass diese Halbinsel ein einziges Opus menschlicher Bauwut ist. Die gesamte Strecke „zieren" riesige Schlaglöcher und ist für Selbstfahrer eine kleine Herausforderung.

Im Umayo-See liegt die **Isla Umayo** (oder auch *Isla Intimoqo*), die sich gleichförmig 90 Meter aus dem See erhebt. Auf ihr zieht sich eine Steinmauer von Ost nach West.

Die Chullpas Auf einem 150 m hohen Berg ragen die Chullpas in den andenblauen Himmel. Der spanische Chronist Cieza de León berichtet, dass beim Begräbnis eines bedeutenden Mannes 20–30 Lamas verbrannt, Frauen, Kinder und Diener getötet wurden, damit sie dem Toten dienen konnten. Meist wurden auch noch weitere Personen mit den Toten lebend in den Grabturm eingemauert. Die meisten Chullpas sind rund und bestehen aus fein bearbeiteten Basalt- und Trachytsteinen. Es wurde das gleiche Bauprinzip wie beim Sonnentempel in Cusco oder beim Torreón in Machu Picchu angewendet: Die Steine wurden sorgfältig ausgewählt und nach dem berechneten Durchmesser rund behauen, meist fugenlos zusammengesetzt und von innen zum besseren Halt mit Lehm verschmiert. Die Eingänge zu den Mausoleen hoher Persönlichkeiten waren nach Osten ausgerichtet und sehr niedrig, aber hoch genug, um einen Menschen in gebückter Haltung durchzulassen. Einige Chullpas weisen nur einen Raum mit einer versenkten Grabkammer auf, andere haben Nischen in den Seitenwänden für die in Hockstellung aufgestellten Mumien. Fast alle Chullpas wurden im Lauf der Zeit von Schatzgräbern aufgebrochen und durchwühlt. Weitere Chullpas gibt es in Acora, Cutimpu und Mollocahua.

■ *Chullpas – Grabtürme*

Rundgang

2011 wurde der Zugang zur Ruinenanlage renoviert. Nun gibt es am unteren Ortseingang einen großen (kostenlosen) Parkplatz, von dort führt ein Weg, gesäumt mit zahlreichen Sitzmöglichkeiten, hinauf zu den Grabstätten. Dort warten einheimische Frauen mit Getränken, kleinen Snacks und Souvenirs auf die Besucher. Vormittags kommen hier viele Colectivos an, denn unterhalb des Parkplatzes wird im Umayo-See Wäsche gewaschen. Kauf des Eintrittsticket am Parkplatz.

Es führt rechts ein Rundgang (gelbe Pfeile) nach oben durch die Anlage. Links daneben führt das Ende des Rundgangs wieder vom Berg herab. Der Aufstieg auf dem rechten Weg ist weniger anstrengend, doch wer gleich zum wichtigsten Chullpa gelangen möchte, sollte den linken, steileren Weg (als „Ausgang" gekennzeichnet) über Steintreppen nach oben gehen. Nachfolgende Beschreibung folgt aber dem ausgeschilderten Rundweg.

Grabtürme von Sillustani

Die Steintreppe *waca kancha* führt knappe 150 m auf den Berg der Halbinsel Sillustani hinauf. Deutlich lassen sich die Terrassen erkennen, auf denen landwirtschaftlicher Anbau betrieben wurde. Am Ende des Weges stehen die Reste von drei Chullpas der Inka. Nördlich davon liegt der Bereich *Qaracachi* mit einem geheiligten (huaca), knapp 2 m großen, bearbeiteten rötlichen Stein.

Der „Sonnenkreis"
In der Nordostecke der Halbinsel liegt der sog. „Sonnenkreis" aus der Präinkazeit, eine runde Fläche mit einem Durchmesser von 9 m, die zum Teil von mannshohen behauenen Steinplatten wie eine Wand umrahmt wird. Vor den Steinplatten wird der Sonnenkreis durch einen stufenförmigen, 80 cm hohen Steinsockel auf einen Durchmesser von 13 m erweitert. Archäologen ist Herkunft und Bedeutung des Kreises unklar. Einige halten die Anlage für ein Intiwatana, andere – wegen der zwei Steinpfeiler in der Mitte des Kreises, an die vielleicht Tiere zur Opferung angebunden wurden –, für eine Opferstätte. Der Zugang ist 37 Grad nach Nordosten ausgerichtet (ähnlich der Öffnung des Inca Uyo in Chucuito, s.u.).

Yura Ayawasi
Der Rundgang führt wieder zurück nach Norden durch den Bereich von Qaracachi nach *Yura Ayawasi* („Weißes Haus der Toten"). Hier ragen zwei weiße Chullpas der Colla-Kultur in den Himmel. In einem von ihnen befinden sich noch die Überreste einer wichtigen Persönlichkeit sowie die von 14 Frauen und Männern, die zusammen begraben wurden. Der andere der Chullpas erhebt sich über einer Plattform, die eine Petroglyphe für ein Ritual aufweist. 40 m südlich trotzt der Ayawasi, ein quadratischer Chullpa aus der Inkazeit, den Winden. Sein Einstieg im Osten wird von einem 3 m langen Steinblock begrenzt.

Samari Pampa
Etwas im Westen des Ayawasi liegen im Bereich Samari Pampa verschieden bearbeitete Steinblöcke und die Reste von vier Chullpas der Colla und ein quadratischer Chullpa aus der Inkazeit. Südlich am Felsabhang entlang kommt man zum *Samari Pata,* wiederum mit Resten von Chullpas aus der Inkazeit. Der Rundgang führt nun durch den Südsektor der Halbinsel Sillustani, meist am Rande des Bergabhanges entlang. Der Bereich heißt

Hatun Ayawasi
Hier stehen die größten Chullpas. Gleich zu Beginn ragt ein wuchtiger, quadratischer über 5 m breiter Chullpa mit einem Zugang nach Osten auf. 30 m weiter südlich stehen runde Chullpas der Colla-und Inka-Kultur.

Kurz vor dem Abstieg über die Haupttreppe finden sich vier weitere Chullpas, die charakteristisch für die Colla waren. Der größte der runden Colla-Chullpas weist einen Durchmesser von 4,50 m auf. Ein anderer hat seine Öffnung nach Süden, was sehr ungewöhnlich ist, aber aus dieser Richtung kommen die kalten Winde. Zu Beginn des Abstiegs steht der berühmte

Chullpa del Lagarto
Es ist der größte Begräbnisturm von Sillustani, genannt „La gran Chullpa del Lagarto". Seinen Namen bekam er nach der Eidechsenverzierung an einem der oberen Steinblöcke. Er war einmal 12,20 m hoch, hatte unten einen Durchmesser von 6,50 m und oben von 7,20 m. Das Bauwerk stammte wahrscheinlich von den Inka, hatte fünf Stockwerke, die nötig waren, um all die Toten, die hier untergebracht wurden, einzumauern. In der Nähe fanden im November 1971 die Archäologen in nur 80 Zentimeter Tiefe einen unglaublichen Schatz aus 501 Einzelteilen mit insgesamt 3,8 kg Gold, 134 Türkisen und viele vergoldeten Schmuckstücken. Der Fund stammt mit Sicherheit aus der Inkazeit.

Baño del Inca
In der NW-Ecke der Halbinsel fällt am Ufer des Umayo-Sees eine rechteckige Konstruktion von 2,40 x 21,80 m auf, die als *Baño del Inca* bezeichnet wird. Es wird vermutet, dass hier Wasserrituale und -kulte abgehalten wurden.

Tour 5: Zu den Chullpas von Cutimbo

Die Grabtürme von Cutimbo liegen 22 km südlich von Puno. Die vier Chullpas sind wesentlich besser erhalten als in Sillustani und damit beeindruckender. Die Straße führt zwischen zwei Felsplateaus hindurch, die Grabtürme stehen auf dem Felsplateau der linken Straßenseite. Dort sind noch gut die Steinrampen zu sehen, die für den Bau der Chullpas verwendet wurden; die größte ist betretbar. Am Fuß des Plateaus liegt eine kleine Siedlung, ein Museum wird dort derzeit erbaut.

Anfahrt Cutimbo — Ein Taxi von Puno kostet bis zu 60 Soles. Preiswerter ist die Anfahrt von Puno mit dem Minibus ab dem Friedhof, Calle Laykakota, Abfahrt ca. alle 30 Min. Hin zum Friedhof vom Zentrum mit dem Motocarro, Fp 3 Soles, oder dem Taxi. Mit dem Minibus, Fp 1 Sol, am Abzweig Cutimbo bei der kleinen Siedlung aussteigen. Dort am Abzweig erfolgt der Aufstieg über Treppen auf das Feldplateau zu den Chullpas, Gehzeit 30 Min., Eintritt 5 Soles. Rückfahrt wieder mit einem vorbeifahrenden Minibus am Fuß des Plateaus, ca. alle 30 Minuten.

Tour 6: Zum phallischen Tempel nach Chucuito

Von Puno aus lohnt sich der Ausflug nach Chucuito als Halbtages- oder Tagesausfahrt. Chucuito liegt von Puno nur 18 km entfernt, der Ausflug könnte evtl. auch bis Julí ausgedehnt werden, doch dieses liegt schon 90 km von Puno entfernt (besser wäre es, bei der Fahrt nach La Paz in Julí zu halten). An der Straße von Puno liegen bei km 5 die Dorfgemeinschaften *Chimu* und *Ojerani*. Die Bewohner sind Meister im Herstellen von Binsenbooten!

Chucuito — Das Dorf liegt südöstlich von Puno an der Straße nach Julí am Titicacasee. Früher war es die Hauptstadt der Inka und Lupaca. Auch während der Kolonialzeit blieb Chucuito die Hauptstadt der Region zwischen Puno und Desaguadero. In der Zeit der Pucara entstand in seiner Nähe das Zeremonialzentrum *Tunuhuiri*. Chucuito lebt überwiegend vom Fischfang im Titicacasee, daneben gibt es eine Forellenzuchtstation.

An der Plaza steht, vor der Iglesia de Nuestra Señora de la Asunción, das *Cruz de la Inquisición,* links davon das *Cruz de la Catequesis.* Auf der gegenüber liegenden Seite ragt die *Rollo* auf, eine Säule, die während der Kolonialzeit Recht und Gesetz symbolisierte. Hier wurden Gesetze öffentlich proklamiert und Strafen verkündet. Neben dem Rathaus steht die *Casa del Corregidor* (Haus des Richters). Die Mitte der Plaza wird von *La Pileta* eingenommen, ein Wasserbecken, das den Einwohnern zur Wasserversorgung diente.

Über die Calle Trucos gelangt man zur *Plaza Sto. Domingo* mit der *Iglesia Sto. Domingo* und dem *Cruz de Buen Morir* in der Vorhalle. Die Kirche wurde Anfang 1534 erbaut, nachdem Chucuito von den Spaniern erobert wurde. Sie ist somit die älteste Kirche auf dem Altiplano. In ihr fällt das wertvolle Bildnis der *Virgen del Rosa Río* auf. Neben der Sto. Domingo, an der Ecke zur Sandia, liegt der Inca Uyo.

Phallischer Tempel Inca Uyo — Es handelt sich hierbei um eine rechteckige Mauerkonstruktion aus großen polierten Steinblöcken im Gesamtausmaß von 20,10 x 10,35 m aus der Inkazeit. Innerhalb des Bauwerks befindet sich der *Inca Uyo* oder „Phallische Tempel". Was der Inca Uyo für eine Bewandtnis hatte, konnte bis heute nicht eindeutig geklärt werden. Der Zugang liegt auf einer Linie von 35 Grad nach Nordost, der Richtung, aus der meist die Hauptwinde des Titicacasees wehen. Gleichzeitig bilden die beiden gegenüberliegenden Ecken mit dem Eingang den Schnittpunkt der Nord-Süd- und Ost-West-Achse. Es wird vermutet, dass der Inca Uyo zur astronomischen Beobachtung diente. Bei Ausgrabungen 1971 wurden zahlreiche bearbeitete und polierte, säulenartige Stelen in zwei Grundformen gefunden: oben abgeflachte und pilz- beziehungsweise penisförmige. Die abgeflachten dienten wahrscheinlich als Träger zur Aufnahme des Dachgebälks. Die pilzförmigen Säulen stehen im Innern des Zeremonialzentrums. Wahrscheinlich wurden sie bei einem Fruchtbarkeitsritual im Zusammenhang mit der Aussaat des Getreides verwendet. Eintritt 5 Soles. Kinder, die gern den Touristenführer spielen wollen, warten am Eingang und freuen sich über ein kleines Trinkgeld.

Atoja   Eine schöne Wanderung führt auf den Atoja, mit 4450 m der Hausberg von Chucuito. Dazu links der Plaza durch den Ort, immer aufwärts über einen anfangs von Mauern eingefassten, später immer schmäler werdenden Weg bis zum Gipfel. Dort ist eine Opferstätte mit Blick über den See und Altiplano, Gehzeit 2–3 h.
 Unterkunft: Hostal Chucuito (ECO), ca. 1 km vor Chucuito, Tel. 35-2108; schöne Zi., freundlich, bp, Balkon mit Seeblick, Restaurant, empfehlenswert. – **Las Cabañas Hospedaje Turístico** (ECO/FAM), Jr. Tarapacá 538, Tel. 36-8494. Bungalows mit Küche, bp und Campingmöglichkeiten. Mietung Bungalow/F 168 Soles. – **Taypikala Lago** (FAM/LUX), an der Panamericana Sur Richtung Chucuito (ca. 15 km von Puno, Fz Taxi 25 Min.), sehr ruhige Zimmer, Seeblick, bp, Heizung, Restaurant, aufmerksam. DZ/F 77 US$, nach Rabatt fragen. Schwesterhotel **Taypikala Hotel & Spa,** direkt neben dem Phallischen Tempel, www.taypikala.com. Zimmer mit eigenwilliger „Höhlenoptik". DZ/F 67 US$. Reservierungen für beide Hotels Tel. 79-2252.

Tour 7: Chullpas von Molloco und Aramu Muru

Auf dem Weg von Chucuito nach Julí wird zunächst der Ort *Acora* durchfahren. An jedem Samstag findet hier ein großer Markt statt, bei dem auch noch traditionell gehandelt wird, das bedeutet in dem Fall Tauschgeschäfte. Hinter Acora kommt die *Comunidad Caritamayo* mit einem Abzweig nach rechts zu den **Chullpas de Molloco.** Es handelt sich dabei um rekonstruierte, 4–6 Meter hohe Grabtürme in runder und rechteckiger Bauweise, die an einem abfallenden Hügel errichtet wurden. Am Fuße des Hügels befindet sich das Dorf mit der Kirche San Pedro im Zentrum.

Nach dem Verlassen des Dorfes geht es zum mysteriösen Highlight dieser Tour, zut *Puerta de Hayu Marka,* „Tor der Götter" oder **Aramu Muru** (Zufahrt von der Hauptstraße, GPS S16°10'14.45'' W69°32'28.76''). Dabei handelt es sich um eine torähnliche Herausmeißelung aus einer Felsformation inmitten einer faszinierenden Landschaft. Es ist 18 Meter hoch und zwischen den beiden seitlichen Hohlkehlen 15,50 m breit. Das mittig herausgehauene „Portal" verblieb ohne Durchbruch, es wird „Puerta a la nada" genannt, „Türe ins Nichts". Es kann aber auch einmal als Sitz eines Schamanen gedient haben, es ranken sich viele Legenden und erkannten, dass dieser Ort für Rituale und Zeremonien genutzt wurde, gaben sie ihm den Namen *Puerta del Diablo,* damit die Menschen sich von ihm abwanden. Gegenwärtig wird er erneut populär, besonders unter Esoterikern und Ufo-Freunden. Eintritt 5 Soles, am Besten mit einer Schamanenzeremonie verbinden.

Julí   Der Ort auf 3890 m Höhe direkt am Titicacasee bietet einen schönen Blick über ihn. Julí war einst die wichtigste Stadt am See. Julí wird auch das „Rom" Perus genannt, denn es gibt hier sieben Hügel auf denen jeweils eine Kirche oder Kapelle steht. Der Markt am Donnerstag ist noch idyllisch und völlig untouristisch. Julí ist für seine Kolonialkirchen aus der Jesuitenzeit bekannt. Es war eine Jesuitenmetropole, hier wurden Jesuiten-Missionare auf ihre zukünftige Aufgabe vorbereitet.

An der Hauptplaza liegt die **Iglesia San Pedro**. Sie weist deutlich einen indigenen Einfluss in Malerei und Schnitzkunst auf. Beachtenswert sind die platereskten (eigenartig verzierten) Altäre. Von der Plaza führt die mittlere Straße abwärts zum Titicacasee mit feinsandigem Badestrand und passiert die ehemalige **Iglesia San Juan Bautista**, nach der Renovierung zu einem Kirchenmuseum erklärt (Eintritt). Sie enthält große Gemälde aus dem 17. Jh., auf denen das Leben Johannes des Täufers und der hl. Teresa dargestellt sind. Daneben sind kostbare Steinmetzarbeiten im typischen Mestizo-Stil zu sehen. Zwei weitere Kirchen sind leider mehr oder weniger Ruinen: die Jesuitenkirche *Santa Cruz*, umgeben von einem interessanten Friedhof, ist zum Teil ohne Dach und lässt, ebenso wie die Iglesia *La Asunción*, ihre ehemalige Schönheit nur noch erahnen.
Unterkunft: Hostal, Calle Tacna (bei der Plaza), Zi./bp. ca. 10 Soles.

Kartoffeln und Chuño

In den Andenländern kommen etwa 4000 verschiedene Kartoffelsorten vor, die kultiviert werden, aber alle aus sieben oder acht Kartoffelarten hervorgingen. Daneben gibt es etwa 100 wilde Kartoffelsorten, die aber nicht angebaut werden. Antonio Brack Egg und Cecilia Mendiola Vargas berichten in ihrem Werk *„Ecología del Perú"* von über 2500 Kartoffelsorten, die in Peru exisitieren sollen. Der Beginn der Kartoffelkultivierung auf peruanischem Gebiet begann ab 3500 v.Chr.

Chuños sind gefriergetrocknete Kartoffeln, die bis in Höhen von 4500 m gedeihen und bitter-erdig schmecken. Zur Haltbarkeit haben die Andenbewohner das Gefrier-Trocknungsverfahren erfunden: Unter Ausnutzung der starken Tag- und Nachttemperaturschwankungen werden die Kartoffeln nachts dem Frost ausgesetzt und tagsüber wieder an der Sonne getrocknet. Dadurch verlieren sie stark an Gewicht, Volumen und Nässe. Vor der letzten Trocknung wird mit den Füßen das letzte Wasser ausgequetscht. Danach sind sie sehr lange haltbar (bis zu 10 Jahre) und leicht zu Vorratslagern zu transportieren. Diese Vorräte schützten die Andenbewohner vor Missernten und Hungersnöten. Auch andere Knollenfrüchte, wie z.B. die Oca, können so haltbar gemacht werden. Auf nahezu jeder peruanischen Speisekarte findet sich Chuño in Form des Gerichtes *Carapulcra* wieder, wobei Trockenkartoffeln mit Schweinefleisch zu einer Art würzigem Gulasch verarbeitet wird.

Mehr über die Kartoffel erfährt man im Internationalen Kartoffelzentrum (CIP) in Lima.

Abb.: Kartoffel-Aussaat bei den Inka mit der Tacla, dem inkaischen Trittgrabstock. Der Mann hebt aus, die Frau legt die Knollen ein, eine zweite Frau deckt die Saat zu. Noch heute arbeiten Andenbauern nach dieser Methode (Abb. nach Huamán Poma de Ayala). – HH

Tour 8: Reserva Natural Privada Isla Suasi

Die **Isla Suasi** im Titicacasee gehört zum Distrikt Conima in der Provinz Moho und liegt nahe des Westufers des Sees, in der Nähe der bolivianischen Grenze. Die Insel zeichnet sich durch das typische Ökosystem des Titicacasees aus. Es gibt terrassierte Hänge mit landwirtschaftlichem Anbau (Kartoffeln, Mais, Quinoa, Oca), Strände und Eukalyptusbestände.

Zu Erreichen ist die Insel von Juliaca oder Puno aus auf dem Landweg über Huancané und Moho mit abschließender Bootsfahrt nach Suasi.

Alternativ kann auch ab Pusi (ca. 40 km) oder Puno (ca. 70 km) mit dem Boot nach Suasi gefahren werden.

Unterkunft auf der Insel: *Albergue Rural Isla Suasi,* Tel. 366-5968, www.islasuasi.com, 12 DZ, 2 TriZ, Patio, Bar, Sauna, Ws, 2 Motorboote für je 10 Pers. – *Casa Andina Private Collection Isla Suasi (CAPC),* Tel. 36-5333 oder (01) 213-9700, www.casa-andina.com. 30 stilvolle Zimmer in zweigeschossigem, traditionell erbauten Haus, umgeben von Gärten; bp, Heizung, Solarenergie, Restaurant, Bar, GpD, Internet, Bootsausflüge, Transfer. Preis auf Anfrage.

Tourenanbieter Ausflüge zur Insel werden angeboten von *Latin Reps,* Arequipa 736 A, Tel. 36-4887, www.latinreps.com und *All Ways Travel,* Tacna 281, Tel. 35-5552, www.titicakaperu.com sowie von *TITIKAKA, Concorcio de Ecoturismo y Hoteleria Suasi,* Arequipa 387, Tel. 35-1417. Kurzprogramm (ab 10 Personen): Tagestour ca. 160 Soles p.P., inkl. Mittagsessen. Basisprogramm *Allpa* („Erde"): Zweitagestour, Landtransport ab Puno oder Juliaca über Taraco, Huancané und Moho bis kurz vor Conima. Überfahrt dann vom privaten Anleger zur Isla Suasi. Rückfahrt über den Titicacasee via Amantani und Taquile nach Puno (Fz 7 h) oder umgekehrt. Kosten: inkl. Ü/VP ab 200 US$. Touristenprogramm *Laram Ccota* („Blauer See"): Dreitagestour ab Flughafen Juliaca, Busfahrt bis Pusi, Bootsfahrt über den Titicacasee direkt zur Insel Suasi (70 km). Besuch von Moho und Conima. Rückfahrt (10 Uhr) via Amantani und Taquile nach Puno. Kosten: inkl. Ü/VP ab 330 US$. Touristenprogramm *Umamarka* („Wasser und Dörfer"): Dreitagestour, wie Laram Ccota, zusätzlich mit Besuchs-Stopps in Taraco, Huancané und Moho. Kosten: inkl. Ü/VP ab 330 US$.

Tour 9: Isla de Anapia

Tesoro de Wiñaymarca Die Tour zu den Aymara auf die vom Tourismus unberührte Isla de Anapia gilt noch als der besondere Tipp. Die Insel liegt im kleineren Titicaca-Seeteil Wiñaymarca. Für den Ausflug sind mindestens zwei Tage anzusetzen. Am ersten Tag erfolgt die Anfahrt von Puno über Chucuito, Julí und Pomata nach Punta Hermosa. Von dort geht es mit dem Boot (meist nur Do/So) über den Wiñaymarca-See zur Isla de Anapia. Attraktion ist, mit den hier noch eher reservierten Aymara-Insulanern im rustikalen Dorf zu wohnen und ihre traditionelle Lebensweise kennenzulernen (Fischen, Landwirtschaft, Zubereitung typischer Gerichte, wie z.B. *Huatia*). Ausflüge zu benachbarten Inseln, wie z.B. zur Isla Yupisque (Vicuñas) und ein evtl. Fest runden den Aufenthalt ab, bevor es am nächsten Tag zurück nach Puno geht. Verlängerungstage nach Absprache möglich. Insgesamt ein sehr schönes Erlebnis.

Touranbieter Direktanbieter ist Eliane Pauca del Campo von *All Ways Travel,* Tacna 281, Tel. 35-5552, www.titicaperu.com, die in Kooperation mit den Einwohnern von Anapia dieses Angebot entwickelt hat. Voranmeldung ist auch direkt bei José Flores Velasco, Tel. (054) 81-2867, asovanperu@hotmail.com, auf Anapia möglich. Besucher werden dann in Yunguyo abgeholt und auf der Insel einer Familie zugeteilt. Besucher essen getrennt von der Familie. Boote fahren Do/So regulär zur Insel, doch es können jederzeit Boote zur Überfahrt angemietet werden, Fp 60 Soles für ein kleines Boot, größeres 120 Soles.

ROUTE 3: PUNO – CUSCO (390 km)

Puno – Cusco

Zunächst wird Puno in Richtung Juliaca/Arequipa verlassen. Selbstfahrer umfahren Juliaca am besten ab dem Kreisverkehr *El Ovalo* (noch außerhalb, gleich nach der *Universidad Andina*) nach rechts auf der Umgehungsstraße *Circunvalación Este,* die aber leider in einem katastrophalen Zustand ist. Dies ist aber immer noch besser, als sich durch das verstopfte Stadtzentrum zu quälen. Die Straße Puno – Juliaca – Cusco ist durchgehend asphaltiert und eine der Hauptverbindungen im Hochland. Sie folgt einer historischen **Inka- oder Königsstraße.**

Reise-Tipp: Wer für die Strecke Puno – Cusco **nur einen Tag zur Verfügung hat,** dem raten wir zur Zugfahrt mit Panoramawagen oder Busfahrt im speziellen Touristenbus. Wer 2–3 Tage Zeit hat, kann die Strecke mit dem normalen Bus in Etappen abfahren, z.B. von Puno bis Sicuani, dann Raqchi, Andahuaylillas und Tipón usw. Straße und Eisenbahnlinie verlaufen von Juliaca über den Altiplano bis zum Pass *Abra La Raya* und dann nahezu parallel zum Río Vilcanota nach Cusco. Bahn und Straße kreuzen sich dabei mehrmals.

Inkastraßen: Ñan Cuna und Huayan Qhapac Ñan
Die alte Inka-Hauptstadt Cusco, zentral in den Anden gelegen, war der Mittelpunkt des Inka-Imperiums **Tahuantinsuyu** (s. Karte S. 107). Der heutige Plaza de Armas war der Kreuzungspunkt der zwei wichtigsten Fernstraßen des Reiches. Die ältere der beiden wurde, nach Stingl, als „Königsweg", nach Waisbard als **Inca Ñan** („Sonnen- oder Inkaweg") bzw. **Ñan Cuna** („Weg der Zeit") bezeichnet. Der Ñan Cuna war der bedeutendere, er führte etwa 5200 km von Ancasmayo in Kolumbien über Quito, Machu Picchu, Cusco, den Titicacasee, La Paz und Tucumán bis nach Purumauca am Río Maule im heutigen Chile. In der Region Cusco führten auf Machu Picchu außer dem Ñan Cuna noch etliche weitere Wege und Pfade sternförmig auf die Inkastadt zu.

Die zweitwichtigste Reichsstraße war der **Huayan Qhapac Ñan.** Sie begann in Tumbes, Nordperu, war überwiegend 8 m breit und 4000 km lang. Sie führte entlang der Küste und vereinigte sich in Copiapó mit dem Inka Ñan. Querstraßen und -wege verbanden die beiden Hauptmagistralen, sie schufen so Verbindungen von der Küste in die Berge und weiter in das Amazonastiefland. Eine wichtige Strecke führte von Cusco über Arequipa an die Pazifikküste und weiter in den Südteil des Reiches.

Auch noch heute sind diese vier historischen Verbindungswege von großer Bedeutung für das andine Hochland Perus. Sie liegen teilweise unter dem Asphalt der Straßen Cusco – Tambomachay – Pisaq – Paucartambo (Antisuyu), Cusco – Urcos – Juliaca – La Paz (Collasuyu), Cusco – Paruro – Arequipa (Contisuyu) und Cusco – Anta – Ichopampa (Chinchaysuyu).

Juliaca – Pucara
Nach 24 km wird Calapuja passiert, nach weiteren 20 km kommt eine Abzweigung nach Lampa. Die Piste führt zum Ort auf 3842 m Höhe am gleichnamigen Fluss.

Teilweise schnurgerade durchschneidet die Straße das Hochplateau, nur ab und an sind Rinder und Schafe zu sehen. Bald ist *Caracara* in Sicht und die letzten 20 km bis Pucara folgt die Straße dem Río Ayaviri.

Puno – Cusco

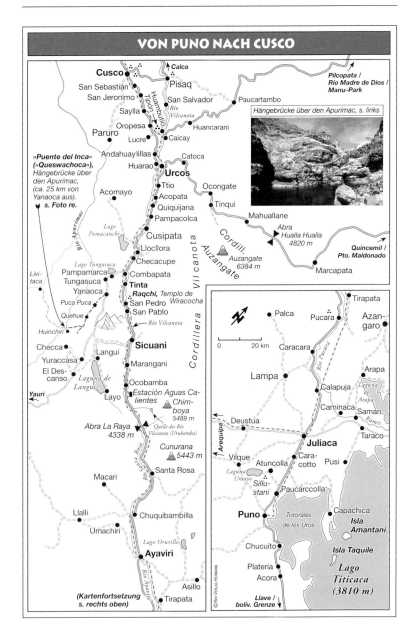

Puno – Cusco

Pucara
Hier sollten Selbstfahrer einen kurzen Stopp einlegen, wie es auch die Fahrer der Touristenbusse von *First Class* und *Inka Express* tun. Es können hier die Ausgrabungen zweier Tempel der Pucara-Kultur und eine Kirchenruine der Spanier besichtigt werden. Im Ort gibt es neben einfachen Kneipen und einer Tankstelle ein Museum über die Ausgrabungsstätte (Eintritt). Gezeigt werden überwiegend behauene Steine aus der Pucara-Zeit. 7 km außerhalb liegt *Santiago de Pupuja*. Dort werden die für diese Gegend typischen Tonwaren, z.B. die bunten Keramikstiere, *toritos de pucara*, hergestellt.

Ayaviri
30 km hinter Pucara erreicht man das wichtige Handelszentrum *Ayaviri* (3907 m) mit Polizeiposten und Tankstelle. Es gibt eine kleine Dorfkirche und ein gutes Budget-Hotel: *Paraíso*, bc/bp, Ww. Über Chuquibambilla und *Santa Rosa* (Polizeiposten, Tankstelle, Restaurant, einfache Unterkünfte, die beste ist *Santa Maria* Nähe Plaza) erreicht man den Pass La Raya.

Abra La Raya (4338 m)
Der Pass, auch „Punto Culminante" genannt, markiert historisch nicht nur die Grenze zwischen den Aymara im südlichen Andengebiet und den Quechua im nördlichen, sondern die Barriere ist auch die südamerikanische Wasserscheide zwischen Atlantik und Pazifik. In der Nähe entspringt die Quelle des *Río Vilcanota*, der hinter Urubamba *Río Urubamba* und später *Río Ucayali* heißt (Ucayali und Marañón bilden zusammen ab Nauta, südlich von Iquitos, den Amazonas, der dann nach Tausenden von Kilometern in den Atlantik mündet). In unmittelbarer Nähe der Río Vilcanota-Quelle befindet sich auch die Quelle des Río Santa Rosa, der zum *Río Ayaviri* wird und in den Titicacasee fließt. Alle Quellen südlich des La-Raya-Passes fließen in den Pazifik, z.B. der Río Colca.

Im Nordosten sieht man die Eisflanken des *Chimboya* (5489 m), der nur für Bergsteiger geeignet ist, die gut mit Seil, Pickel und Steigeisen umgehen können. (Der Aufstieg erfolgt am besten über den rechten Grat. Wer es machen will und Hilfe braucht, sollte versuchen, im Alpaka-Institut einen erfahrenen Führer anzuheuern. Von der Station aus muss man bei guter Akklimatisation mit 6 Stunden Auf- und 3 Stunden Abstieg rechnen).

Altiplano
Hinter der Passhöhe fällt das Gelände, endet der südliche Altiplano. Diese andine Hochebene zwischen 3500 und 4000 m Höhe zieht sich von hier über den Titicacasee bis weit nach Bolivien hinein. Der Eisriese rechter Hand ist der 5443 m hohe *Cunurana*.

Alpaka-Institut
Ein paar Kilometer vor Aguas Calientes liegen links unten einige Flachbauten des ehemaligen Versuchsinstitutes der San Marcos Universität in Lima, das sich wissenschaftlich mit allem beschäftigte, was mit Alpakas, Lamas, Vikuñas und Guanakos zusammenhängt. Um noch feinere Wolle zu erzielen, wurden Alpakas und Vicuñas gekreuzt. Die Kreuzung heißt *Pacovicuñas*.

Aguas Calientes
17 km hinter dem La-Raya-Pass steigen rechts Dampfwolken aus der grünen Wiese auf. Die bis zu 400 warmen Quellen von Aguas Calientes könnten zu einem Bad einladen, jedoch erscheinen am Wochenende viele Einheimische, die in den angelegten Becken Wäsche waschen. Nach dem Passieren des Dorfes *Marangani* wird Sicuani erreicht.

Sicuani
Der mit 45.000 Einwohner größte Ort (3551 m) zwischen Juliaca (200 km) und Cusco (147 km) ist ein wichtiges landwirtschaftliches Zentrum und die Hauptstadt der Provinz *Canchis*. Sicuani ist noch völlig untouristisch,

es bietet sich bei genügend Zeit gut für einen Aufenthalt an. Außer den nahen Ruinen von Raqchi gibt es zwar keine weiteren besonderen Sehenswürdigkeiten, aber es können reizvolle Wanderungen unternommen und relativ leicht Berge bis zu 4500 m Höhe erklommen oder der etwas schwierigere *Chimboya* (5489 m) bestiegen werden. In Sicuani gibt es kleine Werkstätten, die Alpakawolle und Lamafelle verarbeiten, Gitarren herstellen und sie günstig verkaufen.

Unterkunft, ECO: Zwei einfache, ordentliche Hotels auf der gegenüberliegenden Ortsseite an der Fußgängerbrücke. – **Essen & Trinken:** Im Ort und an der Durchgangsstraße findet man zahlreiche sehr preiswerte Restaurants.

Erste Hilfe: *Hospital Centro de Salud,* Callo 519

Bus: Busverbindungen bestehen nach Cusco (knapp 2 Stunden Fahrt) und Juliaca.

Zug: Der Bahnhof ist in der Av. Miguel Grau 306. Züge nach Cusco und Juliaca **halten hier nicht.**

Ruinen von Raqchi

Die Ruinen, 125 km von Cusco entfernt, sind sowohl von der Straße als auch vom Zug aus bei der Vorbeifahrt zu sehen. Busreisende, die die Ruinen anschauen möchten, müssen entweder in *San Pedro* (4 km südlich von Raqchi) oder in Sicuani (22 km) aussteigen und dann mit dem Taxi hinfahren. Touristenbusse auf der Strecke Cusco – Puno – Cusco legen hier einen Stopp ein. In Raqchi findet alljährlich im Juni ein berühmtes Folklore-Festival statt. Der Höhepunkt ist immer am jeweiligen Sonntag.

Diese weniger besuchte Ruinenstätte (Eintritt) auf 3500 m Höhe zu Füßen des Quimsachata-Vulkans überrascht den Besucher mit einem 100 x 25 m großen, ungewöhnlichen Tempel im Zentrum einer einst rechtwinklig angelegten Siedlung mit Häusern und runden Lagersilos, die von einer ursprünglich 6 m hohen, heute noch vorhandenen Mauer umgeben war. Die über 12 m hohe innere Stützmauer des Tempels und 21 kleine Säulensätze sind gut erhalten. Die 22. Säule wurde bis zu einer Höhe von 6 Metern rekonstruiert. Säulen sind aber absolut untypisch für die Inkazeit. Außerdem sind die Steine mit Lehmmörtel etwas „schlampig" und oberflächlich verarbeitet. Ungewöhnlich war auch das einstige Satteldach des Tempels. Deshalb schließen Archäologen auf ein Heiligtum aus der Präinkazeit und bringen es mit der Tiwanaku-Kultur in Zusammenhang. Die Steine sind deutlich vulkanischen Ursprungs. Vielleicht konnten sie deshalb nicht so fein bearbeitet werden. Es wird angenommen, dass das sehenswerte Bauwerk erst später dem 8. Inca Wiracocha geweiht wurde, der den Namen des Schöpfergottes der Inka trug. Daneben können runde Lagersilos und zahlreiche andere rekonstruierte Bauten besichtigt werden.

Tinta

Tinta (Unterkunft) ist das Heimatdorf von **Túpac Amaru II.,** dem Freiheitskämpfer des späten 18. Jahrhunderts gegen die Spanier. Er wurde am 19. März 1738 in Tinta geboren und am 18. Mai 1781 in Cusco auf der Plaza de Armas geköpft (s. Exkurs).

Sehenswert ist die Dorfkirche und erlebenswert die *Fiesta de San Bartolomé* am 24. August. Während des Festes werden die typischen Trachten der Region getragen. Bis Cusco sind es noch 120 km.

Von Túpac Amaru II. (José Gabriel Condorcanqui, s. Abb.) bis zum Movimiento Revolucionario Túpac Amaru II. (MRTA)

Seit Eroberung des Inkareiches durch die Spanier kam es immer wieder zu bewaffneten Aufständen der indigenen Bevölkerung, die sich vom spanischen Joch befreien wollten. Ursachen dieser Aufstände, die sich wie ein roter Faden durch die letzten 500 Jahre ziehen, ist das Vermächtnis des Inka Manco Inca (1544), Widerstand gegen die Spanier zu leisten und die Chakras (Felder) bis zum letzten Mann zu verteidigen.

Er selbst kesselte die Spanier 1536 in Cusco ein und gründete im Bergurwald das Vilcabamba-Reich, wurde aber dann von den Spaniern ermordet.

Sein Sohn **Titu Kusi Yupanqui** übernahm als Inca das Vilcabamba-Reich. Mit ihm mussten die Spanier immer wieder schmerzhaft erfahren, wie weit seine Befehlsgewalt in ihr Gebiet hineinreichte. Der Kampf der bewaffneten Inka gegen die spanischen Eindringlinge wurde nicht nur zur „heiligen Pflicht", sondern lag auch im Interesse der Landbevölkerung. Titu Kusi Yupanqui starb 1571 plötzlich an einer Krankheit (vermutlich durch Spanier vergiftet), sein Bruder **Túpac Amaru** wurde der Inca des Vilcabamba-Reiches. Mit dessen Fall 1572 wurde zwar auch der letzte Inca von den Spaniern getötet, doch die durch das Vermächtnis Manco Incas verwurzelten politischen und religiösen Prinzipien lebten in der Bevölkerung weiter. Die Spanier versuchten mit Erfolg die einheimische Religion auszulöschen, viele der ihnen verhassten *Quipus* (Knotenschnüre) wurden verbrannt.

Es kam immer wieder zu Indígena-Aufständen, bis 1780 der Mestizen-Cacique (Häuptling) von Tungasuca (Tinta), **José Gabriel Condorcanqui**, ein direkter Nachfahre des letzten Inca Túpac Amaru, zum Generalangriff auf die Spanier aufrief und damit den größten indigenen Aufstand Perus auslöste. Er schaffte die Steuern und die *Mit'a* ab und eroberte mit einem gewaltig großen Heer Cusco zurück. Für die Indígena symbolisierte Condorcanqui die Wiedergeburt des Inca, der Aufstand wurde einem Wiedereroberungskrieg der Inka gleichgesetzt, er zum **Inca Túpac Amaru II.** glorifiziert. Die Revolte dauerte noch bis 1784 und war, nach der nordamerikanischen 1776, die zweite große Volksrevolution die das europäisch-nordamerikanisch-lateinamerikanische Weltsystem in ihren Fundamenten erschütterte. Der Aufstand wird auch mit der Französischen Revolution von 1789 gleichgesetzt.

Túpac Amaru II. wurde durch Missgunst von *Francisco Santa Cruz* verraten und an die Spanier ausgeliefert. In Cusco wurde ihm dann die Zunge abgeschnitten, eine Vierteilung durch Pferde misslang. Wie sehr die Spanier hassten, spiegelt sich in seiner Leichenschändung wieder: Nach seiner Köpfung am 18. Mai 1781 wurde sein Rumpf verbrannt und die Asche in einen Fluss geschüttet. Ein Arm wurde nach Carabaya gebracht, der andere nach Tungasuca, ein Bein nach Livitaca, das andere nach Santa Rosa und der Kopf nach Tinta. Damit wurde Túpac Amaru II. zum Märtyrer und zum größten Befreiungshelden der Anden.

Die Spanier versuchten mit allen Mitteln, das kollektive Bewusstsein der Andenbewohner auszumerzen. So wurde noch 1781 die Inkasprache Quechua, inkaische Kleidung und Bräuche verboten. Stattdessen musste die Bevölkerung die Kleidung der Bauern der spanischen Provinzen Extremadura und Andalusien tragen (die heute von den Peru-Reisenden so gerne fotografiert wird).

Die indigenen Aufstände hörten nicht auf, sie wurden zum Dauerzustand: 1814/15 unter Pumacahua, 1816 unter General Belgrano, 1836 unter General Santa Cruz, 1867 in Huancané, 1885 in Huaraz – und seit Mitte des 20. Jahrhunderts immer mehr in politischen Demonstrationen und Forderungen, aber auch in Form militanter Aktionen, wie durch die Guerillagruppe **Movimiento Revolucionario Túpac Amaru (MRTA)**, die sich für die Rechte aller peruanischen Armen und Benachteiligten einsetzte und dem damaligen Präsidenten Fujimori den Kampf angesagt hatte. 1996/97 besetzte die MRTA in einer spektakulären Aktion in Lima die japanische Botschaft und nahm Hunderte Botschaftsbesucher als Geiseln. Nach Monaten ergebnisloser Verhandlungen stürmten schließlich Spezialeinheiten der peruanischen Armee am 22. April 1997 das Gebäude und erschossen rücksichtslos alle 14 MRTA-Geiselnehmer. Alle Geiseln kamen, bis auf eine Person und drei getöte Regierungssoldaten, wieder frei. – FS

	Puno – Cusco

Combapata In Combapata, 114 km von Cusco entfernt, zweigt eine abenteuerliche Direktpiste nach Arequipa ab (400 km). Es geht über Yauri und Chivay zum Cañón del Colca (Karte s.S. 231). Das andine Dorf (3530 m) hat nicht viel zu bieten, ist aber Ausgangspunkt zur **Queswachoca, einer der letzten intakten Inka-Hängebrücken** bei Huinchiri über den Río Apurímac. Die Brücke ist über Yanaoca Richtung Livitaca zu erreichen.

Da es spätestens ab Yanaoca keine regelmäßigen Verkehrsverbindungen mehr gibt, gestaltet sich das Erreichen der Hängebrücke schwierig. Am besten in Cusco einen Wagen mit Fahrer mieten (z.B. bei der Taxivereinigung Cusco, s. „Taxis" bei „Adressen & Service" in Cusco) und bis zur Hängebrücke eine Tagesfahrt planen. Die letzten 25 km zur Brücke sind dabei etwas mühsam und während der Regenzeit manchmal nicht zu bewältigen. Ein großer Nachteil ist, dass dieser wieder nach Cusco zurückgekehrt werden muss.

Eine billige Alternative ist die Busfahrt mit *Expreso Orientes* oder *El Zorro* von Cusco nach Combapata (Fz 3 h). Von dort kostet ab der Plaza de Armas ein Sammeltaxi bis zur Hängebrücke Queswachoca nur ca. 40 Soles (Fz 2 h). Sonntags lohnend, wenn zudem der Sonntagsmarkt in Combapata und Sicuani besucht wird. Nach der Rückfahrt von der Hängebrücke nach Combapata Weiterfahrt mit dem Sammeltaxi nach Sicuani. Vom dortigen Busterminal fahren Busse, z. B. von *Etrasol*, nach Puno.

Wer es trotzdem mit dem eigenen Wagen probieren möchte, muss in Yanaoca vor dem Ortsende nach rechts in die breite Schotterpiste ein- und gleich wieder nach links abbiegen und dem Straßenverlauf folgen. Nach 10 km wird ein Pass in 4150 m Höhe erreicht. Die Piste wird schlechter, Kilometersteine am Straßenrand beachten. Beim km-Stein 22 nach rechts abbiegen und etwa 5 km auf der serpentinenartigen Strecke weiter bis zum Ziel.

Hängebrücke Queswachoca Von Combapata sind es nach Yanaoca 25 km, von dort über Puca Puca und Quehue nach Huinchiri bis zur **Hängebrücke** (bei km 30) **über den Río Apurímac** noch einmal knappe 25 km. Unterwegs lohnt ein Stopp bei den **Grutas de Q'arañawi** (km 19). Am Ziel hängt, 150 m unterhalb der Piste, die Brücke aus Planzenfasern über den Apurímac. Sie wird, so alle zwei Jahre, am Beginn der Regenzeit von der Bevölkerung, den *Huinchiris* und *Quehe*, erneuert (Bauzeit knapp zwei Wochen). Auf der anderen Flussseite führt ein Weg nach Livitaca.

Checacupe Von Combapata sind es nach Checacupe 20 km. Falls die Kirche geöffnet ist, empfiehlt sich ein Blick in das prunkvolle Innere mit künstlerischer Kanzel. In der Checacupe-Gegend finden oft große Viehmärkte statt. Sehenswert ist das traditionelle Tucumanos-Tanzfest am 10. August. In der Nähe von Checacupe befindet sich der *Lago Pomacanchi*.

Urcos Durch Cusipata (3300 m) und vorbei an einigen Dörfern erreicht man schließlich **Urcos.** Der Ort, knapp 50 km von Cusco entfernt, liegt am Rand einer fast verlandeten Lagune auf 3150 m Höhe (Rast- und Tankstelle). Urcos ist bekannt für seinen bunten Sonntagsmarkt, auf den sich nur selten Reisende verirren. Zu kaufen gibt es auch *chutas,* Weizenbrote. In der Lagune von Urcos soll angeblich die tonnenschwere Goldkette des Inca Huáscar versenkt worden sein. Über den Ruinen eines Inkatempels erhebt sich eine einschiffige Renaissancekirche mit zwei übereinander liegenden Säulengängen. Übernachten z.B. im Budget-Hostal *El Amigo* (bc, Kw, freundlich, sauber), es gibt aber auch noch andere Unterkünfte.

Inkabrücken

Um Flüsse zu überwinden, setzten die Baumeister der Inka die unterschiedlichsten Brückentechniken ein. Da die Inkastraßen in der Regel den kürzesten Weg suchten, auch im wildzerklüfteten Bergland, wurde es notwendig, auch Flussüberquerungen anzulegen. Kleinere Flüsse wurden mit einfachen Steinplatten oder nebeneinander liegenden Baumstämmen überbrückt, breitere, nicht allzutiefe Flussläufe wurden auf schwimmenden **Pontonbrücken** überquert. Die Pontons bestanden aus den typischen Schilfrohrbooten, die untereinander vertäut wurden. Allerdings verrottet dieses Naturmaterial recht schnell und musste meist noch innerhalb eines Jahres ausgetauscht werden. Mit knapp 100 Metern Länge befand sich eine dieser letzten Pontonbrücken bis zum Ende des 19. Jahrhunderts am Abfluss des Titicacasees über den Desaguadero.

Die höchste Stufe der inkaischen Brückenarchitektur waren aber die **Hängebrücken**, die noch heute reißende Schluchten überspannen. Dabei werden mindestens 3 tragende Hauptseile aus Agavenfasern über die Schlucht gespannt, die mit steinernen Brückenköpfen im Boden verankert werden. Auf die drei unteren Hauptseile werden Querhölzer gelegt und mit Planzenfaserschnüren aus Ichu-Gras verbunden. Die Zwischenräume werden mit Ästen, Zweigen und Tierhäuten soweit abgedeckt, dass sogar Lamas über die Brücken laufen können. Geländerseile rechts und links in einem Meter Höhe bilden den seitlichen Abschluss. Zweige werden zwischen den Trag- und Geländerseilen eingeflochten, so dass die gesamte Hängebrücke in sich geschlossen ist. Aufseher sorgen für die Instandhaltung. Unter den Inka wurden alle Brückenübergänge, insbesondere die Hängebrücken, scharf bewacht, da sie die schwächsten Punkte ihres Straßensystems waren. Dorfgemeinschaften mussten unter der Anleitung eines Brückenmeisters dafür sorgen, dass die Brücken intakt blieben und laufend ausgebessert wurden.

Heute gibt es in ganz Peru nur noch ein paar Hängebrücken in dieser traditionellen Bauweise. Eine davon befindet sich in der Nähe des Dorfes Huinchiri über den Río Apurímac, die nach wie vor benutzt und begangen wird. – HH

Abb.: Inka-Brückenwächter vor einer Hängebrücke

Urcos ist außerdem die Hauptstadt der Provinz *Quispicanchis* und Ausgangspunkt der Straße über die Cordillera Vilcanota nach Puerto Maldonado. Es geht durch Ocongate und später über die Cordillera de Carabaya (mit dem Abra Hualla Hualla, 4820 m) nach Quincemil und Santa Rosa bis nach Puerto Maldonado mit Anschluss bis zur brasilianischen Grenze nach Assis Brasil am Río Acre.

Hinweis: Die verbleibende Strecke von Urcos nach Cusco mit den Orten dazwischen, nämlich Andahuaylillas (7 km hinter Urcos), Pikillacta, Oropesa, Tipón und San Sebastián, wird von Cusco aus als „Tour 5" beschrieben, s.S. 388.

Mit der Ankunft in Cusco endet der erste Teil der „Klassischen Rundreise Peru"

Bitte schreiben oder mailen Sie uns (verlag@rkh-reisefuehrer.de) Ihre Reise- und Hotelerfahrungen oder wenn sich in Peru und Bolivien Dinge verändert haben und Sie Neues wissen. Danke.

Cusco und das Urubamba-Tal

Cusco

Die auf 3430 m Höhe gelegene Hauptstadt des gleichnamigen Departamento ist nicht nur die schönste und abwechslungsreichste Stadt Perus, sondern auch, aufgrund ihrer historischen Bedeutung, die wohl interessanteste Stadt ganz Südamerikas (offizielle Schreibweise: *Qosqo* = Zentrum). Einst die Hauptstadt und das Herz des Inka-Imperiums war Cusco der „Nabel der Welt" und mindestens so mächtig und wohl auch reicher als das alte Rom. Von hier dehnte sich das Herrschaftsgebiet der Inka, *Tahuantinsuyu* oder „Reich der vier Himmelsrichtungen" bis Ecuador und Chile aus. Den Grundriss ihrer Hauptstadt verglichen die Inka mit dem Körper eines Pumas. Der langgezogene Teil der Unterstadt nannten sie *Pumachupan*, „Schwanz des Pumas", die Festungsanlage Saqsaywamán oberhalb der Stadt „Kopf des Pumas". Die königlichen Paläste der Stadt waren zu dieser Zeit mit getriebenem Gold verkleidet. Die goldhungrigen Spanier unter der Führung Pizarros eroberten Cusco kampflos am 15.11.1533.

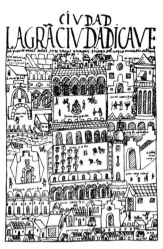

■ *Cusco mit seinen zwei Hauptplätzen, Haucaypata (oben, auf ihm sind berittene Spanier zu sehen), und Cusipata, darunter (Nach Huamán Poma de Ayala)*

Im Versuch der Rückeroberung ihrer Hauptstadt wurde Cusco von den Inka unter Manco Inca 1536 belagert, was teilweise nur bei der Festungsanlage Saqsaywamán gelang. Aus allen Himmelsrichtungen des Reiches marschierten die loyalen Inka-Führer mit nahezu 200.000 Kriegern gegen Cusco an. Nur durch unglaubliches Glück überlebten die Spanier diese inkaische Großoffensive. Die Stadt war nun in vielen Teilen zerstört. Manco Inca begann in Vilcabamba ein neues Inkareich. Nachfolgend bauten die Spanier Cusco nach ihren Vorstellungen um und wieder auf, meist auf den Ruinen der alten Grundmauern und Tempelanlagen.

1650 wurden die meisten kolonialspanischen Bauten durch ein Erdbeben zerstört. Die erdbebensicheren Grundmauern der Inka-Bauten blieben erhalten. Die wechselvolle Geschichte Cuscos hat ein reizvolles Stadtbild von Inkamauern und Kolonialbauten hinterlassen. Seit 1692 hat Cusco eine Universität und sie ist heute Sitz eines Erzbistums. Durch das letzte Erdbeben, das im Frühjahr 1986 die Stadt erschütterte (das vorletzte war 1950*)*, wurden viele nicht erdbebensichere Gebäude in Mitleidenschaft gezogen. An irgendeiner Ecke ist immer eine Baustelle. Die Einwohnerzahl hat sich von 1975 bis 1995 verdreifacht, heute über 350.000 Einwohner.

Höhen-Akklimatisierung

Wer mit dem Flugzeug aus Lima morgens in Cusco eintrifft, sollte den Anreisetag zur Höhenanpassung verwenden. Sinnvoll und wichtig ist es, sich nach der Einquartierung auszuruhen, viel Flüssigkeit zu trinken (Coca-Tee und Wasser, keinen Alkohol) und ggf. eine Kopfbedeckung zu kaufen, denn die Sonnenstrahlung ist in dieser Höhenlage sehr intensiv (Höhenkrankheit s.S. 42).

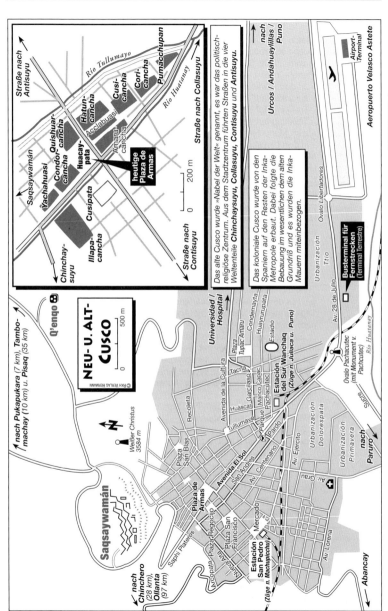

Touren um Cusco

Gleich vorab einen Blick auf die vielen Ausflugsmöglichkeiten, die von Cusco aus möglich sind, z.B.:
- zum „Valle Sagrado de los Incas" („Heiliges Tal der Inka": Cusco – Pisaq – Yucay – Urubamba – Ollantaytambo – Cusco)
- zu den Märkten der Hochlandbewohner nach Pisaq und Chinchero
- zur Inkastadt Machu Picchu (MP)
- Trekking auf dem Inka Trail (Camino Inca) nach Machu Picchu
- Trekking auf dem Inka Trail nach Choquequirao, ggf. weiter nach MP
- zum Manu-Nationalpark (überaus artenreicher Regenwald)
- in den Urwald um Pto Maldonado (Schiffswrack der *Fitzcarraldo* am Río Madre de Dios, Papageien-Salzlecken *Collpas de Guacamayos*)

Um Ihnen die Entscheidung zu erleichtern, haben wir die Ausflüge in die Kategorien „Klassische Ausflüge von Cusco aus", „Trekkings im Urubamba-Tal" und „Urwald-Touren" gegliedert.

Zeitplanung Für eine Stadtbesichtigung Cuscos sollte mindestens ein Tag, ein weiterer für die nähere Umgebung bzw. für das *Valle Sagrado de los Incas* eingeplant werden. Die Inkastadt Machu Picchu kann heutzutage mit dem Zug auch an einem Tag besucht werden, wobei dies aber sehr stressig werden kann.

Wir empfehlen für Machu Picchu mindestens 2 Tage (näheres s. dort). Davor könnte noch ein Stopp in Ollantaytambo eingelegt werden. Für die Trekking-Strecke auf dem Inka Trail nach Machu Picchu zusätzlich 4 Tage. Für den Besuch der Inkaruinen in Choquequirao sollten mindestens 4 Tage angesetzt werden, die Angebote gehen aber bis zu 10 Tagen, je nach Gusto.

Ein Ausflug nach Puerto Maldonado am Río Madre de Dios kann zwar in drei Tagen durchgeführt werden, weit besser sind jedoch vier Tage. Für den Regenwald im Nationalpark von Manu (Experimentalzone, s. dort) ist mindestens eine Woche einzuplanen!

So könnte ein **einwöchiger Aufenthalt** in der Region Cusco aussehen:

1. Tag: Anreise mit dem Flugzeug am Vormittag, Höhenanpassung
2. Tag: Stadtbesichtigung
3. Tag: Ausflug nach Saqsaywamán, Q'enqo, Pukapukara, Tambomachay und Pisaq (ggf. auch nach Chinchero)
4. Tag: Zugfahrt nach Aguas Calientes im Urubamba-Tal, Übernachtung
5. Tag: Aufstieg nach Machu Picchu und Besichtigung der Inkastadt. Rückfahrt nach Cusco am Spätnachmittag (bzw. 4 Zusatztage für den Inka Trail nach Machu Picchu oder nach Choquequirao).

Zusatzprogramm:
6. Tag: Flug nach Pto Maldonado, Einquartierung in eine Urwaldlodge
7. Tag: Urwald-Exkursion (ggf. Zusatztag)
8. Tag Rückflug Pto Maldonado – Cusco und Weiterflug/-reise nach Juliaca oder Arequipa bzw. Rückreise nach Lima.

Cuscos Geschichte

Ankunft der Ayaren

Im Tal von Cusco siedelten Menschen der *Chanapata-Kultur* schon lange, bevor die Inka Cusco als Zentrum ihrer Herrschaft auswählten und erbauten (Reste der Chanapata-Kultur wurden im nordwestlichen Teil von Cusco von John Howland Rowe gefunden). Die Bewohner des Tales waren einfache Bauern und Lamazüchter. Cusco war bei der Ankunft der **Ayaren,** den späteren Inka, nicht mehr als ein kleines Dorf. Das Tal von *Cuscu* (damalige Schreib- bzw. Sprechweise) wurde von den Volksgruppen der *Hualla, Sausiray, Alcahuita* und *Antasaya* bewohnt, die, unter dem Druck der Inka, sich mit ihnen zu einem friedlichen Status quo arrangierten. Der Legende der Inka nach wurde das „neue" Cusco um das Jahr 1200 von *Manco Capac* und *Mama Ocllo* gegründet. Die Inka führten den Maisanbau, das Coca-Kauen und die ersten Gesetze ein, in denen Mord und Diebstahl unter Strafe gestellt wurden. So wurde aus einem bäuerlichen Dorf die wohlgeordnete und blühende „Stadt der vier Welten" mit schätzungsweise über 200.000 Einwohnern.

„Nabel der Welt"

Cusco erlebte seine Blütezeit zwischen 1438 und 1527, unter dem 9. Inca *Pachacuti* (oder Pachacútec) *Yupanqui* und seinem Sohn *Túpac* (oder Topa) *Yupanqui,* dem 10. Inca. Die beiden waren es, die Cusco zum „Nabel der Welt" mit imperialem Charakter machten und Steinbauwerke errichten ließen. In dieser Zeit wurde auch die oberhalb der Stadt gelegene Zyklopenfestung **Saqsaywamán** errichtet, der Schutzschild Cuscos. Der Bau wurde jedoch erst unter dem 11. Inca **Huayna Capac** beendet. Cusco unterteilte sich in jener Zeit in *Hanan Cusco* (Oberes Cusco), in dem in Adobe(Lehm)-Häusern das einfache Volk und die Handwerker lebten, und in *Hurin Cusco,* das Untere Cusco. Dies war den Edelleuten und der Inka-Elite vorbehalten, die hier ihre Residenzen hatten. Hier befanden sich auch alle Heiligtümer und Paläste. Niemand, der nicht zum Inka-Clan direkt gehörte, durfte hier wohnen.

■ *Der 11. Inca Huayna Capac in Kriegsausrüstung*

Das Herz der Stadt, der Mittelpunkt und damit der „Nabel der Welt" war der Platz **Huacaypata** („Platz der Tränen"), der von Tempeln, Heiligtümern und Palästen umgeben war. Die meisten Tempel und Paläste waren außen mit Goldblechen und -platten verziert und belegt, das Inka-Heiligtum Qoricancha auch von innen. Wenn sich die Sonnenstrahlen auf dem Gold spiegelten, ging davon ein fantastisches Licht aus, der Glanz einer Märchenstadt.

Es war die Metropole eines Reiches, das sich von der Südgrenze des heutigen Kolumbien bis nach Zentralchile (Río Maule) erstreckte. Verständlich, dass für die Inka Cusco der „Nabel der Welt" war. Die Straßen aus den vier Reichsteilen *Antisuyu* (der Nordosten bis zum Amazonasbecken), *Collasuyu* (der Südosten bis Nordchile), *Contisuyu* (der Südwesten bis zur Küste) und von *Chinchaysuyu* (der Nordwesten bis Südkolumbien) liefen alle auf dem *Huacaypata,* der heutigen *Plaza de Armas,* zusammen.

	Cusco	

Pizarro in Cusco

Als Pizarro am 15. November 1533 kampflos in Cusco einritt, muss die Stadt unermesslich reich und schön gewesen sein. Pizarro ließ fast alles Gold und Silber zusammentragen und einschmelzen, die Paläste zerstören, doch gegen viele Mauern hatte er – zum Glück – keine Chance. Sie dienten dann meist als Grundmauern der Kirchen, die die Spanier auf ihnen errichteten – Sinnbild einer aufgepfropften, fremden Kultur. Die spanischen Baumeister waren denen der Inka unterlegen. Immer wieder mussten in den nachfolgenden Jahrhunderten die kolonialspanischen Mauern nach Erdbeben wieder aufgebaut werden, während die erdbebensicheren Inka-Mauern bis heute standhielten.

Pizarro setzte **Manco,** Sohn von Huayna Capac, als neuen Inkaherrscher ein, verließ Cusco und gründete an der Küste die neue Landeshauptstadt Lima. Manco nutzte die Uneinigkeit der Spanier und sammelte im Februar 1536 sein Heer am Yucay. Er rückte mit 200.000 Kriegern gegen Cusco vor, belagerte die Stadt und eroberte die Festung von Saqsaywamán zurück. Über mehrere Monate waren 200 Spanier und etwa 1000 Mann indigene Hilfstruppen in Cusco eingeschlossen. Im ganzen Land hatte sich die Bevölkerung gegen die Spanier erhoben. Pizarros nachfolgende Versuche, Cusco zu befreien, misslangen allesamt. Die Spanier litten an Hunger, und jeder Ausfallversuch kostete neue Tote. Nach fünf Monaten Belagerung hatten aber auch die Truppen des Inca Versorgungsprobleme. Außerdem nahte die Pflanzzeit. So löste er Teile des Heeres auf und zog sich auf die Festung Tambo am Yucay zurück. Pizarro versuchte noch mehrmals, Inca Manco zu besiegen. Dieser gründete 1537 einen neuen Inkastaat in *Vilcabamba*. Er wurde aber 1544 durch Spanier, die sein Vertrauen erschlichen hatten, ermordet. Erst 1572 konnten die Spanier Vilcabamba erobern. Den letzten Inca, *Túpac Amaru,* richteten sie in Cusco hin.

■ *Die Krönung des jungen Manco Inca*

Das Vermächtnis des Inca

Doch handelte bereits die Bevölkerung des Hochlandes nach dem Vermächtnis des Inca Manco, das wahrscheinlich von seinem Sohn Titu Kusi Yupanqui verfasst und ihm nachträglich zugeschrieben wurde: Mit der Prophezeihung, dass der Inca wiederkehren wird, solle die Bevölkerung passiven Widerstand leisten, die eigene Erde verteidigen und die Religion achten. Dieses Vermächtnis erwies sich in den nachfolgenden Jahrhunderten als das größte Problem für die Spanier. Ein Aufstand folgte dem anderen, unter *José Gabriel Condorcanqui* (später als **Túpac Amaru II.** bekannt), wurde in einem inkaischen Wiedereroberungskrieg 1781 sogar Cusco wieder eingenommen. Erst seine Hinrichtung ließ die Spanier wieder ruhiger schlafen. Da sie immer noch nicht ganz die Herren des Landes waren, ließen sie 1781 die Quechua-Sprache, die indigene Kleidung und alle alten Inka-Bräuche verbieten.

■ *Túpac Amaru II.*

Mit den Jahren verlor Cusco, insbesondere durch die Gründung der neuen Hauptstadt Lima, an Bedeutung. Cusco war zudem nach der Belagerung durch die Inkatruppen Mancos ausgebrannt. Erdbeben sorgten für weitere Zerstörungen. Doch für die Nachfahren der Inka, den Quechua zwischen Ecuador und Nordchile, ist Cusco nach wie vor Hauptstadt des alten Inkareichs. Seit 1975 schmückt die bunte Regenbogenfahne der Inka die Plaza de Armas, wird in der Universität die Quechua-Sprache als Studiengang angeboten. Für die alljährlich so große Besucherzahl mag Cusco die touristische Metropole Perus und auch eine Art riesiges Freilichtmuseum sein, doch nirgendwo sonst in Peru ist der Besucher alten indigenen Traditionen und Bräuchen wohl näher als hier.

Cuscos Sehenswürdigkeiten

Um Cusco und seine Umgebung kennenzulernen, sind wenigstens 4 bis 5 Tage erforderlich, besser wäre eine Woche. Eine Reihenfolge der wichtigsten Sehenswürdigkeiten:
1. Ausführlicher Stadtrundgang inklusive Besichtigung von Kirchen und Museen (1 Tag)
2. Ausflug nach Machu Picchu (1–2 Tage, mit Inka Trail 4–6 Tage)
3. Saqsaywamán und die Ruinen von Q'enqo, Pukapukara und Tambomachay (1/2–1 Tag)
4. Markt von Chinchero oder Pisaq (1/2–1 Tag)
5. Ruinen von Pisaq und Ollantaytambo (1 Tag, evtl. zusammen mit 4. unternehmen)
6. Ausflug nach Andahuaylillas und evtl. zu den Präinkaruinen nach Pikillacta und nach Tipón (1/2–1 Tag)
7. Cusco ohne Programm

Boleto Turístico (BT) Der Boleto kostet 130 Soles (Studenten bis 25 Jahre mit ISIC 50%) und ist 10 Tage für 16 verschiedene Stätten und Sehenswürdigkeiten gültig. Wer sich nur in Cusco aufhält, kann einen preiswerteren **Boleto Parcial** (BPC) kaufen, der nur für die Sehenswürdigkeiten innerhalb von Cusco gilt. Ebenso gibt es einen **Boleto Parcial Valle Sagrado,** der als Eintritt für Ollantaytambo, Moray, Pisaq und Chinchero gilt. Der BCP kosten 70 Soles für Ausländer.

Der **Boleto Turístico** ist gültig für: die Museen *Histórico Regional* (Casa Garcilaso), *Sitio del Qoricancha* und *Arte Contemporáneo* (Palacio Municipal), *Monumento Pachacútec*, *Museo de Arte Popular* und *Centro Qosqo Arte Nativo*. Daneben gilt er auch als Eintrittskarte für die Ruinen von *Saqsaywamán, Q'enqo, Pukapukara, Tambomachay, Pisaq, Ollantaytambo, Chinchero, Pikillacta, Tipón* und *Moray* – doch das kann sich ändern, deshalb nachfragen.

Kaufstelle ist die Tourist-Information (s. „Adressen & Service") und an einigen der hier genannten Sehenswürdigkeiten (meistens in den Museen). Nachfolgend sind alle Sehenswürdigkeiten, für die der Boleto Turístico gültig ist, mit **„BT"** gekennzeichnet.

Öffnungszeiten
Centro Qosqo de Arte Nativo: Mo–So 18.30–20 Uhr, Show derzeit 19 Uhr **(BT)**
Catedral: Mo–Mi, Fr/Sa 10–11.30 Uhr, Mo–So 14–17.30 Uhr (Eintritt 25 Soles)
Casa del Almirante (Museo Inka): Mo–Fr von 8–19 Uhr, Sa 9–16 Uhr (Eintritt 10 Soles)
Casa de Garcilaso (Museo Histórico Regional): Mo–So 8–17 Uhr **(BT)**

Iglesia La Compañia: tägl. 6.30–7 (So 7.30–8), 10–13, 17–19 Uhr
Iglesia San Blas: Mo–Mi, Fr/Sa 10–11.30 Uhr, Mo–So 14–17.30 Uhr (Eintritt 15 Soles)
Iglesia San Francisco: Mo–Sa 9–17 Uhr, So 6–8 Uhr, 18–20 Uhr
Iglesia y Convento Sto. Domingo: Mo–Sa 8–17 Uhr, So 14–16 Uhr
Museo de Arte y Monasterio Santa Catalina: Mo–Sa 9–12 Uhr, Mo–Do/Sa 13–16 Uhr
Museo Municipal de Arte Contemporáneo: Mo–Sa 9–18 Uhr **(BT)**
Museo de Arte Religioso: Mo–Sa 8–18 Uhr, So 10–18 Uhr
Museo de Arte Popular: Mo–Sa 9–18 Uhr, So 8–13 Uhr **(BT)**
Museo de Historia Natural: Mo–Sa 9–12 Uhr, 15–18 Uhr
Museo de Sitio del Qoricancha: Mo–Sa 9–18 Uhr, So 8–13 Uhr **(BT).** Der BT ist nicht für Sta. Domingo/Qoricancha gültig, dort kostet der Eintritt 10 Soles!
Iglesia La Merced: tägl. ab 17 Uhr
Museo La Merced: Mo–Sa 8–12.30 Uhr und 14–17.30 Uhr
Museo Machu Picchu Casa Concha: Mo–Sa 9–17 Uhr (Eintr. 20 Soles)
Mercado Artesanal: 9–17 Uhr
Ruinen um Cusco: 7–18 Uhr **(BT)**, letzter Einlass erfolgt oft um 17 Uhr!
Hinweise: Zuletzt war das Fotografieren in den Innenräumen von Museen und Kirchen nicht mehr erlaubt! Wer zu Gottesdienstzeiten kommt, muss für Kirchen keinen Eintritt bezahlen.

Runa Simi – Inkasprache Quechua

Ich bin in der hintersten Reihe des Saales in der Universität. Vorne auf der Bühne sitzen, hinter kolonialspanischen Tischen mit weinroten Samtdecken, drei Professoren des Quechua-Studienganges. Daneben drei Indígena in traditionellen Trachten und mit Musikinstrumenten. Der Direktor bittet alle Gäste, aufzustehen. Die Indígena legen ihre rechte Hand auf das Herz, dann wird feierlich-dramatisch eine alte Inkahymne auf Quechua gesungen. Nach dem Beifall erhebt sich ein Professor und erklärt die Hintergründe der Quechua-Musik. Er betont, dass es wichtig ist, die authentische Ausdrucksweise der alten Sprachen der Inka und deren Musik weiterzupflegen und zu fördern, damit diese nicht in Vergessenheit geraten. Deshalb wäre dieser Studiengang eigens in Cusco eingerichtet worden und auch Archäologen bemühten sich, Inka-Überlieferungen musikalischer und sprachlicher Art in Quechua aufzuzeichnen. Das Quechua solle zu einer nationalen Sprache werden, wie das Guaraní in Paraguay. Beifall der Zuhörer. Nach einer Volksweise aus der Inkazeit und einem Lyrikvortrag in Quechua spendet das Publikum begeistert Beifall.

In der Tat, Quechua ist eine faszinierende Sprache, voller Magie einer alten Zeit. Von 1975–79 war Quechua neben dem Spanischen gleichfalls Amtssprache in Peru. Seit 1988 fördert Peru sogar die zweisprachige Erziehung. Eigens dazu wurde die *Dirección General de Educación Bilingue* gegründet (s.a. „Sprachen" auf S. 85). Das Problem ist, das dass Quechua nur mündlich überliefert wurde, da die Inka über keine Schriftsprache verfügten (s.a. „Quipus und Tocapus", S. 312).

Nach der Eroberung des Inkareiches durch die Spanier fertigte der Mönch *Domingo de Santa Tomás* erste Aufzeichnungen über das Quechua. Diese Dokumente sind zugleich das älteste Quechua-Wörterbuch. Der Bolivianer *Jesús Lara* schrieb die ersten Romane in dieser Sprache. Da jedoch die dazu verwendete spanische Orthographie das Lesen erschwerte, wurde 1975 das *Alfabeto Oficial* in Quechua eingeführt. Die meisten geographischen Begriffe in Peru (und den angrenzenden Andenländer) stammen aus dem Quechua. Quechua wird auch als **Runa Simi**, „Sprache des Volkes", bezeichnet. Es wird heute im Andenraum zwischen Kolumbien und Argentinien von den Indígena in drei Dialekten gesprochen: Das *Ancash-, Ayacuchano-* und *Cusqueño-Quechua*. - Wortbeispiele s. Anhang „Quechua". Der Inkagruß „Ama sua, ama llulla, ama kella!", der heute noch zu hören ist, bedeutet so viel wie „Sei kein Dieb, sei kein Lügner, sei kein Faulpelz!". Diese drei Grundregeln wurden im Inkareich streng befolgt. – FS

Stadtrundgang Cusco

Für Kirchen- und Museumsbegeisterte empfiehlt es sich, die Stadtbesichtigung auf mehrere Tage zu verteilen (obwohl nicht alle Kirchen unbedingt einen Besuch lohnen). Die wichtigsten religiösen Bauwerke sind: *La Catedral* und *La Compañía* an der Plaza de Armas, *San Blas, La Merced* und *Santo Domingo* (wegen des Sonnentempels) sowie die *Iglesia Recoleta* in der gleichnamigen Straße.

Falls Sie den gesamten Rundgang wie nachfolgend beschrieben machen wollen, folgen Sie den kleinen Pfeilen im Cusco-Stadtplan. Der Rundgang ist zweigeteilt, so dass er auch in zwei Abschnitten durchgeführt werden kann. Ausgangspunkt ist die Plaza de Armas. Von ihr geht es zuerst zu den beiden Kirchen und zur Universität am Platz.

Plaza de Armas

Dieser annähernd quadratische Platz mit einer hübschen Anlage in der Mitte hieß in der Inkazeit **Huacaypata,** war von Tempeln, Palästen und Regierungsgebäuden umgeben und früher nahezu doppelt so groß wie heute. Er war mit Sand bedeckt, den Besucher als Zeichen der Verbundenheit der Provinzen mit der Hauptstadt mitgebracht hatten. An Festtagen wurden hier die königlichen Mumien aus dem Sonnentempel neben dem „Himmelsthron" des Inca zur Schau gestellt. Der Platz war von einer ca. 250 Meter langen Goldkette umspannt. Zur Sonnwende am 21. Juni wurde außerdem auf dem Huacaypata das *Inti-Raymi*-Fest gefeiert, zu dem die Leibgarde des Inca Waffen aus Gold trugen. Er war auch Hinrichtungsstätte der letzten Inkaherrscher und von *Túpac Amaru II*. im Jahr 1781.

In der Mitte befindet sich ein Brunnen (früher mit der Statue Atahualpas und der Quechua-Inschrift „kosko hatun llacta" – „herrliche Stadt Cusco"). Die Seiten des Platzes werden von den Kolonialkirchen dominiert, die über die Grundmauern inkaischer Tempel aufragen. Der gesamte Platz ist nahezu vollständig (ausgenommen vor Kathedrale und Kirche) von Arkadengängen, den *Portales,* umgeben. Unter den Arkaden an der Südwestseite (Portal de Comercio, Portal de Confituría) und an der Nordwestseite (Portal de Panes, Portal de Harinas) finden sich zahlreiche Restaurants, Wechselstuben und Geschäfte.

■ *Cusco, Blick auf die Plaza de Armas*

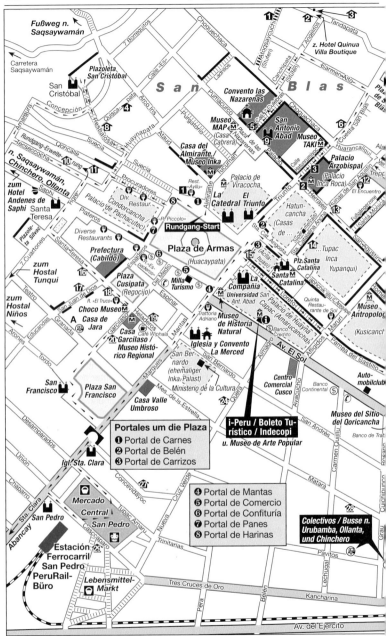

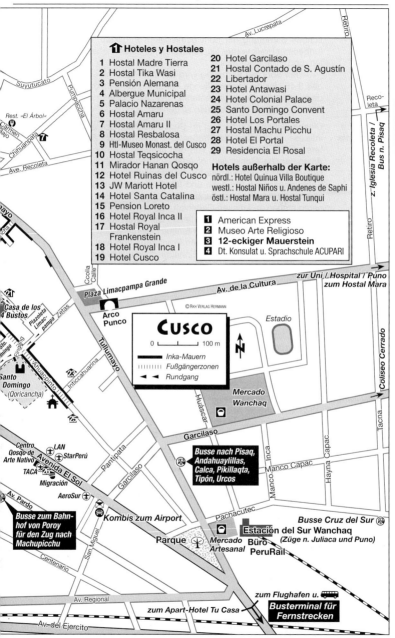

Besonders nachmittags und abends herrscht unter den Arkaden eine schöne Stimmung mit bunt gemischtem Publikum, Schuhputz-Kindern (unbedingt Preis vorher fixieren wenn Inanspruchnahme!), Souvenirhändlern und Straßenkünstlern.

Jeden Sonntag Vormittag wird auf der Plaza mit einer Zeremonie gegen 9.45 Uhr die Nationalflagge Perus (mit der Nationalhymne des Landes) und die Regenbogenfahne der Inka bzw. des Tahuantinsuyu-Reiches (mit der Hymne Cuscos) gehisst.

Iglesia La Compañía Diese wuchtige Kirche ragt im Südosten der Plaza auf. Architektonisch interessant ist, dass die Straßenfront strukturell ein Abbild des Hauptalters ist. Die Kirche wurde von den Jesuiten auf den Grundmauern von *Amarucancha* (Schlangenhof oder Schlangentempel), des Palastes von *Huayna Capac*, erbaut. Der für die damalige Zeit prunkvolle Bau stand in Konkurrenz zur Kathedrale und führte einst zu einem Kirchenstreit, der sich bis zu ihrer Fertigstellung 1668 hinzog. Die kahlen Steinwände im Inneren stehen im krassen Gegensatz zu den goldenen Altaraufsätzen und dem reich vergoldeten Hauptaltar. Der Altar der „Trostreichen Mutter Gottes" zeigt portugiesischen Einfluss. Bemerkenswert sind die holzgeschnitzten Figuren des Heiligen Franziskus von Assisi und des Heiligen Jerónimo, Arbeiten, die dem Einheimischen Juan Martínez Montañas zugeschrieben werden. Außerdem sind Gemälde von geschichtlichem Dokumentarwert, z.B. über das Leben des Ordensgründers Ignatius von Loyola (von dem Mestizen Marcos Zapata), zu sehen. Ein anderes Gemälde in der Nähe des Eingangs zeigt die Hochzeit eines spanischen Konquistadors mit einer Inkaprinzessin, eine damals häufige Verbindung, der auch Garcilaso de la Vega entstammte. Der Grundriss der Kirche stellt ein lateinisches Kreuz mit zwei Seitenkapellen dar, die San Ignacio- und Lourdes-Kapelle heißen.

Öffnungszeiten: 6.30–7 Uhr (So 7.30–8), 10–13 u. 17–19 Uhr. Besteigen des Turmes für 10 Soles, herrlicher Blick auf die Plaza und bis zu den Hügeln mit Saqsayhuaman.

Universidad San Antonio Abad Rechts der Compañía liegt im ehemaligen Convento (Kloster) die *Universidad San Antonio Abad* von Cusco, die von den Jesuiten 1622, ebenfalls auf den Grundmauern des Palastes von Huayna Capac, gegründet wurde. Der Haupteingang wirkt eher wie der einer Kirche, die barocke Fassade zeigt deutlich indigene Einflüsse, und im ersten Moment vermutet hier niemand eine Uni hinter den Gemäuern.

Nach einem Blick in den schönen Innenhof zur Catedral weitergehen.

La Catedral Die Kathedrale wurde zwischen 1559 und 1654 auf den Grundmauern des Palastes des 8. Inca Wiracocha errichtet, sie erinnert in ihrer Mächtigkeit ein wenig an eine Festung, vielleicht sogar als Bollwerk gegen den Sonnenkult der Inka. Sie ist über 85 m lang und 45 m breit. Im linken der beiden über 30 Meter hohen Türme hängt die berühmteste und größte Glocke Südamerikas, die *María Angola,* die angeblich 40 km weit zu hören ist. Beim Gießen der Glocke wurden mehrere Kilo Gold verarbeitet. Sie läutet seit vielen Jahren nicht mehr, da der Turm die Schwingungen nicht mehr aushält.

Im Innern der Kathedrale befinden sich gut 400 wertvolle Gemälde der *Escuela Cusqueña* (Cusqueñer Malerschule, Exkurs s.S. 310), kostbare

Bildhauer- und Silberarbeiten, zeremonieller Schmuck und Kleidung. Der Hauptaltar aus massivem Silber aus den Sklavenminen Potosís (Bolivien) ist in spätklassizistischem Stil gearbeitet und verdeckt den ursprünglichen, aus Zedernholz geschnitzten und mit Gold verkleideten Altar. Der barocke Chor aus Zedernholz, dessen Gestühl 40 Heilige zeigt, wird vom Hauptschiff durch ein schön gearbeitetes Holzgitter getrennt.

Von den zehn Seitenkapellen sind zwei besonders beachtenswert: Die 4. von rechts zeigt auf dem Altar Jesus als den *Señor de los Temblores,* als Herrn der Erdbeben. Er wurde nach dem Erdbeben von 1650 als Schutzpatron gestiftet und wird jetzt bei großen Prozessionen durch Cusco getragen. Im Seitenaltar genau gegenüber sieht man die *Virgen de la Inmaculata Concepción* (Jungfrau der Unbefleckten Empfängnis), auch *La Linda* (die Schöne) genannt, die Frauen zum Kindersegen verhelfen soll. In der Sakristei hinten rechts sind neben einigem wertvollen Mobiliar die Porträts aller Bischöfe von Cusco zu sehen.

Öffnungszeiten: Mo–Mi, Fr/Sa 10–11.30 Uhr, Mo–Sa 14–17.30 Uhr, Eintritt 25 Soles (Audioguide frei), Studenten mit int. ISIC-Ausweis 50%. Bei Interesse an weiteren Kirchen in Cusco am besten das Kirchenkombiticket für 40 Soles besorgen. Das gilt als Eintritt für die Kathedrale, das Kirchenmuseum und die Kirche von San Blas.

Der **Zugang** zur Kathedrale ist meist nur durch die rechts daneben liegende *Iglesia El Triunfo* möglich, die von 1729 bis 1732 zur Erinnerung an den indigenen Aufstand von 1536 errichtet wurde und ursprünglich der Platz der inkaischen Waffenschmiede war. Die großen Gemälde rechts und links des Altars in der Iglesia El Triunfo sind Kopien von „Der Abstieg" von Rubens und „Die Kreuztragung" von Raffael. Semisubterran ist seit 1978 hier die Urne von *Garcilaso de la Vega* beigesetzt, des wichtigsten Berichterstatters über die Inkazeit (s. Exkurs).

Von der Kathedrale geht es links der Kirche die Gasse *Almirante Tucumán* aufwärts.

Casa del Almirante / Museo Inka

Der sehr schöne Palast von Almirante (Admiral) Francisco Alderete Maldonado aus dem 17. Jh. steht an der Ecke Tucumán/Ataud. Er wurde auf den Grundmauern des Palastes des Inca Huáscar errichtet und durch das schwere Erdbeben von 1950 beschädigt, jedoch mit Geldern der UNESCO wieder restauriert. In ihm befindet sich mit dem **Inkamuseum** (früher: *Archäologisches Museum*), das bedeutendste Museum Cuscos. Zu sehen gibt es Gemälde der Escuela Cusqueña und aus der Inkazeit Keramik-, Schmuck- und Gebrauchsgegenstände, Textilien, Mumien sowie trepanierte Schädel (operative Öffnungen). Sehr sehenswert, Zeit mitbringen! Geöffnet Mo–Sa 8–19 Uhr, Eintritt 10 Soles.

MAP – Museo de Arte Precolombino

Über die Tucumán geht es weiter zur Plaza de las Nazarenas. Dort beherbergt die *Casa Cabrera* das Museo de Arte Precolombino, das Museum für präkolumbische Kunst, ebenfalls ein absolutes Muss! Diese Außenstelle des Museo Larco Herrera in Lima präsentiert auf zwei Etagen ausgezeichnete Funde von höchstem künstlerischen Wert, es zählt zu den besten Perus! Die Keramiken, aber auch die Holzfiguren, der Gold- und Silberschmuck sowie die Korallenketten in den Vitrinen sind hervorragend ausgeleuchtet und alle Exponate werden ausführlich unter kunstgeschichtlichen Gesichtspunkten beschrieben. Jeder Raum ist einer bestimmten Kultur oder einem Thema gewidmet, eingeführt wird mit einem historischen Überblick.

Geöffnet tägl. 9–22 Uhr, Eintritt 15 Soles (mit ISIC-Studentenkarte 10 Soles), kein BT, Verkauf von Replikaten, teures Restaurant im Innenhof.

Nach links, die Pumacurco hoch, führt der Fußweg nach Saqsaywamán. Gegenüber vom MAP liegt der

Convento de las Nazarenas

Das Kloster der Nazarenerinnen wurde 1592 von den Spaniern als Schule für indigene Mädchen gegründet. Heute befindet sich in dem ehemaligen Nonnenkloster das Hotel-Museo Monasterio del Cusco. Auch Nichtgäste können auf Anfrage einen Blick hinter die Mauern werfen. Rechts liegt die kleine

Iglesia San Antonio Abad

Im Inneren der restaurierten Barockkirche befinden sich eine kunstvoll geschnitzte Kanzel und Gemälde des indigenen Malers *Diego Quispe Tito*. Heute wird die Kirche als Tagungsraum des Hotels Monasterio del Cusco verwendet, ist deshalb nicht immer öffentlich zugänglich.

Zwischen beiden Bauwerken geht es weiter in die schmale

Callejón de Siete Culebras

Übersetzt heißt dies „Gasse der sieben Schlangen". Einige Steine sind (gleich am Anfang links) mit Schlangen verziert, die für die Inka Symbole der Weisheit darstellten. Hier befand sich eine Schule für die Adligen, in der in der Inkazeit die Kunst des Regierens und der Kriegsführung gelehrt wurde. – Am Ende des Callejón de Siete Culebras geht es links in die *Calle Choquechaca,* an der nächsten Ecke nach rechts aufwärts durch die Canchipata zur Calle Carmen Alto, die zur *Plazoleta de San Blas* führt. Dort steht die äußerlich schlichte, aus Lehmziegeln erbaute

Iglesia San Blas

Die Kirche stammt aus dem 16. Jahrhundert. Im Innern ist neben einem Altar im überladenen churrigueresken Stil die schönste Holzschnitzarbeit in Cusco zu sehen: eine barocke Kanzel. Sie wurde von einem unbekannten Künstler geschaffen und von Bischof Mollinedo der Kirche gestiftet (nach einer Überlieferung stammt die Kanzel von dem indigenen Künstler *Tomás Tuyro Tupa,* der sie aus Dankbarkeit für seine wundersame Heilung von Lepra geschnitzt haben soll). In der Mitte ist die Muttergottes dargestellt, daneben die vier Evangelisten und ein Teil der Leidensgeschichte Christi. Des Weiteren sind der hl. Blasius und, auf dem Dach der Kanzel, der hl. Thomas zu sehen.

Die Gegend um die Iglesia San Blas ist heute übrigens das Künstlerviertel Cuscos. Hier wirken neben anderen Holzschnitzern und Malern auch *Hilario Mendivil* und *Edilberto Merida*. Öffnungszeiten: tgl. 8–18 Uhr, Messe nur am So von 7–8 Uhr. Eintritt 15 Soles.

Nun die Calle San Blas hinuntergehen bis zur Calle Hatunrumiyoc.

Calle Hatunrumiyoc

Das Quechua-Wort bedeutet „Großer Stein". Die Mauer des ehemaligen Palastes des *Inca Roca* gilt als eines der schönsten Beispiele der Kunst der fugenlosen Verblockung riesiger Steine und ist der längste und besterhaltene Mauerrest der einst monumentalen Inka-Architektur Cuscos. Die nach außen gewölbten (konvexen) Steinblöcke sind bis zu einem Meter groß und so perfekt beschnitten respektive behauen, dass sie mit ihrer Verzahnung und Verbolzung keinen Mörtel benötigten. Der Paradestein dieser Buckelquader (in Gehrichtung links, etwa in der Mitte der Gasse) hat nicht weniger als **zwölf Ecken,** er wurde exakt passgenau in das Mauerwerk ein-

■ in der Calle Hatunrumiyoc

gefügt. David R. Calbo aus Cusco, der sich sein Leben lang mit der Inka-Architektur und der Inka-Kultur beschäftigte, sagt, dass der zwölfeckige Stein die Jahreszeiten und die zwölf Monate des Jahres symbolisiert. Er meint auch, dass außerdem der Palast des Inca Roca eher eine Plattform in Höhe der Mauer war, auf der rituelle Zeremonien abgehalten wurden.

Wenn Sie auf den ansonsten glatten Mauersteinen kleine hervorstehende Noppen sehen, so sind das Überreste aus der Bauzeit; sie dienten dazu, beim Aufschichten der Steine Hebel anzusetzen und Seile zu befestigen. Anschließend schlug man sie meist weg.

Unten an der Gassenecke angekommen wird der ehemalige Eingang des Palastes des Inca Roca erreicht. Auf seine Grundmauern wurden die kolonialspanischen Herrenhäuser der Marquise Buenavista und Rocafuerte gebaut, die durch die Erdbeben nachfolgend immer wieder beschädigt und teils zerstört wurden. Der Palast diente auch dem Erzbischof von Cusco als Domizil, heute befindet sich darin das Museum der religiösen Künste.

Museo de Arte Religioso

Die Skulpturen und Möbel des Museum für Religiöse Künste stammen aus einer privaten Stiftung und vom Erzbistum Cusco. Die Sammlung ist jedoch ziemlich ungeordnet, wenige Erklärungen, die Führung ist mäßig. Doch beherbergt das Museum bedeutende Gemälde der Escuela Cusqueña. Ein Blick in den schönen Innenhof lohnt auf alle Fälle. Öffnungszeiten Mo–Sa 8–18 Uhr, So 10–18 Uhr, Eintritt.

Nun nach links, durch die *Herrajes* und die *Calle San Agustín,* an den Mauern des Palastes von *Túpac Yupanqui* vorbei zum Kolonialhaus *Casa de los 4 Bustos* aus dem 16. Jahrhundert.

Casa de los 4 Bustos

Das Haus ist benannt nach den vier Büsten über dem Portal. Sie stellen den Marqués de Salas y Valdez, seine Frau und seinen Sohn sowie die Frau des Sohnes dar. U.a. wohnte hier Pizarro während seines Aufenthaltes in Cusco. Heute beherbergt es das gediegene *Libertador,* eines der besten Hotels der Stadt. An der Plazoleta Limacpampa geht es nach rechts durch die Zetas zur Plazoleta Santo Domingo mit

Iglesia y Convento Santo Domingo

Das Erdbeben von 1950 legte hier – zur Überraschung und Freude der Archäologen – die Überreste des ehemaligen **Sonnenheiligtums Qoricancha** frei. Öffnungszeiten Mo–Sa 8–17 Uhr, So 14–16 Uhr, Eintritt 10 Soles (BT nicht gültig), Führung 20 Soles. Öffnungszeiten **Museo de Sitio del Qoricancha:** Mo–Sa 9–13 Uhr, 14–17 Uhr, So 8–14 Uhr **(BT).** Im **Kusicancha** (Eingang in der Calle Maruri), dem Garten von Qoricancha, kann spazieren gegangen werden (Mo–Fr 7–16 Uhr, Eintritt frei). Eine Spende für die im Park grasenden Neuweltkamele wird gern gesehen.

Die **Qoricancha** war eigentlich ein großes Tempelviertel, dessen Mittelpunkt der prächtige und prunkvolle Sonnentempel *Qoricancha* war, nach dem auch das Stadtviertel benannt wurde.

Innenhof der Qoricancha

Ursprünglich hieß der Ort *Inticancha* und war die Residenz des ersten Incas Manco Capac. Erst unter dem Inca Capac Yupanqui wurde der Tempelpalast ausschließlich *Inti,* der Sonne geweiht und zum inkaischen Heiligtum Qoricancha umgebaut. Wie mag es hier im Jahre 1533, vor der Eroberung Pizarros, ausgesehen haben? Die Mauern des Sonnentempels waren mit Goldplatten bedeckt. Im Garten des Sonnentempels war alles, was das Reich bot, in Gold oder Silber nachgebildet.

Hier standen goldene und silberne Maisstauden neben goldenen Bäumen und Sträuchern. Im Sonnentempel-Vorhof glitzerten gleichfalls goldene Hirtenfiguren mit goldenen Lamas und Vögeln in der Sonne, schlängelten sich goldene Schlangen zwischen goldenen Schmetterlingen.

Im Haupttempel waren die Mumien der verstorbenen Inka, wie z.B. die des Inca Huayna Capac, auf einem goldenen Thron aufgestellt. Sein Gesicht war mit einer Goldmaske verhüllt, eine Hand hielt ein goldenes Zepter. Die Kleidung war aus feinster Vicuñawolle und mit Goldschmuck besetzt.

In Kloster und Kirche sind Teile des Tempelviertels Qoricancha erhalten. Vom Eingang ist der große Klosterhof mit seinem Kreuzgang zu sehen. Rechts und links der Kreuzgänge liegen die Reste der alten Inkatempel. Links vom Eingang liegt zuerst der Tempel des Regenbogens mit elf typischen Trapeznischen, in denen die Götteridole aufgestellt wurden, vollständig mit Gold ausgekleidet und von Türkisen eingerahmt. Auf dem Tempelboden liegt ein Stein. Wenn man sich auf ihn stellt, kann durch ein Fenster der Tempelmauer gesehen werden, das die Sicht durch die Wandfenster der nachfolgenden Tempel freigibt.

Der nächste Tempel ist der Wassertempel mit 4 Trapeznischen, die die vier Reichsteile symbolisieren sollen. Vom Klosterplatz führt von rechts ein Kanal in den Wassertempel, der am hinteren Ende mit drei Ausflüssen versehen ist. Der letzte erhaltene Tempel weist wieder 17 Trapeznischen auf, in denen Symbole der Flora und Fauna des Inkareiches gestanden haben sollen.

Das geniale Haltesystem der Mauersteine

Die Genauigkeit der Architektur ist unglaublich. Alle sichtbaren Tempelmauern sind gut erhalten und weisen eine leichte Schräge auf. Die Mauersteine sind unten breiter als oben. Am Fundament sind sie 82 cm breit und erreichen über sechs Steine eine Höhe von 252 cm. Der letzte Stein ragt dabei 10 cm tiefer in den Innenraum als der unterste. Der Aufbau der Mauer ist überall gleich und erfolgt in einem Dreier-Rhythmus. Der Grundmauerstein heißt *collana* oder *cabeza* und ist der Basisstein. Darauf folgt der *payan* oder *segundo,* er bildet mit dem Basisstein ein Paar. Steinbolzen und Steinzapfen passen genau in ihre Vertiefungen, ähnlich dem Lego-Baukastensystems. So halten die Steine ohne Mörtel und konnten passgenau übereinander getürmt werden. Bei den häufig auftretenden Erdbeben konnten die Mauern mitschwingen. Auf den zweiten Stein folgte der *callau* oder *remate,* ebenfalls mit Bolzen und Zapfen versehen. Er war der Abschlussstein dieses Dreiergefüges. Dann folgte wieder ein Collana, ein Payan und ein Callau und so fort.

Über das obere Ende des Kreuzganges mit Gemälden der Cusqueñer Malschule werden die Gartenterrassen des Klosters mit einigen ausgewählten architektonischen Steinarbeiten erreicht. Hier stand früher der Vorhof des Sonnentempels mit den goldenen Figuren. Die hier liegenden Steine veranschaulichen die raffinierte und hoch entwickelte Architektur der Inkabaumeister, mit Nuten, Steinbolzen und Steinklammern erdbebensicher zu bauen.

Nach dem Vorhof des Sonnentempels gelangt man zum **Sternentempel**. Auffallend sind neben den 25 Trapeznischen die zwei hohen Steinportale. Diese sind wesentlich höher als die anderen, damit die hier einst aufgebahrten Schreine hindurchgetragen werden konnten. Nach den Mauern des Sternentempels folgt der eigentliche Eingang zum Heiligtum der Inka, der Zugang zum **Mond- und Sonnentempel.** Teile des Mondtempels sind erhalten, der Rest wurde zum Kirchenbau benutzt. Im Mondtempel wurde der (silberne) Mond mit einer silbernen Mondscheibe und der Gott des Blitzes und Donners verehrt. Er war zugleich der Frau des Inca geweiht, entlang die Mondtempel-Mauer saßen auf silbernen Thronen die Mumien der verstorbenen Frauen der Inkaherrscher.

Im Inkaportal zum Sonnen- und Mondtempel imponiert rechts unten ein 14-eckiger Stein. Ein Gang führt durch die Kirche ins Herz des Sonnentempels, der einst ganz mit Gold ausgelegt und von einer dicken Mauer umgeben war. Ein Teil davon ist die etwas geneigte, runde Mauer direkt unter der Kirche. Hier stand der Hauptaltar mit der Sonnenscheibe aus Gold. Die Sonnenstrahlen fielen durch große Tore auf die Sonnenscheibe und entfachten ein gleißendes Sonnenfeuer, das seine magisch-mystische Wirkung nicht verfehlte. Die Mauern des Mond- und Sonnentempels sind besonders sauber und absolut perfekt bearbeitet worden. Hier erreichte die Inkabaukunst ihre Vollendung.

Von der Kirche Santo Domingo geht es nun über die Plazoleta de Santo Domingo nach rechts die Calle Pampa del Castillo hoch.

Rechts sind Mauerreste der Kusicancha zu sehen. Über die (Afligiodos) Maruri kommt man zur schmalen Calle Loreto mit sehenswerten Mauerresten aus der Inkazeit. Die linke Mauer gehörte zum Palast von

Huayna Capac, die noch mächtigere rechte Mauer zum Haus oder Kloster der Acllahuasi (Sonnenjungfrauen). Hier wurden auserwählte junge Mädchen in Abgeschiedenheit erzogen und später mit den Inca oder Adligen verheiratet (Zugang in der Sta. Catalina Angosta 118, neben der Kirche Santa Catalina. Dazu um den Block herumgehen). Dort ist auch das

Museo de Arte de Santa Catalina / Casa de Concha
Im Klosterhof legte das Erdbeben von 1950 auch hier Mauern aus der Inkazeit frei, eben die des Hauses der Sonnenjungfrauen. Öffnungszeiten Mo–Sa 9–12 Uhr, Mo–Do/Sa 13–16 Uhr.

Ein historisches Kolonialhaus ist die **Casa de Concha Museo Machu Picchu** in der Calle Santa Catalina Ancha 320, die von der Santa Catalina Angosta abzweigt. Dort sind die 2011 von den USA zurückgegebenen archäologischen Funde aus Machu Picchu ausgestellt, die dorthin verschleppt worden waren. Mo–Sa 9–17 Uhr, Eintritt 20 Soles.

Von der Plaza de Armas kann nun der Rundgang unterbrochen oder fortgesetzt werden. Der nächste Abschnitt des Rundganges führt vorbei an der schon besichtigten Kirche La Compañía und der Uni über die breite *Avenida El Sol,* die nach links runter zum Hauptbahnhof führt (in der Avenida El Sol befinden sich auch die Banco del Crédito, das Post- und Telefonamt sowie einige Restaurants und Hotels). – Auf der linken Seite, in der P. Mantas, steht die

Iglesia y Convento La Merced
Die Kirche des Ordens von La Merced aus dem 16. Jh. wurde 1650 und 1950 von Erdbeben zerstört und bis 1975 wieder aufgebaut und gilt als ältestes Gotteshaus Cuscos (1536). Hier liegen ein jüngerer Bruder Pizarros, Gonzalo, und die beiden de Almagros, Vater und Sohn, begraben. Sehenswert ist der sehr reich verzierte Hauptaltar und das Chorgestühl aus Zedernholz. Die Gemälde sind wieder typische Beispiele der Escuela Cusqueña. Daneben gibt es Kopien von Rubens, Ribera und Zurbarán zu sehen. Der schmucken Kirche angeschlossen ist das Kloster, einst Zentrum der südamerikanischen Mercedarier. Neben dem Klosterhof mit Kreuzgang ist das Glanzstück die Monstranz im Klostermuseum aus dem Jahre 1720, geschaffen vom spanischen Goldschmied *Juan de Olmos*. Der Hostienschrein ist über einen Meter hoch, mit 22 kg reinem Gold, 1518 Diamanten, 600 Perlen und unzähligen Rubinen, Smaragden und anderen Edelsteinen verziert. Eine der wertvollsten Kostbarkeiten Perus. Öffnungszeiten Mo–Sa 8–12.30 Uhr und 14–17.30 Uhr, Eintritt.

Casa Valle Umbroso
Das Kopfsteinpflaster der Mantas steigt nun etwas an, führt rechts an der Internationalen Apotheke vorbei in die Marqués, die die Plaza San Francisco tangiert. Diese Straße war früher die *Contisuyu,* eine der vier Reichsstraßen, die auf dem Huacaypata, der heutigen Plaza de Armas, zusammentrafen. An der Ecke zur Mesón de Estrella steht ein beachtenswertes Kolonialhaus, die *Casa Valle Umbroso.* Es brannte 1973 aus und wurde zwischenzeitlich restauriert. Heute befindet sich hier die Kunsthochschule von Cusco, die besichtigt werden kann.

An der Plaza San Francisco vorbei geht es durch einen Torbogen in die Calle Santa Clara (links die *Iglesia Santa Clara* mit Spiegelaltären), zur

Iglesia San Pedro
Die Barockkirche wurde 1688 gebaut und das Mauerwerk der beiden Türme stammt von einer Inkaruine. Die Portale der Kirche sind täglich, außer am Sonntag, von 10–12 Uhr und von 14–17 Uhr geöffnet. Das barocke Bauwerk liegt direkt neben dem lokalen Bahnhof San Pedro (auch

Sta. Ana genannt). Es ist eindrucksvoll, sich auf die Treppenstufen vor der Kirche zu setzen und dem bunten Treiben auf dem angrenzenden Straßenmarkt zuzuschauen. Gleich auf der gegenüberliegenden Seite befindet sich der

Mercado Central San Pedro

Hier hat Cusco noch etwas von seiner Ursprünglichkeit erhalten. Allerdings muss man sich um den Mercado herum vor trickreichen Taschendieben sehr in Acht nehmen, die schnelle Arbeit mit dem Rasiermesser leisten! Im Mercado selbst ist es ruhiger und relativ sicher. Es wird alles angeboten, was die Indígena zum Leben brauchen, auch – und ganz legal – die traditionellen Cocablätter. Zum Kauf reizen allerlei exotische Früchte, wie *Papaya*, *Mango*, *Chirimoya* oder *Grenadilla*, die man unbedingt einmal probieren sollte, und wenn es nur an der Saftbar ist. Das Gedränge der Einheimischen in ihren Trachten lässt Fotografenherzen höher schlagen. Doch eine Bitte: fotografieren Sie äußerst diskret und mit größter Vorsicht oder mit dem Teleobjektiv von den Stufen der gegenüberliegenden San-Pedro-Kirche.

Iglesia San Francisco

Vom Mercado führt unsere Stadttour wieder zur Plaza San Francisco zurück. Über die Treppen des Platzes geht es an der gleichnamigen Kirche vorbei, deren geschnitzter Chor und die Gemälde evtl. einen kurzen Blick lohnen. Öffnungszeiten Mo–Sa 9–17 Uhr, So 6–8 Uhr u. 18–20 Uhr (ändert sich öfter, zeitweise abends erst ab 18 Uhr).

Gegenüber der Kirche geht es die *Calle Garcilaso* hinunter. Mit der Hausnummer 256 kommt ein Kolonialhaus mit einem hübschen Innenhof in Sicht, die *Casa de la Jara*. Heute befindet sich in dem kolonialen Bauwerk ein Hotel. Gegenüber liegt mit Nr. 233 das Hotel *Garcilaso de la Vega*. Am nächsten Eck weht der Hauch historischer Zeiten. Hier döst das

Casa de Garcilaso (BT)

In diesem Haus wurde der wichtigste Berichterstatter über die Inkazeit geboren (s. Exkurs „Die Chronisten"). Heute ist darin das **Museo Histórico Regional** untergebracht, das Historische Museum. Öffnungszeiten Mo–Sa von 8–17 Uhr. Zu sehen sind koloniale Möbel, die Anfänge der **Cusqueñer Malschule** (s. Exkurs) und eine kleine Fotoausstellung.

■ *Straßenszene in Cusco*

Museo Municipal de Arte Contemporáneo (BT)

Auf der *Plaza de Regocijo* (Jubelplatz), auch *Plaza del Cabildo* (Ratsplatz) genannt, liegen das altehrwürdige Hotel Cusco und das alte Rathaus. Zur Inkazeit hieß der Platz **Cusipata** („Platz der Freude"). Diese alte Bezeichnung hat heutzutage die beiden spanischen Bezeichnungen des Platzes verdrängt. Auf diesem alten Paradeplatz wurden die siegreichen Krieger nach ihrer Heimkehr bejubelt und geehrt. Im alten Rathaus ist das **Museo Municipal de Arte Contemporáneo,** Mo–Fr 9–17 Uhr, mit Werken zeitgenössischer Künstler untergebracht.

Nach links nun weiter in die *Calle Santa Teresa*. Sie führt zur

Iglesia Santa Teresa

Leider ist die Kirche stockdunkel und es kann nicht viel gesehen werden. In ihr sollen Bilder aus dem Leben der hl. Teresa zu sehen sein. Der Hauptaltar ist ein Werk des indigenen Künstlers *Diego Martínez de Oviedo*. Öffnungszeiten ab 7 Uhr.

Der Rundgang führt nun über die Calle Tigre zur Tecseccocha. Wer noch Lust und Puste hat, könnte eine Erweiterung der Tour über die Tecseccocha und Amargura hoch zur

Iglesia San Cristóbal

unternehmen. Sie befindet sich über einer Kurve der Fahrstraße nach Saqsaywamán und wurde auf den Grundmauern eines Palastes von Manco Capac, *Colcampata,* erbaut. Von hier ergibt sich ein schöner Blick über die Stadt.

Wer bereits zu müde ist, biegt vorher nach rechts ab und beendet den Rundgang über die Procuradores an der Plaza de Armas. Auf dem Komplex zwischen der Procuradores und der südlicheren Plateros erhob sich früher der *Condorcancha* („Kondor-Hof").

Iglesia Belén de los Reyes

Eine weitere Kirche, die nicht auf dem Rundgang liegt, ist die Iglesia Belén de los Reyes aus dem 17. Jh. im südlichen Stadtteil *Collacachi*. Sie besitzt einen schönen Hauptaltar und reich verzierte Nebenaltäre. Hier wird die hl. Jungfrau von Bethlehem verehrt, die in Cusco *Mamacha* genannt wird.

Escuela Cusqueña

Nachdem die Spanier sich in Peru festgesetzt hatten und daran gingen, Kirchen, Klöster und Palasthäuser zu bauen, bestand zu deren Ausschmückung ein großer Bedarf an Gemälden. *Mateo de Alessio* und der Jesuit *Bernardo Bitti* erkannten um 1575 die Situation: sie lehrten talentierten Indígena und Mestizen europäische Maltechniken und legten damit den Grundstein für die *Escuela Cusqueña.* Die Schüler wurden rasch zu Meistern des Kopierens, Cusco wurde Zentrum für Gemäldekopien höchster Qualität. Die Künstler entwickelten mit der Zeit einen eigenständigen Stil, der althergebrachte Elemente kreativ mit indigenen Sichtweisen verband und der dann unter dem Begriff „Estilo Escuela Cusqueña" im kolonialspanischen Reich zwischen Lima und Tucumán (Argentinien) berühmt und begehrt wurde. Den Estilo Escuela Cusqueña zeichnen folgende Merkmale aus:

– aus europäischen Gesichtszügen wurden Mestizengesichter
– Gewänder und Kleidung sind mit reichen Ornamenten, meist aus Goldbesatz oder gehämmerte Goldplättchen, geschmückt; überhaupt wurde auffallend viel Gold auf der Leinwand verwendet
– wichtige Motive werden proportional größer dargestellt, Nebensächliches kleiner, wobei es immer eine *figura central* gibt, um die sich alles dreht
– meist werden religiöse Motive gemalt

Einer der bekanntesten und berühmtesten Künstler der Escuela Cusqueña war der Mestize **Diego Quispe Tito**. Gemälde der Escuela Cusqueña gibt es in **Cusco in der Kathedrale, im Museo Arte Religioso, in den Klöstern Sta. Catalina, Sta. Clara und La Merced** sowie in den Kirchen von **Chinchero** und **Andahuaylillas**. – FS

Die Chronisten

Die Inka verfügten über keine eigengeschriebene Geschichte, weil es keine Schriftzeichen gab (die Quipu-Knotenschnüre dienten mathematischen und statistischen Zwecken). Deshalb existiert bis heute kein geschlossenes Bild der Inka-Epoche. Die vorhandenen Chroniken wurden erst nach der Eroberung Perus in spanischer Sprache aufgeschrieben und sie sind unvollständig oder einseitig, weil sie fast durchweg aus der Sicht der Spanier zu Papier gebracht wurden. Viele wichtige Ereignisse wurden – bewusst oder unbewusst – unterschlagen.

Titu Kusi Yupanqui

Nach Gründung der zweiten Inkahauptstadt Vilcabamba und einem vierzigjährigen Guerilakrieg gegen die Spanier ließ der **Inca Titu Kusi Yupanqui** (1530–1571), der Sohn des Inca Manco Inca, im Jahre 1570 einen Bericht an den spanischen König Philipp über die tatsächlichen Ereignisse aus Sicht des Inca verfassen. Yupanqui erzählte in Quechua, und sein Sekretär Pando, ein Mestize, zeichnete diese ersten Berichte eines Zeitzeugen auf. Der Augustinermönch *Marcos García* übertrug den Text ins Spanische.

Garcilaso de la Vega

Der Sohn der inkaischen Prinzessin Chimbu Oqllo, der Ehefrau des Inca Titu Kusi Yupanqui, wurde unter dem Namen **Garcilaso de la Vega** der bedeutendste und wichtigste inkaische Chronist. Er verfasste das erste historische und kulturelle Gesamtwerk über das Leben und das Reich der Inka. Als direkter Inca-Nachfahre wurde er in Cusco in der nach ihm benannten Casa de Garcilaso geboren. Bei seiner zweibändigen Chronik über die Inka konnte er sich auf die Erzählungen seiner Mutter *Chimbu Oqllo* und seiner inkaischen Verwandten sowie auf die bereits vorhandenen spanischen Chroniken stützen. Die Chronik des *Paters Blas Valera,* einem inkaischen Jesuiten-Zögling, diente ihm dabei als weitere Grundlage (Comentarios Reales). Garcilaso de la Vega wurde in Córdoba in Spanien begraben und 1978 nach Cusco überführt.

Pedro de Cieza de León (Crónica del Perú)

wurde in Sevilla geboren, er hatte enge Kontakte zu Inca-Angehörigen in Cusco. Er unternahm ausgiebige Reisen durch Peru und verfasste mehrere Bände mit dem Kurztitel *Crónica del Perú*. Es sind Berichte über Geografie, Religion, Geschichte, Kultur und Tradition der Inka und anderer Volksgruppen sowie der Eroberung Perus durch Spanien.

Huamán Poma Curi Occlo

wurde in jenem Jahr 1532 geboren, als der Inca Atahualpa in Cajamarca von den Spaniern gefangen genommen wurde. Seine Mutter war die Tochter des Inca Túpac Yupanqui. Sein Großvater väterlicherseits war der König von Chinchaysuyu, bevor die Inka diese Region unterwarfen.

Unter dem Namen **Huamán Poma de Ayala** wurde er berühmt. Noch während der spanischen Eroberung des Inkareichs hielt er die Geschehnisse in einer dramatischen und realistischen Chronik fest. Es ist das einzige historische Werk, das noch zu Zeiten der Inka von einem Inca verfasst wurde. Erzählungen seiner Mutter und seines Vaters aus der prähispanischen Zeit flossen mit ein, die Chronik ist heute noch von besonderem historischen Wert. Ayala arbeitete an diesem umfangreichen Werk von über 1000 handschriftlichen Seiten nahezu 30 Jahre. Die zweiteilige Chronik über die Inka-Kultur mit dem Titel *El primer nueva Corónica y buen gobierneo* mit sehr vielen Zeichnungen wurde erst 1908 von dem Deutschen Dr. R. Pietschmann in einem Kopenhagener Museum entdeckt. 1936 wurde dieser „Peruanische Codex" von Professor Rivet vom franz. Ethnologischen Institut erstmalig veröffentlicht. Besonders die **Zeichnungen** (siehe hier im Buch) von **Poma de Ayala (s. Abb., sein Selbstbildnis)** sind äußerst plastisch und erzählen die gesamte Geschichte der Inka vom Aufstieg bis zum Untergang.

Juan de Batanzos (Suma y Narración de los Incas)

war verheiratet mit der Schwester Atahualpas. Er wohnte in Cusco und zeichnete die Erzählungen seiner Frau und der Indígena auf. Hierbei wird vor allem auf die Herkunft der Inka und auf ihre Mythen eingegangen.

Vom Werk Batanzos (1551) existieren nur noch die ersten 18 Kapitel. – HH

Quipus und Tocapus

Zur Übermittlung von Informationen und Daten hatten *amautas,* Inka-Gelehrte, **Quipus** entwickelt. Quipus waren kein Ersatz einer Schrift, sondern ein mathematisches Knotenschnur-System, mit dem Zahlen, Einheiten und Statistiken festgehalten werden konnten. Um einen Quipu herzustellen oder lesen zu können, bedurfte es einer besonderen Schulung. Nur Fachleute, genannt *Quipucamayocs,* konnten mit Quipus umgehen. Sie erfassten damit die Bestände an Haustieren, Pack-Lamas, Ernteerträgen (Quinoa, Kartoffeln), gewebten Stoffen, Edelmetallen, geleisteten Steuern und sie führten mit Hilfe der Quipus ein Register über die Bevölkerungszahl im Inkareich. Die Spanier verboten 1781 den Gebrauch von Quipus und vernichteten so viel wie möglich. Von heute weltweit noch rund 800 erhaltenen Quipus besitzt das Ethnologische Museum in Berlin etwa die Hälfte.

Der Aufbau eines Quipu ist heute bekannt: Er bestand aus einer dickeren Hauptschnur, an der verschiedenfarbige, dünnere Nebenschnüre als Zahlenträger angebunden wurden. Die Einer, Zehner, Hunderter und die Tausender wurden durch die unterschiedliche Lage auf der Nebenschnur und deren Wertigkeit mit der Anzahl der übereinander liegenden Knoten fixiert. Die Farbe der Nebenschnüre zeigte den Bezug der Erfassung an, z.B. stand eine gelbe Schnur für Gold.

Neben Zahlen-Quipus wurden auch Ideogramme in Form von Bildzeichen, **Tocapus,** verwandt (Bildersprache). Auf Quechua gab es bereits das Wort „quillca" für „Schrift", und in Cusco war ein *Puqincancha,* ein sogenanntes „Bildarchiv" eingerichtet. Dieses Archiv durfte nur vom Inca und den Amautas betreten werden, die auch gleichzeitig die privilegierte Ausbildung als *Quillcamayoc,* Schreiber, hatten. Das Bildarchiv wurde bei der Eroberung von Cusco zerstört. Bei dem Chronisten *Poma de Ayala* finden sich Abbildungen mit Tocapus.

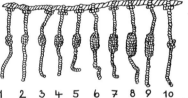

Abbildungen:
Links oben: Ein *quipucamayoc,* ein Inka-Schatzmeister mit einem Quipu, links unten seine Merktafel, eine Art Abakus, für schnelleres Registrieren (Abbildungen nach *Huamán Poma de Ayala).*
Oben rechts: Ein originaler Quipu
Mitte: Die Form der Knoten bestimmt die Zahl
Unten: *Tocapus,* Inka-Ideogramme, die jeweils einen ganzen Begriff repräsentieren. – HH

Unterkünfte in Cusco

Vorbemerkung
In Cusco wurde ein Presseartikel (Crónicas Urbanos) veröffentlicht, der die touristischen Probleme in Cusco beschreibt: mangelnde Infrastruktur und Hotelservice, schlechte, überteuerte Reisebüros, unzureichende Sicherheit, das Fehlen einer Regulierungsbehörde, die die Preise kontrolliert. Gerade der letzte Punkt ist ein großes Problem in Cusco und spiegelt die Situation wider: jeder kann für seine Leistung verlangen, was er will. So kommen die recht großen Preisspannen für gleiche Leistungen zustande. Um so mehr gilt für den Reisenden, sich intensiv vor Ort zu informieren und Preise mit den Leistungen zu vergleichen.

Bereits auf dem **Flughafen** gibt es **Info-Stände** der verschiedenen Hotels, an denen sich der Reisende informieren und den Zimmerpreis ersehen kann (ggf. nach Rabatt – *descuento* – fragen). Daneben gibt es eine Vielzahl von Schleppern, die die verschiedensten Unterkünfte im Flughafen wie Marktschreier anbieten. Nur Geduld, die ursprünglich hohen Zimmerpreise verfallen 10 Minuten nach Ankunft rapide und werden oft 50% unter dem ersten Aufruf inkl. Transfer angeboten … Ein durchaus lohnenswertes Geschäft, da die Preise immer unter dem Rezeptionspreis der Hotels und Hostales notieren!

Allgemeine Situation
In Cusco gibt es in allen Hotel-Preisklassen ein sehr umfangreiches Angebot, so dass hier bei Weitem nicht jede Unterkunft erwähnt werden kann. Dennoch kommt es während der Hochsaison (Mitte Juni bis Mitte September) zu Engpässen, so dass ohne Reservierung nichts mehr geht. Vor allem um den 24. Juni (Inti-Raymi-Fest) und dem 28. Juli (Nationalfeiertag) sind die Unterkünfte in Cusco meist regelmäßig ausgebucht. Die Preise können höher als in Lima sein und werden zur Hauptsaison z.T. nochmals angehoben. Bei längerem Aufenthalt, z.B. ab einer Woche, lohnt es sich zu handeln! Während der Nebensaison können gleichfalls erhebliche Preisnachlässe ergattert werden, vorausgesetzt, dass nicht gerade eine größere Menge Pauschal-Gruppenreisende alle Zimmer in Beschlag nimmt.

Wasserproblem
Unabhängig von Unterkunfts-Preisklassen gibt es in Cusco ein erhebliches Wasserversorgung-Problem. Die Stadtverwaltung stellt zu bestimmten Zeiten das Wasser völlig ab. Es ist also wichtig, sich sofort nach den Wasserstunden zu informieren, um keine eingeseifte Überraschung unter der Dusche zu erleben. Einige Hotels verfügen über Zisternen und können so der allgemeinen Wasserknappheit besser begegnen, andere stellen mit gefüllten Wassereimern ein Minimum für die Hygiene bereit. Nicht alle Hotels sind auch in der Lage, ständig warmes Wasser vorzuhalten.

Gepäckdeponierung
Wenn es nötig werden sollte, sind auch viele Hotels für ein paar Tage zur Gepäckaufbewahrung (GpD) bereit. Es sollte jedoch verschlossen werden.

Selbstfahrer
Oft ist es schwer, einen Parkplatz im Zentrum zu finden. Die meisten Hotels haben keinen und es muss einer in der Umgebung gesucht werden. Öffentliche und private Parkplätze sind oft von 6–22 Uhr zugänglich, die Preise pro Nacht variieren zwischen 10 und 30 Soles!

Kategorien

ECO
■ Die preisgünstigsten Unterkünfte (BUDGET) befinden sich im indigenen Viertel um den Bahnhof San Pedro. Die Gegend ist inzwischen etwas sicherer geworden, nachdem es früher oft zu Diebstählen und Überfällen kam. Jeder, der dort übernachtet, sollte dennoch abends vorsichtig sein! Aber auch in Plazanähe kann man recht günstige Unterkünfte, z.B. westlich davon in den Straßen Qoricalle oder Tecseccocha.

Preisgünstige und gute Familienpensionen (FAM) liegen im malerischen Stadtviertel **San Blas,** viele davon in der Calle Tandapata. Dort trifft man vor allem jüngere Reisende, die nachts oft zusammensitzen, singen, musizieren und erzählen, bis tief in die Nacht, sowohl auf öffentlichen Plätzen als auch in den Innenhöfen. Tipp für die Nachtruhe: Oropax!
Albergue Municipal (BUDGET), Quiscapata 240 (San Cristóbal), Tel. 25-2506, albergue@municusco.gob.pe. Hanglage mit Aussicht, saubere Mehrbett- und Gruppenzimmer, bc, sicheres GpD, Ws.
Estrellita (BUDGET), Tullumayo 445, Tel. 23-4134. Familiäres Gästehaus mit großem Patio, bc, Gästeküche, gutes PLV. DZ/F 30 Soles. – Und noch ein bisschen günstiger ist das
Hostal Tunqui (BUDGET), Calle 7 Cuartones 290, Cel. 987-688-103. Saubere Betten, teilweise eigenes Bad, Kw, Gepäckaufbewahrung. DZ ab 25 Soles.
Mirador Hanan Qosqo, Qoricalle 445, Tel. 24-3761. Kleines, aber nettes Hostel, super Aussicht auf die Stadt, freundlich, spanischspr. DZ mit Bad ab 40 Soles (Ww nur bis ca. 20 Uhr).
Hospedaje Rikch'ariy (BUDGET), Tambo de Montero 219, Tel. 23-6606, rikchariy@hotmail.com. Einfache, saubere Zi. (EZ/DZ/TriZ), bc, nicht immer Ww, großer Patio mit schönem Garten, familiär, Ws, GpD, sehr schön und preiswert. DZ ab 45 Soles.
Hostal Casa de la Gringa, Tandapata 148, www.casadelagringa.com, Tel. 24-1168. Empfehlenswert für alleinreisende Frauen, die Gastgeberin Lesley Muyburgh (Südafrikanerin) ist sehr zuverlässig.
Hostal Winay Wayna, Vitoque 628, San Pedro, Tel. 24-6794. 6 Zi., MBZi, bc/bp, Ws, Patio, GpD, Gästeküche, sehr hilfsbereit, dt.-spr.
Hospedaje Recoleta, Jr. Pumacahua 160, Urb. Tahuantinsuyo, Tel. 23-1323, http://hospedajerecoleta.jeronimodesign.com. Gemütliche, saubere Zimmer/bp, ca. 10 Gehminuten von der Plaza, sehr hilfsbereit, kostenloser Transfer vom Flughafen. Ab 10 US$ p.P. mit Frühstück.
Flying Dog Hostel, Choquechaca 469, www.flyingdogperu.com, Tel. 25-3997. Internet, Bar, Spaß für Junge und Junggebliebene. Zimmer ab 10 US$.
Hospedaje Emanuel, Calle Siete Cuartones 284, Interior 2, Tel. 26-1507. Sehr sauber, nettes Personal, ruhig und stadtnah. DZ/bc ab 20 Soles.

FAM

Hostal Resbalosa, Resbalosa 494 (Barrio San Cristóbal), nur zu Fuß über die Treppen oben rechts erreichbar, Tel. 22-4839, www.hostalresbalosa.com. Familiäres Hostal für junge Rucksackreisende, recht unterschiedliche Zimmer (Nr. 306 vorziehen), bc/bp, Ws, GpD. Terrassen-Cafetería mit Blick über die Stadt, preiswertes Frühstück, Verkauf von Bustickets nach Puno. DZ/bc 17 US$; auch Zimmer-Monatsmieten möglich.
Hostal Rojas, Tigre 129, Tel. 22-8184, www.hostalrojas.com. Freundliches Hostal in sicherer Umgebung mit schönem Patio; bc/bp. DZ/TriZ; reservieren empf. DZ 65 US$.
Hotel Colonial Palace, Quera 270, über www.hotelescuscoperu.net, Tel. 23-2151. Schönes Kolonialhaus mit Patio in zentraler Lage, saubere Zimmer/bp, Heizöfchen, freundlich, empfehlenswert. DZ/F 40 US$.
Hostal Mara, José María Arguedas I-7, Santa Mónica, nicht direkt im Zentrum, aber mit dem Taxi nur 5 Minuten zu der Plaza de Armas, Tel. 22-2733, hostalmara@yahoo.es. Kleine, sehr ruhige Privatpension (kein Hinweisschild) von Don Néstor Paz Oré, 5 sehr saubere Zimmer/bp, Heizlüfter, Ws, kostenloser Transfer vom Flughafen, sehr aufmerksam und äußerst freundlich, sehr sicheres GpD, Frühstück etwas „mager". DZ/F ab 70 Soles.
Hostal El Grial, Carmen Alto 112, San Blas, www.hotelelgrial.com, Tel. 22-3012. Kleines Hostal mit nettem, hilfsbereiten Personal, schöne große, liebevoll eingerichtete Zimmer, bp, toller Ausblick, gutes PLV. DZ/F 45 US$. **TIPP!**

Hostal Royal Frankenstein, San Juan de Díos 260, Zentrum, Tel. 84-266999, www.hostal-frankenstein.net. Von einem hilfsbereiten Franken geführt, sauber, gepflegt, fantasievoll eingerichtet, ruhig (besonders die Zimmer in der Attika mit Blick auf den Ausangate). Ws, gratis WiFi. DZ/bp 65 Soles. **TIPP!**

Niños Hotel, Meloq 442, Tel. 23-1424, www.ninoshotel.com. Zweigeschossiges Kolonialhaus mit Patio, geführt von den Holländern Jolanda & Titus, die hier ein privates Straßenkinderprojekt betreuen. 20 sehr saubere Zi., EZ/DZ/TriZ, bc/bp, Rest., GpD, auf Wunsch Frühstück. DZ/bc 44 US$, DZ/bp 48 US$ (Überschuss ist für das Straßenkinderprojekt!). Gut besucht, Reservierung empfohlen! (Sie haben eine Zweigstelle, die genauso schön ist, einen Block weiter, Fierro 476) sowie Apartments zu 42 Soles. Parken sehr schwierig!)

Hostal Amaru, Cuesta de San Blas 541, www.amaruhostal.com, Tel. 22-5933. Hostal mit schönen *habitaciones simples, dobles y múltiples* (dabei unterschiedliche Zimmerqualitäten) mit bc/bp. Beste Zimmer im 2. Patio im Obergeschoss, z.B. Nr. 214. Sicher, freundliches und engl.-spr. Personal, Frühstücksterrasse mit Sicht über Cusco. DZ/F 48 US$. Ausweichquartier: **Hostal Amaru II** in der Chihuanpata 642, www.amaruhostal2.com; umgebautes, gepflegtes Kolonialhaus, reichhaltiges Frühstück, gutes PLV. DZ/F 55 US$. – Angeschlossen ist ebenfalls die **Hosteria de Anita,** Calle Alabado 525-5, San Blas, www.hosteriadeanita.com. Sehr ruhig!

Andenes de Saphi, Saphi 848, www.andenesdesaphi.com, Tel. 22-7561. Schöne Zimmer/bp, GpD, hilfsbereit. DZ 55 US$.

Hotel Casa de Campo, Tandapata 296, San Blas, www.hotelcasadecampo.com, Tel. 24-3069. Schönes Hostal, Zi. Nr. 1 mit Blick über Cusco, bp, Restaurant. DZ/F 55 US$, Reservierung empfehlenswert.

Hostal Condado de San Agustín, San Agustín (gegenüber der Casa de los Bustos), Tel. 24-6299, elcondado@terra.com.pe. Sehr familiär, freundlich, bp, Ü/F.

Pension Alemana, Tandapata 260, San Blas, www.pension-alemana-cuzco.com, Tel. 22-6861. Stil- und liebevolle dt.-spr. Familienpension zum Wohlfühlen, Zimmer mit richtiger Bettwäsche (!), bp, Aufenthaltsraum mit Ofen, gemütlicher Garten, erstklassiges Frühstück. Empfehlenswert ist Zi. 11 mit Balkon und Blick über die Stadt. DZ/F 60 US$, nach Rabatt fragen. **TIPP!** SIETE & SIETE Café. Hotelgäste genießen ein Frühstück mit Blick auf die Stadt, ab 10 Uhr wird die Cafetería öffentlich und man kann mit den besten Kaffee in Cusco trinken. Auswahl an kleinen Kuchen, Nachspeisen und Sandwiches. – In Gehweite vom Alemana liegt das

Hostal Madre Tierra, Calle Atoqsaicuchi 647 (San Blas, 6 Min. von der Plaza), Tel. 24-8452, www.hostalmadretierra.com. Sehr charmantes, ruhig gelegenes und super sauberes Hostal zum Wohlfühlen, freundliche peruan./holländ. Gastgeber Toin & Mónica. 7 komfortable Doppel- und MBZi, Flughafen-Transport, Touren, freies Internet u.a. mehr. DZ/F ab 58 US$. **TIPP!**

Residencia El Rosal, Casccaparo 116 (beim Mercado Central San Pedro), Tel. 25-7538. Hotel in einem Kloster mit ansprechender Atmosphäre, bp, Ws, Transfer. Das Haus wird von Schwestern betrieben, um ein angrenzendes Waisenhaus für Mädchen zu finanzieren, empfehlenswert. DZ/F ca. 150 Soles.

Hotel El Portal, Matará 322, über www.hotelescuscoperu.net, Tel. 22-2991. Sauber, freundlich, sicheres GpD, sehr frequentiert, Flughafen-Service. DZ/F ab 45 US$, sehr gut.

Hostal Rumi Punku, Choquechaca 339, Tel. 22-2102, www.rumipunku.com. Ruhige, nette Zimmer/bp, Gästeküche. DZ/F 100 US$.

Hotel Royal Inka I/II, Plaza Regocijo 299/Santa Teresa 335, Tel. 23-1067/22-3876, www.royalinkahotel.com. Atrium, Restaurant, Bar, frequentiert, guter Service. DZ/F ab 90 US$.

Hotel Ruinas, Ruinas 472, Tel. 26-0644, www.hotelruinas.com. Rustikales, familiäres und freundliches Hotel, 33 schöne Zi., komfortable bp, exzellente Kü-

che zu zivilen Preisen, Dachterrasse, Patio, Ws, Preisauszeichnung für Komfort und Service. DZ 150 US$, inkl. Frühstücksbüfett, Flughafentransfer und Servicesteuer. **TIPP!**
Los Apus Hotel & Mirador, Choquechaca/Atocsaycuchi 515, San Blas, Tel. 26-4243, www.losapushotel.com. 20 schön eingerichtete Zimmer mit Holzboden, bp, schöner Patio, Schweizer Leitung, guter Service. DZ/F ab 109 US$.
Hotel Garcilaso, Garcilaso de la Vega 285, www.hotelesgarcilaso.com, Tel. 22-7951. Kolonialhaus mit schönem Patio, nettes Ambiente, ansprechende Zimmer/bp, Restaurant, Bar, Kaminsalon, Ws, ärztl. Notservice, sicheres GpD. DZ/F 252 Soles, empfehlenswert.
Casa San Blas, Tocuyeros 566, San Blas, www.casasanblas.com, Tel. 23-7900. Sehr schönes Boutique-Hotel mit historischen Mauern. Einige Zimmer mit Dachterrasse und Blick auf Cusco. Gemütlicher Frühstücksraum mit abwechslungsreichem Start in den Morgen.
DZ/F 120 US$.
Hostal Atlantis, Av. Lucrepata D1, www.hostalatlantiscusco.com, Tel. 22-9360. Modernes Haus in San Blas. DZ/F ab 45 US$.
Piccola Locanda, Calle Resbalosa 520, www.piccolalocanda.com, Tel. 8425-2551. 8 Zi. bp, 4 Zi. bc, alle sehr schön. Auf der Homepage aussuchen und direkt buchen. Ruhig gelegen, unweit der Plaza mit einem kleinen Aufstieg, oder Anfahrt per Taxi, WiFi. Touren können mit dem hauseigenen Veranstalter *PerúEtico* (www.peruetico.com) reserviert werden. DZ/F ab 140 Soles.
Hostal Tika Wasi, Tandapata 491, Tel. 23-1609, www.tikawasi.com. Im Herzen von San Blas mit Blick auf Cusco und herrlichem Garten zum Entspannen. DZ/F ab 55 US$.
Empfehlung RKH-Reisende: **Antawasi Hotel Cusco,** Calle Inticcahuarina 621, Tel. 24-1267, www.hotelantawasi.com. Sauber, freundliches Personal, ruhig gelegen, 10 Minuten zur Plaza und reichhaltiges Frühstück. DZ/F 65 US$.

LUX **Second Home Cusco,** Atocsaycuchi 616, San Blas, Tel. 23-5873, www.secondhomecusco.com. Gästehaus mit 3 „Junior Suites" in einem Kolonialbau, wohnliche Atmosphäre mit den Annehmlichkeiten eines Hotels, luxuriöse Möbel. Suite/F ab 370 Soles. **TIPP!**
Quinua Villa Boutique, Pasaje Santa Rosa 8-A, San Blas, Tel. 24-2646, www.quinua.com.pe. 5 geschmackvoll eingerichtete Apartments im Herzen des Künstlerviertels mit unterschiedlichem geschichtlichen Dekor. Ideal für Langzeitaufenthalte. DZ/F ab 95 US$. **TIPP!**
Los Portales, Av. El Sol, Tel. (511)611-9001, www.losportaleshoteles.com.pe. Elegant-modernes Gebäude mit Schallschutzfenstern, bequemen Betten und allen Annehmlichkeiten eines 4-Sterne-Hotels. DZ/F ab 100 US$.
Hotel Libertador, Casa de los Bustos, Calle San Agustín 400, Plaza Sto. Domingo 259, Tel. 23-1961, www.libertador.com.pe. Über 130 Zi., koloniales Bauwerk, Zentralheizung, Restaurant mit schönem Ambiente, Bar. DZ/F ab 205 US$.
Hotel-Museo Monasterio del Cusco, Calle Palacio 136, Plaza de las Nazarenas (bei der Kirche San Antonio Abad), Tel. 24-1777, www.monasteriohotel.com. In einem ehemaligen Nonnenkloster von 1592, über 120 Zi. (davon 50 mit reiner Sauerstoffversorgung zur Höhen-Akklimatisierung, Aufpreis 50 €), bp, Restaurant (übertreuert), Ladengalerie. Preise a.A.
Ganz neu: Palacio Nazarenas, Hotel der Orient-Express-Kette, Calle Palacios 136, Plazoleta Nazarenas, Tel. 60-4000, www.palacionazarenas.com. Alle Zimmer sind Suites, ob im historischen oder modernen Teil des Hotels. Bei den Bauarbeiten wurden Inkakanäle entdeckt, die nun harmonisch in den Gärten Integration fanden. Erstes Hotel in Cusco mit Pool.
Ein besonderes Schmankerl im Luxusbereich ist das ebenfalls ganz neu eröff-

Selbstfahrer/Reisemobile/ Motorradfahrer

nete **JW Marriott Cusco,** Calle Ruinas 432, www.jwmarriottcusco.com, Tel. 58-2200. Es wurde auf den Grundmauern eines ehemaligen Klosters errichtet und beherbergt in seinen Kellergewölben alte Inkamauern sowie eine kleine Ausstellung der Keramiken und anderer Objekte, die bei den Bauarbeiten gefunden wurden.

Die Anlaufstelle für Selbstfahrer jeglicher Art bei Cusco. Das private Öko-Reservat **Quinta Lala** befindet sich inmitten von Eukalyptusbäumen oberhalb von Cusco. Die Holländer Helmie und Gonna stellen für Selbstfahrer ihre Wiese zur Verfügung. Es gibt eine Waschmaschine, Ww (Dusche), Büchertausch und eine nette, freundliche Atmosphäre.

Anfahrt: Von der Plaza de Armas über die Plateros und Saphi, an deren Ende nach rechts Richtung erster Haarnadelkurve (Schild: Cusco Primero) abbiegen und der steil ansteigenden Straße folgen. Nach der 2. Haarnadelkurve noch 1 km die Serpentinen bergaufwärts bis zum Schild „Hacienda Llaullypata, Reserva Ecoturistica Privada". Dort in die kleine Pflastersteingasse abbiegen. Das 2. Haus auf der rechten Seite ist die Quinta Lala. GPS: S 13 Grad 30.336', W 71 Grad 59.110'; Telefon 26-3168, helmie.paulissen@speedy.com.pe, http://hccnetnl/helmie.paulissen. Skype: Quintalala.

Essen & Trinken

Listung nach Straßen

Restaurants gibt es in fast jeder Preisklasse eine solche Vielzahl, dass hier nur eine kleine Auswahl genannt werden kann. Zahlreiche finden sich um die **Plaza de Armas,** in der **Plateros** und in der **Procuradores.** Plaza de Armas-Restaurants und -Kneipen sind mit oft einfallslosen Einheitsmenüs teuer und derart **touristisch** (Vorsicht, Schlepper!), dass nur noch die Inkamauern und der Pisco Sour an Peru erinnern. Andererseits gibt es überall in der Stadt genügend Lokale, in denen man für 10–15 Soles gut satt wird (Tagesgerichte – *Menú del Día* – gibt es bereits ab 5 Soles). Bereits zwei bis drei Blocks von der Plaza entfernt findet man solche familiären Restaurants. Außerdem sollte jeder einmal ein *Büfett-Essen* mitmachen: Für etwa 30 Soles kann man essen so viel man möchte, Getränke gehen extra. Oft sind diese Büfetts die besten Mahlzeiten überhaupt und es gibt diese Angebote nicht nur in Cusco, sondern auch in den Restaurants im Valle Sagrado oder sogar in Chivay.

In der Plateros: *Chez Maggy 2* (339/ gemütlich, Pizza-Tipp), *El Tronquito* (327/große Portionen), *Haylilly und Kusicuy* (Hinterhof), *El Fogón* (Menü 10–20 Soles inkl. Pisco Sour und Kaffee). Zum Frühstück ins empfehlenswerte *Haylilly* mit preiswertem Kuchen und Kaffee.

In der Procuradores: *Pizzeria Chez Maggy,* sehr gemütlich, schönes Ambiente, umfangreiche Speisekarte mit schmackhaften Gerichten ab 15 Soles, auch Mexikanisch, Pizza-Tipp. – *Tupana Wasi,* sehr freundlich und preiswert. – *La Tertulia,* mit Büchertausch. – *El Cuate,* leckere mexikanisch-peruanische Küche, große Portionen. – Die wahrscheinlich besten Hähnchen gibt es bei Lucho in der Pizzeria *Emperador,* Procuradores/Plaza de Armas. Im Preis ist ein Pisco Sour inbegriffen. – In der Procuradores 389 (2. Stock) gibt es mit *The Film Movies & Lounge* ein kleines Snack-Restaurant mit dem Flair eines französischen Clubs (bunte Wände, rustikale Einrichtung, Sofas) und Musik.

Rund um die Plaza de Armas: *Yunta* (zu empfehlen) und *Café Ayllu* (klassische Musik, schönes Ambiente, s.u. bei „Bäckerei & Cafés") **sind** gut **zum Frühstücken.** – Im *Plus Café,* Portal de Panes 151 (2. Stock) an der Plaza de Armas kann beim Frühstück vom Balkon ein schöner Blick auf die Plaza genossen werden, ein **TIPP!** – Auf die Schnelle eine Empanada oder einen warmen Quiche gibt es im *Nevada,* Portal Comercio 121. – Ein sehr gutes, doch dafür teures Restaurant ist *La Retama,* Portal de Panes 123, Centro Comercial Los Ruiseñores, 2. Stock; ausgezeichnete Küche, sehr sauber, Jazz-Nacht (Fr). – Im *Paititi,* Portal Carrizos 340, sind in einem schönen Ambiente bei Live-

Musik (Folklore-Show 19–21.30 Uhr) Pizzen und Filet Mignon zu empfehlen, doch recht teuer. – Im *Bagdad* gibt es bei angenehmer Umgebung und bei schöner Aussicht über den Balkon einen preiswerten Mittagstisch, Touristentreff. Der *Inka Grill*, Portal de Panes 115, Touristentreff mit neuer andiner Küche, www.inkagrillcusco.com, 9–23 Uhr, beeindruckt mit einer Allround-Speisekarte von Pizza über Pasta, regional oder international, ganz nach dem jeweiligen touristischen Geschmack, wenig Bodenständiges. – Auch sehr gute Grill- und Steakkarte im *Brava Pasta Grill,* Portal Espinar 144, wo es bei der Bestellung eines Hauptgerichtes ein Glas Wein gratis dazu gibt!

Südlich der Plaza: Ecke Heladeros und Marques, die Saftbar *Yajuu,* alle Früchte Perus, leckere Snacks und Nachtische, günstig und freundlich. – In der Calle San Andrés zwischen Quera und Ayacucho ist das sehr günstige *Tomatissimo,* mittags peruan. Spezialitäten, abends Pizza & Pasta.

In der Espaderos: *El Mesón de Espaderos,* Espaderos 105; teure, aber gute Parrillada (Grillgerichte), inkl. Salat-Büfett, Tagesmenü 10 Soles, Cuy (Meerschweinchen) ab 25 Soles, Ponche de Pisco (heiße Milch mit Pisco), aber auch sehr leckere Pizza (Vier Käse mit Hühnchen). – Das *Café Varayoc* hat empfehlenswertes Frühstück.

In der Av. El Sol: Gut peruanisch-italienisch, aber nicht gerade preiswert, kann in der *Trattoria Adriano,* Av. El Sol/Mantas 105, gegessen werden. Nahebei das **indische Restaurant** *Maikhana,* leckere Gerichte und Büfett. Außerdem *Don Esteban y Don Pancho,* Av. El Sol 765 A.

In der Choquechaca: *Mijunanchis,* Choquechaca 115 (1. Stock), gutes Restaurant, Menü ab 8 Soles, empfehlenswert. – *Le Nomade,* Choquechaca/San Blas, Lounge mit super Frühstücksbüfett, oft Live-Jazz.

In der Tecseccocha: *Sueño Azul,* Tecseccocha 171, riesige Portionen, preiswert.

Quintas

Die **preiswertesten Restaurants im Stadtzentrum sind die Quintas,** familiäre Restaurants, in denen schmackhafte Mittagsgerichte serviert werden. Ab 16 Uhr gibt es meist Live-Musik.

Quinta Zárate, Tothora Pakcha 763 (San Blas), Tel. 22-4145, mit Biergarten und schönem Blick über die Stadt, *cuy, adobo* und *chicharrones* (Erklärung s.u.), allerdings etwa teuer.

Überhaupt gibt es **im Stadtteil San Blas viele nette Kneipen,** z.B. **Pacha Papa,** Plazoleta San Blas 120, mit nettem Innenhof, *cuy* und *alpaca,* doch etwas teurer und touristisch, aber wegen der gemütlichen Atmosphäre dennoch unser **TIPP**. – Köstliche Gerichte serviert auch **Macondo,** Cuesta San Blas 571. Umfang- und einfallsreiche Speisekarte mit regionalen Spezialitäten, Alpaka- und Urwaldgerichte, wie z.B. gefüllte Bananenblätter, gemütliche Kneipenatmosphäre, deutsche Inhaberin. **TIPP!**

Granja Heidi, Cuesta San Blas 525, Mo–Sa ab 7.30 Uhr. Karl-Heinz Horner bietet ein sehr einfaches Frühstück mit frischen Milchprodukten (Joghurt), Säften, Crèpes und Quiches, zum Mittag- und Abendessen auch Tellergerichte, Salate und Vegetarisches; eigengebackene Kuchen, z.B. „Nelson Mandela", ein Kuchen aus Paranüssen u.a. Zutaten. Obwohl etwas teurer ein **TIPP!**

Quinta Eulalia, Choquechaca 384, typische regionale Küche, Mittagstisch 12–14 Uhr, viele Einheimische, gewaltige Portionen, reelle Preise, gutes PLV. **TIPP!** – In derselben Straße mit Hausnummer 136 (Nähe der San-Blas-Kirche) werden in der **Quinta La Chola** im Hinterhof Cuy und Chicha serviert. – **Quinta Traquito,** Granada/Educandos, preiswerte Menüs, fast nur Einheimische.

Auch in der **Calle Saphi** reihen sich preiswerte und gute Quintas. Hervorzuheben ist **Inkaria,** Saphi 584, mit guter Küche und großer Menü-Auswahl ab 5 Soles. **TIPP!** Außerdem gibt es in der Straße für Selbstfahrer gleich zwei bewachte Parkplätze.

In der **Calle San Francisco** ist zur Mittagszeit das **El Solar** immer gut besucht, die peruanische Küche ist preiswert. – Teurer ist das **Don Antonio,** Sta. Teresa 356: Nueva-Andina-Küche, reichhaltiges Büfett, Livemusik und Show. – Ebenfalls etwas teurer, dafür originell, ist das **Inkanato,** San Augustin 280. Auf Wunsch werden dem Gast die verschiedenen Früchte, Knollen und Getreidesorten in den Ausstellungskörben erklärt. Die Küche ist im Restaurant integriert und man kann dem Koch bei seiner Arbeit zusehen. Neben leckeren regionalen Gerichten, z.B. Quinoa-Suppe oder gefüllte Forelle, wird auch Chicha-Bier und guter Pisco ausgeschenkt, serviert wird in Inka-Kostümen, Hauptgericht um 30 Soles.

Lokale Spezialitäten und mehr

Landestypische Gerichte, wie *adobo* (Schweinefleisch in Chicha eingelegt und gekocht), *chicharrones* (gebratenes Schweinefleisch mit Schwarte), *lechón* (Spanferkel) und *cuy* (Meerschweinchen) gibt es in vielen einfachen Lokalen und Kneipen außerhalb der Touristenzone, wie z.B. im **Inti Raymi,** Quera 260, ein nettes kleines Restaurant, das auch ein gutes Frühstück serviert. – Das **A mi Manera,** Triunfo 393 (2. Stock), wird von einem Deutschen geführt, der traditionelle peruanische Gerichte in bester Qualität auftischt. Außerdem stehen zahlreiche Kaffeevariationen aus echtem aufgebrühten Kaffee auf der Karte. **TIPP!** – Unter derselben Hausnummer bietet das **Cicciolina** exzellente Gerichte, auch Garnelenspieße, Tapas und Regionales, sehr empfehlenswert, doch etwas teurer; angenehme Atmosphäre, abends gute Bar-Stimmung. Unbedingt auch einmal das *Wine Bar & Restaurant Baco* in der Ruinas 465 probieren! Bei beiden am Wochenende unbedingt vorreservieren! – In der Pampa del Castilla 371 und 445 ist **Los Mundialistas,** eine gute *Chicharronería.* – Meerschweinchen und Forellen kommen im **La Ranchería,** Matará 405, Tel. 22-8217, Di–So von 12–23 Uhr, auf den Tisch. – Daneben ist die Avenida Tullumayo ein Tipp für gute und preiswerte Restaurants für lokale Spezialitäten. Auch *Gastón Acurio* ist nun in Cusco vertreten. Sein Restaurant heißt *Chicha* und liegt in der Calle Plaza Regocijo 261 im 2. Stock.

Wer im Hochland unbedingt **Meeresspezialitäten** essen möchte, ist im *El Mariño,* Espinar/Mantas, gut aufgehoben. Viele Cebicherías liegen an der Av. de la Cultura, etwa 500 m hinter der Fußgängerbrücke. Preis für eine große Cebiche um 10 Soles.

Grillhähnchen: *Los Toldos Chicken,* San Andrés/Almargo 171. Leckere, große Pollo-Portionen (1/4 ausreichend) mit Salatbüfett und vielen Pommes, gutes PLV. **TIPP!**

Koreanisch: *Ariang,* San Agustin 307.

Vegetarisches

Cusco ist ein kleines Zentrum für Vegetarier, an nahezu jeder Ecke kann vegetarisch gegessen werden. Tipps: *El Arbol,* Carmen Bajo 184, San Blas 184; durchgehend verschiedene veg. Menüs ab 8 Soles, frische Säfte, veg. Snacks, abends Livemusik. – *Govinda,* Esperados 128; etwas schmuddelig, aber super Gerichte. – *El Armonista,* Unión 541; Menü ab 6 Soles. – *Ritual Café Cultural,* Choquechaca 142; sie haben auch Forelle auf der Karte, Menü 8 Soles. – *El Encuentro,* Santa Catalina Ancha 384; Tagesmenü, günstig, reichhaltig und gut. – Teurer, aber dafür 100% organisch, ist das *Greens,* Santa Catalina Angosta 135, 2. Stock. Stets wechselnde Salatkombinationen, Gemüse aus dem Heiligen Tal, und wenn auch ein „Fleischfresser" in der Gruppe ist, umso besser: ebenfalls organisch!

Bäckerei & Cafés

Panadería y Pastelería del Buen Pastor, Cuesta San Blas 579, Mo–Sa 7–20 Uhr. Preiswerte Bäckerei mit angeschlossenem Café, gutes Frühstück, leckere Kuchen, Torten, Croissants, Gebäck, Empanadas und Brot (auch dunkles), doch um 7 Uhr morgens gibt es noch keine frische Backwaren. Der Erlös kommt der Schulbildung der hier arbeitenden Mädchen zugute.

Der beste Kakao in Cusco kann im **Chocolate,** Choquechaca (50 m vor der Kreuzung zur San Blas), getrunken werden, dazu gibt es köstliche Konfekte /

Pralinen. – **Talleres Qosqo Maki,** Av. Tullumayo 465, Mo–Sa 10–14 und 16–20 Uhr, gutes Brot, auch Sauerteig und leckere Croissants sowie Rosinenschnecken nach französischem Rezept! – **Asociación K'uychiwasi,** Carmen Alto, www.kuychiwasi.8m.com; Coca-Laden der Italienerin Emma, die Gebäck, Kuchen, Schokolade und Bonbons aus oder mit Coca anbietet. Emma informiert über die Heilwirkung der Cocablätter und schenkt starken Coca-Tee aus. Und mit den Erlösen aus den Einnahmen des **Café Restaurant Aldea Yanapay,** Ruinas San Agustín 415, unterstützen Sie die Bewohner des gleichnamigen Ortes.

Im Straßenzug Almagro – Quera – Cruz Verde – Nueva befinden sich etliche Bäckereien, in denen man ausgezeichnete Süßwaren bekommt; z.B. im **Café Ayllu,** Calle Almagro 133 (oder Calle Marqués 263); seit vielen Jahren eines der traditionsreichsten Cafés Cuscos. – Frische Säfte, leckeren Kuchen und starken Kaffee gibt es im **Café Perla,** Ecke Santa Catalina/Arequipa, unweit der Plaza. – Stets gut besucht ist **Jack's Café** an der Ecke Choquechaca/Cuesta San Blas; die umfangreiche Karte bietet auch leckere Pfannkuchen. In der Av. El Sol 576 bietet der Bake Shop **La Valeriana** in gemütlicher Atmosphäre leckere Backwaren und frischen, guten (!) Kaffee.

Unterhaltung

Folklore (Peña)

Nachtlokale, Kellerbars, Kneipen und Lounges laden u.a. zu Salsa, Rueda oder anderer Musik ein, Peñas zu stimmungsvoller Hochlandfolklore, doch die Szene wechselt schnell. Deshalb immer aktuell vor Ort informieren, was gerade angesagt ist.

Im **El Truco** an der Plaza Regocijo 247 geben sich unmotivierte Musikgruppen die Klinke in die Hand, sehr touristisch, Live-Musik bzw. Show ab 20 Uhr, das Essen ist nicht berauschend und teuer. Im Restaurant **Paititi,** Portal Carrizos 270, Plaza de Armas, gibt es ebenfalls allabendlich von 19–21.30 Uhr eine Folklore-Show. Eine reine Folklore-Show bietet das **Centro Qosqo de Arte Nativo** in der Av. El Sol 604 (Boleto Turístico), 18.30–20 Uhr (Show derzeit 19 Uhr). Auch einige Hotels bieten Shows, z.B. in der **Akilla Bar** des Novotels, San Agustín 239/Pasaje Santa Mónica (Do–Sa). Im **Musikmuseum TAKI,** Hatunrumiyoc 487-5, etwas versteckt in einem Hinterhof (Zugang durch die kleine Ladenpassage, Tel. 22-6897), gibt Kike Pinto am Mo/Mi/Fr 19–20 Uhr ein einstündiges Konzert, er spielt auf original Präinka- und Inkainstrumenten, Eintritt. **TIPP!**

Discotheken

Das Angebot ist ständigen Änderungen unterworfen. Die derzeit vielleicht besten Pubs sind: **Kamikase,** Portal Cabildo 27, Plaza de Regocijo) Tel. 23-3865, Happy hour 20.30–21.30 Uhr, Live-Shows (Folklore-Musik) von 22.30–23.30 Uhr und **Ukukus,** Plateros 316, Happy hour 20–21.30 Uhr, Live-Musik ab 22.30 Uhr. Die derzeit besten Discos: **Uptown,** Portal de Carnes (Plaza de Armas). **EKO,** Plateros 334, 2. Stock, Eintritt frei. **Mama Africa,** Portal Harinas 191 (2. Stock), Plaza de Armas. Live-Musik ab 22.30 Uhr, Eintritt frei; Touri-Disco, aber gute Atmosphäre, Internet-Café.

Weitere Discos: **Las Quenas,** Av. El Sol 954, (im Keller des Hotel Savoy, Eintritt). Überall sind viele Gringos anzutreffen. **Mythology,** Calle Suecia.

Cafés, Pubs und Kneipen

Eine schöne Couchbar ist das gemütliche **Los Perros,** Tecseccocha 436, deshalb auch viele Touristen, die sich hier wohlfühlen und bei Wein oder Tee Zeitschriften lesen. – **Mandelas Bar,** Palácio 121, 3. Stock, schöne Dachterrasse im Zentrum, gepflegt und gemütlich. – **Bar 7 Angelitos,** 7 Angelitos. Cocktails zu angemessenen Preisen, Tanzfläche, tolle Bands, super Atmosphäre. – **Bar Km 0,** Tandapata oberhalb Plaza San Blas. Kleines persönliches Lokal, hervorragendes Essen, sehr aufmerksamer Service, meist rappelvoll bis in die Puppen, fast tägl. Livemusik von Rock bis Salsa. **TIPP!** – Kunstliebhaber treffen sich im **Muse,** Tandapata, ein inspirierendes Kunstgalerie-Café. – **Cross Keys Pub,** Portal de Confituras 233, Plaza de Armas, Happy Hour von 21–21.30 Uhr, guter Pisco Sour, Briten-Treff. – Die angesagteste Szene-Kneipe ist derzeit **Mushrooms Lounge & Bar,** Portal de Panes 109, 2. Stock. Große Auswahl an Happy-hour-Getränken, Blick auf die stimmungsvoll beleuchtete Plaza de Armas.

Café Bar Wiphala

Dieses Café gibt es schon seit langem in Cusco, Heladeros 135. Über den Innenhof geht es über den rechten Treppenaufgang nach oben in den 1. Stock. Das Wiphala ist ein Insidertreff der Intellektuellen Cuscos und wird von *Manuel Gibaja* geführt. Es wird viel Coca-Tee in großen Bechern ausgeschenkt. Manuel ist Künstler, der schon in Argentinien und der Schweiz ausgestellt hat. Im Wiphala zeigt er wechselnde Exponate und führt Poesie- und Musikabende durch. Öffnungszeiten Mo–Sa 16–1 Uhr nachts.

Feste

Die meisten der **wichtigen Feste** in und um Cusco fallen **in die Zeit von März bis Ende Juni.** Insbesondere während des Inti Raymi sind die Unterkünfte in Cusco schon Wochen vorher ausgebucht und es kommt auf dem Flughafen zu chaotischen Zuständen.

Februar (beweglich): Festival Carnavalesco de Qoya. – **30./31. März:** Sara Raymi (Maisfest) in Huaro, Folkloretänze und alte rituelle Lieder, Estadio Deportivo Huaro, Eintritt. – **März/April** (beweglich): Semana Santa; nächtliche **Karfreitagprozession.** – **Ostermontag:** Fiesta del Señor de los Temblores (Herr der Erdbeben), Prozession zu Ehren des Schutzpatrons von Cusco zur Kathedrale (Plaza de Armas), die mit Tausenden von Cantuta-Blüten, der Nationalblume der Inka, überschüttet wird. – **3. Mai:** Fiesta de la Santa Cruz Velacuy. – **Juni** (1. Hälfte): Festividad de Quoyllur Rit'i (auch Coichoriti) in Quispicanchi, faszinierende Wallfahrt von Mahuayani nach Coichoriti, dem heiligen Gletscherberg der Inka in knapp 5000 m Höhe. Tänze, Musikgruppen, Markt. – **1. Sonntag im Juni:** Corpus Christi. – **Juni** (2. Hälfte): Festival Ollantay Raymi. – **3. Juniwoche:** Festival de la Cerveza. – **17. Juni:** Festival de Raqchi. – **22.–24. Juni:** Inti Raymi, traditionelle Sonnwendfeier der Inka in **Saqsaywamán** mit historischen Kostümen, zugleich **wichtigstes Fest in Cusco mit Tausenden von Zuschauern, auch bei der Qoricancha und Plaza de Armas.** – **15.–17. Juli:** Virgen del Carmen (Paucartambo). – **1. August:** Pachamama Raymi, Fest zu Ehren der Mutter Erde. Ritual zu Beginn des andinen Neujahres, wird in der gesamten Provinz Cusco gefeiert. – **15. August:** Fiesta de la Virgen Asunta. – **September** (meist 3. Sonntag): **Warachikuy** in **Saqsaywamán,** populäres untouristisches **Inkafest mit alten Tänzen, Initiationsriten und Musik,** sehr authentisch und spektakulär, Beginn 9 Uhr, Eintritt frei. Fest-TIPP. – **14. September:** Fiesta Señor de Huanca. – **1. auf 2. November:** Todos los Santos (Allerheiligen), mit z.T. feuchtfröhlichen Festen auf den Friedhöfen. – **23./24. Dezember:** Feria de Santuranticuy, Kunsthandwerksmarkt auf der Plaza de Armas, sehenswert!

Adressen & Service Cusco

Vorbemerkung

Einige der nachfolgend aufgeführten Adressen können sich geändert haben. Straßen- und andere Schreibweisen gibt es in zwei Versionen: Eine nach der spanischen Orthografie, die zweite nach dem *Alfabeto Oficial del Quechua,* das 1975 eingeführt wurde. Z.B. *Sacsayhuaman* (span.), *Saqsaywamán* nach dem Alfabeto Oficial del Quechua. Nach und nach werden die Quechua-Namen spanischer Version gegen die des Alfabeto Oficial ausgetauscht. Beide Schreibweisen existieren noch nebeneinander.

Tourist-Info	Mantas 117-A, Tel. 22-2032, Mo–Fr 8–19 Uhr, Sa 9–14 Uhr. Weitere Stellen: beim Busterminal und Flughafen.
Vorwahl (084)	**Direccion Regional Ministerio de Cultura,** Av. de la Cultura 238, Condominio Huáscar, Tel. 23-6061, oder www.machupicchu.gob.pe (für das elektronische Eintrittsticket Machu Picchu).

i-Peru, Calle Garcilaso s/n, iperucusco@promperu.gob.pe, Tel. 25-2974, geöffnet Mo–Sa 9–18 Uhr u. So 9–13 Uhr, sowie auf dem Flughafen, www.iperucuscoapto@promperu.gob.pe, Tel. 23-7364, geöffnet 6–16 Uhr. Informationen über Sehenswürdigkeiten und touristische Angebote, keine Reservierungen!

El Servicio de Protección al Turista (SPT) INDECOPI, Portal de Carrizos 250, Plaza de Armas, und Av. Cultura 734, Of. A., Tel. 25-2974, 23-4498; Flughafen Tel. 23-7364, Mo–Fr 8–20 Uhr. Die SPT ist eine touristische **Verbraucherschutzzentrale** die sich um übervorteilte und geprellte Touristen kümmert. Hier kann man sich auch über Anbieter mit mangelhaftem Service beschweren.

Infotourist (Infos zur Sicherheitslage), Plaza Túpac Amaru, Tel. 22-6009.

Instituto Nacional de Recursos Naturales (INRENA), Calle José Cosio 308, Urb. Magisterio, Tel. 23-1690, www.paramo.org, staatliche Naturschutzbehörde Perus. Für den Parque Nacional Manu, Universidad Andina, Tel. 27-4509.

Unidad de Gestión de Machu Picchu (UGM), Garcilaso 233, Tel. 24-8323.

Camara Regional de Turismo del Cusco (CARTUC), San Andrés 338, Tel. 22-6421.

Asociación Peruana de Turismo de Aventura y Ecoturismo (APTAE), Nueva Baja 424, Tel. 24-9944, postmaster@patcusco.com.pe.

Asociación de Guías Oficiales de Turismo AGOTUR, Nueva 431, Of. 305; Vereinigung der offiziellen Touristenführer.

TAKI, Instituto Andino Amazónico de Cultura y Desarollo Social; momentan ohne Anschrift, http://institutotaki.blogspot.com und www.myspace.com/kikepintomusic.

Cusco-Websites	Die „Hausseite" der Stadt Cusco mit nützlichen Hintergrundinformationen: **www.municusco.gob.pe** • Kultur und Geschichte Cuscos und Umgebung, Restaurants, Karten und Pläne, **www.cuscoperu.com** • Ausgezeichnete Infos mit Musik, Geschichte und Kultur mit Wörterbuch Quechua: **www.qosqo.com** • Machu Picchu und Inka Trail: **www.machupicchuonline.com**
Boleto Turístico (BT)	■ Der teure **Boleto Turístico – Preis derzeit 130 Soles,** Studenten mit ISIC bis 25 Jahre 50%, gültig für 10 Tage – kann bei folgenden Stellen gekauft werden: im Büro der *Oficina Ejecutiva del Comité Boleto Turístico (OFEC),* Av. El Sol 103, Tel. 22-6919, Mo–Fr 8–17.30 Uhr, Sa 8.30–12.30 Uhr sowie im *Casa de Garcilaso* (rechts neben dem Museo Histórico Regional), Calle Garcilaso, Mo–Sa 8–17 Uhr, So 8–14 Uhr. Außerdem gibt es den BT bei der Tourist-Information, Mantas 117-A (Mo–Fr 8–19 Uhr) und bei der *DRIT*, Av. de la Cultura s/n, Cuadra 1. **Auch an allen Sehenswürdigkeiten, wo zum Zutritt ein BT erforderlich ist, kann er gekauft werden.**
Cusco City-Tour	Eilige können eine Besichtigungstour buchen. Bei dieser Tour werden alle wichtigen Sehenswürdigkeiten inkl. Saqsaywamán, Q'enqo, Pukapukara und Tambomachay in einen halben Tag reingepackt. Abfahrt ist immer um 14 Uhr,

Rückkunft gegen 18.30 Uhr, Preis um 30 Soles. Da alle Gruppen das gleiche Programm in gleicher Reihenfolge machen, stauen sich die Besucher vor den Sehenswürdigkeiten. Für die vier Sehenswürdigkeiten außerhalb von Cusco verbleiben dann noch ca. 20 Min., viel zu wenig, um z.B. Saqsaywamán zu besichtigen – ergo wenig empfehlenswert.

Eine bessere Alternative ist die Fahrt mit der *Tranvía de Cusco,* ein Touristenbus im Stil einer alten Straßenbahn, der in etwa 80 Minuten die 40 wichtigsten Sehenswürdigkeiten der Stadt anfährt. Abfahrt von der Plaza de Armas, Mo–Sa 8.30, 10, 11.30, 14, 15.30, 17 u. 18.30 Uhr, Kosten 25 Soles.

Policía de Turismo (POLTUR)
Plaza Túpac Amaru, Tel. 24-9654; sehr hilfsbereit, insbesondere nach einem Diebstahl (Anzeigeformblatt zuvor in einer Bank kaufen). Die Touristenpolizei empfiehlt als **Präventivmaßnahmen:**
1. Die Unterkunft sollte vor der Morgendämmerung und nach Mitternacht nicht allein verlassen werden.
2. Die Kameraausrüstung, ein Tagesrucksack oder eine Tasche sollte immer vorne und nicht hinten auf dem Rücken, der Schulter oder an der Seite getragen werden.
3. Auf den Mercado Central Santa Ana sollte nie allein hingegangen werden.
4. Für organisierte Ausflüge, Exkursionen und Touren sollte immer der Service eines Reisebüros respektive Reiseveranstalters in Anspruch genommen werden.
5. Wertvolle Dinge sollten nur in Geschäften gekauft werden, die auch eine Garantie gewähren.

Polizei
Nationalpolizei: Saphi 534, 24-Stunden-Service, sehr hilfsbereit. **Überfallkommando** (Radio Patrulla): Notruf 105. **Migración:** Av. El Sol, Tel. 22-2741. Auch Neuausstellung verlorengeganger Ein-/Ausreisekarten (*Tarjeta Internacional de Embarque/Desembarque* oder einfach *Tarjeta Andina*).

Erste Hilfe
Clínica Pardo, Av. de la Cultura 710, Tel. 24-0387, 24-h-Service, Notfall-Service für Touristen: Tel. 62-0126. – *Hospital Regional,* Av. de la Cultura s/n, Tel. 23-3691, 24-h-Service, immer Spezialisten anwesend, auch für Notfälle und Verletzungen. – **Deutschsprachige Ärzte:** *Dr. Johanna Menke,* Medico Cirujano, Urb. La Florida 15, Tel. 22-4244, Cel. 984-741558, johannamenke@web.de. – *Dra. med. Gladys Oblitas,* Av. de la Cultura 3b, Urb. Mariscal Gamarra, 1era Etapa, Tel. 25-1999, Cel. 984-947-892. Rechnungen werden von deutschen Versicherungen übernommen. Vermittlung von Anti-Stress-Therapien, Massagen und Meditationen in einem entsprechenden Hotel in Andahuaylillas, Reserv. sinnvoll, da nur 3x wö Sprechstunde. – **Zahnklinik:** *Clínica Dental San José,* Dr. Carlos Alonso Claudio, Centenario/Cuichipunco 385, Notfall-Tel. 22-2639, alonsoclaudio@terra.com.pe. – **Notfall-Apotheke:** *Farmacia International,* Heladeros 109, Tel. 22-8191, 24-h-Service. – Für Notfälle s.a. Krankenhaus Curahuasi, s.S. 430.

Bergrettung
In Cusco, Tandapata 101, gibt es ein Büro der Bergpolizei (USAM), die eine hervorragende Ausrüstung besitzt.

Dt. Honorarkonsulat
María Jürgens de Hermoza, San Agustín 307, Tel. 24-2970. Sprechzeiten Mo/Mi/Do 10–12 Uhr oder nach Vereinbarung, bei Notfall jederzeit. Postanschrift: Casilla 1128.

Post
Serpost, Av. El Sol 800 (ziemlich weit unten an der Ecke zur San Miguel), Mo–So 7.30–19.30 Uhr.

Telefon
Telefónica del Perú, Av. El Sol 415, Mo–Sa 7–23 Uhr, So 7–12 Uhr. Ein weiteres Büro befindet sich in der kleinen Calle del Medio (Plaza, Westseite), mit öffentlichem Internet. In der Av. El Sol, Calle de Medio (TELSER), Portal de Mantas, Portal de Comercio gibt es private Telefonanbieter. **Vorwahl Cusco (084)**

Internet-Cafés	Internetnutzung kostet durchschnittlich um 1,50 Soles/h. Nahezu an jeder Ecke im Zentrum möglich.
Geld	Die Geldautomaten in Cusco spendieren max. 400 US$ pro Tag, am Schalter der Banken mehr. Mit Maestro kann man allerding nur am GA Geld ziehen. *Scotiabank,* Maruri/Arequipa, hat relativ wenig Warteschlangen. Gut für Kreditkarten ist *Interbank,* unweit der *Banco Continental,* Av. El Sol. Alle Casas de Cambio (um die Plaza de Armas) tauschen problemlos Euro, Wechselkurs ist besser als bei den Banken, die nicht alle Euro tauschen. Auch Straßenwechsler bieten ihre Dienste an, sie stehen vor allem vor den Banken in der Av. El Sol und bieten bessere Kurse als die Banken. Sie wechseln auch sonntags oder außerhalb der Öffnungszeiten der Banken. – *American-Express-Repräsentanz:* Lima Tours, Portal de Harinas 177, Plaza de Armas, Tel. 22-8431 (kein Ersatz für gestohlene Reiseschecks, kein Wechsel!). *Western Union,* Maruri, gegenüber der Scotiabank, Tel. 24-8028 (schneller **Geldtransfer**).
Foto	Digitalbilder auf CD brennen ist nahezu an jeder Ecke im Zentrum möglich, z.B. bei Foto *Cesar,* schräg gegenüber vom Rathaus/Regierungsgebäude. Weitere Möglichkeiten in der Procuradores und Tecseccocha (Hinweisschilder der Internet-Cafés beachten!)
Landkarten/ Bücher	Buchhandlung, Portal Comercio, Plaza de Armas. Hier gibt es Karten vom Camino Inca (1:50.000), auf deren Rückseite eine Straßenkarte von Cusco ist. IGN-Karten 1:100.000, nur nähere Umgebung. – *Libreria I,* Limacpampa Grande 565. Einzig empfehlenswerter und gut sortierter Buchladen Cuscos. – *Travel Center,* Portal de Panes 115, 2. Stock, Mo–Sa 9–13 u. 14–18 Uhr, für jene, die Entscheidungshilfe brauchen was sie in/um Cusco besuchen möchten.
SAE Club	*South American Explores Club,* Atocsaycuchi 670, San Blas, Tel. 24-5484, www.saexplorers.org. Verkauf von topografischen Kartenblättern und Landkarten, kostenlose Informationen speziell für Mitglieder.
Autoclub	*Automóvil Club del Perú,* Av. El Sol 349, Tel. 22-4561, cusco@touringperu.com.pe, div. Kartenmaterial, günstige Bus-, Zug- und Flugtickets, geringer Rabatt für ADAC-Mitglieder.
Mietwagen	Mietwagen sind in Cusco generell teuer. Die nationalen Anbieter sind preisgünstiger als die internationalen, wie z.B. AVIS oder HERTZ. *Localiza Rent-a-Car,* Av. El Sol 1089, Tel. 24-2285. Günstigstes Angebot, Kleinwagen 53 € pro Tag plus 19% Steuer, 150 Frei-km inkl. Versicherung (s.a. unter „Touranbieter"). – *AVIS,* Av. El Sol 808, Tel. 24-8800 (24-h-Service), Tel. 69-1519, avis-cusco@terra.com.pe und avis-cusco@interplace.com.pe; Mietwagen 75 €, 4WD 100 €. – *Cusco Tours,* Cuesta del Almirante 232, Tel. 24-7412, www.cuscotours.com.pe. Minibus für 6–8 Personen, Dreitagesmiete mit Fahrer etwa 360 €. – *Eric Adventures,* Urb. Velasco Astete B-8-B, Tel. 23-4764, www.ericadventures.com; Mietwagen, auch 4WD.
Parkplätze	Für Selbstfahrer ist das Parken im Zentrum durch die oft engen Kopfsteinpflastergassen in Wagenbreite nicht gerade leicht. In der Saphi gibt es zwei bewachte Parkplätze, näher zur Plaza geht es nicht. Ein weiterer befindet sich in der Calle Ruinas oder in der Av. El Sol, in der Nähe des Sonnenscheiben-Springbrunnens.
Motorroller/ Harley Dav.	*Picnic Scooter Hire,* Tecseccocha 436, Tel. 24-1447, los_perros@yahoo.com. Stunden- oder Tagesvermietungen. Alternative, um z.B. das Valle Sagrado in Eigenregie zu erkunden. Tägl. 9–18 Uhr. – *Cuzco rent a Harley,* Garcilaso 265. Wer die Tour mit einer Harley machen möchte, muss 28 Jahre alt sein, ab 70 €. – In der Plateros gibt es mehrer Agenturen, die Motorräder vermieten.
Artesanías	Cusco und Umgebung ist überschwemmt von „Märkten à la Hongkong". Das angebotene Kunsthandwerk, das den Touristen aufgeschwatzt wird, ist oft

Massenware. Das Viertel San Blas ist bekannt für sein traditionelles Kunsthandwerk, u.a. mit den Meisterwerkstätten von *Antonio Olave, Gregorio Béjar* oder *Edilberto Mérida*. Der **Mercado Artesanal,** Av. Pachacútec/Av. Tullomayo, 8–21 Uhr, ist zwar zentraler Verkaufsmarkt für Kunsthandwerk, doch hat eher den Titel „Nepper-Schlepper-Bauernfänger" vedient.
The Center for Traditional Textiles of Cusco, Av. El Sol 603, www.textilescusco.org; eine Mischung aus Textilmuseum (kostenlos) und Verkaufsladen für beste Handarbeiten mit traditionellen Mustern, vom Kissenbezug über Mantas und Ponchos bis zu Tischdecken. Im Geschäft sitzen Frauen, denen man beim Weben über die Schulter schauen kann. Der Verkauf kommt den traditionellen andinen Webern direkt zugute, etwas teurer, aber Fair Trade! **TIPP!** – **El Tejido Andino,** Carmen Alto 110, San Blas, ein Zusammenschluss der Weber von Perubamba unter Leitung von Gail Silverman, *die* Kennerin der andinen Webekunst. Webwaren aus 100% Alpaka, beste Qualität (an einer Decke wird oft monatelang gewebt), Muster/Motive streng nach alter Tradition, Direktverkauf. Durch dieses Projekt wird das Handwerk unterstützt, Ausbildungsplätze in den Dörfern gefördert, Landflucht verhindert, die Zukunft der Weber gesichert. Reinschauen lohnt. **TIPP!** – **Chaskas,** Trufino 393. Alpakas und Ökowolle. – **Alpaca 111,** Plaza Regocijo 202, tägl. 9–13 Uhr und 15–20 Uhr. Einziger offiziell genehmigter Verkauf von Vicuñawolle, gute Qualität, überlieferte Muster. – **Factoria Urpi,** Carretera Circunvalación Z-10. – **Trinidad Enriquez,** Triunfo 339; kleines, feines Lädchen mit Souvenirs aus Wolle, Schmuck, Taschen usw. von Projekten, bei denen andine Campesinos, minderjährige Mütter oder missbrauchte Frauen unterstützt werden. – **Feria Artesanal San Blas,** Plaza San Blas, nur Sa 9–18 Uhr. – **Feria Artesanal El Inka,** San Andrés/Quera 218, Mo–So 8–20 Uhr (jedoch So die meisten Stände geschlossen). – **Artesanías Mendivil,** Plazoleta San Blas 619 und 634. – **Bazar Paracas,** Sta. Catalina Angosta 120, Tel. 23-1571; Alpakas, Silberarbeiten. – **Arte Perú,** Plateros 305/Espaderos, Tel. 22-5031; Tumis und Schmuck. – **Werner & Ana,** Plaza San Francisco 295-A, www.werner-ana.com, Tel. 23-1076; modische Alpaka-Wollsachen, alle Preisklassen. In der Hatunrumiyoc und Cuesta San Blas gibt es Gemäldegalerien und Geschäfte mit religiösen Kunsthandwerksobjekten.

Supermarkt u. Lebensmittel *El Chinito,* Matará 271, tägl. geöffnet, empfehlenswert. *Gato's Market* ist umgezogen in die Sta. Catalina Ancha 377; inkl. Frischwurst von *Otto Kunz,* Frischkäse und Milchprodukte (etwas teuer), bis 24 Uhr geöffnet. *La Moderna,* Procuradores 330, Metzgerei mit Wurstwaren von Otto Kunz. Kaffee, Kakao und Honig aus Quillabamba gibt es bei *Delicia* in der Calle Concebidayoc 153 im Innenhof.

Coca-Shop Carmen Alto 115.

Choco Museo Calle Garcilaso 210, 1. Stock. Schokoladenmuseum, Schokoladenherstellung, Workshops und Ausflüge zu Kakaofarmen in der Umgebung von Cusco.

Museo del Pisco Santa Catalina Ancha 398, www.museodelpisco.org. Was passiert, wenn ein Peruaner sich mit einem amerikanischen und baskischen Pisco-Fanatiker zusammen tut? Ein Ort der Huldigung des peruanischen Nationalgetränkes entsteht! Hier wird nicht nur verkostet, sondern auch selbst gemixt! Und in den Kellergewölben kann im Anschluss hervorragend gespeist werden. **TIPP!**

Ausrüstung In einigen Läden in der Plateros, z.B. **SOQLLAQ'ASA Camping Service,** Plateros 359, kann man eine **Trekkingausrüstung mieten:** ein Zelt kostet z.B. 10 Soles pro Tag, Schlafsack ebenfalls, Bergstiefel und Matten ab 6 Soles (bei unterschiedlich hoher Kaution; es ist auch möglich, das Flugticket zu hinterlegen). Zelte sollten vorher unbedingt sorgfältig auf Vollständigkeit (Stangen, Heringe, Schnüre) und auf Mängel geprüft werden. Wer eine geführte Trekking-Tour bucht, bekommt, bis auf Schlafsack und Schuhe, ein All-inclusive-

	Paket. Plastiksäcke fürs Gepäck gegen den Regen gibt es auf dem Mercado am Bahnhof San Pedro. Kartuschen für Gaskocher können in Cusco auf dem Markt nachgekauft werden. *Explorers Inn,* Plateros, hat Spiritus für Kocher, nicht mehr benötigte Ausrüstungsgegenstände können hier verkauft werden. Einen preiswerten Trekkingladen gibt es auch in der Sta. Catalina Ancha.
Wäschereien	*Lavanderías:* Procuradores 354, Suecia 318 u. in der Tecseccocha. Saphi 578-A und Saphi 675 (1 kg ca. 4 Soles, Dauer 3 h); weitere im Zentrum und in der Calle Siete Ventanas 227.
Sprachschulen	*Asociación Cultural Peruano Alemana Region Inka* (ACUPARI), San Agustín 307, Tel. 24-2970, www.acupari.com. Kontaktadresse in Deutschland: Anita Djafari, Marienbader Str. 1C, 61273 Wehrheim, Tel. 06081/57922, Djafari@t-online.de. Diese freundliche Sprachschule ist eine Einrichtung der Deutsch-Peruanischen Kulturgesellschaft Region Inka und unterrichtet nach dem Integrationsmodell (Sprache und soziokulturelle Kontakte) Spanisch und Quechua. Die Unterbringung erfolgt meist bei einheimischen Familien mit HP. Lehrmaterial wird zur Verfügung gestellt. Die Leiterin, *María Jürgens de Hermoza,* ist gleichzeitig die deutsche Honorarkonsulin in Cusco und steht mit Rat und Tat zur Seite. Wahlweise preiswerter Einzelunterricht (1 Wo./2 Wo.) und für Minigruppen (nur 2 Wo), der in Hessen, Berlin, Niedersachsen und Hamburg als Bildungsurlaub anerkannt wird. Kostenloses Tandemangebot; Vermittlung von Praktika in sozialen Einrichtungen; deutschspr. Bibliothek, Bücherverleih und -tausch, Do/Fr Filmabende, z.T. freier Eintritt zu Konzerten. **TIPP!** – *Cusco Spanish School,* Garcilaso 265 (im 2. Stock), Tel. 22-6928, www.cuscospanishschool.com. Persönliche Atmosphäre mit sehr erfahrenen und kompetenten Lehrkräften. **TIPP!** – *Academia Latinoamericana de Español,* Av. El Sol 580, Tel. 24-3364, latinocusco@goalsnet.com.pe; Einzel-/Gruppenunterricht. – *Amauta,* Suecia 480, Tel. 24-1422, www.amautaspanish-school.org; Privat- und Gruppenunterricht, Vermittlung zu Gastfamilien, auch Quechua.
Buchladen	*Centro Bartolomé de las Casas,* Plaza Limaqpampa Grande 565; gute Stadtpläne mit Straßenverzeichnis von Cusco. – *Librería SBS Special Book Service,* Av. El Sol 781 A, Tel. 24-8106.
Tranvía de Cusco	Von der Plaza de Armas fährt ein Touristenbus im Stil einer alten Straßenbahn, *Tranvía de Cusco,* alle anderthalb Stunden ab. Die Rundfahrt beinhaltet neben 40 kulturellen, historischen oder touristischen Stätten auch eine Fahrt hinauf zur Christus-Statue. Wer möchte, kann von dort Saqsaywamán besichtigen und dann zu Fuß nach Cusco runtergehen. Fp 25 Soles pro Person.

Touranbieter

gibt es rund um die Plaza, in der Av. El Sol und im Viertel San Blas. Das Angebot fächert sich auf in Sightseeing-Touren durch die Geschichte der Inka und Perus (Ruinen-Tour) oder Touren für Sportliche (Trekking, Mountainbiken, Rafting, Urwaldtrips). Alle Agenturen müssen von der staatlichen DIRCETUR zertifiziert sein! Wichtig ist, dass bei einem Direktanbieter gebucht wird und nicht bei einem Vermittlungsagent. Billigveranstalter schießen wie Pilze aus dem Boden, sind unzuverlässig, wie uns in Briefen und Mails berichtet wird. Bald machen sie wieder zu, Scheiterungsgründe sind oft mangelndes Equipment und mangelnde Erfahrung, unterbezahltes oder unwissendes Personal. Deshalb ist es schwierig, einen zuverlässigen Tipp zu geben, da jeder Reisende unterschiedliche Erwartungen und Vorstellungen hat. Auch sind Empfehlungen anderer Reisender mit Vorsicht zu genießen – wer garantiert, dass bei der nächsten Tour nicht der Motor des Fahrzeugs streikt, es stark regnet oder die Gruppenzusammensetzung nicht harmonisiert?

Adressen & Service Cusco

Organisierte Halbtagestouren durch Cusco (4 Ruinen, Kathedrale und Qoricancha), tägl. 14–18.30 Uhr, kosten ab 20 Soles. Durch das Heilige Tal (Pisaq, Urubamba, Ollanta und Chinchero) am Di/Do/So 8–17 Uhr ab 40 Soles.

Empfehlenswerte Universalanbieter

Llama Andean Adventure EIRL, Urb. Marcavalle A-22, Tel. 60-8310, Notfall-Handy-Nr. 959-716-522, www.llama-online.de. Hauptbüro von *Jörg Kroesel*, Trekking rund um Cusco, einziger autorisierter deutscher Veranstalter **mit Inka Trail-Zulassung,** Canyoning und Bergsteigen, eigenes Equipment, sehr zuverlässig, gutes PLV. Über die Websites www.llama-online.de können Reisende Inlandsflüge, Zugtickets von PeruRail und Standardtouren online buchen, bezahlt wird über die Banco de Crédito, Tickets werden dann in das Hotel in Cusco, Puno oder Arequipa geliefert. **TIPP!** Zweigstelle in Arequipa

Cusco Tours, Cuesta del Almirante 232, www.cuscotours.com.pe, Tel. 24-7412. *Nico Montesinos Gamarra* kennt sich gut in Cusco und Umgebung aus und arrangiert so ziemlich alles, was man in und um Cusco unternehmen kann. Sehr zuverlässig, gute Führer, gutes PLV. Angeboten wird z.B. Pferdetrekking nach Tambomachay, nach Chinchero (Übernachtung in Huachay Qosqo auf 3650 m) oder nach Tipón (Übernachtung in Huambutio), Fluss-Rafting oder **Touren zu Naturbrücken** über den Río Apurímac. Außerdem Inka Trail sowie Alternativen, wie *Ausangate-, Salkantay-* oder *Choquequirao-Trail* (für einen Notfall werden Sauerstoffflaschen mitgeführt). Die Fünftages-Trekkingtour Mollapata–Salkantay – Aguas Calientes ab Cusco inkl. Equipment/VP und Eintritt nach Machu Picchu kostet ca. 175 €/p.P., der Inkatrail über Choquequirao als Fünftages-Tour ab Cusco inkl. Equipment/VP 380 $/p.P.

Tikuna Tours (dt.-spr.) organisiert Trekkings (Inka Trail, Lares u.a.), Privattouren, Dschungelaufenthalte u. deutschsprachige Begleitungen. Weiterhin besteht für Selbstfahrer die Möglichkeit, seine individuelle Perureise komplett durchorganisieren zu lassen! Fragen rund ums Reisen werden auf Deutsch beantwortet. Kontakt: info@tikunatours.com.

Tierras Mojadas Travel, San Blas, www.directoriocusco.com/tierras-mojadas/travel-cusco.html, Tel. 23-6611, dt.-spr. Nadine Bresinsky bietet einen **alternativen Inkatrail** nach Machu Picchu an. Es geht über den **Inkatrail Rupañan** durch den Bergurwald **nach Machu Picchu**, ein Inkatrail ohne die üblichen Touristenscharen, Anmeldung, Wartezeit usw., Prädikat erlebenswert und ein **TIPP!** Daneben Angebote nach **Choquequirao**, Führungen durchs historische Viertel von Cusco zum Mond- und Schlangentempel und Begegnungstreffen mit Einheimischen.

Personal Travel, Portal de Panes 123, Oficina 109, Tel. 24-4036, ititoss@terra.com.pe; *Chivi & Julio del Aguila* organisieren Touren u. Ausflüge in und um Cusco und vermitteln Mietwagen, Minibus für 6–8 P., 50 €/Tag inkl. Fahrer. Einzigartig ist die Möglichkeit, in der intakten indigenen Comunidad von *Willoc*, die von Ollanta nur zu Fuß, Pferd oder Miet-Taxi erreicht werden kann, an deren Alltag teilzunehmen. Hier wird noch der traditionelle *ayni* (s.S. 113) praktiziert, die auf die *ayllu* der Inkazeit zurückgeht. Der Besucher erhält auch Einblick in die andine Wollproduktion.

Welcome South America Travel, Tel. 23-6927; Wilbert spricht Deutsch und hat ebenfalls seit 1986 ein universelles Angebot inkl. Inka Trail.

Apumayo Expeditions, Ricardo Palma N-11, Urb. Santa Monica, Wanchaq, Tel. 24-6018, www.apumayo.com. Spezialanbieter für behinderte Reisende, die Cusco, das Valle Sagrado und Paracas erleben möchten. Auch Reitausflüge.

Liz Arenas Escalante (Liz's), Calle del Medio 114, www.lizexplorer.com, Tel. 24-6619. Ecotouristik, Naturexpeditionen, Inka Trail.

Q'ente, Plateros 365, Tel. 23-8245, qente.com; Wanderung via Choquequirao nach Machu Picchu.

Machete Tours, Tecseccocha 161, Tel. 22-4829, www.machetetours.com.

	Wanderung via Choquequirao nach Machu Picchu als Fünftages-Tour ca. 250 €/p.P. **Peru Apurimac Travel,** Calle Ahuacpinta 599, Cel. 984-695-057 oder 974-356-610. Empfohlen durch RKH-Reisende. Ebenfalls gute Erfahrungen sammelten RKH-Reisende mit **Andina Travel,** Plazoleta Sta. Catalina 219, Tel. 25-1892, www.andinatravel.com. **Inka's Destination,** Calle Triunfo 120, www.inkasdestination.com, Tel. 24-2069. Gute Wander- und MTB-Touren, auch Haupt- und Nebenziele.
Inka Trail	s.S. 389
Machu Picchu	s.S. 373
Bergwandern	Die **beste Zeit zum Bergwandern** ist die Trockenzeit von **Mai bis Oktober.** Außer dem Inka Trail, der limitiert ist, bieten sich weitere und teils sehr interessante Treks zum Wandern an, wie z.B. der **Salkantay-Trail,** der dem Inka Trail keinesfalls nachsteht (s.S. 401). Der Salkantay-Trek dauert vier bis fünf Tage, führt über einen 4800 m hohen Pass und via Sta. Teresa ebenfalls nach Machu Picchu und ist die Option für Reisende, die nicht kurzfristig den Inka Trail nach Machu Picchu buchen konnten. Wer nicht auf eigene Faust trecken möchte, ist hier gut aufgehoben: **Eric Adventures** Urb. Sta. Maria A1-6, San Sebastián, www.ericadventures.com, Tel. 23-4764; Trekking-Touren Salkantay und Ausangate sowie auch Trekking auf wenig bekannten Wegen, Cayoning, Mietwagen, auch 4WD, Trekkingrädervermietung, Campingausrüstung. – **Peruvian Trek,** Sta. Catalina Angosta 127, Tel. 25-5483, peruviantrek@hotmail.com; spezialisiert auf den alternativen Inkatrail um den Salkantay und auf den Ausangate-Trail, 5 Tage ab 175 € (bei 4 Pers.), sonst 210 €, engl.-spr. Führer. – **Peru Discovery,** Los Capulíes B 10-7, Urb. Larapa, Tel. 63-7155, www.perudiscovery.com; ebenfalls schöne Trekking-Touren um den Ausangate (7 Tage/6 Nächte 590 €) oder durch den Bergnebelwald des Manu-Biosphärenreservat (s. dort) rund um die Regenwald-Lodge Tambo Paititi. – **Q'ente,** Choquechaca 229, Tel. 23-8245, www.qente.com. Spezialisiert auf Bergwanderungen um den Ausangate und Salkantay, Trekking nach Vilcabamba und Choquequirao; Individualtour ca. 200–300 €, Pauschaltour mit anderen zusammen 50–80 €. – **South American Site (SAS) Travel,** Calle Garcilaso 270 (nördlich der Plaza San Francisco), Cusco, Tel. 26-1920, www.sastravelperu.com. Trekkingtouren nach Vilcabamba ab 6 Personen dauern 8 Tage/7 Nächte. Im Preis von 350 € p.P. sind alle Transporte, Führer, Verpflegung, Zelte und Isomatten, Träger und Kochausrüstung miteingeschlossen. Außerdem Manu-Touren, auch dt.-spr. Führer. – **Viajes Machu Pichu,** Portal Comercio 121, Plaza de Armas, www.perucusco.com, Tel. 24-3428; Bergtouren, wie z.B. 4 Tage Ausangate-Trail oder 3 Tage Salkantay Trail für 2 Pers. je 160 €, Einzelführung 180 €. – **Culturas Peru,** Tandapata 354, culturas@telser.com.pe; Nicole Gabriela Erb offeriert Individualtouren für den Inka Trail und auch Alternativen. – **Inka Trail Cusco,** Procuradores 366, Tel. 42-5661, www.inkatrailcusco.com oder www.peruberg-sport.com; Inka Trail, Salkantay-, Ausangate- und Choquequirao-Trek, auch Mountainbiking, Riverrafting.
Pferde-Trekking	*Cusco Tours*, Cuesta del Almirante 232, Cel. 984-623-486, www.cuscotours.com.pe; Nico kann von Einheimischen Pferde für Pferde-Trekking mit Führer von Cusco über Tambomachay nach Saqsaywamán vermitteln. Der Trek eignet sich auch für ungeübte Reiter oder Anfänger. Vom Stadtrand Cuscos geht es zuerst auf einer Erdpiste durch eine Schlucht in ein Hochtal. Kleine typische Bauernsiedlungen werden durchritten. Überall sieht man Leute auf den Chakras (Feldern). Dann führt der Weg über einen schmalen Trail immer wieder steil nach oben bis zur Straße von Cusco nach Pisaq. Unterwegs wird

Rast in einer typischen Bauernkneipe gemacht, wo Chicha und Mais mit Käse probiert werden kann. Sinnvoll ist es, Wasser mitzuführen, da es nicht unbedingt angeraten ist, wie der Führer Wasser aus dem Bachlauf zu trinken. Der Ritt dauert mit Besichtigung der Ruinen von Tambomachay, Pukapukara, Q'enqo und Saqsaywamán 4–5 h und kostet ca. 60 Soles.

Weitere Anbieter: *Eric Adventures,* s.o. und *Southern Cross Adventures*, Portal de Panes 123, Plaza de Armas, Tel. 23-7649. *Doris Valdivia R,* Tecseccocha 161, Tel. 22-9775.

TIPP: Pferde können auch wesentlich günstiger als über Reisebüros direkt bei Saqsaywamán für einen Ausritt zu den umliegenden Ruinen inkl. Führer gemietet werden, keine Reitkenntnisse erforderlich, Ausritt 4–5 h ab 25 Soles p.P. (handeln!). **Hinweis:** Unbedingt auf den Zustand der Pferde vor dem Mieten achten. Bitte ungepflegte, dürre Tiere meiden. Meist haben diese Pferde sichtbare offene Wundstellen auf dem Rücken.

Mountain-Biking *Peru Discovery,* Triunfo 392, Of. 214, Tel. 22-6573, www.perudiscovery.com; MTB-Touren, z.B. ab Cusco über Tres Cruces in den **Bergnebelwald** (Abfahrt jeden Freitag, 280 €/3 Tage), in den Amazonasurwald bei Manu (Abf. dto., 520 €/6 Tage), vom Colca zum Pazifik (610 €/6 Tage) und ins Heilige Tal der Inka (710 US$/3 Tage); jeweils inkl. Bike, Ausrüstung, Verpflegung, Transporte, Eintritt und mit einem erfahrenen, mehrsprachigen Führer (keine weiteren Kosten). MTB-Touren finden ab 2 Pers. statt. – *Eric Adventures,* Sta. Maria A1-6, San Sebastián, Tel. 23-4764, www.ericadventures.com. – *Bike Center,* Calle Concevidayoc 192-B/Cruz Verde; klein, gut, kompetenter Service. – *Bicimani,* rechts bei km 4 auf der Straße nach Puno. – *InkaDestination*, San Borja K-10, 2. Stock, Wanchaq, Tel. 63-2085, www.inkasdestination.com.

Rafting *Swissraft-Peru,* Plateros 361, Tel. 26-4124, apu43@hotmail.com. Viertages-Paket inkl. guter VP und einem Raftingvideo ab 100 € (HS bis zu 200 €). – *Eric Adventures,* Sta. Maria A1-6, San Sebastián, Tel. 23-4764, www.ericadventures.com. Drei Tage Apurímac 180 €, sehr hohe Schwierigkeitsgrade, gutes Equipment, erfahren u. zuverlässig. – *South American Site (SAS) Travel,* Calle Garcilaso 270 (nördl. Plaza San Francsico), Cusco, Tel. (084) 26-1920, www.sastravelperu.com. Rafting auf dem Urubamba, zuverlässige Organisation, Tagestour mit Verpflegung 35 € pro Person, empfehlenswert. – *Loreto Tours,* Calle del Medio 111, Tel. 22-8264, loretotours@planet.com. Rafting auf dem Urubamba. – *Southern Cross Adventures,* Portal de Panes 123, Plaza de Armas, Tel. 23-7649. – *Mayuc Cusco,* Portal Confiturias 211, Plaza de Armas, www.mayuc.com oder www.perurafting.com; gute Ausrüstung, zuverlässig und sicher.

Heißluftballon-Fahrten *Andes 2 Mile High Club of the Sacred Valley,* www.globosperu.com. Faszinierend, die Welt der Anden von oben zu erleben.

Touranbieter online *Cusco TravelNet,* www.cuscotravelnet.com, nicht gerade preisgünstige Angebote, der Inka Trail kostet 245 €, das Valle Sagrado mit Machu Picchu 300 €.

Verkehrsverbindungen

Selbstfahrer Für die Strecke von Cusco via Andahuaylas und Ayacucho nach Huancayo sind im günstigsten Fall (Trockenzeit, keine Pannen) drei Tage (Gesamtfahrzeit ca. 20 h) einzuplanen. Von Cusco (volltanken!) sollte unbedingt vor 8 Uhr abgefahren werden. Dann kann am ersten Tag Andahuaylas, am zweiten Tag Ayacucho erreicht werden. Von Ayacucho nach Huancayo sind es dann nochmals 6–7 h reine Fahrzeit. Beim Anmieten in Lima ist für die Rundstrecke Lima – Nazca – Arequipa – Puno – Cusco – Ayacucho – Huancayo – Lima ein Geländewagen oder Pickup, aufgrund der zahlreichen Schlaglöcher zwischen Cusco und Huancayo, einem Pkw vorzuziehen.

Die Strecke von Cusco via Juliaca und Puno nach Desaguadero ist asphaltiert und kann mit einem Wagen in einem Tag problemlos bewältigt werden. Auf der Strecke gibt es Mautstellen.

Bus Da die Straße von Cusco nach Puno vollständig asphaltiert ist, spielen bei der Weiterreise besonders die Busverbindungen nach Puno, La Paz und Arequipa sowie in die Richtungen Abancay, Nazca und Lima eine wichtige Rolle. Der **zentrale Busterminal in Cusco ist der Terminal Terrestre** in der Urb. Santiago, Av. Vallejo Santoni (2. Block), Tel. 22-4471. Eine Taxifahrt zum/vom Busterminal zur Plaza de Armas kostet bis 22 Uhr 3–5 Soles, danach etwas mehr.

Hinweis: Die hier angegebenen Reisezeiten sind lediglich ca.-Angaben, werden oft überschritten, besonders während der Regenzeit, in der mit erheblichen Verspätungen gerechnet werden muss.

Nach Abancay (200 km): tägl. mehrere Busse und Colectivos, u.a. 3x tägl. mit *Transcusal,* Av. Areopata; *Hidalgo,* Cuichipinco 299 (nur So 7 Uhr); *Transportes Ccoyeloritti, Transportes Ylla, Transportes Cusco–Abancay* und *Turismo Abancay;* Fz 5 h, ab 15 Soles. In Abancay Anschluss nach Andahuaylas.

Andahuaylas (340 km): tägl. um 18 Uhr mit *San Hieronymo,* Fz 11–12 h, 40 Soles; in Andahuaylas Anschluss nach Ayacucho (s. dort).

Arequipa (520 km): Mehrere Tag- und Nachtbusse, z.B. mit *Cruz del Sur,* Pachacútec 510, um 8.30 und 20 Uhr, über Sicuani; *Julsa* (gut und günstig!) sowie *Transportes El Chasqui,* Terminal Terrestre. Fz 10–11 h, Fp 50–70 Soles.

Ayacucho (520 km): kein Direktbus; Busse von *Los Chancas* oder *San Jerónimo* via Andahuaylas, Fz unter normalen Bedingungen 20–24 h! Fahrtunterbrechung und Buswechsel in Andahuaylas, Weiterfahrt mit *Los Chancas* nach Ayacucho etwa eine Stunde später. Busse von San Jerónimo haben in Andahuaylas Anschluss mit *Empresa Transportes Tours Wari* nach Ayacucho. Wichtig: Sitzplatznummer für den Anschlussbus rechtzeitig in der Busstation in Andahuaylas besorgen; Gesamtfahrpreis um 65 Soles; äußerst harte, atemberaubende Piste, beste Ausblicke auf die oft über 1000 m nahezu senkrechten Abgründe auf der rechten Seite in Fahrtrichtung.

Juliaca (347 km): tägl. unzählige Colectivos und mehrere Busse, u.a. *CIVA, Libertad, Cruz del Sur,* Pachacútec 510; *IMEXSO,* Av. El Sol 1194, imexso@terra.com.pe; mit Direktbus um 8.30 Uhr und 20.30 Uhr; Fz 5–6 h, Fp 15–50 Soles. Fahrzeiten u. Preise abhängig von Gesellschaft, Bustyp und Busklasse.

La Paz (615 km, über Desaguadero): Direktbus tägl. 21.30 Uhr, Fz 11–12 h, Fp 45–60 Soles.

Lima (1131 km, über Nazca): Busse fahren regelmäßig über Abancay und Nazca nach Lima, z.B. *Cruz del Sur,* Pachacútec 510 (14 Uhr, Fp 140 Soles), *Flores,* Fp 80 Soles), *San Cristóbal,* Av. Huáscar 128 (10.30 Uhr, Fp 80 Soles); *Ormeño,* Av. Huáscar, oder *CIVA.* Fz 23 h, ab 60 Soles, je nach Bustyp und Gesellschaft.

Nazca (660 km): 3x wö via Abancay mit *Transportes de Pasajero Expreso Cusco,* Huayna Capac 316; andere Gesellschaften täglich (meist nach Lima, oft Nachtbusse), Fz 14–15 h, 80-120 Soles, je nach Bustyp und -linie, ggf. inkl. Essen.

Paucartambo: *Transportes Sol Andino,* Coliseo Cerrado (Büro: Av. Huáscar), Abfahrten Mo, Mi, Fr um 10 Uhr, Fz 6 h, 15–20 Soles, Reservierung empfohlen. *Gallito de las Rocas* fährt ab Diagonal Angamos um 7.30. Uhr.

Puno (390 km): tägl. mehrere Busse, meist nachts, u.a. fahren *CIVA, Cisne, Libertad, Pachacútec, Carhuamayo;* Fz 6 h, Fp 15 Soles. Beste Gesellschaft ist IMEXSO, Av. El Sol 818, imexso@terra.com.pe; Direktbus um 8.30 Uhr und 20.30 Uhr, Fp 30 Soles. – **Touristenbus** von *Inka Express,* Ovalo Pachacuteq, www.inkaexpress.com, mit Stopps in Andahuayllas, Raqchi u.a. inkl. Führer,

Eintritt und Mittagessen, Fp 50 US$ inkl. der Eintritte. Abfahrten tägl. um 7.30 Uhr, Ankunft in Puno 17.30 Uhr und damit die preiswerte Alternative zum Touristenzug.
  Hinweis: Die Gesellschaft *San Luís* ist ein Zusammenschluss von Busbesitzern, das Wagenmaterial ist schlecht, bei Ausfall keine Ersatzbusse!
Puerto Maldonado: tägl. Busse, Fz 10–11 Stunden, weitere Details s.S. 408.
Quillabamba (250 km): *Empresa Carhuamayo* Plaza Túpac Amaru. Fz über Ollantaytambo mindestens 8 h, ab 20 Soles (nur Nachtbusse). Auch vom Puente Santiago um 6, 13 und 17 Uhr.
Sicuani tägl. mehrere Busse, u.a. *Power* um 8.30 Uhr, Fz 3 h, Fp um 15 Soles.
Sta. María: Direktbusse, u.a. fahren *Ampay, Alfa Mayo, Ben Hur* ab der Straße Paradero de Paso, außerhalb des Zentrums. Anfahrt mit dem Taxi ab Plaza de Armas 3 Soles. Busabfahrten 13 Uhr/19.30 Uhr u. 21 Uhr, Fz 6 h, Fp 15–20 Soles. Zustieg in Ollanta möglich, doch besser Fahrschein gleich ab Cusco lösen. **Tacna:** tägl. Direktbus mit *Civa*.

Zu Orten in der Umgebung Cuscos

Der öffentliche **Transport in die unmittelbare Umgebung** Cuscos ist kein Problem. Von der *Av. Puputi* fahren ab 6.30 Uhr etwa alle 30 Min. Busse **nach Pisaq, Calca, Urubamba** und **Ollanta/Ollantaytambo.** Außerdem fahren von hier zu verschiedenen Zielorten auch Colectivos und Minibusse ab (sobald sie voll besetzt sind). Von der Av. Huáscar 128 fahren Busse nach**Andahuaylillas, Urcos** und **Sicuani.** Di/Do/So gibt es einen Touristenbus nach Pisaq, Urubamba, Ollantaytambo und Chinchero für ca. 40 Soles (vorher im Tourist-Office checken). Touristenbusse zum Sonntagsmarkt fahren meist von der Plaza ab.
Nach Calca (50 km): *Transportes Pitusiray,* Av. Puputi, tägl. ab 5.30 Uhr bis zur Dämmerung, Fz 1,5 h.
Chinchero (30 km): *Transportes Chican,* Av. Grau (1. Block), Fz 45 Min.
Ollanta/Ollantaytambo (80 km): Direktbus ab Puputi oder mit Umsteigen in Urubamba, von dort mit Colectivo oder Taxi. **Pisaq** (30 km): *Transportes Pitusiray*, Calle Puputi s/n (2. Block) oder *Yanatile* in der Av. Tullumayo zwischen Garcilaso und Pachacútec (kein Schild, aber Ausrufer vor dem Hof) tägl. ab 5.30 Uhr bis zur Dämmerung, Fz 1 h, Fp 3,50 (an Feiertagen und sonntags 5 Soles).
Urubamba (60 km): *Transportes Pitusiray,* Puputi s/n (2. Block), tägl. ab 5.30 Uhr im Halbstundentakt bis zur Dämmerung, Fz 2 h, über Pisaq. Busse/Colectivos auch von der Av. Grau s/n, 1. Block, alle 20 Min., über Chinchero und Chequerec nach Urubamba, Fz 45 Min.
Tambomachay: s. bei Pisaq.

Taxis

Die offiziellen Taxis erkennt man an einem schwarzgelben Schachbrettmuster, das an der Wagentür rechts und links angebracht ist.
  Rundfahrten durchs Valle Sagrado de los Incas („Heiliges Tal der Inka" – Cusco – Pisaq – Yucay – Urubamba und zurück nach Cusco) kosten ca. 100 Soles.
  Für Fahrten zu der **Inka-Hängebrücke Queswachoca bei Huinchiri** über den Río Apurímac kostet ein Taxi von der Taxivereinigung Cusco, Tel. 22-2222, ca. 350 Soles/Tag für 4 Personen. Als Fahrer kann *David Catunca* (Móvil 7) empfohlen werden. Er stammt aus Yanaoca, spricht Quechua und legt auf Wunsch auch einen Stopp bei den **Grutas de Q'arañwi.**

Eisenbahn

Züge, Fahrplan, Fahrkarten, Reservierungen

Die peruanische Eisenbahngesellschaft ENAFER wurde privatisiert. Ein Konsortium der *Ferrocarril Transandino* unter Beteiligung von *Orient Express* investierte bisher rund 30 Mio. € in Bahnhöfe, Gleise, Lokomotiven, Waggons usw., um den Fracht- und Passagierverkehr schneller und attraktiver zu machen. Der Zugbetreiber **PeruRail** renovierte die alten Waggons, versah sie mit einem neuen, markant-blauen Design. Konsequenzen: einheimische Lokalzüge dürfen von Touristen nicht mehr benutzt werden. Entsprechende Plakate wurden auf allen Bahnhöfen entlang der Strecke Poroy – Aguas Calientes aufgehängt. 2009 begannen weitere Gesellschaften die Strecke zu bedienen, zuerst *Inca Rail* und ab 2010 *Machu Picchu Train*. **Inca Rail und Machu Picchu Train fusionierten und fahren jedoch nur ab Ollanta/Ollantaytambo,** während *PeruRail* das Privileg besitzt, ab Poroy zu fahren. Die Zick-Zack-Strecke aus Cusco heraus wurde endgültig stillgelegt; nicht nur wegen der Erdrutsche, sondern auch wegen der Bevölkerung von Cusco, die die Schienen zweckentfremdet missbrauchte.

Die **Fahrpläne** können sich jederzeit ändern, vor allem **in der Hochsaison von April bis Oktober** und auch während der Regenzeit wegen plötzlicher Naturkatastrophen. Alle Veranstalter behalten sich vor, nach Bedarf verschiedene Zugtypen bzw. deren Waggons fahrplanmäßig zusammenzustellen. Alle Züge sind Nichtraucher-Züge, die (unbeheizten) Waggons führen für Notfälle Sauerstoff mit. Touristenzüge fahren, wenn mindestens 15 Passagiere zusammenkommen. **Am besten erkundigt man sich über aktuelle Abfahrten und Preise vorab im Touristenbüro, auf den Bahnhöfen in Poroy und Ollantaytambo oder direkt bei den Veranstaltern:**

PeruRail, Plaza de Armas, Portal de Carnes 214 (Tienda Cusco Plaza, Nord- bzw. Kathedralen-Seite), Tel. 26-0809 und 26-0792. Dort können Tickets für sämtliche Fahrtziele erworben werden (Puno, Aguas Calientes, Ollanta). Und auch im Internet, www.perurail.com.

Inca Rail, Av. El Sol 611, Tel. 23-3030 oder www.incarail.com.pe.

Hinweis

Alle nachfolgend angegebenen Fahrplanzeiten und Preise dienen nur zur Orientierung, da diese sich jederzeit ändern können! Reisende mit den Touristenzügen sollten 30 Minuten vor der Abfahrt ihre Plätze einnehmen.

Züge und Wagenklassen nach Machu Picchu

PeruRail: Vistadome

Bei diesen Triebwagen von PeruRail handelt es sich um Waggons mit Panoramafenstern, Bar und Videos. Der Vistadome ist eigenständiger Touristenzug, er fährt täglich von Poroy und Ollantaytambo nach Aguas Calientes und zurück. Fahrzeit etwa 3,5 Stunden. Eine einfache Fahrt kostet derzeit ab 45 US$, Kinder 3–11 Jahre 50% Ermäßigung.

Poroy – Aguas Calientes um 06.40 Uhr und 08.25 Uhr
Aguas Calientes – Poroy um 15.20 Uhr, 16.22 Uhr und 17.27 Uhr
Ollanta – Aguas Calientes um 07.05 Uhr, 07.45 Uhr, 10.32 Uhr, 13.27 Uhr und 15.37 Uhr
Aguas Calientes – Ollanta um 10.55 Uhr, 13.37 Uhr, 15.48 Uhr, 16.22 Uhr und 17.27 Uhr

Züge nach Machu Picchu

PeruRail: Tren Expedition
Bei diesen Wagen handelt es sich um die günstige Variante ohne Panoramafenster. Einfache Fahrt ab 35 US$ pro Person.
Poroy – Aguas Calientes um 07.42 Uhr, Ankunft um 10.51 Uhr
Aguas Calientes – Poroy um 16.43 Uhr, Ankunft um 10.23 Uhr

Ollanta – Aguas Calientes um 06.10 Uhr, 08.53 Uhr, 12.58 Uhr, 19.00 Uhr und 21.00 Uhr
Aguas Calientes – Ollanta um 05.35 Uhr, 08.53 Uhr, 14.55 Uhr, 18.45 Uhr und 21.30 Uhr

PeruRail: Tren Hiram Bingham
Dieser Luxuszug lässt keine Wünsche offen, selbst ein 5-Gänge-Menü wird serviert. Er verkehrt zwischen Poroy und Aguas Calientes. Bedingt durch die klimatischen Gegebenheiten, kann der Zustieg in der Regensaison auch in Ollantaytambo und/oder im Hotel Rio Sagrado (Urubamba) der Orient-Express-Kette erfolgen. Der Fahrpreis beträgt um 350 US$ für die einfache Fahrt, billiger wird es als Paketpreis mit Rückfahrt.
Ab **Poroy – Aguas Calientes** 09.05 Uhr, Ankunft Aguas Calientes 12.24 Uhr
Aguas Calientes ab 17.50 Uhr, Ankunft in Poroy um 21.16 Uhr

Den kompletten und aktualisierten Fahrplan gibt es auf:
www.perurail.com/en/timetables.php?des=1

Inca Rail: Tren Primera Clase
Erste-Klasse-Service für 100 US$ pro Person für Hin- oder Rückfahrt.
Ollanta – Aguas Calientes um 06.40 Uhr, 11.15 Uhr und 16.36 Uhr
Aguas Calientes – Ollanta um 08.30 Uhr, 14.30 Uhr und 19.00 Uhr

Inca Rail: Ejecutiva
Die Sparvariante im einfacheren Waggon für 65 US$ pro Person Hin- oder Rückfahrt.
Ollanta – Aguas Calientes um 06.40 Uhr, 11.15 Uhr und 16.36 Uhr
Aguas Calientes – Ollanta um 08.30 Uhr, 14.30 Uhr und 19.00 Uhr

Neu: „Tourist" mit den gleichen Abfahrtszeiten zu 60 US$ pro Person und Fahrt, oder **„Presidential Service"** für ganz Exklusive!

Hinweise
Wer den **Tag der Abfahrt** (oder Rückfahrt) nach Ticketausstellung nachträglich **ändern möchte**, muss eine Gebühr von mindestens 10% des Fahrpreises bezahlen. Terminänderungen für die Rückfahrt von Aguas Calientes werden nur *vor* dem auf dem Ticket angegebenen Rückfahrtstag (ggf. am Tag der ursprünglichen Rückfahrt noch vor Abfahrt des Zuges) kostenlos vorgenommen. Keine Gutschrift für ein neues, billigeres Ticket! Etwas im Touristenzug verloren? Direkt bei PeruRail, Inca Rail oder Machu Picchu Train nachfragen.

Zielorte und -bahnhöfe

Aguas Calientes
Ankunft und Abfahrten der Touristenzüge in Aguas Calientes im neuen Bahnhof gleich hinter dem *Centro de Salud*. Ab Aguas Calientes dann Buszubringer nach Machu Picchu nehmen. Ändert sich immer wieder, also nachfragen!

Sta. Teresa
Mit dem Bus von Ollanta nach Sta. Teresa, von dort zurück nach Aguas Calientes. Derzeit die billigste Alternative nach Machu Picchu, sofern man genügend Zeit mitbringt (s.S. 383).

Quillabamba
Nach wie vor endet der offizielle Zugverkehr in Aguas Calientes, doch ein Lokalzug fährt bis zur Hidroeléctrica. Von dort verkehren Busse (meist

Lkw) nach Sta. Teresa, Fp ab 2 Soles. Deshalb derzeit kein Zugverkehr von Cusco bis nach Quillabamba! Wer nach Quillabamba möchte, muss den Bus benutzen (Fz 8 h, ab 20 Soles, Abfahrten 3x tägl. ab dem *Puente Santiago* in Cusco, gegen 6, 13 u. 17 Uhr).

Zug von Cusco nach Puno und zurück

Da die Straße zwischen Cusco und Juliaca vollständig asphaltiert ist, fahren viele Peruaner vorzugsweise mit dem Bus, Fz 5–6 Stunden. Der Zugverkehr mit Lokalzügen zwischen Cusco und Puno wurde eingestellt, es verkehrt nur noch der teure Touristenzug *Andean Explorer* von PeruRail.

Touristenzug Andean Explorer

Der Andean Explorer startet in Cusco vom Bahnhof Wanchaq. Stationen unterwegs sind **La Raya** (4338 m) und **Juliaca**. Wegen der Aussicht empfiehlt es sich, in Fahrtrichtung links zu sitzen. PeruRail setzt neue Züge mit modernen Waggons mit Panoramafenstern, nostalgischen Restaurant- und Barwagen mit hinterer Aussichtsplattform ein. Das obligatorische Mittagsmenü (drei Gänge) ist im Fahrpreis eingeschlossen. Weitere Infos und Fotos s. www.perurail.com.

Fahrpreise/ Fahrkarten

Der *Andean Explorer* nach Puno bzw. von dort nach Cusco fährt regelmäßig am Montag, Mittwoch und Samstag zu gleichen Zeiten um 8 Uhr ab und erreicht La Raya um 12.30 Uhr. Dort 15 Minuten Aufenthalt. Ankunft in Puno bzw. Cusco gegen 18 Uhr. In der Hochsaison von April bis Oktober fährt der Zug zusätzlich auch am Freitag.

Fahrpreis: ab 220 US$ inkl. Mittagsmenü. **Die Fahrkarte mindestens einen Tag vorher besorgen**, in der Hochsaison von April bis Oktober besser 2–3 Tage vorher. Für Reservierung und Kauf benötigt man die Passnummer. Pass beim Einsteigen griffbereit halten, es wird kontrolliert. Das Gepäck muss im Zug abgegeben werden. Warm anziehen, es kann auch tagsüber kalt werden!

Flugverbindungen und Fluggesellschaften

Der Flughafen *Alejandro Velasco Astete* (CUZ), Tel. 22-2611, ist nur 4 km vom Zentrum entfernt. Ins/vom Zentrum pendelt ein Bus. Ein Taxi ins Zentrum kostet 5 bis 7 Soles, keinesfalls mehr bezahlen, auch wenn der Taxifahrer das Doppelte verlangt. Auf dem Flughafen ist eine Wechselstube, Post und Telefonservice. 2012 wurde mit dem Bau des neuen Flughafens bei Chinchero im Heiligen Tal der Inka begonnen.

Die Flugpreise variieren je nach Jahreszeit erheblich. Ein Flug von Cusco nach Lima kann eine Preisspanne von 100–300 US$ (je nach Fluglinie) aufweisen, Flugzeit eine Stunde. Es gibt bestimmte Wochen außerhalb der Hochsaison, in denen supergünstige Flüge angeboten werden. Die hier angegebenen Preise können nur Orientierung sein.

Bitte prüfen Sie das kontinuierlich wechselnde Angebot direkt vor Ort!

Gesellschaften: *LAN,* Av. de Sol 627 B (gegenüber Centro Cusco), Tel. 25-5552, www.lan.com; nach Lima, Arequipa, Juliaca, Puerto Maldonado. – *Star-Perú,* Av. El Sol 679, Tel. 26-2768, www.starperu.com; nach Lima, Arequipa, Puerto Maldonado. – *TACA Peru,* Av. El Sol 612, www.taca.com, Tel. 24-9921; nach Lima. – *FAP/Grupo 8,* auf dem Flughafen; nach Lima. – FAP/Grupo 42, Flughafen. Nach Lima fliegen auch Peruvian Airlines, www.peruvianairlines.pe und LCPerú, www.lcperu.com, Büro in Cusco in der Av. El Sol 452, Oficina 209, Tel. 50-6395.

Klassische Ausflüge von Cusco aus:

Tour 1: Cusco – Saqsaywamán – Q'enqo – Pukapukara – Tambomachay (BT)

Allgemeine Öffnungszeiten der Stätten von 7 oder 8–18 Uhr

Zur Höhenanpassung und als nur wenig anstrengender Ausflug ist die Tour 1 gleich zu Beginn eines Cusco-Aufenthalts empfehlenswert (lediglich der Aufstieg von Cusco zur Saqsaywamán-Festung erfordert etwas Kondition). Diese Ruinen sind ein kleiner Vorgeschmack auf die wesentlich größeren und besser erhaltenen Ruinen im Heiligen Tal der Inka und/oder Machu Picchu, daher reichen ein paar Stunden völlig.

Saqsaywamán, Q'enqo, Pukapukara und das 200 Meter weiter gelegene *Tambomachay* gehören alle zum **Parque Arqueológico de Saqsaywamán,** sie liegen unmittelbar an der Straße nach Pisaq nördlich von Cusco. Zu Fuß muss nicht der Straße gefolgt werden, sondern man kann auch einen guten Feldweg bis nach Pukapukara nehmen, um so auch erste Landschaftseindrücke zu gewinnen. Auch ein Taxi lässt sich für diese kurze Tour anmieten.

Hinweis: der *Boleto Turístico* (BT) wird benötigt, es wird in allen Ruinen regelmäßig kontrolliert!

Wer lieber einen halbtägigen Spaziergang machen will, sollte sich z.B. nach Tambomachay fahren lassen und von hier den Fußweg – immer abwärts – nach Cusco gehen. Anfahrt mit einem Taxi – oder preiswerter und interessanter mit Colectivo – in Richtung Pisaq, das auf Wunsch bei Tambomachay hält.

Nach der Besichtigung von Tambomachay führt der Rückweg an Pukapukara vorbei und nach rund 600 Metern im nächsten Dorf links über den Fußballplatz. An seinem unteren Ende biegt man entlang des Zaunes nach rechts ab und folgt dem Bachlauf am Ruinenkomplex von Cusilluyhayoc vorbei nach Q'enqo. Gut fünf Minuten weiter liegt Saqsaywamán und der aus ganz Cusco sichtbare *Cristo Blanco* (Christusstatue, nachts angestrahlt, nachts nicht allein betreten).

Saqsaywamán (BT)

Von der Plaza de Armas aus ist diese über 2,5 ha große Festungsanlage oberhalb der Stadt (auf 3567 m) in einem ca. halbstündigen Fußmarsch von der Plaza de las Nazarenas über den sehr steilen Aufstieg der Pumacurco (am Ende geht es über Treppen) erreichbar. Für Nicht-Akklimatisierte ist dieses kurze Wegstück, Gehzeit ab Plaza de Armas ca. 1 h, bereits recht anstrengend. **Warnhinweis:** Laut Zuschriften wurden in letzter Zeit auf diesem Weg nach Einbruch der Dämmerung Touristen, die allein unterwegs waren, belästigt, angegriffen, ausgeraubt oder gar vergewaltigt.

Alternativ kann auch eine kurze Autofahrt (ca. 3 km), vorbei an der *Iglesia San Cristóbal,* unternommen oder mit dem Colectivo „Cristo Blanco", gefahren werden. Führung durch die Anlage 20 Soles.

Saqsaywamán sind die imposantesten und mächtigsten Ruinen in der näheren Umgebung Cuscos, ein Vorgeschmack auf Machu Picchu, Pisaq und Ollantaytambo.

"Schöpfung der Titanen" Der Name Saqsaywamán stammt vom Quechua-Wort „wamán – Falke", da die Festung den Grundriss in Form eines Falken haben soll. Der Bereich um Saqsaywamán war der am meisten gefährdete Zugang zur Hauptstadt des Inkareiches. Deshalb ordnete der 10. Inca, *Túpac Yupanqui,* und später *Huayna Capac,* den Bau dieser mächtigen Festung an. 20.000 bis 40.000 Menschen sollen an ihr rund 70 Jahre lang gebaut haben. Es gibt auch Archäologen, die Saqsaywamán für eine reine Kultstätte des Sonnengottes noch aus der Präinkazeit halten. Doch wer die tonnenschweren, passgenauen, gigantischen Zyklopenmauern gesehen hat, ist zuerst einmal nur überwältigt. Das Bollwerk Saqsaywamán scheint auf den ersten Moment eine Schöpfung der Titanen in der Dämmerung der Menschheit gewesen zu sein.

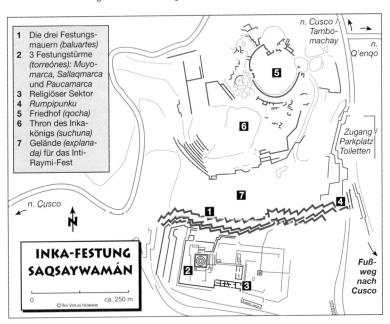

1 Die drei Festungsmauern *(baluartes)*
2 3 Festungstürme *(torreónes): Muyomarca, Sallaqmarca* und *Paucamarca*
3 Religiöser Sektor
4 *Rumpipunku*
5 Friedhof *(qocha)*
6 Thron des Inkakönigs *(suchuna)*
7 Gelände *(explanada)* für das Inti-Raymi-Fest

INKA-FESTUNG SAQSAYWAMÁN

Die unterste Mauer, die etwa 600 m lang ist, ist am faszinierendsten. Rätselhaft ist bis heutzutage die Technik des Transports der riesigen Quader, deren größter die Ausmaße 6,20 x 5 x 4 m hat und etwa 42 Tonnen wiegt. Bekannt ist, dass es Steinwerkzeuge gab, mit dem Porphyr und auch Granit bearbeitet werden konnte.

Nach einer Legende soll in Saqsaywamán auch der sagenhafte Schatz der Inka versteckt sein. 300 Jahre lang suchten und durchwühlten Schatzgräber den ganzen Festungsbereich, ohne etwas zu finden (vielleicht wurde er doch im Titicacasee versenkt? Oder in die Urwaldfestung Vilcabamba gebracht?). 1999 entdeckten peruanische Archäologen in Saqsaywamán 16 vollständig erhaltene Inkagräber mit wertvollen Grabbeigaben und bis 2006 wurden weitere halbkreisförmige Konstruktionen, Mauern, Terrassen und Kanäle freigelegt. 2010 wurden bei weiteren Grabungen Lama- und Alpakafigürchen aus Silber gefunden.

„Falken-Festung" Von der Festungsanlage sind, trotz der teilweisen Zerstörung durch die Spanier und zahlreicher Erdbeben, die drei terrassenförmig übereinandergebauten Zickzack-Mauerwälle bestens erhalten (seit 2011 müssen Teile der Mauer jedoch mit Balken gestützt werden, da es bereits zu mehreren Einstürzen kam). Sie sind 600 m lang und bestehen aus 21 Bastionen: Die untere Mauer ist 9 m hoch, die mittlere 10 m und die obere 5 m. Der Zugang zu den oberen Mauerwällen erfolgt über das *Rumipunku,* dem wuchtigen Hauptportal, das in einer Gefahrensituation mit einem Steinblock geschlossen werden konnte. Im oberen Bereich sind noch die

Reste von zwei viereckigen Türmen (Sallaqmarca und Paucamarca) zu sehen, in denen entweder die Besatzung untergebracht war oder Lebensmittel gelagert wurden. Die Türme wurden von Archäologen erst in den 1930-er Jahren wieder freigelegt, nachdem die Spanier sie zugeschüttet hatten. Durch unterirdische Gänge waren die Türme mit der **Muyoqmarka** (Torreón), einer turmartigen Anlage mit drei konzentrischen Ringen, die wahrscheinlich als Befehlszentrum und Schutzturm des Inca dienten und mit den inkaischen Palästen in Cusco verbunden. Bei Gefahr konnte sich der Inca mit seinen Angehörigen in die Muyoqmarka zurückziehen. Die Festung galt ohnehin als uneinnehmbar.

Nach früheren Annahmen war der Torreón eine Sonnenuhr, nach dem Inkachronisten *Garcilaso* ein Wasserturm zur Bewässerung und *Cieza de León* hielt fest, dass hier das „Haus der Sonne" war, also der Sitz des Sonnensohnes, des Inca. An den Mauerresten lässt sich noch der Durchmesser des Turmes von ca. 30 m feststellen.

Von diesem Punkt hat man einen schönen Blick auf Cusco oder nach Norden über den großen Grasplatz (Explanada) auf den gegenüberliegenden *Suchuna-Felsen,* genannt *Rodadero.* Dieser gewölbte Trachytfelsen wurde wohl von einem Gletscher so glattgeschliffen. Wegen seiner sitzartigen Ausmeiselungen wird er **„Thron des Inca"** genannt.

Fest Inti Raymi

Auf der Explanada zwischen den Festungsmauern Saqsaywamáns und dem Rodadero findet jedes Jahr am 24. Juni zur Feier der Sonnenwende das farbenprächtige Festspektakel *Inti Raymi* statt. Zehntausende von Zuschauern, Einheimische wie auch Touristen, bevölkern die umliegenden Felsen und Mauerreste. Das Inti Raymi ist ein Riesenspektakel, bei dem noch einmal die Welt der Inka aufersteht (oder so, wie man sie sich heutzutage vorstellt). In historischen Kostümen treten Soldaten, Priester, Sonnenjungfrauen, der Adel und der Inca selbst auf. Als Höhepunkt wurde früher ein lebendes Lama geopfert.

Leider hat sich das Ereignis zu einem reinen Volksfest entwickelt, bei der Menschenmassen Saqsaywamán regelrecht heimsuchen, riesige Familienpicknicks veranstalten, alles vermüllen und mit ausländischen Besuchern teilweise sehr aggressiv umgehen. **Ablauf:** Das Fest wird am 22. Juni mit einem großen Feuerwerk eröffnet. Am nächsten Tag folgt ab 11 Uhr bis in die Nacht ein großer Folkloreumzug durch Cusco. Das eigentliche Spektakel beginnt am 24. um 9 Uhr mit der Sonnenzeremonie bei der Qoricancha. Anschließend feierlicher Festzug zur Plaza de Armas mit weiterem Zeremonialakt. Um 13 Uhr Sonnenwendfeier in Saqsaywamán. Kosten: Tribünenplatz ab 200 Soles; kostenlose Plätze gegenüber der Tribüne auf dem Hügel.

Qocha Ganz in der Nähe der Festungsanlage Saqsaywamán liegt hinter dem Suchuna-Felsen mit dem **Chincana Grande** („Großes Labyrinth") ein vielgestaltig modulierter und ausgehöhlter monolithischer Block, *Qocha* genannt. Der mysteriöse Block ist 6 m hoch und seine größte Ausmeißelung ist ein 3 m hoher Altar oder Thron. Das in seinem Inneren sehr verwinkelte Netzwerk von Gängen führte angeblich dazu, dass sich Leute verirrten, nicht mehr herausfanden und verhungerten. Deshalb ist der Eingang heute verschlossen.

Wahrscheinlich war der Qocha ein unterirdischer inkaischer Friedhof. Auf diesen Block bezieht sich nach Garcilaso die Legende vom „Müden Stein", der für Saqsaywamán bestimmt war. Danach waren mit dem Transport 20.000 Mann beschäftigt, von denen 3000 erschlagen wurden, als ihnen der Stein entglitt. Tatsächlich dürfte sich dieser Kalksteinblock schon immer hier befunden haben. Fest steht, dass er mit seinen eingemeißelten Skulpturen, Stufen, Sitzen und kleinen Altären magische Funktionen zu erfüllen hatte.

Q'enqo (BT) Dieser Kult- und Festplatz ist von einem stark zerklüfteten Felsen mit Spalten und Höhlen umrahmt und liegt einen knappen Kilometer östlich von Saqsaywamán, von Cusco kommend rechts, unterhalb der Straße nach Pisaq. In der Mitte des Platzes steht auf einem Sockel ein steinernes Gebilde, dessen Schattenwurf einen Puma zeigt. Der Puma geht wahrscheinlich auf einen Steinkult aus der Präinkazeit zurück.

Das Quechua-Wort *Q'enqo* bedeutet „Das Gewundene" und leitet sich von einer in den Fels gehauenen, schlangenförmigen Opferrinne ab, in die aus Schalen Trank- oder Blutopfer hineingeschüttet wurden. Es floss dann in die Höhle des Felsens hinab. Der Zugang der Höhle wurde mit einem Eingang zur Unterwelt verglichen. Der Weg hinein führt durch einen Engpass von glattgeschliffenen, überhängenden Felswänden. In der Höhle sind Sitze und Altäre aus dem Fels geschlagen. Bei Ahnenfeiern und rituellen Zeremonien saßen hier vermutlich die Mumien. Ungeklärt ist noch heute die Bedeutung der Skulpturen, mit denen die Oberfläche des Q'enqo bedeckt sind.

Fußweg nach Pukapukara Die bergab gehenden Fußwanderer folgen der Beschreibung auf S. 335, während die bergauf Gehenden nun überlegen müssen, ob sie jetzt noch die etwa 4 km zu den Ruinen **Cusilluyhayoc, Pukapukara** und **Tambomachay** anhängen möchten. Der Feldweg führt rechts von der Straße querfeldein an einem Eukalyptusgehölz vorbei, mit einem schönen Blick auf den schneebedeckten Gipfel des *Ausangate* (6350 m). Dann gabelt sich der Weg: der linke Feldweg führt steil aufwärts zur Hauptstraße via Huayllarcocha, das östlich des Weges liegt, nach Pukapukara.

In Huayllarcocha kommt man auch am Sozialcafé *Yuraq Chaska* („Weißer Stern") vorbei. Die Einnahmen des Frauenprojekts dienen Workshops zum Erlernen eines unabhängigen Lebens abseits von Gewalt, Drogen und Demütigung und der Finanzierung von Lehrern für eine Schule, um quechuasprechenden Kindern mehr Selbstwertgefühl zu vermitteln. Im Café kann der Besucher vegetarische Kost, Fruchtsäfte, Cocaprodukte und Leckereien aus Quinoa, Kiwicha (Amarant) und Mais probieren.

Von Huayllarcocha geht es weiter bergauf, vorbei an der Hacienda Ucucuyoc zur Hauptstraße nach Pukapukara. An der Hauptstraße in Richtung Pukapukara wartet dann in aller Regel die „Lamaherde vom Dienst" aufs Touristenfoto und einige Soles. Dann führt der Weg wieder rechts der Straße weiter, verengt sich immer mehr zum Pfad, führt quer durch die Landschaft und mit der Zeit ebenfalls steil bergauf, später immer an einem kleinen Bach entlang, bis in die Nähe der Hauptstraße in Höhe der Ruinen von Pukapukara. Notfalls unterwegs nachfragen.

Pukapukara (BT) Diese kleine Bergfestung (3660 m) liegt etwa 6 km von Saqsaywamán entfernt und war ein Kontroll- oder Lagerposten. Der halbkreisförmige Tambo bestand aus Terrassen mit Türmen, Behausungen und Treppen, die von einer Mauer mit kleinen, unpolierten Steinen umgeben war. Die Bedeutung der Anlage kann in einer strategischen Verbindung mit Tambomachay und der Kontrolle der Straße von Cusco nach Pisaq ins *Urubamba-Tal* gesehen werden. Auf der Straße zweigt nach 200 m ein Weg nach links ab zu den Ruinen von

Tambomachay (BT) Möglicherweise handelt es sich bei dieser Anlage um einen Landsitz des Incas *Túpac Yupanqui,* oder um eine Art Wasserheiligtum. Da Wasser in Becken nach unserer Auffassung meist gleichbedeutend mit „baden" ist, wird hier fälschlicherweise auch vom *Bad des Inca* gesprochen. Über die vier terrassenförmig ansteigenden Mauern mit den inkatypischen, trapezförmigen Nischen ergießt sich noch heute sprudelnd das Wasser durch steinerne Kanäle in die Becken. Das Wasser stammt wahrscheinlich von einem unterirdischen Bach oder einer alten Inka-Wasserleitung. Es wird wohl ein Geheimnis bleiben, ob hier, wie eine Quelle vermutet, müde Stafettenläufer badeten oder der Inkaherrscher kultischen Wasser-Zeremonien beiwohnte. Es wird auch vermutet, dass die eigentlichen Bäder unter dem Kiesplatz vor der Ruine begraben liegen.

Cusilluyhayoc Wer Zeit hat, kann auf dem Rückweg noch einen Abstecher zu dem selten besuchten, in Felsen gehauenen präkolumbischen Ruinenkomplex von *Cusilluyhayoc, Laqo* und *Lanlakuyoq* unternehmen. Der Fußpfad entlang des Baches zwischen Q'enqo und Pukapukara führt unmittelbar an der Anlage vorbei. Von der Straße führt kurz oberhalb Q'enqo hinter einer Gruppe Adobehäuser (Bierkneipe) ein Feldweg direkt zu dieser Anlage. Deutlich sichtbare, steinerne Wasserleitungen kündigen die verschiedenen Anlagen an. Sehenswert sind in den Stein geschlagene Sitze, Treppenstufen und ein durch den Fels führender Höhlengang, der in etwa 5 m Höhe beginnt und gut erreicht werden kann. Auf der anderen Seite des Felsen sind gleichfalls gehauene Öffnungen mit Zeremoniensteinen zu sehen. Die Reliefs stellen Pumas, Affen und Schlangen dar.

Valle Sagrado de los Incas

Durch die Fruchtbarkeit und das besonders milde Klima war das Tal zwischen Ollanta und Pisaq für die Inka von extrem wichtiger Bedeutung für ihre Versorgung. Nicht umsonst liegt in Moray ein wichtiges Ackerbauzentrum der Inka. Feldbauterrassen ziehen sich die Berghänge bis in schwindelnde Höhen hinauf, um die verschiedenen Höhenbereiche voll zu nutzen. So ist verständlich, dass das Tal für die Inka „geheiligt" war und es bis heute *Valle Sagrado de los Incas* genannt wird.

Tour 2: Cusco – Chinchero – Ollanta – Urubamba – Pisaq

Für diesen Ausflug sind je nach Interesse ein oder zwei Tage zu veranschlagen (auf der Rückfahrt von Pisaq nach Cusco kann die oben beschriebene 1. Tour eingebunden werden, wobei die 2. Tour auch in entgegengesetzter Richtung unternommen werden kann). Wer über genügend Zeit verfügt, dem sei empfohlen, den Ausflug als Zweitagestour mit Übernachtung in Urubamba oder Ollanta zu planen. Dabei ist zu berücksichtigen, dass der (sehr touristische) Markt in Pisaq sonntags (als Sonntagsmarkt) auch dienstags und donnerstags stattfindet, der (nicht mehr so authentische) Markt in Chinchero nur am Sonntag und, als kleinerer Markttag, auch am Donnerstag. Für Eilige ist dieser Ausflug (meist in entgegengesetzter Richtung) mit einem Reisebüro auch an einem Tag durchführbar. Abfahrten meist Di/Do/So, Preis um 40 Soles. Ein Taxi für die Rundreise kostet bis zu vier Personen ab 100 Soles, nur nach Chinchero und zurück ca. 80 Soles. Kleingruppen sollten sich überlegen, ob sie nicht einen Mietwagen nehmen. Busse, Colectivos und Micros fahren meist im Stundentakt, jede Teilstrecke kostet nur wenige Soles.

Hinweis: wie bereits erwähnt, wird zur Besichtigung der Inkastätten im Heiligen Tal der Inka wie Pisaq, Ollantaytambo, Moray u.a. das Sammeleintritts-Ticket *Boleto Turístico* (BT) benötigt. Wer NUR das Heilige Tal besuchen möchte, kann das kostengünstigere „Boleto Turístico Parcial Valle Sagrado" kaufen (2 Tage gültig).

Chinchero (BT)

Zunächst führt die Straße von Cusco ein Stück in Richtung Abancay. Bei km 16 zweigt rechts eine Straße ab, und nach 30 km kommt Chinchero in Sicht. Der kleine Ort liegt auf 3762 m Höhe und ist ein altes inkaisches Landwirtschaftszentrum, das 12 *Ayllu* (indigene Gemeinden) vereint. Bekannt gemacht hat Chinchero sein (touristischer) **Sonntagsmarkt**, der in den frühen Morgenstunden beginnt und auf dem idyllisch gelegenen Hauptplatz unterhalb der Kirche stattfindet. Der allgemeine, überdachte Markt befindet sich am Ortseingang.

Die kleine Kirche in Lehmziegelbauweise lohnt einen Besuch, besonders zur Gottesdienstzeit (Fotografierverbot!). In ihr sind auch Gemälde der Cusqueñer Malschule zu sehen, vergleichbar mit denen der Kirche in Andahuaylillas. Den großen Platz vor der Kirche säumen alte Inkamauern mit zehn Trapeznischen, unterhalb sieht man noch weitere, wahrscheinlich Reste des Palastes des Inca Túpac Yupanqui, der hier residierte und 1480 den Ausbau Chincheros mit Tempeln und Bädern forcierte. An der

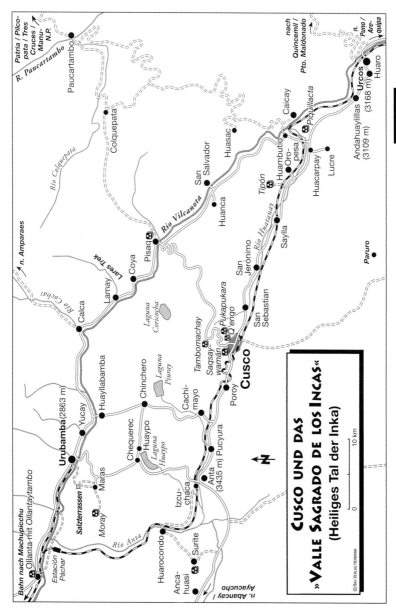

Plaza fällt auch die **Casa de Mateo García Pumacahua** auf, Caudillo der Rebellion von 1814.

Auf dem noch ursprünglichen Markt werden neben Textilien und Souvenirs hauptsächlich Obst und Gemüse, Mais, Kartoffeln und Chicha angeboten. Typisch bei der Tracht der *chincheros* sind die flachen Rundhüte. Wer übernachten möchte, dem bietet sich die Möglichkeit in der sehr einfachen *Albergue.*

Von Chinchero führt eine Straße direkt nach Urubamba. Interessierte können unterwegs einen Stopp in Maras und Moray, einem alten Ackerbauzentrum der Inka, einlegen. Wichtigste Feste in Chinchero: 2./3. Mai: Heilig-Kreuz-Fest; 14./15./16. Juni: Coyllur Riti-Pilgerfest.

Maras

Für Maras und Moray von Chinchero die Asphaltstraße nach Westen nehmen, vorbei an *Raqchi,* einem Mirador mit wunderbarem Ausblick ins Urubamba-Tal sowie den Ruinen von Machaqolqa, die leicht erwandert werden können (in absehbarer Zeit soll ein kleines Museo de Sitio eröffnet werden). Nach der *Laguna Huaypo* der Straße Richtung Urubamba folgen. Hinter der Siedlung Amontoy Collanas nach links der ausgeschilderten Abzweigung nach **Maras** (3352 m) folgen. An dieser Abzweigung warten manchmal auch Taxis nach Maras und weiter nach Urubamba.

Nach knapp zwei Kilometern geht nach rechts bzw. Nordwesten ein Weg ab mit einem Schild „Salineras". Ab da sind es zu den **Salzbecken** noch ein paar Kilometer auf einer Schotterpiste, vorbei an einer wunderschönen Landschaft. Eintritt zu den Salineras 10 Soles (s.u.).

Maras ist eine vorinkaische Siedlung der Chanapata. Der Ort selbst wurde von Pedro Ortiz de Orue gegründet und wirkt heute recht verschlafen mit einer aus Adobe errichteten Kirche.

Moray

Von Maras führt eine Piste weiter bis zum 7 km südwestlich gelegenen die mit blauen Pfeilen gut markiert ist. Bei Moray befand sich zur Inkazeit ein Landwirtschaftszentrum. Zu sehen sind terrassierte, bis zu 150 m große und bis zu 30 m tiefe kreisförmige Ackerbauanlagen mit Bewässerungskanälen und Wassergräben. Die mikroklimatischen Anlagen funktionierten wahrscheinlich wie ein Gewächshaus, die je nach Terrassentiefe zeitgleich einen Temperaturunterschied von etwa 15 °C aufwiesen. Nach neuesten archäologischen Erkenntnissen soll Moray aber eine Stätte für religiöse Zeremonien gewesen sein. Boleto Turístico oder Eintritt 10 Soles.

Weiterfahrt nach Urubamba

Auf der Weiterfahrt nach Urubamba ab dem Abzweig nach Maras fällt die Straße mit einem prächtigen Blick auf die schneebedeckten Gipfel der Cordillera Urubamba erst allmählich, dann in steilen Serpentinen hinab nach Urubamba. Alternativ kann von Maras über die **Salzterrassen** (s.u.) und Pichingoto nach Urubamba gefahren werden.

Wer von Cusco über Pisaq nach Urubamba fährt, kann dort an der Abzweigung nach Chinchero aussteigen. Dort wartet bei Ankunft der Busse meist ein Taxifahrer, der Reisende nach Moray fahren möchte, Fahrpreis Verhandlungssache.

Eine Taxifahrt von Cusco kostet etwa 50 Soles inkl. einem Stopp in Maras, Moray und Pichingoto, Dauer der Tour ca. 6 h, Einzeltour ab Cusco mit einem Touranbieter ca. 60 Soles.

Urubamba

Der Hauptort (2880 m, etwa 12.000 Ew.) des gleichnamigen Tales wird auch *Perle des Urubamba* bezeichnet und ist von Cusco etwa 60 km (über Pisaq 70 km) entfernt. Sehenswürdigkeiten gibt es keine, doch man kann schöne kleine Wanderungen unternehmen, auf denen man sicher keine Touristen trifft.

Urubamba ist wegen seines angenehmen Klimas als Ausflugsort beliebt. Es gibt täglich einen Obst- und Gemüsemarkt (ohne Souvenirstände!), am Freitag ist großer Markt. Wer das bunte Treiben auf einem indigenen Markt erleben möchte, ist hier besser aufgehoben als in Pisaq, da es sich hier noch um einen echten Bauermarkt handelt.

Auf dem Río Vilcanota/Urubamba werden Schlauchbootfahrten, z.B. auf dem Streckenabschnitt Pisaq – Calca durchgeführt. Daneben wird Mountainbiking, Drachenfliegen und Pferdetrekking angeboten (in Urubamba buchbar). Urubamba ist, neben Yucay, ein liebevolles Städtchen, um etwas auszuspannen.

Salzterrassen / Salineras

Spektakulär sind **Salzterrassen von Pichingoto** bzw. **Maras,** die von Urubamba gut zu Fuß erreichbar sind. Wer nicht von Urubamba aus loslaufen möchte, kann alternativ vom Terminal Terrestre in Urubamba mit einem Kleinbus 2–3 km Richtung Ollanta fahren. Auf Wunsch hält der Fahrer (ihm sagen, dass man bei den *Salinas* aussteigen möchte) in Höhe der großen Hängebrücke über den Fluss. Nach ihrer Überquerung führt der Weg nach Westen (rechts) flussabwärts, am linken Ufer entlang, zum Friedhof. Nach 10 Minuten mündet ein Bach in den Fluss. Von dort führt ein Pfad hinauf zu den Salzterrassen. Gehzeit ab der Hängebrücke ca. 60–90 Minuten, Eintritt.

Außerdem fahren Taxis und Colectivos von Urubamba zu den Salzterrassen und weiter nach Maras, Fp Taxi ca. 80 Soles inkl. Wartezeit und Rückfahrt. Wer von Ollanta aus nach Urubamba fährt, kann aus dieser

Die Salzterrassen

Richtung kommend die Salzterrassen rechter Hand sehen. In Sichtweite beim dortigen Abzweig aussteigen und zu den Salzterrassen laufen, Gehzeit von dort 20 ca. Minuten. Auf dem Rückweg am Abzweig ein Colectivo oder Pickup nach Urubamba stoppen.

Die gleißend weißen Becken, eingefasst von Salzkrusten und von oben gespeist von einer sehr salzhaltigen Quelle, stapeln sich kunstvoll auf breiter Front den Hang hoch. Es mögen etwa 4000 sein. Die Salzgewinnung erfolgt von Mai bis Oktober. Frauen und Kinder hacken mühselig die Salzschollen los, die Männer buckeln sie in Säcken weg. Einen Monat dauert es, bis sich durch Verdunstung in einem Becken eine Menge von etwa 250 kg Salz gebildet hat. Die Becken gehören etwa 100 Familien aus Maras, die sie von Generation zu Generation weitervererbten und sich zur Kooperative *Marasal* zusammenschlossen. Wegen der extremen Helligkeit Fotos ggf. etwas länger belichten als angezeigt, beste Fotografierzeit bis etwa 14 Uhr.

Maras (s.o.) Als weiteres Ausflugsziel kann auch Maras zu Fuß von Urubamba aus erreicht werden. Dazu die Straße Richtung Yucay bis zur Abzweigung (n. rechts) nach Chinchero laufen. Auf der Straße nach Chinchero bzw. Cusco über den Río Urubamba gehen und in der ersten rechten Haarnadelkurve dem Weg nach **Tarapata** folgen. Von Tarapata führt der Weg direkt nach Maras.

Adressen & Service Urubamba

Unterkunft **Vorwahl (084)**
ECO **Hostal Urubamba,** Bolognesi (im Zentrum); sehr freundlich, sauber. DZ/bc 30 Soles. – **Hospedaje Los Jardines,** Convención 459, 5 Gehminuten von der Plaza, Tel. 20-1331. Häuschen mit Schlafzimmer, bp, Ws, Miniterrasse, schöner Garten. DZ ab 55 Soles, empfehlenswert. – **Hospedaje Macha Wasi,** Padre Barré, Tel. 20-1612, http://machawasi.blogspot.com/2005/08/hospedaje-macha-wasi-urubamba-cusco.html. Nettes Gästehaus (Nichtraucher!) von Michael Holberton, Zi. mit Ww (Solarenergie), schöner Garten, Mountainbike-Touren. DZ/F um 80 Soles. **TIPP!** – **Hanaq Pancha,** am Ortsrand, 900 m von der Plaza, Tel. 20-1757, ritas-guesthaus@gmx.net. Gästehaus inmitten einer Gartenanlage unter dt. Leitung, 3 stilvolle, komfortable Zimmer/bp, Ww; auf Wunsch alternative Heilmethoden und HP. DZ/F 80 Soles. – **Maurus Hostal,** La Convention 113, Tel. 20-1352; 40 Soles, gutes PLV. – **Hostal Pumawanka,** Av. Convención 289, Tel. 20-1398. Sauberes Hostal, ruhig. EZ ab 35 Soles.

FAM **Hostal Nina Sonqo,** Refugio Samana Wasi am Stadtrand von Urubamba, Tel. 20-1274, www.samanawasi.com. Anfahrt mit dem Mototaxi 2 Soles. Idyllisch gelegenes, angenehmes Gästehaus von Anton und Regia, das zum Kinderheim Samana Wasi gehört, sehr freundlich und ruhig. Saubere Zimmer/bp, Parkanlage, GpD, Pp, Wachdienst. DZ/F 50 Soles. **TIPP!**
Luna Rumi Logde & Restaurant, Camino a Cotohuincho s/n, www.lunarumi.com, Tel. 20-1797. Sehr gemütliche und stilvolle Hotelanlage mit Inkater-

rassen und andentypischem Dekor. EZ/DZ, bp, sehr persönlicher Service, Abendessen a.A. DZ/F ab 75 Soles. – **Posada Las Tres Marías,** Zavala 307, www.posadatresmarias.com, Tel. 20-1006. Freundliche und ruhige Familienpension, 7 Zi. bc/bp, kleiner Patio mit Garten. DZ ab 50 US$. – **Hostal El Maizal,** an der Straße in Richtung Ollanta links, kurz nach dem km 71, Tel. 20-1191, maizal@speedy.com.pe. Deutschspr., familiär. DZ/F ab 120 Soles.
Casa Colibri Ecolodge Urubamba, km 2,5 Urubamba-Ollanta, Tel. 20-5003, www.casacolibriecolodge.com. Wunderschöne Gartenanlage mit großen Zimmern oder Gartenhaus für mehrere Personen, persönlicher Service. DZ/F ab 137 US$. Willkommensgetränk inbegriffen! Barabara und Robert bieten ökologische Speisen an und achten darauf, dass alle Zutaten aus der Umgebung kommen. Dank der Pflanzenvielfalt handelt es sich bei der Casa Colibri um ein Paradies für Birdwatcher, vom kleinsten bis zum größten Kolibri des Heiligen Tales sind alle vertreten. Eine Wohlfühlanlage zum Entspannen und nur einen Steinwurf vom Zentrum von Urubamba entfernt. **TIPP!**

LUX	**Hotel & Spa San Agustín Urubamba,** am Ortsausgang Richtung Calca, km 69, Tel. 20-1444, www.hotelessanagustin.com.pe. Schön eingerichtete Zimmer, Spa, Rest., viele Gruppenreisende. DZ/F ab 81 US$ (online-Buchung, auch „Promotions"). – Das Schwesterhotel ist **Hotel Boutique San Agustín Monasterio de la Recoleta,** am Ortsausgang Richtung Pisaq, Tel. 20-1666, www.hotelessanagustin.com.pe. Hotel in ehemaligem Kloster, großzügige, ruhige Anlage mit allen Annehmlichkeiten, WiFi. DZ/F ab 122 US$ (online). **Hotel Sol y Luna,** 2 km nach dem Ortsausgang Richtung Ollanta rechts, Tel. 20-1620, www.hotelsolyluna.com. Liebevoll angelegte Gartenanlage mit Bungalows im provenzialischen Stil, mit einem Schweizer geführt, bp, Ww. Stilvolles, sehr gutes Restaurant, Pool, Reitausflüge (Paso-Pferde), sehr freundlich. DZ/F ca. 200 US$. – **La Hacienda del Valle,** Sector Pucará s/n, Yanahuara, Tel. 20-1408, www.hhp.com.pe. Sehr ruhige, gepflegte Anlage zum Entspannen und Wohlfühlen. DZ/F 180 US$. – **Hotel Rio Sagrado,** km 75,8 in Richtung Ollantaytambo, Tel. 20-1631, www.riosagrado.com. Dieses zur Orient-Express-Kette gehörende Hotel bietet neben einer großzügigen Gartenanlage direkt am Urubamba-Fluss ein entspannendes Spa, gemütliche Zimmer oder Suiten sowie 2 Gartenvillas der Extraklasse. – Zur Libertador-Kette gehört das exklusivste Hotel im gesamten Heiligen Tal: **Tambo del Inca Luxury Collection,** Nähe Busbahnhof. Riesige Anlage mit Teichen, Kapelle für Hochzeiten, Standardbungalows und Suiten mit Blick auf den Fluss.
Für Ornithologen/Wissenschaftler	**Willka Tika Garden Guesthouse,** beim *Parador Rumichaca,* etwa 3 km vor Urubamba (von Ollanta kommend), Tel. (84) 20-1181, www.willkatika.com. In schönem Garten gelegen in der Nähe des Río Vilcanota/Urubamba, sehr ruhig, freundlich, familiär, Gastgeberin Carol Cumes ist aus Südafrika. Preise a.A.
Camping	**Los Cedros** über die Av. Torrechayoc, östlich der Iglesia Torrechayoc noch 5–10 Minuten weiter geradeaus, www.seetyguide.com/local/los-cedros-camping-hospedaje.html, Tel. (084) 20-1416, Gastgeber Constanze Liertz de Vera (dt.-spr.) und César Vera Velásquez. Sehr idyllisch gelegen, kinderfreundlich, familiär. Zelt- und Platzmiete ab 3 US$ p.P., Ww-Nutzung 2 Soles, Kw frei, Ferienhaus, Bungalows für bis 4 Personen 100 US$. Mittag- und Abendessen ab 20 Soles.
Essen & Trinken	Im 1. Stock der Markthalle gibt es preiswerte Garküchen, Restaurants und Kneipen rund um die Plaza. Viele einfache Restaurants entlang der Durchgangsstraße am Río Vilcanota/Urubamba entlang Richtung Ollanta, darunter sehr gemütliche Gartenrestaurants, z.B. *Quinta Los Geranios,* preiswert und gut, *Ángeles* und *Moray* in einer hübschen Gartenanlage und *Sol de Valle,* ebenfalls mit Garten, preiswert und gut. Geöffnet meist zur Mittagszeit bis zur

Dämmerung.
Exzellente peruanische Küche mit Thai-Einschlag bieten die Deutsche Iris und ihr Mann im *El Huacatay,* Arica 620, vielleicht das Beste, was Urubamba kulinarisch zu bieten hat. Scharfe Kokossuppe mit Garnelen probieren oder eine der anderen tollen Kreationen. Geöffnet nur Mo–Sa ab 13 Uhr. **TIPP!**
Slow Food aus traditionellen Zutaten kann im *Qanela* probiert werden, günstige und leckere Grillhähnchen gibt es in der *Pollería Don Pedrico,* Magnice/Castilla. – „All you can eat" bietet die *Pollería Wallpa Wasi* beim km 74,2 auf der Carretera zwischen Urubamba und Ollantaytambo. – Sehr gute einheimische Küche wird auch im *Tunupa*, an der Straße zwischen Urubamba und Ollanta, aufgetischt, Touristenrestaurant mit Büffet und Musik. – Die wohl beste Pizza im Ort gibt es im *Pizza Wasi*, Av. Mariscal Castilla 857. – Brot und Kuchen sind in der *Panadería Italiana de Mosoq Runa,* in der Jr. Grau 654, So–Fr von 12 bis 21 Uhr erhältlich. – *Café y Chocolate de Duska* ist ein deutsches Café in der Prolong. Comercio 100. – Jeden 1. und 3. Sonntag im Monat findet die **Ecoferia Valle Sagrado** statt. Dann gibt es neben ökologisch angebautem Obst und Gemüse auch Theatervorstellungen, Musik und Tanz.

Kunsthandwerk	Interessant und sehenswert ist das Atelier des Künstlers *Pablo Seminario*, Berriozábal 405, Tel. 20-1002, www.ceramicaseminario.com. Seine Arbeiten verbinden präkolumbische Motive und Techniken mit modernen Elementen. Dadurch hat er einen eigenen Keramikstil entworfen. Wer das Atelier besucht, kann den Künstlern, die unter der Anleitung von *Seminario* Keramiken herstellen, über die Schulter schauen oder im angeschlossen Verkaufsladen stöbern.
Verkehrsverbindungen, Post und Polizei	Urubamba ist ein Verkehrsknotenpunkt im Urubamba-Tal. Für die Weiterfahrt Richtung Ollanta oder zurück nach Cusco muss meist der Colectivo oder Minibus gewechselt werden. Der **Terminal Terrestre** befindet sich am Ortsausgang Richtung Ollanta. Von hier fahren alle 20 Minuten Colectivos und Minibusse nach Ollanta (Fz 30 Min., Fp 1,50 Sol). Pickups (Camionetas), Colectivos und Minibusse nach Cusco über Yucay, Calca und Pisaq halten auch an der Kreuzung bei der Tankstelle an der Durchgangsstraße (Talstraße) Av. Conchatupa, Fz 1 h, Fp Bus 3 Soles, Colectivos 5 Soles. Dort befindet sich auch die *Banco de la Nación.* Ein paar Meter weiter auf der Durchgangsstraße Richtung Pisaq befindet sich rechts ein Geldautomat (ATM). Die Post ist an der Plaza. Die Polizei in der Palacios, zwei Block östlich des Plaza. Taxis nach Maras und zu den **Salzterrassen** kosten ca. 50 Soles inkl. dortiger Wartezeit und Rückfahrt. Bus nach Quillabamba mehrmals tägl., Fz 5,5 h.

Ollanta/Ollantaytambo

Von Urubamba nach Ollanta sind es auf der gut asphaltierten Straße noch knapp 20 km. Kurz vor Ollanta führt über den Urubamba eine alte Inkabrücke. Gleich nach der Ortseinfahrt liegt rechts in der Kurvenschleife das alte Inkator, bevor die Straße der „Cien Ventanas" (100 Fenster) direkt zur Plaza führt. Der kleine Ort liegt auf angenehmen 2750 Metern und verfügt über einen eindrucksvollen Ruinenkomplex (BT) aus der Inkazeit – Ollantaytambo. Öffnungszeiten tägl. von 7–18 Uhr.

Obwohl Ollanta sehr touristisch wirkt, ist das Dorf zweifelsohne sehenswert, da sich der Grundriss seit der Inkazeit nahezu nicht verändert hat. Es ist außerdem die einzige Inkastadt, die man heute noch besichtigen kann, die aus Stein erbaut wurde und damit ein Unikum ist. Sehenswert sind neben der Bauweise auch die Kanäle in den Gassen.

Ollanta ist zudem die wichtigste Bahnstation auf der Strecke von Cusco nach Aguas Calientes (Machu Picchu). Außerdem führt aus dem Ort die Straße über den *Abra de Málaga* (4320 m) nach Chaullay und Quillabamba und weiter das Urubamba-Tal hinab bis nach Koshireni. Eine weitere Piste führt von Chaullay am Río Vilcabamba entlang über Pucyura nach Huancacalle.

Tambo der Inka

Zur Zeit der Inka war Ollanta ein sehr wichtiger Ort. Hier vereinte sich ein religiöses, militärisches und ein großflächiges landwirtschaftliches Zentrum (*tambo* ist Quechua und bedeutet „befestigter Stützpunkt"). Die Häuser im Ort sind weniger aus Lehmziegeln errichtet, wie man es von anderen Dörfern gewohnt ist, sondern überwiegend aus Stein. Ollanta gilt als ältester ständig bewohnter Ort Südamerikas, begünstigt durch die ideale und windgeschützte Lage und der außergewöhnlich guten Wasserversorgung für die Landwirtschaft. Die 21 Häuserblocks auf der Basis von vier Längs- und sieben Querstraßen gehen auf die Inkazeit zurück und dokumentieren, dass jeder Straßenblock ein mit Mauern umgebenes Wohnareal war. Zugleich war Ollanta, wie auch Cusco und Machu Picchu, in eine sog. sozialcharakteristische Ober- und Unterstadt aufgeteilt. Für historisch Interessierte hat das **Museo Centro Andino** täglich von 10–13 und von 14–16 Uhr geöffnet.

Überlegenswert ist es, in Ollanta zu übernachten und am nächsten

Stadtgründung

Tag **mit dem Frühzug nach Aguas Calientes** (Machu Picchu) zu fahren bzw. ab Bahn-km 82 (Brücke über den Urubamba) den Inka Trail nach Machu Picchu anzugehen (s.S. 394). Autofahrer können ggf. das Fahrzeug an der Polizeistation oder bei einem Hostal abstellen.

Die Festung Ollantaytambo liegt an einer strategisch wichtigen Stelle im Urubamba-Tal. Der mächtige Bergsporn eignete sich ideal zum Ausbau als Festung und zur Beobachtung des Zugangs zum Heiligen Tal und damit des gesamten Urubamba-Tals und überdies als Kontrolle des Weges nach Cusco. Der Inca Pachacuti ließ deshalb an dieser Stelle 1460 eine Festung bauen, die aber noch nicht fertig war, als die Spanier 1536 diese erfolglos belagerten. Zeugnis der Nichtvollendung legen heute noch die überall auf dem Weg von der Festung zum gegenüberliegenden Berg herumliegenden, unbehauenen Steinblöcke ab. Der Ort selbst hatte auch große religiöse Bedeutung. Hier wurden die Herzen der toten Inkaherrscher bestattet, die Mumien dagegen im Sonnentempel in Cusco aufbewahrt. Wie bei vielen rätselbehafteten Inka-Ruinen gibt es auch Archäologen, die Ollantaytambo für ein Heiligtum aus der Vorinkazeit halten und der Tiwanaku-Kultur zuweisen. Die Tempelburg gewährt auf alle Fälle sehr gute Einblicke in die Architektur der Inka. Einzeleintritt 40 Soles.

Tempelburg Ollantaytambo (BT)

Die Festung Ollantaytambo thront wie ein Adlerhorst über steilen Terrassen auf einem mächtigen Bergsporn. Bevor man sich an den Aufstieg über eine steile Treppe macht, sollte nach dem Eingang (BT-Kontrolle) nach rechts hinten gegangen werden. Dort ist ein großer, glatter Stein zu sehen, der als Operationstisch für Trepanationen (operative Schädelöffnungen) gedient haben könnte. Es sind Vertiefungen zu sehen, in die ein Kopf genau hineinpasst.

Dann folgt der Aufstieg über die künstlich angelegten Terrassen, die hier ebenso eindrucksvoll sind wie die in Pisaq oder Machu Picchu. Die Flächen zwischen den Mauern sind leicht geneigt und werden durch ein raffiniertes Kanalsystem gerade so stark be- und entwässert, dass die fruchtbare Erde nicht weggespült wird. Diese Methode funktioniert auch heute noch, so dass die Terrassen bebaut werden könnten.

■ „... sechs tonnenschwere Megalithen ...

Nun geht es links an einer Mauer mit Trapeznischen entlang (in denen Götteridole aufgestellt wurden) durch ein trapezförmiges Portal, dem „Mondtor". Ein Felspfad führt aufwärts am „Thron des Inca" und an einem Altarmonolith vorbei und endet an einer eindrucksvollen Fundamentmauer eines nie vollendeten Sonnentempels. Die Mauer besteht aus sechs tonnenschweren, kunstvoll glatt geschliffenen **Megalithen** aus rötlichem Granit, die jedoch nicht – wie für die Inkabauweise typisch – fugenlos aneinandergereiht wurden, sondern kleine, mit passgenauen Steinen aufgefüllte Zwischenräume aufweisen. Die sechs Steinblöcke sind zwischen 3,40 und 4 m hoch, zwischen 1,30 und 2,15 m breit und 0,70 bis 2 m dick und wiegen bis zu 50 Tonnen. Es ist kaum vorstellbar, wie die Baumeister der Inka diese monumentalen Steinblöcke, ohne Benutzung von Rad oder Flaschenzug, vom Steinbruch auf der anderen Talseite über den steilen Berg hinauf bis hierher transportiert haben!

Oberhalb der Mauer sind einfache Häuser, Befestigungsmauern und ein in den Fels gehauenes Mausoleum zu sehen. Ein steiler Weg mit Markierung zieht sich zum *Intiwatana* hinauf („Ort, an dem die Sonne angebunden wird"). Hier wurden Sonne, Mond und Sterne beobachtet und nach ihrem Verlauf der Zeitpunkt von Aussaat und Ernte bestimmt (s.a. Intiwatana in Machu Picchu).

Baño de la Ñusta (Bad der Prinzessin)

Wer vom Ausgang schräg nach links über den Parkplatz (oft durch Touristenmarkt belegt) geht und dann einen kleinen Bewässerungskanal überquert, kommt zum *Baño de la Ñusta* oder *Bad der Prinzessin*. Sicherlich war dies kein Bad, sondern eine heilige Quelle aus der Vorinkazeit, die dem Wassergott zur Erhaltung der Fruchtbarkeit der Felder geweiht war. Das Wasser läuft noch heute über eine mit einem geometrischen Ornament verzierte Steinplatte in ein Becken und weiter in die umliegenden Gärten.

Qolqas (Vorratslager) von Pinkuylluna

Auf der oberen rechten Seite von Ollantaytambo und in der gegenüberliegenden Bergseite können die hausartigen Ruinen von Pinkuylluna gesehen werden. Hierbei handelt es sich um „Kältekammern" oder Vorratsräume. Durch die offene Konstruktion konnten kühlende Winde hindurchstreichen, so dass sich die Vorräte lange Zeit hielten. Zugang zu den Ruinen von einer Seitenstraße aus Urubamba kommend, bevor der Marktplatz von Ollanta erreicht wird.

Das Drama Ollanta

Mit dem Namen des Ortes Ollantaytambo ist das einzige, mündlich überlieferte Drama der Inkazeit verbunden. Es heißt **Ollanta** (bzw. *Ollantay*) und wurde von den Archäologen Tschudi und Middendorf aus dem Quechua ins Deutsche übersetzt.

Die Handlung: Der Feldherr *Ollantay*, von einfacher Herkunft, verliebt sich in die schöne Inkaprinzessin *Cusi-Coyllur* (Morgenstern), Tochter des Inca Pachacútec (Pachacuti Yupanqui). Der ist gegen die Verbindung, da Ollantay nicht aus demselben Stand kommt. Pachacútec schikaniert die beiden so lange, bis sich Ollantay nach einem siegreichen Feldzug gegen ihn erhebt und heimlich die Inkaprinzessin heiratet. Der Inca lässt daraufhin die Prinzessin ebenfalls heimlich ins Gefängnis „verschwinden". Der Nachfolger Pachacútecs, sein nichtsahnender Sohn Túpac (Topa) Yupanqui, befreit seine Schwester Cusi-Coyllur aus dem Gefängnis. Weil der neue Inca Túpac Yupanqui aber Verständnis für die Liebenden hat, rehabilitiert er Ollantay und es kommt doch noch zu einem Happy-End.

Heutzutage wird Ollanta als Nationaldrama in Saqsaywamán aufgeführt. – FS

Ollanta/Ollantaytambo

Adressen & Service Ollanta

Unterkunft Viele neue Unterkünfte aller Kategorien sind im Neubaugebiet San Isidro entstanden. **Vorwahl (084)**. – **Homepage:** www.ollantaytambo.org mit Hotels und Restaurantübersicht und Stadtplan.

ECO **Albergue Kapuly,** Tel. 20-4017. Ausgeprägt rustikal, bc. Von Vorteil Bahnhofsnähe, Budetpreis und großer Garten. – **Hostal Andean Moon,** Calle del Medio s/n, www.andeanmoonhostal.com, Tel. 20-4080. Neues, sauberes Hostal, bp, Sauna, Jacuzzi. DZ/F um 100 Soles. – **Hostal Las Orquídeas,** Av. Ferrocarril s/n, Tel. 20-4032, über www.andeantravelweb.com. Freundlich und o.k, bc/bp. DZ/F 105 Soles. – **KB Tambo Hostal,** Calle Ventiderio, Tel. 20-4091, www.kbperu.com. Gepflegtes Hostal, entspannte Atmosphäre, schöne Einzel- und MBZi mit sauberen Bädern. Pflanzen-Patio, Dachterrasse mit Bar und Aussicht auf die Ruinen, WiFi, Radvermietung, MTB- und Trekkingtouren, Rest. Ü/F 22–29 US$ p.P. TIPP! – Weiter westlich und noch etwas näher zu den Ruinen: **Kuychipunku Hostal,** Plaza Araccama 6, K'uychi Punku 6, Tel. 20-4175, http://kuychipunku.hotels.officelive.com. Kleine Unterkunft, geführt von einer netten Familie (Tochter spricht etwas Englisch), einfache Zimmer mit Bad und Blick auf die Ruinen, begrünter Patio. DZ/F 105 Soles. – **Hotel Muñay Tika,** Ferrocarril s/n, Tel. 20-4111, www.munaytika.com. Nettes Hotel, große Zimmer/bp, schöner Garten. DZ/F 120 Soles.

FAM **Hotel Sol,** direkt am Fluss Pataqancha, www.hotelsolperu.com. Neueres, gepflegtes Haus, überdachter Patio. DZ/F ab ca. 200 Soles. – **El Albergue Ollantaytambo,** direkt am Bahnhof, etwa 1 km von der Plaza, Tel. 20-4014, www.elalbergue.com. Gepflegtes, schönes Haus, 6 saubere Zi., Sauna. DZ/F ab 230 Soles, Reserv. sinnvoll. – **Hostal Sauce,** Ventiderio 248, Tel. 20-4044, www.hostalsauce.com.pe. Ruhiges, sauberes Hostal, einige Zi. mit Blick auf Ollantaytambo, bp, für ältere Reisende besonders geeignet. Geldautomat im Eingangsbereich. DZ/F 280 Soles. – **Hostal Iskay,** Patacalle s/n, Tel. 20-4004, www.hostaliskay.com. Hostal mit Gartenflair und Blick auf die Ruinen von Ollantaytambo. DZ/F ab 42 US$. TIPP!

LUX **Hotel Pakaritampu,** Av. Ferrocarril s/n, Tel. 20-4020, www.pakaritampu.com. Das rustikale „Haus der Abenddämmerung" liegt 2 Min. vom Bahnhof entfernt. 65 schöne Zimmer/bp, Ws, Kaminzimmer, Restaurant, Bar, Internet, Ausflüge zur den Pyramiden von Pakaritampu. DZ 150 US$.

Essen & Trinken Um die Plaza liegen ein paar Restaurants und Cafés, z.B. das Café *Kapuly,* die Restaurants *Ollantay, Panaka* und *La Ñustra.* Das gemütliche *Alcazar* (Calle Waqta, Schild) bietet leckere Gerichte, es wird frisch und gut gekocht, doch nicht gerade billig. Das vielbesuchte *Hearts Café,* www.heartscafe.org, liegt an der Ostseite der Plaza und ist für sehr gute Gerichten bekannt, auch vegetarische, außerdem WiFi. Tägl. 7–22 Uhr. Überschüsse gehen in Sozialprojekte. **TIPP!** Echt italienische Pizza und Brote gibt es im *Il Piccolo Forno* in der Av. Ventuderio. Ebenfalls italienisch ist das Eis im *Tutti Amore* auf dem Weg zum Bahnhof. Große Auswahl, aber ein bisschen teuer.

In der Calle Principal gibt es eine Bäckerei. Das *Puka Rumi* in der Ventiderio serviert in gemütlichem Ambiente gutes Essen und Frühstück, *piqueos* (Snacks), leckere Fruchtsäfte u.a. mehr. – In schöner Gartenanlage mit Blick auf die Ruinen sitzt man bei *Tawa Chaki*, Plaza Araccama. Stylish wird es im *Café-Restaurante Orishas*, Av. Ferrocarril.

Pferdetrekking Die Familie vom Hotel *La Ñusta Qorincancha* organisiert Ausflüge zu Pferde auf alten Inkapfaden zu den Ruinen von *Muñaypata, Muscapuquio* und *Pumamarca.* Dabei wird ein kleines, noch authentisches Dorf passiert. Um 50 Soles pro Tag/Pferd, der Führer erhält zusätzlich ein Trinkgeld.

Via Ferrata & Zipline	Unweit von Ollantaytambo gibt es für Adrenalinhungrige die *Via Ferrata* mit Ziplines. Dabei handelt es sich um einen Klettersteig in einer senkrechten Bergwand, die bis auf 400 m Höhe reicht. Die Zipline ist danach der „Abstieg" im fast freien Fall, nur an einem Kabel durch die Berge fliegend. Kosten: für Via Ferrata oder Zipline 165 Soles p.P., beides zusammen 255 Soles. Der Preis umfasst Transfer, Guide, Kletterausrüstung und einen Snack. Übernachten ist möglich in der frei in der Wand hängenden Sky Lodge Suite (max.4 Personen). Weitere Infos, Fotos und Videos auf www.naturavive.com, Tel. 084-799158, Cell 084-974360269. Auch von Cusco aus organisierbar.
Feste	1. Januar: *El Sinkuy.* 5.–8. Jan.: *Bajada de los Reyes.* Einen „Calendario festivo" bietet die Homepage des Hotels Pakaritampu.
Busse und Colectivos	Busse und Colectivos fahren meist einen Block südöstlich der Plaza de Armas ab. Es gibt Direktbusse nach Cusco, manchmal über Chinchero. Außerdem Pickups, Minibusse und Colectivos nach Urubamba. Abfahrten der Colectivos tagsüber alle 20 Minuten nach Urubamba, Fz 30 Min., 2 Soles. Nach Chinchero tagsüber alle 20 Minuten. Colectivos/Minibusse zum Dorf bei km 82, Fz 30 Min., Fp 2 Soles. Direktbusse von Cusco kommend nach Sta. Maria. Fz 4 h.
Zug	Von Ollanta fahren Züge nach Aguas Calientes und Cusco (Fahrzeiten s.S. 332). Täglich können Tickets nach Aguas Calientes für die Züge von *PeruRail*, *Inca Rail* und *Machu Picchu Train* gekauft werden. Kein Gepäckdepot im Bahnhof von Ollanta vorhanden. Dafür verwahren die meisten Hostales und Hotels Gepäck auf.

Ausflug ins Valle de Pataqancha

Von Ollanta lohnt ein Tagesausflug zur 7 km entfernten **Inkafestung Pumamarca** oder zum **Andendorf Willoq.**

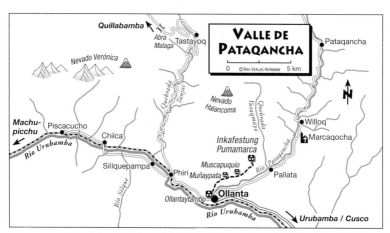

Es gibt noch keinen öffentlichen Transport nach Willoq. Wer Glück hat, kommt am frühen Morgen mit einem der Lkw mit, die von der Plaza nach Willoq fahren. Die über 20 km lange Strecke nach Willoq ist eine äußerst schlechte Piste, die manchmal einen Wagen bis auf Schrittgeschwindigkeit herunterzwingt. In Ollanta können zudem Pferde und Führer angeheuert werden, ansonsten mühsam zu Fuß, Gehzeit nach Willoq mindestens 5 Stunden! Alternativ in Ollanta für einen Tag (ca. 8 Stunden) ein Taxi für 80 Soles anheuern, dass dann auf Wunsch jederzeit anhält. Der Taxifahrer Wilberth von *Taxi Centenario*, kann empfohlen werden. Er vermittelt auf der Fahrt viel Wissenswertes und ist ein exzellenter Einkäufer von Webstoffen.

Die Tour organisiert machen: mit *Peruvian Odyssey,* Pasaje Pumaqchupan 196-204, Cusco, Tel. 22-2105, www.peruvianodyssey.com.

Pumamarca An den Hängen des Río Patacancha-Tales liegen unzählige alte Inka-Ruinen, darunter auch die sehenswerte Festung Pumamarca. Von Ollanta führt ein 7 km langer alter Inkatrail, vorbei an terrassierten Hängen und den Ruinen von Muñaypata und Muscapuquio, zu dieser kleinen, klassischen Inkafestung. Leichter ist Pumamarca über die Straße von Ollanta Richtung Willoq zu erreichen, Gehzeit 90 Minuten. Dabei hat man einen schönen Blick auf die terrassierten Hänge, die genutzt und gepflegt werden.

Von dem strategisch gewählten Ort konnten die Inka sowohl das Tal des Río Yuraqmayo als auch das Tal des Río Pataqancha überwachen. Die einst gut befestige Anlage mit dem typischen Zick-Zack-Mauernsystem wurde auch für den Schutz der sich in der Nähe befindlichen Vorratshäuser (Qolqas) gebaut. In Pumamarca ist eine Art von Aufseher anwesend, der nach einer Spende fragt. Der alte Inka Trail führt im Tal des Río Patacancha über die Ruinen von Maracocha weiter nach Willoq.

Willoq Um mit einem Fahrzeug nach Willoq zu gelangen, ist von Ollanta der landschaftlich reizvollen Piste entlang des Río Pataqancha über das Andendorf Pallata zu folgen. Kurz vor Willoq kommt man an der Kirche von **Marcacocha** vorbei. Weiter oben im Valle de Pataqancha liegt, direkt am Fluss, das kleine authentische, doch gesichtslose Andendorf. Willoqs äußerst nette 950 Einwohner sind Nachfahren der letzten Inka aus Cusco, sprechen nur Quechua, tragen die traditionellen roten Ponchos, wohnen in typischen Adobehäuschen mit strohgedeckten Dächern und konnten sich bis heute gegen moderne Einflüsse behaupten. Die terrassierten Andenhänge im Schatten des schneebedeckten Nevado Verónica werden noch wie zu Zeiten des Inka-Imperiums traditionell bewirtschaftet. Die Bewässerungskanäle sind intakt und versorgen das Dorf mit Frischwasser. Der farbenprächtige, noch ursprüngliche Sonntagsmarkt ist ein bedeutender Tauschtag der verschiedensten landwirtschaftlichen Produkte. Die Bewohner sind außerdem wahre Meister der Textilherstellung, das Weben hat eine jahrhundertealte Tradition. So können auf dem Sonntagsmarkt wirklich schöne Handarbeiten in hoher Qualität gekauft werden, entsprechende Preise. Doch auch wer außerhalb des Markttages in Willoq ankommt, kann sich der Kaufangebote sicher sein. Die Bewohner breiten jedem Neuankömmling ihre exzellente Ware aus.

Ollanta – Pisaq

Zur Fortsetzung der Rundtour geht es 20 km nach Urubamba zurück. Von hier führt die Straße über Yucay und Calca 40 km am Río Vilcanota/Urubamba entlang nach Pisaq.

Yucay Yucay war schon zur Zeit der Inka ein Erholungsort. Das angenehme, ganzjährig milde Klima macht auch heute Yucay zu einem beliebten Ferienziel. Vor dem Ort fließt der Heilige Fluss, er bietet sich zum Rafting an. Pferdetrekking, Drachenfliegen, Mountainbiking und Wanderausflüge in der herrlichen Gegend sind möglich und werden angeboten.

Heißluftballon-Fahrten: *Andes 2 Mile High Club*, Hot Air Ballooning Expedition, Posada del Inca/Cassona, Plaza Manco II de Yucay 104, Yucay, Valle Sagrado, Tel. (084) 20-1116, globossa@aol.com. Durch die Lüfte mit Ballonpilot Jeffrey Hall (USA) ab *Maras*. Flugzeit ca. 1 h, ca. 300 €. www.globosperu.com.

Unterkunft: La Casona de Yucay (FAM), Plaza Manco II de Yucay 104, Tel. (084) 20-1116, www.hotelcasonayucay.com. Zweigeschossiges Kolonialhaus von 1810 (Herberge Simón Bolívars 1825), 39 Zi., darunter 8 TriZ, bp, Restaurant, Patio mit Gartenanlage. DZ/F 105 US$.

Sonesta Posadas del Inca Valle Sagrado (LUX), Plaza Manco II de Yucay 123, an der Durchgangsstraße in Yucay, www.sonesta.com, Tel. (084) 20-1107. 69 Zi. in einem ehemaligen idyllischen Kloster, bp, Heizung, Ws, Restaurant, Jacuzzi, Privatmuseum, tolles Ambiente. DZ/F 236 US$.

Yucay – Calca

Zwischen Yucay und Calca befindet sich die Straßenabzweigung über den Río Vilcanota/Urubamba nach Huayllabamba und Chinchero. Entlang der Straße nach Calca ziehen sich Felder mit Mais, Quinoa und Kohl.

Unterkunft in Huayallabamba: Aranwa Sacred Valley (LUX), Antigua Hacienda Yaravilca, Tel. (084) 58-1900, www.aranwahotels.com. Entspannte Atmosphäre inmitten herrlicher Grünanlagen und mit einem über 2500 qm großen Spa-Bereich. DZ/F ab 260 US$.

Calca

Das idyllische Dörfchen ist von den mächtigen, schneebedeckten Zwillings-Gipfeln des *Pitusiray* und *Sawasiray* umgeben. In Calca zweigt links ein beschilderter Weg zu den Thermalquellen von *Machacanda* und *Minasmoqo* ab, die meist nur von Einheimischen besucht werden. Die kleine gemütliche, 35 Grad warme Therme in Machacanda ist überdacht, der Badebetrieb geht rund um die Uhr. Abfahrten mit Colectivos ab dem Mercado (Südostseite) in Calca, Eintritt Thermalbad 3 Soles tagsüber, 5 Soles abends (beleuchtet), Camping kostenlos.

Ein weiteres Highlight kurz vor Calca ist das neu eröffnete **Museo Inkariy**, www.museoinkariy.com, das dank der Initiative von Künstlern und Archäologen ins Leben gerufen wurde und einen umfangreichen Über- und Einblick in die Kulturenvielfalt Perus bietet. Zum Recherchezeitpunkt noch nicht geöffnet!

Lares

Ein lohnenswerter Abstecher von Calca sind auch die Thermalquellen von **Lares** (3250 m), die renoviert wurden. Von den vier Freibecken ist eines über 200 Jahre alt. Das Wasser ist noch wärmer als in Machacanda. Abfahrten vom Terminal in Calca Mo–Sa um 8 Uhr mit Lkw über eine gute Schotterpiste, Eintritt 4 Soles, Camping 4 Soles.

Von Calca nach Pisaq sind es noch gut 15 km, die mit dem Colectivo auf der asphaltierten Straße schnell bewältigt werden.

Infos über Lares gibt es in der Municipalidad an der Plaza de Armas, Tel. 83-0009, munilares@hotmail.com. Unterkünfte an der Plaza: *Hostal El Paraíso, Hostal Virgen de Natividad* und *Hostal Lares*. Bei allen kostet die Ü um 10 Soles, sie können über die Stadtverwaltung gebucht oder angeschrieben werden. Wer von Cusco direkt nach Lares möchte, kann dies auch mit den Mietwagen oder Minibussen von *Filver Valdez Ynga*, Tel. 80-1209, machen.

Erlebnisreich ist der dreitägige leichte **Lares Trek,** vorbei an Lagunen nach Yanahuara, der auf eigene Faust unternommen werden kann. Ausrüstung kann vor Ort angemietet werden.

Von Calca nach Pisaq sind es noch gut 15 km, die mit dem Colectivo oder einem Wagen auf der asphaltierten Straße schnell bewältigt werden.

Qoya Fährt man 4 km Richtung Pisaq, kommt man durch den Ort Qoya („Königin"). Dort findet alljährlich am 15./16. August, Maria Himmelfahrt, ein großes Fest statt. Eines der interessantesten und noch ursprünglichsten der Region.

Wer eine aufmerksame, dt.-sprachige Übernachtung sucht, ist im **Guesthouse Qoya** bei Rita & Norbert, José Balta 27, unweit der Plaza de Armas, richtig. Tel. (084) 78-2045, www.perumanagement.com. Dreigeschossiges, schönes Gästehaus, ruhige Lage, nette 9 Zimmer/bp, teils mit Balkon, schöner großer Garten, üppiges Frühstücksbüfett mit selbstgebackenem Brot und Joghurt, auf Wunsch HP/VP, auch vegetarisch. DZ/F 85 Soles p.P., Jacuzzi-Suite p.P. 135 Soles. Norbert unterstützt ein Klinikprojekt, kostenlose OPs der Hochlandbevölkerung (www.kausaywasi.org). **TIPP!**

Terrassenbau

Der Terrassenbau ist eine der herausragenden und augenfälligen Kulturleistungen der Inka. Erst durch Terrassierungen der Bergflanken, die bis auf 4500 m Höhe reichen, konnte ausreichend landwirtschaftliche Nutzfläche geschaffen werden, um die Hochland-Bevölkerung zu versorgen. Auch wurde so das kontrolliert-schnelle Abfließen des Regenwassers ermöglicht, die Hänge vor Erosion geschützt. Terrassenfelder müssen ständig gewartet werden, da sie sonst in kürzester Zeit weggeschwemmt oder verfallen würden. Das Oberflächenwasser wird in einem ausgeklügelten System über und durch die Terrassen geleitet. Dabei wird das von den oberen noch vor der Stützmauer in den Boden geleitet, wo es dann das nächst untere Feld bewässert.

Bis heute ist das *Valle Sagrado de los Incas* ein wichtiges landwirtschaftliches Anbaugebiet in Peru.

Pisaq

Plaza Constitución Der Ort (2970 m) besitzt eine große kulturelle Vergangenheit und ist ein sehenswertes Ziel im Urubamba-Tal, nicht nur wegen seines bekannten (touristischen) Marktes. Ein jährlicher Höhepunkt in Pisaq ist das Patronatsfest *Virgen del Carmen* Mitte Juli (meist 15.–17.), eine großartige Feier mit stundenlangen Tänzen in bunten Kostümen und Trachten.

Alle Busse und auch Colectivos halten in Pisaq kurz vor der Brücke über den Río Vilcanota/Urubamba an der Polizeistation. Ein Wegweiser an der Straßenecke der Calle Bolognesi weist den Weg zur Plaza Constitución mit dem Markt von Pisaq. Über die gepflasterte Bolognesi mit einer Abwasserrinne in der Mitte steigt der Weg, vorbei an Adobehäusern, langsam zum großen Platz mit der Dorfkirche hinauf.

Der Markt von Pisaq Der traditionelle Markttag findet normalerweise nur am Sonntag statt. Doch inzwischen haben sich auch Dienstag und Donnerstag als weitere Markttage etabliert, und Textilien für Touristen werden die ganze Woche verkauft.

Am Markttag laden die Händlerinnen bereits morgens um 5.30 Uhr ihr Gemüse und Obst von Autos ab und breiten ihre Waren auf dem Kopfsteinpflaster aus. Im Nu ist der Handel in regem Gange. Laufend treffen weitere Pickups aus der Umgebung ein, noch mehr landwirtschaftliche Produkte werden abgeladen: Zwiebeln, Mangos, Mais, Avocados, Kohlköpfe, Kräuter, Melonen, Bananen, Zitrusfrüchte und Cocablätter usw., es gibt fast alles zu kaufen, was die landwirtschaftlichen Regionen Perus erzeugen. Von den Garküchen dampfen verlockende Gerüche über den Platz, Hungrige können Fleisch, frittierte Fische, Mais, gekochte Kartoffeln, Reis und Suppen als Tellergerichte essen. Mitten auf dem Dorfplatz ragt ein mächtiger alter Pinsonay-Baum auf, von dem lange Bartflechten herunterhängen. Langsam schiebt sich die Sonne über den Berg, ihre Strahlen tauchen den Markt in ein malerisches, buntes Bild.

Der Sonntagsmarkt, manchmal verbunden mit dem Auftritt der **Alcaldes** (Dorfälteste bzw. Bürgermeister in bunten Trachten und „Hut-Schüsseln"), ist ein imponierendes Bild. In der Kirche beginnt der Gottesdienst um 11 Uhr. Die Predigt wird in aller Regel in Quechua gehalten.

Der **Touristen-Markt** beginnt erst um 9 Uhr, doch schon vorher setzt eine Invasion von Lkw, Bussen, Colectivos und Taxis aus Cusco mit Touristen ein, die erst gegen Mittag abflaut. Auch die Händler von Cusco nutzen die Gunst der Stunde und schleppen ihre Waren auf den Markt von Pisaq. Allerdings verlangen sie hier höhere Preise als in Cusco. Immer mehr Souvenirläden machen dem Touristenmarkt Konkurrenz. Pauschaltouristen werden auf den Markt gelotst, die Schlepper steuern gezielt Geschäfte an, drängen zum Kauf und kassieren hinterher eine saftige Provision. Wichtiger sind die prächtigen Ruinen und am besten die Tour dorthin selbst machen.

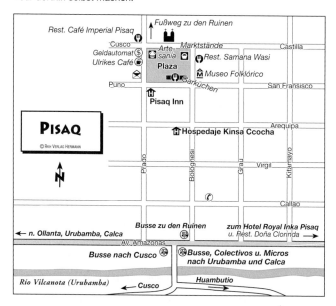

Ruinen von Pisaq (BT)	Zum weitläufigen Ruinenkomplex über der Stadt gibt es zwar eine Straße bis fast zu ihnen, eindrucksvoller ist aber der Aufstieg vom Ort aus, je nach Kondition dauert er 1–1,5 h. Der Blick über die Terrassenanlagen und den Berggrat hinunter ins Tal des Río Vilcanota/Urubamba und auf die Berge der Umgebung ist eindrucksvoll und entschädigt für die Mühe.
Der Weg beginnt links von der Kirche hinter der Plaza. Er steigt erst allmählich, dann immer steiler an und teilt sich später. Es ist egal, wie man an den Weggabelungen weitergeht, alle Wege führen durch schöne, sehenswerte Terrassenanlagen und über steile, oft „fliegende" Treppenstufen (direkt in die Terrassenmauern eingelassen) zum Ruinen-Ziel. Wem dies zu anstrengend ist, macht die Tour rauf mit dem Colectivo oder Bus und läuft nach der ein- bis zweistündigen Besichtigung in 30–60 Minuten wieder zum Dorf runter.
Hochfahrt mit einem Taxi Fp 15 Soles (inkl. einer Stunde Wartezeit). Alternativ fahren ab der Av. Amazonas/Bolognesi Colectivos ab 4 Pers., Fp 20 Soles pro Colectivo. Führer für die Ruinenanlage 15–20 Soles.
Auf einem schmalen Bergvorsprung, 300 m über dem Tal, errichteten die Inka auf den baulichen Vorleistungen der Wari nicht nur eine Festung, sondern eine regelrechte Stadt, die durch eine Befestigungsmauer, durch Tore und Bastionen geschützt war. Pisaq war nach Cusco sicher eine der wichtigsten Städte der Inka. Die ganze Anlage erstreckte sich über mehrere Quadratkilometer, umfasste Häuser und Paläste, Tempel und Mausoleen. Sogar ein riesiger Friedhof mit Tausenden von Gräbern und ein 16 m langer, unterirdischer Gang sind vorhanden. Fachleute unterscheiden zwei Baustile: einen einfachen, rustikal genannten, und einen feineren, mit kissenförmig gewölbten Steinen und riesigen Mauern.
Heute wird vor allem der sakrale Bezirk als Zentrum der alten Stadt mit Resten von Tempeln und Palästen und mit dem Sonnenheiligtum **Intiwatana** besichtigt. Doch auch bergaufwärts gibt es so manches mehr zu entdecken. Der Intiwatana – neben dem in Machu Picchu sicherlich der schönste seiner Art – ist ein senkrecht nach oben ragender Felszacken, mit der Form eines Zuckerhutes vergleichbar. Er ist reich verziert. An seinem Schatten wurde der tägliche Sonnenverlauf beobachtet.
Nach dem Intiwatana kommt man auch irgendwann zu den Toiletten. Der Weg dorthin ist kaum zu verfehlen, man kommt gleich an einer Steilwand mit „Schweizer-Käse-Löchern", dem Friedhof, vorbei. An den Toiletten befindet sich ein kleines blaues Schild: „Pisaq". Ab dem Schild ist man in einer Stunde wieder in der Stadt. Der Weg mündet am Ende wieder in den Aufstiegweg.
Amaru	Oberhalb von Pisaq gibt es die Dorfgemeinschaft Amaru. In den Hausgemeinschaften können Reisende für eine Nacht übernachten. Das eingenommene Geld wird in der Dorfgemeinde aufgeteilt. Ü 20 Soles p.P. darin ist ein gemeinsames Abendessen mit der Gastfamilie und das Frühstück enthalten. Von Pisaq gibt es einen Micro zu der Kommune. Organisation über Norbert vom *Guesthouse Qoya*, s.o.
Botanischer Garten	Der **Jardin Botánico y Museo de la Papa** liegt gegenüber des wunderschön restaurierten Kolonialhauses *Casa Colonial Loayza* in der Calle Grau. Kleiner botanischer Garten mit einheimischen Nutz- und Medizinalpflanzen und Kartoffelsorten. Eintritt 6 Soles, www.parquedelapapa.org. Der Innenhof des Kolonialhauses ist zu besichtigen, wenn der nette Besitzer da ist und der anstatt eines Wachhundes eine dicke weiße Katze besitzt.

Adressen & Service Pisaq

Unterkunft Vorwahl (084)
Hospedaje Kinsa Ccocha (BUDGET), Arequipa 307, Tel. 20-3101. Einfach, bc/bp, empfehlenswert.
Hotel Samana Wasi Pisaq (ECO), Plaza Constitución. Mit Innenhof und Restaurant. DZ 50 Soles und damit preiswert für Pisaq, doch Schließzeit 21 Uhr.
Pisaq Inn(FAM), an der Plaza, Ecke Prado/Arequipa, Tel. 20-3062, www.pisacinn.com. Sehr nette Unterkunft mit gemütlichem Innenhof, freundlich, dt. Besitzer, saubere Zi. bc/bp, Sauna, Internet, Restaurant . DZ/F 182 Soles. **TIPP.** (Nach der Karte für einen schönen Rundwanderweg zum Ruinenkomplex fragen, Gehzeit ca. 3,5 h).
Hotel Royal Inka Pisaq (LUX), auf dem Weg zu den Ruinen, ca. 1 km außerhalb von Pisaq, Tel. 20-3064, www.royalinkahotel.com. Ehemalige Hacienda, 75 Zimmer/bp, Restaurant, Pool, Tennis, Sauna. DZ/ 212 Soles.

Essen & Trinken Auf dem Markt gibt es einige Garküchen, die preiswert frische Speisen für jeden Gaumen anbieten. Einfach mal probieren. Die Restaurants um die Plaza sind etwas teurer, besser und preiswerter isst man in den Restaurants an der Straße nach Urubamba. In allen Talorten werden Regenbogenforellen aus dem Fluss angeboten!

Gutes Essen serviert das Restaurant **Samana Wasi Pisaq** von Loaiza Carmen, Plaza Constitución; herrlicher Innenhof mit Pfirsichbäumen, Zierrosen, Geranien in allen Farben. Empfehlenswert: *trucha al ajo*, Forellen in Knoblauch, 10 Soles. – **Ulrike's Café** (Ulrike Simic), Calle Pardo 613: Gemütlich, gutes Frühstück (Quarktorten), Mittagsmenü 15–20 Soles, Salate, Pizza, Lasagne, Burger, veg. Gerichte, Travellertreff, gute Musik, Zeitschriften, Sa Filmabend. **TIPP!** – **Dona Clarinda,** Carretera Pisac „Ruinas" s/n, frische Forellen und andere Gerichte, gutes PLV; auch Vegetarisches (ansonsten im *Mullu*, Plaza de Armas 352, versuchen!)

Geld An der Plaza de Armas gibt es einen Automaten.

Transport Busse nach Pisaq fahren in Cusco in der Calle Puputi s/n (2. Block) oder in der Av. Tullumayo zw. Garcilaso und Pachacútec ab (kein Schild, aber Ausrufer vor dem Hof). Tägl. ab 5.30 Uhr bis zur Dämmerung, Fz 1 h. Ein Taxi nach Pisaq kostet hin- u. rück um 50 Soles, Preis Verhandlungssache.
Nach Cusco (35 km): Busse, Colectivos und Pickups fahren an der Polizeistation vor der Brücke in Pisaq ab. Fz ca. 1 h. **Nach Calca** und Urubamba: Busse, Colectivos und Pickups fahren auf der gegenüberliegenden Straßenseite beim Polizeiposten ab, Fz nach Urubamba mit Colectivo 1 h, Fp 2 Soles.
Nach Ollanta: ab und zu Direktbusse aus Cusco; mit Colectivo in Urubamba umsteigen.

Rückfahrt von Pisaq nach Cusco Von Pisaqs Ruinen aus konnte am gegenüberliegenden Bergrücken bereits die Straße nach Cusco gesehen werden, die vor Pisaq über den Río Vilcanota führt. Von Pisaq nach Cusco sind es 35 km. Es bieten sich prächtige Blicke auf schneebedeckte Andengipfel. In den Felswänden nahe der Straße können oft kleine Höhlen gesehen werden, in denen die Inka ihre Toten bestattet haben. Im letzten Teil der Rückfahrt werden die in der Tour 1 (s.S. 335) beschriebenen Ruinenstätten passiert.

Zwischen Q'enqo und Saqsaywamán kommt links eine große, weiße Christusstatue in Sicht, wenig später wird über eine Serpentine Cusco erreicht. Inzwischen gibt es eine neue Straße, die vor Q'enqo direkt nach Saqsaywamán führt. Letztendlich ist es unwichtig, welche Strecke der Colectivo oder Bus nimmt, denn beide Wege führen nach Cusco.

Tour 3:
Cusco – Aguas Calientes – Machu Picchu

Vorbemerkungen

Der Besuch der inkaischen Felsenstadt Machu Picchu gilt als Höhepunkt jeder Peru-Reise und ist die Attraktion Südamerikas schlechthin. Wohl jede Reise nach Peru beginnt im Geiste mit dem Besuch dieser legendären Inkastadt. Weder der Titicacasee, Colca Canyon, Sillustani-Ruinen noch eine der Urwaldstädte haben eine vergleichbare Anziehungskraft. Wer Machu Picchu nicht gesehen hat, hat Peru scheinbar nicht gesehen, und damit auch nicht die kulturelle Ebenbürtigkeit und Genialität des Inkareichs gegenüber damaligen europäischen Kulturen erfahren.

Über Machu Picchu wird viel philosophiert und geschrieben, besonders über den drohenden touristischen Ausverkauf. Der ganze Berg mit der Felsenstadt wurde privatisiert, die wiederholt angekündigte Seilbahn jedoch nicht gebaut. In der Hochsaison besuchen täglich 1500–2000 Menschen Machu Picchu! Die UNESCO erwägen nun, die Ruinenstätte auf die Liste der gefährdeten Kulturdenkmäler des Welterbes zu setzen. Geologen stellten fest, dass die Erschütterungen der hochfahrenden Touristenbusse der Stadt arg zusetzen, und auch die oft heftigen Regengüsse und Erdrutsche lassen an den Mauern ihre Spuren zurück.

Die Kosten für Zugfahrt, Inka Trail, Eintritt Machu Picchu, Verpflegung und Übernachtung addieren sich heute zu einer hohen Gesamtsumme, dienen aber – hoffentlich – letztendlich dem Erhalt dieser kulturhistorisch einmaligen Anlage.

Machu Picchu: Vorüberlegungen u. Wissenswertes

Es gibt etliche Möglichkeiten, den Ausflug nach Machu Picchu zu gestalten. Die verschiedenen Zugtypen (s.S. 332) sowie die dadurch resultierenden extremen Preisunterschiede für nahezu gleiche Transportleistungen verursachen besonders unter den Individualreisenden immer wieder Verwirrung.

Bevor irgendetwas gebucht wird, sollte die **aktuelle Lage** bei mehreren Quellen erfragt werden: Welcher Zugtyp fährt und wie sind die Abfahrtszeiten? Situation Machu Picchu und Wayna Picchu? Erkundigen, ob die Bahnstrecke nach Aguas Calientes momentan in Ordnung ist, denn in der Regenzeit kann es immer wieder zu Erdrutschen und Überschwemmungen kommen, die dann Teile des Bahndammes wegreißen. Die Instandsetzungsarbeiten können dann durchaus Monate dauern. Auch regelmäßige Streiks der Bahnanwohner können Beeinträchtigungen zur Folge haben.

Besichtigungszeiten

Zwischen 10 und etwa 15 Uhr sind die Tagesausflügler mit Pauschalangebot in der Anlage; zu der Zeit ist der größte Andrang. Zwischen morgendlicher Öffnungszeit 6 Uhr (Nebensaison 7 Uhr) und 10 Uhr ist man ziemlich allein und dank Nebelschwaden in herrlich mystischer Atmosphäre unterwegs. Nach 15 Uhr leert es sich langsam, ist aber immer noch voller als vor 10 Uhr. Sehr schön ist der Sonnenaufgang auf Machu Picchu, der im Juli/August um etwa 7.30 Uhr beginnt.

Wer den empfehlenswerten Blick vom **Wayna Picchu** erleben möchte, sollte auch dessen Öffnungszeiten und Regularien bedenken (s.S. 367).

Tipp 1: Ende Dezember ist man nahezu allein in Machu Picchu.

Wichtig Auf keinen Fall Ihren Reisepass vergessen! Diesen müssen Sie zusammen mit dem Eintrittsticket am Eingang vorzeigen und nach dem Besuch kann am Ausgang im Gepäckhäuschen ein Stempel der Ruinenanlage als Souvenir eingetragen werden!

Machu Picchu: Aufstieg oder Auffahrt?

Bei der Option 1 geht man morgens sehr früh (4.30 Uhr) von Aguas Calientes zu Fuß auf der Straße bis zur Hängebrücke über den Urubamba bei der Machu Picchu-Talstation und schnauft von der ersten Serpentinenschleife aus den direkten Fußweg hoch, anstatt der längeren Serpentinenstraße. Der Fußweg kann dank üppiger Markierung nicht verfehlt werden und führt zuerst über ca. 1750 Steinstufen steil und später in kurzen Kehren nach oben. Der Pfad ist ein Erlebnis, frühmorgens ist er meist vom nächtlichen Regen etwas durchweicht, also solides Schuhwerk verwenden. Wer den Camino Inca nicht gegangen ist, bekommt somit zumindest eine Ahnung, was ihm entgangen ist. Gesamtgehzeit ca. 90–120 Minuten, je nach Kondition. Wer gegen 4.30 Uhr in Aguas Calientes losmarschiert, kommt zur Öffnungzeit der Inkastadt oben am Eingang an. Taschenlampe mitnehmen! (Hinweis: Der alte Maultierpfad, über den Besucher vor Fertigstellung der Fahrpiste nach Machu Picchu hinauf gelangten, kann heutzutage im oberen Teil nicht mehr benutzt werden).

Alternativ fahren ab 5.15 Uhr ständig Busse von Aguas Calientes hinauf nach Machu Picchu, Fz 30 eine halbe Stunde, etwa 9 US$ pro Strecke. Wer einen der ersten nehmen will, sollte nachfragen, wann man sich in die Warteschlange einreihen muss – gut eine Stunde vor Abfahrt ist nicht ungewöhnlich. Viel länger schlafen als beim Fußmarsch kann man also nicht.

Züge und Zeitdauer

Tagesausflug

Von Cusco bzw. von Poroy geht es mit den Zügen von PeruRail bzw. ab Ollanta mit Inca Rail oder Machu Picchu Train. Entweder in Eigenregie oder als Pauschalpaket bei den autorisierten Reiseagenturen in Cusco buchbar (inkl. Hin- und Rückfahrt mit einem der Touristenzüge sowie Hin- und Rückfahrt mit dem Bus von Aguas Calientes nach Machu Picchu, Eintritt in die Inkastadt).

Zweitagesausflug

Wie vorher, doch mit Übernachtung und am Folgetag Besichtigung von MP und Rückfahrt nach Cusco oder Ollanta. Übernachten kann man entweder in der *Machu Picchu Sanctuary Lodge* (s.S. 368) direkt am Eingang zu den Ruinen (eines der teuersten, aber nicht eines der besten Hotels Perus), in einem Hotel in *Aguas Calientes* oder als Camper auf der immergrünen Wiese in der Nähe des Bahnhofes von *Puente Ruinas* am Río Urubamba (links von der Hängebrücke). Campen ist auch weiter flussabwärts neben dem Fußballplatz möglich. Wer nicht in der Sanctuary Lodge nächtigt, macht sich am nächsten Morgen auf den Weg nach MP.

Zwei- bzw. Dreitagesausflug

Die Anreise nach Aguas Calientes erfolgt entweder von Cusco aus oder ab Ollanta. Am ersten Tag frühmorgens Anfahrt auf eigene Faust (Colectivo) von Cusco nach Ollanta mit Zwischenstopp in Pisaq (und z.B. den Markt ansehen). In Ollanta bleibt genug Zeit bis zur Abfahrt der Züge am Abend, um Ollantaytambo anzusehen.

Dreitagesausflug

Wie Zweitagesausflug, aber nach der Besichtigung von MP fährt man am nächsten Tag mit einem der Züge von MP nach Ollanta, übernachtet dort und kehrt am nächsten Morgen mit dem Bus bzw. Colectivo über Urubamba und Pisaq nach Cusco zurück.

Machu Picchu: Vorüberlegungen

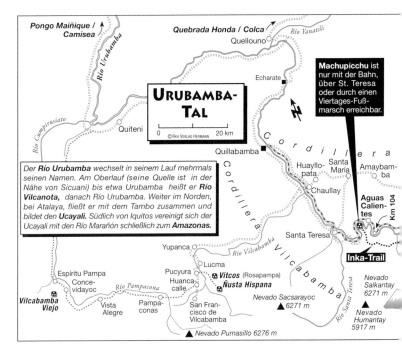

Ein-/Zweitagesausflug mit Wanderung	mit dem Zug, wobei aber nur bis Km 104 gefahren wird! Hier kann auf einer Hängebrücke der Río Urubamba überschritten werden. Dann geht es 2 Stunden, je nach Kondition, steil bergauf nach Wiñaywayna. Von dort geht es fast ebenerdig in 2–3 Stunden über das *Intipunku* (Sonnentor) nach Machu Picchu. Anschließend kann von Aguas Calientes nach Ollanta oder Cusco zurückgefahren oder in Aguas Calientes übernachtet werden. Diese Tagestour lässt sich auch von Aguas Calientes aus unternehmen. Es gibt auch einen Weg ab **Km 107** (Wasserkraftwerk), der ist aber seit längerer Zeit gesperrt. Wer dies machen will, sollte sich vorher in Cusco informieren, ob er wieder begehbar ist. Auch hier gilt ein Limit für die Besucherzahl! Eine weitere Alternative **für Leute mit Zeltausrüstung,** die dem überfüllten Inka Trail aus dem Weg gehen oder lange Wartezeit vermeiden möchten: Ab **Km 86** der Bahnstrecke von Cusco nach Aguas Calientes auf der linken Seite entlang der Bahnlinie wandern. Dort beginnt ein Trail, der meist oberhalb des Bahngleises verläuft und an verschiedenen Tambo-Ruinen vorbeiführt. Nach drei bis vier Stunden Gehzeit wird *Q'ente* erreicht. Dort kann übernachtet werden. Es gibt Platz für Zelte, die Bewohner bieten Essen an. Am nächsten Tag bleiben noch vier bis fünf Stunden Gehzeit bis Aguas Calientes. Wer durchläuft, kann es in kürzerer Zeit schaffen (Tageswanderung).
Mehrtages-Wanderung	Über den **Inka Trail ab Km 82 oder alternative Inkawege** nach Machu Picchu. Der Punkt Km 82 ist über eine Piste mit dem Micro von Cusco aus erreichbar. Dort wurde eine Brücke über den Río Urubamba gebaut. **Viele Touranbieter bevorzugen Km 82 als Ausgangspunkt für den Inka Trail.**

Machu Picchu: Vorüberlegungen

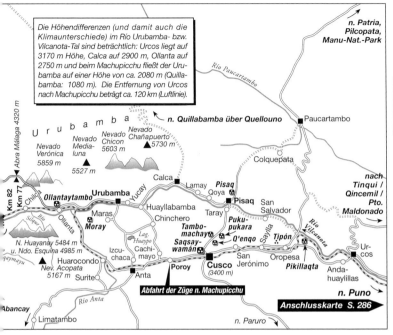

Die Höhendifferenzen (und damit auch die Klimaunterschiede) im Río Urubamba- bzw. Vilcanota-Tal sind beträchtlich: Urcos liegt auf 3170 m Höhe, Calca auf 2900 m, Ollanta auf 2750 m und beim Machupicchu fließt der Urubamba auf einer Höhe von ca. 2080 m (Quillabamba: 1080 m). Die Entfernung von Urcos nach Machupicchu beträgt ca. 120 km (Luftlinie).

Von Sta. Teresa aus — Diese preiswerte und schöne **Alternativstrecke** ist Teil einiger alternativer Inka-Wege und ist eine gute Wahl für Individualreisende mit Zeit, die so die teuren Zugtickets umgehen möchten:

Von Cusco mit dem Bus über Ollanta Richtung Quillabamba, Abfahrt 19 Uhr, Fp 15 Soles. In Sta. María hat man Anschluss an einen Minibus oder ein Sammeltaxi nach Sta. Teresa. Abfahrt nur, wenn genügend Fahrgäste zusammenkommen, ggf. dort übernachten. Fz nach Sta. Teresa 2 h, Fp Minbus 6 Soles, Sammeltaxi 8 Soles.

Wie bei der Beschreibung von Sta. Teresa angegeben, geht es via Aguas Calientes nach MP und wieder zurück nach Sta. Teresa. Dort fährt um 10 Uhr ein Bus nach Sta. María, Fz 2 h, Fp 6 Soles. (Unterkunft in Santa María: *Hospedaje Cocalmayo*, Familie Montañez Nuñez, EZ/bp 10 Soles). Weiterfahrt nach Cusco um 13 Uhr, Ankunft Cusco zwischen 19 und 20 Uhr.

Zusammenfassung „Machu Picchu günstig":
1. Bus von Cusco nach Santa Maria nehmen
2. Bus von Santa Maria n. Santa Teresa (hier Übernachtung) nehmen
3. Colectivo von Santa Teresa zur Hydroelectrica besteigen
4. Zwei Stunden bis nach Aguas Calientes wandern
5. eine Stunde bis nach Machu Picchu bergauf gehen

Achtung: Die Route ist oft wegen Steinschlag und Erdrutschen gesperrt, vor Ort prüfen!

Mit dem Zug ins Urubambatal

Baubeginn für die Schmalspurbahn durch das Urubambatal war 1913. Die Trasse erforderte viele Sprengungen, und stellenweise mussten Tunnel durch den Fels gebohrt werden. Erst 1928 wurde km 110,5 bei Aguas Calientes erreicht, und es dauerte noch bis 1948, bis man endlich bei km 112 (Talstation von Machu Picchu) ankam. 1978 wurde die Bahntrasse bis Quillabamba gebaut. Einige Streckenabschnitte gerieten dabei so steil, dass sie der Zug nur mit Zickzackfahren überwinden konnte. Bis heute ist die Bahnfahrt ein besonderes Erlebnis.

Abgefahren wird heutzutage in Poroy, das etwa 30 Minuten westlich außerhalb von Cusco liegt. Auf 3678 m wird ein Pass überquert. Danach geht es über die landwirtschaftlich genutzte Hochebene des Anta-Tales. Die Gleise folgen der Straße in Richtung Abancay.

Die Grasebene hinter *Izuchaca* war zweimal Schauplatz großer Schlachten (die Kampfstätte trägt den Quechua-Namen *Yahuar Pampa* – „blutige Ebene"): Unter dem Inca Wiracocha wurden hier mit einer List die Chanca besiegt.

Über *Huarocondo* führt die Bahn am *Río Huarocondo* entlang. Hier geht es wieder mit einem Zickzack in den steil abfallenden Cañón des oberen Urubambatals hinab. Der Zug rumpelt in Páchar ein, das bereits zum *Heiligen Tal der Inka* gehört. Hier ziehen sich gut erhaltene Inkaterrassen in schwindelnde Höhen, die bis heute landwirtschaftlich genutzt werden.

Durch das angenehme milde Klima und vielen Sonnentage ist das obere Urubambatal sehr fruchtbar. Von Kartoffeln über Mais und Trauben wächst hier fast alles. Bald darauf kommt Ollanta mit der Festung Ollantaytambo in Sicht. Danach fährt der Zug am lehmbraunen Río Urubamba entlang.

Am Fenster fliegen Adobe- und Steinhäuser vorbei, Maisfelder wechseln sich mit Eukalyptusgehölzern ab. Dahinter erheben sich grünüberwucherte Felswände, die in die schneebedeckten Gipfel der Cordillera Vilcabamba übergehen. Wie Staubwolken schweben Nebelfetzen die Geröllhänge herab. Ein 6000er mit zerklüftetem Gipfelgrad und ewigem Schnee ist in halber Höhe von Wasserdampfwolken umgeben, die wie magische Ringe aussehen, von denen immer wieder Wolkenfetzen abreißen. Der Urubamba zieht neben den Gleisen talwärts, die braune Gischt überschlägt sich in Stromschnellen.

Das Urubambatal wird nun enger. Seit km 90 schaukelt der Zug durch einen semitropischen Bergurwald, einer der höchstgelegenen der Erde. Die Luft wird merklich feuchter und wärmer. Farne, Lilien, Orchideen, Lianen und Schlinggewächse bedecken die steil abfallenden Berghänge bis in die Höhe. Bei km 107 lässt die Schlucht nur noch für den reißenden Urubamba und das Bahngleis Platz. An steilen Felswänden wuchert der üppige Bergurwald bis nach Aguas Calientes. – SW

Aguas Calientes

Der Ort zählt etwa 2500 Einwohner und liegt knapp 2 km von Puente Ruinas, der Machu Picchu-Talstation, entfernt. Ursprünglich ein verschlafenes Dörfchen entlang des Bahngleises, ist es heute ein 100%iger, völlig überteuerter Touristen-Ort voller Restaurants und Unterkünfte. Jeder versucht vom Tourismus zu profitieren, wenn auch oft ohne die geringste Ahnung. In Prospekten wird Aguas Calientes auch manchmal „Machu Picchu Pueblo" genannt. Die Hauptplaza heißt Plaza Manco Capac.

Einzige örtliche „Attraktion" sind, neben dem reißenden Urubamba, die heißen Quellen, *aguas calientes,* die Becken sind aber eher Dreckbrühen. Ein Weg führt zu ihnen in den Bergurwald (s. Karte). Entlang des Weges haben sich weitere Unterkünfte und Restaurants angesiedelt.

Wenn es in Aguas Calientes regnet, und das kommt oft vor, dann hüllen Wolken- und Nebelschwaden die umliegenden steilen Fels- und Berggipfel ein und verleihen dem Ort eine geheimnisvolle Atmosphäre.

Über eine aus dem Fels gesprengte Straße geht es zur Machu Picchu-Talstation und von da nach Machu Picchu. Es fahren Shuttle-Busse von *Consettur Machu Picchu.*

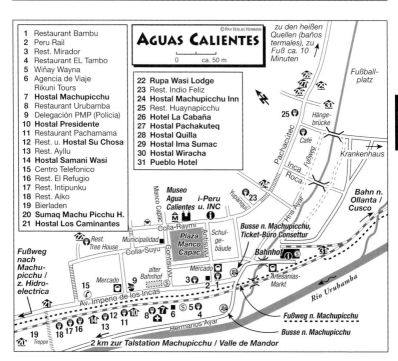

Eine nette **Wanderung** kann man ins **Valle de Mandor** unternehmen (die einfache Strecke in gemütlichen anderthalb Stunden, Eingang bei km 114,5 der Bahnstrecke). Den Busweg bis Puente Ruinas gehen, dann an den Schienen entlang bis zu einer Hütte mit dem Schild „Paradero Mandor"; dort 10 Soles Gebühr zahlen, dann rechts hoch durch ein Tor und auf einem schönen Weg durch Pflanzungen zu einem kleinen Wasserfall. Am Wegesrand wachsen einheimische Pflanzen, die mit Namensschildern versehen sind. Kurz vor dem Wasserfall ist eine kleine Holzhütte zum Verschnaufen. Organischer Kaffee und Snacks sowie einfache Übernachtung bei *Mama Angelica* am Eingang.

Unweit der Puente Ruinas befindet sich das **Museo Manuel Chavez Ballon,** auch **Museo de Sitio Machu Picchu** genannt. Es wurde vor einigen Jahren didaktisch aufgearbeitet und bietet in sauberen und übersichtlichen Räumen feinige der Fundstücke aus der berühmten Ruinenanlage. Tgl. 9–17 Uhr, Eintritt 20 Soles (muss vorab beim online-Kauf des Eintrittstickets von Machu Picchu miterworben werden). Im Eintrittspreis inbegriffen ist der Besuch des angeschlossenen **Jardín Botánico** mit Orchideen und anderen einheimischen Pflanzen. Beste Besuchszeit für Orchideenblüten im Mai und Juni.

Anstrengender ist die Wanderung zur Aussichtsplattform auf den Felsen **Putucusi.** Dazu entlang der Bahngleise flussabwärts gehen, bis etwa

100 m hinter die letzte Weiche. Dort dem Hinweisschild folgen, auf einem Pfad in den Bergurwald hinein. Zuerst geht es über Steinstufen, dann folgen Stahlseile, es geht über 50 m fast senkrecht nach oben, teilweise gefährlich. Nach den letzten Seilen und einem anschließenden Wegstück mit einer kleinen Brücke bleibt der Wald zurück und Farngewächse begeistern. Auf einem Pass (2291 m) hat man einen schönen Ausblick auf das Urubamba-Tal. Nun folgen noch etwa 300 m Felsstufen zum Gipfel (2592 m). Von dort ergibt sich ein überwältigender Blick auf Machu Picchu. Gesamtgehzeit anderthalb bis zwei Stunden, je nach Kondition, Abstieg eine Stunde. Nichts für Leute mit Schwindelproblemen. Der Aufstieg ist weitaus gefährlicher als auf den Wayna Picchu.

Adressen & Service Aguas Calientes

Tourist-Info i-Peru, Av. Pachacútec s/n, Centro Cultural, Oficina 4, Tel. 21-1104, iperumachupicchu@promperu.gob.pe, 6–20 Uhr. **Hier werden auch die Eintrittskarten für Machu Picchu verkauft.** Eintritt für Ausländer 126 Soles, Studenten mit int. Studentausweis (ISIC) bis zum 25. Lebensjahr und Peruaner 50%. Die Eintrittskarten sind nur einmal verwendbar und nicht übertragbar! Namenseintrag! Beim Kaufen sofort angeben, ob entweder Wayna Picchu oder Montaña Machu Picchu bestiegen werden möchte. Dies wird dann gleich mitbezahlt und auf dem Ticket vermerkt. Gesamtpreis Eintritt MP plus ein Berg: 142 Soles!
Website für Unterkünfte u. Restaurants: www.aguas-calientes.com
Vorwahl (084)

Unterkunft Zahlreiche Hostales liegen entlang des Bahngleises. Diese sind alle etwas laut, besonders dann, wenn im Erdgeschoss ein Restaurant betrieben wird. Doch spätestens um Mitternacht werden in Aguas Calientes die Bürgersteige hochgeklappt. Neuere Unterkünfte befinden sich entlang der Fußgängerzone der gepflasterten Av. Pachacútec zwischen der Plaza und den Thermalquellen und es kommen ständig weitere hinzu. In den letzten Jahren sind die Preise für Übernachtungen stark gestiegen, selbst früher preiswerte Unterkünfte verlangen nun für ein DZ bis zu 200 Soles! Etwa von Oktober bis Mai fallende Preise bzw. es ergeben sich erhebliche Verhandlungsspielräume.

Ein Tipp für jene, die in Aguas Calientes übernachten: besuchen Sie Machu Picchu in den Zeiten, in denen die Schwärme des Touristenzuges in den Ruinen unterwegs sind. Ganz früh am Morgen (bis 10 Uhr) – oder am späten Nachmittag – ist Machu Picchu am stimmungsvollsten.

ECO **Hostal Choza** (BUDGET), direkt am Bahngleis (gegenüber vom Mercado). Sehr rustikal, Zi. über Restaurant, bc, preiswert. – **Hostal Los Caminantes** (BUDGET), Av. Imperio de los Incas 140, Tel. 21-1007. Großes, steinernes Haus direkt am Bahngleis am Dorfende Richtung Quillabamba mit einfachen, sauberen Zimmern (die oberen hinten links mit Fenstern zum Urubamba sind zu empfehlen), bc/bp, Kw (nachmittags dann Ww), Infos, kleiner Laden, sehr freundliches Personal. DZ/bc ab 60 Soles. **TIPP!** – **Hostal Inti Quilla**, Aymuraypa Tikan s/n (wenige Meter hinter dem Bahnhof), Tel. 21-1096, www.hostalintiquilla.com. Gutes Hostal, sehr saubere Zimmer/bp, GpD, sehr freundlich, Fahrkarten-Service ohne Aufpreis. – **Hostal Wiñay Huaina**, an der Carretera nach Machu Picchu (1. Stock über dem Restaurant). Sauber, bc/bp, familiär und freundlich, schöne Aussicht auf den Urubamba, empfehlenswert.

ECO/FAM **Hostal Pachakúteq**, Av. Pachacútec s/n (neben dem Hostal La Cabaña), Tel. 21-1061. Hostal von Julia Contreras und Emilio Callañaupa, bp, Ws, freundlich, hilfsbereit, sehr reichhaltiges Frühstück (auf Wunsch auch um 5.30 Uhr).

DZ/F 65 Soles (auch TriZ). Bei längerem Aufenthalt nach Rabatt fragen, gutes PLV. **TIPP!**

FAM **Hotel La Cabaña,** Av. Pachacútec M-20, L 3, auf dem Weg zu den Thermalquellen, Tel. 26-3230, 20 rustikale Zimmer/bp, Heizung, Restaurant, Frühstücksbüfett, Internet, Ws. Beto & Martha sind sehr hilfsbereit, und obwohl der Aushang für ein DZ stolze 200 Soles nennt, gibt es auf Nachfrage das DZ/F für 100 Soles – die Konkurrenz ist halt groß. **TIPP!** – **Hostal Ima Sumac,** Av. Pachacútec, Tel. 23-6647. Saubere Zimmer (jene ohne Fenster meiden), bp, überdachte Frühstücksterrasse. DZ/bp ab 45 US$ (Rabatt bei längerem Aufenthalt). – **Hostal Machupicchu,** am Bahngleis gegenüber vom alten Bahnhof, www.hostalmachupicchu.com. Sauber, bc/bp, kleiner Patio, Blick über die Straße auf den Río Urubamba. DZ ab 40 US$.

Rupa Wasi Lodge, Calle Huanacaure, Tel. 21-1101, www.rupawasi.net. 5 Wohlfühlzimmer, im zweiten und dritten Stock mit Blick auf den Bergnebelwald. Etwas versteckt in einer Nebenstraße mit recht steilem Aufstieg. Angeschlossen ist das Restaurant *The Tree House* (siehe Essen und Trinken). DZ/F in der NS ab 72 US$. **TIPP!**

LUX **Inkaterra Machu Picchu Pueblo Hotel,** etwa 5 Min. außerhalb von Aguas Calientes (km 110), direkt am Bahngleis in Richtung Cusco, mit Privathaltestelle für den Touristenzug, Tel. 21-1122, www.inkaterra.com. Touristenanlage, fest in US-Hand, 85 Zimmer in *Casitas* (Adobe-Häuschen im Bungalowstil), bp, Heizung, Restaurant, Pool, Ws, Internet. Die teuerste Unterkunft in Aguas Calientes. Hübsche subtropische Gärten rund um das Hotel, doch hoher Extra-Eintritt. Pfad zur Beobachtung diverser Schmetterlings- und Vogelarten sowie Orchideen, gutes Öko-Informationszentrum. – **Inti Inn Machu Picchu Hotel,** Av. Pachachutec s/n, Tel. 21-1360, www.grupointi.com. Zu dieser Kette gehören noch weitere, gute Hotels. DZ/F ab 130 US$. – **Hatuchay Tower Machu Picchu Hotel,** www.hatuchaytower.com. Sehr gutes Hotel mit großen Zimmern, sehr gutem Service und riesigen Büffets. – Unser **TIPP** in der Luxusklasse ist das **Sumaq Machu Picchu Hotel,** Av. Hermanos Ayar Mz 1 Lote 3, Tel. 21-1059, http://machupicchuhotels-sumaq.com.

Im Übernachtungspreis inbegriffen sind Begrüßungsgetränk, Teestunde mit Kuchenauswahl, einen Pisco Sour und das Frühstücksbüffet. Wahlweise HP. Von einigen Zimmern mit Balkon zum Fluss hat man einen Blick auf den Inka Trail zum Sonnentor in Machu Picchu. Das Sumaq bietet neben kulturellen Aktivitäten und ökologischen Exkursionen auch andine Hochzeiten und Rituale zum Dank der Erdmutter an. Fantastisches Speiseangebot, alle Zutaten werden aus nachhaltigem Anbau und von einheimischen Bauern bezogen. Dadurch sind die Gerichte nicht nur schmackhaft, sondern auch kreativ und einzigartig.

Essen & Trinken Die meisten Speisekarten sind auf „Touristen" ausgelegt, und die Preise steigen, besonders in der Hochsaison, steil an. Die Preise der Restaurants und Kneipen entlang des Bahngleises sind höher als im Ort. Je weiter man in Richtung der heißen Quellen geht, umso günstiger wird es. Viele Restaurants nehmen einen Serviceaufschlag von 2–3 Soles, der nirgendwo vermerkt ist. Deshalb vorher fragen, ob die Preise inkl. Bedienung sind. Zwischen der Plaza Manco Capac und der Calle Mayta Capac liegt etwas versteckt die Halle des **Mercado,** in der es sehr preiswerte einheimische Gerichte ab 5 Soles gibt. Es gibt keine Extra-Steuer in Aguas Calientes, obwohl das einige Restaurants behaupten!

Empfehlenswert ist das Restaurant von *Rosa María Perez* direkt an der Carretera nach Machu Picchu. Bei ihr gibt es z.B. *Trucha al ajo.* – Gut essen kann man auch im *Samani Wasi,* ebenfalls direkt am Bahngleis. – Auch das *Intipunku* bietet typische regionale Küche. – *El Indio Feliz,* Yupanqui 4, Mz 12, nicht gerade preiswert, bietet ein spitzenmäßiges Menü ab 55 Soles. Bevorzugt von Gruppen, Speisekarte auf www.indiofeliz.com. Ebenfalls ein Tipp ist das Restaurant *The Tree House* des Hotels RupaWas. Unbedingt die Kuchi Ribs probieren! – Für Kaffee und Kuchen mit Ausblick auf das bunte Treiben auf der Plaza bietet sich das *Café 24* neben der Kirche an. Auch Fast Food. – Sonst auf dem Markt hauptsächlich Pizzerien. – Für Freunde feiner französischer Bäckereiwaren empfehlen wir die *Boulangerie de Paris* im Jr. Sinchi Roca, ebenfalls sehr guter Kaffee.

Polizei *Delegación PNP,* Av. Imperio de los Inkas (Bahngleis neben altem Bahnhof).

Erste Hilfe *Centro Medico,* Bahngleis/Carretera nach Machu Picchu (bei der Eisenbahnbrücke). Krankenhaus im neuen Viertel nach der Hängebrücke auf der rechten Seite. Der Hubschrauber von *HeliCusco* steht für Notfälle und Notflüge tagsüber zwischen 9.15 Uhr und 15.30 Uhr zur Verfügung.

Post / Telefon / Internet Eine Agentur von *Serpost* ist direkt am Bahngleis in der Agencia de Viajes Rikuni Tours (gegenüber vom alten Bahnhof). *Centro Telefónico,* Av. Imperio de los Inkas, zwischen Mercado und dem Hostal Los Caminantes. Internet gegenüber vom alten Bahnhof.

Geld In den meisten Hostales und Hotels werden an der Rezeption Euro gewechselt. Die Kurse sind schlechter als in Cusco. Daneben gibt es am Bahngleis, neben dem Centro Telefónico und neben dem Reisebüro von Rikuni Tours, eine Wechselstelle. **Banco de Crédito,** Imperio de los Incas s/n, Mo–Fr 9–13.30/15–17.15 Uhr, Sa 9–13 Uhr; Bargeldauszahlungen. Zusätzlich gibt es von der Banco del Crédito im neuen Bahnhof einen Geldautomaten.

Reisebüro *Agencia de Viajes Rikuni Tours,* direkt am Bahngleis, gegenüber vom alten Bahnhof.

Führer *Horacio Rodríguez Limachi,* Cel. 984-751-317, limachir@hotmail.com; lizenzierter Führer, der auf den Inka Trail ab Km 104 spezialisiert ist (engl./span.). *Fabricio Ortiz,* hat 2012 den Preis als bester Guide gewonnen und vermittelt einen authentischen Einblick in das Leben und die Spiritualität der Inka und zeigt ungewöhnliche Fotoperspektiven.

Thermalquellen Die Aguas calientes liegen in einer Seitenschlucht des Urubamba, gut 10 Minuten nordöstlich der Plaza. Die Anlage mit Umkleidekabinen und Duschen ist von 5–20.30 Uhr geöffnet (abends beleuchtet). Eintritt ca. 10 Soles, Badekleidung kann geliehen werden. Das etwa 40 Grad warme Wasser fließt ungefiltert als braune Brühe in die kleinen Becken, Schwimmen ist nicht möglich. An der Buschbar Reisende aus aller Welt.

Verkehrsverbindungen **Busse nach/von Machu Picchu:**
Busse der *Consettur Machu Picchu* fahren ab 5.30 Uhr von Aguas Calientes nach Machu Picchu. Weitere Abfahrten alle 30 Minuten bzw. immer nach Ankunft eines Touristenzuges (prinzipiell fahren die Busse immer nach Ankunft eines Zuges ab). Letzte Fahrt nach Machu Picchu um 17.30 Uhr (Hochsaison), sonst 11.30 Uhr (NS). Fahrkarten im Busbüro von *Consettur Machu Picchu* an der Carretera nach Machu Picchu, km 111 (Paccha), Tel. 21-1134, Fz ca. 30 Min., Fp einfach 7 US$, Rückfahrkarte 14 US$. Die Fahrkarten können bereits einen Tag vorher gekauft werden, es kann mit Soles gezahlt werden.

Busse **von** Machu Picchu **nach** Aguas Calientes verkehren zwischen 6.30 und 17.30 Uhr, alle 30 Minuten. **Hinweis:** Auf gezielte Nachfrage besteht außerhalb der Hochsaison die Möglichkeit, am Nachmittag mit einem der Leerbusse von Aguas Calientes noch nach Machu Picchu zu gelangen. Busse können außerdem rund um die Uhr privat angemietet werden.

Zugverbindungen bestehen derzeit nur nach Ollanta und Cusco/Poroy (112 km), s.S. 332. Gegenwärtig kommen fast alle Züge am neuen Bahnhof an und fahren auch vom neuen ab. Die Lokalzüge nach und von Sta. Teresa halten dagegen am **alten Bahnhof**. Da sich die Situation ständig ändert, unbedingt vor Ort informieren.

Zugfahrkarten für die Touristenzüge werden im neuen Bahnhof am Bahngleis hinter der Eisenbahnbrücke Richtung Cusco verkauft. Öffnungszeiten Fahrkartenschalter 5–15 Uhr. Frühzüge nach Ollanta ab etwa 5 Uhr (Abfahrt am neuen Bahnhof), von dort Direktbusse nach Cusco.

Obwohl wieder Lokalzüge bis Sta. Teresa verkehren, besteht auf unbestimmte Zeit kein Zugverkehr nach Quillabamba!

Adressen & Service Machu Picchu

Öffnungszeiten, Eintritt

Die Eintrittskarten können bereits einen Tag vorher in Aguas Calientes am Kiosk neben i-Peru beim Centro Cultural gekauft werden, Zahlung per Kreditkarte ist möglich.

Außerdem besteht die Möglichkeit, die Karten im Internet unter www.machupicchu.gob.pe zu reservieren und den Betrag dann innerhalb der folgenden sechs Stunden bei der Banco de la Nación einzuzahlen. **Es werden keine Eintrittskarten am Eingang von Machu Picchu verkauft!** Eintrittsgebühr für **Ausländer 126 Soles**, Studenten mit Studentausweis bis zum 25. Lebensjahr und Peruaner 50%, keine Ermäßigung am 2. Besuchstag. Rucksäcke können am Eingang zur Aufbewahrung abgegeben werden. Beim Kauf der **Tickets im Internet** kann zwischen verschiedenen Optionen gewählt werden, wobei nur *ein Berg* bei einem Eintritt bestiegen werden kann:

1. **Eintritt Machu Picchu 126 Soles**
2. Eintritt Machu Picchu mit Museo de Sitio (mehr als 126 Soles)
3. Eintritt Machu Picchu und Wayna Picchu von 7–8 Uhr
4. Eintritt Machu Picchu und Wayna Picchu von 10–11 Uhr
5. Eintritt Machu Picchu und Montaña Machu Picchu

Während der Hochsaison besuchten täglich 3000–3500 Menschen die Ruinenstadt, inzwischen wurde die Zahl auf 2500 Besucher limitiert. Dennoch kann es, besonders zwischen 10 und 15 Uhr, „eng" werden.

Auf dem Gelände von Machu Picchu gibt es keine Toiletten, die einzigen befinden sich am Eingang, Kosten 1 Sol. Mülleimer gibt es keine, Abfall muss mitgetragen werden.

Vorab können Sie auf der Website www.machupicchu360.com der Anlage einen virtuellen Besuch abstatten.

Nationalpark-Wächter und Führer

Parkwächter sorgen für die Einhaltung der dringend notwendigen Spielregeln nicht nur in Machu Picchu, sondern im gesamten Nationalpark Machu Picchu. Verstöße, insbesondere das Überklettern von Absperrungen, werden mit empfindlichen Strafen geahndet.

Führer: Es gibt viele, die sich anbieten und damit werben, die Geheimnisse von Machu Picchu zu kennen. Leider gibt es nur sehr wenige gute, qualifizierte Führer, meist Einheimische, die aber dann oft nur Spanisch sprechen. Da es noch keine Kontrolle bei der Zulassung der Guías gibt, tummeln sich unter den zahlreichen selbsternannten „Kultursachverständigen" auch etliche „Esoterik-Guides". Begeistert trotten viele Touristen diesen hinterher und lauschen den fantasievollen Stories, die keiner ernst nehmen kann.

Empfehlenswert ist *Horacio Rodríguez Limachi,* limachir@hotmail.com, Cel. 984-751-317 (er macht auch den Trail ab Km 104). – Die stolze Quechua *Yovanna Mendoza Ramas* aus Ollanta, Tel. (084) 26-0036, Cel. 984-740-693, wayra_6@hotmail.com, spricht sehr gut Deutsch und steht als Führerin ab Cusco zur Verfügung. Wer aus der Sicht einer Quechua Machu Picchu erleben möchte, kann eine neue Perspektive über Land und Leute erfahren.

Unterkunft	**Machu Picchu Sanctuary Lodge,** Ruinas de Machu Picchu, unmittelbar vor dem Eingang gelegen, Tel. 21-1038, www.sanctuarylodgehotel.com. Alle 31 Zimmer (Kategorie LUX) *ab* 350 € pro Nacht, aber in der Nebensaison bis zu 50% Rabatt möglich (Preise völlig überzogen, da die Ausstattung des Hotels bestenfalls vier Sternen zuzuordnen ist); bp, Restaurant, Bar, Ws; Check-out um 9 Uhr, doch Tagesraum vorhanden. Auf der riesigen Veranda von 12–15 Uhr Selbstbedienungs-Restaurant.
Essen & Trinken	Das Restaurant in der Machu Picchu Sanctuary Lodge und das dortige Selbstbedienungsrestaurant sind, neben einem Kiosk (der ebenfalls zum Hotel gehört), oben die einzige Möglichkeit, Essen und Trinken zu überteuerten Preisen zu erhalten.

Die Wiederentdeckung von Machu Picchu

Man weiß nur sehr wenig historisch Belegbares über Machu Picchu. Gesichert ist, dass sich viele Mitglieder des Inka-Königshauses nach der Zerstörung des Inkareiches durch die Spanier unter Mitnahme reicher Schätze aus Cusco in entfernte Berggegenden absetzten. Von den Chronisten wurden immer wieder die Namen *Huilcabamba* und *Vilcabamba* als letzte Zufluchtsstätte der Inka in den östlichen Anden genannt. In diesem Gebiet hätten sie von 4000 Menschen Befestigungen, Tempel und Paläste anlegen lassen. Dadurch seien die Inka in der Lage gewesen, noch öfter Überraschungsangriffe gegen die Spanier zu führen und sich wieder zu verstecken. Erst nach der Hinrichtung des letzten Inca, *Túpac Amaru*, soll 1572 der Widerstand aufgehört haben. Die letzten versprengten Haufen der Inka haben wahrscheinlich die verborgene Stadt Richtung Amazonas verlassen und der Dschungel hat Vilcabamba und auch Machu Picchu verschlungen. Machu Picchu musste ein heiliger Ort von sehr großer Bedeutung gewesen sein.

■ *Machu Picchu, im Vordergrund links das Eingangstor, im Hintergrund der aufragende Sporn des Wayna Picchu. Rechts unten im Talgrund das helle Band des Rio Urubamba.*

Bis in die Neuzeit blieben die Erzählungen von verborgenen Schätzen und der verschwundenen Inka-Stadt lebendig. Und doch musste sie nicht mühsam gesucht werden, denn der indigenen Bevölkerung war

Die Wiederentdeckung von Machu Picchu

Machu Picchu immer bekannt. Bis ins 17. Jahrhundert war sie ständig bewohnt. „Entdeckt" werden musste Machu Picchu deshalb nur für die restliche Welt, der sie nahezu 400 Jahre verborgen blieb. Bei der Wiederentdeckung waren, noch vor Hiram Bingham, einige interessante Personen beteiligt.

Inca Yupanqui

Von Dr. John Rowe wurde ein spanisches Dokument von 1568 entdeckt, das den Inca Yupanqui als früheren Landeigentümer von *Picho* (Piccu) bezeichnet. Daselbe Dokument führt aus, dass die hier angebauten Produkte als Opfergaben verwendet wurden.

Augustinerorden

1657 pachtete der Augustinerorden vorübergehend das Land um Machu Picchu, ohne von Machu Picchu selbst Kenntnis zu nehmen.

Marcos de la Camara

Das einzige bekannte Dokument über die legendäre Inka-Stadt ist eine Urkunde aus dem Jahre 1782, das von dem Geschichtsprofessor *José Uriel García* in Cusco entdeckt wurde. Auf Blatt 20 des handschriftlichen Protokolls wird ersichtlich, dass u.a. Machu Picchu und das umliegende Land von dem Kommandanten *Marcos Antonio de la Camara y Escuerdo* für 450 Peso gekauft wurde, notariell beglaubigt vom Notar *Ambrosio de Lira*. Aus dem Dokument geht hervor, dass der Name der Stadt Machu Picchu war. Erst Bingham (s.u.) schuf – bewusst oder unbewusst – das Geheimnis um den wahren Namen der „Verlorenen Stadt der Inka", die er mit „Ruinen von Machu Picchu" (fälschlicherweise in Bezug auf den *Berg* Machu Picchu) bezeichnete. Einige vermuten, dass die Inkastadt auch den Namen *Willca Marca,* „Stadt der Zauberer", trug.

Antonio Raimondi

Der Italiener *Antonio Raimondi* veröffentlichte 1865 eine Landkarte, auf der Machu Picchu eingetragen und namentlich gekennzeichnet war.

Nicolas Wiener

1875 drang der Franzose *Nicolas Wiener* bis zu den Inka-Ruinen in Ollantaytambo vor, wo er von Einheimischen Hinweise erhielt, dass es weitere Ruinen bei „Matcho Picchu" geben solle. Durch das unwegsame und nahezu undurchdringliche Urubamba-Tal kämpfte sich Wiener bis in die Nähe des heutigen Machu Picchus vor, scheiterte aber kurz vor dem Ziel an der Wildnis und an einem Erdrutsch. Zu dieser Zeit war wohl *Don Martín de Concha* Besitzer von Machu Picchu, den der Bergrücken vom Kommandanten Marcos Antonio de la Camara y Escuerdo, seinem Schwiegervater, geerbt haben musste. Wiener trug den Namen Machu Picchu auf der Karte des Heiligen Tales ein.

Anacleto Alvarez

1895 wurde ein Maultierpfad entlang des Río Urubamba aus dem Fels gesprengt. In Cusco war damals Machu Picchu in aller Munde. Am 14. Juli 1901 kehrte Lizarraga, zusammen mit seinen Freunden *Don Enrique Palma* aus *San Miguel* und *Gavino Sánchez* von der *Hacienda Collpani*, zur Inkastadt zurück und sie ritzten ihre Namen auf die Mauer eines Palastes ein. Zu dieser Zeit wohnte der Indígena Anacleto Alvarez im Gebiet von Machu Picchu, der die Terrassen gepachtet hatte.

Lequiades Alvarez

muss 1904 Pächter von Machu Picchu gewesen sein, der die terrassierten Hänge landwirtschaftlich bebaute. *Rodríguez Carpio*, ein Maultiertreiber und späteres Expeditionsmitglied von Bingham, hörte davon 1906 bei einem Gespräch mit dem Brückenwächter unterhalb der Inkastadt. Im gleichen Jahr sollen die Missionare *Stuart McNairn* und *Thomas Paine* die Inka-Stadt betreten haben. 1909 erreichten die Brüder *Santandér* Machu Picchu und hinterließen ihre Inschriften auf dem Sockel des Sonnentempels. Dokumentiert ist auch der Besuch des Peruaners *González de la Rosa* noch im selben Jahr.

Alberto Giesecke

Einige Wochen vor Binghams Expedition 1911 stieß der Amerikaner Alberto Giesecke, zusammen mit *Don Braulio Polo y la Borda*, der von Einheimischen von der Inkastadt wusste, bis zum Fuß des Machu Picchus vor, musste aber

Hiram Bingham

aufgrund eines Unwetters umkehren. Gieseckes Wissen und Erfahrungen waren dann die Grundlage für Binghams Expedition.

1911 brach eine Expedition unter der Schirmherrschaft der Yale University und der National Geographic Society in die Anden auf. Expeditionsleiter war *Hiram Bingham,* geboren am 19.11.1875 in Honolulu. Dem Team gehörte ab Cusco auch der Maultiertreiber Rodríguez Carpio an. Bingham wollte mit seiner Gruppe *Vilcabamba,* die „Verlorene Stadt der Inka", suchen. Man war sich klar darüber, dass das Wort Vilcabamba aus zwei Quechua-Wörtern bestand, die mit „Ebene, auf der die Huilca wächst" zu übersetzen waren. *Huilca* ist ein subtropischer Strauch, aus dessen Samen die Inka das Narkotikum *Cohoba* herstellten. Da auch im Namen *Vilcanota* der gleiche Wortstamm enthalten ist, suchte Bingham entlang des Flusses nach dem Huilca-Strauch und fand flussabwärts immer mehr davon. Er nutzte den bereits 1895 aus dem Fels gesprengten Maultierpfad, hatte Wieners Karten des Heiligen Tales aufmerksam studiert und war ausgiebig von Giesecke informiert worden. Lizarraga, der ja bereits auf Machu Picchu war, schloss sich in San Miguel der Expedition an. Der Aufstieg nach Machu Picchu dauerte sieben Stunden.

Als Bingham dann am 24. Juli 1911 vor der grandiosen und vom Dschungel überwucherten, unzerstörten Inkastadt stand, meinte er: „Das ist nicht das, was ich suche!". So berichtet sein Zeitzeuge Rodríguez Carpio. Bingham war sich zwar nicht sicher, ob es sich um die gesuchte Stadt Vilcabamba handelte, ahnte es aber wahrscheinlich. Fälschlicherweise gab er ihr den Namen **Machu Picchu**, „Alte Bergspitze".

Es gilt nahezu als gesichert, dass Bingham, der bereits 1909 die Ruinen von *Choquequirao* besucht hatte, 1909 auf dem Rückweg von einer Expedition nach Vilcabamba auch Machu Picchu besuchte und danach mit 60 Mulis, voll beladen mit Goldschätzen, Peru heimlich Richtung Bolivien verlassen habe. Tatsache ist aber, dass Professor *Osvaldo Baca* aus Cusco bestätigt, dass Bingham bei dessen Vater in Ollanta 200 Kisten unterstellte, voll mit Funden, die von der Yale-Expedition in Machu Picchu ausgegraben wurden. In diesem Zusammenhang wurde Bingham von *Enrique Portugal* bzw. von der argentinischen Intellektuellen *Ana de Cabrera* 1938 in der Zeitung *La Nación* beschuldigt, eine Anzahl von Holzkisten über den peruanischen Hafen Mollendo in die USA geschafft zu haben. In der Tat veröffentlichte Bingham keine Liste der Funde. Bis heute kann außerdem kein peruanisches Museum einen Kunstgegenstand Machu Picchus vorweisen, obwohl von der Yale-Expedition unter Bingham 173 Mumien (davon 150 Frauen) entdeckt wurden. Dagegen behauptete *Luís Valcárcel* in der Universität in Yale, Binghams Inhalte der Kisten gesehen zu haben – Machu Picchu wäre demnach geplündert worden. Die Diskussion um die Herausgabe der Objekte zwischen Peru und der Yale-Universität verschärften sich auch 2010, wobei Yale letztendlich einer Rückgabe zustimmte. Am 30. März 2010, knapp 100 Jahr nach Binghams Expedition, trafen die ersten Stücke in Lima ein.

Der sensationelle Bericht Binghams über Machu Picchu als National Geographic Society-Veröffentlichung erregte weltweit Aufsehen, doch nicht in Peru. Hier wurde mit großer Empörung zur Kenntnis genommen, dass Bingham sich ungerechtfertigt als Entdecker Machu Picchus ausgab. Sicherlich war Bingham daran beteiligt, das Ansehen Machu Picchus archäologisch aufzuwerten, das Interesse an der Region neu zu entfachen (es wurden dadurch u.a. auch jahrtausende alte Fossilien, wie z.B. der Unterkiefer eines urzeitlichen Pferdes und die Stoßzähne eines Elefanten usw. ausgegraben, deren Alter man auf 70.000 Jahre schätzt, und es wurden auch Überreste menschlicher Besiedlung gefunden). Doch was Hiram Bingham 1911 wirklich wiederentdeckte, war **Tambotocco,** die untergegangene Interims-Hauptstadt des alten Inkareiches, wie neueste wissenschaftliche Erkenntnisse belegen.

Zwischen 1912 und 1913 begann Bingham mit der Freilegung. 1915 veröffentlichte er ein Werk über seine Erforschung von Machu Picchu, kehrte aber nicht mehr dorthin zurück. 1948 wurde in Anwesenheit Binghams die neue Stahlhängebrücke über den Río Urubamba eingeweiht und der 8 km steile Hiram-Bingham-Serpentinenweg über den Steilabhang nach Machu Picchu eröffnet.

Bingham starb 1956 in den Vereinigten Staaten. 1961 wurde er mit einer Bronzetafel als „Wissenschaftlicher Entdecker Machu Picchus" geehrt, nicht mehr war er.

Martín Chambi Um 1920 besuchte der Cusqueñer Fotograf *Martín Chambi* das von Bingham freigelegte Machu Picchu. Seine Aufnahmen zeigen, dass der Urwald die Inkastadt bereits nach sieben Jahren wieder vollständig überwuchert hatte. Seine Fotos können als großformatige Replikate im *Casa Concha Museo Machu Picchu* in Cusco bewundert werden.

Die Inkastadt Machu Picchu

1981 gründete die peruanische Regierung den „Historischen Park von Machu Picchu", der unter Naturschutz gestellt wurde. Eine Fläche von über 325 qkm, die das gesamte Gebiet des Inka Trails umfasst. Die UNESCO erhob das Schutzgebiet 1983 zum Weltkulturerbe der Menschheit. Damit wurde Machu Picchu und das gesamte Gebiet um Machu Picchu z.B. der Region von Tikal in Guatemala gleichgestellt. Es sind die einzigen Gebiete, in denen sowohl die Natur als auch die Kultur geschützt sind.

Das große Rätsel Das schönste und rätselhafteste Zeugnis der Inkazeit liegt auf 2470 bis 2530 m Höhe (Messungen am Eingang und an der obersten Terrasse), 400 m über dem Río Urumbama. Vom Flusstal aus sind nur einige Mauern und Terrassen von der großartigen Anlage zu sehen.

Die Inkastadt ist an drei Seiten von schroffen und steilen Felsen umgeben, die tief unten der wilde Urubamba umtost. Wie ein riesiger Beobachtungsturm ragt dabei am Ende der Sporn des **Wayna Picchu** in die Höhe. Dieser Punkt war genial gewählt für eine Schutzburg und Festung und bestens zur Verteidigung und Kontrolle des gesamten Tales geeignet. In Machu Picchu wurde also eindeutig etwas geschützt. Archäologen, Wissenschaftler – auch Fantasten – streiten sich nach wie vor: War es eine Sommerresidenz der Inkaherrscher, Fluchtburg der Sonnenjungfrauen, Stadt der Magier, eine Inka-Universität, eine Festung gegen wilde Amazonasstämme oder alles zusammen?

Nachdem nun inzwischen das historische **Vilcabamba** etwa 80 km weiter westlich im Dschungel entdeckt wurde, halten manche Wissenschaftler Machu Picchu für ein Heiligtum aus der Präinkazeit. Dies ist nicht unbedingt auszuschließen, zumindest was die Grundmauern Machu Picchus anbetrifft, unter denen Stollen und geheime Gänge vermutet werden. Machu Picchu ist nachweislich auf den megalithischen Grundmauern einer viel älteren Kultur erbaut worden. Trotzdem sind viele Wissenschaftler der Meinung, dass die Stadt erst in der Anfangszeit der Inka gegründet, um die Mitte des 15. Jahrhunderts ausgebaut und letztendlich nie ganz vollendet wurde. Keramikfunde und der typische Baustil mit trapezförmigen Türen und Nischen und die kissenartig vorgewölbten Granitsteine in den fugenlosen Mauern sprechen für den Cusco-Stil zu Zeiten des 9. Inca-Herrschers Pachacuti Yupanqui.

Machu Picchu-Fakten

1. Die Stadt wurde an einem strategischen Punkt errichtet.
2. Machu Picchu wurde festungsartig mit mächtigen Mauern geschützt. Jedes einzelne Viertel ließ sich mit Steinblöcken verriegeln und verteidigen.
3. Machu Picchu war keine isolierte Anlage, da alle Inkawege sternförmig zur Felsenstadt liefen.
4. Machu Picchu war so gut wie autark. Die Bevölkerung konnte sich über die „hängenden Gärten" selbst versorgen. Eine Wasserleitung führt durch die Stadt.
5. Machu Picchu weist die klassische Inka-Architektur auf.
6. Machu Picchu beherbergte eine sehr hohe Anzahl (75%) von weiblichen Mumien.
7. Machu Picchu ist voll mit Symbolen der Inka-Religion und ist Bezugszentrum einer heiligen oder religiösen Geografie („Heiliges Tal der Inka", „Heiliger Fluss der Inka", „Heilige Berggipfel der Inka").
8. Machu Picchu ist ein Ort mit unzähligen architektonischen und natürlichen Besonderheiten, die auf die Sonnenwenden bzw. die Tag- und Nachtgleiche sowie Stellung von Sternen einen Bezug haben.
9. Machu Picchu war eine expandierende Anlage. Teile sind unvollendet und Gebäude befanden sich im Baubeginn.

Es bleibt die Erkenntnis, dass wir nach wie vor nichts Gesichertes über Machu Picchu wissen und die Stadt ein Geheimnis birgt.

Die Anlage

Am schönsten ist es, oben beim rekonstruierten spitzgieblingen Häuschen am Aussichtspunkt (Mirador) zu sitzen. Hier, am *Puesto de Vigilancia,* war bei den Inka jener Punkt, an dem jeder Besucher Machu Picchus wahrscheinlich kontrolliert wurde, ehe er die Stadt betreten durfte. Von hier aus wird auch das hunderttausendfache Touristenfoto von Machu Picchu geschossen. Von keiner Stelle kann man eindringlicher die Gesamtheit der Anlage mit den umgebenden Terrassen und dem dahinter aufragenden Wayna Picchu auf sich wirken und seiner Fantasie freien Lauf lassen. Stimmungsvoll ist es, wenn frühmorgens die Nebelschwaden die Inkastadt einhüllen und dann langsam zum Wayna Picchu hochschweben.

Der Komplex ist in Nord-Südrichtung 800–1000 Meter lang und etwa 500 Meter breit. Deutlich sichtbar sind die unterschiedlichen Stadtsektoren: vorne, unterhalb des Aussichtspunktes, liegt **Hanan**, die Oberstadt mit dem **Palastviertel**, dem halbrunden Sonnentempelturm **(Sonnen-Torreón)** und dem darunter liegenden königlichen Mausoleum. Hinter dem Palastviertel erstreckt sich das **Tempelviertel** mit dem **Intiwatana-Felsen**. Gegenüber der Oberstadt liegt die Unterstadt **Hurin** mit dem **Gefängnisviertel, Lager-** oder **Speicherviertel**, dem **Viertel der Handwerker**, dem **Intellektuellen-** und **Wohnviertel**. Obere und Untere Stadt werden durch den **Intipampa**, dem großen, dreistufigen Platz in der Mitte getrennt, er stellt gleichzeitig den einzigen ebenerdigen Teil der Stadtanlage dar.

Alle 216 Gebäude, Paläste und Tempel (davon 40 zweigeschossig) der insgesamt vierzehn Stadtsektoren der Ober- und Unterstadt sind auf Terrassen angelegt und mit etwa 100 größeren und kleineren Treppen untereinander verbunden. Im Südosten, vom Kontroll- und Aussichtspunkt nicht sichtbar, liegt der Sektor der Landwirte mit sehr einfachen Häusern, er ist vom übrigen Komplex durch eine Mauer abgetrennt.

Die gesamte Stadtanlage ist von terrassierten Hängen, den berühmten „Hängenden Gärten" umgeben, die im Norden, Westen und Osten in unbezwingbare, fast senkrecht abfallende Felsformationen übergehen. Im Süden schützte ein unüberwindbarer und leicht zu verteidigender Engpass die Stadt. Zugbrücken, Zugtore und Schutzwälle außerhalb und innerhalb der Anlage verstärkten die Verteidigungsmöglichkeiten.

Üblicherweise verläuft eine Besichtigung in folgender Reihenfolge: die Stadt wird über die *Barracas* des Landwirtschaftsviertels betreten, dann folgt ggf. zuvor noch der Aufstieg zum Aussichtspunkt (Mirador). Von dort geht es zum Stadttor Huaca Puncu (s. Plan), wo man in die Stadt eintritt.

Rundgang Machu Picchu

Barracas Gleich nach dem Kassenhäuschen sind restaurierte, einfache Häuser zu sehen. Dabei handelte es sich wahrscheinlich um Barracas der Terrassenaufseher oder -wächter im „Viertel der Landwirte". Sie grenzen unmittelbar an die kunstvoll angelegten und mit Bewässerungsgräben versehenen landwirtschaftlichen Terrassenanlagen *(andenes),* auf denen vor allem Kartoffeln und Mais angebaut wurden. Vor den Barracas führt nach links ein markierter Weg über die Terrassenanlagen nach oben zum ehemaligen Friedhof und zum Aussichtspunkt.

Puesto de Vigilancia (oder „Mirador")

Aussichtspunkt

Wie schon erwähnt, sollte dieser Punkt am Beginn der Besichtigung stehen, da von hier das gesamte Panorama der Stadtausdehnung erfasst werden kann. Hier endet der *Inca Ñan* (Sonnen- oder Inkaweg) oder *Ñan Cuna* (Weg der Zeit), wie die Inkastraßen in jener Zeit genannt wurden, die das ganze Reich durchzogen. Am Mirador verspürt man die geheimnisvolle Atmosphäre der Stadtanlage besonders. Lassen Sie eine Zeitlang die harmonische Verbindung von Natur und Architektur auf sich wirken. Wer Fantasie besitzt, versetzt sich in die Zeit der Inka, stellt sich vor, wie auf der Mitte des Sonnenfeldes ein Markt stattfindet, Menschen treppauf- und treppab gehen, aus den Kaminen der gedeckten Häuser Rauch kräuselt und Baumeister einen Palast erbauen. Aus der Urumbaschlucht steigen Vögel auf, lassen sich durch die Aufwinde höher treiben und verschwinden in der Nebelwand.

Mit etwas Fantasie ist in der Kontur des Wayna Picchu ein „schlafender Inka" wahrzunehmen: Rechts von ihm kann man Stirn und Auge im Fels erkennen, der Wayna Picchu ist die Nase, links davon der Mund und das Kinn (das Foto auf S. 368 um 90 Grad nach links drehen).

Puente Inca **Inka-Brücke**

Hinter dem Aussichtspunkt liegt der **Begräbnis- oder Totenfelsen.** Der Zeremonialstein sieht wie ein Schlitten aus und besitzt an seinem oberen Ende eine Steinbohrung, durch die ein Seil passen würde. Der Stein hat die Form eines Altars, der am oberen Ende bugförmig zusammenläuft und eine Art steinerne Kopfhaube bildet. Rechts und links sind in den Stein Stufen eingeschlagen, auf dem sich Trauernde niederknien konnten. Hinter dem Begräbnisfelsen breiten sich hängende Gärten aus, die über freitragende Treppensteine verbunden sind. Oberhalb der Terrassen sollen *Callancas,* Quartiere für die Krieger, gewesen sein.

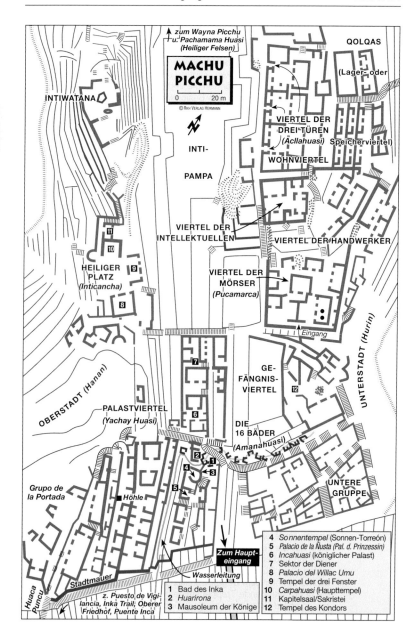

Vom Begräbnisstein führt ein ausgeschilderter Pfad zum 20 Minuten entfernten **Puente Inca** (Inkabrücke). Der Pfad klebt direkt am Fels und ist sehr schmal, nach rechts fällt er teilweise mehrere hundert Meter ab! Herabhängende, wildwuchernde Äste versperren ihn manchmal und es ist sinnvoll, kein Geäst zu berühren – es könnten Schlangen darauf sitzen. Blauweiße und rotschwarze Schmetterlinge flattern durch das subtropische Gehölz, Bambus, Palisander, Orchideen und Gummibäume säumen den Pfad. Nach einem Felsspalt ist der Pfad gesperrt, etwas unterhalb ist die Inkabrücke sichtbar. Wo heute 3 m lange Holzbalken die Inkabrücke markieren, bildete früher eine Hängebrücke den 2. Zugang nach Machu Picchu. Auf der anderen Seite der Schlucht führen Steintreppen in das Dickicht der überwucherten Felsen und zum Aobamba-Tal.

Nun wieder den Pfad zum Mirador zurückgehen. Dann geht es über das letzte Stück des Inkawegs über eine nach rechts gezogene Treppe zur Oberstadt, die durchs Stadttor betreten wird. Vor ihm führt eine Treppe an der Stadtmauer zum Weg runter, der vom Haupteingang kommt.

Huaca Puncu

Heiliges Tor

Das Stadttor hat einen mächtigen Türsturz und ist sehr gut erhalten. Innen sind die Befestigungen, Steinbolzen und -zapfen für das Zugtor, deutlich sichtbar. Der monolithische Türsturz wurde in der Mitte mit einem Steinring versehen, durch den ein Seil geführt werden konnte.

Vom Tor führt der Weg über die oberste Terrasse durch die Eingangsgruppe *(Grupo de la portada)* der Oberstadt. Nach links führen drei Stufen zu einer höher liegenden Terrasse, nach rechts gibt es Zugänge zu ersten Steinhäusern. Am anderen Ende der Terrasse führen Treppen über die weiter unten liegenden, mit Wohnhäusern bebauten Terrassen. Rechts der Treppe sind jeweils die Zugänge zu den Steinhäusern, die auf den einzelnen Terrassen hintereinander aufgereiht sind und meist als Sackgasse enden. Bei vielen Häusern sind noch gut die Steinzapfen zur Aufnahme des Dachgerüstes zu sehen. Neben den Wohnhäusern sind meist kleinere Räume angedeutet, die mit einem Kanal durchzogen waren. Über die Treppen der Terrassen weiter abwärts kommt man zum **Palastviertel.** Von hier führt die *Treppe der Quelle* immer weiter nach unten bis zur Unterstadt. Rechts und links der Treppen befinden sich die

Amanahuasi

Dies sind 16 aufeinanderfolgende, steinerne Becken, die durch ein ausgeklügeltes Wasserleitungssystem miteinander verbunden sind. Dabei fällt das Wasser jedesmal aus etwa einem Meter Höhe in 60 x 50 cm große Steinwannen. Nachdem es alle Wannen durchlaufen hat, fließt es über einen Graben ab.

Das erste „Badebecken" rechts wird über die Wasserleitung auf der Terrasse mit Wasser versorgt. Das Bad ist etwa 1,50 x 1 m groß und hat nur einen menschbreiten Eingang. Im Bad befindet sich hinten links eine Aussparung im Mauerwerk, ähnlich einer Seifenablage. Das Wasser in der Steinwanne hat allerdings nur eine Wassertiefe von 6–8 cm, da das Wasser sofort über eine Steinrinne in das nächste Bad abfließt. Das nächste Bad rechts ist das größte und schönste und wird *Bad des Inca* genannt (s. Plan **Nr. 1**). Doch es ist nach wie vor nicht geklärt, zu welchem eigentlichen Zweck die Wannen genutzt wurden – tatsächlich als Badewannen, als Wasserspeicher oder als Waschbecken zu rituellen

Waschungen? Als Badewannen waren diese Becken bestimmt nicht geeignet, da sie zu wenig Wasser fassen können und oftmals viel zu eng sind. Als Anlage zur Wasserversorgung der Einwohner schon eher.

Vor dem Bad des Inca befindet sich das

Huarirona (2)

Dieses Gebäude hat nur drei Wände, ist mit einem spitzen Strohdach gedeckt und nach Osten vollkommen offen. Innen befindet sich eine Granitbank, von der man einen beeindruckenden Rundblick hat.

Wendet man sich nach dem Bad des Inca nach rechts Richtung Rundturm, kommt man zu einer bemerkenswerten Höhle oder Gruft.

Mausoleum der Könige (3)

Bingham wählte diese Bezeichnung, da er hier zwei vornehm gekleidete Mumien entdeckte, die mit Gold und Silber verziert waren. Gold- und Silberschmuck wurden aber nur von der Herrscherfamilie getragen. In der Nähe wurden bei Grabungen weitere Mumien und Skelette gefunden, wobei auf zehn weibliche aber nur ein männliches kam. Auf diesem ungleichen Verhältnis stützt sich die Theorie, dass Machu Picchu auch eine Tempelfestung für die Sonnenjungfrauen gewesen sein könnte. In die Höhle führen ein paar Stufen hinunter, die durch einen dreieckigen Eingang betretbar war, heute aber durch eine Kette abgesperrt ist. Die Wände im Inneren wurden sauber bearbeitet und mit den typischen, trapezförmigen Nischen versehen. Im Blickpunkt steht, gleich rechts vom Eingang, ein gewaltiger Granitblock, der 30 scharfkantige Stufen aufweist.

Über dem Mausoleum ist auf einem Felsen der

Sonnentempel (4)

Sonnen-Torreón (Sumturhuasi)

Der halbkreisförmige Turm mit einem Durchmesser von knapp 11 Metern ist eine architektonische Meisterleistung, gebaut aus gradlinigen, feinpolierten Steinen, kann aber nicht mehr betreten werden. In die mörtellosen, passgenau geschliffenen Fugen passt keine Rasierklinge mehr. Aus dem architektonischen Aufwand ist zu schließen, dass der Turm sicherlich eine religiöse Bedeutung hatte. In seinem Innern (es weist Ähnlichkeiten mit der Apsis des Sonnentempels in Cusco auf) befinden sich drei trapezförmige Nischen. Das Mauerwerk wird nur durch eine ungewöhnliche, türartige Öffnung nach Norden und zwei Trapezfenster durchbrochen. Das Trapezfenster in der Mitte der Rundmauer ist genau auf die Sonnwende ausgerichtet. Am 21. Juni fällt der Strahl der Sonne in einer Linie durch das Trapezfenster direkt in eine wannenartige Vertiefung eines gewölbten Felsentisches, der die Mitte des Sonnentempels einnimmt. Der Felsentisch weist neben der wannenartigen Vertiefung an den Seiten und vorne stufenähnliche Aussparungen auf. Gleichzeitig kann hier in den ersten zwanzig Tagen im Juni das Sternbild des Skorpions am Himmel beobachtet werden. Je nach der Helligkeit der Sterne im Sternbild des Skorpions setzte der Regen früher oder später ein und gab Hinweise, wann welche Saat auszusäen ist, so die Annahme.

■ *Der Sonnen-Torreón*

Links vom Felsentisch zieht sich, über die gesamte Länge, eine leicht abfallende, polierte Felsfläche zu der ungewöhnlichen Türöffnung. Die Öffnung weist unten eine stufenartige Verengung auf, die mit sauber gearbeiteten Bohrlöchern versehen ist. Die gesamte Öffnung hat große Ähnlichkeit mit dem Eingang zum Sonnentempel Qoricancha in Cusco. Es wird vermutet, dass in dieser Öffnung u.U. das goldene Sonnenbild *Punchao* befestigt gewesen sein könnte. Außerhalb von ihr befindet sich ein halbrunder Absatz, unter dem das „Bad des Inca" zu sehen ist.

Auf dem Fels, auf dem der Sonnentempel steht, wurde in fünf Metern Höhe (jedoch kaum sichtbar), ein seltsamer, großer Glatzkopf *(calva)* in den Stein gehauen. Entlang des Felsens führt vom „Mausoleum der Könige" eine Treppe nach oben. Das zweistöckige Bauwerk südlich des Torreón bezeichnet man als

Palacio de la Ñusta (5) — Palast der Prinzessin

Das prachtvolle Haus ist 3 x 5 m groß. Im Inneren sind noch gut die Vorsprünge zu sehen, auf dem die Deckenträger auflagen, auch sind einige Nischen zu erkennen. Rechts vom Eingang des Hauses führt eine achtstufige steinerne Außentreppe zu einer Art Dachterrasse. Das Stockwerk über dem Erdgeschoss konnte nur über diese Außentreppe zur Dachterrasse betreten werden. Der Eingang in das Obergeschoss ist wieder in typisch trapezförmiger Form ausgeführt. Die Dachterrasse ist gleichzeitig Patio und einziger Zugang zum Inneren des Torreóns. Sie ist nun gesperrt. Die Häuser mit einfachem Mauerwerk auf der linken Seite des Palastes der Prinzessin werden als Nebengebäude für Bedienstete oder Getreidespeicher gedeutet.

Links am Palast der Prinzessin führt eine Treppe nach oben. An ihrem Ende führt ein Gang nach rechts und vorbei am ersten Steinbad wieder zur Haupttreppe. Auf der anderen Seite der Haupttreppe liegt der

Incahuasi (6) — Königlicher Palast

Der Bereich des Inkapalastes wird durch ein Trapeztor betreten. Der eigentliche Inkapalast besteht aus zwei großen und zwei kleinen Räumen (wahrscheinlich Waschräume) mit feingearbeiteten Mauern aus massiven Granitblöcken und bis zu drei Tonnen schweren Türstürzen. In den kleinen Räumen ist auf dem Boden noch eine steinerne Kanalisation zu erkennen. Schon alleine die Perfektion des Mauerwerkes weist auf die hohe Stellung der ursprünglichen Bewohner dieser Gebäude hin. Auch hier, wie an vielen anderen Mauern in Machu Picchu, finden sich oben steinerne Zapfen oder Zylinder, die zur Befestigung der Dachkonstruktion, wahrscheinlich Holzbalken mit Stroh gedeckt, gedient haben könnten. Die beiden großen Räume sind durch einen inneren Patio getrennt. Auf der östlichen Seite des Inkapalastes gibt es eine innere Gartenanlage. Nördlich schließt sich der **Sektor der Diener (7)** an. Der Bereich des Inkapalasts ist in sich vollständig geschlossen und muss über denselben schmalen Eingang wieder verlassen werden.

Sie stehen nun wieder auf der großen Haupttreppe am Eingang des Inkapalasts und gehen ein Stück die Treppe hoch, die sich teilt. Die rechte nehmen und bis zu einer Terrasse gehen. Diese Terrasse nach Norden entlanggehen, nach rechts blickt man nochmals zum Inkapalast. Sie erreichen die zweite Haupttreppe, die vom Intipampa über mehrere Terrassen herauufführt. Nach links geht die Treppe weiter zum Tempelbezirk.

Inticancha	**Heiliger Platz**
	Der Platz hat eine Seitenlänge von 16 Metern und ist von tempelartigen Gemäuern umgeben. In der Mitte des Platzes liegen zwei große, bearbeitete Megalithblöcke. An der südöstlichen Ecke erhebt sich der *Palast des Willac Umu*, im Osten der *Tempel der drei Fenster* und schließlich im Nordwesten der monumentale *Carpahuasi* (Haupttempel). Auf der westlichen Seite bricht der terrassierte Fels nahezu senkrecht in die Schlucht von Colpani und San Miguel ab. In der Tiefe rauscht der Urubamba durch die Schlucht.
Palacio del Willac Umu (8)	**Palast des Hohen Priesters**
	Das Gebäude mit den zwei Eingängen und neun Trapeznischen war wahrscheinlich die Wohnstätte des Hohen Priesters. Er war als Magier, Wissender und oberster Sonnendiener genauso mächtig wie der Inca und stammte oft aus dem gleichen Geschlecht.
Tempel der drei Fenster (9)	Dieser verdankt seinen Namen den drei großen, trapezförmigen Fenstern nach Osten, die von riesigen Steinquadern gebildet werden. Auffällig ist, dass kein Mauerwerk in Richtung des Heiligen Platzes vorhanden ist und der Tempel eher einer Halle ähnelt. Der Blick aus den Fenstern fällt direkt auf die Unterstadt und den davorliegenden großen Platz, ein guter Aussichtspunkt. Die aufgehende Sonne müsste vermutlich durch die Fensteröffnungen direkt auf den Heiligen Platz fallen. Durch die magisch-religiöse Bedeutung war dies wahrscheinlich die wichtigste Stelle in der Stadt, doch nach wie vor birgt sie ihr Geheimnis. Im rechten Winkel dazu liegt der
Carpahuasi (10)	**Haupttempel**
	Der 11 x 8 m große Haupttempel mit nahezu ein Meter dicken Mauern war dem Sonnengott geweiht, er ist mit trapezförmigen Nischen versehen. Die nördliche Mauer ist aus tonnenschweren Blöcken geschlagen. Zum Heiligen Platz hin ist das rechtwinklige Bauwerk offen. Überwältigend ist der über vier Meter lange Opferstein oder Altar, der aus einem einzigen, geschliffenen Monolithblock besteht und der von kleineren Steinblöcken flankiert wird.
	Rechts um die Ecke liegt der **Kapitel- oder Ornamentensaal (11)**, auch Sakristei genannt. Hier könnten sich die Priester auf die Zeremonien vorbereitet und beraten haben. Auffallend ist eine Steinbank und ein Monolith, der auf seinen verschiedenen Flächen nicht weniger als 32 Ecken aufweist. Eine 78-stufige Treppe führt nun den pyramidenförmigen, 25 m hohen Hügel hinauf, auch „Akropolis von Machu Picchu" genannt. Oben, am höchsten Punkt des Tempelbezirks, steht der
Intiwatana	**„Ort, an dem die Sonne angebunden wird"**
	Ein aus einem Felssockel herausragender Granitblock, aus dem ein Sporn aufragt. „Intiwatana" ist ein Quechuawort und bedeutet „Sonne binden" oder „Ort, an dem die Sonne angebunden wird". Der Intiwatana diente astronomischen Zwecken. Der Inka-Chronist Poma de Ayala gibt den Hinweis, dass damit Sonnenlauf, Tageszeit, Sternbilder und Planetenbahnen bestimmt werden konnten, deshalb auch „Sonnenobservatorium" genannt.
	Der Intiwatana-Felsblock weist drei Stufen auf. Die obere Stufe führt rampenartig um das oberste Steinprisma, so dass der optische Eindruck

einer aufsteigenden Spirale entsteht, in deren Mitte sich ein Prisma wie ein Finger oder Messstab erhebt. Das Prisma hat eine Grundfläche von 60 x 53 cm, verengt sich auf 40 x 25 cm, ist 60 cm hoch, nach Nordost-Südost ausgerichtet und hat eine Neigung von 13°7'54". Die Neigung steht im direkten Bezug zum Äquator. Die vier Scheitelpunkte markieren die vier Himmelsrichtungen. Die Chronisten berichten von *Saywakuna* (Pfeilern), die auf der obersten Plattform um den Intiwatana standen und deren Schatten in Verbindung mit dem Intiwatana als Sonnenuhr genutzt wurden.

Vom Intiwatana führen nach Norden Treppen über die Terrassen zur Grasebene hinunter, die sich östlich, genau unterhalb des Intiwatana, erstreckt. Diese Grünfläche ist das „Sonnenfeld".

Intipampa **Sonnenfeld**

Der große rechtwinklige Platz liegt zwischen Ober- und Unterstadt und gliedert sich in drei Ebenen. Er trennt damit die Palast- und Tempelbezirke von den Wohn- und Arbeitsvierteln. Hier fand, vor der imposanten Kulisse des Wayna Picchu, alljährlich Ende Juni das große Inti-Raymi-Fest, das Sonnwendfest, statt. In der Mitte des Platzes befand sich ursprünglich ein aufrecht stehender, einzelner Stein mit einer eingehauenen Schlange. Nach Norden zu, in Richtung des Wayna Picchu, liegt der

Pachama- **Heiliger Felsen**
ma Huasi
Dieser gewaltige Felsblock wird auch *Tempel der Pachamama* (Mutter Erde) genannt. Er ist 7 m lang, 4 m hoch und 1 m breit. Er hat nach links die Form eines Fisches und nach rechts die Form eines Meerschweinchens. Es ist fraglich, ob der Block unbehauen ist. Auffallend ist, dass die Kontur des Felsblockes mit der Kontur des dahinter liegenden Bergzuges identisch ist. Esoterisch „angehauchte" Führer (s.u.) erzählen ihren Gruppenteilnehmern, dass der Heilige Fels spürbare Energie abgibt, vorausgesetzt, dass man dazu mindestens drei Minuten mit beiden Händen den Fels mit geschlossenen Augen fest berührt ... (eine Absperrung versucht Berührungen nun zu verhindern).

Der Platz am Heiligen Fels wird von zwei überdachten Steinhäusern flankiert. Links von ihm beginnt der Aufstieg auf den Wayna Picchu (s.u.). In der Nähe des Heiligen Felsens befindet sich der Eingang zu einem unterirdischen Labyrinth, das von argentinischen Studenten entdeckt und von Archäologen wieder verschlossen wurde.

Unterstadt Der Rückweg führt nun durch die Unterstadt. Wohn-, Speicher-, Produktions- und das sog. „Gefängnisviertel" nehmen den gesamten Ostteil der Stadt ein. Auch die Untere Stadt ist in verschiedene Ebenen gegliedert, die untereinander mit Treppen verbunden sind. Ihre Sektoren sind in sich abgeschottet und lassen sich oft nur durch einen einzigen Zugang betreten. Ein Teil der Häuser wurde in sehr einfachem Baustil gebaut.

Der oberste und hinterste (nördlichste) Teil der Unterstadt wurde von der restlichen Unterstadt durch eine hohe Mauer abgetrennt und weist nur zwei Zugänge auf, die geheime Verriegelungen für die Türen haben. Auffallend ist auch, dass es keine Öffnung hin zum Intipampa und damit zur Oberstadt gibt.

Vom Heiligen Felsen führt hinter dem Oberen Wohnviertel ein Weg vorbei zu den **Qolqas** (Speicher- und Lagerviertel), die durch zahlreiche Eingänge auffallen. Vor den Qolqas führt nach rechts ein Durchgang an der Außenmauer des Oberen Viertels nach Westen. Etwa auf halber Höhe führt ein Seiteneingang über eine Treppe zum

Acllahuasi   **Palast der Sonnenjungfrauen**

Das vollständig mit Mauern umgebene Viertel erreicht man normalerweise nur über eine 60-stufige Treppe vom Intipampa (Sonnenfeld) herauf. Von der Terrasse hat man einen guten Überblick über das Sonnenfeld. Dem Acllahuasi sind zwei kleinere Bauwerke vorgesetzt, ihre Fensteröffnungen geben den Blick auf das Intipampa frei. Der Zutritt in das Acllahuasi ist über drei nebeneinander angeordnete Eingänge möglich (s. Pfeile in der Karte), weshalb das Viertel auch „Viertel der drei Türen" genannt wird. Auch diese drei Eingänge waren jederzeit verriegelbar. Fensteröffnungen zum Sonnenfeld sind gleichfalls nicht vorhanden. Es wird vermutet, dass die Räume um die innenliegenden Patios Wohn- und Werkstätten waren, vom übrigen Stadtteil abgeschottet.

Pucamarca   **Produktions- oder „Viertel der Mörser und Handwerker"**

Auch dieser Komplex ist vollständig von einer über fünf Meter hohen, monumentalen Mauer umschlossen, und der einzige Eingang weist wieder eine Sicherheitsverriegelung auf. Das Viertel selbst besteht aus drei Ebenen, die mit Treppen untereinander verbunden sind. Die beiden ersten Ebenen, so wird vermutet, waren Wohn- und Handwerkshäuser mit offenen Sälen, innenliegenden Patios, steinernen Sitzen und einem Kultraum mit Steinblock für religiöse Zeremonien. Auffallend ist in der unteren Ebene der in der Mitte liegende Raum (2 x 7 m groß). Vorne rechts nach dem Eingang sind zwei runde Mörser zu sehen, die zehn Zentimeter hoch direkt aus dem Fels gehauen wurden. Die Mörser könnten vielleicht zur Herstellung von Medizin, Farbe und Tinte verwendet worden sein – oder auch nicht. Niemand weiß etwas genaues darüber.

■ *Blick auf das Viertel der Mörser (r.) und der Handwerker, im Vordergrund das Intipampa-Feld*

Der Komplex endet nach einem steilen Treppenaufgang in der dritten Ebene, wo nach Meinung einiger Archäologen ein Quartier der *Amautas* (Lehrmeister) und Intellektuellen gewesen sein könnte. Bingham hatte hier bei Ausgrabungen zahlreiche Quipus (Knotenschnüre) gefunden. Dieser Sektor kann nur wieder über die selbe Treppe verlassen werden. Das vorletzte Viertel im Süden bezeichnet man als

Gefängnis-viertel mit „Tempel des Kondors" (12)

Das Viertel wird von einem behauenen Felsen mit einem Turm überragt, der als „Tempel des Kondors" bezeichnet wird. Unterhalb des Felsturmes befindet sich eine bearbeitete Gesteinsformation, die wie der Kopf eines Kondors samt Schnabel aussieht. Der Kondor war für die Inka eine Gottheit der Kraft oder Energie. Der gesamte Bereich mit dem Felsenturm wurde als Kondor interpretiert. Der Turm sollte die Flügel darstellen.

Entlang der Westmauer des Viertels erreicht der Besucher eine Stelle mit drei Sitznischen, die rechts und links handgroße, steinerne Ösen aufweisen, durch die angeblich die Hände der Gefangenen mit Holzbalken befestigt bzw. gefesselt wurden.

Über eine Treppe wird der untere Patio erreicht. Es gibt einen halbverschütteten Eingang in einen unterirdischen Gang, der durchlaufen werden kann. Überdies soll es mehrere unterirdische Verbindungen und Katakomben geben. Ein Felsen hinter dem Gefängnis dient heute Kindern als Rutschbahn, damals wurde hier nach der Ernte die Spreu vom Weizen getrennt.

Untere Viertel

Vom Gefängnisviertel bietet sich ein Blick auf die untere Unterstadt, die sich steil an den Abhängen nach unten zu ziehen scheint. Hier liegen zahlreiche Mausoleen, Katakomben und Grabhöhlen. Es gibt Einstiege zu einem noch nicht erforschten Höhlenlabyrinth, in dem Inkagräber vermutet werden. Bis jetzt ist es noch keinem gelungen, in dieses Labyrinth einzudringen. Vom Gefängnisviertel führt der Weg über eine Treppe hinunter zum unteren Ende der „Treppe der Quellen" (Amanahuasi). In der Mitte der „Treppe der Quellen" geht der Weg zum Haupteingang zurück, der Rundgang ist damit beendet. Wer noch Zeit hat, kann sich weiter umschauen oder zum Wayna Picchu aufsteigen.

Berg Wayna Picchu

Die Zeit des größten Besucherandrangs in Machu Picchu und wenn keine Wolken die Sicht versperren eignet sich gut für eine Besteigung des 2700 Meter hohen Berggipfels, der wie ein Zuckerhut 300 Meter über die Stadtanlage aufragt. Wayna Picchu heißt „Junger Gipfel", ihm gegenüber erhebt sich, hinter dem oberen Friedhof, der 3140 Meter hohe Machu Picchu, der „Alte Gipfel". Beide Berge sollen durch unterirdische Gänge in Verbindung stehen.

Die Besucherzahl für Wayna Picchu wurde auf 400 Personen beschränkt, die Besteigungserlaubnis muss zeitgleich mit dem Eintrittsticket gekauft werden, nachträglich ist es nicht mehr möglich. Die Morgenstunden sind zum Aufstieg kühler und dann ist auch der Wind nicht zu stark, der nachmittags oftmals zunimmt. Der Aufstieg ist steil und der Pfad sehr eng, die letzten 30 m bis zum Gipfel führen über sehr hohe und äußerst enge Stufen fast senkrecht nach oben. Für Schwindelfreie und Konditionstüchtige aber kein Problem. Der ursprüngliche, alte Pfad beginnt übrigens am Fuße der Felsspitze unten am Urubamba-Fluss und wurde von den Inka regelmäßig genutzt. Dem Marqués von Mavrin gelang, zusammen mit Valdivia, unter größten Strapazen als erster dieser Aufstieg, vorbei am Mondtempel, über die „Todesleiter" zum Gipfel.

„Titanen"-Leiter

Heutzutage beginnt der Aufstiegspfad beim „Tempel des Heiligen Felsens". Dort steht eine Hütte, in der jeder Besteiger vorher registriert wird,

■ *Blick vom Wayna Picchu auf Machu Picchu (mit Fischaugen-Objektiv). Links ist der Aufahrtsweg vom Tal des Río Urubamba zu sehen, rechts, als helles Band, wieder der Urubamba*

da es schon Verirrte und Abstürze gab! Der Pfad ist von 7–11 Uhr zum Aufstieg geöffnet, wer zu spät kommt bleibt unten, und bis 16 Uhr ist der letzte Rückmeldetermin. Je nach Kondition wird nach 45 bis 60 Minuten der Gipfel erreicht.

Bei der ersten Gabelung geht es nach rechts hinunter, dann über einen Weg und wenig später über Stufen, die in den Felsen gehauen sind. Die etwa 600 rohen Trittstufen der „Titanenleiter" führen fast senkrecht hinauf und sind manchmal nur einen Fuß breit und oft 40–50 cm hoch! Nach etwa 30 Minuten kommt eine Abzweigung, der nach rechts zu folgen ist. Kurz vor dem Gipfel muss auf allen Vieren durch einen engen Felstunnel gekrochen werden (Gefahr des Steckenbleibens bei zu großem Körperumfang; Umgehung: links vor dem Tunnel gibt es über Terrassen steil hochgehende Treppen). Dann endlich belohnt ein weiter Panoramablick die schweißtreibende Anstrengung: Machu Picchu, das sich um den Berg windende Urubamba-Tal, bewaldete Berghänge und in der Ferne die Eisriesen der *Cordillera Vilcabamba*. Bei gutem Wetter kann sogar bis in den Urwald von Vilcabamba und Quillabamba und stromaufwärts bis nach Ollanta gesehen werden. Ein idealer Ausguck für einen Wachposten. Deutlich sind hier auch Reste von Inkamauern und Terrassenanlagen zu sehen. Nicht weit entfernt steht ein seltsam behauener, massiver Stein, der als umgestürzter Thron, als „Sonnenthron" bezeichnet wird.

Templo de la Luna

Mondtempel

Auf dem Abstieg kann noch zum Mondtempel abgebogen werden. Der Pfad dorthin, auf der Machu Picchu abgewandten Seite des Wayna Picchu, ist so anstrengend und ausgesetzt wie das bereits genutzte Wegenetz am Wayna Picchu. Vor der Begehung warnt ein Schild, man sollte auf jeden Fall schwindelfrei sein. Der Weg biegt vom Gipfelpfad des Wayna Picchu nach unten ab. Der Mondtempel ist eine etwa 5 x 10 Meter große Höhle, die Trapeznischen und Kultsteine enthält. Drei Stufen führen zu einer Grotte nach oben, in die durch einen Felsspalt Licht eindringen kann. Der Ort wurde von den Inka als „Mondtempel" bezeichnet, weil in Vollmondnächten die Höhle hell erleuchtet wird und sie dies als das Wirken der göttlichen Strahlen von Mama Quilla, der Inkamutter, interpretierten.

Montaña Machu Picchu

Als Alternative zum überlaufenen Wayna Picchu bietet sich die Besteigung des **Montaña Machu Picchu** an, zu dem ebenfalls eine Anmeldung nötig ist. Der Kauf des Tickets erfolgt wie beim Wayna Picchu zusammen mit dem Eintrittsticket. Die Besteigung ist zwischen 7 und 11 Uhr möglich. Hierzu vom Haupteingang den linken Weg aufwärts nehmen. Oberhalb der Stadtmauer nochmals links stadtauswärts auf dem alten Steinweg des Inkatrails in Richtung Intipunku (s.u.) gehen. Dann dem Pfad, der alsbald rechts abzweigt, folgen. Dieser Pfad führt serpentinenartig immer aufwärts bis zu einem Grat, der zum Gipfel führt und mit einer peruanischen Flagge gekrönt ist. Gehzeit 2 Stunden, Abstieg 1,5 Stunden. Der Lohn: atemberaubende Ausblicke auf den Río Apurímac.

Intipunku

Zum Sonnentor gelangt man auf einer dreiviertelstündigen und bislang noch kostenlosen Wanderung über den königlichen Weg *Inca Ñan* (oder *Ñan Cuna*). Der Weg beginnt unterhalb des Aussichtspunktes (Mirador) und führt sanft aufwärts bis zur *Apacheta* (2650 m), der wichtigsten Kontrollstelle des Inca Ñan (Inka Trail). Die Apacheta ist ein 16 x 8 m großes, rechtwinkliges Steingebäude mit trapezförmigen Nischen. Der Weg führt mitten durch das Gebäude. Somit konnte der Durchgang zur Stadt jederzeit versperrt werden. Danach steigt der Weg rampenartig an und wird immer enger, bis schließlich, in 2745 Metern Höhe, das rätselhafte *Sonnentor* erreicht wird. In unmittelbarer Nähe befindet sich eine Höhle.

Zur Ruinenanlage Wiñaywayna (Beschreibung s. Inka Trail, Abschnitt „Phuyupatamarca – Machu Picchu") ist es vom Sonnentor ein angenehmer Fußmarsch von 90 Minuten Dauer. Die Kontrollstelle lässt nach 11 Uhr niemanden mehr passieren. In Wiñaywayna kann im Hotel Centro de Vacaciones übernachtet oder gezeltet werden.

Santa Teresa

Flussabwärts (also westlich) von Aguas Calientes liegen Machu Picchu, Hidroeléctrica und schließlich das einfache „Wild-West"-Örtchen *Santa Teresa,* das sich immer mehr auf die zunehmenden Touristenzahlen einstellt. Es gibt einfachste Unterkünfte ohne jeglichen Komfort ab 10 Soles, oft keine Dusche, und oft keine abschließbaren Zimmertüren. Leute mit einem Zelt können auf dem Platz der Gemeinde am Ortseingang kostenlos übernachten.

Im meistfrequentierten Restaurant des Dorfes, *Yaku Mama*, zugleich Treff der Reisenden, ist für ca. 5 Soles ein Menü erhältlich, außerdem Gerichte nach der Karte und Pizzen. Hier kann einfachst übernachtet werden, 3 Zi., keine Dusche, Ü 10 Soles, laute Discomusik bis 23 Uhr. Frühstück 5 Soles. In Sta. Teresa *Ponche de Mani* oder *Ponche de Avas* probieren.

Wer duschen (oder campen) möchte, sollte das sehr schöne, natürliche **Thermalbad bei Sta. Teresa** aufsuchen, das direkt am Fluss am Fuße einer Felswand liegt und ein beeindruckendes Bergpanorama bietet. Gepflegte Gartenanlage, klares Wasser ohne fauligen Geruch, Kiosks, drei verschieden warme Becken, Umkleidekabinen und Toiletten, im Schatten viele Moskitos. Eintritt 5 Soles. Anfahrt mit dem Taxi oder Pickup 1 Sol/15 Min. FZ, oder zu Fuß, Gz gut 30 Min.

Von Santa Teresa geht es in mehreren Etappen **nach Machu Picchu,** wobei beim Gehen Getränk, Regen- und Sonnenschutz mitgeführt werden sollten. Von der anderen Flussseite fahren um 7 Uhr, 7.30 Uhr und um 8 Uhr Lkw/Combis der Arbeiter bis zur Hidroeléctrica bei km 122 (s. „Camino Inca"-Karte). Bei der Hidroeléctrica gibt es entlang des Bahngleises einfache Restaurants und Kiosks, doch nicht immer geöffnet. Wenn kein Lkw zur Hidroeléctrica fährt, kann man die 6 km zu Fuß auf der kaum befahrenen Straße entlang des Flusses gehen.

Nun zu Fuß (11 km/3 h) über die Bahngleise nach Aguas Calientes. Das Gehen auf dem groben Schotter bzw. den ungleichmäßig gelegten Schwellen ist mühsam, aber die tolle Szenerie und erste Ansichten auf Machu Picchu entschädigen. An der Ostseite des Wayna Picchu liegen geschliffene, große Felsblöcke im Flussbett. Unterwegs werden einige kurze, nur zugbreite Tunnels durchquert. Dort, aber auch sonst auf das unüberhörbare Hupsignal des recht langsamen Zuges achten!

Dann in Aguas Calientes übernachten, am nächsten Tag früh nach Machu Picchu aufbrechen, ggf. nochmals in Aguas Calientes übernachten, und schließlich zurück nach Cusco, Ollanta oder Sta. Teresa.

Tour 4: Cusco – Ollanta – Chaullay – Quillabamba (– Atalaya – Pucallpa)

Dies ist eine Alternative für Machu Picchu-Reisende, die viel Zeit mitbringen. Es gibt nämlich auch die Möglichkeit, mit dem Bus über Ollanta bis nach Quillabamba zu fahren. Busse nach Quillabamba fahren in Cusco gegen 6 Uhr, 8 Uhr, 13 Uhr und 17 Uhr ab, von Puente Santiago, Fz 8 h, 20–40 Soles.

Ab Ollanta ist die Strecke nach Quillabamba landschaftlich abwechslungsreich. Sie führt südlich an den Ruinen von Ollantaytambo zuerst ein Stück am Urubamba entlang und überquert nach 45 asphaltierten und kurvenreichen Kilometern den 4320 m hohen *Abra Málaga*. Fz bis zum Pass ca. 1 h. Nach den meist stark nebligen Pass-Serpentinen ist die restliche Strecke mittlerweise ebenfalls asphaltiert.

Santa María Hinter dem Pass geht es durch den Bergurwald hinab Richtung Urubamba-Tal. Im Dörfchen Santa María gabelt sich die Strecke, ein Arm führt nach Sta. Teresa, „Hintereingang" zum Machu Picchu (Beschreibung von Sta. Teresa und weiter nach Aguas Calientes s.S. 383, „Wild-West"-Örtchen *Santa Teresa*).

Chaullay Etwa 110 km hinter Ollanta wird der kleine Verkehrsknotenpunkt **Chaullay** am Urubamba erreicht, Fz ab dem Pass 3,5 h. Auf der Choquechaca-Brücke kann man den Fluss überqueren. Nach Quillabamba sind es nach rechts noch ca. 20 km, nach links (bei S 13°00'23.4", W 072°28'45.3") führt die Strecke über 33 km nach **Sta. Teresa,** wohin auch Colectivos fahren. Fz 2,5 h.

Selbstfahrer müssen hinter Chaullay Richtung Sta. Teresa bei S 13°00'12.2"/W 072°38'53,2", bei S 13°00'32.2"/W 072°39'00.1" und S 13°01'12.8"/W 072°40'23.31" jeweils nach links abbiegen. Bei S 13°02'19.2"/W 072°38'37.1" geht es geradeaus (leicht rechts) in Richtung Sta. Teresa. Die Strecke nach Sta. Teresa ist bei trockenen Straßenverhältnissen problemlos zu befahren, andernfalls 4WD zwingend erforderlich. Durch die zum Teil engen und steilen Kehren ist die Piste nur für kleine/mittelgroße Fahrzeuge geeignet.

Expedition nach Vilcabamba	Auf der Piste von Chaullay nach Quillabamba zweigt 500 m nach der Polizeikontrolle eine Piste nach links durch den Bergurwald entlang des Río Vilcabamba nach Huancacalle ab. Sie wird täglich von Pickups und Lkw befahren, die Fahrzeit dauert ca. vier bis fünf Stunden. In der Nähe von Huancacalle liegen auch die **Ruinen von Victos** und die von **Ñusta Hispana**. Victos war die politische und militärische Hauptstadt des Manco Inca. Der Fußweg zu den Ruinen von Victos dauert etwa eine Stunde. Hier steht ein Inka-Palast. Von da sind es nochmals einige Minuten bis zum *Yurac Rumi*, dem berühmten heiligen weißen Stein der Inka, ein monumentaler Granitblock. Der Yurac Rumi war ein wichtiges religiöses Zentrum der Inka.
	Von Huancacalle (2900 m) können auch Expeditionen nach **Vilcabamba**, der letzten Hauptstadt der Inka, unternommen werden, die erst 1964 vom US-Amerikaner Gene Savoy (Gründer des Andean Explorers Club in Lima) mit Hilfe von Peruanern und der Fluggesellschaft Faucett (Infrarot-Luftaufnahmen) wiederentdeckt wurde. Nach Vilcabamba zog sich 1537 Manco Inca zurück, und hier wurde der letzte Inca, Túpac Amaru, von den Spaniern gejagt, gefangen genommen und in Cusco hingerichtet. Es wird angenommen, dass Vilcabamba mit seinen 20 Stadtvierteln auf 30 ha gut 4x größer als Machu Picchu ist. Das größte Gebäude ist 65 m lang und 7 m breit, mit 12 Trapeztüren und einem Felsblock als Altar. Wie in Machu Picchu gibt es auch Wasserkanäle und sog. Bäder mit Steinwannen sowie gleich zwei Intiwatana.
	Für den Besuch von Vilcabamba war zeitweise eine Genehmigung des *Instituto Nacional de la Cultura* nötig (in Cusco diesbezüglich unbedingt vorher informieren!). Trekker nach Vilcabamba müssen sich beim war am Polizeiposten in Pucyura registrieren lassen. **Beste Besuchszeit** ist von Ende April bis Anfang November, denn in der übrigen Zeit – der Regenzeit –, sind die Wege und Pfade unpassierbar. Der mittelschwere Trail ab Huancacalle (2900 m) entlang des Río Vilcabamba und des Río Pampacona nach Vilcabamba (1000 m) dauert etwa acht bis neun Tage. Das gesamte Equipment und die Maultiere mit Treiber und Führer können in Huancacalle angemietet werden. Der Weg ist leicht zu finden.
	Zuerst verläuft der Pfad von Huancacalle am Fluss entlang bis nach Pampaconas, einem kleinen kalten Ort in 3000 m Höhe. Von hier führt der Pfad, bis zum Gehöft Vista Alegre, teils durch Sümpfe. Der nun folgende Pfad, der sich zum Teil durch dichten Bergurwald schlängelt und vorbei an kleinen Inkaruinen und Wachttürmen über einen 3700 m hohen Pass führt, wird immer wieder durch alte, steil an- und absteigende Inkatreppen unterbrochen. Schließlich wird die Hacienda Concevidayoc erreicht. Angepflanzt werden Zuckerrohr, Bananen, Kaffee und Tabak. Von hier sind es noch etwa 30–45 Minuten durch eine tropische Vegetation bis zu den **Ruinen von Vilcabamba** (1000 m), die in der Nähe des Gehöftes von *Espiritu Pampa* („Pampa der Geister") liegen.
Chuankiri – Quiteni (Kiteni)	Von Vilcabamba ist es entlang des Flusses möglich, nach anderthalb Tagen den winzigen Marktort Chuankiri zu erreichen. Von dort Mitfahrgelegenheit nach Quiteni (Kiteni) im Norden. Beim Polizeiposten muss man sich wieder registrieren lassen. Von Quiteni (Kiteni) führt die Piste weiter flussabwärts zum Pongo de Mainique (*pongos* = kataraktreiche Durchbruchschluchten der Andenflüsse zum Amazonas) mit Bootsanschluss nach Camisea, oder zurück nach Quillabamba; Fahrzeit mit Lkw oder Pickups 1 bis 2 Tage.
Agentur und Führer	Trekking-Touren nach Vilcabamba werden von *South American Site (SAS) Travel*, Calle Garcilaso 270 (nördl. Plaza San Francsico), Cusco, Tel. (084) 26-1920, www.sastravelperu.com, angeboten. Touren dauern 8 Tage/7 Nächte. Im Preis von 350 € p.P. sind alle Transporte, Führer, Verpflegung, Zelte und Isomatten, Träger bzw. Maultiere mit Treiber und Kochausrüstung eingeschlossen. Auch die Agentur *Q'ente Adventure Trips,* Plateros 365, Cusco, Tel.

22-2535, http://qente.com, bietet die Tour ab einer Person nach Vilcabamba an. Sehr kompetent und von D aus problemlos vorbuchbar, da die spontane Durchführung des Treks so gut wie unmöglich ist. Vorlaufzeit 3 Monate sinnvoll. Bei einer Vierergruppe ist für Transport, Verpflegung, Küche, Führer, Maultiere/Esel samt Treiber mit 30 € p.P./Tag zu rechnen.

Wer es familiär liebt, ist bei Francisco Cobos Umeres, *Hostal Familiar Vilcabamba,* Calle Fierro 571–577, Tel. 22-7316 und 23-9699, gut aufgehoben. Er stammt aus Vilcabamba und führt fünftägige Trekking-Expeditionen nach Espíritu Pampa und Vilcabamba durch.

Weitere Führer: *Vidal Albetres* in Huancacalle und *Quispe Cusi* in Yupanca.

Quillabamba

Der Ort mit ca. 20.000 Einwohnern liegt am Zusammenfluss von Río Urubamba und Río Chuiyapi und ist nur noch 1080 m hoch. Hier herrscht bereits ein angenehmes, subtropisches Klima von durchschnittlich 26 °C. Quillabamba gilt als Ort des „ewigen Sommers", da es nahezu keine Klimaschwankungen gibt. Von November bis April ist zwar Regenzeit, die Temperatur hält sich jedoch bei 24 °C (während der Trockenzeit steigt das Thermometer auf 30 °C). Quillabamba ist Hauptstadt der Provinz La Convención und ein bedeutendes Handelszentrum mit einem großen Markt. Im Gegensatz zu anderen Städten fällt auf, dass der Ort und auch die Restaurants sehr gepflegt und sauber sind.

Der Ort bietet keine Sehenswürdigkeiten, ist aber Ausgangspunkt für Exkursionen in die unberührten Bergurwälder oder in die nähere Umgebung. Da hier vorrangig Coca, Bananen, Limonen, Mangos, Kakao, Kaffee und Ananas angebaut werden, gibt es in der näheren Umgebung viele Plantagen. Quillabamba ist so Ausgangspunkt für Exkursionen in die unberührten Bergurwälder oder zu den Plantagen. Die überaus freundlichen Plantagenbesitzer erlauben gerne das Betreten der Plantagen und man kann sich mit frischen Früchten zu Spottpreisen verwöhnen lassen.

Adressen & Service Quillabamba

Unterkunft	**Vorwahl (084)** **ECO: Hostal Alto Urubamba,** Independencia (hinter der Kirche an der Plaza de Armas), Tel. 21-6131. Netter Patio, bc/bp. Ü/DZ 60 Soles, empfehlenswert. – **Hostal Lira,** La Convención 200, Tel. 21-6324. Etwas abseits, mit Restaurant. **FAM: Hotel Quillabamba,** gegenüber vom Mercado (Prolongación Av. Grau 590), Tel. 28-1369, http://hotelquillabamba.com/index.html. Eines der besten Hotels im Ort, ruhige Lage. Gut ausgestattete Zimmer/bp, Dachrestaurant, Pool, schöne Gartenanlage mit Blick auf die umliegenden Berge. DZ 100 Soles. **TIPP!** – **Hostal Don Carlos,** Libertad 556, Tel. 28-1150, www.hostaldoncarlosquillabamba.com. 24 Zimmer/bp, nette Gartenanlage, doch da an der Hauptstraße sehr laut. DZ 100 Soles.
Essen & Trinken	Das Dachrestaurant des Hotels Quillabamba ist nicht schlecht. Alternative: *Don Felix* unweit der Plaza de Armas.
Geld	*Banco del Crédito,* doch besser Geld aus Cusco mitbringen.
Ausflug	Etwas außerhalb liegt das kleine Freibad *Sanbaray* mit Restaurant, das am Wochenende von den Einheimischen gerne besucht wird.
Bus	Es gibt tägl. Busse über Chaullay und Ollanta nach Cusco.
Zug	Der Bahnhof *Pavayoc* liegt auf der anderen Flussseite, etwas außerhalb. Hinweis: Es besteht derzeit kein Zugverkehr zwischen Quillabamba und Cusco.

Quillabamba – Timpía

Von Quillabamba führt eine Piste weiter hinunter in die Selva, über Echarate und Tintiniquiato nach **Ivochote**, Fz ab Quillabamba mindestens 7 h. Ab 6 Uhr morgens fahren Combis, Abfahrt Nähe Mercado. Hier ist dann auf dem Landweg endgültig Endstation. Doch die Zivilisation treibt die Piste von Ivochote immer weiter durch den Urwald, irgendwann will man Camisea erreichen.

Echarate

Aufgrund der Erdöl- und Gasvorkommen ist der Ort schnell zu Reichtum gelangt. Neue Hotels schießen aus dem Boden, die Infrastruktur ist „top". Riesige Schulkomplexe wurden gebaut, obwohl nicht genügend Kinder vorhanden sind. Der Ort ist Umschlagplatz für Kaffee und Kakao. Echarate liegt wunderbar inmitten des Hochurwaldes am Urubamba und bietet eine echte Alternative zu den teuren Exkursionen in den Manu und in andere Amazonasregionen.

Ivochote

ist ein kleiner Flusshafen mit einer handvoll Restaurants. Von hier geht es nur noch auf dem Río Urubamba weiter, über den *Pongo de Mainíque*.

Pongo de Mainíque

Berühmt wurde der Pongo durch den Film *Fitzcarraldo*, weil da der Filmregisseur Werner Herzog die *Huallaga*, eines der drei Kulissenboote, mit einem Filmteam durch diesen Pongo jagte. Unterhalb des Pongos unterhalten die Machiguenga in Timpía die Sabeti-Urwaldlodge.

Bootsdurchfahrten durch den Pongo de Mainíque werden ab Quillabamba angeboten, doch sollte die Durchfahrt aufgrund der Gefährlichkeit nur während der Trockenzeit unternommen werden. Unseriöse Bootsführer bieten die Durchfahrt aber immer an.

Timpía

Die *Sabeti-Urwaldlodge* (AC) hat ein angeschlossenes Studienzentrum für den Tropenwald, das jedem Interessierten offensteht. Die Machiguenga haben sich hier zum **Consejo Machiguenga del Río Urubamba** (COMARU) zusammengeschlossen, um besser ihre Interessen vertreten zu können. Außerdem haben sie sich mit den nomadisierenden *Kugapakori* und *Nahua* arrangiert und das **Santuario Nacional Machiguenga Megantoni** gegründet. Viele der 12.000 Machiguenga tragen noch die traditionelle *Cushma*, ein fußknöchellanges Gewand aus Pflanzenfasern.

Auf einer viertägigen Tour, die von Ivochote mit einem motorisierten Langboot durch den Pongo de Mainíque zum Machiguenga-Dorf nach **Timpía** führt (Fz mit dem Boot ab Ivochote ca. 4 h), kann man auch an einer Ayahuasca-Zeremonie teilnehmen und es wird eine Papageienlecke besucht. Wer genügend Zeit mitbringt, kann auch den Río Timpía flussaufwärts fahren und die *Kugapakori* und *Nahua* besuchen. Wem die Anreise von Cusco auf dem Land- und Flussweg nach Timpía zu beschwerlich ist, kann von Cusco aus mit einem Buschflieger direkt nach Timpía fliegen (direkt vor Ort erkundigen!). Interessanter ist die Bootsfahrt von Sepahua (s.S. 486) nach Timpía.

Timpía – Pucallpa

Von Timpía fließt der Río Urubamba über Camisea und Sepahua nach Atalaya (s.S. 485). Dort vereinigt er sich mit dem Río Ucayali. Bis Pucallpa am Río Ucayali sind das noch ca. 1000 Kilometer durch ein Gebiet der Ureinwohner mit einigen Missionsstationen und ab und zu Landepisten für Buschflieger. Ab Sepahua gibt es gelegentliche Flugverbindungen mit Atalaya, Pucallpa und Lima.

Bitte schreiben oder mailen Sie uns (verlag@rkh-reisefuehrer.de) Ihre Reise- und Hotelerfahrungen oder wenn sich in Peru und Bolivien Dinge verändert haben und Sie Neues wissen. Danke.

Tour 5: Cusco – Pikillacta – Andahuaylillas

Diese Tour kann als Halb- oder Eintagesausflug unternommen werden. Wer mit eigenem Pkw unterwegs ist, kann anschließend Richtung Titicacasee weiterfahren. Ein Taxi kostet ab 20 Soles, mit dem Lokalbus wird es viel billiger.

Cusco – San Sebastián

Die Ausfallstraße in Cusco Richtung Südosten (Avenida de la Cultura), an der Brauerei vorbei, ist nicht zu verfehlen. Nach 4 km liegt rechts das Dorf **San Sebastián**, ein typisches Andendorf auf 3300 m Höhe. Sehenswert sind hier Gemälde des großen indigenen Künstlers *Diego Quispe Tito* (Escuela Cusqueña) in der Barockkirche an der Plaza de Armas. Außerdem fand hier die Schlacht von Salinas zwischen dem Konquistador Almagro und den Anhängern Pizarros statt, als es um die Macht im zukünftigen Peru ging.

Das nächste Dorf, **San Jerónimo,** bietet sonntags einen unverfälschten indigenen Markt, und die Granja **K'ayra,** südlich der Straße, dient als Versuchsanstalt der landwirtschaftlichen Fakultät der Universität San Antonio Abad del Cusco.

Tipón (BT)

Etwa 1 km vor **Oropesa** führt eine etwa 4 km lange Abzweigung zu den sehenswerten Terrassen und voll funktionsfähigen Bewässerungsanlagen von **Tipón** (BT), die durch Forschungsarbeiten des verstorbenen Wasserbau-Ingenieurs Adolf Sudhaus auch als die *Hängenden Gärten von Tipón* bekannt wurden. Es könnte sich um königliche Gärten oder eine landwirtschaftliche Versuchsstation der Inka, ähnlich wie in Moray, gehandelt haben. Wege führen durchs Gelände zu den ausgegrabenen Sektoren des sehr großen Areals.

Das Dorf Tipón ist für seine preiswerten Cuy-Gerichte bekannt. In den kleinen Restaurants und Kneipen kosten sie, frisch zubereitet mit *rocoto relleno,* ca. 20 Soles.

Oropesa

In **Oropesa** mit einer Adobe-Kirche werden die *chutas* (Weizenbrote) hergestellt. Außerdem wohnte hier der Marqués de Valle Umbroso, sein Haus kann besichtigt werden. Hinter Oropesa zweigt links, bei km 30, ein Weg nach **Huambutio** und weiter nach Pisaq und Paucartambo ab.

2 km hinter der Huambutio-Abzweigung geht es links nach

Pikillacta (BT)

In der Präinkazeit war das terrassenförmig angelegte Pikillacta eine sehr große Wari-Stadt (Höhe 3220 m). Das Stadtgebiet umfasste etwa 50 ha und war in vier verschieden strukturierte Bereiche gegliedert. Ein großer Teil der bis zu 12 m hohen Bruchsteinmauern steht noch heute und prägt mit den erhaltenen engen Gassen und Plätzen das Bild. Pikillacta war neben seiner Ausprägung als religiöses Zentrum vor allem auch ein Militärstützpunkt zur Beherrschung des Hochlandes von Cusco mit beträchtlichen Lagerkapazitäten für Krisenzeiten.

Die Straße steigt nun leicht an. Rechts liegt ein hübscher kleiner See. Auf der Passhöhe kommt die Ruine eines großen Tores, **Rumicolca,** in Sicht. Hier wurde der Zugang nach Cusco von Süden her geschützt und kontrolliert. Es geht jetzt abwärts ins Vilcanota-Tal. Bei km 40 biegt eine Straße nach rechts ab nach

Andahuaylillas

An der Plaza fällt die äußerlich eher bescheidene Lehmziegelkirche der Jesuiten auf. Der Eintrittspreis von 15 Soles wird für die Restaurierung der Kirche verwendet. Ein Blick in das Innere zeigt, dass es sich bestimmt lohnt, eine der schönsten barocken Kirchen Perus vor dem Verfall zu retten. Beeindruckend sind der vergoldete Altar, die Fresken (deshalb auch „Sixtinische Kapelle Südamerikas" genannt) und Gemälde der Cusqueñer Schule mit schönen Beispielen der Verquickung indigener Kunst und christlichen Darstellungen. Die Orgel aus dem 17. Jahrhundert ist heute noch bespielbar und imponiert durch die Klarheit der Töne.

Damit ist die „Tour 5" beendet. Nächste Stadt in Richtung Titicacasee ist Urcos, s.S. 290.

Trekkings im Urubamba-Tal
Trek 1: Der klassische Inka Trail (Camino Inca)

Der knapp 45 km lange Inka Trail war ursprünglich ein Versorgungs- und Nachschubweg der Inka für Machu Picchu. Er wurde 1942 von der schwedischen Viking-Expedition unter Leitung des Amerikaners *Paul Fejos* wiederentdeckt und nach und nach freigelegt. Zum Erfolg der Expedition trug wesentlich der peruanische Archäologe *Julio C. Tello* bei, der Paul Fejos begleitete. Alle Plätze unterwegs wurden dabei neu benannt, da die historischen Bezeichnungen z.T. unbekannt waren, die ersten Karten entstanden. Tello entdeckte dabei die bedeutenden Ruinen *Wiñaywayna*. Erst in den 80er Jahren wurde durch Archäologen die Hauptverbindung und der Treppenweg zwischen *Phuyupatamarca* und Wiñaywayna gefunden.

Seit Januar 1981 gehört der gesamte Camino Inca zum 1968 gegründeten *Parque Nacional Machu Picchu*. In ihm und in den angrenzenden Regionen gibt es viele Orchideenarten, leben verschiedene Giftschlangen, Andenbären (sehr scheu), Pumas und Pudús (Zwerghirsche).

Meistbegangener Trail Südamerikas

Der klassische Camino Inca ist der mit Abstand meistbegangene Trail Südamerikas, was natürlich große Umweltprobleme mit sich bringt. Es wurden Mülleimer aufgestellt und an verschiedenen Stellen Toiletten-Häuschen gebaut, die oft völlig verschmutzt sind. Geeignete Stellen zum Übernachten sind begrenzt (ca. 180–200 Zeltplätze, d.h., ein Zelt steht neben dem anderen). Es werden, besonders auf dem ersten Teil der Strecke, ständig neue Wege und Abkürzungen angelegt, damit der Trail weniger anstrengend wird. Erst ab Runkuraq'ay läuft man auf dem echten, alten Inka Trail, der sich durch die 1984 freigelegte kürzere Trasse nach Phuyupatamarca auf 39 km verkürzt hat.

Inzwischen wurde die **Personenzahl auf dem Trail auf 500 pro Tag** (inkl. Führer, Träger und Köche) imitiert, die Größe der Gruppen auf max. 16 Personen. Ein lizenzierter **Führer ist Pflicht!** Dieser kann privat oder über ein Touranbieter verpflichtet werden. **Träger** sind zu versichern und es ist ein festgelegter Mindestlohn zu zahlen, der aber von unseriösen Anbietern unterlaufen wird. Deshalb wurde das **IPP Inka Porter Projekt** ins Leben gerufen, um deren Situation zu verbessern, *Trekking Guidelines*, www.incatrailperu.com/inca_trail_porters.html. Vorsicht also bei ungewöhnlich billigen Angeboten. **Im Februar ist der Trail** für Aufräum- und Instandsetzungsarbeiten **gesperrt!**

In der **Hochsaison,** also von **Mai bis September,** kann es zu **wochenlangen Wartezeiten** kommen, zumal die Verwaltung des Inka Trails eine **einmonatige Voranmeldung** verlangt und auch die Touranbieter limitiert wurden. Selbst in der Nebensaison kam es bereits zu Wochen dauernden Wartezeiten. Sinnvoll sind für die Hochsaison also **viermonatige Vorbuchungen** und in der Nebensaison mindestens drei Wochen vorher. Dennoch kann man immer mit etwas Glück kurzfristig Restplätze ergattern, bei Platzverfügbarkeit ist der Inka Trail fast täglich möglich. Für Reservierungen ist der Reisepass vorzulegen. Die Übernachtungsplätze werden inzwischen bei der Trail-Permitvergabe festgelegt.

Die Zeiten, in denen der Inka Trail kostenlos war, sind längst vorüber. **Derzeit zahlt jeder Wanderer ab etwa 450 US$ für eine organisierte Tour,** Studenten mit ISIC-Ausweis und Kinder ab 11 Jahre die Hälfte, Kinder unter 11 Jahre nichts, unabhängig von wo aus losgelaufen wird. Inbegriffen ist der Eintritt zur Inkastadt Machu Picchu, jedoch nicht die Busfahrt von Machu Picchu nach Aguas Calientes. Auch die Träger müssen Eintritt bezahlen, jedoch wesentlich weniger.

Selbstgeher Der Inka Trail darf alleine ohne Führer und ohne ein Permit durch die **UGM** (*Unidad de Gestión de Machu Picchu/Instituto Nacional de Cultura*) **nicht begangen werden!** Das Permit ist mindestens fünf Tage vorher zu beantragen, in der Hochsaison können daraus auch bis zu drei Monate werden. **Dabei ist das gesamte Team mit Führer und Trägern mit Ausweisnummern anzumelden, nachträgliche Änderungen sind ausgeschlossen. Die Alternative für Selbstgeher** ist ein Individual-Arrangement (s.u.), ein sogenannter *Privado*.

Alternative Inkawege

Wenig bekannt ist, dass es einen zweiten Inka Trail nach Machu Picchu gibt. Dabei geht es über den **Rupañan-Inkatrail** durch den Bergwurm **nach Machu Picchu,** ein Trail ohne die üblichen Touristenscharen, Anmeldung, Wartezeit usw.

Als weitere Alternativen zum klassischen Inka Trail nach Machu Picchu bieten sich einige andere an, z.B. der von Cachora (s.S. 402), zu den Inkaruinen von **Choquequirao** und nach *Corihuayrachina,* der Inkaweg von Ollanta nach Willoq, der von Mollepata nach Santa Teresa, der Trail von Pulmarca nach Tinq*ui* oder der Trail rund um den Berg **Salkantay.** Alle können auf eigene Faust oder organisiert unternommen werden, der Salkantay Trail auch zu Pferd.

Inca Jungle Trail Agenturen in Cusco bieten als Alternative zum Inka Trail den viertägigen **Inca Jungle Trail** an (inkl. Machu Picchu). Übernachten in einfachen Unterkünften/Hostels. Kostenpunkt alles inkl. 150–200 US$.

1. Tag: mit Bus bis zum Pass *Abra Málaga* (4320 m, s.S. 384, Tour 4), von da mit Mountainbike 4–5 Stunden/80 km auf schöner Passstraße abwärts nach Santa María (1800 m). 2. Tag: ca. 7 Stunden wandern zu den Thermalquellen von Santa Teresa. 3. Tag: 6 Stunden zu Fuß nach Aguas Calientes. 4. Tag: Sehr früh hoch nach Machu Picchu, zurück nach Cusco mit Zug u. Bus.

Tipps zum Wandern

Die Inka-Wege begeht man am besten in einer kleinen Gruppe. Dabei sein Gepäck nie unbeaufsichtigt lassen.

Der österreichische Bergführer Wilhelm Huber rät: „Ich gehe langsam, aber gleichmäßig. Immer nur so schnell, dass ich alleinig durch die Nase atmen kann. Ich stelle immer wieder fest, dass die meisten zu schnell gehen, dann immer wieder stehen bleiben. Da kommt der Körper aus dem Rhythmus und man wird viel schneller müde. Das Geheimnis des Erfolges beim Bergwandern auf dem Inka Trail ist, bereits schon zu Beginn der Tour langsam zu gehen."

Trail-Ausrüstung Es gilt der Grundsatz: so wenig wie möglich, nur so viel wie nötig. Entbehrliches Gepäck in Cusco im Hotel zurücklassen. Ein Tagesrucksack ist völlig ausreichend. Darin sollten sich Getränk, kleiner Snack, Kopfbedeckung, Sonnenschutz- und Moskitomittel befinden. Mini-Waschbeutel, Ersatzwäsche und ggf. Ersatzschuhe aufs Muli laden, sofern verfügbar. Die restliche Ausrüstung – s.a. www.machupicchuonline.com – sollte Folgendes umfassen und gilt für alle Wanderungen auf Inkawegen:
– ein Zelt (ggf. vom Touranbieter)
– einen warmen Schlafsack aus Daunen (jene vom Touranbieter genau prüfen!)
– eine Isoliermatte (ggf. vom Touranbieter)
– Desinfektions-Tabletten für Trinkwasser, etwa Micropur (unbedingt!)
– Wasserflasche und Regenschutz
– Taschenlampe mit neuen Batterien
– Taschenmesser, Löffel, Feuerzeug, Mini-Apotheke
– gut eingelaufenes Schuhwerk (leichte Bergstiefel oder wenigstens feste Schuhe mit Profilsohle). Dass die indigenen Träger mit Autoreifen-Sandalen laufen, sollte kein Argument sein, denn die sind das gewohnt, haben außerdem keine anderen Schuhe und kennen dazu noch jeden Tritt.
– Trekkingstöcke sind hilfreich, weil es viele Treppen bergab geht.
– Nahrungsmittel (ggf. vom Touranbieter); der Appetit ist beim Laufen nicht so groß wie man denkt. Erst in Aguas Calientes kann (auf dem Rückweg) wieder etwas gekauft werden.
– Trinkwasser (ggf. vom Touranbieter); braucht nicht unbedingt mitgetragen zu werden, denn unterwegs finden sich genügend Stellen mit trinkbarem Wasser (Quellen, Bergbäche), das aber abgekocht, gefiltert oder desinfiziert werden sollte.
– ein Spiritus- oder Gaskocher (ggf. vom Touranbieter)

Mieten Wer einen Trail als Pauschalpaket über einen Touranbieter gebucht hat, benötigt außer seinen persönlichen Dingen nichts (s.u., „Pauschal-Arrangements"). Für Individual-Arrangements könnten ggf. Zelt, Schlafsack und übriges Equipment in Cusco gemietet werden (Adressen & Service / „Ausrüstung").

Klima und Gesundheit Die besten Monate sind Mai bis September, weniger April und Oktober. Die Monate November bis März sind, wegen der Regenzeit, wenig zu empfehlen. Es ist auch nicht ungefährlich, einige Tage durch Regen und Wolken zu laufen. Die Temperaturen schwanken zwischen –4 °C in der Nacht und 20 °C am Tag. Da unterwegs Höhen über 4000 m erreicht werden, ist ein guter Gesundheits- und Konditionszustand erforderlich. Außerdem sollte der Wanderer schon gut höhenakklimatisiert sein. Jeder, der annähernd schwindelfrei und trittsicher ist und dem es nichts ausmacht, fünf bis acht Stunden am Tag zu gehen, kann die Wanderung gut bewältigen. Leute mit Kreislauf- oder anderen Gesundheitsproblemen (auch Konditionsmängel) sowie Reisende, die noch nie in den Bergen waren, sollten lieber verzichten.

Gehdauer/ Orientierung Die meisten Arrangements bewegen sich zwischen 2 und 7 Wandertagen. Immer wieder wird behauptet, der klassische Inka Trail sei für einen geübten Berggeher in einem Tag zu schaffen. Ohne Gepäck mag dies evtl. vorstellbar sein, doch für den „Normalo" kaum machbar (der Rekord von Km 88 nach Machu Picchu, aufgestellt vom peruanischen Marathonläufer Ganó Román Tinta, liegt bei 3 Stunden, 34 Minuten und 20 Sekunden). Sicherlich gibt es Sportliche, die den Trail in zwei Tagen unter Strapazen bewältigen – doch von der einzigartigen Landschaft wird dann sicherlich nicht viel aufgenommen. **Vier Tage sind** deshalb wohl die **ideale Zeitspanne.** Die Orientierung ist kein Problem mehr wie in früheren Jahren, da jetzt an allen Trail-Gabelungen Pfeile angebracht sind und hinter Phuyupatamarca ein Weg freigelegt wurde.

Pauschal-Arrangements beinhalten in der Regel den Transfer vom Hotel in Cusco, die Fahrt bis zum Startpunkt der Wanderung, den Eintritt in den Nationalpark Machu Picchu, die Kosten für Führer, Träger, Koch, Zelt, Ausrüstung (fragen Sie wegen des Schlafsacks) und Lebensmittel (drei Mahlzeiten am Tag). Der Transfer von Machu Picchu nach Aguas Calientes ist meist nicht mit eingeschlossen.

Beim klassischen Inka Trail wird meist von Km 82 aus losgewandert, da bis dorthin der Bus fährt bzw. mit einem Fahrzeug hingefahren werden kann und dadurch das Pauschalangebot recht preisgünstig ist. Es gibt sie von verschiedenen Agenturen ab 200 € pro Person. Bei seriösen Anbietern müssen 250–350 € p.P. (mit Studentenausweis Rabatt) hingeblättert werden (siehe Anbieter bei Cusco). **Die billigsten Angebote bergen oft Risiken,** da sich dahinter meist wenig Erfahrung, nur spanischsprachige Führer und mangelhafte Ausrüstung verstecken.

Hinweis: INDECOPI in Cusco (s. dort bei „Adressen & Service") führt eine Liste unzuverlässiger und besser zu meidender Trekkingunternehmen! Nicht alle Anbieter gehen täglich auf den Inka Trail, sie warten ab, bis mindestens vier Personen zusammenkommen.

Wichtig ist auch die **Festlegung der Übernachtungsplätze,** die erst 1–2 Tage vorher durch die **UGM offiziell festgelegt und genehmigt** werden. Dabei kann es passieren, dass die letzte Nacht weit vor Wiñaywayna übernachtet wird und am nächsten Tag kaum ein Chance besteht, das Sonnentor zum Sonnenaufgang zu erreichen, wenn nicht mitten in der Nacht losgelaufen wird.

Es ist unbedingt vorher zu klären, was im Preis alles enthalten ist, ob das Gepäck selbst getragen werden muss, was zum Essen geboten wird (große Unterschiede!), wie groß die Gruppe ist (16 Leute mit 24 Trägern sind auf dem Inka Trail keine Seltenheit, die ideale Gruppengröße umfasst zwei bis max. zehn Personen) und ob individuelle Wünsche erfüllt werden können. Dabei hängt auch viel vom richtigen Führer ab. Es gibt Führer, die der Gruppe einfach vorausrasen und dann gelangweilt warten, bis die Gruppe den Berg hochgehechelt kommt. Letztendlich ist es also nicht so einfach, das beste Preis-/Leistungsverhältnis zu finden. Ein persönlicher Träger (bis 20 kg Tragegewicht) kostet 65 € extra.

Individual-Arrangements (Privado) schließen meist gleichfalls alle Leistungen einer Pauschaltour mit ein, mit dem Vorteil, dass der Trail individuell (einzeln oder in der Minigruppe) mit eigenem Führer, Zelt und Trägern begangen wird. Man bestimmt selbst den Ablauf, das Tempo und die Verweildauer. Eine Vierer-Gruppe umfasst aber trotzdem bereits eine Karawane von ca. 8 Trägern, Koch und Führer. Kostenpunkt, je nach Veranstalter, 250–600 € pro Nase. Wesentlich preiswerter wird es, wenn man ohne Träger und Koch sein Gepäck selbst trägt und sich selbst verpflegt und somit nur einen lizenzierten

Führer benötigt (ca. 60 €/Tag für max. 6 Personen). Es muss dann nur noch die Fahrt mit dem Micro, z.B. bis zum Km 82, der Eintritt und die Rückfahrt mit dem Zug bezahlt werden. Studenten (Vierergruppe) müssten dann nicht mehr als 120–150 € (ohne Verpflegung) ausgeben. Nach diesem Angebot muss bei den Touranbietern direkt gefragt werden, da es offiziell nicht beworben wird.

Wie finde ich meinen Anbieter? Zig Büros verkaufen den Inka Trail oder andere Treks als Tour anderer Veranstalter nur weiter und haben recht unterschiedliche Preise. Für den Außenstehenden ist schwer erkennbar, wo die Unterschiede liegen. Alles hört sich ähnlich an. Wichtige Fragen vor einer Tourbuchung, nicht nur für den Inka Trail, sind:

1. Wer organisiert die Tour? Der Anbieter selbst oder ein anderer Veranstalter? – 2. Wer ist der Führer (Guide/Guía)? Spricht er Englisch? – 3. Wie groß ist die Gruppe? – 4. Wieviele Träger kommen dazu? Wieviel Kilo tragen diese? Was verdienen sie? ... Darauf bekommt man vielleicht keine Antwort! – 5. Welche Zelte werden genutzt und wie ist deren Zustand (dicht)? – 6. Bei Lastpferden: wird ein Notfallpferd mitgenommen?

Preiswerte Anbieter **Andean Adventures Peru,** Urb. Lucrepata E-13 (4. Stock), Tel. 26-3498, www.andeanadventuresperu.com. Perfekter Service, immer erreichbar, empfehlenswert! – **Culturas Peru,** Tandapata 354-A, Tel. 24-3629, www.culturasperu.com. Nicole Gabriela Erb bietet Inka Trail-Individualtouren an, aber auch andere Strecken. – **Cusco Tours,** Cuesta del Almirante 232, www.cuscotours.com.pe, Tel. 24-7412. Nico Montesinos Gamarra ist auf den Inka Trail spezialisiert; Kleingruppen, Individualabsprachen, zuverlässig, gutes PLV.

LIZ'S, Calle del Medio 114, Plaza de Armas, www.lizexplorer.com, Tel. 24-6619. Inka Trail 190 €, Studenten 25 € Rabatt. Gute Führer, Träger und Koch, empfehlenswert. – **Q'enqos-Tours,** Plateros 394, Tel. 22-4362. Zwar nur Vermittler, dennoch immer eine Nachfrage wert, dt.-spr. – **Transveel Tours,** Urb. Marcavalle E-14, katherinevallec@mixmail.com, Tel. 69-2480; faire Angebote. – Auch die Angebote von *Q'ente,* Choquechaca 229, Tel. 23-8245 sowie *Compañía de Servicios Turísticos* und *Scout Travel* sind einen Vergleich wert.

Gute Führer *Manuel Jesús Usca Huamán,* Karmenca 130, Santa Ana, Cusco (engl. und span.). – *Marco Antonio Callapiña Condori,* Belén 572, Tel. 23-8373, Cusco.

Gebote des Nationalparks Gehe nur auf dem markierten Weg • Gehe nicht allein, sondern nur in Gruppen • Pflücke keine Orchideen oder andere Pflanzen im Nationalpark • Verschmutze keine Wasserstelle mit Seife oder anderen Dingen • Hinterlasse keinen Abfall, sondern trage ihn in mitgeführten Müllsäcken mit • Benutze keine Ruinensteine, um eine Koch- oder Feuerstelle zu errichten • Entfache kein offenes Feuer zum Kochen • Klettere nicht auf Ruinen umher, Übernachten ist darin verboten • Verrichte dein Geschäft nicht in der Nähe von Wasserstellen und vergrabe es (Gartenschaufel mitführen).

Der Inka Trail in vier Tagesetappen

Höhenangaben *Da die Höhenangaben des Inka Trails stark variieren, hat Rainer Wirtz für uns freundlicherweise barometrische Höhenmessungen vorgenommen. (Abweichungen ± 20 m). Alle hier angegebenen Daten stammen von diesen Messungen. Bezugshöhe war der Bahnhof in Puno, Kontrollpunkte Abra La Raya, die Brücke über den Vilcanota/Urubamba in Urubamba, der Abra Warmiwañusqa, Intipunku, Sayaqmarca und Phuyupatamarca.*

Etappen und Gehzeiten Die Tagesetappen sind hier so gewählt, dass diese auch bergauf bei langsamer, aber *stetiger* Gehweise bequem und leicht eingehalten werden können, ohne dass man sich beeilen muss. Zügige Wanderer werden weniger Gehzeit benötigen und könnten eine größere Tagesetappe bewältigen. Koch und Träger, u.U. auch der (unqualifizierte) Führer, werden vorauseilen. Es ist abzuraten, sich von diesen Eilkommandos beeinflussen zu lassen.

Die Angaben bei den **Gehzeiten sind Echtzeiten,** d.h., Verschnaufpausen, Rast und Besichtigungen wurden dabei nicht berücksichtigt. In weiten Teilen ist der Trail mit einem rauhen Granit sehr grob gepflastert, meist 60–80 cm breit, manchmal auch mehrere Meter, in steilen Strecken mit Stufen. Die Stolpergefahr erfordert ständige Konzentration. Alle Wasserläufe werden auf guten Stegen überquert. Landschaft und Klima reichen vom andinen Hochgebirge bis in den weltweit höchstgelegenen subtropischen Bergurwald.

■ Inka Trail ab Km 104: s.S. 401

1. Tag: Chilca – Weggabelung über Llaqtapata

Strecke ca. 8 km, Gehzeit 4,5 h

Wer den Camino del Inca bei Km 82 beginnt, fährt von Cusco frühmorgens in Eigenregie respektive mit dem Wagen seines Touranbieters bis Urubamba oder Ollanta (Km 68). Dort Einkauf von Obst, Trinkwasser, Regenschutz, ggf. Wanderstock. Auf schmaler Schotterpiste geht es dann weiter über Phiri und Tankac bis Chilca (Km 77, 2800 m), Ankunft so zwischen 10 und 11 Uhr (Kontrollstelle, Parkeintritt). Wer am Vortag anreist, kann in der *Nustayoc Mountain Lodge* (FAM/LUX), unweit des Chilca-Bahnhofes, Tel. 79-0144, www.nustayoclodge.com, dt.-spr., übernachten und sehr früh am nächsten Morgen loswandern. Von Chilca führt die Piste über Piscacucho (2681 m) weiter bis zum Km 82. Hier endet derzeit die Piste. **Bei Km 82 steigen die meisten in den Trail ein.** Bis Machu Picchu fehlen derzeit noch ca. 40 Straßenkilometer. Wer schnell und ebenerdig den Km 88 erreichen möchte, kann diesen von hier in 5 km auf den Schienen, immer entlang des Urubambas, erreichen.

Bei **Chilca,** das (flussabwärts) auf der rechten Flussseite liegt, spannt sich eine Hängebrücke über die hier enge Urubambaschlucht. Nach ihrer Überquerung wandert man entlang der linken Flussseite flussabwärts. Der Pfad führt zunächst durch die Gärten einiger Anwohner und dann an Eukalyptus-, Agaven- und Blumenfeldern vorbei. Anschließend kurzer und steiler Aufstieg in die Bergflanke auf 2890 m. Danach folgt der unschwere Weg mit nur geringen Höhenunterschieden dem Lauf des über 100 m tiefer fließenden Urubamba. Hoch über der rechten Talseite leuchten die Gletscher und Schneefelder des *Nevado Verónica.* Nach knapp 2 h trifft der Trail auf die Brücke, die von Km 82 (Ende der Piste, Zughalte-

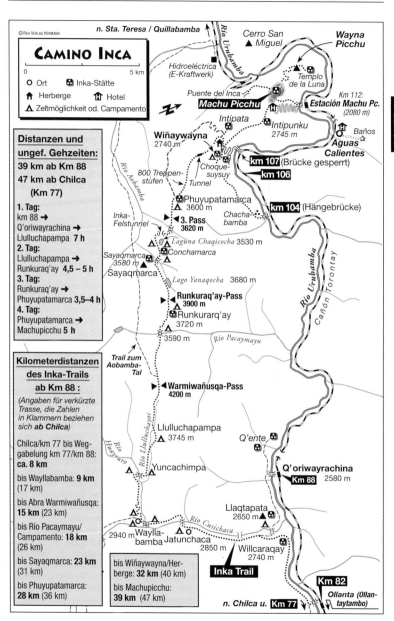

stelle, Getränkebuden) von der rechten Flussseite herübergeführt (Höhe 2700 m). Vorbei an einem Fußballplatz und durch einen Friedhof werden nach 20 Minuten die Häuser des Dorfs **Yawarwaka** (2710 m) passiert. Die Leute bieten Getränke und Wanderstöcke an.

Nach einer Gesamtgehzeit von ca. 3 h kommt nach dem kleinen Dorf **Miscay** zunächst ein mäßiger Anstieg. Danach wird das Seitental des Wayanay überquert und es geht in der Talflanke ca. 60 Höhenmeter steil bergauf, vorbei an den Ruinen der **Inkafestung Willcaraqay** bis zu einer Aussichtsfläche auf 2830 m Höhe. Von hier bietet sich ein toller Tiefblick in das Seitental mit den Ruinen von Llaqtapata. In 20 Minuten wird die Weggabelung (2710 m) über den Ruinen von Llaqtapata erreicht. Wer **Llaqtapata** besichtigen möchte, müsste hierzu ca. 15–20 Minuten absteigen, der Wiederaufstieg dauert 30 Minuten (weitere Wegbeschreibung s. „Q'oriwayrachina (Km 88) – Llulluchapampa"). Wanderer mit Startpunkt Km 82 können ihr 1. Nachtlager in **Jatunchaca** oder Wayllabamba aufschlagen.

Q'oriwayrachina („Km 88") – Llulluchapampa

Strecke ca. 11 Kilometer, Gehzeit ca. 7 h

Der Zug hält bei Km 88 nur, wenn vorher das Zugpersonal informiert wurde, dass dort jemand aussteigen will. In der Regel wird das der Tourguide übernehmen. Der Zughaltepunkt trägt den Quechua-Namen **Q'oriwayrachina** und liegt auf 2580 m. Hier geht es auf einer Hängebrücke über den Urubamba.

Nach rechts führt ein Pfad in 15–20 Minuten zu den wenig besuchten Ruinen von *Wayna Q'ente* und *Machu Q'ente* (Lagerplatz). Wayna Q'ente war ein Tambo, ein Inka-Stützpunkt, bestehend aus einem Kultplatz mit zwei Steinbädern, zwei heiligen Felsen und einer heiligen Höhle. Er ist evtl. einen Abstecher wert. Die Gesamtgehzeit wird sich dadurch aber mindestens um eine Stunde verlängern.

Der eigentliche Inka Trail führt von Q'oriwayrachina nach links. Etwa einen Kilometer geht es durch einen Eukalyptuswald aufwärts. Auf einer Höhe zwischen 2650 und 2680 m führt der Weg im Tal des *Río Cusichaca* direkt an den Inkaruinen von *Llaqtapata* vorbei (auch *Patallaqta* genannt). Die charakteristischen Trapezfenster der über hundert Bauten Llaqtapatas sind kennzeichnend für den Inka-Architekturstil. Auffallend ist der Tempelbezirk mit dem *Pulpituyoc,* einem runden *Torreón* (ähnlich jenem in Machu Picchu), der für die Inka-Architektur dagegen untypisch ist. Die Gesamtanlage samt Terrassenfeldern hat eine beachtliche Ausdehnung und unterstreicht die strategische Bedeutung Llaqtapatas an einem wichtigen Verkehrsknotenpunkt. Die Inkastadt wurde zum Río Cusichaca hin durch eine lange Zickzack-Mauer geschützt. Auf einigen der halb verfallenen Terrassenhängen wird von der Bevölkerung noch Landwirtschaft betrieben, doch die meisten sind schon verwuchert. In unmittelbarer Nähe gibt es gute Übernachtungsplätze für Wanderer.

Nach der Überquerung des Río Cusichaca über eine kleine Holzbrücke folgt ein kurzer steiler Aufstieg, bis auf 2710 m Höhe (ca. 30 Min.) der Weg mit jenem zusammenstößt, der von Km 82 kommt. Es geht nach rechts flach ansteigend durch das Tal des Río Cusichaca aufwärts. Der teils sandige Weg bietet prächtige Rückblicke auf die *Cordillera Verónica*. Nach den Bauernhäusern (Getränke) von **Jatunchaca** (2850 m) liegt zwischen Weg und Bach ein **Campamento.** Bergwanderer, die bei Km 82 aufgebrochen sind, können hier oder in Wayllabamba übernachten. Eine Rohrleitung führt sauberes Wasser von einem unbewohnten Berghang herab. Es gibt hier eine freie Wiese, die von Buschwerk eingesäumt ist.

Etwa fünf Minuten vom Campamento entfernt wird wieder der Río Cusichaca über einen Steg überquert. Nach insgesamt 9 km wird das letzte Dorf **Wayllabamba** auf 2940 m mit mehreren kleinen Zeltplätzen erreicht, die sich zum Teil zwischen den Häusern der Bewohner befinden. **Warnung:** Wayllabamba gilt als **unsicherer Übernachtungsplatz**. Erhöhte Diebstahlgefahr! Die bescheidenen sanitären Einrichtungen der Dorfbewohner können benutzt werden. Im Dorf wird der von rechts anfließende *Río Llulluchayoc* auf einer Brücke überquert. Geradeaus weisen Tafeln auf den hochandinen Weg zum *Nevado Salkantay* (6271 m) und zum Andendorf *Mollepata*. Es bietet sich eine Rast an, um Getränke zu kaufen.

Der Trail nach Machu Picchu führt nach dem gerade überschrittenen Río Llulluchayoc nun nach rechts zum 6 km langen Anstieg auf den höchsten Pass der Strecke, zum 4200 m hohen Abra Warmiwañusqa. Auf dem steilen Serpentinenweg geht es an den letzten Häusern des Dorfes vorbei. Letztmalig können jugendliche Träger aus Wayllabamba angeheuert werden, um den Rucksack den steilen Pass hinaufzutragen (ihnen unbedingt Essen und Trinken anbieten).

Hinweis: Der 4200 m hohe *Abra Warmiwañusqa* ist nur für höhenangepasste Wanderer mit guter Kondition zu schaffen. Oft müssen ältere Leute, aber auch jüngere von den Tourguides die letzten 100 m hochgetragen werden.

An der Bachgabelung zuerst dem *Río Huayruro* (linker Bachlauf) folgen. Nach einigen hundert Metern geht es nach rechts auf einem Bachsteg über den Río Huayruro (Zeltplatz). Der Weg wird breiter und führt auf 3260 m über die herrlich gelegene Bergwiese *Yuncaychimpa*, nach drei weißen Steinen auch *Tres Piedras Blancas* genannt (die aber alles andere als weiß sind). Die leicht abschüssige Bergwiese am Río Llulluchayoc ist ein guter, geschützter Rastplatz und für Erschöpfte als Übernachtungsplatz gut geeignet. Frauen aus dem letzten Dorf haben am Wegrand einen kleinen Stand aufgeschlagen und bieten Getränke und Süßigkeiten an (letzte Möglichkeit bis Wiñaywayna). Danach steigt der Trail an und führt etwa eine Stunde sehr steil über Stufen und grobes Pflaster nach oben. Die unregelmäßigen, manchmal über 50 cm hohen Stufen sind sehr anstrengend. Schöne Bromelien wachsen neben dem Pfad, große Kolibris schwirren durch den Bergurwald, der vor der starken Sonnenstrahlung schützt. Von den Bäumen hängen gespensterlich lange dünne Flechten. Am Ende des Waldes wird nach 1 bis 2 Stunden wieder eine Hochfläche mit einer Bergwiese auf 3745 m Höhe erreicht. Der Ort heißt **Llulluchapampa** und eignet sich bestens als Übernachtungsplatz. Es gibt ein gemauertes Häuschen mit Toiletten und Waschbecken, im Bach fließt sauberes Wasser und bei den Büschen am Rande der freien Fläche findet man ein wenig Windschutz gegen den oft eiskalten Wind. Wenn das Zelt dann steht, ist meist schon die Dämmerung hereingebrochen.

2. Tag: Llulluchapampa – Runkuraq'ay

Strecke ca. 8 Kilometer, Gehzeit ca. 4,5–5 h

Die Nacht war wohl in aller Regel eiskalt, vielleicht um die 0 °C oder darunter. Das Aufstehen um 7 Uhr (die Sonne kommt nicht vor 11 Uhr über den Bergkamm) fällt daher nicht allzu schwer. Es folgt nun die schwierigste Etappe des Inka Trails. Der Weg führt zuerst leicht bergauf, wird immer steiler, das Atmen fällt spürbar schwerer. Beim Blick zurück sieht man tief in das bereits durchwanderte Tal, dahinter ragen schneebedeckte Berggipfel auf (*Nevado Huayanay,* 5452 m). Über *Corral Punku* geht es nun hoch zum höchsten Punkt des Inka Trails, zum Abra Warmiwañusqa (4200 m, Aufstiegsdauer ca. 1,5 h). Den Aufstieg evtl. erschweren können die Träger der organisierten Gruppen, die einen permanent mit einem viel zu hohen Tempo überholen, anhalten, um nach Luft zu schnappen, dabei eingeholt werden und danach wieder lostürmen. Die letzten Meter führen über Stufen steil nach oben. Der „Pass der Toten Frau" wird umrahmt von einer grandiosen Bergkulisse und bietet einen herrlichen Blick über das wilde Tal de Río Pacaymayu und auf den nächsten Pass, den *Abra Runkuraq'ay* sowie einen letztmaligen Rückblick ins Tal von Wayllabamba.

Der Trail zieht sich nun über grobes Pflaster und Stufen gut 600 m verhältnismäßig steil bergab. In 3590 m Höhe wird 1,5 h später der schnell fließende *Río Pacaymayu* („Fluss des Sonnenaufganges") gekreuzt. Hier gibt es einen ziemlich großen Platz zum Zelten (Campamento), den sehr viele Wandergruppen nutzen. Das Wasser oberhalb des Camps ist sauber. Es gibt einen Parkwächter mit einem Funkgerät (für Notfälle) und einige Steinhäuschen mit Toiletten und Waschbecken, die aber nur funktionieren, wenn der jeweilige Zulaufschlauch richtig im Bach liegt.

Vom Tal des Río Pacaymayu quält man sich nun in gut 30–40 Minuten, zum Teil über Stufen, steil bergauf zu dem für die Inka-Architektur ungewöhnlichen Rundbau von **Runkuraq'ay** (3720 m). Die Namensgebung stammt von Bingham (s.u.), ergibt aber in der Quechua-Sprache keinen Sinn. Runkuraq'ay war ein Tambo, also ein Stützpunkt, Rast- und Versorgungslager der Inka, gebaut aus hellem Granit. Von hier konnte die gesamte Umgebung mit dem Pacaymayu-Tal bis zu den Pässen gut überwacht werden. Entsprechend großartig ist die Sicht von den Ruinen (1915 entdeckt). In den Ruinen von Runkuraq'ay darf nicht übernachtet werden. Ein Platz in der Nähe bietet sich dagegen an (oft belegt), Wasser ist nicht vorhanden.

**3. Tag:
Runkuraq'ay –
Phuyupatamarca**

Strecke ca. 9 Kilometer, Gehzeit 3,5–4 h

Am nächsten Tag (die Sonne kommt um ca. 8.30 Uhr) geht es zuerst wieder eine Stunde auf dem oft ziemlich überwucherten Weg steil aufwärts zum **Runkuraq'ay-Pass** in 3900 m Höhe. Nach 15 Minuten führt der Weg an den zwei kleinen Lagunen von *Qochapata* (3830 m) vorbei (Zeltplätze). Der großartige Blick vom Abra Runkuraq'ay auf die schneebedeckte Cordillera Vilcabamba mit dem spitzen Nevado Salkantay (6271 m) entschädigt für die Mühen, zumal nun der schwierigste Teil des Trails geschafft ist und es jetzt überwiegend bergab geht. Ab hier ist der gesamte restliche Weg bis nach Machu Picchu in einem guten Zustand. Nach 30 Minuten kommt der dunkle Tümpel *Yanaqocha* (3680 m) mit seinem trüben Wasser in Sicht. Frauenschuh-Orchideen säumen den Weg.

Gut 40 Minuten nach der Passhöhe kommt eine Weggabelung (3525 m): Nach links führt eine steile schmale Treppe zur 3580 m hoch gelegenen Festung **Sayaqmarca,** die auf einem Bergvorsprung liegt und sehr sehenswert ist. Sayaqmarca bedeutet in Quechua „unzugängliche Stadt". Die Wehranlage diente einst zum Schutz der Versorgungslinie.

Beeindruckend sind die massiven Schutzmauern, die engen, verwinkelten Gassen und die Kanäle. Auf dem Berghang oberhalb der Stadt gibt es noch Feldterrassen und unterhalb der Festungsanlage auf der anderen Seite des Baches ist die kleine Inkaruine *Conchamarca* erkennbar. Die herrliche Umgebung und die schönen Orchideen laden zu einer Rast ein.

Dann geht es die Stufen wieder hinunter und nach links über den Bach, an Conchamarca und an einer kleinen Wiese vorbei (Zeltplatz, Wasser jedoch nicht sauber, Moskitos). Durch einen schönen und dichten Bergurwald *(Ceja de Selva)* mit Palmfarnen und vielen Orchideen (während der Trockenzeit blühen nur einzelne) führt der Trail im angenehmen Baumschatten mit nur geringen Höhenunterschieden zu einer Lichtung mit ungemütlichem Zeltplatz (Toilettenhäuschen) und einem Rinnsal, das manchmal ausgetrocknet ist. Hier liegt die **Laguna Seca** oder *Chaqiqocha* (3530 m).

Nun folgt ein prima Abschnitt. Der Weg ist mit Platten belegt, über Stufen bewältigt man geringe Höhenunterschiede. 40 Minuten hinter Chaqiqocha führt der Weg durch einen 16 m langen **Tunnel** (3630 m) über eine Treppe abwärts. Die Baumeister erweiterten eine natürliche Felsspalte.

Nach weiteren 20 Minuten wird der **3. Pass** (3620 m) erreicht, der als solcher aber kaum erkennbar ist. Noch vor ihm öffnet sich zum ersten Mal ein Fernblick hinunter ins enge Urubamba-Tal, das etwa 1300 m tiefer liegt. Jetzt ist es nicht mehr weit bis zum schönsten Übernachtungsplatz des gesamten Camino del Inca, dem **Campamento Phuyupatamarca** (gemessene Höhenlage 3680 m, lt. Tafel 3600 m). Toilettenhäuschen vorhanden. Nach Nordosten sieht man ins Urubamba-Tal und von oberhalb des Campamentos eröffnet sich sogar ein Fernblick auf den Salkantay. Wer hier noch nicht campen möchte, könnte auch noch bis zum *Centro de Vacaciones* vor **Wiñaywayna** weitergehen (knapp 3 h) und dort übernachten (er ist meist sehr stark belegt und weniger schön!).

4. Tag: Phuyupatamarca – Machu Picchu

Strecke ca. 11 km, Gehzeit 5 h

Die Nacht in 3680 m Höhe wird noch einmal eiskalt. Vom Campamento führt der Trail über Stufen etwa 50 Höhenmeter steil abwärts. Nach zehn Minuten werden die Ruinen von **Phuyupatamarca,** der „Stadt über den Wolken" (3630 m), passiert. Am Eingang spendet eine gefasste „heilige" Quelle Trinkwasser. Die terrassierte Tempelanlage an einem Hang diente dem Anbau von Nahrungsmitteln zur Versorgung der Inka-Festung Sayaqmarca. Phuyupatamarca wurde inkatypisch harmonisch ins Gelände eingefügt, Wasserkanäle und Steinbäder sind noch vorhanden.

Die Stimmung ist hier bei unter- oder aufgehender Sonne einzigartig. Die bis zum Gipfel bewaldeten Berge ringsum lassen schon die Nähe von Machu Picchu ahnen. Ein nach den überstandenen Anstrengungen richtiger Platz zum Wohlfühlen.

Der Trail führt nun zunächst ein bis zwei Stunden lang über eine neue Trasse. Über etwa 800 steile Treppenstufen geht es bergab. Die Stufen sind kaum fußbreit, ein Wanderstock leistet hier wertvolle Dienste. Dann windet sich der Weg, weiterhin ständig leicht fallend, am urwaldüberwucherten Berg entlang. Es wird wärmer und schwüler. Ein kleiner Wachturm wird auf 3260 m Höhe passiert. Tief unten im Urubamba-Tal ist der

Ort *Aguas Calientes* mit der Bahntrasse zu erkennen, in kürzerer Distanz die Ruinen und Terrassen von *Intipata* und die Dächer der modernen Bauten von Wiñaywayna.

10 Minuten später führt der Trail durch einen **Höhlentunnel** (3215 m), in dem es auf einer Steintreppe nach unten geht.

Dann verzweigt sich der Weg (3020 m). Geradeaus geht es auf dem alten, ursprünglichen Inkaweg zu den Ruinen von Intipata. Nach rechts führt der neu angelegte, einfache Erdpfad aus dem Bergurwald in kurzen Serpentinen steil und staubig in 30 Minuten Gehzeit zu Häusern mit roten Dächern hinab, zum **Centro de Vacaciones.** Dort gibt es einen Zeltplatz (permanenter Platzmangel), ein einfaches Hotel (Übernachtung ca. 20 Soles), ein Museum und ein Terrassen-Restaurant (2740 m), das Bier, Cola, Tee und einfache Gerichte verkauft. Möglich ist auch warmes Duschen (2 Soles für ca. 2 Minuten; die WCs sind oft überlastet). Das Hotel ist immer gut belegt, weil hier viele Wanderer letztmalig übernachten. Zuschrift: „Das Centro nimmt den letzten Naturflair und erinnert mehr an eine Skihütte für partylustige Touristen." Deshalb unsere Empfehlung: früher übernachten!

Dennoch: Im Garten können alle im Nebelwald vorkommende Orchideenarten bestaunt und im kleinen Museum konservierte Schmetterlinge, Vögel, Schlangen und Spinnen der Region betrachtet werden.

Nicht versäumen sollte man die Besichtigung der **Ruinen von Wiñaywayna,** die vom Hotel aus in 10 Minuten zu erreichen sind. Überwuchert wurden sie 1942 von Julio César Tello entdeckt und nach Jahren freigelegt. Wiñaywayna bedeutet auf Quechua soviel wie „für immer jung". Wie ein Adlerhorst klebt die kleine Siedlung am terrassierten Berghang und zweifelsohne ist sie die attraktivste und sehenswerteste Inka-Ruine des gesamten Camino del Inca. Wahrscheinlich war sie ein strategisch wichtiger Punkt auf der Strecke nach Phuyupatamarca. Die Anlage besitzt neben einem religiösen Bezirk unzählige Wohnhäuser, 19 Steinbäder und eine große Terrassenanlage. Viele davon sind vom Urwald überwuchert, der sich die Abhänge des *Wakaywillka* hinaufzieht. In der Nähe der Ruinen ist Platz für Zelte (**Hinweis:** ab Wiñaywayna bis nach Machu Picchu darf nicht mehr gecampt werden). Ein alter Inkaweg verbindet Wiñaywayna mit der Inkaanlage *Choquesuysuy* am Río Urubamba.

Von Wiñaywayna sind es bis Machu Picchu noch 7 km. Die Ticketkontrollstelle nach dem Zeltplatz ist von 5–14.30 Uhr (manchmal auch bis 16 Uhr) geöffnet, ansonsten verhindert Stacheldraht den Durchgang. Bis zum *Intipunku,* zum Sonnentor (auch *Kaka Punku* genannt), zieht sich der Inka Trail noch ein- bis eineinhalb Stunden. Mit geringen Höhenunterschieden (zwei Stellen mit etwa 50 Stufen gilt es zu überwinden) geht es an einer steil abfallenden Bergflanke des dichten Bergurwaldes unterhalb von Intipata entlang, bis Stufen hinauf zum Sonnentor (2745 m) führen und sich ein überwältigender Anblick bietet: vor einem liegt **Machu Picchu,** eingerahmt von einer grandiosen Berglandschaft!

Um die Szene tiefer einwirken zu lassen, lohnt hier eine längere Rast, zumal zwischen 10 und 14 Uhr die Inkastadt gewöhnlich völlig überlaufen ist. Laute Touristenmengen sind nach tagelanger Ruhe wohl nicht jedermanns Sache. Etwa 30 Minuten dauert noch der Abstieg über die *Apacheta* (Kontrollpunkt) in die Stadt.

Inka Trail ab Km 104

Für Machu Picchu-Schnellbesucher gibt es die Möglichkeit, den letzten Teil des Inka Trails ab Km 104 an einem einzigen Tag zu erwandern. Dazu muss **beim Km 104** aus dem Zug gestiegen werden. **Doch auch für diesen kurzen Abschnitt ist ein Führer vorgeschrieben!**

Das Kontrolltor bei Wiñaywayna sollte noch vor Mittag passiert werden, Machu Picchu erlebt man dann am Nachmittag (nach 14 Uhr), und in Aguas Calientes wird übernachtet. Der „Inka Trail ab km 104" ist in Cusco **als Zweitages-Pauschaltour buchbar**, ab 150 € inkl. Zugfahrt, Eintritt und Zeltübernachtung in Wiñaywayna – damit völlig überteuert und nicht zu empfehlen.

Beim Km 104 (2240 m) spannt sich eine Hängebrücke über den Río Urubamba. Beim Brückenwächter ist die **Eintrittgebühr von 310 Soles** (mit Studentausweis die Hälfte) zu entrichten, die auch für Machu Picchu gilt. Auf der anderen Seite befinden sich rechter Hand die Ruinen von **Chachabamba**. Der Aufstieg nach Wiñaywayna ist steil, doch der Weg gut, und wegen z.T. baumloser Grasflächen ist man ständiger Sonnenbestrahlung ausgesetzt. Aufstiegsdauer je nach Kondition 2,5–3 h. Unterwegs wird die Stromleitung unterquert und es gibt zwei Unterstände zum Schutz gegen Regen. Kurz vor den Ruinen von Wiñaywayna wird ein schöner Wasserfall passiert. Der Trail trifft dann bei Wiñaywayna auf den Hauptweg nach Machu Picchu. Bei Wiñaywayna gibt es zwar Übernachtungsmöglichkeiten im *Centro de Vacaciones* und auf Zeltplätzen, doch es darf dort nicht übernachtet werden. Es ist Vorschrift, dass bis Machu Picchu durchgelaufen wird.

Trek 2: Salkantay Trail nach Machu Picchu

Viele Reisende wollen auf dem klassischen Inka Trail wandern, doch aufgrund der Beschränkungen und der langen Vorbuchungszeit von bis zu drei Monaten gelingt es immer weniger Individualreisenden, sich vor Ort in den Inka Trail „einzuklinken".

Als Alternative entscheiden sich manche nun für den **Salkantay Trail** nach Machu Picchu. Schön an diesem Inkaweg sind ständig wechselnde Landschaften und Klimazonen. Eine Vorausbuchung ist noch nicht nötig, der Eintritt kostet derzeit 45 US$. Unterwegs gibt es einige kleine Kioske, die Getränke und Snacks verkaufen. Müll liegt noch nicht herum. Ruinen kann man unterwegs keine sehen, dafür entschädigt am Ziel Machu Picchu. Hier ein Kurzabriss der Fünftages-Tour, die in Cusco für umgerechnet zwischen 135 und 200 € angeboten wird, z.B. von www.salkantay.org: Das Gesamtpaket umfasst Transport von Cusco nach Mollepata, Vollverpflegung, Packtiere und meist ein Reitpferd für Fußkranke, Eintritt Machu Picchu, Übernachtung in Aguas Calientes und Rückfahrt mit dem Zug nach Cusco. Die teureren Anbieter haben ein besseres Equipment und entsprechend komfortablere Unterkunft in Aguas Calientes. Trekker können auch direkt in Mollepata starten und dort das Equipment übernehmen. Für die Viertagestour inkl. Tragtiere muss bei einer Vierergruppe mit 30 € p.P. gerechnet werden, ohne Eintritt Machu Picchu und Rückfahrt nach Cusco. Unbedingt darauf achten und persönlich genau prüfen, ob die Ausrüstung (vor allem Schlafsäcke) gut und vollständig ist.

1. Tag: Abfahrt in Cusco nach Mollepata (2800 m) um 6 Uhr, Fz 2 h. Frühstück. Gepäckverladung auf Mulis (max. 8 kg), Wanderung bis zum Mittagslager 3 h mit

	vielen kurzen, steilen Anstiegen. Mulitreiber und Köche gehen voraus um das Lager herzurichten. Anschließend Wanderung bis nach Pampa Soray, einem Hochplateau (3500 m). Ankunft gegen 16.30 Uhr, Abendessen, Nachtlager. Die Temperatur fällt bis auf den Gefrierpunkt, Schlafsack notwendig.
2. Tag:	Aufbruch um 7 Uhr, Überschreiten eines steilen Passes (4600 m), der zwischen den beiden Eisgipfeln des Salkantay und Tucarhuay liegt. Auf dem Pass kann je nach Witterung ein Schneefeld liegen. Mittagsrast gegen 12.30 Uhr. Abstieg zuerst entlang eines Bachlaufes bis zu einer Schlucht, an deren Hang der Wanderpfad stetig in die Tiefe führt. Der Baumbestand nimmt zu, es geht tiefer durch einen Nebelwald zum Nachtlager (2900 m). Gehzeit 10 h. Wer noch Reserven hat, kann noch 20 Min. weiter zum Flussufer zu einer wenig gepflegten und müffelnden heißen Naturtherme absteigen, Eintritt 2 Soles. Dafür sind gutes Schuhwerk und eine Taschenlampe hilfreich.
3. Tag	Weiter abwärts durch den Nebelwald. Die Landschaft wird immer grüner, Wasserfälle, Bananenstauden. Wer die Augen offen hält, kann ganze Haine mit reifen, leckeren Grenadillas entdecken und sich den Magen voll schlagen. Kaum zu übersehen – zumindest die nächsten Jahre – ist die Verwüstung durch die frisch gebaute Salkantay-Straße, bis die Natur mehr oder weniger schnell die Hänge zurückerobert hat. Mittagsrast in einer kleinen Siedlung namens Playa. Am frühen Nachmittag Weiterfahrt mit einem Micro nach Sta. Teresa, dort beim Besuch der heißen Quellen porentief reinigen, abends im Örtchen essen, entspannen und übernachten.
4. Tag:	Wanderung von Sta. Teresa bis zur Hidroeléctrica und weiter nach Aguas Calientes wie unter Sta. Teresa beschrieben. Übernachtung.
5. Tag:	Frühbus von Aguas Calientes nach Machu Picchu, Rundgang vor Eintreffen der Touristenzüge. Am Nachmittag Rückfahrt mit dem Zug nach Cusco, ggf. Umsteigen in Ollanta in einen Micro.

Trek 3:
Choquequirao Trail und Corihuayrachina

Der inzwischen beliebte Trail zu den Inkaruinen von *Choquequirao* (*Chuqui Kíraw*, Quechua, „Wiege des Goldes") führt durch die Schlucht des Apurímac in der Provinz La Convención. Er ist derzeit **noch eine gute Alternative zum Inka Trail nach Machu Picchu** und landschaftlich mindestens genauso beeindruckend. Während der Wanderung hat man ständig den *Nevado Salkantay* („Berg des Teufels") im Blick.

Choquequirao steht großen archäologischen Komplexen wie Pisaq oder Machu Picchu in nichts nach. Das einstige Inkazentrum präsentiert sich als eine an einem Berghang gelegene, terrassenartige Anlage, mit unzerstörten Bauwerken auf einem Bergplateau. Seine Lage ist zwar nicht ganz so eindrucksvoll wie die von Machu Picchu, dafür wird es nur von wenigen Touristen besucht. Die Konstruktionsart der Bauten – viele müssen erst noch freigelegt werden – ähnelt jenen von Machu Picchu, deshalb wird die Anlage dem Inca Pachacuti zugeschrieben. Als 1909 Hiram Bingham in Choquequirao ankam, musste er enttäuscht feststellen, dass er nicht der erste war. Die Inkastadt war bereits von Grabräubern geplündert worden.

Choquequirao liegt etwa 3100 m hoch und kann von **Cachora** gut erreicht werden. Der 32 km lange und relativ breite Inkaweg zur Ruinenanlage ist zwar anstrengend, doch sicher und die Landschaft sehenswert.

Choquequirao Trail und Corihuayrachina

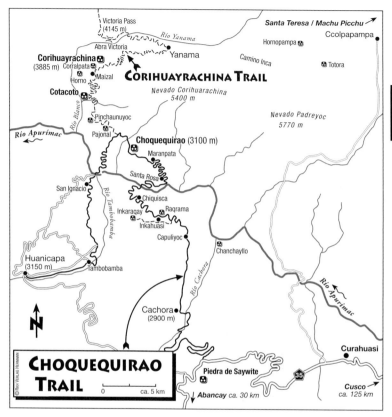

Für den Hin- und Rückweg (Tiefpunkt am Río Apurímac 1530 m, Höchstpunkt 3800 m) sind vier Tage zu veranschlagen, bei weniger sportlichen Naturen zuzüglich einen Tag für die Ruinenanlage, Eintritt knapp 40 Soles. Bei ihr kann gezeltet werden, doch in der Hochsaison meist voll belegt. Es besteht von Choquequirao aus die Möglichkeit, auf einem Inkatrail über Corihuayrachina weiter nach *Victos* (s.S. 385) oder nach Machu Picchu (weitere vier Tage) zu wandern. Allgemeiner **Sicherheitshinweis:** Es kam leider schon zu Überfällen, also Vorsicht!

In Cachora können Zelt, Maultiere mit Treiber und ein Führer angeheuert werden, z.B. bei *Faustino*, gegenüber vom Mercado Central. Die Einkaufsmöglichkeit von Verpflegung ist jedoch sehr dürftig. **Touranbieter** siehe bei Cusco.

Der Trail pendelt laut GPS-Gerät zwischen 1440 und 4670 Meter ü.d.M., fordert insgesamt rund 11.700 Höhenmeter Aufstieg und 12.150 Höhenmeter Abstieg. Er führt durch dichten, schwülwarmen Bergnebelwald, wenige hundert Meter an Gletschern vorbei, über geröllige Moränen, klare, kalte Bergbä-

che, grasbewachsene Hochebenen und trockenstaubige, heiße Abhänge – **man erlebt dabei eine Zusammenfassung von Perus Bergwelt.**
Karte, Fotos, Höhenprofil und Beschreibung auf www.hikr.org/tour/post20026.html.

Corihuayrachina Diese Inkastadt liegt nördlich von Choquequirao auf dem Bergplateau des Cerro Victoria auf 3885 m Höhe bzw. 35 km Luftlinie südwestlich von Machu Picchu. Corihuayrachina wird dem Vilcabamba-Reich zugeschrieben. Die Übersetzung des Quechua-Namens bedeutet soviel wie „wo der Wind zur Goldgewinnung genutzt wird". 1999 wurde sie von Archäologen der National Geographic Society „entdeckt". Dabei war Corihuayrachina, wie auch Machu Picchu, immer bekannt gewesen, nur eben nicht für westliche Archäologen. Die hatten dann allerdings Pech, denn bereits 30 Jahre zuvor wurde die Anlage von Minenarbeitern geplündert. Noch heute leben hier Nachfahren der Inka. Wahrscheinlich diente Corihuayrachina zur Versorgung von Choquequirao und Machu Picchu, andererseits konnten durch die exponierte Berglage der Nachthimmel und die Sonne gut observiert werden. Touranbieter organisieren den Besuch von Corihuayrachina ab Cusco, allerdings sollten mindestens 8 Tage für den Besuch eingeplant werden.

Die Überreste Corihuayrachinas liegen auf etwa 42 Quadratkilometern und umfassen über 200 Bauwerke, darunter inkatypische *Qolqas* (Lagerhäuser), Huacas, Terrassen, Friedhöfe und Wasserkanäle. Ganz uncharakteristisch sind die kreisrunden Steinbauten, ähnlich denen der Chachapoya in Gran Pajatén, darunter ein auffälliger Grabturm. Zentraler Punkt von Qorihuayrachina sind die Ruinen bei **Corralpata**. Weitere Ruinen liegen nordwestlich um Llamapata in 2760 bis 2950 m Höhe. Westlich des Cerro Victoria liegen auf 3502 m zwei Zeremonialplattformen und weitere Ruinen. Sensationell war die Entdeckung eines Aquäduktes, das vom Gletschersee Warmiqocha auf 8 Kilometern durch die Berge nach Corihuayrachina führt und teilweis noch intakt ist. Ein paar Kilometer südlich liegen die Ruinen der Inkastadt Cotacoto.

Corihuayrachina kann auch von Huancacalle mit Maultieren über Yanama und dem Victoria-Pass (4145 m) erreicht werden. Um und hinter dem Pass wurden viele ehemalige Silberminen entdeckt, die über Inkawege erreichbar sind.

Trek 4: Um den Ausangate

Eine Rundwanderung um den vergletscherten Andengipfel Ausangate (6384 m) in der *Cordillera Vilcanota* ist inzwischen eine weitere beliebte Alternative zum Inka Trail nach Machu Picchu geworden. Viele Touranbieter in Cusco (s. dort) haben diese Trekking-Tour inzwischen in ihrem Programm. Ausgangspunkt ist das Andendorf **Tinqui** an der Strecke von Urcos nach Puerto Maldonado (Karte s.S. 286, östl. von Urcos).

In Tinqui ist das *Hostal Tinki* die beste Adresse. Die sauberen Zimmer bieten nur eine Decke, also Schlafsack mitbringen. Ü/F 15 Soles p.P. Wer das Gas bezahlt, kann auch warm duschen. Im Restaurant *Santa Isabel Bar & Polleria* gibt es preiswert Mittag- und Abendessen für knapp 5 Soles, Brathähnchen allerdings nur am Sonntag. Ein ähnliches Angebot bietet das Restaurant *Charito* an der Plaza Prinicipal.

Die Rundwanderung um den Ausangate ab Tinqui via Calacancha, Jampa,

Uyuni und Arapa zurück nach Tinqui ist eine anstrengende, aber reizvolle Trekking-Tour, die 4 Tage in Anspruch nimmt, Gesamtstrecke 72 km. Beste Wanderzeit ist Mai bis September. In Tinqui können Maultiere und Treiber genommen werden. Preisorientierung der Touranbieter: ab 150 Soles p.P. bei einer Vierergruppe inkl. der Pack- u. Reitpferde. Gebühr für den Ausangate-Trail: 10 Soles.

Extra: Kondore beobachten im Canyon Apurímac

Eine Alternative zum Colca Canyon bei Arequipa ist eine Tour in den Apurímac-Canyon zum **Cóndor Lodge Conservation Center.** Dort lassen sich Kondore majestätisch in den Aufwinden des Canyons nach oben tragen. Daneben kann die reiche Flora und Fauna entdeckt und Ausritte in die nähere Umgebung unternommen werden. Die Anfahrt von Cusco erfolgt mit einem Wagen, Fz 2 h. Anschließend geht es entweder zu Fuß oder mit dem Pferd zur Cóndor Lodge, die noch als absoluter **TIPP** gilt, da es noch keinen Ansturm von Reisenden gibt. Weitere Infos: *The Cóndor Lodge,* Urb. Urubambilla A-7 in Cusco, Tel. 24-4714, www.thecondorlodge.com.

Alpakaherde

Kleinkamele der Anden

In den Anden sind vier kamelartige Tiere beheimatet: *Guanakos, Vicuñas, Lamas* und *Alpakas*. Lamas (span. *Llama*) und Alpakas sind Haustiere, die bereits vor über 7000 Jahre von den damaligen Andenbewohnern domestiziert wurden, während Guanakos und Vicuñas in freier Natur leben. Ihr elastisches Sohlenpolster ermöglicht den Kleinkamelen das Gehen auf lockerem Untergrund. Deshalb ist das Lama auch das ideale Tragtier, das seine Lasten ausdauernd und trittsicher über Geröllflächen und steile Felspfade trägt. Genügsam trotzt es den eisigen Stürmen und Temperaturschwankungen in über 4000 m Höhe.

■ *Eine Zeichnung aus einem alten Peru-Reisebericht zeigt ein „indianisch Schaf" …*

Guanako *(Lama guanacoe)*
Das (der) Guanako ist die wilde Stammform des Lamas. Das Tier wird ca. 1,10 m hoch und kommt nur noch selten in den Gebirgssteppen Südperus und Chiles sowie auf den Bergen Patagoniens vor. Guanakos leben in kleinen Familienherden von 15–25 Tieren, die von einem Leithengst angeführt werden. Pumas und Kondore sind die natürlichen Feinde der Guanakos. Ihr Fell ist grau bis rotbraun, zur Bauchdecke hin wird es gelbweiß.

Lama *(Lama huanachos glama)*
Das Lama ist mit einer Schulterhöhe von 1,20 m etwas höher als das Guanako und es hat auch ein dichteres Wollfell. Die Fellfarben variieren durch die Domestizierung zwischen weiß, schwarz, braunrot oder buntgescheckt, die Wolle eignet sich nur bedingt zur Textilienverarbeitung. Lamas sehen, im Gegensatz zu Alpakas, im Gesicht „rasiert" aus. Es wird als Tragtier eingesetzt und kann eine maximale Last von 25 kg tragen. Sollte ihm auch nur ein Kilo zuviel aufgeladen werden, legt sich das Tier wegen seines äußerst ausgeprägten Gewichtsgefühls einfach zu Boden. Eine Lamakarawane besteht nur aus männlichen Tieren, die von einem Leithengst angeführt wird, alle anderen folgen ihm im Gänsemarsch. Die Indígena dirigieren die Tiere durch Pfiffe und bestimmte Laute. Die maximale Tagesetappen beträgt ungefähr 20 km. Lamadung verwendet man als Brennmaterial.

Vicuña *(Lama vicugna)*
Das Vicuña ist die Wildform des Alpakas. Wegen der früher erbarmungslosen Jagd wurde das Tier selten, wegen strenger Schutzbestimmungen ist es nun auf den Hochanden Perus wieder zu sehen. Die Nutzung seiner Wolle, der teuersten Naturfaser der Welt (das Kilo kostet bis zu 500 Euro), ist unter einschränkenden Bestimmungen wieder erlaubt. Pro Tier werden in einjähriger Schur nur etwa 500 g Wolle gewonnen. Das Vicuña ist das zierlichste unter den vier Kleinkamelen der Anden, und mit einer Schulterhöhe von ungefähr 80 cm auch das kleinste. Es hat sich am besten an den andinen Lebensraum angepasst. Sogar das Blut weist eine besondere, höhenspezifische Eigenschaft auf.

Vor strenger Kälte schützt es sich durch sein kurzes, seidenfeines Wollkleid. Bei den Inka durfte nur der Herrscher die geschmeidigen Wollgewänder aus Vicuñawolle tragen. Das Fell ist von gelbbrauner bis rotbrauner Farbe, das Bauchkleid jedoch weiß. Vicuñas können in Höhen bis zu 5000 m genauso überleben wie in wüstenartigen Hochsteppen. Unterhalb von 3500 m sind sie nur selten zu sehen.

Alpaka *(Lama pacos)*

Alpakas wurden wie die Lamas aus dem Guanako gezüchtet und anschließend mit wilden Vicuñas gekreuzt. Es gibt zwei Alpaka-Unterarten: Das *Huacayo* (Schulterhöhe 1,10 m), und das *Suri* (Schulterhöhe 90 cm). Beide Arten leben in Höhenregionen zwischen 4000 und 5000 m, in tieferen können sie sich nicht so gut entwickeln, worunter auch die Wollqualität leidet (das langhaarige Suri liefert bis zu fünf Kilo Wolle pro Jahr). Hauptmerkmal des Alpakas ist sein langes, feines Fell in den Farben schwarz, weiß oder rotbraun. Beine, Ohren und Hals sind kürzer als beim Lama. Alpakas sind die „Wollknäuel" unter den Kleinkamelen, ihr dichtes Wollkleid reicht manchmal bis zum Boden. Im Gesicht sehen die Tiere ziemlich „zottelig" aus.

Die Verarbeitung der Wolle ist unterschiedlich: Die Frauen auf dem Land verspinnen die Rohwolle traditionell mit Handspindeln zu groben Wollfäden (z.B. während des Hütens der Herde), belassen sie naturfarben oder färben sie und stricken daraus wärmende Kleidungsstücke, z.B. die bekannten Alpaka-Pullover. Alpakawolle wird in sieben Qualitätsstufen eingeteilt. Die erste, federleichte Schur heißt „Baby-Alpaka" und ist am kostbarsten. Daneben gibt es noch industrielle Alpakawolle, die meist in den Spinnereien in Arequipa verarbeitet wird. Da weiße Rohwolle für den Verarbeitungsprozess praktischer ist, werden nicht-weiße Tiere systematisch geschlachtet. Heute sind nur noch etwa 1% der Alpakas dunkel. Schwarze Alpakawolle ist am teuersten, da diese überdies besonders fest ist. Alpakas sind aber nicht nur Woll-, sondern auch Fleischlieferanten für delikate Braten. Tiere, die älter als sieben Jahre alt sind, werden geschlachtet. Der Alpaka-Bestand in Peru ist mit rund 2,7 Millionen Tieren seit vielen Jahren gleichbleibend. – HH

■ *Das Verspinnen der Rohwolle zu Garn geschieht durch Handspindeln. Unter den Arm geklemmt hält die Frau einen Holzstab mit aufgewickelter Rohwolle, die sie mit Daumen und Ringfinger zu einem Garnfaden zwirnt. Den gezwirnten Faden wickelt sie dann auf die Spindel in ihrer rechten Hand.*

■ *Spinnen heute wie früher mit der Handspindel. Auf der alten Zeichnung ist unten der „Wirtel" zu sehen, ein Schwunggewicht zum Straffen des Garns.*

Urwald-Touren in der südlichen Selva

Madre de Dios

Die Provinz Madre de Dios („Mutter Gottes") liegt in der südöstlichsten Ecke Perus, sie ist knapp 80.000 qkm groß und grenzt an Brasilien und Bolivien. Die gesamte Region ist so ziemlich einzigartig auf der Erde, denn sie umfasst das gesamte Spektrum des tropischen Regenwaldes, der von den Hängen der Anden *(selva alta)* bis zu der Amazonastiefebene *(selva baja)* reicht. Eines der wenigen noch zusammenhängenden, großen und intakten Ökosysteme im amazonischen Regenwald und das artenreichste Südamerikas. Mehr als 1000 Vogelarten und über 200 Baumarten wurden schon pro Hektar gezählt. Im artenreichen **Manu-Nationalpark,** mit 1,9 Mio. ha größter Urwaldschutzpark der Erde, sind noch der Jaguar und sein schwarzer Mutant Panther heimisch, schwarze Kaimane, Riesenotter, Pekaris (Nabelschweine, schweineähnliche Säugetiere), Tapire, Affen, Schlangen, Sumpfschweine, Vogelspinnen, Papageien und noch unzählige andere Tierarten. Die Flüsse von Madre de Dios sind schmaler und damit bei Flusstouren viel interessanter als der breite Ucayali oder der mächtige Amazonas.

Das **Klima** ist tropisch heiß und feucht bei Durchschnittstemperaturen um 25 °C. Eine angenehme Besonderheit des Klimas kann man in der Trockenzeit (Mai/Juni) erfahren: Dann sorgt ab und zu ein kühler Wind aus den Anden, der *friaje,* für Abkühlung, sogar für empfindliche Kühle.

Ursprüngliche Herrscher über die heutige Provinz Madre de Dios waren die *Moxos.* Dieses Volk leistete lange Zeit den Inka, den Eindringlingen aus dem Hochland, erbitterten Widerstand. Die Inca-Herrscher Sinchi Roca und Inca Yupanqui brachten das Gebiet dann dennoch unter Kontrolle. Der erste Weiße, der die Region durchstreifte, war 1567 der Conquistador **Juan Alvarez** mit einer Truppe von 250 Soldaten. Erst 1861 wurde durch **Faustino Maldonado** der Río Madre de Dios in seiner Gesamtlänge befahren. 1902 wurde Madre de Dios zum Departamento erhoben.

Tour 1: Cusco – Quincemil – Puerto Maldonado

Anreise nach Puerto Maldonado

Nach wie vor ist der Luftweg die schnellste Verbindung von Cusco nach Pto Maldonado. Die Fluggesellschaften bieten tägl. preiswerte Rückflüge an und die meisten Touristen nutzen diese Angebote. Es fahren aber auch viele Busgesellschaften und man muss nicht mehr wie früher abenteuerlich und tagelang Lkw benutzen. Die Strecke ist bis auf ein etwa anderthalb bis zweistündiges Teilstück asphaltiert.

Die Gesamtstrecke Cusco – Pto Maldonado beträgt etwa 590 km, und wenn keine Erdrutsche den Weg versperren, beträgt die Fahrzeit 9–10 Stunden. Komfortabel fährt man mit Semi-Cama und Cama-Bussen (Fp 60–70 Soles, je nach Gesellschaft, z.B. mit *Palomino* und *Machu Picchu*). Leider fast nur Nachtbusse. Tipp: Decke mit in den Bus nehmen.

Zwischendistanzen: Cusco – Urcos 60 km. Urcos – Mazuco 310 km. Mazuco – Pto Maldonado 220 km. Tankstellen in Urcos, Ocongate, Tinqui. Der Pass *Abra Hualla-Hualla* ist 4800 m hoch. Weitere Tankstellen in Quincemil und Mazuco. Vor Erreichen von Pto Maldonado wird der Río Madre de Dios über die neue Flussbrücke (2011) überquert. Die Straße nach Pto Maldonado ist Teil der **Interoceanica,** die auf 240 km weiter nach Norden zum Dreiländereck Peru/Brasilien/Bolivien führt. Dortige Grenzorte am Río Acre sind Iñapari und Assis Brasil.

Puerto Maldonado

Die Hauptstadt des Departamento Madre de Dios liegt nur noch 250 m hoch am Zusammenfluss von Río *Madre de Dios* und *Tambopata*. Sie ist erst seit jüngerer Zeit Ausgangspunkt für Urwaldtouren. Durch die preiswerte Flugverbindung von Cusco nach Puerto Maldonado nutzen viele Reisende diese Möglichkeit für einen Urwaldabstecher, zumal sich Pto Maldonado besser in eine Peru-Rundreise integrieren lässt als die weit nördlich gelegenen Urwalddörfer Pucallpa und Iquitos. Vorteil: Das gesamte Gebiet ist nicht so sehr bevölkert wie die Amazonasgebiete um Pucallpa oder Iquitos und wird wesentlich weniger bereist. Für Urwaldfans und Naturliebhaber ist deshalb Pto Maldonado mit seinen umliegenden Urwald-Lodges erste Wahl.

1978 gingen Meldungen von Goldfunden im Gebiet des Río Madre de Dios durch die peruanische Presse, sie zogen eine Menge Abenteurer und Glücksritter an. Der Handelsposten im Urwald erlebte einen regelrechten Boom. Heute zählt der immer noch etwas verschlafene Ort knapp 60.000 Einwohner. Ein richtiges Urwald-Kaff mit einstöckigen Holz- und Wellblechhütten, einem kleinen Markt und staubigen Straßen, die sich in der Regenzeit in Morast und Schlamm verwandeln. Ein Hauch von Goldfieber liegt in der Luft (1 g Gold gibt es bereits für 11 € zu kaufen).

Zu sehen gibt es nicht viel. Das Sehenswerte beschränkt sich fast ausschließlich auf die umliegenden Urwald-Naturschutzgebiete mit einigen Lodges zum Übernachten. Die Naturschutzgebiete können mit motorisierten Booten über die Flussläufe erreicht werden. Gegenüber der Tambo Lodge liegt außerdem das Schiffswrack der *Fitzcarraldo* im Urwald. Ansonsten viel Natur, Wasser und Wald. Mindestaufenthalt: 3 Tage.

Adressen & Service Puerto Maldonado

Tourist-Info *Información Turística*, Av. Fitzcarrald 411, Tel. 57-1413 u. 57-1164, Mo–Fr 7.30–16 Uhr, madrededios@mitinci.gob.pe sowie auf dem Flughafen. **Vorwahl (082)**

Unterkunft ECO **Hotel Tambo de Oro** (BUDGET), Av. 2 de Mayo 277, Tel. 57-2057. Sehr rustikal, preiswert, bc/bp, Campen im Garten möglich. – **Hostal Solar,** Gonzáles Prada 447, Tel. 57-1571. Sehr einfach, doch sauber, bc/bp. – **Hotel Rey Port,** Av. León Velarde 457, Tel. 57-1177. Sauber und freundlich, bp. – **Hotel Wilson,** González Prada 355, Tel. 57-1086; bc/bp, empfehlenswert – **Hostal Paititi,** Av. Velarde/Gonzales Prada 290, Tel. 57-4667. DZ ab 80 Soles.

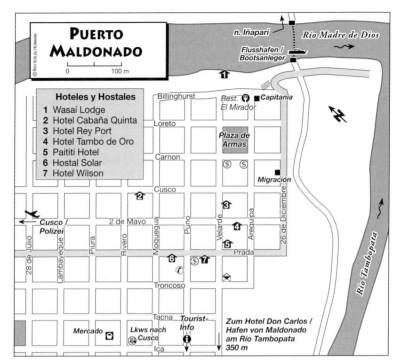

FAM **Anaconda Jungle Lodge,** www.anacondajunglelodge.com, Tel. 79-2726. 6 km vom Zentrum Pto Maldonados, und wer sich nach einer harten Nacht im Bus von Cusco erstmal entspannen will, ist hier richtig (großer Pool!). Gastgeber ist Naturfreund Donald aus der Schweiz und seine thailändische Frau. Familiäre Atmosphäre, sehr gute Betreuung, hauseigener botanischer Garten sowie total leckeres Thai-Essen. Kajak- und Dschungeltouren mit Führer, 10 div. Bungalows für 1–4 Leute, auch EZ und Zeltplatz. Transfer-Service, gutes PLV. DZ/Bad 160 Soles, DZ/bc 80 Soles. Auch Pauschangebote.
Hotel Cabaña Quinta, Cusco 535, Tel. 57-1045, www.hotelcabanaquinta.com.pe. Mit schönem Garten, bc/bp, freundlich und sehr sauber, gutes Restaurant, inkl. Transfer vom Flughafen. DZ/F ab 140 Soles. **TIPP!**
Wasaí Puerto Maldonado Lodge & Expeditions, Guillermo Billinghurst/Plaza Grau 1, Tel. 57-2290, www.wasai.com. Ziemlich neues Hotel, 8 saubere Zi. bc/bp, AC, gutes Restaurant, Bar, Pool, Ws; Wasserski auf dem Río Madre de Dios, Exkursionen zum Parque Nacional de Manu, Lago Sandoval und Reserva Nacional de Tambopata, preis- und empfehlenswert! – **Don Carlos Puerto Maldonado Hotel,** Av. León Velarde 1271, 1 km südwestlich am Ufer des Río Tambopata, Tel. 57-1029, www.hotelesdoncarlos.com. Ruhige Lage, Anbau mit schönen Zimmern/bp, AC, Restaurant, Pool, freundlich und guter Service. DZ/F 110 US$ (Zuschlag für AC).

Essen & Trinken Typische Spezialitäten und traditionelle Gerichte der Region sind *Machague con plátanos* (Schildkröteneier mit grünen Bananen), Schildkrötensuppe, *Pa-*

tarashca (in Bananenblätter eingewickelter Fisch) und *Parrillada a la selva*.

Empfehlenswerte Restaurants sind *La Cusqueñita*, Av. Ernesto Rivero 607, preiswert, und *El Mirador*, Billinghurst/Arequipa, mit Aussicht über den Río Madre de Dios. Außerdem sind die Restaurants *Cabaña Quinta*, Cusco 535 oder das *El Libertador*, Libertad 436, einen Versuch wert. Ansonsten ist das *La Choza*, 3 km außerhalb an der Straße Richtung Flughafen ein guter Tipp. Gute **Cebicherías** sind *El Tigre*, Tacna 456 und *Califa*, Piura 266.

Disco & Pubs *Anaconda*, Loreto 230. Disco. – *Garotas Night Club*, San Martín 173. Disco. – *El Palacio de la Salsa*, Circunvalacion s/n. Video-Puib. – *El Tablon*, Av. 2 de Mayo 253. Video-Pub.

Migración Billinghurst (2. Cuadra); für Reisende, die über Brasilien (Iñapari/Assis Brasil) und Bolivien (Puerto Pardo/Puerto Heath) ausreisen möchten, wird bereits hier der Ausreisestempel erteilt, und nicht erst an der Grenze!

IRENA Parkverwaltung, 28 de Julio 482, Tel. 57-3278

Post *Serpost*, León Velarde 675

Geld *Banco de la Nación*, Daniel Carrión 231. *Banco del Crédito*, Arequipa/Carrión. *Casa de Cambio*, Gonzáles Prada 399.

Verkehrsverbindungen

Das schnellste und preiswerteste Fortbewegungsmittel in Pto Maldonado sind die *motocarros*. Das sind dreirädrige Motorradtaxis. Eine kurze Fahrt innerhalb der Stadt kostet 3 Soles, zum Flughafen 15 Soles.

Bus/Lkw **Nach Laberinto**: tägl. vormittags, Fz 2 h, Fp 10 Soles. In Laberinto wird nach Gold geschürft und die Stadt ist voller Goldsucher. Mit dem Boot kann zur Euri-Lodge gefahren werden, ein günstiger Standort für Goldschürfen, Fischen, Jagen und reizvolle Urwaldspaziergänge. Vorsicht vor betrunkenen Goldsuchern!

Urcos/Cusco (530/590 km): Busse Fz ca. 11 h

Iñapari/Assis Brasil (240 km): mit Taxi-Expreso ca. 4 h. Die Strecke nach Iñapari ist bis Plánchon asphaltiert, dann folgt eine Urwaldpiste über Alerta nach Iberia (Flugpiste). Von dort wieder Asphaltstraße bis Iñapari (59 km). Zwischen Iñapari (Flugpiste) und Assis Brasil (Flugpiste) gibt es nun eine Brücke über den Río Acre. In beiden Grenzorten Hostales für 15 bis 25 Soles.

Von Iñapari soll es eine tägliche Busverbindung nach Brasiléia geben, wo eine kleine Fähre nach Cobija in **Bolivien** übersetzt. Von Cobija führt eine Piste nach Porvenir am Río Tahuamanu. Es sollen Motorbootverbindungen nach Riberalta bestehen. Von Riberalta gibt es tägl. Flüge nach Trinidad mit weiteren Anschlussmöglichkeiten, u.a. nach La Paz. Außerdem führt eine Piste von Riberalta nach La Paz.

Flüge Der Flughafen *Padre Aladamiz* (PEM), Tel. 57-1533, liegt 7 km außerhalb der Stadt. Motocarros. Der Transfer vom und zum Flughafen ist bei einem Aufenthalt in einer Lodge meist eingeschlossen (vorausgesetzt, es wurde in Cusco gebucht).

Die Flugpläne und die Fluggesellschaften, die Pto Maldonado anfliegen, sind einem ständigen Wechsel unterworfen. Es ist sinnvoll, sich deshalb zuvor in Lima oder Cusco nochmals genau über die Pto Maldonado-Flüge zu informieren. Während der Regenzeit können Flüge ausfallen. Lassen Sie sich ihren Flug immer vorher nochmals bestätigen!

Nach Cusco: *LAN* (www.lan.com), *TACA* (www.taca.com) und *StarPerú* (www.starperu.com), tägl. – **Lima:** *LAN, TACA* und *StarPerú*, tägl.

Schiff Nach Puerto Pardo: Abfahrten sporadisch; Fz 5 h, ab 25 Soles. Von Puerto Pardo gibt es wenige Boote über die Grenze nach Puerto Heath (Bolivien) und noch seltener Boote, die von Puerto Heath nach Riberalta/Bolivien durchfahren. Fahrzeit von der Grenze nach Riberalta 3 Tage, Fp ab 80 Soles. Von Puerto Heath führt eine schwach befahrene und abenteuerliche Piste nach La Paz.

Nach Manu und Shintuya: es gibt nahezu keine Boote, die von Pto Maldonado nach Manu oder gar nach Shintuya durchfahren. Es ist schwierig, von Pto Maldonado ein Boot gegen die Strömung des Río Madre de Dios nach Manu zu finden. Boote fahren ab und zu nach Colorado, Fz 8 h, Fp ab 60 Soles; Boote von Colorado nach Shintuya fahren sporadisch, Fz 10 h, Fp ab 60 Soles. Von Shintuya führt eine Piste über Paucartambo und Pisaq nach Cusco.

Urwaldlodges

Es gibt etwa ein Dutzend Urwaldlodges. Sie liegen alle am und in einem Naturschutzgebiet oder Naturreservat. Es ist sinnvoll, sie schon in Cusco vorauszubuchen, doch natürlich kann auch in Pto Maldonado jederzeit eine besucht werden, die dort oft preisgünstiger angeboten werden – es lungern genügend Schlepper am Flughafen herum. Kosten etwa 25 € pro Tag und Person. Bei Vorbuchung werden die Gäste am Flughafen abgeholt, es folgt dann meist eine kurze Stadtbesichtigung (Mercado, Plaza de Armas, Bootsanleger am Río Madre de Dios), ehe es mit einem motorisierten Holzboot zur Lodge geht. Die Lodges bieten entweder nur Unterkunft und VP oder auch ganze Tourpakete an, in denen alles inklusive ist (Urwaldausflüge usw.). Dabei ist preislich fast kein Unterschied festzustellen. Nachfolgend die Vorstellung bekannter Urwaldlodges, wobei es um Pto Maldonado am Río Madre de Dios und Río Tambopata weit mehr Lodges gibt als die hier aufgeführten. Erfahrungsberichte über Lodges sind uns immer willkommen. Bei Lodges, die zu nah an der Stadt liegen, bitte keine zu große Erwartungen für die Tierbeobachtung haben.

In alphabetischer Listung:

Cayman Lodge Amazonie Arequipa 655, Tel. 57-1970, www.cayman-lodge-amazonie.com, Service-Tel. 800-771-3100. Franz.-peruan. Unternehmen, sehr schöne Programme ab 3 Tage/2 Nächte in kleinen, individuellen Gruppen. Gepflegte Lodge in traumhafter Gartenanlage. Gästezimmer aber ohne Strom und nur Kw. Die Führer sind sehr hilfsbereit und haben viel Know-how. Empfehlenswert ist die Viertagestour La Colpa/Colorado. Küche mit franz. Einschlag.

Ecoamazonia Lodge Pto Maldonado, Lambayeque 774, Tel. 57-3491; in Cusco: Garcilaso 210, Tel. 23-6159, www.ecoamazonia.com.pe. Angebot: Zwei- bis Fünftagestouren.
Lage: 29 km flussabwärts am linken Flussufer des Río Madre de Dios, Fz knapp 1 h. Das Camp mit Buschbungalows und Pool liegt inmitten eines 30.000 ha großen Naturschutzgebiets *(Reserva Ecológica Natural)* zwischen Río Gamitana und *Cocha Perdida*. Freundliches Personal, gute Verpflegung, informative Urwaldtouren. Basisprogramm: 2 Tage/1 Nacht 180 US$ p.P. 5 Tage/4 Nächte (nur ab 2 Pers.) 410 US$ p.P., empfehlenswert.

Inotawa Lodge Pto Maldonado, Tel. 57-2511, www.inotawaexpeditions.com. Lodge des mehrsprachigen Ramon Delucci. Lage: flussaufwärts am Río Tambopata.
Die saubere Lodge mit einfachen, luftigen Zimmern und Buschbungalows jeweils mit Bad kann max. 40 Gäste aufnehmen und gilt als eine der preisgünstigsten in der Selva von Pto Maldonado. Sehr naturnahes Wohnen, großer Restaurantbereich und Aufenthaltsraum, beide mit Bar, alles offen. Betten mit Moskitonetz, schmackhafte Küche, auch Vegetarier kommen auf ihre Kosten. Ausflüge und Touren in den Urwald. Basisprogramm 3 Tage/2 Nächte 239 US$ p.P., Details s. Homepage. Empfehlenswert, gutes PLV.

Urwaldlodges

REGION PUERTO MALDONADO
0   10 km

Lodges
1 Valencia Tambo
2 Ecoamazonica Lodge
3 Gamitana (Baumhaus)
4 Amazónica Lodge
5 Tambo Jungle Lodge
6 Sandoval Lake Lodge
7 Posada Amazonas
8 Cayman Lodge Amazonie
9 Tambopata Jungle Lodge
10 Inotawa Lodge
11 Explorer's Inn
12 Tambopata Lodge u. Tambopata Research Center

Posada Amazonas — Pto Maldonado, Arequipa 401, Tel. 57-1056, www.perunature.com; in Cusco über *Rainforest Expeditions,* Portal de Carnes 236, Tel. 23-2772. Die Lodge ist ein Gemeinschaftsprojekt von *Rainforest Expeditions* mit den Ese-Eja des Tambopata-Candomo Reserva Natural.

Lage: 40 km flussaufwärts am Río Tambopata, Fz 2 h, aber noch außerhalb des Tambopata-Naturschutzreservates. Lodge in Naturbauweise, 24 Zimmer/bp, VP, inkl. Transfer. Gut für schnelle Kurzvisiten im Regenwald, 35 m hoher **Canopy-Aussichtsturm,** kleine Papageien-Salzlecke in der Nähe, mit etwas Glück Beobachtung von Riesen-Fischotter möglich.

Basisprogramm: 3 Tage/2 Nächte 335 US$ p.P. Kombination mit dem *Refugio Amazonas* und *Tambopata Research Center* (s.u.) möglich.

Reserva Amazónica Lodge — Puerto Maldonado, Cusco 426, Tambopata. Adresse in Cusco: Plaza de las Nazarenas 211, Tel. 24-5314, www.inkaterra.com. Angebote: Ein- bis Dreitagestouren.

Lage: 15 km flussabwärts am linken Flussufer des Río Madre de Dios, Fz 45 Min. Das Camp im Urwald wird von einem Stamm der Ureinwohner geführt und besteht aus einer Hauptlodge und 46 typischen Buschhütten mit Veranda und Hängematte; bp, Moskitonetz, VP; freundlich, heimischer Führer, inkl. Transfer vom Flughafen.

Das Urwaldcamp liegt inmitten eines 10.000 ha großen Urwaldreservates mit reinem Primärurwald mit bis zu 50 m hohen Chihuahuaco-Bäumen, vielen wilden Tieren und über 180 lokalisierten Heilpflanzen und -kräutern. Nahezu 20 km Buschpfade sind begehbar. Für Touristen wurden zur einfacheren Beobachtung eigens Affen auf einer Insel ausgesetzt. 4 Tage/3 Nächte um 1000 US$ p.P.

Sandoval Lake Lodge

Die Lodge wird von der Umweltschutzorganisation *Selva Sur* in Cusco und den am Sandoval-See ansässigen Paranuss-Sammlern betrieben. Infos in Cusco, Ricardo Palma 31, Santa Monica, Tel. 25-5255, www.inkanatura.com.

Lage: 11 km stromabwärts am Río Madre de Dios, kurz nach dem Tambo Lodge. Von hier beginnt auf der gegenüberliegenden Uferseite ein 6 km Fußpfad zum Sandoval-See mit der Lodge, Gehzeit knapp 2 h. Zimmer: 16 DZ/bp und 9 DZ/bc. Inzwischen kamen 16 neue DZ mit bp dazu. Vom großen Speiseraum mit Bar hat man einen schönen Panoramablick auf den See. Einzige Lodge am See, daher Ausflüge per Katamaran oder Boot zu allen Tages- und Nachtzeiten möglich. Hauptattraktion ist eine Familie Riesenotter, die sich mit hoher Wahrscheinlichkeit zeigt. Basisprogramm: 3 Tage/2 Nächte ab 325 US$ p.P., auch einen Tag kürzer ist möglich. Kombinierbar mit dem **Heath River Wildlife Center,** die seit kurzem über eine Plattform in einem Urwaldriesen verfügt und von wo aus eine Papageien-Minerallecke besucht werden kann. Kombi-Programm: 5 Tage/4 Nächte ab 745 US$ p.P. **TIPP!**

Tambo Jungle Lodge

Puerto Maldonado, Casilla 146 oder in Cusco, San Agustin 385, Tel. 24-4054 oder Portal de Panes 123, Tel. 22-7208. Lage: 10 km auf dem Río Madre de Dios stromabwärts am linken Flussufer, Fahrzeit 30 Min. Angebot: zwei- bis fünftägige Dschungeltouren.

Das Urwaldcamp wurde 1985 in einem 30.000 ha großen Urwaldreservat gebaut und Anfang 1997 renoviert. 28 palmbedeckte Buschhütten mit Veranda und Hängematte für max. 56 Personen, stimmungsvoll zwischen altem Baumbestand, Palmen und Hibiskusbüschen; bp, Dusche mit Wasser aus dem Fluss, Moskitonetz, Begrüßungsdrink, aufmerksamer Service, VP, Bar, Restaurant, Pool, inkl. Transfer vom Flughafen. Hinter dem Camp beginnt der Urwald, so dass Tiere (insbesondere nachts) bis in das Camp kommen, z.B. Schlangen, Vogelspinnen, Vögel usw., doch nicht allzu viel erwarten.

Basisprogramm 3 Tage/2Nächte, 100–150 € p.P., je nach Saison (HS: Juli und August, Nebensaison preiswerter). Auf Wunsch kann ein Abstecher zum Wrack der Fitzcarraldo auf der gegenüberliegenden Urwaldseite unternommen werden!

Tambopata Eco Lodge

Gonzáles Prada 269, Tel. 57-1397. Adresse in Cusco: Nueva Baja 432, Tel. 24-5695, www.tambopatalodge.com. Angebot: Drei- bis Sechstagestouren.

Lage: ca. 80 km flussaufwärts am Río Tambopata, am Rande des Tambopata Naturschutzgebiets, bereits mit Primärurwald, Fz 4 h. Wunderschön renoviert, saubere Zi. mit Safe, bp, VP (Essen mäßig), dafür tolle Umgebung, inkl. Transfer vom Flughafen. Auf Wunsch wissenschaftlicher Führer.

Basisprogramm: 3 Tage/2 Nächte 338 US$ p.P. Im Basisprogramm ist der Besuch einer Collpa de los Guacamayos nicht enthalten. 5 Tage/4 Nächte mit 2 Übernachtungen an der Salzlecke 937 US$ p.P.

Tambopata Research Center

Kontakt über *Rainforest Expeditions,* www.perunature.com. Das Tambopata Research Center wurde mit dem *Eco Tourism Award* ausgezeichnet.

Lage: 4 Bootsstunden vom *Refugio Amazonas* flussaufwärts am Río Tambopata inmitten des Tambopata-Naturschutzgebietes (an der Grenze zum über eine Million Hektar großen Bahuaja-Sonene N.P.) mit Primärurwald, bekannt für seinen Artenreichtum. Es wurden über 1200 Schmetterlinge, 145 Libellen-, 80 Reptilien- und Amphibien- sowie über 600 Vogelarten klassifiziert. Die von *Rainforest Expeditions* errichtete Lodge hat 18 Zi., bc und VP. Geführte Minigruppen, Kontakt mit peruanischen Biologen. Sie ist nur ca. 500 m von einer der größten **Collpa de Guacamayos** (s.u.) entfernt. Der 50 m hohe und etwa 200 m lange Lehmabhang ist die einzige Stelle in Peru, an der Gelbbrust-Aras *(Ara ararauna)* beobachtet werden können.

Basisprogramm: 5 Tage/4 Nächte, wobei ein Aufenthalt in der *Posada Amazonas* oder dem *Refugion Amazonas* (wahlweise 2–3 Nächte auf der Hin- und Rückfahrt) eingeschlossen ist. 745 US$ p.P., je nach Kombination. **TIPP!**

Wanamei Expeditions   Cusco, Calle Procuradores 351, Tel. 78-2184, www.ecoturismowanamei.com. Zusammenschluss von acht Gemeinden der Ureinwohner (Yine, Machiguenga und Harakmbut), die am Río Madre de Dios leben und eine Reiseagentur gegründet haben. Expeditionsartige Touren in die Stammesgebiete, Einblick in die Tier- und Pflanzenwelt, Jagd- und Überlebenstechniken im Urwald, Heil- und Kräuterkunde und Mythologie. Obwohl Wanamai mit dem Preis für sozialverantwortlichen Öko-Tourismus ausgezeichnet wurde, liegen uns Beschwerden vor. Die Organisation konnte ihre Ansprüche zuletzt nur wenig erfüllen.

Urwaldtouren

Orchideen und Schmetterlinge

Die Urwaldregion um Pto Maldonado, hier insbesondere das Gebiet des Bahuaja-Sonene Nationalparkes, gilt als wahres **Schmetterling-** und Orchideenparadies. Von den farbenprächtigen, federleichten Schmetterlingen, die wie elfenartige Wesen auf der Suche nach Nektar von Blüte zu Blüte tänzeln, wurden inzwischen über 3700 Arten gezählt (in Deutschland kommen nur 185 vor), und es besteht die Chance, riesige Urwaldschmetterlinge zu sehen.

Auch die Reichhaltigkeit an **Orchideen** in Peru ist unvergleichlich. In den verschiedenen Höhenlagen des Landes wurden insgesamt über 3000 Orchideenarten registriert, die in beeindruckenden Farben und in zierlicher Pracht nicht nur Botaniker begeistern. Allein in der Gegend von Machu Picchu kommen über 200 Arten vor, und es werden immer wieder neue entdeckt. Spezielle zweitägige Wanderungen zur Beobachtung von Orchideen im Santuario de Machu Picchu werden von Inkaterra (www.inkaterra.com.pe) durchgeführt.

Baumwunder

Einige Urwaldriesen werden auf 450 Jahre geschätzt. Da gibt es z.B. Bäume, deren Rinde gegen Rheuma wirkt, und die Rinde eines anderen Baumes riecht nach Knoblauch und soll Moskitos abschrecken. Eine weitere Baumart wird „Telefonbaum" genannt: schlägt man gegen seine wuchtigen Brettwurzeln, erzeugt dies einen starken Ton, der noch in 2 km Entfernung zu hören ist. Nach der Demonstration antwortet prompt jemand aus dem Urwald, von einem anderen „Telefonbaum". Die dünnen Wurzeln der Würgefeige wachsen von Baumästen durch die Luft nach unten, umschlingen den Stamm mit einem Hüllgeflecht das mit der Zeit verholzt und so den Wirtsbaum erwürgt. Die gelben Früchte des Hubo-Baumes fresssen nur Affen. Der größte Baum des Urwaldes ist der *Chihuahuaco*, der bis zu 50 m hoch werden kann. Sein Holz soll so hart sein, dass keine Motorsäge durchkommt.

Waldleben

Aus Lianen wird gern Wasser getrunken, aber bei essbaren Maden *(suri)* danken viele ab. Frische Palmherzen schmecken köstlich, doch von den jungen Palmen kann nur ein Meter des obersten Triebes verwendet werden. Dafür muss die ganze Palme sterben, für jede Dose Palmherzen eine Palme!

Man lernt, zwischen Koch- und Essbananen zu unterscheiden, wie ein Palmendach geflochten wird und wie die grünen Krallenhaken eines Baumes zum Fische fangen verwendet werden. Der Urwaldpfad ist oft so zugewuchert, dass er vom Führer mit der Machete freigeschlagen werden muss. Alles in allem ist so eine Urwaldwanderung sehr aufschlussreich.

Schiffswrack Fitzcarraldo

Lage: 10 km stromabwärts am rechten Ufer des Río Madre de Dios (gegenüber der Tambo Jungle Lodge). Das Wrack liegt fünf Minuten zu Fuß vom Flussufer entfernt in einer Urwaldsenke. Kurz vor Erreichen schimmert schon der rostige Schornstein durch den Wald.

Die Führer erzählen, dass dieses Stahlboot mit den Namen *Fitzcarraldo* 1920 gebaut wurde und drei deutschen Brüdern gehört haben soll. Walter Saxer meint aber, dass dies das Originalschiff von *Carlos Fermín Fitzcarrald* war,

das er von Iquitos über den Río Urubamba bis zum Oberlauf eines Nebenflusses des Río Mishagua steuerte und dann von Indígena über den Istmo de Fitzcarrald zum Oberlauf des Río Manu wuchten ließ (s. Karte S. 418). Carlos Fermín Fitzcarrald selbst ertrank 1897 an Bord seines gesunkenen Flussdampfers *Adolfito*. Demnach wäre der Flussdampfer Fitzcarraldo viel älter und erst nach dem Tod von Fitzcarrald von den deutschen Brüdern erworben worden. Sicherlich wurde mit ihm noch einige Zeit Kautschuk über den Río Manu nach Pto Maldonado transportiert, bevor den Dampfer die peruanische Flussmarine kaufte. 1940 hatten diese dann kein Interesse mehr an dem Boot, sie verkauften es an den Arzt *Samuel Gonzáles Ríos,* der es zum Hospitalschiff umbaute. Es hatte seinen Liegeplatz gegenüber der Tambo Jungle Lodge in einer Flussbucht und es befuhr den Río Madre de Dios bis zur bolivianischen Grenze, im Kampf gegen Malaria und Gelbfieber. 1960 kam ein Jahrhunderthochwasser und drückte die Fitzcarraldo in den Urwald. Das Wasser fiel wieder so schnell, dass das Schiff in einer Urwaldsenke auf Grund lief. Jeder Versuch, die Fitzcarraldo aus dem Urwald zu ziehen, schlug fehl. So rostet das Wrack heute vor sich hin. Tatsache ist, dass die gesamten Armaturen und technischen Bezeichnungen der Fitzcarraldo auf Deutsch sind. Auf dem Bug ist außerdem noch der Schriftzug *Fitzcarraldo* zu erkennen. Dieses Schiff diente sicherlich als Idee und Vorlage zu Werner Herzogs spektakulärem **Film „Fitzcarraldo"**, dem wohl abenteuerlichsten des deutschen Kinos, in dem Realität und Fiktion geschickt verwoben wurden (s.a. S. 621). Heutzutage gehört das Land, auf dem sich das Schiffswrack befindet, dem touristischen Unternehmen Inkaterra. Eintritt ca. 30 Soles zur Besichtigung.

Lago Sandoval

Lage: 11 km stromabwärts, nahe des rechten Ufers des Río Madre de Dios, Fahrzeit 35 Minuten. Es wird vermutet, dass dieser See ursprünglich eine Flussbiegung des Río Madre de Dios war. Vom Flussufer führt ein gut 6 km langer Pfad durch den Urwald zum See. Umgefallene Bäume müssen umgangen werden, Blattschneideameisen schleppen riesige Blattteile in ihren Bau zurück. Am Wegrand wachsen Pflanzen gegen Fieber und Bäume, deren Milchsaft die Bakterien im Darm töten und gegen Darmgrippe verwendet wird. Immer wieder werden auf dem Marsch Holzbrücken überquert. Ursprünglich war dieser Pfad einmal ein Weg für das Fahrzeug eines Spaniers, der hier Holzeinschlag betrieben hat. Als das Holz abgeschlagen war, überwucherte der Urwald den Weg wieder. Jetzt fährt nur noch ein Motocarro zur Versorgung der wenigen Menschen, die in ein paar Buschhütten oberhalb des Sees leben. Dort gibt es auch eine einfache Lodge, in der preiswert übernachtet werden kann und die von der dort ansässigen Familie betrieben wird. Nicht weit von dieser Lodge wurde die **Sandoval Lake Lodge** gebaut. Neben der alten Albergue rostet ein Fahrzeug seit 20 Jahren vor sich hin. Es gibt eine kleine Kneipe und eine herrliche Aussicht auf den Sandoval-See. Von der Anhöhe führt eine steile Holztreppe zu ihm hinab, Gehzeit etwa 2 Stunden.

Der Sandoval-See liegt inmitten eines Naturschutzgebietes. Das Befahren des Urwaldsees mit Motorbooten und das Fischen ist für Fremde deshalb verboten, mit einem Ruderboot oder Einbaum jedoch erlaubt. Es können die verschiedensten Vogelarten beobachtet werden, z.B. Kormorane, Reiher, Weber- und Eisvögel, Aras, Tukane, Hoatzine und Ibisse. Flussschildkröten sonnen sich auf im Wasser liegenden Baumstämmen, während der bis zu 200 kg schwere Paiche-Fisch nach Luft schnappt. Sumpfschweine flüchten ins Unterholz. Es gibt auch Kaimane, *Lagartos negros* können bis 5 m lang werden, *Lagartos blancos* bis zu 2 m.

Lago Valencia

Lage: 60 km den Río Madre de Dios stromabwärts. Fahrzeit je nach Bootstyp 4–6 h über den Río Madre de Dios. Zufahrt über einen engen Stichkanal, vorbei an dichtem, verwuchertem Urwald, Camps von Goldsuchern und Dörfern der Huarayos. Dortige Registrierung beim Polizeiposten ist ratsam. Tourkosten 25 € p.P./Tag.

Der See liegt hufeisenförmig inmitten des Urwaldes. Auch hier wird vermutet, dass er einmal eine Flussbiegung des Río Madre de Dios war. Ähnlicher Ausflug wie am Sandoval-See.

Collpa de los Guacamayos

Lage: den Río Tambopata flussaufwärts, im Tambopata-Candamo Nationalpark; Fz 5–6 h. Die 200 m lange, rote Erdklippe, an der Tausende von Papageien und Aras morgens und nachmittags die mineralreiche Erde fressen, ist eine der größten der Erde. Ein einzigartiges Naturschauspiel!

Salzlecken – Collpas de los Guacamayos

Collpa ist ein Quechua-Wort und bedeutet „salzige Erde". Die Collpas, auch „Lehmlecken" genannt, ziehen sich meist an erodierten Flussufern im Südwesten Perus entlang, einige befinden sich auch tief im Urwald. In Peru wurden ca. 25 Collpas gefunden. Nach der Morgendämmerung schwirren bunte Aras und Papageien, darunter Grünflügel- und Gelbbrustaras, Goldwangen- und Schwarzohrpapageien und die farbenprächtigen Arakangas sowie unzählige Sittiche an die Collpas, um die mineralsalzhaltige Tonerde zu fressen. Die Aufnahme dieser speziellen Erde (Geophagie) ist für die Vögel lebenswichtig, denn sie verleiben sich auch Früchte ein, bevor diese reif sind. Dadurch nehmen sie toxische Stoffe (Alkaloide, Tannine) und andere ungenießbare Substanzen auf, die in den Fruchtschalen enthalten sind. Um sie verdauen zu können, fressen die Vögel die salzhaltige Erde als eine Art Gegengift und um die Ausscheidung zu beschleunigen. Außerdem nehmen sie dadurch zusätzlich Mineralien auf, die sie benötigen und die sie nicht über Früchte erhalten. Beste Beobachtungszeit an den Collpas ist zwischen 7 und 8 Uhr, das morgendliche Spektakel dauert mindestens eine Stunde. Besonders zahlreich finden sich die Vögel zwischen Juli und September (Trockenmonate) ein. Während der Blütezeit der Bäume im Mai und Juni kommen die Vögel nicht so oft an die Lehmlecken. Die Collpas im Urwald, die sog. *Collpas de Mamíferos* (Säugetiere), werden u.a. auch von Affenarten, Tapiren und Wildschweinen aufgesucht, letztere tauchen meist um die Mittagszeit auf, Truthähne in der Abenddämmerung. Tapire verbleiben manchmal über eine Stunde und länger. Andenbewohner nehmen diese Erde gleichfalls zu sich, um den toxischen Effekt von einigen wilden Kartoffelarten aufzuheben, die Ese-Eja- und Mashcos-Indígena mischen ihren Gerichten Collpa-Tonerde bei.

Zum Manu-Nationalpark
Tour 2: Cusco – Paucartambo – Tres Cruces – Manu-N.P.

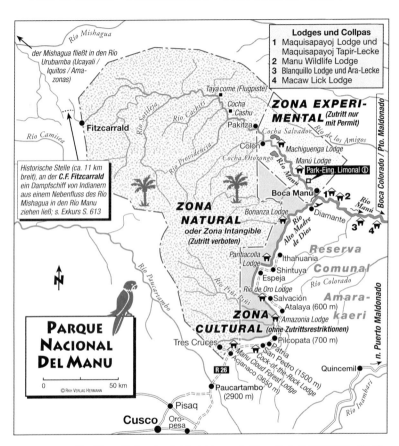

Der Manu-Nationalpark ist nicht nur ein Tipp für Individualisten, die abseits der bekannten touristischen Routen reisen und etwas Besonderes erleben wollen, sondern auch speziell ein Ziel für Naturliebhaber, nämlich in eines der wenigen noch ursprünglichen Urwaldgebiete Südamerikas. Der Besuch des Parkes bzw. der **Zona Experimental** bedarf einer Genehmigung (näheres s. bei „Manu-Nationalpark – das Verlorene Paradies"). Reisen in Eigenregie ist nur möglich in die wenig interessante **Zona Cultural**. Die Anfahrt von Cusco aus auf der Ruta Nacional (RN 26) ist nur in der Trockenzeit auf einer abenteuerlichen Piste über Shintuya bis Ithahuania möglich. Ab Shintuya muss nach Boca Manu auf ein Boot über den Río Alto Madre de Dios umgestiegen werden. Beste Reisezeit ist von Mitte Mai bis Anfang November. Während der Regenzeit kann der Verkehr nach Manu unterbrochen sein. Auf der Strecke Cusco – Shintuya gibt es fast nur sehr einfache Unterkünfte.

Zeitplanung, Anreise

Zum Besuch des Parks (Zona Experimental) sollte eine Woche eingeplant werden. Die Zeit wird verkürzt, wenn sowohl An- und Abreise mit dem Buschflieger nach Boca Manu erfolgen. Bei der Landweg-Anreise von Cusco werden zwei etwa 4000 Meter hohe Andenpässe überquert, bevor sich die Piste über den Nebelwald in den Regenwald Amazoniens steil nach unten windet und sich zuvor aus 3600 Meter Höhe ein fantastischer Blick über das Amazonasbecken bietet. Zwischen Juni und September fahren von Cusco Lkw (ab Coliseo Cerrado bzw. Av. Huáscar) von *Armando Cana, Carrasco, Príncipe* und *Tigre* auf einer inzwischen bis Paucartambo verbreiterten Piste nach Pilcopata. Fz 15–40 h (je nach Wetterverhältnissen), Fp um 40 Soles.

Paucartambo

Vor Paucartambo quälen sich die Fahrzeuge über den 4100 m hohen Huachucasa-Pass. Bei *Ninamarca* gibt es ein paar Chullpas zu sehen. Gut 100 km hinter Cusco wird dann **Paucartambo** erreicht (2906 m). Ein Dorf, das in der Inkazeit sehr bedeutend gewesen ist, da hier ein Kontrollpunkt auf der Inkastraße in den östlichen Teil (Antisuyu) des Inka-Imperiums war.

Heute ist das Städtchen (einfache Restaurants, Unterkunft, Tankstelle, Flugpiste) am Zusammenfluss der Flüsse Mapacho und Paucartambo für seine *Fiesta de la Virgen del Carmen* bekannt, ein Fest zur Erinnerung an die Sklavenzeit, das altes indigenes Brauchtum und katholischen Glauben vermengt und seit 1622 um den 16. Juli gefeiert wird. Das Fest verbindet Freude, Hoffnung und Glück. Vier Tage lang wird dann in Paucartambo getrunken und getanzt. Höhepunkte sind die *Saqas*, die Teufelstänze. Angeführt wird die stundenlange Tanzprozession in den engen Gassen vom „Schwarzen König" und seinen Sklaven. Hinter dem Hauptteufel folgen die tanzenden Soldaten des Teufels. Während des Festes verstärkter Busverkehr von Cusco nach Paucartambo.

Außerdem ist Paucartambo jede erste Junihälfte Ausgangspunkt des **Sternen- und Schneefestes** am heiligen Felsen *Coichoriti* in ca. 5000 m Höhe, genau gegenüber vom Ausangate, dem heiligen Berg der Inka. Hier steht in eisiger Höhe nur eine einzige Kirche. Die Indígena tanzen um sie herum, bevor sie vier Kreuze (eines für jede Region) 500 m höher auf einen Gletscher tragen. Vor dem Kreuz- und Bergopfer zu Ehren der Vorfahren werden wunschvolle Gebete an den heiligen Berg in der Ritualsprache Quechua ausgesprochen. In 5400 m Höhe stecken dann die Pilger, die sog. *Ukukus,* etwa eine Minute ihre Hände in den eiskalten Gletscherschnee. Anschließend werden zur Buße schwere Eisklötze zur Kirche hinuntergetragen (Naturschutzbestimmungen erlauben heute nicht mehr, dass Eis aus dem Gletscher geschlagen wird). – Anfahrt mit dem Bus von Cusco oder mit dem Lkw ab Paucartambo bis **Mahuayani**. Von dort erfolgt ein sehr anstrengender, etwa dreistündiger Aufstieg bis zum Ort des Festes. Packpferde können in Mahuayani für 10 Soles pro Pferd angmietet werden. Oben auf dem Berg werden Zelte für 10 Soles/Nacht vermietet, WC-Häuschen und Verpflegung vorhanden.

Unterkunft: *Hostal Rosa Marina* (ECO), sehr einfach.

Essen: *Café Restaurante Carlos III,* Plazoleta Manco Capac; einfaches, aber gutes und günstiges Frühstück.

Tres Cruces Hinter Paucartambo windet sich die RN 26 in einer 25 km langen Steigung durch die Cordillera bis zum Abra Ajanaco (3580 m) hinauf, der die Grenze zum Manu-Nationalpark markiert. Dort steht ein Nationalparkhäuschen (nicht immer besetzt) und es gibt eine Landkarte. Kurz danach kommt eine Abzweigung nach Norden bis zum 14 km entfernten *Tres Cruces,* dem berühmten Aussichtspunkt oder „natürlichen Balkon" über den Urwald. Zwischen Mai und Juli fahren Reisende oft nur wegen der herrlichen Sonnenaufgänge über dem Bergnebelwald hierher. Auch die Fernsicht über den Amazonaswald ist frühmorgens ein unvergessliches Erlebnis. Von Paucartambo sollte spätestens um 4.30 Uhr aufgebrochen werden, um den vielleicht schönsten Sonnenaufgang Perus bei eisiger Kälte gegen 6 Uhr in Tres Cruces zu erleben. Auf dem Hochplateau von Tres Cruces wachsen u.a. Bergastern und Johanniskraut.

Tres Cruces – Shintuya Von der Abzweigung nach Tres Cruces am Abra Ajanaco fällt die Strecke innerhalb von 81 km bis **Pilcopata** auf 700 m ab. Alle 300 m abwärts durch den Nebelwald steigt die Temperatur um etwa 2 °C an. In Serpentinen geht es über San Pedro (1500 m) in das Kosñipata-Tal hinab. In Pilcopata (700 m), das am Rande der Zona Cultural des Manu-Nationalparks liegt, wird die Fahrt meist unterbrochen. Es gibt Lebensmittelläden, Tankstelle, Kneipen und einfache Unterkünfte, z.B. *Gallito de las Rocas,* oder, etwas außerhalb gelegen, die bessere **Albergue Ecoturístico Villa Carmen.** Sie bietet einfache, aber saubere EZ/Bungalows mit bp. Organisiert werden Touren in den Bergurwald der Zona Cultural (auch zu Pferd) und Bootstrips auf dem Piñi Piñi; sie ist eine wesentlich billigere Alternative als die teuren Manu-Touren in die Zona Experimental. VP kostet um 200 Soles, inkl. Ausflüge.

In der Nähe von Pilcopata liegt Huacaria, ein Dorf der freundlichen Huachipaire. Es sollte nicht ohne Führer und Erlaubnis besucht werden.

Hinter Pilcopata beginnt eine zehn Kilometer lange Piste. Es eröffnet sich eine atemberaubende Szenerie runter nach **Atalaya** (600 m) am oberen Río Madre de Dios. Abfahrten in Pilcopata morgens zwischen 6 und 9 Uhr, Fz 1 h, ca. 20 Soles.

Ab Pilcopata (Pto Buena Vista) kann der Río Madre de Dios nach Boca Manu zwar befahren werden, aber der Bootsverkehr ist sporadisch. Besser einen Lkw von Pilcopata bis **Shintuya** (63 km) nehmen, Fz ca. 5 h. Die holprige Strecke führt bergauf- und bergab und durchquert mehrmals das Flussbett. Die besten **Unterkünfte** auf der gesamten Strecke sind die Nebelwaldlodges *Manu Paradise Lodge* sowie *Tambo Paititi Manu Ecolodge* (www.manuecolodge.com), die *Cock-of-the-Rock Lodge* (www.inkanatura.com/cockoftherocklodge.asp) im Kosñipata-Tal und die ehemalige Tee-Hacienda *Amazonia Lodge,* 1 km außerhalb von Atalaya (www.amazonialodge.com); um 200 Soles p.P. inkl. VP, bc.

Manu Paradise Lodge „Von Cusco per Allrad-Jeep in ca. 6–7 Stunden über Paucartambo zu erreichen. Von der Lodge waren wir begeistert: hübsche Zimmer, warmes Wasser zum Duschen, abends elektrische Beleuchtung, sehr gutes Essen, sehr guter Service, herrliche Umgebung, unglaubliche Vielfalt an Pflanzen und Tieren" – so eine Zuschrift. Reservierung über www.manuparadiselodge.com.

Reserva Comunal Amarakaeri Das kommunale Projekt wird von Familie Chinipa geleitet, die in der Nähe von Shintuya eine einfache Lodge betreibt und mehrtägige Aufenthalte am Rande des Manu-Parks organisiert (tamboamana@yahoo.com). Buchungen u. Infos auch bei Peru Discovery, Triunfo 392, Tel. 22-6573, www.perudiscovery.com.

Flussfahrt auf dem Río Madre de Dios von Shintuya nach Boca Manu

Zwar führt die RN 26 von Shintuya noch bis Ithahuania weiter, doch für Manu-Besucher endet die Fahrt über Land in **Shintuya.** Vom Ort starten Lkw mit Urwaldstämmen nach Cusco. Vorhanden sind ein paar Restaurants, und wer höflich fragt, kann beim Dorfpfarrer übernachten. Der Río Alto Madre de Dios bildet die Grenze zur *Zona Cultural,* die von Shintuya aus betreten werden kann. Im Ort wird man jedoch so gut wie keinen lizenzierten Führer für die genehmigungspflichtige *Zona Experimental* finden, und es können hier auch keine Touren dorthin arrangiert oder gebucht werden (nur in Cusco). Außerdem ist es nicht leicht, ein Boot flussabwärts zur Zona Experimental zu finden.

Boca Manu Von Shintuya nach Boca Manu dauert es mit dem Boot 4 h, Fp ab 50 Soles. 30 Minuten flussabwärts von Shintuya liegt auf der linken Seite des Río Alto Madre de Dios in der Zona Cultural die **Pantiacolla Lodge** (65 US$ pro Tag und Person inkl. VP, buchbar über Pantiacolla Tours in Cusco). Vorbei an einigen Urwalddörfern wie Yanayacu und Piris wird Boca Manu erreicht.

In Boca Manu mündet der Manu in den Madre de Dios. Hier gibt es nur einige Häuser, ein Vorratslager und auf der anderen Flussseite einen Buschflughafen. In der Trockenzeit fliegen neben der Grupo 42 auch Buschflieger von Cusco nach Boca Manu und zurück. Der Eingang und Kontrollpunkt zur Zona Experimental liegt in *Limonal,* eine Stunde auf dem Río Manu flussaufwärts (ohne Genehmigung unmöglich), an der rechten Flussseite. Papiere und Permit sind am Kontrollpunkt vorzuzeigen und 150 Soles Parkgebühr zuzüglich 35 Soles Steuer zu bezahlen. Kleine Info-Station vorhanden.

Auf dem Río Manu bis Pakitza Inmitten der Zona Experimental liegt, etwa 1 km vom Río Manu entfernt, an dem Urwaldsee *Cocha Juarez* die **Manu Lodge** von *Manu Nature Tours* (ca. 100 € pro Tag und Person inkl. VP; winzige, spartanische Zimmer, schlechtes PLV, http://.manuperu.com).

In der Zona Experimental sind die Urwaldseen *Cocha Otorongo* (Fz von Boca Manu aus ca. 6 h) und *Cocha Salvador* (4-h-Wanderung von *Cocha Otorongo*) aufgrund ihres Tierreichtums sehr sehenswert. Am Eingang zur Sperrzone des Nationalparkes (Zona Natural), in **Pakitza,** ist mit der Fahrt endgültig Schluss. Ab hier gehört der Urwald den Tieren und den Ureinwohnern.

Manu-Nationalpark – das „Verlorene Paradies"

Der Manu-Nationalpark wurde 1973 gegründet, um ein noch völlig intaktes Ökosystem des Regenwaldes zu schützen. 1987 wurde der gesamte Manu-Urwald von der UNESCO zum *Naturerbe der Menschheit* ernannt (eingeschlossen die Flüsse Río Manu und ein Teil des Río Madre de Dios). Hier darf weder gejagt noch gefischt noch dem Urwald etwas entnommen werden, schon gar kein Tropenholz. Auch in das Flusssystem darf nicht eingegriffen werden. Damit ist der Manu-Park eines der größten ursprünglichen Urwaldgebiete der Erde. Er umfasst knapp 2 Mio. ha und ist in **drei Zonen** aufgeteilt (s. Karte):

Zona Cultural	„Kultivierte" oder öffentliche Zone, ca. 40.000 ha groß. Frei zugänglich. Hier gibt es mehrere Lodges, wie z.B. die *Pantiacolla Lodge* und kleinere Dörfer.
Zona Experimental	Die Experimentelle Zone (oder „Zona Reservada") ist über 250.000 ha groß. Nur zugänglich für angemeldete wissenschaftliche Forscher und Öko-Touristen mit einer Genehmigung (strenge Kontrolle und Überwachung). Zusätzlich ist ein autorisierter Führer eines berechtigten Veranstalters nötig (im Prinzip also drei Genehmigungen: für das Unternehmen, für den Führer und für den Öko-Tourist). In der Zone liegen die beiden Urwaldseen *Cocha Salvador* und *Cocha Otorongo*. Sie entstanden durch den Río Manu, als dieser seinen Lauf änderte. Die Besuchsgenehmigungen sind limitiert, deshalb reservieren. Neben der **Manu Lodge** gibt es noch einige weitere Campamentos. An der Cocha Salvador wurde die **Machiguenga Lodge** eröffnet, die von den *Machiguenga* als Ökoprojekt betrieben wird. In der Regenzeit, vor allem zwischen **1. Jan. und 30. April**, ist die Experimentelle Zone nur schwer erreichbar, wenngleich die wichtigsten Touranbieter dennoch Touren unternehmen. Auch die Casa Machiguenga ist ganzjährig erreichbar.
Zona Natural oder Zona Intangible	Die Kern- oder Sperrzone („Zona intangible" bzw. „Zona núcleo") umfasst über 1,5 Mio. ha, kein Zutritt! Nur Wissenschaftler und Anthropologen dürfen mit einer Genehmigung des peruanischen Landwirtschaftsministeriums dieses Gebiet betreten. In ihm liegt am Río Manu das biologische Camp *Cocha Cashu*. Daneben gibt es noch eine 4. Zone für die Volksstämme der *Nahua* und *Kugapakori*, die in einem Gebiet von knapp 100.000 ha ihrem traditionellen Leben als Urwaldnomaden nachgehen. Mit der Zielsetzung einer intensiveren wirtschaftlichen Ausnutzung soll der Manu-Park einmal in *sechs Zonen* aufgeteilt werden (Zone de Protección Estricta, Zona Silvestre, Zona de Uso Turístico y Recreativo, Zona de Uso Especial, Zona de Recuperación und Zona Histórico Cultural).

Casa Machiguenga

In der Zeit des Kautschukboomes ab 1880 hatten die Machiguenga einen schockierenden Kontakt mit der westlichen Zivilisation, der sie veranlasste, ähnlich wie die Guaraní in Paraguay, sich in die Tiefen des Urwaldes zurückzuziehen. In der zweiten Hälfte des 20. Jahrhunderts machte der Schriftsteller *Maria Vargas Llosa* mit seinem Buch „Die Geschichtenerzähler" auf die Machiguenga aufmerksam. Bald darauf siedelten sich einige Machiguenga-Familien im Manu-Nationalpark *(Zona Experimental)* an und gründeten die Dorfgemeinschaften von *Yomibato* und *Tayakome*. Da immer wieder Touristen den Manu-Nationalpark besuchten, erkannten die Machiguenga ihre Chance am Tourismus zu partizipieren und bauten die **Casa Machiguenga,** Unterkünfte für Touristen: Vier spartanische Buschhütten mit je 3 Doppelzimmern, Duschen, WC und Küche in der Nähe des Sees *Cocha Salvador*. Dabei wurden sie von der *Fomento de Sistema Nacional de Areas Naturales Protegidas por el Estado* (FAN-PE) und von der deutschen Entwicklungsorganisation GTZ unterstützt. Die Casa Machiguenga kann über Touranbieter in Cusco besucht werden.

Drei Ökosysteme

Der Manu-Nationalpark umfasst drei unterschiedliche Ökozonen respektive Ökosysteme: Von der *Puna* mit nur spärlicher Vegetation zieht er sich über den tierreichen *Bosque nublado* (Nebelwald) bis in die fauna- und florareiche *Selva tropical* (Regenwald Amazoniens) am Ostabfall der Anden hinunter. Im Manu-Park konnten pro Hektar bis jetzt über 200 verschiedene Säugetierarten, 1000 Vogelarten, 15.000 Pflanzenarten und mehr als 200 Baumarten gezählt werden. Weite Teile des Parkgebiets sind noch immer unbekannt, und fast wöchentlich werden neue Tier- und Pflanzenarten entdeckt. Die eigenartigen Glockengeräusche, die im Urwald zu hören sind, stammen nicht etwa von entfernten Kirchenglocken, sondern vom Flechtenglöckner-Vogel, und viele Bäume, in deren Geäst Bromelien, Epiphyten und Baumfarne wuchern, werden hier über 30 m hoch.

Riesenotter

Von den zwölf bekannten Otterarten leben allein sieben in Südamerika, darunter die Riesenotter *(Pteronura brasiliensis),* hier „Wölfe der Flüsse" (Lobos del Río) genannt. Sie sind mit bis zu 2 m Länge größer als alle anderen Otterarten und im Gegensatz zu ihren Verwandten tagaktiv. Während der gemeinsamen Jagd in den Altarmen der Flüsse sind die dortigen Fische eine leichte Beute. Im Manu-Park wurden zuletzt 65 Riesenotter gezählt, in ganz Südamerika sollen es noch knapp 5000 Tiere sein. Seit 1973 ist die Jagd auf Riesenotter und der Handel mit den Fellen verboten.
Riesenotter in Manu fühlen sich in der Trockenzeit, wenn relativ viele Touristen mit motorisierten Booten auf den Flüssen unterwegs sind, gestört. Die „Flusswölfe" machen dann genau das, worauf Touristen warten: Sie tauchen unverhofft vor den Touristenbooten auf und strecken den Kopf zähnefletschend aus dem Wasser, um den vermeintlichen Eindringling zu verjagen. Mehr Riesenotter-Informationen und Fotos findet man auf der Seite der Frankfurter Zoologischen Gesellschaft, www.giantotterperu.org.

Heimisch sind außerdem bis zu 6 m lange Brillen- und Mohrenkaimane, Schienenschildkröten, Riesenotter und Jaguare, die in weiten Teilen Amazoniens bereits ausgerottet sind. Auch Ameisenbären, Tapire, Brillenbären (die einzige Bärenart Südamerikas) und Sumpfschweine haben hier ihr Habitat. Unter den 13 vorkommenden Affenarten sind u.a. Zwergseidenäffchen, Kaiserschnurbart- und Baumrückentamarine sowie der *Musmuqui,* der einzige Nachtaffe der Welt, zu finden. Die Tamarine gehören zu den Krallenäffchen, ernähren sich von Baumfrüchten und sind die kleinsten Affen der Welt. Die größten im Manu-Park sind die Klammeraffen, die auf hohen Bäumen leben. Unter den Vogelarten fallen die kunterbunten Kolibris, die schneckenfressenden Kragenkraniche, der klickende Rote Felsenhahn (hört sich an wie ein Hammerschlag auf Stein), die blätterfressenden *Hoatzine* (Stinkvögel) mit Kropf und Pansenmagen sowie die kormoranartigen Schlangenhalsvögel auf.

Der Manu-Park ist eine der letzten Regionen im amazonischen Regenwald, in dem eine Vielzahl von Tieren innerhalb kurzer Zeit beobachtet werden können. Doch die Flora und Fauna ist bedroht! In Camisea beutet Petroperú bzw. der Shell-Konzern Erdgasvorkommen aus, am Río de las Piedras wird nach Erdöl gesucht, und im Park selbst gibt es auch schon die ersten Bohrmarkierungen.

Istmo de Fitzcarrald

In der Sperrzone des Manu-Nationalparkes besteht eine Reminiszenz des Filmes „Fitzcarraldo" von Werner Herzog (s.S. 621). Ganz im Westen liegt am Río Manu der *Istmo de Fitzcarrald*. Bis auf 11 km nähern sich hier die Flusssysteme des Río Madre de Dios und des Río Urubamba/Ucayali. Der skrupellose bolivianische Kautschuk-Baron Carlos Fitzcarrald ließ sich die Stelle von den Indígena zeigen und eine Schneise durch den Urwald schlagen. Hunderte von Indígena mussten dann sein Dampfschiff „Molly Aida" auf Rollen von einem Nebenfluss des Río Mishagua durch den Urwald zum Río Manu ziehen. Fitzcarrald wurde durch den Vorteil, einen Flussdampfer auf dem Río Madre de Dios zu haben, zum reichsten Kautschuk-Baron der Gegend. Heute existiert in der Nähe noch die kleine Handelsstation *Fitzcarrald*.

Adressen & Service Manu-Nationalpark

Tourist-Info über Manu
Die Touranbieter in Cusco informieren recht gut und haben oft auch Fachbücher und Videos über Manu, die gerne vorgeführt werden.
Asociación para la Conservación de la Selva Sur (ACSS), Centro Comercial Ruiseñores, Plaza de Armas, Lima, Tel. 422-6392. – *Asociación de Ecología y Conservación (ECCO)*, 2 de Mayo 527, Miraflores, Lima, Tel. 447-2368. – *Asociación Peruana para la Conservación de la Naturaleza (APECO)*, Parque José Acosta 187, Magdalena del Mar, Lima, Tel. 461-6316. – *Fundación Peruana para la Conservación de la Naturaleza (FPCN)*, Av. de los Rosales 255, San Isidro, Lima, Tel. 442-6706.

Manu-Nationalparkbehörde
Administración del Parque Nacional Manu, Micaela Bastidas 310, Wanchaq, Cusco, Tel. 24-0898, pqnm@terra.com.pe. Genehmigungen für die Zona Experimental, vorrangig für Wissenschaftler und nicht für Einzelreisende! Zur Einholung der Genehmigung wird entweder ein Führer oder ein Touranbieter benötigt. Gebühr 50 €.

Reisezeit, Anreise
Gute Reisemonate sind Mitte Mai bis Anfang November (Trockenzeit). Buschflughafen in Boca Manu. Von dort nur noch mit Booten auf dem Manu stromaufwärts. Auf dem Landweg bis Shintuya, dann ebenfalls nur noch mit dem Boot über Boca Manu den Río Manu stromaufwärts (nur mit Genehmigung!). Hinweis: Bei den Urwaldtouren im Manu wird fast jeden Morgen um 5 Uhr aufgestanden, um Tiere und Vögel zu beobachten. Eine Urwaldtour ist kein Erholungsurlaub, die Unterkünfte oft einfache Bretterverschläge mit Moskitonetzen oder Campingplattformen!

Maquisapayoj
Zwischen Boca Manu und Blanquillo liegt linker Hand am Río Madre de Dios die Tapir-Lecke von *Maquisapayoj* („Ort des schwarzen Klammeraffen"). Sie ist von Boca Manu flussabwärts in einer Bootsstunde zu erreichen. Walter Mancilla Huaman unterhält dort eine Campingplattform zum Übernachten (Schlafsack!), Esssaal und Bad gleich am Fluss. Direkt gegenüber der Plattform liegt die Tapirlecke. Eine Zuschrift: „Ich konnte vom Schlafsack aus stundenlang einen Tapir beim Lehm fressen beobachten ..."

Manu Wildlife Center
Das Center liegt östlich bzw. von Boca Manu mit dem Boot 1,5 Stunden auf dem Río Madre de Dios flussabwärts. Ein Treffpunkt von TV-Filmteams, Biologen und Naturfilmern, an dem auch die Touristenorganisationen *InkaNatura Travel* bzw. *Peru Verde* und *Selva Sur* partizipieren. *Manu Wildlife Center*, Ricardo Palma 31, Sta. Monica, Cusco, Tel. 25-5255, www.inkantura.com.

Collpa de los Guacamayos Blanquillo

Die große Ara-Salzlecke *Collpa de los Guacamayos Blanquillo,* zu der viele Anbieter (nicht alle, fragen!) hinfahren, liegt außerhalb des Manu-Nationalparks, etwa 25 Minuten vom Manu Wildlife Center entfernt flussabwärts bei der Blanquillo Lodge. In der Nähe dieser Lecke gibt es auch Seen, in denen Riesenotter beobachtet werden können. **Beste Ausgangspunkte** für einen Besuch der Blanquillo-Collpa sind die *Blanquillo Lodge* (mit Campingplattform zum Übernachten) oder das *Manu Wildlife Center.* Auch Pantiacolla steuert die Lecke an, jedoch wird bei diesem Veranstalter die Nacht vor dem Besuch ebenfalls in Blanquillo und nicht in der eigenen Lodge übernachtet.

In der Nähe liegt eine *Collpa de los Loros,* die gerne besucht wird, ebenfalls am Río Alto Madre Dios; dort nur kleine Papageien und Sittiche, keine Aras.

Urwaldtouren in die Zona Experimental

Urwaldtouren in die Zona Experimental sind immer voll durchorganisiert, also inkl. Transport (Lkw-Bus, Boot, Buschflieger), Vollpension, Ausrüstung und Besorgung der Genehmigung. Im Park sind die Pflanzen- und Tierschutzbestimmungen strikt zu beachten, da alle Reisenden überwacht werden! Nachfolgend eine Liste von Unternehmen in Cusco. Hinweis: *Manu Nature Tours, InkaNatura* und *Expediciones Manu* sind sehr US-amerikanisch ausgerichtet.

Bemerkung: Grundsätzlich sind die Preise für Touren in den Manu viel zu hoch und die Erwartungen bezüglich ökologischer Standards und fachlicher Einführung in das Ökosystem Regenwald werden meist nicht erfüllt. Es ist jedoch nicht zu erwarten, dass sich an dieser Situation etwas ändert, solange Reisende die verlangten Preise akzeptieren und bezahlen. Deshalb vor einer Buchung gezielt Fragen stellen was geboten wird bzw. eingeschlossen ist und was nicht, wie die Art und Weise der Übernachtung und die Versorgung ist. Wenn das einzige kleine Flugzeug, das zwischen Boca Manu und Cusco hin- und herfliegt, einmal wetterbedingt ausfällt, kann z.B. Ihr Folgeprogramm durcheinander geraten oder Sie verpassen Ihren Anschlussflug in Cusco.

Achtung: Es ist es vor Ort in Cusco nicht möglich, einen Touranbieter aufzusuchen, um bereits am nächsten Tag eine Tour zu starten. Es gibt wöchentlich meist nur einen Tourtermin, in der HS ausnahmsweise auch zwei. Wartezeit von mindestens fünf Tagen einplanen, da der Touranbieter zuvor das Parkpermit einholen, Reservierungen in den Lodges vornehmen, Guides zeitgerecht bereitstellen und den Transport (Bus/Flug) organisieren muss! Sinnvoll ist deshalb, vor der Abreise nach Peru über das Internet rechtzeitig bei einem Anbieter anzufragen und eine Reservierung vorzunehmen. Wer den Inka Trail machen möchte, sollte vorher die Tour für Manu einbuchen, damit nach Rückkehr von Machu Picchu dann die Manu-Tour gestartet werden kann.

Pantiacolla Tours

Calle Garcilaso 265, Innenhof 2. Stock, Büro 12, Cusco, Tel. 23-8323, www.pantiacolla.com. Das Unternehmen besitzt die Pantiacolla Lodge (11 DZ, bc, Bar, VP) in der Zona Cultural, gutes Preis-/Leistungsverhältnis. Außerdem bietet es die Kombination Manu/Pto Maldonado an. **Camping-Basisprogramm:** 7 Tage/6 Nächte 800 € (Anfahrt mit Bus/Boot, Rückflug mit Buschflieger), gleiche Tour als 9 Tage/8 Nächte (Rückfahrt ebenfalls mit Bus!). Auf der Tour werden die Lagunen Cocha Salvador und Cocha Otorongo sowie eine Collpa de Guacamayos (Salzlecke) besucht. Zwei Übernachtungen in Buschcabañas im unberührten Urwald (kein Platz für „Angsthasen". **Komplettprogramm:** 7 Tage/6 Nächte um 1000 €. Anfahrt mit Bus/Boot, Rückflug mit

Buschflieger. Auf der Tour werden besucht: *Bosque nublado* (Nebelwald), *Collpa de los Guacamayos* bei Blanquillo sowie *Collpa de Mamíferos* und *Manu Wildlife Center*. **Außerdem Spezialprogramme, Kurzprogramme** und **Manu Yine Special:** drei Tage zur typischen Yine Lodge & Restaurant der Ureinwohner (Piro), inkl. Besuch der Cocha Mapchiri und der Dorfgemeinschaft der Yine in Diamante, Bogenschießen und Kanufahrt (motorisiertes Begleitboot). Für Preisauskünfte direkt bei Marianne anfragen. **TIPP!**

Amazon Wildlife Peru Calle Plateros 367, www.amazonwildlifeperu.co, Cel. 984-797-393. William ist aus dem Manu Nationalpark und kennt sich super aus, zusammen mit seiner Frau Carmen betreiben sie Amazon Wildlife und nehmen Interessierte auf eine erlebnisreiche Reise in den Manu. Oft wird in der eigenen Bonanza-Lodge bei Bonanza geschlafen. Sehr schöne, gepflegte Anlage mit Hängemattenhaus. Touren beinhalten eine Nacht auf der Hochplattform am Urwaldsee, um Tapire zu beobachten. Authentisch! **TIPP!**

Peru Discovery Av. 6 Quisuares E 1-10, Larapa Grande, www.perudiscovery.com, Tel. 27-4541. Schöne Trekking-Touren durch den **Bergnebelwald** des Manu-Biosphärenreservat rund um die Regenwald-Lodge Tambo Paititi (z.B. 3 Tage/2 Nächte 250 €) und direkt nach Manu (ab 4 Pers.).

Manu Explorers Calle Triunfo 392, 2. Stock, Büro 207, Tel. 23-4213, www.manuexplorers.com (inkl. Vorschauvideos). *Wilbert Camacho Guillen* und sein Team haben ein vielfältiges Programm für den Manu bei einem exzellenten PLV, wahrscheinlich einer der preiswertesten Anbieter für Manu überhaupt. Anreise sowohl auf dem Land-/Flussweg als auch mit dem Buschflieger.

Manu Nature Tours Av. Pardo 1046, Tel. 25-2751, http://manuperu.com. Besitzt die Manu Lodge in der Zona Experimental, die das ganze Jahr hindurch betrieben wird. In der Lodge nur äußerst kleine Zimmer, sehr spartanisch ausgestattet! Toiletten und Duschen liegen 50 m von der Lodge entfernt (Taschenlampe!). Verpflegung lässt lt. Zuschriften Wünsche offen.

InkaNatura Travel Manuel Bañon 461, San Isidro, Lima, Tel. 440-2022, www.inkanatura.com, Miteigner des Manu Wildlife Centers. **Basisprogramm:** 5 Tage/4 Nächte (Transfer mit Buschflieger bis/ab Boca Manu, Übernachtung im Manu Wildlife Center), inkl. VP die Luxusvariante im Busch. **Alternativprogramm:** 7–10 Tage (Anfahrt mit dem Bus/Boot) mit Zwischenstopps in der *Cock-of-the-Rock Lodge* sowie Pantiacolla Lodge. In der Umgebung der Cock-of-the-Rock Lodge besteht mit etwas Glück die Möglichkeit, den ungewöhnlichen Roten Felsenhahn (oder Anden-Klippenvogel) zu beobachten. Felshähne *(Rupicola peruviana)* sind Schmuckvögel mit helmartigem Scheitelkamm, die in felsreichen Bergwäldern auf dem Boden leben.

Flussfahrt auf dem Río Madre de Dios von Shintuya nach Pto Maldonado

Für die Fahrt auf dem Río Madre de Dios von Shintuya über Boca Manu nach **Pto Maldonado** gibt es die Möglichkeit, mit einem Frachtboot zum Goldgräber-Camp in Boca Colorado zu fahren, Fz mind. 10 h, Fp etwa 60 Soles. Von dort dann weiter per Boot nach *Laberinto* bei Pto Maldonado (Karte s.S. 418), Fz mind. 7 h, Fp ca. 80 Soles.

PERUS MITTE

Zentrales Bergland

Teil 2 der „Klassischen Rundreise Peru":

ROUTE 4: VON CUSCO NACH LIMA ÜBER ABANCAY, AYACUCHO UND HUANCAYO (1150 km)

Nach dem Besuch der Inka-Hauptstadt Cusco mit Machu Picchu wurden historisch herausragende Sehenswürdigkeiten besichtigt. Auf der Weiterreise tauchen Sie nun ein in die Lebensweise der Andenbewohner.

Cusco – Abancay – Ayacucho

Der folgende Streckenabschnitt von Cusco bis Ayacucho gehört zu den landschaftlich schönsten der ganzen Rundreise! Wenn möglich, sollte man sich dafür drei Tage Zeit lassen und bei Tageslicht fahren. Von Cusco nach Abancay ist die Straße komplett asphaltiert, Reflektoren auf der Fahrbahn erleichtern für Selbstfahrer aber auch Fahrten in der Nacht. Zwischen Abancay und Andahuaylas sowie zwischen Andahuaylas und Ayacucho ist die Asphaltierung im Gange. Es geht aber nur langsam voran, und somit sind die meisten Abschnitte eher im Zustand von Landwirtschaftswegen. Achtung in der Regenzeit, da kann es durch Busse und Lkw zu Spurrillen kommen. Dann unbedingt mit einem 4WD unterwegs sein! Und selbst dann kann es passieren, dass ein Erdrutsch ein Weiterkommen unmöglich macht.

Streckenübersicht mit Pässen

Cusco – Curahuasi: 125 km (Abra de Huillque, Passhöhe 3900 m, mit Brücke über Río Apurímac, Straßentiefstpunkt 2400 m), asphaltiert
Curahuasi – Abancay: 73 km (Abra Soccllaccasa, Passhöhe 3900 m), asphaltiert
Abancay – Andahuaylas: 137 km (Abra Huayllaccasa, Passhöhe 3700 m, Brücke über Río Pachachaca, Straßentiefstpunkt 2000 m)
Andahuaylas – Chincheros: 88 km (Abra Soraccocha, Höhe 3750 m), größtenteils asphaltiert.
Chincheros – Ayacucho: 172 km (Abra Huamina, Passhöhe 4300 m, Straßentiefstpunkt an der Brücke über den Río Pampas, 2000 m), teilweise asphaltiert. Ungefähre **Fahrzeiten** für Selbstfahrer: Cusco – Abancay 5 h; Abancay – Andahuaylas 6 h; Andahuaylas – Ayacucho 7–8 h

Cusco – Abancay – Ayacucho

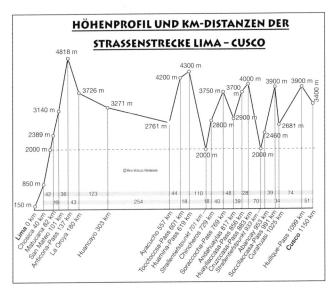

Cusco – Abancay

Cusco – Limatambo

Cusco verlassend geht es leicht bergab durch Poroy. Hier befindet sich rechts der Bahnhof für Abfahrten nach Ollantaytambo und Machu Picchu. Kurz hinter Poroy knickt die Straße nach links, ein Abzweig nach Norden führt zum kleinen Dorf **Chinchero** mit seinen Inkaruinen, einem sehr reizvollen (Sonntags-)Markt und seinen berühmten Weberinnen.

Nach weiteren 8 km erreicht man **Izuchaca**, auch hier kann in das **Urubamba-Tal** abgebogen werden. In der Sonne glänzen die Gleise der Bahnlinie Cusco – Machu Picchu – Quillabamba und es wird **Anta** erreicht. Hinter dem Ort wird das *Antatal* schmaler und die einer alten Inkastraße folgende Straße führt fast gerade zum Huillique-Pass (3900 m). Danach windet sie sich in unzähligen Serpentinen die Berghänge hinab.

Limatambo, Ruinas Tarawasi

Am Eingang des Ortes Limatambo (Restaurant, Unterkunft, Polizeiposten) in 2650 m Höhe liegen die Inkaruinen von **Tarawasi**, die der strategischen Sicherung des Straßenweges nach Cusco dienten. Ob die zu einer Mauer fein aneinandergefügten Steine mit großen Nischen sonst noch eine Bedeutung hatten, ist ungeklärt. In der unteren Mauer, rechts vom Aufgang, findet sich ein besonders schön gearbeiteter Vieleckstein, der sog. Margaritenstein. Eintritt 5 Soles (manchmal ist das Häuschen nicht besetzt und man kommt so rein).

Jónoc

Selbstfahrer könnten 15 km vor Curahuasi den Abzweig (ausgeschildert) hinunter zu den Thermalbädern von **Jónoc** *(Baños termo-medicinales)* am Río Apurímac nehmen. Steile, rumpelige Abfahrt, Baden ist möglich in zwei Becken (3 Soles). Keine Unterkunft, doch einfache Kneipen, Grillplätze, Wandermöglichkeiten. Touranbieter in Abancay haben dieses Ausflugziel im Programm.

Cusco – Abancay – Ayacucho

Curahuasi	Ein herrlicher Blick auf die Cordillera Vilcabamba mit den schneebedeckten Gipfeln des *Salkantay* (6271 m) und des *Humantay* (5917 m) begleitet weiterhin den Reisenden. Nun geht es hinab zur Schlucht des *Río Apurímac* (2500 m), der auf einer Stahlbrücke überquert wird. Der Río Apurímac ist der Quellfluss des Amazonas, er entspringt nördlich von Arequipa, und *Apu Rímac* wurde auch das Großorakel der Inka genannt, das sich in einem Tempel am Apurímac befand. Es hatte die Ankunft bärtiger Männer vorausgesagt, die das Reich der Inka zerstören würden. Atemberaubende Steilabbrüche prägen die Szenerie. Selbstfahrer können bei einem Halt die reißenden Fluten des Flusses und das dahinter liegende Panorama der Berge fotografisch festhalten. Wer eine kleine Stärkung benötigt, erhält diese im Ort Curahuasi (Restaurant und Unterkunft, sehr schlecht).
	Renate Engisch hat ein Krankenhaus in Curahuasi aufgebaut. Hier sind vor allem Touristen an der richtigen Adresse. Die Ärzte kommen aus Europa und Nordamerika, beste Behandlung selbstverständlich. Es ist auch ein dt.-spr. Arzt zugegen. Träger des Krankenhauses ist der gemeinnützige Verein DIOSPI, durchreisende Ärzte sind immer willkommen. Info: www.diospi-suyana.org.
Hängebrücken des Río Apurímac	Über den Fluss spannen sich heute noch aus Seilen gefertigte **Hängebrücken,** die jährlich ausgebessert und, je nach Zustand, alle zwei Jahre erneuert werden müssen. Um eine dieser fantastischen Konstruktionen genauer zu besichtigen, muss allerdings ein siebenstündiger Fußmarsch in Kauf genommen werden. Eine solche Hängebrücke stürzte am 20. Juli 1714 ein und riss fünf Reisende mit in die Tiefe. Sie war Vorlage für den berühmten Roman „Die Brücke von San Luís Rey" von Thornton Wilder.
(Piedra de) Saywite	Kurz vor der Abzweigung nach Cachora kommt eine schlecht beschilderte Abzweigung nach links über einen Feldweg ins *Valle de Curahuasi*. Nach ca. 500 m passiert man die Ruinen von **Saywite.** Anziehungspunkt ist ein halbkugelförmiger Stein **(Piedra)** mit einem Durchmesser von etwa 4 m, der auf der Wiese einer alten Hacienda unterhalb des Straßenendes vor einem Ruinenkomplex liegt und auf dem Landschaften mit Bergen, Terrassen, Kanälen, Häusern, Tieren und Menschen in typischen Inkatrachten dargestellt sind. Es könnte sich dabei um ein Landkartenrelief der vier Landesteile des Inkareiches handeln. Die gesamte Anlage, die möglicherweise eine Kultstätte ist, ist noch wenig erforscht. Eintritt 10 Soles.
Cachora	Der Ort liegt von der Abzweigung an der Hauptraße etwa 15 km entfernt. Hier gibt es sehr einfache Hostales, z.B. *Tienda* (Ü um 10 Soles, Kw) oder *Casa de Salqantay*. Das neuere Hotel *Casa de los Balcones,* DZ/bp/Ww zu 35 Soles, dürfte derzeit die beste Wahl sein. Tägl. Busverbindung nach Abancay, Fz 2–3 h. Das Dorf ist Ausgangspunkt für den **Inka Trail nach Choquequirao, der im Kapitel CUSCO detailliert beschrieben wird.**
	Nach weiteren 45 km erreicht der Bus nach kurvenreicher Abfahrt Abancay.

Eine der Apurímac-Hängebrücken

Abancay

Abancay (55.000 Ew., 2378 m) ist Distrikthauptstadt des Departamento Apurímac. Sie wird überragt von den schneebedeckten Bergen der *Cordillera Vilcabamba*, deren höchster Gipfel der 5230 m hohe Ampay ist. Wer ab Abancay auf einer zwei- bis dreitägigen Tour den Ampay angeht, wird mit Bergseen, endemischen Pflanzen und vielen Vogelarten belohnt.

Abancay und das gesamte Departamento Apurímac gehören zu den unterentwickeltsten Regionen Perus. Die Stadt besitzt keine Sehenswürdigkeiten, hat aber als Versorgungs- und Übernachtungsstation und als Etappenziel für Reisende eine gewisse Bedeutung.

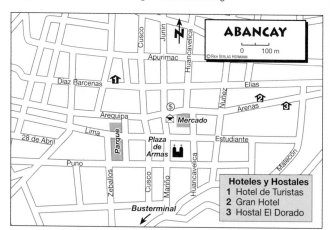

Hoteles y Hostales
1 Hotel de Turistas
2 Gran Hotel
3 Hostal El Dorado

Adressen & Service Abancay

Unterkunft

Vorwahl (083)

BUDGET: Gran Hotel, Av. Arenas. Sehr einfache Unterkunft, bc/bp, Ww. Ü ab 15 Soles.

ECO: Hostal El Dorado, Av. Arenas 131-C, Tel. 32-2005 Für diese Preisklasse ein ungewöhnlich gepflegtes Hostal, saubere geschmackvolle Zi. bc/bp, Garten, freundlich, gutes PLV. Ü/bp 25 Soles, empfehlenswert.

FAM: Hotel de Turistas Abancay, Av. Diaz Barcenas 500, Tel. 32-1017, www.turismoapurimac.com. Komfortable Zi. bc/bp, gutes Restaurant, Pp. DZ/F ab 75 Soles. Die oberen Stockwerke sind teurer. – **Ozy Wasy Hotel,** Jr. Arequipa 905, Tel. 32-3338. DZ/F ab 55 Soles. – **Saywa Hotel Tours,** Av. Arenas 302, Tel. 32-4876. Saubere Zimmer, zentral gelegen.

Essen & Trinken

Gute Restaurants gibt es auf dem Markt und in der Av. Arenas, in der auch die Busbüros liegen, ggf. kann man auch im Restaurant des *Hotel de Turistas Abancay*, Av. Díaz Bárcenas 500, etwas zu sich nehmen. Ansonsten: *Cebichería Vivi*, Av. Arenas 143 oder Chifa *Fay Chi*, Av. Arenas 154. Kaffee, Frappuccinos und Eis gibt es in der *Café Heladería Iglú*, Av. Arenas 176.

Supermarkt

Av. Arenas 153

Bus

Busse fahren meist vom Busterminal südlich des Zentrums ab, Anfahrt mit Taxi 1,50 Soles, Motorradttaxi 1 Sol. In der Av. Arenas gibt es ein Busbüro von

Wari, doch keine Abfahrten. Noch gibt es keine Direktverbindung nach Ayacucho! (Busverbindungen s.a. bei Ayacucho bzw. Andahuaylas, „Bus").
Nach **Andahuaylas** (140 km) mehrmals tägl. (3, 5, 6, 13 und 20 Uhr), z.B. mit *Señor de Huanca,* Av. Arenas 198, Fz 4 h. – **Cachora:** tägl. Bus um 3 Uhr und 15.30 Uhr. – **Cusco** (200 km), tägl. Busse und Colectivos mit *Señor de Huanca* (Nachtbus), *Cóndor de Aymaras, Ccoyeloritti* (Abfahrten um 6 und 12 Uhr), *Transportes Ylla* (Abfahrten 6 und 12 Uhr), *Los Chancas* und *Empresa Cusco – Abancay* (Abfahrt um 13 Uhr). Da die meisten Busse nach Cusco in Abancay nur einen Zwischenstopp einlegen, werden Fahrkarten erst unmittelbar vor Ankunft der Busse verkauft und nur dann, wenn noch Sitzplätze frei sind. Mit *Turismo Ampay,* Av. Arenales 210, gibt es einen unmittelbaren Anschluss an den Bus aus Andahuaylas nach Cusco, Abfahrt 17.30 Uhr, die Fahrkarten werden bereits im Bus von Andahuaylas nach Abancay verkauft. Nur *BREDDE* fährt um 6 Uhr und 13 Uhr direkt ab Abancay nach Cusco; Fz 5 h, Fp 15 Soles. – **Nazca** (460 km), tägl. Bus von *Cóndor de Aymaras* u.a., über Puquio, Fz 8 h, 75 Soles.

Abancay – Andahuaylas

Dieser 137 km lange Abschnitt ist landschaftlich reizvoll, so dass dafür eine Tagesetappe eingeplant werden sollte.

18 km hinter Abancay zweigt die über *Chalhuanca* und *Puquio* führende Straße nach Nazca ab, die kürzeste Straßenverbindung von Cusco nach Lima, die vollständig asphaltiert ist.

Der *Río Pachachaca* wird in gut 2000 m Höhe überquert, weiterhin begleiten die schneebedeckten 5000er-Gipfel der *Cordillera Vilcabamba* die Fahrt. Zwei Pässe sind zu überqueren, der *Abra Cruzccasa* (4000 m) und der *Abra Huayllaccasa* (3700 m). Dann geht es hinab nach Andahuaylas.

Wer als Selbstfahrer Zeit hat, kann noch ca. 20 km vor Andahuaylas nach rechts in Richtung *Pacucha* abbiegen und einen Stopp bei der sehr schön gelegenen *Laguna de Pacucha* in 3100 m Höhe einlegen. Um sie herum führt eine Piste, Boots- und Angelvermietung. Man kann auch die idyllisch gelegenen Ruinen der Festung *Sóndor* erklimmen.

Andahuaylas

Das hübsch gelegene und völlig untouristische Städtchen (2900 m, 26.000 Ew.) besitzt eine auf den Grundmauern einer alten Inkaruine erbauten sehenswerte Kirche aus dem 16. Jh. sowie einen lebendigen, farbenfrohen Markt. Etwa 20 km außerhalb lockt beim Andendorf Pacucha, berühmt durch die **Fiesta de Yahuar** (21. Juni), die *Laguna de Pacucha.* Von dort können zu Fuß die 6 km entfernten, archäologisch herausragenden Ruinen der **Chanka-Festung Sóndor** erreicht werden, Gehzeit eine Stunde, Hin- u. Rückweg inkl. Ruinenbesichtigung 2–3 h. Sóndor ist auch mit dem Taxi erreichbar, Fp um 10 Soles (von Andahuaylas bis zum Ort Pacucha und von dort zur Festung und vice versa). Geringer Eintritt.

Zur Orientierung für Reisende: Das Zentrum mit den Unterkünften befindet sich nicht in der Nähe der Plaza de Armas. Das eigentliche Zentrum liegt Richtung Av. Malécon Grau am Río Chumbao. Dort befinden sich auch die meisten hier im Buch aufgeführten Unterkünfte und Busgesellschaften.

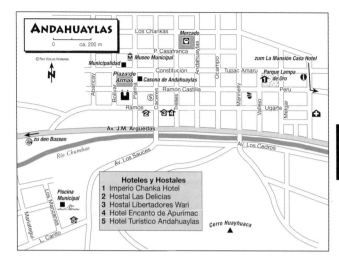

Adressen & Service Andahuaylas

Tourist-Info   *MITINCI,* Túpac Amaru 374, Tel. 72-1499, Mo–Fr 9–17 Uhr. **Vorwahl (083)**

Unterkunft   Direkt bei der Bushaltestelle kann man für 10 Soles günstig übernachten.

ECO: Hostal Las Delicias (BUDGET), Ramos 525, Tel. 42-1104. Schlichte Zi. bc/bp, Personal sehr freundlich. – **Hostal Residencial Cruz del Sur,** Av. Andahuaylas 117, Tel. 42-2282. Einfache Zi. bc/bp, DZ ab 25 Soles. – **Hotel Encanto de Apurímac,** Juan Ramos 401, Tel. 42-3527; bc/bp, Restaurant, Pp, freundlich. DZ ab 50 Soles. – **Hotel Turístico Andahuaylas,** Av. L. Carillo 620, Tel. 42-1014. DZ/F um 55 Soles, bp, empfehlenswert.

FAM: Hostal Libertadores Wari, Ramos 427, Tel. 42-1434; bp, preiswert. – **Sol de Oro Hotel,** Juan Antonio Trelles 164, Tel. 42-1152.

Imperio Chanka Hotel, Jr. César Vallejo 384, Tel. 42-3065, www.imperiochankahotel.com. Kleine, aber saubere Zimmer. DZ/F 80 Soles.

Etwas außerhalb gelegen befindet sich in der Av. Peru 667 das **La Mansion Casa Hotel,** Tel. 42-4215, www.lamansioncasahotel.com.

Essen & Trinken   An der Casafranca/Andahuaylas finden sich einige Essstände. In der Ramón Castilla gibt es einige Restaurants, z.B. *Ají Seco.* Im *Sol de Oro* gibt es einfaches, aber gutes Hochlandessen. Unser **TIPP** für Freunde des gegrillten Fleisches: *El Anticucho,* Jr. Ramón Castilla 568, angeschlossenes Restaurante Campestre *Puma de Piedra* in Jr. Los Sauces 327, Unidad Vecinal Pochoccota. Und wer nur Lust auf einen Kaffee mit Kuchen hat, ist bei *DMarco Café,* Jr. Ricardo Palma 330 an der Plaza de Armas, richtig. Im 1. Stock gibt es bequeme Sofas!

Supermarkt   Jr. Ramon Castilla 169

Bus   Die Büros der Busgesellschaften befinden sich in der Av. J.M. Arguedas bzw. am ansprechenden Terminal Terreste südlich des Flusses (1 Sol Benutzungsgebühr bei Abfahrt; Restaurants). Es ist sinnvoll, sich vor Ort rechtzeitig vorher nach Abfahrten in die gewünschte Richtung zu erkundigen (s.a. unter Ayacucho).

Abancay (140 km), *Expreso Los Chancas,* Av. Arguedas 248, tägl. 6.30 Uhr

	und 18 Uhr, *Señor de Huanca,* Av. Martinelly 170 mit Micros 2x tägl. um 6 u. 13 Uhr, *Turismo Ampay* tägl. 12 Uhr mit Direktanschluss in Abancay nach Cusco; Fz 4 h, ab 25 Soles; links sitzen! – **Ayacucho** (260 km), *Expreso Molina,* Lázaro Carillo 111, *Expreso Los Chancas,* Av. Arguedas 248, tägl. um 6.20 Uhr und 18.30 Uhr, *Wari* um 8 Uhr (mit Zielort Lima), Fz 5–6 h, Fp 35 Soles. – **Cusco** (340 km) mit *Expreso Molina, Los Chancas* (Tagbus um 6 u. 9.30 Uhr, Nachtbus 18 Uhr), *San Jerónimo,* Andahuaylas 718, Nachtbus 18.30 Uhr und *Señor de Huanca* (Micros). Fz 12–15 h, Fp 30 Soles. – **Lima** (1050 km) *Expreso Molina* und *Faro;* einmal tägl., Fz ca. 30 h, ca. 60 Soles.
Flug	Zum Flugplatz von Andahuaylas (ANS) 15–20 Min., Taxi Fp 3 Soles. **Nach Lima** 1x tägl. mit *LCPerú,* www.lcperu.pe sowie mit Starperu, www.starperu.com. Büro von *LCPerú:* Jr. Teofilio Menacho 115, Tel. 42-1591.

Andahuaylas – Ayacucho

Nur 5 km sind es von Andahuaylas nach *Talavera,* wo noch einmal getankt werden kann und es Restaurants und Unterkünfte gibt. Die Umgehungsstraße bringt einen direkt weiter. Aus dem Tal des *Río Chumbao* steigt die Straße danach langsam bergan. Nach dem 3750 m hohen Pass *Abra Soraccocha* geht es in vielen Kurven und Kehren über *Uripa* (Restaurant) hinab nach *Chincheros* (2800 m). Es gibt hier Unterkünfte, Tank- und Verpflegungsmöglichkeiten sowie einen Polizeiposten. Hier ist es wesentlich wärmer und die Vegetation vielfältiger, man fährt an Orangenbäumen und Bananenplantagen vorbei. Aus dem Tal des Río Chincheros steigt die Straße an und man erreicht die Dörfer *Chumbes* und *Ocros* (3250 m).

Der *Abra Huamina* ist mit seinen 4300 Metern der höchste Punkt der Gesamtstrecke. Die weiteren Kilometer erfolgen in stetigem Auf und Ab bis zum *Tocctoccasa-Pass* (4200 m). Nach der Abfahrt führt nach links eine Piste nach Condorcocha, von dort geht es weiter über Chiribamba, Paccha und Vischongo zur Stätte **Vilcashuamán** (s. Ayacucho-Umgebungsziele).

Über die Brücke des Río Alameda erreicht man schließlich Ayacucho.

Ayacucho

Geschichte und Gegenwart	Die Region um Ayacucho war schon sehr früh besiedelt, Funde des Pikimachy-Volkes wurden auf 10.000 v.Chr datiert. **Wari** war zudem Hauptstadt eines andinen Präinkareichs (s. Tour 1).

Die heutige schöne Hauptstadt des gleichnamigen Departamento liegt auf 2761 m Höhe und hat ca. 180.000 Einwohner. Ayacucho wurde am 9. Januar 1539 von den Spaniern gegründet, um den wichtigen Handelsweg von Lima nach Cusco zu sichern, es hieß damals **Huamanga** und wird unter der Bevölkerung auch wieder so genannt. 1824 fand hier eine der Entscheidungsschlachten im Unabhängigkeitskampf Südamerikas statt: die spanische Armee musste am 9. Dez. kapitulieren und der spanische Vizekönig sich General Sucre ergeben (s.u., Umgebungsziele **Quinua**).

Ayacucho ist eine typische Kolonialstadt mit freundlichen Einwohnern, nicht weniger als 33 Kirchen, einer wichtigen indigenen Universität und so gut wie keiner Industrie. Hier sollte man mindestens einen Tag, besser zwei oder drei Tage verbringen. Besonders lohnenswert ist ein Aufenthalt in der Karwoche *(Semana Santa)*, in der zahlreiche Prozessionen stattfinden. Das Klima ist angenehm und relativ trocken, obwohl zwischen Dezember und März reichlich Regen fällt und nachts die Temperatur im Juli und August gegen Null Grad absinkt.

> ## Ostern in Ayacucho
>
> Die Osterfeierlichkeiten in Ayacucho sind die bedeutendsten Perus. Zehn Tage lang werden die Passion, das Begräbnis und die Auferstehung Christi mit riesigen Prozessionen, Messen, Tanz- und Musikdarbietungen zelebriert. Fast alle Bewohner der Stadt nehmen daran teil, sie feiern ihren Glauben und das gemeinschaftliche Leben. Die Plätze schmücken aufwendig erstellte Blütenteppiche, verschmischt mit gefärbten Sägespänen.
>
> Zu den Feierlichkeiten strömen am Palmsonntag, dem Sonntag vor Ostern, die indigenen Dorfgemeinschaften aus den Anden in die Stadt, angetan mit ihren schönsten Trachten. Ihre mitgebrachten Lamas sind bunt geschmückt, auf ihren Rücken tragen sie Bündel von gelben Blumen, den „retamas". Auf der Plaza de Armas warten schließlich alle auf die Ankunft Jesu. Sobald er auf einem weißen Eselfohlen eintrifft, wird er mit Liedern und Gebeten begrüßt.
>
> Am Gründonnerstag besuchen die Menschen die Gottesdienste in den vielen Kirchen der Stadt und nach dem Abendmahl beginnen die Prozessionen. Am Karfreitag werden Maria und Jesus als Heiligenfiguren vor den Prozessionen hergetragen und am Abend Jesus in einem Sarg. Am Karsamstag bereitet sich die Stadt auf die Auferstehung vor. Die morochucos, die legendären Viehzüchter der Region, beherrschen die Straßen. Sie tanzen und machen ruhige Musik. Ab 22 Uhr versammeln sich die Menschen vor der Kathedrale, es werden Lieder gesungen und Bibeltexte gesprochen. Dann, genau um 24 Uhr, wird mit Feuerwerken die Auferstehung Christi gefeiert. Hinterher finden mehrere Prozessionen mit der Figur des auferstandenen Jesus statt. Anschließend wird mit Liedern, Tänzen und sehr leckerem Essen gefeiert. In der Nacht von Sonntag auf Montag wird mit Sonnenaufgang und nach der Messe der riesige tragbare Altar „anda" aus der Kirche getragen. Dazu bedarf es 200 Männer, die die Konstruktion unter höchster Anstrengung um die Plaza tragen. Er ist dekoriert mit unzähligen weißen Kerzen in Maiskolbenform und Blüten.

Ayacucho ist für Lederwaren, Wollbekleidung und filigranes Kunsthandwerk (u.a. Retablos) bekannt. Lohnenswert ist ein Besuch des *Mercado Artesanías* auf der **Plaza Santa Ana.** Hier steht auch die älteste Kirche Ayacuchos aus dem Jahre 1569, gleich gegenüber werden **Sulca-Teppiche** (15–130 €) verkauft. Wer zu Fuß vom Zentrum hinlaufen möchte, muss am Ende der San Blas bergaufwärts Richtung Kirche gehen. Interessant ist die Fußgängerzone in der 28 de Julio zwischen der Plaza und dem Torbogen beim Mercado. Dort ist das **Centro Turístico Cultural San Martín** mit mehreren Restaurants, Galerien und Kultureinrichtungen eine gute Adresse. Einen fantastischen Blick auf die Stadt hat man vom **Mirador Turístico** im Stadtteil San Juan Bautista im Südosten Ayacuchos, Anfahrt mit dem Taxi.

Der „Winkel der Toten", was Ayacucho heißt, war früher ein Zentrum des *Sendero Luminoso* und die 1959 gegründete Universität des Heiligen Christopherus von Huamanga Herz der indigenen Befreiungsbewegung. Viele Aufstände gingen von Ayacucho aus. In den umliegenden Bergen wird immer noch Selbstversorgungs-Landwirtschaft betrieben.

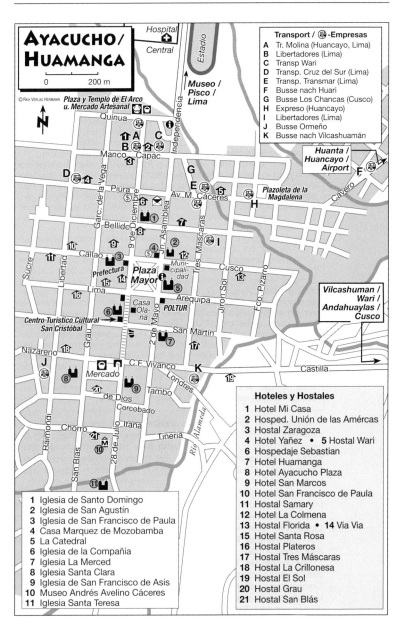

Stadtrundgang Ayacucho

Die Tourist-Info hat eine Übersicht der Öffnungszeiten der sehenswerten Kirchen. Meist sind diese von 6–8.30 Uhr geöffnet, seltener am Nachmittag. Evtl. über einen Nebeneingang möglich, oder höflich fragen und eine Spende machen, um außerhalb der Öffnungszeiten reinzukommen.

Statt eines Rundgangs kann man sich auch mit einem Doppeldeckerbus motorisiert umsehen. **TravelBus Ayacucho Sightseeing** hat folgendes Angebot: City Tour Express, City Tour (25 Soles) und Tour Wari & Quinua (35 Soles). Abfahrt ab der Plaza Di–So ab 14.30 Uhr.

Plaza Mayor Ausgangspunkt ist die hübsche Plaza Mayor. Wegen des Reiterstandbilds von *José de Sucre* in der Mitte wird sie auch *Plaza Sucre* genannt. Hier befindet sich die Municipalidad und der Regierungspalast. Unter den Arkaden (Portales) gibt es einige preiswerte Restaurants und Imbiss-Läden. Auf der westlichen Seite der Plaza erhebt sich die Prefectura. Beherrscht wird der Platz jedoch von

La Catedral In dem mächtigen Bau aus dem 17. Jahrhundert (1671) befinden sich einige für Ayacucho typische Altäre in churriguereskem Stil (stark überladener barocker Baustil). Rechts daneben liegt das Hauptgebäude der Universität, die 1677 gegründet, 1886 geschlossen und 1958 wieder eröffnet wurde. Links steht das Rathaus. Auf der anderen Straßenseite, Ecke Cusco/Asamblea, befindet sich die

Iglesia de San Agustín Sie ist meist geschlossen, morgens zwischen 6 und 8 Uhr probieren. Von der Kirche San Agustín geht es auf der Asamblea bis zur nächsten Ecke, dann nach links in die Bellido. An der nächsten Kreuzung steht die

Iglesia de Santo Domingo Auffallend an dem von 1548 bis 1562 errichteten Bau ist der wie ein italienischer Campanile von der Kirche getrennt stehende Glockenturm, an dem von der Inquisition die zum Tode Verurteilten aufgehängt wurden. Am Sonntagmorgen kann der Gottesdienst auch für Nichtreligiöse empfohlen werden, eine rundum schöne Sache.

Über die 9 de Diciembre nach links am *Hotel Plaza Ayacucho* vorbei kommt man wieder auf die Plaza Mayor zurück. Hier geht es nach rechts in die Callao. An der nächsten Ecke überragt bereits die

Iglesia de San Francisco de Paula die umliegenden Gebäude. Sie wurde im 18. Jh. (1713) mit einer etwas ungewöhnlichen klassizistischen Fassade erbaut. Im Inneren verbirgt sich die vielleicht schönste Kanzel von Ayacucho und sechs Taschentücher, die 1768 ein Geschenk des spanischen Königs waren.

Über die de la Vega nach links kommt man zur nächsten Straßenkreuzung, in die nach links in die Lima eingebogen wird, die zur Plaza Mayor zurückführt. Nach rechts über die 28 de Julio geht's zur nächsten Kirche.

Iglesia de la Compañía Es ist eine Jesuitenkirche mit herrlicher Architektur. Ihr Bau datiert aus dem Jahre 1605. Sehenswert sind der überladene Hauptaltar und das Bild des Jesus im Todeskampf, das am Karfreitag in einer großen Prozession herumgetragen wird. In der gleichen Straße befindet sich etwas weiter, auf der linken Seite, die **Casa Olano,** ein sehenswertes und schön restauriertes Kolonialhaus. Inzwischen ist es Teil der *Banco Nacional,* deshalb nur noch teilweise zu besichtigen (Innenhof). Gleich nach dem Torbogen liegt rechts in der Nazareno der reizvolle, täglich stattfindende

Mercado	Schöner farbenfroher und abwechslungsreicher Markt. Hier – und in einigen anderen Läden – kann man einheimische Volkskunstgegenstände, wie Silberwaren im spanischen Mudéjar-Stil, kunstvoll geschnitzte Alabasterfiguren *(Piedra de Huamanga)* und bis zu 50 cm hohe Altarkästchen (Retablos) mit bunten Tonfiguren erstehen. Außerdem werden schöne Kleider verkauft. – Hinter dem Markt liegt in der Garcia de la Vega die
Iglesia Santa Clara	Das karge Äußere steht im Gegensatz zur prächtigen maurischen Kassettendecke und der Kanzel aus Zedernholz. Von der de la Vega geht es nun nach links am Mercado entlang zur 28 de Julio zurück. Etwas südlicher (Ecke Chorro) liegt das *Museo Cáceres*.
Museo Andrés Avelino Cáceres	Es ist in der *Casona Vivanco*, einem reizvollen Kolonialhaus mit sehenswertem Patio aus dem späten 17. Jh. untergebracht. Neben zahlreichen Möbeln und Gemälden der Cusqueñer und Ayacucheñer Malschule mit indigenen Motiven (Abendmahl mit Meerschweinchen) sind vor allem Möbel und Waffen aus der Kolonialzeit und Artefakte des gleichnamigen Kriegshelden aus dem Salpeterkrieg ausgestellt (Kaiser Wilhelm I. ehrte Feldmarschall Cáceres 1885 auf einem Deutschlandbesuch mit einem Orden für seine außergewöhnlichen Heldentaten gegen die Chilenen). Geöffnet Mo–Sa 8–12.30 und 14–18 Uhr, Eintritt. Wer immer noch nicht von Kirchen genug und noch Lust hat, die 28 de Julio weiter zu gehen, gelangt nach Überquerung des Nebenarmes des Río Alameda zur Kirche
Santa Teresa	Sie wurde 1703 erbaut und ist ausgeschmückt mit Gemälden der Cusqueñer-Malschule, u.a. ein Abendmahl, an dem auch Nonnen teilnehmen. Daneben beeindruckt der sehenswerte Kreuzgang. Auf dem Rückweg über die 28 de Julio in Richtung Plaza kommt man an der Kirche *San Francisco de Asís vorbei*.
Iglesia San Francisco de Asís	Sehenswert sind hier die prächtigen Goldaltäre – über die Jahrhunderte amüsant-charmant schief und krumm geworden – und ein bemerkenswerter Kreuzgang. An der Ecke zur San Martín biegt man nach rechts ab und erreicht an der nächsten Kreuzung die
Iglesia La Merced	Sie stammt ebenso wie die schräg gegenüberliegende koloniale *Casa de los Jaúregui* mit reich verziertem Portal und Erker aus dem 16. Jh. Nur einen Block weiter liegt wieder die Plaza Mayor.
TIPP: Museo de la Memoria	von ANFASEP, Prolongación Libertad 1229, Tel. 331-7170, Mo–Sa 9–13 Uhr und 15–18 Uhr. Zum Gedenken an die Opfer des Sendero Luminoso und der Militärs. Gegründet 2005 von den Frauen, die hierbei ihre Männer verloren haben. Verkauf von Kunsthandwerk durch die Witwen. Sehr gute Ausstellung, Tafeln erfordern gute Spanisch-Kenntnisse. Eintritt.
Museo de Antropología y Arqueológico „Hipólito Unánue"	Wen präkolumbische Kulturen interessieren, sollte das *Museo de Antropología y Arqueológico „Hipólito Unánue"* besuchen, das sich etwas außerhalb in der Av. Independencia 502 (Cento Cultural Simón Bolívar) befindet (Verlängerung der Asamblea, an der Uni vorbei). Hier sind Keramiken und Monolithen aus der noch kaum erforschten Wari-Kultur zu sehen, die erstaunliche Parallelen zur Tiwanaku-Kultur am Titicacasee aufweist. Weiter sind Exponate der Mochica- und der Nazca-Kultur ausgestellt. Mo–Fr 9–17 Uhr. Direkt gegenüber ist ein kleines Druckereimuseum eingerichtet worden. Sehenswert ist die beeindruckende Kolumne Bolívars in der ersten Ausgabe der Zeitung *República* von 1826.

Sendero Luminoso

Die Guerillaorganisation *Sendero Luminoso* („Leuchtende Pfad") formierte sich in den Andentälern um Ayacucho und orientierte sich an der Lehre des bedeutendsten marxistischen Denkers Lateinamerikas, *José Carlos Mariátegui* (1894–1930). 1970 zunächst als Partei gegründet, gab ihr Anführer **Abimael Guzmán** ihr den Namen *„Partido Comunista del Perú por el Sendero Luminoso del Pensamiento de José Carlos Mariátegui"* (Kommunistische Partei von Peru auf dem leuchtenden Pfad der Gedanken Mariáteguis). Hochburg des Sendero war die Christopherus-Universität in Ayacucho, die 1959 für die Studenten aus den Andendörfern gegründet wurde. Da die Region zu den ärmsten Andengebieten Perus gehörte, gingen von hier meist alle sozialen Unruhen aus.

Am 18. Mai 1980 löste sich Sendero Luminoso als Partei auf, es wurde die eigentliche Guerillaorganisation gegründet. Abimael Guzmán, als charismatischer Anführer von allen nur „Presidente Gonzalo" genannt, verkündete die „Etappe der unbewaffneten Hände" als beendet. Von Ayacucho erklärte der Sendero mit gut 5000 Rebellen der Regierung den bewaffneten Kampf, dessen Auswirkungen bis heute spürbar sind. Der Terror erzeugte den Gegenterror der Regierung: sie verhängte den Ausnahmezustand über Ayacucho, Andahuaylas, Huancavelica, Pasco, Yauli und Lima. Die Armee marschierte mit *Guardia Civil* (Polizei), *Guardia Républicana Llapan Atiq* (Gefängnispolizei), *PIP* (Staatssicherheitsdienst), Antiterroreinheit *Sinchi, Dincote* (Antiterrorpolizei), *Gurkhas* (spezielle Marineinfanterie), *Gente que mata gente* (paramilitärische Einheit) und *Gamonales* (Paramilitär der Großgrundbesitzer).

Im Kampf um die Macht gab es unzählige Opfer: Polizisten, Militärangehörige, über 5000 Campesinos und 2600 Anhänger des Sendero Luminoso. Insgesamt wurden über 30.000 Menschen getötet, darunter viele unbeteiligte Zivilisten. Ganze Dorfgemeinschaften wurden als potenzielle Guerilleros verhaftet. In der Folge verließen mehr als eine Million Personen das Hochland. Ayacucho, der „Winkel der Toten", machte seinem Namen traurige Ehre.

Lange Zeit sah es so aus, als ob der Sendero das gesamte Herrschaftssystem Perus, das geprägt war von Korruption, Vetternwirtschaft und Repression, hinwegfegen würde. Doch der Organisation gelang es nicht die reformorientierten und gemäßigten Kräfte zu gewinnen und der Mehrheit der peruanischen Bevölkerung ein glaubwürdiges politisches und wirtschaftliches Gegenmodell zu präsentieren – obwohl die Not und Unterdrückung der andinen Bevölkerung ein großes Zulaufpotential barg. Doch als die ersten Campesinos getötet wurden, weil sie sich nicht freiwillig dem Sendero anschlossen, regte sich Widerstand. Zur Not und Verzweiflung wollten die Campesinos nicht auch noch den Tod haben.

Nach der Wahl von Alberto Fujimori zum Präsidenten 1990 setzte dieser zur Ergreifung von Guzman, tot oder lebendig, umgerechnet 350.000 Euro aus. Unabhängig davon wurde der 57-Jährige, zusammen mit seiner Lebensgefährtin Elena Iparaguirre und weiteren Führungskadern, in Lima am 12. September 1992 überrascht und verhaftet. Guzman wurde von einem Militärgericht zu lebenslanger Haft verurteilt. Heute beschränkt sich der bedeutungslose Rest der Anhänger des „Leuchtenden Pfads" auf eine kleine Region des zentralen Urwaldes, in der er mit Drogenhändlern zusammenarbeitet. Auf nationaler Ebene ist die Organisation jedoch keine Bedrohung mehr für die peruanische Gesellschaft. – SW

Adressen & Service Ayacucho

Tourist-Info i-Peru, Infostelle von PromPerú in der Municipalidad, Portal Municipal 45, Plaza Mayor, Tel. 81-8305, iperuayacucho@promperu.gob.pe, www.peru.info, Mo–Sa 8.30–19.30 Uhr, So 8.30–14 Uhr. Informationen zu touristischen Sehenswürdigkeiten, keine Reservierungen, freundlich und hilfsbereit. – *Dirección de Turismo de Ayacucho* (DRITINCI), Asamblea 481, Tel. 81-3162, ayacucho@mitinci.gob.pe, Mo–Fr 8–13 u. 14–19 Uhr. – *Municipalidad Provincial de Huamanga,* Portal Municipal 44.
Website: www.ayacucho.info
Vorwahl (066)

POLTUR *Policía de Turismo,* 2 de Mayo/Arequipa 100, Tel. 81-2005, 81-8372, tägl. 6–22 Uhr. – *Policía Nacional,* 28 de Julio, Notruf Tel. 105. – INDECOPI *(Servicio de Protección al turista),* Portal Constitución 15, Tel. 68-8070.

Erste Hilfe *Hospital Central,* Av. Independencia 355, Tel. 81-2181 oder 81-2180. – *Clínica El Nazareno,* Quinua 428, Tel. 81-4517, tägl. 7–21 Uhr.

Unterkunft In der untersten Preisklasse gibt es eine breite Auswahl an Hostales, meist ganz ordentlich und mit Warmwasser (doch oft nur morgens). Die billigsten und einfachsten:

BUDGET **Hotel Huamanga,** Bellido 535, Tel. 81-1871; simple, saubere Zi. bc/bp, Ww-Zuschlag. Ü 10 Soles. – **Hostal Virgen Zaragoza,** Manco Cápac 270, Tel. 81-2032. einfache Zi., bc. 20 Soles. – **Hostal Warí,** Cáceres 836, Tel. 81-3065; kleine saubere Zi. bc/bp, nicht immer Ww.

ECO **Hotel Mi Casa,** Manco Capac 245, Tel. 81-7762. Sehr gepflegtes, freundliches Haus, sehr saubere EZ/DZ/TriZ, geschmackvolle bp mit Dusche, guter dt. Standard, gutes PLV, z.B. EZ/bp 25 Soles. **TIPP!**
Hostal La Crillonesa, Nazareno 165, Tel. 81-2350. Saubere Zi., die besten sind Nr. 40, 41, 42 neben der Dachterrasse und Zi. 24, mit TV (Deutsche Welle), bc/bp, freundlich, Ws. DZ/bp ab 35 Soles. Bei längerem Aufenthalt Rabatt. **TIPP!**
Hostal Samary, Callao 329, Tel. 81-2442. Ordentliche, saubere Zi. bc/bp, nicht immer Ww, sicher, empfehlenswert. – **Hostal Tres Máscaras,** Tres Máscaras 194, Tel. 81-2921. Kolonialbau mit Patio, saubere, einfache Zi. bc/bp, nicht immer Ww. – **Hotel La Colmena,** Cusco 140, Tel. 81-1318. Simple, saubere, schöne kleine Zi. bc/bp, nicht immer Ww, nett bepflanzter Patio zum Frühstücken und Mittagessen, sicher, empfehlenswert.
Hospedaje Unión de las Américas, Manco Cápac 319, Tel. 81-9525. Sehr saubere EZ/DZ/MZ, bp/Ww. DZ 60 Soles, sehr zu empfehlen.
Hostal Florida, Cusco 310, Tel. 81-2565. Einfach, gepflegt, ruhig, bp.
Hostal Plateros, Lima 209, Tel. 81-3997. Ordentlich, neu, bp. – **Hostal Marcos,** Jr. 9 de Diciembre 143, Tel. 81-6867. Sehr sauber, TV inbegriffen, historische Brotbäckerei und Plaza de Armas um die Ecke. DZ/F ab 70 Soles. **TIPP!**

FAM **Hotel Yáñez,** Av. Mariscal Cáceres 1210, Tel. 81-4918. Gefällige Zi. bc/bp.
Hotel Santa Rosa, Lima 166, Tel. 81-2083, www.hotel-santarosa.com. Älterer Kolonialbau, bp, freundlich, Restaurant.
Hotel San Francisco de Paula, Jr. Callao 290, Tel. 31-2353, www.hotelsanfranciscodepaula.com. Nur zwei Blocks von der Plaza entfernt, gemütliche Zimmer. DZ/F (kein Frühstück am Sonntag) 120 Soles. – **Via Via,** Portal Constitución 4, Tel. 31-2834, www.viaviacafe.com/es/ayacucho/hotel. Direkt an der Plaza, einige Zimmer mit Blick auf Kathedrale. DZ/F ab 120 Soles.

LUX **Hotel Ayacucho Plaza,** 9 de Diciembre 184, Tel. 81-2202. Koloniales Gebäude, nette Atmosphäre, Restaurant, Bar. Zimmer etwas hellhörig und renovierungsbedürftig, für Ayacucho sehr teuer.

Essen & Trinken	Das Speiseangebot ist ländlich geprägt (Kartoffeln, Quinoa, Schweinefleisch), in vielen Restaurants gibt es daneben frittierte Hühnerbällchen mit Reis, verschiedene Suppen und Eintöpfe sowie Forellengerichte. Die Garküchen der **Feria Dominical de Bebidas y Comidas,** Plaza Parado de Bellido, bieten jeden Sonntag ab 11 Uhr günstige lokale Gerichte an.

Zum **Frühstück** kann **Lalo's Pan,** Centro Turístico Cultural San Cristóbal, 28 Julio 178, empfohlen werden, sehr reichhaltig. Gute Alternativen sind **Café New York** oder **Niñachay** (mit den bequemsten Stühlen), ebenfalls Centro Turístico Cultural San Cristóbal, 28 Julio 178 oder die Bäckerei in der 9 de Diciembre/Av. M. Cáceres (leckere Apfeltaschen). Weitere Cafés befinden sich im Portal Constitución 4, dort ist das **Via Via** der Belgierin Pauline Evers ein Tipp (s. Hotels). Gute nicht teure Gerichte.

Ein gutes Lokal zum Mittagessen ist das **La Casona,** Bellido 463, mit typischen Gerichten, wochentags günstige Mittagstische. Gemütlich im **Camera de Comercio,** San Martín 432. Gute Familienklasse sind das **Los Portales** an der Plaza Mayor, Portal Unión 33, das **Los Alamos,** Cusco 215, 7–21.30 Uhr, und **Santa Rosa** im Hotel Santa Rosa, Lima 166, ab 7 Uhr.

Ein Tipp für **regionale Küche** ist auch das **Urpicha,** Londres 272, und **Don Manuel,** Garcilaso de la Vega 370. Schmackhafte Gerichte bietet das Restaurant des **Hotel La Colmena,** Cusco 144, nicht von der neuen Touristenkarte wählen, sondern nach dem Tagesmenü fragen, ca. 5 Soles. Auch das **La Cumbre** auf dem Cerro Acuchimay serviert die typische Küche Ayacuchos. Eine gute **Quinta** ist **Orcasitas,** Alameda Bolognesi. 5 km außerhalb, an der Straße nach Cusco, kann bei der Ciudadela Warpa Picchu das **Warpa Picchu** im gleichnamigen Hotel empfohlen werden.

Hähnchenfreunde gehen zur *Pollería Wallpa Sua,* Garcilaso de la Vega 240, Mo–Sa 18–23 Uhr; angenehmes Ambiente, Forelle, Hähnchen, Pommes, Salat u.a, gutes PLV. Am Abend geöffnet ist auch *El Niño,* Jr. 9 de Diciembre, am besten auf dem Balkon sitzen und auf die Dächer der Kirchen blicken – **TIPP! Gegrilltes** bei *La Brasa Roja,* Cusco 180 (17–24 Uhr) und *Miguelito,* Tres Mascaras 537 (11–15 Uhr). Typische Fleischgerichte, Pisco und Weine bei *El Monasterio,* Centro Turístico Cultural San Martín, 28 Julio 178. **TIPP!**

Fisch- und Meeresfrüchte: *Perla Marina,* Quinau 281 und *Todos Vuelven,* Av. Maravillas 147. Ein weiteres Fischrestaurant ist im Centro Turístico Cultural San Cristóbal, 28 Julio 178.

Chifas: in der Av. Cáceres gibt es viele, z.B. *Shi Jong* (No. 1035, ab 11 Uhr), *Tay Pa* (No. 1131, ab 17 Uhr) oder *Tio Min* (No. 1179, ab 17 Uhr).

Wer Lust auf einen Eisbecher verspürt, kann zur Confitería *La Miel* an der Plaza, Portal Constitución 11, 10–23 Uhr, gehen. Hier gibt es auch Kuchen, Torten und Sandwiches. Selbstgemachtes Eis gibt es gleich daneben im *La Palma.* Auf der Plaza vor dem Eiscafé bieten Frauen in lokaler Tracht einheimische Süßspeisen *(mulluchi)* an.

Rund um Ayacucho gibt es zahlreiche **Restaurantes Campestres,** Landgasthöfe, wie z.B. *Mis Algarrobos* oder *El Bosque* im Valle de Muyurina (8 km), die bereits um 9 Uhr öffnen, jedoch meist nur am Wochenende bzw. Fr–So.

Unterhaltung	Im ehemaligen Priesterseminar *San Cristóbal de Huamanga,* 28 de Julio 178 (neben der Iglesia de la Compañía) befindet sich das **Centro Turístico Cultural San Cristobal** mit mehreren Restaurants, Galerien und Kultureinrichtungen – **TIPP!** Im hinteren Teil gibt es wochentags ein Freiluftkino (nur abends).

Das **Nachtleben** von Ayacucho ist aus dem Dornröschenschlaf erwacht. Im Bereich der Asambiea/Bellido/Cáceres gibt es eine Reihe von Kneipen und Discos, u.a. das *Carpe Diem,* Av. Cáceres 1131, und die derzeit angesagte Disco *La Nueva Ley,* ebenfalls in der Cáceres (1. Block). Beliebt sind auch die Kneipe *Magia Negra,* 9 de Diciembre 293, das *Viejo Barril,* Sol 368 sowie die Disco *Jasmín* in der Arequipa, Cuadra 2, und das *Break* in der 9 de Diciembre

396. Tanzen kann man im *Shumac Killa,* Los Balcones. Peñas: *Los Balcones,* Asamblea 187 (2. Stock) und *Sonqomayo,* Asamblea 280, sowie *Las Warpas,* Av. Cáceres 1033.

Kunsthandwerk Ayacucho ist für seine Holzkrippen mit handbemalten Figuren bekannt, die sich *retablos* nennen. Eine kleine Holzkrippe gibt es ab wenige Soles, größere mit 300 handbemalten Figuren kosten um die 200 Soles.

Mercado Artesanal Shosaku Nagase, Plazoleta Maria Parado de Bellido. – *Centro Turístico Cultural San Cristobal,* 28 de Juli 178. – *Galeria Unión,* Portal Unión 25. – *Multiservicios la Huamanguinita,* Asamblea 169.

Kunstgalerien Am Portal Unión gibt es gleich mehrere Kunstgalerien, wie z.B. *Galería Artesanal Pascualito,* Portal Unión 25 und *Galería Wari,* Portal Unión 33. An der Plazoleta María Parado de Bellido liegt die Galerie *Shoshalu Nagase. Galería Tikimarka,* Libertad 961. Weiter Kunstgalerien im Barrio de Santa Ana, z.B. *Galería Artesanal.*

Kolonialhäuser *Casona Boza y Solis,* Mitte 18. Jh. – *Prefectura,* 1740, direkt an der Plaza. – *Palacio del Marques de Mozobamba,* 1550, Portal Unión. – *Salon de Actas,* im Consejo Municipal, neben der Kathedrale. – *Casona Chacón.* – *Casona Cristóbal Castilla y Zamora.*

Post *Serpost,* Asamblea 293, Tel. 81-2224, Mo–Sa 8–20 Uhr und So 8–15 Uhr. *Metro Courier,* Bellido 683.

Internet Mehrere Internetcafés in der Calle Asamblea sowie in der Lima.

Geld *Banco de la Nación,* 28 de Julio 163. *Banco del Crédito,* Portal Unión 28, Plaza Mayor. *Interbank,* 9 de Diciembre 183. *Casa de Cambio,* Portal Unión 4, gute Kurse für Bargeld, Mo–Sa 8–19 Uhr. An der Plaza bei Straßenwechslern teils guter Wechselkurs.

Supermarkt Jr. 28 de Julio 100

Touranbieter *Morochucos Rep's,* 9 de Diciembre 136, www.morochucos.com, Tel. 31-7844. Empfehlenswerter Anbieter für Ausflüge in die Umgebung, langjährige Erfahrung. – *Wari Tours,* Jr. Lima 128 B, Tel. 31-1415, http://waritoursayacucho.blogspot.com. Stadtrundfahrten, Tagesausflug nach Wari, Quinua, Tagestour nach Vilcashuamán. – *Willy Tours,* 9 de Diciembre 209, Tel. 31-4075. Touren in die Umgebung, gute Führer, z.B. Edwin Pillpe Ayala, empfehlenswert. Einige weitere Anbieter in der 9 de Diciembre, wie z.B. *Explormundo Service* oder *A&R Tours* (9 de Diciembre 130, 31-1300, www.viajesartours.com).

Feste **15.–17. Februar:** *Festival de la Tuna y la Cochinilla.* – **März/April:** *Semana Santa;* spektakuläres, wichtigstes und zehntägiges Fest, bei dem nahezu alle Kirchen beteiligt sind. Der wohl beste Platz um die Festivitäten zu beobachten ist die Plaza Mayor, aber auch in den Nebenstraßen ist einiges geboten. – **August/September:** *La Fiesta del Água;* Musikfest mit Harfen und Violinen. – **Dezember:** *Navidad Andina.*

Verkehrsverbindungen

Taxi Ein Taxi vom Stadtzentrum zum Flughafen kostet 5 Soles, eine Taxistunde ca. 15 Soles.

Bus Fast alle Busgesellschaften, wie z.B. *Cruz del Sur, Antezana Hermanos* und *Los Chancas* sowie *Ormeño* fahren vom neuen Busterminal **Terrapuerto Plaza Wari,** der etwas außerhalb liegt und nur mit dem Taxi erreichbar ist, ab. Er befindet sich in Av. Javier Pérez de Cuéllar s/n. Terminal-Benutzungsgebühr 1,50 Soles (am besten passend bereit halten). Tickets kauft man direkt an den Schaltern der dort abfahrenden Busgesellschaften. Von den großen Gesellschaften wie Cruz del Sur gibt es um die Plaza Reisebüros und Veranstalter, die manchmal Tickets verkaufen, da ist dann ein Sticker im Fenster.

Nach Andahuaylas (261 km) tägl. Busse, mit *Los Chancas* oder *Sarmiento Silvera*, Fz 5–6 h, Fp 35 Soles, links sitzen! – **Cusco** (520 km) kein Direktbus; Busse mit *Los Chancas*, Pasaje Cáceres 150, Fz unter normalen Bedingungen 20–24 h! Abfahrten mit Los Chancas um 6.30 und 19 Uhr, Fahrtunterbrechung und Buswechsel in Andahuaylas, Weiterfahrt mit *Los Chancas* nach Cusco um 18 Uhr bzw. 6.30 Uhr, Ankunft in Cusco um 18.30 Uhr bzw. 6 Uhr. **Wichtig:** Sitzplatznummer für den Anschlussbus rechtzeitig in der Busstation in Andahuaylas besorgen, Gesamtfahrpreis um 40 Soles. Eine interessante, schöne Strecke, äußerst harte, atemberaubende Piste, die besten Ausblicke auf die oft über 1000 m tiefen, nahezu senkrechten Abgründe auf der linken Seite in Fahrtrichtung. Manchmal Erdrutsche. Von Andahuaylas bis Abancay/Cusco rechts sitzen!

Huancayo (257 km): *Expreso Molina*, 9 de Diciembre 458 (Tagbus um 6.30 Uhr) und *Tourismo Central*, Manco Cápac 499, meist Nachtbusse, Fz mind. 10 h, 25 Soles. – **Huancavelica** (250 km): keine Direktfahrten, doch die Gesellschaft Molina bietet eine schnelle Busverbindung um 8 Uhr nach Rumichaca, Fz 2,5 h. Dort wartet ein Anschlussbus nach Huancavelica auf alle ankommenden Frühbusse aus Ayacucho bis 11 Uhr. Ankunft in Huancavelica ca. 15 Uhr. – **Huanta:** Taxifahrt ca. 60 Soles (hin und zurück, dreistündiger Aufenthalt). – **Ica:** tägl. mit *Antezana Hermanos*, Manco Capac 273, und *Oropesa*, Pasaje Cáceres 177.

Lima (585 km): tägl. mehrere Busse, u.a. mit *Expreso Molina*, 9 de Diciembre 458, Tagbus um 8 Uhr, sonst 22 Uhr; *Libertadores*, Tres Máscaras 493 und Manco Cápac 295; *Cruz del Sur*, Mariscal Cáceres 1264. Abfahrten i.d.R. ab 14 Uhr bis zur Abenddämmerung, Fz über Pisco (320 km) ca. 8 h bei gutem Wetter, Fp 40–60 Soles. *Empresa Transportes Expreso Wari* fährt auf der Nebenstrecke via Pampachiri nach Nazca und Lima, tägl. um 11 Uhr und 17 Uhr. – **Nazca:** s. Lima. – **Pisco** (320 km): keine Direktverbindung, aber Tagbus nach Lima mit Molina um 8 Uhr oder 9.20 Uhr bis San Clemente, Fz 6. In San Clemente in einen Bus nach Pisco umsteigen.

Flug — Zum Flughafen *Alfredo Mendivil Duarte* (AYP), ca. 4 km, Tel. 31-2418, kommt man mit dem Taxi, oder mit dem Bus der Linie 2 ab Lima/Ecke Plaza.

Nach Lima: 2x tägl. mit Kleinflugzeugen von *LCPerú*, Av. 09 de Diciembre 160, Tel. 31-6012, www.lcperu.pe, oder 1x tägl. mit *StarPerú*, www.starperu.com.

Umgebungsziele von Ayacucho

Tour 1: Wari und Quinua — Wer länger als einen Tag in Ayacucho bleibt, dem sei dieser halbtägige Ausflug empfohlen. Am einfachsten ist es, sich einer organisierten Tour anzuschließen (Preis ca. 40 Soles inkl. Führer), oder man fährt mit einem Bus vom *Paradero* am Ostende der Av. Mariscal Cáceres nach *Quinua*. Oberhalb des Dorfes ist ein Obelisk und ein Wasserfall.

Pickups (Jeeps) fahren ab der Centenario (Richtung Huancayo) ab. Links stehen oder sitzen. Fahrtverlauf: Es geht ein Stück auf der kurzen Asphaltstraße Richtung Huancayo, bis nach etwa 14 km im Tal der Weg nach rechts Richtung San Miguel abzweigt. Nach Wari sind es noch 10 km.

Wari — war die Hauptstadt einer Kultur, die zeitlich etwas später als die klassische Tiwanaku-Kultur anzusetzen ist (ca. 9. Jh. n.Chr.) und deutliche Parallelen mit dieser und diskrete mit der Nazca-Kultur aufweist. Viel erhalten ist nicht. Es finden sich bearbeitete Steinplatten als Reste oberirdischer Rundbauten, Opfersteine, unterirdischer Kammern und gut erhaltene Wassersysteme, daneben viele Scherben bunt bemalter Keramikgefäße und Tonfiguren. Neben der Ausgrabungsstätte befindet sich das *Museo del Sitio* mit zahlreichen Keramiken und anderen Fundstücken, Di–So 9–17 Uhr, Eintritt.

Quinua

Auf der asphaltierten Hauptstraße wird, vorbei an Feigenkakteenplantagen, nach weiteren 14 km das Töpferdorf mit einer kleinen Kolonialkirche und einem Sonntagsmarkt erreicht. Auf allen Hausdächern sind kleine Tonkirchen und Figuren angebracht, um die Bewohner vor bösen Geistern zu schützen. 3 km weiter erinnert ein riesiges Denkmal an die Unabhängigkeitsschlacht am 9. Dezember 1824. An dieser Stelle *(Sanctuario Histórico de la Pampa de Ayacucho)* besiegten etwa 6000 Kämpfer unter General Sucre 10.000 Königstreue in der letzten Schlacht um die Unabhängigkeit Perus.

Tour 2: Inkaruinen von Vilcashuamán

Ein anderer Ausflug, der auch von den örtlichen Veranstaltern angeboten wird, führt durch bizarre Berglandschaften zunächst über einen 4240 m hohen Pass ins Tal des *Río Mayopampa* und weiter in den Ort *Vischongo* (3140 m, einfache Unterkünfte). In der Nähe befinden sich mehrere Inka-Ruinen (u.a. Pomaccocha, Intihuatana). Am bedeutendsten sind wohl die 15 km entfernten Ruinen von **Vilcashuamán**. Reste eines Sonnentempels und die Mauern einer alten Festung in typischer Inkabauweise können hier bestaunt werden. Diese lohnenswerte Tour kann entweder als anstrengender Tagestrip (Abfahrt: 5 Uhr!) oder als zweitägige Tour gebucht werden (dann bleibt auch noch Zeit für einen Abstecher in den *Bosque Natural Puya Raimondii* auf rund 4000 m). Je nach Kondition können auch einige Wanderungen eingebaut werden. Die Tagestour kostet – je nach Teilnehmerzahl – ab 100 Soles bis 400 Soles, die Zweitagestour etwa 20% teurer.

Da die Reisebüros nicht gerne die Zweitagestour verkaufen, kann hier ggf. der Chef des Hotels Grau weiterhelfen. Er kennt einen Taxifahrer und auch einen Führer, die sich mit der Ruinenstätte gut auskennen; Kosten etwa 200 Soles plus Verpflegung, Unterkunft und Trinkgeld.

Reisende in Eigenregie können jeden Morgen um 5.30 Uhr den Kleinbus vom Puente Nueva, Av. Castilla, nach Vilcashuamán nehmen, Fz 4 h. Dort gibt es Unterkunftsmöglichkeiten und eine Tourist-Information an der Plaza de Armas. Im Ort befindet sich ein Orakelstein mit zwei welligen Rinnen, in denen früher aus dem Blutstrom eines geschlachteten Lamas geweissagt wurde.

Ayacucho – Huancayo (320 km)

Diverse Möglichkeiten

Auf der Hauptstraße 3S von Ayacucho nach Huancayo **via Churcampa** braucht man mit dem Wagen etwa 6 Stunden, Busverkehr vorhanden. Alternativ ist die zentrale Hochlandstraße zwischen Mayocc und Mariscal Cáceres, die lange Zeit durch einen Bergrutsch zerstört war, nun wieder befahrbar. Dadurch ist die Strecke genauso attraktiv wie früher. Wer Zeit hat, der kann als dritte Möglichkeit auch über **Huancavelica** nach Huancayo fahren.

Die Hauptstraße 3S von Ayacucho nach Huancayo führt ziemlich einsam und für peruanische Andenverhältnisse relativ langweilig über die Orte Huanta, Mayocc, Churcampa, Colcabamba und Pampas nach Huancayo. Von Ayacucho nach Mayocc geht es zunächst bergab. Zerklüftete Kalktäler mit stetem Auf und Ab wechseln sich mit Kakteenarten und Akazien ab.

Hauptstrecke Huancayo via Churcampa (6 Stunden im Auto), Fernstraße 3S, Busverkehr vorhanden. Zwischen Ayacucho und Huancayo ist alternativ die zentrale Hochlandstraße zwischen *Mayocc* und *Mariscal Cáceres*, die lange Zeit durch einen Bergrutsch zerstört war, ebenfalls wieder befahrbar. Dadurch ist die Strecke wieder genauso attraktiv wie früher. Wer Zeit hat, der kann auch über Huancavelica (dritte Möglichkeit) nach Huancayo fahren.

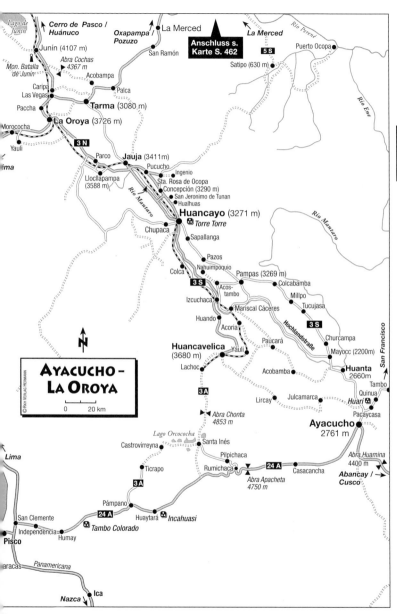

Für **Selbstfahrer** über Huancavelica nach Huancayo: dies ist eine schöne, doch staubige und anstrengende Strecke, ab Huancavelica parallel zur Eisenbahnstrecke. Dabei empfehlen wir, von Ayacucho zunächst nach Süden über den *Abra Apacheta* (4750 m) bis nach Santa Inés zu fahren. Diese Strecke ist abenteuerlich und während der Regenzeit meist nicht befahrbar. Nachts kann es bitterkalt werden, und auch tagsüber steigen die Temperaturen kaum über den Gefrierpunkt! Auf dieser harten Nebenstrecke, auch *Ruta de los Espejos*, „Route der Spiegel" wegen der vielen Bergseen genannt, muss zwischen Pilpichaca und St. Inés der höchste befahrbare und namenlose Straßenpass Perus (5059 m) überwunden werden. Nach Santa Inés gilt es noch den *Abra Chonta* (4853 m) zu überwinden. Von Santa Inés kann man dann mit dem Bus oder Colectivo bis Huancavelica fahren und von dort aus mit der Schmalspurbahn nach Huancayo.

Huanta

Etwa 50 km nördlich von Ayacucho liegt auf 2400 m Höhe **Huanta**, die „Perle der Anden" mit einem kleinen bunten Markt und einer idyllischen Plaza. In dem kleinen Städtchen kann das Geophysikalische Institut (Meterologie, Seismik und Geomagnetik) besucht werden. Außerdem baute Huanta in den vergangenen Jahren einen bescheidenen Öko-Tourismus auf. Die wohl schmackhaftesten Avocados kommen von hier, oft zu sehr geringen Preisen. Dank der üppigen Natur und abwechslungsreicher Blütenwelt hat sich die Stadt ebenfalls als Honigproduzent einen Namen unter den Ayacuchanos gemacht. Und nicht nur das! Auch cremig-fruchtige Liköre aus Lucuma und Chirimoya gehören zur gastronomischen Vielfalt des kleinen Ortes.

Eingebettet in eine schöne Natur macht der Ort auf die kleinen Sehenswürdigkeiten in und um Huanta aufmerksam, dient als Ausgangspunkt für kleinere Ausflüge, z.B zur *Caverna de Piquimachay*, zu den Ruinen von *Pocra*, dem *Complejo Ciclopeo Laupay* oder dem *Cañón Huastuscalle*. Einen herrlichen Ausblick kann man vom *Mirador Cristo Blanco* genießen. Die Anfahrt erfolgt mit dem Motocarro über einen Serpentinenweg, Aktive gehen zu Fuß. Unterhalb einer weißen Christus-Statue gibt es eine kleine Galerie, von der aus nicht nur die Stadt, sondern das ganze Tal überblickbar ist.

Unterkunft	**Vorwahl (064)** **ECO: Hostal Confort,** Av. Gervasio Santillana 647, Parque Alameda, Tel. 93-2956. – **Hotel Ambassador,** Tel. 93-2294. – **Hostal La Posada del Marqués,** Sáenz Peña 160, Tel. 83-2287. Kolonialhaus in einem schönen Garten, bp, Ww. Ab 30 Soles p.P., empfehlenswert. – **Los Andes,** Tel. 93-2113.
Essen & Trinken	Die beiden Restaurants *Central* und *El Patio* an der Plaza de Armas sind empfehlenswert. Ansonsten *Recreo Paraíso del Folklor,* Salvador Cavero 357. Honigfreunde kaufen bei *Mieles Medina* im Jr. Salvador Cavero 467.
Touranbieter	*Huanta Tours,* Amazonas 319, Tel. 83-2440. *Laski Tours,* Amazonas 138, Tel. 83-2083.

Abstecher: Huancavelica

Knapp 70 km vor Huancayo liegt der Töpferort **Izuchaca** (3020 m, Hotel, Rest.) mit einer alten Steinbrücke über den Río Mantaro. Hier zweigt eine enge Straße nach **Huancavelica** ab, das knappe 80 km entfernt liegt. Die 3680 m hoch gelegene Hauptstadt (38.000 Einw.) des gleichnamigen Departamento am Río Ichu liegt abseits des Durchgangsverkehrs und des Tourismus, die Einwohner sind sehr freundlich. Früher hatte sie, aufgrund von Quecksilberstätten, große Bedeutung, mit der Silberstadt Potosí in Bolivien bestand reger Handel. Heute ist sie eher eine ruhige Kolonialstadt, bei gutem Wetter lohnend zum Entspannen. Reisende heben immer wieder die schönen Spaziergänge am Fluss in traumhafter Umgebung hervor.

Orientierung Vom Bahnhof an der Calle Huancayo liegt die Plaza de Armas ca. 500 m in westlicher Richtung. Sie wird von den beiden wichtigsten Straßen der Stadt, der Virrey Toledo und der Av. Muñoz, tangiert. Nördlich der Plaza liegen in der Virrey Toledo die Post, das Rathaus und das Telefonamt. Südlich befinden sich in der Av. Muñoz die wichtigsten Busgesellschaften und Hotels. An der Plaza Bolognesi liegen die Kirchen *San Sebastián* und *San Francisco* (letztere besitzt nicht weniger als elf Altäre!). Außerdem gibt es im Ort den Schlachthof *Camal*, ca. 10 Minuten zu Fuß von der Plaza aus, auf dem man zusehen kann, wie Lamas, Schafe und Kühe geschlachtet werden. Ansonsten kann man auch Museen besuchen: *Museo Regional Daniel Hernández* (Plazuela San Juan de Dios) und *Museo de Antropología y Arqueológico Julio Ruiz Pimentel* sowie das *Museo de Arte Popular Sergio Quijada Jara*. Das *Museo Arqueológico Manuel Umberto Espinoza* mit mehr als Tausend Objekten der Wari-, Nazca- und Paracas-Kulturen befindet sich in **Huaytará**. Der nördliche Teil der Stadt zieht sich auf der anderen Seite des Río Ichu den Berghang hinauf. Die Stadt besitzt mehrere Thermalquellen, die aber entweder aus baulichen Gründen geschlossen oder wegen vergangener Erdbeben erkaltet sind. Lediglich das *Baño del Boa* ist wegen seiner Labyrinthe und Gesteinsformationen noch von Interesse.

Tourist-Info Arica 202, Tel. 73-2544, www.huancavelica.com

Unterkunft Vorwahl (067)
ECO: **Hotel Tawantinsuyu** (BUDGET), Carabaya 399, Tel. 45-2968; einfachste Zi. bc/bp, nicht immer Ww. – **Hotel Asencion** (BUDGET), Plaza de Armas, bc/bp. EZ/bc 10 Soles, EZ/bp 35 Soles, gut. – **Hotel Camacho,** Carabaya 481, Tel. 75-3298; saubere, kleine Zi., bc, immer Ww. 10 Soles p.P. – **Hostal Perú,** José María Chávez 115. Einfache Zi., bc.
FAM: **Hotel Presidente,** Plaza de Armas, Tel. 45-2760, http://huancavelicaes.hotelpresidente.com.pe/. Schönes Kolonialgebäude, ordentliche Zi. bc/bp, Restaurant, Bar u.a. DZ/F ab 70 US$.

Essen & Trinken Straßenkneipen und kleine Restaurants bieten Tagesgerichte oder einfache Menüs an. In der Muñoz servieren einige Restaurants Forellengerichte, der Muñoz 312 gibt es im *Tierra* typische regionale Gerichte. Für Grillhähnchen ist die *Pollería Joy,* Toledo 230, zu empfehlen. Auch *El Ganso del Oro,* Virrey Toledo 283 und *La Estrellita,* Barranca 255, bieten gutes Essen.

Post Virrey Toledo 157, Tel. 75-2750.

Touranbieter *Citaq Asociacion Civil*, Portales de la Plaza Mayor s/n, Tel. 75-1170. Viertägige **Lama-Trek-Touren** wie zu Inkazeiten via Sacsamarca über den Huamanrazu und Tucumachay. Beste Zeit April bis Dezember. Für Naturliebhaber.

Verkehrsverbindungen

Bus   Die Busgesellschaften haben ihre Büros rund um den Parque Ramón Castilla, in der Muñoz und fahren von dort auch meist ab.

Nach **Ayacucho** (250 km) gibt es keine Direktfahrten, doch die Gesellschaft *Molina* bietet eine schnelle Busverbindung. Abfahrt in Huancavelica um 4 Uhr, über Sta. Inés durch eine wilde Landschaft nach Rumichaca, Fz 3 h, Fp 10 Soles, in Fahrtrichtung links sitzen. Dort mit Anschlussbus von *Molina* nach Ayacucho, Fz 3 h. Alternative ist der Bus von *Oropesa*, Av. Muñoz 440, tägl. um 5.30 Uhr nach Santa Inés (80 km). In Santa Inés muss dann ein Bus bis zur Straßeneinmündung in Rumichaca genommen werden, dort dann an der Mautstation irgendein durchkommendes Fahrzeug anhalten (Micro, Camioneta, Lkw), um über den *Abra Apacheta* (4750 m) nach Ayacucho zu kommen. An der Straßeneinmündung in Rumichaca kommen die Überlandbusse Lima – Pisco – Ayacucho nur nachts durch! Kurz vorm Apacheta-Pass wachsen auf der rechten Seite *Puya raimondii*. Vom Apacheta-Pass sind es noch 100 km bis Ayacucho.

Huancayo (150 km), tägl. mehrere Busse, u.a. mit *Oropesa*, Av. Celestino Manchego Muñoz 440 (um 22 Uhr), *Expreso Hidalgo* und *Huancavelica*; Fz ca. 5–6 h, 15 Soles. – **Ica**: tägl. um 17.30 Uhr mit *Oropesa*. – **Lima** (450 km), tägl. mehrere Busse, u.a. mit *Oropesa*, *Expreso Hidalgo* und *Huancavelica*; Fz 13–15 h, um 40 Soles; vorher fragen, ob in Huancayo umgestiegen werden muss (es sind Direktbusse im Einsatz). Alternativroute über Pisco, s. dort. – **Pisco** (270 km): mit *Oropesa*, tägl. um 6 Uhr, Fz ca. 14–20 h, je nach Wetterverhältnissen, Fp ca. 25–30 Soles. Ansonsten mit *Bus Unión Andino* um 4.30 Uhr nach Castrovirreyna, Fz 5 h, und von dort weiter mit *Virgen Asunción* um 11 Uhr nach Pisco, Fz 6,5 h. Es sind auch Lkw unterwegs, die Reisende gegen Fahrgeld mitnehmen. Die landschaftlich sehr schöne Strecke über Santa Inés und Castrovirreyna führt über 4800 m hohe Pässe, vorbei an herrlichen Andenseen und unzähligen weidenden Lama- und Alpakaherden nach Pisco an der Küste (und weiter nach Lima). – **Santa Inés**: tägl. um 5.30 Uhr mit *Oropesa*; Fz 2–3 h, 6–12 Soles.

Eisenbahn   Nach Huancayo fährt eine spektakuläre Schmalspurbahn, der *Tren Macho*. Die faszinierende Route führt durch eine saftig-grüne Landschaft durch die Andendörfer Izuchaca, Mariscal Cáceres und Acoria; s. Huancayo. Abfahrten in Huancavelica Di, Do u. Sa um 6 Uhr, Fz 6–7 h.

Huancayo

Die Hauptstadt des Departamento Junín liegt auf 3271 m Höhe am linken Ufer des Río Mantaro inmitten des Valle del Mantaro. Mit ca. 320.000 Einwohnern ist Huancayo ein bedeutendes Handels- und Agrarzentrum und bietet ringsum beeindruckende Landschaftsbilder. Das gesamte Gebiet wurde einst von den *Huanca*, einem kriegerischen Hochlandvolk bewohnt, die erst 1460 vom Inca Pachacuti besiegt wurden und der Huancayo zu einem *Tambo* (befestigter Stützpunkt) ausbaute. Nach der spanischen Besetzung wurde Huancayo 1572 Hauptstadt des Departamento Junín. In der *Capilla La Merced* versammelte sich 1830 der *Congreso Constituyente* und verabschiedete die peruanische Verfassung. Am 8. September wird in *Sapallanga* und anderen umliegenden Orten das acht Tage dauernde Fest zu Ehren der *Virgen de Cocharcas* gefeiert.

Huancayo weist ein angenehm trockenes Klima auf, zwischen Dezember und März jedoch gibt es starke Regenfälle. Die Nächte zwischen Mai und Oktober sind meist sehr kalt. Die Stadt ist sehr sicher, auch nachts.

	Huancayo

Orientierung Das Stadtzentrum erstreckt sich westlich vom Bahnhof (der Bahnstrecke Huancayo – Lima) um die *Pachitea*. Im Osten der Stadt erhebt sich der *Cerro de la Libertad* (ca. 1 km vom Bahnhof entfernt, Verlängerung der Av. Giraldez), von dem man einen Panoramablick ins Mantaro-Tal hat (Hinfahrt auch mit *Cerrito*-Bus).

Im Schnittpunkt von Av. Giraldez und Calle Real liegt die *Plaza de la Constitución*. Dort, an der Real/Paseo La Breña, ist auch die Tourist-Information. Gegenüber in der Real gibt es Wechselstuben und Banken. Die Calle Real (sie war einst Teil der Inkastraße von Cusco nach Quito – Camino Real) ist die Hauptverkehrsader von Huancayo mit zahlreichen Unterkünften. An der *Plaza Huamanmarca* steht das Rathaus (Municipalidad), findet man die Post, das Centro Cívico und das Cine Pacífico. Nordwestlich führt die Real, an der *Capilla La Merced* vorbei, auf die Straße nach Lima, südöstlich führt sie zum Bahnhof Huancayo – Huancavelica und zur Straße nach Ayacucho. Entlang des Bahngleises führt die Av. Ferrocarril zum Bahnhof der Eisenbahnstrecke Huancayo – Huancavelica (südöstlich vom Stadtzentrum). Um die *Angares* herum befinden sich die Abfahrtstellen einiger Busunternehmen.

Im Stadtteil San Antonio liegt der sehenswerte **Parque de Identidad Wanka/Huanca** mit vielen traditionellen Figuren, Kunsthandwerk usw., abends schöne Beleuchtung, Eintritt frei. Anfahrt mit Colectivo ab Calles Giraldez/Quito, oder in einem gebuchten Tagesausflug inbegriffen.

Colégio Salesiano Im *Colégio Salesiano*, Salesiano, zeigt das dortige Museum Mineralien, Altertümer und Landschaftspanoramen mit ausgestopften Tieren.

Feria Dominical de Huancayo Wer an einem Sonntag in Huancayo ist, sollte sich den Wochenmarkt *Feria Dominical de Huancayo* anschauen, er ist noch weitgehend untouristisch. Er findet in der Av. Huancavelica zwischen Paseo Breña und der Huánuco statt – am Sonntagmorgen nur den Leuten nachgehen! Über 50.000 Menschen strömen hier aus den umliegenden Dörfern zusammen. Die Waren sind viel günstiger als in Lima oder Cusco. Neben Ponchos, Decken und Pullovern aus Alpakawolle gibt es als Spezialität Kalebassen (Kürbisfrüchte), in die kunstvoll indigene Motive geschnitzt sind. Der Markt beginnt gegen 9 Uhr und endet am späten Nachmittag, also auch für Langschläfer genügend Zeit, um etwas zu erhandeln. Unbedingt *Quinoa con manzana* (Getränk aus Quinua mit Apfel) probieren!

Feria de Jaurí Ein authentischer Markt in Huancayo ist die *Feria de Jaurí*. Farbenprächtig angezogene Indígenas besuchen den Hahnenkampf (kleines Eintrittsgeld), führen die schönsten Lamas zur Prämierung oder lassen sich die lokalen Spezialitäten schmecken. Der Eintritt zur Tierprämierung usw. kostet 10 Soles (Studenten erhalten Ermäßigung).

Feria de Chupaca Jeden Samstag treffen sich im „unteren Teil" der Stadt und direkt am Fluss zahlreiche Tierhändler. Dort unter bunten Sonnenschirmen Schafe geschlachtet, frischer Schafskopfeintopf gekocht oder Jungtiere gehandelt. Stets findet sich ein authentischer „Veterinär", der den Gesundheitszustand der zum Verkauf stehenden Schweine prüft, indem er ihnen einen Stock unter die Zunge klemmt und diese untersucht. Im „oberen Teil" von Chupaca liegt der Straßenmarkt. Hier gibt es Brot, Früchte und Grillferkel, das beste in ganz Peru, sagen die Einheimischen von Chupaca und stehen mit dieser Meinung nicht alleine da.

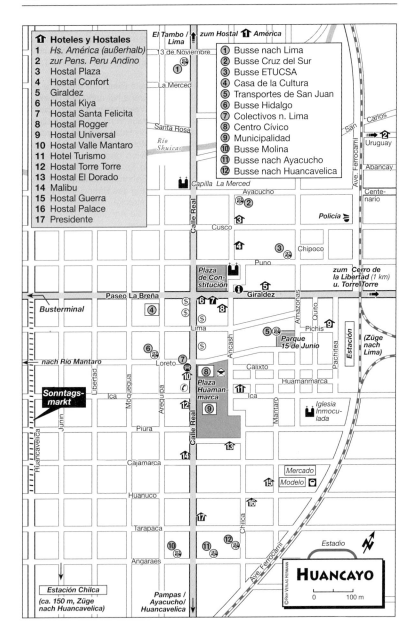

Adressen & Service Huancayo

Tourist-Info Caseta de Información Turística, Plaza de Constitución, neben der Kirche, Tel. 23-3251; tägl. 8–13 u. 15–20 Uhr.

POLTUR Policía de Turismo, Av. Ferrocarril 556, Tel. 21-9851, Mo–So 8–20 Uhr. – INDICOPI, Av. Ferrocarril 556, Tel. 21-4192, Mo–Fr 8–17 Uhr.

Unterkunft Die meisten in den Straßen Real, Giraldez, Ancash und Mantaro. Es gibt jede Menge billigste Unterkünfte, jedoch sind sie meist ziemlich heruntergekommen und ohne warmes Wasser.

ECO **Hostal Universal** (BUDGET), C. Pichis 100 (am Bahnhof), bc. – **Hostal Torre Torre** (BUDGET), Real 873, Tel. 23-1116; einfach, bc/bp. – **Hostal Giraldez,** Av. Giraldez 272, Tel. 23-7221; einfach, bc, Ü/F. – **Hostal Valle Mantaro,** Real 765, Tel. 21-2219. – **Hostal Malibu,** Real 987, Tel. 23-1216; einfach, bc/bp. – **Hostal El Dorado,** Piura 425, Tel. 22-3947; einfach, sauber, bp, Ww. DZ 80 Soles, empfehlenswert. – **Hospedaje Peru Andino,** Pasaje San Antonio 113-115, ca. 15 Min. zu Fuß nordöstl. vom Zentrum (einen Block vom Parque Túpac Amaru), Abholservice von der Bus-/Zugstation bei vorheriger Mail an info@peruandino.com, Tel. 22-3956, www.peruandino.com. Kleine, freundliche Familienpension mit kleinem Garten in gehobener Wohngegend, nur 3 DZ (2 mit bp), sauber, nicht immer Ww, Gästeküche, Bibliothek, inkl. Transfer, gute Infos, Arrangements von Eintages- und Mehrtagestouren, Spanischkurse. DZ/F bp ca. 70 Soles, insgesamt sehr zu empfehlen. **TIPP!** – **Hostal Confort,** Ancash 237, Tel. 23-3601. Großes Hostal, einfache, helle, geräumige Zimmer/bc mit Kw, Zi/bp mit Ww, schöne Dachterrasse, gutes PLV. EZ 20 Soles. – **Hostal Rogger,** Ancash 460, Tel. 23-3488; einfach, Zimmer/bp. - **Hostal Guerra,** Mantaro 744 (am Mercado Modelo), Tel. 23-4112; bp. – **Hostal Plaza,** Ancash 171, Tel. 21-0509; nette Zimmer/bp.

FAM **Hostal Santa Felicita,** Av. Giraldez 145, Tel. 23-5285; bp. - **Hostal Kiya,** Av. Giraldez 107 (Plaza Constitución), Tel. 23-1431; saubere, ältere Zi., bc/ bp. – **Hotel Turismo Huancayo,** Ancash 729, Tel. 23-1072, http://turistas.hotelpresidente.com.pe/. Recht nette Atmosphäre, bc/bp, Restaurant, Bar. DZ/F ab 70 US$. – **Hostal Palace,** Ancash 1127, Tel. 23-8501; einfach, bp, Restaurant – **Hotel Presidente,** Real 1138, Tel. 23-1736, http://huancayoes.hotelpresidente.com.pe/; nettes, größeres Hotel m. Parkplatz, bp, DZ/F ab 70 US$. – **Hostal América,** Trujillo 358 (El Tambo), Tel. 24-2005; nicht zentral, gute Zimmer/bp.

Essen & Trinken In vielen familienbetriebenen Straßenküchen und Kneipen wird das typische, in einem Steinofen gegarte andine Gericht *pachamama* (Fleisch, Kartoffeln, Mais und Käse) angeboten. Eines der besten Restaurants für dafür ist das *Pacaywasi* gegenüber vom Parque de la Identidad Huanca.

Auffallend sind die unzähligen **Hähnchengrillstationen** *(Pollerías)*. Ganz gut ist *Chicken Garden,* C. Real 543. Immer noch eines der besten Restaurants der Stadt ist das *Olímpico,* Giraldez 199 (an der Plaza de Armas), das ordentliche Gerichte (auch Cuy) serviert, darunter über 10 verschiedene Forellengerichte, aber etwas teuer ist und eine kühle Atmosphäre hat. Nicht weit entfernt befindet sich, in der Giraldez 189, das *El Meson,* ein fast gleichwertiges Restaurant. Sehr leckere Gerichte bietet das *El Inca,* Puno 530, Menü 9,50 Soles, empfehlenswert. Ein Restaurant mit Kamin und großem Speiseangebot ist **Detras de la Catedral,** Jr. Ancash 335. **Holzofenpizza** und **Pasta** gibt es in der Pizzeria *Antojito* (teurer, gut), Puno/Arequipa und im *La Cabaña,* Giraldez 652, letzteres ein beliebter Treff unter Reisenden und eine gute Infobörse. Gute **chinesische Restaurants** sind u.a. *Chifa Porvenir* an der Plaza und *Chifa Central,* Giraldez 238. **Vegetarische Gerichte** gibt es im *El Pueblo,* Giraldez 224, im *Govinda,* Jr. Cusco 289 (große Portionen und günstig) und sehr leckere Sandwiches im *Cafe-cito,* Real 318, bis spät in die Nacht. Für **Kaffee und**

	Kuchen empfiehlt sich ab 8 Uhr die *Panadería Coqui* in der Ancash/Ecke Puno. Gute **Cafés** sind *El Cerezo* und *Chez Viena*, beide in der Puno. Zahlreiche **Ausflugslokale** bieten im außerhalb gelegenen *Ingenio* und an der *Laguna Paca* als Spezialität Forellen an!
Unterhaltung	Neben zahlreichen Discos und Video-Pubs gibt es Live-Musik am Wochenende (Do–Sa, geöffnet meist ab 20 Uhr) in den Kneipen *La Chimenea* und *Vivencias* im Jirón Lima (Cuadra 2). Interessant sind die Peñas mit ihren Folkloredarbietungen, ein Tipp dabei das *Ollantaytambo*, C. Puno (Cuadra 2) und das *Taki Wasi*, Huancavelica/13 de Noviembre; geöffnet meist nur Fr–So 13–20 Uhr, Eintritt. Beliebt sind auch Karaokebars, wie *Karaoke Torre Torre*.
Post	*Serpost,* Plaza Huamanmarca, Mo–Sa 8–20 Uhr, So 8–15 Uhr.
Geld	*Banco del Crédito,* Real/Cajamarca 1013 und Real/Paseo La Breña; *Scotiabank*, Real/Ica. *Casas de Cambio* gibt es in der Calle Real und in der Lima. Dort sind auch Straßenwechsler anzutreffen.
Einkaufen	*Shopping Mall Plaza Vea,* mit Banken, Kino und Schnellrestaurants, Av. Giraldez. *Casa del Artesano,* Calle Real/Ecke Giraldez, Plaza de Constitución.
Touranbieter	*Peruvian Tours,* Plaza de Constitución 122 (2. Stock), pertours@hotmail.com; Tagestouren durchs Mantaro-Tal zum Franziskanerkloster Santa Rosa de Ocopa (inkl. Führung), Hualhuas, San Jéronimo und kleiner Bootstour auf der Laguna de Paca. – *Incas del Perú,* Av. Giraldez 652, Tel. 22-3303. Lucho bietet konventionelle Touren, Abenteuertrips sowie Sprach- und Kochkurse an.Für attraktive Wanderungen und Treks in die umliegenden Berge kann *Rúben Flores Salazar* empfohlen werden. Er unterhält auf der Plaza Central, zusammen mit seiner deutschen Frau Sefanie Meulenbrock de Flores, ein kleines Touristenbüro. Auf spezielle Wünsche wird gern eingegangen. Sehr kompetent, gute Kontakte zu Einheimischen, sehr persönlich. *In den Anden,* Ancash 367, Ed. Western Unión, 2. Stock, Tel. 22-6933, www.indenanden.de. **TIPP!**
Automobilclub	*Touring y Automóvil Club del Perú,* Lima 355, Tel. 23-1204, huancayo@touringperu.com.pe
Kunsthandwerk	*Tahuantinsuyu Hualhuas,* Alfonso Ugarte 1175 in Hualhuas. Hier kann Handwerkern bei der Arbeit zugesehen und eine Ausstellung bewundert werden. Im Stadtzentrum die *Casa del Artesano,* Plaza de Armas, Ecke Real/Breña, aufsuchen.
Museum	*Museo Salesiano,* Colegio Salesiano, nach der Brücke über den Río Chullcas, Schmetterlings- und Insektensammlung, ausgestopfte Urwaldtiere, Keramiken der Mochica, Chavín und Chancay. Mo–Fr 8–12 Uhr.
Sprachkurs	*Incas del Perú,* Av. Giraldez 652, Tel. 22-3303, www.incasdelperu.org.
Gleitschirmfliegen	In Chupuro an der Straße stadtauswärts Richtung Cerro Mirador können Gleitflüge unternommen werden. Anfahrt mit Bussen oder Colectivos von Huancayo ab Ancash/Ferrocarril, Fz 45 Min. Von dort auf den Abflugberg mit dem Bus 2 Soles, mit dem Taxi 15 Soles, Fz 30 Min. Flugsaison ist nur im Juli und August. Fast überall an der Hangseite zum Tal kann gestartet werden, Landung am Fluss problemlos. Gleitschirmleihen fast aussichtslos. Infos in der Municipalidad.

Planung der Weiterfahrt von Huancayo

Mit Zug oder Bus v. Huancayo nach Lima?	Seit 2006 verkehren wieder regelmäßig Züge zwischen Huancayo und Lima (332 km). Für Preise, Fahrplan, Reservierung und Fahrkartenverkauf s. Lima S. 161, „Eisenbahn". Nachfolgend werden beide Reisemöglichkeiten mit Zug oder Bus beschrieben. Sowohl im Zug als auch im Bus sollte man in Fahrtrichtung rechts sit-

zen, da man auf dieser Seite die bessere Aussicht hat. Im Zug werden in den *Coches turísticos* Sauerstoffflaschen zur evtl. notwendig werdenden Beatmung mitgeführt!

Hinweis: Der Personenbahnverkehr Huancayo – Huancavelica wurde nicht privatisiert und ist nach wie vor in Betrieb.

Straße

Wer mit Bus, Colectivo oder dem eigenem Auto unterwegs ist, braucht sich nicht zu grämen, die Bahnfahrt versäumt zu haben, denn die Straße folgt einer ähnlichen Streckenführung und erreicht mit **4818 Metern** sogar eine höhere Höhe! Die Straße ist durchgehend asphaltiert. Busse benötigen für die rund 300 km etwa 7–8 Stunden.

Zug und Strecke

Unterwegs gibt es neben einigen technischen Stopps auch kurze Besichtigungs- bzw. Fotostopps für Touristen in Galera (4781 m), San Bartolomé und Chosica. Obwohl es einen Speisewagen gibt, sollte ausreichend Proviant, insbesondere Getränke, mitgeführt werden, da das Angebot des Speisewagens relativ teuer ist.

Infos auf **www.ferrocarrilcentral.com.pe,** www.ferroviasperu.com.pe und www.ferrolatino.ch.

Die Bahnstrecke ist ein technisches Wunderwerk: Von dem US-Amerikaner *Henry Meiggs* geplant, wurde sie in den Jahren 1870–1893 größtenteils von Chinesen erbaut (sie und ihre Nachfahren blieben im Land, deshalb gibt es heute in Peru viele chinesische Restaurants).

Kaum vorstellbar, dass von Lima aus auf einer Streckenlänge von nur 158 km die zweithöchste Eisenbahnstation der Welt erreicht wird, nämlich **Galera auf 4781 m!** Aus Lima kommend befindet sich vor Galera mit 1117 Meter Länge auch der längste Tunnel der Strecke (auf 4782 m Höhe). Die größte Steigung beträgt 4,4%. Insgesamt durchfährt der Zug über 1100 Kurven und Spitzkehren, überquert 58 Brücken – die längste ist 218 m lang –, passiert 69 Bergtunnel und die 6 steilsten Anstiege werden durch 21 Zickzacks (Rückwärtsfahrten) überwunden.

Verkehrsverbindungen

Bus

Der Busterminal liegt in westlicher Richtung außerhalb der Stadt. Taxi ins Zentrum 3,50 Soles. Dennoch fahren viele Busunternehmen von ihrem Firmensitz ab.

Nach **Ayacucho** (260 km) tägl. Busse, u.a. *Molina*, C. Angaraes 334/Real, Fz über Buckelpiste via Mariscal Cáceres und Huanta mind. 9 h (in der Regenzeit bis 12 h und länger), Fp 30 Soles. Abfahrt u.a. 8 Uhr mit Molina (Tagbus) und 2–4 Nachtbusse, je nach Wochentag, in Fahrtrichtung rechts sitzen. Alternativ über Rumichaca, Abfahrt 4 Uhr, Fp 14 Soles, umsteigen in Rumichaca in einen Minibus, Fp 12 Soles, Ankunft in Ayacucho gegen 11.30 Uhr. – **Cusco**

(860 km), s. Bus nach Ayacucho.– **Huancavelica** (150 km) mit *Hidalgo,* Loreto 345; *Oropesa,* Ancash 1258; Fz ca. 3 h, in der Regenzeit auch länger, Fp 25 Soles. – **Huanta:** tägl. Busse von *Giraldez* bis Chupaca. Kurz vor der Brücke in Chupaca (Straßengabelung) aus dem Bus aussteigen und mit dem Colectivo Richtung Huayo weiterfahren, das am Geophysikalischen Institut vorbeifährt. – **Huánuco:** (365 km) Direktbusse mit *Trans Rey,* Ayacucho/Real 219 um 21.30 Uhr, Fp 20 Soles. – **La Oroya** (126 km): mit Minibus/Colectivo, Fp 6 Soles, handeln, sonst zahlt man 10 Soles. – **Lima** (310 km): tägl. gute und zahlreiche Busverbindungen, Fahrzeit auf der asphaltierten Straße 7–8 h (in der Regenzeit auch länger), Fahrpreis je nach Gesellschaft ab 10 Soles; *Cruz del Sur,* Ayacucho 281, Frühbus ab 8 Uhr, Fp um 60 Soles; *ETUCSA,* Puno 220, mehrmals täglich; *Turismo Doce,* Loreto 421; *Trans Rey,* Real 219; *Oropesa,* Ancash 1258, Tel. 23-2587; *Expreso Costa Centro,* Av. Paseo la Breña 217, Tel. 22-6968; *Mariscal Cáceres,* Real 1241, Tel. 21-6635, Tag- und Nachtbus, Fz 6 h, ca. 40 Soles, empfehlenswert. Daneben fahren tägl. Sammeltaxis von *Comité 12,* Loreto 421, Fp ca 40 Sole. – **Satipo** (230 km): Direktbus mit *Turismo Central,* Ayacucho 274 um 6 Uhr, Fz 7 h. – **Tarma** (100 km): *Transportes Muruhuay,* Jr. Puno 739 und *Transportes San Juan,* Pichis 398/Parque 15 de Junio; Fz 3 h, 20–25 Soles, stündliche Abfahrten; Transportes San Juan fährt auch nach La Merced und Oxapampa.

Eisenbahn Nach Lima: Die Verbindung wurde wieder aufgenommen, s. unter Lima oder **www.ferrocarrilcentral.com.pe/cronograma.html.**

Nach **Huancavelica** (128 km): spektakuläre Schmalspurverbindung vom Bahnhof in Chilca (Vorort) über Aguas Calientes, Izuchaca, Mariscal Cáceres (ein ehemaliger Tambo der Inka), Acoria und Yauli mit dem *Tren Macho* („sale cuando quiere – llega cuando puede"): Mo, Mi und Fr, Abfahrt um 6 Uhr, Ankunft in Huancavelica zwischen 12 u. 13 Uhr. Abfahrt in Huancavelica am Di, Do u. Sa ebenfalls um 6 Uhr, Ankunft zwischen 12 u. 13 Uhr. Regulärer Wagen 3,50 US$, Büffetwagen 5 US$. Infos: www.huancavelica.com/departamento/tren-macho.

Während der Regenzeit kann die Verbindung ausgesetzt werden. Fahrkarten können einen Tag vorher gekauft werden. Platzkarte ist sinnvoll! Strecke und Zug sind ein echtes Erlebnis. Am Zug funktioniert außer den Bremsen so gut wie nichts, durch die Fenster regnet es meist rein, WC Fehlanzeige, im Dunkeln hilft nur Kerzenlicht, doch die Küche zaubert ein schmackhaftes Essen. Die Strecke führt durch eine saftig-grüne Landschaft, vorbei an kleinen Andendörfern, durch 36 Tunnels und über 15 Brücken. Am besten in Fahrtrichtung rechts sitzen.

Flug (in Jauja, JAU) **Lima:** 2 x tägl. mit *LCPerú,* www.lcperu.pe. Büro in Jr. Ayacucho 322 in Huancayo, Tel. 21-4514

Umgebungsziele von Huancayo

In der Umgebung von Huancayo gibt es einige reizvolle Orte, die einen Besuch lohnen. Auch die im Nachfolgenden beschriebenen Orte *Jauja, Concepción, Ingenio* und das *Kloster von Ocopa* bieten sich als Ausflugsziele an. Wer weniger Zeit hat, kann diese Ausflüge bei einem der lokalen Veranstalter buchen.

Tour 1: Wari-Willka ist ein Ausflug für Reisende mit viel Zeit. Der Ort liegt 6 km südlich von Huancayo. Zu sehen sind zum Teil rekonstruierte Ruinen der Wari-Kultur (ca. 600–1200 n.Chr.) und ein kleines Museum. Geöffnet 10–12 u. 15–17 Uhr, Eintritt.

Tour 2: Torre Torre Etwa 3 km außerhalb von Huancayo (2 km hinter dem Cerro de la Libertad) stehen mächtige Sandstein-Türme auf einem Hügel, die entfernt an den Bryce Canyon in den USA erinnern. Hin: mit Colectivo 15 ab Giraldez/Quito, Fp 1 Sol,

Tour 3:
Cochas Chicas – Hualhuas – San Jéronimo de Tunan
(16 km)

oder grauem Micro vom Comité 1 in der Giraldez Richtung *Cerrito* (dort Endstation des Micros), von da in 20 Minuten zu Fuß leicht erreichbar.

Die kleinen Andendörfer rund um Huancayo sind auf echtes Kunsthandwerk spezialisiert, man kann den Handwerkern bei ihrer Arbeit zusehen. Im Andendörfchen **Cochas Chicas** mit malerischer Umgebung, 8 km nordöstlich von Huancayo, werden Kalebassen geschnitzt und Hüte aus Schafwolle gefertigt. Der Bus dorthin fährt vor der Iglesia Inmaculata ab. Unterkunft: Hostal *Kiko* (Juan lehrt hier das Kalebassenschnitzen). – Derselbe Microbus nach Cochas Chicas fährt 4 km weiter nach **Hualhuas**. Ein guter Ort, um Alpakapullis und -jacken, Ponchos, Mäntel und Wandbehänge einzukaufen. Die Wolle wird dabei mit einem aus Pflanzen gewonnenen Extrakt gefärbt. Erreichbar auch direkt mit dem Microbus von der Kirche Inmaculata. – Wieder 4 km von Hualhuas weiter liegt **San Jéronimo de Tunan,** berühmt für seine filigranen Silberarbeiten und der zum Nationaldenkmal erhobenen Barockkirche mit sehenswerten Holzschnitzarbeiten im Innern der Kirche. Die Wanderung von Hualhuas nach San Jéronimo dauert 1 h.

ROUTE 5: HUANCAYO – LIMA

Concepción

Von Huancayo aus ist Concepción (3290 m) gut mit Colectivos erreichbar, in ca. 20 Minuten, 25 km. Beliebt sind der sehenswerte Sonntagsmarkt und die saisonalen Stierkämpfe. In die Umgebung sind auch Ausflüge möglich, s. Tour 1 und Tour 2.

Unterkunft Concepción
Vorwahl (064)
ECO: *Hotel Royal* und *El Paisanito*
ECO/FAM: *Hostal Balsas,* La Huaycha (etwa 2 km nach Concepción), Tel. 58-1347. Ordentliche Zimmer/bp, Blick zum Fluss, ruhig. Gegenüber vom Hostal Balsas führt eine Straße den Berg hoch zum *Hotel Loma Verde,* nette Anlage mit zweigeschossigen Reihenhäuschen mit Balkonen, Av. Leopoldo Peña 770, Tel. 58-1569, www.lomavedeperu.com. DZ/F ab 80 US$.

Tour 1: Santa Rosa de Ocopa

Ein Ausflug von Concepción führt zum 5 km entfernten Franziskanerkloster **Santa Rosa de Ocopa,** das zwischen 1724 und 1744 erbaut wurde, um Franziskanermönche zum Missionseinsatz im Amazonasgebiet vorzubereiten. Es ist damit das älteste und gleichzeitig das besterhaltene Franziskanerkloster Perus! Sehenswert sind das kleine *Museo de Historia Natural,* die Alabasterbilder des Santa-Rosa-Altars, eine Gemäldesammlung mit Bildern der Cusqueñer Malerschule sowie die Bibliothek mit über 20.000 Bänden. Das Kloster kann täglich besucht werden, Einlass ins Museum (außer Di) ist nur mit Führung durch einen der Mönche möglich (stündl. zwischen 9 u. 13 Uhr sowie zw. 15 u. 18 Uhr, Eintritt).

Tour 2: Satipo

Ein weiterer interessanter Abstecher von Concepción führt über den 4320 m hohen Tortuga-Pass 209 km über eine schöne Strecke abseits der Touristenpfade nach **Satipo** (630 m, 20.500 Ew.), das inmitten eines Kaffeeanbaugebietes liegt. In der Region befinden sich Dörfer der Asháninka. Von Satipo kann mit einem Motorboot oder Peque-peque über Atalaya bis Pucallpa getuckert werden.

Unterkunft Satipo: *Hostal Residencial Colonos,* Colonos Fundadores 575, Tel. 54-8155; bp/bc, Cafetería, Ws. – *Hostal El Palermo,* Manuel Prado 228, Tel. 54-8020. – *Hotel San José,* Av. Augusto B. Leguía 682, Tel. 8105. – *Hostal Majestic* (FAM), Colones Fundadores 408, Tel. 54-5015. Ordentliche Zi. mit bp.

Essen & Trinken: *Emily's Restaurant,* Francisco Irazola 217; *Pollería El Fogón,* Colones Fundadores 568. – *Chifa Hong Kong,* Francisco Irazola 253. Satipo, Augusto B. Lehuía 382. – *Centro Vacacional Turístico Laguna Blanca,* ca. 1 km außerhalb an der Carretera Marginal, mit typischer regionaler Küche und Getränken, Pool, Minizoo und Museum.

Jauja

Jauja (3411 m), 23 km von Concepción entfernt, wurde am 25. April 1534 von Pizarro gegründet und war vor der Gründung Limas kurze Zeit provisorische Hauptstadt Perus. Das angenehme Klima lockt die *Limeños* immer noch hier hoch. In der **Casa del Caminante,** Cusco 537, stellt der Lehrer *Henoch Loayza Espejo* in seinem Haus kostenlos Fossilien der Umgebung aus, Spende wüschenswert. In Jauja gibt es außerdem ein archäologisches Museum mit Einblicken in die Wari-Kultur.

In die nahe *Laguna Paca* sollen die Inka, nach dem Tode Atahualpas, 10.000 mit Gold und Silber beladene Lamas getrieben haben! Noch heute können in der Nähe des Sees Ruinen besucht werden.

Unterkunft Vorwahl (064). – **ECO: Hostal Manco Cápac,** Manco Cápac 575, Tel. (064) 36-1620, www.hostal-mancocapac.com. Hostal mit angenehmer Atmosphäre im Stadtzentrum, schöner Garten, Betreiber der Franzose Bruno Bonierbale, drei geschmackvoll eingerichtete Zimmer mit bc/bp. DZ/F 80 Soles mit gutem, abwechslungsreichen Frühstück. **TIPP!** – **Hotel Karaoke Nannie's,** Jr. Ayacucho 792, Tel. 36-2440; renoviert, im 2. Stock Karaokebar. – **Hostal Ganso de Oro,** Palma 249, Tel. 36-2165. Laute Lage, Zimmer bc/bp, gutes Rest. – **Albergue Turístico Paca,** Laguna Paca (ca. 5 km außerhalb), Tel. (Lima) 437-1434. 4 Zi., mit Seeblick, bp, Ü/F, in der Nähe viele Fischrestaurants.

Transport Preiswert und schnell sind die Motorradtaxis, *motos,* einheitlich 2 Soles/Fahrt.

Ziele in der Umgebung *Laguna de Paca,* Anfahrt mit Sammeltaxis, Einzeltaxi ca. 5 Soles. Die Ausflugslokale wetteifern untereinander mit lauter Musik, nicht jedermanns Geschmack. – *Convento de Santa Rosa de Ocopa; Ruinen von Tunanmarca* der Huanca-Kultur (Vorinkazeit); *Thermalquellen* von Ayaya und Llocllopampa sowie der Berg Huaytapallana (5800 m).

Weiterreise Bus nach Lima (276 km): tägl. morgens und abends mit *Mariscal Cáceres* und gegen Mittag *Cruz del Sur,* Fz 6 h. Wer nach La Oroya weiterfahren möchte, muss sich zur Brücke außerhalb des Ortes begeben, wo die Busse von Huancayo stoppen (sofern Sitzplatz frei).

Durch ein enges, abwechslungsreiches Gebirgstal mit Wiesen, Nadel- und Laubbäumen, dem Tal des *Río Mantaro* folgend, steigt die Straße langsam an. Auf einer Hochebene erreicht man La Oroya.

La Oroya

Die Minenstadt liegt 3726 m hoch und ist mit rund 50.000 Einwohnern *das* Bergbauzentrum Perus, sie verfügt über ein Kupfer- und Bleischmelzwerk. Die Stadt glänzt mit ihren trostlosen Wellblechhütten und Schutthalden nicht gerade mit Schönheit, dafür aber durch große industrielle Geschäftigkeit. Für den Reisenden hat La Oroya nur als innerperuanisches Verkehrsdrehkreuz Bedeutung. Hier beginnen wichtige Fernstraßen (Karte s.S. 462): Die **Ruta Nacional 3** führt nach Norden über Cerro de Pasco nach Huánuco. Von La Oroya nach Südosten führt die RN 3 über Huancayo und Ayacucho nach Cusco.

Von La Oroya über die Carretera Central trifft man hinter La Merced auf die **Carretera Marginal de la Selva (RN 5)**. Sie windet sich, vorbei an Puerto Bermúdez, Puerto Pachitea und Puerto Inca am *Río Pachitea,* bis zum Straßengabelungspunkt *Humboldt* (s. Nebenroute 6a).

Dort geht es östlich nach Pucallpa. 23 km nördl. von La Merced führt eine Stichpiste als RN 5A nach *Oxapampa* und von dort weitere 80 km durch den *Parque Nacional Yanachaga-Chemillén* bis nach *Pozuzo,* ein vergessenes Tirolerdorf inmitten des Bergurwaldes. (Route 6a, s.S. 487).

In La Oroya gibt es, außer dem höchsten Golfplatz der Welt, so gut wie nichts Sehenswertes. Im Zentrum viele Chifas. Die Busse und Colectivos fahren in den *Zeballos* ab (Nähe Bahnhof; Zug-Infos s.S. 453 u. S. 161).

Dafür ist La Oroya ein guter **Ausgangspunkt für den Anticona-Pass**. In der Umgebung von La Oroya lassen sich einige schnelle 5000-er verschiedener Schwierigkeitsgrade besteigen. Die Berge sind hier von außerordentlicher Farbvielfalt, tragen Eis- oder Firnkappen, und in kristallklaren Seen spiegeln sich Berggipfel. Direkt hinter dem einzigen Restaurant am Pass geht rechts ein Weg ab, der durch ein steiniges Tal auf einen breiten Sattel und weiter zu einem Gipfel führt. Auf der Südseite lockt der **Monte Meiggs,** benannt nach dem amerikanischen Eisenbahnbauer Henry Meiggs, mit der peruanischen Flagge, die beim serpentinenartigen Aufstieg immer im Sichtfeld ist. Farbige Markierungen zeigen den Weg, Gehzeit ca. 2 h. Keine Übernachtungsmöglichkeit am Pass. Rückfahrt nach La Oroya mit einem der zahllosen Busse von Lima kommend.

Unterkunft **Vorwahl (064)**
ECO: Kurz vor dem Hospital des IPSS liegen linker Hand die beiden relativ teuren Hostales *San Juan,* Tel. 39-2186 und *San Martín,* Tel. 39-1278, bc/bp. DZ ca. 55 Soles. Außerdem gibt es einige sehr einfache Unterkünfte am Bahnhof, wie z.B. *Hostal Roma,* bc (BUDGET) oder *Hostal Regional* (BUDGET), Lima 112, Tel. 39-1017.

Busse und Colectivos Der Busterminal liegt am Ortsausgang Richtung Anticona-Pass.
Zum **Anticonapass/Ticlio:** Sammeltaxis am Busterminal mit Fahrziel Ticlio, Fz 30 Min. – **Nach Cerro de Pasco** (130 km), Fahrzeit 2 h. – **Huancayo** (125 km), Fz 2,5 h. – **Huánuco** (235 km), Fz 6 h. – **Jauja** (80 km), Fz 1,5 h. – **Lima** (180 km), Fz mind. 4,5 h. – **Pucallpa** (660 km), Fz mind. 18–20 h; sowie **Tarma.**

La Oroya – Chosica

Nach La Oroya folgen Straße und Schiene dem ersten Andenabstieg. Die Sicht auf schneebedeckte 5000er verdecken meist Wolken oder Nebel.

Auf den letzten 180 km bis Lima trifft man ständig auf weidende Lamaherden. Die Abzweige nach *Yauli* (4142 m) und *Morococha* (4560 m) werden passiert. Bei Letzterem handelt es sich ebenfalls um einen wichtigen Minenort. Der Aufstieg erfolgt durch eine lagunenreiche Punalandschaft aus dem *Yauli-Tal*. Die Berghänge wurden hier, auf der Suche nach Erzen, völlig durchwühlt, der Übertageabbau hat bleibende Narben in die Natur gehauen.

Anticona-Pass Die Straße erklimmt den Anticona-Pass – mit 4818 m ist er höher als der Mont Blanc (4807 m) – und danach passiert man die Lagune Ticticocha. Die Bahnstrecke schafft zwar „nur" 4781 m, ist aber immerhin die zweithöchste Eisenbahnstation der Welt. So hat sowohl die Bahn- wie auch die Straßenstrecke ihre Superlative. Nun durchquert die Bahn noch einen 1117 m langen Tunnel und erreicht dahinter die Station **Ticlio** (4758 m).

Casapalca – Chicla – San Mateo

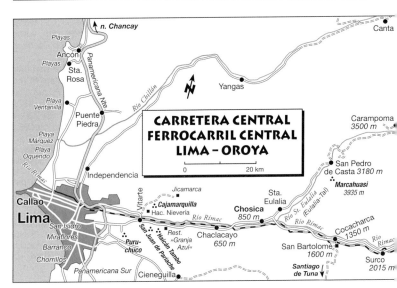

Casapalca Casapalca ist ein typisches Bergwerksstädtchen (Unterkunft vorhanden) mit Silber-, Kupfer- und Bleiminen der staatlichen Centromin-Gesellschaft auf 4160 m. Die Wellblechhütten mit ihren roten und grünen Dächern sorgen für Farbtupfer in der Landschaft.

Chicla Die Bergwerkssiedlung mit Wellblechhütten liegt auf 3730 m Höhe. Straße und Bahn kreuzen sich mehrmals, die tolle Szenerie bietet weiter prachtvolle Ausblicke. Bei *Tamboraque* enden die letzten Minen.

San Mateo Aus diesem ärmlichen Dorf (3140 m), stammt das gleichnamige Mineralwasser. Hier bietet sich eine gute Möglichkeit, die Struktur der alten Inka-Terrassen zu betrachten. Das untouristische Dorf eignet sich gut zum Entspannen und Wandern. Es gibt einfache Unterkünfte, z.B. *Hospedaje Patron,* San Martín 396/Tacna 205, Tel. 244-5115. Zi. mit Ww um 20 Soles sowie die besseren Hostales *Andino* und *Las Américas,* doch meist von Minenarbeitern ausgebucht.

Lima ist nah Das schmale, steile und wilde Tal des Río Rimac wird hier auch *Infiernillo,* „Kleine Hölle" genannt. Erst wird *Matucana* (2389 m, *Hostal Paraíso* (BUDGET), Lima 354, bc, Ww) erreicht, dann *Surco* (2015 m) mit seinen Elektrizitätswerken.

Dann heißt es die letzten Zickzacks der Eisenbahn zu überstehen. Der Zug überwindet dabei durch zeitweises Rückwärtsfahren die Höhenunterschiede, während sich die Straße in Serpentinen hinabschraubt.

Nach links zweigt eine schlechte Straße nach *San Bartolomé* ab (1513 m, Zughaltestelle), die weiter nach *Santiago de la Tuna* führt, wobei auf 20 km 1500 m Höhe überwunden werden!

Von *Cocachacra* (1350 m) sind es bis Lima nur noch 60 km.

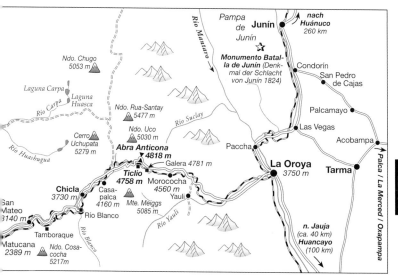

Chosica

(Beschreibung von Chosica s.a. beim Tagesausflug ab Lima, s.S. 166).
Unterkunft: Etwa 1 km vor der Plaza de Armas (nach dem Estadio Sta. Rosa) liegt links das Hostal *El Cazador* (ECO), La Rivera, Tel. 360-146 (einfache Zi., aber ordentlich, bc/bp). Oder: *Hostal El Sol* (BUDGET). Gehoben: *Los Cóndores,* Tel. 358-2600, Landherberge mit schöner Gartenanlage, Restaurant, Pool, Kinderspielplatz.

Eulaliatal Zweitägige Trekking-Tour, bei der in großer Höhe im Zelt oder im Freien übernachtet werden muss (Campingausrüstung unabdingbar; nicht alleine oder zu zweit gehen, da es schon Überfälle gab!). Etwa stündlich fährt ein Bus von Chosica durch das **wildromantische Eulaliatal** in 4 Stunden nach *San Pedro de Casta* (3180 m) hinauf. Das Städtchen wurde 1571 gegründet, und die Bewohner pflegen noch uralte religiöse Sitten und Gebräuche. Am 1. Sonntag im Oktober wird die *Fiesta del Agua* (Wasserfest) gefeiert.

Marcahuasi Von San Pedro de Casta führt ein steiler Weg in 3–4 Stunden zu den 700 m höher gelegenen **Ruinen von Marcahuasi** (3935 m; mit Pferd ca. 1,5 h). Die rätselhafte Tempelstadt war wohl eine Orakelstätte der Wari-Kultur. Auf der etwa 30 qkm großen Hochfläche sind neben erodierten Felsfiguren (die meist nur erkennbar sind, wenn die Sonne aus einem bestimmten Winkel darauf scheint) auch Steinmauern und Ecktürme mit zwergenhaften Türöffnungen zu sehen. Als Entdecker der verwitterten Steinfiguren gilt der Prähistoriker *Daniel Ruzo* (der auch das unterirdische Tunnelsystem in den Bergen von Marcahuasi betreten hatte). Heute wird die Stätte primär von Esoterikern vieler Länder oder manchmal einheimischer Jugendlichen zum ungestörten Feiern aufgesucht (anstrengender

Aufstieg). Tipp: Den Besuch mit einer Übernachtung im Zelt verbinden und am Abend den endlosen Sternenhimmel betrachten! Anfahrt ab Chosica *(Parque Echenique),* stündl. Lkw oder Busse, Fz 4 h.

Chaclacayo

Chaclacayo, 25 km von Lima entfernt, ist ein beliebter Naherholungsort für die *Limeños* auf etwa 650 m Höhe. Aus dem gleichen Grund wie Chosica wird auch Chaclacayo, vor allem am Wochenende, stark besucht. Hier scheint nämlich auch in den Wintermonaten von Mai bis Oktober die Sonne. Ein idealer Ort, um der Hektik und dem Winternebel Limas zu entfliehen.

Unterkunft *Camping Portada del Sol* (3 km nach der Brücke rechts), Tel. 360-2833.
ECO: *Hostal Suche,* N. Ayllon 940, Carretera Central km 24,5, Tel. 497-1643; einfachste Zimmer, etwas laut durch die Straßenlage, bc/bp, um 30 Soles p.P.
FAM: *La Casona de los Cóndores,* Las Begonias 101–109, liegt außerhalb vor dem Puente Los Ángeles, km 27, 100 m nach der Abzweigung, Tel. 358-2538; schöne Mittelklasse, angenehme Zimmer, Bar, Pool, Rest. DZ 260 Soles.
LUX: *Los Cóndores Tambo Inn,* Av. Garcilaso de la Vega 900, 1 km nach der Abzweigung auf der Carretera Central, Tel. 497-1783. Älteres Luxushotel, Garten, Pool, Restaurant, Tagesbesucher willkommen (Mindestverzehr 40 Soles). – *Los Laderos de California,* Urbanización California, 3 km nach der Abzweigung der Carretera Central, Tel. 491-0602. Schöne Anlage, Pool, Bungalows ab 300 Soles (teurer am Wochenende).

Bitte schreiben oder mailen Sie uns (verlag@rkh-reisefuehrer.de) Ihre Reise- und Hotelerfahrungen oder wenn sich in Peru und Bolivien Dinge verändert haben und Sie Neues wissen. Danke.

Zentrales Bergland mit Selva

ROUTE 6: VON LIMA NACH PUCALLPA (800 km) ÜBER LA OROYA, HUÁNUCO UND TINGO MARÍA

Von Lima aus gibt es Busse, die bis nach Pucallpa durchfahren. Falls die Strecke nicht unterbrochen wird, ist die Fahrt in 14–18 h zu bewältigen. In der Regenzeit kann es aber erheblich länger dauern, vor allem dann, wenn Hochwasser Brücken weggerissen hat oder es einen Erdrutsch gab. Wer Zeit hat, kann die Route auch in Etappen abfahren oder ein Teilstück fliegen. Teilabschnitte könnten sein: Lima – Huánuco – Tingo María und Tingo María – Pucallpa. Auf dem Abschnitt **Huánuco – Tingo María** (Coca-Anbaugebiet/Guerilla-Aktivitäten) **– Pucallpa** muss mit vielen, teils zeitraubenden Fahrzeugkontrollen gerechnet werden (Überprüfung des Reisepasses, eine Kopie wird akzeptiert).

Die Carretera Central biegt in La Oroya (s.S. 456) nach den Bahngleisen links ab und folgt dann dem Río Mantaro ein Stück. Nach 21 km kommt rechts (Las Vegas) der Abzweig der lohnenswerten Nebenstrecke über Tarma, La Merced, Villa Rica, Puerto Pachitea, Puerto Inca und Humboldt nach Pucallpa (Nebenroute 6a). Ein Abstecher unterwegs nach *Oxapampa* und *Pozuzo* ist lohnend.

La Oroya – Cerro de Pasco

Hinter La Oroya wird nach einem kleinen Pass die *Pampa von Junín* durchfahren. Am 6. August 1824 gewann hier Simón Bolívar die entscheidende Schlacht gegen die Spanier um die Unabhängigkeit. Bei km 54 erhebt sich links eine Erinnerungssäule an dieses Ereignis. Nach 60 km wird **Junín** erreicht. Das Andenstädtchen hieß vor der Schlacht *Pueblo de los Reyes*. Der sehenswerte Markt findet dienstags statt. Der große gleichnamige See nördlich der Stadt ist durch seinen Vogel-, Frosch- und Fischreichtum bekannt.

Bei km 121 mündet linker Hand eine Route, die im späteren Verlauf über Canta, Santa Rosa de Quives und Yangas entlang des Río Chillón zurück nach Lima führt. Es geht über den landschaftlich sehr schönen *La Viuda*-Pass (4750 m) und den interessanten *Bosque de Piedras* bei Huayllay, es ist aber bis Santa Rosa de Quives fast durchgehend eine Schotterpiste. Von Junín nach Cerro de Pasco sind es noch 70 km Asphaltstraße, auf der zügig gefahren werden kann.

Cerro de Pasco

Die Minenstadt **Cerro de Pasco** hat 70.000 Einwohner und liegt, eingebettet in eine grüne Seenlandschaft, auf 4330 Meter Höhe am Rande einer gewaltigen Erzgrube, aus der seit Jahren Kupfer-, Zink-, Blei- und Silbererze abgebaut werden. Hier ist auch das höchste Kohlebergwerk der Welt. Die Andenstadt selbst bietet nur ein hässliches und trostloses Bild. Wer nicht dazu gezwungen ist, sollte hier – auch aufgrund der eisigen Höhenkälte – nicht übernachten. Von Cerro de Pasco lässt sich leicht der *Bosque de Piedras* (Versteinerter Wald) besichtigen, der 35 km von der Stadt entfernt ist (Fz 45 Min.).

Von Lima nach Pucallpa

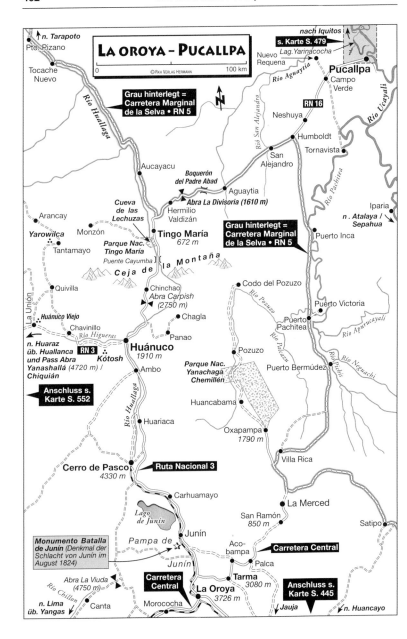

Polizei	*Policia Nacional,* Av. Los Próceres s/n, Tel. 72-2326. Vorwahl (063)
Unterkunft	**ECO: Hotel Santa Rosa** (BUDGET), Libertad 269, Tel. 72-2110, hostalsantarosa@hotmail.com. Der Besitzer organisiert Ausflüge zum Bosque de Piedras. – **Hostal Arenales,** Arenales 162, Tel. 32-7088; freundlich, Ww.
Essen & Trinken	Das Restaurant *Los Ángeles* in der San Cristóbal 281 ist eine Empfehlung. Forelle und Frösche sind die lokale Spezialität, die in anderen Restaurants serviert werden.
Bus	In Cerro de Pasco gibt es einen zentralen Busterminal/Relleno de la Laguna Patarcocha. Nach **Huancayo** (250 km): mehrere Busse tägl., Fz 6 h, um 20 Soles. – **Huánuco** (100 km): mehrere Busse und Colectivos tägl., u.a. auch ab Plaza de Armas, Fz 5 h, um 10 Soles. – **La Oroya** (125 km): mehrere Busse tägl., u.a. auch ab Plaza de Armas, Fz 3 h, um 10–15 Soles. – **Lima** (315 km) u.a.: *Empresa de Transportes Carhuamayo, Huallaga Bus, Empresa de Transportes Junín,* Fz 9 h, um 30 Soles.
Zug	Der Bahnhof liegt etwas außerhalb. Der Personenverkehr nach Lima/La Oroya ist derzeit eingestellt.
Cerro de Pasco – Huánuco	Die nächsten 116 km von Cerro de Pasco nach Huánuco sind durchgehend asphaltiert und führen durch eine großartige, atemberaubende Landschaft 2400 m bergab in das fruchtbare Tal des Río Huallaga. Die eisige Kälte weicht angenehmer Wärme. Über Ambo wird das „Tal des ewigen Frühlings" erreicht.

Huánuco

Die Provinzhauptstadt Huánuco (1910 m) im oberen Huallaga-Tal hat 150.000 Einwohner. Es ist ein wichtiges Zentrum des Zuckerrohranbaus und liegt 415 km von Lima entfernt. Die hübsche Andenstadt ist durch ihr mildes Klimas sehr beliebt und wurde schon 1539 an der Stelle einer Inkasiedlung durch *Gomez de Alvarado* gegründet. Der wöchentliche Sonntagsmarkt ist zwar kein „Muss", dafür sind die zwei Kolonialkirchen *San Francisco* und *San Cristóbal* sowie das kleine *Museo de Ciencias* (Naturhistorisches Museum) durchaus sehenswert. Ein Anziehungspunkt ist sicherlich der Straßenmarkt in der Calle Ayacucho, einen Block parallel zur Calle Huánuco, der fast alles anbietet. Wer die schöne Aussicht auf die Stadt genießen möchte, sollte mit einem Taxi zum Aussichtspunkt *Aparicio Pomares* im Westen von Huánuco fahren, Fp ca. 6 Soles.

Adressen & Service

Tourist-Info	Es gibt in Huánuco keine Tourist-Information. An der Plaza ist zwar eine Stelle, die sich als solche bezeichnet, jedoch ein reiner Touranbieter ist, der keine Infos gibt. Es ist auch kein Stadtplan zu bekommen. Geöffnet Mo–Fr 8–13 Uhr u. 14.30–17.30 Uhr. Buchbar ist hier jedoch eine interessante Rundfahrt durch die Stadt, zu den Kotosh-Ruinen und zu einer Rumdestillerie (Fp 20–40 Soles). Außerdem Touren nach Tingo María. **Websites**: www.huanuco.com **Vorwahl (064)**
Unterkunft	Viele preiswerte Unterkünfte befinden sich in der Jr. Huánuco. **ECO: Hostal Residencial Huánuco** (BUDGET), Huánuco 777, Tel. 51-2050. Ruhige Gartenanlage, schön eingerichtet, saubere Zimmer/bp, Ws, Reservierung empfohlen, da immer gut besucht. Kleine Oase der Ruhe. DZ/bp um 50 Soles. – **Gran Hotel Cuzco,** Huánuco 614–616, Tel. 51-3578. Älteres Hotel, bp, Cafetería, gut.

	FAM: Inka Comfort Huánuco, Dámasco Beraún 775 (Plaza de Armas), Tel. 51-2410, www.grandhotelhuanuco.com. Zi/bp, kleiner, schöner Pool, der Restaurant-Speisesaal glänzt im Fin-de-siècle-Stil (preiswertes 3-Gang-Menü inkl. Getränke), Jacuzzi. DZ/F 200 Soles.
Essen & Trinken	Preiswert sind die *Chifas* in der Dámasco Beraún, einen Block von der Plaza. Fleischgerichte im *Bonanza Grill*, Dámasco Beraún 775. Ebenfalls in der Dámasco Beraún (Cuadra 6) befinden sich zwei gute Hähnchen-Grillstationen, *Pollería Shortorn Grill* und *Broaster Food Chicken*.
Geld	Alle großen Banken (BCP, Interbank etc.) befinden sich in der 10. und 11. Cuadra der Calle 2 de Mayo.
Post	2 de Mayo 1157, Tel. 51-2503, Mo–Sa 8–20 Uhr.
Museum	*Museo de Ciencias Naturales,* Gral. Pardo 499, Mo–Sa 8–12 u. 15–19 Uhr. Über 1000 Ausstellungsstücke, darunter Mumien der Huánuco- und Paracas-Kulturen.
Bus	**Nach Cerro de Pasco** (100 km): tägl. mehrere Colectivos und Busse. – **Huancayo:** täglich. – **Lima** (415 km): *Transporte León de Huánuco, Transporte Arellano, Empresa de Transporte Perla del Oriente (ETOPSA), Trans Rey, TEPSA.* Fz 9 h (Direktbus); um 30 Soles. – **Pucallpa** (425 km): die gleichen Busunternehmen wie nach Lima, Fz 12–14 h, um 30 Soles. – **Tantamayo** (160 km): tägl. mehrere Colectivos und Busse, Fz 8–9 h, 20 Soles. – **Tingo María** (120 km): tägl. viele Colectivos, Fz 2,5 h. – **La Unión** (137 km): *Transportes Acosta* (auch „Chucaro" genannt), tägl. nach La Unión, Fz 5 h, Fp 12 Soles. Auch tägl. Colectivos von der Calle Tarapacá, Abfahrten 7–12 Uhr oder erst, wenn der Colectivo voll ist; Wartezeit bis zu 3 h, Fz 6 h, Fp 25 Soles.
Flug	Der Flughafen *David Figuero Fernandini* (HUU) in Huánuco, Tel. 51-3066, liegt 8 km außerhalb (Carretera Huánuco). **Nach Lima:** LCPerú, www.lcperu.pe, ein Flug tägl. Büro *LCPerú* Jr. Dos de Mayo 1321, Tel. 51-8113.

Ausflüge von Huánuco

Tour 1: Ruinen von Kotosh

Etwa 6 km außerhalb von Huánuco an der Straße von Huánuco nach La Unión (3 N) liegen die Ruinen von Kotosh aus der Prä-Chavínzeit mit dem **Templo Manos Cruzadas de Kotosh** („Tempel der gekreuzten Hände von Kotosh"). Ein Paar dieser gekreuzten Hände ist verlorengegangen, das andere befindet sich im Archäologischen Museum in Lima (in Kotosh ist ein Replikat zu sehen). Die Ruinen wurden 1935 vom Archäologen Tello entdeckt. Erst 1958 wurden sie vom Japaner *Seiichi Izumi* wissenschaftlich erforscht und auf ca. 2000 v.Chr. datiert. Kleine, aber sehr gepflegte Anlage mit Museo de Sitio.

Von der Straße geht es nach links über die neue Hängebrücke des Río Higueras zu den Ruinen. Ein Weg leitet die Besucher durch die Stätte, die Mauerreste sind erklärt. Das Taxi dorthin kostet um 20 Soles.

Tour 2: Zu den Ruinen von Huánuco Viejo

Für die Tour zu den *Ruinen von Huánuco Viejo* (140 km) sollte man sich mindestens zwei Tage Zeit nehmen (ist aber auch in einem Tag machbar). Man besteigt einen Combi oder Micro und nimmt die gleiche Straße wie nach Kotosh entlang des Río Higueros.

Unterwegs sind Abstecher zur **Cordillera Huayhuash** und nach **Tantamayo** möglich. 43 km nach Huánuco zweigt kurz vor *Chavinillo* eine

Strecke nach Südwesten Richtung Cauri und zum Dorf Jesús ab.

Abstecher Cordillera Huayhuash / Jesús

Jesús ist Ausgangspunkt für Wanderungen in die Cordillera Huayhuash, für Lamatrekking oder andere Bergwanderungen, wie z.B. auf dem Inkatrail **Qhapac Ñan,** der Cajamarca mit Cusco verbindet.

Unterkunft: Lodging Huayhuash, San Martín 240, Lauricocha, Tel. 51-9954,. Rustikales Hostal, bc, Pp. DZ 10 US$.

Tantamayo

Auf der N3 weiterfahrend gelangt man nach Quivilla. Von dort aus ist es möglich, einen Abstecher nach **Tantamayo** zu unternehmen. Dies ist ein kleines Bauerndorf auf 3600 Metern. Drei bis vier Fußstunden von Tantamayo entfernt liegen etwa 80 Ruinen der **Yarowilca-Kultur,** deren Besichtigung sehr zu empfehlen ist. Die schönste Anlage ist *Piruru*, die auf der gegenüberliegenden Bergseite liegt, Fußweg ca. 2 h. Es sollte unbedingt ein Führer genommen werden!

Infos gibt es im Postamt von Tantamayo oder bei Señor *Eladio Marticorena Lloclla* im Hostal Ocaña, der auch ein sehr guter und freundlicher Führer ist.

Unterkunft: *Hostal Ocaña,* Capitán Espinoza s/n; saubere Zimmer, freundlich und sicher, gutes Essen auf Wunsch von Ehefrau Consuelo Romero zubereitet. – **Bus:** nach *Huánuco* (160 km) mehrfach tägl., um 30 Soles. – Nach *La Unión* tägl. um 10 Uhr mit Minibus, Abfahrt vor der Kirche, 10 Soles. Nach *Lima* Mo/Fr Direktbus, sonst über La Unión.

Noch vor der Abzweigung nach Quivilla geht es von der N3 westlich über *Pacas* nach **La Unión**. Die schöne Strecke ist sehr schwer befahrbar, einige Bäche queren die Straße. Wer gleich zu den **Ruinen von Huánuco Viejo** möchte, muss bei El Cruce aussteigen und zu Fuß weitergehen (Gehzeit 30 Minuten).

La Unión

Das kleine, ursprüngliche Bergstädtchen **La Unión** in 3100 m Höhe ist die Hauptstadt des Distriktes Dos de Mayo und noch völlig untouristisch. Auf der anderen Flussseite liegt Sipan. Beide Ortschaften sind durch eine Brücke verbunden, der Fluss ist die natürliche Grenze, sonst wären beide Teile längst zusammengewachsen. Nachts kann es hier sehr kalt werden!

In der Comercial gibt es einige einfache Unterkünfte (BUDGET) mit bc und ohne Ww sowie simple Restaurants. Die einzige Belebung des Örtchens ist der schöne Markt neben dem Busterminal. La Unión ist Ausgangspunkt für einen Besuch der Inka-Ruinen von *Huánuco Viejo*, die in der Nähe liegen.

Unterkunft

Hostal El Paraíso (BUDGET), Jr. Federico Rios 270; kleine Zi., bc. DZ um 10 Soles. – **Hostal Picaflor II** (ECO), 2 de Mayo 870, Tel. 83-0033; bei Judith Aponte Chávez gibt es EZ mit bc, Ww u. (noch) keine Handtücher; 3 Blocks weiter vermietet sie DZ mit bp, Kw (Ww im bc), gleichfalls (noch) keine Handtücher. – **Hostal Abilia Alvarado** (ECO), Jr. Comercio 1196. Mit Garten und Restaurant. EZ/bp 15 Soles, DZ/bp 25 Soles.

Restaurant

Gut essen kann man im *El Danubio* (nähe Markt).

Verkehrsverbindungen

Der Busterminal befindet sich in der Comercial stadtauswärts neben dem Markt. Nach **Chiquián:** tägl. Bus um 5 Uhr. – **Huánuco:** tägl. mehrere Busse und Colectivos, Fz 7 h, Fp Bus 12 Soles, Colectivos 25 Soles. – **Huaraz:** tägl. um 4 Uhr (April bis September ein 2. Bus um 17 Uhr), mit modernem Bus, die Strecke ist fast durchgehend asphaltiert. Direktverbindung mit *El Rapido*, Fz 4,5 h, Fp 15 Soles. Sehr kalte Fahrt! – **Lima:** tägl. Busse früh und nachmittags, Fz um 18 Stunden.

Ruinen von Huánuco Viejo

Wer bei El Cruce aussteigt, benötigt für die Wanderung zu den Inka-Ruinen (Höhenlage 3400 m) etwa 30 Minuten. Von La Unión sind für die Hin- und Rückwanderung ungefähr 4–5 h (reine Wegzeit) anzusetzen. Alternativ kann über eine schöne Naturstraße von La Unión nach Huánuco Viejo mit dem Taxi gefahren werden, Fz 30 Min., der Preis ist Verhandlungssache.

Am Ortsausgang von La Unión geht man links in einer Schlucht zu einer Hochebene hinauf. An ein paar Häusern vorbei geht es dann etwas rechts auf das Ende der Pampa zu, bevor man die Tempelfestung der Inka erreicht. Sehenswert sind das *Incahuasi*, eine Badeanlage und viele meisterhaft gearbeitete Inkamauern sowie drei sehr schön gearbeitete Trapeztore, die in einer Linie liegen. Höhepunkt ist der *Castillo*, eine Zeremonialplattform mit großartig gearbeiteten Steinmauern.

La Unión – Huaraz

Nach La Unión führt die Piste nach *Huallanca* und weiter oben zur Mine *Huansala*. Von dort geht es auf asphaltierter Straße recht spektakulär über den 4720 m hohen Pass *Abra Yanashalla*. Auf Passhöhe teilt sich die Straße. Die Abzweigung nach rechts führt als Piste über den grandiosen Pass *Punta Huarapasca* (4780 m) und durch den Park Puya Raimondii nach *Pachacoto* an der Hauptstrecke nach Huaraz.

Busse nach Lima und Huaraz fahren beim Abra Yanashalla nach links bzw. südlich über die asphaltierte Straße durch einige kleine Dörfer hinunter nach *Chiquián* zu Füßen der *Cordillera Huayhuash* (sprich: Waiwasch) und wieder hinauf nach *Conococha*. (Wer in Chiquián einen Stopp einlegen möchte, ist im Hotel *Los Nogales de Chiquián*, Comercio 1311, Tel. 44-7121, http://hotelnogaleschiquian.blogspot.com, gut aufgehoben; mit Ww, bp und Internet bestes Hotel am Ort; Hilfe bei Ausflügen in die Cordillera Huayhuash). In umgekehrter Richtung, von Huaraz nach La Unión, fährt täglich ein Bus der Gesellschaft *El Rápido*, Tel. 72-6437; 120 km, Fz 6 h, 15 Soles. Anmerkung: Huallanca nicht mit dem gleichnamigen, nördlich von Caraz gelegenen Ort verwechseln!

Huánuco – Tingo María

Hinweis: Auf der Strecke von Huánuco über Tingo María (Coca-Anbaugebiet) nach Pucallpa gibt es viele Straßen- bzw. Passkontrollen.

Ceja de Selva

24 km hinter Huánuco kommt eine Abzweigung nach *Panao* und *Chagla*. Dann wird der Río Huallaga überquert und die asphaltierte Straße steigt zum Pass *Abra Carpish* auf 2750 m an. Es bietet sich eine herrliche Aussicht auf die umliegenden Berge. Hier beginnt die **Ceja de Selva** („Augenbraue des Urwalds"), eine Landschaft mit tropischen Bergwäldern, die zum Amazonasbecken abstürzt. Die Straße windet sich an steilen Felswänden vorbei fast 2000 m tiefer. Das Tal wird enger, die Vegetation üppiger. Steil wuchert der Urwald an den Hängen empor. Seichte Flussdurchfahrten gilt es zu meistern, Wasserfälle stürzen auf die Piste. In unzähligen Kurven zieht sich die Straße nun das Huallaga-Tal hinunter und überquert unten den Río Huallaga auf der Cayumba-Brücke. 7 km vor Tingo María zweigt eine schmale Straße nach Monzón zum **Parque**

Nacional Tingo María mit dem Aussichtsberg *Bella Dormiente* ab. Hier liegt, in der Nähe der Straße, die Tropfsteinhöhle *Cueva de las Lechuzas* (Eulen-Höhle), s.u.

Tingo María

Die junge, aufstrebende Stadt mit 25.000 Einwohnern liegt nur noch in 672 m Höhe und hat sich in den vergangenen Jahren zu einem berüchtigten Kokainumschlagplatz entwickelt. Tingo María ist wirtschaftliches Zentrum eines Gebietes, in dem Tee, Kaffee, Kakao, Kautschuk, Bananen, Zuckerrohr und auch Coca angebaut werden. Auf einigen Plantagen wird Coca auch legal angebaut, lizenzierte Cocabauern dürfen es frei verkaufen (Exkurs darüber s.S. 78). Das Klima ist ziemlich feucht. Der jährliche Regenfall beträgt über 2600 mm, nur zwischen April und Oktober regnet es etwas weniger. Das liegt daran, das Tingo María genau zwischen dem andinen Hochgebirge und dem Amazonastiefland liegt. Um Tingo María prägen vom Urwald überwucherte, wild zerklüftete Berghänge das Landschaftsbild. 1968 wurde eine kleine Universität mit 250 Studenten gegründet, der ein zoologischer und botanischer Garten angeschlossen ist (Mo–Fr 7.30–14.45 Uhr, Eintritt frei). Für manche ist evtl. auch das **Serpentarium** in Castillo Grande interessant: Boas, Giftschlangen und mehr. Dieses Schlangenhaus hat sich überregional einen Namen als Antiserum-Produzent gemacht.

Die einzigartige Landschaft rund um Tingo María ist ein Paradies für Naturfreunde. Es gibt zahlreiche Höhlen und Wasserfälle. Richtung Südosten sieht man einen mächtigen Berg mit üppiger Vegetation, dessen Form entfernt an eine schlafende Frau erinnert. Er wird im Volksmund *La Bella Dormiente* („Die schlafende Schönheit") genannt und liegt im Parque Nacional Tingo María (s.o.). Ein Ausflug in die nähere Umgebung, zu den Tropfsteinhöhlen *Cueva de las Lechuzas* (7 km) und in den 1965 gegründeten 18.000 ha großen Tingo-María-Nationalpark ist lohnenswert. Unser **TIPP**: Eine Wanderung im Nationalpark Tingo María (Eintritt) auf wunderschönem Pfad durch Obstplantagen zu zwei idyllischen Wasserfällen. Gehzeit insgesamt 3–4 Stunden.

Cueva de las Lechuzas

Die Tropfsteinhöhle kann mit dem Motorradtaxi von Tingo María aus (7 km) erreicht werden. Die letzten Meter bis zur Höhle sind zu Fuß über eine Treppe zurückzulegen. Geringer Eintritt in den Nationalpark.

Hier lebt der seltsame, eulenartige *Guácharo* (Fettschwalm), eine nachtaktive Öl-Eule. Ihre Hauptnahrung sind Palmenfrüchte, die einen hohen Fettgehalt haben. Das Fleisch der Öl-Eule ist deshalb gleichfalls sehr fettig und ölig. Diese Öl-Eulen haben sehr gute Augen und orientieren sich nach einer Art Echolot-System, ähnlich dem der Fledermäuse. Auch das andauernde Geschrei der Vögel dient zur Orientierung. Der deutsche Südamerikaforscher *Alexander von Humboldt* beschrieb 1799 zum ersten Mal einen solchen Ölvogel. In der Höhle leben unzählige davon, aber auch Papageien, Fledermäuse und Schwalben. Um sie sehen zu können, ist eine starke Taschenlampe erforderlich.

Adressen & Service Tingo María

Tourist-Info Bei der Plaza, Alameda Peru N. 525, Tel. 56-2351, www.municipalidadtingomaria.gob.pe. Sehr hilfsbereit, auch Infos über die Schifffahrt von Pucallpa nach Iquitos.

Websites: www.tingomariaperu.com.
Vorwahl (062)

Unterkunft ECO	**Hostal Raimondi** (BUDGET), Raimondi 344, Tel. 56-2146. – **Hostal Marco Antonio,** Monzón 364, Tel. 56-2201. Freundlich, bc/bp, obere Zimmer sind sehr heiß; trotzdem gut. – **Vienna,** Lamas 252, Tel. 56-2194; sauber und preiswert, bc/bp. – **Hotel Bella Dormiente,** Raimondi 841, Tel. 56-2244; bc/bp. – **Hotel Nueva York,** Av. Alameda Perú 533, Tel. 56-2406. Altes Hostal im Zentrum, 40 einfache Zi. bc/bp, Restaurant.
FAM	**Albergue Ecológico Villa Jennifer Farm & Lodge,** km 3,4 Sector Monterrico, Richtung Pucallpa (hinter der Brücke über den Huallaga), etwa 3,5 km außerhalb der Stadt, Tel. 79-4714, www.villajennifer.net. Familiäre Farmlodge in schöner, ruhiger Lage, bp, Ws, Restaurant, Mini-Zoo, Tourangebote, u.a. zur *Cueva de las Lechuzas, Cueva de Las Pavas,* zur Vogelbeobachtung oder *Boquerón del Padre Abad.* Kinderfreundlich, sehr hilfsbereite dän.-peruan. Eigentümer, nach Wochenendpaketen fragen; keine Kk, span./engl./dän. DZ/F ab 120 Soles in der NS (Frühstück etwas dürftig). TIPP! – **Hotel River Fox,** Nauta 397 (sehr nahe an der Plaza), Tel. 23-1842. Ordentlich, schön dekoriert, AC. DZ 30–40 Soles.
FAM/LUX	**Hotel Madera Verde,** Av. Universitaria s/n, etwa 1 km außerhalb der Stadt, Tel. 56-2047, www.maderaverde.com.pe. Alte, schöne Gartenanlage, vom Urwald umgeben, gutes Restaurant, Bar, Pool (öffentlich), Bungalows (LUX) und einfache Zimmer bc/bp. Ü/F, kinderfreundlich, empfehlenswert.
Essen & Trinken	*Café Rex,* Av. Raimondi 500, gutes Essen und empfehlenswert sowie die *Gran Chifa Oriental* an der Hauptstraße, chinesisch und gut. Ein gutes Grillrestaurant ist die *Parrillada Quique,* Alameda Perú 579 (Plaza de Armas), hier wird von Cuy bis Fisch alles gegrillt. Ein ordentliches Restaurant mit typischen Urwaldgerichten der Region ist das *Palmerita Amazónica,* Av. Tito Jaime 816. Das *El Fogón,* José Prado/Av. Raimondi, bietet lokale Küche und Fischgerichte mit Aussicht auf den Río Huallaga; doch nur Sa/So geöffnet.
Erste Hilfe	*Hospital de Tingo María,* Ucayali 114, Tel. 56-2018
Post	*Serpost,* Av. Alameda Perú 451 (Plaza de Armas), Mo–Sa 8–20 Uhr.
Bus	**Nach Huánuco** (135 km): *León de Huánuco, Transmar* und *TEPSA;* Fz 4–5 h, um 10 Soles; außerdem sehr viele Colectivos und Colectivo-Taxis. Alternativ fahren Colectivos, sofern genau 5 Fahrgäste zusammenkommen; schneller u. etwas teurer als der Bus. – **Huancayo** (485 km): *Turismo Central,* (Nachtbus), Fz 12 h, 40 Soles. – **Lima** (550 km): *León de Huánuco* (Tagbusse), *Transmar* und *Transportes del Rey* (Nachtbusse); Fz 12–15 h, um 40 Soles. Beste Gesellschaft ist BAHIA mit Schlafbussen und Stopp in Huánuco (Restaurant Portales), Fp um 45 Soles, abhängig vom Platz. – **Pucallpa** (282 km): *León de Huánuco Marginal, Transmar, Etopsa* und *Transportes del Rey;* Fz 10–12 h, 20–25 Soles. Alternativ fahren Colectivos, sofern genau 4 Fahrgäste zusammenkommen; wesentlich schneller (oft halsbrecherische Fahrweise!), dafür teurer als der Bus, Fz 5 h, Fp 40 Soles. – **Tocache Nuevo** (170 km): tägl. mit *Transtel, Transmar* und *Comité 1* (Fz 3 h, ab 25 Soles). – **Tarapoto:** über Tocache und Juanjui (2x umsteigen). **Zwischen Juanjui und Tarapoto nur während der Trockenzeit mit allradgetriebenen Pickups/Camionetas (Stehplatz auf der Ladefläche). Flussdurchfahrten/Drogenanbaugebiet! Gesamtfahrzeit 15–18 h, Gesamtfahrpreis um 100 Soles.**
Flug	Der Flughafen liegt 2 km außerhalb Richtung Pucallpa auf der anderen Seite des Río Huallaga. Taxis vom/zum Airport nicht mehr als 8 Soles. Flugpläne ändern sich öfter oder Flüge fallen aus. Rechtzeitig erkundigen! Momentan fliegt *LCPerú* nach **Lima.** Büro in der Av. Raimondi 571, Distrito Rupa Rupa, Provincia de Leoncio Prado.

Tingo María – Pucallpa

Auf den restlichen 290 km bis Pucallpa steigt die anfänglich schlecht asphaltierte Straße an Bananen- und Teeplantagen vorbei zum 1610 m hohen *Abra La Divisoria* (Pass) hinauf, der zugleich die Wasserscheide zwischen Río Ucayali und Río Marañón bildet. Die neue Asphaltstraße führt nun direkt weiter zum *Boquerón del Padre Abad*.

Boquerón del Padre Abad

Dies ist ein Schluchtdurchbruch durch die „Blaue Kordillere". Der Franziskanerpater Abad entdeckte bereits 1757 diese wichtige Schlucht: Straßenbauer, die 1930 die Carretera von Huánuco nach Pucallpa weiterführen wollten, mussten die Schlucht zuerst mühsam wiederfinden und erreichten Pucallpa erst 1941. Die kurze Durchfahrt durch die fantastische Felsschlucht mit nahezu senkrechten Felswänden ist so gut wie komplett asphaltiert. Wasserfälle donnern aus 300 Meter Höhe bis knapp vor die Straße. Wer kurz anhält, erlebt blühende Orchideen, Bananenstauden, Papayas und riesige Dschungelfarne. Rechts sind Teile der alten, schmalen Eisenbahntrasse und eine Eisenbahnbrücke über den Canyon zu sehen. Unaufhörlich stürzt Wasser die steilen Hänge herunter.

.Boquerón del Padre Abad – Pucallpa

Nach der Durchfahrt kommt rechts irgendwann ein seltsamer Betonbau in Sicht, der wie eine Untertasse aussieht. Ein Schild weist darauf hin, dass hier von einem Polizisten zweimal UFOs gesehen sein sollen. Der Bau sollte einmal eine Disco inmitten des Urwaldes werden, wurde aber nie fertiggestellt.

Im Urwald hängen nun meterlange Lianen von den Bäumen, würgen Schlingpflanzen mächtige Stämme unbarmherzig zusammen. Webervogelnester hängen freischwebend von den Ästen der Urwaldriesen, der typische Modergeruch des tropischen Regenwaldes Amazoniens nimmt zu.

Kurz vor km 181 kommt man an dem kleinen Wasserfall *Ducha del Diablo* („Teufelsdusche") vorbei. Ein Stopp eignet sich zu kleineren Ausflügen in die Umgebung, z.B. zum Naturschwimmbecken am Wasserfall *Velo de la Novia,* Restaurant vorhanden.

In *Aguaytia* (Restaurant, Tankstelle, Bank) wird der *Río Aguaytia* auf der großen, 850 m langen Humboldt-Hängebrücke überquert. Übernachten kann man in der *Hospedaje Turístico Harry,* Jr. Simón Bolívar 364; Zimmer zum Innenhof nehmen!

Dann folgen 160 km Rennstrecke, nachdem die Asphaltierung der kompletten Strecke 2010 abgeschlossen wurde. Bis Pucallpa werden noch die zwei größeren Orte *San Alejandro* (benannt nach Alexander von Humboldt) und *Campo Verde* durchquert.

25 km nach San Alejandro kommt rechts die Abzweigung nach Puerto Inca am Río Pachitea (Nebenstrecke weiter nach Tarma und La Oroya, Beschreibung s. Nebenroute 6a). In Campo Verde gibt es Abzweigungen südlich nach *Tornavista* (mit Airstrip) am Río Pachitea und nördlich nach *Nueva Requena*. Hier lohnen auch Abstecher zur Badelagune *Pimienta Cocha* bei Tornavista (65 km), 5 km abseits der Strecke, oder zu den Thermalquellen von *Honoria* (Privattour mit *Amazon World,* s. Pucallpa).

Hinter Campo Verde geht es durch Sekundärwald und Weideland 33 km nach Pucallpa, dort endet die Straße vorerst. Seit langem ist die Fortführung der Ruta Nacional 16 bis nach Brasilien geplant, doch niemand weiß, ob und wann sie gebaut werden wird.

Pucallpa

Abwechslungsreiche Geschichte

Pucallpa ist eine relativ junge Stadt auf 200 m Höhe unmittelbar am Río Ucayali inmitten des Amazonasurwaldes. Das Gebiet zwischen den Flüssen Huallaga, Pachitea und Ucayali wurde ursprünglich nur von den *Shipibo, Cashibo, Conibo* und einigen anderen Ethnien bewohnt. 1557 begannen Jesuiten und Franziskaner am Ucayali mit der Missionierung. Das eigentliche Pucallpa wurde jedoch erst am 13.10.1888 unter dem Namen *San Jerónimo* gegründet. 1912 wurde der Hafenort in Pucallpa umbenannt (das Wort stammt aus dem Quechua und bedeutet „rote Erde"). Die Cashibo bezeichneten das Gebiet um Pucallpa früher als *May-Uchín,* was ebenfalls „rote Erde" bedeutet. Die damals nur etwa 50 Bewohner lebten von der Jagd, dem Fischfang und der Kautschukgewinnung.

Der **Río Ucayali** entsteht durch das Zusammenströmen von *Río Tambo* und *Río Urubamba* flussaufwärts bei Atalaya, das an der Departamento-Grenze zu Junín liegt. Nach einer Länge von etwa 1600 km vereinigt er sich mit dem Río Marañón bei Nauta zum Amazonas. Die Urwaldbewohner nannten den Ucayali *Apuparu,* was so viel wie „Fluss Gottes" heißt. Der neuzeitliche Entdecker des Ucayali war *Juan de Salinas Loyola*, der 1557 den Fluss erforschte.

Von 1920 bis 1929 wurden 11 Gleiskilometer von Pucallpa Richtung Tingo María verlegt, dann aber, aufgrund der hohen Kosten, eingestellt und dafür der Bau der Carretera weiter vorangetrieben, die seit 1943 Pucallpa mit Lima verbindet. 1939 wurde um Pucallpa **Erdöl** entdeckt. Die Ölfelder im Urwald bestimmten von nun an die Entwicklung der Stadt. 1943 wurde die Provinz *Coronel Portillo* mit Pucallpa als Hauptstadt gegründet, nachdem diese zuvor von der Provinz Loreto abgetrennt wurde. Die heutige Stadtentwicklung ging aus einem Kolonisierungsprogramm der peruanischen Regierung hervor. Campesinos des Hochlands waren durch Bodenknappheit und Hunger gezwungen, aus dem kalten Andenhochland in die Urwaldregion um Pucallpa zu ziehen. Dort sollten sie Reis, Bananen und Maniok anbauen. Doch Hitze, Insekten und unbekannte Krankheiten machten den ehemaligen Hochlandbewohnern das Leben schwer. Viele bauten bald auch das gewinnträchtigere Coca an. Pucallpa wurde zur **Freihandelszone** erklärt, um den Verkauf und Umschlag von Produkten zu erleichtern.

Boom-Town Pucallpa

Mitte der fünfziger Jahre erlebte Pucallpa durch die neuen Erdölfunde bei *Contamana* den lang erwarteten Aufschwung. Eine Erdölraffinerie wurde gebaut, erste Straßen asphaltiert. Auch die Holzindustrie belebte das Städtchen. 1980 wurden die Provinzen Coronel Portillo, Atalaya, Padre Abad und Purús zum neuen **Departamento Ucayali** vereinigt, das 8% des peruanischen Staatsgebietes umfasst. Pucallpa wurde die Hauptstadt. Heute ist Pucallpa eine quirlige Stadt, die aus allen Nähten zu platzen droht. Die Einwohnerzahl schnellte von einstigen 25.000 auf über 175.000 hoch. Ein Urwald-Magnet, der immer neue Menschen anzieht, besonders aus Lima. Hier ist das Leben leichter und angenehmer als in der Großstadt, und jeder hat seine Chance. So manches erinnert noch an die Pioniertage, städtebauliche Sehenswürdigkeiten gibt es nicht. Selbst die Plaza de Armas ist nur ein eigenwilliger Betonplatz der Gegenwart, dessen Neustrukturierung 2010 in Angriff genommen wurde.

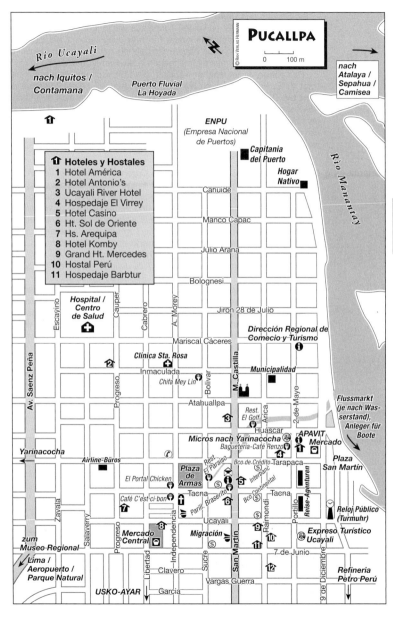

Ein Besuch des **Urwalds** um Pucallpa lohnt sich für Regenwaldbegeisterte. In Pucallpa gibt es keinen Tourismus wie in Iquitos, die Stadt und die Region eignen sich besonders für Individualisten mit viel Zeit. Für „Einsteiger" lohnt sich die nähere Umgebung mit Sekundärregenwald, „Fortgeschrittene" wagen sich hingegen in die Primärurwälder.

Das **Klima** ist angenehm tropisch, die Durchschnittstemperatur beträgt 27 C, kann aber auch bis 33 C ansteigen. Die beste **Reisezeit** ist **Juni bis Oktober.** Im Juni kann die Temperatur durch eine alljährliche Kaltwetterperiode namens *friaje* auf etwa 15 C fallen. In der **Regenzeit** versinken die Außenbezirke völlig im Schlamm, in der Trockenzeit pulvert der rote Staub. Die Hauptstraßen im Stadtzentrum sind nun aber durchweg asphaltiert und auch die Straße nach *Puerto Callao* an der *Laguna Yarinacocha* hat eine Decke erhalten.

Orientierung Die wichtigste Straße Pucallpas ist die *Coronel Portillo.* Hier liegen Geschäfte, Büros, Fluggesellschaften und einige Hotels. Bedingt durch die Stadtnähe einiger Shipibodörfer schlendern viele Frauen mit handgefertigten Souvenirs durch die Innenstadt und versuchen sie zu verkaufen. An der Plaza de Armas wurde eine neue Kathedrale gebaut. Unterhalb der *Plaza San Martín,* auf der eine kleine Turmuhr die Zeit anzeigt, zieht sich während der Regenzeit der **Flussmarkt** entlang. Zwischen den Jirones Huáscar und Tarapacá befindet sich der Mercado.

Ein weiterer Markt zieht sich auf der 7 de Julio zwischen der Salaverry und Sucre entlang. Hier haben auch Schuster, Ersatzteilhändler und Schneider ihre Buden. Sehr ursprünglich ist das geschäftige Leben im **Hafenviertel La Hoyada**, wo die typisch kleinen Amazonasschiffe auf dem gelbbraunen Río Ucayali auf ihrer Fahrt von und nach Iquitos be- und entladen werden. In der Regenzeit von Januar bis April können durch den hohen Wasserstand die Schiffe sogar am **Río Manantay** unterhalb der Plaza San Martín anlegen.

Unzählige **Motocarros** bieten Fahrdienste an. Einheitstarif in der Stadt 1,50 bis 2 Soles. Für Fahrten in die Außenbezirke 3 Soles, zum Flughafen 4 bis 5 Soles sowie 3 Soles nach Yarinacocha (Puerto de Callao).

Sehenswertes

Mercado / La Hoyada **Sehenswert** ist der **Markt** entlang des Río Manantay. Ein buntes Treiben, wo alles angeboten wird, was der tropische Regenwald und die Flüsse bieten. Zahllose Flussboote haben am Ufer festgemacht und verladen die frisch geernteten Früchte aus dem Urwald. Dazwischen tummeln sich unzählige Geier, Flusscolectivos trommeln Fahrgäste für die nächste Bootsfahrt zusammen. Weiter draußen dümpeln Holzhäuser auf fest vertäuten Flößen. Durch die vier in den Flussboden gerammten Holzpfähle, mit der das Floß durch Seile locker verbunden ist, können die schwimmenden Häuser sich jederzeit dem Wasserstand anpassen. In der Trockenzeit kann es dann schon mal sein, dass die schwimmenden Häuser auf dem Trockenen sitzen. Etwas weiter nördlich vom Flussmarkt mündet der Manantay in den Ucayali. Dort befindet sich auch der **schwimmende Hafen La Hoyada** mit regem Bootsverkehr.

Sicherheitshinweis: Keine Wertsachen bei sich führen und die Gegend bei Dunkelheit meiden!

Parque Natural Pucallpa, Museo Regional	Der *Parque Natural Pucallpa* ist eine 10 ha große Parklandschaft mit Zoo (ausschließlich Urwaldtiere der Region, die jedoch nicht artgerecht gehalten werden; nur für Hartgesottene, die unbedingt eingepferchte Jaguare aus der Nähe sehen müssen) und liegt 4 km außerhalb, südlich der *Carretera Federico Basadre*, der Straße zum Flughafen. Eintritt.

Das *Museo Regional* ist ebenfalls hier zu finden. „Museum" ist jedoch übertrieben, da es sich lediglich um eine traurige Sammlung ausgestopfter Tiere, verstaubter Felle und einiger Keramiken der Shipibo handelt. Im Eintritt für den Parque Natural enthalten. Geöffnet 8–17 Uhr, Anfahrt mit Motorradtaxi 3 Soles.

Escuela de Pintura Amazónica USKO-AYAR

In Pucallpa gibt es seit 1988 die Regenwald-Malschule USKO-AYAR von *Pablo César Amaringo Shuña* und dem Anthropologen *Luís Eduardo Luna*. Sie ist die berühmteste Malschule Amazoniens und die internationale Ausstellung „Rain Forest Visions" haben USKO-AYAR Weltruf verschafft. Die Schule wurde bis 2010 von Pablo Cesar Amaringo geleitet, der als Heiler und als einer der letzten echten Schamanen seine Sicht des Regenwalds zu Papier brachte.

Amaringo hatte Vorfahren aus den Stämmen der *Cocoma* und *Piro*, deren Sprachen er auch beherrschte. Mit den Energien kaum bekannter Naturpflanzen und den Schutzgeistern des Regenwaldes versetzte er sich in eine Traumwelt der Visionen. Unter der Wirkung des Urwald-Halluzinogens *Ayahuasca* (s.u.) malte er aus dem Gedächtnis Bildvisionen einer im Ayahuasca-Sinnesrausch erlebten Innenwelt. Es sind magische, fantastische und sehr detailliert plastische Bilder, die als Thema den Konflikt zwischen guten und schlechten Geistern und das Totenreich der Ahnen und Dämonen darstellen. Dazu verwendete er eine eigene Technik.

Die Lehrstunden in der Malschule sind kostenlos und viele junge Amazonier nutzen diese kreative Chance. Aus der Malschule gingen bereits Talente wie *Juan Vásquez Amaringo, Dennis Rengifo* und *Roxana Alaga* hervor, deren Werke schon als Postkarten erhältlich sind. Über Pablo Amaringo ist unter dem Titel *Ayahuasca Vision* auch ein Buch mit 49 verschiedenen Visionen erschienen (ISBN 1-55643-064-7). Die USKO-AYAR-Malschule befindet sich in der Sanchez Cerro 465 und kann tagsüber besucht werden.

Eine weitere Kunstschule ist die **Escuela Superior de Formación Artística Eduardo Meza Saravía,** die sich der künstlerischen Entwicklung einheimischer Talente widmet. Besucher sind gern gesehen, ein Rundgang durch die Ateliere kann organisiert werden. Jr. Las Alamedas 256, Tel. 57-9015. Anfahrt mit Motocarro.

Ebenfalls für Kunstinteressierte befindet sich in der Jr. Tarapacá 861 das Atelier-Museum **Casa del Escultor Agustín Rivas Vásquez.** Holzskulpturen, die vornehmlich Sirenen und weibliche Figuren darstellen, arrangierte der momentan in Iquitos lebende Künstler im Dachstuhl. Auf Nachfrage im Restaurant *Los antojos de Odisa* (nebenan) öffnet seine Tochter Odisa die Pforten zu diesem Kleinod. Ein Trinkgeld ist willkommen. – SW

Adressen & Service Pucallpa

Tourist-Info	*Dirección Regional de Comercio Exterior y Turismo – Dirctetur*, Calle 2 de Mayo 111, Tel. 57-1303, ucayali@mincetur.gob.pe, Mo–Fr 8–13 Uhr und 14–17 Uhr. Exzellente Beratung und Infos zu Touren, Führer, Ayahuasca-Zeremonien, Verhalten im Urwald, Fahrpreisinfos zu Motocarros und vielem mehr – also die erste Anlaufstelle für Individualreisende in Pucallpa. Außerdem gibt es eine Tourist-Information auf dem Flughafen, Tel. 57-5034. *– Asociación Peruana de Agencias de Viajes y Turismo de Ucayali,* APAVIT-Pucallpa, Portillo 351, Tel. 57-1331, Señora Nelly Escalante ist freundlich und hilfsbereit. – *Promoción*

Turística de la Municipalidad Provincial de Coronel Portillo, Av. San Martín 446, Tel. 57-7340.
Vorwahl (061)

Polizei Jr. Independencia 356, Tel. 59-1433, 24 Stunden. – POLTUR auf dem Flughafen, Tel. 57-2767. – Polizei in Yarinacocha an der Plaza de Armas, Tel. 59-6417, ebenfalls 24 Stunden. - *Migración,* Jr. Libertad 542, Tel. 57-5014.

Reisezeit Beste Reisezeit ist Juni bis November, in der Regenzeit in den restlichen Monaten steht das Allermeiste unter Wasser, Zugangstraßen werden unpassierbar und es ist wenig zu sehen.

Unterkunft ECO Hinweis: Die hier aufgeführten Hostales und Hotels der 3-Sterne-Kategorie sind allesamt sauber, mit guten Betten und erfrischenden Duschen.
Hospedaje Barbtur (BUDGET), Jr. Raimondi 670, Tel. 57-2532. Einfachstes Hostal, saubere Zi. bc/bp, freundlich. DZ 35 Soles. – **Hostal Perú** (BUDGET), Jr. Raimondi 639, Tel. 57-5128. Einfache, aber liebevoll gestaltete Zimmer, bc/bp. DZ ab 35 Soles. – **Hotel Komby,** Jr. Ucayali 360, Tel. 57-1184; eines der ersten Hostales der Stadt, saubere Zimmer, bp, freundlich, Pool, Restaurant, gutes PLV. DZ ab 50 Soles. **TIPP!** – **Hostal Arequipa,** Jr. Progreso 573, Tel. 57-3575, große Zimmer. DZ ab 65 Soles. – **Hospedaje El Virrey,** Jr. Tarapacá 945, Tel. 57-5611, Pool, Restaurant. DZ ab 75 Soles.

FAM **Antonio's,** Jr. Progreso 545, Tel. 57-4721. Sehr entspannendes Ambiente mit riesiger Pool-Landschaft, Restaurant. DZ ab 100 Soles (Flughafen-Transfer inklusive). **TIPP!** – **Hotel América,** Jr. Coronel Portillo 357, Tel. 57-5989, www.hotelamericapucallpa.com. Business-Hotel mit Pool und Restaurant. DZ ab 60/128 Soles (ohne/mit AC). – **Rio Hotel Casino,** Av. San Martín 475, Tel. 57-1280, www.riohotelcasino.com.pe. Bar, Ws, Casino im 1. Stock, daher laut, Rest. DZ/F ab 120 Soles. – **Grand Hotel Mercedes,** Jr. Raimondi 601, Tel. 57-5120, www.grandhotelmercedes.com. Renovierter Bau, bc/bp, AC, achteckiger Pool im Tropengarten, Bar, Cafetería, Dachterrasse, Rest. DZ ab teure 190 Soles.

LUX **Hotel Sol de Oriente,** Av. San Martín 552, Tel. 59-0580, www.soldelorientehoteles.com. Zimmer mit AC, Pool in tropischer Gartenanlage, Bar/Disco, Konferenzsaal, gutes Restaurant. DZ/F ab 285 Soles (Kategorie 5 Sterne ist nicht gerechtfertigt!). – **Foresta Inn Hotel & Resort,** Av. Centenario km 4,8, Tel. 57-7167, www.forestainn.com. Zimmer und Bungalows in tropischer Gartenanlage, etwas außerhalb von Pucallpa, Restaurant, Hängematten, Pool; bei Buchung Zugang zur VIP-Lounge des Flughafens Pucallpa!
– Wer supermodernen Luxus wünscht, geht ins 5-Sterne-Hotel **Ucayali River Hotel,** Av. San Martín 200, Tel. 57-0101, www.ucayaliriver.com.

Essen & Trinken In der Tacna gibt es viele *Pollos a la Brasa* (Hähnchen-Grillrestaurants), die günstig ein halbes Hähnchen mit Beilage servieren. Mit das Beste befindet sich direkt an der Plaza der Armas: *Restaurante Turístico El Portal Chicken,* Jr. Independencia 510. – Gleichfalls an der Plaza der Armas, Ostseite: **El Paraíso,** Tarapacá 653: gutes, preiswertes, freundliches und sauberes **vegetarisches** Restaurant; frequentiert zum Mittagessen, schließt abends früh.

Die **Parrillada Braserito,** San Martín 498, Mo–Sa 11.30–16 Uhr u. 18–23 Uhr, serviert köstliche Grillgerichte, wie Wildschwein, Paiche und Agouti für 20–30 Soles. Sehr gute Grillgerichte gibt es bei **El Establo,** knapp 4 km außerhalb an der Carretera Federico Basadre.

Gleichfalls außerhalb, an der Carretera Yarinacocha 2650, liegt das empfehlenswerte **Alamo,** das preiswert typische regionale Küche serviert, wie *cecina* und *tacacho;* geleitet vom Schweizer Willy Schuppli.

Antojitos de Odisa, Jr. Tarapacá 863; gutes Restaurant mit regionaler Küche, stets besucht, Spezialität des Hauses ist *pollo al cilintro.*

Für Meeresfrüchte und Fleischgerichte sei das **Los Rosales,** Jr. Mariscal

Cáceres 389, Tel. 57-1246, empfohlen. Qualität seit Jahrzehnten, unbedingt den mit *chonta* (Palmenherzenstreifen) und Käse überbackenen Urwaldfisch *doncella* probieren – **TIPP!** Ein weiteres gutes Restaurant für Mariscos ist **Restaurante El Golf** in der Jr. Huáscar 545. Delikate Meeresfrüchte und gute Fischgerichte bietet auch **El Escorpion**, Independencia 430 – auch preisgünstige „halbe Portionen", die richtig satt machen!

Die **Chifas Mey Lin** in der Jr. Inmaculada 698 und **Han Muy**, Jr. Inmaculada 247, sind zu empfehlen.

Die **beste Bäckerei** (mit kleinem Straßencafé) ist das **Baguetería-Café Renzo**, Jr. Coronel Portillo 352; Kuchen und Pasteles, freundlich und empfehlenswert. – Hier gibt es leckeres **Eis, Cremoladas** und **Süßes:** *C'est ci bon*, Jr. Independencia 560 (gegenüber der Kathedrale). Teure, aber hervorragende und frisch gepresste Säfte aus exotischen Urwaldfrüchten gibt es im **Cocofrut**, Jr. Coronel Portillo 529, ab 8 Uhr morgens.

Brauerei: In Pucallpa gibt es eine Brauerei, die das Urwaldbier *San Juan* braut. Die Brauerei liegt 13 km vor der Stadt an der Carretera F. Basadre, Tel. 57-1131. Besichtigung ist möglich, aber nur nach Voranmeldung. Neben einem 50.000-Liter-Fass gibt es Jaguare im Käfig zu sehen und zum Probieren auf 8 C runtergekühltes Bier.

Discos / Unterhaltung	Discos sind vor 22 Uhr noch wie tot, füllen sich erst gegen Mitternacht. Die Tanzschuppen sind relativ dunkel und es geht ziemlich intim her. *La Granja Pucallpa*, Leoncio Prado 155; populärste Disco Pucallpas. *Club Divina Montaña*, 12 km außerhalb Pucallpas auf der Carretera F. Basadre, Tel. 57-1276, inmitten einer großen Sportanlage. *Disco El Mandingo*, Av. Bellavista 1050. *Tuchos*, Av. Centenario 780, Video-Pub. *Ton San*, Inmaculada 281, Video-Pub. *May Pohol*, Av. Yarina 587 (Yarinacocha). *Disco El Perico*, Alameda (Yarinacocha).
Erste Hilfe	*Hospital Regional de Pucallpa*, Jr. Agustín Cauper 285, Tel. 57-5209. *Hospital Amazónico Albert Schweitzer*, Yarinacocha, Aguaytia 605, Tel. 59-6188, 24 h.
Apotheke	Sehr hohe Konzentration an Apotheken an der Plaza de Armas, gegenüber der Kathedrale (Mifarma, Inkafarma, BTL etc.).
Post	*Serpost*, Av. San Martín 418, Tel. 57-1382, Mo–Sa 8–19 Uhr.
Telefon	Locutorios im gesamten Stadtzentrum, jedoch mit hohem Minutentarif für internationale Gespräche. Besser eMails schreiben und mit Telefonieren warten, bis in touristischer Hochburg (Lima oder Cusco, da Tarife besser).
Internet-Cafés	Internet-Cafés und Locutorios an den Hauptverkehrsadern. Lange Öffnungszeiten!
Geld	*Banco del Crédito, Banco Continental, Interbank* und *Scotiabank* – alle in und um Jr. Raimondi, Cuadras 4 und 5. Wechselstube *Telebank Tours* (Casa de Cambio), Raimondi 464/Tacna 712. Viele Geldwechsler stehen direkt vor den Banken, gute Kurse.
Touranbieter	*Expreso Turístico Ucayali*, Portillo 671, für Schnellboote nach Contamana (Fahrzeit stromabwärts ca. 5 h, stromaufwärts ca. 7 h, Abfahrten tägl., Fp um 120 Soles). – *Royal Tours*, Coronel Portillo 347, Tel. 57-. Señora Nelly Escalante hat sehr gute Kontakte, alle Ausflüge und Touren in und um Pucallpa sowie in den Urwald; sehr freundlich und hilfsbereit, empfehlenswert! – *Laser Viajes y Turismo*, Raimondi 399, Tel. 57-1120; hilfsbereit für Urwaldtouren; Agentur von Western Union (Geldbeschaffung). – *Amazon World*, Jr. Zavala 647, Tel. 57-5539, www.amazonecolodgeperu.tk und www.amazonjungleperu.tk; große Agentur, ausgezeichneter Service, außergewöhnliche Routen, auch in abgelegene Regionen, Abenteuerfaktor und Erlebnisreichtum sind bei Arturo und Giovanna garantiert! **TIPP!** Neben der Agentur ist im 1. Stock das kleine, aber sehenswerte **Museo Indígenas**, hübsche Sammlung von Kleidern, Waffen,

	Gebrauchsgegenständen etc. verschiedener indigener Kulturen aus dem Urwald. Die Webseite **www.blueperu.com** bietet Touren, Unterkunft und viel Interessantes aus der Region.
Kunst und Handwerk	Verschiedene Kunsthandwerksgeschäfte befinden sich hier in diesen Straßen: Mariscal Cáceres, Cdra. 5, Tarapacá, Cdra. 8, Tacna, Cdra 6 und Sucre, Cdra. 3. Alternativ direkt bei *Maroti Shobo,* Aguaytia 443, Yarinacocha (Shipibo-Cooperativa) oder in den Gemeinden der Stämme um die Lagune Yarinacocha (Keramiken bei Graciela in San Francisco oder Flechtwerk und Stoffe im Dorf 11 de Agosto).
Museum	*Museo Regional de Pucallpa,* Parque Natural, etwa 4 km außerhalb von Pucallpa. 8–12 und 16–18 Uhr, Eintritt. *Museo de Instituto Departamental de Ucayali,* San Martín s/n, Callería.
Supermarkt	*Los Andes*, Coronel Portillo 553.
Feste	**15.–25. Februar:** *Carnaval Ucayalino* mit typischen Tänzen (Pandilla, Humsha). **16.–24. Juni:** *Festival de Ayahuasca* mit Zeremonie. **24. Juni:** *Fiesta de San Juan* zu Ehren des Schutzpatron des peruanischen Urwaldes. **September:** *Feria Regional de Ucayali,* Kunstgewerbe und Kulturfest, Wahl der Miss Ucayali, Umzüge mit blumengeschmückten Wagen. **4.–20. Oktober:** *Aniversario de la Ciudad,* Stadtgründungsfest.

Verkehrsverbindungen

In der Stadt	Stadtbusse und Colectivos im Stadtzentrum kosten nur Centbeträge, für eine vergleichbare Strecke verlangt ein Taxi mindestens das Doppelte. Daneben tuckern noch unzählige billige **Motocarros** (dreirädrige Motorradtaxis) durch die Straßen, die auf Handzeichen anhalten und überall hinfahren, Platz gibt es für bis zu drei Fahrgäste. Motocarros verlangen vom Flughafen ins Stadtzentrum 4 Soles, für die stundenweise Anmietung 10 Soles. Taxi-Anmietung 10 Soles/h, Mindestmietzeit 2–3 h.
Bus	**Nach Aguaytia** (160 km): Tägl. *Transmar,* Raimondi 795, Tel. 57-4900 und *Transinter,* Raimondi 742, tägl. um 6 Uhr, u. etliche Colectivos, Fz 5 h, Fp ab 15 Soles. **Campo Verde:** Tägl. mehrere Colectivos, Fp 4 Soles. **Huánuco** (435 km): *León de Huánuco,* Tacna 765, Tel. 57-2411, tägl. *Transmar,* Raimondi 795, Tel. 57-4900 und *Transporte del Rey,* Raimondi 677, Tel. 57-2305; Fz 10–12 h, 15 Soles. **Lima** (802 km): *León de Huánuco,* Tacna 765, tägl. *Transmar,* Raimondi 795, z.T. Komfortbusse; *Transinter,* Raimondi 742, tägl. *Transporte del Rey* (Trans Rey) teils mit Komfortbussen, Raimondi 677, tägl., Fz je nach Bustyp, um 40 Soles, Komfortbus 60 Soles. – Tipp: Mit schnellem Colectivo bis Tingo María fahren und dort in den modernen Liegesitzbus von BAHIA umsteigen, Abfahrt in Tingo María am Abend, Stopp in Huánuco (Restaurant Portales), Ankunft sehr früh in Lima, Fp 40–50 Soles (je nach Platz). **San Francisco:** Die Erdpiste nach San Francisco ist nur während der Trockenzeit befahrbar; Colectivos ab Pto Callao über San Juan 3–5 Soles, Direktcolectivos ab Pucallpa um 10 Soles, manchmal umsteigen in Pto Callao. **Tingo María** (282 km): *León de Huánuco,* Tacna 765, tägl. *Transinter,* Raimondi 742, *Transmar,* Raimondi 793, und *Transporte del Rey,* Raimondi 677, tägl., Fz 6–8 h, 20–25 Soles. Alternativ fahren Colectivos, sofern genau 5 Fahrgäste zusammenkommen; schneller und etwas teurer als der Bus. **Tocache:** Tägl. *Transmar,* Raimondi 795, Fp 40 Soles. **Yarinacocha/Pto Callao** (10 km): unzählige Colectivos, Busse des Comité 6 und Motorradtaxis. Fz 30 Min., Bus 1 Sol Motorradtaxi 4 Soles, Taxi 10 Soles.

Adressen & Service Pucallpa

Flug

Der Flughafen *David Abensur Rengifo* (PCL) hat 2000 ein neues Flughafengebäude mit Abfertigungshalle erhalten und liegt gut 6 km vom Zentrum entfernt. Es gibt eine Direktpiste nach Pto Callao/Yarinacocha, der Umweg über Pucallpa ist nicht mehr erforderlich. Busse und Colectivos zum Flughafen sind am billigsten, ein Motorradtaxi nimmt 4 Soles, ein Taxi 10 Soles (Fz 10 Min.). Die Büros der Fluglinien haben Mo–Fr von 9–12.30 und 15–18 Uhr geöffnet. Alle Militärflug-Infos am Flughafen.

StarPerú, 7 de Junio 865, Tel. 59-0585, www.starperu.com, *LAN*, Jr. Tarapacá 805, www.lan.com und nach **Lima**. – *FAP/Grupo 8*, Tarapacá 829, Tel. 57-7508 und auf dem Flughafen, mögliche Ziele Atalaya, Pto Esperanza und Sepahua. – *Grupo 42*, auf dem Flughafen, Tel. 57-4354, mögliche Ziele Iquitos und Tarapoto sowie Yurimaguas. – *SAOSA* (Buschflieger), Coronel Portillo 644, Tel. 57-1138; alle Orte mit Flugpiste im Urwald. – *Fenix* (Buschflieger), Ucayali 825, Tel. 57-4267, direkt nach Destinationen fragen.

Boot

Die **Capitanía del Puerto** ist auf dem Gelände der ENPU *(Empresa Nacional de Puertos)* untergebracht. Hier sollte nachgefragt werden, welche Formalitäten vor der Abfahrt zu erledigen sind (z.B. Passkontrolle durch die Polizei).

Von **Pucallpa nach Iquitos** gibt es regelmäßige Schiffsverbindungen (Mo–Sa oft tägl. eine Passage), meist ab Puerto Henry, auf den typischen, doppelstöckigen Amazonasbooten, also in der Regel mit einem Unter- und Oberdeck (Frischluft). Die Seiten werden gegen Regenfälle mit zusätzlichen Blechen oder Plastikplanen geschützt. Auf den Booten gibt es oft auch Kabinen (*camarote*), meist mit zwei Stockbetten. Sinnvoll ist, sich den Kahn und WC/Duschen vor der Buchung anzuschauen. Der Blick auf die max. zulässige Passagierzahl gibt Auskunft über die spätere Enge auf Deck. Die Passage sollte einen Tag vor Abfahrt gekauft und gefragt werden, ab wann die Hängematte an Bord befestigt werden kann. Dadurch kann man sich einen relativ guten Platz sichern. Es kann vorkommen, dass Hängematten dreistöckig übereinander gehängt werden. Das Gepäck erst beim an Bord gehen mitbringen, es während der Fahrt nie aus den Augen lassen.

Feste Bootsabfahrtszeiten gibt es nicht. Man marschiert zu den Liegeplätzen und klappert die vor Anker liegenden Boote ab. Auf allen findet man oben am Steuerhaus gut sichtbar eine Tafel mit Fahrziel und Ablegezeiten – natürlich „Gummizeiten". Die Kapitäne verschieben die Abfahrtszeit mangels Passagiere oder Fracht manchmal Tag für Tag, bis zu einer Woche, bis endlich abgelegt wird. Während der Fahrt wird mit Flusswasser gekocht, also ggf. einen Trinkwasservorrat mitnehmen! Zukauf von Lebensmittel und Wasser meist nur während den einstündigen Stopps in Contamana, Orellana und Requena möglich. Fahrpreise sind inkl. VP, das Ticket muss bei der Essensausgabe vorgezeigt werden, Teller und Besteck sind mitzubringen.

Hauptfahrplan und Fahrpreise (Orientierung)

Pucallpa – Contamana: 12 h/20 Soles. Pucallpa – Orellana: 24 h/25 Soles. Pucallpa – Juancito: 36 h/40 Soles. Pucallpa – Requena: 48 h/60 Soles. Pucallpa – Iquitos: 72 h/HMP um 100 Soles (je nach Gesellschaft und Boot), Doppelbettkabine/bc 300 Soles, Doppelbettkabine/bp/Dusche 600 Soles mit Verpflegung.

Daneben gibt es auch unregelmäßige Abfahrten. Die meisten Schiffe haben Cargo für Iquitos geladen. Pucallpa – Iquitos mit Cargoschiff, z.B. mit *Transporte Fluvial ANDREA*, Av. San Martín 781, Tel. 57-5912, ca. 5 Tage/4 Nächte ab 60 Soles inkl. VP (einfachst; Wasser, Moskitonetz und zusätzlich Nahrungsmittel mitführen), HMP 10 Soles/Tag, Aufschlag für Kabinenplatz (Camerote).

Die Fahrt mit dem **Schnellboot** von Pucallpa nach Contamana dauert nur 5 h, von Contamana nach Pucallpa 7 h. Diese Boote fahren täglich. Fahrscheine gibt es bei *Expreso Turístico Ucayali*, Portillo 671. Die Bootsverbindungen stromaufwärts nach Pto Inca (Río Pachitea) und Atalaya (am Zusammenfluss von Río Tambo und Río Urubamba) sind unregelmäßig. Mit viel Glück kann

Koshireni am Urubamba mit dem Boot erreicht werden. Von dort gibt es eine Piste bis Quillabamba. Außerdem kann per Boot über den Río Ucayali und durch einen Flusskanal zur **Laguna Yarinacocha** gefahren werden.

Schiffsgesellschaften *Transportes Chávez,* Manco Capac 500, Tel. 57-5203. – *Transportes Nandu,* Manco Capac 238, Tel. 57-6610. – *Transportes Pucallpa,* Mariscal Castilla 343, Tel. 57-6541. – *Transelva Peruana,* Mar. Castilla 439, Tel. 57-1710.

Urwaldausflüge von Pucallpa

Je nach Zeit und Geldbeutel können mehr oder weniger lange Ausflüge und Exkursionen in den Urwald um Pucallpa unternommen werden. Ausgangspunkt ist dabei meist die Laguna Yarinacocha. Dabei bieten sich folgende Möglichkeiten an:

– Tagesausflug über die Laguna Yarinacocha zu den Shipibo-Canibo nach San Francisco und über den Canal de Panaillo zum Shipibo-Dorf Nuevo Destino.

– Dreitagestour über die Laguna Yarinacocha nach Sta. Luz und San Antonio und zurück über San Francisco.

– Viertagestour über die Laguna Yarinacocha durch die Urwaldkanäle nach Tacshitea zum Río Calleria.

– Fünftagestour zu den heißen Quellen am Rande der Blauen Berge (Cordillera Azul) bei Contamana, ein **TIPP!**

– Mehrtagesausflüge nach Atalaya, Sepahua und Camisea, ein **TIPP!**

Webseite Ein gute Infoquelle für die Region ist die Webseite **www.blueperu.com** des US-Amerikaners *Charlie MacGowan,* der mit seiner Shipibo-Frau Touren und Unterkunft in ihrem *Sambo's* an der Yarinacocha-Lagune anbietet (s.u., „Unterkünfte an der Yarinacocha-Lagune").

Laguna Yarinacocha

Die Laguna Yarinacocha war ursprünglich ein Seitenarm des Ucayali und steht mit diesem noch dank schmaler Urwaldkanäle in Verbindung. Sie hat die Form eines Bumerangs, ist etwa 20 km lang und zwischen einem halben und einem Kilometer breit. Archäologische Funde belegen, dass an ihr schon vor 4000 Jahren gesiedelt wurde. Von ihr führen Urwaldkanäle zu anderen Urwaldseen. Am Ufer liegen im Westen die Dörfer *San Lorenzo, San José, San Juan* und *San Francisco,* im Osten *11 de Agosto.* Am östlichen Ende der Lagune liegt *El Porvenir.*

Die Yarinacocha-Lagune ist auf einer asphaltierten Straße mit Bus, Taxi oder Motocarro in etwa 20 bis 30 Min. von Pucallpa aus zu erreichen. Sie endet nach knapp 10 km im kleinen Hafen von Yarinacocha, auch Puerto Callao genannt, dem wichtigsten Ort an der Laguna Yarinacocha.

In Callao liegt am See das *Hospital Amazónico Albert Schweitzer,* das der deutsche Arzt Dr. Binder 1957 gründete. Heute spielt es wieder eine Rolle in der medizinischen Versorgung der Bewohner der Region. Im Ort gibt es in der Jr. Aguaytia 443 (an der Plaza) auch das **Maroti Shobo**, eine Shipibo-Cooperativa, die handgefertigte Keramiken verkauft.

In der Nähe des Maroti Shobo ist auch ein Hospital der Adventisten. Mit ihren (Wasser-)Flugzeugen erreichen die Neuzeit-Missionare auch das entlegendste Dorf. Sie studieren die Stammessprachen, übersetzen und drucken dann die Bibel in deren Sprache.

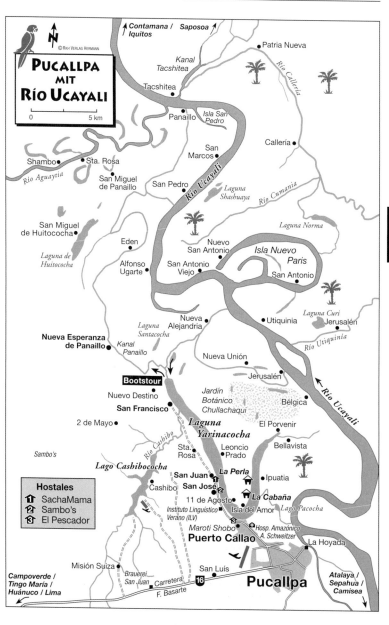

Schamanen und die „Liane der Geister"

Noch gibt es ein paar wenige echte Schamanen (Zauberpriester) im Gebiet um Pucallpa, die die alten Rituale der Vorfahren beherrschen. Heilschamane heilen Krankheiten, Zauberschamane können durch böse Eingebungen töten und ein Hexerschamane ist für das Verwünschen und das Böse zuständig. Für ihre Magie verwenden Schamanen oft das Urwald-Halluzinogen **Ayahuasca**, das aus den Blättern und den Ranken zweier bestimmter Lianengewächse (Blätter der Gattung Banisteriopsis und Stammranken der Natém) gewonnen wird (auch *caapi, yagé* oder *yajé* genannt). Ayahuasca ist den Ureinwohnern Amazoniens seit Jahrhunderten bekannt. Es ist ein Wort aus der Quechua-Sprache, *aya* bedeutet so viel wie „verstorben" oder „bitter", und *huasca* „berauschender Trank". Ayahuasca ist also der „Trank der Toten" und die Ayahuasca-Liane die „Liane der Geister".

Zur Herstellung werden die Ranken und Lianenblätter sechs Stunden gekocht, bis das Wasser verdampft ist und ein konzentrierter, dickflüssiger Ayahuasca-Sud im Topf zurückbleibt. Ayahuasca ist in konzentrierter Form sehr gefährlich, eine Überdosis kann tödlich wirken. Durch Verdünnung kann die Wirkung abgeschwächt werden, aber nur der Schamane weiß damit umzugehen. Durch den Lianensud ist der Schamane in der Lage, mit der Geisterwelt in Verbindung zu treten, Dämonen (Krankheiten) aus dem Körper zu vertreiben, z.B. Vergessenes zurückzurufen, in die Zukunft zu sehen. Es ist der Eintritt in die Unterwelt. In seinen psychedelischen Visionen sieht der Schamane die Wurzeln seiner Kultur, seine Götter und die Religionen aus mythischer Urzeit.

Die Wirkung des Ayahuasca beruht auf dem Alkaloid Harmin (auch unter Telepathin oder Yagein bekannt). Der Geschmack des Tranks ist – milde ausgedrückt – sehr gewöhnungsbedürftig, wenn nicht eklig. Die Einnahme verursacht oft Schwindel. Die es genommen haben, sprechen von magischen inneren Visionen, die einen Maler wie Pablo Amaringo dann zu neuen Bildern inspirieren können. Die Wirkung hält ungefähr zwei bis vier Stunden an. Am Ende des Rausches folgt ein tiefer Schlaf. In Pucallpa können Interessierte an einer Ayahuasca-Zeremonie teilnehmen, die von einem Heilschamanen geleitet wird.

Neben Ayahuasca verwenden die Schamanen als Medizin auch **Uña de Gato** (*Uncaria tomentosa*, in Deutschland unter dem Namen „Katzenkralle" bekannt). Aus der Rinde des Lianengewächses, das sich mit seinen Dornenblättern an Bäumen bis zu 40 m Höhe hochkrallt, wird das gleichnamige *Uña de Gato* gewonnen. Die Liane wächst hauptsächlich im Regenwald von Peru, und schon die präinkaischen Amazonasbewohner setzten die Rinde und Wurzeln als vielseitiges Heilmittel gegen Durchfall, Magen- und Nierenbeschwerden, Entzündungen, bei Verletzungen, Atemnot und zur Blutreinigung ein. Für die Schamanen ist Uña de Gato bis heute ein wichtiges Heilmittel geblieben.

Medizinische Untersuchungen der Universitäten München und Wien bestätigten, dass Uña de Gato mindestens sechs Alkaloide enthält, die entzündungs- und krebszellhemmend wirken. Außerdem stärken die Wirkstoffe auch das Immunsystem, weshalb Katzenkralle auch zur Aids-Medikamentation Verwendung findet. Für die Zubereitung eines Tees wird ein kleines Stück Lianenrinde 20 bis 30 Minuten in Wasser ausgekocht und dann regelmäßig getrunken. Die Lianenrinde wird im Amazonasgebiet Perus überall sehr preiswert verkauft, in Deutschland ist 1 kg nicht unter 75 Euro zu haben.

Ayahuasca ist natürlich – wie auch die vielen anderen unzähligen und größtenteils noch unbekannten Wirkstoffe der Pflanzen Amazoniens – für die herkömmliche Medizin bzw. für die Medikamentlabors großer Chemiefirmen interessant. Therapiemöglichkeiten sieht man z.B. bei der Psychotherapie, der Parkinson-Krankheit oder auch beim Drogenentzug. Bleibt zu hoffen, dass an der Vermarktung der Naturmedizin, die auf dem Wissen der Urwaldbewohner basiert, diese letztendlich auch gerecht beteiligt werden. – FS

Dörfer der Shipibo

Einer der Höhepunkte einer Urwaldfahrt ist meist der Besuch eines möglichst „wilden Indianerstammes". Doch gleich vorweg: 400 Jahre Missionierung blieben nicht ohne Konsequenzen. Die meisten Gemeinschaften sind bereits recht zivilisiert oder zumindest halbzivilisiert. Viele Dörfer haben regelmäßig Kontakt zur Außenwelt und fahren nach Pucallpa zum Einkauf und Handel. Franziskaner-Missionare gaben den Dörfern in der

Umgebung Pucallpas neue Namen, wie *San Francisco, Sta. Clara, Nuevo Destino, Esperanza* oder *San Antonio*. Die alten Dorfnamen weiß heutzutage keiner mehr.

Erwarten Sie keine „Lendenschurz-Indianer", die meisten tragen ganz normale Kleidung, obwohl es nach wie vor welche gibt, die sich ihren alten Traditionen verbunden fühlen. Wer nicht genügend Geld oder Zeit für eine spezielle Tour hat, kann auch auf eigene Faust bei Fahrten mit dem Flusscolectivo, mit einem Peque-peque oder kleinen Wanderungen durch den Urwald in die „Welt der Indianer hineinschnuppern".

Die Shipibo leben entlang des Río Ucayali und an seinen Nebenflüssen. Ein bekanntes **Shipibo-Dorf** ist z.B. **San Francisco** auf einer kleinen Anhöhe am anderen Ende der Laguna Yarinacocha (s. Karte). *Nuevo Destino*, ein weiteres Shipibo-Dorf, liegt am *Canal Panaillo*. Zum Shipibo-Dorf *Sta. Clara* führt ebenfalls ein schmaler Urwaldkanal. Alle Dörfer sind leicht mit einem Flusscolectivo oder Peque-peque erreichbar. Während der Trockenzeit von April bis November können Santa Clara und Nuevo Destino evtl. nicht auf dem Wasserweg erreicht werden. Dafür fahren Colectivos auf einer Erdpiste bis San Francisco, Fp 3–5 Soles ab Yarinacocha.

Die Überfahrt von Pto Callao auf der Laguna Yarinacocha nach **San Francisco** dauert etwa 45 Minuten, Fahrstrecke 15 km, mit Colectivo. Die Fahrt führt zunächst an der ehemaligen Missionsstation der Linguisten (heute Universität) vorbei. Nach einem Urwaldkanal kommt das Dorf *San José* in Sicht, wenig später das Mestizendorf *San Juan*. Zu diesem Dorf führt auch eine Erdpiste von Yarinachocha an der Laguna entlang, die in San Francisco endet, aber nur während der Trockenzeit befahrbar ist. *Gilber Reategui Sangana* (www.sacredheritage.com/normita), der in Nueva Luz de Fatima mit seiner Frau Silvia wohnt, macht die Überfahrt mit seinem Boot *Minormita* inkl. Unterkunft und VP und ist in Callao anzutreffen, Tagestour 7 US$ pro Stunde, Mehrtagestour 35 US$ pro Tag.

Nun sieht man zwischen den Bäumen des Waldes immer wieder einzelne Fischerhütten, in denen Kinder in Hängematten schaukeln. Kurz vor San Francisco zieht sich ein Urwaldkanal zum Urwaldsee *Cashibococha*. Ein enger Wasserkanal führt schließlich zum Anlegeplatz etwas unterhalb von San Francisco.

San Francisco

San Francisco (800 Ew.) ist ein typisches Beispiel für die Vermischung einheimischer Kultur und den „Segnungen" der Zivilisation. Die palmblättergedeckten Hütten der Shipibo waren ursprünglich seitlich offen, hatten also keine Wände (oder nur eine Wand zur Wetterseite). Noch bis 1984 waren viele Hütten hier so gebaut und Besucher konnten in jede Wohnhütte hineinschauen, den Shipibo-Alltag sehen. Heutzutage hat sich das Bild verändert. Neue Wohnhäuser wurden mit festen Mauern gebaut, besitzen gar schon Solarzellen zur Stromgewinnung, um TV und Radio betreiben zu können und abends Beleuchtung zu haben.

Nur noch wenige Shipibo-Frauen sitzen mit ihren typischen bunten Blusen und gestickten Röcken auf der Holzplattform ihrer Hütten und weben Stoffe oder fertigen Keramiken oder Pfeile und Bögen für die Touristen. Es gibt sogar ein kleines Museum in San Francisco, und wenn Besucher anrücken, schlüpft eine Shipibo für ein Foto auch schon mal schnell in die alte Stammestracht. Nach wie vor wird jedoch um das Dorf

Yuca (Maniok), Mais, Reis, Gemüse und Obst angebaut. Daneben trägt Fischfang und das Sammeln von Schildkröteneiern auf den Sandbänken (in der Trockenzeit) zur Ernährung bei, wird mit Harpune und Machete auf Kaimanjagd gegangen.

In San Francisco gibt es mehrere empfehlenswerte Schamanen sowie **Ayahuasca-Zentren,** die Interessierte in eine Ayahuasca-Zeremonie einweihen. Sie beginnt meist um 20 Uhr und dauert die ganze Nacht. Vor der Zeremonie ist zu fasten. Nach oft mehrstündigen Halluzinationen fällt man in Schlaf. Teilnahme ab 50 Soles.

Etwas schwerer zu finden ist ein **Dorf der Cashibo,** das etwa 10 Minuten von San Francisco entfernt an einer kleineren Lagune liegt. Die Cashibo sind noch etwas ursprünglicher als die Shipibo und leben noch kaum vom Tourismus.

Weitere lohnenswerte Dörfer gibt es an den Ufern des Ucayali und seiner Seitenarme. In **Pueblo Viejo** leben **Campa.**

Unterkünfte an der Yarinacocha-Lagune und in Puerto Callao

Es gibt typische Urwald-Lodges, die Gäste aufnehmen, aber teilweise nur mit dem Boot zu erreichen sind. Daneben gibt es in Yarinachocha/Pto Callao sehr einfache Unterkünfte, die jedoch allesamt einen sehr zweifelhaften Ruf pflegen.

FAM **Casa Alojamiento La Perla,** Nueva Luz, Yarinacocha, Cel. 961-616-004, tzirm@yahoo.com. Traditionsreiche Familienpension, etwa 15 Bootsminuten von Pto Callao entfernt, max. 12 Pers. in 3 DZ (bc) und ein Familienbungalow (bp). Ü 15 US$ p.P. Ideal für Kinder. Gericht ca. 15 Soles, sehr lecker! Schöne, 3 ha große Gartenanlage am Rande des Urwaldes mit eigenem Grundwasserbrunnen. Sehr freundliche Peruanerin, angenehmes Ambiente. Wassersport, Angeln, vermittelte Urwaldtouren oder es werden selbst kleine Bootstouren angeboten. Strom nur in den ersten Nachtstunden.

Sambo's, Jr. Eleodora Maynas, Mz 14, LT 5, San José de Yarinacocha, Tel. 985-757-187, info@blueperu.com, www.blueperu.com/housing.html. Schöne Anlage, nur drei Minuten von der Yarinacocha-Lagune entfernt. Saubere Ein- und Zweibett-Cabañas mit Bad und Ww auf großer Wiese mit tropischem Baumbestand. *Sambo's* wird von der rührend besorgten Shipibo-Frau *Adelina* (Kunsthandwerk und Restaurant) mit US-Mann Charlie MacGowan betrieben – also engl.-sprachig. Günstige Touren nach San Francisco und Santa Clara zum Kennenlernen von Shipibo-Familien. 25 Soles p.P. inkl. hervorragendem Frühstück.

SachaMama Lodge & Expeditions, San Juan de Yarinacocha, Kontakt über das Büro von Amazon World, Jr. Zavala 647, Tel. 57-5539. Sehr schöne, gepflegte Anlage mit zweistöckigen Bungalows, Ayahuasca-Versammlungsraum und unmittelbarem Zugang zur Lagune. Ausflüge bieten sich nicht nur in der näheren Umgebung der Lodge oder in den unmittelbaren Urwald von Yarinacocha an, sondern auch bis nach Aguaytia (siehe Streckenabschnitt Tingo María – Pucallpa) oder Honoria (Kakao-Plantage und heiße Quellen, Übernachtung in Zelten im Primärwald mit Erlebnisfaktor). Direkt bei Arturo anfragen und spezielle Wünsche vortragen! **TIPP!**

Essen & Trinken *Orlando's,* Jr. 28 de Julio/Aguaytia, bestes Grill-Restaurant an der Lagune.
Anaconda, Balsafloß mit Touristenrestaurant direkt an der Lagune in Yarinacocha/Pto Callao. Bestes der drei zur Auswahl stehenden schwimmenden Restaurants.

Tipps vor der Urwaldtour

Vorüberlegungen

1. Welche Art von Tour möchte ich unternehmen? Mit einer Pauschal-Gruppe oder Individualtour?
2. Wie lange möchte ich im Urwald unterwegs sein? (Hinweis: Je mehr Tage Sie im Urwald unterwegs sind, desto weiter können Sie hineinfahren und desto mehr Tiere bekommen Sie zu sehen).
3. Welchen Komfort brauche ich? Genügt ein Hängemattenlager oder muss es eine Lodge mit allen Bequemlichkeiten sein?
4. Was erwarte ich vom Urwald bzw. was möchte ich erleben und sehen? Speziell Waldbewohner? Tiere? Fauna? Alles zusammen?
5. Wieviel kann und will ich ausgeben?

Nach diesen Überlegungen kann nun alleine losgefahren oder bei einer Reiseagentur ein Führer mit Boot und Equipment gebucht werden. Dem Führer sollte vor Antritt mitgeteilt werden, was von der Tour erwartet wird, damit er in die richtige Gegend fährt, z.B. gibt es nicht an jeder Urwaldecke Wollaffen, Kaimane oder Papageien. Der Preis (inkl. Steuern) pro Person ist fest ausgemacht. Eine Einzelfahrt nur auf dem Río Ucayali lohnt sich nicht, da der Fluss viel zu breit ist. Fahren Sie durch die Urwaldkanäle, über Urwaldseen und in schmale Nebenflüsse, das ist sehr beeindruckend. Die beste Zeit, um die Kanäle zu befahren, ist Oktober bis April, wenn der Wasserstand (er differiert zwischen Regen- und Trockenzeit bis zu 7 m und mehr) hoch ist. Außerhalb dieser Zeit sind Kanalfahrten nicht immer möglich, doch dann können Tiere besser beobachtet werden.

Doch bedenken Sie auch: der Amazonasurwald ist kein blühendes Tier-Paradies, in dem die wilden Tieren wie in afrikanischen Nationalparks herdenweise herumlaufen. Ein einzelnes Tier oder ein Paar beansprucht z.T. ein ausgedehntes Territorium, um überleben zu können. Ein erfahrener Urwaldführer erkennt die meist gut getarnten Tiere, oft muss lange und genau hingesehen werden. Und wenn auch nur wenig vor die Augen kommt: Die Vielfalt der verschiedenen Geräusche der im Verborgenen lebenden Tiere (besonders nachts ein Erlebnis!), die Gerüche des Urwaldes, das satte Grün in allen Abstufungen, die Orchideenpracht und vieles mehr sind ein faszinierendes Erlebnis!

Flussdelfine, Anacondas und andere Würgeschlangen, unzählige Vögel, Papageien, Tukane, Affen, Leguane, Faultiere, Kolibris, Schmetterlinge, Gürteltiere, Weber- und Paradiesvögel und Pekaris kann man auf einer Peque-peque-Urwaldfahrt beobachten. Zwar ist um die Laguna Yarinacocha nahezu alles Wild abgeschossen und verspeist worden, aber nur ein paar Kilometer tiefer im Urwald ist die Welt noch in Ordnung.

Ratschläge

– rechtzeitig vorher im Flugzeug, Bus oder Hotel einige Gleichgesinnte suchen
– (Zusatz-)Proviant evtl. selbst besorgen, meist gibt es nur Reis und Bananen
– Anti-Mückenmittel haben oder vorher in Pucallpa besorgen
– vor der Fahrt den Preis inkl. Steuern pro Person und das Fahrziel/-route genau festlegen
– sich keine falschen Vorstellungen machen

Führer und Ausrüstung

Reisebüros in Pucallpa und Vermittlungs-Agenten in Pto Callao bieten diverse Dschungel-Exkursionen und Flussfahrten an, wobei die Erfahrung des Führers und die Qualität der Ausrüstung ausschlaggebendes Kriterium für eine Entscheidung sein soll. Meist wird in kleinen Gruppen ab 2 Personen losgefahren, wobei es preisgünstiger ist, mehrere zu sein. Der Preis sollte bei größeren Gruppen nicht über 80 Soles p.P./Tag und bei Minigruppen nicht über 120 Soles liegen. Im Preis sind alle Mahlzeiten (VP), jedoch keine alkoholischen Getränke enthalten. Gefahren wird entweder mit Peque-peques oder Motorbooten. Das **Peque-peque** ist ein typisches Urwald-Langboot und nur so breit, dass höchstens zwei Personen nebeneinander sitzen können. Angetrieben wird das Peque-peque mit einem kleinen Motor, wobei die Schraube am Ende einer langen Antriebsstange rotiert. So tuckert das Peque-peque durch die engen Urwaldkanäle. Es fährt nicht allzu schnell. Der krachende Motor wird zur Tierbeobachtung abgestellt. Eines mit Überdachung ist vorzuziehen, so ist man ggf. vor Regen oder der stechenden Tropensonne geschützt.

Tour 1: Yarinacocha, Tacshitea, Calleria und zu den Campas

Es gibt etwa ein Dutzend Bootsführer, die Touren auf den Urwaldkanälen, -seen und -flüssen anbieten. Einige haben sich zusammengeschlossen und unterhalten einen Informationsstand in Puerto Callao.

Jeder Fahrt-/Urwaldtag kostet zwischen 80 und 100 Soles pro Person, inkl. VP (drei Mahlzeiten, alkoholische Getränke ausgenommen), Übernachtung und Service. Fahrten werden normalerweise ab 2 Personen (max. 20 Personen) unternommen. Für Einzelreisende verlangen die Bootsführer zwar 150 Soles pro Tourtag, es sollte aber ebenfalls nicht mehr als 100 Soles kosten (Verhandlungssache). Auf mehrtägigen Touren wird manchmal nur auf dünnen Matten in einer offenen Strohhütte geschlafen, die Mahlzeiten bestehen oft nur aus Fisch und das Geschirr wird im Fluss gewaschen. Vor der Bootstour durch den Urwald unbedingt Bootszustand, speziell den Motor sowie die Antriebsschraube auf Risse prüfen. Vertrauenskriterium: Mitführen einer Ersatzschraube und unbeschädigte Moskitonetze (die Mückenplage ist während der Regen- und Trockenzeit stets präsent).

Viel Erfahrung für diese Touren haben nachfolgende Bootsführer:

Alfredo Ahuanari Ochavano mit seinem Boot „Chinito", *Gilber Reategui Sangama* (junglesecrets@yahoo.com) mit Boot „Minormita" und *Deibis Amasifuen Souza* (David) mit Boot „Jonathan". Alfredo, Gilber und Deibis unternehmen Ein- und Mehrtagestouren mit Peque-peques und können direkt in Pto Callao verpflichtet werden. Durch ihre lange Erfahrung kennen sie sich gut mit Tieren und Pflanzen aus und achten auf solide Verpflegung. Sie nehmen um 100 Soles/Tag für 2 Personen (Gilber um 150 Soles/Tag p.P.) inkl. Transport, Verpflegung und Übernachtung. Änderungen der Fahrt sind unterwegs möglich.

Eintagestour Eine Eintagestour kann individuell gestaltet werden und führt i.d.R. über die Laguna Yarinacocha zu den Shipibo in San Francisco und ggf. über den Urwaldkanal nach Nuevo Destino und wieder zurück. Tourpreis 100 Soles p.P. mit Imbiss (Wasser und zusätzl. Nahrungsmittel ggf. mitnehmen!) Peque-peques auch stundenweise mietbar, 20 Soles/h.

Mehrtagestour (bis zu 5 Tagen) Die **Viertagestour** in den Monaten von Januar bis April ist eine Empfehlung wert. Ungefährer Ablauf:
1. **Tag:** Fahrt mit dem Peque-peque über die Laguna Yarinacocha zu den **Shipibo in San Francisco**. Weiterfahrt über den Urwaldkanal Panaillo bis zum Dorf *Comunidad de Panaillo*. Überquerung des Ucayali, Übernachtung in *Tacshitea* (Holzbetten/Moskitonetze).
2. **Tag:** Fahrt mit dem Peque-peque durch den Urwaldkanal Tacshitea bis zum Dorf *Saposoa*. Fußmarsch von 10 Min. zur Lagune Saposoa, Fischfang (Pirañas, Zitteraale). Peque-peque-Fahrt durch den Urwaldkanal Calleria zum Dorf *Patria Nueva*, übernachten in Calleria.
3. **Tag:** Fußmarsch durch den Urwald (Gehzeit 5 Stunden) zur Lagune Calleria, Vogelbeobachtung. Rückmarsch nach Calleria, Nachtausflug zur Beobachtung von Kaimanen und anderen Nachttieren. Übernachtung in Calleria.
4. **Tag:** Fahrt mit dem Peque-peque über die Urwaldkanäle Calleria und Shashuaya zur Lagune San Antonio, Überquerung des Ucayali, Fahrt durch den Urwaldkanal Alejandro zurück zur Laguna Yarinacocha u. nach Pto Callao.

Bei einer **Fünftagestour** kann noch *Pueblo Viejo*, ein Dorf der Campa, angefahren werden, die früher wegen ihrer Schrumpfköpfe gefürchtet waren. Doch auch hier haben Missionare bereits erfolgreich gewirkt: die Campa sind halbzivilisiert, bemalen sich nicht mehr und tragen z.T. bereits Hemden und Hosen.

Weitere Ausflugsziele

Zwei Tage mit dem Boot von Pucallpa entfernt liegen stromaufwärts im Gebiet der Shipibo-Conibo die beiden imposanten Urwaldseen **Lago Imiría** und **Lago Chauya**. Für Abenteuerlustige organisiert *Mario Ojanama* (Infostand in Puerto Callao, Boot *„Los Tres Hermanitos"*) zweiwöchige Bootstouren bis nach Iquitos.

Tour 2: Pucallpa – Atalaya – Sepahua (– Camisea – Quillabamba)

Noch ein richtiges Abenteuer ist die Tour stromaufwärts nach Atalaya, Sepahua und Camisea, die sowohl mit dem Flussschiff oder mit den Cargofliegern der *Grupo 8* ab Pucallpa unternommen werden kann. Bis Atalaya ist der Río Ucayali noch relativ breit, deshalb sollte bis Atalaya oder besser sogar bis Sepahua geflogen werden. Ab Sepahua lohnt es sich, mit dem Flussschiff den Río Urubamba bis Camisea hochzutuckern. Garantiert wird viel ursprüngliche Urwald-Atmosphäre! Bei Camisea ist auf dem Río Camisea jene Stelle, wo Werner Herzog das Filmschiff „Molly Aida" über einen Berg zum Río Urubamba ziehen ließ. Wer Glück hat, erwischt in Camisea ein Boot zum *Pongo de Mainique* und könnte es dann auf der anschließenden Piste bis nach Quillabamba schaffen. Gesamtstrecke auf dem Fluss bis zum Pongo de Mainique ca. 1000 km. Fahrzeit ab Sepahua stromaufwärts bis zum Pongo de Mainique mindestens zwei Wochen.

Atalaya

Am Zusammenströmen der Flüsse Tambo und Urubamba zum Río Ucayali liegt in einer Ebene auf 400 m Höhe das Urwaldstädtchen **Atalaya** (4000 Ew). Die Urwaldregion um Atalaya am Río Tambo und am Río Ucayali ist u.a. die Heimat der *Asháninka, Shipibo-Conibo, Shetevo* und *Piro*. Die Ureinwohner nannten den Ort, an dem sich Atalaya heute befindet *Vehitiaricu*. Der eigentliche Gründer von Atalaya war *Don Francisco Vargas Hernández*, einst Partner von Carlos Fermín Fitzcarrald, der am 29. Mai 1928 auf der heutigen Plaza 29 de Mayo mit den ursprünglichen Bewohnern der Region und Mestizen das Dorf Atalaya gründete.

Das wirtschaftliche Leben beschränkte sich lange Zeit auf die Ausbeutung der natürlichen Ressourcen des Urwaldes entlang der Flüsse Tambo, Urubamba, Sepahua und Inuya sowie auf landwirtschaftlicher Subsistenzwirtschaft (Bananen, Coca, Kaffee, Mais, Reis, Yuca usw.). Erst durch die Erschließung der Erdöl- und Erdgasvorkommen wandelte sich Atalaya von einem Urwaldstädtchen zu einem prosperierenden Handelsstädtchen, das sich selbst den Beinamen *Centro Geográfico del Perú*, „geographisches Zentrum Perus", gab. Der Bau einer Straßenverbindung nach Pto Ocopa (Anschluss nach Satipo) ist in Planung. Auf der Plaza de Armas steht ein Denkmal für *Juan Santos Atahualpa*, einst der berühmteste Häuptling der Region, der angeblich direkt mit dem letzten Inka verwandt war. Sehenswert in der Nähe von Atalaya sind Steine mit Petroglyphen und die Höhle *Tambo-Ushco*, in der die sterblichen Überre-

	ste von Juan Santos Atahualpa liegen. Ansonsten herrliche Urwaldausflüge, Baden im Fluss und nachts in die Disco.
Tourist-Info	*Municipalidad Provincial de Atalaya,* Jr. Rioja 659, Tel. 46-1012, www.muniatalaya.gob.pe. **Vorwahl (061)**
Unterkunft	Einfache Unterkünfte im Ort vorhanden, z.B. *Hostal Alex,* bc/bp, Ü ab 10 Soles p.P. oder *Hostal Atalaya,* Puruz/Pangoa, bc/bp, die oberen Zimmer sind besser und ruhiger. Ü um 30 Soles p.P.
Essen & Trinken	Es gibt im Zentrum eine handvoll einfacher Restaurants, nicht zuviel erwarten. Mit frischen Fisch- und Hähnchengerichten liegt man immer richtig.
Motocarros	verkehren im Städtchen zum Einheitstarif.
Flug	Es verkehren Lufttaxis nach Pucallpa, Oxapampa, Sepahua (20 Min.) und Satipo. Direkt vor Ort erkundigen und Wartezeiten einkalkulieren!
Boot	Regelmäßiger Schiffsverkehr nach Pucallpa (auf dem Río Ucayali), Pto Ocopa und Pto Prado (Río Tambo) und nach Sepahua und Camisea (Río Urubamba). Ab Ocopa Urwaldpiste nach Satipo (s.S. 455) mit Pistenanschluss nach Lima.

Sepahua

Gut 20 Flugminuten südöstlich von Atalaya liegt an der Mündung des Río Sepahua in den Río Urubamba das typische Urwalddorf Sepahua (etwa 1000 Ew.), das auch mit dem Flussboot von Atalaya erreicht werden kann. Seitdem die Ölsucher mit ihrem Bohrgerät eingetroffen sind, ist die ursprüngliche Ruhe etwas dahin. Schon tuckern ein paar Mopeds über die Erdpisten, und hin und wieder knattert ein Traktor durchs Dorf. Es gibt einige Kneipen und mindestens zwei sehr einfache Hostales, jedoch noch keine Bank (genügend Bargeld mitnehmen!). Was bleibt, ist im Fluss baden oder Entdeckungsausflüge in den Urwald unternehmen sowie das Wissen, noch nahezu ein unberührtes, untouristisches Urwalddorf erleben zu können. Flugverbindungen bestehen sporadisch mit Lima, Pucallpa, Atalaya und Tarapoto.

Wer noch nicht genug hat, der reist abseits der üblichen Touristenpfade weiter den Río Urubamba hinauf bis **Camisea** (Flugpiste). Abenteuerlustige Reisende mit viel Zeit können es auch bis **Quillabamba** schaffen.

Pucallpa – Iquitos

Für die Reise von Pucallpa nach Iquitos wird fast immer das Flugzeug gewählt, nur Leute mit Abenteuerblut und Vorliebe für tagelange Bootsfahrten werden sich für den Wasserweg entscheiden. Die Flussreise nach Iquitos ist besonders in der Trockenzeit lohnend, da dann der Wasserstand nicht so hoch und der Fluss nicht so breit ist.

Fahrzeit 3–4 Tage, Fp/VP ab 100 Soles p.P., abhängig vom Boot. Je nach Situation 2–3 Tage Wartezeit einplanen, man wird ständig hingehalten, lokale Person einschalten und direkt beim Kapitän die Abfahrt erfragen. Eine Kabine, *camarote,* buchen, schon wegen der Rucksäcke. Schlafen aber besser in der Hängematte, da die Kabinen eng und verschmutzt sind. Nachts kalt! Unbedingt Insektenmittel, ggf. ein Moskitonetz und Zusatzverpflegung – am Abfahrtstag gibt es meist nichts – und eigenes Trinkwasser mitnehmen, auch etwas Lesestoff. Ticket bis Iquitos behalten, da es für die Essensausgabe benötigt wird (s.a. „Adressen & Service Pucallpa"/ Boot).

Der Río Ucayali ist ab Pucallpa schon ziemlich breit, bereits über einen Kilometer, die Ufer sind meist brandgerodet oder von lichtem Sekundärwald bestanden. Ab und zu hat man die Möglichkeit, in einem Dorf am Ufer einen Stopp einzulegen. Je nach Schiffstyp sind Lkw, Pkw, Getränkekisten, Hühner oder ganze Wohnungseinrichtungen mit an Bord. Meist ist nur ein schmaler Korridor über das Vordeck zum Bug frei, um ein- und aussteigen zu können. Der Gang zur Toilette kann dann zur Tortur werden. Also nur etwas für Leute, denen überladene Boote, extrem beengte Platzverhältnisse, absolute Komfortlosigkeit und Flussschildkrötensuppe *(charapa)*, die manchmal zum Essen serviert wird, nichts ausmachen. Die Leute an Bord sind aber recht entspannt und arrangieren sich bestens, so dass die Enge gut auszuhalten ist.

Viele Boote führen ein motorisiertes Beiboot mit. Bei der Vorbeifahrt an Siedlungen geht das Schiff auf langsame Fahrt, und das Beiboot tuckert ans Ufer, um Fracht und Passagiere aufzunehmen. Nur in Contamana, Orellana und Requena gibt es einen einstündigen Stopp. Lebensmittel kann man in allen drei Orten direkt am Hafen (meist Mercado) kaufen. In Contamana und Orellana kommen fliegende Händler und/oder Getränkeverkäufer an Bord.

Informationen zum Thema Regenwald können Sie ab der S. 607 nachlesen.

NEBENROUTE 6A: VON LA OROYA NACH POZUZO ÜBER TARMA UND OXAPAMPA

Diese interessante Nebenstrecke mit Abstecher über *Oxapampa* nach *Pozuzo* an den Rand des Urwalds eignet sich nur für Reisende mit viel Zeit oder für diejenigen, die ausschließlich diese Strecke bereisen möchten. Auf jeden Fall ist diese Region Perus völlig untouristisch und ein besonderer Reisetipp!

Zeitplanung Die Nebenstrecke sollte in Etappen gemacht werden, zumal die Busse nicht durchfahren. Zeitaufwand 3–5 Tage.

Verkehrsverbindungen Von Lima fahren Busse der *Transportes Chanchamayo* oder *Transportes Junin* sowie *Transporte Lobato* über Tarma nach La Merced, Fz 7–9 h, um 35 Soles. Es gibt auch Direktbusse von Lima nach Oxapampa, doch ist die Fahrt sehr anstrengend. Eine Unterbrechung in La Merced ist zu empfehlen, um sich zu akklimatisieren. Außerdem gibt es einen Direktbus von Lima nach Pozuzo mit *La Victoria,* 28 de Julio 2405, Abfahrtszeiten direkt anfragen.

Etappenübersicht
1. Etappe: Lima – La Merced (305 km); Fz ca. 7–8 h, um 35 Soles
2. Etappe: La Merced – Oxapampa (80 km); Fz 3–4 h, um 12 Soles
3. Etappe: Oxapampa – Pozuzo (87 km); Fz 3 h, um 12 Soles
Direktbus: Lima – Pozuzo (472 km), Fz 16 h, um 50 Soles

Tarma

Von La Oroya wird nach Überwindung der Passhöhe *Abra Cochas* in 4367 m Höhe die Stadt Tarma (3080 m) erreicht. Die hübsch gelegene Stadt mit immerhin über 40.000 Einwohnern und vielen Eukalyptusbäumen wurde bereits am 26. Juli 1538 gegründet und ist berühmt für ihre Ostersonntagsprozession auf der Plaza de Armas, zu der Indígena aus der ganzen Umgebung herbeiströmen. Das koloniale Tarma wird auch „Perle der Anden" genannt und ist das Gemüse- und Blumenanbauzentrum für Lima. Hauptmarkttage sind Donnerstag und Sonntag, dann ist

	auf dem Mercado Modelo immer viel los.
Tourist-Info	Oficina de Información Turística, 2 de Mayo 775 (Plaza de Armas), Tel. 32-1010. 8–13 Uhr und 15–18 Uhr. **Websites:** www.tarma.info **Vorwahl (064)**
Unterkunft	**ECO: Hostal Ritz** (BUDGET), Calle Huánuco 332 (am Mercado Modelo), Tel. 32-1174; bc, etwas laut. – **Hostal El Dorado** (BUDGET), Huánuco 488, Tel. 32-1598; bc/bp, gleichfalls etwas laut, aber gut. – **Hotel Galaxia,** Jr. Lima 262 (Plaza de Armas), Tel. 32-1449. Kleines Hotel, saubere Zimmer/bp, Reservierung empfohlen. **FAM: Los Portales Hotel,** Av. Ramón Castilla 512, Tel. 32-1411, http://tarma.losportaleshoteles.com/. Etwas außerhalb in einem schönen Garten, 45 nette Zimmer/bp. Ü/F, unbedingt nach Rabatt fragen. **TIPP! – Hacienda La Florida,** an der Straße von Tarma nach San Ramón, 6 km von Tarma entfernt, Tel. 34-1041, www.haciendalaflorida.com. Rustikales Hacienda-Landhaus mit 250-jähriger Geschichte von Pepe und Inge Kreiner de Da-Fieno (dt.-spr.), familiengeeignet. 8 Ein- und MB-Zimmer mit eigenem Bad. Ü/F, auch Camping. **TIPP! –** Ebenfalls gut: **Hotel Hacienda Santa Maria,** Vista Alegre 1249, Sacsamarca, Tel. 32-1232, www.haciendasantamaria.com. Es werden diverse Ausflüge in die Umgebung angeboten.
Essen & Trinken	Die meisten Restaurants befinden sich nördlich der Plaza de Armas und in den Straßen Lima und Castilla. Im **Lo Mejorcito de Tarma,** Cuadra 5 in der Av. Arequipa, gibt es *pachamanca* (mittels heißer Steine in einem Erdloch langsam gegartes Fleisch mit Mais, Kartoffeln und *aji*) Fleischsorten in einem Erdloch mit heißen Steinen gekocht) und *caldo de gallina* (Hühnersuppe) sowie *calentito de naranja* (Heißgetränk mit Orangensaft). – Meerschweinchenfreunde gehen lieber ins **Palacio Latino,** Plazuela Muruhuay s/n, und wer lieber Forelle mag, sollte im **Restaurante Odría** im Hotel Los Portales einkehren. – Gutes Frühstück im **El Rosal** mit frischem Käse und Frischmilch. – **Chavín de Grima** bietet sein Frühstück „*tarmeñito*" mit Brot, *rosquitas* (Gebäckringe), Käse, Braten und *tamales*. Generell handelt es sich um eine Stadt für Fruchtsalate, da diese aus den Regionen Chanchamayo, Satipo und Oxapampa pflückfrisch nach Tarma geliefert werden. Unbedingt die Marmeladenvielfalt testen!
Erste Hilfe	*Hospital Felix Mayorca,* Av. Pacheco 362, Tel. 32-1400; 24-Stunden.
Post	*Serpost,* Jr. Callao 365, Tel. 32-1241, Mo–Sa 8–13 u. 15–18 Uhr
Geld	*Banco del Crédito,* Av. Lima 407 (nähe Plaza de Armas).
Bus	Die Hauptabfahrtstellen der Busgesellschaften und Colectivos in Tarma befinden sich am Mercado Modelo und westlich der Av. Castilla in Höhe der Tankstelle. Die wichtigste Gesellschaft ist *Transportes San Juan.* **Nach La Merced** (75 km): tägl. regelmäßige Busse, Fp Bus um 10 Soles, Colectivos um 15 Soles. – **Lima** (230 km): tägl. Direktbus mit *Transportes Chanchamayo,* Callao 1002, oder *Expreso Satipo,* Ucayali 384; Fz 6 h, um 25 Soles. – **Huancayo:** stündlich Colectivos, außerdem zahlreiche Busse von *Transportes San Juan,* Fz 3 h, um 10 Soles. Außerdem Busverbindungen nach Villa Rica und Oxapampa.

Tarma – San Ramón

Von Tarma führt die Straße 10 km abwärts nach *Acobamba*. Hier lohnt sich ein Abstecher zur 2 km entfernten modernen, fast futuristischen Wallfahrtskirche *Muruhuay*. Im Mai findet alljährlich eine sehr farbenprächtige Fiesta statt. Die Gedenkstätte von 1972 erinnert an die Erscheinung des gekreuzten Christus und ist berühmt für seine zwei großen Wandteppiche, die den Hauptaltar schmücken und von den Kunsthandwerkern aus San Pedro de Cajas (40 km nordwestlich von Tarma) hergestellt wurden. Der Brunnen im Vorhof soll heilende Kräfte besitzen.

Von Acobamba nach *Palca* sind es wieder gut 10 km. Hinter Palca geht es an steilen Abgründen vorbei. Auf knapp 90 km werden 2000 Höhenmeter überwunden. Herrliche Hügel mit dicht bewachsenem Urwald künden das Chanchamayo-Tal mit San Ramón an.

San Ramón

Der Ort mit 16.000 Einwohnern in 820 m Höhe ist Zentrum großer Obst-, Kaffee- und Kakaoplantagen und durch einen kleinen Flugplatz mit dem Amazonastiefland verbunden. Das Städtchen mit seinem tropischen Klima (Regenzeit Dezember bis März) wurde im 18. Jh. zusammen mit La Merced gegründet, um den indigenen Aufstand von Juan Carlos Atahualpa abzuwehren.

Unterkunft ECO: **Hotel Chanchamayo,** Progreso 291; bc/bp. – **Hotel Conquistador,** Progreso 298, Tel. 33-1157. Zentral gelegen, ordentliche Zimmer, bp, Restaurant, Bar.
FAM: **Hotel El Refugio,** Av. del Ejército 490, Tel. 33-1082. Bungalows in tropischer Gartenanlage (Orchideen), gute Apartments, bp, familiär, freundlich, Restaurant. **TIPP!** – **Hostal Golden Gate,** an der Straße zwischen San Ramón und La Merced (Busfahrer hält auf Hinweis an, Puente Herrera), Tel. (064) 53-1483. Schöne Gesamtanlage mit hübschem Garten samt Pool, 9 Einzelzimmer und 5 Bungalows (max. 4 Pers.), sehr sauber und ordentlich, familiär und sehr ruhig, gute Infos, Besitzer Rodolfo von May spricht Deutsch. **TIPP!**

Bus Nach **Lima** (293 km): *Transportes Chanchamayo,* Pachitea 325, Tel. 33-1031; *Expreso Satipo;* Fz 7–9 h, um 35 Soles. – **Huancayo:** *Transportes San Juan,* Fz 6 h, um 20 Soles. – **Puerto Bermúdez:** Minibusse am Ende der Av. Tarma, Fz ca. 7 h, Fp um 30 Soles. – **San Ramón:** Mit Minibus oder Colectivo.

Flug Außerhalb von San Ramón liegt ein Flugplatz für Buschflieger, Lufttaxis und Luftcolectivos. Im Prinzip fliegen die Buschflieger überall hin, vorausgesetzt, es finden sich mindestens drei zahlende Fluggäste (und natürlich ein paar Meter gerader Boden zum Landen). Die Buschmaschinen haben in der Regel zwischen fünf und neun Sitzplätze. Luftcolectivos fliegen unregelmäßig und erst dann, wenn sie voll besetzt sind. Am Besten direkt vor Ort informieren!

La Merced

Die Straße von San Ramón nach La Merced ist asphaltiert. Zügig werden die dazwischenliegenden 10 km bewältigt. La Merced (751 m) ist ein kleines Städtchen (10.000 Einwohner) am Río Tambopata im Chanchamayo-Tal. Es verfügt über eine geschäftige Plaza de Armas, zwei lebhafte Märkte und ist bedeutender als San Ramón. Da hier auch fast alle Buslinien enden, ist die Stadt auch ein kleiner Verkehrsknotenpunkt.

Um La Merced breitet sich das Chanchamayo-Tal aus, ein wahres Paradies. Überall sprießen prächtige Papaya-, Bananen- und Avocadobäume, wächst Kaffee und Kakao, schieben sich schöne Orchideen durch das satte Grün.

Unterkunft ECO: **Hostal Romero** (BUDGET), Palca 419, Tel. 53-1106. Zi. bc/bp, nicht immer Ww. – **Hostal Cosmos** (BUDGET), Pirola/Pasuni; sauber, bp. – **Hostal Las Mercedes,** Jr. Tarma 552, Tel. 53-1674. – **Villa Dorada** (BUDGET), Julio Pirola 265, Tel. 53-1221. Freundliches Hostal, Zimmer/bp, Kw; Ü 20 Soles. – **Hostal Rey,** Junín 103, Tel. 53-1185. Moderne, saubere Zi. bc/bp, nicht immer Ww, Cafetería. – **Hotel San Felipe,** 2 de Mayo 426, Tel. 53-1046. Zi. mit bc, Kw, Patio, freundlich.

ECO/FAM: Hostal El Eden, Jr. Ancash 347-351, Tel. 53-1183; bp, gut.

FAM: Hostal Golden Gate, an der Straße zwischen San Ramón und La Merced (Busfahrer hält auf Hinweis an, Puente Herrera), Tel. (064) 53-1483. Schöne Gesamtanlage mit hübschem Garten samt Pool (nur Hauptsaison), 9 Einzelzimmer und 5 Bungalows (max. 4 Pers.), sehr sauber und ordentlich, familiär und sehr ruhig, gute Infos, Besitzer Rodolfo von May spricht Deutsch. **TIPP!**

Essen & Trinken	Es gibt viele Chifas und Hähnchengrills. Das Restaurant *El Campa* an der Plaza ist preiswert und gut. Typische Gerichte der Region gibt es im *Shambari Campa,* Jr. Tarma.
Geld	*Banco del Crédito,* Tarma 311 und Junín 279
Bus	Es gibt nunmehr ein Terminal Terrestre, wo die meisten Unternehmen abfahren (Richtung Satipo). *Los Andes,* Palca 599, *Lobato, Etucsa* und *Chanchamayo,* Av. Manuel Pinto, Tel. 53-2051, unterhalten regelmäßigen Busverkehr mit Tarma, Huancayo und Lima. **Nach Lima** (305 km): mit *Merced,* Arica 599, Fz 8 h, 40 Soles. *Expreso Satipo,* Tarma 126, täglich. **Huancayo:** tägl. mit *Lobato* über Satipo. **Huánuco:** tägl. Direktbus am Abend mit *Transporte Leon de Huánuco,* Carlos Peschiera 435, Tel. 53-1734; Fp 30 Soles. **Oxapampa** (80 km): *Los Andes;* außerdem fahren viele Camionetas, Colectivos und Jeeps, Fz 4 h, um 10 Soles. **Puerto Bermúdez:** ausschließlich Camionetas bzw. geländegängige Pickups/Jeeps, z.B. von *Empresa Transtur Villa Rica,* Fz etwa 5 Stunden (neue Straße), Fp Sitzplatz 50 Soles, Ladefläche 25 Soles; für einen Sitzplatz Ticket am Vortag kaufen, Sitzplatz im Fahrerhaus wählen, z.T. sitzen 4 Fahrgäste nebeneinander! **Satipo** (126 km), Abfahrten um 12 Uhr. **Villa Rica** (52 km): *Santa Rosa,* Florinapolis s/n, und *Empresa Villa Rica,* tägl. auf schöner Urwaldpiste; Fz 2 h, Fp um 10 Soles.

Oxapampa

Die Straße von La Merced nach Oxapampa passiert die Abzweigungen nach *Satipo* und *Pampa Silva,* kommt durch *San Luís de Shauro,* überquert den *Río Paucartambo* (nicht zu verwechseln mit dem bei Cusco) und steigt nun wieder an nach Oxapampa. Der Ort auf 1814 m Höhe hat etwa 6000 Einwohner und schaut mit seinen Holzhäusern und der Kirche mit einem Zwiebelturm völlig unperuanisch aus. Tatsächlich stammen auch 30% der Bewohner aus Deutschland und Österreich (Tirol), die zuerst nach Pozuzo (s.u.) einwanderten und 1891 unter Führung von Enrique Bottger Treu nach Oxapampa übersiedelten. Noch sprechen einige Nachfahren Deutsch und werden deutsch-österreichische Traditionen gepflegt. So verwundert es nicht, dass man in blaue Augen blickt und blonde Schöpfe sieht. Einige Häuser erinnern an den Baustil aus Tirol. Sehenswert ist das kleine, liebevoll eingerichtete historische Museum in der Nähe der Plaza; sofern geschlossen, öffnet Hector gerne (Tel. 33-7043).

Oxapampa ist ein Kaffeezentrum, aber auch mit der Landwirtschaft

Oxapampa

und dem Holzhandel wird Geld verdient. Die deutsche Familie Müller besitzt am Ortsanfang ein großes Sägewerk.

Östlich von Oxapampa, am Abhang der Anden in den Urwald, liegt der *Parque Nacional Yanachaga-Chemillén,* über 122.000 Hektar groß. Er ist bekannt für seine unzähligen Orchideen. Dieser Nationalpark ist touristisch nicht erschlossen. Nähere Auskunft über den Besuch des Parks gibt es in Oxapampa bei der IRENA, Pozuzo, Tel. 76-2544 oder bei der Tourist-Info.

Tourist-Info *Información Turística,* Bolívar 464, Galerías Comerciales, Tel. 76-2375
Websites: www.oxapampa.info.
Vorwahl: 063

Unterkunft **ECO: Hostal Jiménez,** Grau 421, Tel. 76-2387; sauber, bp/bc, Parkplatz. – **Hostal Liz,** Av. Oxapampa 104 (alternativ Av. Grau), Tel. 76-2124; gefällig, kleine Zimmer, bc/bp. – **Hostal Arias,** Bolognesi 328, Tel. 76-2312; bc/bp, gut. – **Complejo Turístico El Trapiche,** es liegt an der Ortsausfahrt in Richtung Pozuzo. Schöne Holzbungalows, Restaurant, kostenloses Camping. Ein Bungalow kostet um die 40 Soles. – **Hospedaje Don Calucho,** Av. San Martín 411 (50 Meter von der Plaza), Tel. 46-2109, www.oxapampaonline.com/doncalucho/. Sehr schönes, gepflegtes, clubartiges Hostal mit Garten und Terrasse, saubere Zimmer/bp, empfehlenswert.
ECO/FAM: Albergue Familiar Frau Carolina Egg, Av. San Martín 1085, Tel. 46-2331, www.bungalowsfraucarolinaegg.com. Sehr freundliche, gefällige dt.-österr. Familienpension, 7 sehr saubere, geschmackvolle Zimmer/bp, Garten mit Pool, Ausritte, Pp. DZ/F 100 Soles. Rabatt für Senioren, sehr empfehlenswert. Caroline ist Nachfahrin des Begründers von Pozuzo, Pfarrer Josef Egg. – **Albergue Turístico Böttger,** Mariscal Castilla, 6. Cuadra, Tel. 46-2337, Doris Böttger de Travi, www.oxapampaonline.com/bottger. Freistehendes *casa típica de estilo europeo* mit 6 Zimmern.

Ökoherberge Yanachaga Wer eine Unterkunft in der Nähe des *Parque Nacional Yanachaga-Chemillén* benötigt, ist in der ehemaligen **Hacienda Yanachaga** bei Huancabamba (27 km außerhalb Richtung Pozuzo) richtig, die vor 150 Jahren von deutschen Einwanderern gegründet wurde. Das deutsch-peruanische Hilfsprojekt PROSOYA hat hier eine Ausbildungsstätte für Jugendliche aufgebaut, finanziert u.a. aus Patenschaften und Privatspenden. Im dortigen familienfreundlichen Öko-Hotel mit 8 kleinen Zimmern, bp, Ww und kleinem Restaurant, kann übernachtet werden. Die Gäste können das Projekt besichtigen, an den Aktivitäten teilnehmen, den Pool benutzen, Wanderungen im 10 km entfernten P.N. Yanachaga-Chemillén unternehmen oder den Orchideenwald von Navarra entdecken. DZ/F 85 Soles. Kontaktbüro in D: Peru Aktion, c/o Krista Schlegel, Hohensonne 11, 32699 Extertal, Tel. 05262-2717, peruaktion@aol.com, www.peru-aktion.de, in Peru: PROSOYA, c/o Hugo Fernandez, Augusto Gutiérrez, 133, Miraflores, Tel. 273-1433, ongdprosoya@hotmail.com. **TIPP!**

Restaurant Ein passables Restaurant ist das *Oasis,* Bolognesi 120 (Plaza de Armas), Tel. 76-2206. Auch das *Recreo El Paraíso,* Jirón Hassinger s/n, ist gut.

Geld *Banco del Crédito,* Bolívar 308, Tel. 76-2213.

Bus Der neue, sehr große Busterminal in Oxapampa ist mittlerweile in Betrieb. Alle Busse fahren nun von dort ab.

Nach Lima (385 km): täglich *Transportes Lobato* (http://lobatobus.com/lobatobus/itinerario.html) sowie 3x wöchentlich *La Victoria*-Busse, von Pozuzo kommend, deshalb keine Sitzplatzgarantie. – **Pozuzo** (87 km): neben Camionetas und Colectivo-Taxis fahren täglich technisch angeschlagene Minibusse, auf einer vor allem in der Regenzeit sehr schlechten Piste über Huancabamba hinunter nach Pozuzo. Fahrzeit je nach Wetterverhältnissen mindestens 4 h, Fp 9–18 Soles.

Pozuzo

Die Piste von Oxapampa nach Pozuzo existiert erst seit 1975 und ist nach wie vor etwas abenteuerlich (etwa 3 h Fahrt). Die Strecke ist aber landschaftlich sehr lohnend und folgt dem engen Flusstal des *Río Hancabampa*. Die Berghänge entlang der Piste sind von Urwald und Bambus überzogen, unzählige Flüsse werden über- und durchquert, es geht durch den **Parque Nacional Yanachaga-Chemillén**. In der Regenzeit von Dezember bis Ende März ist mit Bergrutschen zu rechnen.

Der Hauptort **Pozuzo** (früher Tirol) und die Ortsteile Prusia, „Preußen" (früher Rheinland) und Delfin mit insgesamt 1500 Ew. liegen nur noch 700 m hoch. Am Rande des Urwaldes in einem sehr fruchtbaren Tal findet man hier einige Bauernhäuser im typisch alpenländischen Stil. Viele der insgesamt 8000 Bewohner des Distriktes Pozuzo sprechen noch einen alten Tiroler-Dialekt.

Diese kleine Kolonie inmitten von Peru wurde 1857 von Österreichern, Schweizern und Deutschen gegründet, nachdem Peru in den sehr dünn besiedelten Urwaldgebieten 10.000 Deutsche ansiedeln wollte, um den Eisenbahnbau über die Anden weiter in den Amazonasurwald voranzutreiben. Es kamen jedoch nur 200 Tiroler und 100 Rheinländer an. Unter Führung von Pfarrer José Egg überlebten nur 156 den anstrengenden, fast zweijährigen Wanderzug die Anden hoch. 1867 folgten nochmals 210 neue Einwanderer. Mit den Jahren wurden sie und ihr Tal regelrecht vergessen. Erst nach dem Zweiten Weltkrieg erinnerte man sich wieder an die Kolonisten, die sich ihre eigene Welt geschaffen und erhalten hatten. Nachdem 1975 die Straße gebaut worden war, setzte eine zunehmende Peruanisierung ein. Die eigenständige Kultur verschwand und dient nur noch dazu, den Kontakt zur „alten Heimat" aufrecht zu erhalten und Entwicklungshilfegelder zu bekommen. Die blonden, blauäugigen Kinder sprechen fast nur noch Spanisch und auch die Papageien müssen sich dieser Entwicklung beugen. Engagierte Privathilfe aus Tirol und Österreich (Silz und Haiming) trug in den letzten Jahren wesentlich zur Verbesserung der harten Lebensumstände in Pozuzo bei.

Walter Geets, der Pozuzo beim Bau eines Krankenhauses unterstützte, sagt, dass die heutigen Bewohner hauptsächlich von Rinderzucht und Ackerbau als Selbstversorger leben. So sei es keine Seltenheit, dass ein Bauer 200 ha Grund mit 200 Stück Vieh besitzt.

Wer mehr über Pozuzo erfahren möchte, dem sei das Buch *Pozuzo* von Elisabeth Habicher, ISBN 3-85093-123-4, empfohlen.

Sehenswert in Pozuzo sind neben der typischen Holzhäusern das **Museo Schafferer**, die **Iglesia San José**, der Kräutergarten **Ruíz y Pavó**, die **Hängebrücke** (zum Gedenken an Kaiser Wilhelm I.) und das alte Bauernhaus **Palmatambo** (Anmeldung bei Frau Egg erforderlich, Gz 30 Minuten).

Unterkunft Im Zentrum gibt es einige Hostales unterschiedlichster Preisklassen, ggf. bei Padre Louis Stadler nach Privatquartieren fragen (z.B. von Frau Randolf).
Hostal Tirol, Ortsteil Prusia, ca. 3,5 km vor Pozuzo, Pasaje Alemania s/n; sehr sauber, empfehlenswert! – **Hostal Maldonado**, Av. Los Colones s/n, Tel. 70-7003, bc/bp, Kw, sauber und gut. – **El Mango**, Pacificación (am Ortsende von Pozuzo), Tel. 28-7528; einfache Zi., bc, Kw. – **Hostal Frau Maria Egg**, eine Minute vom Río Negro Richtung Bergrücken, fraumariaegg@pozuzo.com; 3 nette Cabañas, bp, Ausblick, Pool, Camping, gute Infos, Ü/F 110 Soles. **TIPP!** – **Albergue Nueva Patria**, bei Familie Helga & Wilhelm Lob, Río Limite, Tel. 70-7039, nueva.patria@gmx.net; drei komfortable, saubere Bungalows – bp, Ww – in traumhafter Lage am Fluss, ideal für Reisende, die ausspannen

möchten, gute Infos. ÜF/HP/VP. DZ/F um 40 Soles mit reichhaltigem Frühstück.

Restaurant An der Hauptstraße im Zentrum stehen im *El Típico Pozuzino* u.a. auch Wiener Schnitzel auf der Karte. Ebenfalls gut ist das *Restaurant Las Orquídeas* am Stadtausgang.

Führer *Franz-Josef Schuller* (besser bekannt unter „Schilling") kennt die Region um Pozuzo und Codo del Pozuzo wie seine Westentasche, empfehlenswert, besonders für mehrtägige Wanderungen durch den Urwald, z.B. nach Tarma, Codo del Pozuzo, Seso oder gar über den alten Einwandererweg von Huánuco nach Pozuzo (Gz 5 Tage).

Feste 24.–30. Juli: Kolonistenfeier sowie die Feier zum peruanischen Staatsfeiertag. Dann schäumt der Ort über und Reservierungen für Unterkünfte sind unbedingt erforderlich.

Bus Nach Oxapampa (87 km): 3x täglich Minibusse, Fz 4 h, Fp um 10 Soles.

Geld Es gibt eine Bank mit einem Geldautomat.

Flug Pozuzo besitzt im Ortsteil *Delfin* eine 550 m lange Landepiste, die nur am Wochenende von Buschfliegern aus San Ramón zur Versorgung des Urwaldstädtchens angeflogen wird. Außerdem erfolgen Versorgungsflüge nach Codo del Pozuzo, Flugzeit 20 Min. Reservierung bei Heinrich Schuller in Prusia.

Umgebungsziel Weiter unten im Urwald liegt in Richtung Norden der Ort **Codo del Pozuzo** (80 km), der 1965 von Pozuzinern urbar gemacht wurde und landwirtschaftlich bedeutender als Pozuzo ist. Die Piste dorthin wird mit Camionetas täglich mehrmals befahren, ca. 25 Soles.

Carretera Marginal de la Selva

Bis Mitte der 1980er Jahre war auf dem **Landweg** Richtung Pucallpa in Pto Bermúdez (s.u.) Endstation. Wer weiter wollte, musste auf ein Boot über Puerto Inca nach Pucallpa hoffen. Doch nun gibt es die *Carretera Marginal de la Selva* entlang des Río Pichis und des Río Pachitea über Pto Inca zur Ruta Nacional 16 **nach Pucallpa.**

Villa Rica

Von Pozuzo sind es etwa 120 km zurück bis zur Abzweigung zur Stadt *Villa Rica,* zu der es dann nochmals weitere 20 km sind (2,5–3 Stunden Fz). Villa Rica hat 15.000 Einwohner und liegt auf 1470 Meter Höhe, wodurch sich die gemütliche und ruhige Urwaldstadt nicht nur eines angenehmen Klimas erfreut, sondern dieses auch Kaffeesträucher, Ananas und Rocoto (Paprika) prächtig gedeihen lässt. Die „Reiche Stadt" ist die Kaffeemetropole Perus und das bedeutendste Fest das **Festival de Café y Ecoturismo** alljährlich Ende Juni.

Unterkunft **Hospedaje Villa Rica,** Av. Leopoldo Krausse 731 (250 m vom Busterminal), Tel. 46-5299; saubere Zimmer/bp, freundlich. Ü ab 15 Soles. – **Hostal Villa Rica,** gleiche Straße, etwas weiter bergab, Tel. 46-5013, Zimmer bc/bp, Ww.

Restaurant Etwa 2,5 km von der Ortsmitte bergabwärts liegt in der Zona Industrial das **Recreo Campestre Palma** mit einem guten Restaurant. Anfahrt per Taxi.

Ausflüge *Kaffeeplantage Fundo Santa Rosa,* Eintritt und Verkostung. – *Laguna Oconal,* drei kleine Seen mit Lotusblüten, Bootsverleih für geringes Entgelt.
Von Villa Rica sind es noch gut 90 Kilometer bis nach bis Pto Bermúdez.

Puerto Bermúdez

Von La Merced bis Puerto Bermúdez benötigt der Bus etwa fünf Stunden, die Strecke wurde 2010 komplett erneuert. Pto Bermúdez, ein verschlafenes Urwalddorf (3500 Ew.) am *Río Pichis,* grenzt an das Stammesgebiet der *Asháninka* (Besuchserlaubnis bei der dortigen ANAP). Es gibt weder eine Post noch die Möglichkeit, Geld zu wechseln. Krankenhaus vorhanden.

Pto Bermúdez bietet unglaublich schöne Einblicke in den Urwald am Río Pachitea mit Wasserfällen, *Pongos,* Höhlen etc. Ein idealer Ausgangspunkt für Rucksackreisende, die die teuren, kommerziellen Urwaldtouren um Iquitos oder in den Manu-Nationalpark vermeiden und dennoch Primärurwald erleben wollen. Ein Highlight ist sicherlich der Besuch eines der Dörfer der **Asháninka** in der **Reserva Florestal San Matias**. Etwas außerhalb von Pto Bermúdez können auf dem Bauernhof *Ramis* Pferde angemietet werden. Lohnenswert ist eine Bootstour auf dem Río Azupizú nach Hawai (Fz 4 h), auf dem Río Neguachi nach Unión (Fz 4 h). Etwas länger dauert der Bootstrip über den Río Apurucayali nach Pto Davis (Fz 9 h).

Unterkunft — **Albergue Cultural Humboldt** (BUDGET), Azanagro 105, direkt am Río Pachitea, Tel. (063) 82-0020, www.alberguehumboldt.com/; Anfahrt mit dem Motocarro. Rustikale Regenwald-Lodge von Jesús Dicastillo Gorritxo, nette Zi., Ws, gepflegter Garten, Sprachkurse, gutes Restaurant. Ü 16 Soles p.P. Der Baske Jesús ist Schriftsteller und setzt sich für den Erhalt des umliegenden Primärurwaldes ein. Ausflüge und Touren in den Urwald (1–10 Tage, z.B. 2 Tage 30 €/2 Pers.), auch zu den Asháninka, ein Tipp für umweltbewusste und abenteuerlustige Reisende! – **Hostal Residencial Tania** (BUDGET), Castillo/Oxapampa (3. Cuadra).

Essen und Trinken — *Jugueria* und *Antojitos* servieren täglich sehr günstige und schmackhafte Menüs.

Verkehrsverbindungen — In der Calle Castillo gibt es Direkt-Jeeps von/nach La Merced. Verbindungen nach Pto Inca sind sporadisch, meist nur Lastenwagenverkehr. Man muss sich erkundigen. Alle zwei Tage fahren Combis nach Ciudad Constitución, morgens 6 Uhr, Fz 2 h. Dort gibt es **Camionetas nach Pucallpa**, Fz 9 h. Jeeps brauchen mind. 10 h, Fp 60 Soles.

Von Pto Bermúdez nach Pto Inca fahren **Boote** auf dem Río Pachitea **nach Pucallpa**. Eine Bootsfahrt ist in der Regenzeit die bessere Wahl, da die Piste in dieser Zeit wegen Schlamm nur sehr schwer oder gar nicht befahrbar ist. Außerdem gibt es eine Flugverbindung mit San Ramón (s. dort).

PERUS NORDEN

Tourenplanung

Geografisch ist darunter der nördliche Küstenstreifen zwischen Lima und der ecuadorianischen Grenze sowie das angrenzende nördliche Andenbergland bis zu den Abhängen der Selva gemeint. Besonders für Bergsteiger (Huaraz) und Freunde der Archäologie ist die Nordküste Perus eine Schatzgrube. Hervorzuheben sind z.B. **Chan Chan**, einst größte Lehmziegelstadt der Welt, die geschichtsträchtigen Andenstädte **Cajamarca** und **Chachapoyas** mit der Ruinenstätte **Kuélap**, eine ehemalige Festung, die an den Abhängen zur Selva liegt und Machu Picchu kaum nachsteht. Nordperu bietet sich vor allem für jene an, die über mehr Zeit verfügen, Touristenmassen meiden möchten, die Standard-Ziele schon kennen und noch mehr vom Land kennenlernen möchten.

Panamericana Norte

Die wichtigste Verkehrsader durch den Norden Perus ist die Panamericana. Sie führt von Lima über Trujillo nach Tumbes, das kurz vor der ecuadorianischen Grenze liegt. Nördlich von Pativilca bis Santa schieben sich steile Andenhänge bis an den Pazifik. Die „Traumstraße" wird nach Norden immer schlechter. Von ihr führen zwar sehr viele Straßen und Pisten in das Andenbergland hinauf, enden aber meist als Stichstraßen, wie z.B. die Straße Pativilca – Cajatambo.

Nur ganz wenige Pisten führen von der Küstenstraße über die Anden in das Tiefland der Selva. Diese Pisten bündeln sich an zwei Stellen: die ersten drei Querverbindungen von der Küste von Chancay, Huacho und Pativilca (über La Unión) treffen alle wieder in **Huánuco** (s.S. 463) zusammen. Von Huánuco führt dann eine Straße über **Tingo María** (von dort Querverbindung nach Tarapoto und weiter nach Yurimaguas) bis nach **Pucallpa**.

Die beiden nächsten Querverbindungen steigen von der Pazifikküste von Pacasmayo über Cajamarca nach Chachapoyas hoch, sowie von Chiclayo nach Olmos. Beide Strecken treffen in **Pedro Ruíz Gallo** zusammen. Von dort zieht sich eine Piste über Moyobamba bis Tarapoto (Querverbindung nach Tingo María) und weiter bis Yurimaguas (s.S. 614).

Reisezeit und Reisemöglichkeiten

Das gesamte Gebiet nördlich von Lima wird in den Hauptreisemonaten Juli und August weit weniger besucht als das touristisch „überlaufene" Andengebiet um Cusco und um den Titicacasee.

Rundreisen durch Nordperu sind nicht einfach durchzuführen und unterwegs oft auch recht mühsam. Elementarer Vorteil ist es, über genügend Zeit zu verfügen, um eventuelle Verspätungen oder Wartezeiten kompensieren zu können. Eine mögliche Rundreise (hier im Buch als Nebenroute 7a beschrieben) ist z.B.: von Pativilca an der Pazifikküste nach Huaraz und von dort über Caraz und Chimbote wieder zurück zur Panamericana. Oder man fährt von Chimbote über Trujillo weiter zur ecuadorianischen Grenze.

Eine weitere Rundtour wäre die Fahrt von Trujillo über Cajabamba nach Cajamarca und von dort über Pacasmayo wieder nach Trujillo zurück. Eine dritte, wenngleich schwierigere Rundreise, wäre die Tour Chiclayo – Chachapoyas – Celendín – Cajamarca (in den Routen 8 und 9 beschrieben). Mit noch größerem Zeitaufwand wäre auch eine Rundreise direkt von Lima aus machbar: Chiclayo – Olmos – Moyobamba – Tarapoto – Tocache Nuevo – Tingo María – Huánuco – Lima. Bestimmt eine Tour, die nur von sehr wenigen Peru-Reisenden unternommen wird.

Von Lima bis zur ecuadorianischen Grenze bei Tumbes sind es auf der direkten Küstenstraße knapp 1300 km. Von Pacasmayo (Abzweigung nach Cajamarca) auf der Panamericana durch die Küstenwüste weiter in den Norden zu fahren, ist nur für Reisende interessant, die nach Ecuador möchten, und dies sind von Pacasmayo bis zur Grenze immerhin noch über 600 schier endlose Straßenkilometer. Abwechslung bieten auf diesem Streckenabschnitt das **Museo Brüning in Lambayeque,** die Ausgrabungsstätten von **Sipán** bei Chiclayo sowie der Pyramidenkomplex von **Túcume** (ebenfalls bei Chiclayo). Von Olmos führt eine abenteuerliche, aber sehr gut ausgebaute Strecke über Bagua Grande nach Chachapoyas bzw. Moyobamba. Von Chachapoyas geht es nach dem Besuch der Ruinen von **Kuélap** nach **Cajamarca**. Wer von Lima bis Pacasmayo gereist ist, sollte Cajamarca gleichfalls nicht versäumen.

Die **Strecken** von der Panamericana **nach Huaraz** sind verschieden lang und qualitativ unterschiedlich: von Casma 150 km (Asphalt), von Pativilca 205 km (Asphalt), von Chimbote mindestens 220 km. Von der Panamericana sind es nach Cajamarca 175 km, nach Chachapoyas über 350 km und nach Tarapoto über 600 km!

Die nachfolgenden Routenbeschreibungen folgen zunächst der Panamericana von Lima bis Tumbes und anschließend zu den Reisezielen Huaraz, Chachapoyas und Cajamarca. Die Kilometerangaben beziehen sich, wenn nicht anders angemerkt, ab Lima.

Nordküste

ROUTE 7: VON LIMA NACH TUMBES ÜBER TRUJILLO UND CHICLAYO (1300 km)

Lima wird am besten über die Av. Tacna und die Umgehungsautobahn, die sich direkt in der Panamericana Norte fortsetzt, verlassen. Nach 46 km liegt links, etwas von der Panamericana entfernt, das **Seebad Ancón.**

Bis hierher reichen inzwischen die Ausläufer der Barriadas von Lima. Der fast komplett verlassene Badeort liegt an einer Bucht, besitzt einen Yachtclub und einen Strand. Es gibt einige einfache Unterkünfte, z.B. das *Hostal Ancón*.

Grabfelder von Ancón

Bei Ancón liegen Ruinen und Totenfelder aus der Präinka- und Inkazeit, wie *San Pedro, Maranga* und *Chuquitanta*. Bedeutend ist **Ancón,** das von der Chavin- bis zur Chancay-Zeit genutzt und im Wesentlichen durch diese und die Wari-Kultur geprägt wurde. Von letztgenannter Kultur wurden mächtige Mumienbündel mit bemerkenswerten Textilien und anderen Grabbeigaben gefunden. Die Deutschen Reiß und Stübel gruben hier 1874/75 und veröffentlichten einige Jahre später ein lithographisches Werk mit 141 großformatigen Drucken. Am Ort befindet sich ein kleines, sehenswertes Museum mit einer repräsentativen Auswahl der Funde und Replikaten der Lithographien.

Chancay / Churín / Lachay / Las Salinas / Huacho

Grabfelder von Chancay

Nach Ancón teilt sich die Panamericana in zwei Straßen, wobei die schönere am Meer entlang und über die Sanddüne von *Pasamayo* führt (nur für Lkw und Busse). Die andere verläuft etwas landeinwärts über die autobahnartig ausgebaute, mautpflichtige Panamericana (nur für Pkw).

Nach km 86 zweigt ein Weg zu den ausgedehnten Gräberfeldern von **Chancay** ab. Sie wurden seit Jahrhunderten systematisch geplündert, so dass heute nur noch Keramikreste und Knochen zu finden sind. Es gibt dort ein Schloss in mittelalterlichem Stil (erbaut um 1940), das Exponate der Chancay-Kultur zeigt (Keramiken, Mumien und hervorragende Textilkunst). Das Kombi-Ticket – Eintritt und Mittagessen – kostet 22 Soles. Auch das kleine Museum im ehemaligen Rathaus von Chancay an der Plaza der Armas zeigt Chancay-Objekte. Außerdem hat sich das *Museo Amano* in Lima (s. dort) auf Chancay-Kultur spezialisiert.

Unterkunft: *Hostal Chancay* (ECO) und *Hostal Villa de Arnedo* (FAM). Restaurant: *Costa Azul*, in Gartenanlage. **Busse** von Lima nach Chancay fahren von der Plaza de Acho ab.

Thermalbad Churín

Bei km 103 kommt eine Abzweigung nach *Sayán* (56 km) und zu den bekannten Thermalbädern von **Churín** (118 km) am *Río Haura*, eine landschaftlich lohnende Strecke, auf der zweiten Hälfte eine staubige Piste. Fz ca. 6 h. Heute besitzt Churín ausgezeichnete Unterkünfte, wie z.B. das *Hotel Las Termas,* Av. Herrera 411, www.churinperu.com. Eigenes Thermalbad, DZ ab 40 Soles (an Feiertagen 60 Soles).

Daneben gibt es weitere Thermalbäder: *Don Bosco, La Juventud* und *Santa Rosa*. Bei chronischen Entzündungen sollen sie Wunder wirken. Ein Ausflug von Churín durch die wilde Gebirgslandschaft der Cordillera Raua bis zur Mine *Raua* (65 km, 4600 m) ist beeindruckend. Auf dem Rückweg bietet sich in Sayán die gute Direktpiste zurück zur Panamericana nach *Huaura* an.

Lomas de Lachay

Hinter km 105 führt rechts eine sandige Piste auf ca. 8 km zum Besucherzentrum des 5070 ha großen, sehr lohnenswerten Naturparks **Reserva Nacional Lomas de Lachay,** 1977 gegründet, um das einzigartige Lomas-Ökosystem zu schützen (beste Besuchszeit Juli – September). In Lima werden Tagestouren angeboten (Sa/So; organisiert von der Municipalidad Miraflores, Abfahrt im Parque Kennedy, um 100 Soles p.P.).

Durch das Gebiet führen Wanderwege, es gibt Camping- und Picknickplätze sowie einen Aussichtspunkt. Besonders in den Monaten August bis Dezember verwandelt sich der Wüstenboden durch Kondensation des Nebels in ein blühendes Oasenparadies in zartem Grün, unterbrochen von gelb-, weiß- und lilafarbigen Teppichen blühender Blumen. Es gibt mehr als 70 Pflanzen- und über 50 Tierarten, wie z.B. Füchse, Fledermäuse, Adler, Eulen, Turtupilínes (Vogelart mit leuchtend rotem Gefieder und schwarzem Kopf), Andenkatzen, Hasen u.a. Das Weiden von Schafen und Rindern ist verboten, da dadurch die sensiblen Lomas zerstört würden.

Las Salinas

Dann folgt wieder typische Wüstenlandschaft. Schnurgerade zieht sich die Panamericana Norte durch die Küstenwüste. Beim km 130 kann ein kleiner Abstecher zu den Salzgewinnungsanlagen **Salinas de Huacho** unternommen werden. In den warmen, hellgelb bis dunkelroten Salztümpeln kann gebadet werden. Der Salzgehalt ist so hoch, dass selbst Nichtschwimmer nicht ertrinken. Nach knapp 20 km kommt die erste größere Stadt seit Lima, Huacho, in Sicht.

Huacho

Die Küstenstadt (ca. 55.000 Ew.), knapp 150 km nördlich von Lima, ist ein wichtiges Zentrum für Fischmehl, Baumwolle und Zuckerrohr, die vom Hafen verschifft werden. Der lebendige Ort mit einer sehenswerten Plaza de Armas und dem *Castillo de Rontoy* gefällt. Unbedingt den köstlichen Sauerkirschlikör *guinda* probieren. Von der renovierten Strandpromenade hat man Sicht auf Boote und Fischkutter. Das moderne und große Einkaufszentrum *Plaza del Sol* bei der Strandpromenade (Av. Colón) ist mit Läden, Restaurants, Kinos, Cafés und Unterhaltungsangeboten beliebter Treffpunkt. Die kleine *Laguna Albufera de Medio Mundo,* nur wenige Kilometer von Huacho entfernt, dient als Rastplatz für Zugvögel. Während der Sonnenmonate werden die wenig frequentierten, feinen Strände von Surfern und Fischern aufgesucht.

Auf den vorgelagerten Inseln haben sich Seevögel, Pelikane, Seehunde (Isla Loberas), Pinguine (Isla Mazorca), Leguane und Eidechsen (Isla Huampanú) angesiedelt. **Diese Inseln stehen bezüglich ihrer Tierwelt den Islas Ballestas bei Paracas um nichts nach, können aber nur im peruanischen Sommer (Dez–April) besucht werden!**

Unser Tipp: **Bandurria** ist eine etwas außerhalb der Stadt gelegene Ruinenanlage mit Blick auf den Pazifik, in der bereits drei große Tempel freigelegt wurden. Man kann Archäologen bei der Arbeit über die Schulter schauen. Eintritt (noch) frei.

Unterkunft: Die meisten Hotels liegen an der Hauptstraße 28 de Julio. Weitere Hostales finden sich in der parallel verlaufenden Avenida Grau.
Vorwahl (01)
ECO: Hostal La Libertad (BUDGET), 28 de Julio 636; bc. – **Hotel Pacífico,** 28 de Julio 478, Tel. 329-1713, www.hotelpacifico.com.pe/hotel_pacifico.html. Ältere Zimmer/bp, Restaurant, Pool. – **Hostal 28 de Julio,** 28 de Julio 871; bc/bp, gut. – **Hostal Skorpio's,** Pasaje R. Palma 109, Tel. 232-2357; bp, empfehlenswert. – **Hostal Bolívar,** Bolívar 270, bp. DZ 40 Soles.
FAM: Garden Hostal, 28 de Julio 573, Tel. 232-3546; bp, gut. – **Gran Hotel La Villa,** Av. Félix Cárdenas 196, Tel. 232-1477, www.lavilla.com.pe. Schöne Anlage, 35 Zi., Restaurant, Bar, Pool, Minizoo, für Familien mit Kindern besonders geeignet. – **Hotel Centenario,** 28 de Julio 836, Tel. 232-3731, www.centenariohotel.com. Pool in Gartenanlage, bp, Restaurant. DZ/F ab 190 Soles.

Huaura

Gleich nach dem Überqueren des *Río Huaura* gelangt man zum gleichnamigen Ort, der 1967 durch ein Erdbeben ziemlich zerstört wurde. Das Haus und der Balkon, von dem General San Martín 1821 Perus Unabhängigkeit verkündete, sind allerdings erhalten geblieben. Auch hier ist eine lokale Spezialität der süße Kirschlikör *guinda.*

Supe

Dann zieht sich die Panamericana wieder durch die Öde und an Wüstenstränden entlang bis Supe bzw. Caleta Vidal (s.u.), Fz 3,5 h von Lima, Fp 10 Soles mit Empresa Paramonga. Von Supe gibt es nach Osten eine Verbindung ins schöne Tal des *Río Supe.* Nach etwa 26 km wird die Ruinenstätte **Caral** inmitten der Wüste erreicht (s.u.), Fz ab Supe 50 Minuten, Fp 4 Soles.

Unterkunft: Idealer Ausgangspunkt für den Besuch **Carals** ist das nette Dorf **Caleta Vidal** (km 180) an der Pazifikküste, 6 km südlich von Supe. Anfahrt von Supe mit Colectivo 1,50 Soles. Dort ist man im *Hotel Bello Horizonte,* direkt am Pazifik bei der gastfreundlichen Familie Gavilan, richtig (Cel. 997-825-498, www.caral-hotelbellohorizonte.com). Riesige Panoramafenster mit Meerblick, bp, Ws, Pp, geführte Touren nach Caral. DZ/F ab 20 US$ in der NS. Im Dorf gibt es ein Restaurant mit guter, preiswerter und typischer Küche, während der HS zu allen Tageszeiten geöffnet, Juni/Juli geschlossen. Ansonsten mit einem Colectivo nach Supe fahren, Fp 1,5 Soles.

Caral

Diese Pyramidenstadt gilt als älteste Stadtanlage Amerikas und wird auf 2627 v.Chr. datiert (in derselben Zeitepoche entstand die Cheops-Pyramide in Ägypten).

Caral umfasste einst acht durch Mauern geschützte Wohnsektoren, sechs terrassierte Pyramiden (stufenförmige Plattformen) aus Stein und Lehm und zwei runde Plätze. Die Aufteilung in eine Ober- und Unterstadt war Abbild der gesellschaftlichen Hierarchie. Die Oberstadt mit sechs Pyramiden war der religiöse Kultort einer hohen Zivilisation, die den Pyramidenbau perfekt beherrschte. In der Unterstadt spielte sich der Alltag ab.

Obwohl heute der Pazifik gut 30 Kilometer entfernt liegt, wurden bei den Ausgrabungen Fischgräten und Reste von Fischernetzen gefunden (wahrscheinlich aufgrund des regen Handels mit der am Meer gelegenen Stadt **Aspero**, ebenfalls zu besichtigen, empfehlenswert, Eintritt 11 Soles). Auffallend waren außerdem die ausgegrabenen Schneckengehäuse, die aus dem Amazonasurwald stammen. Auch Samen der Cocapflanze wurden in der Wüstenstadt entdeckt, die durch ein geniales Bewässerungssystem versorgt wurde. Diese uralten Bewässerungsgräben waren die Grundlage, das Wüstental in eine fruchtbare Oase mit Obst- und Gemüsegarten zu verwandeln. Neben Baumwolle wurden u.a. Erdnüsse und Bohnen angebaut. Vermutlich bezog Caral Waren aus ganz Peru und hatte Handelsverkehr sowohl mit der Küste als auch mit dem Urwald.

Die Ausgrabungen unter *Ruth Shady Solís* finden seit 1994 ganzjährig statt und das ursprüngliche Ausmaß der Anlage ist gut erkennbar. Neben den stufenförmigen Plattformen wurden Petroglyphen, Altäre und Opferplätze, aber keine Waffen entdeckt. Eine Besichtigung der Ruinenstätte dauert 1,5 h, tägl. 9–16 Uhr, Eintritt 11 Soles, obligatorischer Führer 20 Soles. Anfahrt mit Colectivo von Supe möglich, es fährt aber nur bis ins Dorf, von dort noch einmal etwa 40 Minuten zu Fuß. Weitere Infos auf **www.caralperu.gob.pe** (mit Karten).

Am Eingang gibt es einen Parkplatz, Souvenirstände, Erfrischungsgetränke und Verkauf kleiner Speisen. Wenn alljährlich in Caral ein neuer Sektor für Besucher zugänglich ist, wird der Anlass mit einem Fest begangen. Die Stätte wird dazu in mystisches Fackellicht getaucht und alte Bräuche nachgestellt.

Barranca Von Supe sind es nur noch wenige Kilometer nach Barranca, von hier aus kann **Paramonga** (s.u.) besucht werden. Barranca selbst ist wenig attraktiv, lediglich die moderne Plaza de Armas lädt zum „Beine vertreten" ein. Hier sind gute Restaurants *La Plaza* und *Tato,* wesentlich besser ist jedoch *El Cangrejo* am Strand Miraflores, unbedingt *Cangrejo reventado* (Riesenportion Krebs in mittelscharfer Soße) für lediglich 20 Soles probieren, dazu ein kühles Bier und den Blick auf Pazifikstrand genießen – Pausentipp.

8 km hinter Barranca liegt **Pativilca**, Mittelpunkt eines Zuckerrohranbaugebietes. Auf der linken Seite der Hauptstraße ist noch das Haus Nr. 253 zu sehen, in dem Simón Bolívar einige Zeit gelebt hat. Von Pativilca führt eine abenteuerliche Stichpiste in das Andendörfchen *Cajatambo* (s.S. 555).

Hinweis: Hinter Pativilca zweigt eine Straße nach **Huaraz** ab. Wer von Süden kommt, sollte hier abbiegen. Von Huaraz dann entweder direkt nach Casma an der Panamericana zurück oder über Caraz nach Chimbote fahren.

Chimú- Ruinen Paramonga	8 km nördlich von Pativilca kommen die Ruinen von *Paramonga* in Sicht, ein 50 m hoher mit einer Ringmauer befestigter Hügel, **Cerro de la Horca** genannt. Er ist die südlichste Festung des **Chimú-Reiches.** Hier besiegte der 10. Inca *Túpac Yupanqui* Ende des 15. Jahrhunderts den letzten Chimú-Herrscher. Ein riesiges Gräberfeld in der Nähe lässt auf eine erbitterte Schlacht und die vielen baulichen Überbleibsel auf eine zahlenmäßig große Bevölkerung schließen. Die Anlage ist relativ gut erhalten und sehr sehenswert. Deutlich sind acht terrassenartig übereinander erbaute Mauerrechtecke zu erkennen. Die oberste Plattform nimmt das Festungshauptgebäude mit zwei quadratischen Räumen von etwa 4 m Seitenlänge ein. Tägl. von 8–18 Uhr, Eintritt. Anfahrt: Bus oder Micro von Pativilca nach Paramonga. Von dort ein Taxi oder Motocarro zu den Ruinen nehmen, Fp um 20 Soles (inkl. Rückfahrt).

Casma

Von Pativilca sind es auf der Panamericana Norte noch 170 Wüstenkilometer bis Casma. In der Nähe liegt **Sechín,** mit die wichtigsten küstennahen Ruinen Perus. Die Bergausläufer treten auf dieser Strecke bis zur Küste heran. Insgesamt sind drei kleinere Pässe mit Höhen bis 400 m zu überfahren.

Das laute Casma (etwa 25.000 Ew.) inmitten einer sehr schönen Wüstenlandschaft wird auch als „Stadt des ewigen Sommers" bezeichnet. Der Ort wurde 1970 durch ein schweres Erdbeben fast ganz zerstört, ist aber mit chilenischer Hilfe inzwischen wieder weitgehend aufgebaut. Casma ist als Ausgangspunkt für Sechín und für die Weiterreise nach Huaraz von Bedeutung. An der Straße nach Huaraz können 30 bis 40 m große Petroglyphen (600 v. Chr) ähnlich derer in Nazca besucht werden. Anfahrt ca. 14 km mit dem Motocarro, Fp 20 Soles.

Adressen & Service Casma

Unterkunft	**Vorwahl (043)** **ECO: Hostal Gregori** (BUDGET), Av. Luís Ormeño 529, Tel. 41-1073. Zi. zur Straße hin laut, bc/bp, Kw, Restaurant. – **Hostal Indoamericano,** Av. Huarmey 130 (neben dem Restaurant Tío Sam), Tel. 41-1395. Zi. zur Straße hin laut, bc/bp, Kw. – **Hotel Las Dunas,** Av. Luís Ormeño 505, Tel. 41-1226. Neuer Bau, gutes Chifa-Restaurant im Haus. – **Hostal El Kairo,** Av. Luis Ormeño 540–542, Tel. 35-7026, www.hostalelkairo.com.pe. Neues, schönes Hostal. DZ ab 40 Soles. **FAM: El Farol Inn,** Av. Túpac Amaru 450, Tel. 41-1064, www.elfarolinn.com. Ansprechende Zi. bc/bp, ruhige Gartenlage, Restaurant, Bar, freundlich, hilfsbereit, gutes PLV. DZ/F ab 110 Soles. Empfehlenswert, aber nach Rabatt fragen. Auch Bungalow-Unterkünfte im Balneario Tortugas. – **Las Poncianas,** Calle Manco Capac s/n bzw. Panamericana Norte km 379, www.lasponcianashotel.com, Tel. 41-1599. Schöne Hotelanlage mit Restaurant, Pool, Sauna etc. Ebenfalls mit „Strandunterkunft" im Balneario Tortugas.
Essen & Trinken	Das Restaurant *Libertad* ist eine gute Wahl. Gutes und preiswertes Essen wird auch im *Servicenter Casma,* der Tankstelle an der Hauptstraße, angeboten.
Post	*Serpost,* Fernando Loparte (Nähe Plaza de Armas).
Telefon	*Telefónica del Perú,* Huarmey 302. *Luz,* Av. Ormeño 118.
Geld	*Banco del Crédito,* Bolívar 181.

Bus	Die meisten Busse aus Lima nach Norden kommen am Vormittag durch Casma und halten meist an der Tankstelle am Ende der Av. Ormeño. Falls alle Busse voll sind, und das ist meist der Fall, muss zuerst nach Chimbote gefahren werden. Von dort gibt es bessere Verbindungen. Nach **Chimbote** (60 km): tägl. Colectivos und Busse, z.B. mit *Huandoy*, Luís Ormeño 159, Tel. 41-2336; Fz 1 h, 5 Soles. – **Huaraz** (160 km): tägl. Busse von *Transportes Moreno* und *Soledad*, Fz 7 h, 25 Soles. – **Lima** (370 km): tägl. Busse und Colectivos; Fz 6 h, 20 Soles. – **Playa Tortugas** (20 km): Mo–Fr Colectivos ab Plaza de Armas, Fz 20 Min., um 4 Soles, Taxi um 15 Soles. – **Sechín** (5 km): Colectivos nach Buena Vista (20 km), Fz ca. 30 Min. – **Trujillo** (190 km): keine Direktbusse, Colectivos bis Chimbote und dann umsteigen; Fz 3 h, 10 Soles.

Umgebungsziele

Tour 1:
Cerro
Sechín
	Nur 5 km von Casma und knapp 1 km abseits der Panamericana liegt der Ruinenkomplex von **Sechín** im heißen Wüstensand. Er wird der Chavín-Kultur der Küstenwüste zugeordnet. Die Anlage entstand etwa 1800 bis 1300 v.Chr. und war möglicherweise ein großes religiöses Zentrum für Opferzeremonien. Ein Höhenweg führt um die Ruinenanlage.
	   Die Stätte ist tägl. von 9–17 Uhr geöffnet, Eintritt (inkl. Museum) 5 Soles (Studenten ermäßigt). Anfahrt von Casma (5 km) mit Taxi (ca. 12 Soles), Micro, Motocarro oder einem Colectivo vom Markt. In der Nähe von Sechín befinden sich noch einige weitere interessante Ruinenkomplexe, wie z.B. **Chanquillo** (s.u.), eine große Tafel am Museum gibt hierüber Auskunft.
	   Cerro Sechín wurde erst 1937 vom peruanischen Archäologen Julio C.Tello entdeckt. Erhalten ist ein 38 x 38 m großer Hauptbau, ein Heiligtum aus Lehmziegeln, das von einer Mauer aus mächtigen Steinpfeilern umgeben ist. Über 300 Reliefplatten wurden ausgegraben, manche davon sind über 300 t schwer.

Die Reliefs zeigen Kampfszenen, Priester und Krieger mit topfartigen Helmen, in den Händen Waffen oder religiöse Gegenstände tragend **(s. Foto links)** und über Leichenteile ihrer besiegten Feinde gehend. Die Gesichter zeigen eine deutliche Übereinstimmung mit der Raubkatzengottheit von Chavín. Sehr blutrünstig wirken die abgehackten Arme und

Beine sowie die Köpfe mit ausgestochenen Augen. Auf den Lehmmauern finden sich bunte Bemalungen, die auf ein erheblich höheres Alter der Anlage hinweisen könnten. Sensationell war die Freilegung von Fußabdrücken auf der Rückseite der Tempelplattform, ihr Alter wird auf 3000 Jahre geschätzt. Replika im Museum.

Das Museum *Max Uhle* zeigt ein Modell des Tempels von Sechín und einige Ausgrabungsgegenstände.

Moxeque In der Nähe von Sechín befindet sich mit dem Tempel von *Moxeque* (2. Jh. v.Chr.) ein weiterer archäologischer Komplex, u.a. mit einer Tempelpyramide.

Chanquillo Chanquillo liegt etwa 13 km südlich von Casma und kann über eine 4 km lange Piste von der Panamericana aus erreicht werden. Zu sehen sind die Reste eines riesigen Festungskomplexes (ca. 3. Jh. v.Chr.) mit konzentrischen Mauern und gegenüber 13 Türme, die bis zu 7 m hoch sind *(altares)*. Die Aussicht von diesem Platz ist grandios. Es handelt sich bei der Anlage um das älteste Sonnenbeobachtungszentrum in Peru, ca. 400 v.Chr.

Tour 2: Balneario Tortugas Der kleine Strandort an einer fast geschlossenen Bucht mit schwarzem Kiesstrand liegt einige Kilometer nördlich von Casma am Pazifik. Von der Abzweigung (mit der riesigen Schildkrötenfigur, nicht zu verfehlen!) von der Panamericana nach Tortugas sind es nur 2 km. Außerhalb der Badesaison ein ruhiger Fischerort, verwandelt sich das „Schildkrötenbad" in den Sommermonaten (Dez.–März) in einen quirligen Badeort.

ECO: Casa de Hospedaje Gabriela, bp, Kw, freundlich. – **Hostal Oasis**, Tel. 33-4694 (in Chimbote); bp, nur während der Saison geöffnet (Dez.–März).

FAM: Hostal El Farol, Tel. 41-1064 (in Casma); komfortable Zimmer/bp, schöner Blick über die Bucht.

Restaurant: *La Cabaña Marina;* hier werden auch außerhalb der Saison riesige, sehr leckere Meeresfrüchte-Teller gekocht. Für Fischfreunde ein **TIPP**!

Chimbote

Auf den folgenden 56 km von Casma nach Chimbote ist wieder ein kleiner Pass (420 m) zu überwinden, danach geht es in das Tal des *Río Nepena*. Nach Überquerung des Flusses sind es noch 26 km bis Chimbote. Dabei führt die Panamericana an der (Halbinsel) *Península de Ferrol* vorbei.

Chimbote, 1970 durch ein Erdbeben in Mitleidenschaft gezogen, ist eine aufstrebende, doch gesichtslose Stadt mit 325.000 Einwohnern und seit 1947 ein Zentrum der peruanischen Schwer- und Fischmehlindustrie. Das Eisenerz aus den Minen von Marcona (550 km südlich von Lima) wird vom dortigen Hafen San Juan mit Schiffen bis hierher gebracht. Strom bezieht die Industrie von einem Kraftwerk im Río Santa-Tal. Chimbote besitzt einen der wenigen natürlichen Häfen Perus an einer relativ schönen Bucht, doch die enorme Umweltverschmutzung durch staatliche Unternehmen (Petroperú, Siderperú und Pescaperú) als auch der alles durchdringende Fischgestank können einen Chimbote-Aufenthalt zu einer unangenehmen Erinnerung machen.

Sehenswert sind außerhalb der *Refugio Ecológico Pantanos de Villa María* sowie das Valle de Nepeña mit dem *Templo de Punkuri*, der *Fortelaza de Pañamarca* und den *Paredones*.

Feste: *Festival del Cebiche* (2. Mai-Sonntag), *Día del Pisco* in Morro (4. Juli-Sonntag) und das Fest der *Jungfrau von Guadalupe* um den 8. September.

Adressen & Service Chimbote

Unterkunft Am besten ist, in Chimbote nicht übernachten zu müssen. Alle genannten Unterkünfte liegen im Zentrum, weitere billige Hostales an der Panamericana.
Vorwahl (043)
ECO: Hostal Felic, Av. Pardo 552, Tel. 32-5901; bc/bp, ruhig. – **Hotel El Sol,** Av. Enrique Meiggs 1595, Tel. 35-2281. Einfach, bc/bp, empfehlenswert. – **Hostal San Felipe,** Av. Pardo 514, Tel. 32-3401; bp, freundlich, Rest.
FAM: Hostal Karol Inn, M. Ruíz 277, Tel. 32-1269; bp, Cafetería. **TIPP!** – **Hostal Antonio's,** Av. Bolognesi 745, Tel. 32-3026.
LUX: Hostal D'Carlo, Villavicencio 379 (Plaza de Armas), Tel. 34-4044. Derzeit wohl das beste Hotel am Ort. – **Hotel Presidente,** Leoncio Prado 536, Tel. 32-2411. Älteres Haus, Zi. mit Ww. – **Gran Hotel Chimú,** Av. Gálvez 109, Tel. 32-1741. Direkt am Meer, ältere Zi., ganz gut, aber teuer, Ü/F.

Essen & Trinken In der Bolognesi liegen nebeneinander zwei recht gute Fischrestaurants: *Cebichería El Paisa* und *El Veradero Veridico.* Außerdem liegt in der Bolognesi u.a. die *Chifa Cantón* und das *Venecia* (Mariscos und Fisch) sowie in einer Seitenstraße das *Vicmar.* Hähnchen: *Pollo Gordo,* Prado/Aguirre und *Pollería Delca,* Av. Haya de la Torre 568. In der Aguirre ist zur Mittagszeit das *Buenos Aires* immer voll. Parrillada-Freunde gehen ins *La Fogata,* Villavicencio. Gut und preiswert kann im *El Bodegon,* Ruíz 382, gegessen werden. An der Panamericana können *El Rancho Grande* (km 4,5), *Los Patos* (km 3,5) und das *Costa Verde* empfohlen werden.

Erste Hilfe *Hospital La Caleta,* La caleta s/n, Tel. 34-6383.

Post *Serpost,* Av. Pardo 398, Tel. 32-4073.

Geld *Banco del Crédito*, Bolognesi. *Casa de Cambio Arroyo,* Ruíz 292. Auf der Ruíz Casas de Cambio und Straßenwechsler.

Bus Der Terminal Terrestre (Benutzungsgebühr) liegt in der Av. Enrique Meiggs, am südlichen Stadtrand. Anfahrt vom Zentrum mit Colectivos, die an der Frontscheibe die Aufschrift *Meiggs* haben.
  Nach Cajamarca (440 km): tägl. mit *Expreso Cajamarca,* Fz 8 h, 35 Soles. – **Caraz** (190 km): s. Huaraz. – **Casma:** so gut wie kein direkter Busverkehr, wochentags ab und zu Abendbusse. – **Huaraz** (270 km): tägl. mit *Yungay Express* gegen 8.30 Uhr durch den *Cañón del Pato* (**beeindruckendste Strecke in das Santa-Tal,** s.S. 579) via Caraz nach Huaraz; Fz 8–10 h, Fp 25 Soles; tägl. mit *Huandoy* (Tagfahrt, ab 9 Uhr), Av. Elias Aguirre 264, Tel. 32-4001, via Casma nach Huaraz (220 km); Fz 8–9 h, Fp 20 Soles; tägl. mit *Cruz del Sur* via Pativilca nach Huaraz (435 km), Fp 30 Soles. – **Lima** (430 km): tägl. zahlreiche Busse, z.B. mit *Cruz del Sur* oder *Ormeño* sowie Colectivos, Fz Bus ca. 6 h, Colectivos ca. 5 h, ab 20 Soles. – **Piura** (620 km): Busse von *Cruz del Sur, Expreso Ancash, TEPSA* und *Las Dunas;* s.a.unter Tumbes. – **Trujillo** (130 km): tägl. mehrere Busse (zeitweise im 30-Min.-Takt) und Colectivos, u.a. von *America Express, Empresa El Sol* und *LIT Perú,* Fz 2,5 h. – **Tumbes** (900 km): 2x tägl. *(Cruz del Sur, Continental),* Fz 13 h, 50 Soles.

Chimbote – Trujillo

13 km nordwärts von Chimbote bietet sich in **Santa** die letzte Möglichkeit, nach Huaraz in die Berge abzubiegen. Die Straße ist zwar recht schlecht, aber bis *Huallanca* sehr spektakulär! Kurz vor der Abzweigung nach Huaraz liegt links bei km 441 das *Hostal Las Garzas* (Tel. 69-4045), ein Privathaus mit großen Zimmern (ECO). Bald darauf wird der *Río Santa* überquert.

Die Berge treten wieder weit von der Küste zurück. Durch eine typische Stein- und Sandwüste mit Sicheldünen geht es weiter nach Norden. Bei km 514 steht ein Wegweiser ins 3 km entfernte Dorf **Virú** am gleichnamigen Fluss. Möglicherweise leitet sich von diesem Ortsnamen der Name Peru ab.

In Virú führt eine 13 km lange Straße nach *El Carmelo* am Pazifik mit den vorgelagerten **Islas Guañape,** die durch unterirdische Gänge bekannt wurden. In der Gegend zwischen dem Huascarán und Otuzco soll es mehrere Höhleneingänge in ein gigantisches unterirdisches Stollensystem geben, das durch 8 x 5 x 2 m große Felsschotts, die sich durch Menschenkraft öffnen lassen, gesichert ist. Hinter ihnen führt angeblich ein langer Felstunnel bis 25 m unter den Pazifik zur Isla Guañape.

7 km vor Trujillo biegt eine Straße links nach **Salaverry** ab. Hier liegt der modernste Zuckerexporthafen Perus. Es können Schiffe bis zu 20.000 BRT be- und entladen werden. Auf der Weiterfahrt sind in einiger Entfernung rechts bereits die *Huaca del Sol* und die *Huaca de la Luna,* zwei große Pyramiden der Mochica (s.S. 520), zu sehen, bevor erste Oasenfelder die Panamericana Norte nach Trujillo begleiten.

Trujillo

Die Hauptstadt des Departamento La Libertad ist mit 750.000 Einwohnern die drittgrößte Stadt Perus. Wichtigste Wirtschaftszweige sind Steinkohle, Zucker und Kupfer.

Das Tal des *Río Moche*, in dem Trujillo liegt, wurde um 100 n.Chr. von den **Mochica** (oder Moche) bewohnt. Bekannt wurden diese vor allem durch ihre Darstellungen auf vollendeten Keramiken, die Details aus Alltag, Landwirtschaft, Religion und Erotik zeigen, aber auch durch feinste Goldschmiedearbeiten, durch kunstvolle Figuren in Vasenform (Porträtvasen) oder durch ihre Kenntnisse der hydraulischen Techniken, die bei ihren Bewässerungssystemen zum Einsatz kamen. Sie schufen gewaltige Bauwerke, z.B. die **Sonnen-** und **Mondpyramide** in der Nähe Trujillos. Die Mochica wurden wahrscheinlich um 1000 n.Chr. von den **Chimú** abgelöst, die ein gewaltiges Küstenreich aufbauten. Deren Hauptstadt war **Chan Chan.** Reste dieser Adobe-(Lehmziegel)stätte können im Norden Trujillos besichtigt werden.

Trujillo, die Plaza

Trujillo wurde 1534 von Diego de Almagro zu Ehren der spanischen Geburtsstadt Francisco Pizarros gegründet und war Sitz zahlreicher Vizekönige. Zum Schutz gegen die vielen Piratenangriffe wurde sie 1685–1687 mit einer Mauer befestigt, ihre Blütezeit lag im 17. und 18. Jh. Aus dieser Zeit sind einige typische Häuser mit schön geschnitzten Erkern erhalten.

Die Unabhängigkeit Perus wurde 1820 zuerst in Trujillo durch den *Marqués de Torre Tagle* verkündigt, einige Jahre hieß der Ort *Ciudad Bolívar*. 1824 wurde die Universität gegründet, 1965 eine weitere. Ende des 19. Jh. wurde die Stadt Handelszentrum für Zuckerrohr, nahezu der gesamte Umschlag lag in den Händen des deutsch-peruanischen Großgrundbesitzer Gildemeister und einiger weiterer Zuckerbarone.

Trujillo ist die wichtigste Stadt Perus nördlich von Lima und hat durch die Baudenkmäler der Mochica- und Chimú-Kulturen sowie durch die kolonialspanische Architektur touristische Bedeutung. Der peruanische Nationaltanz *Marinera* hat hier seine Heimat, die Stadt ist noch heute eine Hochburg des Tanzes. Besonders erlebenswert ist hier ein Aufenthalt in der Zeit um den 21. September, wenn das *Festival de Primavera* mit Umzügen und Stierkämpfen gefeiert wird. Im Großraum Trujillo werden auch die berühmten peruanischen Passpferde, *caballos de paso*, gezüchtet. Wer Lust hat, kann zum *El Mirador de Cerro Blanco*, km 19 an der Carretera nach Simbal fahren: schöne Aussicht, Entspannen im dortigen gleichnamigen Restaurant.

Das warme, frühlingshafte Küstenklima ist sehr angenehm, was dem Badespaß an den Stränden um Trujillo zugute kommt. Die Strände nördlich von Trujillo eignen sich auch gut zum Surfen *(Playa Malabrigo)*. Im Winter von Juli bis September werden Jacke oder Pullover benötigt.

Sehenswürdigkeiten

Plaza de Armas
Mittelpunkt der Stadt ist die große, lebhafte, wirklich schöne und sehenswerte Plaza de Armas. Zur Erinnerung an die hier 1820 erfolgte Unabhängigkeitserklärung Perus und an *Simón Bolívar*, der in Trujillo einige Zeit sein Hauptquartier hatte, steht auf dem Platz ein großes **Freiheitsdenkmal**.

Neben einer der ältesten Kathedralen Perus aus dem 17. und 18. Jh. befindet sich in der Larco Herrera das **Museo Arte Religioso** (Museum Religiöser Kunst, Mo–Sa 8–14 Uhr, Eintritt). Ebenfalls an der Plaza befindet sich der **Palacio de Arzobispo** (Erzbischöfliches Palais), die **Municipalidad** (Rathaus), das Hotel Libertador und einige schöne Kolonialhäuser, wie z.B. die **Casa Bracamonte** (tägl. 7–19 Uhr, jedoch Sitz von *EsSalud* und somit nicht immer von Touristen zu besichtigen) und die sehenswerte **Casa Urquiaga** (Mo–Fr 9–15 Uhr, Eintritt frei.)

Kunstliebhaber dürfen das **Museo de Arte Moderno** auf keinen Fall verpassen, Eintritt 10 Soles, schöne Gartenanlage zum Entspannen, etwas außerhalb, Anfahrt mit Taxi oder Motocarro.

Weitere Kolonialhäuser
Casa Orbegoso, Orbegoso 553, Mo–Sa 9–13 u. 16–19 Uhr, sehenswert. – *Casa del Mayorazgo,* Pizarro 314, Scotiabank. – *Casa de la Emancipación,* Pizarro 610, Banco Continental, Mo–Sa 9–13 u. 16–18.30 Uhr. – *Casa Garci Holguin,* Jr. Independencia 527.

Iglesia La Merced	Von der Plaza führt in nordöstlicher Richtung die Calle Pizarro zur Kolonialkirche Iglesia La Merced. Wie alle der etwa zehn Kolonialkirchen Trujillos wurde auch diese Kirche durch das Erdbeben von 1970 stark in Mitleidenschaft gezogen. Die *Iglesia El Carmen* wurde dabei am meisten beschädigt.
Palacio Iturrégui	Einen Block weiter, bei Nr. 688, befindet sich links in der Pizarro der schöne neoklassizistische Palacio Iturrégui aus dem 18. Jh. mit hübschem Innenhof, Galerien und prächtigen schmiedeeisernen Kolonialgittern. 1820 bildete hier *General Iturrégui* ein *Cabildo Abierto* zur Vorbereitung der Unabhängigkeit der Stadt von den Spaniern. Heute gehört das Gebäude dem exklusiven **Club Central.** Hier trifft sich alles, was Rang und Namen hat. Erster Innenhof geöffnet Mo–Sa 8–18 Uhr, 5 Soles. Ansonsten mit Voranmeldung.
Museo de Arqueología y Historia de la Universidad Nacional de Trujillo	(Archäologisches Museum). Einen Teil der Mochica- und Chimú-Keramiksammlung kann im Archäologischen Museum, Junín 682/Ayacucho bewundert werden, darunter die typischen **Huacos** (prähispanische Keramiken). Der Rest der Sammlung wird im neuen Ortsmuseum der Huaca präsentiert. Di–Fr 9–13 Uhr, Sa/So 9–16 Uhr, Eintritt. Huacos werden Touristen auch in Läden angeboten. Das sind meist aber nur billige Nachahmungen, da Verkauf und Export der Originale verboten sind.
Museo Casinelli / Museo Juan Ormea	Eine atemberaubende Privatsammlung kostbarer Mochica-, Chavín- und Chimú-Objekte Adresse: Piérola 601, an der Abzweigung der Panamericana nach *Huanchaco* (im Untergeschoss einer Tankstelle). Mo–Sa 9–13 und 15–18 Uhr, Eintritt. – Das **Museo Ormea** ist ein kleines botanisches Museum in der Calle San Martín 386.
Museo del Juguete	Independencia 705, Mo–Sa 10– 18 Uhr, So bis 13 Uhr. Spielzeugmuseum mit Spielzeug aus präkolonialer und neuerer Zeit.

Adressen & Service Trujillo

Tourist-Info	**i-Peru,** Jr. Diego de Almagro 420, Tel. 29-4561, iperutrujillo@promperu.gob.pe, www.peru.info, Mo–Sa 9–18 Uhr, So 9–13 Uhr. Informations- und Assistenzbüro der Municipalidad in Zusammenarbeit mit PromPerú und INDECOPI. Infos zu Sehenswürdigkeiten, touristischen Angeboten, Flug, Bus und Bahn, Unterkünften, Restaurants und Touranbieter, keine Reservierungen. **Cámera Regional de Turismo** (Caretur), España 1800, Tel. 24-5354, 24-5794. Mo–Fr 9–13 und 16–20 Uhr; keine große Hilfe. **Vorwahl (044)**
Websites	www.trujilloperu.com • http://trujilloperu.xanga.com • u.a.
POLTUR	*Policía de Turismo,* Independencia 630 (Casa Ganoza Chopitea), Tel. 24-6941; freundlich und hilfsbereit, 8–19.30 Uhr; sowie Pizarro 402/Almagro (Casa Goicochea) in der Municipalidad, Tel. 29-1705, 8–20 Uhr, (ggf. an die Tür klopfen, auch außerhalb dieser Zeit). *INDECOPI,* Junín 454, Tel. 20-4146, odiaqp@indecopi.gob.pe. Mo–Fr 8–16 Uhr.
Unterkunft	Hotels im Stadtzentrum sind oft alte Kolonialgebäude, Zimmer leiden unter Straßenlärm, möglichst keine Zimmer zur Straße hin nehmen. Durch die permanente Knappheit an Wasser wird es öfter abgestellt, und auch warmes ist nicht immer selbstverständlich – fragen Sie also vorher. Ruhiger und **angenehmer** übernachten lässt es sich im nordwestlich von Trujillo gelegenen **Ba-**

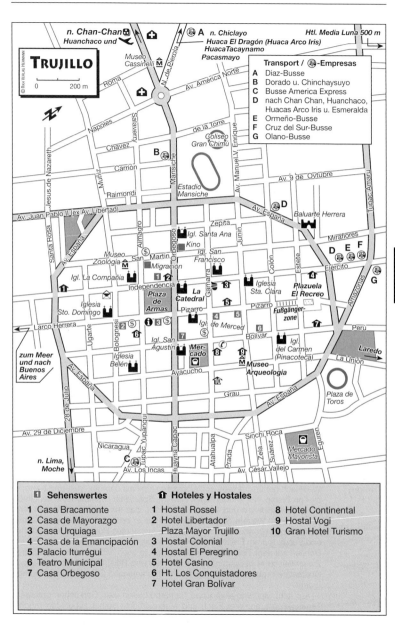

	deort **Huanchaco** am Meer (s.u.). Außerhalb der Saison sind die Preise gut verhandelbar und Übernachtungspreise um 30 Soles p.P. durchaus möglich.
ECO	In der untersten Preisklasse gibt es wenig Qualität. Als Alternative bietet sich auch die Möglichkeit, bei Einheimischen privat zu übernachten. **Hostel Rossel** (Jugendherberge), Av. España 252, Tel. 25-3583. – **Hospedaje Los Tumbos,** Prol. Victor Larco 1648, Tel. 46-2032. 20 schön eingerichtete Zi. bc/bp, direkt an der Uferstraße mit Blick aufs Meer, Bar; auf Wunsch Frühstück, Mittag- oder Abendessen, empfehlenswert. – **Hospedaje Clara Luz Bravo Diaz,** Cahuide 495 (gegenüber Huayna Capac 542), Urb. Santa María, Tel. 243347 u. 299997, http://casadeclara.xanga.com. Familiäres Gästehaus mit 16 spartanischen Zi. bc/bp, Patio, Garten, weniger gutes PLV. – **Hostal Colonial,** Independencia 618, www.hostalcolonial.com.pe, Tel. 25-8261. Zentrale Lage, schönes, ansprechendes Kolonialhaus mit Garten und kleiner, spartanischer Dachterrasse; bp, kleines Restaurant, sehr hilfsbereit. DZ/F um 70 Soles, Rabatt verhandelbar; auch preiswerte empfehlenswerte Tourangebote (span. u. engl.) nach Chan Chan (30 Soles), Huaca del Sol und Huaca de la Luna (25 Soles); für Hotelgäste ca. 25% billiger.
FAM	**Hostal Vogi,** Ayacucho 663, Tel. 24-3574. Alt, ruhige Lage, bp. – **Regent's Hostal,** Paganini 1019 (ca. 800 m nordöstl. der Plaza), Urb. Primavera, Tel. 23-1447, www.regentshotel.com. Saubere Zimmer/bp, Bar, Restaurant. DZ/F 44 US$. – **Hotel Continental,** Gamarra 663, Tel. 24-1607, Älteres Hotel, bp, Restaurant. DZ um 80 Soles (verhandelbar). – **Gran Hotel Turismo,** Gamarra 747, Tel. 24-4181. Große Zimmer/bp, Ww nur zeitweise. – **Hostal El Peregrino,** Independencia 978, Tel. 20-3990. Gute Zimmer (z.T. etwas dunkel), bp, kostenlose Abholung vom Busterminal. – **Hotel Los Jardines,** Av. América Norte 1245, Tel. 24-5337. Ältere Bungalows, bp, Pool. DZ um 200 Soles. – **El Recreo,** Calle Estete (zw. Bolívar und Ayacucho). Zentrales, sehr sauberes Hotel, gutes und günstiges Restaurant. DZ/F ab 110 Soles. – **Hotel Media Luna,** Av. América Norte 1323, Urb. Las Quintanas, Tel. 20-4451, www.medialunahotel.com. Ganz neues und schönes Hotel. DZ/F über Online-Buchung bei booking.com für knapp 100 Soles, sonst das Doppelte.
LUX	**Hotel Los Conquistadores,** Diego de Almagro 586, Tel. 48-1650, www.losconquistadoreshotel.com. Sehr gute Zi., komfortabel, bp, Rest., Bar, gutes PLV. **TIPP!** – **Hotel Casino Real,** Pizarro 651, Tel. 24-4485 u. 25-7034. Zentral, gute Zi., inkl. Hoteltransfer. – **Hotel Libertador Plaza Mayor Trujillo,** Independencia 485, Plaza de Armas, Tel. 23-2741, www.libertador.com.pe. Bestes Hotel der Stadt, schöne Zi., Rest., Bar, Pool, Sauna. – **Hotel Gran Bolívar,** Bolívar 957, Tel. 22-2090, www.perunorte.com/granbolivar. DZ/F ab 79 US$. - **Gran Hotel El Golf Trujillo,** Los Cocoteros 500, El Golf, Tel. 28-2515, www.granhotelgolftrujillo.com; 120 Zimmer, AC, Rest., Bar, zwei runde Pools.
Essen & Trinken	Traditionell wird in Trujillo *cebiche* mit *camote* und *yuca* (Maniok) gegessen. Wer Fisch gedünstet liebt, sollte *causa en lapa* mit camote, Mais und Kartoffelbrei probieren. Nur an Montagen wird die Spezialität *chámbar* (eine gehaltvolle Suppe) mit Bohnen und Weizen zubereitet, das mit *cancha* (frittiertem Mais) serviert wird. Weitere Spezialitäten sind *ajiaco de cuy* (Meerschweincheneintopf), *Cecina* (Dörrfleisch) und *sangrecita* (gekochtes Hühnerblut mit Kartoffeln und Yuca). Nur am Freitag kommt die *frejolada,* ein Fleischgericht mit Reis und Bohnen auf dem Tisch. Sehr lecker schmeckt auch *cabrito a la norteña,* zartes Ziegenfleisch in Maisschnaps mit Bohnen und Reis. Unbedingt die leckeren Obstsalate probieren. In den guten Restaurants sind 2 Soles Trinkgeld angebracht. Auf dem Mercado (Ayacucho/Gamarra) bieten viele Garküchen preiswerte Tagesgerichte an. Wer Fisch und Meeresfrüchte selbst zubereiten möchte,

kann auf diesem Markt gut und günstig einkaufen. Mariscos und Fisch werden in allen Strandkneipen billig angeboten.

Daneben gibt es viele gute und preiswerte Restaurants, etliche davon in der Calle Mansiche zwischen Zepita und Chávez. In der Gamarra 735 befindet sich die preiswerte *Chifa Oriental* (große Portionen) sowie die Restaurants *Marisco* und *Central.* In der selben Straße finden im *24 Horas,* Gamarra 779, hungrige Spätankömmlinge und Nachtschwärmer immer noch etwas zu essen. In der *Chelsea Tavern,* Estete 677, werden Anticuchos und andere sehr schmackhafte Grillgerichte angeboten. Bei Einheimischen recht beliebt ist *El Mochica,* Bolívar 462, mit typischen regionalen Gerichten, sehr großen Portionen, ebenso die *Parrillada Ramiro's* für Grillfreunde. Grillhähnchen kommen in der *Pollería El Bolívar,* Plaza de Armas/Pizarro 501, auf den Tisch. Etwas außerhalb liegt das empfehlenswerte *La Taberna,* Husares de Junín 350 (La Merced); viele Hähnchenvariationen, am Wochenende regionale Folklore. Wer ländliche Kneipen bevorzugt, sollte einmal ins *Restaurante Campestre El Limonero,* in Vista Hermosa, Mz. C, Lote 1, reinschauen.

Für **Vegetarier** empfehlen sich die einfachen Restaurants *El Sol,* Pizarro 660, *Paraíso* in der Pizarro 871 und *Salud y Vigor,* Bolívar 787.

Frühstücken im *Oviedo,* Pizarro 737 – leckere Kuchen! Gute Bäckerei in der Pizarro 865. **Cafés:** *Demarco,* Calle Pizarro 501, auf den Tisch. Etwas außerhalb liegt das empfehlenswerte *La Taberna,* Husares de Junín 350 (La Merced); viele Hähnchenvariationen, am Wochenende regionale Folklore. Wer ländliche Kneipen bevorzugt, sollte einmal ins *Restaurante Campestre El Limonero,* in Vista Hermosa, Mz. C, Lote 1, reinschauen.

Cafés: *Demarco,* Calle Pizarro 501, (auch Mittagstisch und Abendessen). Im *Café Amaretto,* Gamarra 368, Nähe Plaza de Armas, gibt es Cappuccino, Snacks und kleinere Gerichte, tägl. außer So von früh bis spät. In der Independencia 701/Junín, gegenüber der Iglesia Sta. Clara, lädt das gepflegte Jugendstil-Café *Angelmira* ein. RKH-Reisende empfehlen das Café-Restaurante *San Francisco* im Jr. Gamarra 433, gut und bezahlbar.

Unterhaltung	**Vergnügungskomplex Luna Rota,** Av. América Sur 2127. *Die Disco der Stadt* mit Spielcasino und einer *Peña.* – Video-Pub *Cananas,* San Martín 791, besonders am Wochenende ist da was los. – Pub-Disco *Tributo,* Almagro/Pizarro 389 (Plaza de Armas); schönes Ambiente in einem Kolonialhaus, Disco, Sa Live-Musik. – *El Estribo,* San Martín 809, Restaurant mit Peña. – *La Taberna,* Husares de Junín 350 (La Merced), Folkloremusik am Wochenende. – Disco *Flamingo,* im Hotel Casino Real, Pizarro 651. – *Chelsa Tavern,* Estate 675, Livemusik am Wochenende. – Weitere Discos: *La Barra, Cuadra 10* und *Evaristo.*
Erste Hilfe	*Clínica Sánchez Ferrer,* Los Laureles 436, Tel. 24-5541. *Clínica Peruano-Americano,* Av. Mansiche 810, Tel. 23-1261.
Post	*Serpost,* Independencia 286/Bolognesi, Mo–Sa 8–20 Uhr, So 8–15 Uhr.
Internet-Cafés	Internet-Cafés und *Locutorios* (für günstige Telefonate national und international) gibt es fast in jeder Straße.
Geld	*Banco del Crédito,* Gamarra 562, erste Wahl. *Banco de la Nación,* Almagro 297. *Banco Continental BBVA,* Gamarra 547. *Scotiabank,* Pizarro 314. *Interbank,* Pizarro/Gamarra 463. *Casas de Cambio* gibt es an der Plaza de Armas sowie in der Pizarro und Bolívar. *Cambio D'Georgio* Francisco Pizarro 478. Straßenwechsler warten u.a. an der Plaza und in der Gamarra auf Kundschaft, aufgepasst vor Falschgeld!
Touranbieter	**Consorcio Turístico del Norte Trujillo (CONTOUR),** Francisco Pizarro 478 (Plaza de Armas), Of. 101; nur Verkauf von Flugtickets, freundlich und hilfsbereit. – **APAEC,** Av. 28 de Julio 140-A, Urb. El Recreo, Tel. 29-6738. – **Trujillo Tours,** Diego de Almagro 301, www.trujillotours.com, Tel. 23-3069. – Auch **Hostal Colonial** s.o. – **Peru Together Travel,** Jr. Pizarro 562. Kleine Agentur in einem Souvenir- und Lebensmittelgeschäft. Nur Spanisch.
Touristenführer	*Claudia Riess,* Tel. 28-8646, Cel. 949-395-396, claudiariess8@hotmail.com. Dt.-spr. Führerin mit fundiertem Wissen, besonders über die Mochica und Chimú, sehr empfehlenswert! – *Martha S. de Hebeisen,* , mahesa_22@hot-

mail.com. Dt.-spr. Peruanerin, die sich bestens mit Ausgrabungen und Archäologen rund um das Grab des Herrn von Sipán und dem Museum in Lambayeque auskennt, Spezialität gesamte Region Trujillo-Chiclayo. – *Adolfo Gustavo Prada Murga,* Grau 169, Tel. 20-1427. Guter, erfahrener Guía für Chan Chan. – *Alfredo Rios Mercedes,* Tel. 21-4743, www.trujillodelperu.com; Touren in die Umgebung.

Autoclub *Automóvil Club del Perú,* Av. Argentina 278, Urb. El Recreo, Tel. 24-2101.

Radler-Treff Luís *Ramírez D'Angelo,* Av. Santa 347, Tel. 20-0313 anrufen oder im Restaurant *Demarco,* Av. Pizarro nach ihm fragen. Lucho hilft mit allem!

Einkaufen & Kunsthandwerk Ein kleiner Kunsthandwerks- und Souvenirmarkt, auf dem die Hersteller ihre Produkte direkt anbieten, liegt in der Grau 537, geöffnet 9.30–20.30 Uhr. – *Zona Franca,* Av. España an der nordöstlichen Einmündung der Grau. Preiswerte Kleidung über drei Stockwerke. – *Shopping Center Apiat,* gleich daneben; gute Adresse für günstige Schuhe und Kunsthandwerk. – *Merpisa,* Pizarro/Junín, moderner, guter Supermarkt.

Freibad *Piscina Olímpica,* Junín/Av. España, 10–17 Uhr, Eintritt.

Feste Letzte Januarwoche: *Concurso Nacional de Marinera.* Farbenprächtiger Nationaltanzwettbewerb mit Korso, Passpferde, *das* Sommerspektakel in Trujillo. – Februar: Karneval in den Badeorten Las Delicias und Huanchaco mit prächtigen Straßenumzügen. – Ende Juni: *Festival del Mar* in Malabrigo (Pto Chicama) und Huanchaco. – 2. Septemberhälfte: *Festival Internacional de la Primavera* mit Folkloretänzen, Liederfestival, Stierkämpfen, Passpferdevorführungen u.a.

Verkehrsverbindungen

Innerhalb der Stadt sind Busse und Colectivos billig. Micros kosten innerstädtisch 0,80 Soles, ein Taxi 2 Soles. Taxis aus dem Zentrum in die Stadtteile verlangen 3–12 Soles, je nach Entfernung. Transfer zum und vom Flughafen ins Zentrum mit dem Bus 3 Soles, mit den gelbschwarzen Taxis höchstens 10 Soles! Busse halten 700 m links vom Flughafengebäude auf der Hauptstraße nach Trujillo. Taxifahrer erhalten kein Trinkgeld.

Bus Im Nordosten von Trujillo liegt der *Terminal Terrestre,* der zentrale Busterminal (Av. del Ejercito), von dem zwar Fernverkehr abgeht, doch nicht alle Busse abfahren. Busse nach Chimbote z.B. fahren in der Av. Nicaragua ab. Der Terminal von *El Dorado* ist in der Av. America Norte 2400, Tel. 29-1778. – *Movil Tours* befindet sich in der Av. America Sur 3959/Ovalo Larco, Urb. La Merced, Tel. 28-6538. – *LÍNEA* (gute Busse, große Sicherheit), Av. Carrión 140, Tel. 26-1482 und Orbegoso 300, Tel. 24-5181. – *Cruz del Sur,* Amazonas 437, Tel. 26-1801. – *EMTRAFESA,* Av. Túpac Amaru 185, Tel. 22-3981. – *Transportes Diaz,* Av. Nicolas de Piérola 1079. – *LIT Perú,* Av. Nicaragua. – *Ittsa,* Av. Mansiche/ Libertad (oder Av. Pablo II). – Die preiswerteste Gesellschaft ist derzeit *El Sol,* Av. Mansiche 361.

Nach Aguas Verdes: tägl. um 20.30 Uhr, Fp 25 Soles. – **Cajamarca** (300 km): 2x tägl. mit *Expreso Cajamarca* und *LÍNEA* sowie die empfehlenswerten Busse von *Transportes Diaz,* Fz 7,5 h, ab 15 Soles. Links sitzen! – **Casma** (190 km): tägl. mit *LÍNEA,* umsteigen in Chimbote, dann weiter mit Colectivos. – **Chachapoyas** (630 km): s. Tarapoto. – **Chan Chan** (5 km): Taxis, Colectivos und Busse, Fz 20 Min., Fp Taxi 20 Soles. – **Chimbote** (130 km): tägl. mehrere Busse und Colectivos, u.a. *America Express, LÍNEA* und *LIT Perú,* Fz 2 h, Fp ab 5 Soles. – **Chiclayo** (210 km): im Stundentakt mit *EMTRAFESA,* Fz 3 h, Fp 15 Soles. – **Huamachuco** (184 km): tägl. Busse von *Garrincha, Agredal, Negreiros, Palacios, Sánchez Lopez* und *Gran Turismo,* Fz 9 h, Fp 20 Soles. – **Huanchaco** (15 km): tägl. Busse und Colectivos (Nr. B, 114 A, Huanchaco), Fz

15–20 Min., Fp um 3 Soles; Taxi 10 Soles. – **Huaraz** (220 km): Nachtbusse mit *Movil Tours,* komfortabler Liegebus, Fz 8,5 h, Fp 50 Soles, mit *LÍNEA,* Av. Sudamerica 2857, Semi-Cama um 21 Uhr, Fz 9 h, 45 Soles. Tagbusse durch den Cañón del Pato (s.S. 579) nach Caraz und Huaraz mit Transporte Huaraz tägl. um 9 Uhr, Fz 9 h, Fp ab 30 Soles, oder mit *American Express* nach Chimbote (ab 5 Uhr alle 15-30 Min. für 8 Soles, Fz 2,5 h, Terminal in Av. Moche im Südosten, ca. 1 km hinter Av. Los Incas), und von Chimbote weiter (s. dort). Preiswerteste Gesellschaft von Trujillo nach Huaraz ist *Empresa 14,* Fp 35 Soles. – **Lima** (560 km): tägl. mehrere Busse, z.B. *Cruz del Sur, TEPSA, America Express, Empresa Diaz, Oltursa* u. *Continental Ormeño,* Fz 8 h, 20–80 Soles, je nach Bustyp und Unternehmen. Eines der besten Busunternehmen auf dieser Strecke ist *Ittsa,* bequeme, saubere Schlafbusse, 55 Soles. – *Mancora:* Mit *El Sol,* 20 Soles. – **Moyobamba** (875 km): s. Tarapoto. – **Pacasmayo** (120 km): tägl. mehrere Busse und Colectivos, Fz 2 h, ab 6 Soles. – **Piura** (420 km): tägl. mehrere Busse, Fz 6 h, preisgünstigste Linien: *El Sol,* 20 Soles und *Ethnupesac* um 23 Uhr, 20 Soles. – **Tarapoto** (990 km): tägl. Bus mit *Transportes Guadalupe* über Chachapoyas und Moyobamba, Fz 24 h, 60 Soles. – **Tumbes** (700 km): tägl. Busse; mit *EMTRAFESA,* 19 Uhr, Fz 12–15 h, 30 Soles; auch *Ormeño/Continental.* Billiger mit *El Sol,* 20 Soles.

Flug (TRU) Nach Lima mit *StarPerú,* Diego de Almagro 539, Tel. 47-0137 u. 29-3302, www.starperu.com. – *LAN,* Bolívar 609, www.lan.com. – *TACA,* www.taca.com.

Umgebungsziele von Trujillo
Tour 1a: Huaca del Dragón – Huaca La Esmeralda – Chan Chan

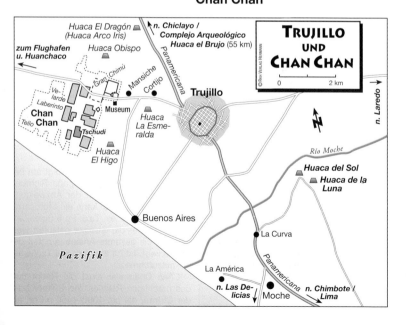

Hinweis: Für Huaca del Dragón, Chan Chan und Museo de Sitio Chan Chan gibt es eine Verbundkarte für 12 Soles, die für alle drei Komplexe gültig ist. Als geführte Tour inklusive Museumsrundgang und Ausflug nach Huanchaco gut an einem Nachmittag machbar.

Huaca del Dragón

Etwa 5 km nördlich der Plaza de Armas befindet sich im Vorort *La Esperanza,* rechts (westlich) der Panamericana die **Huaca del Dragón** („Huaca" ist die Bezeichnung für einen Ort oder eine Naturgegebenheit, wie ein Berg, Stein, Felsen o.ä., denen eine sakrale Bedeutung beigemessen wird). Die Huaca del Dragón wird auch **Templo Arco Iris** (Regenbogentempel) genannt. Tägl. 9–16 Uhr, Eintritt. Der Tempel ist mit dem weiß-roten Bus ab der Av. España in Richtung La Esperanza, mit Micro oder Taxi (9 Soles) problemlos zu erreichen. Besuch vormittags empfehlenswert.

Hinter hohen und 2 Meter mächtigen Adobemauern liegt ein beeindruckender Tempel, der bei einem Besuch von Chan Chan nicht ausgelassen werden sollte. Bis 1960 war der Komplex noch unter dem Wüstensand verborgen, bis er von Archäologen innerhalb von fünf Jahren freigelegt wurde. Der inzwischen durch ein Erdbeben beschädigte und wieder restaurierte Tempel stammt wahrscheinlich aus der frühen Chimú-Periode. Die nähere Bedeutung des Sakralbaus ist nach wie vor unbekannt. Die gut erhaltenen Wände sind mit restaurierten, symbolischen Regenbogenschlangen und anderen Figuren verziert. Über Rampen gelangt man auf den pyramidenartigen Tempel hinauf.

Huaca La Esmeralda

Auf dem Weg von Trujillo nach Chan Chan liegt, etwa 2 km nördlich der Plaza de Armas, kurz nach der Abzweigung von der Panamericana, die **Huaca La Esmeralda** (Smaragdtempel). Die Anlage befindet sich in Höhe der Kirche von Mansiche. Tägl. 9–16 Uhr, Eintritt 12 Soles (Verbundkarte). Der pyramidenartige Tempel, der von den Chimú zur selben Zeit wie Chan Chan erbaut wurde, lag ebenfalls bis 1923 unter Wüstensand begraben. Heftige Regenfälle setzten dem Adobebauwerk stark zu, es wurde aber wieder restauriert. An den Aufgängen zur Pyramide imponieren besonders fein gearbeitete Lehmornamente, wie z.B. Fische, Vögel, Rauten und Wellen.

Huaca de los Reyes

Neu entdeckte Huaca, schwer erreichbar. Taxifahrt von Trujillo nach Caballo Muerto 40 Soles. Die Archäologen haben die Huaca vor Witterungseinflüssen mit Steinen bedeckt. Vorsicht, Klapperschlangen!

Chan Chan

Die Anfahrt nach Chan Chan, 5 km nördlich von Trujillo, erfolgt am besten mit einem Bus der Linie H, die über die Calle España Richtung Huanchaco fahren. Von der Abzweigung zum Palacio Tschudi kann ein Motocarro, Fp 3 Soles, oder ein Taxi, Fp 5 Soles, angeheuert oder die Strecke gelaufen werden. Da die gesamte Anlage inmitten der Wüste liegt, ist es sinnvoll, viel Trinkwasser mitzuführen.

Chan Chan war einst die Hauptstadt des mächtigen Reiches von Chimor oder der **Chimú,** die ca. 1000–1450 n.Chr. als

■ *Chan Chan, Eingang im Palacio Tschudi*

Chan Chan

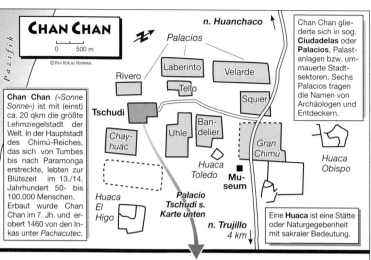

Chan Chan (»Sonne Sonne«) ist mit (einst) ca. 20 qkm die größte Lehmziegelstadt der Welt. In der Hauptstadt des Chimú-Reiches, das sich von Tumbes bis nach Paramonga erstreckte, lebten zur Blütezeit im 13./14. Jahrhundert 50- bis 100.000 Menschen. Erbaut wurde Chan Chan im 7. Jh. und erobert 1460 von den Inkas unter *Pachacutec*.

Chan Chan gliederte sich in sog. **Ciudadelas** oder **Palacios**, Palastanlagen bzw. ummauerte Stadtsektoren. Sechs Palacios tragen die Namen von Archäologen und Entdeckern.

Eine **Huaca** ist eine Stätte oder Naturgegebenheit mit sakraler Bedeutung.

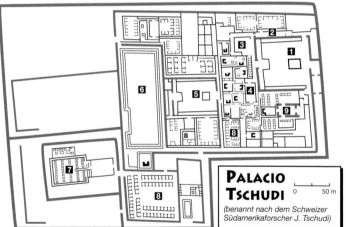

PALACIO TSCHUDI
(benannt nach dem Schweizer Südamerikaforscher J. Tschudi)

1 Haupt-Zeremonialplatz *(Ceremonial principal)*
2 Gang mit Fisch- und Vogeldarstellungen
3 Saal des kleinen Altars *(Altarcillo)*
4 Gebetshallen *(Adoratorio)*
5 Zentraler Zeremonialplatz *(Ceremonial centrica)*
6 Zisterne *(Reservorio)*
7 Friedhof *(Cementerio)*
8 Vorratslager *(Depositos)*
9 Halle der 24 Nischen *(Sala de las 24 hornacinas)*

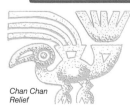

Chan Chan Relief

Nachfolgevolk der Mochica die Küstenwüste zwischen Paramonga und Tumbes beherrschten. Der tatsächliche Einfluss von Chimor reichte bis weit nach Guayaquil und Cajamarca.

Einst Großstadt

Chan Chan dehnte sich auf rund 20 qkm aus (heute sind nur noch 14 qkm der Stadtanlage erkennbar), war teilweise von einer Adobemauer umgeben und beherbergte in ihrer Blütezeit im 13. und 14. Jahrhundert schätzungsweise 50.000 bis 80.000 Einwohner. Sie war in ihrer Zeit nicht nur die größte Stadt ganz Südamerikas, sondern wahrscheinlich der ganzen Welt. Es gab und gibt keine größere Stadtanlage, die nur aus Lehmziegeln errichtet wurde. Innerhalb der Adobemauer war die Stadt in viele rechteckig ummauerte Bereiche, Sektoren oder sog. *Ciudadelas* unterteilt. Im sechs qkm großen Zentrum befinden sich zehn größere Ciudadelas. Als ein Ganzes gesehen bietet Chan Chan heute das Bild eines Trümmerfelds oder eines riesigen geschmolzenen Wachskunstwerks, durch das die Straße nach Huanchaco mitten hindurchführt. Trotzdem ist ein Besuch nach wie vor sehr beeindruckend. Inzwischen wurden die äußeren Mauern des Palacio Bandelier wieder aufgebaut und eine geführte Tour durch den Palacio Tschudi lässt Chimu-Zeiten aufleben.

Tumi

Mit Chan Chan hatte die Städtebaukunst im alten Peru ihren Höhepunkt erreicht. Man fand unermessliche Gold- und Silberschätze und feine Keramikarbeiten, darunter auch **Tumi**, halbmondförmige Zeremonialmesser mit dem Griff in Form einer edelsteingeschmückten männlichen Figur. Einen Eindruck über die große handwerkliche Kunst der Fundstücke vermitteln das **Goldmuseum** und das **Museo Larco Herrera,** beide in Lima.

Neben dem Zahn der Zeit und zerstörerischen Menschen haben auch besonders heftige Niederschläge zur Auflösung der Lehmziegelstadt beigetragen. Normalerweise regnet es in diesem Gebiet sehr selten, doch 1925 ging eine der gewaltigsten Regenfluten, die Nordperu bis dato erlebte, auf Chan Chan nieder und zerstörte die meisten der wertvollen Adobereliefs. Das **El-Niño-Klimaphänomen,** das sich durch überdurchschnittlich hohe Meereswassertemperaturen entlang der Küste Perus auszeichnet und im gesamten Pazifikraum große Naturkatastrophen verursacht (s. www.elnino.info), löste im Winter 1997/98 sintflutartige Regenfälle aus, die Chan Chan an den Stellen, an denen über den Adobemauern keine Schutzdächer angebracht waren, wieder stark in Mitleidenschaft zogen. Auch 2010 gab es lang anhaltende Regenfälle. Die Stadtsektoren bzw. Ciudadelas sind jedoch erhalten geblieben. Sie sind alle in Nord-Süd-Richtung ausgerichtet und haben an der Nordmauer immer einen Eingang. Der am besten erhaltene Stadtsektor liegt gut 1,5 km links der Hauptstraße und wurde nach dem Schweizer Südamerikaforscher **Johann Jakob von Tschudi** (1818–1889) benannt.

■ *Gold-Tumi mit eingelegten Türkisen (40 cm hoch, von Illimo, Tal v. Lambayeque)*

Etwa 400 m vor der Abzweigung zu diesem Sektor liegt links das **Museo del Sitio,** das eine gute Übersicht über Leben und Kultur der Chimú gibt. Geöffnet tägl. von 9–17 Uhr, Eintritt 12 Soles (in der Verbundkarte enthalten). **Empfehlung:** erst das Museum besichtigen, dann zur Anlage gehen.

Chan Chan Öffnungszeiten: tägl. 9–17 Uhr, letzter Einlass 16 Uhr. Das Ticket gilt 2 Tage inkl. des Eintritts für die Huaca del Dragón. Für den Palacio Tschudi ist ein Führer zu empfehlen, 25 Soles. Im Souvenirshop kostet ein Buchführer auf Span. oder Engl. um 10 Soles. Preiswerter ist, auf eigene Faust Chan Chan zu erkunden, da es einen markierten Rundweg (immer den Fischen folgen) und an den wichtigsten Stellen Modelle der Anlage mit kurzen Erklärungen gibt. Rundgangdauer mindestens eine Stunde.

Die Anlage / Geschichte

Die Stadt war symmetrisch angeordnet, nicht nur in ihrer Gesamtanlage, sondern auch in ihren Ciudadelas, den rechteckigen Stadtteilen mit 200–500 m Seitenlänge. Dies waren vermutlich Wohnbezirke einer bestimmten Berufsgruppe, Palastbezirke, Kasernen oder Lagerkomplexe. Wahrscheinlich waren sie von allem etwas. Trapezförmige, bis zu 12 m hohe Mauern umgaben die Stadtteile, die alle an eine künstliche Wasserversorgung angeschlossen waren. Das Wasser des Río Moche wurde dazu in 138 x 47 m große Sammelbecken geleitet.

Außerhalb von Chan Chan lagen die schon erwähnten **Huacas**, Orte mit heiliger Bedeutung. Wie bei anderen Völkern der Küste stand in der Religion der Chimú auch der **Mondkult** an erster Stelle, erst in der Hochlandkultur der Inka trat der Sonnenkult auf. Der Mond war der Herrscher des Alls, der gelegentlich die Sonne verdecken konnte. So gab es bei Sonnenfinsternissen Freudenfeste, bei Mondfinsternissen aber Trauerfeiern. In Verbindung dazu spielte der **Wasserkult** eine wichtige Rolle, denn nur durch das ausgeklügelte Bewässerungssystem konnte sich Chan Chan zu dem entwickeln, was es wurde. Dabei wurde auch das Wasser von über 100 Brunnen genutzt, um damit ausgedehnte landwirtschaftliche Anbauflächen zu bewässern. Der damals bedeutende Hafen für die Handelsflotte der Chimú bestand aus großen rechteckigen Becken, die durch Schleusen zum Meer hin verschlossen werden konnten.

Als die Inka den Chimú die überlebenswichtigen Bewässerungsanlagen in den Bergen absperrten, wenig später ihren letzten **König Minchanzaman** gefangennahmen und nach Cusco deportierten, war 1460 das Ende von Chan Chan und den Chimú gekommen. Minchanzaman musste nach Chroniken eine Inkaprinzessin in Cusco heiraten. Gleichzeitig wurden die besten Handwerker, Lehrmeister und Goldschmiede der Chimú nach Cusco verschleppt und die Straßen des Chimú-Reiches in das der Inka integriert. Die Spanier fanden 1533 die Stadt nahezu verlassen vor. Wohin die Bevölkerung, außer den nach Cusco deportierten, geflohen war, ist nicht bekannt.

Palacio Tschudi

Der Zeremonialpalast ist von einer mächtigen, 10–12 m hohen und 4–5 m dicken Adobemauer umgeben. Alle Ecken dieses relativ gut erhaltenen Adobekomplexes weisen einen Winkel von etwas über oder unter 90 Grad auf. Eine Erklärung für diesen ungewöhnlichen Eckwinkel wurde bis jetzt noch nicht gefunden. Nachfolgend ein Rundgang, wobei die Bedeutung der einzelnen Räume wohl weniger wichtig ist, entscheidend ist der Gesamteindruck und eine gewisse Vorstellungskraft, wie es früher hier war, als noch Leben die Anlage füllte. – Durch einen versetzten Eingang gelangt man zuerst zum sogenannten Zeremonienplatz (1).

Zeremonienplatz (1)

Es könnte sich auch um einen Marktplatz gehandelt haben. Die fein gearbeiteten Ornamente an der Außen- und Innenseite der Mauern, besonders der rechten, zeigen Nutrias (Biberratten), **Fische** und **Pelikane** (s. Abb.).

Gang (2)	mit Darstellungen von Fischen und Vögeln. Über den **Saal des kleinen Altars (3)** gelangt man zu den **Adoratorios (4)**, den Gebetshallen. An den Mauern befinden sich viele Kormorane und Pelikane. Nach einer anderen Theorie könnte es sich auch um Verwaltungshallen der Lagerhäuser gehandelt haben. Nun trifft man wieder auf einen zentralen	
Zeremonienplatz (5)	der etwas kleiner ist als der erste. Von hier führt eine Rampe in die zweite Ebene. Hinter dem Zeremonienplatz führt ein Gang zur **Zisterne/Rituelles Wasserbecken (6).** Dieses 138 x 47 m große Becken wurde wahrscheinlich von unterirdischen Quellen gespeist. Zisternen spielten im Bewässerungssystem der Chimú eine wichtige Rolle. Es wird vermutet, dass in jedem Sektor eine derartige Zisterne war. Vielleicht war der Ort auch Teil eines großen Gartens. Schließlich wird der	
Friedhof / Begräbnisplattform (7)	erreicht. Dieser Stadtteil wird so genannt, weil man die Gebilde aus Tonzement und Muscheln *(tapia)* für Grabkammern hält. Entsprechend dem Totenritus der Chimú wurden die Grabkammern mit reichen Schätzen ausgestattet, die nach dem Untergang des Reiches durch die Spanier und später durch Grabräuber geplündert wurden. Andere Archäologen vertreten die Meinung, dass es sich statt des Friedhofs auch um ein Gefängnis gehandelt haben könnte. Auf dem Rückweg kommen wir an einem Komplex vorbei, den man als	
Vorratslager (8)	deutet. Sehr wahrscheinlich wurden hier Vorräte aller Art für Kriegs- und Trockenzeiten eingelagert. Zum Schluss liegt an der Ostseite des ersten Zeremonienplatzes die rekonstruierte **Halle (9) der 24 Nischen,** in denen vermutlich die Götterbilder aufgestellt waren. Auffallend sind hier die Sitzblöcke, so dass auch ein Versammlungsort angenommen werden kann, zumal die Akustik hier ausgezeichnet ist.	

Tour 1b: Huanchaco

Hat man nach der Besichtigung von Chan Chan noch Zeit, lohnt mit dem Bus ein Abstecher zum einige Kilometer weiter gelegenen touristischen **Huanchaco.** Anfahrt von Trujillo mit *Colectivo Huanchaco* von der Av. Los Incas, Fz 30 Min., Fp 2 Soles. Anfahrt von Chan Chan mit dem Taxi 8 Soles.

Dieser bei Peruanern beliebte Ferienort bietet gute Bade- und Campingmöglichkeiten. Die schöne Meerespromenade am Pazifik mit Blumenrabatten und Palmen gefällt und der Strand wird täglich gereinigt.

Als Attraktion sind die bekannten *Caballitos de Totora,* die „Schilfrohrpferdchen", zu sehen. Dabei wird Totora-Schilf so zusammengebunden, dass die Fischer, wie auf dem Rücken eines Pferdes sitzend, auf das Meer hinauspaddeln können. Die Fische werden in einer muldenförmigen Vertiefung aufbewahrt. Von Darstellungen auf etwa 2000 Jahre alten Mochica- und Chimú-Keramiken weiß man, dass schon damals diese Methode des Fischfangs angewandt wurde.

Es gibt zwar eine Plaza de Armas, das Leben spielt sich jedoch vornehmlich an der Küstenstraße ab. Dort liegen die meisten Unterkünfte und Restaurants, zahlreiche Lebensmittelläden, Bodegas, das Rathaus und die Polizeistation (Eingang Colón 481). Die Banco Continental ist in der La Ribera 269-A, außerdem gibt es eine Wechselstube in einem Internetladen.

Unterkunft Huanchaco ist besser zum Übernachten geeignet als Trujillo, und in der Nebensaison (im dt. Hochsommer) ziemlich ausgestorben. Dann haben viele Restaurants geschlossen. Die Busfahrt in die Stadt dauert etwa 30 Min., Fp 2 Soles. Die schönsten Hostales und Hotels befinden sich meist an der Straße Victor Larco entlang des Meeres.
Vorwahl (044)

ECO **Hostal Los Esteros,** Av. Larco 618 (am Ortsende), Tel. 23-0810. Diverse Zimmer, Nr. 301 ist das beste (Panoramafenster-Zuschlag). Gutes Restaurant mit Meerblick. Preisaufschlag in der Hauptsaison. – **Hostal Solange,** Los Ficus 484, Tel. 46-1410. Backpackertreff, bc/bp, Ww/Kw. – **Hostal Sol y Mar,** Los Pinos 571, Tel. 46-1120. Älteres Hostal, bp, Pool, Garten, Restaurant, freundlich. – **Hostal & Camping Naymlap,** Victor Largo 1420, Tel. 46-1022. Sehr sauberes Hostal mit schattigem Campingplatz. 26 große Zi. (7 im Neubau), bc/bp, baumbestandener Patio, kleine Gästeküche, nettes Ambiente, Restaurant, gutes Frühstück, Ws, Pp, gutes PLV. Dorm 15 Soles, DZ um 50 Soles, zelten 5 Soles. Bei längerem Aufenthalt Rabatt erfragen. Die Zimmer im Neubau haben bessere Matratzen. **TIPP!** – **Hospedaje My Friend,** Los Pinos 533, Tel. 46-1080. Sehr nettes junges Personal, leckeres Essen, ein Platz zum Wohlfühlen!

FAM **Huanchaco Hostal,** Larco 185 (am der Plaza), www.huanchacohostal.com, Tel. 46-1272. Sympathisch, familiär, bc/bp, Kw, Pool, Rest. DZ 120 Soles. – **Hostal Caballito de Totora,** Av. La Rivera 219 (Küstenstraße), Tel. 46-1004, http://caballitodetotora.tripod.com. Nette Zi. mit unterschiedlichen Preisen, bp, Pool, Garten, Rest. Die empfehlenswerten Zi. 15 und 16 haben eine Terrasse mit Meerblick. DZ ab 27 US$, je nach Zimmertyp. Frühstück überteuert. – **Hostal El Malecón,** Av. La Rivera 225, Tel. 46-1275, www.hostalelmalecon.com. Freundliches Hostal mit sauberen Zi., viele zur Meerseite, bp, Terrasse mit Meerblick, auf Wunsch Frühstück. DZ ab 40 US$, empfehlenswert. – **Hostal Las Palmeras,** Av. Larco 1150, Los Tumbos, Tel. 46-1199, www.laspalmerasdehuanchaco.com. Restaurant, Pool, Pp. DZ/F ab 130 Soles.

LUX **Huanchaco Internacional Hotel,** Carretera Huanchaco, km 13,5, Las Lomas, Tel. 46-1754, www.huanchacointernational.com. DZ ab 49 US$, DZ/Bungalow ab 69 US$. Etwas außerhalb, ruhig. – **Bracamonte Hotel,** Los Olivos 160, Tel. 46-1162, www.hotelbracamonte.com.pe. Standardzimmer in der NS ab 132 Soles.

Essen & Trinken Die meisten Lokale liegen an der Küstenstraße und sind auf Mariscos und Fisch spezialisiert. Günstig und gut sind *El Boquerón, El Peñón, La Barca* und *El Tramboyo*. – *El Rey,* Av. Larco 606, empfiehlt sich mit Menüs bis 5 Soles, Cebiche, Fisch u. Meeresfrüchte. – Wesentlich teurer sind *Lucho del Mar,* Av. Larco 600, und das daneben liegende *Huanchaco Beach*, Larco 602, sowie die *Casa Marina* am Ortseingang. – Eines der besten Restaurants ist der *Club Colonial,* Av. La Rivera, tägl. 11–23 Uhr. – Den Sonnenuntergang über dem Pazifik kann man bei einem guten Pisco Sour auf der Terrasse im 1. Stock des *Big Ben,* Av. Larco 836 (El Boquerón), genießen. Das Restaurant der gehobenen Kategorie mit freundlichem Service verfügt über eine ausgewählte Speisekarte. Gerichte zwischen 18 und 30 Soles. Die frisch zubereiteten Fische sind zu empfehlen. **TIPP!**

Das *Otra Cosa,* Av. Victor Larco 921 (Küstenstraße), www.otracosa.info, ist eines der schönsten Restaurants im Ort mit kleinem Garten, Patio und Meerblick von der Terrasse. Es bietet **Vegetarisches** (Menü ab 10 Soles), hausgebackenes Brot und ökologisch angebauten Kaffee, holländische Besitzer, nettes Ambiente. Im Restaurant und in der Küche arbeiten Freiwillige aus der ganzen Welt, es gibt Internet, Büchertausch und es wird Spanischunterricht angeboten. Mi–So 9–20 Uhr. – Dulceria *El Carmen,* neben dem Rathaus, die Schokoladentorte und der Kaffee schmecken. – Ein liebevoll von der Holländerin Kelly und ihrem Mann Choco geführtes Café ist **Chocolate.** Hier gibt es guten Kaffee, hausgemachte, riesige Portionen frischer Kuchen und ein gemütliches Plätzchen zum Entspannen. Die beiden bieten ebenfalls archäologische Touren in die Umgebung an, mit Archäologie-Einführungsstunde.

Post liegt in der Manco Cápac.

Arzt *Dr. Luis Manuel Alvarado Lujan* (dt.-spr.), Centro Medico Quirugico, Alfonso Ugarte 772, nähe Los Pinos.

Kunsthandwerk *Artesanías del Norte,* Los Olivos 504. Keramiken mit Mochica- und Chimúmotiven.

Fest Am 29. Juni wird das Fest *San Pedro* gefeiert. Dabei wird eine Heiligenfigur mit einem großen Schilfboot um die Mittagszeit an den Strand gefahren und anschließend durch die Straßen getragen.

Tour 2: Complejo Arqueológico Huaca el Brujo

Dieser 2 qkm große archäologische Ruinenkomplex aus der Zeit der **Mochica** liegt 60 km nördlich von Trujillo direkt an der Küste. Es sind einige Ansätze der Lambayeque-Kultur erkennbar (Nachfolger der Mochica-Kultur). Die Ruinenanlage besteht aus drei Tempelpyramiden, und zwar aus der *Huaca Prieta*, der *Huaca Cortada* und der *Huaca Cao Viejo*. Man kann evtl. Archäologen „über die Schulter schauen", wie sie Funde aus dem Wüstensand freilegen. Vor der Huaca Cao Viejo befinden sich die Überreste einer der ältesten spanischen Kirchen der Region. Die Reliefs der Mauern der Huaca Cao Viejo zählen zu den wichtigsten Neuentdeckungen Südamerikas. Der gesamte archäologische Komplex wurde mit Schutzdächern und Aussichtsrampen versehen.

Die Huaca Cao Viejo

Sensationell war 2006 der Fund der Mumie einer Frau in der **Huaca Cao Viejo,** die meterlang mit Baumwolle umhüllt und reich mit Gold und Edelsteinen geschmückt war. Das Alter der **Señora de Cao** wird auf 1700 Jahre geschätzt, eine Zeit, als die Mochicas in dieser Region herrschten. Die Frau war nur 18–23 Jahre alt als sie in ihr Grab gelegt wurde, das über der Pyramidenbasis lag. Der Entdecker, *Régulo Franco,* führt die gute Erhaltung der Mumie auf die Tiefe des Grabes und auf die

Verwendung des bakterientötenden Cinabrios beim Einbalsamieren zurück. Auffallend sind die vielen Tätowierungen an Armen, Händen und Füßen, Hauptmotiv Schlangen und Spinnen. Und das erste Mal fand man in einem Grab einer Frau Waffen, nämlich Speerschleudern. Franco mutmaßt, dass es sich um eine Schamanin oder Priesterin gehandelt haben muss. Ihr Fund revolutionierte das Wissen der Archäologen über die Kulturen des präkolumbischen Perus, denn niemand hatte es bis dato für möglich gehalten, dass in diesen uralten Völkern eine Frau religiöse oder politische Macht ausüben konnte.

Das modern gestaltete **Museo Cao** zeigt neben der *Señora de Cao* auch viele der gefundenen Grabbeigaben wie Schmuckstücke und Keramiken. Daneben verdeutlicht es anhand von Videoinstallationen die Mannigfaltigkeit der Bräuche der Mochica. Eintritt 11 Soles.

Anfahrt: von Trujillo direkt mit einem Taxi oder mit dem Bus ab der Ecke González Prada/Los Incas über 40 km nach *Chocope* (Fz 40 Min.). Vor dem Ortsschild von Chocope geht es links über einen Feldweg 12 km nach *Magdalena de Cao* und dann weitere 8 km zur Huaca El Brujo. Ab Chocope kostet ein Taxi ca. 20 Soles, Fz ca. 30 Min. auf staubiger Piste. Gruppentouren ab Trujillo werden um 50 US$ angeboten (für 4 Personen/Wagen von Reiseagentur).

Am Wochenende kann auf Wunsch *Victor Pascual Quintos* (Alfonso Ugarte 5 Rosales, vquartmoche@hotmail.com) von Magdalena de Cao mit seinem Auto nach Huaca El Brujo und zum Strand fahren. Exzellente Ortskenntnisse und gutes Hintergrundwissen über die Ruinenanlage.

Weitere Ausflüge	Zuckerfabrik **Laredo**, Bus ab der Verkehrsinsel beim Museo Cassinelli, Fz 10 Min. In der Nähe liegen die Ruinen von **Caballo Muerto**.
Mochica-Aquädukt und Kanäle	Um in der Küstenwüste überleben zu können, bauten die Mochica großartige Bewässerungssysteme, darunter auch kilometerlange Aquädukte. 18 km östlich von **Chocope** beeindruckt noch heute ein Mochica-Aquädukt bei Ascope, das als einmaliges Bauwerk gilt. Anfahrt von Chocope mit dem Bus bis zum Dorf Ascope (Restaurant, Tankstelle), dort weiter mit dem Motocarro zum „Acueducto" bei der Laguna San Bartolo. **TIPP!** Im Ortsteil *Pampa de Ventura,* 3,5 km südl. von Ascope, gibt es noch intakte Bewässerungskanäle, die am Ortsausgang beginnen und endlos weit verfolgt werden können. Am Bergsattel Cruz de Botija ist ein mehrere Kilometer langer Kanal in gutem Zustand mit saisonaler Nutzung.

Tour 3: Pyramiden der Mochica: Huaca del Sol und Huaca de la Luna

Die Sonnen- und die Mondpyramide sind die größten präkolumbischen Heiligtümer Südamerikas und bestehen aus Millionen von Adobe-Ziegeln. Es arbeiteten sicherlich Abertausende von Menschen an ihrer Fertigstellung. Sie liegen etwa 7 km südöstlich von Trujillo zwischen dem südlichen Ufer des Río Moche und dem Fuß des Berges Cerro Blanco in der *Pampa de los Mochica*. Die Pyramiden sind im reinen Mochica-Stil errichtet. Von der Panamericana führt eine gut ausgebaute Straße zu den Pyramiden. **Öffnungszeiten:** Huaca de la Luna (Mondpyramide) tägl. von 9–16 Uhr, Centro de Visitantes, Campiña de Moche, www.huacadelaluna.org.pe, Eintritt 11 Soles inkl. Führer, Studenten 50%, die Verbundkarte Chan Chan gilt nicht. Als geführte Tour gut vormittags machbar. **Museo Huacas de Moche,** Eintritt.

Anfahrt: mit Colectivos *Camino de Moche* ab Ecke Atahualpa/Los Incas, Fz ca. 20 Min., oder mit dem Bus ab der Suárez/Los Incas. Ein Taxi kostet hin und zurück inkl. Wartezeit 20 Soles. Wer sein Taxi nicht warten lassen möchte, kann später mit den zahlreich fahrenden Taxis und Colectivos bis 17.30 Uhr nach Trujillo zurückfahren. Die beste Besuchszeit morgens, da nachmittags oft ein Sandsturm aufkommt und dann ggf. die Mondpyramide früher schließt.

Huaca del Sol

Die Sonnenpyramide wurde zwar von den Mochica gebaut, doch die Ummantelung stammt von den Chimú, wie Archäologen an der zum Fluss aufgerissenen Seite der Pyramide erkennen konnten. Der Schaden wurde durch Schatzräuber angerichtet, die schon während der Kolonialzeit den Río Moche gegen die Pyramide umleiteten. Die massive, siebenstufige Sonnenpyramide war wahrscheinlich das wichtigste Heiligtum der Mochica. Die ursprünglichen Maße des Grundrisses betrugen 345 x 140 m, die Höhe erreichte 41 m. Sie steht auf einer 18 m hohen Stufenterrasse (nicht zu betreten). Obwohl immer noch ein beeindruckendes Bauwerk, war die ursprüngliche Größe dreimal höher!

Huaca de la Luna

Die Grundrissmaße der kleineren, terrassenförmigen **Mondpyramide** aus dem 3. bis 8. Jh. betrugen 80 x 60 m, die Höhe war 21 m. 1899 entdeckte der deutsche Archäologen Max Uhle in den verschiedenen Ebenen der sechs Stufen der Mondpyramide verschiedenfarbige Malereien bzw. Reliefs, die inzwischen durch Archäologen mühevoll restauriert wurden. 1990 wurden weitere große Wandmalereien entdeckt, die gut erhalten sind. Die Verzierungen sind der Öffentlichkeit zugänglich und können bei Führungen besichtigt werden – lohnenswert!

Der Aufbau aus Schichten ist an einem Schnitt, den Grabräuber nahe der Rampe vorgenommen haben, sehr klar erkennbar. 2008 wurde bei der Huaca de la Luna ein Museum errichtet, das sämtliche Gegenstände zeigt, die man bisher gefunden hat. Die beiden großen Lehmpyramiden liegen 500 m auseinander. Zwischen beiden entdeckte gleichfalls Uhle einen großen **Friedhof der Mochica.** Funde ergaben, dass die Mondpyramide dem Totenkult geweiht war. Noch heute können Keramikscherben im Sand gefunden werden.

■ *Die Huaca del Sol (an der Bildkante links einige Autos als Größenvergleich)*

Die Mochica

Die Blütezeit der Mochica (100–800 n.Chr.) fällt in die Zeit der Nasca-Kultur und erreichte ihren Höhepunkt um 500 n.Chr. Zu dieser Zeit erstreckte sich ihr Siedlungsgebiet vom Río Lambayeque bis südlich von Casma.

Der Name **Mochica** leitet sich vom Río Moche und der südlich von Trujillo liegenden **Stadt Moche** ab, wo das Kernland der Mochica lag. Hunderte von Jahren später sollten die Chimú das Erbe der Mochica antreten. Das Mochica-Reich expandierte ab ca. 200 n.Chr. entlang der Pazifikküste nach Norden und Süden und erreichte um 750 seine größte Ausdehnung.

Um in der menschenfeindlichen Küstenwüste überleben zu können, bauten die Mochica ein meisterhaftes, geradezu gigantisches Bewässerungssystem mit kilometerlangen Aquädukten, die zum Teil noch heute benutzt werden. Ein 110 km langer Kanal bewässert z.B. die Felder bei Chan Chan, und bis 1925 funktionierte ein 2500 m langer Aquädukt, der in 25 m Höhe über ein Trockental führte. Bergfestungen an den Andenabhängen schützten die Taleingänge der Wasserleitungen, die Wasserzufuhr wurde über ein ausgeklügeltes System gesteuert.

Die Mochica waren die Baumeister der höchsten Lehmpyramiden Südamerikas, der **Huaca del Sol** und **Huaca de la Luna.** Diese Pyramiden aus Adobe-Lehmziegeln werden als **Huacas** bezeichnet und wurden meist am Rande der Flusstäler erbaut. Die Huacas waren verputzt und oft mit Wandmalereien ausgeschmückt. Der Hauptzugang erfolgte über eine Rampe. Wahrscheinlich standen auf den einzelnen Stufenpyramiden kleinere Gebäude. Die Lehmziegelpyramiden hatten deshalb vermutlich eine multifunktionale Aufgabe und waren keine Mausoleen wie die Pyramiden in Ägypten. Sie waren Heiligtümer, dienten zu zeremoniellen und militärischen Zwecken (Kontrollposten) und wohl auch zu alltäglichen Bräuchen.

Am Fuße der Huacas befanden sich oft Grabfelder, die in der Vergangenheit immer wieder von den *Huaqueros*, Grabräubern, geplündert wurden (das Graben in den Grabfeldern ist heute in Peru verboten, doch der Verkauf der geplünderten Grabgegenstände ist gesetzlich geregelt und geraubte Ware kann so durch eine offizielle Registrierung legal in Besitz genommen werden).

Das wenige Wissen über die Mochica verdankt man Ausgrabungen und Funden kunstvoller Porträtvasen und unzähliger Keramikgefäße, auch als „keramische Bilderbücher" oder „tönerne Bibliotheken" bezeichnet. Neben ausgeprägten Kopfdarstellungen sind fantasievolle Menschenabbildungen auf den Tongefäßen zu sehen. So konnten Rückschlüsse auf das Alltagsleben, die Götterverehrung und den ausgeprägten Totenkult der Mochica gewonnen werden. Auf Grund der Keramikabbildungen weiß man z.B. auch, dass schon die Mochica Cocablätter kauten.

Das **Grab des Fürsten von Sipán** (s.S. 531) war der wichtigste Grabfund der Mochica. – HH

Abbildungen, v. ob.:
Bemaltes Porträtkopfgefäß eines Mochica-Kriegers mit Steigbügelausguss • Zepter • Gefäß in Gestalt einer hockenden Person • Mochica-Vasenmalerei

Nebenstrecken von Trujillo nach Cajamarca

Über Cajabamba nach Cajamarca
Neben der Hauptstrecke von Trujillo über Pacasmayo nach Cajamarca gibt es auch interessante Nebenstrecken. Busse von *Sánchez López, Gran Turismo, Garrincha, Agreda oder Negreios* fahren tägl. durch das Río-Moche-Tal nach *Quiruvilca,* einem wichtigen Bergwerksort mit einer 40 km langen Transportseilbahn. Von dort geht es dann endlos weiter aufwärts, über einen etwa 4200 m hohen Pass, bis 185 km hinter Trujillo das hübsche Kolonialstädtchen **Huamachuco** (Beschreibung s.u.) erreicht wird. Wer die Gesamtstrecke in nur zwei Tagen schaffen will, sollte gleich noch die letzten 48 km bis **Cajabamba** fahren (Fahrzeit von Trujillo 8–10 Stunden) und dort übernachten (*Hotel Flores,* an der Plaza). In den sehr einfachen Gaststätten gibt es oft nur Cuy. Weiter nach Cajamarca mit einem allmorgendlichen Bus von *Diaz* oder *Atahualpa* (bequemer). Nach ständigem bergauf und bergab wird nach weiteren 125 km Cajamarca erreicht (Fz 7 h, Fp um 20 Soles).

Über Otuzco
Von Trujillo nach Cajamarca kann auch via **Otuzco** und **Usquil** gefahren werden, eine beschwerlichere Variante. Auf der Strecke liegt **Coina** (800 Ew.) mit dem *Hospital Andino* (ca. 1 km außerhalb), das vom deutschen Arzt *Osvaldo Kaufmann* gegründet wurde und noch heute von einem deutschen Förderverein getragen wird. Reisende können dort in der *Hostería El Sol* in einem schönen Park übernachten (bc/bp, Bar, Pool, Ü 15 Soles, VP über die Küche des Hospitals ab 7 Soles). In der Nähe laden Weiler und Thermalquellen zu Besuchen ein, die zu Fuß oder zu Pferde unternommen werden können.

Huamachuco

Der 1553 von den Augustinern gegründete Andenort (3170 m, 25.000 Ew.) liegt 185 km östlich von Trujillo auf dem Weg nach Cajabamba bzw. Pataz. Hier lohnt sich ein Zwischenstopp, um z.B. auf der *Hacienda Yanasara* in Thermalquellen zu entspannen oder im *Lago Sausacocha* zu baden. Die **Casa de los Arcos** diente einst Simon Bolívar als Quartier und das **Museo Sacro de Huamachuco** in der Bischofsresidenz hinter der Kathedrale beherbergt aus Holz geschnitzte Heiligenstatuen und eine Reliquien-Sammlung. Am 10. Juni findet alljährlich zur Erinnerung der Helden der Schlacht von Huamachucho gegen die Chilenen eine Parade statt. Bedeutendstes Fest ist das zu Ehren der *Virgen de la Alta Garcia* mit einer eindrucksvollen Prozession. Südwestlich des einst strategischen Ortes liegen die Ruinen von **Marca Huamachuco** und **Wiracochapampa,** die den Wari zugeschrieben werden.

Unterkunft: *Hostal Huamachuco,* Castilla 354 (an der Plaza); einfache Zimmer/bp. – *La Libertad* oder *Sucre,* jeweils einfach. **Banken** sind in der Balta (Banco de la Nación), Sánchez Carrion (Caja Rural la Libertad) und in der San Ramón (Caja Municipal). **Postamt:** Grau 448. Täglich **Busse** nach Trujillo von *Garrincha, Agreda, Negreios, Sánchez López* und *Gran Turismo,* Fz 9 h.

Marca Huamachuco

Der archäologische Komplex 10 km südwestlich von Huamachuco hieß ursprünglich *Marca Waman Churu,* was so viel wie „*Dorf der Falken*" bedeutet. Die Bewohner hießen *Waman Churi* oder „Falkenmänner", da sich die Männer mit dem Falken identifizierten und den Greifvogel sehr verehrten. Die Anlage dehnt sich von Südosten nach Nordosten auf 5 km aus und ist zwischen 400 und 600 Metern breit. Sie wurde 400–300 v.Chr. auf einem stufenförmigen Felsabbruch gebaut, ist von bis zu 800 m tiefen, unzugänglichen Schluchten, durch die die Flüsse Río Grande und Río Bado fließen, umgeben und gleicht einer gewaltigen Festung. Die gesamte Anlage besteht aus fünf Bereichen:

Huacas Der sog. „Aussichtspunkt" oder die „Warte" liegt bei der doppelten Mauer am Fuße des *Cerro El Castillo* (s.u.). Die Huacas bestehen aus Steinen, die durch Keile befestigt und in aufgesetzten Schichten angeordnet sind. Im Zentrum haben sie Löcher oder Vertiefungen, ähnlich eines Keramikofens. Der Architekt *Stanley Loten* mutmaßt, dass es sich dabei um heilige Brunnen handelt, in denen man einen direkten Kontakt mit den übernatürlichen Kräften hatte und sie als Orakel gedient haben könnten.

Cerro El Castillo Der Berg ist von einer doppelten Steinmauer umgeben. Innerhalb liegt ein monumentales Gebäude mit Gängen, das als *El Castillo* bezeichnet wird. Südlich davon befinden sich auf einer Plattform mehrere rechteckige Gebäude mit Ausgängen, die als *Torres* (Türme) gedeutet werden, da sie an einer strategisch günstigen Stelle erbaut wurden.

Las Monjas Hier stehen sechs wuchtige, runde und ovale Gebäude, die der Inka-Epoche zugeschrieben werden. Sie sind von 2 m hohen, terrassenartig angelegten Mauern umgeben. Einige verfügen über Nischen, die wahrscheinlich als Bestattungsorte gedient haben.

Los Corrales Im oberen Teil eines Berges sind zwei runde, von einer doppelten Mauer umgebene Gebäude zu erkennen. In nordwestlicher Richtung stehen weitere rechtwinklige Konstruktionen mit einer kleineren Mauer, wahrscheinlich einst Stallungen.

Cerro Viejo Ebenfalls ein Hügel mit Doppelmauern und Gängen.

Wiracochapampa

Diese Ruinenanlage besteht hauptsächlich aus Plätzen. Es wird vermutet, dass sie für zivile, militärische und religiöse Veranstaltungen genutzt wurde. Es sind Überreste von Lagerhäusern sowie großen und kleineren Tempeln zu sehen.

Parque Nacional Río Abiseo mit Chachapoya-Ruinen (Gran Pajatén)

Parque Nacional Río Abiseo Der **Nationalpark Río Abiseo** (gegründet 1983 und 1990 zum UNESCO-Weltkultur- und -Naturerbe erklärt) liegt zwischen dem Río Huallaga und dem Río Marañón. Auf einer Fläche von 274.520 ha findet man hier neben typischer Hochgebirgs-Puna auch einen völlig intakten Primärurwald mit einer unglaublichen Artenvielfalt an Pflanzen und Tieren. Nur hier ist z.B. der Wundersylphe anzutreffen, eine Kolibriart mit zwei langen Schwanzfedern die in einem Schwanzfächer enden, der Gelbschwanz-Wollaffe *(Lagothirx flavicauda)* oder der Goldstirn-Klammeraffe. Das Gebiet ist auch Habitat für zahllose andere Tierarten, wie Riesengürteltiere, Brillenbären, Riesentukane, Gelbflügelaras, Jaguare, Jaguarundis, Andenhirsch, Andentapire. Die Höhenlagen des Parks variieren zwischen 320 und 4200 m.

Ausgangspunkte für den Besuch sind die kleinen Ortschaften **Pataz, Pias, Parcoy** und **Condormarca** (eine schriftliche Besuchserlaubnis stellt das INRENA, Instituto Nacional de Recursos de Ecología y Arqueología, in Lima aus, www.paramo.org). Anreise von Trujillo s. bei „Adressen & Service Trujillo"; mit dem Bus über Huamachuco (Fz 6 h), via Aricapampa nach Pataz (Gesamtfahrzeit von Trujillo kann bis zu 3 Tage), Fp um 40 Soles.

Geheimnisvolle Ruinenstätten

Im Parque Nacional Río Abiseo wurden insgesamt 36 archäologische Stätten entdeckt, davon allein 29 in der höhergelegenen Grasebene. Die bekanntesten sind Stätten der Chachapoya, nämlich *Los Pinchudos, Las Papayas, La Playa* und *Cerro Central*. Die größte und berühmteste ist **Gran Pajatén**. Die Stätten liegen weit verstreut und sind fast alle mit Bergnebelwald überwuchert (Höhenlage zwischen 2824 bis 2850 m).

Ausgangspunkt Pataz

Von hier sind es ca. 72 km bis zur archäologischen Zone. In Pataz (oder Los Alisos) einen Führer nehmen (z.B. Rogelio Cueva, sehr erfahren, empfehlenswert, 80 Soles/Tag plus Verpflegung, Maultiere mit Treiber kosten 40 Soles/Tag plus Verpflegung), für einen Träger (z.B. von der Familie César Salirosa) sind ca. 40 Soles/Tag zu löhnen. Von Pataz kann man in drei Stunden mit dem Maultier nach **Chigualan zum Parkeingang.** Von Chigualan nach Gran Pajatén sollten 2 Tage eingeplant werden. Die gesamte Strecke muss zu Fuß durch zum Teil unwegsames Gelände bewältigt werden. Sie führt mehrmals auf 4000 m Höhe und überwindet eine nebelige Hochebene mit Ichu-Gras bis in die *Ceja de la Selva* zum Río Cristo. Dann durchquert der Trail ein Sumpfland und erreicht den Bergnebelwald mit ungewöhnlich großen Baumfarnen und Schachtelhalmen. Überall wachsen Bromelien und Orchideen. Auffallend sind die *Liquenes fruticosos*, die wie Fasergeflechte von den Baumästen hängen und der Stille im Wald eine gespenstische Atmosphäre verleihen. In diesem unberührten Nebelwald ist der seltene Andenbär *(Tremarctos ornatus)* beheimatet.

Nach einem anstrengenden Aufstieg werden die Ruinen von **Los Pinchudos** erreicht, die 1972 durch Tomás Torrealva entdeckt und durch den Archäologen Kauffmann-Doig erforscht wurden. Auffallend sind die überdimensionierten Genitalien, die von den Balken der Mausolen hängen. Von hier hat man einen ungewöhnlichen Blick über den Urwald und auf die Stätten von *Las Papayas* sowie *Cerro Central,* die auf dem Weg nach Gran Pajatén liegen.

Gran Pajatén

(auch **Ruinas del Abiseo** genannt, wahrscheinlicher Name *Yaro*) wurde erst 1963 entdeckt, damals eine wissenschaftliche Sensation. Es ist der größte Ruinenkomplex Südamerikas (Ausdehnung über ca. 40 ha), und es handelt sich um eine Anlage der **Chachapoya** an der Südgrenze ihres ehemaligen Reiches. Die Chachapoya-Kultur war älter als die der Inka und Pajatén eine der sieben „weißen Städte", von denen Inka-Legenden berichten (die Inka besiegten die Chachapoya um 1470, Exkurs s.S. 589). Archäologen glauben, dass Gran Pajatén das wichtigste Heiligtum der Chachapoya war. Am zweigeschossigen, 4 m hohen Hauptgebäude wurde eine weitläufige Steingalerie freigelegt, *Cabezas Clavas,* Reliefsichter mit Kopfschmuck, ragen aus der Fassade. Sie ähneln denen von Chavín de Huántar und es wird gerätselt, ob sie Herrscher oder Gottheiten darstellen.

Die Bauweise der Chachapoya hat nichts mit der rechteckigen Architektur der Inka gemein, bei ihnen sind alle Wände rund, auch die Häuser, die in Stufenterrassen den Berg ansteigen. Auffällig sind die zahllosen plastischen Ornamente und Zickzackmuster, mit denen alle Fassaden als umlaufende Friese verziert sind. Steinplastiken, seltsame Wesen mit Ringelohren, Köpfe mit Flügeln (interpretiert als stilisierte Kondorköpfe in Flugstellung) und Köpfe mit Sonnenkronen verzieren eine Tempelwand.

Insgesamt gab es 16 Rundbauten, die mit ihrem Eingang nur eine Öffnung hatten. Meist sind jedoch nur Grundmauern oder Grundplattformen erhalten, zu denen Steintreppen hinaufführten. Ursprünglich waren sie mit einem Kegeldach abgedeckt. Mit Steinplatten belegte Straßen verbinden die wichtigsten Gebäude miteinander, außerdem ist ein gut geplantes Drainagesystem vorhanden. Die meist halbrunden **Mumiengräber** *(tumbas)* mit reichhaltigen Grabbeigaben, die zum Teil in Felswänden liegen, sind perfekt erhalten und wie Teile von Festungsmauern mit Ocker oder einem rötlichen Farbstoff bemalt.

Trujillo – Chiclayo – Piura – Tumbes (700 km)

Trujillo – Pacasmayo

Hinter Trujillo führt die Panamericana zunächst durch die glühendheiße Küstenwüste und geht plötzlich in ein riesiges Zuckerrohranbaugebiet bis nach *Chicama* über. In Chicama (*Boutique Hotel & Spa Chicama Surf*, www.chicamaboutiquehotel.com) wird in vielen Fabriken das Zuckerrohr weiterverarbeitet. Bei *Paijan* verschluckt die Küstenwüste das letzte Grün. Über *San Pedro de Lloc* wird nach ca. 125 km der kleine Hafenort

Pacasmayo/ Pacatnamú

mit einer Zementfabrik erreicht. Unterkunft und Restaurant: *Hostal Panamericana*, Leoncio Prado 18, Zi. mit bp, Kw, gut.

Nördlich von Pacasmayo liegen, in der Nähe des Pazifiks im Tal des Río Jequetepeque, die **Pyramidenruinen von Pacatnamú.** Zuvor wird im Flusstal der 3000 ha große Wald von *El Canocillo,* der hauptsächlich aus *algarrobos* (Johannisbrotbäumen) besteht, passiert. In Pacatnamú katalogisierte der Archäologe *Heinrich Ubbelohde-Doering* über 50 Pyramidenstümpfe bis zu einer Höhe von 20 m, die auf der von Norden Rampen hinaufführen. Sowohl die Pyramiden als auch die Toten im nahen Gräberfeld sind nach Norden ausgerichtet. Diese Tatsache wird in Verbindung mit der Herkunft der Erbauer aus dem Norden gebracht. Die Pyramiden waren fast alle innerhalb einer Lehmziegelummauerung (Schutzmauer?) erbaut worden. Pacatnamú wird der frühen Chimú-Zeit zugeordnet, obwohl auch die Mochica die Siedlung früher nutzten.

Pacasmayo – Guadalupe

11 km hinter Pacasmayo wird auf der Panamericana, nach Überquerung des Río Jequetepeque, die Abzweigung nach Cajamarca (km 683) erreicht. Nach etwa 9 km kommt bei km 692 das Wüstenstädtchen

Guadalupe

in Sicht, das für heißes Klima und ausgedehnte Reisplantagen bekannt ist. Die erste Ansiedlung geht hier auf die Moche und Chimú zurück. Heute dominieren in den engen Straßen Kolonialhäuser aus der Zeit der spanischen Eroberung. Ein architektonisches Juwel ist die **Iglesia y Convento de Guadalupe** mit schönen Wandmalereien. Im *Museo Agustinos* des Klosters werden kirchliche Gewänder und Gegenstände gezeigt.

Direkt an der Panamericana befindet sich bei km 692 das Hotel *El Bosque*, Tel. 56-6490, und bei km 696 das Hostal *Puente Azul*, Tel. 56-6261, (beide Kategorie FAM). Über Chepen und Mocupe, vorbei an der Abzweigung nach *Zaña* (Reste von Kirchen und Klöstern), wird Chiclayo erreicht.

San José de Moro Von Guadalupe führt die Panamericana nun nach Osten und erreicht nach 5 km **Chepen** (Restaurant, Tankstelle, Fz von Trujillo 2 h). Kurz nach Chepen liegt das archäologische Ausgrabungsfeld von **San José de Moro**, einst ein zeremonieller Ort aus der Zeit der Mochica und Chimú. Seit 1991 werden hier Gräber von Würdenträgern, Priestern und Priesterinnen (!) der Mochica ausgegraben, außerdem große Keramikgefäße für die Chicha-Produktion. Die Ausgrabungen konzentrieren sich auf die Monate Juli/August; dann ist das Ausgrabungsfeld nicht wie sonst begehbar. Sollte der Wachmann anwesend sein, kann das kleine Museum mit Replikaten der Gräber besucht werden.

Chiclayo

Die Hauptstadt des Departamento Lambayeque (650.000 Ew.) ist ein Verkehrsknotenpunkt Nordperus und ein geschäftiges Agrarzentrum (Reis, Zuckerrohr und Baumwolle). Das Klima ist trocken und heiß, doch zum Jahreswechsel (Nov./Dez./Jan.) kann es kalt werden.

Sehenswert Chiclayo bietet keine Attraktivitäten, lediglich einige Grünanlagen. Interessant ist der **Mercado Modelo.** Dort gibt es unzählige Verkaufsbuden mit exotischen Früchten, Gewürzen, Lebensmitteln, Handwerksprodukten und Textilien – einer der interessantesten Märkte Perus überhaupt. Ihm angeschlossen ist der **Mercado de Hierbas** (Kräutermarkt), auch **Mercado de Brujos** (Hexenmarkt) genannt. Hier ist noch die traditionelle Volksmedizin mit Kräutern, Salben und Wundermittel gegen allerlei Gebrechen und Krankheiten anzutreffen. Neben vielerlei Mix- und Tinkturen werden Rehfüße, Stinktierfelle, Tukanköpfe, Schlangenhäute, Zauberstäbe und Heiligenbilder verkauft. Es ist der größte Markt mit Heilkundigen, Quacksalbern und Schamanen Perus! Wie einst töten *curanderos* Meerschweinchen, studieren den Mageninhalt und stellen die Diagnose. Aufpassen, erhöhte Diebstahlgefahr!

Chiclayo ist vor allem Ausgangspunkt für einen Besuch der **Sipán-Ruinen** und des berühmten **Grabes des Herrschers von Sipán.** Daneben sind das Tal der **Pyramiden von Túcume** und das **Museo Brüning in Lambayeque** sowie das **Museo Tumbas Reales de Sipán** besuchenswert. 11 km von Chiclayo entfernt liegen die Strandorte *Pimentel* und *Santa Rosa* mit kilometerlangen Sandstränden.

Feste Die gesamte Großregion um Chiclayo ist für ihre religiösen Feste und Zeremonien bekannt. Einer der Höhepunkte ist das **Cruz de Chalpón,** das gleich zweimal im Jahr (6. August und im Februar) in **Motupe** (85 km im Norden) von Tausenden von Wallfahrern gefeiert wird. Speziell dafür werden religiöses Kunsthandwerk, Keramiken und Kleidung in traditionellem Stil hergestellt.

1. Januar: *Niño del Año Nuevo,* in Reque. **Februar:** *Cruz de Chalpón,* Motupe. – **30. Juni:** *Sagrado Corázon de Jesús,* Pto Eten. – **Juli:** Kunsthandwerkmesse in Monsefú. – **August/September:** *Señor Nazareno Cautivo,* Monsefú (Prozession zu Ehren des Schutzheiligen von Monsefú). **6. August:** *Cruz de Chalpón,* Motupe. – **25. Okt.:** *Señor de La Justicia* in Ferreñafe, mit Marinera-Tänzen.

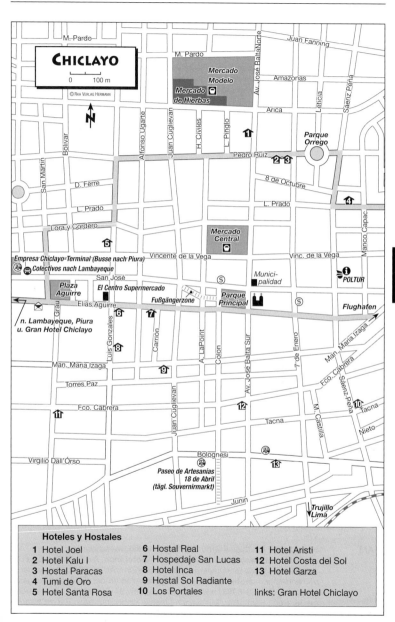

Strandort Pimentel	Pimentel ist von Chiclayo aus mit Colectivos leicht erreichbar (11 km). Sehenswert sind hier Fischer, die noch mit ihren Schilfbooten zum Fischfang hinaus aufs Meer fahren, Mitfahrt 20 Soles. Am Nachmittag kehren sie an den Strand zurück, wo bereits eine Menschenmenge auf den Verkauf der Fische wartet. Dann wird der Strand zum Fischmarkt. Die Fische werden gleich ausgenommen und die Reste ins Meer geworfen. Das Meer ist zum Baden deshalb wenig geeignet, auch die Strandkneipen bieten nicht viel.
Chaparrí	In einem Trockenwald bei Chongoyape in der Nähe von Chiclayo hat 1999 *Heinz Plenge* in Zusammenarbeit mit INRENA in der **Reserva de Chaparrí** bei Sta. Catalina ein Andenbären-Projekt gegründet, das inzwischen mehr als 34.413 ha umfasst. Das Schutzgebiet grenzt an Batán Grande und Laquipampa an. Wer mehr darüber wissen möchte, kann sich bei Heinz oder Anahi Plenge, Tel. 24-9718, auf www.chaparri.org oder www.chaparrilodge.com informieren. Im Schutzgebiet kann in einer komfortablen, hübschen Lodge übernachtet werden, um 90 US$. Tagestouren nach Chaparri aus Chiclayo um 90 Soles pro Person bei 4 Teilnehmern.

Adressen & Service Chiclayo

Tourist-Info	**i-Peru**, Av. Sáenz Peña 838/San José, im selben Gebäude wie die Poltur, Tel. 20-5703, iperuchiclayo@promperu.gob.pe. Mo–Sa 9–19 Uhr, So 9–13 Uhr Uhr, sehr hilfreich. Außenstelle im Museo Nacional Tumbas Reales de Sipán. Recht nützlich ist auch die Broschüre *Guía Turística Lambayeque* mit zahlreichen Adressen und Infos (spanisch), die in den Hotels verteilt (oder verkauft) wird. **Poltur:** *Policía de Turismo,* Av. Sáenz Peña 838, Tel. 23-6700 (24-h-Service). **Vorwahl (074)**
Unterkunft	Die meisten der billigen Hotels liegen in der Calle Balta Norte und Umgebung. Weitere Billigst-Unterkünfte in der Pedro Ruíz und angrenzenden Straßen in Marktnähe.

ECO	**Hospedaje San Lucas** (BUDGET), Elias Aguirre 412, Tel. 20-6888. DZ/bp 30 Soles. – **Hotel Tumi de Oro** (BUDGET), Leoncio Prado 1145, Tel. 22-7108; bc/bp, Kw. – **Hostal Sol Radiante,** M. Izaga 392, Tel. 23-7858. Einfache, teils hellhörige Zimmer/bp, gut. – **Hostal Real,** E. Aguirre 344, Tel. 23-6752; einfache Zimmer bc/bp. – **Hotel Kalu I** (Kalu II in der Leoncio Prado 919), Pedro Ruíz 1038, Tel. 22-9293, www.activeweb.es/hotelkalu/. Saubere Zimmer/bp, Ws. DZ ab 85 Soles (Rabatt für Reisegruppen). – Gleich daneben liegt das **Hotel Paracas,** Av. Pedro Ruíz 1046. DZ/bp 50 Soles, empfehlenswert. – **Hostal Joel,** Av. Balta 1355 (am Mercado Modelo), Tel. 22-5953, hostaljoel@hotmail.com. Renoviertes ehemaliges Kaufhaus, großräumig, ruhig, 56 große Zimmer/bp, guter Service, Restaurant, Ws, empfehlenswert. DZ ab 50 Soles (Rabatt auf Nachfrage). – **Hotel Santa Rosa,** Av. Luís Gonzáles 927, Tel. 22-4411, www.santarosahotelchiclayo.com. Schöne Zimmer/bp, Ws, Cafetería, Internet, hilfsbereit und freundlich. DZ/F 85 Soles. **TIPP!**
	   Im Strandort Pimentel (11 km vom hektischen Chiclayo entfernt): **Hostal Naymlap** oder **Hostal Garuda**, C. Quiñones (Strandnähe), bp.
	   Hostal Camgo, 7 de Enero 320, Tel. 23-2649. 18 Zimmer/bp, große Betten, Ww.

FAM	**Hotel Aristi,** Av. Miguel Grau 345, Tel. 27-4266, www.hotelaristi.com.pe. Älteres Hotel, bp, Restaurant. DZ 80 Soles. – **Hotel Inca,** Av. Luís Gonzáles 622, Tel. 23-3814 u. 23-5931. Älteres Hotel, große Zimmer/bp, Rest. Preis in der NS verhandelbar. – **Hotel Garza,** Av. Bolognesi 756 (in der Nähe der Busgesellschaften), Tel. 23-8968, www.garzahotel.com. 94 Zimmer/bp, AC, schöner, großer Pool, Rest., Bar, Mietwagen (Jeeps). Unbedingt nach Rabatt fragen. –

	Los Portales, Av. Saenz Peña 396, Tel. 22-5527, http://chiclayo.losportaleshoteles.com/. Modernes Hotel mit komfortablen Zimmern und sehr gutem Restaurant. DZ/F ab 40 US$. **TIPP!**
LUX	**Gran Hotel Chiclayo,** managed by Casa Andina, Av. F. Villareal 115, www.casa-andina.com. Große Zimmer/bp, AC, Restaurant, Pool, Pp. Für Komfortliebende eine Empfehlung, aber leider sehr laut, unbedingt Zimmer auf der Hotelrückseite verlangen! – **Hotel Costa del Sol,** Av. Balta 399, www.costadelsolperu.com, Tel. 22-7272. Schöne Zimmer/bp, Restaurant, Casino, Ws, kleiner Pool, Bar, Jacuzzi, Sauna, Pp.
Essen & Trinken	Typische Spezialitäten in Chiclayo sind Entengerichte, wie z.B. *aguadito de pato* (Entensuppe) oder *arroz con pato a la chiclayana* (Reis mit Ente) und Fischgerichte wie *cebiche de pescado* (marinierter Fisch) sowie *cabrito a la norteña* (Zicklein mit Reis und Bohnen). Preisgünstige Restaurants finden sich in der Av. Balta, wie z.B. das **San Remo, Imperial** und das **Romana** (Nr. 512) sowie ganz modern das **Hebron** (605). Außerdem jede Menge Chifas.
	Gutes, preiswertes Essen und große Portionen gibt es im **Las Américas** an der Plaza. Zu empfehlen ist auch das **Roma** in der Izaga 710. – **La Cabaña,** Los Laureles 100, ist ebenfalls einen Besuch wert. – Charakteristische Chiclayo-Küche wird im Restaurant **La Boni,** Juan Cuglevan 1116, aufgetischt. Es gibt dort leckere Entengerichte, wie z.B. *arroz con pato* oder *humitas,* gekochter Maisbrei mit allerlei Zutaten, eingewickelt in Bananenblätter sowie fangfrische Fische; tägl. 9–15 Uhr.
	Gute Fischgerichte werden im **Tenedor Huaralino,** La Libertad 155 (Sta. Victoria) aufgetragen, Mo–Sa 11–16 Uhr, 19–23 Uhr, So 11–17 Uhr, etwas teuer. – Das **El Ancla,** Diego Ferre 309, El Porvenir, serviert ebenfalls leckere Fischgerichte, Meeresfrüchte und Cebiche. – Wer genug Zeit mitbringt, kann im **Trebol,** Calle Elias Aguirre 816, Kaffee und Kuchen mit Blick auf das geschäftige Treiben vor der Kathedrale genießen.
Unterhaltung	*Peña El Oasis,* Virgilio Dall'Orso mit Live-Musik am Wochenende. *Discoteca Dreams,* Torres Paz 151. Ansonsten Discos *La Casona, Excess* und *Baku's* in der Virgilio Dall'Orso probieren. *Multicine Primavera,* Luís Gonzáles 1227; modernes Kino mit 5 Sälen.
Erste Hilfe	*Clínica Lambayeque,* Vicente de la Vega 415, Tel. 23-7961. *Clínica Chiclayo,* Av. La Florida 225, Tel. 23-9024**.**
Post	*Serpost,* Elias Aguirre 140, Tel. 23-7161.
Internet-Café	In der Calle San José (hinter der Plaza Aguirre) und zahlreiche weitere im Zentrum.
Geld	*Banco del Crédito,* Av. Balta 630. *Banco Continental,* Av. Balta 645. *Scotiabank,* Plaza de Armas. An der Plaza de Armas und in der Av. Balta gibt es Casas de Cambio und in der Av. Balta/Elias Aguirre (Plaza) Straßenwechsler.
Einkaufen	*Paseo de Artesanías 18 de Abril* (s. Stadtplan); tägl. Souvenirmarkt, Durchfahrt für Fahrzeuge nicht möglich.
Autoclub	*Touring y Automóvil Club del Perú,* San José 728, Tel. 23-1821.
Mietwagen	*Chiclayo Rent-a-Car,* Av. Grau 520, Tel. 23-7512, und auf dem Flughafen.
Fahrrad	Die Av. Pedro Ruíz strotzt vor Fahrradläden. Einer der besten dürfte *Bicicletas Comercial Elvita,* Av. Pedro Ruíz 1060, Tel. 49-0746, sein. Dort nach dem Monteur Julio Cesar Villarruel fragen. Der sachkompetente Monteur repariert ein Rad (z.B. Speichenwechsel) auch am Sonntag.
Reitausflüge/-touren	*Rancho Santana,* 300 m vom Ort Pacora, auf der Strecke von Lambayeque nach Motupe, Tel. 979-712-145, www.cabalgatasperu.com. Pferderanch mit Pasopferden der schweiz.-peruan. Familie von Andrea Martin. Reitausflüge, z.B. durch den weltgrößten Trockenwald **Bosque de Pomac** oder zu den Rui-

Touranbieter	nen von **Sicán** und **Túcume**. Reitausflug 2 h 30 Soles, 4 h 45 Soles, Tagesritt 100 Soles inkl. Mittagessen, weitere Ritte s. Webseite (Maximalgewicht Reiter 90 kg). Ü **Gästehaus** mit Küche und Pool 45 Soles, Camping gratis, keine Kk.
	GUIA TOUR, Elias Aguirre, Tel. 27-2893; ein empfehlenswertes Reisebüro für alle Reiseziele in der Umgebung. – **Peruvian Treasures Explorer,** Av. Bolognesi 756, Tel. 23-3435. Touren in die Umgebung mit dem Deutschen Roger Klaus Peter, der auf Wunsch selbst führt. – **Costamar Travel,** San José 777, Tel. 27-4149. Einer der besten Touranbieter, universell, empfehlenswert. – **Aire Tierra Mar,** San José 660. Tel. 22-7374. Guter Touranbieter. – **Indiana Tours,** Colón 556, Tel. 22-5751. Tägl. Ausflüge nach Sipán ab 60 Soles (je nach Anzahl der Personen). Außerdem Ausflüge nach Túcume, Lambayeque und Batán Grande. – Zu Pferd durch den Küstenwald und durch das landwirtschaftlich und historisch interessante Tal von Lambayeque bietet das **Comité de Gestion para el Desarrollo Turístico de Túcume** an (Villareal 152, Tel. 42-2027). Es wird auch die Teilnahme an mystischen Zeremonien und religiösen Festen sowie der Besuch lokaler Textil- und Keramikhandwerker angeboten. Auf Wunsch kann an archäologischen Ausgrabungen teilgenommen werden. Außerdem werden Sprach-, religiöse und landwirtschaftliche Kurse vermittelt. – **InkaNatura Travel,** Calle Los Pinos 157, Santa Victoria, Cel. 979-995-024 oder Manuel Bañon 461, Lima-San Isidro, www.inkanatura.net, Tel. 422-9225, bietet u.a. eine archäologisch-historische Reise nach Kuélap, sehr guter Service, dementsprechend teuer. Als exzellenter Fahrer wurde uns William Facundo García empfohlen. Er spricht zwar nur Spanisch, überzeugte aber mit Fahrzeug, Sicherhheitsstandards, Pünktlichkeit und Kenntnissen. Zu kontaktieren unter Cel. 979-952-978 oder dj_davila02@hotmail.com. Ebenfalls Süd-Ecuador!
Wäscherei	Die Waschsalons sind relativ teuer, da nach Stück abgerechnet wird. Nur die Lavandería in der 7 de Enero 627 rechnet nach Gewicht ab.

Verkehrsverbindungen

Innerstädtisch bieten sich Fahrten mit Motocarros an, günstiger Einheitsfahrpreis. Die vier Hafen- bzw. Badeorte *Pimentel, Santa Rosa, San José* und *Puerto Etén* sind mit halbstündlich verkehrenden Linienbussen und Colectivos ab Vicente de la Vega zu erreichen, Fz 20–40 Min. Der **Terminal Terrestre** liegt im Nordwesten von Chiclayo.

Bus	Fast alle Busgesellschaften liegen in der Av. Bolognesi und Av. José Balta Sur. Nach **Bagua Grande:** tägl. mit *Transcare.* – **Cajamarca** (260 km): tägl. mehrere Busse, u.a. mit *El Cumbe,* Av. José Quinones 425 sowie *LÍNEA,* Av. Bolognesi 638, Tel. 23-3497, *TEPSA, Transportes Mendoza* und *Atahualpa;* Fz 5–7 h, Fp ab 20 Soles. – **Chachapoyas** (450 km): tägl. mit *CIVA* (17 Uhr) und *Kuélap;* Fz 10 h, Fp 30 Soles. – **Jaén:** mit *Transcade* und *Huanantaya;* Fz 5–6 h, Fp um 20 Soles. – **Lambayeque** (12 km): tägl. unzählige Colectivos ab Av. Ortíz/San José; Fz 20 Min. – **Lima** (765 km): tägl. Verbindungen mit fast allen Linien. Am besten mit *Cruz del Sur, Roggero* und *Cruz del Chalpon* (Servicio Imperial), ferner *TEPSA* (alle 30 Min.), *Continental, Transportes Olano* und *El Aguila.* Fz 11 h, 40–80 Soles (je nach Komfort). – **Piura** (210 km): Strecke ist asphaltiert, tagsüber viele Busgesellschaften, aber unbedingt Preise vergleichen. *LÍNEA* (gute Busse), *Empresa Chiclayo* und *Transa* fahren im Stundentakt. Ansonsten mit *Transportes del Norte,* Av. Bolognesi 638, Tel. 23-3497, Fz 2,5–3 h, ab 12 Soles. – **Trujillo** (210 km): tagsüber stündlich mit *EMTRAFESA* und *LÍNEA*; Fz 3 h, ab 12 Soles. – **Tumbes** (500 km): Busse von Chiclayo nach Tumbes, z.B. *TEPSA,* fahren von Lima ab und halten oft nicht in Chiclayo. Deshalb einen Bus, z.B. von *Empresa Chiclayo,* nach Piura nehmen und dort dann weiter mit *El Dorado* nach Tumbes. Nachtbus von Oltursa; Fz 8–9 h, um

25 Soles. – **Tarapoto** (705 km): täglich mehrere Busse, u.a. mit *Paredes Estrella;* Fz 18 h, 70 Soles.

Flug Der Flughafen Capitán José Abelardo Quiñones Gonzáles (CIX), Tel. 23-3192, ist nur 2 km vom Zentrum entfernt. Taxi 10 Soles. Nach Lima: *LAN*, www.lan.com u. *StarPerú*, www.starperu.com sowie *TACA*, www.taca.com.

Tour 1: Grabstätten von Sipán

Im Dorf Sipán (ein Wort der Mochica-Sprache, „Haus des Mondes") befinden sich zwei gewaltige Adobepyramiden, darunter die **Huaca Rajada** mit Gräbern aus der Mochica-Zeit (Eintritt 8 Soles). Der Geschäftsmann Heinrich Brüning war 1917 der erste, der die Sipán-Pyramiden fotografierte. 1987 wurde neben einfachen Gräbern mit nur wenigen Beigaben auch das unberührte **Grab eines** vermutlichen **Mochica-Herrschers**, 5 x 5 m breit und 4 m tief, entdeckt.

Anreise Sipán liegt 28 km südöstlich von Chiclayo im Tal des Río Reque. Anfahrt mit Minibus vom Terminal Terrestre von 8–16 Uhr oder mit Colectivo (oder Taxi) ab der Av. Oriente/Av. Quiñones sowie von Calle 7 de Enero oder der Calle Leticia, Fz 45–60 Minuten. In Chiclayo werden von Reisebüros auch geführte Touren angeboten. Im Restaurant *Señor de Sipán*, Nähe der Huaca Rajada, kann gut gegessen werden.

Grab des Herrschers von Sipán Der Grabfund 1987 war ein archäologischer „Volltreffer", der spektakulärste in Peru seit langem! Worin die archäologische und historische Bedeutung besteht, präzisierte der Leiter der Ausgrabungen, Dr. Walter Alva, derzeitiger Direktor des Museums Tumbas Reales in Lambayeque:

„Die heute gewonnen Daten stellen einen wichtigen Schlüssel für die Kenntnis der Mochica-Gesellschaft dar und zeigen außerdem, dass ein einziges wissenschaftlich erforschtes Grab mehr Informationen bietet als Tausende von Fundstücken derselben Kultur, die ohne archäologischen Zusammenhang und Befund in den Sammlungen und Museen der Welt zu sehen sind".

Grab des Herrschers von Sipán mit Grabbeigaben und mitbestatteten Dienern rechts u. links

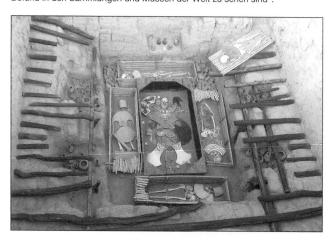

Die Grabbeigaben des etwa 40–45 Jahre alten und 1,66 m großen Mannes waren außerordentlich zahlreich und wertvoll: Eine dreiteilige goldene Totenmaske, Brustschmuck, Hüftschilde aus Gold und Silber, goldener Nasenschmuck, Ohrpflöcke mit Türkiseinlegearbeiten und silberne Sandalen.

Außerdem eine Halskette aus übergroßen Erdnüssen aus Silber und Gold, bestehend aus je fünf rechtsliegenden goldenen und fünf linksliegenden silbernen, Symbole für Fruchtbarkeit. Diese Halskette ist heute im *Museo Tumbas Reales de Sipán* in Lambayeque zu sehen. Des Weiteren stellt es ein 62 cm großes, halbmondförmiges Diadem aus Gold, zwei Rasseln, zwei Opfermesser aus Gold und Kupfer, Silberschmuck, Pektorale aus Muschelstücken, Textilien, Federarbeiten, über 1100 Gefäße und viele wertvolle Kleinteile mehr aus. Unter den zahlreichen Edelsteinen befanden sich auch blaue Lapislazuli, Steine, wie sie nur an der chilenischen Küste vorkommen. Für Archäologen der Hinweis, dass die Mochica regen Handel über weite Entfernungen trieben. Die symbolische Anordnung der gefundenen Ornamente spiegelten den Dualismus und das Gleichgewicht in der Mochica-Welt wider: die entgegengesetzten Kräfte wie Leben und Tod, Sonne und Mond sowie Tag und Nacht. In der Grabkammer ruhten außerdem die Skelette von acht weiteren Menschen, die beim Tod des Herrschers getötet wurden und ihn ins Jenseits begleiteten.

Neben dem Grabwächter, der mit amputierten Füßen über den Holzbalken des Sarkophags lag, befanden sich im eigentlichen Grabmal drei junge Frauen (Haupt- und Nebenfrauen) und drei Mochica-Krieger (ein Militärchef, ein Bannerträger und ein Dienstbote oder Wächter). Wahrscheinlich waren auch sie während der Grabzeremonie geopfert worden. Zuunterst lagen die Skelette von zwei geopferten Lamas und eines Hundes, in einer Ecke die Überreste eines etwa zehnjährigen Jungen.

Hinweis: Die meisten Originalstücke des Grabes des Herrscher von Sipán befinden sich im **Museo Tumbas Reales de Sipán in Lambayeque,** etwa 500 m vom Museo Brüning entfernt. Das Grab vor Ort („in situ") ist eine Nachbildung mit Replikaten.

Weitere Gräber

1988 fand Alva in derselben Plattform das gleichfalls unzerstörte und ältere Grab des **„Alten Herrschers von Sipán",** u.a. mit 53 Goldornamenten und die Miniaturskulptur eines Kriegshäuptlings der Mochica aus Gold und Silber. Die üppige Ausstattung mit Ornamenten und Symbolen deuten auf die Allmacht der Mochica-Herrscher hin, die die Kriegerkaste (Kriegshäuptling), die religiöse Kaste (Oberpriester) und das einfache Volk vereinten.

1990 legte er das **„Grab des Priesters"** und 1991 noch ein viertes frei. Bei den ebenfalls ausgeschmückten Gebeinen des letzteren handelt es sich vermutlich gleichfalls um eine hochgestellte Führerpersönlichkeit. Auch in diesem Grab befanden sich sechs weitere Menschenskelette sowie ein Lama- und ein Hundeskelett. Bis 2010 wurden bisher über 15 Gräber freigelegt.

Die Huaca Rajada könnte demnach Begräbnisplatz einer ganzen Dynastie gewesen sein, und wegen all der kostbaren Grabbeigaben darf vermutet werden, dass der Reichtum Sipáns einst unermesslich war.

Museo de Sitio	Bei der Ausgrabungsstätte Huaca Rajada Sipán befindet sich seit 2009 das **Museo de Sitio,** das anschaulich und übersichtlich Fotos, Karten, Modelle und Replikate der Sipán-Funde zeigt. Außerdem wird der Inhalt des Grabes 14, das 2007 freigelegt wurde, ausgestellt. Es ist tägl. 9–17 Uhr geöffnet. Eintrittsgebühr für das Museum und die Ausgrabungsstätte hinter dem Museum 8 Soles. Für den Museumsbesuch sind ca. 45 Minuten zu veranschlagen. Souvenir- und Getränkeverkauf.
Mehr zu Sipán	Die Grabbeigaben von Sipáns Königsgräbern wurden 2000/2001 in der Kunst- und Ausstellungshalle in Bonn gezeigt. Danach kamen die Stücke über das Museum Brüning in Lambayeque (s.S. 536) in das **Museo Tumbas Reales de Sipán,** wo sie als peruanischer Nationalschatz dauerhaft präsentiert werden (Eintritt 10 Soles, Fotografierverbot). Eine der besten Dokumentationen über die Grabfunde von Sipán mit übersetzten Texten von Dr. Walter Alva wurde anlässlich der o.g. Ausstellung unter dem Titel „**Gold aus dem alten Peru – Die Königsgräber von Sipán**" von der Kunst- und Ausstellungshalle Bonn herausgegeben. **Bei Zeit und Interesse** lässt sich nach der Besichtigung von Sipán die Tour 2, „Batán Grande, Sicán" anschließen.

Die Naymlap-Dynastie

Die mündlichen Überlieferungen der Bewohner von Lambayeque erzählen bis zum heutigen Tage die Geschichte des **Königs Naymlap.** Danach traf dieser König mit seiner Frau *Ceterni* mit einer Binsenbootflotte an der Küste von Túcume ein, ließ sich nieder und baute den ersten Pyramidentempel, den er *Chot* nannte. Hier wurde das höchste Heiligtum aufgestellt, ein Abbild ihres Schöpfers, *Yampallec* geheißen (Figur von Naymlap). Naymlap starb und wurde im königlichen Tempel beigesetzt. Sein Enkel *Calla* ließ die Tempelpyramiden in Túcume erbauen. Mit dem 12. und letzten König *Fempellec,* der wegen eines Frevels ins Meer geworfen wurde, ging die Naymlap-Dynastie zu Ende. Wahrscheinlich war sie mit einer Naturkatastrophe verbunden, vermutlich einer Regen- und Überschwemmungsflut. – FS

Tour 2: Batán Grande, Sicán

Museo Nacional Sicán	Der Besuch des interessanten **Museo Nacional Sicán** in Ferreñafe, 28 km nördlich von Chiclayo (Richtung Batán Grande), Av. Batán Grande s/n (9. Block) lohnt auf jeden Fall. Es ist ein ehrgeiziges Museumsprojekt! Der Bau war nur dank eines peruanisch-japanischen Fonds möglich. Hier werden die Funde von Batán Grande und die neuesten Forschungsergebnisse präsentiert. Besonders sehenswert sind die goldenen Totenmasken und Grabbeigaben sowie die Rekonstruktion der Grabanlage. Mo–So 9–17Uhr, Eintritt 8 Soles, engl.-spr. Führung nicht immer möglich, doch leicht verständliche Infotafeln auf Spanisch. Anfahrt von Chiclayo ab Av. Saenz Peña/Prado nach Ferreñafe mit dem Colectivo, dann mit dem Motorradtaxi weiter bis zum Museum, oder als organisierte Tour mit einem Anbieter in Chiclayo.
Batán Grande / Sicán-Kultur	Die letzte und bedeutendste Hochburg der Mochekultur im Requetal war *Pampa Grande* in den letzten 100 Jahren der Moche. **Batán Grande,** ca. 10 km nordöstlich von Túcume und 55 km nordöstlich von Chiclayo im Wald von Pómac (Bosque de Pómac, Besucherzentrum, Wandermöglichkeiten, „Arbol Milenario"), wurde als erste große Siedlung der Lam-

bayeque-Kultur (750–1375 n.Chr.) errichtet, nach Cho (heute Chotuna) und vor Túcume (ab 1100 n.Chr.).

Der Pyramidenkomplex von Batán Grande umfasste ungefähr 50 Adobepyramiden. Um 1100 n.Chr. wurde die Hauptpyramide zerstört. Im selben Zeitraum entstanden wahrscheinlich die Pyramiden von Túcume, wobei eine Verbindung nicht ausgeschlossen ist.

Der japanische Archäologe Iszumi Shimada lokalisierte in Batán Grande 1978 die Grabstätte *Huaca Loro*. Doch erst 1991/92 wurde sie geöffnet. Im Grab lagen eine Persönlichkeit von hohem gesellschaftlichem Rang, der **Sicán**, zwei Frauen und zwei Kinder. Das Gesicht des Mannes war mit einer wertvollen Goldmaske bedeckt und mit einem Zeremonienkopfputz von 1,20 m Höhe geschmückt. Unter den kostbaren Grabbeigaben – die insgesamt über eine Tonne wogen! – waren auch Mochica-typische **Tumi** (Zeremonialmesser). Doch bereits vor der Freilegung des Grabes waren die meisten der unermesslich kostbaren Beigaben geraubt (und weltweit verkauft) worden. So stammt heute der Großteil des peruanischen Goldes in den Museen der Welt meist aus Batán Grande und ist kein Gold der Inka.

1995 wurde ein weiteres, 15 m tiefes Grab entdeckt, in dem ein Herrscher, umgeben von 24 weiblichen Körpern, eingebettet lag.

Tour 3: Tal der Pyramiden von Túcume

Die Pyramiden von Túcume liegen etwa 35 km nördlich von Chiclayo bei Mochumi im *Tal der Pyramiden*. Die Anfahrt von Chiclayo erfolgt mit dem Bus bzw. Colectivo von der Manuel Pardo 606/Av. Anamanda (Fz 30 Min.); dann von Túcume 20-minütiger Fußweg (ausgeschildert) zum Ruinenkomplex, oder Fahrt mit dem Motocarro.

Es gibt drei Wege innerhalb der Anlage: ein Fußweg zu einer großen Ruine, ein nicht öffentlicher zur Ausgrabungsanlage und ein dritter zu einem Mirador (Aussichtspunkt), von dem sich nach anstrengendem Aufstieg ein wunderbarer Rundblick über die Anlage und Umgebung bietet.

Leider sind vor Ort von den Plattformbauten nur noch ausgewaschene Lehmhügel zu sehen – die Dimensionen sind vom Mirador aus wesentlich besser erfassbar als bei der Huaca de la Luna (s.S. 520), bei der dafür Verzierung, Form und Aufbau

■ *Túcume*

exzellent erkennbar sind. Viele Ausgrabungen wurden wieder zugeschüttet, um sie vor Regen und Zerstörung zu bewahren.

Das von Dr. Thor Heyerdahl (1914–2002) erbaute **Museum** (Souvenirshop) zeigt Keramiken, Relieffragmente und Schmuckstücke, insbesondere der Mochica-(Lambayeque-)Kultur und Modelle der Gebäude.

Für die Besichtigung der Ruinen ist ein Führer sehr empfehlenswert. Die Region um Túcume ist extrem heiß, Wasservorrat mitführen!

Pyramiden von Túcume

Öffnungszeiten Anlage und Museum: Mo–So 8–17 Uhr (man wird nicht rausgeworfen), Eintritt 8 Soles, span. Führung, Restaurant.

Geschichte Pedro Cieza de León sah 1553 als erster Europäer die Pyramidenstadt von Túcume und beschrieb sie inmitten üppiger Vegetation liegend mit mächtigen Bauwerken, die aber bereits zerstört waren. Während der Kolonialzeit bauten die Spanier an der Rampe zur *Huaca Larga* eine Kathedrale, von der heute nur noch die Wände stehen. Auf der obersten Pyramidenplattform errichteten sie Scheiterhaufen und verbrannten alle Einheimischen, die sich nicht taufen ließen. Deshalb heißt dieses Gebiet *El Purgatorio* (Das Fegefeuer). Bis heute glauben die Menschen, dass dies der Eingang zur Hölle sein muss.

Erst 1925–1926 wurde Túcume wieder von Forschern aufgesucht. Alfred Kroeber brachte Skizzen und Chimú-Krüge mit. Wendell Bennet entdeckte wenig später Chimú-Gräber. Paul Kosok machte Luftaufnahmen von Túcume. Von 1967 bis 1975 datierte der deutsche Archäologe Hermann Trimborn durch Holzproben aus Pyramidenwänden mittels der Radiocarbon-Methode das Túcume-Alter auf 1000–1300 n.Chr. Túcume würde demnach in die Chimú-Epoche fallen. Doch wurden später auch ältere Mauern mit Motiven der Mochica entdeckt. So wird die Gründung Túcumes der Mochica(Lambayeque)-Kultur zugeschrieben.

Maritime Hochkultur? Das Tal der 26 Pyramiden von Túcume wurde erst wieder durch den Norweger *Dr. Thor Heyerdahl* (1914–2002) aus seinem Dornröschenschlaf erweckt, der seit 1987 mit Hilfe und Unterstützung des *Kon-Tiki-Museums* in Oslo erste Lehmziegelpyramiden freilegte. Heyerdahl mutmaßte, dass Túcume einst Zentrum einer maritimen Hochkultur war, die überdies eine hoch entwickelte Landwirtschaft betrieb. Muschelfunde, wie z.B. die der Spondylusmuschel, würden auf Handelskontakte mit tropischen Gewässer hinweisen. Ausgrabungsfunde lassen auf zwei Schiffstypen der Chimú-Zeit schließen. In einem Hügel wurden Reliefabbildungen von Schilfbooten mit Vogelmenschdarstellungen gefunden. Dass eine Verbindung zwischen Polynesien und der peruanischen Küste bestanden haben könnte, hat zuletzt *Kitin Muños* bewiesen, als er von der peruanischen Küste mit dem Schilfboot *Uru* bis zu den *Marquesas* segelte. Andererseits erschütterten Genforscher Heyerdahls Polynesien-Theorie, denn genetisch passen die pazifischen Inselbewohner eher zu Südostasien.

Huaca Larga Das Zentrum der Pyramiden bildet der pyramidenförmige Berg *La Raya* mit der *Huaca Larga,* einer 454 m x 120 m großen und bis zu 32 m hohen Pyramide mit drei Plattformen. Sie ist das größte Adobe-Bauwerk der Welt. Reste der erwähnten Scheiterhaufen wurden freigelegt und eindeutig verkohlte Menschenknochen gefunden. Außerdem fand man in Túcume das Grab eines Häuptlings, der ähnlich wie ein Häuptling der Osterinseln gekleidet war. Auch wies er dieselben, durch Pflöcke verlängerte Ohren auf und trug erstaunlich lange Haare. Ungewöhnlich sind auch Túcume-Figuren und der Fund eines Paddels bei Ausgrabungen. Das Paddel war bei den Mochica einst Symbol eines hohen Ranges, seine eigenartige Form kommt nur in Peru und auf Rapa Nui auf der Osterinsel vor.

Unterkunft Gleich bei den Pyramiden von Túcume liegt das ruhige Gästehaus *Los Horcones,* www.loshorconesdetucume.com.

Lambayeque

Etwa 12 km nördlich von Chiclayo liegt das Städtchen Lambayeque mit fünf sehenswerten Kolonialgebäuden. Diese fallen schon von weitem durch ihre typischen hölzernen Erker und kunstvoll geschmiedeten Fenstergitter auf. Einladend ist auch die gepflegte Plaza mit einer schmucken gelben Kirche, einem verspielten Rathaus und dem längsten Kolonial-Balkon des Landes. Als kulinarische Spezialität verkaufen die Bäckereien *King Kong*, gebacken aus Kuchenteig mit übereinander geschichteter Milchcreme in verschiedenen Fruchtsorten (Ananas, Orange). Die Region von Lambayeque zählt auch zu den geheimnisvoll-mysteriösen Ecken Perus. Dazu beigetragen haben unzählige Geschichten über Hexer *(brujos)*, Naturheiler *(curanderos)*, Wahrsager und Hellseher *(adivinadores)*. Hier würden starke kosmische Kräfte wirken, um gute oder schlechte Praktiken zu zelebrieren, meinen große Teile der Bevölkerung.

Museo Brüning
Das gut ausgestattete und erweiterte **Museo Nacional de Arqueología y Etnografía Heinrich Brüning,** Av. Huamachuco s/n, www.museobruning.com, Tel. 28-2110, präsentiert beachtliche Sammlungen von Keramiken, Goldarbeiten, Stoffen, Schmuck und auch Mumien der Mochica-, Chimú-, Vicús-, Chavín- und Lambayeque-Kulturen. Allein der – lieblos gemachte – *Sala de Oro* glänzt mit über 500 Goldschmiedearbeiten! Den Grundstock der Sammlungen legte einst der deutschstämmige Kaufmann **Hans-Heinrich Brüning,** der von 1875 bis 1925 in Peru lebte. Den Umbau des Museums 2006 finanzierte Deutschland. Anfahrt ab Luís Gonzales/Pablo Ruíz mit dem Bus. Öffnungszeiten 9–17 Uhr, Eintritt 8 Soles, kein Studentenrabatt, wenig informative Tafeln, daher Vorwissen sinnvoll (z.B. zuerst Führung im anderen Museum machen).

Museo Tumbas Reales de Sipán
Etwa 500 m vom Brüning-Museum entfernt, in der Av. Pedro Vilchez Buendia, befindet sich das grandiose **Museo Tumbas Reales de Sipán,** das **Grabfunde von Sipán** und des **Herrschers von Sipán** (s.S. 531) ausstellt. Es ist eines der beeindruckendsten und best aufbereiteten Museen Perus. Geformt wie die Adobe-Pyramiden führt eine Rampe in das große, 2002 eingeweihte Museum mit drei Stockwerken, in denen die Phasen der Ausgrabungen dokumentiert sind: Freilegung des Grabes, Fundstücke aus den Gräbern der Priester und des Alten Herrschers von Sipán (Erdgeschoss), Nachbildung der Grabbeigaben (Untergeschoss).

Geöffnet Di–So 9–17 Uhr, Eintritt 10 Soles, Führer 20 Soles für 2 h (span. od. engl.), Handy- u. Kameraverbot (bewachte Schließfächer sind vorhanden), Tel. 28-3978, www.tumbasreales.org.

Unterkunft
Lambayeque ist eine gute Übernachtungs-Alternative zu Chiclayo.
Web-Infos: www.lambayeque.org
Vorwahl (074)
Hostal Karla (ECO), Av. Huamachuco 758, Tel. 28-3474 (gegenüber Museo Brüning). Ruhig, freundlich. – **Hotel Real Sipán** (ECO), Av. Huamachuco 664, Tel. 28-3967. Ruhig, freundlich, gut. – **Hostal Libertad** (ECO), Av. Bolívar 570, Tel. 28-3561, www.hostallibertad.com/hl, Zimmer/bp. DZ ab 50 Soles. – **Eco Hostal Mamita Helmita** (ECO/FAM), Fundo San Carlos s/n, Urb. Castilla de Oro, Tel. 60-7716, www.mamitahelmitaperu.com. Attraktive Anlage unweit des Museums, bc/bp, Bungalows, Pool, Aussichtsturm, Pp. DZ/F 70 Soles.

Essen & Trinken
An der Ecke Pedro Vilchez Buendia/Panamericana ist ein kleiner Markt. Dort befinden sich, bis zum Museo Tumbas Reales, viele Restaurants. Die Cebi-

cherías *Los Penachos* bietet ein günstiges Mittagsmenü. Das kleine, billige Restaurant *El Soñorio del Norte,* Hausnr. 292, ist ebenfalls empfehlenswert. Das Menü kostet um 10 Soles und besteht oft aus *cebiche* und *arroz con pato* (Reis mit Ente), zwei Spezialitäten der Region, doch manchmal sehr scharf! Ansonsten: *El Rincón del Pato,* Av. Legua 270, tägl. 12–16 Uhr. Fleischgerichte, Fisch und Meeresfrüchte, oder das *Restaurante Turístico El Pacífico,* Av. Huamachuco 970 mit breit gefächerter Karte.

Post Atahualpa 130, Verlängerung der Pedro Vilchez Buendia.

Wäscherei *La Lavandería Colonia,* Pedro Vilchez 303, beim Museum Tumbas Reales. Wäscherei eines Kölners.

Lambayeque – Piura

Kurz hinter Lambayeque gabelt sich die Straße: Die Streckenführung der Panamericana Norte biegt nach Westen ab und führt eintönige 200 km durch die knochentrockene **Wüste Sechura** („Trockenheit") nach Piura. Die alte Panamericana (Ruta Nacional 1B) führt von der Abzweigung nach Nordosten über Mochumi nach **Motupe** und via Olmos nach Piura. Im Nordosten von Mochumi liegt, nach etwa 2 km rechts, **Túcume,** eine gewaltige Adobe-Stätte der Mochica-(Lambayeque) und Chimú-Kultur (s.o., Tour 3).

Die schlechte Strecke führt weiter über *Jayanca,* nun durch grünere Savannenlandschaft mit dem anspruchslosen Algarrobo-Baum und vorbei an den Ruinen von *Apurlec.*

Hinter Motupe geht es auf einen kleinen Pass von ca. 400 m Höhe. Nach weiteren gut 20 km zweigt kurz vor Olmos nach Osten eine asphaltierte Straße ins Landesinnere über den *Abra Porculla* (2144 m, damit der niedrigste Andenpass) via *El Tambo* (Rest., Tankstelle) und *Pucará* (Rest., Tankstelle) nach **Jaén** (s.S. 580) ab. Im weiteren Verlauf führt die Strecke über den Río Marañón nach Bagua Grande und **Moyobamba**.

Von Olmos sind es dann noch gut 200 km nach Piura, wobei die schlechte Straße durch eine Savanne mit kleinen Ansiedlungen und an den **Ruinen von Vicús** vorbeiführt.

Piura

Die Universitätsstadt liegt nur 35 m über dem Meeresspiegel, hat ein angenehmes, warm-trockenes Klima mit einer jährlichen Durchschnittstemperatur von 24 °C und 385.000 Einwohner. Die starke Industrialisierung – und damit alle nachteiligen Umweltfolgen – verdankt Piura der **Erdölförderung vor der Küste**. In der Landwirtschaft werden Baumwolle und Limonen angebaut. Die Hauptstadt des heutigen Departamento Piura wurde 1532 vom Peru-Eroberer Francisco Pizarro gegründet, drei Jahre vor Lima. Damit ist Piura die älteste Stadt Perus. Trotz des schweren Erdbebens von 1912 bewahrte die Innenstadt noch teilweise ihren kolonialen Charakter.

An der hübschen Plaza de Armas mit der Marmorstatue Pola fällt die Kathedrale aus dem Jahr 1588 auf. Der Hochaltar ist mit Blattgold überzogen. Die Iglesia San Francisco ist noch älter, in ihr wurde am 4. Januar 1821, fast 8 Monate früher als in Lima, die Unabhängigkeit Perus ausgerufen. Sehenswert ist auch die **Iglesia del Carmen** mit dem *Museo de Arte Religioso* mit Kunstwerken des 18. Jahrhunderts. Im Geburtshaus von *Admiral Miguel Grau* (1834–1879), Tacna 662, wurde das **Casa Museo del Almirante Grau** eingerichtet. Zu sehen sind u.a. Schriftstücke, Möbel und Portraits des Helden im peruanisch-chilenischen *Salpeterkrieg* (1879–1884), der etliche chilenische Schiffe versenkte. Geöffnet Mo–Fr 8–13 Uhr u. 15–18 Uhr sowie Sa/So 8–12 Uhr, Eintritt frei.

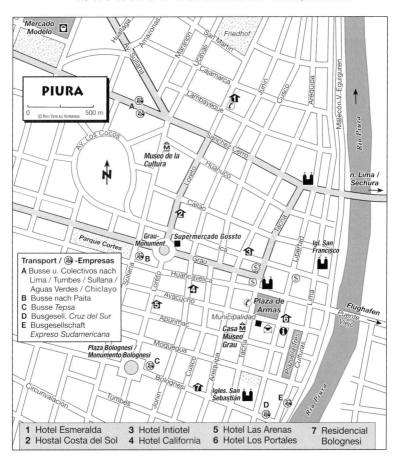

| 1 Hotel Esmeralda | 3 Hotel Intiotel | 5 Hotel Las Arenas | 7 Residencial Bolognesi |
| 2 Hostal Costa del Sol | 4 Hotel California | 6 Hotel Los Portales | |

Die Region Piura war einst auch die Heimat der **Vicús-Kultur,** eine der ältesten Küstenhochkulturen Perus. Berühmt sind die Vicús-Goldschmiede- und Keramikarbeiten. In der Av. Sullana/Huánuco zeigt das **Museo Municipal Vicús** (Di–Fr 9–17 Uhr) u.a. Keramiken der Vicús-Kultur. Im Kellergeschoss befindet sich ein *Sala de Oro*, Eintritt. Das eigentliche Vicús-Zentrum liegt 55 km östlich von Piura an der alten Panamericana.

Weitere archäologische Höhepunkte sind die *Ruinas de Aypate* und die *Petroglifos de Samanga* in Ayabaca (noch weiter östlich). In der Nähe von Piura wurde auf dem Cerro Saquir ein 8 m langer unterirdischer Tempel mit Gräbern der präkolumbischen **Huancapampa-Kultur** durch Mario Folia entdeckt. Die wertvollen Grabbeigaben, darunter eine Jaguarkrone aus vergoldetem Kupfer, lassen vermuten, dass einer der beiden Bestatteten ein Priester gewesen sein könnte.

Adressen & Service Piura

Tourist-Info i-Peru, Ayacucho 377 (etwas versteckt hinter dem Rathaus), Tel. 32-0249, iperupiura@promperu.gob.p, Mo–Sa 8.30–19.30 Uhr, Sa 8.30–14 Uhr, sowie auf dem Flughafen. Hilfreich ist auch der kostenlose *Guía Turística Piura,* Los Almendros 101, Tel. 32-8045.
Touristenpolizei: Av. Córpac s/n (auf dem Flughafen), Tel. 34-4515. **Hinweis:** Die Touristenpolizei rät, die Gegend um die Circunvalación zu meiden!
Vorwahl (073)

Unterkunft ECO **Hostal California** (BUDGET), Junín 835, Tel. 32-8789. Kleines Hostal, einfachen Zimmer/bc, Kw, nette Dachterrasse, freundlich, sehr beliebt und oft belegt. Zimmer/bc 15 Soles. – **Hospedaje Lalo,** Junín 838, Tel. 30-7178. Einfache Zi./bc, Kw, Ü 20 Soles. – **Residencial Bolognesi,** Bolognesi 427, Tel. 30-1338. Älteres Haus, bp, Kw, Restaurant. – **Residencial Piura,** Loreto 910, Tel. 30-6075; bp, Ww. – **Hostal Diplomatic,** Tacna 342, Tel. 32-5243. DZ 50 Soles.

FAM **Hotel San Jorge,** Loreto 960, Tel. 32-7514; bp, Ww. DZ ab 100 Soles, überteuert! – **Hostal El Sol,** Av. Sánchez Cerro 411, Tel. 32-4971, www.elsolhostal.com. Saubere Zimmer, kleiner Pool, angeschlossenes Restaurant mit günstigem Mittagsmenü. Zimmer zur Straße sehr laut! DZ/F ab 130 Soles. – **Suite Plaza Hostal,** Apurimac 420, Tel. 30-6397. Unweit der Plaza de Armas, kleines, etwas älteres Hostal mit ordentlichen Zimmern. DZ 95 Soles. – **Costabella Hotel,** Libertad 1082, Tel. 30-7807. Sehr saubere Zimmer, TV, ruhig, riesige Bibliothek mit englischen Büchern. DZ ab 90 Soles. **TIPP!** – **Sol de Piura,** Tacna 761, Tel. 33-2395, www.soldepiura.com. Modernes Mittelklassehotel mit komfortablen Betten, Zimmer etwas klein. DZ 160 Soles. – **Hotel Las Arenas,** Av. Loreto 945, Tel. 30-5554, www.hotellasarenas.com. Unbedingt Zimmer im 2. oder 3. Stock verlangen! DZ 110 Soles.

LUX **Intiotel,** Arequipa 691, Tel. 28-7600, www.intiotel.com. Zentral gelegenes, modernes Hotel mit kleinen Zimmern. DZ/F 260 Soles. – **Hotel Costa del Sol,** Loreto 649, Tel. 30-2864, www.costadelsolperu.com. Älteres, stilvolles Gebäude, komfortable Zimmer/bp, AC, großer Pool, Restaurant mit guter Küche, Bar, aufmerksam, für Komfortliebende; in der NS nach Rabatt fragen. – **Hotel Esmeralda,** Loreto 235, www.hotelesmeraldo.com.pe, Tel. 33-1205. Angenehme Zi., Rest. DZ über 250 Soles. – **Hotel Los Portales,** Libertad 875 (Plaza de Armas), Tel. 32-1161 http://piura.losportaleshoteles.com. Sehr gutes Hotel in idealer Lage, AC, Patio, Pool. DZ/F ab 101 US$. **TIPP!** – **Hotel Río Verde,** Av. Ramón Mujica in San Eduardo, El Chipe (etwas außerhalb), Tel. 28-5000, www.rioverde.com.pe. Bestes Hotel in Piura, geräumige, komfortable Zi., AC, schöne Anlage mit Pool, Rest. **TIPP!**

Essen & Trinken Die Regionalküche Piuras tischt Deftiges auf, wie *seco de chavelo* (gerührte Bananen mit gebratenem Fleisch), *carne aliñada* (Rind- und Schweinefleisch mit Zwiebelsoße, Süßkartoffeln und Yuca bzw. Maniok), *majado de yuca con chicharrón* (Maniok mit gebratenem Fleisch), *carne seca* oder *cecina* (Trockenbzw. Dörrfleisch) sowie Meeresgerichte, z.B. *cebiche de cachema.* Ein Nachtisch ist *natilla,* eine Süßspeise aus Ziegenmilch und Zuckerrohr-Honig.

In der Av. Grau und Huancavelica gibt es unzählige **Pollerias**. Viele gute Restaurants befinden sich um die Straßen Libertad und Apurímac.

Gute regionale Küche in der **Picantería La Santitos,** Libertad 1001. Eine große Auswahl an Fleischgerichten bietet **Don Parce,** Tacna 642, unweit der Plaza. **Capuccino Gourmet,** Tacna 786; sehr gutes Café, riesige Salate, gute Nachtische, angenehm im Freien zu sitzen, erst ab 11.30 Uhr geöffnet. Pizza-Fans gehen ins einfache **La Cabaña,** Ayacucho 598/Cusco. Für Fischgerichte und Meeresfrüchte empfiehlt sich im günstigen Mittagsmenü das **El Acuario** in der Huánuco 514, ansonsten etwas teurer im **Fresco Mar,** Libertad 744 oder **La Isla,** Ayacucho 570. In der **Chifa Canton,** Tacna 125 oder dem **Chifa Hermanos,** Arequipa 728, gibt es gute Reisgerichte. Eine gute Kneipe ist die **Choppería Alex Chopp,** Huancavelica 528. Von 10–22 Uhr werden neben Bier auch Mariscos und Fisch gereicht. Vegetarisches findet man sowohl im **Ganimedes,** Apurimac 468 als auch im **Matteos,** sowohl Libertad 598 als auch Tacna 552. Frühstücks- und auch Eiscreme-Tipp: **El Chalán,** Tacna 520, Plaza de Armas. Weitere Lokale in der Av. Grau. Sehr gutes Eis! Und den besten Kaffee gibt es unserer Meinung nach im **Pappa Caffe,** Esq. Ayacucho y Arequipa 161 (*café marmoleado frozen* probieren!).

Unterhaltung	*Tiburón* in La Granja, Panamericana Sur (km 1), Sa Live-Musik, gehobene Preisklasse. Disco *Flamingo* und *Bohemio's* in der Ayacucho. Disco *Studio 1* im Centro Recreativo Miraflores, Av. Guardia Civil/Cayetano Heredia; am Wochenende beliebter Treffpunkt der Jugend Piuras. Bar *Blue Moon,* Ayacucho 552, tägl. außer So ab 22 Uhr Live-Musik.
Museen	*Museo Municipal Vicús,* Av. Sullana/Huánuco; Di–Fr 9–17 Uhr. – *Casa Museo Almirante Grau,* Tacna 662, Mo–Fr 8–13 und 15–18 Uhr, Sa/So 8–12 Uhr, Eintritt frei. – *Museo de Arte Religioso,* Plaza Ignacio Merino, Mo, Mi–Sa 9.30-12.30 und 16–19 Uhr, So 9–12 Uhr, Eintritt frei (u.a. Ölgemälde des Malers Felipe Cossío del Pomar).
Erste Hilfe	*Clínica Delgado,* Av. Los Cocos M–H–15, Tel. 32-1641. – *Clínica Roma,* Av. Loreto 1139, Tel. 32-8196. – *Hospital IPSS,* Tacna 388, Tel. 33-3647 und 33-3840.
Deutschsprachiger Arzt	*Dr. Hagen Spengler,* Clínica San Miguel, Los Cocos 153, Tel. 33-5313, Mo–Fr 9–13 u. 16–19 Uhr. – *Dr. Wolfgang Forker,* Av. Chirichingo Mz. B Lt. 19 B, Urb. San Eduardo, Tel. 30-3781, www.homeopatia.com.pe. Facharzt für Allgemeinmedizin, Akupunktur, Homöopathie.
Dt. Honorarkonsulat	*Jutta Moritz de Irazola,* Las Amapolas K-6 (Miraflores), Tel. 33-2920.
Post	*Serpost,* Libertad/Ayacucho (Plaza de Armas)
Geld	*Banco del Crédito,* Grau/Tacna. Um die Plaza de Armas *BBVA, Scotiabank* und *Interbank. Casas de Cambio* in der Ica (hinter der Kathedrale) und Arequipa, Straßenwechsler direkt vor den Banken.
Kino	*Cineplanet Piura* im Centro Comercial Plaza del Sol, einen Block von der Plaza de Armas entfernt.
Einkaufen	*Supermercado Don Vitto,* Arequipa 631. Kleiner Allzweckladen mit großer Auswahl an *chifles* (frittierte und gesalzene Bananenchips, typisch für Piura) ist *Gorvez* in der Moquegua 382, bei der Iglesia San Sebastián.
Reisebüro	*Piura Tours,* Arequipa 978, Tel. 32-6778; u.a. City Tour, Gastronomie-Ausflüge und Exkursionen in die Umgebung (Catacaos, Chulucanas, Paita). Der Besitzer Mario León Vega managed ebenfalls die Playa Colan Lodge (s.u.).
Autoclub	Automóvil Club del Perú, Prolong. Av. Sánchez Cerro 1237, Tel. 32-5641.
Taxi	*Tele Taxi,* Tel. 67-4696; *Taxi Seguro,* Tel. 67-6800. Die Fahrt von der Bushaltestelle der Fernbusse ins Zentrum kostet ca. 5 Soles.

Bus	Viele Busse und Colectivos fahren von der Av. Sullana Norte oder der Sánchez Cerro ab. Nach **Agua Verdes** (310 km): tägl. Nachtbus, Fz 6 h, 20 Soles. – **Catacaos** (12 km): tägl. Busse sowie Colectivos ab der Plaza Pizarro u. Av. Loreto 1292, Fz 20 Min, um 2,50 Soles. – **Chiclayo** (210 km): tägl. Busse, z.B. von *LÍNEA,* Av. Sánchez Cerro 1215, Tel. 30-3894, *Transportes Chiclayo* oder *Transportes del Norte,* Av. Sánchez Cerro 1121, Tel. 30-8455; Fz 2,5–3 h, 20 Soles; in Chiclayo Direktbusse nach Chachapoyas, Bagua und Cajamarca. – **Guayaquil** (Ecuador): tägl. Direktbus via Tumbes mit *CIFA.* – **Huancabamba** (210 km): tägl. Busse mit *CIVA* (Terminal Terrestre *El Bosque*) und *ETIPTHSA,* Av. Tacna 104, Fz mind. 8 h, 40 Soles. – **Lima** (978 km): tägl. mehrere Busse, u.a. von *TEPSA,* Av. Loreto 1152; *Roggero,* Av. Bolognesi 330; *CIVA,* Av. Ramón Castillo 196/Tacna (Direktverbindung mit komfortablen Bussen); *Cruz del Sur,* Av. Circunvalación 160 und *Expreso Sudamericano,* Prolongación San Ramón. Fz 15–16 h, 50–100 Soles, je nach Bustyp u. Gesellschaft. – **Loja** (Ecuador): 3x tägl. Direktbus mit *Cooperativa de Transporte Loja,* Av. Sanchéz Cerro 125. Abfahrten um 9.30, 13, 21.30 u. 22.30 Uhr, Fp um 30 Soles. Diese Strecke ist, um schnell nach Ecuador zu kommen, viel einfacher als via Tumbes! – Nach **Machala** (Ecuador): täglicher Direktbus mit *Cooperativa de Transporte Loja* um 22.30 Uhr, Fp 20 Soles. Dieser Direktbus ist eine Alternative zum Bus nach Loja. – **Máncora** (175 km): Busse von *EPPO* und *El Dorado,* Fz 3 h, 10 Soles. – **Paita** (60 km): Colectivos u. Busse im Stundentakt; *TUPPSA,* Sullana 527 (Parque Cortés), *Dora,* Urb. San José, Calle 10-161, Tel. 32-1527. Fz 55 Min., 4 Soles. – **Sullana** (40 km): tägl. mehrere Busse, u.a. von *EPPO* und Colectivos ab Sánchez Cerro/Loreto, Fz 45 Min. – **Talara** (120 km): tägl. Busse und Colectivos, z.B. *Talara Express, El Dorado, EPPO,* Fz 2 h, 10 Soles. – **Trujillo** (420 km): tägl. Busse, auch Nachtbusse von *El Dorado,* Fz 7 h, 25 Soles, Tagbus mit *El Sol* 20 Soles sowie *Cruz del Sur, LINEA* und *Oltursa.* – **Tumbes** (280 km): tägl. mehrere Busse, u.a. von *El Dorado* (10x tägl.) und *EPPO,* beide in der Prolongación Sánchez Cerro, sowie Colectivos. Fz 5–6 h.
Flug	Der Flughafen (PIU) liegt ca. 2 km vom Stadtzentrum entfernt in Castilla. Taxi zum Flughafen 5–10 Soles. Nach Lima mit *LAN,* www.lan.com, *TACA,* www.taca.com und *Peruvian Airlines,* www.peruvianairlines.com.pe.

Ausflüge in die Umgebung
Tour 1: Piura – Catacaos (– Sechura, 55 km)

Einen netten Ausflug kann man zum Dorf Catacaos unternehmen, das etwa 20 Minuten von Piura entfernt liegt. Anfahrt mit Colectivo 2,50 Soles, mit dem Combi 1,50 Soles.

Catacaos	Das Dorf ist nicht nur für seine Gold- und Silberarbeiten bekannt, sondern auch für die angeblich besten Strohhüte Perus sowie für schöne Korbflechtereien, Chicha-Krüge, Keramiken und anderes Kunsthandwerk. In den *Picanterías* (*El Ganso Azul,* unweit der Panamericana, *El Sabor Catequense* oder *El Rinconcito Cataquense,* beide unweit der Plaza), kann am besten die regionale Küche probiert werden. Eindrucksvoll ist auch ein Bummel durch die Calle Comercio de Catacaos. Kirchenfreaks sollten die grün getünchte *Iglesia Matriz* besuchen. Alljährlicher Festhöhepunkt in Catacaos ist die *Semana Santa,* die Karwoche.
Semana Santa in Catacaos	Während der Karwoche leben in Catacaos die uralten religiösen Mystiken und Gebräuche der Ureinwohner auf, die von unzähligen sog. Bruderschaften, wie z.B. der *Cofradía del Santísimo,* gepflegt werden. Die Semana Santa beginnt am Palmsonntag mit dem traditionellen Einritt von Jesu auf der Eselin *La Burri-*

ta de Ramos. Sieben Tage dauert die farbenprächtige Prozession. Die lebensgroße Statue des *Señor Cautivo* mit einem violetten Mantelumhang wird, zusammen mit der *Virgen de los Dolores,* am Dienstag und Mittwoch der Karwoche durch die Gassen getragen. Am Gründonnerstag ist das Passionsspiel der Höhepunkt. Während der Messe wird der *Mayordomo,* ein Vorstand ernannt, der den goldenen Schlüssel des Heiligen Grabes erhält. Am Karfreitag tragen die Gläubigen schwarze Schärpen. Christus wird symbolisch vom Kreuz genommen und die Gläubigen beginnen mit der Totenwache, ein durchaus freudiges Volksfest mit traditionellen Speisen, Getränken, Musik und Spaß. Die Karsamstags-Riten werden von unzähligen Musikkapellen begleitet. Nach der Entzündung des Osterfeuers bei der Ostermesse wird ausgelassen zu Merengue, Marinera und Salsa getanzt. Am Ostersonntag findet die Woche mit einer feierlichen Messe ihren Abschluss.

Narihualá Nur 2 km von Catacaos entfernt befindet sich die archäologische Stätte von Narihualá mit angeschlossenem Museo de Sitio. Die *Huaca Narihualá* umfasst ca. 6 ha und teilt sich in drei verschiedene Sektoren, durch die ein Rundgang führt. Es handelt sich wahrscheinlich um das administrative Zentrum der *Tallán*-Kultur. Bei Ausgrabungen wurden Skelette des peruanischen Nackthundes (Exkurs s.S. 67) gefunden und auch heute noch wird die Huaca von mehreren Exemplaren bewacht. Die Erläuterungen im Museum und der Rundgang durch die Huaca werden von Jungen aus dem Dorf organisiert, ein kleines Trinkeld (1 Sol pro Kind) ist immer gern gesehen. Anfahrt zur Huaca am besten mit einem Motocarro aus Catacaos, das vor dem Eingang wartet. Kosten etwa 10 Soles. Di–So 8.30–17 Uhr, Eintritt.

Sechura Und wer mehr Zeit mitbringt, der kann von Piura auch **direkt** nach Sechura fahren. Die Strecke führt durch den *Desierto de Sechura* über La Arena und La Unión nach Sechura, ein größeres Fischereizentrum mit ein paar Phosphatminen. Beeindruckend sind die beiden ungewöhnlichen Türme der schönen *Iglesia de Sechura.* In der Nähe der Stadt locken ein paar hübsche Sandstrände mit sauberem Wasser, wie z.B. *Playa Matacabello.* Unweit befindet sich die *Laguna de Ñapique,* die von unzähligen Meeresvögeln aufgesucht wird. Durch die Sechura-Wüste führt außerdem eine Ölpipeline bis zum Pazifikhafen *Bayóvar,* die vom Amazonasurwald über die Anden bis dorthin gebaut wurde.

Tour 2: Piura – Paita (– Sullana)

Ein schöner Ausflug von Piura ist die Fahrt zur knapp 60 km entfernten Hafenstadt **Paita,** die an einer Bucht mit weiten Sandstränden am Pazifik liegt. Paita hat 78.000 Einwohner und ist der fünftgrößte Hafen Perus. Es werden hauptsächlich Fischereiprodukte und Wollwaren verschifft. Das etwas nördlicher gelegene *Colán* und das südlichere, malerische Fischerdörfchen *Yasila* sind als Badeorte beliebt, doch außerhalb der Saison völlig ausgestorben. Von Paita fahren täglich mehrere Kleinbusse und Sammeltaxis in beide Strandorte. Der Ausflug könnte über Sullana und zurück nach Piura zu einer Rundreise verlängert werden.
Vorwahl 073

Unterkunft *Hospedaje Turistico Miramar,* Jr. Jorge Chávez 418, Tel. 21-1083. Kolonialhaus direkt am Strand mit Blick auf den Hafen, DZ 50 Soles. *Las Brisas* gehört dem gleichen Besitzer und befindet sich nur zwei Blocks entfernt, ebenfalls DZ 50 Soles. – *Hostal El Farol,* Junin 322, Tel. 21-1547. Direkt in der Fußgängerzone, Zimmer im 4. oder 5. Stock nehmen. DZ 50 Soles. – *Marina del Bay,* Jr. Hermanos Carcamo s/n, Tel. 21-4484. Das wohl beste Hotel in Paita. DZ/F mit Blick aufs Meer 150 Soles.

Essen & Trinken

Im *Club Liberal „Miro's",* Jr. Jorge Chávez 161, in altehrwürdigem Gebäude mit Hafenblick Frisches aus dem Meer genießen. **TIPP!** Pizza, Pasta, Fleisch und Fisch gibt es unweit der Muelle Turístico auch im *Baywatch* oder *Bridani's*.

Unterkunft an der Playa Colán

Playa Colán Lodge, am südlichen Ortsende, Tel. 32-6778, www.playacolonlodge.com.pe. Langer Sandstrand, Bungalows (2–5 Pers.), Restaurant, Pool, preiswert für Gruppenreisende. 2-Bett-Bungalow ab 50 US$ in der NS. Ideal zum Entspannen und für endlose Strandspaziergänge. **TIPP!** – *Hotel El Sol de Colán Beach,* am nördl. Ortsende (Av. Constanera C-27), Tel. 076976-924860, www.elsoldecolanhotel.com. Gepflegte Anlage am Pazifik mit kleinem Strand, 8 hübsche Bungalows (max. 6 P.), 4 Zi. mit bp, Restaurant, Pool, auch für Fam.- oder Gruppenreisende empfehlenswert. Zi. ab 30 US$, Bungalows ab 45 US$ in der NS. – *Bungalows Spilberg,* Av. Costanera 128, Balneario de Colán, Tel. 32-6011, www.colanbungalowsspilberg.com.

Direkt am Ortseingang befindet sich die Iglesia San Lucas de Colán, welche einen Besuch wert ist. Es handelt sich um die erste Kirche, die von den Spaniern in Peru (Südamerika) erbaut wurde. Sie stammt somit aus dem 16. Jahrhundert, wobei der heutige Bau eine Rekonstruktion ist. Sehenswert der Hauptaltar im Barock-Stil und mit Blattgold überzogen.

Tour 3: Piura – Canchaque – Huancabamba
(210 km)

Wer Zeit hat, kann einen ungewöhnlichen Ausflug in die östlich von Piura gelegenen Andenorte *Canchaque* und *Huancabamba* unternehmen. **Huancabamba** liegt auf 1930 m Höhe in einem hübschen Tal am Río Huancabamba, der bereits jenseits der Wasserscheide zwischen Pazifik und Atlantik liegt. In der Nähe befindet sich in *Mitupampa* (2800 m) der *Tempel des Jaguars,* der die These des Archäologen Tello unterstützt, dass diese Region der Anden vom Amazonasurwald aus besiedelt wurde. Sehenswert in Huancabamba sind neben der Iglesia Matriz der Palacio Municipal aus dem vorigen Jahrhundert mit Gemälden des heimischen Künstlers Jibaja Ché.

In der Region über Huancabamba liegen die 14 Seen und Lagunen **Las Huaringas** („Lagunen des Inca") deren wundertätiges Wasser Quacksalber zur Heilung psychosomatisch Kranker benutzen. In Las Huaringas sollen sich auch die angeblich besten Hexendoktoren und Schamanen Perus treffen, deren Heilmethoden sich ja bekanntlich auf besondere Kräuter, halluzinogene Mittel und geheime Rituale gründen. Die besten Curanderos in Huancabamba sind Francisco Meza Neyra, Francisco Guarnizo García, Francisco Neyra Rivera, Gabino Cano Meza, Carlos Gonzáles. Kompetente Curanderos gibt es auch in Salalá, Yumbe, Sondorillo, Talane und Sapalache.

Von Huancabamba fahren Busse Richtung **Salalá**. Dort können Pferde (schlechtes Reitzeug, Pferde nicht in gutem Zustand) gemietet werden. Bis zu den Seen auf 4000 m Höhe sind es mit Pferden 2,5 h. Bei schlechtem Wetter versinken sie im Schlamm und auch zu Fuß gibt es dann kein Durchkommen mehr. Das letzte Stück muss zu Fuß gegangen werden (ca. 1 h). Die bekanntesten Seen heißen *Laguna La Shimbe, Laguna de la Serpiente, Laguna del Inca, Laguna del Torre* und *Laguna Negra*.

Tourist-Info	Oficina de Información Turística, Plaza de Armas.
Unterkunft	Die meisten Unterkünfte sind äußerst einfach, wenn nicht primitiv, und somit billigst. **Hostal El Dorado** (ECO/BUDGET), General Medina 116 (Plaza de Armas); einfache Zi. bc/bp, Rest., sauber. – **Hostal Danubio** (ECO), Av. Grau 206 (Plaza de Armas); einfache Zi. bc/bp, Ww. – **Hostal Medina** (ECO), General Medina 208; einfache Zi. bc/bp, familiär. – **Hotel Panoramico,** Calle Ayabaca 445, Cel. 975-553-842. Vor Kurzem eröffnetes Hotel mit Aussicht auf das Flusstal und Liebe zum Detail. Restaurant und Dachterrasse. Garage für Selbstfahrer.
Bus	2x tägl. (8 Uhr und 18 Uhr) nach Piura, 1x tägl. nach Chiclayo mit *ETIPTHSA,* General Medina 102 (Plaza de Armas).

Piura – Talara

Reisende nach Ecuador setzen spätestens jetzt zum Endspurt an und fahren meist gleich bis zur Grenze oder mindestens bis Tumbes durch. Die Panamericana Norte führt zunächst auf einer asphaltierten Straße nach Sullana, einer Großstadt am Río Chira. Im *Valle del Chira* zwischen Chilaco und Miramar mit seinem milden, subtropischen Klima und einer Durchschnittstemperatur von 25 Grad Celsius werden Baumwolle, Reis, Mangos und Limonen angebaut. Chira besitzt zugleich die größte Baumwollproduktion Perus. Unmittelbar vor Sullana zweigt als Alternativroute die alte Panamericana über *Tambo Grande* und *Las Lomas* zum peruanischen Grenzort *La Tina* ab, der etwa 150 km von Sullana entfernt ist. Die wesentlich bessere und häufiger benutzte Strecke führt von Sullana in die Ölhauptstadt Nordperus nach Talara.

Talara

liegt am Pazifik und hat 86.000 Einwohner. Die Sonne brennt meist gnadenlos vom blauen Himmel. Pipelines und wippende Ölpumpen verraten, womit hier Geld verdient wird: Erdöl! Es ist das Erdölzentrum Perus. Die Einwohner Talaras zahlen nur einen Symbolpreis von wenigen Cent für das Nebenprodukt Erdgas. Dafür ist Wasser sehr kostbar, es wird über eine Pipeline vom Río Chira hergeleitet. Zusätzlich fahren Tankwagen mit Wasser durch die Vororte, um die Bevölkerung zu versorgen. Talaras Erdölarbeiter stammen meist von armen Andendörfern, die hierherströmen, um ihr Glück zu machen. Meist sind sie ohne Familien hier oder sie lassen später ihre Familien nachkommen, die sich dann in einer ihnen völlig fremden Welt zurechtfinden müssen.

Talaras meist schattenlose Strände sind wenig einladend, außerhalb der Stadt ziehen sie sich endlos und unberührt hin.

Unterkunft	**Vorwahl (073)** *Hotel Talara* (ECO), Av. del Ejército 217, Tel. 38-2186; sauber und gut; *Hotel Pacifico* (LUX), Av. Aviación/Arica, Tel. 38-1719, www.hotelpacifico-talara.com; Pool, Rest., komfortabel. DZ/F ab 220 Soles.
Essen & Trinken	Preiswerte Restaurants gibt es an der Plaza. Oder: Restaurant *La Colmena* und *La Casona Goyita,* Av. Grau A-10, Fisch und Fleisch.
Bus	Tägl. mehrere Busse nach Piura (110 km), Fz 2 h. Tägl. mehrere Busse nach Tumbes (170 km), Fz 3 h. Nach Máncora (60 km) tägl. über Cabo Blanco, 1 h.
Flug (TYL)	Derzeit gibt es regelmäßige, doch nicht tägliche Flugverbindungen nach Talara mit StarPerú, www.starperu.com.

Talara – Máncora

Bis nach Tumbes, der letzten großen Stadt vor der Grenze, sind es jetzt noch 190 km. Die Strecke führt überwiegend durch eine öde Steinwüste mit einzelnen Öltürmen. Auf Badehungrige und Camper warten einige schöne Sandstrände, vorausgesetzt, es wird nicht der Direktbus nach Tumbes benutzt.

Nach gut 45 km führt eine Abzweigung über El Alto (Tankstelle) nach **Cabo Blanco** (km 1137). Der Fischerort ist für Fisch-Weltrekorde (die größten Schwertfische wogen um die 700 kg) berühmt und für Sportangler ein Ziel. Der hohe Planktongehalt zieht neben Schwertfischen vor allem Marline, Zacken- und Wolfsbarsche an. In Cabo Blanco fand einst Ernest Hemingway Anregungen für seinen berühmten Roman „Der alte Mann und das Meer", er verfasste ihn größtenteils hier und er wurde auch in Cabo Blanco verfilmt. Trotz schöner Lage lädt der Strand nicht zum Baden ein.

Unterkunft **FAM: Hotel Fishing Club Lodge,** Carretera Lobitos del Alto; saubere Zi., Restaurant, Pool sowie gute Campingmöglichkeiten. – **Hotel Nautilus,** 2 km nördlich von Los Organos und 17 km nördlich von Cabo Blanco (Panamericana km 1154). 800 m vom Sandstrand (kein Schatten!) ältere Anlage, einfache Zimmer/bp, Restaurant; für Einsamkeitssuchende.

Máncora

Von Cabo Blanco sind es auf der Panamericana entlang des Pazifiks über das Fischerdörfchen **Los Organos** (Tankstelle, Restaurants, Hotels) noch 30 km bis zum traumhaften *Máncora*. Máncora war einst ein Fischerdorf und gefällt heute durch seine herrlichen Sandstrände (kein Schatten!), die vielleicht schönsten Nordperus. Mittlerweile recht mondänes Flair. Die Panamericana führt als Av. Piura mitten durch den Ort und es gibt einen Straßenmarkt. Ein Riff verläuft parallel zur Küste, das während der Ebbe angenehm warme Wasserpools bildet. Surfen ist in Máncora sehr beliebt, und zwischen Dezember und März wird das kleine Örtchen regelrecht überrannt, die Preise explodieren und der Strand in Máncora wird dann, zur Freude der Geier, zugemüllt. Zeitweise Wasser- und Stromknappheit.

Punta Sal Im Nordosten von Máncora ist der Strand von **Punta Sal,** 17 km nördlich von Máncora, ein beliebter Treff, besonders für ruhesuchende Reisende.
Vorwahl (072)

Unterkunft **Hostal Hua,** www.hua-puntasal.com, direkt am Strand (km 1187), Tel. 54-0043, kinderfreundlich, Ü ab 40 Soles p.P. – Das **Sunset Punta Sal,** www.hotelsunsetpuntasal.com, liegt am Südende der Bucht mit Felsstrand und kleinem Pool. Daneben das **Caballito de Mar Beach Resort,** Tel. 54-0058, www.hotelcaballitodemar.com. Pool, Ü/F ab 40 US$. Weiter im Norden, bei km 1187, führt die Deutsche Heidi Voss das weitläufige **Hotel Saint Tropez** mit großem (!) Salzwasserpool, Tel. 54-0052, www.hotel-saint-tropez-healthclub.blogspot.com. – Entspannung findet man in **Hotel Samana Chakra,** Lotes 5 & 6 Lagunas Mancora, Tel. 25-8604, www.samanachakra.com. Wunderschöne Anlage direkt am Meer mit Bungalows, Yoga-Stunden im Preis inbegriffen. Fleischarme Kost, flexibel für Sonderwünsche. Ab etwa 150 US$. Das Essen in den Strandhotels direkt am Meer ist recht teuer, ein paar Schritte dahinter an der Straße werden preiswerte Menüs angeboten.

Adressen & Service Máncora

Tourist-Info i-Peru, Av. Piura 250, Di–So 10–17 Uhr, www.peru.info und www.vivamancora.com. **Vorwahl (073).**

Unterkunft Bei allen Unterkünften ist während Feiertagen (Weihnachten, Neujahr, Karwoche) und in der Hochsaison zwischen Dezember und März sowie im August mit erheblichen Preisaufschlägen zu rechnen! Doch in der Nebensaison kann sich jeder ein schönes Zimmer mit Meerblick leisten, mit etwas Glück zieht am frühen Morgen ein Trupp Delfine in Strandnähe vorbei.

Die Restaurants und Unterkünfte in Máncora, die direkt an der Panamericana liegen, können wenig empfohlen werden. Die einem Seebad gerecht werdenden Unterkünfte liegen alle außerhalb, zum Teil an der alten Panamericana Norte. Alle Hotels von Máncora und Umgebung auf www.vivamancora.com.

ECO Hostal Bambú (BUDGET), Piura 636 (Hauptstraße). Einfache, saubere Zi. bc/bp, laut! – **Hotel Sol y Mar**, Piura 260, www.vivamancora.com/solymar/ingles.htm, Tel. 25-8106. Direkt am Südende des Strandes. Einfache Zi. bc/bp, Kw, Wasserprobleme, Restaurant (nur in HS), viele Rucksackreisende und Surfer, laut und chaotisch. Ü/bp ab 20 Soles. – **Sol de Máncora**, etwa 100 m südlich von der Plaza in der Parallelstraße zur Hauptstraße. Sehr ruhig, sehr freundlich und preiswert. Zi/bp ab 12 Soles, empfehlenswert.

ECO/FAM Punta Ballenas Inn, am südlichen Ortsende von Máncora direkt am Meer, Tel. 25-8136, www.puntaballenas.com. Einfache Zimmer/bp, Restaurant, Terrasse; auf Wunsch VP. DZ 140 Soles. Harry Schuler bietet auch Camping für 15 Soles p.P. – **Kimbas Bungalow**, Barrio Industrial 101, beim km 1164, 500 m zum Strand, Tel. 25-8373, www.kimbasbungalowsmancora.com. Anlage mit 12 Hütten, bp, riesiger, supertoller Palmengarten mit Hängematten, Pool, Bar (sehr preiswert), Esssalon, überdachte Terrasse mit Sitzgelegenheiten, auf Wunsch Grillparties, gutes PLV. Ü/F ab 50 Soles (NS). **TIPP!** – **Kon Tiki**, Bungalows and Coffee, Los Incas 200, Tel. 25-8138, www.kontikimancora.net. Verschiedene Bungalows mit weiter Aussicht über Mancora und das Meer, sauber, günstig, gutes Essen. Nette Gastgeber Patricia & Jörg (Schweizer).

FAM Bungalows Las Brisas, ca. 2,5 km südlich von Máncora, Tel. 25-8047. Einfache Anlage direkt am Meer mit 5 Bungalows (3–6 Pers.) und 3 Zimmer/bp. – **Máncora Beach and Bungalows**, 3 km südlich, km 1215 auf der alten Panamericana Norte, Tel. 25-8125, www.mancora-beach.com. Strandbungalows mit 1–2 Schlafzimmern/bp, Pool, Rest., Bar, für Familien mit Kindern sehr geeignet. DZ/F ab 66 US$. – **Hotel Casa del Playa**, km 1217 auf der alten Panamericana Norte, 2 km außerhalb (Mototaxi nehmen), Tel. 25-8005, www.casadeplayamancora.net. Schönes Strandhotel mit sehr gutem Service, fast alle Zi. mit Meerblick, Balkon und Hängematten, sehr gutes Restaurant, Pool und Strand, attraktive Terrasse mit Meerblick, mit etwas Glück Delfin- und Walsichtungen (Aug–Nov). Stadtauswärts gibt es gute Bademöglichkeiten.

LUX Las Pocitas Beach Club, ca. 2,5 km südl. von Máncora, Anfahrt ab km 1162 über die alte nichtasphaltierte Panamericana, www.laspocitasmancora.com. Tolles Strandhotel, 18 hübsche Zi. inkl. Hängematte, bp, Pool unter Palmen, Rest., Sandstrand mit felsigem Abschnitt, Reservierung empfohlen. **TIPP!** – **Las Arennas de Máncora**, ca. 4 km südlich von Máncora, Tel. 25-8240, www.arennasmancora.com. Eine oasenartige, großzügige Anlage mit 8 Bungalows direkt am Meer, bp, Sandstrand, Pool, Rest., Bar, inkl. HP o. VP. – **Vichayito Bungalows & Carpas**, Playa Vichayito (alte Panamericana km 1211), www.vichayito.com. Eine herrliche Bungalowanlage mit entspannender Pool-Landschaft, Massagen, Reiten am Strand etc. Auch komfortable „Beduinen-Strandzelte". Bungalow ab 85 US$, Zelt ab 120 US$.

Essen & Trinken	An der Plaza werden abends ein paar Garküchen aufgebaut, die gute und billige Gerichte anbieten. Auf dem Markt ist schmackhaftes Obst zu haben. Die besten Fisch- und Meeresfrüchte-Gerichte werden auf der Av. Piura angeboten. Restaurantübersicht auf www.vivamancora.com. Ein empfehlenswertes und freundliches Restaurant ist das **Máncora**, das reichhaltige, preiswerte Portionen auftischt, gute Fische. Das Restaurant **San Pedro**, Av. Piura 657, bietet ebenfalls Meeresfrüchte und Fisch tägl. frisch aus dem Meer an und ist bereits zur Frühstückszeit geöffnet. In der **Snack-Bar Regina** gibt es neben preiswerten Gerichten auch leckere frischgepresste Säfte. Gleich gegenüber bietet **Janett's Snack** ein gutes Frühstück. Das **Chan Chan**, Av. Piura 384, hat neben der traditionellen peruanischen Küche auch Italienisches auf der Karte. Besitzer Udo stammt aus Italien, spricht Deutsch (Kölner Dialekt), backt ab und zu echten deutschen Apfelstrudel und serviert Erdinger Weißbier. Empfehlenswert, nicht nur zum Essen! Ein gutes kleines vegetarisches Restaurant ist **Angela's Place,** Av. Piura 396, Vollkorn- und dunkles Brot. Am südlichen Ende von Máncora bietet an der Panamericana (Hauptstraße) das **El Faro** Meeresfrüchte, Vegetarisches, Touristenmenüs und leckere Drinks. **TIPP!**
Geld	Mehrere Banken mit Geldautomaten (Maestro und VISA). Die *Banco de la Nación* hat ebenfalls einen GA. Hinweis: Die Geldautomaten werden nicht regelmäßig nachgefüllt, es kann dann zu Engpässen kommen, deshalb immer etwas Bargeld in Reserve haben.
Internet-Cafés	Eine handvoll, alle an der Hauptstraße.
Reiten	Am Strand vermieten Einheimische Pferde, 20 Soles/h.
Wäscherei	El Espumon, Av. Piura 216; alles sauber gewaschen in ca. 3 h, 4 Soles/kg.
Bus	**Nach Chiclayo** (385 km): tägl. Busse, Fz 5–7 h, 18–20 Soles. – **Lambayeque:** tägl. Nachtbus, 5–6 h, 20 Soles. – **Lima** (1167 km): tägl. mehrere Busse mit *Oltursa, TEPSA* und *Cruz del Sur*, Fz 16–18 h, Fp 85–150 Soles. – **Piura** (175 km): tägl. mehrere Busse mit *EPPO*, letzte Abfahrt um 20.30 Uhr, Fz 3.40 h, Fp 10 Soles. – **Nach Aguas Verdes** tägl. ab Av. Mansiche 361 um 20.30 Uhr, Fp 25 Soles. – **Trujillo**: mit *El Sol*. – **Tumbes** (105 km): tägl. Colectivos, Fz 2 h.

Máncora – Tumbes

Zorritos	Von Máncora sind es nun weitere 87 km auf der Panamericana Norte über die Küstenorte *Canoas* und *Bocapan* nach **Zorritos.** Der bedeutende Fischerort bietet ruhige Strände mit Felsformationen, ist ideal zum Entspannen. Sportfischer fangen Seezungen, Schattenfische und Wolfsbarsche, aus kleinen Kneipen steigt der Duft von Meeresfrüchten und gegrilltem Fisch empor. – Nach Tumbes sind es dann noch 30 km.
Unterkunft ECO	**Hostal Costa Blanca,** zwischen Zorritos und Tumbes bei km 1252,5; rustikales Hostal, einfach und preiswert. – Das schlichte **Puerta del Sol** liegt direkt am Strand, Piaggio 109, Tel. 54-4294, hospedpuertodelsol@hotmail.com. Einfache, aber saubere Zimmer mit Bad im Reihenhaus, Gemeinschaftsgarten, Hängematten, sehr freundlicher Besitzer. DZ/F 75 Soles. **Casagrillo Hostel,** Av. Los Pinos 563 (km 1236,5 der Panamericana Norte, etwa 1 km südl. von *Zorritos*), Tel. 79-4830, www.casagrillo.net. Die Eco-Strandherberge des Spaniers José Millán mit Schlafhäusern, Restaurant, Dormitorios, Camping etc. wird derzeit renoviert. Ersatz in der Nähe – 1 km entfernt – ist Josés **Grillo 3 Puntas Eco-Hostel,** km 1235,2 Tel. 956-701-479. Bus aus dem Süden hält direkt vor der Haustür. Colectivo oder Taxi aus Tumbes (30 km). Diverse günstige Preise, s. Homepage.

FAM/LUX	**Costa Azul Hotel & Spa,** an der Panamericana Norte direkt am Meer, Tel. 981-056-361, www.costaazulperu.com. Strandhotel mit schönen Zimmern, sehr gutem Service, hervorragendem Restaurant, sauberem Strand. Kleiner Pool, Tourangebote zum Parque Nacional Cerros de Amotape. DZ/F ab 85 US$. Auch die Angebote auf der Homepage für angeschlossene Unterkunftmöglichkeiten prüfen (Brisas del Mar Suites und Mango de Costa Azul). **Hostal Zorritos Plaza,** Av. República del Perú 223, www.hostalzorritosplaza.com, Tel. 54-4083.
Essen & Trinken	*Mero Merique,* schönes Restaurant am Meer, gute Meeresgerichte, nicht billig. – *Kedis,* Panamericana Norte bei km 1246 direkt am Meer, regionale Küche. – *Blue Point,* Faustino Piaggio 950, auch Camping am Strand möglich, restbluepoint@hotmail.com.

Tumbes

Ist die Hauptstadt des gleichnamigen und nördlichsten Departamento von Peru, 97.000 Einwohner, feuchtheißes, tropisches Klima. In der Küstenwüste siedelte einst das seefahrende Volk der *Tumpi,* zu Zeiten der Inka wurde Tumbes durch Huayna Capac erobert und schließlich ging hier Francisco Pizarro von Panama kommend an Land um das Inkareich zu erobern.

Außer der schönen Kathedrale, links der Plaza de Armas, gibt es eine breite Fußgängerzone mit vielen Geschäften. Rechts davon, parallel zur Fußgängerzone, beginnt ein breiter, ca. 1 km langer Friedensweg mit Mosaiksulpturen und Mosaikbildnissen. Auch auf den Markt einmal reinschauen. Im grenzüberschreitenden Verkehr ist eventuell eine Übernachtung erforderlich. Man könnte auch einen Badeausflug nach *Caleta de la Cruz* südlich von Tumbes machen.

Puerto Pizarro	Empfehlenswert ist das nördlich gelegenen *Puerto Pizarro.* Dort ist der Bootsausflug zu den Inseln *Isla Amor* oder *Isla de Aves* und durch den Mündungskanal mit Besuch einer Kaimanfarm erlebenswert. Preis für die Tour ab zwei Pers. ca. 30 Soles. Die Kaimanfarm kostet Eintritt. Außerdem steht 1,5 km außerhalb von Tumbes an der Carretera nach San Juan ein Aussichtsturm (Mirador) mit Restaurant.
Parque Nacional Cerros de Amotape	Knapp drei Stunden südlich von Tumbes beginnt bei Rica Playa der über 900 qkm große **Parque Nacional Cerros de Amotape,** 1974 eingerichtet. Die beste Zeit, um in diesem waldreichen Nationalpark Papageien, Ameisenbären, Ozelote, Hirsche, Pekaris, Affen und vor allem die vom Aussterben bedrohten Krokodile *(Crocodylus acutus)* erleben zu können, ist von Juli bis November. Während der Regenzeit von Januar bis April kann die Piste zum Park unpassierbar sein. Führer und Nationalparkposten in Rica Playa und Casistos (Auskünfte s. „Tourist-Info").

Adressen & Service Tumbes

Tourist-Info	*Centro Cívico,* Bolognesi 194, Tel. 52-5054. *Federación Peruana para la Conservación de la Naturaleza (FPCN),* Av. Tarapacá 416 (Fonavi), Tel. 52-3412 (auch Infos über Parque Nacional Cerros de Amotape). – *Migración,* Alfonso Ugarte 104, Tel. 52-3422. Ausreisestempel! **Vorwahl (072)**
Unterkunft	**ECO: Hostal Tumbes,** Grau 614, Tel. 52-2203; bp, Kw, empfehlenswert. – **Hotel Roma,** Plaza de Armas, Tel. 52-4137. Große, ruhige Zimmer/bp, Cafe-

tería. – **Hotel Amazonas,** Av. Tumbes 317, Tel. 52-0629; bp, freundlich.
FAM: Hotel Asturias, Mariscal Castilla 305, Punta Sal, Tel. 52-2569. Komfortable Zimmer/bp, Cafetería.
FAM/LUX: Hotel Costa del Sol, San Martín 275 (Plaza Bolognesi), Tel. 52-3991, www.costadelsolperu.com. Großes, schönes Hotel, bp, Restaurant, Pool im Garten, Parkplatz.

Essen & Trinken	Es gibt eine schier unüberschaubare Fülle an recht guten und preiswerten Restaurants, die vor allem Meeresfrüchte und leckere Fischgerichte anbieten. Rund um die hübsche Plaza de Armas ist die Auswahl groß, z.B. das *Latino* zum Abendessen oder das *Café Buddha* zum Frühstücken.
Post	*Serpost,* San Martín 208
Geld	Die Geldwechsler in der Bolívar/Piura (Fußgängerzone) geben einen besseren Wechselkurs. Aushänge zeigen die Tageskurse an, doch vergleichen und aufpassen, es werden Rechentricks angewandt, bis hin zu manipulierten Taschenrechnern! – *Banco Continental,* Bolívar 121. *Cambio Ocoña,* Galería San Carlos, Piura.
Touranbieter	An der Plaza de Armas neben dem Hotel Roma werden ab zwei Personen Touren zum **Parque Nacional Cerros de Amotape** und nach Puerto Pizarro angeboten, aber nicht teuer.
Autoclub	Automóvil Club del Perú, Av. Argentina 278 (El Recreo), Tel. 24-2101.
Flug (TBP)	Airportservice z. Flughafen (ca. 5 km, Av. Pedro Canga) mit Rosillo Tours, Av. Tumbes 293, Tel. 52-3892. Ein Taxi kostet ab der Plaza de Armas etwa 15 Soles. Flugverbindungen nach Lima mit LAN, www.lan.com.
Bus	Manchmal kann es zu einem Problem werden, einen Busplatz Richtung Süden zu erwischen, obwohl *TEPSA, Expreso Continental, Cruz del Sur, Ormeño, Oltursa* und *Sudamericano* täglich mehrere Abfahrten haben. Es verkehren aber auch (teurere) Colectivos, evtl. bis **Piura** fahren, zum nächsten großen **Verkehrsknotenpunkt** in Nordperu. In Ecuador ist das der Ort **Machala** (Direktbusse nach Quito, Guayaquil und Cuenca).

Der Direktbus von Tumbes nach Guayaquil und Quito von *TEPSA* ist nicht unbedingt empfehlenswert, da er teuer ist. Wesentlich günstiger ist es, zu Fuß oder per Motocarro über die internationale Brücke zu gelangen und in **Huaquillas** mit einem billigen ecuadorianischen Bus weiterzureisen. Die meisten Busunternehmen befinden sich in der Av. Tumbes. Bei Fahrten von Tumbes nach Süden ist auf den ersten Kilometern öfter mit Polizeikontrollen zu rechnen (Pass bereithalten).

Zur Grenze in Aguas Verdes (25 km): tägl. viele Busse und Colectivos ab Plaza de Armas oder Piura/Bolívar sowie von Av. Tumbes/Abad Pusil; Fz 30–40 Min., Abfahrt vor dem Markt, immer wenn der Bus voll ist. Roter Linienbus Tumbes – Zarumilla – Aguas Verdes.

Nach Chiclayo (550 km): tägl. Busse, u.a. *Cruz del Sur, El Dorado* (Av. Piura 459) oder *Empresa Chiclayo,* Fz 9–12 h. – **Chimbote** (890 km): tägl. Busse, Fz 13–15 h. – **Guayaquil (Ecuador):** tägl. Direktbus mit *CIFA,* 8/10/12/14/16 Uhr, Fz 6 h, Fp 21 Soles. – **Lima** (1267 km): tägl. mehrere Busse, u.a. *TEPSA, Roggero, Flores, Ormeño (Expreso Continental) und Sudamericano,* Fz 20–25 h, 40–100 Soles je nach Bustyp und Busunternehmen. Die preiswertesten Unternehmen sind *Flores* und *Roggero,* Abfahrten 13.30/16.30 Uhr, Fp 40 Soles. – **Máncora:** tägl. zahlreiche Colectivos. – **Piura** (280 km): tägl. mehrere Busse und Colectivos, u.a. *Cruz del Sur, El Dorado* (Av. Piura 459) oder *Empresa Chiclayo,* Fz 5–6 h, Bus 20–25 Soles, Colectivos geringfügig teurer. – **Talara** (170 km): tägl., Fz 3 h. – **Trujillo** (770 km): tägl. Busse, *Cruz del Sur, Roggero, El Sol, El Dorado* (Av. Piura 459) u.a., Fz 12–15 h, ca. 35 Soles. Billigste Gesellschaft ist *El Sol.*

Tumbes – Grenze Ecuador

Bis zum quirligen Grenzort Aguas Verdes sind es über Zarumilla nur noch 25 km. Mangrovensümpfe, letzte Kakteen und zunehmender Baumwuchs signalisieren den Übergang von der Wüste zur feucht-grünen Tropenlandschaft, wie sie für die Küste Ecuadors typisch ist.

Die Grenze ist rund um die Uhr geöffnet. Die **peruanische Migración** (Aus- und Einreisebehörde) ist ca. 2 km vor dem Grenzort *Aguas Verdes.*

Aguas Verdes
Die Ausreiseformalitäten sind relativ rasch erledigt, bei der Einreise nach Peru kann es etwas länger dauern, da ab und zu ein Ausreiseticket verlangt wird. **Einreisende aus Ecuador** sollten alle Geldwechsler ignorieren, da diese schlechte Kurse bieten oder nicht korrekt abrechnen. Beste Wechselkurse für Bargeld und Reiseschecks in Aguas Verdes an der Hauptstraße, ca. 1,5 km südlich der Grenzbrücke, an der linken Straßenseite bei der *Banco Financiero* (Kurse sogar besser als in Tumbes).

Von der peruanischen Migración kann billig mit einem Motocarro (Motorradtaxi) über die Grenzbrücke direkt zum Busterminal in Huaquillas gefahren werden. Fp 1 Sol (Festpreis). Bus ab Aguas Verdes/Huaquillas nach **Quito (Ecuador)** mit *Santa* 30 Soles. Ecuadorianischer Grenzort ist

Huaquillas (Ecuador)
2 km außerhalb Richtung Machala befindet sich die Migración DAS. Direkt an der Grenze im chaotischen Trubel wird normalerweise nicht kontrolliert, und es gibt weder Einreise- noch Ausreisestempel. Taxi ab Huaquillas bis zur DAS etwa 2 US$, *CIFA*-Bus ab Huaquillas wenige Cents. Die DAS schließt um 17 Uhr (kein Zeitunterschied zwischen Peru und Ecuador).

In Huaquillas und direkt an der Grenze sind viele Geldwechsler unterwegs, deren Kurse gut sind. Doch Vorsicht beim Tausch, nachrechnen! Peruanisches Geld wechselt man zuvor in Agua Verdes vorteilhafter in US-Dollar (seit 2000 Währung in Ecuador!). Im DAS-Gebäude hängt ein Anschlag in Spanisch und Englisch, der empfiehlt, nur in Begleitung eines Polizeibeamten bei den Geldwechslern Fremdwährungen in US-Dollar zu tauschen, da in Ecuador extrem viele falsche Dollarscheine im Umlauf sind. Deshalb werden in ecuadorianischen Geschäften auch nur Scheine bis 50 US$ angenommen.

Macará/La Tina via Loja (Ecuador)
Vom Busterminal in Piura (Peru) bzw. Loja (Ecuador) fahren 3x täglich (von Loja um 7, 13 und 22 Uhr) Direktbusse nach Loja bzw. Piura, Fz 9 h, Fp 28 Soles. Die Grenze bei Macará/La Tina ist normalerweise während der Mittagspause geschlossen, für den Bus wird sie jedoch extra geöffnet. Von Ecuador kommend ist kurz vor der Grenze an der Brücke das Ausreisebüro. Das peruanische Grenzbüro ist gleich nach der Brücke rechts. Genau gegenüber ist die Polizei, wo man sich registrieren lassen muss. Die Grenzbeamten sind sehr freundlich. Auf beiden Seiten der Grenzbrücke gibt es je eine Bank, die aber mittags geschlossen haben.

Weiterfahrt von Loja nach Quito mit der *Cooperativa de Transportes Loja,* ca. 12 US$.

Nördliches Bergland

ROUTE 7A: VON PATIVILCA NACH HUARAZ UND WEITER ÜBER CARAZ NACH CHIMBOTE

Berg- und Gletscherprovinz Ancash

Cordillera Blanca und Cordillera Negra

Die Anden in der Provinz Ancash durchziehen der Länge nach zwei gewaltige Gebirgsketten: Im Osten, dem tropischen Tiefland zu, erstreckt sich die knapp 200 km lange, schneebedeckte **Cordillera Blanca** (Weiße Kordilleren, auch **Cordillera Tropical** genannt). Auf einer Breite von nur 20 km türmen sich hier über 50 Schneegipfel und Eisgletscher, die höher als 5700 m liegen! Der **Huascarán** ist dabei mit 6768 m nicht nur der höchste Gipfel der Region, sondern auch der höchste Berg Perus. Vom Ort Chiquián im Süden bis zum Cañon del Pato (Entenschlucht) im Norden wurde ein großer Teil der Cordillera Blanca 1975 zum **Parque Nacional Huascarán** erklärt und steht heute vollständig unter Naturschutz. Westlich der Cordillera Blanca verläuft, parallel zu ihr, die Gebirgskette der **Cordillera Negra**, die „Schwarze Kordillere". Ihre (selten schneebedeckten) Gipfel sind weniger hoch, max. „nur" bis zu 5000 m.

Zwischen beiden Gebirgsketten liegt das Hochtal **Callejón de Huaylas** („Gasse von Huaylas") mit dem **Río Santa**. In 3000 m Höhe wachsen in einem relativ milden Klima sogar Palmen und Eukalyptusbäume, fliegen Kolibris von Blüte zu Blüte. Inmitten des Callejón de Huaylas liegt **Huaraz**, die Hauptstadt des Departamento Ancash. Neben der traditionellen Rundreise nach Cusco gehört die Stadt und ihr Umland zu den interessantesten Zielen Perus (wird trotzdem relativ wenig besucht). Huaraz ist Ausgangspunkt für Reisen in den **Callejón de Huaylas**, in den **Parque Nacional Huascarán** und zur einer der geheimnisvollsten Kultstätten Südamerikas, nach **Chavín de Huántar**.

Nationalpark Huascarán

Um den Nationalpark Huascarán führt eine Piste, die sich bis zur *Pasaje Ulta* auf dünnluftige 4890 m hochschraubt und die immer wieder prächtige Ausblicke auf die Cordillera Blanca mit ihren Bergriesen freigibt. Die Rundstrecke von Huaraz über *Chavín de Huántar, Huari, San Luís* und *Yungay* ist 255 km lang und kann mit einem Geländewagen in 3 Tagen bewältigt werden.

Will man im Nationalpark Huascarán wandern oder einige der Attraktionen besichtigen, gilt es bestimmte Regeln zu beachten. Der Tageseintritt kostet um 10 Soles und ist am Parkeingang zu zahlen. Es gibt an vielen Stellen trotz gut 3000 Meter Höhe lästige kleine Stechfliegen – also Mückenschutzmittel mitnehmen.

Es ist nicht erlaubt, Touren in den Nationalpark auf eigene Faust von mehr als einem Tag zu unternehmen. Der Llanganuco – Santa Cruz Trek darf nur noch mit offiziell registrierten Touranbietern und nur noch mit lizenzierten Führern unternommen werden, mit Ausnahme von Leuten, die einen Ausweis einer Bergorganisation wie z.B. DAV oder OEAV, vorzeigen können.

Busverkehr besteht zwischen Huaraz und dem Cañón del Pato über

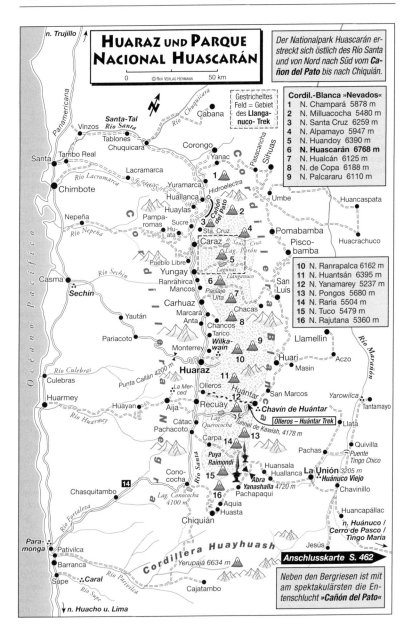

Caraz sowie von Yuramarca über Tarica und Pascacancha nach Sihuas. Von Sihuas geht es weiter nach Pomabamba. Von dort fährt 4x wöchentlich ein Bus via San Luís, Huari, San Marcos und Huántar zurück nach Huaraz. In jedem Ort gibt es Übernachtungsmöglichkeiten mit z.T. guten Hostales. Tipp: Zwischen Yuramarca und Sihuas links sitzen! Für die lohnenswerte Rundstrecke sind mindestens 5–6 Tage einzuplanen. Die Umrundung des Huascarán-Berges lässt sich auch in umgekehrter Richtung durchführen und ab San Luís über Yungay nach Huaraz abkürzen.

„Suiza Peruana"
Die gesamte Bergregion ist ein Paradies für Bergwanderer und Bergsteiger. Nicht umsonst wird sie ja auch „Suiza Peruana – Die Schweiz Perus" genannt. Zentrum des Andinismus ist Huaraz. Die **beste Reise- und Wanderzeit** für den Callejón de Huaylas und den Nationalpark Huascarán ist **April bis Oktober**. Im andinen Sommer ist dann das Wetter am beständigsten. Nachts können die Temperaturwerte dennoch bis −10 °C fallen!

Der Callejón de Huaylas wurde in der Vergangenheit immer wieder von Erdbeben und anderen Naturkatastrophen heimgesucht. Die Erdbeben verursachten Bergstürze, bei denen brechende Gipfelgletscher in Gletscherseen stürzten. Die untere Seite eines Gletschersees (Endmoräne) brach dann unter dem Wasserdruck. Nachfolgend wälzte sich, wie z.B. 1982, eine gigantische Lawine aus Geröll, Wasser, Eis und Schlamm unaufhaltsam ins Santa-Tal. Bei solchen Naturkatastrophen wurden u.a. die Orte Huaraz, Recuay und Yungay nahezu vollständig unter Geröll- und Wasserlawinen begraben.

Cordillera Huayhuash
Südlich der Cordillera Blanca ragt die **Cordillera Huayhuash** (sprich: Waiwasch) auf, vielleicht mit das beliebteste Ziel von Bergwanderern und Bergsteigern. Geübte Berggeher können die Cordillera Huayhuash in etwa 14 Tagen umrunden. Der höchste Gipfel ist der **Yerupajá** (6634 m).

Bergwandern und Bergsteigen
Die Cordillera Blanca ist ein Paradies für Leute, die gut bis sehr gut zu Fuß sind und hauptsächlich auch wegen der endlosen Trekkingmöglichkeiten nach Huaraz anreisen. Von Huaraz aus können diverse Trails und Treks durch die Bergwelt gemacht (oder gebucht) werden, der wohl meistbegangene ist der Trek **Llanganuco – Santa Cruz** (s.u.). **Olleros – Chavín** (s.u.) oder Llanganuco – Quebrada Honda bzw. Ulta mit Umrundung des Huascarán sind Alternativen.

Extrem-Bergsteiger und Expeditionen wird der 6768 m hohe **Huascarán** reizen, es gibt aber auch noch andere Spitzen: der **Alpamayo** (5947 m, 1966 zum schönsten Berg der Welt erklärt), der **Huandoy** (6390 m), der etwas „leichtere" **Pisco** (5752 m) und viele andere Fünf- und Sechstausender mehr.

Wichtiger Hinweis: Wer von Lima direkt nach Huaraz anreist und noch nicht höhengewohnt ist, muss sich in Huaraz unbedingt einige Tage akklimatisieren! Höhenungewohnte können zumindest unter Kopfschmerzen leiden (s.a. „Höhenkrankheit" S. 42).

Literatur/Karten: Gibt man bei www.amazon.de die Schlagworte *Cordillera Blanca* und/oder „Karten" und „Trails" ein, list es für Touren und Treks die aktuellen Publikatonen. Im Verlag Rother Wanderführer erschien das Buch „Die schönsten Wanderungen und Trekkingtouren Peru", von Oskar E. Busch. Bergtouren in Peru bietet auch Thomas-Wilken-Tours an, kompetent und erfahren. Weitere Infos auf www.suedamerikatours.de.

Huaraz, Callejón de Huaylas und Nationalpark Huascarán

Anfahrtsmöglichkeiten Huaraz

Es gibt drei Strecken von der Pazifikküste (Panamericana) in den Callejón de Huaylas, wobei die Südroute von **Pativilca** (bei Paramonga) **über Recuay** am besten ausgebaut, am meisten befahren, landschaftlich hübsch aber am langweiligsten ist – prädestiniert für eine Nachtfahrt. Die beiden anderen Strecken sind landschaftlich sehr eindrucksvoll.

Zwei Strecken könnte man im Rahmen einer Rundreise kennenlernen, z.B. von Pativilca an der Pazifikküste auf der Straße Nr. 14 Auffahrt nach Huaraz und von dort über Caraz zum Chimbote zum Ausgangspunkt Pativilca (und zurück nach Lima). Die **Distanzen** von der Panamericana nach Huaraz betragen von Pativilca 205 km (Asphalt), von Casma nach Huaraz 160 km (teilweise asphaltiert) und von Chimbote entlang des **Santa-Tals** via Caraz 255 km (teilweise asphaltiert). Zur Kalkulation der Dauer der Reisezeiten muss außer den Distanzen auch die Beschaffenheit der Fahrbahnen mit ins Kalkül gezogen werden (s. „Verkehrsverbindungen" S. 562). Auf dem Weg von Lima nach Huaraz legen viele Reisende einen Stopp in Caral ein (s.S. 499).

Pativilca – Huaraz

3 km hinter Pativilca (Tankstelle, Polizeiposten, Unterkunft) zweigt von der Panamericana eine asphaltierte Straße nach Osten ab, die am rechten Ufer des *Río Fortaleza* durch Zuckerrohr-, Mais- und Pfefferfelder und über **Chasquitambo** (Polizeiposten, Tankstelle, Restaurant, Unterkunft, Post) in die Anden hinaufführt (Chasquitambo war einst eine Station der *Chasquis,* der Stafettenläufer der Inka). An den terrassierten Andenhängen wachsen Obst- und Eukalyptusbäume. Über nie enden wollende Serpentinen wird nach knapp 130 km die Passhöhe in **Conococha** (4100 m) erreicht. Der prächtige Ausblick auf die *Laguna Conococha,* die die Quelle des *Río Santa* bildet und auf die Eisgipfel der *Cordillera Blanca* stimmen auf den Callejón de Huaylas ein.

Kurz hinter Conococha kommt ein interessanter Abzweig: Eine 275 km lange, großartige Straße führt über *Chiquián, Huansala* (bis dort asphaltiert) nach *La Unión* und in ihrem weiteren Verlauf bis Huánuco, von wo über Tingo María nach Pucallpa gefahren werden könnte. Von Lima aus fahren die Busgesellschaften *Salazar* und *Cristóbal* täglich abwechselnd bis nach La Unión, doch leider meist nachts.

Die Hauptstrecke führt ins Huaylas-Tal (Callejón de Huaylas) hinein, immer am Río Santa entlang. Östlich ragen die Schnee- und Eisgipfel der Cordillera Blanca auf, westlich die schneelosen Berge der *Cordillera Negra.* In Pachacoto führt nach rechts die Abzweigung zu den **Puya raimondii** und über den *Abra Huarapasca* (4780 m) nach *La Unión*. 8 km weiter folgt bei *Cátac,* ebenfalls rechts, die Abzweigung nach **Chavín de Huántar.** Geradeaus sind es noch gut 10 km bis nach Recuay (Restaurant, Unterkunft). Hier führt nach Westen eine Piste über *Aija* zu den Ruinen nach *La Merced.* Von Recuay sind es noch ca. 30 km bis zur Hauptstadt des Departamento Ancash, Huaraz.

Pativilca – Cajatambo

Für jene, die Bergluft „schnuppern" wollen, aber keine Zeit haben bis nach Huaraz zu fahren, gibt es einen interessanten Abstecher von Pativilca nach Cajatambo. Dazu einfach in Pativilca einen der Busse aus Lima anhalten, die nach Cajatambo fahren. Die Straße ist nicht asphaltiert und es dauert zwischen 5 und 6 Stunden, um das Örtchen zu erreichen.

Cajatambo

Im kleinen, idyllischen Andendörfchen Cajatambo auf 3376 m Höhe hört auf der Plaza de Armas die Piste auf. Ringsum wird das Dorf von der **Cordillera Huayhuash** eingeschlossen, überragt vom mächtigen Nevado Yerupajá (6634 m). Das Leben läuft hier noch gemächlicher ab als sonstwo. Die Hausdächer sind oft mit Andengras gedeckt und erinnern manchmal an den Schwarzwald. Selbst auf den wenigen Stromleitungen, über die abends für ein paar Stunden Strom fließt, wachsen Tillandsien. Es gibt um das Rathaus ein paar Kneipen, einen Polizeiposten und eine Handvoll einfacher Läden. Zu essen gibt es Cuy und gegen die nächtliche Kälte wird heißer Punsch mit Orangen getrunken. Eine Spezialität ist auch hier *manjar blanco* auf Milchbasis. Spätestens um 22 Uhr, wenn der Strom abgeschaltet wird, wird es still in den Gassen.

Cajatambo lebt von der Landwirtschaft. Kinder treiben jeden Morgen Schafe und Kühe auf die Weiden. Das gesamte Canyon-Tal unterhalb von Cajatambo ist terrassiert und mit Bewässerungsgräben überzogen. Das Wasser wird über verschiedene Höhen in die Felder geleitet. Es wachsen Obstbäume und sogar Zitrusfrüchte, wogen grüne Kleefelder. Papageienschwärme fliegen durch das herrliche Tal. Mit einem Mietpferd können auf den schmalen Bergpfaden herrliche Trekking-Touren unternommen werden, z.B. zu Präinkagräber in der Nähe von *Manhi* (etwa 3–4 h). Auf einem Hügel sind deutlich Mauerreste von Gräbern und Gruften zu sehen.

Unterkunft — *Hospedaje Miranda* (BUDGET), zwischen Rathaus und Polizeiposten; einfache Zimmer, Kw, sehr freundlich und hilfsbereit, Restaurant, empfehlenswert.

Verkehrsverbindungen — tägl. nur ein Bus/Microbus um 6 Uhr von der Plaza de Armas nach Lima. Fz 8–10 h. Selbstfahrer: Es gibt keine Tankstelle in Cajatambo. Es muss die gleiche Schotterpiste von Cajatambo wieder nach Pativilca an der Panamericana zurückgefahren werden. In Pativilca oder Barranca kann auch in Busse in den Norden umgestiegen werden.

Dorf- und Bergidylle im Umland von Huaraz

Huaraz

Huaraz liegt auf 3090 m im Zentrum des Callejón de Huaylas (50.000 Ew.). Es wurde 1958 von einer riesigen Eislawine und am 31. Mai 1970 von einem schweren Erdbeben weitgehend zerstört. Durch den zweimaligen Wiederaufbau ist die Architektur ziemlich modern, es gibt keine besonderen Sehenswürdigkeiten. Der farbenfrohe Markt und das kleine *Museo Regional de Ancash* an der Plaza de Armas, in dem Monolithen und Huacos der *Recuay-Kultur* ausgestellt sind, sorgen noch am ehesten für Abwechslung in der Moderne des Ortes. Der Reiz von Huaraz liegt in seiner unvergleichlich schönen landschaftlichen Umgebung. Es ist ein beliebter Ferienort für Peruaner und *die* Bergsteigerhauptstadt Perus schlechthin. Fast immer ist es wolkenlos mit viel Sonne zwischen Mai und September, (dann treffen auch Bergsteiger und -wanderer aus vielen Ländern der Erde ein), Regen fällt zwischen Dezember und Ende April.

Es ist nach Ankunft in Huaraz sinnvoll, sich einige Tage an die Höhe zu gewöhnen und in dieser Zeit (Tages-)Ausflüge zu unternehmen, z.B. in die tieferliegenden Ortschaften Yungay und Llanganuco.

Zeitplanung Huaraz und Umgebung – mindestens zwei Tage
Ausflug nach Chavín de Huántar – ein Tag
Trekking im Parque Nacional Huascarán – mindestens vier Tage
Ausflug nach Caraz und zum Cañón del Pato – mindestens einen Tag

Adressen & Service Huaraz

Tourist-Info i-**Peru,** Pasaje Luzuriaga s/n (Plaza de Armas), Tel. 42-8812, iperuhuaraz@promperu.gob.pe, www.peru.info. Mo–Sa 8.30–18.30 Uhr, So bis 14 Uhr.
Websites: www.huarazonline.com • www.visitehuaraz.com
Vorwahl (043)
Oficina Parque Nacional Huascarán, Federico Sal y Rosas 555, zw. Calle Luzuriaga und San Martín, Tel. 42-2086, Mo–Fr 8.30–13 Uhr u. 14.30–17 Uhr, Sa bis 11 Uhr; freundliche Infostelle für Bergsteiger und Bergwanderer, ausführliche Infos und gute Tipps für Tagestouren im Nationalpark.
Casa de Guías, Asociación de Guías de Montaña del Perú, Parque Ginebra 28-G, Tel. 42-1811, www.casadeguias.com.pe, Mo–Fr 9–13 u. 16–20 Uhr. Treff der Bergsteiger und Bergwanderer. Edson Ramírez gibt gute Infos, bietet Karten, lizenzierte Führer (mit Ausweis!); auch Vermittlung von Trägern und Treibern mit Maultieren etc., kein Verkauf von Touren.
CARTUR de Ancash, Av. Luzuriaga 1045, Plaza de Belén, Tel. 42-3199.
Club Andinista Cordillera Blanca, Barrón 582, für Bergsteiger und Bergwanderer.

Unterkunft

In der Kategorie der billigen und preiswerteren Unterkünfte ist das Angebot ausreichend. In der Hauptsaison von April/Mai bis September/Oktober werden aber die Preise z.T. erheblich angehoben, und es kann zu Engpässen kommen, deshalb ist in dieser Zeit eine Reservierung angeraten. Nach Ankunft des Busses in Huaraz bieten Familien preiswerte Privatunterkünfte an. Einige Reisende empfehlen, besser in Monterrey zu wohnen.
Unterkünfte im Internet: www.huaraz.com/hotels

Jugendherbergen **Casa de Guías,** Plaza Ginebra 28-G, Tel. 42-1811. Bergsteigertreff, Dormitorio/bc, gutes Restaurant, Gästeküche, Ws. – **Albergue Juvenil La Montañesa,** Av. Agosto Leguía 290, Tel. 42-1287. – **Centro Vacacional Eccame,** Carretera Richtung Anta, km 18, Tel. 42-1933 und 83-0532.

Huaraz

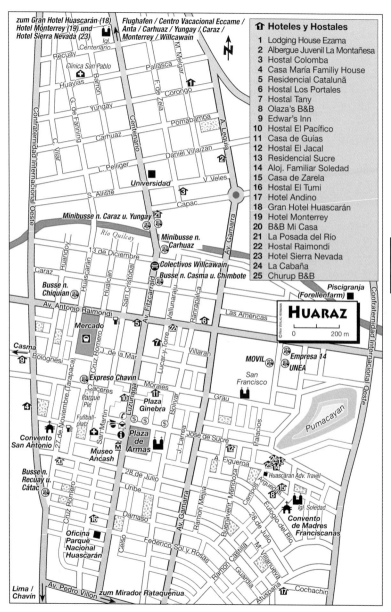

Huaraz

BUDGET **Residencial Cataluña,** Raimondi 622, Tel. 72-1117. Zentral gelegen, einfache Zi. bc/bp, nicht immer Ww, zeitweise Restaurant, Vermietung von Trekkingausrüstung. – **Casa Maria Family House,** Av. Confra. Inter. Oeste 674, Tel. 42-4061. Sympathische Familienpension, sehr familiär, einfache Zimmer/bp, Ww. DZ/F um 20 Soles, empfehlenswert. – **La Cabaña,** Sucre 1224, Tel. 42-3428. Zi/bp, Gästeküche und Essraum, Pp. Ü 15 Soles, F 6 Soles. Sehr nette Besitzer, empfehlenswert. – **El Jacal,** José de Sucre 1044, Tel. 42-4612. Zentrales und doch ruhiges Hostal mit schönem Aufenthaltsraum, saubere Zi. bc/bp; für Einzelreisende und Backpacker empfehlenswert. – **Alojamiento Familiar Soledad,** Amadeo Figueroa 1267, www.lodgingsoledad.com, Tel. 42-1196. Gästehaus in ruhiger, zentrumsnaher Lage, kleine Zimmer/bp, Kaminzimmer, Koch- und Waschgelegenheit, GpD, freundlich und familiär, inkl. Transfer vom Busterminal, Touranbieter. DZ/F ab 60 Soles in der Nebensaison. – **Hotel Norma Gamarra,** Pasaje Valenzuela G. 837, Belén. – **Nelly's House,** Bolognesi 507. Zi. mit bc, Ws, Trekkingausrüstung-Vermietung, gute Infos. – **Lodging House Ezama,** Calle M. Melgar 623/Corongo, Tel. 72-3490, www.huaraz.com/ezama, Fam. Zarzosa Macedo. Haus mit schönem Patio mit Blick auf das Huascarán-Massiv, bp, reichhaltiges Frühstück, GpD, ein Tipp für Bergsteiger und jene, die es ruhig und familiär wünschen. Ü 15 Soles. – **Jo's Place,** Daniel Villayzan 276, Tel. 42-5505, www.huaraz.com/josplace. Schöne Zi., bc/bp, Dachterrasse, Garten, Kochmöglichkeit, Camping, GpD, für Wanderer und Bergsteiger besonders geeignet. – **La Posada del Río,** Av. Centenario 142, Tel. 42-1066. Familienpension mit geräumigen Zi., großen Betten, bp, freundlich, hilfsbereit. DZ ab 20 Soles (Frühstück sehr günstig). **TIPP!** – **Hatun Wasi,** Daniel Villayzan 268 (neben Jo's Place), Tel. 42-5055, www.hatunwasihostel.com. Große, helle Zimmer/bp, Ww (heiß!), Dachterrasse, Gästeküche, kleiner Laden, nette und hilfsbereite Besitzer, GpD. DZ 40 Soles. **TIPP!** – **Hostal Virgen de Carmen,** zwischen Caceres und Ramirez Luna, SKK, WiFi. DZ/bc 30 Soles.

ECO **Albergue Churup B&B,** Amadeo Figueroa 1257, La Soledad, ca. 10 Min. vom Zentrum, Tel. 42-4200, www.churup.com. Gepflegtes, gemütliches Haus, 13 schöne Zimmer/bp, 3 Schlafsäle/bc, hilfsbereit, freundlich, Kamin, Bar, Garten. DZ/bp 99 Soles, Ü Dorm 28 Soles (Achtung: Preise um Ostern und zum Nationalfeiertag wesentlich höher!). Auf Wunsch Frühstück mit 10 Soles im Wohnzimmer, der Besitzer wohnt in der Pedro Campos 735 (sogleich um die Ecke). **TIPP!** – **Casa de Zarela,** Julio Arguedes 1263, La Soledad, Tel. 42-1694,. Zi. mit bc/bp, familiäre Atmosphäre, gemütlich, Gästeküche, Ws, Infos über Tagesausflüge, Trekkingtouren (auch Llanganuco – Santa Cruz). Empfehlenswertes Privatquartier. DZ/bp 40 Soles. **TIPP!** – **Hostal Raimondi,** Raimondi 820, Tel. 42-1082. Zentral gelegener Gringo- und Backpackertreff, Zimmer/bp, nur zeitweise Ww, nett und hilfsbereit. – **Residencial Sucre,** José de Sucre 1240, panchitafbg@hotmail.com, Tel. 42-2264. Kleines, nettes Haus des engl.-spr. Bergführers Filiberto Rurush Paucar mit 10 einfachen Zimmern/bp, Gemeinschaftsküche. Busfahrkarten und Touren jeglicher Art werden organisiert, Trekkingausrüstung-Vermietung. Empfehlenswert. – **Olaza's B&B,** Arguedas 1242, Tel 42-2529, www.andeanexplorer.com und www.olazas.com. Sauberes Gästehaus von Tito Olaza, ausgesprochen hilfsbereit, EZ/DZ/TriZ, alle mit bp, Kamin, Gästeküche, tolle Dachterrasse, Ws, GpD, Internet und Transfer kostenlos. DZ/F 80–100 Soles. **TIPP!** Falls belegt, kann Titio günstige Alternativen anbieten. – **B&B Mi Casa,** Tarapacá 773, Tel. 42-3375, www.andeanexplorer.com/micasa. 6 saubere Zimmer/bp, Ww. Familie Ames ist hilfsbereit, gutes PLV. DZ/F 80 Soles, empfehlenswert. – **Hotel Sierra Nevada,** 3 km außerhalb, direkt an der Straße nach Monterrey, Anfahrt mit Micro oder Taxi, Tel. 42-7725, www.hotelsierranevada.com.pe. 25 nette Zi., schöner Garten. DZ/F 120 Soles. **TIPP!**

Huaraz

FAM

Hostal Tany, Lúcar y Torre 648, zw. den Querstraßen Antonio Raimondi und de la Mar, Tel. 42-7680. Zi. mit bp, nur zeitweise Ww, freundlich, sicheres GpD. – **Edwards Inn,** Bolognesi 121, Tel. 42-2692, www.edwardsinn.com. 11 saubere Zi. bc/bp, nur zeitweise Ww, Restaurant, Patio, Ws, freundlich, hilfsbereit, empfehlenswert. – **Hostal El Pacífico,** Luzuriaga 630, Tel. 42-2632. Zentral, bc/bp, nicht immer Ww, preiswert, freundlich, kostenloses GpD, gut! – **Hostal El Tumi** (I und II), die direkt nebeneinander liegen, San Martín 1121, Tel. 42-1784, www.hoteleltumi.com. 87 nette, gepflegte Zimmer/bp, schöne Aussicht, Restaurant, Ws, GpD. Hotel I: DZ ab 110 Soles, Frühstück um 10 Soles. Preise verhandelbar, empfehlenswert! – **Hostal Colomba,** Francisco de Zela 210, Tel. 42-1501, www.huarazhotel.com. Hacienda mit Bungalowanlage in einem schönen Garten, bp, dt.-spr. DZ ab 200 Soles. – **Hostal Los Portales,** Raimondi 903, Tel. 42-8184. Zentral, gute Zi., empfehlenswert. – **Real Hotel Baños Monterrey,** Av. Monterrey s/n, Monterrey, 7 km außerhalb, Tel. 42-7690. Herrliche Lage, mit Thermalbäder, 24 nette Zi., Restaurant, Pool, Ü/F, empfehlenswert. – **El Patio de Monterrey,** Av. Monterrey 201, außerhalb in Monterrey. Tel. 42-4965, www.elpatio.com.pe. Hostal im Kolonialstil, Garten, Patio, 250 m vom Thermalbad, nette Zi., Bar. DZ/F 222 Soles. – **Hotel San Sebastian,** Jr. Italia 1124, Tel. 42-6960, www.sansebastianhuaraz.com. Attraktives Gebäude, stilvoll, dt.-spr., sehr gute Küche, Manager Selio Villon ist ausgebildeter Bergführer und hat Hotelfach in der Schweiz studiert. Freundlich, zuvorkommend, familiär. DZ/F ab ca. 170 Soles.

LUX

Andino Club Hotel, Pedro Cochachín 357, www.hotelandino.com, Tel. 42-1662. Etwas abgelegen oberhalb der Stadt, aber beste Unterkunft unter Leitung des Schweizers Mario Holenstein. 37 komfortable Zi., Restaurant. DZ ab 350 Soles (mit Balkon teurer), Rabatt in der NS, Frühstücksbüfett. **TIPP!**

Essen & Trinken

Picante de Cuy, charqui, chuchicana, puchero und *chicharrones* sind beliebte regionale Gerichte. Im Bereich der Straße Luzuriaga/Raimondi befinden sich viele Restaurants. In der Avellino Cáceres gibt es sehr preiswerte Kneipen, die Tagesmenüs für wenige Soles anbieten.

Lokale Küche gibt es im *Recreo La Unión,* im *Recreo Tejas* (Cuy), beide in der Calle Francisco und im *Sucre,* Sucre 1248. Viele Rucksackreisende treffen sich im *Las Puyas,* Morales 535, in dem große Portionen serviert werden. Das preiswerte Restaurant *Samuels,* La Mar, wird von Einheimischen immer gern besucht. Die *Casa de las Guías,* nähe Plaza de Armas, ist eine **Bergsteigerkneipe** mit guter Küche. Große Portion paniertes Huhn ca. 20 Soles. Weitere preiswerte und zum Teil sehr einfache Kneipen sind das *Tabariz,* Raimondi/Fitzcarrald, *Tik Tok,* Raimondi 639, *Hatun Wain,* Raimondi 813 sowie das *Café del Leñador,* Luzuriaga 978. Mit am besten, aber natürlich nicht am billigsten, speist man im Restaurant *Hotel Andino,* Pedro Cochachín 357. Auch das *La Terraza de los trece Buhos,* Alejandro Maguiña 1467, ist gut.

Das *B&B,* Av. de la Mar 7544, mit schöner Einrichtung und angenehmer Atmosphäre sowie guter Bedienung lädt zum Essen ein. Französische Küche bietet das *Bruno,* Luzuriaga 834. Das *Bistro de los Andes* im 1. Stock hat Aussicht über die Plaza.

Die besten **Cebicherías** befinden sich in der Huascarán. Dort, wo die meisten Leute sitzen, ist es gut und preiswert. Eine ist z.B. die *Cebichería Warmi Juicio,* Pasaje Octavio Hinostroza 522.

Hähnchenfreunde sind in der Calle José de Sucre nordöstlich der Plaza richtig: Hähnchen mit Pommes, Salat und Getränk ab 5 Soles. Empfehlenswert ist *El Fojon,* Luzuriaga 919, 1. Stock, viele Einheimische, guter Service. Auch das *Brasa Roja,* Luzuriaga 919, ist auf Flattermänner spezialisiert.

Chifa: *El Dragon Dorado,* Raimondi: preiswerte Menüs, Wan-Tan-Suppe.

Pizzeria: *Chez Pepe,* Av. Raimondi 624, und auch andere Speisen. Ebenfalls leckere Pizzen im *Encuentro* und *El Horno,* beide im Parque del Periodi-

sta. – **Vegetarisches** in der Cáceres/San Martín und José de Sucre/Bolívar.
   Frühstück, sehr preiswert und gut, gibt es auf dem Markt im 1. Stock mit frischgepressten Säften und Kuchen. Kaffee und leckere Crêpes in vielen Variantionen bietet das *Bistro de los Andes,* 1. Stock, direkt an der Plaza de Armas. Auch *Fuente de Salud,* José de la Mar 562, serviert ein hervorragendes Frühstück mit köstlichen Fruchtsalaten. Das *California Café,* 28 de Julio 562, bietet neben Frühstück auch kleine Mittagsgerichte, nett, Musik, Büchertausch. Beim *Café Andino,* Luzar/Torre 530, schmeckt der Kaffee gut!

Folklore, Tanz, Unterhaltung
Die derzeit angesagteste Disco ist *Macondos,* Bolívar/José de la Mar. – *Peña Imantata,* Luzuriaga 424; Folklore, Disco. – *Peña Taberna El Tambo,* José de la Mar/Lucar y Torre; Folklore und Disco. – *Peña La Cueva del Oso,* Luzuriaga 674. – *Aquelarre,* Luzuriaga/Gabino Uribe; Kunstgalerie u. Bar, Trekkertreff, ab 19 Uhr. – *Extreme Bar,* Luzuriaga 700, Bar, Travellertreff. – Die beste „Gringo"-Bar ist derzeit *13 Buhos,* José de la Mar 812. – *Café California,* 28 de Julio (zw. Luzuriaga und San Martín); gemütliche Kneipe eines Schweizers, hin und wieder deutsche Zeitungen, Tischtennis, Billard, Schach und andere Spiele.

Museum
Museo Arqueológico de Ancash, Plaza de Armas, Tel. 72-1551, Mo–Sa 9–17 Uhr, So 9–14 Uhr; Eintritt. Im Garten Monolithen und Reliefs der Recuay-Kultur und eine Puya raimondii, empfehlenswert.

Erste Hilfe
Clínica Internacional, Juan de la Matta Arnao 446, hinter dem Museum. – *Clínica San Pablo,* Huaylas 1722, Independencia.

Post
Serpost, Luzuriaga (Plaza de Armas), Tel. 42-1030. Mo–Sa 8–19 Uhr.

Internet-Cafés
Die Stadt hat fast so viele Internet-Cafés wie Bergausrüster.

Geld
Banco del Crédito, Plaza de Armas. Die meisten Reisebüros wechseln problemlos Bargeld, auch Euro. Straßenwechsler stehen an der Plaza neben dem Restaurant Laudauro.

Touranbieter
Bei fast allen kann man zu etwa gleichen Preisen Ausflüge in die Umgebung buchen, wie z.B. nach Llanganuco (40 Soles), nach Chavín de Huántar (40 Soles) oder zu den Puya raimondii (40 Soles). Die Reisenden werden von der Unterkunft abgeholt, in einem Bus gesammelt und wieder zurückgebracht. Außerdem vermieten die Agenturen Trekking-Ausrüstung und vermitteln lizenzierte Führer, Maultiere und Transporte. Einige der Anbieter sind auf Bergtouren spezialisiert.
   Preisorientierung (pro Tag): Maultier/Lama/Esel/Rettungspferd 20 Soles, Treiber 40 Soles, Träger 50–100 Soles (je nach Saison), Koch 40 Soles (besonders qualifizierte bis 100 Soles), Führer 50–200 Soles (je nach Qualifikation), Bergführer 250–400 Soles; plus Verpflegungskosten für alle verpflichteten Personen (ca. 35 Soles p.P.) und für die Tiere. Viele Touranbieter-Büros gibt es in der Av. Luzuriaga.
   Active Peru, Jr. Amadeo Figueroa 1244, Cel. 996-483-655, www.activeperu.com oder www.apt.pe; peruanisch-belgisches Tourunternehmen von Katty und Denis, die Trekking- und MTB-Touren sowie Bergsteigen anbieten. Sie empfehlen das Trekking von Quebrada Honda nach Quebrada Ulta. Verkauf von Butangas und topografischen Karten, Vermietung von Zeltausstattung, Eisschrauben, MTBs und mehr; dt.-spr., gutes PLV. **TIPP!**
   Chavín Tours, Luzuriaga 502, Tel. 42-1578. Ausflüge zur Laguna Llanganuco.
   Huascaran Adventure Travel Agency, Jr. Pedro Campos 711 Soledad (s. Stadtplan r.u.), Tel. 42-2523, www.huascaran-peru.com. Diverse Tages- und Trekkingtouren in der Cordillera Huayhuash und Cordillera Blanca, auch MTB-Touren, umfangreiches Programm mit Preisen s. Homepage. Zuschrift: „Inhaber Paulino ist absolut hilfsbereit, spricht schön langsam Spanisch, aber auch super Englisch und ist sehr großzügig. Wenn man mehrere Touren bucht, kann

man Ermäßigungen erhalten. Auf dem Santa-Cruz-Trek gab es super Service, genug zu Essen und qualitativ gute Ausrüstung. Die Zimmer des ruhigen Hostels sind billig, sehr sauber und haben hervorragende Matratzen. Das wichtigste aber ist, dass man einfach herzlich empfangen wird und nicht als Tourist angesehen wird, den es zu melken gilt". **TIPP!**
Puka Summit, Av. Luzuriaga, Tel. 42-7216. Bergsteigen, Trekking usw. Alles in der Cordillera Blanca und Huayhuash. Aldo spricht Deutsch und arbeitet mit America Andina und dem DAV Summit Club. Tania spricht Englisch, auf faire Preise pochen! – **Pyramid Adventures,** Av. Las Américas 314, Tel. 42-3443, www.pyramidadventures.com (auch auf dt.). Ebenfalls einer der Pioniere, Trekking, Bergsteigen, Reiten. – **Pablo Tours,** Luzuriaga 501, Tel. 42-1145.
Shelektrek, Confraternidad 674, Plaza Bolívar, Tel. 42-4676, www.shelektrek.com. Von RKH-Reisenden empfohlen! Sehr gute Beratung, Kartenmaterial und Verpflegung.
Solandino, Gamarra 815, Tel. 42-2205, www.solandino.com (auch auf dt.). Unter den Anbietern ein Pionier, operiert seit 1952, zuverlässig, empfehlenswert. Bergsteigertouren können selbst zusammengestellt werden.
South America Climbing, Juventino & Eric Albino Caldua, Cel. 943-780-600, Av. Raymondi 903 (Hotel los Portales), www.southamericaclimbing.com und www.andesadventureland.com. Seit 1978 Bergsteigen, Trekking usw. Alles in der Cordillera Blanca und Huayhuash. Eric spricht Englisch.
Webseiten weiterer Touranbieter: www.peaksperu.com, www.nuestramontana.com.
Warnhinweis: Gerade weil sich viele Touranbieter in der Luzuriaga befinden, treiben sich hier viele Schlepper herum, die extrem penetrant und meistens wenig zuverlässig sind. Wenn eine Tour dann z.B. aufgrund schlechter Wetterverhältnisse nicht durchgeführt werden kann und man in Vorkasse gegangen ist, weiß man nicht, wo diese Schlepper sitzen, um wieder an sein Geld zu gelangen.

Trekkingführer *Asociación de Guías de Caminantes Chavín,* Av. Las Américas 313, Tel. 42-1264. Vermittlung von lizenzierten Trekkingführern. – *Tjen Verheye,* Carlos Valenzuela, Tel. 42-2569, altasmont@yahoo.es oder über Asociación de Guías de Caminantes Chavín; dt.-spr. Belgier, Geologe und Bergbauingenieur mit hervorragendem Hintergrundwissen.

Lama-Trek *Asociación de Aux. de Montaña Sector Olleros-Chavín (ASAM),* Av. Dagoberto Cáceres 30, Tel. 42-1266. Organisiert einen einzigartigen, dreitägigen Lama-Trek von Olleros über 3000 Jahre alte Präinka-Pfade durch den Nationalpark Huascarán nach Chavín de Huántar, inkl. *pachamama* (traditionellem Essen), Musikdarbietung, Besuch archäologischer Stätten und einer andinen Dorfgemeinschaft.

Bergführer Vertrauenswürdige Bergführer: *Filiberto Rurush Paucar,* José de Sucre 1240, Tel. 42-2264, www.amazingperu.com. Bergtouren jeglicher Art, Vermietung von Trekkingausrüstung, sehr zuverlässig. — *Hisao Morales Evangelista,* José Olaya 532, Tel. 42-1864, www.peruvianandes.com.
 Hinweis für Bergsteiger: Die angebotenen Akklimatisationstouren ins Inshinca-Tal sind zwar gut geeignet und recht schön, aber auch sehr überlaufen. Man sollte sich Alternativen vorschlagen lassen.

Berghütten Bestausgebaute Berghütten (vergleichbar mit den SAC-Hütten in der Schweiz) der Organisation Don Bosco mit gutem Service, Ww, HP (muss aber nicht genommen werden). Weitere Infos ggf. unter giancarlosardini@virgilio.it oder andesdbosco@virgilio.it anfordern.
 Refugio Peru-Pisco (4765 m), am Basecamp des Pisco, HP um 200 Soles. – *Refugio Ishinca* (4350 m), am Ende des Ishinca-Tales, HP um 200 Soles, und ein anderes am Giordano Longoni (5000 m), nur Schlafmöglichkeiten, Ü um 35

	Soles. – *Refugio Huascarán* (4700 m), Don Bosco, VP um 200 Soles. Private Berghütten nahe Huaraz: *The Lazy Dog Inn,* www.thelazydoginn.com. – *The Way Inn,* www.thewayinn.com. – *Andes Lodge Peru,* www.andeslodgeperu.com.
Trekking-Ausrüstung (Vermietung)	Es gibt zahlreiche Anbieter, die Bergsport- und Trekkingausrüstung vermieten, jedoch in sehr unterschiedlichen Qualitäten, unbedingt vergleichen! Die Preise für die Ausleihe sind bei allen Agenturen ziemlich ähnlich. Der preiswerteste Vermieter ist derzeit *Montaña Blanca,* das größte Angebot an Mietausrüstung bietet *Montañero,* Parque Ginebra 30, gleich neben der Casa de Guías. *Pepe,* Av. Raimondi 622, Tel. 42-1117, im Residencial Cataluña; Ausrüstungs-Vermietung an Bergsteiger und Bergwanderer. – *Filiberto Rurush Paucar* (s.o.) vermietet gleichfalls Ausrüstung. Preisorientierung (pro Tag): Zelt 10 Soles, Schlafsack 10 Soles, Gaskocher und Iso-Matte je ca. 5 Soles, Seil 10 Soles, Eispickel 10 Soles, Plastikbergschuhe 10 Soles, Steigeisen 5 Soles. Bei längerer Leihung Rabatte. Weitere Vermieter in der Luzuriaga.
Camping-Ausrüstung	(Ankauf von): *Comercial Anita,* San Cristóbal 369. – *Bodega Rosa Rosita,* San Martín 617.
Karten	Es kommen viele überteuerte Touristenkarten zum Verkauf. Die beste Karte ist vom Österreichischen Alpverein (ÖAV) 2000, Karte 0/31, 1:100.000, mit Höhenlinien und Routen, die in einigen Geschäften angeboten werden, aber alle durch Michael vom Restaurant Pachamama direkt aus Österreich eingeführt werden. Sie kosten um die 13 €. Die topografische Karte Nordperu 0/3b vom ÖAV ist inzwischen wieder zu haben, Verkauf durch Active Peru (ÖAV-Mitglied), s.o.
Mountainbiking	*Mountain Bike Chakinani,* Lucar y Torre 530, Tel. 42-4259 www.chakinaniperu.com. Vermietung von sehr gepflegten Mountainbikes inkl. Führung, topografische Karten, Gepäckaufbewahrung, Büchertausch. Mo–Sa 9–12.30 und 16–20 Uhr. Web-Adressen für MTBler: www.mountainbiking.pe, www.activeperu.com.
Gleitschirmflüge	*Monttrek,* Luzuriaga 646, 1. Stock, Tel. 42-1124, www.monttrek.com; der Chef von Monttrek fliegt selbst, organisiert die Flüge und zeigt die besten Abflugplätze.
Sauna / Dampfbad / Freibad	In den natürlichen Grotten des **Baños de Chancos** bei Marcara. Es gibt 8 verschiedene Grotten mit unterschiedlichen Temperaturen von 70–100 °C. Anfahrt mit dem Minibus oder Colectivo von Huaraz nach Marcara, Eintritt. – Ein schönes, überdachtes Freibad direkt gegenüber dem Friedhof, das Wasser wird durch die Solaranlage auf dem Dach erwärmt.
Supermarkt	An der Luzuriaga 407/Raimondi.
Wäscherei	*Lavandería,* Fitzcarrald 101 (vor der Brücke rechts), zuverlässig. *Pronto & Barato,* Lucar y Torre/José de la Mar (Nähe Busstation Cruz del Sur), 2 kg ca. 10 Soles. *Laundromat Wally,* San Martín 891.
Feste	**Mai**: *Fiesta del Señor de la Soledad. Semana de Andinismo*. **25. Juli**: Stadtfest/Aniversario.

Verkehrsverbindungen

Taxi	Fahrten innerhalb von Huaraz 3 Soles., zu den Vororten 4 Soles. Taxi nach Ishinka 40 Soles, nach Valunaraju 40 Soles, nach Pitec 30 Soles. *Taxi King,* Tel. 42-4847; *Taxi Phono,* Tel. 42-8800.
Bus	Die meisten Busunternehmen befinden sich in der Av. Raimondi, Bolívar und in der Fitzcarrald/13 de Diciembre. An der Kreuzung Fitzcarrald/13 de Diciembre

sowie in der Verlängerung der Fitzcarrald stadtauswärts sind beidseitig der Brücke Abfahrtstellen der Colectivos und Micros. Die Direktroute nach Lima ist asphaltiert. Ein ständiger Busverkehr findet zwischen den Orten Cátac – Recuay – Huaraz und Huaraz – Yungay – Caraz statt. Micro innerhalb von Huaraz 0,50 Soles.

Nach Caraz (65 km): tägl. unzählige Busse und Colectivos, u.a. Gesellschaft *Huandoy,* Tel. 42-7507, Av. Fitzcarrald 261/13 de Diciembre; Fz 2 h, Fp Bus/Micro 5 Soles, Colectivo 5–30 Soles. – **Casma** (160 km): tägl. Busse von *Transportes Huandoy,* tägl. mehrfach, Fz 5 h, 20 Soles; schöne Strecke, rechts sitzen. – **Chavín** (110 km): tägl. mehrere Busse, u.a. mit *Chavín Express,* Cáceres 338, Tel. 42-4652, *Lanzón de Chavín,* Tarapacá 602 und *Cisper Tours,* Tarapacá 621, Abfahrten meist um 8 und 10 Uhr sowie Mo–Sa um 4 Uhr Frühbus von *Sandobal,* 28 de Julio/de la Cruz (Rückfahrt am Nachmittag); Fz 2–5 h. – **Carhuaz:** tägl. ab 5 Uhr morgens, Abfahrten in der Fitzcarrald bei der Brücke. – **Chimbote** via Huallanca (255 km): tägl. *Yungay Express,* Fz 9 h, 30 Soles; tolle Strecke, rechts sitzen! Busse auch über Casma, z.B. mit *Tansportes Huandoy,* mehrere Tagfahrten oder mit *Alas Peruanas,* Abfahrten mehrmals am Tag, Fz 8 h, 30 Soles. – **Chiquián** (110 km): tägl. *El Rápido,* Huascarán/Cáceres um 5.30, 14 und 18 Uhr. – **Huallanca** (110 km): tägl Busse (s. Chimbote). – **Huantalanca:** s. La Unión. – **Huari** (150 km): 2x tägl. Busse von *Chavín Express,* Fz 6 h. – **Llamec:** s. Chiquián. – **La Unión** (120 km): tägl. Direktbus via Quiquián, Huallanca (bis Huansala asphaltiert) von *El Rápido,* Abfahrt ca. 12 Uhr, Fz 6 h. – **Lima** (410 km): tägl. mehrere Busse, meist von *Movil Tours* (mit die besten Busse!), Av. Confraternidad Internacional Oeste 451, Tel. 42-2555, *Cruz del Sur, Ormeño (Transportes Ancash), LÍNEA,* Av. Raimondi 901, Tel. 42-6666 (45 Soles), Cavassa, Luzar y Torre 446, Empresa 14 (Tagbus um 9 Uhr), *Intersa, Civa* und *Transportes Rodriguez.* Fz 8 h, ab 10 Soles, je nach Unternehmen und Bustyp, Nachtbus ca. 35 Soles. Außerdem täglich Colectivos der Comités Nr. 11, 14 und 20, Fz 7–8 h, Fp 30 Soles. – **Pativilca** (205 km): tägl. mehrere Busse, Fz 4 h, 20 Soles. – **Piscobamba:** Direktbus von *Yungay Express,* Fitzcarrald/Av. Raimondi, Abfahrt um 6.30 Uhr mit Halt an den Lagunas Llanganuco und Portachuelo de Llanganuco. – **Trujillo:** tägl. mehrere Busse und Colectivos, doch nur nachts; u.a. fahren *Transportes Rodriguez, LÍNEA, Movil Tours* (45 Soles), *Empresa 14;* Fz 9-10 h, ab 35 Soles. – **Yanama:** siehe Piscobamba. – **Yungay** (55 km): tägl. unzählige Busse und Colectivos, Abfahrten in der Fitzcarrald bei der Brücke, Fz 1,5 h.

Huascarán-Rundfahrt: Fahrzeit mindestens 4 Tage ab Huaraz via Caraz, Cañón del Pato, Yuramarca, Tarica, Pascacancha, Sihuas, Pomabamba, San Luís, Huari, San Marcos und Huántar. In jedem Ort z.T. gute Hostales, wie z.B. in Pomabamba das *Plaza,* Huaraz 381, Plaza de Armas, Tel. (043) 45-1111 oder *Espejo,* Huaraz 209, Tel. 45-1048. Zwischen Yuramarca und Sihuas unbedingt links sitzen. Für die Rundstrecke sind insgesamt mindestens 5–6 Tage einzuplanen, alles in allem lohnenswert.

Die Strecke kann **ab Yungay** über Yanama und San Luís nach Huántar abgekürzt werden und ist **auch für Mountainbiker** empfehlenswert. Ab Yungay schraubt sich die Schotterpiste gleichmäßig, nach den Lagunas Llanganuco in Serpentinen 16 km steil zur Passhöhe hinauf. Nach dem Pass geht es dann 22 km bergabwärts bis Vaquería (Kiosk). Ab da sanft bergab, mit sehr schönen Lagerplätzen bis nach Yamana (Rest., Laden). Nach Yamana folgt eine 25 km anstrengende Strecke bis zum Río Yanamayo hinab. 10 km bis zur 2. Brücke, dann 13 km auf sehr schlechter Piste bergauf bis **San Luís** (3131 m). Nach San Luís weiterhin 32 km steil bergauf bis zur Passhöhe Abra Huachucocha (4200 m), bevor es endlich wieder 29 km bergabwärts nach **Huari** (3149 m) geht. Nach **San Marcos** (Rest., Tankstelle) sind es noch 32 km flussabwärts, bis es wieder 9 km bis **Chavín de Huántar** hinaufgeht. Dann 34 km sehr schön bergauf durchs Mosna-Tal zum **Tunnel** (4178 m), dann 38 km bergab, vorbei an der Laguna Querococha bis **Cátac.** Der Rest von Cátac via Recuay (3394 m) nach Huaraz durchs Santa-Tal ist ein Katzensprung von 36 km.

Flug Der Flughafen Anta (ATA) liegt knapp 25 km von Huaraz entfernt, Fz 20 Min., Taxi 10–15 Soles. Tägl. Flüge nach **Lima** mit *LCPerú*, www.lcperu.pe. Büro *LCPerú* im Jr. Luzurriaga 904, Tel. 42-4734.

Ausflüge von Huaraz
Tour 1: Huaraz – Willcawaín – Monterrey

Bei schönem Wetter, nach Ankunft in Huaraz oder nach einem anstrengenden Trek sollte ein Ruhetag eingelegt werden. Dafür sind die 7 km nördlich von Huaraz gelegenen *Thermalbäder von Monterrey* ideal. In Verbindung mit den *Ruinen von Willcawaín* kann auch eine schöne Rundwanderung (zum „Einwandern") unternommen werden, die bei den Thermalbädern von Monterrey endet. **Hinweis:** Hin und wieder kam es zu Überfallen auf der Wanderstrecke von Willcawaín nach Monterrey und auf dem Weg zum Kreuz „Rataquena", 2 km östlich von Huaraz.

Willcawaín Gehzeit 2–3 h. Alternativ Anfahrt mit dem Taxi oder Colectivo. Colectivos fahren in der Fitzcarrald/13 de Diciembre ab.

Von der Plaza stadtauswärts auf der Av. Luzuriaga und Fitzcarrald zum nördlichen Ortsende von Huaraz gehen. Nach der Brücke über den Río Quilcay der Centenario folgen, vorbei am Gran Hotel Huascarán, bis zum Schild „Willcawaín". Der Schildrichtung folgen. Es geht nach rechts auf einer etwas staubigen, aber netten Piste durch idyllische Andendörfer (Jinua, Pária) und einer grünen Landschaft zu den Ruinen (neben dem gleichnamigen Andendorf). Auf dem Weg kommen zwei Abbiegemöglichkeiten, jeweils links halten. Alternativ kann vor dem Ortsschild Pária nach rechts in einen ausgeschilderten Wanderweg abgebogen und entlang eines Wasserkanals nach Willcawaín gewandert werden.

Die Ruinen von Willcawaín bestehen aus einem dreigeschossigen Tempelbau mit Gewölbedecken, werden auf 800–1000 n.Chr. datiert und sind der Wari-Kultur zuzuordnen. Täglich 8–16 Uhr, Eintritt, kleiner Laden mit Getränken am Kassenhäuschen vorhanden. 800 m weiter oben liegt ein zweiter Ruinenkomplex.

Von Willcawaín führt ein breiter, mit weißen Wegpfeilen gut markierter Fußweg in einer Stunde zu den Thermalbädern nach Monterrey hinunter. Nach dem Ort Recresh dem Bewässerungskanal folgen. Der Weg führt bald steil nach Monterrey hinunter, und von oben kann schon das Thermalbad gesehen werden. Der Weg endet direkt am Hotel Monterrey. Sinnvoll ist es für Unerfahrene, sich unterwegs immer wieder nach dem Weg zu erkundigen oder einen Führer zu nehmen, z.B. von *Andes Camp*, San Martín 638, Tel. 42-8214, www.andescamp.com. Die Tourist-Information warnt vor Überfällen!

Monterrey Die Thermalbäder (Sitz- und Schwimmbecken) gehören zum Hotel Monterrey und sind tägl. von 7–18 Uhr geöffnet. Eintrittsgebühr jeweils zu den Wechselkabinen mit Familienwannen, kleinem Pool (oft überfüllt, Wasser meist nicht sauber) und großem Pool (Wasser meist sauber und warm). Der große Pool ist auch nach der Abenddämmerung noch geöffnet. Das Wasser im Thermalbecken ist sehr warm (ca. 45 °C) und durch den hohen Eisen- und Schwefelgehalt von bräunlicher Farbe. Bei rheumatischen Erkrankungen heilsam. Die Wiese lädt zu einem Sonnen(brand!)bad ein, die schöne Terrasse des Hotels zu einem Bier oder Pisco Sour. Anfahrt ist auch ab Huaraz mit dem grünen Bus von der Luzuriaga möglich und damit leicht auf direktem Weg erreichbar.

Tour 2a: Lagunas Llanganuco

Der Ausflug zu den beiden herrlichen, türkisblauen Andenseen von Llanganuco kann über ein Reisebüro in Huaraz gebucht werden (ca. 40 Soles). Die Anfahrt in Eigenregie erfolgt über Yungay (55 km, tägl. unzählige Busse, z.B. *Empresa Huandoy*) oder mit Colectivos von Huaraz (Fz 1,5 h). Weiterfahrt mit Minibus/Camioneta von der Südostecke der Plaza de Armas in Yungay zu den Lagunas Llanganuco (28 km, Fz 40 h). Abfahrt der Minibusse alle 30 Min., Abfahrt der Camionetas wenn sie voll sind. Die enge, schlechte Serpentinenstraße führt zu zwei herrlich-türkisblauen Seen **(s. Foto)** in einer großartigen Gebirgslandschaft zu Füßen des Huascarán und Huandoy. Andenkolibris und -enten, Vicuñas, Alpakas und Falken sind hier genauso heimisch wie Tillandsien, Bromelien und Epiphyten.

Die beiden Seen in 3850 m Höhe liegen bereits im Parque Nacional Huascarán (Eintritt s.S. 551). Eine beliebte Anfahrt für Bergwanderer und Bergsteiger (s.a. Llanganuco-Trek). Wer nur einen Tagesausflug zu den Lagunas Llanganuco plant, sollte unbedingt bis zur **Laguna Orconcocha** (3846 m) gehen, also bis zur zweiten; Gehzeit vom Parkeingang bis zur Laguna Orconcocha ca. 4–5 h. Letzte Rückfahrt ab der Laguna Chinancocha nach Yungay zwischen 14–16 Uhr, bitte vorher genau erkundigen oder zum Parkeingang ein Colectivo bestellen!

Tour 2b: Llanganuco – Santa Cruz Trek

Wahrscheinlich ist der Llanganuco-Trek nach dem Camino Inca der beliebteste Wanderweg in Peru. Hinsichtlich Ausrüstung sei auf den allgemeinen Teil und die Einleitung zum Camino Inca hingewiesen.

Der Llanganuco-Trek ist schwieriger und länger (ca. 65 km) als der Inka Trail, verlangt mehr Kondition und bei etlichen Höhen von über 4700 m eine sehr gute Höhenadaption. Sinnvoll und ideal wäre es, den Llanganuco-Trek nach dem Inka Trail oder einem Aufenthalt in Cusco (Flug Cusco – Lima, Bus Lima – Huaraz) zu unternehmen, damit die Höhenkondition nicht verlorengeht. Nicht genügend Angepasste sollten den Trek unbedingt in umgekehrter Richtung als hier beschrieben gehen und vor dem Abra-La-Unión-Pass (4750 m) zweimal übernachten.

Zeitplanung In 5 Tagen (4 Zeltübernachtungen) ist der Weg zu schaffen, bei sehr guter Kondition auch in vier. Durch die Fertigstellung der Straße von Llanganuco über die Passhöhe nach Colcabamba und Yanama hat der Trek etwas an Attraktivität verloren, denn es ist schon etwas frustrierend, bergauf keuchend von einem Lkw überholt zu werden. Deshalb starten immer mehr in Cashapampa und steigen in Vaquería aus. Zeitersparnis einen Tag.

Anfahrt nach Llanganuco Ausgangspunkt des Treks ist normalerweise Llanganuco. Die Anfahrt erfolgt über Yungay (bzw. Colcabamba). Tägl. verkehren unzählige Busse (z.B. *Empresa Huandoy*) und Colectivos von Huaraz über Yungay nach Caraz Fahrzeit nach Yungay (55 km, 1,5 h). Morgens zwischen 6.30 und 7.30 Uhr passieren zusätzlich die Busse der großen Gesellschaften von Lima kommend Huaraz, die dann nach Yungay weiterfahre (Fz 1 h). In Yungay startet etwa um 8 Uhr die erste Camioneta nach Llanganuco. Außerdem fahren regelmäßig mehrere Busse von Huaraz, z.B. *Transportes Guadalupe* um 6.30 Uhr oder Transportes *Los Andes* um 7 Uhr (Av. Valunaraju) via Yungay und Llanganuco nach Vaquería, (Fz 4–5 h) und von dort weiter über Colcabamba und Yanama nach Piscobamba oder San Luís, so dass problemlos erst **in Vaquería in den Trail** eingestiegen werden kann.

Wer den *Llanganuco-Trek* ab *Cashapampa*, also in umgekehrter Abfolge machen möchte, nimmt in Huaraz ein Colectivo in der Alameda Fitzcarrald (nähe Río Quincay) um 6 Uhr bis Caraz. Dort wird in der Nähe des Marktes auf einen Pickup oder Colectivo nach *Cashapampa* umgestiegen, Fz 90 Min. In Cashapampa muss eine Gemeinschaftsgebühr von 5 Soles für die jährliche Säuberung des Trails bezahlt werden. Im Ort gibt es eine einfache Unterkunft sowie Maultiere und Treiber, mit denen am 1. Tag noch *Llamacorral* erreicht werden kann.

Am 2. Tag Llamacorral – Taullipampa; 3. Tag Taullipampa – Cachinapampa; 4. Tag Cachinapampa – Vaquería. Von Vaquería fahren tägl. nur um 8, 8.30, 9 und 12 Uhr Busse zurück nach Yungay, Fz 3 h. Der Eintritt wird dann erst auf der Rückfahrt am Parkeingang *(Control de Parque Nacional Huascarán)* fällig.

Kosten Eine Tageskarte (ohne Übernachtung) für die Seen kostet 5 Soles *(turismo convencional)*, ein 7-Tages-Trekkingpermit für den Llanganuco-Trek bzw. für den Nationalpark 65 Soles *(turismo de aventura),* auch für mehrmaligen Einlass (keine Ermäßigung für Studenten). Dabei ist die Übernachtung in den Hütten innerhalb des Nationalparkes nicht eingeschlossen. Ü ca. 30 Soles, Ü/HP ca. 90 Soles. Unbedingt Schlafsack mitnehmen!

Führer: 30 Soles/Tag plus Kosten für Verpflegung und Transport; Treiber 20 Soles/Tag für 5 Maultiere/Esel plus 2 Tagessätze für den Rückmarsch; Maultier/Esel 10 Soles/Tag (Ladegewicht 40 kg), Pferd 12 Soles/Tag. Kosten für Verpflegung und Zeltausrüstung sind bei Pauschalarrangements eingeschlossen, Treiber, Maultiere/Esel gibt es in Cashapampa und Colcabamba.

Parkeingang Der *Control de Parque Nacional Huascarán* befindet sich 18 km hinter Yungay auf 3200 m Höhe. Es gibt sowohl hier als auch am Ende des Treks eine Funkstation um im Notfall einen Rettungshubschrauber zu rufen (sehr ineffizient!). Zur Sicherheit ist ein Eintrag in ein Wanderregister erforderlich, dazu wird der **Reisepass** benötigt! Es gibt am Parkeingang eine einfache Unterkunft für Bergwanderer, Übernachtung ca. 10 Soles. Zwar beginnt der Trek bereits am Parkeingang, aber die meisten ent-

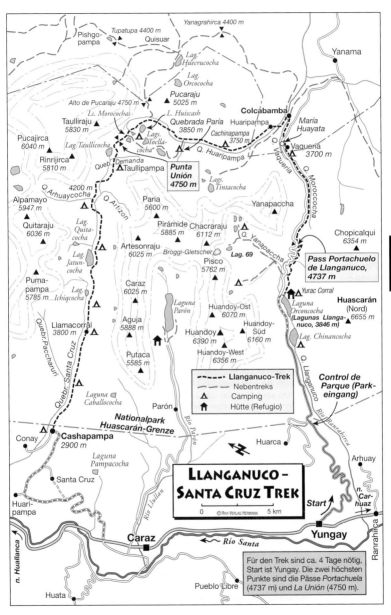

schließen sich, mit der Camioneta ein paar Kilometer weiter zur Lagune Orconcocha (3860 m) oder bis nach Vaquería, María Huayata oder Colcabamba (Zeitersparnis 1 Tag) zu fahren, da es erst in Colcabamba Maultiere, Esel, Pferde und Treiber gibt.

Um allen gerecht zu werden, beginnt die Beschreibung des Treks am Parkeingang. Bemerkung: Die vorgegebenen Etappen und Gehzeiten (Echtzeiten, d.h. ohne Pausen) sollen nur zur Orientierung dienen! Tipp: Vor dem Trek zuvor die entsprechenden Seiten des Buches kopieren.

Strecken- übersicht und Zelt- plätze (ZP)	(Yungay – Vaquería: 67 km, Fz 3 h) Parkeingang – Lagunas Llanganuco (3846 m): Gz 4–5 h, ZP Yurac Corral Llanganuco – Portachuelo de Llanganuco (4737 m): 6 km, Gz 2–3 h Portachuelo de Llanganuco – Vaquería (3700 m): ca. 10 km, Gz 3 h, ZP Vaquería – Cachinapampa (3750 m): 9 km, Gz 3 h, ZP Cachinapampa – Quebrada Paría (3850 m): 4 km, Gz 1 h, ZP Quebrada Paría – Punta Unión (4750 m): 5 km, Gz 3–4 h Punta Unión – Taullipampa (4200 m): 5,5 km, Gz 1–2 h, ZP Taullipampa – Llamacorral (3800 m): 14 km, Gz 4–5 h, ZP Llamacorral – Cashapampa (2900 m): 12 km, Gz 4–5 h, ZP Cashapampa – Caraz (2290 m): 30 km auf der Straße, 15 km Wanderweg, Gz 4–5 h
1.–2. Tag: Parkein- gang – Lagunas Llanganuco – Vaquería	**Gehzeiten:** Parkeingang – Lagunas Llanganuco 4–5 h; Llanganuco – Vaquería 5–6 h; Gesamtgehzeit: 9–11 h. Wer es gemütlich mag, kann bis zu den Seen von Llanganuco (3846 m) einfach auf der gleichmäßig ansteigenden Straße bleiben, denn der alte Fußweg ist teilweise etwas steil. Am ersten See, der Laguna Chinancocha, wächst noch *Bosque de queñual.* Es gibt dort einen Campingplatz, einen Kiosk und eine Toilette. An der Laguna Orconcocha gibt es einen Refugio (Übernachtungshütte) und einen Platz zum Zelten (Yurac Corral). Somit bieten sich die beiden Seen als erster Übernachtungsplatz an. Spätestens 500 m nach den Seen sollte auf den Wanderweg gewechselt werden, denn die Straße windet sich in langen, steilen Serpentinen 16 km bis zur **Passhöhe Portachuelo de Llanganuco** (4737 m), während es über den Wanderweg nur 6 km sind (Gehzeit ca. 2–3 h, Höhenunterschied ca. 900 m). Wer den Wanderweg in der ersten Serpentine (keine Markierung) nicht findet, geht auf der Straße bis zur zweiten Serpentine weiter und trifft spätestens dort auf den Wanderweg (Markierung). Herrliche Rückblicke auf den **Huascarán** und Chopicalqui entschädigen für den mühevollen Aufstieg. Nach der Passhöhe läuft es sich leicht bergab, manchmal hat die neue Straße den alten Wanderweg (z.T. keine Markierung) fast unkenntlich gemacht. Gehzeit für die 15 km vom Pass bis Vaquería ca. 3 h, Höhenunterschied ca. 1100 m (nicht auf der Straße gehen, hier ist die Strecke mit 22 km wesentlich länger!). An einem Bach entlang finden sich vorher viele ebene Wiesenstücke, die sich ideal zum Zelten eignen. In Vaquería gibt es einen Kiosk.
3. Tag: Vaquería – Taullipam- pa	**Gesamtgehzeit:** 8–10 h Am nächsten Morgen muss zuerst entschieden werden, ob bis *Colcabamba* (3450 m) abgestiegen wird (Einkauf von Essvorräten, Anmietung von Maultieren/Esel, Treiber oder Pferd. Für die Treiber müssen zwei Extratage für die Rückkehr mit Maultieren/Esel gerechnet werden). Ansonsten an der Stelle, wo die Straße den Fluss kreuzt, links vom

Fluss halten (linke Talseite). Wer diesen Weg verpasst und die Straße entlanggeht, hat nach ca. 30 Minuten am Ortseingang von Vaquería die Möglichkeit, an der Wandertafel steil zum Bach hinunterzugehen und über eine Brücke den richtigen Wanderweg zu erreichen.

Dann muss links in das **Huaripampa-Tal** eingebogen werden. Auf der gegenüberliegenden Seite kann der Weg von Colcabamba (ca. 2 km) herauf gesehen werden, auf den man in der kleinen Ortschaft *Huaripampa* wieder trifft. Ab nun der Ausschilderung *Punta Unión* folgen. In Huaripampa wird der Fluss überquert, dann links halten. Nach ca. 1000 m wird ein Holzgatter bei Huaripampa passiert. Nach einem kurzen Anstieg geht es in das rechte Tal gemütlich und landschaftlich schön hinein. Der spitze Berg links heißt *Pirámide*, 5885 m.

Etwa 3 h nach Vaquería wird das Campamento von *Cachinapampa* und nach einer weiteren Stunde die herrliche Hochtalwiese bei *Quebrada Paría* erreicht, die sich ebenfalls gut zum Zelten eignet. Bald danach teilt sich in einem Waldstück das Tal. Nach links führt ein äußerst beschwerlicher Nebenpfad über die *Lagunas Tocllacocha* zum Pass La Unión. Der Hauptweg führt jedoch im Wald geradeaus immer bergauf in eine enger werdende Schlucht. Spätestes hier wird es Zeit, sich zu entscheiden, ob die nächste Zeltnacht vor oder hinter dem Pass *Abra La Unión* (4750 m) verbracht werden soll. Es wird darauf ankommen, wie gut man in dieser Höhe noch bei Kondition ist und ob man früh am nächsten Morgen mit der gewaltigen Aussicht vom Pass für die zu ertragende Nachtkälte kurz vor dem Pass belohnt werden möchte. Nach dem Pass ist es immerhin noch mindestens 1 h bis zu einem geeigneten Zeltplatz mit Wasser.

■ *Der 5830 m hohe Taulliraju*

Der Weg zum Pass führt zuerst genau auf den **Taulliraju** (5830 m) zu, überquert nach 2 h (von Quebrada Paría aus) bei einem großen Felsen einen Bach und biegt hier nach links, allerdings ziemlich undeutlich, ab. Es sind jetzt noch gut 3 h bis zum Pass La Unión. Der Pfad führt durch Felsen aufwärts. Links liegen einige kleine Lagunen, an denen sich zur Not ein Platz zum Zelten findet. Gut zu erkennen ist dann der steile Aufstieg zur Passhöhe, von wo sich bei gutem Wetter eine tolle Aussicht auf die umliegenden Sechstausender mit ihren Gletschern und das Santa Cruz-Tal mit den großen Seen tief unten bietet. Der Trek ist nun von der körperlichen Anstrengung her geschafft. Ab hier wird es zu einem „vergnüglichen Spaziergang". Erst geht es flach, dann immer steiler in Serpentinen ins Tal runter. Rechts grüßt die türkise *Laguna Taullicocha,* und in *Taullipampa* wird an einem Bach ein geeigneter Zeltplatz erreicht.

Wer Zeit hat, könnte nach dem Pass auch einen Ausflug zu einem kleinen Gletschersee oder zu anderen Gipfeln, die von hier aus ausgeschildert sind, unternehmen. An dem 2. Bergsee nach Punta Unión führt ebenfalls ein Weg zu einem See.

4. Tag: Taullipampa – Cashapampa

Gesamtgehzeit: 8–10 h

Mit jedem Höhenmeter bergabwärts fällt das Wandern leichter. Der Bach wird etwas weiter unten überquert, sonst verläuft man sich in einer sumpfigen Wiese. Viele lauschige Plätze laden zu einer Rast ein, um die schöne Vegetation und die blühenden Bäume, die ganze imposante Landschaft in Ruhe in sich aufzunehmen. Dann wird wieder der Bach auf einer Balkenbrücke und eine große Wiese überquert, in der sich der Weg verliert. Von der Richtung her sollte man das diagonal gegenüberliegende Ende anpeilen. Dort trifft man auf den Pfad wieder, der durch ein kleines Wäldchen zur *Laguna Jatuncocha* (Laguna Grande) führt, die schon vor 3 h von der Passhöhe aus gesehen wurde. Östlich der Laguna kann direkt am See traumhaft gezeltet werden. Es gibt auf beiden Seiten der Laguna Wege, jener durch das ehemalige, fast trockene Flussbett nach links ist der bessere. Bald darauf kommt die *Laguna Chica* in Sicht, an der der Weg links vorbeiführt. Hier gibt es schöne Zeltplätze für ein frühes, letztes Nachtlager. Ein Haus, bestellte Felder und Andenbewohner sind Zeichen der Rückkehr in die Zivilisation. Das Tal wird nun immer enger. Nach einer Linkskurve sieht man unten im Tal die ersten Häuser und nach weiteren 4–5 h wird das Tor des Nationalparkes bei *Cashapampa* (2900 m) passiert.

Der Trail kann ab Cashapampa zum Tal Arhuacocha ergänzt werden, um den Alpamayo in seiner ganzen Schönheit zu sehen. Hierzu Aufstieg ab Cashapampa zur großen Lagune, Gz 1 h, dort dem Schild „Alpamayo" nach links folgen und weiter ins Tal bis zum Basislager, Gz 1 h.

5. Tag: Cashapampa – Caraz

Gesamtgehzeit: 4–5 h
Von Cashapampa gibt es einen Fußweg nach Caraz, Gehzeit 4–5 h, der sich allerdings nicht unbedingt lohnt. Von Cashapampa fahren tägl. am Vormittag (ab 6 Uhr) Camionetas und Lkw über Santa Cruz (3050 m) nach Caraz, Fz 1,5 h, 5 Soles. Von Caraz verkehren tägl. mehrere Busse und Colectivos zurück nach Huaraz.

Tour 3: Lama-Trek von Olleros nach Chavín

30 km südlich von Huaraz liegt am Río Olleros die kleine Andengemeinde Olleros, Anfahrt mit dem Micro aus Huaraz in ca. 30 Minuten. Von Olleros führt ein 37 km langer Präinkaweg nach Chavín, der mit einer Lamakarawane in 4–5 Tagen gemacht werden kann. Dazu haben sich 12 Campesinos zu einer Cooperativa zusammengeschlossen, um für diese Region einen sozialverträglichen Tourismus zu entwickeln. Die Lamas können je nach Alter 20–30 kg Gewicht tragen. Unterwegs werden ursprüngliche Andendörfer besucht und die Teilnehmer mit dem Alltagsleben der Bewohner bekannt gemacht. Höhepunkt des Treks ist der Besuch von Chavín de Huántar. Eine Empfehlung also für naturverbundene Reisende, die das ursprüngliche Andenleben entdecken möchten. Die beste Zeit ist Juni bis September, wenn es wenig regnet. Infos bei *Jorge Martel Alvarado,* Agustín Loli 463, Plazuela de la Soledad, Huaraz, Tel. 42-1266.

Tour 4: Laguna 69

Noch schöner als die Lagunas Llanganuco ist die Laguna 69, einen Tagesausflug von Huaraz entfernt. Am See, einer der schönsten des Nationalparkes, bietet sich ein gigantischer Blick auf die Eiswand des Chachraraju.

Die Anfahrt von Huaraz erfolgt mit einem Micro oder Colectivo nach Yungay, Fp 3,50 Soles. Dort wird in ein Sammeltaxi Richtung Portachuelo bzw. Yanama umgestiegen. Dem Taxifahrer sagen, dass man bei

Cebollapampa am Anfang des Tales an der Abzweigung zur Portachuelo aussteigen möchte, Fp 8 Soles. Der Weg führt zuerst etwas bergab. Auf einen Weg nach links zum Refugio Perú (Schild) zur Orientierung achten. Danach kommt ein Weg nach rechts zur Laguna 69 (Schild), dem gefolgt wird. Der Weg macht am Talende einen Linksbogen und führt in ein Hochtal. Immer gerade aus, den Bach durchqueren, weiter bis zum See. Gehzeit zum See 3 h, Rückweg 2 h. Geführte Tagestour ca. 100 Soles.

Tour 5: Chavín

Wer Huaraz bzw. den Callejón de Huaylas besucht, sollte sich die **Ruinen von Chavín de Huántar** nicht entgehen lassen (montags geschlossen)! Fast alle Reisebüros veranstalten Tagesausflüge dorthin (40 Soles inkl. Führer). Wer genügend Zeit hat, kann Chavín de Huántar auch selbstorganisiert besuchen. Das **Museo Nacional de Chavín,** 700 m nördlich der Plaza de Armas, zeigt die berühmten Dämonenköpfe, Keramiken, die Raimondi-Stele (Replikat), den Tello-Obelisk und viele andere Fundstücke.

Anfahrt zum **Ort Chavín** (110 km): tägl. mehrere Busse ab Huaraz, u.a. mit *Chavín Express,* Cáceres 338, Tel. 72-4652; *Lanzón de Chavín,* Tarapacá 602; *Cisper Tours,* Tarapacá 621 oder *Empresa Huandoy,* Av. Fitzcarrald 261/13 de Diciembre. Ideal für einen Tagesausflug ist der Frühbus um 4 Uhr von *Sandobal,* 28 de Julio/de la Cruz, Rückfahrt am Nachmittag; Fz 2,5 h, 15 Soles. Daneben gibt es sonntags und mittwochs einen Direktbus von Lima nach Chavín, und zwar mit *Transporte de Chavín,* Montevideo 1039. Rückfahrt nach Lima am Montag und Donnerstag. Fz 12 h, 30 Soles, auch eine überlegenswerte Alternative zum Direktbus Lima – Huaraz!

Verkehrshinweis: Es gibt keine direkte Busverbindung Chavín – La Unión! Evtl. Mitnahmegelegenheit via Antamina durch Minenverkehr möglich.

Huaraz – Chavín

Von Huaraz geht es zunächst durch das Santa-Tal über Recuay 35 km zurück bis *Cátac*. Von Cátac führt die Asphaltstraße an der *Laguna Querococha* (3980 m) vorbei. Links begeistert die Kulisse des *Nevada Yanamarey* (5237 m). Die Strecke schraubt sich Kilometer für Kilometer noch höher und der *Abra Kawish* wird auf einer Höhe von 4516 m mit einem 480 m langen Tunnel durchquert. Dann folgt in vielen Kurven und Serpentinen der spektakuläre, über 35 km lange Abstieg ins Río-Mosna-Tal nach **Chavín,** abschnittsweise Asphalt. Wer die Ruinen von Chavín de Huántar mit dem öffentlichen Bus anfahren will, muss in dem Andendörfchen (Höhe 3150 m) übernachten. Es ist ein kleines landwirtschaftliches Zentrum des Kartoffelanbaues. In der Nähe gibt es ein Thermalbad.

Tourist-Info: Oficina de Información Turística Chavín, Plaza de Armas (Richtung Markt).

Übernachten in einfachen Unterkünften (BUDGET/ECO): **Hotel Monte Carlo,** 17 de Enero, bc, Kw. – **Hotel Gantu,** Huayna Capac 135; bc, Kw. – **Hotel Inca,** Wiracocha 160; bc/bp, nicht immer Ww, schöner Garten. – **Hostal Chavín,** San Martín s/n; mit Parkplatz. – **Hotel La Casona,** Plaza de Armas; bp. DZ ab 15 Soles. – Das beste Hotel in Chavín ist **El Gran Hotel Rickay,** 17. de Enero 172, Tel. 45-4027, www.hotelrickay.com, bp. DZ ab 55 Soles.

Essen & Trinken: Ganz gut essen kann man in den Restaurants *Robles, Chavín Turístico* (17 de Enero 439) und *Recreo* sowie im Comedor der Cooperativa hinter der Hauptkirche.

Chavín de Huántar

Julio C. Tello, der Entdecker der Ruinen, begann in Chavín de Huántar 1919 mit seinen archäologischen Untersuchungen. 1945 wurden die Ruinen durch mächtige Schlammlawinen teilweise zerstört, der östliche Teil der Anlage durch das Hochwasser von 1993. Deshalb befindet sich nur noch ein Steinkopf an seiner ursprünglichen Stelle an der Mauer des Tempels. 1985 wurde die Stätte von der UNESCO zum Weltkulturerbe erklärt. Das Heiligtum besteht aus einem Haupttempel, der über einem Tunnellabyrinth erbaut wurde. Die Ruinen liegen auf 3200 m Höhe und etwa 5 Minuten außerhalb des Ortes Chavín, links nach der Brücke über den *Río Huachecsa*. Öffnungszeiten tägl. 8–16 Uhr, Eintritt 11 Soles. Das Museum, Di–So 9–17 Uhr, 700 m nördlich der Plaza de Armas in Chavín, das die ehemals verstreuten Fundstücke des Ruinenkomplexes zusammenfasst, gibt nun einen ganzheitlichen Überblick über Chavín de Huántar.

Die gesamte Anlage ist nach Osten zum Urwald hin ausgerichtet. Der in der Nähe fließende Río Mosna mündet in den Río Marañón und dieser in den Amazonas. Die Bausteine stammen vom Kawish-Pass und wurden wahrscheinlich zur Regenzeit herabgeflößt.

■ *Zoomorphes Chavín-Relief*

Der Ruinenkomplex von Chavín de Huántar in Form einer Tempelburg gilt als das älteste Steinbauwerk in Peru, die Bauanfänge werden um 1000 v.Chr. datiert. Die Gesamtanlage umfasst zahlreiche Gebäude mit Plattformen und Innenhöfen, die zum Teil durch unterirdische Gänge miteinander verbunden sind und er wird von der großen, abgesenkten *Plaza* beherrscht.

Chavín de Huántar ist der Name einer frühen (pan)peruanischen Kultur, die zeitlich etwa von 1000 v.Chr. bis 200 v.Chr. einzuordnen ist. Damit gehört sie zu der sog. *Initial- oder Formativen Periode*. Das Verbreitungsgebiet der Funde mit typischen Chavín-Motiven (Reliefs mit überwiegend Tierdarstellungen) reichte von den Anden bis zu nördlichen und südlichen Küsteabschnitten, war also sehr weiträumig und offen, und deshalb wird auch nicht von einem Chavín de Huántar-Kulturreich gesprochen.

Der Name Chavín bedeutet „Zentrum", und die Ruinen liegen sowohl in der Mitte zwischen Urwald und Küste als auch in der Nord-Süd-Ausdehnung der einstigen Chavín-Einflusssphäre.

Im Mittelpunkt der kultischen Verehrung standen vermenschlichte **Tiergottheiten**, Raubkatzen (Jaguar), Krokodile (Kaiman), Schlangen und Vögel (Harpie). Sie fanden sich auch an anderen und weitabgelegenen Stellen, z.B. im Río-Santa oder Río-Vicú-Tal. Die mächtige Raubkatze bzw. der nahezu unbesiegbare Jaguar war Gottsymbol oder Götterbote, die Harpie war das Symbol der Herrschaft über den Himmel und der Kaiman über das Wasser.

Rundgang Vom Eingang kommt man über einen kleinen Hügel, unter dem sich unterirdische Gänge befinden, zum Hauptbauwerk, dem **Castillo**. Dieser dreistöckige massive Kultbau wird fälschlicherweise als „Burg" oder „Festung" bezeichnet, war aber wahrscheinlich eher ein Palast. Die Seitenwände sind interessanterweise – wohl als Vorsichtsmaßnahme vor der Zerstörung durch Erdbeben – um 7 Grad geneigt. Der 13 m hohe, dreistufige Baukomplex misst 72 x 75 m und umfasst ein Labyrinth von klei-

Chavín de Huántar

■ *Außenmauern des Castillo mit Dämonkopf (Cabeza clava)*

nen Kammern, Treppen und Rampen, die durch 14 unterirdische Gänge miteinander verbunden sind und raffinierte, waagerechte Ventilationskanäle aufweisen. Die Steinblöcke der unterschiedlich dicken Mauern bestehen ebenso wie die Treppen aus Granit.

Die Mauern des Castillos schmückten vollplastische Dämonenköpfe, **cabezas clavas** („Nagelköpfe"). Nach Meinung einiger Archäologen sind es Köpfe menschlicher Opfer oder gefangener Feinde. Die Steinreliefs zeigen Raubkatzen, zum Teil in Verbindung mit Schlangen und Kondoren, was eine ganz typische Ornamentik ergibt. Berühmt sind dafür auch die beiden Steinkunstwerke *Raimondi-Stele* und *Tello-Obelisk* (s.u.).

El Lanzón – die „Große Lanze"

Das einzige an seinem ursprünglichen Platz stehende („in situ") Kunstwerk ist der 4,50 m hohe *El Lanzón*. Der Granit-Monolith steht im Zentrum bzw. im Schnittpunkt von vier schmalen, kreuzförmig angeordneten Galerien in den unterirdischen Gängen des Castillos. Die Figur hat die Form eines Messers (mit Griff nach oben) und zeigt ein Raubtiergesicht mit langen Zähnen und Schlangen als Haare. Selbst vom Gürtel hängen am Rücken zwei Schlangen herab. Fast gruselt es den Betrachter beim Gedanken an geheimnisvolle Riten, vielleicht gar an Opferzeremonien, die hier stattgefunden haben könnten. Hinweis: Zugang sehr eng!

Tello-Obelisk

Beachtenswert ist das Osttor mit einem Vogelfries und runden Säulen, die rechts einen Mann und links eine Frau darstellen. Geht man weiter östlich, so gelangt man über breite Treppen und mehrere Terrassen zum ehemaligen Zeremonial- oder Heiligen Platz, der wohl für kultische Zeremonien bestimmt war. In der Mitte des Zeremonialplatzes stand ursprünglich der ca. 2,5 m hohe Tello-Obelisk, er wurde nach seinem Entdecker benannt.

Raimondi-Stele

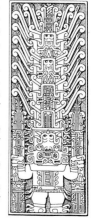

Diese knapp 2 m hohe, nahezu grüne Stele aus Chavín de Huántar **(Abb. r.)** befindet sich heute im Archäologischen Museum in Lima und wurde nach ihrem Entdecker, dem italienischen Naturforscher Raimondi, benannt.

Das Flachrelief zeigt eine Gestalt mit einer Tiermaske (Raubtier oder Kaiman) und Krallenhänden. Von der Maske und dem Gürtel gehen Schlangenköpfe aus. In den Krallenhänden hält die Gestalt eine stabartige Konstruktion (deshalb auch der Name „Stabgott"). Über der Maske baut sich ein hohes, vierstufiges und kronenartiges Gebilde auf, von dem auf jeder Seite je 8 Schlangeköpfe ausgehen.

Tour 6: Pastoruri und Puya raimondii

Ein Ausflug von Huaraz zu den Riesenbromelien *Puya raimondii* ist eine lohnende Sache, doch selbstorganisiert und ohne eigenes Auto leider nur schwierig machbar. Vorteilhafter ist, den Tagesausflug mit einer Reisebürobuchung zu unternehmen. Diese Tagesausflüge (ca. 30 Soles plus Eintritt in den Nationalpark Huascarán, die Monatskarte ist gültig!) führen meist bis zum **Gletscher Pastoruri.** Der Kleinbus fährt dabei bis auf eine Höhe von 4800 m (Fz 4 h). Bis zum Gletscher auf kreislauferfrischenden 5300 Höhenmetern (Sind Sie schon höhengewohnt?) ist es noch eine Stunde Fußmarsch (alternativ Teilstrecke zu Pferd). Der Pastoruri besaß einst schöne Gletscherhöhlen, eine war sogar begehbar. Seit einigen Jahren geht der Gletscher immer weiter zurück, und zuletzt war deshalb der Zugang zum Gletscher geschlossen. Deshalb haben die Touranbieter inzwischen einen Ausflug zur **Punta Olimpica** im Programm. Auf diesem Pass von 4800 Metern gibt es ebenfalls Gletscherhöhlen, Fp 25 Soles.

Zu den **Puya raimondii** wird in Pachacoto, 8 km südlich von Cátac, nach Osten abgebogen. Auf der Fahrt zum Gletscher Pastoruri wird weite Punalandschaft durchfahren **(Karte s.S. 552).** Hier wachsen die riesigen Pflanzen, benannt nach dem italienischen Naturforscher *Antonio Raimondi*, der sie 1870 entdeckte.

Die Straße führt anschließend sehr spektakulär weiter über die Hochebene über die *Punta Huarapasca* (4780 m) und Mine *Huansala* nach La Unión. Von dort 1x täglich Direktverbindung nach Huánuco.

Eine Alternative für Selbstfahrer ist **Gueshgue,** ein nördliches Bergtal von Pastoruri. Dazu die Piste von Catác ca. 10 km ansteigend mit 4WD (!) Richtung Lago Gueshguecocha nehmen. An einem eng begrenzten Berghang wachsen etwa 20 Puya raimondii, umschwirrt von Kolibris.

Foto links:
Puya raimondii *können über 10 m hoch werden. Sie sind damit, neben der ebenfalls hier vorkommenden Pourretia gigantea, die größten Ananasgewächse (Bromeliaceae) der Erde. Die meisten Puyas fangen erst nach 50 bis 75 Jahren zu blühen an (zwischen Mai und Oktober), einige schaffen es gar über 100 Jahre alt zu werden. Sie sterben alle nach einmaliger Blüte ab. Einzigartig sind dabei die 8000–10.000 grüngelben Blütenansätze an dem bis zu 6 m hohen Blütenstiel. Die Bestäubung der Puya raimondii übernehmen die wundervollen Grünkopf-Andenkolibris des Callejón de Huaylas, da es in dieser Höhe keine Insekten gibt.*

Tour 7: Cordillera Huayhuash

Südlich der Cordillera Blanca ragt die **Cordillera Huayhuash** auf. Der höchste Gipfel ist der **Yerupajá** (6634 m). Viele Bergwanderer und Bergsteiger kommen nur nach Huaraz, um die Huayhuash-Rundwanderung zu unternehmen. Insider meinen, dass das einer der drei schönsten Treks der Welt ist und der schönste Perus.

Geübte Berggeher können die Cordillera Huayhuash in etwa 14 Tagen umrunden. Dabei werden sechs Pässe zwischen 4500 und 5000 m überschritten. Auf der Umrundung ist der San Antonio-Pass von Huancapatay nach Cutatambo eingeschlossen. Wer möchte, schafft es an einem Zusatztag zum Basecamp von Joe Simpson, das sich am Sarapacocha befindet (Film: „Sturz ins Leere"). Zusatztouren sind genug möglich, wie z.B. Besteigung des *Cerro Berlin* oder *Diablo Mundo*. Derzeit wird für die Rundwanderung 150 Soles als Sicherheits- und Zeltplatzgebühr verlangt.

Spezialisiert auf die Huayhuash-Umrundung ist *Active Peru* in Huaraz (s. dort, www.activeperu.com). Es gibt auch eine verkürzte Huayhuash-Rundwanderung, die, infolge Abkürzungen, nur 6 Tage dauert.

Straßenverbindungen von Huaraz hinab zur Küste

Huaraz – Casma

Das erste Stück der Route von Huaraz zur Küste nach **Casma** (160 km) kann wegen der großartigen Aussicht auf die Cordillera Blanca auch als Extraausflug von Huaraz aus empfohlen werden. Es ist der kürzeste Weg von Huaraz zurück zur Panamericana Norte, die nur auf den letzten 50 Kilometern asphaltiert ist. Gleich hinter Huaraz steigt die schlechte und mit Schlammlöchern übersäte Straße zunächst an. Die Aussicht auf die Cordillera Blanca wird immer schöner. Links können bei schönem Wetter die beiden Gipfel des Huascarán gesehen werden. Rechts daneben reihen sich die Sechstausender *Chopicalqui, Hualcán* und *Copa*, direkt gegenüber das Massiv des *Vallunaraju* (5690 m) und anschließend der *Ranrapalca* (6162 m).

Nach 30 km wird die Passhöhe *Punta Callán* in 4200 m Höhe angesteuert. Von hier geht es in zahlreichen Serpentinen an steilen Abgründen vorbei immer weiter hinunter, bis schließlich, bei km 94, in 1240 m Höhe *Pariacoto* erreicht wird (Benzin, einfache Unterkunft, Restaurant, Erste Hilfe, Telefon). Danach wird das Tal des *Río Casma* weiter, die Straße besser. Über *Yaután* (Polizeiposten, Restaurant) windet sie sich nochmals über einen kleinen Küstenpass und führt schließlich an den Ruinen von Sechín (s.S. 501) vorbei.

Huaraz – Chimbote

Der Strecke von Huaraz über Huallanca nach Chimbote ist mit 255 km die längste Verbindung zur Küste, führt aber weiter durch den Callejón de Huaylas und durchs reizvolle Santa-Tal und natürlich durch den nun wirklich spektakulären **Cañón del Pato** (Entenschlucht). Wegen diesen landschaftlichen Besonderheiten raten wir zu dieser Strecke (s.S. 579).

Für **Selbstfahrer:**
Cañón del Pato nach Huallanca: gute Schotterpiste
Huallanca nach Chuquicara: sehr schlechte Schotterpiste
Chuquicara nach Santa (Panamericana): neue Asphaltstraße.

Wer die Strecke von Huaraz nach Chimbote (oder umgekehrt) nicht fährt, sollte wenigstens den ersten Teil als Ausflug von Huaraz zur Entenschlucht unternehmen.

Huaraz – Caraz (65 km)

Die Strecke ist asphaltiert. Sieben Kilometer hinter Huaraz kommt die Abzweigung nach Monterrey mit seinen Thermalquellen (s.o.). Am Flughafen in Anta vorbei hat man nach 36 km in *Marcará* die Möglichkeit, die 4 km entfernten **Thermalbäder in Chancos** zu besuchen. Die Thermalbäder mit einzigartigem Flair umfassen sieben Höhlen und sind eher natürliche Dampfbäder, Temperatur 38–54 Grad, Eintritt 5 Soles/15 Minuten, doch keine Zeitkontrolle. Anfahrt mit Micro 1,50 Soles. **TIPP!**

8 km weiter folgt der Ort **Carhuaz** (Restaurant, Unterkunft, Erste Hilfe), ein schönes Andendörfchen, das von den Sechstausendern *Copa, Hualcán* und *Huascarán* umgeben ist. Bestes Hotel in Carhuaz ist *El Abuelo,* 9 de Diciembre

257, Tel. (043) 39-4456. Einfacher ist das Hostal *La Merced,* Ucayali 724.

Danach wird die Katastrophenzone von 1970 passiert, als etwa ein Drittel der Nordwestflanke des Huascarán durch ein Erdbeben abbrach und in Minutenschnelle die Ortschaften *Ranrahirca* und *Yungay* von einer titanischen Eis-, Fels- und Schlammlawine begraben wurden. Die Erd- und Schlamm-Massen schoben sich einen 200 m hohen Berg hinauf und töteten dann rund 20.000 Menschen in **Yungay**. Eine unvorstellbare Wucht. Etwas oberhalb entstand ein neuer Gletschersee. Das neue Yungay wurde weiter nördlich erbaut.

Übernachten in Yungay (Vorwahl 043): einfache Hostales sind *Gledel* (ECO), Av. Arias Graziani, Tel. 39-3048, die *Casa de Hospendaje Pan de Azucar,* Pasaje 23, Calle La Merced sowie *Hostal Yungay* (ECO) und *Santo Domingo* (ECO) an der Plaza. Etwa 3 km außerhalb liegt der sehr gute *Complejo Turístico Yungay* (ECO/FAM), Prolongación 2 de Mayo 1019.

Von Yungay sind es noch 13 km nach Caraz.

Caraz

Ist der zweitwichtigste Ort im Santa-Tal auf 2290 m Höhe, und er wurde ebenfalls durch das Erdbeben 1970 schwer in Mitleidenschaft gezogen. Caraz ist inzwischen wieder zu einem recht hübschen Ort herangewachsen (13.000 Ew.) und kann mit herrlichen Aussichten auf Huandoy und Huascarán aufwarten. Im Vergleich zu Huaraz ist **Caraz wesentlich ursprünglicher** und damit ruhiger und beschaulicher. Für Naturliebhaber und Ruhesuchende eignet es sich hervorragend zur Höhenklimatisierung und als Basisstation für Ausflüge in die Entenschlucht, zur Laguna Llanganuco oder zum Besuch des Nationalparks Huascarán (Santa Cruz – Llanganuco-Trek; dieser dauert von Caraz aus nur vier Tage statt fünf von Huaraz). Das Caraz-Klima mit wenig Regen und viel Sonnenschein ist sehr angenehm.

Ein empfehlenswerter **Ausflug** führt auf landschaftlich sehr eindrucksvoller, doch schlechter Straße **zur Laguna Parón** (32 km, 4150 m) zu Füßen des *Nevado Huandoy* (6390 m). Anfahrt von Caraz mit dem Taxi oder einer Camioneta ab der Markthalle (Grau/Sta. Cruz). Abfahrten ab 5 Uhr, 3 Soles, Fz 2 h. Taxi Einheitstarif 90 Soles inkl. Wartezeit an der Laguna, unabhängig der Personenzahl. Rückfahrt mit Camioneta nur 1x nachmittags (vorher fragen). Am See gibt es einen Refugio (mit WC) des E-Werks, manchmal kann dort übernachtet werden. Der smaragdfarbige Bergsee wird von der imposanten Kulisse von über zehn Berggipfeln umgeben, darunter auch der *Pirámide Garcilaso* mit 5885 m.

Wer wandern will, fährt mit einem Colectivo nur bis zum Dorf Parón, 16 km, Fz 1 h, 3 Soles. Von da noch etwa 16 km, Gehzeit mind. 4 h, Höhenunterschied 900 m. Rückfahrt von Parón nach Caraz um 7.20 und 14.30 Uhr. 2 km nördlich von Caraz liegen die eindrucksvollen Ruinen von **Tumshukayko** aus der Inkazeit, die leicht zu erreichen sind.

Adressen & Service Caraz

Tourist-Info	*Oficina de Turismo,* Plaza de Armas, tägl. 8–18 Uhr. **Vorwahl (043)**
Unterkunft ECO	**Alojamiento Caballero Lodging,** Daniel Villar 485, Tel. 39-1637; bc, Ww; empfehlenswert. – **Hostal Suiza Peruana,** San Martín 1133, Tel. 39-1166; einfache Zi. bc/bp, Ww. – **Hostal Chavín,** San Martín 1135 (Plaza de Armas), Tel.

39-1171; bp, gut, aber etwas laut, sehr hilfsbereit. – **Hostal La Casona,** Raimondi 319, Tel. 39-1334. Altes Haus, hübscher Patio, bc/bp, Ww. DZ/bp 20 Soles. – **Hostal Oasis,** Raymondi 425, Tel. 39-1785; familienbetriebenes Hostal, bp, schöner Patio mit Vogelvolieren und frei herumturnenden Papageien, gutes und preiswertes Restaurant, hilfsbereites Personal, Ws (4 Soles/kg), Internet. – **Alojamiento Retama,** Sucre 712, Tel. 39-1932. Sehr sauber, bp, Zi. zur Straße hin etwas laut, trotzdem empfehlenswert. DZ 30 Soles. – **Gran Hostal Caraz Dulzura,** Saenz Peña 212, Tel. 39-1523, www.huaraz.com/carazdulzura. Schönes Hostal, ruhige, zentrumsnahe Lage, 11 große Zi. (auch MBZi), bc/bp, gutes Restaurant. DZ/F ab 40 Soles.

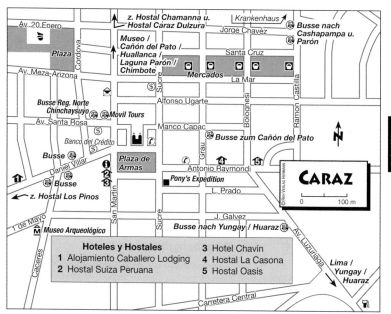

ECO/FAM	**Hostal Chamanna,** Av. Nueva Victoria 185, Tel. 68-9257, www.chamanna.com. 3 km außerhalb bei der Abzweigung zur Laguna Parón, Anfahrt mit Motorradtaxi. Großes, gefälliges Haus mit 2 Patios und schöner Gartenanlage, 5 saubere Bungalows (Cabañas), bp/bc, sehr gutes Gartenrestaurant mit elsässischer Küche, Pferdevermietung. DZ/bc 10 US$, DZ/bp 15 US$, Frühstücksbüfett 6 US$ (immer zuerst nach den Preisen fragen). Die deutschen Eigentümer Ute Baitinger & Rainer Urban sind hilfsbereit. Empfehlenswert!
FAM	**Los Pinos Lodge,** Parque San Martin 103, Barrio de Yanachaca, Tel. 39-1130, www.lospinoslodge.com. Gemütlich, Restaurant. DZ/F 140 Soles. Hier kann ein Ausflug zur Lagune Paron gebucht werden.
Essen & Trinken	*Recreo La Punta Grande,* Daniel Villar 595, Gartenrestaurant, lokale Küche (nachmittags geschlossen). – Alberto Cafferata aus Caraz empfiehlt das *Esmeralda,* Av. Alfonso Ugarte 404, wohl das beste Essen in der Stadt (unregelmäßige Öffnungszeiten). – Vegetarische Küche und Frühstück gibt es im *Café de Rat,* Sucre 1266; schöner Balkon mit Blick über die Plaza. – Ansonsten bietet

	das nette *Café La Terraza,* Sucre 1107, Frühstück, gute Mittagsmenüs und frische Obstsalate (angeschlossenes Hostal **Caraz Dulzura**).
Trekking-Agentur	*PONY'S Expeditions,* Sucre 1266, Tel. 39-1642, www.ponyexpeditions.com; 8–22 Uhr. Sehr gute Infos über Bergwanderungen, gutes Kartenmaterial, aber schlechte Mountainbikes. MTB-Touren zur Laguna Parón und zur Enten-Schlucht, Tagestouren ab 40 Soles. Der Besitzer Alberto Cafferata ist Trekkingführer und vermietet komplette Campingausrüstungen (Campinggas vorrätig), kann Esel, Pferde, Träger, Treiber und Bergführer organisieren. VISA, Geldwechsel. – *Summit Peru,* Sucre 1106, www.summitperu.com, Tel. 79-1958. Die lizenzierten Berg- und Wanderführer Carlos Tinoco und Haren Montes führen Trekkingtouren in die Cordillera Blanca und Cordillera Huayhuash sowie Tagestouren zur Laguna Parón und Cordillera Negra. Außerdem vermieten sie Equipment für Bergwanderungen und Klettertouren; empfehlenswert. – *Apu Aventura,* Daniel Villar 215, Tel. 39-2159, apuaventura@terra.com.pe.
Internet-Café	*Café De Rat,* Sucre 1266 (Plaza de Armas) mit Büchertausch, sowie Raimondi 408 (2. Stock).
Erste Hilfe	*Hospital San Juan de Dios,* Av. 9 de Octubre s/n, Tel. 39-1026, 39-1031.
Diskotheken	*Discoteca Tabasco,* San Francisco und *Huandoy,* Mariscal Cáceres.
Taxis	Stadtfahrt ca. 3 Soles, Motorradtaxi noch weniger.
Bus	**Nach Cashapampa** (30 km) tägl. ab 8.30 Uhr im Stundentakt bis 13 Uhr, Fz 90 Min., 5 Soles. – **Chimbote** über Pativilca (487 km): mit *Transportes Rodriguez* (tägl. um 19 Uhr), *Turismo San Pedro* (tägl. 18 Uhr); Fz 10–11 h, 20 Soles. – **Chimbote** über Cañón del Pato (184 km) mit *Yungay Express,* tägl. 9 Uhr; Fz 6 h, 25 Soles. – **Hualcayán** über Quebrada de Los Cedros: 2x tägl. – **Huallanca** (36 km) via Cañón del Pato: 4x tägl. ab 8 Uhr vom Marktplatz; Fz knapp 1,5 h, um 10 Soles. – **Huaraz** (65 km): mehrmals tägl. unzählige Busse und Micros; Fz 2 h. – **Lima** (476 km): *Transporte Rodriguez* (2x tägl.), *Expreso Ancash* (3x tägl.), *Movil Tours,* Pasaje Olaya s/n, tägl.; Fz 9 h, ab 20 Soles. – **Trujillo** über Pativilca (601 km): tägl., Fz 12 h, 25 Soles. – **Yungay** (12 km): tägl. ab 4 bis 19 Uhr alle 15 Minuten; Fz 20 Min.

Umgebungsziele von Caraz

In die Cordillera Negra	Von Caraz führt eine Serpentinen-Piste nach *Pamparomas* in der Cordillera Negra in eine typische Hochlandbauernregion. Abfahrt vom Markt in Caraz mit geländegängigem Jeep oder mit einem Minibus um 8 und 9 Uhr, über Pueblo Libre nach Pamparomas; Fz 2–3 h, 10 Soles (nur bis zum Pass 5 Soles). Wer auf dem Pass (4500 m), km 35, bereits aussteigt, geht in Fahrtrichtung links den Hügel hinauf und wird mit einem einzigartigen Panoramablick über die Cordillera Negra belohnt.

Vom Pass führt ein schmaler Pfad nach Süden, vorbei an grasbewachsenen Hängen mit Kühen und Pferden. Hier wachsen auch Puya raimondii, hier *Puya de Winchus* genannt, deren lange, dornengespickte Blätter von den Bergbauern abgebrannt werden, damit sich Schafe darin nicht verfangen können. Gegen 12 Uhr passiert der Minibus nach Caraz wieder den Pass, man steigt zu und nach 2 Fahrstunden könnte man wieder in Caraz sein.

Selbstfahrer folgen dem Wegweiser „Winchus" am Abzweig in Pueblo Libre nach rechts über eine enge gut befahrbare Piste zum Pass hinauf.

Caraz – Chimbote (185 km)

■ „Entenschlucht"
Cañón del Pato

Von Caraz fällt das **Santa-Tal** weiter leicht ab. Rechts sieht man den *Nevado Santa Cruz* (6259 m). Das Tal wird immer enger, bis nach 22 km schließlich im **Cañón del Pato** die beiden Kordillerenzüge nur noch wenige Meter durch den reißenden Río Santa getrennt sind (von Juli bis Oktober wird der Fluss zur Energiegewinnung umgeleitet, so dass die Schlucht kein Wasser führt). Die Saumpiste benützt die ehemalige Trasse der stillgelegten Eisenbahn, ist stabil angelegt und windet sich durch über 35 Tunnels, die in das rohe Gestein gesprengt wurden. Die senkrechten Felswände ragen auf der einen Seite himmelhoch auf und fallen auf der anderen in bodenlose Abgründe. Ein tolles Erlebnis! Wer Spaß daran hat, den Kopf aus dem Fenster zu strecken und stellenweise den senkrechten Abgrund als gerade Verlängerung der Buswand zu erblicken, sollte bei Fahrtrichtung Chimbote nach Huaraz links am Fenster sitzen.

Knapp 40 km nach Caraz wird *Huallanca* (Hotel: *Huascarán*) mit einem mächtigen Kraftwerk erreicht. Die Straße folgt nun dem Río Santa an kleinen, stillgelegten Kohle-Tagebau-Arealen durch eine Schlucht nach *Tablones*. Dann öffnet sich das Tal. Bei Santa stößt die Straße wieder auf die Panamericana Norte. Nach Chimbote sind es jetzt noch 12 km.

Bitte schreiben oder mailen Sie uns (verlag@rkh-reisefuehrer.de) Ihre Reise- und Hotelerfahrungen oder wenn sich in Peru und Bolivien Dinge verändert haben und Sie Neues wissen. Danke.

ROUTE 8: VON CHICLAYO NACH CHACHAPOYAS ÜBER JAÉN UND WEITER NACH LEIMEBAMBA

Die gesamte Straße von Chiclayo bis Chachapoyas ist in sehr gutem, asphaltierten Zustand, Selbstfahrer kommen leicht voran, insbesondere bis Bagua Grande. Nach dem Pass (2137 m) gilt es einige Baustellen zu überwinden, oft eine halbstündige Wartezeit einplanen. Da bis Pedro Ruíz die Straße aus dem Fels geschlagen wurde, ist sie oft einspurig, die zweite Spur fiel den Wassermassen und der Flusserosion zum Opfer.

Chiclayo – Jaén

Chiclayo verlassend, geht es Richtung Lambayeque und vorbei an den Ruinen von Túcume (Beschreibung siehe Chiclayo, Tour 3). In der Ferne lassen sich die Pyramiden von Batan Grande erahnen. Für Selbstfahrer ist die Beschilderung etwas verwirrend, Fernziele werden nicht angezeigt. Zur Orientierung: Richtung *Olmos* fahren und in einer langen Rechtskurve die Küste hinter sich lassen (eine Mautstelle bei Lambayeque). Beim Abzweig nach Olmos rechts halten und nicht in den Ort fahren. Es geht nun stetig bergauf Richtung Osten, der Pass *Porculla* ist die höchste Erhebung (Mautstelle in Pomahuaca), bevor es den Andenostabhang hinab geht nach Jaén.

Jaén

Etwa 150 km vor Chachapoyas wird die Abzweigung nach **Jaén** (S 5°42'15'', W 78°48'15''), das 17 km nördlich der Hauptstraße nach Chiclayo liegt, erreicht. Der tropische Ort, 729 m hoch, ist Ausgangspunkt zum Besuch des **Santuario Nacional Tabaconas Namballe,** das über die Piste 5N nach Namballe erreichbar ist.

Sehenswert in Jaén (70.000 Ew.) ist das **Museo Regional Hermogenes Mejía Solf** im Instituto 4 de Junio am Stadtrand, www.museohermogenesmejiasolf.com. Drei Räume zeigen einzigartige Zeugnisse der präkolumbischen Keramik und koloniale Exponate. Herr Ulisses Gamonal Guevara, Bibliothekar und Direktor des Museums, bietet eine aufschlussreiche Führung.

Bei der ansonsten uninteressanten, modernen Kathedrale am Plaza lohnt bei Sonnenschein bis 15 Uhr ein kurzer Besuch – die bunten Fenster des Portals leuchten sehr stark und farbenfroh.

Zur **Übernachtung** in Jaén eignet sich die nette Bungalow-Anlage mit Pool von *Hoteleria El Bosque*, Av. Mesones Muro 632, Tel. (076) 73-1436, Tel. 73-1184. Gut ist auch das *Hostal Bolívar*, Av. Bolívar 1310, an der Plaza, bp, Ww. DZ 35 Soles. Preiswerter ist ds *Hostal Gran Diego*, EZ/bp 20 Soles, 1 Block von der Plaza, empfehlenswert, sauber, etwas hellhörig.

Bus: Direktverbindung (Nachtbus) nach Trujillo mit *EMTRAFESA*, Fz 10 h, Fp 30 Soles. Diverse weitere Verbindungen, u.a. nach Chiclayo und Chachapoyas.

Jaén – San Ignacio – Namballe – Loja (Ecuador)

Durch die Öffnung eines Grenzüberganges zwischen Peru und Ecuador gibt es nun die Alternative, von Jaén via San Ignacio und Namballe nach Zumba in Ecuador und weiter nach Loja zu reisen. In **San Ignacio** kann man im *Hostel La Posada* mit angeschlossenem Restaurant gut übernachten (Zi. bc/bp, EZ/bp 25 Soles). Etwa 1,5 km vor dem Ort Namballe, der 5 km vor der Grenze liegt, befindet sich die schöne Bungalowanlage *El Sol del Frontera*, die von einer Britin geführt wird. Ü relativ günstig, Campen möglich. Von Namballe ist die **Reserva Nacional Tabaconas Namballe** zu erreichen. Peruanischer Grenzort ist La Balsa. Dort Geldwechselmöglichkeiten. Grenzformalitäten problemlos. Der Grenzfluss wird über eine Brücke überquert. Über La Chonta und Zumba geht es weiter nach Loja in Ecuador.

Jaén – Bagua Grande – Pedro Ruíz

Zwischen Jaén und Bagua Grande wird erneut der Marañon überquert, der hier bereits erstaunliche Ausmaße besitzt und sich durch ein breites Delta schlängelt. In **Bagua Grande** angekommen, gibt es am Ortseingang bereits eine sehr gute Tankstelle (auch Super Plus 95-Benzin!), der Ort selbst wuselt wie viele Urwaldstädtchen vor Motocarros. Die asphaltierte Straße führt direkt durch das kommerzielle Zentrum, Geschäfte und Restaurants verlocken zu einem kurzen Stopp. In Bagua Grande gesellt sich der Río Utcubamba zur Fahrbahn und verlangt die Durchquerung seiner Schlucht. Da der Fluss selbst in der Trockenzeit eine hohe Fließgeschwindigkeit hat und in der Regenzeit sehr stark ansteigt, kommt es immer wieder zu Erdrutschen und Teile der Straße werden vom Fluss mitgerissen. Bauarbeiten sind somit konstantes Beiwerk und Wartezeiten werden automatisch einkalkuliert. **Pedro Ruíz** (Mautstelle) ist in Perus Norden einer der großen Verkehrsknotenpunkte. Weiter nach Osten geht es hinab in den Amazonas-Urwald, nach Riojas, Moyobamba und Tarapoto (kurze Beschreibung am Ende dieser Route). Wir halten uns aber Richtung Süden und somit Richtung Chachapoyas und Leimebamba.

Pedro Ruíz – Cocachimba

Nur wenige Kilometer hinter Pedro Ruíz geht es von der Hauptstraße über eine kleine Brücke nach links den Berg hinauf (Vorsicht, Weg ist unscheinbar!). Nach etwa 5 km wird über eine steinige Piste Cocachimba erreicht, ein kleines Bergdorf und Ausgangspunkt für Wanderungen zum Wasserfall Gocta.

Wasserfall Gocta

Der mit 774 Meter Fallhöhe unter den **zehn höchsten Wasserfällen der Welt** rangierende **Catarata Gocta** wurde 2002 vom Deutschen Stefan Ziemendorff am Steilabfall der Anden zum Amazonastiefland nördlich von Chachapoyas entdeckt. Bis auf die Unterteilung in zwei Stufen ähnelt er im Aussehen dem Salto Angel, dem höchsten Wasserfall der Welt in Venezuela (992 Meter). Zu den Bassins am Fuß der beiden Teile kann man von Cocachimba in jeweils rund 2 Stunden 5,5 km durch den warmfeuchten Bergnebelwald wandern. Es ist ein Erlebnis und angenehm erfrischend, in der Trockenzeit mit Badehose direkt am Fuße des unteren Teils zu baden und die große Kraft der Wassertropfen und des Fallwindes zu spüren! Ein Besuch lohnt ganzjährig und geht gut in Eigenregie. Touren werden zu 25–50 Soles angeboten.

Alternativ, und um nicht die Strecke zweimal zu laufen, ein Colectivo nach San Pablo nehmen und von hier aus zum mittleren Becken auf fast ebenem Pfad laufen. Vom Becken zum Aussichtspunkt ist es nicht mehr weit und der Abstieg zum ersten Becken mit 550 m geschafft. Von hier aus dann die oben erwähnte Strecke nach Cocachimba gehen. Die Gehzeit beträgt 7 Stunden und ist nur etwas für gute und sichere Geher. Auch als Tour möglich, oft mit Mindestteilnehmerzahl 10 Personen, ab 40 Soles.

Anreise mit Taxi für 10–15 Soles p.P. von Chachapoyas bis zum Ticket-Büro in Cocachimba oder per Colectivo für 7 Soles. Richtung Pedro Ruíz bis zur Infotafel an der Hauptstraße (an einer Brücke, kurz vor Churuja, GPS - 6.058443, -77.918118) und dann Wanderung über die 5,4 km lange Schotterstraße mit gut 400 Höhenmeter Anstieg zum Ticket-Büro. Dort ins Besucherbuch eintragen, die 5 Soles Eintritt für den Naturpark zahlen und einen lokalen Guide für 20 Soles pro Gruppe anheuern. Ohne Führer darf man den Wasserfall nur nach schriftlicher Bestätigung der Kenntnis der möglichen Gefahren aufsuchen! Um die Rückfahrt sollte man sich frühzeitig kümmern; ab 16 Uhr kann es schwer werden, einen Transport vom Ticketbüro zur Hauptstraße zu bekommen. Während der einfachen Wanderung durch den Bergnebelwald mit Orchideen, Papageien und anderen Tieren ist es warm bis heiß (Getränk mitnehmen), am Fuß des Wasserfalls ist es kalt und windig. Während der Regenzeit sollte man sich beim Führer Gummistiefel und ggf. einen Regenponcho ausleihen. Unterwegs gibt es ein Restaurant und ein paar beschilderte Werkhäuser.

GPS-Track, Höhenprofil und Fotos bei www.hikr.org/tour/post20403.html. Alternativ kann auch von San Pablo gewandert werden.

Übernachtungstipp: *Gocta Andes Lodge,* Cocachimba, Tel. (041) 79-7258, www.goctalodge.com. 8 Zimmer mit Balkon oder Terrasse, alle mit Blick auf den Wasserfall! Ww, Restaurant, Entspannung garantiert. DZ/F 199 Soles.

Cocachimba – Chachapoyas Chachapoyas liegt nicht direkt an der Hauptverbindungsstrecke Pedro Ruíz – Leimebamba und wird nur über einen Abzweig nach Osten (links) erreicht. Die Straße ist weiterhin asphaltiert und windet sich in Serpentinen bis auf 2335 m Höhe.

Chachapoyas

Die Stadt (23.000 Ew.) wurde am 5. September 1538 vom spanischen Konquistador *Alonso de Alvarado* in Xalca gegründet und 1544 an ihre heutige Stelle verlegt. Als reizvolle Hauptstadt des Departamento Amazonas ist sie auch das **Tor zum Amazonastiefland.** Die schöne Plaza de Armas mit ihrem Bronzebrunnen lädt zum Verweilen ein und ist Ausgangspunkt zur Besichtigung der Kathedrale und der umliegenden kolonialen Bauwerke, wie z.B. der *Casa Toribio Rodríguez Mendoza*. Nördlich der Plaza de Armas liegt mit der *Iglesia de Santa Ana* die erste indigene Kirche, die von den spanischen Eroberern im 17. Jh. gebaut wurde. Auf der Calle Salamanca nach Westen erreicht man die legendäre Quelle *Pozo de Yanayacu,* deren Wasser als heilig gilt, und etwas später den Aussichtspunkt *Mirador Guayamil*.

Zwei Wochen lang wird in der ersten Augusthälfte ausgelassen das traditionelle und religiöse Fest zu Ehren der *Mama Asunta* gefeiert.

Museum Das *Museo Gilberto Tenorio Ruíz* des Ministerio de Cultura liegt in der Jr. Ayacucho 904 bzw. an der Plaza de Armas Ecke Ayacucho/Grau. Mumien, Frühkulturen, Keramiken. Geöffnet 9–12 u. 15–17 Uhr, Eintritt frei.

Huancas In der Nähe von Chachapoyas befinden sich bei *Huancas* auch Präinka- und Inkaruinen. Anfahrt ab der Ortiz Arrieta mit Colectivo, Fz 30 Min. In dem kleinen, ursprünglichen Dorf liegt 200 Meter von der Plaza entfernt ein Mirador. Von hier hat man einen überwältigenden Blick auf die Schlucht des Río Soncho. Der Rückweg nach Chachapoyas ist auch zu Fuß möglich, leicht abfallende Strecke, Gz 90 Minuten.

Adressen & Service Chachapoyas

Tourist-Info i-Peru, Tel. 47-7292, iperuchachapoyas@promperu.gob.pe, www.peru.info. Mo–Sa 8–13 und 15–19 Uhr. Infos zu Unterkünften und Restaurants, sehr freundlich und hilfsbereit, gutes Englisch, der kombinierte Stadt- und Umgebungsplan ist praktisch.
Websites: www.kuelap.org.pe • www.chachapoyas.eu
Vorwahl (041)

Polizei Ayacucho 1040. – *Policía de Investigaciones (PIP),* Amazonas 1220.

Unterkunft ECO **Hotel Las Orquideas,** Jr. Ayacucho 1231, www.hostallasorquideas.com, Tel. 47-8271. 18 geräumige Zi., Ww (nicht immer), Ws, Restaurant, Pp, GpD, Internetzugang 2 h gratis; der freundliche Besitzer spricht neben gutem Englisch auch etwas Deutsch und gibt gute Empfehlungen zu Restaurants und Ausflugszielen wie Gocta, Kuélap, Laguna de los Cóndores. DZ/F ab 120 Soles. – **Hostal Continental,** Jr. Ortíz Arrieta 431, Tel. 47-7150; bp, Ww. – **Hostal Johumaji,** Jr. Ayacucho 711, Tel. 47-7819. Gute Zimmer/bp, Kw, Restaurant, gutes PLV. – **Hotel Kuélap,** Jr. Amazonas 1057 (laute Straße), www.kuelaphotel.com, Tel. 47-7136. Etwas abgewohnt, bc/bp, freundlich, Pp. DZ 35 US$. – **Hostal Revash,** Jr. Grau 517, Plaza de Armas, Tel. 47-7391. Nett und freundlich, Patio, gutes PLV. DZ 40 Soles. Auch die Tourangebote nach Kuélap und Karajía (ab 4 Pers.) mit Carlos Burgos sind gut und preiswert. **TIPP! – Estancia Chillo,** km 46, außerhalb an der Straße Richtung Tingo, www.estanciachillo.com. Attraktive Lodge und Estancia von Ada und Oscar Arce Cáceres, bp (Bäderwände aus Natursteinen), empfehlenswert. – **Hostal Karajía,** 2 de Mayo, Ww. DZ 30 Soles. – Empfehlung RKH-Reisende: Private Unterkunft von **Felizita Chavez,** Jr. Sor Natívid, esq. Triunfo, Cel. 941-929-508. Großes Zimmer mit Aussicht auf die Stadt für 15 Soles, aber nur kaltes Wasser. – **Aventura Backpacker's Lodge,** Jr. Amazonas 1416, Tel. 47-7407, www.chachapoyashostal.com. Freundlicher Besitzer Ricardo, bc, 3- und 6-Bett-Zimmer, Kosten ab 20 Soles.

FAM **Hostal Casa Vieja,** Jr. Chincha Alta 569, www.casaviejaperu.com, Tel. 47-7353. Schönes, ruhiges Hostal in altem Kolonialbau mit Patio, geschmackvoll eingerichtete Zimmer/bp, Ws, GpD, kostenloses Internet und Abholung von der Busstation; freundlich, empfehlenswert. DZ/F ab 135 Soles, keine Kk. – **La Casona Monsante,** Jr. Amazonas 746, www.lacasonamonsante.com, Tel. 47-7702. Gebäude mit traditioneller Regionalarchitektur, ursprünglich zum Trocknen von Tabak genutzt, heute Hostal. Schöner Patio mit Ochideengarten. DZ 120 Soles. – **Hotel Puma Urco,** Jr. Amazonas 833, Tel. 47-7871, www.hotel-pumaurco.com. DZ/F ab 80 Soles. – **Casa Andina Classic Chachapoyas,** Abzweig direkt an der Straße von Pedro Ruíz nach Leimebamba, so dass man nicht erst bis nach Chachapoyas fahren muss. Die ehemalige Hacienda liegt wildromantisch am Fluss Utcubamba, ist umgeben von Chirimoyabäumchen und lädt zum Entspannen ein. Die Superior-Zimmer befinden sich im Haupthaus, die Standard-Zimmer in einem Nebenhaus. Sehr geschmackvoll! **TIPP!**

Essen & Trinken Die typischen Gerichte der Region sind *shipasmute* (Maisgericht), *purtumute* (trockenes Maisgericht, ähnlich Shipasmute), *tamales, juanes, cecina* und *chorizos*. Köstlich ist *sancochado* (von allem etwas), das nur bei großen Festlichkeiten aufgetragen wird. Dazu wird gerne Chicha aus Reis und Kräuterschnaps getrunken. Auf dem Markt in der Calle Libertad kann man gut und preiswert essen.

Eines der besten Restaurants mit großen Portionen ist **Bar Restaurante Turístico Chacha,** Grau 545, an der Plaza de Armas. Im 2. Stock befindet sich das Restaurant **Gourmet Plaza,** Grillspezialitäten und gute Weine. Zwei Straßenblocks von der Plaza entfernt liegt in der Ortíz Arrieta 753 das freundliche **Tushpa** mit außergewöhnlich leckeren Grill-Fleischspezialitäten; die großen Portionen ab 15 Soles reichen für zwei Personen. **TIPP!**

Das **Kuélap,** Ayacucho 832, ist ebenfalls eine gute Adresse sowie die preiswerte und ausgesprochen nette **La Estancia** in der Amazonas 861 mit tollem, sehr eigenwilligem „Hamburger Royal". – Bester Chinese: **El Turista,** Amazonas 575, preiswerte Tagesmenüs. Für einen Imbiss empfiehlt sich **Maasburger** an der Plaza de Armas. – Ein gutes vegetarisches Restaurant gibt es in der Grau kurz unterhalb der Plaza auf der linken Seite. – Zum Frühstücken ist die Ayacucho 816, zur mehrfach ausgezeichneten **Bäckerei San Juan** gehen – Frisches ab 5 Soles! Und schon ab 6.45 Uhr gibt es Kaffee und Kuchen im **TerraMia Café,** Jr. Chincha Alta 551, WiFi und Gemütlichkeit. **TIPP!** – RKH-Reisende empfehlen außerdem das **Karajía Café** in Jr. Ayacucho 713, wo frischer Joghurt und regionale Produkte (Kaffee, Kakao, Marmelade) verkauft werden sowie die Panadería-Pastelería **San José** im Jr. Ayacucho 816.

Unterhaltung *El Salonazo,* Santo Domingo 191, Disco. *Luz de Luna,* Chincha Alta, 2. Block; Disco. *Jubilie,* Grau 621, Altos; Disco und Bar. *Nautilus,* Ortíz Arrieta 461; Bar.

Post *Serpost,* Salamanca 945

Internet An der Plaza de Armas und viele Internet-Cafés im Stadtzentrum.

Geld Derzeit gibt es lediglich zwei Banken, die nur US-Dollar tauschen und nur VISA akzeptieren, z.B. *Banco del Crédito,* Plaza de Armas.

Touranbieter	*ChaCha Expedition,* Jr. Ortiz Arrieta 532, Plaza de Armas, Tel. 47-8861, www.chachapoyasexpedition.com; Touren nach Kuélap 60 Soles, nach Revash inkl. Leimebamba 130 Soles, nach Gocta 50 Soles. – **Andes Tours,** Jr. Grau 517, Tel. 47-7391, www.chachapoyaskuelap.com.pe/andestours/; Touren nach Kuélap (um 40 Soles) und Karajía (auch in der Regenzeit) sowie Ausflüge und Trekkingtouren in weniger besuchte Gebiete der Region. Chef Carlos Burga und Guide John sind freundlich und können gut Englisch. – **Turismo Explorer,** Plaza de Armas, www.turismoexplorerperu.com, Tel. 47-8162; Tagestouren nach Kuélap, Abenteuer- und Sporttourismus sowie archäologische Touren. – Als kompetenten Taxifahrer und Guide (Ruinen von Yalape) empfehlen wir **Leodan Gutierrez,** Cel. 972-882-473, nur Spanisch. *Hinweis:* Wer mehrere Tage in Chachapoyas verbringt und mindestens zwei Ausflüge bucht, kann beim selben Veranstalter oft Preisnachlässe bekommen!
Markt	In **Yerbabuena,** knapp 60 km südlich von Cachapoyas Richtung Leimebamba, findet einer der größten indigenen Sonntagsmärkte der Region statt. Sehr ursprünglich und lohnenswert.
Orchideengarten	Etwas außerhalb von Chachapoyas unterhält Familie Ampuero Meza den beeindruckenden Garten *Santa Isabel* mit über 120 Orchideenarten. Hauptblütezeit ist von Dezember bis April. Geringer Eintritt für den Erhalt der Pflanzen.

Verkehrsverbindungen

Die meisten Taxis warten um die Plaza de Armas und am Mercado Central. Die Busunternehmen befinden sich sowohl in der Jr. Ortiz Arrieta (Cuadra 3 und 4) als auch in der Jr. Salamanca (Cuadra 9) und Jr. Libertad (Cuadra 10).

Bus	**Nach Bagua** (140 km): tägl. Camionetas und Lkw, Fz 4 h, 25 Soles. Von dort tägl. mehrere Busse nach Lima. – **Cajamarca** (335 km) via Celendín (anstrengend, Details s.S. 596):, tägliche Direktbusse (Abfahrt 5 Uhr, Ankunft 20 Uhr, 50 Soles), meist auch umsteigen nötig in Celendín (nach Ankunft des Busses in Celendín fahren Colectivos direkt nach Cajamarca, dort Ankunft ca. 4 Uhr morgens). Hinweis: zum Redaktionsschluss wurde die Straße teilweise asphaltiert, so dass Verkehrsbeeinträchtigungen vorkamen. – **Celendín** (s.a. Cajamarca): 5x wö ein Bus via Leimebamba und Balsas von *Empresa Virgen del Carmen,* Salamanca 650, So/Di/Fr um 6 bzw. 7.30 Uhr, Fz je nach Straßenzustand mind. 10–14 h, Fp 30 Soles. – **Chiclayo** via Bagua (450 km): tägl. Busse, meist Nachtbusse, z.B. mit *Movil Tours,* Av. Libertad 464 (bestes Unternehmen auf dieser Strecke), *CIVA,* Salamanca 956, Tel. 47-8048, *Empresa Transservis Kuélap,* Ortíz Arrieta 412, *Kuélap Express,* Libertad 803, Tel. 47-8128. Fz ca. 10 h, 40 Soles, und *Molino* im Panoramabus mit Mittagessen 60 Soles/9 Stunden. In Chiclayo Anschlussbusse nach Trujillo, *Movil Tours* fährt direkt weiter nach Trujillo, Gesamtfahrzeit 12 h, Fp 30 Soles. – **Leimebamba:** tägl. mit *Comité Virgen del Carmen,* Salamanca, 6. Block, Fz 3,5-4 h, um 15 Soles. – **Lima** (s.a. unter Bagua): Mo, Mi und Fr Direktbus via Trujillo mit *CIVA,* Salamanca 956, Tel. 47-8048; *Movil Tours,* Libertad 464, Tel. 47-8545, tägl. ein Direktbus via Trujillo; *Transportes Zelada,* Ortíz Arrieta 4112, Tel. 77-8128, tägl. via Chiclayo und Trujillo; Fz 22 h, Fp ca. 60 Soles. – **Moyobamba** (250 km): mit Pickups, Lkw oder Colectivos, ggf. in Pedro Ruíz umsteigen, Gesamt-Fz mind. 10 h, Ges.-Fp um 60 Soles. – **Pedro Ruíz:** *Comité de Autos No. 1,* Grau 337, Tel. 47-8473, mehrmals tägl.; Estación de Combis, Ortíz Arrieta, 3. Block, Mo–Sa mehrmals tägl. Fz 90 Min., Fp 10 Soles. Von dort Weiterfahrt nach Bagua, Fz 1 h. – **Rioja:** s. Moyobamba, Fz 2 h. – **Tarapoto** (370 km): Busse und Colectivo-Kette, *Turismo Selva,* über Pedro Ruíz, Rioja und Moyobamba, keine Wartezeit beim Umsteigen, Fz 7–9h, Gesamtfahrpreis 50–55 Soles. – **Tingo** (36 km): tägl. *Kuélap Express,* Libertad 803, Tel. 77-8128, sowie mehrere Colectivos und Lkw; Fz 2 h, um 10 Soles. – **Trujillo:** s. Chiclayo und

	Lima. – **Yurimaguas** via Pedro Ruíz und Moyobamba mit Umsteigen (Colectivos/Motocarros), um zum Bus nach Tarapoto zu kommen, Gesamtfahrpreis 85 Soles.
Flug	Vom Flughafen Chachapoyas gibt es momentan keine regelmäßigen Flugverbindungen.

Umgebungsziele von Chachapoyas

Kuélap	Bergfestung der Chachapoya, steht Machu Picchu kaum nach. Tagestour, s.S. 588.
Levanto	22 km südlich von Chachapoyas liegt **Levanto** (2800 m), ein Ort mit interessantem archäologischem Umfeld. Neben den steinernen Rundbauten von *Yálape* (Gehzeit 30 Min.), von den Chachapoya 1100–1300 erbaut, fasziniert der 23 km lange, prähispanische Kanal von *Aspachaca, der* Levanto mit Wasser versorgte. In seiner ganzen Länge wurde er 80–100 cm hoch aus Steinplatten gebaut und ist eine hydraulische Meisterleistung. Anfahrt mit Micro oder Taxi ab Chachapoyas und schöne Rückwanderung ab Levanto auf z.T. alter Inkastraße durch herrliche Flora (viele Orchideenarten), Gz 2–3 h. Am besten mit dem Besuch des Dorfes **Collacruz** verbinden, sehr ursprünglich und mit Replika eines Rundhauses der Chachapoya.
Sarkophage von Karajía	Eine selbst für Peru einzigartige Sehenswürdigkeit findet sich bei Lamud nordwestlich von Chachapoyas. Dort entdeckte Federico Kauffmann-Doig auf einer seiner Expeditionen auf die geheimnisvollen Steinstatuen von Karajía, die er 1985 erstmals der Öffentlichkeit vorstellte. Es waren Sarkophage, denn sie bargen Mumien in Hockstellung. Die Statuen enden in gemeißelten Gesichtern, die Nasen mit akkurat ausgearbeiteten Nasenlöchern sind auffallend groß, und es scheint, als ob die Menschensäulen einen Helm und einen Bart tragen. Irgendwie erinnern sie an die Steinstatuen auf Rapa Nui (Osterinsel). Über ihnen thronen in der Felsenwand einige Totenschädel.
Anfahrt mit Micro über Luya bis *Lamud,* Fz 1,5 h. In Lamud können Führer und Maultiere angemietet werden. Dann noch etwa 2–3 h zu Fuß ins Juscubamba-Tal über Shipata (Unterkunft u. Landgaststätte) nach Karajía. Eine Alternative ist die Anfahrt mit dem Bus bis Luya. Von dort mit dem Taxi (Fp um 50 Soles.) auf einer schlechten Piste bis Cruzpata (Taxi wartet dort, ins Besucherbuch einschreiben und 5 Soles Besichtigungsgebühr entrichten). Von dort geht es zu Fuß in gemütlichen 20 Minuten nach unten. Der Aufstieg zurück dauert mindestens doppelt so lange! Wenn vorhanden, ist ein Fernglas gut.
Eine weitere Alternative ist der Tagesausflug mit einem Touranbieter, um 100 Soles für 2 Pers., Fz ca. 3 h (einfach). Die Tour könnte mit einem Besuch der Ruinen von **Gran Vilaya** bei Cóngon kombiniert werden, das von Cohechán via Tilla (Valle de Belén) erreicht werden kann. Oder mit einem Besuch der Tropfsteinhöhle **Quiocta.** Eintritt wenige Soles im Museum in Lamud entrichten, dort erhält man Gummistiefel, Taschenlampe und Guide, der auch den Schlüssel zur Höhle mit sich trägt. Schlammige Angelegenheit in ansonst völliger Dunkelheit mit beeindruckenden Stalaktiten- und Stalakmiten-Formationen. **TIPP!**
Sarkophage von Sholón	Bei Colcamar befinden sich in einer Schlucht mit Wasserfall die Sarkophage von Sholón. Ein lokaler Führer kann im Büro des Ministerio de Cultura in Colcamar angeheuert werden (ca. 10 Soles). Anfahrt mit dem Taxi nach Colcamar ist günstiger als mit einem Touranbieter.

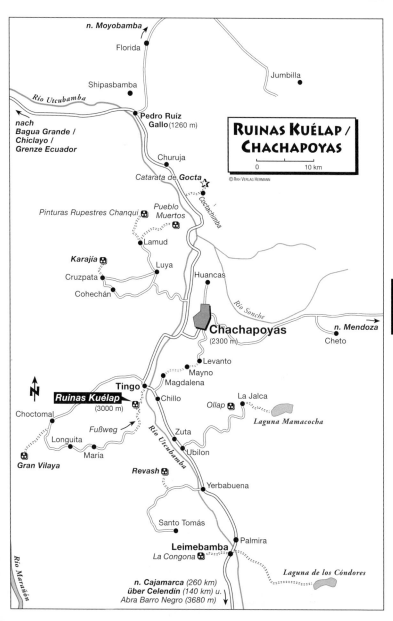

Catarata Yumbilla 2007 wurde wenige Kilometer nördlich ein weiterer riesiger, dreistufiger Wasserfall entdeckt und vermessen; die Höhenangaben schwanken zwischen 870 und 896, womit er gleichfalls zu den zehn höchsten der Welt gehört. Er führt nur zur Regenzeit Wasser und ist dann wegen deutlich größerer Wassermengen imposanter als Gocta.

Von Chachapoyas per Colectivo 1,5 Stunden/10 Soles p.P. nach Norden, dann 45 Min. schlechte Straße mit 12 Soles teurem Motocarro bis zum Dorf Hostal, wo man nach einem Guide fragt (15–20 Soles pro Gruppe, kein Eintritt). Details erklärt z.B. der Betreiber des *Les Orquideas*.

Chachapoyas – Tingo (40 km)

Die Serpentinenstraße von Chachapoyas Richtung Westen nehmen und dann auf die Hauptstrecke nach Leimebamba fahren. Es geht entlang des *Río Utcubamba*, nicht mehr asphaltiert. Für Selbstfahrer pendelt der Tacho zwischen 30 und maximal 60 km/h, bei Gegenverkehr verdecken aufgewirbelter Sand und Staub die Sicht. Auf 1750 m erreicht man Tingo.

Tingo

1993 wurden Teile des Ortes durch Hochwasserfluten weggerissen. In den Bergen 4 km hinter Tingo wurde *Tingo Nuevo* neu aus weißem Adobe errichtet, das über eine schmale Straße zu erreichen ist.

Außer für Tagesausflügler mit Bus von Chachapoyas ist Tingo Ausgangspunkt zum Besuch der Ruinen von **Kuélap.** Ein ausgeschilderter Weg führt von Tingo zunächst 2 km im Tal am linken Ufer des Río Utcubamba flussaufwärts und dann über einen steilen Aufstieg, meist durch abgerodeten Bergurwald und öde Buschlandschaft (kein Schatten, keine Unterstände), direkt nach Kuélap.

Gesamtdistanz 10 km und knapp 800 m Höhenmeter. Gehzeit etwa 3 Stunden, mit Mulis oder Pferden (können in Tingo ausgeliehen werden) gut 2 Stunden, kein Führer erforderlich, doch bei schlechtem Wetter ist das letzte Stück eine einzige Schlammschlacht, dann lieber auf der Straße fahren lassen.

Unterkunft *Hotel Inn Valle Kuélap,* Carretera a Leimebamba, Tel. 47-8433; schöne Bungalow-Anlage, Kw/Ww, gutes Restaurant. Ü/Kw 15 Soles, Ü/Ww 35 Soles. – *Albergue León,* Jr. Saenz Peña s/n; Ü 10 Soles. – In María, ca. 10 km vor Kuélap, gibt es eine handvoll weiterer einfacher Hotels, z.B. *Casa Hospedaje Cucha Cuella,* bp, Pp. DZ/F um 20 Soles.

Kuélap

Neben Machu Picchu ist Kuélap **die zweite überragende archäologische Sehenswürdigkeit Perus,** durchaus Machu Picchu ebenbürtig. Die Anlage auf 3000 Meter wurde weit vor der Inkazeit vom Volk der **Chachapoya** geschaffen und thront auf einer Bergkuppe über dem Tal des Río Utcubamba. Den Inka gelang es erst 1470, die Chachapoya zu unterwerfen. Von den Spaniern wurde Kuélap angeblich weder entdeckt noch erobert. Wegen seiner abgeschiedenen Lage blieb es nach seiner Wiederentdeckung 1843 von nachfolgenden möglichen negativen Folgen verschont. Allein schon die mühselige Anreise über das nördliche Andengebirge schreckt viele ab. Ein Besuch während der Regenmonate von Oktober bis März ist nicht zu empfehlen, Abrutschgefahr der Fahrzeuge!

Die „Wolkenkrieger"

Die Herkunft der Chachapoya ist umstritten. Die Bezeichnung leitet sich ab von den Quechuaworten *chacha* für Wald und *poya* oder *puya* für Nebel oder Wolke. Die Studien des Linguisten *Paul Rivet* zielen auf eine sprachliche Verwandtschaft mit den Chibcha oder Caribe in Kolumbien. Wahrscheinlich drang das Volk der Chachapoya im 9. Jahrhundert in den Nordosten Perus ein und gründete am Andenabhang Fürstentümer.

Die Chachapoya-Siedlungen liegen zwischen 2800 und 3400 Metern Höhe, auf Bergspitzen, -kuppen oder -graten. Sie bestehen in der Regel aus runden Gebäuden, wobei aber auch immer ein oder zwei rechteckige Bauwerke vorhanden sind. Die Durchmesser der Rundhäuser schwanken zwischen vier und zwölf Metern. Es gibt auch ovale und halbrunde Gebäude auf hohen Wohnplattformen. Die Friese der Häuser und einige Mauern zeigen drei Prototypen von Verzierungen: Zickzack, Rhombus und Mäander. Die Zickzack-Linien und die Mäander treten einzeln oder doppelt auf. Die Rhomben sind groß oder klein, bi- oder auch trikonzentrisch. Während die Zickzacke überall anzutreffen sind, sind die Rhomben und die Mäander auf bestimmte Regionen beschränkt. Nur in den Ruinen um Leimebamba, die Wissenschaftler als ein wichtiges religiöses Zentrum ansehen, sind alle drei Muster anzutreffen.

Die rauhe, einfarbige und mit Idolen verzierte Keramik hat Ähnlichkeiten mit Töpfereien aus dem Amazonasgebiet. Vor einigen Jahren fand man im Osten Leimebambas einen geschnitzten Kaiman, ein Tier des Tieflandregenwaldes. Die Chachapoya verehrten die Schlange – oder *Machacuay* –, die die höchste politische und kultische Macht verkörperte und sich in den Zickzack-Friesen widerspiegelt. Den zweiten Platz im Firmament nahm eine Raubkatze ein, wahrscheinlich der Jaguar, Symbol des Krieges, verkörpert durch Rhombus und Mäander.

Der Inkakönig Tupac Inca Yupanqui besiegte die Chachapoya um 1470, konnte sie aber letztendlich nie endgültig unterwerfen. Trotz Massendeportationen und härtesten Strafaktionen kam es immer wieder zu Aufständen gegen das Inkareich. Der Historiker *Waldemar Espinoza* vertritt die Auffassung, dass die Chachapoya den härtesten Widerstand gegen die Inka leisteten. Sie waren berüchtigt für ihren Kampfgeist. Die großen Krieger mit ihren rot bemalten Gesichtern, geschorenen Schädeln und dem Nasenschmuck versetzten ihre Feinde in Angst und Schrecken. Sie schnitten ihnen nach siegreichem Kampf die Köpfe ab und trugen diese als Trophäe durch die Siedlungen. Auf Felszeichnungen wurde dieser Triumph festgehalten. Die spanischen Chronisten berichteten, dass die Chachapoya von größerer Statur als alle anderen peruanischen Völker waren, was durch Knochenstudien an den Mumien bestätigt wurde. Sie wurden als hellhäutig oder weiß und ihre Frauen als „sehr schön" beschrieben (einige Historiker vertreten die Ansicht, dass es sich um Nachfahren der Wikinger handelt). Überhaupt war die Rolle der Frau von einzigartiger Bedeutung, denn selbst bei Kriegsverhandlungen mit dem Feind waren eine oder mehrere Frauen anwesend. – FS

Anreise Für den Besuch Kuélaps (Trinkwasser, Sonnen- und Regenschutz mitführen) gibt es verschiedene Möglichkeiten. Am aufwendigsten ist eine mehrtägige Wanderung über Inka-Wege analog zum Inca Trail nach Machu Picchu.

Am einfachsten: In **Chachapoyas** bieten die Agenturen rund um die Plaza Tagesausflüge (ab 4 Pers.) inkl. dreistündiger Führung zu rund 40 Soles p.P. an, bei engl. Guide gut 50 Soles. Wer den Besuch selbst organisieren will, muss mit 3 h Fahrzeit für die 72 km rechnen. Taxis nach Kuélap verlangen um die 100 Soles, zusammen mit einem Guide ist das teurer als eine Pauschaltour.

Geöffnet 8–17 Uhr, Eintritt 15 Soles für Ausländer (Studenten mit Ausweis 50%). Man muss sich ins Besucherbuch eintragen. Vom Parkplatz windet sich ein guter Fußpfad in Serpentinen ca. 1 km bis zur Anlage hoch, Gehzeit etwa 20 Minuten. Mit dem Pferd (5 Soles) dauert es 15 Minuten. Führer bieten Besuchern eine dreistündige Führung für 20 Soles an.

Alternativ fährt von der Calle Grau in Chachapoyas (2 Blocks nördl. der Plaza) morgens um 4 Uhr ein Colectivo direkt auf den Parkplatz von Kuélap, Fp 3,50 Soles. Außerdem fährt tägl. von Chachapoyas ein Microbus von *Kuélap Express* nach **Tingo** (36 km/2 h) und über Choctomal weiter nach María. Den Fahrer fragen, wann er am nächsten Tag von María über Tingo nach Chacha-

poyas zurückfährt (spätestens um 16 Uhr). Übernachten könnte man in Tingo (wandern von dort nach Kuélap s. Tingo).
Selbstfahrer: Von Tingo führt eine ausgebaute Piste über Choctamal, Longuita und María nach Kuélap und kann zügig befahren werden. Gesamtstrecke Tingo nach Kuélap (Parkplatz) 36 km, Fz gut 1,5 h.
Hinweis: Das *Instituto Nacional de la Cultura* bittet, dass nur die markierten Wege benutzt, Mauern nicht bemalt noch bestiegen und weder Getränke noch Essen mit in die Anlage genommen werden. Kuélap wird ständig restauriert.

Die Anlage

Die gewaltige Festungsanlage, erbaut aus 100 bis 200 kg schweren behauenen Steinen, liegt auf dem höchsten Bergrücken der Gegend. *Juan Crisostomo Nieto* entdeckte sie 1843 eher zufällig, noch im selben Jahr fand *Ernst Middendorf* Knochenreste und Schädel. Datiert wird Kuélap auf das 9.–15. Jahrhundert, die ursprüngliche Anlage schon früher.

Das gesamte Areal ist von einer etwa 1,5 km langen und knapp 20 Meter hohen Festungsmauer umgeben, die die Form einer Ellipse mit einer maximalen Weite von 120 Meter hat. Nur drei tunnel- und trichterartige Gänge – zwei im Osten, einer im Westen – führen ins Innere. Die Gänge sind bis zu 35 Meter lang, an der Außenmauer etwa 4 Meter breit und sie verjüngen sich bis auf Schulterbreite im Inneren – eine ideale Bauweise, um eindringende Feinde effektiv bekämpfen zu können. Die Anlage gleicht daher einer letzten Zufluchtsstätte, obwohl Kuélap dies wahrscheinlich nie war.

Im Innern gibt es mehrere Stadtviertel mit über 400 ovalen bis runden Steinhäusern, deren Mauern mit geometrischen Mustern verziert sind. Die oberen Häuser dienten wahrscheinlich dem *Cacique* (Häuptling) respektive den Adligen der Chachapoya als Wohnstätte.

Links vom noch heute benutzten engen Sicherheitseingang mit seinen hohen Mauern steht auf der ersten Terrasse ein etwa vier Meter hoher und sich nach unten verjüngender Kegelstumpf mit 12 Metern Durchmesser, der wegen seiner ungewöhnlichen Form **El Tintero** („Tintenfass") heißt. In Stein ist ein Gesicht eingemeißelt. Seine frühere Funktion ist unbekannt. Unten befindet sich eine enge Öffnung, ein Eingang zu einem weiten, tiefen und unterirdischen Raum, wo Knochenreste kleiner Tiere gefunden wurden. Vorstellbar ist, dass es sich um eine Opferstätte gehandelt haben könnte. Neueste Forschungen deuten den Kegelstumpf auch als eine Art Kalendersystem. Südlich davon steht ein gleich großer, runder Turmbau, von dem das Umfeld kontrolliert werden konnte.

In der Mitte der Anlage befindet sich ein rechteckiger Gebäudekomplex mit zwei Plattformen, **El Castillo** genannt, gerne als „Mausoleum" bezeichnet. In den geöffneten Gräbern wurden viele Mumien gefunden, die rätselhafterweise blonde Haare hatten.

■ *Mauern in Kuélap*

Im nördlichen Teil der Festungsanlage ragt mit dem **El Torreón** ein etwa 10 m hoher Aussichtsturm über die Außenmauer auf, von dem die ganze Gegend überblickt werden konnte. Bei gutem Wetter reicht die Sicht über Tingo bis Chachapoyas und auf der anderen Seite bis zum Marañón. Durch eine unterirdische Quelle wurde die ganze Anlage mit Wasser versorgt.

Die Chachapoya legten noch viel raffiniertere und noch uneinnehmbarere Anlagen in der Gegend an, die mit Leichtigkeit mit nur 20 Kriegern zu verteidigen waren, wie sie bei ihren Kämpfen gegen die Inka bewiesen. Die Inka konnten die Chachapoya nie richtig unterwerfen, ständig musste mit Unruhen und Aufständen gerechnet werden.

Tingo – Leimebamba (46 km)

Die Piste von Tingo über Yerbabuena verläuft weiter im Flusstal des Río Utcubamba. Auf geraden Streckenabschnitten können Selbstfahrer maximal etwa 60 km/h fahren. Ein besonderer Höhepunkt und touristisch noch nicht überlaufen sind die Mausoleen von Revash, welche vom Abzweig in *Yerbabuena*, etwa auf halbem Weg nach Leimebamba, erreicht werden.

Revash

Wie die Mausoleen der Laguna de los Cóndores (s.u.) werden auch die kleinen Häuschen von Revash durch einen Felsüberhang vor Regen geschützt. Die sehr unzugänglichen Häuschen haben Fenster und kreuzförmige Nischen, die Wände sind mit einer Lehmschicht bedeckt und leuchtend rot mit Figuren bemalt. Vergeblich sucht man das sonst so typische Muster. Früh starten, da es ab 9.30 Uhr heiß wird, und Fernglas/Teleobjektiv für Details mitnehmen.

Wer Revash nicht als Teil einer organisierten Tour buchen möchte, nimmt ein Taxi oder das Colectivo zwischen Leimebamba und Chachapoyas; Abfahrt in Leimebamba tägl. um 4 Uhr, Fz 30 Min., Rückfahrten in beide Richtungen tägl. zwischen ca. 14 und 16 Uhr (vorher erfragen). Entweder bis **Yerbabuena** (keine Unterkünfte) fahren und versuchen, einen Microbus nach *Santo Tomás* zu erwischen oder direkt bei *Puente Santo Tomás* halten lassen (500 Meter nördlich von Yerbabuena) und auf der Straße Richtung Santo Tomás entlang des Río Ingenio die 5 km/1 h laufen, bis ein großes, orangefarbiges Schild auf den Fußweg hinweist, Gz noch 1 h. Bei gutem Wetter können von hier bereits die kleinen Häuschen erspäht werden.

■ *Die Felsmauer mit Häuschen*

Der weitere Weg zu den Mausoleen ist nicht mehr beschildert – entweder vorher die exakte Wegspur im Internet nachsehen (mittels Satellitenbild, GPS-Track o.ä.) oder für kleines Geld den Guide *Enrique* anheuern. Ihn erreicht man über die *Puente Santo Tomás*, nach der Plaza das cyan gestrichene Haus links. Er ist freundlich, erklärt die Fauna, zeigt auch schwerer zu entdeckende Mausoleen und kann super „Klarinette" auf einem Blatt spielen. Er kann auch Pferde stellen.

Den Fluss überqueren, dem Weg bergaufwärts bis zur großen Felswand folgen. Nach knapp 50 Minuten erreicht man eine Weggabelung; der rechte Pfad führt nach 10 Minuten genau unterhalb der Mausoleen vorbei. Vor einem Einstieg in die Wand, um direkt an die Häuschen heranzukommen, muss dringend gewarnt werden! Vor diesen befindet sich nur ein knap 30 cm breiter Streifen, der völlig ungesichert ist und dann rund 50 Meter senkrecht abfällt. Er ist sehr schlüpfrig und kann leicht zur letzten Rutschpartie werden, da die dornigen Pflanzen keine Kletterhilfe bieten.

Eine sehr gute Alternative für **Selbstfahrer** ist es, die 9 km bis nach San Bartolo zu fahren. Dort beginnt auf der Plaza de Armas ein terrassierter Wanderweg, der aus dem Dorf führt. An einer Weggabelung hört der treppenartige Pfad auf, nach links führt ein enger Weg durch Bergwiesen direkt auf die Häuschen zu. Nur für Schwindelfreie und nicht in der Regenzeit, da Abrutschgefahr. Die Gabelung nach rechts führt steil nach unten, um sich mit dem oben genannten Wanderweg aus Santo Tomas zu vereinen. Abstieg 20 Minuten, Aufstieg zurück nach San Bartolo mindestens 40 Minuten.

Leimebamba

Das Dorf am Río Utcubamba ist für seine unzähligen Ruinenfelder aus der Präinkazeit bekannt. In seiner Nähe wurde 1996/97 im Bergregenwald oberhalb der *Laguna de los Cóndores* (s.u.) eine unversehrte Begräbnisstätte der Chachapoya mit unzähligen noch gut erhaltenen Mumienbündeln und Grabbeigaben entdeckt (u.a. Bambushelme, Gewandnadeln, Topfkeramiken, Kalebassen, Agavenfaser-Sandalen, Oberhemden). Zum Schutz vor Grabräubern wurden über 200 Mumienbündel und weitere Fundstücke nach Leimebamba gebracht, wo sie jetzt neben Keramiken, Textilien, Quipus und anderen Objekten der Inka-Chachapoya-Mischkultur im kleinen, schmucken *Museo Leimebamba Centro Mallqui* bestaunt werden können (Av. Austria s/n, San Miguel, ca. 3 km außerhalb, Di–So 9.30–16.30 Uhr, 10 Soles, diverse Ermäßigungen; gut gemachte Homepage http://museoleymebamba.org mit viel Hintergrundwissen und Fotos. Anfahrt z.B. mit dem Taxi, zurück eine halbe Stunde, durch hübsche Landschaft bergab.

Für Touren zur Laguna de los Cóndores und zu den umliegenden Chachapoya-Ruinen ist festes, wasserdichtes Schuhwerk erforderlich, da der Bergregenwald auch nach einigen trockenen Tagen immer feucht und morastig bleibt.

Unterkunft: Mehrere Hostales im Ort, z.B. **La Petaca** an der Plaza (kein Namensschild), sauber, netter Betreiber, EZ/DZ 20 Soles, Ws gratis. – **Hospedaje Laguna de los Cóndores** (ECO), Jr. Amazonas 320, www.loscondoreshostal.com. Sehr schöne, saubere Zi./bp, Ws, parken im Hof. Vermittlung von Führern, z.B. *Leo Cobin,* der kompetent von Leimebamba nach La Congona über alte Chachapoya-Wege führt. Sr. Julio und seine Familie kümmern sich rührend um ihre Gäste! – Neu und gegenüber des Museo Leimebamba: **Kentitambo,** Lodge (LUX), Café, Kolibris, Tel. 041-816807. **TIPP!**

Restaurant: *Cely's,* La Verdad 530 (hinter Kirche zwei Blocks nach unten, auf der linken Seite), gute regionale Küche. Ebenso im *Tushpa* an der Plaza mit gemütlichem Innenhof.

Bus nach Celendín, s. dort, Tickets im Hostal La Petaca an der Plaza.

Geld: Weder Bank noch ATM noch Wechselstube; im Hostal La Petaca kann mit US$ gezahlt werden.

Internet: Via Satellit, daher sehr langsam und teuer.

Laguna de los Cóndores

Dieser etwa 3 km lange Bergsee liegt 30 km südöstlich von Leimebamba und kann nur schwierig alleine erreicht werden. Sinnvoller ist es, eine dreitägige geführte Trekking-Tour mit Pferden zu buchen, die aber durchweg anstrengend ist. Da inzwischen weitere Grabstätten der Chachapoya mit Mumienbündeln oberhalb des Bergsees entdeckt wurden, muss sich zuvor jeder Besucher der Laguna im Büro des Ministerio de Cultura an der Plaza de Armas in Leimebamba registrieren lassen und 25 Soles bezahlen.

Tourverlauf: Am **ersten Tag** geht es frühmorgens kurz auf der Straße Richtung Celendín, dann biegt man am Stadtrand nach links ab, vorbei am neuen Museum die *Cuesta de Llushupe* hinauf. Nach Überquerung des *Río Atuen* windet sich der Weg über die *Cuesta de Toronjil* durch den Bergregenwald, der mit seiner herrlichen Orchideenpracht, seinen Bromelien, Baummoosen, Baumfarnen und herabhängenden Lianen eine andere Welt darstellt. Über die Hochebene *Lajasbamba,* eine mit hunderter erodierter Steinsäulen durchsetzten Graslandschaft, wird der fast immer wolkenverhangene *Fila Atalaya* (3662 m), zugleich auch Wasserscheide der Region, erreicht. Über einen Aussichtspunkt (Mirador) geht es wieder bergab in den Bergwald zur *Laguna de los Cóndores.* Hier wird in einem Blockhaus auf Strohmatratzen übernachtet. Gehzeit 8–10 h.

Am **zweiten Tag** führt der Weg zuerst an den Grundmauern einer Siedlung der Chachapoya entlang. Sehr gut sind die Überreste von etwa 10 bis 15 kreisrunden Häusern erkennbar (an einem ist noch ein verzierter Türsturz zu sehen). Dann geht es über die Reste eines alten, nur einen halben Meter breiten Steinwegs, der schon vor Jahrhunderten durch den Morast verlegt wurde. Am Abfluss der nahezu schwarzen *Laguna de los Cóndores* muss durch den Ufermorast an den Resten des Expeditionslagers von 1997 vorbeigewatet werden, bevor der Pfad durch Dickicht und unter umgefallenen Bäumen hindurch führt. Das letzte Stück steigt er steil an, dabei können stellenweise noch die alten Leitern der Mumienexpedition benutzt werden. Dann liegen schräg über einem die *mausoleos* der Chachapoya, durch einen Felsüberhang vor Regen geschützt. Während der Regenzeit liegen sie zeitweilig hinter einem herabstürzenden Wasservorhang verborgen. Der Felsüberhang und die Wasserwand begünstigte die Entstehung eines Mikroklimas mit relativ trockener Luft (etwa 40% Luftfeuchtigkeit bei 12 °C). Dadurch blieben die Mumienbündel über 800 Jahre recht gut erhalten.

In der Chachapoya-Grabstätte waren ursprünglich sechs rechteckige und etwa 3 x 3 x 3 m große, zweigeschossige Totenhäuschen mit Dächern, die nun zerstört sind. An einigen Holzbalken der Häuschen ist noch die Technik der Konstruktion sichtbar. Die Wände weisen die typischen Zickzack-Steinmuster der Chachapoya auf, die Bedeutung der roten und ockergelben Felsmalereien ist bis heute rätselhaft. Neben zahlreichen abstrakten Linienfiguren ist über dem linken zerstörten Häuschens ein Tausendfüßler zu sehen. Schräg darüber ein Bildnis, das einen Vogel oder Vogelmenschen darstellt, weiter rechts folgen die Darstellungen eines lachenden Gesichts und eines Froschs.

Übernachtet wird wieder im Blockhaus. Am **dritten Tag** erfolgt der Rückmarsch nach Leimebamba, das am frühen Abend erreicht wird.

Molinette / Congona

Um Leimebamba befinden sind noch viele weitere verborgene und unerforschte Siedlungen der Chachapoya, deren bis zu 5 m hohe Mauern und Gebäudereste unter der dichten Vegetation des Berggregenwalds liegen. Auf kaum erkennbaren Pfaden können sie nur mit Hilfe einheimischer Führer gefunden werden. Besuchen kann man die Ruinen von **La Moli-**

nette beim Dorf Las Palmas, die **Pomacocha-Ruinen** oder die Ruinen von **La Congona**. In deren Nähe befindet sich sogar ein Wachturm mit einem überwältigen Ausblick. Fahrzeit Leimebamba – Las Palmas ca. 45 Min., Gehzeit (Gz) Las Palmas – La Molinette 1,5–2 h, Gz nach La Congona 1 h, Gz La Congona – Leimebamba ca. 3 h.

Von Chachapoyas nach Moyobamba (und Tarapoto)

Von Chachapoyas fahren Colectivos nach Moyobamba und weiter bis Tarapoto. Dabei muss in Pedro Ruíz, Nuevo Cajamarca, Rioja und Moyobamba umgestiegen werden. **Rioja,** (18.000 Ew., 850 m), wurde am 22. September 1772 von *Felix de la Rosa Reátegui y Gaviría* am linken Ufer des Río Tonshima gegründet und ist heute ein bedeutendes Reisanbauzentrum. Hauptattraktion sind neben der Huacharo-Höhle mit einem fischhaltigen Höhlenfluss die vielen Orchideen (etwa 2500 Arten), die in der Region um Rioja von Oktober bis Dezember blühen (die *Zapatito* blüht von Juni bis Juli). Sehenswert sind auch der *Complejo Turístico Yacumana* und das *Centro Turístico Huaspay*. Außerdem stellen die *Aguarumas* u.a. Naturpostkarten aus Vogelfedern her. Ein Bade-Tipp ist der Flussstrand *Playa Eva* bei Tonchime.

Adressen & Service

Unterkunft: *Hostal Rocío,* Almirante Grau 740, Tel. 55-8532.

Essen & Trinken: Typische Gerichte der Region sind *juane, apichado* oder *inchicapi*. Getränke der Region sind *chicha de trigo* und *masato y chapo*. Hier wird auch der berühmte Likör *7 raíces* hergestellt, und auch andere Kräuterschnäpse, wie *14 mentiras, witochado, vivorachado, cerezochado* oder *pico de carpintero* sind einen Versuch wert.

Flug: Aerpuerto Juan Simons Vela, Jr. Teobaldo López y Raimondi s/n, Tel. 55-8434.

Moyobamba

Moyobamba ist Hauptstadt des Departamento San Martín. Sie liegt auf 850 m Höhe im Tal des Río Mayo und hat 43.000 Einwohner. Sie nennt sich selbst „Stadt der Orchideen", weil durch das frühlingshafte Klima (durchschnittl. 24 °C) hier viele Orchideen gedeihen. In der Reyes Guerra 900 im Stadtviertel Zaragoza befindet sich die berühmte Orchideenzucht der Familie Villena-Bendezú. Gegründet wurde das kleine saubere Städtchen am 15. Juli 1540 von Juan Pérez de Guevara. Damit ist Moyobamba die älteste spanische Gründung im Urwald Perus. 1830 gab es sogar ein deutsches Konsulat in Moyobamba.

Sehenswert

Die schmucke Plaza de Armas, die *Baños Termales* de *San Mateo* (5 km entfernt, per Motorradtaxi 4 Soles, Eintritt, 2 Schwimmbecken und zwei heiße, in den Fels geschlagene Becken laden zum Entspannen ein), die *Baños Sulfurosos de Oramina de Jepelacio* (Schwefelbäder, 6,5 km), die *Baños de Jepelacio* (22 km entfernt) sowie die 120 m hohen, dreistufigen Wasserfälle von *Gera* (ca. 22 km von Moyobamba, inmitten des Urwalds, sollen aber derzeit verboten sein). Die Schwefelbäder sind von 6–18 Uhr geöffnet (Anfahrt mit dem Motorradtaxi). Die Orchideen der *Orchideenzucht Villena-Bendezú* blühen erst im September.

Uña de Gato (s. Exkurs S. 480) wird von den *Carachupas* über den Río Mayo nach Moyobamba transportiert und dort verarbeitet. Als *Centro Artensanal* fungiert das *Chuchu Center* am Río Uquihua (22 km).

Adressen & Service Moyobamba

Tourist-Info *Información Turística Regional de Industría y Turismo*, San Martín 301, Tel. 56-2043, Mo–Fr 7.30–15 Uhr. – *CARETUR San Martín*, Reyes Guerra 396, Tel. 52-2650.
Vorwahl (042).

Unterkunft **ECO: Country Club Hostal,** Jr. Manuel del Aguila 667 (Nähe Plaza de Armas), Tel. 56-2110, www.moyobamba.net/countryclub. Große Gartenanlage, komfortable Zimmer/bp, kleiner Pool. DZ 35 Soles. – **Hostal Albricias,** Jr. Alonso de Alvarado 1066, Tel. 56-2142; bp, schöner Garten.
FAM: Hostal Marco Antoni, Jr. Pedro Canga 488, Tel. 56-2045; bp, Rest. –
Hotel Puerto Mirador, Jr. Sucre s/n (ca. 1 km vom Zentrum), Tel. 56-2050. Schöne, ruhige Aussichtslage, rustikale Zi., Restaurant, Palmenpool, empfehlenswert, Ü/F.

Essen & Trinken Typische Gerichte der Region sind *cecina con tacacho* und *juane,* bei den Getränken *masato* und *chicha.* Restaurants: *La Olla de Barro,* Jr. Pedro Canga 383; regionale, gute Küche (*chupetes de aguaje* oder *tacacho* probieren). – *El Huerto de mi Amada,* Jr. San Francisco 521, Barrio de Lluyllucucha; nett eingerichtet, gute Gerichte. – *Picantería El Langostino,* Jr. Reyes Guerra 411, spezialisiert auf Fisch und Meeresfrüchte, auch Cebiche. – *Las Brasas,* Jr. Pedro Canga 512; beste pollos.

Unterhaltung *Discoteca El Mágico Bosque,* Patron Santiago 201; eine der größten Discos Perus mit Spezialeffekten und exquisiten Drinks. Discoteca *La Collpa,* Jr. San Carlos s/n.

Geld *Banco del Crédito,* San Martín/Alonso Alvarado 899; *Interbank*, San Martín 398.

Post *Correo Central,* Serafín Filomeno 501, Tel. 56-2209

Bus Der Terminal Terrestre liegt in der San Martín/Plaza de Armas. Es fahren Busse von *CIVA, Jaén Express, Guadalupe, Paredes Estrella* und *Meija*.
   Nach Chiclayo: tägl. ab der Plaza, Fp um 50 Soles. – **Rioja** (20 km): Colectivos, Fz 45 Min., ca. 10 Soles. – **Tarapoto** (2 h/120 km): gute Piste, Colectivos, Fz 3–4 h, Fp um 35 Soles. – Wer mit dem Bus nach **Pucallpa** (25 h) oder **Tingo María** (6 h) fahren will, soll schon 5 Minuten vor Tarapoto in *Morales* aussteigen, wo sich alle Busunternehmen befinden. Unterwegs, 3 h entfernt auf dem Weg nach Tingo María, ist *Juanjui* ein nettes Städtchen; viele Unterkünfte, schöne Plaza. Busse nach Pucallpa mit *Transmar* oder *Transamazonas* 3x wöchentlich.

Lesen Sie alles Wissenswerte zu Tarapoto in Route 10, s.S. 609

ROUTE 9: VON CHACHAPOYAS NACH CAJAMARCA ÜBER LEIMEBAMBA, BALSAS U. CELENDIN (355 km)

Von Chachapoyas fährt ein Bus über Leimebamba, Balsas und Celendín nach Cajamarca. Eine abenteuerliche, schmale Strecke, die starke Nerven erfordert, auch für Selbstfahrer! Nebel, Sprühregen und Schlaglöcher oder Sand und Rollsplit erfordern die volle Konzentration auf der *gesamten* Strecke! Für Landschaftsfreunde und Abenteuerlustige empfehlen wir die Route aber unbedingt, sie belohnt mit einmaligen Ausblicken.

Das erste Stück von Leimebamba nach Balsas ist das anspruchsvollste. Die einspurige Piste (mit Ausweichstellen) wird zwar immer wieder ausgebessert, dennoch hat der Bergnebelwald seine eigenen Gesetze. Wenn der Nebel aufreißt, kann bis in die bewaldeten Täler hinabgeschaut werden. 2013 wurde mit den Bauarbeiten an der Strecke begonnen, teilweise bereits asphaltiert. Von Balsas geht es über langgezogene Serpentinen mit fantastischen Ausblicken problemlos hinauf nach Celendín, danach 76 km durch eine lieblich anmutende Bauernlandschaft auf Schlaglochpiste, die ebenfalls momentan im Bau ist bis nach La Encañada. Die letzten 30 km bis Cajamarca sind asphaltiert. Fz mindestens 7 h.

Leimebamba – Celendín

Etwa 88 (noch teilweise) Pistenkilometer durch unterschiedliche Vegetationszonen erwarten den Reisenden auf diesem Streckenabschnitt. Nach Verlassen von Leimebamba fährt man zunächst durch fruchtbares Weideland bis zum Pass *Abra Barro Negro* (3680 m). Nach Passieren des Passes geht es entlang der Berghänge durch ein fruchtbares Seitental des *Marañon* bis hinab nach Balsas. In Balsas müssen sich Selbstfahrer bei der Polizei in ein Kontrollbuch eintragen, nur dann wird die Schranke über den Fluss geöffnet. Das Klima hier ist heiß und feucht, Straßenstände sind mit Mangos und Bananen beladen. In Balsas gibt es ein Hostal, das Zimmer kostet etwa 10 Soles.

Nach dem Überqueren des Flusses sind es für Selbstfahrer noch etwa 2 Stunden bis nach Celendín. Bis zum ersten Pass fährt man ca. 45 km und von dort noch einmal 13 km. Die Straße ist (noch) mit Schlaglöchern übersät und fordert sowohl in der Trocken- als auch in der Regenzeit vom Fahrer höchste Aufmerksamkeit.

Celendín

Der Ort (2620 m) mit seiner modernen blau-weißen Kirche ist für seinen schönen Markt und seine Strohhüte bekannt.

Übernachten: *Hostal Celendín* (ECO), Jr. Union 305, Tel. 85-5041, hcgustavosd1@hotmail.com. Zi. ohne Fenster, bp, Ww. – Das *Hostal Maxmar* (ECO), Jr. 2 de Mayo 349, bietet saubere Zimmer.

Essen: Restaurant *La Reserva,* Jr. José Gálvez 404.

Zurück nach Leimebamba: Von Celendín fährt 3x wöchentlich (So/Di/Do) um 11 Uhr ein Direktbus der Linie *Empresa Virgen del Carmen* (Calle Cáceres, 1. Cuadra) den Ostabhang der Anden hinab. Es geht durch eine großartige Landschaft, vorbei an gewaltigen St.-Pedro-Kakteen, ins Tal des Río Marañón und weiter über den *Abra Barro Negro* nach Chachapoyas (225 km). Fz unter guten Bedingungen 6 h, unter schlechten (Regenzeit) 14 h, Fp 30 Soles. Links sitzen, bei Nachtfahrt zu schlafen ist kaum möglich, anstrengend wegen dichter Bestuhlung, bei großer Körpergröße vorne rechts (links ist Fahrerkabine) oder am Gang sitzen – die Knie werden danken.

Mittagessen im Restaurant *La Curva,* Abendessen in Leimebamba. Ansonsten muss nach Leimebamba ein Taxi genommen werden, Fp 300 Soles.

Der Celendín – Cajamarca-Bus (Fp ab 10 Soles) benötigt, besonders zwischen Celendín und La Encañada, wo wegen der Schlaglöcher oft nur 20 km/h gefahren werden kann, mit 5 h sehr viel Zeit, Colectivo mit 3–4 h schneller, Fp 20 Soles p.P. bei 5 Passagieren im Pkw. Gesamtstrecke 110 km.

Cajamarca

Cajamarca hat 140.000 Einwohner und liegt auf 2750 m Höhe. Gegründet haben sie die Inka, ursprünglich hieß sie *Caxamalca* oder *Cassmalca*. Es ist die Schicksalsstadt des Inca **Atahualpa,** der hier von den Spaniern ermordet wurde

Durch die Entdeckung der reichsten Silberminen Perus im nahegelegenen **Hualgayoc** gewann Cajamarca während der Kolonialzeit neue Bedeutung. 1802 besuchte sie *Alexander von Humboldt*. 1908 wurde Cajamarca Hauptstadt der gleichnamigen Provinz. Heute besitzt sie eine Technische Universität und ist für ihre Thermalquellen bekannt (darin heilten schon die alten Inka ihre Wunden). Neben dem Abbau von Edelmetallen ist noch die Textil- und Lederindustrie von Bedeutung. Touristisch ist Cajamarca nach Huaraz zweitwichtigste Stadt in den nördlichen Anden, wird aber leider relativ wenig von internationalen Touristen besucht.

Sehenswertes in Cajamarca und Umgebung

– Stadtrundgang mit Besichtigung des **Cuarto del Rescate** (halber Tag)
– **Cumbemayo** (mindestens ein halber Tag)
– **Baños del Inca** und **Ventanillas de Otuzco** oder zu den **Ventanillas de Combayo** (ein Tag)
– **Kuntur Wasi** (mindestens einen Tag, bei Wanderung vier Tage)
– In der Nähe Cajamarcas liegt auch *Yanacocha,* heute die größte und mit ergiebigste Goldmine Südamerikas (Besichtigung nur in großer Gruppe und mit hohem bürokratischen Aufwand möglich).

Beeindruckend ist die Landschaft um Cajamarca mit Mais- und Getreidefeldern, Pinien- und Eukalyptuswäldern. Angenehmes, trockenwarmes und sonniges Klima. Regenzeit von Dezember bis März.

Nachhaltiger Tourismus — Für landwirtschaftlich Interessierte gibt es in Cajamarca spezielle Touren. Dabei werden die Dörfer *La Encañada* und *Sulluscocha* besucht und es kann direkt am landwirtschaftlichen Alltag der Hochlandbauern teilgenommen und bei ihnen übernachtet werden. Nähere Infos über *Vivencial Tours*Lima, Cel. 997-567-761 u. 997-567-714, www.vivencialtours.com.

Carnaval de Cajamarca — Ausgelassen wird im Februar der *Carnaval de Cajamarca* mit der traditionellen *Unsha*-Zeremonie gefeiert. Der Cajamarca-Karneval ist so bedeutend und populär wie die Diablada in Puno – manche meinen, er sei der beste ganz Perus!

Ablauf: 8 Tage vor Karnevals-Dienstag findet am Sonntag die Wahl der Prinzessin statt, am Mittwoch steigt dann bereits das Festfieber, wenn der *Bando de Carnaval* durch die Stadt zieht. Überall ist die typische Musik des *Cashua* zu hören. Samstags wird der König des Karnevals, der *Rey Momo* (auch „Gott des Spotts" oder „Gott des verrückten Spaßes" genannt) als groteske Puppe durch die Stadt transportiert. Höhepunkte sind dann am Sonntag und Montag die *Corsos Carnavalescos,* Umzüge, bei denen die verschiedenen Gruppen mit allegorischen Wagen im Wettstreit stehen. Auch die berühmten Passpferde, Volkstanz- und Folkloregruppen sowie Indígena aus der Amazonasregion nehmen teil.

Am Karnevalsdienstag beginnt dann die *Unsha*. Dabei wird um einen *Capulí*-Baum getanzt, der mit allerlei Gaben – Blumen, Bonbons, Früchten und auch Geldscheinen – geschmückt ist. Tanzpaare versuchen, diesen Baum während ihres Tanzes mit einer Axt zu fällen. Dem Paar, dem es gelingt, orga-

Cajamarca

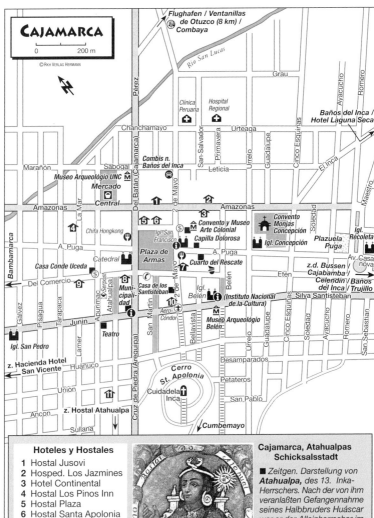

Hoteles y Hostales
1 Hostal Jusovi
2 Hosped. Los Jazmines
3 Hotel Continental
4 Hostal Los Pinos Inn
5 Hostal Plaza
6 Hostal Santa Apolonia
7 Hotel Casa Blanca
8 Hostal Atahualpa
9 Hostal El Portal del Marqués
10 Hostal Cajamarca
11 Hostal El Cumbe Inn

Cajamarca, Atahualpas Schicksalsstadt

■ Zeitgen. Darstellung von **Atahualpa,** des 13. Inka-Herrschers. Nach der von ihm veranlaßten Gefangennahme seines Halbbruders Huáscar war er der Alleinherrscher im Inkareich, später in peruanischen Augen »der tyrannische Bastard« (s. umlaufende Schrift). Er wurde 1532 in Cajamarca von den Spaniern erdrosselt.

nisiert die Unsha im nächsten Jahr. Am Abend stirbt dann *Rey Momo* am Übermaß des Spotts und der verrückten Späße. Der *curandero* ist unfähig ihn zu heilen und sein Körper wird am Fuße des Cerro Sta. Apolonia aufgebahrt. Am Aschermittwoch wird dann der Karneval „beerdigt". Der *Entierro del No Carnavalón* („Beerdigung des Karnevals") findet seinen Höhepunkt draußen bei den *Baños del Inca,* eine Gelegenheit, auch über die Kommunalpolitiker herzuziehen. Danach wird der Körper von *Rey Momo* verbrannt.

In den Karnevalsnächten dröhnt überall Musik und es werden Unmengen *Chicha de Jora,* Bier und *Cañazo* (Zuckerrohrschnaps mit Capulí) getrunken. Aus den Häusern zieht der Duft gebratener Meerschweinchen, Mais und *cecina* durch die Gassen, denn Karneval ist auch mit viel Essen verbunden. **Hinweis:** Während der Karnevalszeit bewerfen sich die jungen Leute mit Wasser- und Mehlbomben und rohen Eiern – also Vorsicht!

Stadtrundgang

Ausgangspunkt ist die hübsche *Plaza de Armas*. Eine Augenweide ist der koloniale Brunnen von 1526, der aus einem einzigen Stein geschlagen wurde. Rund um die Plaza liegen einige sehenswerte Gebäude. Das historische Stadtviertel südwestlich der Plaza steigt in Richtung Cerro Sta. Apolonia leicht an. Attraktiv ist die rustikale *Atahualpa* mit dem Charakter einer typischen Dorfgasse in den Bergen.

Hinweis Kombiticket In der Iglesia Belén kann man für wenige Soles ein Kombiticket kaufen. Es gilt für die Iglesia Belén, das Cuarto de Rescate und das Museo Arqueológico Belén.

Die Kathedrale Im Nordwesten der Plaza ragt die **Kathedrale** in den Andenhimmel (Mo–So 8–10 u. 16–18 Uhr). Sie ist aus Vulkangestein erbaut und wurde erst 1960, nach rund 350 Jahren Bauzeit, fast fertig. Auf einen Glockenturm wurde, wie bei anderen Kirchen auch, verzichtet; da der spanische Vizekönig für jede fertige Kirche eine Steuer forderte. Sehr schön ist die Fassade der Kathedrale, die mit Trauben, Blättern, Blumen, barocken Engeln und Ziergiebeln verziert ist. Das Innere dagegen, mit Ausnahme der geschnitzten Kanzel, enttäuscht etwas.

Iglesia San Francisco Im Südosten der Plaza erhebt sich die *Iglesia San Francisco* mit einer schönen Steinmetzfassade und sehenswerten barocken Altären. Das dazugehörige ehemalige Kloster mit Katakomben wurde als Museum für religiöse und koloniale Kunst eingerichtet (Öffnungszeiten Mo–Fr 9–12 u. 16–18 Uhr, Eintritt). Rechts daneben befindet sich die schönste Kirche der Stadt, **La Capilla de la Dolorosa,** die Kapelle der Leidenden (Maria). Glanzstücke kolonialer Steinmetzkunst sind rechts die Fußwaschung Jesu und links des Altars das Abendmahl. Sehenswert sind auch die Gemälde der Kapelle.

Cuarto del Rescate Am Beginn der Av. Amalia Puga 750 liegt das aus der Inkazeit stammende älteste Gebäude der Stadt, das **Cuarto del Rescate** oder „Lösegeldzimmer", zugleich die wichtigste Sehenswürdigkeit Cajamarcas.

Eine rote Linie an der Wand in Höhe von Atahualpas Hand wurde später angebracht. Bis dahin soll das Gold gereicht haben, das einen geschätzten Wert von 85 Mio. Euro hatte (unschätzbar ist der Kunstwert der goldenen Gegenstände). Di–Sa 9–13 u. 15–18 Uhr, So 9–13 Uhr, Eintritt, Führer 10 Soles.

Die Ermordung Atahualpas in Cajamarca

Bei den Inka war Cajamarca ein alter Kult- und Festungsplatz. Am 15. November des Jahres 1532 marschierte Pizarro mit seiner kleinen Heerschar (177 Soldaten, davon 67 Reiter), von der Küste kommend, in die Stadt ein. Zu dieser Zeit lebten in Cajamarca etwa 10.000 Menschen.

Am nächsten Tag trat Pizarro dem **Inca Atahualpa** entgegen. Gegen die gewaltige Übermacht des 50.000-Mann-Heeres der Inka wäre er klang- und sanglos untergegangen. Seine einzige Chance sah Pizarro nur noch in einer heimtückischen List. Er bewog den Inca, nach Cajamarca einzuziehen. Dort nahm Pizarro am 16. November 1532 Atahualpa durch einen Handstreich gefangen. Der ganze Vorfall soll nur ein halbe Stunde gedauert haben. Atahualpa hoffte, sich von den goldgierigen Spaniern durch zwei Räume voll mit Gold und Silber freikaufen zu können. Pizarro willigte in den Handel ein und gab Atahualpa zwei Monate Zeit. Tag und Nacht schleppten die Inka aus allen Regionen ihres Reiches Gold herbei. Die Spanier schmolzen es an Ort und Stelle zu transportfähigen Barren ein, 34 Tage lang glühten die Öfen. Auch die Männer von Pizarros Haufen bekamen ihren Anteil. Zwischenzeitlich hatte Atahualpa weitere Truppen Richtung Cajamarca beordert. Pizarro wurde nervös. Unter fadenscheinigen Vorwänden klagte er Atahualpa – auch mit Hilfe seines Feldpaters Valverde – wegen Hochverrats und Gotteslästerung an und ließ ihn zum Tode verurteilen. Als am 29. August 1533 auf dem Marktplatz die Garotte, das spanische Würgeeisen, um den Hals Atahualpas gelegt wurde und das kurze Knacken seines Halswirbels den Gaffern die erfolgreiche Anwendung verkündete, war dies nicht nur der letzte Akt der Tragödie von Cajamarca, sondern auch der Anfang vom Ende des Inkareichs. – HH

Literatur-Tipp: „Das Gold von Caxamalca", Novelle von Jakob Wassermann.

Links: Atahualpa in spanischer Gefangenschaft. Unten: Seine Erdrosselung mit dem Würgeisen (zeitgen. Stich)**.**

Cerro Santa Ana und Silla del Inca	An der Kreuzung Jr. Belén/Huánuco nach rechts abbiegen, so kann in Höhe des Jr. 2 de Mayo über eine Treppe der Hügel *Santa Apolonia* bestiegen werden, der von einer gepflegten Parkanlage bedeckt ist; Zugang nur von Nordwesten, Eintritt. Oberhalb der Kapelle ist der *Silla del Inca* („Thron des Inca") zu sehen, auf dem Atahualpa die Huldigungen seiner Untertanen empfangen haben soll. Der gesamte Berg ist ein präinkaischer Tempel, der dem Toten- und Opferkult diente.
Koloniales, Museum u. Mercado	Einige Kolonialhäuser mit schönen Portalen und Innenhöfen, wie z.B. die *Casa del Conde de Uceda* (Jr. Apurímac/Lima) oder die *Casa de Toribio Casanova,* sind sehenswert. Im **Complejo Belén** befindet sich neben

dem *Museo Arqueológico* und dem *Museo Etnográfico* auch die *Pinacoteca de Pintores Cajamarquinos*. Das kleine *Museo Arqueológico Horacio Urteaga*, Jr. del Batán 289, zeigt prähispanische Fundstücke verschiedener Kulturen, darunter erotische Mochica-Keramiken. Auf dem recht ursprünglichen *Mercado Central* in der Jr. Apurímac/Amazonas werden Dinge des täglichen Bedarfs und Kunsthandwerk angeboten.

Adressen & Service Cajamarca

Tourist-Info Instituto Nacional de la Cultura im *Conjunto Monumental Belén*, Belén 650, Tel. 36-2601; www.inccajamarca.org. Mo–Fr 8–13 u. 14–18.30 Uhr.
i-Peru im Holzhäuschen vor Igl. San Francisco, Stadtplan und Info-Broschüren zur Stadt und Umgebung (auf dt.), iperucajamarca@promperu.gob.pe. – *Municipalidad Provincial de Cajamarca,* Jr. Cruz de Piedra 613, Tel. 60-2233, www.municaj.gob.pe.
Poltur: *Policía de Turismo,* Amalia Puga s/n, Tel. 36-2832, 24 Stunden.
Websites: Gute dt.spr. Website, Veranstaltungstermine: www.reisefuehrer-cajamarca.de
Vorwahl (076)

Unterkunft Es gibt genügend Hotels in der Billigklasse, doch warmes Wasser ist in dieser Kategorie manchmal ein Problem. Nach den „Wasserstunden" fragen.

ECO **Hostal Plaza,** Jr. Amalia Puga 669, Tel. 36-2058. Einfache Zimmer, sauber, bc/bp, Ww. DZ/F ab 25 Soles. – **Hostal Jusovi,** Jr. Amazonas 637, Tel. 36-2920. Zi. mit bp, Ww. DZ ab 40 Soles, empfehlenswert. – **Hostal Atahualpa,** Pasaje Atahualpa 686; bp, Kw, ruhig. – **Hospedaje Los Jazmines,** Jr. Amazonas 775 (Nähe Plaza), www.projekt-cajamarca.de, Tel. 36-1812. Kleines, zauberhaftes Hostal des deutsch-peruanischen Behindertenwerkes Santa Dorotea, nettes Ambiente, schöne Zimmer/bp, Café im grünen Patio. Der angeschlossene Bauernhof *Porongo* liegt ca. 5 km außerhalb und bietet MBZi mit Backpacker.

FAM **Hostal Santa Apolonia,** Jr. Amalia Puga 649 (Plaza de Armas), Tel. 36-7207. Komfortable Zimmer/bp, Ws. – **Hotel Casa Blanca,** Jr. 446 (Plaza de Armas), Tel. 36-2141. Altbau mit typischem Patio, schöne Zimmer/bp, Restaurant, Ws, Infos! – **Hostal El Cumbe Inn,** Pasaje Atahualpa 345 (10 Meter zu Fuß südwestlich der Plaza), Tel. 36-6858, www.elcumbeinn.com. Sehr sauberes Hostal in ruhiger Lage, Patio, nettes Personal, bp, Ws. – **Hotel Los Pinos Inn,** La Mar 521, Tel. 36-5991, www.lospinosinn.com. Sehr schönes, teils altes Haus, im Eingangsbereich und im Salon eingerichtet wie in kolonialen Zeiten, bp, sehr sauber, einfaches Frühstück. DZ/F 130 Soles. – **Hostal Cajamarca,** Jr. 2 de Mayo 311, Tel. 36-2532. Hübsches Kolonialhaus mit Patio, nette Zimmer/bp, Bar, Restaurant. – **Hotel Hacienda San Vicente,** ca. 2,5 km südwestl. außerhalb, Ende Jr. Revolución in Hügellage, Tel. 36-2644, Cel. 976-782-550. Eingebettet in reizvolle Gartenanlage, schöne Zimmer/bp, auch Dormitorio/bc, Restaurant, Camping, ruhig, Parkplatz, kostenloser Transfer, Ü/F. – **Hacienda San Antonio,** ca. 5 km außerhalb (Baños del Inca, km 5), Tel. 34-8237, www.fundosanantonio.com. Saubere Zimmer, bp, Pool, Wiese, reiten, Rest., ideal zum Entspannen. – **Ferienwohnung: Casa Chucuall,** Lamar 450, Tel. 36-2740, dt.-spr. Mónica Buse, www.hospedajechucuall.tk. Wohnung für 5–6 Pers., ruhig im historischen Zentrum 3 Cuadras von der Plaz, 3 DZ, 2 Bäder, Patio, Küche, Wäsche- u. Putzservice. 70 US$/Tag für alles.

FAM/LUX **Gran Hotel Continental,** Jr. Amazonas 781, www.hotelescontinental.com.pe, Tel. 34-1030. Geräumiges, modernes Hotel, bp, Ws, Restaurant, kleine Bar. Gegenüber das zur gleichen Kette gehörende **Hotel Continental,** Jr. Amazonas 760, Tel. 36-2758, DZ/F ab 262 Soles. – **Hotel El Portal de Marqués,** Jr.

del Comercio 644, Tel. 36-8464, www.portaldelmarques.com. Kolonialgebäude mit Patio unweit der Plaza, ansprechende Zimmer/bp, Ws. DZ ab 183 Soles. **TIPP!** – **Hotel Costa del Sol Cajamarca,** Plaza de Armas s/n, Tel. 36-2472, www.costadelsolperu.com. Sehr gutes Hotel direkt an der Plaza de Armas, Restaurant mit historischer Inkamauer, Pool, Flughafentransfer, unbedingt nach Rabatt fragen! DZ/F ab 268 Soles. – **Hotel & Spa Laguna Seca,** Av. Manco Cápac 1098, Baños del Inca (6 km außerhalb), Tel. 58-4300, www.lagunaseca.com.pe. Attraktive Anlage mit Thermalwasserpools, Zi. mit Thermalbecken, Restaurant, Bar, Reitpferde, kostenloser Transfer. DZ/F 120 US$. – **Hotel Posada del Puruay,** km 7 Richtung Lluscapampa, www.posadapuruay.com.pe, Tel. 36-7028. Koloniale Hacienda mit Patio, luxuriöse Zimmer/bp, Ws. DZ/F ab 191 Soles.

Essen & Trinken

Die Spezialitäten der Region sind insbesondere *cuy con papa* (Meerschweinchen mit Kartoffeln) sowie *chicharrón con mote* (Schweinfleisch mit gekochtem Mais), *tamales* (Maisspeise mit Schweine- oder Hähnchenfleisch) und *humitas* (Süßmaisschnitten mit Käse). Daneben wird gerne *quesillo con miel* (Frischkäse mit Honig) und *manjar blanco* gegessen.

Sehr sehenswert ist der ursprüngliche Viehmarkt am Camino Collpa am Montagmorgen ab 6 Uhr. Garküchen bieten sehr günstig Cuyes an, ein **TIPP!**

Mehrere Restaurants gibt es in der Av. Amalia Puga und in der Amazonas, z.B. *El Continental* oder *Oasis*. Günstig kann im *Mis Sabores,* Av. Amalia Puga (ca. 400 m von der Plaza), gegessen werden. Große Portionen stellt die *Chifa Ténkntala,* Av. Amalia Puga 531, auf den Tisch des Hauses (besonders zu empfehlen sind die Schweinerippchen in Honigsoße). Gut ist auch die *Chifa Hongkong* an der Plaza-Westseite (s. Stadtplan). Empfehlenswert: *Gran Restaurant El Zarco,* Batán 170: große Auswahl und Portionen, schnelle Bedienung, günstige Preise. **TIPP!** Günstige Mittagsmenüs (8 Soles für Vorspeise, Hauptspeise, Nachtisch und Getränk, gute Qualität) werden im freundlichen *Tuna Café,* Amalia Puga 734, serviert.

Es gibt zahlreiche **Pollerías,** eine Empfehlung ist *Cajamarca,* Av. Amalia Puga 821. Im *El Ranchito* in der Batán 234 gibt es **Parrillada**. Etwas teurer ist *La Taberna,* Plaza de Armas, internationale Gerichte. Eine exzellente Küche, geschmackvolle Einrichtung und gehobenes Ambiente bietet *Querubinos,* Plaza de Armas/Av. Puga (hinter der Kathedrale; unbedingt das *Lomo saltado* probieren!). Auf Anfrage kommt der Koch an den Tisch und erklärt die Gerichte auf der Speisekarte. Gutes Weinsortiment. **TIPP!** Leckere frittierte Meerschweinchen tischt *La Buena Laya,* Jr. 2 de Mayo 347, auf. Portionsgrößen: 1/4 Cuy, 1/2 Cuy oder ein Ganzes, dazu ein *Sopa verde* (grüne Suppe mit Kartoffeln, Käse und Ei).

Ein empfehlenswertes **Weinlokal** mit Verkostung und Verkauf ist *Cristo de la Roca,* Grau 327.

Beste Kuchen u. Torten ab 8 Uhr, später leckere Gerichte, bietet die gemütliche *Cascanuez Café Bar,* Av. Amalia Puga 554. Die *Heladeria Holanda,* Av. Amalia Puga 657, ist für erstklassiges **Speiseeis** bekannt. Besonders zu empfehlen: *Mousse de maracuyá*. Mo–Sa 9–13 u. 15.30–20 Uhr, Fr/Sa bis 24 Uhr. **TIPP!**

Der Schweizer Arno Ackermann Schneider verkauft in seinem Laden *Los Alpes,* Junín 965, gute **Milch- und Käseprodukte.** Verkauf und Verkostung typischer Regionalgerichte auch außerhalb auf dem *Fundo Los Alpes,* Carretera Moyococha Rtg. Sta. Bárbara, km 3.

Unterhaltung

Discoteca Los Frailones, Av. Perú 701. *El Diablo Taberna,* Av. Atahualpa 947. *Peña Tupanakuy,* Huánuco 1279/Jr. 2 de Mayo. Ansonsten: *Discoteca Up & Down,* Tarapacá 782 und *Discoteca Las Vegas,* Cinco Esquinas 1035. Videofreunde gehen in den *Video Pub Casa Blanca,* Jr. 2 de Mayo 448. Karaoke gibt es im *Disco Pub Karaoke Brujas,* Jr. Apurímac 582, 2. Stock. Eine schöne mo-

	derne Bar mit leckeren Drinks ist das *Skee,* Amazonas/Ecke 2 de Mayo, und ein Kino gibt es im Einkaufszentrum *Qinde.*
Erste Hilfe	*Hospital Regional,* Mario Urteaga 500, Tel. 36-2523, 24 Stunden.
Post	*Serpost,* Apurímac 626, Tel. 36-4065, Mo–Sa 8–20.45 Uhr
Touranbieter	*Cumbemayo Tours,* Av. Amalia Puga 635, http://cumbemayotours.com, Tel. 36-2938, und *Cajamarca Travel,* Jr. 2 de Mayo 574, www.cajamarcatravel.com. Touren nach Cumbemayo, Ventanillas de Otuzco und Baños del Inca ebenso wie Touren nach Chachapoyas mit Kuélap oder an die Küste nach Trujillo und Chiclayo. Vergleichbares Preis- und Angebotsniveau bei *Megatours,* www.megatours.org. Die Tour nach Ventanillas de Otuzco und Cumbemayo gibt es auch bei *Catequil Tours,* Amalia Puga 689, Tel. 36-3958. Dabei wird meist auch ein Hortensiengarten und die Käsefabrik *Los Alpes* (s.o.) besucht. – *Green Tours,* Jr. San Fernando 120, Tel. 36-9078, www.greentours.com.pe. Carlos Diaz und sein Team bieten individuelle Touren im gesamten Norden Perus an, sehr zuverlässig! **TIPP!**
Artesanías	Im Mercado Central, Amazonas 515 oder bei *El Rescate,* Comercio 1029: hier gibt es preiswertes, untouristisches Kunsthandwerk. Allgemein befinden sich die meisten Kunsthandwerksgeschäfte in der 10. Cuadra des Jr. Comercio, der 3. Cuadra des Jr. 2 de Mayo und in der 7. Cuadra des Jr. Belén.
Geld	*Banco del Crédito,* Comercio/Apurímac. *Banco de la Nación,* Tarapacá 647. *Scotiabank,* Jr. Amazonas 750. Die Straßenhändler auf der Plaza de Armas und im Jr. Batán geben bessere Wechselkurse.

Verkehrsverbindungen

Bus	**Nach Bambamarca** (120 km): Fz 7–8 h, 25 Soles. – **Cajabamba** (75 km): tägl. einige Busse, u.a. mit *Atahualpa,* Fz 5–7 h, 20 Soles. – **Celendín** (110 km): tägl. Busse und Combis auf relativ schlechter Piste, Fz 4 h, Combi 10 Soles, Bus 15 Soles. – **Chachapoyas** (335 km): wenige Direktbusse (darunter *Movil Tours,* 6 Uhr morgens, Fz 12 h, Fp 50 Soles, oder *Virgen del Carmen,* 4.30 Uhr); meist umsteigen in Celendín; von dort 2x wöchentlich (So/Do) ein Direktbus nach Chachapoyas; Gesamtfahrzeit je nach Pistenzustand mind. 10–14 h (ohne Wartezeit auf Anschlussbus), Gesamtfahrpreis um 80 Soles. Auch in Etappen via Balsas, Leimebamba und Tingo möglich. Streckendetails s.S. 596. Von Chachapoyas Anschluss nach *Moyobamba, Tarapoto* und *Yurimaguas.* – **Chiclayo** (260 km): tägl. mehrere Busse, u.a. mit *Empresa Dias, LÍNEA,* Atahualpa 318, Tel. 82-3956, meist mit Weiterfahrt nach Piura, zeitweise bis Tumbes; Fz 6 h, 20 Soles. – **Lima** (860 km): auf asphaltierter Straße tägl. mehrmals Busse, wie z.B. *TEPSA, LÍNEA, Atahualpa* und *Expreso Cajamarca,* die meist über Trujillo fahren; Fz 13 h, um 70 Soles. – **Pacasmayo** (185 km): tägl. mehrere Busse u. Colectivos, Fz 6 h, 25 Soles. – **Tarapoto:** s. Chachapoyas. – **Trujillo** (300 km): tägl. mehrere Busse, u.a. *LÍNEA, Horna, TEPSA,* Abfahrten meist um 10 und 22 Uhr, Fz 6 h, um 25 Soles.
Flug	Der Flughafen *Mayor General FAP Armando Revoredo Iglesias* (CJA) ist nur 4 km von Cajamarca entfernt, Tel. 34-3757. Ein Taxi kostet um 10 Soles, Busse fahren auch. *LCPerú,* www.lcperu.pe. *LAN,* www.lan.com.pe. Nach Lima: *LCPerú* (1x tägl.), LAN (2x tägl.). Büro *LCPerú* im Jr. Comercio 1024, Tel. 36-3115.

Ausflüge von Cajamarca:
Tour 1: Ventanillas de Otuzco,
Ventanillas de Combayo und Los Baños del Inca

Am Flughafen vorbei werden nach 8 km ab dem Jr. Arequipa mit dem Microbus die Reste eines Präinkaheiligtums erreicht (Fp 4 Soles). Wegen der in den Fels gehauenen Nischen trägt der Ort den Namen **Ventanillas de Otuzco** („Fensterchen von Otuzco"). Es wird vermutet, dass in den Nischen vor 1400 Jahren die Toten bestattet wurden. Tägl. geöffnet 8–18 Uhr, Eintritt, Info-Tafeln.

Eine ähnliche, größere und besser erhaltene Totenstadt, die **Ventanillas de Combayo,** liegen 9 km/1 h Fz weiter dem Tal folgend (GPS - 7.048035, -78.397498). Sie wird der Cajamarca-Kultur zugeschrieben.

■ *Ventanillas de Otuzco*

Der Ort ist touristisch nicht erschlossen. Anreise mit Colectivo, am verfallenen INC-Hinweisstein aussteigen, umdrehen, am Hügel rechts über dem Bauernhaus sind in 400 m Entfernung die Nischen. Besichtigung des unteren Bereichs reicht; der obere bietet nichts Anderes, die Pfade zurück sind von oben extrem schlecht erkennbar. Dringende Bitte: Die Fensterchen *nicht* berühren; der Stein ist so bröselig, dass in Otuzco binnen weniger Jahre die Wände zwischen den Fensterchen von Touristen zerrieben wurden.

Von den Ventanillas de Otuzco kann in 1,5 h zu den 6 km entfernten **Baños del Inca** gewandert werden. Vom Zentrum Cajamarcas sind sie ebenfalls nur 6 km entfernt. Anfahrt mit einem Combi von der 2 de Mayo/Ecke Sabogal (s. Stadtplan), der *cobrador* ruft das Ziel aus. Fz ca. 15 Min.

Die Baños del Inca mit leicht schwefelhaltigem Thermalwasser bestehen aus Privat-Baños und einem Schwimmbecken (meist sehr heiß). Tägl. geöffnet von 5–19.30 Uhr, Eintritt. Es können keine Handtücher ausgeliehen werden. Das 78 Grad warme Wasser wird gegen 22 Uhr in die Bäder eingelassen und kühlt bis zum Morgengrauen angenehm ab. Da es seine heilkräftige Wirkung nur am frühen Morgen besitzt, sollten die Bäder am besten gleich bei Tagesanbruch besucht werden (am Wochenende von den Einheimischen eine beliebte Art den Tag zu beginnen – voll!). Im Laufe des Tages wird kaltes Wasser zugemischt. Schon Atahualpa soll hier seine Wunden vom Bruderkrieg mit Huáscar kuriert haben.

Unterkunft: Hostal *José Gálvez* (ECO), Av. Manco Capác 552 und *Hotel & Spa Laguna Seca* (LUX), Av. Manco Capác 1098.

Restaurants: *El Refugio del Inca,* Av. Manco Capac 600 oder *Paskana Restaurante,* Av. Atahualpa 947.

Wanderung Wer noch Lust und gute Kondition hat (es fahren auch Colectivos), kann von den Baños del Inca nach **Llacanora,** einem schönen, verschlafenen Dorf wandern. Man folgt etwa 1 h der Straße nach Cajamarca und biegt dann an einer Weggabelung nach links ab und erreicht nach 30 Min. die Hacienda *La Collpa,* die heute noch Milchprodukte (*manjar blanco,* Käse, Milch und Joghurt) produziert. Faszinierend ist hier die Tradition des *Llamado de las vacas,* das „Rufen der Kühe": Wenn die Kühe laut bei ihren Namen gerufen werden, gehen diese in ihren namentlich gekennzeichneten Stall. Nach dem Rückweg zur Straße nach Cajamarca kann mit dem Bus aus Jesús nach Cajamarca zurückgefahren werden.

Tour 2: Cumbemayo

Von Cajamarca führt die Straße stetig aufwärts am Apolonia-Hügel vorbei Richtung Südosten, bis nach etwa 20 km die archäologische Zone von **Cumbemayo** (3500 m) erreicht wird. Dabei handelt es sich um einen in Stein gehauenen präinkaischen Kanal, einen heiligen Felsen und einige Höhlen mit Zeichnungen im Chavín-Stil. Cumbemayo erstreckt sich auf etwa 25 qkm und wird der *Cajamarquinos* (Cajamarca-Marañón)-Kultur zugeschrieben, die unter Chavín-Einfluss stand.

Eintritt 5 Soles, Studenten ermäßigt, kleines *Museo de Sitio*.

■ *Landschaft bei Cumbemayo*

Anfahrt

Colectivos von Cajamarca nach Cumbemayo ab der Av. Perú, um 11 Uhr nach Chetilla, von dort weiter zu Fuß. Rückfahrt ab Chetilla um 18 Uhr, oder zu Fuß (s.u.). Einfacher ist es, mit mehreren Personen für ca. 50 Soles ein Taxi zu nehmen. Als weitere Alternative bietet sich eine geführte Tour an, dabei auf 2,5 h vor Ort achten (Preise bei Touranbietern um 25 Soles pro Person, Hin und zurück je 1 h Fz).

Es gibt auch einen etwa 15 km langen, anstrengenden Fußweg zwischen Cajamarca und Cumbemayo, der dem ehemaligen *Camino Real* folgt, Gz 3 h; angenehmer ist die Anreise mit Colectivo und zurück per Fuß. Dabei kommt man durch abwechslungsreiche Landschaften und ursprüngliche Andendörfer – Achtung, einige Anwohner sind aggressiv gegenüber Gringos, daher nicht alleine gehen.

Präinkaischer Kanal

Der präinkaische Kanal, der auf 1500–1200 v.Chr. datiert wird, ist eine wahre Meisterleistung an Hydraulik, Mathematik und Physik und nach dem Archäologen Tello insgesamt 9 km lang. Davon sind 850 Meter als Rinne in den Fels gehauen und als Aquädukt angelegt. Das technische Meisterwerk weist ein durchschnittliches Gefälle von 1,5% auf. An der Stelle, an der der Kanal durch Tunnel führt, sind an den Wänden recht gut erhaltene Felszeichnungen erkennbar. Gelegentlich knickt die schnurgerade und glattwandige Rinne rechtwinklig ab, wodurch die Fließgeschwindigkeit des Wasserstroms geschwächt wird.

El Santuario Zusätzlich ist ein Opferstein zu sehen. El Santuario, der „Heilige Fels", hat die Form eines Menschenkopfes. Der Mund besteht aus einer Höhle mit 3,30 m Durchmesser. Möglicherweise wurde hier der Herrscher beigesetzt. An den Felswänden, auf die sechs Stufen hinaufführen, sind Petroglyphen erkennbar. In der Nähe befindet sich der *Frailones* („Mönchswald" oder „Wald der versteinerten Mönche"), ein „steinerner Wald" mit den unterschiedlichsten Gesteinsformen.

Tour 3: Kuntur Wasi

Von Cumbemayo kann in drei Tagen nach *San Pablo* und zu dem in der Nähe liegenden **Kuntur Wasi** mit Monolithen, Plattform- und Terrassenstrukturen sowie eingetieften Plätzen gewandert werden. Der Besuch von Kuntur Wasi ist auch wegen des kleinen Dorfmuseums sehr empfehlenswert. Von Chilete, das an der Hauptstraße Cajamarca – Pacasmayo liegt, fahren regelmäßig Kleinbusse und Colectivos nach San Pablo (23 km, sehr gut asphaltierte, aber kurvenreiche Straße). Kuntur Wasi ist damit auch als Tagesausflug zu schaffen.

Eintritt in das reich mit Keramiken und Schmuckstücken ausgestattete Museum wenige Soles (Guide 20 Soles, optional). Zeitbedarf planung für den Rundgang etwa eine Stunde. Danach unbedingt zur Ruinenanlage hinaufwandern, gemütliches Schritttempo 20 Minuten. Zeremonienplatz mit gut erhaltenen Stelen und Steinritzungen, antropomorphen Figuren. Wunderschöne, mystische Berglandschaft. Darauf achten, rechtzeitig zurück in Chilete zu sein (am besten privat ein Colectivo buchen, um 50 Soles, das wartet), um mit den Kleinbussen oder Colectivos nach Cajamarca zurückzukommen (Fp Colectivo 12 Soles, Kleinbus 8 Soles). **TIPP!**

Wanderwege Für Trekking-Freunde bietet die Region um Cajamarca Wanderwege für Tagestripps unterschiedlicher Schwierigkeitsgrade, meist auf dem historischen Inkaweg *Qhapac Ñan*. Geheimtipps sind zum Beispiel der **Cañon de Sangal**, der während des Treks mit einer Vielfalt an teilweise endemischen Vogelarten (Kolibri Cometa Ventigris) aufwartet, oder der Pfad zur **Lagune San Nicolás** und den **Ruinen von Collor** inmitten einer fruchtbaren Landschaft.

Weiterfahrt von Cajamarca nach Pacasmayo an der Panamericana

Von Cajamarca fährt man 177 km bis zur Passhöhe Abra de Gavilán (3050 m), danach fällt die Straße über San Juan und Magdalena in die Bergwerksstadt Chilete. Das Tal des Río Jequetepeque öffnet sich, Reisfelder säumen rechts und links den Weg. Hier wurde mit deutscher Entwicklungshilfe die Represa Gallito Ciego angelegt – ein beeindruckender türkisfarbener Stausee, umgeben von Wüstenbergen. Nun folgt der Endspurt bis zur Panamericana Norte: 15 km Richtung Süden, (links) nach **Pacasmayo** und dann zurück nach Lima.

Von Cajamarca kann nach Lima auch das Flugzeug genommen werden. Täglich mehrere Verbindungen ermöglichen einen flexiblen Reiseplan, vergleichen Sie die Flugpläne von LAN und LCPeru!

Nordselva

Überblick

Der peruanische Urwald, die Selva, ist mit knapp 60% der Gesamtfläche Perus die größte Region des Landes. Die Besiedlung der überwiegenden „Urwaldprovinzen" *Loreto, San Martín, Ucayali, Madre de Dios* und *Amazonas* ist aber – „naturgemäß" – sehr dünn (ca. 2 Bew./qkm). Unter den Bewohnern der Selva gibt es auch noch viele freilebende Indígena-Gemeinschaften. Doch durch die Suche nach Bodenschätzen, Holzeinschlag und Erdölbohrungen wird der Lebensraum der Indígena immer mehr dezimiert und zerstört. Die größten und bedeutendsten Städte der Selva sind *Pucallpa* (ca. 175.000) und *Iquitos* (ca. 275.000).

Hauptverkehrsadern der Selva sind traditionell die Urwaldflüsse. Der Ucayali und der Amazonas bilden mit ihren Nebenflüssen ein gigantisches Wassersystem mit intensivem Boot- und Schiffsverkehr. Doch schon fräsen Bulldozer unaufhörlich Pisten durch den Regenwald, um in der Zukunft die beiden größten Städte im Urwald voll an das peruanische Straßennetz anzubinden. Ursprünglich sollte die Ruta Nacional 16 in Pucallpa über den Ucayali weiter bis zur brasilianischen Grenze (und dort weiter bis Cruzeiro do Sul) getrieben werden, aber diese letzten 200 km wurden nie gebaut.

Reisemöglichkeiten

Pucallpa ist mit Lima über La Oroya – Cerro de Pasco – Huánuco – Tingo María – verbunden (noch nicht asphaltiert ist der Abschnitt 16 km hinter Tingo María bis Humboldt, s. Karte.) Insgesamt eine Strecke von über 800 km Länge. Reisende von Lima nach Pucallpa sei hier eine interessante **Alternativroute** vorgestellt: Von La Oroya über Tarma – La Merced – Straßengabelungspunkt Humboldt – Pucallpa. Dabei geht es über die **Carretera Marginal de la Selva** (RN 5). Unterwegs könnte man von La Merced aus einen interessanten Abstecher in die Urwalddörfer *Oxapampa* und *Pozuzo* machen (s. Nebenroute 6a).

Von Pucallpa sind es noch knapp 600 km Luftlinie nach Iquitos am Amazonas. Außerdem können von Pucallpa die Urwaldstädte Atalaya am Río Ucayali und Sepahua am Río Urubamba auf dem Luft- oder Wasserweg erreicht werden.

Von der Straßengabelung 16 km **nördlich von Tingo María** führt die *Carretera Marginal de la Selva* entlang des Río Huallaga als Piste nach Norden. Über die Orte Tocache Nuevo, Juanjui und Tarapoto wird **Yurimaguas** am Río Huallaga (Oberer Marañón) erreicht. Von dort fahren Boote nach **Iquitos** (über Nauta beim Zusammenfluss von Río Marañón und Río Ucayali, ca. 100 km südl. von Iquitos). **Iquitos liegt wie eine Insel im Urwald**, kann nur per Flugzeug oder Schiff erreicht werden! Die ursprünglich geplante Straße von Chiclayo nach Iquitos endet heute in Yurimaguas (s.S. 614).

Den Urwald erleben

Wer den (wirklich erlebenswerten) Urwald Perus in den Departamentos Loreto und Ucayali besuchen möchte, sollte sich zuvor Gedanken über verfügbare Zeit und sein Reisebudget machen. Die Urwaldgebiete außerhalb von **Iquitos** und **Pucallpa** sind, abgesehen von den Erdölcamps, touristisch so gut wie nicht erschlossen. Diese beiden Urwaldstädte sind deshalb die einzigen Ausgangspunkte für Ausflüge oder Aufenthalte im Regenwald. In unmittelbarer Nähe der beiden Städte gibt es zwar große Urwaldgebiete, doch dabei handelt es sich meist um sog. Sekundär-, und nicht um („jungfräulichen") primären Regenwald. Durch die menschlichen Ansiedlungen flüchteten die meisten Urwaldtiere in entferntere, noch intakte Waldregionen. Um beides zu erleben, ist es sinnvoll, einen **mehrtägigen Ausflug** in den Urwald einzuplanen, der dann in aller Regel mit einem Boot durchgeführt wird. Von einer eintägigen Stippvisite in den Urwald darf nicht viel erwartet werden, wenngleich solch ein Kurztrip für „Einsteiger" durchaus interessant sein kann.

Pucallpa und Iquitos, Vor- und Nachteile

Pucallpa Pucallpa ist durch eine Straße über Tingo María und La Oroya mit Lima verbunden. Die durchgehend asphaltierte Strecke ist zwar etwas abenteuerlich, doch ein Reiseerlebnis. Wer nicht für die ganze Strecke den Bus nehmen möchte, kann auch bis Huánuco fliegen und erst dann einen Bus besteigen (die Verbindungen mit LCPeru sind gut und preiswert). Ab Tingo María geht es durch den Urwald. Oder man fliegt nach Pucallpa, von Lima aus mehrmals täglich Flüge (der Flug Lima – Pucallpa ist um die Hälfte billiger als Lima – Iquitos!).

Der Urwald um Pucallpa unterscheidet sich kaum von dem um Iquitos, in Stadtnähe ist er stark „urbanisiert", ursprünglicher Urwald gibt es erst in einiger Entfernung. Der Río Ucayali ist in Pucallpa nicht ganz so breit wie der Amazonas in Iquitos, doch dafür weist der Ucayali unzählige befahrbare kleine Nebenarme und Seitenkanäle auf. Pucallpa ist außerdem immer noch völlig untouristisch, touristische Angebote zeichnen sich durch ein vernünftiges Preis-/Leistungsverhältnis aus. Insgesamt ist aber die touristische Infrastruktur weniger stark ausgeprägt als in Iquitos. Zeitbedarf: insgesamt 4 bis 7 Tage.

Iquitos Iquitos, die Urwaldmetropole am Amazonas, ist nur auf dem Luft- oder Wasserweg erreichbar. Übliche Ausganspunkte sind neben Pucallpa und Yurimaguas auch Tabatinga/Manaus in Brasilien und Leticia in Kolumbien. Mehrmals täglich Fluganbindungen mit verschiedenen Anbietern. Iquitos ist weitaus bekannter als Pucallpa, aber nur diese Stadt scheint das einzig richtige Amazonas-Feeling vermitteln zu können – schließlich wird dies in Hochglanzprospekten permanent behauptet. Da lassen sich viele nicht erschüttern, auch nicht durch das wirklich hohe Preisniveau!

Die Stadt ist voll mit Touristengruppen, die direkt von Lima einfliegen, als Individualreisender hat man es in Iquitos schwer. Ein mehrtägiger Urwaldausflug bedingt deshalb vorab ein ausgiebiges Studium des dortigen Angebots (s.S. 630). Die Auswahl an Lodges ist mehr als erschöpfend, je nach Geldbeutel und Interessen! Sicherlich gibt es ein paar Lodges in unmittelbarer Nähe der Stadt, doch das wirklich intensive Urwalderlebnis in ursprünglicher Flora mit artenreicher Fauna bleibt da meist außen vor. Sehenswert in Iquitos ist auf jeden Fall das „schwimmende" Stadtviertel **Belén** (das in der Trockenzeit zum „Trockendock" wird) und der quirlige Mercado. Für das „richtige" Urwalderlebnis bietet sich die südlich der Stadt liegende *Reserva Nacional Pacaya Samiria* an. Im Naturschutzgebiet gibt es keine Unterkünfte, Ein- und Mehrtagesausflüge bieten jedoch Einblick in die Flora und Fauna des Primärwaldes. Zeitbedarf 3 bis 5 Tage.

ROUTE 10:
VON TINGO MARÍA NACH IQUITOS ÜBER TARAPOTO UND YURIMAGUAS

Tingo María – Tarapoto Von Pucallpa muss man auf der Ruta Nacional 16 zuerst 290 km nach Tingo María fahren, von dort gehen täglich Colectivos nach *Tocache Nuevo* (Fz 3 h, um 25 Soles). Von Tocache Nuevo fahren – nur während der Trockenzeit – **allradgetriebene** Pickups/Camionetas durch ein Coca-Anbaugebiet über **Juanjui** (Fz 8–10 h, 50 Soles) nach Tarapoto. Gesamtfahrzeit 12–15 h, Umsteigen meist in Juanjui. Es gibt Drogenkontrollen, und die Strecke ist recht wild und unsicher. Selbstfahrer sollten die Strecke nur mit einem allradgetriebenen Wagen befahren. Zwischen Tocache und Juanjui muss durch Flüsse gefahren werden, da noch keine Brücken vorhanden sind. Es gibt viele Schlammlöcher.

Alle 3–4 Tage gibt es von Tocache Nuevo auf dem *Río Huallaga* auch Bootsverbindungen nach **Juanjui** (Fz 1,5 Tage, um 50 Soles). Von Juanjui dann entweder per Allrad-Pickup bzw. Camioneta in 4–5 h nach Tarapoto, oder mit einem weiteren Flussboot in 2,5 Tagen.

Juanjui ist ein sehr schönes, untouristisches Städtchen und eignet sich gut als Zwischenstopp (Übernachtung im *Hostal Tumi,* ECO).

Tarapoto

Tarapoto, die „Stadt der Palmen", ist ein landwirtschaftliches Zentrum und größte Stadt des Departamento San Martín (das zugleich als „Königreich der Wasserfälle" in Peru gilt). Die sehr sichere Urwaldstadt mit ursprünglichem Flair liegt auf 360 m Höhe, hat über 117.000 Einwohner und in Stadtnähe fließt der *Río Mayo* in den *Río Huallaga.* Sie hat eine relativ gute Infrastruktur, ist aber nicht billig. Außerdem ist sie für ihre Orchideen bekannt und für gute Rafting-Bedingungen auf dem Río Mayo. Gegründet wurde der Ort 1782 durch Trujillo B. Martínez de Compañón. Nach Tarapoto kamen in den 1960iger Jahren viele europäische Siedler, darunter zahlreiche Deutsche. *Motocarros* sind hier die alltäglichen Fortbewegungsmittel.

Den wirtschaftlichen Boom hat die Stadt auch dem Coca-Anbau im Huallaga-Tal zu verdanken. Es gibt eine kleine Klinik des französischen Arztes Jacques Mabit, die von einem Schamanen geleitet wird. Mit Ayahuasca wird Drogentherapie betrieben. In diesem *Centro de Rehabilitación de Toxicómanos y de Investigación de Medicinas Tradicionales Takiwasi*, Prol. Alerta 466, Tel. 52-2818, www.takiwasi.com, kostet die Therapie pro Monat etwa 500 € und dauert zwischen 3 und 12 Monaten. Im *Centro Takiwasi* kann auch an einer Ayahuasca-Sitzung (inkl. Vor- und Nachbereitung) teilgenommen werden.

Sehenswürdigkeiten bietet der Ort – außer einem kleinen Markt an der Av. Raimondi (Nähe der Plaza de Armas) – jedoch keine. 8 km außerhalb von Tarapoto gibt es Felsmalereien der *Motilones.* Abwechslung bringen evtl. der Markt und das Museum der *Lamistas* im Indígenadorf *Lamas* (Richtung Moyobamba) und die *Laguna Venecia* mit den 50 Meter hohen Wasserfällen *Cataratas de Ahuashiyacu* (15 km) an der Piste nach Yurimaguas.

Tarapoto ist zudem ein wichtiger Verkehrsknotenpunkt. Von hier windet sich die **Carretera Transandino** über Moyobamba, Bagua und Olmos an die Pazifikküste nach Chiclayo. Von Tarapoto nach Yurimaguas

verkehren tägl. Lkw, Fz 8 h, 40 Soles.
 Feste: *San Juan,* 24.6. *Fiestas Patronales,* 7.–19.7. Gründungstag von Tarapoto 20.8., Festhöhepunkt dann am 30.8. mit der *Fiesta Patronal Santa Rosa* im Stadtteil Morales, die 10 Tage zuvor mit dem *Albazo* beginnt.

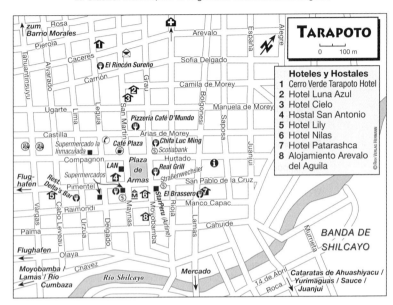

Adressen & Service Tarapoto

Tourist-Info *Caretur,* Jr. San Martin 213, Tel. 52-5148, caretursanmartin@hotmail.com. *Dircetur,* Angel Delgado, Tel. 52-2567, 7.30–13 u. 14–17.15 Uhr, www.regionsanmartin.gob.pe, www.turismosanmartin.com.
 POLTUR: *Policía de Turismo,* Jr. Ramírez Hurtado 198, Tel. 52-2141, und Flughafen. *Policía Nacional del Perú,* Av. Salaverry s/n, Morales, Tel. 52-2929
 Vorwahl (042)

Unterkunft **Hostal San Antonio,** Jiménez Pimentel 126, Tel. 52-5563; bp, Zimmerfenster
ECO nur zum Innenhof. DZ 40 Soles. – **Alojamiento Arevalo del Aguila,** Moyobamba 233, Tel. 52-5265. Familienpension Nähe Plaza de Armas, Garten, Ws. DZ 40 Soles. – **Cerro Verde Tarapoto Hotel,** Jr. Augusto B. Leguía 596, Tel. 52-2288, www.cerroverdetarapotohotel.com. Zentrale Lage, dennoch ruhig, modern, kleine Zimmer/bp. DZ/F ab 110 Soles, empfehlenswert. – **Hotel Cielo,** San Martín 334, Tel. 52-1012, www.hotelcielo.net. Zentrale Lage (Nähe Plaza de Armas), ruhig, einfache, saubere Zi. mit Vent., bp, Ws, Rest. DZ/F ab 90 Soles. – **La Patarashca,** Lamas 261, Tel. 52-8810, www.lapatarashca.com. Einfache Zi., Kw und Ww, Rest. (eines der besten im Ort), HM. DZ ab 90 Soles.

FAM **Hotel Nilas,** Jr. Moyobamba 173, Tel. 52-7331, www.hotelnilas.com. Nahe der Plaza, 55 Zimmer/bp, AC, Pool, Restaurant, Bar, Terrasse mit Panoramasicht, Internet. DZ/F ab 180 Soles. – **Hotel Lily,** Jiménez Pimentel 405–407, Tel. 52-3154. Beliebtes Hotel bei Geschäftsleuten, gefällige Zimmer/bp, AC,

Pool, Sauna, Restaurant, Bar, Ws, Fax-Service. – **Hotel Luna Azul,** Jr. Manco Capac 276, Tel. 52-5787, www.lunaazulhotel.com. Im Restaurant- und Barviertel gelegen, bp, AC, Flughafen-Transfer. DZ/F ab 95 Soles. – **Albergue Turístico La Jungla,** Pasaje Abelardo Ramírez 273, Tel. 52-2502, bp, AC, Pool, Restaurant, Bar, Internet, Touren. DZ/F 120 Soles.

LUX **Puerto Palmeras Tarapoto Resort,** Carretera Pdte. Fernando Belaúnde Terry, km 614, Telefon 52-4100, www.hotelpuertopalmeras.com.pe. Ein 21 ha großes Resort, gut 3 km außerhalb, bp, wunderschöner Pool, Restaurant, Pianobar, Mini-Zoo, See, Sportplatz. Für Behinderte und Kinder besonders geeignet, Flughafen-Transfer, Begrüßungsgetränk. DZ/F ab 360 Soles.

Essen & Trinken *La Patarashca,* Jr. Lamas 261; das beste Spezialitätenrestaurant in der Stadt, im 2. Stock sitzen und Agouti bestellen! **TIPP**! – *El Rincón Sureño,* Augusto Leguía 458; das Grillrestaurant von Doña Zully, Plaza Mayor 253, bietet Grillvielfalt zu reellen Preisen. Unbedingt die delikaten *Vinos y Tragos* (Eigenerzeugung), auch *Uña de Gato,* probieren. – *Real Grill,* Moyobamba 121 (Plaza de Armas); Mix aus Chifa und Grillrestaurant, schmackhafte *Pollos a la brasa* und *Camarones,* auch Nudelgerichte, verschiedene Biersorten, moderate Preise, guter Service. **TIPP!** – Traditionelle Küche sowohl im *El Aguajal II,* Pasaje Aviación 147, als auch im *El Brassero,* Jr. Lamas 231. – Chifa *Canton*, Jr. Ramón Castillo 142; Chifa mit preiswerten Menüs um 9 Soles. – Pizzeria *Café d'Mundo,* Jr. Alegría Arias de Morey 157 (Bar in der Morey 179). – Vegetarische Gerichte gibt es in der Jr. Rioja 166. – Zum Entspannen und Genießen von Kaffee und Kuchen ins *Café Plaza,* Plaza Ecke San Martín, einkehren.

Unterhaltung *Discoteca Recreo Papillón,* Carretera Marginal Norte y Oasis (1. Block), km 2,5. In der Innenstadt tobt das Nachtleben um die Jr. Lamas mit Manco Capac; die aktuellsten Szenekneipen sind *Anaconda* und *Macumba.*

Geld Um die Plaza de Armas gruppieren sich alle Banken (BCP, BBVA, Scotiabank etc.). Geldwechsler stehen zu den Öffnungszeiten vor den Banken und tauschen Geld zum besseren Kurs.

Touranbieter *Martín Zamora,* Jr. Grau 146a, Tel. 52-5148, www.martinzamoratarapoto.com; Ausflüge in die Umgebung von Tarapoto und Kuelap. – *Corporación Turística Amazonia,* Puerto Palmeras Tarapoto Resort. Kontakt in Lima: Fco Bolognesi 125, Büro 703, Tel. 242-5550, www.puertopalmeras.com.pe/index.htm; unterschiedliche Programme nach Chachapoyas, Yurimaguas und Chachapoyas. – *Demla Tours,* Jr. Leoncio Prado 338, Tel. 52-2131, lualtura@hotmail.com (nach Luís Alberto Tafur Ruiz fragen). – *Interlineas,* Jr. San Pablo de la Cruz 110, Tel. 52-5385, http://interlineas-excurciones.com (nach Bertila fragen). – *Los Chancas Expediciones,* Jr. Rioja 357, Tel. 52-2616, http://chancas.tripod.com/spcrew.html.

Weinanbau *El Rincón Sureño,* Augusto Leguía 458, Tel. 52-2785; Zully organisiert Touren zum hauseigenen Weingut inkl. Weinprobe in San Antonio de Cumbaza.

Einkauf *Artesanías Chazuta* von Mary Reátegui, Ramón Castilla 228. – *Supermercado La Inmaculada* (einheimische Schokolade *La Orquídia* probieren!), Compagnon westlich der Plaza.

Motorräder werden in der Ugarte (4. Block) vermietet. Motorräder mit 70 ccm (nur für Stadtrundfahrten) und 185 ccm ca. 10 Soles/h, 80 Soles/Tag (7–19 Uhr).

Bus Die meisten Busunternehmen haben ihren Sitz in der Av. Salaverry, Block 6–8, außerhalb des Zentrums, wie z.B. *Movil Tours,* Salaverry 860, oder *Cial* und fahren auch von dort ab.

Nach **Chachapoyas** (370 km): es fahren keine Busse, nur Colectivo-Kette via Moyobamba, Rioja, Nuevo Cajamarca und Pedro Ruíz. Keine Wartezeit auf das Anschluss-Colectivo, auch in der Regenzeit. Fz 7 h, Fp Tarapoto – Moyobamba um 20 Soles, – Rioja 5 Soles, – Nuevo Cajamarca 4 Soles, – Pedro Ruíz ca. 20 Soles, – Chachapoyas 15 Soles. – **Chiclayo** (690 km): Lkw oder Bus von Guadalupe, Raimondi 321, Tel. 52-3992, Fahrzeit bei freier Straße 12–14 h, Fp ab 40 Soles. Schlafbus von *Movil Tours,* Salaverry 860, mit Abendessen um 70 Soles, preiswerter mit *Paredes Estrella* oder *El Sol Peruamo*. – **Juanjui:** tägl. allradgetriebene Pickups/Camionetas (Stehplatz auf der Ladefläche), Fz 4–5 h, um 25 Soles. – **Lamas** (35 km): Colectivos, Fz 0,5 h, 4 Soles. – **Lima:** tägl. nahezu 10 Busgesellschaften, teilweise mit Schlafbus. ca. 24 Stunden, um 100 Soles. – **Moyobamba** (120 km): tägl. mehrere Colectivos, Fz 2 h, 15–35 Soles. – **Pucallpa:** mehrmals wöchentlich mit *Transmar* via Tingo María. – **Tingo María:** über Juanjui (umsteigen) und Tocache (umsteigen), nur während der Trockenzeit möglich. Ab Tocache fahren Colectivos, Fz 3 h, um 25 Soles. – **Tocache:** über Juanjui (dort umsteigen), nur in der Trockenzeit mit allradgetriebenen Pickups/Camionetas möglich, Fz 12–15 h, um 75 Soles. Viele Kontrollen! Flussdurchfahrten! – **Trujillo:** tägl. mehrere Busse. – **Yurimaguas:** Colectivos am Terminal von *Turismo Selva,* Ugarte 1130 und Busse für 10–15 Soles wie *Paredes Estrella* (Tel. 52-1202), *Ejetur* (Tel. 52-6827) oder *Expreso Huamanga* (Tel. 52-7272)

Flug Vom Flughafen *Cadete* FAP *Guillermo del Castillo Paredes* (TPP), Jr. Jiménez Pimenta s/n, Tel. 55-2278. *StarPerú,* www.starperu.com, und *LAN,* www.lan.com, fliegen tägl. nach Lima, Pucallpa und Iquitos. – *Aero Andino,* www.aeroandino.com.pe, nach Pucallpa im Charter- und Liniendienst mit kleinen Turboprops. – *FAP/Grupo 42,* Agrupamiento FAP Tarapoto s/n Aeropuerto, Tel. 52-3144, nach Iquitos, Yurimaguas und Pucallpa. – *SAOSA,* am Flughafen, Tel. 52-4185, nach Pucallpa, Contamana, Orellana u. Pampa Hermosa. Auch Rettungsflugdienst und Charterflüge nach Yurmaguas!

Ausflüge in die Umgebung

Auf der Piste von Tarapoto nach Lamas gibt es drei *Recreos Campestres* mit Pools, Saunen und Bastschirmen, wie z.B. **La Granja,** oder, direkt gegenüber, **Punta Verde:** große Pools, Imbissbuden, viel Schatten, geringer Eintritt. Anfahrt mit Motorradtaxi 10 Minuten. In unmittelbarer Nähe der Brücke über den *Río Cumbaza* befinden sich einige Buschdiscos (z.B. *Discoteca Papillón und Las Rocas*). Auf der Weiterfahrt nach Lamas liegt bei km 5,5 das *Recreo Turístico Los Krotos* mit sehr schönem Schwimmbecken, Bar und Restaurant. Eintritt gleichfalls gering.

Lamas **Lamas** wird nach 22 km erreicht (4 Soles pro Person im Sammeltaxi, Abfahrt in Tarapoto Calle Alfonso Ugarte). Hier leben in der Unterstadt El Huayaco (oder Wayku) die *Quechua-Lamistas.* Sie stammen von den Chancas aus Andahuaylas ab und waren Gegner der Inka. Als sie 1438 Cusco erobern wollten, wurden sie besiegt und flohen in das Amazonasgebiet des heutigen Departamento San Martín. Erst 1662 wurden die Quechua-Lamistas durch die Spanier unter Capitán Martín de la Riva y Herrera unterworfen und der Ort Lamas gegründet. Quechua-Lamistas sind bekannt für gute Küche und Kunsthandwerk. Frauen tragen noch die traditionellen schwarzen Röcke *(polleras)* und bestickte Blusen.

Interessant sind der *Markt* und das **Museo Etnológico de Lamistas** (geringer Eintritt inkl. Führung, Studentenermäßigung, zum Recherchezeitpunkt geschl.) in der Jr. Lima 537 (traditionelle Kleidung, historische Exponate, Tierfelle, gesellschaftliche Szenen werden mit Puppen nachgestellt; Zeitbedarf ca. 15–20 Min.) sowie das *Centro Artesanal Waska Waska Warmi Wasi* (Kulturhandwerkszentrum). Im Ort erhebt sich außerdem ein Hügel (Mirador) mit Aussicht über Dorf und Urwald, Gz 10 Min. von der Plaza de Armas via San Martín.

Kaffeeliebhaber sollten unbedingt bei **Oro Verde,** einer Kooperation für organische Kaffee- und Kakaoproduktion, vorbeischauen. *Fairtrade* und die UN stehen hinter dem 1999 gegründeten Verein, der seinen Kaffee in Deutschland unter dem Namen *Caféserie* vertreibt. Cafetería in der Jr. San Martín 514 und im Centro Ecológico, Jr. Manco Capac 668, www.oroverde.com.pe. **TIPP!**

Die Bevölkerung feiert ab dem 07./08. bis zum 16./17.07. das farbenfrohe Patronatsfest *Santa Cruz de Los Motilones* und am 30. August ein Fest zu Ehren der Schutzpatronin *Santa Rosa de Lima* mit traditionellen Tänzen in den Gassen Lamas.

Unterkunft Lamas

Zur Übernachtung bietet sich die gemütliche **Albergue Los Girasoles** (ECO), Los Chancas 502, Tel. 54-3439, stegmaiert@yahoo.de, an; direkt gelegen auf dem Mirador mit Panoramablick auf das Tal des Río Mayo und auf Tarapoto. Das Hostal wird vom Deutschen Thomas Stegmaier und seiner peruanischen Frau Maria Inés geführt, Restaurant (Pizzeria Mi–So) und Terrasse, guter Kaffee, Ausflugs- und Raftingtouren, Urwaldtrekking zu Wasserfällen in der Umgebung (Dauer, je nach Kondition, 2 bis 8 Stunden); Zimmer bc/bp. Zimmer/bp 40 Soles, mit Frühstück 50 Soles. – Für Hungrige kann das **El Mirador**, Pasaje Los Jardínes s/n, empfohlen werden (Fischgerichte, Panoramablick). - Leckere *Juanes* gibt es bei **Abuelo Felipe** (nur abends).

Laguna Venecia, Cataratas de Ahuashiyacu

Von Tarapoto in Richtung Yurimaguas liegt beim Pistenkilometer 4 an der Laguna Venecia ein schönes *Centro Recreacional* (Tel. 52-6585). Geringer Eintritt, Bademöglichkeit, gutes, preiswertes Restaurant. Ein Stück weiter warten ab km 14 die 50 Meter hohen Wasserfälle *Cataratas de Ahuashiyacu* (Bademöglichkeit, geringer Eintritt, einfaches Restaurant). Anfahrt von Tarapoto zu den Fällen mit Taxi Fz 30 Min./50 Soles, per Motorradtaxi Fz 50 Min./35 Soles.

Laguna de Sauce/Laguna Azul

Bei einem längeren Aufenthalt in Tarapoto locken außerdem die blaue *Laguna de Sauce* (52 km), je nach Tages- und Jahreszeit verändert sich die Farbe des Wassers. Sammeltaxi ab Tarapoto (Turismo Sauce, Marginal Sur 621, Tel. 34-1993) 12,50 Soles pro Person, nur bis 17 Uhr! Bei der Anfahrt muss in Puerto López (km 36) der Río Huallaga mit einer Fähre überquert werden (ca. 10 Min.). Von dort sind es noch 16 km über steinige Huckelpiste nach Sauce. Gesamtfahrzeit etwa 2 h.

Unterkünfte: Es gibt mehrere direkt am See (ECO/FAM), die auch Bootstouren um die 50 Soles anbieten: *Puerto Patos Tarapoto Lodge,* Huallaga/2 de Mayo s/n, Tel. 52-3978. *Cabaña del Lago,* Calle Ramírez Hurtado s/n (1. Block); sehr gepflegte Anlage, Organisation von Bootstouren, Ausritten und Muschelsammeln. DZ 60 Soles, Begrüßungswein inbegriffen. **TIPP!** *Laguna Azul,* Huallaga s/n (5. Block), Tel. 52-0396, oder, direkt daneben, *Albergue Turístico Las Hamacas,* Tel. 52-0396; beide DZ 50 Soles. Eine besonders schöne Anlage ist *El Sauce Resort,* www.elsauceresort.com mit Sonderangeboten 3 Tage/2 Nächte Paketpreis ab 145 US$ pro Person.

Chazuta

Ein Zusatztag von Tarapoto aus ist für eine Fahrt nach *Chazuta* (45 km) entlang des Río Huallaga zu veranschlagen. Chazuta ist für seine Qualitätskeramiken bekannt. Hier liegen auch die Wasserfälle von *Tununtunumba* und die Thermalquellen von *Chazutayacu.*

Zwischen Shapaja und Chazuta befindet sich die *PumaRinri Lodge* (www.pumarinri.com) des Katalanen Lluis Dalmau Gutsens. Ausflüge zur Beobachtung von giftigen Pfeilgiftfröschen und einzigartigen Schmetterlingen. Verschiedene Programme von Relax bis Abenteuer. **TIPP!**

Yurimaguas

Der kleine Handelsort mit 26.000 Einwohnern am Río Huallaga gehört bereits zum Departamento Loreto und wird auch „Perle des Huallaga" genannt. Seit Ende des Kautschukbooms verfiel Yurimaguas in einen Dornröschenschlaf, und es ist nicht abzusehen, wann es daraus erwacht. Immerhin besitzt Yurimaguas den wichtigsten Hafen am Río Huallaga und es tuckern Direktboote auf dem Río Huallaga und im weiteren Verlauf auf dem Río Marañón bis nach Iquitos am Amazonas hinunter.

Sehenswert ist der tägliche Morgenmarkt mit fotogenen Szenen. Die DEA (Anti-Drogenbehörde der USA) unterhält hier einen wichtigen Stützpunkt und versucht, die kleinen Buschflieger aufzuspüren, die mit Cocablättern nach Kolumbien rüberfliegen, um die Kokain-Küchen zu beliefern – Abschüsse durch die peruanische Luftwaffe kommen vor.

Vorwahl (065)

Unterkunft	**ECO: El Estrella** (BUDGET), Jr. López 314, Tel. 35-2218, bp. DZ 15 Soles. – **Hostal César Gustavo** (BUDGET), Jr. Atahualpa 102, Tel. 35-1585; sauber, bc/bp. DZ 20 Soles. – **Hotel El Naranjo**, Calle Arica 318 (Nähe Plaza de Armas), Tel. 35-2650; gefällig und ruhig, bc/bp., Restaurant. DZ 70 Soles. – **Hotel Leo's Palace,** Jr. Lores 108, Tel. 35-1499; bp/bc, freundlich, preiswert, Restaurant. DZ 40 Soles. - **Puerto Pericos Yurimaguas Inn,** Calle San Miguel 720, Tel. 35-2009. DZ/F 155 Soles. Außerhalb am Fluss Paranapura gelegen, Bootsvermietung.
Essen & Trinken	Restaurants gibt es in den Hotels *Leo's Palace* und *El Naranjo*. Weitere: *Chifa Central,* Calle Castilla 113. *La Prosperidad,* Jr. Progreso 107, tagsüber Säfte und Sandwichs, abends Grillhähnchen. Pizza gibt es im *Truchos*, Plaza de Armas s/n, und fruchtiges Eis erhält man im *Helados La Muyuna,* Calle Bolívar 116. Leckere peruanische Gerichte kreativ präsentiert gibt es im *L'Nute & Listo Restobar,* Calle Teniente César Lopez 103, direkt am Flussufer und nur fünf Minuten von der Plaza entfernt. Ideal auch für einen Sundowner.
Tourveranstalter	Samiria Expediciones y Asociación Huayruro Tours von Miguel Gonzales Maricahua, Büro in Yurimaguas: Hotel Rio Huallaga, Calle Arica 111, Tel. 76-8329 u. Büro in Lagunas: Alfonso Aisobre 424, Barrio Santa Germa, Tel. 40-1186. Individuelle Ausflüge von Lagunas in den Nationalpark Pacaya Samiria.
Bus	Nach **Moyobamba** (245 km): *Transporte Guadalupe,* Abfahrt nur am Morgen, Fp ca. 40 Soles. **Tarapoto** (130 km): mehrmals tägl. Colectivos, Pickups (ab Jr. Amazonas, Cuadra 6, Fz 3 h, 30 Soles, sowie Busse von *Paredes Estrella, Ejetur* u. *Expreso Huamanga* von der Hauptstraße am Ortsrand; Fz 4–5.
Flug	Buschflieger fliegen die umliegenden Urwalddörfer an. *FAP/Grupo 42,* Anfragen an Zentrale unter jerem@fap.mil.pe.
Boot	Täglich Schiffsverkehr mit *Transportes Eduardo,* Tel. 35-1270, transpeduardo@hotmail.com, mit dreistöckigen Amazonasbooten von Yurimaguas nach Iquitos. Abfahrt meist Mittwoch und Samstag ab 16 Uhr, Fz 2 Tage, je nach Wasserstand und Ladung auch länger. Fp Unterdeck 70 Soles, 3. Deck 120 Soles mit viel Platz, zum Essen kann man an den großen Tisch, Mahlzeiten sind im Fahrpreis meist inklusive. Infos bei der *Capitaneria Fluviales* am Fluss. Unbedingt notwendig sind Hängematte, Moskitomittel und Wasserflasche. **Hinweis:** Da der **Flugverkehr** von/nach Yurimaguas **stark eingeschränkt wurde,** hat die **Flussverbindung nach Iquitos wieder Bedeutung gewonnen.** Doch nach wie vor sind Abfahrts- und Ankunftszeiten sowie Fahrpreise nur ungefähre Richtwerte. Ratsam ist, gut 2 Stunden vor der Abfahrt an Bord zu gehen. Die Zeit vor der Abfahrt wird dazu genutzt, das Schiff mit Fracht nahezu zu überladen, das Treiben ist interessant. Verspätungen bis zu 5 Stunden sind nicht ungewöhnlich. Auf den Flussschiffen geht es eng her, unter Deck

steht die Hitze, die Bordkabinen gleichen Brutkästen. Die Dusche benutzen zu können wird zum Glücksfall. Die Essenszeiten werden übers Deck gebrüllt, wie in einem Gefangenenlager, und die Passagiere schlagen sich zur Kombüse vor. Auf der gesamten Flussreise gibt es fast täglich Reis und Kochbananen. An jedem Urwalddorf wird angehalten, um Fracht und Passagiere aufzunehmen oder anzulanden. Zeitvertreib: TV gucken, Schach spielen, dösen …

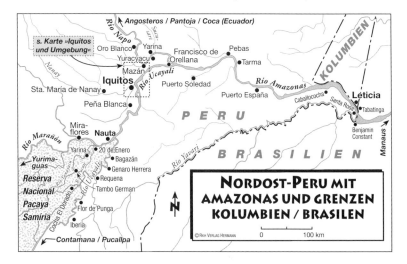

Iquitos

Inselstadt im Urwald

Eigentlich dürfte Iquitos gar nicht existieren. Keine Straße von Außen führt zu dieser Urwaldstadt. Nur über den Wasser- und per Luftweg ist sie erreichbar. Die nächsten größeren Städte sind Pucallpa (800 km entfernt) und Manaus in Brasilien, 1700 km entfernt.

Die Hauptstadt des größten peruanischen Departamento *Loreto* liegt nur 100 m hoch und geht auf eine Gründung der Jesuiten zurück, die zusammen mit den Franziskanern Mitte des 17. Jahrhunderts mehrere Missionen (sog. *Reducciones*) gründeten: *San Juan de Nepomuceno de Iquitos, Santa María de Iquitos, Santa Bárbara de Iquitos, San Sebastián de Iquitos, Sagrado Corazón, San Javier de Iquitos* und *San José de Iquitos*. Die Reduktion von Santa Bárbara de Iquitos wurde dabei an der Stelle gegründet, wo heute Iquitos liegt. Damals lebten hier die *Napeano*. Dokumente belegen, dass *San Pablo de los Napeanos* 1757 als erster amazonischer Flusshafen gegründet wurde.

Einen wichtigen Impuls für Iquitos brachten die etwa 200 Einwohner von *Borja* am Oberen Marañón, die 1840 vor den Angriffen der *Huambisa* nach Iquitos flüchteten. Das peruanisch-brasilianische Abkommen vom 23.10.1851 besiegelte die freie Befahrung des Amazonas und seiner Nebenflüsse. Der damalige peruanische Präsident *Ramón Castilla* ließ daraufhin die Dampfer *Arica, Elisia, Próspero* und *Simbad* bauen. Am 05.01.1864 wurde der **Puerto Fluvial** („Flusshafen") von Iquitos gegründet (eine Kommission, die 1961 eingesetzt wurde, um das Gründungsdatum von Iquitos zu erforschen, kam zu der Entscheidung, dass dieses Datum gleichzeitig das offizielle Gründungsdatum von Iquitos ist).

Kautschuk- und Erdölboom
Ein großer Entwicklungsschub setzte 1880 mit dem weltweiten Verlangen nach Kautschuk ein, Iquitos wurde Hauptstadt des Departamento Loreto. Ein Gebäude aus der Kautschukzeit, das heute noch an der Plaza de Armas steht, ist die *Casa de Fierro,* das „Eiserne Haus". Es wurde vom Pariser Architekten Eiffel entworfen und 1897 in Iquitos von *Baca Diaz* und *Anselmo de Aguila* aufgebaut. Einige Teile wurden am Mercado Modelo verbaut.

Aus der Kautschukzeit existieren noch die *Casa Morey* in der Próspero, das einstige Lagerhaus *Casa de Barro* (das dem berühmten **Kautschukbaron Carlos Fermín Fitzcarrald** gehörte, Ecke Napo/Raimondi) und das große Haus mit Originalfliesen gegenüber vom Grand Hotel (an der Ecke Putumayo/Malecón), in dem nun die Militärkommandantur untergebracht ist. Dampfer aus Europa und Nordamerika machten nach der 3700 km langen Fahrt den Amazonas hinauf an der Uferpromenade von Iquitos fest. 1938 wurde Erdöl in Iquitos gefunden, doch der Boom setzte erst in den sechziger Jahren mit den damit zusammenhängenden Kolonisationsbemühungen der peruanischen Regierung ein.

Neuer Flusslauf
Bis 1965 führte der Río Ucayali (Amazonas) direkt an der Uferpromenade des *Malecón Tarapacá* von Iquitos vorbei und englische Frachtschiffe löschten Eis. Iquitos wurde in jener Zeit noch vollständig über den Amazonas von Frachtschiffen versorgt. Durch die sich ständig verlagernden Sandbänke veränderte der Río Ucayali mit der Zeit seinen Lauf. Der Hauptstrom zieht heute östlich der Iquitos vorgelagerten Insel vorbei und Iquitos grenzt an den Río Itaya. Versuche einer Flussregulierung, den Río Ucayali wieder vor die Uferpromenade in Iquitos zu zwingen, scheiterten.

Die Stadt wird heute immer noch über den Fluss versorgt, wenngleich auch sehr viel bescheidener als früher. Noch kann der Hafen von Schiffen mit 3000 BRT angelaufen werden und spielt für die Exportwirtschaft eine Rolle. Der Rest wird mit dem Flugzeug eingeflogen. Dementsprechend teuer ist Iquitos. Hin und wieder kommt es auch zu Versorgungsengpässen, auch bei Lebensmitteln.

Touristen-Boom-Town Iquitos
Heute ist Iquitos eine Großstadt mit mehr als 600.000 Einwohnern, Sitz der 1961 gegründeten *Universidad de la Amazonía Peruana* und wirtschaftlicher Mittelpunkt eines Gebietes, das größer als die alte Bundesrepublik Deutschland ist. Durch die Wirtschaft und die Verwaltung des riesigen **Departamento Loreto** ist Iquitos auch eine Verwaltungsstadt mit vielen Beamten. Knapp 42% der Erwerbstätigen leben vom Staatshaushalt. Bald jeder mit etwas Geld ist im Besitz von Handy, Telefon und Faxgerät. Iquitos ist Perus meistbesuchte Stadt für Urwaldabenteuer oder ähnliche Unternehmungen. Die Insellage zieht auch viele „Aussteiger" und ähnliche Typen an.

Der um Iquitos propagierte sog. **„Öko-Tourismus"** steckt noch in den Kinderschuhen. Es gibt hier keine einzige internationale Organisation für den Schutz des Tropenwaldes. Zwar unterhält das *Amazon Center for*

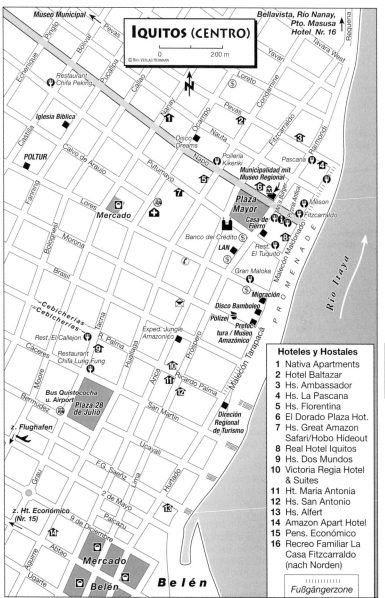

Environmental Education and Research (ACEER) eine wissenschaftliche Lodge und hat eine 450 m lange und bis zu 36 m hohe **Seilhängebrücke ("Canopy Walkway")** durch die Baumkronen bauen lassen, doch wurde sie an die kommerzielle Lodge *Explorama* vermietet. Dort muss jeder Gast als Eintritt eine Spende an ACEER zahlen, wenn er diesen Baumwipfelweg benützt.

Das **Klima** ist während der Regenzeit von November bis April feuchtheiß. Das Thermometer steigt dann hoch in die Dreißiger. In der weniger nassen und schwülen Zeit von Juni bis September fällt es unter 30 Grad, an vereinzelten Tagen im Juni sogar auf 20 °C.

Sehenswürdigkeiten

Uferpromenaden, **Plaza de Armas, Mercado** (halber Tag)
Die **"schwimmende Stadt"** und die Märkte von **Belén** mit ihren Pfahlbauten (halber Tag)
Laguna Quistococha und **Laguna Moronacocha** (halber oder 1 Tag)
Urwald-/Flusstour inkl. Übernachtung in einer Lodge (2 / mehrere Tage)
Canopy-Walkway – in den Bäumen durch den Urwald (2 Tage)
Reserva Nacional de Pacaya Samiria (3–7 Tage)

Besichtigungstour

Von der Plaza de Armas bis zum Mercado Belén

Iquitos, leicht übertrieben „Perle des Amazonas" genannt, weist in einer morbiden Atmosphäre einige bescheidene Sehenswürdigkeiten auf. Ein Stadtrundgang bietet sich dadurch nicht an. Ausgangspunkt für einen ersten Bummel durchs Zentrum ist die **Plaza Mayor**. Hier steht das Gebäude des ehemaligen *Palacio Municipal* (Rathaus) und die *Iglesia Matriz*. An der Ecke zur Putumayo döst die altehrwürdige *Casa de Fierro*. Sie wurde von Eiffel für die Weltausstellung in Paris konstruiert und 1897 zur Zeit des Kautschuk-Booms nach Iquitos verschifft. Heute beherbergt sie im Erdgeschoss diverse Geschäfte und Restaurants mit einheimischer und internationaler Küche.

Von der Plaza Mayor führt die Putumayo zur Uferpromenade hinunter. Hier legten früher, als der Río Ucayali bzw. Amazonas noch direkt vorbeifloss, die Schiffe aus Übersee an. Nach links ist sie nun Fußgängerzone und führt als Malecón Maldonado bis zur Calle Nauta. Allabendlich füllt sich dieser Abschnitt der Uferpromenade mit unzähligen Passanten sowie Nachtschwärmern, die Kneipen haben Hochkonjunktur. Nach rechts führt die Uferpromenade als *Malecón Tarapacá* zur *Prefectura,* in dem das **Museo Amazónica** untergebracht ist. Sehenswert sind die Bronzeplastiken von Felipe Lettersten, die die verschiedenen **Amazonas-Indígena** darstellen. Ab der Ecke Brasil/Malecón Tarapacá ist wieder ein Stück der Malecón mit Fahrzeugen nicht befahrbar.

Nach rechts geht es über die Calle Palma zur Próspero, Hauptgeschäftsstraße von Iquitos. Nicht weit davon entfernt ist die **Plaza 28 de Julio,** hinter dem sich vor ein paar Jahren noch Urwald ausbreitete. Zu Fuß oder mit einem Motocarro (3 Soles) ist der **Mercado Belén** südl. der 9 de Diciembre in Richtung Fluss schnell erreicht. Dieser Markt am Rande des Stadtteiles Belén ist sehr sehenswert. Hier werden neben Lebensmitteln auch medizinische Pflanzen, z.B. *Uña de Gato,* und diverse Heilkräuter angeboten. Aber auch lebende Maden (*suri,* gegrillt eine Delikatesse!), zerhackte und ausgenommene Schildkröten, Schildkröteneier, Amazonasfische, Palmherzensalate, Rinderzungen u.a. mehr.

Belén, die „schwimmende Stadt"

Hinter dem Markt, zum Fluss abfallend, beginnt mit dem Stadtteil Belén *die* Attraktion von Iquitos. Man sagt, dass hier die Hälfte aller Bewohner der Stadt wohnt. Belén („Bethlehem") hat nichts mehr mit Iquitos gemein, es ist eine andere Stadt, eine andere Welt. Die Menschen hier versorgen das restliche Iquitos mit Frischfisch, Urwaldfrüchten und auch Heilkräutern. **Achtung! Keine Wertsachen, Pass, Kreditkarte, viel Geld oder große Kamera etc. mitführen! Aufpassen!** Am besten mit einem lokalen Führer gehen!

Belén wurde einst von Urwaldbewohnern angelegt, die am Boom von Iquitos teilhaben wollten. Wegen des enormen Höhenunterschieds des Wasserstandes während der Regen- und Trockenzeit entstand ein typisches Flussdorf mit Hausbooten, schwimmenden Hütten-Plattformen und beängstigend hohen Pfahlbauten. Während der Regenzeit steigt der Wasserspiegel bis zu zehn Meter und in der Trockenzeit sacken viele der schwimmenden Holzplattformen auf den Grund. Dann ergibt sich die einzige Möglichkeit, durch Beléns Wassergassen zu gehen. Bei hohem Wasserpegel gleicht Belén einem amazonischen Dschungel-Venedig – zwar nicht so prächtig wie die Stadt an der Adria, dafür aber umso interessanter, bunter und aufregender.

Bellavista

Fährt man mit einem Motocarro auf der Marina nach Norden, endet deren Verlängerung nach kurzer Fahrt am Flusshafen von **Bellavista** am Río Nanay. Es gibt einen kleinen Markt, viele Bootsanleger, eine Flusstankstelle und neben den Booten der Wasserschutzpolizei dümpeln hier auch die Wasserflugzeuge der peruanischen Luftwaffe.

Viele Peque-peque und Motorboote warten auf Fahrgäste. Colectivo-Boote fahren u.a. nach Barrio Florida und weiter nach **Santa Clara de Ojeal.** Wer gut handelt, kann durchaus für ein paar Stunden ein Boot anheuern und den Río Nanay zur **Laguna Moronacocha,** bis Sta. Clara oder Sto. Tomás hinaufschippern. Noch schöner ist die Fahrt den **Río Momón** hinauf mit seinen unzähligen Flussbiegungen. Mit einem Schnellboot macht es einen Riesenspaß, über den Fluss zu jagen. Nachteil ist der hohe Spritverbrauch der starken Motoren, der zu bezahlen ist. Eine Stunde auf dem Nanay mit dem Schnellboot kostet 30–40 Soles, egal wieviel Personen mitfahren.

Kurzausflüge

Laguna Quistococha

Diese Lagune mit Öko-Park liegt etwa 15 km südlich vom Zentrum in einer schönen Tropenwaldlandschaft. Die Lagune ist etwa einen Quadratkilometer groß, aber nur 8 Meter tief und die erlaubte Badefläche sehr klein. Vor dem Eingang zum 360 ha großen Naturpark wurde ein Aussichtsturm errichtet, von dem über die Urwaldbäume zum See gesehen werden kann. Im Turm sind ausgestopfte Urwaldtiere ausgestellt.

Die Laguna Quistococha ist ein riesiges Naturbad im Urwald, über die viele Legenden erzählt werden. Es gibt dort einen kleinen, nicht tiergerechten Zoo und ein Aquarium. Wer Glück hat, sieht vielleicht einen *Paiche* kurz auftauchen. Am Seestrand befindet sich ein Restaurant, in dem ab und zu Affen rumturnen. Mo–So 8–17 Uhr, Eintritt. An- und Rückfahrt mit dem Taxi (inkl. Wartezeit) um 40 Soles, Anfahrt mit dem Motocarro 15 Soles, Ruderbootvermietung 2,50 Soles/halbe Stunde.

Laguna Quistococha

Laguna Moronacocha	Die Lagune liegt am westlichen Stadtrand von Iquitos, ist in 15 Minuten mit dem Motocarro erreichbar und für ihre stimmungsvollen Sonnenuntergänge bekannt. Die Uferpromenade wurde 1998 gebaut. Anfahrt mit Mototaxi von der Plaza 28 de Julio um 5 Soles.
Laguna Mapacocha	Auf der Straße nach Quistococha führt eine Abzweigung zum 20 km entfernten Dorf *Santo Tomás* an der *Lagune Mapacocha*. Das Dorf ist ein beliebter Wochenendtreff und die umliegenden Restaurants und Bars füllen sich dann schnell. Es gibt Bademöglichkeiten und eine Bootsvermietung.
Lagunas Romococha und Zungarococha	Weitere Ausflugsziele sind die Lagunen *Romococha* (4 km südwestlich am rechten Ufer des Nanay) und *Zungarococha* (ebenfalls am rechten Ufer des Nanay). Richtung Zungarococha gibt es eine Abzweigung zu den Schwarzwasserseen von *Corrientillo*. Während der Regenzeit stehen die Palmen hier vollständig im Wasser.
Santa Clara	Ein malerisches Dörfchen, das von Iquitos aus gut erreicht werden kann (15 km), ist Santa Clara de Ojeal an der Mündung des Río Nanay. Während der Trockenzeit kann an weißen Sandstränden gebadet werden. Anfahrt per Mototaxi ca. 15 Soles.
Centro de Investigaciones Allpahuayo	Carretera von Iquitos nach Nauta, km 26,8. Das Projekt gehört zur Reserva Nacional Allpahuayo Mishana, www.iiap.org.pe. Man bezahlt nicht die Unsummen einer organisierten Tour und kann den Urwald und seine Flora auf Pfaden intensiv erleben (Tiersichtungen jedoch so gut wie keine). Ein Höhepunkt ist ein ca. 70 m hoher Baum. Zwei bis drei Stunden Zeit sollten investiert werden. Eintritt Studenten 16 Soles. Unterkunft möglich.
Pilpintuwasi	Das Rettungszentrum für vom Aussterben bedrohte Tierarten mit einem 320 qm großen **Schmetterlingshaus** liegt am Río Nanay, 15–20 Minuten mit dem Schnellboot vom Anleger Padre Cocha in Bellavista Nanay, Tel. 23-2665, www.amazonanimalorphanage.org, Di–So 9–16 Uhr, Eintritt 5 US$. Die Österreicherin Gudrun Sperrer betreut neben dem Schmetterlingshaus, in dem Besucher zwischen Faltern und Pflanzen herumspazieren können, vier verschiedene Affenarten (u.a. rote und schwarze Stummelschwanzaffen), Papageien, einen Jaguar, Tapir und Riesenameisenbär. Bis auf den Jaguar und Tapir sind die Tiere frei und sehr zahm. Die Polizei bringt auch beschlagnahmte Tiere von Touristen dorthin, da sie im Urwald keine Überlebenschance mehr hätten. Empfehlenswert.

Werner Herzogs „Molly Aida"

Von 1977–1981 drehte Werner Herzog in **Iquitos** und Umgebung sein legendäres Dschungel-Epos **Fitzcarraldo,** ein wahnwitziges Unternehmen, so recht nach dem Geschmack des Exzentriker-Duos **Werner Herzog/Klaus Kinski.** Die Filmhandlung ist um 1900 angesiedelt und erzählt den Traum des verrückten irischstämmigen Visionärs und Caruso-Fans Brian Sweeney Fitzgerald, genannt Fitzcarraldo, gespielt vom egomanischen Klaus Kinski (weibliche Hauptrolle: Claudia Cardinale). Fitzcarraldo möchte in dem verschlafenen Urwaldnest Iquitos ein großes Opernhaus errichten, und das Geld dazu soll ein nicht minder wahnwitziges Projekt einbringen: Die Erschließung der Kautschukgebiete am Río Manu und der dazu notwendige Transport eines Raddampfers durch eine Urwaldschneise von einem Fluss zu einem anderen (s. Karte S. 413 und S. 418, „Istmo de Fitzcarrald"). Gedreht wurde außer in Iquitos auch auf den Flüssen Urubamba und Camisea (bei Camisea) sowie an den Stromschnellen des Pongo de Maiñique.

Das Restaurant Tropical an der Straße zum Flughafen wurde von Paul Hittscher geführt, der in dem Film den Kapitän spielte und 1995 auf dem Friedhof von Iquitos seine letzte Ruhe fand. Der Filmkoch Huerequeque kann mit etwas Glück heute noch in Iquitos angetroffen werden. Herstellungsleitung hatte **Walter Saxer,** und im Recreo Familiar La Casa Fitzcarraldo seiner „Wildlife Films Amazonas" in der Av. La Marina 2153, heute ein kleines tropisches Paradies in Zentrumsnähe, wurde der Film fertiggestellt.

Walter Saxer: „Für den Film brauchten wir drei Schiffe: ein Wrack, das Fitzcarraldo im Film kauft und wieder flottmacht, und zwei voll funktionsfähige: eines für die Szenen am Berg, und das andere für die Aufnahmen in Iquitos und an den Stromschnellen des Pongo de Maiñique. Das Wrack, das lange auf dem Ufer des Río Nanay lag, war die Narinho (Foto s.S. 424), die wir nach monatelanger Suche schließlich in Leticia gefunden hatten, wo sie Jahre zuvor gesunken war. Auf diesem kolumbianischen Flussdampfer, 1911 im schottischen Edinburgh gebaut, wurde übrigens 1942 der peruanisch-kolumbianische Friedensvertrag unterzeichnet. Wir mussten den löchrigen Rumpf des Schiffes mit 800 leeren Ölfässern füllen, um es nach Iquitos ziehen zu können. Dann kauften wir ein ähnliches in Iquitos, die Huallaga, und rüsteten die gesamten Aufbauten nach der Narinho um. Das dritte Schiff, die Juliana, wurde komplett neu in der Schiffswerft der Marine gebaut."

Die Juliana wurde für die Aufnahmen um Camisea verwendet. Hier zogen und schleiften Männer vom Stamm der Asháninka über eine Steigung von 42 Grad die 250 Tonnen große **Juliana** alias „**Molly Aida**" vom Río Camisea 3 km durch den Urwald in den Río Urubamba. Die Asháninka stammten aus dem Gran Pajonal (zwischen Atalaya und Satipo) und mussten durch Jaime Moreau aus Atalaya in langen Gesprächen dazu gebracht werden, für sieben Monate am Film mitzuwirken. Ursprünglich sollte der Film an den Flüssen Marañon und Cenepa mit den Aguaruna gedreht werden, was aber durch „die unglaubliche Mischung aus Manipulation der Indianer, Interessen von Missionaren und Anthropologen", so Saxer, „verhindert wurde".

Die Narinho fiel 2006 dem chinesischen Wirtschaftsboom zum Opfer und wurde als Alteisen nach China entsorgt. Die Juliana, ein exakter Nachbau der Narinho, gehörte dem ehemaligen Bürgermeister von Iquitos, Silfo Alvan, und lag jahrelang völlig verkommen am Amazonas. Nach dessen Tod 2006 kaufte ein Argentinier das Schiff, baute dieses um und machte es wieder flott. Die Huallaga, die durch die Stromschnellen des Pongo de Maiñique des Río Urubambas gejagt wurde, fährt noch heute als Frachtschiff zwischen Iquitos und Yurimaguas (s.a. S. 416). – FS

Adressen & Service Iquitos

Tourist-Info **i-Peru,** Calle Napo 161, Tel. 23-6144, iperuiquitos@promperu.gob.pe, Mo–Sa 9–16 Uhr, So 9–13 Uhr. Infos zu Sehenswürdigkeiten, keine Reservierungen. Zweigstelle auf dem Flughafen bei Ankunft von Flügen, Tel. 26-0251, iperuiquitosapto@promperu.gob.pe. Sehr ausführliche Informationen und ausgesprochen hilfsbereit per Mail! 24-h-Service unter Tel. (01) 574-8000.

Infos auch an der Plaza Mayor im Erdgeschoss der Municipalidad Provincial de Maynas (MPM), Tel. 23-5621, Mo–Fr von 8–20 u. Sa/So von 9–13 Uhr.

Directura (Dirección Regional de Comercio, Turismo y Artesanía, Condamine 173, Tel. 23-4609, loreto@mincetir.gob.pe, Mo–Fr 7–15 Uhr. **Vorwahl (065)**.

POLTUR	*Policía de Turismo,* Internationaler Flughafen *Francisco Secada Vignetta* und Sargento Lores 834, Tel. 24-2081. – *INDECOPI,* Casa de Fierro, Tel. 24-3490, Mo–So 8.30–16.30 Uhr. – *Migración,* Cáceres Cuadra 18, Tel. 23-5371, Mo–Fr 8–16 Uhr. Ein-/Ausreisestempel für Ecuador.

Unterkunft

Das Hotel-Preisniveau ist in Iquitos ziemlich hoch. Die billigen Unterkünfte sind nicht sehr sauber, in einigen der unteren Kategorie kann es zu Wassermangel kommen. Falls die Regenzeit nicht rechtzeitig eintritt, versiegen auch die tiefsten Brunnen der Stadt. Die familiäre Mittelklasse ist wenig vertreten und die gehobene Mittelklasse tendiert preislich noch weiter nach oben. Nur die besseren Hotels haben *aire acondicionado* (AC), alle anderen Ventilatoren.

BUDGET	**Hostal San Antonio,** Próspero 665, Tel. 23-5221. 18 kleine Zimmer/bp. – **Hostal Alfert,** García Sáenz 01, Tel. 23-4105, hostalalfert@hotmail.com. 17 Zimmer, Touranbieter Andres im Haus. EZ/bp 15 Soles, DZ/bp 25 Soles. – **Hotel Baltazar,** Condamine 265, Tel. 23-2240, gutes PLV. DZ/bp um 40 Soles.
ECO	**Great Amazon Safari Hostal,** genannt „Hobo Hideout", Putumayo 479, Tel. 23-4099. Saubere Zi. und Dormitorio, Vent., Gästeküche, GpD. DZ 40 Soles, Dorm 17 Soles. – **Hostal La Pascana,** Calle Pevas 133, Tel. 23-1418; 20 Zi., EZ/DZ/TriZ, bp, einfach und sauber, freundlich, ruhig, sicher, schöner Innengarten, kostenloses Internet, GpD, Reservierung empfohlen. EZ 35 Soles, DZ 40 Soles. – **Hostal Florentina,** Huallaga 212, Tel. 23-3591; 15 Zimmer/bp. DZ 45 Soles. – **Hospedaje El Sitio,** Ricardo Palma 541, Tel. 23-4932; 20 Zimmer/bp, gerne besucht. – **Hostal Dos Mundos,** Tacna 631, Tel. 23-2635; 32 Zimmer/bp (einige innenliegend), AC; es wird manchmal Rabatt gewährt. – **Hostal Golondrina**, Putumayo 1024, sauber, SKK, Pool. DZ 35 Soles.
FAM	**Recreo Familiar La Casa Fitzcarraldo** von *Wildlife Films Amazonas,* Av. La Marina 2153, Maynas, Tel. 60-1138, www.lacasafitzcarraldo.com. Vier großzügig möblierte Apartments und zwei Bungalows, etwa 5 Minuten vom Zentrum entfernt, Restaurant, sehr schöner Pool, See, dreistöckige Baumhäuser mit Flussblick inmitten einer herrlicher tropischer Gartenanlage. Der Schweizer Besitzer *Walter Saxer* war Produktionschef des Filmklassikers **Fitzcarraldo,** der hier 1977–1981 produziert wurde, sowie von „Aguirre, der Zorn Gottes". Heute wird das Anwesen von der Tochter *Michaela Helvecia Saxer Gonzales de MacPhale* geführt. Apartments/bp/Kw/F Mini 100 Soles, für 2 Personen 120 Soles, für 4 Pers. 180 Soles, Bungalows für max. 3 Pers. 150 Soles, Wochen- oder Monatsmiete möglich, auch VP. Mittagessen 12 Soles, Abendessen 15 Soles. **TIPP!** – **Nativa Apartments,** Calle Nanay 144, Tel. 60-0270, www.nativaapartments.com. Liebevoll familiär geführtes, sehr sauberes Appartment-Haus für längere Aufenthalte. AC, Kitchenette, WiFi, bp, TV. Zimmer ab 120 Soles/Nacht, auf Wunsch Frühstück. **Hostal Ambassador,** Calle Pevas 260, Tel. 23-3110, Reservierungen über Paseos Amazonicos. 25 Zimmer/bp, AC, Flughafen-Transfer, Mitglied des JuHe-Verbandes Perus, gute Arrangements für Urwaldtouren, sehr gut und empfehlenswert. DZ/F 20 US$. – **Real Hotel Iquitos,** Malecón Tarapacá Cuadra 1 (direkt an der Uferpromenade), Tel. 23-1011. Älteres Hotel mit Charme, 72 Zimmer/bp, AC, Restaurant, Bar, Ws, Ü/F. – **Hotel Sol de Oriente,** Av. Abelardo Quiñones, km 2,5, Tel. 26-0317, hsoldeoriente1@qnet.com.pe. Hotel mit hübschem Garten, Minizoo, Pool, Internet. DZ/F 160 Soles inkl. Flughafen-Transfer, empfehlenswert. – **Hotel Acosta,** Huallaga/Araujo, Tel. 23-1761, www.hotelacosta.com. 27 schöne Zimmer/bp, AC. DZ/F 160 Soles. – **Amazon Apart Hotel,** Av. Aguirre 1151, Tel. 26-6262, www.amazonaparthotel.com. Aparthotel mit allen Annehmlichkeiten.
LUX	**Victoria Regia Hotel & Suites,** Ricardo Palma 252, Tel. 23-1983, www.victori-

aregiahotel.com. 42 Zimmer/bp, AC, Restaurant, Bar, Pool, Reserv. sinnvoll, Flughafen-Transfer. DZ/F 264 Soles. **TIPP!** – **El Dorado Plaza Hotel**, Napo 258, direkt an der Plaza, Tel. 22-2555, www.eldoradoplazahotel.com. Bestes Hotel mit modernem Komfort (Whirl- u. Swimmingpool u.a). DZ/F 220 US$.

Essen & Trinken

Die regionale Küche von Iquitos hat nahezu die gleichen Spezialitäten auf der Karte wie die Amazonasküche Pucallpas (s. dort). Weitere typische Gerichte sind *cecina con tacacho* und Fischgerichte, z.B. *tucunare, guiso de paiche* sowie Schildkröten oder *Sarapatera* (im Schildkrötenpanzer zubereitete Suppe). Ganz typisch ist auch *ensalada de chonta*, herzhafter Palmherzensalat und *Camu Camu* (Urwaldfrucht mit sehr viel Vitamin C). Wer Erdnussgeschmack mag, sollte unbedingt *inchicapi* probieren, eine Erdnusssuppe mit Hühnerfleisch. *Juane* ist ein Gericht aus Reis mit Hähnchenfleisch.

Dazu werden Getränke des Urwalds, wie z.B. *aguajina, chuchuhuasi* (Branntwein aus der Baumrinde des Chuchuhuasi-Baumes), *masato* (Maniokbier), *hitochado* (Huitafrucht mit Zucker und Branntwein) oder *siete raíces* (Branntwein aus sieben verschiedenen Baumrinden) serviert. Zum Nachtisch erfrischen Tropenfrüchte, wie z.B. *Papayas, Mangos, Coconas, Aguajes, Guayabas, Bananen* und andere.

Typische **regionale Küche** im **El Mesón,** Malecón Maldonado 153 (doch Vorsicht: Kaimanfleisch ist verboten!). **El Zorrito,** Calle Faning 355, hat mit 16 Jahren Erfahrung im Kochen örtlicher Spezialitäten.

Das Restaurant **Fitzcarraldo,** Calle Napo 100, schenkt sehr gute Säfte aus. Es befindet sich immer noch im Besitz der Familie Fitzcarraldo und zeigt stolz die Fotografien aus dem Jahr 1982. *Huerequeque,* der im Film *Fitzcarraldo* den Koch spielte, kann mit etwas Glück in seiner eigenen Kneipe im Hafen Bellavista Nanay angetroffen werden. Schöne Lage am Fluss, eiskaltes Bier.

Sehr gut und nicht übermäßig teuer ist das **Gran Maloka,** Calle Sargento Lores 170, den Haus-Whiskey probieren!

Außergewöhnlich ist das Restaurant **Al Frío y al Fuego,** Av. La Marina, Cuadra 1 „El Huequito". Von dort wird man kostenlos zum Restaurant gebracht, das sich auf einem Floß mitten im Fluss Itaya befindet! Gourmet-Küche mit einheimischen Zutaten. Pool-Landschaft, unbedingt Badesachen mitnehmen. **TIPP!**

Hähnchenfreunde zieht es allabendlich zum empfehlenswerten **Kikeriki,** Calle Napo 400. Die großen Hühnerviertel mit Pommes und Krautsalat kosten ab 12 Soles, immer brechend voll.

Viele preiswerte und familiäre **Cebicherías** sind in der Ricardo Palma ab Tacna/Palma zu finden, frischer Amazonas-Fisch kommt hier als Cebiche oder gegrillt auf den Tisch.

Einer der angenehmsten Plätze hoch über dem Flussufer ist die **Bar Franceso,** Pevas 100, geöffnet von 9–18 Uhr, nur Getränke, kein Essen! Das schöne an diesem Platz ist die herrliche Aussicht über den Fluss bei einer angenehmen Windbrise. Ab und zu wird abends Live-Musik geboten. In der Malecón Maldonado 251 befindet sich mit dem Aussichts-Restaurant **Peña Criolla** ebenfalls ein Restaurant mit Blick über den Fluss, Fr/Sa gibt es ab 21.30 Uhr Livemusik.

Eine gute **Chifa** ist **Long Fung,** Calle San Martin 454. Rund um die dortige *Plaza 28 de Julio* gibt es viele preiswerte Kneipen und Restaurants jeglicher Art, irgendwo wird jeder etwas für seinen Geschmack finden.

Immer gut besucht ist das Schnellrestaurant **Ari's Burger** an der Plaza de Armas, Jr. Próspero 127, auch *Gringolandia* genannt. Der Laden hat fast immer offen, es kann Geld gewechselt werden und es ist sehr sauber. Hier gibt es selbstgemachtes Urwald-Eis (2 riesige Kugeln für nur 5 Soles). Gleich daneben: **Pizzeria Antica,** Calle Napo 159; gutes **Frühstück** mit frisch gepresstem Saft, Ei, Schinken und Kaffee für wenig Geld. Frühstück gibt es ebenfalls im

	Rico Tacacho, Calle Ramírez Hurtado 873 ab 6 Uhr morgens. Kaffee, Sandwiches u. andere Snacks in **Maria's Café,** Jr. Nauta 292, ab 7.30 Uhr. Und das beste Clubsandwich gibt es im **Yellow Rose of Texas,** Putumayo 180, *der* Gringotreff in Iquitos, gutes Essen und nette Atmosphäre!
Erste Hilfe	*Clínica Adventista Ana Stahl,* Av. La Marina 285, Tel. 22-2535, 24-h-Service. *Hospital Militar Sta. Rosa,* Cornejo Portugal 1648, Tel. 26-5275. Spezialist für Tropenkrankheiten: *Selva Amazónica,* Urb. Jardín 27 (4. Block Fanning), Tel. 23-6277, Mo–Sa 7–12.30 und 15–19 Uhr.
Dt. Honorarkonsulat	Honorarkonsul *Max Druschke,* Calle Pevas 133-B, Tel. 23-1418, max_druschke@yahoo.de.
Hängematten	Für jene, die das Bootsvergnügen nach Yurimaguas oder Pucallpa wagen, empfehlen wir den Kauf einer eigenen Hängematte. Calle Ramírez Hurtado, Cuadra 11, und Av. 9 de Diciembre, Cuadra 1. Preise zwischen 25 und 45 Soles, je nach Qualität und Größe.
Post	*Serpost,* Arica 402, Tel. 23-1915, 9–20 Uhr, auch am Flughafen. *DHL,* Próspero 272, Tel. 23-4399, Mo–Fr 9–19, Sa 9–13 Uhr.
Geld	*Banco de la Nación, Scotiabank, Banco Continental, Banco del Crédito* und *Interbank* um die Plaza de Armas. Geldautomaten für div. Kreditkarten. Außerdem Geldwechsler an der Plaza de Armas und in der Próspero.
Mietwagen	*Rent a car Iquitos,* Calle Morona 368, Tel. 23-5633. Japaner und Allradwagen. *JB,* Calle Yavarí 702, Tel. 24-2965 und *River Fox,* Calle Tacna 410, vermieten Allradwagen ab 250 Soles pro Tag (Achtung: oft Mindestmiete drei Tage).
Museen	*Museo Regional de Maynas de Flora y Fauna,* Plaza Mayor, 1. Etage der Municipalidad (Rathaus), zeigt eine große Sammlung von Urwaldtieren und Indígena-Trachten; Mo–Sa 8–18 Uhr. Eintritt. *Museo Amazónico,* Malecón Tarapacá 386 (in der Prefectura). Mo–Fr 8–13 u. 14–16 Uhr, Eintritt 5 Soles. Sehenswerte Bronzeplastiken von Felipe Lettersten.
Reisebüro	*JIREH Travel,* Jr. Arica 329, Tel. 23-6401, manayab@hotmail.com und ventas1@jirehtraveleirl.com. Zuverlässig! Weitere Reisebüros befinden sich sowohl im Jr. Putumayo als auch im Jr. Próspero.
Kunsthandwerk	Neben handwerklichen Kunstgegenständen und handbemalten Stoffen werden auch Gegenstände aus Naturfasern *(Chambira, Jute, Tamshi und Shapaja),* Hülsenfrüchten und Samenkörnern *(Ajo de Vaca, Huayruros, Rosarios* usw.) angeboten. Samenkörner und Hülsenfrüchte sollen nicht in den Mund genommen und die Gegenstände nicht an Kinder verschenkt werden, da einige giftig sein können! Beachten Sie bitte auch das Artenschutzgesetz und kaufen Sie keine lebenden oder ausgestopften Tiere und schon gar keine gefleckten Felle, Kaiman- oder Schlangenhäute! Empfindliche Strafen! Auch Pirañas und Schmetterlinge (z.B. der blaue Morphofalter) fallen darunter! – *Mercado Artesanal San Juan,* Av. Abelardo Quiñones km 4,5, links an der Straße kurz vor dem Flughafen, Mo–So 8–19 Uhr; u.a. Blasrohre (2 Meter lang) um 150 Soles. Sehr schöne Holzarbeiten (Schalen, Vasen) am Stand 21 bei *Tejedo Arts*! Diverse weitere Souvenirläden im Jr. Próspero; u.a. Blasrohre, Holzschnitzereien aus Glutholz (Palisander), Flechtarbeiten.
Supermarkt	Ein Mitbringsel sind *chifles,* Bananenchips unterschiedlicher Geschmacksrichtungen der Marke *Persa.* Gesalzen, pikant oder mit Käsegeschmack im Supermarkt im Jr. Raymondi 195 oder im Jr. Prospero 409.
Discotecas & Bares	Im *El Amauta,* Jr. Nauta 250, treffen sich lokale Künstler bei Live-Musik und guten Getränken. Internationales Publikum findet sich in der *Bar Texano,* Jr. Putumayo 180, ein. Den Abend mit Blick auf den Fluss Itaya ausklingen lassen kann man in der *Bar Arandú,* Malecón Maldonado 113.

Bambolea, Malecón Tarapacá 339, Mo–So ab 20.30 Uhr, Eintritt (1. Getränk frei), ab 23 Uhr richtig voll, auch Live-Musik. *Dreams,* Samanez Ocampo 102, ab 22 Uhr, Eintritt. *Discoteca Noa Noa,* Calle Fitzcarraldo 298, Mi–Sa ab 21 Uhr; mit Wasserfällen, sehr chic, derzeit der letzte Schrei in Iquitos! *Berimbau Disco,* Jr. Putumayo 467, Fr u. Sa ab 22 Uhr, Disco-Pub.

Ayahuasca *Schamane Agustin Rivas,* neben Hostal La Pascana, Pevas, agusriv@mixmail.com. Einer der bekanntesten Schamanen, Bildhauer aus Pucallpa. Er hat auch eine Lodge stromaufwärts in Tamshyacu, Fz 1 h mit dem Schnellboot. Mehr Informationen auf www.agustinrivas.com. Auch mal bei *Spirit Path to the Amazon* reinschauen, www.spiritpathperu.com.

Feste **5. Januar:** Gründung der Stadt Iquitos. Februar/März: farbenprächtiger Karneval mit *La Pandilla*-Tanz; im Mittelpunkt steht die *Humshi*-Palme. **3. Woche im Juni:** indigene Musikgruppen auf dem Mercado Artesanías San Juan. **24. Juni:** Fiesta San Juan de Loreto mit Tanz und Musik; Höhepunkt in San Juan de Miraflores. **8. Dezember:** Prozession zu Ehren der Jungfrau Maria in Puchana.

Wäscherei *Lavandaria Imperial,* Calle Putumayo 150, Mo–Sa 8–19 Uhr. Bis 21 Uhr geöffnet hat das *Lavacenter,* Jr. Próspero 459.

Verkehrsverbindungen

Stadt- und Nahverkehr Das Straßenbild wird von den vielen Motocarros (Motorradtaxis) geprägt. Mit ihnen kommt man überall hin. Ungefähre Fahrtkosten
vom **Flughafen** zur **Plaza Mayor** 7,50 Soles (Taxi 15 Soles)
von der Plaza de Armas zum **Bootsanleger** am **Río Nanay** 3 Soles
vom Zentrum zum **Puerto Masusa** 3 Soles
Strecken innerhalb des Stadtzentrums kosten 1,50 Soles, längere, z.B. zur Laguna Quistococha oder nach Sto. Tomás, 10–15 Soles (für eine Stunde Fahrt). Es ist so preisgünstig, mit einem Motocarro zu fahren, dass Taxis (Stundentarif ca. 15 Soles) und Busse nur eine untergeordnete Rolle spielen. Die Busslinien 1 und 4 fahren **zum Hafen Puerto Henry.** Außerdem führen keine nennenswerten Straßen aus Iquitos heraus. Das längste asphaltierte Straßenstück misst 95 km und führt nach Nauta, Fz Bus ca. 90 Minuten.

Flug Der Flughafen *Francisco Secada Vigneta* (IQT), Tel. 23-1501, liegt etwa 5 km außerhalb an der Straße nach Quistococha. Von der Plaza 28 de Julio zum Flughafen fährt zwar auch ein Bus, der ist meist überfüllt.

Iquitos wird u.a. von StarPerú, Peruvian Airlines und LAN aus Lima angeflogen. Einige Fluggesellschaften machen in Tarapoto sowohl auf dem Hin- als auch auf dem Rückflug eine Zwischenlandung.

LAN, www.lan.com, Jr. Próspero 232, Tel. 23-2421, mehrmals täglich nach Lima. *StarPerú,* www.starperu.com, Jr. Napo 260, Tel. 23-6208, mehrmals täglich nach Lima. *Peruvian Airlines,* www.peruvianairlines.pe, Jr. Próspero 215, Tel. 23-1074. Zwei Lima-Flüge täglich. *FAP/Grupo 42,* auf dem Flughafen, nur Flüge zu den Dörfern an der kolumbianischen und brasilianischen Grenze. *North American Float Plane,* Napo 330, Tel. 22-1028, Buschflieger und andere.

Buschflieger und Wasserflugzeuge Neben den regulären Linien gibt es auch eine große Anzahl von Busch- und Militärfliegern (s. FAP/Grupo 42), die mit Propellermaschinen, „Cargobombern" und Wasserflugzeugen in die kleinen Urwaldstädte und -dörfer bis hin zur brasilianischen, kolumbianischen und bolivianischen Grenze fliegen. Einheimische genießen bevorzugtes Mitflugrecht.

FAP (Grupo 42), Base Aérea FAP, Moronacocha (Verlängerung der Av. Mariscal Cáceres) und Sgt. Lores 127, Tel. 23-4521: nach Angamos, Caballococha, Estrechos, San Lorenzo, Contamana, Requena, Orellana, Pampa Hermosa, Pucallpa und Sta. Rosa (oft kein regelmäßiger Flugverkehr, besonders in der Regenzeit. Flugplan vor Ort anfragen!). Bootsanschluss von Sta. Rosa nach Leticia (5 Min.). Anfahrt zur Base Aérea der FAP in Moronacocha mit Bus, Taxi oder Motocarro (billiger). Buschflieger/Wasserflugzeuge der FAP kosten ca. 750 €/h für max. 12 Personen und fliegen dann (fast) überall hin.

Flugtaximiete von Propellermaschinen und Wasserflugzeugen bei anderen Anbietern: Durchschnittspreis pro Stunde 500 US$. *Alas del Oriente*, Calle Requena 349, Tel. 23-6005. *Tranzsel Continental*, Av. La Marina 223, Tel. 25-3802 und *North American Float Plane Service*, Calle Napo 330, Tel. 22-1028.

Schiffsverbindungen Wie erwähnt, legten früher die Schiffe aus Übersee direkt unterhalb der Hafenpromenade in Iquitos an. Zur Zeit des Kautschukbooms ab 1880 war Iquitos der größte Binnenhafen Perus, und er ist es auch noch heute. Der alte Hafen in Bellavista, Malecón Tarapacá 596, kann von den Schiffen nur noch bei entsprechend hohem Wasserstand angesteuert werden. Der **neue Hafen Puerto Masusa** mit Abfahrtstafeln der Schiffe musste drei Kilometer weiter nördlich an die Av. La Marina (Cuadra 21) verlegt werden. Anfahrt mit dem Motocarro 3 Soles. Daneben gibt es noch **Puerto Henry** (500 Meter vor Pto Masusa, Cuadra 17). Hier fahren Schiffe nach Yurimaguas und Pucallpa, z.B. der Reederei *Eduardo*, ab. Die Passagen sind etwas teurer, die Schiffe besser und zuverlässiger und garantieren einen Mindeststandard sowie ein Bordkiosk mit Fleisch- und Fischkonserven. An der Requena 142 steht ebenfalls eine große Tafel, die über die nächsten Schiffsabfahrten (Schiffsname, Liegeplatz, Zielort, Abfahrtstag, Uhrzeit) informiert. Zusätzlich ist auch an jedem Schiff eine Tafel mit dem Reiseziel/Fluss angebracht. Die Abfahrtszeit „*hoy*" (heute) ist nicht verbindlich. Tickets können sowohl in Puerto Masusa und Puerto Henry als auch in Bellavista gekauft werden. Der Fahrpreis ist immer mit VP, doch Preise durchaus verhandelbar. Die Fahrkarte immer aufheben, da diese für die Essensausgabe benötigt wird. Zu verhungern und verdursten braucht niemand, unterwegs kommen immer wieder Händler mit Lebensmitteln und Getränken an Bord.

Die Fahrten stromaufwärts sind interessanter, da die Boote wegen der Strömung nicht in der Flussmitte fahren und man als Passagier so mehr vom Uferleben sieht. Einzelreisende sollten aus Sicherheitsgründen auf längeren Flussstrecken nach Möglichkeit eine Kabine (Camarote) buchen, Aufpreis etwa 30 Soles. Dabei darauf achten, ob die Camarote vorn oder hinten auf dem Schiff liegt, da permanenter Motorenlärm!

Die Flussfahrt den Río Ucayali **stromaufwärts** nach **Pucallpa** dauert je nach Wasserstand zwischen vier und sechs Tagen und kostet als HMP 100 Soles; Doppelbettkabine/bc 300 Soles, Doppelbettkabine/bp/Dusche 600 Soles mit Verpflegung (s. hierzu auch S. 477). Schiffe nach Pucallpa fahren mehrmals die Woche.

Nach **Yurimaguas** über den Río Marañón und Río Huallaga dauert die Flussfahrt 2–3 Tage (abhängig von Frachtmenge und Wasserstand). Die Schiffe fahren mehrmals die Woche (Mo, Mi u. Fr), die Passage HMP kostet etwa 60 Soles (80 Soles m. Hängematte), Kabine ca. 120 Soles, jeweils mit Essen.

Die Flussfahrt auf dem Amazonas **stromabwärts** ist nicht allzu aufregend. Schiffe an die kolumbianisch-brasilianische Grenze, z.B. nach Islandia/Dreiländereck, fahren mehrmals wöchentlich. Die Passage im Frachtschiff kostet 70 Soles in der Hängematte und 140 Soles in der Kabine. Fahrzeit 2,5 Tage, Fahrten von Montag bis Samstag. Von Dienstag bis Sonntag fahren auch Schnellboote, die nur 9 Stunden benötigen, dafür aber zwischen 50 und 70 US$ kosten. Ausreisestempel gibt es in Santa Rosa (am Dreiländereck gegenüber Leticia). In der Cuadra 3 der Calle Raimondi befinden sich diverse Agenturen, die mit ihren Schnellbooten (jet boats) an die Grenze düsen.

Es gibt nur sehr wenige Schiffe, die bis nach Manaus oder gar Belén an der Amazonasmündung durchfahren. Meist sind dies reine Cargoschiffe, die bis zu drei Monate unterwegs sind (für eine Fahrt bis Manaus muss mit mindestens

8–10 Tagen, von Manaus nach Belém/Amazonasmündung mit 4–5 Tagen gerechnet werden). Auch auf dem Río Napo via dem Amazonas besteht ab Iquitos Bootsverkehr **bis nach Nuevo Rocafuerta in Ecuador.** Eine der wenigen Möglichkeiten, von Iquitos direkt nach Ecuador einzureisen (s.S. 634).

Urwaldausflüge von Iquitos

Jedem, der nach Iquitos kommt, schwebt wohl so etwas wie das Abenteuer in der „Grünen Hölle" vor und er fiebert erwartungsvoll diesem Augenblick entgegen. Doch im Umkreis von etwa 100 km um Iquitos wächst kein Primärurwald mehr (von einigen unberührten Urwaldinseln abgesehen), und so offenbart sich die „Grüne Hölle" nur noch für Leute mit sehr viel Zeit, die sich ein eigenes Boot mieten und/oder eventuell Einheimische kennen, die sie bei ihren Fahrten in die Tiefen des Regenwaldes begleiten oder von denen mitgenommen werden. Für den „Normal"-Reisenden bleibt fast immer nur der Weg, sich an ein lokales Reisebüro zu wenden, das sich auf Urwaldtouren spezialisiert hat oder sich an einen Direktveranstalter (meist Besitzer einer Urwald-Lodge) zu „verkaufen". In Iquitos gibt es ungefähr 25 Unternehmen, die Urwaldtouren durchführen und von denen fast jedes eine Touristen-Lodge im Urwald um Iquitos hat. Die meisten dieser Lodges liegen innerhalb eines Gürtels mit einer Entfernung zwischen 20 und 50 km von Iquitos und sind per Schnellboot gewöhnlich innerhalb einer Stunde oder mit einem Peque-peque in weniger als drei Stunden zu erreichen.

Fazit: Es gibt auf diesen organisierten Pauschaltouren, insbesondere bei den Großveranstaltern wie Explorama, nicht allzuviel im Urwald zu sehen (kaum Tiere, meist nur Sekundärwald), wofür letztendlich maximal 2 Tage ausreichen würden! Die teure Attraktion ist dabei der an Explorama vermietete *Canopy Walkway* der ACEER.

„Wilde" und „Zivilisierte" Immer wieder kommen Reisende mit dem Wunsch nach Iquitos, einen komplett „unzivilisierten Indianerstamm" besuchen zu können, also möglichst Menschen, die noch nie oder kaum Kontakt mit Weißen hatten. Und natürlich sollte eine solche Gruppe innerhalb von ein bis zwei Tagen erreichbar sein.

Um diesen Erwartungen nachzukommen, entstanden in der Nähe der Touristen-Lodges kleine „Indianerdörfer", in denen die Bewohner für Touristen „ihre traditionellen Baströcke" anziehen und mit dem Blasrohr Schießübungen vorführen. Nur sehr Naive durchschauen diese Darbietungen nicht. Die Indígena zeigen eigentlich nur das, was die Touristen sehen wollen, also wie ihre Vorfahren gelebt haben. Doch selbst Stammesgemeinschaften, die eine Wochenfahrt mit dem Boot von Iquitos entfernt irgendwo im Regenwald ihre Existenz fristen, haben längst Kontakt mit der Zivilisation gehabt. Und trotzdem leben wiederum viele noch nach den alten Stammesregeln und -sitten, sind gegenüber Besuchern eher zurückhaltend und scheu. Wer mit einem Führer eine solche Gruppe besucht, sollte sich unbedingt an die Stammessitten halten. So ist z.B. bei fast allen Stämmen das Kokettieren mit Frauen ein Verletzung der Norm. Obwohl es die indigenen Frauen selbst immer wieder versuchen, sollte man da sehr zurückhaltend sein. Besser als Mann nur mit Männern und als Frau mit Frauen reden.

Programmtypen Meistens werden drei Programmtypen angeboten, die mit *konventionell* und *unkonventionell* umschrieben werden können. Mit konventionellen Programmen wird der Pauschaltourist, mit unkonventionellem Programm mehr der Individualreisende angesprochen. Daneben gibt es noch eine Mischform aus beiden Programmtypen.

Pauschaltour	Viel Komfort, einfaches Programm, nahezu kein Abenteuer, alles ist gut organisiert, perfekter Service, es passiert nichts Unvorhergesehenes, zugeschnitten für große Gruppen. Anbieter: *Explorama, Amazon Lodge & Safaris, Paseos Amazónicos (Amazonas Sinchicuy Lodge)* und *Cumaceba Lodge & Expedition*.
Individualtour	Kein Komfort, viel Abenteuer, wenig Organisation und Service, Überraschungen (z.B. Motor fällt aus, kein Ersatz vorhanden), nur für kleine Gruppen.
Organisierte Abenteuertour	Eine Mischung aus konventioneller und unkonventioneller Tour. Das Abenteuer wird kalkuliert, Überraschungen bleiben aus.
Preise vergleichen	Ganz wichtig ist auf jeden Fall immer ein Preisvergleich und die genaue Information, was alles im Preis eingeschlossen ist. Die Preisspannen sind extrem und reichen von 20–50 € für eine Halb- bis Eintagestour bis weit über 1000 € für eine Wochentour mit Transfer, Übernachtungen, Vollpension, Führer und Equipment. Auch die Qualität der Durchführung unterscheidet sich von Anbieter zu Anbieter. Als **Preis-Faustformel** gilt: für Bootsfahrt mit Schnellboot nicht mehr als 40–50 Soles pro Stunde und Boot bezahlen, bei schwächeren Bootsmotoren oder für ein Peque-peque höchstens 30–40 Soles pro Stunde. Bei Urwaldtouren zu einer Lodge sollte je nach Größe der Gruppe (2, 4 oder 6 Pers.) zwischen 100 und 150 Soles pro Tag gerechnet werden (Edel-Lodges wie Explorama sind teurer, Preise auch oft in US-Dollar!). Tipp: Gleichgesinnte suchen und gemeinsam buchen. Von Lima aus sind alle Touren wesentlich teurer als bei Buchung vor Ort in Iquitos, da hier die Vermittlungsprovision entfällt.
Hinweis	Es gibt unzählige Schlepper und selbsternannte Urwaldführer ohne Lizenz und mit mangelhaftem Equipment. Einige davon sitzen inzwischen im Gefängnis oder werden steckbrieflich gesucht. Meist versprechen sie die abenteuerlichsten Touren zu sensationellen Preisen und halten davon später nichts (z.B. wird oft versprochen, dass innerhalb von 10 Tagen garantiert ein Jaguar zu sehen sein wird)! Offizielle Unternehmen und Führer haben eine Lizenz mit einer registrierten Nummer und entsprechende Dokumente oder Ausweise.
Ablauf der Urwaldtouren (konventionell)	Im Prinzip spielen sich alle Touren so ab, dass es mit einem Schnellboot, Motorboot oder Peque-peque den Río Ucayali bzw. Amazonas hinauf- oder hinuntergeht und dann in einen Seitenarm oder Seitenfluss zu einer Lodge oder einem Camp gefahren wird. Je nach Dauer beinhaltet die Tour: Urwaldspaziergänge mit einem Führer und Erklärung der Flora und Fauna, Besuch eines Einheimischendorfes (meist zu einem Yagua- oder Jivaro-Dorf), wo sich dann die Bewohner für das Touristen-Tamtam stilgerecht präparieren. Die Show umfasst Tanzen, Blasrohrschießen und Souvenirverkauf, eventuell noch Pirañas angeln und eine nächtliche Kaimanjagd bzw. die Beobachtung derselben. Die Erwartungen des Besuchers sollten also nicht zu hoch sein. Die Boras z.B. wurden dafür extra an den Río Momón umgesiedelt, haben am Fluss ein Schild (es fehlt nur noch der Vorführungstermin) und veranstalten für die Touristen ihre Urwaldshow. Dauer ca. 15 Min., Preis 30 Soles pro Person. Die **Lodges** oder **Camps** sind mehr oder weniger große Holzbauten auf Pfählen und durch die Bauweise naturgemäß sehr hellhörig. Das Essen aus lokalen Spezialitäten ist meist recht gut. In den Lodges gibt es Moskitoschutz mit Gittern, Netzen und Spiralen, doch sollte jeder sein eigenes Insektenschutzmittel („repelente") zum Einreiben dabeihaben. Zusätzlich Vitamin B-Komplex einnehmen, das mögen die Moskitos auch nicht.
Veranstalter	Die beiden größten Veranstalter sind *Explorama* und *Amazon Tours & Safari*. Die Eigentümer beider Unternehmen sind US-Amerikaner, die sich

den touristischen Markt nahezu geteilt haben. Das verwundert nicht, wenn man weiß, dass Iquitos fest in der Hand von US-Touristen ist. Bei der Buchung einer Urwaldtour ist auf Folgendes zu achten:
– die offizielle Lizenz vorlegen lassen
– Leistungen genau aufschlüsseln lassen
– detaillierte Rechnung verlangen
– unnötiges Gepäck in Iquitos zurücklassen
– keinesfalls größere Geldsummen in den Urwald mitnehmen
– tragen Sie immer Adresse und Telefonnummer des Konsulates/Honorarkonsulates mit sich
– auf jeden Fall im Konsulat/Honorarkonsulat ab-, sowie nach der Tour wieder anmelden (Deutsche können dies ggf. auch beim österreichischen Honorarkonsulat tun). Dabei folgende Angaben hinterlegen:
1. Mit wem machen Sie die Tour? (Unternehmen/Lodge; Kopie des Personalausweises des Führers, bei längerem Aufenthalt den Führer mitbringen, damit er weiß, dass Sie nicht schutzlos sind)
2. Routenverlauf und Routenziel (welche Flüsse und welche Ansiedlungen werden gestreift, welche Ziele im Urwald angesteuert?)
3. Tourdauer (Tage); wer ist im Notfall zu verständigen?

Jaguar, der Götterbote

(Name von der Amazonas-Sprache Tupí, "fleischfressendes Tier", *Panthera onca*), in ganz Lateinamerika verbreitete Großkatze. Körpergröße ausgewachsen bis nahezu 2 Meter (Schwanzlänge 50–75 cm), Höhe bis zu 0,75 Meter, Gewicht ausgewachsen bis zu 110 kg. Das Fell ist rötlich-gelb mit großen, schwarzen Ringflecken, gelegentlich auch ganz schwarz. Die Rückseite des Ohres ist ebenfalls schwarz. Der Jaguar besitzt sehr große Pranken, lebt in Waldgebieten gerne in Wassernähe, ist ein gewandter Kletterer und ein guter Schwimmer, jagt überwiegend am Boden Wasserschweine, Tapire, Faultiere, Affen, Fische, Schildkröten und Kaimane. Mit seiner großen Körperkraft kann er sogar ein geschlagenes Pferd oder Rind wegschleifen. Wegen seines begehrten Felles wird er stark bejagt und ist in vielen Gebieten Südamerikas nahezu ausgerottet. In den präkolumbischen andinen Kulturen Perus, z.B. Chavín, wurde er als Gott oder Götterbote verehrt und in stilisierter Form auf Keramiken, Textilien oder auf anderen Materialien dargestellt. – HH

Nationalreservat Pacaya Samiria

Die *Reserva Nacional de Pacaya Samiria* (Nationales Naturschutzgebiet Pacaya Samiria), das im riesigen Dreieck des Zusammenflusses von Río Ucayali und Río Marañón liegt (s. Klappenkarte vorne), ist *die* Urwaldempfehlung für Iquitos. Es wurde 1982 zum Schutz der Fischart *Paiche* eingerichtet, ist das größte zusammenhängende Schutzgebiet Perus (mehr als 2,1 Mio. ha) und wird außer von den beiden größeren Flüssen *Yanayacu* und *Pacute* von zahllosen weiteren durchflossen. Zwischen der Regen- und Trockenzeit schwankt deren Wasserstand um 10 Meter und mehr. Eine Handvoll Parkwächter überwacht die Aktivitäten der 30.000 Menschen, die im Schutzgebiet leben. Es ist das Habitat zahlreicher Vogelarten, Affen (u.a. Tamarine), Würgeschlangen, Mohrenkaimane *(Melanosuchus niger)*, Manatis *(Trichechus inunguis)*, Schildkröten, Riesenotter *(Pteronura brasiliensis)*, Süßwasserdelfine *(Inia geofrensis)* u.a. mehr (insgesamt mehr als 500 Vögel-, 102 Säugetier-, 69 Reptilien- und 255 Fischarten). Zum Schutz seiner Ursprünglichkeit sind Besuchergrupppen auf max. acht Personen begrenzt.
Wer Pacaya Samiria besuchen möchte, benötigt eine Erlaubnis, die es in der Ricardo Palma 113, 4. Stock, gibt (über Touranbieter ebenfalls erhältlich). Im Ausflugsprogramm der *Pacaya Samiria Amazon Lodge* (nahe Naturschutzgebiet, sehr guter Service) ist mindestens ein Tagesausflug zum Naturschutzgebiet enthalten. Wahrscheinlichkeit der Delfin- und Affensichtung sehr hoch!

Veranstalter und Urwaldlodges (A – Z)

TIPP: Generell empfehlen wir, als Basisprogramm einen 3-Tages-Aufenthalt zu buchen. Alles andere ist unseres Erachtens Zeitverschwendung, da durch den Hin- und Rücktransport sehr viel Zeit verloren geht und so der eigentliche Aufenthalt im Urwald auf der Strecke bleibt.

Hinweis: Die Preise für die Ausflugsprogramme sind Orientierungshilfen. Die aktuellen Preise finden Sie auf der Homepage des jeweiligen Veranstalters oder im Direktkontakt.

Amazonian Trips
Calle Pevas 162, Tel. 22-5569, www.amazoniantrips.com. Der dt.-spr. Touranbieter Eike Lange bietet ein interessantes Programm zur Tierbeobachtung im Primärurwald mit seiner eigenen Lodge Chullachaqui („Waldgeist"), 97 km stromaufwärts von Iquitos am Río Tapira, Fz 2 h mit dem Schnellboot. In der Trockenzeit ggf. Fußmarsch zur Lodge, Gz 25 Minuten. Von der Lodge, bp/bc, werden Touren zu Fuß und mit dem Kanu unternommen, inkl. Besuch eines Urwalddorfes. Zweisprachige Führer, die sich mit Flora und Fauna sehr gut auskennen, die aus den umliegenden Urwalddörfern stammen. Stromgenerator für die Wasserpumpe vorhanden, keine Elektrizität, nur einfache Lampen. Gute Betten mit Schaumstoffmatratzen.

Basisprogramm 3 Tage/2 Nächte ab 285 US$ p.P. im Doppelzimmer.

Amazon Lodge & Safaris
www.amazonlodgesafaris.com. Online-Anfrage-Formular direkt an den amerikanischen Veranstalter oder an reservas@amazonlodgesafaris.com.
Amazon Lodge, zuerst 36 km den Amazonas stromabwärts, dann den Río Yanayacu stromaufwärts, Fz 2–2,5 h. 30 Buschbungalows für max. 90 Pers., bp, VP; inkl. Transfer vom Flughafen, Urwaldausflug zu den Yagua, Basisprogramm ab 2 Personen: 3 Tage/2 Nächte um 200 US$ p.P.

Greentracks Amazon Tours & Cruises
Calle Requena 336, Tel. 23-3931, www.amazontours.net, Eigentümer Paul Wright. Wöchentliche Siebentagesfahrten auf dem Amazonas mit den historisch angehauchten Schiffen „Ayapua" (1906 in Hamburg gebaut) und der „Clavero" bis nach Leticia hinab. Klimatisierte Kabinen mit Bad, Stopps bei Urwalddörfern und Exkursionen. Passagiere ganz überwiegend US-Amerikaner. Preis p.P. in der Doppelkabine 2.500 US$.

Außerdem bietet das Unternehmen ein individuelles Programm für jeden Geschmack: Es wird ein Boot mit Führer und Koch, Benzin, volles Equipment und VP zur Verfügung gestellt. Damit kann überall in den Urwald gefahren und an jedem beliebigem Platz angehalten werden. Preis richtet sich nach Anzahl der Tage und ist beim Unternehmen zu erfragen.

Cumaceba Lodge & Expedition
Calle Putumayo 184. Tel. 23-2229, www.cumaceba.com. Seriöser und freundlicher Anbieter für Urwaldtouren, Besuch der *Yahuas,* eigene Buschbungalows, auch für **Einzelreisende** eine **gute Wahl,** individuelle Tourwünsche werden berücksichtigt.
Expediciones Jungle Amazónica – derzeit nicht operierend

Explorama Tours
Av. La Marina 340, Tel. 25-2530, 25-3301, www.explorama.com. Das beste, aber auch das teuerste Unternehmen, das Urwaldtouren und Lodges voll durchorganisiert hat. Explorama unterhält mehrere Urwaldcamps (5 Lodges), von denen aus Touren durchgeführt werden. Der **Canopy Walkway** ist dabei meist eingeschlossen. Die angebotenen teuren Touren sind für größere Gruppen gesetzteren Alters konzipiert, die sich viel lieber in der Lodge aufhalten, und deshalb auch zeitlich gestreckt (viele Pausen; für eine Viertagestour würden maximal zwei Tage ausreichen). Die Lodges sind sehr schön und geschmackvoll eingerichtet und fügen sich unauffällig in die Umwelt ein.

Bei allen Lodges wird ab 4 teilnehmenden Personen Gruppenrabatt gewährt. Ebenfalls nach Wochenend-Tarifen fragen.

Veranstalter und Urwaldlodges

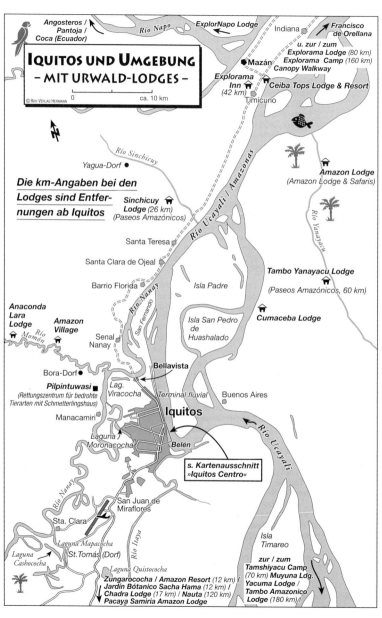

– **Ceiba Tops Lodge & Resort,** von Iquitos 40 km flussabwärts auf dem Amazonas, Fz 1,5 h (35 Min. im Schnellboot), sehr modern; 70 komfortable Zimmer und Suiten im Sekundärurwald direkt am Amazonas, bp, AC, Strom, inkl. Transfer vom Flughafen, VP, Bar, Hängematten, Urwaldausflüge. Basisprogramm 3 Tage/2 Nächte 308 US$.

– **Explorama Lodge,** das Basis- und Gründungscamp, von Iquitos 80 km flussabwärts auf dem Amazonas bis zum Yanamono-Seitenarm (Primärwald), Fz ca. 2,5–3 h (45 Min. mit dem Schnellboot). Große, auf Pfählen gebaute Buschhütten (Baujahr 1964), Schlafhäuser mit mehreren Zi. für bis zu 140 Pers., bc, inkl. Transfer vom Flughafen, VP, Hängematten, Urwaldausflüge. Basisprogramm 3 Tage/2 Nächte 285 US$.

– **ExplorNapo Lodge,** in Llachapa, 160 km von Iquitos. Zuerst flussabwärts auf dem Amazonas, dann den Río Napo flussaufwärts, Fz 6,5 h (3 h mit dem Schnellboot), schöne Atmosphäre. Auf Pfählen gebautes Camp mit offenen Räumen, Küche, Esszimmer, Buschhütten mit 30 Schlafplätzen samt Moskitonetz, inkl. Transfer vom Flughafen, VP, Urwaldausflüge in den Primärwald, Lago Shimigay, Canopy Walkway. Basisprogramm 4 Tage/3 Nächte 735 US$.

Muyuna Lodge & Expedition	Calle Putumayo 163 (1. Stock), Tel. 24-2858, www.muyuna.com. Die Lodge, 140 km mit dem Boot stromaufwärts, ist eine der wenigen Lodges im Primärwald. 3 Tage/2 Nächte 360 US$ inkl. VP. Einfache, doch saubere Lodge, 16 Bungalows mit Terrasse und Bad. Muyuna garantiert in seinen Programmen die Sichtung von Tieren in ihrer natürlichen Umgebung, darunter zählen verschiedene Affenarten, Faultiere, rosa Delfine und Kaimane. Paradies für Ornithologen. **TIPP.**
Pacaya Samiria Amazon Lodge	Urbanización Las Palmeras A-9, www.pacayasamiria.com.pe. Eine der beeindruckendsten Lodges direkt am Fluss Marañon, Nähe Pacaya Samiria Nationalpark gelegen. 190 Kilometer von Iquitos entfernt, Einschiffung in Nauta (ca. 1 Stunde Landweg), dann etwa 45 Minuten Fahrt mit dem Schnellboot. Private Bungalows mit Terrasse und Bad für bis zu 4 Personen, Warmwasser. Transfers, VP, Urwaldausflüge, Eintritt in NP inbegriffen. Basisprogramm 3 Tage/2 Nächte 470 US$ p.P., besser 4 Tage für 640 US$ p.P. **TIPP.**
Paseos Amazónicos	Calle Pevas 246, Tel. 23-1618, www.paseoamazonicos.com. Das Unternehmen mit Zweigstelle in Lima ist zweifelsohne ein sehr preiswerter Anbieter, sehr freundlich, hilfsbereit und empfehlenswert. Paseos Amazónicos führt Zwei- bis Achttagestouren durch, wobei immer in eigenen Lodges übernachtet wird. Neben den drei unten aufgeführten Lodges bietet der Veranstalter günstige Übernachtungen in seinem *Hostal Ambassador* (siehe Hotelliste).

– **Amazonas Sinchicuy Lodge,** 26 km stromabwärts am Río Sinchicuy, Fz 25 Min. mit dem Schnellboot, 1,5 h mit dem Pamacari bzw. mit dem Pequepeque; Lodge in einem tropischen Garten gelegen, Orchideenfarm, 28 Zi. (Belegung 2–4 Pers.), VP. Basisprogramm 3 Tage/2 Nächte bei 2 Pers. 221 US$ p.P. Mit die preisgünstigste Möglichkeit, in den Urwald um Iquitos zu kommen.

– **Tambo Yanayacu Lodge,** 60 km stromabwärts am Río Yanayacu, max. 10 Pers. im Schlafraum, bc. Ab 259 US$ pro Person im Doppelzimmer.

– **Tambo Amazónico Lodge,** 180 km stromaufwärts am Río Yarapa; klein und gemütlich, Schlafstätten mit 10 Betten in jedem Raum, Moskitonetze, bc.

Außerdem werden Fünftages-Touren in das Nationalreservat **Pacaya Samiria** ab 1.720 US$ und **Schamanismus-Touren** 4 Tage/3 Nächte ab 391 US$ pro Person im DZ angeboten. Ganzjähriger Besuch ist möglich, doch während der Regenzeit von Dezember bis März besteht die beste Möglichkeit, Primaten und andere Säugetiere zu sehen. Die beste Zeit für Vögel ist Juni bis September, für Riesenfischotter zwischen August und November.

Canopy Walkway	Ein Canopy Walkway ist eine hängebrückenartige Konstruktion in den Baumwipfeln, wo man in luftiger Höhe faszinierende Einblicke in die verschiedenen Stockwerke des Regenwaldes bekommt. Der Canopy Walkway der ACEER *(Amazon Center for Environment Education and Research)* wurde 1993 von CONAPAC für ACEER gebaut und an *Explorama* vermietet. Er führt auf 450 m Länge zwischen und über Urwaldbäume, zum Teil von Baumkrone zu Baumkrone, bis in Höhen von 36 m. Dabei verbindet er drei Aussichtsplattformen. Es ist das einzige Urwaldhängebrückensystem Südamerikas und das längste der Welt. In den Morgen- und Abendstunden können besonders Vögel gut beobachtet werden.
Lodges auf dem Landweg	Es gibt ein Handvoll Lodges im Urwald, die über die Carretera, also über den Landweg nach Nauta, zu erreichen sind, die Gäste beherbergen und problemlos auf eigene Faust zu erreichen sind. Durch die unmittelbare Nähe zu Iquitos und des Flughafens kommt hier kein „Urwald- und Naturerlebnis" auf.

Camaranti Lodge & Spa, 45 Minuten von der Plaza de Armas entfernt, am km 14 der Carretera Iquitos-Nauta (Varillal), in der unmittelbaren Umgebung der Reserva Nacional Alpahuayo Mishana. Die großzügige Anlage verfügt über drei Gästehäuser, für 2 bis 8 Personen. Kleine Lagune auf dem Grundstück. Info bei Patricia, Jr. Huallaga 365, Iquitos, Tel. 25-2982 oder Cel. 965-961-715, www.ayahuascacamaranti.com.

Zungarococha Bungalows, Caserío Zungarococha, Tel. 23-5188, 12 km auf der Straße von Iquitos nach Nauta, 14 Bungalows an einer Lagune, Pool, Kleinzoo, 200 Soles pro Tag und Person, Anfragen über Amazon River Expeditions.

Flusskreuzfahrten

Eine besonders entspannende Art und Weise den Urwald zu entdecken, ist sicherlich per (Fluss-)Kreuzfahrtschiff. Dabei gibt es auch hier auf dem Amazonas und Ucayali/Marañón verschiedene Kategorien und Routen. Ein Standardprogramm dauert zwischen 3 und 5 Tagen. Die Reise kann jedoch auch auf 7 und 8 Tage erhöht werden. Ausflüge per Boot ins Reservat Pacaya Samiria ca. 100 km südlich von Iquitos oder Besuche von Dörfern der Flussbewohner gehören ebenso zum Standardprogramm wie Piraña-Fischen und Delfinbeobachtungen. Sie können aber auch auf dem Schiff bleiben und während Sie auf dem Deck dösen ein Buch lesen oder den vorbeiziehenden Urwald genießen.

Amazon River Expedition Tour Operador	Calle Ricardo Palma 252, Tel. 23-1959, www.amazonriverexpeditions.com. Kontakt in Lima unter Tel. 421-9195 oder cruises@amazonrex.com. Bietet Flusskreuzfahrten auf den Schiffen *Aria, Aqua, Delfin I* u. *II* (Luxuskategorie, beide s.u.) und *Selva Viva* (Abenteuerkategorie). Dauer variiert zwischen 3 und 7 Tagen, Streckenführung ins Pacaya Samiria Nationalreservat.
Aqua Expeditions	Calle Huallaga 215, Tel. 60-1053, www.aquaexpeditions.com. Luxus-Anbieter, der mit seinen vollverglasten Schiffen *Aqua* (12 Suiten) und *Aria* Kreuzfahrten bis ins Nationalreservat Pacaya Samiria unternimmt.
Delfin Amazon Cruises	Tel. 26-2721, www.delfinamazoncruises.com. Das Schiff *Delfin I* ist 2010 komplett renoviert worden und verfügt nun über 4 Master-Suiten mit Panoramafenstern, King-Size-Betten und klassisch-eleganter Ausstattung. Die *Delfin II* bietet Platz für bis zu 28 Passagiere. Schiffe zum Charter geeignet. Es handelt sich zwar bei beiden Schiffen um Luxus-Klasse, dennoch ist der Service hier

sehr persönlich. Neben den beiden Standard-Programmen 4 und 5 Tagen kann der Passagier auch zwischen speziellen Wohlfühl-Cruises (Yoga und Massagen) oder Kreuzfahrten mit Fokus auf Aktivitäten für Kinder wählen (Schwimmen mit Delfinen, naturkundliche Wanderungen). **TIPP!**
Bitte beachten, dass es auf den Schiffen meist nur einen deutschsprachigen Guide gibt und dieser frühzeitig gebucht werden sollte!

Dreiländereck Peru / Kolumbien / Brasilien

Schiffe (s.S. 626) und auch Wasserflugzeuge (FAP/Grupo 42) von Iquitos zur brasilianisch-kolumbianischen Grenze legen in **Santa Rosa,** einem kleinen peruanischen Inseldorf inmitten des Río Amazonas, an. Das Dorf mit Grenzstation (Aus-/Einreisestempel) liegt gegenüber von **Tabatinga** (Brasilien) bzw. **Leticia** (Kolumbien) und bietet nur einfachste Übernachtungsmöglichkeiten (keine Banken). Besser ist es, gleich nach Leticia oder Tabatinga mit dem Fährboot überzusetzen, wo sich das eigentliche Leben abspielt. Abfahrten, wenn das Boot voll ist. An Bargeld sollten vorzugsweise US-Dollar aus Iquitos mitgenommen werden (keine Euro oder Soles!). Beste Wechselmöglichkeiten in kolumbianische und brasilianische Währung hat man in Leticia in den Wechselstuben an der Straße zwischen Flusshafen und Zentrum.

Leticia — Den Ein-/Ausreisestempel für Kolumbien gibt es nur bei der DAS auf dem Flughafen in Leticia. Zwischen Leticia und Tabatinga besteht regelmäßiger Verkehr mit Colectivos. Eine gute Unterkunft in Leticia ist das *Hotel Yurupary* (FAM), Calle 8, 7–26, Tel. 592-4743, www.hotelyurupary.com, bp, AC, Restaurant. DZ/F ab 91 US$. Das Yurupary bietet auch eine City Tour Leticia und Ausflüge ins Reservat *Yavary Tucano* mit Delfinbeobachtung und Rafting an. Im Zentrum Leticias gibt es Bäckereien und kleine Restaurants sowie einige kleinere Supermärkte. Von Leticia fliegt täglich *Aero República* nach Bogotá (Flugdauer 1 Stunde 45 Minuten).

Tabatinga — Der Ein-/Ausreisestempel für Brasilien ist bei der Policía Federal, Av. da Amizade, erhältlich. Einige günstige Unterkünfte liegen an der Straße zwischen dem Flusshafen und der Av. Internacional. Oberhalb des Flusshafens befinden sich Restaurants und einige kleinere Supermärkte. Von Tabatinga (TBT) fliegt *Rico* nach Manaus, Fp ab 150 US$. Weitere Flugverbindungen bestehen nach Bittencourt (VBC), Fonte Boa (FBO) und Tefe (TFF). Außerdem unregelmäßige Schiffsverbindungen via Tefe nach Manaus und von dort regelmäßig weiter via Santarém nach Belém.

Ein-/Ausreise Iquitos (Peru) / Coca (Ecuador)

Iquitos – Nuevo Rocafuerte (Ecuador) – Coca — Von Iquitos kann man auf dem Wasserweg bzw. auf dem Río Napo nach Ecuador reisen **(s. Klappenkarte vorn).** Man fährt zunächst auf dem Amazonas stromabwärts bis *Francisco de Orellana* (regelmäßiger, schneller Bootsverkehr). Dort den Río Napo westlich stromaufwärts, vorbei an den Fluss- und Urwalddörfern *Mazán, Flautero, Oro Blanco, Tuta Pishco, Zapote, Negro Urco, Puca Barranca, Vidal, Sta. Clotilde, Llanchama, Copal Urco, Diamante Azúl, Curaray (Flugpiste), Tarapoto, Pto Aurora, Pto Elvira, Campo Serio, Angosteros, Sta. María, Tempestad* und *Torres Causano*. Letzter peruanischer Flussort vor der Grenze ist *Pantoja*, erster in Ecuador *Nuevo Rocafuerte*. Danach sind es noch rund 200 Flusskilometer bis *Coca* am Río Napo. Gesamtfahrzeit ca. 10 bis 12 Tage. Die Reise verkürzt sich um einen Tag, wenn man auf der Fahrt nach Francisco de Orellana in der Höhe von Mazán (Fahrzeit mit dem Schnellboot von Iquitos 50 Min., Fp 10 Soles), von Bord geht – s. Karte „Iquitos und

Umgebung" – und sich dann mit einem Motocarro quer durch den Urwald nach Mazán am Río Napo bringen lässt.

Von Mazán fahren Frachtkähne und einfache Boote nach **Angosteros** am Río Napo, Fz 3 Tage, Fp um 75 US$ inkl. VP (nicht zu viel erwarten). Auch von Iquitos fahren Boote nach Angosteros (Fp Verhandlungssache). Angosteros ist nur ein Urwalddorf ohne jegliche touristische Infrastruktur. Wer Glück hat, erwischt in Iquitos auch ein Schnellboot nach Sta. Clotilde, Fz nur 6 h. Wer die Strecke von Iquitos nach Coca auf eigene Faust reist, sollte immer jedes Boot nehmen, das unterwegs ist, auch wenn es nur bis zum nächsten Dorf fährt. Vorbeifahrende Boote werden mit einem geschwenkten Kleidungsstück angehalten. Den **Ein-/Ausreisestempel für Peru gibt es in Iquitos** bei der Migración, Cáceres (18. Block), Tel. 23-5371, Mo–Fr 8–16 Uhr und wird in Pantoja bei der dortigen Migrácion kontrolliert. Einreisende aus Ecuador sollten auf jeden Fall dort auch ihren Pass vorlegen und nicht erst in Iquitos. Den **Ein-/Ausreisestempel für Ecuador gibt es in Nuevo Rocafuerte.**

Pantoja
Boote von Iquitos direkt nach Pantoja fahren nur unregelmäßig. Einmal im Monat fährt eine Lancha. Wer diese verpasst, muss warten oder ein Boot chartern, um die Wartezeit zu verkürzen. Es sollten für das Boot etwa 120–150 US$ kalkuliert werden, keinesfalls mehr, unabhängig der Personenzahl. Wer von Ecuador flussabwärts möchte, kann sich unter Tel. (0051-65) 81-2229 in Pantoja informieren, wann die nächste Lancha nach Iquitos fährt. Meist muss in Pantoja nochmals das Boot nach Nuevo Rocafuerte gewechselt werden, Fp auch hier wieder Verhandlungssache. Hostal in Pantoja vorhanden, Ü 10 Soles. Wer länger festsitzt, nach Herrn *Mogallon* fragen, bei dem übernachtet werden kann, drei tägliche Mahlzeiten kosten knapp 10 US$.

Nuevo Rocafuerte – Coca
In Nuevo Rocafuerte dann bei der Migración den Einreisestempel holen. Reisende von Coca nach Iquitos müssen sich in Nuevo Rocafuerte außerdem bei der Capitania registrieren lassen.

Von Nuevo Rocafuerte besteht mehrmals wöchentlich Bootsverkehr nach Coca, doch nur wenn genügend Fahrgäste zusammenkommen, Fp 15–17 US$. Überdies verkehrt ein Fluss-Colectivo, das normalerweise keine Ausländer mitnimmt. Mit etwas Verhandlungsgeschick klappt es trotzdem, doch sehr beengt. Fp um 6 US$. In Rocafuerte gibt es ein Hotel, Ü um 10 US$.

Coca
Wer die Strecke umgekehrt von Ecuador machen möchte, kann in Coca im Restaurant *La Casa del Maite*, etwas flussaufwärts an der Uferstraße, *Sandro Ramos* anheuern, sandroidalio@hotmail.com. Er macht die Tour von Coca nach Iquitos inkl. Stopps, Führungen und VP für 350–500 US$, je nach Verhandlungsgeschick. Fz 10 Tage (Sandro ist nach Zuschriften ein toller Typ mit sehr guten Kochkünsten; er hat zwar keine „Arbeitsgenehmigung" für Peru, kommt an der Grenze/Migración in Pantoja durch).

Und wer schon in der Casa del Maite ist: die Fischgerichte sind lecker! Auch Hostales gibt es in Coca, Ü ab 5 US$, z.B. *Hostal Delphin*. Von Coca gibt es eine Asphaltstraße nach Quito und regelmäßigen Flugverkehr.

TIPP: *Für die günstigen Reisevarianten per Frachtschiff oder Motorboot sowohl in Peru als auch in die angrenzenden Länder Kolumbien und Brasilien hält i-Peru eine detaillierte Liste bereit, die Strecken, Dauer und Kosten beinhaltet und unter iperuiquitos@promperu.gob.pe angefordert werden kann.*

Von Peru nach Bolivien

ROUTE 11: PUNO – TITICACASEE – LA PAZ

Von **Puno nach La Paz** gibt es diverse Möglichkeiten der Routengestaltung. Nachstehend sind sie als Strecken 1, 2, 3 und 4 beschrieben. Die frequentierteste ist die **Nr. 1, Puno – Copacabana.**

Rundreisevorschlag Reisende, die Bolivien nicht bereisen wollen, dennoch aber die Sonneninsel, La Paz und Tiwanaku sehen möchten, sollten folgende Rundreise machen: Puno – Copacabana (Sonneninsel) – La Paz – Tiwanaku – Desaguadero – Puno (insgesamt ca. 570 km).

Hinweise Grenzübergänge Alle Grenzübergänge von Peru nach Bolivien kosten keine Gebühren (USA-Passhalter müssen aber an der Grenze für ein bolivianisches Visum 100 US$ bezahlen!). Boliviens Zeit ist *eine Stunde vor* der peruanischen! Grenzöffnungszeiten (peruanische Zeit): Hauptgrenzübergang **Yunguyo/ /Kasani** 7.30–18 Uhr, **Desaguadero** 7.30–19.30 Uhr. Der Grenzübergang Yunguyo ist einfacher als Desaguadero!

Strecke 1 (Hauptstrecke): **Puno – Yunguyo – Copacabana – La Paz**

Um schnell von Puno nach La Paz zu gelangen, nehmen die meisten Reisenden die vielbefahrene Straßenverbindung über Pomata und Copacabana nach La Paz. Alternativ kann unterwegs von Pomata aus auch über den **Grenzort Desaguadero** (und über Tiwanaku) nach La Paz gefahren werden **(Strecke 2)**. Die meisten Colectivos und Busse von Puno nach La Paz bevorzugen gleichfalls die Strecke über Copacabana, Lkw fahren jedoch über Desaguadero. Die Copacabana-Strecke ist landschaftlich sehr schön und die Cordillera Real ein prächtiger Anblick.

Abfahrten Kleinbusse und Colectivos von Puno: tägl. ab 6 Uhr, von den Straßen Tacna, Av. El Sol, Av. El Ejército und vom Terminal Terrestre. Gesellschaften: *Diana, Colectur, Exprinter, Turisbus* u.a. Fz ca. 7–8 h. Meist wird in Copacabana eine Pause eingelegt und der Bus gewechselt.

Noch häufiger als Busse fahren Colectivos von Puno nach Copacabana. Fz ca. 3 h. In Copacabana muss dann in einen bolivianischen Bus oder in ein Colectivo umgestiegen werden. Obwohl die Fahrt Puno – Copacabana – La Paz in einem Tag zu schaffen ist, empfiehlt sich ein Stopp in Copacabana, dem berühmten Wallfahrtsort am Titicacasee.

Puno – Copacabana

Von Puno führt die Straße zunächst am Titicacasee entlang. Nach 18 km kommt rechts der kleine Ort *Chucuito* (s. Puno, Ausflüge, Tour 6). Ab Chucuito wendet sich die Straße Richtung Llave landeinwärts (von diesem Ort biegt eine Piste nach Tacna ab). 80 km hinter Puno kommt Julí.

Hinter Julí eröffnen sich wunderschöne Blicke über den tiefblauen Titicacasee, und an klaren Tagen erscheinen die dahinter liegenden Eisriesen der Königskordillere wie gemeißelt. Die Kirche des Ortes **Pomata** birgt schöne Steinmetz- und Silberschmuckarbeiten, von Pomata zweigt die unten beschriebene Strecke 2 nach Desaguadero und weiter nach La Paz ab. 25 km hinter Pomata wird das letzte peruanische Dorf Yunguyo erreicht.

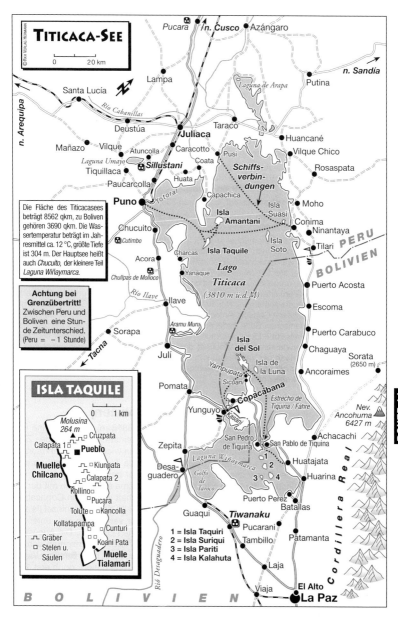

Yunguyo (Peru)

Letzter Ort in Peru — Auf der Plaza in Yunguyo kann man Bargeld in bolivianische Währung wechseln (schlechter Kurs), doch einige Soles für die Fahrt mit dem Motorradtaxi oder Colectivo von der Plaza bis zur Grenze zurückhalten. Bezüglich des Aus- bzw. Einreisestempels am besten beim Colectivofahrer erkundigen, die Situation ändert sich öfter. Die Grenze ist normalerweise von 7.30–18 Uhr geöffnet. Zuletzt fand die Grenzkontrolle beider Länder in Kasani statt.

Von Yunguyo zum bolivianischen Grenzort Kasani sind es knapp 3 km. Geldwechsler warten direkt an der Grenze, in dem kleinen Supermarkt kann man seine letzten Soles ausgeben. **Die Uhr ist eine Stunde vorzustellen.** Von Kasani nach Copacabana (7 km) mit Colectivo.

Unterkunft — **ECO: Hotel Amazonas** (BUDGET), einfach, Rest. DZ 20 Soles. **TIPP!** – **Hostal Yunguyo** (BUDGET), einfach. – **Hostal Isabel,** San Francisco 110 (Plaza de Armas), Tel. 235-0233; bc, sauber.

Konsulat — Bolivianisches Konsulat, Calle Grau 339; Mo–Fr 8.30–15 Uhr.

Bus — Letzter Bus von Yunguyo nach Puno um 19 Uhr, aber nur, wenn genügend Fahrgäste da sind, ansonsten übernimmt die Fahrt ein Colectivo.

Grenzübertritt; mehr zu Bolivien s.S. 654 — Deutsche, Österreicher und Schweizer erhalten bei der Einreise mit einem Busunternehmen meist Einreiseformulare für Bolivien, die bereits im Bus ausgefüllt werden können. Wer individuell anreist, findet dieses Formular auch direkt bei den Ein-/Ausreise-Grenzstellen. Zuerst auf der peruanischen Seite zur Migración gehen und dort mit der peruanischen *tarjeta andina* (bei der Einreise nach Peru erhalten) anstellen. Die Tarjeta wird eingezogen und der Pass erhält den Ausreisestempel. Nun heißt es per Fuß die eigentliche Grenze zu überqueren (falls mit Gepäck, einfach ein Fahrrad-Taxi nehmen, wenige Soles). Auf der bolivianischen Seite muss zuerst zur Polizeibehörde gegangen werden. Nach der Pass- und Einreiseformular-Kontrolle geht es zum Schalter der Migración, wo der gestempelte Abschnitt des Einreiseformulares ausgehändigt und die Frage nach der Verweildauer in Bolivien gestellt wird. 30 Tage Aufenthaltsgenehmigung sind Standard. **Keiner der aufgeführten administrativen Prozesse ist kostenpflichtig!**

Copacabana (Bolivien)

Das bolivianische Copacabana (5000 Ew., 3818 m) blickt auf eine über 3000 Jahre alte Geschichte zurück, es war einst ein bedeutendes Zeremonial- und Kultzentrum, und heute ist es ein wichtiger Wallfahrtsort. Es wurde als *Kota Kahuaña* (Seeblick) vom Inca Túpac Yupanqui an einer Bucht des Titicacasees gegründet, doch war bereits zu dieser Zeit eine alte Kultstätte der Colla oder Aymara. Der Name änderte sich mit der Zeit zu *Copacahuana*. Zu Zeiten der Inka-Herrschaft wurde von Copacabana zum Heiligtum *Huaca Titicaca* auf der Nordseite der Sonneninsel (Isla del Sol) gepilgert. Nach dem Einfall der Spanier vermischte sich unter den Augustinern der inkaische mit dem christlichen Glauben. Die Augustiner nutzten den „Ruf" Copacabanas zu ihrem Vorteil und machten den Pilgerort zu ihrer religiösen Hochburg. Der Baubeginn ihrer **Basílica Virgen de la Candelaria** (Mariä Lichtmess) wir auf 1605 datiert, doch erst 1820 wurde sie endgültig fertiggestellt. Archäologen vermuten, dass sie auf den Resten eines präkolumbischen Kultplatzes errichtet wurde.

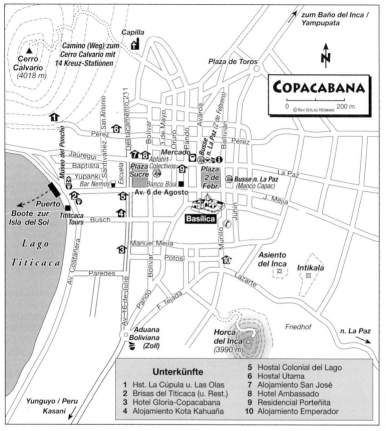

Heute ist Copacabana ein beschauliches Städtchen mit relaxter Backpacker Atmosphäre, verwinkelten Gassen und einem sehr guten touristischen Angebot. An der Seepromenade verkaufen Strandbuden Forellengerichte in allen Variationen, zum Baden ist das Seewasser natürlich viel zu kalt.

Alljährlich werden drei bedeutende Feste gefeiert, bei denen die Stadt das Ziel Tausender Pilger und Touristen ist: Die große **Fiesta de la Virgen de Copacabana** findet am **5./6. August** statt, die *Fiesta Virgen de la Candelaria* in der ersten Februarwoche und die *Fiesta Semana Santa* in der Osterwoche (bei allen erhöhte Diebstahlgefahr!). Die wundertätige **Schwarze Madonna,** die von dem Indígena-Künstler Francisco *Yupanqui* (einem Nachfahren von Túpac Yupanqui) im 16. Jh. geschaffen wurde, steht in der mächtigen Kathedrale im 1. Stock der Sakristei hinter dem prunkvollen Hauptaltar. 1925 wurde das Bildnis der schwarzen Madonna vom Vatikan heiliggesprochen (was vielleicht nur wenige wissen: Copacabana war auch der Namensgeber des berühmten Strandes von Río de Janeiro, als dort einst eine kleine Kapelle zu Ehren des Wallfahrtsortes Copacabana am Titicacasee errichtet wurde). Volkstümlich sind es sich abwechselnden Franziskanerpater, die Mo–Fr um 10 Uhr und um 14.30 Uhr sowie am Samstag und Sonntag um 10 Uhr auf dem Platz vor der Kirche weit hergekommene und von ihren Besitzern geschmückte Autos mit Weihwasser segnen. Böllern explodieren, Reis und Konfetti fliegen durch die Luft und es wird eine Menge Bier getrunken. Autoversicherung auf bolivianische Art.

■ Die Attraktion des touristischen Copacabana ist ein **Bootsausflug zur Isla del Sol** (Sonneninsel) oder zur **Isla de la Luna** (Mondinsel).

Cerro Calvario Die Umgebung Copacabanas ist reizvoll und schön. Eine Wanderung zum naheliegenden **Cerro Calvario** (Kalvarienberg) beginnt in der Destacamento und führt an 14 Kreuzstationen vorbei auf 4018 Meter Höhe. Nach einem 30-minütigen, etwas anstrengenden Aufstieg wird man mit einem fantastischen Blick über den Titicacasee, insbesondere während der Abenddämmerung (so ab 17.30 Uhr), belohnt.

Jedes Jahr findet vom **1.–3. Mai** auf dem Berg eine Ahnenverehrung statt. Dabei werden Minigräber mit Blumen und Pflanzen nachgebildet, mit Gebeten Verstorbener gedacht und Feuerwerkskörper gezündet. Zu Ehren von Mutter Erde, *Pachamama,* wird auch nicht wenig Schnaps getrunken. Mit Prozessionsumzügen durch Copacabanas Gassen, begleitet von lautstarken Blechbläsern, dauert das religiöse Fest bis tief in die Nacht.

Horca del Inca Ein Aufstieg zum **Horca del Inca** ist noch reizvoller als der Cerro Calvario: Weniger Leute, schöne Gesteinsformationen, viele Blumen und gleichfalls ein super Ausblick. Auf der anderen Seite von Copacabana zieht sich von der Calle Murillo ein Pfad den *Kesanani* oder *Niño Calvario* (kleiner Kalvarienberg) hinauf zum **Horca del Inca** (3990 m), einem bedeutenden astronomischen Observatorium aus präkolumbischen Zeiten, geringer Eintritt (meist ist niemand da).

Nördlich des Friedhofes befinden sich sieben steinerne Sitze, die als **Intikala** (Sonnensteine) bezeichnet werden. Hier sollen die Inka Gericht gehalten haben.

Adressen & Service Copacabana

Tourist-Info *Información Turística*, Plaza 2 de Febr., Mi–Mo 9–12, 14–18 Uhr. **Vorwahl (02)**

Unterkunft In Copacabana wird an allen Ecken und Enden gebaut, es veränderte sich in den letzten Jahren zum Positiven. Durch die vielen neuen Hotels und Hostales ist das Preis-/Leistungsverhältnis eines der besten in Bolivien.

ECO **Alojamiento Kota Kahuaña (BUDGET), Av.** Busch 15, Tel. 862-2022. Sehr einfache, aber saubere Zi., bc, Ws, GpD. DZ ab 40 Bs. **TIPP! – Alojamiento Emperador,** Av. Pedro de Murillo 235, Tel. 862-2083. Gefällig, bc, Ws, viele Rucksacker, GpD, Touren zur Isla del Sol und Isla de la Luna. Ü/bc 30 Bs, Ü/bp 45 Bs. – **Alojamiento San José** (BUDGET), Destacamento/Plaza Sucre 146, Tel. 862-2066. Simple Zi. bc/bp. DZ 30 Bs. – **Residencial Solar** (BUDGET), Jaúregui 140/3 de Mayo, Tel. 862-2009. Einfach, bp/bc, warme Betten, Restaurant, Ws. Ü 30 Bs. – **Residencial Porteñita,** Av. Gonzalo Jaúregui, Tel. 862-2006. Schlichte Zi. bc/bp, Patio. – **Hotel Ambassador,** Av. Gonzalo Jaúregui (Plaza Sucre), Tel. 862-2216. Gefällige Zimmer/bp, Restaurant, Ws, JuHe-Rabatt! – **Hostal Colonial del Lago,** Av. 16 de Julio 100/Av. 6 Agosto (Plaza Sucre), Tel. 862-2270, titicacabolivia@yahoo.com.ar, http://titicacabolivia.com. Sehr schön, Zi. mit Seeblick (vom obersten Stockwerk), moderne bc/bp, Dachterrasse, Gartenrestaurant, gutes PLV. DZ/F ab 90 Bs. **TIPP!** – **Hostal Brisas del Titicaca** (JuHe, schließt um 22 Uhr), Av. 6 de Agosto (direkt am See), Tel. 862-2178. Zimmer bp/bc, einige mit Seeblick, einige andere ohne Fenster, Ww (nachts kein Wasser), Internet, Restaurant. DZ/bp 110 Bs.

ECO/FAM **Las Olas:** Das Hostal „Die Wellen", Calle Michel Pérez 1–3, ist *der* „Renner" in Copacabana. Internet-Bewertungen steigern sich zu „Wahnsinn!" An den Hang des Cerro Calvario geklebt, origineller, künstlerischer Baustil mit Liebe zum Detail, spektakuläre Sicht auf den See, Gastgeber Martin Sträter ist sehr nett. Geräumige, sauber Zi., im eiförmigen „Turtle" mit Fensterfront zum See und Küchenzeile können über 2 Etagen drei Leute wohnen. Hängematten und Liegestühle im Garten. Tickets zur Isla del Sol, nach Puno und La Paz, Ws. 6 Wohneinheiten („Suites") ab 30 US$ (EZ), DZ für 42 US$ („Turtle" 46 US$, „El Cielo" 48 US$). Ws, Tel. 862-2112, www.hostallasolas; unbedingt reservieren, Super-PLV. **TIPP!** Gut speisen nebenan in Martins Cupula.
Hostal La Cúpula, Tel. 862-2029, www.hotelcupula.com. Gleichfalls eine Wohlfühl-Oase, 17 aparte, saubere Zimmer (Zi. 11 hat Seeblick), bc/bp, hervorragendes Restaurant mit Terrasse (*truchas* und vegetarische Gerichte), Garten, Ws, Gästeküche, Reiseinfos, Tourangebote und Wanderungen, sehr freundlich. Ü ab 14 US$ bis 38 US$ (fürs beste DZ) und ob *baño privado* oder *baño compartido*. Reservierung empfohlen. **TIPP!**
Hotel Utama, Michel Pérez/Ecke San Antonio, Tel. 862-2013, www.utamahotel.com. Liebevoll eingerichtetes Hotel mit netten Zimmern, bp, Ws, großem Patio und Seeblick, freundlich und familiär, sehr gutes Frühstück. DZ/F 25 US$. **TIPP!**
Hotel Estelar, Av. Costanera esq. Busch, Tel. 862-2020, www.estelardeltiticaca.com. Direkt am See gelegen, große Zimmer mit Balkon, WiFi. DZ/F 200 Bs.

FAM **Hotel Gloria,** Av. 16. Julio, www.hotelgloria.com.com, Tel. 862-2094. Haus mit Atmosphäre, dt.-spr. Rezeption, große, gefällige Zi., einige mit Seeblick, bc/bp, gutes Restaurant, Barkneipe, Pool. Ü/F (Büfett), DZ 350 Bs, empfehlenswert.
Hotel Chasqui de Oro, Av. Costanera, Tel. 862-2343, www.chasquidelsol.com. Direkt am See, dt.-spr. Rezeption, 35 Zi. (die besten haben Seeblick), bp, Restaurant, Bar. DZ/F 370 Bs. – **Hotel Villa Santa Rosa,** am Ortseingang links in einer alten Hacienda, sehr schön in einem Wald gelegen.
Das momentan wohl beste Hotel im Ort ist das **Hotel Rosario Lago Titicaca,** Av. Costanera esq. Rigoberto Paredes s/n, Tel. 862-2141, www.hotelrosario.com/lago. DZ/F 693. Zur *Grupo Rosario Hotelería y Turismo* gehört auch das Unternehmen **Turisbus** (Bus direkt vom Hotel nach La Paz für 79 Bs und Operator in La Paz).

Essen & Trinken Auf dem Markt und in den einfachen Kneipen am Seeufer (Av. Costanera) werden sehr preiswert Forellengerichte angeboten und können fast alle empfohlen werden. Die Portionen – Forelle mit Reis, Pommes und Salat – sind meist größer und leckerer als in den Touristenrestaurants, die meist in der 6 de Agosto liegen und für Bolivien relativ teuer sind. Ein paar Empfehlungen: *Aransaya* (große Portionen, auch Forelle), *El Paraíso* (hübsches, preiswertes Gartenrestaurant), *La Orilla* (schönes Ambiente, internat. Küche, TIPP), *Napoles* (gutes Frühstück), *Tito Yupanki* (gutes Essen), *Jardín Bolivia* (gutes Essen, auch vegetarisch, Musik) sowie *Huanchaco* (peruanisch-bolivianische Spezialkarte). Das *Mankha Uta* offeriert Menüs ab 25 Bs, das *Puerta del Sol* bereits ab 15 Bs (schon zum Frühstück geöffnet, auch vegetarisch). Für preiswertes Frühstück, Mittag- und Abendessen ist man im *Coffee Shop Copacabana* richtig.

Killa Wasi, Av. Jaúregui, hübscher Innenhof, hat sehr gutes Frühstück und Abendessen. In der gleichen Straße an der Ecke mit der Costanera bietet das **Typi Kala** ebenfalls preiswerte Fischgerichte. Die Sonnenterrasse des **Hostal Colonial del Lago** serviert ab 7.30 Uhr Frühstück, im Gartenrestaurant empfiehlt sich ein Abendessen (Livemusik 20–21 Uhr).

Pueblo Vejo, Av. 6 de Agosto 312. Mittlerweile zwei gemütliche Kneipen, gutes Essen, Kaffee, Büchertausch, häufig Livemusik, gutes PLV, empfehlenswert!

Das **beste Restaurant** mit gutem PLV dürfte jenes im Hostal La Cúpula, Michel Pérez 1–3, sein, Reisende empfehlen es sehr. Auch schöne Aussicht – also auch unser **TIPP!** Exklusiv und mit umfangreicher Weinkarte ist das Restaurant *Kota Kahuaña* im Hotel Rosario.

Unterhaltung	*Bar Nemos,* 6 de Agosto, jeden Abend Livemusik, gut von Touristen besucht. – *Petronio Bar,* Michael Pérez, Desacamento 211. – *Waykys,* Av. 16 de Julio/Av. Busch; urige Bar, süffige Cocktails.
Feste	**2. Februar:** *Candelaria* (Mariä Lichtmess). – **Osterwoche:** *Pilgerfahrt.* – **4.–6. Mai** (bzw. 1. Mai-Wochenende): Fest des Kreuzes am *Cerro Calvario* (Kalvarienberg).
Museo del Poncho	Poncho-Museum, Calle Yupanqui 42/Av. Castanero, Tel. 7127-7551, mardajos@ceibo.entelnet.bo. Mo–Sa 8–13 Uhr, 15–18 Uhr, So 9.30–16.30 Uhr. Das Museum präsentiert schöne traditionelle Ponchos.
Geld	Die Geldautomaten Copacabanas sind oft außer Betrieb oder leer. In der Av. 6 de Agosto gibt es Wechselmöglichkeiten von Dollar-, Euro- und Solesnoten in Souvenirläden zu mageren Kursen und befindet sich an der Ecke Pando die *Banco Bisa* mit Geldautomat.
Post	Plaza 2 Febrero, Mi–So 9–18 Uhr
Telefon	*ENTEL,* Calle Murillo, täglich geöffnet
Internet-Cf.	*Alf@net,* Av. 6 de Agosto
Trekkingausrüstung	Im *Spitting Lama* kann man Trekkingausrüstung kaufen, mieten oder auch verkaufen und Bücher tauschen. Sehr gut sortiert!
Touranbieter	Die meisten Touranbieter, wie z.B. Wara Tours, befinden sich in der Av. 6 de Agosta, wobei Titicaca Tours, Grace Tours und Lago Tours dem gleichen Unternehmer gehören. Preisorientierung: Die Überfahrt zur Sonneninsel kostet ab 20 Bs (Südhafen), mit Stopp auf der Mondinsel entsprechend mehr. *TOUR PERÚ Expreso International,* direkt an der Plaza. – *Titicaca Tours,* Av. 6 de Agosto und im Hafen, täglich zur Sonnen- und Mondinsel. – *Grace Tours,* Av. 6 de Agosto 200/16 de Julio, Tel. 862-2160, Fahrten zur Sonnen- und Mondinsel. – *Yaneth,* Av. 16 de Julio, Transporte nach Arequipa, Cusco, Puno, La Paz u.a. Destinationen; Eigentümern kann fundierte Infos geben. **TIPP!** – *Lago Tours,* Av. 6 de Agosto 100, Tel. 862-2060; nahezu identische Angebote zur Isla del Sol wie *Grace Tours,* aber größeres Boot. – Das *RED de Turismo Comunitario* an der Plaza Sucre hat Ausflüge zu den schwimmenden Schilfinseln von Sahuiña im Programm.
Bus	Busse und Colectivos fahren entweder von der Plaza 2 de Febrero oder der Plaza Sucre ab. *Diana Tours* bietet nach La Paz einen privaten Bustransfer. **Nach Cusco:** Direktbus tägl. um 13 Uhr mit *TOUR PERÚ* via Puno (dreistündige Fahrtunterbrechung, Weiterfahrt um 19.30 Uhr), Gesamtfahrzeit ca. 11 h, Fp 90 Bs. – **Kasani:** Mo/Fr Direktbusse (abends) von *Manco Kapac,* Plaza 2 de Febrero, täglich mit *Trans Tour 2 de Febrero,* Plaza 2 de Febrero sowie einigen Colectivos. – **La Paz** (160 km): tägl. mehrere Busse von *Trans Tour 2 de Febrero* und *Manco Kapac,* Fz 3,5–4 h (evtl. Verzögerungen an der Fährüberfahrt). Mit *Turisbus* um 13 Uhr (Direktbus), Fz 3 h, Fp 50 Bs, Buchung direkt im Hotel Rosario. – **Puno:** Direktbus um 9 Uhr, 13.30 Uhr u. 18.30 Uhr mit *TiticacaBoli-*

via, Colectivos (meist umsteigen in Kasani) mehrmals täglich, Fz 2–3 h. Anschlussbus von Puno nach Arequipa um 12 Uhr. *TOUR PERÚ* und *Panamericano* fahren ebenfalls abends, letzte um 18.30 (danach Schließung der Grenze; Zeitdifferenz eine Stunde). – **Sorata:** Direktbus wurde eingestellt. *Transportes 26 de Junio*, Plaza Sucre (Hotel Playa Azul), Tel. 862-8622, organisiert nur noch teure Privattransporte dorthin, Fp 750 Bs; ansonsten Bus nach La Paz nehmen und in Huarina in den Bus aus La Paz nach Sorata (im Stundentakt) steigen, ihn stoppen, hält nicht automatisch. Der letzte Bus aus La Paz kommt um 15 Uhr durch. Fz ca. 5 h. – **Tiwanaku:** kein Direktbus, Bus nach La Paz nehmen und dort umsteigen.

Schiff / Boot Hydrofoil und Katamaran s.S. 651.

Umgebungsziele von Copacabana:
Isla del Sol (Sonneninsel)

Die kleine Insel mit ihren gut 4000 Bewohnern liegt etwa 20 km nördlich von Copacabana und hieß ursprünglich *Titicachi,* davon leitet der Titicacasee seinen Namen ab. Nach einer Inka-Sage war hier der legendäre Geburtsort des hellhäutigen Schöpfergottes *Wiracocha,* des ersten Inca *Manco Capac* und dessen Frau bzw. Schwester *Mama Ocllo.* Damit wurde für die Quechua und Aymara nicht nur die Insel, sondern auch der Titicacasee heilig. Letztlich ist für sie das knapp 4000 m hoch liegende Eiland die Keimzelle des Inka-Imperiums. Es gibt einige Ruinen und viele terrassierte Hänge, die aber der Tiwanakuzeit zuzuordnen sind. Eine Wanderung durch die autolose Landschaft mit traditionellen Dörfern gehört mit zum Eindruckvollsten, was die berühmteste Insel des Titicacasees zu bieten hat. Ihr Nordteil ist wesentlich ursprünglicher als der touristische, überlaufene Süden mit seinen vielen Unterkünften und (Pizza-)Restaurants. **Inselgebühr 5 Bs.**

■ *Auf der Isla del Sol*

Überfahrt und Bootstouren

Es ist sinnvoll, einen Ganztagesausflug zu machen, Halbtagesausflüge sind einfach viel zu kurz. Wer viel Zeit hat, sollte sogar eine Übernachtung einplanen.

Neben den Booten der Touranbieter fahren von Copacabana lokale Passagier- und Transportboote zur Hauptanlegestelle **Escalera del Inca** an der Südostküste mit dem Dorf **Yumani**. Von dort ist Bootstransport zur nördlichen Inselhälfte möglich, nach **Cha'llapampa.** Darüber hinaus gibt es noch ganz im Süden die Bootsanleger *Pilkokaina* und *Japapi*.

Eine **Tagestour** mit einem Anbieter zur Insel dauert ca. 10 Stunden. Die Tour führt mit dem Boot meist über Cha'llapampa (Aufenthalt ca. 2 h) weiter zur Isla de la Luna (Aufenthalt ca. 30–40 Minuten) und dann zurück zur Isla del Sol nach Yumani (Aufenthalt ca. 20–30 Minuten) und Pilkokaina (Aufenthalt 20–30 Minuten).

Tages-Inselwanderer fahren in der Früh nach Cha'llapampa, sehen sich dort das Museo Marka Pampa und den Incanotapa an und wandern hinterher nach Süden nach Yumani/Escalera del Inca (Gehzeit ca. 3 h). Von dort dann mit dem Nachmittagsboot um 15.30 Uhr wieder zurück nach Copacabana. Wer wandern und noch die Isla de la Luna besuchen möchte, muss zwei Tage veranschlagen. Für alle Touren genügend Kleingeld für die Eintrittsgebühren mitführen.

Tickets für die öffentlichen Lokal-Boote nach **Yumani** (Mallku Tours, Sol Tours, Andes Amazonia) und **Cha'llapampa** (Wiracocha-, Chasqui- u. Wara-Tours) gibt es am Ticket-Kiosk im kleinen Hafen von Copacabana mit Anschlag der Fahrpläne (Hin- und Rückfahrtickets nur am gleichen Tag möglich zu kaufen!). Abfahrten nach **Yumani** 2x täglich um 8.30 und 13.30 Uhr, Fz 1,5 h; Rückfahrten um 10.30 und 15.30 Uhr. Nach/von Cha'llapampa Fz 2,5 h.

Veranstalter *Titicaca Tours*, Av. 6 de Agosto, bietet Rundtouren zur Isla del Sol und zur Isla de la Luna für 25 Bs p.P. an. Abfahrt um 8.15 Uhr, Rückkunft gegen 18 Uhr.

Winay Marka (Eternal People), 6 de Agosto 115, fährt nicht in Copacabana mit dem Boot los, sondern geht zuerst mit einem Kleinbus 14 km am Seeufer entlang nach **Yampupata**. Erst hier wird auf das Boot zur Sonneninsel umgestiegen. Die Seefahrt wird dadurch erheblich verkürzt (nur 20–30 Min.). Wer es in Eigenregie von Yampupata aus probieren möchte, kommt mit den

Colectivos der *Cooperativa Trans. 6 de Junio,* Av. 6. de Agosto/Bolívar (Plaza Sucre) nach Yampupata.

Ein empfehlenswerter **Führer** ist *Vicente Suxo Vásquez* (über den Veranstalter Winay Marka), der neben Erklärungen zu historischen Bauten auch Interessantes zu Kultur, Tradition und Geschichte sagen kann.

Insel-Fakten

Die Isla del Sol ist etwa 9,6 km lang und an der breitesten Stelle 6,4 km breit. Die Längsachse verläuft von Nordwest nach Südost. Die meisten Ruinen liegen interessanterweise auf dieser Nordwest-Südostachse, auch der versunkene Ruinenkomplex von **Marka Pampa** vor der Nordwestspitze (s. Karte). Er wird von den Insulanern **La Ciudad Sumergida** („versunkene Stadt") genannt. Die Ruinen liegen 8 m unter der Wasseroberfläche, genau in der Mitte des Inseldreieckes der Inseln *Chullo, Pallalla* und *Koa*.

Im äußersten Südosten liegt der Ruinenkomplex **Pilkokaina**. Auf einer etwas erhöhten Terrasse steht der Palast *Pilkokaina* (oder *Palacio del Inca*), der vom Inca Túpac Yupanqui erbaut wurde. Das rechtwinklige Gebäude ist zweistöckig, hat an der Seeseite vier Nischen und ein sog. „falsches" Deckengewölbe. Der obere Stock ist ebenerdig von einer höheren Terrasse aus zu erreichen. Eintritt. Hier gibt es ein einfaches Hostal und eine Kneipe.

Ankunft

Gleich nach der Mole beginnt ein anstrengender Aufstieg zur Dorfsiedlung **Yumani** oberhalb der Klippen. Es geht über die steile und mühsame **Escalera del Inca** mit unzähligen Stufen, die am **Fuente del Inca,** einem Quellbrunnen, endet. Wer nicht durchtrainiert ist, sollte sein Gepäck von Trägern hochtragen lassen. Am oberen Ende der Treppe gibt es einfache Übernachtungsmöglichkeiten, die sich bis zum Restaurant *Templo del Sol* hinaufziehen. Vom Fuente del Inca nach **Pilkokaina** beträgt die Gehzeit etwa 1 h, nach Cha'llapampa etwa 2–3 h (Weganfang durch die dortigen Kinder zeigen lassen, die das gerne machen). Das letzte Boot nach Copacabana legt von der Escalera del Inca um 15.30 Uhr ab.

Rundwanderung

Von Pilkokaina führen zwei gut ausgebaute Haupt- und ein Nebenweg durch die Insel. Der nördliche (rechte) Weg führt über die *Escalera del Inca* und *Yumani* nach *Cha'lla* (Schulkomplex, Restaurant und Unterkünfte). Über den Sandstrand von Cha'lla geht es weiter nach *Cha'llapampa* und von dort über *Santiago Pampa* zur **Piedra Sagrada** (Heiliger Fels) und zu den Chincana-Ruinen. 200 m dahinter steht der **Titicaca-**(Puma)**Felsen** am nordöstlichen Inselende. Dort befinden sich auch Chullpas, in denen bis zu 12 Mumienbündel gefunden wurden. Dieser Nordweg ist auch für ungeübte Wanderer zu bewältigen. Gehzeit 3–4 h.

Am Piedra Sagrada zweigt vom Nordweg ein landschaftlich schöner Höhenweg ohne extreme Steigungen in Richtung Süden durch die Insel ab, unterwegs überwältigende Aussichten. Er führt am *Cerro Chequesani* (4087 m) vorbei und endet an der Weggabelung bei der *Iglesia de San Antonio,* Gz 3 h. Dort gibt es einfache Unterkünfte und es ist nicht mehr weit zum Bootsanleger nach Pilkokaina oder zum Bootsanleger an der Escalera del Inca. So lässt sich eine nette und beeindruckende Rundwanderung auf der Sonneninsel unternehmen, für die **mindestens ein Tag** erforderlich ist. Dennoch ist eine Übernachtung sinnvoll, z.B. in Yumani, da wahrscheinlich das Boot an der Mole in Yumani nach Copacabana bereits abgefahren ist.

Es gibt auf dem Höhenweg Wegmarkierungen in Südrichtung, also vom Titicacafelsen über die Iglesia de San Antonio zur Escalera del Inca oder nach Pilkokaina. Abzweigungen sind nicht immer gekennzeichnet. Bei der Inseldurchquerung muss man alle paar Kilometer Wegegebühren entrichten.

Cha'llapampa Die Reste des Sonnentempels und des „Heiligen Felsens" liegen auf der nördlichen Seite der Insel. Am schnellsten sind die Ruinen mit dem Boot vom Anleger in Cha'llapampa aus zu erreichen. In Cha'llapampa befindet sich auch das kleine, wenig informative **Museo Marka Pampa** mit archäologischen Resten aus Marka Pampa, die 1992 vom Meeresgrund aus der versunkenen Stadt geborgen wurden. Alle Fundstücke stammen aus der Tiwanaku-Zeit, darunter eine Jaguar-Statue. Die Fotografien von präinkaischen Büsten haben eine auffallende Ähnlichkeit mit altägyptischen. Am interessantesten sind jedoch die Steinschatullen von Marka Pampa und deren Inhalt: ein Puma, eine Frau, eine Tasse und ein Medaillon aus purem Gold. Die Steinschatullen waren so gut verschlossen, dass der gesamte Inhalt darin trocken geblieben war. Eintritt 10 Bs. Die Karte gilt auch für die Ruinen bei Cha'llapampa (Chincana, Incanotapa usw.). In Cha'llapampa gibt es einige Kneipen und einfache Unterkünfte. Einen wunderschönen Sandstrand mit türkisem Wasser findet man auf der anderen Seite des Dorfes.

Palacio del Inca (Incanotapa) Von Cha'llapampa führt ein Weg nach *Santiago Pampa*. In der Nähe können die Überreste des Sonnentempels und der „Heilige Fels" (Piedra Sagrada) bestaunt werden, bevor im Nordwesten, in Höhe der Sabacera-Bucht, die Ruinenanlage von **Chincana** (El Laberinto) auftaucht, das vom **Incanotapa** (Palacio del Inca) überragt wird. Gehzeit von Cha'llapampa 45 Min. (im Eintrittspreis ins Museum ist der Eintritt nach Chincana bereits enthalten). Etwa 200 m weiter befindet sich der **Titicaca**, der Pumafelsen, sowie einige Chullpas, in denen bis zu zwölf Mumienbündel gefunden wurden.

Unterkunft Die Unterkünfte auf der Sonneninsel sind einfach und preiswert. In **Yumani** wurden in den letzten Jahren viele neue Unterkünfte gebaut, und auch in Cha'llapampa.

BUDGET In Pilkokaina: Eine sehr einfache Herberge ist die **Albergue Inca Sama** von Gonzalo Posari, Cel. 7128-1710, serviert auch Gerichte.
In Yumani: Eine schöne Lage mit Aussichtsterrasse besitzt **Residencial Templo del Sol**, Tel. 862-5006, serviert auch Essen, Ü 23 Bs. TIPP! – **B&B Ricardo**, Tel. 719-34427, birdzehnder@hotmail.com. – **Hostal Puerta del Sol**, westlich der Kirche im Hauptort, Tel. 7195-5101. Einfache DZ/EDZ, MBZi, bc/bp, Restaurant. Ü 40–200 Bs, Frühstück und Tagesmenü extra. – Die **Hostería Las Islas** liegt auf der rechten Seite, wenn man vom Bootssteg ca. 20 Minuten nach oben wandert, saubere Zi. mit Seeblick. DZ o. Bad 60 Bs, mit 160 Bs (es gibt nicht immer Ww). Das Gemeinschaftsbad ist sauber, die Terrasse schön angelegt mit tollem Blick runter auf den See. Das angeschlossene Restaurant hat gutes und günstiges Essen.
In Cha'llapampa: **Alojamiento Cha'llapampa** und **Posada Manco Kapac** (8 Zi., bc, Kw, familiär, sauber, Ü 10 Bs) und **San Francisco** (Ü 18 Bs). Außerdem **Hostal Pacha Mama**; einfach, bc, DZ 10 Bs.– **In Challa: Posada del Inca**, direkt am Strand, 6 einfachste Zi., Kw. – **Hostal Qhumphui**, Tel. 7152-1188. Juan Ramos hat in sehr guter Lage ein schönes Haus für Gäste erbaut, 6 Zi. bc/bp. Ü/bc 20 Bs, Ü/bp 25 Bs, F 10 Bs; Mittagessen Forelle 10 Bs, Nudelge-

richt 8 Bs. Hin- oder Rückfahrt nach Copacabana 250 Bs, unabhängig der Personanzahl.

FAM/LUX Posada del Inca in Yumani, Tel. 715-28062, www.titicaca.com. Ursprünglich eine Hacienda, nun Luxus-Lodge von *Crillon Tours*. Schöne Lage mit 20 hübschen, sauberen Zi., bc, Ww (Solar!), Dusche, gutes Restaurant, Patio, Freiterrasse mit Seeblick, Garten, nur im Paket buchbar mit Tragflügelbootsfahrt, derzeit das Beste, was die Sonneninsel zu bieten hat. – **Ecolodge La Estancia:** 30 Min. von Pilkokaina bzw. beim Aymara-Dorf La Estancia, Tel. 244-2727, www.ecolodge-laketiticaca.com. 11 Cabañas, bp, Restaurant, Bar, schöner Blick auf die Andenkordillere, Kajaktouren auf dem Titicacasee. EZ ab 400 Bs, DZ/F 600 Bs inkl. HP (auf Wunsch VP). Für ältere Reisende besonders geeignet, doch beschwerlicher Aufstieg vom Bootsanleger über die Escalera del Inca. Buchbar über *Magri Turismo* in La Paz (s.S. 699).

Transturin errichtete bei Pilkokaina den *Complejo Etno-Eco* mit einem 200 qm großen, unterirdischen Museum (Mumien und archäologische Exponate). Dazu authentische Inka-Terrassen zu Ehren von Pachamama, auf denen über 80 verschiedene Heilkräuter wachsen, sowie Lamas, Guanakos, Alpakas und Vicuñas. Die Anlage ist ausschließlich *Transturin*-Reisenden vorbehalten (s.S. 651).

Isla de la Luna (Mondinsel)

Die Mondinsel heißt mit ihrem ursprünglichen Namen *Coati*. Hier soll Wiracocha dem Mond einst befohlen haben, sich in den Himmel zu erheben. Nur für historisch Interessierte ist neben der Sonneninsel auch die Isla de la Luna mit dem ungewöhnlichen Mondtempel oder „Tempel der Sonnenjungfrauen" (Acllahuasi) besuchenswert. Kenner halten den Mondtempel sogar für wesentlich interessanter als den Sonnentempel der Sonneninsel. Faszinierend ist die erstaunliche Ähnlichkeit des Mondtempels zur islamischen Architektur, mit einer dreidimensionalen geometrischen Fassadengliederung. Eintritt in die Ruinen 5 Bs.

Von der Isla del Sol fahren Charterboote zur Mondinsel. **Wer die Sonnen- und die Mondinsel an einem Tag besuchen möchte,** sollte dies vorher fest vereinbaren, ggf. sollte die andere Hälfte der Passage erst nach Rückkehr in Copacabana bezahlt werden, da es immer wieder vorkommt, dass Bootsführer nach der Sonneninsel plötzlich nicht mehr bereit sind, vereinbarungsgemäß auch die Mondinsel anzusteuern.

Sicuani

Wer dem touristischen Copacabana entfliehen möchte, wird im 14 km nördlicheren Sicuani, Fz 30 Min. mit dem Minibus, in der netten Familienunterkunft von *Hilario Paye Quispe* (Hinweisschild: „Inca Thaki") Ruhe finden. Das Haus liegt in einer bezaubernden Gegend am Titicacasee, ein Schilfboot liegt zur Benutzung am Ufer, Abstellplatz für Fahrzeuge vorhanden. Seine Frau Eustaquia kocht nach Wunsch, empfehlenswert sind ihre Fischgerichte. Wasserhahn unterm Apfelbaum mit Frischwasser vom Berg. Hilario baut Balsas, stellt Kunsthandwerk aus Schilf her und gibt Einblicke in die traditionelle Kultur am See. Bootausflüge mit dem Balsa, Baden in der Bucht, rudern zur Isla del Sol (90 Min.) oder Segeln (30 Min.). Keine festen Preise, die Familie freut sich über Besuch und erwartet ein angemessenes Trinkgeld. Im Ort gibt es einen Laden mit Grundnahrungsmitteln, Frischmilch direkt beim Bauer.

Copacabana – Tiquina – Huarina – (Sorata)

Die Strecke zwischen Copacabana und La Paz gehört zu den landschaftlich schönsten der ganzen Anden. Von Copacabana geht es zuerst einen Pass hinauf, dann einen Hochgrat entlang mit prächtigen Blicken auf die beiden Teile des Titicacasees. Im Blickfeld ist immer wieder die Cordillera Real, ganz links mit dem *Illampu* (6368 m) und dem danebenliegenden *Ancohuma*. Aus der Ferne grüßen der *Huayna Potosí* (6088 m) und ganz rechts der Illimani (6439 m). Die Stimmung ist, besonders am Nachmittag, einmalig schön. In einigen Kehren fällt die Straße dann zum **Estrecho de Tiquina** hinunter, zu der mit 800 m schmalsten Stelle des Sees. Seit Bolivien keinen Zugang mehr zum Meer hat, ist hier die bolivianische Marine stationiert. Fahrzeuge (auch Busse) und Personen werden separat übergesetzt (Gebühr).

Huatajata

Die restlichen 112 km von San Pablo de Tiquina nach La Paz werden auf einer relativ guten Asphaltstraße zurückgelegt. Nach rechts eröffnen sich immer wieder sehr schöne Ausblicke auf den kleineren Titicacaseeteil *Wiñaymarca* mit einigen Inseln, nach links auf die Königskordilleren. In **Huatajata** wird der Anleger des Hydrofoil (Tragflügelboot) erreicht. Hier hat auch der Yacht-Club von La Paz seinen Sitz.

In Huatajata kann beim Hotel Inca Utama das bereits erwähnte Ökodorf „Wurzeln der Anden" besichtigt werden. Im Freiluftmuseum können u.a. Webmethoden und das System der Terrassenfelder studiert werden. Der Bootsbauer, Herr Limachi, ist immer da und erklärt den Besuchern gerne den Bau der Boote Ra II (Thor Heyerdahl) sowie Abora II und Abora III, die für die Atlantikexpedition des Deutschen *Dominique Görlitz* aus Chemnitz von ihm gebaut wurden. Im Eintritt ist auch der Besuch des Altiplano-Museums enthalten. Dort wird auch in deutscher Sprache die Geschichte und Kultur Boliviens erklärt. Gleich daneben liegt das einzigartige **Kallawaya-Museum,** das einen Einblick in die Heilküste der Andenmediziner gibt. Am Ende des Rundganges liest ein Kallawaya die Zukunft aus Cocablättern. Dies ist nur noch für Übernachtungsgäste des Hotel Inca Utama möglich (s. Strecke 3, „Crillon Tours").

Außerdem ist das **Alajpacha** in Huatajata interessant. Das ist ein indigenes Observatorium, in dem Besucher über die Sternbilder der Aymara aufgeklärt werden. Durch ein Teleskop kann man den südlichen Sternenhimmel bestaunen. Wer im Hotel Inca Utama übernachtet, kann kostenlos das Observatorium besuchen und erhält zusätzlich ein Schlammbad mit Massagen.

Von Huatajata können einige Inseln im Wiñaymarca-See besucht werden. Auf der **Isla Suriqui** steht die Nachbildung des Balsafloßes Ra II, mit der sich Thor Heyerdahl über den Pazifik nach Tahiti treiben ließ. Die Inseln *Pariti* und *Kalauta* gelten noch als Empfehlung, es gibt aber keine Unterkünfte auf Kalauta und Pariti.

Unterkunft Huatajata Die einfache *Hostería del Lago Azul* oder das *Inca Utama Hotel & Spa* (FAM), direkt am See mit dem Freiluftmuseum „Wurzeln der Anden", Tel. 213-6614 oder Tel. 813-5050, www.incautama.com oder direkt bei Crillon Tours, laden zu einer Pause ein. – Alternative: *Hotel Restaurant Centro Turístico Pachamama*, Tel. 213-6610. EZ/DZ/bp mit einem Hallenbad und Restaurant (Forellengerichte). Ebenfalls ein Restaurant sowie Unterkunft ist das *Inti Karka*, dessen Besitzer, Herr Catary, mit der Bootsbaukunst vertraut ist, ein kleines Museum führt und kompetent Auskunft gibt.

Essen & Trinken: Es gibt mehrere Restaurants mit Fischgerichten. Passabel sind *Choque, Inti Karka, Panamericana* und *Hotel Restaurant Pachamama*.

Schwimmende Inseln der Uro-Iruitos

Die „schwimmenden Inseln", **Islas Flotantes,** sind viel kleiner als die der Verwandten in Peru. Man bekommt einen guten Eindruck der Lebensweise der Uros und ist als Reisegruppe allein auf den Inseln. Die Uros, die hier leben, haben auch Häuser auf der Insel Kalauta, die den schwimmenden Inseln vorgelagert ist. Auf Kalauta gibt es Chullpas wie in Sillustani. Viele Uros leben dort und schicken ihre Kinder auf das Festland in die Schule. Sie leben gesünder und würdiger als ihre „touristischen Verwandten" in Peru. Sie sprechen noch Pukina, die alte Sprache der Uro, zeigen den Besuchern ihre Fischfangmethoden und was aus Totora-Schilf alles gemacht werden kann. Sie lebten eine Zeitlang als kleine, vergessene Gruppe am Río Desaguadero, bevor sie sich entschlossen, wieder auf den Titicacasee zurückzusiedeln, wobei sie hier von Crillon Tours unterstützt wurden. Im Vergleich zu ihren peruanischen Verwandten sind sie in ihrem „Freiluftmuseum" dennoch ursprünglicher, weniger aufs Verkaufen aus und versuchen, dem Besucher etwas über ihre Kultur zu vermitteln. Anfahrt mit dem Taxi, Taxifahrer wartet! Am Ufer liegen Schilfboote. Führer bringen Interessierte mit den Schilfbooten zu einer der Inseln rüber, Fp 15 Bs, Ruderboote 10 Bs p.P. Gesamtdauer der Tour ca. 1 h. Infos: *Arcobaleno,* Tarapacá 391, Puno, Tel. 36-4068, www.titicacalake.com.

Pariti Auf dieser ursprünglichen, von Reisenden selten besuchten Insel mit Inseldorf und einer schönen Adobekirche wurde ein kleines Museum eingerichtet, das Töpferfunde zeigt. Die sehenswerten Exponate machen es sogar interessanter als das Museum in Tiwanaku. Kleiner Souvenirstand, Plumpsklo, Eintritt.

Huatajata – Huarina

Von Huatajata, vorbei am schöngelegenen Hotel Titicaca, kommt nach weiteren 12 km, am Ende des Titicacasees, **Huarina** in Sicht. Nach links biegt die interessante Piste nach Puerto Acosta ab (Grenzübergang), am östlichen Ufer des Titicacasees entlangführend. Auf dieser Piste zweigt hinter *Achacachi* eine tolle Gebirgsstrecke ab, sie führt über *Warisata* und den Soratapass am Illampu vorbei nach Sorata (2650 m, s.S. 709).

Huarina – La Paz

Die restlichen 74 km von Huarina über Batalles nach La Paz sind leicht zu bewältigen. Es geht hauptsächlich schnurgerade über den Altiplano. Bei Batalles führt eine Abzweigung nach **Pto Pérez,** das seit 1872 auch der älteste bolivianische Hafen ist. Abseits der Reisepfade mausert sich der Ort langsam zum Ausgangspunkt für Insel-Besuche im Wiñaymarca-Seeteil des Titicacasees (z.B. nach **Suriqui,** Bauplatz des Totora-Floßes *Ra II* von Thor Heyerdahl, s.o.).

Gute Übernachtungsmöglichkeit in Pto Pérez bietet der ökologische *Complejo Turístico las Balsas* (FAM) direkt am See, Tel. 289-9121, www.turismobalsa.com. Zi. mit bp, Pool, Bootsausflüge auf den Titicacasee, Restaurant. DZ/F 150 Soles. – Günstiger ist das *Hostal Las Islas* (ECO). 9-Bett-Zi., bc, familiär, mit gutem Restaurant (Forelle). Ü/F 80 Bs. Beide bieten Touren zu den Inseln Pariti und Kalahuta an.

Auf der Strecke nach La Paz erhebt sich links vor dem *Huayna Potosí* (6088 m) das mächtige Massiv des *Condoriri* (5648 m). Nach dem Kontrollpunkt geht es durch die Großstadt **El Alto,** vorbei an der Abzweigung zum Flughafen von La Paz. Der „Aeropuerto El Alto" ist mit 4082 m einer der höchsten der Welt.

Dann tauchen im tiefen Talkessel die Häuser von La Paz auf, ein eindrucksvolles Lichtermeer am Abend. Auf der kostenpflichtigen Stadtautobahn geht es 12 km runter ins Zentrum.

Strecke 2 (Puno) – Desaguadero – Tiwanaku-Ruinen – La Paz (265 km)

Die zweite Streckenmöglichkeit von Puno nach La Paz zweigt von dem schon in der Strecke 1 erwähnten Pomata zum Grenzort Desaguadero ab. Von Puno nach Desaguadero sind es ca. 150 km, es verkehren sowohl Busse als auch Colectivos. **Hinweis:** Die Grenze im peruanischen Desaguadero ist von 8–12 Uhr und von 14–17 Uhr geöffnet (peruanischer Zeit, bolivianische Zeit ist plus eine Stunde). Es gibt eine Abfertigung für Personen (Einreisestempel, Ein-/Ausreiseformulare) und eine für Fahrzeuge. Im halblegalen Schmugglergewühl kann der Landeswechsel zur Nervenprobe geraten.

Wohl der einzige Grund, die Strecke 2 nach La Paz zu wählen, ist ein Stopp bei der präkolumbischen **Ruinenstätte Tiwanaku** (bei einer Rückfahrt von La Paz nach Puno sollte der Tiwanaku-Stopp so geplant werden, dass die Mittagspause an der Grenze berücksichtigt wird und man noch vor 12 Uhr in Desaguadero eintrifft).

Busse und Colectivos

Obwohl die Strecke von Puno über Desaguadero die kürzeste Verbindung nach La Paz ist, gibt es nur wenige Direktbusse oder Direktcolectivos die von Puno bis La Paz durchfahren. Die meisten fahren nur bis zu Grenze und verweisen dann auf peruanische Partner-Unternehmen. Auf der bolivianischen Seite von Desaguadero gibt es zahlreiche Busse und Colectivos, die auf der asphaltierten Straße weiter nach La Paz fahren (Fz ca. 4 h). Im bolivianischen Guaqui gibt es überdies einen Bahnanschluss nach El Alto/La Paz, s. www.fca.com.bo/„Tren Turístico Guaqui".

Pomata – La Paz

Hinter Pomata fällt die Straße leicht ab. *Zepita* (140 km nach Puno), ein ärmlicher Ort, überrascht mit einer schönen Kirche im *estilo mestizo*. Dann kommt die Grenze in Sicht. Im peruanischen Ortsteil von Desaguadero ist die Passkontrolle direkt an der Grenze. Der Río Desaguadero bildet die Demarkationslinie. Das bolivianische Grenzbüro ist natürlich gleichfalls zwischen 12 und 14 Uhr und ab 18 Uhr geschlossen.

Wenn abzusehen ist, dass man die noch restlichen 115 km bis nach La Paz nicht mehr schafft, sollte versucht werden, noch zumindest bis nach Guaqui oder Tiwanaku zu kommen. Auf der Strecke von Desaguadero nach Guaqui werden zwei Kontrollposten passiert. **Guaqui** liegt unweit des Titicacasees und ist die Endstation der Eisenbahnlinie nach La Paz. Im einfachen *Hotel*

Guaqui kann übernachtet werden. Von Guaqui bis zum Dorf Tiwanaku sind es noch 20 km. Außerhalb des Dorfes liegt, vor einem kleinen Hügel, dann die bedeutendste Kulturstätte Boliviens: **Tiwanaku** (s.S. 712, Ausflüge ab La Paz). Von Tiwanaku sind es noch 72 km nach La Paz. In **Laja** wurde am 20.10.1548 durch Don Alonso de Mendoza La Paz gegründet, die barocke Kolonialkirche von 1680 besticht durch schöne Altäre. Kurz vor El Alto biegt die Piste rechts nach La Paz ab.

Strecke 3: Puno – La Paz: mit Booten über den Titicacasee

Zugfähre / Cargoschiff Puno – Guaqui

Der Fährbetrieb der peruanischen Eisenbahngesellschaft mit den Dampfschiffen *Inka* und *Ollanta* von Puno nach Guaqui in Bolivien ist seit langem außer Betrieb. Von Guaqui gibt es eine Bahnverbindung über Tiwanaku nach El Alto/ La Paz (s. www.fca.com.bo). Doch die Schiffe *Inka* und *Ollanta* rosten im Hafen von Puno vor sich hin und niemand weiß, ob sie jemals wieder kreuzen. Nach Zeitungsmeldungen soll die Ollanta die Passagierfahrten irgendwann wieder aufnehmen, auch die *Yavari* soll wieder seetüchtig gemacht werden, sie dient derzeit noch als Museumsschiff. Lediglich die *Manco Capac*, ein Zugfährschiff, schippert mit Cargowaggons nach Guaqui. Außerdem fährt der Frachter *Gran Mariscal Andrés de Santa Cruz* über den Titicacasee nach Guaqui. Am besten im Hafen fragen, wann der Frachter ablegt, und dann mit dem Kapitän direkt über die Passage verhandeln.

Von Guaqui gibt es zudem Bus- und Colectivoverbindungen nach La Paz.

Mit Hydrofoil (Tragflügelboot): Copacabana – Huatajata

Am bequemsten, schnellsten und auch teuersten ist die Fahrt mit dem Tragflügelboot (Hydrofoil) von Copacabana über den Titicacasee nach Huatajata (Bolivien). Die Anfahrt von Puno bis Copacabana erfolgt mit dem Bus, Weiterfahrt von Huatajata nach La Paz ebenfalls per Bus. Im Fahrpreis der Hydrofoil sind die An- und Abfahrten mit den Bussen sowie ein kurzer Abstecher zu der Sonneninsel samt Mittagessen im Restaurant *Uma Kolla* des Veranstalters **Crillon Tours** eingeschlossen. Gesamtfahrpreis um 220 US$, Gesamtfahrzeit (Busse/ Hydrofoil) ca. 13 h. Abfahrt des Zubringerbusses in Puno um 7 Uhr, Ankunft des Shuttle-Busses in La Paz um 19.30 Uhr. In umgekehrter Richtung sind die Abfahrt- und Ankunftszeiten nahezu identisch.

Crillon bietet ebenso die Verlängerung der Tour auf 2 Tage an, mit Übernachtung auf der Sonneninsel in der *Posada del Inca* oder in Huatajata im *Inca Utama Hotel & Spa* oder als bequeme 3-Tages-Tour mit Besuch der Ruinen von Tiwanaku (Preise direkt anfragen). Bei den Programmen von Crillon Tours ist neben dem ausgezeichneten Service auf der Sonneninsel (Wanderung mit Lamas, die das Gepäck tragen) in Huatajata der Besuch der hauseigenen Museen enthalten. Das Ökodorf „Wurzeln der Anden" mit Altiplano-Museum ist besonders für Interessierte an den Unternehmungen von Thor Heyerdahl wichtig, da hier die Mitglieder der Limachi-Familie, Erbauer der Schilfboote Ra II und Tigris, ihr Können zeigen. Am Abend wird im Sternenobservatorium der südliche Nachthimmel betrachtet und man erhält einen Einblick in die mystische Welt der Kallawaya. Weitere Infos und Tickets über das Reisebüro **All Ways Travel** in Puno, Tacna 281, Tel. 35-2991, www.titicacaperu.com oder direkt bei *Crillon Tours* in La Paz, Av. Camacho 1223, Tel. 233-7533, www.titicaca.com.

Katamaran Copacabana – Huatajata

Über den Titicacasee gibt es eine Schiffsverbindung mit einem modernen *Transturin*-Katamaran-Boot von Copacabana nach Chua/Huatajata (Bolivien). Fz 4 h, Abfahrten täglich. Dazu fährt extra um 6.30 Uhr ein Bus von Puno nach Copacabana (Fz 3 h). Von Chua/Huatajata ist Busanschluss nach La Paz gewährleistet (Fz 90 Min., Ankunft in La Paz ca. 19.30 Uhr). Im Gesamtpreis ist ein Abstecher auf die Sonneninsel (ca. 90 Min.) mit Besuch des exklusiven *Ethno-Eco-Komplexes* und ein Mittagessen enthalten. Die Fahrt ist auch in umgekehrter Richtung machbar: Abfahrt des Busses 6 Uhr in La Paz, Ankunft Puno 17.30 Uhr. Fahrkarten bei *All Ways Travel*, Puno, Tacna 281, www.titicacaperu.com oder in La Paz bei *Transturin*, Alfredo Ascarrunz 2518 (Sopocachi), Tel. 242-2222, www.transturin.com oder www.titicacacatamarans.com. Transturin betreibt 4 Katamarane: *Consuelo,* Bj. 1995, 150 Plätze, *Santa Rita,* Bj. 1998, 60 Plätze, *San Juan,* Bj. 2001, 80 Plätze und *San Antonio,* 10 Plätze. Sie pendeln regelmäßig zwischen Copacabana und Huatajata.

Transturin bietet auch luxuriöse Katamaran-Fahrten an: Übernachtung in komfortablen, beheizten Privatkabinen, Kerzenlicht-Dinner und Folkloreshow. Dabei wird die gesamte Sonneninsel umrundet, kleine Wanderungen unternommen, eine Begegnung mit den Bewohnern von Cha'llapampa arrangiert. Außerdem kann an einer spiritistischen Kallaway-Zeremonie (Heilzeremonie eines Medizinmannes) teilgenommen werden. Transturin ist der einzige Veranstalter, der sowohl von bolivianischen als auch peruanischen Behörden autorisiert ist und mit eigenen Bussen die Grenze passieren darf.

Strecke 4, am Ostufer des Sees entlang: Puno – Ninantaya/Puerto Acosta – Sorata – La Paz

Am abenteuerlichsten ist die Fahrt mit lokalen Bussen entlang des Ostufers über Huancané, Moho, Conima, Ninantaya und Puerto Acosta nach La Paz. Die Rumpelfahrt dauert gut zwei Tage. Aus Sicherheitsgründen raten wir von dieser Möglichkeit ab, weil wir Zuschriften erhielten, dass ein Kleinbus von Reisenden nur bis zum letzten peruanischen Ort fuhr und von dort noch einmal 100 Soles verlangte. Andernfalls mussten Reisende eine Wegstrecke von 3 Stunden Fußmarsch durch unwirtliches Gebiet in Kauf nehmen.

Der Ausreisestempel musste zuletzt vor der Abfahrt in Puno besorgt werden. Erkundigen, sonst gibt es spätestens in Puerto Acosta Probleme: Peruaner lassen die Reisenden ziehen, die Einreise nach Bolivien ist jedoch dann nur mit Scherereien und evtl. einigem Schmiergeld möglich (Schmugglergrenze!). Die Streckenabschnitte vor und gleich nach der Grenze sind nicht asphaltiert und stellenweise in einem sehr schlechten Zustand.

Bis Huancané Asphaltstraße (60 km). In **Taraco** (km 31) sind noch viele typische *Putucus,* Bauernhütten der Hochlandbewohner sowie monolithische Steinfiguren zu sehen. Der Berg *Quellahuyo* in Huancané (km 47) belohnt mit einem Panoramablick auf den Titicacasee. Die danach folgende Schotterpiste ist in einem schlechten Zustand. Die Petroglyphen von *Axinuri* bei **Vilque Chico** (km 54) besucht kaum ein Reisender und warten auf Entdeckung. Bei km 76 wird **Moho,** ein typisches Aymara-Dorf, erreicht (einfache Unterkünfte). Ein paar Kilometer weiter ist das malerische **Conima** am Titicacasee Endstation der befestigten Piste. Ab Moho bis zum Grenzübergang hinter **Ninantaya** (23 km) und Tilari nur noch lose, versandete Piste. Von **Puerto Acosta** (einfache Unterkünfte) fahren Colectivos nach La Paz. Ab Puerto Acosta ist die Strecke asphaltiert, jedoch mit vielen Schlaglöchern. Für Reisende mit viel Zeit bietet sich unterwegs auch ein Ausflug nach **Sorata** am Fuße des Illampu an.

Bolivien – das Reisewichtigste

Beste Reisezeiten
In der Andenregion reist man gut in der Trocken- bzw. Winterzeit von Mai bis Oktober (klare Tage, blauer Himmel, eiskalte Nächte!). Im Andensommer von November bis März mit Regenfällen sind Trekkingtouren nicht zu empfehlen. Beste Reisezeit im Tiefland: Mai bis September. Es ist dort das ganze Jahr über tropisch warm bis heiß und Regen fällt von Oktober/November bis März/April. Dann überschwemmen oft Wolkenbrüche ganze Landstriche und der Straßenverkehr kommt zum Erliegen.

Einreisebestimmungen für EU- und CH-Bürger
Der Reisepass muss noch 6 Monate über das Einreisedatum hinaus gültig sein. Es ist eine *tarjeta de turismo* auszufüllen, die beim Ausreisen wieder eingezogen wird (nicht verlieren, am besten eintackern). Wenn das Grenzpersonal obskure Gebühren verlangt, ist das rechtswidrig. Visumsfreie Aufenthaltsdauer für Europäer 30 bis max. 90 Tage. In der Regel werden nur 30 Tage gegeben, die dann später bei einer Migración um 2 x 30 Tage verlängert werden können.

Erlaubte Gesamtaufenthaltsdauer in einem Jahr beträgt 90 Tage (die frühere Praxis, kurz vor Ende der Frist mit einer kurzen Aus- und Wiedereinreise von einem Nachbarland von vorn zu beginnen, ist nicht gestattet). Wer seine Aufenthaltsdauer überzieht, muss bei der Ausreise für jeden Überschreitungstag nachzahlen (ca. 1,50 €/Tag). Der Pass sollte in Bolivien immer mitgeführt werden, doch eine Passkopie ist meist ausreichend. Bei der **Ausreise** per Flugzeug wird eine Flughafengebühr von 25 US$ erhoben.

Impfbestimmungen
Bei Einreise aus Infektionsgebieten, z.B. Brasilien, ist eine Impfung gegen Gelbfieber zwingend vorgeschrieben (nach dorthin auch). Malariagefahr ganzjährig in Regionen unter 2500 m.

Währung und Geld
1 Boliviano = 100 Centavos. Es gibt Scheine zu 10, 20, 50, 100 und 200 **Bs** (auch BOB oder B$). Münzen zu 1, 2 und 5 Bs sowie zu 10, 20 und 50 Centavos. Derzeitiger Kurs: **1 € = ca. 9 Bs.** Boliviens Währung ist ziemlich stabil, es gibt keinen Schwarzmarkt. Drauf achten, dass bei Wechselgeld Scheine nicht eingerissen, verschlissen oder verschmutzt sind (doch nicht so heikel wie in Peru). Immer ausreichend Kleingeld mitführen. Als „Nebenwährung" sind US-Dollarscheine geschätzter als Euro-Noten.

Kreditkarten: Visa (www.visa.de) und MasterCard (www.mastercard.com) sind am meisten verbreitet, Akzeptanz aber nicht überall, z.B. nicht auf dem Land, dort zählt nur Bares. Zahlungen per Kreditkarte werden zusätzlich mit einer (variablen) Kommission belastet. Bank-/Giro bzw. **EC-Karten** müssen zum **Geldabheben** an Automaten das MAESTRO-Logo tragen, Karten mit einem „V-Pay"-Logo funktionieren meist nicht. Geldautomaten – *cajeros automáticos*, ATM – geben pro Abhebung mit einer VISA-Karte max. 3000 Bs aus (manche auch Dollarscheine). Mit Störungen an Automaten ist immer zu rechnen, am besten zwei verschiedene Karten haben. Reserve-/Notgeld in US-Dollar-Noten in kleiner Stückelung, für Euro schlechtere Kurse. Reise- bzw. Travellerschecks sind unpraktisch, sie sind schwierig einzulösen und kosten hohe Gebühren.

Geldwechsel in *Casas de Cambios* und bei Banken (*Banco Nacional, Bisa, Unión* u.a.). In kleineren Orten bekommt man bei der *Prodem*-Bank gegen eine höhere Gebühr Bargeld auf seine Kreditkarte. *Cambistas*, Straßenwechsler, wechseln nur US-Dollar, manchmal auch Euro und an Grenzübergängen die Währung des Nachbarlandes. **Preise** sind in höherwertigen Hotels oft in US-Dollars angegeben, auch werden z.B. kostspielige Touren in US-Dollar bzw. mit der Kreditkarte abgerechnet.

Zeitdifferenz MEZ –5 Stunden. In unserer Sommerzeit sind es –6 Stunden.

Reisen im Land

Bolivien-höhepunkte — Eine ein- bis dreiwöchige Reise beginnt meist in La Paz, in Santa Cruz oder in Cochabamba – denn alle drei Städte haben internationale Flughäfen – und schließt mit ein: das hochgelegene **La Paz** und der **Titicacasee** mit Besuch der *Isla del Sol,* die nervenkitzelnde „Sturzfahrt" in die **Yungas,** die alte Silberminenstadt **Potosí** und das koloniale **Sucre** und den riesigen, weißgleißenden **Salar de Uyuni.** Tiefland-Destinationen sind der unberührte Nationalpark **Madidi** mit einer Exkursion in die tierreiche *Pampas* (Ausgangspunkt beide Male Rurrenabaqua), und als städtische Zentren *Cochabamba* und *Santa Cruz.* Etwas weiter weg liegt im Osten Boliviens die einsame **Chiquitanía** mit ihren charakteristischen Kirchen in Holzarchitektur, und im Südwesten, in der Grenzregion zu Chile, schillern Lagunen, gibt es 5000er-Vulkane und Geysire. Auf Wanderer und Bergsteiger warten zahllose Gipfel und Treks.

InfoTur — InfoTur ist ein Netz von offiziellen **Touristen-Informationsstellen,** anzutreffen insbesondere in den größten bzw. touristischsten Städten Boliviens wie z.B. in Sucre oder Santa Cruz. In kleineren Orten bekommt man lokale Infos meist in der *prefectura* oder *alcaldía* in Nähe des Hauptplatzes. Für Nationalparks ist SERNAP zuständig, www.sernap.gob.bo.

Busse — Der Bus ist sowohl für Einheimische als auch für Touristen das meistgenützte Verkehrsmittel. Das Fernbus-Netz ist dicht und verlässlich, diverse Gesellschaften sorgen für Preiswettbewerb. Wegen der großen Entfernungen und vieler unbefestigter Straßen muss mit Reisezeiten von 8–15 Stunden gerechnet werden, die meist in der Nacht zurückgelegt werden. Diese großen Langstreckenbusse heißen *flotas* und haben zurückklappbare Lehnen, deshalb *bus semi cama* genannt (ein *bus cama* – „Bett-Bus" – hat noch bequemere „Schlafsitze"). Sie kosten etliches mehr, aber die Ausgabe lohnt, weil man ja dabei auch eine Hotelübernachtung einspart. Auf den Hauptstrecken im Hochland, beispielsweise zwischen La Paz und Uyuni, fahren außerdem moderne und komfortable **Touristenbusse,** deren Sicherheit mit Bordservice den höheren Preis rechtfertigen. Langstreckenbusse sollte man immer vorreservieren. Die Webseite **www.boliviaentusmanos.com**/terminal zeigt Busgesellschaften und Abfahrtszeitenzwischen den größeren und kleineren Städten Boliviens.

Mittelgroße Busse aller erdenklicher Fabrikate und Alters heißen *micros.* Ihr Fahrtziel ist meist vorn über der Windschutzscheibe angeschrieben. *Minibuses* kümmern sich um den Stadt- und Umlandverkehr, wie auch die *trufis (colectivos),* Sammelfahrzeuge. Sie fahren festgelegte Routen mit Zielpunkten ab, die vom Kassierer, dem *cobrador,* beim Fahren durch die Straßen ausgerufen werden. Colectivos sind weit billiger als reguläre Taxis. Wenn man unterwegs aussteigen möchte, einfach *baja* („bacha") rufen.

Busbahnhöfe heißen *terminal terrestre* oder *terminal de buses,* sie kosten eine kleine Benutzungsgebühr. Dort das Gepäck immer im Auge behalten, auch dann im Businnern, sofern es nicht zuvor in den Unterflur-Gepäckraum kommt.

Auf bolivianische Campesino-Art zu reisen heißt, auf die Pritsche eines eines Lastwagens, eines *camión,* zu steigen und stehend durchs Hinterland zu rumpeln. Eine sowohl erschöpfende als auch sehr preiswerte Mitfahrgelegenheit. Auch *camionetas,* Pickups, werden für solcherart Landpartien verwendet.

Flüge Drehscheibe für internationale und innerbolivianische Flüge ist „El Alto" in La Paz. Mit 4020 m Höhenlage ist er der höchste Zivilflughafen der Welt. Zweitgrößter ist „Viru Viru" in der Millionenstadt Santa Cruz 550 km östlich von La Paz. Für internationale Ankünfte wird Viru Viru wegen seiner Höhe von nur 420 m und der damit entfallenden und ermüdenden Höhengewöhnung im Vergleich zu La Paz – das ohnehin nur ganz wenige internationale Airlines direkt anfliegen – immer bedeutender.

Die einzigen **Direktflüge von Europa nach Bolivien** gibt es drei Mal wöchentlich mit der bolivianischen BOA (www.boa.bo) von Madrid nach Santa Cruz. Eine weitere Möglichkeit ist über São Paulo in Brasilien, z.B. mit der brasilianischen TAM (www.tam.com.br). Von São Paulo mit der BOA nach La Paz oder mit GOL (www.voegol.com.br) nach Santa Cruz. Nach Santa Cruz direkt fliegt die TAM über Paris, São Paulo u. Asunción (Paraguay.) Von **Cusco/Peru** kann man mit Amazonas (www.amaszonas.com) nach La Paz fliegen.

Flüge Inland: Bei längeren Distanzen, beim Reisen ins Tiefland und wieder zurück ins Hochland – insbesondere in der Regensaison – sollte man Bolivien gute Flugverbindungen nutzen. Die großen Städte und die Hauptstädte der Departamentos sind durch tägliche Flüge diverser Gesellschaften mit La Paz und auch teils untereinander verbunden. Bolivianische Airlines:

Boliviana de Aviación, BoA, www.boa.bo; Boliviens nationale Airline
Aerocon, www.aerocon.bo; zwischen größeren und kleineren Städten
Amaszonas, www.amaszonas.com; kleine Maschinen ins Tiefland
Transporte Aéreo Militar, TAM, www.tam.bo; landesweite Ziele

Ihre Homepages zeigen die Flugpläne und es kann gebucht werden. Vor dem Abflug sind Flughafengebühren zu zahlen, für Inlandsziele 15 Bs, ins Ausland 25 US$. Bei Flügen ins Ausland gibt es, insbesondere auf dem Flughafen von Santa Cruz, Kontrollen durch die Drogenpolizei.

Flughafenkennungen: Cobija (CIJ), Cochabamba (CBB), Guayaramerín (GYA), La Paz (LPB), Magdalena (MGD), Puerto Suárez (PSZ), Riberalta (RIB), Rurrenabaque (RBQ), San Borja (SJB), Santa Cruz (VVI/SCZ), Sucre (SRE), Tarija (TJA), Trinidad (TDD), Yacuiba (YAC).

Bahn Der Personen-Bahnverkehr spielt in Bolivien nur eine unbedeutende Rolle. Die Bahnstrecken (s. Karte S. 665) bestehen aus zwei nicht miteinander verbundenen Netzen, zusammen sind diese 3748 km lang. Im Osten Boliviens betreibt die *Empresa Ferroviaria Oriental,* www.ferroviariaoriental.co, die Strecke von Santa Cruz nach Quijarro an der brasilianischen Grenze. Außerdem fahren von Santa Cruz gelegentlich Züge nach Süden zur argentinischen Grenze nach Yacuiba.

Das westliche Bahnnetz auf dem Hochland wird von der *Empresa Ferroviaria Andina* betrieben, www.fca.com.bo. Züge fahren von Oruro über Uyuni nach Villazón an der argentinischen Grenze und von Uyuni nach Westen nach Avaroa an der chilenischen Grenze. Zwei weitere Gleisstränge verlaufen von Oruro nach Cochabamba und weiter bis Aiquile und von Río Mulatos über Potosí nach Sucre. Von La Paz gibt es keine Zugabfahrten, weder nach Santa Cruz noch in den Süden, man muss zuvor mit dem Bus zum Bahnknotenpunkt Oruro fahren.

Über Verbindungen, Zugarten und Wagenklassen, Preise und Abfahrtzeiten bitte auf den genannten Homepages informieren (auch hier im Buch bei den Städten mit Bahnhöfen). Bahntickets können meist nur am Tage der Abfahrt oder einen Tag vorher gekauft werden. In den teilweise noch alten Zügen oder Schienenbussen durch Bolivien zu zuckeln ist fast noch ein Abenteuer für sich, was für Erlebnishungrige. Züge im internationalen Grenzverkehr führen teils auch Speise- und Schlafwagen mit.

Taxi

Taxifahren ist in Bolivien nicht teuer. Radio-Taxis bestellt man per Anruf bei einer Taxizentrale. Sie sind etwas teurer als Straßentaxis, dafür sicher und verlässlich und fahren zu Fixpreisen. Bei Straßentaxis muss man eine gewisse Vorsicht walten lassen (s.u. bei „Gefahren und Sicherheit").

Urwald-Flussboote

Im Tiefland auf Boliviens vielen Flüssen besteht kein regulärer Linien-Bootsverkehr. Man kann aber eine mehrtägige Flusskreuzfahrt auf dem Río Mamoré mit dem stilvollen Hotelboot (Flotel) *La Reina de Enín* machen, s. www.andes-amazonia.com oder www.rainforestcruises.com.

Gelegentlich kann man als Passagier auf einem Lastkahn mitfahren, z.B. auf dem Río Ichilo von Puerto Villarroel nach Trinidad und von Trinidad auf dem Río Mamoré nach Guayaramerín. Auf dem Río Beni von Rurrenabaque nach Riberalta nur spärlicher Bootsverkehr.

Mietwagen / Verkehr

Wagen können in allen größeren Städten Boliviens bei internationalen Mietwagenfirmen, wie z.B. Rent-a-Car oder Avis, angemietet werden. Mit mind. 50 US$/Tag ist zu rechnen. Die Anmietung vor Reiseantritt übers Internet kann günstiger kommen als vor Ort. Für Ziele abseits asphaltierter Hauptstraßen benötigt man ein 4x4-Fahrzeug. Ein umfangreiches Mietwagenangebot mit Planungskarten, Landes- und Routeninformationen bietet die deutsche Seite www.mietwagen-lateinamerika.com, www.billiger-mietwagen.de hat auch für Bolivien Angebote. Für Allradfahrzeuge ist seit über 20 Jahren eine renommierte Adresse *Petita rent-a-car* in La Paz, www.rentacarpetita.com. Die Seite bietet alle wichtigen Informationen, Preise und Routenvorschläge.

Barrón's Rent-a-Car, www.abarrons.com, ist vertreten in La Paz, Santa Cruz, Cochabamba und Tarija. – *Sudamericana rent a car* hat Büros in Santa Cruz, Sucre und Cochabamba, www.sudamericanarentacar.com. – Weitere Adressen s. bei La Paz bei „Adressen & Service", in den anderen bolivianischen Städten und auf www.boliviaentusmanos.com bei „Turismo"

Wohn-/Campmobil

Gute und aktuelle Tipps für Bolivien mit einem Reisemobil bietet die Seite **www.abenteuertour.de** von Klaus & Petra Vierkotten. Das Wichtigste:

Überland-Einreisende mit einem Fahrzeug erhalten an der Grenze bei der *aduana* einen *hoja de ruta* (Routenschein), den man unterwegs an den in unregelmäßigen Abständen kommenden Kontrollstellen (*trancas, tránsitos,* meist an Ausfallstraßen) abstempeln lassen muss. Dort überprüft die Polizei die Papiere und es sind ein paar Bolivianos Straßenmaut *(peaje)* zu zahlen. An jeder Station ist die Quittung der letzten vorzulegen und der Zielort zu nennen. Häufig wird die Quittung dann nur abgestempelt oder eingerissen, ohne dass neu bezahlt werden muss.

Eine andere Reisemobil-Homepage mit detaillierten Routen-, Reise-, Verkehrs- und Stellplatztipps zu Bolivien, Peru und anderen Latino-Ländern ist **www.pinguino-tour.de.** Ganz tief rein geht www.panamericaninfo.com.

Straßen	Das Straßennetz in Bolivien umfasst etwa 41.000 km, wovon nur rund 5500 km asphaltiert sind (s. Klappenkarte Bolivien). Die Straßen im Hochland sind in einem guten Zustand, doch abseits der Hauptverbindungen rüttelt man in Bolivien meist über schlimme Schotter- und Staubpisten. Eine gute Asphaltstraße verbindet La Paz mit Cochabamba und Santa Cruz (Tieflandroute, 560 km). Zwischen dem Pass La Cumbre bei La Paz und Puente Yolosa in den Yungas gibt es eine neue asphaltierte Straße, die alte „Todesstraße" existiert aber noch. Nach Regenfällen kommt es auf den Straßen vom Hoch- ins Tiefland oft zu Erdrutschen, die dann Straßen blockieren.
Verkehr	**Verkehr:** La Paz ist eine Herausforderung. Es wird gedrängelt, gehupt, falsch überholt und sich an keine Verkehrsregel gehalten. Es wirkt alles schrecklich chaotisch. Außerhalb der Stadtmolochs sieht es völlig anders aus. Nur wenige Bolivianer haben genug Geld für ein eigenes Auto. Die Straßen sind nicht stark befahren und es ist einfach, durch das Hochland Boliviens zu fahren. Erlaubte Höchstgeschwindigkeit 80 km/h. Unterwegs kann es zu **Straßenblockaden** von Einheimischen kommen, die Straße wird dicken Steinen, Geröll oder Fahrzeugen abgeriegelt, die auch für Touristen nicht entfernt werden. Hier vorsichtig sein und die Situation erkunden. Nicht versuchen, die Sperre zu umfahren, es könnten Steine fliegen! Oft bleibt nichts übrig als geduldig zu warten. Dies kann einige Stunden oder auch Tage dauern!
Kraftstoff	wird in Bolivien staatlich subventioniert, und nur Bolivianer sollen in diesen Genuss kommen. Mit umgerechnet derzeit ca. 1,10 Euro für einen Liter Diesel zahlt ein Ausländer etwa das Zweieinhalbfache. Tankstellen – *surtidores* – wollen/können nicht immer an Ausländer verkaufen, weil sie nicht über die dafür erforderlichen Quittungsformulare verfügen. Beizeiten nachtanken.

Weitere nützliche Reiseinfos zu Bolivien A – Z

Bolivien ist ein Land geografischer Extreme, auf die man sich bei einer Individualreise einlassen muss. Unterwegs ist oft Kompromissbereitschaft nötig.

Ausrüstung	Auf dem Altiplano kann es eiskalt werden, insbesondere nachts fallen die Temperaturen extrem. Entsprechende Kleidung (windfeste Jacke) und Thermo-Unterwäsche mitführen, desgleichen feste Schuhe. Wegen der extremen UV-Strahlung Sonnenschutzcreme, Sonnenbrille und Lippenfettstift. Gegen laute Unterkünfte und nächtliche Busfahrten sind Ohrstöpsel eine Wohltat. Mit einem Schloss das Gepäck sichern.
Botschaft / Konsulate	**Deutsche Botschaft:** La Paz, Av. Arce 2395, esq. Calle Belisario Salinas, Tel. 244-0066, Fax 244-1441, www.la-paz.diplo.de, info@la-paz.diplo.de, Mo–Fr 9–12 Uhr. **Honorarkonsulate: Cochabamba,** Gerardo Fernando Wille, Calle Oquendo entre Ramón Rivero y Quintanilla, Edificio Los Tiempos, Torre 2. 13. Stock, Büro 1, Tel./Fax 453-0348, cochabamba@hk-diplo.de. **Santa Cruz:** Dr. H.M. Biste, Condominio Plaza Libertad, Büro 201, Casilla 2341, Tel./Fax 345-3914, santa-cruz@hk-diplo.de. **Tarija:** Frau L. Methfessel, Calle Campero 321, Tel. 664-2062, tarija@hk-diplo, Fax 663-0826. **Bolivianische Botschaft in Deutschland:** Berlin, Wichmannstraße 6, 10787 Berlin, Tel. 030-2639150, Fax 030-26391515, www.bolivia.de, berlin@embajada-bolivia.de.

Schweizerische Botschaft: La Paz, Calle 13, 455, Esquina 4 de Septiembre, Obrajes, Casilla 9356, Tel. 00591-2-275-1225, www.eda.admin.ch/lapaz, Fax 214-0885. Honorarkonsulate in Santa Cruz und Cochabamba.
Österreichisches Honorarkonsulat: La Paz, Calle Montevideo 130, Ed. Requima, 6. Stock, Casilla 270, Tel. 00591-2-244-2094, austroko@acelerate.com
Santa Cruz: Calle Taperas 27, Tel. 334-4402, peterjessen@correascenter.com

Dokumente Reisepass, eventuell internationalen Führerschein für einen Mietwagen (Mindestalter 21 Jahre), Jugendherbergs- und Studenten-Ausweis (www.aboutistc.org) für Vergünstigungen, internationaler gelber Impfpass für die Weiterreise nach oder aus Brasilien (auch für Bolivien selbst sinnvoll), Flugticket, Kreditkarten, Reisekrankenversicherung.

Alle Dokumente fotokopieren und getrennt mitführen, außerdem einscannen und im eigenen Mailordner hinterlegen zum Herunterladen in einem Notfall.

Elektrizität 220 Volt/50 Hz Wechselstrom (Spannung schwankend), in La Paz auch noch 110 V. Deutsche Euro-(Flach)Stecker passen in boliv. Steckdosen

Essen & Trinken Boliviens Küche ist eher bodenständig als raffiniert. Was man aufgetischt bekommt, hängt im Wesentlichen davon ab, in welcher Region man sich gerade befindet. Im Hochland sind die wichtigsten Grundnahrungsmittel Kartoffeln (*chuños* sind gefriergetrocknete, bitter-erdig schmeckend), Mais und Quinoa und in Gewässernähe ab und zu Fisch. Im Tiefland exotische Früchte, Gemüse, Reis, Yuca, Kochbananen und Flussfische. In allen touristischen Orten gibt es Restaurants mit internationaler Küche.

Almuerzo ist die Mittagsmahlzeit, *cena* das Abendessen. Fast jedes bolivianische Essen beginnt mit einer Suppe, *sopa*, die es in unzähligen Varianten gibt: herzhaft ist die *chairo*, eine Fleischsuppe mit *chuños*, während z.B. *maní* eine Erdnusssuppe ist.

Auf den Märkten verkaufen Garküchen und *comedores* einfache, aber durchaus schmackhafte Gerichte. Beliebt und überall angeboten werden *empanadas*, *salteñas* und *tucumanes*, mit Gemüse, Huhn, Käse, Ei oder Fleisch gefüllte Maisteigtaschen, *tamales* ist eine in Bananenblätter eingewickelte Maisspeise mit Fleischstückchen. *Choclos* sind Maiskolben auf die Hand, gegrillt oder gekocht.

Auf den Speisekarten finden sich u.a. Lama-Steaks und *cabrito al horno*, gebackenes Zicklein. Lecker sind auch gefüllte Avocados, *palta rellena*. Fast alle Gerichte werden mit *ají* zubereitet, einer roten Chilischote, entweder bereits in der Speise oder zum Nachwürzen mit der Paste *llajua* aus rohen, gemahlenen Tomaten oder *locoto*, einer Chili-Sorte mit Kräutern gewürzt. Ein Nahrungsmittel seit der Inkazeit ist die Hirseart *quinoa*, die zu sehr stärkereichem Mehl verarbeitet wird.

Der bestimmt bekannteste Tee der Anden ist *mate de coca* aus getrockneten Cocablättern, unbedingt bei einem Aufenthalt in der Höhe trinken. Sehr gut schmeckt *trimate*, eine Mischung aus Cocablättern, Anis und Kamille; *muña* ist Andenminztee. Die besten Biersorten Boliviens sind *Paceña* und *Huari*. Ein ganz besonderes Getränk, schon seit Inkazeiten, ist die *chicha*, säuerlich schmeckendes Maisbier. Auch Wein gibt es in Bolivien, er stammt aus der subtropischen Region des südlichen Tarija. Mehr über Essen & Trinken s.S. 61, die Speisekarte mit Worterklärungen beginnt ab S. 878.

Feiertage s.S. 667

Fotografieren Im Hochland sind besonders indigene Frauen Kameras gegenüber misstrauisch. Es wird geglaubt, dass jedes Foto ein Stück der Seele raubt.

Deswegen sollte man immer fragen, bevor man Menschen fotografiert und ein „Nein" akzeptieren. Manchmal wird für die Erlaubnis, sich fotografieren zu lassen, Geld verlangt.

Gefahren und Sicherheit

Aktuelle Landessicherheitshinweise für Bolivien findet man auf der Seite des deutschen Auswärtigen Amtes, www.auswaertiges-amt.de oder auf der Schweizer, www.eda.admin.ch.

Boliviens Touristenpolizei warnt vor Trickdiebstahl bei Taxifahrten und bittet Touristen, statt eines Straßentaxis immer ein lizensiertes Funktaxi zu nehmen, insbesondere in Großstädten bei Nacht. Bei Straßentaxis vor Fahrtbeginn sich auf den Fahrpreis einigen und die Registrierungsnummer des Wagens notieren. Während der Fahrt **niemals** eine weitere Person zusteigen lassen oder sich in ein Taxi setzen, in dem bereits jemand sitzt!

Taschen-, Trickdiebereien und Kleinkriminalität kommen vor. Auf Märkten, im Gedränge und in engen Einkaufsgassen auf der Hut sein, insbesondere in Busterminals. Dort bei Zwischenstopps das Gepäck ständig im Auge behalten. Wenn jemand Ihre Kleidung beschmutzt und anschließend überfreundlich Hilfe anbietet, kann es sich um einen Diebstahlsversuch handeln, genauso, wenn Sie jemand anrempelt oder mit einer Frage ablenkt und plötzlich eine weitere Person hinzutritt.

Kreditkarten bei Nichtgebrauch nicht mit sich führen, im Hotelsafe belassen. Absolut keine Drogendeals eingehen!

Bei einer Kontrolle durch Polizisten oder durch Zivilpersonen, angeblich auf Fahndung nach Drogen oder Falschgeld, sich unbedingt die Ausweise zeigen lassen, da viele Diebe vortäuschen, Polizisten zu sein (an gefälschten Dienstausweisen fehlt meist der Stempel, das Emblem oder das Passbild).

Ein Mädchen informierte uns über ihren Fall in La Paz: „Eine nette Bolivianerin sprach mich an, wir kamen ins Gespräch. Plötzlich tauchte ein Mann auf, gab sich als Drogenfahnder mit Polizeiausweis zu erkennen und nötigte uns beide in ein vorbeikommendes Taxi um zur Wache zu fahren. Im Wagen durchwühlte er die Taschen von uns beiden nach Drogen, überprüfte Ausweise, Kreditkarten etc. Ich durfte dann aussteigen, bei mir sei alles in Ordnung, doch die Bolivianerin müsse mitkommen. Das Taxi fuhr davon und ich stand völlig geschockt ohne Kamera und Kreditkarte auf der Straße – die „nette Bolivianerin" hatte mit zu der Bande gehört."

Tipps für Frauen: nicht alleine mit einem Guide auf eine Trekking-Tour gehen, auch wenn sie nur kurz ist. Alleine trampen: niemals!

Unterwegs: Bei Wahlen (auch Kommunalwahlen) kann in Bolivien der **Ausnahmezustand** *(toque de queda)* verhängt werden. Am Wahlwochenende kann es dann zu eingeschränktem Bus- und Flugverkehr kommen, und am Wahltag darf meist kein Alkohol ausgeschenkt werden. Bei Sozialprotesten und Konflikten, in Bolivien traditionell gang und gäbe, sind **Straßenblockaden** *(bloqueos)* aus Steinen, Schutt und Bäumen ein beliebtes politisches Druckmittel. Sie bringen den öffentlichen Verkehr zum Erliegen, auch Busreisende und Touristen mit einem weden dann ausgebremst. Streik heißt *huelga*.

Vorsicht in Duschen, die mit elektrischen Durchlauferhitzern ausgestattet sind, Gefahr eines Stromschlags: den Duschkopf während des Duschens nicht berühren, Gummisandalen tragen, die Heiß-/Kaltwasser-Drehknöpfe mit Hilfe einer Plastik-(Shampoo)Flasche versuchen auf- und zuzudrehen.

Gesundheit

Der übliche Impfschutz gegen Tetanus und Polio sollte vorhanden sein. Kleine Reiseapotheke mitnehmen (Erkältung, Durchfall etc.) und eine Auslandskrankenversicherung abschließen. Bei Direkteinreisen von Europa in der ersten Zeit auf Straßenküchen verzichten. Wegen der ungewohnten Höhe sich Zeit lassen zum Akklimatisieren (Höhenkrankheit s.S.

42). Anstrengungen vermeiden, viel trinken (Coca-Tee), aber kein Leitungswasser. Gegen das Kopfweh gibt es Soroji-Pillen zu kaufen (*soroche* = Höhenkrankheit), eine Mischung von Aspirin/Coca im Verhältnis 1:1. Malaria-Prophylaxe ist für eine typische Touristenreise im Hochland nicht erforderlich. Das grippeähnliche Dengue-Fieber ist nur im subtropischen Tiefland nach der Regenzeit eventuell relevant. Weitere Informationen zu Reiseländern und Krankheiten beim Centrum für Reisemedizin, www.crm.de.

Gelbfieber-Risikogebiete in Bolivien: Departamentos Pando, Beni, Chuquisaca, Santa Cruz, Cochabamba, Tarija u. Teile des Dept. La Paz.

In Bolivien ist *Chagas* endemisch, eine von *vinchucas,* blutsaugenden Raubwanzen, übertragene Krankheit. Darauf achten, dass in einfachen Cabañas die Zimmerdecke durchgehend abgedichtet ist, denn sie lassen sich nachts auf Schlafende fallen, um Blut zu saugen.

Internet Nahezu an jeder Ecke gibt es in Städten Internet-Cafés, deren Computer auch meist Skype installiert haben. Verbindungsgeschwindigkeiten sehr langsam, des Öfteren Server-Ausfälle. Bolivian. Internet-Kennung: .bo

Landkarten Landkarten über Bolivien 1:250.000 gibt das staatliche *Instituto Geográfico Militar* heraus, einseh- u. herunterladbar von www.igmbolivia.gob.bo.

Von www.reise-know-how.de ist eine Karte im Maßstab 1:1.300.000 erhältlich (auch in digitaler Version), www.omnimap.com verfügt über diverse Bolivienkarten, auch Trekkingkarten sowie Stadtpläne. Weitere: ITM Bolivien (1:1.250.000) • National Geographic Bolivien (1:1.415.000) • Nelles Bolivien/Paraguay 1:2.500.000.

Ökotourismus Tusoco ist eine bolivienweite Indígena-Nonprofit-Organisation für lokalen und gemeindebasierten Land-&-Leute-Tourismus. Auf ihrer Seite www.tusoco.com findet man diverse Angebote.

Polizei / Policía Turística Auch in Bolivien gibt es in größeren Städten bzw. in touristisch vielbesuchten Orten eine Touristenpolizei, **Policía Turística** (Adressen/Tel.-Nr. jeweils bei „Adressen & Service"). Sie ist an besonderen „Turismo"-Uniformen erkenntlich. Für Reisende bietet sie Hilfe bei Problemen aller Art, stellt z.B. bei einem Diebstahl den nötigen Polizeibericht aus. Soweit keine Touristenpolizei vor Ort ist, ist die Nationalpolizei bzw. die örtliche Polizei zuständig. Generell muss ein Polizist uniformiert sein, einen Dienstausweis haben und sein Name steht auf einer Plakette auf der Brust. Der Pass eines Touristen darf nicht einbehalten werden und Geldforderungen sind verboten. Homepage der bolivianischen Polizei: www.policia.bo.

Post (Correos) Die Post heißt in Bolivien ECOBOL, *Empresa Correos de Bolivia.* Es gibt sie landesweit auch in kleinen Orten. Die Öffnungszeiten differieren, je nach Stadt- oder Ortsgröße. Luftpost-Porto: Postkarte oder Brief bis 20 g 9 Bs. Laufzeit nach Europa 1–4 Wochen. Es gibt keine Straßen-Einwurfbriefkästen, man muss zur Post gehen, Öffnungszeiten differieren. Wichtiges per Kurier verschickten, z.B. mit DHL, www.dhl.com.

„Einschreiben" heißt *certificado,* „Postlagernd" *lista de correos,* die Hauptpost *Central de Correos.* Versand von Päckchen ist ohne größeren bürokratischen Aufwand möglich. Pakete müssen durch den Zoll.

Reiseveranstalter Viele deutsche Reiseveranstalter haben sich zur „ARGE Lateinamerika" zusammengeschlossen mit auch Bolivien-Reisen in ihren Programmen, s. www.lateinamerika.org.

Sprache	Die Verkehrssprache Boliviens ist Spanisch. Muttersprachen im Hochland sind Aymara und die Inkasprache Quechua. Im Tiefland und im Osten gibt es über 30 weitere Idiome (s.u. „Die Bolivianer"). Man sollte etwas Spanisch können, Englisch hilft unterwegs nur selten weiter.
Telefon	Die staatliche und führende bolivianische Telefongesellschaft ist die ENTEL, *Empresa Nacional de Telecomunicaciones*. Daneben gibt es noch andere Unternehmen, wie *Viva, Boliviatel, Cotel* oder *Tigo,* die teils im Festnetz *(lineas fijas),* aber überwiegend im Mobiltelefon-Geschäft tätig sind.

Telefonieren ist in Bolivien billig, und wer kein Haus- oder ein Mobiltelefon besitzt, geht zu einem *punto,* einem privatgeführten Telefonbüro. Puntos finden sich in allen Orten des Landes und sie sind bis spät geöffnet. Man kann auch von stationären Kartentelefonen aus mit einer gekauften Telefonkarte telefonieren, wobei es von diesen *tarjetas* welche mit Magnetstreifen und andere mit integriertem Chip gibt (komfortabler). Es gibt sie zu Werten von 10 Bs, 20 Bs, 50 Bs und 100 Bs.

Rufnummern und **Vorwahlen:** Festnetz-Nummern haben nach der Vorwahl **sieben Ziffern.** Es gibt nur drei Vorwahlen, abhängig von den bolivianischen Departamentos, die man von einer Region zu einer anderen vorwählen muss.

Region **Altiplano:** Departamentos La Paz, Oruro und Potosí = **2,** z.B. Städte La Paz, Copacabana, Oruro, Potosí, Sorata u.a.

Region **Oriente:** Departamentos Beni, Pando und Santa Cruz = **3,** z.B. Städte Trinidad, Camiri, Cobija, Guayaramerín, Pto Suárez, Riberalta, Samaipata, Santa Cruz u.a.

Region **Valle:** Departamentos Cochabamba, Chuquisaca, Tarija = **4,** z.B. Städte Sucre, Tarija, Yacuiba u.a.

In einer Stadt von Festnetz-Telefon zu Festnetz-Telefon entfällt die Regionen-Vorwahl.

Das **Mobiltelefonnetz** ist in Bolivien gut ausgebaut. Es besteht US-Funkstandard, ein modernes GSM-Handy, wie z.B. ein iPhone, funktioniert. Man könnte sich auch ein Pre-Paid-(„prepago")-Handy kaufen (wozu der Pass vorgelegt werden muss). SIM-Karten gibt es in verschiedenen Werten in *puntos* und in Shops der Telefongesellschaften.

Mobiltelefon-Nummern haben **acht Ziffern,** und die Provider zweistellige zwischen 10 und 21 (z.B. ENTEL 10, Axes 11, Cotas 12, Boliviatel 13, Viva 14, Telecel 17 u.a.). Für ein Handy-Gespräch von La Paz zu einem Festnetz-Telefon in Cochabamba ist also zu wählen: 0 – Provider-Nr, z.B.10 für ENTEL – Vorwahl der Region, für Cochabamba 4 – und schließlich die siebenstellige Rufnummer des Anzurufenden.

In einer Stadt von Mobiltelefon zu Mobiltelefon einfach die achtstellige Nummer wählen. Befindet sich der Angerufene außerhalb bzw. ist seine SIM-Karte außerhalb registriert, ist der zweistellige Provider vorzuwählen. Vom Mobiltelefon zu einer Festnetznummer wählt man z.B. in La Paz die Folge 0-2-1234567.

Die internationale **Landesvorwahl** von Deutschland nach Bolivien ist 00-591-, von Bolivien nach Deutschland 00-49-, wobei jeweils die „0" vor der Stadtvorwahl entfällt.

Toiletten	Tipp: ständig Toilettenpapier mitführen, *papel higiénico* gibt es überall zu kaufen. Weitere Tipps zu diesem Kapitel s.S. 49.

Unterkünfte Aus der Eigenbezeichnung einer Unterkunft lässt sich auch fast immer auf die Preiskategorie schließen. Zu den allergünstigsten – aber auch mit meist einfacher oder einfachster Einrichtung zählen *alojamientos* und *hospedajes* („Unterkünfte"), *posadas, residenciales* und *casas de huéspedes*. Letztere werden meist von der Eigentümerfamilie betrieben mit entweder schlichter oder etwas gehobener Ausstattung. Hauptkriterien ist bei allen ob mit Privat- oder gemeinsamem Bad.

Preisgünstig und beliebt bei Travellern sind **Hostels** und *albergues* („Herberge"; *albergue juvenil/de jóvenes/de juventud* = Jugendherbergen). Die Stiftung *Hostelling Internacional Bolivia*, www.hostellingbolivia.org, ist der bolivianische Schwesterverband des dt. Jugendherbergswerks. Das bolivianische Herbergsnetz mit seinen HI-Hostels („Hostelling Internacional") präsentiert sich auf **www.boliviahostels.com**. Die Seite bietet auch Verzeichnisse für normale Hotels in den 15 meistbesuchten Städten und Orten des Landes und dazu jeweils einen guten „Travel Guide". Hinweis: Hinter der Bezeichnung „Hostel" verbirgt sich nicht immer automatisch eine Herberge für Preisbewusste, auch qualitativ höherwertige Unterkünfte bzw. Hotels führen manchmal das Wort im Namen.

Eine „Albergue Ecoturístico" oder eine „Ecoalbergue" ist nicht immer unbedingt eine ökologisch ausgerichtete bzw. so erbaute Unterkunft, z.B. mit Solarenergie und Wasserrückgewinnung, sondern oft nur die verschämte Umschreibung für einfachste Ausstattung, z.B. nur gelegentlich heißes Wasser oder ein gemeinschaftliches Bad.

Bei **Hotels** sollte man sich von der Anzahl der (meist selbstverliehenen) Sterne nicht täuschen lassen, und auch nicht von den schönen Fotos auf der Hotel-Homepage. Campingplätze findet man in Bolivien in der Regel nur entlang der populären Trekking-Routen.

Wir haben in diesem Reiseführer die Unterkünfte in drei Preiskategorien eingeteilt, in

ECO („económico") – einfach und preiswert; darunter gibt es noch einfachste BUDGET-Quartiere mit *dormitorios* und Gemeinschaftsbad.
FAM („familiar") – einfache bis gehobene Mittelklasse, Touristenhotels
LUX: („lujo") alles, was preislich oder komfortabel darüberliegt („teuer" heißt aber nicht automatisch auch „sehr gut" …)

Der **Preis** einer Übernachtung („Ü") bezieht sich in **Hostels** pro Person (p.P., wobei Hostels aber auch oft über wenige Doppelzimmer verfügen), bei **Hotels** für ein Doppelzimmer, und zwar immer in der Hochsaison Mai–September. Tagesaktuelle Zimmerpreise listen die Homepages der Unterkünfte, sofern eine existiert. Zu Stoßzeiten um landesweite Feiertage, an langen Wochenenden oder bei großen Festen wie Karneval erhöhen sich bolivianische Übernachtungspreise teils erheblich. Noch mehr Details zu Unterkünften s. bei Peru S. 59 („Unterkünfte").

Abkürzungen bei Unterkünften
B&B = Bed&Breakfast • **AC** = aire acondicionado (Klimaanlage, Air Conditioning) • **bc** = *baño compartido* (oder *común*, Gemeinschaftsbad/-toilette) • **bp** = *baño privado* (Bad/Toilette dem Zimmer angeschlossen) • **CP** = Campingplatz, oft auch mit Stellplätzen für Reisemobile • **Ws** = Wäscheservice • **Ww** = Warmwasser • **Kw** = Kaltwasser • **Rest.** = Restaurant • **Ü** = Übernachtungspreis für eine Person, **Ü/F** = mit Frühstück • **DZ** = Doppelzimmer, **DZ/F** = mit Frühstück • **EZ** = Einzelzimmer *(habitación simple)*, **EZ/F** = mit Frühstück • **TriZ** = Dreibettzimmer • **MBZi** = Mehrbettzimmer • **PLV** = Preis-/Leistungsverhältnis • **Pp** = mit (Privat)-Parkplatz

Webseiten über Bolivien	Die offizielle Homepage der bolivianischen Botschaft in Deutschland ist **www.bolivia.de.** Hier finden sich sowohl offiziellen Daten und Fakten über Bolivien als auch Informationen für Touristen. **www.bolivia.travel** – Seite des Tourismus-Vizeministeriums **www.bolivia-online.net** – solide Reiseinformationen und Online-Guide zu allen Departamentos und ihren Städten, Hotels, Restaurants etc., deutsch **www.boliviaentusmanos.com** – Touranbieter, Hotels, Bus- und Zugabfahrten, Kultur- und Festkalender in den Städten u.v.a. mehr, sehr gutes Portal **www.boliviaweb.com** – umfassendes Bolivien-Portal **www.bolivianisima.com** – gute Kultur-Homepage mit Beispielen von Musikstilen, aktueller Festkalender, *danzas bolivianas* / *Carnaval de Oruro* u.a.; auch Wörter und Redewendungen auf Aymara/Quechua/Englisch. **www.gbtbolivia.com** – umfassende Landesinformationen **www.boliviamilenaria.com** – gute Seite eines bol. Reiseveranstalters mit zahllosen touristischen Fakten, Reisezielen und Hinweisen über Bolivien **www.tusoco.com** – bolivienweite Indígena-Nonprofit-Organisation für lokalen und gemeindebasierten Land-&-Leute-Tourismus. Presse: **www.latina-press.com** – Aktuelles in ganz Lateinamerika und Bolivien **www.bolivianexpress.com** – engl. Magazin für Bolivien **www.boliviaweekly.com** – englisches Wochenmagazin **www.bolivia.com** – großes Bolivien-Portal **www.bolpress.com** – Nachrichten u.a. Unterkünfte: **www.guiahotelerabolivia.com** – umfassende Hotelwebseite, auch für weitere Latino-Länder **www.boliviacontact.com** – „Travel guide and hotel directory of Bolivia" **www.hostelworld.com** • **www.hostellingbolivia.org** • **www.hihostels.com** • **www.boliviahostels.com** – Hostelverzeichnis mit zahllosen Bolivien-Unterkünften (nicht nur Hostels) **www.bolivianboutiquehotels.com** – überwiegend schöne Oberklasse-Hotels
Zeitungen	Über 30 *periódicos* mit stark regionaler Verbreitung. Die bedeutendsten: *El Diario* (gegr. 1904, www.eldiario.net), *La Prensa* (katholisch), *La Razón* (aus La Paz) und *El Deber* (1955 aus Santa Cruz) sowie *Tal Cual* (auch archäologische Artikel). Boulevardblätter sind *Gente* und *Extra*, die landesweit erhältlich sind. *Muy Interessante* ähnelt der P.M. in Deutschland. Die deutsch-bolivianische IHK veröffentlicht das Wirtschaftsmagazin *Boletin,* www.ahkbol.com.
Zollbestimmungen	Bei der Einreise nach Bolivien sind Gegenstände und Waren zum persönlichen Gebrauch sowie übliche technische Geräte wie Digitalkameras problemlos einführbar. Außerdem 1 l Spirituosen und 200 Zigaretten. Reisefreimengen bei der Rückkehr nach Deutschland aus einem Nicht-EU-Land: 200 Zigaretten oder 50 Zigarren, 2 l alkoholische Getränke unter 22% Alkohol und 1 l Spirituosen über 22% Alkohol sowie Mitbringsel im Wert von 300 €. Die Einfuhr von **Mate de Coca-Tee** oder **Coca-Bonbons** ist **verboten,** gleichfalls tierische oder pflanzliche Produkte, die unter das internationale Artenschutzabkommen fallen, z.B. Souvenirs aus Tierteilen. Auch ist die Ein- bzw. die vorherige Ausfuhr von archäologischen Funden und Kunstgegenständen verboten. Weitere Zolldetails auf www.zoll.de.

Bolivien – Land und Leute

Das Staatsgebiet des heutigen Boliviens war einst Teil des mächtigen Inka-Imperiums. Seit der Unabhängigkeit 1825 von der spanischen Kolonialmacht erschütterten zahllose politische Krisen Staat und Gesellschaft, es gab etwa 200 Regierungs- und Machtwechsel – Weltrekord! In keinem anderen südamerikanischen Land sind die Unterschiede zwischen Arm und Reich so stark ausgeprägt wie hier, trotz reicher Ressourcen. Das Regierungsprogramm von Evo Morales, seit 2005 erster indigener Staatspräsident, sieht einen umfassenden wirtschaftlichen und gesellschaftlichen Wandel vor.

Daten und Fakten

Bolivien ist ein Binnenland mit fünf Nachbarstaaten: im Westen grenzt es an Peru und Chile, im Süden an Argentinien und Paraguay, im Osten und Norden an Brasilien.

Offizieller Name: *Estado Plurinacional de Bolivia* (Plurinationaler Staat Bolivien).

Provinzen: Das Land ist in neun *Departamentos* aufgeteilt. Im Norden und damit im tropischen Tiefland liegen *Pando* und *Beni,* im Osten das größte Departamento, *Santa Cruz. Cochabamba, Chuquisaca* und *Tarija* liegen an den Übergängen zwischen Anden und Tiefland. *La Paz, Oruro* und *Potosí* liegen im Hochland. (s. Karte S. 665).
Staatsform: Republik, präsidentiales Regierungssystem, Präsident ist *Juan Evo Morales Ayma.*
Fläche: knapp 1,1 Mio. qkm (D: 357.000 qkm)
Einwohner: 10,4 Mio (2013); D: 82 Mio.
Hauptstadt: Offizielle Hauptstadt ist Sucre, Regierungssitz La Paz.
Größte Städte: Santa Cruz (1,5 Mio.), La Paz (1,4 Mio.), El Alto (Schwesterstadt von La Paz, 700.000 Ew.). Weitere Großstädte: Cochabamba, Oruro, Potosí, Tarija.
Sprachen: Von den 36 offiziell anerkannten Sprachen werden Spanisch, Quechua, Aymara und Guaraní am häufigsten gesprochen.
Bruttosozialprodukt (BIP) pro Kopf: ca. 5000 US$ (D: 32.300).
Nationalfeiertag: 6. August. Regierungs-Homepage: www.bolivia.gob.bo

Die Bolivianer Mit etwa 10 Menschen pro qkm (D: 230/qkm) ist Bolivien einer der am dünnsten besiedelten Staaten Südamerikas. Dabei ist der Altiplano mit teils mehr als 20 Ew./qkm relativ dicht besiedelt – 80% der Bevölkerung leben hier –, das tropische Tiefland und der Osten dagegen extrem dünn.

Bolivien als ein Teil des alten Inka-Imperiums hat eine ganz überwiegend indigene Bevölkerung. **Quechua** (30%) und **Aymara** (25%)stellen, zusammen mit den Mischlingen *(mestizos/cholos,* ca. 30%) den Großteil der Gesamtbevölkerung. Der Anteil der weißen, spanischstämmigen Bevölkerung (*criollos,* Kreolen) beträgt etwa 10%, ist aber in allen staatstragenden und machtpolitischen Organen und Institutionen überproportional vertreten. Der Rest verteilt sich auf viele andere ethnische Gruppen, insgesamt 36. Die Bevölkerung wächst jährlich um knapp 2%. Ungeachtet wirtschaftlichen Fortschritts lebt, gemessen an der nationalen Armutsgrenze, mehr als die Hälfte der Bevölkerung in Armut.

Religion: Über 90% der Bevölkerung bekennt sich zum römisch-katholischen Glauben, doch viele Indígena praktizieren auch noch ihre Urreligionen und sind Anhänger traditioneller Schöpfungsmythen. Im Mittelpunkt des katholischen Alltagsglaubens steht die Verehrung der Kirchenheiligen und das Feiern ihrer Namenstage. Daneben gibt es noch verschiedene protestantische Glaubensrichtungen, z.B. Mennoniten.

Traditionen und Folklore In der Kolonialzeit vermischten sich die Traditionen der indigenen Bevölkerung – Bräuche und Kleidungsstile, Musik und Tänze – mit denen der Spanier. Resultat ist bis heute eine fast unerschöpfliche folkloristische Vielfalt, die sich in den zahllosen und charakteristischen Festen des Landes widerspiegelt. Die landesweit größten sind der Karneval von **Oruro,** die *Entrada del Gran Poder* in **La Paz,** der Einzug der Jungfrau von Urkupiña in **Cochabamba** und das Chutillos-Fest in **Potosí.** Die Straßenumzüge mit den ausgefallenen, buntschrillen Kostümen zu erleben ist ein unvergessliches Erlebnis. Bei diesen mehrtägigen *fiestas* werden typische Tänze aufgeführt, wie die Diablada, Morenada (Danza de los morenos), der Pujllay, La danza de los Incas, Caporales und Negritos, die

Bolivien – Land und Leute

Llamerada, Ahuatiris, Tarqueada, die Tinkus, Suri und viele mehr. Der *huayno* ist in Bolivien wie auch in Peru die typische Tanz- und Musikform des Hochlandes (s.S. 94).

Kunst und Künstler

Bereits unter den Spaniern kreierten die indigenen Steinmetze im bolivianischen Hochland in der sakralen **Baukunst** ihren eigenen Stil, bekannt als „Mestizo-Stil" bzw. *arquitectura mestiza*. In der Zeit der Jesuiten um 1750 entwickelten sich viele Guaraní im Osten in der Chiquitanía in den Reduktionen beim Bau der Kirchen aus Holz zu äußerst geschickten Handwerkern und Kunstschaffenden (s.S. 824).

In der **Musik** machten die melancholischen Andenweisen und Panflötenklänge Bolivien weltbekannt. In der **Literatur** ist eines der bekanntesten Werke der Roman „Teufelsmetall" (Metal del Diablo) von *Augusto Céspedes*, der die Machenschaften der Zinnbarone in Bolivien anprangert. Traditionelles **Kunsthandwerk** *(artesanías)* wird in seiner ganzen Vielfalt überall im Land angeboten. Beim Weben werden Muster und Design alter Kulturen aufgegriffen, besonders bei den Stoffen und Kleidungsstücken des Hochlands. Berühmt sind Erzeugnisse aus Alpakawolle.

Zum **Welterbe der Unesco** zählen in Bolivien: der *Carnaval de Oruro, die Jesuitenreduktionen* in der Chiquitanía, die Silberstadt *Potosí,* die archäologische Stätte *Samaipata,* das historische Zentrum von *Sucre* und die archäologische Stätte von *Tiwanaku.* Zum Weltnaturerbe zählt der Nationalpark *Noel Kempff Mercado*.

Wichtige Festtage

Februar/März: Carnaval, ausgelassen in Oruro, Puno und Tarija
2. Febr. Candelaria (Mariä Lichtmess), groß in Puno u.a. Orten
Ostern: In der *Semana Santa* (Karwoche) Prozessionen in ganz Bolivien
Mai/Juni: *Gran Poder* (La Paz), meist am Samstag nach Pfingsten
4. August: *Fiesta de la Virgen* de Copacabana, Copacabana
6. August, Nationalfeiertag, Tag der Unabhängigkeit von Spanien
15. August: *Fiesta de la Virgen Urkupiña* in Quillacollo (Cochabamba)
24.–26. August: *Fiesta de San Bartolomé* (La Puerta del Diablo b. Potosí)
14. September: *Fiesta del Señor de la Exaltación* in Tiwanaku
15. September: *Fiesta de la Virgen de Guadalupe* in Sucre
1. auf 2. November: Todos los Santos, Allerheiligenfeste auf Friedhöfen
8. Dez.: *Fiesta de la Virgen de Cotoca,* Umzüge in und um Santa Cruz

Offizielle nationale Feiertage

1. Januar, Nuevo Año, Neujahr • 22. Januar, Tag der Gründung des Plurinationalen Staates • Februar/März, Karneval • 1. Mai, Día del Trabajo, Tag der Arbeit • 6. August, Día de la Independencia, Nationalfeiertag • 12. Oktober, Día de Colón, Kolumbustag (Tag der Entdeckung Amerikas) • 1. November, Todos los Santos, Allerheiligen • 25. Dezember, Navidad, Weihnachten.

Dazu kommen noch die Regionalfeiertage in den neun Departamentos: Beni: 18.11. Chuquisaca: 25.05. Cochabamba: 14.09. La Paz: 16.06. Oruro: 10.02. Pando: 24.09. Potosí: 10.11. Santa Cruz: 24.09. Tarija: 15.04.

Bolivianer mit deutschen Wurzeln

Die Beziehungen zwischen Deutschland und Bolivien sind traditionsreich und reichen bis ins 19 Jh. zurück. Etwa 10.000 Bolivianer haben deutschen Wurzeln, wobei die Mennoniten die größte Gruppe bilden. 1821 diente in den Truppen des Freiheitskämpfers *Simón Bolívar* der Kassler **Otto Braun** als Kavallerie-Leutnant, der später unter Präsident Santa Cruz bis zum bolivianischen Kriegsminister aufstieg. Noch im Jahr der Unabhängigkeit Boliviens 1825 erkannte die Hamburger Hanse die neue südamerikanische Republik an. Aus Europa brachen Bergleute, Handwerker, Missionare und Archäologen auf, darunter viele Deutsche. Bereits ab 1730 hatte Schweizer Jesuitenpater **Martin Schmid** in der Chiquitanía die Missionskirchen in den Reduktionen von San Rafael, San Javier und Concepción erbaut. **Max Uhle** erforschte 1892 die Ruinen von Tiwanaku, ihm folgten die Archäologen Arthur **Posnansky** (Österreicher), **Buck** und **Trimborn**.

Ab 1870 kamen durch Handelsbeziehungen deutsche Kaufleute und Firmen nach Bolivien, die sich in La Paz, Oruro, Sucre, Cochabamba, Potosí und Santa Cruz niederließen. 1871 begann die offiziellen diplomatischen Beziehungen. Beim Bau der Mamoré-Bahntrasse 1907–1912 durch den Acre-Urwald (s.S. 855) waren auch Deutsche beteiligt und unter ihrer Beteiligung entstand die Brauerei *Cervecería Boliviana Nacional*. Bis 1910 hatten fast alle bedeutenden Handelshäuser Boliviens deutschstämmige Eigentümer.

Unter der Initiative des Kaufmanns **Wilhelm Kyllmann** gründeten Deutsch-Bolivianer 1925 die nationale Fluggesellschaft *Lloyd Aéreo Boliviano* (LAB). 1934 entstand in La Paz das *Hospital Alemán* (Av. 6 de Agosto). **Werner Guttentag Tichauer**, der aus Nazi-Deutschland fliehen musste, gründete 1950 mit *Los Amigos del Libro* einen der ersten größeren Verlage Boliviens. Er wurde 1998 durch eine Briefmarke geehrt. Deutschsprechende **Mennoniten** kamen 1954–1968, vorwiegend aus dem paraguayischen Chaco, in den bolivianischen Busch und gründeten im größeren Umkreis von Santa Cruz bis heute 61 Colonias.

Die größte Zuckerfabrik und Schnapsbrennerei Boliviens bei Santa Cruz wird durch *Erwin* und *Oskar Gasser* geführt, die für ihre Arbeiter das Städtchen *La Bélgica* mit Schulen, Kirche und Krankenhaus bauen ließen. *Laboratori Inti*, das größte Pharmunternehmen Boliviens in La Paz, gehört der Familie *Schilling*. Der ehemalige bolivianische Präsident *Hugo Banzer* hatte deutsche Vorfahren.

Der heutige kulturelle Austausch zwischen beiden Ländern umfasst vor allem die Deutschen Schulen in La Paz und Santa Cruz, das Goethe-Institut in La Paz und die Kulturvereine in Sucre, Cochabamba und Santa Cruz. – FS

Landesnatur

Anden und Altiplano

Bolivien wird zu etwa einem Drittel von den Anden eingenommen, die sich in die West- und Ostkordilleren unterteilen und damit die drei geografischen Zonen des Landes bestimmen. Zwischen der westlichen *Cordillera Occidental* und der *Cordillera Oriental* liegt auf ca. 3600–4100 m Höhe der **Altiplano** (s. Schaubild auf S. 71). Diese rund 700 km lange und 200 km breite, abflusslose und waldlose Hochlandebene mit dem Titicaca- und Poopósee ist die Kernlandschaft Boliviens und das Hauptsiedlungsgebiet. Wichtigste Städte: La Paz, Potosí, Oruro.

Auf dem Altiplano wächst das Büschelgras *ichu,* werden Lamas und Alpakas gehalten, dient die harte Polsterpflanze *azorella* als Brennmaterial. Nachts sinken die Temperaturen drastisch bis zum Gefrierpunkt. Im trockenen Süden des Altiplano haben sich Steppengebiete, riesige Salzpfannen und Salzseen gebildet, wie z.B. der *Salar de Uyuni,* in denen sich während der Regenzeit das Wasser sammelt. Noch weiter nach Süden breiten sich Halbwüsten aus, ab und zu mit spärlichem Bewuchs. Nach Osten geht der Altiplano ins ostbolivianische Bergland über.

Die höchsten Berge liegen in der größtenteils vergletscherten Ostkordillere: der 6439 m hohe **Illimani** und der **Illampu** (6368 m). In der sanfteren Westkordillere ist der Vulkankegel des **Sajama** (6542 m) Boliviens höchster Berg. In der Westkordillere sind auch noch Reste der einst gewaltigen *Queñoa-Wälder* (Polylepis) anzutreffen. Vulkanismus ist überall in den Anden spür- und bemerkbar. Unbestrittener König der bolivianischen Hochgebirgsfauna ist der Kondor.

Yungas Zwischen Altiplano und dem Amazonas-Tiefland befindet sich die subandine Zone der **Yungas** (Aymara: „warme Täler"), tiefe, bewaldete Bergeinschnitte und Schluchten am Ostabhang der Anden in stark variierenden Höhenlagen ab etwa 800 m ü.d.M. Ein anderer Name ist „Nebelwaldzone", weil diese Region bei feuchter Witterung fast ständig in Wolken oder Nebel eingehüllt ist. Ursache dafür sind feuchte Winde aus Nordosten, die gegen das Andenmassiv wehen, sich als Wolken stauen und abregnen. Das Klima ist gemäßigt bis feucht, Fauna und Flora haben Urwaldcharakter, Bäume sind mit Moosen, Flechten und Bromelien überzogen. Bei der Fahrt von La Paz nach Coroico durchfährt man in kurzer Zeit wie in einem Fahrstuhl gleich mehrere Klimazonen und Ökosysteme vom ewigen Schnee bis in dampfenden Dschungel.

Das Tiefland Das bolivianische tropische Tiefland ist dreigeteilt: Ganz im Norden liegt der **Regenwald Amazoniens,** der südlich in die Überschwemmungszonen der Feuchtsavannen übergeht, in die *Llanos* bzw. *Pampas*. Im Osten umfasst das Tiefland das Sumpfgebiet des **Pantanal** und im Südosten die dornigen Buschsteppen und Trockenwälder des **Gran Chaco**.

Regenreiche Wolken vom Amazonas sorgen für reichlich Niederschläge, das Klima ist tropisch-feucht und in ausgedehnten Wäldern wachsen üppig Urwaldpflanzen, Kautschukbäume und Palmenarten, leben Pekaris (Nabelschweine), Riesenotter, Affen, Nasenbären, Tapire, Capybaras und viele andere Spezies mehr. Ungewöhnlich artenvielfältig ist die Vogelwelt, so kann man z.B. Tukane, Gelbbrust-Aras oder Kolibris sehen.

Durch die Tiefebenen mäandern außerdem die größten Flüsse Boliviens, Río Madre de Dios, Río Grande, Río Mamoré, Río Beni und Río Paraguay. Über den Río Paraguay und Río Pilcomayo haben Boliviens östliche Flüsse Zugang zum Río Paraná und damit Verbindung zum Atlantik.

Klima In einem Land mit so großen geografischen Naturräumen wie Bolivien ist das Klima naturgemäß stark gegensätzlich. Von der Breitenlage her zwar tropisch, werden die Temperaturen jedoch von den Höhenlagen und fünf Stufen bestimmt (thermische Höhenstufengliederung, Schaubild S. 71).

Die Jahreszeiten unterscheiden sich auch weniger durch starke Temperaturschwankungen als durch Regen- und Trockenzeiten. Auf dem Altiplano (3600–4100 m) ist das Klima sehr trocken und kühl, in den Hochwüsten im Südwesten (Salar de Uyuni) geradezu eisig. Regenzeit ist in den Anden von Dezember bis April, trocken ist es von Juni bis Oktober. Das Klima im Tiefland bestimmen ganzjährig Temperaturen zwischen 20 und 32 °C bei hoher bis sehr hoher Luftfeuchtigkeit. Regenzeit ist im Tiefland von November bis April, doch nachmittägliche Regengüsse kann es vor allem im Amazonasgebiet das ganze Jahr über geben.

Aktuelle bolivianische Ortstemperaturen bietet www.wetteronline.de bei „Bolivien".

Flora und Fauna

Wegen der verschiedenen Höhenstufen kommen in Bolivien nahezu alle Vegatationszonen und Habitate vor, die Seiten 87–89 bieten einen Querschnitt an Tieren und Pflanzen. Eine besonders ausgeprägte Artenvielfalt weist der tropische Berg- und Regenwald des Landes auf, wobei eine große Gefahr für das biologische Gleichgewicht von der Abholzung des Baumbestandes ausgeht. Dies geschieht vor allem zur Gewinnung neuer landwirtschaftlicher Anbauflächen und dem Export tropischer Hölzer. Die Nationablume ist die *kantuta*.

Nationalparks und Naturreservate

Bolivien besitzt eine Vielzahl von teils einzigartigen Nationalparks, Naturreservaten und Naturschutzgebieten in allen seinen Klimazonen. Rund 18 Prozent der Landesfläche stehen unter Naturschutz. Ein Erlebnis ist eine Tour in den Madidi-Nationalpark, s.S. 852, andere, wie z.B. der *Noel Kempff Mercado*, liegen weit abseits der üblichen Reiserouten und können nur mit großem Aufwand besucht werden.

Aus der ehemaligen Naturschutzbehörde SNAP *(Sistema Nacional de Areas Protegidas)* ging 1998 der *Servicio Nacional de Areas Protegidas* **SERNAP** hervor, www.sernap.gob.bo. SERNAP gibt in Zusammenarbeit mit dem Entwicklungsministerium die *Agenda del Guardaparque* heraus, die die Arbeit der SERNAP dokumentiert und die wichtigsten Schutzgebiete beschreibt. Dabei wird unterschieden zwischen *Reserva Nacional de Vida Silvestre, Area Natural de Manejo Integrado, Santuario, Monumento Natural* und *Reserva Natural de Inmovilización*. Hier die Übersicht der Schutzgebiete:

Amboró (Parque Nacional y Área Natural de Manejo Integrado), **Beni** (Reserva de la Biósfera Estación Biológica), **Carrasco** (Parque Nacional), **Cordillera de Sama** (Reserva Biológica), **Cotapata** (Parque Nacional y Área Natural de Manejo Integrado), **Eduardo Avaroa** (Reserva Nacional de Fauna Andina), **El Dorado** (Refugio de Fauna Silvestre), **El Palmar** (Area Natural de Manejo Integrado), **Estancias Elsner-Espíritu** (Refugio de Vida Silvestre), **Estancias Elsner-San Rafael** (Refugio de Vida Silvestre), **Federico Roman** (Reserva de Inmovilización) **Flafio Machicado Viscarra** (Santuario de Vida Silvestre), **Huancaroma** (Refugio de Fauna Silvestre), **Inkacasani-Altamachi** (Reserva Nacional de Fauna Andina), **Isiboro Sécure** (Parque Nacional y Territorio Indígena), **Kaa-Iya del Gran Chaco** (Parque Nacional y Área Natural de Manejo Integrado), **Llica** (Parque Nacional), **Lomas de Arena** (Parque Nacional), **Madidi** (Parque Nacional y Área Natural de Manejo Integrado), **Madre de Dios** (Reserva de Inmovilización), **Manuripi-Heath** (Reserva de Inmovilización), **Noel Kempff Mercado** (Parque Nacional), **Otuques** (Parque Nacional y Área Natural de Manejo Integrado), **Pilon Lajas** (Parque Nacional y Territorio Indígena), **Ríos Blanco y Negro** (Reserva da Vida Silvestre), **Sajama** (Parque Nacional), **San Matías** (Area Natural de Manejo Integrado), **Santa Cruz la Vieja** (Parque Nacional Histórico), **Tariquia** (Reserva Nacional de Flora y Fauna), **Torotoro** (Parque Nacional), **Tunari** (Parque Nacional), **Tuni-Condoriri** (Parque Nacional), **Ulla Ulla** (Reserva Nacional de Fauna Andina), **Yura** (Reserva Nacional).

Politik

Verwaltung Bolivien ist territorial in 9 Departamentos unterteilt (La Paz, Beni, Chuquisaca, Cochabamba, Oruro, Pando, Potosí, Santa Cruz, Tarija), die sich in 112 Provinzen unterteilen, die wiederum in 339 Gemeindebezirke *(municipios)* untergliedert sind. Die Departamento-Regierung wird vom Gouverneur geführt, der durch allgemeine Wahlen gewählt wird.

Regierungssystem Die erste Verfassung von 1826 wurde nachfolgend immer wieder geändert oder ersetzt, je nach Lust und Laune der früheren Präsidenten, Putschisten oder Generäle.

Nach der derzeitig gültigen Verfassung von 2009 ist der *Estado Plurinacional de Bolivia* ein sozialer, plurinationaler*) Rechts- und Einheitsstaat mit einer partizipativen, repräsentativen und kommunitären Regierungsform und einem direktdemokratischem Präsidialsystem. Das Parlament ist die *Asamblea Legislativa Plurinacional.*

*) plurinational = die Vielfalt der Ethnien und Sprachen Boliviens

Die Staatsflagge zeigt drei horizontale Streifen in der Folge rot-gelb-grün. Seit der Aymara *Evo Morales* Präsident ist, weht vor öffentlichen Gebäuden auch die Aymara-Flagge *Wiphala,* identifizierbar an vielen bunten Quadraten.

Juan Evo Morales Ayma ...

...wurde am 26.10.1959 im Dorf Isallavi als Sohn einer Aymara-Familie geboren. Kinderarbeit in der Landwirtschaft, Ziegelbrenner, Schulbesuch in Oruro. 1982 Umzug in die Cocaprovinz Chapare, ab 1983 gewerkschaftliche Aktivitäten. 1988 Sekretär der *Federación Trópico,* 1996 Präsident des Koordinationskomitees der Federaciones del Trópico Cochabambino. 1997 Direktmandat der *Izquierda Unida* (IU). 2005 erzwingt er durch einen Protestmarsch mit 10.000 Bolivianern den Rücktritt des Präsidenten *Carlos Mesa* (MNR) und erringt mit knapp 54% den Sieg bei den Präsidentschaftswahlen. Bei seiner Wiederwahl 2009 konnte Morales sein Ergebnis sogar verbessern.

Parteien Die wichtigsten Parteien und Parteigruppierungen sind: *MNR* (Movimiento Nacionalista Revolucionario, Nationalistische Revolutionäre Bewegung), gegründet 1942, mehrmals Spaltungen, heute Mitte-Rechts. *ADN* (Acción Democrática Nacionalista), 1979 gegründet, rechtsgerichtet, seit 2003 in der PODEMOS aufgegangen. Stärkste Kraft ist derzeit die 1987 gegründete *MAS* (Movimiento al Socialismo) als Vertretung der indigenen Bevölkerung, Führer *Juan Evo Morales Ayma,* der 2005 die Präsidentschaftswahlen gewann und seit 2006 Staatsoberhaupt ist. Nach dem „Oktober-Massaker" 2003 gründete Samuel Medina Auza die *UN* (Frente de Unidad Nacional). Jüngste Partei ist die *PODEMOS* (Poder Democrático y Social), die 2004 aus Mitgliedern der rechtskonservativen ADN von Banzer und der Alianza Siglo XXI hervorging und von Ex-Präsident Jorge Quiroga Ramirez geführt wird. Dazu gibt es noch weitere kleinere Parteien.

Aktuelle Politik Seit der Wahl von Evo Morales zum Präsidenten 2006 genießt Bolivien internationale Aufmerksamkeit und gerät wegen Morales' Politik immer wieder in die Schlagzeilen. Morales, der aus ärmsten Verhältnissen stammt und der erste indigene Präsident des Landes ist, versprach bei Amtsantritt eine „Neugründung Boliviens" und einen „Paradigmenwechsel" mit Umstrukturierung innenpolitischer Verhältnisse in Bolivien.

2009 trat eine neue Verfassung in Kraft, die von der Mehrheit der Bevölkerung per Referendum angenommen wurde und ein neues, sogenanntes „plurinationales" Staatsmodell („Plurinacionalismo") definiert. Staat, Wirtschaftssystem und Gesellschaft sollen selbstbestimmt neu geordnet werden. Erklärtes Ziel ist die stärkere und nachhaltige Einbindung der indigenen Bevölkerung, die bislang häufig von politischen Entscheidungen ausgegrenzt war, sowie .

Verfassung-Präambel: ... Das bolivianische Volk, von pluraler Zusammensetzung, aus der Tiefe der Geschichte kommend, inspiriert von den Kämpfen der Vergangenheit, antikolonialen indigenen Aufständen, der Unabhängigkeit, Volksbefreiungskämpfen, Straßenmärschen von Indigenen, Gesellschaft und Gewerkschaften, dem Wasserkrieg und Oktoberkrieg, den Kämpfen um Land und Territorium, und in Gedenken an unsere Märtyrer, konstruieren wir einen neuen Staat. (...)

Bislang wurden die Bodenschätze und die Energieträger verstaatlicht, eine Landreform in Angriff genommen und in der Gesundheits-, Sozial- und Bildungspolitik kam es zu längst überfälligen Verbesserungen. Man entwickelte die Philosophie „Vivir bien" (Anspruch auf ein gutes/würdevolles Leben) und versicherte die Rechte der indigenen Völker und von „Mutter Erde" zu stärken. Außenpolitisch kämpft man nach wie vor für einen souveränen bolivianischen Zugang zum Meer.

Coca Bolivien trat 2011 aus der Wiener Drogenvereinbarung aus und Evo Morales erreichte 2013 eine Änderung der UN-Drogenkonvention dahingehend, dass die Tradition des Cocablatt-Kauens *(acullico)* in Bolivien nun ausdrücklich zugelassen ist und von dem Land nicht mehr verlangt werden kann, dass es auf seinem Hoheitsgebiet Cocablätter vernichten muss. 15 von 169 Ländern, angeführt von den USA, lehnten den Antrag ab. Die erlaubte legale Anbaufläche für den bolivianischen Eigenverbrauch wurde allerdings auf 12.000 Hektar begrenzt. Nun fordert Bolivien 2000 ha mehr, was dann einer Ernte von gut 20.000 t Cocablättern entspricht. Die Gewinnung von Kokain aus Cocablättern bleibt weiterhin illegal (Coca-Exkurs s.S. 78).

(Es wird geschätzt, dass von der Gesamternte Boliviens etwa 58% in den traditionellen Eigenverbrauch geht und aus dem Rest Kokain gewonnen wird. Bolivien ist nach Peru und Kolumbien der drittgrößte Cocablätter-Produzent. Nach Zahlen der UN hängen wirtschaftlich 40.000 Bolivianer vom Coca-Anbau ab und tragen mit über 330 Mio. US$ zur Wirtschaftsleistung des Landes bei.)

Bitte schreiben oder mailen Sie uns (verlag@rkh-reisefuehrer.de) Ihre Reise- und Hotelerfahrungen oder wenn sich in Bolivien Dinge verändert haben und Sie Neues wissen. Danke.

Wirtschaft

Seit den letzten zwei, drei Jahrzehnten hat sich Bolivien ökonomisch stabilisiert, vor allem die Tieflandregion um Santa Cruz hat sich infolge des Gas-Exports zum Motor der bolivianischen Wirtschaft entwickelt.

Bodenschätze

Bolivien, im Pro-Kopf-Einkommen eines der ärmsten Länder Lateinamerikas, ist außerordentlich reich an **Bodenschätzen** („Bettler auf goldenem Thron"). Die Silberminen von Potosí lieferten zur Zeit der Spanien gewaltige Menge des begehrten Metalls – unter menschenverachtenden Abbaumethoden (s. Potosí, Cerro Rico). Im 20. Jahrhundert entwickelte sich Zinn zum Hauptausfuhrprodukt. Daneben werden Zink, Blei, Kupfer, Wolfram, Silber, Gold und Antimon gefördert, die zusammen etwa 42% aller Exporterlöse ausmachten. Im Osten wurden, nahe der brasilianischen Grenze bei *El Mutún,* große Eisenerzlager entdeckt. Gleichfalls im östlichen Tiefland, bei Santa Cruz, Camiri und im Gran Chaco, führen kilometerlange Pipelines und Erdgasleitungen von ergiebigen Erdöl- und **Erdgaslagerstätten** nach Argentinien und Brasilien.

Große Hoffnung wird nun auf das „weiße Gold" gesetzt, auf Lithium, unentbehrlich für die Akkus von Notebooks und Mobiltelefonen. Bolivien verfügt über die weltweit größten Vorkommen im Salar de Uyuni.

Industrien

Außer einigen Holz- und Zuckerfabriken gibt es keine weiteren größeren Industriebetriebe im Land, verarbeitende Industriestandorte sind in La Paz, Cochabamba und Oruro vorhanden, meist Klein- und Mittelbetriebe. Wichtigste Industriezweige sind Nahrungsmittel, Gebrauchsgüter, Textilien, Verlagswesen, Metallurgie.

Nach Schätzungen sind mindestens 60% aller Erwerbsfähigen in Bolivien arbeitslos, unterbeschäftigt oder arbeiten in der Schattenwirtschaft.

Exporte: 9,04 Milliarden US$ (2011). Importe: 7,6 Milliarden US$ (2011).

Wirtschaftwachstumsrate 2013: seit 28 Jahren erstmals über 6%.

Dt. Entwicklungshilfe

Bolivien ist ein prioritäres Kooperationsland deutscher Entwicklungszusammenarbeit. Schwerpunkte sind Trinkwasserversorgung, Abwasserentsorgung, Armutsbekämpfung und strukturelle Reformen.

Landwirtschaft

Etwa 30% der erwerbstätigen Bolivianer sind in der Landwirtschaft beschäftigt, der nur knapp 2 Mio. ha Nutzfläche zur Verfügung stehen. Die wichtigsten landwirtschaftlichen Gebiete liegen um den Titicacasee und in den Talbecken des ostbolivianischen Berglandes. Angebaut werden im Hochland Kartoffeln, Mais, Quinoa und Getreide, in Tieflandlagen Baumwolle, Zuckerrohr, Reis, Soja, Kaffee, Tee, Tabak, Bananen, Zitrusfrüchte, Gemüse und Obst. Soja, Zuckerrohr und Mais sind die wichtigsten Agrarprodukte. Bedeutendstes Anbauprodukt für Kleinbauern ist jedoch u.a. Coca. Tierhaltung im Hochland: Schafe, Rinder, Schweine, Lamas und Alpakas, im Tiefland extensive Rinderzucht.

Freihandelszonen

Zu Freihandelszonen wurden erklärt: Cobija, Cochabamba, Desaguadero, El Alto (und die Straße von El Alto nach Oruro), Guayaramerín, Oruro, Puerto Aguirre, San Matías und Santa Cruz.

Illegaler Tierhandel

Bolivien ist eines der großen Zentren des illegalen internationalen Tierhandels, jährlich werden Millionen Euro durch den Verkauf lebender und toter Tiere umgesetzt (Papageien, Tukane, Sittiche, Flamingos, Kaiman-Häute usw.).

Chronik ab der Kolonialzeit

1536	Eroberung durch die Spanier, gemeinsames Vizekönigreich mit Peru
1545	Entdeckung des Silberberges in Potosí
1548	Gründung von La Paz
1767	Vertreibung der Jesuiten
1780–1781	Indigener Aufstand unter Führung von Túpac Katari
25. Mai 1809	Beginn des 15jährigen Unabhängigkeitskampfes
6. Aug.1825	**Unabhängigkeitserklärung** und Gründung der Republik durch Antonio José de Sucre. Hauptstadt ist Sucre. Anerkennung der Unabhängigkeit: 21. Juli 1847. Namensgeber für das neue Land ist **Simón Bolívar (s. Abb.)**
1831	Abschaffung der Sklaverei
1836–1839	Peruanisch-Bolivian. Union unter Präsident Santa Cruz
1879–1884	**Salpeterkrieg** zwischen Bolivien, Peru und Chile; Bolivien muss Antofagasta an Chile abtreten und verliert so seinen Zugang zum Pazifik.
1899	La Paz wird Regierungssitz
1903	Bolivien verliert das Acre-Gebiet an Brasilien
1929	Vertrag zw. Chile u. Bolivien über den Bau der Eisenbahnlinie La Paz – Arica
1932–1935	Chacokrieg mit Paraguay; Bolivien verliert das Chacogebiet an Paraguay
1943	Putsch durch Villarroel, 1946 wird er ermordet
1952	MNR-Revolution, Beendigung der Herrschaft der Zinnbarone; Paz Estenssoro zum Präsidenten gewählt
1953	Agrarreform
1956	Hernán Siles Zuazo zum Präsidenten gewählt; Währungsreform
1960	Paz Estenssoro zum Präsidenten gewählt
1964	Militärputsch von General Barrientos
1966	Barrientos wird Präsident; Beginn der Guerillaaktivitäten unter Che Guevara
1967	Militärs erschießen Mineros; Ermordung Che Guevara und Ende der Guerillaaktivitäten
1969	Adolfo Siles Salinas wird Präsident; Militärputsch von General Ovandos
1970	General Juan José Torres übernimmt die Macht
1971	Militärputsch durch Oberst Hugo Banzer; Militärregierung
1978	Militärputsch durch General Juan Pereda Asbún; Gegenputsch von General Padilla Arancibia
1979	Erfolgloser Militärputsch von Oberst Natusch Busch; Parlamentspräsidentin Lidia Gueiler Interimspräsidentin bis zu den Wahlen im Juni 1980
1980	Wahlsieg von Hernán Siles Zuazo von der linksgerichteten Unión Democrática Popular (UDP), daraufhin Militärputsch durch General Garcia Mezas. Kooperation der Junta mit der Drogenmafia.
1981	Militärjunta
1982	Siles Zuazo zum Präsidenten gewählt
1985	Paz Estenssoro zum Präsidenten gewählt; Zusammenbruch des Zinnmarktes an der Börse; Verhängung des Ausnahmezustandes
1986	Erneute Verhängung des Ausnahmezustandes
1989	Paz Zamora zum Präsidenten gewählt; Verhängung des Ausnahmezustandes
1990	Protestmarsch der Indígena nach La Paz
1992	Vertrag mit Peru über Nutzung des Pazifikhafens Ilo
1993	Sánchez de Lozada zum Präsidenten gewählt, Victos Hugo Cárdenas übernimmt als erster Aymara die Vizepräsidentschaft

Bolivien – Chronik ab der Kolonialzeit

1994	Verabschiedung der Erziehungsreform
1996	Assoziierung mit Mercosur; das Eisenbahnnetz wird privatisiert und an eine chilenische Firma verkauft.
1997	Hugo Banzer am 05.08. zum Präsidenten gewählt.
1998	Programa Nacional de Electrificación Rural (Teile der unterversorgten ländlichen Bevölkerung werden an das Stromnetz angeschlossen)
1999	Mit 3061 km wird die längste Gaspipeline für Naturgas von Bolivien nach Brasilien am 09.02. in Betrieb genommen
1999/2000	*Ruta a La Paz 2000* (1000 km langer Friedensmarsch v. Santa Cruz n. La Paz)
2000	Januar: Indígena-Kämpfe um Landrechte. Ölkatastrophe im Río Desaguadero, nachdem die Pipeline von Cochabamba nach Arica durch Hochwasser im Río Desaguadero auseinanderbrach. Deutschland erlässt Bolivien knapp 350 Mio. Euro Schulden. 20%ige Erhöhung des Wasserpreises führt zu gewalttätigen Demonstrationen in Cochabamba. Am 25.04. tritt das Regierungskabinett geschlossen zurück, Neuwahl der Minister.
2001	Blockaden der Fernstraßen und Aufstände der Coca-Bauern legen das gesamte Land mit dem Ziel lahm, eine Änderung der Wirtschaftspolitik zu erreichen. Am 06.08.2001 tritt Präsident Hugo Banzer im Alter von 75 Jahren zurück, neuer wird der bisherige Vize Jorge Quiroga. Er setzte sich ein für eine zweisprachige Schulausbildung und fordert die spanischsprechende Bevölkerung auf, Quechua und Aymara zu lernen.
2002	Ein Jahrhundertsturm fordert im Februar in La Paz unzählige Todesopfer, 30-tägige Staatstrauer. Am 05.05.2002 stirbt Ex-Präsident Banzer. Die Präsidentschaftswahlen im Juli kann keiner der Kandidaten gewinnen. Das Parlament wählt im August *Gonzalo Sánchez de Lozada* (22,46%) von der Nationalen Revolutionären Bewegung (MNR) zum Präsident, vor *Evo Morales* (20,94%) von der Bewegung für den Sozialismus (MAS). Bolivien versucht seine gewaltigen Erdgasvorkommen zu vermarkten und investierte mehr als 340 Mio. Euro in die Erdgasleitung von Yacuiba nach Río Grande (Brasilien). Das Projekt *Liquid Natural Gas* (LNG) soll weitere Erdgasmärkte in Übersee erschließen.
2003	Nach Unruhen, Streiks und Protesten tritt im Oktober Sánchez de Lozada („Goni") zurück. Neuer Präsident wird **Carlos Mesa,** der es jedoch nicht versteht, auf die Forderungen der Armen einzugehen, was zu langanhaltenden, gewalttätigen Sozialprotesten führt, besonders in der hochgelegenen Schwesterstadt von La Paz, **El Alto**. Dort sammelt sich erheblicher sozialer Sprengstoff und wurde die Straße nach La Paz blockiert. Bei Zusammenstößen zwischen Demonstranten und Sicherheitskräften gab es 80 Tote und über 400 Verletzte. Hauptorganisator ist der Aymara **Evo Morales,** Leitfigur der Chapare-Cocabauern, und der noch radikaler auftretende Bauernführer **Felipe Quispe,** der sich selbst Mallku nennt (traditionelles Oberhaupt einer Indígena-Gemeinschaft). Beide Aufwiegler wollen den bolivianischen Staat in ein nach den traditionellen Regeln der Indígena-Gemeinschaften und mit linksnationalistischen Rezepten geführtes bäuerliches Gemeinwesen verwandeln, notfalls dazu auch einen Bürgerkrieg entfesseln.
2004	Mesa verordnet Bolivien ein Sparprogramm zur Sanierung des Staatshaushaltes. Schwelende Konfliktherde sind Landverteilung und Auseinandersetzungen über den Export der gewaltigen Erdgasvorräte Boliviens über einen nordchilenischen Hafen. Chile weigert sich nach wie vor beharrlich, Bolivien einen „souveränen" Meereszugang zu gewähren. Nach wie vor Unruhen im Hochland, wohingegen das Tiefland (Santa Cruz) in Großdemonstrationen mehr Autonomie fordert.

Bolivien – Chronik ab der Kolonialzeit

2005 Der linksgerichtete Aymara und die Führungsfigur der Chapare-Cocabauern, **Juan Evo Morales Ayma**, gewinnt im Dezember mit der absoluten Mehrheit überraschend die Präsidentenwahlen und ist der erste bolivianische Präsident, der der indigenen Bevölkerungsmehrheit angehört.

2006 Verstaatlichung der Erdöl- und Erdgasförderung im Mai durch Morales. Im Rahmen des „Nationalen Fortschrittsplanes 2006–2010" werden weitere Verstaatlichungen angekündigt (Telekommunikation, Eisenbahn, Minen u.a. Rohstoffquellen). Für die Landreform will Morales und seine „Bewegung zum Sozialismus" (MAS) rund zehn Prozent der gesamten Landesfläche konfiszieren und umverteilen. Im Juli verfehlt Morales bei den Wahlen zur verfassungsgebenden Versammlung die notwendige Zweidrittel-Mehrheit. Die wohlhabenden Tiefland-Departamentos Santa Cruz, Beni, Tarija und Pando votieren mehrheitlich für eine größere Unabhängigkeit von der Zentralregierung in La Paz.

2007 Im Januar 2007 bildet Morales sein Kabinett um und beruft u.a. mit der Frauenrechtlerin *Celima Torrico Rojas* eine Quechua als Justizministerin.

2008 Der Widerstand im Tiefland gegen Evo Morales nimmt zu. Im Mai entscheidet sich die Mehrheit der wohlhabenden Region Santa Cruz mit ihren großen Öl- und Gasvorkommen für eine Autonomie von der linksgerichteten Zentralregierung des Präsidenten. Die Möglichkeit einer Abspaltung ist nicht auszuschließen.

2009 Bolivien sucht internationale Partner um das Lithium-Vorkommen im Salar de Uyuni auszubeuten, das für Batterien zukünftiger Elektroautos benötig wird. Im Dezember erhält Evo Morales' Regierungspartei MAS 63% der Stimmen und erreicht damit in beiden Kammern des Parlaments eine Zweidrittelmehrheit. Nach einem Referendum tritt eine neue Verfassung in Kraft, die ein neues Staats- und Gesellschaftsmodell ermöglichen soll. Änderung des Staatsnamen in „Plurinationaler Staat Bolivien".

2010/11 Massive Proteste gegen die Erhöhung der Kraftstoffpreise. Die Popularität von Evo Morales lässt stark nach. Im Herbst 2011 führt das Vorhaben, eine Straße durch den Nationalpark Isiboro Sécure zu bauen, zu massenhaften Protesten.

Bolivien wird von Peru ein 5 km langer Küstenabschnitt mit Hafeneinrichtungen bei Ilo zugesprochen, über den nun die Ein- und Ausfuhren des Binnenlandes abgewickelt werden.

2012 2,7 Millionen Bolivianer, das sind ca. 28%, leben immer noch in extremer Armut (im Jahr 2000 noch 45 Prozent). November: landesweite Volkszählung, jeder muss zu Hause bleiben.

2013 Bei der Rückreise von Moskau im Juli wird die Maschine von Morales in Wien zur Landung gezwungen. Daraufhin bietet Morales dem flüchtigen NSA-Mitarbeiter Snowden politisches Asyl an. Die bolivianische Konjunktur, gestützt vom Gas-Export, zeigt sich weiterhin stark. Die zunehmende Machtkonzentration der Regierung stößt auf wachsenden Widerstand in der Bevölkerung und äußert sich in Streiks und Straßenblockaden.

2014 Januar: Heftige Unwetter, Überschwemmungen und Erdrutsche in Rurrenabaque, 20.000 Menschen obdachlos, Bolivien ruft den Notstand aus. Bau des 1. Atomkraftwerk Boliviens beschlossen. Geplanter Staatsbesuch von Evo Morales in Deutschland, der sich im Oktober bei den Wahlen eine weitere sechsjährige Amtszeit sichern will.

La Paz

La Paz ist die wichtigste und nach Santa Cruz die zweitgrößte Stadt Boliviens und zugleich der Regierungssitz (offizielle Hauptstadt ist Sucre). Mit einer Einwohnerzahl von 1,4 Millionen ist es eine der höchstgelegenen Großstädte der Welt: Mittlere Höhe 3600 m, tiefster Punkt 3100 m, höchster knapp 4100 m, und zwar oben auf der Zwillings- und „Aymara-Hauptstadt" **El Alto**. „Die Hohe" hat nochmals rund 700.000 Einwohner und wächst durch stetigen Zuzug aus anderen Regionen Boliviens weiter an.

Auf den ersten Blick bietet La Paz mit den ärmlichen Bretterhütten, die sich aus dem Talkessel hinaufziehen, und den sterilen Wolkenkratzern, die aus dem Zentrum aufragen, kein homogenes Stadtbild. Doch Traditionelles und Modernes verschmelzen hier zu einer ganz besonderen Synthese. Indigene Märkte, koloniale Altstadt, moderne Boutiquen und repräsentative Geschäftshäuser wechseln sich ab, schaffen eine besondere Anden-Atmosphäre. La Paz ist ein guter Ausgangspunkt für Reisen durchs Land. Hinter der Stadt ragt der mächtige Illimani (6439 m) mit seinen drei Gipfeln auf.

Eindrucksvolle Blicke über La Paz ergeben sich von der Oberstadt El Alto, in La Paz vom *Montículo,* einem Hügel im südlichen Stadtteil Sopocachi (in der La-Paz-Karte rechts unten in der Ecke) und vom *Mirador Killi-Killi,* ca. 1 km westlich der Plaza Murillo (Zufahrt dorthin über die Calle Colón nach La Bandera, auch Micros und Busse steuern den Mirador an, der von der Touristenpolizei bewacht wird). Auch von der *Muela del Diablo* (3950 m) bietet sich ein exzellenter Blick auf La Paz (Anfahrt mit dem Trufi 260 nach Calacoto, Fz 30 Min., an der Endstation dem Hinweisschild zur Muela del Diablo folgen, Gz 90 Minuten. Oder von der Plaza Murillo mit Trufi „Calle 21" nach San Miguel, von dort mit dem Taxi weiter, das fast bis zur Muela del Diablo hochfährt).

„**Stadt des Friedens**"

Während der Inka-Epoche war Bolivien ein Teil des Inka-Imperiums. 1535 eroberte der Spanier *Diego de Almagro* den (heute) bolivianischen Teil des Inkareiches. Auf dem Boden der alten Inkasiedlung *Choqueyapu* gründeten die Spanier am 20. Oktober 1548, zum Gedenken an einen Friedensvertrag zwischen Almagro und Pizarro, *La Ciudad de Nuestra Señora de La Paz* („Stadt unserer Frau des Friedens"). Das Stadtwappen wurde durch Kaiser Karl V. verliehen. Der windgeschützte tiefe Talkessel war, außer der ungünstigen Höhe, eine ideale Lage.

In den folgenden Jahrhunderten entwickelte sich La Paz zur größten und wichtigsten Stadt Boliviens, u.a. auch deshalb, weil sie verkehrsgünstig am Kreuzungspunkt des spanischen Silberweges von Potosí nach Peru und am Coca-Handelweg aus den Yungas lag. Daran konnte auch die Ernennung Sucres als Hauptstadt Boliviens nichts ändern. La Paz wurde das politische und geistige Zentrum des Landes. Heute leben hier Indígena, Mestizos, Criollos und auch Europäer friedlich nebeneinander, wenn nicht mal wieder ein Staatsstreich oder Generalstreik für Aufregung sorgen.

Foto: Cholita in La Paz

La Paz

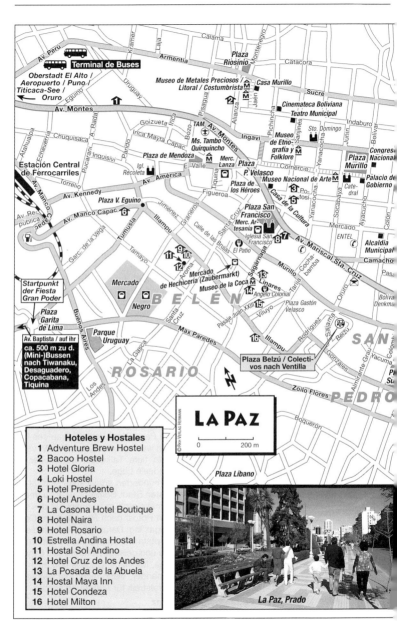

Hoteles y Hostales
1. Adventure Brew Hostel
2. Bacoo Hostel
3. Hotel Gloria
4. Loki Hostel
5. Hotel Presidente
6. Hotel Andes
7. La Casona Hotel Boutique
8. Hotel Naira
9. Hotel Rosario
10. Estrella Andina Hostal
11. Hostal Sol Andino
12. Hotel Cruz de los Andes
13. La Posada de la Abuela
14. Hostal Maya Inn
15. Hotel Condeza
16. Hotel Milton

La Paz, Prado

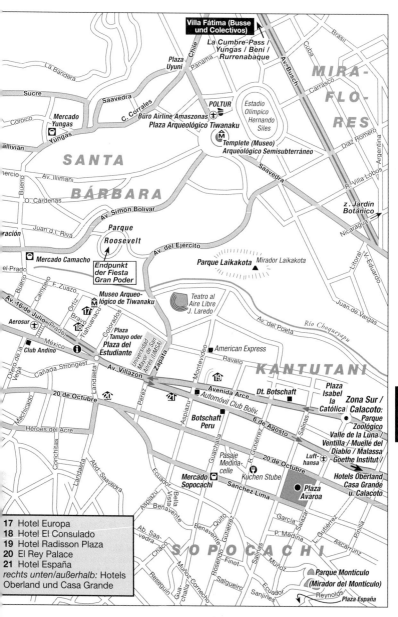

Stadtrundgang

Um die Stadt und die unmittelbare Umgebung (Mondtal, Chacaltaya) kennenzulernen, benötigt man mindestens 2–3 Tage. Wer die Yungas und Tiwanaku von La Paz aus besuchen möchte, sollte insgesamt 6 Tage veranschlagen. Die extrem hohe Lage von La Paz kann Reisenden ohne Höhenanpassung große Probleme bereiten. Peru-Reisende sind zwar schon etwas an die Höhenlage „gewöhnt", trotzdem wurde nachfolgender Rundgang so angelegt, dass die Steigungen am Anfang liegen und immer wieder ebene Strecken kommen. Langsam gehen und Pausen einlegen!

Bus-Stadtrundfahrt Der **Bus Turístico** („Hop on, hop off", Doppeldecker-Bus), Erklärungen durch Audio-System, auch auf Deutsch, fährt bei der Rundfahrt **Circuito A** (Citytour, Hauptabfahrt *Plaza Isabel la Católica,* Kantutani) u.a. folgende Punkte an: Plaza del Estudiante (Prado), Plaza Alonso Mendoza, Mirador Killi-Killi, koloniales Viertel um die Plaza Murillo, Parque Roosevelt. Der **Circuito B** (Südzone, Valle de la Luna) passiert u.a. die Residencia Presidencial, Universidad Católica, San Miguel, Colegio Alemán, Valle de la Luna, Mallasilla und Plaza Humboldt. Unterwegs besteht die Möglichkeit, am Mirador Killi-Killi (Circuito A) oder im Valle de la Luna (Circuito B) für 10 Minuten auszusteigen. **Abfahrten:** Circuito A tägl. um 9 und 15 Uhr Plaza Isabel la Católica. Circuito B um 10.30 u. 13.30 Uhr. **Fahrpreis:** Ein Circuito kostet 60 Bs. **Webseite:** www.lapazcitytour.net.

Paseo El Prado Der Paseo ist die Hauptstraße und die Lebensader von La Paz (offizielle Bezeichnung: *Avenida 16 de Julio* bzw. *Mariscal Santa Cruz*). An der Kreuzung mit der Calle Colombia steht zwischen Hochhäusern das Reiterstandbild von *Simón Bolívar.* Richtung Südosten wird der Prado breiter und hat einen grünen Mittelstreifen. Vorbei an kolonialen Prachtbauten und modernen Hochhäusern geht es zur *Plaza del Estudiante*. Ab hier heißt er *Avenida Villazón,* die dann zur *Av. Arce* wird und hinunter in die Vororte der Bessergestellten führt – dort ist die Luft zum Atmen dicker … Nach Norden wird der Prado zur *Av. Montes,* die hoch nach El Alto und zum Flughafen führt.

Zurück zum Denkmal Simón Bolívars: Die nächste Querstraße nördlich ist die Calle Colón, die hochgehen. Dabei wird die wichtige Geschäfts- und Bankenstraße Camacho überquert. An der nächsten Ecke, an der Mercado, geht es nach links, vorbei an der *Municipalidad* (Rathaus). Dann wieder nach rechts in die Calle Ayacucho, vorbei am alten Postamt, zum wichtigsten Platz der Altstadt, zur **Plaza Murillo.**

Plaza Pedro Domingo Murillo Auf der rechten Seite liegt das wuchtige, von 1900–1905 im klassizistischen Stil erbaute Parlamentsgebäude (Congreso Nacional), links der Präsidentenpalast mit der Palastgarde. Daneben fällt die große, eher unattraktive Kathedrale auf, deren Türme endgültig erst 1988 fertiggestellt wurden. In ihr liegt der Feldmarschall *Andrés de Santa Cruz* begraben, 1829–1839 Präsident von Bolivien.

Inmitten des Platzes grüßt der alte Kämpfer Murillo mit den Worten „*La tea que dejo encendida nadie la apagará",* was soviel bedeutet wie „Die Fackel, die ich entzündete, wird niemand löschen". Murillo wurde am 28. Januar 1810 auf dem Platz als Freiheitskämpfer und Rebellenführer gehängt, nachdem er in den Yungas im November 1809 von den Royalisten gefangen genommen wurde. Auch der Präsident *Gualberto Villarroel* wurde hier 1946 gehängt, diesmal von der wütenden Volksmenge. Eine Statue erinnert an ihn.

Palacio Diez de Medina — In der Socabaya/Ecke Comercio befindet sich im *Palacio Diez de Medina* das **Museo de Arte** (Kunstmuseum) mit Gemälden der Escuelas Cusqueña und Potosí. Das dreigeschossige Bauwerk mit zwei Patios gehörte den Grafen von Araña, wurde 1775 erbaut und von 1960–1966 restauriert. An dieser Ecke beginnt in der Comercio auch die Fußgängerzone. An der nächsten Kreuzung geht es nach rechts bergauf in die Yanaqocha, zur Kirche Santo Domingo.

Iglesia Santo Domingo — Sie wurde 1760 gebaut. Besonders das Portal mit seinen Säulen ist ein sehenswertes Zeugnis indigener Steinmetzkunst. Reiche Verzierungen mit Pflanzen fallen am Fenster im ersten Stock auf. Am Wochenende finden hier Sammelhochzeiten und Kollektiv-Kindertaufen statt.

Volkskunstmuseum, Theater — In der Calle Ingavi liegt das sehenswerte **Museo de Etnografía y Folklore,** Eintritt frei, Di–Sa 9.30–12.30 u. 15–19 Uhr, So 9.30–12.30 Uhr. Die Calle Sanjines hinaufgehend kommt man zum **Teatro Municipal** (Stadttheater) aus dem Jahre 1845, in dem ab und zu interessante Folkloreaufführungen stattfinden. Dann nach links gehen, auf der Indaburu. An der zweiten Ecke nach rechts in die idyllische **Calle Jaén** einbiegen. Sie ist die schönste Gasse von La Paz und für Autos gesperrt. Mit dem Kopfsteinpflaster und den nahezu einheitlichen, altehrwürdigen Fassaden des 18. Jahrhunderts glaubt man sich in eine andere Zeit versetzt.

Casa de Murillo — Wer die Strecke bis hierher geschafft hat, sollte sich eine Pause gönnen. Schon allein der hübsche Innenhof lädt dazu ein. Das ehemalige Haus des Freiheitskämpfers *Pedro Domingo Murillo* ist heute ein Museum und zeigt Erinnerungsstücke und Gemälde aus seinem Leben, das ja dann auf der Plaza Murillo endete. Im ersten Stock kann das Verschwörungszimmer besichtigt werden, in dem die Rebellion gegen die Spanier am 16. Juli 1809 ausgeheckt wurde. Öffnungszeiten Di–Fr 9.30–12 Uhr und 14.30–18.30 Uhr, Sa/So 10–12.30 Uhr, Eintritt (Verbundkarte mit den Museen auf der anderen Straßenseite *Museo de Litoral, Museo Preciosos* und *Museo Costumbrista Juan de Vargas*).

Plaza San Francisco — Von nun geht es bergab, am besten über die Treppen, dann trifft man bei der Ecke Comercio auf die Av. Montes und kommt zur *Plaza Velasco*. Die breite Av. Montes weiter abwärts gehen bis zur Plaza San Francisco, oft Schauplatz von Konzerten und Kundgebungen. Spätestens am Abend erwacht die Plaza mit Leben, drängen sich die *Paceños* um Garküchen und Heilsverkünder, während die Schuhputzer Fußball spielen.

Basílica de San Francisco — Dieser barocke Kirchenbau ist einer der schönsten von La Paz. Nachdem die erste Kirche aus dem Jahr 1548 baufällig war, entstand ab 1744 die heutige (Weihung 1784). Die reich verzierte Fassade wurde von indigenen Steinmetzen geschaffen und zeigt Vögel, Blumen und Früchte. Nicht ganz harmonisch fügt sich der schmucklose, viereckige Turm ein. Dafür weist das Innere wieder die ganze Fülle barocker Sakralkunst auf. Sehenswert sind die wundervoll aus Zedernholz geschnitzten Altäre und die Kanzel. Einem Gottesdienst am Samstag oder Sonntag beizuwohnen und all die tiefgläubigen Indígena in ihren bunten Trachten zu sehen oder vielleicht gar eine Hochzeit mitzuerleben, ist ein besonderes Erlebnis. Neben der Besichtigung der Krypta, 12–14 Uhr, sollte auch der Blick vom Dach der Basílica nicht fehlen. Das angeschlossene Museum ist von Mo–Sa 9–18 Uhr geöffnet, Eintritt 20 Bs.

Calle Sagárnaga Hinter der Kirche beginnt die berühmte, steil ansteigende Einkaufsstraße *Calle Sagárnaga*. Hier gibt es Pullover und Ponchos aus weicher Alpakawolle, alte Stoffe und Westen, bunte Umhängetaschen und Bänder, Schmuck und Felle zu kaufen, kurz – fast alles, was das Herz begehrt. Nur zahlen leider immer mehr Touristen sofort den geforderten Preis, so dass das reizvolle Handeln immer schwieriger wird. Bald wird es nur noch feste Preise geben. In der Sagárnaga/Ecke Linares beginnt nach rechts die wohl bekannteste Gasse von La Paz, die

Calle Linares Das ist die „Zaubergasse". Hier bieten Kräuterfrauen bzw. „Zauberinnen" *(brujas)* und „Heiler" *(curanderos)* geheimnisvolle Pülverchen und Mittelchen aller Art gegen Krankheiten und böse Geister an. Die alten Frauen mit ihren von Wind und Wetter zerfurchten Gesichtern sitzen inmitten ihrer Schätze und beraten Kunden über die Wirkungen ihrer Elixiere, Steine, Kräuter und Heilpflanzen, geben Ratschläge für Gesundheit und ein langes Leben (die Lama-Embryos werden beim Hausbau in die 4 Ecken eingemauert, für die Bewohner bringt das Glück und hält Leid ab).

Calle Los Andes Wer La Paz weiter kennenlernen will, geht zur *Calle Santa Cruz* zurück und dann deren Verlängerung *La Gasca* hoch. Nach Überquerung der *Buenos Aires* kommt man in die *Calle Los Andes*. Dort gibt es fantasievoll-bunte Faschingskostüme und die berühmten Diablada-Masken zu kaufen.

Märkte

Es kann sehr reizvoll sein, oberhalb der Linares noch durch weitere Märkte zu streifen. Da gibt es neben dem Textil-, Obst- und Gemüsemarkt noch den Fleisch- und Wurstmarkt sowie den Ramsch-, Schwarz- und Diebesmarkt. An der Ecke Santa Cruz/Murillo geht es in eine blaue Plastikplanen-Budenstadt, die sich über viele Gassen wie ein Labyrinth den Berghang bis zum Bahnhof hinauffrisst. Schlosser, Panflötenbauer, Schuhmacher, Knoblauchhändler, Plattenläden Kupferschmiede – alles ist vertreten, ein Geschiebe und Geschubse, plärrende Kinder, streunende Hunde, dazwischen vollgestopfte Busse, die sich hupend durchquälen. Der **Mercado Negro** (Schwarzmarkt, Diebesgut), auch **Barrio Chino,** ist an Ecke Graneros/Max Paredes. Hier muss man mehr als sonst aufpassen. Alkoholiker, Klebstoffschnüffler und Drogenabhängige erhöhen die Diebstahlgefahr, während der Dunkelheit absolut meiden. Dennoch sind all diese bunten Märkte ein wesentlicher Teil von La Paz, der Übergang zu El Alto ist oft fließend.

In **EL Alto** rund um die Plaza 16 de Julio gibt es Do/So den schönen **Mercado Alto Lima**. Die angebotene Ware ist um die Hälfte billiger als in La Paz. Wertsachen sollten hier nicht mitgeführt werden. Anfahrt mit dem Micro ab der Plaza San Francisco.

Mercado Camacho Av. Camacho/Ecke Calle Bueno. Lebensmittel, Garküchen, preiswert gutes Frühstück und Mittagessen, immer frisch zubereitet.

Merado Artesanías	Plaza San Francisco, oberhalb der Kirche. Günstiger Souvenirmarkt.
M. Velasco	Plaza Velasco, zum Durchbummeln.
M. Brujería	(„Hexenmarkt") in der León de la Barra. Allerlei Pulver und Kräuter gegen Krankheiten, u.a.gegen „bösen Blick".

Museen

Museo Nacional de Arqueología	**Archäologisches Nationalmuseum** Tiwanaku 93/Ecke Zuazo (Nähe Prado), Tel. 231-1621. Mo–Sa 9–12 u. 15–19 Uhr, So 10–13 Uhr, http://www.bolivian.com/arqueologia/. Eintritt 15 Bs (für Ausländer, Studenten weniger). Präsentiert werden Stoffe und Keramiken, Schmuck und Gebrauchsartikel sowie Mumien und Schädel mit Trepanationen (operative Schädelöffnungen) aus der Tiwanaku-Kultur. Weiterhin Exponate aus der Chiripa-, Mollo- und Inka-Kultur.
Museo Semisubterráneo Tiwanaku	**Freiluftmuseum** Das halbunterirdische, offene Museum liegt in der Fortsetzung der Comercio und Illimani direkt vor dem Stadion *Hernando Siles* (natürlich das höchste Fußballstadion der Welt!) im Stadtteil Miraflores. In dem nachgebildeten Quadrat sind einige Monolithen und Figuren aus Tiwanaku zu sehen. Das Museum ist oft geschlossen, was nicht weiter schlimm ist, denn von oben lässt sich fast alles erkennen.
Museo Nacional del Arte	**Nationales Kunstmuseum** Comercio/Ecke Socabaya (Plaza Murillo), in der *Casa de los Condes de Araña*, erbaut 1775 im Mestizo-Barock. Di–Fr 9.30–12.30 u. 15–19 Uhr, Sa 10–17.30 Uhr u. So 10–13.30 Uhr, www.mna.org.bo. Eintritt 15 Bs. Allein schon der Innenhof im einheimischen Renaissancestil ist einen Besuch wert. Die koloniale Gemäldesammlung mit Bildern von Melchor Pérez de Holguín und Leonardo Flores ist nicht so bedeutend. Daneben sind Beispiele des künstlerischen Schaffens von *Guzmán de Rojas* und *Borda* aus dem 20. Jh. zu sehen.
Museo Nacional de Etnografía y Folklore	**Volkskunst-Museum** Ingavi 916/Ecke Jenaro Sanjines, in der *Casa del Marqués de Villaverde*, erbaut 1776–1790, Tel. 240-6692. Di–Fr 9–12.30 und 15–19 Uhr, Sa 9–13 Uhr. Eintritt frei. Indigene Trachten aus ganz Bolivien, Masken und Musikinstrumente, Querschnitt durch die Kultur von Tarabuco.
Museo Casa de Murillo u.a.	Calle Jaén 790, Tel. 282-0553. Di–Fr 9.30–12.30 und 15–19 Uhr, Sa/So 10–13 Uhr, Eintritt (Verbundkarte mit den u.g. Museen). Das ehemalige Haus des Freiheitskämpfers *Don Pedro Domingo Murillo* mit hübschem Innenhof ist heute ein Museum. Es zeigt, in einem einzigen Raum, Erinnerungsstücke und Gemälde aus seinem Leben. Weitere Museen in der Calle Jaén: **Museo Histórico del Litoral Boliviano,** Jaén 789; Di–Fr 9.30–12.30 u. 15–19 Uhr, Sa/So 10–12.30 Uhr; Führer empfehlenswert! – **Museo de Metales Preciosos Precolumbinos,** Jaén 777, Tel. 228-0329. Di–Fr 9.30–12.30 und 15–19 Uhr, Sa/So 10–13 Uhr. Das ist das **Goldmuseum** von La Paz, das sollte man gesehen haben! Eintritt. – **Museo Costumbrista Juan de Vargas,** Jaén/Ecke Sucre, Parque Riosinho. Di–Fr 9.30–12.30 und 15–19 Uhr, Sa/So 10–13 Uhr.

Museo de la Coca	Linares 906/Ecke Sagárnaga (Calle de las Brujas), Tel. 231-1998, www.cocamuseum.com, Mo–Sa 10–18 Uhr, Eintritt 15 Bs. Jorge Hurtado Gumucio und seine Frau zeigen hier alles rund um Coca (Geschichte, Anbau, Wirkung, Nutzung, Herstellungsprozess von Kokain), auch mit deutscher Übersetzung. Das Büchlein mit der dt. Übersetzung kann am Endes des Besuches gekauft werden. Das Museum kann hin und wieder geschlossen sein. Sehr gutes Restaurant direkt vor dem Museum (Tagesmenü).
Museo de los Instrumentes Musicales	Jaén 711, Tel. 240-8177. Sehr sehenswertes Musikinstrumenten-Museum, initiiert durch den Komponisten und Charangomeister Ernesto Cavour, Schwerpunkt Charangos und musikalische Kuriositäten aus aller Welt. Mo–So 9–18 Uhr. Geringer Eintritt. Musikunterricht möglich.
Museo Tambo Quirquincho	Evaristo Valle, zwischen Tiquina und Santa Cruz, Plaza Alonso de Mendoza. Stadtmuseum im ältesten Gebäude von La Paz, das einst dem Alcalden Quirquincho gehörte; u.a. Ausstellung von Diablada-Masken, historischen Fotos und Trachten, zeitgenössische Kunst, **empfehlenswert**. Di–Fr 9.30–12.30 und 15–19 Uhr, Sa/So (nicht an Feiertagen) 10–13 Uhr, geringer Eintritt.
Mus. Nacional de Historia Natural	Calle 26, Cota Cota, Tel. 279-5364. Mo–So 8.30–12.30 und 14.30–18 Uhr. Eintritt.
Museo de Textiles Andinos	Plaza Benito Juárez 448 (Miraflores), Tel. 224-3601; Mo–Fr 9.30–12.30 und 15–18 Uhr, Sa/So 10.30–12.30 Uhr. Eintritt.
Museo de Arte Contemporaneo	Av. 16 de Julio 1698, El Prado, Tel. 233-5905. Untergebracht in einem sehenswerten Bau aus dem 19. Jahrhundert, der zum nationalen Monument erklärt wurde. Wandgemälde, Skulpturen und Werke nationaler und internationaler Künstler. Tägl. 9–21 Uhr. Eintritt 10 Bs.
Museo de la Revolución Nacional	Plaza Villarroel, Miraflores, Di–Fr 9.30–12.30 Uhr und 15–19 Uhr, Sa/So 10–13 Uhr. Eintritt. Anfahrt mit Trufi 2 und 9, sowie Micro 135/136 B und K, die nach Villa Fatima fahren. Das kleine Museum ist nicht zu übersehen, denn es befindet sich im breiten Monument der Plaza. Es ist der Revolution von 1952 gewidmet, in der die Minen verstaatlicht und eine Bildungs- und Landreform vorgenommen wurden. Die monumentale Beton-Marmor-Konstruktion wurde 1995 eingeweiht und zum „Nationalen Kulturerbe von La Paz" erklärt. Im Inneren sind große, bunte, typisch südamerikanische *murales,* Wandgemälde, zu sehen, die sich mit den Themen der Revolution befassen. Außerdem gibt es eine Fotoausstellung mit Aufnahmen aus der Revolutionszeit. Im Keller sind die Mausoleen einiger bolivianischer Präsidenten zu sehen, darunter *Guadalberto Villarroel, Germán Busch* und *Juan José Torrez.*
Museo Histórico Militar	Calle 13 de Calacoto, Mo und Fr 9–18 Uhr. Eintritt frei. Das Museum befindet sich in der Militärakademie und zeigt Uniformen, z.B. von *Simón Bolívar,* Marschall *Santa Cruz* und *Sucre.* Interessant für Militärfans sind Objekte des Pazifik- (1879) und Chacokrieges (1929) sowie der Revolutionskämpfer *Che Guevara* und *Yancahuasú.* Ebenfalls ausgestellt sind Amerikas angeblich erstes Kampfflugzeug und erste Panzer.

Museo Postal Filatelico	Palacio de Comunicaciones, Av. Mariscal Santa Cruz, Mo–Fr 8–12 Uhr und 14.30–18 Uhr, Sa/So 10–13 Uhr. Eintritt frei. Das Museum wurde 1994 eingerichtet. Neben Wechselausstellungen zu Post und Philatelie gibt es alte Maschinen und Möbelstücke der Post, Bilder der ersten bol. Briefmarke und des größten Briefes der Welt – Guiness-Rekord – , der 1994 geschrieben wurde, zu sehen.
Museo Policial	Plaza Obispo Bosque Colón/Comerico, Comando de la Polícia Nacional, Mo–Fr 15–19 Uhr, Sa 10–13 Uhr. Eintritt frei. Das Museum wurde 1999 eingerichtet und zeigt in einem Raum die Geschichte der bolivianischen Polizei mit Uniformen, Fahnen, Medaillen und 10.000 Fotos, in einem weiteren Raum Gemälde und andere Kunstwerke. In der „forensischen Halle" sind Gesichter und Zeichen des Verbrechens ausgestellt. Das Museum verfügt über eine Spezialbibliothek.
Mus. Minero	3. Stock der Banco Minero, Comercio 1290.

Die Gefängnisstadt San Pedro

Das Gefängnis *San Pedro* an der Plaza Sucre inmitten der Stadt La Paz ist das größte Gefängnis Boliviens und gilt als eines der ungewöhnlichsten. Es umfasst einen ganzen Straßenblock, aufgeteilt in *Barrios* ohne Zellen. Eine Stadt in der Stadt, sogar mit eigener Fußballmannschaft. Die meisten sitzen wegen Drogendelikte ein, Schwerverbrecher haben einen eigenen Block. Ursprünglich als Männergefängnis für 380 Insassen vorgesehen, leben hier die Häftlinge mit ihren Familienangehörigen. Derzeit etwa 1300 Personen, darunter 200 Kinder. Offizielle Besuchstage sind Donnerstag und Sonntag. Lange Menschenschlangen vor dem Gefängnis warten dann auf Einlass.

Die Gefängnisanlage steht unter Selbstverwaltung, Wachpersonal ist nur am Eingang (Torbogen mit Eisengitter) zu sehen. Es herrschen strenge Gesetze, die von einem jährlich gewählten „Präsidenten" überwacht werden. Wer eine Frau in San Pedro vergewaltigt, für den endet die Knastzeit schneller als erwartet. Am nächsten Morgen liegt er nach mehreren Messerstichen meist tot im Hof.

Jeder Insasse bekommt vom Staat monatlich umgerechnet etwa 10 €. Wer über mehr Geld verfügt, bestimmt die Regeln. Die Gefangenen kaufen nach ihrer Finanzkraft entsprechende Unterkünfte, sind Besitzer kleiner Geschäfte, Restaurants und Kneipen oder sind „Angestellte" reicherer Gefangener. Die Frauen der Einsitzenden beliefern die Verkaufsstände. Wer kein Geld hat, muss seinen Lebensunterhalt selbst erarbeiten, z.B. Schuhe putzen oder Wäsche waschen und notfalls unter einer Treppe schlafen, während sich Wohlhabende auch Fernsehen erlauben, ihre Kinder in den Kindergarten oder die Schule schicken können.

Seit ein Fernsehteam aus Europa heimlich einen Film über San Pedro machte und der Australier Rusty Young ein Buch unter dem Titel „Marching Powder" veröffentlichte, ist ein Besuch für Touristen offiziell nicht mehr möglich, darauf weist ein Schild am Eingang hin. **Wir raten unter allen Umständen davon ab,** an einer der immer noch auf der Straße angebotenen „Besichtigungstouren" teilzunehmen!

Adressen & Service La Paz

InfoTur Mariscal Santa Cruz (Prado)/Ecke Colombia, Tel. 265-1778, Mo–Fr 8.30–17 Uhr, Sa/So 9.30–13 Uhr. Zweig-Kioske im *Terminal Terrestre* (Bus-Hauptterminal), auf dem Flugplatz in El Alto und an einigen anderen Punkten in der Stadt wie bei der *Correo Central* (Hauptpost), Mariscal Santa Cruz/Oruro) und am Mirador El Valle de la Luna, Cruce Mallasa.
Vorwahl (02)
www.visitbolivia.org • www.lapaz.bo • www.bolivia.travel (Seite des Tourismus-Vizeminsteriums)
Weitere Adressen: Instituto Nacional de Arqueología de Bolivia, La Paz, Tiwanaku 93. – Automóvil Club Boliviano, La Paz, Av. Arce/Av. 6 de Agosto, Tel. 234-2074. – Cámara de Comercio e Industria Boliviano-Alemana, Av. Ecuador 2277, Tel. 241-1774, www.ahkbol.com.

Polizei **Notruf 110. Policía de Turismo,** Plaza del Estadio, Puerta 22, Miraflores, Tel. 800-140-071. Zweigstelle auf dem Bus-Hauptterminal.

Migración Av. Camacho 1468, Tel. 211-0960, Verlängerung der Aufenthaltsgenehmigung Mo–Fr 8.30–16 Uhr, www.migracion.gob.bo.

Unterkunft

In allen Preisklassen gibt es ein genügend großes Angebot an Hotels, Hostales und Residenciales. Im Bereich der Straßen Illampu, Sagárnaga, Linares und Murillo gibt es zahlreiche Möglichkeiten. Ein gutes Web-Portal für günstige Unterkünfte in Bolivien ist www.boliviahostels.com. Wer direkt nach La Paz einfliegt und höhenungewohnt ist, findet in tieferer Lage wie in Calacoto gleichfalls Unterkünfte, z.B. die Hotels *Oberland*, *Casa Grande* oder *Calacoto*. Auch das *Hotel DM Andino* liegt in dickerer Luft.

Jugendherbergen *Asociación Boliviano de Albergues Juveniles (ABAJ),* Juan de la Riva 1406/Loayza, Tel. 236-1076. Um in den bolivianischen Jugendherbergen übernachten zu können, ist ein bol. JuHe-Ausweis nötig, Ausstellung durch ABAJ in La Paz, 15 Bs. – Eine andere Jugendherberge befindet sich in Ciudad Satelite, Plan 561, Calle 3, Tel. 281-2341, manego@latinmail.com; Ü/F 50 Bs, Anfahrt mit dem Minibus SATELITE ab dem Prado aufwärts bis zum Mercado Satelite. Adamis Manego Ortíz holt bei Anruf die Gäste auch am Markt ab.

Reisemobil **Hotel Oberland** (s.u. bei „FAM"), 12 km außerhalb der Stadtmitte im tieferliegenden Stadtteil Mallasa auf 3303 m, S 16.56840 W 68.08941, ca. 12 Euro/Tag. Vom Titicacasee kommend nicht dem GPS durch die Innenstadt von La Paz folgen. Einige Kilometer hinter dem privaten Flughafen (rechte Seite) bei S 16.50344 W 68.16327 rechts auf die Straße „1" Richtung Oruro abbiegen. Danach am Kreisverkehr bei S 16.55438 W 68.17922 links hinunter ins Tal zum Hotel Oberland fahren. Einer der bekanntesten Treffpunkte für Overland-Traveller in Südamerika. In der Shopping Mall „Mega Center" gibt es einen hervorragenden und preiswerten Supermarkt.

BUDGET **Hotel Andes,** Av. Manco Kapac 364, Tel. 245-5327. Im indig. Viertel, Betonbau, saubere Zi. (die besten zur Straße), bc/bp; gehört zum ABAJ (JuHe-Verband). Ü/F bc 50 Bs.
Bacoo Hostel, Alto de la Alianza, Tel. 228-0679, www.bacoohostel.com. Lage ideal, zu Fuß 15 Min. vom Busterminal und 10 Min. von der Plaza San Francisco. Nur Gemeinschaftszimmer, aber sehr sauber, 2, 3, 4 und 8 Betten. Im 2er bp 140 Bs p.P., im 8er 60 Bs, inkl. Frühstück. Garten, Billard, Bar, Touren etc. Nette Leute. **TIPP.**
Adventure Brew Hostel, Av. Montes 533, www.theadventurebrewhostel.com,

Tel. 246-1614. „Bier-Hostel" mit eigener Micro-Bierbrauerei und viel Spaß beim Umtrunk auf der Dachterrassen-Bar mit Badewanne, pro Übernachtung 1 Saya-Freibier. Vorteilhafte Lage nahe Busterminal, DZ mit Bad und Dormitorios, Gästeküche, Travel-Infos. Ü Dorm ab 46 Bs, DZ 160 Bs.
Loki Hostel, Loayza 420, Tel. 211-2024, www.lokihostel.com. „Partyhostel" für junge Leute in einem großen, historischen und renovierten Bau mit Dachterrasse. Alle Services wie Internet/WiFi, Bar, Touren, Tickets, Lockers, GpD u.a. You-Tube-Film auf der Webseite. Ü/F Dorm ab 44 Bs, DZ/F ab 140 Bs.
Hostal Maya Inn, Sagárnaga 339, Tel. 231-1970, www.hostalmaya.com. Einfaches Hostal, zentral im indigenen Viertel, Ein-, Doppel- und MBZi mit bc/bp (von Vorteil bei längerem Aufenthalt, da Küchenbenutzung möglich), Stadt- und andere Touren, Internet, direkt nebenan das Peña-Restaurant *Huari,* eine Pizzeria und Lavanderia. Ü/F bc ab 10 US$, DZ/F bp ab 23 US$. Empfohlen.

ECO   **Hotel Milton,** Calle Illampu 1124, Tel. 236-8003, www.hotelmiltonbolivia.com. Ein beliebtes Backpackerhotel, direkt am quirligen Rodríguez-Markt gelegen, vierstöckig, 50 Zimmer unterschiedl. Qualität. Nostalgische, kitschige Einrichtung. DZ/F 26 US$, mit Studenten- oder Hostelausweis ermäßigt. Angeschlossen *Milton Tours* mit Bussen nach Tiwanaku und Copacabana sowie Touren in andere Gebiete Boliviens wie z.B Uyuni. Auch Stadtführungen.

Drei Unterkünfte in der **Calle/Pasaje Aroma** in zentraler Lage zu den Sehenswürdigkeiten und relativ ruhig:
Hotel Cruz de los Andes, Aroma 216. Sauberes und hübsches Hotel, 20 etwas hellhörige Zimmer mit Bad, bunte andine Wandgemälde, Ws, freundlich, TV, Frühstücksbüfett, gutes PLV. DZ/F um 220 Bs.
Hostal Sol Andino, Aroma 6, Tel. 245-642. Toppsaubere Zimmer, Frühstücksbüfett mit Müsli und Obst, freundlich und hilfsbereit. DZ/F ca. 220 Bs. **TIPP!**
Hotel Condeza, Diagonal Juan XXIII 190, www.hotelcondeza.com, Tel. 231-1193. Gute Lage, 7 Stockwerke, 20 ruhige, saubere Zimmer/bp, hilfsbereit, freundlich, zuverlässiges GpD, Ws, auf Wunsch elektr. Heizstrahler, Restaurant. DZ/F ab 220 Bs.

ECO/FAM   **Hotel España,** Av. 6 de Agosto 2074, www.hotel-espana.8m.com, Tel. 244-2643. Kolonialbau, nüchterne Zimmer bc/bp, Patio, Restaurant, Ws, gute Parkmöglichkeiten. DZ/F um 270 Bs.
Estrella Andina Hostal, Av. Illampu 716, Tel. 245-6421. 19 schöne Zimmer mit sauberem Bad, alle üblichen Services, Kabel-TV, Touren, Parkplatz für Motorräder, Transfer Bus/Airport. DZ/F 300 Bs.
Hostal La Posada de la Abuela, Calle Linares 947, Tel. 233-2285, http://hostalabuelaposada.com. Dieses neue und im Kolonialstil gehaltene Hostal liegt mitten in der Altstadt, angenehm und gepflegt. Restaurant im netten Innenhof, WiFi. DZ/F 40 US$. **TIPP** (Reservierung empfohlen).
Hostal Naira, Sagárnaga 161, gegenüber Iglesia San Francisco, also sehr zentral, Tel. 235-5645, www.hostalnaira.com. Kleines Hostal, 22 komfortable Zi. mit Bad, Rest.-Café, Bar, Ws, ausgezeichnetes Frühstücksbüfett. DZ/F 376 Bs o. 54 US$.

FAM   **Hotel Oberland,** Calle 2 y 3 Mallasa (12 km außerhalb der Stadtmitte im tieferliegenden Stadtteil Mallasa, nur 5 Gehminuten vom Eingang zum Valle de La Luna entfernt). Tel. 274-5040, geb.-frei 800-107450, www.h-oberland.com. Sehr nettes Hotel mit sehr gutem Restaurant, 17 Zimmer (auch Apartments mit Küche), WiFi kostenlos, Hallenbad, Stell- und Parkplatz, Wäscheservice. EZ mit gutem Frühstück 50 US$, DZ 65 US$ (manchmal Rabatte). Anfahrt mit Micro 231 oder 273 mit Aufschrift *Mallasa* oder *Zoo* oder mit dem Taxi.
Hotel Gloria, Potosí 909, Tel. 240-7070, www.hotelgloria.com.bo/lapaz.html. Nähe Plaza de San Francisco, Hochhaus, schöne Zimmer, Restaurant, Dachgarten mit super Aussicht, Tour-Agentur (www.gloria-tours-bolivia.com). DZ/F ab 65 US$.

Hotel Calacoto, Calle 13 Esq. Av. Sánchez Bustamante 8009, Tel. 277-4600, www.hotelcalacoto.com. in Calocoto, 500 m tiefer als das Zentrum von La Paz, deshalb auch wärmer. Ruhiges Familienhotel mit entsprechendem Angebot und mit Garten. 45 diverse Zi., auch Apartments mit Koch-/Essraum, WiFi. Apartment ca. 75 US$.

Hotel Rosario, Av. Illampu 704, Tel. 245-1658, www.hotelrosario.com. Charmantes Hotel mit netter Atmosphäre (oft Gruppen), 41 topsaubere Zimmer/bp, Hz, sehr gutes Restaurant *Tambo Colonial* (Fr/Sa Peña, Empfehlung Forelle, *trucha,* auch Vegetarisches). Reichhaltiges Frühstücksbüfett, auch für Nichtgäste, Sauna, Ws, GpD, Reiseagentur, Internet, hilfsbereit. DZ/F um 650 Bs / ca. 97 US$ (überteuert, nach Rabatt fragen).

LUX Zwei Besonderheiten: **Hotel DM Andino,** www.dmhotelandino.com. Neu, außerhalb des Stadtkerns gelegen, auf 2800 m, so dass die Akklimatisierung für La-Paz-Direktankömmlinge einfacher ist!

Hotel am internationalen Flughafen: Onkel Inn, Tel. 282-9434, sleepbox@onkelinn.com. Wer spät ankommt oder früh abfliegt, findet hier ein Bett mit Fernseher. Mehr aber auch nicht. Pro Person und Stunde 7 US$.

El Rey Palace, Av. 20 de Octubre 1947, Tel. 241-8541, www.hotelreypalace.com. Im modernen Stadtteil Sopocachi, unweit vieler Restaurants, Cafés und einem Supermarkt. DZ/F ab 100 US$.

El Consulado, Carlos Bravo 299, Tel. 211-7706, www.cafeelconsulado.com. Das ehemalige Konsulat von Panama wurde in ein kleines, aber feines Hotel mit 7 sehr komfortablen Zimmern umgewandelt. Das Restaurant im obersten Stock ist ausgezeichnet. Besitzer ist ein dt.-spr. Däne. DZ/F ab 100 US$.

La Casona Hotel Boutique, Av. Mariscal Santa Cruz 938 (nur wenige Schritte von der Plaza San Francisco), www.lacasonahotelboutique.com, Tel. 290-0505. Ein Traum eines modern renovierten Kolonialhauses in zentraler Lage im historischen Zentrum mit Aussichten über die Stadt! Gutes Restaurant, Mittagsmenü zu reelen Preisen. DZ/F ab 105 US$. **TIPP!**

Hotel Radisson Plaza, Av. Arce 2177, www.radisson.com/lapazbo, Tel. 244-1111. 239 Luxuszimmer, 7 barocke Suiten, geheiztes Hallenbad, Sauna, Gourmet-Restaurant (Aussicht auf La Paz) Pianobar. DZ/F ab 100 US$. Wer nur zum Essen reinschauen möchte: Mittag- oder Abendessen ab 100 Bs, Parrillada ab 95 Bs, lohnenswert.

Hotel Stannum, www.stannumhotels.com. Eine Art Boutique Hotel in zentraler Lage im Hochhaus der Multicine Mall. Modernste Dekoration, schöner Blick auf die Stadt. Tagesvariable Preise 100–150 US$.

Hotel Presidente, Calle Potosi 920, Tel. 240-6666, www.hotelpresidentebo.com. Luxuszimmer und Spitzenrestaurant im Obergeschoss mit Aussicht über La Paz, auf das Dach der Kathedrale und den Ilimani. Pool auch für Nicht-Hotelgäste. Promociones mit Essen z.B. 900 Bs/ca. 130 US$.

Hotel Europa, Tiahuanacu 64 (direkt neben dem Museo Tiwanaku), Tel. 231-5656, www.hoteleuropa.com.bo, Tel. 80010-5656. Modernes 5-Sterne-Hotel mit Hallenbad, Pool, Sauna, Pianobar, Restaurant, Bistro, 50 Parkplätze. DZ/F ab ca. 140 US$ (tages- und reservierungsabhängig) sowie Promociones.

Hotel Casa Grande, www.casa-grande.com.bo. Neues Hotel mit allen Annehmlichkeiten in tieferer Lage in Calacoto. DZ/F ab 175 US$.

Essen und Trinken

Für jeden Geldbeutel und Geschmack findet sich in La Paz ein sehr großes und reichhaltiges Angebot, wobei auf den Märkten, wie z.B. auf dem **Mercado Camacho** oder **Mercado Lanza** (auch gutes Frühstück), immer gut und billig gegessen werden kann. Am preiswertesten (nur Centbeträge) sind die **Garküchen,** doch die wiederum nicht jedermanns Sache. Internationale und einheimische Küche gibt es entlang des Prados.

Adressen & Service La Paz

Im Indígena-Viertel	findet man die billigsten Kneipen mit Gerichten. Auf den Märkten gibt es Garküchen, z.b. auf dem *Mercado Lanza* (Plaza San Francisco). Straßenstände, z.B. in der Jiménez/Ecke Manco Capac, bieten gleichfalls billige Tellergerichte mit Reis, Kartoffeln und Fleischstücken an. – Gute Familienrestaurants gibt es in der Calle Manco Capac und in der Murillo, wie z.b. das **Un Camino.** **Comedor Popular,** zwischen Plaza Pérez und Calle Figueroa; Cholitas zaubern aus ihren himmelblauen Küchen typische bolivianische Gerichte und rufen lauthals um Kunden, ein **TIPP!** – Cuy- und Lamafleisch dreht sich über dem Feuer der kolonialen **Casa del Corregidor,** Calle Murillo 1040. Am Mo/Di Dinnershow, Fr Folkloreshow (Peña), So–Fr ab 12 Uhr, Sa geschl. – Wer es nach „Gewicht" liebt, ist im **El Lobo,** Illampu 411/Ecke Santa Cruz (1. OG), richtig, auch Knoblauchbrot, leckere Pasta, guter chilenischer Wein, Internet, viele Gringos (Israelis), abends brechend voll, Service könnte besser sein. – **Angelo Colonial,** Linares 922; tolle Kneipe und nettes Restaurant, sehr gutes Essen zu vernünftigen Preisen, reichhaltige Karte im Ambiente eines Antiquitätenladens, Internet, freundliche Bedienung. **TIPP!** Nur wenige Schritte weiter vom Angelo Colonial und dem Angelo gleichwertig: **The Colonial Pot.** – **Naira,** Sagánarga 161, Mittagstisch ab 15 Bs, auch Lamafleisch, Oberkellner Jorge Aliaga spricht Deutsch. **TIPP!**
In der Altstadt	**Rosedal,** Socabaya 311; **Deeps,** Loayza 143. Für kleine Happen: **Las Velas** (19–3 Uhr) in der Simón Bolívar, gute Atmosphäre. Große Portionen im **Las Boguitas,** Plaza Velasco/Ecke Pichincha, Treppe hoch. Regionale Küche: **La Casa de los Paceñod,** Av. Fuerza Naval 265, angenehmes Ambiente.
Plaza San Francisco	Neben der Basilika San Francisco liegt das **Profumo di Café,** Plaza San Francisco 503, tägl. 9–19 Uhr; serviert wird ital. Expresso, Crêpes und andere Snacks. Dem Café ist das Museum der Basilika sowie ein Weinkeller angeschlossen. – An der Murillo zwischen Santa Cruz und Sagárnaga (s. Stadtplan) liegt das **Rest-Café El Patio** mit nettem Innenhof, sehr günstig; „... man braucht etwas Geduld, da die sehr freundliche Dame alles alleine macht, dafür kocht sie wirklich mit Liebe".
Prado (Av. 16 de Julio u. Av. Santa Cruz)	Hier liegen die meisten Restaurants und Kneipen. Eines der preiswerteren ist **Verona** mit Tagesgerichten. Etwas teurer sind **La Llave,** Calle Mexico, (Sa/So Livemusik zum Mittagessen) und **Monaco.** – In der Parallelstraße Federico Zuazo, No. 1905, ist das **Vienna,** das neben sehr guten bol. Gerichten auch dt. und österr. Speisen auf der Karte hat; immer voll, Mo–Fr 12–14 Uhr und 18–22 Uhr, So 12–14.30 Uhr. Nicht billig, aber sehr gutes Essen und ausgezeichneter Service. **TIPP!** – **Café Club La Paz,** Camacho 1202/Ecke Mariscal Santa Cruz, empfehlenswert ist das *Almuerzo Ejecutivo* mit 5 Gängen für 20 Bs, Mo–Sa ab 9.30 Uhr. – Gleich daneben befindet sich die **Cafetería Manolo,** Av. Camacho 1128, wochentags ebenfalls mit empfehlenswerten *Almuerzo Ejecutivo*. – Das **Restaurant im Hotel Copacabana,** 16 de Julio 1802, serviert ein Mittagmenü mit Suppe, Salatbüfett, wahlweise Hauptgericht, Nachspeise samt Tee oder Kaffee für 15 Bs. Ähnliches Büfett im Restaurant des **Hotel El Conquistador.**
Parrillada, Churrasco, Rodizio und Lama	**Brassargent,** Fernando Guachalla 703; verschiedene Fleischspieße (Rodizio) und Beilagenbüfett zum Einheitspreis. – **El Gaucho,** Av. 20 de Octubre 2041; Fleisch und mehr, tägl. 11–15 Uhr, ab 18 Uhr. – **La Tranquera,** Potosí, Galería Crista (3. Stock), Steakhaus, gut. – **El Arriero,** Av. 6 de Agosto 2535 (Casa Argentina); Churrasquería mit Bife de Chorizo, Asado de Tira, Lechón a la Parrilla. Zweigstelle: Calle 17 Calacoto 8185. – **Bascas,** Av. Juan Muñoz Reyes 35, Calacoto; Rodizio. – Lamafleisch wird im **Lay'ka,** Sagárnaga/Ecke Linares, serviert (doch aufpassen, Ausländern wird mehr abkassiert). – **Parrillada Las Tablitas,** Av. 20 de Octubre 2396, Parrillada 70 Bs für 2 Pers. – **El Parnaso,** Sagárnaga 187, u.a. Lamafleisch, riesige Portionen, empfehlenswert. – **Llajtaymanta,** Claudio Pinilla 1573, zwischen Casimiro Corrales und Posnansky;

sehr sauberes Restaurant, köstliche, typisch bol. Gerichte, Mittagessen mit Speisen vom Grill und Salatbüfett zu 13 Bs. Mo geschlossen. **TIPP!**

Salteñerías Diese lecker gefüllten Teigtaschen sollten wie Weißwürste in Bayern wegen der Backfrische vorzugsweise nur bis 12 Uhr verzehrt werden. Die besten in La Paz gibt es im **Diablo**, Av. Saavedra/Ecke Uyuni, sowie im **Paceña La Salteña**, Av. Hugo Estrada 34 (Miraflores) und im **Supersalteñas**, Av. Sánchez Lima/Ecke Salinas.

Französische Küche **La Comedie,** Pasaje Medinacelli 2234, Sopocachi, www.lacomedie-lapaz.com. Feines Restaurant, Kerzenlicht am Tisch, guter Service. Empfehlenswert sind die Meeresfrüchte in einem Sahnegratin mit Reis oder die Entenbrust in Honigsoße. Teuer, aber sehr gut!

Kubanisch **La Bodeguita Cubana,** Federico Auago. Fleischgerichte, Wein und *Mojito cubano*. **TIPP!** – **A lo Cubano,** Av. Arce 2316.

Chinesisch **Chifa Emy,** Cordero 257; sehr gepflegt, reichhaltige Auswahl, gut und nicht zu teuer, Mi–Sa 20–2 Uhr Livemusik, Tanz und Show.

Arabisch **Club Unión Arabe,** Av. Final Fuerza Naval 26, Calacoto. Arabische Gerichte, nur Sa/So.

Japanisch **Wagamama,** Av. Arce/Ecke Pinilla 2557. *Der* Japaner in La Paz.

Vegetarisch **Armonía Restaurante,** Av. Ecuador 2286. – **Vrinda,** Aspiazu 426. – **Manatial** (im Hotel Gloria), Potosí 909. Selbstbedienung, sehr lecker, 17 Bs. **TIPP!** – **Mamá Natureza,** Sagárnaga/Ecke Murillo 213, tägl. 7.30–22 Uhr. Naturprodukte, Müslis und gutes Frühstück, empfehlenswert.

Deutsch **Reineke Fuchs,** Pasaje Jauréqui 2241, Sopocachi; Mo–Fr 12–14.30 Uhr u. Mo–Sa ab 19 Uhr und als Biergarten in der Montenegro/Ecke Calle 18, Calacoto, Mo–Fr ab 18 Uhr, Sa ab 19 Uhr u. So von 12–18 Uhr.

Schweiz **Arco Iris,** Tienda Sopocachi, Fernando Guachalla, beim Mercado Sopocachi. Feinschmeckerladen für Brot und Backwaren und Schweizer Käse, große Auswahl, frisches Fondue, Vollkorn-, Laugen- und Mohnbrote usw. Ein Gaumenschmaus! – Ebenfalls Schweizerische Küche mit tollen Sandwiches, frischen Säften, Kaffee, Salaten und Käsespätzlis im **Café Illampu,** Calle Linares 940.

Kaffee und Frühstück Besten Kaffee, leckeren Kuchen und Frühstück satt gibt es im modernisierten **Café Club La Paz,** Camacho 1202/Ecke Mariscal Santa Cruz; traditionelle Kaffeehaus-Atmosphäre, das *Amuerzo Ejecutivo* mit 5 Gängen für 14 Bs ist sehr zu empfehlen. Mo–Sa ab 9.30 Uhr, So geschlossen! – **Café Alexander,** Potosí 1091; nette Atmosphäre, exzellentes Frühstück mit Kuchen und Torten. – **Café Blue Note,** Plaza Gaston Velasco; eher eine Bar mit gemütlichen Sitzecken, Tischen, kleiner feiner Speisekarte, Riesenauswahl an Weinen (auch offen), Cocktails, Säfte in allen Variationen. **TIPP!** – **Café La Terraza,** Av. 20 de Octubre, sowie am Prado und Montenegro (San Miguel); 8–24 Uhr. – **Café Berlín,** Mercado 1377/Ecke Loayza. Ausgezeichneter bol. Kaffee im europäischen Stil, US- und Euro-Frühstück, reichhaltiges Mittag- und Abendessen, Eis und Fassbier. Gleich daneben **Al Manar,** auf der Karte arabische Gerichte, wie Schawarma und Falafel. – **Café Arabica,** Av. 20 de Octubre 2355, Sopocachi; modern eingerichtetes, gefälliges Kunst-Café, hin und wieder Ausstellungen, guter Kaffee, Snacks. – **Kuchen Stube,** Rosendo Gutierrez 461, Ed. Guadalquivir, neben dem Supermarkt, Mo 12–19 Uhr, Di–Fr 9–20 Uhr, Sa/So 10–12.30 und 14.30–19 Uhr. Deutsches Café mit guter Auswahl an Torten und Gebäck, täglich wechselnde, günstige Mittagsmenüs und dt. Brotspezialitäten. **TIPP!** – Ganz in der Nähe in derselben Straße gibt es einen Laden, der frischgebackenes dt. Vollkornbrot verkauft. – **Café Banais,** Sagárnaga 161, leckeres Frühstücksbüfett 8–10 Uhr, 18 Bs. – **Pepe's Coffee Bar,** Pasaje Jiminez 894. Sehr ruhiges Café mit ausgezeichneter Kaffeequalität, gutes Frühstück, tägl. 7–20.30 Uhr. – **Café Torino,** Socabaya (neben dem Hotel Torino).

Schönes Café mit ausgezeichnetem Frühstück in einem riesigen Innenhof eines alten, edlen Gebäudes, klassische Musik, schöne Atmosphäre, empfehlenswert. – **100% Natural,** Sagánarga 345. Klein und fein, günstiges, schmackhaftes und reichhaltiges Frühstück. **TIPP!**

Weitere gute Adressen **zum Frühstücken** sind: **Confitería Eli's** (deutsche Besitzer), Prado 1497, sehr preiswert (auch Schwarzwälder Kirschtorte), und **Café Pierrot,** Potosí 909 (Hotel Gloria). – Das **Café Ciudad,** Plaza del Estudiante 1901, ist 24 Stunden offen, freundlich und preiswert. Rauchercafé! – **Oasis Café,** Linares 947 (1. Stock). Typisches US-Frühstück mit Pan Bimbo und Marmelade. – Wer echtes Vollkornbrot liebt, ist bei **Leo Nothmann,** Landaeta 514, San Pedro, Tel. 232-7603, richtig. – **Boutique del Pan,** Obispo Cárdenas, eine empfehlenswerte Bäckerei mit allen erdenklichen Backwaren. – Preiswert ist auch das **The Estate,** Illampu zwischen Graneros und Santa Cruz.

Fiesta Gran Poder

Das größte und wohl schönste Fest Boliviens ist die *Fiesta de Nuestro Señor Jesús de Gran Poder* in La Paz, das alljährlich zwischen April und Juni stattfindet („Gran Poder" meint etwa „... der großen Kraft oder Macht"). Bereits im April werden die Señoritas *del Gran Poder,* die Schönheitsköniginnen der verschiedenen Vereinigungen der Gran Poder gewählt und in seitenlangen Berichten in den Zeitungen vorgestellt. Für die Teilnehmer und ihre Familien ist die Zeit vor dem Gran Poder ungefähr so wie für uns die Vorfreude vor Weihnachten: Wochenlang haben die Schneider, Schuster und Maskenhersteller in der Calle Los Andes hart gearbeitet, um die Trachten, Tanzstiefel und Masken für den Gran Poder herzustellen, die bei der Eröffnung (meist am letzten Samstag im Mai) getragen werden. Höhepunkt ist ein endlos langer Festzug mit zahllosen lautstarken Musikkapellen und fantasievoll-bunt gekleideten *folkoristas,* mit *Chokelas* (traditionelle Tänzer vom Titicacasee), *Morenos* (Mulatten), *Achachis, Tobas* (Tanzgruppen vom Río-Pilcomayo), *Incas* (Tänzer, die inkaische Ritual- und Zeremonialtänze aufführen), *Diablos* (Teufelstänzer), *Kallawayas* (Curanderos), *Caporales* (afrobolivianische Tänzer aus den Yungas) und noch vielen anderen – insgesamt über 25.000 Teilnehmer!

Der Festzug beginnt in der Av. Baptista (s. Stadtplan La Paz, linke Kante), führt durch das Indígena-Viertel zur Plaza San Francisco und findet seinen Abschluss auf der Plaza Roosevelt (ex-Parque de los Monos). Während des Umzugs sieht man viele wertvolle alte bolivianische Trachten und traditionelle Musikinstrumente wie *Wakapinquillos, Zampoñas, Tarkas* oder *Wancaras* (s.S. 94).

Es gibt viele Gran-Poder-Vereinigungen *(Conjuntos),* die wichtigsten sind *Diablada Juventud Tradicional Unión Bordadores del Gran Poder, Morenada Fanáticos del Folklore* oder auch *Kullaguada los X del Gran Poder.* Seit Gründung immer mit dabei: *Morenada Juventud Rosas Residentes de Viacha los Legítimos.*

Der Gran Poder in seiner heutigen Form wurde 1974 durch *Lucio Chuquimia* ins Leben gerufen, im selben Jahr gründete er auch die *Asociación de Conjuntos Folklóricos del Gran Poder* (ACFGP). Von da an wurde das Fest richtig durchorganisiert. Es hat aber eine viel längere Tradition. Die Wurzeln gehen auf ein Christusgemälde mit drei Gesichtern zurück, ursprünglich im Besitz der Novizin Genoveva Carrión vom Convento de las Concebidas. Seit 1842 wurde das Bild als *Nuestro Señor Jesús del Gran Poder* verehrt. 1939 erhielt das Christusgemälde seinen Platz auf dem Altar in einer Kapelle in der Calle Antonio Gallardo. 1940 wurde dann der erste folkoristische Conjunto mit Zampoñaris (Panflötenspielern) gegründet. - FS

Unterhaltung

Viele Kneipen, Bars, Pubs und Clubs befinden sich im Stadtteil **Sopocachi** (in der Karte rechts unten). Aktuelle Infos über Live-Auftritte von Musikgruppen usw. in der Freitagsausgabe von *La Razón* unter „Salimos" bzw. www.larazon.com und in *La Prensa* unter „Superagenda".

Folklore und Peña — Der Besuch einer Peña gehört in La Paz unbedingt dazu! Meist ist jedoch nur am Freitag- und Samstagabend Programm. Viele Peñas gibt es in der Sagárnaga und Linares, meist tägl. ab 17 Uhr geöffnet.

Peña Pub Puerta del Sol, Calle Max Paredes 879/Ecke Sagárnaga, Folkloreshow Mi/Do/So ab 20 Uhr, Fr/Sa Tanzshow. Gedeck 30 Bs, Anden-Büfett 40 Bs. – **Peña El Parnaso,** Sagárnaga 187. Tägl. 22–24 Uhr, auch „moderne" Andenmusik. – **Peña Restaurante Huary,** Sagárnaga 339, Tel. 231-6827; jeden Abend eine andere Gruppe, 20–22.45 Uhr, auch Speisen, bereits zum Frühstück geöffnet, Gedeck 100 Bs p.P. **TIPP**. – **Casa del Corregidor,** Calle Murillo 1040. Mo/Di Dinnershow (Eintritt frei), Fr/Sa Folkloreshow (Peña). – **Peña Marka Tambo,** Jaén 710; Do–Sa ab 22 Uhr, Eintritt 40 Bs, inkl. Tanz, sehr gute Show, traditionelle Musik und gute Küche. – **Ojo de Agua,** Illampu 965. Supertoller Laden, preiswertes Bier, Do–Sa ab 20.30 Uhr, Fr/Sa Livemusik (Andenmusik) mit brechend voller Tanzfläche, alle Altersklassen, Eintritt. **TIPP!** – **Occipucio,** Av. 20 de Octubre (Plaza Avaroa). Tanz und Folklore, Livemusik, Do ab 20 Uhr kein Gedeck.

Bars, Pubs & Musik — **Caza Duende,** Sagárnaga/Murillo 213. Bierkneipe. – **Business,** Av. Arce 2164; Whiskería und Pub, ab und zu Live-Musik, Di–Sa (Happy hour Di 20–22 Uhr). – **La Chopperia,** Pichincha 662 (bei der Plaza Velasco die Treppen rauf). Antik eingerichtete, nette Kneipe zum Biertrinken, freitagabends voll. **TIPP!** – **Tulvio,** Av. 20 de Octubro 2172, Sopocachi, Pianobar mit wechselnden Künstlern. – **Green Bar,** Belisario Salinas 596. – **Café La Luna,** Oruro 197/Ecke Murillo; gemütliche Bar, gute Musik, der nette Besitzer *Coco Cardenas* spricht Deutsch, junges Publikum, ab 20 Uhr, Happy hour 20.30–21.30 Uhr. – **Café Bar Sol y Luna,** Murillo 999/Ecke Cochabamba, Touristentreff zum Plausch und Spiel, Snacks, Mojito und Espresso schon ab der Frühstückszeit, Büchertausch, TV, Musik bis spät in die Nacht. – **Hasta El Alba,** Lismaco Gutiérrez 589 (Sopocachi); Abendessen bei Jazz (Mi), Do–Sa Live-Musik. – **Thelonious Jazz Bar,** Av. 20 de Octubre 2172 (Sopocachi); nichts Nachtlokal der Spitzenklasse, Jazz-Club, verschiedene Musikgruppen, Mo–Sa ab 19.30 Uhr.

Taypi (Centro Cultural), Calle Augustín Saavedra 390, Plaza Villarroel (im ehemaligen Cine Busch), Livemusik am Wochenende. – **Diesel Nacional,** Av. 20 de Octubre 2271; Szenekneipe, Mo–Sa ab 20 Uhr. – **Cambrinus,** Juan Capriles 1233, Barrio San Miguel; Pianobar/Livemusik, Di –Sa 19–2 Uhr. **TIPP!** – **Alambique Botica Piano Bar,** Hernando Siles/Ecke Calle 15 de Obrajes; Di–Sa 19.15–2 Uhr, ab und zu Live-Musik. – **Traffic,** Av. Arce 2549; abends Restaurant, gegen später legt ein DJ Musik auf, kleine Tanzfläche. – **Mongo's,** Hermanos Manchego 2444; Rock-Bottom-Café mit offenem Kamin, Restaurant, gute Musik, Mo/Do/So Live-Musik, Touri-Treff, tägl. 18–3.30 Uhr morgens, kein Eintritt, aber immer sehr voll! – **Queen Music Hall,** Plaza Villarroel 18. – **Gramofon-Bar,** Salinas (Plaza Avaroa); Treffpunkt der in La Paz lebenden Deutschen. – Livemusik gibt es außerdem im **Matheus** (Pianobar), **La Boheme** (20–3 Uhr) und im **Sopo's,** alle in der Fernando Guachalla und im **La Roneria,** Av. Ballivián/Ecke Calle 16. – Nachtclub **Swing,** México 1864.

Discos — **Ram Jam,** Presbiterio Medina 2421, Sopocachi; nettes Ambiente, meistens knallvoll, sehr beliebt bei Bolivianern, wenig Touristen, Saya-Bier vom Fass, angeblich höchste „Sauerstoffbar" der Welt. **TIPP!** – **Fantasy,** Pando/Ecke América; Mi–So ab 20 Uhr. Folklore (Mi), Single-Treff (Do), Live-Musik (Fr), Disco (Sa), Matinée (So ab 16 Uhr). – **Forum,** Victor Sanjines 2908 (Sopocachi); Mi–Sa, auch Live-Musik. **TIPP!** – **Boccaccio,** Av. Muñoz Reyes 28 (Cota Cota); Klassische Nacht mit Musik ab den 30igern (Do), Disco (Fr/Sa), Happy hour Mi/Do 20–24 Uhr, Einlass ab 25 Jahre, **der Treff** für Nachtschwärmer! – **Casa de los Piratas,** Juan de,Vargas 2282; Mi–Sa ab 19.30 Uhr. Ladies Night (Mi), Disco (Do/Fr/Sa). – **GOLD,** Almirante Grau 648-A (San Pedro); Ladies Night (Mi), Klassische Nacht (Do), Disco (Sa), Live-Musik (So). – **Queen Music Hall,** Plaza Villarroel 18. – **927 V.I.P.,** Av. 20 de Octubre/Plaza Avaroa 928, Sa geht die Post ab, Jarras für 10 Bs. – **Disco Coco Loco,** Ulloa/Ecke Hugo Estrada Miraflores. – **Dance Floor** (Rave, Funk usw.), Fernando Guachalla 356 (gegenüber Café Montmatre), Sopocachi. – **Mama Africa,** Santa Cruz 266-A (2. Stock). Musik- und Tanz-Pub, auch zum Lernen von Salsa, Saya und Samba.

La Casa Juvenil de la Cultura	Wayna Tambo, Villa Dolores, Calle 8, No. 20, Tel. 281-4583. Tägl. wechselndes Programm über Livemusik über Videoclips bis Karaoke für junges Publikum; meistens ab 16.30 oder ab 19.30 Uhr, Eintritt.
Cocktail, Kaffee & Bier	Arte Café Bar Cultural „Zur Molle 89", Mexiko 1872, Nähe Plaza del Estudiante. Phillip bietet 200 verschiedene Cocktails, serviert deutsche und internationale Biersorten, brüht im italienischen Stil Kaffee und bringt deutsches Essen (Gulasch, Bockwurst usw.) auf den Tisch. Liveübertragung von Fußballspielen, Tischfußball, Büchertausch. Geöffnet tägl. ab dem Mittagessen.
Theater und Kino	*Teatro Municipal,* Sanjines; u.a. Musicals und Folklore-Darbietungen, Eintritt etwa 30–50 Bs. **Kino** ist großes Vergnügen in La Paz. Vorführungen manchmal in einem alten Kolonialhaus, manchmal in einem supermodernen Kinopalast. Das Publikum leidet mit, verwünscht den Schurken und unterstützt den Guten, auf dass er hoffentlich gewinnt. Gezeigt werden meist zwei Filme, ausländische im Original mit Untertiteln. Die Adressen der Kinos findet man in den Tageszeitungen von La Paz. Bekannt sind: **Cinemateca Boliviana,** Óscar Soria/ Ecke Gutiérrez, u.a. gute Kulturfilme, Programm auf www.cinematecaboliviana.org. – **Cine 16 de Julio,** Av. 16 de Julio 1807/Plaza del Estudiante. – **Monje Campero,** Av. 16 de Julio 1495/Ecke Bueno. – **Cine 6 de Agosto,** Av. 6 de Agosto/Ecke Gutiérrez. Von der Stadt finanziertes Kulturkino.**TIPP!** – **Cinemas Hollywood,** Mercado.
Galerien	*Galería de Arte,* Sagárnaga 189/Ecke Murillo. – *Galería de Arte Salar,* Av. Ecuador 2534. – *Galería de Arte Taipinquiri,* Av. Montenegro 1378. – *Galería de Arte Simón Patiño,* Ecuador 2503.
Hallenbad	*Piscina Napolis,* Cañada Strongest (gegenüber vom Coliseo). – Schwimmen auch im **Hotel Presidente.**
Weitere Feste in La Paz	24. Jan. bis 15. Feb.: *Fiesta Indígena de las Alasitas* zu Ehren von **Ekeko,** dem Gott des Wohlstandes (s.u.). Mit traditionellem Ekeko-Markt auf dem Campo Ferial und Parque Roosevelt. – 23. Juni: *Fiesta de San Juan* (zu Ehren der kältesten Nacht in La Paz). – 16. Juli: *Fiesta de la Virgen del Carmen* (Stadtfest). – 1. November: *Todos los Santos* (Allerheiligen); Friedhofsfeste zum Gedenken der Toten. – 21. Dezember: *Fiesta Solsticio de Primavera* (Sonnwendfeier in Tiwanaku).

> Der **Ekeko** ist der Aymara-Gott des Wohlstandes, der Energie, Fülle und Reichhaltigkeit. Neben Pachamama verkörpert er den wichtigsten Gott der Andenländer. Das Ekeko-Fest am 24. Januar erinnert daran, dass er jedes Jahr an diesem Tag die Häuser der Bolivianer besucht, nachdem er am 21.12. die Isla del Sol verlassen hat. Er tritt durch die geöffneten Türen ein und es heißt, dass er in der Lage ist, die Wünsche und Träume der Menschen zu erfüllen und Unglück fernzuhalten. Sie strömen auf die Märkte, auf denen es viele bunte kleine Ekeko-Statuen zu kaufen gibt, behängt mit Dingen, die sie sich wünschen. Historisch wird er der Tiwanaku-Kultur zugerechnet. – HH

Sonstige Adressen

Andino-Club Club Andino Boliviano, México 1638/Ecke Otero de la Vega, Tel. 231-0863, fecab@bolivia.com. Mo–Fr 9.30–12 u. 15–18.30 Uhr. Der 1939 gegründete Club führt Berg- und Wandertouren durch, die nicht teurer sein sollten als bei Mitbewerbern. Standardtour auf den Chacaltaya um 8.30 Uhr, Takesi-Trail, Huayna Potosí (nordöstlich von La Paz) und Zongo-Tal unter Führung von Club-Mitgliedern. Vermietung von Ski-Ausrüstung. Unbedingt Preisvergleich mit anderen Touranbietern machen!

Autoclub Automóvil Club Boliviano (ACB), Av Arce/Av. 6 de Agosto 2993 (Sopocachi), Tel. 243-0502/243-1132; auch Abschleppdienst.

Reisebüro-Vereinigung Asociación Boliviana de Agencias de Viajes y Turismo (ABAVYT), Colón 161, Ed. Barrosquira (3. Stock), Tel. 235-2388.

Touristen- und Bergführer Sociedad de Guías de Turismo SOGUITUR, Sagárnaga/Ecke Linares (Naira), Tel. 237-5680. Zusammenschluss der Fremdenführer. Der Führer Federico Alvarado, Av. Arce/Ecke Gonsalvez, Ed. Apolo, Tel. 243-2367, Cel. 719-83610, malvarad@ceibo.entelnet.bo) spricht Deutsch und kann viele Tipps geben, Organisation von Touren (auch Salar de Uyuni ab La Paz) und Expeditionen; Federico kann sehr empfohlen werden. **TIPP!** – In der Asociación de Guías de Montanas y Trekking de Bolivia, Ed. Doryan, Sagárnaga 189, www.agmtb.org, info@agmtb.org, sind Dutzende Bergführer eingeschrieben, s. Webseite. – Bergführer Aldo Riveros, Norah Bedregal 540, Alto Obrajes, Tel. 273-1990, ecoadven@ceibo.entelnet.bo oder aldoriveros@hotmail.com; z.B. für eine Bergtour auf den Huayna Potosí.

Trekking-Ausrüstung/ Bücher The Spitting Llama, Calle Linares 947 (im Hostal La Posada de la Abuela), Tel. 7977-0312, www.thespittingllama.com, 8 Tage die Woche. Ausrüstung für Trekking und Camping, Bücher, Karten, Reiseliteratur.

Erste Hilfe Notruf 118. Clínica Alemán (wurde einst von Deutschen gegründet), Av. 6 de Agosto 2821, Tel. 232-3021, 243-3023 und 243-2521. 24 Betten, sehr teuer. – Clínica del Sur, Av. Hernando Siles 5355, Tel. 227-8003. – Cruz Roja Boliviana (Rotes Kreuz), Tel. 232-3642.

Deutschsprachige Ärzte Dr. Fernando Arispe (Allgemeinmedizin), Av. 20 Octubre 402/Ecke Belisario Salinas, Torre de Zafiro (1. Stock), Tel. 242-3708, 242-3711, Cel. 7729-1626, Tel. 279-9316 (privat), Cel. 7729-1629, doctorarispe@yahoo.com. Vertrauensarzt der deutschen Botschaft La Paz, 24-h-Service, Spezialist für Höhenkrankheit, Traumaklinik (Claudia Aligia N 12), Topbehandlung, hat aber seinen Preis. – Dr. Celina Cuellar (Zahnärztin). Av. Julio Patino 1044, Ed. Aranjuez, Calacoto. – Dr. Marcelo Koziner Udler (Frauenarzt), Loayza/Ecke Camacho, Ed. Ayacucho, 3. Stock, Tel. 237-7283. – Dr. Gonzalo Murillo Ascarraga (Augenarzt), Ed. Hermann, Tel. 234-0793, Tel. 276-0690 (privat). – Dr. Alcira Zeballos de Moeller (Zahnarzt), Ed. Calama, Heriberto Gutiérrez 2388, Tel. 236-4879. – Dr. Ramiro Donoso, Centromed, Av. 20 Octubre 2052, Tel. 237-3376.

Apotheken Farmacias Bolivia, Av. Montes und Mariscal Santa Cruz/Ecke Almirante Grau sowie Av. 16 de Juli 1473, Tel. 233-1838, gewährt 10–20% Rabatt. – Súper Drugs, Belisario Salinas 438 (Plaza Avaroa) und Av. Julio Patiño 1188/Ecke Calle 18 (Calacoto). – Súper Farmaca, Plaza Triangular (Miraflores). Alle mit 24-h-Service.

Botschaften / Konsulate Argentinien: Consulado de Argentina, Sánchez Lima/Ecke Aspiazu 497, Tel. 241-7737, 231-7520, 235-3233; Mo–Fr 9–14 Uhr. Brasilien: Consulado de Brasil, Av. Arce, Ed. Muliticentro, Tel. 244-0202; Mo–Fr 9–13 u. 15–18 Uhr. Chile: Consulado de Chile, Calle 14 Nr. 8022 u. 8024, Calacoto, Tel. 279-7331/279-7341; Mo–Fr 8.30–12.45 Uhr. **Deutschland:** Embajada Alemania, Av. Arce 2395, esq. Calle Belisario Salinas, Tel. 244-0066, Fax 244-1441, www.la-paz.diplo.de, info@la-paz.diplo.de, Mo–Fr 9–12 Uhr. *Ecuador:* Embajada Ecuador, 16 de Julio 1440, Ed. Hermann, Tel. 231-9739; Mo–Fr 9–16 Uhr. **Österreich:** Consulado de Austria, Montevideo 130, Ed. Requima, 6. Stock, Tel. 00591-2-244-2094; Mo–Fr 14.30–16 Uhr. *Paraguay:* Consulado de Paraguay, Av. 6 de Agosto 2190/Ecke Salazar, Tel. 243-3176/243-2201; Mo–Fr 8.30–16 Uhr. *Peru:* Consulado de Peru, Av. 6 de Agosto 2455, Ed. Hilda, Tel. 244-0631; Mo–Fr 9–13 u. 15–17 Uhr. **Schweiz:** Embajada Suiza, Calle 13, esquina Av. 14 de Septiembre, Obrajes, Correo Casilla 9356, Tel. 275-1225, www.eda.admin.ch/lapaz. Mo–Fr 9–12 Uhr.

Post
Correo Central, Mariscal Santa Cruz/Ecke Oruro. Mo–Fr 8–20, Sa 9–18, So 9–12 Uhr.

Telefon und Fax
ENTEL, Cabina Central, Ayacucho 267, Tel. 239-1784 und 236-7474. Tägl. 7.30–22 Uhr. Hier ist telefonieren preiswerter als in den großen Hotels, die meist 100% auf die Rechnung draufschlagen. Eine Minute nach Deutschland kostet etwa 0,50 €. – *COTEL,* evtl. billigere Alternative. – *Shopping Tourist Doryan,* Sagárnaga/Ecke Murillo (2. Stock, Local 26); Call Center mit Telefonkabinen und Internet mit den **günstigsten Tarifen!**
Vorwahlen: *Bolivien von D:* (00591), *La Paz* (02), *D–La Paz* (00591-2).

Internet-Cafés (Auswahl)
Eine Internetstunde kostet etwa 3–5 Bs.
ENTELNET, Av. 16 de Julio (Prado); Mo–Fr 9–24 Uhr, preiswert. – *TorinoNet Cyber Café,* Socabaya 457 (Nähe Plaza Murillo), Tel. 236-4333, gutes Frühstück. – *Latindata Cyber Café,* Federico Zuazo 1717/Ecke Reyes Ortíz. – *CiberCafé Monet,* Calle 11 No. 256, Obrajes, Tel. 278-5541. – *W@r@net Cybercafé,* Yanacocha/Ecke Potosí, Centro Comerical Cristal, Sub-suelo 115, Tel. 237-5690. – *El Lobo,* Illampu/Ecke Santa Cruz, Internetkneipe, Touristentreff. Weitere Internetcafés befinden sich in den Straßen Sagárnaga, Linares und entlang des Prados.

Geld
Zu den normalen Öffnungszeiten der Banken und Wechselstuben bieten die *Cambistas* (Straßenwechsler) gute Wechselkurse, die jedoch freitagnachmittags übers Wochenende nachgeben. Wem die Straßenwechsler in der Camacho und auf dem Prado zu unsicher sind (das Geld immer sofort nachzählen), holt Nachschub aus einem Bankautomaten oder einer Casa de Cambio. *€uro-Bisa* hat sich auf Geldtransfer und -wechsel von Euro spezialisiert (auch €-Reiseschecks)
Casas de Cambio: sie haben im allgemeinen Mo–Fr 9–12 Uhr und 14–18 Uhr geöffnet, am Sa nur vormittags, meist Pass nötig. *Sudamer Cambios,* Colón/Ecke Camacho 1311, Tel. 220-3292, Mo–Fr 9–12.30, 14.30–18.30 Uhr, Sa 9–14 Uhr. Etabliert, alle gängigen Währungen, Zweigstelle in der Calle 21 Calacoto 8263, San Miguel. – *Colón Cambios América,* Camacho 1233. – *Money Exchange,* Mercado 1324, Tel. 236-3639 und 237-4181. – *Unitours Cambio,* Mercado.
Banken: Die wichtigsten sind am Prado und in der Av. Camacho, wie *Banco Santa Cruz, Banco Nacional de Bolivia* (Colón/Ecke Av. Camacho 1312), *Banco Bisa, Banco Real, Banco Mercantil* (Mercado/Ecke Ayacucho), *Banco do Brasil.* Öffnungszeiten meist 8.30–16 Uhr. Die *Banco Industrial,* Av. Camacho 1333, wechselt Bargeld (Mo–Fr 8.30–16 Uhr, Sa 10–13 Uhr).
Kreditkarten: *American Express,* Magri Turismo (Repräsentant), Capitán Ravelo 2101, Ed. Capitán Ravelo, Tel. 244-2727, www.magriturismo.com. Mo–Fr 9–18.30 Uhr, Sa nur bis 12 Uhr. *Eurocard/MasterCard, VISA:* Administradora de Tarjetas de Crédito, *Banco Santa Cruz,* Av. Camacho 1448, Tel. 231-5800.

Zoll
Aduana, Potosí 940, Tel. 232-0979

Taxis
Radio Taxi América, Tel. 222-2233. *Radio Taxi Expreso del Sur,* Tel. 277-1818. *Radio Taxi Bam Bam,* Tel. 231-1311

	Adressen & Service La Paz	

Mietwagen   Mietpreisorientierung: Geländewagen ab 40 €/Tag inkl. 150 Freikilometer, je nach Größe.
    Petita Rent-a-Car, Valentin Abecia 2031/Ecke Jaime Zudañez, Templaterani, Tel. 242-0329, Cel. 7722-6481, www.rentacarpetita.com. Mietwagenagentur des ausgewanderten Schweizer Mechanikers *Aldo Rezzonico,* der auf Geländewagen (u.a. Toyota Landcruiser) spezialisiert ist. Vermietung der Geländewagen mit und ohne Fahrer/Führer. Sehr gute Ausrüstung (Werkzeuge, Schaufeln, Ersatzreifen u. -kanister, Seilwinde, Jagd- und Campingausrüstung, bestes Kartenmaterial und Routenbeschreibungen mit GPS-Daten!). Grenzübertritt in alle umliegenden Länder möglich! Sehr zuverlässig, auch von D aus direkt übers Internet buchbar. Tagesmiete inkl. 200 Frei-Kilometer, z.B. Toyota Landcruiser, ab 100 €, jeder weitere km 0,40 €; Wochenmiete inkl. 1250 km ab 540 €; 2 Wochen inkl. 2500 km ab 1000 €, 3 Wochen inkl. 3750 km ab 1500 €, ein Monat ohne Km-Beschränkung ab 2000 €. Versicherung 10 €/Tag, 50 €/Woche, 80 €/2 Wochen, 100 €/3 Wo., 120 €/Monat. **TIPP!**
    International Rent-a-Car, Federico Zuazo 1942, Tel. 244-1906. Spezialisiert auf Jeeps bzw. 4WD. Jeep, z.B. Suzuki Vitara 45 €/Tag inkl. 120 Frei-km oder 370 €/Woche inkl. 1000 Frei-km. Toyota Landcruiser 450 €/Woche, 1000 Frei-km, 0,35 € für jeden weiteren km; oder Toyota Landcruiser (Vagoneta), 550 €/Woche, 1000 Frei-km, 0,48 € für jeden weiteren km; der Mietwagen kann gegen Aufschlag von je 200 € alternativ bereits in Puno/Peru übernommen bzw. auch in Juliaca wieder abgegeben werden. Monatsmieten ab 800 € mit 2000 Frei-km. Auch von D aus buchbar.
    Rent-a-Car Oscar Crespo Maurico, Av. Simón Bolívar 1865, Tel. 222-0989, www.rentacarocm.com. Tagestarif mit 200 Frei-km ab 39 €, Wochentarif mit 1500 Frei-km ab 229 €, Monatstarif mit unbeschränkten Frei-km ab 950 €.
    Barrón's Rent-a-Car, Av. Costanera 501, www.abarrons.com, Tel. 278-8097, hat Filialen in Santa Cruz, Cochabamba und Tarija.
    Sudamericana rent a car, www.sudamericanarentacar.com, hat Filialen in Santa Cruz, Sucre und Cochabamba
    Kolla Motors Rent-a-Car, Rosendo Gutiérrez 502, Tel. 241.9141, kollamotors@zuper.net. Mietwagen ab 48 €/Tag, ab 65 €/Tag inkl. 120 Frei-km, Wochentarif 450 € inkl. 1000 Frei-km, Monatstarif 1500 € inkl. 4500 Frei-km. Preiswertester Jeep 4WD, z.B. Suzuki, gleicher Tarif, höherwertiger 4WD, z.B. Toyota Landcruiser, 30–40% Aufschlag. 24-Std-Service. Zweigstelle in Sucre.
    IMBEX, Av. Montes 522/Ecke Pucarani, Tel. 245-5432, info@imbex.com und rentacar@caoba.entelnet.bo. 4WD (auch mit Fahrer, Zuschlag 15 €/Tag), ab 50 € inkl. 120 Frei-km, spezialisiert auf Fahrten in die Yungas via Chacaltaya (ca. 160 €) und bei mehreren Personen immer preiswerter als eine Fahrt mit einem Touranbieter!
    AVIS, Av. Costanera esq. Calle 20 de Calacota 24, Tel. 211-1870, Reservierungen 343-3939, www.avis.com.bo. Kleinwagen ab 15 €, Wochentarif 199 €. Toyota Landcruiser (7-Sitzer) 44 €, Woche 500 €. Alle Preise zuzügl. Versicherung.
    Dollar Rent-a-Car, Tel. 715-62663, gebührenfrei 800-109010, www.dollar.com. – **La Paz Rent-a-Car,** Federico Zuazo 155 Tel. 232-3710; preiswert. – **National Car Rental,** Av. Sánchez Lima/Ecke Kantutani, Tel. 243-0138; günstige Jeepvermietung. – **Localiza Rent-a-Car,** Tel. 244-1011, www.localizabolivia.com/formulario.html.

Autowerkstätten   *Ernesto Hug,* Av. Jaime Freyre 2326, Tel. 241-5264, dennyhug@ceibo.bo. Seit Jahrzehnten *die* VW-Werkstatt in ganz Bolivien schlechthin! Seine Schlosser-, Elektriker- und Mechanikertruppe löst nahezu alle Probleme, auch anderer Automarken. Ernesto spricht Deutsch! Leider kann er bei Mercedesfahrzeugen, z.B. einem Sprinter, nicht weiterhelfen. Hier ist man bei der Mercedes-Werkstatt *Ovando,* Av. Ballivián im Stadtteil Calacoto, richtig. Der deutschspre-

Adressen & Service La Paz

chende Herr Perez hilft weiter. Für Dieselfahrzeuge und Bosch-Teile: *Eduardo Balderama Robies,* Av. Sucre/Ecke Uru Uru No. 1514, Villa Bolívar „E", El Alto, Tel. Cel. 719 93177.

Fahrradfahren & Mountainbiking Viele Anbieter gibt es in der Calle Sagárnaga. Die meisten bieten Downhill-Touren an, meist Abra La Cumbre – Pte. Yolosa, ab 350 Bs inkl. Bike, Führer, einer warmen Mahlzeit sowie Rücktransport mit dem Minibus. Bemerkung: Die Mountainbikes sind meist nicht besonders neu – wichtig ist, dass die Bremsen tadellos funktionieren und dass neben dem Führer mindestens ein Fahrzeug vorausfährt und den Führer über Funk informiert, wann ein Fahrzeug entgegenkommt, damit rechtzeitig angehalten werden kann! Diese Downhill-Touren auf der sogenannten „gefährlichsten Straße der Welt" sind nicht ungefährlich (Absturzgefahr) und nichts für Mountainbike-Anfänger.

Gravity Assisted Mountain Biking, Av. 16 de Julio 1490, Tel. 237-4202, www.gravitybolivia.com, Mo–Fr 9–19 Uhr. Seriöser Anbieter für organisierte Radtouren inkl. Begleitfahrzeug, Rad, Helm und Führer 550 Bs, damit einer der teuersten Anbieter. – *Down Hill Madness/ECO Jungle Tours,* Sagárnaga 339, Tel. 239-1810/233-5429. Professionelle Mountainbike-Touren nach Chacaltaya, durchs Zongo-Tal und nach Pte. Yolosa/Coroico ab 400 Bs, sehr gute Bikes mit Scheibenbremsen, exzellente Führer, Fahrradhelme mit Kinnschutz, Begleitfahrzeug, Badeklamotten mitnehmen. Mit einer der besten Anbieter – **TIPP!** – *Mountain & Jungle/X-treme Downhill,* Linares 388. Downhill nach Coroico 350 Bs, Chirakotta 250 Bs, hilfsbereites Personal. – Auch gut: *Xtreme,* Sagárnaga 324, 300 Bs. – Ein weiterer guter Anbieter: über die Tel.-Nr. 237-4204 oder 241-5530, AlistarM@hotmail.com. Yungas-Tour 500 Bs inkl. Bike u. Ausrüstung.

Radgeschäfte findet man in der Casca (Mountainbike-Zubehör und Michelin-Reifen). Ein guter Laden ist in der Av. América 169, alle Ersatzteile.

Tankstellen Beim bolivianischen Automobilclub, Av. Montes, am Beginn der Autobahn nach El Alto sowie an allen Ausfallstraßen.

Landkarten *Instituto Geográfico Militar,* Av. Saavedra Final/Subrieta (Miraflores, Nähe Estadio); Mo–Fr 9–11 Uhr und 15–17 Uhr. Gute Detailkarten, topographische Karten (1:50.000), auch Kopien von Karten (preiswerter!). *SNC* (Servicio Nacional de Caminos), 20 de Octubre (oder Mcal. Santa Cruz). Die Librería *La Paz/Colón/Ballivián* führt gleichfalls Karten.

Goethe-Institut *Instituto Cultural Boliviano-Alemán,* Av. Arce 2708/Ecke Campos im Ex-British Council, Casilla 2195, Tel. 243-1916, www.goethe.de. Öffnungszeiten der Bibliothek Mo/Di/Do 16–20 Uhr, Mi/Fr 10–13 Uhr, bietet auch CDs und Videos.

Deutsche Schule / Deutsch-Boliv. Organisationen **Deutsche Schule:** *Colegio Alemán Mariscal Braun* (1923), Av. Alexander 100, Casilla 605, Achumani, Tel. 271-0812, www.colalelapaz.edu.bo; etwa 15 km außerhalb, südlich im Vorort Achumani, Unterrichtung nach dt. Lehrplänen. Gleich um die Ecke ist das *Centro Cultural Alemán* (CAA), Herausgabe einer vierteljährlichen Zeitung, www.cca-monatsblatt.org, lesenswert. – **Deutsch-Bolivianische Industrie- und Handelskammer:** *Cámara Boliviano-Alemana,* Av. Ecuador 2277, Casilla 2722, Tel. 241-1774 u. 241-332, info@ahkbol.com; Mo–Fr 9–12.30 Uhr und 14.30–18.30 Uhr. – **Deutscher Entwicklungsdienst (DED):** Alfredo Heins, Calle Alfredo Ascarrunz 2675, Sopocachi, La Paz, Tel. 241-1450 und 241-3328, dedbol@dedbol.bo. Mechanikerschule *Don Bosco* in *El Alto* unter Leitung von August Menke, Tel. 871-2372. Es werden auch **Touristenautos repariert!** – **Deutsch-Bolivianische Gesellschaft für geologische Zusammenarbeit:** *SEGEOMIN,* Calle Federico Zuazo 1673, Tel. 235-2731. – **Deutschsprachiger Rechtsanwalt:** Dr. Wolfgang u. Miguel Apt, Av. Mariscal Santa Cruz, Ed. Hansa, 12. Stock, Casilla 2722, Tel. 232-0240. – **Deutsche polit. Stiftungen:** *Friedrich-Naumann-Stiftung,* Calle Aspiazu 637, Sopocachi, Tel. 241-6150. *Hans-Seidel-Stiftung,* Calle Hnos Manchego 2441,

	Sopocachi, Tel. 237-0316. *Konrad-Adenauer-Stiftung,* Av. Arce, Ed. Torre de Las Américas, Tel. 239-1283.
Golf und Tennis	*Club Mallasilla,* Casilla 4306, La Paz, Tel. 279-2124. **Tennis:** *Club de Tenis La Paz,* Av. Arequipa 8450, La Florida, Tel. 279-2590.
Sprachschule	*ABC Spanish Tuition,* Pisagua 634, Tel. 228-1175, willamor@hotmail.com. *William Ortíz* unterrichtet seit 1992 Spanisch, insbesondere für Deutsche, Schweizer und Österreicher. Ein- oder zweiwöchige Intensivsprachkurse (3–4 h/tägl.), Einzelunterricht 55 Bs/h, Kleinstgruppenunterricht 90 Bs/h für 2 Pers. inkl. Lehrmaterial. Auf Anfrage Unterbringung bei einer Familie möglich. – *Spanish Language Institute,* Calle 14/Aviador 180, Achumani, Tel. 279-6074, www.spanbol.com. Alle Stufen, Intensivkurse, Einzelunterricht. - *Insituto Exclusivo,* Ed. Mechita, Av. 20 de Octubre 2315, Sopocachi, Tel. 242-1072, www.instituto-exclusivo.com; Gruppenunterricht ab 10 Bs/h, Einzelunterricht für Backpacker 60 Bs/h.

Touranbieter

Die meisten Agenturen befinden sich in der Calle Sagárnaga. Organisierte Touren und Ausflüge sind verhältnismäßig teuer, selbst organisiert ist es auf jeden Fall wesentlich günstiger (ein Halbtages- oder ein Tagestaxi nicht über ein Reisebüro, sondern direkt selbst anmieten).

Personen	**Federico Alvarado B.,** Av. Arce/Ecke Gonsalvez, Ed. Apolo 3, Tel. 243-2367, Cel. 7198-3610, malvarad@ceibo.entelnet.bo; organisiert alle Arten von Touren und Expeditionen (auch Salar de Uyuni) ab La Paz, ist spezialisiert auf Tiwanaku. **Thomas Wilken,** Calle 4 de Obrajes 608, La Paz, Cel. 72528720, www.suedamerikatours.de. Trekking und Bergsteigen in wenig bekannte Bergregionen (auch in Peru und Chile), Touren außerdem ab Huaraz, Cusco und Arequipa, Fahrzeug vorhanden, erfahrenes dt.-bol. Unternehmen. **TIPP!** **Daniel Ramiro Valdivia Romero,** daravaro76@hotmail.com, Tel. 777-81893, La Paz.; Touren, Führungen und Exkursionen aller Art in Bolivien; empfohlen, verlässlich. Privatchauffeur **Enrique Jimenez** (Cel. 7722077), mehrstündige Stadtrundfahrten durch ganz La Paz inkl. Valle de la Luna zu 120 Bs für 2 Personen. Auch Touren Tiwanaku, Copacabana etc. Enrique ist in La Paz aufgewachsen und kennt alles wie seine Westentasche (nur Spanisch).
Unternehmen (A–Z)	**Akhamani Trek,** Linares 888, Tel. 237-5680, tourtrk@ceibo.entelnet.bo. Spezialisiert auf **Trekking-Touren,** z.B. Camino Choro. **Andean Venture,** Av. Sánchez Lima 2512, Ap. 11 D (11. Stock), Tel. 242-0013, www.andeanventure.com. Geschäftsführer Michael und Christian Schöttle, Organisation von individuellen Kultur,- Abenteuer, Trekking- und Bergsteigerreisen in ganz Bolivien. Empfohlen. **America Tours,** Av. 16 de Julio 1490, Büro 9, www.america-ecotours.com, Tel. 237-4204. Tourangebote in den Madidi- und **Noel-Kempff-Nationalpark.** **Bolivian Adventures Tours,** Obispo Cardenas 1421, Tel. 220-2869, libertad@ceibo.entelnet.bo. **Cadé Tours,** Sagárnaga 177, Galería Gala Centro (1.Stock), Tel. 231-0501; zuverlässiger Anbieter, Tourangebote inkl. Führer und Transporte, empfehlenswert. **Crillon Tours,** Av. Camacho 1223, Tel. 233-7533, www.titicaca.com. Seit 1958 auf dem Markt und damit der älteste Touranbieter Boliviens mit der größten Infrastruktur: 16 Busse und Vans, 7 Tragflügelboote auf dem Titicaca, zwei Hotels am Titicaca, Ökolodge Posada del Inca auf der Sonneninsel. Sehr verlässlich, kümmert sich wirklich um die Kunden **– TIPP!**

Eco Jungle Tours, Sagárnaga 339, Tel. 233-5429, www.ecojungletours.com. Freundlicher Touranbieter für Rurrenabaque, Tiwanaku, Chacaltaya, Salar de Uyuni und Mountainbike-Downhills, gutes PLV. Beispiel: 2-Tages-Urwaldtour ab Rurrenabaque 25 €/Tag, inkl. Ü/VP (Büfett), Führer u. Transporte. Uns erreichte eine Beschwerde über eine „nicht gute Unterkunft" bei der Rurrenabaque Pampas Tour.
ECOLOGICAL Expedition, Sagárnaga 189/Ecke Murillo, Tel. 236-5047, ecological@bo.net; Rafting (Grad 3) von Sta. Barbara nach Pte. León (Nähe Caranavi), Touren auf dem Río Yacuma, organ. Tier- und Vogelbeobachtungen.
ELMA TOURS, Sagárnaga 334, Galería Alem, Tel. 245-6823, www.elmatoursbolivia.com/. Gute Führer, auch auf Englisch.
Fremen Tours Andes & Amazonia, Av. 6 de Agosto, J. J. Perez, Edificio V Centenario, Piso 6, Tel. 244-0242, www.andes-amazonia.com. Individueller Allround-Anbieter für ganz Bolivien, zusätzlich spezialisiert auf vier- bis sechstägige Schiffstouren mit dem Fluss-Hotelboot (Flotel) *Reina de Enín* ab Trinidad. Touren ab 2 Pers. inkl. Transfer, VP, Versicherung und Ausflüge. Alle Kabinen mit bp, wahlweise AC oder Vent., auf Wunsch veg. Küche. Sehr kinderfreundlich. 6-Tagestour ca. 400 €, Kinder bis 6 Jahre 50%, bis 11 Jahre 75%. Guter Service, 1995 mit dem *Kantuta de Oro-Preis* des Ministeriums für Industrie und Entwicklung ausgezeichnet. **TIPP!** Hinweis: Zwischen Mai und Sept. kalte Fallwinde aus den Anden!
Llamatrekbolivia, Calle Sagárnaga 363, Tel. 231-1097, Cel. 72597761, www.llamatrekbolivia.com. Französin die Deutsch spricht, Komplettouren, auch mit Gruppen.
Magri Turismo, Capitán Ravelo 2101/Ecke Montevideo, Ed. Capitán Ravelo, Tel. 244-2727, www.magriturismo.com. Chef Rodrigo Grisi und Isabel Robles sprechen Deutsch. Komplettangebot von Touren in ganz Bolivien, preislich gehoben.
Seagull Travel, Av. Villazon/Ed. Villazon Plaza del Estudiante, Piso 13/Oficina 13B, Tel. 231-0890, Cel. 71586522, seagulltravelbolivia@gmail.com. Organisieren Touren nach Tiwanaku, Copacabana/Isla del Sol, Chacaltaya, Potosí, Misisones Jesuiticas, Madidi usw.
Swiss Bolivian Adventures, Av. Mariscal Santa Cruz/Ecke Socabaya, Ed. Handal, Tel. 240-6470, www.andes-bolivia.ch. Allrounder, auch Trekking und Bergsteigen, gutes PLV.
TRANSTURIN, Alfredo Ascarrunz 2518, Sopocachi, Tel. 242-2222, 24-h-Service: Tel. 715-61630, www.transturin.com. Auf Bootstouren auf dem Titicaca spezialisiert. Katamaranmotorboote, Tagesfahrten Isla del Sol ab 140 € p.P.
Turisbus, Illampu 704, im Hotel Rosario, Tel. 245-1341, www.travelperubolivia.com. Vermietung von Trekking-Ausrüstung, Touren nach Isla del Sol, Chacaltaya in Kombination mit Valle de la Luna, 8–16.30 Uhr, 50 Bs p.P., inkl. engl.-spr. Guide.
Turismo Balsa,Av. 6 de Agosto, esq. Pinilla, Psje. Pascoe 3, Tel. 244-0620, www.turismobalsa.com. Touren nach Tiwanaku, Titicaca und in La Paz sowie auf die Insel Suriqui. Eigner des Hotels *Las Balsas* in Pto Pérez am Titicacasee.
Viacha Tours, Sagárnaga 315, Tel. 231-2967, www.viacha-tours.com und www.viacha-tours.de; deutsch-bolivianischer Allrounder. Die zweitägige Trekkingtour zum See von Tuni führt traumhaft zwischen zwei Gletschern durch. Professioneller Führer ist hier *Eulogio*.

■ **Servicio Nacional de Áreas Protegidas Aero Natural de Manejo Integrado Nacional Apolobamba, SERNAP,** Francisco Bodregal 2904, Tel. 242-6268, www.sernap.gob.bo. Spezialtouren in die Schutzzone von **Apolobamba** (Reserva Nacional de Fauna Ulla Ulla), z.B. Curva-Pelechuco-Trek (5 Tage) mit Besuch der Aguas Termales in La Putina, Nevado Katantica (5592 m), Lago Suches, Lago Nube, Lago Puyo Puyo und Charazani. **TIPP!**

Einkäufe	Für La Paz gilt, dass es im indigenen Viertel mit seinen unzähligen Märkten und Marktgassen wesentlich preiswerter ist als Einkäufe am Prado. Die Geschäfte am Prado werden umso teurer, je weiter unten der Laden liegt, und das bei gleicher Qualität. Neben den typischen Mitbringseln sind Gold- und Silberwaren viel günstiger als bei uns. Das neue große Einkaufszentrum **Shopping Norte** ist ebenfalls ein Tipp. Grundsatz beim Einkaufen im indigenen Viertel: Handeln, Feilschen, so wie es die Bolivianer machen. **Artesanías:** *Artesanías Wara,* María Lanza Rodríguez, Linares 810, Tel. 236-6293. – *Artesanías Limachi Albert's,* Calle Sagárnaga 319, hat eine riesige Auswahl schönen Schmucks aus Naturmaterialien. **Lebensmittel:** *Mercado Camacho,* Camacho/Bueno und *Mercado Lanza,* Plaza Pérez Velasco, beide sehr günstig. Vollkornbrot *(pan integral)* gibt es bei den Straßenverkäufern und auf den Märkten. Drei empfehlenswerte Bäckereien: *Boutique del Pan,* Obispo Cárdenas und *El Luís,* Socabaya sowie *Leo Nothmann* (deutsches Vollkornbrot), Landaeta 514, San Pedro. **Supermärkte:** *Hipermaxi,* Cuba 1406/Ecke Brasil, Miraflores, und Av. Ballivián (zwischen Calle 18 u. 19), Calacoto, sowie neben dem Café Kuchenstube (s.o.) in der Rosendo Gutierrez 469. In der Shopping Mall „Mega Center" gibt es einen hervorragenden und preiswerten Supermarkt. *Gava Market,* Av. Ballivián/Calle 10. *KETAL,* Av. Arce/Ecke Pinilla. *ZATT,* Av. Sánchez Lima 2362/Ecke Salinas (Sopocachi). *X-Tra,* Plaza España 1061. **Bäckerei:** *Graf,* Federico Suazo/Ecke Colorados. **Wurstwaren:** *Stege,* Evaristo Valle und *Salchichería Graf,* Cota Cota (beim Chalet La Suisse), gute Wurstwaren. **Bottle-Shop:** *Trago's,* 23 de Calacoto. *OASIS,* Av. 20 Octubre/Ecke Pérez und Av. 6 de Agosto, beim Shopping V Centenario. **Coca-Produkte:** *Centro Comerical Cóndor,* Graneros 312 (zwischen Illampu und Tamayo); z.B. *Mate de Coca* (gegen Höhenkrankheit), Cocawein, Cocakaugummi. **Hinweis:** Cocaprodukte dürfen nicht nach D eingeführt werden! **Wasserfilter:** *Casa Luna,* Calle 5 s/n, Koani. **Trekking-Ausrüstung,** gebrauchte, **Fahrradteile, Karten, Bücher** und auch **Touren:** *Et-n-ic,* Calle Illampu 863, Tel. 246-3782, www.visitabolivia.com; gute Stücke, auch Karten und RKH-Bücher, gehört dem Schweizer Christian Menn, der auch Touren organisiert.
Wäscherei	Viele Wäschereien befinden sich in der Illampu. Weitere u.a. in der 20 de Octubre 1715, Santa Cruz 1032 u. Av. Manco Capaca.
Drogerie	Yanaqocha 319, gut sortiert.

Verkehrsverbindungen

Guía Boliviana de Transporte y Turismo	Ed. Arcadia 4-C, Av. Arce/Ecke Pinilla (gegenüber Supermarkt KETAL), Tel. 243-1470, gbt@ceibo.entelnet.bo. Diese Organisation bringt ein Monatsmagazin mit den wichtigsten Flug- und Busverbindungen samt Tarifen, Hotels, Mietwagenfirmen heraus; außerdem Infos zu den Großstädten Boliviens mit Stadt-plänen. Zweigbüros in Cochabamba, Sucre, Potosí, Tarija, Trinidad und Oruro.
Bus, Micros, Minibus	Die teils überfüllten Stadtbusse fahren auf bestimmten Strecken zu Centbeträgen. Daneben rattern unzählige Micros durch die steilen Straßen und Gassen von La Paz (Fahrpreis steht oft an der Frontscheibe). Die Micros verkehren sehr häufig über den Prado. Hinweis: allein das Einsteigen in diese Verkehrsmittel verlangt in den Stoßzeiten einiges an Durchsetzungsvermögen. Vorsicht vor Taschendieben, die im Gewühl arbeiten! Minibusse (Kombis) sind sicherer und schneller.

Taxis und Trufis

Taxis sind sehr billig, Fahrpreis zum Fahrziel erfragen und ggf. herunterhandeln. Orientierung: **eine kurze Fahrt im Zentrum kostet um 3 Bs pro Person** (Standardtarif), mit dem **Funktaxi 6 Bs** (Standardtarif für bis zu vier Personen). Wer nur den Prado rauf oder runter will, fährt noch preiswerter mit Sammeltaxis, den **Trufis.** Das Fahrziel oder die Fahrstrecke wird beim Vorbeifahren über die Straße gerufen. Eine andere Trufi-Strecke führt vom Bahnhof über die Plaza Murillo raus nach Miraflores. Zum Flughafen: per Colectivo (Cotranstur), Trufi oder Taxi. Langstreckentaxis oder **Taxis für Tagesfahrten** warten im **Centro de Taxis,** Av. Aniceto Arce; Tagespreis 400–500 Bs. Ein auf längere Strecken spezialisierter Taxifahrer, z.B. zum Salar de Uyuni, ist *Oscar Vera,* Simón Aguirre 2158, Copacabana, Tel. 223-0453, Tagesmiete inkl. Benzin und Fahrer 2000 Bs. Taxis nach Desaguadero 20 Bs p.P.

Fernverkehr Bus

Die meisten *Flotas* und *Transportes* fahren vom Busterminal **Terminal Terrestre** ab, Plaza Antofagasta, Tel. 228-6061, der über die Straßen Montes und Uruguay schnell zu erreichen ist. Es ist tägl. von 7–23 Uhr geöffnet. Der Terminal wurde von *Eifel* erbaut, der einige Jahre in Bolivien lebte. Vorhanden sind Post- und Telefonstellen (ENTEL), Gepäckaufbewahrung und einige Reiseagenturen. Benutzungsgebühr 2 Bs. Sicherheitspersonal vorhanden, trotzdem auf Taschendiebe achten!

Wichtig ist, sich rechtzeitig einen Platz zu reservieren bzw. das Ticket vorab zu kaufen **(meist erst am Reisetag selbst möglich!).** Zuvor die Fahrpreise, Busqualität und Fahrtdauer vergleichen. Für Nachtfahrten werden meist Busse mit rückklappbaren Lehnen (*semi cama*) oder mit noch bequemeren Liegesitzen eingesetzt, *bus cama* genannt („Bett-Bus"; zum Schlafen kommt man wegen des Videoprogramms und der Straßenverhältnisse selten). An Sonn- und Feiertagen sind Buspreise durch Zuschläge meist teurer als an Wochentagen.

Vorsicht, Diebstahlgefahr!

Reisende berichten uns, dass beim ersten Halt in **El Alto** nach der Auffahrt von La Paz, manchmal Leute in den Bus steigen, sich ein Gepäckstück schnappen und sich davonmachen. **Insbesondere in Nachtbussen!** Also das Gepäck bei allen Zwischenstopps ständig im Auge behalten.

Terminal Terrestre

Den Busgesellschaften wurden sog. Casetas zugewiesen. Diese können sich aber immer wieder ändern. Die aktuelle Caseta-Zuteilung ist aber unübersehbar auf großen Tafeln angeschrieben. Die hier angegebenen Caseta- und Zeitangaben dienen deshalb nur zur Orientierung. Die Seite **www.boliviaentusmanos.com** listet u.a. die Abfahrtzeiten ab La Paz.

Wichtige Busgesellschaften im Terminal Terrestre:

Andes Mar, Caseta 6; nach Arica um 7 Uhr

Andino, Caseta 20, Tel. 228-2038; nach Oruro um 5, 7, 9.30, 15.30, 17, 18, 19 Uhr

Aroma (Jumbo Bus), Caseta 2, Tel. 228-1894; nach Oruro von 4.30–18.30 Uhr im Stundentakt

Atlas, Caseta 8; nach Oruro um 6.30, 8.30, 11, 14.30, 18, 19.30 Uhr

Avaroa, Caseta 17, Tel. 228-2293; nach Oruro (v. 5.30–21.30 Uhr im Stundentakt), nach Cochabamba um 10, 21.45, 22.15 Uhr

Bolívar (Jumbo Bus), Caseta 1, Tel. 228-1973 u. 228-4008; nach Cochabamba von 7.30–15 Uhr u. 20.30–23 Uhr im Stundentakt; nach Santa Cruz 17.30, 19.30 Uhr

Bolivia (Jumbo Bus), Caseta 19, Tel. 228-1832; nach Oruro von 7.30–20.30 Uhr im 2-Stundentakt; nach Cochabamba 9–22 Uhr im 2-Stundentakt; Santa Cruz 19.30, 22.30 Uhr

Chilebus, Caseta 38, Tel. 228-2168; nach Arica/Iquique 6.30 Uhr; Direktbus nach Iquique Di/Do/So 15 Uhr
Cochabamba (Jumbo Bus), Caseta 28. Tel. 228-4222; nach Cochabamba um 9, 11.30, 17.30, 21 Uhr
Copa Moya, Caseta 56, Tel. 228-2815; nach Tarija um 17 Uhr
Cosmos, Caseta 7, Tel. 228-1938; nach Cochabamba von 5.30–22 Uhr im 2-Stundentakt; nach Santa Cruz um 17 u. 20 Uhr
Cruz del Sur, Caseta 47
Fénix, Caseta 9, Tel. 228-1803; nach Oruro 5.30–18 Uhr im 2- Stundentakt
Flecha Bus, Caseta 35, Tel. 228-3660; nach Santa Cruz/Positos (Arg.) 19 Uhr
Flota Copacabana, Caseta 14, Tel. 228-1596; nach Cochabamba 8, 11, 13, 16.30, 22, 22.30 Uhr; Santa Cruz 17.30, 20 Uhr; Potosí 20 Uhr
Flota El Cisne, Caseta 25, Tel. 228-1937; nach Cochabamba 9, 13.30, 15, 21, 22 Uhr
Flota Panamericana, Caseta 32, Tel. 228-5657; nach Cochabamba 22 Uhr, nach Potosí/Uyuni 19 Uhr; Arica 6.30 Uhr
Flota Panasur Uyuni, Caseta 39, Tel. 228-1708; nach Uyuni, tägl. 17.30 Uhr
Humire, Caseta 49; Arica/Iquique Mi/So um 6.30 Uhr
Inqusivi, Caseta 55, Tel. 228-4050; n. Quime/Inquisivi/Cajuata 6, 6.30 Uhr, Mo/Di/Sa 13 Uhr
Mopar, Caseta 26, Tel. 228-1737; nach Cochabamba 9.30, 14, 21.30, 22 Uhr; nach Yacuiba/Trinidad 14, 21.30, 22 Uhr; nach Santa Cruz 9.30, 14, 21.30, 22 Uhr; nach Sucre 9.30 Uhr
Nobleza, Caseta 11, Tel. 228-2024; nach Oruro 6–22 Uhr im Stundentakt; nach Cochabamba 9, 12.30, 21, 22 Uhr
Nordic Bus nach Arica/Chile
Potosí, Caseta 34, Tel. 228-1784; nach Potosí um 19 Uhr
Panasur, Caseta 39, Tel. 228-1708; nach Uyuni, tägl. 17.30 und 19 Uhr
Ramos Cholele, Caseta 33, Tel. 228-4434; nach Arica/Iquique/Santiago de Chile um 6 Uhr
San Francisco, Caseta 31, Tel. 228-1785; nach Cochabamba/Sucre 8.30, 21 Uhr
San Lorenzo, Caseta 53, Tel. 228-2292/228-2381; nach Tarija/Yacuiba/Villa Montes/Bermejo um 16.30 Uhr
San Roque, Caseta 40,Tel. 228-1959; nach Tarija/Yacuiba/Bermejo/Carmargo um 16.30 Uhr
Sumaj Orcko, Caseta 4, Tel. 228-1644; nach Cochabamba um 7.30, 20 Uhr
Trans Chicheño, Caseta 42; nach Potosí/Tupiza/Villazón um 19 Uhr
Trans Copacabana, Caseta 13, Tel. 228-2135; nach Cochabamba von 7.30–22.30 Uhr im 2-Stundentakt; nach Sucre um 18 Uhr; nach Santa Cruz um 19 Uhr
Trans Copacabana I M.E.M., Caseta 3, Tel. 228-2337; nach Oruro 7, 8, 11, 14.30, 17.30, 18.30, 20 Uhr; nach Cochabamba 8.30, 13, 20.45, 22 Uhr, Bus Cama („Schlafbus") 22.30 Uhr; nach Santa Cruz mit Bus Cama 19.30 Uhr; Potosí um 19 Uhr, Semi Cama (Liegesitzbus) 20.30 Uhr; Sucre mit Semi Cama 18.45 Uhr
Trans El Dorado, Caseta 15, Tel. 228-1672 u. 228-1485; nach Cochabamba von 7–22 Uhr im Stundentakt; Santa Cruz 17, 19.30 Uhr; Potosí 20 Uhr
Trans Illimani, Caseta 21, Tel. 228-2025; nach Potosí/Sucre um 18.30 Uhr; n. Villazón 19 Uhr
Trans Imperial, Caseta 18, Tel. 228-1661; nach Oruro von 7.30–21 Uhr im Stundentakt
Trans Litoral, Caseta 29, Tel. 228-1920; nach Arica/Iquique Do/So um 13 Uhr; nach Puno/Arequipa/Cusco Mi/Fr/So um 6.30 Uhr, Di um 8 Uhr; nach Lima tägl. um 8 Uhr
Trans Oriente, Caseta 22, Tel. 228-1971; nach Cochabamba 6.30, 20 Uhr
Trans Retámpago, Caseta 23, Tel. 228-1675; nach Potosí um 19.30 Uhr
Trans Rosario, Caseta 51, Tel. 228-2036; nach Alicoma (Yungas) um 6 Uhr
Trans Salvador, Caseta 41, Tel. 228-2285; nach Arica/Iquique Fr–So 6.30, 13 Uhr
Trans Sucre, Caseta 27, Tel. 228-2056; nach Potosí 19.30 Uhr
Urkupiña, Caseta 10, Tel. 228-1725; nach Cochabamba um 9.30, 11.30, 20.30, 22.30 Uhr
Yacuiba, Caseta 46, Tel. 228-0981; nach Potosí/Oruro/Camago/Tarija/Yacuiba/Bermejo um 17 Uhr
6 de Agosto, Caseta 12, Tel. 228-2117; nach Cochabamba 7, 21.30, 22 Uhr; nach Oruro von 7.30–21.30 Uhr im 2- Stundentakt; tägl. nach Coroico
11 de Julio, nach Uyuni tägl. 16.30 Uhr
10 de Noviembre, Caseta 45, Tel. 228-2042; nach Potosí/Sucre/Villazón um 19.30 Uhr

Weitere Busterminals

Busse in die Yungas (nach **Coroico, Chulumani** u.a.) und in die Provinzen Beni und Pando (nach Rurrenabaque, Riberalta, Cobija, Guayaramerín, San Borja und Trinidad u.a.) fahren **von Villa Fátima,** meist von der Av. Las Américas oder Yanacachi ab, wie z.B. *Flota Yungueña,* Av. Las Américas 344, Tel. 231-2344 (mit teilweise schweren, geländegängigen Bussen, die mehr Beinfreiheit bieten, die Fenster lassen sich öffnen); *TOTAI,* Yanacachi 1406, Tel. 221-6592 und Av. Las Américas 410, Tel. 221-6774; *Trans Tours N.S. de la Candelaria* oder *20 de Octubre.* Die beiden letzteren Linien setzen auch **Colectivos** ein, darunter schnellere und wendigere Toyota Landcruiser, die aber sehr unbequem sind, da bis zu 10 Personen reingequetscht werden.

Anfahrt nach Villa Fátima mit Trufi 2 und 9 oder mit einem Micro 135/136, B und K.

Busse zum Titicacasee, nach Tiwanaku, Sorata und **Peru** fahren ab vom **Friedhofsbezirk (Cementerio)** in der Calle Ángel Babilla, von der José María Asís/Ecke Eyzaguirre und von der José María Aliaga. Außerdem fahren noch die Linien *Nuevocontinente,* Av. Manco Capac 366, Tel. 237-3423; *Transtur 2 de Febrero,* José María Aliaga 287, Tel. 237-7181; *Expreso Manco Capac,* José María Aliaga 670, Tel. 235-0033; *Transportes Autolíneas Ingavi,* José María Asís/Ecke Eyzaguirre (nördlich vom Friedhof), Tel. 236-9159; *Transportes Larecaja,* Bustillos, Tel. 231-0345. Nach Sorata: *Sindicato de Transportes Unificada Sorata,* Ángel Babilla/Ecke Bustillos, Tel. 238-1693.

Anfahrt zum Friedhofsbezirk (Cementerio) mit Minibussen vom Zentrum, in deren Fenster „Cementerio" steht. Dem Busfahrer ansagen, wo man dort genau aussteigen möchte, also wo der Bus nach „XY" abfährt.

Hinweis: Die Friedhofsgegend gilt als gefährlich! Wertsachen nicht aus dem Auge lassen, nach Möglichkeit vor Anbruch der Dämmerung abfahren oder ankommen!

Von La Paz nach ... mit welcher Busgesellschaft

Alicoma (Yungas): tägl. mit *Trans Rosario* um 6 Uhr
Cajuata: Mo/Di/Sa um 13 Uhr mit *Inquisivi*
Camiri: tägl. mit *San Lorenzo* um 17 Uhr
Caranavi (175 km): tägl. Busse, Abfahrten meist gegen 9 Uhr; Fz 6 h, 50 Bs
Chulumani (120 km): tägl. Micros, Abfahrten meist gegen 9 Uhr; Fz 5 h, 40 Bs
Cobija: Sa mit *Flota Yungueña;* Fz 45–50 h
Cochabamba (390 km): tägl. von 5.30–22.30 Uhr, z.T. im Halbstundentakt mit *Trans Korilazo, Sumac Orcko, Avaroa, Panamericana, San Francisco, Bolivia (Jumbo Bus), Cochabamba (Jumbo Bus), Cosmos, El Dorado, Trans Oriente, Nacional, Trans Copacabana* (Bus Cama); *Cisne, Mopar, Nobleza, Urkupiña, Urus (Jumbo Bus)* und *6 de Agosto;* Asphaltstraße, Fz 6 h, 50–60 Bs
Copacabana (158 km): tägl. mit *Nuevocontinente,* Av. Manco Capac 366, Tel. 237-3423, *Transtur 2 de Febrero,* José María Aliaga 287, Tel. 237-7181 und *Expreso Manco Capac,* José María Aliaga 670, Tel. 235-0033; Fz 3–4 h. Einige Busse fahren bis Kasani. Täglich um 8 Uhr **Direkt-Micro für Touristen ab Hotel Copacabana** (Calle Illampu), Fz 3 h, ca. 50 Bs. Vom Terminal Terrestre fahren tägl. um 8 Uhr zwei Busse, **alle anderen vom Friedhofsbezirk** (Cementerio), tagsüber fast stündlich.
Coroico (92 km): tägl. ab 7 Uhr mindestens 6 Minibusse und Micros, auch Pickups und Lkw ab Villa Fátima, unter anderem fährt *TOTAI Turbus,* Yanacachi 1434, *Sra. de la Candelaria, 20 de Octubre* und *Turbus Otai;* Fz 3 h. Anfahrt mit Micros nach Villa Fátima ab dem Stadion Hernan Silas in Miraflores, am Markt dann aussteigen. *Transportes 6 de Julio* bietet ab dem Terminal Terrestre Tagesrückfahrten inkl. Transfer vom Hotel für 85 Bs. Die Minibusse von TOTAI sind den großen Bussen der anderen Gesellschaften vorzuziehen. Auf der gleichen

Strecke verkehren Lkw am Morgen nahezu im Minutentakt, auf denen man auf der Ladepritsche mitfahren kann, Fp 1/3 des Buspreises.
Desaguadero (105 km): tägl. Busse/Colectivos v. Friedhofsbezirk (Cementerio), Fz 2 h, 15 Bs.
Guanay: tägl. ab Villa Fátima, u.a. mit 4WD-Landcruiser; Fp 100 Bs
Guayaramerín: tägl., u.a. mit schweren, geländegängigen Bussen von *Flota Yungueña*, Av. La Américas 344, Tel. 231-2344; Fz 3–5 Tage (je nach Jahreszeit), Fp 300 Bs
Inquisivi: Mo/Di/Sa um 13 Uhr mit *Inquisivi*
Irupana (151 km): tägl. außer So; Fz 6 h, 30 Bs
Llallagua: tägl. um 19 Uhr mit *Bustillo* und *Flota Minera;* Fz 6 h, 50 Bs
Oruro (230 km): tägl. von 4.30–22 Uhr, z.T. im 30-Min.-Takt, u.a. mit *Andina, Avaroa, Trans Naser* (gute Busse), *Aroma (Jumbo Bus), Trans Copacabana I, Atlas, Fénix, Nobleza, 6 de Agosto, Urus (Jumbo Bus), Bolivia (Jumbo Bus), Trans Imperial.* Fz 3 h, ca. 20 Bs
Potosí (560 km): tägl. um 16.30, 17, 18.30, 19, 20, 20.30 Uhr, u.a. mit *Pullman La Paz, 10 de Noviembre, Trans Relampago, Trans Sucre, Trans Copacabana I, Trans Illimani, Flota Copacabana, Potosí* und *El Dorado.* Fz 8 h, ab 80 Bs
Quime: Mo/Di/Sa um 13 Uhr mit *Inquisivi*
Riberalta: s. Guayaramerín
Rurrenabaque (420 km): tägl. Direktbusse mit *TOTAI, Flota Yungueña* und *8 de Diciembre;* Fz mindestens 18 h, Fp 100 Bs
Sorata (150 km): tägl. Busse und Micros von 5–17 Uhr, Busse *(flotas)* mit *Sindicato de Transportes Unificada Sorata,* Bustillos (Friedhofsbezirk). Fz ca. 5 h, 18 Bs.
Santa Cruz (850 km): tägl. von 17.30–23.30 Uhr, Busse z.T. im Stundentakt, meist über Cochabamba, u.a. mit *El Dorado, Cosmos, Mopar* (Tagbus um 9.30 Uhr), *Flecha Bus, Flota Copacabana, Bolivia (Jumbo Bus), Bolívar (Jumbo Bus).* Um 19.30 Uhr direkter Camabus (Zuschlag) mit *Trans Copacabana I;* Fz ca. 14 h, 90–170 Bs (Premium). Preiswerter ist es, die Fahrt zu splitten, indem man erst einen Bus nach Cochabamba nimmt und dort in einen Bus nach Santa Cruz umsteigt. Wartezeit in Cochabamba ca. eine Stunde.
Sucre (740 km): tägl. mehrere Busse, u.a. mit *10 de Noviembre, Trans Copacabana, Trans Illimani, Expreso Cochabamba.* Um 8.30 Uhr Tagbus mit *San Francisco;* um 9.30 Uhr Tagbus mit *Mopar,* direkter Cama-Bus (Zuschlag) um 18.45 Uhr von *Trans Copacabana,* Fz 12 h, Fp 135 Bs; ansonsten Fz 14–15 h, je nach Route und Busgesellschaft (bis zu 22 h), Fp ab 100 Bs
Tarija (960 km): tägl. Nachtfahrten ab 16.30 Uhr mit *San Roque, Expreso Yacuiba, Expreso Tarija, Copa Moya, San Lorenzo, Expreso del Sur;* Fz ca. 25 h, 200–220 Bs
Tiwanaku (72 km): tägl. Busse und Colectivos, u.a. 4x tägl. mit *Transportes Autolíneas Ingavi,* José María Asís/Eyzaguirre (nördlich vom Friedhof), Anfahrt auch mit Micro K; Fz 1,5 h, 10 Bs. *Transportes 6 de Julio* bietet ab dem Terminal Terrestre Tagesrückfahrten inkl. Transfer vom Hotel und Führung für 45 Bs.
Trinidad: 3x tägl. mit *Mopar*
Tupiza (811 km): tägl. 19 Uhr mit *Trans Chincheño,* 19.30 Uhr mit *Expreso Tupiza*
Uyuni (555 km): mehr oder weniger fahren alle Gesellschaften am Abend zwischen 19 und 21 Uhr nach Uyuni, Fz 13–15 h, Semicama-Busse. Beste Option ist der direkt fahrende **„Touristenbus"** von *Todo Turismo,* Tel. 211-9418. Abfahrt um 21 Uhr schräg gegenüber vom Terminal Terrestre, Ankunft Uyuni 7 Uhr, Fp 230 Bs, www.todoturismo.bo. Morgendlicher Flug (1 h, 6.30 Uhr) mit *Amaszonas,* s. www.amaszonas.com.
Villa Montes: tägl. mit *Expreso del Sur, San Lorenzo* und *Expreso Tarija*
Villazón (900 km): 4x tägl. via Tarija, Nachtbusse mit *10 de Noviembre, Trans Illimani, Expreso Tupiza* und *Trans Chicheño;* Abfahrten meist 18.30–19.30 Uhr, Fz 25 h, 200 Bs.
Yacuiba: mehrmals tägl. Nachtbusse mit *Mopar* (3x täglich), *Expreso San Roque, Expreso Yacuiba, Expreso Tarija, Expreso del Sur* und *San Lorenzo.*

Busse von La Paz ins benachbarte Ausland

PERU
Puno über Copacabana: tägl. ab 6 Uhr mit *Turisbus,* Illampu 702, *Colectur,* Illampu 636, und *Exprinter,* Plaza Venezuela. Fz 9 h, 100–120 Bs. Busse **über Desaguadero:** Direktbus am Mi/Do/Sa um 8 Uhr, ansonsten muss an der Grenze umgestiegen werden. Empfehlenswerte Lini-

en *Cruz del Sur* und *Turisbus;* Fz 5–6 h, 70 Bs. **Touristenbus** von *Coreal Tours,* Galería Doryan (zwischen der Murillo und Sagárnaga) 120 Bs. – *Transturin* (Kombination Bus/Katamaranschiff/Bus, inkl. Stopp auf der Isla del Sol; mit ca. 1450 Bs zu teuer). Noch mehr kostet die Fahrt mit *Crillon Tours,* Av. Camacho 1223, Tel. 237-4566 (Kombination Bus/Tragflügelboot/Bus, inkl. Stopp auf der Isla del Sol für 1700 Bs, Fz 13 h).

Arequipa: Di/Do/Sa um 8 Uhr mit *Cruz del Sur;* auch *Trans Litoral*

Cusco: vom Hauptterminal, Fz 12–17 h, ca. 130 Bs

Lima: tägl. um 8 Uhr mit *Trans Litoral,* Fz 26 h, Fp ca. 600 Bs

Tacna: tägl. mit *Nuevocontinente,* Do/So mit *Trans Litoral;* Fz 20–22 h, 200 Bs

CHILE
Arica: *Chilebus* und *Nordic Bus* tägl. um 6.30 Uhr via Tambo Quemado und Lago Chungará. *Trans Litoral* tägl. um 6 Uhr. *Trans Salvador* Fr–So 2x tägl. *Ramos Cholele* tägl. 6 Uhr. *Panamericana* tägl. 6.30 Uhr, *Andes Mar* tägl. 7 Uhr. Fz 8–9 h, 70–200 Bs, je nach Busgesellschaft, Bustyp und Saison (meist inkl. Frühstück u. Mittagessen).

Iquique via Oruro: *Trans Litoral,* tägl. um 13 u. 17.30 Uhr; tägl. mit *Ramos Cholele;* Di/Do/Sa 15 Uhr Direktbus mit *Chile Bus;* Fr–So mit *Trans Salvador.* Fz 22 h, 250–300 Bs

Santiago de Chile: täglich um 6 Uhr mit *Ramos Cholele*

ARGENTINIEN
Buenos Aires: tägl. am Spätnachmittag, u.a. mit *San Roque, San Lorenzo.* Fz 2,5 Tage, Fp 130 €.

Bahn
Vom Bahnhof in La Paz fahren keine Züge nach Oruro ab, man muss dorthin den Bus nehmen. Oruro ist ein Knotenpunkt im westlichen Bahnnetz Boliviens, s.a. www.fca.com.bo. Abfahrten ab Oruro s. dort.

Touristenzug La Paz – Viacha – Guaqui: Von La Paz bzw. von El Alto nach Guaqui am Titicacasee verkehrt jeden 2. Sonntag im Monat ein Zugpaar, Abfahrt El Alto 8 Uhr. Auf der Hinfahrt hält der Zug 2 h in Tiwanaku, dessen Bahnhof sich unmittelbar neben der historischen Stätte befindet. Ankunft Guaqui 13.20 Uhr. Fahrplan und weitere Infos auf www.fca.com.bo bei „Tren Turístico a Guaqui".

Flüge
Der Flughafen **El Alto,** Tel. 281-0122, liegt 14 km vom Zentrum entfernt und ist mit 4020 m der höchste Zivilflughafen der Welt. In dieser Höhe benötigen größere Flugzeuge nahezu 5 km Rollbahn um abzuheben! Vom Zentrum Anfahrt über die Stadtautobahn (Maut). Anfahrt vom Zentrum mit Cotranstur-Colectivos (Aufschrift „Aeropuerto") ab Plaza La Católica über den Prado, nur zwischen 8.30 und 19 Uhr; Colectivos ab Plaza La Católica; Micro La Ceja (aber noch 2 km Fußmarsch!); Trufi 212 ab Plaza La Católica. Taxi 50 Bs.

Vom Flughafen in die Stadt teilt man sich am besten ein Taxi (Taxi particular) preisgünstig mit anderen Passagieren, das einen zu seinem Hotel bringt (gilt auch für andere Flughäfen in Bolivien). Oder mit dem Trufi 212, das bis zum Prado fährt. **Airport-Tax** für internationale Flüge 25 US$, zahlbar in bolivianischer oder US-Währung. Airport-Tax (AASANA) für nationale Flüge 15 Bs.

Auf dem Flughafen oft Kontrollen mit Schäferhunden, es wird nach Rauschgift, vor allem nach Kokain, gesucht. Reisende, die aus Tiefländern direkt nach El Alto einfliegen, kippen auch schon mal wegen der extremen Höhe gleich an

der Gangway aus den Latschen – der Rot-Kreuz-Mann steht mit der Sauerstoffflasche bereit!
International werden alle wichtigen Städte Süd- und Mittelamerikas sowie die wichtigsten Städte in USA (Miami!) und Europa angeflogen. Billige Charterflüge gibt es nicht. Wichtiges Flugdrehkreuz ist in Bolivien neben La Paz auch noch Santa Cruz (zugleich Drogenflughafen Nr. 1 nach Miami!). Alle großen Linien haben ihre Büros am Prado, auch die Lufthansa.

Airlines und Flüge
Aerocon, www.aerocon.bo, Tel. 901-10-5252. Flüge nach Cochabamba, Guayaramerín, Riberalta, Rurrenabaque, Santa Ana, Santa Cruz, Sucre, Tarija, Trinidad, Yacuiba.
Amaszonas, www.amaszonas.com, Tel. 222-0848. Flüge nach Cusco (Peru), Cochabamba, Rurrenabaque, Santa Cruz, Tarija, Trinidad, Uyuni.
Avianca, www.avianca.com, Av. Villazón 1940, Tel. 237-5220; international
Boliviana de Aviación, www.boa.bo, Tel. 901-105010. Flüge nach Buenos Aires (Arg.), Cobija, Cochabamba, Santa Cruz, São Paulo (Bras.), Sucre, Tarija
LAN, www.lan.com, Av. 16. Julio 156, Tel. 235-8377. Nach Chile, Arica.
Lufthansa (LH)/Avensa, 6 de Agosto/Pedro Salazar, Ed. Illimani, Tel. 243-1717, Fax 243-1267.
TAM/LATAM, www.tam.com.br, Santa Cruz, Brasilien, Deutschland
Transporte Aéreo Militar (TAM), www.tam.bo, Av. Ismael Montes 738, Ed. Fuerza Aérea, Tel. 268-1111 (Infos u. Flugtickets), El Alto Tel. 284-1884. Flüge nach Cobija, Cochabamba, Guayaramerín, Puerto Suárez, Riberalta, Rurrenabaque, Santa Cruz, Sucre, Tarija, Trinidad, Ixiamas, Yacuiba, Uyuni.

Ausflüge von La Paz

Tour 1: Valle de la Luna (Mondtal)

Dieser Kurzausflug ist nach einigen Stadttagen eine nette Abwechslung, viele unternehmen ihn. Zeitaufwand ca. ein halber Tag, bei manchen Stadtrundfahrten ist er inbegriffen. Wer ihn in Eigenregie machen will, muss vom Prado mit Micro 11 oder 130 (Aufschrift *Mallasa*) oder von der Calle Mexico mit Micro 231, 253, 273, 353 oder 379 bis zum Mondtal fahren (Micros lieber weiter, Fahrer vorher über Fahrziel informieren). Eintritt 15 Bs. Ein Touranbieter ist z.B. *Diana-Tours* im Hauptterminal, Tel. 223-40252, www.diana-tours.com, ab 8.30 Uhr. Andere kombinieren das Mondtal auch mit dem Zongotal oder Chacaltaya.

Vom Prado aus geht es immer abwärts, dann am **Río Choqueyapu** entlang (das Aymara-Wort bedeutet „Großes Goldfeld" und weist auf frühere Goldfunde hin). Je weiter es das Tal hinabgeht, desto schöner werden die Häuser. In den Vororten *Obrajes* und *Calacoto* wohnen die reichen *Paceños*. Hier führt eine Brücke über den Fluss (der ab hier *Río de La Paz* bzw. im Volksmund „Río Abajo" – „Fluss unten" heißt), nach der nach rechts abgebogen werden muss. Gleich links steht das kleine Denkmal von **Alexander von Humboldt.** Der Weg führt durch die Villen von *Florida* hinunter. Rechts waschen Frauen im kümmerlichen Rinnsal ihre Wäsche. Dann führt die Straße wieder bergauf.

Kurz vor dem Ziel liegt der **Kakteengarten Aniceto Arce.** Plötzlich ragen bizarre Erd- und Steintürme, Säulenpyramiden und Felspilze in den Andenhimmel – eben eine Art **Mondlandschaft.** Diese seltsamen Formationen entstanden über Jahrtausende durch Erosion und Klimagegensätze. Der Eingang ist auf der rechten Seite oberhalb des Kakteengartens und nach dem Felstunnel (man sieht das Tor von der Straße aus). Treppe zum Info-Büro runtergehen, Registrierung (Mo–So 9–17 Uhr). Es gibt einen ausgeschilderten **Rundweg** durch einen eingezäunten, geschützten Bereich (ca. 30–40 Min., auch kürzere Wege möglich). Der Parkwächter muss jeden Morgen die Wege abgehen und auf Erosionsschäden kontrollieren; erst dann wird das Tal frei gegeben!

An der Stelle, an der sich die Straße teilt, geht es rechts zum Golfclub Mallasilla (18 Loch), der immer noch auf über 3000 m Höhe liegt. Nach links geht es weiter zum **Parque Mallasa** mit Eukalyptusbäumen und einem See sowie zum Dorf Mecapaca.

Wer noch Zeit hat, könnte in den 500 m entfernt liegenden **Zoo von La Paz** gehen, der aber eher einem Freizeitpark gleicht (Eintritt, tägl. 10–18 Uhr). Gleich hinter dem Zoo kann man am Wochenende Pferde und Motorräder mieten. Direkte Anfahrt zum Zoo mit dem gelben Micro 11 Richtung Mallasa.

Tour 2: **Chacaltaya** (35 km) **und Zongotal**

Der Chacaltaya („Kalter Pass") ist ein Gletscher auf über 5000 m Höhe. Bis er Ende 2010 wegtaute, war er das höchste Skigebiet der Erde. Doch auch wenn man dort heute keinen Wintersport mehr treiben kann, lohnt sich der Ausflug. Von dort oben ergibt sich eine einzigartige Aussicht auf die schneebedeckten Gipfel des Huayna Potosí, Mururata und Illimani bis hinüber zum Titicacasee. Für „Otto Normalverbraucher" vielleicht auch eine nie wiederkehrende Gelegenheit, über 5000 m zu kommen (für Kreislauflabile oder Leute mit schlechter Kondition nicht geeignet!). Der Lift ist außer Betrieb. Es gibt keine öffentlichen Verkehrsverbindungen, sondern man muss entweder im Rahmen einer Tour oder privat anreisen.

Anfahrt Wer keinen eigenen Wagen hat, nimmt ein Taxi nach Chacaltaya, Fz 1,5 h. Reiseagenturen bieten den Ausflug meist in Verbindung mit dem Mondtal um 100 Bs an. Man könnte am Wochenende auch mit dem Club Andino Boliviano hinkommen, s.u.

Die Straße ist schlecht oder gar nicht beschildert, doch Taxifahrer kennen sie natürlich. Der Blick auf den Talkessel von La Paz und auf den dahinter liegenden Illimani ist atemberaubend. Die Strecke führt immer weiter bergauf, bis auf 5350 Meter.

Auf 5150 m! Die Hütte des Club Andino Boliviano lockt Ermattete zu einer Rast, der Österreicher Karl Woitech hat diese aber nun untervermietet, deshab gibt es kein Essen mehr, nur Getränke. Eintritt 10 Bs. Der Blick auf den *Huayna Potosí* (6088 m) reizt jedoch evtl. zu größeren Taten. Wer will, kann noch die 150 Höhenmeter zum Chacaltaya-Gipfel hinaufgehen (keuch) und die herrliche Sicht auf den Titicacasee und La Paz genießen. Der Aufstieg dauert 20 bis 30 Minuten. Während der „Saison" von November bis Mai führt der Club Andino Boliviano, México 1638 (9.30–12 u. 15–18.30 Uhr, Tel. 231-2875 und 232-4682) an Samstagen und Sonntagen Busfahrten zum Chacaltaya durch. Der Tagesausflug beginnt meist gegen 8.30 Uhr, Rückkehr gegen 16 Uhr. Soweit 10 Personen zusammenkommen, wird auch außerhalb der Saison hochgefahren.

Zongotal **Der Ausflug nach Chacaltaya kann mit einer Weiterfahrt ins Zongotal kombiniert werden,** zumal Chacaltaya auf dem Weg ins Zongotal liegt. Die Strecke führt über die Zinnmine *Milluni,* vorbei an einem Friedhof und

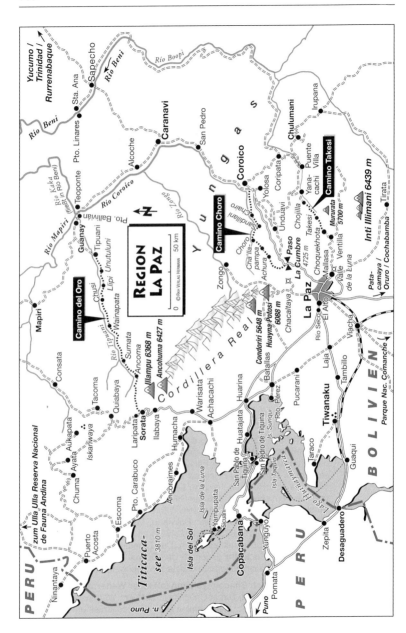

über den *Abra Zongo* und dann in Haarnadelkurven hinunter zur *Laguna Zongo* (4550 m). Mit einem geländegängigen Fahrzeug könnte der Piste bis hinunter nach Guanay am Río Beni gefolgt werden.

Das Zongotal entstand durch den Gletscherabfluss des Huayna Potosí. Es durchschneidet auf nur 30 km Länge einen Höhenunterschied von 3000 m und damit gleich sieben Vegetationszonen. In dem Tal sind Bären und Raubkatzen heimisch, die man mit Glück zu Gesicht bekommt. Vorsicht vor zahlreichen Giftschlangen, vor allem blaugrüne Vipern, und auch giftigen Pflanzen. Ausgangspunkt für Wanderungen durchs Zongotal ist der *Refugio Huayna Potosí*. Anfahrt von La Paz mit Lkw von der Colón/Av. Santa Cruz oder mit Bus von der Plaza Ballivián in El Alto um 8 Uhr. Taxi ab Zentrum nach El Alto 60–70 Bs.

Auch ins Zongotal werden Downhills mit **Mountainbikes** ab La Paz angeboten, allerdings erst ab drei Personen. Die Strecke ist viel interessanter als die nach Coroico und es herrscht kaum Verkehr!

Tour 3: Sorata

Für Reisende mit viel Zeit bietet sich ein mehrtägiger Ausflug nach Sorata an. Das koloniale Dorf, knapp 150 km von La Paz entfernt, ist ein ehemaliger Goldumschlagplatz am Fuße des **Illampu** auf 2650 Metern Höhe. Es hat etwa 15.000 Einwohner und enge, gepflasterte Gassen. Früher fanden Goldsucher, Freiheitskämpfer und Kautschukbarone den Weg nach Sorata, heute sind es Bergwanderer und Bergsteiger. Der Ort ist Ausgangspunkt für mehrtägige Wanderungen in die umliegende sehr schöne Gegend. Rings um die *Plaza Enrique Peñaranda* und in den angrenzenden Nebenstraßen gibt es Unterkünfte, Restaurants, Transporte. An der Plaza-Nordostecke ist das Büro der *Asociación de Guías Sorata* für Trekking-Infos und Führer, an der Westseite das kleine *Museo de Alcaldía,* Südseite Internet und Geldwechsel *Prodem* an der Ostseite.

Von Sorata führen Wege zur Höhle *San Pedro* und zur *Laguna Chillata*. Höhepunkte sind der *Camino de Oro,* der legendäre „Goldweg" nach Llipi, die Rundwanderung um den 6368 m hohen Berg **Illampu** oder ein Aufstieg auf ihn.

San Pedro Höhle	Zu dieser Tropfsteinhöhle sind es 6 km, Gehzeit eine Strecke ca. 2 h. Es geht von der Plaza über die Treppen der Calle Catacora und den Weg abwärts vorbei am Hostal Villa Alicia aus dem Ort zur Straßenabzweigung nach San Pedro. Ein Weg führt flussabwärts direkt am Río San Cristóbal entlang. Danach führt ein steiler Weg zum Dorf San Pedro hinauf. Die Kalksteinhöhle kann über einen Dieselgenerator mit elektrischem Licht ausgeleuchtet werden, Taschenlampen mitnehmen. 8–17 Uhr, Eintritt 15 Bs. Am Eingang Verkauf von Snacks. Man kann von Sorata auch mit dem Taxi anfahren, das dort dann wartet, Preis 30–40 Bs.
Laguna Chillata und Inca Marca	Eine anstrengende Eintagestour führt zur Laguna Chillata und nach Inca Marca auf 4200 m Höhe. Von dort tolle Aussicht auf den Titicacasee. Wir empfehlen, die Wanderung nur mit einem Führer zu unternehmen. Es gibt gute Zeltmöglichkeiten um die vielbesuchte Laguna Chillata. Gz 5 h hoch zur Laguna, 3 h runter.

Camino del Oro

Eine eher gemächliche Bergwanderung ist **der legendäre Camino del Oro,** der „Goldweg" (5 Tage/1500 Bs p.P.) nach *Llipi.* Er folgt einem über 1000 Jahre alten Inkaweg. Für seine Begehung sind 3 bis 6 Tage zu veranschlagen, je nachdem, wo in den Trail eingestiegen wird. Er ist insgesamt nicht sehr anstrengend, meist geht es bergabwärts. Von Sorata geht es zuerst über den 4749 m hohen Pass *Abra Illampu* nach Ancoma (3784 m), Gehzeit ca. 1,5 Tage. Man kann aber auch mit einem Wagen bis Ancoma fahren und dort erst den Trail beginnen. In Ancoma können auch Führer, Treiber und Maultiere angemietet werden. Vom Ort geht es nun durch das Goldgräbertal des Río Tipuani bis *Wainapata,* Gehzeit 9 h. Nach Wainapata ist ein Tunnel zu durchqueren, bevor der Trail zum Río Coco und über Yuna (1700 m) zum Minendorf Chusi führt, Gehzeit 6–8 h. Ab Chusi gibt es früh am Morgen wieder Jeep-Verkehr bis Guanay. Wer trotzdem weiterwandern möchte, zum nächsten Minendorf Llipi dauert es nochmals 6,5 h. Unterwegs wird meist in *Nairapi* übernachtet. Ab Llipi dann Verkehr über Unutuluni nach Guanay. Von hier kann mit dem Bus über Caranavi und Coroico zurück nach La Paz oder mit dem Motorboot nach Rurrenabaque am Río Beni gefahren werden.

Warnhinweis: Die Tour sollte auf keinen Fall allein unternommen werden, da es in der Vergangenheit zu Überfällen kam!

Camino Entre Rios Dieser anspruchsvolle und anstrengende Trek vom Bergdorf Chajolpaya bis Chusi ist eine Spezialität von Bergführer Robert Rauch, der ihn auch führt. Ein Ruhetag entschädigt mit Forellenangeln im Río Llipichi. *Der* Tipp für Konditionsstarke und Naturbegeisterte. Infos über Robert Rauch, Kontaktadresse in Deutschland: R. Rauch, Adolf-Baader-Str. 9, 82481 Mittenwald, Tel. 08823-2209 oder 3416, www.rauch.travel-fever.com/pages/ger/intro.html.

Adressen & Service Sorata

Tourist-Info Keine vorhanden. Die Touranbieter in der Straßen Sucre und Murillo sind die einzigen Infostellen. Die Polizei befindet sich auf der westlichen Plaza-Seite. **Vorwahl (02)**

Unterkunft BUDGET/ ECO **Casa Reggae,** am westlichen Ende der Muñecas, von der Plaza ca. 300 m, Tel. 7323-8327. Sehr einfaches Backpacker-Hostal, Treffpunkt junger Leute, Ü 20/30 Bs, Gästeküche, Reitausflug zur San Pedro Höhle. – Auf dem gleichen Weg passiert man noch vorher das bessere **Hostal El Mirador,** Muñecas 400, Tel. 2878-5078. Schöne Aussicht, saubere Zi. bc/bp, Gästeküche, Ü 30/60 Bs.

An der Plaza, Nordostecke: **Hotel Residencial Sorata,** Casa Günther, Tel. 2213-6672. Charmanter Kolonialbau mit Patio und großem Garten, die neuen Zimmer haben Privatbad, die alten bc. Restaurant, Ws, freundlich, WiFi. Ü 25/40.

Unterkunft ECO **Hotel El Paraíso,** Villavicencio (abgehend von der Nordostecke der Plaza), Tel. 7302-3447. Ordentliche Zimmer. DZ/bp 80 Bs.
Hostal Las Piedras, am Ortsrand von Sorata, Calle Ascarunz, etwas versteckt, ca. 400 m nördlich der Plaza Richtung Fußballplatz. Kleines, sehr ruhiges und gemütliches Hostal unter dt. Leitung (Petra Huber), schöne Aussicht, familiär, kleines Restaurant, Ws. Ü bc 40 Bs, DZ/bp 140 Bs, Frühstück gegen Aufpreis. – Auf dem Weg dorthin passiert man das **Hotel Santa Lucia,** Tel. 7151-3812, Preise ähnlich wie Las Piedras.

FAM	**Gran Hotel Sorata,** Av. Samuel Tejerina, Carretera Prinicipal, ca. 1 km vom Zentrum am Ortseingang rechts bei der Tranca (Bus hält dort), Tel. 289-5003, Cel. 7352-0356, angyfusot@hotmail.com. Sehr attraktives Hotel, das Beste, was Sorata zu bieten hat. Zi. und Betten sehr gut, bc/bp, großes öffentliches Restaurant, Bar, Disco, Park, Pool, Ws. DZ/bc/F ca. 400 Bs, DZ/bp/F 450 Bs, Kk, Gruppenrabatt. Vermittlung von Wanderführern, auch dt.-spr. **TIPP!**
Cabañas u. Stellplatz	**Hostal & Camping Altai Oasis,** am nördlichen Ortsrand, ca. 2 km vom Zentrum, Richtung Fußballplatz zum Fluss gehen und ein Stück weiter, oder per Taxi von der Plaza. Tel. 7151-9856, www.altaioasis.lobopages.com. Weitläufige Gartenanlage am Fluss mit vielen Pflanzen und Aras in der Voliere, sehr ruhig, ideal zum Ausspannen. Kleines öffentliches Restaurant mit Terrasse. Pool, Jacuzzi, Sauna, Internet, Infos über Trekking und Aktivitäten und viele andere Services, s. Homepage. Diverse **Zimmer-** und **Cabaña-**Optionen, z.T. mit voll eingerichteter Küche für 2–3 Personen (500–800 Bs), Campingplatz (30 Bs p.P.). Ü Dorm bc 85, DZ/bp 320 Bs. **TIPP!** Camping bzw. Stellplatz auch beim *Café Illampu,* s.u.
Essen & Trinken	In der Calle Muñecas gibt es einfache Restaurants mit bolivianischer Küche. Dort ist auch der kleine Markt mit sehr preiswerten Imbissstuben. Rund um die Plaza einige Restaurants, darunter Pizzerien. – Im *Girasol* schmackhafte Gerichte, Infos über Trekking-Touren. – Das gute *Café Illampu* befindet sich auf dem Weg zur San-Pedro-Höhle hinter dem Fußballplatz, der Schweizer Stefan bäckt Vollkornbrot, Kuchen und Torten und serviert Mi–Mo von 9 bis 18.30 Uhr ein reichhaltiges Frühstück; Feb./März geschlossen. Camping möglich, Feuerstelle und Dusche vorhanden. – *Café Kontiki,* ca. 3 km außerhalb, auf dem Weg zur San-Pedro-Höhle. Der Deutsch-Italiener Hermann Antonini kann gut kochen, auch Motorradvermietung.
Trekking-Touren	Vorab: Trekking- und Bergtouren um Sorata können auch in Agenturen in La Paz gebucht werden, s. „Touranbieter" S. 698. Bei der Anreise aus La Paz muss ein Zusatztag veranschlagt werden. Preisorientierung: 7-Tages-Rundwanderung Illampu 230 €, 5-Tagestour Illampu 370 € ohne VP. Aufstieg Illampu: Gehzeit ab dem Basislager 9–10 h. Für geführte Trekking- und Bergtouren kann außerdem der erfahrene deutsche Bergführer **Robert Rauch** empfohlen werden, der sehr zuverlässig ist und die Gegend um Sorata bestens kennt. Kontakt über das Restaurant *Girasol* an der Plaza, in Deutschland s.o. Ansonsten ist kompetent: *Asociación de Guías Sorata,* Sucre 302, Tel. 213-6672. – *Tourism Eco Adventure Guide Tourism Office Illampu,* Murillo 212.
Bergführer	*Emilio Sanchez,* Casa Reggae, Muñecas, Tel. 7198-2126. Klettern, Trekking, Illampu-Rundweg, Camino del Oro, Reitausflüge.
Transport	Von La Paz fahren mehrmals tägl. Busse und Micros von 5–17 Uhr, Busse *(flotas)* mit *Sindicato de Transportes Unificada Sorata,* Bustillos (Friedhofsbezirk). Fz ca. 5 h. Von der Plaza nach La Paz ständig Micros oder ca. stündliche Busse von *Sindicato de Transportes Unificada Sorata.* Auch nach Copacabana, Coroico und zu anderen Zielen.

Umgebungsziele von Sorata

Incakaturapi	Eine von Reisenden noch unentdeckte Region ist die Provinz *Omasuyos* in der Nähe von Sorata. Hier liegt in einem Andental die kleine Aymara-Gemeinde *Incakaturapi,* die von der Landwirtschaft sowie der Schaf-, Lama- und Alpakazucht lebt und in typischen Adobehäusern wohnt. Die Comunidad ist infrastrukturell noch ziemlich isoliert, es gibt noch keine Restaurants und Unterkünfte, ist aber dennoch ein Tagesausflug wert. Die Anfahrt erfolgt von Sorata über *Ancoraimes* (fast am Titicacasee), *Chejjepampa* und *Chojñapata.*

Ruinas Tiwanaku

Ruinen von Iskanwaya Für Reisende mit viel Zeit und archäologischem Geist bietet sich von Sorata auch eine Tourfortsetzung in das Tal von Aukapata zu den prähispanischen Ruinen von *Iskanwaya* an. Sie gelten als die bedeutendsten Ruinen der *Mollo* (1200–1450) im Departement von La Paz und sie erstrecken sich über 13 ha. Entfernung von La Paz ca. 300 km. Im kleinen Dorf Aukapata gibt es ein Museum über die Mollo-Kultur. In der Nähe von Iskanwaya liegen mit *Pukanwaya, Pukarilla* und *Mamakhoru* weitere prähispanische Ruinen.

Von Sorata ist der Besuch als sehr untouristischer Trek möglich, nähere Infos bei Robert Rauch (s.o.). Alternative: Von Sorata aus muss mit dem Bus nach Huarina am Titicacasee oder Achacachi zurückgefahren und dort in einen Bus oder Pickup aus La Paz über Carabuco nach Escoma umgestiegen werden, der nur 2x wöchentlich durchkommt, also Glücksache. Von Escoma fährt der Bus dann über Hualpacayo, Killinsani in das Aukapata-Tal hinab.

Tour 4: Copacabana/Titicacasee

Für Flugreisende und Globetrotter, die nicht nach Peru wollen, empfiehlt sich der Titicacasee mit Copacabana als Zweitagestour (s.S. 638).

Tour 5: Ruinas Tiwanaku (70 km)

Mysterium Tiwanaku Tiwanaku ist die wichtigste und die sehenswerteste präkolumbische Kulturstätte Boliviens (UNESCO-Weltkulturerbe). 2002 fand der 20 t schwere Riesenmonolith *Bennett* den Weg zurück von La Paz zur Ruinenstätte Tiwanaku und kann im dortigen Museum bestaunt werden. Tiwanaku liegt gut 70 km von La Paz entfernt, auf dem kalten Altiplano.

Anfahrt Tägl. Busse und Colectivos, u.a. 4x tägl. mit *Transportes Autolíneas Ingavi*, José María Asís/Eyzaguirre (nördlich vom Friedhof), Anfahrt auch mit Micro K, Fz 1,5 h. Ansonsten als Halb- oder Tagestour mit einem Reisebüro, Kostenpunkt 70–140 Bs p.P. *Nuevo Continente* im Hauptterminal Terminal Terrestre bietet einen Tagestrip von 9 bis 16 Uhr um ca. 65 Bs an. Ein Taxi von La Paz nach Tiwanaku und zurück kostet 300–400 Bs. Wer eines nimmt, kann Tiwanaku ideal mit der Tour nach **Chacaltaya kombinieren,** muss aber dafür einen ganzen Tag einplanen.

Tiwanaku Öffnungszeit 9–17 Uhr, Eintritt für Ausländer 80 Bs (keine Studentermäßigung), inkl. aller Sehenswürdigkeiten und der beiden Museen (das *Museo Lítico Monumental* zeigt Steinskulpturen). Vor Ort gibt es ein kleines Budendorf mit Getränken und Souvenirs.

Überblick Die gesamte Anlage der sich einst über etwa 5 qkm erstreckenden Stätte ist stark zerstört, die Ruinen sind eingezäunt, so dass es nicht mehr allzu viel zu sehen gibt. Besichtigungsdauer dennoch mindestens 2 h. Am Kassenhäuschen ermöglicht ein Modell einen ersten Überblick. Beste Zeit zum Fotografieren ist der Vormittag (kein Gegenlicht).

Die Tiwanaku-Kultur (ursprünglich *Taypikala,* „mittlerer Stein"), wird auf den Zeitraum von 100 bis 1000 n.Chr. datiert. Sie breitete sich einst über weite Teile des Hochlandes aus, selbst an der Pazifikküste lässt sie sich nachweisen – bis sie dann auf ungeklärte Weise verschwand. Tiwanaku war keine „normale" Stadt, aber so hochentwickelt und prägend, dass sie nahezu alle nachfolgenden Zivilisationen beeinflusste. Man unterteilt sie in fünf Epochen.

Hinweis: Sollte jemand zur Sonnwende um den 21. Juni in La Paz sein und Tiwanaku besuchen wollen – s. Festhinweis beim Ort Tiwanaku.

■ *Tiwanaku mit Säulenmonolith*

Rätsel über Rätsel

Aber was war Tiwanaku nun wirklich? Hauptstadt eines Reiches? Zeremonielles Kultzentrum? Wallfahrtsort? Nach dem Grundriss könnte es sich um eine Tempelstadt gehandelt haben oder eine Handelsmetropole am Titicacasee. Der **Schöpfergott Wiracocha** der Inka könnte u.U. auf dem Inti Punku, dem Sonnentor Tiwanakus, dargestellt sein. Auch bei der Größe der Bevölkerung Tiwanakus tappt man im Dunkeln. Vorsichtige Schätzungen beginnen mit 20.000 Einwohnern, mutige enden bei 120.000. Die meisten Bauten dürften aus der Blütezeit der Tiwanaku-Kultur zwischen 400 und 1000 n.Chr. stammen, wobei nur die wichtigsten Mauern aus Stein erbaut wurden. Für die übrigen Mauern wurden luftgetrocknete Ziegel verwendet. Die gesamte Anlage durchziehen zwei voneinander unabhängige Kanalsysteme, die zur Bewässerung und Trinkwasserversorgung dienten. Eine große Ringmauer oder eine Befestigungsanlage, um sich gegen Angriffe verteidigen zu können, fehlt.

Nach dem Untergang Tiwanakus dienten die Steinbauten als Steinbruch. Gehauene Steine wurden für Kirchen, Häuser und sogar für die Eisenbahnlinie Guaqui – La Paz als Baumaterial weggeschleppt. Dass überhaupt noch etwas übrig blieb, ist der Größe einiger Quader und dem österreichischen Ingenieur *Arthur Posnansky* zu verdanken, dessen Lebenswerk die Erforschung Tiwanakus war.

Inzwischen gibt es in der Hauptanlage neue Ausgrabungsstätten mit sehenswerten Funden. Von einem großen Tempelberg sind bereits gut erhaltene Außenmauern freigelegt.

Die Ruinenanlage ist in drei Bezirke gegliedert:

1. Bezirk: Akapana

Für einen Blick über die weitläufige Gesamtanlage empfiehlt sich der Aufstieg auf die 15 m hohe, plattformartige Erhebung (180 x 140 m) **Akapana**. „Akapana" bedeutet „Ort, von dem aus man die Welt betrachtet". In der Mitte der Plattform war ein Wasserbecken in Form des Andenkreuzes eingelassen, in dem sich der Sternenhimmel spiegelte. Es diente als Kalender: Anhand der Konfiguration, in welcher Ecke sich welcher Stern spiegelte, wurden Festtage und Aussaat bestimmt. Im Süden sind die Überreste eines Kanales zu erkennen, der wahrscheinlich mit dem Titicacasee verbunden war.

Unterhalb der Akapana liegt der **Templete Semisubterráneo**. Der halb

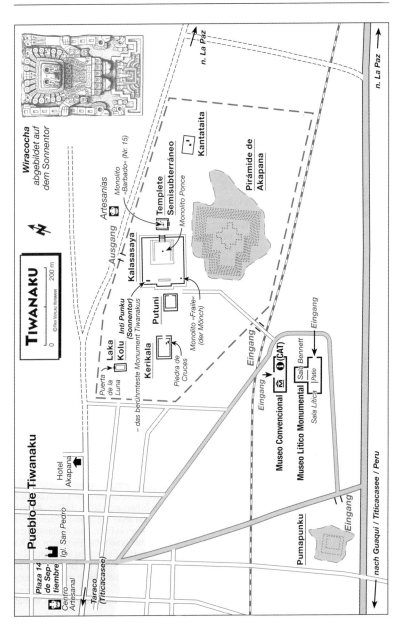

unterirdische Tempel wurde 1960 vom bolivianischen Archäologen *Carlos Ponce Sanginés* ausgegraben und bis 1964 rekonstruiert. Das 2 m tiefe und rechteckige Mauerwerk (26 x 29 m) mit den mit 175 eingelassenen steinernen Köpfen (ähnlich wie in Chavín in Peru) aus Kalk- und Tuffstein zeigt den für Tiwanaku typischen Stil. Eine 5 m breite, achtstufige Treppe führt in den Tempel hinunter. Auffallend sind die drei Stelen in der Mitte des Tempels.

Die Stele Nr. 15, *Barbado* oder *Kontiki,* ist 2,55 m hoch und zeigt vermutlich einen bärtigen Mann, es handelt sich aber wohl eher um einen Mann mit Nasenschmuck. Die riesige, über 7 m hohe Stele Nr. 10 wurde nach La Paz gebracht. Vor der Mauer mit den eingelassenen Köpfen zieht sich ein steinerner Kanal. Nachdem man die Treppe aus dem Templete Semisubterráneo wieder hochgestiegen ist, geht es nördlich, also nach rechts, zum Zentrum der zweiten Anlage, zur *Kalasasaya.* Eine 8 m breite und siebenstufige Treppe, für Touristen durch eine Eisenkette gesperrt, führt zum steinernen Osttor des Bauwerkes hinauf.

2. Bezirk: Kalasasaya

Die Kalasasaya war eine tempelartige Sonnenwarte mit den gewaltigen Ausmaßen von 128 x 118 m und ihr Alter wird auf das 5. Jh. geschätzt. Im Zentrum lag ein halbunterirdischer, in die Erde eingelassener bzw. versenkter Komplex. Viele Steinblockpfeiler aus Sandstein und Andesit (Vulkangestein) der ursprünglichen Mauer blieben erhalten, so dass eine Rekonstruktion nicht all zu schwierig war. An den Steinblockpfeilern wurden Nuten gefunden, die plastisch zeigten, wie die Mauersteine miteinander verbunden waren. Insgesamt sind die Überreste von 14 Räumen auf beiden Seiten des Tempels erkennbar.

Säulenmonolithe

Das Aymara-Wort *Kalasasaya* bedeutet „stehende Steine" und meint die hier gefundenen Monolithen. Die 1,50–7,50 m hohen Skulpturmonolithen sind anthropomorphe Bildsäulen (menschengestaltig), Götter mit menschlichen Gesichtern, die verzierte (Kult-?)Gegenstände in den Händen halten. Alle Säulenmonolithen sind mit Zeichen verziert. Es wird vermutet, dass es sich hierbei um eine Art Zeichenschrift handelt.

Einer der schönsten wird nach seinem Entdecker, dem bolivianischen Archäologen *Carlos Ponce Sanginés,* einfach **Ponce-Monolith (s. Foto)** genannt. Dieser Säulenmonolith ist 3,50 m hoch und er zeichnet sich durch kunstvolle Reliefbearbeitungen auf. Ursprünglich stand er wohl an anderer Stelle. Ob die Figur eine Gottheit sein soll, ist bislang unklar. Südwestlich, in der anderen Ecke, steht der leicht verwitterte **Monolith Fraile.** Es ist neben dem Ponce einer der meistgefertigten Miniaturmonolithen als Touristensouvenir. Sie erinnern ein wenig an die „Atlanten" von Tula in Mexiko. Beide Monolithen sind mit einem Drahtzaun umgeben.

Inti Punku (Sonnentor)

Nordwestlich steht das unvollendete Glanzstück der Tiwanaku-Steinmetzkunst, das berühmte **Sonnentor,** das aus einem einzigen, 2,80 m hohen und 3,80 m breiten Andesitblock mit einer 1,40 m hohen und 60 cm breiten Öffnung herausgehauen wurde und auf etwa 10 Tonnen Gesamtgewicht geschätzt wird. Nach dem Untergang der Tiwanaku-Kultur ist es irgendwann umgestürzt und in zwei Teile zerbrochen. 1908 wurde das *Inti Punku* wieder aufgerichtet. (Hinweis: Das Sonnentor ist umzäumt, gute Fotos des stark beschädigten Reliefs nur bis zur Mittagszeit machbar, wenn die Sonne direkt draufscheint.)

Außergewöhnlich ist das **Flachrelief im Fries,** das entweder den Sonnengott oder den Schöpfergott **Wiracocha** darstellt. Seinem Kopf entspringen mehrere Strahlen mit kleinen Pumaköpfen, Tränen laufen als Symbol der Fruchtbarkeit – oder des Regens – über das Gesicht. Die Zepter in beiden Händen laufen in Kondorköpfe aus.

Die gesamte Gestalt wird von 48 kleinen Figuren mit Flügeln im Profil eingerahmt, die manche Archäologen als Kalender gedeutet haben. Professor Schindler-Bellamy will in den Figuren sogar einen Erd- und Mondkalender entziffert haben, dessen Zyklus 21.000 Jahre beträgt. Die beiden rechteckigen Vertiefungen links und rechts in den Wänden des Tores könnten nach Posnansky der Befestigung von Hebelstangen gedient haben, über die eine Zugmannschaft mit Seilen den mächtigen Block aufrichtete. Andere Archäologen vermuten, dass diese Mauernischen mit Metalltürchen versehen waren.

Putuni An den Kalasasaya-Komplex schließt sich im Westen der **Putuni** oder „Palast der Sarkophage" an. Posnansky benannte diesen 48 x 40 m großen Komplex so, weil die hier vorhandenen ausgehöhlten Steinblöcke genau einen Menschenkörper aufnehmen können. Nordwestlich schließt sich der *Kerikala-Palast* und etwas weiter entfernt das kleine monolithische Mondtor an.

3. Bezirk: Pumapunku *Hinweis:* Die Eintrittskarte ist auch für Pumapunku gültig, es wird nochmals kontrolliert. In Pumapunku befindet sich ein künstlicher, pyramidenartiger Hügel, auf dem gewaltige Andesit-, Diorit- und Trachytblöcke kreuz und quer herumliegen. Es ist ungeklärt, ob die offensichtliche Zerstörung durch Menschenhand oder durch eine Naturkatastrophe stattgefunden hat. Selbst eine 4 x 8 x 2 Meter große und ca. 10 Tonnen schwere Bodenplatte befindet sind nicht mehr in ihrer ursprünglichen Lage.

Auffallend sind die außerordentlich sauberen Steineinschnitte und die akkuraten Steinöffnungen, die von hochentwickelten Bearbeitungstechniken zeugen. Da liegen Steinblöcke, die mit Klammern zusammengehalten wurden, passgenaue doppelröhrenartig bearbeitete Steine, Dioritblöcke mit haarscharfen Rillen und gleichmäßigen Löchern, die Fächer und Gesimse aufweisen (Diorit ist ein graugrünes Tiefengestein, das eine derartige Härte aufweist, dass es eigentlich nur mit modernen Stahlfräs- und Bohrmaschinen bearbeitet werden kann).

Sensationell waren die gefundenen Dioritblöcke mit zwei gegenüberliegenden, bolzenartigen Aussparungen, die hinten kleine flache Rechtecke aufweisen, ähnlich eines Verschlusses, der in ein Gegenstück einrastet. Nach Eingabe der genauen Daten der Dioritblöcke in einen

Computer berechnete dieser, wie die Gesteinsblöcke wieder zusammenpassten. Alle Aussparungen, Bolzenvertiefungen, Rillen und Kanten konnten fugenlos zusammengefügt werden. Dabei entstand eine fugenlose Mauer. Demnach mussten die Dioritblöcke systematisch vorgefertigt worden sein und konnten so nach einer Art Baukastensystem zusammengesetzt werden. Die genaue Bedeutung dieser Anlage ist nach wie vor ungeklärt. Nach einer Legende wurde Pumapunku von den Göttern in einer Nacht erbaut. Hans Helfritz hält es für ein nie vollendetes Mausoleum für Priester oder Könige, andere Forscher für einen Mondtempel.

Inzwischen wurden zwei Tunnel freigelegt, die verschlossen waren. Dort wurden Knochen von Menschen und Tieren gefunden. Zeitgleich sollen freigelegte, verschiedenfarbige Böden klären, ob es sich um eine Tempel- oder Hafenanlage handelte.

Vor Pumapunku liegen riesige, beckenförmige Steinmauern mit Fischornamenten, weshalb hier auch der Hafen von Tiwanaku vermutet wurde. Heute ist dieser Platz allerdings über 20 km vom Titicacasee entfernt, so dass der See vormals viel größer und sein Wasserspiegel erheblich höher gewesen sein musste. Der **Steinbruch für Tiwanaku** ist ca. 30 km entfernt. Von dort wurden bis zu 130 Tonnen schwere Sandstein-Brocken hergeschafft. Nach wie vor ist ungelöst auf welche Art und Weise, da das Rad anscheinend nicht bekannt war. Ein zweiter Steinbruch wird in der Nähe von Copacabana an den Hängen der Andenkordillere vermutet. Denn nur dort befindet sich der harte Andesit.

Tiwanaku (Ort)

Die neue Straße von La Paz nach Desaguadero führt in etwa 2 km Entfernung am Ort Tiwanaku vorbei (ca. 11.000 Ew.). Busse lassen einen an der Abzweigung zum Ort aussteigen. Von hier müssen Micros oder Pkw ins Dorf angehalten werden. An den Hausfundamenten sind viele behauene Steine der archäologischen Stätte zu sehen.

Bedeutungsvoll ist auch die Dorfkirche, die gleichfalls aus Steinen Tiwanakus erbaut wurde (1580–1612). In die Fassade wurden steinerne Köpfe aus dem Templete Semisubterráneo eingesetzt, und am Eingang stehen zwei große Skulpturen. Der Altaraufsatz stammt aus dem 18. Jahrhundert. Daneben fällt ein schöner Altarbehang aus Silber auf.

Feste Am **21. Juni** wird in Tiwanaku **Sonnwende** gefeiert. Der Moment ist gekommen, wenn bei Tagesbeginn die ersten Sonnenstrahlen durch das Inti Punku fallen … schon lange vorher sind die Unterkünfte im Ort ausgebucht, mit Musik und Tanz schlägt man sich auf der Plaza die Nacht um die Ohren. Gegen 5 Uhr strömt alles zur Ruinenanlage, es kann dort sehr lange dauern, bis man sein Ticket hat, Riesenandrang. Bis die Zeremonie mit Musik- und Tanzdarbietungen beginnt, muss man in Eiseskälte unter Null Grad ausharren … doch ein sehr schönes Erlebnis (auch organisiert von La Paz aus inkl. Anfahrt buchbar).

Alljährlich am **14. September** lässt das Dorf seinen Alltag hinter sich und feiert vier Tage lang ein traditionelles Fest mit Ausstellungen, Markt, Tanz, Musik und einer Prozession. Das Spektakel beginnt mit der folkloristischen *Balseada* in der Laguna Artifical, bei der auf Totorabalsas (Wasserflößen) auf dem Wasser musiziert und getanzt wird (Caporales, Waca-Wacas, Morenadas).

Adressen & Service Tiwanaku

Unterkunft **Hostal Puerto del Sol** (ECO, einfach), an der Piste nach La Paz. – **Hotel Aka-**

	pana, Manco Kapac 20/Ecke Calle Alambrado, ca. 400 m westl. der Ruinen (s. Karte), Tel. 289-5104, www.hotelakapana.com. Diverse schöne, saubere Zimmer, Restaurant, Aussicht vom obersten Stock. DZ/F 150 Bs. – **Gran Hotel Tiahuanacu,** Av. Bolívar 903, Tel. 289-8548. DZ ca. 250 Bs.
Essen & Trinken	an der Hauptstraße gibt es ein paar einfache Kneipen und Essbuden, das *Wiracocha* ist in der Nähe der Plaza. *La Cabaña del Puma,* vom Museum nach links zwei Häuser weiter, und *Inti Wara,* Av. Bolívar 100 (vom Ruinenausgang 20 m nach rechts) können empfohlen werden.
Transport	**Bus/Micro:** Nach La Paz: tägl. Busse und Micros, u.a. mit *Flota Ingavi,* ab der Plaza und der Av. Bolívar 140. Nach Desaguadero: tägl. Busse und Micros, ab der Plaza. – Nicht zu spät nach La Paz zurückfahren, nachmittags kommen alle Busse schon überfüllt an!

Tour 6: Parque Nacional Comanche

Wer es verpasst hat, die Riesenbromelie *Puya raimondii* bei Huaraz/Peru anzuschauen (dort sind sie leichter zu erreichen, Foto s.S. 574), kann dies jetzt nachholen. Man muss dazu über El Alto und Viacha Richtung Comanche (ca. 75 km) fahren. Bereits einige Kilometer vor Comanche beginnt der *Parque Nacional Comanche* mit diesen ungewöhnlichen Pflanzen.

Tour 7: Termas de Urmiri (100 km)

Auf der asphaltierten Hauptstraße von La Paz nach Oruro biegt man nach etwa 80 km in El Tolar (5 km südlich von Calamarca) links bzw. östlich ab. Nach knapp 20 km auf einer landschaftlich sehr schönen Strecke mit spektakulärer Pistenführung werden die Thermalquellen und -bäder von Urmiri (3200 m) im Sapahaqui-Tal erreicht. Fz ca. 3 h mit dem Hotelbus ab Hotel Gloria in La Paz, Fp 50 Bs, sofern 6 Pers. zusammenkommen. Abfahrt 8 Uhr, Rückfahrt 16 Uhr. Wer im *Hotel Gloria* in Urmiri übernachten möchte, kann am nächsten Tag um 16 Uhr zurückfahren.

Unterkunft: *Hotel Gloria,* bei den Thermalbädern. Große Becken in den Badezimmern, die mit Thermalwasser gefüllt werden können. Ü/F 100–250 Bs, inkl. Eintritt zu den gepflegten Bädern, Wasserfall, Restaurant, nette Atmosphäre. Eintritt Tagesgäste 30 Bs, tägl. geöffnet, am Wochenende viele Tagesgäste. Da es die einzige Unterkunft ist, kommt es billiger, Verpflegung mitzubringen und auf dem Zeltplatz zu campen.

Tour 8: Palca-Schlucht und Illimani

Hinter den Vororten Obrajes und Calacoto führt eine Staubstraße zum kleinen Pass *Cuesta de las Animas* in 4400 m Höhe mit prächtiger Aussicht auf La Paz und auf den Illimani (6439 m). 5 km danach zweigt nach rechts ein Weg ab, auf dem in etwa 30 Minuten zu Fuß die romantische Palca-Schlucht erreicht wird. In Huancapampa, nur ein paar Kilometer weiter, führt ein im weiteren Verlauf oft nur von Jeeps befahrbarer Weg in die Ortschaft Palca und über die Mina Copacabana zu den Hängen des Illimani. Die Hauptroute überquert hinter Huancapampa den Río Choquekhota und erreicht über die Mina Urania ebenfalls die Hänge des Illimani.

Tour 9: Apolobamba

Der Trek in der Cordillera Real führt in die Region von Apolobamba, eine noch völlig untouristische Region nördlich des Titicacasees. Es wird in sehr einfachen Unterkünften der Kallawaya übernachtet. Entlang des Treks gibt es immer wieder kleine Museen, die viel über die Kultur, Geschichte und Heilkünste der Kallawaya, der alten Aymara-Naturheiler, Aufschluss geben.

Mit einem Minibus geht es von La Paz am Titicaca vorbei bis zum **Área Natural de Manejo Integrado Nacional Apolobamba,** Fz 5 h. Ankunft in Qutapampa, einem kleinen Aymaradorf (4400 m), erste Übernachtung. Am 2. Tag wird ein Alpaka-Bauer besucht, um den Alltag zu erleben. Dann führt der Weg nach Kaluyo (4120 m). Unterwegs kommt man an der Laguna *Sura Quta* vorbei, Gz 3 h. In Kaluyo wird das örtliche Infozentrum der Kallawaya besucht. Am Nachmittag werden Vizcachas beobachtet. Am 3. Tag führt der Weg zum Dorf Chacarapi (4100 m), Gz 4 h. Dabei wird Chullpata mit seinen Kallawaya-Kräutergärten besucht. Am 4. Tag führt die Wanderung von Chacarapi nach Charazani (3380 m), Gz 4 h. Unterwegs werden verschiedene Kallawaya-Dörfer passiert. Sehr einfaches Mittagessen in Charazani, Baden in heißen Quellen möglich. Der 5. Tag ist Markttag. Traditionell gekleidete Hochlandbewohner kommen zum Markt auf dem kleinen Platz im Dorf. Nach dem Mittagessen geht es zurück nach La Paz, Fz 5 h. Infos: *Millenarian Tourism & Travel,* Av. Sánchez Lima 2193, Tel. 241-4753, info@boliviamilenaria.com.

Bergsteigen in der Cordillera Real

Dieser Abschnitt wendet sich an nur wenige Spezialisten. La Paz eignet sich wegen der Höhenlage wie keine zweite Stadt auf der Welt als Ausgangspunkt für relativ leichte Besteigungen zahlreicher Fünf- und Sechstausender. Die Betonung liegt auf relativ, denn leicht im eigentlichen Sinn ist kein Sechstausender. Die **Bergsteigersaison** dauert von Mai bis August. In dieser Zeit beständiges Wetter und keine Lawinengefahr.

Im folgenden wird den Höhen- und sonstigen Angaben von Trekkingunternehmen und Pecher/Schmiemann gefolgt, die das für alle Bergsteiger empfehlenswerte Büchlein „Die Königskordillere, Berg- und Skiwandern in Bolivien" geschrieben haben, in dem sie 22 Berg- und 6 Skitouren zwischen Illimani, Huayna Potosí und Condoriri beschreiben.

Als Tagestouren können die Fünftausender *Takesi, María Lloco, „Doppelhorn"* und *Colquejahui* im Hampaturi-Gebiet und der *Alpamayo Chico* im Condoriri-Gebiet angegangen werden. Hier gibt es mit dem *Mirador* (5250 m) und dem *„Cerro Linker Talwächter"* (5300 m) zwei schneelose Berge, die ohne Seil und Steigeisen von dem 4700 m hohen *Lago Condoriri* aus erstiegen werden können. Trittsicherheit und Schwindelfreiheit sind Voraussetzung.

Die Anfahrt erfolgt am besten auf der Straße Richtung Batallas/Huarina bzw. Tiquina. 27 km hinter dem Kontrollpunkt in El Alto geht es bei Patamanta rechts ab und noch einmal 17 km zum Dorf **Tuni** bis zu einem Stausee. Dann zu Fuß eine bis anderthalb Stunden rechts am Hang entlang bis zum 2. See, dem *Lago Chiarkota;* Zeltmöglichkeiten.

Nach diesen Bergen zum Eingehen wird es aber die Profis zum Huayna Potosí (6088 m), Besteigung 2 Tage, und Illimani (6439 m), Besteigung 3–4 Tage, ziehen. Ausgangspunkt ist die Berghütte *Refugio Huayna Potosí* auf ca. 4700 m auf dem Pass Abra Zongo, die von Dr. Hugo Berrios betrieben wird.

Wer Führer oder Träger braucht, kann sich an **Magri Turismo** wenden: Calle Capitán Ravelo 2101/Montevideo, Ed. Capitán Ravelo, Tel. 244-2727, www.magriturismo.com. Sehr zuverlässig für die Besteigung des Huayna Potosí und anderer Berge ist **Dr. Hugo Berrios,** Agencia de Viajes y Turismo, Sagárnaga 398, Tel. 231- 7324/274-0045. Er vermittelt u.a. Transport, Bergführer und Träger. Er hat ein Basiscamp auf 4700 m Höhe mit Ww, Stockbetten, kleiner Küche, Esstisch. Von dort wird am ersten Tag eine Übungstour gemacht. Ein

Schlafsack bis –20 Grad C ist selbst mitzubringen. Dreitagestour umgerechnet 100 €. Unbedingt darauf achten, dass bei ihm keine Träger die Bergführung übernehmen, was schon vorgekommen ist. Berg- und Trekkingtouren bietet auch **Thomas-Wilken-Tours** an, sehr kompetent und erfahren. Weitere Infos auf www.suedamerikatours.de.

Trekking in der Cordillera Real

Adolfo Andino, Magri Turismo und Günter Rüttger von Carmoar Tours (s. Adressen & Service) geben Informationen und Hilfen für das Bergwandern in der Cordillera Real.

Camino Takesi

Der Camino Takesi ist der bekannteste prähispanische Wanderweg Boliviens. Er ist etwa 45 km lang und in 2–3 Tagen ohne größere Ausrüstung (Schlafsack, warme Kleidung und ggf. Zelt ausreichend) gut zu schaffen, da er ab der Abzweigung zur *Mina San Francisco* (s.u.) meist nur abwärts führt. Der gut erhaltene und z.T. gepflasterte historische Weg, der auch heute noch von den Campesinos genutzt und am Wochenende und während der Ferienzeit von in- und ausländischen Touristen manchmal überlaufen ist, war schon unter den Tiwanaku und später auch bei den Inka eine wichtige Verkehrs- und Transportverbindung zwischen La Paz und den Yungas, wobei ihn Mauern und Kanäle vor den Naturgewalten schützten. Zwischen Takesi und Chojilla gibt es nur einen Kiosk.

Anfahrt von La Paz (Alto San Pedro) früh am Morgen mit Lkw, Camioneta, Micro oder Minibus um 5.30 Uhr ab der Calle General Luís Lara/Boquerón (Plaza Líbano) über Calacoto in Richtung Palca bis Ventilla. Fahrzeit 1,5 h.

Der Wanderweg beginnt in Ventilla (3800 m) und führt zunächst auf der Straße nach *Choquekhota*, einem Andendorf (Unterkunft), das von der Lama- und Alpakazucht sowie von Webarbeiten lebt. Hier muss der *Río Quela Jahuira* durchwatet werden. Nur hier können Maultiere angeheuert werden. Maultiere kosten 40 Bs/Tag und ein Treiber nochmals ca. 100 Bs/Tag.

Von Choquekhota geht es zunächst ca. 2–3 h bis zum Beginn des eigentlichen Camino Takesi in Höhe einer umgestürzten Mauer, auf der die Route aufgezeichnet war. Hier biegt nach links ein Weg zur baufälligen *Mina San Francisco* und zum *Reconquista Trail* ab. Nach rechts windet sich der gepflasterte Weg über steile Serpentinen und einige Stufen in ca. 1–1,5 h anstrengend auf den *Abra Apacheta Takesi* (4650 m) hinauf, doch entschädigt bei gutem Wetter mit einem Panoramablick auf die Cordillera Real. Rechts ist der schneebedeckte *Mururata* (5700 m) gut zu erkennen. Vom Pass führt der Camino Takesi an der *Laguna Luru Kheri* vorbei in ca. 90 Min. zur Ortschaft *Takesi*, ebenfalls ein traditionelles Andendorf (3800 m) mit einer handvoll Behausungen. Die wenigen Einwohner leben von der Lama- und Alpakazucht. Es gibt eine einfache Unterkunft (Strohlager auf dem Betonboden), Ü/F 50 Bs für 2 Personen.

Ab Takesi folgt der Tiwanaku-Pfad zunächst recht lange dem Lauf des Río Takesi durch saftige Vegetation, die zunehmend subtropischer wird. An der Abzweigung hinunter zum Fluss den Weg am Hang entlang nehmen, bis die kleine Ansiedlung *Kakapi* (nur eine paar Häuser) in Sicht kommt (drei einfache Unterkünfte, nur bescheidene Verpflegung, etwa 25 Bs/P.P.).

Nach dem Dorf geht es auf einigen Teilstrecken bergauf, es wird ein Wasserlauf überquert, man kommt an zwei verfallenen Steinbauten vorbei und folgt einem in einen Hang betonierten Wasserkanal nach *Pongo Pampa*. Hier bekommt man in dem einzig größeren Haus etwas zu Essen, und es steht wieder ein großes Schild mit dem Verlauf des Camino Takesi am Wegrand. Von Pongo Pampa ist es bis nach Chojilla nicht mehr weit. Zwar verkehren von Chojilla bereits unregelmäßig Lkw, Camionetas und Micros nach La Paz (z.B. um 11.30 Uhr), doch der Camino endet erst 5 km weiter im kolonialen *Yanacachi*, das mit einer handvoll Kneipen und spartanischen Unterkünften aufwartet. Kurz vor Yanacachi ist ein Tor auf der Straße, an dem die Zufahrt zur Mina Chojilla kontrolliert wird. Nachts soll das Tor verschlossen sein, Schusswaffengebrauch!

Von Yanacachi fahren meist nur Minibusse Mo–Mi um 6 und 12 Uhr nach La Paz. Fahrkarte so früh wie möglich kaufen, Busse sind oft voll!

Alternativ-Busse ab Florida, Gz 1 h. Dort stündlicher Busverkehr nach La Paz.

Camino Choro

Wegen der herrlich-schönen Landschaft zwischen den Anden und dem Tiefland ist der etwa 77 km lange Präinkaweg von La Cumbre nach Coroico *(Camino Choro Chucura)* sehr beliebt. Die anstrengende 3–4 Tagestour wird in der Regel von La Cumbre nach Chairo (52 km) gegangen und ist nicht gerade ein gemütlicher Spaziergang, da der oft moosbewachsene Pfad ständig an- und absteigt und das Gelände teilweise sehr unwegsam ist. Dennoch führt der Trail nach dem ersten Aufstieg fast nur noch bergab und ist ab und zu sogar ausgeschildert. Neben glitschigen Steinen gilt es Bach- und Flussläufe zu meistern, die nur auf einem oder zwei nebeneinander liegenden Baumstämmen überquert werden können. Im ersten Abschnitt kann anfangs noch Schnee liegen, im zweiten Teil kann Hochwasser die Baumstammbrücken wegreißen. Wer lieber eine **geführte Tour** machen will, ruft das *Hotel Río Selva* bei Chairo (s. beim 3. Tag, Tel. 232-7561) an.

Hinweis: Der Choro Trail ist mittlererweise sehr sicher und wird immer besser ausgebaut. Ein Teil ist bereits zum Nationalpark erklärt worden; Parkwächter vorhanden. Überfallgefahr verringert! Zeltplätze nach Möglichkeit immer 60–90 Gehminuten vom Ort Choro entfernt aufsuchen, Ü 30 Bs p.P., Eintritt in die Nationalparkzone 10 Bs. Über Nacht keine Dinge außerhalb des Zeltes lassen. In den Orten, die man durchwandert, gibt es das Wichtigste zu kaufen, die Unterkünfte sind sehr einfach!

Anfahrt mit dem Bus der *Flota Yungueña* (Fahrziel Rurrenabaque etc.) oder Micros ab Fátima (Fahrziel Coroico) von La Paz bis zur Christusstatue auf der Passhöhe Abra La Cumbre (27 km). Fz knapp 1 h.

Die Teilstrecken

1. Tag: La Cumbre – Cha'llapampa (ca. 20 km, Gehzeit 6–7 h)

Auf der Passhöhe des *Abra La Cumbre* (4670 m) ist es oft eisig und je nach Jahreszeit liegt hier oben Schnee und alles ist vereist. Der Weg von La Cumbre zum eigentlichen Beginn des Präinkawegs ist etwas schwer zu finden. Der Pfad führt an der Christus-Statue links vorbei in ein trostloses Gelände, nach einer Weile zwischen zwei tiefblauen Seen hindurch und dann rechts steil aufwärts bis zum *Abra Chucura* (4882 m), der in ein bis zwei Stunden erreicht werden kann. Je nach Jahreszeit liegt auf der ganzen Strecke bis zum Abra Chucura Schnee. Vom Chucura-Pass führt der nun gepflasterte Weg nach links über eine Gebirgsschlucht in ein breites Tal hinab bis zum Bauerndorf Achura. Eine Gehstunde vor Achura wird die *Estancia Samaña Pampa* (Zeltplatz, Kiosk mit bescheidenem Angebot) passiert. Kurz vor Achura wechselt der Weg über den Fluss und folgt dem Lauf auf der rechten Seite bis Achura, das ab La Cumbre in 4–5 h erreicht werden kann. Ab Achura wird eine Weggebühr von 10 Bs erhoben (Quittung verlangen). Beim Dorfschullehrer kann für 10–20 Bs übernachtet werden, aber es empfiehlt sich noch weiterzuziehen, da sich auf dem Wegstück hinter Achura mehrere gute Zeltplätze befinden. Außerdem sind es nur 1–1,5 h bis zur Hüttenansammlung von Cha'llapampa mit Zeltplatz (10 Bs/Nacht), einfacher Unterkunft (20 Bs/p.P.) und bescheidenem Kiosk.

2. Tag: Cha'llapampa – Sandillani (ca. 25 km, Gehzeit 9–10 h)

In Cha'llapampa wird ein Seitenfluss des *Río Chucura* überquert und der Weg führt, teils gut gepflastert, 8 km durch subtropische Vegetation. Dann wechselt er über den Río Chucura. Kurz vor *Choro,* das nach ca. 1,5 h erreicht sein kann, stehen ein altes Haus und mehrere verlassene Hütten in der Nähe des Flusses. Im bewohnten Teil von Choro gibt es Kiosk und Zeltplatz. Kurz nach Choro muss der Río Chucura auf einer Hängebrücke wieder überquert werden. Der Pfad führt nun durch dichte Vegetation am rechten Ufer des *Río Huarinilla* entlang und steigt aus dem Tal. Nach 1–1,5 h kommt ein Platz zum Zelten, aber es gibt kein Wasser. Nach ca. 7 km findet sich ein besserer Zeltplatz nach Überquerung des *Río Jacun-Manini.* Nach weiteren 1,5 h Gehzeit, vorbei am Hüttenkiosk bei *Cusillonani,* geht der Weg dann ein Stück rechts die Schlucht des *Río Coscapa* hoch, bevor er nach links über eine Hängebrücke über die Schlucht des Flusses führt. Im weiteren Verlauf des Weges kommt noch ein Kiosk mit Übernachtungsmöglichkeit in *Bella Vista* (1930 m), bevor nach gut 2 h die *Casa Sandillani* (1974 m) mit Kiosk grüßt. Hier wohnt der freundliche Japaner *Tamiji Hanamura*, bei dem im Garten gezeltet werden kann, Ü 10 Bs/p.P. Kein WC, Waschen im Bachwasser. Er freut sich immer über einen Besuch, über Postkarten, Fotos, Kugelschreiber und Briefmarken. Vor Aufbruch ist es Pflicht, sich in sein Gästebuch einzutragen. Beim Casa Sandillani gibt es nun auch ein Restaurant und ein Massen-Matratzenlager mit Etagenbetten und DZ, Ü 30–40 Bs p.P., nur Kw.

3. Tag: Sandillani – Chairo (ca. 7 km, Gehzeit 2–3 h)
Von der Casa Sandillani sind es noch gut 7 km auf dem hier angenehm gepflasterten Präinkaweg über *Villa Esmeralda* nach *Chairo* (1274 m), das bergabwärts in 2–2,5 h in Sicht kommt. Ein gutes Stück vor der Hängebrücke über den Río Chairo liegt ein guter Zeltplatz, der sich zum Übernachten anbietet. In Chairo gibt es einen Laden. Ein paar Kilometer außerhalb liegt direkt am Fluss das *Hotel Río Selva* (Tel. 232-7561, www.rioselva.com.bo/1inicio.html; DZ ab 500 Bs, Cabaña 1000 Bs/max. 6 Pers., Pool, Sauna, Rafting). Außerdem werden geführte Viertagestouren auf dem Choro-Trail angeboten, ab 1700 Bs inkl. VP und Rücktransport nach La Paz.

4. Tag: Chairo – Coroico (ca. 25 km; bis Puente Yolosa 17 km, Gehzeit: 4–5 h)
Von Chairo fahren Pickups/Camionetas (25 Bs, keinesfalls mehr zahlen) zur Hauptstraße nach *Pte. Yolosa*. Wer keine Mitfahrgelegenheit findet, kann entlang an Zitrus-, Kaffee- und Bananenplantagen 17 km bis Pte. Yolosa zu Fuß auf der Piste laufen, Gehzeit 3 h. Dabei ist eine Flussfurt zu durchqueren. 4 km vor Yolosa kommt die Hauptstraße Caranavi – La Paz, evtl. Mitfahrgelegenheit nach Yolosa bei der Tranca. Von Yolosa sind es noch 8 km bergaufwärts nach Coroico. Camionetas und Colectivos nach Coroico ab der Straßenkreuzung.

Camino del Oro

Vielleicht der interessanteste Trek ist der selten begangene *Camino del Oro* (Goldgräberweg) in die Yungas hinunter. Ausgangspunkt dafür ist Sorata, s.S. 710.

Yungas

Niemand sollte die spektakuläre Fahrt von La Paz in die **Yungas** (tropische Täler) versäumen, auch wenn die neue asphaltierte Abfahrt inzwischen fertiggestellt wurde. Der Ostrand der Cordillera Real bricht ab ins Beni-Becken, und da die Serpentinen runterzufahren, ist wohl *das* bolivianische Andenerlebnis überhaupt! Innerhalb eines halben Tages durchfährt man einen über 3000-m-Höhenunterschied mit fast allen Klima- und Vegetationszonen Südamerikas, vom Schnee in dampfenden Regenwald. Eine sehr beliebte **Tagestour** ist die Strecke **von La Paz nach Coroico**. Sie kann sogar als organisierte Downhill-Mountainbike-Tour ab dem Abra La Cumbre auf der alten Piste unternommen werden. Die meist fünfstündige Tour geht 65 km nur abwärts (abgesehen von 2 km zwischendurch leicht bergauf), von schneebedeckten Gipfeln bis hinunter in den Urwald, einfach atemberaubend! Weitere Infos unter „Adressen & Service La Paz/Fahrradfahren & Mountainbiking".

Der Andensteilabfall östlich von La Paz über die Yungas nach Rurrenabaque bzw. bis zum Río Tuichi wurde als *Reserva de la Biósfera y Territoria Indígena Pilon Lajas* deklariert und umfasst 400.000 ha. In einer Höhe zwischen 3000 und 250 m können in diesem Gebiet Jaguare, Tarucas, Aras, Harpien, Jucumaris, Mohrenkaimane und *Peta de Río* angetroffen werden.

Yungas-Tour 1: La Paz – Coroico (92 km)

Tägl. Minibusse und Micros, u.a. mit *Trans Tours N.S. de la Candelaria, TOTAI Tourbus, Flota Yungueña* und *20 de Octubre* ab *Yanacachi 1434* (Villa Fátima), Fz 3 h. Letzte Abfahrt ab Villa Fátima n. Coroico um 13 Uhr.

La Paz wird über den Stadtteil Villa Fátima im Nordosten verlassen. Zuerst kommt, wie immer, ein Kontrollposten (Tránsito). Die Straße steigt 27 km bis zum eiskalten *Abra La Cumbre* an (4650 m), der Bus braucht dazu eine gute Stunde. Was danach folgt, wurde einst als „gefährlichste Straße der Welt" apostrophiert: Ununterbrochen geht es fast 3000 Höhenmeter nur bergab, die Straßenführung ist spektakulär, die Aussicht grandios. Doch inzwischen wurde auf der gegenüberliegenden Bergflanke nach zwölfjähriger Bauzeit eine neue doppelspurige Asphaltstraße mit Leitplanken und anderen Sicherheitsvorkehrungen, vielen Brücken und einem langen Tunnel (San Rafael) fertiggestellt, die über Cotapata und Santa Barbara führt und unterhalb von Puente Yolosa auf die alte Strecke stößt. Es gibt auch eine Drogenkontrollstation. Die alte Straße darf nur noch von Mountainbikern genutzt werden. Die neue Straße ist 16 km länger als die alte, jedoch rutscht sie an einigen Stellen immer wieder ab. Umleitungen führen dann über die alte Piste.

Für die noch intakte **alte** Strecke gilt: Talwärts fahrende Fahrzeuge müssen immer außen an der Schluchtkante entlangzirkeln, da der bergauffahrende Verkehr Vorfahrt hat, dieser fährt an der Innenseite. In der Vergangenheit galt zwischen dem Paso La Cumbre und Pte. Yolosa zeitweise Einbahnverkehr: Von 5–17 Uhr ging es bergabwärts, von 17–5 Uhr nur bergaufwärts.

Nach 46 km wird **Unduavi** mit einigen Essbuden und Kneipen erreicht. Danach teilt sich die Strecke und führt nach **Coroico** in die Nordyungas und östlich nach Chulumani in die Südyungas.

Richtung Coroico geht es zunächst wieder kurz aufwärts um einen Bergrücken herum. Die Vegetation wird üppiger und grüner, bis man schließlich in den typischen Nebelwald eintaucht. Wasserfälle und große Farne wechseln sich mit Bambus und tropischen Sträuchern ab. Tief unten sieht man schon das Fahrtziel Coroico liegen. Zuerst geht es hinunter bis **Puente Yolosa** (1200 m), dann durch tropische Plantagen und anschließend wieder hinauf auf 1750 m nach Coroico.

Coroico

Der hübsch gelegene Ort (3200 Ew.) auf 1750 m Höhe ist von Hügeln mit Kaffee-, Zitrus-, Bananen- und Cocaplantagen umgeben. In angenehmen Temperaturen kann man hier gut entspannen und diversen Aktivitäten in der Natur nachgehen. Das weiß besonders die Mittelschicht der *paceños* zu schätzen, an praktisch jedem Wochenende und in den Ferienzeiten sowieso ist Coroico praktisch ausgebucht. Höhepunkte sind die Festtage 2. Februar *(Virgen de la Candelaria)* mit Tanzgruppen und Musikkapellen in farbenprächtigen Trachten, im August das Kultfest auf dem Cerro Uchumachi zu Ehren von *Pachamama* und vom 19.–22. Oktober das Tanz- und Musikfest (*entrada* am 19.10. um 17 Uhr, der beste Platz ist die Treppe vor der Kirche). Dann gibt keine Zimmer mehr und die Preise schnellen in die Höhe.

Man kann in Coroico schwimmen gehen, Mountainbiken, reiten oder Wanderungen machen, z.B. hinauf zur Kapelle und danach links weiter zum **Wasserfall**, dessen Wasser in einem Betonbecken zur Wasserversorgung aufgefangen wird, Gehzeit 2–3 h. Oder zum **Río Vagante**, vorbei an Pflanzungen, alten Haciendas und terrassierten Hängen, Gehzeit ca. 5 h. Eine weitere schöne Wanderung führt auf den **Cerro Uchumachi** (2400 m). Dazu der Av. J.Z. Cuenca bis zum Hotel Esmeralda folgen.

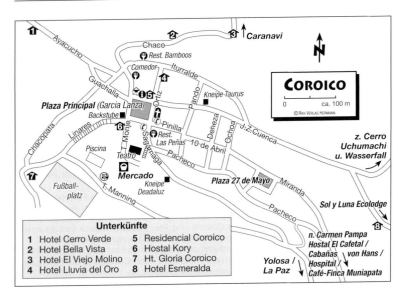

Hinter dem Hotel nach links auf den Weg zum Calvario mit Kreuzstationen abbiegen und diesem bis zu den Sendemasten folgen. Von dort führt ein Pfad durch Bergurwald und über einen Grat mit schönen Aussichten den Berg hoch. Schilder weisen den Weg. Gehzeit 2 h.

Um Coroico gibt es Kaffeeplantagen, und man könnte z.b. der Kaffe-Finca und dem Kleinunternehmen **Munaipata Café de Altura** einen Besuch abstatten, gegründet von dem Schweizer René Brugger. Der Betrieb produziert und verarbeitet Spezial-Hochlandkaffee und als Besucher kann die gesamte Produktionskette bei einer Führung miterleben. 4 km außerhalb, Richtung Carmen Pampa, Tel. 2249-0356, Cel. 7374-3121, www.cafemunaipata.com. 45 Bs mit Kaffeeverkostungen, nach Anmeldung auch Essen und Übernachtung.

Coroico ist auch Ausgangs- oder Endpunkt für einen Besuch des *Parque Nacional y Área Natural Manejo Integrado (ANMI) Cotapata*. Dieser Nationalpark erstreckt sich zwischen 1100 m und 5600 m, wurde 1993 gegründet und umfasst mit 58.620 ha die Region zwischen dem Steilabfall der Ostanden bis in die Yungas mit seinen prähispanischen Wegen, wie z.B. der **Camino Choro** von La Cumbre nach Coroico (s.S. 721).

Tocaña   Ein interessanter Halbtagesausflug von Coroico führt nach Tocaña. Dort leben inmitten von Obst-, Orangen-, Bananen und Cocaplantagen Nachfahren der aus Afrika eingeschleppten Sklaven. Sie sollten ursprünglich in den Minen Boliviens arbeiten, konnten sich jedoch an die extreme Höhe nicht anpassen, so dass sie dann hier in den Pflanzungen eingesetzt wurden. Anfahrt mit dem Taxi ab Coroico, Fp ca. 120 Bs.

Adressen & Service Coroico

Tourist-Info An der Plaza, Di–Fr 9–12 Uhr, 1114–19 Uhr, Sa/So nur bis 17 Uhr, Tel. 7157-9438. Weitere Informationen auf www.coroico.info.
Oficina Parque Nacional ANMI Cotapata, an der Plaza, Tel. 811-6338. Ein empfehlenswerter Führer ist *Louis Veintemilles.*
Vorwahl (02)

Unterkunft In Coroico gibt es relativ viele Hotels, auch mit vier und fünf Sternen, die während der Festtage im Oktober, in der Ferienzeit und an Wochenenden oft ausgebucht sind und deren Preise die hier genannten übersteigen. In diesen Zeiten ist eine vorherige Reservierung sinnvoll. Die Preise mancher Unterkünfte sind Verhandlungssache, die Spielräume sind je nach Jahreszeit groß, an den Wochenden erhöhen sich praktisch immer. Eine Auswahl:

ECO **Residencial Coroico** (Kategorie BUDGET), Reyes Ortíz 507 (an der Plaza), Tel. 248-4266 in la Paz); einfache, saubere Zi. – **Hotel Lluvia de Oro,** Felix Reyes Ortíz, Tel. 2213-6005. Traditions-Hotel, Zi. bc/bp, Patio, Pool u. Garten. EZ/bp 60 Bs, EZ/bp 100 Bs ohne F. – **Hostal Kory,** Av. Kennedy, Tel. 243-1311, Cel. 7156-4050. Backpackertreff, einige Zi. mit Panoramablick, bc/bp, Restaurant, Dachterrasse, Küchenbenutzung, Pool, Ws, Blick auf schneebedeckte Berge, Fahrräder, freundliche Betreiberfamilie. DZ/bp 140 Bs. **TIPP!** – **Hostal El Cafetal** (kurz vor dem Hospital), Tel. 719-33979. Kleines, einfaches Hostal mit schöner Aussicht, bc, Terrassen, Garten, sehr gutes Restaurant (köstliche Lamagerichte!), Pool. Ü/bp ab 70 Bs p.P. **TIPP!** – **Hotel Bella Vista,** Héroes del Chaco s/n, Tel. 715-69237 und 715-97177, coroicohotelbellavista@hotmail.com. Zentral, ruhig, geschmackvolle Zimmer und geradezu luxuriöse Bäder, sehr sauber, bp/bc, veget. Rest., schöne Aussicht. Ü/bp ab 70 Bs, DZ/F 205 Bs. – **Hotel Cerro Verde,** Ayacucho 5037, http://hotelcerroverde.net. Zweigeschossiges Gästehaus mit Balkonen und Aussicht aufs Tal inmitten eines großen Gartens mit Pool, einfache Zi., Mittagsbüfett, Bikertreff, Vermittlung von Führern. EZ/DZ/F 100 Bs/p.P. – Kurz vor Coroico liegt das wunderbare, ruhige Hostal von **Vicky Ossio,** www.sendaverde.com. Sehr saubere Zimmer, sehr hilfsbereit, freundlich, leckeres Essen. DZ/F 360 Bs. **TIPP!**

ECO/FAM **Hotel Gloria Coroico,** Av. Kennedy s/n, www.hotelgloria.com.bo, Tel. 811-6020. Traditionsreiches Hotel mit Ambiente in ruhiger Bilderbuchlage am Anfang des Orts, bp/bc, Restaurant, Bar, Garten mit großem Pool, Internet, kostenloser Transfer von der Plaza, gutes PLV. DZ/F 390 Bs. – **Hotel Esmeralda,** ca. 300 m über die Julio Zuazo Cuenca in Richtung Cerro Uchumachi, Tel. 2213-6017, www.hotelesmeralda.com. Zi. unterschiedlicher Qualität (jene mit Bergblick meiden); bc/bp, Gästeküche, fantastischer Ausblick, Terrassenrestaurant, Frühstücks- und Abendbüfett, Garten, Pool, Ws, sehr ruhig u. freundlich, Pool, Internet. Der dt.-spr. Besitzer Fernando Jaúregui holt einen auf Wunsch von der Plaza de Mayo ab. Kostenlose Broschüre für selbstorganisierbare Touren um Coroico. Ü Dormitorio ab 75 Bs, DZ 360 Bs (diverse Preise, s. Homepage), Essen extra. – **Sol y Luna Ecolodge,** s.u. bei „Cabañas".

FAM **Hotel El Viejo Molino,** 1 km außerhalb Richtung Sta. Bárbara, Tel. 010-2213-6004 oder 2220-1519, www.hotelviejomolino.com. Komfortable EZ/DZ/TriZ, bp, Restaurant, großer Pool, Transfer, Fahrradvermietung, Rafting- und Exkursionsangebote in die Natur, gut zum Entspannen. DZ/F 450 Bs. – **Jazmines Hotel,** ca. 1 km vor Coroico, Cel. 7150-9001, Tel. 222-9967, www.jazmineshotel.com. Zwölf große, ansprechende Zi. u. 6 Cabañas (max. 8 Pers.), bp, Rest., Ws, 3 Pools in trop. Atmosphäre. DZ/F 400 Bs, Cabañas 1350 Bs/7Pers.

Cabañas / Zelten Der Deutsche Hans besitzt fünf sehr schöne und zweckmäßig eingerichtete Cabañas, z.T. mit Kühlschrank, in einem herrlichen Garten und schöner Aussicht, ideal für längere Aufenthalte. Buchbar über die *Tienda de Artesanias*

Arco Iris an der Plaza Coroico oder direkt, Tel. 7193-5595 bzw. 7192-6759; Monatsmiete 110–130 US$ je nach Cabaña, unabhängig der Personenanzahl. – **Sol y Luna Ecolodge,** Tel. 244-0588, www.solyluna-bolivia.com, Cel. 7156-1626 (bergauf von der Plaza, Taxi oder zu Fuß in 20 Min.). Sigrid Frönius bietet in einer wunderschönen Gartenanlage mit von Bergquellen gespeisten Pools neben Zeltplätzen auch Cabañas/bp mit Küche und kleiner Terrasse sowie Zimmer/bc im Wohnhaus. Gutes Restaurant, Shiatzu-Massagen, Meditationsraum, Wanderwege zu Wasserfällen. Ü ab 180 Bs p.P. (s. die lange Liste auf der Homepage). – **Villa Bonita,** Héroes del Chaco, zwischen Hotel Bella Vista und Hotel El Viejo Molino. Cabaña/bp. – **Hotel Cerro Verde,** Ayacucho 5037, bietet eine Wiese zum Zelten.

Essen & Trinken	Viele Restaurants rund um die Plaza mit touristischem Einschlag. Empfehlenswert ist *La Casa,* Av. J.Z. Cuenca 15 und das *Balneario-Restaurante Claudia Paola,* Sagárnaga (großer Pool). – Zum Frühstück empfiehlt sich die *Backstube* (gute Kuchen und Torten) von Detlev und Stefan (gegenüber vom Hostal Kory), seit neuestem gibt es auch Sauerbraten mit Spätzle zum Abendessen, auch bei Bolivianern ein Renner; tägl. ab 8.30 Uhr, Di Ruhetag. – *Bamboos Café,* Iturralde 1047, in der Nähe der Plaza, gute mexikanische Küche, auch veget. Gerichte, doch kleine Portionen, Internet. – Ebenfalls Vegetarisches gibt es im *Villa Bonita*, Héroes del Chaco, zw. Hotel Bella Vista und Hotel El Viejo Molino, ca. 10 Gehminuten von der Plaza. – *Mosquito*, Sagárnaga 25/26; gemütliches Pub-Restaurant, gutes Essen. – Das Restaurant im *Hostal El Cafetal* kurz vor dem Hospital mit seiner schönen Terrasse ist ebenfalls eine Empfehlung.
Unterhaltung	*Murcielaguitos,* Sagárnaga 2501; Karaoke Pub Discothek. *Disco Tropicana,* Calle Tomás Manning; Fr/Sa 20.30–3 Uhr (vor 23 Uhr nichts los), südamerikanische Musik, Eintritt 1. *Taurus,* Calle Julio Suazo Cuenca; urige Bar, am Wochenende typische bolivianische Livemusik. Der Besitzer Andrés ist auch Guía und bietet die meisten Touren zum selben Preis wie die Tourist-Information an (z.B. Wanderung um den Uchumachi, Inka Trails, 300 Bs/Tag), Tel. 729-33187. – *Las Peñas,* Nähe Plaza, Restaurant, Karaoke, Bierkneipe. – *Daedalus,* Julio Zuazo Cuenca s/n. Pub-Restaurant.
Post, Intern.	Post und Internet an der Plaza Principal, Telefon *ENTEL* in der Sagárnaga.
Geld	Zwei Banken und Geldautomat an der Plaza Prinicipal.
Reitausflüge	*El Relincho,* Tel. 7192-3814 o. 7191-3675; Reynaldo Camino, Reitstunden.
Mountainbiking	*Cross Country Coroico,* Pacheco 2058, Cel. 7127-3015. MTB-Touren in unterschiedlichen Schwierigkeitsgraden, wie z.B. nach Chovacollo oder Laguna Verde, Dauer 4–7 h, je nach Tour. Etliche Unterkünfte vermieten Bikes.
Rafting	27 km auf dem Río Coroico, Juli/August Schwierigkeitsgrad 2,5, während der Regenzeit schwieriger (fällt dann evtl. aus), Durchführung tägl., Raftingzeit 8–9 h, 350 Bs p.P. inkl. Transport, Verpflegung, Ausrüstung (Neoprenanzug etc.). Infos und Buchung bei der Tourist-Info an der Plaza. Besser ist, bereits in La Paz ein Arrangement zu buchen, z.B. bei *Madness*, s.S. 697.
Baden	im Coroico-Fluss, der hier nicht sehr tief ist, aber zum Reinlegen reicht es. Rückfahrpreis mit dem Taxi 100 Bs.
Massagen	Japanische Shiatzu-Massagen bei Sigrid Fronius im *Sol y Luna Ecolodge*, Tel. 244-0588, www.solyluna-bolivia.com (s.o.).
Kaffeeplantagen	Familie Montaña unternimmt geführte Touren. Infos über die Tourist-Info oder unter Cel. 7197-6057. *Munaipata Café de Altura,* s.o.
Bus	Die meisten Touristen fahren von La Paz von Villa Fátima in ca. 3–4 h mit dem Micro hierher, um zu Mittag und nachmittags geht es denselben Weg wieder zurück. Es ist sinnvoller, zwei Tage zu veranschlagen, da man sonst nach Ankunft in Coroico spätestens um 16.30 Uhr wieder zurückfahren müsste, wenn man die Landschaft bis La Cumbre noch bei Tageslicht sehen und erle-

ben will. Bus- und Microterminal in der Einfahrtsstraße Manning.

Nach **La Paz** (110 km): Abfahrten bis 18 Uhr mit Kleinbussen/Micros im 30-Min.-Takt, Fz (bergaufwärts) 3–4,5 h. **Caranavi** (85 km): Direktbus am So, ansonsten zurück bis Puente Yolosa (7 km). Verbindungen auch nach **Rurrenabaque**. Vorsicht bei Nachtfahrten nach Rurrenabaque, es passierten schon Diebstähle ganzer Rucksäcke!

Caranavi

Wer mehr Zeit hat, fährt von Pte. Yolosa mit dem Bus noch 75 km weiter durch das schluchtartige Coroico-Tal am Río Coroico entlang über Choro nach **Caranavi**. Caranavi ist ein wichtiger Handelsort für tropische Agrarprodukte (Samstagmarkt) mit einem feucht-heißen Urwaldklima, da es nur noch auf 900 m Höhe liegt. Sehenswert mag die Untucala-Hängebrücke aus der Inkazeit sein.

Von Caranavi führen zwei Pisten weiter in den Beni-Urwald hinab. Die westliche führt über Alcoche weiter zum Goldgräberkaff **Guanay** (s.u.) und auf der östlichen geht es über Sapecho am Río Beni nach Yucumo, wo sich die Straße gabelt: Westlich geht es nach Rurrenabaque (s.S. 844) und östlich über San Borja nach **Trinidad**. Die Piste zwischen Caranavi und San Borja ist gut ausgebaut, nach heftigen Regenfällen aber schwer passierbar.

Unterkunft Caranavi Es gibt einige einfache Unterkünfte, z.B. das *Hotel Landivar* in der Calle Calama oder das bessere *Hostal Caturra Inn* mit Restaurant Pool und Garten.

Führer *Jorge Orozco Sardán*, Alto Yara (oder übers Residencial Caranavi), Tel. 823-3649, führt Reisende zu einem sehenswerten Wasserfall mit Bademöglichkeit bei **Loma del Cajón**. Anfahrt auch in Eigenregie mit dem Bus Richtung La Paz möglich, Gehzeit ab Loma del Cajón ca. 40 Min. über einen steilen Serpentinenweg.

Bus Nach **La Paz** (180 km): tägl. Busse/Micros, Fz ca. 7 h, Abfahrten aller Linien 14–15 Uhr. **Guanay** (70 km): tägl. mindestens 5 Minibusse, Fz 3 h. **Rurrenabaque:** tägl., u.a. mit den Direktbussen von *TOTAL*, *Flota Yungueña*, die von La Paz herunterkommen, ansonsten per Lkw oder einem Pickup, Fz ca. 12 h.

Guanay

Das isoliert liegende Guanay hat ca. 8000 Ew. und liegt auf 320 m Höhe an den Flüssen *Río Mapiri* und *Río Tipuani*, die sich hier zum *Río Kaka* vereinen. Über den Fluss führt eine Hängebrücke. Fast jeder lebt hier in irgendeiner Form von den immer seltener werdenden Goldfunden. Den Río Tipuani stromaufwärts kommt man zum Goldminendorf **Tipuani**. Dort gibt es mehrere kleine Bergwerke bzw. Stollen, in denen Gold abgebaut wird. Von Guanay nach Tipuani gelangt man mit Allrad-Fahrzeugen. Übernachten kann man im sehr einfachen Hotel *Pahuichi* und im danebenliegenden *Minero*.

Busse: Busbüros an der Plaza. Nach Caranavi (70 km) tägl. mehrere Abfahrten; nach La Paz jeden Abend Direktbus.

Boote: Ab Guanay täglich am Morgen Bootsverkehr flussaufwärts nach **Mapiri** (dort einfache Unterkunft) in gut 4 Stunden. Rückfahrt von Mapiri flussabwärts in etwa 3 Stunden. Außerdem besteht von Guanay sporadischer Frachtschiffverkehr über den Río Kaka zum Río Beni bis nach **Rurrenabaque** am Rande des Nationalparks Mapiri. Für eine abenteuerliche Mitfahrgelegenheit bei den Flusskapitänen vor Ort erkundigen.

Yungas-Tour 2: Coroico – Chulumani – (Irupana) (110 km)

Wer von Coroico nicht auf der gleichen Strecke nach La Paz zurückfahren möchte, kann folgende Route wählen: Coripata – Puente Villa (55 km von Coroico, 1190 Meter Höhe) – Unduavi (Streckenlänge 102 km, Umweg ca. 50 km).

In **Puente Villa** ist das *Hotel Tamampaya* zu empfehlen (in Richtung Chulumani, vor der Brücke rechts abbiegen, Wegweiser folgen). Die gepflegte Hotelanlage mit Doppelbungalows, bp, Pool, großem Garten und einem Restaurant wird von einem dt.-spr. Ehepaar geleitet. Von Puente Villa führt eine Straße durch weite Kaffee- und Früchteplantagen und das größte Coca-Anbaugebiet der Yungas hinunter in die Hauptstadt der Südyungas, nach Chulumani.

Chulumani

Um das kleine Städtchen (1640 m) mit 3500 Ew. werden auf Terrassenfeldern Zitrusfrüchte, Kaffee und Coca angebaut (auf ca. 12.000 ha legal, auf etwa 2000 ha illegal). In Chulumani können Mountainbikes gemietet werden. Ausflugsziele sind der knapp 10 km entfernte *Parque Ecológico Apa Apa* (Eintritt 100 Bs), die Orte *Pasto Grande* und *Irupana* (1890 m).

Unterkunft Günstig und gut ist das **Hostal Dion**, Calle Bolívar bei der Plaza. – **Country House**, 700 m westlich außerhalb, Tolopata 13. Freundliches Hostal mit schönem Ambiente (Malereien), Terrasse, Pool, Urwaldtouren. DZ/F 150 Bs. **TIPP**. – Das **Residencial Hostería San Antonio** ist an der Carretera La Paz – Chulumani bei km 112 Richtung Irupana, Tel. 234-1809. Bungalowzimmer, Pool, Restaurant. – **Hotel San Bartolomé**, Av. Arce 2117, 3 km in Richtung Irupana, Tel. 213-6114. Schöne Resort-Anlage, ideal für Familien, DZ/Cabañas (Bungalowzimmer), Restaurant, Cafetería, mehrere Pools, Minigolf usw. VP-Wochenendangebote 2 Nächte ca. 600 Bs p.P.

Bus Nach Irupana (30 km), Fz 6 h. La Paz (120 km): tägl. Micros und Minibusse ab der Plaza, Fz 4 h.

Große Bolivien-Rundreise:
La Paz – Oruro – Uyuni – Potosí – Sucre – Cochabamba (– Santa Cruz – Trinidad) – La Paz

Vorbemerkungen zur „Großen Rundreise" Sie kann ganz mit dem Bus abgefahren werden, Teilstrecken aber auch mit Flugzeug oder Zug. Wer wenig Zeit hat und keine nächtlichen Busreisen mag, könnte z.B. mit dem Bus von La Paz über Oruro nach Cochabamba fahren und von dort nach Sucre fliegen. Von Sucre bietet sich die Möglichkeit eines Busabstechers nach Potosí an. Von Cochabamba (und Sucre) gibt es sehr gute Flugverbindungen nach Santa Cruz. **Santa Cruz** ist neben La Paz **wichtigster Verkehrsknotenpunkt** Boliviens (internationale Flugverbindungen, Züge nach Brasilien und Argentinien). Außerdem ist Santa Cruz Ausgangspunkt für Fahrten in das tropische **Tiefland des Beni** und in den **Nationalpark Amboró** (s.S. 809).

Je nach Zeit und Geldbeutel kann von Santa Cruz nach La Paz mit dem Bus oder Flugzeug zurückgereist werden oder die große Rundreise auf dem

Landweg über **Trinidad, San Ignacio de Moxos** und **Abstecher Rurenabaque** nach La Paz fortgesetzt (oder beendet) werden.

Man könnte natürlich statt der Rundreise Bolivien auch durchqueren, z.B. von La Paz über Oruro – Cochabamba – nach Santa Cruz (bzw. über Oruro – Uyuni – Potosí – Sucre – nach Santa Cruz), und von Santa Cruz über Puerto Suárez/Corumbá nach Brasilien. Nach Argentinien geht es über Villazón oder Tarija.

Die folgende Routenbeschreibung orientiert sich nicht an straßentechnischen Haupt- oder Nebenstrecken, sondern an der praktischen und zeitlich machbaren Streckenführung zu den interessantesten Sehenswürdigkeiten Boliviens innerhalb einer Rundreise. Alle Routen lassen sich dabei abkürzen.

ROUTE 12: LA PAZ – ORURO (230 KM) – UYUNI – VILLAZÓN (1010 KM)

Von La Paz nach Oruro gibt es nur noch die Fahrt mit dem Bus. Viele Gesellschaften bedienen diese Strecke von frühmorgens bis abends, oft im 60-Minuten-Takt. *El Dorado, Transimperial* und *La Nobleza* zählen zu den besseren, Fz 3 h.

Die Straße von La Paz nach Oruro ist eine der besten Boliviens. Nach dem Talkessel wird oben in El Alto noch recht oft zugestiegen. Die weitere Strecke verläuft relativ langweilig, meist schnurgerade über den Altiplano durch einige verschlafene Hochlanddörfer wie Calamarca, Ayo Ayo, **Patacamaya** (101 km, Abzweigung zum Nationalpark Sajama), Sicasica (122 km) und **Caracollo** (190 km). In Caracollo teilt sich die Straße: Nach links geht es Richtung Cochabamba, geradeaus führt die Straße direkt nach Oruro.

Parque Nacional Sajama

In Patacamaya kann über das Garnisonsnest *Curahuara de Carangas* mit sehenswerter Adobekirche, die mit ihren Fresken im Mestizenbarock auch als „Sixtinische Kapelle des Altiplanos" gilt, zur Siedlung Sajama am Fuße des Vulkanbergs *Sajama* abgebogen werden. Der inaktive **Sajama** gehört zur *Cordillera Occidental Volcánica* und ist **mit 6542 m der höchste Berg Boliviens**. Sein Umland wurde bereits 1939 unter Schutz gestellt. Der Parque Nacional Sajama ist somit der **älteste Nationalpark Boliviens** und über 1000 qkm groß. In seinem Gebiet befinden sich noch weitere Vulkanberge, der höchste Wald Boliviens (Queñua-Bäume), Lagunen, heiße Quellen und Geysire sowie prähispanische Ruinen. Heimisch sind Vicuñas, Alpakas und Lamas, Marsupials, Andenpumas, Füchse, Andenwildkatzen, Gürteltiere sowie Andenflamingos. In *Jhuntuma Kuchu* gibt es Thermalquellen mit Bademöglichkeiten. Der Park ist touristisch noch kaum erschlossen.

Aus Patacamaya kommend führt unmittelbar hinter dem Schild „Parque Nacional Sajama" nach rechts eine 10 km lange Schotterpiste über Ojsani zum Dorf **Tomarapi**. Dort gibt es die Comunidad-Lodge *Albergue Ecoturístico Tomarapi* von 26 Aymara-Partnergemeinden (Ayllu Suni Uta Choquemarca). Dieses einfache Öko-Hotel mit 35 Betten und guten Zimmern wurde von der Deutschen Entwicklungshilfe erbaut und wird von Hochlandbewohnern betrieben. DZ/F 550 Bs, Reserv. über www.boliviamilenaria.com/eco-hostels, oder ecotomarapi@hotmail.com. Nachts kann es hier bis zu –20 °C kalt werden!

Nach weiteren 15 km und vorbei an den heißen Quelllen von *Khala Choco* wird das Dorf Sajama erreicht. Hier befindet sich das Hauptquartier der Nationalparkbehörde **SERNAP** (Tel. 513-5526), wo der Nationalpark-Eintritt zu bezahlen ist (30 Bs) und man eine Karte des Parks erhält. Im Dorf gibt es einfache Kneipen und einige Unterkünfte, mit am besten ist noch das *Hostal Sajama*. SERNAP ist auch behilflich zum Besteigen des Sajama, Vermittlung von Führern.

Anfahrt: Von La Paz fahren ständig Busse nach Patacamaya, dort umsteigen in den 12-Uhr-Bus nach Sajama (Fz 3,5 h). Selbstfahrer können entweder von Norden über Ojsani oder von Süden das Dorf Sajama erreichen, dazu von der Hauptstraße in Lagunas nach Norden abbiegen (18 km). Rückfahrten von Sajama um 6 Uhr mit dem Bus nach Patacamaya und dort einen Bus nach La Paz oder Oruro besteigen. Nach Chile mit dem Colevtico bis Tambo Quemado und dort umsteigen in einen Arica-Bus.

Nach/von Arica (Chile) Von Patacamaya durch den Sajama-Park sind es ca. 240 km bis zur chilenischen Grenze. Der bolivianische Grenzposten **Tambo Quemado** ist vom chilenischen Posten *Chungará* über einen Pass ca. 16 km entfernt. Der Grenzübergang ist nachts zu. Gleich hinter der Grenze führt die Strecke landschaftlich äußerst reizvoll durch den **Lauca-Nationalpark** (viele Lamas und Alpakas) nach Arica hinab. Die Straße via Tambo Quemado nach Arica ist durchgehend asphaltiert. Selbstfahrer aus Arica sollten spätestens an der Grenze Geld wechseln, da in Bolivien sofort eine Straßenbenutzungsgebühr fällig wird. Straßenwechsler tauschen chilen. Peso in Bolivianos. Nächste Mautstelle ist in Patacamaya.

Oruro

Die Stadt auf 3700 m Höhe liegt nördlich der beiden **Seen Uru Uru** und **Poopó,** die über den Río Desaguadero mit dem Titicacasee in Verbindung stehen. Ursprünglich war die gesamte Hochebene zwischen Uyuni und dem Titicacasee ein riesiges Binnenmeer, das nach und nach versiegte. Die ursprünglichen Bewohner der Region Oruros waren *Colla,* Uro-Gruppen und *Chipaya.* Noch heute sind diese am *Caipasee* und in Chipaya am Río Sabaya, nördlich des Salar de Coipasa, anzutreffen.

Oruro wurde nach der Entdeckung seiner Silbervorkommen am 1. November 1606 von *Manuel Castro de Padilla* gegründet und erlebte seine Blütezeit, ähnlich wie Potosí, als die Minen noch ertragreich waren. Danach setzten die **Zinnminen** des *Simón Patiño* den Boom fort. Ab 1892 schaffte es Oruro, als reiche Zinnstadt sogar Eisenbahnknotenpunkt des ganzen Landes zu werden. Der wirtschaftliche Niedergang setzte nach der Schließung der unrentabel gewordenen Minen ein. Heute zählt die ehemalige Bergarbeiterstadt 240.000 Einwohner, beschützt und überragt vom 45 m hohen *Monumento a la Virgen de Oruro,* der höchsten Marienstatue Lateinamerikas!

Sehenswert Oruro bietet kaum Sehenswürdigkeiten, so dass eine Unterbrechung der Reise eigentlich kaum lohnt – außer natürlich in Oruros berühmter Karnevalszeit (s.u.) Wer dennoch einen Tag bleibt, sollte sich anschauen:
– Die **Kathedrale** bei der **Plaza 10 de Febrero,** dem Hauptplatz Oruros an der Calle Bolívar, diese ist die Hauptgeschäftsstraße im Zentrum
– Die **Casa de la Cultura Museo Patiño** in der Soria Galvarro (Mo–Fr

8.30–11.30 u. 14.30–18 Uhr, Eintritt, geführte Tour). Die ehemalige Residenz des Zinnkönigs Simón Patiño (1860–1947) zeigt mit ihrem Mobiliar, Gemälden, Antiquitäten etc. den ungeheuren Reichtum dieses Mannes.

– Die **Iglesia del Santuario de la Virgen del Socavón** bei der **Plaza del Folklore** östlich des Zentrums mit Aussicht über die Stadt. Dort befindet sich auch das sehenswerte Doppelmuseum **Museo Sacro Folklórico Arqueológico y Minero** (9–11.15 u. 15.15–17.30 Uhr, Eintritt, geführte Tour, mit Besichtigung eines Minentunnels, Bergwerksgott *El Tío* und Diablada-Kostümen).

– Das sehenswerte **Museo Antropológico Eduardo Rivas** im Süden der Stadt, Calle España beim Zoologischen Garten (Mo–Fr 8–12 u. 14–16 Uhr, Sa/So 10–18 Uhr). Es widmet sich der Anthropologie, Ethnologie und Naturwissenschaften, u.a. mit Mumienfunden, Schädeldeformationen, ausgestorbenen Rüsseltieren (Mastodonten) und anderem mehr.

– Gleichfalls im Süden der Stadt: **Museo Mineralógico.** Auf dem Gelände der Universität, alles über Steine, Mineralien, Kristalle etc.

– Dampflokfreunde: Im Norden Oruros rosten auf Abstellgleisen alte Dampflokomotiven und Waggons vor sich hin.

Jahreshöhepunkt „Diablada" Einmal im Jahr ist in Oruro der Teufel los – im wahrsten Sinne des Wortes –, nämlich während der **Diablada,** dem Teufelsmaskenfest (vergl. Schilderung in Puno), beim berühmten **Karneval von Oruro,** wenn die Göttin *Ñusta* den Teufel *Huari* vertreibt! Es ist eine Verschmelzung andiner Kultriten mit Geisterglauben und christlichem Brauchtum.

Am Karnevalssonntag wird Oruro das Festzentrum Boliviens, Zehntausende reisen an, um das Spektakel mitzuerleben, alle Hotelzimmer sind Wochen vorher ausgebucht. Daten: 1904 Gründung der ersten *Conjuntos de Diablos,* ab 1940 wird der Karneval zu einer festen Institution. 1965 gesetzliche Ernennung Oruros zur „Folklore-Hauptstadt Boliviens", seit 1984 Verehrung der *Virgen del Socavón* als „Königin der bolivianischen Folklore". Am 18.06.2001 erklärt die UNESCO die Diablada von Oruro zum Weltkulturerbe.

Das zweiwöchige Fest beginnt, genau genommen, bereits am 1. November mit der *Iniciación de los Preparativos* und den Probeaufführungen der verschiedenen Conjuntos. Die neuen Tänzer und Tänzerinnen leisten vor der *Virgen del Socavón* einen Schwur, drei Jahre an der Diablada teilzunehmen. Vor dem Karneval versammeln sich die Vereinigungen in der *Iglesia Santuario Virgen del Socavón, am* Donnerstag vor dem Karnevalswochenende beginnen erste Feiern und kleinere Zeremonien.

Erster Höhepunkt ist samstags die **Entrada,** der Eröffnungsumzug, an dem mehrere Dutzend *Conjuntos (Caporales, Llamerada, Kullawada, Awathiris, Wakatokoris, Morenos, Chutas* u.a.) mit lautstarken *bandas* und farbenprächtig maskierten Teufelstänzern zur Iglesia Santuario Virgen del Socavón ziehen. Auf der Plaza del Socavón vollzieht sich dann der dramatisch-sinnbildliche Höhepunkt, der Kampf des Erzengels Michael gegen die sieben Dämonen.

Sonntagmorgen um 4 Uhr setzt sich die Diablada mit dem *Saludo del Alba,* dem Morgengruß vor der Kirche, fort. Die Krönung ist der **Corso de Domingo de Carnaval,** der kilometerlange Sonntagsumzug der *Conjuntos folklóricos.* Die wichtigsten Gruppen: *Incas,* Zeremonialtänzer, die an das Trauma der spanischen Conquista erinnern. *Caporales,* Tänzer aus den Yungas, ihr Ursprung geht auf die afro-bolivianische Rebellion gegen die Kolonialherren zurück. Die *Zampoñeros* spielen typische Altiplano-Tanzmusik. *Tobas* sind Ureinwohner aus dem Chaco, sie zeigen einen Kriegstanz. *Llamerda:* Tanzgruppe der Aymara. *Tinkus:* Tanz der Indígenas aus der Region Ouro und Potosí. *Kullawada:* Tanz aus La Paz. *Pujllay:* Festtanzgruppe aus Tarabuco. *Tarqueada:* typische

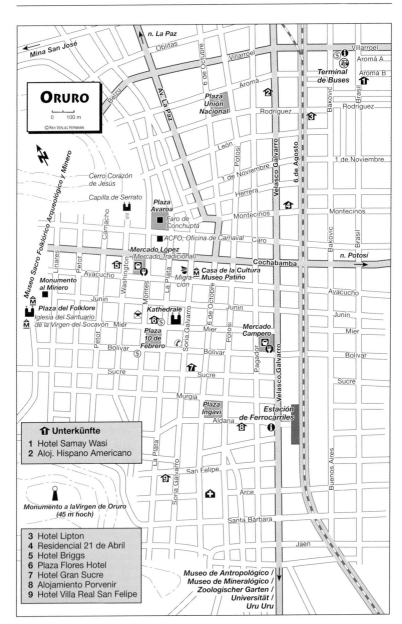

Musik und Tänze des Altiplano. Daneben gibt es noch *Kallawayas, Kantus, Potolos, Antawara* und die lustigste Gruppe, die *Doctorcitos,* die sich durch einen martialischen Marsch über die Juristen lustig machen.

Der Folkloreumzug wird am Nachmittag von einem Kinderumzug abgelöst. Doch auch montags wird weitergetanzt, Attraktion ist *La Challa*, ein andines Ritual zu Ehren der Mutter Erde, *Pachamama,* der Hochprozentiges und Süßgebäck geopfert wird. Auch an den restlichen Tagen der Woche finden weitere kleinere Umzüge und Zeremonien statt, bevor am Sonntag mit volkstümlichen Lobgesängen und Tänzen der Karneval im Stadtzentrum „begraben" wird.

Weitere Feste 20. Januar: *Fiesta de San Sebastián.* – 19. März: *Fiesta de San José.* – 3. Mai: *Fiesta de La Cruz.* – 29. Juni: *Fiesta de San Pedro.* – 16. Juli: *Fiesta de la Virgen del Carmen.* – 14. September: *La Exaltación de la Santa Cruz.* – 4. Oktober: *Fiesta del Rosario.*

Umgebungsziele Oruro

Laguna Uru Uru Möglich ist ein Tagesausflug zur fischreichen **Laguna Uru Uru** (8 km), die durch den Río Desaguadero im letzten Jahrhundert neu gebildet wurde. An der Laguna können viele Wasservögel und Flamingos beobachtet werden. Ein Taxi zum Uru Uru kostet etwa 80 Bs, billiger geht es mit dem Micro ab der Plaza Walter Khon bis Challacollo, Fz ca. 1 h. Von Dort weiter bis zur Laguna, Gz 30 Min. oder mit Bus.

Lago Poopó Der südlich gelegene **Lago Poopó** (65 km) ist durch seine geringe Tiefe von max. nur 3 Metern sehr salzhaltig. Im Poopó-See liegt die Isla de Panza. Anfahrt mit einem Bus ab Busterminal in Oruro oder mit geländegängigem Mietwagen.

Thermalbäder Frei- und Thermalbäder locken in **Pazña** (7 km), weitere mit einem Olympiabecken befinden sich in **Capachos** (12 km) und **Obrajes** (23 km). Busse ab Busterminal bzw. in der Carro und 6 de Agosto.

Chipaya Andere Ausflüge erfordern mehr Aufwand und meist einen geländegängigen Wagen, beispielsweise zum *Nevado Sajama* mit 6542 m der höchste Berg Boliviens inmitten des gleichnamigen Nationalparkes oder zu den **Chipaya** am Caipasee und in Chipaya am Río Sabaya nördlich des *Salar de Coipasa*. Die Chipaya gehören wie die Uro zu den Kot-suns, den „Seemenschen" und damit zu den ältesten Kulturen des Hochlands, touristische Besucher sind jedoch nicht gerne gesehen. Noch heute wohnen sie in einfachen, steinernen Rundhäusern, den *Putucus,* die einen Durchmesser von 5 m haben, mit Gras abgedeckt sind und deren Türrahmen aus Kakteenstämmen gebaut sind. Die Chipaya halten an ihren Traditionen, Naturglauben und Schutzgöttern, wie z.B. dem Sajama, fest.

Von **Cala Cala** (23 km) führt ein Fußweg zur Salzmine *Santa Fé*. Auch für die Besichtigung der Zinnminen bei **Llallagua** ist ein geländegängiger Wagen nötig.

Adressen & Service Oruro

Tourist-Info *Caseta de Información Turística,* gegenüber des Busterminals und des Bahnhofs, Velasco Galvarro; Stadtplan, Broschüren etc.
Vorwahl (02)

Polizei *Policía de Turismo,* beim Busterminal, Tel. 528-7774. – *Migración,* Soria Galvarro, s. Stadtplan.

Unterkunft BUDGET	Alojamientos haben meist kein *baño privado!* Hostales und preiswerte Hotels sehen in Oruro nicht immer einladend aus. **Alojamiento Porvenir,** Aldana 317, Tel. 525-2094; einfache, schöne Unterkunft, bc/bp. – **Alojamiento Hispano Americano,** Velasco Galvarro 6392, Tel. 526-1117; einfach, Zimmer bc/bp. – **Residencial 21 de Abril,** Montecinos 198, Tel. 527-9205. Freundliche und gute Familien-Unterkunft, zentral zwischen Busterminal u. Bahnhof, Internet, Cafetería. Ü/bc 50 Bs. – **Hotel Lipton,** 6 de Agosto 625/Ecke Rodríguez, Tel. 524-1583. Einfach. DZ/bp 120 Bs.
ECO / FAM	**Samay Wasi,** Calle Brasil/Ecke Aromá B 232, www.hotelessamaywasi.com, Tel. 527-6737. Vierstöckiger Bau gleich beim Busterminal, saubere Zimmer, freundliches und hilfreiches Personal, WiFi, GpD, Cafetería. DZ/F 230 Bs. – **Hotel Gran Sucre,** Calle Sucre 510, Tel. 642-3812. Attraktives Gebäude, plazanahe Lage, 56 Zimmer mit modernem Standard, Internet, Garage u.a. mehr. DZ 300 Bs. – **Hotel Villa Real San Felipe,** San Felipe 678, Tel. 525-4993, www.hotelvillarealsanfelipe.com. Familiär, freundlich, saubere und ruhige Zimmer, Restaurant, Garage. DZ/F 300 Bs. – **Plaza Flores Hotel,** Adolfo Mier 735, www.floresplazahotel.com, Tel. 525-2561. Gutes Mittelklasse-Hochbau-Hotel an der Plaza 10 de Febrero mit Stadtaussicht oben. DZ/F 300 Bs. – Gut ist das **Hotel Briggs,** Washington 1206, Tel. 525-1724, www.s-hotelbriggs.com.bo. 18 schöne Zimmer und kräftige Duschen, Restaurant, Café, Bar, WiFi. Etwas zu teuer: DZ/F 480 Bs.
Essen & Trinken	Die billigsten Gerichte bieten die Garküchen der Märkte *Mercado Campero* (auch delikate Obstsalate) und *Mercado Fermín López* und die Straßenstände der Calles Galvarro und Ayacucho. Insgesamt ist die Gastronomie Oruros nicht berauschend. Einfache Restaurants gibt es in der Bolívar, z.B. *Pagador* oder *Potosí.* Bolivianische Gerichte servieren *El Conquistador,* 6 de Octubre 6470, *Los Escudos,* Montecinos, *Naijama,* Pagador 1980/Aldana, *La Cabaña,* Junín 609 und *La Plata,* La Plata. Die Speisekarte des *Unicornio* in der La Plata/Plaza 10 de Febrero ist reichhaltig, regionale Gerichte. Vegetarisches im *Govinda,* 6 de Octubre 6071. Leckere Salteñas und Pizzen bei *La Casona,* Calle Montes 5969, zwischen der Plaza und Junín.
Post	Presidente Montes 1456.
Telefon	*ENTEL,* Av. España (Plaza Walter Khon) und Av. 6 de Octubre. Mehrere **Internetanbieter** in der 6 de Octubre.
Geld	Viele Straßenwechsler in der 6 de Octubre/Aldana (Nähe Plaza Ingavi) und in der Velasco Galvarro (zwischen Bahnhof und Calle Bolívar) sowie in Läden („Compro Dólares"). Wechselstube im Obergeschoss des Busterminals (Nähe dem Schalter von *Trans Azul). Banco Santa Cruz,* Av. Chávez Omar Ortíz. *Banco Boliviano Americano, Banco del Crédito.*
Funktaxis	*Radio Taxi Oruro,* Tel. 527-6222 und *Radio Taxi Faro,* Tel. 525-4444.
Artesanías	*Casa Reguerin,* Av. 6 de Octubre 6001. *Oruro,* Ayacucho/Washington. *Kirquincho,* La Paz (zwischen Aromá und der Belzu).
Kunstgalerie	*Galería Particular Cardozo,* Junín/Arica.
Wäscherei	*Lavandería Alemania,* Aldana 280.
Bus	Minibusse (Micros) fahren bis in die Vororte. Der Busterminal *Terminal de Autobuses Hernando Siles,* Av. Raija Vakovic/Aromá, Tel. 527-9535, liegt nicht weit vom Zentrum, ist modern und gut organisiert. Taxistand davor. **Nach Arica** (Chile): tägl. mit modernen Bussen von *Trans Paraíso* via Tambo Quemado, Fz 10 h, Fp 110 Bs inkl. Mahlzeit. – **Cochabamba** (230 km): tägl. mehrere Busse u.a. von *Nobleza, Trans Copacabana (8x), Oruro, Alianza, Universo, Cisne Imperial* und *Danubio,* Abfahrten meist um 13, 17 und 20 Uhr, Fz 4 h. – **Iquique** (Chile) via Colchane: Di/Sa mit *Litoral,* Di/Do/Sa mit *Geminis.*

Außerdem die Buslinien *Trans Bernal, Trans Paraíso* sowie *Mass & Kiss,* Fz ca. 8 h. – **La Paz** (230 km): tägl. unzählige Busse im Stundentakt 7–23 Uhr, u.a. von *Nobleza, Trans Copacabana (8x), Danubio, Bolivia, Fenix, Atlas, Avaroa, Aromá, Urus* und *6 de Agosto,* Fz rund 3 h. – **Potosí** (330 km): tägl. Busse, Fz 4–5 h. – **Santa Cruz:** über Cochabamba. – **Sucre:** Fz 8 h. – **Uyuni** (325 km): tägl. Busse mit *Belgrano, 16 de Julio* oder *Turbus Aldrin,* Fz 8 h; außerdem kommt der bequeme „Touristenbus" von *Todo Turismo* aus La Paz durch (Büro: Aromá/Brasil 232 beim Busterminal, www.todoturismo.bo). Uyuni-Reisende: Die Nachtbusse sind **bitterkalt!** Besser stattdessen den beheizten Zug nehmen. – **Villazón** (780 km): tägl. mit *Flota Universo.*

Zug Oruro ist ein Eisenbahnknotenpunkt. Von hier aus führen Strecken nach La Paz, Uyuni und Cochabamba. Nach Argentinien/Salta über Uyuni/Villazón (600 km). Oruro – Uyuni: Die zwei Wagenklassen des Zugs *Expreso del Sur* sind bequemer als die drei des Lokalzugs *Wara Wara.* Fahrkarten einen Tag vorher kaufen. Tel. Bahnhof 527-4605, www.fca.com.bo.
Oruro – Uyuni: Mit Expreso del Sur am Di u. Fr um 3.30 Uhr, an 22.20 Uhr
Mit dem Wara Wara Mi u. So 19 Uhr, an 2.20 Uhr

Flug Keine Flugverbindungen ab Oruro.

Oruro – Challapata – Potosí (330 km)

Wer die „Große Bolivien Rundreise" nicht über Uyuni machen möchte, fährt von Oruro auf der Straße Nr. 1 über Challapata direkt nach Potosí weiter (und blättert jetzt nach „Potosí" vor, s.S. 751). Die Strecke Oruro – Potosí befahren viele Busunternehmen nachts, so dass von der eigentlich schönen Landschaft nicht allzuviel gesehen wird. Es gibt keine echte Tagfahrt-Alternative, außer man hat ein eigenes Auto oder versucht zu trampen.

Die asphaltierte Straße von Oruro nach Challapata führt zuerst am **Uru-Uru-See** entlang. Danach kommt die Abzweigung zur Zinnmine bei Llallagua (diese selten befahrene Strecke führt später auf sehr schlechtem Belag weiter bis nach Sucre).

Uyuni- und Potosí-Reisende fahren auf der nahezu schnurgeraden Strecke weiter über Machacamarca und Poopó in der Nähe des gleichnamigen Salzsees bis **Challapata.** Von hier führt die Straße Nr. 1 als Asphaltstraße Richtung Südosten nach Potosí. Kurvenreich geht es bergauf und bergab über Tolapalca, Ventilla, Yocalla und Tarapaya bis Potosí.

Challapata – Uyuni

Von Challapata (keine Tagbusse nach Uyuni!) verlaufen Eisenbahn und Straße nach Río Mulatos. In Huari kann der Poopó-See am besten gesehen werden. In Río Mulatos gabelt sich die Eisenbahn: ein Arm verläuft über Potosí nach Sucre (landschaftlich interessant), der andere nach Uyuni. Von Río Mulatos nach Uyuni sind es 105 Straßenkilometer, dazwischen liegen *Chita* und *Colchani* (22 km vor Uyuni).

Uyuni

Uyuni (3670 m) wurde 1889 aus strategischen Gründen vom damaligen bolivianischen Präsidenten Aniceto Arce gegründet und spielte im Chaco-Krieg gegen Paraguay eine wichtige Rolle. Verwunderlich, wie in dieser bitterkalten, windigen und trostlosen Hochlandöde etwa 18.000 Menschen leben können und was sie hier am Ort hält. „Uyuni" ist ein Wort aus der Aymara-Sprache und bedeutet „Platz der Lasttiere". Viel zu sehen gibt es nicht, Staub und Schmutz allerorts. Eine gewisse allgemeine Vorsicht ist hier angebracht, auch vor Schleppern mit ihren Salartour-Angeboten.

Hinweis vorab: Statt der langen Busanreise von La Paz (s.u., „Bus", 11–12 Stunden) ein kurzer Flug mit *Amaszonas*, Di/Do/Sa/So 7 Uhr, ca. 950 Bs. Zweiter Tipp: Genügend Bargeld mit nach Uyuni mitnehmen (s.u., „Geld"). In der Hochsaison Ankommende sollten ihre Unterkunft besser vorab reservieren.

Hauptplatz von Uyuni ist die **Plaza Arce** mit dem Glockenturm. Drumherum liegen einige Lokale und einfache Unterkünfte. Von der Plaza weg führt die Av. Arce zu den Bushaltestellen.

Eisenbahnfriedhof — Gut ca. 2 km südwestlich außerhalb in Richtung Tupiza/Villazón befindet sich der **Cementerio de Trenes.** Dort rosten viele Dampfloks und Waggons aus alten Zeiten nun als eindrucksvolle Schrotthaufen vor sich hin. Mit dem Aufkommen der Dieselloks war nämlich die Zeit dieser Dampffrösser abgelaufen.

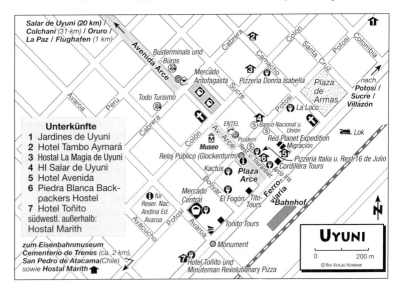

Museo Arqueología — ... *y Antropológico de los Andes Meridionales.* Kleines Museum an der Av. Arce mit Objekten zur Geschichte, Archäologie, Besiedlung (Mumie) und Naturhistorie. Mo–Fr 8–12 u. 14.30–18.30 Uhr. Eintritt.

Mine Pulacayo — 22 km nordöstlich von Uyuni, an der Straße Richtung Potosí, liegt auf über 4000 m Höhe der alte verlassene Minenort **Pulacayo.** Außer Silberminen aus dem 19 Jh. sind hier auch uralte Loks, Wagons und eine Wendeplatte zu sehen, darunter den allerersten Zug Boliviens und jenen, der einst von Butch Cassidy und Sundance Kid überfallen wurde (s.u., „Tupiza").

Guerreros de Jawincha Etwa 14 km südwestlich von San Pedro de Quemes, beim Dörfchen Jawincha, gibt es die Felsbilder der *Guerreros de Jawincha*. Der Ort liegt an der Südwestspitze des Salars. Dort wurden von den Archäologen Jesú Sagárnaga und Javier Méncias präkoloniale Felsmalereien entdeckt. Das Alter der roten Felszeichnungen ist noch nicht bekannt. Dargestellt sind Krieger, die Schilde und Waffen halten. Auf dem Kopf tragen sie Striche, die als Federn gedeutet werden. Interessierte können in Uyuni nachfragen, ob Touren dorthin unternommen werden. Infos: www.talcualbolivia.com.

Nach Chile und Argentinien Eine einsame Piste führt aus der Stadt nach Westen zur chilenischen Grenze nach Abaroa//Ollagüe (nahezu eine Geisterstadt), nach Südwesten geht es durch die *Gran Pampa Pelada (Río Grande de Lípez)* Richtung **Laguna Verde** (meist bei Jeeptouren genutzt) und nach Süden gelangt man zur argentinischen Grenze Villazón//La Quiaca. Zwei Bahnlinien verlaufen von Uyuni zu den genannten Grenzorten (in Chile dann weiter nach Calama/Antofagasta).

Reserva Nacional de Fauna Andina Eduardo Avaroa (REA) Uyuni ist ein guter Ausgangspunkt, um sowohl den Salar de Uyuni als auch die **Reserva Nacional de Fauna Andina Eduardo Avaroa** (REA, www.boliviarea.com) zu besuchen. Ein Info-Büro befindet sich nahe der Kreuzung Avaroa/Colón, s. Stadtplan. Reserva-Eintritt derzeit 150 Bs, im Preis der Touranbieter meist nicht enthalten.

Dieses 714.745 ha große Reserva in Höhen zwischen 4200 und 6000 m südlich des Salar de Uyuni in der *Cordillera Occidental Volcánica* wurde 1973 zum Schutz der Queñua-Wälder (höchstgelegene Wälder Boliviens) und der zierlichen Vicuñas eingerichtet. Heimisch sind in der Halb-wüste der Reserva auch Andenkatzen, Andenpumas und Andenfüchse. Hinzu kommt ein weltweit bedeutendes Wasservogelschutzgebiet, Heimat dreier Flamingoarten. Außergewöhnlich sind auch sehr viele größere und kleinere Seen, wie z.B. die *Laguna Colorada, Laguna Hedionda* oder die *Laguna Verde*, die durch ihren hohen Blei-, Kalzium- und Schwefelgehalt smaragdgrün schimmert. In 4850 m Höhe liegt das Geysirfeld *Sol de Mañana* und in der Nähe der 30 Grad warme Naturpool *Termas de Chalviri*.

Adressen & Service Uyuni

Tourist-Info *Dirección de Turismo Uyuni*, Av. Potosí/Plaza Arce, im Glockenturm (Reloj Público), Tel. 693-2400, 693-2098, Tel. 693-2060, rnfaeaoit@hotmail.com. Mo–Fr 8.30–12 und 14–16.30 Uhr. Infos über den Salar de Uyuni. Die Mirgración und die Polizei befinden an der Av. Ferroviaria, s. Stadtplan. **Vorwahl 02**

Unterkunft In der Hochsaison im August sind fast alle Unterkünfte ausgebucht, Reservierung deshalb empfehlenswert. Auch wenn der Zug eintrifft, sind Unterkünfte oft schnell ausgebucht. Wichtigstes Kriterium in den Unterkünften sind beheizte Zimmer, was Budget-Unterkünfte meist nicht bieten.

Reisemobil **Hostal El Viajero,** Cabrera 339, S 20.46053 W 66.82557, Stellplatz im Innenhof des einfachen Hostals. Oder in nachfolgenden probieren.

ECO **Hotel Avenida,** Ferroviaria 11, Tel. 693-2078, www. Sehr einfach, gut für eine Nacht. Ü ab 60 Bs p.P., je ob eigenes Bad. – Ähnlich einfach und gleiche Preisklasse: **Hosteling International Salar de Uyuni,** Ecke Potosí/Sucre, Tel. 693-2228. – **Hostal Marith,** Av. Potosí 61, Tel. 693-2096. Großes, in die Tage gekommenes Hostal, 20 Zi., bc/bp, großer Patio. Selbstfahrer können im Hof parken. DZ/bc 45 Bs, DZ/bp 80 Bs, MBZi 70 Bs, Frühstück 20 Bs. – **Piedra Blanca Backpackers Hostel,** Arce 27, www.piedrablancabackpackers.ho-

stel.com, Tel. 693-2517. Historisches, modern umgebautes Kolonialhaus, saubere Zimmer und Betten, Gästeküche, alle Services. Superheiße Duschen (auch für Nicht-Gäste, Bs 20 Bs). Ü Dorm 50 Bs, DZ/F 400 Bs.
Hostal La Magia de Uyuni, Colón 432, www.hostalmagiauyuni.com, Tel. 693-2541. Nettes Haus im Kolonialstil, 8 hübsche Ein- und Mehrbettzimmer mit Bad, 24 h Ww, auf Wunsch Elektroheizung, kostenloses Internet/WiFi, Ws. DZ/F um 350 Bs. Backpacker-DZ 140 Bs.

FAM **Hotel Tambo Aymará,** Calle Camacho, nennt sich „Ethno-Hotel". Haus im Hacienda-Stil mit Innenhof, saubere, nüchterne Zimmer. Restaurant, Parken. Triple-, Einzel und DZ. DZ/F 380 Bs.
Hotel Toñito, Ferroviaria 60, Tel. 693-3186, www.bolivianexpeditions.com. Patio-Hotel, freundliche, hilfsbereite Inhaber, gutes Restaurant mit Heizofen (leckere Pizzen, Pasta, frisches Brot, Kaffee), gutes Frühstück, WiFi, Parken, beliebt. Auch Salar-Touren, *Toñito Tours*. DZ/F 280 Bs, neue Zi. 400 Bs.
Hotel Jardines de Uyuni, Potosí 113, www.jardinesdeuyuni.com, Tel. 693-2989. Rustikal-stilvolles Patio-Hotel mit bunt getüchten Zimmern und komfortablen Betten, Zentral- und Elektroheizungen, Restaurant Thunupa, Bar, WiFi u.a. Mehrbett-, EZ und DZ. DZ/F 530 Bs.

Salzhotels im Salar Ganz aus Salzblöcken erbaut ist luxuriöse und preisgekrönte Salzhotel **Luna Salada**, es liegt 5,5 km nordwestlich von Colchani (dieses 22 km nördlich von Uyuni), GPS S20°16'47'', W66°58'57'', www.lunasaladahotel.com.bo, Tel. 7121-2007. Standardzimmer und Suites, Panorama-Restaurant. DZ/F ab 800 Bs. Transfer ab Uyuni, ab Colchani kostenlos.

Noch luxuriöser und teurer ist der **Palacio de Sal,** 4,5 km westlich von Colchani, www.palaciodesal.com.bo. Erbaut wurde das architektonische Salzjuwel mit 16 wunderschönen Zimmer in Iglu-Konstruktionen 1998. Restaurant, Spa u.v.a. mehr. DZ/F VP ab 1400 Bs.

Hotels der Kette **Tayka** (www.taykahoteles.com) wurden in **Tahua** (Hotel de Sal), **San Pedro de Quemez** (Hotel de Piedra) und in **Ojo de Perdiz** (Hotel del Desierto) erbaut. Ein weiteres liegt in der Geisterstadt **San Pablo de López** (Hotel de los Volcanes) im Süden des Salars.

In allen Salzhotels sind Selbstfahrer willkommen, sollten sich aber zuvor in einem der Fremen-Büros zumindest telefonisch oder per eMail anmelden. Nur Tahua und San Pablo de López sind sporadisch mit öffentlichen Verkehrsmitteln erreichbar, für die anderen Orte mit Salzhotels wird ein Mietwagen oder eine Tourbuchung benötigt. Jedes Salzhotel hat 14 Zimmer, die Übernachtungspreise sind gleich: EZ/ DZ ab 580 Bs, TriZ ab 620 Bs, MBZi ab 660 Bs. In der HS vom 15.04. bis 15.09. erhöhte Preise. Frühstück 20 Bs, Büfett 45 Bs, Lunchbox 45 Bs.

Unterkünfte bei einer großen Salar-Tour Bei einer mehrtägigen Tour ist man normalerweise in Schlafsälen äußerst einfacher Herbergen untergebracht. Gegen einen Aufpreis von ca. 50 US$ besteht aber z.B. in San Juan die Möglichkeit, in dem hübschen Hostal *La Magia de San Juan* (Tel. 711-74453, www.hostalmagiadesanjuan.com) unterzukommen, das über warmes Wasser und einen glasüberdachten Innenhof verfügt. DZ 330 Bs. Alternative: *Alojamiento Lincancábur* (nach Teofilo Yucra fragen) – sauber, ruhig, Ww. Parken im Hof möglich.

Komfortabel kommt man in den vier Hotels der Tayka-Gruppe unter, s.o. Ein DZ kostet allerdings rund 100 US$.

Einige der Herbergen an der Laguna Colorada bieten gegen einen Aufpreis von 10 US$ Doppelzimmer mit eigener Toilette.

Sagen Sie Ihrem Touranbieter in jedem Fall Bescheid, wenn sie nicht in den üblichen einfachen Schlafsälen übernachten möchten, damit er eine der Alternativen arrangieren kann.

Essen & Trinken	*Minuteman Revolutionary Pizza,* Av. Ferroviaria 60, im Toñito Hotel; gutes Restaurant, leckere Pizzen, Pasta, Salate, selbstgebackenes Brot, Kuchen, Kaffee, Frühstück. **TIPP.** – *Pizzeria Restaurante Italia* und *Restaurante 16 de Julio,* Av. Arce; Pizzen, Pastas, auch Frühstück, Heizung per Gasflasche. Ein paar Meter weiter: *Restaurante Arco Iris.* – Die Pizzeria *Donna Isabella* in der Camacho/Ecke Colón macht Pizzen aus Quinoateig. – *Pub Bar Restaurant La Loco,* Av. Potosí s/n, Di–So 15–02 Uhr; großer Pub mit offenem Feuer, französische Küche, gemütlich, gute Musik.
Telefon und Internet	*ENTEL,* Av. Arce, Nähe Glockenturm, sowie Av. Bolívar. Gleichzeitig öffentliches Internet. Weitere Internet-Stellen in den Hauptstraßen, alle sehr langsam.
Geld	Geldautomaten bei den Banken *Nacional* und *Unión,* Av. Potosí/Ecke Sucre. Oft Warteschlangen und an den Wochenenden sind die Automaten oft leer. – *Prodem* an der Plaza Arce tauscht Bargeld, Euro, Dollar und chilenische Peso.
Tankstelle	Eine Tankstelle mit bleifreiem Benzin ist vorhanden.
Wäscherei	LAVARAP, Ferroviaria nahe der Eckee Sucre.
Ausreisestempel	*Migración,* Ferroviaria/Ecke Sucre, Mo–Fr 8.30–12 und 14.30–18 Uhr, Sa/So 8.30–12 Uhr. Wer über Ollagüe oder Hito Cajónes **nach Chile ausreisen** möchte, braucht sich in Uyuni nicht den Ausreisestempel holen. Die bolivianische Abfertigung erfolgt in Laguna Blanca, die chilenische in San Pedro de Atacama. Touranbieter kümmern sich darum (Gebühr). Selbstfahrer können über den Salar über Llica – Bella Vista – Cancosa – Collacagua nach Nordchile ausreisen (in Uyuni ausstempeln!). An den Grenzen fallen Gebühren an.
Bus	**Nach La Paz** (555 km, Fz 11–12 h): tägl. Nachtbusse, evtl. meist Umsteigen in Oruro, ansonsten Direktbus tägl. mit *Panasur,* Cabrera 278/Av. Arce, oder *11 de Julio.* Daneben fährt der bequeme „Touristenbus" von **Todo Turismo,** Calle Cabrera 158, Tel. 693-3337, www.todoturismo.bo um 20 Uhr nach La Paz, Fz 11,5 h. Die beste Verbindung bietet derzeit *16 de Julio* mit Semi-Camabusse, tägl. ab 20 Uhr. – **Oruro** (325 km, 7–8 h): tägl. Nachtbusse, u.a. *Trans Azul, Panasur, Trans Predilecto* (19 Uhr/20 Uhr) und *16 de Julio.* – **Potosí** (215 km, 6 h): tägl. um 9.30 Uhr (empfehlenswerte Zeit wegen der Landschaft) und 18.30 Uhr, u.a. *Quijarro, Emperador* und *11 de Julio.* Fz 5 h auf weitgehend asphaltierter Strecke. – **Pulacayo:** Micro gegenüber der Post um 11 Uhr (nicht tgl.), Fz 1 h. – **San Pedro de Atacama/Chile** (ca. 600 km, 9–10 h): kein Direktbus, Colectivos, meist umsteigen in Avaroa an der Grenze, Mo/Do mit *Trans Predilecto* 3.30 Uhr, Mi/So 5 Uhr. – **Sucre** (375 km, 9 h): keine Direktbusse, umsteigen in Potosí (s. dort). – **Tupiza** (200 km; über Potosí nach Tupiza: 470 km, 7–8 h): Mi/Fr/So mit *11 de Julio,* oder *12 de Octubre,* tägl. zwischen 6 und 8 Uhr, Fz 6 h. In Tupiza tägl. Busse nach Villazón (90 km, 3 h). **Hinweis: Nachtbusse** meist **unbeheizt,** warme Kleidung anziehen!
Zug	Uyuni ist Bahnknotenpunkt zwischen Oruro und Villazón und nach/von Calama in Chile (während der Regenzeit ist die Piste nach Calama nur schwer zu befahren, so dass nur der Zug bleibt). Der *Expreso del Sur* aus Oruro kommt am Di u. Fr fahrplanmäßig um 22.20 Uhr an, der *Wara Wara* am Do u. Mo nachts um 2.20 Uhr Abfahrten nach Oruro: mit dem *Expreso del Sur* Do u. So nachts um 00.05 Uhr, mit dem *Wara Wara* Di u. Fr nachts um 01.45 Uhr. Die zwei Wagenklassen des *Expreso del Sur* sind bequemer als die drei des Lokalzugs *Wara Wara.* Fahrkarten einen Tag vorher kaufen. Tel. Bahnhof 693-2320, www.fca.com.bo. Nach **Tupiza** und **Villazón** mit dem *Expreso del Sur* am Mi u. Sa 00.45 Uhr, mit dem Wara Wara Mo u. Do um 02.50. – Nach **Avaroa/Calama** (Chile): Mo um 03.00 Uhr mit dem *Wara Wara.*
Flug	Der Flugplatz befindet sich ca. 1 km nördlich außerhalb. – Tägl. mit *Amazonas*

(Tel. 222-0848, www.amaszonas.com) nach La Paz Mo/Mi/Fr um 9 Uhr. La Paz – Uyuni Di/Do/Sa/So 7 Uhr. – Außerdem Aerocon, www.aerocon.bo, Tel. 901-10-5252. – TAM (www.tam.bo) fliegt Mo und Fr nach und von Sucre.

Ausflüge von Uyuni

Tourveranstalter s.S. 745

Tour 1: Salar de Uyuni

Diese riesige Salzpfanne (Salar) ist etwa 160 km lang und 135 km breit, die Salzkruste differiert zwischen 2 und 7 m. Damit ist der Salar de Uyuni die größte Salzfläche der Erde. Von den Einheimischen wird der Salar „Weißes Meer" genannt. Am Rande des Salzsees erhebt sich der heilige *Tunupa* (5400 m), der als Ursprung des Tunupa-Mythos (eine Art Christus der Aymara) gilt.

Ursprünglich gehörte der Salar zum gewaltig großen Anden-Binnenmeer *Lago Minchíns*. Als der Ursee vor Jahrmillionen austrocknete, blieben abflusslose Altiplano-Seen und -Salare zurück (zwar wird der Titicacasee über den Río Desaguadero entwässert, doch der findet gleichfalls ein trockenes Ende im versalzenen Poopó-See).

In der Trockenzeit verdunstet das spärliche Wasser des Salars, zurück bleibt die harte Kruste aus Salz und Salzausblühungen. Nach Niederschlägen verwandelt sich die feste Salzdecke in Salzsümpfe.

Auf der Salarfläche treten vielfach *ojos* („Augen") auf, blubberndglucksendes Quellwasser von unterirdischen Wasserläufen und Gasen, die durch die Salzkruste brechen. Dieses Wasser stammt überwiegend vom *Río Huajala*, der zum Salar de Uyuni fließt, aber zuvor in schlammigem Erdreich versickert. Sowohl im Umkreis von *ojos* als auch in Schlammabschnitten besteht für (schwere) Fahrzeuge Einsackgefahr.

Zwischen Dezember und März/April wird der Salar durch die Hochland-Regenfälle regelrecht **überflutet** und kann bis **Mai/Juni unter Wasser stehen.** Dann glänzt das Salarwasser in sattem Tiefblau und die Salzarbeiter ziehen sich zurück, bis der Salar wieder trockenliegt.

Der größte Reichtum des Salars liegt noch unausgebeutet da, nämlich **Lithium.** Das Vorkommen des silberweißen Alkalimetalls, das als Legierungszusatz für Batterien und ganz besonders in der Kerntechnik benötigt wird, wird auf 9 Mio. Tonnen geschätzt – das wären knapp 75% des derzeit bekannten Weltvorkommens! Verschiedene Forschungsteams, darunter auch eines mit Experten der Technischen Uni Freiberg, erarbeiten derzeit Methoden, mit denen das Lithium abgebaut werden kann.

Eintagestour Eilige oder Reisende mit wenig Zeit können in Uyuni eine Tagestour in den Salar de Uyuni organisieren. Diese Tagestour umfasst den *Cementerio de Trenes* (Eisenbahnfriedhof), Colchani, Salzhotel, Isla Incahuasi und einige *ojos*. Sie beginnt um 10.30 Uhr in der Av. Ferroviaria, Transport meist in einem achtsitzigen Jeep. Rückkehr gegen 18 Uhr. Fp 130 Bs inkl. ein vom Fahrer zubereitetes einfaches Mittagessen.

Colchani Salz gewonnen wird bei **Colchani.** Vermummte Männer schlagen mit Äxten Salzblöcke *(panes de sal)* aus dem Boden, die in einer windschiefen Salzmühle weiterverarbeitet werden. Die Jahresproduktion liegt bei etwa 20.000 Tonnen, ganz Colchani lebt praktisch nur vom Salz (Speisesalz).

Die Salzfabrik und auch das kleine Salzmuseum können besucht werden. Das gemahlene Salz wird mit Jod versetzt und verpackt, von den Salzarbeitern können Souvenirs aus Salz gekauft werden, deren Erlös direkt der Salzgenossenschaft zugute kommt.

Isla Incahuasi
Ungefähr 80 km nordwestlich von Uyuni liegt einsam im Weiß des Salzmeers (GPS S20°14.485', W67°37.646') die **Isla Incahuasi.** Viel wächst nicht auf dem aus versteinerten Korallen bestehendem Felsklotz: trockene Grasbüschel und Kakteen, *cardones,* die bis zu zehn Meter in die Höhe ragen. Sie sind bewehrt mit zentimeterlangen, spitzen Stacheln und sie wachsen jedes Jahr einen Zentimeter, manche sind 1200 Jahre alt. Hier machen die Jeeps der Touristengruppen Rast (Eintritt 30 Bs, nicht im Tourpreis enthalten). Ein gut ausgebauter Wanderweg führt zwischen den Felsen entlang, zwischen denen Vögel und eine Chinchilla-Art leben. Vom höchsten Punkt der Insel, etwa 100 m höher als der Salar, bietet sich eine Rundumsicht bis zu fernen, schneebedeckten Vulkanbergen.

Auf der Insel gibt es das Café-Restaurant *Mongos* (Lamafleischgerichte), einen Kiosk und Toiletten. Fahrrad- und Motorradfahrer dürfen auf der Insel campen. Eine französische NGO eröffnete ein ethnokulturelles Museum. Gezeigt werden traditionelle Kleidungsstücke, wie z.B. ein *azcu,* ein langes schwarzes Kleid, Silberbroschen und Hüte aus Schafsleder. Außerdem sind sieben archäologische Stätten der Tiwanaku-Kultur vorhanden, zwei Inkaruinen, 30 Höhlen und zwölf natürliche Tunnel. Die Insel war heilig und ist noch heute Opferstätte.

Isla Pescado
Die Isla Pescado, die oft mit der Isla Incahuasi verwechselt wird und die ihren Namen nach der Form eines Fisches bekam, liegt 20 km nordwestlich der Isla Incahuasi, GPS S 20° 08.020', W 67° 48.454'. Sie ist ohne jegliche Infrastruktur.

Tahua
Im Norden des Salares liegt das Dorf **Tahua** mit einfachen Übernachtungsmöglichkeiten. Tahua ist Ausgangspunkt zur Besteigung des Vulkans Tunupa. Anfahrt zu ihm: Von Tahua dem Fahrweg nach Norden bis zu einem Parkplatz folgen, von dort Fußweg zum Gipfel. In der Nähe des Parkplatzes kann über einen Fußweg eine Höhle mit Mumien erreicht werden. Den Schlüssel für die mit einer Tür verschlossenen Höhle gibt es gegen eine Gebühr beim Parkwächter in Tahua.

Das beste Hotel ist von der Hotelkette Mongos: Klein und hübsch, 6 Zi. bc/bp, Hz, Restaurant mit Kaminfeuer, Kaktusgarten. DZ/bc/F 155 Bs, DZ/bp/F 200 Bs. Eine Alternative ist das *Tayka Hotel de Sal* von Fremen.

Tunupa
Der 5400 m hohe Vulkan Tunupa wird ein immer beliebteres Ausflugsziel. Ab Uyuni wird eine 2-Tagestour zu ihm angeboten. Am 1. Tag geht es nach Coquesa (3670 m), das in einer sehr grünen Landschaft eingebettet liegt. Am nächsten Morgen wird dann die Höhle der Mumien (4000 m) angefahren, anschließend der Mirador mit Blick über den Salar und auf dem Rückweg die Isla Pescado. Kostenpunkt 35–40 US$. Der Tunupa wird dabei nicht bestiegen.

Die Tour kann auch auf eigene Faust unternommen werden: In Coquesa gibt es eine einfache Unterkunft mit einem kleinen Kiosk, aber kein Restaurant. Von Coquesa kann man dann zur Höhle der Mumien fahren, dabei wird das verschlossene Tor passiert. Von dort kann dann der Tunupa bestiegen werden (keine Wegweiser), über schwierige, brüchige Felsen. Die meist unerfahrenen

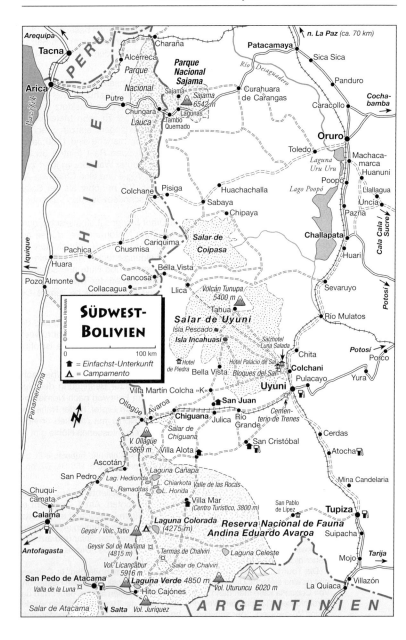

Führer kosten in Coquesa 35 Bs, aber diese sind nicht zwingend notwendig, zumal diese sehr schnell auf- und absteigen wollen. Man kann die Besteigung an der Gabelung zum Mirador hinauf auf den Gipfel auch alleine machen.

Tour 2: Salar de Uyuni und Lagunen

Das Gebiet südwestlich Uyunis ist bis zur chilenischen Grenze mit weiteren Salaren und Seen übersät, die **Laguna Colorada** ist dabei die spektakulärste. Bei Mehrtagesausflügen wird neben der Laguna Colorada meist auch die *Laguna Verde* und die Gegend von *Sol de Mañana* eingeschlossen. Die Weiterfahrt nach Chile, nach *San Pedro de Atacama* via *Licancábur/Laguna Blanca,* kann gegen Aufpreis abgesprochen werden; Ein-/Ausreisestempel gibt es direkt an der Grenze. Da es in Bolivien fast nur verbleites Benzin und in Chile nur Bleifrei gibt, werden die Fahrzeuge an der Grenze manchmal gewechselt (in Uyuni ist jedoch bleifrei erhältlich). Beste Reisezeit für das Gebiet Laguna Colorada: **April bis Oktober.** Wer von Süden (von Chile kommend) nach Bolivien einfährt, muss 30 Bolivianos Eintritt in die **Reserva Nacional de Fauna Andina Eduardo Avaroa (REA)** bezahlen. Infos über die REA: www.bolivia-rea.com.

Tourbeispiel Nachfolgend beispielhaft Zeitplan und Ablauf einer Viertagestour (es werden auch fünf - oder sechstägige angeboten, die i.d.R. nur unwesentlich mehr kosten und weitere sehenswerte Ziele, wie z.B. *Laguna Celeste, Laguna Tinta* oder *Laguna Negra,* miteinschließen und ggf. in Tupiza enden). Seitdem einige Pisten besser ausgebaut wurden, werden verstärkt auch Dreitagestouren angeboten. Außerdem beginnen Touren auch in San Pedro de Atacama in Chile mit Endziel Uyuni. Dabei darauf achten, dass nicht in Villa Mar (3800 m) sondern an der *Laguna Colorada* übernachtet wird. Die zweite Übernachtung erfolgt meist in San Juan.

1. Tag   **Salar de Uyuni** (s.o.)

2. Tag   **Laguna Colorada.** Diese Laguna auf 4275 m Höhe liegt 350 km südwestlich von Uyuni, Anfahrdauer mindestens 12 Stunden! Die Fahrt erfolgt auf einer Piste (die evtl. noch nicht ganz fertiggestellt ist und nach ca. 40 km endet; Selbstfahrer orientieren sich am Bahngleis von Uyuni) über den Ort Chiguana in Richtung bol./chil. Grenze (Ollagüe). Man passiert mehrere kleinere Lagunen mit Flamingos, es grüßt die Rauchfahne des Vulkans *Ollagüe* (5869 m).

Die Laguna Colorada ist ein einzigartiges Naturschauspiel. Hier brüten die sehr seltenen **Andenflamingos** (Poenicopterus chilenesis), *Tokoko* genannt, sowie die kleineren *Chururus* (James-Flamingos).

Das Wasser des ca. 60 qkm großen Sees ist aufgrund kupferhaltiger Mineralien rötlich gefärbt, doch man sieht auch Algengrün und weiße Borax-Inseln. Zusammen mit dem Blau des Himmels und dem gelbfarbigen Andengras eine tolle Farbpalette, deren Leuchtkraft von der Tageszeit bestimmt wird. Eingerahmt von Vulkanen und schneebedeckten Berggipfeln eine einmalige Szenerie und ein ganz besonderes Bolivien-Erlebnis ... was sich herumgesprochen hat, denn in der Hochsaison übernachten hier gut und gerne manchmal bis zu 20 Jeep-Gruppen! Die vier- bis fünfstündige Wanderung am See entlang ist, trotz der dünnen Luft, ein Muss. An der Laguna übernachten einige Tourveranstalter mit ihren Gruppen in Schuppen mit Fenstern ohne Glas. Etagenbetten, z.T. bis zu 12 Personen in einem Raum. Außerdem gibt es bei der Laguna Colorada die *Albergue de Huayllajara,* 3 Zi. mit 6–7 Betten/bc, sowie DZ/TriZ, Ü 20–60 Bs je nach Zimmer. Etagenbetten mit z.T. bis zu 12 Personen in einem Raum.

3. Tag	**Sol de Mañana und Laguna Verde.** Nach einer eindrucksvollen Weiterfahrt durch die Bergwelt, nur 25 km südlich von der Laguna Colorada entfernt, wird in 4850 m Höhe der **Geysir Sol de Mañana** erreicht. Das dampfende Phänomen (aktiv nur früh am Morgen, ca. 10 m hohe Dampffahne) und die kochenden Lavaschlammlöcher sind ein weiteres Spektakel. Genügend Sicherheitsabstand einhalten, der Boden um die blubbernden Löcher ist nicht immer gehfest!
	Die in der Nähe liegenden Pools der **Termas de Chalviri** sind gleichfalls besuchenswert, ihr ca. 30 Grad warmes Wasser soll gegen allerlei Zipperlein wohltuend wirken.
	Etwa 50 km südlich des Geysirs Sol de Mañana liegt, am Fuße der Vulkane *Lincancábur* und *Juriquez,* die 17 qkm große **Laguna Verde** (4350 m). Sobald die Sonne um die Mittagszeit am höchsten steht, vollzieht sich ein einmaliges Naturschauspiel: Durch den Sonneneinstrahlwinkel und die Reaktion des pflanzlichen Planktons in Verbindung mit dem hohen Blei-, Kalzium- und Schwefelgehalt schimmert die vorher kristallklare Lagune auf einmal grün! In ihrer Mitte beginnt die Reaktion zuerst, von dort breitet sich ein smaragdgrüner Schimmer über die gesamte Wasserfläche aus. Außerdem können das ganze Jahr über am Ufer der Lagune bis zu drei verschiedene Flamingoarten beobachtet werden.
	Am Abend wird meist wieder an der Laguna Colorada oder in *Villa Alota,* einem typischen Adobedorf, übernachtet. Doch es kann auch bei der Laguna Verde in der *Cabaña de Alta Montaña* übernachtet werden. Hier stehen vier Zimmer zur Verfügung, Ü 40 Bs. Frühstück, Mittag- u. Abendessen sind extra zu bezahlen, Menü 10–20 Bs, Badbenutzung 2 Bs, anbei ein kleiner Kiosk. Die dort anwesenden Führer bringen Interessierte zum Vulkan *Lincancábur,* Gruppen 1–6 Pers. ca. 300 Bs, ggf. Transportaufschlag 300 Bs pro Gruppe.
Zusatzziel: Laguna Celeste	Ab und zu wird in einer organisierten Tour auch die *Laguna Celeste* (Himmelslagune) angefahren (ca. 100 km östl. der Laguna Colorada). Eine Legende berichtet dort von einer Ruine in dem blauen See. Hinter dem See windet sich eine Straße über einen 5900 m hohen Pass – das wäre wohl Rekord bei den höchsten befahrbaren Straßen der Welt!
4. Tag	Rückfahrt nach Uyuni. Fz auf der neuen Straße 7–8 h.

Tourbuchungen

Hinweis	Es ist nicht ratsam, den Salar auf eigene Faust zu befahren, wenngleich die Salzkruste meterdick zu sein scheint. Wenn, dann nur mit Vierradantrieb (4WD). Eine Leserin berichtete, sie wäre, nachdem der Fahrer die Orientierung im Salar verloren hatte, 24 Stunden mit einem Kleinbus im Salz steckengeblieben. Nachts sank die Temperatur auf –5 °C und ein Sturm peitschte über den Salar ...
	Die Erfahrung des Fahrers ist essentiell, er sollte die Salare gut kennen. Sehr gute Tourveranstalter haben u.U. zwei Fahrer und ein Funkgerät an Bord, um im Notfall Hilfe rufen zu können. Es kann vorkommen, dass mehrere Personen im selben Wagen sitzen, die bei unterschiedlichen Anbietern unterschiedliche Preise bezahlt haben. Die Qualitätsunterschiede der Fahrzeuge und der Verpflegung sowie des Veranstalterpersonals ist erheblich!
	Die meisten Agenturen haben den gleichen Zeitplan (Abfahrt am ersten Tag vielfach erst gegen 10.30 Uhr), so dass sich in der Hochsaison unterwegs an schönen Punkten oft bis zu 10 Geländewagen sammeln.
Ausrüstung	Ein Zelt wird nicht benötigt, aber ein sehr warmer Schlafsack ist zur Übernachtung in Zelten oder an der Laguna Colorada notwendig (nachts kann es bis zu –20 °C kalt werden!). Schlafsäcke stellen die Agenturen zur Verfügung, in den

Hütten an der Laguna Verde und in Villa Alota gibt es ausreichend Decken. Mitnehmen: Sonnencreme mit einem sehr hohen Lichtschutzfaktor, Sonnenbrille, Fettstift für die Lippen, Taschenlampe und evtl. warme Kleidung. Trinken Sie unbedingt wesentlich mehr als gewohnt, auch ohne Durstgefühl!

Tour-Kosten Organisierte Ausflüge in den Salar sind in Uyuni vor Ort billiger als in La Paz oder Potosí. Die Anbieter öffnen ihre Büros um 8.30 Uhr, starten aber, wie erwähnt, meist erst gegen 10.30 Uhr. Morgendliche Kunden haben evtl. den Vorteil eines Preisnachlasses, da die Anbieter darauf aus sind, ihre Wagen vollzukriegen. Bei Mehrtagestouren sollten im Preis die Mahlzeiten eingeschlossen sein (von der Kost nicht zuviel erwarten).

Orientierungspreise: Während der Hochsaison von Juli bis September kostet ein Halbtagesausflug etwa 280 Bs, eine Tagestour Standard ab 400 Bs, Zwei Tage ab 500 Bs und Dreitagestouren zwischen 700 und 800 Bs und im oberen Segment noch mehr. Eine Viertagestour in den Salar mit Besuch von Laguna Colorada, Laguna Verde und Sol de Mañana mit einem 4WD-Geländewagen ca. 900 Bs (mit Verpflegung), je nach Anbieter. In der Nebensaison ab September fallen die Preise. **Ab Januar bis März/April steht der Salar unter Wasser, dann finden nicht immer Touren statt.**

Eintrittspreise Der Besuch des **Salar de Uyuni** kostet 50 Bs (Quittung aufbewahren zum Schutz vor Nachforderungen), die **Reserva Nacional Eduardo Avaroa (REA)** 150 Bs. Fragen, ob diese Eintrittsgebühren schon im Tourpreis enthalten sind. Nicht enthalten ist der Eintritt für die **Isla Incahuasi** von derzeit 30 Bs.

Veranstalter In Uyuni gibt es viele Dutzend Touranbieter für Salar-Touren, wobei man über alle Positives und Negatives zu hören bekommt. Viele Agenturen tauschen ihre Passagiere aus, um die Wagen vollzukriegen. Sie unterbieten sich gegenseitig, was zu Lasten des Service und der Wartung der Fahrzeuge gehen kann. Es blieben schon Wagen auf halber Strecke liegen, und das ist in der menschenleeren und eiskalten Einöde mehr als unangenehm. Hier ein paar Tipps, worauf Sie bei der Wahl eines Veranstalters achten sollten:

Rumhören, wer gerade von einer Tour zurück ist und berichten kann.Schauen Sie sich ihr Fahrzeug in jedem Fall vor der Abfahrt genau an. Nachfragen, wie viele Leute bei einer Tour in einem Wagen mitfahren, (möglichst unter 6). Je früher morgens losgefahren wird, desto besser. Halten Sie schriftlich sowohl die maximale Anzahl der Passagiere fest als auch die Vereinbarung, dass der Fahrer die Tour über keinen Alkohol trinkt (wichtig!). Alle Leistungen müssen im Vertrag fixiert sein, auch ergänzende Absprachen und Zusagen – mündliche Versprechungen allein sind wertlos. Vorfälle unterwegs filmen oder fotografieren, nur so haben Sie die Chance, bei Streitigkeiten einen Teil der Kosten erstattet zu bekommen.

Aus eigener Erfahrung können empfohlen werden:
Tito Tours, Av. Ferroviaria s/n zw. Arce u. Bolivia (s. Stadtplan), Tel. Oficina 7616-6451, Cel. 72412048, www.titotours-uyunibolivia.com.

Der sehr freundliche Tito hat zwei eigene, gut gewartete Wagen, fährt vorsichtig, erklärt ausgezeichnet und spricht etwas Englisch. Ein- bis Viertagestouren (Tourprogramm s. Website, 3 Tage 750 Bs), nicht mehr als 6 Personen in einem Fahrzeug, eine Nacht auch im Salzhotel am Rande des Salars.

Weitere Optionen: **Kantuta Tours,** kantutatours@hotmail.com, Tel. 693-3084. – **Cordillera Tours,** Ferroviaria 314 (s. Stadtplan), Tel. 693-3304, www.cordilleratraveller.com; fährt nach Chile. –

Expediciones Incahuasi, Calle Sucre s/n zw. Potosí u. Ferroviaria, Tel. 693-2423, www.expedicionesincahuasi.com. Zehn auf der Homepage mit Karte genau beschriebene Touren in und um den Salar von 1 bis 4 Tagen Dauer. Gute Fahrzeuge, guter Service. Bürozeit: Mo–Fr 8–21 Uhr, Sa 10–14 Uhr.
Weitere Agenturen für den Salar de Uyuni, Laguna Colorada, Laguna Verde und Sol de Mañana:
Toñito Tours, Ferroviaria 60 (s. Stadtplan), www.bolivianexpeditions.com, Tel. 693-2094. Preise eher gehoben.
Uyuni Tours, Av. Ferroviaria. Vollprogramm (auch *Arbol de Piedras, Laguna Honda*), inkl. Weiterfahrt nach San Pedro de Atacama/Chile. Eigene einfache Unterkunft in San Juan (Ww, bc).
Colque Tours, Av. Potosí 54, Tel. 693-2199, www.colquetours.com. Einer der größten, aber nicht unbedingt preiswertesten Anbieter.
Red Planet Expedition, Sucre zw. Potosí und Ferrroviaria (s. Stadtplan), Tel. 7240-3896, www.redplanetexpedition.com. Sehr gute Oberklasse.

Selbstfahrer

Reisende mit einem Miet- oder eigenen Wagen sollten neben der Geländetauglichkeit ihres Gefährts darauf achten, dass das Fahrzeug eine Untersetzung für die steilen Kletterpassagen besitzt. Teilweise sind die Pisten schwer zu finden, immer nachfragen oder nach Möglichkeit den Fahrzeugen einer Tourgruppe hinterherfahren – Wagenspuren alleine sind nicht sehr zuverlässig! Ein GPS-Navigationssystem ist empfehlenswert. Die Isla Incahuasi lässt sich mit GPS S 20°14.485', W 67°37.646', 3669 m Höhe, problemlos finden. Vorsicht vor den *ojos,* unter Wasser – in ca. 30 cm Tiefe – sind sie so gut wie unsichtbar! Dann auch den Motorinnenraum von unten so abdichten, dass kein Salzwasser an die Motorelektronik dringen kann. Außerdem wird dadurch verhindert, dass die ginsterartigen Büsche, die während der Fahrt ausgerissen werden, in den Motorraum gelangen, sich im Keilriemen verklemmen und u.U. in Flammen aufgehen.

Für die **Rundfahrt Uyuni – Salar – Laguna Colorada – Uyuni** (ohne Laguna Verde) **werden** (mit Pausen) **4–5 Tage** benötigt. Auf der Rückfahrt von der Laguna Colorada nach Uyuni sind einige Flüsse zu queren.

Fahrzeiten: Uyuni – Isla Pescado 3,5 h. Uyuni – Villa Alota 4 h. Villa Alota – Laguna Colorada 5 h. Laguna Colorada – Laguna Verde 4 h. Laguna Verde – Grenze Chile 0,5 h. Laguna Verde – Uyuni 8 h.

Streckeninfos für Radler: www.irisentoreopreis.nl

Lagunenroute:
Uyuni – Chiguana – Laguna Colorada – Chile

Erfahrungsbericht von Klaus Vierkotten im Zeitraum Ende 2012:

„Die Lagunenroute über rund 450 Kilometer von Uyuni nach San Pedro de Atacama in Chile ist eine der spektakulärsten Hochlandstraßen der Welt. Da die Piste in einem miserablen Zustand ist, sollte sie nur mit 4x4-Fahrzeugen befahren werden. Entweder besteht sie aus brutalem, Material zermürbendem Wellblech, Sand und tiefen, ausgefahrenen Fahrspuren, oder es geht einfach Offroad über Steinfelder und Grasbüschel. Vier Fahrtage mit drei Übernachtungen sind für die Strecke eine realistische Planung. Wegen der kontinuierlichen, extremen Höhe von vier bis fünftausend Metern ist eine gute Akklimatisierung im Vorfeld unbedingt nötig! Ausreichende Spritreserven müssen an Bord sein, insbesondere wegen des höheren Verbrauchs in der Höhe und der Pistenbeschaffenheit. Wir verbrauchten normalerweise 15 l/100 km, auf der Lagunenroute 23 l/100 km (s.u., „Tankstellen"). Besitzer eines Garmin-Navigationsgerätes können sich den Track zur Lagunenroute auf unserer Homepage www.abenteuertour.de/downloads herunterladen. Es ist problemlos möglich, überall frei zu campen. Auf der ganzen Lagunenroute gibt es keine Möglichkeit, Abfall zu entsorgen, er muss bis zur chilenischen Grenze mitgenommen werden."

Beschreibung der Route und der Lagunen s.a. oben bei „Tour 2: Salar de Uyuni und Lagunen". Nachfolgend eine weitere Beschreibung mit eigenem Fahrzeug:

Von Colchani nördlich von Uyuni gibt es eine Piste nach Westen, die nördlich der Bahnlinie durch den Salar de Uyuni verläuft. Es geht über *Villa Martín Colcha „K"* (Salzsee mit Gemeindeherberge, Einkaufsmöglichkeit, ggf. Benzin von Privathaushalten, Militärkontrolle) und *San Juan* (Adobekirche, Vicuñazucht, GPS S 20° 53.985', W 67° 46.012') nach **Chiguana** und von dort weiter durch den *Salar de Chiguana*. Bei oder **nach einem Regen** ist die **Strecke nicht passierbar!** Noch zwei oder drei Tage nach einem Regenfall sind einige Salzflächen so weich, dass man an einigen Stellen steckenbleiben kann. Dann hilft nur noch aussteigen, schieben oder Luft aus den Reifen lassen. In Chiguana wird u.U. von Soldaten eine Kontrolle durchgeführt, GPS S 21° 3.627', W 67° 58.255' … immer freundlich bleiben.

Noch im Salar de Chiguana wird die Bahnlinie von Uyuni nach Calama (Chile) überquert, bevor die Piste in die Berge hinaufführt. 43 km nach dem Kontrollposten bietet sich am *Mirador* (GPS S 21° 23.723', W 67° 59.568') eine spektakuläre Aussicht auf den Vulkan Ollagüe. Von hier sind es 124 km bis zum Refugio Colorada.

Es geht am Vulkan *Ollagüe* und an den Lagunas *Cañapa* (GPS S 21° 30.138', W 68° 0.473'), *Hedionda* (4137 m, viele Flamingos, grandiose Landschaft, GPS S 21° 34.468', W 68° 2.387'), *Chiarkota, Honda* und *Ramaditas* (GPS S 21° 55.528', W 68° 0.335') sowie am *Árbol de Piedra* (GPS S 22° 3.117', W 67° 52.97') vorbei, bis zur **Laguna Colorada** (4336 m). Ab dem Árbol de Piedra beginnt der Wüstenabschnitt.

Noch vor der Laguna Colorada zweigt eine Piste über *Villa Mar* und *Villa Alota* nach Uyuni ab. Der Refugio Colorada (GPS 22° 10.421', W 67° 49.111') ist ein wichtiger Versorgungspunkt. Danach beginnt eine Sand- und Wellblechpiste. Vorbei an dem Abzweig zur Mine (GPS S 22° 25.502', W 67° 46.408') geht es hinauf zu der Passhöhe *Sol de Mañana* (GPS S 22° 25.627', W 67° 46.113'), bis nach 2 km mit dem Sol de Mañana das höchste Geysirfeld weltweit passiert wird. Nach weiteren 29 km fährt man westlich an den *Termas de Chalviri* (GPS S 22° 32.135', W 67° 38.948') vorbei. Zum *Refugio Blanca* (GPS S 22° 49.342', W 67° 47,036'), der neben Übernachtungs- und Versorgungsmöglichkeiten auch Funk hat, sind es noch 40 km. Von dort ist der Grenzpunkt *Hito Cajónes* (GPS S 22° 52.959', W 67° 47.953') noch 12 km entfernt. 4 km nach der Grenze beginnt die Asphaltstraße nach San Pedro de Atacama, GPS S 22° 54.629', W 68° 11.645. (Tobias Groenen)

Grenzformalitäten: Nach der Laguna Colorada windet sich die Piste zwischen den beiden Vulkanen *Lincancábur* und *Juriquez* hindurch zum bolivianischen Grenzposten *Hito Cajónes*. Die bolivianische Abfertigung erfolgt in Laguna Blanca, die chilenische in *San Pedro de Atacama*. Für Eigen- und Mietfahrzeuge werden neue Papiere ausgestellt, die alten Fahrzeugdokumente einbehalten.

Beschilderung: Die Strecke ab Chiguana ist nur dürftig beschildert, doch relativ gut befahrbar, ein Verfahren dürfte nicht vorkommen.

Tankstellen: Zwischen Uyuni via dem Salar de Uyuni und San Pedro de Atacama gibt es keine Tankstellen, wenngleich das Campamento an der Laguna Colorada und die anderen Campamentos sicherlich ein paar Kraftstoffkanister vorhalten. Es ist ratsam, Reserve mitzuführen. Wer nicht durch den Salar de Uyuni fahren möchte und die Südroute von Uyuni über San Cristóbal nach

San Pedro de Atacama wählt, findet in San Cristóbal eine letzte Tankstelle. Von Bolivien darf kein Kraftstoff in Kanistern nach Chile mitgenommen werden.

Unterkünfte/Camps: Entlang der Piste von Uyuni nach San Pedro de Atacama gibt es nur allereinfachste Unterkünfte (Alojamientos, Privatunterkünfte mit Stockbetten oder Pritschen, meist ohne Strom und nur selten Wasser): in *Villa Alota, Villa Mar* (Centro Turístico) und *San Juan*. Details s.S. 738, „Unterkünfte bei einer großen Salar-Tour".

An der Laguna Colorada kann bei der meteorologischen Beobachtungsstation (Campamento) sowie in Hütten der Minenarbeiter übernachtet werden.

Einreise aus Chile für Selbstfahrer Den chilenischen Ausreisestempel bekommt man in San Pedro de Atacama, den bolivianischen direkt am bol. Grenzposten *Hito Cajónes*. Beim Grenzposten gibt es eine Übernachtungsmöglichkeit und die Parkverwaltung. Hier muss der Eintritt in die Reserva Nacional Eduardo Avaroa in Höhe von 30 Bs bezahlt werden.

Fahrzeugpapiere werden an der Zollstelle in **Apacheta** (5050 m) ausgestellt. Der Weg zur Zollstation ist an einer Pistengabelung ausgeschildert, etwa 30 km vor der Laguna Colorada. An der Pistengabelung muss zur Zollstation knapp 3 km nach links gefahren werden, den gleichen Weg dann wieder zurück bis zur Gabelung und dann weiter Richtung Laguna Colorada.

Die Gesamtsrecke von San Pedro via Julica bis Uyuni **beträgt 550 km.** Es gibt keine Tank- und Versorgungsmöglichkeiten, Fz 3 Tage. Die Strecke Julica nach Uyuni verläuft direkt an den Bahngleisen und ist zum Ende der Regenzeit (April) schlecht zu befahren. Viele tiefe Wasserdurchfahrten, welche meist nur über die Bahngleise und -brücken zu meistern sind.

San Pedro de Atacama Reisende aus Uyuni finden nach 550 km endlich wieder eine vernünftige Unterkunft, z.B. *Tambo Aymara,* Calle Camacho zwischen Cabrera und Colón; große Zimmer, Frühstücksbüffet. Umtauschkurse sehr ungünstig.

Tour 3: San Cristóbal

Südwestlich von Uyuni liegt inmitten der *Gran Pampa Pelado* **San Cristóbal,** ein alter Minenort. Unter Mountainbikern ist der Ort, der 1998–2000 komplett von der Mine wegverlegt wurde und mit hübschen Häusern beeindruckt, ein Treff für Downhill-Abenteuer. Die sehenswerte Kirche an der Plaza, 1790 im alten Ort erbaut und im neuen Ort Stein für Stein wieder aufgebaut, steht nicht immer offen, aber gegenüber bei *Llama Mama* gibt es einen Schlüssel und gegen ein Trinkgeld öffnen sich die Türen.

Die Kirche an der Plaza gilt als das größte Restaurationswerk Boliviens. Die Wandfresken und die Kanzel aus Adobe im Orginalverputz waren am Schwierigsten umzusetzen. In der Seitenkapelle ist eine kleine Ausstellung mit Fotos über den Umbauprozess zu sehen. Die Kirche hat einen silbernen Altar. Das Silber stammt aus der Mine, aus der auch Zink, Kupfer und Blei durch eine kanadische Bergbaugesellschaft gefördert werden.

Der Downhill-Trail ist knapp 20 km lang. Gefahren wird mit Kona-Rädern. Wer will, kann anschließend gleich seine Fotos im dortigen Internet-Café nach Hause schicken. Weitere Infos: *Llama Mama Mountain Bike Tours,* Tel. 613-7830, www.fundacionsancristobal.com. Nach San Cristóbal geht es mit 4WD von www.suri4x4.com.

Die einzige Unterkunft ist das *Hotel San Cristóbal,* direkt neben der Kirche, mit strohgedecktem Dach und Rostdesign, komfortable Zimmer/bp, Ww, Restaurant mit Kamin, Bar, großer Parkplatz. Ü ab 150 Bs p.P.

Uyuni – Tupiza – Villazón (560 km)

Uyuni – Tupiza

Wer von Uyuni weiter nach Argentinien möchte, kann mit dem Zug nach Villazón (s.o., „Zug") weiterfahren. Mit Bus, Colectivo oder Lkw muss in Tupiza umgestiegen werden. Die meisten Busrouten Uyuni – Villazón führen aber über Potosí (s. dort).

Die früher sehr schlechte Piste Uyuni – Tupiza (218 km) in mehr oder weniger Abstand zum Bahngleis wurde 2010 komplett neu angelegt und ist nun gut zu befahren. Von Uyuni nach **Atocha** (3648 m, Tankstelle, Alojamiento *El Descanso* an der Plaza) gibt es noch einige tiefe Sandpassagen. Ab und zu einige Wellblechabschnitte. Hinter Atocha geht es über einen ca. 4000 m hohen Pass. Es folgen weitere Passstrecken, bis in einem schönen Tal zuerst Oro Ingenio, Oploca und dann Tupiza in Sicht kommt.

Tupiza

Die malerisch gelegene Minenstadt (27.000 Ew.) am Río Tupiza liegt 2950 m hoch und ist umgeben von farbigen Sandsteinbergen. Sie ist der einzige Lichtblick in dem fast menschenleeren Landstrich zwischen Uyuni und Villazón. Die Plaza Principal mit der schönen Kathedrale ist mit alten, schattigen Bäumen bestanden, es gibt Tankstellen, eine Flugpiste sowie Unterkünfte. Die Nationalstraße 14 führt nach Süden nach Villazón und Argentinien. Lohnenswert ist eine Wanderung am Spätnachmittag auf den *Cerro Corazón de Jesús,* um neben der Aussicht auf die karge Landschaft das Farbenspiel des Sonnenuntergang zu genießen.

Lebhaft wird es auf dem *Mercado Campesino* an den Markttagen Montag, Donnerstag und am Samstag, wenn die Bauern der umliegenden Dörfer mit ihren Produkten eintreffen.

Gegründet wurde der Ort 1574, und Geschichte schrieb Tupiza mit dem reichen Zinnbaron Aramayo und dem Gangsterduo Butch Cassidy (Robert L. Parker) und Sundance Kid (Harry L. Langabaugh), die 1908 bei Tupiza einen Geldtransport Aramayos überfielen, auf der Flucht bei einer Schießerei in San Vicente schwer verletzt wurden und den Freitod wählten. Geschichtliches dazu in der *Casa de la Cultura* in Sucre und in Tupiza im **Museo Municipal,** Calle Sucre an der Plaza. Das Museo Municipal öffnet erst um 15 Uhr, ggf. Schlüssel im Rathaus an der Plaza besorgen.

Unterkunft Vorwahl (02)

ECO: Hostal Valle Hermoso I u. II. Familiäres Hostal in zwei Gebäuden, Av. Arraya 478 und No. 505 (das südliche, Nr. II, ist neuer), Tel. 694-2370, www.vallehermosotours.com. Freundlich, bc, Ws. Ü 50 Bs, DZ 120 Bs.
Residencial Centro, Av. Santa Cruz, Tel. 694-2705. Patio-Haus, Zimmer bc und bp. DZ/bc ca. 100 Bs, DZ/bp 140 Bs.
Hotel Mitru, Av. Chichas 187, Tel. 694-3001, www.hotelmitru.com. Diverse Zimmerqualitäten und Preise, Pool, WiFi, leckeres Frühstückbüffett, Touren, Fahrkartenreservierung für den Zug. DZ/F 200–300 Bs. **TIPP!** Das Schwesterhotel **Hotel Mitru Anexo** in der Calle Avaroa ist etwas günstiger und gut.
FAM
Hotel La Torre, Chichas 220, Tel. 694-2633, www.latorretours-tupiza.com. Kleines, gepflegtes Hotel mit familiärer Atmosphäre, bc/bp, Gästeküche. DZ/F 280 Bs. – **Hotel Reina Mora,** Palala Baja s/n. (etwa 1 km vom Zentrum entlang der Eisenbahnschienen), Tel. 694-2819, ReinaMora50@hotmail.com. Schönes Haus in parkähnlicher Lage mit Aussicht, gute Zimmer, Restaurant (Terrasse), Pool, Parkplatz. DZ/F 300 Bs. Auch Campen möglich, zwei große schöne Cabañas/bp mit Gästeküche. Grillabende, Touren, Pferde, Abholservice. **TIPP!**

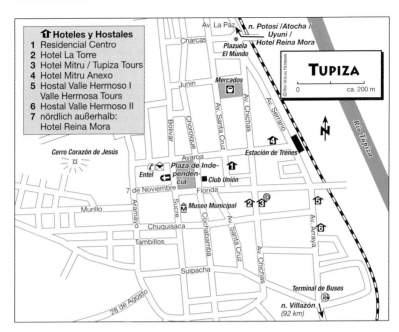

Essen & Trinken	Rund um die Plaza gibt es Kneipen mit günstigem Mittagstisch und mit Pizza-Angeboten. Empfehlenswert dafür das *Milan Centre* in der Chichas, während das *Alamo* in der Avaroa mehr bolivianische Gerichte auftischt.
Ausflüge in die Umgebung / Salartouren	*Turistur Los Salares,* Calle Florida, Tel. 694-4534, Cel. 711-76606, turisturls@hotmail.com. Santos bietet alles rund um Tupiza, aber auch Touren nach Uyuni und in den Salar (Salar-Rundtouren dauern bis zu 4 Tage und sind sehr anstrengend, da sie auf Höhen bis fast 5000 m führen; Cocablätter und Soroji-Pillen nicht vergessen). – *La Torre Tours,* Av. Chichas 220. Viertagestouren in den Salar de Uyuni, gute Fahrer und Verpflegung, gutes PLV, empfehlenswert. – *Tupiza Tours,* Av. Chichas 187 (im Hotel Mitru, s.o.), Tel. 694-3003, www.tupizatours.com. Touren z.B. zum **Cañón del Inca,** ca. 4 km außerhalb der Stadt mit Kakteen und farbigen Gesteinsschichten. – *Valle Hermoso Tours,* Av. Pedro Arraya 478 (im Hostal Valle Hermoso), Tel. 694-2592. Reitausflüge, Ein- u. Mehrtagestouren in die Berge, auch Jeep-Touren in den Uyuni-Salar, Programm s. Webseite www.vallehermosotours.com.
Transport	Der Busterminal ist in der Pedro Arraya Tupiza. Nach **Villazón** täglich mehrere Busse, Fz 3 h. Argentinischer Grenzort ist *La Quiaca.* Außerdem fährt tägl. ein Nachtbus nach **Tarija,** Fz 7 h. Nach **La Paz** täglich Direktbus via **Potosí** mit *Expreso Tupiza,* Fz 13–15 h. **Nach Uyuni** (via Atocha): mit *Trans Expreso Quechisla,* Fz 7 h, mit *Trans 11 de Julio* um 10 Uhr. Außerdem Colectivos. **Zug:** Züge nach Villazón und nach Oruro über Uyuni, mit dem *Expreso del Sur* oder mit dem Lokalzug *Wara Wara.* Abfahrtstage und -zeiten im Bahnhof in der Av. Serrano, Tel. 694-2527, oder Ticketbuchung in einer Tour-Agentur.
Selbstfahrer	Die Strecke **von Tupiza nach Tarija** ist nicht durchgehend asphaltiert und sollte nur bei Tag befahren werden. Der Streckenverlauf ist landschaftlich sehr

schön und eindrucksvoll. Konzentriert fahren, es gibt immer wieder tödliche Unfälle. Während der Regenzeit die Strecke möglichst nicht befahren.

Tupiza – Villazón

Nach Villazón sind es 92 Kilometer (Asphalt). 10 km hinter Tupiza wird in einem fruchtbaren Flusstal eine spektakuläre Stelle passiert: Eisenbahnlinie, Straße und Fluss schlängeln sich auf engstem Raum zwischen 60–70 m hohen Sandsteintürmen hindurch. Danach schraubt sich die Straße hoch auf 3500 m und fällt nach 50 km nach Villazón ab (s.S. 765).

Uyuni – Potosí (215 km)

Die Straße No. 701 von Uyuni über die *Cordillera de Chichas* bis nach Potosí ist so gut wie durchgehend asphaltiert (teils noch Brückenbauarbeiten). Sie ist eine der schönsten Strecken Boliviens mit kontrastreichem Landschaftswechsel und unzähligen Lamas.

Knapp 30 km hinter Uyuni kommt man durch den Minenort *Pulacayo*. Dann folgt eine Hochebene aus losem Sand. Nach 40 km führt die Straße die *Cordillera de Chichas* hinauf und folgt teilweise einem Flussbett, bis nach 23 km ein Fluss kommt. Bis zur Passhöhe (4100 m) sind es nun noch 10 km. Danach kommt *Choquila* in Sicht. Später schöne Wildwest-Landschaft mit meterhohen Kakteen. Es wird ein Dorf und danach eine Mine passiert. Dann erreicht die Straße, nach über 210 Kilometer, den Kontrollposten an der Straßenabzweigung nach Potosí.

Potosí

Potosí (140.000 Ew.) ist mit 4065 Meter Höhe nach La Paz die höchstgelegene Großstadt der Welt. Sie verdankt ihre Existenz den überreichen Silbervorkommen des *Cerro Rico de Potosí,* wie die Spanier den hinter der Stadt aufragenden, 4829 m hohen Bergkegel nannten (auf Quechua *Sumaj Orcko,* „Heiliger Berg"). Entsprechend der Höhenlage ist es in Potosí dauernd kalt bis sehr kalt und trocken, im Juli/August kann auch Schnee fallen. Die meisten kommen nur zum Besuch des **Cerro Rico** hierher und verlassen danach Potosí so schnell wie möglich.

Geschichte Das Silber im Berg entdeckte im April 1545 *Diego Huallpa*. Er legte damit den Grundstein zur schnellstwachsenden Stadt Amerikas, Triebfeder war die Silbergewinnung. Die Ausbeutung des Berges wurde unverzüglich in großem Stil vorangetrieben. Unbarmherzig kommandierten die Spanier ganze Dorfschaften von Hochlandbewohnern in die unzähligen Bergstollen ab, die sich darin zu Tode schufteten.

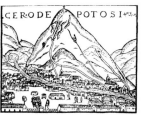

1547 wurde Potosí durch Kaiser Karl V. (seit 1516 auch Herrscher über Spanien) zur *Villa Imperial* erhoben und durfte den kaiserlichen Doppeladler im Wappen führen. 1573 zählte sie 120.000 Einwohner, 1650 nahezu 160.000 Einwohner (mehr als in Madrid, Paris oder Rom in jener Zeit!). Damit war sie größte Stadt des ganzen amerikanischen Doppelkontinents. Der Silberstrom in Spaniens leere Kassen nahm gigantische Dimensionen an. Bis 1660 wurden aus dem Berg 16.000 Tonnen Silber herausgeholt und bis heute über 46.000 Tonnen! Potosí war die Schatzkammer Amerikas, „die Stadt, die der Welt am meisten gegeben hat". Für die Indígena war Potosí dagegen der „Eingang zur Hölle". Verunglückten und starben die Zwangsarbeiter nicht in den Stollen, so erlagen sie früher oder später den unmenschlichen Arbeitsbedingungen in dieser Höhe oder an den Vergiftungen des Quecksilbers, das als Scheidemittel eingesetzt wurde. Nach Eduardo Galeanos Buch „Die offenen Adern Lateinamerikas" hatten bis zum 18. Jh. bis zu 8 Millionen Indígena den Tod gefunden!

Im 18. Jahrhundert kam dann der Absturz Potosís in die Bedeutungslosigkeit. Das Silber im Berg war so gut wie ausgebeutet. Die Einwohnerzahl der Stadt sank unter 10.000.

Einen erneuten Aufschwung brachte dann der Abbau von Zinnerz. Zinn war in den Zeiten des Silbers wertlos gewesen. 1913 erreichten die „Zinnbarone" wie *Simón Patiño* (1860–1947), der deutschstämmige *Mauricio Hochschild* oder *Carlos Aramayo* den Zenit ihres Wohlstandes. 1952 wurden die Zinnminen verstaatlicht, 1985 musste die staatliche Gesellschaft COMIBOL (Corporación Minera de Bolivia) jedoch 20.000 Zinnminenarbeiter entlassen.

Zur „Ader gelassen" wird der Berg, der innen wie ein Schweizer Käse durchlöchert sein muss, jedoch noch immer. Sowohl von der COMIBOL, von Bergbau-Kooperativen und auch privaten Mineros. Doch während man früher im Berg nur einer Ader zu folgen brauchte, wird er heute stückweise gesprengt. Erst viele Tonnen Gestein ergeben einige Kilogramm Erz. Man sieht Frauen, mit einem Hammer Gesteinsbrocken zertrümmern, um an die Zinnkörner zu gelangen. Die COMIBOL-Minen bauen gleichfalls nur noch Zinn und Zink ab.

In der näheren Umgebung von Potosí befinden sich 25 renovierungsbedürftige Stauseen, die der erste Vizekönig Toledo von über 5000 Indígenas anlegen ließ, weil die Silbergewinnung mit dem Prozess der Amalgamierung gewaltige Wassermengen erforderte. Auch sind einige von den einst 130 *ingenios* (Verarbeitungsmühlen mit Silberschmelzofen) am *Río La Ribera* übriggeblieben, die einen guten Einblick in die Silberverarbeitung geben können. Der letzte Ingenio ging jedoch bereits 1850 außer Betrieb. Im Verlauf des Silberabbaus kamen auch Minen- und Bergexperten aus dem Erzgebirge nach Potosí, vorwiegend aus dem Ort Annaberg, und noch heute gilt in Potosí Annaberger Bergrecht.

Stadtrundgang

Vom ehemaligen Reichtum der Stadt zeugen noch heute 36 (zum Teil) verfallene Kirchen. Das historische Zentrum wurde 1987 von der UNESCO zum Weltkulturerbe erklärt. Wer noch nicht höhenadaptiert ist, den werden Potosís Höhen- und Hanglage schnell außer Atmen bringen. Also nicht gleich alles auf einmal besichtigen wollen!

In den letzten Jahren wurden viele koloniale Bauwerke renoviert, andere müssen noch warten. So oder so – Potosí ist bestimmt nicht ohne Reiz, schon wegen seiner bewegten Geschichte. Bei einem Rundgang vor allem die **Casa Nacional de la Moneda** nicht auslassen. Vom Turm der Iglesia La Merced (s.u.) ergibt sich eine Stadtübersicht, desgleichen vom Aussichtsturm *Mirador Pary Orcko* mit Drehrestaurant.

Die Seite www.potosy.com.bo listet so gut wie alle Sehenswürdigkeiten Potosís auf, mit vertiefenden Informationen, Fotos und Videos.

Casa Nacional de la Moneda	Das wuchtige, zwei Häuserblöcke umfassende Bauwerk, heute eines der wichtigsten Museen Boliviens, liegt in der Calle Ayacucho, nur wenige Schritte unterhalb der Plaza 10 de Noviembre. Di–Sa 9–12.30 u. 14.30–18.30 Uhr, So 9–12 Uhr, Eintritt für Ausländer 40 Bs (fotografieren/filmen kostet extra). Zweistündige Führungen in Engl./Span./Franz. um 9 Uhr u. 10.30 Uhr sowie um 14.30 u. 16.30 Uhr sind obligatorisch. Tel. 622-2777, weitere Infos auf www.casanacionaldemoneda.org.bo.

Historisches: Ursprünglich 1572/73 unter dem Vizekönig Francisco de Toledo an der Plaza 10 de Noviembre erbaut, ließ Karl III. von Spanien dieses wichtigste Gebäude der Stadt 1759–1773 in der heutigen Form neu errichten. Die Baukosten betrugen umgerechnet etwa 10 Mio. Euro.

Der festungsartige Bau überrascht mit hübschen Innenhöfen, die von Bogengängen mit Holzkern umgeben sind. Nach der Unabhängigkeit Boliviens 1825 diente die Münze zeitweise auch als Festung, Gefängnis und Kriegshauptquartier. 1930 wurde die Casa de Moneda zum *Museo de Arte Retrospectivo* und *Archivo Histórico* umgewandelt. 1969 ging sie an die *Banco Central de Bolivia,* 1995 an die neugegründete *Fundación Cultural del Banco Central de Bolivia.* In Zusammenarbeit mit der Banco Central de Bolivia und der UNESCO ist beabsichtigt, die Moneda in ein internationales Geldmuseum umzuwandeln.

Zu sehen gibt es neben kolonialen Möbeln und Gemälden vor allem riesige Holzmaschinen, die zum Prägen der Münzen dienten. Besonders imposant sind die drei ineinandergreifenden Zahnräder, die aus Spanien herübergebracht wurden, die mächtigen Zedernbalken, die den Fußboden und die Kuppel stützen, sowie die Kuppel, unter der sich der Hauptschmelzofen befand. Interessant ist gleichermaßen eine von deutschen Zimmerleuten gebaute Silberwalze aus Eichenholz und die Kunstsammlung aus der Zeit des Vizekönigreiches, darunter das Gemälde *La Virgen Cerro,* das Werk eines anonymen Künstlers. Die Sammlung von Prägestempeln und Stanzwerkzeugen ist sehr vielfältig. Sehr sehenswert ist auch eine Abteilung mit Objekten aus dem Silber Potosís, wie Kultgeräten aus Kirchen und Gegenstände aus reichen Privathäusern.

Im **historischen Archiv** werden mehr als 80.000 Schriftstücke, Manuskripte, Bibliographien, Karten und Pläne aus der Zeit von 1550–1985 aufbewahrt, darunter Dokumente über das Leben in Potosí und den Bergbau, derzeit jedoch nicht besuchbar. Daneben noch ein weiteres mit den Nachlässen kolonialer und republikanischer Institutionen in verschiedenen Abteilungen. Damit besitzt Potosí, mit Sucre, die wichtigsten Archive Boliviens.

Die übrigen Sehenswürdigkeiten der Stadt liegen relativ dicht beieinander, so dass man die nachfolgende Reihenfolge der Besichtigung beliebig variieren kann.

La Compañía / Museo Mirador Torre	Diese Kirche liegt nach der Münze rechter Hand an der Ayacucho. Die Fassade dieser verfallenen Jesuitenkirche mit dem charakteristischen Turm aus rötlichem Gestein entstand um 1705. Der Turm ist mit 32 Säulen dekoriert. Vom Turm hat man eine schöne Aussicht. In seinem Erdgeschoss befindet sich die neue Tourist-Information mit diversen Ausstellungen über Potosí, Info-PCs und Verkauf von Kunsthandwerk. Angeschlossen ist das **Museo Mirador Torre de la Compañía de Jesús.** Mo–Fr 8–11.30 u. 14–17.30 Uhr, Sa 8–12 Uhr. Eintritt.

Mercado Central	An der Moneda vorbei und die Bustillo weiter kommt man zum **Mercado Central,** der ein kurzes Umherstreifen wert ist. Weiter auf der Bustillo liegt dem Markt gleich gegenüber die wichtigste Kolonialkirche von Potosí, die *Iglesia San Lorenzo.*
Iglesia San Lorenzo	Das Kirchenbauwerk ist ein Glanzstück indigener Steinmetzkunst und wurde zuletzt 1990 restauriert. Das Portal ist eines der schönsten Beispiele des typischen *estilo mestizo* in Bolivien. Zwischen 1728 und 1744 von den Indígena aus Siporo erbaut, haben diese in den Hauptpfeiler sogenannte *Indiatides* (Säulenfiguren) eingearbeitet, auf denen Sonne, Mond und Sterne und maskenartige Gesichter der indigenen Gottheiten zu sehen sind. Im Kircheninnern Gemälde von Melchor Peréz de Holguín und Gaspar de la Cueva.
Arco de Cobija	Zurück zum Mercado Central geht es über die Calle Oruro zur Ayacucho und diese dann rechts abwärts zur kleinen **Iglesia Santa Teresa.** Ein Besuch des Klosters mit Museum lohnt. Es gibt einen Einblick in die Frauenklöster der Karmeliter während der Kolonialzeit (Mitgift-Wertgegenstände usw.). Mo–Sa 9–12.30 u. 14.30–18.30 Uhr, So 9–11 u. 15–17 Uhr, Eintritt 22 Bs, Fotografieren/Filmen extra. Letzte Führungen (engl./span.) um 11 und 17 Uhr. In der Cafetería verkaufen die „letzten" Karmeliterschwestern des Konventes Süßgebäck. Von der Santa Teresa nach links auf die Chicas gehen und über die Cobija hinweg bis zum Torbogen **Arco de Cobija.** Fotografen legen hier einen Stopp ein, denn es lässt sich an dieser Stelle ein schönes Foto mit dem Silberberg schießen.
Plaza 10 de Noviembre, Catedral	Die Cobija nun aufwärts bis zum Hauptplatz von Potosí, zur **Plaza 10 de Noviembre.** Zahlreiche Bänke laden zum Ausruhen ein. Es befinden sich dort das alte Rathaus **El Cabildo,** Polizeistation und Banco del Crédito. Gegenüber der Plaza liegt nördlich unübersehbar die prunkvolle **Catedral de Potosí** mit schön ausgestaltetem Inneren. Nachdem der ursprüngliche Bau 1575 eingefallen war, entstand die heutige Form zwischen 1808 und 1836 unter Fray Manuel Sanahuja als letztes Beispiel des spanischen Neoklassizismus. Die Kathedrale ist eines der größten Kirchenbauwerke Boliviens. Der Glockenturm kann bestiegen werden, Mo–Fr 8–12 u. 14–18 Uhr, Eintritt. Nun südlich in die Tarija bis zur Nogeles gehen und dann nach links.
Iglesia y Convento San Francisco	Die Kirche wurde 1691 im Mestizo-Barock aus Granitsteinen erbaut. Hier tauchten auch zum ersten Mal die gedrehten und reich verzierten Säulen auf, die deutlich die Verschmelzung des europäischen Barocks mit indigenen Elementen zeigen. Der Karmeliterkirche angeschlossen ist das **älteste Kloster Boliviens,** 1547 von *Fray Gaspar de Valverde* gegründet und ausgeschmückt mit schönen Gemälden der *Escuela Potosina* (indigene Malschule, ähnlich der *Escuela Cusqueña* in Cusco). Der heutige Bau wurde 1726 eingeweiht, nachdem die alte Kirche 1707 abgerissen wurde. Im Kreuzgang gibt es mehrere Gemälde von *Gregorio Gamarra* über das Leben des Franz von Assisi. Im Vorraum der Sakristei beeindrucken neben einem bedeutenden Werk von Holguín die Werke *La Virgen de Aránzazu* und *La Oración del Huerto* des Bildhauers *Luís Espindola.* Vom Turm bietet sich eine schöne Aussicht auf Potosí und auf den Cerro Rico.

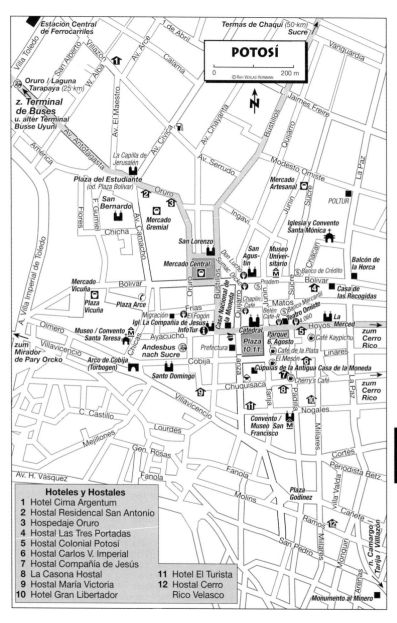

Geöffnet Mo–Fr 9–12 u. 14.30–18 Uhr, Sa 9–12 Uhr, Eintritt 15 Bs inkl. Foto-/Videoerlaubnis. Führung obligatorisch, Dauer ca. 90 Min.
Nun die Padilla nördlich bis zur Hoyos gehen und dann nach rechts.

Iglesia La Merced Die Calle Hoyos bergaufwärts geht es vorbei an der Plaza 6 de Agosto, ihr gegenüber liegt die ehemalige *Iglesia Belén* von 1725 mit einem recht schönen Portal, sie beherbergt seit 1970 das Kino *Omiste*. Nach der nächsten Kreuzung steht links die *Iglesia La Merced.* Das Portal von Marco Dorta ist wieder typisch für den Mestizo-Stil und stammt aus der Mitte des 16. Jahrhunderts. Sehenswert ist auch der silberne Bogen mit der heiligen Jungfrau. Von ihrem Turm bietet sich einer der schönsten Ausblicke über Potosí. Einlass auf Anfrage, Eintritt.

Kolonialhäuser An der Ecke der Straßen La Paz/Bolívar steht ein altes Kolonialhaus mit einem interessanten Balkon **(Balcón de la Horca),** an dem früher wahrscheinlich Verbrecher aufgehängt wurden. Etwas unterhalb, auf der südlichen Straßenseite der Bolívar (Nr. 19–21), befindet sich die **Casa de las Recogidas** (auch *Casa de los Tres Portales*, „Haus der drei Türen" genannt), ein gleichfalls schönes Kolonialhaus.

Weitere sehenswerte Kolonialhäuser in der Stadt: **Casa del Conde de Cámara** (Chuquisaca 336), **Palacio de Cristal** (Sucre 148–156), **Casa del Marqués de Otavi** (Junín 4) und **Casa Parroquial de San Roque** (Bustillos 585).

Museen Potosí besitzt über ein Dutzend Museen bzw. Kirchenmuseen, nachfolgend ein kleine Auswahl. Fast alle kosten Eintritt und meist Foto-/Filmgebühren, obligatorisch sind teils Führungen (engl./span.). Vorstellung aller mit vertiefenden Fotostrecken auf www.potosy.com.bo.

Museo Universitario (Universitätsmuseum), Bolívar 54, Tel. 622-7319, Mo–Fr 8–12 u. 14–18 Uhr. Geschichte, Archäologie, zeitgenössische Kunst. – *Museo de Santa Teresa,* Convento Santa Teresa, Santa Teresa 15, Tel. 622-3847, tägl. 9–12.30 u. 14.30–18.30 Uhr. Kirchenkunst, Klosterleben in der Kolonialzeit. – *Museo Etnoindumentario,* Serrudo 152, Tel. 622-3258, Mo–Sa 9.30–12 u. 14.30–18.30 Uhr. Trachten, Ethnografie, Kulturelles, Nahrungsmittel (Führung auch auf Deutsch).

Übrigens: „Kunst"-Straße, die „Ruta Artesanal", ist die Calle Sucre mit entsprechenden Angeboten.

Adressen & Service Potosí

Tourist-Info **InfoTur,** Ayacucho/Bustillos, Edificio Torre de la Compañía de Jesús, einen Block von der Hauptplaza, Mo–Fr 8–12 u. 14–18 Uhr, Tel. 623-1021. Websites: www.potosy.com.bo, www.boliviaweb.com/cities/potosi.htm
Topografische Karten der Region Potosí beim *Instituto Geográfico Militar,* Chayanta/1 de Abril.

Polizei Plaza 10 de Noviembre, Tel. 622-7477, **Notruf:** 110. **Migración:** Calama 180, Tel. 622-5989.

Unterkunft **Vorwahl (02)** Die Preisspanne der Unterkünfte in Potosí klafft weit auseinander. Es gibt schöne Kolonialhäuser, die zu Hotels umgebaut wurden. Heizung ist meist nicht vorhanden, heißes Wasser manchmal ein Problem und darf in einigen einfachen Unterkünften als Standard erwartet werden, deshalb fragen. **Eine Gesamtübersicht des Angebots** – *Hoteles, Hostales, Residenciales, Casa de Huespedes, Alojamientos* – auf www.potosy.com.bo.

Adressen & Service Potosí

BUDGET **Hospedaje Oruro,** Oruro 292, Tel. 622-2637. Spartanisch, bc, doch superpreiswert mit erstklassiger Lage für die Fiesta Chutillos. – **Alojamiento Tumsula,** Plaza Chuquimia, Tel. 622-5133. Einfach, bc, Restaurant, Bar, busnah.

ECO **Hostal Compañía de Jesús,** Chuquisaca 445 (zw.Tarija u. Padilla), Tel. 622-3173, http://hostalcompania.galeon.com. Saubere Zi. mit bp, zwei Patios, freundlich. Ü/F bc 35 Bs, DZ/bp/F 90 Bs. – **Hostal María Victoria,** Chuquisaca 148, Tel. 622-2132. Nettes Kolonialhaus mit schönem Patio und Dachterrasse, ansprechende Zimmer, Tourangebote, Backpackertreff. DZ/bp 90 Bs.
Hostal Residencial San Antonio, Oruro 136, Tel. 622-8536, hotel_sanantonio@yahoo.es. Ansprechende Zi. bc/bp, Restaurant, Ws, viele Rucksackler, Parkplatz. DZ/bp 170 Bs. – **La Casona Hostal,** Chuquisaca 460 (zwischen Tarija und Padilla), Tel. 623-0523, www.hotelpotosi.com. Kolonialhaus aus dem 18. Jh. mit drei Innenhöfen in der Nähe der Plaza. 22 Zi. bc/bp und Dormitorio, Cafetería, Bar, GpD, Ws, Internet, Bus- und Flugticketverkauf, Tourangebote (Tarapaya, Uyuni, Minenbesichtigung), Flughafen-Transfer, gutes PLV. Ü Dorm 50 Bs, DZ/bp 180 Bs. – **Hostal Carlos V. Imperial,** Linares 42, über www.boliviahostels.com, Tel. 623-1010. Schönes und ruhiges Kolonialhaus mit Patio, sympathische Inhaberin, gefällige Zi. mit bp/bc, Ww 6–12 Uhr, GpD, Tourangebote, Internet. Ü/bc 60 Bs, DZ/bp 200 Bs.

ECO/FAM **Hostal Las Tres Portadas,** Bolívar 1092, Tel. 623-1558. Gemütliches kleines Hotel, zentral gelegen in einem hübschen Kolonialhaus aus dem 17. Jahrhundert mit drei Toren. Bar, Aussichtsterrasse, Ws, Garage, med. Service. DZ 200 Bs. – **Hotel El Turista,** Lanza 19, Tel. 622-2492. Gute Unterkunft, bc/bp, beste Zimmer oben, gutes PLV. DZ 240 Bs, empfehlenswert.

FAM **Hostal Cerro Rico Velasco,** Ramos 123, San Pedro, Tel. 612-2290. Hübsches, gutes Hostal, Internet, gutes PLV. DZ/F 280 Bs, empfehlenswert. – **Hotel Gran Libertador,** Millares 58, Tel. 622-7877. Schönes, gepflegtes Haus mit kleiner Dachterrasse (Tische und Stühle) und mit Blick über die Altstadt und auf den Cerro Rico. DZ 320 Bs inkl. Frühstücksbüfett, empfehlenswert. – **Hotel Cima Argentum,** Av. Villazón 239, www.hca-potosi.com, Tel. 622-9538. Gepflegtes Hotel mit überdachtem Patio und eunem guten Restaurant. Garage, WiFi u.a. DZ/F 350 Bs. – **Hostal Colonial,** Hoyos 8, Tel. 622-4809, ww.hostalcolonialpotosi.com. Attraktives Kolonialgebäude in zentraler Lage mit Patio zum Relaxen und weiteren Annehmlichkeiten. DZ 430 Bs.

Essen & Trinken
Preiswerte Restaurants gibt es in der **Bustillos** zwischen Mercado Central und Calle Ingavi. Gerichte der regionalen Küche sind z.B. *Cazuela* (Eintopf auf der Grundlage von Erdnüssen, Fleisch- und Kartoffelstücken), *Ají de Pataskha* und *Kari-Kari,* eine spezielle, herzhafte Suppe, in der ein glühendheißer Basaltstein liegt. Seit der Kolonialzeit spielen auch die *Pastelerías* und *Confiterías* mit ihrem Süßgebäck aus Honig und Marzipan eine Rolle. Besonders an religiösen Festen wird Süßgebäck, wie z.B. *Chambergos, Sopapillas* und *Tawatawas,* gerne gegessen. Am billigsten kann man sich an den Essständen und Garküchen des **Marktes** verpflegen, es wartet ein reichhaltiges Angebot. Teuer ist das Drehrestaurant auf dem Aussichtsturm *Mirador Pary Orcko.* Eine Übersicht über die Gastronomie der Stadt bietet www.potosy.com.bo.
Los Azogueros, Padilla 60, zw. Chuquisaca u. Nogales; feines Restaurant, weiße Stoffservietten, Weingläser und Kerzen auf dem Tisch. **TIPP!** – **Pete's Palace,** Quijarro/Ecke Matos, 1. Stock mit Blick auf die Casa Nacional de la Moneda; gutes Restaurant, auch Vegetarisch, Essen für 2 Pers. mit Getränken ca. 90 Bs. – **Skyroom,** Calle Bolívar, Ed. Mathilde, Mittagessen ab 20 Bs, zum Frühstück empfehlenswert, mit Aussicht über die Dächer der Stadt, tägl. 8.30–22 Uhr. – **El Mesón,** Tarija/Linares (Plaza 10 de Noviembre, s. Stadtplan), tägl. 17.30–22.30 Uhr. Top-Restaurant mit regionaler Küche, bei Reisenden sehr beliebt, vielleicht das beste in Potosí; Spezialität ist *Chocko de pollo,* Hähn-

chen mit Teigwaren und Kartoffeln in würziger Soße. – Eine Empfehlung ist **El Fogón,** Ecke Frías/Oruro (s. Stadtplan), tägl. 12–23 Uhr; gehobene Preisklasse, modern durchgestyltes Interieur. – **Candelaria,** Ayacucho 5 (gegenüber der Casa de Moneda), tägl. ab 7.30 Uhr, köstliches Frühstück, schöne Atmosphäre, preiswertes Mittag- und Abendessen (Lamafleisch oder vegetarisch), Schwarzes Brett für Reisende. – **Doña Eugenia,** Av. Santa Cruz/Hermanos Ortega, serviert von 9–13 Uhr als *Plato típico* die beste *Chalapurka* von Potosí. – **Club Social Unificado,** Matos 10; typische Gerichte der Region, preiswert, viele Einheimische. – **Las Vegas,** Padilla 1/Linares; etwas teurer, aber gut, Hausspezialität probieren! – **La Casona 1775,** Frías 41, 18.30–24 Uhr; schönes Ambiente, beheizt, Forellengerichte und vegetarisch, empfehlenswert. – **Pollos Broaster,** Oruro 338 (beim Mercado); typisches Restaurant, köstliche Hendl, preiswert. **TIPP!** – Das kleine Restaurant **Chaplin,** Quijaro/Matos (s. Stadtplan) mit typischer Backpackerküche, ist etwas für Pasta- und Burger-Liebhaber, auch veg. Gerichte, freundliche Bedienung, moderate Preise. – **Café Restaurant Potocchi,** Millares 13; Fleisch und veg. Gerichte, tägl. Peña. – **Café Cultural Kaypichu,** Millares 16 (s. Stadtplan), Mo. geschl.; gut zum Frühstücken, vegetarische Gerichte, einfach, günstig, nett. – Ein gutes **Café** liegt in der Matos 30 (zwischen Junín und Sucre nordöstl. der Plaza), geöffnet erst ab 19 Uhr, exzellenter Kaffee, beheizt, schönes Ambiente. **TIPP!** – **Café Mirador y Restaurante,** Hoyos s/n/Millares, direkt neben der Kirche La Merced, tägl. 7.30–22 Uhr; das Café befindet sich im Erdgeschoss der zum Theater umgebauten Kirche, der Mirador auf dem Turm und Dach. Leckeres Frühstück (Schokoladenkuchen von Marcela probieren), abwechslungsreiche Karte, auch Pizza. Tolle Aussicht vom Steg übers Dach. – **4.060,** Hoyos 1 (s. Stadtplan). Tolles, modernes, sauberes und gemütlich eingerichtetes Café, schön warm durch die Heizöfen, internationaler Flair, guter Kaffee und Snacks. **TIPP.** – **Cherry's Café,** Padilla s/n (s. Stadtplan); gemütliches, feines Lokal, Frühstück, Pasta, Pizzen, Eis und mehr, deshalb viele Touristen. – **Café La Plata,** Plaza 10 de Noviembre (s. Stadtplan), tägl. 9–23 Uhr; gemütliches Ambiente, viele Touristen, schmackhaftes Frühstück, guter Kaffee, delikate Salate, Pizzen u.a. mehr sowie Spiele. – An der Plaza 6 de Agosto Nordseite (s. Stadtplan) ist in einer ehemaligen Kirche das **Belén Café-Restaurant.** Essen durchschnittlich, Ambiente bestens.

Peña *Potocchi,* Millares 13/Hoyos, Mi/Fr Folkloremusik, klein, gemütlich, mit Restaurant. – *Peña Restaurante Doña María,* Matos 87. *Kaypichu,* Millares 16, Di–So 18–23 Uhr.

Unterhaltung **Kneipen:** *La Casona 1775,* Frías 41; Pub-Restaurant, Cocktails, heiße und kalte Getränke, Brettspiele, jeden Fr Livemusik, Speisekarte. Werben damit, dass dies der wärmste Ort der Stadt sei … – *Chatarra,* Matos; Bierkneipe, gute Musik, immer was los. – *Pub Offside,* Bustillos 125/Ayacucho, Mo–Sa 19–02 Uhr; Livemusik, sehr gemütlich. – **Theater:** *Modeste Omiste,* Plaza 6 de Agosto. – **Kino:** *Cine Imperial,* Padilla 31. *Cine Universitario,* Bolívar 893.

Erste Hilfe *Hospital Braacamonte,* Italia s/n, Tel. 624-4960.

Post Lanza 3/Chuquisaca, Tel. 622-2513. – *DHL,* Junín (gegenüber der Kathedrale).

Telefon *ENTEL,* Av. Camacho/Plaza Arce, billige Telefon-Läden überall in der Stadt.

Tour-Anbieter *Agencias de Turismo/de Viajes* gibt es in Potosí rund zwei Dutzend mit Angeboten für die Stadt, Touren in die Umgebung oder zu weiter weg liegenden Zielen. Listung mit Angaben und Spezialisierungen auf www.potosy.com.bo. Agenturen zur Minenbesichtigung s.S. 760.

Internet-Cafés Viele Möglichkeiten, z.B. *Candelaria,* Ayacucho 5 (ggüb. Casa de Moneda), tägl. ab 7.30 Uhr, gutes Frühstück. Internet auch bei ENTEL in der Bustillos.

Geld	Geldautomaten gibt es in der Fußgängerzone, weitere Möglichkeiten bei den Schildern *Compro Dólares, Casa de Cambio, Prodem* (Ecke Bolívar/Junín) und bei Straßenwechslern. *Banco del Crédito* an der Sucre/Ecke Bolívar.
Wäscherei	*Lavandería Limpieza Janus,* Bolívar 773. *Lavandería Veloz,* Quijarro/Matos.
Artesanías	Potosí ist für seine qualitativ hochwertigen und außergewöhnlichen Textilien *(tejidos)* bekannt. *Ponchos, Chuspas* (Cocabeutel), *Chumpis* und *Llicllas* (Tragetücher) spiegeln die Traditionen und Schönheit des Hochlandes wider und sind einzigartig in Bolivien. Jahrhundertealt ist die Silberverarbeitung, und mit Geschick und Kreativität wird diese Handwerkskunst in den *Platerías* weiter gepflegt – Silberschmuck ist immer ein schönes Andenken. Die typischen und traditionellen Frauenhüte werden in speziellen *Sombrerías* angeboten. Der *Mercado Artesanal* befindet sich in der Sucre/Omiste und beim *Ingenio San Marco,* Calle La Paz, ist der Laden der Weberinnen-Cooperativa von Calcha mit hochwertigen, naturgefärbten Webarbeiten. Weitere Artesanías-Adressen*: Arte Nativo,* Sucre 30. *Artesanías Kallcha*, Sucre 92 (Ponchos, Alpacapullover und landestypische Trachten inkl. Versand nach Europa). *El Candelabro de Plata*, Av. Ecuador 880.
Geschäfte	Einkaufszentrum *Centro Comerical* CYC, Bolívar/Junín. Typischer Markt: *Comercio de Minoristas* (oder *Mercado Gremila*), zwischen Oruro u. Camacho. Optiker: *Optica Vicmar,* Bustillos/Cobija, Tel. 622-5279. Alle gängigen Kontaktlinsen; Gestellreparaturen.
Feste	Hinweis: Alle aktuellen Daten auf www.potosy.com.bo („Calendario Festivo"). Das **wichtigste Fest ist am 24. August** die *Fiesta de San Bartolomé y de los Chutillos,* dessen Ursprünge in einem Bildnis des Apostels San Bartolomé aus dem Jahre 1589 zu suchen sind. Allerdings findet das Fest mit Markt, Garküchen und einigen Tanzgruppen in dem kleinen Ort **La Puerta y la Quebrada del Diablo,** auf der Strecke nach Tarapaya, statt. Bereits eine Woche vor dem Fest putzt sich das Örtchen heraus. Lohnenswert ist die *Pichincha* (eine Woche vor der Fiesta), an der die Tänze eingeübt werden. Die publikumswirksamere **Fiesta de Ch'utillos** findet dagegen in Potosí Ende August (um den 28./29.) auf der Straße vor dem Aussichtsturm statt. Der **Carnaval** wird in Potosí großartig gefeiert! Dabei tragen die Minenarbeiter die Symbole und Figuren aus ihren Minen zur Plaza del Minero. Der Umzug der *Compadres* findet zwei Donnerstage vor Karnevalsdienstag statt, der Umzug der *Comadres* donnerstags vor Karnevalsdienstag, der Hauptumzug *(Entrada)* zwei Tage später am Samstag. Höhepunkt ist am Karnevalsdienstag mit dem traditionellen *Ch'alla,* bei dem Gaben (auch Schnaps) für die Mutter Erde geopfert werden. Am **3. Mai** lockt die indigene *Fiesta del T'inku* in Macha-Chayanta viele Zuschauer an. Im **Juli** werden mit der *Fiesta del Carmen* am 16. und mit der *Fiesta Campesina El Apóstol Santiago* am 25. zwei religiöse Feste gefeiert (die Prozession der Fiesta del Carmen beginnt von der Iglesia Santa Teresa). Im **August** bietet die *Fiesta San Bartolomé* einen Umzug durch Potosí mit traditionellen Tänzen und Musik verschiedener einheimischer Gruppen. Die *Procesión de la Virgen del Rosario* findet am **1. Sonntag im Oktober** statt, wobei sich die Einwohner mit Konfetti und Blumen bewerfen. Vom 1.–3. **November** werden die Toten geehrt, Höhepunkt ist die *Alma Chacharpaya* am 03.11., an der die Seelen der Verstorbenen mit einer Musikkapelle verabschiedet werden, damit diese sich fröhlich fühlen. Am **10. November** wird der „Tag von Potosí" gefeiert.

Verkehrsverbindungen

Stadtverk.	Micros und Minibusse sind billig, Taxi Stadtfahrt etwa 10 Bs.
Bus	Der *Terminal de Buses* liegt vom Zentrum gut 3 km nördlich außerhalb, es fahren Micros bis zur Kathedrale/Plaza 10 de Noviembre, oder per Taxi.

In nachfolgend genannte Städte täglich Abfahren vieler Gesellschaften. **Hinweis:** Alle Busverbindungen auf www.potosy.com.bo, bei „Transporte" **Nach Cochabamba** (530 km, ca. 15 h), über Sucre oder Oruruo. – **La Paz** (550 km, 8 h), tägl. viele Busse, Abfahrten meist abends zwischen 17 und 19 Uhr, auch Direktbusse. – **Oruro** (330 km, 6 h). – **Santa Cruz** (775 km). – **Sucre** (160 km, 3 h). Es empfehlen sich die ewas teureren, aber dafür schnelleren und bequemeren Minibusse diverser Gesellschaften mit Abholung vom Hotel, z.B. *Infinito,* Tel. 624-5040 oder *Cielito Express,* Tel. 624-6040. – **Tarija** (370 km, 12–15 h). – **Uyuni** (215 km, 6 h), Abfahrten vom alten Busterminal, s. Stadtplan. – **Tupiza** (260 km, 7 h). – **Villazón** (350 km, 9 h).

Zug Schienenbus (Bus Carril) nach Sucre (Estación El Tejar) am Di/Do/Sa um 8 Uhr, Fz 6 h, Fahrplan auf www.fca.com.bo. Eine interessante Fahrt.

Flug Der Flughafen *Capitán Rojas* (POI), 5 km außerhalb an der Straße nach Sucre, ist der höchste Zivilflughafen der Welt. Aerocon (www.aerocon.bo, Tel. 901-10-5252) fliegt drei Mal wöchentlich nach und von La Paz (ca. 1 h).

Ausflüge von Potosí
Tour 1: Zum Cerro Rico und den Minen

Bereits im 16. Jahrhundert wurden die ersten Minen in Betrieb genommen, im 18. Jahrhundert waren es schon über 300. Etwa 30.000 Lasttesel wurden jährlich nach Potosí gebracht, die durchschnittlich 70 Tage überlebten, die schwächsten starben oft nach acht Tagen, wie im Buch „Plata por Europa" von *Juan Marchena* nachzulesen ist.

Der Gehalt an Silber des Cerro-Rico-Erzes war in den Anfangsjahren so hoch, dass es direkt in Heißluftöfen *(huayras)* ausgeschmolzen werden konnte. Doch bereits 1570 lag sein Anteil im Rohgestein unter 3%. Zur Verhüttung nutzte man dann das neue Amalgamierung-Verfahren, das der deutsche Ingenieur Kaspar Lomann Mitte des 16. Jh. in Neuspanien eingeführt hatte: Silberhaltiges Gestein wurde durch Hämmer und Mahlwerke *(quimbaletes)* zerkleinert und danach mit Quecksilber vermengt (es kam von den Gruben in Huancavelica in Peru). Anschließend musste viele Wochen gewartet werden, bis sich das Quecksilber mit dem feinverteilten Silber verbunden hatte. Mit gewaltigen Wassermengen wurde es dann ausgewaschen und in Öfen erhitzt, wobei sich das Silber wieder vom Quecksilber löste.

Nach dem Chacokrieg 1932–1935 wurden die Silberminen von Potosí verstaatlicht. Doch seit dem großen Zusammenbruch des Zinnmarktes 1986 privatisierte Bolivien Zug um Zug wieder die staatlichen Minen. Zunehmend übernahmen Kooperativen der Bergarbeiter die alten Minenschächte. Insgesamt gibt es am Cerro Rico inzwischen etwa 300 Mineneingänge.

Information *Cámara de Minería,* Quijarro (nähe Plaza 10 de Noviembre), Mo–Fr 9–12 Uhr und 15–18 Uhr, am Kiosk der *ITB,* Ecke Pasaje/Plaza Alonso, auf der *Plaza de Minero* oder in den Reiseagenturen.

Minenführer und Agenturen **Amigos de Bolivia,** Ayacucho 20, www.amigostourbolivia.com, Tel. 622-6462. Die Agentur bietet Touren in die Minen und die Umgebung an und fördert außerdem den Schulbesuch von Minenkindern. – **Andes Salt Expediti-**

ons, Alonso de Ibañez 3, Tel. 622-5304, www.andes-salt-uyuni.com.bo oder www.bolivia-travel.com.bo. Seit 1980 Minenexperten für Mina Candelaria, Mina Pailaviri, Mina Rosario; gute Ausrüstung (Sauerstoff-Flaschen), eigene Fahrzeuge, Tourdauer in die Mina Pailaviri ca. 4 Stunden, 200 Bs für 2 Personen, inkl. Dynamit-Sprengdemonstration. Führen auch Touren mit Geländewagen durch den Salar de Uyuni bis nach San Pedro de Atacama durch. – **Altiplano,** Ayacucho 19, vor der Casa Nacional de la Moneda, Tel. 6222-5353, altiplanotours@hotmail.com; Minen- und Stadttouren, auch Torotoro u.a. – **Carola Tours,** Lanza 12, Tel. 6222-8212, www.geocities.com/carolatours; Führungen in eine Mine ohne Dynamit-Sprengvorführung und Atemsschutz, dafür sehr preiswert, 30 Bs/p.P., auf Preiseinhaltung achten! – **Cerro de la Plata,** Bustillos 1066, Tel. 622-4133, helen_rf@yahoo.com; Führungen zu den Minen, aber auch zum Salar de Uyuni und zur Reserva Nacional Eduardo Avaroa. – **Eduardo und Wilbert,** Hernández 1035, Tel. 622-3138. Kontakt auch über das Büro von *Koala Tours,* Ayacucho 5, Tel. 622-4708. Gute Hintergrundinfos, Führungen von 9–15 Uhr (davon 3 Stunden in der Mine), ca. 70 Bs p.P., empfohlen. – **Greengo Tours,** Quijarro 42, neben der Casa Nacional de la Moneda, Tel. 623-1362, greengotours_ts@hotmail.com; langjährige Erfahrung, empfehlenswert. – **Koala Tours,** Ayacucho 5, Tel. 622-4708. Gute Hintergrundinfos, Führung 9–15 Uhr (davon 3 Stunden in der Mine), exzellente Organisation, 100 Bs/p.P. **TIPP!** Die Führer sind ehemalige Bergarbeiter, die die Tour interessant gestalten. – **Roberto Mendes** (span./engl.), erreichbar über das Restaurant Belén, Mirador, Tel. 622-1037, Cel. 7181-0145; der alte Minenführer macht individuelle Touren in kleinen Gruppen (max. 6 Pers.), Ausrüstung wird gestellt. – **Silver Tours,** Calle Quijarro 12, Tel. 622-3600. Diese als zuverlässig arbeitend beschriebene Agentur organisiert Touren in die Umgebung von Potosí und bis zum Salar de Uyuni.

Minen der Cooperativas (Genossenschaften)

Eindrucksvoll sind Besuche der Minen der Bergarbeiterkooperativen, die über die Reiseagenturen (s.o., „Minenführer und Agenturen") in Potosí vermittelt werden. Einige ehemalige Bergarbeiter bieten sich aber auch selbst als Führer an. Sie stellen Helm (unbedingt notwendig!), Lampe und Schutzkleidung zur Verfügung. Sinnvoll ist ein Atemschutz (großes Taschentuch vor der Nase tut's auch). Die Kosten für eine Minen-führung liegen bei 100 Bs p.P. und schließt neben der Ausrüstung auch den Transport zur Mine mit ein. Für die Minenbesichtigung sollte ein halber Tag veranschlagt werden, die Touren dauern mindestens 2–3 Stunden.
Es freut die Bergarbeiter der Cooperativa, wenn man für sie nützliche Geschenke mitbringt, z.B. Batterien, Cocablätter, Dynamit und Softdrinks, oder zumindest etwas spendet. Die Sachen können zuvor auf dem *Mercado de Mineros* gekauft werden.

Achtung! Die Minen werden zwar belüftet, doch sollte man sich bewusst sein, dass in den Stollen evtl. **giftige Dämpfe** (wie z.B. Arsengas, Schwefeldämpfe, Grubengas) eingeatmet werden, deshalb als Atemschutz ein Halstuch o.ä. mitnehmen. Außerdem geht es ab und zu durch knietiefes Wasser und durch enge und nur einmeterhohe Schächte. Die Temperatur im Berg kann bis zu 35 °C betragen! Eine Minentour ist nichts für Klaustrophobiker, Übergewichtige und Asthmakranke.

Mine Pailaviri

Pailaviri ist die älteste Mine von Potosí und liegt 3,5 km außerhalb. In ihr wird seit 1545 ständig gearbeitet. Sie liegt auf 4200 m und gehörte einmal zur staatlichen Gesellschaft COMIBOL. Von der Plaza 10 de Noviembre fährt der ENTA-Stadtbus Nr. 100-200 und Bus 140 sowie Nr. 7 um 8 Uhr direkt zum Eingang der Mine. Die Führungen beginnen Mo–Fr zwischen 8.30 und 9 Uhr. Eintritt 20 Bs. Die Ausrüstung mit Helm, Lampe, Jacke und Gummistiefel übernimmt die Mine. Weitere Informationen und Fotos über www.potosy.com.bo.

Die Mine hat 17 Schachtsohlen, jede 30 m voneinander getrennt. Man kann hier bis zu 480 m in die Tiefe eingehen. Die Temperatur differiert bis zu 35 Grad zwischen Eingang und unterster Sohle! Dass es unter den miserablen Arbeits- und Ernährungsbedingungen der Bergleute mit deren Gesundheit nach wie vor sehr schlecht bestellt ist, liegt auf der Hand. Besonders häufig kommt es zum Auftreten der Staublunge (Silikose), die viele Mineros schon in jungen Jahren (durchschnittlich 35 Jahre) dahinrafft. Zu sehen sind die Stollen, die schwere Arbeit der Bergleute, Adern von Mineralien, aus denen Silber und Zinn gewonnen wird. In der Mine wird noch mit dem System der Amalgamierung, mit der Versetzung mit Quecksilber, gearbeitet.

Tour 2: Laguna Tarapaya

Leute mit viel Zeit können einen Ausflug zu den Thermalbädern an der *Laguna Tarapaya* unternehmen. Die fast kreisrunde, 100 m breite Lagune liegt 25 km von Potosí entfernt in einem Vulkankrater (Richtung Oruro). Abfahrten mit Micro/Colectivo ab Mercado Chuquimia (Nähe Busterminal), Fz 1 h. Die Micros/Colectivos biegen vor dem Thermalbad über die Flussbrücke ab. Auf der anderen Flussseite in Höhe der rotbraunen Felsen am Hang aussteigen (Busfahrer weiß wo). Von dort führt ein Fußweg zur Lagune hinauf. Das Wasser ist um die 35 °C warm, durch das aufsteigende Warmwasser entstehen Wirbel, beim Baden ist Vorsicht geboten (durch den Unrat sowieso nicht besonders einladend). Einer Sage nach soll der Inca Huayna Capac wegen der medizinischen Wirkung des Thermalwassers den weiten Weg von Cusco bis hierher unternommen haben. Dabei soll er auch jenen Berg gesehen haben, den er „Potosí" taufte. Rückweg: wieder den gleichen Weg zur Piste nehmen, über die Brücke und dann zum Thermalbad (Eintritt 2 Bs). Micros/Colectivos zurück nach Potosí ab der Flussbrücke.

Potosí – Tarija (375 km)

Die wichtigste Stadt in Südbolivien ist Tarija. Die Straße von Potosí nach Tarija überquert zuerst einen Pass, und in Padcayo (3400 m) windet sie sich abwärts in das Tal des Río Camargo. Hinter El Puente geht es wieder hoch nach Isayachi (3410 m). Hier gabelt sich die Straße: südwestlich geht es nach Tupiza und Villazón, östlich nach Tarija (53 km, Pass und danach Flusstal).

Tarija

Die Universitätsstadt am Río Guadalquivir, gegründet 1574, liegt auf einer Höhe von 1924 Metern, hat knapp 160.000 Einwohner und ist damit die südlichste Großstadt Boliviens. Fast ganzjährig mildes, angenehmes Klima mit einer Regensaison von Dezember bis Februar. Die angestammte Bevölkerung, die *Chapacos* und *Tarijeños,* sind eher mit dem nordargentinischen Menschenschlag verwandt als mit den bolivianischen Indígena. Tarija ist die Geburtsstadt des bolivianischen Präsidenten Victor Paz Estenssoro (1907–2001).

Tarija war im bolivianischen Kampf um die Unabhängigkeit eine wichtige Stadt: Bereits 1810 erklärte sich die Region von Spanien unabhängig, was 15 Jahre später zur endgültigen Befreiung von der Kolonialmacht führte. 1817 unterzeichneten die Spanier in Tarija nach der Schlacht von La Tablada eine Kapitulationserklärung.

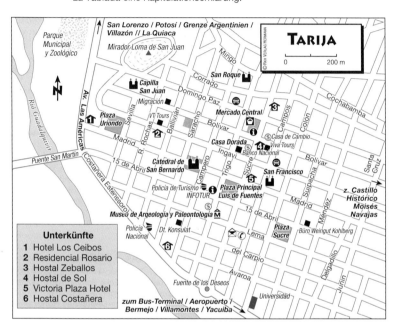

Um Tarija, insbesondere im ca. 15 km südlich gelegenenen *Valle de Concepción,* gibt es viele Weingüter. In der näheren und weiteren Umgebung wurden viele Knochen von Dinosauriern gefunden, die im *Museo de Arqueología y Paleontología* bestaunt werden können (wer auf eigene Faust auf den Spuren der Paläontologen wandern will, kann um Tarija problemlos selbst Dinosaurierknochen finden).

Tarija selbst weist keine außergewöhnlichen Sehenswürdigkeiten auf, die *Plaza Luís de Fuentes* ist mit Palmen und Orangenbäumen bestanden. Sehenswert ist aber die **Casa Dorada,** ein prächtiges Jugendstil-Gebäude, das von 22 Engelstatuen gekrönt wird. Der reiche Kaufmann Moisés Navajas ließ es 1930 für sich erbauen, heute dient es der Stadt als *Casa de la Cultura*. Die Pracht der Fassadengestaltung setzt sich innen mit der Einrichtung fort (Ecke Trigo/Ingaví, Mo–Fr 9–11 u. 15–17 Uhr, Sa 9–11 Uhr, Eintritt).

Kirche und **Convento San Francisco** zeigen Malereien der *Escuela Arequipeña*. Einzigartig ist die Klosterbibliothek des Franziskanerordens, die Sammlung der bibliographischen Kostbarkeiten umfasst etwa 16.000 Bände, die ältesten stammen aus dem Jahre 1501. Die Bibliothek ist eine bedeutende Quelle über das Leben und den Widerstand der Guaraní bzw. Chiriguano, die von den Franziskanern ab 1770 in über 20 Missionssiedlungen christianisiert wurden. Die **Iglesia Matriz** ist dagegen eine Jesuitengründung von 1690.

Das erwähnte **Museo de Arqueología y Paleontología**, Trigo/Ecke Lema, zeigt neben Fossilien prähistorischer Großtiere auch Relikte und Objekte früher menschlicher Besiedlung sowie mineralogische Exponate (Mo–Fr 8–12 Uhr, 15–18 Uhr). Einen Blick über die Stadt hat man vom **Mirador Loma de San Juan.**

Stadt der Feste Tarija ist berühmt für ihre vielen Feste! Der Karneval und die religiösen Feste faszinieren durch das Spielen seltsamer Blasinstrumente, wie z.B. der *ereque*, ein Kuhhorn, oder die *caña*, ein bis zu 3 m langes Bambusrohr.
Große Feste sind: *Fiesta de la Candelaria* (2. Februar) und *Fiesta de San Roque* (1. Sonntag im September) mit Prozessionen, Tänzen und Musik, die einen ganzen Monat dauern. Im Februar wird mit der *Fiesta de la Uva* ein Weinfest gefeiert. Oktober, am 1. Sonntag: *Fiesta de la Virgen Guadalupe;* am 2. Sonntag: *Fiesta de la Virgen Rosario*. Höhepunkte im Dezember: *Festival de Verano* (Sommerfestival) und *Festival de Folklore y Artesanías*.

Balnearios 5 km außerhalb befindet sich in *Tomatas,* am Zusammenfluss von Río Guadalquivir und Río Erkes, ein Naturbad mit Flussstränden und Campmöglichkeiten, doch inzwischen sehr verschmutzt. Ein besseres Balneario ist am Río Tolomosita, ca. 7 km von Tarija entfernt. Etwas weiter entfernt liegt nördlich von Tarija bei San Lorenzo ein Wasserfall mit schönen Bademöglichkeiten, empfehlenswert; dazu aus Tarija kommend am Markt in San Lorenzo nach links abbiegen und zu Fuß zum Wasserfall wandern, Gehzeit 1 h, mehrere leichte Flussdurchquerungen, schöne Strecke.

Adressen & Service Tarija

Tourist-Info **InfoTur,** Trigo/Ecke 15 de Abril, Tel. 667-2633, Mo–Fr 8–12 u.14.30–18.30 Uhr, Sa/So 9–12 u.14–19 Uhr. Lokale Tourist-Info Ecke Bolívar/Sucre, el. 663-3581. Außerdem Info-Kiosk am Busterminal. – Internet: www.tarija.bo

Vorwahl (04) **Polizei:** Ecke 15 de Abril/Campero, Tel. 664-2222. – **Deutsches Honorarkonsulat:** Frau L. Methfessel, Campero 321, Tel. 664-2062, tarija@hk-diplo, Fax 663-0826. – **Migración:** Ingavi 789, Tel. 664-3594. – **Notruf:** 118

Unterkunft ECO **Alojamiento La Terminal,** Julio Panroja (Nähe Busterminal), Tel. 662-5795. Sehr einfache bc/bp-Zimmer, familiär. – **Residencial Rosario,** Ingavi 777, Tel. 664-2942. Freundliches Residencial mit einem Patio, 18 kleinere, sehr saubere Zimmer. DZ 90 Bs. – **Hostal Costañera,** Las Américas/Saracho (Flussnähe), Tel. 664-2851. Kleines nettes Hostal. DZ/F 300 Bs.

FAM **Hotel del Sol,** Sucre 782, Tel. 666-5259, www.hoteldelsol.com.bo. 3-Sterne-Unterkunft, sauber, modern, schöne Zimmer, Internet, TV, Parken, AC. DZ/F 350 Bs. **TIPP.** – **Victoria Plaza Hotel,** La Madrid/Ecke Sucre, Tel. 664-2600, www.victoriaplazahoteltarija.com. In Plazanähe, gefällige Zimmer, Restaurant, Café-Bar, WiFi, AC. DZ/F 480 Bs.

LUX **Hotel Los Ceibos,** Av. Victor Paz Estenssoro/La Madrid, Tel. 663-4430, www.hotellosceibos.com. Große, geschmackvolle Zimmer, gutes Restaurant, Cafetería, Bar, Pool, AC etc. DZ/F 590 Bs.

Außerhalb Etwa 3 Fahrstunden von Tarija bei Entre Ríos im Valle del Medio liegt das Eco-Hotel **El Paraíso del Tordo,** Tel. 663-3897, www.elparaisodeltordo.com. Eigentümer Familie Tarraga Wiedemann. EZ/DZ/MBZi, bc/bp, Restaurant, GpD, Pferde. Baden im Fluss, Orangen pflücken, Wandern, Reitausflüge, liebe Menschen und mehr. VP DZ/F 70 US$.

Essen und Trinken	Durch die Nähe zu Argentinien werden hier schon Unmengen an Fleisch vertilgt, verständlich, dass hier Fleischgerichte zu empfehlen sind.
Typische Gerichte sind *Saise* (mit *aji*), *Arvejada* (mit *aji*) und *Chanka de Pollo*, die günstig im Mercado Central und an der Plaza Uriondo angeboten werden. Etwas abseits des Zentrums, an der Puente San Martín, grillen und kochen die Einheimischen zu Centbeträgen die wunderbarsten Sachen. – *Cabaña Don Pepe,* Campos 2681/Av. las Américas. Picantería in Bambus, gute Steaks, Show am Fr. – Argentinische Fleischspezialitäten mit Salaten, Kartoffeln und leckeren Zutaten, auch Nudelgerichte und Weine: *El Fogón del Gringo,* Madrid 1051 bei der Plaza Uriondo (gehoben). – *Cabaña Don Pedro,* Av. Victor Paz Estenssoro/Padilla; Außentische, lokale Küche, preiswert, am Fr Folkloreshow. – *Mateo's,* Trigo/La Madrid, typische Gerichte der Region. – *El Chapaco,* Bernardo Trifo 0454. Lokale Spezialitäten. – *Rinconcito Andaluz,* Plaza Luís de Fuentes. Lokale Spezialitäten.
Erste Hilfe	*Hospital San Juan de Dios*, Calle Santa Cruz, Tel. 664-5555
Geld	Geldautomaten um die Plaza, Casa de Cambio in der Bolívar. Banken s. Stadtplan.
Touranbieter	**Viva Tours,** Calle Bolívar 251, Tel. 663-8325, Mo–Fr 8–12 u.14.30–18.30 Uhr, www.vivatourstarijabolivia.com. Stadttour (4 h), Campiña Chapaca (erweiterte Stadttour, 5 h), Bodegas y Viñedos (Weintour, 4 h). – **VTB Tours,** Ingavi 784, Tel. 664-4341, www.vtbtourtarija.com. Allrounder mit vielen Tourangeboten, Details s. Homepage.
Weingüter	Für den Besuch eines Weingutes oder einer Weinkellerei (Bodega) kann in den jeweiligen Verkaufsläden und -büros in Tarija nachgefragt werden. *Bodega Kohlberg,* 15 de Abril 275, www.bodegaskohlberg.com. Kohlberg ist einer der besten Weine Tarijas und Boliviens, das Weingut liegt in Santana (15 km). – *Bodega Aranjuez,* Trigo 789 und 15 de Abril 241, www.vinosaranjuez.com. Das Weingut liegt in der Nähe von Tarija. – *Bodega Casa Real,* 15 de Abril 246, http://casa-real.com. Weingut in Santana (15 km). – *Bodega Rugero Singani,* La Madrid/Suipacha s/n, Tel. 662-5040. Weingut bei Concepción (20 km).
Mietwagen	*Barrón's Rent-a-Car,* Ingavi 339 (zw. Méndez u. Santa Cruz), Tel. 663-6853, www.abarrons.com.
Bus	Der Busterminal, Tel. 663-6508, befindet sich am östlichen Ende der Av. de las Américas, einen guten Kilometer vom Stadtzentrum. Weiterfahrt nach der Ankunft reservieren. Nach **Bermejo** (210 km, Fz 5–8 h), Grenzort zu Argentinien, mehrmals tägl. Busse auf enger, kurvenreicher Piste, Micros und Colectivos. – **Potosí** (370 km, 12–14 h), tägl. Busse. – **Oruro** (690 km, 20 h). – **Santa Cruz** (710 km, 24 h). – **Sucre** (460 km, 18 h). – **Villazón** (190 km, 9 h). – Auch nach **Cochabamba** (ca. 25 h) und **La Paz** (920 km, ca. 26 h).
Flug	Der Flughafen *Oriel Lea Plaza* (TJA), Tel. 664-2195, liegt etwa 3 km östlich, Anfahrt mit einem Mico Línea A oder Z über die Av. Victor Paz Estenssoro. Flüge zu größeren Städten des Landes, wie Santa Cruz, La Paz, Cochabamba. *TAM,* Büro in der La Madrid 470, Tel. 664-2734. – *Aerocon,* www.aerocon.bo, Tel. 901-10-5252.
Weiterreise Argentinien	Entweder direkt nach Süden zu den Grenzpunkten **Bermejo//Aguas Blancas** oder nach Westen über **Villazón//La Quiaca** (190 km) mit Zielen Jujuy, Salta und Córdoba.

Villazón

Liegt auf 3450 m Höhe und ist nicht mehr als ein etwas trostloser Grenzort, und dennoch wichtigster Grenzübergang nach Argentinien. Nach langer Busfahrt sollte man gleich weiter über die Grenze, im argentinischen *La Quiaca* schmecken die Steaks einfach besser ... Die Grenzabfertigung erfolgt direkt vor und nach der Brücke über den Río Villazón, Av. Internacional. Taxis fahren zur Grenze. Wer trotzdem in Villazón übernachten muss: Die meisten Unterkünfte finden sich in der Antofagasta und 20 de Mayo, z.B. das *Grand Palace Hotel,* 25 de Mayo 52/Ecke Deheza, Tel. 596-5333.

Der **Terminal Terrestre** liegt bei der Plaza. Busse nach Tarija, Tupiza (Colectivos), La Paz, Potosí, Sucre u.a. Ziele. Von der **Estación Central,** Av. Antofagasta, Zugverkehr mit dem *Expreso del Sur* und *Wara Wara* Richtung Uyuni, Potosí u.a. Zielen. Verbindungen auf www.fca.com.bo.

Tarija – Villa Montes – Yacuiba (370 km) // Pocitos (Argentinien)

Von Tarija kann nach Osten nach **Villa Montes** gefahren werden (268 km). Von dort dann weiter nach Norden nach **Santa Cruz** (ca. 440 km) oder nach Süden zur argent. Grenze nach **Yacuiba** (102 km). Die Straße zwischen Tarija und Villa Montes über Careta und Entre Ríos ist gut ausgebaut, kurz vor Villa Montes zieht sie sich am Río Pilcomayo entlang durch den schönen *Cañón de Pilcomayo*. Die steilen Canyonwände aus Buntsandstein sind mit Bromelien bewachsen. Die Av. Méndez Arcos führt geradewegs zur Plaza von Villa Montes.

Villa Montes

Die in den Sommermonaten heißeste Stadt Boliviens (25.000 Ew.) liegt nur 380 m hoch und wurde 1905 gegründet. Bis zum Chaco-Krieg 1932, bei dem die paraguayische Armee bis vor die Tore der Stadt vorrückte, dominierte das Handelswesen im Ort die dt. Familie Staudt. Da der Río Pilcomayo im Gebiet von Potosí entspringt und durch einen hohen Bleigehalt kontaminiert ist, sollte in Villa Montes auf Fischgerichte verzichtet werden.

Unterkunft: *El Rancho Olivo,* Av. Méndez Arcos, Barrio Ferroviario (gegenüber dem Bahnhof), Tel. 684-2049, www.elranchoolivo.com. Zi. mit AC, schöne Gartenanlage mit Pool, Restaurant, WiFi u.a. DZ ca. 400 Bs.

Busse nach Santa Cruz, 8 h, Tarija 9 h, Yacuiba 1,5 h. Hinweis: Mehrmals wöchentlich fahren paraguayische Busse der Linie *Trans Bolpar* von Santa Cruz über Boyuibe nach Villa Montes und von dort weiter nach Asunción. Zusteigemöglichkeit in Villa Montes. Außerdem **Zugverbindung** Santa Cruz – Villa Montes – Yacuiba.

Von Villa Montes führt die Straße Nr. 9 nach Norden über Camiri nach Santa Cruz. Nach Süden passiert sie Palmar Grande und den *Parque Nacional Serrania de Aguarague* und endet nach 102 km im Grenzstädtchen Yacuiba.

Yacuiba

Das quirlige Grenzstadt (85.000 Ew.) ist ein argentinisches Einkaufszentrum mit vielen Straßenhändlern, in den Kneipen werden saftige Fleischstücke über Holzfeuer gegrillt und argentinische Weine ausgeschenkt. Die bolivianischen und argentinischen Grenzer sitzen zusammen im selben Gebäude in Yacuiba. Zum argentinischen Grenzstädtchen Pocitos sind es 5 km. Taxis fahren vom Taxistand 1 de Mayo, Comercio/Campero (gegenüber Hotel Paris*)* rüber.

Stadt-Infos auf www.yacuiba.com. – **Vorwahl** (04)

Unterkunft: *Hotel Paris,* Comercio/Campero, Tel. 682-2182. *Hotel Valentín,*

San Martín 1153. – **Busse** nach Camiri, Villa Montes, Santa Cruz. Nach Buenos Aires ab Pocitos, Fz 22–24 h. – **Zugverkehr** Villa Montes – Boyuibe – Santa Cruz (freitags, knapp 17 h). – Flüge nach Tarija, Sucre und Santa Cruz. – **Flug:** Der kleine Airport Yacuiba liegt 7 km außerhalb, Anfahrt mit Taxi.

ROUTE 13: POTOSÍ – COCHABAMBA (530 KM)

Potosí – Sucre (170 km)

Da die meisten Langstrecken in Bolivien von den Busgesellschaften nur nachts gefahren werden, ist diese relativ kurze und durchgehend asphaltierte Strecke zwischen Potosí und Sucre eine der wenigen Möglichkeiten, Landschaften tagsüber kennenzulernen. Am besten fährt man mit den Minibussen von *Transtin* oder *Soltrans,* die jeweils gegen 7 Uhr morgens von Potosí nach Sucre abfahren.

Gleich hinter Potosí steigt die asphaltierte Straße etwas an, passiert ein Hüttenwerk und den Flughafen. Über **Manquiri** (weiße Kirche vor rotem Sandsteinfelsen) wird **Betanzos** erreicht. Das Dorf ist für seinen farbenfrohen Sonntagsmarkt bekannt. Viele Kilometer geht es nun über eine punaähnliche Hochfläche. Hinter Chiclani folgt der Abstieg über einige Serpentinen. Fast 1000 m tiefer kommt man in ein fruchtbares Flusstal, und nach Millares wird der *Río Pilcomayo* auf dem modernen „Puente Sucre" überquert. Links ist die alte, interessante und gut erhaltene Hängebrücke aus dem 19. Jahrhundert zu sehen. Nun geht es wieder bergauf und über einem Pass (2850 m) runter nach Yotala. Beim letzten Aufstieg vor Sucre liegt rechts ein großes Militärgelände mit dem eigenartigen Schlösschen La Glorieta. Nach 3 Stunden Fahrzeit erreicht der Bus Sucre.

Sucre

Die 1538 gegründete und verfassungsgemäße Hauptstadt Boliviens liegt auf der für das Land angenehmen Höhe von 2790 Meter und hat etwa 260.000 Einwohner. Sucre ist gleichzeitig die Hauptstadt des Departamento Chuquisaca. Wegen des angenehmen Klimas, der gut erhaltenen kolonialen Bausubstanz mit historischer Wohlfühl-Atmosphäre ist Sucre auch für Bolivianer ein attraktives Reiseziel.

Ursprünglich hieß die Stadt *Chuquisaca,* nach dem Einfall der Spanier wurde sie zuerst nur *Charcas,* später dann *Ciudad de la Plata de Nuevo Toledo* (Stadt des Silbers von Neu-Toledo) genannt. Mit dem Aufstieg von Potosí wuchs auch die Bedeutung dieser Stadt, 1623 gründete man hier eine der ersten Universitäten Südamerikas. Nach der Unabhängigkeit von Spanien 1825 wurde sie 1828 zu Ehren des in Venezuela geborenen Freiheitskämpfers **Antonio José de Sucre** umbenannt und Hauptstadt des neuen Staates Boliviens. Die Bedeutung Sucres gegenüber La Paz wurde jedoch nachfolgend immer geringer, nach und nach gingen fast alle Funktionen an La Paz verloren, nur der oberste Gerichtshof blieb in Sucre. Seit 1992 ist Sucre UNESCO-Weltkulturerbe.

Wer es irgendwie einrichten kann, sollte nicht später als am Freitag oder Samstag in Sucre ankommen, denn am Sonntag (außer Ostersonntag und während des Karnevals) findet der Markt in **Tarabuco** statt (s.u., Tour Tarabuco).

Sehenswertes

Sucre besitzt viele sehenswerte Kirchen, interessante Museen, Plätze als Treffpunkte und versteckte architektonische Kleinode. Nachfolgend unsere Zusammenstellung zum Auswählen. Städtisches Zentrum und guter Startpunkt ist die Hauptplaza 25 de Mayo.

Plaza 25 de Mayo Auf dem Platz steht das Denkmal von General José de Sucre, ringsum eingerahmt von kolonialen Gebäuden. Das neben der Kathedrale ist die **Prefectura de Chuquisaca** (Aufschrift „La Union es la Fuerza"), der historische Regierungspalast bis 1899 in französischem Renaissance-Stil. Von der Dachterrasse Ausblick über die Plaza (drinnen bei der Polizei nachfragen). An der Nordwestseite steht die Casa de la Libertad mit zentralem Portal und Balkonen.

Casa de la Libertad Ursprünglich war der Bau ein Teil der Jesuiten-Universität von 1621, mit Kreuzgängen im typischen Mudéjar-Stil und mit einem achteckigen Brunnen. Heute ist im „Haus der Freiheit" das sehenswerte **Museo Histórico** untergebracht. Di–Sa 9–12.30 u. 14.30–18.30 Uhr, So 9–12 Uhr, Eintritt 15 Bs (Fotogebühr extra), inkl. interessanter 45-minütiger Führung (auch auf Deutsch). Im Salón de la Independencia wurde am 6. August 1825 die **Unabhängigkeit Boliviens** erklärt und die Unabhängigkeitsurkunde unterzeichnet. In der ehrwürdigen Aula Magna, wie der Salón de la Independencia auch genannt wird, hängen an der Stirnwand die Gemälde von Bolívar, Sucre und Ballivián.

Catedral de Sucre Beherrscht wird die Plaza vom Glockenturm der Kathedrale mit seinen zwölf Apostelfiguren und den vier Stadtheiligen ganz oben. Die Hauptkirche der Stadt wurde 1559–1712 im Renaissance-Stil erbaut und am 11. April 1930 zu einem nationalen Denkmal erklärt. Sie war Sitz von Kardinal José Clemente Maurer, des ersten und einzigen bolivianischen Kardinals. Im Laufe der Zeit wurden noch Bauelemente im Barock- und Mestizo-Stil hinzugefügt. Die Kathedrale besitzt zwei Chöre, einer davon subterran. Der Zedernholz-Altar im neoklassizistischem Stil stammt aus dem Jahr 1826. Zur Innenbesichtigung eignen sich am besten die Morgenstunden von 7 bis 8 Uhr, Zugang zu anderer Zeit über das **Museo de la Catedral**, das religiöse Memorabilien, Monstranzen und Gemälde zeigt (Mo–Fr 10–12 Uhr u. 15.30–17 Uhr, Eintritt 20 Bs). Der Eingang dazu ist um die Ecke in der Calle Ortíz 31, und dort geht es auch zur **Capilla de la Virgen de Guadalupe** mit dem Bildnis der Virgen de Guadalupe, gemalt 1601 von Fray Diego de Ocaña nach der Figur im Kloster Guadalupe in Spanien. Mantel und Kleidung bedecken Gold, Silber und zahllose kostbare Edelsteine, die wohlhabende Gläubige im Lauf der Jahrhunderte gespendet und so dem Marienbild zu einem unschätzbaren Wert verholfen haben.

Iglesia San Felipe Neri Die eindruckvollste Kirche Sucres ist Klosterkirche **San Felipe Neri** in der Calle Ortíz, zwei Blocks südlich der Plaza (Zugang durch das Colegio María Auxiliadora, Ortíz 165, ausgeschildert). Kirchengründung war 1795 durch den Karmeliter Fray Antonio de San Alberto. Portal, Altar und die Fassaden sind im neoklassizistischem Baustil ausgeführt. Den großen Innenhof mit doppelstöckigen Arkaden ziert ein Brunnen. Vom begehbaren Flachdach mit den achteckigen Glockentürmchen hat man einen weiten Blick über die Stadt, von den Ruhebänken konnten einst die Mönche sich

Sucre

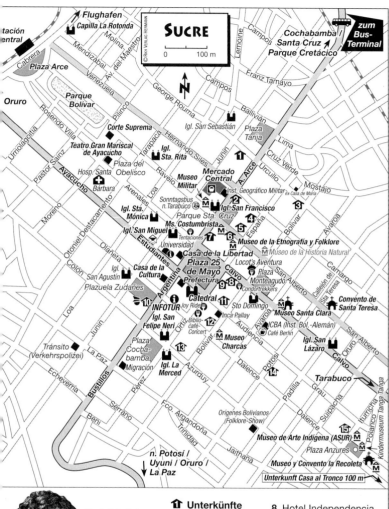

Der bolivianische General und Freiheitsheld A. J. de Sucre, nach dem die Stadt ihren Namen trägt

🛏 Unterkünfte

1. La Dolce Vita
2. Hostal San Francisco
3. Glorieta Hotel
4. Hostal España
5. Residencial Bolivia
6. Premier Hotel
7. Grand Hotel
8. Hotel Independencia
9. Capital Plaza Hotel
10. Hostal Sucre
11. Hostal La Posada
12. Parador Santa María la Real
13. Hostal de Su Merced
14. Casa Verde
15. Casa Kolping Sucre

gleichfalls an der Aussicht erfreuen. In der Kirchengruft liegen u.a. die Gebeine des Offiziers Ramón de García León y Pizarro, letzter Präsident der Real Audiencia de Charcas, und von Fray Benito María de Moxó, letzter Erzbischof von Charcas. Mo–Sa 14.30–18 Uhr, Eintritt. Einstündige Führung vorgeschrieben.

Iglesia Nuestra Señora de la Merced Diagonal gegenüber steht Kirche *La Merced*, erbaut um 1545. Ist sie nicht verschlossen, kann man den übergroßen vergoldeten Retablo mit Heiligenfiguren, die Kanzel mit feinen Mestizo-Schnitzereien und die kostbaren Wandgemälde von Melchor Peréz de Holguín bewundern. Mo–Fr 14–17 Uhr, Eintritt. Die Aussicht vom Glockenturm ist großartig. Auf der Calle Dalence gelangen Sie, vorbei am *Museo Charcas* (s.u.) zum

Convento La Recoleta / Museo de la Recoleta Von diesem erhöhten Franziskanerkloster an der Plaza *Pedro de Anzures* hat man einen Blick auf Sucre (Anfahrt über die ansteigende Calle Grau mit Micro 7, C u. G). Kloster und Kirche stammen aus dem Jahr 1600. Die Kirche besitzt einen eindrucksvollen Chor aus Zedernholz mit Darstellungen der Franziskaner-Mönche, die 1595 im japanischen Nagasaki den Märtyrertod starben. Außerdem eine Sammlung von Prozessionskreuzen der umliegenden indigenen Gemeinden. In einem der drei Innenhöfe mit Orangenbäumen kann ein über 1400 Jahre alter Laubbaum bewundert werden (Nationalmonument). Um den Stamm zu umfassen, sind die Arme von acht Personen erforderlich, Bolívar soll in seinem Schatten Briefe geschrieben haben. Das Museum präsentiert koloniale Gemälde und Gebrauchsgegenstände. Mo–Fr 9–11.30 u. 14.30–16.30 Uhr, Sa 15–15 Uhr. Eintritt, Fotoerlaubnis 2 Bs, Führung obligatorisch.

Iglesia San Lázaro Wenn Sie auf der Calle Calvo ins Zentrum zurückgehen, können Sie bei der sehr alten Kirche *San Lázaro* stoppen, deren Vorgängerbau aus Adobe gleich nach der Stadtgründung Sucres 1538 entstand. Die Arkadenbögen die den Innenhof umschließen, stammen aus dem 18. Jahrhundert. Sehenswert sind die Silberarbeiten des Altares und Gemälde von Zurbarán. Leider nur um 7 Uhr zum Gottesdienst geöffnet.

Convento de Santa Teresa In der Calle San Alberto 402 befindet sich das Karmeliterkonvent *Santa Teresa*, das durch den Erzbischof Gaspar de Villarroel gegründet und 1665 fertiggestellt wurde (geöffnet 10–12 Uhr). Im Glockengiebel hängen drei Glocken, der Brunnen im großen Innenhof ist achteckig und das Zierwerk des Innenportals wurde im *estilo mestizo* ausgeführt. Links der Kirche verläuft die alte Gasse *Callejón de Santa Teresa*, die teils mit Tierknochen gepflastert wurde.

Museo Convento Santa Clara Im Kloster Santa Clara (Franziskaner-Nonnen) in der Calvo 212 von 1639 gibt es ein Museum mit Werken religiöser Kunst, darunter Gemälde des berühmten Künstlers Melchor Peréz de Holguín. Geöffnet Mo–Sa 14–18 Uhr, Eintritt.

Iglesia San Francisco In der Calle Ravelo/Ecke Arce ragen die zwei Türme der **Iglesia San Francisco** in die Höhe, wo die bolivianische Freiheitsglocke am 25. Mai 1809 Unabhängigkeitskämpfer zum Aufstand rief. 1539–1581 erbaut, ist sie die älteste Kirche Boliviens. Im 19. Jahrhundert nutze sie eine Zeitlang das Militär. Am 7. Dezember 1967 wurde die Kirche zu einem nationalen Denkmal erklärt. Deckenpaneele und Altar sind im Mudéjar-Stil ausgeführt. Mo–Fr 7–9 u. 16–19 Uhr. Im hinter der Kirche liegenden Straßenblock liegen die zentralen Markthallen mit ihrem buntem Leben und Ess-Angeboten für Probierfreudige.

Iglesia San Miguel / Santa Mónica / Universität

Die *Iglesia San Miguel* an der Ecke Arenales/Junín neben der Universität mit Mudéjar-Ausgestaltung wurde 1612–1621 erbaut und war ursprünglich eine Jesuitenkirche. Mo–Fr 11.30–12 Uhr und während der Gottesdienste. Gegenüber liegt die ehemalige Kirche und Jesuitenschule Sta. Mónica von 1574.

An die Iglesia San Miguel schließt sich die **Universität San Francisco Xavier** an, 1624 großzügig erbaut und mit einem hübschen Innenhof.

Theater, Justizpalast, Bolívar-Park

Die Arenales weiter westlich, vorbei am *Hospital de Santa Bárbara,* gelangt man zum **Teatro Gran Mariscal de Ayacucho,** das größte Theater Boliviens mit Jugendstil-Elementen. Hinter dem **Corte Suprema de Justicia** (Justizpalast) liegt der schöne **Parque Bolívar,** wo eine (arg verbogene) Nachbildung des Eiffelturms und des Triumphbogens zu sehen sind. Am nördlichen Parkende liegt der Bahnhof.

Museen

Museo de Arte Indígena

Das **Museo de Arte Indígena** der ASUR (*Antropólogos del Surandino,* www.asur.org.bo), 314 Pasaje Iturricha, gegenüber Hotel Casa Kolping, Tel. 645-6651, ist äußerst sehenswert! Es zeigt die Textilkunst der indigenen Bewohner aus den Comunidades der Region Sucre, der *Jalq'a* und *Tarabuco* (Candelaria). Herstellungstechnik und Bedeutung der Webmuster werden erklärt (erhältlich ist auch eine Broschüre auf Deutsch), wobei den *tejedoras* bei der Arbeit zugesehen werden kann. In der Tienda können die hochwertigen Unikate erworben werden. Mo–Sa 9–12 Uhr u. 14.30–18.30 Uhr. Eintritt 22 Bs. Weitere Details s. Homepage.

Anschließend Kaffee trinken gehen: **Café Gourmet Mirador,** Pasaje Iturricha 297, Mo–So 9–24 Uhr. Café des Kindermuseums Tanga Tanga mit Terrasse und herrlichem Blick über Sucre.

Museo de Etnografía y Folklore („Musef")

Dieses sehenswerte Museum in der Calle España 74 in einem ehemaligen historischen Bankgebäude widmet sich der Vielfalt der ethnischen Kulturen Boliviens aus den vier Landeszonen Andina, Amazónica, Oriente und Chaco (Mo–Fr 9.30–12.30 u. 14.30–18.30 Uhr, Sa nur vormittags, Eintritt 15 Bs, www.musef.org.bo).

Die verschiedenen salas präsentieren Trachten, Textil-, Web- und Vogelfederkunst *(arte plumario),* Keramiken, Geldscheine und Münzen, Dorfobjekte und vieles mehr. Sehr eindrucksvoll sind die Karnevals- und Teufelsmasken und Karnevalskostüme aus Oruro und La Paz! Auf der Homepage werden alle Objekte ausführlich vorgestellt.

Museo Costumbrista Casa Deheza

Dieses neue Museum in der Calle San Alberto 156, gleich bei der Plaza, widmet sich mit Möbeln, Fotografien, Kleidung und anderen Objekten dem früheren Leben in Sucre und in der Kolonialepoche. Zu sehen ist außerdem eine historische Apotheke, Schmiede und eine Chichería.

Museo Charcas

(oder Museos Universitarios). Das mächtige Kolonialgebäude „Casa del Grand Poder" in der Calle Bolívar 698 vereinigt unter seinem Dach ein archäologisch-anthropologisches, ein ethnographisches und ein Kunstmuseum (Arte Virreinal). Die Sammlungen zeigen Keramiken bolivianischer Kulturen und Kultgegestände, Steinwaffen, Mumien, Schädel, Miniaturen, Gemälde, Möbel, wertvolle Silberkunst sowie moderne Werke zeitgenössischer bolivianischer und lateinamerikanischer Künstler. Mo–Fr 8.30–12 u. 14.30–18 Uhr, Sa 9–12 u. 15–18 Uhr. Eintritt 15 Bs, Fotoerlaubnis extra, Tel. 645-6100.

Militär-museum Wer sich für Militärgeschichte interessiert, kann im *Museo Histórico Militar de la Nación* neben der Iglesia San Francisco in der Calle Ravelo 1 eine Vielzahl alter Kanonen und Waffen besichtigen. Auf Schautafeln werden Boliviens kriegerische Auseinandersetzungen von der Kolonialzeit bis zur Unabhängigkeit dokumentiert, wie z.B. der Salpeterkrieg gegen Chile oder der Chaco-Krieg gegen Paraguay. Mo–Fr 8.30–11.30 u. 14.30–17.30 Uhr, Sa 9–12 Uhr. Eintritt, Tel. 645-6595.

Sehenswertes außerhalb von Sucre

Castillo de la Glorieta Das Glorieta-Schloss liegt bei km 7 an der Straße nach Potosí inmitten eines Militärgeländes, Anfahrt mit dem Bus Linie 4, Micro H oder I ab Arce/Camargo bzw. ab Siles/Arce. Geöffnet Mo–Sa 9–17 Uhr, Eintritt. Der Architekt Camponovo konnte sich hier nach einer Europareise an seinen Bauten so richtig „austoben", Geld spielte damals bei der Auftraggeberin Princesa Glorieta keine Rolle. So entstand ein Mischmasch aus Mudéjar, französischer Renaissance, Gotik und Jugendstil. Das Castillo wurde teilweise renoviert, für architektonisch Interessierte lohnt der Besuch.

Cal Orck'o / Parque Cretácico Am nordöstlichen Stadtrand von Sucre, 5 km auf der Straße nach Cochabamba, wurden 1984 auf dem Gelände der dortigen staatlichen Zementfabrik *Cal Orck'o* („Kalkhügel") mehr als **5000 Fußabdrücke** von mindestens acht verschiedenen **Dinosaurier-Spezies** entdeckt, etwa 65 Millionen Jahre alt. Es ist die größte Dinosaurier-Spurenkonzentration der Erde, wobei die längste Kette von Fußabdrücken mehr als 350 Meter lang ist. Daraus entstand dann ab 2004 der **Parque Cretácico** mit 24 lebensgroßen, teils furchterregend aussehenden Dino-Replikaten. An die Original-Spuren kommt man nicht mehr heran, durch ein Fernglas von der Terrasse des Restaurants kann man sie betrachten. Im Auditorium kann man sein Wissen um diese gigantischen Urzeit-Monster vertiefen.
Öffnungszeiten Mo–Fr 9–17 Uhr, Sa 10–20 Uhr, So 10–17 Uhr, Eintritt mit Museum 30 Bs, Tel. 645-7392. Alle Infos auf http://parquecretacicosucre.com.
Transport: Das *Sauromovil* fährt von der Plaza 25 de Mayo vor der Kathedrale täglich um 9.30, 12 und 14.30 Uhr ab. Bus H und Micro 4 fahren ständig von der Calle Arenales/Ecke Junín, einen Block von der Plaza (und auch vom Busterminal). Dem Fahrer das Ziel angeben. Rückfahrten gleichfalls ständig.

Adressen & Service Sucre

Tourist-Info **InfoTur,** Calle Dalence 1 (nahe Calle Argentina), Telefon 641-0200, Mo–Sa 8–12 u. 16–18 Uhr, Sa/So 14.30–18 Uhr. Stadtplan, Veranstaltungskalender, außerdem Info-Kioske im Busterminal und auf dem Flughafen.
Vorwahl (04) *Oficina Universitaria de Turismo,* Estudiantes 49, Tel. 644-7644, Mo–Sa 16–19 Uhr. Informationen über kulturelle Veranstaltungen in der *Casa de la Cultura,* Argentina s/n. – Landkarten: *Instituto Geográfico Militar,* Arce, Tel. 645-5514. – *Casa de la* Cultura, Argentina 65, Tel. 645-1083, Kulturelles.

Adressen & Service Sucre

Polizei / Migración	*Policía Turística,* Calle Dalence 1 (im selben Gebäude wie InfoTur), Tel. 648-0467. – *Migración,* Bustillos 284, Tel. 645-3647.
ICBA	*Instituto Cultural Boliviano Alemán* (ICBA), Deutsch-Bolivianisches Kulturinstitut, Calle Avaroa 326, zwi. Calvo und Grau, Tel. 645-2091
Erste Hilfe	*Hospital Santa Bárbara,* Ayacucho/Moreno
Sucre-Websites	Die InfoTur-Homepage **www.sucreturistico.gob.bo** bietet einen umfassenden Ein- und Überblick über touristische Angebote und Adressen.

Unterkünfte

ECO — Das Zimmerangebot ist in Sucre sehr groß, für jeden Geschmack und Geldbeutel. Nachfolgend eine Auswahl:

Hostal San Francisco, Aniceto Arce 191, hostalsf@cotes.net.bo, Tel. 645-2117. Ruhiges Hostal, bc/bp, gutes vegetarisches Restaurant. DZ 120 Bs.

La Dolce Vita, Calle Urcullo 342, Tel. 691-2014, www.dolcevitasucre.com. Familiäres, zentral gelegenes und dennoch ruhiges Gästehaus. Nettes und hilfsbereites schweiz.-franz. Paar. Zehn gemütlich eingerichtete, sehr saubere Einzel-, Doppel- u. MBZi mit bp oder bc. Terrasse, Lounge, Patio, Gästeküche, naher Markt. Ü/bc 55 Bs, Ü/Bp 90, DZ/bc 100, DZ bp 140 Bs. **TIPP!**

Residencial Bolivia, San Alberto 42, Tel. 645-4346. Gute Lage, ruhige Zimmer mit bc/bp, schöner Patio, hilfsbereit. Ü/bc 55 Bs, DZ/bp 150 Bs.

Casa al Tronco, Topáter 57 (Recoleta, s. Karte Südost-Ecke), Tel. 642-3195, tania22@hotmail.com. Kleine, familiäre Pension mit toller Aussicht von der Dachterrasse über Sucre des dt.-stämmigen Ebo Richter, sehr sauber, sehr ruhige Lage, zwei DZ (eines mit Panoramablick) und ein 1-Bett-Zi., Gästeküche. Kulturhistorische Infos und Reisetipps. DZ 150 Bs, Frühstück extra.

Grand Hotel, Aniceto Arce 61 (100 m zur Plaza), Tel. 645-2461. Hotel in zentraler Lage mit zwei bepflanzten Patios, gutes Restaurant. DZ 180 Bs. **TIPP!**

Youth Hostel (Hostelling International), Guillermo Loayza 119, 150 m vom Busterminal im Norden Sucres und 12 Fußminuten ins Centro, Tel. 644-0471, www.hostellingbolivia.org. Schön eingerichtete, saubere JuHe, alle Services, auch Gästeküche. Ü/bc 50 Bs, DZ/bc 100 Bs, DZ/bp 200 Bs.

Casa Verde B&B, Potosí 374, Tel. 645-8291, www.casaverdesucre.com. Bed&Breakfast-Konzept mit diversen Zimmern/bp (kein Dormitorio), freundliche, persönliche Atmosphäre (René ist Belgier), alles sehr sauber, netter Patio zum Relaxen. EZ 130 Bs, DZ 230/300 Bs, Mehrbett 300 Bs, jeweils reichhaltiges Frühstück inbegriffen. **TIPP!**

Hostal Sucre, Bustillos 113, www.hostalsucre.com.bo, Tel. 645-1411. Kolonialhaus mit Patio und Stilmöbeln, liegt oberhalb von Sucre, guter Ausblick. Cafetería, gutes Frühstück, Reiseagentur. DZ/F 240 Bs.

FAM — **Premier Hotel,** San Alberto 43, Tel. 645-3510, www.hotelpremierbolivia.com. Gepflegtes, doppelstöckiges Kolonialhaus, zentrale Lage, Sitzgruppen im Säulen-Patio, große Zimmer, WiFi, dt.-spr. DZ/F 250 Bs.

Casa Kolping Sucre, Pasaje Iturricha 265 (Zona La Recoleta), Tel. 642-3812, www.grupo-casas-kolping.net. Traumlage an der Recoleta-Kirche mit schöner Aussicht über die Stadt, 29 große Zimmer, sehr gutes Restaurant mit exzellentem Frühstück, Internet, Pp, deutsche Leitung. DZ/F ab 280 Bs.

Hostal España, España 138 (unweit der Plaza), www.hostalespana.com.bo, Tel. 645-3388. Schwere Stilmöbel, Frühstücksbüfett, WiFi. DZ/F 306 Bs.

Glorieta Hotel, Bolívar 128/Ecke Urcullo, www.hotelglorieta.com, Tel. 663-2640. Moderner Beton-/Glas-Hotelbau, geräumige, helle Zimmer, Restaurant, Dachterrasse mit Panoramablick, WiFi. DZ 360 Bs.

Hotel La Posada, Audiencia 92, www.hotellaposada.com.bo, Tel. 646-0101. Charaktervolles, elegantes Patio-Kolonialhaus, große, wunderschöne Zimmer,

gutes Restaurant um gepflegt zu essen, WiFi u.a. mehr. DZ/F ab 380 Bs. **TIPP!**
Hotel Independencia, Calvo 31, www.independenciahotel.com, Tel. 644-2256. Elegantes Hotel mit Ambiente direkt an der Plaza, 33 komfortable Zimmer, Patio, Mietwagen, WiFi, Cafetería. DZ/F 380 Bs.
Hostal de Su Merced, Azurduy 16, Tel. 644-2706, www.desumerced.com. Hostal in einem typischen, weißgetünchten Kolonialbau des 18. Jahrhunderts, stilvolle Zimmer (jene zur Straße hin leider sehr laut), Patio, Dachterrasse mit Panoramablick, familiär. DZ/F 495 Bs.

LUX   **Capital Plaza Hotel,** Plaza 25 de Mayo, www.capitalplazahotel.com.bo, Tel. 642-2999. Kolonialgebäude mit großzügigen, eleganten Zimmern mit französischem Dekor, exzellenter Service, Pool. Die schönste Unterkunft direkt an der Plaza. DZ/F ab 50 US$.
Parador Santa María la Real, Bolívar 625, www.parador.com.bo, Tel. 643-9592. 5-Sterne-Annehmlichkeiten in Plazanähe mit Wohlfühlatmosphäre, der blaue Patio ist mit einer Glaskuppel überdacht und es gibt eine Dachterrasse mit weitem Blick über die Stadt. DZ ab 60 US$.

Essen & Trinken

Das weltoffene Sucre bietet unzählige Restaurants und Kneipen. Am preiswertesten kann man sich bei den Garküchen und im 1. Stock des Mercado Central versorgen. Traditionell isst man in Sucre vormittags kleine gepfefferte *chorizos* (Würstchen) und trinkt dazu ein dunkles Bier. Eine weitere Spezialität sind die mit Gemüse, Fleisch, Ei und Rosinen gefüllten *salteñas*, erhältlich in *salteñerías* und *empanaderías*. Sonntags sind viele Restaurants geschlossen.

    Plaza, Plaza 25 de Mayo 33 (Ostseite); vom Balkon Blick über das Treiben auf der Plaza, Spezialität *chorizos chuquisaqueños*. – **La Casona,** Ostria Gutiérrez 401. Typische lokale Gerichte, preiswert. – **Fricasería La Paz,** Amando Alba 31; lokale bodenständige Küche, was auch auf die **Choricería Doña Naty,** Olañeta 238, zutrifft. – **El Huerto,** Cabrera 86 (Nordstadt), traditionsreiches Gartenrestaurant mit Regionalküche. **TIPP!** – Typische Kreolenküche wird im **Quinta El Charquito,** Betanzos 7, und im **El Refugio de Don Alfredo,** Aromá 90, serviert. – **Bibliocafé-Concert,** Nicolás Ortíz 42 (s. Stadtplan); vegetarische Gerichte, Pasta. Do/Fr/Sa Peña. Gleich daneben: **Restaurante La Vieja Bodega,** wo die bolivianische Fleischspezialität *pique macho* serviert wird. – Zum Verweilen lädt in der Calle Bolívar 466 die **Confitería & Restaurante Damasco** ein, schöner Innenhof; guter Kaffee, kleine Snacks, Salate, Sandwiches, zutrifft. – Gleiche Straße: **Arco Iris,** Bolívar 567; Schweizer Restaurant, große Portionen, Fondue, Sa Livemusik/Peña. – **El Solar,** Bolívar 800, Mo–Sa, das teuerste Restaurant, aber gut. – **El Patio,** San Alberto 18, köstliche Salteñas, nur vormittags geöffnet. – **El Germén,** San Alberto 231 (zw. Avaroa u. Potosí), dt. vegetarische Küche, Tagesmenü, der „Spiegel" liegt auf, Mo–Sa 8–22 Uhr, empfehlenswert. – **La Repizza,** Nicolás Ortíz 78; gepflegte Atmosphäre, gutes Essen, Live-Musik. – **Munaypata,** Pasaje Iturricha 265, im Hotel Casa Kolping; boliv. und intern. Küche, Terrasse mit Aussicht auf die Stadt. – **Café-Restaurant Florin,** Bolívar 567, Tel. 645-1313; nettes Restaurant-Café mit Bar, geführt von einem Niederländer; bolivianische und internationale Gerichte, abends Barbetrieb.

    Viele **Cafés** öffnen zum Frühstück oft erst um 9 Uhr. Ausnahme: **Restaurant La Posada,** Audiencia 92, Frühstück tägl. ab 7 Uhr in einem kolonialen Innenhof, günstiges Mittagsmenü, auch Fisch und Meeresfrüchte, bis 22.30 Uhr, So bis 15 Uhr. **TIPP!** – **Café Tertullas,** Plaza 25 de Mayo; regionale Gerichte, viele Einheimische. – **Kactus,** España 176. Restaurant und Café-Bar, tägl. ab 18.30 Uhr. – **Café Al Timbre,** Polanco, neben dem Convento San Francisco; gemütliches Café mit dt. Besitzern, Sprachkurse.

TIPP: Traveller-Treffpunkt **Joy Ride Restaurant-Café,** Ortíz 14 (s. Stadtplan); lange Speisekarte und große Bar, Tour-Agentur (s.u. „Touranbieter"), Filme, Tanz u.a. mehr, s. www.joyridebol.com.

Churrasco/Parrilla: *El Chaqueño,* René Barrientos 749. – *El Asador,* Plaza Cumaná 485. – *Guardamonte,* Av. H. Siles 958/Pilincio.

Geflügel: *Super Pollo,* Av. Hernando Siles 761. – *Claudia,* Av. Hernando Siles 766. – *Nostra,* Av. Hernando Siles 790.

Chifas: *Hong Kong,* Av. Mendizábal 754, preiswert, vielfältig und sehr gut. **TIPP!** – *Shanghai 1,* Carmargo 541; chinesisch-bolivianische Gerichte. – *Chifa China,* Ravelo/Arce, chinesisch-bolivianisch, etwas teuer.

Pizza & Pasta: *Tentaciones,* Arenales 11 (s. Stadtplan). **TIPP!** – *Eli's,* España 130. – *Napolitana,* Plaza 25 de Mayo 30, auch Nudeln und Suppen. – *Pizza Cozzalissi,* nicht weit vom Capital Plaza Hotel (Südseite Plaza 25 de Mayo).

Schokolade	Sucre ist Boliviens Schokolade-Metropole, und die beste bekommt man bei **Chocolate Para Ti,** Shops in der Arenales 7 und Audiencia 68.
Unterhaltung	InfoTur, Calle Dalence 1, gibt einen monatlichen Veranstaltungskalender heraus. – **Folklore Dinner-Show:** *Orígenes Bolivianos,* Azurdy 473 (zw. Potosí u. Padilla), Tel. 645-7091. Tanz-Show mit Essen für Touristen, ca. 150 Bs, über www.boliviabella.com. Eine prima Kneipe für etwas später am Abend ist das **Bibliocafé-Concert** in der Nicolás Ortíz 42 (s. Stadtplan); Do/Fr/Sa Peña. – **Kulturcafé Berlin,** Avaroa 334 (s. Stadtplan); Café beim ICBA (s.u.), Peña meist am Freitagabend, dt. und span. Filmabende, Ausstellungen, dt. Zeitungen, dt.-bol. Küche mit gutem Essen, auch Kaffee und Kuchen, Treffpunkt, Mo–Sa 8–24 Uhr. – **Locot's Café Aventura,** Bolívar 465 (s. Stadtplan), Tel. 691-5958. Café-Restaurant, neben heimischer Küche auch internationale Gerichte. Hier können diverse Touren und Aktivitäten gebucht werden. – **Piano Bar** *Charleston,* Plaza 14. – **Unicornio Azul,** Casa Schütt, Arenales 217; Konzert-Café, Fr ab 19 Uhr oft Livemusik. – **Café Tertulia,** Plaza 25 de Mayo 59. – **Miski Huasi,** Casa Capelláncia, Potosí 140; Peña Folclórica Fr/Sa/So ab 20 Uhr. – **Noches de Sucre,** Aniceto Arce 212; Comida und Show. **Theater:** *Al Aire Libre,* Phisco Jaithana. – *Gran Mariscal,* Plaza Libertad. – *Tres de Febrero,* Arenales. **Kino:** *Universal,* Plaza 25 de Mayo 33. **Galerien:** *Consuelo Sanz,* Bacherer 430. – *Arte Milya,* Bolívar 621.
Kommunikation	Post (mit Zoll): Ayacucho/Junín. – Telefon: *ENTEL,* España 271/Urcullo. 8–22.30 Uhr. Punto Viva bietet an verschiedenen Stellen Telefon-, Fax- und eMail-Service. – Internet-Cafés: Zentrum viele, z.B. *Cybercafé,* Estudiante 79 (zw. Junín und Argentina), WiFi bei Joy Ride Bolivia, Ortíz 14.
Geld	Zahlreiche Geldautomaten in der ganzen Stadt. Straßenwechsler um den Markt. – *Banco Nacional,* España 42, u.a. – *Banco del Crédito,* Plaza 25 de Mayo 28. – *Casa de Cambio El Arca,* España 134. *Casa de Cambio Cia Cruz,* España 58.
ICBA	*Instituto Cultural Boliviano Alemán* (ICBA), Deutsch-Bolivianisches Kulturinstitut, Calle Avaroa 326, zwi. Calvo und Grau, Tel. 645-2091, 9.30–21 Uhr, www.icba-sucre.edu.bo. Spanische Sprachkurse und Einzelunterricht, einheimische dt.-spr. Lehrer. Dt. Magazine und Zeitungen, Bibliothek, Kulturprogramm. Vermittlung von Unterbringung bei Familien.
Sprachschulen	Sucre ist ein guter Platz um Spanisch zu lernen, es gibt viele Kursmöglichkeiten. *Academia Latinoamericana de Español,* Dalence 109/Nicolás Ortíz, Tel. 646-0537, www.latinoschools.com. Bekannte Sprachschule, alle Stufen, Privatunterricht. – Sehr guter Privatunterricht (wir bekommen lobende Leserzuschriften) bei *Profesora Aida Rojas,* Sánchez de Hoz 106, Huayrapata Sucre,

Tel. 644-2028, aida_1122@hotmail.com. – *Bolivian Spanish School,* km 7, Calle No. 250, Parque Bolívar, Tel. 644-3841, www.bolivianspanishschool.com.

Touranbieter Als Touristenstadt bietet Sucre ein großes Angebot von Agenturen, wobei der Ausflug nach Tarabuco zum Sonntagsmarkt überall angeboten wird. Preise vergleichen lohnt.

Condortrekkers, Büro im eigenen *Restaurant-Café Condortrekkers,* Calvo 102/Ecke Bolívar, bei der Plaza, Tel. 289-1740, www.condortrekkers.org. Sozial eingestellter Veranstalter mit Freiwilligenverwaltung und -Tourendurchführung. Diverse 1–4 Tagestouren rund um Sucre: Tarabuco, Maragua Krater, *Cal Orck'o*-Dinosaurier-Fußspuren u.a. Preise und Programm und s. Homepage.

Turismo Sucre, Dalence 341, Tel. 645-2936, www.turismosucre.com. Tagesausflüge und Touren, zum Maragua Krater, nach Potolo, Chataquila, Tarabuco, *Cal Orck'o* und Trekking auf dem Chaunaca-Inkatrail, Doppeldeckerbus *Expreso del Salar* mit Panoramafenster, Stadtführungen, Mietwagen, dt.-spr. Führer, Airport-Transfer.

Candelaria Tours, Perez 301, Tel. 644-0289, www.candelariatours.com. Sucre und Umgebung, Tagesausflüge.

Joy Ride Bolivia, Ortiz 14 (gleichnamiges Restaurant, s. Stadtplan) Tel. 642-5544, www.joyridebol.com. Aktiv-Touren mit MTB, Pferd, Motorrad u.a.

Locot's Aventura, Bolívar 465 (im gleichnamigen Café), Tel. 691-2504. Aktivitäten-Programm, MTB, Wanderungen, Ausritte.

Mountain Tour Operator, Destacamento 111/398, Tel. 642-1484, Cel. 7176-2261, montourbo@hotmail.com.

Mietwagen *Sudamericana Rent-a-Car,* Mauro Nuñez 6, www.sudamericanarentacar.com, Tel. 643-8412. – *Kolla Motors,* Pilinco 112-152, Tel. 645-2712. – *Imbex Rent-a-Car,* Serrano 165, Tel. 646-1222. – *Chuquisaca,* Av. Jaime Mendoza 1106, Tel. 646-0984. *Turismo Sucre* (s.o.).

Taxis (Radio) *América,* Lima Pampa, Tel. 645-3020. *Bolivia,* Bahamas 2, Tel. 644-2222. *Jumbo,* Ayacucho 50, Tel. 644-2444. *Sucre,* Plaza 25 de Mayo 48, Tel. 645-1333.

Supermarkt *Supermercado SAS*, Pérez 331

Artesanías / Souvenirs **Museo de Arte Indígena,** ASUR, 314 Pasaje Iturricha, gegenüber Hotel Casa Kolping (s.o. bei „Museen"). – **Inca Pallay,** Audiencia 97 (s. Stadtplan), Tel. 646-1936, www.incapallay.org. Fair-Trade-Organisation, großes, hochwertiges Arte-Indígena-Angebot, alle Infos auf der Homepage. **TIPP.** – *Collasuyo,* Aniceto Arce s/n. – Weitere Kaufgelegenheiten rund um den Mercado Central.

Wäscherei *Laverap,* Bolívar 617; u.a. – *Limpieza Americana,* Bustillos 158. – *Lavandería LG,* Loa 407/Av. Hernando Siles.

Festkalender **6. Jan:** *Fiesta de Reyes,* Dreikönigsfest mit Straßenumzug. **Februar/März:** *Carnaval de Sucre;* am Sonntagmorgen vor dem Karneval Kinderumzug auf der Plaza 25 de Mayo, nachmittags Eröffnungsumzug mit allegorischen Wagen. Am Montag ziehen Tanz- und Musikgruppen *(Tropas Zampoñas, Conjuntos, Bandas)* durch Sucre, am Dienstag ist dann der Höhepunkt mit der Ch'alla-Zeremonie, zu Ehren von Pachamama und Pachatata. Am Aschermittwoch wird der Karneval mit einem Großumzug bis *El Tejar* (3 km außerhalb) zu Grabe getragen. Großes Musik-, Ess- und Jubelfest. **März** (2. Sonntag): *Fiesta Phujllay* in Tarabuco. **24./25 Mai:** *Fiesta 25 de Mayo* auf dem Mercado Central mit traditionellen Gerichten, Feuerwerk, Militärparaden und Sonderprogramm. **24. Juni:** Wintersonnwende/Johannistag bzw. San Juan; *Fiesta de la Cruz de Popayán* in der Calle Colón, in der Stadt und auf dem Land werden Feuer entzündet. **16. Juli:** *Fiesta de la Virgen del Carmen* mit Messe in der Kapelle La Rotonda, *Feria de las Alasitas,* Verkauf, Ausstellung, *konfites* (traditionelle Anis- und Mandelsüßigkeiten) und handwerkliche Produkte. **26. Juli:** *Fiesta de la Recoleta* oder *Santa Ana.* Nach der Messe Ausstellungen und Stände. **5.–7.**

August: *Fiesta del Día de la Independencia Nacional* mit Umzügen, Paraden, Tänzen usw. **15. August:** *Fiesta de la Virgen del Cerro Sicasica.* **8. September:** *Fiesta de la Virgen de Guadalupe,* mit traditionellen Quechualiedern und Musik, Prozession mit dem Bildnis der Virgen *Mamita de Guadalupe;* Höhepunkt um die Plaza 25 de Mayo, über 80 verschiedene Gruppen. **21. September:** *Fiesta de la Primavera* (Frühlingsfest) und Tag der Jugend und Studenten. **6. Oktober:** *Fiesta del Señor de Maica* in La Calera (ca. 25 km). **2. November:** *Fiesta de Todos los Santos,* Allerheiligen; feuchtfröhliche Feste zu Ehren der Toten auf dem Hauptfriedhof, Blutopfer; für Touristen etwas ungewohnt.

Weiterfahrtoptionen von Sucre

Sucre – Camiri – Santa Cruz (750 km)

Es besteht die Möglichkeit, von Sucre über Camiri nach Santa Cruz weiterzureisen. Für diejenigen interessant, die eine Alternative zur Hochlandstrecke über Epizana bzw. der neuen Tieflandstrecke über Cochabamba suchen (s.u., „Ostbolivianisches Tiefland", Route 14b, S. 797).

Sucre – Epizana (240 km)

Der Bus folgt der ostbolivianischen Bergstraße in stetem Auf und Ab über *La Palma, Chuqui Chuqui, Puente Arce* (Überquerung des Río Caine), *Quiroga, Aiquile, Chujllas* und *Totora* nach **Epizana** (240 km). Die ersten 80 km sind asphaltiert, dann folgt eine enge und schlechte Piste, die aber mit schönen Aussichten entschädigt. Ab Aiquile besteht der Belag der Straße aus Kopfsteinpflaster, genannt *empiedrada* (von *piedra,* „Stein") – so holprig und rumpelig waren einst die Inkastraßen. Ab **Totora,** 14 km vor Epizana, ist die Straße asphaltiert.

Epizana ist ein wichtiger kleiner Verkehrsknotenpunkt an der Straße 4 Cochabamba – Santa Cruz. Es gibt ein paar Kneipen und eine Tankstelle.

Wer direkt nach **Santa Cruz** will (360 km, Direktbusse) nimmt die Straße 4 östlich über Samaipata (bitte zur Route 14a blättern, s.S. 797).

Westlich führt die Straße 4 nach **Cochabamba** und von da über die **Tieflandroute** via Villa Tunari nach Santa Cruz.

Epizana – Cochabamba (125 km)

Von Epizana führt die Straße aufwärts an kleinen Andendörfern vorbei, windet sich 10 km vor Tiraque „A" über einen Pass (3600 m), bevor der Andenort **Tiraque** (3430 m) durchfahren wird. 20 km vor Cochabamba kommt man an einem Stausee mit Bademöglichkeiten vorbei.

Verkehrsverbindungen

Stadtverkehr

Ein **Taxi** innerhalb der Stadt bzw. Kurzstrecke kostet ca. 5 Bs pro Person. – Ein *micro* 1,50 Bs p.P. Abfahrten vor allem rings um den Mercado Central.

Bus

Der Busterminal liegt 2 km nordwestlich vom Zentrum an der Ostria Gutiérrez, Tel. 644-1292. Info-Kiosk, Terminal-Tax. Anfahrt mit Micro A, oder 3. Taxi in die Stadt 5 Bs p.P. Verkauf von Tickets für die Weiterfafahrt auch in Reisebüros in der Stadt mit geringem Aufschlag.
Nach **Camiri** (460 km, 14 h; Alternative Strecke nach Santa Cruz). – **Cochabamba** (365 km, 12 h). – **La Paz** (710 km, ca. 15 h). – **Oruro** (485 km, 10 h). – **Potosí** (160 km, 3 h). Zwischen Sucre und Potosí fahren auch Expresstaxis, z.B. von *Infinito del Sur,* Tel. 642-2277 oder *Turismo Global,* Tel. 642-5125, in nur ca. 2 h. – **Samaipata:** alle Busse von Sucre nach Sta Cruz stoppen in Samaipata. – **Santa Cruz** (500 km, 15–20 h). Direktbusse via *Epizana* (Hochlandroute), andere via Cochabamba und Villa Tunari (Tieflandroute). – Nach **Tarija** (530 km), **Tupiza, Uyuni** (375 km) oder **Villazón** (510 km) besser zuerst nach Potosí.

Zug	Schienenbus (Bus Carril) von der außerhalb liegenden Station El Tejar nach Potosí am Mo/Mi/Fr um 8 Uhr, Fz 6 h. Fahrplan auf www.fca.com.bo. Eine interessante und abwechslungsreiche Fahrt.
Flug	Der Flughafen *Juana Azurduy de Padilla* (RSE), Tel. 645-4445, liegt 6 km nordwestlich außerhalb. Flüge nach Tarija, Cochabamba, Sante Cruz und La Paz mit *TAM,* Calle Bustillos, Tel. 646-0944, www.tam.bo und *Aerocon,* www.aerocon.bo, Tel. 901-10-5252. Anfahrt mit einem Micro der Línea 1, 3, 7 oder A und F, Fz 25–30 Min. Taxi zum oder vom Flughafen ins Zentrum fix 30 Bs. Hinweis: Bei sehr schlechtem Wetter keine Abflüge nach La Paz.

Ausflüge von Sucre

Tarabuco

Der Sonntagsmarkt in Tarabuco (20.000 Ew., 63 km östlich von Sucre, Höhenlage 3230 m), ist einer der interessantesten Märkte Boliviens, doch gleichzeitig auch überlaufener Touristenmarkt. Bekanntgemacht haben den Ort seine Traditionen, Musik und Tänze aus der Inkazeit und insbesondere prachtvolle Trachten. Jeden Sonntag strömen die Menschen aus den umliegenden Dörfern mit roten Ponchos, helmartigen Kopfbedeckungen *(monteras),* silberbeschlagenen Ledergürteln und sporenbewehrten Holzschuhen zum Markt hierher um einzukaufen oder Dinge zu verkaufen. Die Campesinos von Tarabuco tragen immer noch ihre *axus* und *chuspas,* typische traditionelle Kleidungsstücke, die seit Jahrhunderten die gleichen charakteristischen Motive und geometrische Muster aufweisen. Zu kaufen gibt es neben Dingen des täglichen Bedarfs Ponchos, Mantas, Leder- und Stofftaschen und Charangos. Tarabuqueños sind fotoscheu, wenn es nach einer Bitte erlaubt wird, ist meist eine kleine finanzielle Unterstützung fällig.

■ Jedes Jahr findet hier um den **12. März** eine Art zweiter Karneval mit über 4000 Campesinos statt, das mit dem traditionellen Tanzspiel *Phujllay* seinen Höhepunkt findet, sehr sehenswert und noch authentisch, mit typischen Musikinstrumenten wie Quenas, Zampoñas und eigenartigen Blasinstrumenten sowie prachtvollen Trachten. Das Fest erinnert an die Schlacht von *Jumbati* am 12. März 1816, die die Unabhängigkeit von Spanien einleitete. Die *Fiesta de la Virgen del Rosario* im Oktober ist die kleinere Variante des Phujllay mit Straßenumzügen und Gottesdiensten.

Anfahrt: Ein Tarabuco-Sonderbus fährt um 8.30 Uhr vom Hostal Charcas (Tel. 645-3972) in der Ravelo 62 ab (s. Stadtplan). Das Ticket ist im Voraus zu kaufen, bei einer Reiseagentur oder einem Hotel. Fahrt eine Strecke ca. 2 h. Günstiger: Von der Av. de las Américas, etwa 1 km vom *Convento La Recoleta* entfernt (s. Stadtplan r.u.) fahren so ab 6.30 Uhr Micros nach Tarabuco.
Adressen & Service Tarabuco
Tourist-Info Tarabuco: an der Südwestecke der Plaza. Viele Garküchen auf dem Markt sowie Kneipen und Gastwirtschaften rund um die Plaza und in den Nebenstraßen. Restaurant auch im *Centro Artesanal Inca Pallay,* Murillo 23. Unterkunft: *Hostelling International Ecológico Juvenil,* und ein paar andere sehr einfache.

Dorf Jatun Yampara	Auf dem Weg nach Tarabuco passiert man 23 Kilometer hinter Sucre die Indígena-Gemeinde **Jatun Yampara,** dessen Einwohner, Jalq'as und Tarabuqueños, sich dem ÖkoTourismus verschrieben und aus ihrem Dorf eine Art bewohntes Freilichtmuseum gemacht haben. Die Landwirtschaft wird noch so

betrieben wie zu präspanischen Zeiten, und auch Stil und Art der getragenen Trachten stammen aus dieser Epoche. Hier können traditionelle Häuser besichtigt werden und man kann bei der Herstellung von Textilien und Töpferwaren den Handwerkern nicht nur über die Schulter schauen, sondern sich auch selber daran versuchen. Natürlich kann das Kunsthandwerk hier direkt in den Werkstätten gekauft werden. Das Dorf wird in der Regel im Rahmen einer gebuchten Tour besucht, z.B. über *Turismo Sucre,* Dalence 341, Tel. 645-2936, www.turismosucre.com. Dorf-Eindrücke auf www.jatunyampara.com.

Candelaria Das noch traditionelle Dorf Candelaria liegt 10 km hinter Tarabuco, dort wird viel gewebt. Schöne Ponchos, Teppiche, Umhänge, Taschen etc. kann man im Tejido-Laden der Kooperative ansehen und kaufen. Der Veranstalter *Candelaria Tours* in Sucre, Perez 301, Tel. 644-0289, www.candelariatours.com, macht in Kombination mit Tarabuco dorthin Zweitagesausflüge mit einer schönen Hacienda-Übernachtung.

Weitere Ausflüge von Sucre Ein landschaftlich reizvoller Ausflug führt westwärts auf das Land nach **San Juan** (10 km). 12 km südlich davon gibt es in **Cachi Mayu** Bademöglichkeiten im Río Cachi Mayu (Salzfluss), die Temperatur kann dort bis auf 22 °C ansteigen.

Wandern durch zum Teil bizarre Naturlandschaften auf unzähligen Trails kann man in der **Cordillera de los Frailes,** 25 km nordwestlich von Sucre. Es ist die Heimat der *Jalq'a comunidades.* Diese Wanderungen muss man als mehrtägige Tour mit Führer buchen. Besucht wird dabei u.a. anderem eine alte Steinkapelle, die der Jungfrau von Chataquila geweiht ist. In der Cordillera de los Frailes sind außerdem mehrere alte Felszeichnungen und einige Dinosaurierspuren zu finden. Besonders beeindruckend sind die bunten Steinformationen an dem *Cráter de Maragua.* Unterwegs gibt es immer wieder heiße Quellen, in denen man sich wunderbar entspannen kann.

Cochabamba

Die Hauptstadt des gleichnamigen Departamento liegt auf der für bolivianische Verhältnisse „niedrigen" Höhe von 2558 Metern und ist mit über 620.000 Einwohnern die viertgrößte Stadt Boliviens. Cochabamba ist das dynamische Zentrum der Region, Boliviens „Marktstadt", wobei der größte der Open-Air-Märkte der *Cancha Calatayud* an der Calle Aromá ist.

Die Gründung der Stadt erfolgte am 1. Januar 1574 durch Sebastián Barba de Padilla unter dem Namen „Villa Oropesa". Das Klima ist sehr angenehm („ewiger Frühling"), die Region ist die Korn- und „Speisekammer" Boliviens mit fruchtbaren Böden. Touristisch ist Cochbamba nicht vergleichbar mit z.B. Sucre, aber dank milder Temperaturen und der geringen Höhe kann man hier das abwechslungreiche Stadtleben, das umfassende gastronomische Angebot und das pulsierende Nachtleben voll auskosten. Der Flughafen ermöglicht internationale Anreisen mit dem Vorteil gemäßigter Höhenanpassung. Preislich ist Cochabamba günstiger als die Hochlandmetropolen Sucre, Potosí oder La Paz.

Politisch ist Cochabamba eingezwängt zwischen dem Pro-Morales Altiplano und den Pro-Autonomiebestrebungen der „Media-Luna"-Provinzen unter der Führung von Santa Cruz (s.S. 798). 2000 wurde versucht, die Wasserversorgung der Stadt mit Konzessionsvergaben an den US-Multi Bechtel zu privatisieren, was nach wütenden Protesten der Bevölkerung wegen horrender Preissteigerungen wieder suspendiert wurde.

Adress-System	Die Stadt hat ein eigenes Adress-System. Hauptstraßenachsen sind die Av. Ayacucho (N–S) und die **Av. de las Heroínas** (O–W), sie kreuzen sich im Zentrum. Die Nord-Süd verlaufende Straßen südlich der Heroínas bekommen ein „S" für Sur, S-0150 bedeutet „im 1. Block südlich der (Trennstraße) Heroínas", „50" ist die Hausnummer. Nördlich der Heroínas wird ein „N" für Norte vorgestzt. Alle west-östlich verlaufende Straßen westlich der Av. Ayacucho bekommen ein „O" für Oeste, O-0150 bedeutet also „im 1. Block westlich der Ayacucho, Haus Nr. 50", und östlich der Ayacucho wird ein „E" für Este davorgesetzt.
Vorsicht ...	... in den Straßen um den *Mercado Cancha Calatayud* südlich der Calle Aromá und in den Straßen um den Busterminal. Die Gegend um den Coronilla-Hügel südlich davon ganz meiden!

Sehenswertes

Cochabamba bietet weit weniger Sehenswürdigkeiten als z.B. Sucre oder Potosí. Eine bequeme Stadtbesichtigung ermöglicht der **Tourist Bus,** der täglich von der **Plaza Colón** um 10 und 15 Uhr und einen Rundkurs abfährt (Tel. 450-8920).

Cochabamba von oben	Die Stadt wird überragt von der 40 Meter hohen Statue **Cristo de la Concordia**, ihrem Wahrzeichen. Sie steht östlich des Zentrums auf dem *Cerro de San Pedro* und ist fast von jedem Punkt der Stadt sichtbar (ein Taxi benötigt 10 Minuten). Auffahrt entweder über die Serpentinen oder mit der Gondelseilbahn *Teleférico* (Mo geschlossen). Nachts wird der weiße Christus grellbunt angestrahlt. Sie soll die größte begehbare Christusstatue der Welt sein, einen halben Meter höher die in Rio de Janeiro. Allerdings ist die Tür ins Innere oft verschlossen. Wenn nicht (geringer Eintritt), ist man nach 155 Stufen etwa auf Armhöhe. Höher geht es nicht, die restlichen Stufen zum Kopf der Statue sind gesperrt. Aber auch von dieser Höhe hat man durch die Betonlöcher einen weiten Blick über die Stadt, wie auch vom Denkmal „La Coronilla" südwestlich des Busterminals.

> **Die heldenhaften Frauen von Cochabamba**
> In den Wirren der Unabhängigkeitskämpfe kam es 1812 in Cochabamba zu einer denkwürdigen Rebellion: Weil die Spanier aufständische Kräfte bereits besiegt hatten und es so gut wie keine wehrfähigen Männer mehr gab, riefen die Frauen Cochabambas zur Fortsetzung des Widerstands auf. Mit Kindern und Alten zogen sie auf die Hügel von San Sebastián und kämpften mit ihren primitiven Waffen weiter. Doch am 27. Mai war ihr Schicksal besiegelt, über 200 Tote forderte der ungleiche Kampf. Ein dortiges Denkmal erinnert an dieses Ereignis und an die tapferen *Heroínas de la Coronilla* („Heldinnen vom Coronilla"). Cochabamba begeht diesen Tag in feierlichem Gedenken, und zu Ehrung der Coronilla-Frauen verschob man den Muttertag im Land vom üblichen 2. Sonntag im Mai auf den 27. Mai.

Plaza Principal	Cochabamba Zentrum ist die *Plaza Principal,* auch **Plaza 14 de Septiembre** genannt. Der Platz in kolonialspanischen Stil mit Palmen und einer Kondorsäule gilt mit als schönste Plaza Boliviens. Dominierend ist die **Kathedrale** auf der Südseite, ihr Portal im Mestizo-Stil ist einen genaueren Blick wert. Baubeginn war 1571, also bereits drei Jahre vor Stadtgründung. Damit das älteste religiöse Bauwerk der Stadt.

Karte S. 781 — Cochabamba

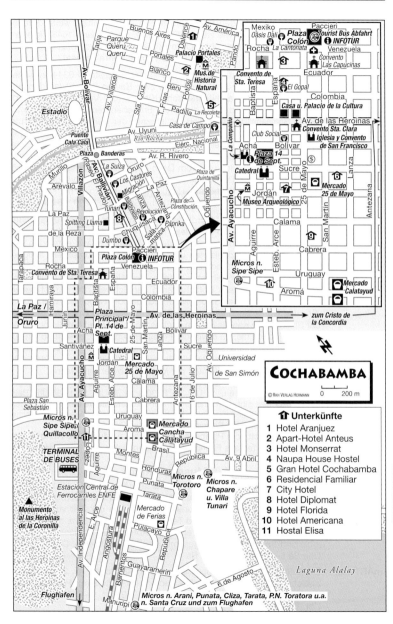

In den umliegenden Geschäftsstraßen stehen einige weiter Kirchen und Klosterbauten, wie z.b. *La Compañía, Santa Clara* (1648), *Iglesia y Convento de San Francisco* (Calle Bolívar/25 de Mayo, 1581 gegründet, 1782 rekonstruiert, 1926 modernisiert) sowie **Santa Teresa.**

Convento de Santa Teresa – TIPP! Der **Convento Santa Teresa** liegt in der Baptista N-0344 zwischen Ecuador und Mayor Rocha, das aus zwei Bauten besteht (am Eingang bitte klopfen). Das architektonische Kleinod (der Vorgängerbau wurde 1760 gegründet und dann durch ein Erdbeben zerstört) wird auch als „Perle Boliviens" apostrophiert, es ist eines der wenigen heute noch im Betrieb befindlichen „geschlossenen" Klöster in Südamerika. Die Klosterschwestern vom Karmeliterorden führen durch die ältesten Teile ihrer Heimstatt und finanzieren so die Renovierung. Der Innenhof ist mit Orangenbäumen bestanden und vom Dach der Anlage hat man einen schönen Blick über die Dächer der Stadt. Der Klosterladen verkauft selbstgemachte Zitronenmarmelade, Hostien u.a. mehr. Mo–Fr mit Führung 20 Bs um 9, 10, 11, 14.30, 15.30, 16.30 Uhr, Sa 14.30, 15.30, 16.30 Uhr.

Palacio Portales In der Calle Potosí 1450 (nördl. des Zentrums) liegt in einer 10 ha großen Parkanlage der **Palacio Portales,** 1915–1927 im französischen Renaissancestil vom französischen Architekten Eugene Kliautt entworfen und von italienischen, japanischen und französischen Baumeistern fertiggestellt. Dies war das Stadthaus des legendären **Zinnkönigs Simón Patiño,** einst einer der reichsten Männer der Welt (1860–1947) und eine zeitlang auch Boliviens Botschafter in der Schweiz. Der Palast beherbergt in verschiedenen Salons Möbel aus der Zeit Napoleons und Ludwig XV., u.a. wurde auch ein Saal nach der Alhambra in Granada und Teile der Sixtinischen Kapelle in Rom nachgebildet. Bewohnt hat Simón Patiño den Bau jedoch nie, da er vor der Fertigstellung starb. Er liegt 20 km außerhalb in *Pairumani* (s.S. 789) in einem Mausoleum seines Landhauses begraben. Heute wird der Palacio Portales als Kunst-, Kultur- und Fortbildungszentrum genutzt. Anfahrt mit Micro E von der San Marín.

Eintritt mit Führung 10 Bs, Di–Fr 15–18.30 Uhr, Sa/So 9–12 Uhr. Führungen auf Englisch Mo–Fr 16 u. 17 Uhr, Sa 10.30 u. 11.30 Uhr, So 11.30 Uhr. Beim Palacio Portales gibt es in einem Innenhof das **Café Muela del Diablo,** Potosí 1392, mit sehr guter italienischer Küche und einer großen Auswahl deutscher Biere. Oder gleich beim Palacio: **Kabbab,** gutes Orientalisches.

Gleich südlich vom Palacio befindet sich das **Museo de Historia Natural** mit Objekten aus Fauna, Flora, Paläontologie und Geologie.

Museen / Kunst

Museo Arqueológico Das **Museo Arqueológico** der Universität San Simón, Jordán E-199/ Ecke Aguirre, Tel. 425-0010, zeigt einen umfassenden Überblick über die bolivianischen indigenen Kulturen, insbesondere der Zeit vor der Inka-Epoche. Neben Keramiken und Textilien, u.a. der *Yampara,* auch Fossilien von Dinosauriern in den drei großen Abteilungen Archäologie, Ethnologie und Paläontologie. Insgesamt über 30.000 Objekte. Di–Fr 8.30–18 Uhr, Sa 8–12 Uhr. Eintritt 25 Bs.

mARTadero Ein Kulturzentrum Cochabambas ist das *mARTadero,* Av. 27 de Agosto zwischen Ollantay und Ladislao Cabrera (ex-Matadero). Programm auf der Homepage www.martadero.org. Mo15–19 Uhr, Di–Fr 9–13 u. 15–19 Uhr, Tel. 458-8778.

Casona Santiváñez Eine Kunstgalerie mit Museum befindet sich in der historisch interessanten und restaurierten *Casona Santiváñez*, Santiváñez 0151 zw. Ayacucho und Junín. Mo–Fr 8–12 Uhr und 14.30–18 Uhr.

Casa de la Cultura Die **Casa** (oder **Palacio**) **de la Cultura** mit Kunstinstalationen und Kunstgalerie befindet sich in der Heroínas 399/Ecke 25 de Mayo. Mo–Fr 9–12 u. 14.30–18 Uhr, Eintritt frei.

Fiestas

Fiesta Virgen de Urkupiña Vom 15.–17. August findet mit der Fiesta *Virgen de Urkupiña* im knapp 15 km westlich gelegenen **Quillacollo** das größte und traditionsreichste Fest statt. Wunderbar kann hier die Verflechtung des christlichen Glaubens und den traditionellen Bräuchen beobachtet werden. Anfahrt ab Cochabamba mit einem der unzähligen Micros, z.B. von der Calle Ayacucho/Aromá.

Der erste Tag beginnt mit einer **Diablada** (ähnlich wie in Oruro oder Puno) mit enthusiastischen Tänzern, die bis zur Verausgabung tanzen. Oft sind sie so entkräftet, dass sie ihrer Musikgruppe nur noch hinterhertorkeln können … Am Abend wird dann in den Gassen getanzt, gesungen und getrunken, teils bis in die früheren Morgenstunden.

Am nächsten Tag geht mit dem **Paseo El Prado** in Cochabamba, einem Straßenumzug der Kinder in Kleidern aus der Kolonialzeit, weiter. Der Umzug mit Pferdefuhrwerken beginnt am Mittag an der Plaza Colón.

Am dritten Tag pilgern frühmorgens die Gläubigen auf den **Calvario** (Kalvarienberg) in Quillacollo. Danach lebt auf dem Berg hinter der Marienkapelle altes Brauchtum auf. Das, was man sich wünscht (Haus, Auto, Geld u.a.) wird symbolisch (Geld in Form echter Geldscheine) in einem Steinkreis gestellt, mit Weihrauch eingenebelt, dann in kleinen Öfen mit Hilfe von Knallfröschen in die Luft gesprengt und Anwesende mit Konfetti beworfen. Um reich werden zu können, muss außerdem ein Stück aus einem der großen Steinblöcke herausgeschlagen (mit Hilfe eines Schluckes Schnaps für Mutter Erde) und nach Haus mitgenommen werden. Im nächsten Jahr wird dieses Steinstück wieder auf den Berg zurückgebracht. Abschließend wir mit viel Bier und Chicha gefeiert.

Festkalender 26. Januar: *Fiesta Tapacarí.* – 2. Februar: *Fiesta del Virgen de la Candelaria.* – Letzter Samstag der Karnevalswoche: *El Corso,* das **wichtigste Fest in Cochabamba.** – 19. März: *Fiesta de San José* in Quillacollo. – 2./3. Mai: *Fiesta Santa Cruz Tatala.* – Fronleichnam (Corpus Christi), in Quillacollo große Prozesssion mit Blumenbildern. – 13. Mai: *Fiesta Señora de Mayo y Fátima.* – 27. Mai: *Fiesta Heroínas de la Coronilla.* – 2. Juli: *Fiesta de San Benito* in Punata. – 16. Juli: *Fiesta La Recoleta.* – 26. Juli: *Fiesta Santa Ana* in Cala Cala. – 15. August: *Fiesta Virgen de Urkupiña* in Quillacollo, **größtes und wichtigstes Fest** der Region. – Erster September-Sonntag: Die gesamte *Stadt ist für den Autoverkehr gesperrt,* Menschen flanieren zu Fuß oder mit dem Fahrrad durch die Stadt. – 14. September: *Ehrentag* der Stadt Cochabamba. – 12. Oktober: *Fiesta Virgen del Rosario* in Quillacollo.

Adressen & Service Cochabamba

Tourist-Info Vorwahl (04) InfoTur, Plaza Colón, Tel. 466-2277, Mo–Fr 8–12 u. 14.30–18.30 Uhr. Stadtplan, Broschüren u.a. mehr. Info-Kioske gibt es im Busterminal und auf dem Flughafen.

Oficina Regional de Turismo Cochabamba, Colombia 340, Tel. 422-1793. Mo–

Adressen & Service Cochabamba

Fr 9–12 Uhr u. 14–18 Uhr. Infos über die Markttage in der näheren Umgebung sowie Auskünfte über öffentliche Transportmittel.
Hinweis: Am 1. Sonntag im September herrscht Autofahrverbot in Cochabamba, auch Stadt- und Überlandbusse verkehren bis 17 Uhr nicht! Dafür schönes Flair in der gesamten Stadt, besonders auf der Plaza Prinicipal.

Park-Verwaltungen **SERNAP,** Atahuallpa 2367, www.sernap.gob.bo. Parkverwaltungsbehörde, auch für Infos über die Nationalparks Torotoro, Carrasco und Isiboro Sécure.
Parque Nacional Carrasco, Julian M. López 1194, Tel. 423-5660.
Territorio Indígena Parque Nacional Isiboro Sécure, Julian M. López 1194, Tel. 423-5660.

Polizei / Migración *Policía Turística,* Plaza 14 de Septiembre, Tel. 450-3880. – *Migración,* La Paz/ Ecke Ballivián, Tel. 452-4625, Mo–Fr 8.30–16 Uhr.

Konsulate **Deutsche Honorarkonsulate: Cochabamba,** Gerardo Fernando Wille, Calle Oquendo entre Ramón Rivero y Quintanilla, Edificio Los Tiempos, Torre 2. 13. Stock, Büro 1, Tel./Fax 453-0348, cochabamba@hk-diplo.de.
Schweizer Konsulat: Av. Santa Cruz 1274, Ed. Comercial Center, Tel. 00591-4-448-6868; acscbb@cotas.com.bo, Mo–Fr 9–12 Uhr.

ICBA *Instituto Cultural Boliviano Alemán,* Dt.-Bolivianisches Kulturinstitut, Lanza 727 zw. Chuquisaca u. La Paz, Tel. 412-2323, www.icbacbba.org. Span.-Kurse.

Erste Hilfe Notruf 181. *Hospital Clínica Viedma,* Av. Aniceto Arce 257, Tel. 453-3240. – Private Klinik: *Centro Médico Boliviano Belga,* Tel. 422-9407, Atezana N-455. – *Dr. Ruben Cochine* (Zahnarzt), Clínica Dental, Valdivieso 523 und Salamanca (Plaza Colón). Deutschspr. Ärztin: *Dr. Elisa Schein* (Internistin), Baptista 777, Ed. Servimed (5. Stock), Tel. 429-7829, Mobil 717-20104.

Cochabamba-Websites Die Seite **www.cochabamba-online.net** bietet einen umfassenden Ein- und Überblick über touristische Angebote und Adressen • **Cochabamba.gob.bo**

Unterkunft

In Cochabamba gibt es ein sehr großes Hotel-Angebot in allen Preisklassen. Viele sehr einfache Unterkünfte liegen zwar verkehrsgünstig in der Nähe des Busterminals, sind aber meist auch heruntergekommen und nicht ratsam. Bei der Tourist-Info im Flughafen liegt ein Hotelverzeichnis aus und es können von dort Hotels direkt gebucht werden.

ECO **Naupa House Hostel,** España 250 zwischen Ecuador u. Colombia, Tel. 425-0862, Cel. 7229-4592, www.naupahouse.com. Einladendes, gemütliches Hostal, super zentrale Lage und ruhig, nette Atmosphäre, Garten, Gästeküche, WiFi, Sprach- und Tangokurse, Café. Dorm/bc 40 Bs, EZ/bc 50 Bs, DZ/bc 90 Bs, DZ/bp 120 Bs. **TIPP!**
Hostal Florida, 25 de Mayo 583, über www.boliviahostels.com, Tel. 425-7911. Freundliches Hostal (obwohl etwas laut), nette Zimmer bc/bp, Cafetería, Internet, viele Rucksackreisende. EZ/bc 65 Bs, DZ/bc 110 Bs, EZ/bp 100, DZ/bp 150 Bs.
Residencial Familiar, Sucre E-544, über www.boliviahostels.com, Tel. 422-7988. Nettes, ruhiges Residencial in einem älteren Gebäude mit Patio. Ü/bc 50 Bs, DZ/bc 100 Bs, EZ/bp 130, DZ/bp 160 Bs.
Hostal Elisa, Agustín López S-0834, über www.boliviahostels.com, Tel. 425-4406. Einfache Zi. bc/bp, schöner Garten zum Sitzen, Internet, Spanischlernen, Globetrotter-Treff. Ü/bc 110 Bs, DZ/bc 150 Bs, EZ/bp 140, DZ/bp 180 Bs.
City Hotel, Jordan E-341, Tel. 422-2993, www.cityhotelbolivia.com. Nüchtern, sauber, zentrale Lage (doch zeitweise laut), gutes PLV. EZ/bp 150 Bs, DZ/bp 200 Bs.

FAM	**Hotel Monserrat,** Calle España 342, zw. Venezuela und Ecuador, Tel. 452-1011, www.hotelmonserrat.com. Hotel in zentraler Lage, 32 Zi., Fluhafentransfer. DZ/F 320 Bs. **Hotel Anteus,** Apart Hotel, Av. Potosí 1365, zw. Pedro Blanco u. Portales, Tel. 424-5067, www.hotelanteus.com. Zimmer und Apartamentos, sehr ruhige Lage in bestem Wohngebiet gegenüber vom Palacio Portales, Gartenanlage, sehr saubere Zimmer, Pp, WiFi, Rest. EZ/F 280 Bs, DZ/F 390 Bs. **TIPP!**
FAM u. LUX	**Hotel Aranjuez,** Av. Buenos Aires E-563, zw. Potosí und Dalence, Tel. 428-0076, www.aranjuezhotel.com. Kleines, aber feines Hotel in alter Kolonialstil-Hacienda, freundlich, 31 große, elegante Zimmer und 3 Suiten, schönes Restaurant, idyllischer Garten mit kleinem Pool, WiFi u.a. mehr. DZ/F 560 Bs (ab 3 Tagen nach Rabatt fragen). **TIPP!** **Hotel Americana,** Esteban Arce S-788, www.americanahotel.com.bo, Tel. 425-0552. Nahe Lage zum Busterminal, 54 moderne und komfortable Zimmer. DZ/F 700 Bs. **Gran Hotel Cochabamba,** Plaza Ubaldo Anze E-415 (neben der La-Recoleta-Kirche), Tel. 448-9520, www.granhotelcochabamba.com. Modernes, wunderschönes 5-Sterne-Hotel mit allen Annehmlichkeiten, außerdem Business-Center, Restaurants, Tennisplatz, Pool, Sauna u.v.a. mehr. Ausführliche Video-Vorstellung auf der Homepage. DZ/F 110 US$/ca. 770 Bs.
Ländliche Anlagen	**Cabañas Tolavi,** Tiquipaya (ca. 12 km nordwestlich vom Zentrum Cochabambas), Av. Reducto s/n, Tel. 431-6834, www.cabanastolavi.com – „Un rincón de Alemania en el valle cochabambino …" DZ/F 360 Bs, Cabañas ab 400 Bs. – **Campo Verde,** Carretera nach La Paz km 24,5, Tel. 426-2019. **– La Cabaña Campestre,** km 10 Quillacollo, Piñami, www.lacasacampestre.com, Tel. 435-0008. Ländliche Anlage im Cabaña-Stil, gutes Restaurant, große Gartenanlage mit Pool, für Familien mit Kindern gut geeignet, dt.-spr. DZ/F ca. 280 Bs.

Essen und Trinken

Es gibt ein sehr großes Angebot für jeden Geldbeutel und Geschmack. Viele preiswerte Kneipen und Comedores findet man in der Busstraße Aromá. Die billigsten Gerichte werden auf den Märkten angeboten, wie z.B. auf dem *Mercado 25 de Mayo, Mercado de Ferias* oder dem *Mercado La Cancha.* Auf dem Markt La Cancha befinden sich die Essstände im Abschnitt „Calatayud".

Typische regionale Gerichte sind *Chajchu* (Chuñogericht mit gebratenem Fleisch, Käse, Ei, Zwiebeln und *ají), Chanke de Conejo* (Kaninchen mit grünen Zwiebeln), *pique macho* (Rinderhüfte mit Würstchen, Chorizos, Kartoffeln, Tomaten und Zwiebeln), *Jaka Lawa* (Maisgericht mit Fleisch und Käse), *Pampaku* (gemischter Fleischtopf mit Kartoffeln, Kochbananen, Yuca, serviert mit frischem Gemüse und Salat), *Charque* (luftgetrocknetes Rindfleisch mit Ei und Pellkartoffeln), *Habas Pecktu* (Bohnengericht mit Kartoffeln, Ei und Tomaten) und *Silpancho* (Rindfleisch mit gebratenem Ei und Salat).

Regionale Küche bietet die **Casa de Campo,** Pasaje Boulevard de la Recoleta 618. – Sehr beliebt ist das **Miraflores,** Calle Tarija 1314, Zona Queru Queru, hat nur am Wochenende auf, reichhaltige Gerichte („Pique macho"). **TIPP!** – Preiswerte Mittagsmenüs gibt es im **Charlot,** Mexico/España, ein Treffpunkt der Einheimischen. **– Jhatata,** Av. Humboldt 651, gemütliche familiäre Atmosphäre, typische Landesküche. **TIPP! – Los Troncos,** Junín N-0942; sehr gute Parrillada und andere Fleischgerichte. – Ganz auf Parrillada ist auch **Toto's,** Paccieri 571/Lanza, eingestellt. – Gute Churrasquerías sind **El Rodizio,** Torres Sofer, Av. Oquendo N-0654, 2. Stock, und **Churrasquería Tunari,** Ballivián 676/La Paz (s. Stadtplan), Preise etwas gehoben, aber viele Fleischsorten. – Nördlich davon: **Los Castores** (Ballivián 790, s. Stadtplan), eine typische *salteñería,* und **La Suiza,** Ballivián 820, eines der besten Restaurants und vornehm, preislich nicht abgehoben, gut besucht.

Zu empfehlen ist auch das Restaurant der Kette **Heladería Globos** in der Calle Gral. Acha 167, Plaza-Nordostecke: sehr gute Eissorten, Kaffee, kleine Snacks, Salate, Sandwiches, freundliches Ambiente.

Eintauchen ins alte Cochabamba: **Club Social,** Calle Bolívar/nahe Ecke España bzw. der Plaza (s. Stadtplan). Hier findet man das wohlhabende Ambiente der Vergangenheit mit Kronleuchtern, großen Wandspiegeln und mit einem angejahrten Publikum. Günstiges Büffet-Menü 20 Bs.

In der Av. Ballivián 510 **Canguro** eine typische *salteñería*. Doch die beste der Stadt ist **Corti's,** Av. Ballivian 668, die mehrfach erste Plätze beim Salteñería-Wettbewerb gewann. – **José,** an der Plaza, chinesisch, gut und nicht teuer. – Auch das **Lai Lai,** Recoleta E-0729 kann für seine chin. Küche empfohlen werden. – Die besten **Pizzen** in der Stadt kommen wahrscheinlich im **Sole Mio,** Av. América N-826/Pando, auf den Teller. Auch Pastagerichte. – Zur Abwechslung mal wieder gut griechisch: **El Griego,** España/Ecke Ecuador.

Bei **Pollo Choco,** San Martín 310/Ecuador, **Pio Lindo,** San Martín/Plaza Colón sowie **Pollos Panchita,** Av. America zwischen Villarroel und Tarija, dreht sich alles ums Brathendl. – **Casa de Campo,** Pasaje de la Recoleta 618 (s. Stadtplan), Open-air-Restaurant, leckere Hähnchengerichte, wie *Picante de Pollo,* u.a. – Nahebei, in der Uyuni 786, bietet **La Estancia** „sehr gutes und preiswürdiges Essen".

Ein angenehmes Ambiete bietet **La Cantonata,** España/Mayor Rocha (s. Stadtplan), gute internationale Küche, italien. Spezialitäten, Preise etwas gehoben. **Italienisch** auch im oben erwähnten *Palacio Portales,* im **Café Muela del Diablo** (plus dt. Biere). – Schöne Atmosphäre im **Páprika,** Chuquisaca 688/Ecke Ante Antezana (s. Stadtplan), leckere internationale und nat. Gerichte, Preise gehoben, WiFi, www.paprika.com.bo. – In der Nähe: **El Revolución Café,** Chuquisaca 565 zw. Lanza und Baldivieso (s. Stadtplan): Günstiges komplettes Mittagsmenü, 12–14 Uhr, WiFi; schöner großer Garten hinterm Haus. Hier ist auch abends immmer was los, Musik etc. **TIPP!**

Frühstück/Cafés: Café Vivaldi, Esteban Arce 354, an der Plaza, Frühstück und deutsche Biere. – **Orale,** Av. Salamanca 555; Frühstück 8.30–12 Uhr, und gutes Restaurant. – **Confitería Boolevar,** Bolívar 322, preiswert. – **Café Frances,** España N-140, hervorragende Kuchen und Quiches, empfehlenswert. – **Heladería Dumbo,** Av. de las Heroínas (s. Stadtplan), zwischen España und San Martín, sehr gutes Eis.

Vegetarisch: Ganesha, Mayor Rocha E-0385, das derzeit beste vegetarische Restaurant der Stadt mit Salatbüfett, nur Mittagstisch. **TIPP!** – Ebenfalls großes, vegetarisches und leckeres Büfett im **Gopal,** España N-0250 (s. Stadtplan), Galeria Olimpia, im Innenhof des Centro Comercial ganz hinten, preiswert. – **Comedor Vegetariano,** Buenos Aires/25 de Mayo 329.

Unterhaltung

Das **Kneipenviertel** mit Jazz-, Hardrock-, Künstler- und Bierkneipen liegt zwischen der España, Ecuador und Venezuela/Mayor Rocha, an Wochenenden ist viel los. Aber auch die Av. Ballivián, Prado und Boulevard de la Recoleta hat einiges zu bieten.

Panchos, Mayor Rocha, zw. España und 25 de Mayo; nettes Lokal für Salsa, Merengue usw., nur Fr/Sa geöffnet. – **Café Oásis de Dali,** España 0429 zw. Rocha u. México (s. Stadtplan), angesagter Studententreff und Nachtclub, gute Stimmung und Musik, Essen o.k., www.dalibolivia.com. – **Casablanca,** 25 de Mayo zw. Ecuador und Venezuela; beliebter Treff unter Jugendlichen, nette Atmosphäre, viele Reisende, Gringo-Hangout. – **Na Cunna,** Av. Salamanca 557 casi Lanza; Irish Pub & Restaurant, Guiness-Bier, gute internationale Küche, Fr Livemusik. – **La Tirana,** Calle Lanza/Av. Ramón Rivero; angesagte Bar zum Abtanzen auf zwei Etagen, nur Do/Fr/Sa bis spät in die Nacht. – **Cocofé,** Calle Mayor Rocha zw. der 25 de Mayo und España; kleine

Adressen & Service Cochabamba

alternative Café-Bar mit familiärer Atmosphäre, Travellertreff. – **Fragmentos,** Ecuador 326, zw. 25 de Mayo und España; romantische Atmosphäre in einem Café-Restaurant mit verschiedenen netten Räumlichkeiten. – **Picasso,** España N-0327; populäre Bar mit Restaurant, mexikan. Snacks und Gerichte. – **Peña Arahui,** Av. América; Fr/Sa/So traditionelle Live-Musik. – **Pimienta Verde,** Av. Ballivián 688, El Prado, casi La Paz; angesagter Disco-Club, Oldies, sehr beliebt bei Reisenden, nur Do/Fr/Sa/So. – **Disco Arlequín,** Av. Uyuni/Pasaje Sorache; typische Pop- u. Rockmusik Südamerikas. – **Disco Alcatraz,** Pasaje Boulevard 700 (bei der Plaza Recoleta).

Theater Teatro Acha, España 130. Theater, Ballett u.a., im Jan. geschlossen.

Kinos Cine Center, Av. Ramón Rivero 789/Oquendo. Modernes Multiplex-Kino in einem riesigen Betonkasten außerhalb des Zentrums. – Cine Avaroa, 25 de Mayo/Jordan.

Kommunikation / Paketvers. Post und ENTEL: Ayacucho/Heroínas. – Punto Viva bietet an verschiedenen Stellen Telefon-, Fax- und eMail-Service an. – Internet-Cafés: überall im Zentrum. – DHL: Av. Ramón Rivero/Lanza 310, Tel. 411-6161. Zweigstellen in der Calle Lanza und Av. San Martín.

Landkarten Instituto Geográfico Militar, 16 de Julio S-0237, zw. Bolívar u. Sucre, Tel. 425-5563.

Geld Viele Geldautomaten im Zentrum. Straßenwechsler stehen vor der Post/ENTEL. – Banco del Crédito, Calle Nataniel Aguirre S-0498. Banco Mercantil, Calama E-0201. Banco Nacional de Bolivia, Calle Jordan E-0198. Banco Union, 25 de Mayo/Ecke Sucre E-0397.

Sprachschulen Escuela Runawasi, www.runawasi.org, Tel. 424-8923 (Kontakte/Straße s. www.runawasi.org); Schulleiterin Schweizerin, „super Gastfamilie" u.a. gute Kritiken, flexibler Unterricht. – Korisimi, www.korisimi.com, Calle Lanza 727 (zw. La Paz u. Chuquisaca), Tel. 425-7248, bietet Spanisch- und Quechua-Sprachkurse; Vermittlung von Gastfamilien mit Freizeit- und Kulturprogramm. – Instituto Cultural Boliviano Alemán, Dt.-Boliv. Kulturinstitut, Lanza 727 zw. Chuquisaca u. La Paz, Tel. 412-2323, www.icbacbba.org. Spanisch-Kurse.

Touranbieter **Fremen Tours Andes & Amazonia,** Calle Ecuador E-0342, Tel. 452-7272, www.andes-amazonia.com. Fremen ist einer der größten Touranbieter mit bester Infrastruktur. Professionelle Touren in die Chapare-Region, zum Salar de Uyuni, Bootstour mit der „Reína de Enín" ab Trinidad den Río Mamoré hinab, nach Torotoro, Incallajta, in den Parque Nacional Tunari u.a. Destinationen. – **Bolivia Cultura,** Ecuador E-0342, Tel. 452-7272, www.boliviacultura.com. Touren so gut wie zu allen touristischen Destinationen in 7 Departamentos, auch Cochabamba-Stadttouren. – **Andesxtremo,** La Paz 138, zw. Ayacucho und Junín, Tel. 452-3392, www.andesxtremo.com. Gleitschirmfliegen 7-Tageskurse, Trekking auf den Cerro Tunari, Mountainbiking, Bungeespringen, Rafting, gutes PLV. – **Bolivia-Online Tours,** Eduardo Loredo 88, www.bolivien-online.com, Tel. 313-0003. Die zuverlässige deutsche Reiseagentur vom freundlichen Bastian Müller bietet Ausflüge zu allen Umgebungszielen Cochabambas an (z.B. auch Incallajta und Samaipata) sowie begleitete Wandertouren rund um den Parque Nacional Tunari. – **Villa Etelvina,** Juan de la Rosa 908, Tel. 7073-7807, www.villaetelvina.com. Spezialist für den P.N. Torotoro.

Mietwagen Viele Vermieter haben Büros auf dem Flughafen. – International Rent-a-Car, Av. Ayacucho 219/Colombia E-0361, Tel. 422-6635; Spezialisiert auf Geländewagen bzw. 4WD. – Sudamericana Rent-a-Car, Pando 1187 (Zona Recoleta), Tel. 428-3132, www.sudamericanarentacar.com. – AVIS, Av. Pando 1187, Tel. 428-3132, 24-h-Service Tel. 776-7004, www.avis.com.bo. – Barrón's Rent-a-Car, Sucre E-0727/Antezana, Tel. 422-2774, www.abarrons.com, Zweigstellen in La Paz, Villazón und Tarija.

Taxi	Der engl.-spr. *David Linares,* Av. Victor Ustariz 1511, Tel. 779-47774, abdabeli@hotmail.com, kann empfohlen werden. Ansonsten: *Radio Taxi Portales,* Tel. 424-6100. *Ciudad Jardin,* Tel. 424-4848 (Radiotaxi). *CBA,* Colombia, Tel. 422-8856. *Ejecutivo,* Tel. 424-2692 (Radiotaxi). *Raditaxi Florida,* Tel. 420-0500. Wer die Umgebungsziele Cochabambas ansehen möchte, kann für einige Stunden oder einen ganzen Tag ein Taxi anheuern.
Supermarkt	*IC Norte,* Av. América 817/Av. Pando, Recoleta, sehr gut sortiert. *CIM,* Av. Blanco Galindo, km 3.
Einkaufen	*Shopping im Torres Sofer,* Av. Oquendo 654.
Camping- u. Trekking- ausrüstung/ Bücher	*The Spitting Llama,* España 615, beim Hotel Apart Regina, Tel. 489-4540, www.thespittingllama.com. Ausrüstung für Trekking und Camping, Landkarten, Reiseführer und -literatur. – *Camping Oruro,* Sucre 112, Shopping Sucre, Planta Baja, Tel. 7035-1792. Campingausrüstung und -kleidung. – *Camping Centro Cochabamba*, Av. San Martín S-0555,Tel. 425-0084.
Buchhand- lung	*Plural Libros,* Aguirre 130. Empfehlenswerte Buchhandlung mit gutem Sortiment zu vielen Aspekten und Bereichen Boliviens.
Kunsthand- werk	*Arte Andino,* Pasaje Catedral, www.artesanosandinos.com. Die Kooperative *Asociación de Artesanos Andinos* von lokalen Bauern aus Tapacari bietet wunderschöne Stoffe mit traditionellen Mustern an, mit das schönste Kunsthandwerk Cochabambas. – *El Atico,* Aniceto Padilla E-775, Paseo Peatonal Recoleta. – *Kay Huasy,* Esteban Arce 0427. – *Coimsud,* Av. Ayacucho 0471/ Calama y Jordán. Kleiner Souvenirmarkt in der kleinen Gasse zwischen Ayacucho und Baptista.
Freibad	*Complejo Tropical,* Av. Blanco Galindo, km 5,5. *Balneario San Juan de Dios,* Av. Blanco Galindo, km 13.
Wäscherei	*Brillante,* Ayacucho 923. – *Lavandería Superclean,* 16 de Julio/Jordán.

Verkehrsverbindungen

Stadtverk.	Micros, Colectivos und Trufis sind billig, Taxi-Stadtfahrt 7–8 Bs (Nachtfahrt 100% Aufschlag).
Nahverkehr	Busse in die unmittelbare Umgebung fahren in der Av. 6 de Agosto zwischen Av. Barrientos u. Av. República, südlich des Hügels *La Coronilla,* ab. In Richtung *Chapare* fahren sie in der Av. Oquendo ab (östl. des Bahnhofs).
Bus	Der Busterminal liegt in der Av. Ayacucho/Av. Aromá, Tel. 432-4600. Info-Kiosk, Geldautomaten und Cambio, Terminal-Gebühr. Anfahrt mit Trufi 10 und C sowie dem Micro Q vom/ins Stadtzentrum. Die besten Busunternehmen sind *Bolívar,* Tel. 422-1819 und *Trans Copacabana,* Tel. 425-0226. **La Paz** (380 km, 7 h): tägl. unzählige Busse (mindestens 10 Gesellschaften). – **Oruro** (210 km, 4 h): tägl. viele Busse. – **Potosí:** (530 km, ca. 15 h), über Sucre oder Oruruo. – **Puerto Villarroel** (tägl. Bus vormittags, Fz 6–8 h). – **Santa Cruz** (470 km): Alle Busgesellschaften wählen die Tieflandstrecke über **Villa Tunari.** Wer über die alte Hochlandroute über **Epizana** und **Samaipata** nach Santa Cruz möchte, braucht mehr Zeit, da es keinen Direktbus mehr gibt, unterwegs evtl. Übernachtung erforderlich. – **Sucre** (365 km, 12 h). – **Trinidad** (über Santa Cruz). – **Vallegrande:** tägl. Bus, Fz 8 h. – **Villa Tunari**: tägl. Busse (meist vormittags, 4 h). Schnellere Micros ab der República/Ecke Qquendo. Von Villa Tunari fahren Colectivos nach *Puerto San Francisco.* Außerdem Busse nach Chile nach **Arica/Chile** (über Tambo Quemada) sowie nach **Buenos Aires/Argentinien**.
Zug	Der Schienenbus (Bus-Carril) nach Aiquile fährt Di/Do/Sa um 8 Uhr, Fz ca. 10 h. Am Vortag kann ohne Zuschlag reserviert werden, was sich empfiehlt, da es

nur ca. 25 Plätze gibt! Rückfahrten nach Cochabamba Mi/Fr/So um 8 Uhr. Fahrplan auf www.fca.com.bo.

Flug Der Flughafen *Aeropuerto International Jorge Wilstermán* (CBB) liegt 4 km südwestlich des Zentrums und ist der modernste Flughafen Boliviens. Ladenpassagen, Geldautomaten, Mietwagen-Schalter, Tourist-Info usw. Anfahrt mit Micro Línea B von der Calle Ayacucho, mit Radio-Taxi fester Tarif 25 Bs.
Flüge von/nach La Paz, Santa Cruz, Sucre, Trinidad, Tarija u.a.
Airlines: *Aerocon,* Aniceto Padilla 755, Tel. 448-9177, www.aerocon.bo, direkt Tel. 901-10-5252. – *TAM,* Potosí/Ecke Buenos Aires, www.tam.bo, Tel. 441-1545. – *BoA,* Jordan 202, Tel. 414-0873, www.boa.bo.

Umgebungsziele von Cochabamba

Marktorte und ihre Feste Einige reizvolle Orte in der Umgebung von Cochabamba sind: **Punata** (dienstags findet ein sehenswerter Markt statt), **Cliza** (Markt So, riesige Kartoffeln und gewaltige Kürbisse, sehr interessant und authentisch), **Quillacollo** (15 km westlich, Markt So) oder das pittoreske **Tarata** mit historischen Gebäuden (Markt Do). Quillacollo feiert jedes Jahr am 15. August ein großes Festival zu Ehren der *Virgen de Urkupiña.* In **Arani,** 60 km südöstlich, findet alljährlich am 24. August ein berühmtes Fest zu Ehren der *Virgen de La Bella* statt.

Tiquipaya, 12 km nordwestlich vom Zentrum Cochabambas, feiert drei große Feste: Ende April das *Chicha-Festival,* im September das Blumenfest und Anfang November das farbenprächtige *Festival de la Wallunk'a.* Unterkunft: *Cabañas Tolavi,* Av. Reducto s/n, Tel. 431-6834, www...cabanastolavi.com – „Un rincón de Alemania en el valle cochabambino ...". DZ/F 360 Bs, Cabaña ab 400 Bs.

Independencia liegt von Cochabamba etwa 90 km nordwestlich an der Straße 25 in einer landschaftlich und kulturell sehr reizvollen Gegend. Dort findet alljährlich ab 16. Juli ein viertägiges Fest zu Ehren der Virgen del Carmen statt, mit prächtigen Umzügen traditionell gekleideter Bauern und einem Bullenrennen durch die Hauptstraße des Ortes.

Tour 1: Inca Racay und Incallajta

Inka- und Archäologie-Freunde haben vielleicht Interesse an den beiden Inkaruinen *Incallajta* und *Inca Racay.* Beide Stätten sind mit die wichtigsten Inkabauwerke Boliviens, wobei **Inca Racay,** knapp 30 km westlich von Cochabamba beim Ort Sipe Sipe, nicht wirklich spektakulär ist. Anfahrt von Cochabamba über Quillacollo am besten mit einem Mietwagen oder von Sipe Sipe aus mit einem Taxi hoch nach Inca Racay (12 km).

Pairumani Zuvor bietet sich noch von **Vinto** aus ein Abstecher nach **Pairumani** an. Dort befindet sich in einer weitläufigen Parkanlage das prächtige und weiße Herrenhaus *Villa Albina,* das wie der *Palacio de Portales* in Cochabamba dem Zinnbaron *Simón Patiño* gehörte. Er bezog es aber ebenso wenig wie seinen Palast in Cochabamba. Im Mausoleum aus Marmor fanden die Eheleute ihre letzte Ruhestätte.

Inca Racay Von dem Kolonialstädtchen **Sipe Sipe** aus geht es in staubigen Serpentinen immer weiter hinauf, bis schließlich kurz vor dem Pass die Ruinen von **Inca Racay** erreicht werden. Es war ein südöstlicher Außenposten des Inkareichs, von dem die Region verwaltet und das Cochabamba-Tal bewacht werden konnte. Die meisten der früher insgesamt zwölf Gebäude bestehen nur noch

790   Inca Racay und Incallajta   Karte S. 790

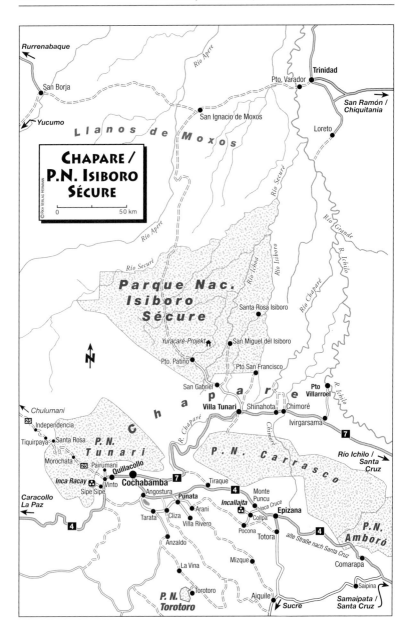

aus den Grundmauern, den einstigen Sonnentempel zieren Wandnischen, in denen die Priester rituelle Gegenstände aufbewahrten.

Von hier oben bietet sich, vor allem am Nachmittag und bei klarer Luft, ein grandioser Blick auf das tief hinten im Tal liegende Cochabamba, und wer genau hinschaut, kann sogar den Cristo ausmachen. Restaurant-Tipp für die Rückfahrt: in Quillacollo bekommt man im Restaurant *La Casona* in der Straße 20 de Diciembre beste landestypische Gerichte.

Incallajta Die Ruinen des selten besuchten **Incallajta** („Land des Inca") liegen etwa 140 km östlich von Cochabamba, Anfahrt von der Straße 4 nach Süden. Die Stätte, die sich über ein großes Areal erstreckt, war der südöstlichste Außenposten des Inkareichs. Hier war einst ein wichtiges landwirtschaftliches Kerngebiet, in dem Mais, Weizen, Gerste, Kartoffeln und Gemüse angebaut wurden. Die Anlage wurde um 1460 während der Regentschaft von Tupac Inca Yupanqui zum Schutz gegen Angriffe durch die Guaraní erbaut und war durch ihre strategische Lage – Begrenzung auf der einen Seite durch einen Fluss und auf der anderen durch eine Felswand – leicht zu verteidigen. Platzbeherrschend ist die kolossale, 80 m breite und 25 m hohe kammartige Giebelwand *kallanka* mit integrierten Nischen. Um 1525 wurde Incallajta von den Inka aufgegeben, 1914 wiederentdeckt und 1988 bolivianisches Nationalmonument.

In Pocona, 12 km südlich der Ruinen, gibt es ein kleines Info-Center, (dazu in Collpa, 10 km vor der Ruinenzufahrt, nach Pocona fahren). Die Stätte ist geöffnet Di–So 9–18 Uhr. Alle Hintergrund-Informationen auf der guten Website www.incallajta.org.

Den Besuch Incallajtas am besten einen Veranstalter in Cochabamba organisieren lassen, Adressen s. dort. Wer dennoch auf eigene Faust los will: Mit einem Trufi ab der Av. 6 de Agosto/Manuripi, Parada Pocona, zum Ort **Pocona**. Die Trufis fahren täglich und regelmäßig, Abfahrt ab 5 Uhr, wenn mindestens drei bis vier Passagiere zusammenkommen. Bei einer Gruppe von mind. drei Personen fährt das Trufi nach Absprache bis zum Eingang der Inkaruinen. Die Abhol- bzw. Rückfahrtzeit mit dem Fahrer absprechen. In Incallajta gibt es ein kleines Besucherzentrum und eine kleine Ausstellung zur Stätte, sonst keinerlei weitere Infrastruktur.

Tour 2: Parque Nacional Tunari

Die Berge oberhalb von Cochabamba wurden bereits 1939 zur Schutzzone erklärt und 1983 zum Parque Nacional Tunari aufgewertet. Dies war dringend erforderlich, denn die Abholzung der Berge führte zu Wassermangel und Überschwemmungen in der Großstadt. Inzwischen hat sich die Natur erholt und der prominenteste Bewohner des Nationalparks, der Kondor, lässt sich bei mittelschweren Wanderungen gut beobachten. Höchster Punkt ist der 5035 m hohe *Cerro Tunari*. Als Ausgangspunkt für diese Tour empfiehlt sich das schöne, stilvolle und neue *Berghotel Carolina* auf 2900 m Höhe unter dt. Leitung, www.berghotelcarolina.com, Tel. 7213-0003. Weitere praktische Infos über den Park auf der Homepage des Hotels.

Tour 3: Chapare

Im Nordosten von Cochabamba erstreckt sich die Chapare-Region die ähnlich wie die Yungas den Übergang von den Andenhochtälern zu den Urwaldgebieten herstellt. Es ist ein tropisch-fruchtbares Gebiet, in dem u.a. auch viel Coca angebaut wird. Dadurch hat der Chapare einen ungewollten Aufschwung genommen. Häufige Polizei- und Militärkontrollen sind in diesem Gebiet nichts ungewöhnliches. Ausflüge in den Chapare führen nach **Villa Tunari** und nach **Puerto Villarroel** (s.S. 795) und Puerto San Francisco sowie in den **Nationalpark Isiboro Sécure.**

Bei km 157 bzw. 4 km östlich von Villa Tunari liegt im Chapare inmitten eines 40 ha großen Urwaldgebietes das *Hotel de Selva El Puente*. Neben Entspannung und Tour-Aktivitäten verlocken 14 Naturschwimmbecken. Tel. 458-0085, Cel. 67406269, www.elpuente.tour.bo. DZ 260 Bs.

Tour 4: Tarata

Rund 35 km südlich von Cochabamba liegt das etwas im Niedergang befindliche, aber dennoch sehenswerte Städtchen **Tarata**. Benannt ist es nach einem Baum, dessen Früchte in der Lederherstellung Verwendung finden. Hier wurden nicht weniger als drei bolivianische Generäle und Präsidenten geboren, nämlich der General und Revolutionär *Manuel Esteban Arce* (1765–1815), der inkompetente General *Mariano Melgarejo* („El Presidente loco"), ein typischer lateinamerikanischer Militär-Caudillo, geboren 1820 und im Amt ab 1864 bis zu seiner Ermordung 1871, sowie General *René Barrientos Ortuño* (1910–1969), Populist und bolivianischer Präsident 1964–1969, dessen Reiterstandbild auf der Plaza zu bewundern ist. Sein Haus und der *Palacio Consistorial* Melgarejos können besichtigt werden, gleichfalls die Geburtshäuser der beiden anderen Präsidenten.

Tarata, das bereits 1555 gegründet wurde, ist ein typisches Beispiel für die kolonialen Städtchen der Region. Zwischen Adobehäusern und Winkeln führen kopfsteinholprige Gassen zur hübschen Plaza mit Palmen. Dort kann man in der Kirche San Pedro schöne Zederholz-Schnitzereien im Mestizo-Stil und Melgarejos Urne sehen. Das Franziskanerkloster San José besitzt eine Bibliothek mit 8000 Bänden und eine Sammlung typisch kolonialer Möbelstücke und Gemälde.

In der Nähe Taratas liegt das Dörfchen **Huayculi,** bekannt für seine Töpferwaren. Man kann den Handwerkern bei der Herstellung zusehen. Von Cochabamba fahren von der Avenida Barrientos/Magdalena halbstündlich Micros nach Tarata und Huayculi.

Tour 5: Parque Nacional Torotoro

Der *Parque Nacional Torotoro* ist zwar mit 165 Quadratkilometern nur der kleinste unter den Nationalparks Boliviens, doch mit seiner faszinierenden Berglandschaft und mit seiner Fauna und Flora ein echtes Juwel. Die tiefeingeschnittenen Täler in Höhenlagen zwischen 1900–3600 Meter sind die Heimat der Andenkatze und des Andenfuchses. Hauptattraktion sind jedoch die rund 2500 versteinerten **Dinosaurier-Spuren** *(huellas),* die über 60 Millionen Jahre alt sind und von verschiedenen Arten der Urgiganen hinterlassen wurden. Die Abdrücke sind in ihrer Schärfe und Größe (bis zu 50 cm lang) bestimmt die faszinierendsten ganz Südamerikas! Des weiteren sind auch Teile von Dinosaurierknochen zu finden. Auf dem *Cementerio de Tortugas,* dem Schildkrötenfriedhof, liegen versteinerte Haifischzähne und Fossilien von Riesenschildkröten. Und dass es hier bereits frühe Bewohner gab, beweisen die roten Wandmalereien an den Felsen von *Batea Q'ocha,* die geometrische Muster, Schlangen und andere Tiere zeigen. Höhlenwanderer sind von der gewaltig großen *Gruta de Umajalanta* (zwei Fußstunden vom Dorf **Torotoro** entfernt) und den unterirdischen Wasserfällen des *Río Umajalanta* angetan. In den Höhlenseen leben blinde Katzenfische, und wachsen Tropfsteinformationen einander entgegen. Schließlich gibt es im Torotoro auch noch die Inkaruinen von **Llama Chaqui** mit einem gut erhaltenen Aussichtsturm.

Alle Parkinformationen mit Routen, Fotos und Videos der Attraktionen auf www.torotoro-bolivia.com. Touren in den Park können in Cochabamba bei Veranstaltern wie *Bolivia Cultura, Bolivia-Online Tours* u.a. gebucht werden, desgleichen im kleinen Dorf Torotoro bei den Leuten von *Villa Etelvina*, s.u.

Anfahrt auf eigene Faust: Von Cochabamba (ca. 130 km) mit Bus von der Barrientos/Querstraße Manuripu, Fz ca. 4–6 h, da hinter Cliza schwere Piste. Von Torotoro können alle Sehenswürdigkeiten des Parks zu Fuß erreicht werden. Aber es ist verpflichtend, für den Park einen Führer zu nehmen, und sowieso für die Tropfsteinhöhle Umajalanta. Kontakt in der *alcaldí* (Rathaus, dort zahlt man auch den Parkeintritt). Unsere Empfehlung: Claudia & Ramiro Etelvina, *Villa Etelvina* (Zimmer und Bungalows, DZ/F ca. 300 Bs), mit Essen, Transport aus Cochabamba etc. Sehr zuverlässig, familiär, empfehlenswert. Tel. 7073-7807 u. 6752-2004, www.villaetelvina.com. Büro in Cochabamba: Av. Juan de la Rosa 908.

Cochabamba – La Paz (380 km)

Für diese Strecke unbedingt einen Tagbus nehmen. Anfangs führt die Straße über das schon erwähnte **Quillacollo**, und vorbei am *Hotel Cabaña La Torre* (Thermalquellen), danach steigt sie durch eine schöne Landschaft an. Nach einem *Tránsito* (Kontrollpunkt) geht es hinauf bis zur Passhöhe auf 4360 m, danach genauso steil wieder hinab. Der Altiplano wird erreicht, in **Caracollo** stößt man auf die Oruro – La-Paz-Straße.

Ostbolivianisches Tiefland
ROUTE 14: COCHABAMBA – SANTA CRUZ – (PTO SUÁREZ)

Von Cochabamba aus kann entweder auf der **Tieflandroute** über Villa Tunari (Chapare) oder über die alte Hochlandroute (Route 14a) via Epizana **nach Santa Cruz** gefahren werden. Die Strecke über das Tiefland ist zwar nicht schneller als die alte Strecke über das Hochland, wird aber von den meisten Busgesellschaften vorgezogen. Dabei geht es von Cochabamba den Chapare hinab, den Fahrgast überraschen spektakuläre Ausblicke. Von Sucre nach Santa Cruz würde sich auch die Nebenstrecke Sucre – Camiri – Santa Cruz anbieten, s.u., Route 14b.

Cochabamba – Villa Tunari
Von Cochabamba geht es auf der Asphaltstraße Nr. 7 über Sacaba über einen 3660 m hohen Pass. Die Straße geht in eine gute Piste über, die via Colomi und Corani nach 160 km das Städtchen Villa Tunari erreicht. Ab Colomi wechseln sich guter Belag mit kurzen Schotterabschnitten ab.

Villa Tunari

Die tropische Kleinstadt Villa Tunari an der Carretra 7 nach Santa Cruz liegt auf nur 350 m Höhe und ist für die Cochabambinos ein beliebtes Ziel fürs Wochenende, entsprechend groß ist das Angebot an (einfachen) Unerkünften. Es gibt Möglichkeiten für Urwaldausflüge und im Río San Mateo kann man sich in Badepools, *pozas,* erfrischen. Der Ort ist außerdem Ausgangspunkt für den Nationalpark *Territorio Indígena y Parque Nacional Isiboro Sécure,* einem Gebiet der Chimanes, Trinitarios und Yuracaré. Er ist 1.200.000 ha groß mit Höhenlagen zwischen 180 m und 3000 m (Touren mit einem Veranstalter). Ansonsten ist Villa Tunari kein Ort um länger zu verweilen.

Tierschutz-projekt Inti Wara Yassi — Sehenswert ist in Villa Tunari die *Comunidad Inti Wara Yassi,* ein 1996 gegründetes Tierschutzprojekt im *Parque Machía* (von Cochabamba kommend nach der Brücke links rein). Hier werden zahlreiche Wildtiere, die misshandelt oder von Privatleuten nicht artgerecht gehalten wurden, gepflegt und nach Möglichkeit wieder ausgewildert. Besucherpfade führen durch den Regenwald, gute Fotomöglichkeiten, Eintritt und Fotogebühr. Wer mindestens zwei Wochen Zeit hat, kann als *voluntario* (ohne Lohn) Tiere und Besucher betreuen. Infos bei Nene und Juan Carlos, www.intiwarayassi.org oder in Cochabamba unter Tel. 413-6572. Montags geschlossen.

DELPIA — Die private Stiftung DELPIA, *Desarrollo Local de los Pueblos Indígenas Amazónicos-Andinos,* ist aus einer 2005 gegründeten deutsch-bolivianischen Initiative entstanden, deren Ziel der Erhalt und der Schutz der Kultur, der Eigenständigkeit und des Lebensraumes der **Yuracaré-** und **Trinitario-Ureinwohner** im tropischen Tiefland Boliviens, insbesondere im Nationalpark **Isiboro Sécure,** ist. Hauptziel sind Projekte zur nachhaltigen Nutzung natürlicher Ressourcen. Besucher werden in den Alltag der Familien eingebunden: Piranha angeln, Cocablätter pflücken, Beeren sammeln. Mehrtägige Urwaldwanderungen oder Kanutouren durch den Regenwald im indigenen Territorium gehören genauso dazu wie das traditionelle Leben im Dorf ohne sanitäre Einrichtungen, eben ein authentisches Erlebnis. Kontakt: Fundación DELPHIA, Av. Beijing 145, Cochabamba, Tel. 440-3138, www.fundacion-delpia.org.

Parque Nacional Carrasco — Interessant ist die gut zweistündige Wanderung über einen Naturlehrpfad zu den *Cavernas de Repechón* im **Parque Nacional Carrasco** südlich von Villa Tunari, wo man in Höhlen nachtaktive Vögel und Fledermäuse beobachten kann. Der Lehrpfad des Gemeindeprojektes *Kawsay Wasi,* www.tusoco.com, bietet dem Besucher einen sehr guten Einblick in die heimische Flora und Fauna des Carrasco-Nationalparkes. Anfahrt mit Taxis von Villa Tunari, die bis zum Eingang des Nationalparkes fahren.

Orchidee-arium — Etwa zwei Kilometer vor der Ortseinfahrt aus Richtung Cochabamba kommend auf der linken Seite der Fernstraße liegt ein kleiner botanischer Garten mit über 70 Orchideenarten. Die geführte Tour durch das Areal beginnt in kleinen Museum mit einem Abriss über einheimische Kultur, Fauna und Flora. Im Park können neben unzähligen exotischen Pflanzen auch Kaimane beobachtet werden. Montags geschlossen.

Adressen & Service Villa Tunari

Unterkunft — Reisemobil-Stellplatz: 300 m hinter der Plaza am Fluss.
Vorwahl (04). Geldautomat vorhanden.

ECO — **Hostal Mirador,** am Ortseingang von Villa Tunari vor der ersten Brücke auf der rechten Seite, Tel. 448-0589. Hostal mit Pool, kleiner Aussichtsturm mit Blick

über den Río San Mateo. Ü/bc 70 Bs, DZ/bp ca. 110 Bs.
Hotel Querencia, gleich hinter Brücke Richtung Santa Cruz, Tel. 411-4116. Das Hotel liegt in einem sehr schönen tropischen Garten mit kleinem Pool und bietet einfache, aber saubere Zimmer. DZ/bp ca. 140 Bs.
Hotel Los Cocos, Av. Benigo Paz acerca Sud lado Farmacia Chapare, auf der Parallelstraße zur Hauptfernstraße, einen Block vom Fluss (vom Markt 3 Blocks in Richtung Fluss auf der rechten Straßenseite), Tel. 413-6578. Sehr saubere Zimmer, freundlich. Ü/Bc 70 Bs, DZ/bp 180 Bs.

FAM **Hotel Los Tucanas,** Casa de Campo, 3 km außerhalb Richtung Santa Cruz, km 163, Tel. 413-6506, www.lostucaneshotel.com. Schöne Anlage im Grünen, Restaurant, Pool u.a., s. Homepage. DZ/F ca. 200 Bs.
Hotel Selva El Puente, 4 km außerhalb, Anfahrt mit Taxi, ein Hotel von Fremen Tours, www.andes-amazonia.com, Tel. 458-0085. Sehr schöne Cabañas mit kleiner Terrasse inmitten des Urwaldes. Restaurant, Cafetería und Badepools *Las Pozas*. Tolles Ambiente. DZ/F ab 250 Bs. **TIPP!**
Hotel Las Araras, 2 km außerhalb Rtg. Santa Cruz, direkt hinter der Brücke am Río Chapare, Tel. 413-6629 u. 7167-5571. Tropischer Garten mit Pool, gutes Restaurant. Direkt gegenüber liegt der Parque Machía. DZ/F ca. 250 Bs.
Hotel Victoria, Resort & Club, an der Carretera nach Santa Cruz, 4 km vor der Ortseinfahrt von Villa Tunari auf der rechten Seite inmitten eines Regenwaldgebietes, Tel. 413-6538, www.victoria-resort.com. Typ Clubanlage in tropischem Ambiente, großer Pool mit Rutsche, klimatisierte Zimmer, Bar, Restaurant. Das Beste, was Villa Tunari derzeit zu bieten hat. Preise a.A.

Essen & Trinken Entlang der Carretera gibt es etliche Möglichkeiten mit einfachen Gerichten. Gehobener sind *San Silvestre* beim Hotel Las Palmas und *Encuentro Sur* an der Plazuela Pioneros.

Touranbieter *José R. Delgario,* Salto Monte, an der Carretera kurz vor der Brücke. Tagesausflüge in den *Parque Nacional Carrasco* inkl. Flussbad, Fledermaushöhlen und Vogelbeobachtung, Parkeintritt extra. José R. Delgario ist außerdem Führer für mehrtägige Tagesmärsche durch den Urwald (ab 3 Personen). – *Ranabol,* Av. Benigno Paz/Chuquisaca, Tel. 413-6538. Rafting, Urwaldtouren und -expeditionen.

Transport Nach **Cochabamba** fahren alltäglich viele Minibusse *(micros)*. – **Puerto Villarroel** (90 km): Micros, Fz 3–4 h. – **Santa Cruz** (ca. 315 km): kein Direktbus, Bus von Cochabamba nach Santa Cruz nehmen (10–12 Uhr u. 21.30–22.30 Uhr).

Puerto Villarroel

Von Villa Tunari geht es auf der Straße Nr. 7 nach Osten Richtung Santa Cruz, nach ca. 65 km biegt man bei Ivirgazama auf die Piste 15 nach Norden nach Puerto Villarroel ab (ca. weitere 25 km). Der Ort auf 230 m Höhe liegt am *Río Ichilo,* der in den Río Mamoré mündet. Hier endet (einstweilen) die Straße, weiter geht's nur noch auf dem Wasserweg. Ab und zu fahren Frachtschiffe in 5–6 Tagen in Richtung Norden nach **Trinidad.** Wenn das Schiff *Don Humboldt* fährt ist es zu empfehlen, nette Leute, gute Verpflegung. Hängematte und Moskitonetz sind mitzubringen. Passage ca. 300 Bs, alles inklusive. Beste Fahrzeit ist August/September. Weitere Boots-Informationen bei der *Capitanía del Puerto.* Von Trinidad aus kann man mit dem Bus in die Chiquitanía und nach Santa Cruz fahren, ebenso nach Rurrenabaque oder nach La Paz.

Unterkunft Puerto Villarroel: *Alojamiento Hannover* (mit Disco!, sehr, sehr einfach) und *Amazonas Eco-Hotel,* Tel. 424-2431. Rustikales Ausflugshotel, Zi. mit bp, Restaurant, Pool. Guter Ausgangspunkt für Exkursionen oder vor Fahrten mit dem Lastkahn nach Trinidad.

ROUTE 14A: COCHABAMBA – EPIZANA – SANTA CRUZ (500 KM)

Dies ist die alte Streckenverbindung von Cochabamba nach Santa Cruz, die sog. **Hochlandroute**. Von Cochabamba gibt es allerdings keinen Direktbus mehr, ohne umsteigen in Samaipata geht es nicht, so dass die einzelnen Teilstrecken die Reisezeit verlängern.

Von Cochabamba fährt der Bus auf der landschaftlich sehr schönen, asphaltierten Straße Nr. 4 über Tiraque und einen Pass (3600 m) abwärts nach **Epizana**. In Epizana gibt es einfache Unterkünfte, ein paar Kneipen und eine Tankstelle. Hier ist ein wichtiger Straßenabzweig: Nach Süden geht eine Piste nach **Sucre,** geradeaus führt die Straße 4 weiter nach **Santa Cruz**. Auf den folgenden 360 km kann auf der anstrengenden Schotterpiste der reizvollen, aber oft engen **Carretera Sierra-Pampa** die ganze Vielfalt der bolivianischen Landschaften studiert werden. Vom Andenhochland fällt sie durch den Nebelwald kurvenreich und teils schlammig und sehr steinig hinab in die feuchtschwülen Regionen, bis auf ca. 400 m Höhe. Über *Comarapa* (Tankstelle, Restaurant, *Hotel Central* bei der Busstation) und *Samaipata* (s.S. 816) wird wieder auf Asphalt **Santa Cruz** erreicht.

ROUTE 14B: SUCRE – CAMIRI – SANTA CRUZ (750 KM)

Normalerweise fahren von Sucre während der Trockenzeit täglich Busse auf der abenteuerlicheren, aber gut befahrbaren Schotterpiste nach Camiri. Die Strecke führt zuerst durch das Andenhochland und dann über die Andenhänge in wilde Urwaldtäler hinab.

Sucre wird über die Calle Calvo in südöstlicher Richtung verlassen, es geht über *Yamparaez* (3090 m) hinauf nach *Tarabuco* (3230 m). Von nun an geht es langsam abwärts, über *Zudañez* (2455 m) und *Tomina* (2050 m), das eine alte Lehmkirche besitzt. Hinter *Padilla* (2080 m, zwei Hostales direkt an der Plaza) wechselt die Strecke ab und zu in eine Lehm- und Sandpiste und fällt nach 50 km rund 1000 m tief in das Tal des *Río Acero* ab, der nach weiteren 50 km in 1035 m Höhe über eine Brücke überquert wird. Nach 45 km wird *Monteagudo* erreicht (1130 m, einfache Unterkünfte, Restaurant, Tankstelle). Bis nach *Muyupampa* (1200 m) sind es noch 55 km. Dann folgen mehrere Sandabschnitte, bis nach 50 km, in *Ipati*, die Abzweigung nach *Santa Cruz* kommt. Nach Camiri sind es noch 35 km in südöstlicher Richtung. 3 km vor Camiri befindet sich in *Choreti* (830 m) eine Militärkontrollstelle. Nach über 20stündiger Fahrt erreicht der Bus Camiri.

Camiri Die kleine, prosperierende Stadt auf 830 m Höhe mit gut 40.000 Einwohnern lebt von der Raffinerie, in der das Erdöl der nahe liegenden Ölfeldern verarbeitet wird. Neben einer Post gibt es hier ein paar einfache Unterkünfte. Die besten dürften das *Hotel Premier* in der Calle Busch in Plazanähe und das *Hotel JR* sein, Sánchez 247. Für Selbstfahrer: Werkstatt Taller Alemán (schrottplatzmäßig), es wird Deutsch gesprochen. Die Guerilla unter Che Guevara war hier sehr aktiv. Hier fand der Prozess gegen Debray statt. Vásquez Viaña, ein Anhänger Ches, wurde im Quartier von Choreti verhört und hingerichtet.

Weitere Unterkunft: *Casa Hacienda Yatigüigua,* Bolívar 169, delaquintwacht@cidis.scbbs.bo.com. Öko-Farm der Familie Egon Wachtel, ca. 17 km nördlich von Camiri, der hier das Projekt COFF-CHACO aufgebaut hat. Reitausflüge zur Beobachtung der Flora und Fauna. Rustikale Zimmer, familiär. Für Naturliebhaber des Chaco und Agro-Touristen.

Weiterfahrt nach Paraguay

Etwa 60 km südlich von Camiri liegt **Boyuibe**. Selbstfahrer können etwas südlich des Orts nach Osten zur paraguayischen Grenze abbiegen (100 km, Grenzorte Villazón//Hito III), von dort gelangt man auf durchgehendem Asphaltbelag durch den paraguayischen Chaco zur Hauptstadt Asuncion.

Wer keinen Wagen hat: mehrmals wöchentlich fahren paraguayische Busse der Linie *Trans Bolpar* von Santa Cruz über Boyuibe nach Villa Montes und von dort weiter nach Asunción. Zusteigemöglichkeit in Villa Montes mit Verbindungen nach Yacuiba nach **Nordargentinien.**

Santa Cruz

Boliviens „Boomtown"

Santa Cruz de la Sierra, Hauptstadt des gleichnamigen Departamento, liegt im östlichen Tiefland Boliviens auf einer Höhe von 420 m und 550 km östlich von La Paz. Mit 1,5 Millionen Einwohnern ist Santa Cruz die größte Stadt Boliviens. Als Ausgangsbasis lassen sich von hier zahlreiche Touren in die nähere und weitere Umgebung unternehmen und man kann von hier per Bus, Bahn und Flug nach Brasilien, Argentinien und Paraguay weiterreisen. Das Klima ist tropisch, wobei es in der Trockenzeit zwischen Mai und August oft stark abkühlt, während es zwischen Oktober und März zu kurzen, heftigen Regenfällen kommen kann. Die tropische Fruchtbarkeit lässt die Vegetation selbst im Zentrum der Stadt noch wuchern. Wegen der Hitze pausieren die *cruceños* in der Siesta-Zeit zwischen 13 und 16 Uhr. Insgesamt macht Santa Cruz trotz ihrer Größe einen sauberen und gepflegten Eindruck.

Das „Heilige Kreuze der Berge", so der Stadtname, wurde 1561 von *Don Ñuflo de Chávez* gegründet. Ab dem 17. Jahrhundert war sie Basis der Jesuiten-Missionare, die die Indígena der nordöstlichen Region *Chiquitanía* christianisierten. Daraus entwickelten sich wirtschaftlich erfolgreiche Missionen, die hervorragende indigene Künstler und Handwerker hervorbrachten, deren schöne Arbeiten Sie in den berühmten Kirchen in Holzarchitektur in der **Chiquitanía** bewundern können.

Santa Cruz führte einst ein abgelegenes und unbedeutendes Dasein im fernen Osten des Landes, dann mutierte sie zur reichsten und dynamischsten Stadt Boliviens. Quelle und Garant des wirtschaftlichen Booms sind die riesigen Öl- und Gasvorkommen der Region. Immer mehr Unternehmen und Menschen zieht es hierher: 1955 zählte Santa Cruz ganze 57.000 Einwohner, 1975 mehr als 300.000, im Jahr 2000 eine Million und heute mehr als 1,5 Millionen – es ist die schnellstwachsende Stadt Südamerikas. Neben Zuwanderern aus dem Hochland zog und zieht es hierher Lateinamerikaner, Asiaten – darunter viele Japaner –, Südeuropäer, Juden, Arabischstämmige und andere Arbeits- und Glücksuchende mehr.

Neben diversen Verarbeitungsindustrien ist ein weiterer wirtschaftliches Sektor die Landwirtschaft, die große Mengen an Soja, Reis, Baumwolle, Zuckerrohr, Mais und Zitrusfrüchte produziert. Auch Rinderzucht wird betrieben. Heute ist Santa Cruz die Wirtschaftshauptstadt Boliviens, die Drogenhauptstadt des Landes war sie schon lange. Die Verfilzung der Kokain-Mafia bis in höchste Kreise ist offenkundig, die Riesengewinne aus diesem Geschäft werden in großem Umfang wieder in die Wirtschaft investiert.

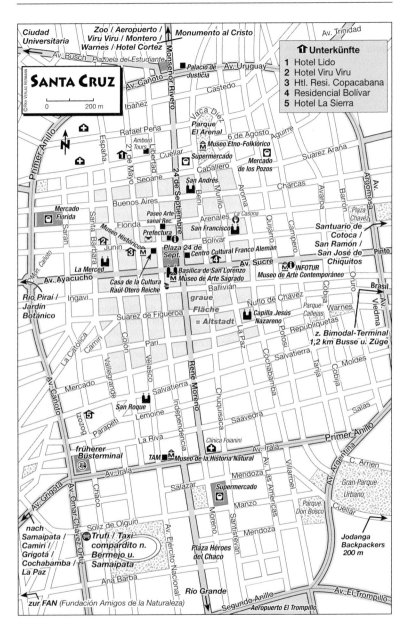

	Santa Cruz	

„Media Luna" Im Jahr 2005 versuchte ein Bündnis politischer Gruppen in den vier rohstoffreichen Tiefland-Departamentos *Santa Cruz, Beni, Pando* und *Tarija* – wegen der gemeinsamen geografischen Form *Media Luna* („Halbmond") genannt – die Unabhängigkeit von der Zentralregierung in La Paz zu erlangen. Zwischen Befürwortern und Gegnern kam es zu gewalttätigen Ausschreitungen. Nach einem zustimmend verlaufenden Autonomiereferendum in den Media-Luna-Departementos 2006 konnte nach einem weiteren und landesweiten Referendum 2008 die Abspaltung vermieden werden. Doch der Konflikt zwischen dem reichen Ostbolivien mit Santa Cruz und mit der Regierung in La Paz schwelt weiter.

Orientierung Santa Cruz ist mit konzentrischen Straßen fast kreisförmig angelegt, doch im Zentrum verlaufen die Straßen im Schachbrett-System. Die vier Hauptringstraßen heißen **Anillos,** der innerste ist der *Primer Anillo,* gefolgt vom *Segundo-, Tercero-* und *Cuarto Anillo.* Vom Zentrumsplatz, der *Plaza 24 de Septiembre,* führen vier Hauptausfallstraßen *(radiales)* aus der Stadt, und zwar jeweils ziemlich genau nach Norden, Osten und Süden. Lediglich die Hochlandstraße Nr. 7 nach Cochabamba verlässt Santa Cruz gen Südwesten. Auf der Straße 4 nach Norden gelangt man zum Flughafen *Viru Viru.* Westlich von Santa Cruz fließt der *Río Piraí* an der Stadt vorbei.

Sehenswertes

Um die Plaza 24 de Septiembre Herausragende Sehenswürdigkeiten bietet Santa Cruz nicht, die wenigen interessanten Gebäude liegen so gut wie alle um die parkähnliche und palmenbestandene **Plaza 24 de Septiembre.** Den großzügigen Platz mit vielen Ruhebänken säumen Restaurants, Banken, Rathaus, Regierungsgebäude, Konsulate, die *Casa de la Cultura* und die *Basílica* an der Südseite. In der Mitte steht das Denkmal von General Ignacio Warnes.

Kathedrale Die mächtige **Basílica Menor de San Lorenzo** mit ihren hohen Glockentürmen wurde erst 1845 gebaut und 1915 eingeweiht. Sehenswert ist der Hauptaltar mit seinen Silberarbeiten, die Reliefs aus der Jesuitenreduktion von San Pedro de Moxos und die holzvertäfelte Tonnendecke. Einer der Türme kann bestiegen werden, schöne Aussicht. Mo–Fr 8–12 u. 15–18 Uhr, Sa 8–12 Uhr, Eintritt.

Das angeschlossene Kirchenmuseum in der Kirche, das **Museo de Arte Sagrado,** birgt eine jesuitische Sammlung von Gold- und Silberreliquien. Mo–Fr 8.30–12 u. 14.30–18 Uhr, Eintritt.

Casa de la Cultura Das elegante weiße Gebäude **Casa Municipal de la Cultura Raúl Otero Reiche ab** Ecke Libertad/Juní wurde 1937 eingeweiht. Hier finden regelmäßig Ausstellungen und Aufführungen im schönen Saal statt (Programm beachten). Literatur über Santa Cruz gibt es auch zu kaufen. 8–12 u. 14.30–20 Uhr, Tel. 334-5500.

Museen

Museo Etno-Folklórico Dieses Museum am Beginn des *Parque Arenal,* 6 Blocks nördlich der Plaza 24 de Septiembre, zeigt Objekte der Ethnologie und Volkskunst, insbesondere der Guaraní, Mojeño, Ayoreo und Chiquitano. Mo–Fr 8–12 u. 14.30–18.30 Uhr, Tel. 342-9939. Eintritt.

Museo Histórico	Das Museum in der Junín 151/Ecke Libertad beherbergt diverse Sammlungen zur Stadtgeschichte, Archäologie, Ethnologie, *Cultura Chiquitana* und kulturelle Exponate. Angeschlossen ist eine Bibliothek und das *Archivo Histórico*. Mo–Fr 8–12 u. 15–18.30 Uhr, Tel. 336-5533. Eintritt.
Museo Guaraní	Dieses kleine Museum gegenüber des Eingangs zum Zoo befasst sich speziell mit der Kultur der Guaraní. Nicht allzu viele, doch interessante, hochwertige Exponate! Mo–Fr 8–16 Uhr, Tel. 341-2047. Eintritt. Anfahrt mit einem Zoo-Micro, 55 oder 76.

Fauna und Flora

Jardín Zoológico	Wer Zeit hat, sollte den **Zoologisch-Botanischen Garten** besuchen. Er ist vielleicht der schönste, auf jeden Fall aber der größte Boliviens mit unzähligen Spezies der reichen bolivianischen Natur. 9–18.30 Uhr, Eintritt. Anfahrt mit Micro 55 oder 76.
TIPP: Biocentro Güembé	24 ha große Natur- und Freizeitanlage 7 km westl. außerhalb auf der Straße Richtung Porongo, Anfahrt am besten mit Taxi (ca. 40 Bs), Eintritt 90 Bs. Attraktionen: eine gigantische Voliere, wo man inmitten von Papageien, Tukanen und anderen Vögeln herumspazieren kann, ein Orchideenhaus mit 240 farbenprächtigen Arten, ein Schmetterlingshaus mit 180 Spezies, Termiten- und Käfergehege. Des Weiteren: Natur-Badepools, Rundwege, Sportangebote (Kajak, Radfahren, Fußball, Reiten), Spielplätze, Restaurant, Bungalows, Camping u.a. mehr. Fotos und Einzelheiten auf www.biocentroguembe.com.
Parque Yvaga Guazu	Eine prächtige Pflanzenwelt bietet der 14 ha große, tropische **Parque Ecológico Yvaga Guazu,** km 12,5 südwestlich in Richtung La Guardia (straße 7), alle Infos auf www.parqueyvagaguazu.org. Yvaga Guazu ist Guaraní und bedeutet „Großes Paradies". Anfahrt mit Bussen 44 oder 83 oder jene mit der Aufschrift *La Guardia* und *El Torno*. Das angeschlossene Restaurant *Yvaga Guazu* serviert typische Gerichte.

Mennoniten

Die deutschsprachigen Mennoniten-Familien kamen zwischen 1954 und 1968 vom paraguayischen Chaco, von Kanada und von Mexiko nach Bolivien. Als Fachleute für Agrar- und Viehwirtschaft waren sie von Präsident Victor Paz Estenssoro eingeladen worden, die weiten Ebenen südlich und östlich von Santa Cruz zu besiedeln und nutzbar zu machen. Mennoniten sind strenggläubig und die Familien kinderreich. Heute gibt es in 30–130 km Entfernung von Santa Cruz 61 *Colonias* mit etwa 40.000 Mennoniten.

In der 6 de Agosto zwischen der Barrón und der Avaroa befinden sich Mennoniten-Geschäfte, Aushänge teilweise auf Deutsch. Es gibt auch die Zeitung „Menno-Bote". Das *Centro Menno* liegt in der Calle Puerto Suárez 28. Busse und Micros zu den Colonias, wie Sommerfeld oder Villa Esperanza, fahren wochentags vom Mennoniten-Busterminal in der Av. Alemania 10 ab. Man kann auch eine Tour buchen, z.B. bei *Misional Tours* oder *Menno Travel* (s. „Touranbieter"). Mehr über die Mennoniten im Exkurs auf S. 835. Hintergründe: www.mcc.org.

Adressen & Service Santa Cruz

Tourist-Info InfoTur, im Museo der Arte Contemporáneo, Calle Sucre zw. Tarija und Potosí, Tel. 336-9681, 8–12 u. 15–19 Uhr. Stadtplan, Broschüren u.a. mehr.

Vorwahl 03 Info-Kiosk in der *Casa de Gobierno,* Palacio Prefectural, an der Nordseite der Plaza 24 de Septiembre, Tel. 333-3248, Mo–Fr 8–20 Uhr. Info-Kioske auch auf dem Flughafen und im Busterminal.

Fundación Amigos de la Naturaleza (FAN), La Nueve (westlich der Stadt), Carretera nach Samaipata/Cochabamba km 7, Tel. 355-6800, Mo–Do 8–16.30 Uhr, www.fan-bo.org. Infos über den *Parque Nacional Amboró* und den *Parque Nacional Noel Kempff Mercado.* Anfahrt mit Micro 44 oder Taxi.

SERNAP, *Servicio Nacional de Áreas Protegidas,* Calle 9 Oeste, Barrio Eqipetro. Inormationen über Nationalparks.

CABI, Av. Ana Barba 146, Tel. 354-6255, Infos über den *Parque Nacional y Área Natural de Manejo Integrado Kaa-Iya del Gran Chaco.*

Polizei / Migración *Policía Turística,* Nordseite der Plaza 14 de Septiembre, Tel. 800-140099. – *Migración,* Segundo Anillo Interno (gegenüber dem Zoo), Tel. 333-2136, Mo–Fr 8.30–16.30 Uhr. Und eine auf dem Airport Viru Viru.

Dt. Konsulat / Colegio Alemán / CC Franco Ale. Honorarkonsulat, Dr. H. M. Biste, Santa Cruz Condominio, Plaza de Libertad, Oficina 201, Tel. 345-3914, Fax 345-3951, santa-cruz@hk-diplo. – *Colegio Alemán:* Av. San Martín s/n, www.colegioaleman-santacruz.edu.bo, Tel. 332-6820. – *Centro Cultural Franco Aleman:* 24 de Septiembre 36, Tel. 335-0142.

Erste Hilfe *Clínica Foianini,* Av. Irala 468, Tel. 336-221. Deutschsprachige Ärzte: Dr. Carlos Patiño (Chirurg), Cuéllar 365, Tel. 335-1621. Dr. Carlos Callaú (Internist), Tel. 353-9191.

Feste **Februar/März:** Als tropische Tieflandmetropole feiert Santa Cruz ausgelassen den *Carnaval Cruceño* mit brasilianischen Samba-Rhythmen und spektakulären Straßenumzügen. – **24. Juni:** *Fiesta de San Juan.*

Santa Cruz Websites Die Seite **www.santacruz-online.net** bietet einen umfassenden Ein- und Überblick über touristische Angebote und Adressen der Stadt.
Außerdem: **www.santacruz.gob.bo/turistica/**

Unterkunft

In allen Preisklassen großes Angebot, doch das Preisniveau ist in Santa Cruz das höchste Boliviens!

Reisemobil Stellplatz auf dem Gelände des *Automóvil Club Boliviano,* an der Straße Richtung Warnes/Montero bei km 13 (Nähe Flughafen), kostenlos. Kw, Dusche, Pool.

ECO **Gran Residencial 26 de Enero,** Camiri 32, Tel. 333-7519. „Zentral gelegen mit einem hübschen Innenhof, auf den die Zimmer rausgehen". EZ/bc 40 Bs, DZ/bp 170 Bs.

Jodanga Backpackers Hostel, Barrio Los Choferes, Uv 6, Zona Parque Urbano (südöstlich des Centro, s. Karte), Calle El Fuerte 1380, Tel. 339-6542, www.jodanga.com. Hier fühlt sich der Backpacker wohl, blitzsaubere AC(!)-Zimmer, Pool im Patio, alle Services, WiFi, Spanisch-Kurse etc. Zwar nicht zentrumsnah, aber eine gute Wahl. Ü/bc Dorm ab 70 Bs, DZ/bp 230 Bs. **TIPP!**

Residencial Bolívar, Sucre 131, Tel. 334-2500. Einfache, kleine Zimmer, einige mit Hängematte, schöner Patio mit Vögeln und Hängematten, Globetrotter-Treff, Gästeküche, Büchertausch etc. Ü/bc Dorm 80 Bs, EZ/bp 240 Bs, DZ/bp 240 Bs.

Hotel Residencial Copacabana (Hosteling Internacional Network), Junín 217, Tel. 336-2770, über www.hihostels.com. Zentral gelegener nüchterner Klotz, ordentliche Zimmer, einfaches Frühstück. Vorteil ist die zentrale Lage. DZ/F mit AC 310 Bs, mit JuHe-Ausweis 10% Rabatt.

FAM	**Hotel Viru Viru,** Junín 338, www.hotelviruviru.com, Tel. 333-5298. Zweistöckiger Arkadenbau mit zentralem Pool, gute Zentrumslage, einfache Zimmer/AC mit TV, WiFi, Restaurant. DZ 350 Bs. **Hotel Lido,** 21 de Mayo 527, Tel. 336-3555, www.hotel-lido.com. Gute Mittelklasse, mit chinesischem Restaurant. DZ/F ca. 400 Bs. **Hotel La Sierra,** Monseñor Salvatierra 474 (südöstl. der Altstadt in guter Wohngegend), Tel. 333-8205, www.lasierrahotel.com. 25 schöne Zimmer mit Bad, 4 Suites, viele Services, Transfers, WiFi, Restaurant. Preise a.A.
LUX	**Hotel Camino Real,** Calle K 279/Av. Salvador, Barrio Equipetrol Norte/4. Anillo, Tel. 342-3535, www.caminoreal.com.bo. Modernes, großzügiges Hotel, 110 Zimmer/AC, 3 Restaurants, Pianobar, großer Pool in exotischem Garten. DZ/F um 700 Bs. **Hotel Cortez,** Av. Cristóbal de Mendoza 280 (2. Anillo, nördlich), Tel. 333-1234, www.hotelcortez.com. Großzügiges Familienhotel, 10-Stock-Gebäude, 95 hochwertige Zimmer, Pool, Sauna, Internet, Pp etc, Gratistransfer vom/zum Flughafen. Preise a.A. (DZ ca. 110 €).

Essen & Trinken

Es gibt unzählige Restaurants aller Kategorien und Küchen. Eine Spezialität ist *majarito,* Reis mit Ente, und *sonzo,* gegrillte *yuca* mit Käse am Spieß. Bei den Fleischgerichten scheint es, dass man schon die Nähe Brasiliens oder Argentiniens schmeckt. Deshalb sind die Churrasquerías immer ein Tipp. Am billigsten kann auf den Märkten gegessen werden, z.B. auf dem *Mercado Los Pozos, Mercado Florida* (sehr gutes Frühstück, frische Obstsalate und Säfte, preiswerte Fischgerichte), *Mercado Abasto* (3. Ring, sehr typisch, preiswerte Gerichte) oder auf dem *Mercado La Ramada.* In der Av. Cañoto reihen sich unzählige Hähnchengrill-Restaurants. Einige Tipps:

Salteñería San Andrés, Charcas 64; sehr preiswerte Gerichte. – *K. F.,* Ayacucho 141; günstige regionale Mittags-Menüs. – *Churrasquería Los Lomitos,* Av. Uruguay 758, 1. Anillo, www.loslomitos.com. Das Grillfleisch schmeckt hier exzellent. – *Churrasquería El Palenque,* Av. Trompillo 680; Churrascos, Parrillada. – *Churrasquería El Capesi,* Chuquisaca/Moldez; Churrascos, Parrillada. – *Churrasquería Don Miguel,* Viedma 586. – *El Fogón,* Av. Viedma 434; gute Parrilladas, saftige Steaks, preiswert. – Wer ein brasilianisches **Rodizio** liebt, geht zu *Brasargent,* Av. Santa Cruz 1261, mit die beste Churrasquería der Stadt. – **Pollos** bei *Pio-Pio,* Potosí/Moldes 370 und bei *Pollo de Oro,* Independencia/Salvatierra. – Kreolisch-bolivianische Küche: *La Casa del Camba,* Av. Cristóbal de Mendoza 1365 (Live-Musik), oder *La Buena Mesa,* gleiche Straße Nr. 583; auch das *Cabañitas del Piraí* im ehemaligen Botanischen Garten (Ex-Botánico) ist auf kreolische Küche spezialisiert.

Bar-Restaurant Austria, Radial 27, Zona Zoológico; nettes österreichisch geführtes Restaurant mit europäischer Küche. – *Café-Restaurant Picolo,* Calle 21 de Mayo/Junín 90 und auch in der Av. Moreno/Andrés Manzo 310; ausgezeichnete Küche, vom Frühstück bis zum Abendessen, hervorragende Teigwaren, Riesenportionen, 7–24 Uhr. **TIPP!**

El Pez Gordo, Av. Uruguay 783; schmackhafte **Fischgerichte,** gut besucht. – *El Suburí,* Av. Cristóbal de Mendoza 640; Fischgerichte. – *El Camba Futre,* Cristóbal de Mendoza 543; **Indígenaküche** aus dem Amazonas-Tiefland, nicht gerade billig. – *Michelangelo,* Chuquisaca 502/Salvatierra, Di–So 12–14 Uhr und ab 18 Uhr; **italienisch,** Preise gehoben.

Vegetarisch: *CPT Vegetariano,* Quijarro 115 nahe der Bolívar, „super lecker und sehr nette Leute", 3-Gänge-Menü 16 Bs, Sa geschlossen. – *Naturcenter,* Avenales 638; SB, preiswert. – *Vida y Salud,* Ayacucho 444, preiswert. – *Vegetariano,* Calle Pari, günstig u. gut, 9–21.30 Uhr.

Deutsch: *La Casona,* Arenales 222 zw. Murillo u. Aromá (s. Stadtplan), Tel.

337-8495. Kolonialgebäude, nettes Sitzen, schattiger Patio, ausgezeichnete nationale u. internationale Gerichte, Preise gehoben, So geschlossen.

Cafés: *Las Cazuelas,* Av. San Martín 154; Kuchen, Torten, Empanadas und andere Leckereien. **TIPP!** – *Fridolin* ist eine Cafékette. Das Lokal in der Monseñor Rivero ist am Wochenende abends zu empfehlen, weil sich in der Straße das Nachtleben abspielt. Terrassenplätze.

Sehr gutes **Eis** gibt es in der Eisdielenkette *Heladería Dumbo,* z.B. Ayacucho 247, und vielleicht noch besseres bei *Vaca Fría,* Bolívar zw. Libertad und 21 de Mayo, nahe der Plaza.

Restaurant-Campestre: *La Rinconada,* 7 km außerhalb Richtung Porongo, www.larinconada.com.bo, Di–So 9–18 Uhr. Gepflegtes Landrestaurant mit Ambiente, umgeben von tropischem Grün, So Mittagsbüfett, Spielplatz. **TIPP!**

Unterhaltung

Bars, Clubs, Discos und Nachtleben gibt es in der Monseñor Rivero und in der San Martín im nördlichen, modernen Barrio *Equipetrol* zwischen dem 1. und 2. Anillo.

Lorca Café, Moreno 20/Ecke Sucre. Café-Bar mit Kunstgalerie. – *Cachos Bar,* René Morena 166; Treffpunkt junger Leute, Sa mit viel Musik. – *Bar El Tapekuá,* Ballivián/Ecke La Paz; Peña am Wochenende. – *El Rincón Salteño,* 26 de Febrero, Charagua/2do Anillo; Folkloremusik und Show. – *Insomnio,* Florida 517; Live-Musik (Rock) am Wochenende. – *La Cuevo del Ratón,* La Riva 713, Tel. 334-9149. Live-Musik. – *El Loro de su Salsa,* Warnes 280, Salsa. – *Gente Grande,* Av. Viedma 771; Musik bis zum Abwinken. – *Palladium,* Boquerón 83, Theater, *der* Musik-Treff. – *Los Violines,* Mario Flores 91. – *Chaplin Show,* Sirari 202, Revue und Show. – *El Submarino Amarillo,* Ingavi/Valle Grande, Ed. Colonial, Nachtbar.

Kino: *CineCenter,* 2do Anillo zwischen der René Moreno und Mons. Santisteban. Moderne Shopping Mall mit Kinos und Restaurants.

Freibäder: *Club Social 24 de Septiembre*, Independencia/Ayacucho Plaza 24 de Septiembre. – *Country Club,* Las Palmas, Carretera Cochabamba km 2,5.

Kommunikation

Correo Central, Junín 128. Mo–Sa 8–20 Uhr, So 9–11.30 Uhr. – Telefon: ENTEL, Warnes 82/Chuquisaca; *Punto Ente*l bietet an verschiedenen Stellen Telefon-, Fax- und eMail-Service an. – Internet-Cafés: überall im Zentrum, insbesondere in der Junín. So gut wie alle Unterkünfte bieten WiFi/Internet.

Geld

Geldautomaten und Banken gibt es genügend, hauptsächlich an den Straßen hin zur Plaza 24 de Septiembre, z.B. in der Calle Junín. An der Ostseite des Platzes ist die *Casa de Cambio Alemán* mit guten Wechselkurse, auch Guaranis für Paraguay und Brasilien/Argentinien-Währungen. Straßenwechsler gibt es gleichfalls um die Plaza. – *Casa de Cambio Mendicambio,* Plaza 24 de Septiembre 30, ist Repräsentant von Thomas Cook. – *Banco de Santa Cruz,* Av. Chávez Omar Ortíz. – *Banco de América,* Velasco 19, u.a.

Touranbieter (A–Z)

Hinweis: Die organisierten Touren zum **Amboró-Nationalpark** sind in Santa Cruz teurer. Besser in Eigenregie zu den Ausgangspunkten nach **Buena Vista** (Nordsektor) oder **Samaipata** (Südsektor) fahren und dort eine Tour bei einem lokalen Anbieter buchen.

Amboro Tours, Libertad 417 (s. Stadtplan), 2. Etage, Tel. 339-0600, Cel. 7261-12515, www.amborotours.com. Verlässliches, eingeführtes Unternehmen, Touren nicht nur in den Nationalpark *Amboró*, sondern zu allen Parks und Sehenswürdigkeiten im Departamento Santa Cruz. Außdem Chiquitanía-Touren und zu den Colonias der Mennoniten.

Descubre, Condominio Bella Vista, Calle Tamarindo 173, Tel. 348-5437, www.descubreserviciosturisticos.com. Sadith Morris Amézquita ist Peruanerin mit Tourismus-Ausbildung und organisiert als Mitarbeiterin von Descubre Ta-

gesfahrten in gutem Privatwagen mit dt.-spr. Chauffeur Miguel, z.B. zu den Jesuitenmissionen von San Javier, Concepción (Übernachtung) bis San Ignacio. Günstiger Zweitages-all-inklusiv-Preis.
Forest Tour Operador, Junín/Ecke 21 de Mayo, Galeria Casco Viejo, Planta Alta Oficina 115, Tel. 337-2042, www.forestbolivia.com. Allrounder, Provinz Santa Cruz (*Ambaró* u.a.), Beni, Altiplano etc. Buchung für die Lodge *El Refugio Los Volcanes,* www.refugiovolcanes.net, Walter Guzman Ferrel, Santa Cruz, Tel. 337-2042.
Magri Turismo, Warnes/Potosí, Tel. 334-5663, www.magriturismo.com. Stadtrundfahrten, P.N. Amboró, Samaipata, Valle Grande, Ruta del Che, Jesuiten-Missionen.
Menno Travel, 10 de Agosto 18, Tel. 332-3271; dt.-spr. Reisebüro.
Misional Tours, Los Motojobobos 2515 (zw. 2. und 3. Anillo), Tel. 360-1985, www.misionaltours.com. Verlässliches lokales Unternehmen, Allrounder, auch dreistündige City-Tour. **TIPP**.
Probioma, *Productividad Biosfera y Medio Ambiente,* Barrio Equipetrol, Calle 7 Este 29, Tel. 343-1332. Nichtregierungsorganisation, mit Campesinos zusammenarbeitet. Zweitagestouren in den *nördlichen Amboró,* betreibt dort das Camp *Villa Amboró* und im Südteil die Ecoalbergue Volcanes.
Rosario Tours, Arenales 196 (zwischen Beni u. Murillo), Tel. 336-9977, www.rosariotours.com. Ortsansässiges Unternehmen, Touren in den *südlichen Amboró* (Zweitagestour), Refugio los Volcanes, Samaipata, Parque Nacional Noel Kempff Mercado, bol. Pantanal, Madidi u.a. Hilfsbereit, u.a. Ratschläge, wie man die Touren z.B. auf eigene Faust durchführen kann. Agentur, über die die Cabaña im **Refugio los Volcanes** gebucht werden kann (mindestens 2 Pers./2 Tage), inkl. allem. Führerin Mercedes Aireyu Calderón ist sehr zu empfehlen. **TIPP!**
Ruta Verde Tours, 21 de Mayo 318, www.rutaverdebolivia.com, Tel. 339-6470. Bootstouren Amazonasbecken/boliv. Pantanal, Parque Nacional Noel Kempff Mercado, Samaipata, Chiquitanía, *Parque nacional Amboró,* Ruta del Che, Trekkingausflüge; geführt von Holländern, empfehlenswert!

Einkaufen

Viele Läden für dies & das, Kunsthandwerk und Souvenirs gibt es in der **René Moreno** südlich der Plaza. Auf dem **Mercado de los Pozos** und in den umliegenden Straßen kann man auf Schnäppchenjagd gehen, Textilien, Kleider, Hosen u.a. Auf dem **Paseo Artesanal La Recova** in der Libertad und Florida (s. Stadtplan) bieten Hersteller auf über 50 Verkaufsständen Kunsthandwerk der Region an (Infostand). – *Vicuñitas Handicrafts,* Independencia 7, ist ein günstiger Souvenirladen. – Am Sonnag Kunsthandwerksmarkt hinter der Kathedrale, Plaza Manzana 1, Libertad/Ingavi.

Supermarkt *Supermercado Hipermaxi,* Av. Cristo Redentor/3ro Anillo, sowie Salvatierra 174, groß und gut. – *Supermercado Sur Fidalga,* Av. René Moreno 212/Diego de Mendoza. – *Supermercado Ketal,* 24 Septiembre 480 (Zona Central), Av. El Trompillo s/n (Zona Sur) und Av. Cristóbal de Mendoza 628 (Zona Norte). *MAS,* Av. Banzer. In allen Supermärkten kann preiswert gegessen werden.
Bücher *El Ateneo,* Av. Cañoto/21 de Mayo, Bücher u. Zeitschriften auch auf Englisch.
Wäscherei *Scursul* ist eine Wäschereikette und ist z.B. im Hipermaxi Norte oder Hipermaxi Centro vertreten. *Lavandería Bolivian,* Buenos Aires 123. *Lavandería Romi,* Quijarro/Bolívar. *Lavandería Rápido,* Pasaje Callejas 70.

Selbstfahrer

Autoclub *Automóvil Club Boliviano,* an der Straße Richtung Warnes/Montero bei km 13 (Nähe Flughafen). Stellplatz für Selbstfahrer kostenlos. Kw, Dusche, Pool.

Autowerkstatt	Franziskanerpfarrer Reinaldo Brumberger, Casilla 337, Tel. 964-3012, par_cep@hotmail.com. Sehr gute Werkstatt, die auch Touristenfahrzeuge repariert. Sollte sie länger dauern, kann man auf Vermittlung des Pfarrers auf einer kleinen Farm des Kolpingwerkes unterkommen.
Mietwagen	*Sudamericana Rent-a-Car,* Calle A. Ibáñez 61/Ecke 24 de Septiembre, Tel. 334-4243, www.sudamericanarentacar.com. Büros auch in Cochabamba und Sucre, gute Webseite als Übersicht von Wagen und Tarifen. – *International Rent-a-Car,* Av. Uruguay/Pedro Antelo, Tel. 334-4425, gut und zuverlässig, spezialisiert auf Jeeps bzw. 4WD. – *A.Barrón's Rent-a-Car,* Av. Alemania 50/Tajibos, 2ro Anillo, eine halbe Cuadra von Rotonda Bendeck, Tel. 342-0160, www.abarrons.com. Große Wagenflotte. – *AVIS,* Avenida Cristo Redentor/Carretera al Norte, km 3,5, Tel. 343-3939 (24-h-Service Tel. 776-7004) www.avis.com.bo. – HERTZ, Av. Cristóbal de Mendoza 286, Tel. 333-8823, www.barbolsrl.com.

Santa Cruz – Cochabamba – La Paz (850 km)

Von Santa Cruz hat man mehrere Möglichkeiten für die Rückreise nach La Paz. Da von Santa Cruz auf den hier genannten diversen Routen meist Nachtbusse fahren und man somit – außer der Auffahrt in die Anden – von der Strecke unterwegs nicht unbedingt viel sieht, ist abzuwägen, ob nicht der Halbstundenflug nach Cochabamba vorzuziehen ist und man von dort mit dem Bus nach La Paz weiterfährt.

Möglichkeiten	1. Auf der Tieflandstraße über Buena Vista (Parque Nacional Amboró) – Villa Tunari und Cochabamba nach La Paz 2. Über die alte Hochlandpiste via Samaipata und Epizana nach Cochabamba – La Paz (Route 14a) 3. Über Camiri und Sucre nach La Paz (Route 14b) 4. Durch das Tiefland des Beni über Trinidad und San Borja nach La Paz (Route 15).

Verkehrsverbindungen

Taxi	Taxifahren ist in Santa Cruz billig, den Preis vorab festlegen. Innerhalb des 1. Rings Standardtarif 10 Bs, zum 2. Ring 15–17 Bs, zum Flughafen 60 Bs. Taxi-Gesellschaften: *Radio Taxi Corea,* Av. La Salle 120, Tel. 343-1000, spezialisiert auf Flughafentransfers nach/von Viru Viru. – *Radio Taxi Exclusivo,* Av. General Martínez 338, Tel. 335-2100. – *Radio Taxi Tiluchi,* Av. Alemania 1461, Tel. 342-4158. – *Radio Taxi Tropicana,* Ubarí, Tel. 352-0730.– *América,* Tel. 342-2222.
Micros	Kioske und Buchhandlungen verkaufen einen *Guía de Micros* mit allen Linien und Fahrzielen. Die Micros 17 und 18 zirkulieren um den Primer Anillo.
Bus	Der für Busse und Züge kombinierte **Terminal Bimodal** (kostenpflichtig) liegt östlich an der Av. Brasil, ca. 2,5 km von der Plaza. Auch mit Micro-Abfahrtsstelle. Die meisten Micros und Trufis aber haben ihren Standplatz beim alten Busterminal auf der anderen Seite der Bahngleise, dazu die Unterführung benutzen. Den größten Teil des Bimodal (Tel. 348-8482, alle Services) belegen die Fernbusse bzw. *flotas.* In der Halle die Büros der Gesellschaften. Abfahrtszeiten für Fernziele meist morgens oder gegen Abend mit Nachtfahrten. Bei der Ankunft am besten gleich die Weiterfahrt checken. Ins/vom Zentrum mit einem Micro der Linien 2, 4, 11, 41 und 85, oder per Taxi. **Asunción** (Paraguay): Mehrere Nachtbusse in der Woche, via Villamontes, am besten mit der paraguayischen *Empresa Yacyreta,* Izozog 487, Tel. 362-5557,

Fz 24 h. Eine andere Gesellschaft ist *Paycasu,* Tel. 364-1077. Tickets auch bei Reisebüros.
Buena Vista (100 km, 2,5 h): täglich Colectivos im Stundentakt.
Buenos Aires (3500 km, ca. 36 h): Abendbus mit P*aycasu, Potosí Buses, Ormeño Bolivia.*
Camiri (300 km, 5–6 h): tägl. mehrere Busse 9–20.30 Uhr.
Chiquitanía/Jesuiten-Missionsorte: Abfahrten mit Micros mehrmals unter dem Tag, Busse fahren morgens und am frühen Abend. **Concepción** (290 km, 7 h).– **San Javier** (225 km, 6 h). – **San Ignacio** (470 km). – **San José de Chiquitos** (280 km, ca. 5 h). – **San Matías** (770 km, 20 h). – **San Ramón** (185 km).
Cochabamba (470 km, 8–10 h, je ob über alte Hochland- bzw.Epizana oder die neue Tieflandroute über Villa Tunari gefahren wird). Täglich viele Busabfahren. Oder etappenweise mit Micros in schnellerem Kurztakt von Ort zu Ort.
La Paz (850 km, Fz 15–23 h): es gilt das gleiche wie für Cochabamba.
Montero (37 km, 1 h): ständige Abfahrten mit Micro/Trufi.
Oruro (680 km): s. Cochabamba; Cochabamba – Oruro 210 km, 4 h.
Puerto Suárez/Quijarro (645 km, 12 h): tägl. Nachtbus
Samaipata (120 km, ca. 3 h): tägl. Direktbusse sowie Micros und Trufis (s.a. S. 820).
Santiago de Chile (via Mendoza): tägl. um 17 Uhr, *Andesmar,* Fz 36 h.
Sucre (600 km, 15–25 h, je nach Route, s. Cochabamba): tägl. Nachmittag- und Nachtbusse.
Tarija (710 km, 24 h): tägl. mehrere Busse
Trinidad (510 km): tägl. Busse
Villa Montes (510 km, ca. 13,5 h)
Villazón (900 km, für Nordargentinien/Salta)
Vallegrande (225 km, ca. 6 h): tägl. Busse und Micros
Yacuiba (600 km, 15 h), für Nordargentinien/Salta, über Villa Montes

Selbstfahrer nach **Camiri** müssen Sie zuerst die alte Straße Nr. 4 nach Cochabamba nehmen. Nach etwa 20 km zweigt dann die beschilderte Straße nach Camiri ab.

Zug Regelmäßiger Zugverkehr zur brasilianischen Grenze nach Quijarro/Puerto Suárez und zu den Stationen dazwischen besteht mit der *Ferroviaria Oriental.* Alle Infos zu den drei Zugarten *Tren Regional* (der langsamste), *Expreso Oriental* und *Ferrobús* (der komfortabelste und schnellste), zu Fahrplänen und Tarifen auf www.fo.com.bo. Außerdem gibt es von Santa Cruz eine Bahnstrecke zur argentinischen Grenze nach Yacuiba, ein Zug fährt jeden Donnerstagnachmittag und braucht knapp 17 h.

Der Bimodal-Terminal für Züge und auch Busse liegt östlich an der Av. Brasil, ca. 2,5 km von der Plaza. Fahrkartenverkauf am Tag der Abfahrt tägl. ab 7.30 Uhr. Es ist sinnvoll, diese einen Tag vorher zu kaufen. Dazu ist der Reisepass vorzulegen.

Flug Der internationale Flughafen (auch nationale Flüge) **Viru Viru** (VVI) liegt 15 km nördlich des Zentrums. Tel. 338-5000, www.sabsa.aero/aeropuerto-viru-viru. Alle Services, wie Tourist-Information, Migración, Bank. Ins/vom Zentrum mit Colectivos (6 Bs) oder mit einem Micro der Linien 40, 41, 42 und 55. Taxis haben Staffelpreise, zum Flughafen 60 Bs.

Es gibt noch einen kleineren Flughafen, den **Aeropuerto El Trompillo,** 2,5 km südlich der Plaza, für nationale Flüge, Tel. 351-1010 (auch auf dem Viru Viru gibt es nationale Flüge).

Hinweis: Die Flugpreise fast aller folgenden Fluggesellschaften findet man auf ihren Homepages: **Aerocon,** www.aerocon.bo, Tel. 901-10-5252, fliegt vom Aeropuerto El Trompillo nach Trinidad und weiter nach Cobija und Riberalta. – **Amazonas,** Tel. 901-10-5500, www.amaszonas.com, fliegt vom El Trompillo gleichfalls etliche bolivianische Städte an, wie Cochabamba, Sucre, La Paz,

u.a., s. Homepage. – **Boliviana de Aviación,** Tel. 901-105010, www.boa.bo, nach Cochabamba, Sucre, La Paz, Cobija und Tarija. – Die **TAM,** La Riva/Ecke Velasco, Tel. 352-2639, www.tam.bo, fliegt tägl. über Cochabamba nach La Paz. Seltener nach Tarija und Trinidad.
Flüge ins Ausland: Aerolineas Argentinas, Junín 22, Plaza 24 de Septiembre, Ed. Banco de la Nación Argentina, www.aerolineas.com.ar, Tel. 333-9776, fliegt wöchentlich ein paar Mal nach Buenos Aires. – **American Airlines,** www.aa.com, nach/von Miami/Florida. – **Boliviana de Aviación,** Tel. 901-105010, www.boa.bo, nach Buenos Aires, São Paulo und nach Europa nach Madrid. – **TAM Mercosur,** Velasco 700/Ecke La Riva, Tel. 339-1999, www.tam.com.br; nach Asunción, Buenos Aires, Santiago de Chile und nach Brasilien. Hinweis: Bei einem Flug ins Ausland strenge Drogenkontrollen durch die Drogenpolizei FELCN!

Umgebungsziele und Ausflüge von Santa Cruz

Sonntags lohnt ein Ausflug zum Wallfahrtsort **Cotoca** (20 km östlich, via Straße 4) mit seinem großen Markt. Rund um die Plaza und in der Markthalle ist viel los und bei den Garküchen kann gut gegessen werden.

Übersicht über die nachfolgend beschriebenen Ziele:

- **Balneario del Río Piraí:** Badespaß am Fluss, an Wochenenden ein beliebtes Ausflugsziel.
- **Lomas de Arena:** „Miniwüste" im Urwald, Zeitbedarf halber bis ein Tag.
- **Samaipata:** geheimnisumwitterte präkolumbische Festung. Für Kulturreisende sehr interessant (ein Tag).
- **Parque Nacional Amboró / Refugio los Volcanes:** für Naturfreunde, die sich an der grandiosen Natur erfreuen und den Urwald in seinem ganzen Spektrum erleben möchten (mindestens 3–5 Tage, als organisierte Schnelltour in 2 Tagen).
- **Vallegrande und Umgebung:** Auf den Spuren Che Guevaras (mindestens zwei Tage).
- **Missionen der Chiquitanía:** für Interessierte an historischen Jesuitenreduktionen. Die Dörfer San José de Chiquitos, San Miguel, San Rafael, San Ramón, San Ignacio und Santa Ana zeugen vom Einfluss der Jesuiten und Franziskaner, die die *Tupi-Guaraní* missionierten und aus ihnen begabte Künstler, Steinmetze und Musiker heranbildeten. Diese entlegenen Orte des ehemaligen Missionsgebiets *Chiquitanía* sind sehenswert, aber man braucht dafür etwa eine Woche Zeit.
- **Parque Nacional Noel Kempff Mercado:** Der einzigartige Nationalpark ist was für abenteuerlustige Fauna- und Florafreunde, die in dem entlegenen Park im Nordosten an der brasilianischen Grenze fünf verschiedene Ökozonen erleben können. Zufahrt nur in der Trockenzeit möglich, Zeitbedarf mindestens eine Woche. In Santa Cruz können organisierte Touren gebucht werden.
- **Parque Nacional y Área Natural de Manejo Integrado Kaa-Iya del Gran Chaco:** Ein völlig infrastrukturloser Park mit unversehrtem subtropischen Wald an der paraguayischen Grenze. Zeitbedarf mindestens eine Woche oder länger. Nur etwas für absolute Naturfreaks!

Tour 1: Balneario del Río Piraí

Ein beliebtes Ausflugsziel ist der *Balneario del Río Piraí*, der am westlichen Ende der Avenida Roco und Coronado liegt. Am Wochenende gibt es am Sandstrand Musik, Tanz, Open-air-Kneipen und Grillstationen. Ein Riesenspaß ist es, ein Allrad-Quad zu mieten und damit herumzufahren. In der Winterzeit ist der Fluss jedoch fast ausgetrocknet, schmutzig und nicht badegeeignet. Mit Cabañas zum Übernachten.

Anfahrt mit Bus 4 ab Ballivián/La Paz bis Villa San Luís. Von dort mit Jeeps zum Fluss. Am Wochenende Micros ab dem Mercado Los Pozos bis zu den Cabañas am Río Piraí. Ein Taxi aus der Innenstadt kostet ca. 30 Bs.

Tour 2: Lomas de Arena

Lomas de Arena, 16 km südlich von Santa Cruz am Fluss Choré-Choré, ist ein Stück „Saharadünen" in Südamerika. Ausdehnung 6,5 km Nord-Süd, 2,5 km Ost-West, 14.000 Hektar groß, Dünenhöhen 435 bis 460 Meter, gegründet 1990. In den kristallklaren Lagunen kann man wunderbar baden, es gibt viele Wasservögel, einige Flamingos, Säugetierarten und mehr als 200 Pflanzenarten. Die Lomas können auch per Quad oder zu Pferd erkundet werden, Auskunft an der Tranca bzw. im *Centro de Interpretación.* Der Park ist von 7–19 Uhr geöffnet, geringer Eintritt.

Nur 16 km von Santa Cruz entfernt, sind die Lomas – „Sandhügel" – erfreulicherweise kein überlaufenes Naherholungsgebiet der *cruceños*. Vier Kilometer hinter der Schranke erreicht man den Parkplatz, an dem eine offene Hütte Schutz vor dem oftmals heftig wehenden Wind bietet. Von dort aus sind es nur ein paar Schritte auf die große Hauptdüne, von der man einen herrlichen Blick über das Dünengebiet hat. Hier endet oft bereits die „Wanderung" der meisten Parkbesucher, denen aber dann wunderbare Landschaftseindrücke entgehen, so z.B. am Ostrand der Lomas, wo sich die mächtigen Dünen in den Wald hineinfressen, ihn überrollen. Mit ungefähr 12 bis 15 Meter pro Jahr schieben sich die Dünen nach Süden, denn der Nordwind überwiegt. Im östlichen Teil der Lomas, etwa 3 km vom Parkplatz entfernt, türmen sich die höchsten 60 Meter hoch in den blauen Himmel. Fotomotive ohne Ende: in Sand „ertrinkende" Bäume, kleine Lagunen, weidende Pferde, Gewächse im Sand – zwischen den meist sichelförmigen in Ost-West-Richtung liegenden Dünen breitet sich eine erstaunliche Flora aus. – Henner Knüppel

Anfahrt Die Lomas sind mit einem Bus nicht direkt erreichbar, die Linie 21 fährt jedoch nahe an den Parkeingang heran, von dort noch 4,5 km Fußweg. Der organisierte Ausflug über ein Reisebüro kostet ca. 250 Bs. Am Wochenende fahren Einheimische mit ihrem Auto dorthin, so dass man es mit Trampen probieren könnte. Ansonsten bleibt noch die Möglichkeit, mit einem Bus 14 oder 55 ab Cochabamba/Ballivián bis zur Haltestelle Tránsito an der 3. Ringstraße zu fahren und von dort mit einem Taxi weiterzureisen. Doch Vorsicht, Taxis bleiben oft im Sand stecken (am besten gleich Schaufel mitnehmen lassen), und bei starken Regenfällen schwillt der Río Choré-Choré zwischen der Tranca (Kontrollposten) und dem Parkplatz so stark an, dass selbst ein 4WD ihn dann nicht überqueren sollte. Kurz nach der Überquerung des Flusses zweigt nach rechts ein Weg zu einem See mit Vogelbeobachtungsposten ab (Hinweisschild beachten).

Essen & Trinken	Auf der Anfahrt liegt kurz vor dem Fluss Choré-Choré in Fahrtrichtung Lomas links das gute, klimatisierte Restaurant *Las Lomas de Arena,* mit schönem Blick auf die Sierra, geöffnet nur Sa/So. Ansonsten gibt es dort ein paar kleine Restaurants und Imbiss-Stände.
Unterkunft	Camping/Stellplatz in Parkplatznähe ist möglich, oder in einer gepflegten Campinganlage, 550 m hinter dem Choré-Choré.
Baden in den Sandlagunen	Die zahlreichen knie- bis hüfttiefen Lagunen, umgeben von den Sanddünen, trocknen bis November regelmäßig aus. Nach den ersten starken Regenfällen füllen sie sich wieder, und meist zwischen Januar und Juli eignet sich das saubere, warme Wasser gut zum Baden. Der umgeleitete Fluss, der die Lomas früher mit Wasser versorgte, soll nach Auskunft der Parkverwaltung wieder in sein ursprüngliches Bett zurückgeleitet werden, so dass dann wieder eine ganzjährige Badelagune entsteht.

Tour 3: Parque Nacional y ANMI Amboró

Einer der schönsten und vielfältigsten Nationalparks Boliviens wenn nicht ganz Südamerikas ist der **Parque Nacional Amboró** westlich von Santa Cruz. Er erstreckt sich über mehrere Ökozonen zwischen dem tropischen Tiefland und dem Nebelwald der Andenabhänge. Im Süden begrenzt ihn ungefähr die Hochlandstraße 4 Santa Cruz – Cochabamba, im Westen der Fluss *Surutú* und im Norden die Tieflandstraße 7 von Santa Cruz. Gegründet wurde er 1973, als *Reserva e Vida Silvestre Germán Busch.* Ursprünglich 630.000 qkm groß, erfolgte 1995 nach Protesten der dort lebenden Landbevölkerung eine Arrondierung auf die heutige Größe von 430.000 ha bei gleichzeitiger Schaffung der nördlichen und südlichen Pufferzone ANMI *(Área Natural de Manejo Integrado Amboró).* Je nachdem, von welcher Seite aus man den Nationalpark erkundet, findet man sich in völlig unterschiedlichen topografischen Zonen wieder.

Berühmt ist der Amboró für seine einzigartige Artenvielfalt und die extrem hohe Anzahl an Vogelarten. Jaguar, Pekari, Affe und Tapir sind gleichfalls vertreten (und auch Giftschlangen). Mit etwas Glück können so seltene Tiere wie der *Jucumari* (Andenbär), Riesenotter, Andenfelsenhahn oder der *Ara rubrogenys* beobachtet werden. Zusammen mit den blauen Morphofaltern, die über die unzähligen verschiedenen Orchideen und durch Riesenfarne flattern, ist der Amboró noch ein bolivianisches Naturparadies. Eine Auflistung aller Spezies der Flora und Fauna findet man auf www.buenavista.com.bo.

Die Kleinstadt **Buena Vista** ist Ausgangspunkt für den **Nordbereich** des Parks, für den südlichen Amboró mit seinen gewaltigen Baumfarnen und Kegelbergen ist es **Bermejo** (von dort gelangt man in die Region *Refugio Los Volcanes*). Auch von **Samaipapa** gelangt man in den Park, nach *La Yunga* und zum *Abra de los Toros.* Veranstalter bieten von allen drei Orten Touren unterschiedlicher Dauer an, Tourverläufe und Preise siehe ihre Homepages.

Buena Vista

Buena Vista liegt rund 100 km nordwestlich von Santa Cruz. Von dort gelangt man nach Süden zu den Campamentos und Cabaña-Unterkünften im Park, s. Karte und nachfolgende Auflistung.

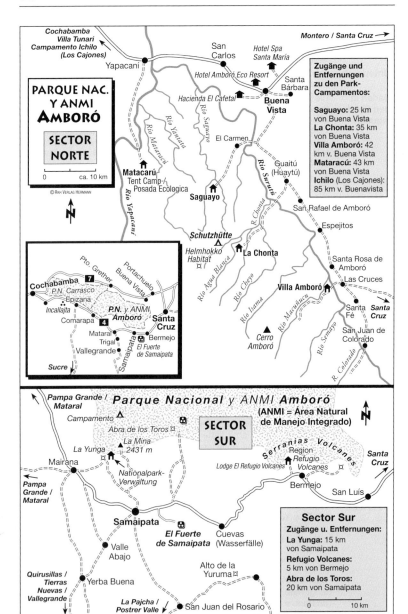

Die Verwaltung des Nationalparks, SERNAP, befindet sich einen Straßenblock südlich der Plaza in der Calle Sandoval, Tel. 932-2055, www.sernap.gob.bo, 7–19 Uhr. Auskünfte, Permit, Unterkünfte im Park (SERNAP betreibt das Mataracú Tent Camp). Der Zutritt in den Nationalpark ist kostenlos.

Sehr gute Online-Infos über den Amboró-Park und zu Buena Vista findet man auf der bereits oben erwähnten Seite www.buenavista.com.bo, auch auf Englisch.

In Buena Vista, einer Jesuitengründung von 1694 in Hügellage mit „Schöner Aussicht" und angenehmem Klima, ist man auf den Amboró-Tourismus eingestellt. Es gibt Unterkünfte, Restaurant und Touranbieter. Weiteres findet man rund um die Plaza und in den umliegenden Straßen. Flaniermeile ist der *Paseo Peatonal.* Einen Geldautomaten gibt es noch keinen, also genügend Bares mitbringen. Zum Relaxen kann man an den Sandstrand des 3 km entfernten Río Surutú gehen.

Campamentos, Cabañas und Zeltplätze in der Buena Vista-Region des Amboró N.P.

Vorbemerkung: Besuch und Übernachtung auf eigene Faust, ohne Buchung bei einer Agentur oder bei SERNAP, ist nicht möglich. Alle Cabañas in den Camps sind sehr rustikal, mit Ausnahme von Villa Amboró. Keine Verpflegungsmöglichkeiten. Bei der Anfahrt von Buena Vista nach Süden muss der *Río Surutú,* der die Parkgrenze bildet, durchquert werden (von Norden her der *Río Yapacaní).* Der Wasserstand des Surutú ist gewöhnlich niedrig, so dass man nur mit einem Allrad-Fahrzeug an flachen Stellen – oder auch zu Fuß – auf die andere Seite kommt. Bei etwas höherem Wasserstand hat man keine Chance. Wanderungen im Park sollten nur mit einem Führer unternommen werden.

Mataracú Camp
Lage: 43 km westl. von Buena Vista, zuerst 24 km über die Asphaltstraße Richtung Cochabamba bis zur Brücke über den Río Yapacaní. Hinter ihr an der Weggabelung nach links Richtung Las Petas abbiegen. Zum Campamento sind es noch 18 km. Zuerst 12 km entlang des Río Yapacaní, der überquert wird. Falls der Fluss zuviel Wasser führt, müssen die letzten 5 km von der Furt bis zum Campamento zu Fuß gelaufen werden. Dafür wird man mit kristallklarem Wasser, 25 m hohen Wasserfällen, die in Naturpools stürzen, Urwaldriesen, vielen Orchideen und Bromelien und mit zahllosen Vögeln belohnt. Übernachtung in Cabañas und speziellen Zelten im „Tent Camp" mit jeweils fünf Betten, Schrank, Schreibtisch, bp/bc. Restaurant und Bar. Tel. 932-2048. Außerdem gibt es dort noch nicht die günstigere und kommunal betriebene, rustikale **Posada Ecologica,** Tel. 7167-4582 (Buchung über die SERNAP).

Ichilo (Los Cajones)
Lage: 85 km westl. von Buena Vista, davon 53 km auf der Landstraße nach Cochabamba bis San Germán. Hier muss nach Süden (nach links) abgebogen werden. Über eine wilde Schotterpiste geht es 20 km bis zum Campamento Ichilo, das von verschiedenen Familien der Gemeinde Cajones de Ichilo betrieben wird. Auf der Anfahrt müssen kleinere Flüsse, wie z.B. der Río Cóndor oder Río Moile, überquert werden. Die letzten 5 km erfordern einen Fußmarsch. Die Mühe wird durch einen völlig intakten Regenwald belohnt. Eine Lagune verlockt zum Baden. Attraktion ist die Beobachtung von Hokkohühnern (Helmhokkos), die am stärksten bedrohte Vogelart Boliviens. Übernachtung in rustikalen Cabañas mit Urwaldblick, Verköstigung mit lokaler Küche.

	Infos: *Empresa Eco-Turística Comunitario,* Tel. 7630-2581 oder 7108-9265 (6–9.30 Uhr/18–22 Uhr), ecoichilo@hotmail.com.
Saguayo	Lage: 25 km südlich von Buena Vista; bis zum Río Surutú sind es 10 km, nach Überquerung des Flusses nochmals 12 km Erdpiste bis zum Campamento. Vorhanden sind Cabañas.
La Chonta	Lage: 35 km südlich von Buena Vista; Zufahrt über Guaitú bzw. Huaytú. Anfahrt: mit Taxi Expreso ab der Plaza Lidio Landivar via Guaitú bis zum Rio Surutú. Nach Überquerung des Río Surutú entweder zu Fuß oder mit dem Pferd noch 11 km bis zum Campamento mit einfachen Unterkünften, Trinkwasserbrunnen u. Dusche, das von der Gemeinde Carbones während der Trockenzeit von August bis November betrieben wird. Zufahrt ist Mai–Oktober möglich, aber nur mit 4WD. Auf einem Pfad entlang der Flüsse Chonta und Saguayo kann flussaufwärts in ca. 7–8 h Stunden das Habitat der seltenen **Hokkohühner** *(Cracidae)* erreicht werden. Von ihnen gibt es in Süd- und Mittelamerika 50 Arten. Die Waldbewohner leben auf Bäumen, ernähren sich von Blättern und Früchten und werden etwa so groß wie eine Truthenne. Erkennbar an kurzem Schnabel mit eierartigem Aufsatz. Infos: *Ecoturismo La Chonta,* lachonta@tusoco.com; für die Bereitstellung eines Pferdes Tel. 7169-4726.
Villa Amboró und Río Macuñucú	Lage: 48 km südlich von Buena Vista, Zufahrt über Las Cruces. Dort muss nach rechts (nach Westen) abgebogen und nach ca. 7 km der *Río Surutú* überquert werden. Hinter dem anderen Flussufer kommt bald **Villa Amboró.** Übernachtung in rustikalen Holzcabañas, Zeltplatz vorhanden, Tel. 7368-6784. Alle Infos auf www.probioma.org.bo, *PROBIOMA Productividad, Biosfera y Medio Ambiente,* Hugo Rojas/A. Radríguez, Buena Vista, Tel. 7368-6784 oder 7368-2989. In der Nähe des Campamentos gibt es am Río Macuñucú schöne Flussstrände, Wasserfälle und eine überwältigende Flora und Fauna, wenig Touristen. Mit Glück können Riesenfischotter und Raubkatzen gesehen werden. Ein Trail führt den Fluss entlang die Höhen hinauf.
Laguna Verde	Lage: nordwestlich von Buena Vista. Zufahrt via San Carlos und Yapacani. Von dort 21 km weiter mit Lkw zum Camp Laguna Verde, wobei mehrere Flüsse (Río Yapacani, Río Isama, Río Yantat, Río Mataracú) durchquert werden. Die kleine idyllische Anlage von Laguna Verde wird von Einheimischen geführt, *Comunidad Oriente Chichas.* Reitausflüge in den Urwald, Kontakte mit den Waldbewohnern. Infos: *Cabañas Ecoturísticas Laguna Verde*, San Carlos, Tel. 934-7337, ecoturismolagunaverde@gmail.com.

Adressen & Service Buena Vista

Unterkunft	**Vorwahl 03**
ECO	**Residencial Nadia,** eine Cuadra von der Plaza, Calle Mariano Saucedoo Sevilla, Tel. 3932-2049. Nette Familienpension, um den Patio drei Doppel- und Mehrbettzimmer mit Ventilator. Ü/bc 80 Bs, Ambaró-Infos. **Residencial La Casona,** an der Plaza, Tel. 932-2083. Freundlich, saubere Zimmer bc/bp mit Ventilatoren, Hängematten. Ü/bc 60 Bs, DZ bp 120 Bs. **Hotel Sumaque,** Av. José Steinbach, Tel. 932-2080. Ein 5 ha großes Gelände, teils vom Urwald bedeckt, einfache, aber große Cabañas/bp, Teich, Angel- und Grillmöglichkeit, ausgesprochen freundlich. Cabaña/2 Pers. 180 Bs, am Wochenende 250 Bs. – **Hostel Quimori,** an der Straße nach Santa Bárbara, ca. 8 Minuten von der Plaza, Tel. 932-2081, Cell 760-09191. Schönes Familien-Hostal in Außenlage mit netten Häuschen, bc/bp.

Buena Vista

FAM — **Posada Carmen,** 6 de Agosto, gegenüber der Plaza und der Kirche, Cell 709-44138, posada-carmen@hotmail.com. Saubere Familienzimmer bp, Grill, Garten, Pp, Ausflüge Amboró. Preise a.A.
Buena Vista Hotel, Tel. 932-2104, www.buenavistahotel.com.bo. Schönes, zweistöckiges Resort- und Clubhotel in Gehweite von der Plaza. Zimmer, Cabañas und Suites, alle Services, gutes Restaurant, Bar, Reiten, WiFi, Parque Infantil. DZ 350 Bs.

Außerhalb — Ein **TIPP** ist die **Hacienda El Cafetal,** 5,5 km westl. der Plaza von Buena Vista, Tel. 935-2067, Cell 677-97798, www.haciendaelcafetal.com (ausführliche Infos). Anfahrt von der Plaza mit Taxi oder Mototaxi. Abgelegene, ruhige Hacienda in idyllischer Lage, 8 schöne, an die Natur angepasste Cabañas mit bp, Terrasse mit Aussicht, Pool, Restaurant, Coffee Shop, Aussichtsturm. Die Besitzer haben eine 300 ha große Kaffeeplantage, für Gäste Gratistour, sonst gegen Gebühr (Kaffeeernte zwischen April und Juni). Cabaña/F für 2 Pers. ca. 330 Bs, keine Kk.
Hostal La Cabaña, 1 km nordwestlich von Buena Vista in Richtung San Carlos bzw. Cochabamba; schöne Bungalowanlage mit Pool in einer Orangenplantage, auch Camping/Stellplatz mit Duschen und Küche.
Amboró Eco-Resort, 2 km in gleicher Richtung, nahe der Straße, Tel. 932-2048, www.amboroecoresort.com. Hotelanlage in Parkanlage, großer Pool, Restaurant, Disco u.a. mehr. Eher für Familien und Tagungen. DZ 280 Bs. –
Hotel Spa Santa María La Antigua, 5 km nordöstl. von Buena Vista („La Arboleda"), Tel. 77391446, www.santamaria.com.bo. 2000 ha großes, freundliches und ruhiges Farm-Anwesen, 15 Zimmer/AC. Stilvolle Architektur mit allen Annehmlichkeiten, schönem Pool und Spa-Anwendungen. Aktivitäten wie Reiten, Angeln sowie Touren in den Amboró N.P. DZ mit üppigem Frühstück 350 Bs, Restaurant.

Essen & Trinken — Um die Plaza gibt es einige Restaurants. Neben der *Queseria Suiza* ist ein gutes *La Plaza. Los Franceses,* gegenüber der Infostelle des Nationalparkes, bietet franz. Küche. Preiswerteres findet man in den Nebenstraßen.

Touranbieter — Außer den bereits oben beim Abschnitt „Campamentos, Cabañas und Zeltplätze in der Buena Vista-Region des Amboró N.P." genannten Adressen hier einige weitere:
Agencia Amboró, an der Plaza, Tel. 932-2090: Nationalpark Amboró zu Fuß, Zweitagestour für 2 Pers. inkl. Transport, Führer und Ausrüstung ca. 90 € ohne Verpflegung. – **Amboro Travel & Adventure,** Freddy Algarañaz Saavedra, Calle Sandoval (halbe Cuadra von der Plaza), amborotravel@hotmail.com, Tel. 766-32102. Kleines, persönlich geführtes und gutes Unternehmen. **TIPP.** –
PROBIOMA (Productividad, Biosfera y Medio Ambiente), Hugo Rojas/A. Radríguez, Plaza, www.probioma.org.bo, Tel. 7368-6784 oder 7368-2989. Aufenthalte in Villa Amboró, Trekking-Touren.
Touren in den Amboró-Nationalpark vermitteln auch Hotels bzw. Unterkünfte. In Santa Cruz sind außerdem gelistet, mit meist dortigem Firmensitz: *Amboro Tours,* www.amborotours.com • *Forest Tour Operador,* www.forestbolivia.com • *Ruta Verde Tours,* www.rutaverdebolivia.com • *Rosario Tours,* www.rosariotours.com u.a.

Transport — **Busse nach Cochabamba:** besser nach Santa Cruz zurückfahren und einen Direktbus nehmen, oder einen Bus von Santa Cruz nach Cochabamba zwischen 9–11 Uhr oder 20–22 Uhr anhalten (oft voll). Oder etappenweise Stück für Stück mit dem Trufi. Nach **Santa Cruz** fahren ständig Micros und Trufis ab der Plaza.

Tour 4: Che-Guevara-Tour

Eine der Reise-Attraktionen Boliviens ist inzwischen eine 80 km lange Rundreise auf den Spuren des legendären Ernesto „Che" Guevara. 1997 grub das bolivianische Militär in Vallegrande die Gebeine des 1967 erschossenen Revolutionärs wieder aus und brachte sie nach Kuba, wo Fidel Castro seinem früheren Weggefährten in Sta. Clara ein Mausoleum erbauen ließ.

Nachfolgende Tour führt zu Orten, an denen „Che" Revolutionär zwischen 1965 und 1967 versuchte, einen bolivianischen Volksaufstand zu organisieren, aber wegen der damals gerade durchgeführten Landreform bei den Campesions keinen Rückhalt fand, nach **Samaipata, Vallegrande** und **La Higuera.**

Santa Cruz – Samaipata – Vallegrande (225 km)

Busse vom Terminal Bimodal (Línea 101) fahren um 8.30, 10.30, 15.30 u. 19.30 Uhr bis Bermejo (knapp 3 h) und weiter, desgleichen Trufis südllich des alten Busterminals (s. Stadtplan Santa Cruz l.u.). Wer einen Abstecher in den Südteil des Amboró-Nationalpark machen möchte, unterbricht in Bermejo für die Region **Refugio Los Volcanes** (s. Karte vorn). Dafür 2 bis 3 Tage einplanen.

Los Espejillos Der erste interessante Stopp auf der Strecke könnte bei *San José,* ca. 20 km südwestlich von Santa Cruz, eingelegt werden. Von San José sind es noch 18 km zu den Felsenpools und Wasserfällen von **Los Espejillos,** die mit fast glasklarem Wasser beeindrucken. Hin während der Trockenzeit zu Fuß, mit 4WD oder evtl. Trampen, aber nur sehr wenige Fahrzeuge unter der Woche. Beliebtes Ausflugziel am Wochenende. Die Piste ist sehr schlecht und oft schlammig, der Rio Piraí muss dabei durchquert werden. Unterkunft bei den Pools: *Hotel Balneario Espejillos,* km 46, Tel. 333-3837, auf www.bolivia-online.net. Restaurant, Disco und Wasserfall im Hotel. 16 Zimmer. DZ 210 Bs.

Im Ort San Luís, km 55, hat die u.g. *Probioma* ein Büro. Nächster Ort ist dann Bermejo.

Refugio los Volcanes

Die Schutzregion *Refugio los Volcanes* liegt von Santa Cruz etwa 80 km entfernt. Ausgangspunkt ist das Dorf **Bermejo.** Kurz vor der Einfahrt, bei km 79, zweigt nach rechts die Zufahrt ab. Nach 4 km wird die Lodge *El Refugio Los Volcanes* erreicht.

Das Gebiet wurde zum Schutz des tropischen Bergregenwaldes eingerichtet und liegt in der Pufferzone zwischen der Hauptstraße und dem im Norden angrenzenden *Parque Nacional Amboró,* zu dem man direkten Zutritt hat. Sowohl das Refugio-Schutzgebiet als auch der Nationalpark können auf Wegen und Trails erkundet werden, die insgesamt 25 km lang sind. Ein glasklarer Fluss, der zum Baden einlädt, stürzt über zwei Wasserfälle hinab. Beeindruckend sind die Kegelberge.

Unterkunft und Touren *El Refugio Los Volcanes,* Tel. 768-80800, www.refugiovolcanes.net, Albert Schwiening (oder Walter Guzman Ferrel, Tel. 337-2042, Santa Cruz, bei *Forest Tour Operador,* Junín/Ecke 21 de Mayo, Galeria Casco Viejo, Planta Alta Oficina 115, Tel. 337-2042, www.forestbolivia.com). DZ ca. 500 Bs.

Die Lodge verfügt über 6 komfortable Zimmer mit Bad. Statt in einem Pool können sich die Gäste in glasklaren, von Wasserfällen gespeisten Becken erfrischen. Die Lodge vermittelt lokale Führer für Besuche im Amboró und bietet außerdem spezielle naturwissenschaftliche Exkursionen an.

Eine alternative Lodge ist die **Ecoalbergue Volcanes** von **Probioma**, die ebenfalls von Bermejo aus erreicht werden kann. Führer holen Gäste in Bermejo im Restaurant Oriental an der Hauptstraße ab. Zu Fuß geht es dann auf 7 km zur Ecoalbergue Volcanes, die aus einer komfortablen Cabaña besteht. Dabei muss mehrmals der Fluss durchquert werden. Mindestaufenthalt zwei Tage/eine Nacht. Mit etwas Glück können bei den Exkursionen Kondore beobachtet werden. Die Nichtregierungsorganisation Probioma *(Productividad Biosfera y Medio Ambiente)* hat ihren Sitz in Santa Cruz: Barrio Equipetrol, Calle 7 Este 29, Tel. 343-1332. Im nördlichen Amboró betreibt Probioma das Camp *Villa Amboró*, s. dort.

Bermejo Günstig übernachten kann man im buntalternativen *Ginger's Paradise*, 2 km außerhalb in Richtung Santa Cruz, www.gingersparadise.com, Tel. 677-74772.

Las Cuevas Etwa 20 km vor Samaipata geht es nach links zu *Las Cuevas,* zu schönen Wasserfällen mit Badepools. Noch vor Samaipata kommt links die Zufahrt zum **Fuerte de Samaipata**, s.u. (besser zuerst nach Samaipata fahren, ansonsten zweistündiger und anstrengender Bergauf-Fußmarsch).

Samaipata

Das malerische Samaipata hat knapp 4000 Einwohner und liegt 120 km südwestlich von Santa Cruz mit hübscher landschaftlicher Umgebung. Die Höhenlage von 1650 m bewirkt ein ideales Klima. Der Ort ist eine inkaische Gründung aus dem 13. Jahrhundert (in der Quechua-Sprache heißt *samaipata* „Ruhe in der Höhe"), der vierhundert Jahre später von den Spaniern erobert wurde. Heute ist Samaipata mit seiner schläfrigen Dorfatmosphäre und einfachen Häusern ein beliebtes Traveller-Reiseziel, wobei ansässig gewordene *gringos* mit ihren Unterkünften und Geschäften die touristische Infrastruktur auf Vordermann brachten. Zu den Besuchern Samaipatas zählen – besonders an Wochenenden – auch zahlreiche *cruceños,* die regelmäßig ihrer heißen Großstadt entfliehen und sich hier oben in erträglichen Temperaturen in Ruhe erholen möchten.

Samaipatas Anziehungspunkt ist die 9 km östlich gelegene prähispanische Stätte **El Fuerte de Samaipata,** die den Ort zur „archäologischen Hauptstadt" Ostboliviens kürte. Außerdem kann man hier auch den nördlich gelegenen Nationalpark **Amboró** besuchen (Karte s.S. 810). Manche Turis kommen aber auch hierher, weil sie den Spuren des Revolutionärs *Che Guevara* folgen möchten. Dieser hatte 1967 in Samaipata den Polizeiposten überfallen und Waffen erbeutet.

Sehenswürdigkeiten Wer sich zuerst einen Überblick über den Ort verschaffen möchte, kann dazu den Kirchturm an der Plaza besteigen (die Türe steht meist offen). Das kleine **Museo Arqueológico** bietet nicht viel, z.B. Gegenstände der Inka und Mollo und Keramiken, die bei El Fuerte und in der Umgebung von Samaipata gefunden wurden (Calle Bolívar, Mo–Fr 8.30–12 u. 14–18 Uhr, Sa/So 8.30–16 Uhr, Eintritt).

Außer El Fuerte und Amboró könnten noch besucht werden, entweder selbst organisiert mit einem Taxi oder durch eine Tourbuchung:
– **Chorros de Cuevas** mit 3 Wasserfällen und Badepools (20 km östlich)
– 15.000 Jahre alte **Höhlenzeichnungen** in der Kaktuswüste beim Ort Mataral, 65 km westl. von Samaipata an der Straße nach Cochabamba.

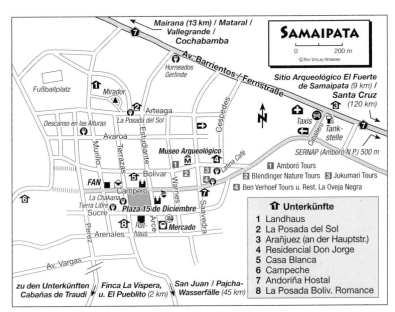

– **La Pajcha,** ein 45 m hoher Wasserfall in exotischem Ambiente (45 km südlich). In der Nähe vom **Cerro de los Cóndores,** einer der besten Andenorte, um Kondore fotonah zu beobachten (Voraussetzung ist ein klarer Tag). Etwa 40 km Schotterpiste bis zum Haus der Besitzerin, dort 5 Bs Eintritt, danach zweistündiger, schattenloser Aufstieg (Sonnenschutz und Wasser nicht vergessen, gute Schuhe). Im Programm aller Veranstalter, auch in Eigenregie möglich, an der Plaza nach einem Führer fragen, lt. Zuschrift ist Erwin empfehlenswert.

Weitere Insider-Infos und Details über Samaipata und Umgebung kann man auf den Webseiten der Unterkünfte und Touranbieter finden.

Gesund- In Samaipata und Umgebung kann immer mal wieder *Chagas* auftreten, eine
heitshinweis von *vinchucas,* blutsaugenden Raubwanzen übertragene Krankheit. Darauf achten, dass in Cabañas die Zimmerdecke durchgehend abgedichtet ist.

El Fuerte de Samaipata

Anfahrt mit dem Taxi 40 Bs, mit eineinhalbstündiger Wartezeit 80 Bs (wer mit einem von Bus von Santa Cruz anreist, müsste an der El-Fuerte-Zufahrt aussteigen, von dort sind es noch zwei Stunden Fußmarsch, sehr anstrengend, da es ständig steil bergauf geht).

Die Anlage ist von 9–17 Uhr geöffnet. Eintritt 50 Bs. Führer durch die Anlage 75 Bs.

Der etwa 40 ha große Komplex auf 1950 m Höhe ist UNESCO-Weltkulturerbe und als *Parque Eco-Arqueológico* ausgewiesen. „El Fuerte" bedeutet „Festung", was die Spanier mutmaßten, der ursprüngliche Name ist unbekannt. Vielleicht war es ein religiöser Kultplatz, der aber auch gleichzeitig als Verteidigungsanlage gedient haben könnte. Es wird vermutet, dass die Stätte etwa 1000 v.Chr. von den *Chiriguano* (oder Guarayo) gegründet wurde, einem Teilvolk der Guaraní aus dem Chaco im Osten. Im 16. Jahrhundert erreichten die Inka das Gebiet, sie wollten ihr Riesenreich auch nach Osten ausdehnen. Dabei kam es zu kriegerischen Konflikten mit den Chiriguano, wobei die Festung mehrmals den Besitzer wechselte, bis die Spanier 1570 in Samaipata auftauchten und El Fuerte für sich einnahmen. Für die Inka, die die Bastion nach ihren Vorstellungen ausbauten und umformten, war es einer ihrer am weitesten östlich gelegenen Außenposten.

Die gesamte Anlage mit ihrem markanten Sandsteinfelsen ist gut erhalten, drumherum führt ein beschilderter Rundwanderweg, für den man mindestens eine Stunde benötigt. Unterhalb des bearbeitenden Sandsteinfelsens erstreckt sich eine Plaza mit wiederaufgebauten Grundmauern von Inkabauten. Der Felsen selber darf nicht betreten werden. Es wurden aber einige Plattformen errichtet, von denen aus man einen guten Überblick hat. Der Monolith ist 60 x 220 m groß, auffallend sind die beiden parallel verlaufenden und über 26 m langen Felsrinnen.

Die etwas abgesetzte Felsplattform vor den aufsteigenden Rinnen wird als *Altar de los Jaguares* bezeichnet, abgeleitet von den beiden in den Fels gemeißelten Kreisbildnissen, die eine Art Raubkatze darstellen sollen. Überall auf dem Fels sind drei- und rechteckige Becken, Rillen, Bohrlöcher, fortlaufend sich kreuzende Abläufe und kanalartige Ausarbeitungen zu erkennen.

Der Rundweg führt weiter zu verschiedenen kleineren Gebäudekomplexen und zur zentralen Plaza der Siedlung. Südlich davon soll sich das Verwaltungszentrum *Kallanka,* im Osten das *Acllahuasi* („Haus der Sonnenjungfrauen") befunden haben. Wer möchte, kann auch noch zu einem brunnenartigen Schacht, *La Chincana* („Labyrinth"), abbiegen. Über einen ehemaligen Wohnhügel führt der Rundgang zum Eingang zurück.

Parque Nacional ANMI Amboró
(**Á**rea **N**atural de **M**anejo **I**ntegrado)

Informationen im Büro der Nationalparkverwaltung SERNAP, einen Kilometer außerhalb an der Straße nach Santa Cruz, www.sernap.gob.bo.

Da es im Park kaum eine Infrastruktur gibt, bucht man am besten eine Tour, die sich dann meist auf die Anfahrt per Jeep und auf eine kürzere oder längere Wanderung beschränkt. Bei mehrtägigen Exkursionen stellen die Touranbieter auch die Campingausrüstung. Eindrucksvoll sind die hohen Baumfarne.

Don Gilberto, Calle Sucre, Tel. 944-6050, ist privater Taxifahrer, dessen Dienste als Guía auch von Agenturen in Anspruch genommen werden. Eine Direktvereinbarung kommt aber günstiger. Er fährt u.a. auch zum Amboró in den Baumfarnwald bei La Yunga.

Chorros de Cuevas

In einem Panorama von schroffen Felsen liegen hintereinander drei Wasserfälle von 8–15 m Höhe mit Naturpools zum Badespaß. Anfahrt über die Fernstraße Samaipata – Santa Cruz (20 km), bzw. von Santa Cruz dort kommend beim km 100. Ein schöner Tagesausflug. Eintritt.

Ruta del Che

Eine spezielle Tour ab Samaipata ist die „Che Guevara Route" (oder „Ruta del Che"), bei der man den Spuren des inzwischen legendären Ernesto „Che" Guevara folgt. Sie können bei Agenturen bzw. Touranbietern als All-inclusive-Tour gebucht werden und dauern dann in der klassischen Variante zwei oder drei Tage. Sie führt zu den Orten, an denen der Revolutionär 1966 und 1967 versuchte, einen Volksaufstand zu organisieren, nach Vallegrande, wo es ein Che-Museum gibt, und nach La Higuera südlich von Vallegrande, wo er nach seiner Gefangennahme vom bolivianischen Militär hingerichtet wurde. Manche Veranstalter besuchen auch die ehemalige Urwaldverstecke, dann wird die Tour um weitere Tage verlängert. Ein Veranstalter ist z.B. Ben Verhoef Tours, der ein- bis dreitägige Touren im Programm hat, s. www.benverhoeftours.com.

Richtig spannend ist die Tour eigentlich nur für echte Fans, denn bald 50 Jahre nachdem Guevara hier in dem von Anfang an zum Scheitern verurteilten Unterfangen den Tod fand, ist von den Guerilla-Camps, Revolutionsdörfern und Urwaldverstecken natürlich nichts mehr zu sehen. Man kann höchstens noch nachfühlen, wie beschwerlich die Märsche durch das unwegsame Gebiet für den asthmakranken Che und seine schlecht verpflegten Guerilleros gewesen sein müssen. Angesichts der steilen, mit Kakteen bewachsenen Berge wird die Aussichtslosigkeit seines Umsturzversuchs sofort mehr als deutlich.

Die Tour führt in sehr entlegene, landschaftlich aber wunderschöne Gegenden und ist dadurch auch etwas für diejenigen, die sich weniger für den Revolutionär als für das ländliche und authentische Bolivien interessieren.

Adressen & Service Samaipata

Tourist-Info
Vorwahl (03) Eine spezielle Tourist-Information gibt es in Samaipata nicht. Unterkünfte, Touranbieter und u.g. Websites helfen bei Fragen und Problemen weiter.
Die SERNAP, *Servicio Nacional de Áreas Protegidas* (Amboró-N.P.), hat ihr Büro an der Straße nach Santa Cruz, einen Kilometer außerhalb.

Polizei in der Calle Campero.

Geld / Internet Es gibt nun ein Geldautomaten, besser aber genügend Bares mitbringen. Notnachschub bei der *Cooperativa Merced* in der Calle Sucre bei der Plaza, kostet 5% Kommission.
Internet um die Plaza, bei *Ayni* in der Campero, bei ENTEL Calle Sucre und in den Unterkünften.

Webseiten Samaipata www.samaipata.info • www.guidetosamaipata.com (umfassend, mit Unterkünften, Restaurants etc.) • www.samaipata.com sowie die Homepages der Tourveranstalter, z.B. www.chanetours.com.

Feste Allsonntägliche Mercado-Fiestas. Um den 23. Februar Dorfgründungsfest. – Che-Guevara Festival im Oktober.

Unterkunft

Das Angebot ist in und außerhalb von Samaipata groß, man hat die Qual der Wahl. Oben aufgeführte Webseiten listen noch mehr auf als die hier vorgestellten. Auch die Touranbieter können vermitteln bzw. haben Empfehlungen.

Samaipata

ECO
Arañjuez, Av. Barrientos (Fernstraße 7), Tel. 944-6151. Zimmer/bp, Restaurant, Cafetería, Bar. DZ ca. 100 Bs.
Andoriña Hostal, Arte & Cultura, Campero s/n (200 m östl. der Plaza Principal), Tel. 944-6333, www.andorinasamaipata.com. Rustikales, gemütliches Hostel von Andrés und Doriña, Aussichtslage, saubere Zimmer bc/bp, Patio und Fotogalerie, gute Atmosphäre. Ü/bc 2 Pers. 100 Bs, DZ/bp 120 und 140 Bs. Jeweils mit sehr gutem Frühstück (viel Obst). **TIPP**.
B&B Bolivian Romance La Posada, Terrazas, südlich der Plaza, Tel. 944-6218, www.bolivian.lobopages.com. Bed&Breakfast-Hostal, auch dt.-sprechend. Saubere Zimmer/bp, schöner Patio, Internet, Parkplatz für Selbstfahrer, Restaurant. DZ/F 70–120 Bs, je nach Jahreszeit und Belegung, gutes PLV, empfehlenswert.
Café Baden, km 119 (ca. 2 km außerhalb), Tel. 944-6071, berlin@cotas.com.bo. Kleines, ruhiges Hostal, Restaurant, Garten. DZ/F ab 180 Bs inkl. Transfer (nach Vereinbarung), dt. Leitung.

ECO/FAM
Casa Blanca, Bolívar (einen Block nördlich der Plaza), Tel. 944-6076. Saubere Zimmer/bp, zentrale Lage, Restaurant, Garage. DZ/F ca. 240 Bs.
Campeche, westlich der Plaza, Tel. 7262-2462, www.campechebolivia.com, holländische Leitung. 10 schöne, vollausgestattete Cabañas für 2–6 Personen, Preise zw. 80 Bs und 180 Bs p.P., je nach Personenzahl und Cabañagröße. Fahrräder, Reiten, Spielplatz, Restaurant u.a. mehr.
La Posada del Sol, Arteaga (drei Blocks nördlich der Plaza), Tel. 944-6366, Cel. 721-10628, www.laposadadelsol.net. Attraktives neueres Haus in Garten- und Aussichtslage, 10 verschieden eingerichtete, freundliche und helle Zimmer, penibelst sauber und persönlich geführt von Trent & Rosario (USA/Bol.). Außerdem gutes Open-air-Restaurant *La Luna Verde* und Bar. EZ 130 u. 140 Bs, DZ 150 u. 160 Bs, Suite 2 Pers. 280 Bs. Auch Mehrbettzimmer sowie Kinderermäßigungen. Der absolute **TIPP** für Samaipata, Reservierung sinnvoll.
Landhaus, Murillo, 3 Blocks nördl. der Plaza 15 de Diciembre, Tel. 944-6033, www.samaipata-landhaus.com, Helga & Georg Hafner. Vier voll eingerichtete Cabañas mit Kochstelle, Bad, Kamin, Terrasse, Grill. Je zwei Schlafzimmer für 2–7 Pers. Cabaña für 2 Pers. um 250 Bs. Im Haupthaus weitere Zimmer für 1–4 Pers. Nettes Ambiente, kleiner Pool, Sauna, Kinderspielplatz, Hintergrundinfos zu Land und Leuten. Alles gepflegt und ordentlich, nette Bedienung. Restaurant, Café mit Kuchen, Bar. Preise moderat (keine Kk), Cabaña für 2 Pers. ca. 210 Bs, gutes Frühstück 25 Bs.

südlich außerhalb
Finca La Víspera, etwa 5 Fahrminuten südlich des Orts, Tel. 944-6082, www.lavispera.org. Die Holländer Margarita & Pieter bieten auf ihrer organischen Finca 5 diverse und voll eingerichtete Häuschen inkl. Küche und Terrasse an, für 2–6 Pers. Insgesamt eine schöne Anlage. Preise: Einzelperson ab 175 Bs, bei Doppelbelegung ab 275 Bs (s. Homepage). Auch Stellplatz für Reisemobile.
Cabañas de Traudi, ca. 750 m südl. der Plaza, bei der Finca La Víspera, Cel. 726-31398. Sechs schön eingerichtete Cabañas inkl. Kamin und Grill für 2–8 Pers. Pool, Reiten u.a., österr. Leitung. Ü 70–140 Bs p.P., Rabatt ab 3 Tagen, in der Ferienzeit Zuschlag am Wochenende, keine Kreditkarten.
El Pueblito, etwa 1,5 km südlich von Samaipata, www.elpueblitoresort.com, Tel. 944-6383. Das wie ein kleines Dorf konzipierte 4-Sterne-Resort hat sehr schöne Zimmer, einen Pool, ein sehr gutes Restaurant und einen wunderschönen Blick über Samaipata. DZ ab 420 Bs.

Essen & Trinken
Im Ort gibt es über 20 Restaurants für jeden Geschmack und Geldbeutel. Einige haben nur am Wochenende geöffnet. Vorschläge:
La Posada del Sol, nördlich der Plaza, s.o. bei „Unterkunft". Open-Air-Restaurant mit innovativer Küche und Wohlfühl-Ambiente.

La Chakana del Sol, westlich der Plaza, alteingeführt, Speisen und Atmosphäre gut.
Latina Café, Bolívar 3, Mix aus Café, Restaurant und Bar, sehr gute Gerichte, Pizza & Pasta, vegetarisch. Mo–Fr abends, Sa/So von Mittag bis Abend.
Tierra Libre, Sucre 70, alle Arten guter Gerichte, auch z.B. indisch, Treffpunkt.
Finca La Víspera, etwa 15 Gehminuten südlich des Orts, s.o. bei „Unterkunft". Gartencafé 8–15 Uhr, Frühstück, Vegetarisches, organische Salate.
La Oveja Negra, Campero 217, s.u. „Ben Verhoef Tours", Mischung aus Café, Bar und Restaurant, Vegetarisches, Live-Musik. Tägl. außer Di-Abend.
Descanso en las Alturas, Pizzen und Churrasco, preislich gehoben, tägl.
Horneados „Gerlinde", an der Fernstraße nach Mairana, s. Stadtplan; Vollkornbrot, Marmelade, Käse, Müsli u.a. – **La Ranita,** Calle Arce, Salón de Té mit Bäckerei, verschiedene Brotsorten, Croissants, Torten.

Touranbieter Fast jede Unterkunft vermittelt oder führt eigene Umgebungstouren durch. Hier eine Auswahl von etlichen Touranbietern:

Michael Blendinger Nature Tours, Calle Bolívar gegenüber dem Museum, Tel. 944-6227, Cel. 731-55737, www.discoveringbolivia.com. In dem deutschstämmigen Diplombiologen finden Naturbegeisterte einen versierten Fachmann für naturkundliche Exkursionen nicht nur in die verschiedenen Nationalparks des Departamento Santa Cruz, sondern ganz Boliviens. Sehr umfangreiches Tourenprogramm von einem halben Tag bis 31 Tagen. Außerdem Vermietung von Chalets und Cabañas, s. Homepage.
Ben Verhoef Tours, Calle Campero 217, www.benverhoeftours.com, Tel. 944-6365, Cel. 726-10416. Der auch Deutsch sprechende Niederländer und seine Frau Susanne bieten neben Tagesausflügen in die Umgebung Samaipatas auch Trekkings und Rundreisen an. Spezialisiert haben sie sich auf die Che-Guevara-Tour. Angeschlossen ist das Restaurant und die Bar *La Oveja Negra.*
Chané Tours, Plazanähe, Tel. 731-03072, www.chanetours.com. Eigentümer Carmelo Avila spricht Englisch, alteingeführt, verlässlich, kenntnisreiche Guías, 11 verschiedene Destinationen, auch Amboró.
Jukumari Tours, Calle Bolívar, Tel. 726-27202. Guter lokaler Anbieter, erfahrene Guides, Ausflugsziele, Touren, Wanderungen, Vogelbeobachtungen.
Amboró Tourist Service, Bolívar/Warnes, www.samaipatatours.blogspot.de, Tel. 731-15036. Kleines Unternehmen, übliche Angebote. MTB-Vermietung und Artesanías.

Transport **Von Santa Cruz** fahren vom Terminal Bimodal täglich Direktbusse (Línea 101) um 8.30, 10.30, 15.30 u. 19.30 Uhr (120 km, gut 3 h). Eine halbe Stunde schneller sind Kleinbusse, *Microbus Samaipata* u. *Expreso Mairana,* von der Plaza Oruro/Avenida Grigota. Oder mit einem *taxi compartido,* die von der Av. Omar Chávez Ortíz/Ecke Soliz de Olguín abfahren (s. Stadtplan Santa Cruz, links unten). Gesellschaft ist *Expreso Samaipata,* Tel. 333-5067. Die Wagen von *Taxi El Fuerte,* Tel. 359-8958, fahren von 2. Anillo, Av. Grigota/Ecke Calle Arumá, ab. Nach **Santa Cruz** (120 km) alltäglich mit Bus, Trufi oder Taxi.

Für andere Ziele ab Samaipata: Abfahrten bei der Plaza oder von der der Tankstelle an der Fernstraße bei. Nach **Cochabamba** fährt vom Nachbarort Mairana (ca. 13 km westlich) jeden Dienstag, Freitag und Sonntag gegen 15 Uhr ein Bus (schneller: zurück nach Santa Cruz und einen Bus über die Tieflandstraße nehmen). – **Sucre:** täglich ein Bus, über Vallegrande und Villa Serrano, das zwischen Vallegrande und Sucre liegt; der um 11 Uhr fährt bis nach **Villa Serrano,** Fz 10 h. – **Vallegrande** (4–5 h), täglich Microbus von der Fernstraße um 11 und 16 Uhr.

Vallegrande

Die Kleinstadt liegt etwas versteckt im Bergland und ist für ihren Campesino-Sonntagsmarkt bekannt. Am bekanntesten ist sie natürlich wegen Ernesto „Che" Guevara de la Serna und seinem Versuch, in dieser Gegend Boliviens 1966 eine Art sozialistischer Revolution zu starten – was misslang (s. Exkurs).

Der in La Higuera erschossene Che wurde mit einem Hubschrauber nach Vallegrande gebracht. Das Foto seiner aufgebahrten Leiche im kleinen Waschhaus des Hospitals von Vallegrande ging um die Welt. Das Hospital *Señor de la Malta* und das Waschhaus mit seinen Graffitis an den Wänden gibt es noch, dazu von der Plaza auf der Calle Escalante y Mendoza einen Block nach Süden und dann 5 Blocks auf der Calle Malta nach Südosten gehen. Ches Leiche galt als verschollen, wahrscheinlich, um sein Grab nicht zum Pilgerort internationaler Revolutions-Romantiker zu machen. 1997 lüftete ein Mitwisser das Geheimnis, wo Che mit sechs Compañeros verscharrt worden war. An dieser Stelle steht heute das Gedenkhaus *Fosa de Che Guevara,* außen geschmückt mit seinem Foto. Im Innern liegen in einer umzäunten Absenkung sieben Gedenksteine mit Namen und Daten der Toten, auch der von Che.

Gut 200 Meter außerhalb des Friedhofes von Vallegrande, auf einem Privatgrundstück auf der unteren Parallelstraße zum Friedhofseingang, befinden sich die Grabstätten von *Tamara Bunke* (s. Exkurs), Deutsche und einzige weibliche Mitkämpferin von Che Guevara sowie einiger seiner Compañeros.

Tourist-Info Eine Tourist-Information gibt es an der Plaza-Ostseite, neben dem **Museo Ruta del Che.** Selbiges zeigt eine sehr große Anzahl von Fotos und einige Dokumente aus seinem Leben sowie Gegenstände seiner Kameraden.
Man kann auf der geführten und ganztägigen Tour **„Che Trail"** auf Spuren des Comandante wandeln, Näheres und Preise bei der Tourist-Information. Alljährlich findet im Oktober in Vallegrande die *Fiesta Che Guevara* statt.
Weitere Stadtinfos auf www.vivirenbolivia.net/vallegrande

Unterkunft Rund um die Plaza und in den Nebenstraßen gibt es einfache Unterkünfte. Gut sind *Hostal Juanita,* Calle Manuel Maria Caballero 123 (in Plazanähe), Tel. 942-2231, DZ/F 200 Bs, und *Plaza Pueblo Hotel,* Virrey Mendoza 132, Tel. 942-2630, 26 Zimmer, Restaurant. DZ 360 Bs.

Restaurant *Bar Restaurante El Mirador,* auf einer Anhöhe im Süden Vallegrandes (Zona Mirador), gute Küche mit Aussicht, Spezialität Forellengerichte. Der deutsche Besitzer Eric Blösel aus Bayern erlebte Che Guevara als Zeitzeuge und weiß viel Interessantes aus dieser Zeit (sofern Eric noch lebt). Gratis WiFi.

Transport Der Busterminal liegt nördlich außerhalb des Zentrums, es gibt wenig Verbindungen. Anfahrten von Samaipata s. dort. Micros und wenige Busse nach Santa Cruz über Samaipata.
Nach **La Higuera** (58 km): Mit Micro bis Pucara, Fz ca. 2 h; ansonsten mit einem Taxi bis nach La Higuera, weil es von Pucara zu dem 15 km weiterliegenden Weiler so gut wie keinen öffentlichen Transport gibt. – Nach **Sucre** in einen aus Samaipata kommenden Bus steigen, Zeiten vorab in Samaipata einholen. Eine Zwischenstation wäre **Villa Serrano,** von dort fährt tägl. ein Morgen- und Abendbus über Tarabuco nach Sucre, Fz ca. 5 h. Die Strecke ist in gutem Zustand, oft kopfsteingepflastert, und gilt als eine der schönsten Boliviens. Übernachten in Villa Serrano: *Hostal Pescadero* und *Hostal Arcángel,* beide an der Plaza. Der Morgenbus nach Sucre fährt um 7 h ab.

Ernesto „Che" Guevara de la Serna und der bolivianische Partisanenkampf

Geb. am 14. Juni 1928 in Rosario, Argentinien. 1946 Medizinstudium in Buenos Aires. 1953 Dissertation als Arzt, zwei Monate später erste revolutionäre Aktion gegen die CIA in Guatemala, Asyl in der argentinischen Botschaft. 1955 Zusammentreffen mit *Fidel Castro* in Mexiko-City. Mit ihm ab November 1956 Befreiungskampf gegen das Batista-Regime in Kuba. Nach zweijährigem Kampf konnten Fidel Castro und Che Guevara siegreich in Havanna einziehen. Che wird Ehrenbürger von Kuba, Präsident der Nationalbank und 1961 Industrieminister. Er verstaatlichte die US-amerikanischen Monopolgesellschaften. 1965 Verzicht auf eine Ministerstelle und auf die kubanische Staatsbürgerschaft. 1966 ließ er sich nach Bolivien einschleusen, um dort gleichfalls die Revolution vorzubereiten, mit Gründung einer Partisanengruppe.

Tamara Bunke wurde am 19.11.1937 in Buenos Aires geboren. 1952 siedelte ihre Familie in die DDR über. Studium an der Humboldt-Universität. Im Dezember 1960 Dolmetscherin von Che. Mai 1961 Studium an der Journalisten-Hochschule in Kuba. 1962 Übersetzerin des Bildungsministeriums und Vorbereitung zum Befreiungskampf der lateinamerikanischen Völker und als Partisanin zum Kampf gegen den „Unterdrückungsapparat der USA-Monopole". Mehrere Identitäten: *Tamara Lorenzo*, *Laura Gutiérrez Bauer* und *María Iriarte*. Tarnreisen über die BR Deutschland durch Europa, als Laura Gutiérrez Bauer dann über Peru nach Bolivien. Aufenthalt als Archäologiestudentin (Folklorekomitee des Bildungsministeriums). Zutritt zu den politischen Kreisen in La Paz und Vorbereitung der revolutionären Aktivitäten Ches in Bolivien. Zwei Jahre blieb Tamara von der bolivianischen Polizei und von der CIA unentdeckt. Enttarnung im März 1967 durch Deserteure der Guerilleros. Bis zu ihrem Tod am 31. August 1967 Partisanin in Ches Guerillatruppe.

Aufstände, bewaffnete Demonstrationen und ein Generalstreik der Zinnminenarbeiter lösten dann den Putsch der Armee durch General Barrientos aus. Die Minenarbeiter erklärten sich daraufhin mit den Partisanen von Che Guevara solidarisch. Ab Dezember 1966 Dauerlager Ches im Dschungel von Ñancahuasu bei Camiri, 250 km südlich von Santa Cruz. Anfang 1967 bekannte sich Che öffentlich zum bewaffneten Kampf gegen den US-Imperialismus, der „bis zur Befreiung aller unterdrückten Völker geführt werden müsse, notfalls um den Preis vieler Vietnams auf der Welt". Im März 1967 erste Kampfhandlungen der etwas mehr als 40 Guerilleros, denen 2000 Mann der bolivianischen Armee gegenüberstanden.

Die Guerilleros waren zu dieser Zeit isoliert, die linken Parteien unterstützten sie nicht. Auch Bauern hielten sich, aufgrund des Militär-Campesino-Paktes mit Barrientos (gezielte Unterstützung der Campesinos gegen die Minenarbeiter), zurück. Barrientos ließ im Juni 1967 die Mineros in Catavi, die unmittelbar dabei waren, sich Che anzuschließen, rücksichtslos niederschießen. Zwei abtrünnige Partisanen verrieten der Armee die Höhlenverstecke der Guerilleros. Damit war gegen den Aufbau einer Nationalen Befreiungsarmee Boliviens (ELN) dem Militär ein entscheidender Schlag geglückt.

In Höhe des Río Grande wurde der Guerillagruppe Joaquín Hilfe durch den Bauer Rojas angeboten, der sie anschließend an die Regierungstruppen verriet. In der Nacht zum 31. August 1967 wurde die Partisanengruppe Joaquín am Vado del Yeso, einer Verengung des Río Grande, in einem Hinterhalt durch ein Infanterieregiment niedergemetzelt. Che Guevaras Hauptgruppe wurde noch über einen Monat länger von den Militäreinheiten verfolgt und in der Yuro-Schlucht in einen aussichtslosen Kampf verwickelt. Che wurde dabei verletzt gefangengenommen und am 9. Oktober vom Militär in La Higuera erschossen und nach Vallegrande gebracht. Er und sechs Mitkämpfer verschwanden an geheimer Stelle etwa 150 m neben der Fluglandebahn von Vallegrande unter der Erde, seitdem galt seine Leiche als verschollen. 1997 offenbarte einer der Soldaten, die damals dabei waren, die genaue Stelle. Das Militär exhumierte die Gebeine und brachte sie, zusammen mit weiteren Mitkämpfern, nach Havanna auf Kuba. Fidel Castro hatte für seinen alten Weggefährten in Sta. Clara ein Mausoleum errichten lassen, wo am 9. Oktober 1997, genau 30 Jahre nach seinem Tod, endgültig seine letzte Ruhe fand.

Che Guevara fand zwar damals bei seinem Revolutionsversuch in Bolivien keine Unterstützung, doch heute beruft man sich in Bolivien gerne auf den inzwischen mythisch verklärten weltbekannten Revolutionär. Er gilt als Vorbild für ganz Bolivien und steht als Symbol für die Regierungspartei MAS. Bei einer Che Guevara-Gedenkfeier erklärte Evo Morales: „Den Kampf, den Che begonnen hat, beenden jetzt wir". – HH

La Higuera

Das staubige ärmliche Nest La Higuera („Der Feigenbaum") in dem Che nach seiner Gefangennahme am 9. Oktober 1967 erschossen wurde, liegt knapp 45 km südlich von Vallegrande. Noch vor der kleinen *Plaza del Che* mit Guevaras großen Büste mit der Sockelaufschrift „Tu ejemblo alumbra un nuevo amancer" steht rechts eine überlebensgroße Statue mit hochgerecktem Arm. Ein paar Schritte weiter befindet sich die *escuelita,* das einräumige Schulgebäude, in dem er gefangengehalten und erschossen wurde (nicht mehr im Originalzustand). Daraus machte man das „Museo Comunal La Higuera" mit vielen Che-Fotos und Dokumenten (geringer Eintritt). Vor der Eingangstüre eine Nachbildung des fünfzackigen Sterns der Ches Baskenmütze zierte.

In Ortsnähe ist die Schlucht *Quebrada del Batán,* in der bemalte Steine jene Stellen markieren, an denen die Guerilleros Julio, Miguel und Coco starben.

Unterkunft: Die Einwohner bieten Betten ab 25 Bs p.P. an, ggf. auch Mittagstisch. Am Ortseingang ist auf der rechten Seite eine Bar. Eine schöne Unterkunft wird von einem Franzosen im ehemaligen Telegrafenhäuschen betrieben, ein hübsch eingerichtetes Natursteinhaus mit Gästezimmern, Camping/Stellplatz und ausgezeichneter Küche. Sie heißt **Posada Casa del Telegrafista** und befindet sich im Ort. DZ ca. 100 Bs.

Tour 5: Parque Nacional y Área Natural de Manejo Integrado Kaa-Iya del Gran Chaco

Mit knapp 35.000 qkm ist dies das größte Naturschutzgebiet Boliviens an der Grenze zu Paraguay. Es ist fast menschenleer und wurde zum Schutz des Chaco-Ökosystems mit seinen seltenen Pflanzen- und bedrohten Tierarten (Chaco-Schwein, bolivianische Guanakos u.a.) eingerichtet. Der subtropische Wald ist fast unberührt. In dem völlig infrastrukturlosen Gebiet gibt es einige Dörfer der Nachfahren der einst mächtigen *Guaraní-Indígena,* die noch nach alten Traditionen leben. Die Übernachtungs- und Versorgungsmöglichkeiten sind schlecht. Das Gebiet steht unter indigener Selbstverwaltung, ob eine Zutrittserlaubnis benötigt wird, ist derzeit nicht bekannt.

Anfahrt: Ausgangspunkte im Chaco sind die Dörfer *Bajo Izozoq, Yapiro, Iyoobi* oder *La Brecha,* die mit Allradfahrzeugen von Santa Cruz aus angesteuert werden können. Ausreichend Proviant, Wasser, Kraftstoff und Ersatzreifen mitführen. Weitere Infos: *Capitanía Alto y Bajo Izozoq (CABI),* Av. Ana Barba 146, Izozoq, Tel. 354-6255.

Tour 6: Missions- oder Chiquitanía-Tour

Chiquitanía Die Rundfahrt führt durch die von den Jesuiten gegründeten Missionsdörfer im Süden der **Chiquitanía,** ein ausgedehntes Gebiet im ostbolivianischen Tiefland nordöstlich von Santa Cruz. Flächenmäßig nimmt es etwa ein Drittel des Departamento Santa Cruz ein und ist damit fast so groß wie Deutschland (Reisedetails s.u., „Orientierung und Zeitplanung"). Die Chiquitanía, das ehemalige Siedlungsland der *Chiquito,* wird im Norden durch den *Parque Nacional Ríos Blanco y Negro* begrenzt und im

Nordosten, zur brasilianischen Grenze hin, durch den *Parque Nacional Huanchaca*. Ingesamt ist die Chiquitanía überwiegend eine unberührte Naturlandschaft, die im Osten in das Sumpfland des Pantanals übergeht. Lediglich der Süden ist dichter besiedelt, und dort befinden sich auch die im 17. Jahrhundert durch Jesuitenmissionare gegründeten **Reduktionen.**

Wie auf einer Perlenkette reihen sich in einem großen Bogen nordöstlich von Santa Cruz die Jesuiten-Reduktionen der Chiquitanía aneinander.

Jesuiten-Reduktionen

Mit der Kolonisierung der Neuen Welt eröffnete sich den christlichen Missionaren ein unerwartetes Experimentierfeld. Der Bau der Reduktionen durch die Jesuiten (*reducir* – Rück- oder Zusammenführung) war ein „heiliges Experiment", in denen die Jesuiten mit der indigenen Bevölkerung Siedlungen und Orte des Glaubens gründeten. Reduktionen sollten die ideale Form gemeinschaftlichen Lebens sein, in denen die Indígenas ihre traditionelle Lebensweise behalten und von den Jesuiten zum Christentum bekehrt werden konnte. Die erste Reduktion wurde in Paraguay 1609 gegründet, von dort missionierten sich die Jesuiten in Richtung Westen in die Chiquitanía, wo die meisten um 1750 entstanden. In einer Reduktion lebten zwischen 2000 und 3000 Chiquito bzw. Guaraní, beaufsichtigt von meist nur zwei oder drei Padres. Mit den *caciquen*, den Häuptlingen, bildeten sie den *cabildo,* den Gemeinderat.

Alle Missionsdörfer wurden so konzipiert, dass sie sich autark versorgen und auch bestehen konnten. Basis waren dabei Land- und Viehwirtschaft sowie handwerkliche Berufe und Werkstätten. Das Baukonzept war fast immer gleich: Um einen großen Versammlungsplatz, meist in quadratischer Form mit einem großen Kreuz in der Mitte, lagen an drei Seiten die Wohnhäuser der Einheimischen. An der vierten Platzseite wurde die Kirche erbaut, dahinter lagen die Nebengebäude, die Werkstätten und Gärten. Vor der Siedlung erstreckten sich die Felder und Viehweiden.

Das Vertrauen der Chiquito zu den Jesuiten war groß, denn diese hatten ihre Sprache erlernt und respektierten deren Lebensweise. Neben ihrer Missionstätigkeit bildeten sie Steinmetze, Schnitzer, Maler oder Weber aus, deren hervorragende Fähigkeiten bis in die Gegenwart vererbt wurden. Besonders wichtig waren ihnen Kirchenmusik und -lieder.

Im Gegenzug mussten die Einheimischen regelmäßiger Arbeit und einer geordneten Lebensweise nachgehen und vor allem den christlichen Glauben annehmen. Ein Grund, warum sich die Chiquito nicht ungern in den Reduktionen ansiedelten, war, dass sich die Jesuiten mit ihren Reduktionen und Schutzbefohlenen erfolgreich gegen eindringende brasilianische Sklavenjäger zur Wehr setzten, so dass die Ureinwohner zwischen dem Río Paraná in Brasilien und der Chiquitanía in Bolivien frei leben konnten, verschont vor Verschleppung und Knechtschaft.

Die erfolgreiche Arbeit der Jesuiten wurde aber schließlich durch christliche und weltliche Neider angefeindet, obwohl die Jesuiten der spanischen Krone Tribut bezahlten. 1767 befahl Kaiser Karl III. die Reduktionen in ganz Südamerika aufzulösen. Ein erfolgreiches Experiment war zu Ende gegangen. Doch während sich z.B. über die paraguayischen Reduktionen größtenteils wieder der Dschungel schloss, verfielen die meisten der bolivianischen nicht. Die Bewohner hielten an ihrer christlich-guaranischen Lebensweise fest und gaben ihre Dörfer nicht auf. Erst die Unabhängigkeitserklärung Boliviens 1825 ließ das System der Reduktionen nun für immer zusammenbrechen. Wegen ihrer einmalig schönen Kirchenbauwerke erhob die UNESCO 1991 die Missionssiedlungen **Concepción, Santa Ana, San Francisco Javier, San José, San Miguel** und **San Rafael** zum Weltkulturerbe der Menschheit.

Für Interessierte sind diese Orte deshalb lohnenswerte Reiseziele. Die Restaurierungsarbeiten an den Kirchen wurden größtenteils mit Spendengeldern aus Deutschland und der Schweiz finanziert und vielfach unter Leitung des Schweizer Architekten **Hans Roth** († 1999) durchgeführt.

Online-Infos Alle Informationen und praktische Reisetipps zur Chiquitanía findet Sie auf der umfangreichen Seite www.chiquitania.com

Orientierung, Transport und Zeitplanung
Die wichtigsten ehemaligen Reduktionen und Missionssiedlungen, wie *San Javier, Concepción, San Ignacio, San Rafael, Santa María* und *San José de Chiquitos* sind durch eine Ringstraße, die Straße 10 (bis Concepción Asphalt, ansonsten nur Erd- oder Schotterpisten), miteinander verbunden. Von San José de Chiquitos führt die Straße Nr. 4, überwiegend entlang der Bahnlinie Santa Cruz – Puerto Suárez, nach Santa Cruz zurück oder nach Osten nach Puerto Suárez. Die ganze Tour kann entweder mit einem geländegängigen Wagen oder mit Bussen/Micros und Zug durchgeführt werden, Zeitbedarf mindestens eine Woche. Am besten wäre ein robuster **Mietwagen**, da die öffentlichen Verbindungen ab Concepción sporadischer werden und sich keine sichere Ausagen machen lassen. Schöne Umgebungsziele, die oft nur mit allradgetriebenen Fahrzeugen erreicht werden können, rechtfertigen den Aufpreis für einen 4x4. Die dritte Alternative ist eine organisierte Rundreise mit einem Reiseveranstalter, z.B. mit *Misional Tours* (s.S. 804), 5 Tage/4 Nächte-Paket, www.misionaltours.com,

Die folgende „Große Rundtour" mit Bussen/Micros sollte man wegen deren „unsynchronisierten" Anschlusszeiten am besten gegen den Uhrzeigersinn machen, also in San José de Chiquitos beginnen. Anfahrt von Santa Cruz mit Bus oder Zug (s.u.).

Wer nur San Javier und Concepción besuchen möchte, schafft das mit Micros in zwei Tagen: Abfahrt mit dem Micro von Santa Cruz nach San Javier um 8 Uhr, Weiterfahrt am nächsten Tag um 11 Uhr mit dem Micro von *Transportes 31 del Este* oder *Expreso Misiónes del Oriente* nach Concepción. Am selben Tag Rückfahrt um 18 Uhr mit *Transportes 31 del Este* von Concepción nach Santa Cruz (Zeiten vorab prüfen). Für die Fahrt von San José de Chiquitos zurück nach Santa Cruz gibt es Direktbusse, aber der *Tren Expreso Oriental* oder der *Ferrobús* ist eine gute Alternative. Züge, Fahrplan und Kosten auf www.fo.com.bo.

Große Rundtour: Santa Cruz – San Javier – San José de Chiquitos – Santa Cruz (950 km)

Von Santa Cruz führt eine Straße nach Osten via Cotocoa zum *Río Grande*. Bei Pto Pailas wird der Fluss auf einer Eisenbahnbrücke überquert. Nach 57 km bei Pailón nach links Richtung **San Ramón** abbiegen.

Eine alternative, weniger empfehlenswerte Strecke ist die Fahrt über *Okinawa II.* und *Okinawa I.*, japanische Ansiedlungen, die nach dem 2. Weltkrieg aufgebaut wurden (Reisanbau). Von Okinawa I geht es nach *Pto Banegas,* 250 m dahinter wird der Río Grande auf einer Pontonfähre überquert (Gebühr). Unerheblich der Streckenwahl wird nach insgesamt 180 km *San Ramón* erreicht. Dort biegt eine Asphaltstraße nach rechts Richtung San Javier ab, das nach weiteren knappen 50 km in Sicht kommt.

San Javier

Die Reduktion liegt auf 800 m Höhe und wurde am 31.12.1691 vom Jesuitenpadre *José de Arce* gegründet. Sie war damit die erste Jesuiten-Reduktion in Chiquitanía. Sie liegt in einer herrlichen Hügellandschaft. Nahezu alle Gebäude und Häuser wurden aus Holz erbaut, und durch die zwischen 1987 und 1993 von dem Schweizer Architekt Hans Roth durchgeführte Restauration sind viele Bauwerke aus der alten Zeit wieder intakt und in sehr gutem Zustand. San Javier war seit 1730 das Zentrum der Musik, hier wurden unter Anleitung der Jesuiten Harfen, Violinen und andere Musikinstrumente gebaut, Originalstücke zeigt das kleine *Museo Misional.* Das *Museo Casa Natal German Busch* an der Plaza ist das Geburtshaus dieses ehemaligen bolivianischen Präsidenten.

Die Kirche von San Javier wurde von 1749 bis 1752 durch den Schweizer Jesuitenpater, Baumeister und Musiker *Martin Schmid* fertiggestellt, der hier 1730 eingetroffen war, die Orgel spielte und von einem indigenen Chor begleitet wurde. Sehenswert sind die Holzsäulen und Verzierungen der Kirche, die Gemälde und der Altar. Über dem holzgeschnitzten Portal fällt eine lateinische Inschrift auf. Insgesamt ist die Kirche in ihrer Gesamtgestaltung ein wirklich gelungenes Meisterwerk.

San Javier lebt nach wie vor von Land- und Viehwirtschaft. In der Nähe befinden sich Thermalquellen (ca. 13 km) und schöne Wasserfälle (ca. 25 km), die mit einem Geländewagen besucht werden können, Tagestour 200 Bs.

Barockmusik in der Chiquitanía

Die Jesuiten brachten im 17. Jahrhundert nicht nur das Christentum und den speziellen Baustil der Reduktionen in den Südwesten Boliviens, sondern auch barocke Kirchenmusik. Sie erkannten, dass die Chiquitos sehr musikalisch und künstlerisch veranlagt war und sie nutzten die Tatsache, dass sie sich von der mitgebrachten europäischen Barockmusik faszinieren ließen. Die Männer erlernten schnell die barocken Instrumente nachzubauen und die Musik darauf nachzuspielen, und im Laufe der Zeit entstanden auch neue Kompositionen. So verband sich in einzigartiger Weise europäische Barockmusik mit indigenen Klangelementen und später auch mit der Folklore Lateinamerikas.

Mit der Vertreibung der Jesuiten-Ordensgemeinschaft 1767 aus Südamerika auf Anordnung Roms mit der Folge der Auflösung der Reduktionen geriet die Chiquitanía-Barockmusik in Vergessenheit. Als der schweizerische Kirchenarchitekt und Jesuit Hans Roth in den 1970er Jahren begann die Holzkirchen zu restaurieren, entdeckte er Hunderte alte Notenblätter und Partituren aus dem 18. Jahrhundert. Dem deutschen Pater Walter Neuwirth ist es zu verdanken, dass diese klassische Musik wieder gespielt wird. Er sorgte dafür, dass Instrumente angeschafft und begabte Kinder unterrichtet wurden. Unter der Leitung von Rubén Diario entstand das Jugendorchester *Urubichá,* das sich weltweit einen Namen machte und auch in Deutschland auf Tournee war. Inzwischen haben auch andere ehemalige Missionsorte achtbare (Jugend-)Orchester. Die Aktivitäten werden über die „Asociacion Pro Arte y Cultura" (APAC) in Santa Cruz koordiniert. Auf www.festivalesapac.com werden die Termine veröffentlicht. Hauptattraktion ist das alle zwei Jahre stattfindende „Festival internacional de música renacentista y barroca en las missiones de Chiquitos", jeweils in den geraden Jahren Ende April/Anfang Mai. In den ungeraden Jahren findet ein nationales Barockmusikfestival statt. – KN

Unterkunft **Vorwahl (03)**
ECO Alojamiento San Javier, Av. Santa Cruz, Tel. 963-5038; passable Zi., bc, mit schönem Rasengarten, günstig.
FAM: Hotel Momoqui Cabañas (an der Durchgangs-Hauptstraße), Cel. 760-31326; Zimmer/bp/AC, Restaurant, Pool, Parkplatz. Dormitorio/bc ohne AC ca. 100 Bs, DZ/F 400 Bs. – **Gran Hotel El Reposo del Guerrero,** Tel. 963-5022; komfortable Zimmer/bp/AC, schöner Garten. Ü/F.
LUX: Hotel Cabañas Totaitu, 3 km außerhalb (ausgeschildert), Tel. 963-5063. Geschmackvolle Cabaña-Anlage, mit Terrassen mit Hängematten, Pool, Restaurant, Disco, Sportanlage (Tennis u.a.). Cabañas für 1–4 Pers. DZ/F 900 Bs. Campmöglichkeit inkl. Bad, Poolbenutzung. Pferde und Mountainbikes.

Restaurant Wenig Auswahl, z.B. bei *El Ganadero,* Asociación de Ganaderos, an der Plaza.

Transport Von Santa Cruz einen Bus nach Concepción nehmen, nach San Javier sind es 6 h. Weiter nach Concepción so alle 3–4 Stunden, bei Ankunft vergewissern. Nach **Santa Cruz** (230 km 6 h) tägl. einige Busse, schneller mit Micro oder geteiltem Taxi. Kleine Flugpiste für Buschflieger.

Concepción

Die nächste ehemalige Reduktion der Jesuiten ist Concepción (ca. 15.000 Ew.), knapp 70 km in östlicher Richtung von San Javier liegend. Die Straße 10 führt durch Urwald und Savanne. Nach Überfahren einer Höhe wird der Ort erreicht, der hauptsächlich von Viehwirtschaft lebt. Attraktion ist seine wunderschöne Kirche in Holzarchitektur an der Plaza, es ist die imposanteste aller Missionskirchen, die Concepción zum meistbesuchten Ort der Chiquitanía macht. Für 25 Bs ist ein Museumspass zu kaufen, mit dem man dann in alle Sehenswürdigkeiten der Stadt freien Eintritt hat. Typisch für Concepción sind die traditionell eingeschossigen Hausbauten mit schattenspendenden Laubengängen.

Die **Kirche** mit dem nebenstehenden originell-hölzernen Glockenturm wurde von Martin Schmid 1752/53 erbaut und 1975–1982 von Hans Roth sorgfältig restauriert (Mo–Sa 8–12 und 14–18 Uhr, So 10–12 Uhr). Mit ihren gedrechselten Holzsäulen, die die Dachkonstruktion tragen, Heiligenfiguren, Gemälden und der über und über schwelgerischen barocken Ausschmückung in rotgoldenen Farben ist sie ein architektonisches Juwel. Kunstliebhaber können hinter der Kirche einen Blick in die Restaurationswerkstatt werfen.

Sehenswert ist auch das **Museo Misional** an der Südseite der Plaza, das Modelle aller Kirchen des Chiquitanía-Missionsbogen zeigt. Es ist das Geburtshaus des bolivianischen Präsidenten *Hugo Banzer* (1926–2002).

Banzer war der Sohn eines deutschstämmigen Großgrundbesitzers und eine schillernde Figur im bolivianischen Präsidentenkarussell. Als Offizier putschte er sich 1971 gegen den linksgerichteten General Juan Torres an die Macht und regierte Bolivien bis 1978 mit eiserner Hand. In der Zeit danach läuterte er sich zu einem unerschütterlichen Demokraten, was ihm Bolivien mit der Präsidentschaft 1997–2001 lohnte.

Eine Attraktion in der Umgebung Concepcións ist die Vielfalt der Orchideen die hier wachsen. Alljährlich findet deshalb am 2. Oktoberwochenende in Concepción das Orchideenfestival statt.

Vom Ort können außerdem Ausflüge in den Urwald des weit nördlich gelegenen *Parque Nacional Ríos Blanco y Negro* unternommen werden.

Kirche von Concepción

InfoTur **Vorwahl (03)**	Einen Block nördlich der Plaza, alle Infos zu den Orten der Chquitania. Mo–Sa 8–12 u. 14–18 Uhr. **Internetseite:** www.concepcion.gob.bo (Ort, Kultur, Feste etc.)
Unterkunft	Es gibt verhältnismäßig viele Möglichkeiten im und um den Ort. **Camping/Stellplatz:** am Stausee. **Budget: Alojamiento La Pascana,** Saturmino Semedo/16 de Septiembre, Tel. 964-3072. Ü/bc ca. 60 Bs. – **Residencial Westfalia,** zwei Blocks von der Plaza, Tel. 964-3040: dt.-spr., sehr einfache Zimmer bc/bp. DZ 60 Bs p.P. – **Hospederia Casa España,** einen Block von der Plaza entfernt, Tel. 464-3074. Ü/bp 80 Bs p.P; Eintritt ins angeschlossene Museum 5 Bs. **ECO: Apart Hotel las Misiones,** halber Block von der Plaza, Tel. 964-3021; nette, große Zimmer/bp, Ventilator, schöner Garten mit Pool, Hängematten und Sitzgruppen. DZ/F 250 Bs (an Festtagen 120 Bs Aufschlag). **Ferienhäuschen der Familie Hiermann,** etwa 1 km außerhalb Richtung Porvenir, beim Schild „Deutscheinsiedel" nach links den Weg runter (jur_hiemann@hotmail.com). Schöne Zi./bc, sehr familiär. Ü/F ca. 90 Bs p.P. **FAM: Gran Hotel Concepción,** an der Plaza Principal, Tel. 964-3031, www.granhotelconcepcion.com.bo. Großzügige Zimmer und ein schöner Garten mit Pool und Hängematten. DZ/F 400 Bs. – **Hotel Escondido,** Calle Pando s/n, Tel. 964-3110. 15 Zi, Pool, Garten, Hängematten, Pp, Rest. DZ/F 390 Bs.
Essen und Trinken	Die meisten Restaurants liegen an der Plaza und in den umliegenden Straßen. Das preiswerte *Buen Gusto* an der Plaza ist zu empfehlen. Internet unweit der Plaza.
Transport	**Von/nach Santa Cruz via San Javier:** täglich einige Busse, Micros (6–7 h), Trufis (5 h) vom Mercado. Von der Hauptstraße muss noch ca. eine Viertelstunde zur Plaza gegangen (1 km) oder per Mototaxi gefahren werden. Nach **San Ignacio** (180 km, ca. 4 h) um 17.30 und 23 Uhr von der Carretera. Concepción hat eine kleine Flugpiste für Buschflieger.

Umgebungsziele Concepción

Ein beliebter Ausflugsort ist der 3 km entfernte **Balneario Sapoco** mit Grill und Zeltplatz am kleinen Fluss sowie die nur 500 m entfernte *Laguna Kolping* mit guter Quinta. In der Nähe von Concepción liegen einige **Dörfer der Chiquito,** die zu Pferd oder mit dem Mountainbike besucht werden können. Infos bei *Doña Ignacia,* Frei Luca Caballeros 3022, konybrox@hotmail.com oder im Residencial Westfalia. **Urwaldtouren** (1–2 Tage) in die Umgebung, auch mit dem Kanu zum Fischen, bietet die *Asociación Hombre y Naturaleza* an: Casa España, Tel. 964-3074, hynb@bibosi.scz.entelnet.bo.

Parque Nacional Ríos Blanco y Negro	Von Concepción bis zum nördlich gelegenen, jedoch inzwischen nicht mehr öffentlichen Parque Nacional Ríos Blanco y Negro ist es eine knappe Halbtagesfahrt. In aller Regel wird der Río Negro bei einer Frühabfahrt gegen Mittag erreicht. Hier beginnt dann der über 1 Mio. ha große Nationalpark, der das Gebiet des Río Negro und des Río Blanco umfasst (die in den Río Mamoré, eines Amazonas-Nebenflusses, münden). Es gibt im Park einige Chiquito-Dörfer. In einer noch völlig intakten Natur sind viele Jaguare, Tapire, Kaimane, Harpyie, Riesenotter und viele andere Tierarten heimisch. Zur Übernachtung wird eine Ausrüstung (Zelt, Schlafsack, Lebensmittel, Wasser usw.) benötigt. **Derzeit, wie erwähnt, nicht mehr durchführbar bzw. buchbar** (was sich evtl. wieder ändern kann). Zuletzt boten Reiseagenturen in Santa Cruz organisierte Touren inkl. Flug mit dem Buschflieger zur **Urwaldlodge Perseverancia** inmitten des Nationalparkes an. Inkludiert waren Wanderungen in die Feuchtsavanne, Bootsfahrten und Exkursionen zu Pferde.

San Ignacio de Velasco

Von Concepción führt die Erdpiste durch kleinere Chiquito-Dörfer 180 km weiter nach *San Ignacio de Velasco* (410 m), das ebenfalls auf die Gründung einer Reduktion zurückgeht. San Ignacio war – und ist – das wirtschaftliche Zentrum der Jesuiten-Missionen. Hier stand einmal die größte Kirche der Jesuiten. Sie wurde 1974 abgerissen und 1999/2000 durch einen Neubau ersetzt, der mit der ursprünglichen Kirche nahezu identisch ist, sehr sehenswert!

Heute leben hier unter den Einheimischen (neben ein paar Deutschen, Österreichern und Franziskanern) noch sehr viele reinrassige Chiquito. In der Casa de la Cultura zeigt eine Ausstellung alte Musikinstrumente und Reste der ehemaligen Kirche, Zugang über die Bibliothek an der Plaza. Die nähere Umgebung reizt zum Entspannen, Ausflüge zu Pferd oder zu Fuß (ca. 5 Minuten zum Badesee) sind problemlos möglich.

Von San Ignacio verläuft eine Piste über San Rafael durch eine herrliche Landschaft bis nach *San Matías* (Área Natural de Manejo Integrado) an der bolivianisch-brasilianischen Grenze (Busse, ca. 290 km) und weiter nach Cáceres in Brasilien (eine Alternative zur Reise über Puerto Suárez nach Corumbá/Brasilien).

Tourist-Info In der Casa de la Cultura an der Plaza, Mo–Fr 8–12 u. 14.30–18.30 Uhr.

Unterkunft ECO: **Casa Suiza,** Calle Sucre (sieben Cuadras nordwestl. der Plaza), Tel. 763-06798. Pension, Zi./bc, familiär, Selva & José Limón. Vermittlung von Reitausflügen und Touren in den P.N. Noel Kempff (Preisorientierung 250 €). DZ/F 70 Bs. – Gleich neben der Casa Suiza wohnen deren ehemalige Besitzer, **Christine & Horst Schulz,** die ein hübsches Zimmer mit Frühstück für 70 Bs/p.P. anbieten, telefon. Avis 631-1593. – **Hotel Plaza,** an der Plaza, Tel. 962-2035. Nette Zimmer/bp. DZ/F 140 Bs. – **Palace Hotel,** an der Plaza, Tel. 962-2063. Einfache Zi./bp, Vent. DZ/F 160 Bs.
FAM: **Apart Hotel San Ignacio,** 24 de Septiembre/Cochabamba, Tel. 962-2157, moralesangus@infonet.com.bo. Zimmer/bp, Vent. oder AC, hübscher Garten mit Hängematten, Pool. DZ 330 Bs (AC plus 110 Bs).
LUX: **Hotel La Misión,** Plaza 31 de Julio/Calle Libertad s/n, Tel. 962-2333, www.hotel-lamision.com/de. Rustikales Luxushotel im Stil der jesuitischen Missionen, schönes Ambiente, 23 sehr ansprechende Zimmer/AC, zwei attraktive Patios mit geschnitzten Säulen, Restaurant, Pool, Internet, Kinderbetreuung, Tourangebote in die Umgebung, Schweizer Leitung. DZ/F ab 420 Bs, Sondertarife für Familien. Bestes Hotel weit und breit.

Essen und Trinken *Restaurante Mimi,* gleich hinter der Plaza, lokale Gerichte, preis- und empfehlenswert. – *Club Social,* Plaza-Westseite, gute Küche. O.k. auch das *El Barquito,* 2 Blocks von der Plaza. – *El Riabe,* 24 de Septiembre/Sucre, Churrasquería.
Holzschnitzereien verkauft Hermanos Guasase, Av. Rosenmarker.

Transport Micros fahren von den Straßen des Marktbereichs ab. **Santa Cruz** (480 km, 11 h, via Concepción), tägl. ein Bus um 11 Uhr. – **San José de Chiquitos** (203 km) via San Miguel und San Rafael; Bus- und Micro-Abfahrten erratisch, nachfragen, Fz 5–6 h. – **San Matías** an der brasilianischen Grenze (290 km): der tägliche Morgenbus, von Santa Cruz kommend, fährt von San Matías weiter nach Cáceres in Brasilien (weitere 80 km). Von Cáceres sind es noch ca. 200 km nach Cuiabá, das Sprungbrett in den nördlichen brasilianischen Pantanal. – **San Rafael** (73 km): erratisch, nachfragen.

Umgebungsziele von San Ignacio de Velasco

Wer nicht nach San José de Chiquitos weiterreisen möchte, kann von San Ignacio eine eintägige Rundfahrt über die **Jesuitenreduktionen Santa Ana, San Rafael** und **San Miguel** zurück nach San Ignacio machen. Voraussetzung dazu ist ein Wagen/Mietwagen. Auch Micros fahren, aber die sind hoffnungslos überfüllt. Eine Rundfahrt mit dem Taxi kostet ca. 150 Bs, ausländischen Reisenden wird oft aber das Doppelte abgenommen (Tipp für einen Privatchauffeuer für die drei Orte: *Charly*, über das Hotel La Misión, s.o.). Die touristische Infrastruktur in den Missionsdörfern ist im Aufbau begriffen. Infos: www.santacruz.gov.bo/chiquitos oder http://mancochiquitania.org/municipio9.html

Santa Ana   Santa Ana de Velasco liegt nur 45 km von San Ignacio entfernt (420 m). Die Häuser haben die letzten Jahrhunderte im Originalzustand überlebt und sind nach wie vor mit Palmblättern gedeckt. Die Kirche mit sehr schönen Schnitzereien und bemerkenswerten Malereien wurde 1755 erbaut und 1999/2000 renoviert. Am Karfreitag findet eine sehenswerte Prozession statt.

San Rafael   25 km hinter Santa Ana döst San Rafael de Velasco (427 m) in der Mittagssonne, Infos in der Municipalidad, Tel. 962-4022. 1696 gegründet, besticht hier die unter Hans Roth restaurierte Jesuiten-Kirche mit gedrechselten Säulen, die das Dach tragen, und der sehr schöne Altar. Auf den ersten Blick ähnelt die Front des Kirchenbauwerkes der Missionskirche in San Javier. Am Konvent anklopfen und fragen, ob man die Kirche besichtigen darf. Die beiden österreichischen Schwestern sind sehr auskunftsfreudig. Nach San Miguel sind es 39 km.

San Miguel   Santa Miguel de Velasco (258 m) besitzt eine vollständig renovierte sehenswerte Kirche. Im Gebäudekomplex befindet sich eine Werkstatt, in der Holzschnitzarbeiten verkauft werden. Tourist-Info: Calle 29 de Septiembre, Tel. 962-4222. Nach San Ignacio de Velasco sind es noch 40 km (Micros von San Ignacio nach San José de Chiquitos haben hier ca. 15 Min. Aufenthalt).

Parque Nacional Noel Kempff Mercado (Parque Huanchaca)

Der Park liegt im Nordosten Boliviens an der brasilianischen Grenze. Es ist sehr schwierig, von Santa Cruz überhaupt einen Bus (1x pro Woche) oder von San Ignacio auf eigene Faust und mit Privatwagen nach *Florida*, dem Ort vor dem südlichen Parkeingang, zu gelangen (s.u.). In Florida gibt es zwei sehr einfache Unterkünfte ohne fließend Wasser (man wäscht sich im nahen Fluss Paragua; einfache Verpflegung wird angeboten). Im Park keinerlei Infrastruktur, im Süden auch keine Campingplätze, in der Trockenzeit außerdem fast kein Wasser. Der Nationalpark darf **nur mit Erlaubnis** der Parkverwaltung und nur mit ortskundigem Führer betreten werden, Eintritt 300 Bs. Ein Führer kostet pro Tag ca. 200 Bs, Träger und Köchin je 150 Bs. Beste Reisezeit: Mai–November. Beim Eintritt ist die Passnummer anzugeben.

Der 1979 zum Schutz der *Serra de Huanchaca* eingerichtete und 1.523.446 ha große Nationalpark ist mit seinen fünf verschiedenen Ökozonen *(Bosque humedo, Bosque cerrado, Bosque seco, Humedales de sabanas, Habitats acuáticos)* und seinen spektakulären Landschaften zwischen 200–750 Meter nach dem Parque Nacional Madidi das zweitwichtigste Naturschutzgebiet Boliviens. 1995 wurde er westlich bis zum Río Paraguá und Río Tarvo erweitert.

Er ist die Heimat von 139 Säugetierarten (Brüllaffen, Marsupials, Tamanduas, Nachtaffen, Pekaris, Mähnenwölfen, Riesenameisenbären, Riesengürteltiere, Jaguare, Panther u.a.), 74 Reptilien-, 250 Fisch- und über 700 Vogelspezies. Außerdem kommen über 4000 Pflanzenarten vor. Weitere Parkattraktionen sind *Catarata El Encanto,* ein 150 m hoher Wasserfall, die *Serranía de Huanchaca* (Gebirgsland mit großem Tierreichtum), *Río Paucerna* mit Wasserfällen (u.a. Catarata Arcoiris y Ahlfeld) und der *Mirador de los Monos.* Daneben gibt es um Los Fierros den Pfad *Sendero a la Meseta* und der *GEOBOL-Pfad.* Um Flor de Oro verlaufen Pfade zum *Bosque de los Tejones* und zur *Bosquete de las Orquídeas.*

Anfahrt und Basispunkte Gute Anfahrts- und Basispunkte sind die Campamentos **Los Fierros** (im Süden) und **Flor de Oro** (im Norden). Los Fierros ist mit einem Buschflieger von Santa Cruz aus (2 h) oder von San Ignacio de Velasco erreichbar. Von **Florida** Zweitagesmarsch nach Los Fierros zum Eingang des Parks. Direkter: mit einem Geländewagen von Santa Cruz über Sta. Rosa de la Roca und Florida nach Los Fierros (Fz ca. 18 h).

Nach **Huanchaca 1:** Nur mit Buschflieger von Santa Cruz (Flugzeit 2,5 h) oder San Ignacio de Velasco. Nach **Flor de Oro:** Mit Buschflieger von Santa Cruz (Flugzeit 5 h) oder San Ignacio de Velasco (preiswerter). Oder mit Geländewagen über San Ramón, Concepción, Santa Rosa, San Martín, La Mechita, Kreuzung bei Moira, Cerro Pelado, Kreuzung Lago Rey nach Piso Firme (367 km, Strecke nur während der Trockenzeit von Mai–November befahrbar). Ab Piso Firme geht es mit dem Boot je nach Jahreszeit noch 5–9 h bis Flor de Oro.

Paucerna: Das Campamento ist nur über Flor de Oro zu erreichen. Von Flor de Oro geht es mit dem Boot bis nach Paucerna (Fz 5–9 h, je nach Jahreszeit).

Guardaparque-Posten, Übernachtungs- und Verpflegungsmöglichkeiten (VP, Trinkwasser) gibt es in den Campamentos *Los Fierros, Huanchaca 1* (Zeltplätze), *Flor de Oro* und *Paucerna* (Zeltplätze). Los Fierros besitzt ein Dormitorio mit 30 Betten (bc, Kochmöglichkeit) und Zeltplätze, Flor de Oro 15 Betten (Vollpension, ca. 1400 Bs p.P).

Führer können in Piso Firme, Florida oder in Los Fierros engagiert werden. In Santa Cruz ist in Reisebüros aber auch eine komplett durchorganisierte Tour mit Führung buchbar. Weitere Infos bei der *Fundación Amigos de la Naturaleza* (FAN), km 7, Carr. Samaipata, Tel. 355-6800, www.fan-bo.org.

San José de Chiquitos

Von San Ignacio de Velasco führt eine gut befahrbare Piste über *San Rafael* (von hier eine Abzweigung zur bras. Grenze, San Matías) nach San José de Chiquitos, das nach über 200 km am Verkehrsknotenpunkt der Eisenbahnlinie nach Santa Cruz – Puerto Suárez liegt und das gleichfalls auf eine Jesuiten-Gründung zurückgeht (13.000 Ew.)

Die ehemalige Mission wurde 1698 unter Anleitung der Jesuiten von den Chiquitos völlig aus Stein und im spanischen Barockstil erbaut. Mit der Pfarrei, dem Glockenturm (1748), der kerzenförmigen **Jesuitenkirche** (Mo–Sa 8–12 u. 14–18 Uhr, So 10–12 Uhr) und der Totenkapelle (1762) nimmt die Baugruppe eine ganze Seite der Plaza ein. Sie erhielt die Auszeichnung „Weltkulturerbe der Menschheit". Der schönste Wochentag in San José ist der Montag, an dem der große Markt stattfindet. Dann finden sich auch viele deutschstämmige **Mennoniten** aus der Umgebung ein. Wer Glück hat und ins Gespräch kommt, kann – vielleicht gar durch eine Einladung – viel von der Lebensweise und vom Alltag dieser streng nach Gottes Geboten lebenden Bauern erfahren. Neben Platt- und Hochdeutsch sprechen einige etwas Spanisch oder Englisch. Ein weiterer Markttag ist der Donnerstag.

InfoTur in der Alcadía an der Plaza, Tel. 972-2084, **Vorwahl (03)**

Unterkunft **ECO: Hotel Turubó,** Plaza 26 de Febrero, Tel. 972-2037. Einfache Zimmer bc/bp, das Restaurant bietet gute Tagesgerichte. DZ/bp 150 Bs. – **Hotel Victoria,** halbe Cuadra von der Plaza. Einfach, bc/bp, Vent. Ab 60 Bs p.P. – **El Prado Hotel,** am Ortsrand, Tel. 972-2222, bp/AC.

Eine tolle Übernachtungsmöglichkeit ist die geschmackvolle **Villa Chiquitana** von dem jungen franz. Ehepaar Jérome und Sophie Maurice. Bario Santa Maria, Calle 9 de abril final, www.villachiquitana.com. 6 Zimmer (DZ/F 480 Bs, HS 600 Bs), Restaurant, Pool, Stellmöglichkeit für Offroad-Fahrzeuge (30 Bs). Sie betreiben auch eine eigene Agentur, organisieren mehrtägige Reisen in den bolivianischen Pantanal und zu den Jesuiten Reduktionen.

Essen **Restaurante Sabor y Artes** an der Plaza bietet schmackhafte Gerichte.

Transport **Nach San Ignacio** (203 km); erratisch, nachfragen. – **Santa Cruz** (255 km, 5 h): ein Morgen- und ein Nachmittagsbus, nachfragen. Bequemer mit dem *Tren Expreso Oriental* oder dem *Ferrobús*. Züge, Fahrplan und Kosten auf www.fo.com.bo. Diese Züge fahren auch nach Osten, nach Quijarro/Puerto Suárez.

Umgebungsziele San José de Chiquitos

Cerro Tarubú Wanderung auf den Cerro Tarubú, ein Inselberg ca. 4 km östlich von San José. Anfahrt mit Taxi bis zu den Lehmziegelgruben, Abholung für den Rückweg kann vereinbart werden. Dann auf gut erkennbarem Fußweg zunächst auf den westlich gelegenen Bergsattel, danach dem weiterhin leicht ansteigenden Pfad bis zum felsigen Gipfel folgen. Für die letzten Meter auf der Nordseite (links) halten. Dort erleichtert eine Metallleiter den Aufstieg auf das Gipfelplateau. Fantastischer Ausblick! Auf- und Abstieg ca. 2–2,5 h.

Valle de la Luna Gut 5 km südwestlich von San José, am nördlichen Steilabfall der Serranía San José. Anfahrt mit Minibus 379 von der Plaza San Pedro oder mit Trufi 1 von der Av. 16 de Julio. Fahrt mit dem Taxi oder Radio Taxi *Servi Valle*, Fp ca. 100 Bs inkl. Wartezeit des Taxifahrers vor Ort. Von San José geht es zunächst direkt nach Süden. Nach ca. 2,5 km dann durch eine Toreinfahrt nach rechts mit einem Aussichtspunkt auf der Steilkante der Serranía. Nach wenigen Metern wird der Parkplatz mit Info und Souvenirladen zum Valle de la Luna erreicht. Der Eintritt in das **Museo Natural Valle de La Luna** kostet 20 Bs.

Der Rundgang durch das Mondtal, einer tief von Erosion zerklüfteten Landschaft, dauert 45–60 Minuten. Einige der bizarrsten und attraktivsten Erosionsformationen haben Bezeichnungen wie z.B. *La Ventana del Sur, Sombrero de la Dama* oder *Madre Luna*. In der ursprünglichen Landschaft wächst auch wilde Ananas.

Balneario El Suto 4 km südlich von San José, in einem abgelegenen Talkessel.

Mennoniten

Von der Schotterpiste durch den Dschungel im Südosten Boliviens biegt ein kleiner Feldweg ab und öffnet den Blick in eine längst vergangen geglaubte Welt. Ein kleiner Pferdekarren, beladen mit großen Milchkannen, kreuzt den Weg der durch endlose Felder führt, auf denen in Reih' und Glied Weizen und Soja angebaut sind. Auf dem Kutschbock sitzt ein hochgewachsener Mann, bekleidet mit einer Latzhose, blondes Haar ist unter seinem Strohhut zu sehen. Neben ihm seine Frau in langem Kleid, das Haar von einem Kopftuch verhüllt. Wortfetzen einer Sprache, die entfernt an Holländisch erinnert, klingen herüber.

Im südöstlichen Tiefland Boliviens leben in mehreren Kolonien über 25.000 Mennoniten, Wiedertäufer, die es nach langer Wanderung in diesen entlegenen Winkel der Welt verschlagen hat. Ihr Name leitet sich ab von dem Friesen *Menno Simons* (1496–1561). Wegen ihres konsequent gelebten Glaubens und Beibehaltung ihrer traditionellen Lebensgewohnheiten brachen sie immer wieder von neuem auf – von Deutschland nach Osteuropa, von dort nach Nordamerika und weiter nach Südamerika. Hier in Bolivien (es gibt auch Kolonien im paraguayischen Chaco) fanden sie, was sie brauchten: Günstigen, fruchtbaren Boden und einen Staat, der sich nicht in ihre Angelegenheiten einmischt.

„Wir kämpfen jeden Tag aufs Neue, auf dass wir das Wort Gottes richtig verstehen", sagt der Bauer Bernhard. Ein gottesfürchtiges Leben zu führen, das heißt für die Mennoniten von dem zu leben, was sie als Bauern selbst erwirtschaften können, der Bequemlichkeit zu widerstehen und nur das Notwendigste zu besitzen. So gibt es weder Autos noch Elektrizität, oft nicht einmal fließendes Wasser. Bis auf Kaffee, Zucker, Salz und Kleiderstoffe stellt jede Familie alles selber her, was sie zum Leben benötigt. Für die Feldarbeit sind seit einigen Jahren Traktoren zugelassen, doch um erst gar nicht in die Versuchung zu kommen damit „spazieren zu fahren", haben sie eiserne Schaufelräder, die sie für die Straßen unbrauchbar machen.

Die Kinder besuchen nur bis zu ihrem zwölften Lebensjahr die Schule, in der die Bibel, Rechnen, Lesen und Schreiben gelehrt wird. Danach gelten sie als erwachsen und arbeiten wie ihre Eltern den ganzen Tag auf dem Hof und den Feldern. Nur so können sich die Familien mit bis zu 16 Kindern ernähren. „Ein jeglicher tuet das, was er kann", heißt es hier, und dazu gehört auch, dass alle Arbeiten streng nach Geschlechtern getrennt werden. Die Frauen arbeiten im Haus und auf dem Hof, während die Männer die Feldarbeit erledigen und Handel treiben – die Mennoniten gelten in Bolivien als ausgezeichnete Viehzüchter. So sprechen nur die Männer ein wenig Spanisch und müssen für ihre Frauen übersetzen, wenn diese einmal zum Arzt müssen. Nur wenn es sich gar nicht vermeiden lässt, verlassen sie ihre Kolonie. Untereinander sprechen Mennoniten bis heute ausschließlich Altplattdeutsch, das sich über die Jahrhunderte hinweg nur in dieser von der Außenwelt abgekapselten Gesellschaft erhalten hat,

und auch im Gottesdienst wird es aus Bibel und Gesangbuch verwendet.

Tanz und Musik sind verpönt, nur Kirchenlieder sind gestattet. Doch das Vorwort des Gesangbuches mahnt: „Du wollest, christlicher Leser, dieses Gesangbuch nicht aus bloßer Gewohnheit gebrauchen, noch Deine Sinne nur an den Melodien ergötzen, sondern zum Lobe Gottes und zur Erbauung Deiner Seele anwenden". Streng sind auch die Kleidungsvorschriften: Die Frauen tragen langärmlige, bodenlange Kleider und müssen ihr Haar in der Öffentlichkeit bedecken.

Abgeschieden von der modernen Welt wissen viele der Mennoniten in Bolivien fast nichts über ihre alte Heimat. Die Fragen an die Besucher sind zahllos: „Wie heißt der König, der heutzutage über Deutschland herrscht?" wollen sie wissen und können kaum glauben, dass in Europa das Land in Quadratmeter und nicht in Hektar gekauft wird, dass Familien in Deutschland meist nur zwei Kinder haben und Frauen studieren. Vieles von dem, was sie hören, muss ihnen fremd und oft unmoralisch erscheinen. Doch, so sagt Bernhard in schwer verständlichem Althochdeutsch, „es ist uns eine große Freude zu hören, wie man es in Deutschland hat." Aber ein glücklicheres und zufriedeneres Leben als dieses kann er sich nicht vorstellen. – KN

Santa Cruz – San José de Chiquitos – Pto Suárez
(645 km)

Von Santa Cruz führt eine Asphaltstraße über San José de Chiquitos nach Puerto Suárez an die Grenze Brasiliens. Das internationale Straßenprojekt „Corredor Bioceánico" soll Brasiliens Atlantikküste über Bolivien, Chile und Peru mit dem Pazifischen Ozean verbinden. Der wirtschafliche Aufschwung, den diese Straße mit sich bringt, wird die Chiquitanía verändern.

Puerto Suárez und Quijarro

Das kleine Städtchen Puerto Suárez an der Laguna Cáceres liegt inmitten des Pantanal-Sumpflandes, der Grenzort **Quijarro** 12 km weiter östlich. Viele Brasilianer kommen nach Puerto Suárez, um sich im Casino zu vergnügen oder machen in Schmuggelgeschäften. Wer Zeit hat, sollte einen Bootsausflug in den wasser- und tierreichen Pantanal unternehmen, möglich ist dies aber auch noch vom brasilianischen Corumbá aus. In der Nähe von Puerto Suárez liegt der Freihandelshafen Puerto Aguirre, in dem preisgünstig Gold- und Silberwaren gekauft werden können.

Quijarro ist die Endstation der Bahnlinie von Santa Cruz. Zugreisende müssen in Puerto Suárez im Waggon bleiben und bis Quijarro weiterfahren. Taxifahrer nutzen den halbstündigen Aufenthalt zur Anwerbung von Fahrgästen zur Taxifahrt zur naheliegenden Grenze.

Unterkunft **Hotel Sucre,** Av. Bolívar 63 (Plaza), Tel. 976-2069. Ansprechende Zi. (nur ein besseres mit bp/AC ist angeraten), Restaurant, Cafetería, Bar. DZ 350 Bs. Sehr gutes Frühstück extra, auch für Nichtgäste.
Hotel Resort El Pantanal, Arroyo Concepción, www.elpantanalhotel.com, Tel. 978-2020. Luxushotel 12 km außerhalb, Pool und viele Annehmlichkeiten. DZ/F ab 450 Bs und auch Pakete, s. Homepage.
In Quijarro: Jardín del Bilbosi Hotel, Av. Salazar de la Vega/Ecke Naval (3 Blocks östl. des Bahnhofs), Tel. 978-2044, www.hotelbibosi.com. Saubere Zimmer bc/bp, Vent./AC. Garten mit Pool. Ü bc 100 Bs, DZ/bp 250 Bs.

Geld In Puerto Suárez: *Supermarkt Tocale,* Av. Bolívar 103; bessere Wechselkurse als an der Grenze! Spätestens in Quijarro bereits Bargeld in die brasilianische Landeswährung tauschen, da hier ein besserer Kurs als in Corumbá gegeben wird. Die Banco do Brasil verlangt in Corumbá eine Gebühr von 15 US$!

Touranbieter In Puerto Quijarro: *Vivi Tours,* Av. Luís Salazar de la Vega, Tel. 208-6093. Hausboottouren durch den Pantanal. Hausboot mit max. 6 Betten, Kombüse.

Transport **Zugverbindungen** von Quijarro nach Santa Cruz (640 km), s. www.fo.com.bo. Der Fahrkartenschalter ist am Tag der Abfahrt von 8–16 Uhr geöffnet, Fahrkarten werden nur am Tag der Abfahrt verkauft. Reisende aus Brasilien können Zugtickets bereits in Corumbá kaufen, bei *Pantur,* Rua Frei Mariano 1013, pantur@brasilnet.com.br (kleiner Aufschlag).
Bus: Der Busterminal in Puerto Suárez befindet sich zwei Blocks östlich des Bahnhofs beim Markt. Nach Santa Cruz 12 h (via San José de Chiquitos, 7 h), nachmittags um 16 Uhr.
Flughafen: Der Flughafen von Puerto Suárez liegt wenige Kilometer westlich der Stadt. Die Abfertigung bei der Ankunft ist unproblematisch. Es gibt eine Migración für den Aus- bzw. Einreisestempel für Brasilien-Reisende. Vom Flughafen fahren Colectivos und Taxis in 20 Minuten zur Grenze. Flüge nach Santa Cruz, Cochabamba und La Paz.

Aus- und Einreise Brasilien	**Straße:** Für alle nach Brasilien Einreisende ist eine **Gelbfieberimpfung** vorgeschrieben (ggf. kostenfreie Zwangsimpfung). Den bolivianischen Ein-/Ausreisestempel gibt es bei der Migración direkt an der Grenze auf der rechten Straßenseite. Grenzöffnungszeiten beidseitig der Brücke Mo–Fr 8–11 u. 14–17 Uhr, Sa/So 9–13 Uhr. Den Ein-/Ausreisestempel für Brasilien gibt es auch bei der Policía Federal im Busterminal von Corumbá (Mittagspause 12–14 Uhr). Von Corumbá fährt ein Stadtbus bis zur Grenzstation. Obwohl 90 Tage Aufenthalt üblich sind, gibt die bolivianische Grenzpolizei oft nur 30 Tage.

Bolivien Ausreisende: Auf der brasilianischen Grenzseite fahren von 6.30–19.30 Uhr Stadtbusse im Stundentakt nach Corumbá. Vom Busterminal tägl. Direktverbindungen nach *Campo Grande* und zu anderen Orten in Brasilien, z.B. nach Foz do Iguaçu.

Der *Balneario La Vertinete* an der Carretera Asfaltada Corumbá mit Pool, Restaurant, Disco und Bar ist gut für einen Zwischenaufenthalt.

Tropisches Tiefland des Beni

Departamento Beni	Der Departamento **Beni** ist nach dem Departamento Santa Cruz der zweitgrößte Boliviens. Es nimmt fast den gesamten nördlichen Teil (ohne Departamento Pando) des bolivianischen Tieflandes ein. Beni ist flach wie eine Flunder mit nur einigen nebensächlichen Erhebungen. Der Boden ist sehr fruchtbar, eignet sich für Landwirtschaft und Viehzucht. Hauptstadt des Beni und zugleich wichtigste Stadt und Verkehrsknotenpunkt dieser Urwald- und Savannenregion ist **Trinidad**.

Die vielen Flüsse dieser Region, *Río Mamoré, Río Iténez, Río Guaporé, Río Beni* oder *Río Madre de Dios,* münden alle letztendlich in den Amazonas, sind äußerst fischreich, das ganz Jahr über schiffbar und sie durchfließen in ihrem trägen Lauf Feuchtsavannen und Regenwälder. Durch das viele Wasser und wegen der Flachheit des Landes wird das Beni-Tiefland oft überschwemmt und ähnelt dann dem Pantanal an der Grenze zu Brasilien. Flüsse lassen sich meist nur mit Pontons überqueren.

In dieser Region leben die *Campa,* Tiefland-Indígena, die sehr gastfreundlich sind. Viele Dörfer haben in ihrer Abgeschiedenheit ihre Ursprünglichkeit bewahrt, deren Bewohner noch traditionelle Bräuche und Tänze pflegen, wie z.B. die *Macheteros* aus der Zeit vor dem Einfall der Spanier. Ein traditionsreicher Ort ist **San Ignacio de Moxos,** 93 km westlich von Trinidad. 1689 von den Jesuiten gegründet, hat die Mission deutlich Spuren in der geistlich-kolonialen Kunst hinterlassen. In *San Pedro de Canicancha* gab es berühmte Werkstätten, in denen Bronze gegossen und Glas für Kirchen hergestellt wurde.

Und auch der dichte und intakte Urwald konnte in Beni noch viel von seiner Ursprünglichkeit bewahren, obwohl der Wald (und die Bevölkerung) unter dem Kautschukboom stark zu leiden hatten. Die Gier nach Kautschuk Ende des 19. Jahrhunderts dezimierte die Indígena und hatte 1903 die brasilianische Eingliederung des bolivianischen Acre-Gebiets zur Folge. Beni ist heute ein Reiseziel besonders für Urwaldfreunde, die hier voll auf ihre Kosten kommen, Flora und Fauna präsentieren sich in diesen menschenleeren Regionen noch in ursprünglichem Zustand.

Klar, dass so eine abgelegene Gegend, in der auch Coca ausgezeichnet wächst, das Refugium der Kokain-Mafia ist. Über versteckte Urwaldpisten wird die Paste ausgeflogen. Die *Leoparden,* die bolivianische

Departamento Pando

Antidrogeneinheit, liegt, zumindest mediengemäß, im ständigen Dschungelkrieg mit der Drogenmafia.

Im äußersten Norden Boliviens liegt entlang des Río Madre de Dios der kleine Departamento **Pando**. Er stellt die Verlängerung des Beni-Tieflandes dar. Auf knapp 64.000 qkm leben hier nur etwa 50.000 Menschen. Somit ist Pando der am dünnsten besiedelte Departamento Boliviens.

Größtes Naturschutzgebiet ist die *Reserva Nacional Manuripi Heath*. Bei warmem, tropischem Klima gedeiht hier eine üppige Pflanzenwelt, es gibt noch viele Urwaldriesen, Mahagoni- und Kautschukbäume. Durch die lange Grenze mit Brasilien ist der Einfluss des mächtigen Nachbarlandes spürbar.

Die beste **Reisezeit** für das Beni-Tiefland ist von **Mai bis November,** während der **Regenzeit von Dezember bis April** steht vieles unter Wasser und die **Pisten** zwischen Orten sind dann größtenteils **unpassierbar.**

ROUTE 15: SANTA CRUZ – TRINIDAD – LA PAZ (1100 KM)

Die Strecke folgt anfangs der Route von Santa Cruz über San Ramón nach San Javier. In San Ramón auf die Straße 9 abbiegen, über die Orte La Victoria, El Puente, Yotau, San Miguel, Todos Santos, Acensión de Guarayos nach San San Pablo am gleichnamigen Fluss (ca. 150 km). Hier macht die Straße 9 einen Knick nach Norden und führt auf weiteren 240 Kilometern durch flaches, einsames Land bis Trinidad. Man passiert dabei die Flecken Santa María, Puerto San Pablo, Nacupina, Villa Banzer, San José und Casarebe.

Trinidad

Die Tropenstadt Trinidad ist die Hauptstadt des Departamento Beni, zählt 130.000 Einwohner, liegt auf einer Höhe von 230 m und etwa auf halber Strecke zwischen Santa Cruz und Rurrenabaque. Trinidad ist ein Zentrum für Vieh- und Agrarwirtschaft, es herrscht ein ganzjährig warm-heißes, schwüles Klima.

Gegründet wurde Trinidad 1686 von Tristan de Tejada und Juan Salinas als jesuitische Missionsstation am Río Mamoré mit dem Namen *La Santísima Trinidad,* „Heiligste Dreifaltigkeit". Knapp 100 Jahre später zwangen Überschwemmungen und Seuchen, die Siedlung 14 km nach Osten an die heutige Stelle zu verlegen. Der *Arroyo San Juan* durchfließt die Stadt und trennt sie in einen Nord- und Südteil.

Die Innenstadt im üblichen Schachbrett-Straßenraster bietet koloniale Architektur, aber keine besonderen Sehenswürdigkeiten. Touristen verschlägt es nur selten hierher, es sei denn, dass man eine Flusskreuzfahrt auf dem mächtigen Río Mamoré oder durch seine vielen Nebenfluss-Schlingen unternehmen möchte. Für Urwaldtrips bietet Rurrenabaque bessere und günstigere Möglichkeiten.

Eine Besonderheit der Stadt sind die offenen und parallel zu den Straßen verlaufenden Wasserkanälchen, die vor den Hauszugängen von kleinen Betonbrücken überspannt werden. Die schöne und grüne *Plaza Principal* bzw. *Plaza Ballivián* zieren Palmen, Tropenbäume und blühende

Büsche. Der Springbrunnen zeigt lebensgroße Figuren von mit Pfeil und Bogen bewaffneten Ureinwohnern und Flussdelfine. An der Südseite steht die Kathedrale mit ihren abgeplatteten Türmen.

Museen Das **Museo Kenneth Lee Ethno-Archaeological** liegt knapp 2 km nördlich der Plaza (Anfahrt über die Av. Barace) und widmet der Ethnografie der Urbewohner der Region. Artefakte, Töpferwaren, Musikinstrumente, Werkzeug, Webarbeiten, Schmuck, Schaubilder etc. Recht eindrucksvoll.

Die Straße ein wenig weiter nach Norden geht es rechts ab zur Universidad Autonoma mit dem **Museo Ictícola**. Dort kann man in einem Aquarium hunderte Fluss- und Amazonasfische bestaunen. Beide Museen haben Mo–Fr 8–12 u. 15–18 Uhr geöffnet.

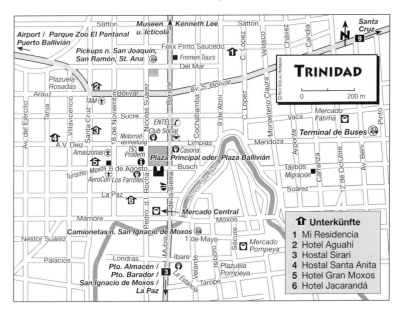

Ausflugsziele

Zu allen nachfolgenden Umgebungszielen fahren häufig Camionetas bzw. Pickups oder man nimmt ein Moto-Taxi.

Puerto Varador und Puerto Almacén
Der kleine Flusshafen Puerto Varador, ca. 18 Kilometer westlich der Stadt, verspricht die Beobachtung von rosaroten Flussdelfinen. Hier kann man auch auf eigene Faust einen Fischer anheuern, der einen dann mit seinem Boot den Rio Mamoré auf und ab fährt. Am Flussufer gibt es mehrere auf Stelzen stehende rustikale Fischrestaurants, wie z.B. das *El Pantanal*.

Etwas näher (8 km) liegt *Puerto Almacén,* allerdings ist dieser Flusshafen wegen der mächtigen Betonbrücke nicht ganz so idyllisch. Auch dort gibt es Pfahlbauten und Fischkneipen. Zu beiden Flusshäfen fahren von der

	Av. Santa Cruz Pickups bzw. Camionetas. Ein Moto-Taxi hin und zurück ca. 30 Bs.
Puerto Ballivián	Dieser Flusshafen liegt an der Straße nach *Loma Suárez,* 9 km nordwestlich von Trinidad. Ausfahrt aus der Stadt am Flughafen vorbei.
Laguna Suárez	Ein recht hübscher, künstlicher See, 5 km südlich von Trinidad. Beliebtes Ausflugsziel am Wochenende. Picknick, Bootsvermietung, manchmal auch Live-Musik. Das Restaurant *Balneario Topacaré* ist empfehlenswert. Ebenfalls am See die Balnearios *Paraíso* und *Don Fito*. Anfahrt mit Taxi.
Flusskreuzfahrten auf dem Rio Mamoré	Eine entspannte und schöne Weise, den Dschungel des Amazonasgebietes kennenzulernen, ist eine Flusskreuzfahrt auf dem Rio Mamoré. Die *Reina de Enin* fährt durch das Reservat Ibare-Mamoré und bringt ihre Passagiere an interessanten Stellen mit kleinen Booten schmale Flussarme hinauf oder zu Exkursionen an Land. Stopps an Sandbänken zum (Sonnen-)Baden, Angeln und zur Erkundigung des Hinterlandes zu Pferd gehören ebenfalls zum Programm. Buchungen s.u. bei „Touranbieter"
Chuchini-Reservat	Wer den endemischen blau-gelben Ara (Barba azul) sehen möchte, für den bietet sich ein Ausflug ins Chuchini-Reservat, 15 km nördlich von Trinidad an. Infos auf www.boliviabella.com/chuchini.html.

Adressen & Service Trinidad

Tourist-Info Vorwahl 03	Die Information befindet sich an der Südwestecke der Plaza. Tel. 462-1322, Mo–Fr 8.30–12.30 u. 14.30–18 Uhr.
Polizei Migración Erste Hilfe	*Policía,* an der J. de la Sierra, einen Block südl. der Plaza, Notruf Tel. 120 *Migración,* Av. de los Tajibos/Av. Carranza, Tel. 462-1449 *Hospital Trinidad,* Av. Bolívar s/n.
Kommunikation	Internet/Telefon Cafés in den Straßen rund um die Plaza Principal. – Post: An der Nordostecke der Plaza. Darüber ENTEL.
Geld	Geldautomaten rund um die Plaza. *Banco Unión,* Av. Barace. *Prodem,* Vaca Díez. Bargeldwechsler auf der 6 de Agosto bei der Plaza.
Websites	www.trindad.gob.bo. Auch die Websites der Veranstalter haben viele Infos über Stadt und Umgebung.

Unterkunft

ECO	**Hostal Sirari,** Santa Cruz 538, Tel. 462-4472, avelanez@hotmail, Cel. 711-44345. Sauberes und empfehlenswertes Hostel mit begrüntem Patio. EZ, DZ y Triples. DZ 160 Bs, mit AC 200 Bs. **Hostal Santa Anita,** Vaca Díez 354, über www.boliviahostel.com, Tel. 462-2257. Nettes Hostal, saubere Zimmer/bp, WiFi, Garage. DZ/AC 200 Bs.
ECO/FAM	**Hotel Gran Moxos,** Av. 6 de Agosto 146/Ecke Santa Cruz, Tel. 462-3305, Dreistöckiger Bau (deshalb wohl „Gran"), Zimmer mit und ohne AC, Restaurant. DZ 240 Bs, mit AC 360 Bs. **Mi Residencia,** Félix Pinto Saucedo 420, www.hotelmiresidencia.com, Tel. 462-1543. Große, saubere Zimmer mit Vent. oder AC, kleiner Pool, WiFi, Garage, Ws, WiFi. EZ 280 Bs, DZ 420 Bs. **Hotel Jacarandá,** La Paz, Tel. 462-2400. Zentral gelegenes Hotel mit tropischem Garten und Pool. DZ/AC 420 Bs. **Hotel Aguahí,** Bolívar/Ecke Santa Cruz, über www.boliviahostel.com, Tel. 462-5569. Schönes Hotel mit Pool in Form einer 8, Garage, WiFi, Frühstücksbüffet. DZ/AC 560 Bs.

Essen und Trinken	Am preiswertesten isst man auf dem *Mercado Central*. Gerichte der regionalen Küche sind *Cheruje, Locro, Ají de Panza* und *Cuñapé* – alle etwas gewöhnungsbedürftig. Dazu gibt es Reis, Yuca, Reisbrot und Kochbananen. Für den kleinen Hunger: Mais-Empanadas. Getränke probieren: *trago de caiman,* ein Longdrink mit viel Schnaps.
Rings um die Plaza gibt es etliche Restaurants (allerdings nervt das Kreisen der Moped-/Motorradfahrer), z.B serviert der *Club Social* an der Nordseite mittags ein gutes und preiswertes Tagesmenü. – Wohl das beste Plaza-Restaurant ist *La Casona* an der Ostseite. – Steaks gibt es bei der *Churrasquería Carlitos*. – Auch in Plazanähe, 6 de Agosto (südwestlich), im Hotel Campanario, bietet *Los Farroles* internationale Küche. – Mit die besten Steaks der Stadt werden in der *Churrasquería La Estancia* gegrillt, Calles Ibare/Velarde (Lage s. Stadtplan). – Ein gutes Fischrestaurant ist die *Pescadería Don Pedrito,* Calle Manuel (etwas außerhalb, Taxifahrer kennen die Adresse).
Und zum Nachtisch ein gutes Eis von der *Heladería Suiza,* Plaza. Ballivián.
Touranbieter	**Fremen Tours Andes & Amazonia.** Große Agentur mit bolivienweiten, qualitativ guten Touren, Spezialist für Flusskreuzfahrten auf dem Río Mamoré mit dem Fluss-Hotelboot (Flotel) *La Reina de Enín,* 4 Tage/3 Nächte. Preise a.A. Saisonale Sondertarife s. Homepage. Av. Barace 332, Tel. 462-2276, www.andes-amazonia.com. In La Paz: Avenida 20 de Octubre 2396/esq. Belisario Salinas, Edificio María Haydee, Piso 10.
Turismo Moxos. Kanu- und Bootstouren auf dem Río Mamoré, darunter eine dreitägige Delfin-Kreuzfahrt auf dem Río Ibare, Exkursionen zu Pferd, Ausflüge nach San Ignacio de Moxos und Touren zu den Dörfern der Sirionó. Tourpreise abhängig von der Teilnehmerzahl (ab 2 Pers.). Av. 6 de Agosto 114, Tel. 462-1141, turmoxos@entelnet.bo, www.amazoniabeni.red.bo. (Adresse in La Paz: Calacoto, Calle 21 de San Miguel, Shopping 2000 (Lado Banco Mercantil Santa Cruz), Local 20-A, Tel. (591-2) 2113784, 2792471, Cel. (591) 719-76826).
Motorradvermietung	*Alquiler de Motos,* 6 de Agosto; alternative Möglichkeit, um Trinidad und Umgebung auf eigene Faust zu entdecken.
Feste	Trinidad und seine Umgebungsorte feiern zahlreiche farbenprächtige Feste. 6. Januar: *Fiesta de los Reyes Magos.* 2. März: *Fiesta Nuestra Señora de la Candelaria.* 3. Mai: *Día de la Santa Cruz.* **13. Juni:** *Fiesta de la Santísima Trinidad* (großes Hauptfest der Stadt). 24. Juni: *Día de San Pedro.* 16. Juli: *Fiesta Nuestra Señora de Carmen.* 26. Juli: *Patronatsfest Sta. Ana.* 22. August: *Fiesta Jere-Jere.* 8. September: *Fiesta de Natividad de la Virgen.* 10. Oktober: *Día de San Francisco de Borja.* 1./2. November: *Todos los Santos.* 8. Dezember: *Fiesta La Inmaculada Concepción.* 10. Dezember: *Fiesta Nuestra Señora de Loreto.*

Verkehrsverbindungen

Bus	Der Busterminal für *flotas* liegt an der Ecke Mendoza/Pinto, die Abfahrtsstelle der Camionetas nach **San Ignacio de Moxos** (93 km, ca. 4 h) an der Ecke der Calles 1 de Mayo/Velarde.
Cobija (1250 km, bras. Grenze): über Riberalta, nur in der Trockenzeit Nov. bis Mai, Fz 22–35 h! – **Cochabamba** (905 km): Direktbus über Santa Cruz. – **Guayaramerín** (990 km): via Riberalta, Fz 22–35 h. – **La Paz** (600 km): tägl. Busse via San Ignacio de Moxos, San Borja, Yucumo, Caranavi, Fz mind. 21 h. – **Riberalta** (900 km), Fz 22–35 h. – **San Borja** (230 km): Fz 8–12 h. Insgesamt 6 Flussdurchquerungen sind zu meistern. Außerdem fahren geländegängige Kleinlastwagen des *Sindicatos Mixto Autotransporte San Borja* um 11 Uhr ab Calle Beni (gegenüber des Busterminals). – **Rurrenabaque** (380 km, mind. 16 h), über San Borja. Sehr schlechte Strecke, in der Regenzeit wird bald die dop-

pelte Zeit benötigt! – **Santa Cruz** (550 km, 8–10 h): tägl. mehrere Abend-/Nachtbusse, Abfahrten zwischen 18 und 22 Uhr.

Schiff Nach wie vor herrscht auf dem Río Mamoré Bootsverkehrs. Insbesondere im Nah- und Tagesverkehr werden auf dem Wasser von den drei Flusshäfen Trindads alle Orte in der näheren Umgebung an Flüssen und Lagunen angefahren. Der Haupthafen Trindads ist **Puerto Varador** am Río Mamoré, etwa 18 km von Trinidad entfernt. Informationen bei der *Capitanía del Puerto* in Puerto Varador oder im Büro der *Transportes Fluviales* in der Calle Mamoré/Pedro Rocha.

Im Fernverkehr mit Frachtschiffen ist eine eigene Hängematte mitzubringen, Obwohl die Verpflegung an Bord inbegriffen ist, ist es sinnvoll, etwas Trockennahrung, Früchte und Trinkwasser mitzubringen. Nach **Guayaramerín** am Río Mamoré: Abfahrten mit Frachtschiffen unregelmäßig, Fz 4–7 Tage, je nach Schiffsgröße u. Ladung. Nach **Puerto Villarroel** (nach Süden am Río Mamoré): Abfahrten mit kleineren Frachtbooten unregelmäßig (ca. 2x wö), Fz 4–5 Tage. Von Puerto Villarroel Busanschluss nach Cochabamba.

Flug Der Flughafen *Jorge Henrich Arauz* (TDD) liegt nur 2,5 km nordwestlich des Zentrums an der Carretera a Loma Suárez. An-/Wegfahrt mit einem Taxi oder Moto-Taxi. Folgende Fluglinien fliegen Trinidad an:
Amazonas, 18 de Noviembre 267, Tel. 462-2426, www.amaszonas.com. – **Aerocon,** 18 de Noviembre (nahe 6 de Agosto), Tel. 462-4442 (direkt Tel. 901-10-5252), www.aerocon.bo. – **TAM** *(Transporte Aéreo Militar),* Tel. 462-2363, www.tam.bo.
Amazonas fliegt täglich nach La Paz und an einem oder wenigen Tagen in der woche nach Guayaramerín, Cobija und Riberalta (Flugpläne und Kosten siehe Homepage). *Aerocon* fliegt nach Santa Cruz, Cobija und Riberalta. TAM fliegt nach Cochbamba und La Paz.

Umgebungsziele von Trinidad

Santa Ana de Yacuma Knapp 170 km nördlich von Trinidad liegt das einsame *Santa Ana de Yacuma,* die „Vieh-Hauptstadt" von Beni. Es kann von Trinidad aus über Pisten nur in der Trockenzeit erreicht werden, oder mit dem Buschflieger in 40 Minuten. Einmal im Jahr ist der Ort im Ausnahmezustand, um den 24. Juli herum, dann „steigt" ein siebentägiges Patronats- und Rodeofest, das viele Besucher anzieht. Yacuma ist noch ein echter Tipp abseits aller Touristenpfade. Von hier führt eine Piste über Palmira nach Exaltación am Río Mamoré (70 km).

Als Unterkunft in Yacuma empfiehlt sich das gepflegte **Mamoré Hotel** inmitten eines tropischen Gartens mit Restaurant, zwei Pools, Reitpferden und Bootstouren auf dem Mamoré. Reservierung empfohlen. Av. Roca Suárez, Tel. 337-8294. DZ/F 350 Bs. Infos auch bei bastian.mueller@bolivia-online.net, dt.-spr. Informationen und Beratung für einen Aufenthalt.

Los Lagos Rund 100 km nördlich von Santa Ana de Yacuma liegen in den Grassteppen und gesäumt von tropischem Regenwald rund ein Dutzend Seen – *Los Lagos.* Eine einsame Fusion von Wasser und Wald, wie geschaffen für Naturliebhaber, Sportangler und Abenteurer. Größte ist die *Laguna Ginebra,* ca. 10x30 km groß. Anreise mit einem Aerotaxi (Aeros Magdalena, Tel. 346-2226) aus Trinidad (270 km) oder in der Trockenzeit Juli–Dezember auch Überland mit einem 4x4-Wagen.

Am kristallklaren *Lago Agua Clara* mit Süßwasserdelfinen befindet sich in Tropenidylle die luxuriöse *Los Lagos Lodge* mit allen Annehmlichkeiten. Pool,

Restaurant, Wildbeobachtung, Wassersport, Angeltouren. DZ/F ca. 1000 Bs, www.loslagoslodge.net. Infos auch wieder über Bastian Müller, s.o.

Nuevo Berlín Von Trinidad führt gleichfalls nach Norden die Piste 9 über La Esperanza, San Ignacio und San Ramón bis nach Nuevo Berlin am Río Mamoré. Hier liegen im Urwald unzählige Urwaldseen und Flusslagunen, und der Reisende befindet sich absolut abseits jeder Touristenströme. Sehr schön ist ein Besuch der *Laguna El Oceano* bei San Yuca. Für Abenteuerlustige!

Magdalena Von San Ramón zweigt nach Osten eine Piste nach Magdalena ab. Das Städtchen am Río Itonamas lebt u.a. von der Rinderzucht und überrascht mit seiner Ursprünglichkeit. Wem die 250 km lange Anreise mit dem Bus von Trinidad und nur in der Trockenzeit zu beschwerlich ist, kann Magdalena auch dreimal in der Woche per Flug (45 Min.) erreichen.

Sehr schöne Unterkunft bietet das rustikale **Hotel Internacional,** Tel. 0103-886-2210, http://hotelmagdalena.hwz-inc.com von Sylvia Speissegger und Maita Frei inmitten einer schönen Palmengartenanlage mit Pool, Papageienvoliere und frei herumturnenden Affen. Gepflegte Zimmer, Restaurant, Bar, Boots- und Reitausflüge. DZ/F ca. 350 Bs, bei längerem Aufenthalt Rabatt.

Trinidad – San Ignacio de Moxos – San Borja

Die Piste dorthin kann während der Trockenzeit in etwa 4 h bewältigt werden. Während der Regenzeit kann es zu Unterbrechungen bzw. erheblichen Verzögerungen kommen

Über die Av. Ignacio Mubia geht es auf der Ruta 3 in südlicher Richtung aus der Stadt hinaus. Nach 8 km wird Puerto Almacén am Río Ibare erreicht. Der kleinere Río Ibare fließt in nur einigen Kilometern Abstand rechts und nahezu parallel zum Río Mamoré, mit dem er nach vielen Flussbiegungen und durch zahlreiche Lagunen in Höhe von Villa El Carmen vereint.

Bei Puerto Almacén führt eine Brücke über den Río Ibare. Auf der anderen Flussseite sind es dann weitere 10 km bis nach Puerto Varador am Río Mamoré. Hier liegen die meisten der Frachtschiffe und kleinen doppelstöckigen Urwaldboote, die bis nach Guayaramerín oder Puerto Villarroel tuckern. Die Fähre bringt einen auf die andere Flussseite nach *Puerto Ganadero* (letztes Ablegen um 18 Uhr). Von hier geht es durch die mit Sümpfen und Seen unterbrochene Feuchtsavanne, die bereits zu den *Llanos de Moxos* gehört. Ab dem Río Tijamuchi ist der Streckenabschnitt am schönsten. Unzählige Störche, Jaribus, Kormorane, Ibisse, Löffelreiher, Teichhühner und Papageien bevölkern Sumpf, Seen und den Wald am Rande der Piste.

fSan Ignacio de Moxos

Das gemächliche und charmante Landstädtchen, 93 km westlich von Trinidad, wurde von den Jesuiten Castillo, Orellana, Pedro Marbán und Cipriano Barace am 1. Nov. 1689 auf dem Gebiet der *Moxo* gegründet. Es war einst Teil eines ausgedehnten Missionsverbandes im bolivianischen Tiefland, zu dem u.a. auch die Missionen von Santa Ana de Yacuma, San Borja, Magdalena, San Javier u.a gehörten. 1760 wurde San Ignacio de

Moxos nochmals auf festerem Untergrund und in etwas höherer Lage neu errichtet. Erste ausführliche Aufzeichnungen über die Moxo-Region verfasste der Jesuite *Javier Eder* 1791.

Die Einheimischen sprechen einen speziellen Dialekt, *ignaciano,* Lebensart und Traditionen wurzeln tief. Die schöne Jesuiten-Holzkirche an der Plaza 31 de Julio, die eine Machetero-Statue ziert, ist über 250 Jahre alt, und die einstöckigen Häuser mit ihren vorgezogenen Dächern lassen gleichfalls das Erbe der Jesuiten erkennen. Wie in den Chiquitanía-Missionen legten die Jesuiten auch hier Wert auf Musikerziehung, und so kommt es nicht von ungefähr, dass San Ignacio de Moxos heute ein weithin bekanntes Barockmusik-Orchester, eine Musikschule (*Escuela de Música de San Ignacio de Moxos,* eine soziale Institution) und die Instrumentenbau-Werkstätte *Vipúnune* besitzt.

Etwa 2 km nördlich des Orts lädt die *Laguna Isiere* in die freie Natur und zum Bade ein.

Moxos (Mojos) – Boliviens unbekannte Tieflandkultur

Südlich von San Ignacio de Moxos und Trinidad liegen die *Llanos de Moxos,* eine weitreichende und über 100.000 qkm große Überschwemmungssavanne, die zur Regenzeit regelmäßig mehrere Monate lang unter Wasser steht. Hier siedelte in prähispanischer Zeit die Kultur der **Moxos.** Obwohl die Region aufgrund schlechter Böden kein ideales Siedlungsgebiet ist, gab es hier eine überaus dichte Besiedlung, deren Spuren und Relikte noch überall in den Llanos de Moxos auszumachen sind, besonders östlich von Trinidad, wo Siedlungshügel und Ringgrabenanlagen gefunden wurden. Auswertungen von Luftbildern brachten die Archäologen auf die Spur.

Da in den Llanos während der Regenzeit das Wasser wegen fehlender natürlicher Drainage nicht abfließen konnte, schufen die Moxos mit Hilfe von Dämmen, Wassergräben und Kanälen entwässerte Trockenareale und überdies Hügelbeete, um weiterhin Landbau betreiben und so ihre Versorung sichern zu können. Das Ausmaß dieser quadratkilometer großen Anlagen läßt auf die Existenz einer komplexen Kultur mit sesshafter bäuerlicher Lebensweise schließen. Unklar ist, zu welchem Zeitpunkt sie aus dem Dunkel der Geschichte kam und wann und warum sie unterging, denn die Anlagen waren schon zur Zeit der Missionare nicht mehr in Gebrauch und stark verfallen.

Das *Museo Casa Belén* an der Plaza in San Ignacio de Moxos widmet sich der Moxos-Kultur. Zu sehen sind Artefakte, Streufunde, Töpferwaren und Keramikgefäße, die die Moxos für Gefäßbestattungen einsetzten. Es waren auch die Moxo, die zum ersten Mal den Jesuiten über die legendäre Goldstadt *Paitití* erzählten, die dann von den Spaniern als *El Dorado* überall gesucht und nie gefunden wurde.

San Ignacio de Moxos feiert alljährlich am 30./31. Juli wohl das schönste und ungewöhnlichste Fest im Tiefland, die **Fiesta del Santo Patrono de Moxos** (Dauer einige Tage). Die farbenprächtigen Umzüge und Prozessionen mit Tänzern, Musikern und *macheteros* mit hohen Federkronen sowie Rodeos locken Tausende an. Zur Pflege von traditionellem Brauchtum finden sich viele indigene Gemeinschaften ein, z.B. die *Achu* oder *Chasquero.* Zur Musik von riesigen Panflöten, den *bajones,* werden

Tänze aufgeführt, wie etwa der Paartanz *armpit* oder der *sarao,* ähnlich einem Maibaumtanz. Ostern und an Karnaval sind gleichfalls Festtage mit schönen Umzügen. Sie alle bieten einzigartige Eindrücke in die Folklore und die Traditionen des tropischen Tieflands von Bolivien. Videos der Feste und von Ignacio de Moxos können Sie auf YouTube ansehen.

Unterkunft	**Hotel Plaza,** Plaza 31 de Julio, Tel. 482-2032. DZ 80 Bs. – **Residencial Don Joaquín,** auch an der Plaza bei der Kirche, Tel. 482-8012. DZ 160 Bs. In der Zeit der Feste stark erhöhte Preise.
Essen	Um die Plaza gibt es einige Restaurants. Oder: *Restaurante Moxos,* 3 Blocks nördl. der Plaza.
Transport	Täglich Durchgangsbusse nach San Borja (135 km, ca. 5 h) und wenige *flotas,* die durchfahren nach Rurrenabaque. Abfahrtszeiten nach der Ankunft erfragen. Nach Trinidad (93 km) mit Camionetas in vier Stunden. In beide Richtungen notorisch schlechte Pistenverhältnisse und in der Regenzeit von November bis Mai teils unpassierbar. Dann kommen nur noch sporadische 4x4 Camionetas durch oder man muss von der kleinen Landepiste ausfliegen.

San Borja

Die Kleinstadt ist ein Straßenknotenpunkt nach La Paz (ca. 450 km), Riberalta im Norden (ca. 430 km, über Santa Rosa, Straße 8) und nach Trinidad auf der Ruta 3 im Osten. Für Busverbindungen trifft das oben bei San Ignacio de Moxos Erwähnte auch für San Borja zu.

San Borja ist aber auch „Strandstadt", denn es kann passieren, dass man hier frustiert hängenbleibt, nicht zu seinem Ziel kommt, weil die Anschlüsse nicht passen, am gleichen Tag kein Fahrzeug mehr fährt oder es die Pistenzustände nicht zulassen. Zum Übernachten gibt es nur ein paar einfache Unterkünfte. Notfalls kann aber auch weitergeflogen werden, die Linie Amaszonas fliegt nach/von La Paz und Trinidad (Bolívar 157, Tel. 895-3185, www.amaszonas.com). Vom Busterminal sind es in den nördlich gelegenen Ort zur Plaza 3 km.

Busse nach **Trinidad** (230 km, 8–12 h). Nach **Rurrenabaque** (140 km, ca. 9 h, über **Yacumo**, dorthin 50 km) mit einem der recht häufig fahrenden Micros. Busse nach **Santa Cruz** benötigen über 20 h.

Die *Reserva Biosférica del Beni* beginnt 25 km östlich von San Borja, der Zungangspunkt heißt *El Porvenir,* abgehend von der Straße nach Trinidad.

Rurrenabaque

Rurrenabaque liegt auf 300 m Höhe in tropischer Schwüle am Río Beni, der hier die letzten Bergriegel der östlichen Voranden auf seinem Weg ins Amazonastiefland durchbricht.

In den 1980er Jahren noch ein vergessenes Kaff am Rande des Urwalds, ist Rurrenabaque heute der am häufigsten besuchte Ort für Ökotourismus in Bolivien. Organisierte Touren führen in den umliegenden Tiefland-Regenwald und in den artenreichen Madidi-Nationalpark zu Indígena-Siedlungen mit Ökolodges und in die tierreichen **Pampas** (Feuchtsavannen) nordöstlich von Rurrenabaque. Dort können auf dem Río Yacuma Bootsexkursionen mit zahlreichen Tierbeobachtungen unternommen werden. Da alle Ausflüge fast immer mehrtägig sind, muss für „Rurre" genügend Zeit mitgebracht werden. An fast jeder Ecke buhlen die zahlreichen Tourveranstalter um Kundschaft und das Angebot an Unterkünften, Restaurants etc. ist groß, das wachsende Städtchen lebt fast ausschließlich davon. Andere außergewöhnliche Sehenswürdigkeiten bietet Rurrenabaque nicht.

Die meisten der etwa 16.000 Einwohner sind indigener Abstammung, sind *Tacanas, Mosetenes, Chamas* oder *Tsimanes*. Die Tacana ließen sich weder christianisieren noch zu stark nach westlichen Vorstellungen zivilisieren. Unter den anderen Bewohnern sind viele Aymara und Quechua, die einstmals von der bolivianischen Regierung aus dem Hoch- in das spärlich besiedelte Tiefland zwangsumgesiedelt wurden. Rurrenabaques Name leitet sich von dem Tacana-Wort *suse enabaque* ab, „Entenlagune".

An der *Plaza 2 de Febrero* steht die Kathedrale. Viele der Holzhäuser stehen auf Pfosten, um gegen die in der Regenzeit ansteigenden Fluten des Río Beni gesichert zu sein. Händler bieten ihre Produkte in den Läden und Ständen entlang der Hauptstraßen Arce und Comercio an. Unten am Fluss herrscht an den Bootsanlegern fast immer reges Treiben, besonders dann, wenn die Urwald-Campesinos ihre tropischen Produkte entladen. Rurrenabaques bunter Markttag findet sonntags statt.

Auf der gegenüberliegenden Flussseite liegt das kleinere, schläfrige **San Buenaventura**. Vom Bootsanleger südlich des Marktes legen die hin- und herpendelnden Boote ab.

Klima Sowohl für Urwald- als auch für Pampastouren sind die Monate Januar, Februar und März weniger ratsam, denn dann ist Regenzeit. Trockenzeit ist zwischen Juni und August, und in diesen Monaten können die Tagestemperaturen wegen Südwinden, den *surazos,* erheblich fallen.

Adressen & Service Rurrenabaque

Tourist-Info Büro in der Vaca Díez/Ecke Avaroa, Tel. 713-83684. Mo–Fr 8–12 u. 14.30–18 Uhr. Neben Infos zu Rurrenabaque auch Auskunft zu Tourveranstaltern.

Vorwahl (03) Die SERNAP (*Servicio Nacional de Áreas Protegidas*) ist für den Parque Nacional Madidi zuständig und sie hat ein Büro in Buenaventura, Calle Libertad, Tel. 892-2246, tägl. 7–15 Uhr.

Das kleine Info-Center *Pilón Lajas* (s.u., Madidi-N.P.) zeigt die Kultur der Mosetene und befindet sich in der Calle Busch/Ecke Campero.

Migración Arce zw. Busch u. Bolívar, Tel. 892-2241. Mo–Fr 8.30–12.30 und 14.30–18.30 Uhr.

Kommunikation Internet-Cafés, fast allesamt mit langsamen Verbindungen, gibt es in den Straßen, z.B. bei *Internet,* Comercio zw. Calle Santa Cruz u. Vaca Díez. – Post: Calle Arce zw. Bolívar u. Avaroa. – ENTEL: Comercio/Ecke Santa Cruz.

Geld Die *Banco Union,* Comercio/Vaca Díez, hat einen Geldautomaten, gleichfalls *Prodem,* Avaroa/Pando. Doch besser ein kleines Barpolster mitbringen. Teure Touren können mit Kreditkarte bezahlt werden.

Erste Hilfe *Clínica el Puerto,* Santa Cruz/Comercio

Websites www.rurrenabaque.com.bo, Infos über Rurrenabaque, Unterkünfte, Tourveranstalter, Restaurants u.a. mehr. – www.urwaldprojekte.de, Hilfe für die Menschen im bolivianischen Tiefland, Rurrenabaque und Madidi N.P.

Feste *Fiesta de Rurrenabaque:* 2. Februrar. – *Fiesta de Beni:* 18. November. – *Feria Artesanal:* Erstes Wochenende im September.

Unterkunft

Rurrenabaque ist voll mit Backpacker-Unterkünften, gehobene Hotels sind hingegen rar. So gut wie alle haben einen Hängematten-Garten bzw. Patio. Stromausfälle kommen vor, deshalb Kerzen bereithalten.

Reisemobil Stellplatz beim *El Mirador del Gringo* (s.u. bei „Kurztrips / Ausflüge"), Camping und Cottages, GPS S14 26.273 W67 29.614, Jürgen („Jorge") Staiger, Cel. 711-23458. Camping 5 US$ p.P. und Nacht, inkl. Poolbenutzung und mit Strom, Toiletten und Duschen.

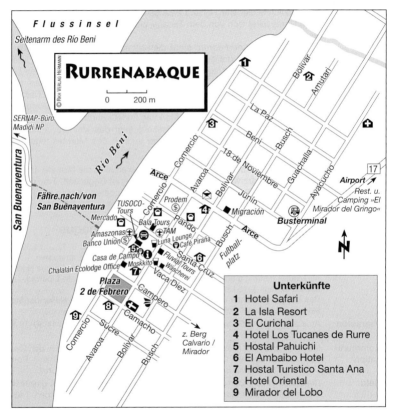

Unterkünfte
1 Hotel Safari
2 La Isla Resort
3 El Curichal
4 Hotel Los Tucanes de Rurre
5 Hostal Pahuichi
6 El Ambaibo Hotel
7 Hostal Turistico Santa Ana
8 Hotel Oriental
9 Mirador del Lobo

ECO **Mirador del Lobo,** am südlichen Ende der Comercio, direkt am Río Beni, Tel. 71564831. 15 einfache Zimmer/bp, drei Etagen, ruhige Lage, Pool, Reisemobil-Stellplätze, Aussicht über den Fluss. Ü/bc 30 Bs.

Hostal Turístco Santa Ana, Avaroa (nördlich der Plaza 2 de Febrero), Tel. 892-2614. Cel. 712-82751. Einfache Zimmer, bp/bc, zwei sehr schöne, grüne Innenhöfe, sauber und gepflegt. Ü/bc 40 Bs, DZ/bp 90 Bs. **TIPP!**

Hostal Pahuichi, Comercio/Vaca Díez, Tel. 892-2558. Dreigeschossiger Bau, mit *Café da la Jungla*. DZ/bp 100 Bs.

Hotel Los Tucanes de Rurre, Bolívar/Ecke Arce, www.hotel-tucanes.com, Tel. 892-2039, Cel. 715-23430. Kurze Wege ins Zentrum, aber an der Hauptstraße Arce mit Straßenlärm. Ansonsten gut, sehr freundlich, einfache, aber saubere Zimmer, Garten, Dachterrasse mit Aussicht, Restaurant. Ü/bc/F 45 Bs, Ü/bp/F 80 Bs, DZ/bp/F 100 Bs.
El Ambaibo Hotel, Tel. 892-2017, Santa Cruz zw. Bolívar u. Busch. Wer gerne schwimmt: das Highlight ist hier der große und saubere Pool, ansonsten einfache Unterkunft. Zimmer/bp mit Ventilator oder AC (wenige), Traveller-Treff, Internet, Bar. DZ/bp/F 110 Bs.
El Curichal, Calle Comercio 1490, Tel. 389-22647. Unter den vielen Budgetunterkünften der Stadt ist dieses kleine, ebenso gepflegte wie freundliche Gästehaus mit seinem hübschen Innenhof ein guter Tipp. Ü/bc 45 Bs, DZ/bp 110 Bs.
Hotel Oriental, Plaza Prinipical/2 de Febrero, www.hotelsafaribolivia.com, Tel. 892-2401. Gemütliche Zimmer bc/bp, ruhige Lage, hübscher Garten, freundlich und hilfsbereit. EZ/bp/F 100 Bs, DZ/bp/F 150 Bs. **TIPP!**

FAM–LUX   **Hotel Safari,** am nördlichen Ende der Comerico, Tel. 892-2210. Freundliches, größeres Hotel in hübscher und ruhiger Gartenanlage am Beni-Fluss, koreanisches Management, Zimmer mit Vent. oder AC, Frigobar, Kabel-TV, Restaurant, Pool, WiFi, Transfer. EZ/F 250 Bs, DZ/F 330 Bs.
La Isla Resort, zwischen Av. Bolívar und Amutari, www.islatucanes.com, Tel. 892-2305. In einem schön angelegten und großen Garten mit Pool gibt es 7 komfortable Cabañas mit drei oder vier Zimmern. DZ/F 360 Bs.
Jatauba Lodge, auf der anderen Seite des Flusses, nur per Boot zu erreichen, Tel. 711-86533. Das Luxusresort verfügt über stilvoll eingerichtete Cabañas inmitten eines Waldareals. Statt in Pools badet man hier in von kleinen Wasserfällen gespeisten natürlichen Becken. DZ ab 500 Bs.

Essen & Trinken

Rurrenabaque hat sich auf das zumeist junge westliche Klientel derart eingerichtet, dass an jeder Ecke Pizzen verkauft werden. Jene in der **Pizzeria Italia,** Calle Avaroa, schmecken ausgezeichnet.

Durch den Beni gibt es auch täglich frische Flussfische, wie z.B. *pacú* und *surubí* (Wels). Fischrestaurants mit ihren Spezialitäten, wie *pescado en tacuara* bzw. *dunocuabi,* in große Blätter eingewickelter Fisch und über offenem Feuer gegart, findet man am Flussufer um den Mercado. Aber auch Vegetarisches, Gegrilltes und Hähnchen werden angeboten. *Pacamuto* ist Rindfleisch gegrillt, *majado/majadito* zerschnetzelt; *cuñapé* sind Cassava- bzw. Yucca-Brötchen.

Traditionellere bolivianische Gerichte und vor allem reichhaltige Frühstücke bekommt man in der **Casa de Campo,** Calle Vaca Díez. Gut besucht ist auch das gemütliche **Café Piraña** in der Santa Cruz zw. Bolívar und Avaroa.

Weitere Services

Bars / Unterhaltung   Rurrenabaque bietet Nachtschwärmern etliche Möglichkeiten. Neben Bars mit fantasievoller Dschungel-Dekoration gibt es auch Discos und Karaoke-Schuppen. Die *Jungle Bar Moskkito,* Calle Vaca Díez ist beliebt, „hier ist immer was los, super Stimmung", Digital-TV, Billard, gutes Büffet-Essen; Details auf www.moskkito.com. – *Bar/Restaurant La Luna,* gemütlich, Billardtisch, Cocktails, Digital-TV u.a. mehr. Calle Santa Cruz zw. Avaroa u. Vaca Díez.

Wäscherei   Mehrere im Ort, z.B. die zuverlässige *Lavandería Number One,* Avaroa zw. Santa Cruz u. Vaca Díez; mit Übernacht- und Schuhe-Trocknen-Service. 1 kg 8 Bs, schnell 10 Bs.

Einkaufen   Viele Geschäfte in der Calle Pando mit Kleidung, *hamacas,* Moskitonetze etc.

La Cambita, Avaroa zw. Pando u. Santa Cruz, hat alle Arten von indigenem Kunsthandwerk, hergestellt in den *Comunidades locales,* wie Textilien, Schnitzereien u.a. mehr. Desgleichen *TES Craft Shop,* Santa Cruz zw. Bolívar und Avaroa (s. „Lodges und Anbieter"), Verkauf von Palmblatt-Artikeln, *tejidos* u.a.

Verkehrsverbindungen

Ortsverkehr Fahrten im Ort mit Moto-Taxis zum billigen Einheitspreis.

Bus Der Busterminal liegt nördlich in der 18 de Noviembre/Ecke Ayacucho. Nach **La Paz** täglich (420 km, holprig, kurvenreich und beschwerlich, ca. 18 h, in der Regenzeit bis zu 24 h), über Caranavi und Yolosa (von da noch 8 km hoch nach Coroico); anschließend „spannende" Auffahrt nach La Paz. – **Riberalta** (520 km, mind. 18 h, weit länger in der Regenzeit), weitere 90 km nach Guayamerín. – **Trinidad** (380 km, mind. 16 h), über San Borja. Sehr schlechte Strecke, in der Regenzeit wird manchmal die doppelte Zeit benötigt oder der Verkehr wird eingestellt.

Schiff Urwaldbegeisterte können mit einem Frachtschiff von Rurrenabaque auf dem Río Beni nach Riberalta fahren, vorausgesetzt, der Wasserstand des Flusses ist hoch genug (Dauer 8–10 Tage, Preis Verhandlungssache). Von Riberalta dann mit dem Flieger zurück nach La Paz oder mit dem Bus weiter nach Cobija//Brasiléia. Von Rurrenabaque außerdem sporadischer Bootsverkehr nach Guanay, von dort 70 Pistenkilometer nach Caranavi.

Flug Rurrenabaques kleiner Flughafen (RBQ) liegt ein paar Kilometer nordöstlich des Orts. *TAM* und *Amazonas* fliegen mehrmals täglich nach/von **La Paz** (1 h). Beschränktes Sitzplatzangebot, da keine großen Maschinen, oft auch wetterbedingte Flugausfälle. Die TAM fliegt einmal in der Woche (Di) nach Trinidad, Direktflüge zu anderen Orten Boliviens nur ganz wenige, man muss zuerst nach La Paz fliegen. Transfers zum Flughafen von den Airline-Büros. Es ist eine (geringe) Aiport- und Tourismussteuer zu zahlen.
TAM: Calle Santa Cruz, Tel. 892-2398, www.tam.bo
Amazonas: Calle Comercio, Tel. 892-2472, www.amazonas.com

Kurztrips / Ausflüge

Aussichtsplattform auf Berg Calvario Hinter Rurrenabaque erhebt sich eine dicht überwucherte, steile Hügelkette, und vom *Mirador* auf dem Calvario-Berg hat man eine weite Aussicht auf Ort, Fluss und Umgebung. Dazu von der Plaza die Campero in Richtung der Hügel gehen, dort ist beim weißen Kreuz der Aufstieg ausgeschildert, oder man fragt. Schweißtreibend, aber lohnend.

El Mirador del Gringo In gleichfalls schöner Aussichtslage und nördlich davon liegt *El Mirador del Gringo,* ca. 2 km vom Zentrum in Richtung Airport, dann rechts abbiegen. Pool, Restaurant, Bar, Cottages zum Mieten, Reisemobil-Stellplätze, Schweizer Management „Jorge". Mit Moto-Taxi (10 Minuten, 10 Bs einfach). Eintritt 20 Bs, www.rurre.com.

Oscar's Rest. & Pool *Oscar's Restaurant & Swimming Pool,* gleich südlich des Orts in Aussichtslage, Zona Mirador. Gernbesucht, Pool, tropische Bar, Musik und gutes Restaurant *Butterfly.* Tägl. 10–1 Uhr, Tel. 389-22710, www.butterflymadidi.com.

Canopy Zipline Die Zipline im Dorf *Villa Alcira* ist ein Erlebnis. Buchbar im Alcira-Büro in der Calle Comercio zw. Santa Cruz u. Vaca Díez (beim Amazonas-Airline-Büro), Tel. 389-22875. Kosten 250 Bs inkl. Transport, ca. 20 Min. flussaufwärts. Man kann in diesem Tacana-Dorf auch übernachten, Preise und Details auf www.boliviacontact.com/en_bolivia/VillaAlciraEcoLodge_568.html

El Chorro Ein schöner Bootsausflug führt flussaufwärts zu einem idyllisch gelegenen Naturpool mit kleinen Wasserfällen. Unterwegs kommt man an einem Felsen vorbei mit der angeblich 1500 Jahre alten Gravur einer Schlange. Buchung bei Veranstaltern oder selbst am Flussufer.

Parque Nacional Madidi

Das Abenteuer lockt mit einer Exkursion in den **Parque Nacional Madidi** (s.u.), aber dafür muss man einige Tage Zeit mitbringen. Touren bei Anbietern, Madidi-Zutrittsgebühr 125 Bs.

Urwald- oder Pampastour?

„Pampas" oder „Jungle"?

Bei Touren in die **Pampas** bekommt man wesentlich mehr Tiere zu sehen als bei Urwald-Touren, da in den offenen Savannen und an Gewässern Tiere besser und schneller zu sehen sind. Diese motorisierten Bootstouren dauern in der Regel drei Tage und die Camps und Unterkünfte der Veranstalter befinden sich entlang des Flusses Yacuma. Dabei fährt man zunächst mit einem 4x4-Fahrzeug zum Ort Santa Rosa, etwa zwei Stunden nordöstlich von Rurrenabaque, wo der Eintrittspreis in den *Parque Natural Río Yacuma* fällig wird sofern nicht bereits im Tourpreis enthalten. Mit dem Boot geht es dann den Yacuma hinab. Das gesamte Yacuma-Schutzgebiet wird in der Regenzeit überschwemmt, wodurch die typische Mischung aus Sumpfarealen, Savanne und überwachsenen Inseln entsteht. Man kann tropisch-farbenprächtige Vogelarten beobachten, diverse Affenarten, Savannen- und Wassertiere wie Kaimane, Wasserschildkröten, rosa Flussdelfine *(bufeos),* die semiaquatischen *capybaras* („Wasserschweine"), die größten Nagetiere der Erde und mit Glück auch ausgewachsene Anakondas. Ein Paradies für Naturfotografen. Die Touren sind durchorganisiert und im Preis ist fast immer alles mitinbegriffen.

Urwald-Touren

dauern meist 2 Tage, besser sind aber mindestens 3 oder gar 5 Tage, um entsprechend tief in den Regenwald eindringen zu können. Viele Tiere wird man dennoch nicht sehen, doch umso mehr zahllose Baum- und Pflanzenarten, und die Führer können viel Interessantes über das Leben und Überleben im Urwald erzählen. Je nach Dauer variieren Urwald-Programme erheblich. Insekten, kleine Plagegeister und vor allen Dingen Moskitos sind garantiert, was nicht jedermanns Sache ist. Fußmärsche in tropischer Schwüle sollte man sich gleichfalls zutrauen.

Tipps für unterwegs

Um **Moskitos** abzuwehren, nützen die normalen DEET-Sprays oder Repellents meist nicht viel. In den Apotheken gibt es *Complejo Bedos,* Vitamintabletten mit Vitamin B12, sie sollten drei Tage vor einer Urwaldtour morgens und abends eingenommen werden. Die nicht minder lästigen und gleichfalls blutsaugenden **Sandmücken** heißen *mariguí.* Abwehrmittel mit einem ausreichend hohen Anteil an DEET sind wirksam.

Reisende berichteten uns auch von einem Schmerz unter der Haut nach einer Urwaldtour. Verursacher sind Maden oder Larven der **Dasselfliege** (Dermatobia hominis), die ihre Eier an stechende Insekten ablegt. Stechen diese Überträger den Menschen, schlüpfen die Larven und bohren sich in die Haut. Dort entwickeln sich die Maden und verlassen den Menschen, wenn sie ausgewachsen sind. Die Larven sind bräunlich quergestreift, sehen aus wie ein Mini-Gürteltier und erreichen, wenn man sie nicht vorher operativ entfernt, ein Länge von bis zu 3 cm und einen Durchmesser von bis zu 7 mm. Die Einstichstelle sieht dann aus wie ein Furunkel. Auch eine hier häufig vorkommende Schmetterlingsart *(boro)* kann einen Menschen über abgelegte Eier infizieren, aus denen sich unter der Haut Maden entwickeln und ebenso schmerzhaft sind. Arzt oder Einheimische um Rat fragen, die Parasiten müssen unbedingt entfernt werden!

Touranbieter

Viele Touranbieter haben ihre Büros in den Straßen Comercio und Avaroa, und auch fast alle Unterkünfte treten als Tour-Vermittler auf. Die Website www.rurrenabaque.com listet mehr als 20 Touranbieter auf (15 „Pampas" und „5 Jungle"). Bei der Tourist-Information in der Calle Avaroa kann man Hintergrundinformationen zu den Veranstaltern erfahren. Man kann auch Leute fragen, die eine Tour absolviert haben.

Tusoco ist eine bolivienweite, empfehlenswerte Indígena-Nonprofit-Organisation für lokalen und gemeindebasierten Land-&-Leute-Tourismus. Auf ihrer Seite www.tusoco.com findet man auch Angebote für Rurrenabaque (s.u., TES und Mapajo). Tusoco in Rurrenabaque: Calle Comercio, schräg gegenüber vom Amazonas-Büro. In La Paz: Calle Sagárnaga 227 zw. Murillo u. Linares, Tel. 2-2140653.

Man sollte nur bei lizenzierten und ökologisch ausgerichteten Unternehmen (das versichern alle) buchen, auch wenn die Kosten höher sind. Die Stadtverwaltung legte z.B. fest, dass der Preis für eine Dreitagestour 900 Bs p.P. nicht unterschritten werden darf, weil sonst die ökologischen Normen nicht mehr einzuhalten sind. Die umfangreiche Konkurrenz führte nämlich zum einen zu günstigen Preisen, andererseits auch zu teils sehr schlechten Standards. Um Kunden z.B. möglichst viele Tiersichtungen und aufregende Fotos zu ermöglichen, kommt es vor, dass Affen mit Futter angelockt, Babykaimane eingefangen und junge Anakondas um Schultern drapiert werden. Diese Eingriffe in die Natur stören und verstören die Tiere und führen dazu, dass sie sich immer weiter zurückziehen. Ein Problem ist auch, dass nur wenige *guías* Englisch oder eine andere Fremdsprache sprechen. Verhaltens- und ökogerechte Hinweise findet man auf www.rurrenabaque.com bei „Responsible Tourism".

Lodges und Tour-Anbieter

Ökolodges im Besitz indiger Kommunen

San Miguel del Bala, Calle Comercio nahe Vaca Diez, Tel. 389-2394, www.sanmigueldelbala.com. Als 1995 ein Großteil des Lebensraumes der Tacana zum Madidi-Nationalpark erklärt wurde, verlor dieses indigene Volk schlagartig seine traditionellen Rechte auf Landbau und Jagd. Um ihr Überleben zu sichern, gründeten die betroffenen Familien die *San Miguel del Bala Eco Lodge,* die von Rurrenabaque 45 Minuten flussaufwärts im Einzugsbereich des Madidi-Nationalparks liegt. Hier können Touristen mit indigenen Führern in traditionellen Langbooten auf Erkundungstouren gehen und das Alltagsleben der Familien kennenlernen. Standardtour drei Tage/zwei Nächte für zwei Personen 240 US$/ca. 1680 Bs.

Chalalán, Calle Comercio, halber Block von der Plaza Principal, Tel. 892-2419, Cel. 719-9424, www.chalalan.com. Chalalán ist eine inzwischen international renommierte und mit Preisen ausgezeichnete Ökolodge im P.N. Madidi. Touren gehen zur Comunidad *San José de Uchupiamonas* am Rand des Sees Chalalán. Anfahrt mit einem Motorboot über die Flüsse Beni und Tuichi in etwa 6 Stunden. Die Einnahmen kommen dem Volk der Tacana zugute. Doch im Unterschied zu Mashaquipe (s.u.), hat man es hier mit einer preislich gehobenen Anlage zu tun, die dennoch die Ökostandards einhalten.

Langjährige Veranstalter

Bala Tours, Calle Santa Cruz nahe Comercio, www.balatours.com, Tel. 892-2527. Größeres Unternehmen, Pampas- und Urwaldtouren mit eigenen Unterkünften, der Urwald-Ökolodge *Caracoles,* der *Pampas Lodge* am Río Yacuma und der Waldlodge *Tacuaral.* Alle Tourangebote, darunter auch Kominationen Jungle/Pampas sowie aktuelle Preise siehe Homepage.

Fluvial Tours/Amazonia Adventures, Calle Avaroa, Tel. 892-2372, Website über www.fluvialtoursbolivia.com. Das älteste Unternehmen am Ort mit gutem Ruf, freundlich und hilfsbereit. Auch mit einem Büro in La Paz, Illampu 670 zw. Eguino u. Graneros im Hotel Incas, Tel. dort 2-2004396, Cel. 758-02240.

TES Turismo Ecologico Social Außergewöhnliche Tagestouren zu lokalen indigenen Dorfinitiativen bietet die Organisation **TES,** *Turismo Ecologico Social.* Dabei werden drei oder vier verschiedene Dorfgemeinschaften besucht, *La Unión, Playa Ancha, Nuevos Horizontes* und *El Cebú.* Man gewinnt Einblicke in den Alltag der Menschen, in Landbau, Kunsthandwerk und Entwicklungsprojekte. Etwa 30 bis 50 Prozent der Tourkosten kommen dabei direkt den Gemeinden zugute. Die daran beteiligten Touranbieter wie *Fluvial, Chalalán, Mapajo* oder *Amazonia* sind an dem Logo für öko- und sozialverträglichem Tourismus erkennbar. *TES,* Tel. 712-89664, turismoecologicosocial@hotmail.com. Programminfos auch auf www.madidi-amazon.com.

Mapajo Wie TES ist auch **Mapajo Ecoturismo Indígena** ein gemeindebasiertes touristisches Unternehmen und gehört ganz den Dorfgemeinschaften, die am Hochufer des Río Quiquibey siedeln. Ihre Ökolodge *Mapajo* beim Dorf Asunción del Quiquibey umfasst sechs palmblattgedeckte Holzbungalows in Stelzenbauweise und ein nahegelegenes, einfaches Restaurant. Anfahrt mit dem Boot über die Flüsse Beni und Quiquibey. Infos/Buchungen auch über Tusoco, Calle Comercio, www.tusoco.com.

Weitere Veranstalter **Mashaquipe,** Avaroa zw. Arce u. Pando, Tel. 892-2704, Cel. 719-00773, www.mashaquipe.com.bo. Touranbieter der Tacana in Selbstverwaltung. Die Einnahmen fließen zurück an die Familien im Regenwald, die man während einer Tour besucht. Dadurch sollen Lebensweise und Kultur erhalten bleiben. Die Gruppen der Touristen werden gezielt klein gehalten, damit die Tiere nicht durch lärmende Großgruppen frühzeitig verschreckt werden. Übernachtet wird in einfachen Unterkünften. Mashaquipe bietet außerdem auch Touren in die Pampas an.
Amazonia, Avaroa (gegenüber dem Markt), Tel. 895-2333 und 895-2100; Pampas- und Urwaldtouren.
Jungle Agency Mogli, Calle Avaroa s/n zw. Pando u. Arce, Tel. 892-2292, www.maxjungle.com. Dschungel & Survival für Hartgesottete – „no chairs, no table, no beds ...". Die beiden Brüder-Gründer sind im Dschungel südlich von Rurrenabaque aufgewachsen, mehr kann man nicht über den Dschungel erfahren und erleben. Touren und Details s. Homepage.

Sehr intensive, längere (und auch kostspieligere) Urwaldtouren führt durch: **Madidi Travel,** Calle Comercio zw. Santa Cruz und Vaca Díez, Tel. 892-2153, http://madidi-travel.com (auch Büro in La Paz, s. Homepage). Serere ist ein von Flüssen und Seen durchzogenes 4000 ha großes privates Regenwaldgebiet, ca. 50 km südöstlich von Rurrenabaque, Heimat vieler Vögel, Reptilien und Insekten, aber auch mit einer großen Anzahl Raubkatzen wie Jaguar, Puma und Ozelot. Ein nachhaltiges Umweltschutzprojekt, gemeinsam mit der örtlichen indigenen Bevölkerung.

Parque Nacional Madidi

Der Madidi-Nationalpark ist ein riesiges, artenreiches Gebiet, das zur Bewahrung seiner unglaublich reichen Biodiversität 1995 unter Naturschutz gestellt wurde. Der Park umfasst knapp 1,9 Mio. ha bzw. 19.000 qkm mit verschiedenen Ökozonen: Im Norden Pampas, im Osten Tieflandregenwald, im Zentrum Trockenwald, an der Südwestecke die Gletscher der Hochanden und dazwischen der Nebelwald der Andenabhänge. Die Höhenlagen variieren zwischen 150 m bis 6000 m (Cordillera Apolobamba). Die unterschiedlichen Zonen und Lebensräume beherbergen eine entsprechende Vielzahl verschiedenartiger Flora- und Fauna-Arten. Über die Hälfte des unzugänglichen Territoriums soll noch nie von Menschen betreten worden sein.

Der Park steht unter Verwaltung der SERNAP, www.sernap.gob.bo. Parkzutritt derzeit 125 Bs. Man darf nur mit einem lizenzierten (wichtig!) Tourveranstalter in den Nationalpark, Tourdauer meist zwei bis drei Tage alles inklusive. Einige Veranstalter bieten auch längerdauernde Trekking-Touren mit Zeltübernachtungen an. An den Ufern des Hauptflusses Río Tuichi gibt es vier Touristencamps.

Nördlich begrenzt den Madidi N.P. die Straße bzw. Piste 16, die von Rurrenabaque bzw. Buenaventura auf ca. 200 km über die Dörfer *Tumupasa* und *Ixiamas* (eine aufgegebene Mission) nach *Alto Madidi* führt, und dann weiter nach Puerto Heath an die Grenze Perus. Von Tumupasa zweigt ein Piste nach Süden zur Comunidad von *San José de Uchupiamonas* am Rio Tuichi inmitten des Nationalpark ab (s.o., „Chalalán").

Auf der Bootsfahrt von Rurrenabaque ins Parkinnere über den Río Beni und in seinen Nebenfluss Río Tuichi wird hinter Rurrenabaque der *Cañón Suse* mit Petroglyphen passiert und danach der *Cañón Bala* (hier hätte einmal die Staumauer eines Megastaudammprojekts gestanden, was für den Madidi N.P. eine ökologische Katastrophe bedeutet hätte). Danach kommt auf der rechten Flussseite der *Puesto Andino,* wo ein obligatorischer Stopp eingelegt wird um sich für den Park registrieren zu lassen.

Am Río Tuichi können an der *Caquiahuara*-Salzlecke Papageien und Aras beobachtet werden. Vorbei an der Einmündung des *Río Aguapolo* und des *Río Eslabón* wird die *Laguna Santa Rosa* erreicht. Hier steht am Urwaldsee die Lodge von *TAWA*. Ein Stück weiter flussaufwärts befindet sich die Chalalán-Ökolodge. Später erreicht man die Tacana-Siedlung *San José de Uchupiamonas.* Rund um diese Ökolodge führen insgesamt 25 km lange Urwaldpfade in verschiedene Habitate, wo Affen, Tapire, Mohrenkaimane, Faultiere, Pekaris, Capybara-Familien, Grünflügel- und Gelbbrustaras und rote Aras sowie noch viele Tiere mehr beobachtet werden können. Über 1000 Spezies sollen es insgesamt sein, wobei besonders die Vogelwelt äußerst artenreich ist. Von Uchupiamonas führt ein 30 km langer Urwaldpfad nach Nordosten nach *Tumupasa,* neben dem Fluss die einzige Verbindung von Uchupiamonas zur Außenwelt.

Im Süden des Madidi-Nationalparks bildet der *Río Quiquibey* die Trennlinie zum 5000 qkm großen **Reserva de la Biósfera y Tierra Comunitaria de Origen Pilón Lajas,** ein Biosphären-Reservat und gleichzeitig indigenes Gemeinschaftsland der Mosetenes und Tsimanes. Das Schutzgebiet ist nach Nutzungszonen eingeteilt, so gibt es Bereiche für die Jagd, Landbau, Holzeinschlag und für touristische Nutzung.

ROUTE 16: TRINIDAD – RIBERALTA – (GUAYARAMERÍN) – COBIJA (1250 KM)

Riberalta

Vom Süden, von San Borja und Rurrenabaque, führt die schlechte Piste „Ruta 8" über *Santa Rosa* nach **Riberalta,** wo der Río Beni sich mit dem breiteren Río Madre de Dios vereinigt. Auch von Trinidad führt eine Piste über Santa Ana de Yacuna nach Riberalta. Am einfachsten ist die Stadt in der fast nördlichsten Ecke Boliviens jedoch mit dem Flugzeug zu erreichen.

Riberalta („hohes Ufer") wurde 1884 von dem Schweizer *Federico Bodo Clausen* und von dem Hamburger *Máximo Henicke* gegründet. Heute zählt sie 100.000 Einwohner und ist Verwaltungshauptstadt der Provinz Vaca Díez. Sie war einst ein Zentrum der Kautschuk-Produktion und gehörte dem Kautschukbaron *Nicolás Suárez*. Ihm zu Ehren steht auf dem Malecón, der Uferpromenade, ein Denkmal.

In letzter Zeit stieg die wirtschaftliche Bedeutung der Stadt durch Holzwirtschaft und Goldfunde in der Umgebung wieder an. Wichtigstes Produkt ist jedoch die Paranuss, mit der Bolivien 70% des Weltmarktes beliefert. Die Schweizer Familie Hecker besitzt seit 1909 den ältesten Paranussbetrieb, die Plantagen und der Verarbeitungsbetrieb können besucht werden. Daneben wird auch Nussöl exportiert und in Stadtnähe gibt es Kautschukplantagen.

Im Zentrum an der Westseite der *Plaza de Armas 3 de Febrero* ist die **Iglesia Catedral del Carmen** sehenswert, ein luftiger Backsteinbau mit durchbrochener Glockenfassade. Vom **Parque Mirador La Costañera** hat man nicht nur einen schönen Ausblick auf den Río Beni, dort liegt auch als ein nationales Denkmal Nicolás Suárez' Dampfschiff *Tahuamanu* (Baujahr 1899), das im Acre-Krieg 1900–1904 und im Chacokrieg 1932–1935 eingesetzt wurde. Der Flusshafen **Puerto Beni-Mamoré** liegt einen knappen Kilometer westlich der Plaza. Zwei Blocks nördlich der Plaza befindet sich der **Club Náutico** mit einem Swimming Pool, am Flussufer sind Boote festgemacht.

Außerhalb, wenige Kilometer auf der „Ruta 8" in Richtung Süden, gelangt man zur beliebten Badelagune **Tumichucua,** ein beliebtes Ausflugsziel.

Etwa 8 km außerhalb von Riberalta liegen die Ruinen eines befestigten Außenpostens der Inka. Bis hierher war *Túpac Inca Yupanqui* mit seiner Streitmacht in das Amazonastiefland vorgedrungen. Die Ruinen sind gut mit einem Mietmoped ab der Plaza zu erreichen.

Adressen & Service Riberalta

Infos Alle Reisewichtige findet man rund um die Plaza und in die dort einmündenden
Vorwahl (03) Straßen. Mit den zahlreichen Moto-Taxis kommt man überall hin. Miet-Motorräder in der Av. Gabriel Remez Moreno 195/Ecke Suárez.

Geld Geldautomaten bei der Banco Ganadero, Plaz, oder *Banco Union,* Comercio/Vaca Díez, bei Prodem, Suárez 180, oder dort, wo „Compro Dólares"-Schilder sind.

Kommunikt. Internet-Café an der Plaza, Post und ENTEL in der Baptista, Nähe Plaza.

Websites	www.bolivia-riberalta.com
Unterkunft	Das Angebot ist dürftig und das Preis-/Leistungsverhältnis schlecht. **Posada Familiar Shimose,** Santisteban 348/Ecke Suárez, Tel. 852-2326. Großzügig eingerichtete Zimmer/bp. DZ/Vent. 200 Bs, mit AC 280 Bs. **Las Palmeras,** Suárez 855, Tel. 852-2354. DZ/AC 270 Bs. **Hotel Colonial,** Plácido Méndez 745, Tel. 852-3018. Historisches Kolonialhaus einen halben Block von der Plaza mit netter Gartenanlage, unterschiedliche Zimmerqualitäten. DZ 300 Bs. **Hotel Amazonas,** Medardo Chávez/Bernardino Ocha, Tel. 852-2339. DZ/Vent./F 160 Bs, mit AC 300 Bs.
Essen & Trinken	Das preisgünstigste Essen bekommt man wie immer auf dem Mercado *(comedor popular)*, geröstete Paranüsse, *nueces del Brasil*, bekommt man überall in der Stadt angeboten. Um die Plaza gibt es einige Restaurants, empfehlenswert sind *Horno Camba* und der *Club Social El Progreso* mit seinem preiswerten Tagesmenü *(almuerzo)*. – Gegrilltes in netter Atmosphäre: *Churrasquería El Pahuichi,* Nähe Mercado.

Verkehrsverbindungen

Flussverkehr im Beni-Tiefland	Es ist schwierig geworden, flussaufwärtsfahrende Schiffe auf dem **Río Madre de Dios** zu finden, auch deshalb, weil das Paranuss-Unternehmen Hecker keine Frachtschiffe mehr nach Puerto Heath und Puerto Maldonado (Peru) betreibt. Die Chancen werden bei unpassierbaren Straßen in der Regenzeit und bei steigendem Wasserpegel auf allen Flüssen besser, dann können auch Stromschnellen umfahren werden. Trotzdem immer Wartezeit einkalkulieren! Wer in der *Capitanería del Puerto* am Río Madre del Dios (bei der Calle Sánchez) erfährt, dass vor ein oder zwei Tagen ein Schiff flussaufwärts abgelegt hat, kann mit dem Bus bis nach *Sena* (120 km) am Río Madre de Dios fahren und das Schiff, das bis dorthin 3 Tage benötigt, noch einholen. Busabfahrten nach Sena tägl. gegen 7 Uhr in ca. 5 Stunden. Gesamtfahrzeit mit dem Boot bis Puerto Maldonado *mindestens* eine Woche, der Fahrpreis ist Verhandlungssache. Sporadische Schiffsverbindungen, insbesondere während der Regenzeit zwischen April und November, gibt es auch auf dem **Río Beni** nach Rurrenabaque (von wo aus es weiter in die Yungas geht). Fahrzeit mindestens eine Woche, je nach Bootsladung und Wasserstand auch bis zu drei Wochen. Einfacher wird es auf dem **Río Mamoré,** z.B. ab Guayaramerin. Bei hohem Wasserstand in der Regenzeit kommen hier ein bis zwei Schiffe pro Woche vorbei, doch während der Trocken- oder zu Beginn der Regenzeit so gut wie keine. Die Fahrpreise auf allen Flüssen liegen bei 15–25 US$ pro Tag inklusive Verpflegung, wobei diese eher schlecht ist. Zusätzliche Lebensmittel und Mineralwasser sollten mitgenommen werden, da das Wasser an Bord (über einen Filter) direkt aus dem Fluss kommt. Obligatorisch sind Hängematte und Moskitonetz, zur Tierbeobachtung ist ein Fernglas hilfreich. Weitere Infos bei der *Capitanería del Puerto,* direkt am Río Beni.
Bus	Der Busterminal liegt 3 km östlich der Plaza an der Straße nach Guayaramerín. Nach **Cobija** (350 km) ca. 3x in der Woche ein Bus, je nach Witterung 12–16 h. – **Guayaramerín** (90 km, 2,5 h): täglich Busse am Vormittag, Sammeltaxis fahren auch und sind eine Stunde schneller. – **La Paz** (960 km, mind. 34 h) und **Rurrenabaque** (520 schlimme km, mind. 18 h, bis zu 40 h in der Regenzeit): nahezu täglich ein Bus. Alle La-Paz-Busse fahren über Rurrenabaque. – **Trinidad** (900 km, über San Borja): fast tägl. ein Bus, Fz 17–30 h, besser fliegen.
Flug	Der Flughafen *Selin Zeitun López* liegt nur 1,5 km südl. der Plaza, zu entrichten ist eine kleine Airport-Tax. Aktuelle Flugpläne und Preise s. Homepages der Airlines. **Aerocon,** Tel. 852-4679 am Flughafen, www.aerocon.bo (Tel. direkt 901-10-

5252), fliegt mehrmals täglich nach Trinidad. – **Amaszonas,** Chuquisaca/Ecke Sucre, Tel. 852-3933, www.amaszonas.com, fliegt nach Trinidad und Guayaramerín. – **TAM,** Chuquisaca 1146, Tel. 852-2646, www.tam.bo, fliegt fast täglich nach La Paz. – Es gibt noch ein paar weitere kleine Privatgesellschaften, Auskunft im Flughafen.

Guayaramerín

90 km östlich von Riberalta liegt Guayaramerín am Río Mamoré, die solide Fahrbahn ist schnell befahrbar. Die 40.000-Einwohnerstadt hat Bedeutung als Grenzstelle über den Fluss zur (fast gleichnamigen) Stadt *Guayará-Mirim* in Brasilien. Von dort führt entlang der bolivianisch-/brasilianischen Flussgrenze eine Straßenverbindung – mit östlichem Abzweig nach Porto Velho – nach Westen und über das brasilianische Río Branco wieder zurück nach Cobija in Nordwestbolivien. Ein weiterer Abzweig bei Brasiléia, kurz vor Cobija, bringt Reisende über Assis Brasil nach Puerto Maldonado in Peru.

In Guayaramerín hatte Kautschukbaron *Nicolás Suárez* eine Handelsniederlassung, da die Stromschnellen des Río Beni Flusstransporte noch weiter flussabwärts in den Río Madeira nicht möglich machen. Man kann in der Handels- und Schmuggelstadt Guayaramerín fast alles zu Fuß oder mit den zahlreichen Moto-Taxis erledigen. Ein kleines Museum zeigt Dokumente über den Bau der Eisenbahnlinie Porto Velho – Guayará-Mirim (s. Exkurs).

Die Kautschuk-Bahn

Obwohl der Kautschukboom zwischen 1908 und 1910 im brasilianischen Manaus bereits seinen Höhepunkt erreicht hatte, wurde 1912 die über 360 km lange Eisenbahnstrecke auf brasilianischem Gebiet von Porto Velho am Madeirafluss entlang der Flüsse Madeira und Mamoré nach Guayará-Mirim am Río Mamoré eröffnet. Die Bahn sollte die Stromschnellen des Río Beni kurz vor seiner Vereinigung mit dem Río Mamoré zum Río Madeira umgehen (s.u. „Cachuela Esperanza") und war ursprünglich von Riberalta aus geplant. Damit wollte Bolivien über den Madeira, der in den Amazonas fließt, Zugang zum Atlantik bekommen. Als Gegenleistung musste Bolivien seine Provinz Acre an Brasilien abtreten.

Baubeginn der Bahn war 1907 in Porto Velho. Das gewagte Eisenbahnprojekt führte durch eines der dichtesten Urwaldgebiete der Erde. Nach fünf Jahren Elend wurde Guayará-Mirim erreicht. Durch die katastrophalen Arbeitsbedingungen verloren 6000 Arbeiter ihr Leben. Deshalb wurde die Bahnstrecke auch *via de diablo,* „Straße des Teufels" genannt.

1912 brach dann der Welt-Kautschukmarkt zusammen. Ein Engländer hatte es geschafft, Kautschuksamen aus Brasilien zu schmuggeln. Neue Plantagen in Südostasien, besonders im britischen Malaysia, produzierten die wertvolle Gummimilch wesentlich billiger. Das letzte Stück der Eisenbahnlinie von Guayará-Mirim nach Riberalta, nur noch 100 km, wurde nie zu Ende gebaut.

Am meisten verspekuliert hatten sich die beiden „Kautschuk-Könige", der Bolivianer *Nicolás Suárez* (1851–1940) und der Peruaner *Julio César Araña,* die in die Eisenbahnstrecke riesige Summen investiert hatten. Suárez war mit 8 Mio. ha Land der reichste Mann Amazoniens, Riberalta am Río Beni und das nördliche kleinere Villa Bella gehörten ihm. Er alleine hatte das Recht, mit seinen Schiffen Transporte auf dem Río Madeira vorzunehmen.

Die Bahnlinie war bis 1972 in Betrieb, der Bau der Straße Porto Velho – Guayará-Mirim führte zur Stilllegung. Zwei Lokomotiven stehen in Guayará-Mirim auf Abstellgleisen, Lok Nr. 20 mit dem Baujahr 1936 wurde in einer Berliner Maschinenfabrik hergestellt. Die anderen rosten in Porto Velho vor sich hin. Durch Kautschukzapfen kann heute niemand mehr reich werden. – HH

Adressen & Service Guayaramerín

Tourist-Info *Oficina Regional de Turismo,* im Hafen. – *Migración,* für Ein- und Ausreisestempel Bolivien//Brasilien: in der Av. Costanera, gleich am Fluss, neben dem Hafengebäude, 8–11 Uhr u. 14–18 Uhr. **Brasilianisches Konsulat:** Beni/Ecke 24 de Septiembre, Tel. 855-3766, Mo–Sa 9–17 Uhr. Achtung: Zur Einreise nach Brasilien wird eine **Gelbfieberimpfung** benötigt!

Vorwahl 03

Geld Alle drei an der Plaza: *Banco Unión, Prodem* und *Cambio Guaya Tours.* Geldwechsler hängen am Flusshafen herum (besser hier als in Brasilien wechseln).

Unterkunft **Hotel Santa Ana,** 25 de Mayo 611, Tel. 855-3900. DZ 150 Bs.
Hotel Litoral, 25 de Mayo bei 16 de Julio, Tel. 855-3895. DZ 180 Bs.
Hotel San Carlos, San Carlos bei 6 de Agosto, Tel. 855-3555. Mit Restaurant. DZ 260 Bs.

Essen & Trinken Es gibt viele Kneipen, die typisch brasilianische Gerichte auf den Tisch bringen. Allerdings auch zu brasilianischen Preisen, die wesentlich höher sind als die bolivianischen. Steaks: *Churrasquería Patujú,* 6 de Agosto. Günstig: *Club Social Guayaramerín* an der Plaza; u.v. andere.

Freibad im *Country-Club,* Nähe Busterminal, mit Beachvolleyball, Tennisplatz und gutem Restaurant.

Reisebüro *Viajes Amazonas,* Av. Federico Román 680, Tel. 855-4000. – *Mary Tours,* Oruro. Angeboten werden Stadttouren und nach *Cachuela Esperanza,* s.u.

Bus Der Busterminal liegt südlich außerhalb des Zentrums.
Nach **Riberalta** (90 km) tägl. mehrere Busse, eine Stunde schneller sind die Sammeltaxis vor dem Terminal. Zu Fernzielen wie **Trinidad** (990 km), *Santa Cruz* (1540 km) oder *La Paz* (1050 km) am besten fliegen. Nach **Cobija** (440 km) kann auch in Riberalta neu zugestiegen werden. Busse nach **Trinidad** benötigen 22–35 Stunden, je nach Pistenverhältnissen bzw. ob Regen- oder Trockenzeit.
Nach **Guayará-Mirim/Brasilien:** mit Flussfähre über den Río Mamoré. Der Busterminal Guayará-Mirims liegt weit außerhalb, ins Zentrum mit einem Taxi. Anschlussverbindungen von Guayará-Mirim nach Porto Velho täglich (370 km, 5 h) und auch Río Branco (490 km, 6,5 h).

Schiff Nach Trinidad fahren ab und zu Frachtschiffe den Río Mamoré flussaufwärts. Infos bei der Capitanería im Flusshafen gegenüber der Migración, tägl. wechselnde Anschläge beachten. Fahrzeit ca. 6 Tage, Preis ca. 350 Bs inkl. Verpflegung.

Flug Der kleine Flughafen *Ernesto Roca* liegt beinahe in der Stadt, nämlich nur 1,2 km südlich des Flusses.
Aerocon, 25 de Mayo nahe Beni, Tel. 855-5025, www.aerocon.bo (Tel. direkt 901-10-5252), fliegt täglich nach Trinidad. – **Amazonas,** am Flughafen, www.amaszonas.com, nach Riberalta und Trinidad. – **TAM,** 16 de Julio, Tel. 855-3924, www.tam.bo, fliegt mehrmals in der Woche nach Trinidad.
Es gibt noch weitere kleine Privatgesellschaften, Auskunft im Flughafen.

Ausflug: Cachuela Esperanza

Ein lohnender Ausflug von Guayaramerín führt in das nördlich gelegene *Cachuela Esperanza,* malerisch an den Beni-Stromschnellen liegend. Die künstliche Kleinstadt, wurde von **Nicolás Suárez** nach seinen Vorstellungen gegründet und aufgebaut. Sie war das Herz seines Kautschukimperiums und einst der fortschrittlichste Ort Boliviens mit Krankenhaus, Zeitungsverlag, Opernhaus und einer Dampfrangierlok zur Verbindung der Schiffsanleger vor und hinter den Stromschnellen. Auch einen Landebereich für Wasserflugzeuge gab es. Hier, inmitten des Urwalds, wurde der Kautschukkönig nach seinem Tod 1940 beigesetzt. Danach begann der Verfall des Orts. Seine Villa wude bis auf die Grundmauern zerstört, es stehen aber noch das Thater, die Lagerhäuser und die alte Nussfabrik. Heute leben hier noch eine paar Hundert Menschen. Von Cachuela Esperanza führt eine Piste zu dem 200-Seelendorf *Villa Bella*. Ein paar Kilometer nördlich fließt der Río Beni in den Río Madiera, Grenzfluss zu Brasilien.

Cobija

Die Grenzstadt Cobija liegt im äußersten, isolierten Nordwesten Boliviens und wird über die relativ gut befahrbare Ruta Nacional 13, die 80 km südlich von Riberalta nach Westen abzweigt, erreicht. Die letzten 110 Kilometer sind sogar asphaltiert. Die Strecke führt abwechselnd durch Pampas und Urwald. Mit Fähren werden die Flüsse Río Beni und Río Madre de Dios überquert, letzteres dauert lange. Den Río Orthón überspannt bei Puerto Rico eine Brücke. Im letzten Streckendrittel nehmen die niedergebrannten Urwaldflächen zu, Rinder grasen zwischen verkohlten Baumstümpfen.

Cobija ist Hauptstadt des Departemento Pando. Es liegt an einer engen Schleife des Grenzflusses Río Acre und wurde erst 1906, in der Epoche des Kautschukbooms, unter dem Namen „Bahía" gegründet. Unter den etwa 25.000 Einwohnern leben auch viele Brasilianer aus der Nachbarstadt Brasiléia oder sind zum Einkaufen unterwegs, denn Cobija ist Freihandelszone mit zollfreiem Einkauf. In der 9 de Febrero gibt es ein großes Shopping-Center. Ein weiteres ökonomisches Standbein ist die Produktion von Nüssen. Das allgemeine Preisniveau ist in Cobija recht hoch. Bedingt durch die geringe Meereshöhe von unter 200 Metern ist das Klima extrem schwül, heiß und es regnet sehr oft. Nur ab und zu sorgen die kühlen *surazos* aus den Anden für gemäßigte Temperaturen.

Reserva Nacional Manuripi Heath

Im Departamento Pando befindet sich das größte zusammenhängende Schutzgebiet Boliviens, die *Reserva Nacional Manuripi Heath,* benannt nach dem nordamerikanischen Arzt und Forschungsreisenden Edwin Heath, der 1880 die Stromschnellen am Unterlauf des Río Beni entdeckte. Die Reserva wurde am 20.12.1973 proklamiert, ist 1,5 Mio. ha groß und liegt südöstlich von Cobija, genau zwischen den beiden großen Flüssen Río Madre de Dios und Río Manuripi. Das gesamte Gebiet wird vom amazonischen Regenwald bedeckt. Heimisch sind viele bedrohte und seltene Tierarten, wie z.B. Pygmäen- und Kaiseraffe, Puma, Jaguar, Ozelot, Pekari, Tapir u.a., auch letzte *Callimico Goeldi*-Affen. In der Pflanzenwelt finden sich *Mapajo, Matacú, Trompillo, Asaí, Cedro, Mara* oder *Gomero Genipa*. Die Waldbewohner *Ese-Eja* leben hier noch in Einklang mit der Natur.

Adressen & Service Cobija

Migración
Vorwahl 03

Bolivien: Ausreisestempel in der Prefectura an der Hauptplaza holen, Mo–Fr 9–17 Uhr. Zweigstelle am Aiport.
Konsulat Brasilien: Av. René Barrientos, Tel. 842-2110, Mo–Fr 8.30–12.30. Achtung: Zur Einreise nach Brasilien wird eine **Gelbfieberimpfung** benötigt!
Grenzübertritt: mit Taxi über die Grenzbrücke bis zur Policía Federal in Brasiléia. Weiterfahrt, z.B. nach Río Branco, ab dem Rodoviaria (Busterminal) in Brasiléia.

Geld	Geldautomaten bei den Banken um die Plaza, auch bei *Prodem,* oder bei einem Geldwechsler. Unbedingt in Cobija alle Bolivianos in Reais wechseln, in Brasiléia keine Möglichkeiten.
Unterkunft	**Paititi Apart Hotel,** Av. 9 de Febrero 221 (zentral), www.paititiaparthotel.com, Tel. 8424440. Gut und günstig. DZ/F 270/320 Bs. – **Hotel Nanijós,** Av. 9 de Febrero, Tel. 842-2230. Groß und modern, Pool, Restaurant u.a. DZ 350 Bs. – **Hotel Asai,** Av. Internacional 583 (bei der Grenze), www.hotelasai.com, Tel. 842-3903. Schöne, gehobene Cabaña-Anlage.
Flug	Der Flughafen *Anibal Arab* (CIJ) liegt 4 km südwestlich des Zentrums, Anfahrt mit Micro Línea C, Moto-Taxi oder Taxi. **Aerocon,** Av. L. Justiniano 43, Tel. 842-4575, www.aerocon.bo (Tel. direkt 901-10-5252), fliegt nach Trinidad, desgleichen **Amazonas,** am Flughafen, www.amaszonas.com. – **TAM,** Av. 9 de Febrero, Tel. 842-4145, www.tam.bo, fliegt fast tägl. nach La Paz und zu anderen Destinationen.
Bus	Es gibt keinen zentralen Busterminal, Busse fahren ab/kommen an in ihren Büros an der Av. 9 de Febrero. Nach **Riberalta** (350 km, 12–16 h) z.B. mit *Trans Pando,* 9 de Febrero Nähe Stadion, fast alltägliche Frühabfahren zwischen 5 und 7 Uhr. – Nach **Guayaramerín** via Riberalta. – Andere Fernziele besser per Flugzeug. **Nach Peru:** nach **Iñapari** (115 km) via Assis Brasil, dazu über die Grenze nach Brasiléia. – Nach **Puerto Maldonado** via Chive am Río Made de Dios (ca. 180 km) im Süden. Minibus ab dem Stadion nach Chive, Fz 7 h. Ab Chive/Puerto Heath Boot nach Puerto Maldonado nehmen. Ausreisestempel bereits in Cobija besorgen!

Brasiléia/Brasilien

Die Grenzstadt auf der anderen Flussseite ist recht hässlich und hat außer als Grenzübergang nichts zu bieten. Zeitverschiebung beträgt –1 h.

Unterkunft	**Hospedería Ponto Cierto,** Av. Santos del Monte, Tel. 536-3609. Einfache Budget-Herberge. Leicht besser: **Hotel Epitacio,** Av. Santos Domol, Tel. 546-3206.
Infos	Es gibt in Brasiléia keinerlei Wechselmöglichkeiten. Ein- und Ausreisestempel gibt es bei der Policía Federal.
Transport	Der Busterminal für Fernbusse nach Río Branco liegt weit außerhalb, Anfahrt mit Taxi. Daneben gibt es einen weiteren Busterminal, von dem Busse nach Assis Brasil nach Westen abfahren. Eine Flugpiste ist vorhanden. Nach **Assis Brasil** // **Grenzort Iñapari** (Peru): täglich Busse, 115 km, 5 h. – **Río Branco** (240 km): tägl. Busse um 6, 11, 14 und 18 Uhr, Fahrzeit 3,5 h auf gut asphaltierter Straße durch niedergebrannten Regenwald. – **Porto Velho** via Río Branco (insges. 790 km): Bus ab Brasiléia nach Río Branco mit tägl. 4 Anschlüssen nach Porto Velho. Gesamtfahrzeit 11 h. Nach **Cobija** am besten mit Taxi, sich gleich zur Migración bringen lassen.

ANHANG

Abkürzungen

4WD	Four-Wheel-Drive, Geländewagen m. Vierrad-Antrieb
AE	American Express (Amexco)
dt.	deutsch, deutschsprachig
engl.	Englisch, englischsprachig
Ed.	Edificio – Gebäudenamen (bei Adressen)
Fp	Fahrpreis (Flugpreis)
Fz	Fahrzeit (Flugzeit)
GA	Geldautomat
Gz	Gehzeit
h	Stunde
HS	Hochsaison
Kk	Kreditkarte
Km	(großes „K"), Kilometer, im Sinn von „am/nahe dem Kilometerstein"
MC	MasterCard (= Eurocard)
Mz.	Manzana – Stadtviertel, Baugebiet
NS	Nebensaison
Of.	oficina, Büro
P.N. / PN	Parque Nacional
Poltur	Policía de Turismo (PolicíaTurística), Touristen-Polizei
Prol.	Prolongación, die Verlängerung einer Straße
sp.	Spanisch, spanischsprachig
Sta.	Santa
Sto.	Santo
s/n	sin numero (Haus hat keine Hausnummer)
s.	siehe
s.S.	siehe Seite
SPT	**S**ervicio de **P**rotección al **T**urista (peruan. Touristenschutz-Organisation)
Urb.	Urbanización, städtebauliches Erschließungsgebiet, Neubaugebiet

Abkürzungen bei den Unterkunftsbeschreibungen

AC	Air Conditioning (aire acondicionado)
B&B	Bed&Breakfast
BBQ	Barbecue / Grillen
bc	baño compartido (oder b. común), Gemeinschaftsbad/-toilette)
bp	baño privado (Bad/WC im Zimmer)
CP	Campingplatz, meist auch Stellplätze für Reisemobile
DZ/F	Doppelzimmer mit Frühstück
EZ	Einzelzimmer

F	Frühstück
GpD	Gepäck-Depot, Gepäckaufbewahrung
PLV	Preis-/Leistungsverhältnis
HP	Halbpension (Frühstück/Abendessen)
HM/HMP	Hängematte, Hängemattenplatz
Hz	Heizung
JUHE	Jugendherberge
MBZi	Mehrbettzimmer
Kw	Kaltwasser
TriZ	Dreibettzimmer
Ü	Übernachtung ohne Frühstück für eine Person
Ü/F	Übernachtungspreis mit Frühstück
p.P.	pro Person
Pp	(Privat-)Parkplatz
RadV	Fahrradvermietung
Reserv.	Reservierung
Rest.	Restaurant
SB	Selbstbedienung, Selbstbedienungs-Restaurant
TriZ	Dreibettzimmer
veg.	vegetarisch
Vent.	Decken- oder Standventilator
VP	Vollpension (Vollverpflegung)
Ws	Wäscheservice
Ww	Warmwasser
ZP	Zeltplatz

Dieses Handbuch … erscheint seit über 25 Jahren im Reise Know-How Verlag und ist damit eines der ersten Reisehandbücher für Peru und Bolivien. Anfänglicher Autor war Rainer Lössl. Kai Ferreira Schmidt, Helmut Hermann und Sandra Wolf folgten nach.

Sandra Wolf zog nach ihrem Abschluss zur Diplom-Kulturwirtin von Deutschland nach Lima/Peru und ist dort freiberuflich im Tourismus als Autorin und Reiseleiterin tätig. **Helmut Hermann** bereist seit über 40 Jahren die Welt.

Beiträge/Exkurse: FS: Kai Ferreira Schmidt • HH: Helmut Hermann • KN: Katharina Nickoleit • SW: Sandra Wolf. Herzlichen Dank an *Elena Muguruza* für die Basistexte des Kapitels „Kulturen-Nation Peru" S. 80–83 und des Exkurses „Ostern in Ayacucho", S. 435.

Agradecimiento … Dank allen Reisefreunden, die durch ihre Tipps und Infos von unterwegs mitgeholfen haben dieses Buch aktuell zu halten: Federico Alvarado, La Paz. Bastian Müller, Bolivia-Online, Santa Cruz. Eliana Pauca del Campo, All Ways Travel, Puno. Kai Ferreira Schmidt, Katharina Nickoleit, Robert Rauch, Andreas Wickleder, Thomas Wilken, Malena Alderete u.a.

Fotonachweis Carle, Clemens: S. 180, 185
Ferreira Schmidt, Kai: 102, 123, 207, 279, 307, 409, 416, 424, 615
Hauf, Wolfgang: S. 579
Hermann, Helmut: S. 31, 50, 61, 79, 90, 304, 305, 337, 344, 368, 379, 380, 382, 407, 514, 653, 715, 716
Nickoleit, Katharina: S. 299, 834
Rojas Guevara, Juan Carlos: S. 92, 121, 165, 376, 620
Salas, Ramiro: S. 193, 520, 569, 573, 604
Wolf, Sandra: S. 62, 67, 82, 181, 246, 257, 271, 274, 306, 309, 348, 405, 501, 504, 512, 518, 531, 534, 555, 565, 574, 590, 591, 605, 643, 677, 713
Umschlag, Titel: iStockphoto.de (28904500 / hadynyah)
Klappe: 1. Rojas Guevara, Juan Carlos • 2. Wolf, Sandra • 3. iStockphoto.de (134999374 / hadynyah) • 4. Nusch, Christian. Umschlagklappe hinten, Foto unten: Wolf, Sandra

Literaturliste Peru und Bolivien

Hinweis: Im Internet bei www.amazon.de finden Sie unter den Stichworten „Peru", „Bolivien", „Inka" u.ä. Begriffe weitere Literaturangaben.

Alte Kulturen
Alva, Walter: Sipán. Descubrimiento e Investigación, Lima 1999
Alva/Fecht/Schauer/Tellenbach: Das Fürstengrab von Sipán, Mainz 1989
Anton, Ferdinand: Altindianische Textilkunst Peru, Leipzig 1984
Baudin, Luís: Der sozialistische Staat der Inkas, Hamburg 1986
Baumann, Peter: Das letzte Geheimnis der Inka, Freiburg 1987
Baumann, Peter: Kosmos der Anden, München 1994
Baumann, Peter: Valdivia – Die Entdeckung der ältesten Kultur Amerikas, Hamburg 1978
Bollinger, Armin: Die magische Welt der Indios, CH-Wald 1987
Bollinger, Armin: Einführung in die Welt der Indios, CH-Wald 1982
Bollinger, Armin: So bauten die Inkas, Diessenhofen 1979
Bollinger, Armin: So nährten sich die Inkas, Zürich 1986
Cavatrunci u.a.: Das alte Peru, Hirmer, München 2005 (sehr guter Bildband)
Disselhof, Hans-Dieter: Das Imperium der Inka und die indianischen Frühkulturen der Andenländer, Berlin 1974
Graichen, Gisela: Schliemanns Erbe – Von den Römern im Orient zur Goldstraße der Inka, Hamburg 2003
Grün, Robert und Evamaria: Die Eroberung von Peru, Tübingen/Basel 1973
Guidoni u. Magni: Monumente großer Kulturen – Inka, Erlangen 1987
Hagen, Victor von: Schicksalstraße der Inka, Stuttgart 1980
Helfritz, Hans: Amerika – Inka, Maya, Azteken, Wien 1965
Helfritz, Hans: Südamerika – Präkolumbische Hochkulturen, Köln 1977
Heyerdahl, Thor: Die Pyramiden von Túcume, Oslo 1993
Horrison, Tony: Das Geheimnis der Linien von Nazca. Maria Reiche Lebenswerk, 1987
Kirchner, Gottfried: El Dorado – Suche nach dem Goldschatz, München 1988
Kurella, Doris: Kulturen und Bauwerke des Alten Peru, Stuttgart 2008
Mayer, Eugen: Chan Chan, München 1984
Pörnter, Rudolf / Davis, Nigel: Alte Kulturen der Neuen Welt. Erkenntnisse der Archäologie, Düsseldorf/Wien 1980
Prescott, William: Die Eroberung Perus, München 1986
Prescott, William: Die Welt der Inkas, Genf 1974
Reiche, Maria: Geheimnis der Wüste, Mainz 1970
Salentiny, Fernand: Machupicchu. Steinernes Rätsel im Land des Kondors, Frankfurt 1979

Stierlin, Henry: Die Kunst der Inka, Stuttgart/Zürich 1987
Stierlin, Henry u.a.: Lebensalltag der Inka, London/Stuttgart/Zürich/Augsburg 1995/2008
Stingl, Miloslav: Das Reich der Inkas, Düsseldorf 1982
Stingl, Miloslav: Peru, Eltville 1979
Sueldo Nava, Pedro: Machupicchu, Cusco 1987
Time-Life (mehrere Autoren): Gold und Macht der Inka, ECO-Verlag, Köln 2001
Urton, Gary: Mythen der Inka, Reclam-Verlag, Stuttgart 2002
Waisbard, Simone: Machu Picchu, Bergisch Gladbach 1978
Westphal, Wilfried: Unter den Schwingen des Kondors, Gütersloh 1985

Augenzeugenberichte
Cieza de León, Pedro de: Auf den Königsstraßen der Inka, Stuttgart 1971
Engl, Lieselotte und Theodor: Die Eroberung Perus, München 1975
Krickenberg, Walter: Märchen d. Azteken u. Inkaperuaner, Maya u. Muisca, Düsseld./Köln 1979
Poma de Ayala, Felipe Guzmán: Nueva crónica y buen gobierno, Paris 1936
Vega, Garcilaso de la: Wahrhaftige Kommentare zum Reich der Inka, Ostberlin 1983
Yupanki, Titu Kusi: Die Erschütterung der Welt, CH-Olten 1985

Romane, Erzählungen
Alcaraz, Delio: Tradiciones y leyendas de Potosí, Cochabamba 1998
Arguedas, José María: Die tiefen Flüsse, Frankfurt/M 1980
Arguedas, José María: Fest des Blutes, Berlin 1980
Arguedas, José María: Trink mein Blut, trink meine Tränen, Berlin 1984
Peters, Daniel: Der Inka, Heyne-Verlag
Scorza, Manuel: Der schlaflose Reiter, München 1987
Scorza, Manuel: Garbombo der Unsichtbare, München 1978
Scorza, Manuel: Trommelwirbel für Rancas, Frankfurt 1980
Vargas Llosa, Mario: Das grüne Haus, Frankfurt/M 1976
Vargas Llosa, Mario: Der Geschichtenerzähler, Frankfurt/M 1992
Vargas Llosa, Mario: Der Hauptmann und sein Frauenbataillon, Frankfurt/M 1983
(u. über 10 weitere Titel mehr)

Diverses
Beyer, H. u. Friedrich, M: Die Anden (Bildband), 2004, www.art-adventure.de
Bosse, Hans: Diebe, Lügner, Faulenzer, Frankfurt/M 1984
Brüning, Hans Heinrich: Fotodokumente aus Nordperu, Hamburgisches Museum für Völkerkunde 1990
Busch, Oskar: Peru-Trekkingführer (Bergführer), Bergverlag R. Rother, München 1996
Camera de Hoteleria de La Paz: Manual de Ventas Hotelero y Servicios Turístícas 2004
Condori Mamani, Gregorio: Sie wollen nur, dass man ihnen dient ... Frankfurt/M 1985
Dunkel, Winfried: Quechua für Peru-Reisende, Reise Know-How Bielefeld 1997
Galeano, Eduardo: Die offenen Adern Lateinamerikas, Wuppertal 1983
Galeano, Eduardo: Erinnerungen an das Feuer, Wuppertal 1983
Galeano, Eduardo: Gesichter und Masken, Wuppertal 1985
GEO: Spezial, Anden und die Welt der Inka, 1997
Gheerbrant, Alain: Amazonas, der sterbende Riese, Paris 1988
Ginsburg, Theo/Ostheider, Monika: Lateinamerika vor der Entscheidung, Frankfurt/M 1984
Heyerdahl, Thor: Kon-Tiki, Berlin 1962
Huamán, Hilaria Supa; Awayu, www.vision21.de. Eine Qechua-Frau erzählt aus ihrem Leben
Hornung, B.R.: Die soziale Entwicklung in Peru, Frankfurt/M 1979
Humboldt, Alexander von: Südamerikanische Reise, Berlin 1975
Jung, Reinhard: Muchachas – Die unsichtbaren Dienerinnen Lateinamerikas, Bornheim 1984
Kauffmann-Doig, Frederico: Peru, Frankfurt/M 1982
Koepcke, Cordula: Andenländer Südamerikas, Nürnberg 1966
Kornberger, Rainer: Peru – Materialien zur Landeskunde, Frankfurt/M 1988
Leippe, Peter: Gegenwelt Rauschgift, Kulturen und Drogen, Köln 1997

Mariátegui, José Carlos: Revolution und peruanische Wirklichkeit, Frankfurt/M 1986
Mariátegui, José Carlos: Sieben Versuche, die peruan. Wirklichkeit zu verstehen, Berlin 1986
Nachtigall, H.: Gesellschaftliche und politische Probleme der Integration unter besonderer Berücksichtigung Perus und Mexikos, Freiburg 1986
Nickoleit, Katharina: Bolivien Kompakt, Markgröningen 2008
Oertzen, Eleonore von: Peru, München 1988
Otzen, Hans: Amazonien, Köln 1991
Panitz, Eberhardt: Der Weg zum Río Grande, Ostberlin 1973
PromPeru: Feste, Musik und Volkskunst in Peru, Lima 2000
PromPeru: Naturbeobachtung in Peru, Lima 2000
Rummenhöller, Klaus: Vom Kautschukboom zum Goldrausch, Bonn 1985
Sandner/Steger: Lateinamerika-Länderkundehandbuch, Frankfurt/M 1983
Schmidtbauer, Wolfgang/Scheidt, Jürgen vom: Handbuch der Rauschdrogen, Frankfurt/M 1989
Schulz, Dr. Gert Guido: Der Goldbergbau Perus 1999
Sharon: Magier der vier Winde – Der Weg eines peruanischen Schamanen, Freiburg 1980
Stapelfeldt, Gerhard: Peru – im Namen der Freiheit ins Elend, Frankfurt 1984
Stechin, Zacharias: Versunkene Reiche – Der Ursprung der Zivilisation im Reiche der Maya und Inka, Rottenburg 2004
Tristan, Flora: Meine Reise nach Peru, Frankfurt/M 1983
Tschudi, Johann Jakob von: Reiseskizzen aus Peru, Leipzig 1988
Valiente, Teresa: Der Lebenszyklus in inkaischer Zeit und Quechua-Dorfgemeinschaften der Gegenwart, Berlin 1979
Wehrle, Lothar: Erlebtes aus Peru, Ecuador und Kolumbien, München 1980
Wassermann, Jakob: Das Gold von Caxamalca, Stuttgart 1953
Weber, Matthias: Das Web-Adressbuch für Deutschland 2009
Wittber, Matthias: Abenteuer Trekking Peru, Bruckmann Verlag München
Wilken, Thomas: Bolivien – die schönsten Wanderungen und Trekkingrouten, Rother Wanderführer 2009
Ziermann, Gudrun: Völlig losgelöst – Panamericana Mexiko bis Feuerland in 2 Jahren, RKH

Wir kennen uns wirklich aus.

atambo tours

Ihr Peru Spezialist
in Frankfurt am Main

Individuelle Urlaube
und Gruppenreisen.

www.atambo-tours.de

SOMMER FERNREISEN
www.sommer-fern.de - www.ecuador-discover.de - www.peru-discover.de

*Ihr Spezialist für Gruppen-
und Individualreisen in Lateinamerika*

- 25-jährige Erfahrung
- vielseitige Rundreisen und Bausteine zum Thema Natur - Kultur - Erlebnis
- Fach- und Trekkingreisen, Vogel- und Naturbeobachtungen
- qualifizierte, deutschsprachige Reiseleitung

Sommer Fernreisen GmbH
Nelkenstr. 10, 94094 Rotthalmünster
Tel. 0049-(0)8533-919161- Fax 0049-(0)8533-919162

WENDY - PAMPA - TOURS®

Spezialist für individuelle Reisen in Mittel- und Südamerika

seit 1993

Reisebausteine, die Sie als Reiseetappen individuell zusammenstellen und verändern können, finden Sie in unserem Reise-Baustein-Katalog.

< Sie wissen nicht wohin?
< Wir schicken auch Sie gerne in die Pampa!

www.Wendy-Pampa-Tours.de
Oberer Haldenweg 4 - 88696 Billafingen / Bodensee
Tel.: 07557/ 9293 74+75, Fax: 9293 76

Reisen Sie mit dem Spezialisten

bestellen Sie kostenlos unseren 64 seitigen América Latina Katalog

- seit 20 Jahren mit eigener Agentur vor Ort
- großes Angebot an Reisebausteinen für Ihre individuelle Reise
- kleine Gruppen mit qualifizierter deutschsprachiger Reiseleitung; 14 Tage ab 2.221 Euro
- → unsere Länderexperten beraten Sie kompetent und unverbindlich
- 📞 0761 – 211699-0
- ✉ info@aventoura.de
- www.aventoura.de

Offiziell ausgezeichnet als nachhaltiger Reiseveranstalter

Mehrfacher Gewinner der Goldenen Palme von Geo Saison

avenTOURa®

Reisen, die bewegen!

Ihr Spezialist & Insider für Peru & Bolivien

Papaya Tours
leidenschaftlich reisen

- ✓ Kleingruppenreisen (max. 15 Teilnehmer)
- ✓ Flexible Bausteinprogramme
- ✓ Maßgeschneiderte Reisen ab 1 Person
- ✓ Begegnungsorientiert & Naturnah
- ✓ Persönliche & kompetente Beratung
- ✓ Papaya Agentur vor Ort

Natur und Kultur aktiv erleben!

Papaya Tours GmbH – Köln
Tel.: +49(0)221 – 35 55 77 0 – info@papayatours.de
www.papayatours.de

SuedAmerikaTours.de
touren & bergsteigen mit Thomas Wilken

Ob Trekking, Bergsteigen oder Stadtbesichtigung –
Thomas Wilken Tours bietet genau was Sie suchen:

Trekkingtouren · Bergtouren · Stadtführungen
Individualreisen · Bausteinreisen

Unsere Stärken:
deutsche Reiseleitung · kompetente Beratung
kleine Gruppen · erfahrene Reiseleiter

Trekking und Bergsteigen in Peru, Bolivien, Ecuador & Chile
Mit Thomas Wilken zur individuellen Wunsch-Tour …
www.suedamerikatours.de
Peter-Hille-Weg 6, 34439 Willebadessen
Tel. 0 52 95/99 56 75
Büro in Bolivien: Calle 4 de Obrajes 608, Obrajes,
La Paz, Bolivia, Tel. 00 591-72528720

INTI Tours
Ihr Spezialist für Reisen nach Lateinamerika

PERU - ARGENTINIEN - CHILE - ECUADOR
BOLIVIEN - BRASILIEN - PARAGUAY

- Individualreisen
- Gruppenreisen
- Reisebausteine
- Bahnreisen
- Familienreisen
- Projekt- und Studienreisen
- Sprachkurse
- Wander- und Trekkingreisen
- Nachhaltiges Reisen

Hauffstr. 15 • 73326 Deggingen • Tel: 07334 959741
E-Mail: info@inti-tours.de • Internet: www.inti-tours.de

REISE KNOW-HOW
das komplette Programm
fürs Reisen und Entdecken

Weit über 1000 Reiseführer, Landkarten, Sprachführer und Audio-CDs
liefern unverzichtbare Reiseinformationen und faszinierende Urlaubsideen
für die ganze Welt – *professionell, aktuell und unabhängig*

Reiseführer: komplette praktische Reisehandbücher für fast alle touristisch interessanten Länder und Gebiete **CityGuides:** umfassende, informative Führer durch die schönsten Metropolen **CityTrip:** kompakte Stadtführer für den individuellen Kurztrip **world mapping project:** moderne, aktuelle Landkarten für die ganze Welt **Edition REISE KNOW-HOW:** außergewöhnliche Geschichten, Reportagen und Abenteuerberichte **Kauderwelsch:** die umfangreichste Sprachführerreihe der Welt zum stressfreien Lernen selbst exotischster Sprachen **Kauderwelsch digital:** die Sprachführer als eBook mit Sprachausgabe **KulturSchock:** fundierte Kulturführer geben Orientierungshilfen im fremden Alltag **PANORAMA:** erstklassige Bildbände über spannende Regionen und fremde Kulturen **PRAXIS:** kompakte Ratgeber zu Sachfragen rund ums Thema Reisen **Rad & Bike:** praktische Infos für Radurlauber und packende Berichte außergewöhnlicher Touren **sound)))trip:** Musik-CDs mit aktueller Musik eines Landes oder einer Region **Wanderführer:** umfassende Begleiter durch die schönsten europäischen Wanderregionen **Wohnmobil-TourGuides:** die speziellen Bordbücher für Wohnmobilisten mit allen wichtigen Infos für unterwegs

Erhältlich in jeder Buchhandlung und unter www.reise-know-how.de

www.reise-know-how.de

Unser Kundenservice auf einen Blick:

Vielfältige Suchoptionen, einfache Bedienung

Alle Neuerscheinungen auf einen Blick

Schnelle Info über Erscheinungstermine

Zusatzinfos und Latest News nach Redaktionsschluss

Buch-Voransichten, Blättern, Probehören

Shop: immer die aktuellste Auflage direkt ins Haus

Versandkostenfrei ab 10 Euro (in D), schneller Versand

Downloads von Büchern, Landkarten und Sprach-CDs

Newsletter abonnieren, News-Archiv

Die Informations-Plattform für aktive Reisende

REISE Know-How online

Checkliste Reiseausrüstung

Reisedokumente
○ Reisepass
○ Internat. Impfausweis (zusätzlich Kopie)
○ Internat. Führerschein (zusätzl. Kopie)
○ Flugticket / Airpass (Ticketnr. notieren)
○ Studentenausweis, sonstige Dokumente
○ Kreditkarte (Notrufnummer notieren)
○ Bargeld

Kleidung, Schuhe
○ warme Jacke mit verschließbaren Innen- und Außentaschen
○ Regencape, leichtes
○ Geldgürtel
○ lange Hose, naturfarben, Mischgewebe, viele Taschen (nicht zu eng, keine Jeans)
○ kurze Hose, dto. / Sporthose
○ Pullover (oder Alpaka-Neukauf)
○ dünner Schal/Kopftuch gegen Staub, Zugluft und Kälte
○ Hemd, langärmlig, naturfarben, Baumwolle/Mischgewebe mit großen Brusttaschen
○ Hemd, kurzärmelig, dto.
○ T-Shirts, einige, aus Baumwolle
○ Unterwäsche
○ Socken, Wolle oder Baumwolle
○ Badehose/-anzug
○ Stofftaschentücher
○ Feste Halbschuhe oder leichte Bergschuhe oder Dschungelstiefel, evtl. Turnschuhe
○ Badelatschen (billig vor Ort)

Persönliches, Diverses
○ Rucksack/Kofferrucksack
○ Tagesrucksack, kleiner
○ Schlafsack (Qualität je nach Reiseintension, evtl. nur Leinenschlafsack)
○ Fotoausrüstung und Filme
○ Handtuch
○ Kulturbeutel: Handrasierer, Hautcreme, (Wasch)seife, Kamm, Zahnbürste/-pasta, Shampoo, Pinzette, Feuchttücher u.a
○ Toilettenpapier, Papiertaschentücher
○ leistungsstarke Taschenlampe, Ersatzbat.
○ Taschenmesser (Kombiversion)
○ Armbanduhr / Reisewecker
○ Nähzeug, Sicherheitsnadeln, Nagelschere
○ Plastikbeutel
○ Vorhängeschloss (evtl.)
○ Feuerzeug, Streichhölzer
○ Schreibzeug
○ Notizheft mit Heimat- und eMail-Adressen; Telefon- und Fax-Nummern
○ Taschenwörterbuch (Spanisch)
○ Landkarte(n)
○ Sonnenschutzmittel (hoher Faktor!)!
○ Sonnenbrille; Brillenträger/Kontaktlinsenträger: Ersatz, Linsenreinigungsmittel
○ Lippenschutz
○ Lärmstopfen für die Ohren
○ Reiselektüre, Taschenrechner
○ Passbilder, Privatfotos, Visitenkarten, Postkarten von seinem Ort

Reiseapotheke, Medikamente
○ Pflaster
○ Mullbinde / Verbandspäckchen
○ Elastische Binde
○ Wunddesinfektionsmittel
○ Moskito-/Insektenmittel, z.B. *Autan active*
○ Wasserentkeimung
○ Durchfallmittel / Elektrolyte
○ Wundsalbe
○ Antibiotikum / Tropenbreitbandantibiotika
○ Halstabletten
○ Ohrentropfen
○ Brand-/Insektensalbe, z.B. Systral
○ Fieber- und Schmerzmittel
○ Malariamittel
○ Skalpell, Einmalspritze (evtl.)
○ Mittel gegen Kreislaufschwäche
○ ggf. Allergiemittel
○ ggf. spezielle persönliche Medikamente
○ Paracetamol

Zusatzausrüstung für Trekking
Vieles (Zelt, warmer Schlafsack, Iso-Matte, Kocher, Kletterausrüstung usw.) kann in den jeweiligen Regionen (Cusco, Huaraz, La Paz) preisgünstig gemietet werden.
○ Daunenjacke und Thermoüberhose
○ Warme lange Unterwäsche
○ Fußdruckpflaster
○ Plastikwasserflasche (1 l mit Becher)
○ Verpflegung als Fertigerichte, wie Hartwurst, Geräuchertes, Dauerbrot, Suppenwürfel, Teebeutel, Dörrobst, Elektrolytgetränke, Müsl; Rest drüben kaufen.
○ Kompass, Höhenmesser, Fernglas

Abreise-Checkliste
○ Postversorgung regeln
○ Kontaktperson(en) für Notfall bestimmen
○ Evtl. Erreichbarkeits-Adresse hinterlassen
○ Reisekrankenversichg. abgeschlossen?
○ Wohnung sichern, Briefkast. leeren lassen
○ Haustiere und Pflanzen versorgen u.a.m.

Sprachhilfe Spanisch

"Como se Llama?"

Vorbemerkung: Sprechführer wie die Titel der großen „Kauderwelsch"-Reihe von Reise Know-How helfen, ohne Vorkenntnisse schnell meistens korrekte Sätze zu sprechen und mit etwas Glück auch die Antwort zu verstehen.

Die **Aussprache** des Spanischen entspricht im allgemeinen der Schreibweise. Vokale werden kurz gesprochen. Betont werden die Worte auf der letzten Silbe, nur wenn sie mit einem Vokal oder n oder s enden, auf der vorletzten Silbe. Ausnahmen werden durch einen Akzent gekennzeichnet. Aussprache-Besonderheiten:

Schreibweise	Aussprache
ce, ci	ße, ßi, ähnl. engl. th
c vor a, o, u	k
ch	tsch
g vor e und i	ch (Kehllaut)
g vor a, o, u	g
gue, gui	ge, gi
gua	gwa
h	nicht gesprochen, stumm
j	ch (Kehllaut)
ll	lj
ñ	nj
que, qui	ke, ki
v	w oder b
y	j
z	ß ähnlich wie s

Kurzgrammatik

Substantive sind maskulin oder feminin, Neutrum gibt es nicht. Die männlichen (m) Artikel im Singular und Plural lauten *el* und *los,* im weiblichen (f) *la* und *las.* Der neutrale Artikel *lo (los)* dient zur Substantivierung von Zahl- und Fürwörtern u. Adjektiven, z.B. *lo primero* = das erste. Der unbestimmte Artikel heißt männl. *un (unos)* und weibl. *una*

(unas). Die m-Substantive enden meist auf -o, selten auf -e, -n, -o, -r, (Ausnahme la mano = die Hand), die f-Substantive meist auf -a, seltener auf -d, -ion, -z, (Ausnahme el día = der Tag, el clima = das Klima, el agua = das Wasser). Der Plural wird bei Vokal-Endung durch Anhängen eines -s, bei Konsonanten-Endung durch -es gebildet. Bei der Deklination wird der Genitiv mit *de* u. der Dativ mit *a* gebildet, wobei maskulin *de el* und *a el* zu *del* u. *al* zusammengezogen werden. Der Akkusativ ist wie der Nominativ.

Die Satzstellung ist Subjekt-Prädikat-Objekt (S-P-O). Adjektive stehen hinter dem Wort, mit Ausnahme von mucho = viel, poco = wenig, más = mehr, menos = weniger und otro = andere. Adjektive enden m auf -o, f auf -a, andere Endungen werden nicht verändert. Die Steigerung wird mit más und el bzw. la más gebildet.

Fragen werden mit einem Fragewort oder unter Voranstellung eines Verbums formuliert.

■ **Ein grammatikalischer Unterschied des lateinamerikanischen Spanisch** zum in Spanien gesprochenen *Castellano* ist der Wegfall von *vosotros* (ihr, 2. Person Mehrzahl); stattdessen wird **ustedes** (sie) verwendet. Dadurch entfällt auch die Verbform für „ihr" bzw. es wird die für die Höflichkeitsform gültige Endung verwendet, die der 3. Person Mehrzahl („sie") entspricht. Beispiel:
Ustedes hablan castellano?
– sprecht ihr Spanisch?
Usted habla castellano?
– sprechen Sie Spanisch?

Fürwörter, persönliche
ich – yo
du – tú
er, sie – él, ella
Sie (Anrede Ez.) – Usted (Ud.)
wir m / f – nosotros, -as
sie (Mz m / f) – ellos, -as
Sie (Anrede Mz) – Ustedes (Uds.)

Fürwörter, besitzanzeigende
mein (meiner) – mi (mío)
dein (usw.) – tu (tuyo)
sein, ihr – su (suyo)
unser – nuestro
Ihr – su (suyo)
Verben enden oft -ar, -er, -ir, z.B. hablar (sprechen), beber (trinken), vivir (leben).

Der **Wortstamm** bleibt immer gleich, die Endung ändert sich, z.B. (Präsens)
(ich) habl-o   beb-o   viv-o
(du) habl-as   beb-es   viv-es
(er, sie, Sie) habl-a   beb-e   viv-e
(wir) habl-amos   beb-emos   viv-imos
(ihr/sie/Sie) habl-an   beb-en   viv-en

Das **persönl. Fürwort** kann man weglassen, zur Betonung wird es hinzugefügt, z.B. ustedes viven todavía = *Ihr* lebt noch.

Das **Perfekt** wird aus *haber* (haben) und dem Partizip gebildet, dieses bei -ar aus Wortstamm und -ado, z.B. hablado, bei -er und -ir aus Wortstamm und -ido, z.B. bebido, vivido.

Als **Futur** kann man das Präsens plus ein Zeitwort wie morgen, später, in einer Woche usw. benützen, oder das Verb -ir (gehen) a und den Infinitiv, z.B. voy a regresar = ich werde zurückkehren.

Hilfszeitwörter

haber (haben)	estar (sein)	ser (sein)
he	estoy	soy
has	estás	eres
ha (hay)	está	es
hemos	estamos	somos
han	están	son

Dabei bezeichnet *estar* einen vorübergehenden Zustand, *ser* einen Dauerzustand.

Die wichtigsten unregelmäßigen Verben

ir (gehen)	tener (haben)
voy	tengo
vas	tienes
va	tiene
vamos	tenemos
van	tienen

decir (sagen)	oir (hören)
digo	oigo
dices	oyes
dice	oye
decimos	oímos
dicen	oyen

querer (wollen, möchten)	poder (können)
quiero	puedo
quieres	puedes
quiere	puede
queremos	podemos
quieren	pueden

Im Unterschied zu *haber* wird *tener* im Sinne von *besitzen* gebraucht, zusammen mit que und dem Infinitiv eines anderen Verbs bedeutet es müssen, z.B. tengo que beber = ich muss trinken, aber: man muss trinken heißt hay que beber. *Hay* ist ein sehr wichtiges Wort und bedeutet *es gibt* bzw. in der Frage *gibt es?*

Zum Schluss noch: das verneinende Wort *no* steht vor dem Verb, z.B. ich habe keine Zeit = no tengo tiempo.

Präpositionen
und, oder, nach – y, o, a
vor, nach (örtl.) – delante de, para
vor, nach (zeitl.) – antes de, después de
auch, auch nicht – también, tampoco
mit, ohne – con, sin
plus, minus – más, menos
mehr oder weniger – más o menos
noch eins mehr – otro más
aber, dann – pero, entonces
in, an, auf – en
weil, wegen – porque, por
dass, als, was – que

Zahlen
0 cero	22 veintidós
1 un(o)	30 treinta
2 dos	31 treinta y uno
3 tres	40 cuarenta
4 cuatro	50 cincuenta
5 cinco	60 sesenta
6 seis	70 setenta
7 siete	80 ochenta
8 ocho	90 noventa
9 nueve	100 cien(to)
10 diez	101 ciento uno
11 once	110 ciento diez
12 doce	200 doscientos
13 trece	300 trescientos
14 catorce	400 cuatrocientos
15 quince	500 quinientos
16 dieciséis	600 seiscientos
17 diecisiete	700 setecientos
18 dieciocho	800 ochocientos
19 diecinueve	900 novecientos
20 veinte	1000 mil
21 veintiuno	1 Mio. – un millón

Ordnungszahlen
1. primero	40. cuadragésimo
2. segundo	50. quincuagésimo
3. tercero	60. sexagésimo
4. cuarto	70. septuagésimo
5. quinto	80. octogésimo
6. sexto	90. nonagésimo
7. sé(p)timo	100. centésimo
8. octavo	1 x: una vez
9. noveno	2 x: dos veces

10. décimo
11. undécimo
12. duodécimo
13. décimo tercero
20. vigésimo
21. vigésimo primero
22. vigésimo segundo
30. trigésimo

3 x: tres veces
1/2: un medio
1/3: un tercio
1/4: un cuarto
einfach: simple
zweifach: doble
dreifach: triple
vierfach: cuádruple

Uhrzeit
Wieviel Uhr ist es? – qué hora es?
es ist halb drei – son las dos y media
Viertel vor neun – un cuarto para las nueve
5 Minuten und 30 Sekunden – cinco minutos y treinta segundos

Wochentage
Montag – lunes
Dienstag – martes
Mittwoch – miércoles
Donnerstag – jueves
Freitag – viernes
Samstag – sábado
Sonntag – domingo
Feiertag – feriado
diese Woche – esta semana

Monate
Januar – enero
Februar – febrero
März – marzo
April – abril
Mai – mayo
Juni – junio
Juli – julio
August – agosto
September – septiembre
Oktober – octubre
November – noviembre
Dezember – diciembre
nächsten Monat, Jahr – el próximo mes, año

Adjektive
hell, dunkel – claro, oscuro
schwarz, weiß – negro, blanco
rot, braun, gelb – rojo, marrón, amarillo
blau, grau, grün – azul, gris, verde
gut, schlecht – bueno, malo
groß, klein – grande, pequeño
viel, wenig – mucho, poco
leicht, schwer – fácil, difícil
alt, neu, jung – viejo, nuevo, joven
schnell, langsam – rápido, lento
früh, spät – temprano, tarde
billig, teuer – barato, caro
hoch, niedrig – alto, bajo

warm, kalt – caliente, frío
sauber, schmutzig – limpio, sucio

Allgem. Redewendungen, wichtige Worte
ja, nein – sí, no
bitte – por favor
danke, vielen Dank – gracias, muchas gracias
wie geht es Ihnen? – cómo está?
sehr gut (schlecht) – muy bien (mal)
das gefällt mir (nicht) – esto (no) me gusta
ich spreche kein Spanisch – no hablo castellano
sprechen Sie langsamer – hable Usted más despacio
wie heißen Sie? – cómo se llama?
wie nennt man …? – cómo se llama?
mein Name ist – mi nombre es
wie heißt auf Spanisch? – cómo se dice en castellano?
wieviel kostet das? – cuánto vale (cuesta) esto?
das ist sehr teuer – es muy caro
haben Sie nichts Billigeres? – no tiene Usted algo más barato?
gibt es hier …? – hay por aquí?
wann ist geöffnet? – a qué hora está abierto?
wann wird geschlossen? – a qué hora se cierra?
wo bekomme ich (- wird verkauft?)? – donde consigo?
wie lange wird es dauern? – cuánto tiempo va a durar?
Generalstreik – huelga total
Ausnahmezustand – garantías suspendidas
Ausgangsverbot – toque de queda
guten Morgen, Tag – buenos días
guten Tag (nach 12 Uhr) – buenas tardes
guten Abend, Nacht – buenas noches
auf Wiedersehen – hasta la vista (adiós)
bis später (morgen) – hasta luego (mañana)
gestern, heute, morgen – ayer, hoy, mañana
morgen früh – mañana por la mañana
wie alt sind Sie? – cuántos años tiene Usted?
20 Jahre und 6 Monate – veinte años y seis meses

Sich zurechtfinden
abbiegen – dar vuelta
Adresse – la dirección
an der Ecke – en la esquina
die Straße nach …? – el camino para …?
diese Richtung! – por aquí (allí)
dort – allí

hier – aquí
immer geradeaus – defrente (todo recto)
ist es nah? – está cerca?
ist es weit? – está lejos?
kann ich mit dem Bus dahin fahren? – puedo ir allí en autobus?
wissen Sie … – sabe Usted
nach links – a la izquierda
nach rechts – a la derecha
nahe – cerca
Stadt, Dorf – la ciudad, el pueblo
welcher Weg – por dónde
wie komme ich zur Straße nach Cusco? – cómo voy a la carretera a Cusco?
wie habe ich zu gehen? – cómo puedo llegar a?
wie lange? – cuánto tiempo?
wie weit? – qué distancia?
wieviele Straßenblocks von hier? – a cuántas cuadras de aquí?
wo ist – dónde está
woher kommen Sie? – de dónde viene?
wohin gehen Sie? – a dónde va?

Bus, Bahn, Flug, Schiff
reisen, Reise – viajar, viaje
Ich möchte nach … – quiero ir a …
welchen Bus? – cuál autobus?
gibt es einen Bus nach … – hay un autobus para …?
um wieviel Uhr geht der Bus (Zug) nach …? – a qué hora sale el bus (tren) a …?
wohin fährt dieser Bus? – a dónde va este autobus?
wieviel kostet eine Fahrkarte nach … – cuánto cuesta un boleto para …
Ich möchte eine (Rück-)Fahrkarte nach …– quiero un boleto (de ida y vuelta) a …
1., 2. Klasse – primera, segunda
sind (Sitzplätze) numeriert? – están numerados?
Ich möchte einen Fensterplatz – quiero un asiento con ventana
Wie lange dauert die Reise – cuánto dura el viaje?
Fahren Sie an der Plaza vorbei? – pasa por la plaza?
Können Sie mir sagen, wenn wir die x-Straße erreichen? – me puede avisar cuando lleguemos a la avenida/calle x ?
Ich möchte aussteigen (beim) – quiero bajar (en)
Abfahrt, Ausgang – salida
Ankunft – llegada
Bahnhof – la estación del ferrocarril
Bushaltestelle – la parada
Busterminal – Terminal de Buses, Terminal Terrestre
Eisenbahn – ferrocarril
Fahrplan – horario
Fährschiff – balsa
Flughafen – el aeropuerto
Flug – el vuelo
Flugzeug – el avión
Gepäck – equipaje
Gepäckaufbewahrung – Documentación de equipaje / Guardaequipaje
Preis – precio
Rundreise (hin- und zurück) – viaje ida y vuelto
Schiff – barco
umsteigen – tránsito
Zug – tren
de paso – Bus kommt von woanders her

Hotel
Wo ist das Hotel x ? – dónde está el hotel x ?
Wo ist ein Hotel? – dónde hay un hotel?
Kennen Sie ein gutes (billiges) Hotel? – conoce Usted un buen hotel (barato)?
Haben Sie ein freies Zimmer? – tiene Usted una habitación libre?
Wie ist der Preis für eine Nacht? – cuál es el precio por una noche?
Wieviel kostet es (mit Steuern)? – cuánto cuesta (con impuestos)?
Haben Sie nichts Billigeres? – no tiene Usted algo más barato?
Alles inbegriffen? – todo incluido?
Gibt es Rabatt für eine längere Zeit? – hay un descuento por una estancia más larga?
Ich möchte ein Einzelzimmer – quisiera un habitación simple
… mit Doppelbett – con una cama matrimonial
… mit zwei Betten – con dos camas
Wir möchten ein Doppelzimmer – quisiéramos un habitación doble
Für drei Personen – para tres personas
mit Dusche/Bad – con ducha, baño privado
Kann ich das Zimmer sehen – puedo ver la habitación?
Dieses Zimmer ist zu laut – la habitación es demasiado ruidosa
Gibt es heißes Wasser? – hay agua caliente?
Klimanalage – aire acondicionado
Ich bleibe drei Nächte – me quedo tres noches
Wir gehen morgen – nos vamos mañana
Ich möchte um … geweckt werden – quiero que me despierten a las …

Kann ich meine Wertsachen im Safe lassen?
– Puedo dejar mis cosas de valor en la caja de seguridad?
Handtuch, Seife – la toalla, el jabón
Bettwäsche, Decke – la ropa de cama, colcha
Toilettenpapier – el papel higiénico
Gepäck, Rucksack – el equipaje, la mochila
Heizung, Licht – la calefacción, la luz
Schlüssel – la llave
Bedienung – el servicio
Restaurant
s. „Essen und Getränke"

Geld
Geld – dinero
Gibt es hier eine Wechselstube? – hay aquí una Casa de Cambio?
einen Bankautomaten? – Bancomático, Caja automática
Wie ist der Wechselkurs? – cúal es el tipo de cambio?
Wieviel Soles bekomme ich für einen Dollar/Euro? – cuántos Soles recibo por un dolar/euro?
Kann ich Reiseschecks wechseln? – puedo cambiar cheques de viajero?
Ich möchte Geld wechseln – quiero cambiar dinero
Wann öffnet die Bank? – a qué hora abre el banco?
Banknote – billete (de Banco)
Kreditkarte – tarjeta

Post
Adresse – dirección
Post – oficina de corrreos
Ich brauche Briefmarken – necesito estampillas
für Luftpost nach Deutschland – para correo aéreo a Alemania
Brief, Postkarte – la carta, la tarjeta postal
Briefkuvert – sobre
Einschreiben, per Eilboten – certificado, con urgencia
ich möchte ein Telegramm aufgeben – quiero mandar un telegrama
Postlagernd – poste restante/lista de correos
Päckchen – paquete pequeño
Paket – paquete
Fax-Stelle – oficina de fax

Telefon
Telefon – teléfono
Telefonbuch – directorio telefónico
anrufen – llamar
Hallo – hola
Ferngespräch – larga distancia
Nummer – número
Vermittlung – operadora
Mein Name ist ... – me llamo ...
besetzt – ocupado

Einkauf – La Compra
Kennen Sie ein Geschäft für ...? – conoce Usted una tienda de ...?
wo kann ich ... kaufen? – dónde puedo comprar ...?
Wieviel kostet das? – cuánto cuesta? Cuánto vale? En cuánto sale?
das gefällt mir nicht – no, gracias, no me gusta
das ist sehr teuer – es muy caro
das ist zu teuer – es demasiado caro
haben Sie nichts billigeres? – no tiene Usted algo más barato?
Ich möchte nicht mehr als ... bezahlen – no, no quiero pagar más de ...
Ich sehe mich nur um – estoy mirando, gracias
billig – barato
Kreditkarte – tarjeta
mehr – más
weniger – menos
Preis – el precio
Supermarkt – supermercado
Lebensmittel – los comestibles
Obst – las frutas
Bäckerei, Süßwaren – panadería, confitería
Kunsthandwerk – artesanías
Markt, Handel – mercado, comercio
kaufen, verkaufen – comprar, vender
handeln, probieren – comerciar, probar
Alpakawolle – lana de alpaca
Baumwolle – algodón
Holz, Leder – madera, el cuero
Gramm, Pfund – gramo, medio kilo

Gesundheit, Krankheit – La salud, la enfermedad
Ich fühle mich nicht gut – no me siento bien
Ich habe Durchfall – tengo diarrea
Können Sie mir helfen – puede Usted ayudarme?
Ich brauche einen Doktor – necesito un médico
Wo ist ein Doktor der englisch spricht? – dónde hay un médico que hable inglés?
Zahnarzt – dentista
Krankenhaus / Apotheke – la clínica, hospital

/ farmacia
Ich bin krank – estoy enfermo
Ich habe hier Schmerzen – siento dolores aquí
Ich brauche ein Mittel – necesito un medicamento
gegen Husten – contra la tos (pectoral)
Schnupfen, Grippe – el resfriado, la gripe
Fieber, Schmerzen – fiebre, el dolor
Kopfschmerzen – dolor de cabeza
Magen, Bauch – estómago, el vientre
Durchfall – la diarrea
Krankenwagen – una ambulancia
übergeben – vomitar

Notfall / Polizei
Wo finde ich die Polizei? – dónde encuentro a la policía?
man hat mir meine Tasche gestohlen – me han robado mi bolsa
Ruf' die Polizei/einen Arzt – llame a la policía/a un doctor
Informieren Sie bitte die deutsche Botschaft (Konsulat) – informe Usted a la embajada alemana (al consulado), por favor
Ich habe mein ... verloren – he perdido mi ...
Ich möchte den Diebstahl aufnehmen lassen – quiero levantar una acta de robo
eine Anzeige machen – quiero hacer una denuncia
Geld, Reisepass – la plata, el pasaporte
Fotoapparat – la cámara fotográfica
Dieb – ladrón
Diebstahl – robo
Überfall – asalto
zu Hilfe! – auxilio!

Wäsche, Kleidung – La ropa
Hemd, Unterhemd – la camisa, camiseta
Hose, Unterhose – el pantalón, calzoncillos
Socken, Strümpfe – los calcetines, las medias
Pullover, Weste – pulóver, el chaleco
Mütze, Hut – gorra, sombrero
Jacke wie Hose – la chaqueta como el pantalón
Rock, Kleid – la falda, el vestido
Gürtel, Taschentuch – el cinturón, pañuelo
Schuhe, Handschuhe – los zapatos, guantes
Wäscherei – la lavandería

Auto
Auto, LKW – coche, camión
Tankstelle, Öl – la gasolinera, aceite
Benzin, Diesel – la gasolina, Diesel

Bus-Chauffeur – el chófer
Schaffner – el conductor
Reparaturwerkstatt – el taller de reparación
ich habe ein Problem mit ... – tengo un problema con ...
Motor, Bremse – el motor, freno
Zündkerze, Zündung – la bujía, arranque
Vergaser, Verteiler – el carburador, distribuidor
Getriebe, Auspuff – la transmisión, el escape
Batterie, Reifen – la batería, el neumático
Kupplung, Lenkung – el embrague, la conducción
wo ist die Verkehrspolizei – dónde está la guardia civil?
ich habe einen Unfall gehabt – he tenido un accidente
Fahrrad, Motorrad – la bicicleta, motocicleta

Sprachhilfe Quechua

mit freundlicher Genehmigung aus dem Kauderwelsch-Sprachführer „Quechua für Peru-Reisende, RKH-Verlag Peter Rump, Bielefeld.

Guten Tag – allin pacakarimuy
Guten Abend! – allin tuta
Ich begrüße Dich! – rimakullayki!
Ich erwidere Deinen Gruß – chaskillaykim
Wie geht's? – imaynallataq kachkanki?
Danke, gut! Und Dir? – allinllam qamqá?
Ich spreche nur wenig Quechua – runasimi pisillata rimanim!
Woher kommst Du? – maymantataq hamunki?
Ich komme aus Deutschland – alimaniamanta humuni
Wie heißt Du? – ima-taq suti-yki?
Ich heiße ... – sutiymi ...
Wo wohnst Du? – maypi-taq yacha-nki?
Wohin gehst Du? – mayman risanki?
ja – arí, wa, awá
nein – mana (m)
bitte – ama hina kaspa
danke – dyuspagrasunki
Gut! In Ordnung! – allinmi!
sehr gut – kospacha
Auf keinen Fall! – manapuni!
Bitte hilf mir! – ama hina kaspa yanapaway!
mein Herr – weraquocha
Ich gehe nach ... – risani ...
Ich komme von ... – jamuni ...
Ich möchte essen – mikhuyta minani
Ich möchte trinken – upyata munani
Ich möchte schlafen – puñuyata munani
Wo kann man ... kaufen? maypi-taq ... ranti?
Wieviel kostet das? – imaynaoi-taq rantikunki?
Was ist das? – ima-taq kay/chay?
Wo ist der Weg nach ..., bitte? – maypitaq ñnan ... man kan?
Wo gibt es etwas zu Essen? – maypitaq waki mikuypaq kan?
Wasser – ayku
Salz – kachi
Wer? – pi?
Was? – ima?
Wo? – maypi?
Wie? – imayna?
Wohin? – mayman?
Woher? – maymanta?
Wann? – haykapi?
Warum? – imanasqa?
Wieso? – imaynanpi?
Welche? – mayqen?
Wieviele? – hayka?
links – ichuq
rechts – alliq
hier – kaypi
dort – chaypi
Tag – punchaw
Nacht – tuta
Sonnenaufgang – inti lloqsiyata
Sonnenuntergang – intipa wischu
gestern – qayna punchwapi
bis morgen! – paqarinkama!
Lass uns gehen! – haku!
Vorsicht! – yanqataq!
Schade! – akakallaw!
Auf Wiedersehen! – tupananchikkama!

Zahlen

1 – huk	8 – pusaq
2 – iskay	9 – isqon
3 – kimsa	10 – chunka
4 – tawa	20 – isaky chunka
5 – pichqa	100 – pachak
6 – soqta	1000 – waranqa
7 – qanchis	1.000.000 – unu

Weitere Quechua- und Aymara-Wörter

Quechua	Deutsch	Aymara
maynalla	Gruß	kamisaki
ari	Ja	jisa
mana	Nein	janiwa
walej-pacha	gut	walikiskiu
mana-walej	schlecht	janiwa walikiti
waypi	wo ist?	kaukasa?
yaku	Wasser	uma
mikuna	Essen	manka
huasi	Haus	uta
cocha	See	cota
mayu	Fluss	jawira
chaka	Brücke	chaka

Und hier, *waiki* (Bruder), weitere Quechua-Worte, die heute noch in Peru u. Bolivien als geographische Begriffe vorkommen: *apu* (Herr, groß), *bamba* (Platz), *baja* (Pass), *cucho* (Ecke), *hirca* (Berg), *huanca* (Fels), *huaylla* (Wiese), *huayna* (jung), *llacta* (Ort), *machu* (alt), *marca* (Hochebene), *pacha* (Welt, Zeit), *pampa* (Ebene), *pata* (Gipfel, Abhang), *picchu* (Berg), *raju* (Gletscher), *rimac* (der Sprechende), *tambo* (Rasthaus, Rastplatz, Stützpunkt).

Essen und Trinken

Nützliche Sätze
Wo gibt es hier in der Nähe ein Restaurant?
– *dónde hay un restaurante cerca de aquí?*
Ein Restaurant mit lokalen Spezialitäten? – *un restaurante con platos típicos?*
Speisekarte – *la lista / el menú*
Was empfehlen Sie heute? – *Qué recomienda hoy?*
Woraus besteht das? – *de qué consiste?*
Ist das scharf – *es picante?*
Bitte nicht scharf – *no muy picante, por favor*
Bringen Sie mir bitte … – *traígame por favor*
Eine Portion – *una porción*
Die Rechnung, bitte – *la cuenta, por favor*
Wo ist die Toilette – *dónde está el baño?*

Worte
Abendessen – la cena, la comida
Frühstück – el desayuno
Gabel – *tenedor*
Gedeck – el cubierto
Glas – *vaso*
Löffel – *cuchara*
Kellner/in – camarero/a
Krug – *jarra*
Messer – *cuchillo*
Mittagessen – el almuerzo
Ober – *mozo*
Serviette – *servilleta*
Speisesaal – el comedor
Teller – *plato*
Tasse – *taza*
Trinkgeld – la propina
Weinglas – *copa*
Zahnstocher – mondadientes

span. Begriffe
almuerzo – Mittagessen
bodega – Weinkellerei, Weingut, -stube
brostería – Hähnchengrill
campestre – Landgastwirtschaft
cebichería – Restaurant für Fischgerichte und Meeresfrüchte
cena – Abendessen
chichería – Chicha-Kneipe, Schenke
chifa – peruan.-chinesisches Restaurant
desayuno – Frühstück
Panadería – Bäckerei
Peña – Folklorekneipe, auch typisches Wirtshaus,
picantería – Spezialitätenrestaurant
Quinta – familiäres Wirtshaus, meist mit Live-Musik am Nachmittag
Rodizio (bras.) – divese Fleischsorten auf Spießen serviert, so lange, bis man satt ist
salchichería – Wurstladen

Zubereitung, Gewürze
a la chorillana – mit gebackenen Zwiebeln
a la jardinera – mit Gemüsesalat
a lo macho – Soße aus Meeresfrüchten (bei Fischgerichten)
a la parrillada – vom Grill
a la plancha – geröstet, gegrillt
frito – gebraten
ají – Chiligewürz bzw. Peperoni-Schote
ajo – Knoblauch
gengibre – Ingwer
kion – Ingwer (in Chifas)
sal – Salz
sillao – Sojasoße (in Chifas)
pimienta – Pfeffer

Entradas – Vorspeisen
anticuchos de corazón – gewürzte Rinderherz-Stückchen am Spießchen vom Grill
antipasto mixto – gemischte Vorspeise
caldo de carne – klare Fleischbrühe
caldo de gallina – Hühnersuppe mit Nudeln
ceviche (cebiche) – rohe Fischstücke, mariniert in Limettensaft und Chili
chupe de mariscos – Meeresfrüchte-Suppe
crema de espárragos – Spargelcremesuppe
crema de tomate – Tomatensuppe
dieta de pollo – Hühnersuppe mit Nudeln und Gemüse
palta a la reina – Avocado mit Huhn
palta rellena – gefüllte Avocado
palta rellena a la jardinera – gefüllte Avocado mit Gemüsesalat
palmitos con jamón – Palmherzen mit Schinken
papa a la huancaína – Kartoffeln mit gekochten Eiern und einer Soße aus Frischkäse
sopas – Suppen
sopa a la criolla – mit Milch, Nudeln, Fleisch, Ei, Toast
sopa a la minuta – mit Nudeln, Fleisch, Gemüse

Segundo – Hauptgerichte
aceitunas – Oliven
arroz (horneado) – Reis (gebacken, chines.)
calamares (fritos) – geback. Tintenfische
camarones – (Süßwasser-)Krabben
camote – Süßkartoffel
carne de cerdo, chancho – Fleisch vom Schwein
de ternera, de res – vom Kalb, v. Rind; de cordero (carnero) – vom Lamm (Hammel); de

pato – von der Ente
chicharrones – gebratenes Schweinefleisch mit Schwarte
choclo – Maiskolben, Zuckermais
chuleta, guiso – Kotelett, Art Gulasch
churrasco, lomo, bistek – Steak (meist dünn u. oft zäh ...)
corvina, cojinova – Fische (o. dt. Namen)
cuy (picante de cuy) – Meerschweinchen (in pikanter Tomatensoße)
empanada (de pollo, carne) – Teigtasche (gefüllt mit Huhn, Fleisch)
ensalada (mixta) – Salat (gemischt)
estofado – Fleischeintopf
frijoles, espinaca – Bohnen, Spinat
hígado, riñones – Leber, Nieren
huevo (pasado, – Ei (weich, hart)
huevos fritos – Spiegeleier
huevos revueltos – Rühreier
lechuga, pepino – grüner Salat, Gurke
langostino – Languste
lomo milanesa – (Wiener) Schnitzel
lomo saltado – in Streifen geschnittenes Rindfleisch mit Tomaten, Zwiebeln u.a.
pan, mantequilla – Brot, Butter
pan tostado con queso – Käsetoast
papas (fritas) – Kartoffeln (Pommes frites)
pejerrey – Königsfisch
pescados y mariscos – Fische und Meeresfrüchte
pollo dorado – Huhn vom Drehgrill
puré – Kartoffelbrei
salchicha – Würstchen
salsa – Soße
salsa de ají – scharfe Chili-Soße
tallarines (fideos) – breite Nudeln (dünne Nudeln)
tortilla – Art Omelett
trucha (a la milanesa) – Forelle (paniert)
verdura, cebolla – Gemüse, Zwiebeln
vinagre, aceite – Essig, Öl
yuca – Maniokart

Postre – Nachspeisen
arroz con leche – Milchreis
azúcar, mermelada – Zucker, Marmelade
ensalada de fruta – Fruchtsalat
flan – Pudding
helado (aber: hielo) – Speiseeis (Eiswürfel!)
leche asada – puddingartiger Nachtisch aus Milch, Zucker und Vanille
manjar blanco – Karamelcreme aus Milch
mazamorra morada – Wackelpeter aus voilettem Mais
panqueque (con miel) – Pfannkuchen (mit Honig)
pie (pay) de manzana – Apfelkuchen
torta de chocolate – Schokoladentorte
turrón – Honiggebäck

Bebidas – Getränke
agua mineral – Mineralwasser
aguajina – Urwaldgetränk
api – süßes Maisgetränk
Arequipeña – Biersorte aus Arequipa
batida – frisch gepresster Saft mit Milch
café – Kaffee
café con leche – Milchkaffee
cerveza – Bier
chicha – Maisbier
chicha morada – alkoholfreies Maisbier aus rotem Mais
chuchuhuasi – Branntwein aus Baumrinde
Cristal – Biersorte aus Lima
Cuzqueña – Biersorte aus Cusco
gaseosa – kohlensäurehaltige Limonade
guinda – Kirschlikör
hielo – Eiswürfel
huito chado – Fruchtbranntwein
Inca Kola – peruanische Limonade
jugo (de naranja) – frisch ausgepresster Saft (Orangen)
leche – Milch
Masato – Maniokbier
Ocucaje – peruanischer Wein(ort)
Pisco – Traubenschnaps aus Muskatellertrauben
Pisco sour – Nationalschnaps von Peru, aus Pisco, Limettensaft, Zuckersirup und Eiweiß
San Juan – Biersorte aus Pucallpa
siete raíces – Branntwein aus 7 verschiedenen Baumrinden
Singani – Traubenschnaps, ähnlich Pisco
Tacama – peruanische Weinsorte
té – Tee
vino (tinto, blanco) – Wein (rot, weiß)

Speisen und Getränke A–Z

aceite – Öl
aceituna – Olivien
adobo – Art Gulasch, auch geschmorter Schweinebraten
adobo de chancho – Schweinegulasch
agua mineral – Mineralwasser
aguadito de pato – Entengericht
aguajes – Urwaldfrucht
ají – peruanische Chili-Schote variierender Stärke
ajo – Knoblauch
albóndiga – Fleischküchle

alcachofas – Artischocken
anchoas – Sardellen
anguila – Aal
anticuchos – Fleischspießchen vom Grill
anticuchos de corazón – gewürzte Rinderherz-Stückchen am Spießchen vom Grill
antipasto mixto – gemischte Vorspeise
arroz – Reis
arroz horneado – gebackener Reis
arroz con pato a la chiclayana – Reis mit Ente
arveja – Erbse
asado – Braten
asado con cuero – Ochse am Spieß
azúcar – Zucker

bistec – Beefsteak
bonito – Thunfisch

cachuete – Erdnüsse
café con leche – Milchkaffee
calamares – Tintenfisch
calamares fritos – frittierte Tintenfische
caldo – Suppe, Brühe
caldo de carne – klare Fleischbrühe
caldo de gallina – Hühner-Nudelsuppe
caldo de siete carnes – Suppe mit 7 Fleischsorten
calentito de naranja – Heißgetränk mit Orangensaft
camarones – (Süßwasser-) Krabben
camote – Sußkartoffel
camu-camu – Urwaldfrucht
cancha – geröstete Maiskörner
cangrejo – Krebs
cañihua – *kañiwa,* ähnlich Quinoa
carapulcra – Schweinefleisch, *chuño,* Erdnüsse und *ají*
carne – Fleisch
carne aliñada – Rind– und Schweinefleischstücke mit Zwiebelsoße, Sußkartoffel und yuca
carne molida – Hackfleisch
carne seca o cecina – Trocken- oder Dörrfleisch
cazuela – Eintopf mit Erdnuss, Fleisch- und Kartoffelstücken
cebada – Gerste
cebiche (ceviche) – rohe Fischstücke, mariniert in Limettensaft und Chili
cebiche de cachema – regionales Fischgericht
cebiche de paiche – roher, marinierter Amazonasfisch
cebolla – Zwiebel
cecina – dünne, geräucherte, rouladenartige Schweinefleischscheiben
cecina con tacacho – Schweinerauchfleisch mit „Urwaldknödel"
cerdo – Schweine-(fleisch)
cereza – Kirsche
chairo – Fleischsuppe mit chuño
chambergos – Süßgebäck
chancho – Schwein / Schweinefleisch
chancho al horno – Schweinefleischgericht aus dem Backofen
cheruje – Bananensuppe
chicharrón – gebratene Fleischstückchen
chicharrón con mote – Schweinfleischstücke mit gekochtem Mais
chicharrón con tacacho – gebratene Fleischstücke mit „Urwaldknödel"
chicharrón de chancho – gebratene Schweinefleischstücke, meist Schweinshaxen
chicharrón de pescado – frittierter Fisch
chirimoya – Urwaldfrucht
chiriuchu – scharfe, kalte Pfeffersoße
chocko – Hähnchengericht mit Mais, scharf
choclo – Zuckermais, Maiskolben
chonta – Palmherzen
chorizo – Wurst, meist scharf
chorizo con tacacho – Wurst mit Urwaldknödel
choro – Miesmuschel
chuleta – Kotelett
chuleta de res – Rindskotelett
chuños – gefriergetrocknete Kartoffeln
chupe – Gemüsesuppe
chupe de camarones – sämige Suppe aus Krabben, Kartoffeln und Gemüse
chupe de mariscos – Meeresfrüchte-Suppe
chupe de pallares verdes – Milchsuppe mit Bohnen, Fisch, Garnelen und Reis
churros – frittierte Teigtaschen
ciruelas – Kaktusfrucht
cocido – Eintopf
cocona – Urwaldfrucht
conejo – Kaninchen
cópus pachamanca – gebratenes Fleisch mit Mais, Kartoffeln und *ají*
cordero – Lammfleisch
corvina – Seebarsch
corvina al ajo – Seebarsch mit Pfeffer
cuñapé – gefüllte Teigtasche aus Yuca
cuy – Meerschweinchen
cuy chactado – gegrilltes Meerschweinchen
cuy con papa – Meerschweinchen mit Kartoffeln

dulce – Süßspeise
durazno – Pfirsich

embutidos – gefüllte Wurstwaren
empanada – gefüllte Teigtasche
ensalada de chonta – Palmherzensalat
escabeche de pollo – mariniertes Hühnchen mit Gemüse in pikanter Würzung
espárragos – Spargel
estofado – Fleischeintopf, auch Schmorbarten

fiambres – Aufschnitt
fresa – Erdbeere
fricasé – Gulascheintopf
frijoles – Bohnen
fritanga – Schweinefleisch in Pfeffersoße mit Minze
frutillada – Getränk aus Obst und Mais

gallina en pepitoria – Hühnerfrikassee
gambas – Krabben
gambas a la plancha – geröstete Krabben
ganso – Gans
gaseosa – Limonade
guayabo – Urwaldfrucht
guisantes – Erbsen
guiso de paiche – eingelegter Amazonasfisch

habas – Saubohnen
helado – Speiseeis
hígado – Leber
higo – Feige
huevo duro – hart gekochtes Ei
huevo pasado – weichgekochtes Ei
huevos – Eier
huevos fritos – Spiegelei
huevos revueltos – Rühreier
humitas – gekochter Maisbrei mit allerlei Zutaten, eingewickelt in Bananenblätter

inchicapi – Erdnusssuppe
intendente – Schlachtplatte
ispi – Fischsnack

jamón – Schinken
jaka – Maisbrei
juane – in einem Bananenblatt eingewickelter Reisteig mit Hähnchenfleisch und Oliven
judías – Bohnen
jugo – Saft

kañiwa – s. cañihua
„King Kong" – Kuchenteig mit übereinandergeschichteter Milchcreme (Spezialität aus Lambayeqeue)
kiwicha – Amarant

Langosta – Hummer
langostino – Garnele
lawa – dicke Gemüsesuppe
leche asada – Pudding-Nachtisch aus Milch, Zucker und Vanille
lechuga – Kopfsalat
lechón – Spanferkel
lengua – Zunge
lentejas – Linsen
limón – Zitrone
lomo milanesa – Schnitzel
lomo saltado – in Streifen geschnittenes Rinderfleisch mit Zwiebeln und Tomaten

machacado de membrillo – Süßigkeit aus Quitten
mani – Erdnüsse
machague con plátanos – Schildkröteneier mit grünen Bananen
maní – Erdnusssuppe
manjar blanco – Karamelcreme aus Milch
mantequilla – Butter
mariscos – Meeresfrüchte
masaco – frittierter Brei aus Bananen und getrocknetem Fleisch
mazamorro morada – dunkler Mais-Pudding
mermelada – Marmelade
muslo – Keule

naranja – Orangen
natilla – Süßes aus Ziegenmilch mit Honig aus Rohrzucker

oca – Knollenfrucht, Urwaldgemüse
ocopa – scharfe Erdnusssoße
ostras – Austern

pachamanca – mittels heißer Steine in einem Erdloch langsam gegartes Fleisch mit Mais, Kartoffeln und *ají*
palta – Avocado
palta a la reina – Avocado mit Huhn
palta rellena – gefüllte Avocado
pampaku – Eintopf mit div. Fleischstücken und Gemüse
pan – Brot
pan tostado – Toast
pan de arroz – Reisbrötchen
panqueque – Pfannkuchen
papa a la huancaína – Kartoffeln mit gekochten Eiern u. einer Soße aus Frischkäse
papas – Kartoffeln
papas con ocopa – Kartoffeln in feuriger Erdnusssoße
papas fritas – Pommes frites
parihuela – Fischsuppe

parrillada – Grillplatte aus verschiedenene Fleischsorten und Würstchen
parrillada Selva – „Urwald"-Grillplatte
patarashca – in Bananenblätter eingewickelter Fisch
pato – Ente
pavo – Truthahn
pechuga de pollo – Hühnerbrust
pejerrey – Königsfisch
pepino – Gurke
pescado – Fisch
picante – gemischte Platte mit scharfer Soße
picante bolívar – Tellergericht mit gefülltem Paprika, Reis, chuño, Zwiebel, Hackfleisch, Kartoffel, Kaldaunen und cuy
picante de camarones – Krabben in scharfer Tomatosoße
picarones – in Fett ausgebackene Teigwaren mit Zuckerrohrsirup
pichón – Taube
pie de manzana – Apfelkuchen
pimienta – Pfeffer
piña– Ananas
piqueo – eine Reihe kleiner Vorspeisen, z.B. cebiche
plátano – Bananen
plátanos fritos – frittierte Bananensorte
platos fuertes – gemischte Platte mit verschiedenen Fleischsorten
pollería – Hähnchen-Grillstation
pollo – Hähnchen
pollo a la brasa – Hähnchen vom Grill
pollo dorado – Hähnchen vom Drehgrill
poroto – Bohnen
pucacapa – gefüllte Teigtasche
puchero – Eintopf
pulpo – Tintenfischart
puré – Kartoffelbrei

quesillo con miel – Frischkäse mit Honig
queso – Käse
queso helado – Käse-Eiscreme mit Milch, Zucker, Vanille
quinoa – Hirseart

repollo – Weißkohl
res – Rind(fleisch)
riñón – Niere
riñón a la parrilla – gegrillte Niere
rocoto relleno – gefüllte Chilischote/Paprika
rosquitas – Gebäckringe, „Donuts"

sal – Salz
salchicha – Würstchen
salchichón – Salami, Wurst
salmón – Lachs
salmonete – Meerbarbe
salsa – Soße
salteñas – Gebacken Teigtasche, saftig gefüllt mit Fleisch oder Hühnchen, Gemüse, Eiern und speziellen Zutaten oder Gewürzen; bol. Spezialität
sarapatera – Suppe i. Schildkrötenpanzer
seco de cabrito – Trockenfleisch von Ziege mit Kräutern
seco de chavelo – getrocknete Bananen mit gebratenem Fleisch
setas – Pilze
shambar – Suppe mit Bohnen, Schweinehaut, Schinken und eingeweichten Weizenkörnern, die mit *cancha, ají* und Zitronen serviert werden
sopa – Suppe
sopa a la criolla – Suppe aus Milch, Nudeln, Fleisch, Ei und Toast
sopaipilla – frittiertes Süßgebäck

tacacho – „Urwaldknödel" aus Maniok, Bohnen und grünen Bananen
tallarines – Nudeln
tallarines con pollo – Nudeln mit Hähnchen
tamal – in Bananenblätter eingewickelte Maisspeise mit Fleischstückchen
tarta – Obstkuchen
tejas – daumengroße Süßigkeiten mit Zitronen, Pecanüssen, Kokosnuss, Feigen, Orangenfüllung
tejas pisco Iqueño – Süßgebäck mit Rosinen und Piscoschnaps
ternera – Kalb(fleisch)
timpu – gekochtes Lammfleisch mit Suppe
tojiri – Maispudding
tomate – Tomate
tomatillos – süße Baumtomaten
tortilla de huevo – Omelett, Eierkuchen
trigo – Getreide
trimate – Tee aus Coca, Anis und Kamille
trucha – Forelle
trucha – Forelle in Knoblauchsoße
tucunare – Amazonasfisch
tuna – Kaktus-Feigenfrucht
tunta – Kartoffelart, gefriergetrocknet

vainitas – Bohnen
verdura – Gemüse
vinagre – Essig

yemas – Dessert
yuca – Maniokart

zarzuela de pescado – Fischeintopf

Glossar landestypischer Begriffe

(q.) = quechua bzw. inka
(ay.) = aymara
(sp.) = spanisch

Abra (sp.): Pass
Achachila (q.): Steinhaufen zur Verehrung der Apus oder Berggeister
Aqlla (q.): auserwählte (Mädchen und Frauen)
Acllahuasi (q.): Haus der Sonnenjungfrauen, Haus der erwählten Frauen
Adobe (arab./sp.): luftgetrocknete Lehmbaustein, oft mit Stroh vermischt
Ají: peruanische, feuerrote Chili-Schote
Albergue (sp.) Herberge
Alcahuita (q.): Volksgruppe
Alcoquisca: Heilpflanze
Algarrobo: Johannisbrotbaum (Karobenbaum)
Alcalde: (arab./sp.) Dorfvorsteher, Dorfältester, oft auch mit richterlichen Befugnissen
Almacén: kleiner Laden
Alpaka (lama pacos): Kleinkamelart, zur Woll- und Fleischgewinnung in den Anden
Altiplano: Anden-Hochebene; das Hochlandbecken zwischen der westlichen und östlichen Anden-Kordillere, Höhenlage ca. zwischen 3500 und 4000 m
Altumisayoc (q.): Priester des höchsten Grades
Amanahuasi (q.): Badehaus, auch Bezeichnung der Bäderwannen in Machu Picchu
Amarucancha (q.): Bezeichnung der Wohnung des Inca in Cusco
Amauta (q.): Lehrmeister, Weiser
Andenes: terrassierte Hänge
Andenpakt: subregionale Präferenzzone der Andenstaaten
Andesit: vulkanisches Andengestein mit hohem Anteil an Mineralien, meist grüngrau oder rötlich
Antara: Panflöte
Antasay (ay.): Volksgruppe
Anti: Bewohner der subtropischen, östlichen Andenabhänge; von *anti* leitet sich das Wort „Anden" ab
Antisuyu: Anti-Viertel o. Reichsteil der Anti (östl. Andenabhänge, Amazonasgebiet)
Apacheta (q.): Bergpass mit Markierung, befestigter Kontrollpunkt
Apachita: geheiligte Opferstätte
Apu: Berggottheit; Anrede für „hoher Herr"
Apucama (q.): Oberster Rat des Inca
Apupanaca: Steuereintreiber der Inka
Arahua: Richtstätte
Asháninka: Indígenastamm
Audiencia: kolonialspan. Verwaltungsbezirk
autochthon (gr.): alteingesessen, Urbevölkerung (indigene Bevölkerung)
Autovagón: Triebwagen
Axus: traditionelles Kleidungsstück
Ayacucho (q.): „Winkel der Toten", Hauptstadt und Name eines peruan. Departamento
Ayahuasca: Naturdroge aus der Banisteriopsis-Liane zur Herbeiführung von Visionen
Ayaren: Vorfahren der Inka
Ayllu (q.): Urform der heutigen *comunidad;* ursprünglich verwandtschaftlicher Organisationsverband im Inkareich; Wohn- und Wirtschaftsgemeinschaft mehrerer Familien
Aymara: altes Kulturvolk an den Titicacasee und dem Hochland Boliviens mit eigener Sprache und Tradition; wahrscheinlich sind sie die Schöpfer der vorinkaischen Tiwanaku-Kultur. Die Inka griffen u.a. auch auf die kulturellen Errungenschaften der Aymara zurück.
Ayni: traditionelle Form der Hilfe auf Gegenseitigkeit, eine Hilfeleistung wird in Arbeitsstunden zurückerstattet.
Ayuntamiento: Rathaus, Magistrat
Azulejos: mit Ornamenten geschmückte, glasierte Tonkacheln (urspr. blau, von „azul")

Balneario: Bad, Seebad
Balsa: Boot aus Totora-Schilf
Barriada: Elendsviertel um die Großstädte, in Lima auch *pueblo jovenes* genannt
Barrio: Stadtviertel
Bimbilla: Kerker-Bezeichnung bei den Inka
Bodega: Weinkellerei
Boga: Fischart
Bosque nuboso: Nebelwald
Brujería: schwarze Magie
Brujo: Zauberer, Hexer

Caapi: Urwalddroge
Caballitos de Totora: Schilfboote
Cabildo: (Gemeinde)Rat
Caca (ay.): Fels
Cacataibo: Indígenastamm
Cacique: Häuptling
Callan: 3. Baustein der Inkaarchitektur
Calva: Glatzkopf
Calvario: Kalvarienberg (Schädelstätte)
Camayoc (q.): Verwaltungsbeamter
Campa: Indígenagruppe der Anti, das

Schrumpfköpfe herstellte
Campesino: indigene Landbewohner, Kleinbauern und Landarbeiter
Cañaris: Verwandte der Chimú aus Südecuador, berühmte Bogenschützen, Wächter von Machu Picchu
Cancha: Inkahof- bzw. Häusergruppe um einen viereckigen Innenhof. Das Wort „chancha" findet sich deshalb immer am Ende einer Häusergruppenbezeichnung, z.B. Condorcancha (Kondorhof), Amarucancha (Schlangenhof), Qoricancha (Sonnenhof)
Capac: Edler, Mächtiger
Capacocha (q.): Fest zur Tag- und Nachtgleiche im Herbst
Capitanía: Hafenbehörde
Carachi: Fischart
Carpahuasi: Haupttempel
Casa de Cambio: Wechselstube
Cashibo: Indígenastamm
Cebada: Gerste
Ceja de selva: „Augenbraue des Urwalds", Ostabhang der Anden, entspricht den Yungas in Bolivien
Ch'alla: Opfergruß an die Mutter Erde. Bei jeder Trinkrunde, Einweihung eines neuen Hauses oder Kauf eines Tieres wird der „Mutter Erde" – *pachamama* – gedacht
Ch'arki (a. Charque): sonnengetrocknetes Fleisch, meist Lama, Vicuña oder Hirsch
Ch'ullu: Schilfrispen
Chachapoya: Volk der östlichen Andenabhänge in Nordperu, erbitterte Feinde der Inka
Chakras (q.): Saatfelder und Äcker, auch terrassierte Felder
Chambira: Naturfaser
Chanapata: Kulturvolk im Tal von Cusco vor Ankunft der Inka
Charango: Kleingitarre, Resonanzkörper meist aus dem Panzer eines Gürteltiers
Charqui: getrocknetes Fleisch, meist Lama, Vicuña oder Hirsch
Chasqui: Meldeläufer
Chatcha Balsa: Bootstyp aus Totora-Schilf, Titicacasee
Chavín: bedeutendes Kulturzentrum im Huaraz-Gebiet
Chicha: Maisbier aus Maiskeimlingen
Chifa: peruanisch-chinesisches Restaurant
Chihuahuaco: einer der größten Urwaldbäume der Selva
Chilihua: traditionelles Kleidungsstück
Chimú: Kulturvolk an der Nordküste Perus mit der Hauptstadt Chan Chan
Chinchaysuyu: Chinchay-Viertel oder Reichsteil der Chincha (Nordküste und nördliches Hochland, Ecuador)
Chino: peruan. umgangssprachliche Bezeichnung für Chinese
Chiri: Volksstamm
Chirio: Heilpflanze
Choc'ca ligüi: Steinschleuder
Cholo: herabsetzende Bezeichnung für einen Mestizen; in der Kolonialzeit übernahmen zweisprachige oft die Vermittlung zwischen der indigenen Landbevölkerung und den spanischstämmigen Städtern.
Chonta: Palme aus dem Regenwald mit sehr hartem Holz
Choza (q.): Rasthäuser für die Chasqui
Chullpa: Grabturm/Grabstätte
Chullu: traditionelle Wollmütze mit Ohrenklappen der Indígena
Chuspa (q.): Cocabeutel
Chuño (a. Chuñu): getrocknete Kartoffeln (Gefriertrocknungsverfahren) der Anden, lange haltbar
Coca (q.): Erythroxylumart, immergrüner Strauch in den subandinen Gebieten Perus und Boliviens mit Kokain enthaltenden Blättern.
Cocaleros: Coca-Pflanzer
Cocha: See
Cocoma: Indígenastamm
Cohoba: Narkotikum
Colca (a. Qolqa): Kornspeicher, Lager
Colcapata (q.): Palast des Inca Manco Capac
Colectivo: preiswerte Sammelfahrzeuge mit festen Routen im Nah- und Fernverkehr
Collana: 1. Baustein der Inka-Architektur
Collpa: Salzlecke, Salzfutterplatz
Colla: Kulturvolk des Altiplano um den Titicacasee
Collasuyu: Colla-Viertel oder Reichsteil der Aymara (Region des Titicacasees, Bolivien und Teile Nordchiles und Nordwestargentiniens)
Comedor: Speisesaal, preiswertes Restaurant mit Volksküche
Comité: Colectivo-Linie
Compadre: Gevatter, Familienpate, der Wahlverwandte einer Familie
Comunidad: indigene Dorfgemeinschaft mit eigener Organisationsstruktur und speziellen Bewirtschaftungsformen, ursprünglich *Ayllu*.
Conopa (q.): Schutzgott
Conquista: Eroberung (span.)
Conquistador: Name für einen Angehörigen der spanischen Eroberungstruppen
Contisuyu: südwestliche Zone des In-

kareichs bzw. Reichsteil (Region von Arequipa und Ayacucho)
Coquero: Coca-Kauer
Cori: Gold
Coricancha (s. Qoricancha)
Corregidor: Distriktgouverneur, Verwaltungsfunktionär in der Kolonialzeit, auch städtische Amtsperson
Costa: Bezeichnung des wüstenartigen Küstenstreifen Perus, trockenste Wüstenregion der Erde, von vielen Flussoasen durchbrochen.
Coya Raimi: Fest, rituelle Reinigung im September
Coya (a. Quya) Bezeichnung der Ehefrau bei den Inka
Criollo: s. Kreolen
Cuadra: Häuserblock
Cumbre: Berggipfel
Curaca: Alcalde, Dorfvorsteher oder Dorfältester
Curandero: Naturheilpraktiker, Naturheiler, Kräuterhexer
Cuy (a. Quwi) Meerschweinchen

Danzantes: Tänzer
DEA: Antidrogenbehörde der USA
Departamento: Verwaltungseinheit, die mehrere Provinzen umfasst
Diablada: farbenprächtige Fiesta mit Teufelstänzern in Puno und Oruro (Bol.)
Dincote: Antiterrorpolizei
Diorit: hartes Tiefengestein, hauptsächlich aus Feldspaten und Eisen-Magnesium-Mineralien

Encomienda (span. „Auftrag"): durch die Spanier eingeführtes System der Leibeigenschaft, seelsorgerische Betreuung und Arbeitsverpflichtung freier Indígena an die span. Siedler; 1720 endgültig aufgegeben.
Epiphyten: Aufsitzerpflanzen (meist auf Bäumen, z.B Orchideen, Bromeliaceen, Farne), die mit dem nährstoffbringenden Wasser des Trägerbaumes auskommen
Escribanos: Schreiber
Escuela Cusqueña: Malschule aus Cusco mit eigenem Malstil
Explanada: eingeebneter Platz, Gelände

Faena: Gemeinschaftsarbeit öffentlicher Vorhaben; festähnliche Gemeinschaftsprogramme
Feria: Fest, Markt

Galeriewald: tropischer Savannenwald entlang der Flüsse
Gamonales: Großgrundbesitzer
Garúa: Nebel oder Nebelbank, der in der Costa direkt auf dem Boden aufliegt; Niederschlag als Nebelnässe
Geoglyphe: Erdzeichen, Bezeichnung der Bodenmarkierungen von Nazca
Guía: Führer
Gringo: ursprüngliche Bezeichnung für US-Amerikaner; heute in Lateinamerika allgemeine Bezeichnung für einen Angehörigen eines westlichen Landes
Guacamayo: Papageienart
Guácharo: Fettschwalm, Eulenart
Guanako (indian./span., Huanaco, Lama guanacoe): wildlebende Kleinkamelart in den westlichen und südlichen Anden, Stammform des Lamas
Guano: Vogelmist
Guardia Civil: Polizei
Guardia Repúblicana Llapan Atiq: Gefängnispolizei
Guarqui (q.): Totem-Ahn eines Ayllu
Gurkhas: spez. Marineeinheit

Habas: Saubohnen
Hacendado: Besitzer einer Hacienda
Hacienda: landwirtschaftliches Gut
Hancha india: indigene Erde
Hatuncancha (q.): Wohnstätte des Inca Yupanqui in Cusco
Hatun runa: Menschen (ursprünglich nur Bezeichnung für das Inkavolk)
hispanos: Spanischstämmige
Horca del Inca: Inkagalgen
Hostal: Bezeichnung für eine Unterkunfts-Kategorie
Huaca puncu: Heiliges Tor
Huaca (a. Waq'a): Heiliges, Bezeichnung für einen Ort oder eine Naturgegebenheit (Berg, Stein, Felsen o.ä.), denen eine sakrale Bedeutung beigemessen wird). Auch archäologische Stätte eines vorinkaischen Heiligtumes in Pyramidenform.
Huacapata: Heiliger Platz
Huachu (q.): Cocaterrassen
Huacos: prähispanische Keramiken aus Grabfunden
Huallas: Volksgruppe
Huangana caspi: amazonische Heilpflanze
Huaquero: Keramiksucher i.e. Sinn; Name für Grabräuber
Huarango: Johannisbrotbaum
Huari: sesshafte Siedler; auch Kulturvolk mit Zentrum in der Region von Ayacucho
Huayna: jung, klein

Huayno (a. Waynu) Lied- und Tanzform der Anden
Huayra: Wind
Huayruru (q.): Poncho, Überwurf
Huayruruos: amazonische Kornfrucht
Huerta: Bewässertes und gartenartig bebautes Ackeland
Huilca: Narkotikum
Hunocamayoc (q.): juristischer Beamter
Hutahuahuas: abhängige Land- und Hilfsarbeiter ohne Landbesitz

ichu: (hartes) Andengras
Ideogramm: Bildzeichen, das nicht eine bestimmte Lautung, sondern einen ganzen Begriff repräsentiert
Impuesto: Colectivo-Taxi
Inca nan: Sonnen- oder Inkaweg
Incahuasi: Inkapalast
Indígena: autochthone bzw. alteingesessene Anden-Bevölkerung, Nachfahren der Volksgruppen der Inkazeit; heute mehr kulturell-sozialer Erscheinungstyp.
Indio: diskriminierende Bezeichnung für die Landbevölkerung in den Anden
Inka: Herschervolk, das von Cusco aus seinen Machtbereich zu einem Großreich ausdehnte; Ohrpflöcke tragend, weshalb die span. Erober sie auch als *orejones* („Großohren") bezeichneten. Auch Herrscherdynastie oder „Sonnensohn", Inca-König
Inti Raymi: Inkafest zur Sonnenwende am 24. Juni
Inti: Sonne, Sonnengott, oberste Gottheit bei den Inka
Inticancha: Heiliger Platz
Intipampa: Sonnenfeld
Intiwatana: „Sonne binden", „Ort, an dem die Sonne angebunden wird". Der Intiwatana diente astronomischen Zwecken.
Ispi: Fischart

Jacaranda: tropische Baumart
Jalagringo: Touristen-Schlepper
Jalcas: Hochweiden über 4000 m Höhe in der Sierra
Jaranas: volkstümliche Tanzfeste
Jirón: peruanische Bezeichnung für Straße
Jiska balsa: Bootstyp aus Totora-Schilf, Titicacasee
Julí: Kultur am Titicacsee

Kalasasaya (ay.): Raum aus stehenden Steinen
Kalebasse (Lagenaria vulgaris): Flaschenkürbis, als Gefäß verwandt, oft mit Bildern verziert
Kallawaya (ay.): Medizinmann, Naturheiler
Kamarikuq: Gabe
Keru (q.): Holz- oder Tonkrug
Kili: Totora-Schilfwurzeln
Konquistador, s. Conquistador
Kordilleren: Gebirgsketten der Anden, von N nach S parallel verlaufend
Kot-suns (ay.): Seemenschen
Kreolen, *criollos* (span./frz., von lat. *creare* „erschaffen"): Bez. für die Nachkommen spanisch-europäischer Einwanderer (weiße Kreolen)
Kugapakari: Indígenastamm
Kuntur: Kondor

Lama (span. Llama): Kleinkameltyp, Tragetier
Limeños: Bezeichnung für Einwohner Limas
Llacta: Ort, Stadt
Llamamichec (q.): Lamahirte
Lliclla (ay.): Rückentragetuch der Frauen
Llucho (q.): Lamamütze mit Ohrenschutz
locutorio, Fernsprech-Kabine, Telefonladen, Internet-Station
Lomas: kahle Küstenberge und -hügel in der Costa, auch Wüstenhügellandschaft.
Lomas-Vegetation: trockenresistente Gewächse (Kakteen, Hartlaubsträucher u.a.)

Macas (q.): Wasserbehälter
Machu: alt, groß
Mallku: Berggeist, niedere Gottheit, Schutzgeist, traditionelles Oberhaupt oder Anführer einer Indígena-Gemeinschaft
Mamacona: Vorsteherin der Sonnenjungfrauen
Manta: Rückentragetuch, tradit. Kleidungstück
Manzana: Stadtviertel, Baugebiet
Mara: Jahr
Marca: hochgelegenes Gebiet
Mate de Coca: Tee aus Cocablättern
Mayu: Fluss
Mercado: Markt
Mestizen (v. lat. mixticius): Mischlinge europäisch-indigener/indianischer Eltern
Migración: Einwanderungsbehörde, Ausländerpolizei
Micro: Kleinbus
Mitimac (q.): Zwangsumsiedlung aus militärischen oder landwirtschaftlichen Erfordernissen
Mixto: langsame Kombination aus Bus und Lkw, nur in abgelegenen Regionen
Minca: andine Arbeitshilfe, die mit Naturalien

oder Sachgüter ausgeglichen wird
Minero: Minenarbeiter in den Bergwerken der Anden; Mineralwäscher, Steinsammler und Kleinstminenschürfer i.w.S.
Mirador: Aussichtspunkt
Misti: Nicht-Indígena, Mitglied der herrschenden Klasse, „Weißer"
Mit'a: Arbeitsverpflichtung für öffentliche Arbeiten während der Inkazeit; später Zwangsarbeit bzw. indigene Form der gegenseitigen Arbeitshilfe, wobei die Leistung des Helfenden mit Naturalien entlohnt wird
Mochica (Moche): Kultur an der Nordküste Perus
Mojo (Moxo): Indígenastamm
Montaña: Bergland; dichtbewaldete Ostabdachung der Anden
Morpho: Schmetterlingsart
Motocarro: dreirädriges Motorradtaxi
Muchacha: kleines Mädchen, auch Dienstmädchen, die im Haushalt arbeitet
Municipalidad: Rathaus

Nahua: Indígenastamm
Ñan cuna: Inkaweg oder „Weg der Zeit"
Nansan balsa: Bootstyp aus Totora-Schilf, Titicaca
Napeones: Indígenastamm
Narcotraficante: Ankäufer von Coca (Koka-in-Mafia)
Naymlap: Dynastie
Nekropolis: präkolumbische Totenstadt
Ñusta (q.): Inkaprinzessin
Nutria: Sumpfschwein

Oca (indian./span.): Bezeichnung für die Knollen des andinen Sauerkleegewächses Oxalis tuberosa. Die Knollen sind sehr stärkehaltig und ein wichtiges Nahrungsmittel der indigenen Bevölkerung.
Ochacaymoc (q.): Dorfrichter der Inka
Oncidie: Orchideenart
Orejones (sp.): Langohr, Bezeichnung der inkaischen Beamten in Cusco durch die Conquistadores

Pacha apu: „Herr der Erde"
Pachacamac (a. Pachakamaq, q.): Schöpfergott der Küstenbewohner; bedeutendes Heiligtum im Lurín-Tal in der Küstenwüste bei Lima
Pachamama huasi: Heiliger Felsen
Pachamama: Mutter Erde, Erdmutter
Pacovicuñas: gezüchtete Kleinkamelart
Pampa: in Peru ebene, meist öde/trockene größere Landflächen

Pampas: Boliviens Feuchtsavannen im Amazonas-Becken
Panaca: königliche Familie, Familienangehörige der Inka-Dynastie
Papa: Kartoffel
Paracas: Kulturvolk
Páramo: sp. andines Ödland
Pata (q.): terrassierte oder bebaute Hänge
Patamuña: Heilpflanze
Patio: Innenhof
Payan: 2. Baustein der Inka-Architektur
Peña: typisches Wirtshaus, Folklorekneipe
Peque-peque: motorisierte Langboote für die Urwaldflüsse
Petroglyphen: vorgeschichtliche Felszeichnungen
Picaflor: Kolibri
Picchu: Berg
Pileta: Wasserbecken
Pinsonay: Baumart
PIP: Staatssicherheitspolizei
Piraña: Amazonasfisch
Piro: Indígenastamm
Pisco: Traubenschnaps
Plaza de Armas: Exerzier- und Waffenplatz der Spanier, Zentrum der Stadt
Pollera (sp.): Frauenrock der Indígena
Poncho: deckenartiges Kleidungsstück, wird als Überwurf verwendet
Pongos: Kataraktreiche Durchbruchschluchten der Andenflüsse zum Amazonasbecken
Porphyr: Magmagestein
Präkolumbisch, prähispanisch: Zeit vor der spanischen Eroberung Lateinamerikas
Prolongación: Verlängerung (einer Straße)
Pucara (ay.): Befestigungsanlage
Pudú: andiner Zwerghirsch
Pueblos jóvenes: Elendssiedlungen um Großstädte
Puente Inca: Inkabrücke
Pukina: Sprache
Pulpería: Kramladen mit Kneipe
Pumachupan: Schwanz des Pumas
Puna: trockene Hochgebirgssteppe
Punchao: Sonnenbild(nis)
Puqincancha: inkaisches Archiv
Puric (q.): Andenbauer
Pututu: Muschel- oder Schneckenblasinstrument, mit der die Inka-Meldeläufer sich ankündigten

Q'eswachaca: Hängebrücke
Qolqa: Kornspeicher, Lager
Qoricancha: Sonnenhof, zentrales Heiligtum der Inka, Sonnentempel in Cusco
Qosqo: Nabel, Zentrum

Quechua: ehemalige staatstragende Bevölkerung und Verwaltungsspraches des Inkareichs. Als Missionssprache der Spanier über die Grenzen des Inkareiches verbreitet, doch 1780 verboten. Dialekte des Q. werden heute in Peru, in Bolivien und Teilen von NW-Argentinien, Ecuador und S-Kolumbien gesprochen. Seit 1975 Amtssprache in Peru und Pflichtfach in den Schulen.- Bezeichnung der größten indigenen Volksgruppe der Anden zwischen Ecuador und Nordchile, kulturell weitgehend angeglichen.
Quena: Andenflöte
Quilla: Mondgöttin der Inka
Quillca: Schrift
Quillcamayoc: Schreiber
Quinoa (auch Quinua, Kinwa, q.): In den Hochanden kultiviertes Gänsefußgewächs, dessen gelbliche Samen zu sehr stärkereichem Mehl verarbeitet werden. Die Früchte liefern hochwertiges Eiweiß.
Quipus: Knotenschnüre
Quipumayoc: Knotenschriftgelehrter

Recuay: Keramik-Kultur im Callejon de Huayllas
Repartimiento: (sp. reparto), Ausbeutung
Riego: Bezeichnung des Bewässerungssystems beim Kartoffel- und Maisanbau
Rikra (q.): inkaisches Längemaß (1,60 m)
Roque: Naturwaschmittel
Rosario: amazonische Kornfrucht
Rumipunku: Hauptportal
Runa: „Mensch"; Bezeichnung für Angehörige der Quechua- und Aymaravolksgruppen

Sankahuasi: Folterkammer
Sapana: Dynastie
Sausiray: Volksgruppe
Savila: Heilpflanze
Saywakuna: Pfeiler
Schamane: Geisterbeschwörer, Naturheilpraktiker
Selva: Amazonastiefland in Peru (Urwaldregion)
Sendero Luminoso: „Leuchtender Pfad"; peruan. Guerillaorganisation
Serranía: Gebirgsland
Shapaja: Naturfaser
Shipibo: Indígenastamm in der Gegend von Pucallpa
Sicán: Kultur
Sierra: Gebirgsland der Anden
Siku: Panflöte
Sillar: „Quader", helles Vulkangestein (Areqipa)

Sinchi: Antiterrrorpolizei
Sipán: Kultur
Soles: peruanische Währung
Soroche: Höhenkrankheit in den Anden; Anzeichen durch Unwohlsein, Atemnot heftige Kopfschmerzen
Suche: Fischart
Suyu (q.): Gebiet, Inka-Reichsteil

Taclla: Grabstock der Inka
Tahuantinsuyu (a. Tawantinsuyu): Inka-Imperium (die vier Weltregionen)
Tambo: Herberge, Übernachtungsplatz, Gasthaus, Rastplatz, Schutzburg, Stützpunkt
Tamshi: Naturfaser
Tarpocas: Erntehelfer
Tata (ay.): Vater, Bezeichnung des Präsidenten
Tayca waca: trad. Kleidungsstück
Terminal Terrestre: Busterminal
Tierra (span.): Erde
Tinajas: Tongefäße
Tinku (ay.): Grenzstreitigkeiten
Tío (q.): Onkel, Bezeichnung des Minengottes
Titi (ay.): Puma; (q) grau
Tocapus: Inka-Bildzeichen
Toritos: buntbemalte kleine Keramikstiere
Torreón: Rundturm
Totora: Binsenart am Titicacasee
Trachyt: Ergussgestein
Trepanation: medizinische Schädelöffnung
Trufi (q.): Colectivo, Sammeltaxi/Kleinbus
Tucunare: Amazonsfisch
Tumi: Zeremonialmesser d. Mochica u. Chimú

Uña de Gato: Lianenart, Heilpflanze
Unku: ärmelloses Hemd der Chipaya
Urarina: Indígenastamm
Urbanización: städtebauliches Erschlie-ßungsgebiet, Neubaugebiet
USKO-AYAR: amazonische Malerschule in Pucallpa

Varayoc: Bürgermeister
Vicuña: wildlebende Kleinkamelart, Urform des Alpaka
Viracocha: s. Wiracocha
Vispera: Vorfesttag
Vivandero: Straßenverkäufer

Waca: s. Huaca
Waita (q.): Dekorationsschal
Wari: s. Huari
Warmi: Frau

Wawa (ay.): Baby
Wayra: Wind
Willaq Umu (a. Willac Umu): Oberpriester der Inka, höchster Würdenträger nach dem Inca
Willka: Heiligtum, Gottheit; auch mythischer Vorfahre
Wiphala: das vielfarbige Banner des ehemaligen Inka-Teilreiches Collasuyu, Identifikationssymbol der Aymara. Heute die Flagge der gesamten indigenen Bevölkerung Boliviens (in Peru bzw. bei den Quechua ist es die Regenbogenfahne). Die Wiphala wurde in der neuen bolivianischen Verfassung vom Febr. 2009 als Emblem der bolivianischen Nationalflagge gleichgestellt.
Wiracocha: Name des Schöpfergottes der Inka; während der Kolonialzeit Anrede (Herr) für einen Spanier

Yachahuasi: Akademie der Wissenschaft oder Universität der Inka in Cusco
Yagé (a. Yajé): Urwalddroge
Yanacuna (q.): Bezeichnung der Sklaven der Inka
Yareta: Hochlandflechte
Yarowilla: Kulturvolk

Zampoña: Panflöte

Glossar kunstgeschichtliche/ kirchliche Begriffe

anthropomorph: menschengestaltig oder mit menschlichem Gesicht verzierte Steinreliefs, Masken u.a. Objekte
Arzobispal: Erzbischöflich
Azulejos: glasierte Tonfliesen, ursprünglich blau (azul), meist mit Ornamenten
Chor: besonders gestalteter Hochaltarraum der Kirche, früher oft durch Gitter (Lettner) vom übrigen Kirchenraum abgetrennt. Span. coro
Capilla: Kapelle
Chorgestühl: Sitzreihen der Geistlichen an der Längsseite des Chores (span. sillería)
Churriguerismus: überladener spanischer Barockstil, benannt nach dem span. Architekten José de Churriguera (1650–1723)
Claustro: Kreuzgang
Colegio: Konvikt, Erziehungsanstalt
Convento: Kloster
Ermita: Kleine Landkirche, Wallfahrtskapelle
Episcopal (Obispal): Bischöflich
Fuente: Brunnen
Indiatides: Säulenfiguren
in situ: am originalen Fundort (z.B. Ausgrabungsstücke)
Kapitalsaal: Versammlungsraum eines Klosters (span. *sala capitular*)
Katakomben: begehbare unterirdische Grabanlagen, Gruften
Kreuzgang: rechteckiger Klosterhof mit einem Brunnen, von Arkadengängen umgeben.
Lanzón: speerartige Stele
Manierismus: Epochenbegriff für die Spätrenaissance, überwunden vom Barock.
Mausoleum: Grabstätte
Mestizo-Stil *(estilo mestizo):* indigen beeinflusster barocker Kirchenbaustil
Murales: Wandmalereien
Mudéjar (arab. mudejalat: „unterworfen"): Baustil, bei dem sich islamischer Dekorationsstil mit abendländischer (gotischer) Baukunst vermischt. Charakterisiert durch arabeske Stuckornamente, Farbkeramiken, Kassettendecken und hufeisenförmige Bögen. Abgeleitet von den Mudéjaren, den islamischen Werkkünstlern in Spanien (10.–15.Jh.).
Parroquia: Pfarrkirche
Patio: (Innen)hof
Plateresker-Stil (span. platero „Silberschmied"): filigraner Ornamentsstil; fein ziselierte Steinmetzarbeiten mit Blumen-, Ranken- und Heraldikelementen
Portales: Arkadenbögen zwischen Pfeilern oder Säulen (meist um die Plaza de Armas)
Retablo: Altaraufsatz mit Skulpturen, Altarbild
Sagrario: Sakristei, Kapelle
Sarkophag: prunkvoller, monumentaler Sarg in einer Grabkammer (Krypta)
Stele (griech.): freistehende, aufrechte Platte oder (Stein)Säule, meist mit (datierten) Inschriften oder Reliefs, als Kult-, Weihe-, Grenz- oder Siegesobjekt dienend.
Tumba: Grab
zoomorph: tiergestaltig oder mit tierischen Anlitz (Steinreliefs, Masken u.a. Objekte)

Sachwort- und Personenregister

(nicht gefundene Begriffe, z.B. Kulturen, Indígenastämme usw. s. Glossar)

Afroperuaner 83
Airpässe 45
Alkoholisches 63
Almagro, Diego de 96, 101, 203
Alpaka 407
Altiplano 72
Alvarez, Juan 408
Amarant 75
Amazonas-Flusskreuzfahrten 633
Amazonastiefland 73
Antisuyu 108
Arce, José de 826
Arce, Manuel Esteban 792
Artesanías 89
Atahualpa 108, 600
Auslandskrankenversicherung 35
Ausreise 34
Ausrüstung 43
Autofahren in Peru 56
Autovermieter 55
Ayahuasca 480
Ayala, Huamán Poma de 311
Ayllu 110
Aymara 81, 666
Ayni 113

Banzer, Hugo 671, 674, 828
Barrientos, René Ortuño 792
Bartel, Blumen 83
Batanzos, Juan de 311
Behinderte Reisende 28
Bergrettung 46
Bergsteigen 58
Bevölkerung Perus 68
Bingham, Hiram 370
Boleto Turístico 297
Bolivianische Botschaft 33
Boot und Schiff 58
Botschaft von Peru 30
Botschaften 33
Braun, Otto 668
Brüning, Heinrich 84
Bunke, Tamara 822
Bus Cama 52
Busse 52

Callejón de Huaylas 551
Camara, Marcos de la 369
Camioneta 54
Camping 60
Camu Camu 76
Cañahua 75
Canopy Walkway 633
Cantuta 75
Capac Yupanki 108
Capybara 75
Carretera Central 51
Carretera de Sierra 51
Carretera Marginal de la Selva 51
Carretera Transandino 51
Casas de Cambio 37
Castellano 85
Ceja de Selva 72
Chachapoya-Kultur 100, 589
Chambi, Martín 371
Charango 95
Chasqui 109
Chavín-Kultur 97
Che-Guevara-Tour 814
Chicha 63
Chifas 61
Chimú-Kultur 100
Chinchaysuyu 108
Chinchona-Baum 75
Chinesische Einwanderer 83
Cholos 81
Chronisten 311
Chullpas 279
Chuño 283
Cieza de León, Pedro de 311
Coca 78
Coca-Anbau 78
Colectivos 54
Collasuyu 108
Combis 54
Condorcanqui, José Gabriel 101
Contisuyu 108
Cordillera Blanca 551
Cordillera Huayhuash 553
Cordillera Negra 551
Costa 69
Criollos 80, 666
Cuyes 62

DELPIA 794
Dengue-Fieber 40
Diablada 261

Diebstahlgefahr 65
Diebstahlsschutz 43
Diplomatische Vertretungen 33
Dokumente 34
Drogen 46

Einkaufen 46
Einreise 34
Eisenbahn 57
ENA 47
Escuela Cusqueña 310
Essen 61
Ethnizität 80

Faena 114
Fahrrad 59
Fahrzeugverschiffung 45
Feier- und Festtage 92
Feier- und Festtage Bolivien 667
Feiertage 46
Felsenhahn 74
Fitzcarrald, Carlos Fermín 415, 616
Fitzcarraldo, Film 387
Fitzcarraldo, Schiffswrack 415
Flüge nach Lima 44
Flüge, innerperuanische 57
Foto 44
Führerschein 35
Fujimori, Alberto 104

Gefahren 65
Gelbfieber 39
Geld 36, 37
Geldautomaten 37
Geschäftszeiten 47
Gesundheitstipps 41
Getränke 63
Giesecke, Alberto 369
Giftbisse 41
Gildemeister, Hans 84
Gleitschirmfliegen 47
Gran Poder, Fiesta La Paz 691
Gruppenreisen 27
Guanako 406
Guano 180
Guevara, Che 822
Guttentag, Tichauer Werner 668
Guzmán, Abimael 104, 439

Haenke, Taddäus 84
Herzog, Werner 621

Höhenkrankheit 42
Hokkohuhn 74
Holguín, Melchor Pérez de 754
Hostales 59
Hostels 59
Hotels 59
huaca 87, 110
Huamán Poma de Ayala 311
Huáscar 108
Huayna Capac 108
Humboldt, Alexander von 84
Hygiene 41

Ichu 75
Inca Roca 108
Inca Toparca 108
Inca Wiracocha 108
Inca-Dynastie 108
Indígena 80
Informationsstellen 30
Info-Stellen in Peru 30
Inka 81, 106
Inka Trail 389, 394
Inkabrücken 291
Inkasprache 298
Inkastraßen 285
Internet-Cafés 47
Inti Raymi-Fest 337

Japanische Einwanderer 83
Jesuiten-Reduktionen 824
José de San Martín 125
Jugendherbergsausweis 35

Katzenkralle 480
Kinder, Reisen mit 28
Kinski, Klaus 621
Kirche 87
Klima Bolivien 669
Klimata Peru 72
Knigge 65
Kokain 78
Kondor 237
Krankheiten 39
Kreditkarten 36
Küche Perus 61
Kulturinstitut Perus 47
Kunst und Kultur 89
Kunsthandwerk 89

Lama 406
Landkarten 47
Lapachobaum 64
Literatur 91
Lloque Yupanki 108
Llosa, Mario Vargas 104
Lomas 70

Machiguenga 387
Machu Picchu-Züge 332
Malaria 39
Malerei 91
Manatee 75
Manco Capac 106, 108
Manco Inca 108
Manto 99
manto 179
Mariátegui, José Carlos 91
Maßeinheiten 47
Mayta Capac 108
Medizinische Vorsorge 39
Medizinischer Rat 39
Melgarejo, Mariano 792
Mennoniten 834
Mestizen 80
Mestizo-Stil 667
Micros 52
Middendorf, Ernst 84
Mietwagen 55
Minca 113
Minchanzaman, Chimú-König 100
Mit'a 113
Mixto 54
Mochica-Kultur 99, 521
Molly Aida (Schiff) 621
Motocarro 55
Motorrad 47
Mountainbike 59
MRTA 289
Murillo, Pedro Domingo 680
Musik 93
Musikinstrumente 94

Ñan Cuna 285
Nasca-Kultur 99
Nationalparks (Bol.) 670
Nationalparks Peru 76
Naturreservate (Bol.) 670
Naturschutz Peru 47
Naturschutzgebiete 76
Naymlap 533

Notfall für Touristen 47
Notruf 47

Occlo, Huamán Poma Curi 311
Omnibus 52

Pachacútec Yupanqui 295
Pachacuti Yupanqui 108, 295
Paiche 74
Panamericana 51
Paracas-Kultur 97
Parque Nacional Huascarán 551
Parques Nacionales 76
Patiño, Simón 730, 752, 782
Pekaris 75
Peruanische Botschaft in D 33
Peruanismos 86
Pferd, per 58
Pflanzenwelt 75
Pirañas 74
Pisco (Getränk) 173
Pizarro, Francisco 101, 109
Polizei 48
Poltur 48
Pongo de Mainique 387
Posnansky 668
Post 48
Präinkazeit 96
PromPerú 30
Pueblos Jóvenes 154
Puya raimondii 75, 574

Quechua 81, 666
Queñua-Baum 75
Quinoa 75
Quipus 312

Raimondi, Antonio 574
Raimondi-Stele 97
Reiche, Dr. Maria 85, 195
Reisedokumente 34
Reisegepäckversicherung 36
Reisekrankenversicherung 35
Reisemobile 57
Reiseschecks 36
Reisezeiten 28, 48
Religion 87
Riesenotter 423
Riten und Mythen 87
Rugendas, Johann Moritz 84

Sanginés, Carlos Ponce 715
Saqsaywamán 335
Schamanen 480
Schmid, Martin 668
Sechín-Kultur 97
Selva 72
Semi-Cama 52
Sendero Luminoso 103, 439
SERNAP 670
Shipibo-Dörfer 480
Sicán-Kultur 100
Sierra 70
Sinchi Roca 108
Sóndor, Chanka-Festung 432
Soroche 42
Souvenirs 46
Sprachen Perus 85
Steuern 38
Straßen 51
Straßenkarten 56
Straßenkontrollen 52
Strom 49
Studentenausweis 35
Suárez, Nicolás 853, 855
Sucre, Antonio José de 767

Tänze 93
Tawantinsuyu 108
Taxi 54
Telar-Linien 198
Telefonieren 49
Tello, Julio 165, 178
Tello-Obelisk 573
Tierwelt 73
Titicacasee-Sagen 273
Titu Kusi Yupanki 108, 289, 311
Tocapus 312
Toiletten 49
Torre Tagle, Marqués de 124
Totora-Schilf 269
Touristenkarte 34
Touristenpolizei 48
Trampen 58
trancas 657
Trekking 58
Trepanation 97, 179
Trinkgeld 38
Trufis 655, 701
Tschudi, Johann Jakob von 514
Tumi 514
Túpac Amaru 101, 108, 289

Túpac Amaru II. 289
Túpac Yupanqui 295

Uhle, Max 84, 165, 668
Uña de Gato 76, 480
Uro 268
USKO-AYAR 473

Vega, Garcilaso de la 311
Verkehrsregeln 56
Versicherungen 35
Vicuña 406
Vizcachas 73

Währung 68
Weben 90
Webseiten von Bolivien 664
Webseiten von Peru 32
Wiener, Nicolas 369
Wiracocha 106
Wirtschaftsdaten 69

Yahuar Huacac 108
Yareta 75
Yuca 76
Yungas 722

Zeitdifferenz 49
Zeitungen 49
Zelten 60
Zoll 34, 49

Orts- und touristisches Register Peru

Abancay 431
Abiseo, Ruinas de 524
Abra La Raya 287
Aguas Calientes 362
Aguas Calientes (warme Quellen) 287
Aguas Verdes 550
Ancón 496
Andahuaylas 432
Andahuaylillas 388
Anta 428
Anticona-Pass 457
Aramu Muru 282
Arequipa 203
Arica (Chile) 255
Atalaya 420, 485
Ausangate 404
Ayacucho 434
Ayaviri 287

Bagua Grande 581
Baños del Inca (Cajamarca) 604
Barranca (Paramonga) 499
Barranco (Lima) 130
Batán Grande 533
Boca Manu 421
Boquerón del Padre Abad 469

Cabanaconde 238
Cachora 402, 430
Cahuachi 199
Cajamarca 597
Cajamarquilla 166
Cajatambo 555
Calca 353
Callao (Lima) 167
Camaná 201
Camino Inca 389
Cañete 165
Cañón del Pato 579
Cantayoc 198
Caral 499
Caraz 576
Carhuaz 575
Carretera Marginal de la Selva 493
Casapalca 458
Casma 500, 575
Catacaos 541
Catarata Yumbilla 588
Cayma 227
Ceja de Selva 466
Celendín 596
Cerro de Pasco 461
Cerro Sechín 501
Chachapoyas 582
Chaclacayo 460
Chala 200
Chalhuanca 200
Chan Chan 512
Chancay 497
Chanquillo 502
Chasquitambo 554
Chauchilla, Friedhof 198
Chaullay 384
Chavín de Huántar 572
Chazuta 613
Checacupe 290
Chicla 458
Chiclayo 526
Chilina 228
Chimbote 502
Chincha Alta 172
Chinchero 340
Chivay 233
Chocope 519
Choquequirao Trail 402
Chorrillos (Lima) 132
Chosica 166, 459
Chucuito 281
Churín 497
Coca (Ecuador) 634
Colca Canyon 229
Collpas de los Guacamayos 417
Combapata 290
Concepción 455
Cóndor Lodge Conservation Center 405
Coporaque 235
Cordillera Blanca 551
Cordillera Huayhuash 553, 574
Cordillera Negra 578
Corihuayrachina Trail 402
Corire 242
Cotahuasi 244
Cotahuasi Canyon 243
Cruz del Cóndor 237
Cumbemayo 605
Curahuasi 430
Cusco 292

Cusilluyhayoc 339
Cutimbo 281

Echarate 387
El Candelabro 180
Eulaliatal 459

Flusskreuzfahrten Amazonas 633

Gocta-Wasserfall 581
Gran Pajatén 524
Guadalupe 525

Huaca de la Luna 520
Huaca del Dragón 512
Huaca del Sol 520
Huaca El Brujo 518
Huaca La Esmeralda 512
Huaca Larga 535
Huaca Rajada 531
Huacachina-Oase 185
Huacho 497
Huamachuco 522
Huancabamba 543
Huancavelica 447
Huancayo 448
Huancayo mit dem Zug 452
Huanchaco 516
Huanta 446
Huánuco 463
Huánuco Viejo-Ruinen 466
Huaquillas (Ecuador) 550
Huascarán-Nationalpark 551
Huaura 498

Ica 182
Ilo 250
Inka Trail 389, 394
Inka Trail ab Km 104 401
Iquitos 608, 615
Isla Amantani 276
Isla de Anapia 284
Isla Suasi 284
Isla Taquile 273
Islas Ballestas 179
Islas de Hornillas 248
Islas Palomino 167
Ivochote 387
Izuchaca 447

Jaén 580
Jauja 456
Jónoc 428
Julí 283
Juliaca 255

Karajía 586
Kotosh-Ruinen 464
Kuélap 588
Kuntur Wasi 606

La Congona 594
La Merced 489
La Molinette 594
La Oroya 456
La Unión 465
Laguna 69 570
Laguna de los Cóndores 593
Laguna de Sauce 613
Laguna Mapacocha 620
Laguna Moronacocha 620
Laguna Orconcocha 565
Laguna Quistococha 619
Laguna Salinas 245
Laguna Venecia 613
Laguna Yarinacocha 478
Lagunas Llanganuco 565
Lagunas Romococha 620
Lamas 612
Lama-Trek von Olleros 570
Lambayeque 536
Lares 353
Las Huaringas 543
Leimebamba 592
Leticia 634
Levanto 586
Lima 115
Llacanora 604
Llahuar 241
Llanganuco-Trek 565
Loja 550
Lomas de Lachay 497
Los Organos 545
Lurín-Tal 164

Maca 236
Macará/La Tina (Grenze Ecuador) 550
Machu Picchu 371
Machu Picchu Züge 332
Machu Picchu, Adressen & Service 367
Machu Picchu, Montaña 383

Madrigal 241
Máncora 545
Manu-Nationalpark 418
Maras 344
Marca Huamachuco 522
Marcacocha 352
Marcahuasi 459
Meija 248
Miraflores (Lima) 129
Mollendo 247
Molloco 282
Monterrey 564
Moquegua 249
Moray 342
Moyobamba 594
Museo Brüning 536
Museo Tumbas Reales de Sipán 536

Narihualá 542
Nationalpark Huascarán 551
Nationalpark Río Abiseo 523
Nazca 187
Nazca-Geoglyphen 193
Nazca-Kultur 191
Nevado Chachani 247

Ocucaje 187
Ollanta 346
Ollantaytambo 348
Olleros 570
Oropesa 388
Oxapampa 490

Pacatnamú 525
Pachacamac 164
Paita 542
Pantoja 635
Paracas 176
Paracas-Kultur 178
Paramonga 500
Paredones 198
Parque Nacional Río Abiseo 523
Pastoruri-Gletscher 574
Pativilca 499, 554
Paucarpata 228
Paucartambo 419
Pedro Ruíz 581
Pichingoto (Salzterrassen) 343
Pikillacta 388
Pilcopata 420
Pimentel 528

Pinchollo 236
Pisaq 354
Pisco 173
Piura 537
Playa Colán (Paita) 543
Pomacocha-Ruinen 594
Pongo de Mainique 387
Pozuzo 492
Pucallpa 470, 608
Pucara 287
Pucusana 172
Puerto Bermúdez 494
Puerto Maldonado 409
Pukapukara 339
Pumamarca 352
Puno 257
Puruchuco 166

Q'enqo 338
Q'oriwayrachina 396
Qoya 354
Querullpa 243
Queswachoca 290
Quillabamba 386
Quincemil 408
Quinua (b. Ayacucho) 444

Raqchi-Ruinen 288
Reserva Nacional de Pacaya Samiria 629
Reserva Nacional Pampa Galeras 199
Revash 591
Río Apurímac 430
Rioja 594

Sabandía 228
Sachaca 229
Salalá 543
Salinas de Huacho 497
Salkantay Trail 401
San Bartolo 172
San Francisco (Shipibo-Dorf) 481
San Isidro (Lima) 133
San Jerónimo 388
San José de Moro 526
San Mateo 458
San Ramón 489
San Sebastián 388
Sangalle 239
Santa Clara 620
Santa Maria del Mar 172
Santa Rosa de Ocopa 455

Santa Teresa 383
Satipo 455
Saywite 430
Sechín 501
Sechura 542
Sepahua 486
Shintuya 420
Sholón 586
Sicán 533
Sicuani 287
Sillustani 278
Sipán 531
Supe 498

Tabatinga 634
Tacna 251
Talara 544
Tambo Colorado 180
Tambomachay 339
Tantamayo 465
Tarapoto 609
Tarawasi 428
Tarma 487
Telar-Linien 198
Templo Arco Iris 512
Tiabaya 229
Timpía 387
Tingo 588
Tingo (bei Arequipa) 229
Tingo María 467
Tinta 288
Tipón 388
Titicacasee 271
Toro Muerto 242
Tortugas Balneario 502
Tres Cruces 420
Trujillo 504
Túcume 534
Tumbes 548

Urcos 290
Urubamba 343

Valle de los Volcanes 242
Valle de Majes 243
Ventanillas de Combayo 604
Ventanillas de Otuzco 604
Victos 385
Vicuña-Nationalpark 200
Vilcabamba 385
Vilcashuamán 444

Villa Rica 493
Virú 504
Volcán Misti 246

Wari (b. Ayacucho) 443
Wasserfall Gocta 581
Wayna Picchu, Berg 381
Willcawaín 564
Willoq 352
Wiracochapampa 523

Yanahuara 227
Yucay 352
Yunguyo 638
Yurimaguas 614

Zorritos 547

Orts- und touristisches Register Bolivien

Abra La Cumbre 722, 723
Altiplano 668
Arani 789
Atocha 749

Balneario del Río Piraí 808
Balneario el Suto 833
Batalles 649
Beni (Departamento) 836
Bermejo 815
Betanzos 767
Buena Vista 811

Cachi Mayu 779
Cachuela Esperanza 856
Cal Ork'o 772
Cala Cala 733
Calle Sagárnaga 682
Camino Choro 721
Camino del Oro 710
Camino Takesi 720
Camiri 796
Capachos 733
Caracollo 729
Cerro Rico 760
Cerro Rico (Potosí) 760

Cerro Tarubú 833
Cha'llapampa 646
Chacaltaya 707
Chalalán 850
Challapata 735
Chapare 791
Chiclani 767
Chiguana 747
Chipaya 733
Chiquitanía 823
Choquila 751
Chulumani 728
Cobija 857
Cochabamba 779
Colchani 740
Concepción 828
Copacabana 638
Cordillera Real 719
Coroico 723
Cotoca 807

Diablada (Oruro) 731

El Fuerte de Samaipata 816
Epizana 777

Gran Chaco 669
Gran Poder, Fiesta 691
Guanay 727
Guaqui 650
Guayaramerín 856
Guerreros de Jawincha 737

Horca del Inca 640
Huari 735
Huarina 649
Huatajata 649
Huayculi 792

Ichilo 811
Illampu 668
Illimani 668
Inca Racay 789
Incallajta 789
Inti Wara Yassi (Villa Tunari) 794
Inti Punku 715
Isla de la Luna 647
Isla del Sol 643
Isla Incahuasi 741
Isla Pariti 648
Isla Suriqui 648

Kakteengarten Aniceto Arce 706

La Chonta 812
La Paz 677
Lago Poopó 733
Laguna Celeste (Salar de Uyuni) 744
Laguna Chillata 709
Laguna Colorada (Salar de Uyuni) 743
Laguna Quistococha 619
Laguna Tarapaya 762
Laguna Uru Uru 733
Laguna Verde (Salar de Uyuni) 744
Laja 651
Llallagua 733
Llama Chaqui 793
Lomas de Arena 808
Los Espejillos 814
Los Lagos 841

Macuñucú 812
Magdalena 842
Manquiri 767
Mapiri 727
Marka Pampa 645
Mataracú 811

Nuevo Berlín 842

Obrajes 733
Oruro 730

Pailaviri (Mine, Potosí) 761
Pairumani 789
Palca-Schlucht 718
Pando (Departamento) 837
Pantanal 669
Parque Nacional Amboró 809
Parque Nacional Carrasco 794
Parque Nacional Comanche 718
Parque Nacional Madidi 852
Parque Nacional Noel Kempff Mercado (Parque Huanchaca) 831
Parque Nacional Ríos Blanco y Negro 829
Parque Nacional Sajama 729
Parque Nacional Torotoro 792
Parque Nacional Tunari 791
Parque Nacional y Area Natural de Manejo Integrado Kaa-Iya del Gran Chaco 823
Patacamaya 729
Pazña 733

Pocitos (Argent.) 766
Pocona 791
Potosí 751
Pto Pérez 649
Puente Yolosa 723
Puerto Suárez 835
Puerto Villarroel 795
Pulacayo 751

Quijarro 835
Quillacollo 783, 789

Refugio los Volcanes 814
Reserva Nacional de Fauna Andina Eduardo Avaro 737
Reserva Nacional Manuripi Heath 857
Riberalta 853
Río Mulatos 735
Rurrenabaque 844

Saguayo 812
Sajama 669, 730
Salar de Uyuni 740
Samaipata 815
San Cristóbal 748
San Ignacio de Moxos 842
San Ignacio de Velasco 830
San Javier 826
San José de Chiquitos 832
San Juan (bei Sucre) 779
San Miguel 831
San Pablo de Tiquina 648
San Pedro de Atacama (Chile) 747
San Pedro Höhle 709
San Rafael 831
Santa Ana 831
Santa Ana de Yacuma 841
Santa Cruz de la Sierra 797
SERNAP 670
Sicuani (bei Copacabana) 647
Sipe Sipe 789
Sol de Mañana (Salar de Uyuni) 744
Sopocachi (La Paz) 677
Sorata 709
Sucre 767

Tahua 741
Tambo Quemado 730
Tarabuco 778
Tarata 789, 792
Tarija 763

Termas de Chalviri (Salar de Uyuni) 744
Tieflandroute 793
Tipuani 727
Tiquina 648
Tiraque 777
Tiwanaku (Ort) 717
Tiwanaku (Ruinas) 712
Tocaña 724
Torotoro 793
Totora 777
Trinidad 837
Tunupa 741
Tupiza 749

Unduavi 723
Urkupiña, Virgen de (Fiesta) 783
Urmiri, Termas de 718
Uro 268
Uyuni 736

Valle de la Luna (bei La Paz) 706
Valle de la Luna (bei San José de Chiquitos) 833
Vallegrande 821
Villa Alota (Salar de Uyuni) 747
Villa Amboró 812
Villa Mar (Salar de Uyuni) 747
Villa Montes 766
Villa Tunari 794
Villazón 766
Vinto 789

Wiñaymarca-See 284
Wiñaymarca-See (Titicaca-Seeteil) 271

Yacuiba 766
Yacumo 844
Yolosa 723
Yumani 645
Yungas 669, 722

Zongotal 707

Warum nicht anders, authentisch & mittendrin?

www.tikuna-tours.com

- Individuelle Tourplanung
- Rundreisen in deutschsprachiger Kleingruppe
- Organisation für Selbstfahrer
- Reisebausteine
- Trekkings & Urwaldausflüge
- Kontakt zu einheimischen Familien

„Peru individuell erleben!"

www.tikuna-tours.com